Das
Bürgerliche Gesetzbuch

mit besonderer Berücksichtigung
der Rechtsprechung des Reichsgerichts

erläutert von

Dr. Busch, Erler, Dr. Lobe, Michaelis, Oegg, Sayn, Schliewen und Seyffarth
Reichsgerichtsräten und Senatspräsidenten am Reichsgericht

Siebente, unveränderte Auflage

IV. Band:
Familienrecht

bearbeitet von
Erler (Eherecht), **Sayn** (Verwandtschaft, Vormundschaft)

Berlin und Leipzig 1929.
Walter de Gruyter & Co.
vormals G. J. Göschen'sche Verlagshandlung — J. Guttentag, Verlagsbuchhandlung — Georg Reimer — Karl J. Trübner — Veit & Comp.

Roßberg'sche Buchdruckerei, Leipzig.

Inhaltsverzeichnis

Viertes Buch Familienrecht

Auszug aus dem Vorwort zur sechsten Auflage

Nunmehr haben bearbeitet:

Band 4 (Familienrecht):

§§ 1297—1588: RGR a. D. Erler,
§§ 1589—1921: RGR Sayn.

Abkürzungen

(Nach Maas-Magnus, Abkürzungsverzeichnis der Rechtssprache. Berlin 1929)

AG . . . . Ausführungsgesetz.

ALR . . . Allgemeines Landrecht für die Preußischen Staaten v. 5. 2. 1794.

AnfG . . . Gesetz, betr. die Anfechtung von Rechtshandlungen eines Schuldners außerhalb d. Konkursverfahrens v.21.7.79/20.5.98.

ArbGG . . Arbeitsgerichtsgesetz v. 23. 12. 26.

AufwG . . Gesetz v. 16. 7. 25 über die Aufwertung von Hypotheken und anderen Ansprüchen.

BayObLG . Sammlung von Entscheidungen des Bayerischen Obersten Landesgerichts in Gegenständen des Zivilrechts.

BayRpflZ . Zeitschrift für Rechtspflege in Bayern.

DJZ . . . Deutsche Juristenzeitung.

EG . . . . Einführungsgesetz zum Bürgerlichen Gesetzbuch.

E I . . . . Entwurf zum Bürgerlichen Gesetzbuch in der Bearbeitung der I. Kommission.

E II . . . Derselbe Entwurf in der Bearbeitung der II. Kommission.

FGG . . . Gesetz über die Angelegenheiten der freiwilligen Gerichtsbarkeit v. 17. 5. 98.

GBO . . . Grundbuchordnung v. 24.3.97/20.5.98.

GenG . . . Gesetz betr. die Erwerbs- und Wirtschaftsgenossenschaften v.1.5.89/20.5.98.

GewGG . . Gewerbegerichtsgesetz v. 29. 9. 01.

GewO . . . Gewerbeordnung.

GmbHG . . Gesetz betr. die Gesellschaften mit beschränkter Haftung v. 20. 4. 92/20. 5. 98.

Gruch . . . Beiträge zur Erläuterung des Deutschen Rechts, begründet von Gruchot.

GVG . . . Gerichtsverfassungsgesetz.

HGB . . . Handelsgesetzbuch.

JFG . . . Jahrbuch für Entscheidungen in Angelegenheiten der freiwilligen Gerichtsbarkeit und des Grundbuchrechts.

JRdsch . . Juristische Rundschau.

JMBl. . . Justizministerialblatt.

JW . . . . Juristische Wochenschrift.

JWG . . Jugendwohlfahrtgesetz v. 9. 7. 22.

KfmGG . . Gesetz betreffend Kaufmannsgerichte v. 6. 7. 04.

KGJ . . . Jahrbuch für Entscheidungen des Kammergerichts in Sachen der freiwilligen Gerichtsbarkeit.

KO . . . . Konkursordnung v. 10. 2. 77/20. 5. 98.

LZ . . . . Leipziger Zeitschrift für deutsches Recht.

M. . . . . . Motive zu dem von der ersten Kommission ausgearbeiteten Entwurfe des BGB.

OLG . . . Rechtsprechung der Oberlandesgerichte auf dem Gebiete des Zivilrechts, herausgegeben von Falkmann und Mugdan.

P oder Prot Protokolle der Kommission für die zweite Lesung des Entwurfs eines Bürgerlichen Gesetzbuchs, herausgegeben von Achilles, Gebhard und Spahn.

PStG . . Gesetz über die Beurkundung des Personenstandes und der Eheschließung v. 6. 2. 75/11. 6. 20.

RAO . . . Rechtsanwaltsordnung v. 1. 7. 78.

RBG . . . Gesetz, betr. die Rechtsverhältnisse der Reichsbeamten, v. 18. 5. 07.

Recht . . . Das Recht, Rundschau für den deutschen Juristenstand.

RFinH . . Sammlung von Entscheidungen und Gutachten des Reichsfinanzhofs.

RG . . . . Entscheidungen des Reichsgerichts in Zivilsachen, herausgegeben von den Mitgliedern des Gerichtshofs. — Die nicht in dieser Sammlung, sondern in anderen Zeitschriften veröffentlichten Entscheidungen sind mit dem Zusatze „RG" aus 1. der Juristischen Wochenschrift, 2. Warneyers Jahrbuch, s. unten Warn, 3. Gruchots Beiträgen, 4. Seufferts Archiv, 5. Leipziger Zeitschrift für deutsches Recht, 6. „Das Recht", in der angegebenen Reihenfolge, mehrfach abgedruckte Entscheidungen aber nur *einmal* angeführt. Andere Sammlungen sind nur ausnahmsweise berücksichtigt. Die bisher überhaupt noch nicht abgedruckten Entscheidungen sind mit „RG" nebst Datum und Aktenzeichen angeführt.

RGSt . . Entscheidungen des Reichsgerichts in Strafsachen.

RGBl . . . Reichsgesetzblatt.

RJA . . . Entscheidungen in Angelegenheiten der freiwilligen Gerichtsbarkeit und des Grundbuchrechts, zusammengestellt im Reichsjustizamt, jetzt Reichsjustizministerium.

ROHG . . Entscheidungen des Reichsoberhandelsgerichts

RVerf . . Verfassung des Deutschen Reichs v. 11. 8. 19.

RVO . . . Reichsversicherungsordnung v. 19. 7. 11/15. 12. 24.

SeuffA . . Seufferts Archiv für Entscheidungen der obersten Gerichte in den deutschen Staaten

StGB . . Strafgesetzbuch für das Deutsche Reich.

StPO . . Strafprozeßordnung.

UnlWG . . Gesetz gegen den unlauteren Wettbewerb v. 7. 6. 09.

UWG . . . Gesetz über den Unterstützungswohnsitz v. 30. 5. 08.

VerlG . . Gesetz über das Verlagsrecht v. 19. 6. 01.

VersVG . . Gesetz über den Versicherungsvertrag v. 30. 5. 08.

Vf . . . . Verfügung.

VO . . . . Verordnung.

Warn . . . Warneyers Jahrbuch der Entscheidungen, Ergänzungsband 1908 ff., von 1919 ab Rechtsprechung des Reichsgerichts.

WO . . . Wechselordnung

ZPO . . . Zivilprozeßordnung.

ZVG . . . Gesetz über die Zwangsversteigerung und Zwangsverwaltung v. 24. 3. 97/20. 5. 98.

Viertes Buch

Familienrecht

1. Familie und Familienrecht. Grundlage der Familie ist die Ehe. Mann und Frau, miteinander durch das Band der Ehe verknüpft, sind als Stammeltern mit ihren Abkömmlingen, und diese unter sich durch das Band der Verwandtschaft verbunden. Die Glieder eines solchen Verbandes bilden eine Familie. Das Familienrecht ist Gegenstand des 4. Buches, das im 1. Abschnitte die Ehe, im 2. die Verwandtschaft und im 3. die dem Familienrechte nahestehende Vormundschaft regelt. Die Rechtssätze über Entstehung, Wirkung und Endigung familienrechtlicher Verhältnisse wurzeln meist in Rücksichten auf das öffentliche Wohl und in sittlichen Anschauungen. Sie sind — wenngleich nicht öffentliches Recht — regelmäßig der willkürlichen Abänderung durch den einzelnen entzogen und bilden für ihn eine zwingende Richtschnur (z. B. die Form der Eheschließung, die umgrenzten Tatbestände der Ehehindernisse, Nichtigkeits- und Scheidungsgründe, das Eltern- und Kindesverhältnis). — Vertragsfreiheit herrscht z. B. hinsichtlich der Namensführung geschiedener Eheleute im Rahmen des § 1577 (**RG** 86, 114).

2. Familienrechtliche Klagen. Die aus dem Familienverband entspringenden Rechte beanspruchen nicht nur von den familienrechtlich Verbundenen, sondern auch von Unbeteiligten unbedingte Anerkennung und können gegen letztere im Bestreitungsfalle mit einer Klage auf Anerkennung des Bestehens oder Nichtbestehens eines gewissen familienrechtlichen Verhältnisses zur Geltung gebracht werden (z. B. Klage auf Feststellung des Bestehens oder Nichtbestehens einer Ehe, des Bestehens der elterlichen Gewalt, der Ehelichkeit eines Kindes, §§ 606, 632, 640 ZPO). Während mit solchen Klagen das Bestehen oder Nichtbestehen eines Zustandes zur Anerkennung gebracht wird (Zustandsklagen) — und zwar regelmäßig mit Wirkung gegen alle (§§ 629, 643 ZPO) —, werden die durch das Bestehen des Zustandes begründeten Ansprüche gegen bestimmte Verpflichtete (z. B. der Anspruch des Mannes gegen die Frau auf Herausgabe eingebrachten Gutes, § 1373, der Anspruch der Frau gegen den Mann, oder des Kindes gegen den Vater auf Gewährung von Unterhalt, §§ 1360, 1601, der Anspruch der Tochter gegen den Vater auf Gewährung einer Aussteuer, § 1620) mit den entsprechenden Leistungsklagen bzw. der Feststellungsklage aus § 256 ZPO verfolgt und die darauf ergehenden Urteile schaffen nur unter den Parteien Recht. Soweit die aus dem festgestellten Zustande hervorgehenden Berechtigungen sittlicher Natur sind (z. B. das Recht der Ehegatten auf Geschlechtsgemeinschaft, das Recht des Kindes gegen die Eltern auf Erziehung), können sie im Rechtswege zwar nicht erzwungen werden, aber der Zuwiderhandelnde kann sich durch ihre schuldbare Verletzung andere Rechtsnachteile zuziehen.

3. Anwendbarkeit der allgemeinen Vorschriften. Die im allgemeinen Teile und im Rechte der Schuldverhältnisse erteilten Vorschriften finden grundsätzlich auch auf das Familienrecht Anwendung. Letzteres ist nicht derartig vollständig geordnet und in sich abgeschlossen, daß alle Fragen ausschließlich nach dem Inhalte des 4. Buches beantwortet werden könnten. Ein Zurückgreifen auf die allgemeinen Vorschriften erscheint daher gestattet, unter Umständen sogar geboten. Allerdings gibt es im Gebiete des Familienrechts Verhältnisse, die wegen ihres inneren Zusammenhangs mit sittlichen Anschauungen oder aus anderen Gründen eine Anwendung jener Vorschriften, die in erster Reihe auf vermögensrechtliche Verhältnisse berechnet sind, nicht dulden, allein diesem Umstande hat schon das Gesetz selbst vielfach durch Aufstellung besonderer Vorschriften Rechnung getragen. Wo dies der Fall ist, gelten die besonderen Vorschriften ausschließlich. So ordnet das 4. Buch z. B. in den §§ 1332, 1333 die Anfechtung der Ehe wegen Irrtums unter Ausschließung des § 119 (Anfechtung einer Willenserklärung wegen Irrtums). In manchen Fällen ist es von den Verfassern des BGB sogar ausdrücklich als eine offene Frage hingestellt worden, ob die allgemeinen Bestimmungen sinnentsprechend anzuwenden seien (z. B. die Bestimmung über Rechtsgeschäfte auf die Verzeihung im Falle des § 1570; M 4, 603).

Erster Abschnitt

Bürgerliche Ehe

Erster Titel

Verlöbnis

§ 1297

Aus einem Verlöbnisse[1]) kann nicht auf Eingehung der Ehe geklagt werden[2]).

Das Versprechen einer Strafe für den Fall, daß die Eingehung der Ehe unterbleibt, ist nichtig.

E I 1227 II 1203; M 4 1 ff.; P 4 1, 9.

1. **Verlöbnis.** Das Gesetz versteht unter Verlöbnis sowohl die Verlobung (als Handlung) als auch das durch sie begründete familienrechtliche Verhältnis (als Zustand; Brautstand). Unter den Schriftstellern herrscht Streit über die rechtliche Natur des Verlöbnisses (ob Vertrag, Vorvertrag oder tatsächlicher Vorgang). Das Reichsgericht erblickt in der Verlobung, als einem von Mann und Frau wechselseitig gegebenen und angenommenen Eheversprechen, einen Vertrag und in dem durch die Verlobung begründeten Verhältnis ein Vertragsverhältnis (RG 61, 267; RG JW 06, 9[3]; RG 80, 88; RG Warn 1917 Nr 273; RG 98, 13). Bei dem Verlöbnisse ist zu unterscheiden zwischen dem Verlöbnisvertrage (der Verlobung) und dem durch diesen Vertrag begründeten familienrechtlichen Verhältnisse (dem Brautstande). Die Verlobung ist nach der in Recht und Sitte herrschenden Anschauung der unter der Abgabe eines wechselseitigen Eheversprechens auf künftige Eheschließung gerichtete Vertrag. Wird die Eheschließung vom Eintritt einer Bedingung (z. B. Zustimmung des Vaters) oder einer Zeitbestimmung abhängig gemacht, so folgt daraus noch nicht, daß der Verlöbnisvertrag oder gar der durch ihn begründete Brautstand aufschiebend bedingt wird. Denn der Inhalt und die rechtliche Bedeutung des Verlöbnisvertrags ist nicht unmittelbar die Verpflichtung zur Heirat, zur Begründung des Ehestandes, sondern die Willenseinigung über das gegenseitige Versprechen der künftigen Verheiratung und die behufs seiner Verwirklichung zunächst erfolgende Begründung des Brautstandes. Das Verlöbnis hat nicht die Rechtsfolge, daß die Verlobten an das Verlöbnis gebunden sind. Die Freiheit der Willensbestimmung bei der Eheschließung soll nicht beeinträchtigt werden (RG 80, 88; RG Warn 1914 Nr 164; § 1298 A 1). Selbst ein einseitiger Rücktritt, der ohne wichtigen Grund erfolgt, bringt das Verlöbnis zur Auflösung, nur knüpft das Gesetz an einen solchen Rücktritt die in den §§ 1298, 1300 umgrenzte Schadensersatzpflicht (RG 98, 13). Die in den §§ 1298—1300 geregelten Rechtsfolgen des Verlöbnisses gehen von der Freiheit des einseitigen Lösens des Verlöbnisses aus und fließen einzig und allein aus der ohne wichtigen Grund erfolgten Auflösung des durch das gegenseitige Eheversprechen begründeten Brautstandes. Dabei ist es nicht ausgeschlossen, daß der Nichteintritt einer für die Verheiratung unter den Verlobten vereinbarten Bedingung einen wichtigen Grund für den Rücktritt eines Verlobten (§ 1298 Abs 3) abgeben kann (RG 80, 88). Soweit ein aufschiebend bedingtes Verlöbnis überhaupt denkbar ist, wird es regelmäßig dann ausgeschlossen erscheinen, wenn sich die Liebenden gegenseitig die Heiratsabsicht nicht nur ausdrücklich erklärt, sondern auch längere Zeit hindurch in Wort und Tat bestätigt haben und auf dieser Grundlage sogar in Geschlechtsverkehr miteinander getreten sind (ebenda). Als Vertrag untersteht das Verlöbnis den allgemeinen Vorschriften über Rechtsgeschäfte, insbesondere den Bestimmungen über die beschränkte Geschäftsfähigkeit Minderjähriger in den §§ 106ff. Ein Minderjähriger bedarf nach § 107 zum Abschluß eines Verlöbnisses der Einwilligung seines gesetzlichen Vertreters. Die Wirksamkeit eines von einem Minderjährigen ohne die erforderliche Genehmigung des gesetzlichen Vertreters eingegangenen Verlöbnisses hängt nach § 108 Abs 1 von der Genehmigung des Vertreters ab. Die Verweigerung der Genehmigung hat zur Folge, daß das Verlöbnis als von Anfang an unwirksam gilt, und unterliegt nicht dem Widerrufe. Wird das Verlöbnis erneuert, so kann es vom gesetzlichen Vertreter trotz vorangegangener Verweigerung genehmigt werden. Genehmigung des Verlöbnisses durch den Minderjährigen nach erlangter Volljährigkeit hat, sofern der andere Teil nicht vorher zurückgetreten ist, zur Folge, daß das Verlöbnis als von Anfang an wirksam gilt (RG 61, 267; 98, 13). Ein Verlöbnis, das im Zustande der Geschäftsunfähigkeit (§ 104) oder Bewußtlosigkeit oder vorübergehender Störung der Geistestätigkeit eingegangen wird (§ 105 Abs 2), ist nichtig. Vgl. RG Warn 1914 Nr 163. Ehemündigkeit (§ 1303) setzt das Verlöbnis nicht voraus, vielmehr ist es zulässig, daß ein Eheunmündiger mit

Genehmigung des gesetzlichen Vertreters die Ehe für den ausdrücklich oder stillschweigend vorausgesetzten Fall der Erlangung der Ehemündigkeit verspricht. Das Verlöbnis ist an keine besondere Form gebunden. Ehehindernisse stehen nicht unbedingt dem Abschluß eines Verlöbnisses entgegen, vielmehr kommt es darauf an, ob die Verlobten vernünftigerweise auf die Beseitigung des Ehehindernisses rechnen können, ohne gegen Gesetze oder gute Sitten zu verstoßen. Vgl. **RG**St JW 09, 519[24]. — Grundsätzlich ist das Eheversprechen eines verheirateten Mannes nichtig (**RG** SeuffA 78 Nr 191). Eine Eheberedung zwischen dem wegen Ehebruchs geschiedenen Ehegatten und demjenigen, mit dem er die Ehe gebrochen hat, verstößt nicht gegen die guten Sitten, wenn sie nach der Scheidung und im Hinblick auf die erhoffte Befreiung von dem Eheverbote des § 1312 erfolgt ist (**RG**St 40, 420). Ein Abkommen der Verlobten über Einschränkung der Kinderzahl verstößt dann nicht gegen die guten Sitten und macht das Verlöbnis nicht nichtig, wenn die Braut wegen eines Unterleibsleidens Ursache hat, die mit der Niederkunft verbundenen Gefahren zu fürchten (**RG** JW 08, 28[2]). Ob das Verlöbnis eines trunksüchtigen, syphilitischen und erwerbsunfähigen Mannes vom Manne wegen dieser seiner Eigenschaften als gegen die guten Sitten verstoßend und deshalb nach § 138 als nichtig erklärt werden kann, ist in **RG** Warn 1914 Nr 163 unentschieden gelassen. Grundsätzliche Bedenken dürften der Anwendung des § 138 Abs 1 auf Verlöbnisverträge meines Erachtens nicht im Wege stehen. — Das Dasein eines Verlöbnisses ist nicht davon abhängig, daß das der Eheschließung folgende eheliche Leben einen längeren Zeitraum umfassen solle; die Abrede der Verlobten, gemeinsam in den Tod zu gehen, bewirkt nicht die Ungültigkeit des Verlöbnisses (**RG** JW 05, 288[12]).

2. Das Verlöbnis begründet zwar **keine klagbare, wohl aber eine dringende sittliche Verpflichtung zur Eingehung der Ehe,** auch knüpfen sich an den Bruch des Verlöbnisses rechtliche Folgen (§§ 1298—1301). — Die Unklagbarkeit und die darin begründete rechtliche Unvollkommenheit des Eheversprechens (§ 1297 Abs 1) ändert nichts an dem Bestehen der gesetzlich in anderer Weise (§§ 1298ff.) gesicherten Pflicht zur unmittelbaren Erfüllung des Eheversprechens durch Eingehung der Ehe und darum ebensowenig an den mittelbar sich aus der Verpflichtung zur Erfüllung des Eheversprechens ergebenden Gattenpflichten. Daher stellt sich ein Abkommen, inhalts dessen ein hochbejahrter Bräutigam seiner jugendlichen Braut ein Sparkassenguthaben gegen ihre Zusage, ihm eine treue Gattin und Pflegerin zu sein, zuwendet, als Einigung über eine unentgeltliche Zuwendung dar, und der Ehemann kann das Geschenk wegen groben Undanks widerrufen. Das Abkommen kann nicht als sittenwidrig angesehen werden (**RG** JW 1917, 848[3]). In letzterer Beziehung ebenso **RG** 28. 5. 19 IV 97/19. Keine Schenkung, wenn die Zuwendung des Bräutigams an die Braut von Anfang an die Gegenleistung für das Ausscheiden der Braut aus dem Staatsdienste bilden sollte (**RG** 28. 5. 19 IV 97/19). Im Gebiete des Erbrechts findet das Verlöbnis besondere Berücksichtigung in §§ 2275, 2276, 2290 (Erbvertrag), §§ 2347, 2351, 2352 (Erbverzicht), §§ 2077, 2279 (letztwillige Verfügung).

§ 1298

[1]) Tritt ein Verlobter von dem Verlöbnisse[2]) zurück[3]), so hat er dem anderen Verlobten und dessen Eltern sowie dritten Personen, welche an Stelle der Eltern gehandelt haben, den Schaden zu ersetzen, der daraus entstanden ist, daß sie in Erwartung der Ehe[4]) Aufwendungen[5]) gemacht haben oder Verbindlichkeiten eingegangen sind. Dem anderen Verlobten hat er auch den Schaden zu ersetzen, den dieser dadurch erleidet, daß er in Erwartung der Ehe sonstige sein Vermögen oder seine Erwerbsstellung berührende Maßnahmen[6]) getroffen hat.

Der Schaden ist nur insoweit zu ersetzen, als die Aufwendungen, die Eingehung der Verbindlichkeiten und die sonstigen Maßnahmen den Umständen nach angemessen waren.

Die Ersatzpflicht tritt nicht ein[7]), wenn ein wichtiger Grund[8]) für den Rücktritt vorliegt[9])[10]).

E I 1228 Abs 1 II 1204; M 4 3 ff.; P 4 3 ff., 9.

1. Die im § 1298 bestimmte **Schadensersatzpflicht des zurücktretenden Verlobten** stellt sich lediglich als eine Forderung der Billigkeit dar. Sie steht nicht unter dem Gesichtspunkte der Strafe für ungerechtfertigten Verlöbnisbruch. Diese Auffassung wäre schon mit der Bestimmung im § 1297 Abs 2 unvereinbar. Die Schadensersatzpflicht stellt auch nicht eine Abfindung für Vorteile dar, die dem andern Teile aus der Eheschließung erwachsen wären.

Das Gesetz will jeden unmittelbaren und mittelbaren Zwang zur Aufrechterhaltung eines Verlöbnisses und Eingehung der Ehe durch Bedrohung mit Vermögensnachteilen vermeiden, weil ein derartiger Zwang mit dem Wesen der Ehe unverträglich ist. Vgl. § 1297 A 1. Der Anspruch auf Schadensersatz aus § 1298 und der Anspruch auf Rückgabe der Geschenke aus § 1301 sind Ansprüche von ganz verschiedener rechtlicher Natur und nach dem Willen des Gesetzgebers nicht gleich zu behandeln (**RG** JW 1925, 2110[1]).

2. Vorausgesetzt wird ein rechtswirksames Verlöbnis (§ 1297 A 1).

3. Der **Rücktritt** vom Verlöbnisse kann ausdrücklich oder stillschweigend erklärt werden und wirkt erst, wenn er dem andern Teile bekannt geworden ist. Der in der Geschäftsfähigkeit beschränkte Verlobte bedarf dazu nicht der Einwilligung des gesetzlichen Vertreters. Durch den Rücktritt wird das Verlöbnis unbedingt gelöst, und auch ein ungerechtfertigter Rücktritt hat nicht zur Folge, daß die Verpflichtungen aus dem Verlöbnisse noch fortdauern, sondern zieht nur die Schadensersatzpflicht aus § 1298 nach sich (**RG** 18. 4. 07 IV 459/06). Richtig ist freilich, daß ein Minderjähriger zur Eingehung eines Verlöbnisses nach § 107 der **Einwilligung seines gesetzlichen Vertreters** bedarf (§ 1297 A 1). Aber daraus folgt nichts für die Auflösung des Verlöbnisses. Da vielmehr die Ehe ohne den persönlichen Willen des in der Geschäftsfähigkeit beschränkten Verlobten nicht geschlossen werden kann und keinerlei Zwang zur Eingehung der Ehe auf ihn ausgeübt werden darf, macht seine Weigerung, die Ehe zu schließen, die Heirat unmöglich. Die Weigerung muß deshalb für sich allein und ohne Rücksicht darauf, ob der gesetzliche Vertreter zustimmt oder nicht, die Wirkung des Rücktritts haben, mag dieser auch, wenn er ohne wichtigen Grund erfolgt, einen Schadensersatzanspruch des andern Teiles auslösen. Die Vorschrift in § 107 ist darum auf den Rücktritt vom Verlöbnis nicht anwendbar (**RG** 98, 13). Der einseitige Rücktritt eines Verlobten hat, gleichviel ob er mit oder ohne wichtigen Grund erfolgt, die Aufhebung des Verlöbnisses zur Folge (**RG** Warn 1914 Nr 164; **RG** 98, 13). Diese Folge kann nicht durch die einseitige Erklärung des zurückgetretenen Teils, zur Eheschließung bereit zu sein, beseitigt werden. Dazu bedarf es vielmehr des Abschlusses eines neuen Verlöbnisvertrags auf Grund beiderseitiger Willenseinigung (**RG** Warn 1914 Nr. 164). Im Falle der **Wiederaussöhnung der Brautleute** nach einseitigem Rücktritt eines von ihnen erlöschen die Ansprüche auf Schadensersatz und Rückgabe der Geschenke, und der ursprüngliche Verlöbnisvertrag wird wiederhergestellt, wie wenn nie ein Rücktritt stattgefunden hätte. Bei späterem Verlöbnisbruche kommt es nur darauf an, ob der spätere Rücktritt (nicht der frühere) berechtigt war, und es kann zutreffendenfalls Schadensersatz für die ganze Dauer des Brautstandes seit dem ursprünglichen Verlöbnisse (nicht bloß für die Zeit nach dem späteren Rücktritte) verlangt werden (OLG 30, 33). Eine Aussöhnung der zurückgetretenen Braut mit dem andern Teile wird zwar in der Regel einen Verzicht auf etwaige durch den Rücktritt zur Entstehung gelangte Schadensersatzansprüche enthalten, aber von einem rechtsgültigen Verzichte kann keine Rede sein, wenn die zurückgetretene Braut wegen Minderjährigkeit zu einer Aufgabe von Rechten der Zustimmung ihres Vaters als ihres gesetzlichen Vertreters ebenso bedurfte, wie zur Eingehung eines neuen Verlöbnisses, und es an einer solchen Zustimmung fehlte (**RG** 98, 13).

4. **In Erwartung der Ehe** sind die fraglichen Handlungen vorgenommen, wenn sie wesentlich mit Rücksicht auf die in Aussicht genommene Ehe vorgenommen worden sind, also vernünftigerweise unterlassen wären, falls der Handelnde den Verlöbnisbruch vorausgesehen hätte (**RG** JW 03 Beil 144[316]; **RG** Warn 1914 Nr 254).

5. **Aufwendungen,** z. B. die Gewährung einer Aussteuer (§ 1620) oder einer Ausstattung (§ 1624) Eine Braut, die auf ihre Kosten dem Bräutigam im Hause ihrer Eltern monatelang Beköstigung gewährt, kann auf Grund des § 1298 Erstattung ihrer Aufwendungen beanspruchen (**RG** 18. 1. 17 IV 299/16).

6. **Schadensersatz,** z. B. wenn ein Verlobter eine Anstellung (**RG** Warn 1914 Nr 254) oder einen Beruf aufgibt oder eine ihm während des Brautstandes angebotene Anstellung oder sonst einen vermögensrechtlichen Erwerb ausschlägt. Hierhin gehört auch der Kauf eines Handelsgeschäfts (**RG** JW 03 Beil 144[316]). Zu solchen die Erwerbsstellung berührenden Maßnahmen gehört es, wenn die Braut ihre verdienstbringende Beschäftigung als Modistin zu einer Zeit, da sie die Eheschließung als in naher Aussicht stehend annehmen durfte, im Einverständnis und auf Wunsch des Bräutigams aufgibt. Der Schaden umfaßt auch den Verdienstausfall, der nach der Lösung des Verlöbnisses bis zu der Zeit, da die Braut ihre Erwerbsstellung in der früheren Weise wiederaufnehmen konnte, eingetreten ist (**RG** Warn 1918 Nr 76; 1924 Nr 181). Nicht zu berücksichtigen ist dagegen die Ablehnung eines Heiratsantrags, der einer Braut während des Verlöbnisses von einem zweiten, vielleicht wohlhabenderen Freier gemacht wird (**RG** JW 02 Beil 259[177]). Trifft den geschädigten Verlobten insofern ein mitwirkendes Verschulden, als er es unterläßt, den Schaden abzuwenden oder doch zu mindern (§ 254 Abs 2; z. B. wenn er sich nicht bemüht, die aufgegebene Stellung wiederzuerlangen), so ist dies auch bei § 1298 zu beachten (**RG** Warn 1914 Nr 254). **Weitergehende Schadensansprüche** als die im § 1298 bezeichneten können nach allgemeinen Grundsätzen begründet

ein, z. B. wenn das Verlöbnis in betrügerischer Absicht eingegangen oder gebrochen wurde. — Ein Mann, der eine Frauensperson durch ein nicht ernst gemeintes Eheversprechen täuscht, mit ihr jahrelang Beziehungen unterhält und sie dadurch abhält, für die Sicherung ihrer Zukunft zu sorgen, macht sich einer **unerlaubten Handlung** schuldig und haftet gemäß § 826 für den der Frauensperson zugefügten Schaden. Dies sittenwidrige Verhalten bildet eine selbständige Klagegrundlage (**RG** Recht 1920 Nr 2861). Die Auffassung, daß der **Abschluß eines zweiten Verlöbnisses** durch das Bestehen eines ersten Verlöbnisses begrifflich ausgeschlossen wird, kann nicht geteilt werden. Denn es ist begrifflich durchaus möglich, daß der doppelt Verlobte sich verpflichtet, den Erfolg der Eheschließung mit der zweiten Braut nach der ihm jederzeit möglichen Auflösung des Verlöbnisses mit der ersten Braut herbeizuführen. Allein ein Vertrag, in welchem ein Verlobter eine derartige Verpflichtung übernehmen würde, könnte nach § 138 keine Wirksamkeit haben. Denn es würde der Auffassung aller billig und gerecht denkenden Menschen widersprechen, wenn jemand einem Dritten gegenüber sich verbindlich machen wollte, das seiner Verlobten abgegebene **Treugelöbnis zu brechen.** Ein bedingungslos abgeschlossenes neues Verlöbnis könnte daher nur dann wirksam geworden sein, wenn darin ein (hier vermißter) Rücktritt von dem früheren Verlöbnis erblickt werden könnte. Auch in dem Falle, wenn ein nur bedingtes Eheversprechen der zweiten Braut gegenüber abgegeben wäre, würde ein **doppelter Brautstand** mindestens zeitweise nebeneinander bestanden haben, und das ließe sich ebensowenig mit den allgemeinen sittlichen Anschauungen vereinigen. Der Anspruch der zweiten Braut auf Schadensersatz wegen Verlöbnisbruchs gegen ihren früheren Bräutigam (der inzwischen seine erste Braut geheiratet hatte), war daher unbegründet. Da die zweite Braut Kenntnis von der noch bestehenden ersten Verlobung hatte, ließ sich ihr Anspruch auch nicht auf § 825, § 847 Abs 2 stützen. Ob die Entscheidung anders ausfallen müßte, wenn der Beklagte schon bei Abschluß des Verlobungsvertrags mit der Klägerin den festen Entschluß gehabt hätte, auf jeden Fall an dem ersten Verlöbnisse festzuhalten und über diese Absicht die **Klägerin getäuscht** hätte, konnte auf sich beruhen, da dahingehende Behauptungen nicht aufgestellt waren (**RG** 105, 245). — Auch gegen einen Dritten können aus allgemeinen Gründen (§ 826) Ansprüche auf Ersatz der in Erwartung der Ehe gemachten Aufwendungen begründet sein, z. B. gegen den Vater der Braut, wenn er die Einwilligung zur Eheschließung aus nichtigen Gründen zurückzieht (**RG** 58, 255).

7. **Beweislast.** Die gewählte Fassung deutet an, daß der zurücktretende Teil das Vorhandensein eines wichtigen Grundes für den Rücktritt zu beweisen hat. Dem klagenden Teile liegt der Beweis eines rechtswirksamen Verlöbnisses (§ 1297 A 1), des Rücktritts und des Schadens ob. — Derjenige, der das Vorliegen eines wichtigen Grundes für seinen Rücktritt behauptet, ist dafür beweispflichtig (**RG** JW 1925, 2110[1]).

8. Ob ein **wichtiger Grund** für den Rücktritt vorliegt, hängt von den Umständen des einzelnen Falles ab. Der wichtige Grund kann in der Person des Zurücktretenden oder in der Person des andern Teiles vorliegen. Nicht erforderlich ist, daß der wichtige Grund durch Verschulden hervorgerufen ist; anders im Falle des § 1299. Die Versagung oder Zurücknahme der Einwilligung des Vaters in die Eheschließung kann, wo sie nach § 1305 erforderlich ist, nicht schlechthin und ein für allemal als wichtiger Grund für den einseitigen Rücktritt einer Tochter vom Verlöbnisse angesehen werden, namentlich dann nicht, wenn die Einwilligung aus verwerflichen und nichtigen Gründen verweigert wird (**RG** 58, 254). Der **Mangel der elterlichen Einwilligung** wird für einen volljährigen Verlobten in der Regel keinen wichtigen Grund zum Rücktritt bilden, insbesondere dann nicht, wenn die Weigerung der Zustimmung ohne triftige Gründe geschieht. Anders liegt aber die Sache, wenn Bräutigam und Mutter der Braut von gegenseitiger gehässiger Gesinnung erfüllt sind und dadurch die Braut vor die Wahl gestellt sein würde, entweder mit der Mutter oder mit dem Bräutigam dauernd und völlig zu brechen. Wenn dann noch zu befürchten ist, daß die Braut bei ihrer Zuneigung zur Mutter durch einen Bruch mit ihr in dauernde schwere Seelenkämpfe geraten würde und dadurch das Glück und der Bestand der Ehe von vornherein ernstlich gefährdet wird, so ist die Annahme eines wichtigen Grundes für den Rücktritt der Braut nicht zu beanstanden (**RG** 22. 2. 15 IV 479/14). Die volljährige Braut kann ihren Rücktritt darauf stützen, daß ihr Vater ihr aus triftigen Gründen die Einwilligung zur Eingehung der Ehe mit dem Bräutigam versagt hat (OLG 30, 34). Nach **RG** 18. 4. 07 IV 459/06 kann ein erst nach der Zeit der Rücktrittserklärung entstandener Rücktrittsgrund nicht in Betracht kommen, denn die Zulassung eines späteren Ereignisses als Rechtfertigung des bereits vorher erfolgten Rücktritts würde, wie **RG** Warn 1914 Nr 164 ausführt, zur Folge haben, daß die im Zeitpunkte des Rücktritts mangels eines wichtigen Grundes eingetretene Ersatzpflicht nachträglich wieder in Wegfall kommen könnte, und von einem Erlöschen einer einmal eingetretenen Ersatzpflicht ist weder im § 1298 noch sonstwo die Rede. Vgl. auch **RG** Warn 1914 Nr 163 und § 1299 A 1. Da der einseitige Rücktritt eines Verlobten, gleichviel ob er mit oder ohne wichtigen Grund erfolgt, die Aufhebung des Verlöbnisses zur Folge hat (oben A 3), so wird

dadurch zugleich der andere Teil von der durch das Verlöbnis begründeten Verpflichtung frei, sein Verhalten dem gegebenen Eheversprechen gemäß einzurichten. Der zurückgetretene Teil ist daher nicht berechtigt, aus dem späteren Verhalten des andern Teils einen wichtigen Grund zur nachträglichen Rechtfertigung seines Rücktritts herzuleiten (RG Warn 1914 Nr 164). Nach RG JW 07, 178[17] ist es unstatthaft, bei Prüfung der Frage, ob ein wichtiger Grund zum Rücktritte von einem rechtsgültig geschlossenen Verlöbnisse gegeben ist, die **Grundsätze über Ehescheidung** entsprechend anzuwenden. Wie in derselben Entscheidung ausgeführt, können nachträglich entstandene, nicht leichtfertig hervorgesuchte, ernste Bedenken eines Verlobten gegen wesentliche Eigenschaften des andern Teiles (Morphiumsucht der Braut) einen wichtigen Rücktrittsgrund bilden, doch ist daran festzuhalten, daß die gedachten Bedenken sich auf erhebliche Tatsachen stützen müssen, die nach der in den Gesellschaftskreisen der Brautleute herrschenden Auffassung bei einer sachlichen, die Umstände des einzelnen Falles berücksichtigenden Würdigung geeignet gewesen wären, den andern Teil von der Eingehung des Verlöbnisses abzuhalten. — Die Verschiedenartigkeit der Verhältnisse rechtfertigt es nicht, Verlöbnis und Ehe in bezug auf ihren Abbruch gleichzustellen (RG 6. 6. 21 IV 599/20). — Der Umstand, daß die Frau die Ehe wegen persönlicher Eigenschaften des Mannes (Trunksucht, Krankheit, Erwerbsunfähigkeit) anfechten könnte, rechtfertigt nicht den Rücktritt des Mannes vom Verlöbnisse; denn die Beseitigung dieser Anfechtbarkeit der Ehe lag vollständig in der Hand des Mannes; er brauchte nur vor der Eheschließung die Frau über die Sachlage aufzuklären (RG Warn 1914 Nr 63). Ein nervöses Leiden der Braut kann ihr, wie RG 18. 4. 07 IV 459/06 ausführt, nicht ohne weiteres einen Grund zum Rücktritt geben. Pflicht der Brautleute ist es, derartige aus einer heilbaren Krankheit sich ergebende Hindernisse der Eheschließung zu beseitigen; anders, wenn es sich um ein dauerndes Leiden handelt, das geeignet ist, die nach dem Wesen der Ehe erforderliche geistige Gemeinschaft zu gefährden. — Darüber, ob ein die geschlechtliche Unbescholtenheit der Braut anzweifelndes, wenn auch unbegründetes Gerücht einen wichtigen Grund im Sinne des § 1298 Abs 3 bilden kann, vgl. OLG 33, 335. — Eine Braut, die sich weigert, nach der Eheschließung an den vom Bräutigam bestimmten Wohnort (auf dem Lande, wo er eine gute Stellung finden kann) zu ziehen, gibt ihm gerechtfertigten Anlaß zum Rücktritte vom Verlöbnisse (SeuffA 77 Nr 38). Unter Umständen kann die Weigerung eines Verlobten, sich vor der Eheschließung auf seine Gesundheit ärztlich untersuchen zu lassen, dem andern Verlobten einen wichtigen Grund zum Rücktritte vom Verlöbnis abgeben (KG im Recht 1921 Nr 575). Vgl. Ges v. 11. 6. 20 und § 1316 A 2. Die Annahme, daß eine wiederholte Verzögerung des Abschlusses der Ehe, ohne daß ein triftiger Grund dafür vorliegt, für den anderen Verlobten einen wichtigen Grund zum Rücktritt bilden kann, begegnet keinen rechtlichen Bedenken (RG Warn 1925 Nr 132). Das Festhalten an einem Verlöbnisse und die daraus sich ergebende Eingehung einer Ehe kann niemals einem Teile aus Rücksichten auf vermögensrechtliche Vorteile oder Nachteile des anderen Teils zugemutet werden (RG Warn 1925 Nr 132). Die Tatsache, daß die Klägerin sich inzwischen anderweit verheiratet hat, mag zu einer Verminderung einzelner Schadensforderungen führen, aber es ist jedenfalls kein Rechtsirrtum, wenn das Berufungsgericht trotzdem der Meinung ist, daß gleichwohl noch ein auf §§ 1298, 1299 zu gründender Schadensersatzanspruch übrigbleibe (RG Warn 1925 Nr 132).

9. Die Ansprüche aus § 1298 sind übertragbar und vererblich.

10. **Verhältnis des deutschen zum ausländischen Eherechte.** Das EG enthält zwar keine ausdrücklichen Vorschriften über Verlöbnis, Verlöbnisbruch und Schadensersatz. Es liegt aber nahe, daß hierauf die im Art 13 Abs 1 EG für die Eingehung der Ehe erteilten Vorschriften anzuwenden sind, da man unter „Eingehung der Ehe" im weiteren Sinne auch die Vorstufe der Ehe, das Verlöbnis, mitverstehen kann. Fallen doch unter „Eingehung der Ehe" im Sinne des Art 13 EG auch die §§ 1323—1347 über Nichtigkeit und Anfechtbarkeit der Ehe, obwohl sie nicht im Titel „Eingehung der Ehe" (§§ 1303—1322) stehen (zustimmend RG Warn 1917 Nr 210). Danach ist der Schadensersatzanspruch wegen Verlöbnisbruchs, falls auch nur einer der Verlobten ein Deutscher ist, in Ansehung eines jeden der Verlobten nach den Gesetzen des Staates, dem er angehört, zu beurteilen. — Gleiches gilt, wenn Ausländer im Inlande ein Verlöbnis eingehen. Früher abweichend RG Gruch 47, 135. Vgl. Vorbem. 1 vor § 1303.

§ 1299

[1]) Veranlaßt ein Verlobter den Rücktritt des anderen durch ein Verschulden[2]), das einen wichtigen Grund für den Rücktritt bildet, so ist er nach Maßgabe des § 1298 Abs 1, 2 zum Schadensersatze verpflichtet.

E I 1228 Abs 2 II 1205; M 4 5; P 4 3, 7.

1. **Die schuldbare Veranlassung eines gerechtfertigten Rücktritts** (§ 1299) steht dem ungerechtfertigten einseitigen Rücktritte (§ 1298) hinsichtlich der Schadensersatzpflicht gleich.

Andernfalls könnte ein Verlobter, ohne sich den mit einem ungerechtfertigten Rücktritte für ihn verbundenen Nachteilen auszusetzen, es darauf anlegen, durch sein Verhalten den andern Teil zum Rücktritte zu veranlassen. — Wie im § 1298 wird auch im § 1299 ein im Zeitpunkte des Rücktritts vorliegender Grund vorausgesetzt, denn veranlaßt kann der Rücktritt nur durch ein im Zeitpunkte seiner Erklärung bereits vorhandenes Ereignis sein (**RG** Warn 1914 Nr 164). Im übrigen vgl. die Erläuterungen zu § 1298.

2. Der **Beweis** des Verschuldens liegt dem auf Schadensersatz klagenden Teile ob.

§ 1300

[1]) Hat eine unbescholtene[2]) Verlobte[3]) ihrem Verlobten die Beiwohnung gestattet[3a], so kann sie, wenn die Voraussetzungen des § 1298 oder des § 1299 vorliegen, auch wegen des Schadens, der nicht Vermögensschaden ist, eine billige Entschädigung[4]) in Geld verlangen.

Der Anspruch ist nicht übertragbar und geht nicht auf die Erben über, es sei denn, daß er durch Vertrag anerkannt oder daß er rechtshängig geworden ist[5])[6]).

E II 1206; M 4 912 ff.; P 4 7, 695, 698.

1. **Grund der Vorschrift.** Der Anspruch aus § 1300 wird der unbescholtenen Braut, die ihrem Bräutigam die Beiwohnung gestattet hat, gewährt, weil sie in Erwartung der Eheschließung hoffen durfte, ihr Fehltritt werde ihr keinen Schaden bringen, diese Hoffnung aber durch den Rücktritt des Bräutigams vereitelt wird und ihre Aussichten auf eine Versorgung zerstört oder wenigstens beeinträchtigt werden (vgl. Prot 4, 698). — Zwar findet, wie in der Denkschrift 679 hervorgehoben ist, die Bestimmung des § 1300 ihre sachliche Begründung in der Lage der Braut, die sich nur im Vertrauen auf die nachfolgende Eheschließung dem Verlobten hingegeben hat. Allein aus dieser Begründung des Gesetzes ist nicht zu entnehmen, daß der Richter in eine Untersuchung der Beweggründe der Braut zu ihrem Verhalten eintreten müßte. Die Annahme, daß eine unbescholtene Braut, wenn sie dem Bräutigam die Beiwohnung gestattet, dies in Erwartung der Eheschließung tut, erscheint so selbstverständlich, daß die Gewährung einer billigen Entschädigung, wie die Fassung der Gesetzesvorschrift ergibt, in dem bloßen Vorgang ihre Rechtfertigung findet (**RG** Warn 08 Nr 481). Der Anspruch aus § 1300 hat lediglich die Tatsache zur Voraussetzung, daß die unbescholtene Verlobte ihrem Verlobten die Beiwohnung gestattet hat. Dagegen kommt es nicht auf die Feststellung an, ob sie sich im Hinblick auf die von ihr erwartete Eheschließung oder lediglich in Fortsetzung des schon vor der Verlobung begonnenen Geschlechtsverkehrs dem Verlobten hingegeben hat (**RG** JW 06, 425[10]). Der Anspruch aus dem Verlöbnisbruch ist ein durchaus anderer als der sog. Deflorationsanspruch älteren Rechtes (**RG** 49, 204). Die Erklärung des Mannes, zur Eheschließung bereit zu sein, hat nicht den Verlust des Schadensersatzanspruchs aus § 1300 zur Folge (**RG** Warn 1914 Nr 164). Vgl. § 1298 A 8.

2. **Unbescholtenheit** ist nicht gleichbedeutend mit Jungfräulichkeit. Unter Unbescholtenheit im Sinne des § 1300 BGB ist ebenso wie im § 182 StGB Unversehrtheit der Geschlechtsehre zu verstehen, und zwar gleichmäßig in allen Ständen und Berufsklassen (**RG**St 32, 437; 35, 46; 37, 94; **RG** JW 06, 65[16]; 08, 304[14]). Andrerseits ist im Einzelfalle den Anschauungen und Gepflogenheiten desjenigen Standes, dem die Verlobte angehört, Rechnung zu tragen, wenn es sich darum handelt, aus ihren Reden und Handlungen Schlüsse auf einen unsittlichen Lebenswandel zu ziehen (**RG**St 37, 97; **RG** JW 06, 65[16]). Daß geschlechtliche Ausschreitungen einer Frauensperson **in einem weiteren Kreise bekannt geworden** sein müßten, ist zur Annahme der Bescholtenheit nicht erforderlich. Auch diejenige, die nur in engem Kreise oder bei einzelnen Personen „bescholten" ist, kann die Bezeichnung einer unbescholtenen Person nicht für sich in Anspruch nehmen. Regelmäßig wird eine freiwillige Vollziehung des Beischlafs dazu führen müssen, der Frauensperson die Unbescholtenheit abzusprechen, jedoch sind Umstände denkbar, die eine andere Beurteilung rechtfertigen (**RG** 2. 11. 05 IV 227/05; 15. 2. 06 IV 402/05; **RG** JW 07, 480[14]). Es ist kein gesetzgeberischer Grund denkbar, dem Mädchen, dem es gelungen ist, im Verborgenen Geschlechtsbeziehungen zu Männern zu unterhalten, hinsichtlich des Gesetzesschutzes eine Vorzugsstellung einzuräumen (**RG**St 37, 96 zu § 182 StGB). Übereinstimmend Recht 1920 Nr 907. Allerdings hängt der Begriff der Unbescholtenheit einer Frauensperson im Sinne des § 1300 BGB mit ihrem Rufe zusammen (vgl. namentlich **RG** 52, 48), aber es genügt, um diesen als geschädigt anzusehen und „Bescholtenheit" anzunehmen, wenn einerseits die tatsächlichen Grundlagen eines makellosen Rufes infolge geschlechtlicher Verfehlung erweislich verlorengegangen und anderseits Anhaltspunkte dafür gegeben sind, daß auch in den Augen Dritter die gute Meinung von dem sittlichen Werte der betreffenden Frauensperson Einbuße erlitten hat (**RG**

PosMSchr 06, 41). In derselben Entscheidung ist die Frage berührt, aber unentschieden gelassen, ob es im Geiste des Gesetzes liegt, daß ein leichter Fehltritt eines sonst unbescholtenen Mädchens nachträglich durch sittlich einwandfreies Verhalten gleichsam gesühnt und der verlorengegangene gute Ruf wiederhergestellt werden kann. Meines Erachtens ist die Frage zu verneinen, da ein geschlechtlicher Fehltritt nicht ungeschehen gemacht werden kann. — Wer ein bis dahin unschuldig gewesenes Mädchen zum außerehelichen Beischlafe verführt hat, kann sich einer Klage aus § 1300 gegenüber nicht auf diesen von ihm selbst verschuldeten Hergang zum Beweise der Bescholtenheit berufen. Der Grund dafür liegt in der Arglist, der solche Verteidigung entspringt (**RG** 52, 46; **RG** JW 05, 288[12]; 1910, 942[19]; **RG** Gruch 64, 351; **RG** 98, 13). Die Geltendmachung der Bescholtenheit wird dadurch nicht ausgeschlossen, daß die Braut dem Bräutigam vor der Beiwohnung von ihrem früheren geschlechtlichen Verkehre Mitteilung macht; wohl aber wird das Recht des Bräutigams, wegen der mitgeteilten Tatsache vom Verlöbnisse zurückzutreten, ausgeschlossen (**RG** 15. 3. 06 IV 452/05; **RG** JW 07, 480[14]). Die Unbescholtenheit muß zur Zeit der Beiwohnung vorhanden sein; es genügt nicht, wenn sie nur zur Zeit der Verlobung vorhanden war (**RG** Recht 05, 2106).

3. **Verlobte.** Vorausgesetzt wird das Bestehen eines rechtswirksamen Verlöbnisses (§ 1297 A 1) zur Zeit der Beiwohnung.

3a. **Gestattung der Beiwohnung** liegt auch dann vor, wenn die Braut sich zwar zu dem vom Bräutigam verlangten geschlechtlichen Verkehr hergibt, der Bräutigam aber mit seinem Gliede nicht in ihre Scheide eindringen kann, weil die Braut zu eng gebaut ist (OLG 30, 35).

4. **Entschädigung.** Es handelt sich im Falle des § 1300 — ebenso wie in den Fällen der §§ 1298, 1299 — um eine Entschädigung für Nichterfüllung des Heiratsversprechens (für Verlöbnisbruch), nicht eine Entschädigung aus unerlaubter Handlung, als welche die Beiwohnung unter Verlobten nicht angesehen werden kann. Der zu ersetzende Schaden ist demgemäß, wenn die Beiwohnung sowohl vor als nach dem Verlöbnis stattgefunden hat, grundsätzlich nicht auf den Schaden beschränkt, der durch die Beiwohnung nach dem Verlöbnis entstanden ist (**RG** Gruch 64, 351). Über die **Höhe der Entschädigung** (sog. Kranzgeld **RG** 49, 204) entscheidet freies richterliches Ermessen; für die Schätzung des Schadens ist der Zeitpunkt der Auflösung des Verlöbnisses zugrunde zu legen (**RG** 2. 5. 07 IV 487/06). Die Standes- und Vermögensverhältnisse der Verlobten können berücksichtigt werden, sind aber nicht allein maßgebend, vielmehr sind alle Umstände des einzelnen Falles zu würdigen (**RG** JW 07, 480[14]; vgl. auch JW 06, 425[10] und A 1). Bei Bemessung der Entschädigung kommt es hauptsächlich darauf an, welche Heiratsaussichten der Verlobten nach dem Verlöbnisbruche sonst noch verblieben sind, wofür neben der Beiwohnung die gesamten persönlichen Verhältnisse (Alter, Eigenschaften, Vermögen usw.), auch der die Unbescholtenheit der Braut nicht ausschließende Umstand, daß die Beiwohnung schon vor dem Verlöbnis stattgefunden hat, zu berücksichtigen sind. Die Schadensersatzpflicht aus § 1300 kann nicht aus dem Grunde verneint werden, weil schon durch die Beiwohnung vor dem Verlöbnis die Heiratsaussichten der Verlobten derart gemindert seien, daß eine weitere Verschlechterung durch die Beiwohnung nach dem Verlöbnis nicht mehr habe herbeigeführt werden können (**RG** Gruch 64, 351). Der Umstand, daß die Beiwohnung auch schon vor dem Verlöbnis stattgefunden hat, wird allerdings regelmäßig eine **Verschlechterung der Heiratsaussichten** des Mädchens herbeiführen, aber der Mann kann sich meines Erachtens auf diesen von ihm selbstverschuldeten Umstand nicht zu seinen Gunsten berufen, weil er sich sonst dem Vorwurf der Arglist aussetzen würde. Vgl. auch A 2, besonders **RG** 52, 46. Ein Anspruch der Klägerin auf Ersatz des Schadens, den sie durch die Auflösung des Verlöbnisses an ihrer Gesundheit erlitten (Erkrankung infolge des ihr zugefügten seelischen Schmerzes), kann im Rahmen des § 1300 nur insofern Berücksichtigung finden, als die Erkrankung die Größe des erlittenen seelischen Schmerzes, für den die nach § 1300 zustehende Entschädigung einen Ausgleich bilden soll, ermessen läßt. Ein solcher Anspruch kann aber nur auf eine unerlaubte Handlung des Beklagten begründet werden. Aus § 1298 und § 1300 läßt er sich nicht ableiten. Soweit hiermit die Auffassung des Senats im Urt v. 18. 1. 17 IV 299/16 (Warn 1918 Nr 76) nicht in Einklang steht, wird sie nicht aufrechterhalten (**RG** Warn 1924 Nr 181). Bei Schadensersatzansprüchen ist für die Bemessung der Höhe des Schadens die Sachlage maßgebend, wie sie sich zur Zeit des Urteils gestaltet hat (**RG** 102, 384). Das gilt auch für die Ansprüche aus § 1298 und aus § 1300. Der der Verlobten nach § 1298 zu zahlende Geldbetrag muß bei Erlassung des Urteils genügen, um den durch Aufgabe der Erwerbsstellung erlittenen Vermögensausfall auszugleichen. Ebenso kann der billige Ausgleich in Geld nach § 1300 nur nach Maßgabe der Verhältnisse, wie sie sich bis zum Urteil entwickelt haben, gefunden werden — JW 1923, 174 — (**RG** Warn 1924 Nr 181). — Neben dem Anspruch aus § 1300 kann ein weiterer Anspruch aus § 1715 begründet sein (**RG** 15. 4. 07 IV 454/06). Liegen die Voraussetzungen der §§ 823, 826 BGB vor, so können außer den Ansprüchen aus den §§ 1298, 1300 weitergehende Schadensersatzansprüche zustehen (**RG** Warn 1911 Nr 259), in

welchem Falle ein Arzt in der Sprechstunde eine Frauensperson zum Beischlafe genötigt, ihr dann die Ehe versprochen und den Geschlechtsverkehr fortgesetzt hatte, aber schließlich vom Verlöbnisse zurückgetreten war. Vgl. auch RG JW 09, 415[12] (Eheversprechen eines verheirateten Mannes unter Verschweigen des Verheiratetseins, §§ 825, 847), ferner RG Recht 1920 Nr 2861 und § 1298 A 6. Zur Gültigkeit des Versprechens einer lebenslänglichen Rente seitens des Bräutigams an die verlassene Braut aus Anlaß des Verlöbnisbruchs genügt die Schriftform (§§ 761, 780). Nur wenn beide Teile darüber einig sind, daß die Zuwendung der Rente unentgeltlich erfolgt, bedarf es zur Gültigkeit des Versprechens der gerichtlichen oder notariellen Form nach § 518 (RG 22. 6. 12 IV 35/12).

5. **Beweislast.** Zur Begründung eines auf § 1300 gestützten Anspruchs gehört die Behauptung und nötigenfalls der Nachweis, daß die Frauensperson zu der Zeit, als sie die Beiwohnung gestattete, unbescholten war. Der Nachweis der Unbescholtenheit ist allerdings nicht nötig, solange keine Anzeichen für den Mangel der Unbescholtenheit gegeben sind. Liegen solche Anzeichen vor, so ist es Sache der Klägerin, darzutun, daß sie trotzdem unbescholten geblieben ist (RG 2. 11. 05 IV 227/05).

6. **Gerichtszuständigkeit.** Der Anspruch aus einem Verlöbnisbruche (§ 1300) ist kein Anspruch aus einem außerehelichen Beischlafe im Sinne des § 23 Nr 2 GVG. — Für die Klage aus einem Verlöbnisbruch ist nach § 29 ZPO das Gericht zuständig, in dessen Bezirk der Verlöbnisvertrag durch Eheschließung zu erfüllen gewesen wäre. Da nach § 1320 Abs 1 u. 2 die Ehe vor dem zuständigen Standesbeamten geschlossen werden soll und da der Standesbeamte zuständig ist, in dessen Bezirk einer der Verlobten seinen Wohnsitz oder seinen gewöhnlichen Aufenthalt hat, können mehrere Gerichte als zuständig in Frage kommen (OLG 41, 42).

§ 1301

[1]) Unterbleibt die Eheschließung[2]), so kann jeder Verlobte[3]) von dem anderen die Herausgabe desjenigen, was er ihm geschenkt oder zum Zeichen des Verlöbnisses[4]) gegeben hat, nach den Vorschriften über die Herausgabe einer ungerechtfertigten Bereicherung[5]) fordern. Im Zweifel ist anzunehmen, daß die Rückforderung ausgeschlossen[6]) sein soll, wenn das Verlöbnis durch den Tod eines der Verlobten aufgelöst wird.

E I 1229 II 1207; M 4 6; P 4 10.

1. § 1301 Satz 1 enthält nachgiebiges Recht. Die Beteiligten können also abweichende Bestimmungen treffen. § 1301 Satz 2 stellt nur eine Auslegungsregel auf. — Der Anspruch auf Schadensersatz aus § 1298 und der Anspruch auf Rückgabe der Geschenke aus § 1301 sind Ansprüche von ganz verschiedener rechtlicher Natur und nach dem Willen des Gesetzgebers nicht gleich zu behandeln (RG JW 1925, 2110[1]).

2. Abgesehen von dem Falle des Todes eines Verlobten ist die **Eheschließung** als **unterblieben** anzusehen, wenn das Verlöbnis aus irgendeinem Grunde gelöst ist.

3. **Verlobte.** Vorausgesetzt wird das Bestehen eines rechtswirksamen Verlöbnisses (§ 1297 A 1) zur Zeit der Hingabe, andernfalls sind für den Rückforderungsanspruch die allgemeinen Grundsätze maßgebend.

4. Z. B. Verlobungsringe.

5. **Ungerechtfertigte Bereicherung,** §§ 812ff. Danach (vgl. § 815) ist das Rückforderungsrecht des Gebers ausgeschlossen, wenn er ohne wichtigen Grund von dem Verlöbnisse zurückgetreten ist (§ 1298) oder den Rücktritt des andern Verlobten schuldbar veranlaßt hat (§ 1298). Unberührt bleibt seine Pflicht zur Rückgabe der von dem andern Teile empfangenen Gaben und Geschenke. Den Ausschließungsgrund hat der Empfänger zu beweisen. Der Rückforderungsanspruch ist übertragbar und vererblich. — Die Rückforderung der Geschenke ist gemäß § 815 ausgeschlossen, wenn der Schenker die Erfüllung des Eheversprechens durch die Eheschließung wider Treu und Glauben vereitelt hat. Das würde der Fall sein, wenn er das Verlöbnis ohne oder aus nichtigem Grunde aufgelöst hätte. Sache des Empfängers der Geschenke ist es, die Tatsachen darzulegen und zu beweisen, welche die Auflösung des Verlöbnisses als grundlos oder aus nichtigem Grunde erfolgt erscheinen lassen (SeuffA 76 Nr 53; RG JW 1925, 2110[1]). Da das Verlöbnis eines verheirateten Mannes mit einer ledigen Frauensperson grundsätzlich nach § 138 Abs 1 als nichtig anzusehen ist, ist er nicht berechtigt, gemäß § 1301 die der Verlobten gemachten Geschenke zurückzufordern, wenn diese sich anderweit verheiratet (OLG 42, 121).

6. Die Ausschließung der Rückforderung bezieht sich auf Gegebenes und Empfangenes.

§ 1302

Die in den §§ 1298 bis 1301 bestimmten Ansprüche verjähren in zwei Jahren von der Auflösung[1]) des Verlöbnisses an[2]).

E I 1230 II 1208; M 4 7; P 4 11.

1. Auf welche Art die **Auflösung** erfolgt (Tod eines Verlobten, anderweite Eheschließung eines Verlobten, gegenseitige Übereinkunft, gerechtfertigter oder ungerechtfertigter einseitiger Rücktritt), macht keinen Unterschied. Nur im Falle des einseitigen Rücktritts beginnt die Verjährung erst mit dem Zeitpunkt, in dem der andere Teil Kenntnis von dem Rücktritt erlangt (vgl. § 1298 A 3).

2. Liegen die Voraussetzungen einer unerlaubten Handlung (§§ 823ff.) vor, so kommt die dreijährige Verjährungsfrist des § 852 in Betracht (RG Warn 1911 Nr 259). Ansprüche aus einem Prozeßvergleiche, den der auf Entschädigung wegen Rücktritts vom Verlöbnisse belangte Beklagte mit der Klägerin schließt, obwohl er die Eingehung des Verhältnisses bestreitet, unterliegen der regelmäßigen Verjährung von dreißig Jahren, wenn durch den Vergleich das ganze Rechtsverhältnis umgeschaffen und der alte Schuldgrund durch einen neuen, nämlich ein selbständiges Schuldanerkenntnis und Schuldversprechen (§§ 779—782), ersetzt wird (OLG München in SeuffA 70 Nr 76).

Zweiter Titel

Eingehung der Ehe

1. Der zweite Titel handelt von der **Eingehung der Ehe.** Der Ausdruck „Eingehung der Ehe" begreift sowohl die sachlichen Erfordernisse der Eheschließung (§§ 1303—1315) als auch die Form der Eheschließung (§§ 1316—1322), und zu der Form der Eheschließung ist auch das Aufgebot (§ 1316) zu rechnen. Schreibt die Gesetzgebung eines Landes religiöse Trauung vor, so sind auch die Vorschriften über die religiöse Trauung Formvorschriften (RG 88, 191). Ebenso OLG 35, 343. Vgl. HaagEheschlAbk (RGBl 1904, 221) Art 5, § 1324 A 6, § 1298 A 10.

2. **Verhältnis des deutschen zum ausländischen Eheschließungsrechte.** Nach Art 13 Abs 1 EG wird die Eingehung der Ehe, sofern auch nur einer der Verlobten ein Deutscher ist, in Ansehung eines jeden der Verlobten nach den Gesetzen des Staates beurteilt, dem er angehört. Das gleiche gilt für Ausländer, die im Inlande eine Ehe eingehen. — Zu den Vorschriften über Eingehung der Ehe im Sinne des Art 13 EG gehören auch diejenigen über die Voraussetzungen ihrer Gültigkeit mithin unter anderem die Vorschriften in §§ 1323—1347 — RG Warn 1917 Nr 210. — Da die Klägerin bei der Eheschließung Deutsche war, kann sie beanspruchen, daß über ihre Anfechtungsklage nach deutschem Recht entschieden wird (RG 10. 1. 24 IV 254/23). Die Fähigkeit einer **Österreicherin,** die durch ein österreichisches Gericht von ihrem noch lebenden Manne aus dessen alleinigem Verschulden rechtskräftig von Tisch und Bett geschieden worden ist, zur Eingehung einer weiteren Ehe in Deutschland ist nach österreichischen Gesetzen zu beurteilen. Danach besteht aber die frühere Ehe trotz der Scheidung noch fort. Das Band der Ehe konnte, da beide Gatten der katholischen Religion angehören, nur durch den Tod gelöst werden. Jeder Ehegatte ist dem andern gegenüber noch immer zur ehelichen Treue verpflichtet; nur der gemeinsame Wohnsitz und die Pflicht zur ehelichen Beiwohnung sind aufgehoben. Das österreichische Recht ist hier auch nicht durch Art 30 EG ausgeschlossen, um so weniger, als auch im § 1575 dem Ehegatten die Möglichkeit eröffnet ist, statt auf Scheidung nur auf Aufhebung der ehelichen Gemeinschaft zu klagen. Die der Frau vom Magistrat in Wien erteilte Nachsicht von dem Ehehindernisse des Ehebandes ist nach österreichischem Recht unwirksam. Auch kann der § 4 ö. a. BGB zu ihren Gunsten keine Anwendung finden, da die geplante Eheschließung auch in Österreich Rechtsfolgen hervorbringen soll (BayObLG in OLG 42, 86). Vgl. §§ 1316 A 1, 1323 A 2, 1326 A 6, 1353 A 1, 1564 A 7, 1575 A 1 u. 3. Nach Art 13 Abs 2 EG wird in Ansehung der Ehefrau eines nach Art 9 Abs 3 EG für tot erklärten Ausländers die Eingehung der Ehe nach den deutschen Gesetzen beurteilt. Folgende Staaten: Deutschland, Belgien (hat gekündigt, RGBl 1919, 197), Frankreich, Luxemburg, die Niederlande, Rumänien, Schweden, Italien, die Schweiz und Portugal haben zur Regelung des Geltungsbereichs der Gesetze auf dem Gebiete der Eheschließung das Abkommen v. 12. 6. 02 (RGBl 1904, 221; 1924, 363; 1926, 553) getroffen. Dasselbe findet (abgesehen von der Frage nach dem Einflusse des Versailler Friedensvertrags v. 28. 6. 19, dessen Artt 282—295, 299a sich auf Staatsverträge beziehen) nach Art 9 nur auf die europäischen Gebiete der Vertragsstaaten und nach Art 8 Abs 1 nur auf solche Ehen Anwendung, welche im Gebiete der Vertragsstaaten zwischen Personen geschlossen sind, von denen mindestens eine Angehöriger

eines dieser Staaten ist. Nach Art 8 Abs 2 ist keiner der Vertragsstaaten zur Anwendung eines Gesetzes verpflichtet, welches nicht dasjenige eines Vertragsstaats ist. Den obersten Grundsatz für die Eheschließung enthält der Art 1. Nach Art 1 bestimmt sich das Recht zur Eingehung der Ehe in Ansehung eines jeden der Verlobten nach dem Gesetze des Staates, dem er angehört (Gesetz des Heimatstaats), soweit nicht eine Vorschrift dieses Gesetzes (Heimatgesetzes) ausdrücklich auf ein anderes Gesetz verweist. Vgl. hierzu Art 27 EG. Grundsätzlich ist also das Gesetz des Heimatstaats maßgebend, sowohl für den Mann als auch für die Frau. Gehören sie verschiedenen Staaten an, so ist die Ehe nur dann gültig, wenn die Ehe nach den Gesetzen beider Staaten gültig ist. Dieser Grundsatz entspricht auch der im Art 13 Abs 1 EG getroffenen Regelung. Artt 2 u. 3 des Abkommens behandeln Fälle, in denen das Gesetz des Ortes der Eheschließung die Ehe von Ausländern untersagen oder trotz der Verbote des Heimatgesetzes gestatten kann, und Artt 5 bis 7 beschäftigen sich mit der Form der Eheschließung. Diese Bestimmungen werden bei den entsprechenden Einzelvorschriften des BGB erläutert. Art 4 des Abkommens enthält Regeln über den von den Verlobten zu führenden Nachweis, daß sie den Erfordernissen des Art 1 genügen. Vgl. auch § 1317 A 8 und Bergmann in JW 1925, 2082, Internationale Konflikte in Ehesachen. — Eine im Jahre 1902 zwischen einem **russischen Juden** und einer **deutschen Jüdin** in London geschlossene Ehe ist vom Standpunkte des deutschen Rechts als gültig anzusehen, wenn die Eheschließung vor dem englischen Standesbeamten vollzogen worden ist. Sie ist auch vom Standpunkte des damaligen russischen Rechts als gültig anzusehen, wenn die Eheschließung nach mosaischem Ritus (in einer Synagoge) vollzogen worden ist (**RG** 113, 39).

§ 1303

[1]) **Ein Mann darf nicht vor dem Eintritte der Volljährigkeit[2]), eine Frau darf nicht vor der Vollendung des sechzehnten Lebensjahrs eine Ehe eingehen.**

Einer Frau[3]) kann Befreiung von dieser Vorschrift bewilligt werden[4]).

E I 1233 II 1209; M 4 17; P 4 19—22.

1. § 1303 regelt an Stelle des durch Art 46 EG aufgehobenen § 28 des Personenstandsgesetzes vom 6. Februar 1875 die **Ehemündigkeit.** Ihr Mangel begründet ein aufschiebendes Ehehindernis (Prot 4, 79).

2. Auch die **Volljährigkeitserklärung** (§ 3) des Mannes begründet für ihn Ehemündigkeit (Prot 4, 22).

3. Einem Manne kann Befreiung von dieser Vorschrift nicht bewilligt werden. Ihm steht nur der Weg offen, seine Volljährigkeitserklärung nachzusuchen.

4. **Verhältnis des deutschen zum ausländischen Eheschließungsrechte.** Ein aus Art 30 EG herzuleitendes Verbot, die Ehe als gültig anzuerkennen, hat der deutsche Richter zu beachten, auch ohne daß sich der Kläger darauf beruft. Dem Art 30 EG widerspricht es aber nicht, wenn ein deutscher Richter das englische Ehemündigkeitsalter (Beginn bei männlichen Personen mit dem vollendeten 14., bei weiblichen mit dem vollendeten 12. Lebensjahre) anerkennt, obwohl es von der deutschen Altersgrenze erheblich abweicht (**RG** JW 1917, 864[16] und Bem von Opet. Ein 19 Jahre alter Deutscher hatte eine 17 Jahre alte Österreicherin in Dover geheiratet).

§ 1304

[1]) **Wer in der Geschäftsfähigkeit beschränkt[2]) ist, bedarf zur Eingehung einer Ehe der Einwilligung[3]) seines gesetzlichen Vertreters[4]).**

Ist der gesetzliche Vertreter ein Vormund[5]), so kann die Einwilligung, wenn sie von ihm verweigert wird, auf Antrag des Mündels durch das Vormundschaftsgericht ersetzt werden. Das Vormundschaftsgericht hat die Einwilligung zu ersetzen, wenn die Eingehung der Ehe im Interesse des Mündels liegt[6]).

E I 1232 Abs 1, 2 II 1210; M 4 10—17; P 4 17—19, 34.

1. § 1304 behandelt die Fälle, in denen zur Eheschließung die **Einwilligung des gesetzlichen Vertreters** erforderlich ist. Der Mangel dieses Erfordernisses begründet die Anfechtbarkeit der Ehe (§ 1331, § 1336 Abs 2 Satz 2, § 1337), bildet also ein trennendes Ehehindernis. Wegen der Beeinflussung des ehelichen Güterrechts vgl. § 1364.

2. **Beschränkte Geschäftsfähigkeit** §§ 106, 114. Wer **geschäftsunfähig** ist, kann eine Ehe überhaupt nicht eingehen, da seine auf Eheschließung gerichtete Willenserklärung nach § 105 nichtig ist. Die Ehe eines Geschäftsunfähigen ist nach § 1325 Abs 1 nichtig, kann jedoch nach § 1325 Abs 2 durch Bestätigung gültig werden.

3. Erforderlich ist die **Einwilligung** desjenigen, dem zur Zeit der Eheschließung die gesetzliche Vertretung obliegt. Die Einwilligung (§ 183 Satz 1) ist ein einseitiges, empfangsbedürftiges Rechtsgeschäft, bedarf keiner Form und kann bis zur Eheschließung widerrufen werden. Es genügt, wenn sie einem der Verlobten gegenüber erklärt ist. Dem Standesbeamten ist die Einwilligung allerdings in beglaubigter Form nachzuweisen (§ 45 PStG), und zwar als eine unbedingte und unbefristete Erklärung.

4. **Gesetzliche Vertreter** können der Vater, die Mutter, der Vormund oder der Pfleger sein, letzterer jedoch nur, wenn die Pflegschaft die persönlichen Angelegenheiten des Pflegebefohlenen (zu denen die Einwilligung in die Eheschließung zu rechnen ist) umfaßt.

5. **Vormund.** Dasselbe gilt, wenn der gesetzliche Vertreter ein Pfleger ist (§ 1915). Die Anwendung des Abs 2 ist auch dann nicht ausgeschlossen, wenn die Vormundschaft bzw. Pflegschaft vom Vater oder von der Mutter geführt wird.

6. Die **Einwilligung** ist zu **ersetzen,** gleichviel ob eine Pflichtwidrigkeit des Vormundes bzw. Pflegers vorliegt oder nicht. Vgl. OLG 30, 158 (Wiederverehelichung eines wegen Trunksucht Entmündigten mit seiner bisherigen Haushälterin. Da die Eingehung der Ehe im Mündelinteresse lag, wurde die Einwilligung trotz der entgegenstehenden Interessen der Kinder des Entmündigten ersetzt). Vgl. OLG 35, 341 (Heirat eines wegen Verschwendung Entmündigten) und BayObLG in OLG 38, 242 (Versagung der Genehmigung zur Eheschließung eines wegen Verschwendung und Trunksucht Entmündigten mit einem Dienstmädchen, als den Interessen des Entmündigten zuwiderlaufend).

§ 1305

[1]) Ein eheliches Kind[2]) bedarf bis zur Vollendung des einundzwanzigsten Lebensjahrs[3]) zur Eingehung einer Ehe[4]) der Einwilligung[5]) des Vaters, ein uneheliches Kind bedarf bis zum gleichen Lebensalter der Einwilligung der Mutter. An die Stelle des Vaters tritt die Mutter, wenn der Vater gestorben ist[6]) oder wenn ihm die sich aus der Vaterschaft ergebenden Rechte nach § 1701 nicht zustehen. Ein für ehelich erklärtes Kind[7]) bedarf der Einwilligung der Mutter auch dann nicht, wenn der Vater gestorben ist.

Dem Tode des Vaters oder der Mutter steht es gleich, wenn sie zur Abgabe einer Erklärung dauernd außerstande sind oder wenn ihr Aufenthalt dauernd unbekannt ist.

E I 1238 Abs 1 II 1211; M 4 25 ff.; P 4 30, 670, 715.

1. Die §§ 1305—1308 regeln das **Erfordernis der elterlichen Einwilligung.** Die entsprechenden Bestimmungen des PStG (§§ 29, 30) sind durch Art 46 I EG aufgehoben worden. Der Mangel der elterlichen Einwilligung begründet ein aufschiebendes Ehehindernis. Die trotz des Mangels abgeschlossene Ehe ist zwar gültig, aber die ohne die erforderliche Einwilligung heiratende minderjährige Tochter hat die in den §§ 1661, 1686 (Fortdauer der Nutznießung des Kindesvermögens durch die Eltern) und § 1621 Abs 1 (Verlust des Anspruchs auf Aussteuer) bezeichneten Nachteile zu gewärtigen.

2. Dem **ehelichen Kinde** steht hier das durch nachfolgende Ehe der Eltern legitimierte uneheliche Kind (§§ 1719, 1736) gleich. Hinsichtlich des an Kindes Statt angenommenen Kindes trifft § 1306 besondere Bestimmung. Ein Kind aus einer nichtigen Ehe bedarf der elterlichen Einwilligung, wenn es als ehelich gilt (§ 1699 Abs 1). Kannten beide Ehegatten bei der Eheschließung die Nichtigkeit der Ehe oder ist die Ehe wegen Formmangels nichtig (§ 1699 Abs 1 u. 2), so bedarf das (als unehelich anzusehende) Kind nur der Einwilligung der Mutter, desgleichen, wenn der Vater, nicht aber die Mutter die Nichtigkeit kannte (§ 1701). Ein Stief- oder Pflegekind bedarf nicht der Einwilligung seiner Stief- oder Pflegeeltern.

3. Die **Volljährigkeitserklärung** eines minderjährigen Sohnes (§ 3) hat für ihn keine Befreiung von der Vorschrift des § 1305 zur Folge.

4. Mit **Eingehung einer Ehe** ist nicht nur die erste, sondern auch jede folgende Ehe gemeint.

5. Die **Einwilligung** ist ein einseitiges, empfangsbedürftiges Rechtsgeschäft (§§ 130ff.) und bedarf keiner Form. Sie kann entweder dem Kinde oder dessen Verlobten gegenüber erklärt und bis zur Eheschließung widerrufen werden. Eine etwa hinzugefügte Bedingung oder Zeitbestimmung muß zur Zeit der Eheschließung eingetreten sein. Das Einwilligungs-

recht ist ein Recht höchstpersönlicher Natur, das auf der den Eltern schuldigen Ehrerbietung beruht und den Eltern zur Förderung des Familienwohls beigelegt ist. Es ist ferner unabhängig davon, ob dem Berechtigten die elterliche Gewalt, bzw. die Sorge für die Person des Kindes zusteht, und geht auch nicht infolge Scheidung der Eltern verloren. Über die Ersetzung der elterlichen Einwilligung durch das Vormundschaftsgericht trifft § 1308 Bestimmung. — Aus der Freiheit des Widerrufs der Einwilligung folgt, daß der Widerrufende von seinem etwa erteilten Mitgiftversprechen frei wird, es sei denn, daß er sich nachweisbar auch für den Fall, daß die Ehe ohne seine Einwilligung zustande kommt, hätte verpflichten wollen (**RG** SeuffA 68 Nr 217). Bemühungen eines Rechtsanwalts, die erforderliche elterliche Einwilligung oder deren Ersatz durch das Vormundschaftsgericht zu erlangen, sind nicht als Vermittlung des Zustandekommens einer Ehe im Sinne des § 656 anzusehen (**RG** JW 06, 713[10]).

6. Die **Todeserklärung** (§ 18) steht hier dem Tode gleich.

7. **Ehelichkeitserklärung** (vgl. §§ 1723ff.). Das für ehelich erklärte uneheliche Kind bedarf wie ein eheliches Kind der Einwilligung seines Vaters, dagegen niemals der Einwilligung seiner Mutter. Gerechtfertigt wird diese Bestimmung durch die Erwägung, daß die Ehelichkeitserklärung in der Regel eine Entfremdung zwischen Mutter und Kind herbeiführt. Auch wenn die Sorge für die Person des Kindes wieder auf die Mutter übergeht, bedarf es ihrer Einwilligung nicht.

§ 1306

[1]) Einem an Kindes Statt angenommenen[2]) Kinde gegenüber steht die Einwilligung[3]) zur Eingehung einer Ehe an Stelle der leiblichen Eltern demjenigen zu, welcher das Kind angenommen hat. Hat ein Ehepaar das Kind gemeinschaftlich[4]) oder hat ein Ehegatte das Kind des anderen Ehegatten angenommen[5]), so finden die Vorschriften des § 1305 Abs 1 Satz 1, 2, Abs 2 Anwendung[6]).

Die leiblichen Eltern erlangen das Recht zur Einwilligung auch dann nicht wieder, wenn das durch die Annahme an Kindes Statt begründete Rechtsverhältnis aufgehoben wird.

E I 1239 II 1212; M 4 30; P 4 24, 84, 740.

1. Die entsprechenden Bestimmungen des PStG (§ 31) sind durch Art 46 I EG aufgehoben worden. Der Mangel der **Einwilligung des Annehmenden** begründet ein aufschiebendes Ehehindernis. Die trotz des Mangels abgeschlossene Ehe ist zwar gültig, jedoch treten die in A 1 zu § 1305 bezeichneten Nachteile ein.

2. Wegen der **Annahme an Kindes Statt** vgl. §§ 1741ff. Auf Pflegekinder ist § 1306 nicht anwendbar.

3. Auf die **Einwilligung** und das Einwilligungsrecht des § 1306 trifft das in A 5 zu § 1305 Gesagte gleichfalls zu. Die §§ 1307, 1308 finden auch auf die Fälle des § 1306 Anwendung.

4. Fall des § 1749 Abs 1.

5. Fall des § 1757 Abs 2 Halbs 2.

6. Der Grund dieser Vorschrift liegt darin, daß das Kind in den bezeichneten Fällen die rechtliche Stellung eines gemeinschaftlichen ehelichen Kindes der Eltern erlangt (§ 1757 Abs 2).

§ 1307

Die elterliche Einwilligung[1]) kann nicht durch einen Vertreter[2]) erteilt werden. Ist der Vater oder die Mutter in der Geschäftsfähigkeit beschränkt, so ist die Zustimmung des gesetzlichen Vertreters nicht erforderlich.

E I 1238 Abs 2 II 1213; M 4 27; P 4 31.

1. Unter der **elterlichen Einwilligung** sind alle in den §§ 1305, 1306 bezeichneten Fälle des Erfordernisses der Einwilligung zu verstehen.

2. **Keine Vertretung.** Der höchstpersönlichen Natur des elterlichen Einwilligungsrechts (§ 1305 A 5) entspricht es, daß die Einwilligung weder durch den gesetzlichen Vertreter noch durch einen Bevollmächtigten erteilt werden kann (Unzulässigkeit der Vertretung im Willen). Dagegen ist die Vertretung in der bloßen Erklärung des Willens zulässig.

§ 1308

Wird die elterliche Einwilligung[1]) einem volljährigen Kinde[2]) verweigert, so kann sie auf dessen Antrag[3]) durch das Vormundschaftsgericht[4]) ersetzt[5]) werden. Das Vormundschaftsgericht hat die Einwilligung zu ersetzen, wenn sie ohne wichtigen Grund[6]) verweigert wird.

Vor der Entscheidung soll das Vormundschaftsgericht Verwandte oder Verschwägerte des Kindes hören, wenn es ohne erhebliche Verzögerung und ohne unverhältnismäßige Kosten geschehen kann. Für den Ersatz der Auslagen gilt die Vorschrift des § 1847 Abs 2.

E I 1238 Abs 3 II 1214; M 4 28 ff.; P 4 30 ff.

1. Unter der **elterlichen Einwilligung** sind alle in den §§ 1305, 1306 bezeichneten Fälle des Erfordernisses der Einwilligung zu verstehen.

2. Da die **Volljährigkeit** mit der Vollendung des 21. Lebensjahrs eintritt (§ 2), die elterliche Einwilligung aber nur bis zum gleichen Lebensalter erforderlich ist (§ 1305), so ist im § 1308 unter einem volljährigen Kinde das für volljährig erklärte, noch nicht 21 Jahre alte Kind zu verstehen. Der § 1308 hat daher eine sehr beschränkte Bedeutung. Minderjährigen steht das Recht aus § 1308 nicht zu. Die entsprechenden Bestimmungen des PStG (§ 32) sind durch Art 46 I EG aufgehoben worden.

3. **Form des Antrags** § 11 FGG.

4. Zuständigkeit des **Vormundschaftsgerichts** §§ 35, 36, 43 FGG. Ermittlungen von Amts wegen § 12 FGG.

5. Die **Ersetzung** der Einwilligung wirkt wie deren Erteilung.

6. Ob der **Verweigerungsgrund** wichtig ist, hat das Vormundschaftsgericht nach freiem Ermessen zu beurteilen.

§ 1309

[1]) Niemand darf eine Ehe eingehen, bevor seine frühere Ehe[2]) aufgelöst[3]) oder für nichtig erklärt[4]) worden ist. Wollen Ehegatten die Eheschließung wiederholen[5]), so ist die vorgängige Nichtigkeitserklärung nicht erforderlich.

Wird gegen ein Urteil, durch das die frühere Ehe aufgelöst oder für nichtig erklärt worden ist, die Nichtigkeitsklage oder die Restitutionsklage erhoben, so dürfen die Ehegatten nicht vor der Erledigung des Rechtsstreits eine neue Ehe eingehen, es sei denn, daß die Klage erst nach dem Ablaufe der vorgeschriebenen fünfjährigen Frist erhoben worden ist[6]).

E I 1234 II 1215 Abs 1; M 4 18; P 4 22, 60 ff.; 6 265, 268.

1. **Doppelehe.** Der § 1309 Abs 1 gibt dem Grundsatz Ausdruck, daß ein Mann gleichzeitig nur mit einer Frau, und daß eine Frau gleichzeitig nur mit einem Manne verheiratet sein darf. Eine Ehe, die diesem Verbote der Doppelehe zuwider geschlossen wird, ist nichtig, wenn die frühere Ehe gültig war (§ 1326). In diesem Falle liegt mithin ein trennendes Ehehindernis vor. Vgl. das Nähere bei § 1326.

2. Eine wegen Formmangels nichtige, in das Heiratsregister nicht eingetragene Ehe kommt überhaupt nicht als **frühere Ehe** im Sinne des § 1309 in Betracht und ist nicht geeignet, das Ehehindernis zu begründen. Die so Verbundenen können selbstverständlich jederzeit zur Eheschließung schreiten. Diese stellt sich aber nicht als Wiederholung der Eheschließung, sondern als erstmalige Eheschließung dar.

3. **Aufgelöst** wird die Ehe durch den Tod eines Ehegatten, durch Wiederverheiratung des Ehegatten eines für tot Erklärten (§ 1348 Abs 2) und durch Scheidung (§§ 1564 ff.). Den Tod des früheren Ehegatten hat der zu einer neuen Ehe schreitende Gatte dem Standesbeamten nachzuweisen (§ 45 PStG). Die Todeserklärung begründet die Vermutung, daß der verschollene Ehegatte in dem Zeitpunkte gestorben sei, der in dem die Todeserklärung aussprechenden Urteile festgestellt ist (§ 18 Abs 1). Diese Vermutung eröffnet dem Ehegatten des für tot Erklärten die Möglichkeit der Wiederverheiratung, aber die Ehe gilt, solange die Wiederverheiratung nicht erfolgt ist, als fortbestehend, wenn der für tot Erklärte nachweislich noch lebt oder die Todeserklärung infolge Anfechtung aufgehoben wird. Vgl. das Nähere bei § 1348. Im Falle der Scheidung wird die Ehe mit Eintritt der Rechtskraft des Scheidungsurteils aufgelöst (§ 1564 Satz 3). Die Aufhebung der ehelichen Gemeinschaft bewirkt keine Eheauflösung (§§ 1575, 1586).

4. **Nichtigkeitserklärung.** Es macht keinen Unterschied, ob die Ehe aus einem der Nichtigkeitsgründe der §§ 1324—1328 oder aus einem der Anfechtungsgründe der §§ 1331—1335 und 1350 für nichtig erklärt worden ist.

5. Bei der **wiederholten Eheschließung** sind dieselben Vorschriften wie bei der Eheschließung überhaupt zu beobachten. Die wiederholte Eheschließung hat keine Bedeutung, wenn die frühere Ehe in Wirklichkeit gültig ist. Die Gültigkeit der früheren Ehe zu prüfen, liegt nicht dem Standesbeamten ob. Es genügt vielmehr, wenn darüber berechtigte Zweifel unter den Eheleuten bestehen. Die Wiederholung der Eheschließung hat keine rückwirkende Kraft. Keine Veranlassung zur Wiederholung der Eheschließung liegt vor, wenn der der früheren Ehe anhaftende Nichtigkeits- oder Anfechtungsgrund durch Bestätigung der Ehe gehoben werden kann (§§ 1325, 1337) und die Bestätigung erfolgt ist.

6. **Nichtigkeitsklage. Restitutionsklage.** In dieser Beschränkung liegt nur ein aufschiebendes Ehehindernis, denn die Ehe, die trotzdem nach Erhebung einer der genannten Klagen geschlossen wird, ist gültig. Wird aber später im Wege der Wiederaufnahme des Verfahrens das die Scheidung oder Nichtigkeit aussprechende rechtskräftige Urteil wieder beseitigt, so ist die zweite Ehe als von Anfang an nichtig anzusehen und die erste Ehe gilt (Nichtigkeitsklage § 579 ZPO, Restitutionsklage § 580 ZPO, fünfjährige Frist § 586 Abs 2 Satz 2 ZPO). Eine ähnliche Bestimmung enthält § 1349 (Anfechtung der Todeserklärung).

§ 1310

[1]) Eine Ehe darf nicht geschlossen werden zwischen Verwandten in gerader Linie[2]), zwischen vollbürtigen oder halbbürtigen Geschwistern[3]) sowie zwischen Verschwägerten in gerader Linie[4]).

Eine Ehe darf nicht geschlossen werden zwischen Personen, von denen die eine mit Eltern, Voreltern oder Abkömmlingen der anderen Geschlechtsgemeinschaft[5]) gepflogen hat.

Verwandtschaft im Sinne dieser Vorschriften besteht auch zwischen einem unehelichen Kinde und dessen Abkömmlingen einerseits und dem Vater und dessen Verwandten andererseits[6]).

E I 1236 II 1216; M 4 21 ff.; P 4 23 ff.; 6 34.

1. **Verwandtschaft. Schwägerschaft.** Der § 1310 verbietet die Eingehung einer Ehe zwischen gewissen Verwandten, Verschwägerten (Abs 1) und Personen, die miteinander (in oder außer einer Ehe) Geschlechtsgemeinschaft gepflogen haben (Abs 2). Das Verbot des Abs 1 begründet ein trennendes (§ 1327), das Verbot des Abs 2 ein aufschiebendes Ehehindernis. Die entsprechenden Bestimmungen des PStG (§ 33 Abs 1 Nr 1) sind durch Art 46 I EG aufgehoben worden.

2. **Verwandte in gerader Linie** sind solche Personen, deren eine von der andern abstammt (§ 1589 Abs 1), also Kinder, Eltern, Großeltern. Verwandtschaft im Sinne des Abs 1 wird auch im Falle der Legitimation durch nachfolgende Ehe (§ 1719) und im Falle der Ehelichkeitserklärung (§§ 1736, 1737) begründet. Wegen der Verwandtschaft im Falle der Annahme an Kindes Statt vgl. § 1311.

3. **Vollbürtige Geschwister** sind Geschwister, die von demselben Vater und derselben Mutter abstammen. **Halbbürtige Geschwister** sind Geschwister, die entweder von demselben Vater, aber nicht von derselben Mutter, oder von derselben Mutter, aber nicht demselben Vater abstammen. Kinder, die ein Ehegatte in die Ehe einbringt, sind mit Kindern, die der andere Ehegatte einbringt (sog. zusammengebrachte Kinder), überhaupt nicht verschwistert.

4. **Schwägerschaft** (§ 1590). In gerader Linie verschwägert sind Stiefeltern mit Stiefkindern, Schwiegereltern mit Schwiegerkindern. Die Schwägerschaft dauert fort, auch wenn die Ehe, durch die sie begründet wurde, aufgelöst wurde (§ 1590 Abs 2), erstreckt sich aber nicht auf Abkömmlinge des andern Ehegatten, die nach Auflösung der Ehe erzeugt sind. Demzufolge liegt z. B. das Ehehindernis der Schwägerschaft zwischen einem Manne und der Tochter seiner geschiedenen Ehefrau, die nach Auflösung der Ehe von einem andern Manne erzeugt wurde, nicht vor, dagegen würde in diesem Falle das Ehehindernis des § 1310 Abs 2 gegeben sein, wenn die geschiedenen Eheleute (in oder außer der Ehe) Geschlechtsgemeinschaft gepflogen hätten. Wird die die Schwägerschaft begründende Ehe für nichtig erklärt oder ihre Nichtigkeit nach Auflösung der Ehe festgestellt (§§ 1329, 1343), so wird auch das Schwägerschaftsverhältnis mit rückwirkender Kraft aufgehoben. Dagegen kann in diesen Fällen wiederum das Ehehindernis des § 1310 Abs 2 Platz greifen. Eine wegen Formmangels nichtige, in das Heiratsregister nicht eingetragene Ehe ist überhaupt ungeeignet, Schwägerschaft zu begründen.

5. Ob **Geschlechtsgemeinschaft** in oder außer der Ehe gepflogen wird, macht keinen Unterschied (vgl. A 4).

6. Bezüglich der **unehelichen Kinder** wird hier eine Ausnahme von § 1589 Abs 2 festgestellt (vgl. § 1705).

§ 1311

[1]) Wer einen anderen an Kindes Statt angenommen[2]) hat, darf mit ihm oder dessen Abkömmlingen[3]) eine Ehe nicht eingehen, solange das durch die Annahme begründete Rechtsverhältnis besteht.

E I 1240 II 1217; M 4 31, 978, 1001; P 4 34.

1. Der § 1311 verbietet die **Ehe zwischen dem Annehmenden** einerseits **und dem Angenommenen** und dessen Abkömmlingen anderseits. Das Verbot erstreckt sich nicht auf den Ehegatten und die Verwandten des Annehmenden einerseits und den Angenommenen, dessen Ehegatten und Verwandte anderseits. Dies entspricht dem § 1763. Das Verbot wirkt als aufschiebendes Ehehindernis. Die dem Verbote zuwider geschlossene Ehe ist gültig, nur tritt gemäß § 1771 Abs 1 mit der Eheschließung die Aufhebung des durch die Annahme begründeten Rechtsverhältnisses ein. Wegen Verwirkung der elterlichen Gewalt vgl. § 1771 Abs 2, 3. Die entsprechenden Bestimmungen des PStG (§ 33 Abs 1 Nr 4) sind durch Art 46 I EG aufgehoben worden.

2. **Annahme an Kindes Statt** §§ 1741 ff.

3. **Abkömmlinge.** Für die Frage, ob es sich um einen Abkömmling handelt, ist § 1310 Abs 3 nicht anwendbar. Die Abkömmlinge des Angenommenen unterliegen dem Eheverbote des § 1311, auch wenn sich auf sie gemäß § 1762 Satz 2 die Wirkungen der Annahme nicht erstrecken.

§ 1312

[1]) Eine Ehe darf nicht geschlossen werden zwischen einem wegen Ehebruchs geschiedenen[2]) Ehegatten und demjenigen[3]), mit welchem der geschiedene Ehegatte den Ehebruch begangen hat, wenn dieser Ehebruch in dem Scheidungsurteil als Grund der Scheidung festgestellt ist[4]).

Von dieser Vorschrift kann Befreiung[5]) bewilligt werden.

E I 1237 II 1218; M 4 24; P 4 27 ff.; 6 265.

1. **Ehebruch.** § 1312 verbietet die Ehe zwischen Ehebrechern. Das Verbot wirkt als trennendes Ehehindernis. Die gegen das Verbot geschlossene Ehe ist nichtig, jedoch nach § 1328 Abs 2, wenn nachträglich Befreiung von der Vorschrift des § 1312 bewilligt wird, als von Anfang an gültig anzusehen. Die entsprechenden Bestimmungen des PStG (§ 33 Abs 1 Nr 5 u. Abs 2) sind durch Art 46 I EG aufgehoben worden.

2. **Scheidung wegen Ehebruchs.** Der Ehegatte muß wegen seines Ehebruchs von dem andern Ehegatten geschieden worden sein. Ob der Ehebruch als alleiniger Scheidungsgrund oder neben andern Scheidungsgründen festgestellt worden ist, macht keinen Unterschied. Scheidung wegen Ehebruchs liegt auch dann vor, wenn im Falle des § 1574 Abs 2 beide Ehegatten — und zwar der eine wegen Ehebruchs — für schuldig erklärt worden sind. Ist die Ehe wegen eines andern Scheidungsgrundes getrennt worden, so liegt das Ehehindernis nicht vor, selbst wenn erwiesen wäre, daß der Ehegatte einen Ehebruch begangen habe. Ebensowenig liegt das Ehehindernis vor, wenn im Falle des § 1574 Abs 3 der Ehegatte, der den Ehebruch begangen hat, wegen dieses Ehebruchs für mitschuldig erklärt wird. — Wird die Ehe auf Grund eines Ehebruchs, der infolge Verzeihung oder Fristablaufs seine Bedeutung als selbständiger Scheidungsgrund aus § 1565 verloren hat, in Verbindung mit andern Verfehlungen, zu deren Unterstützung der Ehebruch gemäß § 1573 geltend gemacht wurde, geschieden, so greift das Eheverbot des § 1321 nicht Platz (RG 5. 6. 16 IV 56/16). Das Ehehindernis des § 1312 wird weder durch den Tod noch durch die Wiederverheiratung des unschuldigen Ehegatten beseitigt. Wird dagegen die wegen Ehebruchs geschiedene Ehe nachträglich für nichtig erklärt (§§ 1329, 1343), so fällt das Ehehindernis weg. Ist wegen des Ehebruchs nicht auf Scheidung, sondern nur auf **Aufhebung der ehelichen Gemeinschaft** (§ 1575) erkannt worden, so ist nach § 1586 die Eingehung einer neuen Ehe, solange der unschuldige Ehegatte lebt, überhaupt ausgeschlossen. Die Frage, ob nach dem Tode des unschuldigen Ehegatten das Ehehindernis des § 1312 in Geltung tritt, muß bejaht werden, da mit der Aufhebung der ehelichen Gemeinschaft die Wirkungen der Scheidung eintreten (§ 1586). Meine frühere entgegengesetzte Ansicht (Ehescheidungsrecht 37) kann ich nicht aufrechterhalten. Der Ehebrecher darf im Falle der Aufhebung nicht günstiger als im Falle der Scheidung gestellt werden.

3. Nur die **Verheiratung mit dem Ehebrecher** ist verboten. Der Verheiratung mit einer andern Person steht § 1312 nicht im Wege. — Über die Frage, ob das Versprechen der Zahlung einer Geldsumme für den Fall der Verheiratung des Versprechenden, das dieser einer wegen Ehebruchs mit ihm geschiedenen Ehefrau erteilt, unter allen Umständen als sittenwidrig nichtig ist, vgl. **RG** Gruch 65, 216.

4. **Feststellung des Ehebruchs als Scheidungsgrund.** Der Ehebruch muß als Grund der Scheidung im Scheidungsurteile festgestellt sein, sei es in der Urteilsformel, sei es in den Urteilsgründen. Übereinstimmend **RG** Warn 1912 Nr 217; 1921 Nr 16. Diese Vorschrift entspricht den im Rechtsstreite zu beobachtenden Grundsätzen und bezweckt zugleich, dem Standesbeamten die Geschäftsführung zu erleichtern. In welchem Rechtszuge das Urteil ergangen ist, macht keinen Unterschied. Es genügt nicht, daß die Verhandlungen oder die Beweisaufnahme den Ehebruch ergeben. Ausgeschlossen sind nachträgliche Ermittlungen oder Feststellungen durch den Standesbeamten. Ist die Feststellung im Urteil unterblieben, so kann dessen Ergänzung nur nach Maßgabe der §§ 319—321 ZPO bewirkt werden. Ein Gegenbeweis gegen die Feststellung ist unzulässig. Wegen Namhaftmachung der Person, mit welcher der Ehebruch begangen ist, vgl. § 624 ZPO.

5. **Befreiung** vgl. A 1 und § 1322. — Die geschiedene Ehefrau des Ehebrechers hat, unbeschadet der Rechte aus § 632 Satz 2 ZPO, kein Widerspruchsrecht aus § 1312 (KG in OLG 33, 335). Dasselbe muß auch von dem geschiedenen Ehemanne der Ehebrecherin gelten. Vgl. auch § 1579 A 7.

§ 1313

[1]) Eine Frau darf erst zehn Monate[2]) nach der Auflösung[3]) oder Nichtigkeitserklärung ihrer früheren Ehe eine neue Ehe[4]) eingehen, es sei denn, daß sie inzwischen geboren hat.

Von dieser Vorschrift kann Befreiung[5]) bewilligt werden.

E I 1241 II 1219; M 4 32; P 4 34.

1. § 1313 gebietet **verheiratet gewesenen Frauen** Einhaltung einer Wartezeit. Das Gebot wirkt als aufschiebendes Ehehindernis. Die dem Gebote zuwider geschlossene neue Ehe ist gültig. Die Vorschrift bezweckt, zu verhüten, daß über die Abstammung ehelicher Kinder Ungewißheit entstehe (vgl. hierzu auch § 1600). Der entsprechende § 35 des PStG ist durch Art 46 I EG aufgehoben worden.

2. Berechnung der Frist (§§ 87, 88).

3. **Aufgelöst** wird die Ehe durch den Tod des Mannes und die Scheidung. Wird der Mann für tot erklärt, so ist der in der Todeserklärung festgestellte Todestag als Tag der Eheauflösung im Sinne des § 1313 anzusehen (vgl. § 1309 A 3).

4. Eine Ausnahme ist auch nicht für den Fall zugelassen, daß die **neue Ehe** unter denselben Ehegatten (nach Auflösung oder Nichtigkeitserklärung ihrer früheren Ehe) eingegangen wird. Dagegen liegt das Ehehindernis nicht vor, wenn die Ehegatten gemäß § 1309 Abs 1 die Eheschließung wiederholen wollen.

5. **Befreiung** vgl. § 1322. Der Umstand, daß sich die Frau vor Ablauf der Wartezeit in andern Umständen befindet, gibt zwar in der Regel gegründeten Anlaß, die Befreiung zu versagen; aber ausnahmsweise kann doch mit Rücksicht auf die Rechtslage des zu erwartenden Kindes und das Wohl der künftigen Eheleute die Befreiung gerechtfertigt sein, besonders dann, wenn nachgewiesen werden kann, daß die Frau nicht von ihrem früheren Ehemanne schwanger ist (KG in JW 1916, 768[8]). Rechtsirrig ist die Annahme, daß der alsbaldigen Erteilung der Befreiung der § 1600 entgegenstehe. Weder dieser Paragraph noch eine andere Vorschrift verbieten die sofortige Erteilung der Befreiung. Das Amtsgericht hat vielmehr in Ausübung des ihm übertragenen Hoheitsrechts nach pflichtmäßigem Ermessen unter Würdigung der tatsächlichen Verhältnisse den Befreiungsantrag zu prüfen. Üblich ist es, von der Antragstellerin den Nachweis, daß sie nicht schwanger ist, zu verlangen (KG in OLG 39, 1).

§ 1314

[1]) Wer ein eheliches Kind[2]) hat, das minderjährig ist oder unter seiner Vormundschaft steht, darf eine Ehe erst eingehen, nachdem ihm das Vormundschaftsgericht ein Zeugnis darüber erteilt hat, daß er die im § 1669[3]) bezeichneten Verpflichtungen erfüllt hat oder daß sie ihm nicht obliegen.

Ist im Falle der fortgesetzten Gütergemeinschaft ein anteilsberechtigter Abkömmling minderjährig oder bevormundet, so darf der überlebende Ehe-

gatte eine Ehe erst eingehen, nachdem ihm das Vormundschaftsgericht ein Zeugnis darüber erteilt hat, daß er die im § 1493 Abs 2 bezeichneten Verpflichtungen erfüllt hat oder daß sie ihm nicht obliegen[4]).

E I 1242 II 1220; M 4 33; P 4 35.

1. **Zweck und Bedeutung der Vorschrift.** Das BGB hat gewisse Sicherungsmaßregeln vorgeschrieben, um Kinder vor vermögensrechtlichen Nachteilen zu schützen, die ihnen bei Wiederverheiratung ihrer Eltern drohen. Ob den in Betracht kommenden Vorschriften genügt ist, hat das Vormundschaftsgericht zu prüfen und zu bezeugen. Erst nach Erteilung dieses Zeugnisses darf die Ehe eingegangen werden. Die dem § 1314 zuwider eingegangene Ehe ist zwar gültig, das Ehehindernis also nur ein aufschiebendes, jedoch hat der Zuwiderhandelnde die Entziehung der Verwaltung des Kindesvermögens (§ 1670) bzw. Entlassung als Vormund (§ 1886) zu gewärtigen. Die entsprechende Bestimmung des PStG (§ 38 Abs 2) ist durch Art 46 I EG aufgehoben worden.

2. Dem **ehelichen Kinde** stehen hier das durch nachfolgende Ehe der Eltern legitimierte uneheliche Kind (§§ 1719, 1736), das an Kindes Statt angenommene Kind (§§ 1741, 1757) und das als ehelich geltende Kind aus einer nichtigen Ehe (§ 1699) gleich. Dem angenommenen Kinde gegenüber haben sowohl der Annehmende, solange er die elterliche Gewalt hat, als auch die leiblichen Eltern den § 1314 zu beobachten (§ 1764).

3. **Zeugnis des Vormundschaftsgerichts.** Die Verpflichtungen des Ehegatten, der zu einer neuen Ehe schreiten will, sind in § 1669 (und in § 1493) erschöpfend geregelt. Von der Erfüllung anderer als dieser Verpflichtungen darf das Vormundschaftsgericht das Zeugnis nicht abhängig machen (KG in PosMSchr 1912, 38 und in OLG 31, 397; M 4, 813). Die in § 1669 getroffenen Vorschriften sind auch für die Fälle der §§ 1686, 1740, 1761, 1845 (1897, 1915) für anwendbar erklärt. Zuständigkeit §§ 35, 36, 43 FGG. Über die Erfordernisse der Erteilung vgl. **RG** JW 06, 558[28]. — Die Erfüllung der Verpflichtungen aus § 1669, mithin auch die etwa erforderliche vorherige Auseinandersetzung mit dem Kinde bildet die gesetzliche Voraussetzung für die Erteilung des Zeugnisses. Nicht aber schließt die durch § 1314 dem Vormundschaftsgericht zugewiesene Verrichtung begrifflich auch dessen Mitwirkung bei der als notwendig sich erweisenden Auseinandersetzung in sich. Diesem Erfordernisse kann schon vorher und anderwärts genügt sein. Daraus ergibt sich, daß auch die **Zuständigkeit des Vormundschaftsgerichts** für die eine oder die andere Verrichtung gesondert zu beurteilen ist. Für die Erteilung des Wiederverehelichungszeugnisses ist § 43 FGG maßgebend (BayObLG im Recht 1920 Nr 2418). Ist fortgesetzte Gütergemeinschaft des überlebenden Ehegatten mit den Kindern dadurch ausgeschlossen, daß sich die Ehegatten in einem **gemeinschaftlichen Testamente** gegenseitig zu Alleinerben eingesetzt haben (§ 1508 A 3), so steht den Kindern nach allgemeinen Grundsätzen (nicht nach § 1511) der Pflichtteilsanspruch zu (vgl. § 1511 A 9). Gehört dieser Anspruch zu dem Vermögen, zu dessen Aufzeichnung gemäß § 1640 der Vater nach dem Tode der Mutter verpflichtet ist, so liegen dem Vater nach § 1669 gegenüber seinen minderjährigen Kindern die im § 1640 aufgestellten Verpflichtungen ob, obgleich die Kinder, da die fortgesetzte Gütergemeinschaft nicht eingetreten ist, aus § 1493 Abs 2 Ansprüche nicht herleiten können, also die Voraussetzungen des § 1314 Abs 2 nicht vorliegen. Das Vormundschaftsgericht kann demnach die Erteilung des im § 1314 Abs 1 vorgesehenen Zeugnisses von dem Nachweise der Erfüllung der im § 1669 bezeichneten Verpflichtungen abhängig machen. Wegen des Pflichtteilsanspruchs des minderjährigen Kindes hat der Vater ein Vermögensverzeichnis einzureichen, das nach **RG** 80, 66 den Reinbestand des Nachlasses und den dem Kinde hieran gebührenden Anteil anzugeben hat (KG in OLG 40, 78).

4. **Übergangszeit.** § 1314 gilt auch für die am 1. Januar 1900 bereits bestehenden Ehen.

§ 1315

[1]) Militärpersonen[2]) und solche Landesbeamte[3]), für die nach den Landesgesetzen zur Eingehung einer Ehe eine besondere Erlaubnis erforderlich ist, dürfen nicht ohne die vorgeschriebene Erlaubnis eine Ehe eingehen.

Ausländer[4]), für die nach den Landesgesetzen zur Eingehung einer Ehe eine Erlaubnis oder ein Zeugnis erforderlich ist, dürfen nicht ohne diese Erlaubnis oder ohne dieses Zeugnis eine Ehe eingehen.

E I 1243 II 1221; M 4 33; P 4 35 ff.; 6 268.

1. **Bedeutung der Vorschrift.** § 1315 stellt ein aufschiebendes Ehehindernis auf. Die dem Verbote zuwider geschlossene Ehe ist zwar gültig, den Zuwiderhandelnden drohen jedoch die in den Reichs- und Landesgesetzen etwa vorgesehenen Strafen oder sonstigen Nach-

teile (vgl. namentlich MStGB v. 20. 6. 72 § 150 Abs 1). Die entsprechende Bestimmung des PStG (§ 38 Abs 1) ist durch Art 46 I EG aufgehoben worden. Die Nichtbeachtung der in den Landesgesetzen enthaltenen Vorschriften über die Notwendigkeit einer besonderen Erlaubnis bildet ein Ehehindernis auch in den Fällen, in denen das Landesrecht bisher die Nichtbeachtung nur als einen disziplinarischen Verstoß ansah (RGSt 41, 227).

2. **Militärpersonen** vgl. RMilG v. 2. 5. 74 §§ 40, 60 Nr 4, 61. Unter Militärpersonen sind die Personen des Soldatenstandes zu verstehen, welche dem deutschen Heere angehören. Dazu gehören auch die vorläufig in die Heimat beurlaubten Rekruten (RGSt 41, 227). In der Deutschen Republik ist die **allgemeine Wehrpflicht** abgeschafft. Vgl. Wehrgesetz v. 23. 3. 21 § 1. Durch dieses Gesetz (§ 48) ist das RMilG v. 2. 5. 74 außer Kraft gesetzt. Nach § 43 des Wehrgesetzes gelten im Sinne der bisherigen gesetzlichen Vorschriften die Soldaten als Personen des Soldatenstandes, und nach § 1 des Wehrgesetzes gehören zu den Soldaten die Offiziere aller Gattungen, die Deckoffiziere, Unteroffiziere und Mannschaften. Vgl. auch Heck, Neues Soldatenrecht in JW 1921, 662 zu VIa.

3. Die Frage, ob jemand die Eigenschaft als **Landesbeamter** besitzt, ist nach dem Landesrechte des Staates, dem der Beamte angehört, zu beantworten.

4. **Ausländer** sind alle nicht einem der Länder des Deutschen Reichs angehörende Personen (Art 110 der RV v. 11. 8. 19 und Art 3 der RV v. 16. 4. 71).

§ 1316

[1]) Der Eheschließung soll ein Aufgebot[2]) vorhergehen. Das Aufgebot verliert seine Kraft, wenn die Ehe nicht binnen sechs Monaten nach der Vollziehung des Aufgebots[3]) geschlossen wird.

Das Aufgebot darf unterbleiben, wenn die lebensgefährliche Erkrankung[4]) eines der Verlobten den Aufschub der Eheschließung nicht gestattet.

Von dem Aufgebote kann Befreiung[5]) bewilligt werden[6]).

E II 1225; M 4 8; P 4 48; 5 133.

1. **Aufgebot.** Das im § 1316 angeordnete Aufgebot bezweckt die Ermittlung etwaiger Ehehindernisse. Solche sind zu berücksichtigen, auch wenn sie nach Ablauf der zweiwöchigen Aufgebotsfrist (§ 46 Abs 3, § 47 Abs 1 PStG) eintreten oder bekannt werden. Die Vorschrift (Sollvorschrift) des § 1316 begründet kein Ehehindernis, gehört vielmehr zu den bei dem Eheschließungsverfahren zu beobachtenden Förmlichkeiten. Die ohne Aufgebot geschlossene Ehe ist gültig, der Standesbeamte ist jedoch nach § 69 PStG straffällig. — Eine Witwe ist verpflichtet, dem Standesbeamten bei Beantragung des Aufgebots den Familiennamen ihres verstorbenen Mannes als den ihr zukommenden Familiennamen anzugeben (RGSt 60, 230). Wegen begründeten Verdachts, daß der Verlobte noch in **gültiger Ehe** lebe, kann das Aufgebot abgelehnt werden (KG in OLG 42, 85). Das Aufgebot einer katholischen Österreicherin, die in Österreich von ihrem noch lebenden katholischen Manne rechtskräftig von Tisch und Bett geschieden worden war und in Deutschland zu einer weiteren Ehe schreiten wollte, wurde abgelehnt (BayObLG in OLG 42, 86). Vgl. auch Vorbem 2 vor § 1303 sowie § 1323 A 2 und § 1326 A 6. Das Aufgebot einer russischen Jüdin, die von ihrem Manne, einem russischen Juden, 1919 vor dem Rabbinate München durch Erteilung des **Scheidebriefs** geschieden worden ist, zur Eingehung einer weiteren Ehe in Deutschland war abzulehnen, weil die Scheidung durch ein deutsches Rabbinat als in Deutschland wirksam nicht anzuerkennen ist (BayObLG in OLG 42, 87). Vgl. auch § 1564 A 3.

2. **Das Aufgebotsverfahren** ist in den §§ 45—49 PStG und in Art 46 II §§ 44, 50 EG näher geregelt. Nach § 44 ebenda ist für die Anordnung des Aufgebots jeder Standesbeamte zuständig, vor dem nach § 1320 die Ehe geschlossen werden darf. Durch Ges v. 11. 6. 20 ist dem § 45 PStG folgender Abs 5 angefügt: „Der Standesbeamte soll den Verlobten und denjenigen, deren Einwilligung nach dem Gesetz erforderlich ist, vor Anordnung des Aufgebots je ein Merkblatt aushändigen, in welchem auf die Wichtigkeit einer **ärztlichen Beratung vor der Eheschließung** hingewiesen wird. Den Wortlaut des Merkblatts bestimmt das Reichsgesundheitsamt." Vgl. hierzu Kreß „Geschlechtsansteckung bei der Heirat und Schadensersatzpflicht" in LZ 1921, 296, wo auch das vom Reichsgesundheitsamte verfaßte Merkblatt seinem Wortlaute nach zum Teil wiedergegeben ist.

3. **Vollzogen** ist das Aufgebot, wenn die zweiwöchige Aufgebotsfrist für sämtliche Bekanntmachungen (§§ 46, 47 PStG) abgelaufen ist. Wegen Berechnung der Fristen vgl. §§ 187 Abs 1, 188 Abs 2, 3.

4. Die lebensgefährliche Erkrankung muß ärztlich bescheinigt sein (Art 46 II § 50 EG).

5. Vgl. § 1322 Abs 2.

6. **Verhältnis des deutschen zum ausländischen Eheschließungsrechte.** Das HaagEheschlAbk (Vorbem 2 vor § 1303) enthält in Art 5 Abs 3 eine das Aufgebot betreffende Bestimmung. Danach müssen die Vertragsstaaten die Vorschriften des Gesetzes des Heimatstaats über das Aufgebot zwar befolgen; doch kann das Unterlassen dieses Aufgebots die Nichtigkeit der Ehe nur in dem Lande zur Folge haben, dessen Gesetz übertreten worden ist. — Das Aufgebot gehört mit zur Form der Eheschließung (**RG** 88, 191). Ebenso OLG 35, 343. Vgl. Vorbem 1 vor § 1303.

§ 1317

[1]) Die Ehe wird dadurch geschlossen, daß die Verlobten[2]) vor einem[3]) Standesbeamten persönlich[4]) und bei gleichzeitiger Anwesenheit erklären[5]), die Ehe miteinander eingehen zu wollen. Der Standesbeamte muß zur Entgegennahme der Erklärungen bereit sein[6]).

Die Erklärungen können nicht unter einer Bedingung oder einer Zeitbestimmung abgegeben werden[7])[8]).

E I 1248 II 1226; M 4 39 ff.; P 4 37 ff.

1. **Eheschließung.** Wer eine Ehe eingehen will, ist gezwungen, die Eheschließung vor einem Standesbeamten vorzunehmen. Das BGB hat im § 1317 den Grundsatz der Zwangszivilehe (obligatorische Zivilehe) von neuem (§ 41 PStG) zur Anerkennung gebracht (vgl. Art 46 II § 41 EG). Die §§ 1317, 1318 beschäftigen sich mit der Form der Eheschließungshandlung selbst. Die Formvorschriften des § 1317 sind so wesentlich, daß, wenn auch nur gegen eine derselben verstoßen wird, eine Ehe überhaupt nicht zum Abschlusse gelangt. Das eingegangene Verhältnis ist keine Ehe und hat im Rechtsleben keine Bedeutung. Zur Aufdeckung dieser rechtlichen Bedeutungslosigkeit bedarf es nicht einer förmlichen Nichtigkeitserklärung. Ausnahmsweise kann jedoch das Verhältnis eine Ehe werden, wenn die im § 1324 Abs 2 bezeichneten Voraussetzungen vorliegen. Wegen Wiederholung der Eheschließung vgl. § 1309 A 2, 5. — Durch einen prozeßgerichtlichen Vergleich wird die Form der Eheschließung nicht gewahrt (**RG** 48, 191). Der § 67 PStG ist ein allgemeines Staatsgesetz im Sinne des Art 135 RVerf 1919 (**RG**St 57, 141; Bestrafung eines Pfarrers, der eine kirchliche Trauung vorgenommen hatte, obwohl er wußte, daß eine Eheschließung vor dem Standesbeamten nicht vorangegangen war). Der § 67 PStG ist durch das Ges über den Personenstand v. 11. 6. 20 nicht geändert worden.

2. Ein **Verlöbnis** wird der Eheschließung meist vorangehen, gehört aber nicht zur Gültigkeit der Eheschließung. Auch unter Nichtverlobten kann z. B. im Falle der Personenverwechslung (§ 1333) und im Falle der Drohung (§ 1335) eine freilich anfechtbare Ehe formgerecht zustande kommen.

3. **Vor einem Standesbeamten.** Das Gesetz vermeidet absichtlich die Ausdrucksweise: vor dem Standesbeamten (vgl. hierüber §§ 1319, 1320). Nach dem Ges v. 11. 6. 20 können zu Standesbeamten oder ihren Stellvertretern auch weibliche Personen bestellt werden.

4. **Stellvertretung** ist grundsätzlich ausgeschlossen. Ausnahme Art 57 EG.

5. Die **Erklärung** ist an keine Form gebunden und kann auch stillschweigend abgegeben werden. Taube, Stumme, Taubstumme, Blinde können, soweit eine Verständigung zwischen ihnen und dem Standesbeamten möglich ist, den Eheschließungswillen erklären. Erforderlichenfalls ist ein Dolmetscher zuzuziehen (BRBek v. 25. 3. 99). Die Zuziehung eines Dolmetschers ist auch dann erforderlich, wenn einer der Erschienenen der deutschen Sprache nicht mächtig ist, jedoch bedarf es der Zuziehung des Dolmetschers nicht, wenn der Standesbeamte der Sprache mächtig ist, in der sich der Erschienene ausdrücken kann. — Die bloße Erklärung soll zum Zustandekommen des Rechtserfolges ausreichen, ohne daß es dazu noch ihrer Beurkundung bedarf (**RG** 99, 69). Mangel der Ernstlichkeit des Willens zur Eingehung einer wahren Ehe (die Brautleute hatten vereinbart, ihre Ehe soll lediglich zur Legitimation ihres gemeinsamen Kindes dienen, im übrigen nur Formsache sein und alsbald wieder geschieden werden), hindert das Zustandekommen einer gültigen Ehe mit allen gegenseitigen Rechten und Pflichten der Eheleute nicht (**RG** Recht 1920 Nr 3396).

6. Die Gegenwart des Standesbeamten genügt nicht, vielmehr muß seine **Bereitwilligkeit,** die Erklärungen der Verlobten entgegenzunehmen, hinzukommen.

7. Dem Wesen der Ehe entspricht es, diese **bedingungslos und sofort** mit der Vollziehung der Eheschließungshandlung zur Entstehung zu bringen.

8. **Verhältnis des deutschen zum ausländischen Eheschließungsrechte.** Nach Art 13 Abs 3 EG bestimmt sich die Form einer Ehe, die im Inlande geschlossen wird, ausschließlich nach den deutschen Gesetzen. Nach Art 6 Abs 1 des HaagEheschlAbk (Vorbem 2 vor § 1303) ist die Ehe in Ansehung der Form überall als gültig anzusehen, wenn

sie vor einem diplomatischen oder konsularischen Vertreter gemäß seiner Gesetzgebung geschlossen wird, vorausgesetzt, daß keiner der Verlobten dem Staate, wo die Ehe geschlossen wird, angehört und dieser Staat der Eheschließung nicht widerspricht. Ein solcher Widerspruch kann jedoch nicht erhoben werden, wenn es sich um eine Ehe handelt, die mit Rücksicht auf eine vormalige Ehe oder ein Hindernis religiöser Natur gegen seine Gesetze verstoßen würde. Der Vorbehalt des Art 5 Abs 2 (Vorbem 2 vor § 1303) findet auf die diplomatischen oder konsularischen Eheschließungen Anwendung. Danach braucht der Staat, der kirchliche Trauung vorschreibt, die von seinen Angehörigen ohne kirchliche Trauung geschlossene Ehe nicht anzuerkennen. — Über die Eheschließung der in der Schweiz untergebrachten deutschen Kriegs- und Zivilgefangenen während ihres Aufenthalts in der Schweiz vgl. Nitze in Gruch 63, 1. Über Eheschließung und Ehescheidung **russischer** Staatsangehöriger in Deutschland vgl. Klibanski in JW 1920 S. 606, 607. Eine in Deutschland vor dem Standesbeamten (ohne Hinzutritt religiöser Trauung durch den Rabbiner) geschlossene Ehe eines mosaischen **Türken** mit einer mosaischen Deutschen ist nach der für das Reichsgericht maßgebenden Auslegung türkischen Rechtes durch das Kammergericht ungültig. Eine solche Eheschließung hat nicht zur Folge, daß die Frau die türkische Staatsangehörigkeit erwirbt. Der deutsch-türkische Rechtsschutzvertrag v. 11. 1. 17 ist durch Art 290 des Versailler Friedensvertrags v. 28. 6. 19 aufgehoben (RG Warn 1921 Nr 35). Vgl. § 1564 A 7.

§ 1318

[1]) **Der Standesbeamte soll bei der Eheschließung in Gegenwart von zwei Zeugen an die Verlobten einzeln und nacheinander die Frage[2]) richten, ob sie die Ehe miteinander eingehen wollen, und, nachdem die Verlobten die Frage bejaht[3]) haben, aussprechen[4]), daß sie kraft dieses[5]) Gesetzes nunmehr rechtmäßig verbundene Eheleute seien.**

Als Zeugen[6]) sollen Personen, die der bürgerlichen Ehrenrechte für verlustig erklärt sind[7]), während der Zeit, für welche die Aberkennung der Ehrenrechte erfolgt ist, sowie Minderjährige nicht zugezogen werden. Personen, die mit einem der Verlobten, mit dem Standesbeamten oder miteinander verwandt oder verschwägert sind, dürfen als Zeugen zugezogen werden.

Der Standesbeamte soll die Eheschließung in das Heiratsregister[8]) eintragen[9]).

E I 1249 II 1227; M 4 39 ff.; P 4 49 ff.

1. Die §§ 1317, 1318 beschäftigen sich mit der **Form der Eheschließungshandlung** selbst. Die Formvorschriften des § 1317 sind wesentlich (A 1 das.), die des § 1318 als sog. Sollvorschriften dagegen nicht. Die unter Vernachlässigung der Vorschriften des § 1318 geschlossene Ehe ist gültig, nur macht sich der Standesbeamte unter Umständen strafbar (§ 69 PStG; Art 46 IV EG). — Nach der jetzigen Gesetzeslage beschränkt sich die Tätigkeit des Standesbeamten bei Vollziehung der Eheschließung darauf, die Erklärungen der Verlobten entgegenzunehmen, und ihn trifft die Strafe aus § 69 PStG, soweit er in dieser Weise unter Verletzung der hierfür maßgebenden Vorschriften mitwirkt, mögen sie seine Zuständigkeit, die von ihm zu prüfenden Eheerfordernisse oder die Art des zu beobachtenden Verfahrens betreffen. Unter die Strafe fällt nicht nur die Nichtbeachtung von Ehehindernissen (aufschiebenden wie trennenden), sondern auch die Vernachlässigung der für den Bestand der Ehe wesentlichen und nicht wesentlichen Formvorschriften, z. B. die verbotswidrige Zuziehung minderjähriger Zeugen (RGSt 43, 221).

2. Die **Befragung** eines Tauben ist schriftlich zu bewirken.

3. Für die **Bejahung** gilt das in A 5 zu § 1317 Gesagte.

4. Der **Ausspruch** des Standesbeamten hat nur die Bedeutung einer Feststellung. Die Ehe ist schon vor dem Ausspruche durch die beiderseitige Bejahung (§ 1317) geschlossen, und keiner der Verlobten kann von diesem Zeitpunkt an wieder zurücktreten.

5. Gemeint ist das im BGB gegebene Gesetz, insbesondere der § 1317. Wie dies der Standesbeamte zum Ausdrucke bringt (kraft Gesetzes, kraft des Gesetzes oder gar mit der unglücklichen Wendung: kraft des Bürgerlichen Gesetzbuchs) ist gleichgültig.

6. **Als Zeugen** können auch Personen weiblichen Geschlechts zugezogen werden. Die Zeugen müssen natürlich Personen sein, denen die Fähigkeit zur Wahrnehmung nicht mangelt. Ungeeignete Zeugen sind Taube, Blinde, Geisteskranke.

7. Verlust der bürgerlichen Ehrenrechte §§ 32 ff. StGB.

8. In das **Heiratsregister** ist das in den §§ 13 Abs 2, 54 PStG Vorgeschriebene einzutragen. — Über die Frage, ob Beiname zum Familiennamen oder Doppelname vorliegt, vgl. KG in OLG 38, 252.

9. Wegen der **Eheschließung Deutscher im Auslande** vgl. Ges v. 4. 5. 70, Art 40 II EG und Ges v. 11. 6. 20 Art 2.

§ 1319

Als Standesbeamter im Sinne des § 1317 gilt auch derjenige, welcher, ohne Standesbeamter zu sein, das Amt eines Standesbeamten öffentlich ausübt[1]), es sei denn, daß die Verlobten den Mangel der amtlichen Befugnis bei der Eheschließung kennen[2]).

E I 1245 Abs 2 II 1222 Abs 2; M 4 36 ff.; P 4 38, 43 ff., 56.

1. Ob der **Nicht-Standesbeamte** das Amt eines Standesbeamten öffentlich ausübt, ist nach den Umständen des einzelnen Falles zu beurteilen. Die Anwendung des § 1319 wird in Frage kommen, wenn z. B. ein Wechsel in der Person des Standesbeamten eintritt und der Amtsvorgänger nicht mehr, der Amtsnachfolger noch nicht Standesbeamter ist, oder wenn ein Standesbeamter außerhalb seines Bezirks ohne die nach § 3 Abs 2 PStG erforderliche Ermächtigung das Amt eines Standesbeamten öffentlich ausübt. Der Standesbeamte kann nicht bei seiner eigenen Eheschließung als Standesbeamter mitwirken, wohl aber bei der seiner Kinder oder anderer Verwandten.

2. Der **Kenntnis** steht das Kennenmüssen (§ 122) hier nicht gleich. Kannte nur ein Verlobter den Mangel, so ist die Ehe gültig.

§ 1320

[1]) Die Ehe soll vor dem zuständigen[2]) Standesbeamten geschlossen werden.

Zuständig ist der Standesbeamte, in dessen Bezirk[3]) einer der Verlobten seinen Wohnsitz[4]) oder seinen gewöhnlichen Aufenthalt[5]) hat.

Hat keiner der Verlobten seinen Wohnsitz oder seinen gewöhnlichen Aufenthalt im Inland und ist auch nur einer von ihnen ein Deutscher[6]), so wird der zuständige Standesbeamte von der obersten Aufsichtsbehörde des Bundesstaats, dem der Deutsche angehört[7]), und, wenn dieser keinem Bundesstaat angehört, von dem Reichskanzler bestimmt.

Unter mehreren zuständigen Standesbeamten haben die Verlobten die Wahl[8]).

E I 1246 II 1223; M 4 38; P 4 47; 5 132; 6 285.

1. **Bedeutung der Vorschrift.** Die Vorschrift des § 1320 Abs 1 hat als sog. Sollvorschrift keine wesentliche Bedeutung für die Gültigkeit der Ehe. Die vor einem unzuständigen Standesbeamten geschlossene Ehe ist gültig, selbst wenn beide Verlobte die Unzuständigkeit kennen (anders § 1319), nur macht sich der Standesbeamte unter Umständen strafbar (§ 60 PStG). Der Fall, daß ein Standesbeamter ohne Ermächtigung außerhalb seines Amtsbezirks handelt, gehört nicht unter § 1320, sondern unter § 1319 (vgl. das. A 1).

2. Die Bestimmungen des PStG über die **Zuständigkeit des Standesbeamten** (§ 42) sind durch Art 46 I EG aufgehoben worden.

3. Die Bildung der **Bezirke** und die Bestellung des Standesbeamten und seines Stellvertreters für einen bestimmten Bezirk ist Aufgabe der höheren Verwaltungsbehörde (§§ 3—6 PStG).

4. **Wohnsitz** §§ 7ff. — Der Standesbeamte, in dessen Bezirke nur einer der Verlobten wohnt, braucht, wenn für diesen das Aufgebot von dem andern Standesbeamten angeordnet und die vorgeschriebene Bescheinigung, daß Ehehindernisse nicht zu seiner Kenntnis gelangt seien, erteilt wurde, nicht nachzuprüfen, ob die gesetzlichen Erfordernisse auch bezüglich des andern Verlobten erfüllt sind. Es ist Pflicht des das Aufgebot anordnenden Standesbeamten, sich die Überzeugung von der Richtigkeit der nachzuweisenden Voraussetzungen unter Benutzung der ihm durch das Gesetz gebotenen Mittel zu verschaffen (RGSt 35, 265).

5. Ein Verlobter hat den **gewöhnlichen Aufenthalt** da, wo er, ohne sich daselbst ständig niederzulassen, dauernd und nicht bloß vorübergehend weilt. Ob diese Voraussetzungen vorliegen, entscheidet der Standesbeamte nach freiem Ermessen.

6. Art 41 EG. **Ist keiner der Verlobten ein Deutscher,** so ist die Zuständigkeit eines deutschen Standesbeamten nicht begründet.

7. **Staatsangehörigkeit** Art 41 EG und StAngG v. 22. 7. 1913. Gehört der Deutsche mehreren Bundesstaaten an, so ist die oberste Aufsichtsbehörde jedes der mehreren Bundesstaaten zur Bestimmung des zuständigen Standesbeamten befugt. Lehnt die Aufsichtsbehörde des einen Bundesstaats die Bestimmung ab, so hindert dies nicht die Aufsichtsbehörde des andern Bundesstaats, die Bestimmung zu treffen. Andrerseits kann die Bestimmung abgelehnt werden, wenn sie bereits durch einen andern Bundesstaat erfolgt ist (vgl. § 1322 A 2).

8. Lehnt der Standesbeamte wegen Unzuständigkeit seine Mitwirkung bei der Eheschließung ab, so steht den Verlobten frei, die Entscheidung des Amtsgerichts, in dessen Bezirk der Standesbeamte seinen Amtssitz hat, einzuholen (§ 11 Abs 3 PStG; §§ 69, 186 FGG; Beschwerde §§ 19ff. FGG).

§ 1321

[1]) Auf Grund einer schriftlichen[2]) Ermächtigung[3]) des zuständigen Standesbeamten darf die Ehe auch vor dem Standesbeamten eines anderen Bezirkes geschlossen werden[4]).

E I 1247 II 1224; M 4 38; P 4 48.

1. § 1321 gewährt den Verlobten die Möglichkeit, die Ehe vor einem andern als dem zuständigen Standesbeamten zu schließen. Ein hierbei vorkommender Verstoß, z. B. wenn der die **Ermächtigung** erteilende Standesbeamte nicht der zuständige ist, oder die Ermächtigung der schriftlichen Form ermangelt, hat auf die Gültigkeit der Ehe keinen Einfluß. Wesentlich aber ist, daß der ermächtigte Standesbeamte innerhalb seines Bezirks in Tätigkeit tritt (vgl. § 1319 A 1). Die entsprechende Bestimmung des PStG (§ 43) ist durch Art 46 I EG aufgehoben worden.

2. **Schriftform** § 126.

3. Der **ermächtigte** Standesbeamte hat nicht die Befugnis, einen andern Standesbeamten zu ermächtigen.

4. Die **Ehe** kann vor dem zuständigen oder vor dem ermächtigten Standesbeamten **geschlossen** werden. Der ermächtigte Standesbeamte hat, wie der zuständige Standesbeamte, zur Vermeidung von Strafe Ehehindernisse zu berücksichtigen (§ 69 PStG u. Art 46 IV EG). Die Ermittlung und Feststellung etwaiger Ehehindernisse liegt aber nur demjenigen Standesbeamten ob, der das Aufgebot anordnet (RGSt 4, 255; 35, 266). Wegen der über Aufgebot und Nichtvorhandensein von Ehehindernissen auszustellenden Bescheinigung vgl. § 49 PStG.

§ 1322

Die Bewilligung einer nach den §§ 1303, 1313 zulässigen Befreiung[1]) steht dem Bundesstaate zu, dem die Frau, die Bewilligung einer nach § 1312 zulässigen Befreiung steht dem Bundesstaate zu, dem der geschiedene Ehegatte angehört[2]). Für Deutsche[3]), die keinem Bundesstaat angehören, steht die Bewilligung dem Reichskanzler zu.

Die Bewilligung einer nach § 1316 zulässigen Befreiung steht dem Bundesstaate zu, in dessen Gebiete die Ehe geschlossen werden soll.

Über die Erteilung der einem Bundesstaate zustehenden Bewilligung hat die Landesregierung zu bestimmen.

E I 1244 II 1228; M 4 34 ff.; 4 37, 48.

1. Die nach § 1322 zulässigen **Befreiungen** können von den Landesregierungen nach ihrem freien Ermessen bewilligt werden. Rechtsmittel sind gegen ablehnende Entscheidungen nicht gegeben. Die entsprechenden Bestimmungen des PStG (§§ 40, 50 Abs 1) sind durch Art 46 I, II EG aufgehoben worden. — Die Bemühungen eines Rechtsanwalts, die Befreiung von Ehehindernissen zu erwirken, sind nicht als Vermittlung des Zustandekommens einer Ehe im Sinne des § 656 anzusehen (RG JW 06, 713[10]).

2. **Staatsangehörigkeit** Art 41 EG und StAngG v. 22. 7. 1913. Gehört der Verlobte mehreren Bundesstaaten an, so steht jedem Bundesstaate selbständig und unabhängig von den anderen Bundesstaaten die Bewilligung zu. Es genügt, wenn die Landesregierung eines derselben die Befreiung bewilligt (vgl. § 1320 A 7).

3. Für Nichtdeutsche sind Befreiungen nicht vorgesehen (vgl. § 1820 A 6).

Dritter Titel

Nichtigkeit und Anfechtbarkeit der Ehe

§ 1323

Eine Ehe ist nur[1]) in den Fällen der §§ 1324 bis 1328 nichtig[2]).

E I 1250 II 1229; M 4 47, 55; P 4 56.

1. Die §§ 1324—1328 führen erschöpfend die Fälle auf, in denen eine **Ehe nichtig** sein kann. Andere Nichtigkeitsgründe gibt es nicht. Zu beachten ist jedoch, daß eine Ehe auch dann für nichtig erklärt werden kann, wenn einer der Anfechtungsgründe vorliegt (§ 1343 Abs 1). Die Nichtigkeitsgründe beruhen auf Rücksichten, die über dem Parteiwillen stehen, die Anfechtungsgründe auf Rücksichten, die dem persönlichen Empfinden der Parteien Rechnung tragen. Nichtigkeit tritt ein, wenn die Aufrechterhaltung der Ehe mit dem Wesen der Ehe und der öffentlichen Ordnung nicht vereinbar sein würde, Anfechtbarkeit, wenn es sich um einen Mangel handelt, bei welchem wesentlich das persönliche Empfinden des verletzten Ehegatten entscheiden muß, ob die Ehe bestehen bleiben soll oder nicht (§ 1330 A 1).

2. **Verhältnis des deutschen zum ausländischen Eheschließungsrechte.** Die Vorschriften des EG, durch die der deutsche Richter zur Anwendung des fremden Rechts berufen wird (Artt 7, 13, 15, 17, 21, 25), verweisen ihn nicht nur auf die Sachvorschriften (das sog. materielle Recht), sondern auch auf die den gegenseitigen Verkehr der Staaten regelnden Vorschriften (die sog. Kollisionsvorschriften). Der deutsche Richter hat das fremde Recht, wenn überhaupt, im vollen Umfange anzuwenden. So wurde mit Recht die Nichtigkeitsklage eines katholischen **Österreichers**, der im Jahre 1908 in Deutschland eine protestantische, geschiedene Deutsche geheiratet hatte, abgewiesen, obwohl der geschiedene Ehemann seiner Frau noch lebte und die Ehe nach österreichischem Hofdekrete v. 17. 7. 1835 verboten war. Für die Abweisung war jedoch der (vielleicht als Kollisionsvorschrift anzusehende) § 4 des österreichischen Allgemeinen BGB entscheidend, wonach die österreichischen Gesetze unanwendbar sind, wenn, wie hier, der Mann nicht die Absicht hatte, mit der Eheschließungshandlung rechtliche Folgen auch in Österreich hervorzurufen (**RG** 78, 234). Vgl. auch BayObLG in OLG 36, 222 und in JW 1918, 375 sowie § 1326 A 6, § 1316 A 1, § 1353 A 1, § 1564 A 7, § 1575 A 1 u. 3 und Vorbem 2 vor § 1303. — Art 27 EG hat nicht die Bedeutung, daß der deutsche Richter nur in den dort besonders hervorgehobenen Fällen zur Anwendung der fremden Kollisionsvorschriften ermächtigt sein soll. Der Art 27 enthält vielmehr nur eine Bekräftigung der Regel, daß das fremde Recht, wenn überhaupt, dann grundsätzlich in seiner Gesamtheit anzuwenden ist (ebenda). In Anwendung des Art 13 EG wurde die Ehe eines Österreichers, die er 1908 in England mit einer Deutschen geschlossen hatte, für nichtig erklärt, weil seine erste Ehefrau noch lebte und ihm von einem österreichischen Gerichte nur Trennung von Tisch und Bett bewilligt worden war, die erste Ehe also noch zu Recht bestand. — Die nach dem Inkrafttreten des BGB in Deutschland geschlossene Ehe eines **Italieners** mit einer Deutschen ist nicht deshalb nichtig, weil die frühere Ehe des Italieners vor dem Inkrafttreten des BGB in Deutschland rechtskräftig geschieden worden war und die geschiedene Ehefrau zur Zeit der Wiederverheiratung ihres Mannes noch lebte. Das damals zulässige deutsche Scheidungsurteil löste die Ehe dem Bande nach und jeder geschiedene Ehegatte erlangte dadurch die Befugnis zur Wiederverheiratung, obwohl nach italienischem Rechte die Scheidung der ersten Ehe unzulässig und die erste Ehe noch als bestehend anzusehen war (**RG** JW 1912, 642[14]). Italiener können gemäß Art 1 des Haager Abkommens (§ 1564 A 7) in Deutschland nicht geschieden werden, da ihrem Rechte die Ehescheidung fremd ist (OLG 36, 222 A 1). Die Trennung von Tisch und Bett ist vom deutschen Gesetzgeber als eine Form der Trennung der Ehe vom Bande nicht zugelassen worden, und es kann auch nichts aus Art 30 EG dafür hergeleitet werden, einer im Auslande vorgenommenen bloßen Trennung von Tisch und Bett für Deutschland die Wirkung einer Trennung vom Bande beizulegen (**RG** Warn 1912 Nr 434).

§ 1324

Eine Ehe ist nichtig, wenn bei der Eheschließung die im § 1317 vorgeschriebene Form nicht beobachtet worden ist[1]).

Ist die Ehe in das Heiratsregister eingetragen worden[2]) und haben die Ehegatten nach der Eheschließung zehn Jahre oder, falls einer von ihnen vorher gestorben ist, bis zu dessen Tode, jedoch mindestens drei Jahre, als Ehegatten miteinander gelebt[3]), so ist die Ehe als von Anfang an gültig

anzusehen[4]). Diese Vorschrift findet keine Anwendung, wenn bei dem Ablaufe der zehn Jahre oder zur Zeit des Todes des einen Ehegatten die Nichtigkeitsklage[5]) erhoben ist[6]).

E I 1250 Nr 1 II 1230; M 4 48; P 4 53 ff., 62 ff.

1. Die Nichtigkeit der Ehe wegen Außerachtlassung der im § 1317 vorgeschriebenen Form ist eine so vollkommene, daß es zur Geltendmachung der Nichtigkeit nicht einmal der für die Nichtigkeitsfälle der §§ 1325—1328 vorgeschriebenen Nichtigkeitsklage (§ 1329) bedarf. Man kann daher im Falle des § 1324 Abs 1 von einer **vollkommenen Nichtigkeit** und in den Fällen der §§ 1325—1328 von einer **unvollkommenen Nichtigkeit** sprechen (vgl. auch § 1317 A 1). Den Fällen der unvollkommenen Nichtigkeit steht der Fall gleich, wenn eine formell nichtige Ehe in das Heiratsregister eingetragen worden ist (§§ 1324 Abs 2, 1329). Ehegatten, die in einer vollkommen nichtigen Ehe leben, können jederzeit eine formgültige Eheschließung vornehmen; eine Wiederholung der Eheschließung liegt darin nicht (§ 1309 A 2). Rückwirkende Kraft wohnt der neuen Handlung nicht bei.

2. Die **Eintragung in das Heiratsregister** ist zwar für das Zustandekommen der Ehe nur ein unwesentlicher Formbestandteil, gewinnt jedoch vermöge der Sondervorschrift des § 1324 Abs 2 hohe Bedeutung. Die formell nichtige, aber in das Heiratsregister eingetragene Ehe wird wie eine Ehe behandelt, die aus einem andern Grunde als wegen Formmangels nichtig ist.

3. Ob die Ehegatten **miteinander als Ehegatten gelebt** haben, hat der Richter nach freiem Ermessen zu beurteilen. Ein ununterbrochenes tatsächliches Zusammenleben wird nicht gefordert. In demselben Sinne ist im Art 198 Abs 2 EG von einem Zusammenleben der Ehegatten die Rede (**RG** JW 00, 725).

4. Dies ist der einzige Ausnahmefall, in dem die vollkommene Nichtigkeit einer Ehe **nachträglich geheilt** werden kann, und zwar mit rückwirkender Kraft.

5. Nämlich die **Nichtigkeitsklage** wegen Formmangels der Eheschließung. Führt die Klage nicht zu einem die Nichtigkeit der Ehe aussprechenden Urteile, so ist die Ehe trotz Klageerhebung als von Anfang an gültig anzusehen.

6. **Verhältnis des deutschen zum ausländischen Eheschließungsrechte.** Das HaagEheschlAbk (Vorbem 2 vor § 1303) enthält in Artt 5—7 Vorschriften über die Form der Eheschließung. Nach Art 5 Abs 1 ist die Ehe in Ansehung der Form überall als gültig anzuerkennen, wenn die Eheschließung dem Gesetze des Landes, in welchem sie erfolgt ist, entspricht. Doch brauchen nach Art 5 Abs 2 die Länder, deren Gesetzgebung eine religiöse Trauung vorschreibt, die von ihren Angehörigen unter Nichtbeachtung dieser Vorschrift im Ausland eingegangenen Ehen nicht als gültig anzuerkennen. Dieser Vorbehalt findet nach Art 6 Abs 2 auch auf die diplomatischen und konsularischen Eheschließungen Anwendung. Nach Art 7 kann eine Ehe, die in dem Lande, in welchem sie geschlossen wurde, in Ansehung der Form nichtig ist, gleichwohl in den andern Ländern als gültig anerkannt werden, wenn die durch das Gesetz des Heimatstaats eines jeden der Verlobten vorgeschriebene Form beobachtet worden ist. Der im Art 5 Abs 1 ausgesprochene Grundsatz steht im Einklange mit der Vorschrift des Art 11 Abs 1 Satz 2 EG, wonach für die Form eines Rechtsgeschäfts die Beobachtung der Gesetze des Ortes, an dem das Rechtsgeschäft vorgenommen wird, genügt. Auch die Eheschließung gehört, wenn auch mit Besonderheiten ausgestattet, zu den Rechtsgeschäften des bürgerlichen Rechtes. Wegen unterbliebener religiöser Trauung kann eine Ehe nur im Gebiete desjenigen Vertragsstaates als nichtig erklärt werden, dessen Gesetze zur Gültigkeit der Ehe religiöse Trauung vorschreiben. Im Art 7 wird zugunsten der Aufrechterhaltung einer sonst nichtigen Ehe das Heimatgesetz für ausschlaggebend erklärt. Dies entspricht dem Art 1 des Abkommens. — Ehen, die zwischen Deutschen und Ausländern im Auslande unter Beobachtung der Gesetze des Eheschließungsorts eingegangen werden, sind gültig. Auf solche Ehen findet Art 11 Abs 1 Satz 2 EG Anwendung. Denn auch die Eheschließung ist vom Standpunkte des bürgerlichen Rechtes aus als ein Rechtsgeschäft anzusehen, und der Art 13 Abs 1 EG läßt den Art 11 Abs 1 Satz 2 EG unberührt. Letztere Vorschrift ist ganz selbständig und gilt für alle Rechtsgeschäfte (**RG** 88, 191. Es handelte sich hier um eine zwischen einem **Türken** und einer Deutschen in Brasilien unter Beobachtung der dort vorgeschriebenen Formen vor einem Standesbeamten geschlossenen, von dem Türken erfolglos als nichtig angegriffenen Ehe). Vgl. Vorbem 1 vor § 1303. Abweichend OLG 35, 358, wo eine vor dem Standesbeamten in London zwischen einem jüdischen **Polen** und einer christlichen Deutschen geschlossene Ehe für nichtig erachtet worden ist, weil nach dem polnischen Ehegesetz v. 16./28. 3. 36 (Leske-Löwenfeld 809) Ehen zwischen Christen und Nichtchristen nichtig sind. — Die Schließung einer Ehe zwischen einer jüdischen **Ungarin** und einem **russisch-polnischen** Juden vor einem deutschen Standesamt im Jahre 1917 ist nach damaligem russischem Rechte mangels Hinzu-

tritts geistlicher Trauung wirkungslos, aber nach deutschem Rechte gültig (Art 13 Abs 3 EG). Das ungarische Ehegesetz (Ges-Art XXXI vom Jahre 1894) erkennt im § 113 die Regel, wonach die Form einer Ehe sich nach dem Gesetze des Ortes der Eheschließung richtet, an. Jedoch ist, wenn nicht Befreiung (Dispensation) erfolgt, ein Aufgebot in Ungarn nötig. Wäre die Ehe nach ungarischem Rechte gültig, so hätte die Frau die ungarische Staatsangehörigkeit verloren (§ 34 der ungarischen Gesetz-Artikel über den Erwerb und Verlust der ungarischen Staatsbürgerschaft vom Jahre 1879), ohne eine andere wiedererlangt zu haben. In solchem Falle würde die Frau nicht Ausländerin im Sinne des § 606 Abs 4 ZPO sein und diese Vorschrift daher keine Anwendung finden (**RG** 70, 143; **RG** Warn 1921 Nr 35; **RG** LZ 1921, 309[11]; **RG** 105, 363). Vgl. § 1564 A 7. Auch Ehen, die Ausländer im Auslande unter Beobachtung der dort vorgeschriebenen Formen schließen, sind nach Art 11 Abs 1 S 2 EG gültig (**RG** 1. 10. 25 IV 89/25).

§ 1325

Eine Ehe ist nichtig[1]), wenn einer der Ehegatten zur Zeit der Eheschließung geschäftsunfähig[2]) war oder sich im Zustande der Bewußtlosigkeit oder vorübergehender Störung der Geistestätigkeit befand[3]).

Die Ehe ist als von Anfang an gültig anzusehen[4]), wenn der Ehegatte sie nach dem Wegfalle der Geschäftsunfähigkeit, der Bewußtlosigkeit oder der Störung der Geistestätigkeit bestätigt[5]), bevor sie für nichtig erklärt oder aufgelöst worden ist[6]). Die Bestätigung bedarf nicht der für die Eheschließung vorgeschriebenen Form[5]).

E I 1250 Nr 2, 1251 II 1231; M 4 48 ff.; P 4 53, 57, 60; 6 269.

1. Ein Fall der **unvollkommenen Nichtigkeit** (§ 1324 A 1).

2. Die Frage, wer **geschäftsunfähig** ist, beantwortet der § 104. Die Willenserklärung eines Geschäftsunfähigen ist nach § 105 Abs 1 nichtig. Diesem Grundsatz entspricht es, daß auch die auf Eheschließung gerichtete Willenserklärung eines Geschäftsunfähigen nichtig ist und die Nichtigkeit der Ehe zur Folge hat. Nach § 104 Nr 3 ist geschäftsunfähig, wer wegen Geisteskrankheit entmündigt ist. Wer nur wegen Geistesschwäche entmündigt ist, kann daher gültig eine Ehe schließen. Anderseits ist die Ehe, die vor Aufhebung der Entmündigung wegen Geisteskrankheit — wenn auch in einem lichten Zwischenraum oder gar nach Eintritt der Heilung des Geisteskranken — geschlossen ist, nichtig. Wann die Entmündigung als aufgehoben anzusehen ist, bestimmt sich nach §§ 672, 678, 679 ZPO. Über Scheidung wegen Geisteskrankheit vgl. § 1569 und Erläuterungen.

3. Diese Vorschrift entspricht dem § 105 Abs 2. — Sowohl der Zustand der Bewußtlosigkeit als auch der Zustand vorübergehender Störung der Geistestätigkeit müssen derartig sein, daß die freie Willensbestimmung ausgeschlossen wird (**RG** 74, 110; 103, 400; **RG** 3. 7. 24 IV 990/23).

4. Die **Wirkung der Bestätigung** reicht also in die Zeit der Eheschließung zurück. Es wird so angesehen, als ob der Nichtigkeitsgrund überhaupt nicht eingetreten sei. Die Nichtigkeit der Ehe ist mit rückwirkender Kraft geheilt.

5. **Die Bestätigung** (§ 141) ist ein einseitiges Rechtsgeschäft und bedarf keiner Form, insbesondere nicht der für die Eheschließung vorgeschriebenen Form. Sie unterliegt, soweit sich nicht aus dem Wesen der Ehe Abweichungen ergeben, den allgemeinen Bestimmungen über Willenserklärungen, insbesondere auch hinsichtlich der Nichtigkeit und Anfechtbarkeit der Willenserklärungen. Eine Bestätigung der nichtigen Ehe liegt vor, wenn der zur Nichtigkeitsklage berechtigte Ehegatte mit Kenntnis des den Nichtigkeitsgrund erfüllenden Tatbestandes seinen Willen, die Ehe fortzusetzen, dem andern Ehegatten gegenüber zum Ausdrucke bringt. Dies kann auch stillschweigend, z. B. durch Beischlafsvollziehung, geschehen. Einer Erklärung, von dem Nichtigkeitsgrunde keinen Gebrauch machen zu wollen, bedarf es nicht. Ebensowenig bedarf es eines Beweises dafür, daß der Ehegatte sich seiner Befugnis zur Erhebung der Nichtigkeitsklage (§ 1329) bewußt gewesen sei. Die Bestätigung muß dem andern Teile gegenüber vorgenommen werden, da es sich begrifflich um eine erneute Eheschließung handelt. Nur der Ehegatte selbst, nicht sein gesetzlicher Vertreter, kann die Ehe bestätigen. Ist aber der Ehegatte zur Zeit der Bestätigung in der Geschäftsfähigkeit beschränkt, so bedarf er nach §§ 106, 107 zur Bestätigung noch der Einwilligung seines gesetzlichen Vertreters. Ist die Bestätigung ohne Einwilligung seines gesetzlichen Vertreters erfolgt, so kann die Ehe nach § 1331 von dem Ehegatten angefochten werden, jedoch kann die Anfechtung, solange der anfechtungsberechtigte Ehegatte in der Geschäftsfähigkeit beschränkt ist, nach § 1336 Abs 2 nur von seinem gesetzlichen Vertreter ausgehen und ist nach § 1337 Abs 1 überhaupt ausgeschlossen, wenn der gesetzliche

Vertreter die Ehe genehmigt oder der anfechtungsberechtigte Ehegatte, nachdem er unbeschränkt geschäftsfähig geworden ist, die Ehe bestätigt. Die Bestätigung ist unwiderruflich. Sie kann auch unter einer Bedingung (RG 44, 147) oder einer Zeitbestimmung erklärt werden.

6. **Zeitpunkt der Bestätigung. Besondere Fälle.** Die Bestätigung kann wirksam auch noch im Laufe des Nichtigkeitsverfahrens erfolgen; ihre Geltendmachung im Rahmen dieses Verfahrens ist aber nur so lange zulässig, als nach den Verfahrensvorschriften Tatsachen überhaupt mit Erfolg vorgebracht werden können (§ 278 Abs 1 ZPO). Die rechtskräftig ausgesprochene Nichtigkeitserklärung kann nicht nachträglich dadurch in Frage gestellt werden, daß geltend gemacht wird, die Bestätigung sei nach der letzten mündlichen Verhandlung und vor der Rechtskraft des Urteils erfolgt (M 4, 51; dagegen Staudinger A 3d). — Ein nur auf Aufhebung der ehelichen Gemeinschaft gerichtetes Urteil steht der Bestätigung nicht im Wege. — Im Falle der Doppelehe (§ 1326) kann der Ehegatte nach Eingehung der zweiten Ehe nicht die erste nichtige Ehe wirksam bestätigen. Vielmehr bleibt die zweite Ehe gültig (§ 1326 A 2).

§ 1326

Eine Ehe ist nichtig[1]), wenn einer der Ehegatten zur Zeit der Eheschließung[2]) mit einem Dritten in einer gültigen[3]) Ehe lebte[4])[5])[6]).

E I 1250 Nr 3 II 1332; M 4 51 ff.; P 4 57 ff.

1. Ein Fall der unvollkommenen Nichtigkeit § 1324 A 1. § 1326 verleiht dem im § 1309 ausgesprochenen Verbote der Doppelehe die erforderliche Wirksamkeit. Es handelt sich hier um ein trennendes Ehehindernis.

2. **Zur Zeit der Eheschließung** muß die Ehe mit einem Dritten bestehen. Steht in diesem Zeitpunkte der Eheschließende mit einem Dritten in einer gültigen Ehe, so ist die neue Ehe nichtig und bleibt nichtig, selbst wenn die frühere Ehe durch den Tod eines Ehegatten oder durch rechtskräftiges Scheidungsurteil aufgelöst oder der erste Ehegatte des doppelt verheirateten Ehegatten für tot erklärt wird. Die Nichtigkeit ist also unheilbar. In den Fällen des Todes, der Todeserklärung und Scheidung ist die Wiederholung der Eheschließung nach § 1309 Abs 1 Satz 2 angebracht, die allerdings nur für die Zukunft wirkt (§ 1309 A 5). War die frühere Ehe zur Zeit der Eingehung der neuen Ehe keine gültige, so ist § 1326 nicht anwendbar. Die Anwendbarkeit des § 1326 kann nicht dadurch herbeigeführt werden, daß der doppelt verheiratete Ehegatte nach Schließung der zweiten Ehe die erste Ehe bestätigt (§ 1325 A 5).

3. Die **Gültigkeit der früheren Ehe** ist Voraussetzung für die Nichtigkeit der späteren Ehe. Der Eheschließende mußte zur Zeit der Eheschließung in einer gültigen Ehe mit einem Dritten gelebt haben. War die frühere Ehe wegen Formmangels nichtig und in das Heiratsregister nicht eingetragen (vollkommene Nichtigkeit, § 1324 A 1), so lag ein Ehehindernis überhaupt nicht vor (§ 1309 A 2). War die frühere Ehe zwar wegen Formmangels nichtig, aber in das Heiratsregister eingetragen, oder war sie aus einem der Nichtigkeitsgründe der §§ 1325 bis 1328 nichtig oder aus einem der Anfechtungsgründe der §§ 1331—1335 und des § 1350 seitens des doppelt verheirateten Ehegatten anfechtbar und angefochten worden, so ist die zweite Ehe von der Nichtigkeit des § 1326 nicht betroffen. Ist also die der ersten Ehe anhaftende Nichtigkeit oder Anfechtbarkeit zur Zeit der Schließung der neuen Ehe vorhanden gewesen, so ist die zweite Ehe von Anfang an gültig. Nicht erforderlich ist, daß zu dieser Zeit die Nichtigkeit oder Anfechtbarkeit bereits geltend gemacht worden war. Nur die Tatsache, daß in Wirklichkeit eine frühere gültige Ehe besteht, ist entscheidend. Auf die Meinung der Eheschließenden über das Bestehen kommt es nicht an. Glaubte z. B. ein Eheschließender im Vertrauen auf die standesamtliche Sterbeurkunde, seine frühere Ehe sei durch den Tod seines Ehegatten aufgelöst, während dieser in Wirklichkeit zur Zeit der Eheschließung lebte, so bestand damals seine frühere Ehe und die neue Ehe ist infolgedessen nichtig. Ebensowenig kommt ein Irrtum des Eheschließenden über die Rechtskraft eines die Scheidung oder Nichtigkeit seiner früheren Ehe aussprechenden Urteils in Betracht. Wegen der Folgen im Falle der Wiederaufnahme des Verfahrens vgl. § 1309 A 6, wegen der Regelung im Falle der Todeserklärung vgl. §§ 1348ff.

4. Den **Beweis**, daß die zweite Ehe nichtig sei, hat der Nichtigkeitskläger zu führen. Dazu genügt der Nachweis, daß die erste Ehe in formell gültiger Weise abgeschlossen oder wenigstens, daß die Eheschließung in das Heiratsregister eingetragen worden sei. Sache des Beklagten ist es, die Nichtigkeit der früheren und damit die Nichtanwendbarkeit des § 1326 darzulegen. Diese Darlegung kann, solange die frühere Ehe nicht aufgelöst ist, nur mittels Durchführung der Nichtigkeits- oder der Anfechtungsklage bewirkt werden (§§ 1329 Abs 1, 1341 Abs 1, 1343 Abs 2), gegebenenfalls im Wege der Widerklage. Wird ein besonderer Rechtsstreit angestrengt, so kann das über die Nichtigkeit der späteren Ehe anhängige Verfahren gemäß §§ 151, 152 ZPO ausgesetzt werden. Ist die frühere Ehe bereits aufgelöst, so kann der Beklagte im Nichtigkeits-

streit über die Doppelehe den der früheren Ehe anhaftenden Nichtigkeitsgrund mittels Einrede geltend machen. Den ihm zustehenden Anfechtungsgrund kann der Beklagte im Falle der Auflösung der Ehe nur geltend machen (durch Erklärung vor dem Nachlaßgerichte, § 1342), wenn die Auflösung durch Tod des Ehegatten herbeigeführt worden war, nicht aber, wenn die Auflösung durch Scheidungsurteil ausgesprochen wurde (§ 1338).

5. Besondere **Verfahrensvorschriften** für die Nichtigkeitsklage aus § 1326 enthalten die §§ 629 Abs 1 u. 632 Abs 1 ZPO. Für die Anwendung der §§ 171, 338 StGB (Art 34 V EG) ist zu bemerken, daß unter dem Schutze dieser **Strafvorschriften** stehen: a) die aus einem andern Grunde als wegen Formmangels nichtige Ehe, b) die wegen Formmangels nichtige, aber in das Heiratsregister eingetragene Ehe, selbst wenn die Voraussetzungen, unter denen sie nach § 1324 Abs 2 nachträglich gültig werden kann, noch nicht erfüllt sind, c) die anfechtbare Ehe.

Die Gültigkeit der neuen Ehe hindert die Bestrafung wegen Doppelehe nicht. — Anderseits genügt zur Bestrafung wegen Doppelehe die formelle Gültigkeit der neuen Ehe. Einer Prüfung, ob sie sachlich Wirksamkeit hat, bedarf es nicht (RGSt 55, 279).

6. **Verhältnis des deutschen zum ausländischen Eheschließungsrechte.** Das HaagEheschlAbk (Vorbem 2 vor § 1303) enthält in Art 2 Abs 3 und Art 6 Abs 1 Bestimmungen über das Ehehindernis einer vormaligen Ehe. Mit diesem Ehehindernis ist nicht das Verbot der Doppelehe gemeint, denn in allen Vertragsstaaten gilt das Gesetz, daß ein Mann nur eine Ehefrau und eine Frau nur einen Ehemann gleichzeitig haben darf. Vielmehr ist hier das dem BGB unbekannte Verbot der Wiederverheiratung eines geschiedenen Ehegatten gemeint. Nach Art 6 Abs 1 ist bei diplomatischen und konsularischen Eheschließungen das Widerspruchsrecht des Staates, wo die Ehe geschlossen ist, in dem Falle, daß ein Ehehindernis mit Rücksicht auf eine vormalige Ehe vorliegt, versagt. Vgl. § 1317 A 8. Unbeschadet dieser Versagung ist nach Art 2 Abs 3 kein Vertragsstaat verpflichtet, eine Ehe schließen zu lassen, die mit Rücksicht auf eine vormalige Ehe gegen seine Gesetze verstoßen würde. Die Verletzung eines derartigen Ehehindernisses kann jedoch die Nichtigkeit der Ehe in einem andern Lande als in dem, wo die Ehe geschlossen wurde, nicht zur Folge haben. — Eheschließung eines geschiedenen deutschen Katholiken bei Lebzeiten seiner ersten Frau mit einer **österreichischen Katholikin** für zulässig erachtet im Beschl des BayObLG v. 18. 1. 18 (OLG 36, 222 und JW 1918, 375 und das. Kahl, der im Ergebnis zustimmt, aber die Begründung mit Recht bemängelt und die Anwendbarkeit des Art 30 EG auf das österreichische Eheverbot Geschiedener befürwortet). Vgl. auch Gruch 65, 255 (Befreiung vom Bande der Ehe nach **österreichischem** Rechte kein geeignetes Mittel, geschiedenen Katholiken den Zutritt zu einer gültigen Ehe zu eröffnen). Dazu Adler in DJZ 1920, 346 über Befreiung vom Hindernis des Ehebandes in Österreich nach dem Erlasse des Staatsamts v. 3. 4. 19; Bachrach in DJZ 1921, 819 über Dispensehen katholischer Österreicher; JW 1922 S. 359 u. 1118. Vgl. ferner § 1303 Vorbem 2, § 1316 A 1, § 1323 A 2, § 1353 A 1, § 1564 A 7, § 1575 A 1 u. 3.

Gleiche Behandlung wie das Ehehindernis einer vormaligen Ehe erfahren im Art 2 Abs 3 und Art 6 Abs 1 des Abkommens die Ehehindernisse religiöser Natur (wegen geistlicher Weihe, Ordensgelübde, Religionsverschiedenheit). Hinsichtlich dieser bestimmt außerdem Art 3, daß das Gesetz des Ortes der Eheschließung, ungeachtet der Verbote des Heimatgesetzes (Art 1), die Ehe von Ausländern gestatten kann, daß jedoch die andern Staaten berechtigt sind, einer so zustande gekommenen Ehe die Anerkennung zu versagen.

§ 1327

Eine Ehe ist nichtig[1]), wenn sie zwischen Verwandten oder Verschwägerten dem Verbote des § 1310 Abs 1[2]) zuwider geschlossen worden ist[3]).

E I 1250 Nr 3 II 1233; M 4 53; P 4 23 ff.

1. Ein Fall der unvollkommenen Nichtigkeit (§ 1324 A 1).

2. Die Zuwiderhandlung gegen das Verbot des § 1310 Abs 1 zieht unheilbare Nichtigkeit nach sich. Es handelt sich hier um ein trennendes Ehehindernis (§ 1310 A 1; vgl. auch § 173 StGB).

3. **Verhältnis des deutschen zum ausländischen Eheschließungsrechte.** Das HaagEheschlAbk (Vorbem 2 vor § 1303) enthält im Art 2 Bestimmungen über das Eheverbot zu naher Verwandtschaft und Schwägerschaft. Nach Art 2 Abs 1 Nr 1 kann das Gesetz des Ortes der Eheschließung die Ehe von Ausländern untersagen, wenn die Ehe gegen seine Vorschriften über die Grade der Verwandtschaft und Schwägerschaft, für die ein unbedingtes Eheverbot besteht, verstoßen würde. Die dem Eheverbote zuwider geschlossene Ehe kann aber trotzdem gültig sein, denn im Art 2 Abs 2 heißt es, daß die ungeachtet des Verbots geschlossene Ehe dann nicht als nichtig behandelt werden

kann, wenn sie nach dem im Art 1 bezeichneten Gesetze (d. h. dem Heimatsgesetze jedes der Verlobten) gültig ist. Als unbedingtes Eheverbot des BGB im Sinne des Abkommens ist nur das Eheverbot des § 1310 Abs 1, nicht das Eheverbot des § 1310 Abs 2 anzusehen.

§ 1328

Eine Ehe ist nichtig[1]), wenn sie wegen Ehebruchs nach § 1312[2]) verboten war.

Wird nachträglich[3]) Befreiung von der Vorschrift des § 1312 bewilligt, so ist die Ehe als von Anfang an gültig anzusehen[4]).

E II 1234; M 4 54; P 4 29, 64.

1. Ein Fall der unvollkommenen Nichtigkeit (§ 1324 A 1).

2. Die Zuwiderhandlung gegen das Verbot des § 1312 ist straflos, zieht jedoch heilbare Nichtigkeit nach sich. Es handelt sich hier um ein trennendes Ehehindernis (§ 1312 A 1).

3. Die **Befreiung** kann sogar noch nach Eingehung der verbotswidrigen Ehe bewilligt werden. Ist diese Ehe aber zur Zeit der Bewilligung bereits aufgelöst oder für nichtig erklärt, so wirkt die Befreiung nicht. Dagegen wirkt die Befreiung, wenn nur auf Aufhebung der ehelichen Gemeinschaft erkannt ist.

4. **Verhältnis des deutschen zum ausländischen Eheschließungsrechte.** Das Haag-EheschlAbk (Vorbem 2 vor § 1303) enthält im Art 2 Bestimmungen über das Eheverbot des Ehebruchs. Nach Art 2 Abs 1 Nr 2 kann das Gesetz des Ortes der Eheschließung die Ehe von Ausländern untersagen, wenn die Ehe gegen das unbedingte Verbot der Eheschließung zwischen den des Ehebruchs Schuldigen verstoßen würde und auf Grund dieses Ehebruchs die Ehe eines von ihnen aufgelöst worden ist. Die dem Eheverbote zuwider geschlossene Ehe ist aber trotzdem als gültig zu behandeln, wenn sie nach den Gesetzen des Heimatstaats eines jeden der Verlobten gültig sein würde (Art 2 Abs 2 in Verb. mit Art 1 des Abkommens). Als unbedingtes Eheverbot des BGB im Sinne des Abkommens ist das Eheverbot des § 1312 Abs 1 aber nicht anzusehen, da Befreiung von der Vorschrift bewilligt werden kann (§ 1312 Abs 2).

Gleiche Behandlung wie das Eheverbot des Ehebruchs erfährt im Art 2 des Abkommens das dem BGB unbekannte Eheverbot der Eheschließung zwischen Personen, die wegen gemeinsamer Nachstellung nach dem Leben des Ehegatten eines von ihnen verurteilt worden sind.

§ 1329

Die Nichtigkeit einer nach den §§ 1325 bis 1328 nichtigen Ehe kann, solange nicht die Ehe für nichtig erklärt oder aufgelöst ist, nur im Wege der Nichtigkeitsklage geltend gemacht werden[1]). Das gleiche gilt von einer nach § 1324 nichtigen Ehe, wenn sie in das Heiratsregister eingetragen worden ist[2])[3])[4]).

E I 1252 II 1235; M 4 56; P 4 53 ff.; 6 603.

1. **Geltendmachung der Nichtigkeit.** Eine mit dem Mangel der Nichtigkeit behaftete Ehe gilt nicht schon wegen dieses Mangels als eine nichtige Ehe, vielmehr bedarf es dazu, solange nicht die Ehe aufgelöst oder (aus einem Anfechtungsgrunde) für nichtig erklärt ist, der Nichtigkeitserklärung durch gerichtliches Urteil, das nach § 629 Abs 1 ZPO für und gegen alle wirkt. Die einzige Ausnahme bildet die nicht in das Heiratsregister eingetragene, nach § 1324 Abs 1 wegen Formmangels nichtige Ehe (Fall der vollkommenen Nichtigkeit, § 1324 A 1). Von dieser Ausnahme abgesehen, ist eine nichtige Ehe so lange als eine gültige zu behandeln, bis sie auf erhobene Nichtigkeitsklage durch Urteil für nichtig erklärt worden ist und das Urteil bei Lebzeiten der Ehegatten die Rechtskraft erlangt hat. Dann aber ist die Ehe als überhaupt nicht geschlossen anzusehen. Die Nichtigkeitserklärung hat nur die Bedeutung, daß sie die wahre Beschaffenheit der Ehe aufdeckt. Die Nichtigkeit einer nichtigen Ehe kann, nachdem diese durch Tod oder Scheidung aufgelöst ist, von jedem Beteiligten ohne Erhebung der Nichtigkeitsklage geltend gemacht werden, sei es durch Einrede, sei es durch Erhebung einer Feststellungsklage (keine Ehesache). Vgl. § 280 ZPO; **RG** JW 08, 202[20]. — Eine nichtige Ehe ist bis zu ihrer Nichtigkeitserklärung oder Auflösung geeignet, ein Schwägerschaftsverhältnis des einen Ehegatten mit den Verwandten des andern zu begründen (**RG**St 41, 116). Zur Begründung eines Ehegatten- und Schwägerschaftsverhältnisses nach § 52 StGB genügt der Abschluß einer formell gültigen Ehe (**RG**St 56, 427). In den Fällen der §§ 1325—1328 begründet die nichtige Ehe Schwägerschaft nach § 173 Abs 2 StGB (**RG**St 60, 246).

2. **Verfahren.** Da die Frage, ob eine Ehe nichtig sei, aus öffentlichen Rücksichten (Aufrechterhaltung gültiger Ehen, Ausschließung der Parteiwillkür, Verhütung widersprechender Urteile) einer sorgfältigen Prüfung bedarf, so ist das Nichtigkeitsverfahren mit besonderen Bürgschaften für die Ermittlung der Wahrheit und mit Wirkung für und gegen alle ausgestattet (vgl. namentlich §§ 631—637, 151 ZPO). Vgl. **RG** 76, 283 (Feststellung eines Kindesverhältnisses).

3. **Unvererblichkeit der Nichtigkeitsklage.** Stirbt einer der Ehegatten während des Nichtigkeitsstreits vor der Rechtskraft des Urteils, so ist der Rechtsstreit in Ansehung der Hauptsache als erledigt anzusehen (§ 628 ZPO). Auf die Erben geht die Nichtigkeitsklage nicht über. Hat aber ein Dritter, für den von der Nichtigkeit der Ehe ein Recht oder von der Gültigkeit der Ehe eine Verpflichtung abhängt, die Nichtigkeitsklage erhoben, so können seine Erben wegen dieser Rechtsfolgen den Rechtsstreit aufnehmen (M 4, 60), der dann aufhört, Ehesache zu sein.

4. Eine **Verjährung** der Nichtigkeitsklage gibt es nicht. Die Bestimmung des § 1324 Abs 2 steht unter andern Gesichtspunkten. Ebensowenig gibt es eine dem § 1571 Abs 2 entsprechende Aufforderung zur Erhebung der Nichtigkeitsklage.

§ 1330

Eine Ehe kann nur[1]) in den Fällen der §§ 1331 bis 1335 und des § 1350 angefochten werden[2]).

E I 1259 II 1238; M 4 71; P 4 74.

1. Die §§ 1331—1335 u. 1350 führen erschöpfend die Fälle auf, in denen eine **Ehe angefochten** werden kann. Andere Anfechtungsgründe gibt es nicht. Die Anfechtungsgründe beruhen wesentlich auf persönlichen Rücksichten (§ 1323 A 1). Wird die Anfechtung für begründet erachtet, so ist im Urteil auszusprechen, daß die Ehe nichtig sei.

2. **Verhältnis des deutschen zum ausländischen Eherechte.** Eine zwischen Angehörigen verschiedener Staaten geschlossene Ehe soll nur gültig sein, wenn sie nach dem Rechte eines jeden der Heimatstaaten Gültigkeit besitzt (Prot 2. Lesg 6, 47). Als Deutscher kann sich daher der Kläger auf deutsches Recht berufen und geltend machen, daß er sich bei der Eheschließung (mit einer **Ungarin**) in einem nach deutschem Rechte erheblichen Irrtum über persönliche Eigenschaften der Beklagten (unheilbare Knochentuberkulose) befunden habe. Zu dem gleichen Ergebnis gelangt man nach Art 1 des Haager Abkommens zur Regelung des Geltungsbereichs der Gesetze auf dem Gebiete der Eheschließung v. 12. 6. 02 (**RG** Warn 1917 Nr 210). Wegen eines Falles, in dem die Ehe zweier **Schweizer** von dem Manne wegen Irrtums in dem Gesundheitszustande der Frau bei einem deutschen Gericht angefochten, die Anfechtungsklage aber auf Grund der schweizerischen Gesetze abgewiesen wurde, vgl. OLG 27, 108.

§ 1331

[1]) Eine Ehe kann von dem Ehegatten[2]) angefochten werden[3]), der zur Zeit der Eheschließung oder im Falle des § 1325 zur Zeit der Bestätigung in der Geschäftsfähigkeit beschränkt[4]) war, wenn die Eheschließung oder die Bestätigung ohne Einwilligung[5]) seines gesetzlichen Vertreters[6]) erfolgt ist[7])[8]).

E I 1259 Nr 4, 1261 Nr 4 II 1239; M 4 71, 80, 86; P 4 72 ff., 79, 81, 90.

1. **Zweck und Bedeutung der Vorschrift.** Die Vorschrift bezweckt nicht nur den Schutz des in der Geschäftsfähigkeit Beschränkten selbst vor ausbeuterischer Verleitung zur Eheschließung, sondern auch den Schutz seiner Familie, die durch Eingehung einer unpassenden Ehe stark in Mitleidenschaft gezogen werden kann. Die Vorschrift schließt sich an § 108 Abs 1 an, wonach, wenn ein Minderjähriger ohne die erforderliche Einwilligung des gesetzlichen Vertreters einen Vertrag schließt, die Wirksamkeit des Vertrags von der Genehmigung des Vertreters abhängt. Dieser Grundsatz ist im § 1331 jedoch mit Rücksicht darauf, daß der bei Verträgen eintretende Schwebezustand mit dem Wesen der Ehe nicht verträglich wäre, in der Form der Anfechtbarkeit zur Anwendung gelangt. Die ohne Einwilligung des gesetzlichen Vertreters geschlossene, sowie die im Falle des § 1325 ohne Einwilligung des gesetzlichen Vertreters bestätigte nichtige Ehe sind anfechtbar. Es handelt sich also hier um trennende Ehehindernisse. Zur Bestätigung einer anfechtbaren Ehe bedarf der anfechtungsberechtigte Ehegatte der Genehmigung des gesetzlichen Vertreters nicht (§ 1337 A 2).

2. **Anfechtungsberechtigt** ist der Ehegatte, der zur Zeit der Schließung oder Bestätigung der Ehe in der Geschäftsfähigkeit beschränkt war. Solange dieser aber in der Geschäftsfähigkeit beschränkt ist, kann nur sein gesetzlicher Vertreter die Ehe anfechten (§ 1336 Abs 2 Satz 2). Ersterem mangelt solange die Prozeßfähigkeit (§ 612 Abs 1 ZPO).

3. Über Ausschließung der Anfechtung vgl. § 1337.

4. Wer in der **Geschäftsfähigkeit beschränkt** ist (§§ 6, 106, 114, 1906 BGB), bedarf nach § 1304 zur Eingehung einer Ehe der Einwilligung seines gesetzlichen Vertreters.

5. **Einwilligung** § 1304 A 3.

6. **Gesetzlicher Vertreter** § 1304 A 4.

7. Der Anfechtungsgrund des § 1331 liegt auch dann vor, wenn zwischen einer in der Geschäftsfähigkeit beschränkten Person und ihrem gesetzlichen Vertreter oder einem Abkömmlinge des letzteren eine Ehe geschlossen wird, ohne daß ein zu diesem Zwecke bestellter Pfleger seine Einwilligung zu der Eheschließung erteilt.

8. Beginn der Anfechtungsfrist §§ 1339 Abs 2, 3, 206.

§ 1332

[1]) **Eine Ehe kann von dem Ehegatten[2]) angefochten werden[3]), der bei der Eheschließung nicht gewußt[4]) hat, daß es sich um eine Eheschließung handle[5]), oder dies zwar gewußt hat, aber eine Erklärung, die Ehe[6]) eingehen zu wollen, nicht hat abgeben wollen[7]).**

E I 1259 Nr 2, 1261 Nr 2 II 1240; M 4 78, 86; P 4 72 ff.

1. **Eheanfechtungsgründe.** Die Eheschließung erfordert den Willen der Verlobten, die Ehe miteinander einzugehen. Dieser Wille muß vor einem Standesbeamten erklärt werden. Stimmt die Erklärung mit dem Willen nicht überein und beruht dieser Zwiespalt auf einem Irrtume des Erklärenden, so kann die Ehe unter den Voraussetzungen der §§ 1332, 1333 angefochten werden. Die §§ 1332, 1333 zählen erschöpfend die Fälle auf, in denen die Ehe wegen Irrtums angefochten werden kann. Die in den §§ 116—118 ausgesprochenen Grundsätze über die Nichtigkeit der Willenserklärungen im Falle des Geheimvorbehalts, Scheines und Scherzes finden auf die Eheschließung keine Anwendung. Das Gesetz verlangt für die Eheschließung die Beobachtung gewisser Formvorschriften und geht davon aus, daß der Eheschließungswille fehlerlos vorhanden ist, wenn diese Vorschriften beobachtet sind. Ein Gegenbeweis ist nur im Rahmen der §§ 1332, 1333 zulässig. Mehr als die in den §§ 1332, 1333 bezeichneten Voraussetzungen braucht nicht vorzuliegen. Im Falle des § 1332 ist die Anfechtbarkeit der Ehe nicht von dem Beweise abhängig, daß der irrende Ehegatte bei Kenntnis der Sachlage und verständiger Würdigung des Wesens der Ehe den Eheschließungswillen nicht erklärt haben würde.

2. **Anfechtungsberechtigt** ist der Ehegatte, der geirrt hat, nicht der andere Ehegatte oder ein Dritter. Wegen der Anfechtung durch einen Vertreter vgl. § 1336.

3. Über Ausschließung der Anfechtung vgl. § 1337.

4. Verschuldete **Unkenntnis** steht der unverschuldeten gleich. Mangel des Wissens, nicht Mangel des Bewußtseins (§ 1325) wird vorausgesetzt.

5. Ein solcher Irrtum kann am ehesten bei Tauben, Stummen, Taubstummen und solchen Personen, die der Sprache des Standesbeamten nicht mächtig sind, vorkommen. Vorausgesetzt wird, daß der irrende Ehegatte nicht gewußt hat, daß es sich um Schließung einer Ehe zwischen ihm, dem Irrenden, und dem andern anwesenden Eheschließenden handelt. Die Fälle der sog. Personenverwechslung (§ 1333) gehören nicht hierher, können aber mit den Fällen des § 1332 zusammenfallen (vgl. A 6). — Der 1. Abschnitt des 4. Buches befaßt sich, wie die Überschrift und § 1588 ergeben, lediglich mit der bürgerlichen Ehe. Wenn also der § 1332 Anwendung finden soll, muß der Ehegatte in Unkenntnis darüber sein, daß die Ehe nach deutschem bürgerlichem Rechte gültig ist. Wäre sie nach deutschem bürgerlichem Rechte nicht gültig, so würde es einer Anfechtung nach den Vorschriften des bürgerlichen Rechts nicht bedürfen. Der Umstand, daß der Ehegatte lediglich weiß, daß sie nach kirchlichem oder ausländischem Rechte gültig ist, kann also die Anfechtbarkeit nicht beseitigen. Das Gesetz unterscheidet nicht, ob die Unkenntnis auf Rechts- oder tatsächlichem Irrtum beruht (RG JW 1925, 1639[3], kirchliche Trauung eines Deutschen mit einer Russin in Russisch-Polen während des Weltkrieges).

6. Nämlich die Ehe des irrenden mit dem andern anwesenden Verlobten (vgl. A 5).

7. Beginn der Anfechtungsfrist §§ 1339 Abs 2, 3, 206. Die Beweislast dafür, daß die Voraussetzungen des § 1332 vorliegen, trifft den anfechtenden Ehegatten.

§ 1333

[1]) Eine Ehe kann von dem Ehegatten[2]) angefochten werden[3]), der sich bei der Eheschließung in der Person des anderen Ehegatten[4]) oder über solche persönliche Eigenschaften[5]) des anderen Ehegatten geirrt[6]) hat, die ihn bei Kenntnis der Sachlage und bei verständiger Würdigung des Wesens der Ehe[7]) von der Eingehung der Ehe abgehalten haben würden[8])[9]).

E I 1259 Nr 1, 1261 Nr 1 II 1241; M 4 73 ff.; P 4 72 ff., 78, 81; 6 270.

1. Der § 1333 regelt den Einfluß, den der **Irrtum im Beweggrunde** auf die Gültigkeit der Eheschließung äußert (**RG** 52, 308; **RG** JW 04, 114[13]; vgl. auch die allgemeinen Bemerkungen in A 1 zu § 1332). Entstehungsgeschichte: Der E I hatte den Irrtum in persönlichen Eigenschaften überhaupt nicht als Anfechtungsgrund zugelassen, dagegen die Anfechtung unter dem Gesichtspunkte des **Betrugs** gestattet, wenn solche persönlichen Eigenschaften verhehlt worden waren, welche den Ehegatten bei verständiger Würdigung des Zweckes der Ehe von der Eheschließung abhalten mußten, und von welchen zugleich vorauszusetzen war, daß sie ihn, wenn er sie gekannt hätte, von der Eheschließung abgehalten haben würden (§ 1259 Nr 1 u. 2). Dadurch erkannte der E I in gewissem Umfange eine Offenbarungspflicht der Eheschließenden untereinander an. Demgegenüber war in der 2. Kommission von verschiedenen Seiten beantragt worden, in Fällen dieser Art die Anfechtung der Ehe aus dem Gesichtspunkte eines wesentlichen Irrtums ohne Rücksicht darauf zuzulassen, ob die persönlichen Eigenschaften des andern Teiles von diesem verhehlt worden sind. Die Mehrheit stimmte diesen Vorschlägen zu (Prot 4, 75). Außerdem wurde der E I noch in andern Beziehungen geändert. Man war nämlich auch darüber einverstanden, daß es nicht auf solche Eigenschaften ankommen solle, welche den Anfechtenden von der Eheschließung abhalten mußten, sondern darauf, daß die Eigenschaften den Umständen nach geeignet waren, ihn abzuhalten (Prot 4, 76). Demgemäß erhielt der Entwurf diejenige Fassung, welche das Gesetz gegenwärtig aufweist. Ferner wurde statt der Worte: „bei verständiger Würdigung des Zweckes der Ehe" gesetzt: „bei verständiger Würdigung des Wesens der Ehe".

2. **Anfechtungsberechtigt** ist der Ehegatte, der geirrt hat, nicht der andere Ehegatte oder ein Dritter. Wegen der Anfechtung durch einen Vertreter vgl. § 1336.

3. Über Ausschließung der Anfechtung vgl. § 1337.

4. Irrtum in der **Person des andern Ehegatten** kann am leichtesten bei Blinden, Tauben und Stummen vorkommen. Bei der Frage, mit welcher Person der Verlobte die Ehe hat eingehen wollen, kommt es auf das an, was die Person eines Menschen ausmacht. Nicht nur die äußerliche körperliche Erscheinung, sondern auch der Personenstand können hierbei eine Rolle spielen. Hierher gehört auch der Fall, wenn sich ein Verlobter unzulässigerweise bei der Eheschließung vertreten läßt und der andere Verlobte die Ehe mit dem Vertretenen zu schließen meint.

5. **Persönliche Eigenschaften.** Das Wort „Eigenschaft", das der § 1333 gebraucht, paßt auf jede Art der Beschaffenheit, die einem Wesen (Person oder Ding) als Merkmal anhaftet. Als „persönliche" aber muß eine Eigenschaft gelten, wenn sie einer Person, und zwar nicht bloß als ein außer ihr Liegendes, mehr oder weniger Vorübergehendes und Zufälliges, sondern dergestalt wesentlich zukommt, daß sie als Ausfluß und Betätigung ihres eigentlichen Wesens, als ein wesentlicher Bestandteil ihrer Persönlichkeit erscheint (**RG** 52, 310, Päderast; **RG** JW 06, 167[11]; 1915, 140[5]; 1922, 162[4]; **RG** Warn 1915/16 Nr 84; 1917 Nr 43; 1920 Nr 165; **RG** 95, 289). Eine geistige oder sittliche Beschaffenheit einer Person ist nicht unmittelbar wahrnehmbar; sie wird erschlossen aus den Handlungen. Wird eine **Mehrheit gleichartiger Handlungen** festgestellt (widernatürliche Unzucht des Beklagten mit Männern), so wird der Schluß auf eine Eigenschaft des Menschen, sich nach der Richtung dieser Handlungen zu betätigen, gerechtfertigt erscheinen. Daß dabei ausdrücklich das Wort „Eigenschaft" gebraucht wird, ist nicht erforderlich, wenn nur das Wesen des Begriffs getroffen ist (**RG** 95, 289). Unter besonderen Umständen kann auch schon eine **Einzelhandlung** den Schluß zulassen, daß ihre Begehung sich als Ausfluß und als eine Betätigung einer entsprechenden Beschaffenheit der ganzen Person und damit einer Eigenschaft der Person darstellt, z. B. Nichthalten des ehrenwörtlichen Versprechens, die Kinder im katholischen Glaubensbekenntnis erziehen zu lassen (**RG** Warn 1920 Nr 165; vgl. unten das Nähere). Die Möglichkeit, die Annahme einer persönlichen Eigenschaft im Sinne des § 1333 lediglich auf solche Umstände zu gründen, die erst nach der Eheschließung in die Erscheinung getreten sind, ist nicht grundsätzlich zu verneinen. In solchem Falle muß aber besonders sorgfältig geprüft werden, ob nach Lage der Sache der Schluß auf das Vorhandensein einer dauernden, schon für die Zeit vor der Eheschließung feststellbaren Eigenschaft (Hang zu fortgesetzter Unaufrichtigkeit) gerechtfertigt ist und ob nicht vielmehr die Umstände so geartet sind,

daß sich das Verhalten des Anfechtungsbeklagten ohne die Annahme einer dauernden Eigenschaft aus den Verhältnissen in der Zeit nach der Eheschließung erklären läßt (RG Warn 1919 Nr 174). Je nachdem die persönlichen Eigenschaften mit der Körperbeschaffenheit, den geistigen oder sittlichen Anlagen einer Person zusammenhängen, kann man sie in körperliche, geistige und sittliche einteilen. Jede Art persönlicher Eigenschaft ist an sich geeignet, Gegenstand des Irrtums zu sein. In dieser Beziehung enthält das Gesetz keine Beschränkung. Verschieden von den persönlichen Eigenschaften sind die **persönlichen Verhältnisse,** namentlich die Vermögensverhältnisse eines Ehegatten (§ 1334 Abs 2; RG JW 02 Beil 285[239]; 03 Beil 70[163]. Persönliche Eigenschaften sind z. B. folgende: a) körperliche: alt, krank, gebrechlich, weiblich, männlich, zeugungsfähig, beiwohnungsfähig, keusch, jungfräulich, schwanger, unfruchtbar; b) geistige: geisteskrank, geistesschwach, ungebildet; c) sittliche: geschlechtlich bescholten, ehrlos, arbeitsscheu, trunksüchtig, verschwenderisch, zank- und streitsüchtig. — Es gibt persönliche Verhältnisse, die, wie z. B. die Vermögensverhältnisse, in einem rein äußerlichen Zusammenhange mit einer Person stehen, die Persönlichkeit als solche nicht berühren, während es anderseits persönliche **Verhältnisse** gibt, **die gerade in der Persönlichkeit wurzeln,** ihren Ausfluß bilden und so eng mit ihr verknüpft sind, daß sie nach allgemeiner Lebensanschauung persönlichen Eigenschaften gleicherachtet und gleichbehandelt werden. Für die Auslegung des Begriffs der „persönlichen Eigenschaften" im Sinne des § 1333 kommt es weniger auf die sprachliche Begriffsbestimmung an, als vielmehr auf die natürliche Lebensauffassung. Für eine gedeihliche eheliche Lebensgemeinschaft ist die Persönlichkeit der Ehegatten und alles, was ihrer Persönlichkeit als solcher anhaftet, von höchster Bedeutung (RG 104, 335; Mutterschaft).

So wird die Ehe mit Recht angefochten, wenn der Mann bei der Eheschließung syphilitisch krank ist (RG JW 04, 284[2]), ferner wenn er viele Jahre vor der Ehe an **Syphilis** erkrankt war und Zeichen der Erkrankung noch bis in die neueste Zeit vor Eingehung der Ehe auftauchten (RG JW 05, 175[18]). Als persönliche Eigenschaft im Sinne des § 1333 ist eine Krankheit nur anzusehen, wenn es sich um ein **dauerndes Leiden** handelt. Eine vorübergehende, wenn auch schwer heilbare Erkrankung begründet in der Regel noch keine persönliche Eigenschaft der von ihr befallenen Person (RG LZ 1918, 913[12]). Da syphilitische Leiden erfahrungsgemäß häufig unheilbar sind und dauernde Folgen hinterlassen, so kann in der syphilitischen Erkrankung einer Person eine körperliche Eigenschaft derselben im Sinne des § 1333 gefunden werden. Bloßes Vorhandensein von Verdachtsgründen für das Fortbestehen des Leidens rechtfertigt die Anfechtung nicht, vielmehr muß als erwiesen festgestellt werden, daß der Ehegatte noch bei der Eheschließung syphilitisch gewesen ist. Die bloße Möglichkeit, daß der Körperzustand des Ehegatten im Zeitpunkte der Eheschließung durch eine längere Zeit zurückliegende syphilitische Ansteckung noch fortwirkend erheblich beeinflußt wurde, genügt für die Anfechtung der Ehe nicht. Für die Anfechtung ist allein von Bedeutung, wie der **körperliche Zustand des Ehegatten im Zeitpunkte der Eheschließung** tatsächlich gewesen ist, und nicht, wie er sich im Zeitpunkte der Eheschließung beurteilen ließ. Für die Feststellung dieses tatsächlichen Befundes sind alle im Zeitpunkte der Entscheidung zu Gebote stehenden Erkenntnisquellen zu benutzen (RG 103, 322). Eine nur vorübergehende Erkrankung vor der Ehe, wenn auch schwerer Art (hier Syphiliserkrankung der Frau), begründet in der Regel noch nicht die Anfechtung aus § 1333. Anders liegt die Sache, wenn die Krankheit dauernde Folgen hinterläßt, was erfahrungsgemäß gerade bei der **Syphilis** der Fall ist. Wenn, wie hier, trotz der äußeren Heilung Nachwirkungen der Erkrankung, wenn auch äußerlich nicht erkennbar, noch zur Zeit der Heirat fortbestanden haben, so genügt zur Anfechtung — abgesehen von sonstigen Erfordernissen — die Nichtkenntnis des Klägers von jenen Tatsachen beim Eheschluß, mag er sich auch über den Gesundheitszustand seiner Verlobten in dieser Richtung eine besondere Vorstellung nicht gebildet haben. Wenn auch der eigentliche Irrtum in der Vorstellung von etwas Falschem besteht, so ist ihm doch die unbewußte Nichtkenntnis einer Tatsache (Unwissenheit) regelmäßig gleichzusetzen — RG 62, 205. Dies gilt insbesondere im Falle des § 1333 (RG JW 1927, 1192[4]). Die Eheanfechtungsklage wurde für begründet erachtet, weil der Mann während seiner ersten Ehe Ehebruch getrieben und seine erste Frau mit einer Geschlechtskrankheit angesteckt hatte (RG Warn 1919 Nr 174). Mit Recht wird die Ehe ferner angefochten, wenn der Mann dauernd **unfähig ist, den Beischlaf zu vollziehen** (RG JW 06, 167[11], 355[16]; 1910, 474[18]; RG Warn 1915/16 Nr 84; OLG 38, 243). Völlige Empfindungslosigkeit des Mannes für einen ehelichen Verkehr infolge schwach entwickelten Geschlechtstriebs begründet die Anfechtung, auch wenn sich eine vollkommene Unmöglichkeit der Beischlafsvollziehung aus dem körperlichen Befunde ärztlich nicht nachweisen läßt (RG Warn 1912 Nr 216). Vollständige Unfähigkeit des Mannes zur Beischlafsvollziehung wird zur Anfechtung nicht erfordert. Der nicht vollendete Beischlaf ist etwas Unnatürliches, für die Frau je nach Umständen möglicherweise sogar etwas Gesundheitsschädliches, die Unfähigkeit des Mannes, den Beischlaf zu vollenden, mithin jedenfalls ein Umstand, der die Herstellung einer dem Wesen der Ehe entsprechenden ehelichen Gemeinschaft ausschließt (RG Warn 1915 Nr 238). Als eine die Anfechtung begründende persönliche Eigenschaft des Mannes ist seine Beiwohnungsunfähigkeit auch dann anzusehen, wenn sie nur der Ehefrau, nicht andern Frauenspersonen gegenüber besteht. Denn für die Anwendung des § 1333 ist entscheidend, daß er gerade für die eingegangene Ehe untauglich ist (RG JW 1911, 543[19]; RG Warn 1915/16 Nr 84). Der Beiwohnungsunfähigkeit der Frau kommt auch ein Zustand gleich, der die Beiwohnung nur bei Anwendung großer Gewalttätigkeit seitens des Mannes und unter großen Schmerzen der Frau ermöglicht (Scheidenkrampf, RG 67, 57; RG Warn 1911 Nr 380; 1912 Nr 32). Ebenso OLG 36, 195. Vgl. auch OLG 39, 1 (hochgradige Scheidenverengung). Die körperliche Beschaffenheit einer Frau, die zur Folge hätte, daß eine **Schwangerschaft** mit einer über das übliche Maß erheblich hinausgehenden Gefahr für ihr Leben und ihre Gesundheit verbunden wäre, ist als eine persönliche Eigenschaft im Sinne des § 1333 anzusprechen. Eine derartige Eigenschaft wird einen von wahrer ehelicher Gesinnung erfüllten Mann bei verständiger Würdigung des Wesens der Ehe in der Regel von deren Eingehung abhalten, da diese der Regel nach, dem wahren Wesen der Ehe entsprechend, insbesondere und vornehmlich zum **Zwecke der Kindererzeugung** geschlossen zu werden pflegt (RG JW 1922, 163[5]; RG 94, 125). Dagegen stellt, wie RG JW 06, 389[15] ausführt, **Zeugungsunfähigkeit des Mannes** (bei vorhandener Beiwohnungsfähigkeit) nicht eine solche persönliche Eigenschaft dar, die den andern Ehegatten ohne weiteres und unter allen Umständen von der Eingehung der Ehe bei Kenntnis der Sachlage abgehalten haben würde. Dasselbe gilt von der **Unfruchtbarkeit der Frau.** Immerhin ist aber, wie RG 94, 123 ausführt, daran festzuhalten, daß es der Regel nach, und von einem gegenteiligen erkennbaren Willen beider Ehegatten abgesehen, dem wahren Wesen der Ehe entspricht, daß diese insbesondere auch und vornehmlich zum Zwecke der Kindererzeugung abgeschlossen wird. Es würde also dem sittlichen Wesen der Ehe geradezu widersprechen, wenn lediglich die Fähigkeit, den Geschlechtsakt auszuüben, also einen rein sinnlichen Trieb befriedigen zu können, für ausreichend erachtet würde, um der auf § 1333 begründeten Klage den Erfolg zu versagen, so daß also die Tatsache der mangelnden Zeugungs- oder Gebärfähigkeit völlig außer Betracht bliebe (der Mann focht die Ehe wegen Irrtums an, weil, was er nicht gewußt, schon vor Eingehung der Ehe die Gebärmutter der Beklagten durch einen operativen Eingriff entfernt worden war. Die Revision des Mannes gegen das auf Abweisung seiner Anfechtungsklage gerichtete Berufungsurteil hatte Erfolg). — In einem OLG-Urteile v. 25. 11. 16 (SeuffA 72 Nr 160) heißt es: „es widerstrebt den gegenwärtigen sittlichen Anschauungen unseres Volkes, daß einem Ehegatten gestattet sein sollte, seine Ehe jederzeit wegen Irrtums anzufechten, wenn sich die Fortpflanzungsunfähigkeit des andern Ehegatten herausstellt". Dieser gewiß zu billigende Ausspruch läßt sich mit dem vom RG 94, 123 aufgestellten Grundsatze durchaus vereinigen. — Als eine zur Anfechtung nach § 1333 berechtigende Eigenschaft kann auch eine solche bei der Eheschließung vorhandene Erkrankung der Frau oder Veränderung ihres Körpers angesehen werden, deren Weiterentwicklung in ihrem natürlichen Verlaufe den späteren Eintritt der **Unfruchtbarkeit** zur notwendigen Folge hat. Dem natürlichen Verlauf ist die durch ärztlichen Eingriff erfolgte **Entfernung der Gebärmutter** nur dann gleichzustellen, wenn diese nach dem Stande der ärztlichen Wissenschaft geboten war, so daß auch die auf diesem Wege herbeigeführte Unfruchtbarkeit als das notwendige Ergebnis der Weiterentwicklung des bei der Eheschließung bereits vorhandenen körperlichen Zustandes (einer Geschwulst in der Gebärmutterhöhle) erscheint (RG JW 1927, 1191[3]). — Irrtum des Mannes über den **Mangel der Jungfernschaft** seiner zuvor nicht verheiratet gewesenen Frau begründet das Anfechtungsrecht (RG 48, 159). Eine zur Zeit der Eheschließung bestehende **Schwangerschaft** bildet als solche in der Regel noch keine persönliche Eigenschaft im Sinne des § 1333. Aus der Tatsache der Schwangerschaft kann aber unter Umständen eine solche Eigenschaft hergeleitet werden. Insbesondere kann, wenn ein anderer Mann der Schwängerer ist, der mit der Schwangerschaft verbundene Verlust der Jungfräulichkeit, die eingetretene Bescholtenheit oder die Mutterschaft das Vorliegen einer persönlichen Eigenschaft in dem vorausgesetzten Sinne begründen (RG JW 1927, 1192[5]). Ein vor der ersten Eheschließung gepflogener außerehelicher Geschlechtsverkehr der Beklagten kann dem zweiten Ehemanne Grund zur Anfechtung der zweiten Ehe geben. Die Tatsache, daß die Beklagte bereits vor der Ehe der Parteien mehrere Jahre lang mit einem anderen Manne verheiratet gewesen ist, rechtfertigt nicht die Annahme, daß der zweite Ehemann und Anfechtungskläger auf die **Unbescholtenheit** der Beklagten kein besonderes Gewicht habe legen können (RG 28. 4. 21 IV 587/20). Vom Standpunkt einer verständigen Würdigung der Sachlage und des Wesens der Ehe bedeutet es einen erheblichen Unterschied, ob die Frau durch außerehelichen Geschlechtsverkehr lediglich ihre Jungfräulichkeit eingebüßt hatte, oder ob sie infolge dieses Verkehrs **Mutter eines noch lebenden Kindes** war. Über einen folgenlosen Geschlechtsverkehr mit einem früheren Verlobten konnte den Kläger die Erwartung hinwegsehen lassen, daß die Öffentlichkeit von dem Fehltritte der Beklagten nichts erfahren und der Ruf seiner zukünftigen Frau wenigstens nach außen hin unbeeinträchtigt bleiben würde. Anders aber, wenn die Beklagte Mutter eines noch am Leben befindlichen Kindes, wenn also ein lebender Zeuge ihres unehelichen Geschlechtsverkehrs vorhanden war (RG 104, 335; RG JW 1924, 677[11]; RG Recht 1927 Nr 912). — Ein unbescholtenes Mädchen, das infolge **Notzucht** die Jungfernschaft verloren hat oder sogar geschwängert worden ist, kann als mit einem sittlichen Makel behaftet nicht angesehen werden. Eine auf diesen Vorgang gestützte Eheanfechtung wäre unbegründet, auch wenn das Kind zur Zeit der Anfechtung noch am Leben wäre. — Die Anfechtung aus § 1333 und gegebenenfalls aus § 1334 kann der Mann darauf gründen, daß die Frau vor der Eheschließung **versucht habe, ihre Leibesfrucht abzutreiben**. Diese Handlungsweise beweist eine sittliche Auffassung und eine Charaktereigenschaft der Frau, welche bei verständiger Würdigung des Wesens der Ehe einen Mann von regelrechtem sittlichem Empfinden von der Eheschließung abgehalten hätte, ganz ohne Rücksicht darauf, ob die Frau sich mit dem Strafgesetz in Widerspruch gesetzt hätte oder nicht. Dabei ist zu berücksichtigen, daß nach der ständigen Rechtsprechung des Reichsgerichts (RGSt 34, 207; 47, 65) es zum strafbaren Versuch der Abtreibung genügt, wenn eine Nichtschwangere sich für schwanger und das von ihr zum Zwecke der Abtreibung angewandte Mittel für tauglich hält (RG 4. 2. 24 IV 269/23). Irrtum der Frau darüber, daß der Mann früher mehrmals verlobt gewesen, daß er Vater eines vor der Ehe erzeugten unehelichen Kindes und zu dessen Unterhaltung verpflichtet ist, begründet kein Anfechtungsrecht (RG JW 02 Beil 285[239]), jedoch kann ein vorehelicher **Ehebruch** die Anfechtung rechtfertigen (RG JW 02 Beil 215; RG JW 04, 204[16]; 07, 3[1]). Sittliche Bescholtenheit wegen früher betriebener **Päderastie** begründet die Anfechtung (RG 52, 310), ebenso Hang zur fortgesetzten Begehung von Betrügereien (RG JW 05, 532[14]), vorehelicher vertrauter Umgang mit einem alten Lüstling in der Absicht, Geldvorteile herauszuschlagen (RG JW 07, 257[17]), vorehelicher vertrauter Umgang der Frau mit dem eigenen Stiefvater sowie sonstiges unschickliches, ein Hinwegsetzen über die Anforderungen von Zucht und Sitte enthaltendes Benehmen, insbesondere das Dulden zu weit gehender Zudringlichkeiten (RG 4. 2. 15 IV 434/14). Die Anfechtung ist für begründet erachtet worden, weil die Frau nicht nur während der Brautzeit dem Manne die Beiwohnung gestattet hatte, sondern schon vor der Brautzeit mit einem andern Manne, mit dem sie nicht verlobt war, wiederholt geschlechtlich verkehrt hatte (RG JW 1910, 1004[15]), ferner weil die Frau, die vor der Ehe zweimal nacheinander mit andern Männern verlobt war, sich jedesmal in der Brautzeit ihrem Bräutigam geschlechtlich hingegeben hatte (RG JW 1911, 812[20]). Zwar wird in manchen Volkskreisen der **Geschlechtsverkehr zwischen Verlobten** als entschuldigt angesehen. Wenn aber eine 57 Jahre alte Witwe monatelang mit ihrem Verlobten in wilder Ehe lebt, so wird geschlechtliche Bescholtenheit mit Recht angenommen (RG JW 1915, 780[2]). Mit Recht ist die Anfechtung für begründet erachtet worden, weil die Frau vor der Eheschließung in der Empfängniszeit ihres in der Ehe geborenen Kindes außer mit ihrem späteren Gatten auch mit dessen Bruder geschlechtlich verkehrt hatte, so daß über die Vaterschaft des Kindes gerechte Bedenken gehegt werden konnten (SeuffA 69 Nr 125). Vgl. auch RG Warn 1917 Nr 209. Der dem Kläger unbekannte Umstand, die Beklagte habe nicht nur mit X (was Kläger wußte), sondern auch noch mit zwei anderen Männern vor der Eheschließung mit dem Kläger geschlechtlichen Umgang gehabt, kann einen Anfechtungsgrund bilden, weil der einen Rückschluß auf mangelhafte Beherrschung der Beklagten in geschlechtlichen Dingen und damit auf einen **sittlichen Fehler** zuläßt (RG Warn 1927 Nr 14). Das entscheidende Merkmal für den Zustand einer **wilden Ehe** ist, daß diese sich in voller Öffentlichkeit abspielt, daß sich die Kenntnis von diesem Treiben auch unbeteiligten Personen geradezu aufdrängt, daß die Allgemeinheit durch diesen Angriff auf ihr sittliches Empfinden schwer verletzt wird und deshalb das in wilder Ehe lebende Mädchen für **sittlich unterwertig** erachtet (RG LZ 1927, 389[4]). Vor der Ehe erlittene **Strafen** können die Anfechtung begründen, zumal wenn es sich um schwere oder entehrende oder sehr häufige Strafen handelt (RG 21. 11. 07 IV 154/07; OLG 39, 2). Einmalige Bestrafung eines Lehrers mit mehrjähriger Gefängnishaft wegen zahlreicher unsittlicher Handlungen mit Schulmädchen kann als ein seiner Person anhaftender Makel angesehen werden (RG JW 1910, 475[14]). Es genügt, wenn der sittliche Makel, die Bescholtenheit, der schlimme Leumund, der üble Ruf bei der Eheschließung weiterbestand, mag auch die Entstehungsursache jahrelang zurückliegen (RG Gruch 59, 751). Vor der Ehe begangene Straftaten können die Anfechtung auch dann begründen, wenn die Bestrafung erst während der Ehe eintritt (RG 51, 340). Eine vorübergehende Geistes- oder Gemütsstörung oder eine bloße Anlage zur Geisteskrankheit stellt sich nicht als eine persönliche Eigenschaft im Sinne des § 1333 dar, ebensowenig eine bloße geistige Minderwertigkeit, dagegen wohl eine dauernde Störung der geistigen Fähigkeiten. Die Anlage zur **Geisteskrankheit** wäre einer vorhandenen Geisteskrankheit allerdings dann gleichzustellen, wenn die Anlage nach der gewöhnlichen Entwicklung der Dinge zur Geisteskrankheit führen muß (RG Warn 08 Nr 323; 1911 Nr 85; 1912 Nr 310). Nicht jedwede Geistesanlage, die in der ärztlichen Wissenschaft als krankhafter Zustand bezeichnet wird, darf ohne weiteres als Anfechtungsgrund zugelassen werden. Rechtlich kommt es in dieser Beziehung wesentlich auf die besondere Eigenart der Geistesanlage und auf die Art und Schwere ihrer späteren Entwicklung an, namentlich auch darauf, ob ein solcher ärztlich als krankhaft erklärter Geisteszustand an sich sowohl wie in seiner Erscheinungsweise tatsächlich nach der Lebensauffassung und der allgemeinen Erfahrung überhaupt und von vornherein mit dem Wesen der Ehe unverträglich erscheint (RG JW 1920, 555[7]; RG Gruch 65, 95; RG Warn 1927 Nr 32). Eine **bloße geistige Minderwertigkeit** genügt regelmäßig zur Anfechtung der Ehe nicht, wohl aber eine nahe an der Grenze der Unzurechnungsfähigkeit liegende Geistesschwäche, also eine Eigenschaft im Sinne des § 1333, die die Anfechtungsklage rechtfertigen würde, wenn sie an sich und nach ihrer Erscheinungsweise mit dem Wesen der Ehe nicht vereinbar wäre und den Kläger von der Eingehung der Ehe abgehalten hätte (RG JW 1920, 555[7]; 1922, 162[4]; RG 4. 6. 23 IV 742/22). **Krankhafte Störung des Gefühlslebens der Frau,** die sich in erhöhter Reizbarkeit, Eigensinn, gesteigertem Selbstgefühl, Rechthaberei und dem Unvermögen, sich neuen Verhältnissen anzupassen, äußert, als Anfechtungsgrund nicht anerkannt in RG Gruch 68, 324. Es ist nicht schlechthin anzuerkennen, daß eine dauernde, ernstliche Arbeit beeinträchtigende **Willensschwäche** und die Möglichkeit zeitweiliger Verschlimmerung, auch wenn die Familie auf Mitarbeit des Mannes angewiesen ist, von vornherein mit dem Wesen der Ehe als einer dauernden, sittlichen Lebensgemeinschaft unvereinbar sei (RG Warn 1927 Nr 32). Für das Vorliegen eines mit dem Wesen der Ehe unvereinbaren Zustandes ist die anfechtende Partei beweispflichtig (RG Warn 1927 Nr 32). Das dauernde Behaftetsein mit einer starken Anfälligkeit für ein **nervöses Leiden,** das die Frau für die voraussichtlich längere Zeit seines Auftretens unfähig macht, die ihr nach § 1356 obliegenden Pflichten der Leitung des gemeinschaftlichen Hauswesens und der Verrichtung von Arbeiten darin zu erfüllen, soweit eine solche Tätigkeit nach den Verhältnissen der Ehegatten üblich ist, kann sehr wohl als eine persönliche Eigenschaft im Sinne des § 1333 anzusprechen sein (RG JW 1922, 162[4]). Eine an sich heilbare und sich nur als eine vorübergehende Geistesstörung kennzeichnende **Melancholie** der Frau ist als Anfechtungsgrund beanstandet worden in RG Gruch 65, 95. Keine persönliche Eigenschaft ist es, wenn in Anbetracht mehrerer in der Verwandtschaft des Ehegatten vorgekommenen Fälle geistiger Erkrankung nur die unbestimmte Besorgnis vorliegt, auch bei dem Ehegatten werde künftig Geisteskrankheit ausbrechen. Selbst eine feststellbare persönliche Veranlagung zur Geisteskrankheit stellt noch nicht eine persönliche Eigenschaft dar (RG 73, 134). Auch die Frage der Vererblichkeit kann bei Prüfung des Anfechtungsrechts eine Rolle spielen. Aus begreiflichen Gründen kann niemand zugemutet werden, daß er die Ehe eingeht, wenn mit mehr oder weniger Gewißheit zu erwarten ist, daß sich die Veranlagung zu geistiger Erkrankung von dem andern Ehegatten auf die voraussichtliche Nachkommenschaft im Wege der Vererbung übertragen wird, und auf die Erzielung einer Nachkommenschaft ist doch die Ehe ihrem Wesen nach gerichtet. Das Hervorgehen einer Nachkommenschaft mit einer Belastung in Rede stehender Art wäre für die Beteiligten und die Allgemeinheit etwas durchaus nicht Wünschenswertes (RG Recht 1922 Nr 972). Einen Fall der Eheanfechtung durch den Mann wegen **erblicher Belastung der Frau mit Geisteskrankheit** behandelt RG Warn 1926 Nr 91 (der Mann behauptete, ihm sei arglistig verschwiegen worden, daß in der mütterlichen Verwandtschaft der Frau die Großmutter, ein Großonkel und die Urgroßmutter geisteskrank gewesen seien und teilweise durch Selbstmord geendet hätten). **Fallsucht** (Epilepsie) kann, wenn unheilbar, als persönliche Eigenschaft in Betracht kommen, dagegen dann nicht, wenn es sich um ein vorübergehendes, wenn auch schwer heilbares Leiden handelt (RG 26. 5. 13 IV 46/13; RG LZ 1918, 913[12]). Was das Reichsgericht in ständiger Rechtsprechung für die Erfüllung des Begriffs der „persönlichen Eigenschaft" in § 1333 durch eine Krankheit erfordert hat, nämlich daß dazu regelmäßig **Unheilbarkeit des Leidens** gehöre, gilt freilich nicht für den Begriff des „Umstandes" im Sinne des § 1334 (RG 1. 7. 20 IV 64/20). Vgl. § 1334 A 5. Erbliche Veranlagung zur **Lungenschwindsucht** würde als Anfechtungsgrund nur, wenn die Anlage mit Notwendigkeit zu einer unheilbaren Erkrankung führen muß, in Betracht kommen (RG JW 1915, 140[5]). Unheilbare **Knochentuberkulose** der Frau als Anfechtungsgrund anerkannt in RG Warn 1917 Nr 210. **Gleichgeschlechtliche Veranlagung** des Mannes, die zur Betätigung geführt hat, als Anfechtungsgrund anerkannt in RG Warn 1917 Nr 43. Desgleichen **diebische Neigung** eines Ehegatten (RG Warn 1918 Nr 118); desgleichen schwere (sich zeitweise zu vorübergehender Geistesstörung und Bewußtlosigkeit steigernde) **Hysterie** der Frau (RG JW 1918, 686[4] und daselbst zustimmend Straßmann; RG LZ 1920, 649[10]); ebenso angeborener **Schwachsinn** (RG 28. 1. 15 IV 448/14). Eine bloß gelegentliche Verfehlung vor der Ehe begründet noch nicht die Annahme einer persönlichen Eigenschaft (RG JW 07, 258[17]; 1911, 543[20]; RG 22. 11. 09 IV 509/09). Eine einzelne Verfehlung (Bruch der Verlöbnistreue durch den Mann) kann zur Feststellung eines schweren Charakterfehlers ausreichen (RG JW 1914, 646[8]). Keine persönliche Eigenschaft des Bräutigams liegt darin, daß sein zur Zeit der Verlobung verstorbener Vater vor Jahren wegen Meineides bestraft worden ist. Das Verschweigen der Tatsache kann aus dem Gefühle kindlicher Ehrfurcht gerechtfertigt sein, aber unter Umständen auf einen hohen Grad von Unwahrhaftigkeit als eine persönliche Eigenschaft im Sinne des § 1333 schließen lassen oder sogar eine arglistige Täuschung (§ 1334) enthalten (**RG** 14. 4. 10 IV 328/09). Schwerwiegende Fälle, in denen die festgestellten Tatsachen einen eingewurzelten Hang zur **Unwahrhaftigkeit** und **Unehrlichkeit** des Ehegatten zur Zeit der Eheschließung ergeben, können zur Anwendung des § 1333 führen (**RG** Warn 1912 Nr 395). Ebenso OLG 32, 1. Vgl. auch **RG** Warn 1919 Nr 174 oben A 5 (Hang zu fortgesetzter Unaufrichtigkeit). Nur der Irrtum über einen sich als persönliche Eigenschaft darstellenden **Hang zur Unwahrhaftigkeit** kommt als Anfechtungsgrund in Betracht. Nicht der Umstand, daß die Beklagte in einem besonderen Falle sich einer schweren Verletzung der Wahrheitspflicht hat zu Schulden kommen lassen, sondern allein das entscheidet, ob sich darin der sittliche Fehler der Lügenhaftigkeit als Charaktereigenschaft offenbart. Letzteres wurde mit der Erwägung verneint, daß es noch keinen besonderen Hang zur **Lügenhaftigkeit** erkennen lasse, wenn die Beklagte ihrem Verlobten in der für die Beteiligten peinlichen Frage des vorehelichen Geschlechtsverkehrs nicht die volle Wahrheit sagte (**RG** Warn 1927 Nr 14). Vgl. dazu **RG** Recht 1926 Nr 2439. Neigung zur Unwahrhaftigkeit und Unehrlichkeit des Ehegatten als einer die Anfechtung begründenden sittlichen Eigenschaft wurde in einem Falle festgestellt, in dem der Ehegatte auf ausdrückliches Verlangen des andern Ehegatten vor der Eheschließung ehrenwörtlich und schriftlich die **Erziehung der zu erwartenden Kinder im katholischen Glauben** zugesagt, eine gleiche Zusage auch dem beteiligten katholischen Geistlichen abgegeben hatte, die Zusage aber nicht einhielt (**RG** Warn 1920 Nr 165). Vgl. **RG** JW 06, 21[21] und § 1353 A 3. **Trunksucht** und **gewalttätiger Charakter** sind persönliche Eigenschaften im Sinne des § 1333 und an sich geeignet, die Anfechtung der Ehe zu begründen. Diese Eigenschaften sind aber nicht notwendig bleibend; sie können schwinden oder sich zu einem erträglichen Grade verringern. Es bedarf daher zur Begründung der Anfechtungsklage der Feststellung, daß die bezeichneten Fehler dem Ehegatten noch zur Zeit der Eheschließung als Ausfluß seines Wesens innewohnten (**RG** LZ 1921, 455[6]).

6. **Irrtum.** Der Anfechtungsgrund setzt voraus, daß dem anfechtenden Ehegatten bei der Eheschließung die wahre Sachlage unbekannt war. Hinsichtlich der Unkenntnis als einer klagebegründenden Behauptung trifft ihn die Darlegungspflicht. Nicht erforderlich ist, daß der andere Ehegatte die fragliche persönliche Eigenschaft dem anfechtenden Ehegatten verhehlt oder ihn darüber arglistig getäuscht hat. Die Anwendung des § 1333 ist natürlich nicht ausgeschlossen, wenn der Irrtum durch arglistige Täuschung hervorgerufen wurde. Eine Pflicht zur Offenbarung persönlicher Eigenschaften entspräche wohl dem beiderseits entgegenzubringenden Vertrauen, ist aber vom Gesetze nicht aufgestellt. Sogar wenn der Ehegatte seinen, die Anfechtung veranlassenden Fehler nicht gekannt hat, ist die Anfechtung zulässig, ebenso dann, wenn die Unkenntnis des anfechtenden Ehegatten auf eigener **Fahrlässigkeit** beruht hat. — Unter Brautleuten besteht kein rechtlicher Zwang zur Offenbarung persönlicher Eigenschaften. Jeder Teil muß aber mit dem Anfechtungsrechte des andern rechnen. Der gute Glaube, der andere Teil werde an der ihm verschwiegenen, persönlichen Eigenschaft keinen Anstoß nehmen, beeinträchtigt das Anfechtungsrecht nicht (**RG** 10. 1. 10 IV 262/09). Eine auf Fahrlässigkeit beruhende Unkenntnis des Ehegatten von einer die Anfechtung begründenden persönlichen Eigenschaft des andern Ehegatten schließt das Anfechtungsrecht nicht aus. Denn der durch Unkenntnis hervorgerufene Irrtum ist für die Anfechtung rechtlich bedeutsam, ohne daß es auf die Frage ankommt, wie der Irrtum entstanden ist und ob und inwieweit bei der Entstehung des Irrtums ein Verschulden des Irrenden mitgewirkt hat (**RG** 26. 9. 12 IV 110/12). Ein zur Eheanfechtung ausreichender Irrtum ist nur anzuerkennen, wenn der Anfechtende in einer **falschen Vorstellung** befangen war, nicht aber, wenn er den unwahren Sachverhalt **nur als wahrscheinlich oder möglich** ansah und mit der Möglichkeit der Unrichtigkeit seiner Annahme rechnete (**RG** 85, 324; **RG** LZ 1927, 167[4]). Die bloße **Wahrscheinlichkeit der Unkenntnis** der anfechtenden Partei genügt nicht. Das würde sonst darauf hinauslaufen, der beklagten Partei den Beweis für die Kenntnis der klagenden Partei aufzubürden. Wäre die Unkenntnis der klagenden Partei vom Anfechtungsgrunde nur wahrscheinlich und nicht zur Überzeugung des Gerichts erwiesen, so müßte das entweder zu ergänzender Aufklärung des Sachverhalts Anlaß geben oder dem Beklagten zugute kommen (**RG** Warn 1927 Nr 32). Der Anfechtungskläger hat den vollen Tatbestand des § 1333, also auch seinen Irrtum zu **beweisen** (**RG** JW 1915, 780[2]; **RG** Warn 1915 Nr 119). Allein das Gericht ist rechtlich nicht gehindert, den Erfahrungen des Lebens entsprechend, z. B. davon auszugehen, daß der Mann die Ehe nicht geschlossen hätte, wenn ihm bekannt gewesen wäre, daß die Frau mit mehreren Männern geschlechtlichen Umgang gehabt habe, und von diesem Standpunkt aus die Frau mit dem Gegenbeweise zu belasten. Es handelt sich also um eine sog. **Umkehrung der Beweislast,** gegen die rechtlich nichts zu erinnern ist (**RG** Warn 1920 Nr 88). Der Anfechtungskläger genügt seiner Beweispflicht durch Dartun eines Sachverhalts, der ausreicht, um dem Gerichte die Überzeugung von der Richtigkeit der von ihm behaupteten

Tatsache (Unkenntnis vom Anfechtungsgrunde zur Zeit der Eheschließung) beizubringen. Demgegenüber ist es Sache des Gegners, die Beweiskraft der vom Kläger beigebrachten Beweismittel zu entkräften (**RG** 28. 1. 15 IV 448/14). Belanglos ist, ob der Anfechtungsgrund (Fallsucht) auch dem kranken Ehegatten vor der Eheschließung unbekannt war (**RG** 28. 2. 18 IV 391/17). Über die Pflicht des Gerichts, sich im Urteile darüber auszusprechen, ob es die Anfechtung wegen Irrtums oder die Anfechtung wegen arglistiger Täuschung für begründet erachte, vgl. § 1346 A 3.

7. Das Wesen der Ehe steht zwar unwandelbar fest und ist für jedermann gleich, kann aber verschieden gewürdigt werden. Das Gesetz verlangt eine **verständige Würdigung des Wesens der Ehe** und will damit alle willkürlichen, der persönlichen Laune und Stimmung entsprungenen Anfechtungsgelüste abwehren und die Anfechtungsansprüche auf das durch die Ehe als einer vorwiegend sittlichen Einrichtung gebotene Maß zurückführen. Es handelt sich hier also um einen sachlichen Maßstab (**RG** JW 03 Beil 70[163]; 04, 114[13]; **RG** 7. 1. 09 IV 193/08; **RG** 10. 6. 09 IV 409/08). Ähnlich wird im § 119 verständige Würdigung des Falles bei der Anfechtung einer Willenserklärung wegen Irrtums vorausgesetzt. — Eine verständige Würdigung darf die alltägliche Lebenserfahrung, daß gewisse Enttäuschungen über Charaktereigenschaften des andern Teils kaum ganz ausbleiben werden, nicht unbeachtet lassen (**RG** JW 03 Beil 70[163]; **RG** LZ 1921, 455[6]). **Bruch der Verlöbnistreue** durch den Mann offenbart eine solche Leichtfertigkeit und Vertrauensunwürdigkeit, daß ein Irrtum darüber die hier in Rede stehende Voraussetzung der Anfechtung erfüllt, zumal in dem Bruche der Verlöbnistreue auch ein wichtiger Grund zum Rücktritte von dem Verlöbnis im Sinne des § 1298 Abs 3 zu erblicken ist (**RG** JW 1914, 646[8]). Auch trotz seines **geringen sittlichen Empfindens** kann der Mann die Ehe anfechten, weil die Frau während der Verlobungszeit mit einem mehrere Jahre jüngeren Schüler geschlechtlich verkehrt hat (**RG** 18. 4. 14 IV 5/14).

8. Ob die persönliche Eigenschaft des einen Ehegatten den irrenden Ehegatten **von der Eingehung der Ehe abgehalten haben würde,** läßt sich nur unter Berücksichtigung der zur Zeit der Eheschließung obwaltenden Verhältnisse sowie der persönlichen Denk- und Empfindungsweise des irrenden Ehegatten beurteilen. Es handelt sich hier um einen persönlichen Maßstab (**RG** JW 04, 114[13]). In erster Linie ist der aus der verständigen Würdigung des Wesens der Ehe zu entnehmende Maßstab, nicht das persönliche Empfinden des Ehegatten maßgebend. Letzteres kann das Anfechtungsrecht unter Umständen einschränken, niemals aber über das bei verständiger Würdigung des Wesens der Ehe sich ergebende Maß hinaus ausdehnen (**RG** JW 1911, 543[20]; 1922, 163[6]). Muß schon nach diesen höchstpersönlichen Voraussetzungen verneint werden, daß die Kenntnis der Eigenschaft jene Wirkung auf den irrenden Ehegatten geäußert haben würde, so ist die Anfechtung versagt. In diesem Falle ist es gleichgültig, ob das Wesen der Ehe eine verständige Würdigung bei dem irrenden Ehegatten gefunden hat oder nicht, denn dieser Zusatz bezweckt die Einengung, nicht die Erweiterung des Anfechtungsrechts. — Die Frage, ob der Ehegatte **bei Kenntnis der Sachlage** und bei verständiger Würdigung des Wesens der Ehe die Ehe nicht geschlossen haben würde, ist unter Zugrundelegung des tatsächlich richtigen, unter Benutzung aller jetzt verfügbaren Beweistatsachen festzustellenden Sachverhalts zu beurteilen. War also der Mann zwar im Jahre 1890 an Syphilis erkrankt, aber im Jahre 1897 bei der Eheschließung völlig gesund, und würde die Frau bei Kenntnis seiner früheren Erkrankung damals deren Fortbestehen befürchtet und deshalb die Ehe nicht geschlossen haben, so würde diese Eheschließung nicht auf Kenntnis der wahren Sachlage, sondern auf einem darüber bestehenden Irrtum beruht haben. Die Frau würde demzufolge keinen Grund zur Anfechtung haben (**RG** 103, 322). Der Umstand, über den sich der Ehegatte bei der Eheschließung in Unkenntnis befunden hat, muß nicht nur seinem persönlichen Empfinden nach, sondern auch vom sachlichen Standpunkt aus als ein wesentlicher Hinderungsgrund gegen die Entschließung zur Eingehung der Ehe anzusehen sein. Bei dieser Prüfung muß der wahre Sachverhalt, wie er sich zur Zeit der ergehenden Entscheidung darstellt, zugrunde gelegt werden. Denn nur so läßt sich die Feststellung treffen, ob sich der getäuschte Ehegatte „bei Kenntnis der Sachlage" von der Eingehung der Ehe hätte abhalten lassen dürfen, ob also wirklich die **Unkenntnis eines wesentlichen Umstandes** vorgelegen hat. Hat der Beklagten jede ernstliche Absicht, ihren früheren geschiedenen Ehemann zu vergiften, gefehlt, würde aber der Kläger bei Kenntnis der von der Beklagten darüber getanen Äußerungen diese als ernst gemeint aufgefaßt und deshalb von der Eheschließung mit der Beklagten Abstand genommen haben, so hätte diese Entschließung nicht auf einer Kenntnis der Sachlage, sondern auf einer in anderer Beziehung bestehenden Unkenntnis derselben beruht (**RG** 28. 4. 21 IV 567/20). Ein Mann, der zwar nicht weiß, daß die Braut sich mit einem andern Manne geschlechtlich eingelassen hat, dies wohl aber argwöhnt und trotzdem zur Ehe schreitet, rechnet mit der Möglichkeit, daß ein solcher Geschlechtsverkehr stattgefunden habe. Sein **Argwohn** ist geeignet, die Festellung auszuschließen, daß er sich bei Kenntnis des Geschlechtsverkehrs von der Eingehung der Ehe hätte abhalten lassen (**RG** JW 1912, 244[12]; **RG** 26. 9. 12 IV 110/12). Die Voraussetzungen der Eheanfechtung nach § 1333 sind nicht

gegeben, wenn der Anfechtende bei Eingehung der Ehe mit der **Möglichkeit des Vorhandenseins der Eigenschaften** rechnete, auf die er seine Anfechtung gründet (**RG** LZ 1927, 167[4]). — Bei der Anfechtungsklage gibt das Verhalten, das der Ehegatte nach der Vorstellung des Richters vor Eingehung der Ehe beobachtet haben würde, den Ausschlag, nicht sein späteres Verhalten (**RG** 4. 4. 10 IV 476/09). Es ist etwas anderes, ob eine Ehefrau aus natürlicher Scheu davon absieht, einen sittlichen Makel des Ehemanns (widernatürliche Unzucht mit andern Männern) zum Anlaß einer Anfechtung oder eines Scheidungsbegehrens !zu nehmen, nachdem die Ehe einmal geschlossen ist, oder ob sie bei Kenntnis dieses sittlichen Makels vor Eingehung der Ehe diese geschlossen haben würde (**RG** 95, 289). Die Anfechtung wegen **Bruchs der Verlöbnistreue** des Mannes ist ausgeschlossen, wenn die Frau während des Brautstandes Äußerungen getan hat, aus denen, wenn auch nicht auf eine Ermächtigung zum Geschlechtsverkehr mit andern, doch darauf, daß ihr an Wahrung der Verlöbnistreue durch den Mann nichts lag, geschlossen werden kann (**RG** JW 1914, 646[8]). Läßt das unsittliche Verhalten der Frau den Schluß zu, daß es ihr schon bei der Eheschließung an **Sittlichkeits- und Ehrgefühl** gemangelt hat, so ist sie nicht berechtigt, die Ehe aus dem Grunde, weil der Mann den Titel eines Doktor der Rechte (durch falsche Versicherung der Selbstanfertigung der schriftlichen Prüfungsarbeiten) erschlichen hat und sie von dieser Tatsache erst nach der Eheschließung Kenntnis erhalten hat, anzufechten (**RG** 14. 6. 15 IV 9/15). Bei Prüfung der Frage, ob der Kläger sich bei Eingehung der Ehe in einem Irrtum über das Vorleben der Beklagten (die vor der Verlobung mit ihrem Arbeitgeber lange Zeit geschlechtlich verkehrt hatte) befunden hat, ist auch die Frage zu prüfen, ob nach der vom Kläger betätigten **Auffassung vom Wesen der Ehe** (der Kläger hatte unter anderem ehebrecherische Beziehungen zu einer verheirateten Frau unterhalten) ihm zuzutrauen ist, daß er über einen Makel in der Vergangenheit seiner Braut hinweggesehen haben würde (**RG** LZ 1927, 167[4]). Es darf und muß von vornherein davon ausgegangen werden, daß eine richtig empfindende Frau mit einem Manne, der **unnatürlichen Geschlechtsneigungen** (Unzucht mit andern Männern) ergeben ist, eine Ehe nicht eingehen wird (**RG** 95, 289).

9. **Beginn der Anfechtungsfrist** §§ 1339 Abs 2, 3, 206. Die **Beweislast** dafür, daß die Voraussetzungen des § 1333 vorliegen, trifft den anfechtenden Ehegatten. Vgl. **RG** Warn 1917 Nr 209. Den Ehegatten, gegen den die Nichtigerklärung durchgesetzt werden soll, trifft grundsätzlich niemals eine Beweislast. Tatsächliche Gründe können allerdings unter Umständen zu einer sog. **Umkehrung der Beweislast** führen (**RG** LZ 1921, 143[7]; **RG** Recht 1920 Nr 3386). Im Falle des § 1333 hat zunächst der Anfechtungskläger zu beweisen, daß er bei Eingehung der Ehe in einem Irrtum über eine persönliche Eigenschaft der Beklagten befangen gewesen sei. Erst dann ist es Sache der Beklagten, zu beweisen, daß der Kläger die Anfechtungsfrist (§ 1339) versäumt habe (**RG** LZ 1923, 647[6]). — Verlangt der Vater, nachdem die Ehe gemäß § 1333 für nichtig erklärt worden, gemäß § 1702 Abs 1 von der Mutter die Herausgabe des gemeinschaftlichen Kindes, so hat er zu beweisen, daß der Mutter die Nichtigkeit der Ehe bei der Eheschließung bekannt war. Die Beweispflicht erstreckt sich auf den gesamten Tatbestand des § 1333, insbesondere das Bewußtsein der Mutter, daß der Vater bei Kenntnis der Sachlage und verständiger Würdigung des Wesens der Ehe von der Eheschließung Abstand genommen haben würde (**RG** JW 1912, 245[13]).

§ 1334

[1]) Eine Ehe kann von dem Ehegatten[2]) angefochten werden[3]), der zur Eingehung der Ehe durch arglistige Täuschung[4]) über solche Umstände[5]) bestimmt[6]) worden ist, die ihn bei Kenntnis der Sachlage und bei verständiger Würdigung des Wesens der Ehe[7]) von der Eingehung der Ehe abgehalten haben würden[8]). Ist die Täuschung nicht von dem anderen Ehegatten verübt worden, so ist die Ehe nur dann anfechtbar, wenn dieser die Täuschung bei der Eheschließung gekannt[9]) hat.

Auf Grund einer Täuschung über Vermögensverhältnisse findet die Anfechtung nicht statt[10])[11]).

E I 1259 Nr 1, 1261 Nr 1 II 1242; M 4 72; P 4 72, 76, 81.

1. Der § 1334 Abs 1 entspricht den im § 123 Abs 1, 2 aufgestellten, die **Anfechtung** von Willenserklärungen betreffenden Grundsätzen, jedoch mit wesentlichen Abweichungen. — Der Begriff der arglistigen Täuschung kann bei § 1334 nicht anders umgrenzt werden als bei § 123 BGB. Dort ist aber die Rechtsprechung darüber einig, daß eine auf Schädigung gerichtete Absicht nicht erforderlich ist (**RG** 111, 5). Vom § 1333 unterscheidet sich der § 1334

hauptsächlich dadurch, daß es sich dort (abgesehen vom Irrtum in der Person) um persönliche Eigenschaften des andern Ehegatten, hier um Umstände, dort um Irrtum, hier um arglistige Täuschung handelt.

2. **Anfechtungsberechtigt** ist der getäuschte Ehegatte, nicht der andere Ehegatte oder ein Dritter. Wegen der Anfechtung durch einen Vertreter vgl. § 1336.

3. Über Ausschließung der Anfechtung vgl. § 1337.

4. **Arglistige Täuschung** liegt vor, wenn bei dem irrenden Ehegatten die falsche Vorstellung durch arglistiges Verhalten eines andern hervorgerufen worden ist. Das arglistige Verhalten kann sowohl in der absichtlichen Vorspiegelung falscher Umstände als auch in der absichtlichen Entstellung oder Unterdrückung wahrer Umstände bestehen. Der Täuschende muß den Vorsatz haben, durch die Täuschung den Getäuschten zur Eheschließung zu bestimmen. Die Anfechtung ist auch dann zulässig, wenn der getäuschte Ehegatte fahrlässig gehandelt hat. — Arglistig ist das Verhalten eines Verlobten schon dann, wenn er in berechnender Weise auf die Möglichkeit hin, daß die Eheschließung sonst nicht zustande kommen werde, geflissentlich von der Mitteilung einer Tatsache (z. B. einer schweren Bestrafung seines verstorbenen Vaters) absieht (RG 14. 4. 10 IV 328/09). § 1334 verlangt nichts weiter, als daß der Getäuschte zur Abschließung einer Ehe bestimmt werden soll, die er ohne die Täuschung nicht abschließen würde. Auf die Vorstellung, welchen Verlauf die durch Täuschung herbeigeführte Ehe nehmen werde, kommt es nicht an. Die Hoffnung, daß die Ehe glücklich sein und der Getäuschte an ihr festhalten werde, wird fast immer bestehen. Das Anfechtungsrecht aus § 1334 würde aber unerträglich eingeschränkt, wollte man den Nachweis erfordern, daß der Täuschende darauf abgezielt habe, eine dem Wohle des Getäuschten nachteilige Ehe herbeizuführen. Die Meinung des Täuschenden darüber, ob der Getäuschte von seinem Anfechtungsrecht auch Gebrauch machen werde, ist unwesentlich. Ebenso im Falle des § 1345 bei Kenntnis des Nichtigkeitsgrundes (RG 111, 5). Vgl. § 1345 A 4. Vgl. auch RG 21. 11. 12 IV 298/12 (ungenügende Aufklärung der Braut über Beiwohnungsunfähigkeit des Bräutigams). So ist die Anfechtung aus § 1334 für begründet erachtet worden, weil die Frau ein außerehelich geborenes Kind hatte und dieses dem Manne gegenüber, der zwar von dem außerehelichen Geschlechtsverkehre der Frau, aber nicht von dem Vorhandensein eines Kindes Kenntnis hatte, arglistig als das Kind einer Verwandten ausgab (RG JW 1910, 707[9]). Die bloße Nichtangabe ungünstiger Umstände stellt noch keine auf Täuschung abzielende Handlungsweise dar (RG Warn 1918 Nr 348). Gegen einen Verlobten, der die Schwere und Unheilbarkeit seiner Krankheit (hier Bleivergiftung) selbst nicht klar erkannt hat, kann daraus, daß er den andern Teil über die Krankheit nicht unterrichtet hat, der Vorwurf arglistiger Täuschung nicht hergeleitet werden (RG Recht 1921 Nr 1383). Über die Pflicht des Gerichts, sich im Urteile darüber auszusprechen, ob es die Anfechtung wegen arglistiger Täuschung oder nur wegen Irrtums für begründet erachte, vgl. § 1346 A 3. Hat die Braut das ihr vom Bräutigam gegebene Versprechen, die zu erwartenden Kinder in einem bestimmten **Glaubensbekenntnis** erziehen zu lassen, für ernstlich gemeint halten und annehmen können, daß der Mann erst später seine Absicht geändert habe, so kann aus dem Verhalten der Frau, die sich später dem Willen des Mannes gefügt hat, nicht gefolgert werden, daß sie sich in Kenntnis der gegen sie vor der Eheschließung vom Manne verübten Täuschung seinem Willen gefügt und dadurch auf ihr Recht zur Anfechtung der Ehe wegen arglistiger Täuschung verzichtet habe (RG Recht 1920 Nr 909).

5. **Umstände** aller Art, nur nicht die Vermögensverhältnisse, können in Betracht kommen. Beispiele: Der Mann spiegelt der Frau vor, er habe die zu einem gewissen Beruf erforderlichen Prüfungen bestanden, oder sein im Auslande befindlicher Wohnsitz sei im Inlande. Auch Vorbestrafungen können in Betracht kommen. — Arglistige Verschweigung des Umstandes, daß der an Fallsucht (Epilepsie) leidende Ehegatte schon vor der Ehe epileptische Anfälle gehabt habe, kann die Anfechtung begründen (RG 26. 5. 13 IV 46/13). Vgl. § 1333 A 5. Als ein Umstand, der den ihn kennenden Ehegatten bei verständiger Würdigung des Wesens der Ehe von der Eheschließung abgehalten haben würde, kann sich eine Krankheit des andern Ehegatten, insbesondere eine langdauernde, schleichende Krankheit auch dann darstellen, wenn sie heilbar ist (RG 1. 7. 20 IV 64/20). Als ein Umstand im Sinne des § 1334 könnte die Tatsache angesehen werden, daß die Frau vor der Ehe im Alter zwischen 15 und 16 Jahren von ihrem damaligen Dienstherrn vergewaltigt worden und infolge davon nach 5 Monaten eine Fehlgeburt gehabt hat (RG LZ 1923, 647[6]. In diesem Falle kam es auf den Verlust der Jungfräulichkeit als persönliche Eigenschaft nicht an und Bescholtenheit war nicht anzunehmen).

6. Die Eingehung der Ehe muß also im **ursächlichen Zusammenhange** mit der Täuschung stehen. — Die Eheanfechtung ist auch dann möglich, wenn durch die arglistige Täuschung des Mannes durch die Frau (nämlich durch die bewußt unwahre Behauptung der Frau, sie sei aus dem vorehelichen Geschlechtsverkehre mit dem Manne schwanger) nicht so sehr die Ehe überhaupt als deren vorzeitiger Abschluß herbeigeführt ist. Zwar könnte eine geringe

zeitliche Verschiebung im Einzelfall unwesentlich sein. Wenn es sich aber darum handelt, daß durch die Verschiebung andere Grundlagen für die Ehe geschaffen sein würden, insbesondere die Ehe nur bei eingetretener geistiger Reife der Braut und gesicherten wirtschaftlichen Verhältnissen des Bräutigams geschlossen worden wäre, so erscheint dadurch die infolge der Täuschung wirklich geschlossene Ehe wesentlich verschieden von derjenigen, die ohne die Täuschung möglicherweise geschlossen worden wäre (RG JW 1920, 832[2]).

7. Über **verständige Würdigung des Wesens der Ehe** vgl. § 1333 A 7.

8. Für die Frage, ob die fraglichen Umstände den Ehegatten **von der Eheschließung abgehalten** hätten, gilt das in A 8 zu § 1333 Gesagte.

9. Dem **Kennen** ist das Kennenmüssen (§ 122) nicht gleichgestellt. Abweichung von § 123 Abs 2.

10. Geht die **Täuschung über Vermögensverhältnisse** von dem Ehegatten aus, so kann die Anfechtung aus § 1333 gegeben sein, wenn die Art der Täuschung und der gewählten Täuschungsmittel auf vollkommene Verlogenheit und Ehrlosigkeit des Täuschenden schließen läßt (RG JW 03 Beil 70[163]). Über die Möglichkeit, den Abschluß einer Ehe als Mittel zur Erreichung eines rechtswidrigen Vermögensvorteils zu mißbrauchen (Streben nach einer reichen Heirat), vgl. RGSt 34, 85.

11. **Beginn der Anfechtungsfrist** §§ 1339 Abs 2, 203. Die **Beweislast** dafür, daß die Voraussetzungen des § 1334 vorliegen, trifft den anfechtenden Ehegatten. Wegen Bestrafung des täuschenden Ehegatten vgl. § 170 StGB.

§ 1335

[1]) Eine Ehe kann von dem Ehegatten[2]) angefochten werden[3]), der zur Eingehung der Ehe widerrechtlich[4]) durch Drohung[5]) bestimmt[6]) worden ist[7]).

E I 1259 Nr 1, 1261 Nr 1 II 1243; M 4 71, 86; P 4 72 ff., 81.

1. Der § 1335 entspricht dem im § 123 Abs 1 aufgestellten, **die Anfechtung** von Willenserklärungen betreffenden Grundsatze. Im § 1335 wird die Anfechtung wegen Drohung behandelt. Dazu gehört auch die Drohung mit Gewalt (A 5). Unmittelbare Gewaltanwendung zur Eingehung einer Ehe erscheint bei der Gestaltung der Eheschließungshandlung ausgeschlossen. Vorkommendenfalls würde die Eheschließungserklärung wegen unwiderstehlichen Zwanges nichtig oder aus § 1332 Halbs 2 anfechtbar sein.

2. **Anfechtungsberechtigt** ist der bedrohte Ehegatte, nicht der andere Ehegatte oder ein Dritter. Wegen der Anfechtung durch einen Vertreter vgl. § 1336.

3. Wegen Ausschließung der Anfechtung vgl. § 1337.

4. **Widerrechtlich** kann die Drohung schon wegen der Beschaffenheit des angedrohten Übels, z. B. eines Verbrechens, sein. Auch wenn der Drohende zur Vornahme der angedrohten Handlung (z. B. Enterbung) berechtigt ist, kann die Drohung widerrechtlich sein. Das Verlöbnis gibt kein Recht, die Eingehung der Ehe durch Drohung zu erzwingen. Wer sich aus Dankbarkeit oder Ehrfurcht zur Eingehung der Ehe bestimmen läßt, handelt überhaupt nicht unter dem Einflusse eines widerrechtlichen Zwanges.

5. **Drohung** liegt vor, wenn dem künftigen Ehegatten ein Übel in Aussicht gestellt wird, das geeignet ist, die freie Willensbestimmung des Bedrohten in bezug auf seinen Entschluß, die Ehe einzugehen, ganz oder zum Teil auszuschließen. Die Drohung kann sowohl von dem andern Ehegatten als auch einem Dritten ausgehen, in der Androhung von Gewalt oder eines Verbrechens oder eines sonstigen Übels bestehen und durch Worte oder Gebärden bewirkt werden. Der Drohende muß den Vorsatz haben, den Bedrohten zur Eheschließung zu bestimmen. Ist die Drohung von einem Dritten verübt worden, so kommt es nicht darauf an (wie im Falle der Täuschung durch einen Dritten, § 1334), daß der andere Ehegatte bei der Eheschließung die Drohung gekannt hat.

6. Die Eingehung der Ehe muß also im ursächlichen Zusammenhange mit der Drohung stehen.

7. Beginn der Anfechtungsfrist §§ 1339 Abs 2, 203. Die Beweislast dafür, daß die Voraussetzungen des § 1335 vorliegen, trifft den anfechtenden Ehegatten. Wegen Bestrafung des Entführers vgl. §§ 236, 238 StGB, Art 34 IX EG.

§ 1336

Die Anfechtung[1]) der Ehe kann nicht durch einen Vertreter[2]) erfolgen. Ist der anfechtungsberechtigte Ehegatte in der Geschäftsfähigkeit beschränkt, so bedarf er nicht der Zustimmung seines gesetzlichen Vertreters[3]).

Für einen geschäftsunfähigen Ehegatten kann sein gesetzlicher Vertreter mit Genehmigung des Vormundschaftsgerichts[4]) die Ehe anfechten. In den Fällen des § 1331 kann, solange der anfechtungsberechtigte Ehegatte in der Geschäftsfähigkeit beschränkt ist, nur[5]) sein gesetzlicher Vertreter die Ehe anfechten[6]).

E I § 1265 Satz 1, 3 II 1246 Abs 1; M 4 94; P 4 84 ff.

1. **Anfechtung** mittels Klage (§ 1341) oder mittels Erklärung gegenüber dem Nachlaßgerichte (§ 1342).

2. Die Entschließung darüber, ob von dem Anfechtungsrechte Gebrauch zu machen sei, gebührt wegen der höchstpersönlichen Natur der Ehe dem anfechtungsberechtigten Ehegatten selbst. Eine **Vertretung** in dieser Entschließung ist grundsätzlich ausgeschlossen. Weder der gesetzliche Vertreter noch ein freiwillig bestellter Vertreter können über den Gebrauch des Anfechtungsrechts beschließen. Dagegen kann der anfechtungsberechtigte Ehegatte seinen Willen, die Ehe anzufechten, durch einen Vertreter erklären und zur Ausführung bringen. Wegen Erteilung der Vollmacht für den Rechtsstreit vgl. § 613 ZPO.

3. Die Vorschriften des Abs 1 gelten auch für die Bestätigung (§ 1337 Abs 3).

4. Vgl. §§ 35ff. FGG und Art 147 EG. Dem Ermessen des **Vormundschaftsgerichts** sind zwar keine Schranken gesteckt. Wäre aber anzunehmen, daß der anfechtungsberechtigte Ehegatte selbst die Ehe nicht anfechten würde, so müßte dieser Umstand bei der höchstpersönlichen Natur des Anfechtungsrechts zur Versagung der Genehmigung führen. — Die Genehmigung des Vormundschaftsgerichts ist nur zur Erhebung der Anfechtungsklage (§ 1341 Abs 1) erforderlich. Aus der Entstehungsgeschichte des § 612 ZPO und des § 1336 BGB ergibt sich, daß nur die Erhebung der Klagen (Scheidungsklage oder Anfechtungsklage) von der Genehmigung des Vormundschaftsgerichts abhängig sein sollte. Die Genehmigung ist zur Fortsetzung des Rechtsstreits, wenn der klagende Ehegatte im Laufe desselben geschäftsunfähig geworden ist, zwar nicht erforderlich, kann aber nachträglich im Laufe des Rechtsstreits erteilt werden (RG 86, 15). Der gesetzliche Vertreter eines geschäftsunfähigen Ehegatten bedarf der Genehmigung des Vormundschaftsgerichts nicht nur zur Erhebung der Anfechtungsklage (§ 1341 Abs 1), sondern auch zur Anfechtung mittels Erklärung gegenüber dem Nachlaßgerichte (§ 1342 Abs 1).

5. Soweit nur der gesetzliche Vertreter die Ehe anfechten kann, ist der Ehegatte selbst prozeßunfähig (§ 612 Abs 1 ZPO). Der Vertreter kann die Anfechtung auch gegen den Willen des in der **Geschäftsfähigkeit beschränkten** Ehegatten vornehmen. Einer Genehmigung des Vormundschaftsgerichts bedarf es nicht, jedoch hat der Vertreter selbstverständlich das Wohl des Vertretenen zur Richtschnur seines Handelns zu nehmen.

6. Der **gesetzliche Vertreter** eines in der Geschäftsfähigkeit beschränkten Ehegatten kann dadurch, daß er die Anfechtungsfrist unbenutzt verstreichen läßt oder die Ehe genehmigt, diese zu einer unanfechtbaren machen. Ist dagegen zur Zeit des Eintritts der unbeschränkten Geschäftsfähigkeit die Anfechtungsfrist (nach § 1339 Abs 2 seit Kenntnis des gesetzlichen Vertreters von Eingehung der Ehe gerechnet) noch nicht abgelaufen und hat der gesetzliche Vertreter die Ehe nicht genehmigt, so kann der nunmehr geschäftsfähig gewordene Ehegatte die Ehe innerhalb des Restes der Frist selbständig anfechten (§ 1339 A 8).

§ 1337

[1]) **Die Anfechtung der Ehe ist in den Fällen des § 1331 ausgeschlossen, wenn der gesetzliche Vertreter die Ehe genehmigt[2]) oder der anfechtungsberechtigte Ehegatte, nachdem er unbeschränkt geschäftsfähig geworden ist, die Ehe bestätigt[2]). Ist der gesetzliche Vertreter ein Vormund, so kann die Genehmigung, wenn sie von ihm verweigert[3]) wird, auf Antrag des Ehegatten[4]) durch das Vormundschaftsgericht ersetzt werden[5]); das Vormundschaftsgericht hat die Genehmigung zu ersetzen, wenn die Aufrechterhaltung der Ehe im Interesse des Ehegatten[6]) liegt.**

In den Fällen der §§ 1332 bis 1335 ist die Anfechtung ausgeschlossen, wenn der anfechtungsberechtigte Ehegatte nach der Entdeckung des Irrtums[7]) oder der Täuschung oder nach dem Aufhören der Zwangslage die Ehe bestätigt.

Die Vorschriften des § 1336 Abs 1 gelten auch für die Bestätigung[8]).

E I 1263 Abs 1, 3 II 1244, 1246 Abs 3; M 4 90; P 4 82; 6 270.

1. Der § 1337 behandelt die Fälle, in denen das **Recht zur Anfechtung** der Ehe durch Genehmigung des gesetzlichen Vertreters (bzw. des Vormundschaftsgerichts) oder Bestätigung des anfechtungsberechtigten Ehegatten **ausgeschlossen** wird. Er entspricht dem § 144. Weitere Ausschließungsgründe enthalten die §§ 1338, 1339 BGB und der § 616 ZPO. Da Genehmigung und Bestätigung den Sinn haben, daß sie das Einverständnis mit Aufrechterhaltung und Fortsetzung der Ehe ausdrücken, so muß das Genehmigungs- und Bestätigungsrecht naturgemäß mit dem Tode des zur Anfechtung nicht berechtigten Ehegatten erlöschen. § 1338 steht nicht entgegen. Ebensowenig kann eine Ehe, nachdem sie angefochten und für nichtig erklärt worden ist, genehmigt oder bestätigt werden (§ 1341 Abs 2 Satz 2). Ausgeschlossen ist immer nur der Anfechtungsgrund, auf den sich die Genehmigung oder Bestätigung bezieht.

2. **Genehmigung und Bestätigung** sind einseitige Rechtsgeschäfte, bedürfen keiner Form und unterliegen, soweit sich nicht aus dem Wesen der Ehe Abweichungen ergeben, den allgemeinen Bestimmungen über Rechtsgeschäfte, insbesondere auch hinsichtlich der Nichtigkeit und Anfechtbarkeit der Rechtsgeschäfte. Eine **Bestätigung** der anfechtbaren Ehe liegt vor, wenn der zur Anfechtungsklage berechtigte Ehegatte mit Kenntnis des den Anfechtungsgrund erfüllenden Tatbestandes seinen Willen, die Ehe fortzusetzen, irgendwie zum Ausdrucke bringt. Dies kann auch stillschweigend, z. B. durch Beischlafsvollziehung, geschehen. Vgl. **RG** 10. 4. 05 IV 572/04. — Bestätigung wurde in einem Falle angenommen, in dem der Ehemann die von ihm bereits erhobene Anfechtungsklage hatte ruhen lassen und die Eheleute jahrelang im besten Einvernehmen zusammenlebten, auch dauernd miteinander geschlechtlich verkehrten (**RG** Recht 1921 Nr 1624). Die Bestätigung einer anfechtbaren Ehe braucht nicht wie die Bestätigung einer nichtigen Ehe (§ 1325 A 5) dem andern Ehegatten gegenüber vorgenommen zu werden. Eines Beweises dafür, daß der Ehegatte sich seiner Anfechtungsbefugnis bewußt gewesen sei, bedarf es nicht. Das Wesen der Ehe muß als dem anfechtungsberechtigten Ehegatten bekannt vorausgesetzt werden. Wer z. B. irrtümlich statt seine Braut deren Schwester geheiratet hat (Fall des § 1333) und den ehelichen Geschlechtsverkehr nach Entdeckung des Irrtums fortsetzt, bestätigt die Ehe und kann sich nicht damit entschuldigen, daß er die Anfechtbarkeit der Ehe nicht gekannt habe. — In gewissen Fällen darf davon ausgegangen werden, daß mit der Kenntnis der die Anfechtung begründenden Tatsache ohne weiteres die Kenntnis der Anfechtbarkeit des Rechtsgeschäfts gegeben sei, z. B. im Falle arglistiger Täuschung (**RG** 68, 401). Ein solches Zusammenfallen der Kenntnis des Anfechtungsgrundes mit der Kenntnis des Anfechtungsrechts hat das Reichsgericht für alle Fälle der Anfechtung einer Ehe wegen Irrtums angenommen (**RG** 69, 410). Es kann ohne weiteres angenommen werden, daß ein Ehegatte bei der Entdeckung eines die Anfechtung der Ehe wegen Irrtums rechtfertigenden Umstandes sich auch dessen bewußt ist, es müsse ein Mittel geben, um aus diesem Grunde die Ehe zu lösen. Das genügt aber, um eine ausreichende **Kenntnis eines Anfechtungsrechts** festzustellen (**RG** 20. 4. 25 IV 584/24). Die Genehmigung einer **wegen Minderjährigkeit anfechtbaren Ehe** durch den gesetzlichen Vertreter setzt sowohl die Kenntnis der die Anfechtung begründenden Tatsache als auch die Kenntnis des Anfechtungsrechts voraus. Der Genehmigende muß mindestens mit der Möglichkeit eines Anfechtungsrechts gerechnet haben. Diese Voraussetzungen sind in **RG** 69, 410 für die Bestätigung im Sinne des § 1337 aufgestellt. Sie müssen auch für die Genehmigung im Sinne dieser Vorschrift gelten. Denn es handelt sich hier nicht um eine Erklärung des gesetzlichen Vertreters im Sinne des § 108, von der die Wirksamkeit der Eheschließung abhängig ist, vielmehr wie bei der Bestätigung um den **Verzicht auf das Anfechtungsrecht,** das dem gesetzlichen Vertreter nach § 1336 Abs 2 Satz 2 allein und selbständig zusteht. Im Falle der Anfechtung wegen Minderjährigkeit wird wie im Falle der Anfechtung wegen Irrtums ein Zusammenfallen der Kenntnis des Anfechtungsgrundes mit der Kenntnis des Anfechtungsrechts regelmäßig angenommen werden können (**RG** LZ 1920, 861[7]). Die Fortsetzung des auf Eheherstellung gerichteten Rechtsstreits enthält nicht notwendig eine Bestätigung der Ehe (**RG** JW 1913, 378[10]). Wenn der auf Scheidung klagende Ehegatte im Laufe des Rechtsstreits die Ehe auch (wegen Irrtums) anficht, die Anfechtungsklage aber zeitweilig fallen läßt, schließlich jedoch aufrechterhält, so folgt aus solchem Prozeßverhalten doch keine Bestätigung der Ehe (**RG** 15. 4. 16 IV 445/15). Bei der Anfechtungsklage gibt es keine Verzeihung im Sinne des § 1570 (**RG** 4. 4. 10 IV 476/09). Genehmigung und Bestätigung sind unwiderruflich. Sie können auch unter einer Bedingung (**RG** 44, 147) oder einer Zeitbestimmung erklärt werden. Die Wirkung der Genehmigung und der Bestätigung besteht darin, daß die Anfechtung der Ehe (aus dem Grunde, auf den sich die Genehmigung oder Bestätigung bezieht) ausgeschlossen wird. So ist, wenn der gesetzliche Vertreter eines in der Geschäftsfähigkeit beschränkten Ehegatten die Ehe einmal genehmigt hat, letzterer auch, nachdem er unbeschränkt geschäftsfähig geworden, nicht mehr berechtigt, aus ebendemselben Grunde die Ehe anzufechten. Die Ehe ist als von Anfang an gültig anzusehen.

3. Nur bei **Verweigerung,** nicht bei Erteilung der Genehmigung durch den Vormund, kann das Vormundschaftsgericht angerufen werden.

4. Nämlich **auf Antrag des** anfechtungsberechtigten **Ehegatten**, der hierzu, wenn er in der Geschäftsfähigkeit beschränkt ist, der Genehmigung des gesetzlichen Vertreters nicht bedarf (Abs 3).

5. **Ersetzung durch das Vormundschaftsgericht** §§ 35ff. FGG und Art 147 EG.

6. Nämlich im Interesse des anfechtungsberechtigten Ehegatten.

7. **Entdeckung des Irrtums** vgl. § 1339 A 5.

8. In den Fällen der §§ 1332—1335 kann also (abweichend von dem Falle des § 1331) der in der Geschäftsfähigkeit beschränkte Ehegatte die Ehe ohne Zustimmung seines gesetzlichen Vertreters **bestätigen.** Ein geschäftsunfähiger Ehegatte kann die Ehe nicht bestätigen, ebensowenig sein gesetzlicher Vertreter. Für einen geschäftsunfähigen Ehegatten kommt nur das Anfechtungsrecht aus § 1336 Abs 2 Satz 1 in Frage.

§ 1338

Die Anfechtung ist nach der Auflösung[1]) der Ehe ausgeschlossen[2]), es sei denn, daß die Auflösung durch den Tod des zur Anfechtung nicht berechtigten Ehegatten herbeigeführt worden ist[3]).

E I 1262 II 1245; M 4 87; P 4 81.

1. **Auflösung der Ehe** durch Tod, Scheidung oder Wiederverheiratung im Falle der Todeserklärung (§ 1348 Abs 2). Über Anbringung von Anfechtungsanträgen während Schwebens eines Scheidungsprozesses vgl. **RG** 59, 410 und § 1341 A 2.

2. Mit dem **Tode des anfechtungsberechtigten Ehegatten** erlischt das Anfechtungsrecht, eine Folge, die mit der persönlichen Natur dieses Rechtes zusammenhängt. Die Ehe wird unanfechtbar. Diejenigen Personen, welche im Falle der Nichtigkeit der Ehe Erben des anfechtungsberechtigten Ehegatten sein würden, sind nicht berechtigt, die Ehe anzufechten. Dies setzt aber voraus, daß der anfechtungsberechtigte Ehegatte die Ehe nicht schon bei Lebzeiten angefochten hat. Hat er die Anfechtungsklage zwar erhoben, jedoch nicht bis zur rechtskräftigen Entscheidung durchgeführt, so ist freilich nach § 628 ZPO infolge des Todes des anfechtenden Ehegatten der Rechtsstreit in Ansehung der Hauptsache als erledigt anzusehen, aber die in der Erhebung der Anfechtungsklage liegende Anfechtung äußert ihre Wirkung über den Tod des Anfechtenden hinaus. Die Nichtigkeit der anfechtbaren und angefochtenen Ehe kann nun von jedem, der ein rechtliches Interesse daran hat, geltend gemacht werden (§ 1343 Abs 2). Der Beweis des Anfechtungsgrundes kann auf jede zulässige Art geführt werden. Einer förmlichen Nichtigkeitserklärung bedarf es nicht.

3. Mit dem **Tode des zur Anfechtung nicht berechtigten Ehegatten** erlischt das Anfechtungsrecht nicht. Die Anfechtung wird in diesem Falle gemäß § 1342 durch Erklärung gegenüber dem Nachlaßgerichte bewirkt. Das Anfechtungsrecht kann namentlich in den Fällen der §§ 2077, 2268, 2279 (Testament und Erbvertrag) Bedeutung gewinnen. Hatte der anfechtungsberechtigte Ehegatte schon bei Lebzeiten des andern Ehegatten die Anfechtungsklage erhoben, aber noch nicht bis zur Rechtskraft des Urteils durchgeführt, so ist der Rechtsstreit nach § 628 ZPO in Ansehung der Hauptsache als erledigt anzusehen und es ist nicht statthaft, daß der anfechtungsberechtigte Ehegatte den Rechtsstreit gegen die Erben des andern Ehegatten behufs Nichtigkeitserklärung der Ehe fortsetzt. Aber die in der Erhebung der Anfechtungsklage liegende Anfechtung äußert ihre Wirkung über den Tod des zur Anfechtung nichtberechtigten Ehegatten hinaus (**RG** 6. 3. 05 IV 589/04; hier mußte eine Ehefrau, die die Anfechtungsklage erhoben hatte, die im Testamente ihres Mannes für den Fall des Nichtbestehens der Ehe ausgesprochene Enterbung gegen sich gelten lassen, weil der Anfechtungsgrund gerechtfertigt war). Gleichgültig ist, ob der anfechtungsberechtigte Ehegatte den Anfechtungsgrund vor oder nach dem Tode des andern Ehegatten erfahren hat.

§ 1339

Die Anfechtung[1]) kann nur binnen sechs Monaten[2]) erfolgen.

Die Frist beginnt in den Fällen des § 1331 mit dem Zeitpunkt, in welchem die Eingehung oder die Bestätigung der Ehe dem gesetzlichen Vertreter bekannt wird oder der Ehegatte die unbeschränkte Geschäftsfähigkeit erlangt[3]), in den Fällen der §§ 1332 bis 1334 mit dem Zeitpunkt, in welchem der Ehegatte[4]) den Irrtum[5]) oder die Täuschung entdeckt, in dem Falle des § 1335 mit dem Zeitpunkt, in welchem die Zwangslage aufhört.

Auf die Frist finden die für die Verjährung geltenden Vorschriften der §§ 203, 206 entsprechende Anwendung[6]) [7]).

E I 1264 II 1247; M 4 93; P 4 82, 89; 6 270.

1. Gleichviel, ob die **Anfechtung** mittels Klage (§ 1341) oder Erklärung gegenüber dem Nachlaßgerichte (§ 1342) bewirkt wird.

2. Die **sechsmonatige Anfechtungsfrist** ist eine Ausschlußfrist. Mit ihrem Ablauf ist die Geltendmachung des Anfechtungsgrundes ausgeschlossen. Die Ehegatten können weder die Verlängerung der Frist vereinbaren, noch auf ihre Geltendmachung verzichten. Die Ausschließung ist von Amts wegen zu beachten (**RG** JW 06, 355[16]). Ebenso OLG 32, 1. Der Lauf der Frist ist während der **Kriegsteilnehmerschaft** des Anfechtungsberechtigten gehemmt (Ges. v. 4. 8. 14, RGBl 328, § 8 Abs 2 und **RG** Warn 1921 Nr 45). Für die Berechnung der Frist sind die §§ 187 Abs 1, 188 Abs 2 maßgebend. Mit Erhebung der Scheidungsklage werden nicht nur alle Scheidungsgründe, sondern auch alle Anfechtungsgründe rechtshängig. Der § 1572 gilt daher nicht nur für Scheidungs-, sondern auch für Anfechtungsgründe (**RG** JW 03 Beil 44[99]; **RG** 53, 334; **RG** Warn 1920 Nr 42; 1921 Nr 45). Vgl. Erläuterungen zu § 1572. Eine dem § 1571 Abs 2 ähnliche Bestimmung (Hemmung des Fristenlaufs, solange die häusliche Gemeinschaft aufgehoben ist) ist nicht gegeben. — Der Umstand, daß die häusliche Gemeinschaft zwischen den Parteien damals, als der Kläger von dem Ehebruch der Beklagten (begangen während ihrer ersten Ehe) Kenntnis erlangte, hinderte den Beginn der sechsmonatigen Anfechtungsfrist nicht (**RG** 6. 12. 23 IV 827/22). Es ist Sache des Anfechtungsgegners, sich darauf zu berufen, daß die Anfechtungsfrist verstrichen sei; er hat zu behaupten und zu beweisen, daß und wann der Anfechtungsberechtigte von dem Anfechtungsgrunde Kenntnis erhalten habe (**RG** Gruch 48, 334; **RG** JW 1911, 648[18]; **RG** Warn 1917 Nr. 209; 1918 Nr 211; **RG** LZ 1923, 647[6]). Vgl. §§ 1571 A 4, 1568 A 10.

3. Erlangt der Ehegatte die **unbeschränkte Geschäftsfähigkeit**, während die mit der Kenntnis des Vertreters begonnene Frist läuft, so steht ihm nur der Rest der Frist zur Anfechtung zu (§ 1336 A 6).

4. Ist der Ehegatte geschäftsunfähig, so kommt es auf den Zeitpunkt an, in dem seinem gesetzlichen Vertreter die maßgebenden Umstände bekannt werden (vgl. jedoch § 1340).

5. Zur **Entdeckung des Irrtums** gehört z. B., daß der Ehegatte von der Geschlechtskrankheit des andern Ehegatten nicht nur eine allgemeine Vorstellung, sondern auch Kenntnis von der Schwere und Gefährlichkeit des Leidens erlangt (**RG** JW 04, 284[2]); vgl. auch **RG** JW 06, 355[16] (Erlangung der Überzeugung, daß der Mann zur ehelichen Beiwohnung dauernd unfähig). — Von einer Entdeckung des Irrtums kann keine Rede sein, solange der Irrende, mit oder ohne Verschulden, noch tatsächlich im Irrtume befangen ist. **Kennenmüssen** steht der Kenntnis nicht gleich (**RG** Warn 1910 Nr 122; **RG** 30. 4. 23 IV 536/22). Die Entdeckung der Täuschung, mit der nach § 1339 die sechsmonatige Anfechtungsfrist beginnt, setzt wirkliche Kenntnis von den wesentlichen Merkmalen des Anfechtungsgrundes der Täuschung und deshalb insbesondere richtige Erkenntnis der falsch vorgespiegelten Sachlage voraus. Dagegen genügt bloßer Verdacht der Täuschung nicht, um die Frist in Lauf zu setzen. Kennenmüssen, also fahrlässige Unkenntnis ist der wirklich erlangten Kenntnis vom wahren Sachverhalte nicht gleichzustellen (**RG** 26. 4. 23 IV 462/22). Eine rechtswirksame Bestätigung der Ehe ist zwar erst nach Kenntnis des Nichtigkeitsgrundes möglich. Aber diese Kenntnis braucht nicht auf Grundlagen zu beruhen, wie sie zur Herstellung voller Gewißheit erforderlich sind, vielmehr genügt es, wenn für das Bestehen des Nichtigkeitsgrundes **Anhaltspunkte** bekannt sind, die bei gewissenhafter Erwägung zur gesetzmäßigen Geltendmachung der Nichtigkeit als ausreichend erachtet werden können (**RG** LZ 1927, 167[4]). Ein Ehegatte, der zwar im Laufe der Ehe das Vorhandensein eines geistigen Gebrechens des andern Ehegatten entdeckt, aber erst durch ein ärztliches Gutachten erfährt, daß es sich um angeborenen, also schon zur Zeit der Eheschließung vorhanden gewesenen Schwachsinn handelt, kann die Ehe anfechten (**RG** 28. 1. 15 IV 448/14). Zur Entdeckung des Irrtums ist nicht zu verlangen, daß für den klagenden Ehegatten auch schon hätte feststehen müssen, der Anfechtungsgrund (hier Geisteskrankheit) würde vom Gericht als ausreichend anerkannt werden (**RG** 20. 3. 16 IV 310/15). Es kommt nicht auf die Feststellung der Kenntnis aller Einzelheiten des zur Anfechtung berechtigenden Tatbestandes, vielmehr nur auf den Nachweis der **Kenntnis seiner wesentlichen Bestandteile** an (**RG** 9. 10. 19 IV 183/19, Unfähigkeit des Mannes zu einem regelrechten Geschlechtsverkehr infolge eines körperlichen Fehlers). Vgl. **RG** Warn 1923/24 Nr 127 (in welchem Falle der Mann erst durch ein ärztliches Gutachten ausreichende Kenntnis von der Unheilbarkeit eines schon von Anfang der Ehe an bestandenen Leidens der Frau erhielt, infolgedessen diese den Geschlechtsverkehr verweigerte). Die Feststellung, dem Ehegatten sei ein Gerücht zu Ohren gekommen, genügt nicht. Zur Entdeckung des Irrtums gehört, daß er das, was er gehört, auch für wahr gehalten hat (**RG** JW 09, 689[17]; **RG** 26. 11. 14 IV 296/14; vgl. auch § 1571 A 4). Der Umstand, daß die Anfechtungsklage auf **arglistige Täuschung** gestützt wird, hindert den Anfechtungskläger nicht, geltend zu machen, daß die Anfechtungsfrist noch nicht begonnen habe, denn man kann auf bloßen Verdacht hin oder auf Grund einer Vermutung eine Klage erheben und Prozeßbehauptungen aufstellen (**RG** JW 1913, 377[9]).

6. Die Grundsätze über die **Verjährung** sind nicht anwendbar, da das Anfechtungsrecht nicht die Natur eines Anspruchs (§ 194 Abs 1) hat. Vgl. auch RG 48, 163. Eine Ausnahme machen die Bestimmungen über Verhinderung infolge Stillstandes der Rechtspflege, durch höhere Gewalt und Vertretungsmangel (§§ 203, 206). Bezüglich des § 206 Abs 2 BGB ist § 612 Abs 1 ZPO zu beachten. Eine dem § 124 Abs 3 entsprechende Bestimmung (Ausschließung der Anfechtung nach 30 Jahren) ist nicht gegeben. Ebensowenig gibt es eine dem § 1571 Abs 2 entsprechende Aufforderung zur Erhebung der Anfechtungsklage.

7. **Übergangsrecht.** Die Gültigkeit einer vor dem Inkrafttreten des BGB geschlossenen Ehe bestimmt sich nach den bisherigen Gesetzen (Art 198 Abs 1 EG). Diesem Grundsatze zufolge bleiben auch für die Geltendmachung der Ungültigkeit die bisherigen Ausschlußfristen maßgebend (RG 48, 161; vgl. auch RG JW 07 S. 515[17], 3[1]). Eine nach den bisherigen Gesetzen nichtige oder ungültige Ehe ist als von Anfang an gültig anzusehen, wenn die Ehegatten zur Zeit des Inkrafttretens des BGB noch als Ehegatten miteinander lebten und der Grund, auf dem die Nichtigkeit oder die Ungültigkeit beruht, nach den Vorschriften des BGB, die Nichtigkeit oder die Anfechtbarkeit der Ehe nicht zur Folge haben oder diese Wirkung verloren haben würde (Art 198 Abs 2 Satz 1 EG). Der ersichtliche Grund dieser Übergangsvorschrift ist, eine nach bisherigem Rechte anfechtbare Ehe tunlichst aufrechtzuerhalten. Damit ist es aber unvereinbar, eine schon nach bisherigem Recht unanfechtbar gewordene Ehe (z. B. wegen Ablaufs der sechswöchigen Anfechtungsfrist des bisherigen Rechts) der Anfechtung nach dem neuen Rechte lediglich deshalb auszusetzen, weil die Anfechtung erst nach dessen Inkrafttreten (Entdeckung des Irrtums) möglich geworden ist (RG 48, 165). Die für die Anfechtung im BGB bestimmte Frist beginnt nicht vor dem Inkrafttreten des BGB (Art 198 Abs 2 Satz 2 EG). Diese Bestimmung soll verhindern, daß die Anfechtbarkeit, soweit sie infolge der Bestimmung in Satz 1 nach dem BGB zu beurteilen ist, nur deshalb ausgeschlossen bleibe, weil beim Inkrafttreten des BGB schon die sechsmonatige Frist des § 1339 abgelaufen ist, während die nach dem bisherigen Rechte längere Frist, wie nach gemeinem und französischem Rechte, noch nicht verstrichen ist (RG 48, 167). Über Anfechtung einer unter der Herrschaft des PrALR geschlossenen Ehe durch den Mann wegen Irrtums in der Jungfräulichkeit der Frau vgl. RG Warn 1915 Nr 211.

§ 1340

Hat der gesetzliche Vertreter eines geschäftsunfähigen[1]) Ehegatten die Ehe nicht rechtzeitig angefochten, so kann nach dem Wegfalle der Geschäftsunfähigkeit[2]) der Ehegatte selbst die Ehe in gleicher Weise[3]) anfechten, wie wenn er ohne gesetzlichen Vertreter gewesen wäre.

E II 1248; P 4 84, 89, 90.

1. **Geschäftsunfähigkeit**, vgl. §§ 1336 Abs 2 Satz 1 und 1339. Für den nur beschränkt geschäftsfähigen Ehegatten ist eine derartige Vergünstigung nicht gegeben.

2. **Wegfall der Geschäftsunfähigkeit** ist auch dann eingetreten, wenn der Ehegatte nur beschränkt geschäftsfähig geworden ist.

3. Die Vorschriften über den Beginn der Ausschlußfrist (§ 1339) bleiben maßgebend. Hat aber die Frist schon mit der Kenntnis des Vertreters begonnen (§ 1339 A 4) und ist sie zur Zeit des Wegfalls der Geschäftsunfähigkeit noch nicht abgelaufen, so bleibt dem Ehegatten nur der Rest der Frist zur Anfechtung frei.

§ 1341

Die Anfechtung erfolgt, solange nicht die Ehe aufgelöst[1]) ist, durch Erhebung der Anfechtungsklage[2]).

Wird die Klage zurückgenommen[3]), so ist die Anfechtung als nicht erfolgt anzusehen. Das gleiche gilt, wenn die angefochtene Ehe, bevor sie für nichtig erklärt oder aufgelöst worden ist, nach Maßgabe des § 1337 genehmigt[4]) oder bestätigt[4]) wird.

E I 1266 Abs 1, 1268 II 1249; M 4 95, 97 ff.; P 4 90.

1. **Auflösung der Ehe** durch Tod, Scheidung oder Wiederverheiratung im Falle der Todeserklärung (§ 1348 Abs 2). Im Falle des § 1342 wird die Anfechtung durch Erklärung gegenüber dem Nachlaßgerichte bewirkt.

2. Die **Erhebung der Anfechtungsklage** hat eine doppelte Bedeutung. Sie stellt die Anfechtungshandlung dar und enthält das Begehren, eine richterliche Feststellung dahin zu treffen, daß die Anfechtung begründet, d. h. die Ehe nichtig sei. Anders die Anfechtungserklärung

gegenüber dem Nachlaßgerichte (§ 1342 A 2). Die Anfechtung kann auch durch Erhebung einer Widerklage bewirkt werden. — Zu beachten ist, daß, während ein Scheidungs- oder Anfechtungsverfahren rechtshängig ist, ein zweites Scheidungs- oder Anfechtungsverfahren nicht anhängig gemacht werden kann. Vielmehr sind in einem Rechtsstreite, der mit einem Scheidungsantrag eröffnet wird, etwaige Anfechtungsgründe, und in einem Rechtsstreite, der mit der Anfechtungsklage eingeleitet wird, etwaige Scheidungsgründe vorzubringen. Alle Angriffe gegen den Bestand einer Ehe sind in einem einzigen Verfahren zu erledigen. Daher kann ein Anfechtungsantrag, dessen Stellung bis zum Erlaß eines auf Scheidung lautenden Berufungsurteils unterblieben ist, erst, wenn das Revisionsgericht auf Aufhebung des Berufungsurteils und Zurückverweisung der Sache erkannt hat, beim Berufungsgericht angebracht werden; seine Anbringung ist dagegen überhaupt ausgeschlossen, wenn die Revision gegen das Scheidungsurteil zurückgewiesen wird (RG 59, 410). Durch die Erhebung der Scheidungsklage wird dem Widerkläger das Recht zur Geltendmachung von Anfechtungsgründen nicht gewahrt. Seine Untätigkeit während des Laufes der Anfechtungsfrist kann nicht dahin führen, daß die in diese Frist hineinfallende Erhebung der gegnerischen Klage den Anfechtungsgrund bei Bestand erhält. Allerdings ist der Lauf der Anfechtungsfrist während der Zeit von der Erhebung der gegnerischen Scheidungsklage bis zur ersten mündlichen Verhandlung gehemmt, weil während dieses Zeitabschnitts dem Widerkläger die Möglichkeit zur Erhebung der Anfechtungswiderklage (sowohl innerhalb wie außerhalb des anhängigen Scheidungsverfahrens) fehlt (RG JW 09, 689[17]). Mit der Erhebung der Anfechtungsklage werden alle Anfechtungsgründe rechtshängig, auch wenn die Klage nur einen Grund oder einzelne Gründe geltend macht (RG 28. 1. 15 IV 448/14). Vgl. auch § 1564 A 4.

3. Mit der **Zurücknahme der Anfechtungsklage** verliert die Erhebung der Klage die ihr als Anfechtungshandlung (A 2) zukommende Wirkung. Die Anfechtung gilt als nicht erfolgt. Die Zurücknahme der Klage steht der Erhebung einer neuen Klage aus dem nämlichen oder einem andern Anfechtungsgrunde nicht entgegen. Ob in der Zurücknahme der Klage ein Beweisgrund für die Genehmigung bzw. Bestätigung der Ehe und somit ein Verzicht auf nochmalige Geltendmachung des nämlichen Anfechtungsgrundes liegt, ist Tatfrage. — Keine Genehmigung oder Bestätigung der Ehe liegt vor, wenn vor der Zurücknahme der Anfechtungswiderklage eine selbständige (wenn auch verspätete) Anfechtungsklage gleichen Inhalts erhoben worden ist (OLG 32, 1). Die Zurücknahme der Klage steht der Abweisung der Klage (§ 616 ZPO) nicht gleich. Da die Klage nach § 271 Abs 1 ZPO ohne Einwilligung des Beklagten nur bis zum Beginne der mündlichen Verhandlung des Beklagten zur Hauptsache zurückgenommen werden kann, so hat es der Beklagte in der Hand, nach dem Beginne der mündlichen Verhandlung durch Vorenthaltung der Einwilligung eine Entscheidung über die Klage herbeizuführen.

4. **Genehmigung und Bestätigung** der Ehe bewirken nicht nur, daß die Anfechtung als nicht erfolgt anzusehen ist, sondern sie machen die Ehe auch zu einer unanfechtbaren, d. h. hinsichtlich derjenigen Anfechtungsgründe, auf welche sich die Genehmigung oder Bestätigung beziehen. Im übrigen vgl. § 1337 A 2. Ist die Ehe rechtskräftig für nichtig erklärt, so kommt eine vor der Rechtskraft erfolgte Genehmigung oder Bestätigung auch dann nicht mehr in Betracht, wenn sie in dem Rechtsstreit über die Anfechtungsklage nicht mehr geltend gemacht werden konnte.

§ 1342

[1]) Ist die Ehe durch den Tod des zur Anfechtung nicht berechtigten Ehegatten aufgelöst worden, so erfolgt die Anfechtung durch Erklärung gegenüber dem Nachlaßgerichte[2]); die Erklärung ist in öffentlich beglaubigter Form[3]) abzugeben.

Das Nachlaßgericht soll[4]) die Erklärung sowohl demjenigen mitteilen, welcher im Falle der Gültigkeit der Ehe, als auch demjenigen, welcher im Falle der Nichtigkeit der Ehe Erbe des verstorbenen Ehegatten ist. Es hat die Einsicht der Erklärung jedem zu gestatten, der ein rechtliches Interesse glaubhaft macht[5]).

E I 1266 Abs 2 II 1250; M 4 96; P 4 90; 5 133; 6 338.

1. Nach § 1338 ist die Anfechtung der Ehe ausgeschlossen, wenn die Ehe durch Scheidung, Wiederverheiratung im Falle des § 1348 Abs 2 oder Tod des zur Anfechtung berechtigten Ehegatten aufgelöst ist (§ 1338 A 1). Die im § 1338 für den Fall zugelassene einzige Ausnahme, daß die Ehe durch den Tod des zur Anfechtung nicht berechtigten Ehegatten aufgelöst worden, wird im § 1342 hinsichtlich der **Form der Anfechtung** näher geregelt.

2. Die **Anfechtungserklärung** ist in öffentlich beglaubigter Form dem Nachlaßgerichte gegenüber (nicht vor ihm) abzugeben, kann also auch durch Übersendung einer Schrift erfolgen. Die Anfechtungserklärung muß ersehen lassen, daß die Ehe aus einem der gesetzlich zulässigen Anfechtungsgründe angefochten wird. Unrichtige Bezeichnung schadet nicht. Die Zuständigkeit des Nachlaßgerichts ergeben §§ 72, 73 FGG und Art 147 EG. Die Anfechtungserklärung gegenüber dem Nachlaßgericht enthält nicht wie die Erhebung der Anfechtungsklage zugleich das Begehren um Feststellung der Nichtigkeit der Ehe (§ 1341 A 2), hat vielmehr, ohne daß es einer richterlichen Nichtigkeitserklärung bedarf, von selbst die Wirkung, daß die Ehe als von Anfang an nichtig anzusehen ist (§ 1343 Abs 1). Die Nichtigkeit der Ehe kann nunmehr von jedem, der ein rechtliches Interesse daran hat, geltend gemacht werden. Ihm liegt aber der Beweis der Nichtigkeit ob. Mit dem Zeitpunkt, in dem die Anfechtung dem Nachlaßgerichte gegenüber erklärt wird, tritt die bezeichnete Wirkung ein. Die Zurücknahme der Anfechtungserklärung mit der Wirkung, daß die Anfechtung als nicht erfolgt gilt, ist nicht zulässig, ebensowenig die nachträgliche Genehmigung oder Bestätigung der Ehe (§ 1341 Abs 2 Satz 2). Wegen der Abgabe der Anfechtungserklärung durch einen Vertreter vgl. § 1336 A 1, 2. Die sechsmonatige Anfechtungsfrist ist für die Anfechtungserklärung ebenso wie für die Anfechtungsklage maßgebend (§ 1339 A 1). Die Anfechtungserklärung unterliegt wie andere einseitige Rechtsgeschäfte wiederum der Anfechtung. Schwebt beim Tode des zur Anfechtung nicht berechtigten Ehegatten eine vom anfechtungsberechtigten Ehegatten bzw. dessen Vertreter erhobene Anfechtungsklage, so kann der Rechtsstreit nicht gegen die Erben des ersteren Ehegatten behufs Herbeiführung der Nichtigkeitserklärung fortgesetzt werden. Der Rechtsstreit ist vielmehr nach § 628 ZPO in Ansehung der Hauptsache als erledigt anzusehen; die Anfechtung behält freilich ihre Wirkung und braucht nicht noch durch Erklärung gegenüber dem Nachlaßgerichte wiederholt zu werden. — Die Anfechtung der Ehe nach § 1342 hat keine Nichtigkeitserklärung im Sinne des § 55 PStG zur Folge und kann im **Heiratsregister** nicht vermerkt werden. Auch eine Berichtigung nach §§ 65ff. PStG ist ausgeschlossen (KG in JFG 2 Nr 30).

3. **Form** § 129 BGB, §§ 167, 183, 191 FGG. Formmangel zieht Nichtigkeit der Anfechtung nach sich.

4. Die dem Nachlaßgericht aufgegebene **Benachrichtigung** der Erben hat nur die Bedeutung einer Ordnungsvorschrift, die, soweit sie unausführbar ist, ohne sachliche Nachteile unterbleibt (vgl. § 12 FGG; Amtstätigkeit des Gerichts).

5. Vgl. §§ 15 Abs 2, 34 FGG.

§ 1343

Wird eine anfechtbare[1]) Ehe angefochten[2]), so ist sie als von Anfang an nichtig anzusehen[3]). Die Vorschrift des § 142 Abs 2 findet Anwendung[4]).

Die Nichtigkeit einer anfechtbaren Ehe, die im Wege der Klage[5]) angefochten worden ist, kann, solange nicht die Ehe für nichtig erklärt[6]) oder aufgelöst[6]) ist, nicht anderweit geltend gemacht werden.

E I 1260 II 1251; M 4 84 ff.; P 4 81.

1. **Anfechtbare Ehe.** Jede Ehe ist der Anfechtung ausgesetzt. Im Sinne des § 1343 ist aber eine anfechtbare Ehe nur eine solche, die erweislich mit einem Anfechtungsgrunde behaftet ist. Der Beweis des Anfechtungsgrundes ist niemals zu entbehren. Nur unter der Voraussetzung, daß dieser Beweis gelingt, hat die Anfechtungshandlung rechtliche Bedeutung. Eine Ehe, die mit einem Anfechtungsgrunde nicht behaftet ist, wird durch die Anfechtung wohl zu einer angefochtenen, aber niemals zu einer anfechtbaren. Anfechtbarkeit und Anfechtung müssen zusammen vorliegen, um eine Ehe für nichtig zu erachten.

2. Gemeint ist die **Anfechtung** einer anfechtbaren Ehe mittels Klage (§ 1341) oder Erklärung gegenüber dem Nachlaßgerichte (§ 1342).

3. **Wirkungen der Anfechtung.** Infolge der Anfechtung wird die anfechtbare Ehe rückwärtshin mit dinglicher Wirkung vernichtet (**RG** JW 03 Beil 111[245]). Das die Nichtigkeit der Ehe aussprechende Urteil hat nicht die Bedeutung, daß es nur den Fortbestand der Ehe beseitigt, sondern die (erklärende) Bedeutung, daß es das Nichtbestehen und Nichtentstandensein einer Ehe feststellt (**RG** JW 1913, 739[9]; **RG** 88, 326). Die Ansicht, daß mit der Nichtigkeitserklärung der Ehe die **Unterhaltspflicht** mit rückwirkender Kraft wegfällt und das zum Unterhalte Gegebene zurückgefordert werden kann, ist grundsätzlich zutreffend (**RG** SeuffA 59, 159; **RG** 104, 248). Der Erstattungsanspruch kann aber unbegründet sein, wenn der erstattungspflichtige Ehegatte verlangt, nach § 1345 behandelt zu werden (**RG** 104, 248). Die Frage, ob § 945 ZPO (Schadensersatz bei Aufhebung einer einstweiligen Verfügung) Anwendung findet, wenn während des Eheanfechtungsprozesses die gegenseitige Unterhaltspflicht der Ehegatten gemäß § 627 ZPO geordnet ist und die Ehe demnächst für nichtig erklärt wird,

ist zu bejahen (RG 104, 248 unter Fallenlassen der in RG 63, 38 vertretenen gegenteiligen Meinung desselben Senats). Vgl. Vorbem vor § 1418. Der § 1343 Abs 1 Satz 1 entspricht dem § 142 Abs 1 (anfechtbares Rechtsgeschäft). Es wird so angesehen, als sei die Ehe nicht geschlossen worden. Von einem gegenseitigen **Erbrechte** der Ehegatten kann keine Rede sein. Wegen der Unwirksamkeit letztwilliger Verfügungen, durch die sich die Ehegatten bedacht haben, vgl. §§ 2077 Abs 1 u. 2, 2268, 2279. Wegen der Kinder aus nichtigen Ehen vgl. §§ 1699—1704. Ist die Ehe für nichtig erklärt worden, so hat die frühere Frau wieder den ihr nach § 1616 zukommenden **Familiennamen** zu führen (RG 16. 3. 05 IV B 25/04; RG 67, 61). Die **Kostenvorschußpflicht des Mannes** (§ 1388 BGB und § 90 GKG) im Anfechtungsprozeß erlischt mit der rechtskräftigen Nichtigkeitserklärung (RG JW 05, 299[30]). Durch die im § 627 ZPO dem Gerichte zugesprochene Berechtigung, bei Rechtsstreitigkeiten über Anfechtung der Ehe für die Dauer des Rechtsstreits durch einstweilige Verfügung die gegenseitige Unterhaltspflicht nach Maßgabe des § 1361 zu ordnen, ist anerkannt, daß die Unterhaltspflicht während des durch die Erhebung der Anfechtungsklage hervorgerufenen Schwebezustandes fortbesteht (RG 18. 6. 08 IV 134/08). Die Bestimmung in einem gemeinschaftlichen Testamente, daß der überlebende Ehegatte im Falle seiner **Wiederverheiratung** Verwaltung und Nutznießung verlieren sollte, gilt regelmäßig auch für den Fall, daß die neue Ehe anfechtbar ist und angefochten wird (RG Warn 1910 Nr 127). Das Recht des Ehegatten des Beschuldigten aus § 51 Nr 2 StPO, das Zeugnis, auch wenn die Ehe nicht mehr besteht, zu verweigern, besteht nach der Anfechtung der Ehe aus § 1334 fort (RGSt 47, 287). Eine Witwe die sich wieder verheiratet hat, deren zweite Ehe aber für nichtig erklärt wurde, kann verlangen, daß ihr das bis zu ihrer Wiederverheiratung gezahlte Witwengeld für die Zeit der nichtigen Ehe nachgezahlt wird. Dabei macht es keinen Unterschied, ob die Nichtigkeit der Ehe auf einem Anfechtungsgrunde oder einem Nichtigkeitsgrunde beruht oder die Ehe wegen Formmangels nichtig ist (RG 88, 326; RG JW 1913, 739[9]; MilHinterblG v. 17. 5. 07 und PrGes. v. 20. 5. 82).

4. Wer die Anfechtbarkeit der **Ehe kannte oder kennen mußte,** wird, wenn die Anfechtung erfolgt, so behandelt, wie wenn er die Nichtigkeit der Ehe gekannt hätte oder hätte kennen müssen.

5. § 1343 Abs 2 spricht nur von dem Falle der Anfechtung mittels **Klage** (§ 1341), nicht von dem Falle der Anfechtung mittels Erklärung gegenüber dem Nachlaßgerichte (§ 1342). Im letzteren Falle gilt die Regel des § 1343 Abs 1. Die Nichtigkeit kann von jedem, der ein rechtliches Interesse daran hat, anderweit geltend gemacht werden. — Bei der Bestimmung des § 1343 Abs 2 BGB ist ebenso wie bei der Vorschrift des § 152 ZPO (Aussetzung) vorausgesetzt, daß die Anfechtungsklage in zulässiger Weise erhoben ist (RG 59, 410; vgl. § 1341 A 2).

6. **Nichtigkeitserklärung und Auflösung der Ehe.** Erweist sich die Anfechtungsklage als begründet, so wird die Ehe durch Urteil für nichtig erklärt. Nachdem diese Nichtigkeitserklärung rechtskräftig geworden, kann jeder, der ein rechtliches Interesse daran hat, die Nichtigkeit der Ehe anderweit geltend machen. Vor rechtskräftiger Nichtigkeitserklärung ist dies nicht zulässig. Die Ehe wird bis dahin als gültig behandelt. Wird jedoch die Ehe, bevor der Rechtsstreit durch rechtskräftige Nichtigkeitserklärung beendigt ist, aufgelöst, sei es durch den Tod eines der Ehegatten, sei es durch Scheidung oder Wiederverheiratung im Falle der Todeserklärung (§ 1348 Abs 2), so ist der Rechtsstreit nach § 628 ZPO in der Hauptsache als erledigt anzusehen. Die in der Erhebung der Klage oder Widerklage liegende Anfechtung behält aber ihre Wirkung, und es kann jeder, der ein rechtliches Interesse daran hat, die Nichtigkeit der Ehe anderweit geltend machen. Diese Bestimmungen weichen von den allgemeinen Grundsätzen ab, entsprechen aber dem § 1329 (Ehenichtigkeit). — Vgl. auch §§ 152, 155 ZPO (Aussetzung). Wird infolge Todes eines der Ehegatten vor der Rechtskraft des Urteils gemäß § 628 ZPO der Anfechtungsstreit in Ansehung der Hauptsache als erledigt erklärt und wird der Rechtsstreit mit den Erben des Verstorbenen nur in Ansehung der Kosten fortgesetzt, so enthält die Kostenentscheidung, auch wenn ihr die Annahme der Nichtigkeit der Ehe zugrunde liegt, doch keine der Rechtskraft fähige Feststellung der Nichtigkeit der Ehe (RG 20. 6. 12 IV 26/12).

§ 1344

[1]) Einem Dritten gegenüber können aus der Nichtigkeit[2]) der Ehe Einwendungen gegen ein zwischen ihm und einem der Ehegatten vorgenommenes Rechtsgeschäft[3]) oder gegen ein zwischen ihnen ergangenes rechtskräftiges Urteil[4]) nur hergeleitet werden, wenn zur Zeit[5]) der Vornahme des Rechtsgeschäfts oder zur Zeit[5]) des Eintritts der Rechtshängigkeit die Ehe für nichtig erklärt[6]) oder die Nichtigkeit dem Dritten bekannt[7]) war.

Die Nichtigkeit kann ohne diese Beschränkung geltend gemacht werden, wenn sie auf einem Formmangel beruht und die Ehe nicht in das Heiratsregister eingetragen worden ist[8])[9]).

E I 1257, 1270 II 1226, 1252; M 4 63 ff., 101; P 4 67 ff., 92.

1. **Zweck der Vorschrift.** Der § 1344 bezweckt den Schutz des gutgläubigen Dritten. Wer sich im Vertrauen auf die Gültigkeit der Ehe mit den Ehegatten oder einem derselben auf ein Rechtsgeschäft oder einen Rechtsstreit eingelassen hat, soll geschützt werden. Auch nach der Auflösung der nichtigen Ehe (durch Tod, Scheidung oder Wiederverheiratung im Falle der Todeserklärung, § 1348 Abs 2) steht der gutgläubige Dritte unter dem Schutze des § 1344. Dieser Schutz wird ihm gewährt, gleichviel ob die Ehegatten gut- oder schlechtgläubig waren. Der Schutz reicht aber nur so weit, als es sich darum handelt, ein sonst unwirksames Rechtsgeschäft oder Urteil als wirksam aufrechtzuerhalten. Dagegen gewährt der § 1344 dem Dritten nicht die weitere Befugnis, sich behufs seiner Befriedigung an dasjenige Vermögen des andern Ehegatten zu halten, das, wenn die Ehe gültig gewesen wäre, Bestandteil des Vermögens seines Schuldners geworden wäre oder doch der Zwangsvollstreckung seitens des Dritten unterlegen haben würde (M 4, 64; Prot 4, 69). So ist der Dritte, wenn unter den Eheleuten das gesetzliche eheliche Güterrecht geherrscht hat, nicht befugt, sich als Gläubiger des Mannes an die Nutzungen des von der Frau eingebrachten Gutes, die bei Gültigkeit der Ehe nach § 1383 der Mann erworben haben würde, zu halten. Ebensowenig kann er, wenn Gütergemeinschaft, Errungenschaftsgemeinschaft oder Fahrnisgemeinschaft in der Ehe geherrscht hat, als Gläubiger des Mannes aus dem Gesamtgute, an das er sich bei Gültigkeit der Ehe nach §§ 1459, 1530, 1549 in Verbindung mit § 740 ZPO zu halten befugt gewesen wäre, seine Befriedigung verlangen, soweit in dem Gesamtgute Vermögen der Ehefrau enthalten ist. — Wegen Wegfalls der Kostenvorschußpflicht des Mannes (§ 1388 BGB und § 90 GKG) bei Nichtigkeitserklärung der Ehe vgl. **RG** JW 05, 299[30].

2. Ob die **Nichtigkeit der Ehe** auf einem Nichtigkeitsgrunde oder einem Anfechtungsgrunde beruht, macht keinen Unterschied. Die einzige Ausnahme ist im Abs 2 enthalten.

3. Der Schutz erstreckt sich nur auf das unmittelbar zwischen dem Dritten und dem Ehegatten vorgenommene **Rechtsgeschäft,** dagegen nicht auf solche Fälle, in denen sich ein Dritter im Vertrauen auf die Gültigkeit der Ehe mit einer andern Person auf ein Rechtsgeschäft einläßt, dessen Gültigkeit mittelbar von der Gültigkeit der Ehe abhängt. Beispiel: M 4, 65.

4. Gleichviel, ob der durch **Urteil** beendete Rechtsstreit von dem Ehegatten gegen den Dritten oder von letzterem gegen ersteren anhängig gemacht worden war.

5. Später erlangte Kenntnis schadet nicht.

6. Ist zur Zeit der Vornahme des Rechtsgeschäfts oder des Eintritts der Rechtshängigkeit die Ehe bereits für **nichtig erklärt,** so kommt es auf die Kenntnis des Dritten von der Nichtigkeit oder der Nichtigkeitserklärung nicht an. Seine Unkenntnis schützt ihn in diesem Falle nicht.

7. Es kommt auf sein **Kennen,** nicht sein Kennenmüssen (Unkenntnis infolge von Fahrlässigkeit, § 122 Abs 2) an. Der Dritte muß nicht nur die die Nichtigkeit begründende Tatsache, sondern auch deren Eigenschaft als eines Nichtigkeitsgrundes kennen. Darüber, daß die Kenntnis der Tatsache häufig mit der Kenntnis ihrer Eigenschaft zusammenfallen wird, vgl. § 1337 A 2. Die bloße Kenntnis, daß die Nichtigkeitsklage oder Anfechtungsklage anhängig ist, reicht nicht aus. Bei der anfechtbaren und angefochtenen Ehe gilt die Kenntnis der Anfechtbarkeit als Kenntnis der Nichtigkeit (§§ 1343 Abs 1 Satz 2, 142 Abs 2).

8. Die aus einem andern Grunde als wegen Formmangels nichtige Ehe fällt unter § 1344 auch dann, wenn sie in das Heiratsregister nicht eingetragen ist (Prot 4, 68). Im Falle der **Doppelehe** können die Rechte des Ehegatten, den der doppelt verheiratete Ehegatte zuerst geheiratet hat, selbstverständlich nicht durch Verhandlungen zwischen seinem zweiten Ehegatten und einem Dritten beeinträchtigt werden.

9. **Beweislast.** Wer aus der Nichtigkeit der Ehe Einwendungen herleitet, muß nicht nur die Nichtigkeit, sondern auch die Kenntnis des Dritten von der Nichtigkeit beweisen.

§ 1345

[1]) War dem einen Ehegatten die Nichtigkeit[2]) der Ehe bei der Eheschließung[3]) bekannt[4]), so kann der andere Ehegatte, sofern nicht auch ihm die Nichtigkeit[2]) bekannt[4]) war, nach der Nichtigkeitserklärung oder der Auflösung der Ehe verlangen[5]), daß ihr Verhältnis[6]) in vermögensrechtlicher Beziehung[7]), insbesondere auch in Ansehung der Unterhaltspflicht[8]),

so behandelt wird, wie wenn die Ehe zur Zeit der Nichtigkeitserklärung oder der Auflösung geschieden und der Ehegatte, dem die Nichtigkeit bekannt war, für allein schuldig erklärt worden wäre[9])[10])[11]).

Diese Vorschrift findet keine Anwendung, wenn die Nichtigkeit auf einem Formmangel beruht und die Ehe nicht in das Heiratsregister eingetragen worden ist[12]).

E I 1258 Abs 1, 1270 II 1237 Abs 1, 3, 1252; M 4 66 ff.; P 4 69 ff., 92, 532 ff., 664; 6 269.

1. **Zweck der Vorschrift.** Der § 1345 bezweckt, den gutgläubigen Ehegatten nur gegenüber dem schlechtgläubigen, nicht auch gegenüber dem ebenfalls gutgläubigen Ehegatten zu schützen. Waren beide Ehegatten gutgläubig, so treten gleichwie in dem Falle, wenn beide Ehegatten schlechtgläubig waren, lediglich die Nichtigkeitsfolgen ein. Die Anwendung des § 1345 setzt also voraus, daß bei der Eheschließung dem einen Ehegatten die Nichtigkeit der Ehe bekannt und dem andern nicht bekannt war.

2. Ob die **Nichtigkeit der Ehe** auf einem Nichtigkeitsgrunde oder einem Anfechtungsgrunde beruht, macht keinen Unterschied. Die einzige Ausnahme ist im Abs 2 bestimmt. — Beim Vorliegen einer anfechtbaren Ehe ist davon auszugehen, daß der Ehegatte die Nichtigkeit der Ehe gekannt hat, wenn er deren Anfechtbarkeit gekannt hat (**RG** JW 1916, 742[7]; SeuffA 72 Nr 181).

3. Später erlangte Kenntnis ist für die Anwendung des § 1345 ohne Einfluß.

4. Kennenmüssen (Unkenntnis infolge von Fahrlässigkeit, § 122 Abs 2) steht dem **Kennen** nicht gleich. Der § 1345 stellt darauf ab, ob der Ehegatte die Nichtigkeit der Ehe, nicht darauf, ob er die die Nichtigkeit begründende Tatsache gekannt hat. Dies ist z. B. von Wichtigkeit, wenn ein Ausländer zwar diese Tatsache, nicht aber deren Eigenschaft als eines Nichtigkeitsgrundes kennt (M 4, 69). Im übrigen vgl. § 1344 A 7. — Der Ehegatte hat die Anfechtbarkeit der Ehe gekannt, wenn er die die Anfechtbarkeit begründenden Tatsachen gekannt hat und außerdem gewußt hat, daß sie einen Anfechtungsgrund bilden konnten (**RG** JW 1916, 742[7]; SeuffA 72 Nr 181). Für die Frage, ob ein Ehegatte den Anfechtungsgrund (bei der Eheschließung) gekannt hat, ist es gleichgültig, wenn er gedacht hat, der andere Ehegatte werde sich nachträglich nicht entschließen, das ihm zustehende Anfechtungsrecht geltend zu machen. Dafür können Erwägungen des anfechtungsberechtigten Ehegatten maßgebend gewesen sein, die auf ganz andern Gebieten liegen (**RG** JW 1916, 742[7]; 1925, 355[9]). Vgl. § 1334 A 4. Fahrlässige Unkenntnis genügt selbst dann nicht, wenn der Ehegatte über die Möglichkeit eines Anfechtungsgrundes (hier schwere Geschlechtskrankheit des Mannes) zwar im Zweifel war, hierüber aber keine volle Gewißheit erlangt hat. Ebensowenig ist für den sog. Eventualdolus, der für die Haftung des vorsätzlichen Schädigers nach §§ 823, 826 ausreicht, auf dem Gebiete des § 1345 Raum (**RG** 78, 369; **RG** JW 1917, 465[9]). Einem Manne, der zwar an angeborener Schwäche des Geschlechtstriebs leidet, aber glaubt, daß sich das Verlangen nach Geschlechtsverkehr und der Trieb dazu in der Ehe durch das Zusammenleben mit einer Frau schon einstellen werde, fehlt das Bewußtsein, daß seinem körperlichen Zustande die Eigenschaft eines Nichtigkeits- oder Anfechtungsgrundes zukomme (OLG 38, 243).

5. Der Ehegatte kann das Recht erst ausüben, nachdem die Ehe entweder durch rechtskräftiges Urteil **für nichtig erklärt** oder (durch Scheidung, Tod eines Ehegatten oder Wiederverheiratung im Falle der Todeserklärung, § 1348 Abs 2) **aufgelöst** worden ist. Bis zur Erklärung des Ehegatten, von dem Rechte Gebrauch zu machen, wird das Verhältnis unter den Ehegatten nach den Grundsätzen über die Nichtigkeit der Ehe beurteilt. Die Erklärung ist dem schlechtgläubigen Ehegatten gegenüber, nach dessen Tode seinen Erben gegenüber abzugeben und ist unwiderruflich. Näheres § 1347.

6. Ihr **Verhältnis** zueinander, nicht ihr Verhältnis zu Dritten.

7. In andern als **vermögensrechtlichen Beziehungen** verbleibt es bei den Folgen der Nichtigkeit. So hat z. B. die Frau wieder den ihr nach § 1616 zukommenden Familiennamen (nicht aber den ihres früheren Ehemanns) zu führen (**RG** 67, 61). Das gegenseitige Erbrecht der Ehegatten bleibt ausgeschlossen. Für die Vermögensauseinandersetzung unter den Eheleuten ist derjenige Zeitpunkt maßgebend, in welchem das Nichtigkeitsurteil rechtskräftig oder die Ehe aufgelöst wird. Der Zeitpunkt, in dem der gutgläubige Ehegatte Kenntnis von der Nichtigkeit der Ehe erlangt, ist ohne Einfluß.

8. Die aus § 1345 dem einen Ehegatten erwachsenden **Unterhaltsansprüche** können auch für die Zukunft durch Vergleich geregelt werden; § 1614 Abs 1 findet auf sie keine Anwendung (**RG** 17. 12. 06 IV 484/06; SeuffA 72 Nr 181).

9. **Beweislast.** Wer das im § 1345 Abs 1 bestimmte Recht in Anspruch nimmt, hat die Schlechtgläubigkeit des andern Ehegatten zu beweisen. Diesem liegt der Beweis, daß auch

der klagende Ehegatte schlechtgläubig gewesen sei, ob. Dies ergibt schon die Fassung des § 1345 Abs 1 BGB (sofern), die von der des § 1258 des ersten Entwurfs abweicht (vgl. M 4, 69). So auch jetzt **RG** 78, 369.

10. **Schadensersatzansprüche** können von dem gutgläubigen Ehegatten nach Maßgabe der allgemeinen Grundsätze über unerlaubte Handlungen gegen den andern Ehegatten erhoben werden.

11. **Vererblichkeit des Rechtes.** Das Recht des gutgläubigen Ehegatten aus § 1345 Abs 1 geht auf seine Erben über.

12. **Gerichtszuständigkeit.** Das Gesetz zur Entlastung der Gerichte v. 11. 3. 21 (RGBl S. 229), in Kraft seit 1. 4. 21, hat durch Art I 2b die Zuständigkeit der Amtsgerichte auf alle Ansprüche auf Erfüllung einer durch Ehe oder Verwandtschaft begründeten gesetzlichen Unterhaltspflicht ausgedehnt, und zwar ohne Rücksicht auf den Wert des Streitgegenstandes. Unter diese nunmehr den Amtsgerichten zugewiesenen Streitigkeiten fallen auch die in den §§ 1345, 1346, 1347 geregelten Unterhaltsansprüche. Im übrigen vgl. § 1578 A 12.

§ 1346

Wird eine wegen Drohung[1]) anfechtbare Ehe für nichtig erklärt, so steht das im § 1345 Abs 1 bestimmte Recht dem anfechtungsberechtigten Ehegatten zu. Wird eine wegen Irrtums[2]) anfechtbare Ehe für nichtig erklärt, so steht dieses Recht dem zur Anfechtung nicht berechtigten Ehegatten zu[3]), es sei denn, daß dieser den Irrtum bei der Eingehung der Ehe kannte oder kennen mußte[4])[5]).

E I 1270 II 1252; M 4 101; P 4 92.

1. Anfechtbarkeit der Ehe **wegen Drohung** § 1335. Gleichgültig ist, daß dem bedrohten Ehegatten bei der Eheschließung die Anfechtbarkeit der Ehe bekannt war. — Satz 1 des § 1346 will insbesondere der aus § 1345 an sich abzuleitenden ungereimten Folgerung begegnen, daß der durch widerrechtliche Drohung zur Eingehung der Ehe gezwungene Ehegatte schutzlos zu lassen wäre, weil ihm dabei die Nichtigkeit der Ehe bekannt gewesen sei (**RG** 78, 369).

2. Anfechtbarkeit der Ehe **wegen Irrtums** §§ 1332, 1333, nicht 1334. Wegen der Unterhaltspflicht des früheren Ehemanns, der die Ehe wegen Irrtums angefochten hat, vgl. **RG** 67, 56.

3. **Irrtum.** Bei der 2. Lesung wurde hervorgehoben, daß, wer sich irre, es auf seine Gefahr tue. Auch bei dem Abschluß einer Ehe müsse jeder sich sagen, daß auf die von ihm vor dem Standesbeamten abgegebene Erklärung der andere Teil sich verlasse (Prot 4, 93; vgl. auch § 122). — Satz 2 des § 1346 beschäftigt sich mit dem Sonderfalle, daß sich die Ehe zweier gutgläubiger Ehegatten wegen Irrtums des einen Teils als anfechtbar herausgestellt hat und auf Betreiben des irrenden Teils für nichtig erklärt worden ist. Für diesen Sonderfall ist bestimmt, daß der Irrende den andern Teil in vermögensrechtlicher Beziehung schadlos zu halten hat. Diese Verpflichtung ist so ausgedrückt, daß dem andern, zur Anfechtung nichtberechtigten Teile das gleiche Recht gewährt wird, das nach der Regel des § 1345 gerade umgekehrt dem anfechtungsberechtigten Ehegatten zusteht. Die Entstehungsgeschichte des Gesetzes ergibt, daß die Sonderbestimmung des § 1346 Satz 2 von der zweiten Kommission (Prot 4, 92 IX) in Anlehnung an § 122, dessen Grundgedanke auch für das Eherecht anzuerkennen sei, hinzugefügt worden ist. Dagegen tritt nirgends hervor, daß hiermit der Grundsatz der besonderen **Schutzbedürftigkeit des einseitig gutgläubigen Ehegatten** (bei Schlechtgläubigkeit des andern Ehegatten) verlassen werden sollte, der im § 1345 seinen Ausdruck gefunden hat und in allen Abschnitten der Gesetzesberatung gebilligt worden ist (M 4, 67; Prot 4, 716). Der irrende Ehegatte hat also, wenn wegen seines Irrtums die Ehe angefochten und für nichtig erklärt worden ist, das Recht aus § 1345 Abs 1 gegen den andern Ehegatten, falls dieser die Nichtigkeit kannte (**RG** 78, 369). Der § 1345 macht von dem Grundsatze des § 1343 eine Ausnahme, indem jene Vorschrift dem gutgläubigen Ehegatten für den Fall, daß der andere bösgläubig war, ein Wahlrecht erteilt. Dies Wahlrecht wird aber in dem Falle, daß eine wegen Irrtums anfechtbare Ehe für nichtig erklärt wird, durch § 1346 Satz 2 dem anfechtungsberechtigten Ehegatten versagt und dem andern Teile, vorausgesetzt, daß er gutgläubig war, gewährt, wogegen es im Falle arglistiger Täuschung bei der Vorschrift des § 1345 Abs 1 sein Bewenden behält. Der irrende Ehegatte ist also im Falle der Nichtigerklärung der Ehe schlechter gestellt als der von dem andern Teil getäuschte. Vgl. wegen der Rechtsfolgen §§ 1578 Abs 1 u. 2, 1584, 1478, 1549. Die **vermögensrechtliche Lage** des mit der Anfechtungsklage wegen arglistiger Täuschung durchdringenden Ehegatten ist im Vergleiche zu derjenigen des nur mit der Anfechtung wegen Irrtums durchgedrungenen schon insofern eine bessere, als der täuschende Ehegatte niemals gegen den getäuschten

Ehegatten Ansprüche, z. B. einen Unterhaltsanspruch, erheben kann. Daher gereicht es dem Anfechtungskläger zur Beschwerde, wenn das Prozeßgericht auf Grund eines einheitlichen und ausreichenden Tatbestandes die Nichtigkeit nur wegen Irrtums, nicht wegen arglistiger Täuschung ausspricht (RG JW 1912, 393[14]). Wegen der Verschiedenheit der Voraussetzungen und vermögensrechtlichen Folgen einer Anfechtung wegen Irrtums und einer Anfechtung wegen arglistiger Täuschung muß das Gericht sich darüber, welcher von beiden Fällen vorliegt, im Urteil aussprechen (RG JW 1913, 378[10]). Hat das Gericht die Ehe als infolge Irrtums nichtig erklärt, ohne sich über die Frage der arglistigen Täuschung auszusprechen, so hindert dies die auf Unterhaltsgewährung klagende Partei nicht, im Unterhaltsrechtsstreite geltend zu machen, daß die beklagte Partei die Nichtigkeit der Ehe gekannt habe (RG 78, 369; RG JW 1916, 742[7]).

4. **Beweislast.** Daß der das Recht aus § 1345 Abs 1 in Anspruch nehmende Ehegatte den Irrtum bei Eingehung der Ehe kannte oder kennen mußte, hat der irrende Ehegatte einzuwenden und zu beweisen (RG 67, 56). Gelingt der Beweis, so entfällt das Recht des nicht anfechtungsberechtigten Ehegatten und es verbleibt bei den Folgen der Nichtigkeit. Kannte der nicht anfechtungsberechtigte Ehegatte bei der Eheschließung den Irrtum, so steht das Recht aus § 1345 Abs 1 dem irrenden Ehegatten zu. Dies folgt aus § 1345 Abs 1 selbst. Im letzteren Falle kommt es auf wirkliche Kenntnis, nicht fahrlässige Unkenntnis an und die Kenntnis muß sich auf die Nichtigkeit der Ehe erstrecken (§ 1345 A 4). — Für die Frage, ob die Rechtsfolgen des § 1345 Satz 1 oder die des § 1346 Satz 2 eintreten, ist das die Nichtigkeit der Ehe aussprechende Urteil maßgebend. In dem folgenden Unterhalts- oder Auseinandersetzungsprozesse kann nicht mehr nachgeprüft werden, ob die Ehe nicht bloß wegen Irrtums, sondern auch wegen arglistiger Täuschung nichtig ist (RG JW 1912, 393[14]). Die dem Beklagten nachzuweisende Kenntnis von der Anfechtbarkeit der Ehe deckt sich nicht notwendig mit arglistiger Täuschung im Sinne von § 1334 (RG 78, 369).

5. Auch im Falle der Auflösung der Ehe ist § 1346 anwendbar, denn das im § 1345 Abs 1 bestimmte Recht ist eben auch für diesen Fall gegeben, und § 1346 will hieran nichts ändern, sondern nur den Berechtigten bezeichnen.

§ 1347

Erklärt[1]) der Ehegatte, dem das im § 1345 Abs 1 bestimmte Recht zusteht, dem anderen Ehegatten, daß er von dem Rechte Gebrauch mache, so kann er die Folgen der Nichtigkeit der Ehe nicht mehr geltend machen; erklärt[2]) er dem anderen Ehegatten, daß es bei diesen Folgen bewenden solle, so erlischt das im § 1345 Abs 1 bestimmte Recht.

Der andere Ehegatte kann den berechtigten Ehegatten unter Bestimmung einer angemessenen Frist zur Erklärung darüber auffordern[3]), ob er von dem Rechte Gebrauch mache. Das Recht kann in diesem Falle nur bis zum Ablaufe der Frist ausgeübt werden[3]).

E I 1258 Abs 2, 1270 II 1237 Abs 2. 1252; M 4 69, 101; P 3 69, 71, 81; 6 269.

1. Die **Erklärung,** von dem im § 1345 Abs 1 bestimmten Rechte Gebrauch zu machen, ist dem schlechtgläubigen Ehegatten gegenüber, nach dessen Tode seinen Erben gegenüber abzugeben. Sie ist an keine Form gebunden, kann auch stillschweigend abgegeben werden und ist unwiderruflich. Sie kann auch von den Erben des gutgläubigen Ehegatten abgegeben werden (vgl. §§ 1345 A 5 u. 11, 130—132).

2. Auf die **Erklärung,** es solle bei den Folgen der Nichtigkeit bewenden, trifft das in Anm 1 Gesagte gleichfalls zu (vgl. RG 67, 58).

3. Durch die Bestimmung des Abs 2 wird dem Ehegatten ein Mittel an die Hand gegeben, die Entscheidung des berechtigten Ehegatten herbeizuführen. Die **Aufforderung** ist an keine Form gebunden und kann wie die Erklärung (A 1) von den Erben des schlechtgläubigen Ehegatten und an die Erben des gutgläubigen Ehegatten ergehen. Im übrigen vgl. §§ 250, 264 Abs 2.

Vierter Titel

Wiederverheiratung im Falle der Todeserklärung

§ 1348

[1]) Geht ein Ehegatte, nachdem der andere Ehegatte für tot erklärt worden ist[2]), eine neue Ehe ein, so ist die neue Ehe nicht deshalb nichtig[3]), weil

der für tot erklärte Ehegatte noch lebt[4]**, es sei denn**[5]**, daß beide**[6] **Ehegatten bei**[7] **der Eheschließung wissen, daß er die Todeserklärung überlebt hat**[8]**.**

Mit der Schließung der neuen Ehe wird die frühere Ehe aufgelöst[9]**. Sie bleibt auch dann aufgelöst, wenn die Todeserklärung infolge einer Anfechtungsklage aufgehoben wird**[10]**.**

E I 1464 II 1482; M 4 640 ff.; P 4 452 ff.; 6 295 ff.

1. Der **Tod eines Ehegatten** löst die Ehe auf. Will der überlebende Ehegatte eine neue Ehe eingehen, so hat er dem Standesbeamten den Tod des andern Ehegatten nachzuweisen (regelmäßig durch Vorlegung der standesamtlichen Sterbeurkunde). Stellt sich heraus, daß der für tot gehaltene Ehegatte zur Zeit der Eingehung der neuen Ehe lebte, der Nachweis also unrichtig war, so ist die neue Ehe wegen Verstoßes gegen das Verbot der Doppelehe (§ 1326) nichtig, sofern die frühere Ehe gültig war. Dabei macht es keinen Unterschied, ob die Ehegatten der neuen Ehe die Unrichtigkeit des Todesnachweises kannten oder nicht. Die neue Ehe wird auch nicht dadurch gültig, daß die frühere Ehe durch den inzwischen eintretenden Tod des irrtümlich für tot gehaltenen Ehegatten aufgelöst wird. Anders als im Falle einer falschen Sterbeurkunde bildet im Falle der Todeserklärung der Umstand, daß der für tot erklärte Ehegatte noch lebt, grundsätzlich keinen Nichtigkeitsgrund für die neue Ehe. Die in der Todeserklärung liegende gesetzliche Todesvermutung (§ 18) gewährt dem Ehegatten das Recht zur Wiederverheiratung, obwohl die Todeserklärung die frühere Ehe nicht auflöst. Das Gesetz gestattet hier eine durch die Anforderungen des Lebens gerechtfertigte Ausnahme von dem Grundsatze, daß niemand eine Ehe eingehen darf, bevor seine frühere Ehe aufgelöst oder für nichtig erklärt worden ist (§ 1309 Abs 1). Dem guten Glauben der Ehegatten ist jedoch anders als im Falle einer unrichtigen Sterbeurkunde eine große Bedeutung beigelegt.

2. **Todeserklärung** § 18. Auch der Ehegatte einer vor dem Inkrafttreten des BGB für tot erklärten Person kann nach dem Inkrafttreten des BGB eine neue Ehe eingehen, selbst wenn die Wiederverheiratung nach den bisherigen Gesetzen nicht zulässig wäre. Die §§ 1348—1352 finden entsprechende Anwendung (Art 159 EG). Hinsichtlich der Anwendung deutscher Gesetze auf verschollene Ausländer vgl. Artt 9 u. 13 ebenda. Vgl. auch die Bekanntmachung über die Todeserklärung Kriegsverschollener v. 18. 4. 16 (RGBl 327) und dazu Dronke in JW 1916, 632; Neufassung v. 9. 8. 17 (RGBl 703), sowie Ges v. 20. 2. 25 (RGBl 15).

3. Die **Nichtigkeit** der neuen Ehe würde aus § 1326 folgen, wenn § 1348 nicht das Gegenteil bestimmte. Diese Bestimmung war aber erforderlich, um den Ehegatten, der im Vertrauen auf eine Todeserklärung des andern Ehegatten wieder heiratet, in die Lage zu versetzen, eine gültige neue Ehe schließen zu können.

4. Vorausgesetzt ist, daß der für tot erklärte Ehegatte **noch**, d. h. zur Zeit der Schließung der neuen Ehe, **lebt**. Sein späterer Tod würde zwar seine Ehe auflösen, aber ohne die Bestimmung des § 1348 die Gültigkeit der neuen Ehe nicht zur Folge haben.

5. **Beweislast.** Der Nichtigkeitskläger hat das Wissen beider Ehegatten zu beweisen. Als Nichtigkeitskläger können der Staatsanwalt, jeder Ehegatte der neuen Ehe sowie der für tot erklärte Ehegatte auftreten (§ 632 Abs 2 ZPO, § 1326 BGB). Letzterer kann außerdem, nachdem die neue Ehe für nichtig erklärt worden ist, seine Ehe also zu Recht besteht, die Scheidungsklage aus § 1565 Abs 1 wegen Ehebruchs und Verstoßes gegen das Verbot der Doppelehe erheben. Anders im Falle des § 1350. Vgl. § 1350 A 2.

6. Hat nur ein Ehegatte von der bezeichneten Tatsache Kenntnis, so bleibt die neue Ehe aus Rücksicht auf den andern gutgläubigen Ehegatten bestehen und unterliegt nur der Anfechtung nach § 1350.

7. Die nach der Eheschließung erlangte Wissenschaft kommt nicht in Betracht.

8. Das Wissen der Eheleute braucht sich nicht auch auf die Tatsache zu erstrecken, daß der für tot erklärte Ehegatte noch zur Zeit der Schließung ihrer Ehe lebte Sie durften sich auf die Todeserklärung auch schon dann nicht berufen, wenn sie wußten, daß der für tot erklärte Ehegatte die **Todeserklärung überlebt** hat, die Todesvermutung also hinfällig geworden war. Anders im Falle des § 1350. Vgl. § 1350 A 7.

9. Die **Auflösung der früheren Ehe** tritt nicht ein, wenn beide Eheleute bei der Eheschließung wissen, daß der für tot erklärte Ehegatte die Todeserklärung überlebt hat, ebensowenig dann, wenn die neue Ehe aus einem andern Grunde, sei es einem Nichtigkeits-, sei es einem Anfechtungsgrunde, nichtig ist. Dagegen tritt die Auflösung ein, wenn die neue Ehe, sei es aus dem Grunde des § 1350, sei es aus einem andern Anfechtungsgrunde, nur anfechtbar ist, aber nicht angefochten wird. Wird die neue Ehe aus dem Grunde des § 1350 oder aus einem andern Anfechtungsgrunde angefochten, so tritt die frühere Ehe wieder ins

Leben. Die frühere Ehe bleibt aufgelöst, wenn die neue Ehe geschieden oder durch den Tod eines der Ehegatten aufgelöst wird. Folgen der Auflösung der früheren Ehe: Der für tot erklärte Ehegatte erlangt das Recht, eine neue Ehe einzugehen. Das gegenseitige Erbrecht der früheren Ehegatten (§ 1931) fällt weg. Wegen des Einflusses der Auflösung auf letztwillige Verfügungen und Erbverträge vgl. §§ 2077 ff. u. 2281 ff. und auf das Verhältnis der Ehegatten zu den Kindern §§ 1352, 1637. Der § 1348 enthält gegenüber dem § 18 keine Ausnahmebestimmung des Inhalts, daß die Ehe des für tot Erklärten bis zur Wiederverheiratung des andern Ehegatten als fortbestehend zu gelten hat (RG 60, 196). Darum gilt ein Kind, das die zurückgebliebene Ehefrau eines für tot erklärten Mannes im Witwenstande nach dem in der Todeserklärung festgestellten Todestage empfängt, nicht als während der Ehe empfangen. Es kann von ihrem zweiten Ehemanne als das seinige anerkannt werden.

10. **Die Aufhebung der Todeserklärung** ist ohne Einfluß. Der Bestand der früheren wie der neuen Ehe würde sonst in unstatthafter Weise von dem Ermessen eines Dritten, dem an der Aufhebung der Todeserklärung liegt, abhängig sein. Vgl Dronke in JW 1916, 642.

§ 1349

[1]) Ist das Urteil, durch das einer der Ehegatten für tot erklärt worden ist, im Wege der Klage angefochten[2]), so darf der andere Ehegatte nicht vor der Erledigung des Rechtsstreits eine neue Ehe eingehen, es sei denn, daß die Anfechtung erst zehn Jahre[3]) nach der Verkündung des Urteils erfolgt ist.

E I 1235 Abs 2 II 1215 Abs 2; M 4 20; P 4 23; 6 392.

1. **Bedeutung der Vorschrift.** Das Verbot des § 1349 enthält ein aufschiebendes Ehehindernis. Die dem Verbote zuwider geschlossene Ehe ist nicht wegen dieser Zuwiderhandlung nichtig, selbst wenn die Anfechtung zur Aufhebung der Todeserklärung führt. Ein ähnliches Verbot enthält § 1309 Abs 2.

2. **Anfechtung der Todeserklärung** §§ 957 Abs 2, 973—976 ZPO. Ob sich die Anfechtung gegen die Todeserklärung selbst oder nur gegen die Feststellung der Todeszeit richtet, unterscheidet das Gesetz nicht. — Dieselben Wirkungen wie die Erhebung der Anfechtungsklage hat auch der Antrag auf Aufhebung der Todeserklärung eines Kriegsverschollenen, §§ 11, 15 der Bek. v. 18. 4. 16 (RGBl 296), §§ 13, 17 Neufassung v. 9. 8. 17 (RGBl 703).

3. Nach § 958 Abs 2 ZPO ist die Anfechtungsklage nach Ablauf von zehn Jahren unstatthaft.

§ 1350

[1]) Jeder Ehegatte der neuen Ehe[2]) kann, wenn der für tot erklärte Ehegatte noch lebt[3]), die neue Ehe anfechten[4]), es sei denn[5]), daß er bei[6]) der Eheschließung von dessen Leben Kenntnis hatte[7]). Die Anfechtung kann nur binnen sechs Monaten[8]) von dem Zeitpunkt an erfolgen, in welchem der anfechtende Ehegatte erfährt, daß der für tot erklärte Ehegatte noch lebt.

Die Anfechtung ist ausgeschlossen, wenn der anfechtungsberechtigte Ehegatte die Ehe bestätigt[9]), nachdem er von dem Leben des für tot erklärten Ehegatten Kenntnis erlangt hat, oder wenn die neue Ehe durch den Tod eines der Ehegatten aufgelöst worden ist[10])[11]).

E II 1483; P 4 452 ff.; 5 142; 6 295, 392.

1. **Grund der Vorschrift.** Geht ein Ehegatte, nachdem der andere Ehegatte für tot erklärt worden, eine neue Ehe ein, so wird im Regelfalle der Bestand der neuen Ehe durch den Umstand, daß der für tot Erklärte noch lebt, zwar nicht berührt, aber die Ehegatten der neuen Ehe können sich, solange jener lebt, ihm gegenüber in ihrem Gewissen berechtigterweise bedrückt fühlen. Zur Wahrung der Gewissensfreiheit ist jedem gutgläubigen Ehegatten das Recht gegeben, die neue Ehe anzufechten und so das Hindernis, das der Wiedervereinigung des für tot Erklärten mit seinem Ehegatten im Wege steht, hinwegzuräumen.

2. Der für tot erklärte Ehegatte hat das Anfechtungsrecht aus § 1350 nicht. Ihm steht aber, falls sein Ehegatte schlechtgläubig, also nicht der anfechtende Teil war, nach erfolgter Nichtigkeitserklärung der neuen Ehe das Recht zu, sich wegen Verstoßes gegen das Verbot der Doppelehe (§ 1565 Abs 1) scheiden zu lassen. Ehebruch kann er in diesem Falle als Scheidungsgrund nicht geltend machen, weil der Geschlechtsverkehr seines Ehegatten mit dem zweiten, gutgläubigen Ehegatten zu einer Zeit stattfand, in der die erste Ehe aufgelöst war (§ 1348). Vgl. § 1348 A 5.

3. Vorausgesetzt ist, daß der für tot erklärte Ehegatte **noch**, d. h. zur Zeit der Anfechtung (Erhebung der Anfechtungsklage), **lebt.**

4. Neben dem **Anfechtungsgrunde** aus § 1350 können für den gutgläubigen Ehegatten auch die Anfechtungsgründe wegen Irrtums und arglistiger Täuschung (§§ 1333, 1334) in Frage kommen. Die Scheidungsklage wegen Verstoßes gegen das Verbot der Doppelehe (§ 1565 Abs 1) steht ihm nicht zu.

5. **Beweislast.** Der Anfechtungsgegner hat die Schlechtgläubigkeit des anfechtenden Ehegatten zu beweisen.

6. Die nach der Eheschließung erlangte Wissenschaft kommt nicht in Betracht.

7. Vorausgesetzt ist, daß der Ehegatte zur Zeit der Eheschließung weiß, daß der für tot Erklärte noch lebt. Zur Ausschließung des Anfechtungsrechts genügt es nicht, wenn er nur Kenntnis davon hat, daß der für tot Erklärte die Todeserklärung überlebt hat. Vgl. § 1348 A 8. Dem schlechtgläubigen Ehegatten ist das Anfechtungsrecht aus Rücksicht auf den gutgläubigen Ehegatten versagt. Sind beide Eheleute in gutem Glauben gewesen, so hat jeder von ihnen das Recht, die neue Ehe anzufechten.

8. Die **sechsmonatige Frist** entspricht dem § 1339 Abs 1. Auf sie finden auch die für die Verjährung geltenden Vorschriften der §§ 203, 206 Anwendung, was aus der Gleichartigkeit des Anfechtungsrechts aus § 1350 mit den übrigen Anfechtungsrechten folgt (§ 1339 Abs 3).

9. **Bestätigung der Ehe** § 1337 A 2.

10. Für den Fall der **Auflösung der Ehe durch Tod** ist die Anfechtung, abweichend von § 1338, uneingeschränkt ausgeschlossen. Der überlebende gutgläubige Ehegatte kann also die neue Ehe auch dann nicht anfechten, wenn der verstorbene Ehegatte schlechtgläubig war. Diese Abweichung hat ihren Grund in dem Zwecke des Anfechtungsrechts (vgl. A 1), der entfällt, wenn die Möglichkeit der Wiedervereinigung des für tot Erklärten mit seinem Ehegatten schon durch den Tod des andern Ehegatten geschaffen ist.

11. **Wiederaufleben der aufgelösten Ehe.** Wird die neue Ehe mit Erfolg angefochten, so lebt mit Eintritt der Rechtskraft der Nichtigkeitserklärung die frühere Ehe mit dem für tot erklärten, aber noch lebenden Ehegatten wieder auf. Einer neuen Eheschließung bedarf es nicht. Der doppelt verheiratete Ehegatte erlangt nicht das Recht, sich mit einem Dritten zu verheiraten. Hat der für tot Erklärte sich inzwischen anderweitig verheiratet, so unterliegt diese Ehe der Nichtigkeitserklärung aus § 1309, da durch den mit Erfolg durchgeführten Anfechtungsstreit die im § 1348 Abs 1 Satz 1 bestimmte eheauflösende Kraft der zweiten Eheschließung nachträglich beseitigt worden ist.

§ 1351

[1]) Wird die Ehe nach § 1350 von dem Ehegatten der früheren Ehe[2]) angefochten, so hat dieser dem anderen Ehegatten nach den für die Scheidung geltenden Vorschriften der §§ 1578 bis 1582 Unterhalt zu gewähren[3]), wenn nicht der andere Ehegatte bei der Eheschließung wußte, daß der für tot erklärte Ehegatte die Todeserklärung überlebt hat[4])[5]).

E II 1484; P 4 534.

1. In Ansehung der **gegenseitigen Unterhaltspflicht der Ehegatten** der neuen Ehe sind grundsätzlich die allgemeinen Bestimmungen des § 1345 über die Unterhaltspflicht bei Nichtigkeit der Ehe maßgebend. Danach soll ein bösgläubiger Ehegatte wie ein für allein schuldig erklärter Ehegatte unterhaltspflichtig sein. Von diesem Grundsatze weicht der § 1351 insofern ab, als er in einem bestimmten Falle auch dem gutgläubigen Ehegatten die Unterhaltspflicht auferlegt. Hierfür waren hauptsächlich Billigkeitsrücksichten bestimmend.

2. Der **Ehegatte der früheren Ehe** ist der doppelt verheiratete Ehegatte. Dem für tot erklärten Ehegatten der früheren Ehe steht das Anfechtungsrecht aus § 1350 nicht zu. Wird die Ehe nach § 1350 von dem andern Ehegatten angefochten, so ist zwar § 1351 unanwendbar, aber dem andern Ehegatten kann, wenn der doppelt verheiratete Ehegatte bösgläubig war, gegen diesen nach den allgemeinen Bestimmungen des § 1345 ein Unterhaltsanspruch zustehen. Dem Ehegatten der früheren Ehe ist ein Unterhaltsanspruch gegen den andern Ehegatten der neuen Ehe auch für den Fall, daß von letzterem die Anfechtung ausgeht, versagt, weil sein Anspruch auf Unterhalt gegen den für tot erklärten, noch lebenden Ehegatten mit der früheren Ehe wieder auflebt.

3. **Unterhaltspflicht.** Vgl. auch §§ 1608 Abs 2, 1609 Abs 2 Satz 2 BGB und § 3 Abs 2 KO.

4. Vgl. § 1348 A 8.

5. **Gerichtszuständigkeit.** Das Gesetz zur Entlastung der Gerichte v. 11. 3. 21 (RGBl S. 229), in Kraft seit 1. 4. 21, hat durch Art I2b die Zuständigkeit der Amtsgerichte auf alle Ansprüche auf Erfüllung einer durch Ehe oder Verwandtschaft begründeten gesetzlichen Unter-

haltspflicht ausgedehnt, und zwar ohne Rücksicht auf den Wert des Streitgegenstandes. Unter diese nunmehr den Amtsgerichten zugewiesenen Streitigkeiten fällt auch der im § 1351 geregelte Unterhaltsanspruch. Im übrigen vgl. § 1578 A 12.

§ 1352

Wird die frühere Ehe nach § 1348 Abs 2 aufgelöst, so bestimmt sich die Verpflichtung der Frau, dem Manne zur Bestreitung des Unterhalts eines gemeinschaftlichen Kindes einen Beitrag zu leisten, nach den für die Scheidung geltenden Vorschriften des § 1585[1])[2]).

E I 1465 II 1485 Satz 2; M 4 645; P 4 456.

1. Der § 1352 bezieht sich auf den Fall, daß der für tot erklärte Ehegatte (Mann oder Frau) noch lebt, seine Ehe durch Wiederverheiratung seines Ehegatten nach § 1348 Abs 2 aufgelöst ist und Kinder aus dieser Ehe vorhanden sind. Er regelt das Verhältnis der Ehegatten der aufgelösten Ehe zueinander in bezug auf den Unterhalt der gemeinschaftlichen Kinder aus dieser Ehe. Der Unterhaltsanspruch der Kinder gegen ihre Eltern nach allgemeinen Bestimmungen bleibt unberührt (§§ 1601, 1606 Abs 2 Satz 2). In Ansehung der Sorge für die Person des Kindes gilt § 1637.

2. **Gerichtszuständigkeit.** Vgl. § 1585 A 3, § 1578 A 12.

Fünfter Titel

Wirkungen der Ehe im allgemeinen

§ 1353

[1]) Die Ehegatten sind einander zur ehelichen Lebensgemeinschaft[2]) verpflichtet.

Stellt sich das Verlangen eines Ehegatten nach Herstellung der Gemeinschaft als Mißbrauch[3]) seines Rechtes dar, so ist der andere Ehegatte nicht verpflichtet, dem Verlangen Folge zu leisten. Das gleiche gilt, wenn der andere Ehegatte berechtigt ist, auf Scheidung[4]) zu klagen[5]).

E I 1272 II 1253; M 4 104; P 4 94, 99, 431, 434.

1. **Bedeutung der Vorschrift.** Die Ehe begründet gegenseitige Pflichten rechtlicher und sittlicher Art. Der § 1353 Abs 1 kleidet den rechtlichen Inhalt des persönlichen Verhältnisses der Ehegatten in die grundsätzliche Verpflichtung zur ehelichen Lebensgemeinschaft. Die Verletzung dieser Pflicht kann die Klage auf Herstellung des ehelichen Lebens (§ 606 ZPO) oder die Scheidungsklage (§§ 1567, 1568) begründen. Die hier gebotene eheliche Lebensgemeinschaft muß dem sittlichen Wesen der Ehe entsprechen. Verlangt ein Ehegatte Abweichendes, so mißbraucht er sein Recht und darf auf Erfüllung nicht rechnen. Diese selbstverständliche Folge spricht § 1353 Abs 2 noch besonders aus. — Wie im Schuldrecht Treu und Glauben, so bildet im Eherecht das sittliche Wesen der Ehe die Grundlage, von der bei Auslegung der Gesetze und bei Beurteilung aller Rechtsverhältnisse der Ehegatten untereinander auszugehen ist. Das folgt aus dem im 5. Titel des 4. Buches über die Wirkung der Ehe an die Spitze gestellten § 1353 Abs 1. Er bezieht sich nicht nur auf das persönliche Verhältnis der Ehegatten, sondern auch auf ihre vermögensrechtlichen Beziehungen. Die Ehegatten haben mit anderen Worten die Pflicht, auch bei der Geltendmachung vermögensrechtlicher Ansprüche gegeneinander (z. B. des Anspruchs auf Unterhaltsgewährung) ihr Verhalten so einzurichten, daß es mit dem sittlichen Wesen der Ehe in Einklang bleibt. Die Geltendmachung vermögensrechtlicher Ansprüche muß, wenn sie dem Wesen der Ehe widerstreitet, überhaupt als ausgeschlossen angesehen werden (**RG** JW 1924, 678[12]; die Frau hatte durch ihr Verhalten widerrechtlich die Gewährung des Unterhalts an das bei ihr befindliche Kind seitens des Mannes vereitelt). Das BGB kennt keine Klage auf zeitliche Aufhebung der ehelichen Gemeinschaft. Abgesehen von der Aussetzung des Verfahrens (§§ 620, 621 ZPO) und der Gestattung des Getrenntlebens durch einstweilige Verfügung (§ 627 ZPO), kann allerdings die Abweisung der Herstellungsklage zur Aufrechterhaltung des tatsächlichen Getrenntlebens führen (**RG** JW 00, 148). Das Gesetz rechnet mit der Möglichkeit eines Zustandes, bei dem einerseits die Ehescheidungsklage ausgeschlossen ist und anderseits die Herstellung der ehelichen Gemeinschaft nicht gefordert werden kann. Die Sachlage ist in solchen Fällen eine ähnliche, wie sie die in andern Rechten zugelassene Trennung der Ehegatten von Tisch und Bett mit sich bringt (**RG** JW 1911, 98[24]; 1914, 359[11]; **RG** 14. 12. 14

IV 245/14; RG 2. 2. 20 IV 346/19; RG Recht 1920 Nr 3138). Vgl. Vorbem 2 vor § 1303, ferner § 1316 A 1, § 1323 A 2, § 1326 A 6, § 1564 A 7, § 1575 A 1 u. 3.

2. Die Verpflichtung zur **ehelichen Lebensgemeinschaft** umfaßt die Pflichten zum Zusammenleben, zum Geschlechtsverkehre, zur Treue und zum gegenseitigen Beistande, sowie alle sonstigen dem sittlichen Wesen der Ehe entsprechenden Pflichten. Eine Aufzählung der einzelnen Pflichten ist bei dem unerschöpflichen Inhalte der Ehe nicht ausführbar. Die Erfüllung dieser Pflichten ist rechtlich nicht erzwingbar. Wegen jeder Verletzung der bezeichneten Pflichten ist zwar die **Klage auf Herstellung des ehelichen Lebens** zulässig, aber der obsiegende Teil erlangt durch das Urteil nur eine richterliche Anerkennung seines verletzten Rechtes (RG 51, 182) und unter Umständen die Grundlage für einen Scheidungsanspruch (RG Warn 1912 Nr 262). Über den Unterschied zwischen ehelicher Lebensgemeinschaft und **häuslicher Gemeinschaft** vgl. besonders § 1567 A 3. — Nach § 1353 Abs 1 sind die Ehegatten einander nicht etwa bloß zu häuslicher Gemeinschaft, sondern zu „ehelicher Lebensgemeinschaft" verpflichtet. Diese Verpflichtung umfaßt alle, auch die nicht im Gesetzbuche besonders hervorgehobenen Pflichten, die sich nach dem Wesen der Ehe aus den persönlichen Beziehungen der Ehegatten zueinander ergeben, so die Verpflichtung zur häuslichen Gemeinschaft, aber auch zu wechselseitiger Treue und Beistandsleistung, zur Gestattung des Geschlechtsverkehrs und zur Gestattung der Leitung des Hauswesens durch die Frau (§ 1356). Die Verletzung jeder dieser Pflichten, nicht nur der Pflicht zum Zusammenleben, rechtfertigt das Verlangen des verletzten Ehegatten nach Herstellung der vollen ehelichen Lebensgemeinschaft. Klageantrag und Urteilsausspruch haben näher zu bezeichnen, welche der Pflichten der Beklagte zu erfüllen hat. Es macht keinen Unterschied, ob jene Verletzung aus Mißbrauch des ehemännlichen Bestimmungsrechts (§ 1354 Abs 2) entfließt oder ohne solche Voraussetzung besteht (RG 97, 286). Mit der Herstellungsklage kann die Frau beispielsweise vom Mann die Bestellung einer Hilfskraft zur Besorgung gröberer Arbeiten im Hauswesen (waschen, scheuern) verlangen, ferner begehren, daß der Mann die für die Führung des Hauswesens (§ 1356) nötigen Waren und Gegenstände nicht mehr verschließe. Auch kann sie mit der Herstellungsklage den Anspruch auf regelmäßige Gewährung eines angemessenen Taschengeldes zur Bezahlung kleinerer persönlicher Ausgaben verfolgen, denn der Frau soll die unwürdige Lage erspart werden, wegen jeder kleineren persönlichen Ausgabe den Mann angehen zu müssen, um ihm Grund und Betrag der Ausgabe darzulegen und seine Einwilligung einzuholen. Das ist recht eigentlich eine Frage des persönlichen Zusammenlebens und der von Ehegatten wechselseitig geschuldeten Rücksicht und Achtung. Diese Leistungen können dem Manne aber erst für die Zeit von der rechtskräftigen Entscheidung des Rechtsstreits an auferlegt werden, weil bezüglich des von der Frau als kränkend empfundenen persönlichen Verhaltens des Mannes eine Nachholung oder Wiederherstellung für die Vergangenheit nicht in Betracht kommen kann (RG 97, 286). Für die Herstellungsklage auf Gewährung eines Taschengeldes gelten, weil sie anders als die regelmäßige Unterhaltsklage Ehesache im Sinne der §§ 606ff. ZPO ist, die besonderen Verfahrensvorschriften der §§ 606, 607, 612—615, 617—619, 622, 626, 628 sowie die Vorschrift des § 888 Abs 2, nach welcher letzteren insbesondere für den einer Herstellungsklage willfahrenden Urteilsausspruch keine Vollstreckbarkeit gegeben ist (RG 97, 286). Das Recht und die Pflicht der Frau, den Namen des Mannes zu führen (§ 1355 BGB), sind Wirkungen der Ehe. Werden sie von einem Ehegatten verletzt, so steht dem anderen Ehegatten die Herstellungsklage aus § 1353 BGB zu. Der Frau steht während der Ehe aber auch die Klage wegen Beeinträchtigung ihres Namensrechts aus § 12 BGB zu, und zwar sowohl gegen den Mann als auch gegen Dritte, im letzteren Falle auch ohne besondere Genehmigung des Mannes. Klagt die Frau gegen den Mann aus § 12 BGB, so handelt es sich nicht um eine Ehesache (RG 108, 230). Vgl. auch § 1355 A 2. Auch wenn in beschränktem Maße noch ein gemeinsamer Haushalt der (in verschiedenen Stockwerken desselben Hauses wohnenden) Parteien besteht, so ist doch dadurch die Herstellungsklage mit dem Ziele der Herstellung einer wahren ehelichen Lebensgemeinschaft nicht ausgeschlossen (RG Warn 1915 Nr. 287). Zur Begründung der Klage auf Herstellung des ehelichen Lebens gehört nur die Behauptung, daß die eheliche Gemeinschaft gänzlich oder in näher anzugebenden Beziehungen aufgehoben sei und dementsprechend die Wiederherstellung der Gemeinschaft verlangt werde. Weitergehende Angaben darüber, wie das Zusammenleben der Parteien im einzelnen auszugestalten sei, brauchen nicht gemacht zu werden, zumal wenn die Frau klagt, da das Bestimmungsrecht hierüber nach § 1354 dem Manne zusteht. Aus dem Mangel solcher Angaben darf daher nicht darauf geschlossen werden, daß die Klägerin die Herstellung des ehelichen Lebens nicht ernstlich wolle (RG Warn 1915 Nr 287). Es ist nicht ohne weiteres ausgeschlossen, daß eine zur Herstellung der häuslichen Gemeinschaft rechtskräftig verurteilte Frau eines in **Kriegsgefangenschaft** geratenen Mannes dem Urteile dadurch genügen kann, daß sie in der dem Manne zur Verfügung stehenden **Dienstwohnung** ausharrt (RG Warn 1918 Nr 210). Gegenüber der sich aus dem Bestehen der Ehe ergebenden Pflicht zur ehelichen Lebensgemeinschaft muß der Ehegatte, der ein Recht zum Getrenntleben in

Anspruch nimmt, die dieses Recht ergebenden Tatsachen behaupten und **beweisen.** Dies gilt auch dann, wenn der die Herstellung der ehelichen Gemeinschaft verlangende Ehegatte mit dem bisherigen Getrenntleben einverstanden war (**RG** 29. 11. 15 IV 218/15). Der Mann darf das Zusammenleben mit seiner Frau, auch wenn es durch deren Krankheit sehr erschwert ist, nicht verweigern (**RG** JW 1911, 765[25]). Ist aber die krankhafte geistige Veranlagung der Frau geeignet, die Gesundheit des Mannes zu untergraben, so kann er das Zusammenleben verweigern (**RG** JW 1913, 378[11]). Die Verpflichtung zur ehelichen Lebensgemeinschaft setzt nicht unbedingtes Wohlverhalten der Ehegatten voraus; vielmehr muß sich jeder Teil mit der Eigenart und den Schwächen des andern abfinden (**RG** JW 1911, 812[21]). Dagegen erscheint das Herstellungsverlangen des Mannes mißbräuchlich, wenn eine erhebliche **Gesundheitsschädigung** der Frau als Folge des Zusammenlebens mit Bestimmtheit vorauszusehen ist, z. B. wenn die Frau sehr herzleidend ist und befürchten muß, daß der Mann sie mit Streitigkeiten verfolgen wird (**RG** 18. 5. 12 IV 564/12) oder wenn der an Blutaderverkalkung und schwerer Nervosität leidenden Frau die Willenskraft abgeht, **nervöse Aufregungen** beim Zusammenleben mit ihrem Manne zu vermeiden, und daß die dennoch zu erwartenden Aufregungen sie voraussichtlich dauernd krank und behandlungsbedürftig machen würden (**RG** 16. 4. 17 IV 17/17). Einer Frau, die infolge ihrer krankhaften Veranlagung (Hysterie) die Befürchtung hegt und von ihr nicht loskommen kann, daß der Mann sie im Falle ihrer Rückkehr aus der Welt schaffen werde, kann die Wiederherstellung der häuslichen Gemeinschaft nicht zugemutet werden, da das Zusammenleben ihr seelisches, wenn nicht auch ihr körperliches Befinden auf das nachteiligste beeinflussen würde. Darauf, daß die Befürchtung der Frau gerechtfertigt ist, kommt es nicht an (**RG** 30. 10. 22 IV 15/22). Die mit der Scheidungsklage abgewiesene Frau kann nicht mit dem Vorbringen, daß das Zusammenleben ihrer Gesundheit schade, Unterhalt außer dem Hause verlangen, wenn der Mann sie im eigenen Hause angemessen und schonend unterbringen will (**RG** 10. 6. 11 IV 88/11). Mit der Klage auf Herstellung des ehelichen Lebens kann auch das Begehren des Mannes, daß seine von ihm getrennt lebende Frau sich zur Herstellung ihrer Gesundheit in eine **Heilanstalt** begebe, zur Geltung gebracht werden (**RG** 51, 182), denn jeder Ehegatte ist verpflichtet, diejenigen Hindernisse zu beseitigen, die der ehelichen Lebensgemeinschaft entgegenstehen (**RG** 59, 256). Wenn auch die an Hysterie erkrankte Frau zur Verweigerung der häuslichen Gemeinschaft (§ 1567 A 3) berechtigt sein mag, so ist sie doch nicht in jeder Beziehung von der ehelichen Gemeinschaft befreit. Namentlich ist sie nicht in der Wahl ihres Aufenthalts vom Manne völlig unabhängig. Vielmehr hat sie einem Verlangen des Mannes, sich auf seine Kosten zur Wiedererlangung ihrer Gesundheit in eine Heilanstalt zu begeben und nach ihrer Genesung zu ihm zurückzukehren, zu entsprechen. Für die Auswahl der Heilanstalt kommt es auf die besonderen Umstände und letzten Endes auf § 1353 Abs 2 S 1 an. Auch das Erbieten des Mannes, der Frau in seinem Hause eine gesonderte Wohnung oder an seinem Wohnorte eine Mietswohnung zu beschaffen und ihr die erforderliche ärztliche Behandlung, Pflege und Aufwartung zuteil werden zu lassen, hat die Frau zu berücksichtigen. Dafür, daß das Verlangen des Mannes einen Mißbrauch seines Rechtes darstellt, ist die Frau beweispflichtig (**RG** 95, 330). Das Begehren des Mannes stellt jedoch einen Mißbrauch dar, wenn er der Frau gerechtfertigten Grund zur Trennung gegeben hat und seine ehewidrige Gesinnung fortdauert (**RG** 3. 12. 06 IV 182/06). Dem Ehegatten, der von seinem Scheidungsrechte wegen Ehebruchs des andern Ehegatten keinen Gebrauch macht, sondern die Ehe fortsetzt, steht weder gegen den schuldigen Ehegatten noch gegen dessen Mitschuldigen eine Klage auf Unterlassung ehebrecherischer Handlungen zu (**RG** 71, 85). Entschließt sich ein Ehegatte, über den **Ehebruch** des andern Ehegatten hinwegzusehen und die eheliche Lebensgemeinschaft mit ihm fortzusetzen, so erwächst für ihn die Verpflichtung, sein Verhalten so einzurichten, daß ein erträgliches Zusammenleben der Ehegatten stattfinden kann (**RG** JW 06, 389[15]; **RG** SeuffA 73 Nr 32). Vgl. auch §§ 1568 A 3, 1570 A. 3. Die Verpflichtung des Ehegatten, ein friedliches Zusammenleben zu ermöglichen, setzt natürlich voraus, daß der andere Ehegatte keinen neuen Ehebruch begeht (**RG** Warn 1919 Nr 177). Einer Frau, die, trotzdem ihr das Scheidungsrecht aus Verschulden des Mannes und demzufolge das Recht zur Verweigerung der häuslichen Gemeinschaft zusteht, diese bis auf weiteres fortsetzt, erwächst damit zwar nicht die Verpflichtung, nunmehr auch im vollen Umfange allen jenen Geboten gegenseitiger Liebe und Achtung nachzukommen, welche die Grundlage einer ungestörten ehelichen Lebensgemeinschaft bilden und sich damit ihres Rechtes auf Scheidung und Trennung zu begeben (§ 1570), wohl aber die Verpflichtung, dem Manne gegenüber ein Verhalten zu betätigen, das geeignet ist, das Eheleben nach innen und außen beiderseitig **erträglich** zu gestalten (**RG** Recht 1922 Nr 71). Die **Abweisung der Herstellungsklage** schließt die Erhebung einer neuen Herstellungsklage auf Grund späterer Ereignisse nicht aus; der Einwand der rechtskräftig entschiedenen Sache ist dann ausgeschlossen (**RG** JW 06, 26[29]). Dem Herstellungskläger kann die Beklagte, die bei einem andern Gerichte die Scheidungsklage anhängig gemacht hat, die Einrede der Rechtshängigkeit nicht entgegensetzen (RG Warn 1915 Nr 131). Durch **Vereinbarungen** der Eheleute kann ihre Verpflichtung zur ehelichen Lebensgemeinschaft weder aufgehoben noch eingeschränkt werden (RG 61, 50; RG JW 1914, 355[8]; RG Gruch 64, 611). Wenn auch die Aufhebung der ehelichen Gemeinschaft und das langjährige Getrenntleben der Ehegatten in beiderseitigem *Einverständnis* erfolgt ist, so würde doch jeder der Ehegatten jederzeit zu dem Verlangen auf Herstellung der ehelichen Gemeinschaft berechtigt bleiben. Ein *Abkommen* zwischen den Eheleuten, wonach sie dauerndes Getrenntleben vereinbaren, widerspricht dem sittlichen Wesen der Ehe und ist deshalb nichtig, vermag also für keinen der Ehegatten ein Recht zu begründen, dem Verlangen des andern Teils auf Herstellung der ehelichen Gemeinschaft zu widersprechen. Die Tatsache allein, daß der Ehegatte mit dem bisherigen Getrenntleben einverstanden gewesen ist, genügt daher nicht zu der Annahme, daß sein Verlangen auf Herstellung der ehelichen Gemeinschaft als Mißbrauch seines Rechtes erscheint (RG 29. 11. 15 IV 218/15). Die Einwilligung in die Aufhebung der ehelichen Gemeinschaft kann der Ehegatte jederzeit widerrufen (RG JW 01 S. 185, 781; 00, 778). Sind sich die Ehegatten der Nichtigkeit ihrer Vereinbarungen (über Getrenntleben, Verzicht auf Unterhalt und Kindererziehung) bewußt, so liegen *rechtsgeschäftliche Erklärungen* überhaupt nicht vor. Dies schließt nicht aus, daß andere damit verbundene Vereinbarungen, z. B. die Abrede, Gütertrennung einzuführen, rechtsgeschäftliche Bedeutung haben. Auf einen solchen Fall findet § 139 keine Anwendung (RG 68, 322). Die Entscheidung darüber, ob einer Ehefrau während der Dauer des Ehescheidungsprozesses in Gemäßheit des § 627 ZPO das Getrenntleben vom Ehemanne zu gestatten sei, betrifft keine vermögensrechtliche, sondern eine auf dem Familien- und Eheverhältnisse beruhende Frage. In betreff dieser Frage bzw. für die zu erlassende **einstweilige Verfügung** finden die Vorschriften der §§ 936—944 ZPO Anwendung. § 940 ZPO betrifft nicht bloß das Verfahren, sondern hat auch materiell-rechtliche Bedeutung. Es genügt nicht, lediglich von den Voraussetzungen des § 1353 Abs 2 BGB auszugehen (RG 46, 382; 49, 368). Ein **Vertrag**, durch den getrennt lebende Eheleute lediglich die Höhe der zu gewährenden Unterhaltsrente für die Zeit des Getrenntlebens festsetzen, ist an sich rechtsverbindlich. Er verstößt aber gegen den § 1353 Abs 1 und ist deshalb gemäß §§ 138, 139 nichtig, wenn das Getrenntleben durch unerlaubte Mittel ermöglicht und befördert werden soll, z. B. wenn sich die Frau das Recht auf Unterhalt nur durch den Verzicht auf alle ihr sonst gegen den Mann zustehenden Rechte und durch die Zusicherung, fern von ihrem Manne zu wohnen und gerichtliche Schritte zur Wiedervereinigung zu unterlassen, soll wahren können (RG JW 05, 637[1]). Ein *Abkommen*, durch welches der eine Ehegatte dem andern Vermögenszuwendungen macht, um ihm gerade dadurch das von Gesetz und Sitte gemißbilligte **Getrenntleben zu ermöglichen oder zu erleichtern,** ist mangels der Voraussetzungen des § 1353 wegen Verstoßes gegen die §§ 138, 134 nichtig. Das Abkommen wäre gültig, wenn die Ehegatten auch nur in der irrigen Vorstellung eines ihnen zur Seite stehenden Scheidungsgrundes gehandelt hätten (RG Gruch 64, 611). Nichtig ist ein *Vertrag*, in dem für die ganze Dauer der Ehe vereinbart wird, daß die Ehegatten getrennt leben und der Mann an die Frau eine Unterhaltsrente zahlt (RG Warn 1911 Nr 108). Vgl. auch §§ 1564 A 5 u. 1578 A 9. Die auf nichtige Abreden der Ehegatten über Getrenntleben, Unterhaltsgewährung und Kindererziehung gestützte rechtsgeschäftliche Abmachung über die Zurücknahme der Scheidungsklage ist gleichfalls nichtig (RG 2. 3. 11 IV 585/10; RG JW 1916, 573[2]). *Vereinbarungen* der Ehegatten über ihr Getrenntleben sind wirksam, wenn einem von ihnen schon nach dem Gesetz (§ 1353 Abs 2) das Recht zusteht, die eheliche Lebensgemeinschaft zu verweigern (RG 29. 2. 12 IV 444/11; RG Gruch 64, 611). In solchen Fällen kann durch Vertrag auch die Art und Weise der Unterhaltungsgewährung für die Zeit des Getrenntlebens wirksam geregelt werden (RG Warn 1913 Nr 188; RG JW 1916, 573[2]). Darüber, unter welchen Umständen ein Vertrag als rechtsgültig angesehen werden kann, der von Ehegatten unter Aufhebung der häuslichen Gemeinschaft über eine der Ehefrau künftig zu gewährende Unterhaltsrente geschlossen wird, spricht sich das Urt des RG v. 6. 11. 24 näher aus. In diesem Falle behauptete die Frau, zur Verweigerung der ehelichen Gemeinschaft berechtigt zu sein, weil der Mann homosexuell veranlagt und mit ihr niemals ehelich verkehrt habe (RG 109, 137). Die Voraussetzung des gesetzlichen **Unterhaltsanspruchs** der getrennt von ihrem Ehemanne lebenden Ehefrau ist nach § 1361, daß sie die Herstellung des ehelichen Lebens verweigern darf, daß sie, wie § 1353 Abs 2 bestimmt, berechtigt ist, auf Scheidung zu klagen, oder das Verlangen des Ehemanns nach Herstellung der Gemeinschaft sich als Mißbrauch seines Rechtes darstellt oder daß ihr Ehemann, was ebenfalls unter § 1361 fällt, mit ihrem *Getrenntleben einverstanden* ist (RG 17. 6. 18 IV 126/18; 23. 9. 18 IV 164/18; RG LZ 1921, 381[9]). Über Fortgeltung des *Ehevertrags* während des Getrenntlebens der Eheleute vgl. § 1432 A 4.

3. Mißbrauch des Rechtes. Das Verlangen wird sich in der Regel dann als ein Mißbrauch darstellen, wenn es dem sittlichen Wesen der Ehe widerspricht, also eine mit der rechten ehelichen Gesinnung unverträgliche Zumutung enthält. Streng genommen handelt es sich dabei nicht um den Mißbrauch eines vorhandenen Rechtes (wie aus der Fassung des Gesetzes gefolgert werden könnte), sondern um die Anmaßung eines nicht vorhandenen Rechtes. — Ob sich das Herstellungsverlangen als Mißbrauch darstellt, hängt davon ab, ob das Verlangen mit der **rechten ehelichen Gesinnung** vereinbar ist und ob bei Berücksichtigung des sittlichen Wesens der Ehe dem sich weigernden Ehegatten die Herstellung des ehelichen Lebens zugemutet werden kann (**RG** 46, 384; **RG** JW 1914, 359[11]; **RG** 8. 12. 16 VII 298/16; 4. 3. 18 IV 399/17; **RG** Warn 1920 Nr 79 zu II). Um den Ehegatten der Zumutung, zurückzukehren, überhoben zu erachten, ist die Feststellung eines den andern Ehegatten treffenden überwiegenden Verschuldens an der Zerrüttung der Ehe nicht erforderlich (**RG** 4. 3. 18 IV 399/17). Ob sich das Herstellungsverlangen als Mißbrauch darstellt, ist auf Grund des Sachverhalts **von Amts wegen** zu prüfen (**RG** JW 00, 891; 02 Beil 272[212]; 06, 336[14]; **RG** Warn 1911 Nr 38; **RG** LZ 1921, 174[3]). Die Frage, ob ein Ehegatte deshalb, weil sich das Herstellungsverlangen des andern Ehegatten als Mißbrauch seines Rechtes darstellt, der Verpflichtung zur Herstellung der ehelichen Lebensgemeinschaft überhoben ist, ist zwar eine **Rechtsfrage,** die unter Berücksichtigung des Wesens der Ehe, als eines vorwiegend sittlichen Verhältnisses, nach sachlichen Gesichtspunkten zu entscheiden ist. Auf der andern Seite hängt jedoch ihre Beantwortung von den Umständen des einzelnen Falles ab, deren Feststellung und tatsächliche Würdigung Sache des Tatrichters ist. Die Frage ist deshalb zu einem großen Teile **zugleich Tatfrage** (**RG** Warn 1914 Nr 191; 1920 Nr 79 zu II). Die Tatsache allein, daß der die Herstellung des ehelichen Lebens verlangende Ehegatte mit dem bisherigen Getrenntleben der Ehegatten einverstanden gewesen ist, vermag sein Verlangen nicht als Mißbrauch seines Rechtes erscheinen zu lassen. Es müssen andere Umstände hinzutreten (**RG** 29. 11. 15 IV 218/15). Vgl. A. 2. Mißbrauch kann angenommen werden, ohne daß dem auf Herstellung klagenden Ehegatten ein schuldhaftes Verhalten zur Last fällt (**RG** JW 04, 409[18]; **RG** 4. 5. 14 IV 110/14; **RG** Warn 1917 Nr 146). Ebenso OLG 36, 195 (Rechtsmißbrauch eines Geisteskranken). Bei der Frage, ob Rechtsmißbrauch seitens des Mannes, der der Frau während der Trennung keine **Unterhaltsgelder** gezahlt hatte, anzunehmen ist, muß seiner persönlichen Auffassung, daß die Frau ohne stichhaltigen Grund von ihm weggegangen ist, Rechnung getragen werden. Es könnte ihm nicht verübelt werden, daß er ihr Fernbleiben nicht noch durch Gewährung von Unterhaltsgeldern unterstützt hat (**RG** Warn 1917 Nr 146). Ein **nicht ernstlich** gemeintes Herstellungsverlangen stellt einen Rechtsmißbrauch dar (**RG** JW 01, 293; 02 Beil 272[212]; 07, 107[8]; **RG** Warn 1915 Nr 287; **RG** LZ 1922, 70[3]). Der mit dem Rückkehrverlangen betätigte Anspruch des einen Ehegatten gegen den andern ist ein Ausfluß der im § 1353 Abs 1 ausgesprochenen Verpflichtung der Ehegatten zur ehelichen Lebensgemeinschaft. Diese Verpflichtung trifft ebensowohl den klagenden als den abtrünnigen Ehegatten. Jenen trifft daher der Vorwurf des Rechtsmißbrauchs, wenn es ihm nur darum zu tun ist, **äußerlich** die eheliche Gemeinschaft herzustellen, ohne seinerseits bereit zu sein, auf den andern die gebührende Rücksicht zu nehmen und sich um die Herstellung des ehelichen Friedens und eines rechten ehelichen Lebens zu bemühen (**RG** 25. 6. 23 IV 579/22). Unschlüssig ist die Folgerung, das Herstellungsverlangen könne deshalb, weil an erster Stelle Scheidung begehrt werde, nicht ernstlich sein (**RG** JW 07, 141[23]; 06, 22[22]; **RG** Warn 08 Nr 218; 1911 Nr 247; **RG** JW 1911, 405[20]). Hat aber der an erster Stelle Scheidung, hilfsweise Herstellung verlangende Ehegatte überhaupt nicht den Willen, das eheliche Leben wieder aufzunehmen, auch nicht für den Fall der Rückkehr des andern Ehegatten, sei es, daß er ihn im Falle der Rückkehr gar nicht aufnehmen oder zwar aufnehmen, aber durch ehewidriges Verhalten wieder zur Trennung veranlassen würde, so mangelt es dem Rückkehrverlangen an der erforderlichen Ernstlichkeit (**RG** Warn 1911 Nr 38; 1920 Nr 79 zu II). **Nicht zu beanstanden** ist die Annahme, daß **der Wille**, die Ehe anzufechten, mit dem in zweiter Linie geltend gemachten ernstlichen Verlangen desselben Ehegatten nach Wiederherstellung der häuslichen Gemeinschaft vereinbar ist (**RG** 10. 6. 12 IV 452/11; 10. 3. 19 IV 394/18; **RG** Warn 1920 Nr 79 zu II). Auch wenn der auf Herstellung der ehelichen Gemeinschaft klagende Mann mit einer Rückkehr der Frau, wie diese behauptet, nicht rechnet und ihm in erster Linie eine Scheidung der Ehe erwünscht sein sollte, so schließt das keineswegs aus, daß er bei einer dennoch erfolgenden Rückkehr der Frau zur Fortsetzung der Ehe und zu einem seiner Pflicht zu liebevoller Rücksichtnahme auf die Frau entsprechenden Verhalten bereit und bemüht sein werde. Unter solchen Umständen braucht die Ernstlichkeit des Herstellungsverlangens nicht bezweifelt zu werden (**RG** 29. 11. 15 IV 218/15). Der **Beweis der Nichternstlichkeit** des Herstellungsverlangens fällt der auf Herstellung verklagten Partei zu (**RG** 10. 3. 19 IV 394/18). Mangel einer geeigneten **Ehewohnung** genügt zur Annahme eines Mißbrauchs nur, wenn es dem Kläger auch an der Bereitwilligkeit und den Mitteln zur Beschaffung einer solchen Wohnung gebricht (**RG** JW 01 S. 296, 385; **RG** 13. 2. 05 IV 531/04; **RG** JW 08, 406[8]; **RG** Recht 1924 Nr 1124). In Fällen, in denen die Frau es grundsätzlich ablehnt, dem Manne zu folgen, genügt es regelmäßig, wenn der Mann bereit und imstande ist, rechtzeitig für die Frau eine Wohnung zu beschaffen, daß ihm aber nicht zugemutet werden kann, trotz der Weigerung jederzeit eine solche Wohnung bereitzuhalten (**RG** JW 1920, 437[8]). Darin, daß der Mann nicht bereit ist, mit der Frau auch alle (volljährigen und minderjährigen) **Kinder bei sich aufzunehmen,** liegt nicht ohne weiteres ein Rechtsmißbrauch gegenüber der Frau, ist er doch berechtigt, selbst minderjährige, unterhaltsberechtigte Kinder außerhalb seiner eigenen Wohnung unterzubringen (§ 1612). Allerdings könnte darin ein Rechtsmißbrauch unter Umständen gefunden werden, z. B. wenn der Mann die frühere, für die ganze Familie ausreichende Wohnung mit seiner jetzigen vertauscht hätte und sich jetzt trotz einer Bereiterklärung der Frau, ihn wieder aufzunehmen, weigern würde, zu **ihr** zurückzukehren (**RG** JW 1920, 437[8]). Das Verlangen des Mannes, daß die Frau, um die häusliche Gemeinschaft mit ihm herzustellen, sich von ihrem erstehelichen, noch wartungs- und erziehungsbedürftigen Kinde trennen solle, würde sich als Mißbrauch seines Rechts darstellen (**RG** Recht 1924 Nr 1124). Der Anspruch auf Herstellung des ehelichen Lebens setzt voraus, daß die Grundlagen für eine häusliche Gemeinschaft gegeben sind. Kann der die Herstellung begehrende Ehemann die Mittel dazu nicht bieten, so stellt sich die Geltendmachung jenes Anspruchs als ein Rechtsmißbrauch dar (**RG** 19. 9. 12 IV 92/12). Das Verlangen nach Herstellung der ehelichen Gemeinschaft ist nicht schon deshalb mißbräuchlich, weil sich aus der ehelichen Lebensgemeinschaft irgendeine Gefahr für den andern Teil ergibt. Insbesondere liegt ein Rechtsmißbrauch nicht vor, wenn die fragliche Gefahr dem ehelichen Zusammenleben als solchem eigentümlich ist, wie die mit der **Schwangerschaft** und Niederkunft der Frau verbundene Gefahr (**RG** JW 01, 648; **RG** 11. 7. 01 IV 154/01). Dagegen erscheint das Verlangen als mißbräuchlich, wenn es von dem mit einer gefährlichen und ansteckenden **Geschlechtskrankheit** behafteten Manne ausgeht (**RG** JW 07 S. 178[10], 48[9]; **RG** LZ 1923, 277[11]). In solchem Falle wird in der Regel auch das Verlangen, nur die häusliche Gemeinschaft herzustellen, einen Mißbrauch darstellen (**RG** JW 05, 722[14]). Der geschlechtskranke Ehemann kann die Herstellung der häuslichen Gemeinschaft von der Frau in der Regel nur verlangen, wenn unter Berücksichtigung der gesamten Umstände anzunehmen ist, daß für die Frau keine Ansteckungsgefahr vorliegt. Die bloße Erklärung des Mannes, er verzichte auf den Beischlaf, genügt nicht (**RG** 19. 9. 12 IV 168/12; **RG** JW 1914, 41[9]). Übermäßige, gesundheitsgefährdende Anforderungen des Mannes an die Frau in bezug auf den Geschlechtsverkehr (z. B. während des Wochenbetts) können als Mißbrauch angesehen werden (**RG** Warn 1919 Nr 65). Mißbrauch liegt vor, wenn der Herstellungskläger in seinem Hause ein **vertrautes Verhältnis** zu einer andern Frau unterhält und dessen Auflösung zwar in Aussicht stellt, aber tatsächlich fortsetzt (**RG** 19. 4. 06 IV 509/05; **RG** Warn 1912 Nr 262; **RG** LZ 1922, 118[5]). Das Verlangen nach Vollziehung der Geschlechtsgemeinschaft bildet einen Mißbrauch des Rechts, wenn das Verlangte gegen das Strafgesetz verstößt, z. B. wenn ein Mann, der früher mit der Mutter seiner Frau verheiratet war, mit seiner Frau (trotz des Verbots der Blutschande — § 173 Abs 2 StGB — und des trennenden Ehehindernisses eines Schwägerschaftsverhältnisses — § 1310 BGB — den Beischlaf vollzieht (**RG** JW 1927, 1209[26]). Das Herstellungsverlangen des Mannes, der vor der Ehe versprochen hat, die Kinder in der **Religion** der Mutter zu erziehen, aber dem Versprechen entgegenhandelt und dadurch Streitigkeiten hervorruft, kann unter Umständen einen Mißbrauch des Rechtes enthalten (**RG** JW 06, 21[21]). Vgl. **RG** Warn 1920 Nr 165 und § 1333 A 5. Hat der Mann die Trennung der Frau durch **Mißhandlung** (**RG** JW 02 Beil 204; **RG** 24. 9. 14 IV 202/14), **Bedrohung, Beschimpfung, Versagung des Unterhalts, Vorenthaltung der Stellung als Hausfrau** (**RG** JW 03 Beil 103[232]; **RG** 3. 4. 16 IV 448/15) **oder durch sonstige unwürdige Behandlung** veranlaßt, so stellt sich sein Herstellungsverlangen so lange als mißbräuchlich dar, als in seiner zuvor betätigten ehewidrigen Gesinnung nicht eine **Wandlung** eingetreten und für den gekränkten Teil erkennbar geworden ist. Die Beklagte ist nicht gehalten, sich der Gefahr neuer Unbilden auszusetzen. Liegt aber für sie bei vernünftiger Würdigung der Umstände kein Grund mehr zu Befürchtungen vor, so ist das Verlangen berechtigt. Vgl. dazu **RG** JW 03 Beil 71[164]; 1925, 353[5]; **RG** 3. 10. 04 IV 83/04; 27. 3. 05 IV 559/04; 14. 4. 10 IV 336/09; 11. 10. 26 IV 127/26; **RG** Warn 08 Nr 419; 1913 Nr 17; 1920 Nr 79 zu II). Für die Frage, ob der Ehemann, der seine von ihm des Ehebruchs beschuldigte Frau mißhandelt und fortjagt, sich eines Mißbrauchs schuldig macht, ist es erheblich, ob die Mißhandlung nach den Umständen wesentlich war und vor allem, ob bei einwandfreiem Verhalten der Frau selbst eine **Gefahr der Wiederholung der Mißhandlung** besteht (**RG** LZ 1921, 381[9]). Andrerseits ist ein Mann, der zum Getrenntleben keinen Anlaß gegeben hat, nicht verpflichtet, der Beklagten vor ihrer Rückkehr Beweise seiner künftigen entgegenkommenden Behandlung zu liefern (**RG** 8. 4. 07 IV 392/06). Verfehlt ist die Annahme, das Recht der Frau, die Rückkehr in die häusliche Gemeinschaft abzulehnen, bestehe so lange, bis sie selbst die Überzeugung von einer gründlichen inneren Wendung des Mannes gewonnen habe. Nicht von der Auffassung des die Rückkehr verweigernden Ehegatten, sondern von der Beurteilung des Richters hängt es ab, ob Gründe bestehen, die zur Annahme des Rechtsmißbrauchs führen. Möge auch die persönliche Auffassung des Ehegatten nicht schlechthin jeder Bedeutung entbehren, so kann es letzten Endes doch immer nur **Gegenstand richterlicher Abwägung** sein, ob der die Rückkehr verlangende Ehegatte dem andern Teile genügende Beweise einer Wendung seiner Gesinnung gegeben hat (RG 11. 7. 14 IV 125/14 in DJZ 1915, 205; RG 28. 5. 19 IV 480/14; OLG 33, 337; RG LZ 1923, 394[7]; Hang zu ehelicher Untreue). Der Richter darf die Anforderungen an den Beweis eines Gesinnungswechsels nicht überspannen (RG JW 1925, 353[5]). Lediglich der Umstand, daß der Mann, dem keine die Trennung veranlassende Verfehlung zur Last fällt, während der Zeit der Trennung im allgemeinen eine ehewidrige Gesinnung an den Tag gelegt haben soll, gibt der Frau nicht ohne weiteres ein Recht, besondere Beweise für eine Sinnesänderung des Mannes zu verlangen (RG 10. 3. 19 IV 394/18). Wenn auch der Kläger zunächst nicht genötigt war, der Beklagten Beweise einer künftigen entgegenkommenden Behandlung zu geben, so traf ihn doch diese Verpflichtung wegen seiner in dem späteren Briefwechsel zum Ausdruck gebrachten ehewidrigen Gesinnung, die erkennen ließ, daß es ihm an dem guten Willen fehlte, die zwischen den Eheleuten entstandene Entfremdung zu beseitigen. Solange er diese bisher gegen die Beklagte betätigte Gesinnung nicht ändert und dies der Beklagten gegenüber zum Ausdruck bringt, ist sein Rückkehrverlangen mißbräuchlich (RG 25. 6. 23 IV 579/22). Erst wenn feststeht, daß das Herstellungsverlangen des Klägers ernstlich gemeint ist, kommt es auf die weitere Frage an, ob sein Verhalten eine Gewähr für künftiges ersprießliches Zusammenleben bietet (RG JW 1911, 765[26]). **Verziehene Verfehlungen** können nur in Verbindung mit einer nicht verziehenen Verfehlung die Anwendung des § 1353 Abs 2 Satz 1 rechtfertigen (RG 27. 4. 05 IV 112/05). Dagegen kann wegen der nämlichen Verfehlung Rechtsmißbrauch geltend gemacht werden, auch wenn die Scheidungsklage infolge Fristablaufs ausgeschlossen ist (RG JW 03 Beil 44[96]; RG Warn 1910 Nr 209; 1917 Nr 274). Vgl. A 4. Die Frage der **Rückkehrpflicht der Frau** zu ihrem mit der Scheidungsklage rechtskräftig abgewiesenen, die Rückkehr ernstlich verlangenden Manne ist nach doppelter Richtung zu prüfen: einmal, ob ihr ein Scheidungsgrund zur Seite gestanden hat, sodann ob das Rückkehrverlangen des Mannes sich als Mißbrauch seines Rechtes darstellt. In ersterer Richtung wird die Berücksichtigung früherer Vorkommnisse mit Recht abgelehnt (§ 616 ZPO; vgl. § 1567 A 4). In letzterer Richtung sind die früheren Vorkommnisse zu berücksichtigen (RG Warn 1918 Nr 33; RG 28. 5. 19 IV 480/19). **Verfehlungen, die nicht oder nicht mehr den Scheidungsanspruch begründen,** können gleichwohl das Herstellungsverlangen als mißbräuchlich erscheinen lassen (RG JW 03 Beil 44[96], 87[200]; OLG 33, 337). Die Frau, die sich vom Manne wegen dessen früherer **Trunksucht** getrennt hat und im Elternhause lebt, darf dem Manne, der im Begriffe steht, sich wieder in die Höhe zu arbeiten (durch Übernahme einer selbständigen Wirtschaft), nicht abwartend gegenüberstehen, sondern muß ihm, wenn er dessen bedarf, nach Kräften behilflich sein, solange nicht etwa ihr drohende Nachteile ungewöhnlicher Art (z. B. Verlust einer Erwerbsstellung) das als unbillig erscheinen lassen (RG LZ 1921, 687[4]). Wenn der Kläger auch nicht mehr in dem Maße trunksüchtig sein möge wie zur Zeit der Aufhebung der Gemeinschaft, so hat er doch von seiner Leidenschaft nicht abgelassen und trinkt zeitweilig große Mengen Schnaps und betrinkt sich dabei. Solange er noch derartig trinkt, ist der Beklagten die Rückkehr zu ihm nicht zuzumuten. Die fortdauernde Neigung des Klägers zum Trunke läßt sein Rückkehrverlangen als mißbräuchlich erscheinen (RG 11. 2. 24 IV 262/23). Frühere schwere Erkrankungen der Frau befreien sie nicht von der Rückkehrpflicht, wenn zur Zeit kein Leiden besteht, das ein Getrenntleben zur Erhaltung ihrer Gesundheit erforderlich macht (RG Recht 1920 Nr 404). Gegenüber der Herstellungsklage des Mannes ist grundsätzlich die beklagte Ehefrau für einen Mißbrauch seines Rechts **darlegungs- und beweispflichtig.** Die Umstände können aber zu einer **Umkehrung der Beweislast** führen (RG 103, 348; RG LZ 1923, 85[1]; z. B. wenn der Mann in Vermögensverfall geraten war, sich von Frau und Kind getrennt und zu ihrem Unterhalte seitdem nichts beigetragen hatte, sowie im Hinblick auf den gerichtsbekannten großen Wohnungsmangel).

4. Hier kommen nur die auf Verschulden beruhenden **Scheidungsgründe** der §§ 1565 bis 1568 in Betracht (RG JW 03 Beil 44[96]). Dafür spricht die Entstehungsgeschichte, aus der sich ergibt, daß bei Wiederannahme des ursprünglich abgelehnten Scheidungsgrundes der Geisteskrankheit durch den Reichstag übersehen worden ist, auch die ursprüngliche Fassung dieses Zusatzes (wegen Verschuldens) wiederherzustellen (Erler, Ehescheidung, § 33 A 37). Das Recht auf Verweigerung der Gemeinschaft kann auch bestehen, ohne daß ein förmlicher Scheidungsgrund vorliegt. Dies gilt insbesondere auch dann, wenn ein Umstand vorliegt, der ursprünglich als Scheidungsgrund hätte dienen können, diese Eigenschaft aber durch Fristablauf nach der in § 1571 vorgesehenen Aufforderung verloren hat (RG Warn 1910 Nr 209) und zumal dann, wenn der schuldige Ehegatte sein Verhalten auch noch nach Erlassung der Aufforderung fortgesetzt hat (RG 16. 4. 17 IV 26/17). In einem andern Falle hat das Reichsgericht den bereits weit zurückliegenden Ehebruch des Mannes für sich allein nicht für ausreichend erachtet, die Frau, nachdem sie trotz Aufforderung die Frist zur Erhebung der Scheidungsklage hat verstreichen lassen, zur Verweigerung der Gemeinschaft zu berechtigen. Das würde nur der Fall sein, wenn — was nicht festgestellt — der Mann sich auch in der Zwischenzeit Verletzungen der ehelichen Treupflicht hätte zuschulden kommen lassen oder sein seitheriges Verhalten wenigstens einen erheblichen Verdacht nach dieser Richtung rechtfertigte. Das Herstellungsverlangen des Mannes kann daher nicht lediglich wegen dieses Ehebruchs als Mißbrauch seines Rechtes angesehen werden (RG 103, 346). Mit Recht verweigert die Gemeinschaft auch der zur Nichtigkeits- oder Anfechtungsklage berechtigte Ehegatte, wenn die Nichtigkeit der Ehe bei der Eheschließung ihm unbekannt, dem andern Ehegatten aber bekannt war (§ 1345 Abs 1). Die Verweigerung verliert jedoch ihre Berechtigung, wenn der klageberechtigte Ehegatte keine Anstalten trifft, die Nichtigkeitserklärung der Ehe herbeizuführen. Eine dem § 1571 Abs 2 entsprechende Aufforderung zur Erhebung der Anfechtungs- oder Nichtigkeitsklage gibt es nicht. — Die Klage auf Herstellung der häuslichen Gemeinschaft muß, auch wenn bereits vor dem Inkrafttreten des BGB auf zeitweilige Trennung von Tisch und Bett erkannt worden ist (Art 202 EG, § 1564 A 6), den Vorschriften des BGB entsprechen (RG JW 05, 110²). Gegenüber der Klage auf Herstellung der häuslichen Gemeinschaft ist der Einwand der Rechtshängigkeit aus dem Grunde, weil gleichzeitig eine Ehescheidungsklage anhängig ist, nicht begründet (RG 15. 2. 15 IV 619/14). Vgl. § 1564 A 4.

5. **Verhältnis des deutschen zum ausländischen Eherechte.** Nach Art 14 Abs 1 EG werden die persönlichen Rechtsbeziehungen deutscher Ehegatten zueinander nach den deutschen Gesetzen beurteilt, auch wenn die Ehegatten ihren Wohnsitz im Auslande haben. Die deutschen Gesetze finden nach Art 14 Abs 2 EG auch Anwendung, wenn der Mann die Reichsangehörigkeit verloren, die Frau sie aber behalten hat.

Folgende Staaten: Deutschland, Frankreich, Italien, die Niederlande, Portugal, Rumänien und Schweden haben das Abkommen vom 17. Juli 1905, betreffend den Geltungsbereich der Gesetze in Ansehung der Wirkungen der Ehe auf die Rechte und Pflichten der Ehegatten in ihren persönlichen Beziehungen und auf das Vermögen der Ehegatten (RGBl 1912, 453 u. 475; 1924, 363; 1926, 553) getroffen. Von der Frage nach dem Einflusse des Kriegsausbruchs (vgl. SeuffA 73 Nr 233) sei hier abgesehen. Der Versailler Friedensvertrag v. 28. 6. 19 enthält in Artt 282—295, 299a Bestimmungen über Staatsverträge. Nach Art 1 Abs 1 des Abk. ist für die Rechte und Pflichten der Ehegatten in ihren persönlichen Beziehungen das Gesetz des Staates, dem sie angehören (Gesetz des Heimatstaates), maßgebend. Jedoch dürfen nach Art 1 Abs 2 wegen dieser Rechte und Pflichten nur solche Durchführungsmittel angewendet werden, die auch das Gesetz des Landes gestattet, wo die Anwendung erforderlich ist. Haben die Ehegatten während der Ehe eine neue, und zwar die gleiche Staatsangehörigkeit erworben, so ist nach Art 9 Abs 1 in den Fällen des Art 1 (persönliche Beziehungen), Art 4 (Ehevertrag) und Art 5 (Ehevertrag) das Gesetz ihres neuen Heimatstaates anzuwenden. Verbleibt den Ehegatten während der Ehe nicht die gleiche Staatsangehörigkeit, so ist nach Art 9 Abs 2 bei Anwendung der Artt 1, 4 u. 5 ihr letztes gemeinsames Gesetz als das Gesetz ihres Heimatstaates anzusehen. Nach Art 10 findet dieses Abkommen keine Anwendung, wenn das Gesetz, das nach Artt 1, 4 u. 5 angewendet werden müßte, nicht das Gesetz eines Vertragsstaates ist. — Ausländisches Recht findet Anwendung auf einen Rechtsstreit, der die Herstellung der häuslichen Gemeinschaft zwischen ausländischen, dem nämlichen Staate angehörenden und in Deutschland wohnenden Ehegatten zum Gegenstande hat. Dies folgt aus sinnentsprechender Anwendung des in Art 14 Abs 1 EG für Deutsche hinsichtlich ihrer persönlichen Rechtsbeziehungen ausgesprochenen Grundsatzes (RG Warn 1913 Nr 429, **Österreicher**). Das entspricht auch dem Art 1 des Haager Eherechtsabkommens v. 17. 7. 05. Vgl. § 1360 A 10 (Unterhaltspflicht ausländischer Ehegatten in Deutschland). — Auf Rechtsstreitigkeiten von Ausländern (hier **Tschechoslowaken**) in Deutschland über Herstellung des ehelichen Lebens bezieht sich § 606 Abs 4 ZPO nicht; vielmehr ist die Zuständigkeit der deutschen Gerichte für solche Rechtsstreitigkeiten nach § 606 Abs 1 ZPO zu beurteilen. Aus der gebotenen entsprechenden Anwendung des Art 14 EG ergibt sich, daß der Rechtsstreit in der Sache selbst nach dem Rechte der Tschechoslowakei zu entscheiden ist (RG SeuffA 77 Nr 162).

§ 1354

¹) **Dem Manne steht die Entscheidung in allen das gemeinschaftliche eheliche Leben betreffenden Angelegenheiten²) zu; er bestimmt insbesondere Wohnort und Wohnung³).**

Die Frau ist nicht verpflichtet, der Entscheidung des Mannes Folge zu leisten, wenn sich die Entscheidung als Mißbrauch⁴) seines Rechtes darstellt⁵).

E I 1273 II 1254; M 4 105; P 4 94.

1. **Bedeutung der Vorschrift.** Der natürlichen Ordnung des Verhältnisses entspricht es, daß dem Manne, als dem Haupte der Familie, in allen das gemeinschaftliche eheliche Leben betreffenden Angelegenheiten, wenn die Meinungen der Ehegatten auseinandergehen, die Entscheidung zusteht. Diesen Grundsatz spricht § 1354 Abs 1 Halbs 1 aus. Eine Folge dieses Grundsatzes hebt Halbs 2 hervor. Da das Entscheidungsrecht des Mannes seine Begrenzung im Wesen der Ehe finden muß, braucht sich die Frau, wie Abs 2 bestimmt, einer mißbräuchlichen Entscheidung des Mannes nicht zu fügen. — Nach Art 119 Abs 1 S 2 RVerf beruht die Ehe auf der **Gleichberechtigung der beiden Geschlechter.** Durch die Aufnahme dieses Grundsatzes in die RVerf ist eine Abänderung irgendwelcher familienrechtlicher Bestimmungen des BGB nicht bezweckt worden. Vgl. Kipp in DJZ 1922, 682. Das ehemännliche Bestimmungsrecht auf Grund des § 1354 Abs 1 steht, wenn es mißbraucht wird, der Klage der Frau auf Herstellung des ehelichen Lebens nicht entgegen (**RG** 97, 286 und § 1353 A 2). Für rechtsgeschäftliche Abmachungen unter Eheleuten über den Inhalt des § 1354 ist kein Raum (**RG** 61, 53). Vgl. auch **RG** Gruch 45, 79. — Leben Ehegatten in häuslicher Gemeinschaft, so mag sich häufig aus der Stellung des Mannes als Haushaltungsvorstand (§ 1354) ein gewisser tatsächlicher Anhalt für die Annahme ergeben, daß sich die innerhalb der häuslichen Gemeinschaft vorhandenen Gegenstände mit Ausnahme der ausschließlich zum persönlichen Gebrauche der Frau bestimmten Sachen im **Besitze des Mannes** befinden. Eine Rechtsvermutung dieses Inhalts besteht aber nicht, insbesondere nicht eine Rechtsvermutung, die in Verbindung mit den Vorschriften im § 1006 zu einer Eigentumsvermutung für den Mann führen und die Frau zum Gegenbeweise nötigen könnte. Das BGB beschränkt vielmehr die sich aus der Ehe ergebenden Vermutungen auf die im § 1362 geregelten (**RG** JW 1911, 327[23]).

2. Zu den **Angelegenheiten, die das gemeinschaftliche eheliche Leben betreffen,** gehören die Wahl des Wohnorts und der Wohnung, die Bestimmung des ehelichen Aufwandes, die Einrichtung des Haushalts und viele andere, das Zusammenleben der Familie regelnde Maßnahmen wirtschaftlicher und sittlicher Natur. Hierzu gehört auch die Pflege und Erziehung der Kinder, insofern diese Angelegenheit im Verhältnisse der Ehegatten zueinander (nicht im Verhältnisse zu den Kindern selbst, §§ 1634 Satz 2, 1666) der Entscheidung bedarf (**RG** 55, 419; **RG** 2. 1. 08 IV 391/07; vgl. auch A 3). Wegen Rechtswirksamkeit einer durch den Mann abgeschlossenen Versicherung aller (auch der Frau gehöriger) Stücke des gemeinsamen Haushalts vgl. **RG** JW 07, 525[35]. Betreibt die Ehefrau mit Genehmigung des Ehemanns für eigene Rechnung ein Gewerbe (z. B. ein Schankgewerbe), so scheidet der Gewerbebetrieb aus dem Bereiche der gemeinschaftlichen Angelegenheiten des § 1354 aus, und die Frau ist berechtigt, dem Manne das Betreten der Gewerberäumlichkeiten zu untersagen (**RG**St 35, 395). Dem Ehemanne liegt hinsichtlich der Ehefrau eine **gesetzliche Aufsichtspflicht** (wie z. B. dem Vater nach § 1631, dem Vormunde nach § 1800) nicht ob. Aber ein Ehemann ist für den von seiner geisteskranken Ehefrau angerichteten Schaden verantwortlich, wenn er nicht für deren Bewachung oder Unterbringung in einer Anstalt sorgt (**RG** JW 09, 17[11]). Wegen Bestrafung eines Ehemanns, der trotz der ihm durch § 1354 eingeräumten Rechtsstellung unzüchtigen Verkehr seiner Ehefrau in der gemeinschaftlichen Wohnung duldet, vgl. **RG**St 48, 196; **RG**St 58, 97. Darüber, inwieweit eine Rechtspflicht des Ehemanns besteht, der gewerbsmäßigen Unzucht seiner Ehefrau entgegenzutreten, vgl. **RG**St 58, 226. Die Ehefrau ist weder verpflichtet noch auch gemäß §§ 1354, 1358 ohne die Zustimmung ihres Ehemanns überhaupt berechtigt (vgl. **RG** 59, 25), außerhalb des ihr zugewiesenen ehelichen Wirkungskreises (§§ 1356, 1357) selbst einem Erwerbe nachzugehen (**RG** JW 1911, 773[41]). Zu den das gemeinschaftliche eheliche Leben betreffenden Angelegenheiten gehören nicht die dem einzelnen Gatten an seinem Vermögen zustehenden Rechte. Deshalb ist die Frage, ob die Frau die Herausgabe der von ihr mitgebrachten Einrichtungsgegenstände verlangen oder der Mann deren künftige Belassung im Haushalte fordern darf, nicht auf Grund des § 1354, sondern auf Grund der güterrechtlichen Vorschriften zu entscheiden, soweit nicht besondere Abmachungen getroffen sind (**RG** 87, 56).

3. **Wohnort und Wohnung.** Wohnort ist hier gleichbedeutend mit Aufenthaltsort. Wegen des Wohnsitzes der Ehefrau vgl. § 10. Das Recht, Wohnort und Wohnung der Ehefrau zu bestimmen, hat der Ehemann nur, wenn unter den Gatten noch die ungeteilte, völlige Lebensgemeinschaft besteht, nicht aber, wenn die Frau deren Herstellung aus § 1353 verweigern darf und verweigert (**RG** 8. 5. 07 IV 491/07; **RG** JW 08, 110[8]). Ein Verzicht des Mannes auf das Recht, Wohnort und Wohnung zu bestimmen, ist unwirksam (**RG** 7. 11. 07 IV 115/07). Der Mann ist an eine Vereinbarung, daß er zu der Frau in deren Wohnung ziehen solle, nicht gebunden (**RG** SeuffA 78 Nr 85). Vgl. auch § 1353 A 2 über die Befugnis des Mannes, zu verlangen, daß sich die Frau in eine Heilanstalt begebe, und über die Unwirksamkeit der die eheliche Lebensgemeinschaft aufhebenden oder einschränkenden Vereinbarungen. — Die Ehefrau teilt den Wohnsitz des Mannes, wenn er im Inlande belegen ist, auch in dem Falle, daß sie von dem Manne getrennt lebt und hierzu

berechtigt ist (RG 59, 337). Der Ehefrau fehlt — auch während einer **Strafhaft des Mannes** — die Befugnis, den Ehewohnsitz selbständig zu verlegen (§§ 1354, 10). Handelt sie jedoch im Einverständnisse mit dem Manne oder genehmigt der Mann, sei es auch nur stillschweigend, die Wahl des neuen Wohnorts als einer ständigen Niederlassung, so liegt darin die ihm nach § 1354 Abs 1 obliegende Bestimmung, und es können sich damit zugleich für beide Teile die Voraussetzungen der §§ 7, 10 erfüllen (RG SeuffA 69 Nr 1). In einem Falle, in welchem die Frau als Mieterin (Pächterin) zur Räumung vertraglich verpflichtet ist, steht ihr dem Vermieter (Verpächter) gegenüber nicht das Recht zu, sich wegen des Weiterwohnens auf § 1354 zu berufen (OLG 30, 4).

4. Mißbrauch des Rechtes bedeutet hier dasselbe wie im § 1353 Abs 2 (vgl. daselbst A 3). Eine Ehefrau, die die Herstellung des ehelichen Lebens verweigern darf und verweigert, kann gegenüber der Klage des Mannes auf **Herausgabe der Kinder** geltend machen, daß die Entscheidung des Mannes über den Aufenthalt der Kinder ein Mißbrauch seines ehelichen Rechtes im Sinne des § 1354 Abs 2 sei (RG 55, 419; RG JW 1912, 395[15]). Dieser Einwand ist jedoch nur für den Fall zugelassen, daß die vom Manne in bezug auf das Kind getroffene Anordnung darauf abzielt, auf die Frau, die die Herstellung der Gemeinschaft mit Recht verweigert, einen unberechtigten **Zwang zur Herstellung der Gemeinschaft** auszuüben, nicht aber für den Fall, daß der Mann nur, um für das Kind zu sorgen, Anordnung trifft. Im Rechtsstreite der Eheleute um Herausgabe eines gemeinschaftlichen Kindes kann die Frau den Einwand des Mißbrauchs nicht auf Gründe stützen, die dem Gebiete der Fürsorge für die Person des Kindes angehören. Da bei einer Meinungsverschiedenheit der Eltern nach § 1634 die Meinung des Vaters vorgeht, so ist die Frau, wenn sie das Wohl des Kindes bei dem die Herausgabe fordernden Manne gefährdet glaubt, darauf angewiesen, die Entscheidung des Vormundschaftsgerichts gemäß § 1666 anzurufen (RG JW 07, 6[6]; 1915, 1261[6]; RG Warn 1917 Nr 251; RG 13. 10. 19 IV 225/19). Nicht anders ist es — abgesehen von der durch einstweilige Verfügung des Ehescheidungsrichters für die Dauer des Scheidungsprozesses zu treffenden Regelung —, wenn zwischen den Ehegatten bereits der Scheidungsprozeß schwebt (RG 9. 12. 18 IV 297/18). Der Satz, daß eine mißbräuchliche Rechtsausübung zwischen Ehegatten nicht zu schützen sei, ist sowohl auf einen Anspruch des Mannes an die Frau als auch auf einen Anspruch der Frau an den Mann anwendbar (RG 87, 56); seine Anwendung entfällt aber, wenn die Ehe der Parteien bereits geschieden ist. Im letzteren Falle kann sich der Beklagte gegenüber dem Klagebegehren nur auf § 226 (Schadensabsicht) berufen (RG Warn 1918 Nr 2; RG 11. 12. 19 IV 257/19). Der Frau steht sogar eine selbständige Klage auf Herausgabe des Kindes gegen ihren zur Herstellung des ehelichen Lebens rechtskräftig verurteilten Mann zu (RG 2. 1. 08 IV 391/07). Verfehlt ist die Annahme, daß die Ehefrau, die zur Verweigerung der Gemeinschaft berechtigt ist, hinsichtlich der Sorge für die Person des Kindes die gleichen Rechte hätte, wie sie § 1635 der ohne ihr Verschulden geschiedenen Ehefrau zuerkennt. Vielmehr ist im Einzelfalle zu prüfen, ob die Umstände einen Schluß auf die Mißbräuchlichkeit des Verlangens des Mannes auf Herausgabe des bei der Mutter befindlichen Kindes rechtfertigen (RG JW 1913, 646[10]). Hat der Mann der Frau seine Einwilligung zum Betriebe eines **Erwerbsgeschäfts** (Fremdenheim in einem Badeorte) erteilt, so ist er zwar kraft des ihm nach § 1354 zustehenden Entscheidungsrechts befugt, seine Einwilligung zu widerrufen, aber er darf dieses Widerrufsrecht nicht aus bloßer Willkür und aus persönlichen, das Wohl der Familie gefährdenden Gründen, die einen Rechtsmißbrauch darstellen, ausüben. Darum darf der Mann die Einräumung des Besitzes an den Einrichtungsgegenständen gemäß § 1373 nur fordern, wenn ihm gerechtfertigte Gründe zur Seite stehen (RG 84, 47). Vgl. § 1373 A 2. Ein Mißbrauch wäre es, wenn der Mann zum ferneren Aufenthalte für seine Frau eine Wohnung bestimmen würde, die sie vertraglich (wegen Nichtbezahlung des Mietzinses) zu räumen verpflichtet ist (OLG 30, 4). Das Verlangen des Mannes (eines Offiziers), die infolge Kriegsausbruchs in das Elternhaus zurückgekehrte Frau solle mit dem Kinde nach einem andern Orte übersiedeln, stellt einen Rechtsmißbrauch dar, wenn das Verlangen aus Gründen gestellt wird, die nicht von rechter ehelicher Gesinnung eingegeben sind (RG 29. 9. 19 IV 180/19).

5. Gerichtszuständigkeit. Über die Rechte, die sich auf § 1354 Abs 2 gründen, hat ausschließlich das Prozeßgericht, nicht das Vormundschaftsgericht zu entscheiden (RG in RJA 13, 67).

§ 1355

[1]) Die Frau erhält[2]) den Familiennamen[3]) des Mannes[4])[5])[6]).

E I 1274 II 1255; M 4 106, 1005; P 4 97, 448.

1. Zu den Wirkungen der Ehe gehört es, daß die Frau mit der Eheschließung den **Familiennamen des Mannes** erhält. Eine natürliche Folge der durch die Ehe begründeten vollständigen Lebensgemeinschaft ist es, daß beide Ehegatten einen und denselben Familiennamen führen,

und zwar den Familiennamen des Mannes, weil dies der Stellung des Mannes als Haupt der Familie und der deutschen Sitte entspricht.

2. Recht und Pflicht zur Namensführung. Die Frau legt mit der Eheschließung ihren bisherigen Familiennamen ab und führt fortan den Familiennamen des Mannes. Dazu ist sie aber nicht nur berechtigt, sondern auch verpflichtet. Diese Verpflichtung ergibt sich aus dem im § 1353 Abs 1 ausgesprochenen Grundsatze, daß die Ehegatten einander zur ehelichen Lebensgemeinschaft verpflichtet sind. Verletzt die Frau diese Verpflichtung, so setzt sie sich der Klage des Mannes auf Herstellung des ehelichen Lebens aus. — Die Ehefrau kann einem andern die unbefugte Führung des Familiennamens ihres Mannes auch ohne dessen Genehmigung aus eigenem Rechte gemäß § 12 untersagen (**RG** 26. 11. 01 IV 170/01; **RG** 108, 230). Der Frau steht während der Ehe die Klage aus § 12 auch gegen den Mann zu. Es handelt sich dabei nicht um eine Ehesache (**RG** 108, 230). Vgl. § 1353 A 2. Eine Witwe ist verpflichtet, den Familiennamen ihres verstorbenen Mannes zu führen, und zwar nicht nur in ihren familienrechtlichen Beziehungen, sondern auch der Allgemeinheit gegenüber, insbesondere dem Standesbeamten gegenüber bei Schließung einer neuen Ehe und bei Beantragung des Aufgebots (**RG**St 60, 230). Der Geburtsname geht einer Ehefrau mit der Verheiratung nicht schlechtweg verloren. Auch wegen ihres Geburtnamens genießt sie den Rechtsschutz des § 12 (**RG** JW 1912, 338[1]).

3. Familiennamen. Die Personennamen lassen sich in Familiennamen (Zunamen) und Vornamen einteilen. Der Familienname bezeichnet die Abstammung einer Person. Ihn überkommt mit der Geburt jedes derselben Familie angehörige Mitglied. Die Vornamen dagegen werden dem Kinde von seinen Angehörigen besonders beigelegt (§ 22 Nr 4 PStG). Daß die Frau auch den Vornamen des Mannes erhält, schreibt § 1355 nicht vor, sie behält vielmehr ihre eigenen Vornamen. Nicht verboten ist, daß die Frau dem Familiennamen ihres Mannes ihren Mädchennamen oder der Mann seinem Namen den der Frau beifügt. — Der Mann kann aus §§ 1355 u. 1354 gegen seine von ihm getrennt lebende Ehefrau keinen Anspruch darauf herleiten, daß sie sich bei der Unterzeichnung von Schriftstücken seines Familiennamens nur in Verbindung mit ihrem Vornamen oder mit einem andern sie als Ehefrau erkennbar machenden Zusatze bedient (**RG** JW 1911, 572[2]). Durch die Vorschrift des § 1355 ist die Frau nicht gehindert, dem Familiennamen des Mannes ihren früheren Familiennamen mit einem entsprechenden Zusatze, wie „geborene N.", „verwitwete N.", „geschiedene N." beizufügen. Verpflichtet ist sie dazu nicht. Der Vorschrift, eine Urkunde mit dem Familiennamen zu unterzeichnen, genügt die Frau, wenn sie den Familiennamen ihres Mannes unterzeichnet (KG in RJA 11, 111; 12, 198; letzterer Beschluß bezieht sich auch auf den Namen eines angenommenen Kindes).

4. Auflösung und Nichtigkeit der Ehe. Die Auflösung der Ehe durch den Tod des Mannes berührt Recht und Pflicht der Frau zur Führung des Familiennamens des Mannes nicht. Für den Fall der Scheidung gilt § 1577. Wird die Ehe auf erhobene Nichtigkeits- bzw. Anfechtungsklage für nichtig erklärt, so fallen Recht und Pflicht der Frau aus § 1355 weg.

5. Stand. Die Frau nimmt an der gesellschaftlichen Lebensstellung des Mannes teil, was namentlich für die gegenseitige Unterhaltspflicht der Eheleute (§ 1360) und für das Scheidungsrecht (§ 1568) wichtig ist. Insoweit der Stand des Mannes im öffentlich-rechtlichen Sinne in Frage kommt, sind die Landesgesetze maßgebend. Das BGB hat es abgelehnt, sich mit dem Erwerb und Verluste des Adels durch Eheschließung zu befassen, da es an den adligen Stand keinerlei besondere Rechtsfolgen knüpft. — Wegen der Familienverhältnisse der landesherrlichen Familien und der Familien des hohen Adels vgl. die Ausnahmebestimmungen in Artt 57, 58 EG.

6. Adelsbezeichnungen gelten nur als Teil des Namens und dürfen nicht mehr verliehen werden (Art 109 Abs 3 S. 2 RVerf). Die Vorschrift, daß Adelsbezeichnungen nur als Teil des Namens gelten, ist nicht etwa nur eine Richtschnur für die künftige Gesetzgebung, sondern ein Gesetz, das mit sofortiger Wirkung in Kraft getreten ist (**RG** 103 S. 190, 194; 109 S. 244, 253; 113, 108). Der Art 109 Abs 3 S. 3 sollte nach seiner Entstehungsgeschichte den Sinn haben, daß das Recht des bisherigen Adeligen, seine bisherigen adeligen Namen weiterzuführen, nicht beeinträchtigt werden sollte. Nicht aber war gemeint, daß ein bisher nicht zum Namen gehöriges Adelsprädikat nunmehr Bestandteil des adeligen Namens werden sollte. Nur soweit Adelsprädikate früher schon Teil des adeligen Namens waren, sollten sie weitergeführt werden dürfen. Wollte man also den adeligen Namen in seiner bisherigen Gestalt aufrechterhalten, so besteht kein Grund für die Annahme, daß man die Form, in der er nach dem bisherigen Sprachgebrauch geführt wurde, beseitigen, insbesondere aber verbieten wollte, daß die Frau des Grafen sich nach wie vor Gräfin und die Frau des Freiherrn sich Freifrau nenne. Der § 1355 steht dem Gebrauch einer weiblichen Namensform nicht entgegen. Hiernach verstößt es nicht gegen das Gesetz, wenn die adeligen Namen bei weiblichen Personen in der weiblichen Form (Gräfin, Freiin, Freifrau usw.) gebraucht werden. Das Verlangen, eine im standesamtlichen Sterberegister erfolgte Eintragung, lautend: „Thekla Gräfin von Matuschka" umzuschreiben in: „Thekla Graf von Matuschka" ist daher unbegründet (**RG** 113, 107).

§ 1356

Die Frau ist, unbeschadet der Vorschriften des § 1354[1]), berechtigt und verpflichtet[2]), das gemeinschaftliche[3]) Hauswesen zu leiten[4]).

Zu Arbeiten[5]) im Hauswesen und im Geschäfte des Mannes ist die Frau verpflichtet, soweit eine solche Tätigkeit nach den Verhältnissen[6]), in denen die Ehegatten leben, üblich ist[7]).

E I 1275 II 1256; M 4 107; P 4 99.

1. Der Hinweis auf § 1354 stellt klar, daß dem **Manne** auch in den das gemeinschaftliche Hauswesen betreffenden Angelegenheiten bei Meinungsverschiedenheit die **Entscheidung** zusteht, und daß die Frau der Entscheidung des Mannes nicht Folge zu leisten braucht, wenn sich die Entscheidung als Mißbrauch seines Rechtes darstellt.

2. **Recht und Pflicht** der Frau zur Leitung des gemeinschaftlichen Hauswesens können im Falle der Verletzung durch Klage auf Herstellung des ehelichen Lebens geltend gemacht werden. Vgl. **RG** 97, 286, § 1353 A 2 oben. — Für rechtsgeschäftliche Abmachungen unter den Eheleuten über den Inhalt des § 1356 ist kein Raum (**RG** 61, 53).

3. Die **Gemeinschaftlichkeit** des Hauswesens besteht freilich nur so lange, als die häusliche Gemeinschaft unter den Eheleuten dauert. Eine Frau, die, gleichviel aus welchem Grunde, außerhalb der häuslichen Gemeinschaft steht, befindet sich daher nicht in der vom § 1356 Abs 1 vorausgesetzten Rechtslage, das gemeinschaftliche Hauswesen zu leiten. Eine andere Frage ist es aber, ob die von ihrem Manne getrennt lebende Frau berechtigt und verpflichtet ist, die Leitung des gemeinschaftlichen Hauswesens zu übernehmen bzw. wiederaufzunehmen. Diese Frage beantwortet sich danach, ob sie mit Recht oder Unrecht die Herstellung der häuslichen Gemeinschaft verweigert. Durch einseitige willkürliche Aufhebung der häuslichen Gemeinschaft kann weder die Frau sich ihrer Pflicht entziehen, noch der Mann ihre Rechte schmälern.

4. Die **Leitung** des Hauswesens (Abs 1) bedeutet etwas anderes als die Arbeiten im Hauswesen (Abs 2). Erstere umfaßt nur die Tätigkeit als Vorsteherin. — Über die Verantwortlichkeit der Ehefrau für Vorgänge im Hauswesen (Duldung des Unzuchtsbetriebs in Zimmern eines Gasthauses) vgl. **RG**St JW 09, 293[22]. Dazu auch **RG** JW 06, 243[12] (Verpflichtung des Mannes, dem kupplerischen Treiben der Frau Einhalt zu gebieten).

5. Die im Abs 2 bezeichneten **Arbeiten** setzen ebenso wie die Leitung des gemeinschaftlichen Hauswesens (Abs 1) voraus, daß unter den Eheleuten häusliche Gemeinschaft besteht. Das in A 3 Gesagte gilt aber auch hier. — Eine Frau, die im Geschäfte einer Gesellschaft, das auch das Geschäft ihres Ehemanns als Gesellschafters ist, Dienste verrichtet, dabei auf dessen Weisung oder mit dessen Zustimmung tätig wird und zugleich die ihr als Ehefrau gemäß § 1356 obliegende Pflicht erfüllt, nimmt nicht die Stellung einer Handlungsgehilfin ein (**RG** JW 09, 502[30]). Um eigenem Erwerbe außerhalb des ihr zugewiesenen ehelichen Wirkungskreises nachzugehen, bedarf die Frau der Zustimmung des Mannes (**RG** JW 1911, 773[41]; § 1354 A 2). Wenn auch unter Arbeiten im Geschäfte nicht ausschließlich maschinenmäßige Dienstleistungen zu verstehen sind, sondern auch der Abschluß von Rechtsgeschäften, insbesondere von Verkäufen im Kleinhandel, unter den Begriff fallen kann, so ist doch immer nur an Hilfeleistungen zu denken, die dem Manne, als dem Leiter des Geschäfts, gewährt werden. Die selbständige Leitung des Betriebes oder auch nur eines Teiles desselben geht aber darüber hinaus (**RG**St 52, 279). Eine Ehefrau, die im Geschäft ihres Mannes eine Tätigkeit ausübt, die ihre im § 1356 Abs 2 begrenzte Verpflichtung weit überschreitet, z. B. ein Zweiggeschäft leitet, hat Anspruch auf einen angemessenen Anteil am Verdienste des gemeinsam geführten Geschäfts (KG in JW 1921, 635[1]). Was die Frau dadurch erwirbt, daß sie mit Genehmigung des Mannes Zimmer der Ehewohnung vermietet, fällt dem Manne zu (OLG 41, 74). Über gemeinschaftlichen Geschäftsbetrieb der Eheleute bei Gütertrennung vgl. §§ 1426 A 2, 1432 A 3. Daraus, daß Geld der Frau zum Ankaufe des Geschäfts mitverwendet worden ist, daß die Frau sich der Buch- und Kassenführung unterzieht, Lieferanten bezahlt und Bestellungen macht, folgt noch nicht, daß sie das (auf den Namen des Mannes allein zum Gewerberegister angemeldete) Geschäft mit ihrem Manne gemeinschaftlich betreibt (SeuffA 70 Nr 123).

6. Nicht lediglich der Stand des Mannes, sondern die **Verhältnisse**, in denen die Ehegatten leben, sind für die Frage, ob die Frau zu den in Rede stehenden Arbeiten verpflichtet ist, maßgebend (**RG** 62, 297).

7. **Schadensersatz.** Betätigt eine Frau ihre Erwerbstätigkeit lediglich im Hauswesen und im Geschäfte des Mannes, so kann ein Schadensanspruch für den Verlust oder die Verminderung ihrer Erwerbsfähigkeit infolge einer **Körperverletzung** (§§ 842 u. f.) nicht von ihr, sondern nur von dem Manne erhoben werden (**RG** 63, 195; **RG** JW 05, 341[12]; 06, 469[26]; **RG** 14. 5. 08 IV 507/07; vgl. auch §§ 1367 A 2, 1380 A 3, 1439 A 2). Der Mann kann gegen die Frau, die ihn grundlos verlassen hat, einen vermögensrechtlichen Schadensersatzanspruch nicht mit der einfachen Tatsache begründen, das ehewidrige Verhalten der Frau habe für seinen Haushalt und sein Geschäft Nachteile im Gefolge gehabt; es kommt darauf an, ob außerdem die Voraussetzungen des § 823 oder des § 826 vorliegen (**RG** JW 05, 431[10]). Ansprüche, die Eheleuten aus einem **Unfall der Frau** gegen den Schadensersatzpflichtigen erwachsen, stehen ihnen nicht gemeinschaftlich zu, sondern verteilen sich nach rechtlichen Gesichtspunkten (vgl. darüber **RG** 11. 2. 07 VI 224/06). Ein Mieter, dessen Ehefrau infolge einer durch einen Mangel der Mietsache (Fensterläden) verursachten Körperverletzung in seinem Erwerbsgeschäfte keine Dienste mehr leisten kann, ist berechtigt, den ihm durch den Ausfall dieser Dienste erwachsenen Schaden gegen den Vermieter geltend zu machen. Die Schadensersatzpflicht ergibt sich aus der Verletzung von Vertragsrechten (**RG** 77, 99; §§ 538, 249; **RG** 90, 65). Bei körperlicher Verletzung einer Ehefrau, die mit ihrem Manne im gesetzlichen Güterrechte lebt, steht ein Schadensersatzanspruch wegen Wegfalls ihrer Dienste im Hauswesen und im Geschäfte des Mannes (§ 1356 Abs 2) nach § 845 dem Manne und nur diesem zu (**RG** 63, 195; 64, 323; 77, 99; 79, 230; 85, 82; 90, 65; **RG** JW 05, 341[12]; 06, 385[13], 469[26]; 08, 273[8]; 1910, 818[39]; 1911, 810[17]; Warn 08 Nr 520; 09 Nr. 300). Die Eheleute sind daher gezwungen, um **Kurkosten, Schmerzensgeld** und **Schadensersatz** wegen aufgehobener oder verminderter Erwerbsfähigkeit der Frau entweder gemeinschaftlich zu klagen oder die Ansprüche gesondert in verschiedenen Rechtsstreiten zu erheben. Bei dem Güterstande der Gütergemeinschaft gehört dagegen der Anspruch wegen des Wegfalls der häuslichen und geschäftlichen Tätigkeit zum Gesamtgute (**RG** JW 1911, 810[17]; 1910, 818[39]; vgl. auch §§ 1400 A 6, 1443 A 5). Der Ehemann kann, wenn seine mit ihm im gesetzlichen Güterrechte lebende Ehefrau einen Unfall (durch Stolpern auf der mangelhaften Treppe der Mietswohnung) erleidet, den ihm aus dem Unfall erwachsenen Schaden sowohl aus der Verletzung seines sich auch auf seine Angehörigen erstreckenden Mietrechts als auch aus § 845 BGB, den Schaden der Verunglückten selbst aber nach § 1380 in eigenem Namen geltend machen. Diese letztere Befugnis bezieht sich auch auf den Schmerzensgeldanspruch seiner Frau, als einen zum eingebrachten Gute der Frau gehörigen vermögensrechtlichen Anspruch (**RG** 90, 65). Bei Körperverletzung einer verheirateten Frau entsteht, gleichviel welches Güterrecht in ihrer Ehe besteht, der Anspruch auf Ersatz der **Heilungskosten** (Arzt- und Apothekerkosten) in ihrer Person, und ein bei der Körperverletzung etwa mitwirkendes Verschulden ihres Mannes hat für den Ersatzanspruch keinerlei Bedeutung. Es gewinnt auch dadurch nicht Bedeutung, daß der Anspruch bei in Gütergemeinschaft verheirateten Eheleuten zugleich mit seiner Entstehung (§ 1438 Abs 1 Satz 2) auf das Gesamtgut übergeht und später nach dem Tode der Frau auf den Mann allein vererbt wird (**RG** SeuffA 71 Nr 31). Der Wegfall oder die Minderung der Fähigkeit der Frau zur Leistung häuslicher Arbeiten und die infolgedessen eintretende Notwendigkeit, Dienstboten anzunehmen, bedeutet in erster Linie einen Schaden des Mannes (bei gesetzlichem Güterrechte). Die Frau kann aber mittelbar dadurch geschädigt worden sein, daß ihr Unterhaltsanspruch gegen den Mann (§ 1360) beeinträchtigt wird, weil sich dessen Erwerbsverhältnisse infolge der Minderung der Arbeitsfähigkeit der Frau verschlechtern. Ein die Frau treffender Schaden kann ferner dann vorliegen, wenn sich feststellen läßt, daß sie für die Zeit nach Auflösung der Ehe Einbuße bei Ausnutzung ihrer Arbeitskräfte erleiden müßte (**RG** Warn 1913 Nr 22). Hat die Frau, ohne einen Zuschuß von ihrem Manne zu erhalten, die gesamten Kosten des Haushalts aus den Einkünften ihres Vorbehaltsguts bestritten und ist sie durch einen Unfall unfähig geworden, ihre bisherige Tätigkeit im Hauswesen fortzusetzen, so ist der infolge ihrer Arbeitsunfähigkeit eingetretene Schaden ihr selbst und nicht ihrem Manne erwachsen. Sie kann daher selbständig Ersatz der Kosten für ihre Vertretung im Haushalte fordern. Soweit sie durch persönliche Besorgung des Haushalts die Kosten eines Dienstboten erspart hat, ist der dadurch erzielte Nutzen ihrem Vorbehaltsvermögen zugute gekommen (**RG** 85, 82).

§ 1357

[1]) Die Frau ist berechtigt[2]), innerhalb ihres häuslichen Wirkungskreises[3]) die Geschäfte des Mannes[4]) für ihn zu besorgen und ihn zu vertreten. Rechtsgeschäfte, die sie innerhalb dieses Wirkungskreises vornimmt, gelten als im

Namen des Mannes vorgenommen, wenn nicht aus den Umständen sich ein anderes ergibt[5]).

Der Mann kann das Recht der Frau beschränken oder ausschließen. Stellt sich die Beschränkung oder die Ausschließung als Mißbrauch des Rechtes des Mannes dar, so kann sie auf Antrag der Frau durch das Vormundschaftsgericht aufgehoben werden[6]). Dritten gegenüber ist die Beschränkung oder die Ausschließung nur nach Maßgabe des § 1435 wirksam[7])[8])[9]).

E I 1278 II 1257; M 4 117 ff.; P 4 106.

1. Der § 1357 handelt von der sog. **Schlüsselgewalt** der Frau. Die Schlüsselgewalt ist der Frau beigelegt, damit sie die ihr durch § 1356 zugewiesene Aufgabe, dem gemeinschaftlichen Hauswesen vorzustehen, erfüllen könne. Die Schlüsselgewalt steht der Frau zu, gleichviel welches Güterrecht in ihrer Ehe herrscht. — Für rechtsgeschäftliche Abmachungen unter den Eheleuten über den Inhalt des § 1357 ist kein Raum (**RG** 61, 53). Der Mann kann das Recht der Frau beschränken oder ausschließen.

2. Die **Berechtigung der Frau** beruht auf dem vermuteten Einverständnisse des Mannes. Gegen den erklärten Willen des Mannes ist die Frau deshalb nicht berechtigt, die fraglichen Geschäfte vorzunehmen. — Zulässig ist es, daß der Mann in Zeitungen bekanntmacht, er komme für Schulden seiner Frau nicht auf (**RG** JW 05, 135[9]). Es muß aber auch ein genügender Grund zu der Besorgnis ungerechtfertigten Schuldenmachens der Frau vorliegen, da sonst in der Bekanntmachung eine schwere Eheverfehlung gefunden werden könnte (**RG** 9. 1. 19 IV 287/18; vgl. § 1569 A 3).

3. Der **häusliche Wirkungskreis** einer Frau umfaßt nicht nur die zur Führung des Haushalts erforderlichen Geschäfte (Einkäufe von Lebensmitteln und andern notwendigen Verbrauchsgegenständen, Annahme und Entlassung von Dienstboten; vgl. jedoch Art 95 EG), sondern auch Geschäfte, die sich auf den Haushalt nicht beziehen, aber zu den ehelichen Lasten gehören, z. B. die Anschaffung der notwendigen Kleidung für die Frau und die Kinder, und die Kosten der Erziehung der Kinder. Die Geschäfte müssen jedoch innerhalb desjenigen Kreises liegen, der durch die gesellschaftlichen Verhältnisse der Ehegatten und durch die Sitte bestimmt wird. Wie **RG** 61, 80 ausführt, erstreckt sich die Schlüsselgewalt auf alle den ehelichen Aufwand betreffende Besorgungen, deren besondere Beschaffenheit nach der bestehenden Sitte auf eine Erledigung durch die Frau hinweist. Dabei wird vorausgesetzt, daß die Geschäfte (z. B. Beschaffung der Kleidung für die Frau) der äußeren Gestaltung des Ehelebens entsprechen, die wiederum von dem Manne abhängt. Darauf, ob die Einkünfte des Mannes einen größeren Aufwand gestatten, kommt es nicht an. Nur der **tatsächliche Zuschnitt des Hauswesens,** heißt es **RG** 61, 81, und die damit zusammenhängende äußere Lebensführung der Ehegatten, nicht aber eine Lebenshaltung, wie sie mit Rücksicht auf das Einkommen des Mannes beschaffen sein müßte, in Wirklichkeit aber nicht beschaffen ist, kennzeichnen nach Inhalt und Umfang den häuslichen Wirkungskreis der Frau und damit zugleich die Grenzen ihrer gesetzlichen Vertretungsmacht. — Übereinstimmend OLG 40, 65. — Die Schlüsselgewalt der Frau erstreckt sich auch auf die Bestellung von Kleidungsstücken für eine volljährige Haustochter (KG in OLG 34, 248). — Die Vertretungsbefugnis der Ehefrau ist nach § 1357 auf ihren häuslichen Wirkungskreis beschränkt. Eine Befugnis, den Mann auch sonst in Abwesenheits- oder Krankheitsfällen zu vertreten, steht der Frau nicht zu. Der Ehefrau steht daher auch kein Recht zu, die Herausgabe solcher Sachen ihres Ehemanns zu verlangen, deren sie zur Erfüllung ihrer durch §§ 1356, 1357 gegebenen Pflichten und zur Ausübung der daraus entspringenden Rechte nicht bedarf (unbefugte Herausgabe des Geldschrankschlüssels des Mannes an die Frau durch den Leiter einer Heilanstalt, in die der Mann wegen vermeintlicher Geisteskrankheit aufgenommen worden war; **RG** JW 1910, 574[6]). Vgl. aber auch § 1450 (Gütergemeinschaft).

4. Zu den **Geschäften des Mannes** gehört auch die zur Verfügung über Ehegut erforderliche Einwilligung des Mannes. Ihre eigenen Geschäfte kann die Frau selbstverständlich allein besorgen. — Wegen der Haftung des Mannes für Schaden, der infolge einer von der Frau dem Dienstboten erteilten und von diesem befolgten Anweisung entsteht, vgl. **RG** JW 06, 460[15]; **RG** Warn 1917 Nr 12.

5. Hier wird die Vermutung aufgestellt, daß die Frau als **Vertreterin ihres Mannes** habe handeln wollen. Im Verhältnisse der Ehegatten untereinander wird der Mann wie ein Auftraggeber berechtigt und verpflichtet. Im Verhältnisse zu Dritten wird lediglich der Mann verhaftet, soweit die Frau nicht ausdrücklich für sich handelt. Gegenüber dem Dritten kommt es nicht darauf an, daß das innerhalb des gesetzlichen Kreises liegende Rechtsgeschäft im einzelnen Falle zur Befriedigung eines Bedürfnisses notwendig war. — Die Umstände können auch ergeben, daß beide Eheleute dem Dritten gegenüber als Vertrag-

schließende (z. B. Besteller von Handwerkerleistungen) auftraten und daher **beide** zur Bezahlung der Arbeiten verpflichtet sind (RG JW 1911, 766[27]). Über die Verpflichtung des Mannes, das Haushaltsgeld an die Frau vorschußweise zu zahlen, vgl. OLG 26, 212. Die Frage, ob ein die Nichtigkeit begründender Verstoß gegen die guten Sitten vorliegt, wenn eine Ehefrau Kaufgeschäfte in der Weise vornimmt, daß sie, um dem Ehemanne den Umfang ihrer **Aufwendungen zu verheimlichen,** den Verkäufer zur Ausstellung unvollständiger Rechnungen veranlaßt, ist in einem Falle vom Reichsgerichte verneint worden. Wenn auch das Verhalten der Ehefrau zu verurteilen war und das Verhalten des Kaufmanns mit den Pflichten eines anständigen Geschäftsmanns im Widerspruch stand, so enthielten doch die Geschäfte selbst nichts Sittenwidriges (RG 101, 399).

6. Auch die **Klage auf Herstellung des ehelichen Lebens** kann, falls ein Ehegatte seine Rechte aus § 1357 mißbraucht, beim Prozeßgericht erhoben werden. Wegen der Voraussetzungen dieser Klage vgl. § 1353 A 2, auch RG Warn 1915 Nr 287.

7. **Vertragschließung der Frau mit mehreren Dritten. Beweislast.** Die Frau kann ihre Vertretungsmacht mißbrauchen, wenn sie durch Verträge mit **mehreren** Dritten zwar dem einzelnen gegenüber innerhalb ihres häuslichen Wirkungskreises handelt, im ganzen aber die gesetzlichen Grenzen überschreitet. Behauptet der Mann eine übermäßige Vervielfältigung solcher an sich zulässiger Anschaffungen, so ist es seine Sache, sowohl die Tatsache des Mißbrauchs als auch deren Erkennbarkeit für den Dritten nachzuweisen (RG 61, 83; RG 30. 9. 07 IV 50/07).

8. **Einfluß des Getrenntlebens der Ehegatten auf die Schlüsselgewalt.** Die Vertretungsbefugnis der Frau setzt regelmäßig eine Gemeinschaftlichkeit des Hauswesens voraus. Die Verbindung mit dem Hauswesen des Mannes wird aber nicht nur tatsächlich, sondern in dieser Beziehung auch rechtlich **gelöst**, sobald die Frau aus eigener Entschließung sich **auf die Dauer** vom Manne trennt. Umgekehrt bleibt die Gemeinschaftlichkeit des Hauswesens und darum auch die Vertretungsbefugnis der Frau ihr erhalten, wenn die Trennung nur vorübergehend ist und insbesondere dann, wenn sie im Einvernehmen mit dem Manne vor sich geht (RG 30. 9. 07 IV 50/07; vgl. auch RG 60, 12; OLG 36, 196; §§ 1435 A 3 und 1561 A 2). Die bloße Entfernung des Mannes bedingt nicht schlechthin die Aufhebung der Schlüsselgewalt, vielmehr regelmäßig nur dann, wenn auch der eheliche Haushalt aufgelöst wird oder wenn die Frau den Haushalt zwar fortführt, aber nicht als Frau des getrennt lebenden Mannes, sondern selbständig (OLG 43, 351). Mit der **Auflösung** des gemeinschaftlichen Hauswesens kommt die Schlüsselgewalt der Frau von selbst in Wegfall (BayObLG in RJA 13, 76). Es fehlt dann eben an einer wesentlichen Voraussetzung der Schlüsselgewalt, nämlich dem häuslichen Wirkungskreise, **innerhalb** dessen und **für** den die Schlüsselgewalt gegeben ist. Nur weil und so lange die Frau dem gemeinsamen Haushalte vorsteht, ist sie mit Schlüsselgewalt ausgestattet. Im Falle des Getrenntlebens der Ehegatten ist ihr nicht nur das **Betätigungsgebiet** (so KG in RJA 13, 120), sondern auch der **Rechtsboden**, auf den die Schlüsselgewalt sich gründet, entzogen. Bei einer von ihrem Manne getrennt lebenden Frau kann auch keine Rede davon sein, daß eine **Vermutung** besteht, sie handle im Einverständnisse mit ihrem Manne. Demzufolge entfällt im Falle des Getrenntlebens der Ehegatten als **gegenstandslos** das Recht des Mannes, die (nicht mehr bestehende) Schlüsselgewalt der Frau zu beschränken oder auszuschließen. Für eine Eintragung des Wegfalls der Schlüsselgewalt in das **Güterrechtsregister** (§ 1561 A 2) ist kein Raum, auch kein Bedürfnis vorhanden. Dritte schützen sich durch Erfüllung ihrer Erkundigungspflicht. Zur Befriedigung ihrer eigenen Bedürfnisse bedarf die getrennt lebende Frau nicht mehr der Schlüsselgewalt, sondern dazu ist ihr der im § 1361 bezeichnete Weg (Unterhaltsrente usw.) eröffnet. — Da aber die Schlüsselgewalt in der Regel nur wegen **unwirtschaftlicher Führung des Haushalts** entzogen wird, kann die Frau um ihres guten Rufes willen auch noch während des Getrenntlebens der Ehegatten die Beseitigung der die Entziehung der Schlüsselgewalt beurkundenden Eintragung in das Güterrechtsregister betreiben (OLG 30, 37ff.). Vgl. dazu KG in OLG 33, 337. Wer einer Frau, die namens ihres Mannes Verbindlichkeiten eingeht (hier Kleidungsstücke kauft), den Kaufpreis stundet, muß sich erkundigen, ob sie mit ihrem Manne ein gemeinschaftliches Hauswesen hat. Lag solches nicht mehr vor, so stand auch der Frau die Schlüsselgewalt nicht mehr zu und die Klage des Verkäufers gegen den Mann auf Bezahlung des Kaufpreises ist unbegründet (OLG 41, 45).

9. **Verhältnis des deutschen zum ausländischen Eherechte.** Haben ausländische Ehegatten oder Ehegatten, die nach der Eheschließung die Reichsangehörigkeit erwerben, den Wohnsitz im Inlande, so gelten zwar für ihr Güterrecht ausländische Gesetze (Vorbem 4 vor § 1363), aber nach Art 16 Abs 2 EG finden die Vorschriften des § 1357 Anwendung, soweit sie Dritten **günstiger** sind als die ausländischen Gesetze.

§ 1358

[1]) **Hat sich die Frau[2]) einem Dritten gegenüber zu einer von ihr in Person zu bewirkenden Leistung[3]) verpflichtet[4]), so kann der Mann das Rechtsverhältnis ohne Einhaltung einer Kündigungsfrist[5]) kündigen, wenn er auf seinen Antrag von dem Vormundschaftsgerichte dazu ermächtigt worden ist. Das Vormundschaftsgericht hat die Ermächtigung zu erteilen, wenn sich ergibt, daß die Tätigkeit der Frau die ehelichen Interessen beeinträchtigt[6]).**

Das Kündigungsrecht ist ausgeschlossen, wenn der Mann der Verpflichtung zugestimmt hat oder seine Zustimmung auf Antrag der Frau durch das Vormundschaftsgericht ersetzt worden ist. Das Vormundschaftsgericht kann die Zustimmung ersetzen, wenn der Mann durch Krankheit oder durch Abwesenheit an der Abgabe einer Erklärung verhindert und mit dem Aufschube Gefahr verbunden ist oder wenn sich die Verweigerung der Zustimmung als Mißbrauch seines Rechtes darstellt. Solange die häusliche Gemeinschaft aufgehoben ist, steht das Kündigungsrecht dem Manne nicht zu[7]).

Die Zustimmung sowie die Kündigung kann nicht durch einen Vertreter des Mannes erfolgen; ist der Mann in der Geschäftsfähigkeit beschränkt, so bedarf er nicht der Zustimmung seines gesetzlichen Vertreters.

E I 1277 II 1258; M 4 110 ff.; P 4 101 ff.; 6 272.

1. **Zweck der Vorschrift.** Da die Frau weder als Ehefrau noch kraft des ehelichen Güterrechts in der Geschäftsfähigkeit beschränkt ist (vgl. § 1395 A 1), so könnte sie sich durch Eingehung vertraglicher Verpflichtungen der im § 1358 bezeichneten Art ihren aus der ehelichen Gemeinschaft folgenden Pflichten (§§ 1353, 1356) entziehen. Einem solchen Mißbrauche will der § 1358 vorbeugen.

2. Nur auf die **Frau** bezieht sich § 1358. Hat sich der Mann durch Verträge der fraglichen Art, z. B. durch Übernahme fortdauernder Schiffsdienste, der ehelichen Gemeinschaft gänzlich entzogen, so kann die Frau auf Herstellung des ehelichen Lebens, schlimmstenfalls auf Scheidung klagen.

3. Z. B. die persönlichen **Leistungen** aus Dienstverträgen, Werkverträgen, Aufträgen oder Gesellschaftsverträgen.

4. Die **Verpflichtung** muß nach der Eheschließung eingegangen sein. Für vorher eingegangene Verpflichtungen gelten die allgemeinen Grundsätze. Vgl. **RG** JW 1910, 577[10], wo die Kündigung des von einer Schauspielerin eingegangenen Spielvertrags aus dem Grunde ihrer späteren Verheiratung deshalb für unstatthaft erachtet wurde, weil die Kündigung aus dem genannten Grunde vertragsmäßig bei Vermeidung einer Geldstrafe ausgeschlossen war und keine besonderen Umstände vorlagen, die das Strafgeding als sittenwidrig oder die Rechte des Ehemanns als beeinträchtigt erscheinen ließen.

5. Selbstverständlich kann der Mann auch unter Einhaltung einer **Kündigungsfrist** kündigen und dazu vom Vormundschaftsgericht angehalten werden. Wegen **rückständiger Leistungen,** deren Nachholung nicht schon durch die Natur des Rechtsgeschäfts oder der Leistungen selbst ausgeschlossen ist, hat der Dritte einen Anspruch auf Nachleistung, ferner, wenn er von der Frau über ihre Eigenschaft als Ehefrau getäuscht worden ist, einen Anspruch auf Schadensersatz.

6. Das **Vormundschaftsgericht** befindet nach freiem Ermessen. Vgl. § 45 FGG, Art 147 EG (Zuständigkeit) und § 53 FGG (Ermächtigung). — Über die dem Manne erteilte Kündigungsermächtigung können sich Dritte nicht beschweren (KG in OLG 33, 338).

7. Solange die **häusliche Gemeinschaft aufgehoben** ist, steht dem Manne das Kündigungsrecht nicht zu. Dabei ist es gleichgültig, ob die Frau die Herstellung mit Recht verweigert oder nicht. Glaubt der Mann, daß die Frau sich ohne Grund von ihm fernhalte, so muß er sie auf Herstellung der ehelichen Gemeinschaft verklagen und, wenn sie dem gegen sie ergangenen Urteile keine Folge leistet, die Scheidung betreiben. Er ist nicht befugt, einen mittelbaren Zwang zur Herstellung des ehelichen Lebens durch Kündigung des Dienstverhältnisses auf die Frau auszuüben (OLG 31, 398). Der Ehemann kann die **Zustimmung zur Eingehung eines Dienstverhältnisses** durch die Frau auch unter zeitlicher Beschränkung erteilen. Nach § 1358 Abs 2 fällt das Kündigungsrecht des Ehemanns weg, solange die häusliche Gemeinschaft aufgehoben ist. Diese Vorschrift findet

jedoch keine Anwendung, wenn sich die Ehefrau gerade zum Zwecke der Erfüllung der von ihr übernommenen Verbindlichkeit aus dem ehelichen Haushalt entfernt hat. **Das Kündigungsrecht des Mannes ist ausgeschlossen,** wenn die Frau wegen grober Beschimpfungen seitens des Mannes, die dessen Verlangen nach Herstellung der ehelichen Gemeinschaft als Mißbrauch erscheinen lassen oder sogar die Frau zu einer Scheidungsklage berechtigen würden, diese Herstellung verweigert (BayObLG in JFG 2 Nr 3).

§ 1359

Die Ehegatten haben bei der Erfüllung der sich aus dem ehelichen Verhältnis ergebenden Verpflichtungen¹) einander nur für diejenige Sorgfalt einzustehen, welche sie in eigenen Angelegenheiten anzuwenden pflegen²).

E I 1279 II 1259; M 4 121; P 4 108.

1. **Alle Verpflichtungen,** die sich auf das eheliche Verhältnis (nicht bloß das eheliche Güterrecht) gründen, insbesondere die gegenseitige Unterhaltspflicht, werden vom § 1359 betroffen.

2. Treten Ehegatten miteinander in einen gewöhnlichen rechtsgeschäftlichen Verkehr, so finden auch die Vorschriften über die in diesem Verkehr anzuwendende Sorgfalt Anwendung. — Bei einem unter den Ehegatten zustande gekommenen Leihvertrage ist die Sorgfalt des Entleihers nicht nach § 1359 sondern nach den Vorschriften über den Leihvertrag zu beurteilen (**RG** 20. 5. 12 IV 547/11, Ersatzpflicht der Frau für einen ihr geliehenen, abhanden gekommenen, kostbaren Familienschmuck). Wegen Darlehnsgeschäften zwischen Ehegatten vgl. **RG** 78, 207; **RG** JW 1910, 1004[16] und § 1432 A 3).

§ 1360

Der Mann¹) hat der Frau nach Maßgabe seiner Lebensstellung²), seines Vermögens³) und seiner Erwerbsfähigkeit Unterhalt⁴) zu gewähren.

Die Frau hat dem Manne, wenn er außerstande ist⁵), sich selbst zu unterhalten, den seiner Lebensstellung entsprechenden⁶) Unterhalt nach Maßgabe ihres Vermögens⁷) und ihrer Erwerbsfähigkeit zu gewähren.

Der Unterhalt ist in der durch die eheliche Lebensgemeinschaft gebotenen Weise⁸) zu gewähren. Die für die Unterhaltspflicht der Verwandten geltenden Vorschriften der §§ 1605, 1613 bis 1615 finden entsprechende Anwendung⁹)¹⁰)¹¹).

E I 1280, 1281 II 1260; M 4 122; P 4 109 ff.

1. **Die Unterhaltspflicht des Mannes gegenüber der Frau** folgt aus dem Wesen der Ehe und aus der Pflicht des Mannes, die ehelichen Lasten zu tragen. **Bedürftigkeit der Frau** wird nicht vorausgesetzt; anders § 1602 Abs 1 bei Verwandten (**RG** JW 08, 554[15]; 07, 23[26]). Bedürftigkeit der Frau gehört nicht zu den Voraussetzungen ihres Anspruchs (**RG** JW 1904, 294[18]; **RG** 5. 1. 25 IV 311/24). Die Frau hat von ihrem Manne nach Maßgabe seiner Lebensstellung, seines Vermögens und seiner Erwerbsfähigkeit standesgemäßen Unterhalt ohne Rücksicht auf die Höhe ihres etwaigen eigenen Vermögens zu beanspruchen (**RG** 91, 401). Die Vorschrift aus § 1360 Abs 1 hat nicht die Bedeutung, daß ein Mann, dessen Einkommen größer ist als der Bedarf für den standesmäßigen Unterhalt der (aus Frau und fünf Kindern bestehenden) Familie, von der Frau gezwungen werden könnte, auch den überschießenden Teil für den Unterhalt zu verwenden. Dem Manne steht vielmehr das Recht zu, den für den standesmäßigen Unterhalt nicht erforderlichen Betrag zur **Ansammlung von Vermögen** zu benutzen, zumal wenn fünf gemeinschaftliche Kinder vorhanden sind, für deren Zukunft zu sorgen ist (**RG** 15. 3. 15 IV 468/14). Hiernach gilt der im § 1610 bezeichnete standesmäßige Unterhalt als das zu leistende Höchstmaß; er deckt ja auch den gesamten Lebensbedarf und das, was darüber hinaus beansprucht wird, fällt nicht mehr unter den Begriff „Unterhalt". Vgl. auch A 9. Wegen der Unterhaltspflicht eines zum Kriege eingezogenen Ehemanns, dessen heimatliches Erwerbsgeschäft fortgeführt wird, vgl. OLG 45, 344. Der Mann ist nicht berechtigt, seinen Unterhalt für sich selbst vorab zu nehmen, vielmehr muß er, was er hat, mit der Frau teilen, selbst wenn es nicht einmal für den beiderseitigen notdürftigen Unterhalt ausreicht; anders § 1603 bei Verwandten (**RG** JW 00 Beil 849; JW 04, 294[18]). Wie es die **Pflicht eines guten Hausvaters** ist, die dauernde Sicherung des Lebensunterhalts der Familie im Auge zu haben, und wie die Frau sich mit einem Unterhalte, der bei solchem Verfahren gewährt werden kann, begnügen muß, auch wenn dieser

Unterhalt hinter dem zurückbleibt, der der Lebensstellung des Mannes entspricht (M 4, 123), so darf auch die Frau, wenn sie dem Manne Unterhalt zu gewähren hat, auf gleiche Sicherung Bedacht nehmen. Dies ist auch bei Festsetzung der Höhe einer Geldrente im Falle des § 1361 zu berücksichtigen (**RG** Warn 1914 Nr 192). Vgl. § 1579 A 9. Der Grundsatz des § 1360 gilt für alle Ehen, gleichviel welcher Güterstand sie beherrscht (**RG** 69, 293). Ein Vertrag, in dem die Frau dem Manne gegenüber auf das Recht, standesmäßigen Unterhalt zu verlangen, verzichtet, ist auch dann nichtig, wenn der Verzicht nicht unentgeltlich, sondern als Gegenleistung dafür erfolgt, daß der Mann auf das Recht der Verwaltung und Nutznießung des Vermögens der Frau verzichtet (**RG** JW 05, 682[1]). Ein zwischen Eheleuten vor dem Inkrafttreten des BGB geschlossener, die Unterhaltspflicht der Ehegatten zueinander regelnder Vertrag wird mit dem Inkrafttreten des BGB unwirksam, wenn er dessen Bestimmungen widerstreitet (Artt 170, 199 EG; **RG** JW 05, 682[1]).

2. Die **Lebensstellung** des Mannes ist auch für die Unterhaltspflicht der Frau gegenüber dem Manne bestimmend (vgl. A 5). Die Frau hat nach den §§ 1360, 1361 nicht schlechthin einen Teil des Einkommens des Mannes, sondern nur den ihren **gesamten Lebensbedarf** umfassenden „Unterhalt" zu beanspruchen. Für das Maß des zu gewährenden Unterhalts kann nach den in § 1360 Abs 1 gegebenen Maßstäben allerdings auch die Höhe des Einkommens des Mannes in Betracht kommen; dies nicht nur dann, wenn das Einkommen eine Erscheinungsform des Vermögens ist, sondern auch sonst insofern, als er die Lebensstellung des Mannes wesentlich beeinflussen kann (**RG** Warn 1912 Nr 265; 1922 Nr 54). Ob bei Prüfung der Lebensstellung des Mannes im Sinne des § 1360 davon auszugehen ist, daß seine Einnahmen ganz zu alsbaldigem Verbrauche zu verwenden seien oder ob der Mann einen Teil dem Verbrauche entziehen und zur **Ansammlung von Vermögen** verwenden darf, kann nicht einheitlich entschieden werden, hängt vielmehr von den Umständen (Sorge für die Zukunft von Kindern, künftiger Wegfall der erhöhten Einnahmen, unsichere Vermögenslage u. dgl.) ab (**RG** LZ 1920, 826[3]; **RG** Warn 1922 Nr 54). Vgl. A 1.

3. Auch den **Stamm seines Vermögens** hat er nötigenfalls zu opfern (**RG** Warn 09 Nr 138; 1910 Nr 388; **RG** JW 1911 S. 368[24]; 773[41]; **RG** 20. 6. 21 IV 20/21).

4. Zum **Unterhalte** gehören auch Krankheits- und Kurkosten. Der Mann hat auch den durch den Unterhalt der Frau im Gefängnisse verursachten Aufwand aus eigenen Mitteln zu bestreiten, wenn die Frau kein Vermögen besitzt. Wegen der Kosten eines Rechtsstreits, den die Frau führt, und wegen der Kosten der Verteidigung der Frau in einem gegen sie gerichteten Strafverfahren vgl. § 1387 A 7, 8. Das Verlangen der Frau auf regelmäßige Gewährung eines angemessenen **Taschengeldes** zur Deckung kleinerer persönlicher Ausgaben betrifft zwar auch die Unterhaltsgewährung, kann aber mit der Klage auf Herstellung des ehelichen Lebens verfolgt werden (**RG** 97, 286 und § 1353 A 2). Die Beweispflicht für ein Leistungsvermögen des Mannes im Sinne des § 1360 Abs 1 trifft die Frau (**RG** JW 04, 294[18]; **RG** 20. 6. 21 IV 20/21). Vgl. § 1361 A 4.

5. **Die Unterhaltspflicht der Frau gegenüber dem Manne** entspricht dem sittlichen Wesen der ehelichen Gemeinschaft und tritt nicht etwa erst bei völliger Vermögenslosigkeit und Erwerbsunfähigkeit des Mannes, sondern schon dann ein, wenn er bei einer den Pflichten eines guten Haus- und Familienvaters entsprechenden Verwendung seiner Mittel nicht imstande ist, sich selbst und seine Familie in einer seiner Lebensstellung entsprechenden Weise zu unterhalten. — Die Ansprüche des Mannes gegen die Frau aus § 1360 und aus § 1427 sind von verschiedenen tatsächlichen Voraussetzungen abhängig; derjenige aus § 1427 von einem bestimmten Güterrechtsverhältnisse (Gütertrennung) und von dem Vorhandensein von Einkünften auf seiten der Frau, derjenige aus § 1360 von der Bedürftigkeit des Mannes und der Leistungsfähigkeit der Frau nach Maßgabe ihres Vermögens und ihrer Erwerbsfähigkeit (**RG** Warn 1915 Nr 240). Vgl. auch § 1427 A 3.

6. Die **Lebensstellung** des Mannes, nicht die der Frau ist maßgebend.

7. Auch den **Stamm ihres Vermögens** hat sie nötigenfalls zu opfern.

8. Daraus, daß der Unterhalt in der **durch die eheliche Lebensgemeinschaft gebotenen Weise** zu gewähren ist, ergibt sich unter anderm als Regel, daß der Mann seiner gesetzlichen Unterhaltspflicht gegenüber seiner Frau genügt, wenn er dafür sorgt, daß sie in dem gemeinsamen Haushalte der Eheleute ihren Unterhalt empfangen kann. Der Mann ist regelmäßig nicht verpflichtet, der Frau den Unterhalt durch Entrichtung einer Geldrente zu gewähren und sie auf diese Weise in den Stand zu setzen, außerhalb der Ehewohnung zu leben. Diese für die Unterhaltspflicht der Verwandten im § 1612 Abs 1 Satz 1 vorgeschriebene Art der Unterhaltsgewährung ist für das Verhältnis von Eheleuten grundsätzlich ausgeschlossen (**RG** JW 05, 203[7]; **RG** Warn 1910 Nr 156; 1915 Nr 24). Kann also eine Frau, die sich der ehelichen Lebensgemeinschaft gegen den Willen des Mannes ohne Grund entzieht, von ihrem Manne nicht verlangen, daß er ihr den Unterhalt durch Entrichtung einer Geldrente gewähre, so ist es in einem solchen Falle ausgeschlossen, daß der Vater, der seine von ihrem Manne getrennt lebende Tochter unterhält, dadurch Erstattungsansprüche gegen seinen

Schwiegersohn erwirbt (RG 14. 11. 07 IV 182/07). Ein Mann, der seiner Frau die zur Fortführung des gemeinsamen Haushalts nötigen Mittel geflissentlich und grundlos vorenthält, kann auch bei fortbestehender ehelicher Lebensgemeinschaft auf Unterhaltsgewährung durch Entrichtung einer Geldrente verklagt werden. — Wegen des Verlangens der Frau auf Gewährung eines Taschengeldes durch den Mann vgl. A 4.

9. **Andere anwendbare Vorschriften.** Auf den Unterhaltsanspruch des Ehegatten finden ferner die §§ 1608, 1609 u. 1611 Abs 2 u. 3 unmittelbare Anwendung (RG JW 03 Beil 81[188]). Keine Anwendung finden die §§ 1603, 1610 (RG Warn 1913 Nr 367; 1921 Nr 74; 1922 Nr 54). Vgl. jedoch auch A 1. § 1610 findet insofern Anwendung, als mehr als standesmäßiger Unterhalt nicht zu beanspruchen ist. — Die Vorschrift im § 1611 Abs 2 setzt das Maß des einem Ehegatten zu gewährenden Unterhalts für einen besonderen Fall auf den notdürftigen Unterhalt herab. Vgl. § 1361 A 5. Werden Unterhaltsansprüche gegen den Mann gleichzeitig von seiner Frau und seinen **minderjährigen Kindern** erhoben, so sind die Vorschriften in § 1609 Abs 2 Satz 1 und, sofern die Scheidung aus Verschulden des Mannes inzwischen rechtskräftig ausgesprochen worden, in § 1579 Abs 1 Satz 2 zu berücksichtigen (RG LZ 1921, 305[6]). Vgl. § 1579 A 7.

10. **Gerichtszuständigkeit.** Das Ges. zur Entlastung der Gerichte v. 11. 3. 21 (RGBl S. 229), in Kraft seit 1. 4. 21, hat durch Art I 2 b die Zuständigkeit der Amtsgerichte auf alle Ansprüche auf Erfüllung einer durch Ehe oder Verwandtschaft begründeten gesetzlichen Unterhaltspflicht ausgedehnt, und zwar ohne Rücksicht auf den Wert des Streitgegenstandes. Unter die nunmehr den Amtsgerichten zugewiesenen Unterhaltsansprüche fallen die gemäß §§ 1360, 1361 erhobenen Ansprüche. Der im § 1361 Abs 1 Satz 1 der Frau gewährte Anspruch gegen den Mann auf Herausgabe von Haushaltsachen fällt unter den Gesichtspunkt des Unterhalts (§ 1361 A 6) und gehört daher gleichfalls zur Zuständigkeit der Amtsgerichte. Im übrigen vgl. § 1578 A 12.

11. **Verhältnis des deutschen zum ausländischen Eherechte.** Die Bestimmungen des Art 14 EG über die persönlichen Rechtsbeziehungen der Ehegatten, zu denen auch die Unterhaltspflicht gehört, sind auf ausländische in Deutschland wohnende Ehegatten sinnentsprechend anzuwenden, wenn beide dem nämlichen Staate angehören. Es kommt also das Recht des Staates, dem beide Ehegatten angehören, zur Anwendung (RG 62, 400; 91, 406). Vgl. §§ 1353 A 5, 1578 A 11. Deutsche Urteile, die auf Grund des § 1360 der Frau Unterhalt zusprechen, sind in **Österreich** vollstreckbar, auch wenn der Mann (früher in Österreich katholischer Pfarrer) nicht hätte heiraten dürfen (OLG 30, 40 A 1).

§ 1361

Leben die Ehegatten getrennt[1]), so ist, solange einer von ihnen[2]) die Herstellung des ehelichen Lebens verweigern darf[3]) und verweigert[4]), der Unterhalt[5]) durch Entrichtung einer Geldrente zu gewähren; auf die Rente finden die Vorschriften des § 760 Anwendung. Der Mann hat der Frau auch die zur Führung eines abgesonderten Haushalts erforderlichen Sachen aus dem gemeinschaftlichen Haushalte zum Gebrauche herauszugeben, es sei denn, daß die Sachen für ihn unentbehrlich sind oder daß sich solche Sachen in dem der Verfügung der Frau unterliegenden Vermögen befinden[6]).

Die Unterhaltspflicht des Mannes fällt weg oder beschränkt sich auf die Zahlung eines Beitrags, wenn der Wegfall oder die Beschränkung mit Rücksicht auf die Bedürfnisse sowie auf die Vermögens- und Erwerbsverhältnisse der Ehegatten der Billigkeit entspricht[7])[8])[9])[10]).

E I 1460 II 1261; M 4 633; P 4 109 ff., 451; 5 135; 6 272.

1. Nur **tatsächliches Getrenntleben** der Ehegatten wird vorausgesetzt. Das § 1360 A 1 und 9 Gesagte gilt auch für den Fall des § 1361. — Erhebt ein Ehegatte im Falle des Getrenntlebens der Ehegatten unter den Voraussetzungen des § 1361 gegen den andern Ehegatten Anspruch auf Unterhalt, so ist vor allem zu berücksichtigen, daß § 1361 es bei den Bestimmungen des § 1360 Abs 1 u. 2 beläßt und von den Bestimmungen des § 1360 Abs 3 nur insofern abweicht, als der Unterhalt in Gestalt einer **Geldrente** zu gewähren ist (übereinstimmend OLG 40, 66). Die klagende Partei hat nur die Voraussetzungen des § 1360 Abs 1 bzw. 2 zu beweisen. Demgegenüber kann sich der Beklagte auf die Ausnahme des § 1361 Abs 2 berufen. Ihm liegt der Beweis der Ausnahme ob (RG JW 04, 294[18]). Auch standesmäßiger Unterhalt kann im Wege der einstweiligen Verfügung unter den Voraussetzungen

des § 940 ZPO zugesprochen werden (RG 16. 3. 05 IV 27/05). Durch den Beginn eines Rechtsstreits unter den Ehegatten wird ihre gegenseitige Unterhaltspflicht an und für sich nicht berührt. Auch eine einstweilige, das Getrenntleben gestattende Verfügung ändert hieran nichts; es greift nur in Ansehung ihres Unterhalts der § 1361 Platz, der sich auf die Art der Unterhaltsgewährung (Abs 1) und die Unterhaltspflicht als solche (Abs 2) bezieht. Soweit § 1361 nicht eingreift, bleibt es bei den allgemeinen Vorschriften; es gelten also §§ 1360 und 1611 Abs 2 (RG 63, 38). Während des Scheidungsprozesses kann der dem einen Ehegatten gegen den andern zustehende Anspruch auf Unterhaltsgewährung nicht nur im Wege der einstweiligen Verfügung gemäß § 627 ZPO, sondern auch im Wege der ordentlichen Klage geltend gemacht werden. Gegen die Unterhaltsklage kann die Einrede der Unzuständigkeit des Gerichts oder der Rechtshängigkeit nicht darauf gestützt werden, daß unter Parteien bereits der Scheidungsprozeß anhängig ist (RG 47, 379; RG JW 1919, 502[8]). Der von der Frau getrennt lebende Ehemann hat ihr außer der nach § 1361 geschuldeten Geldrente **besondere Zahlungen** für Einzelaufwendungen (hier für zahnärztliche Behandlung) nicht zu machen. Besondere Verhältnisse, wie Krankheit und Gebrechlichkeit der Frau, sind bei Bemessung der Höhe der Rente zu berücksichtigen (SeuffA 76 Nr 23; OLG 41, 118; abweichend OLG 40, 66; 41, 73). Die Ehefrau teilt den Wohnsitz des Mannes, wenn er im Inlande belegen ist, auch in dem Falle, daß sie von dem Manne getrennt lebt, und hierzu berechtigt ist (RG 59, 337). Nach Scheidung oder Aufhebung der ehelichen Gemeinschaft kommen andere Vorschriften zur Anwendung (§§ 1578—1583, 1586). — Die Zubilligung einer Unterhaltsrente gemäß § 1361 setzt nicht voraus, daß dem den Unterhalt verlangenden Ehegatten gerichtsseitig gemäß der Vorschrift des § 627 ZPO das Getrenntleben gestattet worden ist (RG JW 05, 179[27]; SeuffA 76 Nr 149) oder daß er zuvor auf Herstellung des ehelichen Lebens klagen müßte (RG JW 02 Beil 215[59]). Über Fortgeltung des Ehevertrags während des Getrenntlebens der Ehegatten vgl. § 1432 A 4.

2. Ob derjenige Ehegatte, der die Herstellung des ehelichen Lebens verweigern darf und verweigert, der unterhaltsberechtigte oder der unterhaltspflichtige Ehegatte ist, macht keinen Unterschied (RG JW 05, 203[7]; RG 62, 405; RG Warn 1910 Nr 156; 1921 Nr 74). Nicht erforderlich ist, daß Weigerungsrecht und tatsächliche Weigerung bei einem und demselben Ehegatten zusammentreffen. In dem Falle, daß der unterhaltsberechtigte Ehegatte das Zusammenleben verweigern darf, kommt nichts darauf an, welcher der Ehegatten das Zusammenleben tatsächlich verweigert; der Unterhaltsanspruch ist jedenfalls gegeben. In dem Falle aber, daß der unterhaltspflichtige Ehegatte das Zusammenleben verweigern darf, kann die unberechtigte tatsächliche Weigerung des unterhaltsbedürftigen Ehegatten diesem keinen Anspruch verschaffen. Die Fassung des § 1361 Abs 1 ist, wie das Reichsgericht aus der Entstehungsgeschichte nachweist, ungenau (RG Warn 1914 Nr 192). Der wahre Sinn des § 1361 Abs 1 ist der: Leben die Ehegatten getrennt, und ist es der unterhaltspflichtige Ehegatte, der die Herstellung des ehelichen Lebens verweigert — für gewöhnlich also, sofern nicht § 1360 Abs 2 Platz greift, der Mann (§ 1360 Abs 1) —, so hat er unter allen Umständen dem anderen Teile Unterhalt durch Entrichtung einer Geldrente zu gewähren, und zwar, wenn einer der Ehegatten, gleichviel welcher, das Recht hat, sich von dem anderen fernzuhalten, infolge des § 1361 Abs 1, andernfalls infolge davon, daß er den Unterhalt nicht in der durch die eheliche Lebensgemeinschaft gebotenen Weise gewährt und ihn nach dem eben Gesagten durch Entrichtung einer Geldrente selbst dann zu gewähren hätte, wenn er die Herstellung des ehelichen Lebens mit Recht verweigerte (vgl. RG JW 1905, 203[7]). Ist es aber der unterhaltsberechtigte Ehegatte, der die Herstellung des ehelichen Lebens verweigert, so kann er von dem anderen Teile, wenn nicht dieser die Herstellung ebenfalls verweigert, Unterhalt durch Entrichtung einer Geldrente nur beanspruchen, wenn ihm selbst ein Recht zusteht, die Herstellung des ehelichen Lebens zu verweigern (RG JW 1923, 292[13]).

3. **Verweigerungsrecht.** Z. B. wenn ein Fall des Satz 1 oder Satz 2 Abs 2 § 1353 vorliegt oder wenn dem Ehegatten vom Gerichte durch einstweilige Verfügung (§ 627 ZPO) das Getrenntleben gestattet worden ist.

4. Die **Verweigerung** kann ausdrücklich oder stillschweigend geschehen. — Will der Mann die Frau zwar in seinem Hause aufnehmen, nicht aber die volle eheliche Lebensgemeinschaft mit ihr wiederherstellen, weigert er sich also, der Frau den Unterhalt in der durch die eheliche Lebensgemeinschaft gebotenen Weise (§ 1360 Abs 3) zu gewähren, so überhebt diese Weigerung die Frau des Nachweises, daß sie ihrerseits ein Recht zum Getrenntleben aus dem Verhalten des Mannes herzuleiten in der Lage sei, und sie kann ohne weiteres verlangen, daß ihr der Mann den Unterhalt durch Entrichtung einer Geldrente gewähre (SeuffA 74 Nr 32). Wenn der Mann es ablehnt, die von ihm getrennt lebende Frau in sein Haus wiederaufzunehmen oder auch nur die volle eheliche Lebensgemeinschaft mit ihr wiederherzustellen, so weigert er sich, der Frau den Unterhalt in der durch die eheliche Lebensgemeinschaft gebotenen Weise (§ 1360 Abs 3) zu gewähren. Damit ist für die dieser Weigerung folgende Zeit die Verpflichtung zur Gewährung des Unterhalts in einer

Geldrente ohne weiteres gegeben, und zwar, wenn einer der beiden Eheleute, gleichviel welcher, das Recht hat, die Herstellung des ehelichen Lebens zu verweigern, zufolge der ausdrücklichen Vorschrift in § 1361, andernfalls infolge davon, daß der Mann seiner Verpflichtung gemäß § 1360 Abs 1 u. 3 nicht nachkommt (RG 62, 405; RG Warn 1914 Nr 192; SeuffA 61 Nr 112; 64 Nr 72; 74 Nr 32; RG Recht 1921 Nr 1384). § 1361 Abs 1 setzt eine vorgängige, vergebliche Aufforderung zur Herstellung des ehelichen Lebens keineswegs notwendig voraus, es genügt vielmehr zur Annahme einer Verweigerung im Sinne dieser Gesetzesvorschrift, wenn der betreffende Ehegatte irgendwie zu erkennen gibt, daß er nicht den ernstlichen Willen hat, die eheliche Lebensgemeinschaft, und zwar die volle, mit dem anderen wieder aufzunehmen, daß er ihn nicht haben will, daß er mit seinem Getrenntleben einverstanden ist (RG JW 1923, 292[13]). Das Recht der Frau auf eine Unterhaltsrente wird bei Weigerung des Mannes, die Frau aufzunehmen, nicht dadurch ausgeschlossen, daß der Mann das Recht hat, die Eheherstellung zu verweigern (RG Recht 1921 Nr 1384; RG 24. 2. 21 IV 457/20). — Darüber, daß ein Vertrag der Ehegatten, wodurch die Frau berechtigt wird, dauernd vom Manne getrennt leben, nichtig ist, vgl. RG 61, 50. — Die Wiedervereinigung der getrennt lebenden Ehegatten hat zur Folge, daß der Unterhaltsanspruch der Frau aus einem vollstreckbaren Urteil auf Geldrente wieder untergeht (RG 1. 2. 06 IV 366/05).

5. Unterhalt. § 1361 gewährt dem unterhaltsberechtigten Ehegatten (abgesehen von der Berechtigung auf Herausgabe von Haushaltungssachen) nur einen gesetzlichen Anspruch auf Gewährung von Unterhalt durch Entrichtung einer Geldrente, nicht aber einen Anspruch auf fortdauernde **Benutzung der Ehewohnung** gegen den Widerspruch des getrennt lebenden Mannes (RG JW 1910, 707[10]). Der Anspruch auf Geldrente dauert so lange, als die Ehe besteht und die Voraussetzungen des § 1361 Abs 1 gegeben sind (RG Warn 1914 Nr 192). Der Mann ist nicht berechtigt, seinen **eigenen Unterhalt vorab zu nehmen,** sondern er muß, was er hat, mit der Frau teilen. § 1603 findet auf die Unterhaltspflicht der Ehegatten keine Anwendung (RG Warn 1913 Nr 367; 1921 Nr 74; RG 24. 2. 21 IV 457/20; RG. 5. 1. 25 IV 311/24). Vgl. § 1360 A 1 u. 9; § 1361 A 7. Dem Manne steht lediglich ein Einwand nach Maßgabe des § 1361 Abs 2 zu. Dieser versagt aber schon dann, wenn die **Frau vermögenslos und erwerbsunfähig** und daher außerstande ist, sich selbst zu unterhalten oder zu ihrem Unterhalt etwas beizutragen (RG Warn 1914 Nr 192; RG 20. 6. 21 IV 20/21). Vgl. auch A 7. In dem Falle, in welchem der unterhaltspflichtige Ehemann das Gemeinschaftsleben zu verweigern nicht berechtigt ist, kann er mit Recht darauf hingewiesen werden, daß er es jederzeit in der Hand hat, die ihm obliegenden Aufwendungen erheblich zu mindern, wenn er seiner Verpflichtung, die Herstellung der ehelichen Gemeinschaft herbeizuführen, nachkommen und sich dadurch in die Lage setzen würde, den Unterhalt in der durch die Lebensgemeinschaft gebotenen Weise zu gewähren. Der Billigkeit würde es schwerlich entsprechen, wenn der Mann eine Kürzung der Unterhaltsrente für sich in Anspruch nehmen dürfte, um sich gerade auf diesem Wege das **rechtswidrige Getrenntleben** wirtschaftlich zu ermöglichen oder zu erleichtern (RG 62, 405; RG Recht 1910 Nr 1264; RG 20. 5. 20 IV 32/20; RG 20. 6. 21 IV 20/21). Während des Bestehens der Ehe können Unterhaltsansprüche für die Dauer der Ehe oder für die Dauer des Getrenntlebens (aus §§ 1360, 1361), nicht aber für die Zeit nach einer etwaigen Scheidung (aus § 1578) zuerkannt werden. Vgl. § 1578 A 4. Die während der Ehe zuerkannten Unterhaltsansprüche erlöschen mit der Auflösung der Ehe oder dem Aufhören des Getrenntlebens. Werden trotz des Erlöschens Unterhaltsansprüche aus dem Urteile geltend gemacht, so wehrt sich der in Anspruch genommene Teil dagegen je nach Umständen mit der Vollstreckungsgegenklage (§ 767 ZPO) oder Feststellungsklage; dagegen ist ihm nicht die Umwandlungsklage aus § 323 ZPO auf Herabsetzung der Unterhaltsrente gegeben (RG Warn 1914 Nr 293; RG JW 1919, 502[8]). Wird im Scheidungsprozesse die Klage und eine etwaige Widerklage abgewiesen, so wird durch eine solche Entscheidung das im Unterhaltsprozesse gemäß §§ 1360, 1361 ergangene Urteil in keiner Weise beeinflußt. Die bloße Möglichkeit, daß der mit der Scheidungsklage abgewiesene Ehegatte seinen Sinn ändern und sich zur Wiederherstellung der Gemeinschaft bereit erklären würde, darf nicht dazu führen, die sonst gerechtfertigte Unterhaltsklage für die Zeit nach Erlaß des Urteils im Scheidungsprozeß abzuweisen. Der zur Unterhaltsgewährung verurteilte Ehegatte kann bei unberechtigter Weigerung des andern Ehegatten zur Wiederherstellung der Gemeinschaft eine **Abänderung des Urteils** auf Grund des § 323 ZPO beantragen. Eine vorläufige Entbindung eines Ehegatten von der Verpflichtung zur häuslichen Gemeinschaft und dementsprechend eine nur vorläufige Verpflichtung des andern zur Gewährung von Unterhalt kennt das BGB nicht (RG JW 1919, 502[8]). Sache des zur Unterhaltsgewährung rechtskräftig verurteilten Mannes ist es, gegenüber der von der Frau auf Erhöhung der Unterhaltsrente erhobenen Klage darzulegen, inwiefern sich inzwischen seine Sinnesart, vielleicht auch die äußeren Verhältnisse derart geändert haben, daß sein Rückkehrverlangen keinen Rechtsmißbrauch mehr darstelle (RG LZ 1923, 171[4]). Der Anspruch der Klägerin auf Entrichtung einer in der Urteilsformel zeitlich nicht näher begrenzten Unterhaltsrente besteht nach § 1361 nur für die Dauer der Ehe. Er erlischt, auch wenn er rechtskräftig ohne Zeitgrenze zuerkannt ist, ohne weiteres im Falle der Scheidung der Ehe oder des Todes eines der Ehegatten. Dagegen wird er in keiner Weise dadurch beeinflußt, daß im Scheidungsprozeß die Klage und eine etwaige Widerklage abgewiesen werden. Sollten sich aber die Verhältnisse, unter denen die Rente nach § 1361 zuerkannt ist, späterhin wesentlich ändern, so kann jede Partei die Abänderung des Urteils mittels Klage nach § 323 ZPO verlangen (RG Warn 1919 Nr 175). Die gesetzliche Zweckbestimmung der Rente schließt es ohne weiteres aus, daß der Mann auf das, was er der Frau zur eigenen Beschaffung ihres Unterhalts an Geldbeträgen zu geben verpflichtet ist, güterrechtliche Gerechtsame geltend machen und ihr damit die **Verfügung über die Rente** entziehen kann. Es bedurfte bei der Regelung des Güterrechts im Gesetze keiner dies ausdrücklich aussprechenden, die Rente zum Vorbehaltsgute machenden Bestimmung (RG 90, 323; RG 23. 3. 22 IV 566/21). Vgl. § 1432 A 3. Auch der in Natur gewährte Unterhalt hat die Eigenschaft des Vorbehaltenen (Erler im Recht 1919, 89). Bei der Bemessung der Unterhaltsrente ist zu prüfen, ob der geforderte Betrag in den in § 1360 Abs 1 hervorgehobenen Beziehungen den Verhältnissen des unterhaltspflichtigen Ehegatten entspricht. Dabei sind diejenigen Erwerbsmöglichkeiten, die ihm zur Zeit der Urteilsfällung zu Gebote standen, zu berücksichtigen (RG 4. 3. 18 IV 399/17). Nach § 1611 Abs 2 beschränkt sich der Unterhaltsanspruch des Ehegatten auf den **notdürftigen Unterhalt,** wenn er sich einer Verfehlung schuldig macht, die den Unterhaltspflichtigen berechtigt, ihm den Pflichtteil zu entziehen, wenn also der Unterhaltspflichtige gemäß § 2335 berechtigt ist, auf Grund der §§ 1565—1568 auf Scheidung zu klagen. Diese Beschränkung auf den notdürftigen Unterhalt tritt ohne weiteres mit der Begehung der Verfehlung, nicht erst mit der Erhebung der Scheidungsklage ein. Die Beweislast trifft den Unterhaltspflichtigen. Das Gericht kann vor endgültiger Stellungnahme zu dem Einwande der Beschränkung nicht einen über den notwendigen Unterhalt hinausgehenden Unterhaltsanspruch, insbesondere nicht den Anspruch auf standesmäßigen Unterhalt zusprechen (RG SeuffA 75 Nr 78; RG 20. 5. 20 IV 32/20). Die Frage, ob der Anspruch in dem von der Klägerin gewollten Umfange des standesmäßigen Unterhalts gegeben ist oder sich auf den notdürftigen Unterhalt beschränkt (§ 1611 Abs 2), betrifft im Sinne des § 304 ZPO nicht den **Grund,** sondern den **Betrag** des Anspruchs, denn § 1611 Abs 2 setzt nur das Maß des zu gewährenden Unterhalts herab (RG 20. 5. 20 IV 32/20). Der Unterhaltsanspruch ist, wenn der Einwand aus § 1611 Abs 2 und § 2335 erhoben wird, seinem Betrage nach von der Frage abhängig, ob der Unterhaltspflichtige auf **Scheidung zu klagen berechtigt** ist. Über diese Frage hat der Richter, der über den Unterhaltsanspruch erkennt, ebenso wie über alle andern Voraussetzungen des Unterhaltsanspruchs Entscheidung zu treffen. Für diese Entscheidung gilt keine andere Regel, als diejenige des § 286 ZPO. Der Richter hat sich selbständig und ohne Rücksicht auf einen etwa schwebenden Ehescheidungsprozeß aus dem Ergebnisse der Verhandlung und der Beweisaufnahme seine Überzeugung zu bilden (RG 20. 10. 19 IV 200/19; JW 20, 46[1]; LZ 20, 651[12]). Er ist zwar nach § 148 ZPO befugt, die Verhandlung im Unterhaltsprozeß bis zur Erledigung des Scheidungsprozesses auszusetzen, ist aber nicht genötigt, dies zu tun, wenn er glaubt, auf Grund des bisher festgestellten Sachverhalts das **Bestehen eines Scheidungsgrundes** endgültig verneinen zu können. Irrig ist die Meinung, die verjährten Verfehlungen des Unterhaltsberechtigten könnten nur, wie im Ehescheidungsprozeß selbst, **unterstützend** herangezogen werden (§ 1573). Dabei wird die Bestimmung im § 2335 Abs 2 übersehen (RG 4. 4. 21 IV 435/20). Die Zuerkennung des standesmäßigen Unterhalts darf gegenüber einem aus § 1611 Abs 2 hergeleiteten Einwande nur auf Grund der Feststellung erfolgen, daß das behauptete Scheidungsrecht für den Beklagten nicht besteht oder doch nicht beweisbar ist. Die Ehefrau kann nicht verlangen, daß ihr einstweilen bis zur Feststellung des vom Manne behaupteten Scheidungsgrundes noch der standesgemäße und erst von da ab der notdürftige Unterhalt gewährt werde (RG 4. 5. 21 IV 570/20). Die getrennt lebende Ehefrau hat kein Anrecht auf **Sicherstellung ihrer Unterhaltsrente;** § 1580 findet keine sinnentsprechende Anwendung (SeuffA 73 Nr 122). Die Frau ist nicht berechtigt, unmittelbar gegen den Mann zu klagen, die Unterhaltspflicht gegen seine Kinder zu erfüllen. Wird die Frau zur **Pflegerin der Kinder** bestellt, so kann sie für sich selbst und für die Kinder klagen (Prot 4, 112). Ein Recht, namens der Kinder den diesen gesetzlich zustehenden Unterhaltsanspruch geltend zu machen, hat allerdings die Klägerin nicht, da sie nicht **gesetzliche Vertreterin der Kinder** ist. Aber es braucht an sich noch keine zu mißbilligende Eigenmacht der Klägerin zu sein, wenn sie, nachdem ihr durch gerichtliche Verfügung gestattet worden war, von ihrem Manne getrennt zu leben, zu ihren Eltern (nach Polnisch-Westpreußen) gezogen ist und dabei die Kinder mit sich genommen hat, bezüglich deren ihr die Fürsorge vom Gericht übertragen und auch vom Manne zugestanden worden war. Und da den Kindern der Unterhalt an ihrem jetzigen Aufenthaltsorte gewährt werden muß, stehen der Klägerin insoweit die Vorschriften über auftragslose Geschäftsführung in §§ 679, 683 zur Seite (RG 22. 4. 22 IV 592/21). Treffen Unterhaltsansprüche eines minderjährigen Kindes und der Ehefrau zusammen (§ 1609 Abs 2) und können nicht alle Ansprüche volle Deckung finden, so muß Kürzung im Verhältnis zum Bedarf der einzelnen Unterhaltsberechtigten erfolgen, auch bei zeitlich getrennter Geltendmachung der Unterhaltsansprüche (SeuffA 70 Nr 17). Beim Erlaß einer einstweiligen Verfügung gemäß § 627 ZPO kann der Umstand, daß die von ihrem Manne getrennt lebende Frau ein **gemeinschaftliches Kind** bei sich zu unterhalten hat, mitberücksichtigt und deswegen die vom Manne zu entrichtende Geldrente höher bemessen werden (SeuffA 76 Nr 149).

6. Verlangt der Mann von der getrennt lebenden Frau die Herausgabe von **Gegenständen des gemeinschaftlichen Haushalts,** so ist § 1361 Abs 1 Satz 2 nicht, auch nicht sinnentsprechend anwendbar. Das Ehescheidungsgericht ist nicht zuständig, die Herausgabe im Wege der einstweiligen Verfügung anzuordnen (RG Gruch 53, 1114; OLG 30, 40; 36, 197; 40, 68; 42, 17). Dagegen Winkler in JW 1922, 172. Der Anspruch der Frau auf Herausgabe der erforderlichen Haushaltsachen ist ein rein schuldrechtlicher Anspruch und kann gegenüber der Besitzklage des Mannes aus § 861 nicht (wohl aber gegenüber der Schadensersatzklage des Mannes aus § 823) geltend gemacht werden (RG SeuffA 65 Nr 108. Vgl. § 1373 A 2). Zu dem der Verfügung der Frau unterliegenden Vermögen gehören insbesondere ihre **Kleider, Schmucksachen, Arbeitsgeräte** (§ 1366). Zu den zur Führung eines gesonderten Haushalts erforderlichen Sachen der Frau kann nach Lage des Falles auch ein Klavier gerechnet werden (OLG 29, 144). Nach der Fassung des § 1361 hat der Mann die Ausnahmefälle darzutun (OLG 36, 197). Die Herausgabepflicht des Mannes nach § 1361 erschöpft sich in der Zurverfügungstellung der Sachen, in der Gestattung der Fortnahme. Die Verpflichtung zur Tragung der **Abholungskosten** läßt sich aus der allgemeinen Unterhaltspflicht des Mannes nicht ableiten (KG in JW 1920, 713[2]; abweichend OLG 42, 17). Beim Getrenntleben der Ehegatten ist der Ehemann nicht unmittelbarer Besitzer der der Frau überlassenen Hausstandssachen (SeuffA 76 Nr 52). Die Sonderbestimmung des § 1361 Abs 1 Satz 2 gewährt der Frau unter dem Gesichtspunkte des Unterhalts einen (schuldrechtlichen) Anspruch, der ihr nach dem ehelichen Güterrechte nicht zustehen würde. Leben die Ehegatten in **Gütertrennung,** so behält die Frau die freie Verfügung über ihr Vermögen. Entzieht der Mann ihr den Besitz wider ihren Willen, so handelt er widerrechtlich; zur Wahrung ihrer Rechte stehen ihr die Besitz- und die Eigentumsklage zu, und der Mann hat der Frau die in Besitz genommenen Sachen nicht zum Gebrauche, wie im Falle des § 1361, sondern zur freien Verfügung herauszugeben. Auf **das Vorbehaltsgut der Frau** finden diese Vorschriften nach § 1371 entsprechende Anwendung. Die zweite Ausnahme des § 1361 Abs 1 Satz 2 betrifft nicht den Fall, daß die herausverlangten Sachen zu dem der Verfügung der Frau unterliegenden Vermögen gehören, sondern den, daß sich Sachen gleicher Art in jenem Vermögen befinden. Sachen, zu deren Herausgabe der Mann an sich nicht verpflichtet ist, weil sie zum eingebrachten oder zum Gesamtgute gehören oder sein Alleineigentum sind, soll die Frau nur dann verlangen können, wenn die ihrer Verfügung unterliegenden Sachen zur Führung eines abgesonderten Haushalts nicht ausreichen. Der Anspruch der Frau auf Herausgabe ihr gehöriger Kleider kann nur auf § 985 gestützt und bei dem für die Eigentumsklage zuständigen Gerichte verfolgt werden (OLG 42, 18).

7. Zweck und Bedeutung der Vorschrift. Die Vorschrift des § 1361 Abs 2 soll dazu dienen, die Härten zu beseitigen, die sich aus der dem Manne gemäß § 1360 Abs 1 obliegenden unbedingten Unterhaltspflicht ergeben können; es soll, wenn die Frau **imstande** ist, sich selbst zu unterhalten, die Unterhaltspflicht des Mannes eingeschränkt oder aufgehoben werden können. Aber für den Fall, daß die Frau **außerstande** ist, sich selbst zu unterhalten, ist die Vorschrift des § 1361 Abs 2 nicht bestimmt. Für diesen Fall hat ihr der Mann — unter den Voraussetzungen des § 1361 Abs 1 durch Entrichtung einer Geldrente — nach Maßgabe seiner Lebensstellung, seines Vermögens und seiner Erwerbsfähigkeit in derselben Weise Unterhalt zu gewähren, wie die Frau dem Manne, der außerstande ist, sich selbst zu unterhalten, den seiner Lebensstellung entsprechenden Unterhalt nach Maßgabe ihres Vermögens und ihrer Erwerbsfähigkeit zu gewähren hat. Beide Ehegatten stehen in dieser Hinsicht — abgesehen davon, daß die Lebensstellung des Mannes maßgebend ist — einander gleich (RG Warn 1914 Nr 192; 1921 Nr 74; RG JW 1923, 685[4]). Vgl. auch § 1360 A 1. — Nach § 1361 Abs 1 ist der Ehemann zur Zahlung einer Unterhaltsrente verpflichtet, wenn er sich mit Grund weigert, die häusliche Gemeinschaft mit seiner Ehefrau herzustellen. Diese Verpflichtung muß ihn also erst recht treffen, wenn er sich grundlos von der Gemeinschaft fernhält (vgl. RG JW 1905, 203[7]; RG Warn 1910 Nr 156). In solchem Falle muß man ihm auch das Recht einräumen, sich auf § 1361 Abs 2 zu berufen. Denn er kann dies nach § 1361 Abs 1 auch dann, wenn er der Frau einen Grund gibt, sich von ihm zu trennen und die Frau sich mit Recht weigert, die häusliche Gemeinschaft herzustellen (RG JW 1923, 685[4]). Auch **Schulden** können als Gründe für den Wegfall oder die Beschränkung der Unterhaltspflicht sowie für das Maß der Beschränkung in Betracht kommen (RG LZ 1923, 26[6]). Auch im Falle des § 1361 Abs 2 kann die Frau gleich wie im Falle des § 1578 auf **Erwerb durch Arbeit** verwiesen werden, sofern nach den Lebensverhältnissen der Ehegatten Erwerb durch Arbeit der Frau üblich ist (RG 9. 11. 08 IV 65/08; RG JW 03 Beil 87[201]; RG Warn 1910 Nr 156). Darf die getrenntlebende Frau nur den notdürftigen Unterhalt beanspruchen (§ 1611 Abs 2) und ist sie verpflichtet und imstande, diesen durch eigene Arbeit zu erwerben, so fällt die Unterhaltspflicht des Mannes weg. Die Frau ist nicht berechtigt, die zugunsten des Mannes in § 1361 Abs 2 erteilte Vorschrift für sich geltend zu machen und von ihm eine Beisteuer zu ihrem Unterhalte zu verlangen. A. M. OLG Breslau in JW 1922, 1337[8]. Vgl. § 1578 A 6. Entspricht die von der Frau ausgeübte Erwerbstätigkeit den Verhältnissen der Ehegatten (Hilfeleistung der Frau eines früheren Fleischers in einem fremden Fleischereibetriebe), so darf der dadurch erzielte Verdienst nicht ohne weiteres als unerheblich für die Unterhaltsleistung des Mannes angesehen werden, um so weniger, als das Berufungsgericht selbst davon ausgeht, daß im allgemeinen und auch hier eine Teilung der verfügbaren Mittel zwischen Mann und Frau im ungefähren Verhältnisse von zwei zu eins angemessen sei (RG 2. 5. 18 IV 80/18). Auch **Schulden des Mannes** können bei Bemessung des Unterhalts der Frau aus § 1361 Abs 2 berücksichtigt werden (RG Recht 1923 Nr 43). Daß die im Abs 2 bezeichneten Voraussetzungen vorliegen, hat der Mann zu **beweisen** (RG JW 1911, 405[19]). Im Rahmen der Zwangsvollstreckung dürfen Gesichtspunkte aus § 1361 Abs 2 nicht mehr geltend gemacht werden (SeuffA 70 Nr 126).

8. Unterhaltsverträge. Der stillschweigende Vorbehalt gleichbleibender Verhältnisse ist nicht Voraussetzung eines zwischen getrennt lebenden Ehegatten geschlossenen Vertrags über Unterhaltsgewährung. Die Einrede der veränderten Umstände ist nur zulässig, wenn der Wille der Vertragschließenden dahin gegangen ist, daß die jeweiligen Verhältnisse maßgebend sein sollen (RG Warn 1911 Nr 223). Vgl. aber auch die neuere, die inzwischen eingetretene Geldentwertung bei Unterhaltsverträgen berücksichtigende Rechtsprechung § 1578 A 1, § 1579 A 8. Nicht ausgeschlossen ist die Auslegung eines Unterhaltsvertrags in dem Sinne, daß die Frau dauernd standesmäßigen Unterhalt habe beziehen sollen, daß sie aber für den Fall einer **völligen Umgestaltung aller Geld- und Lebensverhältnisse,** wie sie infolge des Krieges inzwischen eingetreten sei, damals jedoch nicht hätte vorausgesehen werden können, an der Geltendmachung einer höheren Unterhaltsrente als der festgesetzten nicht habe gehindert werden sollen. Eine solche Auslegung ist bei Beachtung dessen, was Treu und Glauben mit Rücksicht auf die Verkehrssitte erfordern (§ 157) vielfach geradezu geboten, wenngleich der stillschweigende Vorbehalt gleichbleibender Verhältnisse, die sog. **clausula rebus sic stantibus,** als allgemeine Regel im BGB Anerkennung nicht gefunden hat (RG 7. 3. 21 IV 518/20; 23. 6. 21 IV 613/20). Vgl. auch § 242 A 5. Hat sich der Verpflichtete durch einen Vorbehalt nicht gesichert, so ist der Unterhalt so, wie er bedungen, fortzugewähren (RG Warn 1913 Nr 206).

9. Gerichtszuständigkeit. Vgl. § 1360 A 11, § 1578 A 12.

10. Verhältnis des deutschen zum ausländischen Eherechte. Gehören die in Deutschland wohnenden, getrennt lebenden Ehegatten dem nämlichen Staate an, so ist in entsprechender Anwendung des Art 14 EG für die Frage, ob die Unterhaltspflicht der Ehegatten verletzt ist, das ausländische Recht maßgebend (RG 62, 400; 91, 406; RG 2. 5. 12 IV 485/11). Vgl. § 1360 A 10. Auch wenn die von ihrem Manne, einem **Österreicher,** getrennt lebende Frau bis zu ihrer Verheiratung Deutsche gewesen ist, kommt für ihren Anspruch auf Unterhaltsgewährung österreichisches Recht zur Anwendung (RG Warn 1913 Nr 429; RG 11. 10. 15 IV 119/15). Bei einer Scheidungsklage von Ausländern (hier **Schweden**), die in Deutschland wohnen, sind für den Erlaß einer einstweiligen Verfügung die Vorschriften des § 627 ZPO anwendbar (SeuffA 76 Nr 149).

§ 1362

Zugunsten der Gläubiger des Mannes¹) wird vermutet, daß die im Besitz eines der Ehegatten oder beider Ehegatten befindlichen beweglichen Sachen dem Manne gehören. Dies gilt insbesondere auch für Inhaberpapiere und für Orderpapiere, die mit Blankoindossament versehen sind.

Für die ausschließlich zum persönlichen Gebrauche der Frau bestimmten Sachen, insbesondere für Kleider, Schmucksachen und Arbeitsgeräte, gilt im Verhältnisse der Ehegatten zueinander und zu den Gläubigern die Vermutung, daß die Sachen der Frau gehören²)³).

E I 1282 II 1262; M 4 127 ff.; P 4 112 ff.

1. Die **Vermutung** gilt nicht auch im Verhältnisse der Ehegatten zueinander (anders Abs 2). — Deshalb greift im Verhältnisse der Ehegatten zueinander auch die Eigentumsvermutung des § 1006 Abs 1 Satz 1 zugunsten des besitzenden Ehegatten Platz (**RG** 84, 49). Nur zugunsten der **Gläubiger des Mannes** gilt die Vermutung, und sie ist unanwendbar, wenn ein Gläubiger der Frau eine Forderung aus deren Vermögen beitreiben will (z. B. wenn die vom Gläubiger der Frau gepfändeten Sachen von einem Dritten im Wege der Widerspruchsklage als ihm von der Frau verkauft beansprucht werden und der Gläubiger der Frau den Kaufvertrag unter Berufung auf die Vermutung des § 1362 Abs 1 einredeweise anficht). Der Umstand, daß für dieselbe Forderung auch der Mann haftet, ist ohne Bedeutung; es kommt nur darauf an, in welcher Eigenschaft der Gläubiger beider Eheleute seinen Zugriff nimmt (**RG** JW 1915, 1008[16]). Über Rechtsunwirksamkeit eines Vertrags, durch den der Mann seiner mit ihm im gesetzlichen Güterrechte lebenden Frau Eigentum an Sachen des gemeinschaftlichen Hausstandes überträgt, aber die tatsächliche Gewalt über die Sachen wie zuvor ausübt, vgl. SeuffA 72 Nr 56. Zur Feststellung des Pfandrechts des Vermieters (§ 559) genügt die Vermutung des Abs 1 für den Tatbestand des § 289 StGB nicht (**RG**St 36, 332). Der § 1362 Abs 1 ist nicht dahin aufzufassen, daß er eine Verpflichtung der Ehefrau im Sinne des § 260 zur Herausgabe einer Mehrheit oder eines Inbegriffs von Gegenständen (z. B. an den Konkursverwalter) festsetzt (**RG** Gruch 47, 910). Darüber, daß aus der Stellung des Mannes als Haushaltungsvorstand (§ 1354) keine Rechtsvermutung für seinen Besitz an den Haushaltungsgegenständen folgt, vgl. § 1354 A 1. — Ist die Vermutung widerlegt und steht das Eigentum der Frau an den Sachen fest, so kann sich der Gläubiger des Mannes, der die Sachen dennoch pfänden läßt, schadensersatzpflichtig machen (**RG** JW 1911, 368[25]). Die Vermutung greift nicht nur dann Platz, wenn ein Gläubiger des Mannes unmittelbar im Wege der Zwangsvollstreckung Befriedigung wegen seiner Forderung aus bestimmten, im Besitz eines Ehegatten oder beider befindlichen beweglichen Sachen zu erlangen sucht, sondern auch dann, wenn der Mann einem Dritten als seinem Gläubiger zur Sicherstellung der Forderung an solchen, unter den § 1362 fallenden Sachen auf rechtsgeschäftlichem Wege ein dingliches Recht (z. B. ein Faustpfandrecht) eingeräumt oder eine Sicherungsübereignung vorgenommen hat (**RG** JW 1912, 912[8]). Zur Widerlegung der Vermutung genügt es, wenn aus den Umständen, insbesondere daraus, daß es sich um Anschaffungen für den Geschäftsbetrieb des Mannes (eines Gastwirts) handelt, zu folgern ist, daß die Frau stillschweigend im Auftrag und in Vertretung des Mannes gehandelt habe. Einer ausdrücklichen Vollmacht bedurfte es um so weniger, als die Tätigkeit der Frau bei dem Einkauf der Zubehörstücke im Rahmen des § 1356 Abs 2 lag, der die Frau zur Tätigkeit im Geschäftsbetriebe des Mannes verpflichtet, soweit solche üblich ist (**RG** Warn 1920 Nr 43).

2. **Beweislast.** Sowohl die Vermutung des Abs 1 wie die des Abs 2 können durch Gegenbeweis entkräftet werden (§ 292 ZPO). — Die Bestimmung des § 45 KO (Beweispflicht der Ehefrau) wird von § 1362 BGB nicht berührt. Der § 45 KO betrifft allein solche Gegenstände, welche die Frau während der Ehe erworben hat. Daneben ist für die allgemeine Vermutung aus § 1362 Abs 1 (Mot 4, 130) in dem Sinne Raum, daß auch dem Konkursverwalter diese Vermutung zur Seite steht und er, gegenüber deren Widerlegung durch die Frau, sich zur Erwiderung auf den § 45 KO berufen kann (**RG** Gruch 47, 910). — Zum Beweise ihres Eigentumserwerbs kann sich die mit ihrem Manne in **Gütertrennung** lebende Frau gegenüber den Gläubigern ihres Mannes, in deren Auftrage bei diesem Sachen gepfändet worden sind, weder auf ihren gegenwärtigen noch auf ihren früheren Besitz berufen, da in beiden Fällen die Vermutung des § 1006 durch die Vermutung des § 1362 Abs 1 beseitigt wird. Die Frau gilt (von der Ausnahme des Abs 2 abgesehen) bis zum Beweise des Gegenteils nicht oder nicht mehr als Eigentümerin der Sachen. Ihr gegenwärtiger oder früherer Besitz überhebt sie nicht des Nachweises des Eigentumserwerbs. Andrerseits genügt dieser Nachweis. Die Fortdauer des einmal erworbenen Eigentums braucht sie nicht darzutun (**RG** Gruch 51, 1005). Die Frau, die sich für ihr Eigentum an bestimmten Sachen auf § 1362 Abs 2 beruft, hat nur zu beweisen, daß die betreffenden Sachen ausschließlich zu ihrem persönlichen Gebrauche bestimmt sind. Darauf, ob diese Bestimmung schon zur Zeit der Eheschließung bestanden hat oder ob sie erst während der Ehe erfolgt ist, kommt es nicht an. Den Mann oder den Gläubiger, der das Eigentum der Frau bestreitet, trifft die Beweislast dafür, daß die Sachen ungeachtet ihrer ausschließlichen Bestimmung zum persönlichen Gebrauche der Frau nicht deren Eigentum sind. Dazu kann der bloße Nachweis, daß der Mann die Sachen erst während der Ehe von dritter Seite (hier durch Erbgang) erworben hat, nicht genügen. Der Mann hat nicht nur den Eigentumserwerb zu beweisen, sondern auch die gesetzliche Vermutung aus § 1362 Abs 2 zu widerlegen (gleichwie derjenige, der als Eigentümer die Herausgabe einer im Besitz eines andern befindlichen Sache verlangt, nicht nur seinen Eigentumserwerb beweisen, sondern auch die im § 1006 zugunsten des beklagten Besitzers aufgestellte Eigentumsvermutung widerlegen muß, **RG** 55, 52). Das Gesetz unterscheidet nicht, von wem die Bestimmung der Sachen zum persönlichen Gebrauche der Frau ausgegangen ist.

Überläßt der Mann der Frau aus seinem Vermögen Sachen (z. B. Schmucksachen, Frauenkleidungsstücke) ohne Vorbehalt seines Eigentums ausschließlich zu ihrem persönlichen Gebrauche, so gilt die Vermutung, daß er die Sachen in der Absicht der Eigentumsübertragung überlassen habe, was auch tatsächlich in den meisten Fällen zutreffen wird (RG 99, 152). Durch Vertrag kann § 1362 Abs 2 ausgeschaltet werden. Durch die Bestimmung, daß alle Schmucksachen, die die Frau vom Manne erhalten werde, in dessen Eigentum verbleiben, ist angeordnet, daß in der Hingabe und Annahme der Schmucksachen nicht eine Schenkung durch Eigentumsübertragung, sondern nur die Überlassung der Schmucksachen zum Gebrauch, also der Abschluß eines Leihvertrags, gefunden werden soll (KG in OLG 44, 67). Das Gesetz stellt eine Vermutung nicht für **Kleider, Schmuck und Arbeitsgerät** schlechthin auf, auch dann nicht, wenn sie ihrer natürlichen Beschaffenheit nach als dem Gebrauch einer weiblichen Person gewidmet erscheinen, sondern es leitet mit „insbesondere" nur Beispiele ein für Sachen, die ihrer natürlichen Beschaffenheit nach zum persönlichen Gebrauche der Frau bestimmt sein können. Auch hinsichtlich solcher Sachen hat daher die Frau, die sich für ihr Eigentum auf § 1362 Abs 2 beruft, bei Bestreitung zu beweisen, daß die Sachen ausschließlich zu ihrem persönlichen Gebrauche bestimmt sind (RG LZ 1922, 291[2]).

3. Verhältnis des deutschen zum ausländischen Eherechte. Haben ausländische Ehegatten oder Ehegatten, die nach der Eheschließung die Reichsangehörigkeit erwerben, den Wohnsitz im Inlande, so gelten für ihr Güterrecht zwar ausländische Gesetze (Vorbem 4 vor § 1363), aber nach Art 16 Abs 2 EG finden die Vorschriften des § 1362 Anwendung, soweit sie Dritten günstiger sind als die ausländischen Gesetze.

Sechster Titel

Eheliches Güterrecht

1. Auf dem Gebiete des ehelichen Güterrechts herrschte in Deutschland bis 1900 eine außerordentliche Vielgestaltigkeit. Weit über 100 **verschiedene Güterrechte** standen in Geltung. Am verbreitetsten waren das römische Dotalrecht, die allgemeine Gütergemeinschaft, die aus dem französischen Rechte stammende Gemeinschaft des beweglichen Vermögens und der Errungenschaft, die reine Errungenschaftsgemeinschaft und die Verwaltungsgemeinschaft. Jede dieser untereinander sehr verschiedenen Hauptformen des ehelichen Güterrechts besaß ein mehr oder minder ausgedehntes Herrschaftsgebiet. Um dem berechtigten Verlangen nach Rechtseinheit vollkommener zu genügen, ist von einer die Hauptformen des ehelichen Güterrechts in ihren Herrschaftsgebieten schonenden Regelung abgesehen und unter Ausschluß der Landesgesetzgebung ein einheitliches, reichsgesetzliches Güterrecht für ganz Deutschland neu geschaffen worden. Das eheliche Güterrecht des BGB ist das der Nutznießung und Verwaltung des Ehemanns. Es hat zur Grundlage die deutschrechtliche Verwaltungsgemeinschaft, die von allen Hauptformen nicht nur das größte Herrschaftsgebiet besaß, sondern sich auch aus sachlichen Gründen am besten für eine einheitliche Gestaltung des Güterrechts eignete.

Bei der **Verwaltungsgemeinschaft** verbleibt jedem Ehegatten das ihm gehörige Vermögen; nur der Ertrag des Vermögens und der Arbeit beider Ehegatten wird zur Bestreitung der ehelichen Lasten verwendet. Zu diesem Zwecke wird das Vermögen der Ehefrau mit dem des Ehemanns in der Hand des letzteren als des Hauptes der Familie vereinigt. Demzufolge wird der Ertrag des Vermögens und der Arbeit beider Eheleute — abgesehen von dem selbständigen Arbeitsverdienste der Frau — alleiniges Eigentum des Ehemanns, und dieser ist anderseits verpflichtet, die ehelichen Lasten allein zu tragen. Die Grundsätze der Verwaltungsgemeinschaft sind einfach und klar, lassen sich auch leicht handhaben. Dem neben diesen Vorzügen bestehenden Übelstande, daß bei Auflösung der Ehe die Aussonderung des Vermögens der Ehefrau auf Schwierigkeiten stoßen kann, sucht das BGB dadurch abzuhelfen, daß es dem überlebenden Ehegatten einen angemessenen erbrechtlichen Anspruch einräumt.

Dem BGB liegt die Ausübung eines Zwanges zur Unterwerfung unter den gesetzlichen Güterstand fern, vielmehr gewährt es volle **Vertragsfreiheit.** Vor und nach Eingehung der Ehe können die Beteiligten den gesetzlichen Güterstand durch Vertrag ausschließen, wieder einführen oder ändern. Um aber auch denen, die an dem Althergebrachten hängen, ein Zurückgreifen auf bisher geltendes Güterrecht zu erleichtern, hat das BGB im Anschluß an die Grundsätze des gesetzlichen Güterrechts Bestimmungen über die allgemeine Gütergemeinschaft die reine Errungenschaftsgemeinschaft und die Gemeinschaft des beweglichen Vermögens und der Errungenschaft (Fahrnisgemeinschaft) getroffen. Im Belieben der Beteiligten steht es, auf die gesetzlichen Bestimmungen über den einen oder den andern Güterstand im Vertrag einfach Bezug zu nehmen und auf diese Weise einen im wirtschaftlichen Ergebnisse dem veralteten Güterstand entsprechenden Zustand herzustellen. Dasselbe gilt auch von der in den

§§ 1427—1431 BGB geregelten Gütertrennung. Den gewählten Güterstand können die Beteiligten in Einzelheiten abändern oder ergänzen. Vgl. M 4, 543.

2. Landesrecht. Das eheliche Güterrecht des BGB gilt gleichmäßig für alle Reichsangehörigen, jedoch sind für die in Artt 57, 58 EG bezeichneten Familien und Häuser die besonderen Vorschriften der Hausverfassungen und Landesgesetze in dem dort angegebenen Umfang in Kraft geblieben.

3. Übergangsrecht. Nach Art 200 EG bleiben für den Güterstand einer zur Zeit des Inkrafttretens des BGB bestehenden Ehe die bisherigen Gesetze maßgebend, und dies gilt insbesondere auch von den Vorschriften über die erbrechtlichen Wirkungen des Güterstandes. Bei der 2. Lesung wurde es zwar als sehr wünschenswert anerkannt, daß das Güterrecht des BGB möglichst bald auch auf die zur Zeit des Inkrafttretens des BGB bestehenden Ehen zur Anwendung gebracht werden könnte, aber die Reichsgesetzgebung überließ die erforderliche Regelung aus Zweckmäßigkeitsgründen der Landesgesetzgebung (Prot 6, 539), und diese hat durch zahlreiche Sondervorschriften die früheren Güterstände in das neue Recht übergeleitet. Der Art 200 Abs 1 betrifft zwar dem Wortlaute nach nur die beim Inkrafttreten des BGB noch bestehenden Ehen, er ist aber nur ein Ausfluß des in ihm zum Ausdrucke gelangten allgemeinen Grundsatzes, daß bei den vor dem 1. Januar 1900 geschlossenen Ehen die bisherigen Gesetze rücksichtlich aller, namentlich auch der erbrechtlichen Wirkungen des Güterstandes maßgebend sein sollen. Dieser Grundsatz greift daher auch ein und muß erst recht Anwendung finden, wenn die Ehe schon *vor* dem Inkrafttreten des BGB *gelöst* ist (**RG** JW 03 Beil 2[3] und 13[28]; **RG** 1. 7. 20 IV 82/20 **[bremischrechtliche Gütergemeinschaft]**). Durch den Art 200 ist für den durch das Inkrafttreten des BGB bedingten Wechsel in der Gesetzgebung die *Unwandelbarkeit des bestehenden Güterstandes* anerkannt. Die Befugnis einer Ehefrau zur Einklagung einer ihr zustehenden Darlehnsforderung ist daher nach dem bisherigen Rechte zu beurteilen, sofern nicht durch die gemäß Artt 200, 218 EG im Wege der Landesgesetzgebung erfolgte Überleitung der bestehenden Güterstände andere Rechtsgrundsätze an die Stelle des altrechtlichen Zustandes getreten sind (**RG** JW 01, 137).

Ob **erbrechtliche Wirkungen** sich als Wirkungen eines ehelichen Güterstandes darstellen, läßt sich zunächst nur an der Hand des einzelnen Güterrechts beurteilen. Die Anwendbarkeit des Art 200 Abs 1 setzt aber weiter voraus, daß jene Wirkungen sich auch im Sinne dieser Gesetzesvorschrift als erbrechtliche Wirkungen des Güterstandes darstellen. — Nach (der Anfechtung mit der Revision entzogenem) **Lübischem Rechte** ist die mit der Abschichtung der Kinder aus einer gütergemeinschaftlichen Ehe als Rechtsfolge verknüpfte, den Verlust des Pflichtteilsrechts für die abgeschichteten Kinder an dem Nachlasse des abgeschichteten Elternteils in sich schließende Totteilung als erbrechtliche Wirkung des Güterstandes anzusehen. Das gleiche gilt für den 1. Abs dess. Art (**RG** JW 03 Beil 2[3]). Unter erbrechtlichen Wirkungen sind nicht nur die Wirkungen zu verstehen, die zwischen den Ehegatten selbst entstanden sind, sondern auch solche, die zwischen den Ehegatten und ihren Erben bereits durch den Güterstand endgültig hervorgerufen worden sind (**RG** 27. 11. 02 IV 241/02; 19. 3. 06 IV 496/05). Ehegatten, deren Ehe *vor* dem Inkrafttreten des BGB geschlossen und *nachher* geschieden worden ist, haben für die Art und Weise ihrer Vermögensauseinandersetzung Art 200 EG zu beachten. Allerdings sind gewisse aus der Scheidung und Schuldigerklärung folgende Rechtswirkungen (z. B. Recht der Namensführung, Unterhaltspflicht, Verhältnis zu den Kindern, Widerruf von Schenkungen) gemäß Art 201 lediglich nach neuem Rechte zu beurteilen, aber für die Abwicklung der ehelichen Güterverhältnisse ist es gleichgültig, aus welchem Grunde die Ehe aufgelöst wurde. Dafür bleibt der Güterstand maßgebend, der in der Ehe zur Zeit ihrer Auflösung bestand (**RG** 73, 24). Der nächste und eigentliche Zweck der in Art 200 Abs 2 enthaltenen Vorschrift ist, die sich aus den bisherigen Gesetzen ergebenden Rechte des überlebenden *Ehegatten* in Schutz zu nehmen, während dafür, daß zugleich eine Wahrung der den früheren Gesetzesvorschriften entsprechenden Rechtsstellung anderer Erbbeteiligten beabsichtigt gewesen sei, kein Grund aufzufinden ist, **RG** 65, 255 (betrifft den gesetzlichen Güterstand des Märkischen Provinzialrechts). Vgl. auch **RG** JW 05, 132[3]. Die erbrechtlichen Vorschriften des **Märkischen Provinzialrechts** sind durch Artt 200 Abs 1 u. 213 EG nur so weit aufrechterhalten, als sie die erbrechtlichen Wirkungen des Güterstandes betreffen. Eine solche Wirkung des Güterstandes ist darin, daß nach Märkischem Provinzialrechte durch nicht fristzeitige Ausschlagung der testamentarischen Erbschaft dem überlebenden Ehegatten das statutarische Erbrecht nicht genommen wurde, nicht zu finden (**RG** JW 1910, 745[1]). Vgl. auch KG in OLG 34, 320 (Wahlrecht des überlebenden Ehegatten nach Märkischem Provinzialrechte). In den rein erbrechtlichen Bestimmungen darüber, unter welchen Voraussetzungen die *Pflichtteilsentziehung* zulässig ist, und in welcher Form dieses Recht auszuüben ist, tritt eine Wirkung des Güterstandes nicht hervor (**RG** 96, 201). Nach Art 213 EG sind für die erbrechtlichen Verhältnisse in allen Beziehungen grundsätzlich die Vorschriften des BGB maßgebend. Diese bleiben nach Art 200 EG nur insoweit außer Anwendung, als sie durch erbrechtliche Wirkungen des bisherigen Güterstandes ausgeschlossen werden (**RG** 65, 254;

RG JW 1912, 298[16], RG 5. 6. 13 IV 14/13, wo die Frage mit Rücksicht auf das **altmünsterische Güterrecht,** insbesondere das Pflichtteilsrecht des überlebenden Ehegatten, erörtert ist; RG 8. 5. 13 IV 671/12, wo es sich um den Pflichtteil der Mutter nach ihrem in **westfälischer Gütergemeinschaft** verheiratet gewesenen Sohne handelt). Bleiben gemäß Art 200 EG für den Güterstand einer zur Zeit des Inkrafttretens des BGB bestehenden Ehe die bisherigen Gesetze einschließlich der Vorschriften über die erbrechtlichen Wirkungen des Güterstandes maßgebend, so kann kein Zweifel sein, daß die **Landesgesetze** auch maßgebend bleiben müssen für die Güterrechtsverhältnisse derjenigen Ehen, die schon vor dem Inkrafttreten des BGB durch den Tod eines der Ehegatten aufgelöst worden sind (RG Warn 08 Nr 40; RG 8. 10. 14 IV 234/14, **Hamburgisches Recht**). Ist die Erblasserin nach Inkrafttreten des BGB gestorben, hat ihre Ehe mit dem Beklagten aber bereits bei Inkrafttreten des BGB bestanden, so kommen gemäß Artt 213 und 200 Abs 1 Satz 2 EG für die erbrechtlichen Verhältnisse (hier Pflichtteilsanspruch des Sohnes und lebenslängliches Leibzuchtsrecht des überlebenden Ehegatten) die erbrechtlichen Vorschriften des BGB insoweit zur Anwendung, als ihnen nicht Vorschriften des bisherigen Rechtes über die erbrechtlichen Wirkungen des Güterstandes entgegenstehen. Das bisherige Recht (hier das in Homburg bis zum Inkrafttreten des BGB in Geltung gewesene **Solmser Landrecht**) steht der Anwendung der Vorschriften des BGB nicht entgegen, wenn es selbst die Abänderung seiner Vorschriften über das gesetzliche Güterrecht mit dessen erbrechtlichen Wirkungen durch testamentarische Anordnung des Erblassers für zulässig erklärt und wenn und insoweit eine solche Abänderung durch ein wirksames Testament tatsächlich erfolgt ist (RG 13. 7. 21 IV 118/21).

4. Verhältnis des deutschen zum ausländischen Güterrechte. Nach Art 15 Abs 1 EG wird das eheliche Güterrecht nach den deutschen Gesetzen beurteilt, wenn der Ehemann zur Zeit der Eheschließung ein Deutscher war. Vgl. RG 96, 96. Erwirbt der Ehemann nach der Eingehung der Ehe die Reichsangehörigkeit oder haben ausländische Ehegatten ihren Wohnsitz im Inlande, so sind nach Art 15 Abs 2 EG für das eheliche Güterrecht die Gesetze des Staates maßgebend, dem der Mann zur Zeit der Eingehung der Ehe angehörte. Grundsätzlich wird also das **Gesetz des Heimatstaats,** dem der Mann zur Zeit der Eheschließung angehörte, für entscheidend erklärt, und zwar derart, daß das nämliche Güterrecht für die ganze Dauer der Ehe unabhängig von einer späteren Änderung der Staatsangehörigkeit der Ehegatten bestehen bleibt. Diesem Grundsatz entspricht auch das Haager Eherechtsabkommen vom 17. 7. 05 (§ 1353 A 5). Nach Art 2 Abs 1 des Abkommens ist in Ermanglung eines Vertrags für die Wirkungen der Ehe sowohl auf das unbewegliche als auf das bewegliche Vermögen der Ehegatten das Gesetz des Heimatstaats des Mannes zur Zeit der Eheschließung maßgebend, und nach Abs 2 ist eine Änderung der Staatsangehörigkeit der Ehegatten oder des einen von ihnen ohne Einfluß auf das eheliche Güterrecht. Nach Art 7 dieses Abkommens finden seine Bestimmungen auf Grundstücke, die nach dem Gesetze der belegenen Sache einer besonderen Güterordnung unterliegen, keine Anwendung. Die Artt 3—6 des Abkommens enthalten Vorschriften über den **Ehevertrag** (Art 3 Fähigkeit, einen Ehevertrag abzuschließen; Art 4 Aufhebung und Änderung des Ehevertrags während der Ehe; Art 5 Inhalt und Wirkungen des Ehevertrags; Art 6 Form des Ehevertrags). Das Nähere hierüber bei den §§ 1432 bis 1434. Die Bestimmungen des Abkommens über den **Schutz Dritter** (Art 8) werden bei den entsprechenden Gesetzesvorschriften berücksichtigt. Dasselbe gilt von den Bestimmungen des Art 16 EG über den Schutz Dritter (§ 1435), die **Schlüsselgewalt der Frau** (§ 1357), die **Eigentumsvermutung** zugunsten der Gläubiger des Mannes (§ 1362) und die Folgen der Einwilligung des Mannes in den Betrieb eines **Erwerbsgeschäfts** durch die Frau (§ 1405).

I. Gesetzliches Güterrecht

1. Allgemeine Vorschriften

§ 1363

[1]) Das Vermögen der Frau[2]) wird durch die Eheschließung[3]) der Verwaltung[4]) und Nutznießung[5]) des Mannes unterworfen (eingebrachtes Gut)[6]).

Zum eingebrachten Gute gehört auch das Vermögen, das die Frau während der Ehe erwirbt[7])[8]).

E I 1283 II 1263; M 4 161 ff.; P 4 122 ff., 129, 140 ff., 150, 157.

1. Das gesetzliche eheliche Güterrecht beruht auf der Verwaltungsgemeinschaft. Vgl. Vorbem 1 vor § 1363. Jeder Ehegatte behält sein Vermögen; das Vermögen der Frau wird

jedoch für die Zwecke der Ehe der Verwaltung und Nutznießung des Mannes unterworfen, und letzterer hat die ehelichen Lasten allein zu tragen. Diesen leitenden Grundsatz spricht der § 1363 im allgemeinen aus. Das BGB vermeidet den Ausdruck „Verwaltungsgemeinschaft" als nicht völlig zutreffend (vgl. § 1373 A 4) und bezeichnet das Gesamtrechtsverhältnis als das der „**Verwaltung und Nutznießung des Mannes**". Mit der Eheschließung tritt das bezeichnete Rechtsverhältnis kraft Gesetzes ein (**RG** 65, 367). Das Nutznießungsrecht des Mannes an eingebrachten Grundstücken bedarf nicht der Eintragung in das Grundbuch. Die Eintragung ist nicht zulässig. Das Recht des Mannes auf den Bezug der Nutzungen am Frauenvermögen (§§ 1373ff.) entspricht zwar den auch den gesetzlichen Nießbrauch umfassenden §§ 1030ff., ist jedoch wegen der Besonderheiten des ehemännlichen Nießbrauchsrechts zur Unterscheidung von dem gesetzlichen Nießbrauch als Recht der „Nutznießung" bezeichnet worden. Wegen Unpfändbarkeit der Rechte des Mannes an dem eingebrachten Gute vgl. § 861 ZPO und § 1408 A 2. Die Frau ist nicht berufen, den Mann in seinen Vermögensangelegenheiten zu vertreten. So ist z. B. die von einem Pfandgläubiger des (in Geisteskrankheit verfallenen) Mannes ihr gegenüber bewirkte Ankündigung der Inanspruchnahme des Pfandes unwirksam (**RG** 68, 146). Das ehemännliche Verwaltungs- und Nutznießungsrecht ist, da es von jedermann anerkannt und geachtet werden muß, als ein „sonstiges Recht" nach § 823 Abs 1 anzusehen, dessen widerrechtliche Verletzung Schadensersatz nach sich zieht (**RG** Warn 1922 Nr 41). Vgl. § 1373 A 2 (Besitzstörung).

2. Das **Vermögen der Frau** umfaßt alle ihr zustehenden Rechte, mögen sie sich auf bewegliche Sachen oder Grundstücke beziehen, übertragbar oder nicht übertragbar sein. Soweit die Ausübung eines Rechtes nach gesetzlicher Vorschrift einem andern nicht überlassen werden kann, bleiben sie auch der Nutznießung des Mannes entzogen (z. B. beschränkte persönliche Dienstbarkeiten, §§ 1092, 1093). — Das Verwaltungs- und Nutznießungsrecht des Mannes umfaßt auch das Nießbrauchsrecht der Frau (z. B. an Wertpapieren, OLG 40, 68).

3. **Durch die Eheschließung** wird (mit der einzigen Ausnahme des im § 1364 behandelten Falles) kraft gesetzlicher Vorschrift das Vermögen der Frau der Verwaltung und Nutznießung des Mannes unterworfen. Einer besonderen Eingehung einer Verpflichtung seitens der Frau bedarf es nicht. — Die Rechte des Mannes entstehen ohne weiteres durch die Eheschließung, mag der Mann vom Vorhandensein des Vermögens Kenntnis haben oder nicht. Insbesondere ist es unerheblich, ob er die einzelnen Vermögensbestandteile schon in seine Gewalt gebracht hat (**RG** 83, 241).

4. Der **Verwaltung** nach Maßgabe der §§ 1373—1409, insbesondere der §§ 1374—1380, wird das Vermögen der Frau unterworfen. Der Mann ist nicht nur berechtigt, sondern auch verpflichtet, ihr Vermögen zu verwalten (§ 1344). Zur Verwaltung gehört auch die Führung eines erforderlich werdenden Rechtsstreits (§ 1387 A 6). Wegen des Grades der zu vertretenden Sorgfalt vgl. § 1359. — Der § 1363 gibt dem Manne, nicht nur der Frau, sondern auch Dritten gegenüber, also sowohl nach innen wie nach außen die Stellung des verantwortlichen Verwalters und Besitzers des eingebrachten Gutes. So treffen ihn auch z. B. die aus der Verwaltung eines eingebrachten Hauses Dritten gegenüber entspringenden Pflichten (**RG** 10. 6. 09 VI 309/08).

5. In der Form der **Nutznießung** leistet die Frau ihren Beitrag zur Bestreitung der ehelichen Lasten. Der Mann ist dafür verpflichtet, die ehelichen Lasten zu bestreiten, und zwar aus eigenem Vermögen und gleichviel, ob eingebrachtes Gut vorhanden ist oder nicht (vgl. Vorbem 1 vor § 1373).

6. Der Ausdruck „**eingebrachtes Gut**" bezieht sich ausschließlich auf das Vermögen der Frau. Eine besondere Tätigkeit des Einbringens wird nicht vorausgesetzt. Die Frau bringt von ihrem Vermögen dasjenige in die Ehe ein, was sie sich nicht vorbehält oder was das Gesetz nicht als Vorbehaltsgut bestimmt. Eingebrachtes Gut drückt daher den Gegensatz zum Vorbehaltsgut aus. Was die Frau während der Ehe erwirbt, wird regelmäßig ebenfalls zum Eingebrachten gerechnet. — Als eingebrachtes Gut der Frau sind auch die jährlich fortlaufenden Zahlungen an die Frau anzusehen, zu denen sich eine Handelsgesellschaft dem Ehemanne, ihrem Angestellten, gegenüber neben seinem Jahresgehalte von 1500 Mark mit Rücksicht darauf, daß dieser in Konkurs geraten war, verpflichtet (**RG** 69, 59). Regelmäßige bare **Zuschüsse des Schwiegervaters** zu Händen des Ehemanns der Tochter sind in Ermanglung entgegenstehender Abreden als Zuschüsse zur Bestreitung des ehelichen Aufwandes (insbesondere des Unterhalts, der Bekleidung und anderer persönlicher Bedürfnisse der Tochter) anzusehen, auch wenn sie für die Tochter bestimmt wurden. Ihre Rückforderung als (eingebrachtes oder vorbehaltenes) Frauengut nach Auflösung der Ehe ist ungerechtfertigt (**RG** Warn 1911 Nr 333). Darüber, daß die Frau eingebrachtes Geld ihrem Manne als **Darlehn** geben kann, ohne daß dieses zugleich in Vorbehaltsgut umgewandelt zu werden braucht, vgl. **RG** 78, 207; **RG** JW 1910, 1004[16] und § 1432 A 3. Das eingebrachte Gut umfaßt nicht nur Eigentum, sondern auch bloßen Besitz der Frau. Mag der Besitz ein Recht sein oder nicht, jedenfalls bildet er einen Bestandteil des Vermögens, und nach § 1363 erstrecken sich die Rechte des Mannes grund-

sätzlich auf das ganze Vermögen der Frau (**RG** 83, 241). Durch die Eheschließung gehen nach § 1363 die von der Ehefrau in die Ehewohnung eingebrachten **Einrichtungsgegenstände** im allgemeinen in den Besitz des Ehemanns über; sie bleiben im Besitze der Ehefrau auch dann nicht, wenn diese die Stücke im gemeinschaftlichen Haushalte der Eheleute zusammen mit dem Ehemann oder auch allein in Benutzung nimmt. Nur Vorbehaltsgut der Frau bleibt in ihrem Besitz, und zwar auch dann, wenn die vorbehaltenen Stücke von den Eheleuten gemeinschaftlich benutzt werden. Die vom Ehemann in die Ehewohnung eingebrachten Stücke bleiben in seinem Eigentum und Besitze. Besitz und Eigentum an Einrichtungsgegenständen, die die Ehefrau eingebracht hat und zu ihrem Vorbehaltsgute gehören, können auf den Ehemann nur ebenso wie auf einen Dritten übertragen werden (**RG** JW 1914, 146[9]). Anders bei Gütertrennung. Vgl. **RG** JW 1922, 146[9] und § 1426 A 2. Zum eingebrachten Gute gehört das, was der Mann der Frau **schenkt**, ohne das Geschenkte gemäß § 1369 bei der Zuwendung zum Vorbehaltsgute zu bestimmen oder gemäß §§ 1368, 1434 durch Ehevertrag für Vorbehaltsgut zu erklären (OLG 26, 218). Bei Schenkungen und sonstigen Veräußerungen des Mannes an die Frau kann das Eigentum im Wege des § 930 BGB übertragen werden (**RG** 108, 122). Vgl. § 1373 A 4. Ein **Erwerbsgeschäft**, das die Frau bei Eingehung der Ehe betreibt, oder der Anteil der Frau an einem von ihr und einem andern betriebenen Erwerbsgeschäfte wird bei Eintritt des gesetzlichen Güterstandes nicht ohne weiteres Vorbehaltsgut, sondern gehört an sich zum eingebrachten Gute (**RG** JW 1915, 1008[17]; **RG** 26. 4. 15 IV 447/15; 29. 11. 15 IV 160/15). Der Mann hat trotz seines Verwaltungs- und Nutznießungsrechts, das ihm am eingebrachten Gute zusteht, kein Recht, das Geschäft auf den Namen der Frau ohne deren Willen fortzuführen oder Übertragung des Geschäfts und der Firma auf seine Person zu verlangen (**RG** 59, 25; **RG** 29. 11. 15 IV 160/15). Ebenso OLG 32, 4. Vgl. §§ 1421 A 3, 1367 A 3. Auch **unverzinsliche Forderungsrechte der Frau gegen den Mann**, die aus irgendeinem Rechtsgrunde erst nach der Aufhebung der ehemännlichen Nutznießung und Verwaltung fällig werden (z. B. der Ausgleichungsanspruch der Frau gegen den Mann bei Überleitung der Errungenschaftsgemeinschaft in den gesetzlichen Güterstand des BGB nach bayerischem Übergangsrecht), haben die Fähigkeit, eingebrachtes Gut der Frau zu werden, und berechtigen die Frau, unter Umständen Sicherheit zu verlangen (SeuffA 71 Nr 93).

7. **Schadensersatzansprüche.** Zum eingebrachten Gute gehören auch die der Frau aus einer Körperverletzung zustehenden Schadensersatzansprüche (**RG** 25. 1. 06 IV 369/05; **RG** JW 1921, 393[3]). Dies trifft jedenfalls zu, soweit es sich um Kurkosten (mit Einschluß der Kosten für vermehrte Bedürfnisse) und Schmerzensgeld handelt. Auch die Forderung auf Ersatz der Nachteile, welche die Verletzung für den Erwerb und das Fortkommen der Frau herbeiführt (§ 842), wird in der Regel zum eingebrachten Gute zu rechnen sein. Dagegen ist der Entschädigungsanspruch wegen Wegfalls der Dienste der Frau im Hauswesen oder Geschäfte des Mannes und wegen Einstellung einer Ersatzhilfe (§ 845) ein Anspruch des Mannes und gehört nicht zum eingebrachten Gute. Vgl. § 1356 A 7. Ebensowenig kann zum eingebrachten Gute der Anspruch auf Rente aus § 843 wegen aufgehobener oder verminderter Erwerbsfähigkeit der Frau oder Vermehrung ihrer Bedürfnisse dann gerechnet werden, wenn die Frau in ihrem eigenen selbständigen Erwerbe geschädigt ist. Dieser Anspruch gehört nach §§ 1367, 1370 zu ihrem Vorbehaltsgute. Vgl. § 1367 A 1 u. 2. Zum Vorbehaltsgute der Frau ist nach §§ 1366, 1370 auch der Entschädigungsanspruch wegen Beschädigung ihrer Kleider und der sonstigen zu ihrem persönlichen Gebrauche bestimmten Sachen zu rechnen. — Der Anspruch der Frau auf **Schmerzensgeld** wegen eines Unfalls ist ein zum eingebrachten Gute der Frau gehöriger vermögensrechtlicher Anspruch (**RG** 90, 65; OLG 38, 245). Der Anspruch der Frau gegen die Straßenbahngesellschaft auf Ersatz des aus der Tötung ihres Sohnes entstandenen Schadens gehört zum eingebrachten Gute der Frau. Der Mann kann auf Feststellung der Schadensersatzpflicht klagen. Die Unpfändbarkeit und Unübertragbarkeit des (auf Schadensersatz wegen Verlusts des Unterhaltsanspruchs an den getöteten Sohn gerichteten) Anspruchs hat mit den Rechten des Ehemanns an dem Vermögen der Ehefrau, die sich aus dem Gesetz ergeben, nichts zu tun (**RG** SeuffA 77 Nr 28).

8. **Übergangsrecht.** Die Vorschriften des BGB über den Güterstand der Verwaltung und Nutznießung bilden auch da, wo sie nur infolge landesgesetzlicher Ausführungsvorschriften gelten, ein mit der Revision anfechtbares Recht, wenn das fragliche Ausführungsgesetz ergibt, daß sie als Vorschriften des BGB, mithin als reichsrechtliche Bestimmungen eingeführt worden sind (so § 34 Abs 1 SächsAG z. BGB; **RG** 59, 25). Der Ausgleichungsanspruch der Ehefrau, den diese gegen den Ehemann bei Überleitung der Errungenschaftsgemeinschaft in das gesetzliche Güterrecht erwirbt, gehört zum eingebrachten Gut der Frau (Bayr. Recht; SeuffA 71 Nr 93).

§ 1364

[1]) **Die Verwaltung und Nutznießung des Mannes tritt nicht ein[2]), wenn er die Ehe mit einer in der Geschäftsfähigkeit beschränkten[3]) Frau ohne[4]) Einwilligung ihres gesetzlichen Vertreters eingeht.**

E I 1284 Satz 1 II 1264; M 4 164; P 4 124, 129, 141, 150, 157, 214; 6 272.

1. **Zweck der Vorschrift.** Die im § 1364 bestimmte Ausnahme von der Regel des § 1363 bezweckt, die wegen Minderjährigkeit oder aus andern Gründen in der Geschäftsfähigkeit beschränkte Ehefrau gegen die ihrem Vermögen aus der Verwaltung und Nutznießung des Mannes möglicherweise drohenden Gefahren zu schützen. Zwar kann der gesetzliche Vertreter der Frau die ohne seine Einwilligung eingegangene Ehe, solange die Frau in der Geschäftsfähigkeit beschränkt ist, anfechten, und das gleiche Anfechtungsrecht steht der Frau nach erlangter Geschäftsfähigkeit zu (§§ 1304, 1331, 1336 Abs 2 Satz 2), auch bleiben die elterliche Gewalt (§§ 1633, 1661 Satz 2, 1686), gegebenenfalls die Vormundschaft über die Frau (§ 1800) in gewissem Umfange bestehen, allein diese Vorschriften gewähren der Frau keinen genügenden Schutz, namentlich nicht gegenüber dem Rechte des Mannes, die zum eingebrachten Gute gehörenden Sachen in Besitz zu nehmen (§ 1373). Ohne den § 1364 würde das Gesetz einen Anreiz zur Anfechtung einer Ehe geben, deren Aufrechterhaltung vielleicht dem persönlichen Empfinden der Frau gerade entspricht.

2. Statt der Verwaltung und Nutznießung des Mannes tritt nach § 1426 **Gütertrennung** ein (§§ 1427—1431). Steht die Frau unter elterlicher Gewalt des Vaters oder der Mutter, so verbleibt die Nutznießung an dem Vermögen der Frau dem Inhaber der elterlichen Gewalt (§§ 1649, 1661 Satz 2, 1686, 1305ff.). An dem Güterstande der Gütertrennung wird dadurch, daß die Frau unbeschränkt geschäftsfähig wird, nichts geändert, ebensowenig dadurch, daß die Ehe infolge nachträglicher Genehmigung durch den gesetzlichen Vertreter bzw. das Vormundschaftsgericht oder infolge Bestätigung durch die inzwischen unbeschränkt geschäftsfähig gewordene Frau unanfechtbar wird (§ 1337). Für die Aufhebung oder Änderung des Güterstandes der Gütertrennung durch Vertrag bleiben die allgemeinen Grundsätze maßgebend (§ 1432).

3. Ob der § 1364 auch in den Fällen Anwendung findet, in denen eine aus den Gründen des § 1325 Abs 1 **nichtige Ehe** (Geschäftsunfähigkeit der Frau, Bewußtlosigkeit oder vorübergehende Störung der Geistestätigkeit) nachträglich von der Frau gemäß § 1325 Abs 2 bestätigt wird, wenn die Frau zur Zeit der Bestätigung in der Geschäftsfähigkeit beschränkt war und die Bestätigung ohne Einwilligung des gesetzlichen Vertreters erfolgt ist (§ 1331), kann zweifelhaft sein. Planck § 1364 A 1 bejaht die Frage für den Fall der Nichtigkeit wegen Geschäftsunfähigkeit. Allein der § 1364 führt in Anlehnung an besondere Bestimmungen des preußischen Rechts (ALR II 1 §§ 978, 980, 981, 983, 999) nur eine bestimmte Ausnahme ein und diese läßt sich auf andere Fälle nicht ausdehnen. Wollte man aber entscheidendes Gewicht auf den gesetzgeberischen Grund allein legen, so müßten die Fälle der Nichtigkeit wegen Bewußtlosigkeit und Geistesstörung dem Falle der Nichtigkeit wegen Geschäftsunfähigkeit in der gedachten Beziehung gleichgestellt werden. Eine solche Tragweite hat man dem § 1364 gewiß nicht beilegen wollen. Bestätigung der Ehe ist hier auch nicht gleichbedeutend mit Eingehung der Ehe, zumal die Bestätigung nach außen hin häufig schwer erkennbar sein wird und die mit dem Mangel der Nichtigkeit behaftete Ehe regelmäßig bis zur Nichtigkeitserklärung als gültig anzusehen ist. Ist der Mann bei Eingehung der Ehe in der Geschäftsfähigkeit beschränkt, so wird Verwaltung und Nutznießung durch den Vormund (§ 1409) beeinflußt. Da ein Mann vor dem Eintritte der Volljährigkeit nicht heiraten darf (§ 1303 Abs 1), kommt eine Beeinflussung durch die elterliche Gewalt nicht in Frage. Wegen des Rechtes der Frau, auf Aufhebung der Verwaltung und Nutznießung zu klagen, vgl. § 1418 Abs 1 Nr 3—5.

4. Wird die Ehe mit einer in der Geschäftsfähigkeit beschränkten Frau **mit Einwilligung ihres gesetzlichen Vertreters** eingegangen, so liegt der Ausnahmefall des § 1364 nicht vor und es gilt die Regel des § 1363. Die Beschränkung der Geschäftsfähigkeit der Frau schmälert an sich nicht die Rechte des Mannes an ihrem Vermögen. Die Eltern der Frau verlieren in dem bezeichneten Falle mit der Verheiratung der Tochter die Nutznießung an deren Vermögen (§ 1661 Satz 1). Soweit der Mann bei Ausübung seiner Rechte an die Mitwirkung der Ehefrau gebunden ist, wird die Frau nach den allgemeinen Regeln über elterliche Gewalt und Vormundschaft (§§ 1633, 1800, 1897) vertreten. Führt der Mann selbst die Vormundschaft über die Frau (§ 1778 Abs 3), so erhält die Frau für Angelegenheiten, an deren Besorgung der Mann als Vormund verhindert ist, einen Pfleger (§§ 181, 1795, 1909).

§ 1365

Die Verwaltung und Nutznießung des Mannes erstreckt sich nicht auf das Vorbehaltsgut der Frau[1]).

E I 1286 II 1265; M 4 167; P 4 129.

1. Grundsätzlich wird beim gesetzlichen Güterstande das gesamte bei der Eheschließung vorhandene oder während der Ehe erworbene Vermögen der Frau der Verwaltung und Nutznießung des Mannes kraft Gesetzes (RG 65, 367) unterworfen (eingebrachtes Gut). Nur auf das **Vorbehaltsgut der Frau** erstreckt sich die Verwaltung und Nutznießung des Mannes nicht. Soweit nicht ein anderes bestimmt ist, kann die Frau über das Vorbehaltsgut ohne Mitwirkung des Ehemanns frei verfügen, es verwalten, mit Schulden belasten und seine Nutzungen für sich ziehen. Was Vorbehaltsgut ist, bestimmen die §§ 1366—1370 BGB erschöpfend. Hiernach kann von einem durch Gesetz und einem durch Vertrag vorbehaltenen Vermögen gesprochen werden. — Die Frau hat zu beweisen, daß Stücke ihres Vermögens die Eigenschaft des Vorbehaltsguts haben (RG 65, 367). Soweit die Eigenschaft des Vorbehaltenen nicht dargelegt werden kann, gilt das Gut dem im § 1363 ausgesprochenen Grundsatz entsprechend als Eingebrachtes. — Da Vorbehaltsgut die Ausnahme bildet, so gestatten die Vorschriften in den §§ 1366—1370 keine ausdehnende Auslegung (RG 87, 100). Die im Falle des Getrenntlebens der Ehegatten vom Manne der Frau zu ihrem Unterhalte zu gewährende Geldrente (§ 1361) ist der ehemännlichen Verwaltung und Nutznießung entzogen und muß daher zum Vorbehaltsgute der Frau gerechnet werden (RG 90, 323). Vgl. § 1361 A 5. Dasselbe muß auch von dem Unterhalte, den der Mann der Frau in Natur gewährt, gelten (Erler im Recht 1919, 89). — Die Aufzählung in den §§ 1366—1370 schließt nicht aus, daß aus besonderen Gründen auch andere Vermögensbestandteile dem Vorbehaltsgute der Frau zugerechnet werden müssen (RG 30. 10. 18 IV 224/18). Vgl. § 1369 A 1. Für den Fall, daß die Eheleute mit oder ohne Erlaubnis des Gerichts getrennt leben, sind keine besonderen Bestimmungen getroffen worden. Die allgemeinen Grundsätze in Verbindung mit den §§ 1367, 1369, 1370 reichen aus, um der Ehefrau die Verwendung des ihr von dem Ehemanne oder dritten Personen zu ihrem Unterhalte Gegebenen zu diesem Zwecke zu sichern (vgl. §§ 1427 A 7, 1432 A 4).

§ 1366

Vorbehaltsgut[1]) sind die ausschließlich[2]) zum persönlichen Gebrauche[3]) der Frau bestimmten[4]) Sachen[5]), insbesondere Kleider[6]), Schmucksachen und Arbeitsgeräte[7]).

E I 1285 II 1282 Abs 2; M 4 166, P 4 126, 130, 141, 152, 159, 164.

1. Das Vermögen der Frau wird in eingebrachtes Gut und **Vorbehaltsgut** geschieden. Was nicht Vorbehaltsgut ist, ist eingebrachtes Gut. Was Vorbehaltsgut ist, bestimmen die §§ 1365—1370 erschöpfend. Indem der § 1366 bestimmt, daß die darin bezeichneten Sachen Vorbehaltsgut sind, nimmt er nur eine Scheidung mit dem Vermögen der Frau vor. Er bestimmt also nicht, daß die bezeichneten Sachen zum Vermögen der Frau gerechnet werden sollen, sondern er setzt voraus, daß sie zu ihrem Vermögen gehören. Wären sie fremdes Eigentum (z. B. ein vom Manne der Frau nur zum leihweisen Gebrauch überlassener, aus seiner Familie stammender, alter Familienschmuck), so würden sie überhaupt nicht als voneinander zu scheidendes Vermögen der Frau in Betracht kommen. Dafür aber, daß die bezeichneten Sachen der Frau gehören, spricht nach § 1362 Abs 2 die Vermutung. Diese greift insbesondere auch dann Platz, wenn Sachen solcher Art für die Frau mit den Mitteln des Mannes angeschafft worden sind. Abgesehen von dieser Vermutung entscheiden die allgemeinen Grundsätze darüber, ob die Frau an den ihr vom Manne gegebenen Sachen der hier fraglichen Art Eigentum erworben hat. Insoweit sie vom Manne lediglich zur Erfüllung seiner Unterhaltspflicht (§ 1360 Abs 1) der Frau gegeben worden sind (z. B. die notwendigen Kleider und Leibwäsche, § 1382 A 2), ist jedenfalls Eigentum auf die Frau übergegangen. — Die Bestimmung der im § 1366 bezeichneten Sachen als Vorbehaltsgut hat nicht nur die Wirkung, daß sie der Verwaltung und Nutznießung des Mannes entzogen sind, sondern auch die, daß sie der unbeschränkten Verfügung der Frau unterstehen.

2. Die Sachen müssen die Bestimmung haben, von der Frau mit **Ausschließung** anderer Personen, namentlich des Mannes, gebraucht zu werden. Zum gemeinsamen Gebrauche für die Eheleute bestimmte Sachen gehören nicht zum Vorbehaltsgute der Frau. Gestattet aber die Frau den tatsächlichen Mitgebrauch der für ihren persönlichen Gebrauch ausschließlich bestimmten Sachen andern Personen, so berührt dies nicht die Eigenschaft des Vorbehaltsguts.

3. Nicht alle **Gebrauchsgegenstände**, deren sich die Frau innerhalb ihres Lebens- und Wirkungskreises bedient, sind als zu ihrem persönlichen Gebrauche bestimmt anzusehen (z. B. das Kochgeschirr). Es muß eine Beziehung zu ihrer Person vorhanden sein. Diese Beziehung kann darin bestehen, daß die Sachen bestimmt sind, persönlichen Bedürfnissen der Frau zu dienen (z. B. Kleider, Schmucksachen) oder sie in ihrer persönlichen Erwerbstätigkeit zu unterstützen (z. B. die Malgeräte einer Mallehrerin).

4. Die **Bestimmung** kann aus stillschweigenden oder ausdrücklichen Willensäußerungen, aus der natürlichen Beschaffenheit der Sachen sowie aus der Tatsache des Gebrauchs durch die Frau oder aus andern Umständen hervorgehen. Willensäußerungen kommen hier lediglich als Erkenntnisquelle für die Vorbehaltseigenschaft in Betracht, wogegen sie bei der Bestellung von Vorbehaltsgut durch Ehevertrag die Vorbehaltseigenschaft begründen (vgl. § 1368 A 2). Hinsichtlich der Beweislast vgl. § 1365 A 2.

5. **Sachen.** Gemeint sind nur bewegliche, nicht unbewegliche Sachen, wie der Zusammenhang mit § 1362 Abs 1 u. 2 ergibt. Rechte der Frau fallen nicht unter § 1366. Dies gilt sogar von Rechten, die ihrem Inhalte nach durch einen andern als den Berechtigten selbst nicht ausgeübt werden können (§ 1363 A 2). Geld fällt nicht unter § 1366, da es nicht eine ausschließlich zum persönlichen Gebrauche bestimmte Sache sein kann.

6. **Kleider** sind sämtliche zur Bekleidung dienende Gegenstände.

7. **Arbeitsgeräte.** Die Entwürfe führten nur Kleider und Schmucksachen als Beispiele auf. In der Reichstagskommission wurde die Ausdehnung der Bestimmung auf Arbeitsgeräte der Frau, z. B. eine Nähmaschine, Strickereigerätschaften usw., mit denen die Frau einen selbständigen Erwerb suchen könne, beantragt. Die Mehrheit beschloß die Hineinbeziehung der Arbeitsgeräte in diese Bestimmung. Ebenso wie Kleider und Schmucksachen sind auch Arbeitsgeräte nur dann Vorbehaltsgut, wenn sie der Frau gehören und ausschließlich zu ihrem persönlichen Gebrauche bestimmt sind.

§ 1367

Vorbehaltsgut[1]) ist, was die Frau durch ihre Arbeit[2]) oder durch den selbständigen Betrieb[3]) eines Erwerbsgeschäfts[4]) erwirbt[5])[6]).

E I 1289 II 1266; M 4 173 ff.; P 4 118, 125, 129, 141, 156, 163.

1. Daß eine Frau, die über den Rahmen ihrer durch § 1356 dem Manne gegenüber begründeten Verpflichtung hinaus arbeitet und selbständig erwirbt, auch selbständig über das Erworbene verfügen darf, entspricht der Billigkeit. Das so erworbene Gut ist daher für **Vorbehaltsgut der Frau** erklärt, während das im Rahmen des § 1356 Erworbene weder Vorbehaltsgut noch eingebrachtes Gut der Frau ist, sondern dem Manne zufällt (RG 64, 326). Die Früchte eigener Erwerbstätigkeit der Frau fallen ihr und nicht dem Manne zu (RG JW 1911, 773[41]; 1921, 393[3]; RG LZ 16, 649, hier Ersparnisse aus der von der Frau innerhalb der Gast- und Schankwirtschaft ihres (meist abwesenden) Mannes selbständig besorgten Verpflegung von Kriegsgefangenen). Der Mann ist zur Einklagung des Schadens, den die Frau in ihrem Geschäftsbetriebe erleidet, nicht befugt (RG 79, 55). Vgl. § 1363 A 7. Geht die Frau eine neue Ehe ein, so gilt wieder der Grundsatz, daß die Frau ihr ganzes Vermögen außer den in § 1366 bezeichneten Sachen in die neue Ehe einbringt, soweit sie es sich nicht vertragsmäßig vorbehält. Hiernach wird das Erworbene, obwohl es für eine frühere Ehe Vorbehaltsgut war, für eine spätere Ehe eingebrachtes Gut, wenn die Schließung eines Ehevertrags unterbleibt. Die Notwendigkeit der Vertragsschließung folgt aus der Rücksicht auf den neuen Ehemann (vgl. § 1369 A 2). Wegen der Verpflichtung der Frau, aus dem Erworbenen einen Beitrag zur Bestreitung des ehelichen Aufwandes zu leisten, vgl. §§ 1371, 1472.

2. **Arbeit** im Sinne dieser Bestimmung ist die in einzelnen Fällen zum Zwecke eines selbständigen Erwerbs vorgenommene Tätigkeit. Sie unterscheidet sich von der im § 1356 gemeinten Arbeit dadurch, daß sie nicht wie jene auf einer durch die Ehe begründeten Verpflichtung beruht, und von dem Betriebe eines Erwerbsgeschäfts dadurch, daß sie nicht wie dieser gewerbsmäßig zu sein braucht. Die Frau kann durch jede Arbeit, die nicht unter § 1356 fällt, selbständig erwerben. Leistet die Frau im Geschäfte des Mannes entgeltliche Dienste, so wird die Gegenleistung Vorbehaltsgut. Keineswegs ist jedem Erwerbe der Frau im Geschäfte des Mannes die Eigenschaft eines Vorbehaltsguts versagt. Wie RG 64, 323 ff. ausführt, ist eine Vergütung, die der (die Herstellung von Galanteriemalereien gewerbsmäßig betreibende) Mann seiner Frau für ihre Beihilfe in seinem Geschäfte (Bemalung von Galanteriesachen) gewährt, Vorbehaltsgut der Frau. Als Schenkung und demzufolge eingebrachtes Gut ist die Vergütung nur unter besonderen Umständen anzusehen Verwertet aber die Frau

ihre Fertigkeiten nicht zu eigener Arbeit, d. h. zu solcher, durch welche sie sich einen Erwerb verschafft, verwertet sie vielmehr ihre Fertigkeiten nur zugunsten des Mannes dergestalt, daß sie ihn bei der Ausübung seines Gewerbes unterstützt, so erwirbt sie für den Mann. Hat die Frau den Mann bei der Ausübung seines Gewerbes unterstützt und ist anzunehmen, daß sie dies auch in Zukunft getan haben würde, so ist, wenn sie durch einen Unfall erwerbsunfähig wird, nicht sie, sondern ihr Mann geschädigt. Nur letzterer ist befugt, die Unfallrente einzuklagen. Vgl. § 1356 A 7.

3. **Selbständigkeit des Betriebs.** Die Frau betreibt ein Erwerbsgeschäft selbständig, wenn sie selbst und nicht ihr Mann das Geschäft betreibt. Der § 1367 hat die erwerbende Tätigkeit der Frau, nicht die des Mannes im Auge. Betreibt der Mann ein nicht zum Vorbehaltsgute gehörendes Geschäft der Frau, sei es im eigenen Namen, sei es im Namen der Frau, als der Inhaberin des Geschäfts, so liegt der Fall des § 1367 nicht vor. Dagegen betreibt die Frau das Erwerbsgeschäft auch dann selbständig, wenn sie sich dazu eines Prokuristen oder Bevollmächtigten — möge dies auch ihr Mann sein — bedient oder wenn sie es in Gemeinschaft mit andern betreibt. Entscheidend ist, daß die Frau nicht bloß Inhaberin, Kommanditistin oder stille Gesellschafterin, sondern Unternehmerin des Geschäfts ist. Vgl. § 1405 A 4. — Selbständig betreibt die Frau ein Erwerbsgeschäft auch dann, wenn sie unter Ausschluß von der Vertretung nur Teilhaberin einer offenen Handelsgesellschaft ist (RG 87, 100). Ebenso dann, wenn sich die Frau zum Betriebe des Geschäfts eines Bevollmächtigten oder irgendeines andern Gehilfen, mag dieser auch ihr Mann sein, bedient (RG 26. 4. 15 IV 447/14). Ebenso OLG 32, 4. Die Auffassung, daß nach außen hin der Mann als Inhaber eines Geschäfts erscheinen könne, trotzdem jedoch im Verhältnisse der Ehegatten zueinander nicht er, sondern die Frau als Geschäftsinhaberin gelten könne, ist rechtlich durchaus möglich (RG JW 1912, 32[16]; RG Warn 1915 Nr 135; RG 29. 11. 15 IV 160/15; RG 27. 4. 22 IV 657/21; OLG 32, 4; 34, 249). Vgl. §§ 1363 A 6, 1421 A 3. Überträgt der Mann sein Geschäft (Fleischerei) der Frau nur äußerlich zu dem Zwecke, um die Einkünfte dem Zugriffe seiner Gläubiger zu entziehen, und unter der Vereinbarung, daß im Gewerbebetriebe selbst nach dem Willen beider Eheleute nichts geändert werden, insbesondere der Geschäftserwerb nicht zum Vorbehaltsgute der Frau umgestaltet werden und der Mann wirklicher Geschäftsinhaber bleiben solle, so gehören die Geschäftseinkünfte nicht zum Vorbehaltsgute der Frau, auch wenn das Geschäft polizeilich auf ihren Namen angemeldet und versteuert, auch von ihr selbständig geführt wird. Demnach steht der Anspruch auf Schadensersatz infolge eines Betriebsunfalls des Mannes wegen Erwerbsverlustes dem Manne und nicht der Frau zu (RG JW 1912, 32[16]).

4. Begriff des **Erwerbsgeschäfts** vgl. § 1405 A 5.

5. **Selbständiger Erwerb.** Nach § 1367 ist das, was die Frau während der Ehe durch den selbständigen Betrieb eines Erwerbsgeschäfts erwirbt, Vorbehaltsgut. Über das Erwerbsgeschäft selbst, das die Frau in die Ehe mitbringt, besagt der § 1367 nichts. Dieses bleibt Eingebrachtes. Aber der Mann hat weder das Nießbrauchs- noch das Verwaltungsrecht in Ansehung des Geschäfts. Er ist, wie RG 59, 25 angenommen, nicht befugt, das von der Frau betriebene Erwerbsgeschäft ohne ihre Zustimmung zu verwalten, auf Überlassung der Firma zu klagen (§§ 22, 25 HGB), ihr Geschäft zu schließen und auf Unterlassung des Betriebs zu klagen; er kann nur seine Einwilligung zum Betriebe des Geschäfts durch die Frau versagen und seinen Willen gemäß § 1354 zur Geltung bringen. — Gemäß § 1367 ist nur der Erwerb der Frau aus dem selbständigen Betrieb eines Erwerbsgeschäfts Vorbehaltsgut, nicht aber das Erwerbsgeschäft selbst und das dem Unternehmen dienende Vermögen der Frau. Etwaige Mißstände lassen sich unschwer durch Abschluß eines Ehevertrags vermeiden. Überläßt die Frau die Reinüberschüsse eines von ihr betriebenen Erwerbsgeschäfts dem Manne zur Verwaltung, so kann er in den Grenzen des § 1430 die Einkünfte aus diesen Reinüberschüssen nach freiem Ermessen verwenden, nicht aber die Reinüberschüsse selbst. Inwieweit er über letztere Rechenschaft abzulegen und Auskunft zu erteilen hat, richtet sich — unbeschadet der Vorschrift des § 1359 — nach allgemeinen Vorschriften. Im Falle des Verkaufs des Erwerbsgeschäfts wird der Kaufpreis nicht Vorbehaltsgut, sondern eingebrachtes Gut der Frau. Die mit dem Kaufpreise erzielten Zinsen und sonstigen Einnahmen gehören, da auf sie weder § 1367 nach § 1370 anwendbar ist, ebenfalls zum eingebrachten Gute. Sie stellen sich lediglich als Nutzungen eines zum eingebrachten Gute gehörenden Vermögensbestandteils dar und gebühren nach § 1383 dem Manne. Dieser ist der Frau gegenüber nicht verpflichtet, Auskunft über die Verwendung der Nutzungen zu erteilen (RG 87, 100). Der einer Ehefrau während der Ehe zufallende, aber aus Geschäften vor Eingehung der Ehe herrührende Gewinn ist nicht Vorbehaltsgut, sondern eingebrachtes Gut. Dieser Gewinn war schon vor der Ehe erarbeitet. Maßgebend ist der Zeitpunkt des Abschlusses eines gewinnbringenden Geschäfts, nicht der Tag des Eingangs des sich als Gewinn darstellenden Geldbetrags (RG JW 08, 484[17]).

6. Hinsichtlich der **Beweislast** vgl. § 1365 A 2.

§ 1368

Vorbehaltsgut ist, was[1]) durch Ehevertrag[2]) für Vorbehaltsgut erklärt[3]) ist[4]).

E I 1286 II 1267; M 4 168; P 4 124, 129, 141, 156, 163.

1. Sowohl einzelne Vermögensgegenstände als auch bestimmte Vermögensteile (nicht Bruchteile) können für **Vorbehaltsgut** erklärt werden, z. B. eine einzelne Forderung oder der unbewegliche Teil des Vermögens. Auch zukünftiges Vermögen kann für Vorbehaltsgut erklärt werden, z. B. eine der Frau als Nacherbin zukommende Erbschaft nach dem Eintritte des Erbfalls und vor dem Eintritte des Falles der Nacherbfolge (§§ 2100, 2139). Soll das ganze gegenwärtige und zukünftige Vermögen der Frau Vorbehaltsgut sein, so würde ein Vertrag solchen Inhalts nicht unter § 1368 fallen, sondern als Vereinbarung der Gütertrennung (§§ 1426—1431) anzusehen sein. — Durch Ehevertrag kann auch ein Inbegriff von Gegenständen ohne Aufreihung dessen, woraus er sich im einzelnen zusammensetzt, bestimmt werden (**RG** JW 1916, 834[6]).

2. Nur durch förmlichen **Ehevertrag** kann Vorbehaltsgut vertragsmäßig begründet werden. Die Form ist in § 1434 vorgeschrieben. Die Vertragsform rechtfertigt sich dadurch, daß es sich um eine Änderung des gesetzlichen Güterstandes handelt. Durch einseitige Verfügung der Frau kann Vorbehaltsgut nicht geschaffen werden. Mann und Frau müssen einig sein, denn die Änderung des gesetzlichen Güterstandes berührt die Rechte beider Teile. — Näheres über Eheverträge § 1432 A 3, 5.

3. Bedingte und betagte **Erklärungen** sind nicht unzulässig.

4. Hinsichtlich der **Beweislast** vgl. § 1365 A 2.

§ 1369

[1]) Vorbehaltsgut ist, was die Frau[2]) durch Erbfolge, durch Vermächtnis oder als Pflichtteil[3]) erwirbt (Erwerb von Todes wegen) oder was ihr unter Lebenden von einem Dritten unentgeltlich[4]) zugewendet wird, wenn der Erblasser durch letztwillige Verfügung, der Dritte bei[5]) der Zuwendung bestimmt[6]) hat, daß der Erwerb Vorbehaltsgut sein soll[7])[8])[9]).

E I 1287 II 1268; M 4 168 ff.; P 4 124, 129, 141, 156, 163.

1. **Zweck der Vorschrift.** Zum Besten der Ehefrau und deren Erben soll dritten Personen, namentlich den Eltern oder andern Verwandten der Frau, die ihr etwas hinterlassen oder unter Lebenden zuwenden wollen, aber wegen der bisherigen Verwaltung des Mannes oder wegen des zwischen den Ehegatten bestehenden persönlichen Verhältnisses oder aus andern Gründen an dem Rechte des Ehemanns auf Verwaltung und Nutznießung Anstoß nehmen, die Möglichkeit gewährt werden, das Hinterlassene oder Zugewendete durch einseitige Bestimmung ohne und selbst gegen den Willen des Mannes zum Vorbehaltsgute zu machen. — Ein in westfälischer Gütergemeinschaft verheiratet gewesener Vater, der nach dem Tode seiner Ehefrau die Gütergemeinschaft fortsetzt, kann als Erblasser testamentarisch bestimmen, daß der seiner verheirateten Tochter zufallende Anteil seiner Frau am gütergemeinschaftlichen Vermögen zum Vorbehaltsgute seiner Tochter gehören solle, so daß Verwaltung und Nutznießung ihres Mannes daran ausgeschlossen sind. Angenommen vom OLG Hamm auf Grund des § 10 Abs 4 des Ges. v. 16. 4. 60 (PrGS 165), in Verbindung mit Art 200 EG. Erblasser im Sinne des § 1369 ist derjenige, der in zulässiger Weise über bestimmte Vermögensstücke eine letztwillige Verfügung trifft (**RG** SeuffA 74 Nr 34).

2. **Frau.** Daß im § 1369 das Wort „Frau" im Sinne von Ehefrau gebraucht ist, folgt nicht nur aus seiner Stellung im Titel „Eheliches Güterrecht" und zwischen den §§ 1366, 1367 und 1370, in denen zweifellos nur von der Ehefrau die Rede sein kann; es wird auch bestätigt durch einen Vergleich mit den entsprechenden Bestimmungen über Vorbehaltsgut bei Gütergemeinschaft (§ 1440), fortgesetzter Gütergemeinschaft (§ 1486) und Errungenschaftsgemeinschaft (§ 1526). Während im § 1526 von Vorbehaltsgut die Rede ist, das von der „Frau" nach §§ 1369 oder 1370 erworben wird, spricht der § 1440 Abs 2 vom Vorbehaltsgute, das von einem der Ehegatten nach §§ 1369 u. 1370 erworben wird, und der § 1486 Abs 1 vom Vorbehaltsgute, das der überlebende Ehegatte nach §§ 1369 u. 1370 erwirbt. Der Hinweis auf den § 1369 in Verbindung mit dem Worte „Ehegatten" (namentlich im § 1440) läßt ersehen, daß sich der Gesetzgeber nur einen Erwerb der Ehefrau unter dem im § 1369 bezeichneten Erwerbe vorgestellt hat. Wollte man auch einen **vorehelichen Erwerb der Frau** im Sinne dieser Vorschrift als Vorbehaltsgut ansehen, so würde sich ein unlöslicher Widerspruch mit dem § 1440 Abs 2 ergeben. Demgegenüber kann es nicht ins Gewicht fallen, wenn

der Ausdruck „Frau" an andern Stellen des BGB auch Mädchen (§ 1303), Witwen und geschiedene Frauen (§§ 1313, 1577) oder überhaupt alle Personen weiblichen Geschlechts (§ 1786 Abs 1 Nr 1) umfaßt (RG 65, 367). — Nur was die Frau während der Ehe auf die im § 1369 bezeichnete Weise erwirbt, ist Vorbehaltsgut. Für ihren Erwerb vor der Ehe hat die Bestimmung des Erblassers, bzw. des Dritten, daß der Erwerb Vorbehaltsgut sein soll, nicht die Kraft, das Erworbene zum Vorbehaltsgute zu machen. Dazu ist, wenn es sich nicht gerade um ausschließlich zum persönlichen Gebrauche der Frau bestimmte Sachen handelt (§ 1366), erforderlich, daß das Erworbene durch Ehevertrag für Vorbehaltsgut erklärt wird (§ 1368). Denn im Wesen des Güterstandes der Verwaltung und Nutznießung des Mannes liegt es, daß die Frau ihr ganzes Vermögen außer den im § 1366 bezeichneten Sachen in die Ehe einbringt, soweit sie es sich nicht vertragsmäßig vorbehält (vgl. § 1363 A 6). Diese Ansicht entspricht auch dem Zwecke des § 1369 (vgl. A 1 und RG 65, 367). Gleiches gilt für jede neue Ehe der Frau (vgl. § 1367 A 1). Die gegenteilige Ansicht (KG in OLG 33, 339) berücksichtigt nicht genügend, daß das Gesetz nicht ausschließlich den Vorteil der Frau, sondern auch den Schutz des Mannes im Auge hat, wenn es die Änderung des gesetzlichen Güterstandes nur auf dem Wege des Vertrags zuläßt. — Von der vorstehend mehrfach angeführten Entscheidung des IV. Zivilsenats v. 21. 3. 1907 (RG 65, 367) ist derselbe Senat in einer neueren Entscheidung v. 19. 3. 1923 abgewichen, indem er angenommen hat, daß sich die Vorschrift des § 1369 auch auf einen Erwerb, den die Frau vor der Eingehung der Ehe macht, beziehe. Dem heutigen Rechtsempfinden entspreche es nicht, den Schutz des Mannes derart in den Vordergrund zu stellen. Es komme aber auch wesentlich in Betracht, daß der Zuwendende berechtigte Gründe haben könne, das Zugewendete nur als Vorbehaltsgut zu geben (RG 106, 381).

3. **Pflichtteil.** Die Bestimmung, daß der Pflichtteil Vorbehaltsgut der Frau sein soll, ist als eine Beschränkung oder Beschwerung des Pflichtteilsberechtigten (§ 2306) nicht anzusehen. Anders, wenn die fragliche Bestimmung als wirkliche Bedingung oder Auflage getroffen ist. Die Frau braucht sich eine Beschränkung ihrer Vertragsfreiheit in bezug auf die Gestaltung ihres ehelichen Güterrechts nicht gefallen zu lassen. Der Ehemann der Pflichtteilsberechtigten hat kein selbständiges Recht darauf, daß seiner Ehefrau der Pflichtteil als eingebrachtes Gut hinterlassen werde.

4. **Unentgeltliche Zuwendung.** Erfolgte eine Zuwendung gegen Entgelt, so würde sie als eine von der Ehefrau ausbedungene Gegenleistung erscheinen und es wäre mit dem Grundsatze, daß die Ehefrau ihr Vermögen nicht einseitig zu Vorbehaltsgut machen kann (vgl. § 1368 A 2), unvereinbar, einer derartigen Zuwendung die Vorbehaltseigenschaft beizulegen. Unter unentgeltliche Zuwendungen fallen auch sog. gemischte Geschäfte (z. B. Ausstattung § 1624). Eine Zuwendung an die Frau ist als eine unentgeltliche im Sinne des § 1369 anzusehen, wenn die Frau für die Zuwendung keinerlei Entgelt zu leisten hat. Daß der Zuwendende von anderer Seite, z. B. vom Manne, Entgelt erhält, kommt nicht in Betracht. Unentschieden gelassen RG 69, 63. — Zu den unentgeltlichen Zuwendungen im Sinne des § 1369 gehören nicht nur Schenkungen in der engeren Bedeutung des § 516 Abs 1, sondern auch sonstige Zuwendungen, für die der Zuwendende keine oder keine gleichwertige Gegenleistung erhält, insbesondere auch **Ausstattungen** der im § 1624 erwähnten Art, selbst wenn sie nicht als Schenkungen gelten. Der Umstand, daß das BGB eine sittliche Pflicht der Eltern zur Gewährung einer angemessenen Ausstattung anerkennt, kann ihr die Eigenschaft einer unentgeltlichen Zuwendung nicht nehmen. Demzufolge gehört eine der Tochter gewährte, das den Vermögensverhältnissen der Eltern entsprechende Maß nicht übersteigende Ausstattung (hier in Geld), wenn sie von den Eltern ausdrücklich „als Vorbehaltsgut" bestimmt worden ist, zum Vorbehaltsgute und nicht zum eingebrachten Gute der Frau (RG 80, 217).

5. **Bei der Zuwendung,** d. h. durch eine gleichzeitige, mit der Zuwendung selbst zu verbindende oder ihr vorausgegangene, nicht ihr erst nachfolgende (ausdrückliche oder stillschweigende) Willenserklärung. — Ein Vater, der für seine Tochter Vermögensstücke erwirbt und nach deren Verheiratung mit Einwilligung ihres Ehemanns weiter verwaltet, ist nicht befugt, diese schon durch den Erwerb unmittelbar in das Vermögen der Tochter gelangten und zu ihrem Eingebrachten gehörenden Vermögensstücke nachträglich durch Testament zum Vorbehaltsgut zu bestimmen (RG 17. 6. 15 IV 650/14).

6. **Form der Bestimmung.** In den Fällen des Erwerbs von Todes wegen muß die Bestimmung, um rechtsgültig zu sein, durch letztwillige Verfügung (Testament, Erbvertrag, Schenkung auf den Todesfall, §§ 1937, 2299, 2301) erfolgen. Sie kann selbständig und ohne daß eine letztwillige Zuwendung im eigentlichen Sinne erfolgt, z. B. wenn es bei der gesetzlichen Erbfolge belassen oder die Frau auf den Pflichtteil beschränkt wird, getroffen werden. Errichtung, Anfechtung und Aufhebung der hier fraglichen letztwilligen Verfügung bestimmen sich nach den allgemeinen Vorschriften des Erbrechts. Auch dem Ehemanne steht das Anfechtungsrecht zu. Die Bestimmung bei einer Zuwendung unter Lebenden hat die Natur einer Nebenbestimmung und bedarf keiner besonderen Form. — Die Bestimmung kann auch stillschweigend erfolgen. Ebenso SeuffA 73 Nr 162. Unentschieden gelassen RG 69, 63.

7. **Wirkung der Bestimmung.** Die Bestimmung bewirkt, daß das Erworbene ohne Zutun der Ehegatten Vorbehaltsgut der Frau wird. Dies schließt aber nicht aus, daß die Ehegatten durch Ehevertrag das als Vorbehaltsgut Erworbene in eingebrachtes Gut umwandeln. Dem kann allerdings dadurch vorgebeugt werden, daß der Erwerb an die Bedingung geknüpft wird, daß die Umwandlung unterbleibt.

8. Hinsichtlich der **Beweislast** vgl. § 1365 A 2.

9. **Anfechtung.** Auch der Ehemann einer Miterbin, dem durch letztwillige Anordnung des Erblassers Verwaltung und Nutznießung am Erbteile der Frau entzogen sind, gehört zu den nach § 2080 Abs 1 selbständig anfechtungsberechtigten Personen (M 5 S. 56, 57; Prot 5 S. 60, 61; RG 11. 3. 09 IV 528/08).

§ 1370

Vorbehaltsgut[1]) **ist, was die Frau auf Grund eines zu ihrem Vorbehaltsgute gehörenden Rechtes**[2]) **oder als Ersatz**[3]) **für die Zerstörung, Beschädigung oder Entziehung eines zu dem Vorbehaltsgute gehörenden Gegenstandes oder durch ein Rechtsgeschäft erwirbt, das sich auf das Vorbehaltsgut bezieht**[4]).

E I 1290 II 1269; M 4 177 ff.; P 4 125, 130, 141, 156, 163; 6 282.

1. Da Verwaltung und Nutznießung des Vorbehaltsguts nicht dem Manne, sondern der Frau zustehen, müssen auch die sich daraus ergebenden Nutzungen dem **Vorbehaltsgute der Frau zuwachsen.** Unter diesen Gesichtspunkt fallen alle drei in § 1370 hervorgehobenen Erwerbsarten, von denen die beiden ersten in rechtlichem, die letzte nur in wirtschaftlichem Zusammenhange mit dem Vorbehaltsgute stehen. Die in § 1370 getroffene Regelung ermöglicht nicht nur eine ordnungsmäßige Verwaltung des Vorbehaltsguts, sondern birgt auch die Gewähr in sich, daß das Vorbehaltsgut, gleichviel welche rechtliche oder wirtschaftliche Form es annimmt, der Frau als Vermögensinbegriff erhalten bleibt. Das Vorbehaltsgut besitzt in dem anerkannten Maße eigene Ersetzungskraft (Surrogation). — Die rechtliche Ersetzung (Surrogation) tritt nur hinsichtlich dessen ein, was die Frau auf Grund eines zu ihrem Vorbehaltsgute gehörigen Rechtes oder durch ein Rechtsgeschäft erwirbt, das sich auf das Vorbehaltsgut bezieht. Sie tritt aber nicht ein, wenn der Mann zwar mit Mitteln des Vorbehaltsguts der Frau, aber für sich und im eigenen Namen erwerben will und erwirbt (z. B. wenn der Mann mit dem von der Frau auf ihr Vorbehaltsgut geborgten Gelde ein Geschäft für sich und im eigenen Namen erwirbt). Ein derartiger Erwerb ist nicht als rechtlicher Ersatz (Surrogat) anzusehen (RGSt 40, 176). Die Vorschriften des § 1370 wollen der Ehefrau nicht nur das Vorbehaltsgut in seinem Bestande ungeschmälert erhalten, sondern ihr auch die Sicherheit gewährleisten, unabhängig vom Willen des Ehemanns nach eigener Entschließung für eine ordnungsmäßige Verwaltung und Erhaltung der Vorbehaltsmasse sorgen zu können (RG 72, 165).

2. **Recht.** Vorbehaltsgut ist hiernach alles, was die Frau auf Grund eines zum Vorbehaltsgute gehörenden Rechtes (z. B. des Eigentumsrechts), sei es unmittelbar kraft Gesetzes (z. B. die Erzeugnisse eines vorbehaltenen Grundstücks, § 953, die Hälfte eines darauf gefundenen Schatzes, § 984), sei es durch Vermittlung eines den Inhalt des Rechtes verwirklichenden Rechtsgeschäfts (z. B. Übergabe, Auflassung, Abtretung), erwirbt. Vgl. § 1524 A 3. Das Erfordernis des Erwerbs auf Grund eines zum Vorbehaltsgute gehörenden Rechtes wird nicht dadurch erfüllt, daß der Erwerb mit Mitteln erfolgt, die zum Vorbehaltsgute gehören. Das ergibt sich auch daraus, daß das Gesetzbuch im § 2111 (rechtliche Ersetzung bei der Erbschaft) den Fall des Erwerbs auf Grund eines zur Erbschaft gehörenden Rechtes und den des Erwerbs durch Rechtsgeschäft mit Mitteln der Erbschaft nebeneinanderstellt (RG 92, 139).

3. **Ersatz.** Z. B. die Entschädigung für ein enteignetes Vorbehaltsgrundstück, die Brandschadenssumme für ein abgebranntes Vorbehaltsgebäude. Vgl. § 1524 A 4.

4. **Zusammenhang des Vorbehaltsguts mit dem Rechtsgeschäfte.** Das Vorbehaltsgut steht bei dieser Erwerbsart nicht rechtlich, sondern nur wirtschaftlich mit dem Erwerbe im Zusammenhange. Bei Umsatzgeschäften (z. B. Kauf, Tausch) stellt sich der Erwerb wirtschaftlich als durch das Vorbehaltsgut gemacht dar. Es genügt aber schon, wenn die Absicht, daß das Rechtsgeschäft mit Beziehung auf das Vorbehaltsgut geschlossen werden sollte, erhellt und das Rechtsgeschäft seinem Inhalte nach mit dem Vorbehaltsgut in Zusammenhang gebracht werden kann (z. B. Anschaffung von Zubehör, Annahme von Erntearbeitern für ein vorbehaltenes Grundstück, der Lotteriegewinn, der auf ein aus den Mitteln des Vorbehaltsguts angeschafftes Los entfällt). Auch bei Kreditgeschäften kann der sachliche Zusammenhang gegeben sein. Die Absicht allein genügt freilich nicht. Vgl. § 1524. — Eine Frau, die im Rahmen ihres Erwerbsgeschäfts Versicherung gegen Unfall nimmt und sich über die für einen ein-

getretenen Unfall zu zahlende Entschädigung mit dem Versicherer vergleicht, bedarf zum Abschlusse des Vergleichs nicht der Zustimmung ihres Ehemanns (RG 72, 165). Über wirtschaftlichen Zusammenhang vgl. RG 87, 100. Zu den Bestandteilen eines Sondervermögens können auch Gegenstände zählen, die sich aus seiner wirtschaftlichen Weiterentwicklung ergeben (RG 87, 434). Ein Grundstück, das die Frau mit den Mitteln ihres Vorbehaltsguts in der Absicht erwirbt, es als Vorbehaltsgut zu erwerben, erlangt die Eigenschaft des Vorbehaltenen. Nicht erforderlich ist, daß sie die bezeichnete Absicht bei der Vornahme des Erwerbsgeschäfts den Beteiligten gegenüber erklärt. Andrerseits kann, wenn das Rechtsgeschäft gegenständlich mit dem Vorbehaltsgute nicht in Beziehung gebracht werden kann, die Absicht der Frau, als Vorbehaltsgut zu erwerben, nicht entscheidend sein (RG 92, 139). Zur Anwendung des § 1370 ist es erforderlich und genügend, wenn das Rechtsgeschäft von der Frau mit Beziehung auf das Vorbehaltsgut abgeschlossen ist und sachlich mit ihm in Zusammenhang gebracht werden kann (RG Recht 1924 Nr 178, Sparkassenforderungen der Frau, die sie mit Mitteln ihres Vorbehaltsguts begründet hat). Ebenso RG Recht 1922 Nr 1688.

§ 1371

Auf das Vorbehaltsgut finden die bei der Gütertrennung für das Vermögen der Frau geltenden Vorschriften[1]) entsprechende Anwendung; die Frau hat jedoch einen Beitrag zur Bestreitung des ehelichen Aufwandes[2]) nur insoweit zu leisten, als der Mann nicht schon durch die Nutzungen des eingebrachten Gutes einen angemessenen Beitrag erhält.

E I 1291 II 1270; M 4 179 ff.; P 4 125, 130, 141, 143, 156, 163.

1. **Gütertrennung.** Gemeint sind hier § 1427 Abs 2 mit der sich aus §§ 1371 ff. ergebenden, die Beitragspflicht der Frau betreffenden Einschränkung und die §§ 1428—1431. Näheres bei diesen Paragraphen, insbesondere über die Beitragspflicht der Frau § 1427 A 2—8.

2. Die Verpflichtung der Ehefrau zur Leistung eines Beitrags zur Bestreitung des ehelichen Aufwandes tritt hinter ihre Verpflichtung zur Unterhaltsgewährung gegenüber ihrem unterhaltsbedürftigen Vater zurück (RG JW 1911, 47[36]). Über das Fortbestehen der Beitragspflicht der Ehefrau im Falle des Getrenntlebens der Ehegatten vgl. RG JW 08, 110[9], §§ 1427 A 7, 1432 A 4.

§ 1372

[1]) Jeder Ehegatte kann verlangen[2]), daß der Bestand des eingebrachten Gutes durch Aufnahme eines Verzeichnisses unter Mitwirkung des anderen Ehegatten festgestellt wird. Auf die Aufnahme des Verzeichnisses finden die für den Nießbrauch geltenden Vorschriften des § 1035 Anwendung[3]).

Jeder Ehegatte kann den Zustand der zum eingebrachten Gute gehörenden Sachen auf seine Kosten durch Sachverständige feststellen lassen.

E I 1292, 992, 993, 1042 II 1271; M 4 185; P 4 131, 143, 151, 160, 162, 164, 191.

1. **Zweck der Vorschrift.** Jedem Ehegatten soll die Möglichkeit an die Hand gegeben werden, sich im voraus durch Feststellung des Umfangs und der Beschaffenheit des eingebrachten Gutes eine womöglich unstreitige Grundlage für eine künftige Vermögensauseinandersetzung (§§ 1421—1423) und etwaige Ansprüche der Frau aus der Verwaltung und Nutznießung des Mannes (§ 1394) zu schaffen. — Ein Verzeichnis des Eheguts ist ein wichtiges, vielleicht das wichtigste Beweismittel für die Führung des Gegenbeweises (§ 1362 Abs 1). Es kann nicht ohne weiteres durch die Bemerkung beseitigt werden, es beweise nur die Erklärungen der Eheleute (RG Gruch 51, 1005).

2. Nur auf **Verlangen** des Ehegatten ist der andere Ehegatte verpflichtet, bei der Feststellung des Bestandes durch Aufnahme eines Verzeichnisses mitzuwirken. Das Verlangen ist während des Bestehens der Ehe zu stellen, gleichviel ob Vorbehaltsgut vorhanden ist oder nicht. Im Weigerungsfalle kann auf Verurteilung zur Mitwirkung geklagt werden. § 1394 steht der Klage nicht entgegen. Entspricht der andere Ehegatte dem Verlangen, so hat er seine in § 1372 bestimmte Verpflichtung erfüllt. Auf wiederholte Feststellung des Bestandes haben die Ehegatten keinen Anspruch, selbst wenn der Bestand sich inzwischen verändert hat. Wegen der Auskunftspflicht des Mannes vgl. § 1374 Satz 2 und A 4 das.

3. **Zuständigkeit** und **Verfahren** §§ 164, 15 FGG.

2. Verwaltung und Nutznießung

Die §§ 1373—1409 regeln vornehmlich die gegenseitigen Rechte und Pflichten des Mannes und der Frau in Ansehung des eingebrachten Gutes während der Dauer der Verwaltung und Nutznießung. Zugleich wird gezeigt, wie die Verfügungen des Mannes und der Frau über ein eingebrachtes Gut Dritten gegenüber wirken. Der Mann führt die Verwaltung kraft Gesetzes und hat die Wahl, ob er dabei im eigenen Namen oder im Namen der Frau handeln wolle. Dem Manne steht kraft Gesetzes die Nutznießung des eingebrachten Gutes der Frau zu. Dafür hat er die ehelichen Lasten zu tragen, und zwar ohne Rücksicht darauf, ob und wie hohe Erträge das eingebrachte Gut abwirft oder ob eingebrachtes Gut überhaupt vorhanden ist (vgl. §§ 1363 A 5 u. 1389 A 1; Prot 6 S. 273—275). Die Nutznießungsbefugnis des Ehemanns ist rechtlich kein Nießbrauch, sie hat nur ähnliche Rechtswirkungen wie dieser. Das BGB verweist beim Verwaltungs- und Nutznießungsrechte des Ehemanns lediglich in einzelnen Beziehungen auf die für den Nießbrauch geltenden Vorschriften (§§ 1383, 1384). Die allgemeine Anwendbarkeit der Vorschriften über den Nießbrauch aber, wie sie § 1292 E I vorgesehen hatte, ist im Gesetze beseitigt. Diese Vorschriften finden auf die eheliche Nutznießung nur in dem Umfang Anwendung, in dem sie für anwendbar erklärt sind (RG 30. 10. 18 IV 224/18).

§ 1373

[1]) **Der Mann ist berechtigt[2]), die zum eingebrachten Gute gehörenden Sachen[3]) in Besitz[4]) zu nehmen.**

E I 1292, 984 II 1272; M 4 182; P 4 126, 130, 143, 165.

1. **Grundgedanke der Vorschrift.** Das Recht des Mannes, tatsächlich alle Handlungen vorzunehmen, welche erforderlich sind, um das eingebrachte Gut ordnungsmäßig zu verwalten und die Nutzungen zu ziehen, folgt freilich schon von selbst aus dem ehemännlichen Verwaltungs- und Nutzungsrechte. Da aber eine Verwaltung und Nutznießung auch ohne Besitz des eingebrachten Gutes an sich möglich ist, dem Manne aber als dem Haupte der Familie das Recht zustehen muß, die zum eingebrachten Gute gehörigen Gegenstände in Besitz zu nehmen, so ist dieses Recht besonders hervorgehoben worden. Vgl. auch RG 85, 420.

2. **Recht des Mannes auf Besitzergreifung.** Der Mann ist kraft seines Verwaltungs- und Nutznießungsrechts befugt, die zum eingebrachten Gute gehörenden Sachen in Besitz zu nehmen. Dieses Recht steht ihm nicht nur gegenüber der Frau, sondern auch gegenüber Dritten zu (RG JW 07, 202[7], **Sparkassenbücher der Frau**). Der Besitz ist als ein **„sonstiges Recht"** nach § 823 anzusehen (RG 59, 326; 91, 60; 102, 347; RG Warn 1915 Nr 299). Die Entziehung des Besitzes gibt dem Ehemann einmal die dingliche Besitzklage nach §§ 854, 861 gegen den Störer, wenn dieser selbst im Besitz ist. Außerdem steht ihm auf Grund des § 823 Abs 1 die Klage auf Schadensersatz aus unerlaubter Handlung zu (RG Warn 1922 Nr 41). Der Vormund einer geistesschwachen Frau hat das von ihm verwahrte Sparkassenbuch der Frau dem Manne auszuhändigen (RG 85, 420). Im Weigerungsfalle kann der Mann auf Einräumung des Besitzes klagen. — Der Umstand, daß die **Frau nur mittelbaren Besitz** hat (vgl. A 4), schließt es nicht aus, daß dem Manne, wenn sein Besitzstand durch die Frau verletzt wird, nach allgemeinen Grundsätzen die Besitzklage (§ 861) zur Verfügung steht. Im Besitzprozesse kann die Frau mit der aus § 1361 erhobenen Einrede, daß sie berechtigt sei, die Herstellung des ehelichen Lebens zu verweigern und die Herausgabe der erforderlichen Haushaltsachen zu beanspruchen, nicht gehört werden, da der Herausgabeanspruch ein rein schuldrechtlicher Anspruch ist. Genügender Schutz kann der Frau durch einstweilige Verfügungen (§ 627 ZPO) zuteil werden. Dagegen besteht kein Hindernis, die Besitzrechtseinreden der Frau gegenüber einer Schadensersatzklage des Mannes zur Erörterung zu ziehen (RG 13. 7. 10 IV 467/09). Das Recht, sich eigenmächtig in den Besitz der Gegenstände zu setzen (§ 858), steht dem Manne nicht zu. Daß der Mann Dritten gegenüber **keine Eigenmacht** ausüben darf, sondern auf Herausgabe klagen muß, folgt schon daraus, daß er durch die Eheschließung nicht mehr Rechte an dem Vermögen der Frau erwirbt, als dieser selbst zustehen. Im Verhältnisse des Mannes zu Dritten sind daher die allgemeinen Grundsätze über Besitzerwerb (§§ 854ff.) anwendbar. Die Notwendigkeit der Klage gegen Dritte wurde auch nicht bei den Vorberatungen bezweifelt. Prot 4, 126; KommB (Heymanns Verlag) S. 137. Dasselbe gilt aber auch im Verhältnisse des Mannes zur Frau, da eine Abweichung von den allgemeinen Grundsätzen im Gesetze nicht zum Ausdrucke gelangt ist. — Der Mann ist nur berechtigt, die Besitzüberlassung zu fordern, darf aber sein Verlangen nicht durch Eigenmacht, sondern nur im Prozeßwege durchsetzen (Ebbecke, Verwaltungsrecht mit dinglicher Wirkung in Gruch 61, 576). Der Mann ist berechtigt, die Herausgabe von Sachen, die zum eingebrachten Gute gehören und durch die vom Manne getrennt lebende Frau ohne Einwilligung des Mannes

an einen Dritten verkauft worden sind, von dem Dritten zu verlangen. Liegt auf seiten des Dritten bösgläubiger Erwerb vor, so kommen die §§ 989, 990 zur Anwendung, und der Beklagte ist zum Ersatze des Wertes der Sachen zu verurteilen, wenn er infolge Weiterveräußerung der Sachen zu deren Herausgabe nicht mehr imstande war (RG Recht, 1924 Nr 1506). Der Ehemann, der Sachen aus der Wohnung der getrennt lebenden Frau gegen deren Willen fortschafft, begeht **verbotene Eigenmacht,** auch wenn die Sachen ihm gehören (SeuffA 77 Nr 31). Hat der Mann der Eröffnung eines Gewerbebetriebs durch die Frau zugestimmt, so hat er sich des Rechtes auf Inbesitznahme der eingebrachten Sachen insoweit begeben, als ihre Ausübung mit dem Unternehmen, das die Frau mit seiner Zustimmung betreibt, unvereinbar ist. Diese Zustimmung schließt den Verzicht auf jenes Recht von selbst in sich. Zustimmung und Verzicht sind an keine besondere Form geknüpft (RG 84, 48). Vgl. § 1354 A 4 (Rechtsmißbrauch). Nach § 1373 in Verbindung mit § 260 könnte eine **Auskunftspflicht der Frau** in bezug auf die zu ihrem eingebrachten Gute gehörenden Sachen in Frage kommen (RG 21. 11. 18 IV 158/18). Vgl. § 1374 A 4.

3. Sämtliche zum eingebrachten Gute gehörenden **Sachen,** also auch Inhaber- und Orderpapiere, gehören hierher. Wegen eines Erwerbsgeschäfts der Frau vgl. § 1367 A 2. Der Mann ist berechtigt, den Besitz eines nicht zum Vorbehaltsgute der Frau gehörenden Sparkassenbuchs zu beanspruchen, und darf, wenn die Frau das Sparguthaben abhebt, verlangen, daß ihm das Geld zur Verwaltung übergeben werde. Der Herausgabeanspruch des Mannes bezieht sich allerdings auf das von der Frau abgehobene Sparguthaben, aber die Verwirklichung dieses Anspruchs ist auch möglich, ohne daß gerade dieselben Geldstücke herausgegeben werden, die der Frau von der Sparkasse gezahlt wurden (RG 5. 10. 08 IV 330/08). Der Verwirklichung eines auf § 1373 gestützten Anspruchs auf Herausgabe vereinnahmten Geldes (durch Veräußerung eingebrachten Gutes) steht der Umstand, daß dieselben Geldstücke nicht mehr vorhanden sind, nicht entgegen; es genügt vielmehr, daß der Geldbetrag noch im Vermögen der Frau steckt (OLG 34, 91).

4. **Besitz.** Wie die Verwaltung des eingebrachten Gutes nicht dem Manne und der Frau gemeinschaftlich, sondern dem Manne allein (wenn auch in einzelnen Fällen durch die Zustimmung der Frau bedingt) zusteht, so ist auch der **Mann zum Alleinbesitze** berechtigt. Der Frau verbleibt, wenn der Mann die Sachen in Besitz genommen hat, kein Mitbesitz (wie z. B. im Falle des § 1081), sondern nur mittelbarer Besitz (§ 868). Vgl. auch § 1363 A 6 und OLG Dresden in JW 1921, 686[2]; LZ 1922, 418[2]. — Bei **Schenkungen** und sonstigen Veräußerungen des Mannes an die Frau kann das Eigentum im Wege des § 930 BGB übertragen werden (RG 108, 122, angefochten von Josef im Recht 1924 Sp. 541, jedoch meines Erachtens zu Unrecht, da das Reichsgericht tatsächlich zwei Vereinbarungen, nämlich über die Eigentumsübertragung und über die Ersatzübergabe für notwendig erachtet und feststellt). Über schenkungsweise Übereignung beweglicher Sachen unter Ehegatten nach § 930 vgl. auch RG SeuffA 81 Nr 9. Sind eingebrachte Sachen der Frau vertraglich der Verwaltung und Nutznießung des Mannes entzogen, so behält die Frau den Besitz daran. Der Mann wird nicht Besitzer, obwohl die Sachen von beiden Eheleuten gemeinschaftlich benutzt werden. In solchem Falle können Besitz und Eigentum an den Sachen auf den Mann nur in derselben Weise übergehen wie auf einen Dritten (RG Recht 1921 Nr 2800).

§ 1374

Der Mann hat¹) das eingebrachte Gut ordnungsmäßig²) zu verwalten. Über den Stand³) der Verwaltung hat⁴) er der Frau auf Verlangen⁵) Auskunft zu erteilen.

E I 1317 Satz 1, 1324 Abs 1, § 591 II 1273; M 4 272, 285; P 4 119, 129, 131, 143, 151, 158, 164, 174, 192.

1. **Verwaltungspflicht des Mannes.** Der Mann ist nicht nur berechtigt, sondern auch verpflichtet, das Vermögen der Frau zu verwalten (vgl. § 1363 A 4). Die Verwaltung hat er ordnungsmäßig zu führen. Darüber vgl. A 2. — Über die Rechte des Mannes an einem von der Frau selbständig betriebenen und in die Ehe eingebrachten Erwerbsgeschäfte vgl. § 1367 A 3. Die Frau kann die Vornahme bestimmter Verwaltungshandlungen durch den Mann (soweit sie nicht auf dem Gebiete des Schutzes ihrer Person liegen, § 1402) nicht erzwingen (Ebbecke, Verwaltungsrecht mit dinglicher Wirkung, in Gruch 61, 577).

2. **Ordnungsmäßigkeit der Verwaltung.** Die Pflicht des Ehemanns zur ordnungsmäßigen Verwaltung umfaßt die Verpflichtung, das eingebrachte Gut zu erhalten und womöglich zu verbessern (ebenso KG in OLG 34, 252), sowie die zur Erreichung dieser Zwecke notwendigen Rechtsgeschäfte vorzunehmen, erforderlichenfalls die Zustimmung der Ehefrau einzuholen und bei unbegründeter Weigerung die Ersetzung der Zustimmung nach § 1379 herbeizuführen. Desgleichen hat er die zur ordnungsmäßigen Verwaltung erforderlichen

Rechtsstreite zu führen (§ 1380 A 1). Die Handlungsweise eines ordentlichen Hausvaters bildet den Maßstab für die Beurteilung der Ordnungsmäßigkeit der Verwaltung. Unberührt bleibt aber die Vorschrift des § 1359, wonach der Mann bei seiner Verwaltung nur für diejenige Sorgfalt einzustehen hat, welche er in eigenen Angelegenheiten anzuwenden pflegt (ebenso KG in OLG 34, 250). In den durch § 1359 gezogenen Grenzen ist der Mann der Frau für den durch ordnungswidrige Verwaltung verursachten Schaden verantwortlich. Nach Beendigung — nicht schon während — der Verwaltung und Nutznießung hat er über die Verwaltung Rechenschaft abzulegen (§ 1421), jedoch unbeschadet der Befugnis der Frau, ihren Anspruch auf Rechenschaft schon während der Verwaltung und Nutznießung geltend zu machen, falls die Voraussetzungen des § 1391 Abs 1 vorliegen (§ 1394; vgl. auch A 4). — Regelmäßig gehört die **Versicherung** der eingebrachten Sachen **gegen Feuer** zu den Pflichten ordnungsmäßiger Verwaltung. Sie ist auch allgemein üblich. Die Zahlungen für diese Versicherung muß der Mann der Frau gegenüber nach § 1385 Nr 3 für die Dauer der Verwaltung und Nutznießung tragen (**RG** LZ 1920, 762[7]).

3. Über den **Stand der Verwaltung** erteilt der Mann Auskunft, wenn er das seiner Verwaltung unterstehende Vermögen unter Bezeichnung der von ihm getroffenen Verwaltungsmaßregeln angibt. Die Auskunft muß so beschaffen sein, daß die Frau den zeitigen Bestand ihres Vermögens ersehen kann. Den Mann trifft daher gemäß § 260 auch die Verpflichtung, der Frau ein Verzeichnis des Bestandes vorzulegen und auf Verlangen den Offenbarungseid zu leisten. Verschieden von diesem einseitig aufgenommenen Verzeichnis ist das im § 1372 vorgeschriebene, unter Mitwirkung beider Ehegatten hergestellte Bestandsverzeichnis. Eine Bezugnahme auf letzteres kann je nach der Sachlage die Aufstellung eines neuen Verzeichnisses ersetzen. Die Auskunftspflicht ist keine Rechenschaftspflicht (§ 1421). Sie erstreckt sich nur auf die Verwaltung, nicht auch auf die Nutznießung des Mannes.

4. Die **Auskunftspflicht** ist zwar als eine Rechtspflicht anerkannt, aber während der Verwaltung und Nutznießung des Mannes kann die Frau eine Klage auf Auskunftserteilung nur erheben, wenn die Voraussetzungen des § 1391 Abs 1 vorliegen (§ 1394, vgl. A 2). So auch OLG 26, 218. Verweigerung der Auskunft begründet innerhalb der durch § 1359 gezogenen Grenzen Schadensersatzpflicht. Über Auskunftspflicht des Mannes, dem die Reinüberschüsse eines von der Frau betriebenen Erwerbsgeschäfts zur Verwaltung überlassen worden sind, vgl. **RG** 87, 100 und § 1367 A 5. — Eine allgemeine Auskunftspflicht besteht nach dem BGB ebensowenig unter Ehegatten wie sonst (Gruch. 51, 897; Warn 1912 Nr 14). Auch § 260 führt nicht etwa eine Auskunftspflicht ein, sondern setzt eine solche oder die Verpflichtung zur Herausgabe eines Inbegriffs von Gegenständen voraus (**RG** 90, 139; **RG** 21. 11. 18 IV 158/18). Vgl. § 1373 A 2.

5. Die Frau kann das **Verlangen** jederzeit stellen und erneuern. Ohne Verlangen der Frau ist der Mann zur Auskunftserteilung nicht verpflichtet.

§ 1375

Das Verwaltungsrecht des Mannes umfaßt nicht die Befugnis, die Frau durch Rechtsgeschäfte zu verpflichten[1]) oder über eingebrachtes Gut ohne ihre Zustimmung[2]) zu verfügen[3])[4]).

E I 1319 Abs 1 II 1274; M 4 183, 273, 278 ff.; P 4 126, 130, 144, 151, 158, 161, 165, 166, 168.

1. **Verpflichtung der Frau durch Rechtsgeschäfte des Mannes.** Es handelt sich hierbei um Rechtsgeschäfte, die der Mann im Namen der Frau vornimmt und durch die der Frau Verpflichtungen in Ansehung ihres eingebrachten Gutes auferlegt werden sollen. Rechtsgeschäfte, die der Mann im eigenen Namen vornimmt, sind schon nach allgemeinen Grundsätzen ungeeignet, die Frau zu verpflichten. Diese Wirkung bleibt ihnen auch dann versagt, wenn sie zur ordnungsmäßigen Verwaltung des eingebrachten Gutes erforderlich waren und Ersatz- bzw. Befreiungsansprüche des Mannes (§§ 1390, 257) gegen die Frau begründen. Einen Ausnahmefall regelt § 1423. Auf Rechtsgeschäfte, die der Mann im Namen der Frau vornimmt und durch die der Frau Verpflichtungen auferlegt werden sollen, finden die Vorschriften über Vertretung ohne Vertretungsmacht (§§ 177—180) Anwendung. Hiernach hängt die Wirksamkeit des Rechtsgeschäfts in der Regel von der Genehmigung (§ 184) der Frau ab. Hat die Frau zur Vornahme eines Rechtsgeschäfts der fraglichen Art schon vorher ihre Zustimmung (§ 183) erteilt, so ist das Rechtsgeschäft in Ansehung ihres eingebrachten Gutes wirksam. Einer Vollmacht der Frau bedarf der Mann nicht. — Ist die Frau neben dem Manne Mitbestellerin eines Baues, so liegt die Wahrnehmung der Rechte der Frau als Mitbestellerin gegenüber dem Unternehmer im allgemeinen in den Grenzen des dem Manne nach § 1374 zustehenden Verwaltungsrechts. Über diese Grenzen geht die Zustimmung des Mannes zu einer Abweichung von dem dem Bauvertrage zugrunde liegenden Bauplane

dann nicht hinaus, wenn dieser dadurch in der Hauptsache unberührt bleibt. Eine Verfügung über eingebrachtes Gut oder eine Verpflichtung der Frau durch Rechtsgeschäft ist darin nicht zu finden (**RG** Gruch 54, 968). Sind die Eheleute darüber einig, daß der Mann Gelder für Rechnung des eingebrachten Gutes der Frau an Dritte ausleiht, so gehört die Darlehnsforderung zum eingebrachten Gute, auch wenn der Mann dem Darlehnsempfänger gegenüber als Geldgeber aufgetreten und dessen Gläubiger geworden ist. Die bloße Zustimmung der Frau zur Ausleihung von Geldern aus ihrem Vermögen braucht nicht unter allen Umständen ihr Einverständnis damit zu enthalten, daß diese Zahlungen für ihre Rechnung erfolgen sollen (**RG** Warn 1915/16 Nr 21). Die Befugnis, die Frau durch Rechtsgeschäfte zu verpflichten, kann dem Manne durch Zustimmung der Frau übertragen werden. Dasselbe gilt, wenn das Vormundschaftsgericht die Zustimmung nach § 1379 ersetzt (KG in OLG 34, 250).

2. **Die Zustimmung der Frau** bedarf keiner Form. Sie kann ausdrücklich oder stillschweigend erteilt werden. Im übrigen vgl. über den Begriff der Zustimmung §§ 182—184 und die Bemerkungen dazu. — Das Einverständnis der Frau, der Mann möge über ein zur Erfüllung eines Mitgiftversprechens für die Frau eingeräumtes und auf den Namen des Mannes geschriebenes **Bankkonto** frei verfügen, ist als eine vorherige Zustimmung der Frau im Sinne der §§ 182ff. anzusehen. Eine solche Zustimmung ist nach der Regel des § 183 bis zur Vornahme einer Verfügung des Mannes über das Konto frei widerruflich. Dieser Widerruf kann gemäß § 183 Satz 2 rechtswirksam auch der Bank gegenüber erklärt werden (**RG** 23. 2. 22 IV 654/21). Fehlt es an der Zustimmung der Frau, so ist zu unterscheiden, ob der Mann im eigenen Namen oder im Namen der Frau verfügt hat. Im ersteren Falle liegt eine Verfügung eines Nichtberechtigten vor, die unter den Voraussetzungen des § 185 Abs 2 nachträglich wirksam werden kann. Im letzteren Falle liegt eine Verfügung eines Vertreters ohne Vertretungsmacht vor, die nach §§ 177—180 zu beurteilen ist (§ 1376 A 6).

3. **Verfügung des Mannes über eingebrachtes Gut.** Über den Begriff der Verfügung vgl. § 1395 A 2. Der Mann verfügt über eingebrachtes Gut, wenn er z. B. eine dazugehörige Sache dem Gläubiger als Pfand übergibt. Die Eingehung einer Verpflichtung enthält noch nicht eine Verfügung. Erteilt die Frau ihre Zustimmung, so kann der Mann die Verfügung im eigenen Namen oder im Namen der Frau vornehmen. Die Frage, ob er im letzteren Falle einer Vollmacht der Frau bedarf, ist zu verneinen (vgl. A 1). — Die Umgestaltung eines der Frau gehörigen, dem Betriebe der Landwirtschaft dienenden Gebäudes in ein Miethaus ist nicht eine der Zustimmung der Frau bedürfende Verfügung über eingebrachtes Gut, sondern nur eine Maßnahme tatsächlicher Art, hinsichtlich deren lediglich in Frage kommt, ob der Mann das im § 1374 ausgesprochene Gebot ordnungsmäßiger Verwaltung des eingebrachten Gutes befolgt hat. Das gleiche gilt von der Abholzung eines Waldes; diese ist eine bloß tatsächliche Einwirkung auf das eingebrachte Gut. Da das gefällte Holz mit der Trennung vom Stamme in das Eigentum des Mannes übergeht (§§ 1383, 954, 1039), so trifft die spätere Veräußerung des Holzes eine nicht mehr zum eingebrachten Gute gehörende Sache (**RG** 6. 4. 05 IV 17/05). Der Antrag auf Aufhebung der Miteigentumseigenschaft (§ 753) eines Grundstücks, das die im gesetzlichen ehelichen Güterrechte lebenden Ehegatten zu gemeinschaftlichem Eigentum erworben haben, stellt keine Verfügung über den Anteil des andern Miteigentümers dar. Der Antrag setzt nicht die Einwilligung des andern Miteigentümers zur Vornahme der Teilung voraus (§ 749). Der Anteil der Frau gehört zwar zum eingebrachten Gute und unterliegt als solcher der Verwaltung des Mannes, aber die Frau bedarf zur Wahrnehmung ihrer Rechte in dem Zwangsversteigerungsverfahren gemäß §§ 1407 Nr 2 u. 1412 nicht der Zustimmung des Mannes (**RG** 67, 396). Die Anerkennung der Richtigkeit der bisher nicht feststehenden Grenzen eines Grundstücks ist eine Verfügung im Sinne des § 1375. Daher darf zur Abmarkung eines der Ehefrau gehörenden Grundstücks nicht der Ehemann statt der Frau zugezogen werden (**RGSt** 42, 72). Wenn der Ehemann Gelder seiner Ehefrau ohne deren Zustimmung zu eigenen Zwecken, z. B. zur Bezahlung einer eigenen Schuld verwendet, so wird dadurch noch kein Bereicherungsanspruch der Ehefrau gegen den befriedigten Gläubiger begründet. Wußte dieser aber, daß der Ehemann ohne Zustimmung der Ehefrau, also pflichtwidrig handelte, so machte er sich durch seine Beteiligung an dieser Pflichtwidrigkeit des Verstoßes gegen die guten Sitten schuldig und wurde der Ehefrau gemäß § 826 haftbar. Letzterer liegt der Beweis ob (**RG** JW 05, 391[9]). Zur Kündigung und Einziehung eines Sparkassenguthabens der Frau bedarf der Mann ihrer Zustimmung (KG in OLG 34, 250).

4. **Geltendmachung der Unwirksamkeit.** Sowohl der Mann als auch die Frau können die Unwirksamkeit geltend machen. Die Frau bedarf dazu nach § 1407 Nr 3 nicht der Zustimmung des Mannes. — Die Vorschriften über den Schutz eines gutgläubigen Erwerbers bleiben unberührt.

§ 1376

Ohne Zustimmung der Frau kann[1]) der Mann:

1. über Geld und andere verbrauchbare Sachen der Frau[2]) verfügen[3]);

2. Forderungen der Frau[4]) gegen solche Forderungen an die Frau, deren Berichtigung aus dem eingebrachten Gute verlangt werden kann[5]), aufrechnen[6]);

3. Verbindlichkeiten der Frau zur Leistung eines zum eingebrachten Gute gehörenden Gegenstandes durch Leistung des Gegenstandes erfüllen[7])[8]).

E I 1318 Nr 1, 2 II 1275; M 4 188, 194, 273; P 4 126, 130, 144, 151, 158, 161, 167.

1. Erfordert eine ordnungsmäßige Verwaltung die Vornahme der in § 1376 bezeichneten Verfügungen, so ist der Mann dazu der Frau gegenüber verpflichtet. Dem Gläubiger der Frau gegenüber besteht die Verpflichtung nicht.

2. Das **Eigentum der Frau** an dem Gelde und den andern verbrauchbaren Sachen wird durch das Recht des Mannes auf Verwaltung und Nutznießung nicht aufgehoben. Die Regeln vom Nießbrauch an verbrauchbaren Sachen (§ 1067) finden keine Anwendung. — Dem baren Gelde gleichzuachten ist nicht die Forderung der Frau aus einem in Erfüllung eines Mitgiftversprechens zwar auf den Namen des Mannes geschriebenen, aber der Frau gehörigen Bankkonto (RG SeuffA 77 Nr 145).

3. **Verfügungsrecht des Mannes.** Über den Begriff der Verfügung vgl. § 1395 A 2. Die Pflicht ordnungsmäßiger Verwaltung (§ 1374 Satz 1) bezieht sich auch auf die Ausübung dieses Verfügungrechts. Außerdem gilt hierfür § 1377.

4. Hier sind **Forderungen der Frau** gemeint, die zu ihrem eingebrachten Gute, nicht solche, die zu ihrem Vorbehaltsgute gehören.

5. **Forderungen an die Frau,** deren Berichtigung aus dem eingebrachten Gute verlangt werden kann, sind diejenigen Ansprüche, für die nach Maßgabe der §§ 1411—1414 das eingebrachte Gut haftet. Versagt ist dem Manne die selbständige Aufrechnung einer zum eingebrachten Gute gehörigen Forderung gegen eine Forderung, deren Berichtigung nur aus dem Vorbehaltsgute der Frau verlangt werden kann. Denn einmal bedeutet eine derartige Tilgung durch Aufrechnung eine mit dem Grundsatz ordnungsmäßiger Verwaltung unvereinbare Verminderung des eingebrachten Gutes, und zweitens liegt darin ein unstatthafter Eingriff in die der Ehefrau zustehende Verwaltung des Vorbehaltsguts (M 4, 277). Mit Zustimmung der Frau, aber nicht durch Vertrag mit dem Gläubiger ohne Zustimmung der Frau kann der Mann allerdings eine Verbindlichkeit des Vorbehaltsguts auf das eingebrachte Gut zum Zwecke der Aufrechnung übernehmen.

6. **Wirksamkeit der Aufrechnung.** Die Aufrechnung erfolgt wirksam, wenn sowohl die besonderen Voraussetzungen des § 1376 Nr 2 als auch die allgemeinen Voraussetzungen der §§ 387—394 im Zeitpunkte der Aufrechnungserklärung vorliegen. — Die bloße Zustimmung der Frau zur Verfügung des Mannes über ihre Forderung ermächtigt diesen nicht, die Forderung der Frau mit seiner eigenen Schuld aufzurechnen (RG 78, 382; vgl. § 1380 A 5). Der Mann kann zwar nach § 1376 Nr 2 gegen Forderungen Dritter an die Frau, deren Berichtigung aus dem eingebrachten Gute verlangt werden kann, ohne Zustimmung der Frau deren Forderungen aufrechnen. Abgesehen von diesem Falle kann er auch über ihre Forderungen mit ihrer Zustimmung verfügen. Aber durch die Zustimmung werden die Forderungen der Frau nicht zu Forderungen, die ihm zustehen. Sie bleiben Forderungen eines Dritten. Da die Aufrechnung nur unter denselben Personen, die einander Leistungen schulden, möglich ist, so ist der Mann, ungeachtet der Zustimmung der Frau, nicht berechtigt, gegen den Willen seines Gläubigers mit ihrer Forderung aufzurechnen (RG JW 1912, 870[30]). Mangelt es an einer der Voraussetzungen, so ist die Aufrechnung unwirksam. Sowohl der Mann als auch die Frau können die Unwirksamkeit geltend machen. Die Frau bedarf dazu nach § 1407 Nr 3 nicht der Zustimmung des Mannes. Andere Verfügungen über Forderungen der Frau als die in § 1376 Nr 2 bezeichnete Aufrechnung (z. B. Kündigung, Einziehung, Abtretung, Verpfändung) darf der Mann nach § 1375 nur mit Zustimmung der Frau vornehmen. Die vom Schuldner ausgehende Kündigung ist nach § 1403 Abs 1 dem Manne gegenüber vorzunehmen. Wegen der Auskunftspflicht des Mannes gegenüber der Frau vgl. § 1374 Satz 2.

7. **Erfüllung.** Der Mann kann z. B. ohne Zustimmung der Frau den von ihm mit ihrer Zustimmung verkauften, zum eingebrachten Gute gehörigen Gegenstand dem Käufer übergeben. Auch Geldleistungen können unter § 1376 Nr 3 fallen. Der Erfüllung im Sinne dieser Vorschrift steht die Hinterlegung gleich. Dagegen ist dem Manne nicht gestattet, Gegenstände des eingebrachten Gutes an Erfüllungs Statt (§ 364) hinzugeben oder zu veräußern, um aus dem

Erlöse die Verbindlichkeit zu erfüllen. Unberührt bleiben die sonstigen Vorschriften über den Nachweis der Verfügungsberechtigung, z. B. im Grundbuchverkehre.

8. **Andere Handlungen.** Der Mann ist kraft seines Verwaltungsrechts berechtigt, nicht nur die in § 1376 bezeichneten, sondern alle Handlungen vorzunehmen, die nur die Erhaltung oder Sicherung des eingebrachten Gutes zum Gegenstande haben. So kann er einen Arrest, eine einstweilige Verfügung oder die Eintragung einer Vormerkung in das Grundbuch erwirken (vgl. § 1380 A 5) oder ein Pfand oder einen Bürgen annehmen. Bezüglich der Errichtung des Nachlaßinventars durch den Mann vgl. § 2008.

§ 1377

[1]) Der Mann soll[2]) Verfügungen[3]), zu denen er nach § 1376 ohne Zustimmung der Frau berechtigt ist, nur zum Zwecke ordnungsmäßiger Verwaltung des eingebrachten Gutes vornehmen.

Das zum eingebrachten Gute gehörende Geld[4]) hat der Mann nach den für die Anlegung von Mündelgeld geltenden Vorschriften[5]) für die Frau[6]) verzinslich anzulegen, soweit es nicht zur Bestreitung von Ausgaben[7]) bereitzuhalten ist.

Andere verbrauchbare Sachen[8]) darf der Mann auch für sich veräußern[9]) oder verbrauchen. Macht er von dieser Befugnis Gebrauch, so hat er den Wert der Sachen[10]) nach der Beendigung der Verwaltung und Nutznießung zu ersetzen; der Ersatz ist[11]) schon vorher zu leisten, soweit die ordnungsmäßige Verwaltung des eingebrachten Gutes es erfordert.

E I 1294 Satz 2, 3, 1296, 1323 II 1276; M 4 194 ff., 198, 282; P 4 129, 131, 144, 148, 151, 158, 174, 179; 6 273.

1. Der § 1377 Abs 1 spricht nur der größeren Deutlichkeit wegen aus, was schon aus § 1374 Satz 1 hervorgeht, wonach der Mann das eingebrachte Gut **ordnungsmäßig zu verwalten** hat (vgl. § 1374 A 2).

2. Ein Verstoß gegen diese **Sollvorschrift** hat auf die Gültigkeit der Verfügung keinen Einfluß, kann aber den Mann und den schlechtgläubigen Dritten der Frau gegenüber schadensersatzpflichtig machen.

3. Über den **Begriff der Verfügung** vgl. § 1395 A 2. Vgl. auch § 1375 A 3.

4. **Geld** hat der Mann anzulegen, nicht ausstehende Kapitalien, welche von der Frau in die Ehe eingebracht oder während der Ehe (z. B. durch Erbgang) erworben oder welche unter Mitwirkung beider Ehegatten gültig angelegt sind. Die Einziehung und mündelsichere Anlegung solcher Kapitalien kann aber ein Gebot ordnungsmäßiger Verwaltung sein. Ebenso RG in OLG 34, 250 (Einziehung eines Sparkassenguthabens der Frau durch den Mann). Eine Verletzung des Nutznießungsrechts (§ 1383) gibt noch keinen Grund zur Einziehung eines sonst bedenkenfrei angelegten Kapitals ab, denn der Mann verwaltet das eingebrachte Gut nicht zu seinem eigenen Vorteile, sondern zum Vorteile der Frau und der ehelichen Gemeinschaft (RG in OLG 34, 250). Es kommt nicht oder nicht an erster Stelle darauf an, durch Erhöhung des Ertrags dem Nutzungsberechtigten eine höhere Rente zu verschaffen, sondern darauf, überhaupt das Kapital vorteilhafter anzulegen (RG in OLG 34, 252).

5. **Mündelsichere Anlegung** §§ 1807, 1808. Mit Zustimmung der Frau kann eine andere Anlegung erfolgen oder eine Anlegung gänzlich unterbleiben. — Die Vorschrift soll das Beste der Frau wahren; diese kann daher auf Befolgung der Vorschrift verzichten und insbesondere den Verzicht dadurch zum Ausdruck bringen, daß sie ihrem Manne allgemein oder im Einzelfalle gestattet, die Gelder nicht mündelsicher bei Dritten oder auch bei sich selbst anzulegen. — Das Gebot mündelsicherer Anlegung bezweckt, das eingebrachte Gut der Frau vor Verlusten möglichst zu bewahren. Die hier ausgesprochene Verpflichtung des Mannes stellt eine Verschärfung der allgemeinen Pflicht des Mannes, das eingebrachte Gut der Frau ordnungsmäßig zu verwalten (§ 1374 Satz 1) dar. Durch die Vorschrift des § 1377 Abs 2 sollen Streitigkeiten unter den Ehegatten darüber, wann eine Geldanlage als ordnungsmäßig anzusehen ist, abgeschnitten werden (M 4, 282). Wenn aber beide Eheleute über eine bestimmte Geldanlage einig sind, so entfällt die Verpflichtung des Mannes aus § 1377 Abs 2. Eine Frau, die mit der Anlage ihres Geldes im Geschäfte des Mannes einverstanden war, kann nicht mit dem einfachen Hinweise auf § 1377 Abs 2 nachträglich mündelsichere Anlegung des Geldes verlangen. Anders, wenn die Voraussetzungen vorliegen, daß die Frau gemäß § 1391 Sicherheitsleistung verlangen kann (**RG** JW 09, 497[20]; **RG** 2. 11. 16 IV 195/16). — Die Folge der Zustimmung der Frau zu einer dem § 1377 Abs 2 widersprechenden Geldanlage ist, daß ein Ersatzanspruch der Frau für die Gegenwart regelmäßig ausgeschlossen ist und erst nach Been-

digung der Verwaltung und Nutznießung des Mannes erhoben werden kann (RG 65, 171). Daraus, daß die Frau der Verwendung ihres eingebrachten Geldes zur Begründung eines selbständigen Geschäfts des Mannes zustimmt, folgt kein Verzicht der Frau auf Rückgabe ihres eingebrachten Geldes (RG 7. 3. 10 IV 268/09; Seuff A 73 Nr 123). Vgl. § 1421 A 6. Das Einverständnis der Frau mit der Verwendung des Eingebrachten in ein gewagtes Unternehmen ihres Mannes (Austrocknen der Pontinischen Sümpfe) kann unter Umständen den Sinn haben, daß sie ihre Zustimmung zu der betreffenden Verwaltungshandlung ihres Mannes hat erteilen und ihn somit von der ihn sonst treffenden Verantwortlichkeit hat befreien wollen, so daß lediglich aus dieser Verwendung des Frauenguts ein den Mann ersatzpflichtig machendes Verschulden nicht hergeleitet werden könnte (RG 17. 6. 12 IV 616/11).

6. **Für die Frau** legt der Mann das Geld an, wenn er z. B. Hypotheken auf ihren Namen eintragen läßt oder Wertpapiere für sie anschafft. Die in solcher Art angeschafften Gegenstände werden eingebrachtes Gut.

7. **Ausgaben.** Der Ehemann ist verpflichtet, zum eingebrachten Gute gehörende Gelder nur zur Bestreitung der für die ordnungsmäßige Verwaltung des eingebrachten Gutes erforderlichen, der Ehefrau zur Last fallenden Ausgaben und, soweit solche Ausgaben nicht zu machen sind, zur Anlegung nach Maßgabe der für Mündelgelder bestehenden Vorschriften zu verwenden. Ausgaben, die dem Ehemanne zur Last fallen (§§ 1384—1389), sind nicht zu berücksichtigen. Hiernach bemißt sich, wieviel der Ehemann zur Bestreitung von Ausgaben bereithalten darf. Wegen der ähnlichen Verpflichtung des Vormundes vgl. § 1806. — Der Mann hat das eingebrachte Gut der Frau, soweit es ihm nicht tatsächlich und rechtswirksam als Betriebskapital für sein Geschäft überlassen ist, mündelsicher und verzinslich anzulegen, und er darf daraus auch nur solche Ausgaben bestreiten, die zur ordnungsmäßigen Verwaltung des Frauenguts erforderlich sind. Dazu gehören nicht solche Ausgaben, die durch den Geschäftsbetrieb erforderlich werden (RG 6. 3. 16 IV 363/15).

8. **Verbrauchbare Sachen.** Vgl. § 1376 A 2.

9. Die Worte im dritten Absatze: **„für sich"** drücken den Gegensatz zu den Worten im zweiten Absatze: „für die Frau" aus.

10. Der **Wert** zur Zeit des Verbrauchs bzw. der Veräußerung ist zu ersetzen. Eine Verpflichtung des Mannes, Zinsen schon vom Zeitpunkte des Verbrauchs bzw. der Veräußerung ab zu vergüten (§ 668), besteht nicht.

11. Gerichtliche Geltendmachung dieses **Ersatzanspruchs** steht der Frau jedoch während des Güterstandes nur unter den Voraussetzungen des § 1394 zu. Sie hat dann nicht nur die Voraussetzungen für die Sicherheitsleistung, sondern auch zu beweisen, daß die ordnungsmäßige Verwaltung den vorzeitigen Ersatz erfordere. Die Gläubiger der Frau können diesen Ersatzanspruch schon während des Güterstandes gegen den Mann gerichtlich geltend machen (§ 1411 Abs 2 u. A 6).

§ 1378

Gehört zum eingebrachten Gute ein Grundstück samt Inventar, so bestimmen sich die Rechte und die Pflichten des Mannes in Ansehung des Inventars nach den für den Nießbrauch geltenden Vorschriften des § 1048 Abs 1[1]).

E I 1292, 1000 II 1277; M 4 182 ff.; P 4 126, 130, 144, 168.

1. Nur der erste (Ersatz für ausscheidende Stücke), nicht auch der zweite Absatz des § 1048 findet Anwendung. Die Ehegatten können aber eine dem zweiten Absatze des § 1048 (Übernahme zum Schätzungswerte) entsprechende Vereinbarung treffen. Die Vereinbarung bedarf nicht der Form des Ehevertrags. Im übrigen vgl. Erl zu § 1048.

§ 1379

Ist zur ordnungsmäßigen Verwaltung des eingebrachten Gutes ein Rechtsgeschäft[1]) erforderlich[2]), zu dem der Mann der Zustimmung der Frau bedarf, so kann die Zustimmung auf Antrag[3]) des Mannes durch das Vormundschaftsgericht[4]) ersetzt werden, wenn die Frau sie ohne ausreichenden Grund[5]) verweigert[6]).

Das gleiche gilt, wenn die Frau durch Krankheit oder durch Abwesenheit an der Abgabe einer Erklärung verhindert[7]) und mit dem Aufschube Gefahr verbunden ist.

E I 1319 Abs 2 II 1278; M 4 279; P 4 127, 130, 144, 151, 158, 162, 169.

1. Zu welchen **Rechtsgeschäften** der Mann der Zustimmung der Frau bedarf, ergibt sich aus § 1375 in Verbindung mit § 1378 (vgl. auch § 1376 A 9). Nach § 1380 kann der Mann

ein zum eingebrachten Gute gehörendes Recht im eigenen Namen gerichtlich geltend machen. Auf Ersetzung der Zustimmung der Frau zur Führung eines Rechtsstreits hat der Mann kein Recht. Das Rechtsgeschäft kann schon vorgenommen oder noch vorzunehmen sein.

2. Ob das Rechtsgeschäft zur **ordnungsmäßigen Verwaltung** des eingebrachten Gutes erforderlich ist, ist wesentlich Tatfrage (vgl. § 1374 A 2). — Der Mann übt die Verwaltung zwar kraft eigenen Rechtes, aber doch zum Besten der ehelichen Gemeinschaft aus. Daher ist bei Ersetzung der von der Frau verweigerten Zustimmung auch zu prüfen, ob das Vorhaben des Mannes dem sittlichen Wesen der Ehe und einer rechten ehelichen Gesinnung entspricht (KG in OLG 34, 250). Die Zustimmung kann nur ersetzt werden, wenn das Rechtsgeschäft zur ordnungsmäßigen Verwaltung des Gesamtguts erforderlich ist. Es genügt nicht, wenn nur Zweckmäßigkeitsgründe dafür sprechen. Auch muß gerade das beabsichtigte Rechtsgeschäft notwendig sein, und es genügt nicht, daß irgendein Rechtsgeschäft der fraglichen Art notwendig ist (BayObLG im Recht 1920 Nr 3391).

3. Der **Antrag** ist durch Darlegung der Sachlage, insbesondere des Rechtsgeschäfts, so zu begründen, daß das Vormundschaftsgericht in eine Prüfung gemäß § 1379, nötigenfalls Beweisaufnahme eintreten kann.

4. **Zuständigkeit und Verfahren des Vormundschaftsgerichts** regeln sich nach §§ 45, 53, 55, 60 Nr 6, 62, 63, 199 FGG. Die Ersetzung der Zustimmung muß das fragliche Rechtsgeschäft genau bezeichnen. Ebenso KG in OLG 37, 240. Die durch das Vormundschaftsgericht rechtskräftig ersetzte Zustimmung wirkt wie die von der Frau erteilte. Die ersetzte Zustimmung kann freilich nicht wie die erteilte widerrufen werden (§ 183).

5. Ob der Frau ein **ausreichender Grund** zur Seite steht, ist wesentlich Tatfrage. Kein ausreichender Grund ist es, wenn die Frau verlangt, selbst das Rechtsgeschäft mit Zustimmung des Mannes vornehmen zu dürfen. Dem Verlangen steht das Verwaltungsrecht des Mannes entgegen.

6. **Verweigerung** der Zustimmung liegt auch dann vor, wenn die Frau ihre Einwilligung gemäß § 183 widerruft.

7. Die **Verhinderung der Frau** durch Krankheit oder Abwesenheit steht, wenn mit dem Aufschube Gefahr verbunden ist, der grundlosen Verweigerung der Zustimmung gleich. Die Verhinderung braucht nicht dauernd zu sein wie z. B. im Falle des § 1305 Abs 2.

§ 1380

Der Mann kann[1]) ein zum eingebrachten Gute gehörendes Recht[2]) im eigenen Namen[3]) gerichtlich[4]) geltend machen[5]). Ist er befugt, über das Recht ohne Zustimmung der Frau[6]) zu verfügen, so wirkt das Urteil[7]) auch für und gegen die Frau[7]).

E I 1322 II 1281; M 4 281; P 4 129, 130, 145, 151, 158, 161, 172.

1. Der Mann ist der Frau gegenüber zur gerichtlichen Geltendmachung des Rechtes verpflichtet, falls eine ordnungsmäßige Verwaltung die Führung des Rechtsstreits gebietet (vgl. § 1374 A 2). Die Führung eines Rechtsstreits ist als eine zur Erhaltung des eingebrachten Gutes dienende Verwaltungshandlung, nicht als eine Verfügung anzusehen. Sie kann aber wegen der Grundsätze über die Wirkung eines rechtskräftigen Urteils mittelbar die Folgen einer Verfügung haben.

2. **Rechte jeder Art,** z. B. ein Forderungsrecht, ein Pfandrecht, ein Anfechtungsrecht. — Ausgeschlossen ist jedoch die Klagebefugnis des Mannes hinsichtlich solcher Rechte der Frau, die ihrem Inhalte nach nur durch sie persönlich ausgeübt werden können, z. B. das Mietrecht an einem Schließfach der Bank (OLG 38, 89). Dagegen werden Rechte, die dem Ehemanne kraft seines Verwaltungs- und Nutznießungsrechts zustehen, z. B. seine Rechte aus § 1373 auf Besitzergreifung der zum eingebrachten Gute gehörenden Sachen und aus Erwerb der Nutzungen des eingebrachten Gutes, vom § 1380 nicht betroffen. Solche Rechte kann er selbständig geltend machen.

3. In dem vom Manne **im eigenen Namen** geführten Rechtsstreite kann die Frau Zeugin sein (**RG** 3. 7. 05 IV 105/05). Mit Zustimmung der Frau kann der Mann das zum eingebrachten Gute gehörende Recht auch im Namen der Frau geltend machen. Diese Befugnis liegt in seinem Verwaltungsrechte. Die Zustimmung der Frau macht die Erteilung einer Prozeßvollmacht überflüssig und ist nötigenfalls dem Prozeßgerichte nachzuweisen (vgl. auch § 1400 Abs 2). Der im gesetzlichen Güterstande lebende Ehemann ist berechtigt, den Anspruch aus dem seiner Frau durch einen Unfall erwachsenen Schaden, soweit er zum eingebrachten Gute gehört, im eigenen Namen einzuklagen (**RG** 15. 11. 06 VI 81/06). Vgl. auch **RG** 47, 84; 90, 65; Opet JW 1917, 711[8]; **RG** JW 09, 483[1], §§ 1356 A 7, 1363 A 7, 1367 A 1, 2.

4. Die Geltendmachung kann sowohl vor den bürgerlichen **Gerichten** als auch vor den Verwaltungsgerichten und Verwaltungsbehörden erfolgen.

5. Die **Geltendmachung** kann in jeder Art der Rechtsverfolgung (Klage, Widerklage, Mahnverfahren, Arrest, einstweilige Verfügung) und Rechtsverteidigung (Einrede) erfolgen (vgl. § 1376 A 8). Klage auf Feststellung des Bestehens oder Nichtbestehens eines Rechtes ist ebenfalls zulässig. — Der Mann kann auf **Feststellung des Schadens** klagen, den die Frau dadurch erlitten hat, daß ihr Sohn durch die Straßenbahn getötet worden und sie infolgedessen ihres künftigen Unterhaltsanspruchs gegen den Sohn verlustig gegangen ist (**RG** SeuffA 77 Nr 28). Vgl. § 1363 A 7. Wegen der Kosten vgl. § 1387 Nr 1. Das Recht der Geltendmachung umfaßt nicht das Recht der Einziehung einer Leistung. Dazu bedarf es der Zustimmung der Frau (§ 1375), falls nicht einer der Ausnahmefälle der §§ 1376—1378 vorliegt oder die Zustimmung gemäß § 1379 ersetzt ist. — Die in § 1380 Satz 1 dem Manne erteilte Befugnis steht mit der ihm durch § 1375 auferlegten Beschränkung nicht im Widerspruch. Die Prozeßführung allein enthält noch keine Verfügung, kann aber Verfügungen (Anerkenntnis, Verzicht, Vergleich, Zwangsvollstreckung) mit sich bringen. § 1380 Satz 2 läßt erkennen, daß der Mann zu solchen Verfügungen in und nach dem Rechtsstreite der Zustimmung der Frau bedarf, wenn sie sonst (nach § 1375) erforderlich ist. Seine Befugnis zur gerichtlichen Geltendmachung des Rechtes der Frau befreit ihn davon nicht (**RG** 77, 34). Der Mann kann die Forderung der Frau im eigenen Namen gerichtlich geltend machen, aber nicht über sie verfügen. Zu ihrer Einziehung, d. h. zur **Annahme der Erfüllung,** bedarf er der Zustimmung der Frau. Die bloße Zustimmung der Frau (wenn sie nicht etwa die Bedeutung einer Abtretung hat) berechtigt den Mann nicht, die Forderung der Frau gegen seine eigene Schuld aufzurechnen (**RG** 78, 382; **RG** JW 1912, 870[30]). Im Regelfalle darf daher der Mann nicht auf Leistung an ihn klagen. Dagegen kann Leistung an die Frau oder Leistung an beide Eheleute gemeinschaftlich oder Leistung an ihn bei Zustimmung der Frau verlangt werden, ebenso Hinterlegung für beide Ehegatten. Vgl. auch Ebbecke, Verwaltungsrecht mit dinglicher Wirkung in Gruch 61, 578. — Der Zustimmung der Ehefrau zur Prozeßführung (wegen Schmerzensgeldes der Frau) ist es gleich zu erachten, wenn der klagende Ehemann **Leistung an seine Ehefrau** beantragt hat, denn auch in diesem Falle besteht keine Gefahr für den verurteilten Schuldner, daß er nach Vollstreckung des Urteils durch den Ehemann nochmals an die Frau leisten müßte (**RG** 96, 96). — Ob der Mann wegen einer der Frau zustehenden Kapitalsforderung nur auf Leistung an beide Ehegatten zusammen klagen könne, und zwar auch im Falle der Zustimmung der Frau zu seiner Klageerhebung, ist in **RG** 67, 265 unentschieden gelassen. — Der Mann kann eine **Schmerzensgeldforderung der Frau** in eigenem Namen einklagen. Er kann die Zahlung des Schmerzensgeldes nicht an die Verletzte, sondern an sich selbst verlangen, wenn nach seiner unbestrittenen Behauptung die Frau mit der Vereinnahmung durch ihn einverstanden ist (**RG** 90, 65; Opet JW 1917, 711[8]). Vgl. § 1395 A 2. — Ein den Vorschriften der §§ 1375, 1380 zuwider ergehendes, den Beklagten zur Zahlung an den klagenden Ehemann verurteilendes Urteil kann in dem Rechtsmittelzuge mit der Maßgabe aufrechterhalten werden, daß die Zahlung an den Kläger nur bei Zustimmung seiner Ehefrau zu erfolgen hat (**RG** 8. 4. 11 IV 360/10). Unzulässige **Klageänderung** liegt nicht vor, wenn der gemäß § 1380 als Kläger auftretende Ehemann erst im zweiten Rechtszuge die Zustimmung der Frau zur Verfügung des Mannes über den Streitgegenstand nachweist oder dem Klageantrage die Fassung gibt, daß Leistung an die Frau verlangt werde (**RG** 77, 34; **RG** 27. 11. 11 IV 109/11). Vgl. hierzu § 264 ZPO in der Fassung v. 13. 5. 24, wonach eine Änderung der Klage nach dem Eintritt der Rechtshängigkeit zulässig ist, wenn der Beklagte einwilligt oder das Gericht sie für sachdienlich erachtet. Wegen der Nutzungen vgl. A 2. Wegen der Geltendmachung von Ansprüchen gegen das eingebrachte Gut vgl. §§ 739, 741, 742 ZPO. Mann und Frau können die einem jeden von ihnen durch das Gesetz — dem Manne durch § 1380, der Frau durch § 1400 — verliehenen Klagebefugnisse in demselben Rechtsstreit als Streitgenossen ausüben (**RG** 25. 1. 06 IV 369/05). Die im gesetzlichen Güterrechte lebenden Eheleute können gemeinsam einen Schadensersatzanspruch wegen einer der Frau zugefügten Körperverletzung geltend machen (**RG** JW 06, 167[12]). Vgl. auch §§ 1356 A 7, 1363 A 7, 1367 A 1, 2, § 1400 A 8 (Aufnahme des Rechtsstreits durch die Frau nach dem Tode des Mannes).

6. Z. B. wenn es sich um die Rückforderung verbrauchbarer Sachen handelt (§ 1376 Nr 1).

7. **Wirkung des Urteils.** a) Ist der Mann nicht befugt, über das zum eingebrachten Gute gehörende Recht ohne Zustimmung der Frau zu verfügen (z. B. eine Darlehnsforderung der Frau), und klagt er im eigenen Namen, so wirkt das Urteil nur für und gegen den Mann, nicht auch für und gegen die Frau. Wird in diesem Falle der Beklagte verurteilt, so ist damit das Recht der Frau (z. B. eine Darlehnsforderung) durch den Mann zur Anerkennung gebracht. Mittelbar kann ein solches Urteil für die Frau allerdings den Vorteil zur Folge haben, daß ihr die Führung eines Rechtsstreits (§ 1400) erspart wird. Wird in dem gedachten Falle die Klage des Mannes abgewiesen, so ist damit zwar das Recht der Frau dem Manne abgesprochen worden, aber eben nur im Verhältnisse des Beklagten zum Manne. Der Frau bleibt es unbenommen, ihr Recht in einem andern Rechtsstreite durchzuführen. Die Einreden der Rechts-

hängigkeit und Rechtskraft können ihr nicht entgegengesetzt werden. Immer ist es das Recht der Frau, das der Mann kraft seines Verwaltungsrechts geltend macht, und nicht bloß sein Verwaltungs- und Nutznießungsrecht, wie Planck § 1380 A 1 und andere annehmen. Wirkt das Urteil nur für und gegen den Mann, so können dementsprechend auch die von ihm im Rechtsstreit abgegebenen Verzichte und Anerkenntnisse dem Rechte der Frau nichts vergeben. Erteilt aber die Frau zu dem Verzicht oder Anerkenntnisse des Mannes ihre Zustimmung, so wirken die Erklärungen des Mannes auch für und gegen sie. — Auch dann wirkt das Urteil für und gegen die Frau, wenn der Mann ein zum eingebrachten Gute der Frau gehöriges Recht zwar lediglich „aus eigenem Rechte" aber, wie im Rechtsstreite zwischen den Parteien erörtert und vom Gericht ausdrücklich festgestellt ist, mit Zustimmung der Frau gerichtlich geltend gemacht hat (**RG** 92, 153). Die gegenteilige Ansicht, die früher hier im Anschluß an die Ausführungen in Prot 4, 173 vertreten wurde, wird aufgegeben. Wie in **RG** 92, 153 zutreffend ausgeführt wird, ist für die Erstreckung der Rechtskraftwirkung des Urteils gegenüber der Frau offensichtlich nur die **Verfügungsmacht des Mannes** über das klagend geltend gemachte Recht wesentlich. Danach kann es keinen sachlichen Unterschied begründen, ob diese Verfügungsmacht auf dem Gesetz oder auf einer Willenserklärung der Frau beruht, deren Recht allein in Frage steht. Gewährt die Frau ihrem Manne die Befugnis, über ihr eingebrachtes Gut zu verfügen, so ist der Mann insoweit genau so gestellt, als ob ihm diese Befugnis unmittelbar kraft Gesetzes verliehen wäre. Hat die Frau der Prozeßführung des Mannes zugestimmt, so muß sie auch die Erklärung des Mannes, daß er auf den eingeklagten Anspruch verzichte, gegen sich gelten lassen. Die Frau kann genau so wie durch **Vollmachtserteilung** auch durch Zustimmung zur Prozeßführung die Wirksamkeit des Urteils zu ihren Gunsten und ihren Ungunsten herbeiführen. Dies entspricht auch dem § 1400. Vgl. § 1400 A 3. Daß dem gegenüber die in Prot 4, 173 für die gegenteilige Ansicht angeführten Erwägungen nicht in Betracht kommen, ist in **RG** 92, 153 näher dargelegt. — Die Frau erlangt demzufolge auch durch den Beitritt als Nebenintervenientin (§ 69) die Stellung einer Streitgenossin ihres Mannes. Ebenso §§ 1400 A 3, 1407 A 2 u. 10. — Die Gefahr, daß der Prozeßgegner des Mannes doppelt zahlen muß, ist ausgeschlossen, wenn die Frau zu den im Verlaufe des Rechtsstreits und der Zwangsvollstreckung vom Manne vorzunehmenden Verfügungen ihre Zustimmung erteilt hat. Ist dies geschehen, so muß sie nicht bloß das Urteil, sondern auch die Verfügungen des Mannes gegen sich gelten lassen. Sowohl die Frau wie auch der Mann und sein Prozeßgegner befinden sich dann in der gleichen Rechtslage, wie wenn der Mann der Zustimmung der Frau nach § 1376 nicht bedurft hätte. § 1380 Satz 2 trifft auch auf diesen Fall zu (**RG** 77, 34). Hat die Zustimmung der Frau zur Erhebung der Klage durch den Mann den Sinn, daß die Frau damit zugleich den im Rechtsstreit und Zwangsvollstreckungsverfahren erforderlich werdenden Verfügungen des Mannes über die Rechte der Frau zustimmt, so darf der Beklagte mit befreiender Wirkung an den Mann leisten. Abwegig ist die Ansicht, daß die Zustimmung der Frau mit dieser Wirkung nur durch ihren Eintritt in den Rechtsstreit als zweite Prozeßpartei zum Ausdruck kommen könne (**RG** 77, 34). Nach dem gesetzlichen ehelichen Güterrechte können die Ansprüche wegen eines der Frau zugestoßenen **Unfalls**, gleichviel ob sie nach den maßgebenden Bestimmungen der Frau oder dem Manne zustehen, von beiden Eheleuten gemeinschaftlich eingeklagt werden, weil jeder Ehegatte vermöge seines Verfügungsrechts den andern zur Geltendmachung seines Anspruchs und zur Empfangnahme der Leistung ermächtigen kann und weil schon in der gemeinschaftlichen Erhebung der Klage zum Ausdruck kommt, daß der Schuldner durch Entrichtung der **Leistung an beide Eheleute** befreit wird (**RG** Warn 1912 Nr 83). b) Ist der Mann befugt, über das zum eingebrachten Gute gehörende Recht ohne Zustimmung der Frau zu verfügen (vgl. A 6) und klagt er im eigenen Namen, so wirkt das Urteil nicht nur für und gegen den Mann, sondern auch für und gegen die Frau. Wie im Falle zu a ist auch in diesem Falle das Recht der Frau Gegenstand des Rechtsstreits. **Verzichte und Anerkenntnisse** des Mannes wirken wie das Urteil für und gegen die Frau. Einer Klage der Frau würden die **Einreden der Rechtshängigkeit und Rechtskraft** entgegenstehen.

§ 1381

[1]) Erwirbt[2]) der Mann mit Mitteln[3]) des eingebrachten[4]) Gutes bewegliche Sachen[5]), so geht mit dem Erwerbe[6]) das Eigentum auf die Frau über, es sei denn[7]), daß der Mann nicht für Rechnung des eingebrachten Gutes erwerben will. Dies gilt insbesondere auch von Inhaberpapieren und von Orderpapieren, die mit Blankoindossament versehen sind.

Die Vorschriften des Abs 1 finden entsprechende Anwendung, wenn der Mann mit Mitteln des eingebrachten Gutes ein Recht an Sachen[8]) der be-

zeichneten Art oder ein anderes Recht erwirbt, zu dessen Übertragung der Abtretungsvertrag genügt⁹).

E II 1279; P 4 131, 144, 151, 169 ff., 184 ff.

1. **Zweck der Vorschrift.** Die Vorschrift bezweckt, die Frau vor Benachteiligung durch das Verwaltungsrecht des Mannes zu schützen. Handelt der Mann im Namen der Frau, so wird schon nach allgemeinen Grundsätzen (§§ 164 ff., 929 ff.) das eingebrachte Gut unmittelbar berechtigt und verpflichtet. Handelt der Mann aber im eigenen Namen, so wird Dritten gegenüber zunächst der Mann allein berechtigt und verpflichtet, und die Wirkungen des Geschäfts müssen auf die Frau noch besonders übertragen werden. Dies ist unter Ehegatten nicht üblich, ja häufig wird sich der Mann des Erfordernisses der Übertragung gar nicht bewußt sein. Unterbleibt aber die Übertragung, so würde die Frau nur Ersatzansprüche gegenüber dem Manne geltend machen können. Zur Sicherstellung der Frau ist daher angeordnet, daß das Eigentum gewisser vom Manne mit Mitteln der Frau angeschaffter Sachen auf die Frau ohne weiteres übergeht. — Darauf, in wessen Namen der Mann handelt, kommt nach § 1381 Abs 1 S 1 nichts an. Die Vorschrift gilt, auch wenn er im eigenen Namen mit Mitteln des Eingebrachten bewegliche Sachen erwirbt, ja gerade auf diesen Fall ist sie abgestellt. Denn die Frau erwirbt die Sachen, wenn der Mann mit ihrer ausdrücklichen oder stillschweigenden Zustimmung in ihrem Namen handelt, schon nach allgemeinen Grundsätzen, insbesondere nach § 164 Abs 1, und es kommt in diesem Falle nicht einmal darauf an, mit wessen Mitteln er erworben hat, für diesen Fall hätte es also des § 1381 Abs 1 S 1 gar nicht bedurft (**RG** 4. 2. 24 IV 62/23). Die **rechtliche Ersetzung** (Surrogation) des § 1381 setzt voraus, daß der Mann für Rechnung des Eingebrachten erwerben will, wenn er auch im eigenen Namen handelt. Wenn er dagegen — gleichviel ob mit oder ohne Zustimmung der Frau — für sich erwerben will und erwirbt, so tritt rechtliche Ersetzung nicht ein (**RG**St 40, 177). Wegen der Anwendbarkeit des § 1381 auf Versicherung eingebrachter Sachen gegen Feuersgefahr durch den Mann vgl. **RG** 76, 133 und § 1385 A 8. Derselbe Gedanke, der dem § 1381 zugrunde liegt, läßt die tatsächliche Vermutung begründet erscheinen, daß ein Bräutigam, wenn er mit **Mitteln seiner Braut** im Hinblick auf die zukünftige Ehe kraft Auftrags die Ausstattung der ehelichen Wohnung beschafft, den Willen hat, das Eigentum für seine Braut und zukünftige Ehefrau zu erwerben (**RG** 100, 193).

2. **Erwerb des Mannes,** selbst wenn er ohne Zustimmung und ohne Wissen der Frau handelt.

3. **Mittel** sind Geld und alle sonstigen wirtschaftlichen Werte. In demselben Sinne ist das Wort in § 45 KO (Aussonderungsrecht der Frau) gebraucht.

4. Mit Mitteln des **eingebrachten Gutes,** also nicht mit Mitteln des Vorbehaltsguts oder des Mannes oder eines Dritten.

5. **Sachen.** Auch Geld und andere verbrauchbare Sachen. Was der Mann auf Grund eines zum eingebrachten Gute gehörenden Rechtes, insbesondere durch Einziehung einer dazu gehörenden Forderung, erwirbt, wird schon nach allgemeinen Grundsätzen eingebrachtes Gut.

6. **Zeitpunkt des Eigentumsübergangs.** Handelt der Mann im eigenen Namen, so geht das Eigentum auf die Frau in dem Zeitpunkt über, in welchem sich die Voraussetzungen erfüllen, die nach allgemeinen Grundsätzen den Eigentumsübergang auf den Mann bedingen. Wegen des Falles, wenn der Mann im Namen der Frau handelt, vgl. A 1. — In den Fällen der §§ 1381 u. 1382 geht das vom Manne erworbene Eigentum im Augenblicke seiner Entstehung auf die Frau über (**RG** 84, 74).

7. **Beweisregeln.** Beweist die Frau, daß der Erwerb mit den Mitteln des eingebrachten Gutes gemacht worden ist, so wird angenommen, daß er auch für Rechnung des eingebrachten Gutes gemacht worden ist. Die Vermutung aus § 1362 Abs 1 ist dann widerlegt. Dem Manne steht aber der Gegenbeweis offen, daß er nicht für Rechnung des eingebrachten Gutes habe erwerben wollen. In diesem Falle ist zwar Eigentum auf die Frau nicht übergegangen, der Mann bleibt aber verpflichtet, die Wirkungen des Geschäfts auf die Frau zu übertragen. Hat der Mann für Rechnung des eingebrachten Gutes erwerben wollen, so erlangt die Frau Alleineigentum, gleichviel ob er den Erwerb mit eigenen Mitteln oder mit Mitteln des eingebrachten Gutes gemacht hat. Hat der Mann zum Teil eigene Mittel, zum Teil Mittel des eingebrachten Gutes verwandt, und kann er den Gegenbeweis, daß er nicht für Rechnung des eingebrachten Gutes habe erwerben wollen, nicht führen, so entsteht Miteigentum nach Verhältnis der verwandten Mittel. — Im Falle des § 1381 Abs 1 S 1 Halbs 1 liegt der Beweis, daß der Mann mit Mitteln des eingebrachten Gutes erworben hat, grundsätzlich der Frau ob. Daß im Falle des § 1381 Abs 1 S 1 Halbs 2 der Mann zu beweisen hat, daß er nicht für Rechnung des eingebrachten Gutes habe erwerben wollen, kann schon nach der Fassung der Vorschrift (es sei denn, daß) kein Zweifel sein. Im übrigen stellt das Gesetz hier die Entscheidung lediglich darauf ab, ob der Mann für Rechnung des eingebrachten Gutes erwerben will oder nicht, also auf eine rein innere Tatsache. Der für empfangsbedürftige Willenserklärungen

geltende Grundsatz, daß für die Auslegung und den Inhalt von Rechtsgeschäften nicht sowohl der innere Wille eines der Vertragschließenden als vielmehr die unter den Vertragschließenden gewechselten Erklärungen maßgebend seien, kann deshalb bei der Frage, ob die im § 1381 enthaltene gesetzliche Vermutung widerlegt ist, keine unmittelbare Anwendung finden. Trotzdem muß natürlich der Wille des Mannes, nicht für Rechnung des eingebrachten Gutes zu erwerben, wenn er soll beachtet werden können, irgendwie in die äußere Erscheinung getreten sein (**RG** 4. 2. 24 IV 62/23).

8. **Rechte an Sachen.** Z. B. eines Pfandrechts.

9. **Abtretungsvertrag,** §§ 398ff.

§ 1382

[1]) **Haushaltsgegenstände[2]), die der Mann an Stelle[3]) der von der Frau eingebrachten[4]), nicht mehr vorhandenen oder wertlos gewordenen[5]) Stücke anschafft[6]), werden eingebrachtes Gut[7])[8]).**

E II 1280; P 4 131, 144, 170, 184, 190; 6 273.

1. **Begründung der Vorschrift.** Folgende Erwägungen waren maßgebend: Die Verpflichtung des Mannes, das eingebrachte Gut zu erhalten (§ 1374 A 2), erstrecke sich nur auf die eingebrachten Haushaltsgegenstände. Die Frau könne darauf rechnen, ihre Haushaltsgegenstände in ordnungsmäßigem Zustande zurückzuerhalten. Es entspreche der Willensmeinung jedes gewissenhaften Mannes, daß die zur Ergänzung eingebrachter Haushaltsgegenstände angeschafften Stücke eingebrachtes Gut würden. Auch erhalte die Frau bei dieser Regelung eine kleine Entschädigung dafür, daß sie bei dem gesetzlichen Güterstande keinen Anteil an der Errungenschaft habe. Würde von einer besonderen Bestimmung abgesehen, so müßte, was sich nicht empfehle, in jedem einzelnen Falle untersucht werden, in welchem Sinne die Anschaffung erfolgt sei (Prot 4, 191).

2. **Haushaltsgegenstände** sind die zum ehelichen Haushalte gehörenden Gegenstände, soweit sie nicht Zubehör eines Grundstücks sind. Vgl. § 1932 (Voraus der Ehefrau) und § 1378 (Grundstückszubehör). Zu den Haushaltsgegenständen gehören unter anderm das Haus- und Küchengerät, die Betten und das Tischzeug. Kleider und Leibwäsche gehören nicht dazu (vgl. §§ 1366 A 1 u. 6 u. 1362 Abs 2).

3. **Ersatzstücke.** Es muß sich um ein Ersatzstück handeln. Das Ersatzstück braucht nicht von gleicher Art und Beschaffenheit und von gleichem Werte zu sein. Ersetzung von Ersatzstücken wird ebenso angesehen. Ersetzung liegt dagegen nicht vor, wenn es sich um Vermehrung der Haushaltsgegenstände handelt. Ob Vermehrung oder Ersetzung vorliegt, ist Tatfrage. Würde z. B. an Stelle eines Sofas nebst vier zugehörigen Sesseln ein anderes nebst sechs zugehörigen Sesseln angeschafft, so ließe sich darin eine bloße Ersetzung, keine Vermehrung finden.

4. Zu den **eingebrachten** Haushaltsgegenständen sind auch diejenigen zu rechnen, welche die Frau während der Ehe erwirbt (vgl. § 1363 Abs 2 u. A 6).

5. **Untergang und Verschlechterung.** Auch bei zufälligem Untergang und bei zufälliger Verschlechterung der Haushaltsgegenstände findet § 1382 Anwendung, ja selbst dann, wenn, was wohl selten vorkommen wird, Untergang oder Verschlechterung auf Vorsatz oder grobe Fahrlässigkeit der Frau zurückzuführen wären. Wertlos geworden ist ein Haushaltsgegenstand nicht etwa erst, wenn er gar keinen Wert mehr hat, sondern schon, wenn er nicht mehr geeignet erscheint, seinem bestimmungsmäßigen Zwecke zu dienen. Wird ein Haushaltsgegenstand durch Schuld eines Dritten beschädigt oder zerstört und erwächst der Frau daraus ein Schadensersatzanspruch, so kann der Mann Abtretung dieses Anspruchs verlangen.

6. **Anschaffung.** Darauf, ob der Mann den Willen hat, das neue Stück an Stelle des nicht mehr vorhandenen oder wertlos gewordenen anzuschaffen, und so zu einem Bestandteile des eingebrachten Gutes zu machen, kommt es nicht an (ebenso Staudinger, Endemann; a. M. Planck A 3b). Es genügt, wenn es aus den Umständen hervorgeht, daß es sich um ein Ersatzstück handelt (A 3). Der § 1382 will gerade jede Untersuchung darüber, in welchem Sinne die Anschaffung erfolgt sei, abschneiden (Prot 4, 191; oben A 1). — In den Fällen der §§ 1381 u. 1382 geht das vom Manne erworbene Eigentum im Augenblicke seiner Entstehung auf die Frau über (**RG** 84, 74).

7. **Beweislast.** Daß die Voraussetzungen des § 1382 vorliegen, hat die Frau zu beweisen. Im Falle des Beweises ist die Vermutung aus § 1362 Abs 1 widerlegt, auch das Aussonderungsrecht der Frau aus § 45 KO in Ansehung des Ersatzstücks dargetan.

8. Eine **Klage auf regelmäßige Ergänzung** der eingebrachten Haushaltsgegenstände steht der Frau gegen den Mann nicht zu. Unberührt bleibt ihr Ersatzanspruch, falls den Mann ein Verschulden trifft (§§ 1421, 1359). Ein Anspruch auf Ersatz des für die Anschaffung aus eigenen Mitteln Aufgewendeten (§ 1390) steht dem Manne gegen die Frau nicht zu.

§ 1383

Der Mann erwirbt die Nutzungen[1]) des eingebrachten Gutes in derselben Weise[2]) und in demselben Umfange[3]) wie ein Nießbraucher[4]).

E I 1292 II 1282 Abs 1; M 4 180 ff.; P 4 125 ff., 130, 145, 152, 159, 173, 176.

1. Begriff der **Nutzungen** § 100. Die Nutznießung des Mannes ist keine Dienstbarkeit im Sinne des 5. Abschnitts des 3. Buches des BGB, sondern hat ihre Wurzel lediglich in dem Wesen der Ehe, in den gegenseitigen nahen Beziehungen der Ehegatten zueinander und bildet eine entsprechende Ausgleichung der Pflicht des Ehemanns zur Bestreitung des ehelichen Aufwandes (**RG** 90, 65).

2. **Fruchterwerb.** Der Mann erwirbt also die Früchte einer Sache oder eines Rechtes (§ 99) mit der Trennung (§§ 954, 1068). Für die Verteilung der Früchte nach Zeit ist § 101 maßgebend.

3. **Umfang des Erwerbs.** **§ 1031** (Nießbrauch am Zubehör) ist nicht anwendbar. Gehört ein Grundstück zum eingebrachten Gute, so erstreckt sich das Nutznießungsrecht des Mannes auf das Zubehör nur, wenn dieses mit eingebracht ist. **§ 1037.** Das Recht, die Sache umzugestalten oder wesentlich zu verändern, steht dem Ehemann innerhalb der Grenzen ordnungsmäßiger Verwaltung zu (vgl. § 1374 A 1 u. 2). **§ 1038.** Die Verpflichtung, sich einem Wirtschaftsplane zu unterwerfen, trifft den Mann nicht. Eine solche Verpflichtung würde dem ehelichen Verhältnisse nicht entsprechen (Prot 4, 176). Sie ist auch entbehrlich, weil in der Pflicht des Mannes zur ordnungsmäßigen Verwaltung eine fast gleichwertige Sicherstellung der Frau liegt (a. M. Planck A 7). **§ 1039** (übermäßig gezogene Früchte) ist mit Ausschluß der Verpflichtung zur Sicherheitsleistung anwendbar. Die Verpflichtung des Mannes zur Sicherheitsleistung bestimmt sich nach § 1391, sein Verschulden nach §§ 1359, 1374. Wegen der Ersatzpflicht des Mannes vgl. auch § 1377 Abs 3. **§ 1040** ist unanwendbar, da der Anteil der Frau an dem Schatze Bestandteil des eingebrachten Gutes wird (§ 1363 Abs 2), also der Nutznießung des Mannes unterliegt (§ 1363 Abs 1). **§ 1046** (Nießbrauch an einer Forderung gegen den Versicherer) findet mit Ausschluß der Befugnis des Eigentümers zur eigenen Verwendung der Versicherungssumme (§ 1046 Abs 2 Satz 2) Anwendung, folgt übrigens auch schon aus der Pflicht des Mannes zu ordnungsmäßiger Verwaltung. **§ 1048 Abs 1** (Grundstücksinventar) ist nach § 1378 anwendbar. Wegen § 1048 Abs 2 vgl. A zu § 1378. **§ 1060** (Zusammentreffen mit andern Nutzungsrechten) ist nicht anwendbar (M 4, 192 zu g). **§ 1066** (Nießbrauch an dem Anteil eines Miteigentümers) ist anwendbar. **§ 1067** (Nießbrauch an verbrauchbaren Sachen) ist durch § 1376 Nr 1 ersetzt. **§ 1073** (Nießbrauch an einer Leibrente, einem Auszuge oder ähnlichem Rechte) ist anwendbar. — Wie bei einer Leibrente hat der Mann das Recht, **Jahreszuschüsse,** die der Schwiegervater den Eheleuten nach der Hochzeit versprochen hat, zur Zahlung an sich einzuklagen (OLG 41, 49).

4. **Grundbuchverkehr.** Eine verzinsliche Hypothekenforderung kann im Grundbuch auf den Namen der mit dem Grundstückseigentümer im gesetzlichen Güterstande lebenden Ehefrau umgeschrieben werden, ohne daß es der Errichtung eines das Nutznießungsrecht des Mannes ausschließenden Ehevertrags bedarf. Die Vereinigung des Nutznießungsrechts mit der Zinsverbindlichkeit in der Person des Mannes hat zur Folge, daß der Mann, solange er Nießbraucher ist, Zinsen nicht zu entrichten braucht (KG in RJA 14, 215). Vgl. § 1432 A 3. — Soll für die verzinsliche Forderung einer Ehefrau Hypothek an dem Grundstück ihres Mannes bestellt werden, so darf die Eintragung auch des Zinsrechts nicht von dem Nachweise der Ausschließung der ehemännlichen Nutznießung abhängig gemacht werden (KG in OLG 42, 89 A 1). Zulässig ist die Begründung einer unverzinslichen **Darlehnsforderung** der Frau an den Mann dadurch, daß dieser bekennt, das von seiner Frau eingebrachte bare Geld als unverzinsliches Darlehn zu schulden, und daß er sich verpflichtet, es ein Halbjahr nach Kündigung zurückzuzahlen. Die Eintragung dieser Darlehnshypothek im Grundbuch eines dem Manne gehörigen Grundstücks ist nicht zu beanstanden. Ein Ehevertrag (§§ 1368, 1434) ist nicht erforderlich. Es handelt sich nicht um eine teilweise Aufhebung der Nutznießung des Mannes, sondern um eine Umgestaltung eines zum Eingebrachten gehörigen Wertes. Ein solches Darlehn kann die Frau kündigen und gerichtlich geltend machen. Das Geld kann ihr aber nur ohne Übertragung des unmittelbaren Besitzes (der dem Mann verbleibt, § 1373) übereignet werden. Rückzahlung könnte sie erst gemäß § 1421 nach der Beendigung der Verwaltung und Nutznießung des Mannes fordern (KG in OLG 42, 118). Besondere Zustimmung des Mannes zu dem Darlehnsgeschäft ist entbehrlich, ebenso zur Kündigung, Rückforderung und gerichtlichen Geltendmachung des Darlehns (vgl. § 1406 Nr 3 und A 8, sowie § 1407 Nr 2 und A 7).

§ 1384

Der Mann hat außer den Kosten, welche durch die Gewinnung der Nutzungen[1]) entstehen, die Kosten der Erhaltung[2]) der zum eingebrachten Gute gehörenden Gegenstände nach den für den Nießbrauch geltenden Vorschriften[3]) zu tragen.

E I 1297 Abs 1 Halbs 1 II 1283; M 4 199; P 4 131, 148, 152, 159, 175, 192; 6 273.

1. Begriff der **Nutzungen** § 100.

2. **Erhaltungskosten.** Die Kosten der Verwaltung trägt die Frau, soweit sie nicht zu den in den §§ 1384—1387 dem Manne auferlegten Lasten gehören. Auch die gewöhnliche Abnutzung geschieht — wie aus §§ 1359, 1421 folgt — zu Lasten der Frau, jedoch vorbehaltlich der Ersatzpflicht des Mannes bei schuldbar verursachter Verschlechterung. Vgl. auch § 1382 (Haushaltsgegenstände).

3. **Vorschriften über den Nießbrauch** §§ 1041—1043 u. 1068. Die im **§ 1042** bestimmte Anzeigepflicht trifft den Ehemann nicht, aber er hat für die Vornahme außergewöhnlicher Ausbesserungen oder Erneuerung zu sorgen, falls dies eine ordnungsmäßige Verwaltung erfordert. **§ 1044** (Gestattung einer Ausbesserung) ist unanwendbar. Auf die §§ 592, 593 ist in **§ 1421** (Bewirtschaftung eines Landguts oder landwirtschaftlichen Grundstücks) ausdrücklich hingewiesen (vgl. § 1055).

§ 1385

Der Mann ist der Frau gegenüber verpflichtet[1]), für die Dauer[2]) der Verwaltung und Nutznießung zu tragen:

1. **die der Frau[3]) obliegenden öffentlichen Lasten mit Ausschluß der auf dem Vorbehaltsgute[4]) ruhenden Lasten und der außerordentlichen Lasten, die als auf den Stammwert des eingebrachten Gutes gelegt anzusehen sind[5]);**
2. **die privatrechtlichen Lasten[6]), die auf den zum eingebrachten Gute gehörenden Gegenständen ruhen[7]);**
3. **die Zahlungen, die für die Versicherung der zum eingebrachten Gute gehörenden Gegenstände zu leisten sind[8]).**

E I 1297 Abs 1 Nr 1—3 II 1284; M 4 200; P 4 131, 132, 148, 152, 159, 178, 192; 6 278 ff.

1. Der § 1385 lehnt sich an die Bestimmungen über den Nießbrauch an (§§ 1047, 1045 Abs 2). Die **Verpflichtung** trifft den Mann, gleichviel ob und wie hohe Erträge das eingebrachte Gut abwirft oder ob überhaupt eingebrachtes Gut vorhanden ist (vgl. Vorbem vor § 1373). Anspruch auf Ersatz des Aufgewendeten hat der Mann gegen die Frau nicht. Wegen der Haftung des Mannes gegenüber den Gläubigern vgl. § 1388.

2. Für die Verteilung der Lasten nach Zeit ist § 103 maßgebend.

3. **Lasten der Frau.** Der Mann hat nicht nur die auf dem eingebrachten Gute ruhenden, sondern auch die der Frau in Person obliegenden öffentlichen Lasten (z. B. Personalsteuern) zu tragen.

4. **Lasten des Vorbehaltsguts.** Z. B. die Gewerbesteuer der ein Erwerbsgeschäft selbständig betreibenden Frau (§ 1367).

5. **Außerordentliche Lasten.** Z. B. die Erbschaftssteuer.

6. Der Ausdruck: „**privatrechtliche Lasten**" ist hier in demselben Sinne gebraucht wie im § 1047. Insbesondere fallen darunter die Zinsen der Hypothekenforderungen und Grundschulden, sowie die auf Grund einer Rentenschuld zu entrichtenden Leistungen. Hinsichtlich der Zinsen von Hypothekenforderungen wird die Verpflichtung des Mannes jedoch durch § 1386 (vgl. A 9) eingeschränkt. Auch die einzelnen Leistungen einer Reallast sind privatrechtliche Lasten im Sinne des § 1047, dagegen nicht die Ablösungssumme für eine Reallast oder eine Rentenschuld, ebensowenig die Hypotheken- und Grundschuldkapitalien selbst.

7. Selbst wenn die Belastung des eingebrachten Gutes erst während der Verwaltung und Nutznießung des Mannes eingetreten ist. Abweichung von § 1047.

8. Versicherungsbeiträge, Stempel, Gebühren und sonstige **für die Versicherung** erforderliche Leistungen. Die Zahlungspflicht des Mannes tritt ein, gleichviel, ob die Versicherung von ihm während des Güterstandes oder von einem andern vor Eintritt des Güterstandes genommen worden ist. Für einen von der Frau während der Verwaltung und Nutznießung geschlossenen Versicherungsvertrag ist § 1399 maßgebend. Die Frage, ob der Mann zur Versicherung der zum eingebrachten Gute gehörenden Gegenstände verpflichtet ist, entscheidet

sich nach § 1374. Vgl. A 1 u. 2 daselbst, sowie § 1045 Abs 1. Zahlungen für Versicherung von Früchten liegen dem Manne nach § 1384 ob (Gewinnungskosten). — Versichert der Ehemann die von der Ehefrau eingebrachten Gegenstände (Hotelinventar) gegen **Feuersgefahr** (wozu er nach §§ 1359, 1374 verpflichtet ist), so wird er sowohl im Verhältnisse zu seiner Ehefrau (§ 1385 Nr 3) als auch dem Versicherer gegenüber (§ 1388) Schuldner der Versicherungskosten, einerlei ob er den Versicherungsvertrag im eigenen Namen oder im Namen seiner Ehefrau abschließt. Er macht aber auch, selbst wenn er die Versicherung im eigenen Namen abschließt, seine Ehefrau sogleich zur Gläubigerin des Anspruchs gegen den Versicherer, es sei denn, daß er den Anspruch nicht für seine Ehefrau erwerben will. Dieser Gegenbeweis ist auch dann zu führen, wenn der Mann die Versicherung im eigenen Namen genommen und die versicherten Gegenstände als sein Eigentum bezeichnet hat. Immerhin ist der Mann verpflichtet, den etwa für sich erworbenen Anspruch gegen den Versicherer an die Frau abzutreten (§§ 1374, 1385 Nr 3), und er kann diese Verpflichtung dadurch erfüllen, daß er den Anspruch im eigenen Namen an sich selbst, als den Vertreter seiner Frau, abtritt (§ 181). Dazu genügt, daß sein Wille, das Forderungsrecht auf seine Frau zu übertragen, irgendwie erkennbar in die Erscheinung tritt (**RG** 76, 133). Regelmäßig gehört die Versicherung der eingebrachten Sachen gegen Feuer zu den Pflichten ordnungsmäßiger Verwaltung. Die Zahlungen für diese Versicherung muß der Mann der Frau gegenüber für die Dauer der Verwaltung und Nutznießung tragen (**RG** LZ 1920, 762[7]).

§ 1386

Der Mann ist der Frau gegenüber verpflichtet[1]), für die Dauer[2]) der Verwaltung und Nutznießung die Zinsen derjenigen Verbindlichkeiten[3]) der Frau zu tragen, deren Berichtigung aus dem eingebrachten Gute verlangt werden kann[4]). Das gleiche gilt von wiederkehrenden Leistungen anderer Art[5]), einschließlich der von der Frau auf Grund ihrer gesetzlichen Unterhaltspflicht geschuldeten Leistungen[6]), sofern sie bei ordnungsmäßiger Verwaltung aus den Einkünften des Vermögens bestritten werden[7]).

Die Verpflichtung des Mannes tritt nicht ein[8]), wenn die Verbindlichkeiten oder die Leistungen im Verhältnisse der Ehegatten zueinander dem Vorbehaltsgute der Frau zur Last fallen[9]).

E I 1297 Abs 1 Nr 4 II 1285; M 4 200 ff.; P 4 132, 148, 152, 159, 179, 192; 6 273.

1. Der § 1386 beruht auf ähnlichen Erwägungen wie § 1047 (Zinsen). Vgl. auch § 1088 Abs 1 Satz 2 (wiederkehrende Leistungen). Die **Verpflichtung** trifft den Mann, gleichviel ob und wie hohe Erträge das eingebrachte Gut abwirft oder ob überhaupt eingebrachtes Gut vorhanden ist (vgl. Vorbem vor § 1373). Anspruch auf Ersatz des Aufgewendeten hat der Mann gegen die Frau nicht. Wegen des Wegfalls der Unterhaltsleistungen bei Leistungsunfähigkeit der Frau vgl. jedoch A 6. Wegen der Haftung des Mannes gegenüber den Gläubigern vgl. § 1388.

2. Für die Verteilung der Zinsen und anderer Leistungen nach Zeit ist § 103 maßgebend.

3. **Verbindlichkeiten.** Gleichviel ob persönliche oder dingliche.

4. **Beweislast.** Daß eine Verbindlichkeit vorliegt, deren Berichtigung aus dem eingebrachten Gute verlangt werden kann (§§ 1411—1414), hat die Frau zu beweisen. Gleichgültig ist, ob die Verbindlichkeit vor oder nach Eintritt der Verwaltung und Nutznießung entstanden ist. Abweichung von § 1047.

5. **Wiederkehrende Leistungen.** Z. B. Beiträge für Lebens-, Unfall-, Haftpflichtversicherungen, falls ihre Berichtigung aus dem eingebrachten Gute verlangt werden kann. Leistungen zum Ersatze der durch den gewöhnlichen Gebrauch abgenutzten Stücke (§ 1382) gehören nicht hierher.

6. Für die **gesetzliche Unterhaltspflicht der Frau** kommen in Betracht §§ 1601, 1604 Abs 1 (gegenüber ihren Verwandten), §§ 1578, 1583 (gegenüber dem geschiedenen Manne), §§ 1345, 1346 (gegenüber dem andern Ehegatten bei Nichtigkeit der Ehe) und § 1351 (gegenüber dem andern Ehegatten bei angefochtener Todeserklärung). Bei Leistungsunfähigkeit der Frau (§ 1603) ist auch der Mann von Unterhaltsleistungen frei. — § 1386 trifft nur darüber Bestimmung, unter welchen Voraussetzungen der Mann der Frau gegenüber verpflichtet ist, Leistungen, die sie auf Grund ihrer gesetzlichen Unterhaltspflicht schuldet, selbst zu tragen, er bietet aber keinerlei Anhalt dafür, welche Leistungen ihr auf Grund ihrer gesetzlichen Unterhaltspflicht obliegen. Der Umfang der Leistungen, die die Frau auf Grund ihrer gesetzlichen Unterhaltspflicht schuldet, bemißt sich vielmehr nach andern Vorschriften, insbesondere nach

den §§ 1603 u. 1604, und nach diesen Vorschriften sind für den Umfang der Unterhaltspflicht bei einer verheirateten Frau grundsätzlich nicht die Verhältnisse des Mannes maßgebend, sondern kommt es darauf an, was die Frau kraft **eigenen Vermögens** und **eigener Erwerbsfähigkeit** zum Unterhalt eines Verwandten beizutragen vermag. Daher ist die Unterhaltspflicht einer Frau, die sich nach der Scheidung von ihrem ersten Ehemanne wiederverheiratet hat, gegenüber ihrem Kinde erster Ehe nicht nach § 1386, sondern nach §§ 1603, 1604 zu beurteilen. Ihr zweiter Ehemann ist rechtlich nicht verpflichtet, seiner Frau in so weitem Maße Unterhalt zu gewähren, daß sie auch noch das ersteheliche Kind unterhalten kann. Ebensowenig trifft ihn die Verpflichtung, selbst das Stiefkind zu unterhalten. Er kann vielmehr nur genötigt werden, die **persönlichen Bedürfnisse** seiner Frau zu decken (**RG** SeuffA 76 Nr 54). Übereinstimmend OLG Dresden in LZ 1920, 578².

7. Den **Maßstab** gibt die Handlungsweise eines ordentlichen Hausvaters ab.

8. Die Voraussetzungen des Nichteintritts hat der **Mann zu beweisen.**

9. Hierfür maßgebend sind die §§ 1415 u. 1416. Wird für eine Verbindlichkeit des Vorbehaltsguts oder für eine solche Verbindlichkeit des eingebrachten Gutes, welche im Verhältnisse der Ehegatten zueinander nach §§ 1415, 1416 dem Vorbehaltsgute zur Last fällt, eine Hypothek mit einem zum eingebrachten Gute gehörenden Grundstücke bestellt, so tritt die Verpflichtung des Mannes zur Tragung der Hypothekenzinsen nicht ein. Abweichung von § 1047. Vgl. § 1385 A 6.

§ 1387

Der Mann ist der Frau gegenüber verpflichtet[1]), zu tragen:

1. die Kosten[2]) eines Rechtsstreits[3]), in welchem er ein zum eingebrachten Gute gehörendes Recht geltend macht[4]), sowie die Kosten eines Rechtsstreits, den die Frau führt[5]), sofern nicht die Kosten dem Vorbehaltsgute zur Last fallen[6]);

2. die Kosten der Verteidigung[7]) der Frau in einem gegen sie gerichteten Strafverfahren[8]), sofern[9]) die Aufwendung der Kosten den Umständen nach geboten ist oder mit Zustimmung[10]) des Mannes erfolgt, vorbehaltlich der Ersatzpflicht[11]) der Frau im Falle ihrer Verurteilung.

E I 1297 Abs 1 Nr 5 ff. II 1286; M 4 202; P 4 132, 148, 152, 159, 173, 179, 183, 208.

1. Die **Verpflichtung** trifft den Mann, gleichviel ob und wie hohe Erträge das eingebrachte Gut abwirft oder ob überhaupt eingebrachtes Gut vorhanden ist (vgl. Vorbem vor § 1373). — Der § 1387 bestimmt die Verpflichtung des Ehemanns zur Tragung der Kosten eines Rechtsstreits der Frau, ohne daß hier das Vorhandensein eines der Nutznießung unterliegenden Vermögens verlangt wird (**RG**St 45, 409; OLG 38, 253). Anders geregelt ist die Haftung des Vaters für die Kosten eines für das Kind geführten Rechtsstreits. Soweit § 1654 Satz 3 dem Vater die Kostentragung zuweist, wird vorausgesetzt, daß ein der Nutznießung des Vaters unterstehendes Kindesvermögen vorhanden ist (**RG** 97, 175. Vgl. § 1654 A 4). Anspruch auf Ersatz des Aufgewendeten hat der Mann gegen die Frau nicht. Wegen der Haftung des Mannes gegenüber den Gläubigern vgl. § 1388.

2. **Kosten.** Der Ausdruck „Kosten" umfaßt sämtliche Kosten des Verfahrens, insbesondere die der Behörde, des Gerichtsvollziehers und der Anwälte, mit Einschluß der dem Gegner zu erstattenden Kosten. — Auch die Kosten für den Verkehrsanwalt der Frau hat der Mann zu tragen (OLG 29, 145). Auch der Anspruch der Gerichtskasse auf Zahlung von Kostenvorschüssen ist mitinbegriffen (KG in OLG 39, 103).

3. **Rechtsstreit.** Gleichgültig ist, ob der Rechtsstreit vor einem bürgerlichen Gerichte, einem Verwaltungsgericht oder einer Verwaltungsbehörde anhängig gemacht worden ist. Auch eine Privatklage der Frau fällt hierunter. — Einen Rechtsstreit führt, wer eine Privatklage erhebt (**RG**St 45, 408).

4. **Die Geltendmachung** kann in jeder Art der Rechtsverfolgung (Klage, Widerklage, Mahnverfahren, Arrest und einstweilige Verfügung) und Rechtsverteidigung (Einrede) erfolgen (vgl. § 1380 A 5). Gleichgültig ist es, ob der Mann das Recht im eigenen Namen oder im Namen der Frau geltend macht. Wegen der Wirkung des Urteils vgl. § 1380 A 7.

5. **Rechtsstreit der Frau.** Nebensächlich ist, in welcher Parteirolle und gegen wen (ob gegen einen Dritten oder den Mann) die Frau den Rechtsstreit führt (vgl. A 6).

6. **Kostenlast.** Ob die Kosten im Verhältnisse der Ehegatten dem Vorbehaltsgute zur Last fallen, bestimmt sich nach §§ 1415, 1416. Danach fallen dem Vorbehaltsgute nicht zur Last: a) Die Kosten eines Rechtsstreits, den die Frau gegen einen Dritten führt, wenn das

Urteil dem Manne gegenüber in Ansehung des eingebrachten Gutes wirksam ist (vgl. §§ 1400 A 3 u. 1380 A 7). b) Die Kosten eines Rechtsstreits, den die Frau gegen einen Dritten führt und der eine persönliche Angelegenheit der Frau oder eine nicht unter die Vorschriften des § 1415 Nr 1, 2 fallende Verbindlichkeit, für die das eingebrachte Gut haftet, betrifft, jedoch in beiden Fällen nur insoweit die Aufwendung der Kosten den Umständen nach geboten ist und ohne Rücksicht darauf, ob das Urteil dem Manne gegenüber wirksam ist. Das Vorhandensein dieser Voraussetzungen hat der Mann zu beweisen. — Für die Gerichtskosten eines von der Frau gegen einen Dritten um eingebrachtes Gut geführten Rechtsstreit haftet der Mann nur, wenn er dem Rechtsstreite nachweislich zugestimmt hat (OLG 24, 6).

Im Falle des **Rechtsstreits zwischen Mann und Frau** gilt folgendes:

a) **Haftung des Mannes.** Führt die Frau (als Klägerin oder Beklagte) gegen den Mann einen Rechtsstreit, so bleibt zunächst in der Schwebe, welche Partei die Kosten des Rechtsstreits zu tragen haben wird. Wird darauf der Mann in die Kosten verurteilt, oder sonst nach Vorschrift der Prozeßgesetze Kostenschuldner, so hat eben der Mann die Kosten persönlich zu tragen. Dies hat als selbstverständlich im Gesetze keinen Ausdruck gefunden (M 4, 266). Zur Berichtigung dieser seiner persönlichen Kostenschuld darf der Mann ebensowenig das eingebrachte Gut der Frau wie deren Vorbehaltsgut angreifen. Er hat die Schuld aus eigenen Mitteln zu berichtigen, und dazu gehören auch die Nutzungen des eingebrachten Gutes der Frau. Abgesehen von diesen Fällen der **persönlichen Kostenschuld des Mannes** hat im Verhältnisse der Ehegatten stets die Frau die Kosten des Rechtsstreits zu tragen. In der Regel wird sie auch in den vorausgesetzten Fällen die zur Tragung der Kosten verurteilte Partei sein. Die Frau muß die sie treffende Kostenschuld gleichfalls aus eigenen Mitteln berichtigen, d. h., da sie von ihrem eingebrachten Gute nichts dem Manne entziehen darf, aus ihrem **Vorbehaltsgute.** Die Kostenschuld der Frau ist daher eine Verbindlichkeit ihres Vorbehaltsguts und kommt als solche bei der künftigen Ausgleichung unter den Ehegatten — wenn sie nicht vorher von der Frau getilgt wird — zur Verrechnung (§ 1416 Abs 1). Die durch den Ehemann von dem eingebrachten Gute der Frau gezogenen Nutzungen werden mit der Kostenschuld der Frau nicht belastet (M 4, 266). Solange aber ungewiß ist, ob der Mann in die Kosten verurteilt oder sonst nach Vorschrift der Prozeßgesetze Kostenschuldner werden wird, darf die Kostenschuld nicht schon als Verbindlichkeit des Vorbehaltsguts angesehen werden. Vielmehr besteht in dieser Schwebezeit die Verpflichtung des Mannes gegenüber der Frau, die Kosten vorläufig, d. h. unbeschadet künftiger Ausgleichung, zu tragen. Die Frau hat einen Anspruch darauf, daß der Mann die Kosten des Rechtsstreits, gleich als wenn er selbst den Rechtsstreit als Partei führte, trage (zustimmend KG in OLG 41, 52). Er hat nicht nur die fälligen, sondern auch die nach Maßgabe der Kostengesetze vorschußweise zu zahlenden Kosten zu tragen und er ist demzufolge verpflichtet, die Frau mit angemessenen **Kostenvorschüssen** zu versehen. Diese Verpflichtung des Mannes folgt zwar weder aus der Unterhaltspflicht noch aus dem ehelichen Verhältnisse (M 4, 640), insbesondere nicht aus der Pflicht des Mannes, die Frau zu schützen und zu verteidigen, sie beruht aber auf dem ehelichen Güterrechte (M 4 S. 125, 202, 640). Bei dem gesetzlichen Güterstande gebührt dem Manne die Verwaltung und Nutznießung des eingebrachten Gutes. Mit Rücksicht darauf hat er bis zu anderweitiger Entscheidung des Rechtsstreits auch die Kosten eines jeden von der Ehefrau geführten Rechtsstreits zu tragen, zumal Rechtsstreitkosten wirtschaftlich die Natur von Verwaltungskosten zu haben pflegen (M 4, 202). Es entspricht der Billigkeit, daß der Ehemann grundsätzlich diejenigen Verbindlichkeiten der Ehefrau, die sie sonst selbst aus den Einkünften ihres Vermögens bestreiten würde, der Ehefrau gegenüber zu tragen verpflichtet ist (M 4, 199). Da diese Verpflichtung des Mannes in den durch den **Güterstand der Verwaltung und Nutznießung** begründeten Rechten ihren Grund hat, so kommt es nicht darauf an, ob die vom Ehemann aus dem Ehegute gezogenen Nutzungen die Kosten des Rechtsstreits decken, ebensowenig darauf, ob solche Nutzungen überhaupt gezogen sind, nicht einmal darauf, ob eingebrachtes Gut vorhanden ist oder vorhanden war, zumal es nicht vorauszusehen ist, ob solches bei der Beendigung der Verwaltung und Nutznießung nicht doch vorhanden sein werde. Die in § 1297 Abs 2 des E I enthaltene Beschränkung der Verpflichtung des Mannes auf den Betrag der Nutzungen ist bei der 2. Lesung gestrichen worden, weil sonst schwierige Abrechnungen erforderlich wären und die Vorschrift nur scheinbar der Billigkeit entspreche (Reatz, 2. Lesung S. 43; Prot 6, 274; SeuffA 74 Nr 212). Der § 1387 Nr 1 BGB legt dem Manne die Kosten des Rechtsstreits auf, ohne zu unterscheiden, ob die Frau den Rechtsstreit gegen einen Dritten oder gegen den Mann führt (zustimmend KG in OLG 41, 52). Eine derartige Unterscheidung wäre sachlich auch nicht gerechtfertigt, da in beiden Fällen die Frau das gleiche Bedürfnis und der Mann die gleiche Rechtsstellung im Güterrechte hat. Vgl. **RG** 47, 72, wo insbesondere ausgeführt ist, daß der Ehemann in einem zwischen ihm und seiner Frau schwebenden **Ehescheidungsprozesse** durch einstweilige Verfügung zur Zahlung eines Kostenvorschusses für den Anwalt der Frau angehalten werden kann, wenn sich der Güterstand nach den Bestimmungen der §§ 1363—1425 BGB regelt. Der genannte Beschluß ist vielfach angegriffen worden (vgl. namentlich Staudinger, BGB § 1387 A 3; Gaupp-Stein, ZPO Vorbem VI vor § 606), aber er entspricht dem Gesetz und dem Rechtsbedürfnisse. Auf § 1394 kann die gegenteilige Ansicht nicht gestützt werden; denn es handelt sich nicht um einen Anspruch, den die Frau gegen den Mann aus der tatsächlich ausgeübten Verwaltung und Nutznießung ihres eingebrachten Gutes durch den Mann erworben hat, sondern um eine dem Manne aus seiner güterrechtlichen Stellung erwachsene gesetzliche Pflicht, deren Erfüllung der Natur der Sache nach nicht bis zur Beendigung der Verwaltung und Nutznießung aufgeschoben werden kann (vgl. § 1394 A 3). Daß der Gesetzgeber die Frau, die der zur Führung eines Rechtsstreits erforderlichen Mittel doch sofort bedarf, nicht mit diesem Anspruche bis nach Beendigung der Verwaltung und Nutznießung des Mannes wird haben verweisen wollen, liegt auf der Hand. Übrigens ist die Gefahr mutwilligen Klagens erfahrungsgemäß nicht so dringend, daß es besser wäre, darum der Frau das Klagen durch Vorenthaltung sofort verfügbarer Mittel nahezu unmöglich zu machen. Vgl. **RG** 14. 12. 08 IV B 467/08 (Zulässigkeit einer einstweiligen Verfügung gegen den Mann, die Frau mit Kostenvorschuß zu versehen). Zustimmend OLG Hamburg in OLG 40, 69. Dem Manne steht nicht das Recht zu, bei einer Klage oder einem Rechtsmittel der Frau Vorschüsse auf die zu zahlenden Kosten von der bei der Armenrechtsbewilligung zu prüfenden Frage abhängig zu machen, ob das Vorgehen der Frau auch erforderlich sei und Aussicht auf Erfolg habe. Anderseits dürfen von ihm nicht Vorschußleistungen verlangt werden, die über die **Grenze der Angemessenheit** hinausgehen, z. B. wenn die Frau ohne zwingenden Grund den Anwalt wechselt und dadurch Mehrkosten verursacht (KG in JW 1916, 1220[10]). Auch den üblichen Teuerungszuschlag hat der Mann vorzuschießen (KG in JW 1920, 250[3]; a. M. OLG. Düsseldorf in LZ 1921, 465[2]; OLG Dresden in OLG 41, 53; OLG Breslau in OLG 41, 54). Der Anspruch der Frau gegen den Mann auf Vorschuß der Prozeßkosten (§ 1387) mag kein Ausfluß der Unterhaltspflicht des Mannes sein (vgl. **RG** JW 00, 432); er ist aber wegen Gleichheit des Rechtsgrundes sinnentsprechend einer gesetzlichen Unterhaltsforderung zu behandeln. Daher ist er nach § 850 Nr 2 ZPO unpfändbar, und es findet nach § 394 BGB gegen ihn eine Aufrechnung nicht statt (SeuffA 72 Nr 78). Der Mann ist nicht berechtigt, die ihm im Scheidungsverfahren durch einstweilige Verfügung aufgegebene Zahlung eines Kostenvorschusses zu Händen des Prozeßbevollmächtigten seiner Frau mit einer ihm aus einem früheren Verfahren gegen die Frau zustehenden Kostenforderung **aufzurechnen** (OLG 40, 70; 41, 50).

b) **Armenrecht.** Die Verpflichtung des Mannes, die Frau mit Kostenvorschuß zu versehen, besteht, auch wenn ihm das Armenrecht bewilligt ist. Beim **gesetzlichen Güterstande** gehört es eben zu den Pflichten des Mannes, gleichviel ob er arm oder reich ist, Vermögen der Frau verwaltet oder nicht (**RG** JW 01 S. 274, 735), die Frau mit Kostenvorschuß zu versehen, zumal sich die Voraussetzungen für die Bewilligung des Armenrechts nicht mit dem Zustande der Zahlungsunfähigkeit decken. Besteht aber über die Mittellosigkeit des im Armenrechte streitenden Mannes sonst kein Zweifel und wäre demzufolge eine dem Manne die Zahlung eines Kostenvorschusses aufgebende, einstweilige Verfügung eine zwecklose Maßnahme, so ist deren Erlaß abzulehnen (**RG** JW 06 S. 356[17], 560[29]; OLG Karlsruhe in JW 1919, 1001[10]). Dagegen kann die Frau, wenn ihr das Armenrecht bewilligt ist, den Mann nicht noch wegen Kostenvorschusses in Anspruch nehmen (OLG 25, 288; 26, 220; 32, 7; 41, 50; 42, 119), ebensowenig dann, wenn die von ihr beabsichtigte Rechtsverfolgung oder Rechtsverteidigung dem Gericht aussichtslos erscheint (**RG** 29. 7. 07 IV B 292/07; SeuffA 73 Nr 80; OLG 30, 44; 37, 192; abweichend OLG 39, 47). In solchen Fällen wird, wenn der Erlaß einer einstweiligen Verfügung in Frage steht, solche regelmäßig schon wegen des **Nichtbestehens einer Notlage** (§ 940 ZPO) abzulehnen sein. — Andrerseits ist es unzulässig, einer Frau, die nicht im Armenrechte streitet, mit dem Hinweise darauf, daß sie das Armenrecht nachsuchen könnte und bewilligt erhalten würde, den Anspruch auf Gewährung eines Kostenvorschusses zu versagen. Das würde auf einen mittelbaren Zwang der Frau zur Nachsuchung des Armenrechts hinauslaufen. Ein derartiger Zwang ist nicht gerechtfertigt. Das Armenrecht würde der Frau nur einstweilige Befreiung von Kostenzahlungen gewähren. Durch Gewährung des Kostenvorschusses erhält sie dagegen die Möglichkeit, sich durch Tilgung der Kostenschuld Dritten gegenüber endgültig zu befreien. Auch könnte sie den Prozeßbevollmächtigten frei wählen. Überdies kann eine Frau nicht als arme Partei gelten, wenn sie das Recht hat, die zur Führung des Rechtsstreits erforderlichen Geldmittel von ihrem dazu vermögenden Ehemanne zu fordern (**RG** JW 06 S. 356[17], 560[29]). Zustimmend OLG 40, 70; 41, 50. — Über den Einfluß des Armenrechts der Frau auf die Verpflichtung des Mannes, die Kosten für einen von der Frau gegen den Mann wegen Unterhaltsgewährung anhängig zu machenden Rechtsstreit vorzuschießen, vgl. auch SeuffA 68 Nr 181. Der Mann hat keinen Anspruch darauf, daß der Frau in dem zwischen ihnen schwebenden Ehescheidungsstreite das Armenrecht bewilligt werde (OLG 27, 54). Bei der Bewilligung des Armenrechts für die Frau ist zu berücksichtigen, ob der Mann zur Zahlung eines entsprechenden Kostenvorschusses imstande ist (OLG 32, 7). Wird der Frau das Armenrecht aus dem Grunde weil der auf Ehescheidung klagende Mann zur Vorschußzahlung an die Frau imstande sei, entzogen, so hat der Mann kein Beschwerderecht (KG in OLG 39, 63).

c) **Gesamtschuldnerische Haftung der Eheleute.** Ist die Frau der **Gerichtskasse** gegenüber kostenvorschußpflichtig, so haftet der Mann neben der Frau als Gesamtschuldner (§§ 1387, 1388), und diese Haftung für den Kostenvorschuß bleibt nach § 90 GKG (§ 86 GKG i. d. Fassung v. 5. 7. 27) bestehen, auch wenn die Kosten des Verfahrens darauf der Frau auferlegt werden. Die Kostenvorschußpflicht des Mannes, dessen Ehe fortbesteht (z. B. wenn die Revisionen beider Teile gegen das die Scheidungsklage abweisende Urteil zurückgewiesen werden), wird dadurch nicht berührt, daß die Kosten, die der Ehefrau infolge Zurückweisung ihrer Revision endgültig auferlegt sind, sich nunmehr als solche Kosten erweisen, die dem Vorbehaltsgute der Frau zur Last fallen, mithin vom Manne nicht zu tragen sind (§§ 1387, 1388, 1416; **RG** 20. 7. 07 IV 313/06). Von der Verpflichtung zur Zahlung des für die **Revisionsinstanz** vorzuschießenden Betrags wird der Mann — vorbehaltlich seines Rechtes, von der Frau Erstattung zu fordern — nicht dadurch befreit, daß nachträglich die Revision der Frau zurückgewiesen wird (**RG** 25. 5. 07 IV 166/06; **RG** JW 1910, 942[20]). Die gesamtschuldnerische Haftung des Mannes für die Kosten der Revisionsinstanz, die nach § 1388 gegenüber der Gerichtskasse besteht, wird durch die rechtskräftige Scheidung der Ehe insoweit nicht beseitigt, als der Mann vorschußpflichtig war (§ 81 GKG, § 84 GKG i. d. Fassung v. 5. 7. 27; § 554 Schlußabsatz ZPO nach dem Abänderungsgesetz v. 22. 5. 10, § 554 Schlußabsatz ZPO i. d. Fassung v. 13. 5. 24), wobei es nicht darauf ankommt, ob der Vorschuß schon vor Eintritt der Rechtskraft des Scheidungsurteils erfordert worden war (**RG** 6. 5. 11 IV 686/10). Ebenso hinsichtlich der Kosten der **Berufungsinstanz** KG in OLG 35, 344 und hinsichtlich der durch **Klagezurücknahme** der Frau entstandenen Kosten KG in OLG 41, 51. Andrerseits hat das Reichsgericht für den Fall, daß das die Ehe der Parteien trennende Berufungsurteil infolge Zurückweisung der Revision der beklagten Ehefrau rechtskräftig wird, entschieden, daß nach rechtskräftiger Ehescheidung keine Mithaft des Klägers, als des Ehemanns der Kostenschuldnerin für die ihr auferlegten, durch ihren Vorschuß ungedeckt gebliebenen Kosten der Revisionsinstanz mehr in Frage kommen kann. Dies würde übrigens auch, abgesehen von der Rechtskraft des Scheidungsurteils nach § 1416 Abs 1 in Verbindung mit §§ 1387 Nr 1 und 1388 gelten (**RG** Warn 1915/16 Nr 139). Vgl. auch OLG 24, 288; 30, 46ff.; 32, 5ff. — Da ein vom Berufungsgericht über eine einstweilige Verfügung erlassenes Urteil mit dessen Verkündung rechtskräftig wird (§ 545 Abs 2 ZPO), so steht in diesem Augenblicke fest, daß der in dem Urteile der Frau auferlegte Kostenteil (der Frau wurden $^{9}/_{10}$, dem Manne $^{1}/_{10}$ der Kosten auferlegt) im Verhältnisse der Ehegatten zueinander dem **Vorbehaltsgute** zur Last fällt. Demnach ist der Mann der Frau gegenüber nicht verpflichtet, den von der Frau geschuldeten Kostenteil zu tragen (§ 1387 Nr 1) und daher besteht auch keine gesamtschuldnerische Haftung des Mannes den Gläubigern der Frau gegenüber (§ 1388); es verbleibt vielmehr bei der im § 86 GKG (§ 79 GKG i. d. Fassung v. 5. 7. 27) ausgesprochenen Regelung. Ob etwa der Mann, insoweit die Frau gemäß § 81 GKG (§ 84 GKG i. d. Fassung v. 5. 7. 27) vorschußpflichtig ist (sie hatte Berufung eingelegt), trotz der Rechtskraft des Urteils neben der Frau der Gerichtskasse als Gesamtschuldner weiter haftet, blieb unentschieden (OLG Breslau in OLG 41, 51). Die Klagerücknahme der Frau führt gemäß § 271 ZPO das Endergebnis herbei, daß der Mann im Verhältnisse zur Frau nicht die Kosten zu tragen braucht, und dadurch ist allerdings seine Haftung gegenüber der Gerichtskasse grundsätzlich und mit Rückwirkung erloschen. Anderseits ist aber gegen den Mann die besondere kostenrechtliche Vorschrift des § 90 GKG (§ 86 GKG i. d. Fassung v. 5. 7. 27) anwendbar. Danach bedeutet die **Vorschußpflicht gegenüber der Staatskasse** stets eine endgültige Haftung, sofern nur ein Gebührenansatz in entsprechender Höhe bestehen bleibt. Gemäß § 92 GKG (§ 88 GKG i. d. Fassung v. 5. 7. 27) ist § 1388 BGB wie ein Teil der §§ 81ff. GKG (§§ 84ff. i. d. Fassung v. 5. 7. 27) zu betrachten und begründet somit endgültig die kostenrechtliche Zahlungspflicht des Mannes gegenüber der Staatskasse (KG in OLG 41, 51). Bis zur rechtskräftigen Verurteilung der Frau zur Kostentragung haftet der Mann für die ihr auferlegten Kosten als Gesamtschuldner (KG in OLG 42, 119 A 1). Die Frage, ob eine klagende Ehefrau durch Einlegung eines Rechtsmittels der Gerichtskasse gegenüber Vorschußschuldnerin wird, hängt mit der gesetzlichen Vorschußpflicht des Ehemanns gegenüber der Ehefrau nicht zusammen und ist nach § 81 GKG (§ 84 GKG i. d. Fassung v. 5. 7. 27) im Hinblick auf die Prozeßfähigkeit der Ehefrau (§ 52 Abs 2 ZPO und § 1399 BGB) zu bejahen (**RG** JW 1910, 157[27]).

d) **Nichtige Ehe.** Die Haftung des Ehemanns aus der Kostenvorschußpflicht fällt weg, wenn die Ehe für nichtig erklärt wird. Denn Ansprüche der Frau oder Dritter, welche nur bei Gültigkeit der Ehe bestehen können, werden von selbst hinfällig, wenn die Ehe als von Anfang an nichtig anzusehen ist (**RG** JW 05, 299[30]).

7. **Verteidigungskosten** §§ 140, 141 StPO.

8. **Strafverfahren.** Dazu gehört auch ein gegen die Frau gerichtetes Privatklageverfahren (vgl. A 3).
9. Das Vorhandensein dieser Voraussetzungen hat die Frau zu beweisen.
10. Die nach § 1402 ersetzte **Zustimmung** steht der erteilten gleich.
11. **Ersatzpflicht** § 1415 Nr 1.

§ 1388

[1]) Soweit der Mann nach den §§ 1385 bis 1387 der Frau gegenüber deren Verbindlichkeiten zu tragen hat[2]), haftet[3]) er den Gläubigern neben der Frau als Gesamtschuldner[4])[5]).

E II 1287; M 4 205; P 4 132, 152, 159, 179, 193; 6 275.

1. § 1388 beruht auf denselben Erwägungen wie § 1088 (Nießbrauch an einem Vermögen). Die unmittelbare **Haftung des Ehemanns gegenüber den Gläubigern** entspricht der natürlichen Auffassung und gereicht sowohl der Ehefrau als auch dem Gläubiger zum Vorteile.
2. Die **Beweislast** bestimmt sich ebenso wie im Verhältnisse des Mannes gegenüber der Frau.
3. Die Haftung trifft den Mann, gleichviel ob das eingebrachte Gut Erträgnisse abwirft oder nicht und ob eingebrachtes Gut überhaupt vorhanden ist (vgl. Vorbem vor § 1373).
4. Die **Haftung des Mannes als Gesamtschuldner** bestimmt sich nach §§ 421—425. Wegen seiner Haftung gegenüber der Gerichtskasse vgl. § 1387 A 6 c. Die Haftung des Mannes aus § 1387 Nr 2 dauert dem Gläubiger gegenüber auch nach der Verurteilung der Frau fort. — Der Ehemann haftet der Staatskasse für die Kosten eines von der Frau geführten Rechtsstreits auch dann, wenn der Rechtsstreit vor der Eingehung der Ehe anhängig gemacht ist. Denn nach § 1407 Nr 1 bedarf die Frau zur Fortsetzung eines zur Zeit der Eheschließung anhängigen Rechtsstreits nicht der Zustimmung des Mannes. Die Verbindlichkeiten der Frau aus dem Urteile sind für das eingebrachte Gut dem Manne gegenüber wirksam, auch wenn er dem Rechtsstreite nicht zugestimmt hat. Ob die Frau eingebrachtes Gut besitzt, ist für seine Haftung für die Prozeßkosten unerheblich (LZ 1920, 870[5]). Wegen Unpfändbarkeit der Früchte des eingebrachten Gutes vgl. § 861 ZPO.
5. **Ersatzpflicht.** Anspruch auf Ersatz des Aufgewendeten hat der Mann gegen die Frau nicht, wohl aber umgekehrt die Frau gegen den Mann.

§ 1389

Der Mann hat[1]) den ehelichen Aufwand[2]) zu tragen.

Die Frau kann verlangen[3]), daß der Mann den Reinertrag[4]) des eingebrachten Gutes, soweit dieser zur Bestreitung des eigenen und des der Frau und den gemeinschaftlichen Abkömmlingen[5]) zu gewährenden Unterhalts erforderlich ist, ohne Rücksicht auf seine sonstigen Verpflichtungen zu diesem Zwecke verwendet[6]).

E I 1328 Nr 2 Halbs 2 II 1288; M 4 163, 297; P 4 132, 147, 175, 184, 193, 196; 6 275.

1. Die **Verpflichtung des Mannes zur Tragung des ehelichen Aufwandes** entspricht seinem Rechte auf Verwaltung und Nutznießung des eingebrachten Gutes. In der Überlassung dieses Gutes an den Mann zur Verwaltung und Nutznießung besteht der von der Frau zu dem ehelichen Aufwande zu leistende Beitrag. Die Verpflichtung trifft den Mann allein und ist unabhängig davon, ob eingebrachtes Gut vorhanden ist. Vgl. Vorbem vor § 1373. Wegen der Unterhaltspflicht vgl. aber auch § 1603. — Wenn § 1389 Abs 1 dem im gesetzlichen Güterstande lebenden Manne die Verpflichtung auferlegt, den ehelichen Aufwand zu tragen, so ist damit nicht ausgeschlossen, daß auch die Frau aus ihrem Stammvermögen hierzu Beiträge leiste. Dies kann auch so geschehen, daß sie die Verwendung ihres Vermögens zu Zwecken der Lebenshaltung stillschweigend gutheißt (RG 12. 10. 08 IV 250/08).
2. Der **Begriff des ehelichen Aufwandes** ist im BGB nicht bestimmt. Dem Wesen der Ehe als vollständiger Lebensgemeinschaft von Mann und Frau entsprechend begreift der eheliche Aufwand alle diese Lebensgemeinschaft betreffenden und ihren Zwecken dienenden Ausgaben. Der Ausdruck: „ehelicher Aufwand" ist in gleichem Sinne in §§ 1427, 1458, 1529 gebraucht. Der eheliche Aufwand umfaßt vor allem den **Unterhalt** beider Ehegatten und ihrer gemeinschaftlichen Abkömmlinge. Diese Unterhaltspflicht ist schon in §§ 1360, 1601 vorgeschrieben, und eine Änderung der Voraussetzungen der gesetzlichen Unterhaltspflicht bezweckt der § 1389 nicht. Zufolge § 1389 Abs 1 ist der Mann auch gegenüber der Frau verpflichtet, den gemeinschaftlichen Abkömmlingen Unterhalt zu gewähren. Der eheliche

Aufwand deckt auch die Fälle, in denen Aufwendungen für den Unterhalt der Eltern eines Ehegatten im gemeinsamen Haushalt oder für wohltätige Zwecke oder für die den Verhältnissen der Familie entsprechenden geselligen Veranstaltungen zu machen sind (Prot 4, 194). Nicht unter den ehelichen Aufwand fallen die in §§ 1384—1387 bezeichneten, dem Manne als Ausfluß der Verwaltung und Nutznießung obliegenden Lasten, ebensowenig die Kosten der Eheschließung. Diese hat jeder Ehegatte zur Hälfte zu tragen (M 4, 163; § 320). Das Reichsgericht hat angenommen (**RG** 67, 1), daß der Begriff des ehelichen Aufwandes den eigenen Unterhalt sowohl der Ehegatten als der gemeinschaftlichen, mindestens der den elterlichen Haushalt teilenden Abkömmlinge mitumfasse, daß er aber damit nicht erschöpft werde. — Der Unterhalt der Frau, ihre Bekleidung und die Befriedigung ihrer sonstigen **persönlichen Bedürfnisse** gehören zum ehelichen Aufwande (**RG** Warn 1911 Nr 333). Wenngleich nach deutscher Sitte die Frau die zur Einrichtung des Hauswesens notwendigen Gegenstände in die Ehe mitzubringen pflegt und das BGB dieser Übung durch die Vorschrift des § 1620 Rechnung getragen hat, so besteht doch im Verhältnis der Ehegatten untereinander keine rechtliche Verpflichtung der Frau, dem Manne die zur **Einrichtung des ehelichen Haushalts** notwendigen Sachen zur Verfügung zu stellen. Die Anschaffung und Unterhaltung dieser Gegenstände bildet vielmehr einen Teil des ehelichen Aufwandes (**RG** 87, 56). Dadurch, daß der Mann die Einrichtung (Möbel und sonstige Ausstattungsgegenstände) für ein zum Familiengebrauche bestimmtes und dienendes Landhaus der Frau beschafft, entledigt er sich, wie zunächst anzunehmen ist, seiner Verpflichtung, den ehelichen Aufwand zu tragen. Es müßten schon besondere Umstände dargetan werden, welche die Annahme zu begründen geeignet wären, daß der Mann darüber hinaus schenkweise Besitz und Eigentum an den Sachen aufgeben und auf seine Ehefrau übertragen wollte (**RG** Warn 1920 Nr 105).

3. **Anspruch der Frau.** Den gemeinschaftlichen Abkömmlingen steht das Recht nicht zu. Der Anspruch unterliegt der Beschränkung in § 1394 Abs 1 nicht (§ 1394 Abs 2). Wird der Anspruch verletzt, so kann die Frau auf Aufhebung der Verwaltung und Nutznießung klagen (§ 1418 Abs 1 Nr 2).

4. **Reinertrag.** Die Kosten der Verwaltung des eingebrachten Gutes, auch die vom Manne nach §§ 1384—1387 zu tragenden Lasten sind abzuziehen.

5. Für die nicht gemeinschaftlichen Abkömmlinge der Frau kommen unter Umständen §§ 1386, 1388 in Betracht. Über den Begriff eines „gemeinschaftlichen Abkömmlings" vgl. § 1482 A 2.

6. Wegen Unpfändbarkeit der Früchte des eingebrachten Gutes vgl. § 861 ZPO.

§ 1390

[1]) Macht der Mann zum Zwecke der Verwaltung des eingebrachten Gutes[2]) Aufwendungen[3]), die er den Umständen nach für erforderlich halten darf[4]), so kann er von der Frau Ersatz verlangen[5]), sofern nicht die Aufwendungen ihm selbst zur Last fallen[6]).

E I 1324 Abs 1, 595 II 1289; M 4 285; P 4 132, 148, 151, 159, 174, 196.

1. Kraft des in dem Verwaltungsrechte des Mannes liegenden gesetzlichen Auftrags ist der Mann berechtigt, **Ersatz** seiner Auslagen **und Befreiung** von den eingegangenen Verbindlichkeiten zu verlangen bzw. sich aus den vorhandenen Geldern gemäß § 1376 Nr 1 bezahlt zu machen (M 4, 271).

2. **Zweck der Aufwendungen.** Betreffen die Aufwendungen andere Zwecke als die Verwaltung des eingebrachten Gutes, z. B. persönliche Bedürfnisse der Frau oder das Vorbehaltsgut, so sind die allgemeinen Grundsätze über den Auftrag (§ 670) und die Geschäftsführung ohne Auftrag (§ 683) für den Ersatz maßgebend.

3. Über den Begriff der **Aufwendungen** vgl. Erl zu § 670.

4. Das **pflichtgemäße Ermessen** (§§ 1374, 1359) des Mannes entscheidet. Es kommt nicht, wie in § 683, darauf an, ob die Aufwendungen tatsächlich für die Frau vorteilhaft sind und ihrem wirklichen oder mutmaßlichen Willen entsprechen.

5. **Ersatzanspruch.** Der Mann kann das Verlangen schon während der Dauer der Verwaltung und Nutznießung stellen. Er kann auch Befreiung von einer eingegangenen Verbindlichkeit verlangen (§ 257). Die Frau kann, wenn die Verbindlichkeit noch nicht fällig ist, dem Manne, statt ihn zu befreien, Sicherheit leisten. Für die Frage, ob Zinsen zu zahlen sind, ist § 256 zu beachten. Ein Recht auf Vorschußzahlung (§ 669) und Wegnahme einer Einrichtung (§§ 258, 1049 Abs 2) hat der Mann nicht. Ihm stehen aber die Befugnisse aus §§ 1376 Nr 1 u. 1379 zur Seite. Wegen der Auskunfts-, Herausgabe- und Rechenschaftspflicht des Mannes gelten nicht §§ 666, 667, sondern §§ 1374, 1421. Wegen

der Verjährung vgl. § 204. — Der Mann, dem gegen die Frau ein **Bereicherungsanspruch** wegen der mit seinen Mitteln herbeigeführten Wertsteigerung der Grundstückshälfte der Frau zusteht, kann mit diesem Anspruch gegen eine **Ersatzforderung** der Frau, die ihr gegen den Mann wegen des von ihr eingebrachten und vom Manne für sich verwendeten baren Geldes zusteht, aufrechnen. Nach § 1390 kann der Ehemann Aufwendungen, die er zum Zwecke der Verwaltung macht, von der Ehefrau sofort ersetzt verlangen (Bereicherungsanspruch des Mannes). Die Ersatzforderung der Ehefrau (wegen eingebrachten Geldes) ist nach § 1421 erst nach Beendigung der Verwaltung und Nutznießung fällig. Die Ersatzforderung könnte, soweit etwa der Mann ohne Zustimmung der Frau das Geld für sich verwendete, nach § 1394 erst nach Beendigung der Verwaltung und Nutznießung gerichtlich geltend gemacht werden. Das schließt jedoch die **Aufrechnung gegen die Ersatzforderung der Frau** nicht aus. Der § 387 verlangt für die Aufrechnungsreife der Forderung, gegen die aufgerechnet werden soll, nur, daß der Aufrechnende die ihm obliegende Leistung bewirken kann. Das konnte der Mann auch vor Beendigung der Verwaltung und Nutznießung. In § 1377 Abs 3, letzter Satz wird dem Ehemann eine solche vorherige Ersatzleistung sogar zur Pflicht gemacht. Die Fortdauer seiner Verwaltung und Nutznießung hat nur zur Folge, daß das zum Ersatz Geleistete dieser wiederum untersteht. Die Aufrechnung enthält auch keine unzulässige Verfügung des Ehemanns über ein eingebrachtes Gut. Das Erlöschen der Ersatzforderung der Frau durch die Aufrechnung führt er nicht als Ehemann, sondern als Gläubiger herbei. Überdies ist dem Ehemanne nach § 1376 Nr 3 sogar die Aufrechnung mit einer Forderung der Frau behufs Tilgung von Schulden, deren Berichtigung aus dem eingebrachten Gute verlangt werden kann, gestattet (**RG** 10. 7. 24 IV 988/23).

6. §§ 1384—1389. Abweichende Vereinbarungen sind statthaft.

§ 1391

[1]) Wird durch das Verhalten[2]) des Mannes die Besorgnis[3]) begründet, daß die Rechte[4]) der Frau in einer das eingebrachte Gut erheblich gefährdenden[5]) Weise verletzt[6]) werden, so kann[7]) die Frau von dem Manne Sicherheitsleistung verlangen[8]).

Das gleiche gilt[9]), wenn die der Frau aus der Verwaltung und Nutznießung des Mannes zustehenden Ansprüche[10]) auf Ersatz des Wertes verbrauchbarer Sachen erheblich gefährdet sind[11])[12])[13]).

E I 1292, 1005 II 1290; M 4 185, 197; P 4 132, 145, 176 177, 198.

1. Zweck und Inhalt der Vorschrift. Der § 1391 gehört zu denjenigen Bestimmungen, welche wie die §§ 1381, 1382 (Eigentumsübergang kraft Gesetzes), §§ 1389 Abs 2, 1394 Satz 2 (Verwendung des Reinertrags auf den Unterhalt), § 1392 (Hinterlegung von Inhaberpapieren), § 1394 (vorzeitige Geltendmachung von Ansprüchen) und § 1418 Abs 1 Nr 1 u. 2 (Aufhebung der Verwaltung und Nutznießung) die **Sicherung der Frau** gegen die ihr aus der Verwaltung und Nutznießung des Mannes drohenden Gefahren bezwecken. Versagt ist der Frau ein gesetzliches Recht auf Bestellung einer Hypothek an den Grundstücken des Mannes (M 4 S. 186, 198). Der Abs 1 ist dem § 1051, der Abs 2 dem § 1067 Abs 2 nachgebildet. Beide Absätze haben verschiedene Fälle im Auge. Soweit der Frau — gleich dem Besteller eines Nießbrauchs an verbrauchbaren Sachen — gegen den Mann aus seiner Verwaltung und Nutznießung Ansprüche auf Ersatz des Wertes verbrauchbarer Sachen zustehen, ist ihr Sicherheitsverlangen schon dann gerechtfertigt, wenn diese Ansprüche aus irgendeinem Grunde, insbesondere beim **Vermögensverfalle des Mannes**, tatsächlich gefährdet sind. Insoweit dagegen das sonstige der Verwaltung und Nutznießung des Mannes unterworfene Frauengut, z. B. Grundstücke, bewegliche Sachen, Forderungen oder deren Ersatzstücke (§ 1381) erheblich gefährdet ist, kann sie — gleich dem eigentlichen Nießbraucher — Sicherheit nur dann verlangen, wenn diese Gefährdung auf das Verhalten des Mannes zurückzuführen ist, das nicht gerade schuldvoll zu sein braucht (**RG** 60, 182; **RG** 6. 4. 05 IV 17/05; 2. 11. 16 IV 195/16; **RG** JW 09, 165[13]; **RG** LZ 1920, 762[7]; § 1375 A 4). Nicht auf die **Schädigungsabsicht des Mannes**, sondern darauf kommt es an, ob sein Verhalten den Erfordernissen einer ordnungsmäßigen Verwaltung des Frauenguts entspricht (**RG** Warn 1913 Nr 99). Schon ein bloß sachlich gegen die Regeln ordnungsmäßiger Verwaltung verstoßendes, die Rechte der Frau in einer das eingebrachte Gut erheblich gefährdenden Weise verletzendes Verhalten des Mannes genügt (**RG** LZ 1920, 762[7]; **RG** 27. 4. 22 IV 657/21, heimliche Aneignung von Ersparnissen der Frau aus dem selbständigen Betriebe ihres Erwerbsgeschäfts durch den Mann).

2. Das gesamte **Verhalten des Mannes** kommt in Betracht. Nicht erforderlich ist, daß das Verhalten des Mannes auf Vorsatz oder Fahrlässigkeit (§ 276) beruht. Vgl. A 1.

Ein auf den Mangel an Geschick und Umsicht zurückzuführendes Verhalten kann genügen. Die Sorgfalt in eigenen Angelegenheiten (§ 1359) gibt nicht den Maßstab ab. Das (ursächliche) Verhalten des Mannes kann in **Handlungen oder Unterlassungen** bestehen. Daß diese gerade die Verwaltung und Nutznießung des eingebrachten Gutes betreffen müßten, wird nicht verlangt. So kann der § 1391 gegeben sein, wenn z. B. ein Ehemann als Vormund Mündelgelder unterschlägt. Nach **RG** 57, 162 kommt es darauf an, ob die Handlungsweise des Mannes seinen Charakter in einem Lichte erscheinen läßt, daß die Besorgnis gerechtfertigt ist, er werde (auch künftig) die Rechte der Frau in einer das eingebrachte Gut erheblich gefährdenden Weise verletzen. Anderseits dürfen dem Manne Unglücksfälle, die ihn ohne sein Zutun treffen, nicht als sein Verhalten zugerechnet werden. Darunter können Zahlungsunfähigkeit, Vermögensverfall, Erwerbsunfähigkeit des Mannes fallen. — Auch Vorgänge, die vor dem 1. Jan. 1900 liegen, kommen in Betracht. Hatte der Mann durch eine Hypothekenanlage vor dem 1. Jan. 1900 die Verwaltung fahrlässig geführt und seit dem 1. Jan. 1900 den hierdurch verschuldeten Vermögensverlust der Ehefrau durch lügnerische Behauptungen zu verheimlichen versucht, so kann dieses Gesamtverhalten dem § 1391 unterstellt werden (**RG** 2. 4. 06 IV 434/05; 6. 3. 16 IV 363/15). Bei Prüfung der Frage, ob der Mann durch sein Verhalten eine erhebliche Gefährdung des Eingebrachten der Frau befürchten lasse, ist das Gericht nicht auf solche Umstände beschränkt, die nur die bisherige vom Manne ausgeübte Verwaltung des Eingebrachten angehen, sondern es kann, je nachdem die Sachlage dazu Anlaß bietet, die **Handlungsweise und den Charakter des Mannes** nach jedweder Richtung prüfen, so daß es rechtlich nicht gehindert ist, auch sein anderweites Verhalten, also auch sein außergeschäftliches Verhalten und sein gesamtes Benehmen gegenüber seiner Frau (Unwahrhaftigkeit und Unzuverlässigkeit) zu würdigen. Anderseits würde es verfehlt sein, schon wegen lieblosen Verhaltens des Mannes anzunehmen, daß das von ihm verwaltete Eingebrachte seiner Frau gefährdet sei (**RG** Warn 1915/16 Nr 228; **RG** LZ 1920, 762[7]). Entscheidend für das auf §§ 1418 Abs 1 Nr 1, 1391 Abs 1 gestützte Verlangen auf Herausgabe des eingebrachten Frauenguts ist rechtsgrundsätzlich die Handlungsweise des Mannes als solche, so daß zu prüfen ist, ob nach den Behauptungen der Frau sein geschäftliches und außergeschäftliches Verhalten und sein Charakter in einem derartigen Lichte erscheinen, daß dadurch die Besorgnis gerechtfertigt ist, er werde auch künftig die Rechte der Frau in einer das eingebrachte Gut erheblich gefährdenden Weise verletzen (**RG** 6. 3. 16 IV 363/15). Das Verhalten des Mannes braucht nicht notwendig in Handlungen zu bestehen. Unter Umständen können auch Unterlassungen hinreichen, zumal wenn sie gegen die Pflicht zu ordnungsmäßiger Verwaltung verstoßen. Zu letzterer gehört auch die Bewahrung der eingebrachten Sachen vor **mutwilligen Beschädigungen** durch Dritte. Die Möglichkeit, daß die Frau von dem (vermögenden) Manne Schadensersatz erhalten könne, kommt für den Anspruch auf Aufhebung der Verwaltung nach § 1391 Abs 2 nur bei verbrauchbaren Sachen in Betracht, schließt ihn aber sonst nicht aus. Erheblich war auch, daß der Mann die **Feuerversicherung** hatte verfallen lassen und daß er ein Ölbild des Vaters der Frau zerschnitten hatte (**RG** LZ 1920, 762[7]). Das Verhalten des Mannes im Sinne des § 1391 Abs 1 braucht kein Verhalten in bezug auf das eingebrachte Gut zu sein (OLG 38, 245). Ja sogar die Behandlung seines eigenen Vermögens kann die Besorgnis einer erheblichen Verletzung der Rechte der Frau begründen (**RG** Warn 1922 Nr 17).

3. Die **Besorgnis** einer Rechtsverletzung genügt. Ist die Rechtsverletzung bereits eingetreten und die Besorgnis weiterer Rechtsverletzungen begründet, so erwächst der Frau auch noch das Klagerecht aus § 1394. Der Vermögensverfall des Mannes stellt nicht ohne weiteres ein Verhalten des Mannes im Sinne des § 1391 Abs 1 dar (**RG** PosMSchr 05, 89; **RG** JW 1920, 380[10]).

4. **Rechte der Frau** ergeben sich aus § 1374 (ordnungsmäßige Verwaltung und Auskunftserteilung), §§ 1375, 1377 (Verfügungen über eingebrachtes Gut, mündelsichere Anlegung des Geldes), § 1378 (Grundstücksverwaltung), §§ 1381, 1382 (Eigentumsübergang kraft Gesetzes), §§ 1384—1387 (Lasten), § 1389 (ehelicher Aufwand).

5. Ob eine **erhebliche Gefährdung** des eingebrachten Gutes vorliegt, ist Tatfrage. Erhebliche Gefährdung liegt z. B. nicht vor, wenn der Ehemann Sachen, deren Wert im Verhältnisse zum Gesamtwerte des eingebrachten Gutes gering ist, ohne die erforderliche Zustimmung der Frau veräußert oder wenn er einen verhältnismäßig geringen Betrag des zum eingebrachten Gute gehörenden Geldes in seinem Nutzen verwendet (Prot 4, 177). Für die Frage, ob eine erhebliche Gefährdung vorliegt, ist die Sachlage am Schlusse der letzten mündlichen Verhandlung entscheidend (**RG** Warn 1911 Nr 246). Ob die Besorgnis einer erheblichen Gefährdung des eingebrachten Gutes der Frau vorliegt, ist im wesentlichen Tatfrage. Zwar sind ein Verschulden des Mannes oder gar die Absicht der Schädigung nicht erforderlich. An sich aber wird eine erhebliche Gefährdung dann zu verneinen sein, wenn der Mann, dessen Gesamtverhalten im übrigen zur Befürchtung einer unzuverlässigen Handlungsweise keinen Anhalt bietet, zwar in einzelnen Beziehungen Verfügungen über das eingebrachte

Gut der Frau ohne deren Zustimmung trifft, aber bereit und jederzeit imstande ist, dafür Ersatz zu leisten. Es ist nicht rechtsirrig, in einem solchen Falle der Ersatzbereitschaft die Annahme einer erheblichen Gefährdung auszuschließen. Daß im § 1391 Abs 2 die Gefährdung des Ersatzanspruchs nur hinsichtlich verbrauchbarer Sachen besonders erwähnt wird, hat darin seinen Grund, daß diese ohne weiteres der Verfügung des Mannes unterliegen. Zu einem anderen Ergebnis würde man kommen müssen, wenn der Beklagte darauf ausgegangen wäre, das ganze Frauengut in eine Reihe von Ersatzansprüchen umzuwandeln (**RG** 9. 3. 25 IV 400/24). Vgl. § 1418 A 6. Erhebliche Gefährdung des eingebrachten Gutes war z. B. nicht zu besorgen, weil sich solches zur Zeit nicht in den Händen des Mannes befand und er durch Zuchthausstrafe verhindert war, sich in den Besitz von eingebrachtem Gute zu setzen, anderseits zu erwarten stand, daß bis zu seiner Freilassung die Ehescheidung durchgeführt sein würde (OLG 38, 245).

6. Schuldbare Verletzung wird nicht vorausgesetzt (vgl. A 2).

7. Zeit des Verlangens. Das Verlangen kann schon während der Verwaltung und Nutznießung gestellt werden (Klage, Arrest, einstweilige Verfügung). Vgl. § 1418 A 12.

8. Sicherheitsleistung §§ 232—240. Rechtsirrig ist es, eine erhebliche Gefährdung schon in dem Umstande zu erblicken, daß die vom Manne der Frau zur Sicherheit bereits früher freiwillig eingeräumte Hypothek an seinem Grundbesitze den Anforderungen der Mündelmäßigkeit nicht genüge. Denn der Ehefrau steht grundsätzlich und von vornherein überhaupt keinerlei Anspruch auf Sicherheitsleistung gegen den Mann zu. Nur wenn die besonderen Voraussetzungen des § 1391 gegeben sind, kommt ein solcher Anspruch, dann allerdings mit dem vollen Inhalte der §§ 232ff. zur Entstehung (**RG** 60, 182). Die Sicherheitsleistung kann nicht nur durch einstweilige Verfügung, sondern auch durch dinglichen Arrest verlangt werden (**RG** Gruch 46, 655). Die Kosten der Sicherheitsleistung hat der Mann zu tragen. Unter den Voraussetzungen des § 1391 Abs 1 steht der Frau auch die Klage auf Aufhebung der Verwaltung und Nutznießung zu (§ 1418 Abs 1 Nr 1). Das Recht aus § 1052 (gerichtliche Verwaltung) hat die Frau nicht. — Eine Ehefrau, die berechtigt ist, Sicherheitsleistung zu verlangen, kann das **Zurückbehaltungsrecht** (§ 274 Abs 1) geltend machen, wenn ihr durch nichtiges Rechtsgeschäft das Eingebrachte zurückerstattet ist (**RG** JW 09, 165[13]).

9. Die Frau kann von dem Manne Sicherheitsleistung verlangen, wenn die **Voraussetzungen des Abs 2** vorliegen. Liegen sie vor, so kommt es auf die Voraussetzungen des Abs 1 nicht an. Die Ursache der Gefährdung (Verhalten des Mannes, Unglücksfälle) ist gleichgültig. Umstände aller Art kommen in Betracht. § 1391 Abs 2 entspricht dem § 1067 Abs 2 (Nießbrauch). Unter den Voraussetzungen des § 1391 Abs 2 steht der Frau auch die Klage auf Aufhebung der Verwaltung und Nutznießung zu (§ 1418 Abs 1 Nr 1). Das Recht aus § 1052 (gerichtliche Verwaltung) hat die Frau nicht. — Bei Anwendung des § 1391 Abs 2 kommt es auf ein ursächliches Verhalten des Mannes nicht an (**RG** JW 09, 497[20]). Die Ersatzansprüche der Frau aus § 1391 Abs 2 sind schon dann begründet, wenn sie auch nur sachlich, aus irgendeinem Grunde, erheblich gefährdet sind. Ausreichen kann die bloße Tatsache eines geschäftlichen Fehlbetrags des Mannes, bei dem auch das als Geschäftskapital verwendete Frauengut in Mitleidenschaft gezogen ist, so daß es nicht darauf ankommt, ob etwa dieser Fehlbetrag auf die Art der Geschäftsführung des Mannes oder auf die Kriegszeit zurückzuführen ist (**RG** 6. 3. 16 IV 363/15). Vgl. § 1394 A 6.

10. Solche **Ersatzansprüche** der Frau ergeben sich aus § 1377 Abs 3, können aber auch entstehen, wenn der Mann dem § 1377 Abs 2 (mündelsichere Anlegung des Geldes) zuwiderhandelt (**RG** JW 07, 179[19]). Nicht nur die entstandenen, sondern auch die künftig entstehenden Ersatzansprüche sollen gesichert werden (Prot 4, 200; M 4, 185).

11. Ob eine **erhebliche Gefährdung** der Ersatzansprüche vorliegt, ist Tatfrage (vgl. Anm 5).

12. Anfechtung. Geschäfte, die der Mann zum Zwecke der Sicherstellung oder Rückgewähr des Eingebrachten der Frau vornimmt, können unter Umständen von den Gläubigern des Mannes angefochten werden, insbesondere auf Grund der §§ 31 Nr 2, 32 Nr 1 KO (**RG** JW 01, 385); § 3 Nr 2 AnfG (**RG** 57, 161; JW 06, 390[16]). Eine Frau, die nach § 1391 Abs 1 Anspruch auf Sicherheitsleistung hat, kann diese nicht in der Form der Übereignung eines dem Ehemanne gehörigen Grundstücks verlangen (vgl. § 232). In einer solchen Übereignung liegt, vorausgesetzt, daß ihr kein sonstiger Anspruch auf Befriedigung wegen ihrer Ersatzforderung mittels Übereignung des Grundstücks zur Seite steht, die Gewährung einer ihr nicht zukommenden Deckung vor, die geeignet ist, die Annahme der Anfechtbarkeit nach § 3 Nr 2 AnfG zu begründen (**RG** 20. 3. 06 VII 317/05). Der § 1391 steht der Anfechtung von Forderungsabtretungen (nach § 3 Nr 1 AnfG) nicht entgegen, die der Ehemann bei Aufhebung der Errungenschaftsgemeinschaft zur Deckung des Anspruchs der Ehefrau auf Rückerstattung ihres Vermögens vorgenommen hat (**RG** 29. 6. 06 VII 478/05). Wegen Anfechtbarkeit einer Pfändung, die auf Grund einer Urkunde erfolgt, in der sich der Ehemann der Zwangsvollstreckung wegen des Eingebrachten der Frau unterwirft, obwohl der letzteren ein Anspruch auf Rückforderung des Eingebrachten nicht zustand, vgl. RG Gruch 50, 1140. Wegen Anfechtung der Änderung des Güterstandes (Fahrnisgemeinschaft in Gütertrennung) vgl. RG 57, 81. Wegen Anfechtung eines Ehevertrags, durch den das Verwaltungs- und Nutzungsrecht des Mannes aufgehoben ist, aus § 3 Nr 2 AnfG vgl. OLG 24, 8.

13. **Beweislast.** Die Frau hat das Vorhandensein des für den Anspruch auf Sicherstellung erforderten Tatbestandes zu beweisen.

§ 1392

[1]) Liegen die Voraussetzungen[2]) vor, unter denen der Mann zur Sicherheitsleistung verpflichtet ist, so kann die Frau auch verlangen[3]), daß der Mann die zum eingebrachten Gute gehörenden Inhaberpapiere nebst den Erneuerungsscheinen bei einer Hinterlegungsstelle oder[4]) bei der Reichsbank[5]) mit der Bestimmung hinterlegt[6]), daß die Herausgabe von dem Manne[7]) nur mit Zustimmung[8]) der Frau verlangt werden kann. Die Hinterlegung von Inhaberpapieren, die nach § 92 zu den verbrauchbaren Sachen gehören[9]), sowie von Zins-, Renten- oder Gewinnanteilscheinen kann nicht verlangt werden. Den Inhaberpapieren stehen Orderpapiere gleich, die mit Blankoindossament versehen sind.

Über die hinterlegten Papiere kann der Mann auch eine Verfügung, zu der er nach § 1376 berechtigt ist, nur mit Zustimmung der Frau treffen.

E I 1292, 1036 II 1291; M 4 191; P 4 133, 145, 178, 196; 5 108; 6 322.

1. **Zweck der Vorschrift.** Der § 1392 bezweckt die Sicherung der Frau gegen die ihr aus der Verwaltung und Nutznießung des Mannes drohenden Gefahren (vgl. § 1391 A 1). Er entspricht dem § 1082 (Nießbrauch), jedoch mit einer wesentlichen Einschränkung (vgl. Anm 2). Über Haftung der Hinterlegungsstelle vgl. RG 79, 9.

2. Sei es, daß die Voraussetzungen des Abs 1 oder die des Abs 2 des § 1391 vorliegen. Abweichung von § 1082. Ebenso § 1394; vgl. das. Anm 6.

3. Das **Verlangen** kann schon während der Verwaltung und Nutznießung gestellt werden. Die Frau hat nicht nur das Recht auf Sicherheitsleistung, sondern **auch** das Recht auf Hinterlegung. Sie kann beide Rechte nebeneinander ausüben, z. B. wenn außer den Inhaberpapieren noch anderes eingebrachtes Gut gefährdet ist.

4. Nach Wahl des Mannes (Prot 4, 178; § 1082 Satz 2).

5. Vgl. § 1814 (Inhaberpapiere des Mündels), Artt 144, 145 EG (Landesgesetze).

6. Die **Hinterlegung** kann der Mann nach § 1393 abwenden.

7. Da das Verlangen der **Herausgabe** von dem Manne ausgehen muß, gebührt ihm auch der Besitz des Hinterlegungsscheins (vgl. auch § 1373). Die Kosten der Hinterlegung hat der Mann zu tragen.

8. Der erteilten **Zustimmung** (§§ 182, 183) steht die ersetzte (§ 1379) gleich.

9. Z. B. Banknoten (§ 92 Abs 1).

§ 1393

Der Mann kann die Inhaberpapiere, statt sie nach § 1392 zu hinterlegen, auf den Namen der Frau umschreiben oder, wenn sie von dem Reiche oder einem Bundesstaat ausgestellt sind, in Buchforderungen gegen das Reich oder den Bundesstaat umwandeln lassen[1]).

E II 1292; P 4 178, 196; 6 275.

1. Die Befugnis des Mannes bezieht sich nur auf solche Papiere, deren **Umschreibung** und **Umwandlung** an sich zulässig ist. Vgl. § 806, Art 101 EG (Umschreibung), § 232 BGB und Artt 50, 97 EG. Der Besitz des umgeschriebenen Papiers gebührt dem Manne (§ 1373). Die Kosten der Umschreibung und Umwandlung hat der Mann zu tragen.

§ 1394

[1]) Die Frau kann Ansprüche[2]), die ihr auf Grund der Verwaltung und Nutznießung gegen den Mann zustehen, erst nach[3]) der Beendigung der Verwaltung und Nutznießung gerichtlich geltend machen[4]), es sei denn[5]), daß

die Voraussetzungen[6]) vorliegen, unter denen die Frau nach § 1391 Sicherheitsleistung verlangen kann. Der im § 1389 Abs 2 bestimmte Anspruch unterliegt dieser Beschränkung nicht[7]).

E I 1292, 1004, 1324 Abs 2 II 1293 Abs 1; M 4 184; P 4 133, 148, 152, 176, 177, 180, 201—203.

1. Der § 1394 bezieht sich nur auf **Ansprüche aus der Verwaltung und Nutznießung**, nicht auf Ansprüche andern Ursprungs. Andere Ansprüche, z. B. ein dem Manne aus Mitteln des Vorbehaltsguts gewährtes Darlehn, können die Ehegatten gegeneinander jederzeit geltend machen. Der § 1394 bezieht sich ferner nur auf Ansprüche der Frau, nicht auf Ansprüche des Mannes. Der Mann ist in der Lage, sich aus dem Gelde der Frau oder durch Veräußerung anderer verbrauchbarer Sachen der Frau unmittelbar zu befriedigen (§§ 1376 Nr 1 u. 3, 1377 Abs 3, 181). Er kann aber Ansprüche aus der Verwaltung und Nutznießung auch schon vor deren Beendigung gerichtlich geltend machen. Die Frau dagegen darf — damit der Verwaltung des Mannes die erforderliche Selbständigkeit gewahrt bleibt — nur ausnahmsweise, nämlich wenn ernstliche Rücksichten auf die Rechte der Frau es erfordern (nicht schon bei jeder Meinungsverschiedenheit der Eheleute), schon vor Beendigung der Verwaltung und Nutznießung den Klageweg beschreiten.

2. **Ansprüche auf Grund der Verwaltung und Nutznießung** können der **Frau** gegen den Mann auf Grund der Bestimmungen über die Verwaltung und Nutznießung erwachsen, insbesondere infolge Verletzung ihrer Rechte (§ 1391 A 4) durch den Mann. — Der Anspruch der Frau auf Rückforderung des Eingebrachten gehört nicht zu den in § 1394 erwähnten, der Frau auf Grund der Verwaltung und Nutznießung gegen den Mann zustehenden Ansprüchen (RG 19. 12. 05 VII 143/05). Der Anspruch der Frau, daß der Mann die Steuern zahle, gehört zu denjenigen Ansprüchen, die ihr auf Grund der Verwaltung und Nutznießung des eingebrachten Gutes gegen den Mann zustehen. Er unterliegt daher der Regel des § 1394. Sie gilt sowohl für den Leistungsanspruch der Frau auf Zahlung der bereits umgelegten Steuern als auch für die Feststellung, daß der Mann auch die künftig zur Veranlagung kommenden Steuern zu tragen habe (OLG 38, 244).

3. Die Ersatzansprüche der Frau aus § 1417 müssen (ebenso wie die des Mannes) naturgemäß schon während der Verwaltung und Nutznießung geltend gemacht werden können (vgl. § 1417 Anm 1). Gleiches gilt von dem Anspruch auf Mitwirkung bei der Bestandsaufnahme (§ 1372 A 2), dem Anspruche der Frau auf Kostenvorschuß (§ 1387 A 6) und auf Sicherheitsleistung bzw. Hinterlegung (§§ 1391—1393), sowie von dem Anspruche der Frau aus § 1389 Abs 2. Wegen des Anspruchs der Frau auf Ersatz anderer verbrauchbarer Sachen als Geld vgl. § 1377 A 9.

4. Die **gerichtliche Geltendmachung** ist hier in demselben Sinne wie im § 1380 zu verstehen (vgl. § 1380 A 4, 5). Der außergerichtlichen Aufrechnung (§§ 387, 388) steht § 1394 nicht im Wege (§§ 1398, 1406 Nr 3). Sie begründet dem Manne gegenüber eine Einrede.

5. **Beweislast.** Die Frau hat das Vorhandensein der erforderten Voraussetzungen zu beweisen.

6. Sei es, daß die Voraussetzungen des Abs 1 oder die des Abs 2 des § 1391 vorliegen. Ebenso § 1392. Vgl. das. A 2. Kann die Frau Sicherheitsleistung beanspruchen, so kann sie dies auch in der Art, daß sie das Eingebrachte zurückbehält und dadurch eine erhebliche Gefährdung ihrer Rechte unmöglich macht (RG 84, 48; RG 6. 3. 16 IV 363/15). Vgl. auch §§ 1418 A 12, 1391 A 2, 9.

7. **Gläubiger der Frau,** die Befriedigung aus dem eingebrachten Gute verlangen können, können ihre Ansprüche unbeschränkt vor Beendigung der Verwaltung und Nutznießung geltend machen (§ 1411).

§ 1395

[1]) Die Frau bedarf zur Verfügung[2]) über eingebrachtes Gut der Einwilligung[3]) des Mannes[4])[5]).

E I 1300 Satz 1 II 1294; M 4 219 ff.; P 4 133, 146, 153, 160, 162, 180, 196.

1. Die §§ 1395—1407 beschäftigen sich mit dem **Rechte der Frau, über eingebrachtes Gut zu verfügen.** Sie zeigen die Kehrseite der Verfügungsmacht des Mannes (§§ 1373 bis 1394). § 1395 bringt den obersten Grundsatz zum Ausdruck, daß die Frau in der Verfügung über eingebrachtes Gut durch die Notwendigkeit der Zustimmung des Mannes beschränkt ist. In der **Geschäftsfähigkeit** ist die Frau grundsätzlich weder durch die Ehe noch durch das gesetzliche eheliche Güterrecht beschränkt, aber die dem Ehemann auf Grund der Verwaltung und Nutznießung zustehenden Rechte bedürfen sowohl gegenüber der Frau als auch gegenüber Dritten (§ 1404) eines besonderen Schutzes und diesem Bedürfnisse ist dadurch Rechnung getragen worden, daß das Verfügungsrecht der Ehefrau in Ansehung des eingebrachten Gutes

gewissen Beschränkungen unterworfen worden ist (RG 54, 46; 58, 38). Nicht die allgemeine Geschäftsfähigkeit der Frau, sondern nur ihre Rechtsstellung zu dem eingebrachten Gute wird durch die §§ 1395—1407 begrenzt. Als Vorbild für das beschränkte Verfügungsrecht der Frau haben die Vorschriften über beschränkte Geschäftsfähigkeit Minderjähriger (§§ 107—109, 111) gedient, jedoch mit Beachtung des Unterschiedes, daß die Beschränkung bei einem Minderjährigen in seiner Person, bei der Ehefrau aber lediglich in den Rechten des Mannes begründet ist. § 1395 lehnt sich auch an § 1071 (Nießbrauch an Rechten) an.

2. **Verfügung** ist ein Rechtsgeschäft, das auf ein bestehendes Recht durch Übertragung, Belastung, Änderung oder Aufhebung unmittelbar einwirkt, z. B. Schenkung, Abtretung, Verpfändung, Vermischung, Verarbeitung, Mahnung, Stundung, Kündigung (§ 1398 A 6), Einziehung, Aufrechnung, Erlaß, Erfüllung und Annahme der Erfüllung, nicht aber Kauf, Tausch, Miete, Pacht (RG 58, 37; § 1396 A 3). Die Verfügung kann durch **einseitiges Rechtsgeschäft** (§ 1398) oder durch **Vertrag** (§ 1396) erfolgen. In keiner Art darf die Ehefrau ohne Zustimmung des Mannes über eingebrachtes Gut unter Lebenden verfügen. Der E I und die Begründung (4 S. 226, 228) bezeichnen die Verfügungen durch einseitiges Rechtsgeschäft und durch Vertrag (zusammengefaßt im § 1300 E I) als dingliche Rechtsgeschäfte im Gegensatze zu den schuldrechtlichen Rechtsgeschäften, durch die sich die Frau zu einer Leistung verpflichtet. — Eine Verfügung im Sinne des § 1395 liegt z. B. vor, wenn die Frau als bisherige Besitzerin von Aktien diese an einen andern zu dem Zwecke herausgibt, damit letzterer wegen seiner Forderung an einen Dritten ein vertragsmäßiges Zurückbehaltungsrecht daran ausüben kann (RG 83, 241). Verfügung über ein Sparkassenguthaben der Frau. RG 85, 421. Ein Rechtsgeschäft, das nur die **Verpflichtung zur Vornahme einer Verfügung** begründet (z. B. Schenkungsversprechen, Auslobung, Mietvertrag; RGSt 35 S. 204, 403), ist keine Verfügung und fällt unter § 1399 (vgl. § 1375 A 4). — Das BGB unterscheidet zwischen der unmittelbaren Verfügung über eine Sache oder ein Recht und der nur vorbereitenden Verpflichtung zur Verfügung über solche Gegenstände (RG 49, 416). Die Frau kann über einen als eingebrachtes Gut erworbenen Erbteil nicht ohne die Einwilligung des Mannes einen Auseinandersetzungsvertrag schließen (RG 74, 51). Eine Ehefrau kann als Miterbin über ihren Anteil an einem Nachlaßgrundstücke nur mit Zustimmung ihres Mannes verfügen (BayObLG in OLG 39, 3). Ebenso OLG 40, 400. Ist die Frau als Miterbin verpflichtet und bereit, ihren Anteil an einem Nachlaßgrundstück einem Dritten, dem letzteres vermacht war, zu übereignen, verweigert aber ihr Ehemann die Einwilligung zur Übereignung, so kann der bedachte Dritte unmittelbar gegen den Ehemann auf Erteilung der Einwilligung klagen. Es bedarf nicht einer hierauf gerichteten Klage der Frau gegen den Mann oder der Anrufung des Vormundschaftsgerichts durch die Frau zum Zwecke der Ersetzung der Einwilligung (OLG 40, 400). Das Gesetz beschränkt lediglich das Verfügungsrecht der Frau, nicht ihre Befugnis, sich schuldnerisch zu verpflichten (RG JW 1912, 188[3]). Hat z. B. die Frau eine zu ihrem eingebrachten Gute gehörige Hypothek ohne Zustimmung ihres Mannes einem Gläubiger verpfändet und letzterem den Hypothekenbrief übergeben, so setzt sie sich der **Einrede der Arglist** aus, wenn sie nach dem Erlöschen des Verwaltungs- und Nießbrauchsrechts ihres Mannes durch dessen Tod die Herausgabe des Hypothekenbriefs verlangt, obwohl sie in rechtsverbindlicher Weise einen schuldrechtlichen Verpfändungsvertrag geschlossen hat (RG JW 1915, 1011[13]). Die Erhöhung des Zinssatzes einer **Hypothekenforderung** stellt eine Verfügung über das Pfandgrundstück dar, dagegen nicht die Unterwerfung unter die Zwangsvollstreckung nach § 800 ZPO hinsichtlich einer Hypothekenforderung (BayObLG in SeuffA 69 Nr 201). Durch die Verfügung ohne Zustimmung des Mannes wird für die Frau keine Gebundenheit begründet, auch keine Gebundenheit in schuldrechtlicher Hinsicht, falls nicht etwa die Verfügung von der Frau in dem Sinne getroffen wird, daß sie eine eigene Verpflichtung übernehmen will (Ebbecke, Verwaltungsrecht mit dinglicher Wirkung in Gruch 61, 566). Ein Vergleich der Frau über Schmerzensgeld fällt unter § 1395 (OLG 38, 245). Vgl. §§ 1363 A 6, 1380 A 5. Eigenartig liegt der Fall, wenn sich die Frau vor der Eheschließung schuldrechtlich zu einer dinglichen Verfügung verpflichtet hat (z. B. wenn sie einen andern beauftragt hat, ihren Grundbesitz im ganzen oder trennstückweise zu verkaufen) und nach der Eheschließung die übernommene Verpflichtung (durch Auflassung) erfüllt werden soll. Durch die Eheschließung erlischt der Auftrag nicht. Die Frau bedarf aber nunmehr infolge der Eheschließung zur Erfüllung ihrer Verpflichtung durch **Auflassung des Grundbesitzes** an die Erwerber nach § 1395 der Zustimmung ihres Mannes, und dieser ist, wenn nicht ein Ausnahmefall der §§ 1412—1414 vorliegt, zur Verweigerung der Zustimmung berechtigt. Trotzdem kann die Frau zur Erteilung der Auflassung verurteilt werden. Denn nach § 1399 ist sie befugt, sich zu einer Leistung zu verpflichten, und zwar ohne jede gegenständliche Einschränkung. Die dadurch entstehende Verpflichtung ist nach allgemeinen Rechtsgrundsätzen verfolgbar. Die Verurteilung der Frau zur Erteilung der Auflassung ist nicht gleichbedeutend mit der Verurteilung zu einer unmöglichen Leistung (§ 306). Vielmehr hängt die Er-

füllbarkeit ihrer Verpflichtung davon ab, daß sie die Zustimmung des Mannes erlangt, also ein an sich behebbares Hindernis beseitigt. Durch das Urteil wird der Frau die Verpflichtung zur Eigentumsverschaffung gemäß § 433, auferlegt und sie kann, wenn sie zur Beibringung der Zustimmung ihres Mannes dauernd unvermögend bleibt, auf Schadensersatz in Anspruch genommen werden. Befriedigung aus dem eingebrachten Gute der Frau darf der Gläubiger allerdings nur in den Ausnahmefällen der §§ 1412—1414 verlangen (RG 80, 247).

3. Die **Einwilligung** (vorherige Zustimmung, § 183) des Ehemanns stellt sich als ein einseitiges, empfangsbedürftiges, zu dem Rechtsgeschäfte der Frau hinzutretendes Rechtsgeschäft dar, woraus folgt, daß der Mann aus dem Rechtsgeschäfte der Frau persönlich nicht haftet. Der Mann ermöglicht durch seine Einwilligung nur den Übergang des Rechtes der Frau auf den Dritten, wird aber dadurch diesem gegenüber nicht selbst Vertragschließender. Die Einwilligung des Mannes begründet nicht die persönliche Haftung des Mannes für die der Frau aus dem Rechtsgeschäft erwachsende Schuld. — Die Einwilligung macht den Mann nicht zum Mitverfügenden (RG 74, 51). Die Einwilligung kann ausdrücklich oder stillschweigend geschehen und bedarf nicht der für das Rechtsgeschäft der Frau vorgeschriebenen Form. Sie ist nach Maßgabe des § 183 widerruflich. — Hat der Mann (z. B. im Falle seiner Teilnahme am Kriege) die Ausübung der Verwaltung des eingebrachten Gutes durch **Generalvollmacht** seiner Frau übertragen (vgl. § 1408 A 2), so darf die Frau als Generalbevollmächtigte ihres Mannes die Einwilligung zu ihren Verfügungen über eingebrachtes Gut (hier Übereignung eines Grundstücks an einen Miterben im Wege der Erbauseinandersetzung) sich selbst erteilen (KG in RJA 16, 292). Vgl. auch § 1406 A 8 (Bevollmächtigung). Vgl. ferner § 1445 A 2 (Kenntnis des Einwilligenden von der Notwendigkeit der Einwilligung nicht erforderlich).

4. **Ausnahmen.** Nur in den Fällen des § 1401 ist die Zustimmung des Mannes nicht erforderlich. Fernere Ausnahmen in § 9 des Ges. v. 31. 5. 91 über das Reichsschuldbuch (Art 50 EG) und hinsichtlich des Staatsschuldbuchs Art 97 EG. Verfügungen von Todes wegen (§§ 1937, 1941) fallen nicht unter § 1395. Ein Rechtsgeschäft, durch das die Frau lediglich einen rechtlichen Vorteil erlangt (z. B. Annahme einer reinen Schenkung), kann die Frau ohne Einwilligung des Mannes wirksam abschließen. Der Erwerb aus einem solchen Rechtsgeschäfte fällt dem eingebrachten Gute (§ 1363 Abs 2) zu. Wegen der Rechtsgeschäfte, durch die sich die Frau zu einer Leistung verpflichtet, vgl. § 1399. — Die im gesetzlichen Güterstande lebende Ehefrau bedarf zur Belastung eines von ihr zum eingebrachten Gute erworbenen Grundstücks mit Nutzungsrechten dann nicht der Genehmigung des Ehemanns, wenn die Bewilligung der Nutzungsrechte als Gegenleistung für die Übereignung des Grundstücks den Erwerb erst ermöglicht (KG in JFG 1 Nr 80).

5. **Übergangsrecht.** Nach Art 200 Abs 1 EG bleiben für den Güterstand einer zur Zeit des Inkrafttretens des BGB bestehenden Ehe die bisherigen Gesetze maßgebend und nach Abs 3 daselbst bleibt, soweit die Ehefrau nach den für den bisherigen Güterstand maßgebenden Gesetzen infolge des Güterstandes oder der Ehe in der Geschäftsfähigkeit beschränkt ist, diese Beschränkung in Kraft, solange der bisherige Güterstand besteht.

§ 1396

[1]) Verfügt[2]) die Frau durch Vertrag[3]) ohne[4]) Einwilligung[5]) des Mannes über eingebrachtes Gut, so hängt die Wirksamkeit des Vertrags von der Genehmigung[6]) des Mannes ab[7]).

Fordert der andere Teil den Mann zur Erklärung über die Genehmigung auf[8]), so kann die Erklärung nur ihm gegenüber erfolgen; eine vor der Aufforderung der Frau gegenüber erklärte Genehmigung oder Verweigerung der Genehmigung wird unwirksam[9]). Die Genehmigung kann nur bis zum Ablaufe von zwei Wochen nach dem Empfange der Aufforderung erklärt werden; wird sie nicht erklärt, so gilt sie als verweigert.

Verweigert der Mann die Genehmigung, so wird der Vertrag nicht dadurch wirksam, daß die Verwaltung und Nutznießung aufhört[10]).

E I 1300 Satz 2 u. 3 II 1295; M 4 226; P 4 133, 146, 153, 160, 162, 180, 196, 257; 6 276, 392.

1. Der § 1396 ist dem § 108 (Vertragschließung des Minderjährigen ohne Einwilligung des gesetzlichen Vertreters) nachgebildet (RG 54, 46). Der § 1396 hat das Eigentum der Ehefrau zur Voraussetzung (RG 100, 194).

2. **Verfügung.** Vgl. § 1395 A 2.

3. Der Natur der Sache entsprechend können hier nur **Verträge** unter Lebenden, nicht Verträge von Todes wegen, nur vermögensrechtliche, nicht familienrechtliche Verträge in Betracht kommen. Die Frau verfügt über eingebrachtes Gut durch Vertrag, wenn sie z. B. mit Mitteln des eingebrachten Gutes ein **Darlehn** gewährt, dagegen nicht, wenn sie Gegenstände des eingebrachten Gutes z. B. verkauft, vermietet oder verpachtet. **Kauf-, Miet- und Pachtverträge** begründen nur mittelbar die Verpflichtung zur Vornahme von Verfügungen, z. B. zur Übergabe, und fallen daher unter § 1399. Demzufolge hat **RG** 58, 36 die Klage auf Einräumung des Pachtbesitzes auf Grund eines von der Frau ohne Genehmigung des Mannes geschlossenen Pachtvertrags gegen die Erben der Frau für begründet erachtet, weil sich die Frau durch den Pachtvertrag zu einer Leistung (§ 1399 Abs 1), nämlich zur Gewährung des Pachtbesitzes, verpflichtet hatte und der Mann, der freilich die Besitzübertragung nicht zu dulden brauchte, nach dem Tode der Frau ebenfalls gestorben war und mit seinem Tode seine Rechte an dem eingebrachten Gute erloschen waren.

4. Mit Einwilligung des Mannes geschlossene Verträge der Frau über eingebrachtes Gut sind von Anfang an wirksam, gleichviel ob der Mann die Einwilligung der Frau oder dem Dritten gegenüber erklärt hat.

5. **Einwilligung** ist die vor dem Vertragsabschluß erteilte Zustimmung (§ 183) und ein einseitiges, empfangsbedürftiges Rechtsgeschäft. Vgl. im übrigen § 1395 Anm 3.

6. **Genehmigung** bedeutet die nach dem Vertragsabschluß erteilte Zustimmung (§ 184) und ist ein einseitiges, empfangsbedürftiges Rechtsgeschäft. Wie die Einwilligung kann auch die Genehmigung ausdrücklich oder stillschweigend geschehen und bedarf nicht der für den Vertrag der Frau vorgeschriebenen Form. Anders als die Einwilligung ist die Genehmigung unwiderruflich.

7. **Erteilt** der Mann die Genehmigung, so gilt der Vertrag als von Anfang an wirksam. Wegen der Wirksamkeit der inzwischen getroffenen Verfügungen gilt § 184 Abs 2. **Verweigert** der Mann die Genehmigung, so gilt der Vertrag als von Anfang an unwirksam und bleibt unwirksam, auch wenn Verwaltung und Nutznießung später aufhören. Erteilung und Verweigerung der Genehmigung sind, gleichviel ob sie der Frau oder dem Dritten gegenüber erklärt werden, wirksam und unwiderruflich und von derjenigen Partei zu beweisen, die sich darauf beruft. Unwirksam werden sie, wenn die im § 1396 Abs 2 bezeichnete Aufforderung des Dritten ergeht. Vgl. darüber A 9. Solange die Genehmigung des Vertrags weder erteilt noch verweigert ist, ist der Vertrag unwirksam, und zwar sowohl dem Manne als auch jedem Dritten gegenüber, als auch zugunsten der Ehefrau. Letztere ist während des Schwebezustandes dem Dritten gegenüber nicht verpflichtet, doch darf sie dem Ehemanne gegenüber die für das eingebrachte Gut durch den Vertrag begründete Rechtsstellung nicht ohne Einwilligung des Mannes aufgeben. Verfügt die Frau durch Vertrag ohne Einwilligung des Mannes über das Eigentum an beweglichen, zum eingebrachten Gute gehörenden Sachen, so wird trotz deren Übergabe das Eigentum nicht vor der Genehmigung des Mannes auf den Dritten übertragen, und diesem steht vorher auch nicht die Klage auf Herausgabe gegen den Besitzer (§ 985) zu (**RG** 54, 46). Vgl. auch Ebbecke, Die Ungültigkeit in ihren verschiedenen Gestaltungen in Gruch 63, 196.

8. Die **Aufforderung** ist ein einseitiges empfangsbedürftiges Rechtsgeschäft und an eine Form nicht gebunden.

9. **Der andere Teil** kann wählen, ob er sich auf die der Frau gegenüber erklärte Genehmigung bzw. Verweigerung der Genehmigung berufen oder davon absehen und den Mann auffordern will, ihm, dem Dritten, gegenüber die Genehmigung bzw. Verweigerung der Genehmigung zu erklären. Fordert er den Mann zur Erklärung auf, so wird es so angesehen, als verzichte er auf Geltendmachung der früheren Erklärung des Mannes und wolle es nur noch auf die erforderte Erklärung ankommen lassen.

10. Mit dem **Aufhören der Verwaltung und Nutznießung** wird der Vertrag, ohne daß es noch einer Genehmigung der (jetzt durch die Verwaltung des Mannes nicht mehr beschränkten) Ehefrau bedarf, wirksam, vorausgesetzt, daß er nicht vorher durch die Verweigerung der Genehmigung seitens des Ehemanns endgültig beseitigt ist (M 4, 227). Übereinstimmend OLG 39, 181.

§ 1397

Bis zur Genehmigung des Vertrags ist der andere Teil zum Widerrufe[1]) berechtigt. Der Widerruf kann auch der Frau gegenüber erklärt werden.

Hat der andere Teil gewußt[2]), daß die Frau Ehefrau ist, so kann er nur widerrufen, wenn die Frau der Wahrheit zuwider[3]) die Einwilligung des Mannes behauptet hat[4]); er kann auch in diesem Falle nicht widerrufen,

wenn ihm das Fehlen der Einwilligung bei dem Abschlusse des Vertrags bekannt war[5]).

E I 1300 Satz 2 u. 3 II 1296; M 4 226; P 4 133, 146, 153, 160, 162, 180, 196, 257; 6 276, 392.

1. Der **Widerruf** ist ein einseitiges empfangsbedürftiges Rechtsgeschäft und an eine Form nicht gebunden. Über den Zeitpunkt, in welchem Genehmigung und Widerruf unter Abwesenden wirksam werden, vgl. § 130. Die Rechtzeitigkeit des Widerrufs hat der Widerrufende zu beweisen.

2. Das **Wissen** hat die Gegenpartei des Widerrufenden zu beweisen.

3. **Der Wahrheit zuwider.** Das tatsächliche Fehlen der Einwilligung genügt. Nicht verlangt wird bewußt wahrheitswidriges Behaupten der Einwilligung.

4. Das **Behaupten der Einwilligung** hat der Widerrufende zu beweisen. Dagegen braucht er nicht die Wahrheitswidrigkeit, sondern sein Gegner hat die Wahrheit der Behauptung zu beweisen.

5. Die **Kenntnis** des Widerrufenden hat sein Gegner zu beweisen.

§ 1398

Ein einseitiges Rechtsgeschäft[1]), durch das die Frau ohne[2]) Einwilligung[3]) des Mannes über eingebrachtes Gut verfügt[4]), ist unwirksam[5])[6]).

E I 1300 Satz 1 II 1297; M 4 226; P 4 133, 146, 153, 160, 162, 180, 196.

1. Ob das **einseitige Rechtsgeschäft** ein empfangsbedürftiges ist (z. B. Mahnung, Stundung, Kündigung, Anfechtung, Aufrechnung, Vollmacht, Zustimmung, Widerruf, Rücktritt, Verzicht auf eine Hypothek, § 1168) oder ein nicht empfangsbedürftiges (z. B. Aneignung, § 956, Preisgabe, § 959), macht keinen Unterschied.

2. Das mit Einwilligung des Mannes vorgenommene Rechtsgeschäft, durch das die Frau über eingebrachtes Gut verfügt, ist von Anfang an wirksam, gleichviel ob der Mann die Einwilligung der Frau oder dem Dritten gegenüber erklärt hat.

3. **Einwilligung.** Vgl. § 1395 A 3.

4. Über den Begriff der **Verfügung** vgl. § 1395 A 2.

5. Die **Unwirksamkeit** tritt in dem Zeitpunkt ein, in welchem die Verfügung der Frau wirksam sein würde, wenn die Einwilligung des Mannes erteilt wäre. Bis zu diesem Zeitpunkte muß die Einwilligung erteilt sein. Eine später erteilte Genehmigung kann das wegen mangelnder Einwilligung unwirksame Rechtsgeschäft nicht zu einem wirksamen machen, doch kann in der nachträglichen Genehmigung eine erneute Vornahme des Rechtsgeschäfts (Bestätigung) liegen. Die Unwirksamkeit tritt nicht nur dem Manne und dem Dritten, sondern auch der Frau gegenüber ein.

6. **Zurückweisung des Rechtsgeschäfts.** Nimmt die Frau das einseitige Rechtsgeschäft zwar mit Einwilligung des Mannes vor, legt aber die Einwilligung nicht in schriftlicher Form vor, so ist das Rechtsgeschäft, wenn der andere aus diesem Grunde unverzüglich zurückweist, dennoch unwirksam. Die Zurückweisung ist ausgeschlossen, wenn der Mann den andern von der Einwilligung in Kenntnis gesetzt hatte, § 182 Abs 3 in Verbindung mit § 111 Satz 2 u. 3 (Prot 4, 196). Das Recht der Zurückweisung ist nicht davon abhängig, daß die Frau bei der Vornahme des Rechtsgeschäfts die Erklärung, sie handle mit Einwilligung des Mannes, abgibt, ebensowenig davon, daß der andere weiß, die Frau sei verheiratet. Hat der andere Zweifel, ob dem Erfordernisse der Einwilligung des Mannes genügt sei, so darf er die Frau nicht im ungewissen darüber lassen, ob er das Rechtsgeschäft als wirksam anerkenne, vielmehr muß er der Frau durch Zurückweisung des Rechtsgeschäfts wegen Fehlens schriftlicher Einwilligung Gelegenheit geben, das Rechtsgeschäft alsbald wirksam vorzunehmen. Daher ist es unrichtig, wenn ein Schuldner das Kündigungsschreiben einer Frau, von der er annimmt, daß sie eine Ehefrau sei, deshalb glaubt unbeachtet lassen zu dürfen, weil es nichts davon enthält, daß die Frau mit Einwilligung des Mannes handle (RG 50, 212).

§ 1399

[1]) Zu Rechtsgeschäften[2]), durch die sich die Frau zu einer Leistung[3]) verpflichtet, ist die Zustimmung des Mannes nicht erforderlich[4]).

Stimmt der Mann einem solchen Rechtsgeschäfte zu[5]), so ist es in Ansehung des eingebrachten Gutes ihm gegenüber wirksam[6]). Stimmt er nicht zu[7]), so muß er das Rechtsgeschäft, soweit[8]) das eingebrachte Gut bereichert wird, nach den Vorschriften über die Herausgabe einer ungerechtfertigten Bereicherung gegen sich gelten lassen.

E I 1301, 1312 Nr 1 II 1298; M 4 299, 252; P 4 133, 146, 153, 160, 162, 181, 197, 256.

1. Während die §§ 1395—1398 Verfügungen der Frau über eingebrachtes Gut betreffen, handelt es sich im § 1399 um **Verpflichtungen, die die Frau eingeht.** Jene wirken unmittelbar auf das eingebrachte Gut ein, diese können mittelbar auf dasselbe einwirken. Vgl. § 1395 A 2. Zu jenen ist die Zustimmung des Mannes erforderlich, zu diesen nicht. Diese verschiedene Behandlung hat ihren Grund darin, daß die Ehefrau weder als solche noch kraft des ehelichen Güterrechts in der Geschäftsfähigkeit beschränkt ist und das Bedürfnis, die Rechte des Ehemanns an dem eingebrachten Gute zu schützen, nur dahin führt, das Verfügungsrecht der Frau in Ansehung dieses Gutes zu beschränken (vgl. § 1395 A 1) und die Haftung des Mannes aus Verpflichtungsgeschäften der Frau auf den Betrag der Bereicherung zu begrenzen.

2. Die hier gemeinten, nicht eine Verfügung über eingebrachtes Gut, sondern eine Verpflichtung enthaltenden **Rechtsgeschäfte** können einseitige oder zweiseitige sein. Es ist natürlich nicht ausgeschlossen, daß ein Rechtsgeschäft sowohl eine Verfügung enthält, als auch eine Verpflichtung begründet, z. B. Versprechen der Schenkung einer eingebrachten Forderung in Verbindung mit deren Abtretung. Dann ist die Abtretung nach § 1398 unwirksam, das Schenkungsversprechen aber nach § 1399 wirksam. § 1399 ist auch dann anwendbar, wenn das Rechtsgeschäft zwar keine Verfügung über eingebrachtes Gut enthält, wohl aber eine Verpflichtung zur Vornahme einer solchen Verfügung begründet (§ 1395 A 2). — Die Frau wird der Verpflichtungen aus einem **schuldrechtlichen Vertrage** (Versprechen und Zahlung einer Geldsumme für Gewährung lebenslänglichen Unterhalts) nicht ledig, auch wenn sie mangels Einwilligung ihres Mannes rechtsunwirksam gezahlt hat, und das gezahlte Geld ihren Empfängern entwehrt wird (**RG** JW 1911, 362[12]). Im § 1399 ist der Frau die Befugnis, sich zu einer Leistung zu verpflichten, ohne jede gegenständliche Einschränkung eingeräumt, und durch Eingehung einer derartigen schuldnerischen Verpflichtung entsteht regelmäßig eine vollkommene, nach den sonst bestehenden Rechtsgrundsätzen verfolgbare Verbindlichkeit (**RG** 80, 247). Die Rechte, die dem Ehemanne der Frau an deren eingebrachtem Vermögen zustehen, hindern nach § 1399 nicht die schuldrechtliche Verpflichtung der Frau; die Hindernisse, die § 1412 der Geltendmachung dieser Verpflichtung in den Weg legt, fallen mit dem Tode des Ehemanns weg (**RG** 87, 256; 58, 36).

3. **Vermögensrechtliche Leistungen** jeder Art kommen in Betracht (z. B. Verpflichtung zur Hergabe oder Annahme eines Darlehns, Versprechen einer Schenkung, Übernahme einer Bürgschaft, Schuldversprechen, Verwahrung). Vgl. § 1396 A 3. Ist die Leistung von der Frau in Person zu bewirken (z. B. Dienste), so steht dem Manne nach Maßgabe des § 1358 ein Kündigungsrecht zu.

4. **Entbehrlichkeit der Zustimmung.** Durch solche Rechtsgeschäfte wird die Frau ohne Rücksicht darauf, ob die Einwilligung bzw. Genehmigung des Mannes erteilt ist oder nicht, verpflichtet (**RG** 58, 36).

5. **Zustimmung** §§ 182—184. Der des Lesens und Schreibens unkundige Ehemann, der eine schriftliche Bürgschaftserklärung seiner Frau mit seiner Unterschrift hat versehen und an den Gläubiger gelangen lassen, kann gegen dessen Klage auf Duldung der Zwangsvollstreckung in das eingebrachte Gut nicht mit dem Einwande gehört werden, er sei über den Inhalt der Bürgschaftserklärung getäuscht worden und habe seine Zustimmung dazu nicht erteilt. Seine Zustimmung bedurfte der für die Bürgschaftserklärung bestimmten Form nicht und war wirksam. Wegen des behaupteten Irrtums war er auf den (hier nicht beschrittenen) Weg der Anfechtung angewiesen (**RG** 88, 425).

6. Die **Wirksamkeit** des Rechtsgeschäfts hat zur Folge, daß der Gläubiger der Frau ohne Rücksicht auf die Verwaltung und Nutznießung des Mannes Befriedigung aus dem eingebrachten Gute verlangen kann (§§ 1410, 1412). — Die Zustimmung bewirkt, daß der Mann den von ihm gewollten Vertragsinhalt gegen sich gelten lassen muß (§ 182). In den §§ 1399 Abs 2 Satz 1, 1444, 1445, 1446 Abs 1, 1448 handelt es sich nur um Anwendungen dieses allgemeinen Grundsatzes (**RG** 80, 400).

7. Auf den **Mangel der Zustimmung** kann sich nur der Mann, nicht die Frau oder der Dritte berufen, denn die im § 1399 gemeinten Rechtsgeschäfte sind (anders wie die in den §§ 1395—1398 gemeinten) grundsätzlich wirksam und in ihrer Wirksamkeit nur zum Schutze der Rechte des Mannes beschränkt. Demzufolge muß auch eine Frau, die ohne Zustimmung des Mannes einen Mietvertrag abschließt, das gesetzliche Pfandrecht des Vermieters an ihren in die Wohnung eingebrachten Sachen gegen sich gelten lassen, während der Mann dazu nur im Falle der Zustimmung verpflichtet ist (**RG**St 35, 202, 402). — Ergeben die Umstände, daß ein Rechtsgeschäft unter der ausdrücklichen oder stillschweigenden Voraussetzung der Zustimmung des Ehemanns vorgenommen worden ist, so sind die Regeln über bedingte Rechtsgeschäfte anwendbar (M 4, 229; Prot 4, 180). Allerdings ist nach § 1399 Abs 1 zu Rechtsgeschäften, durch die sich die Frau zu einer Leistung verpflichtet, die Zustimmung des Mannes nicht erforderlich und ist im Gesetz auch keine Ausnahme für den Fall gemacht, daß die Verpflichtung sich auf eine Verfügung über eingebrachtes Gut bezieht, zu der die Frau nach § 1395

der Einwilligung des Mannes bedarf. Immerhin ist in einem solchen Falle zu prüfen, ob nicht nach dem Inhalte des Vertrags die Verpflichtung zur Leistung unter dem **Vorbehalte der Zustimmung des Mannes** unter Ausschluß der Gewährleistung für deren Erteilung übernommen werden sollte. Einer Auslegung der Erklärungen der Beteiligten in diesem Sinne würde auch die Formbedürftigkeit des Vertrags (hier nach § 313) nicht ohne weiteres entgegenstehen (**RG** LZ 1925, 716[12]).

8. Die **Haftung des Mannes** aus dem Rechtsgeschäfte der Frau beschränkt sich auf Herausgabe der Bereicherung (§§ 812ff.). Insoweit muß er das Rechtsgeschäft gegen sich gelten lassen. Vgl. § 1455 A 1.

§ 1400

[1]) Führt die Frau einen Rechtsstreit[2]) ohne[3]) Zustimmung[4]) des Mannes, so ist das Urteil dem Manne gegenüber in Ansehung des eingebrachten Gutes unwirksam[5]).

Ein zum eingebrachten Gute gehörendes Recht[6]) kann die Frau im Wege der Klage[7]) nur mit Zustimmung des Mannes geltend machen[8]).

E I 1302, 1303 II 1299; M 4 230 ff.; P 4 133, 146, 153, 160, 162, 181, 198; 6 277.

1. **Zweck der Vorschrift.** Die Führung eines Rechtsstreits — gleichviel in welcher Parteirolle — ist als eine zur Erhaltung des eingebrachten Gutes dienende Verwaltungshandlung, nicht als eine Verfügung über eingebrachtes Gut anzusehen. § 1395 würde daher der Frau nicht entgegenstehen. Da aber die Führung eines Rechtsstreits wegen der Grundsätze über die Wirkungen eines rechtskräftigen Urteils mittelbar wie eine Verfügung wirken, also in ihren Folgen einer Verfügung gleichkommen kann (vgl. § 1380 A 1), und da die Ehefrau weder durch die Ehe noch das eheliche Güterrecht in der Geschäftsfähigkeit beschränkt ist (**RG** JW 05, 343[16]), nach § 52 Abs 2 ZPO auch ihre Prozeßfähigkeit dadurch, daß sie Ehefrau ist, nicht beschränkt wird, so würde die Rechtsstellung des Ehemanns gefährdet sein, wenn ihm nicht ein besonderer Schutz zuteil würde. Diesen bezweckt der § 1400.

2. Ob die Frau den **Rechtsstreit** als Klägerin oder Beklagte führt, ist für die Anwendung des § 1400 Abs 1 gleichgültig (**RG** 56, 76). In keinem Falle bedarf sie der Zustimmung des Mannes, ausgenommen im Falle des § 1400 Abs 2. Vgl. A 7 und **RG** 74, 51. Betrifft die von einem Dritten gegen die Frau erhobene Klage auf **Feststellung des Nichtbestehens eines Rechtsverhältnisses** das eingebrachte Gut, so folgt die Einlassungspflicht des mitbeklagten Mannes aus § 1400 Abs 1 bzw. 2 (**RG** 9. 6. 06 I 12/06). Die Haftung des eingebrachten Gutes für eine Verbindlichkeit der Frau muß dem Manne gegenüber festgestellt werden, und zur Zwangsvollstreckung in das eingebrachte Gut der Frau bedarf es eines Urteils gegen den Mann, wodurch er zur Duldung der gegen seine Frau gerichteten Zwangsvollstreckung verurteilt ist (§ 739 ZPO). Unabhängig aber davon, ob der Mann den Zugriff eines Gläubigers der Frau in das eingebrachte Gut zu dulden hat, ist gegen die Frau die **Feststellung ihrer Leistungspflicht** hinsichtlich ihres gesamten Vermögens einschließlich des eingebrachten Gutes wirksam (**RG** 59, 235; 74, 51). Demgemäß ist die Pfändung des Erbanteils eines Miterben gegen die Ehefrau als Miterbin wirksam, auch wenn der Pfändungsbeschluß nur der Ehefrau, nicht auch dem Ehemanne zugestellt wird (**RG** 74, 51). Welchen Gegenstand der Rechtsstreit betrifft, ist für die Anwendung des § 1400 Abs 1 gleichgültig.

3. Führt die Frau den Rechtsstreit **mit Zustimmung** des Mannes, so ist das Urteil dem Manne gegenüber in Ansehung des eingebrachten Gutes wirksam (**RG** 56, 76). Demzufolge wird, wenn z. B. die Frau zur Rückzahlung eines Darlehns verurteilt wird, durch das Urteil die Verbindlichkeit der Frau nicht nur dieser gegenüber, sondern auch dem Manne gegenüber festgestellt. Der Mann muß die Rechtskraft des Urteils gegen sich gelten lassen. Die **Zwangsvollstreckung** aus dem Urteil in das eingebrachte Gut ist aber nur zulässig, wenn der Ehemann zu deren Duldung verurteilt ist (§ 739 ZPO) oder sich ihr freiwillig unterworfen hat (§ 794 Abs 1 Nr 5 u. Abs 2 ZPO). — Das Duldungsurteil nötigt den Mann, den Gläubiger der Frau aus den Gegenständen der Haftung zu befriedigen. Es wirkt wie ein Leistungsurteil und begründet insbesondere die Pflicht des Mannes zur Leistung des Offenbarungseides (**RG** JW 09, 321[23]). Stimmt der Mann der Führung des Rechtsstreits durch die Frau zu, so ist doch sie allein und nicht auch der Mann Partei, selbst wenn er in der Klage „im Beistand seiner Ehefrau" aufgeführt wird (**RG** JW 03 Beil 147[320]). Pflicht des Prozeßgerichts ist es, Zweifel über die Bedeutung des Zusatzes aufklären zu lassen (**RG** JW 05, 343[16]). Als Prozeßpartei würde der Mann in dem Falle, daß die Frau **„im Beistande des Ehemanns"** klagt, nur dann angesehen werden können, wenn etwa die Frau für ihn, in seiner Vertretung, oder doch zugleich mit für ihn klagen würde. Der Mann kann seine Zustimmung durch Teilnahme am Rechtsstreit als Mitkläger oder Nebenintervenient betätigen; er stimmt der Prozeßführung aber auch dann zu, wenn er sich außerhalb des Rechtsstreits damit eine

verstanden erklärt. Der Zusatz „im Beistande des Ehemanns" besagt an sich nichts weiter, als daß der Mann mit der Klage einverstanden ist (RG 60, 85; RG Warn 1915/16 Nr 156). Im letzteren Falle kann der Mann als Zeuge vernommen werden (RG 5. 2. 06 VI 364/05; RG JW 08, 529[14]). Vgl. über die Erfordernisse für die Annahme einer notwendigen Streitgenossenschaft bei Rechtsstreiten gegen Eheleute RG Gruch 47, 844; 63, 493. Die Zustimmung des Mannes begründet nicht seine persönliche Haftung für die der Frau aus dem Rechtsstreit erwachsenden Schulden (§ 1395 A 3). Tritt der Mann der Frau als **Nebenintervenient** bei — was nur denkbar ist, wenn er der Führung des Rechtsstreits durch die Frau zustimmt —, so wird er gemäß §§ 66, 69, 61 ZPO Streitgenosse der Frau. Ebenso §§ 1380 A 7, 1407 A 2 u. 10. — Die nach § 1400 Abs 2 erforderliche Zustimmung des Mannes ist unzweifelhaft erteilt, wenn er sich selbst am Rechtsstreite beteiligt (RG 25. 1. 06 IV 369/05). Vgl. § 1380 A 5. Die Verurteilung des Mannes zu derjenigen Leistung, welche den Gegenstand des gegen die Frau erlassenen vollstreckbaren Urteils bildet, ersetzt seine Verurteilung zur Duldung der Zwangsvollstreckung (RG Gruch 53, 1055; Wolff im Recht 1921, 168).

4. Die **Zustimmung des Mannes** muß sich auf die Führung des Rechtsstreits durch die Frau erstrecken, kann ausdrücklich oder stillschweigend, vor, während, oder nach der Führung des Rechtsstreits, der Frau oder deren Gegner gegenüber erklärt und muß von demjenigen, der sich darauf beruft, bewiesen werden. Die vorherige Zustimmung (Einwilligung) ist bis zur Erhebung der Klage durch die Frau bzw. bis zur Einlassung der Frau auf die gegen sie erhobene Klage widerruflich, die später erteilte Zustimmung und Genehmigung überhaupt nicht widerruflich. Die Genehmigung wirkt auf den Zeitpunkt der Rechtshängigkeit zurück. Entbehrlich ist die Zustimmung in den Fällen der §§ 1401, 1405, 1407 und ersetzbar im Falle des § 1402. Neben der allgemeinen Zustimmung zur Führung des Rechtsstreits ist eine besondere Zustimmung zu einzelnen Prozeßhandlungen auch dann nicht erforderlich, wenn sie, wie z. B. die Aufrechnung, eine Verfügung über eingebrachtes Gut enthalten (§ 1395 A 2), ebensowenig zur Erhebung einer Widerklage. — Das Gericht kann die Zustimmung des Mannes zur Rechtsverfolgung der Frau seiner in demselben Rechtsstreit abgegebenen Zeugenaussage entnehmen (RG LZ 12, 501).

5. **Unwirksamkeit.** Begrifflich verschieden von der Rechtskraft ist die verpflichtende Wirkung einer zu einer Leistung verurteilenden Entscheidung. Im § 1400 Abs 1 ist das Wort „unwirksam" sowohl auf die Rechtskraft als auch auf die verpflichtende Wirkung des Urteils zu beziehen, weshalb der Mann nicht ohne weiteres für die Urteilsschuld der Frau als solche haftbar gemacht werden kann (RG 56, 77). Ist die Frau zunächst allein verklagt und verurteilt worden, so schafft das Urteil keine Rechtskraft gegen den Mann; dieser kann in dem gemäß § 739 ZPO wider ihn anhängig gemachten Rechtsstreit (auf Duldung der Zwangsvollstreckung in das eingebrachte Gut) Einwendungen gegen die Leistungspflicht der Frau erheben. Ist zunächst der Mann gemäß § 739 ZPO verklagt und verurteilt worden, so erzeugt dieses Urteil ebensowenig Rechtskraft gegen die Frau, die in dem wider sie anhängig gemachten Rechtsstreit ihre — dem Manne gegenüber festgestellte — Leistungspflicht zu bestreiten berechtigt ist. Dem Antrage gegen den Mann auf Duldung der Zwangsvollstreckung kann nur stattgegeben werden, wenn ihm gegenüber zugleich feststeht, daß der Klageantrag gegen die Frau begründet ist. **Notwendige Streitgenossenschaft** liegt nicht vor, wenn gegen eine Ehefrau auf Leistung und zugleich gegen den Ehemann gemäß § 739 ZPO auf Duldung der Zwangsvollstreckung in das eingebrachte Gut geklagt ist (RG 59, 234). Dem Dritten steht gegen den Mann die Klage aus § 739 ZPO zu. Dem Manne ist die selbständige Verfolgung seiner Rechte aus § 1380 unbenommen. Aus der Person der Ehefrau kann ihm der Einwand der Rechtshängigkeit oder Rechtskraft nicht entgegengesetzt werden. Da die Unwirksamkeit des Urteils nur den Schutz der Rechte des Mannes bezweckt, so wird das Urteil in Ansehung des eingebrachten Gutes wirksam, sobald Verwaltung und Nutznießung des Mannes aufhören. Das Urteil ist gegen den Mann auch dann wirksam, wenn ein Fall vorliegt, in dem seine Zustimmung entbehrlich ist (§ 1401).

6. **Rechte** jeder Art, z. B. ein Forderungsrecht, ein Pfandrecht, ein Anfechtungsrecht. — Ansprüche der Frau aus einem Unfall auf Schadensersatz wegen Erwerbsverlustes und wegen der Notwendigkeit besserer Ernährung sind zum eingebrachten Gute zu rechnen und können mit Zustimmung des Mannes gemäß § 1400 Abs 2 von der Frau im Wege der Klage geltend gemacht werden (RG JW 1910, 818[39]). Wegen der (zum Gesamtgute zu rechnenden) Entschädigung der Frau für häusliche Dienste vgl. §§ 1443 A 5, 1356 A 7.

7. Der **Klage** steht jede andere Art der gerichtlichen Rechtsverfolgung (Widerklage, Mahnverfahren, Arrest und einstweilige Verfügung) gleich. Ob die Klage auf Leistung oder Feststellung gerichtet ist, macht keinen Unterschied. Da die Ehefrau, obwohl geschäfts- und prozeßfähig, keine Klagebefugnis hat, so muß das Gericht — nötigenfalls unter Ausübung des Fragerechts — die ohne Zustimmung des Mannes erhobene Klage von Amts wegen abweisen. Der Mangel der Zustimmung kann noch in der Revisionsinstanz gerügt werden (RG JW

05, 81[23]; RG Warn 1918 Nr 57). Zu Klagen gegen die Frau bedarf es der Zustimmung des Mannes nicht. Dies ergibt sich aus § 1400 Abs 1 (RG 74, 53). Unterbleibt die Zuziehung des Mannes, so ist die Folge lediglich die, daß das Urteil dem Manne gegenüber unwirksam und deshalb in das eingebrachte Gut nicht vollstreckbar ist (§ 739 ZPO; RG Warn 1918 Nr 10).

8. Mit dem **Tode des Mannes** und dem damit eingetretenen Wegfall seines Verwaltungsrechts am Frauenvermögen erlischt die aus diesem Recht sich ergebende Beschränkung der Klagebefugnis der Frau, und diese erlangt die freie unbeschränkte Klagebefugnis. Die Frau wird Rechtsnachfolgerin des Mannes im Sinne des § 239 ZPO und ist zur Fortführung eines Rechtsstreits befugt, in dem der verstorbene Mann ein zum eingebrachten Gute gehörendes Recht der Frau (Feststellung der Nichtigkeit eines von der Frau abgeschlossenen Grundstückskaufvertrags) im eigenen Namen geltend gemacht hat (RG 109, 47).

§ 1401

[1]) **Die Zustimmung des Mannes ist in den Fällen der §§ 1395 bis 1398, des § 1399 Abs 2 und des § 1400 nicht erforderlich**[2])**, wenn der Mann durch Krankheit oder durch Abwesenheit an der Abgabe einer Erklärung verhindert**[3]) **und mit dem Aufschube Gefahr verbunden ist**[4]).

E I 1306 II 1300; M 4 234; P 4 133, 146, 154, 160, 162, 181, 198.

1. Während die Frau innerhalb ihres häuslichen Wirkungskreises die ihr in § 1357 zugewiesene freiere Rechtsstellung einnimmt, ist sie in den hier gemeinten Fällen nur unter gewissen Voraussetzungen **von dem Erfordernisse der Zustimmung des Mannes befreit.** Liegen diese Voraussetzungen vor, so bedarf es — anders wie im Falle des § 1379 Abs 1 — der Ersetzung der Zustimmung durch das Vormundschaftsgericht nicht, vielmehr kann insoweit die Frau ihre eigenen Angelegenheiten selbständig besorgen. Die Verwaltung kehrt gleichsam zu ihr zurück. Sie darf aber zu diesem Zwecke — abweichend von den Fällen der §§ 1450, 1519 Abs 2, § 1549 (Gesamtgut) — nur im eigenen Namen und für eigene Rechnung handeln.

2. Die Voraussetzungen der **Entbehrlichkeit der Zustimmung** müssen bei einem Rechtsgeschäfte zur Zeit seiner Vornahme, bei einem Rechtsstreite zur Zeit der Klageerhebung bzw. Einlassung auf die Klage (§ 1400 A 4) vorliegen und von demjenigen bewiesen werden, der die Wirksamkeit des Rechtsgeschäfts oder Urteils behauptet. Späterer Wegfall der Voraussetzungen schadet nicht, späterer Eintritt der Voraussetzungen nützt nicht. Vgl. § 1407 A 3.

3. Die **Verhinderung** braucht nicht dauernd zu sein wie z. B. im Falle des § 1305 Abs 2. Übereinstimmend RG 103, 126. Für die Annahme der **Abwesenheit** im Sinne des § 1401 genügt die Feststellung, daß zur Zeit des von der Frau über Gegenstände ihres eingebrachten Gutes behufs Geldbeschaffung für ihren Unterhalt geschlossenen Darlehns- und Sicherungsübereignungsvertrags die Ehegatten getrennt voneinander und in Feindschaft und Scheidung lebten, und daß die Wohnung des Ehemanns nicht auffindbar war. Darauf, daß das Hindernis später wegfiel, indem der Ehemann in der von der Ehefrau weiter benutzten Ehewohnung unvermutet erschien, kommt es nicht an. Maßgebend für die Feststellung der Voraussetzungen des § 1401 ist allein der Zeitpunkt des von der Ehefrau vorzunehmenden Rechtsgeschäfts oder der von ihr vorzunehmenden Verfügung. Die etwa einige Tage später gegebene Möglichkeit, die Einwilligung des Mannes einzuholen, muß daher — vorausgesetzt, daß das weitere Erfordernis einer mit dem Aufschube verbundenen Gefahr gegeben war — ganz außer Betracht bleiben. Darauf, daß der Mann die Erklärung nicht abgeben will, kommt es nicht an, sondern nur darauf, daß er sie nicht abgeben kann (RG 103, 126).

4. **Gefahr im Verzuge** wird in der Regel nur dann vorliegen, wenn das Rechtsgeschäft oder der Rechtsstreit zum Zwecke ordnungsmäßiger Verwaltung erforderlich ist (§ 1374 A 2). — Abgesehen von dem Regelfalle, daß der Ehemann, falls er nicht behindert gewesen wäre, die Einwilligung hätte erteilen müssen, findet § 1401 auch auf **anders gelagerte Ausnahmefälle** Anwendung. So kann Gefahr im Verzug erblickt werden, wenn der Ehemann in Feindschaft mit seiner Ehefrau, mit der er in Scheidung lebt, die Ehewohnung verlassen, seinen neuen Aufenthaltsort gar nicht bekannt gegeben, für die Ehefrau aber keine Vorsorge getroffen, sondern es ihr selbst überlassen hat, für ihr weiteres Fortkommen und ihren Unterhalt zu sorgen, und wenn die Ehefrau dann zu diesem Zwecke genötigt ist, durch Veräußerung ihrer Habe sich Mittel für ihr Fortkommen zu verschaffen (RG 103, 126). Gefahr im Verzuge liegt auch dann vor, wenn aus dem Aufschube die **Gefahr der Verjährung** erwächst (LZ 1920, 398, wo der Anspruch der Frau eines Kriegsteilnehmers auf Gewährung einer Aussteuer gegen ihren Vater wegen Ablaufs der einjährigen Verjährung nach § 1623 abgewiesen wurde). Die Frage, ob mit dem Aufschube Gefahr verbunden ist, ist nach sachlichen Gesichtspunkten zu beurteilen (RG Recht 1925 Nr 941).

§ 1402

[1]) Ist zur ordnungsmäßigen[2]) Besorgung der persönlichen[3]) Angelegenheiten der Frau ein Rechtsgeschäft[4]) erforderlich[5]), zu dem die Frau der Zustimmung des Mannes bedarf[6]), so kann die Zustimmung auf Antrag[7]) der Frau durch das Vormundschaftsgericht[8]) ersetzt[9]) werden, wenn der Mann sie ohne ausreichenden Grund verweigert[10]).

E I 1321, 1322 II 1303, 1387; M 4 280; P 4 133, 146, 154, 181, 203.

1. Im § 1401 sind Fälle behandelt, in denen der Mann nicht zustimmen kann, im § 1402 dagegen **Fälle, in denen er nicht zustimmen will.** Über seine Verwaltungspflicht (§ 1374 A 1 u. 2) hinaus ist er verbunden, zu dem erforderlichen Rechtsgeschäfte seine Zustimmung zu erteilen, dagegen nicht verbunden, das Rechtsgeschäft selbst vorzunehmen. Da das eingebrachte Gut auch zur Befriedigung dieser persönlichen Bedürfnisse der Frau bestimmt ist, so hat der Mann zu gestatten, daß es dazu verwendet werde. Leistung aus eigenen Mitteln legt der § 1402 dem Manne nicht auf.

2. **Ordnungsmäßigkeit.** Die Handlungsweise einer ordentlichen Hausmutter bildet den Maßstab für die Beurteilung der Ordnungsmäßigkeit. Die Umstände des einzelnen Falles sind zu berücksichtigen.

3. **Persönliche Angelegenheiten der Frau** sind — abgesehen von dem besonders geregelten Unterhalte der Frau, §§ 1360, 1361, 1610ff. — solche die Person der Frau betreffende Angelegenheiten, die vermögensrechtliche Aufwendungen erfordern. Gesundheit, Ehre, Freiheit der Frau betreffen ihre Person und können vermögensrechtliche Aufwendungen erforderlich machen, z. B. die Entrichtung von **Heilungs-, Anwalts- und Gerichtskosten.** Einen Rechtsstreit darf die Frau, gleichviel ob er ihre persönlichen Angelegenheiten betrifft oder nicht, zwar selbständig führen (§ 1400 A 1), aber zur Bevollmächtigung des Anwalts und Zahlung von Vorschüssen an den Anwalt und das Gericht bedarf sie der Zustimmung des Mannes. Diese kann, wenn der Rechtsstreit ihre persönlichen Angelegenheiten betrifft, z. B. Ehescheidung, Entmündigung, Rechtsverhältnis zwischen Mutter und Kind, durch das Vormundschaftsgericht ersetzt werden. Die Vertretung der Frau in einem Straf- oder Privatklageverfahren betrifft gleichfalls eine persönliche Angelegenheit der Frau. Vgl. auch § 1416 A 8. Wegen der Kostenvorschußpflicht des Mannes vgl. § 1387 A 6. — **Persönliche Angelegenheiten der Frau** sind solche, die ihre Person, insbesondere ihre Gesundheit, Abstammung, Ehre, Freiheit betreffen. Eine persönliche Angelegenheit der Frau verliert diese Eigenschaft nicht deshalb, weil sie vermögensrechtliche Aufwendungen erfordert. Im Gegenteil, die Vorschrift des § 1402 hat gerade zur Voraussetzung, daß die Besorgung der persönlichen Angelegenheit der Frau eine vermögensrechtliche Verfügung der Frau notwendig macht. Muß die Frau über eine persönliche Angelegenheit einen Rechtsstreit führen, so gehören auch die von ihr für den Rechtsstreit aufzuwendenden Kosten zu ihren persönlichen Angelegenheiten. Wenn der Mann der Frau den Unterhalt verweigert oder nicht zu bieten vermag, fällt auch der Unterhalt unter den § 1402. Dagegen bildet weder die Aufhebung des Güterstandes noch die Aufhebung von Maßregeln der Zwangsvollstreckung gegen das eingebrachte Gut eine persönliche Angelegenheit der Frau (BayObLG in JFG 1 Nr 10).

4. Solche **Rechtsgeschäfte** sind z. B. Vertrag über Unterbringung der Frau in einer Heilanstalt, Bevollmächtigung eines Anwalts zur Führung eines Rechtsstreits, Entrichtung von Kosten oder Auslagenvorschüssen an den Anwalt und die Gerichtskasse. Handelt es sich um ein einseitiges Rechtsgeschäft, so ist es gleichgültig, ob es sich auf das eingebrachte Gut oder auf eine Verbindlichkeit der Frau bezieht (§§ 1398, 1403). Zu einem Rechtsgeschäfte, durch das sich die Frau zu einer Leistung verpflichtet, ist dagegen die Zustimmung des Mannes nicht erforderlich (§ 1399 Abs 1).

5. Die **Notwendigkeit** der Maßregel ist nach den Umständen des Falles zu beurteilen. Voraussetzung für die Ersetzung der Zustimmung des Mannes ist, daß die von der Frau beabsichtigte Verfügung über eingebrachtes Gut zur ordnungsmäßigen Besorgung der Angelegenheit erforderlich ist (BayObLG in JFG 1 Nr 10).

6. **Zustimmungsbedürftigkeit.** Ob es sich um ein Rechtsgeschäft handelt, zu dem die Frau der Zustimmung des Mannes bedarf, entscheidet sich nach §§ 1395—1401.

7. Der **Antrag** ist durch Darlegung der Sachlage, insbesondere des Rechtsgeschäfts, so zu begründen, daß das Vormundschaftsgericht in eine Prüfung gemäß § 1402, nötigenfalls Beweisaufnahme eintreten kann. — Die Zustimmung des Mannes kann nach § 1402, ebenso wie nach § 1451 immer nur für ein einzelnes bestimmt zu bezeichnendes Geschäft ersetzt werden (BayObLG in OLG 43, 356).

8. **Zuständigkeit** und **Verfahren** des Vormundschaftsgerichts regeln sich nach §§ 45, 53, 55, 60 Nr 6, 62, 63, 199 FGG. Die Ersetzung der Zustimmung muß das fragliche Rechts-

geschäft genau bezeichnen. — Die Ersetzung der Zustimmung eines Beteiligten ist nach § 16 FGG an den zu richten, dessen Zustimmung ersetzt werden soll, und tritt nach § 53 mit der Rechtskraft in Wirksamkeit, ohne daß es noch einer Mitteilung an Dritte bedarf. Dieser Fall fällt nicht unter § 55 Abs 1. Wenn das Gericht es ablehnt, die Zustimmung zu ersetzen, ist nach allgemeinen Rechtsgrundsätzen dem abgewiesenen Antragsteller das Beschwerderecht gemäß § 20 Abs 2 gegeben (KG in OLG 41, 14).

9. **Ersatz.** Die ersetzte Zustimmung wirkt wie die erteilte, unterliegt aber nicht dem Widerrufe.

10. Daß **ausreichende Gründe** zur Verweigerung der Zustimmung vorliegen, hat — unbeschadet der Ermittlungspflicht des Gerichts, § 12 FGG — der Mann darzulegen.

§ 1403

[1]) Ein einseitiges Rechtsgeschäft, das sich auf das eingebrachte Gut bezieht[2]), ist[3]) dem Manne gegenüber vorzunehmen.

Ein einseitiges Rechtsgeschäft, das sich auf eine Verbindlichkeit der Frau bezieht[4]), ist der Frau gegenüber vorzunehmen; das Rechtsgeschäft muß jedoch auch dem Manne gegenüber vorgenommen werden, wenn es in Ansehung des eingebrachten Gutes ihm gegenüber wirksam sein soll[5]).

E I 1304 II 1301; M 4 235; P 4 133, 146, 153, 160, 181, 198.

1. Der § 1403 bezieht sich auf **einseitige Rechtsgeschäfte Dritter,** nicht, wie §§ 1398, 1399, auf einseitige Rechtsgeschäfte der Frau, und ordnet mit Rücksicht darauf, daß sich erfahrungsgemäß der Mann mehr als die Frau um die Verwaltung des eingebrachten Gutes bekümmert, aus Zweckmäßigkeitsgründen die Pflichten Dritter bei Vornahme einseitiger Rechtsgeschäfte. Diese können sich entweder nur auf die zum eingebrachten Gute gehörenden Rechte oder nur auf die dazu gehörenden Verbindlichkeiten oder auf beide zugleich beziehen. Von den Rechtsgeschäften der ersten Art handelt der erste Absatz, von denen der zweiten und dritten Art der zweite Absatz des § 1403. — Die Bestimmungen des § 1403 leiden keine Anwendung auf die im § 829 Abs 2 Satz 1 ZPO vorgeschriebene Zustellung eines Pfändungsbeschlusses an den Drittschuldner. Der Ehemann einer Miterbin ist für die Pfändung des Erbanteils eines Miterben nicht als Drittschuldner anzusehen (RG 74, 51). Vgl. § 1400 A 2.

2. **Einseitige, sich auf das eingebrachte Gut** nud nicht auf eine Verbindlichkeit (Abs 2) der Frau **beziehende Rechtsgeschäfte** Dritter sind z. B. Kündigung einer Darlehnsforderung der Frau durch den Schuldner (§ 284), Anbieten der zum eingebrachten Gute geschuldeten Leistung (§ 293), Ausübung des Wahlrechts durch den Schuldner im Falle des § 263, Anfechtung eines vom Dritten vorgenommenen einseitigen Rechtsgeschäfts durch den Dritten (§ 143), Widerruf einer Schenkung durch den Schenker (§ 530). Bezieht sich das Rechtsgeschäft auf Vorbehaltsgut der Frau, so ist es der Frau gegenüber vorzunehmen (§ 1365).

3. Nur **dem Manne gegenüber** kann das Rechtsgeschäft mit Wirksamkeit gegen das eingebrachte Gut vorgenommen werden. Ausnahme § 1405.

4. **Einseitige, sich auf Verbindlichkeiten der Frau beziehende Rechtsgeschäfte** Dritter sind z. B. Kündigung einer Darlehnsschuld der Frau durch den Gläubiger (§ 609), Mahnung seitens eines Gläubigers der Frau (§ 284), Ausübung des Wiederkaufsrechts (§ 497), des Vorkaufsrechts (§ 505), des Rücktrittsrechts (§ 349), Aufrechnung (§ 388), Anfechtung eines Vertrags (§ 143).

5. **Nur der Frau gegenüber** kann das Rechtsgeschäft mit Wirksamkeit gegen die Frau vorgenommen werden. Sie haftet dann mit etwa vorhandenem Vorbehaltsgute. Soll das Rechtsgeschäft in Ansehung des eingebrachten Gutes wirksam werden, muß es auch **dem Manne gegenüber** vorgenommen werden (vgl. § 1399 Abs 2 Satz 1). Hört die Verwaltung und Nutznießung des Mannes auf, so tritt Wirksamkeit auch in Ansehung des eingebrachten Gutes von selbst ein.

§ 1404

[1]) Die Beschränkungen, denen die Frau nach den §§ 1395 bis 1403 unterliegt, muß ein Dritter[2]) auch dann gegen[3]) sich gelten lassen, wenn er nicht gewußt[4]) hat, daß die Frau eine Ehefrau ist.

E I 1305 II 1302; M 4 236 ff.; P 4 133, 146, 181, 198.

1. § 1404 bezweckt, die Rechte des Ehemanns an dem eingebrachten Gute der Frau zu schützen. Das Gesetz geht davon aus, daß es dem Dritten, der sich mit einer Frau auf ein

Rechtsgeschäft einlassen will, meist mühelos gelingen werde, sich über die Eigenschaft der Frau als Ehefrau zu vergewissern. Den Dritten trifft die Erkundigungspflicht. Guter Glaube schützt ihn nicht. Die Vorschriften zugunsten derjenigen, welche Rechte von einem Nichtberechtigten herleiten, finden keine Anwendung. Die **Verfügungsbeschränkung der Frau** tritt wie die Verwaltung und Nutznießung des Mannes kraft Gesetzes mit der Eheschließung ein. Ihre Eintragung in das Grundbuch ist weder erforderlich noch zulässig. § 1404 findet nur auf das gesetzliche Güterrecht der Verwaltungsgemeinschaft Anwendung. — Wie die aus dem gesetzlichen Güterrechte hervorgehende Beschränkung der Ehefrau kraft des Gesetzes eintritt, gegen Dritte, auch wenn sie von der Ehe keine Kenntnis haben, wirkt (§ 1404) und danach der Aufnahme in das Grundbuch nicht fähig ist, so kann auch die vertragsmäßige Aufhebung jener Beschränkung in das Grundbuch nicht eingetragen werden; gibt doch über den Umfang des Verfügungsrechts von Ehefrauen bestimmungsgemäß das Güterstandsregister und nur dieses Auskunft (SeuffA 73 Nr 122).

2. **Dritter** ist derjenige, der sich mit der Frau auf das Rechtsgeschäft einläßt, nicht derjenige, der von dem Dritten erwirbt. Auf diesen Erwerb finden die Vorschriften zugunsten derjenigen, welche Rechte von einem Nichtberechtigten ableiten, Anwendung.

3. Inwiefern der Dritte die Beschränkungen der Frau für sich geltend machen kann, ist bei den §§ 1395—1403 erörtert.

4. Ob die **Unkenntnis** des Dritten auf eigenem Verschulden beruht oder nicht, macht für die Anwendung des § 1404 keinen Unterschied. Arglistige Täuschung des Dritten durch die Frau zieht deren Schadensersatzpflicht nach sich (§§ 823, 826, 1411, 1415 Nr 1). Eine Anfechtung des Rechtsgeschäfts aus § 123 findet nicht statt. Unter Umständen kann dem Dritten ein Bereicherungsanspruch gegen das eingebrachte Gut erwachsen (§§ 812ff., 1411, 1399 Abs 2 Satz 2). — Wenn eine Frau die von ihr besessenen Aktien ohne Einwilligung des Mannes einem andern zum Zwecke der Ausübung eines Zurückbehaltungsrechts für dessen Forderung an einen Dritten herausgibt, so erlangt der andere kein Zurückbehaltungsrecht ohne Rücksicht darauf, ob er den Mangel der Einwilligung kannte oder nicht (RG 83, 241). Auch darauf kann sich der Dritte regelmäßig nicht berufen, daß er irrtümlich geglaubt habe, die Zustimmung des Mannes sei erteilt worden oder sei, weil es sich um Vorbehaltsgut gehandelt habe, nicht nötig gewesen (Ebbecke, Verwaltungsrecht mit dinglicher Wirkung in Gruch 61, 567). Auf die Gutgläubigkeit des Erwerbers einer zum eingebrachten Gute der Ehefrau gehörigen Sache kommt es hinsichtlich deren Berechtigung zum Verkaufe nicht an; der Erwerber muß vielmehr den Mangel der Veräußerungsberechtigung der Ehefrau auch dann gegen sich gelten lassen, wenn er nicht gewußt hat, daß sie eine Ehefrau war (RG 100, 194).

§ 1405

Erteilt[1]) der Mann[2]) der Frau die Einwilligung[3]) zum selbständigen[4]) Betrieb eines Erwerbsgeschäfts[5]), so ist seine Zustimmung zu solchen Rechtsgeschäften und Rechtsstreitigkeiten[6]) nicht erforderlich[7]), die der Geschäftsbetrieb mit sich bringt[8]). Einseitige Rechtsgeschäfte, die sich auf das Erwerbsgeschäft beziehen, sind der Frau gegenüber vorzunehmen.

Der Einwilligung des Mannes in den Geschäftsbetrieb steht es gleich, wenn die Frau mit Wissen[9]) und ohne Einspruch[10]) des Mannes das Erwerbsgeschäft betreibt.

Dritten gegenüber ist ein Einspruch und der Widerruf[11]) der Einwilligung nur nach Maßgabe des § 1435 wirksam[12])[13]).

E I 1307 II 1304; M 4 240 ff.; P 4 134, 146, 160, 181, 204.

1. Ob den Mann die **Verpflichtung zur Erteilung der Einwilligung** trifft, ist nach den Umständen des einzelnen Falles unter Berücksichtigung der in den §§ 1353, 1354, 1356, 1358 aufgestellten Gesichtspunkte zu entscheiden. Nicht erfordert wird, daß sich der Mann der rechtlichen Folgen seiner Einwilligung bei ihrer Erteilung bewußt war.

2. Steht der Mann unter Vormundschaft, so erteilt der Vormund die Einwilligung (§ 1409). Ist der Mann infolge körperlicher Gebrechen oder Abwesenheit an der Abgabe einer Erklärung verhindert, so gelangt nicht § 1401 zur Anwendung, sondern es ist ein Pfleger gemäß §§ 1910, 1911 zu bestellen.

3. **Einwilligung** ist die vorher erteilte Zustimmung (§ 183) und ein einseitiges empfangsbedürftiges Rechtsgeschäft. Sie kann ausdrücklich oder stillschweigend erteilt werden und bedarf keiner Form. Sie begründet nicht die persönliche Haftung des Mannes für die der

Frau aus dem Geschäftsbetrieb erwachsenden Schulden (§ 1395 A 3). Über Widerruf der Einwilligung vgl. §§ 1354 A 4 u. 1405 A 11.

4. **Die Selbständigkeit des Betriebs** wird weder dadurch, daß sich die Frau eines **Prokuristen oder Bevollmächtigten** — möge dies auch ihr Mann sein — bedient, noch dadurch beeinträchtigt, daß sie das Geschäft in Gemeinschaft mit andern betreibt. Entscheidend ist, daß sie — allein oder mit andern — Unternehmerin, nicht bloß Inhaberin, stille Gesellschafterin oder Kommanditistin ist. Betreibt der Mann — sei es im eigenen Namen, sei es im Namen der Frau — ein Geschäft, dessen Inhaberin die Frau ist, so kann von einem selbständigen Betriebe des Geschäfts durch die Frau nicht die Rede sein. Vgl. § 1367 A 3 über die Rechte des Mannes an einem Erwerbsgeschäfte, das die Frau selbständig betreibt und in die Ehe einbringt.

5. Unter **Erwerbsgeschäft** wird jede regelmäßige, auf selbständigen Erwerb gerichtete Tätigkeit verstanden, möge sie in Handel, der Betreibung einer Fabrik oder eines Handwerks, der Ausübung eines künstlerischen oder wissenschaftlichen Berufs, der Landwirtschaft oder in anderer Erwerbstätigkeit bestehen. Vgl. §§ 112, 1367 BGB und § 741 ZPO.

6. Wegen der **Zwangsvollstreckung** in das eingebrachte Gut aus einem gegen die ein Erwerbsgeschäft selbständig betreibende Ehefrau ergangenen Urteil vgl. § 741 ZPO. Vorherige Verurteilung des Mannes zur Duldung der Zwangsvollstreckung nicht nötig, aber auch nicht unzulässig (OLG 6, 413; SeuffA 70 Nr 137, dagegen OLG 17, 188). Anders § 1400 A 3.

7. Aus der **Entbehrlichkeit der Zustimmung** folgt, daß insoweit die Beschränkungen, denen die Frau nach den §§ 1395—1403 unterliegt, wegfallen. Vgl. auch §§ 11, 11a GewO.

8. Ob der gestattete Geschäftsbetrieb die betreffenden Rechtsgeschäfte und Rechtsstreitigkeiten **mit sich bringt,** richtet sich nach den Umständen des einzelnen Falles. Die Ausdrucksweise: „mit sich bringt" kommt auch in § 112 BGB, §§ 49, 54 HGB vor. Sie umfaßt Einrichtung, Fortführung und Auflösung des Geschäfts. Bezieht sich der gestattete Geschäftsbetrieb auf ein Handelsgewerbe (§ 1 HGB), so hat die Ehefrau Rechte und Pflichten eines Kaufmanns.

9. Der Mann muß bestimmte **Kenntnis** haben. Auf Fahrlässigkeit beruhende Unkenntnis reicht nicht aus.

10. Die Wirksamkeit des **Einspruchs** ist der Frau gegenüber von keiner Form abhängig.

11. Die Wirksamkeit des **Widerrufs** ist der Frau gegenüber von keiner Form abhängig. Vgl. auch § 1407 A 3.

12. **Gerichtszuständigkeit** für die Eintragung in das Güterrechtsregister §§ 1558, 1559 BGB; Art 8 EG.

13. **Verhältnis des deutschen zum ausländischen Güterrechte.** Haben ausländische Ehegatten oder Ehegatten, die nach der Eheschließung die Reichsangehörigkeit erwerben, den Wohnsitz im Inlande, so gelten für ihr Güterrecht zwar ausländische Gesetze (Vorbem 4 vor § 1363), aber nach Art 16 Abs 2 EG finden die Vorschriften des § 1405 Anwendung, soweit sie Dritten günstiger sind als die ausländischen Gesetze. Vgl. auch Art 36 EG (Änderung der Gewerbeordnung hinsichtlich einer Ehefrau, die im Inlande selbständig ein Gewerbe betreibt und für deren güterrechtliche Verhältnisse ausländische Gesetze maßgebend sind).

§ 1406

Die Frau bedarf nicht[1]) der Zustimmung des Mannes:

1. zur Annahme[2]) oder Ausschlagung[3]) einer Erbschaft oder eines Vermächtnisses[4]), zum Verzicht auf den Pflichtteil[5]) sowie zur Errichtung des Inventars über eine angefallene Erbschaft;

2. zur Ablehnung eines Vertragsantrags[6]) oder einer Schenkung[7]);

3. zur Vornahme eines Rechtsgeschäfts gegenüber[8]) dem Manne.

E I 1308, 2148 Nr 4 II 1305; M 4 242 ff.; 5 679; P 4 134, 154, 160, 181, 204; 5 806.

1. **Die Entbehrlichkeit der Zustimmung des Mannes** hat zur Folge, daß das Rechtsgeschäft auch in Ansehung des eingebrachten Gutes gegenüber dem Manne wirksam ist. Vgl. § 1407 A 1.

2. **Annahme einer Erbschaft oder eines Vermächtnisses.** Die der Frau angefallene Erbschaft wächst infolge der Annahme durch die Frau, ausgenommen beim Erwerbe der Erbschaft als Vorbehaltsgut (§§ 1369, 1413), ihrem eingebrachten Gute zu, und zwar mit allen Rechten und Verbindlichkeiten (§§ 1363 Abs 2, 1411, 1412). Das eingebrachte Gut haftet also für die Nachlaßschulden. — Ist der Erbteil der Frau eingebrachtes Gut, so haftet das eingebrachte Gut auch für Verbindlichkeiten der Frau, die infolge des Erwerbs der Erbschaft entstehen. Daraus ergibt sich aber nicht, daß der Mann neben der Frau Schuldner

wird. Die Verbindlichkeiten bleiben Verbindlichkeiten der Frau, auch wenn der Mann sich dem Berechtigten gegenüber nicht auf sein Recht der Verwaltung und Nutznießung stützen und dem Verlangen des Berechtigten, den Zugriff in das eingebrachte Gut zu dulden, keinen begründeten Einwand entgegensetzen kann (RG 74, 51). Dem Ehemanne stehen jedoch, unabhängig von dem Willen der Ehefrau, die Rechte auf Inventarerrichtung (§ 1993), Anordnung der Nachlaßverwaltung (§ 1975), Eröffnung des Nachlaßkonkurses (§ 1975 BGB, § 218 KO), Aufgebot der Nachlaßgläubiger (§ 1970 BGB, § 999 ZPO) und die sonstigen Rechtsbehelfe zu, die ein Erbe zur Beschränkung der Haftung auf den Nachlaß geltend machen kann. Durch den Gebrauch dieser Rechte kann er das eingebrachte Gut gegen etwaige Überschuldung der Erbschaft schützen. Auch die Frau kann die bezeichneten Rechte selbständig geltend machen. Vgl. die genannten Gesetzesstellen. Wegen der Inventarfrist kommt noch § 2008 in Betracht. Nimmt die Frau ein nicht dem Vorbehaltsgute zufallendes Vermächtnis an, das mit einem Untervermächtnis oder einer Auflage beschwert ist, so stehen dem Manne die Rechtsbehelfe aus §§ 2186—2188 selbständig zu. — Vor der Annahme durch die Frau liegt ein endgültiger Erwerb noch nicht vor (RG 54, 293).

3. **Die Ausschlagung einer Erbschaft oder eines Vermächtnisses** ist ein höchstpersönliches Recht der Frau. Durch die Ausschlagung wird das eingebrachte Gut nicht vermindert, sondern nur nicht vermehrt (§§ 1942, 1953, 2176, 2180). Vgl. auch § 517. Ebensowenig bedarf die Ehefrau der Zustimmung des Mannes zu einem Erbverzichte, § 2346 (M 4, 243).

4. **Anfechtung.** Die Ehefrau kann ihre Annahme oder Ausschlagung einer Erbschaft oder eines Vermächtnisses selbständig anfechten (§§ 1954—1957).

5. **Verzicht auf den Pflichtteil.** Entsprechend dem Verhältnisse der Ehegatten untereinander fällt es der freien Entschließung der Ehefrau anheim, ob sie ihren Pflichtteilsanspruch geltend machen will oder nicht (§§ 2305—2307). Auch steht ihr das Anfechtungsrecht aus § 2308 selbständig zu.

6. **Ablehnung und Annahme eines Vertragsantrags.** Der Vertragsantrag bindet den Antragenden (§ 145). Die Ablehnung des Vertragsantrags ist ein höchstpersönliches Recht der Frau. Bei Annahme des Vertragsantrags durch die Frau kommen §§ 1396, 1397, 1399 nebst Erläuterungen in Betracht.

7. **Ablehnung und Annahme einer Schenkung.** Im Falle des § 516 Abs 2 ist die Aufforderung zur Erklärung über die Annahme an die Frau zu richten. Wegen Annahme einer Schenkung durch die Frau vgl. § 1395 A 4. Der Widerruf der Schenkung durch den Schenker ist dem Manne gegenüber zu erklären (§ 1403 A 3 u. 4).

8. **Rechtsgeschäfte der Frau gegenüber dem Manne** sind z. B. Mahnung, Stundung, Kündigung, Aufrechnung. Rechtsgeschäfte der Frau mit dem Manne, z. B. Kauf, Tausch, Miete, bedürfen nicht noch besonderer Zustimmung des Mannes. Dasselbe gilt von Rechtsgeschäften der Frau mit dem gesetzlichen Vertreter des Mannes (§ 1409) und — sofern im Einzelfalle schon die Bevollmächtigung auf die Zustimmung des Mannes zu dem Rechtsgeschäft schließen läßt — von Rechtsgeschäften der Frau mit dem Bevollmächtigten des Mannes. Vgl. auch § 1395 A 3 (Generalvollmacht der Frau). — Besondere Zustimmung des Mannes zu einem Geschäfte, durch das eingebrachtes Geld der Frau in eine unverzinsliche, kündbare Darlehnsforderung derselben an ihren Mann umgestaltet wird, ist nicht erforderlich, ebensowenig zur Kündigung, Rückforderung und gerichtlichen Geltendmachung des Darlehns (KG in OLG 42, 118). Vgl. § 1383 A 4

§ 1407

Die Frau bedarf nicht[1]) der Zustimmung des Mannes:

1. zur Fortsetzung[2]) eines zur Zeit der Eheschließung[3]) anhängigen Rechtsstreits[4]);

2. zur gerichtlichen Geltendmachung[5]) eines zum eingebrachten Gute gehörenden Rechtes[6]) gegen[7]) den Mann;

3. zur gerichtlichen Geltendmachung[5]) eines zum eingebrachten Gute gehörenden Rechtes[6]) gegen einen Dritten[8]), wenn der Mann ohne die erforderliche[9]) Zustimmung der Frau über das Recht verfügt hat;

4. zur gerichtlichen Geltendmachung[5]) eines Widerspruchrechts[10]) gegenüber einer Zwangsvollstreckung[11]).

E I 1309 II 1306; M 4 245 ff.; P 4 134, 154, 160, 181, 201, 203.

1. Die **Entbehrlichkeit der Zustimmung des Mannes** hat zur Folge, daß die von der Frau durch Klage oder anderweite gerichtliche Geltendmachung erwirkte Entscheidung in Ansehung des eingebrachten Gutes gegenüber dem Manne wirksam ist (vgl. § 1406 A 1). Ver-

bindlichkeiten, die die Frau behufs zweckentsprechender Rechtsverfolgung eingeht oder die ihr infolge der Rechtsverfolgung kraft Gesetzes erwachsen (sei es dem Prozeßgegner, Anwalte, Gerichtsvollzieher oder Gerichte gegenüber), belasten das eingebrachte Gut. Diese Sätze gelten unbeschadet des im § 1395 ausgesprochenen Grundsatzes, wonach die Frau zur Verfügung über eingebrachtes Gut (§ 1395 A 2) der Einwilligung des Mannes bedarf, z. B. zur Aufrechnung oder zum Erlaß der eingeklagten Forderung im Rechtsstreite.

2. **Fortsetzung des Rechtsstreits. Nebenintervention des Mannes.** Die vor der Eheschließung begründet gewesene Klageberechtigung und Klageeinlassungspflicht der Frau besteht nach der Eheschließung unabhängig von dem Willen des Mannes fort. Hat die Frau auf Leistung an sie geklagt, so muß entsprechend dem Grundsatze des § 1395 der Klageantrag dahin geändert werden, daß Leistung an die Frau bei Zustimmung des Mannes oder Leistung an beide Eheleute oder Hinterlegung für beide Eheleute verlangt wird (vgl. § 1380 A 5). Darin liegt keine unzulässige Klageänderung. Der Mann kann dem Rechtsstreit als Nebenintervenient beitreten und sich dadurch gegen eine nachlässige Führung des Rechtsstreits durch die Frau schützen. Im Falle des Beitritts wird der Mann Streitgenosse der Frau (§§ 61, 69 ZPO). Ebenso §§ 1380 A 7 u. 1400 A 3.

3. **Ähnliche Fälle.** Wenn die Frau bei Krankheit oder Abwesenheit des Mannes (§ 1401) die Führung eines Rechtsstreits mit Wirksamkeit gegenüber dem Manne begonnen hat und später die Voraussetzungen des § 1401 wegfallen, bedarf es der Zustimmung des Mannes zur Fortsetzung des Rechtsstreits durch die Frau nicht (§ 1401 A 2), ebensowenig, wenn im Falle des § 1405 der Mann die der Frau zum Betriebe eines Erwerbsgeschäfts erteilte Einwilligung widerruft und zur Zeit des Widerrufs ein durch den Geschäftsbetrieb veranlaßter Rechtsstreit der Frau anhängig ist.

4. Ob die Frau den **Rechtsstreit** als Klägerin oder Beklagte führt, ist für die Anwendung des § 1407 Nr 1 gleichgültig. — Das Urteil, das in einem von der Frau als Beklagte mit Zustimmung des Mannes geführten Rechtsstreit ergeht, hat auch dem Manne gegenüber hinsichtlich des eingebrachten Gutes Rechtskraftwirkung (**RG** 56, 73; § 1400 A 3, 5).

5. **Gerichtliche Geltendmachung** § 1380 A 5. Zu einem Antrag auf Aufhebung des Miteigentums der Ehegatten an einem zum gemeinschaftlichen Eigentum erworbenen Grundstück (§ 753) ist jeder Ehegatte ohne Zustimmung des andern berechtigt (§ 749). Die Frau kann in dem zum Zwecke der Aufhebung der Gemeinschaft angeordneten Zwangsversteigerungsverfahren ihre Rechte ohne Zustimmung des Mannes wahrnehmen (**RG** 67, 396).

6. **Rechte jeder Art** § 1400 A 6.

7. **Gegen den Mann** kann die Frau das fragliche Recht trotz der entgegenstehenden Bestimmung des § 1400 Abs 2 (vgl. dort A 4) selbständig geltend machen. — Solange dem Manne an dem eingebrachten Gute der Frau die Verwaltung und Nutznießung zusteht, ist die Frau nicht berechtigt, wegen einer zum eingebrachten Gute gehörenden, der Frau gegen den Mann zustehenden Geldforderung auf Zahlung an sie zu klagen (Recht 1920 Nr 3133).

8. Ausnahme von § 1400 Abs 2. Die Frau kann z. B. **gegen einen Dritten** auf Herausgabe einer von ihrem Manne ohne ihre Zustimmung veräußerten, zum eingebrachten Gute gehörigen Sache selbständig klagen (§ 985).

9. §§ 1375—1378. Vgl. § 1375 A 6.

10. **Geltendmachung eines Widerspruchsrechts:** §§ 732, 766, 767, 771, 861 Abs 2 ZPO, ferner § 773 und die Einwendungen aus §§ 781—786 ZPO (Beschränkung der Haftung als Erbe). Gegen den Grundsatz des § 1400 darf jedoch nicht verstoßen werden. Oben A 1. Übrigens kann der Mann unbeschadet seines Rechtes, das Widerspruchsrecht selbständig geltend zu machen, auch in diesen Fällen der Frau als Nebenintervenient beitreten. Er gilt dann als ihr Streitgenosse. Oben A 2.

11. Ob sich die **Zwangsvollstreckung** gegen die Frau, den Mann oder einen Dritten richtet, ist gleichgültig. Es macht auch keinen Unterschied, ob die Zwangsvollstreckung in das eingebrachte Gut wegen einer Geldforderung oder in Vollstreckung eines Urteils erfolgt, das auf die Veräußerung einer zum eingebrachten Gute gehörenden Sache gerichtet ist.

§ 1408

Das Recht¹), das dem Manne an dem eingebrachten Gute kraft seiner Verwaltung und Nutznießung zusteht, ist nicht übertragbar²)³).

E I 1298 Halbs 1 II 1307; M 4 205 ff.; P 4 134, 153, 182, 204.

1. Das dem Manne zustehende **Recht der Verwaltung und Nutznießung** des eingebrachten Gutes beruht auf dem Vertrauen der Frau zu der Person des Mannes und ist wegen dieser höchstpersönlichen Natur unübertragbar.

2. **Unübertragbarkeit des Rechtes. Überlassung der Ausübung. Früchte.** Das bezeichnete Recht darf weder abgetreten (§ 400) noch verpfändet (§§ 1274 Abs 2, 861 ZPO)

noch durch Bestellung eines Nießbrauchs belastet (§ 1069 Abs 2) werden. Dagegen ist der Ehemann nicht gehindert, die ihm kraft der Verwaltung und Nutznießung zustehenden Einzelbefugnisse ihrer Ausübung nach einem andern zu überlassen, z. B. Bestandteile des eingebrachten Gutes durch Vermietung oder Verpachtung zu nutzen. Unter Umständen, z. B. wenn er längere Zeit abwesend sein muß, darf er Verwaltung und Nutznießung durch einen Bevollmächtigten ausüben (M 4, 300; § 1418 A 10). Unbedenklich darf der Mann eine dahin gehende Vollmacht seiner Frau erteilen (KG in RJA 16, 292). Die von dem Ehemann erworbenen Früchte des eingebrachten Gutes sind der Pfändung nur in dem im § 861 ZPO bezeichneten Umfange unterworfen. Wegen des Widerspruchsrechts vgl. § 1407 A 10.

3. **Anfechtung.** Genehmigt der Ehemann die Veräußerung eines zum eingebrachten Gute gehörigen Gegenstandes durch die Ehefrau, so kann die Genehmigung von seinen Gläubigern nicht schon deshalb angefochten werden, weil sie das Erlöschen des ehemännlichen Nießbrauchs an dem Gegenstande mit sich bringt. Das ehemännliche Nießbrauchsrecht kann nicht gepfändet werden; deshalb kann auch der Verzicht des Ehemanns auf dieses Recht nicht Gegenstand der Anfechtung sein (**RG** 10. 7. 06 VII 564/05).

§ 1409

Steht der Mann unter Vormundschaft[1]), so hat ihn der Vormund in den Rechten und Pflichten zu vertreten[2]), die sich aus der Verwaltung und Nutznießung des eingebrachten Gutes ergeben. Dies gilt auch dann, wenn die Frau[3]) Vormund des Mannes ist.

E I 1326 II 1308; M 4 286 ff.; P 4 134, 149, 160, 162, 183, 204.

1. **Vormundschaft. Pflegschaft.** Unter Vormundschaft ist auch die vorläufige Vormundschaft (§ 1906) zu verstehen. Steht der Mann unter Pflegschaft (§§ 1910, 1911), so findet der § 1409 sinnentsprechende Anwendung.

2. **Vertretung des Mannes. Schutz der Frau.** Die Vertretung des Mannes muß in diesem Falle trotz der höchstpersönlichen Natur seines Verwaltungs- und Nutznießungsrechts eintreten, weil die Stellung des Mannes unter Vormundschaft oder Pflegschaft das bezeichnete Recht nicht kraft Gesetzes zum Erlöschen bringt. Der Vertreter ist dem Manne für Schaden verantwortlich (§§ 1833, 1915). Die Frau kann jederzeit auf Aufhebung der Verwaltung und Nutznießung klagen (§ 1418 Abs 1 Nr 3, 4 u. 5) und dadurch eine ihr unliebsame Vertretung hintertreiben.

3. **Die Frau als Vormund oder Pfleger des Mannes** ist ebenso wie ein anderer Vertreter dem Manne für Schaden verantwortlich (§§ 1833, 1915). Ist die Zustimmung des Mannes zu einem Rechtsgeschäft oder einem Rechtsstreit erforderlich (§§ 1395—1405), so erteilt die Frau, als Vertreter des Mannes, sich selbst die Zustimmung. Die im § 181 zugelassene Ausnahme („soweit nicht ein anderes ihm gestattet ist") trifft hier zu. Vgl. § 1457.

3. Schuldenhaftung

§ 1410

Die Gläubiger des Mannes[1]) können nicht Befriedigung aus dem eingebrachten Gute[2]) verlangen[3]).

E II 1309; M 4 205 ff.; P 4 134, 147, 182, 204.

1. **Gläubiger des Mannes.** Wie der Mann nicht für die Schulden der Frau haftet, so haftet auch nicht die Frau für die Schulden des Mannes. Zum Schutze der Gläubiger des Mannes dienen die Vorschriften in § 1362 Abs 2 (Vermutung für das Eigentum des Mannes), §§ 31 Nr 2, 32 Nr 2, 45 KO und § 3 Nr 2 u. 4 AnfG. Vgl. § 1391 A 11. Das Nutznießungsrecht des Mannes unterliegt nicht der Pfändung (**RG** JW 03, 243[22]). Da die Frau mit ihrem Vermögen für die voreheliche Schuld ihres Mannes (Unterhaltsrückstände eines unehelichen Sohnes) nicht haftet, so ist sie auch berechtigt, dieses Vermögen vor dem Zugriffe der Gläubiger des Mannes zu sichern (durch Einführung der Gütertrennung und Abschluß eines Wirtschaftspachtvertrags, bei dem die Frau Geschäftsherrin und der Mann Gehilfe ist). Dieser Umstand steht der Anfechtung solcher Verträge durch den Gläubiger entgegen (OLG 30, 41).

2. Zum **eingebrachten Gute** der Frau können auch jährlich fortlaufende Zahlungen an die Frau gehören. Vgl. § 1363 A 6. Die Früchte des eingebrachten Gutes sind dagegen dem Zugriffe der Gläubiger in dem durch § 861 ZPO bestimmten Umfange freigegeben.

3. **Übergangsrecht.** Die Pflicht der Kaufleute, die Ausschließung der Gütergemeinschaft durch Vertrag im Handelsregister eintragen zu lassen (Art 20 des preuß. EG z. ADHGB), besteht nach dem Inkrafttreten des BGB nicht fort. Gläubiger des Mannes, deren Forderungen nach dem Inkrafttreten des BGB entstanden sind, haben nicht das Recht, aus dem Grunde, weil die Ausschließung der Gütergemeinschaft nicht in das Handelsregister eingetragen ist, das eingebrachte Gut der Frau in Anspruch zu nehmen (RG 63, 245).

§ 1411

Die Gläubiger der Frau[1]) können ohne Rücksicht auf die Verwaltung und Nutznießung des Mannes Befriedigung[2]) aus dem eingebrachten Gute verlangen, soweit[3]) sich nicht aus den §§ 1412 bis 1414 ein anderes ergibt[4]). Sie unterliegen bei der Geltendmachung der Ansprüche der Frau[5]) nicht der im § 1394 bestimmten Beschränkung.

Hat der Mann verbrauchbare Sachen nach § 1377 Abs 3 veräußert oder verbraucht, so ist er den Gläubigern[6]) gegenüber zum sofortigen[7]) Ersatze verpflichtet.

E I 1311 II 1293 Abs 2, 1300; M 4 249, 252, 254; P 4 133, 147, 154, 160, 162, 180, 183, 205.

1. **Die Gläubiger der Frau** können grundsätzlich wegen aller Ansprüche Befriedigung aus dem eingebrachten Gute ohne Rücksicht auf die Verwaltung und Nutznießung des Mannes verlangen. Dieser Grundsatz gilt für Gläubiger, deren Ansprüche vor dem Eintritte der Verwaltung und Nutznießung des Mannes (regelmäßig der Eheschließung, § 1363 A 2) entstanden sind, ausnahmslos. Die in den §§ 1412—1414 enthaltenen Ausnahmen beziehen sich nur auf die Gläubiger der Frau, deren Ansprüche nach der Eheschließung entstehen. Unter den oben bezeichneten Grundsatz fallen insbesondere Ansprüche aus einer unerlaubten Handlung der Frau (z. B. der Anspruch des Verletzten auf Schadensersatz, der Anspruch der Gerichtskasse auf die Kosten eines Strafverfahrens, vgl. § 1387 A 7) und auf Gesetz beruhende Ansprüche gegen die Frau, z. B. der Unterhaltsanspruch ihrer Verwandten (§§ 1601, 1604, 1386) und die Ersatzansprüche aus Beschädigungen durch Tiere (§ 833) und Gebäude (§ 836). Als auf Gesetz beruhend sind auch die Ansprüche der Gläubiger gegen die Frau aus ungerechtfertigter Bereicherung (§§ 812, 1399 Abs 2 Satz 2) und aus der Geschäftsführung ohne Auftrag (§§ 678, 680) anzusehen. — Hat die Frau als Beklagte mit Zustimmung des Mannes den Rechtsstreit geführt oder war die Zustimmung entbehrlich, so hat das Urteil auch dem Manne gegenüber hinsichtlich des eingebrachten Gutes Rechtskraftwirkung (RG 56, 73; § 1400 A 3, 5). Steht dem Manne eine auf dem Grundstücke der Frau ruhende Hypothekenforderung zu, so kann er gegen die Frau auf Zahlung klagen. Seinem Klagerechte steht der Umstand, daß er die Verwaltung und Nutznießung des eingebrachten Gutes hat, nicht entgegen (SeuffA 69 Nr 246).

2. Die **Zwangsvollstreckung** in das eingebrachte Gut ist nur zulässig, wenn die Frau zu der Leistung und der Mann zur Duldung der Zwangsvollstreckung in das eingebrachte Gut verurteilt ist (§ 739 ZPO) oder der Mann die Zwangsvollstreckung gemäß § 794 Abs 2 ZPO bewilligt. Die Klage gegen den Mann kann auch mit einer **Wechselklage gegen die Frau** verbunden werden (RG 50, 51). Für den Fall, daß die Frau ein Erwerbsgeschäft betreibt, gelangt § 741 ZPO zur Anwendung. Wegen Erteilung vollstreckbarer Urteilsausfertigung, falls zur Zeit des Eintritts der Verwaltung und Nutznießung der Rechtsstreit für oder gegen die Frau bereits anhängig war, vgl. § 742 ZPO. Die dem Schuldner gegen die Zwangsvollstreckung zustehenden Einwendungen kann jeder der Ehegatten selbständig erheben. Wird über das Vermögen der Frau der **Konkurs** eröffnet, so muß sich der Mann die Befriedigung derjenigen Gläubiger der Frau, die unter den Regelfall des § 1411 fallen, aus dem eingebrachten Gute gefallen lassen. — Die Eröffnung des Konkurses über das Vermögen der Ehefrau hat eine Einschränkung der Rechte des Mannes zur Folge. Die Sorge für eine geordnete Befriedigung der Gläubiger geht vom Manne auf den Konkursverwalter über. Der Mann muß die Befriedigung der Gläubiger seiner Frau aus dem eingebrachten Gute durch den Konkursverwalter dulden und zu diesem Zweck an letzteren das eingebrachte Gut, wenn dessen Wert durch den Betrag der Schulden erschöpft wird, herausgeben. Der Verwalter kann sich nicht eigenmächtig in den Besitz des eingebrachten Gutes setzen, sondern nur auf Herausgabe klagen. Der Mann ist nicht Gemeinschuldner, sondern ein außerhalb des Konkursverfahrens stehender Dritter. Ihm gegenüber ist zur Begründung des Anspruchs auf Herausgabe nachzuweisen, daß der Wert des Eingebrachten durch den Betrag der Schulden erschöpft wird. Zum Nachweise einer Schuld genügt eine frühere Verurteilung des Mannes zur Duldung der Zwangsvollstreckung in das eingebrachte Gut (vgl. über die Wirkung eines Duldungsurteils RG JW 09, 321[23]). Der Ehemann hat auf Verlangen des Konkursverwalters

ein Verzeichnis über den Bestand des eingebrachten Gutes gemäß § 260 vorzulegen und in sinnentsprechender Anwendung des § 1421 Rechnung zu legen, auch nötigenfalls den Offenbarungseid zu leisten (§§ 259, 260). Zur Rechnungslegung über ihm gebührende Nutzungen ist der Mann nicht verpflichtet. An dem von der Ehefrau erst nach der Konkurseröffnung erworbenen Vermögen verbleibt dem Manne das Verwaltungs- und Nutznießungsrecht uneingeschränkt (**RG** 73, 238).

3. **Beweislast.** Daß ein Ausnahmefall der §§ 1412—1414 vorliegt, hat der Mann zu beweisen.

4. Nur aus Rücksicht auf die Rechte des Mannes sind die **Ausnahmen** der §§ 1412 bis 1414 bestimmt. Daher darf nur der Mann, nicht die Frau, die Ausnahmen geltend machen.

5. **Zeitpunkt der Geltendmachung.** Die Gläubiger der Frau können Ansprüche, die der Frau gegen den Mann auf Grund der Verwaltung und Nutznießung zustehen und ihnen im Wege der Zwangsvollstreckung überwiesen sind, unbeschränkt vor der Beendigung der Verwaltung und Nutznießung geltend machen. Vgl. § 1394 A 2.

6. Gemeint sind solche **Gläubiger der Frau,** die aus dem eingebrachten Gute Befriedigung verlangen können.

7. **Sofortiger Ersatz.** Die Gläubiger der Frau können den Ersatzanspruch der Frau schon während des Güterstandes der Verwaltung und Nutznießung gegen den Mann gerichtlich geltend machen. Vgl. § 1377 A 9. Entgegenstehende Abmachungen der Eheleute sind den Gläubigern gegenüber unwirksam.

§ 1412

[1]) Das eingebrachte Gut haftet für eine Verbindlichkeit der Frau, die aus einem nach[2]) der Eingehung der Ehe vorgenommenen Rechtsgeschäft entsteht, nur dann, wenn der Mann seine Zustimmung zu dem Rechtsgeschäft erteilt oder wenn das Rechtsgeschäft ohne seine Zustimmung ihm gegenüber wirksam ist.

Für die Kosten eines Rechtsstreits der Frau haftet das eingebrachte Gut auch dann, wenn das Urteil dem Manne gegenüber in Ansehung des eingebrachten Gutes nicht wirksam ist.

E I 1312 Nr 1 II 1311; M 4 251; P 4 135, 147, 155, 160, 163, 183, 205; 6 277.

1. **Zweck** der Bestimmung im § 1412 Abs 1 ist, die Rechte des Mannes an dem eingebrachten Gute der Frau zu schützen. — Die Rechte des Mannes an dem eingebrachten Gute der Frau erlöschen aber mit seinem Tode und können dem Anspruche des Klägers nicht entgegengehalten werden (**RG** 58, 38; 87, 256). Fordert der Mann die von seiner Frau geleistete Anzahlung auf das Kaufgeld für ein von ihr ohne Zustimmung des Mannes gekauftes Grundstück vom Verkäufer zurück, so ist dieser nicht berechtigt, mit einer Gegenforderung gegen die Frau auf Schadensersatz wegen Nichterfüllung des Kaufvertrags aufzurechnen (OLG 42, 121).

2. **Beweislast.** Daß es sich um ein nach und nicht vor der Eheschließung vorgenommenes Rechtsgeschäft handelt, hat der Mann zu beweisen. Dagegen liegt dem Gläubiger der Beweis ob, daß der Mann seine Zustimmung erteilt hat oder das Rechtsgeschäft ohne seine Zustimmung ihm gegenüber wirksam ist.

§ 1413

Das eingebrachte Gut haftet nicht für eine Verbindlichkeit[1]) der Frau, die infolge des Erwerbes einer Erbschaft oder eines Vermächtnisses entsteht, wenn die Frau die Erbschaft oder das Vermächtnis nach der Eingehung der Ehe[2]) als Vorbehaltsgut[3]) erwirbt[4]).

E I 1312 Nr 2 II 1312; M 4 252; P 4 135, 147, 155, 160, 163, 183, 207.

1. **Verbindlichkeiten,** die infolge des Erwerbs einer Erbschaft oder eines Vermächtnisses entstehen, sind z. B. die Nachlaßverbindlichkeiten (§ 1967), die Herausgabepflicht des Vorerben (§ 2130) und die Erfüllung letztwilliger Anordnungen (§§ 2147, 2192). Wegen des Erwerbs einer Erbschaft als eingebrachtes Gut vgl. § 1406 A 2.

2. Die Worte: „**nach der Eingehung der Ehe**" lassen nicht den Schluß zu, als ob auch schon vor der Eingehung der Ehe Vorbehaltsgut entstehen könne. Dieselben Worte kommen auch in §§ 1412 Abs 1 u. 1414 vor. Vgl. **RG** 65, 367 u. § 1369 A 2, insbesondere das abweichende Urteil **RG** 106, 381).

3. **Erwerb als Vorbehaltsgut** liegt nicht vor, wenn die Frau die Erbschaft oder das Vermächtnis als Eingebrachtes erwirbt und das Erworbene erst durch Vertrag mit dem Manne als Vorbehaltsgut erklärt wird. Vgl. § 1369 A 7.

4. **Beweislast.** Der Mann hat zu beweisen, daß ein Erwerb als Vorbehaltsgut im Sinne des § 1413 vorliegt.

§ 1414

Das eingebrachte Gut haftet nicht für eine Verbindlichkeit[1]) der Frau, die nach der Eingehung der Ehe infolge eines zu dem Vorbehaltsgute gehörenden Rechtes oder des Besitzes einer dazu gehörenden Sache entsteht, es sei denn, daß das Recht oder die Sache zu einem Erwerbsgeschäfte gehört, das die Frau mit Einwilligung des Mannes selbständig betreibt[2]).

E I 1312 Nr 3 II 1313; M 4 253; P 4 136, 147, 155, 160, 163, 183, 207.

1. **Verbindlichkeiten der fraglichen Art** sind z. B. die Pflicht zur Entrichtung der auf dem Vorbehaltsgute ruhenden Reallasten (§ 1105), Steuern und Abgaben, die Herausgabepflicht im Falle der ungerechtfertigten Bereicherung (§§ 812ff.) und die Verbindlichkeiten zur Erfüllung der auf Gegenstände des Vorbehaltsguts gerichteten dinglichen Ansprüche aller Art, dagegen nicht die Verbindlichkeiten aus §§ 833, 836. Vgl. § 1411 A 1. A. M. Planck § 1414 A 1.

2. **Betrieb eines Erwerbsgeschäfts durch die Frau** § 1405.

§ 1415

[1]) Im Verhältnisse der Ehegatten zueinander fallen dem Vorbehaltsgute zur Last:

1. **die Verbindlichkeiten[2]) der Frau aus einer unerlaubten Handlung, die sie während der Ehe begeht, oder aus einem Strafverfahren, das wegen einer solchen Handlung gegen sie gerichtet wird[3]);**
2. **die Verbindlichkeiten[4]) der Frau aus einem sich auf das Vorbehaltsgut beziehenden Rechtsverhältnis, auch wenn sie vor[5]) der Eingehung der Ehe oder vor[5]) der Zeit entstanden sind, zu der das Gut Vorbehaltsgut geworden ist;**
3. **die Kosten[6]) eines Rechtsstreits, den die Frau über eine der in Nr 1, 2 bezeichneten Verbindlichkeiten führt[7]).**

E I 1316 Abs 2 Nr 1—3 II 1314; M 4 260 ff.; P 4 136, 149, 157, 160, 183, 207; 6 277.

1. **Die Gläubiger der Frau** können nach ihrer Wahl Befriedigung aus dem eingebrachten Gute gemäß § 1411 oder aus dem Vorbehaltsgute verlangen. Im Verhältnisse der Ehegatten untereinander muß aber eine Ausgleichung stattfinden (§ 1417). Die Regel ist, daß Verbindlichkeiten, wegen deren Befriedigung aus dem eingebrachten Gute verlangt werden kann, im Verhältnisse der Ehegatten zueinander dem eingebrachten Gute zur Last fallen. Von dieser Regel sind die in §§ 1415, 1416 bezeichneten Verbindlichkeiten ausgenommen. Sie fallen im Verhältnisse der Ehegatten untereinander dem Vorbehaltsgute zur Last.

2. Zu solchen **Verbindlichkeiten** gehören z. B. die Verpflichtung zum Schadensersatze, zur Entrichtung einer Geldstrafe oder Buße und zur Tragung der Kosten eines Strafverfahrens. Für die Kosten der Verteidigung der Frau kommt zunächst § 1387 Nr 2 in Betracht. Kosten, die durch die Unterbringung und Verpflegung der Frau in einer Strafanstalt erwachsen, hat der Mann auf Grund seiner gesetzlichen Unterhaltspflicht zu tragen. Sie fallen im Verhältnisse der Ehegatten dem eingebrachten Gute zur Last, falls der Mann sie nicht bezahlen kann.

3. **Während der Ehe.** Verbindlichkeiten aus früher begangenen unerlaubten Handlungen fallen im Verhältnisse der Ehegatten dem eingebrachten Gute der Frau zur Last. Ein Strafverfahren, das wegen einer vor der Eheschließung begangenen unerlaubten Handlung stattfindet, fällt nicht hierunter. Die Frau muß die unerlaubte Handlung begangen haben, Beschuldigung allein genügt nicht.

4. Zu solchen **Verbindlichkeiten** gehören z. B. die Verpflichtungen der Frau aus Rechtsgeschäften, die sich auf das Vorbehaltsgut beziehen (§ 1370) und mit Zustimmung des Mannes vorgenommen oder ihm gegenüber ohne seine Zustimmung wirksam sind, namentlich die Verbindlichkeiten der Frau aus dem selbständigen Betrieb eines mit Einwilligung des Mannes betriebenen Erwerbsgeschäfts (§§ 1367, 1405, 1414), sowie die gesetzliche Unterhaltspflicht

der Frau (§ 1386 A 6), insoweit sie durch den Besitz von Vorbehaltsgut begründet oder vergrößert wird und daher eine verhältnismäßige Verteilung auf das Vorbehaltsgut und das eingebrachte Gut erforderlich macht.

5. **Beispiele:** Die vor jenem Zeitpunkte fällig gewordenen Leistungen auf Grund einer Reallast, die auf einem zum Vorbehaltsgute gehörenden Grundstücke ruht, ferner die auf einem solchen Grundstücke lastenden vorehelichen Schulden. Vgl. §§ 1385 A 6, 1386 A 9.

6. Begriff der Kosten § 1387 A 2.

7. In welcher Parteirolle die Frau den Rechtsstreit führt, ist nebensächlich.

§ 1416

[1]) Im Verhältnisse der Ehegatten zueinander fallen die Kosten[2]) eines Rechtsstreits[3]) zwischen ihnen[4]) dem Vorbehaltsgute zur Last, soweit nicht der Mann sie zu tragen hat[5]).

Das gleiche[6]) gilt von den Kosten eines Rechtsstreits zwischen der Frau und einem Dritten, es sei denn, daß das Urteil dem Manne gegenüber in Ansehung des eingebrachten Gutes wirksam ist[7]). Betrifft jedoch der Rechtsstreit eine persönliche Angelegenheit[8]) der Frau oder eine nicht unter die Vorschriften des § 1415 Nr 1, 2 fallende Verbindlichkeit, für die das eingebrachte Gut haftet[9]), so findet diese Vorschrift[10]) keine Anwendung, wenn die Aufwendung der Kosten den Umständen nach geboten ist[11]).

E I 1316 Abs 2 Nr 4 II 1315; M 4 264; P 4 136, 149, 157, 160, 183, 208.

1. Der § 1416 regelt die **Kostenfrage** zwar nur in bezug auf das innere Verhältnis des Vorbehaltsguts zum eingebrachten Gute und hat zunächst nur die Ausgleichung der beiden Massen unter sich (§ 1417) im Auge; aber für die Tragweite des § 1416 kommen auch §§ 1387 Nr 1 u. 1388 (Verpflichtungen des Ehemanns gegenüber der Frau und den Gläubigern der Frau) in Betracht.

2. Begriff der Kosten § 1387 A 2.

3. Begriff des Rechtsstreits § 1387 A 3.

4. **Gegenstand eines Rechtsstreits** zwischen Ehegatten kann z. B. Ehescheidung, Eheanfechtung, Herstellung des ehelichen Lebens, Gewährung des Unterhalts, Herausgabe der Kinder, Aufhebung der Verwaltung und Nutznießung des Mannes, Herausgabe des Vorbehaltsguts oder Sicherheitsleistung sein.

5. **Der Mann hat die Kosten des Rechtsstreits zu tragen,** wenn er dazu nach den Prozeß- und Kostengesetzen verpflichtet ist, sei es, daß er der Frau gegenüber in der Hauptsache unterliegt oder aus einem andern Grunde als kostenpflichtige Partei anzusehen ist. Kann der Mann die Kosten nicht aus eigenen Mitteln zahlen, so fallen sie dem eingebrachten Gute zur Last. — Wird der zwischen Ehegatten schwebende Unterhaltsrechtsstreit durch gerichtlichen Vergleich ohne Abrede über die Kosten erledigt, so ist im Verhältnis der Ehegatten zueinander der Mann gemäß § 98 ZPO verpflichtet, der Frau die Hälfte der von ihr gemäß § 89 GKG (§ 77 GKG i. d. Fassung v. 5. 7. 27) geschuldeten Gerichtskosten zu ersetzen oder sie von ihrer Verpflichtung der Gerichtskasse gegenüber zu befreien. Insoweit fallen daher die Gerichtskosten nicht dem Vorbehaltsgute, sondern gemäß § 1416 Abs 1 dem Manne zur Last. Er haftet dafür gemäß §§ 1387 Nr 1, 1388 der Gerichtskasse neben der Frau als Gesamtschuldner (OLG 41, 75).

6. **Das gleiche** — nämlich, daß die Kosten im Verhältnisse der Ehegatten zueinander dem Vorbehaltsgute zur Last fallen.

7. Ist das **Urteil dem Manne gegenüber** in Ansehung des eingebrachten Gutes **wirksam,** z. B. bei erteilter oder entbehrlicher Zustimmung (§ 1400 A 3, 4), so fallen die Kosten im Verhältnisse der Ehegatten zueinander dem eingebrachten Gute zur Last, vorausgesetzt, daß nicht ein Fall des § 1415 vorliegt.

8. **Persönliche Angelegenheit der Frau.** Z. B. im Falle der Doppelehe die Anfechtung der früheren Ehe (§ 1326) im Wege der Klage oder Widerklage, ferner die Einlassung auf eine Nichtigkeitsklage gegen ein früheres Scheidungsurteil (§ 1309 Abs 2). Vgl. auch § 1402 A 3.

9. Ob **für die Verbindlichkeit das eingebrachte Gut haftet,** ist nach §§ 1411—1414 zu beurteilen.

10. **Diese Vorschrift** — nämlich, daß die Kosten im Verhältnisse der Ehegatten zueinander dem Vorbehaltsgute zur Last fallen.

11. Solchenfalls treffen die Kosten im Verhältnisse der Ehegatten zueinander das eingebrachte Gut.

§ 1417

[1]) **Wird eine Verbindlichkeit, die nach den §§ 1415, 1416 dem Vorbehaltsgute zur Last fällt, aus dem eingebrachten Gute berichtigt[2]), so hat die Frau aus dem Vorbehaltsgute, soweit dieses reicht[3]), zu dem eingebrachten Gute Ersatz zu leisten[4]).**

Wird eine Verbindlichkeit der Frau, die im Verhältnisse der Ehegatten zueinander nicht dem Vorbehaltsgute zur Last fällt, aus dem Vorbehaltsgute berichtigt[2]), so hat der Mann aus dem eingebrachten Gute, soweit dieses reicht[3]), zu dem Vorbehaltsgut Ersatz zu leisten[4]).

E I 1316 Abs 3 II 1316; M 4 260, 266; P 4 136, 149, 157, 160, 183, 207.

1. Der § 1417 regelt die **Ausgleichung des Vorbehaltsguts und des eingebrachten Gutes** im Verhältnisse der Ehegatten untereinander für den Fall, daß die eine Masse auf Kosten der andern eine Mehrung, bzw. zugunsten der andern eine Minderung erfahren hat. Daraus ergibt sich zugleich, daß die Verwirklichung der Ausgleichung, abweichend von § 1394, schon während der Verwaltung und Nutznießung gerichtlich geltend gemacht werden kann. Vgl. § 1394 A 3.

2. **Berichtigt** wird eine Verbindlichkeit nicht nur durch Erfüllung, Hinterlegung und Aufrechnung, sondern auch durch Vereinigung von Schuld und Forderung in der Person der Frau.

3. Ist **ersatzpflichtiges Gut** nicht vorhanden oder reicht es zum Ersatze nicht aus, so entfällt insoweit die Ersatzpflicht der Frau. Eine dieses Maß überschreitende persönliche Ersatzpflicht der Frau gegenüber dem Manne besteht nicht. Unberührt bleibt die persönliche Verpflichtung des Mannes zur Tragung der in §§ 1384—1387 bezeichneten Lasten.

4. **Schuldvolle Nichterfüllung** der **Ersatzpflicht** begründet nach allgemeinen Grundsätzen Anspruch auf Schadensersatz.

4. Beendigung der Verwaltung und Nutznießung[1])

1. Die §§ 1418—1420 regeln Fälle, in denen die Verwaltung und Nutznießung des Mannes aufhört. Selbstverständlich endigt dieser Güterstand auch mit der Auflösung der Ehe (Tod eines Ehegatten, Scheidung der Ehe und Wiederverheiratung eines Ehegatten im Falle der Todeserklärung des andern Ehegatten). — Das Verwaltungs- und Nießbrauchsrecht des Mannes ist persönlicher Natur und erlischt mit seinem Tode (**RG** 58, 38; **RG** JW 1915, 1011[18]). Die Aufhebung der ehelichen Gemeinschaft (§ 1575) steht der Scheidung gleich (§ 1568). Wird die eheliche Gemeinschaft nach der Aufhebung wiederhergestellt, so tritt Gütertrennung ein (§ 1587). Im Falle der Nichtigkeitserklärung der Ehe wird festgestellt, daß die Ehe nie bestanden habe, mithin auch die eheliche Verwaltung und Nutznießung nie eingetreten ist. In diesem Falle sind für die Vermögensauseinandersetzung die allgemeinen Grundsätze (über Rückforderung, Auftrag, auftragslose Geschäftsführung) maßgebend. Vgl. § 1343 A 3. Tatsächliches Getrenntleben der Ehegatten berührt, auch wenn es gerichtlich gestattet ist (§ 627 ZPO), an sich den Güterstand nicht, unbeschadet der Befugnis des Gerichts zum Erlaß einstweiliger Verfügungen (§ 940 ZPO; § 1418 A 12). Selbstverständlich kann auch durch Ehevertrag die Beendigung der Verwaltung und Nutznießung bestimmt werden (§ 1432). Dagegen ist es unzulässig, daß der Mann einseitig auf die Verwaltung und Nutznießung im ganzen verzichtet. Vgl. § 1468 A 1 (Beendigung der Gütergemeinschaft). — Die §§ 1418—1420 behandeln keineswegs alle Fälle, in denen die Verwaltung und Nutznießung des Ehemanns endet. Gerade die wichtigsten Fälle, die der Beendigung durch Auflösung der Ehe und infolge Ehevertrags, sind nicht aufgeführt. Vor allem aber haben sie nur solche Fälle im Auge, in denen die Verwaltung und Nutznießung des Ehemanns in ihrer Gesamtheit endet. Mit der Frage, ob ein einzelner Vermögensbestandteil (z. B. der mütterliche Anteil einer Frau an dem gütergemeinschaftlichen Vermögen ihrer Eltern. Vgl. § 1369 A 1) noch zum eingebrachten Gute der Frau gehört oder daraus ausgeschieden ist, haben die §§ 1418—1420 nichts zu tun. Unzweifelhaft ergreift das ehemännliche Verwaltungs- und Nutznießungsrecht immer nur das jeweilige eingebrachte Gut, wodurch es sich grundsätzlich vom Rechte des Nießbrauchers unterscheidet (**RG** 30. 10. 18 IV 224/18).

§ 1418

Die Frau[1]) kann auf Aufhebung der Verwaltung und Nutznießung klagen[2]):

1. wenn die Voraussetzungen vorliegen, unter denen die Frau nach § 1391[3]) Sicherheitsleistung verlangen kann[4]);

2. wenn der Mann seine Verpflichtung[5]), der Frau und den gemeinschaftlichen Abkömmlingen Unterhalt zu gewähren, verletzt[6]) hat und für die Zukunft eine erhebliche Gefährdung des Unterhalts zu besorgen ist. Eine Verletzung[6]) der Unterhaltspflicht liegt schon dann vor, wenn der Frau und den gemeinschaftlichen Abkömmlingen nicht mindestens der Unterhalt gewährt wird, welcher ihnen bei ordnungsmäßiger Verwaltung und Nutznießung des eingebrachten Gutes zukommen würde[7]);

3. wenn der Mann entmündigt ist[8]);

4. wenn der Mann nach § 1910 zur Besorgung seiner Vermögensangelegenheiten[9]) einen Pfleger erhalten hat;

5. wenn für den Mann ein Abwesenheitspfleger[10]) bestellt und die baldige Aufhebung der Pflegschaft nicht zu erwarten ist.

Die Aufhebung der Verwaltung und Nutznießung tritt mit der Rechtskraft des Urteils[11]) ein[12])[13]).

E I 1327 Abs 1 Nr 2, 1328 II 1317; M 4 295 ff.; P 4 136, 149, 155, 163, 184, 194, 210, 348.

1. Hat die **Frau** einen gesetzlichen Vertreter, so steht das Klagerecht nur diesem zu (§§ 51 ff. ZPO). Vgl. auch § 1364. Der Rechtsstreit ist keine Ehesache.

2. **Die Klage** ist in den Fällen zu 1 u. 2 gegen den Mann, im Falle zu 3 gegen den Vormund und in den Fällen zu 4 u. 5 gegen den Pfleger zu richten. Im Falle zu 4 (Pflegschaft wegen Gebrechlichkeit) bleibt der Mann zwar prozeßfähig und kann daher auch verklagt werden, aber er steht, wenn er im Rechtsstreite durch einen Pfleger vertreten wird, nach § 53 ZPO für den Rechtsstreit einer nichtprozeßfähigen Person gleich. Mit der Klage aus § 1418 können Klagen aus § 1421 verbunden werden (**RG** 18. 4. 04 IV 137/04). Vgl. § 1421 A 1. Das Verfahren in Ehesachen (§§ 606—639 ZPO) findet keine Anwendung. Zuständig ist für die Klage aus § 1418 das Landgericht, da es sich um einen nichtvermögensrechtlichen Anspruch handelt (§§ 23, 71 Abs 1 GVG). Die Klage kann der Mann durch Erbieten zum Abschluß eines die Aufhebung der Verwaltung und Nutznießung bestimmenden Ehevertrags abwenden. Durch Herausgabe des eingebrachten Gutes allein genügt er dem Klagebegehren nicht (**RG** Gruch 53, 697). Der Streitwert der Klage aus § 1418 ist gemäß § 3 ZPO frei zu schätzen (**RG** JW 05, 24[27]), jedoch nur innerhalb der durch § 11 GKG (Fassung v. 21. 12. 22; dann Fassung v. 5. 7. 27) gezogenen Grenzen. Wegen Anfechtung von Eheverträgen vgl. § 1391 A 12.

3. **Voraussetzungen** des § 1391, sei es nach Abs 1, sei es nach Abs 2. Vgl. die Erl zu § 1391.

4. Nicht nötig ist, daß die Frau zuvor **Sicherheitsleistung** wirklich verlangt. Hat aber der Mann ausreichende Sicherheit geleistet, so ist eine Klage auf Aufhebung der Verwaltung und Nutznießung unstatthaft. — Hat die Ehefrau die Rechte, die ihrem Ehemanne gesetzlich an ihrem eingebrachten Gute zustehen, dem Ehemanne gegenüber insofern erweitert, als sie ihn bezüglich bestimmter Wertpapiere im voraus von der nach gesetzlichen Vorschriften (§§ 1375, 1376, 1377) sonst eintretenden Verpflichtung des Mannes zur Einholung der Zustimmung seiner Ehefrau befreit hat, so ist dieses Rechtsverhältnis nicht ohne weiteres durch die Fortdauer guter Beziehungen der Eheleute zueinander bedingt. Die Ehefrau ist aber berechtigt, diese dem Ehemanne gunstweise eingeräumten Befugnisse wieder einseitig zu entziehen, so daß der Ehemann künftig über die bezeichneten Sachen nur in der gesetzlich zulässigen Weise verfügen darf, insbesondere wieder an eine ordnungsmäßige Verwaltung im Sinne des Gesetzes gebunden ist. Gänzliche Aufhebung der Verwaltung kann sie nur unter den gesetzlichen Voraussetzungen erlangen (**RG** 26. 3. 06 IV 477/05).

5. Für die **Unterhaltspflicht** sind die §§ 1360, 1361, 1601—1603 maßgebend.

6. **Verletzung der Unterhaltspflicht** liegt schon dann vor, wenn auch nur einem Unterhaltsberechtigten das Mindestmaß des Unterhalts nicht gewährt wird. Verschulden des Mannes wird nicht vorausgesetzt. — Wenn der zur Gewährung des Unterhalts durch Entrichtung einer Geldrente an die Frau gemäß § 1361 verpflichtete Mann die Geldrente verweigert, so verletzt er seine Unterhaltspflicht (§ 1418 Nr 2), selbst wenn er glaubt, zur Entrichtung der Geldrente nicht verpflichtet zu sein (**RG** Warn 1914 Nr 255). Da es nicht notwendig ist, daß die Nichtgewährung des Unterhalts dem Manne als Verschulden zuzurechnen ist, so kommt es auch nicht darauf an, ob der Mann zur Unterhaltsgewährung aufgefordert worden ist und ob er diese abgelehnt hat, und noch viel weniger darauf, ob eine bestimmt bemessene Rente verlangt worden ist (**RG** JW 1911, 405[19]; 1924, 678[12]). Eine **erhebliche Gefährdung des Unterhalts** kann vorliegen, wenn der Mann zur Gewährung der zum standes-

mäßigen Unterhalte der Frau erforderlichen Mittel zwar imstande ist, aber nicht hierzu bereit ist, sei es, daß er die Mittel nicht gewähren will, sei es, daß er, weil ihm an der Erfüllung der Unterhaltspflicht nichts gelegen ist, so nachlässig wirtschaftet, daß die erforderlichen Mittel nicht zusammengebracht werden. Hat solch schuldhaftes Verhalten lange Zeit angedauert, so kann der Schluß gerechtfertigt sein, daß auch in der Zukunft die Unterhaltspflicht nicht erfüllt werden wird (RG 2. 3. 11 IV 189/10). Für die Frage, ob eine erhebliche Gefährdung vorliegt, ist die Sachlage am Schlusse der letzten mündlichen Verhandlung entscheidend. Daher kann ein zur Zeit der Klageerhebung begründeter Anspruch aus § 1418 Abs 1 Nr 1 durch das spätere Verhalten des Mannes beseitigt werden (RG Warn 1911 Nr 246; vgl. RG JW 98, 606[29]; 00, 182[9], Arrest, einstweilige Verfügung).

7. Nr 2 Satz 2 enthält eine Folge und Verschärfung des § 1389 Abs 2.

8. Die **Entmündigung** des Mannes hat nicht schon kraft Gesetzes die Beendigung der Nutznießung und Verwaltung zur Folge. Vgl. § 1409 A 2. Entmündigt ist der Mann in dem Zeitpunkte, in welchem nach §§ 661, 683 Abs 2 ZPO der die Entmündigung aussprechende Beschluß in Wirksamkeit tritt. Auf Aufhebung der Verwaltung und Nutznießung darf nicht erkannt werden, wenn zur Zeit der Urteilsfällung der Entmündigungsbeschluß mit Erfolg angefochten (§§ 672, 684 ZPO) oder Wiederaufhebung der Entmündigung (§§ 675ff., 685ff.) erfolgt ist. Geeignetenfalls ist das Verfahren auszusetzen (§ 148 ZPO).

9. Die **Vermögensangelegenheiten** des Mannes bilden einen bestimmten Kreis seiner Angelegenheiten. Letzterer muß der Gegenstand der **Pflegschaft** geworden sein, ob mit Ausschluß oder mit Einschluß anderer Angelegenheiten (z. B. der Sorge für die Person) ist belanglos. Es genügt nicht, wenn von den Vermögensangelegenheiten des Mannes nur einzelne einem Pfleger übertragen sind.

10. **Abwesenheitspflegschaft.** Aus welchem der in § 1911 aufgeführten Gründe der Abwesenheitspfleger bestellt ist, macht keinen Unterschied. A. M. Planck A 14; Ullmann S. 291. Hat der Mann zur Besorgung seiner Vermögensangelegenheiten, insbesondere zur Ausübung der Verwaltung und Nutznießung, einen Bevollmächtigten bestellt (§ 1408 A 2), so liegt ein Anlaß zur Bestellung eines Abwesenheitspflegers nur unter den besonderen Umständen des § 1911 Abs 1 Satz 2 vor, und in diesem Falle ist auch die Klage der Frau auf Aufhebung der Verwaltung und Nutznießung gerechtfertigt.

11. Das **Urteil** hat rechtsgestaltende Wirkung und kann nicht für vorläufig vollstreckbar erklärt werden. — Es genügt, daß die Voraussetzungen, unter denen auf Aufhebung der Verwaltung und Nutznießung zu erkennen ist, zur Zeit der mündlichen Verhandlung, auf die das Urteil ergeht, vorliegen (RG Warn 08 Nr 162).

12. **Beendigung des Güterstandes.** Endigt die Verwaltung und Nutznießung auf Grund des § 1418, so tritt nach § 1426 Gütertrennung ein. Diese ist Dritten gegenüber nur nach Maßgabe des § 1435 wirksam (§ 1431). Zur Eintragung in das Güterrechtsregister genügt der Antrag der Ehefrau (§ 1561 Abs 3 Nr 1). Vorläufige Aufhebung des Güterstandes der Verwaltung und Nutznießung durch einstweilige Verfügung ist nicht statthaft. Die gesetzlichen Vorschriften über Beginn und Beendigung der Güterstände können nicht im Wege einstweiliger Verfügungen abgeändert werden. Wohl aber können auf diesem Wege zum Schutze der Frau die Einzelbefugnisse des Mannes in weitgehendem Maße beschränkt werden. — Über die Wirkung einer einstweiligen Verfügung (§ 938 ZPO), durch die das Verwaltungs- und Nutzungsrecht des Mannes einstweilen aufgehoben wird, vgl. OLG 24, 7. Der Mann ist zur Herausgabe des eingebrachten Gutes in dem im § 1422 bezeichneten Umfange auch dann verpflichtet, wenn die Klage der Frau auf Aufhebung der ehemännlichen Verwaltung und Nutznießung zwar begründet ist, der Güterstand aber während des Rechtsstreits aus anderen Gründen, z. B. infolge Ehescheidung, aufgehört hat (RG 70, 61). Wenn auch die Gütertrennung und mit ihr die Pflicht des Mannes zur Herausgabe des Eingebrachten erst mit der Rechtskraft des Urteils eintritt, so folgt daraus nicht, daß der Richter wegen dieses Umstandes dem Verlangen des Mannes auf Inbesitznahme eingebrachter Sachen stattzugeben hat, obgleich er befindet, daß, entsprechend dem Widerklagebegehren, der Frau das Recht auf Sicherstellung ihres Eingebrachten und damit das Recht zusteht, die Aufhebung des gesetzlichen Güterstandes der Verwaltungsgemeinschaft zu fordern (§§ 1391, 1418 Nr 1). Kann die Frau Sicherheitsleistung beanspruchen, so kann sie dies auch in der Art, daß sie das Eingebrachte zurückbehält und dadurch eine erhebliche Gefährdung ihrer Rechte unmöglich macht. Dann ist aber auch der Herausgabeanspruch des Mannes unberechtigt (RG 84, 48). Vgl. § 1391 A 7.

13. **Übergangsrecht.** Wegen Berücksichtigung der vor dem 1. Jan. 1900 liegenden Vorgänge vgl. § 1391 A 2 a. E. Wenn eine Ehefrau nach dem bisherigen Rechte (ALR) nur den Anspruch auf Sicherstellung wegen ihres Eingebrachten, nicht auch den auf Rückgewähr des Eingebrachten hatte, so hat sich ihr Recht auf Sicherheitsleistung in seinem Fortbestande über den 31. Dez. 1899 hinaus ohne das Hinzutreten neuer Tatumstände nicht zu einem Rechte auf Entziehung der Verwaltung und Nutznießung (§ 1418 Nr 1 BGB) erweitert. Eine der-

artige Rückwirkung darf dem neuen Rechte nicht beigemessen werden. Die landesgesetzliche Überleitung des bisherigen Güterstandes in den des BGB bringt bei unveränderter Sachlage diese der Ehefrau bisher fehlende Befugnis nicht mit sich (RG 8. 12. 02 IV 258/02).

§ 1419

Die Verwaltung und Nutznießung endigt[1]) mit der Rechtskraft[2]) des Beschlusses, durch den der Konkurs[3]) über das Vermögen[4]) des Mannes[5]) eröffnet wird.

E I 1327 Abs 1 Nr 3 II 1318; M 4 291 ff.; P 4 137, 149, 155, 183, 213.

1. **Beendigung des Güterstandes.** Die Verwaltung und Nutznießung des Mannes endigt mit der Rechtskraft des Eröffnungsbeschlusses, ohne daß es eines Antrags der Frau bedarf. Bis zum Eintritte der Rechtskraft dauert die Verwaltung und Nutznießung des Mannes fort, obwohl die Wirkungen des Konkurses schon mit der Erlassung des Eröffnungsbeschlusses eintreten. Das Recht des Mannes am eingebrachten Gute und die auf Grund dieses Rechtes von ihm gewonnenen Früchte (mit Einschluß der nach § 861 ZPO pfändbaren) gehören überhaupt nicht zur Konkursmasse (§ 1408 BGB, § 1 Abs 1 KO). Bei der Beendigung der Verwaltung und Nutznießung verbleibt es, gleichviel ob und wie das Konkursverfahren durchgeführt wird. Endigt die Verwaltung und Nutznießung auf Grund des § 1419, so tritt nach § 1426 Gütertrennung ein. Diese ist Dritten gegenüber nur nach Maßgabe des § 1435 wirksam (§ 1431). Zur Eintragung in das Güterrechtsregister genügt der Antrag der Ehefrau (§ 1561 Abs 3 Nr 1). Durch Ehevertrag kann der frühere Güterstand wieder eingeführt werden.

2. Eintritt der **Rechtskraft** § 705 ZPO, §§ 72, 109 KO.

3. Daß der Mann den **Konkurs** verschuldet habe, wird nicht verlangt.

4. Das dem **Manne gehörige Vermögen** schlechthin muß Gegenstand des Konkurses geworden sein. Die Eröffnung eines Sonderkonkurses nach §§ 207—238 KO (z. B. über Gesellschaftsvermögen, Nachlaß) genügt nicht.

5. Wegen des Konkurses über das Vermögen der Frau vgl. § 1411 A 2.

§ 1420

[1]) Die Verwaltung und Nutznießung endigt[2]), wenn der Mann[3]) für tot erklärt wird, mit dem Zeitpunkte, der[4]) als Zeitpunkt des Todes gilt[5]).

E I 1327 Abs 1 Nr 4 II 1319; M 4 293; P 4 137, 149, 155, 183, 213.

1. **Bedeutung der Vorschrift.** Hinsichtlich verschiedener Rechtsbeziehungen des Verschollenen hat der Gesetzgeber der Todeserklärung weitergehende Wirkungen beigelegt, als ihr auf Grund des § 18 zukämen. Hierher gehört auch § 1420 mit § 1425. Die Bedeutung dieser Vorschriften besteht darin, daß mit dem in der Todeserklärung festgestellten Zeitpunkte die Verwaltung und Nutznießung des Mannes endigt, auch wenn die Vermutung, daß der Ehemann in jenem Zeitpunkte gestorben sei, sich als unrichtig erweist, und daß, wenn der für tot Erklärte noch lebt, die Wiederherstellung seiner Rechte nur auf dem Wege einer Klage erfolgen kann (RG 60, 169).

2. **Beendigung des Güterstandes.** Die Verwaltung und Nutznießung des Mannes endigt, ohne daß es eines Antrags der Frau bedarf. Bei der Beendigung verbleibt es, auch wenn der Mann zurückkehrt oder doch die Todeserklärung überlebt. Mit dem Zeitpunkte der Beendigung der Verwaltung und Nutznießung tritt nach § 1426 Gütertrennung ein. Diese ist Dritten gegenüber nur nach Maßgabe des § 1435 wirksam (§ 1431). Zur Eintragung in das Güterrechtsregister genügt der Antrag der Ehefrau (§ 1561 Abs 3 Nr 1). Der Mann kann jedoch auf Wiederherstellung seiner Rechte klagen (§ 1425 Abs 1 Satz 2). Schließt freilich die Frau eine neue Ehe, so wird nach § 1348 Abs 2 die frühere Ehe aufgelöst und dadurch ein neuer Beendigungsgrund geschaffen. Vorbem 1 vor § 1418.

3. Wird die Frau für tot erklärt, so gelten die allgemeinen Grundsätze, insbesondere §§ 18, 2370.

4. Welcher Zeitpunkt als **Zeitpunkt des Todes** zu gelten hat, wird gemäß § 18 Abs 2 BGB und § 970 Abs 2 ZPO im Todeserklärungsurteile festgestellt. Vgl. auch die Bek. über die Todeserklärung Kriegsverschollener v. 18. 4. 16 (RGBl 327) und dazu Dronke in JW 1916, 637, sowie die Neufassung v. 9. 8. 17 (RGBl 703).

5. **Anfechtung der Todeserklärung.** Wird infolge einer Anfechtungsklage die Todeserklärung aufgehoben oder eine andere Todeszeit festgestellt, so wirkt das Urteil für und gegen alle (§ 976 Abs 3 ZPO). Nach diesem Urteile regeln sich auch die güterrechtlichen Verhältnisse. Der Anwendung des § 2370 steht der Umstand entgegen, daß die Ehefrau das eingebrachte Gut nicht erbt, sondern als ihr Eigentum zurückempfängt. — War der Tod des Mannes ohne

Todeserklärung zu Unrecht angenommen worden, z. B. auf Grund einer unrichtigen Sterbeurkunde, so bleibt für die Regelung der güterrechtlichen Verhältnisse die wirkliche Sachlage maßgebend.

§ 1421

Nach[1]) der Beendigung der Verwaltung und Nutznießung hat[2]) der Mann das eingebrachte Gut[3]) der Frau herauszugeben und ihr über die Verwaltung Rechenschaft abzulegen[4]). Auf die Herausgabe eines landwirtschaftlichen Grundstücks findet die Vorschrift des § 592, auf die Herausgabe eines Landguts finden die Vorschriften der §§ 592, 593 entsprechende Anwendung[5])[6]).

E I 1292, 1007, 1009, 1324 Abs 1, 591, 593 II 1320; M 4 183, 283 ff.; P 4 137, 149, 151, 156, 173, 192, 213; 6 278.

1. **Zeitpunkt der Herausgabe und Rechnungslegung.** Mit der Beendigung der Verwaltung und Nutznießung (vgl. Vorbem 1 vor § 1418) entsteht die Verpflichtung des Mannes zur Herausgabe und Rechnungslegung. — Zwar mag auch (mit Staudinger Engelmann A 2a zu § 1421) der Ehefrau je nach Umständen das Recht zugestanden werden, ihr Verlangen nach Herausgabe des eingebrachten Gutes in der Weise einzuschränken, daß sie statt des ganzen Gutes nur bestimmte **einzelne Teile** herausverlangt. Aber das ist nur dann möglich, wenn die Verwaltung und Nutznießung des Mannes beendigt ist oder ihre Beendigung unmittelbar bevorsteht, so daß festgestellt werden kann, ob die herausverlangten Vermögensstücke vorhanden sind (**RG** Gruch 65, 614). Mit der Klage auf Aufhebung der Verwaltung und Nutznießung des Mannes kann die Klage auf Herausgabe eingebrachten Gutes verbunden werden (**RG** 4. 4. 21 IV 456/20). Vgl. § 1418 A 2.

2. **Gesetzliche Pflicht.** Da es sich um Erfüllung einer gesetzlichen Pflicht des Mannes handelt, bedarf es keiner Aufforderung durch die Frau.

3. **Das herauszugebende Gut.** Der Mann hat alles, was zur Zeit der Herausgabe zum eingebrachten Gute gehört, herauszugeben, gleichviel in welchem Zustande es sich befindet. Aus seiner Pflicht zur ordnungsmäßigen Verwaltung (§ 1374 A 1 u. 2) folgt aber weiter, daß er das eingebrachte Gut in demjenigen Zustande herausgeben muß, in dem es sich befinden würde, wenn es ordnungsmäßig verwaltet worden wäre. Sind Bestandteile des eingebrachten Gutes **untergegangen oder verschlechtert,** so hat der Mann entsprechenden Ersatz zu leisten, es sei denn, daß ihn kein Verschulden trifft (§ 1359). Die gewöhnliche Abnutzung begründet keine Ersatzpflicht. Die Herausgabepflicht bezieht sich nur auf den Stamm des eingebrachten Gutes, nicht auf die Nutzungen. Vgl. auch §§ 101, 103 (Verteilung von Früchten und Lasten). — Mit dem Tage der Rechtskraft des Scheidungsurteils erwächst zwar der Frau der Anspruch auf Rückgewähr des eingebrachten Gutes, weil in diesem Zeitpunkte die Verwaltung und Nutznießung des Mannes wegfällt. Aber in Verzug gerät der Mann erst durch Mahnung, und erst von dieser Zeit an ist er zur Zahlung von Zinsen verpflichtet (**RG** 17. 6. 12 IV 616/11; 13. 12. 17 IV 349/17). Die im § 1421 festgesetzte Verpflichtung des Mannes zur Herausgabe des eingebrachten Gutes der Frau bestimmt sich ihrem Gegenstande nach durch den Stand des eingebrachten Gutes im Zeitpunkte der Endigung der ehemännlichen Verwaltung und Nutznießung, jedoch muß der Mann, wenn er seine Pflicht zur ordnungsmäßigen Verwaltung des Frauenguts (§§ 1373, 1374, 1359) verletzt oder unbefugt über Vermögensstücke der Frau verfügt hat (§§ 1376, 1377), den Stand des eingebrachten Gutes, wie er sich bei ordnungsmäßiger Verwaltung gestellt haben würde, für die Bemessung seiner Herausgabepflicht gelten lassen und für das danach Fehlende Ersatz leisten (**RG** Warn 1915 Nr 288; 1915/16 Nr 21). Die **Tilgung von Schulden der Frau,** deren Berichtigung aus dem eingebrachten Gute der Frau verlangt werden kann, gehört zur ordnungsmäßigen Verwaltung des Frauenguts. Der Mann ist berechtigt, eine gesetzliche Unterhaltspflicht der Frau gegenüber ihren Verwandten (vgl. § 1604 Abs 1) auch ohne die Zustimmung der Frau aus deren eingebrachtem Vermögen zu erfüllen, sofern es dazu keiner Verfügung über Vermögensgegenstände bedarf, bei denen der Mann nach den Vorschriften der §§ 1375, 1376, 1377 an die Zustimmung der Frau gebunden ist. Hierbei handelt der Mann nicht als Geschäftsführer ohne Auftrag, sondern in Ausübung seines ehemännlichen Verwaltungs- und Verfügungsrechts. Er erlangt keinen Ersatzanspruch gegen die Frau, sondern vermindert nur das herauszugebende eingebrachte Gut. Soweit die für den Unterhalt geschuldeten Leistungen aus den Einkünften des Frauenvermögens bestritten werden (§ 1386 Abs 1), hat sie im Verhältnisse der Ehegatten untereinander der Mann zu tragen; soweit sie darüber hinaus aus dem Stamme des eingebrachten Gutes zu bewirken sind, hat sie im Verhältnisse der Ehegatten untereinander die Frau zu tragen (**RG** Warn 1915 Nr 288). Wenn eine im gesetzlichen Güterstande lebende Frau aus Anlaß der Eheschließung ihr zum eingebrachten Gute gehöriges Geschäft dem Manne überträgt (vgl. § 1363 A 6), ohne es ihm zu übereignen, so ist, auch wenn sie dazu, daß

er als Inhaber des Geschäfts in das Handelsregister eingetragen wird, ihre Zustimmung erteilt, im Zweifel anzunehmen, daß die Übertragung nur für die Dauer der Ehe und des dem Manne am eingebrachten Gute zustehenden Verwaltungs- und Nutznießungsrechts erfolgen und der Mann nach Auflösung der Ehe und Beendigung seines Rechts zur Rückübertragung des Geschäfts und der Firma verpflichtet sein soll (RG 29. 11. 15 IV 160/15). Vgl. auch OLG 32, 4.

4. Rechnungslegung. Zu einer Rechnungslegung während der Verwaltung ist der Mann regelmäßig nicht verpflichtet (§ 1374 A 1 u. 2). Nach Beendigung der Verwaltung und Nutznießung aber hat er über die Verwaltung nach Maßgabe des § 259 Rechnung zu legen, gegebenenfalls ein Verzeichnis des derzeitigen Bestandes des eingebrachten Gutes (§ 260) vorzulegen und nötigenfalls den Offenbarungseid zu leisten (§ 889 ZPO; § 163 FGG). Die Pflicht zur Rechnungslegung bezieht sich nur auf den Stamm des eingebrachten Gutes, nicht auf die Nutzungen. — Die Frau darf nicht einzelne Gegenstände ihres eingebrachten Gutes herausgreifen, um über deren Verwaltung Rechnungslegung zu verlangen (RG 27. 3. 19 IV 423/18).

5. Tod des Mannes. Konkurs. Im Falle des Todes des Mannes sind seine Erben zur Herausgabe und Rechenschaftsablage wie der Mann selbst verpflichtet. Im Falle des Konkurses über das Vermögen des Mannes hat der Verwalter nur die Pflicht, das eingebrachte Gut herauszugeben. Rechnungslegung und Leistung des Offenbarungseides bleiben Obliegenheiten des Mannes. — Wird über das Vermögen der Frau Konkurs eröffnet, so hat der Mann die Befriedigung der Gläubiger seiner Frau durch den Konkursverwalter zu dulden (RG 73, 238). Vgl. § 1411 A 2.

6. Beweislast. Zwar beginnt die Verwaltung und Nutznießung des Mannes an dem eingebrachten Gute kraft Gesetzes mit der Eheschließung, allein damit ist keine gesetzliche Vermutung für die Übertragung des Besitzes an den Bestandteilen des eingebrachten Gutes von der Frau auf den Mann aufgestellt. Vielmehr muß die Frau beweisen, daß der Mann den Besitz erlangt oder zu erlangen schuldbarerweise versäumt hat. Zu diesem Zwecke kann sie sich auf das Bestandsverzeichnis (§ 1372) berufen. Dasselbe gilt von dem Nachweise des **Zustandes der eingebrachten Sachen.** Dagegen muß im Falle des Untergangs und der Verschlechterung eingebrachter Sachen der Mann beweisen, daß ihn kein Verschulden (§ 1359) treffe. Der Grundsatz der freien Beweiswürdigung ist geeignet, den Mann vor unbilligen Zumutungen zu schützen. — Wenn die Frau nach Auflösung der Ehe Ansprüche auf Rückgabe ihres Eingebrachten erhebt, muß sie allerdings beweisen, daß es in den Besitz des Mannes gelangt ist. Steht dies aber fest, so ist der Mann für Vereinbarungen beweispflichtig, die nach seiner Behauptung die Rückgewährpflicht ausschließen (RG 13. 12. 17 IV 349/17). In der Zustimmung der Frau zum Verbrauch ihres eingebrachten Gutes für Zwecke des ehelichen Aufwandes oder der Berufsausübung des Mannes kann je nach den Umständen des Falles ein **Verzicht auf Rückgabe** liegen (ebenda). Dafür ist entscheidend, wie der Mann das Verhalten und die Erklärungen seiner Frau nach Treu und Glauben mit Rücksicht auf die Verkehrssitte auffassen mußte (RG 79, 438; RG 13. 12. 17 IV 349/17). Vgl. § 1377 A 5. — Der Ehemann hat gesetzlich nicht die Verpflichtung, nach Auflösung der Ehe über den Bestand des eingebrachten Gutes, wie er zur Zeit der Eheschließung war, **Auskunft** zu geben. Er ist allerdings nach § 1421 verpflichtet, das eingebrachte Vermögen, also einen Inbegriff herauszugeben und ist deshalb nach § 260 auch gehalten, ein **Bestandsverzeichnis** vorzulegen. Aber dies Verzeichnis hat sich auf den Bestand des herauszugebenden Inbegriffs, also des Eingebrachten im Zeitpunkte der Auflösung der Ehe zu beziehen. Falls nicht ein Verzeichnis nach § 1372 errichtet ist, ist es Sache der Ehefrau, den Stand ihres eingebrachten Gutes zur Zeit der Heirat und den Übergang des Besitzes der einzelnen dazu gehörigen Gegenstände auf den Mann zu beweisen. Erst wenn und soweit dieser Beweis geführt ist, ist die Grundlage für die im § 1421 bestimmte **Rechenschaftspflicht des Mannes** gegeben. Er hat dann über den Stamm des eingebrachten Gutes (vgl. Mot 4 S. 285 zu 3) nach § 259 Rechenschaft abzulegen, d. h. sich über die in Ansehung der einzelnen Gegenstände vorgenommenen Geschäfte und ihren Verbleib auszuweisen (RG 24. 10 21 IV 133/21).

§ 1422

[1]) **Wird die Verwaltung und Nutznießung auf Grund des § 1418 durch Urteil[2]) aufgehoben, so ist der Mann zur Herausgabe des eingebrachten Gutes so verpflichtet, wie wenn der Anspruch auf Herausgabe mit der Erhebung der Klage auf Aufhebung der Verwaltung und Nutznießung rechtshängig geworden wäre[3]).**

E I 1329 II 1321: M 4 302; P 4 137, 150, 156, 213, 438.

1. Zweck der Vorschrift. Die Vorschrift bezweckt, die Frau vor den Nachteilen zu schützen, die infolge der Dauer des Rechtsstreits und der dadurch verzögerten Erfüllung der Herausgabepflicht des Mannes entstehen. — Die Frau geht der ihr durch § 1422 gewährten Vorteile auch dann nicht verlustig, wenn sich die von ihr auf Grund des § 1418 erhobene Klage zwar für begründet erweist, aber in der Hauptsache dadurch erledigt, daß Ehe und Güterstand aus anderen Gründen (z. B. durch inzwischen eintretende Ehescheidung) aufgehört haben (RG 70, 61; vgl. §§ 1418 A 12, 1479 A 2).

2. Urteil. Ein Scheidungsurteil fällt nicht unter § 1422.

3. Die Herausgabepflicht bestimmt sich demzufolge nach § 292 in Verbindung mit § 1859. Der Zeitpunkt der Rechtshängigkeit ist nicht nur für den Stamm des eingebrachten Gutes, sondern auch für die Nutzungen maßgebend. Dem Manne steht jedoch ein Ersatzanspruch wegen Aufwendungen für eheliche Lasten zu (§ 1363 A 6).

§ 1423

[1]) Hat der Mann[2]) ein zum eingebrachten Gute gehörendes Grundstück vermietet oder verpachtet, so finden, wenn das Miet- oder Pachtverhältnis bei der Beendigung der Verwaltung und Nutznießung noch besteht, die Vorschriften des § 1056 entsprechende Anwendung.

E I 1292, 1008 II 1322; M 4 186; P 4 137, 145, 175, 213.

1. Zweck der Vorschrift. Der § 1423 ist eine Ausnahme von der Regel, daß Rechtsgeschäfte, die der Mann im eigenen Namen und nicht im Namen der Frau vornimmt, ungeeignet sind, die Frau zu verpflichten (§ 1375 A 1). Die Ausnahme bezweckt, dem Manne einen angemessenen Ertrag der ehelichen Nutznießung dadurch zu sichern, daß ihm die rechtliche Möglichkeit gewährt wird, eingebrachte Grundstücke ohne zeitliche Beschränkung auf die Dauer seiner Verwaltung und Nutznießung zu vermieten oder zu verpachten.

2. Der Mann muß bei der **Vermietung oder Verpachtung** im eigenen Namen gehandelt haben. Der § 1423 bezieht sich nicht auf Miet- und Pachtverträge, die der Mann im Namen der Frau mit deren Zustimmung (§ 1375 A 4) abgeschlossen hat. In solchen Fällen ist die Frau selbst Vermieterin oder Verpächterin.

§ 1424

[1]) Der Mann ist auch nach der Beendigung[2]) der Verwaltung und Nutznießung zur Fortführung der Verwaltung[3]) berechtigt[4]), bis er von der Beendigung Kenntnis erlangt oder sie kennen muß[5]). Ein Dritter[6]) kann sich auf diese Berechtigung nicht berufen, wenn er bei der Vornahme eines Rechtsgeschäfts die Beendigung der Verwaltung und Nutznießung kennt oder kennen muß[5]).

Endigt die Verwaltung und Nutznießung infolge des Todes[7]) der Frau, so hat der Mann diejenigen zur Verwaltung gehörenden Geschäfte, mit deren Aufschube Gefahr verbunden ist, zu besorgen[8]), bis der Erbe anderweit Fürsorge treffen kann.

E I 1327 Abs 2, 549 Abs 2 II 1323; M 4 295; P 4 137, 150, 174, 184, 214, 834.

1. Zweck der Vorschrift. Mit der Beendigung der Verwaltung und Nutznießung erlischt die Berechtigung des Mannes zu Verwaltungshandlungen. Diese würden als von einem Nichtberechtigten vorgenommen unwirksam sein. Gegen die daraus entstehenden Nachteile soll der Mann und der mit ihm im Rechtsverkehre stehende Dritte, solange sie im guten Glauben handeln, durch § 1424 Abs 1 geschützt werden. Der Abs 2 bezweckt für den Fall des Todes der Frau den Schutz ihres Erben.

2. Beendigung des Güterstandes. Die Vorschrift des Abs 1 umfaßt sämtliche Beendigungsfälle. Vgl. Vorbem 1 vor § 1418. — Ein Mann, der ohne Wissen seiner rechtskräftig von ihm geschiedenen Frau vor der Vermögensauseinandersetzung das stehende Holz des zum Gesamtgute gehörigen Waldgrundstücks an einen Dritten verkauft, kann sich auf die Ausnahmevorschrift des § 1424 Abs 1 Satz 1 nicht berufen, wenn er die Tatsache der rechtskräftigen Scheidung gekannt hat. Es genügt, daß er die Scheidung kannte. Ob ihm auch bekannt war, daß diese Tatsache die Beendigung seines ihm bisher allein zugestandenen Verwaltungsrechts zur Folge hatte, ist unerheblich, da sein etwaiger guter Glaube auf Rechtsirrtum beruht haben würde. Kann sich aber der geschiedene Ehemann nicht auf § 1424 Abs 1

Satz 1 berufen, so fällt auch jedes Recht des dritten Erwerbers weg, selbst wenn auch er im guten Glauben gehandelt haben sollte (OLG 40, 75).

3. Die Berechtigung zur **Fortführung der Verwaltung** schließt nicht die Berechtigung zum Fortbezuge der Nutzungen in sich. Da es sich um Fortführung der Verwaltung handelt, haftet der Mann wie früher nur nach § 1359 und kann für Aufwendungen nach § 1390 Ersatz verlangen.

4. Nur das **Verwaltungsrecht,** nicht die Verwaltungspflicht (§ 1374 A 1) dauert fort. Jenes gilt (wie bei der Beendigung eines Auftrags nach § 674) zugunsten des Mannes als fortbestehend, und zwar sowohl der Frau als auch Dritten gegenüber. Vgl. A 6.

5. § 122 Abs 2.

6. Das als fortbestehend geltende Verwaltungsrecht des Mannes wirkt nicht zugunsten eines **Dritten,** der die Beendigung der Verwaltung und Nutznießung kennt oder kennen muß (wie § 169).

7. Der **Tod und die Todeserklärung der Frau** haben dieselben Folgen (wie § 672). Wegen des Todes des Mannes vgl. § 1421 A 5.

8. Für Haftung und Ersatzansprüche des Mannes gilt das in A 3 Gesagte.

§ 1425

Wird die Entmündigung[1]) oder Pflegschaft[2]), wegen deren die Aufhebung[3]) der Verwaltung und Nutznießung erfolgt ist, wieder aufgehoben[4]) oder wird der die Entmündigung aussprechende Beschluß mit Erfolg angefochten[5]), so kann[6]) der Mann auf Wiederherstellung seiner Rechte klagen[7]). Das gleiche gilt, wenn der für tot erklärte Mann noch lebt[8]).

Die Wiederherstellung[9]) der Rechte des Mannes tritt mit der Rechtskraft des Urteils[10]) ein. Die Vorschrift des § 1422 findet entsprechende Anwendung[11]).

Im Falle der Wiederherstellung wird Vorbehaltsgut, was ohne die Aufhebung der Rechte des Mannes Vorbehaltsgut geblieben oder geworden[12]) sein würde[13]).

E I 1331, 1332 II 1324; M 4 303; P 4 137, 150 156, 161 183, 214.

1. **Entmündigung** § 1418 A 8.

2. **Pflegschaft** § 1418 A 9, 10.

3. **Aufhebung.** Das Gesetz macht keinen Unterschied, ob die Verwaltung und Nutznießung wegen der Entmündigung bzw. Pflegschaft durch Urteil oder durch Ehevertrag aufgehoben worden war (§ 1418 A 2).

4. **Wiederaufhebung der Entmündigung** vgl. §§ 675 ff., 685 ff. ZPO. Wiederaufhebung der **Pflegschaft** in den Fällen des § 1418 Abs 1 Nr 4, 5 vgl. §§ 1920, 1921.

5. **Anfechtung** §§ 672, 684 ZPO.

6. **Befugnis des Mannes.** Der Mann kann die Befugnis, Wiederherstellung seiner Rechte zu verlangen, jederzeit ausüben. Er ist an keine Frist gebunden. Kraft Gesetzes tritt Wiederherstellung seiner Rechte nicht ein, und er kann auf sie verzichten. Andrerseits ist seine Befugnis auf die im Abs 1 bezeichneten Fälle beschränkt, insbesondere nicht auf den Fall der Beendigung des Konkurses ausgedehnt (§ 1419 A 1).

7. **Die Klage** ist gegen die Frau zu richten. Mit der Klage auf Wiederherstellung kann die Klage auf Herausgabe des eingebrachten Gutes verbunden werden. Verbindung einer dieser Klagen mit der Klage auf Aufhebung oder Wiederaufhebung der Entmündigung ist unzulässig (§§ 667, 679 Abs 4, 686 Abs 4 ZPO). Das Verfahren in Ehesachen (§§ 606—639 ZPO) findet keine Anwendung. Zuständig ist das Landgericht, da es sich um einen nichtvermögensrechtlichen Anspruch handelt (§§ 23, 71 Abs 1 GVG). Die Klage kann die Frau durch Erbieten zum Abschluß eines die Verwaltung und Nutznießung bestimmenden Ehevertrags abwenden.

8. **Todeserklärung des Mannes.** Vgl. § 1420 A 1 u. 2.

9. Die **Wiederherstellung der Rechte des Mannes** bewirkt, daß der Güterstand der Verwaltung und Nutznießung wieder eintritt. Demzufolge hat die Frau ihr ganzes Vermögen (§ 1363 A 2) außer ihrem Vorbehaltsgute dem Manne herauszugeben. Die in der Zwischenzeit von der Frau mit Wirksamkeit gegenüber dem Manne und Dritten getroffenen Verfügungen bleiben wirksam. Die Wiederherstellung der Verwaltung und Nutznießung ist, wenn die Aufhebung in das Güterrechtsregister eingetragen worden war, Dritten gegenüber nur nach Maßgabe des § 1435 wirksam (§ 1431 Abs 2).

10. Das **Urteil** hat rechtsgestaltende Wirkung und kann nicht für vorläufig vollstreckbar erklärt werden. Vgl. § 1418 A 11. Im Wege einer einstweiligen Verfügung können die Rechte des Mannes nicht wiederhergestellt werden (§ 1418 A 12).

11. Der **Zeitpunkt der Rechtshängigkeit** des Anspruchs auf Wiederherstellung ist für die Herausgabepflicht maßgebend. Nach diesem Zeitpunkte bestimmt sich die Haftung der Frau gegenüber dem Manne für Untergang und Verschlechterung des eingebrachten Gutes (§ 292), gezogene Nutzungen, sowie die Ausgleichung zwischen eingebrachtem Gute und Vorbehaltsgut auf Grund der §§ 1415—1417.

12. **Vorbehaltsgut.** Z. B. in den Fällen der §§ 1367, 1870.

13. Die **Beweislast** trifft die Frau (§ 1365 A 1).

5. Gütertrennung

§ 1426

[1]) Tritt nach § 1364 die Verwaltung und Nutznießung des Mannes nicht ein oder endigt sie auf Grund der §§ 1418 bis 1420, so tritt Gütertrennung ein. Für die Gütertrennung[2]) gelten die Vorschriften der §§ 1427 bis 1431[3])[4])[5]).

E I 1284, 1330 Halbs 1 II 1325; M 4 164, 302; P 4 124, 150, 156, 214, 222.

1. **Gütertrennung** kann durch Ehevertrag vereinbart werden oder kraft Gesetzes eintreten. Kraft Gesetzes tritt Gütertrennung in den Fällen der §§ 1364, 1418—1420 (dazu § 1426 Abs 1), 1470 Abs 1, 1545 Abs 1, 1549 u. 1587 ein. Gütertrennung ist daher ebenso wie Verwaltung und Nutznießung des Mannes ein gesetzlicher Güterstand. Da Gütertrennung aber nur in vereinzelten Fällen eintritt, Verwaltung und Nutznießung des Mannes vielmehr die Regel bildet, ist letztere als der gesetzliche Güterstand des BGB anzusehen.

2. Das **Wesen der (vertragsmäßigen oder gesetzlichen) Gütertrennung** besteht in der Ausschließung des gesetzlichen Güterstandes der Verwaltung und Nutznießung des Mannes, also darin, daß die den letzteren Güterstand regelnden §§ 1363—1425 nicht gelten sollen. Die Eheschließung hat zwar auch bei Gütertrennung die allgemeinen Wirkungen (§§ 1353—1362) zur Folge, aber die Ehefrau bleibt so, als wäre sie unverheiratet, Herrin ihres Vermögens. Sie kann darüber, abgesehen von den Ausnahmebestimmungen in den §§ 1427—1430, ohne Zustimmung des Mannes verfügen und haftet nicht für dessen Schulden. Sie bedarf weder zur Eingehung einer Verbindlichkeit noch zur Führung eines Rechtsstreits der Zustimmung des Mannes. Andrerseits haftet der Mann nicht für die Schulden der Frau, und ihn trifft keine Pflicht, die Kosten eines von der Frau geführten Rechtsstreits zu tragen bzw. vorzuschießen. — Die in Gütertrennung lebenden Ehegatten stehen sich, abgesehen von gewissen, sich aus den allgemeinen rechtlichen Wirkungen der Ehe und aus den §§ 1427ff. ergebenden Ausnahmen, in vermögensrechtlicher Beziehung so gegenüber, als ob sie nicht verheiratet wären (**RG** Warn 1915 Nr 135). Sie sind gesetzlich nicht gehindert, ein **Gesellschaftsverhältnis** (gemeinsamen Betrieb eines Fleischereigeschäfts) untereinander zu begründen. Die Begründung bedarf, wenn sie in die güterrechtlichen Verhältnisse nicht eingreift, nicht der für Eheverträge vorgeschriebenen Form (§ 1434), kann vielmehr auch stillschweigend vor sich gehen. Die aus der Gütertrennung sich ergebenden Beziehungen der Eheleute güterrechtlicher Natur, z. B. die Beitragspflicht der Frau (§ 1427), erfahren durch die bloße Eingehung eines Gesellschaftsverhältnisses keine Änderung; die Frau hat aber Anteil am Reingewinn des Geschäfts (**RG** 24. 3. 19 IV 433/18). Vgl. § 1432 A 3. Wenn auch die gesetzliche Schenkungsvermutung (ALR I 11 § 1042) nicht mehr gilt, so sprechen doch tatsächliche Erwägungen dafür, daß ein Ehegatte mit dem, was er dem andern hingibt (Wechsel), nicht ein Schuldverhältnis begründen, sondern daß er eben schenken will. Das gilt, auch wenn die Eheleute in Gütertrennung leben (**RG** JW 1919, 242[9]). Bei Gütertrennung behält die Frau den Besitz der von ihr eingebrachten Sachen, und der Mann wird überhaupt nicht Besitzer, auch dann nicht, wenn die Sachen von beiden Ehegatten gemeinschaftlich benutzt werden (**RG** JW 1922, 93[6]). Leben die Eheleute in getrennten Gütern, so ist **die Frau die Alleinbesitzerin ihrer Sachen.** Der Mann hat keinen Mitbesitz. Wird die der Frau (einer Musiklehrerin) gehörige Sache (ein Flügel) von einem Gläubiger des Mannes auf Grund eines gegen Wissen und Willen der Frau abgeschlossenen Sicherheitsvertrags und eines gegen den Mann erwirkten Herausgabeurteils durch den Gerichtsvollzieher weggenommen, so ist die Sache im Sinne des § 935 der Frau abhanden gekommen und der gutgläubige Erwerber wird nicht Eigentümer nach § 932 (OLG Hamburg in LeipZ 1923, 614[2]). Anders beim gesetzlichen Güterrecht. Vgl. **RG** JW 1914, 146[9] und § 1363 A 6.

3. Der Abs 2 bezieht sich nicht allein auf die im Abs 1 bezeichneten, sondern auf alle Fälle der Gütertrennung. Vgl. A 1. Die bei der Gütertrennung für das Vermögen der Frau

geltenden Vorschriften finden auf das Vorbehaltsgut der Frau gemäß §§ 1371, 1441, 1526 Abs 3, 1549 entsprechende Anwendung.

4. **Schadensersatzansprüche.** Ein der Ehefrau infolge eines Unfalls erwachsener Rentenanspruch wegen Beeinträchtigung ihrer Erwerbsfähigkeit (§ 843) ist, soweit er nur 1500 ℳ für das Jahr oder weniger beträgt, nicht übertragbar (§ 850 Abs 3 ZPO — abgeändert durch § 859 Abs 3 ZPO i. d. Fassung v. 13. 5. 24 — §§ 400, 1439 A 2). Der Ehemann ist daher, wenn er mit seiner Ehefrau in Gütertrennung lebt, nicht berechtigt, den Rentenanspruch der Frau auf Grund einer Abtretungsurkunde im eigenen Namen einzuklagen. Die Bestimmung des § 1380 ist hier nicht anwendbar (**RG** JW 1912, 29[11]).

5. **Auskunftspflicht.** Für den Güterstand der Gütertrennung sind besondere Vorschriften über eine Auskunftspflicht der Ehegatten nicht gegeben (anders bei dem gesetzlichen Güterrechte, der Errungenschaftsgemeinschaft und der Fahrnisgemeinschaft, vgl. §§ 1373 A 2, 1374 A 4, 1525 Abs 2, 1550 Abs 2). Bei diesem Güterstande hat vielmehr regelmäßig der Ehemann kein Recht, von der Frau Erteilung von Auskunft über ihr Vermögen und ihr Einkommen zu verlangen. Wenn **Steuergesetze** vielfach trotzdem ohne jede Rücksicht auf den Güterstand anordnen, daß das Einkommen und Vermögen beider Ehegatten zusammengerechnet werden sollen, und wenn sie dann von dem Manne über das gesamte Einkommen und Vermögen Erklärungen fordern, so tun sie das zunächst in dem richtigen Gedanken, daß der Mann selbst bei Gütertrennung und selbst in bezug auf das vorbehaltene Gut gewöhnlich das Einkommen und das Vermögen der Frau kennt und daß es der Frau zur Vermeidung zu hoher Einschätzung regelmäßig daran liegen wird, dem Manne Einblick in ihre Verhältnisse zu gewähren. Ausnahmefälle werden verhältnismäßig selten vorkommen. Für solche würde, falls die Steuergesetze nicht selbst Abhilfe schaffen, die (unentschieden gebliebene) Frage Bedeutung gewinnen, ob der Mann zur Erfüllung einer ihm auferlegten öffentlichen Pflicht nach bürgerlichem Rechte von der Frau Auskunft verlangen könnte, sei es unter dem Gesichtspunkte der Geschäftsführung ohne Auftrag (§ 679), sei es im Hinblick auf das sittliche Wesen der Ehe (**RG** 87 S. 62 u. 63; **RG** JW 1919, 379[7]).

§ 1427

Der Mann hat den ehelichen Aufwand[1]) zu tragen.

Zur Bestreitung des ehelichen Aufwandes hat die Frau dem Manne einen angemessenen[2]) Beitrag[3]) aus den Einkünften[4]) ihres Vermögens und dem Ertrag ihrer Arbeit[5]) oder eines von ihr selbständig betriebenen Erwerbsgeschäfts[6]) zu leisten[7]). Für die Vergangenheit kann der Mann die Leistung nur insoweit verlangen, als die Frau ungeachtet seiner Aufforderung mit der Leistung im Rückstande geblieben ist. Der Anspruch des Mannes ist nicht übertragbar[8]).

E I 1339 Abs 1—3 II 1326; M 4 322; P 4 214, 222; 6 278.

1. **Begriff des ehelichen Aufwandes** § 1389 A 2. In gleichem Sinne wird der Ausdruck „ehelicher Aufwand" in den §§ 1371, 1389, 1441, 1458, 1529 gebraucht. Die Pflicht des Mannes zur Bestreitung des ehelichen Aufwandes folgt aus seiner Stellung als Haupt der ehelichen Gemeinschaft, ist also von der Frage, welches Güterrecht unter den Eheleuten herrscht, nicht abhängig. — Die Pflicht, die Einrichtung des Haushalts zu besorgen, trifft nach § 1427 Abs 1 den Mann, sie wird nicht dadurch aufgehoben, daß die Frau dem Manne hierfür ihr gehörige Sachen überläßt. Da aber die Ehegatten verpflichtet sind, auch bei der Geltendmachung vermögensrechtlicher Ansprüche untereinander ihr Verhalten so einzurichten, daß es mit dem sittlichen Wesen der Ehe im Einklange bleibt, so kann sich im einzelnen Falle der Anspruch der in getrennten Gütern lebenden Frau auf Herausgabe der von ihr beschafften Einrichtung der Ehewohnung als mit den ehelichen Pflichten unvereinbar darstellen (**RG** 87, 56). Vgl. § 1389 A 2. Bei bestehender Gütertrennung trifft den Mann nur in dem Ausnahmefalle des § 1430 die Pflicht, für die Frau die Kosten eines von ihr geführten Rechtsstreits zu zahlen oder vorzuschießen (**RG** 12. 3. 08 B IV 311/07).

2. Über die **Angemessenheit** des Beitrags, **Art** und **Zeit** der Beitragsleistung entscheidet im Streitfalle das Prozeßgericht, nicht das Vormundschaftsgericht. — Wird der Frau für ihre vermögensrechtlichen Angelegenheiten ein Pfleger bestellt (§ 1910), so hat der Mann kein Beschwerderecht (KG in RJA 13, 69).

3. **Die Beitragspflicht der Frau** beruht auf der Annahme, daß die Einführung der Gütertrennung (sei es durch Gesetz, sei es durch Vertrag) regelmäßig nur bezweckt, der Ehefrau durch Ausschließung der Verwaltung und Nutznießung des Mannes die selbständige Verwaltung ihres Vermögens zu sichern, nicht aber, sie von der natürlichen Pflicht, die ehelichen Lasten mitzutragen, überhaupt zu entbinden. Als regelmäßige Form für Erfüllung dieser Pflicht

erscheint die Verwaltung und Nutznießung des Mannes beim gesetzlichen Güterstande. Die Beitragspflicht bei der Gütertrennung ist nur eine andere Form für diese Pflichterfüllung. Die Eheleute können durch **Ehevertrag** die Beitragspflicht der Frau regeln, auch gänzlich ausschließen. — Die gesetzliche Beitragspflicht der Frau nach § 1427 Abs 2 beschränkt sich auf die Hergabe angemessener Geldbeträge aus den bezeichneten Einnahmequellen. Die Ehegatten können Abweichendes vereinbaren. Derartige Verträge sind auch dann zulässig, wenn die Gütertrennung als gesetzliche Folge der ohne Einwilligung des gesetzlichen Vertreters der minderjährigen Frau erfolgten Eheschließung eingetreten ist, bedürfen aber stets der für Eheverträge im § 1434 vorgeschriebenen Form. Daher ist diese Form für einen Vertrag erforderlich, durch den die Frau ih gehörige Sachen zur Einrichtung des ehelichen Haushalts für die Dauer der Ehe hergibt, somit die Leistung eines dauernden Beitrags aus dem Stamme ihres Vermögens übernimmt und insoweit ihr Recht zur freien Verfügung und Verwaltung ihres Vermögens einer Beschränkung unterwirft (RG 87, 56). Die Beitragspflicht der Frau kann durch Ehevertrag geregelt, auch gänzlich ausgeschlossen werden. Eine vom Manne vor der Eheschließung gegenüber der Frau getane Äußerung, beide Eheleute könnten von seinem Gehalte leben, enthält keinen Verzicht auf die Zuschüsse der Frau zur Bestreitung der Kosten des ehelichen Aufwandes (RG Warn 1915 Nr 239). Der Anspruch des Mannes aus § 1427 kann auch dann geltend gemacht werden, wenn er aus eigenem Vermögen oder Erwerbe nicht zu den ehelichen Lasten beitragen kann, und wenn er den Beitrag der Frau lediglich dazu verwenden will, um daraus den Unterhalt für seine Person zu bestreiten. Die Frau ist nicht berechtigt, den Mann auf die Erhebung des Anspruchs aus § 1360 zu verweisen, statt den Beitrag aus § 1427 zu leisten. Der Mann kann den Anspruch aus § 1360 gegen die Frau nicht erheben, solange er auf dem Wege des § 1427 die Mittel zum Unterhalt erlangen kann; er ist solange nicht unterhaltsbedürftig, also auch nicht unterhaltsberechtigt. Anderseits kann die Frau gegenüber einem Anspruch aus § 1360 nicht geltend machen, daß der Mann zunächst den Anspruch aus § 1427 erheben müsse, da darin **Arglist** läge (RG Warn 1915 Nr 240). Der Beitrag kann auch in anderer Art als auf die in § 1427 bezeichneten Arten geleistet werden, insbesondere in der Form, daß die Frau zur Bestreitung des ehelichen Aufwandes aus ihrem Vermögen eine Aufwendung macht oder dem Manne aus ihrem Vermögen etwas überläßt. Regelmäßig wird dann nach § 1429 anzunehmen sein, daß die Frau nicht die Absicht hat, Ersatz zu verlangen (RG JW 09, 660[12]). Die Frau kann den Beitrag, den sie nach den §§ 1371 1427 Abs 2 zur Bestreitung des ehelichen Aufwandes aus den Einkünften ihres Vermögens zu leisten hat, in der Weise leisten, daß sie die **Kosten des Haushalts** trägt (RG 85, 82). Eine darauf gerichtete Vereinbarung der Eheleute bedarf nicht der Form der Eheverträge (RG 85, 82). Vgl. § 1432 A 3. Rechtlich besteht kein Hindernis, daß sich die Frau der gesetzlichen Verpflichtung, den Beitrag aus den Einkünften zu gewähren, durch eine **einmalige Kapitalabfindung** entledigt. Dann steht ihr freilich die Vermutung des § 1429 entgegen. Gelingt es ihr nicht, diese Vermutung zu widerlegen, so ist damit zwar erwiesen, daß ihr bei der Zuwendung die Absicht gefehlt hat, Ersatz zu verlangen. Das Fehlen einer derartigen Absicht ergibt aber noch keineswegs, daß es sich um eine **Schenkung** gehandelt haben müsse, deren Widerruf ihr gegebenenfalls freistünde. Schenkung kann vielmehr nur angenommen werden, wenn der besondere Tatbestand des § 516 vorliegt (RG 20. 6. 12 IV 49/12). Die **Bezahlung vorehelicher Schulden** des Mannes durch die Frau vor und während der Ehe ist nicht als Leistung zur Bestreitung des ehelichen Aufwandes anzusehen (RG 27. 6. 12 IV 637/11).

4. Aus dem **Stamme ihres Vermögens** braucht die Frau nichts beizutragen. Übereinstimmend RG Warn 1920 Nr 14. Daran wird auch nichts dadurch geändert, daß die Lebensführung der Parteien auf besonderen Wunsch der Frau kostspieliger eingerichtet worden ist, als es nach ihren Einkommensverhältnissen angezeigt gewesen wäre (RG Warn 1920 Nr 14). Vgl. § 1430 A 5. Ihre Pflicht, zwecks Unterhaltsgewährung nach § 1360 Abs 2 unter Umständen den Stamm ihres Vermögens anzugreifen, bleibt unberührt. Das Recht der Eltern der Frau auf Nutznießung des Vermögens der Tochter aus §§ 1661 Satz 2, 1686 geht dem Anspruche des Mannes aus § 1427 vor § 1605 leidet keine sinnentsprechende Anwendung. — Der Rechtsanspruch des Mannes auf Beiträge der Frau zur Bestreitung des ehelichen Aufwandes ist davon abhängig, daß ein **Einkünfte abwerfendes Vermögen der Frau** vorhanden ist, da nur in diesem Falle Beiträge von ihr zu leisten sind. Sonach hat der Mann nicht nur ein wirtschaftliches, sondern auch ein rechtliches Interesse daran, daß das Vermögen der Frau in seinem Bestande erhalten bleibe und nicht, was beispielsweise bei einem ungünstigen Ausgange eines von der Frau geführten Rechtsstreits der Fall sein würde, gemindert werde. Daher ist der Mann, wenn er in einem solchen Rechtsstreit als Zeuge auftritt, gemäß § 393 Nr 4 ZPO unbeeidigt zu vernehmen (RG 100, 200).

5. **Arbeit** ist hier in gleichem Sinne wie im § 1367 gebraucht. Vgl. § 1367 A 2.

6. **Erwerbsgeschäft.** Vgl. §§ 1405 A 5 u. 1367 A 3.

7. **Getrenntleben.** Die Beitragspflicht der Frau erlischt nicht dadurch, daß sie von ihrem Ehemanne getrennt lebt und die Herstellung der häuslichen Gemeinschaft mit Recht verweigert. Wortlaut und Entstehungsgeschichte des Gesetzes bieten keinerlei Anhalt dafür, daß unter dem ehelichen Aufwande nur der durch die tatsächliche Ausübung der ehelichen Lebensgemeinschaft, nicht schlechthin der durch den Bestand der Ehe verursachte Aufwand zu verstehen sei. Sowenig beim gesetzlichen Güterstande das Verwaltungs- und Nutznießungsrecht des Mannes durch das tatsächliche Getrenntleben der Ehegatten beeinträchtigt wird, sowenig ist auch bei Gütertrennung die Frau berechtigt, während des Getrenntlebens den Zuschuß zu verweigern, den ihr das Gesetz als Ausgleich für die ihr selbst vorbehaltenen Vermögensnutzungen auferlegt (**RG** JW 08, 110[9]; 1913, 269[9]; **RG** Warn 1915 Nr 240; 1919 Nr 176). Die vom Manne getrennt lebende Frau ist nicht berechtigt, statt des Beitrags den Mann wie die Kinder auf Erhebung des gesetzlichen Unterhaltsanspruchs gegen sie zu verweisen. Die auch vom Gesetz anerkannte Regel bildet vielmehr, daß die Frau gerade durch Zahlung des Beitrags den Mann in den Stand setzt, unter anderm auch seinen Unterhaltsverpflichtungen sowohl ihr als den Kindern gegenüber nachzukommen (**RG** 67, 1). Vgl. §§ 1365 A 1, 1432 A 4.

8. Da der Anspruch des Mannes (auch auf Rückstände) **nicht übertragbar** ist, ist er gemäß § 851 ZPO auch nicht der Pfändung unterworfen, und es findet gegen ihn gemäß § 394 BGB auch nicht die Aufrechnung statt. Ebensowenig gehört er zur Konkursmasse (§ 1 KO).

§ 1428

[1]) Ist eine erhebliche Gefährdung[2]) des Unterhalts[3]) zu besorgen, den der Mann der Frau und den gemeinschaftlichen Abkömmlingen zu gewähren hat, so kann die Frau den Beitrag zu dem ehelichen Aufwand insoweit zur eigenen[4]) Verwendung[5]) zurückbehalten, als er zur Bestreitung des Unterhalts erforderlich ist.

Das gleiche gilt, wenn der Mann entmündigt[6]) ist oder wenn er nach § 1910 zur Besorgung seiner Vermögensangelegenheiten[7]) einen Pfleger erhalten hat oder wenn für ihn ein Abwesenheitspfleger[8]) bestellt ist.

E I 1339 Abs 4, 5 II 1327; M 4 324; P 4 214, 222, 227, 848

1. **Grundgedanke der Vorschrift.** Das Recht der Frau, den Beitrag zur eigenen Verwendung zurückzubehalten (§ 1428), gründet sich auf dieselben Rücksichten, auf denen ihr Recht beruht, in den Fällen des § 1418 Abs 1 Nr 2—5 auf Aufhebung der Verwaltung und Nutznießung zu klagen. — Die Frage, ob und unter welchen Voraussetzungen die Frau ausnahmsweise den Beitrag zur eigenen Verwendung zurückbehalten darf, ist in § 1428 erschöpfend geregelt (**RG** JW 08, 110[9]).

2. Ob eine **erhebliche Gefährdung** des Unterhalts zu besorgen ist, richtet sich nach den Umständen des einzelnen Falles. Schuldbares Verhalten des Mannes ist nicht erforderlich. Dies ergibt schon der Zusammenhang des Abs 1 mit Abs 2 des § 1428 und die Verwandtschaft des § 1428 mit § 1418 Abs 1 Nr 2—5. Vgl. auch § 1391 A 2 u. 6. Eine schon eingetretene Verletzung der Unterhaltspflicht (wie im § 1418 Abs 1 Nr 2) wird nicht vorausgesetzt.

3. Für den **Unterhalt** sind die §§ 1360, 1361, 1601—1603 maßgebend.

4. Die Frau ist selbständig und, falls der Mann einen gesetzlichen Vertreter hat, unabhängig von dessen Ermessen befugt, den zurückbehaltenen Beitrag zum Unterhalte zu verwenden.

5. Nur durch **wirkliche Verwendung** des Beitrags zu dem Unterhalte wird die Frau von der Beitragspflicht befreit. Die **Beweislast** trifft die Frau.

6. Vgl. § 1418 A 8.
7. Vgl. § 1418 A 9.
8. Vgl. § 1418 A 10.

§ 1429

Macht die Frau[1]) zur Bestreitung des ehelichen Aufwandes[2]) aus ihrem Vermögen[3]) eine Aufwendung[4]) oder überläßt[4]) sie dem Manne zu diesem Zwecke etwas aus ihrem Vermögen[3]), so ist im Zweifel[5]) anzunehmen, daß die Absicht fehlt, Ersatz zu verlangen[6]).

E II 1328; M 4 326 P 4 130, 164, 214, 222, 224, 227.

1. Ist die Frau in der Geschäftsfähigkeit beschränkt, so gilt die Auslegungsregel des § 1429 nur, wenn sie die Aufwendung oder Überlassung mit Zustimmung des gesetzlichen Vertreters bewirkt hat. Fehlt die Zustimmung, so wird ihr ein Ersatzanspruch in der Regel auf Grund der Geschäftsführung ohne Auftrag oder der Bereicherung (§§ 683—685, 679, 812) zustehen.

2. Begriff des **ehelichen Aufwandes** vgl. § 1389 A 2.

3. Sei es aus dem Stamme, sei es aus den Einkünften ihres Vermögens.

4. **Aufwendungen und Überlassungen** im Rahmen der Beitragspflicht der Frau (§§ 1427, 1428) fallen nicht unter § 1429. Als Aufwendung ist auch die Eingehung einer Verbindlichkeit anzusehen.

5. Ein Antrag auf Streichung der Worte **„im Zweifel"** wurde von der Reichstagskommission abgelehnt. Dadurch sollte klargestellt werden, daß der § 1429 eine Auslegungsregel und nicht eine abänderungsfähige Vorschrift enthalte. Der Zweck ist, Streitigkeiten unter den Ehegatten bei der Auseinandersetzung, namentlich im Falle der Ehescheidung, vorzubeugen (Prot 4, 164). Die Fassung entspricht den gleichen Regeln in §§ 685 Abs 2 u. 1618. — Da es sich im § 1429 nicht um eine Vermutung, sondern eine Auslegungsregel handelt, so ist der Richter, bevor er die Auslegungsregel anwendet, verpflichtet, den gesamten Sachverhalt daraufhin zu prüfen, ob nicht aus ihm eine gegenteilige Absicht der Partei zu entnehmen sei (RG JW 09, 660[12]).

6. Für den Anspruch auf **Ersatz** ist es von Bedeutung, ob der Ehegatte zur Zeit der Aufwendungen die Absicht gehabt hat, Ersatz zu verlangen. Die Absicht braucht nicht ausdrücklich erklärt zu sein, kann vielmehr auch aus den Umständen entnommen werden (RG JW 09, 660[12]). § 1429 gilt auch unter getrennt lebenden Ehegatten. Vgl. § 1427 A 7. Auf den gesetzlichen Güterstand der Verwaltung und Nutznießung des Mannes ist § 1429 nicht anwendbar (RG JW 09, 660[12]).

§ 1430

[1]) Überläßt[2]) die Frau[3]) ihr Vermögen ganz oder teilweise[4]) der Verwaltung des Mannes, so kann der Mann die Einkünfte[5]), die er während seiner Verwaltung bezieht, nach freiem Ermessen[6]) verwenden, soweit nicht ihre Verwendung zur Bestreitung der Kosten[7]) der ordnungsmäßigen Verwaltung[8]) und zur Erfüllung solcher Verpflichtungen[9]) der Frau erforderlich ist, die bei ordnungsmäßiger Verwaltung aus den Einkünften des Vermögens bestritten werden. Die Frau kann eine abweichende Bestimmung treffen[10]).

E I 1340 Abs 1 II 1329: M 4 324; P 4 228

1. **Zweck der Vorschrift** Der § 1430 bezweckt, ein häufig vorkommendes, beim Mangel bestimmter Vereinbarungen unsicheres Verhältnis durch Aufstellung einer der Abänderung durch die Parteien unterliegenden Vorschrift zu regeln und dadurch den sonst zu befürchtenden Streitigkeiten vorzubeugen. Die Regelung entspricht dem mutmaßlichen Parteiwillen. Eine ähnliche Vorschrift enthält § 1619.

2. Die **Vermögensüberlassung** zum Zwecke der Verwaltung ist an eine Form nicht gebunden, kann stillschweigend erfolgen und jederzeit widerrufen werden. In einer solchen Überlassung wird regelmäßig die Erteilung eines Auftrags liegen. Nimmt der Mann den Auftrag an, so haftet er grundsätzlich wie ein Beauftragter (§§ 662 ff.). — Darin, daß die Frau gemäß § 1430 ihrem Manne die Verwaltung ihres Vermögens überträgt, liegt die Bestellung zu einer Verrichtung im Sinne des § 831. Sie haftet daher für Schadensersatz, wenn der Mann im Rahmen des ihm erteilten allgemeinen Auftrags eine unerlaubte Handlung begeht, nach Maßgabe des § 831 (RG 91, 363). Durch die Vermögensüberlassung wird der Mann alleiniger unmittelbarer Besitzer der Sachen der Frau, während ihr der mittelbare Besitz verbleibt. Dem Manne steht die Schutzklage aus § 861 gegen die Frau zu, wenn diese ihm den Besitz durch verbotene Eigenmacht entzieht (OLG Dresden in JW 1921, 686[2]).

3. Die in der Geschäftsfähigkeit beschränkte **Frau** bedarf zur Vermögensüberlassung an den Mann der Zustimmung ihres gesetzlichen Vertreters. Fehlt die Zustimmung, so ist die Überlassung unwirksam. Wird die Frau nach der Überlassung geschäftsunfähig oder in der Geschäftsfähigkeit beschränkt, so findet § 672 entsprechende Anwendung.

4. Die Überlassung kann sich auf das **ganze Vermögen** der Frau oder auf einen **Teil** desselben erstrecken, muß aber selbst — unbeschadet der Bestimmung im Satz 2 — vorbehaltlos sein.

5. Unter **Einkünften** des Vermögens der Frau ist hier dasselbe wie im § 1427 Abs 2 zu verstehen. Nur die Einkünfte, nicht der Stamm des Vermögens, unterliegen der Verwen-

dungsfreiheit des Mannes. In Ansehung des Stammes steht der Mann unter den allgemeinen Vorschriften. Ihn treffen insoweit namentlich die Rechenschafts- und die Herausgabepflicht (§§ 666, 667). Jedoch hat der Mann immer nur für diejenige Sorgfalt einzustehen, welche er in eigenen Angelegenheiten anzuwenden pflegt (§ 1359). — Werden dem Manne die Reinüberschüsse eines von der Frau betriebenen Erwerbsgeschäfts zur Verwaltung überlassen, so richtet sich seine Rechenschafts- und Auskunftspflicht gegenüber der Frau nach allgemeinen Vorschriften (**RG** 87, 100). Vgl. hierzu § 1367 A 5. In demselben Falle hat der Mann freie Verfügung nicht über die ihm zur Verwaltung überlassenen **Reinüberschüsse** des von der Frau betriebenen Erwerbsgeschäfts, sondern nur über die aus der Anlegung der Reinüberschüsse erwachsenden Zinsen (**RG** 26. 4. 15 IV 447/14). Nur in Ansehung des Stammes steht der Mann unter den allgemeinen Vorschriften und nur insoweit treffen ihn die Rechenschafts- und die Herausgabepflicht der §§ 666, 667. In Ansehung der Einkünfte ist er zu einer solchen Rechnungslegung nicht verpflichtet, auch nicht zur Herausgabe der während der Verwaltung gezogenen und bei Beendigung der Verwaltung noch vorhandenen Einkünfte. An dem freien Verwendungsrecht des Mannes hinsichtlich der Einkünfte des Frauenvermögens wird auch dadurch, daß die Frau dem Manne **Generalvollmacht** erteilt, nichts geändert (SeuffA 70 Nr 198). In der Vermögensüberlassung zum Zwecke der Verwaltung ist keine Ermächtigung zu finden, den Stamm des Vermögens zur Deckung von Haushaltungskosten zu verwenden, selbst wenn die Einkünfte der beiderseitigen Einkommen zur Bestreitung der Haushaltungskosten nicht ausreichen und die Lebensführung der Eheleute auf besonderen Wunsch der Frau kostspieliger eingerichtet worden ist. Der Mann hat als der zur Tragung des ehelichen Aufwandes verpflichtete Teil die **Art der Lebensführung** zu bestimmen. Gibt er dem Wunsche der Frau nach kostspieligerer Lebensführung nach, so erlangt er dadurch allein keinen Anspruch gegen die Frau auf Tragung oder Ersatz der entstehenden Mehrausgaben. Anders, wenn die Frau gemäß § 1429 handelt oder wenn sie wissentlich duldet, daß der Mann dauernd Beträge ihres Vermögensstammes zur Bestreitung des ehelichen Aufwandes verwendet (**RG** Warn 1920 Nr 14). Vgl. § 1427 A 4.

6. Die Worte „**nach freiem Ermessen**" bringen zum Ausdrucke, daß der Mann in Ansehung der Einkünfte zur Rechnungslegung nach Maßgabe des § 666 nicht verpflichtet ist (M 4, 325). Er ist aber auch nicht einmal zur Herausgabe der während der Verwaltung gezogenen und bei Beendigung der Verwaltung noch vorhandenen Einkünfte verpflichtet, wie bei der zweiten Lesung anerkannt wurde (Prot 4, 230). Dagegen muß er in Ansehung der im § 1430 Satz 1 bezeichneten Kosten und Verpflichtungen Rechenschaft ablegen.

7. Unter **Kosten der ordnungsmäßigen Verwaltung** sind namentlich die in den §§ 1384, 1385 aufgeführten Kosten, Lasten und Beiträge zu verstehen.

8. **Ordnungsmäßige Verwaltung** vgl. § 1374 A 2.

9. **Verpflichtungen solcher Art** sind namentlich die in den §§ 1386, 1387 bezeichneten, vorausgesetzt, daß sie auf dem Vermögen ruhen, das die Frau dem Manne zur Verwaltung überlassen hat. Insbesondere gehören dazu die Leistungen, die die Frau auf Grund ihrer gesetzlichen Unterhaltspflicht schuldet, ebenso ihre Beitragspflicht aus § 1427.

10. Der zweite Satz stellt die **Abänderungsfähigkeit** der im ersten Satze gegebenen Vorschrift klar. Die Frau kann jederzeit abweichende Bestimmungen treffen, auch über die Verwendung vorhandener Früchte.

§ 1431

Die Gütertrennung[1]) ist Dritten[2]) gegenüber nur nach Maßgabe des § 1435 wirksam.

Das gleiche gilt im Falle des § 1425 von der Wiederherstellung der Verwaltung und Nutznießung, wenn die Aufhebung in das Güterrechtsregister eingetragen worden ist.

E I 1284, 1330, 1331 Abs 2 II 1330; M 4 165, 304; P 4 124, 129, 150, 156, 161, 184, 214.

1. Ob die Gütertrennung kraft Gesetzes eintritt oder durch Vertrag eingeführt ist (§ 1426 A 1), macht keinen Unterschied.

2. **Gutgläubige Dritte** sollen durch den Eintragungszwang (§ 1435) vor Gefahren geschützt werden. Im Verhältnisse der Ehegatten zueinander ist die Wirksamkeit der Gütertrennung von der Eintragung in das Güterrechtsregister nicht abhängig. Die Eintragung der Gütertrennung in das Grundbuch ist ausgeschlossen (RJA 3, 162). Das Bestehen der Gütertrennung wird nach Maßgabe der §§ 34, 35 GBO und § 107 FGG nachgewiesen.

II. Vertragsmäßiges Güterrecht

1. Allgemeine Vorschriften

§ 1432

Die Ehegatten können¹) ihre güterrechtlichen Verhältnisse²) durch Vertrag (Ehevertrag)³) regeln, insbesondere auch nach der Eingehung der Ehe den Güterstand aufheben oder ändern⁴)⁵).

E I 1333 II 1331; M 4 304 ff.; P 4 215, 221.

1. Wegen des Grundsatzes der Vertragsfreiheit vgl. Vorbem 1 vor § 1363. Hinsichtlich des Übergangsrechts vgl. Vorbem 3 vor § 1363.

2. **Güterrechtliche Verhältnisse.** Die Ehe als vollständige Lebensgemeinschaft von Mann und Frau begründet zwischen den Ehegatten für die Dauer der Ehe sowohl persönliche als auch vermögensrechtliche Beziehungen. Die vermögensrechtlichen, aus der Pflicht zur Lebensgemeinschaft folgenden Beziehungen der Ehegatten zueinander und zu Dritten bilden den Inhalt des ehelichen Güterrechts. Rechtsverhältnisse dieses Inhalts sind güterrechtliche Verhältnisse im Sinne des § 1432. Nicht zu den güterrechtlichen Verhältnissen gehören die durch die Ehe unter den Ehegatten begründeten persönlichen Verhältnisse, z. B. die Pflicht des Zusammenlebens, der gegenseitigen Unterhaltsgewährung, der Kindererziehung. Verhältnisse dieser Art können im Ehevertrage mitgeregelt werden; Zulässigkeit und Form ihrer Regelung richten sich aber nach allgemeinen Grundsätzen (§ 138 Abs 1).

3. **Ehevertrag** ist der Vertrag, durch den Mann und Frau für die einzugehende oder eingegangene Ehe ihre güterrechtlichen Verhältnisse regeln. — Die Ordnung der vermögensrechtlichen Verhältnisse für die Zeit nach Auflösung der Ehe ist nicht Gegenstand des Ehevertrags im Sinne des § 1432 (RG 6. 4. 08 IV 414/07). Dagegen können **vermögensrechtliche Vereinbarungen,** die für den Fall der Aufhebung der häuslichen Gemeinschaft getroffen werden, z. B. die Zahlung einer Abfindung seitens der Frau an den Mann als Entschädigung für den Wegfall seiner Rechte am Frauenvermögen, unter den Begriff des Ehevertrags fallen (RG JW 1911, 183¹⁰). Unter den Begriff des Ehevertrags fallen Verträge, durch die der gesetzliche Güterstand der Verwaltung und Nutznießung des Mannes gänzlich ausgeschlossen oder nur in einzelnen Beziehungen, z. B. in bezug auf die Bestimmung des § 1365, geändert wird, ferner Verträge, durch die die Gütertrennung, die allgemeine Gütergemeinschaft, die Errungenschaftsgemeinschaft oder die Fahrnisgemeinschaft eingeführt oder der gesetz- oder vertragsmäßig bestehende Güterstand in einzelnen Beziehungen, z. B. in bezug auf die Bestimmungen in §§ 1439, 1523, 1526 Abs 1, geändert wird, sowie Verträge, durch die nach erfolgter Ausschließung oder Änderung der gesetz- oder vertragsmäßige Güterstand wiederhergestellt wird. — Eine Änderung des gesetzlichen Güterstandes dahin, daß die **Haushaltsgegenstände** in den Alleinbesitz der getrennt lebenden Frau gelangen und ihr der Zinsgenuß ihrer eingebrachten Kapitalforderung zufallen soll, erfüllt den Begriff des Ehevertrags (RG 6. 4. 08 IV 414/07). Die bloße Änderung im Bestande des eingebrachten Frauenvermögens, insbesondere dessen Vermehrung durch **Zuwendungen des Mannes,** enthält noch keine Änderung der güterrechtlichen Verhältnisse. Wohl aber liegt eine solche Änderung vor, wenn der Mann hinsichtlich der von ihm der Frau gemachten Zuwendungen, die zu deren eingebrachtem Vermögen gehören, auf die ihm am eingebrachten Gute zustehenden ehemännlichen Rechte ganz oder teilweise verzichtet. Das gilt z. B. hinsichtlich der vom Manne der getrennt lebenden Frau zugewiesenen Hausstandssachen und der ihr versprochenen Kapitalien, deren Zinsen ihre Unterhaltsrente darstellen sollen. Allerdings steht dem Ehemann an der Geldrente, welche er seiner von ihm getrennt lebenden Frau zu gewähren hat, nach der Rechtsprechung des Reichsgerichts (RG 90, 323; § 1361 A 5) Verwaltung und Nutznießung nicht zu. Allein aus der Natur des Rentenanspruchs als Vorbehaltsgut läßt sich ein Gegengrund nicht ableiten. Vielmehr wird es immer auf einen Ehevertrag hinauslaufen, wenn zum Zwecke der Gewährung des Unterhalts an die Frau eine Regelung vorgenommen wird, wonach der Mann eingebrachtes Gut unter Verzicht auf sein Verwaltungs- und Nutznießungsrecht der Frau zwecks Beschaffung ihres Unterhalts aus den Einkünften zur freien Verfügung überläßt. Ein derartiger Vertrag ist mangels Beobachtung der im § 1434 vorgeschriebenen Form nichtig (RG Recht 1923 Nr. 896). Jede vertragliche Regelung, wodurch bei Gütertrennung die **Beitragspflicht der Frau** abweichend von § 1427 Abs 2 bestimmt wird, stellt einen formbedürftigen Ehevertrag dar (RG 87, 56). Rechtsgrundsätzlich ist es nicht ausgeschlossen, aus dem Einverständnisse des Mannes, daß die Frau von ihm getrennt lebt, und aus seiner Duldung ihrer völligen Selbständigkeit bei der Verwendung ihres Geldes, eine allgemeine Einwilligung des Mannes

in die Geldgeschäfte der Frau herzuleiten. In solchem Falle liegt nur eine einseitige, wirksame, aber jederzeit widerrufliche Willenskundgebung des Mannes, nicht ein Preisgeben ehegüterrechtlicher Befugnisse vor und die für Eheverträge vorgeschriebene Form (§ 1434) ist nicht notwendig (RG JW 1911, 362[12]). Eine Ehefrau kann aus ihrem eingebrachten Gute ihrem Manne ein **Darlehn** geben, ohne daß das Eingebrachte insoweit vertragsmäßig für Vorbehaltsgut erklärt wird (RG 78, 207). Das Darlehn kann, wenn es nur für die Dauer der Ehe gegeben worden ist, nach deren Auflösung sofort zurückgefordert werden (RG JW 1910, 1004[16]). Die allgemeine Vereinbarung, daß die Frau über das eingebrachte Gut und dessen Erträge frei verfügen und dies Vermögen frei verwalten könne, bezweckt eine völlige Änderung der Grundsätze des gesetzlich geordneten Güterstandes und erfüllt den Begriff des Ehevertrags. Dasselbe gilt, wenn sich die Vereinbarung nur auf einen einzelnen Gegenstand des Eingebrachten, z. B. mehrere Aktien bezieht (RG JW 1911, 154[12]). Es mag sein, daß der Ehemann, dem die Verwaltung und Nutzung am Frauengut und auch das Recht auf den Besitz daran zusteht, der Frau Gegenstände des eingebrachten Gutes zur freien Verfügung überlassen kann. Aber daß sich der Mann in der Ausübung seines Verwaltungsrechts bei einzelnen zum eingebrachten Gute der Frau gehörigen Sachen eine **zeitweilige Beschränkung** für die Dauer des Getrenntlebens beider Eheleute während ihres Ehescheidungsprozesses mit der Wirkung auferlegen kann, daß die Frau auch berechtigt sein soll, über diese Sachen rechtsgeschäftlich zu verfügen, findet im Gesetz keine Stütze. Eine solche Beschränkung würde der Pflicht zur Verwaltung auf seiten des Mannes nicht Rechnung tragen und in Wirklichkeit auf einen **Verzicht** auf die ihm gesetzlich zustehende Verwaltung und Nutznießung hinauslaufen, der auch hinsichtlich einzelner Gegenstände nur durch gerichtlichen oder notariellen Ehevertrag erfolgen kann, §§ 1368, 1434 (RG JW 1925, 2111[2]). Eine Vereinbarung der im gesetzlichen Güterstande lebenden Eheleute, daß die Frau die Kosten des Haushalts aus den Einkünften ihres Vorbehaltsguts bestreitet, enthält keine Änderung der güterrechtlichen Verhältnisse und bedarf nicht der für Eheverträge im § 1434 vorgeschriebenen Form. Die Frau kann den Beitrag, den sie nach den §§ 1371, 1427 Abs 2 zur Bestreitung des ehelichen Aufwandes aus den Einkünften ihres Vorbehaltsguts zu leisten hat, in der Weise leisten, daß sie die **Kosten des Haushalts** trägt (RG 85, 82). Treffen Ehegatten, die in Gütertrennung leben und ein auf den Namen der Frau betriebenes Erwerbsgeschäft besitzen, eine Abmachung dahin, daß der Frau nach außen hin eine Rechtsstellung eingeräumt wird, kraft deren sie alleinige Geschäftsinhaberin ist, wogegen sie im Verhältnisse nach innen verpflichtet ist, sich so behandeln zu lassen, als ob der Mann der alleinige Inhaber des Erwerbsgeschäfts sei und demzufolge alleiniger Eigentümer des Geschäftsvermögens werde (eine Art Treuhandverhältnis), so ist die Wirksamkeit der Abmachung von der Befolgung der Vorschriften in §§ 1432, 1434 nicht abhängig (RG Warn 1915 Nr 135; RG 29. 11. 15 IV 160/15). Einzelne **Schenkungen**, die sich im gesetzlichen Güterrechte lebende Eheleute machen (z. B. die Schenkung eines Sparkassenguthabens), sind nicht als Eheverträge anzusehen, ebensowenig **Darlehnsverträge**, die sie miteinander schließen (RG Warn 1915 Nr 142; RG SeuffA 69 Nr 108). Schenkungs- oder andere Veräußerungsgeschäfte unter Eheleuten über einzelne Bestandteile ihres Vermögens haben jedenfalls dann nicht die Rechtsnatur von Eheverträgen, wenn dadurch keine grundlegende Veränderung des ganzen ehelichen Güterstandes herbeigeführt wird (RG 108, 122; RG SeuffA 81 Nr 9). Die Vereinbarung der Eheleute, eingebrachtes Geld der Frau in eine unverzinsliche, kündbare Darlehnsforderung derselben an den Mann umzugestalten, bedarf nicht des Abschlusses eines Ehevertrags (KG in OLG 42, 118). Vgl. § 1383 A 4, Darlehnshypothek. Die Vereinbarung der Ehegatten, daß der Mann ein ihm von der Frau gewährtes Darlehn zu verzinsen hat, enthält eine Änderung des gesetzlichen ehelichen Güterrechts und bedarf der Form des Ehevertrags (KG in OLG 24, 2). Vgl. § 1383 A 4. Eheleute, die an Stelle der bisherigen Gütergemeinschaft durch Vertrag Gütertrennung einführen, sind rechtlich nicht gehindert, in Ansehung einzelner Vermögensgegenstände eine nach § 741 zu beurteilende **Gemeinschaft** oder ein **Gesellschaftsverhältnis** untereinander zu errichten. Die Begründung einer solchen Gemeinschaft oder Gesellschaft bedarf, wenn sie in die güterrechtlichen Verhältnisse nicht eingreift, nicht der für Eheverträge vorgeschriebenen Form, kann vielmehr auch stillschweigend vor sich gehen, z. B. dadurch, daß die Eheleute das von ihnen früher bei Geltung des Güterstandes der Gütergemeinschaft gemeinschaftlich betriebene Fleischereigeschäft nunmehr nach Einführung der Gütertrennung stillschweigend als Gesellschafter fortführen, indem der Mann im Hause der Frau die Fleischerei ausübt und die Frau das Ladengeschäft besorgt (RG Gruch 63, 614). Vgl. § 1426 A 2. **Sparkasseneinlagen** (nebst Zinsen) auf den Namen der Frau, die ihr der Mann aus dem Erwerbe seines unter Mithilfe der Frau betriebenen Geschäfts durch rechtsgeschäftliche Sonderverfügung zuwendet, lassen den Güterstand (gesetzliches Güterrecht) als solchen unberührt und unterliegen nicht der für Eheverträge vorgeschriebenen Form (RG Gruch 62, 242). Die allgemeinen Bestimmungen über nichtige Verträge, z. B. §§ 134, 138 Abs 1, 306, gelten auch für Eheverträge. — Ein Ehevertrag, der die bisher bestandene Gütergemeinschaft aufhebt und das von den Ehegatten künftig zu Erringende der Frau allein zuweist, also den Mann erwerbs- und vermögenslos hinstellt, widerspricht dem Wesen der Ehe und den guten Sitten (BayObLG in OLG 34, 253). Als Ehevertrag ist auch ein Vertrag anzusehen, der eine vorangegangene vertragliche Regelung des Güterrechts (z. B. aus Besorgnis vor Anfechtbarkeit der ursprünglichen Regelung) lediglich wiederholt und bestätigt (KG in RJA 15, 287). Ein während der Ehe geschlossener Ehevertrag, in welchem die vorher ausgeschlossene Verwaltung und Nutznießung des Mannes diesem wieder eingeräumt wird, kann wegen **arglistiger Täuschung** angefochten werden, wenn der Mann den Hintergedanken hegte, die Ehe nicht fortzusetzen, sondern die Scheidung zu betreiben und eine andere Frau zu heiraten (**RG** 23. 10. 11 IV 680/10). Zu beachten sind ferner die Verbote der §§ 143 Abs 1 u. 1518. Außerdem dürfen Vorschriften, die **zugunsten Dritter** erlassen sind, z. B. §§ 1362, 1411, 1459 Abs 2, nicht durch Ehevertrag geändert werden. — Mit der Rechtskraft des Scheidungsurteils hört die Wirksamkeit des Ehevertrags für die Zukunft auf. Ist die Ehe zufolge Anfechtung oder Nichtigkeitsklage nichtig, oder wird das Nichtbestehen einer Ehe festgestellt, so ist auch der Ehevertrag, da er das Bestehen einer Ehe voraussetzt, unwirksam. In einem solchen Falle sind die vermögensrechtlichen Beziehungen der Beteiligten, vorbehaltlich der Sonderbestimmungen in §§ 1344—1346, nach den allgemeinen Grundsätzen (Auftrag, Geschäftsführung ohne Auftrag, ungerechtfertigte Bereicherung) zu beurteilen. — Über **Gläubigerbegünstigung** bei vertragsmäßiger Umwandlung der Errungenschaftsgemeinschaft in Gütertrennung vgl. **RG**St 40, 171. Die Einführung der Gütergemeinschaft mit bald darauf folgender Einführung der Gütertrennung durch Eheverträge kann ein Mittel bilden, eine **verdeckte Schenkung** vorzunehmen, und schützt die Ehegatten nicht vor den Ansprüchen des durch die Schenkung beeinträchtigten Pflichtteilsberechtigten (**RG** 87, 301). Hierzu vgl. RFH, Urt. v. 9 12. 20 in JW 1921, 662[16] und § 1520 A 4.

4. Das Recht zum **Getrenntleben** ist kein gesetzlicher Grund zur Aufhebung des Ehevertrags. Unter gewöhnlichen Verhältnissen werden die Vertragschließenden immer davon ausgehen, daß eheliche Lebensgemeinschaft zwischen ihnen dauernd bestehen werde. Diese Voraussetzung macht den Vertrag nicht zu einem bedingten und berechtigt keinen Teil, die Erfüllung des Vertrags beim Fehlen der Voraussetzung zu verweigern. Vielmehr gelten die Ehevertragsbestimmungen auch für die Zeit des Getrenntlebens. Der Geltendmachung vertragsmäßiger güterrechtlicher Ansprüche seitens des Berechtigten kann der andere Ehegatte, dem ein Recht auf Scheidung oder Verweigerung der ehelichen Gemeinschaft zusteht, die **Einrede der Arglist** nicht entgegensetzen, da ihn der Ehevertrag in der Ausübung dieser Rechte nicht beeinträchtigt (**RG** JW 1913, 1037[8]). Vgl. auch **RG** 67, 1; **RG** JW 08, 110[9]; 1913, 269[9]; OLG 26, 224; ferner §§ 1365 A 1, 1371 A 2, 1427 A 7.

5. **Verhältnis des deutschen zum ausländischen Güterrechte.** Nach Art 3 des Haager Eherechtsabkommens vom 17. 7. 05 (§ 1353 A 5) bestimmt sich die Fähigkeit, einen Ehevertrag zu schließen, für einen jeden der Verlobten nach dem Gesetze seines Heimatstaats zur Zeit der Eheschließung. Nach Art 4 Abs 1 entscheidet das Gesetz des Heimatstaats der Ehegatten, ob sie während der Ehe einen Ehevertrag errichten und ihre güterrechtlichen Vereinbarungen aufheben oder ändern können. Nach Abs 2 hat eine Änderung des ehelichen Güterrechts keine Rückwirkung zum Nachteile Dritter. Wegen der Bestimmung in Art 10 des Abkommens vgl. § 1353 A 5. Hier sind noch die Fälle zu erwähnen, wenn ausländische Ehegatten ihren Wohnsitz im Inlande haben und wenn ein Ausländer nach der Eingehung der Ehe die Reichsangehörigkeit erwirbt. In diesen Fällen sind zwar für das eheliche Güterrecht die Gesetze des Staates maßgebend, dem der Mann zur Zeit der Eheschließung angehörte (Vorbem 4 vor § 1363), jedoch können die Ehegatten einen Ehevertrag schließen, auch wenn er nach diesen Gesetzen unzulässig sein würde (Art 15 Abs 2 EG). — Art 15 Abs 2 Halbs 2 bezieht sich auch auf Eheverträge von Verlobten, wenngleich nur von Eheverträgen der Ehegatten die Rede ist. Dieselbe Ausdrucksweise findet sich auch im § 1432, wo unter „Ehegatten" die Verlobten mitbegriffen sind. Deshalb darf man auch aus dem in der Fassung sich an § 1432 anschließenden Art 15 EG nicht schließen, daß er sich auf **Eheverträge ausländischer Ehegatten** (hier eines **russischen Juden** mit einer deutschen Jüdin), die sie vor der Heirat geschlossen haben, nicht beziehen soll (vgl. Zeitschr. für Internat. Privatrecht Bd. 17 S. 208/9). Nehmen also in einem solchen Falle die Eheleute ihren ersten ehelichen Wohnsitz im Inlande, so wird der Ehevertrag gültig, auch wenn er nach dem Heimatrechte des Mannes unzulässig sein würde (**RG** SeuffA 75 Nr 32). Vgl. § 1542 A 3. Das Gesetz macht von dem in Art 15 Abs 1, Art 24 und anderen Vorschriften des EG ausgesprochenen Grundsatze, daß die inländische Staatsangehörigkeit maßgebend sei, keine Ausnahme für den Fall, daß der deutsche Ehemann auch eine fremde Staatsangehörigkeit besitzt. Nach den Umständen des Falles muß allerdings auch ein **von Deutschen im Auslande geschlossener Ehevertrag** trotz Art 15 nach ausländischem Rechte beurteilt werden, dann nämlich, wenn die Eheleute ausdrücklich oder stillschweigend das ausländische Recht in Bezug genommen haben (**RG** LZ 1924, 741[9]).

§ 1433

[1]) **Der Güterstand kann nicht durch Verweisung[2]) auf ein nicht mehr geltendes oder auf ein ausländisches Gesetz bestimmt werden.**

Hat der Mann zur Zeit der Eingehung der Ehe oder, falls der Vertrag nach der Eingehung der Ehe geschlossen wird, zur Zeit des Vertragsabschlusses seinen Wohnsitz im Auslande, so ist die Verweisung auf ein an diesem Wohnsitze geltendes Güterrecht zulässig[3])[4]).

E I 1334 II 1332; M 4 309; P 4 217.

1. **Grund der Vorschrift.** Der § 1433 beschränkt die Vertragsfreiheit der Ehegatten, weil sonst zu besorgen wäre, daß die auf dem Gebiete des ehelichen Güterrechts bisher herrschende Vielgestaltigkeit und Unsicherheit in anderer Form erhalten werden würde. Von dem im Abs 1 ausgesprochenen Verbote werden im Abs 2 zugunsten deutscher, im Auslande wohnender Ehegatten zwei Ausnahmen gemacht. Wegen der Eheverträge von Ausländern vgl. Art 15 EG und Vorbem 4 vor § 1363.

2. **Verweisung.** Die Beteiligten können grundsätzlich durch einfache Verweisung auf die gesetzlichen Bestimmungen des einen oder andern im BGB geordneten Güterstandes ihre güterrechtlichen Verhältnisse regeln (Vorbem 1 vor § 1363). Dagegen ist einfache Bezugnahme auf veraltetes deutsches (z. B. Nürnberger Recht, OLG. 24, 9) oder auf ausländisches Recht zur Vermeidung der Unwirksamkeit verboten. Dies schließt jedoch nicht aus, daß statt einfacher Bezugnahme eine selbständige Regelung nach Grundsätzen des veralteten deutschen oder des ausländischen Rechtes erfolgt, soweit das Recht des BGB nicht im Wege steht.

3. **Verweisung auf ausländisches Recht** ist auch dann zulässig, wenn der Vertrag vor der Eingehung der Ehe geschlossen wird und der Mann zur Zeit der Eheschließung im Auslande wohnt. Ohne Vertragsschluß gilt nach Art 15 EG auch für die im Auslande geschlossene Ehe eines Deutschen das deutsche Recht.

4. **Verhältnis des deutschen zum ausländischen Güterrechte.** Nach Art 5 Abs 1 des Haager Eherechtsabkommens v. 17. 7. 05 (§ 1353 A 5) ist für die Gültigkeit eines Ehevertrags in Ansehung seines Inhalts sowie für seine Wirkungen das Gesetz des Heimatstaats des Mannes zur Zeit der Eheschließung oder, wenn der Vertrag während der Ehe geschlossen ist, das Gesetz des Heimatstaats der Ehegatten zur Zeit des Vertragsschlusses maßgebend. Nach Abs 2 entscheidet das gleiche Gesetz darüber, ob und inwieweit die Ehegatten die Befugnis haben, auf ein anderes Gesetz zu verweisen; haben sie auf ein anderes Gesetz verwiesen, so bestimmen sich die Wirkungen des Ehevertrags nach diesem Gesetze. Wegen der Bestimmungen in Artt 9 u. 10 des Abkommens vgl. § 1353 A 5.

§ 1434

Der Ehevertrag muß bei gleichzeitiger Anwesenheit beider Teile[1]) vor Gericht oder vor einem Notar[2]) geschlossen werden[3])[4]).

E I 1335 Abs 1 II 1333; M 4 311; P 4 217; 5 445.

1. **Gleichzeitige Anwesenheit beider Teile.** Auf den Abschluß von Eheverträgen durch Vertreter finden die allgemeinen Grundsätze Anwendung. Jeder Teil kann sich durch einen Bevollmächtigten vertreten lassen. — Für den Abschluß eines Ehevertrags gilt auch § 181. Daher kann ein Ehemann auf Grund einer ihm von der Frau dazu erteilten **Vollmacht** einen Ehevertrag (Einführung der Gütertrennung an Stelle der Gütergemeinschaft) der Frau gegenüber mit sich selbst im eigenen Namen abschließen (**RG** 79, 282). Ein Ehevertrag kann von dem Ehegatten mit sich selbst und als Vertreter des anderen Ehegatten abgeschlossen werden, wenn dieser ihn ermächtigt, im Namen des anderen Ehegatten mit sich im eigenen Namen Rechtsgeschäfte vorzunehmen. Insbesondere kann er auf diese Weise einen Ehevertrag auf Einführung der allgemeinen Gütergemeinschaft an Stelle des gesetzlichen Güterstandes abschließen. Die Sondervorschrift des § 1437 steht dem nicht entgegen, denn sie bezieht sich nur auf den Ausschluß des gesetzlichen Vertreters (BayObLG in JFG 3 Nr 44). Für den Geschäftsunfähigen schließt der gesetzliche Vertreter den Ehevertrag ab. Ist ein Teil in der Geschäftsfähigkeit beschränkt, so bedarf er zum Abschlusse eines Ehevertrags der Zustimmung des gesetzlichen Vertreters. Letzterer kann selbst den Vertrag für ersteren schließen. Weder Vollmacht noch Einwilligung bedürfen der im § 1434 vorgeschriebenen Form (§ 167 Abs 2, § 182 Abs 2). Die Genehmigung des Vormundschaftsgerichts ist nicht erforderlich. Für die Fälle der §§ 1437 und 1549 gelten Ausnahmebestimmungen. Vertragschließende Vertreter müssen gleichzeitig anwesend sein. Gleichzeitige Anwesenheit beider Teile ist auch für den Annahmevertrag (§ 1750) und den Erbvertrag (§ 2276) vorgeschrieben. — Dieses Erfordernis bedeutet eine Ver-

schärfung der nach § 128 für die gerichtliche und notarielle Beurkundung genügenden Form (RG 69, 133).

2. Form. Vgl. §§ 167—169 FGG, § 2276 Abs 2 BGB und Art 141 EG.

3. Begriff des Ehevertrags § 1432 A 3.

4. Verhältnis des deutschen zum ausländischen Güterrechte. Nach Art 6 Abs 1 des Haager Eherechtsabkommens v. 17. 7. 05 (§ 1353 A 5) ist der Ehevertrag in Ansehung der Form gültig, wenn er gemäß dem Gesetze des Landes, wo er errichtet wird, geschlossen ist, oder wenn er geschlossen ist gemäß dem Gesetze des Heimatstaats eines jeden der Verlobten zur Zeit der Eheschließung oder während der Ehe gemäß dem Gesetze des Heimatstaats eines jeden der Ehegatten. Macht das Gesetz des Heimatstaats eines der Verlobten oder, im Falle der Eheschließung während der Ehe, das Gesetz des Heimatstaats eines der Ehegatten die Gültigkeit des Vertrags davon abhängig, daß er, auch wenn er im Auslande geschlossen wird, einer bestimmten Form genügt, so müssen nach Abs 2 diese Gesetzesvorschriften beobachtet werden. Wegen der Bestimmungen im Art 10 des Abkommens vgl. § 1353 A 5.

§ 1435

[1]) **Wird durch Ehevertrag die Verwaltung und Nutznießung des Mannes ausgeschlossen[2]) oder geändert[3]), so können einem Dritten gegenüber aus der Ausschließung oder der Änderung Einwendungen[4]) gegen ein zwischen ihm und einem der Ehegatten vorgenommenes Rechtsgeschäft oder gegen ein zwischen ihnen ergangenes rechtskräftiges Urteil nur hergeleitet werden, wenn zur Zeit der Vornahme des Rechtsgeschäfts oder zur Zeit des Eintritts der Rechtshängigkeit die Ausschließung oder die Änderung in dem Güterrechtsregister des zuständigen Amtsgerichts eingetragen[5]) oder dem Dritten bekannt[6]) war.**

Das gleiche gilt, wenn eine in dem Güterrechtsregister eingetragene[7]) Regelung der güterrechtlichen Verhältnisse durch Ehevertrag aufgehoben[8]) oder geändert[9]) wird[10]).

E I 1336, 1337, 1435 Abs 1 II 1334, 1453 Abs 1; M 4 314 ff.; P 4 222 ff.

1. Zweck der Vorschrift. Der § 1435 bezweckt den Schutz des gutgläubigen Dritten. Wer sich mit einem Ehegatten auf ein Rechtsgeschäft oder einen Rechtsstreit einläßt, darf davon ausgehen, daß der gesetzlichen Regel entsprechend in der Ehe des andern Teiles der Güterstand der Verwaltung und Nutznießung des Mannes besteht. In diesem Vertrauen wird der Dritte geschützt, ausgenommen, wenn die Abweichung vom Regelmäßigen im Güterrechtsregister eingetragen oder dem Dritten bekannt ist (Abs 1). Gleichen Schutz genießt, falls die Abweichung vom Regelmäßigen im Güterrechtsregister eingetragen ist, der Dritte, der auf das Fortbestehen der eingetragenen Abweichung vertraut (Abs 2). Diese Art der Regelung entspricht dem § 1344. — Kein Schutz aus § 1435 bei Einwendungen gegen eine vom Dritten gegenüber einem der Ehegatten vorgenommenen Zwangsvollstreckung (OLG 30, 42).

2. Ausschließung des gesetzlichen Güterstandes. Zu den Eheverträgen, durch die der gesetzliche Güterstand ausgeschlossen wird, gehören insbesondere Eheverträge, durch die Trennung der Güter (§ 1436) oder einer der verschiedenen Güterstände der Gütergemeinschaft (§§ 1437, 1519, 1549) vereinbart wird, sei es, daß der vereinbarte Güterstand unmittelbar an Stelle des gesetzlichen Güterstandes, sei es, daß er an Stelle eines andern vertragsmäßigen, aber nicht eingetragenen Güterstandes tritt. Der Ausschließung des gesetzlichen Güterstandes durch Ehevertrag stehen nach §§ 1426, 1431 die Fälle der §§ 1364, 1418—1420, 1587 gleich.

3. Änderung des gesetzlichen Güterstandes. Dahin gehören insbesondere die Fälle, in denen in Ansehung einzelner zum Vermögen der Frau gehörender Gegenstände die Verwaltung und Nutznießung des Mannes ausgeschlossen wird (§ 1365). Der Änderung des gesetzlichen Güterstandes durch Ehevertrag stehen nach §§ 1371 Satz 1, 1426, 1431 die Fälle gleich, in denen Vorbehaltsgut kraft Gesetzes (§§ 1366, 1367, 1370) oder zufolge Bestimmung eines Dritten (§ 1369) entsteht. — Der Mann kann, um einer übermäßigen Inanspruchnahme seines Kredits durch die Frau (z. B. für Kleider und Putz) vorzubeugen, das Vertretungsrecht der Frau einschränken oder ausschließen und durch Eintragung in das Güterrechtsregister sogar ihm unbekannte Bezugsquellen der Frau treffen, § 1357 (RG 61, 83). Über die Frage, ob der Mann rechtswidrig handelt, wenn er die von ihm getroffene Maßregel der Entziehung der Schlüsselgewalt in Zeitungen bekanntgibt, vgl. RG 60, 15 und § 1357 A 2.

4. **Einwendungen,** die dem Ehegatten aus seinem Güterrechte gegen die Wirksamkeit eines Rechtsgeschäfts oder Urteils zustehen würden, wenn die Eintragung in das Güterrechtsregister erfolgt wäre, sind mangels der Eintragung dem gutgläubigen Dritten gegenüber unzulässig. Der Ehegatte muß sich auf Verlangen des Dritten gefallen lassen, daß die Wirksamkeit des Rechtsgeschäfts und Urteils in den Fällen des Abs 1 nach den Grundsätzen des gesetzlichen Güterrechts und in den Fällen des Abs 2 nach dem vor der Aufhebung oder Änderung bestandenen vertragsmäßigen und eingetragenen Güterstande beurteilt wird. Auf diese Beurteilung hat der Dritte, nicht der Ehegatte ein Recht, da die Vorschriften des § 1435 nur zugunsten des Dritten erteilt sind.

5. Die **Eintragung,** nicht die Veröffentlichung ist maßgebend. Die Eintragung muß sich auf einen gültigen Ehevertrag stützen. In Ansehung des öffentlichen Glaubens steht das Güterrechtsregister mit dem Handelsregister (§ 15 HGB) und dem Vereinsregister (§ 68) auf gleicher Stufe, nicht aber mit dem Grundbuche (§§ 892, 893).

6. Der **Kenntnis** steht bloßes Kennenmüssen (§ 122 Abs 2) nicht gleich.

7. Die **Eintragung,** nicht die Veröffentlichung ist maßgebend (A 4). Aufhebung und Änderung einer nicht eingetragenen Regelung fallen nicht unter § 1435 Abs 2. Der Dritte hat kein Anrecht darauf, daß ihm gegenüber die nicht eingetragene Regelung als noch bestehend angesehen werde.

8. Der **Aufhebung des eingetragenen Güterstandes** durch Ehevertrag stehen nach §§ 1470, 1545, 1549 die Aufhebung durch Urteil (§§ 1468, 1469, 1542, 1549), durch Konkurseröffnung (§ 1543) oder infolge Todeserklärung (§ 1544), sowie nach § 1431 Abs 2, § 1548 Abs 2 die Wiederherstellung der Verwaltung und Nutznießung (§ 1425) oder der Errungenschaftsgemeinschaft (§ 1548) durch Urteil gleich.

9. Der **Änderung des eingetragenen Güterstandes** durch Ehevertrag stehen nach §§ 1441 Satz 1, 1526, 1549 die Fälle gleich, in denen Vorbehaltsgut der Frau kraft Gesetzes (§ 1370) oder zufolge Bestimmung eines Dritten (§ 1369) entsteht.

10. **Verhältnis des deutschen zum ausländischen Güterrechte.** Nach Art 16 Abs 1 Satz 1 EG finden die Vorschriften des § 1435 entsprechende Anwendung, wenn ausländische Ehegatten oder Ehegatten, die nach der Eingehung der Ehe die Reichsangehörigkeit erwerben, den Wohnsitz im Inlande haben. Nach Art. 16 Abs 1 Satz 2 steht der ausländische gesetzliche Güterstand einem vertragsmäßigen gleich. Nach Art 16 Abs 2 finden die Vorschriften der §§ 1357 (Schlüsselgewalt der Frau), 1362 (Eigentumsvermutung zugunsten der Gläubiger des Mannes), 1405 (Folgen der Einwilligung des Mannes in den Betrieb eines Erwerbsgeschäfts durch die Frau) Anwendung, soweit sie Dritten günstiger sind als die ausländischen Gesetze. Im Art 8 Abs 1 des Haager Eherechtsabkommens v. 17. 7. 05 (§ 1353 A 5) hat sich jeder Vertragsstaat vorbehalten: 1. besondere Förmlichkeiten zu erfordern, wenn der eheliche Güterstand Dritten gegenüber geltend gemacht werden soll; 2. solche Vorschriften anzuwenden, welche den Zweck verfolgen, Dritte in ihren Rechtsbeziehungen zu einer Ehefrau zu schützen, die in dem Gebiete des Staates einen Beruf ausübt. Im Art 8 Abs 2 des Abkommens verpflichten sich die Vertragsstaaten, die nach diesem Artikel anwendbaren Gesetzesvorschriften einander mitzuteilen. Wegen der Bestimmungen in Art 10 vgl. § 1353 A 5.

§ 1436

Wird durch Ehevertrag[1]) die Verwaltung und Nutznießung des Mannes ausgeschlossen[2]) oder die allgemeine Gütergemeinschaft, die Errungenschaftsgemeinschaft oder die Fahrnisgemeinschaft aufgehoben, so tritt Gütertrennung[3]) ein, sofern sich nicht aus dem Vertrag ein anderes ergibt[4]).

E I 1338, 1381 Abs 1, 1429 Abs 1, 1431 Abs 1 II 1335; M 4 321, 418, 534; P 4 225, 293, 369, 373.

1. Der Ausschließung oder Aufhebung **durch Ehevertrag** sind Ausschließung oder Aufhebung durch andere Art, z. B. Urteil, nicht gleichgestellt.

2. Bezieht sich die **Ausschließung der Verwaltung und Nutznießung** des Mannes nur auf einzelne Bestandteile des Vermögens der Frau, so liegt nicht der Fall des § 1436, sondern der des § 1368 vor und es entsteht Vorbehaltsgut. Vgl. § 1368 A 1.

3. Dritten gegenüber ist die eingetretene **Gütertrennung** nur nach Maßgabe des § 1435 wirksam (§ 1431 Abs 1).

4. Die Vertragschließenden können die kraft Gesetzes eintretende Folge der Gütertrennung durch **anderweitige Bestimmung** ausschließen.

2. Allgemeine Gütergemeinschaft

§ 1437

[1]) Ein Ehevertrag, durch den die allgemeine Gütergemeinschaft[2]) vereinbart oder aufgehoben wird, kann nicht durch einen gesetzlichen Vertreter[3]) geschlossen werden[4]).

Ist einer der Vertragschließenden in der Geschäftsfähigkeit beschränkt, so bedarf er der Zustimmung seines gesetzlichen Vertreters[5]). Ist der gesetzliche Vertreter ein Vormund[6]), so ist die Genehmigung des Vormundschaftsgerichts[7]) erforderlich.

E I 1314 Abs 2 Satz 1 II 1336; M 4 313, 333; P 4 230 ff., 238; 6 279.

1. **Grund der Vorschrift.** Die mit der Einführung oder Aufhebung der Gütergemeinschaft verbundenen, in die Verhältnisse der Ehegatten tief eingreifenden, außergewöhnlichen Wirkungen haben zu den im § 1437 bestimmten Ausnahmen von den allgemeinen Grundsätzen (§ 1434 A 1) geführt.

2. § 1437 findet nach § 1508 Abs 2 auch auf einen Ehevertrag Anwendung, durch den die Fortsetzung der Gütergemeinschaft ausgeschlossen oder die Ausschließung aufgehoben wird, und nach § 1549 auf einen Ehevertrag, durch den die Fahrnisgemeinschaft vereinbart oder aufgehoben wird. Dagegen ist § 1437 auf Fälle, in denen die allgemeine Gütergemeinschaft, fortgesetzte Gütergemeinschaft oder Fahrnisgemeinschaft nur in einzelnen Beziehungen (z. B. Erklärung eines vorbehaltenen Gegenstandes der Frau für Gesamtgut) geändert wird, nicht anwendbar.

3. Wohl aber durch einen Bevollmächtigten (§ 1434 A 1).

4. Demzufolge kann ein Ehevertrag des in Abs 1 bezeichneten Inhalts mit einem Geschäftsunfähigen überhaupt nicht zustande kommen.

5. Ist die Mutter Inhaberin der elterlichen Gewalt, ihr aber ein Beistand bestellt und diesem nach § 1693 die Vermögensverwaltung übertragen, so hat der Beistand die Zustimmung zu erteilen. In diesem Falle ist auch die Genehmigung des Vormundschaftsgerichts erforderlich.

6. Dasselbe gilt, wenn der gesetzliche Vertreter ein Pfleger ist (§ 1915).

7. Wegen der Anhörung des Gegenvormundes vgl. § 1826.

§ 1438

[1]) Das Vermögen des Mannes und das Vermögen der Frau werden durch die allgemeine Gütergemeinschaft gemeinschaftliches Vermögen beider Ehegatten (Gesamtgut)[2]). Zu dem Gesamtgute gehört auch das Vermögen, das der Mann oder die Frau während der Gütergemeinschaft erwirbt[3]).

Die einzelnen Gegenstände[4]) werden gemeinschaftlich, ohne daß es einer Übertragung durch Rechtsgeschäft bedarf[5]).

Wird ein Recht gemeinschaftlich, das im Grundbuch eingetragen ist oder in das Grundbuch eingetragen werden kann, so kann jeder Ehegatte von dem anderen die Mitwirkung zur Berichtigung des Grundbuchs verlangen[6]).

E I 1342, 1343 II 1337; M 4 335 ff.; P 4 232; 6 393.

1. Der § 1438 kennzeichnet das **Wesen der allgemeinen Gütergemeinschaft.** Es besteht darin, daß alles, was die Eheleute an Vermögensrechten beim Eintritte der Gütergemeinschaft besitzen oder während derselben erwerben, zu einer neuen ungetrennten Masse vereinigt wird, die gemeinschaftliches Vermögen beider Ehegatten (Gesamtgut) wird. Beide Ehegatten sind Träger des Gesamtguts. Dieses stellt sich als ein (deutschrechtliches) Miteigentum dar, bei welchem die Anteile der Ehegatten während der Dauer der Gemeinschaft als selbständige Vermögensrechte nicht geltend gemacht werden können, sondern erst nach Auflösung der Gemeinschaft Sonderrechte der Ehegatten an der gemeinschaftlichen Masse hervortreten (Gemeinschaft zur gesamten Hand). Nicht in die Gemeinschaft fallen Sondergut und Vorbehaltsgut. — Ein mit Rechtspersönlichkeit ausgestattetes Gesamtgut ist dem Gesetze fremd. Träger der zum Gesamtgute gehörigen Rechte und Verbindlichkeiten sind immer nur die Ehegatten. Wer einen von ihnen als Gesamtgenossen in Anspruch nimmt, kann von ihm nicht mehr fordern, als er — in eigenem Namen — in jener Eigenschaft schuldet. Er kann ihn nicht als irgendwie gearteten „Vertreter" für den andern in Anspruch nehmen; dafür ergibt sich weder im BGB noch in der ZPO (§§ 740ff.) ein Anhalt (**RG** 89, 360). Vgl. § 1472 A 2.

2. **Gesamtgut. Beweislast.** Alles Vermögen der Ehegatten gilt mit Eintritt der Gütergemeinschaft bzw. des späteren Erwerbs als Gesamtgut. Daß ein Gegenstand ausnahmsweise zum Sondergut oder Vorbehaltsgut gehört, hat zu beweisen, wer dies behauptet (M 4, 335). Ebenso KG in OLG 42, 88 A 1. Bezüglich des Entschädigungsanspruchs aus einem Unfalle der Frau vgl. § 1439 A 2. Solange nicht besondere Umstände Zweifel begründen, hat der Grundbuchrichter die Zugehörigkeit aller Vermögensstücke zum Gesamtgut der allgemeinen Gütergemeinschaft und der fortgesetzten Gütergemeinschaft anzunehmen. Das gilt von einem Grundstück auch dann, wenn die Eintragung im Grundbuche nur auf den Namen eines der Ehegatten erfolgt ist (KG in OLG 38, 250). Trotz aller Vorzugsrechte des Ehemanns (bei allgemeiner Gütergemeinschaft) bzw. überlebenden Ehegatten (bei fortgesetzter Gütergemeinschaft) bleibt das Gesamtgut gemeinschaftliches Vermögen der Gesamtgutsberechtigten. Die einzelnen Bestandteile sind zu steuerlichen Zwecken so zu ermitteln, als ob die Auseinandersetzung für den Stichtag erfolgt wäre. Ein **Geschäftsanteil an einer Gesellschaft m. b. H.,** der zum Gesamtgut gehört, ist nicht Vermögen des Ehemanns bzw. des überlebenden Ehegatten, sondern gemeinschaftliches Vermögen der Gesamtgutsberechtigten (Gutachten des RFH Bd. 1 S. 51).

3. War der Ehegatte beim **Erwerbe** nicht im guten Glauben, so muß der andere Ehegatte diesen Mangel, auch wenn er selbst im guten Glauben war, gegen sich gelten lassen (**RG** Gruch 47, 667).

4. Rechte, zu deren Übertragung durch Rechtsgeschäft die Eintragung in das Grundbuch erforderlich ist, sind nicht ausgenommen.

5. Hiermit wird angeordnet, daß die Gesamtgutseigenschaft kraft Gesetzes eintritt. — Das Gesetz bringt hiermit klar zum Ausdrucke, daß es für die Wirkung des Rechtsgeschäfts ohne Bedeutung ist, ob es auf den Namen der Gemeinschaft oder nur auf den Namen des einen oder andern Ehegatten abgeschlossen ist (**RG** 84, 73). Der Mann kann unter seinem Namen selbständig, und zwar ohne Zustimmung der Frau, mit Wirkung für das Gesamtgut handeln (**RG** 84, 327). Vgl. § 1519 A 2. Umwandlung von Vorbehaltsgut in Gesamtgut fällt nicht unter Abs. 2 (OLG 7, 54).

6. **Berichtigung des Grundbuchs.** Vgl. §§ 34, 35, 48 GBO, §§ 894—896, 899 BGB. Die Berichtigung des Grundbuchs herbeizuführen, ist lediglich Sache der Ehegatten. Das Grundbuchamt ist nicht berechtigt, die Eintragung eines Ehegatten, der ein Recht erwirbt, aus dem Grunde abzulehnen, weil der Erwerb in das Gesamtgut fällt (RJA 4, 108; **RG** 84, 71; KG in OLG 41, 29). Wie in den Fällen der §§ 1381 u. 1382 das vom Manne erworbene Eigentum im Augenblicke seiner Entstehung auf die Frau übergeht, so vollzieht sich in ähnlicher Weise der Eigentumserwerb in den Fällen der §§ 1438 u. 1519 Abs 1. Das in der Person des einen Ehegatten entstandene Eigentum wird mit seiner Entstehung kraft Gesetzes in gütergemeinschaftliches Eigentum umgewandelt. Der Grundbuchrichter darf die Umschreibung eines dem einen Ehegatten aufgelassenen Grundstücks auf dessen Namen aus dem Grunde, weil es zum Gesamtgute beider Ehegatten (Gütergemeinschaft, Errungenschaftsgemeinschaft) gehört, nicht ablehnen (**RG** 84, 71). Ebensowenig darf der Grundbuchrichter den ohne Mitwirkung der Ehefrau gestellten Antrag eines in Errungenschaftsgemeinschaft (oder Gütergemeinschaft) lebenden Ehemanns, ein von ihm erworbenes Grundstück als Gesamtgut für beide Eheleute in das Grundbuch einzutragen, ablehnen (**RG** 84, 326). In diesem Urteile blieb unentschieden, ob der Mann der Zustimmung der Frau dann bedarf, wenn der zunächst für den Mann gebuchte Erwerb nachträglich in Berichtigung des Grundbuchs als Gesamtgut eingetragen werden soll. Die Frage dürfte mit Rücksicht auf die Vorschrift im § 22 Abs 2 GBO zu bejahen sein. Vgl auch KG in RJA 14, 243 und § 1487 A 2. Die im **RG** 84, 326 angeführten Gründe nötigen auch zu der Annahme, daß, ebenso wie der Mann allein, auch die Frau allein, wenn in ihrer Ehe Errungenschaftsgemeinschaft (oder Gütergemeinschaft) herrscht, ein von ihr erworbenes Grundstück als Gesamtgut eintragen lassen darf (dagegen OLG München in SeuffA 70 Nr 156). — Wird ein zum Gesamtgute gehöriges, aber im Grundbuch nur auf den Namen des Mannes eingetragenes Grundstück von den Eigentümern an einen andern verkauft und aufgelassen, so steht der Eintragung einer **Restkaufgeldhypothek** auf den Namen des Mannes allein der Umstand, daß die Verkäufer in Gütergemeinschaft leben, nicht entgegen. Damit aber der Eigentumswechsel eingetragen werden kann, muß zunächst die Eintragung der Frau als Miteigentümerin neben ihrem Manne im Wege der Berichtigung herbeigeführt werden, da auch die Frau durch die Veräußerung des Grundstücks im Sinne des § 40 GBO betroffen worden ist. Der Umstand, daß die Eheleute das Grundstück bereits aufgelassen haben, steht der Berichtigung nicht entgegen (KG in OLG 41, 29.) Soll für Eheleute, die in einer der im BGB geregelten **Arten der ehelichen Gütergemeinschaft** leben, ein Recht gemeinschaftlich eingetragen werden, so genügt nach § 48 GBO nicht die Angabe, daß sie „in ehelicher Gütergemeinschaft leben" oder daß die Eintragung „für das Gesamtgut der ehelichen Gütergemeinschaft" erfolgen soll; vielmehr ist die nähere Bezeichnung der Gütergemeinschaftsart — allgemeine Gütergemeinschaft, Errungenschaftsgemein-

schaft oder Fahrnisgemeinschaft — erforderlich (RG 105, 53; KG in OLG 41, 30). Leben Eheleute in allgemeiner Gütergemeinschaft, ist aber nur der Ehemann als Eigentümer des während der Ehe erworbenen Grundstücks eingetragen, so steht der Ehefrau gemäß § 1438 Abs 3 BGB ein Anspruch auf Berichtigung des Grundbuchs zu. Zur Sicherung dieses Anspruchs kann nach §§ 894, 899 BGB **Widerspruch gegen die Richtigkeit des Grundbuchs** eingetragen werden (RG 108, 281). Bei der Übertragung oder Aufhebung eines zum Gesamtgute der ehelichen Gütergemeinschaft gehörenden Rechtes bedarf es, wenn nur einer der Ehegatten im Grundbuch eingetragen ist, der vorherigen Eintragung des anderen nicht (KG in JFG 1 Nr 71). Vgl. § 1485 A 8.

§ 1439

[1]) **Von dem Gesamtgut ausgeschlossen sind Gegenstände, die nicht durch Rechtsgeschäft übertragen werden können[2]). Auf solche Gegenstände finden die bei der Errungenschaftsgemeinschaft für das eingebrachte Gut geltenden Vorschriften[3]), mit Ausnahme des § 1524, entsprechende Anwendung.**

E I 1351 II 1339; M 4 344 ff.; P 4 235 ff.

1. Man unterscheidet Gesamtgut (§ 1438), Sondergut (§ 1439) und Vorbehaltsgut (§§ 1440, 1441). Der § 1439 bezeichnet erschöpfend, was zum **Sondergute** gehört. Vom Vorbehaltsgut unterscheidet sich das Sondergut wesentlich dadurch, daß es vom Manne für Rechnung des Gesamtguts verwaltet wird und seine Nutzungen in das Gesamtgut fallen (§§ 1439, 1525), wogegen das Vorbehaltsgut von demjenigen Ehegatten, dem es gehört, verwaltet und genutzt wird.

2. Gegenstände solcher Art sind z. B. Lehn-, Stamm-, Fideikommißgüter, gewisse Bauerngüter und höchstpersönliche Rechte (vgl. §§ 399, 400, 514, 613 Satz 2, 717 Satz 1, 847, 1059 Satz 1, 1092, 1093, 1103, 1111 BGB, § 850 ZPO). — Der § 1439 hat lediglich solche Gegenstände im Auge, die ihrem Wesen nach (wie z. B. Fideikommisse, höchstpersönliche Rechte) nicht übertragen werden können; er ist aber nicht anwendbar auf Gegenstände, an denen einem der Ehegatten Anteile zustehen, über die er nur wegen ihrer Zugehörigkeit zu einem Inbegriffe, besonders zu einem **Nachlasse** (§ 2033) nicht allein verfügen kann. Vielmehr wird, was ein Ehegatte durch Erbschaft erwirbt, Gesamtgut. Dieser Erwerb zugleich für den andern Ehegatten vollzieht sich gemäß § 1438 Abs 2 kraft Gesetzes, so daß hierin auch keine Verfügung im Sinne des § 2033 Abs 2 liegt. Das gleiche hat auch für die Fortsetzung der allgemeinen Gütergemeinschaft zu gelten (BayObLG in OLG 41, 54). — Kommt dem in allgemeiner Gütergemeinschaft lebenden Ehegatten ein **Anteil an einer fortgesetzten Gütergemeinschaft** zu, so wird dieser Anteil nicht Sondergut des berechtigten Ehegatten, sondern Bestandteil des Gesamtguts der allgemeinen Gütergemeinschaft (BayObLG in JFG Bd. 1 S. 344 Nr 82). Hat nach dem Tode des einen Ehegatten zwischen dem anderen und den gemeinschaftlichen Abkömmlingen fortgesetzte Gütergemeinschaft bestanden, diese aber durch die **Wiederverheiratung des überlebenden Ehegatten** ihr Ende gefunden, so ist der Anteil eines in allgemeiner Gütergemeinschaft lebenden Abkömmlings an der fortgesetzten Gütergemeinschaft keinenfalls Sondergut dieses Abkömmlings (BayObLG in JFG Bd. 2 S. 289 Nr 67). Der Anspruch auf Unfallrente wegen Körperverletzung der Frau kann, wenn der Jahresbetrag der Rente für den Verlust der Erwerbsfähigkeit der Frau nur 1500 ℳ oder weniger ausmacht, nicht übertragen werden (§ 850 Abs 3 ZPO — abgeändert durch § 850 Abs 3 ZPO i. d. Fassung v. 13. 5. 24 — § 400 BGB) und ist daher vom Gesamtgut ausgeschlossen. Allein nach § 1439 Satz 2 in Verbindung mit den §§ 1525, 1380 ist der Mann berechtigt, den Entschädigungsanspruch im eigenen Namen geltend zu machen. Zum Gesamtgute gehört auch der Anspruch auf Ersatz für die durch den Unfall der Frau entstandenen Kurkosten und Kosten für Instandsetzung der beschädigten Kleider. Soweit der Mann die Rente für die ihm entgangenen Dienste der Ehefrau in seinem Hauswesen fordert, ist er nach § 845 BGB in eigener Person forderungsberechtigt (RG 30. 9. 09 IV 679/08). Vgl. auch § 1356 A 7 u. § 1363 A 7. Einer Erörterung der güterrechtlichen Verhältnisse bedarf es bezüglich des Anspruchs aus § 845 BGB und der Heilungskosten nicht. Der Anspruch auf Schmerzensgeld ist nicht abtretbar (RG JW 09, 316[16]). Bei der allgemeinen Gütergemeinschaft gehört der Anspruch der Frau auf Schmerzensgeld, soweit er gemäß § 847 Abs 1 Satz 2 unübertragbar ist, nach § 1439 zum Sondergut. Auf ihn finden die bei der Errungenschaftsgemeinschaft für das eingebrachte Gut geltenden Vorschriften, also kraft § 1525 Abs 2 die Bestimmungen des § 1380 Anwendung, wonach der Mann ein zum eingebrachten Gute gehöriges Recht im eigenen Namen gerichtlich geltend machen kann (RG JW 1911, 654[23]; RG 96, 96).

3. Insbesondere die Vorschriften in §§ 1525, 1528, 1529 Abs 2, 1531, 1533, 1535, 1536 Nr 2, 4, 1537 Abs 1, 1539—1541, 1546 Abs 3.

§ 1440

Von dem Gesamtgut ausgeschlossen ist das Vorbehaltsgut[1]).

Vorbehaltsgut ist, was durch Ehevertrag für Vorbehaltsgut eines der Ehegatten erklärt ist oder von einem der Ehegatten nach § 1369 oder § 1370 erworben wird[2]).

E I 1346, 1347, 1349 II 1340; M 4 340 ff.; P 4 234.

1. **Begriff des Vorbehaltsguts.** Abweichend vom Güterstande der Verwaltung und Nutznießung des Mannes (§ 1365), der Errungenschaftsgemeinschaft (§ 1526 Abs 2) und der Fahrnisgemeinschaft (§ 1555) können bei der Gütergemeinschaft sowohl die Frau als auch der Mann Vorbehaltsgut haben. Bei allen Güterständen ist der Begriff des Vorbehaltsguts derselbe. Vgl. § 1365 A 1 u. § 1439 A 1.

2. **Umfang des Vorbehaltsguts.** § 1440 Abs 2 bestimmt erschöpfend, was Vorbehaltsgut ist. In den nicht mitaufgeführten Fällen der §§ 1366, 1367 kann Vorbehaltsgut nur durch Ehevertrag oder Bestimmung eines Dritten entstehen. Zuwendungen, die ein Ehegatte dem andern macht, können nur durch Ehevertrag Vorbehaltsgut werden und bedürfen der förmlichen Übertragung durch Rechtsgeschäft. — Wegen Vorenthaltung von Vorbehaltsgut durch den Mann kann die Frau an Sachen des Gesamtguts das Zurückbehaltungsrecht aus § 273 ausüben (SeuffA 73 Nr 162).

§ 1441

[1]) **Auf das Vorbehaltsgut der Frau[2]) finden die bei der Gütertrennung für das Vermögen der Frau geltenden Vorschriften[3]) entsprechende Anwendung; die Frau hat jedoch dem Manne zur Bestreitung des ehelichen Aufwandes einen Beitrag nur insoweit zu leisten, als die in das Gesamtgut fallenden Einkünfte[4]) zur Bestreitung des Aufwandes nicht ausreichen.**

E I 1350 II 1341; M 4 343; P 4 234.

1. Die im § 1441 getroffene Regelung entspricht dem § 1371, der auf ähnlichen Erwägungen beruht.

2. **Vorbehaltsgut des Mannes.** Der Mann hat in Ansehung seines Vorbehaltsguts dieselbe rechtliche Stellung, wie wenn er nicht verheiratet wäre. Ihn treffen aber die Pflichten aus §§ 1360, 1606, 1459. Auf Ehevertrag beruhendes Vorbehaltsgut des Mannes unterliegt zum Schutze Dritter nach § 1435 Abs 2 dem Eintragungszwange.

3. §§ 1427—1431. Die Eintragung der Vorbehaltseigenschaft in das Grundbuch ist ausgeschlossen (§ 1431 A 2, § 1371).

4. **Einkünfte,** die in das Gesamtgut fallen, umfassen nicht nur die Nutzungen des Gesamtguts und der beiderseitigen Sondergüter (§ 1439), sondern auch das Arbeitseinkommen beider Ehegatten. Bei Beurteilung der Angemessenheit des Beitrags der Frau sind auch die Nutzungen des Vorbehaltsguts des Mannes zu berücksichtigen.

§ 1442

[1]) **Ein Ehegatte kann nicht über seinen Anteil an dem Gesamtgut und an den einzelnen dazu gehörenden Gegenständen verfügen[2]); er ist nicht berechtigt, Teilung zu verlangen.**

Gegen eine Forderung, die zu dem Gesamtgute gehört, kann der Schuldner nur eine Forderung aufrechnen[3]), deren Berichtigung aus dem Gesamtgute verlangt werden kann[4]).

E I 1344 Satz 2, 1345 Abs 1, 2 II 1338; M 4 337; P 4 233.

1. Der § 1442 regelt einige aus der allgemeinen Gütergemeinschaft als einer Gemeinschaft zur gesamten Hand (§ 1438 A 1) sich ergebende Folgen. Solange die Gemeinschaft dauert, sind die den Ehegatten zustehenden **Anteile am Gesamtgute** durch den Zweck des Gesamtguts, der ehelichen Gemeinschaft, nicht dem Sondervorteile des einzelnen Ehegatten zu dienen, gebunden. Die zum Gesamtgute gehörenden Gegenstände stehen den Ehegatten nicht nach Bruchteilen zu. Die Vorschriften über die gewöhnliche Gemeinschaft (§§ 741—758) und über Miteigentum (§§ 1008—1011) sind daher nicht anwendbar, ebensowenig die Vorschriften über Gesamtschuldner und Gesamtgläubiger (§§ 420—430). Bei der zweiten Lesung bestand darüber Einverständnis, daß das Gemeinschaftsverhältnis der Ehegatten in Ansehung

des Gesamtguts seinem Wesen nach dem Gemeinschaftsverhältnisse der Gesellschafter in Ansehung des Gesellschaftsvermögens gleich sei. Der § 1442 hat daher eine dem § 719 entsprechende Fassung erhalten. — Das **Miteigentum der Gesamthänder** ist nicht das römische Bruchteilseigentum, weil die Anteile nicht fest bestimmt, sondern veränderlich sind und weil sie als solche nicht Gegenstand des Rechtsverkehrs sind (**RG** 68, 412; 84, 110). Übereinstimmend OLG 36, 198. Die Erbengemeinschaft (§§ 2032ff.), die Gesellschaft (§§ 705ff.) und die eheliche Gütergemeinschaft (§§ 1442, 1519, 1549) sind als **Gemeinschaft zur gesamten Hand** gestaltet. Alle diese Verhältnisse stimmen darin überein, daß an den Sachen und Rechten, die zu dem gemeinsamen Vermögen gehören, keine Anteilsrechte bestehen und daher Verfügungen eines Teilhabers über Anteile an den einzelnen Gegenständen nicht möglich sind. Dagegen ist die Frage, ob und in welcher Form dem Teilhaber die rechtliche Macht gewährt werden solle, seine Anteilsberechtigung zur Beschaffung von Mitteln zu benutzen, verschieden geordnet. Bei der **ehelichen Gütergemeinschaft** ist jede Verfügung des einzelnen ausgeschlossen (**RG** 60, 128). Die im § 2039 für die Erbengemeinschaft aufgestellten, den Grundsatz der Verfügungsgebundenheit (§§ 2033, 2040) durchbrechenden Regeln gelten grundsätzlich für alle Gesamtrechtsverhältnisse (Gütergemeinschaft, Fahrnisgemeinschaft). Das Gesetz läßt nicht nur die Klage eines einzelnen oder mehrerer einzelner Gesamthänder, sondern auch die Klage gegen einen andern Gesamthänder, der zugleich Schuldner des Gesamtguts ist, auf Leistung oder Feststellung zu (**RG** JW 05, 146[28]; **RG** Warn 1913 Nr 150).

2. Über den Begriff der **Verfügung** vgl. § 1395 A 2. Ein Rechtsgeschäft, das nur die Verpflichtung zur Vornahme einer Verfügung begründet, ist keine Verfügung und fällt daher nicht unter das Verbot des § 1442. Dagegen **RG** JW 03 Beil 26[54]. Verfügungen von Todes wegen (§§ 1937, 1941) fallen nicht unter § 1442. — Zulässig ist es, ein zum Gesamtgute gehöriges Grundstück für den Anspruch eines der beiden Ehegatten zu verpfänden (OLG 8, 119). Wegen Unpfändbarkeit des Anteils eines Ehegatten vgl. § 860 ZPO.

3. Die **Aufrechnung** ist mit Zustimmung des Mannes und in den Fällen der §§ 1450, 1452 mit Zustimmung der Frau zulässig, auch wenn sie nach § 1442 Abs 2 unzulässig wäre.

4. In welchen Fällen **Berichtigung aus dem Gesamtgute** verlangt werden kann, bestimmen §§ 1459—1462.

§ 1443

Das Gesamtgut unterliegt der Verwaltung[1]) des Mannes. Der Mann[2]) ist insbesondere berechtigt, die zu dem Gesamtgute gehörenden Sachen in Besitz zu nehmen[3]), über das Gesamtgut zu verfügen[4]) sowie Rechtsstreitigkeiten[5]), die sich auf das Gesamtgut beziehen, im eigenen Namen[6]) zu führen.

Die Frau wird durch die Verwaltungshandlungen des Mannes weder Dritten noch dem Manne[7]) gegenüber persönlich verpflichtet[8]).

E I 1352 II 1342; M 4 348 ff.; P 4 238; 6 279.

1. **Verwaltung.** Der Mann ist nicht nur berechtigt, sondern auch verpflichtet, das Gesamtgut zu verwalten. Die Verwaltung hat er ordnungsmäßig zu führen, und zwar nach Maßgabe der §§ 1443—1456. Er führt die Verwaltung für eigene Rechnung und im eigenen Namen, jedoch mit der Wirkung, daß seine Handlungen in Ansehung des Gesamtguts die Ehefrau binden. — Vgl. auch Ebbecke, Verwaltungsrecht mit dinglicher Wirkung in Gruch 61, 579. Von den Beschränkungen der §§ 1444—1446 abgesehen, kann der Mann das Gesamtgut beliebig mit **Schuldverbindlichkeiten** belasten (**RG** 54, 285). — Der § 1443 stellt den Grundsatz auf, daß dem in Gütergemeinschaft lebenden Ehemanne im allgemeinen die freie Verwaltung des Gesamtguts und die Verfügung darüber zusteht. Der Mann ist auch zum Erwerbe beweglicher und unbeweglicher Sachen und zur Eingehung von Verbindlichkeiten hierbei befugt. Das Recht des Mannes wird durch die Ausnahmen in den §§ 1444—1446 eingeschränkt. Diese betreffen besonders schwerwiegende und eingreifende einseitige Maßnahmen. Eine ausdehnende Auslegung der Ausnahmebestimmungen ist unzulässig (**RG** 69, 179). Der Mann führt die Verwaltung im eigenen Namen, nicht zugleich im Namen der Frau. Freilich muß sich die Frau die Wirkungen gefallen lassen, die vom Manne befugterweise vorgenommene Verwaltungshandlungen auf das Gesamtgut äußern. Aber Vertreter der Frau ist der Mann bei der Verwaltung des Gesamtguts nicht (**RG** SeuffA 71 Nr 31). Unbedenklich zutreffend ist die Annahme, daß mit dem in einem Ehevertrage dem überlebenden Ehegatten eingeräumten Rechte zur Verwaltung des gemeinschaftlichen Vermögens ein Verfügungsrecht von verschiedenem Umfange gegeben sein könne (**RG** 14. 11. 21 IV 221/21). Die Vorschriften über die allgemeine Gütergemeinschaft bieten zwar keinen Anhalt für die rechtliche Verpflichtung des Ehemanns zur **Auskunfterteilung oder Rechnungslegung** (**RG** 72, 12ff.), aber das zwischen den Eheleuten geschlossene besondere Abkommen kann die Pflicht

des Ehemanns, schon während des Bestehens der Gütergemeinschaft der Frau gegenüber nach den Grundsätzen des Auftrags (§ 666) Rechnung zu legen, begründen (**RG** Recht, 1924 Nr 252).

2. Die **Frau** ist zwar weder durch die Ehe noch durch die allgemeine Gütergemeinschaft in der Geschäftsfähigkeit beschränkt (§ 1395 A 1), aber bei diesem Güterstande kommt dem Manne, als dem Haupte der Ehe, die Verwaltung des Gesamtguts ausschließlich zu und er ist grundsätzlich nicht an die Mitwirkung der Ehefrau gebunden. Auf Verfügungen der Frau über Gesamtgut finden die allgemeinen Grundsätze über Verfügungen Nichtberechtigter Anwendung. — Das ohne Zustimmung des Mannes von der Frau eingegangene Rechtsgeschäft begründet keine Haftung des Gesamtguts (Ebbecke, Verwaltungsrecht mit dinglicher Wirkung in Gruch 61, 567). Bei Verletzung des gesetzlichen Pfandrechts des Vermieters (§ 559 BGB und § 289 StGB) ist jeder Ehegatte wegen der gemeinschaftlichen Mietforderung als Verletzter anzusehen und daher die Frau selbständig ohne Zustimmung des Mannes zur Stellung des Strafantrags (§ 65 StGB) berechtigt (**RG**St 34, 64). Zur Annahme einer Schenkung aus dem gütergemeinschaftlichen Vermögen (z. B. unentgeltliche Unterhaltsgewährung) muß die freigebige Absicht beider Ehegatten dargetan werden (**RG** 18. 11. 07 IV 145/07).

3. Wegen des Rechtes des Mannes, Sachen in **Besitz** zu nehmen, vgl. § 1373 A 2, 3, 4.

4. Über den Begriff der **Verfügung** vgl. § 1395 A 2.

5. **Rechtsstreitigkeiten** kann der Mann als Kläger oder Beklagter führen. Das Urteil wirkt in Ansehung des Gesamtguts für und gegen beide Eheleute. Nach § 740 ZPO ist zur Zwangsvollstreckung in das Gesamtgut ein gegen den Ehemann ergangenes Urteil erforderlich und genügend. Mit Zustimmung des Mannes kann auch die Frau — sei es im Namen des Mannes, sei es im eigenen Namen — klagen. Ebenso kann sie in Gemeinschaft mit dem Manne klagen (**RG** JW 05, 176[19]; 1910, 818[39]). Ist sie für die Gesamtgutsverbindlichkeit auch persönlich verhaftet, so kann sie auch verklagt werden. Außerdem kann sie neben dem Manne mitverklagt werden, wenn es darauf ankommt, ein **Recht auf Zwangsvollstreckung** in ihr Sondergut oder ihr Vorbehaltsgut oder für die Zeit nach Beendigung der Gütergemeinschaft in das Gesamtgut (§ 743 ZPO) zu erwirken. In den Fällen der §§ 1449, 1450, 1452, 1454 führt die Frau den Rechtsstreit selbständig und das Urteil ist auch gegenüber dem Manne wirksam. Tritt die Frau in den Rechtsstreit des Mannes oder der Mann in den Rechtsstreit der Frau ein, so sind sie in Ansehung des Gesamtguts **notwendige Streitgenossen** (§ 62 ZPO). Da der Mann den Rechtsstreit nicht als Vertreter der Frau, sondern aus eigenem Rechte führt, so kann die Frau im Rechtsstreite des Mannes Zeugin sein, auch wenn sie selbst das der Klage zugrunde liegende Rechtsgeschäft vor der Ehe abgeschlossen hat (**RG** 67, 262). Die **Ausgleichsverpflichtung** einer gütergemeinschaftlichen Ehefrau gegenüber ihrem Bruder nach §§ 15 und 10 Abs 4 Ges v. 16. 4. 1860 (westfälische fortgesetzte Gütergemeinschaft) ist eine in der Person der Ehefrau entstandene Verbindlichkeit und dieser Umstand reicht aus, um das Klagerecht des Gläubigers auch gegen die in Gütergemeinschaft lebende Ehefrau zu begründen. Eine Klage dieser Art darf nicht aus dem Grunde abgewiesen werden, weil der Mann nicht mitverklagt ist (**RG** Recht 1924 Nr 647a). Die gütergemeinschaftliche Ehefrau kann auf Herausgabe eines von dem Ehemann als zum Gesamtgute gehörig besessenen **Grundstücks** mitverklagt werden. Der Ehemann übt an den zum Gesamtgute gehörigen Sachen kraft seines Rechtes auf Verwaltung und Besitz (§ 1443) den **Alleinbesitz** aus; auch genügt nach § 740 ZPO ein gegen den Ehemann erwirkter vollstreckbarer Titel zur Zwangsvollstreckung in das Gesamtgut. Aber die Ehefrau ist **mittelbare Besitzerin** der gütergemeinschaftlichen Sachen, da der Ehemann den unmittelbaren Besitz auf Grund eines Rechtsverhältnisses (Kauf und Übergabe) ausübt, vermöge dessen er der ehelichen Gütergemeinschaft gegenüber, deren Teilnehmerin die Ehefrau im Gesamthandverhältnis ist, für die Dauer der Gütergemeinschaft, also auf Zeit, zum Besitze berechtigt ist (§ 868). Der Herausgabeanspruch des Eigentümers kann aber auch gegen den mittelbaren Besitzer gerichtet werden. Dem Gläubiger muß wegen der Möglichkeit eines Einwandes aus § 766 ZPO und einer etwa eintretenden Beendigung der Gütergemeinschaft daran liegen, auch gegen die Ehefrau einen vollstreckbaren Titel zu erwirken (**RG** 105, 19). Mit Zustimmung des Mannes ist die Frau berechtigt, Rechtsstreitigkeiten, die sich auf das Gesamtgut beziehen, im eigenen Namen zu führen. Es steht nichts entgegen, daß der Mann in einzelnen Fällen sein Verwaltungsrecht auf die Frau überträgt oder vielmehr die der Frau auferlegte Beschränkung aufhebt (**RG** 60, 146). Da bei der allgemeinen Gütergemeinschaft der **eheliche Aufwand** nicht dem Manne, sondern dem Gesamtgute zur Last fällt, so ist dieses geschädigt, wenn die Frau infolge eines **Unfalls** nicht mehr im Hauswesen tätig sein kann. Eine Schädigung des Gesamtguts bedeutet aber eine Schädigung beider Ehegatten, die als Gesamtgläubiger des Schädigers anzusehen sind. Den entstandenen Schaden kann die Frau mit Zustimmung des Mannes selbständig einklagen (**RG** JW 1910, 818[39]). Diese Beschränkung (Gebundenheit der Frau an die Zustimmung des Mannes) besteht jedoch nur im Verhältnisse der Ehegatten zueinander. Dritte wie auch der Prozeßgegner haben keinen Anspruch darauf, daß ihnen die

Zustimmungserklärung des Mannes, um wirksam zu sein, nach § 130 zugehe. Sachlich reicht es aus, wenn der Mann die Zustimmung erteilt hat. Nicht zu beanstanden ist es, wenn die Verurteilung auf Zahlung an die Frau lautet (RG Warn 1914 Nr 258). Vgl. § 1458 A 2 (Schadensersatz). Wegen Einklagung des Schadens, der das eingebrachte Gut betrifft, vgl. §§ 1400 A 6, 1356 A 7, 1363 A 7, 1367 A 1. Als Vertreter des Gesamtguts ist der Mann berechtigt, das durch eine gegen die Frau allein gerichtete betrügerische Handlung eines Dritten verletzte Recht der Frau an dem Gesamtgute zu verfolgen, mag er auch als Teilnehmer am Betruge kein Klagerecht haben. Andernfalls würde es an einer Möglichkeit, den dritten Beschädiger aus seinem Betruge in Anspruch zu nehmen, vollständig fehlen (RG JW 05, 176[19]).

6. **Im eigenen Namen.** Der Mann ist kraft seines Verwaltungsrechts nicht berechtigt, im Namen der Ehefrau (§ 164) oder für ihre persönliche Rechnung ein Rechtsgeschäft vorzunehmen und einen Rechtsstreit zu führen, jedoch ist es nicht ausgeschlossen, daß sie ihn dazu ermächtigt. In der bloßen Zustimmung liegt keine Ermächtigung.

7. Vgl. § 1481 (Rückgriffspflicht des Mannes).

8. Die im Abs 2 getroffene Bestimmung ist die Folge davon, daß der Mann im eigenen Namen handeln muß (A 6). Die bezeichnete Folge tritt auch ein, wenn der Mann äußerlich als Vertreter des Gesamtguts beider Ehegatten auftritt.

§ 1444

[1]) Der Mann bedarf der Einwilligung[2]) der Frau zu einem Rechtsgeschäfte, durch das er sich zu einer Verfügung[3]) über das Gesamtgut im ganzen[4]) verpflichtet[5]) sowie zu einer Verfügung[3]) über Gesamtgut, durch die eine ohne Zustimmung der Frau eingegangene Verpflichtung dieser Art erfüllt werden soll[6])[7])[8]).

E I 1353 Abs 1 II 1343; M 4 351; P 4 251, 254; 6 279.

1. **Zweck der Vorschrift.** Der § 1444 bezweckt, die Ehefrau gegen die nachteiligen Folgen von Rechtsgeschäften (unter Lebenden) zu sichern, die, wie die hier bezeichneten einseitigen Rechtsgeschäfte des Mannes über das Gesamtgut im ganzen, regelmäßig vorgenommen zu werden pflegen, um der Gütergemeinschaft die vermögensrechtliche Unterlage zu entziehen und somit die Frau zum einseitigen Vorteile des Mannes um ihre Rechte am Gesamtgute zu bringen. Vgl. RG 1, 339 (Übertragungsvertrag). Da nach § 1459 Abs 1 jede Verbindlichkeit des Mannes Gesamtgutsverbindlichkeit ist, muß nicht nur für das dingliche Rechtsgeschäft selbst, sondern auch für die Eingehung einer Verpflichtung zur Vornahme eines solchen die Einwilligung der Frau gefordert werden. Das Gesetz verlangt überall da, wo es für die dinglichen Erfüllungsgeschäfte der Einwilligung der Frau bedarf, auch deren Einwilligung zur Eingehung der Verpflichtung zu einer solchen Verfügung (RG 84, 328). Der Vertrag, durch den sich der Mann zu einer Verfügung über das Gesamtgut im ganzen verpflichtet, bedarf auch dann der Einwilligung der Frau, wenn in dem Vertrage die einzelnen, das Vermögen ausmachenden Bestandteile bezeichnet sind (RG 94, 314).

2. Einwilligung § 1395 A 3, Genehmigung § 1448.

3. Verfügung § 1395 A 2.

4. Die Verpflichtung zu einer Verfügung über einen Bruchteil des Gesamtguts fällt gleichfalls unter § 1444.

5. Nur die Begründung einer **Verpflichtung** zur Verfügung über das Gesamtgut im ganzen ist erwähnt worden. Verfügungen selbst sind nur über einzelne Gegenstände des Gesamtguts, nicht über das Gesamtgut im ganzen oder einen Bruchteil rechtlich möglich. Vgl. § 1822 Nr 1.

6. Auf das Recht zur Führung eines **Rechtsstreits** (§ 1443 A 5) über das Gesamtgut im ganzen oder einen Bruchteil bezieht sich § 1444 nicht. Dieses Recht umfaßt aber nicht die Befugnis, im Rechtsstreit über den Streitgegenstand einseitig durch Vergleich, Verzicht oder Anerkenntnis zu verfügen.

7. **Wirkungen.** Das vom Manne mit Einwilligung der Frau vorgenommene Rechtsgeschäft der in § 1444 bezeichneten Art ist für das Gesamtgut wirksam. Es entsteht eine Gesamtgutsverbindlichkeit (§ 1459 Abs 1). Das vom Manne ohne Einwilligung der Frau vorgenommene fragliche Rechtsgeschäft ist nach § 1448 zu beurteilen. Eine persönliche Verpflichtung des Mannes entsteht nicht, unbeschadet seiner etwaigen Ersatzpflicht aus unerlaubter Handlung. Nimmt die Frau das fragliche Rechtsgeschäft mit Einwilligung des Mannes vor, so entsteht eine Gesamtgutsverbindlichkeit, für die der Mann nach § 1459 Abs 2 auch persönlich haftet. Nimmt die Frau das Geschäft ohne Einwilligung des Mannes vor, so ist es zwar für das Gesamtgut unwirksam, begründet aber eine persönliche Verpflichtung der Frau.

8. Für den **Schutz Dritter** gelten die §§ 892, 893, 1435. Eine dem § 1404 entsprechende Vorschrift ist für die vertragsmäßigen Güterstände nicht gegeben.

§ 1445

[1]) **Der Mann bedarf der Einwilligung[2]) der Frau zur Verfügung[3]) über ein zu dem Gesamtgute gehörendes Grundstück[4]) sowie zur Eingehung der Verpflichtung[5]) zu einer solchen Verfügung[6]).**

E I 1353 Abs 1 II 1344; M 4 352 ff.; P 4 251 ff.

1. **Zweck der Vorschrift.** Die wirtschaftliche Bedeutung des Grundbesitzes erheischt eine besondere Sicherstellung der Frau, und zwar auch in Ansehung der nicht von ihr, sondern von dem Manne eingebrachten Grundstücke. Diese Sicherstellung bezweckt der § 1445. Gegen die Gefahr unbegründeter Verweigerung der Zustimmung der Frau ist der Mann durch die Vorschrift des § 1447 geschützt. Da nach § 1459 Abs 1 jede Verbindlichkeit des Mannes Gesamtgutsverbindlichkeit ist, mußte nicht nur für das dingliche Rechtsgeschäft selbst, sondern auch für die Eingehung einer Verpflichtung zur Vornahme eines solchen die Einwilligung der Frau erfordert werden. Nur auf Rechtsgeschäfte unter Lebenden bezieht sich § 1445. — Die Vorschrift des § 1445 enthält **kein zwingendes Recht.** Deshalb ist die Bestimmung in einem Ehevertrage gültig, wonach dem Ehemanne die Befugnis zustehen solle, ohne Einwilligung der Frau über die zum Gesamtgute gehörenden Grundstücke zu verfügen oder sich zu solchen Verfügungen zu verpflichten (**RG** JW 1927, 1192[6]; abweichend KG in RJA 16, 334).

2. Einwilligung § 1395 A 3. Genehmigung § 1448. Nicht erforderlich ist, daß die Frau bei der Einwilligung in den Verkauf eines zum Gesamtgute gehörenden Grundstücks durch den Mann die **Notwendigkeit ihrer Einwilligung gekannt** hat, vielmehr genügt es, daß sie Erklärungen abgab, die ihre Zustimmung enthielten oder doch von dem Käufer nach Treu und Glauben als Zustimmung aufgefaßt werden konnten (**RG** 108, 281). Die nach §§ 1445, 1448 erforderliche Einwilligung oder Genehmigung der gütergemeinschaftlichen Ehefrau kann auch stillschweigend erfolgen; sie bedarf nicht der für das Rechtsgeschäft bestimmten Form (**RG** Recht 1926 Nr 250).

3. Verfügung § 1395 A 3.

4. **Verfügungen über Grundstücke des Gesamtguts.** Dazu gehören z. B. die Auflassung (§ 925) und die Belastung eines Gesamtgutsgrundstücks mit dinglichen Rechten, die nachträgliche Erhöhung des Zinssatzes einer auf einem solchen Grundstücke ruhenden Hypothek, die Bewilligung einer Vormerkung (§ 883), dagegen nicht z. B. die Übernahme einer Hypothek durch den Erwerber (§ 416), die Abtretung einer Eigentümerhypothek (§ 1163) oder einer Eigentümergrundschuld (§ 1196), die Mitwirkung des Eigentümers zur Umwandlung einer Hypothek in eine Grundschuld und umgekehrt (§ 1198), einer Sicherungshypothek in eine gewöhnliche Hypothek und umgekehrt (§ 1186), einer Rentenschuld in eine gewöhnliche Grundschuld und umgekehrt (§ 1203), die Zustimmung des Eigentümers zu einer Änderung des Ranges der Belastungen (§ 880 Abs 2 Satz 2) und zu deren Löschung (§ 1183), sowie die Kündigung einer Hypothek und die Ausschließung des Kündigungsrechts. Die Vorschrift des § 1445 gilt auch für das Erbbaurecht (§ 1017 und Verordnung des Reichs-Arbeitsamts über das Erbbaurecht v. 15. 1. 19) und für die in Artt 63, 68, 196 EG bezeichneten Rechte. — Die in der Rechtsprechung und Rechtslehre sehr bestrittene Frage, ob der Mann, wenn er zum Gesamtgut ein Grundstück unter **gleichzeitiger Stundung und Sicherstellung des Kaufpreises** durch Belastung des Grundstücks erwirbt, zu letzterer der Einwilligung der Frau bedarf, ist zu verneinen (**RG** 69, 177). Dagegen kann der Mann nicht ohne Einwilligung der Frau das Grundstück mit andern Schulden als dem Erwerbspreise, z. B. mit einem zu dessen Tilgung aufgenommenen Darlehn, belasten, da solche Geschäfte gar nicht oder nur lose mit dem Erwerbsvertrage in Beziehung stehen. Übereinstimmend OLG 38, 247. — Wie bei der Gütergemeinschaft der Mann ohne die Zustimmung der Frau (RJA 4, 108), so kann auch die Frau ohne die Zustimmung des Mannes (RJA 7, 55) die **Auflassung eines Grundstücks** entgegennehmen. Es steht nichts im Wege, daß sie auf Grund der Auflassung als Eigentümerin im Grundbuch eingetragen wird. Das Grundstück wird allerdings gemäß § 1438 Gesamtgut. Dagegen ist die Frau nicht berechtigt, das nun zum Gesamtgute gehörige Grundstück zu verpfänden (SeuffA 68 Nr 237). Vgl. § 1438 A 6. Die Eingehung einer Verpflichtung, z B. einer Bürgschaftsübernahme oder einer Darlehnsschuld kann allerdings dazu führen, daß zur zwangsweisen Erfüllung der Verpflichtung ein zum Gesamtgut gehöriges Grundstück herangezogen wird, allein daraus ist nicht auf die Rechtsungültigkeit der Verfügung des Mannes zu schließen. Anders, wenn das Rechtsgeschäft nach Inhalt und Zweck zur Umgehung einer der gesetzlichen Beschränkungen der dem Manne zustehenden Verfügungsgewalt bestimmt ist (**RG** 54, 282). Die vom Manne beim Verkauf eines zum Gesamtgute gehörigen Grundstücks ohne Einwilligung der Frau erteilte **Zusicherung über die Größe des Grundstücks** entbehrt der Wirksamkeit gegen beide Ehegatten und kann als Grundlage eines Minderungsanspruchs nicht dienen (**RG** JW 03 Beil 125[277]). Dagegen haftet der Ehemann gemäß § 463 für **Schadensersatz,** wenn die in Gütergemeinschaft lebenden Eheleute ein zu der gütergemeinschaftlichen Masse gehörendes

Grundstück zwar zusammen an einen Dritten verkauft haben, aber der Ehemann allein die Vorverhandlungen geführt und hierbei fälschlich und arglistig das Vorhandensein von Grundstückseigenschaften vorgespiegelt hat. Die Anwendung der nur den Vertragsinhalt selbst betreffenden Vorschrift des § 1445 auf den Fall des § 463 Satz 2 ist abzulehnen. Sie würde auch zu unbefriedigenden Ergebnissen führen. Denn sie würde dem Käufer eines zum Gesamtgut gehörenden Grundstücks, wenn ihm vom Manne ohne Mitwirkung der Frau arglistig Fehler verschwiegen oder Eigenschaften vorgespiegelt worden sind, für die Regel jeden Schadensersatzanspruch entziehen, sofern er beim Vertrage stehenbleiben will, da solchenfalls ein außervertraglicher Schadensersatz zufolge § 249 regelmäßig nicht in Betracht kommt (vgl. Kiehl in JW 1914 S. 498, 499 und **RG** 99, 121). Über das Erfordernis der Einwilligung der in allgemeiner Gütergemeinschaft lebenden Ehefrau zur Eintragung einer Wegegerechtigkeit an einem zum Gesamtgute gehörenden Grundstücke, deren Bestehen der Ehemann in einem von ihm ohne Zustimmung seiner Frau geführten Rechtsstreit im Wege gerichtlichen Vergleichs anerkannt hat, vgl. KG in RJA 11, 75. Die **Übernahme der Haftung** des gütergemeinschaftlichen Ehemanns für die Erteilung der Genehmigung der Ehefrau zu dem von ihm geschlossenen Grundstücksveräußerungsvertrag verstößt weder gegen das Gesetz, noch gegen die guten Sitten (**RG** JW 1924, 539[10]).

5. Verpflichtung, das Eigentum an einem Grundstücke zu übertragen (§ 313). Vgl. § 1444 A 1. — Der § 1445 ist nur anwendbar auf Fälle, in denen das Grundstück, über das der Mann verfügt oder zu verfügen sich verpflichtet, zum Gesamtgut gehört. Die Veräußerung eines Grundstücks, auf dessen Eigentumserwerb für das Gesamtgut der Mann nur einen **schuldrechtlichen Anspruch** hat, hat nicht an die Einwilligung der Frau geknüpft werden sollen. Der Mann bedarf daher nicht der Einwilligung der Frau zur wirksamen Abgabe eines bindenden Verkaufsangebots über ein von ihm angekauftes, aber noch nicht auf seinen Namen eingetragenes Grundstück. Durch die Annahme des Angebots kommt, auch wenn sie erst nach der Eintragung der gütergemeinschaftlichen Eheleute als Grundstückseigentümer erfolgt, ein die Frau bindender Kaufvertrag zustande (**RG** 111, 185).

6. Auf das Recht zur Führung eines **Rechtsstreits** (§ 1443 A 5) über ein zu dem Gesamtgute gehörendes Grundstück bezieht sich § 1445 nicht. Dieses Recht umfaßt aber nicht die Befugnis, im Rechtsstreit über den Streitgegenstand einseitig durch Vergleich, Verzicht oder Anerkenntnis zu verfügen. Wegen der Zwangsvollstreckung vgl. § 740 ZPO. Über **Rechte an Grundstücken** überhaupt (z. B. über eine zum Gesamtgute gehörende Hypothek) und über Rechte an solchen Rechten darf der Mann ohne Einwilligung der Frau verfügen. Wegen der Wirkungen einseitig vorgenommener Rechtsgeschäfte und des Schutzes Dritter vgl. § 1444 A 7 u. 8.

§ 1446

[1]) Der Mann bedarf der Einwilligung[2]) der Frau zu einer Schenkung[3]) aus dem Gesamtgute sowie zu einer Verfügung[4]) über Gesamtgut, durch welche das ohne Zustimmung der Frau erteilte Versprechen einer solchen Schenkung erfüllt werden soll. Das gleiche gilt von einem Schenkungsversprechen[5]), das sich nicht auf das Gesamtgut bezieht.

Ausgenommen sind Schenkungen, durch die einer sittlichen Pflicht oder einer auf den Anstand zu nehmenden Rücksicht entsprochen wird[6])[7]).

E I 1353 Abs 2, 3 II 1345; M 4 356 ff.; P 4 251, 257; 6 280.

1. Zweck der Vorschrift. Zugunsten der Ehefrau ist dem Ehemanne das Recht, einseitig aus dem Gesamtgute Schenkungen (unter Lebenden) zu machen, grundsätzlich entzogen, weil Schenkungen regelmäßig außerhalb des Kreises einer ordnungsmäßigen Verwaltung (§ 1443 A 1) liegen. Vgl. auch § 1445 A 1.

2. Einwilligung § 1395 A 3. Genehmigung § 1448.

3. Schenkung. Nur Schenkungen unter Lebenden (§ 516) fallen unter § 1446. Keine Schenkung ist die Gewährung einer **Aussteuer** (§ 1620). Die Gewährung einer **Ausstattung** (§ 1624) aus dem Gesamtgut an ein gemeinschaftliches Kind oder ein einseitiges Kind des Mannes fällt nur insoweit unter § 1446, als sie nach § 1624 als Schenkung gilt. Dagegen fällt die Gewährung einer Ausstattung durch den Mann an ein einseitiges Kind der Frau oder an seine Geschwister oder Verwandte weiterer Grade stets unter § 1446, es sei denn, daß einer der Ausnahmefälle des § 1446 Abs 2 vorliegt. Vgl. ferner § 1465. Ob die Vornahme eines **Stiftungsgeschäfts** (unter Lebenden) als Schenkung gilt und demzufolge unter § 1446 fällt, ist eine Frage der Auslegung im einzelnen Falle. Auch ein **Bürgschaftsvertrag** kann sich als Schenkung darstellen und insoweit nach § 1446 an die Einwilligung der Frau gebunden sein. — Gewährt die Frau aus dem gütergemeinschaftlichen Vermögen einem andern unentgeltlich Unterhalt, so muß zur Annahme einer Schenkung auch die freigebige Absicht des Mannes dargetan werden (RG 18. 11. 07 IV 145/07). — Da das Gesamtgut gemeinschaftliches Vermögen beider Ehegatten ist, stellt sich die Einwilligung selber als Schenkung dar. Die Einwilligung kann daher durch einen Vormund einer wegen Geisteskrankheit entmündigten Ehefrau nicht erteilt werden, mithin auch nicht durch einen Pfleger (§§ 1909, 1915). Sieht man von **Pflicht- und Anstandsschenkungen** ab (vgl. § 1446 Abs 2), so ist der Ehemann einer entmündigten Frau schlechthin verhindert, Schenkungen aus dem Gesamtgute vorzunehmen (RG 91, 40; dagegen Engelmann in JW 1918, 164). Löschung einer aus dem Gesamtgute bezahlten Hypothek kann als Schenkung in Betracht kommen (KG in OLG 33, 341). Zum **Widerruf einer Schenkung** (§ 530) bedarf der Mann der Einwilligung der Frau selbst dann nicht, wenn eine gemeinschaftliche Schenkung beider Ehegatten widerrufen wird.

4. Verfügung § 1395 A 3.

5. **Schenkungsversprechen.** Da nach § 1459 Abs 1 jede Verbindlichkeit des Mannes Gesamtgutsverbindlichkeit ist, mußte nicht nur für das dingliche Rechtsgeschäft (Schenkung) selbst, sondern auch für das Schenkungsversprechen die Einwilligung der Frau erfordert werden, und zwar gleichviel, ob der Gegenstand des Versprechens zum Gesamtgute, Sonder- oder Vorbehaltsgute des Mannes gehört. Dagegen ist der Mann durch § 1446 nicht gehindert, ohne Einwilligung der Frau Schenkungen aus seinem Sonder- oder Vorbehaltsgute durch dinglichen Vertrag unmittelbar zu bewirken.

6. **Anstandsschenkung.** Vgl. § 534 nebst Erläuterungen.

7. Auf das Recht zur Führung eines Rechtsstreits (§ 1443 A 5) über Schenkungen und Schenkungsversprechen bezieht sich § 1446 nicht. Dieses Recht umfaßt aber nicht die Befugnis, im Rechtsstreit über den Streitgegenstand einseitig durch Vergleich, Verzicht oder Anerkenntnis, entgegen dem § 1446, zu verfügen. — Wegen der Wirkungen einseitig vorgenommener Rechtsgeschäfte und des Schutzes Dritter vgl. § 1444 A 7 u. 8; RG Warn 1917 Nr 56 (Haftung des Beschenkten aus der Bereicherung).

§ 1447

[1]) Ist zur ordnungsmäßigen Verwaltung[2]) des Gesamtguts ein Rechtsgeschäft der in den §§ 1444, 1445 bezeichneten Art erforderlich, so kann die Zustimmung der Frau auf Antrag[3]) des Mannes durch das Vormundschaftsgericht ersetzt[4]) werden, wenn die Frau sie ohne ausreichenden Grund verweigert.

Das gleiche gilt, wenn die Frau durch Krankheit oder durch Abwesenheit an der Abgabe einer Erklärung verhindert und mit dem Aufschube Gefahr verbunden ist.

E I 1353 Abs 4 II 1346; M 4 359; P 4 251, 258; 6 280.

1. Der § 1447 entspricht dem § 1379. Vgl. die dortigen Erläuterungen.

2. **Ordnungsmäßige Verwaltung.** Darüber vgl. § 1443 A 1. Auch die Gewährung einer Ausstattung oder Anstandsschenkung (§§ 1624, 1446 Abs 2, 1465) kann zur ordnungsmäßigen Verwaltung gehören. — Es liegt weder im allgemeinen Nutzen, noch stimmt es mit den Grundsätzen über ordnungsmäßige Verwaltung eines bäuerlichen Besitzes überein, wenn man die Abkömmlinge eines Landwirts durch (öffentlichen oder freihändigen) **Verkauf des elterlichen Besitzes** dazu zwingt, sich auf dem Lande in einer Mietwohnung als Tagelöhner fortzubringen oder in eine Stadt zu gehen, um dort als ungelernte Arbeiter ihr Brot zu suchen. In bäuerlichen Kreisen gilt es als rechtmäßig, daß die Heimat nicht verkauft werden darf, sondern von einem der Abkömmlinge zu einem Preise übernommen wird, der ihm ein gedeihliches Fortwirtschaften ermöglicht (BayObLG im Recht 1920 Nr 3392). Vgl. § 1487 A 2 zu § 1443 Abs 1.

3. **Antrag.** Unterläßt der Mann die Stellung des Antrags, so macht er sich der Frau gegenüber nur unter den Voraussetzungen des § 1456 Satz 2 verantwortlich. Die Verpflichtung des Mannes zur Stellung des Antrags kann durch Rechtsgeschäft einem Dritten gegenüber begründet werden. Für die Zwangsvollstreckung ist § 888 ZPO maßgebend.

4. **Ersetzung durch das Vormundschaftsgericht.** Die ersetzte Zustimmung wirkt wie die erteilte, also nur in Ansehung des Gesamtguts (§ 1443 A 1, 6, 7) und begründet keine persönliche Verpflichtung der Frau.

§ 1448

Nimmt der Mann ohne Einwilligung der Frau ein Rechtsgeschäft der in den §§ 1444 bis 1446 bezeichneten Art vor, so finden die für eine Verfügung

der Frau über eingebrachtes Gut geltenden Vorschriften des § 1396 Abs 1, 3 und der §§ 1397, 1398 entsprechende Anwendung[1]).

Fordert bei einem Vertrage der andere Teil den Mann auf, die Genehmigung der Frau zu beschaffen[2]), so kann die Erklärung über die Genehmigung nur ihm gegenüber erfolgen; eine vor der Aufforderung dem Manne gegenüber erklärte Genehmigung oder Verweigerung der Genehmigung wird unwirksam. Die Genehmigung kann nur bis zum Ablaufe von zwei Wochen nach dem Empfange der Aufforderung erklärt werden; wird sie nicht erklärt, so gilt sie als verweigert.

Wird die Genehmigung der Frau durch das Vormundschaftsgericht ersetzt[3]), so ist im Falle einer Aufforderung nach Abs 2 der Beschluß nur wirksam, wenn der Mann ihn dem anderen Teile mitteilt; die Vorschriften des Abs 2 Satz 2 finden entsprechende Anwendung.

E I 1353 Abs 1 II 1347; M 4 358; P 4 254 ff.; 6 280.

1. Vgl. die Erl zu den §§ 1396—1398.
2. Die **Aufforderung** ist also von dem andern Teile nicht, wie nach § 1396 Abs 2, an den erklärungspflichtigen Ehegatten, sondern an den Mann zu richten und hat die Beschaffung der Genehmigung der Frau zum Gegenstande.
3. Über **Ersetzung** der Genehmigung durch das Vormundschaftsgericht vgl. § 1379 A 2, 3, 4, § 1402 A 2, 5—10, § 1447 A 1—4.

§ 1449

[1]) **Verfügt[2]) der Mann ohne die erforderliche[3]) Zustimmung[4]) der Frau über ein zu dem Gesamtgute gehörendes Recht[5]), so kann die Frau[6]) das Recht ohne Mitwirkung des Mannes gegen Dritte[7]) gerichtlich geltend machen[8]).**

E I 1354 II 1349; M 4 360; P 4 259, 261.

1. **Grund der Vorschrift.** Das Verfügungsrecht des Mannes (§ 1443) ist durch die §§ 1444 bis 1446 beschränkt. Diese Beschränkungen würden ihren Zweck leicht verfehlen, wenn nur der Mann oder zwar auch die Frau, aber nur unter Mitwirkung des Mannes das verletzte Recht geltend machen könnten. Der § 1449 räumt ihr daher entsprechend dem § 1407 Nr 3 das Recht selbständiger gerichtlicher Geltendmachung gegen Dritte ein.
2. § 1395 A 2. 3. §§ 1444—1446. 4. §§ 182—184.
5. **Rechte jeder Art.** Vgl. § 1380 A 2, § 1400 A 6.
6. Dieselbe Befugnis steht auch dem Manne selbständig zu. Dies folgt aus § 1443.
7. Die zum Schutze Dritter bestehenden Vorschriften bleiben unberührt (§ 1444 A 8, § 1445 A 7, § 1446 A 8). Ist der Dritte aus ungerechtfertigter Bereicherung haftbar, so kann die Frau auch diesen Anspruch selbständig geltend machen.
8. **Gerichtliche Geltendmachung** § 1380 A 4, 5. Das Recht, im Namen des Mannes zu klagen (§ 1450), ist der Frau nicht beigelegt. Wegen der Kosten des Rechtsstreits vgl. § 1460 Abs 2, § 1464 Abs 2 Satz 1.

§ 1450

[1]) **Ist der Mann durch Krankheit oder durch Abwesenheit verhindert[2]), ein sich auf das Gesamtgut beziehendes Rechtsgeschäft[3]) vorzunehmen oder einen sich auf das Gesamtgut beziehenden Rechtsstreit zu führen, so kann[4]) die Frau im eigenen Namen[5]) oder im Namen des Mannes[6]) das Rechtsgeschäft vornehmen oder den Rechtsstreit[7]) führen, wenn mit dem Aufschube Gefahr verbunden ist[8]).**

E I 1358 II 1353; M 4 363; P 4 259 ff.; 6 280.

1. Der § 1450 entspricht dem § 1401. Vgl. auch § 1447 Abs 2. Abweichend vom § 1401 ist der Frau in den Fällen des § 1450 die Wahl gestattet, im eigenen Namen oder im Namen des Mannes aufzutreten.
2. **Die Verhinderung** braucht nicht dauernd zu sein, wie z. B. im Falle des § 1305 Abs 2.
3. **Rechtsgeschäfte.** Auch dingliche Verfügungen über Gegenstände des Gesamtguts sind nicht ausgenommen.

4. Eine **Verpflichtung** zur Vornahme des Rechtsgeschäfts oder Führung des Rechtsstreits wird der Frau durch § 1450 nicht auferlegt.

5. Nimmt die Frau **im eigenen Namen** ein Rechtsgeschäft vor, so macht sie sich persönlich verbindlich und es haftet für ihre Verbindlichkeit gemäß § 1460 Abs 1 das Gesamtgut. Sie ist aber auch berechtigt, im eigenen Namen und doch für Rechnung des Mannes zu handeln. In diesem Falle macht sie sich nicht persönlich verbindlich; es entsteht nur eine Gesamtgutsverbindlichkeit, für die der Mann auch persönlich haftet (§ 1459 Abs 2).

6. Nimmt die Frau **im Namen des Mannes** ein Rechtsgeschäft vor, so entsteht eine Gesamtgutsverbindlichkeit, für die der Mann auch persönlich haftet (§ 1459 Abs 2, § 164); die Frau macht sich nicht persönlich verbindlich.

7. **Rechtsstreit.** Auf die Führung eines Rechtsstreits durch die Frau ist das in A 5 u. 6 Gesagte entsprechend anwendbar. Vgl. OLG 26, 226 (Klage der Frau auf Erfüllung eines von ihrem flüchtigen Manne geschlossenen Lieferungskaufs)

8. Vgl. § 1401 A 4.

§ 1451

Ist zur ordnungsmäßigen Besorgung der persönlichen Angelegenheiten der Frau ein Rechtsgeschäft erforderlich, das die Frau mit Wirkung für das Gesamtgut nicht ohne Zustimmung des Mannes vornehmen kann, so kann die Zustimmung auf Antrag der Frau durch das Vormundschaftsgericht ersetzt werden, wenn der Mann sie ohne ausreichenden Grund verweigert[1]).

E I 1366 II 1354; M 4 384; P 4 269, 326 ff.

1. Der § 1451 entspricht dem § 1402. Auf die Erl zu § 1402 wird Bezug genommen. — Die Zustimmung des Mannes kann durch das Vormundschaftsgericht nicht ersetzt werden zur Führung eines Rechtsstreits der Frau auf Aufhebung des ihre Entmündigung wegen Geistesschwäche aussprechenden Beschlusses, wohl aber zur Bevollmächtigung eines Rechtsanwalts zwecks Führung des Rechtsstreits (KG in RJA 12, 11).

§ 1452

Auf den selbständigen Betrieb eines Erwerbsgeschäfts durch die Frau finden die Vorschriften des § 1405 entsprechende Anwendung[1]).

E I 1356 II 1351; M 4 362; P 4 259.

1. Auf die Erl zu § 1405 wird Bezug genommen. Was die Frau durch das Erwerbsgeschäft erwirbt, fällt dem Gesamtgute zu. Ihre Verbindlichkeiten aus Rechtsgeschäften, die der Geschäftsbetrieb mit sich bringt und aus Urteilen in Rechtsstreitigkeiten, die der Geschäftsbetrieb mit sich bringt, sind Gesamtgutsverbindlichkeiten, für die der Mann auch persönlich haftet (§ 1459 Abs 2), und zwar auch dann, wenn das mit Einwilligung des Mannes betriebene Erwerbsgeschäft zum Vorbehaltsgute der Frau gehört (§ 1462). Vgl. ferner § 1463 Nr 2 u. § 1459 Abs 2 Satz 2. Die Frau kann über die zum Erwerbsgeschäfte gehörenden Gesamtgutsgegenstände wirksam verfügen. Wegen der Zwangsvollstreckung in das Gesamtgut vgl. § 741 ZPO.

§ 1453

[1]) Zur Annahme oder Ausschlagung einer der Frau angefallenen Erbschaft oder eines ihr angefallenen Vermächtnisses ist nur die Frau berechtigt; die Zustimmung des Mannes ist nicht erforderlich. Das gleiche gilt von dem Verzicht auf den Pflichtteil sowie von der Ablehnung[2]) eines der Frau gemachten Vertragsantrags oder einer Schenkung.

Zur Errichtung des Inventars[3]) über eine der Frau angefallene Erbschaft bedarf die Frau nicht der Zustimmung des Mannes.

E I 1355, 2148 Nr 4 II 1350; M 4 361; P 4 259; 5 807.

1. Die im § 1453 bezeichneten Rechtsgeschäfte kann **nur die Frau,** nicht der Mann vornehmen, und zwar die Frau ohne Zustimmung des Mannes. Der § 1453 stellt sich als eine Ausnahme von dem im § 1443 ausgesprochenen Grundsatze des ausschließlichen Verwaltungsrechts des Mannes dar. Die Entbehrlichkeit der Zustimmung des Mannes hat zur Folge, daß das Rechtsgeschäft auch in Ansehung des Gesamtguts gegenüber dem Manne wirksam ist (§ 1460 Abs 1). Der § 1453 entspricht dem § 1406 Nr 1 u. 2. Auf die Erläuterungen dazu

wird Bezug genommen. — Vor der Annahme durch die Frau liegt ein endgültiger Erwerb noch nicht vor (RG 54, 293).

2. Die Annahme eines der Frau gemachten **Vertragsantrags** kann nach allgemeinen Grundsätzen nur der Frau zustehen. Die Wirksamkeit der Annahme gegenüber dem Gesamtgute hängt von der Zustimmung des Mannes ab. Etwaiger Erwerb wird nach § 1438 Gesamtgut. Etwaige Bereicherung des Gesamtguts ist nach § 1455 herauszugeben.

3. **Errichtung des Inventars** § 2008 A 2.

§ 1454

[1]) Zur Fortsetzung eines bei dem Eintritte der Gütergemeinschaft anhängigen Rechtsstreits bedarf die Frau nicht der Zustimmung des Mannes.

E I 1357 II 1352; M 4 362; P 4 259.

1. Der § 1454 entspricht dem § 1407 Nr 1. Vgl. die Erläuterungen dazu. Im Falle des § 1454 führt die Frau den Rechtsstreit selbständig und das Urteil ist auch gegenüber dem Manne wirksam (§ 1443 A 5). Wegen Erteilung einer vollstreckbaren Urteilsausfertigung vgl. § 742 Abs 2 ZPO.

§ 1455

[1]) Wird durch ein Rechtsgeschäft, das der Mann[2]) oder die Frau[3]) ohne die erforderliche Zustimmung des anderen Ehegatten vornimmt, das Gesamtgut bereichert, so kann die Herausgabe der Bereicherung aus dem Gesamtgute nach den Vorschriften über die Herausgabe einer ungerechtfertigten Bereicherung gefordert werden[4]).

E I 1362 Nr 1 II 1357 Abs 1; M 4 378; P 4 264.

1. Der § 1455 entspricht dem § 1399 Abs 2 Satz 2. Auf die Erläuterungen dazu wird Bezug genommen. — Die Bezugnahme auf Bereicherungsgrundsätze dient nur dazu, den Umfang einer als bereits vorhanden angenommenen Herausgabepflicht zu begrenzen, und zwar regelmäßig in der Absicht, den Herausgabepflichtigen damit günstiger zu stellen, als sonst dem strengen Rechte entsprechen würde (RG 81, 206). Ein **Darlehn**, das die Frau hinter dem Rücken des Mannes aufnimmt, bereichert das Gesamtgut (Errungenschaft). Der Ehemann haftet für die Herausgabe des Darlehnsbetrags, insoweit das Gesamtgut noch zur Zeit der Gemeinschaftsauflösung bereichert ist, persönlich. Diese Haftung ist rechtlich begründet, sei es, daß sie nach § 1530 Abs 2 Satz 1 als die des Gesamtschuldners neben einer Herausgabeverbindlichkeit der Frau angesehen wird, sei es, daß die Verbindlichkeit als sogleich in der Person des Mannes, als des berufenen Vertreters des Gesamtguts und Trägers der Gesamtgutsrechte und -verbindlichkeiten, entstanden betrachtet wird (§§ 1455, 1443). Für den letzteren Fall ist die persönliche Haftung des Mannes in § 1530 (vgl. auch § 1459) nicht ausdrücklich vorgeschrieben, aber als selbstverständlich vorausgesetzt (RG 90, 288).

2. Der **Mann** bedarf der Zustimmung der Frau in den Fällen der §§ 1444—1446.

3. Die **Frau** bedarf der Zustimmung des Mannes in allen Fällen mit Ausnahme der in den §§ 1450—1454 u. 1357 (Schlüsselgewalt) bezeichneten.

4. Bereicherungsvorschriften §§ 812ff. Die **Herausgabepflicht** ist nach § 1459 eine Gesamtgutsverbindlichkeit, für die der Mann auch persönlich haftet. Wegen der Zwangsvollstreckung vgl. § 740 ZPO.

§ 1456

[1]) Der Mann ist der Frau für die Verwaltung des Gesamtguts[2]) nicht verantwortlich[3]). Er hat jedoch für eine Verminderung des Gesamtguts zu diesem Ersatz zu leisten[3]), wenn er die Verminderung in der Absicht[4]), die Frau zu benachteiligen, oder durch ein Rechtsgeschäft herbeiführt, das er ohne die erforderliche Zustimmung der Frau vornimmt[5])[6]).

E I 1364 II 1348; M 4 379; P 4 267 ff.

1. **Grund der Vorschrift.** Der Mann ist für die Ausübung des ihm in Ansehung des Gesamtguts zustehenden Verwaltungsrechts (§ 1443) grundsätzlich gegenüber der Frau rechtlich nicht verantwortlich. Der Ausschluß einer solchen rechtlichen Verantwortlichkeit ist durch das Wesen der allgemeinen Gütergemeinschaft, bei welcher das beiderseitige Vermögen auf gemeinsamen Gedeih und Verderb vereinigt wird, geboten. Eine Verantwortlichkeit des

Mannes wegen Führung der Verwaltung des Gesamtguts würde zudem die ganze Stellung des Mannes zu einer unerträglichen und die allgemeine Gütergemeinschaft zu einer unerschöpflichen Quelle von Streitigkeiten machen (M 4, 379).

2. Überläßt die Frau ihr **Sonder-** oder ihr **Vorbehaltsgut** der Verwaltung des Mannes, so haftet der Mann hierfür nicht nach § 1456, sondern nach § 1359. Vgl. auch §§ 1430, 1441.

3. Daraus, daß der Mann für die Verwaltung des Gesamtguts **nicht verantwortlich** ist, ergibt sich, daß der Mann nicht verpflichtet ist, während der Gütergemeinschaft auf Verlangen der Frau Auskunft über den Stand der Verwaltung zu erteilen. Eine andere Frage ist es, ob der Mann sich nicht einer Verletzung der durch die Ehe begründeten Pflichten schuldig macht, wenn er dem Wunsche der Frau, Aufschluß über die Verwaltung des gemeinschaftlichen Vermögens zu erhalten, nicht entspricht (**RG** 72, 12). **Ersatz** hat der Mann nach § 1467 Abs 1 erst nach Beendigung der Gütergemeinschaft zu leisten. Die Ersatzverbindlichkeit des Mannes stellt sich nicht als Gesamtgutsverbindlichkeit, sondern als eine aus dem Gemeinschaftsverhältnisse selbst entspringende Verbindlichkeit des Mannes gegenüber der Frau dar.

4. Die Ungebundenheit des Mannes in der Verwaltung des Gesamtguts darf nicht zur Arglist führen.

5. Der Vornahme des Rechtsgeschäfts muß eine **Pflichtwidrigkeit** zugrunde liegen, was sich nach § 1359 beurteilt. — Vgl. OLG 36, 199 (Schenkung aus dem Gesamtgute entgegen § 1446 Abs 2).

6. Über die **Verantwortlichkeit der Frau** gegenüber dem Manne ist keine Bestimmung getroffen worden. § 1456 erscheint auf sie nicht anwendbar, da sie grundsätzlich von der Verwaltung ausgeschlossen ist. Für ihre Haftung dürften die allgemeinen Grundsätze in Verbindung mit §§ 1359, 1467 Abs 1 maßgebend sein

§ 1457

Steht der Mann unter Vormundschaft, so hat ihn der Vormund in den Rechten und Pflichten zu vertreten, die sich aus der Verwaltung des Gesamtguts ergeben[1]). Dies gilt auch dann, wenn die Frau Vormund des Mannes ist[2]).

E I 1370 II 1355; M 4 393; P 4 259, 272.

1. **Bevormundung des Mannes.** Der § 1457 entspricht dem § 1409. Auf die Erl zu § 1409 wird Bezug genommen. Das Recht des Mannes zur Verwaltung des Gesamtguts (§ 1443) erlischt selbst dann nicht, wenn er geschäftsunfähig oder in der Geschäftsfähigkeit beschränkt wird oder einen Pfleger erhält. Auf die Frau geht das Verwaltungsrecht — abgesehen von den Ausnahmefällen der §§ 1450, 1468 Nr 4 — nicht über. Vielmehr muß sie sich die Verwaltung des Gesamtguts durch den Vormund oder Pfleger (§§ 1910, 1911) gefallen lassen. Es wird darauf gerechnet, daß das Vormundschaftsgericht regelmäßig die Frau selbst, wenn sie sich dazu eignet, zum Vormund oder Pfleger bestellen werde.

2. In diesem Falle verwaltet die **Frau als Vormund** das Gesamtgut im Namen des Mannes.

§ 1458

Der eheliche Aufwand[1]) fällt dem Gesamtgute zur Last[2]).

E II 1360; M 4 382; P 4 269.

1. Begriff **des ehelichen Aufwandes** § 1389 A 2.

2. **Schadensersatz.** Der Mann ist berechtigt und verpflichtet, den der Frau gebührenden Unterhalt aus dem Gesamtgute zu entnehmen (**RG** JW 03 Beil 127[284]; 07, 23[26]). Deshalb kann der Witwe, deren Ehemann durch eine unerlaubte Handlung eines andern getötet worden ist, ein Schadensersatzanspruch (§ 844) nur für den Teil des Unterhalts zukommen, der ihr aus dem Vermögen des Mannes, aus seiner Hälfte des gütergemeinschaftlichen Vermögens, geleistet wurde (**RG** 69, 292). Zwar gilt die Vorschrift des § 1356 bei jedem Güterstande, also auch bei der Gütergemeinschaft, aber der eheliche Aufwand fällt hier nicht dem Manne, sondern dem Gesamtgute zur Last, und zum Gesamtgute gehört auch das, was der Mann und die Frau während der Gütergemeinschaft erwerben (§ 1438). Wird der Frau die Tätigkeit im Hauswesen oder Gewerbe des Mannes durch eine **Körperverletzung** unmöglich gemacht oder erschwert, so erleiden beide Ehegatten Schaden, sie sind Gesamtgläubiger des Schädigers (§ 428). Jeder von ihnen kann vom Schädiger vollen Schadensersatz fordern (**RG** 73, 309; **RG** Warn 1914 Nr 258). Eine in Gütergemeinschaft verheiratete Frau, die im Geschäfte ihres Mannes tätig ist und infolge eines Straßenbahnunfalls verletzt wird, kann den durch die Erwerbseinbuße erlittenen Schaden im ganzen Umfange geltend machen, denn der Erwerb der Frau fällt dem Gesamtgute zu, und an diesem ist sie, unbeschadet der Verwaltungs-

und Verfügungsbefugnis des Mannes (§ 1443), in gleicher Weise wie der Mann zur gesamten Hand berechtigt, und es ist gleichgültig, daß sie nach Aufhebung der Gemeinschaft nur auf die Hälfte Anspruch hat (RG SeuffA 68 Nr 128). Vgl. § 1443 A 5 (Rechtsstreitigkeiten). Darüber, daß bei einer Körperverletzung der Frau das Mitverschulden des Mannes keinen Einfluß auf den Ersatzanspruch der Frau wegen Heilungskosten hat, vgl. RG SeuffA 71 Nr 31 und § 1356 A 7.

§ 1459

[1]) Aus dem Gesamtgute können die Gläubiger des Mannes[2]) und, soweit sich nicht aus den §§ 1460 bis 1462 ein anderes ergibt[3]), auch die Gläubiger der Frau[4]) Befriedigung verlangen (Gesamtgutsverbindlichkeiten)[5]).

Für Verbindlichkeiten der Frau, die Gesamtgutsverbindlichkeiten sind[6]), haftet der Mann auch persönlich[7]) als Gesamtschuldner[8]). Die Haftung erlischt mit der Beendigung[9]) der Gütergemeinschaft, wenn die Verbindlichkeiten im Verhältnisse der Ehegatten zueinander nicht dem Gesamtgute zur Last fallen[10—13]).

E I 1359 II 1356; M 4 364 ff.; P 4 261, 281.

1. Die §§ 1459—1462 regeln die **Haftung der Ehegatten gegenüber ihren Gläubigern.** Ein Ehegatte haftet entweder nur mit dem Gesamtgut oder auch persönlich. Zunächst ist zu unterscheiden, ob die Schuld vor oder nach dem Eintritte der Gütergemeinschaft entstanden ist. Im § 1459 Abs 1 ist der Grundsatz enthalten, daß Mann und Frau für alle ihre vorher entstandenen Schulden ausnahmslos mit dem Gesamtgute haften, daß dagegen für die nachher entstandenen Schulden der Mann ausnahmslos, die Frau jedoch nur, wenn keiner der Ausnahmefälle der §§ 1460—1462 vorliegt, mit dem Gesamtgute haften. — Ist eine Verbindlichkeit der Frau, die Gesamtgutsverbindlichkeit ist und für die der Mann auch persönlich haftet (§ 1459 Abs 2), schon vor Eintritt der Gütergemeinschaft der Frau gegenüber rechtskräftig festgestellt, so ist sie kraft Gesetzes auch rechtskräftig festgestellte Verbindlichkeit des Mannes (RG 14. 4. 08 II 32/08). Das Gesamtgut haftet grundsätzlich für alle Verbindlichkeiten des Mannes wie der Frau, und zwar ohne Rücksicht auf den Gegenstand der Schuld. Unrichtig ist die Ansicht, daß sich § 1459 Abs 1 nur auf Geldansprüche, nicht auf Ansprüche wegen Herausgabe bestimmter Gegenstände bezieht (RG JW 04, 176[19]). Im § 1459 Abs 2 ist die persönliche Haftung der Ehegatten für die Gesamtgutsverbindlichkeiten geregelt. Der Mann haftet persönlich für alle Gesamtgutsverbindlichkeiten, also nicht nur für die in seiner Person entstandenen — was selbstverständlich —, sondern auch für die in der Person der Frau entstandenen Gesamtgutsverbindlichkeiten, was § 1459 Abs 2 Satz 1 ausdrücklich ausspricht. Diese **erweiterte Haftung des Mannes** ist deshalb geboten, weil der Mann sonst sein Verfügungsrecht zum Nachteile der Frau und derjenigen ihrer Gläubiger, die im Verhältnisse der Gatten zueinander nicht Gesamtgutsgläubiger sind, dazu benutzen könnte, Gesamtgut in sein Vorbehaltsgut zu verwenden (M 4, 367; Prot 4, 282). Dagegen haftet die Frau persönlich, abgesehen von dem Falle des § 1480, nur für die in ihrer Person — vor oder nach Eintritt der Gütergemeinschaft — entstandenen Gesamtgutsverbindlichkeiten. — Liegt der Klageforderung eine persönliche Verpflichtung nur in der Person des Mannes, nicht auch in der der Frau zugrunde, so kann eine **Leistungsklage** nur gegen den Mann (nach dessen Tode gegenüber seinem Nachlaß) erhoben, gegen die Frau dagegen nur auf **Duldung der Zwangsvollstreckung** in das Gesamtgut geklagt und erkannt werden. An dieser Art und an diesem Maße der Haftung ändert sich auch nichts durch die Auflösung der Gemeinschaft bis zum Vollzuge der Auseinandersetzung (RG 89, 360). Vgl. § 1472 A 2.

2. **Gläubiger des Mannes.** Es macht keinen Unterschied, ob der Anspruch vor oder nach dem Eintritte der Gütergemeinschaft entstanden, worauf er dem Gegenstande nach gerichtet ist (vgl. A 1), ferner, ob er sich auf das Gesamtgut oder das Vorbehalts- bzw. Sondergut bezieht und ob er aus einer unerlaubten Handlung entspringt oder auf Rechtsgeschäft oder Gesetz beruht. Vgl. § 1411 A 1. — Gegen den in allgemeiner Gütergemeinschaft lebenden Ehemann, der für seine Frau Schmerzensgeld und ärztliche Kosten wegen eines Unfalls einklagt, den er mitverschuldet hat, kann der Entschädigungspflichtige seinen ihm gegen den Mann zustehenden Ausgleichungsanspruch aus § 426 durch Aufrechnung gegenüber dem Gesamtgute geltend machen (SeuffA 75 Nr 105).

3. **Beweislast.** Daß einer der Ausnahmefälle der §§ 1460—1462 vorliegt, hat der Mann zu beweisen. Für den Fall des § 1460 Abs 1 gilt jedoch eine Abweichung. Vgl. § 1460 A 2.

4. **Gläubiger der Frau.** Für sie gilt das A 2 Gesagte gleichfalls, jedoch mit den in den §§ 1460—1462 bestimmten Ausnahmen.

5. **Begriff der Gesamtgutsverbindlichkeit** der ehelichen Gütergemeinschaft. Eine Gesamtgutsverbindlichkeit ist diejenige Verbindlichkeit des einen oder des andern Ehegatten,

wegen deren der Gläubiger ohne Rücksicht darauf, ob die Verbindlichkeit im Verhältnisse der Ehegatten zueinander dem Gesamtgute zur Last fällt, auch aus dem Gesamtgute Befriedigung verlangen kann. Gesamtgutsverbindlichkeit der fortgesetzten Gütergemeinschaft § 1488.

6. Alle **Verbindlichkeiten der Frau**, mit Ausnahme der in den §§ 1460—1462 bezeichneten, sind den Gläubigern gegenüber Gesamtgutsverbindlichkeiten. Ob sie im Verhältnisse der Ehegatten zueinander ebenfalls Gesamtgutsverbindlichkeiten sind (§§ 1463—1465), kommt hier nicht in Betracht. Wegen Verbindlichkeiten der Frau, die nicht Gesamtgutsverbindlichkeiten sind, können sich die Gläubiger der Frau nur an ihr Vorbehalts- bzw. Sondergut halten.

7. Aus der **persönlichen Haftung des Mannes** folgt, daß dem Gläubiger der Frau (neben dem Gesamtgut und dem Vorbehalts- bzw. Sondergute der Frau) auch das Vorbehalts- bzw. Sondergut des Mannes haftet. Dies gilt auch von Ansprüchen gegen die Frau auf Herausgabe bestimmter Gegenstände (**RG** JW 04, 176[19]). Mit dem Antrage auf Verurteilung des Mannes zur Zahlung aus dem Gesamtgute wird nur die Haftung des Manne mit dem Gesamtgute, nicht aber seine persönliche Haftung geltend gemacht (**RG** SeuffA 65 Nr 16). Wenn Ehegatten an Stelle der Gütergemeinschaft Gütertrennung einführen, fällt die Haftung des Mannes für den Unterhalt, den die Frau ihrem Vater für die Zukunft zu gewähren hat, weg. Unerheblich ist, daß der Mann in der Absicht, sich von der Haftung für die künftige Unterhaltspflicht der Frau freizumachen, die Gütertrennung mit seiner Frau vereinbart hat. Er hat dem Gläubiger seiner Frau gegenüber keine Verpflichtung, den ihm diese Haftung auferlegenden Güterstand der Gütergemeinschaft mit seiner Frau aufrechtzuerhalten (OLG 30, 49).

8. Gesamtschuldnerische Haftung §§ 421—425.

9. **Beendigungsgründe** sind z. B. Aufhebung der Gütergemeinschaft durch Ehevertrag oder Urteil, Tod der Frau (auch bei fortgesetzter Gütergemeinschaft, § 1483). Auf den Zeitpunkt der Beendigung der Auseinandersetzung kommt es nicht an.

10. Hieraus folgt, daß die persönliche Haftung des Mannes fortdauert, wenn die Verbindlichkeit der Frau im Verhältnisse der Ehegatten zueinander **dem Gesamtgute zur Last fällt** (§§ 1463—1465). Der Mann hat die Voraussetzungen für das Erlöschen seiner Haftung zu beweisen.

11. **Gemeinschaftlich eingegangene Verbindlichkeiten.** Besondere Bestimmungen sind hierüber nicht gegeben. Die Gütergemeinschaft steht der Eingehung einer Gesamtschuld (§§ 421 ff.) durch die Ehegatten nicht entgegen, jedoch kommt folgendes in Betracht: Schließen Ehegatten ein Rechtsgeschäft gemeinschaftlich ab, so liegt darin regelmäßig die Einwilligung des Mannes in den Abschluß des Rechtsgeschäfts durch die Frau. Die so zustande gekommene Verbindlichkeit der Frau ist eine Gesamtgutsverbindlichkeit. Der Mann haftet daher nach § 1459 Abs 2 auch für den Anteil der Frau (§ 420).

12. **Zwangsvollstreckung** (M 4, 368 ff.; Prot 4 S. 135, 263; 6, 706 ff.; D. z. ZPO S. 109 ff.). Nach § 740 ZPO ist zur Zwangsvollstreckung in das Gesamtgut (Grundstücke nicht ausgenommen) ein gegen den Mann ergangenes Urteil erforderlich und genügend. Die Vorschrift des § 740 ZPO muß auch auf die in den §§ 1449, 1450 bezeichneten Fälle bezogen werden, in denen die Frau zur selbständigen Führung des Rechtsstreits mit Wirkung für das Gesamtgut befugt ist. Für den Fall des § 1454 gilt die besondere Bestimmung des § 742 Abs 2 ZPO. Befindet sich der zu pfändende Gegenstand im Besitze der Frau, so sind die Bestimmungen in §§ 809, 846 ff. ZPO zu beobachten. Dasselbe gilt, wenn sich der Gegenstand äußerlich als der Frau allein gehörend darstellt, z. B. ein im Grundbuch auf den Namen der Frau allein eingetragenes Recht. Betreibt die Frau selbständig ein Erwerbsgeschäft, so gilt für die Zwangsvollstreckung die im § 741 ZPO bestimmte Abweichung. Vgl. ferner wegen des Widerspruchsrechts des Mannes §§ 774, 771 ZPO. Wird der Mann zur Duldung der Zwangsvollstreckung in das Gesamtgut verurteilt, so wirkt das Urteil wie ein Leistungsurteil. Der Mann wird dadurch genötigt, den Gläubiger der Frau aus dem Gesamtgute zu befriedigen und auf Erfordern den Offenbarungseid zu leisten (**RG** JW 09, 321[23]).

13. **Konkurs** (M 4 S. 370—373; Prot 4 S. 242, 263; D. z. KO S. 7 ff.). Wird das Konkursverfahren über das Vermögen des Ehemanns eröffnet, so gehört das Gesamtgut zur Konkursmasse; eine Auseinandersetzung wegen des Gesamtguts zwischen den Ehegatten findet nicht statt (§ 2 Abs 1 KO). Die §§ 16, 51 KO finden keine Anwendung. Durch die Konkurseröffnung über das Vermögen des Mannes wird weder die Gütergemeinschaft kraft Gesetzes aufgelöst (M 4, 398), noch ein Recht der Frau auf Auseinandersetzung wegen des Gesamtguts begründet (M 4, 371); die Frau kann wegen Überschuldung des Gesamtguts nur mit Wirkung für die Zukunft (in Ansehung des nach Beendigung des Konkursverfahrens verbleibenden Überrestes des Gesamtguts und des etwaigen späteren Erwerbs) das Recht aus § 1468 Nr 5 auf Aufhebung der Gütergemeinschaft geltend machen. Der Konkursverwalter unterliegt selbstverständlich nicht den in den §§ 1444, 1445 für den Mann bestimmten Verfügungsbeschränkungen. Durch das Konkursverfahren über das Vermögen der Frau wird das Gesamtgut überhaupt nicht berührt (§ 2 Abs 2 KO).

§ 1460

[1]) **Das Gesamtgut haftet für eine Verbindlichkeit der Frau, die aus einem nach[2]) dem Eintritte der Gütergemeinschaft vorgenommenen Rechtsgeschäft entsteht, nur dann, wenn der Mann seine Zustimmung zu dem Rechtsgeschäft erteilt[3]) oder wenn das Rechtsgeschäft ohne seine Zustimmung für das Gesamtgut wirksam[4]) ist.**

Für die Kosten eines Rechtsstreits der Frau haftet das Gesamtgut auch dann, wenn das Urteil dem Gesamtgute gegenüber nicht wirksam ist[5]).

E I 1362 Nr 1 II 1357; M 4 373 ff.; P 4 264; 6 277, 393.

1. **Zweck** der Bestimmung im § 1460 ist, die Rechte des Mannes in Ansehung des Gesamtguts gegen die ihm aus der Geschäfts- und Prozeßfähigkeit der Frau drohenden Gefahren zu schützen. Der § 1460 entspricht dem § 1412. — Hat der Mann einem von der Frau nach dem Eintritt der Gütergemeinschaft vorgenommenen Rechtsgeschäfte (die Frau hatte ein auf ihren Namen eingetragenes, zum Gesamtgut gehöriges Grundstück verkauft) **zugestimmt**, so haftet er für die daraus entstandene Verbindlichkeit sowohl mit dem Gesamtgute wie als Gesamtschuldner persönlich mit seinem sonstigen Vermögen (§§ 1439, 1440), gleichviel ob das von der Frau vorgenommene Rechtsgeschäft auf das Gesamtgut sich bezieht oder nicht. Auf die Erfüllung der von der beklagten Ehefrau eingegangenen Verpflichtung, das umstrittene Grundstück dem Kläger gemäß § 433 zu **verschaffen**, kann hiernach der beklagte Ehemann ohne weiteres in Anspruch genommen werden, nicht anders, als wenn er selbst den Kaufvertrag schlechthin mitabgeschlossen hätte — §§ 421 ff. — (**RG** Recht 1925, 103², Bremisches Güterstandsgesetz v. 8. 7. 1899 in Verbindung mit §§ 1460, 1459 Abs 2 BGB.).

2. **Beweislast.** Daß es sich um ein nach und nicht vor dem Eintritte der Gütergemeinschaft vorgenommenes Rechtsgeschäft handelt, hat der Mann zu beweisen. Dagegen liegt dem Gläubiger der Beweis ob, daß der Mann seine Zustimmung erteilt hat oder das Rechtsgeschäft ohne seine Zustimmung ihm gegenüber wirksam ist.

3. **Ausschluß der Haftung.** Der Mann ist berechtigt, bei Erteilung der Zustimmung durch Vertrag mit dem Dritten die Haftung des Gesamtguts und seine persönliche Haftung auszuschließen. Er kann die Zustimmung unter der Bedingung, daß jene Haftung ausgeschlossen sei, erteilen. Erteilt der Mann der Frau die Einwilligung zum selbständigen Betrieb eines Erwerbsgeschäfts (§§ 1452, 1405) und schließt er hierbei jene Haftung aus, so würde dies Dritten gegenüber rechtlich nicht in Betracht kommen.

4. **Wirksamkeit ohne Zustimmung.** Z. B. in den Fällen der §§ 1450—1453, 1357.

5. Auch bei der allgemeinen Gütergemeinschaft hat der Mann der Frau in einem Rechtsstreite zwischen beiden **Kostenvorschuß** zu zahlen (**RG** 46, 354). Vgl. § 1387 A 6.

§ 1461

Das Gesamtgut haftet nicht für Verbindlichkeiten der Frau, die infolge des Erwerbes einer Erbschaft oder eines Vermächtnisses entstehen, wenn die Frau die Erbschaft oder das Vermächtnis nach dem Eintritte der Gütergemeinschaft als Vorbehaltsgut erwirbt[1]).

E I 1362 Nr 2 II 1358; M 4 373; P 4 264.

1. Der § 1461 entspricht dem § 1413. Auf die Erläuterungen hierzu wird Bezug genommen. Vgl. auch § 1453.

§ 1462

Das Gesamtgut haftet nicht für eine Verbindlichkeit der Frau, die nach dem Eintritte der Gütergemeinschaft infolge eines zu dem Vorbehaltsgute gehörenden Rechtes oder des Besitzes einer dazu gehörenden Sache entsteht, es sei denn, daß das Recht oder die Sache zu einem Erwerbsgeschäfte gehört, das die Frau mit Einwilligung des Mannes selbständig betreibt[1]).

E I 1362 Nr 3 II 1359; M 4 373; P 4 264.

1. Der § 1462 entspricht dem § 1414. Auf die Erläuterungen hierzu wird Bezug genommen. Wegen der gesetzlichen Unterhaltspflicht vgl. § 1604 Abs 2.

§ 1463

[1]) **Im Verhältnisse der Ehegatten zueinander fallen folgende Gesamtgutsverbindlichkeiten dem Ehegatten zur Last, in dessen Person sie entstehen:**

1. **die Verbindlichkeiten aus einer unerlaubten Handlung, die er nach dem Eintritte der Gütergemeinschaft begeht, oder aus einem Strafverfahren, das wegen einer solchen Handlung gegen ihn gerichtet wird**[2]);
2. **die Verbindlichkeiten aus einem sich auf sein Vorbehaltsgut beziehenden Rechtsverhältnis, auch wenn sie vor dem Eintritte der Gütergemeinschaft oder vor der Zeit entstanden sind, zu der das Gut Vorbehaltsgut geworden ist**[3]);
3. **die Kosten eines Rechtsstreits über eine der in Nr 1, 2 bezeichneten Verbindlichkeiten**[4]).

E I 1367 Abs 2 Nr 1, 2, 4 II 1361; M 4 384 ff.; P 4 271; 6 277.

1. Während die §§ 1459—1462 die Haftung der Ehegatten gegenüber ihren Gläubigern regeln, bestimmen die §§ 1463—1465, welchem Ehegatten eine **Gesamtgutsverbindlichkeit im Verhältnisse der Ehegatten zueinander zur Last fällt.** Grundsatz ist, daß alle Gesamtgutsverbindlichkeiten auch im Verhältnisse der Ehegatten zueinander dem Gesamtgute zur Last fallen. Dieser Grundsatz entspricht dem Wesen der allgemeinen Gütergemeinschaft, bei der das beiderseitige Vermögen der Ehegatten auf gemeinsamen Gedeih und Verderb vereinigt werden soll. Von diesem Grundsatze sind die in den §§ 1463—1465 bezeichneten Fälle ausgenommen. Ferner erstreckt sich dieser Grundsatz nicht auf solche Verbindlichkeiten, die überhaupt nicht Gesamtgutsverbindlichkeiten sind, z. B. die in den §§ 1360, 1456 Satz 2, 1460—1462 bezeichneten Verbindlichkeiten. Wird eine unter den genannten Grundsatz fallende Gesamtgutsverbindlichkeit eines Ehegatten aus dessen Vorbehaltsgute getilgt, so muß ihm aus dem Gesamtgute **Ersatz** geleistet werden, und zwar der Frau schon während bestehender Gütergemeinschaft, dem Manne dagegen erst nach der Beendigung der Gütergemeinschaft (§ 1467 Abs 2). Bei der **Auseinandersetzung nach der Beendigung der Gütergemeinschaft** kann jeder Ehegatte verlangen, daß die unter jenen Grundsatz fallenden Gesamtgutsverbindlichkeiten aus dem Gesamtgute berichtigt werden (§§ 1474, 1475). Unterbleibt die Berichtigung, so haftet außerdem der Mann der Frau gegenüber für ihre Ersatzforderung persönlich (§ 1481). Die Frau nimmt an der etwaigen **Einbuße** nicht teil. Wird dagegen eine unter die Ausnahmen der §§ 1463—1465 fallende Gesamtgutsverbindlichkeit aus dem Gesamtgute getilgt, so muß der nach denselben Vorschriften verpflichtete Ehegatte zu dem Gesamtgut Ersatz leisten (§ 1467 Abs 1) und kann bei der Auseinandersetzung nicht verlangen, daß die Schuld aus dem Gesamtgute berichtigt wird (§ 1475 Abs 2). Ist die Frau ersatzpflichtig, so erlischt die persönliche Haftung des Mannes gegenüber dem Gläubiger mit der Beendigung der Gütergemeinschaft (§ 1459 Abs 2 Satz 2). Die Verpflichtung eines Ehegatten, zum Gesamtgut Ersatz zu leisten, ist eine gewöhnliche Ersatzverbindlichkeit. Die §§ 1463—1465 finden auch auf Verbindlichkeiten der Ehegatten untereinander Anwendung, soweit es sich um Gesamtgutsverbindlichkeiten überhaupt handelt. Durch **Ehevertrag** können die Bestimmungen in §§ 1463 bis 1465 abgeändert werden.

2. § 1463 Nr 1 entspricht dem § 1415 Nr 1. Vgl. die Erläuterungen hierzu.

3. § 1463 Nr 2 entspricht dem § 1415 Nr 2. Vgl. die Erläuterungen hierzu. Insbesondere fällt unter § 1463 Nr 2 die gesetzliche Unterhaltspflicht eines Ehegatten, soweit sie durch den Besitz von Vorbehaltsgut begründet oder erweitert wird.

4. § 1463 Nr 3 entspricht dem § 1415 Nr 3. Vgl. die Erläuterungen hierzu.

§ 1464

[1]) **Im Verhältnisse der Ehegatten zueinander fallen die Kosten eines Rechtsstreits zwischen ihnen der Frau zur Last, soweit nicht der Mann sie zu tragen hat.**

Das gleiche[2]) **gilt von den Kosten eines Rechtsstreits zwischen der Frau und einem Dritten, es sei denn, daß das Urteil dem Gesamtgute gegenüber wirksam ist**[3]). **Betrifft jedoch der Rechtsstreit eine persönliche Angelegenheit der Frau oder eine nicht unter die Vorschriften des § 1463**

Nr 1, 2 fallende Gesamtgutsverbindlichkeit der Frau[4]), so findet diese Vorschrift[5]) keine Anwendung, wenn die Aufwendung der Kosten den Umständen nach geboten ist[6]).

E I 1367 Abs 2 Nr 4 II 1362; M 4 384 ff.; P 4 271; 6 277.

1. Der § 1464 entspricht dem § 1416. Vgl. die Erläuterungen hierzu, ferner § 1463 A 1.

2. Das **gleiche** — nämlich, daß die Kosten im Verhältnisse der Ehegatten zueinander der Frau zur Last fallen.

3. Ist das **Urteil dem Gesamtgute gegenüber wirksam**, z. B. in den Fällen der §§ 1449, 1450, 1452, 1454 (vgl. auch § 1443 A 5), so fallen die Kosten im Verhältnisse der Ehegatten zueinander dem Gesamtgute zur Last, vorausgesetzt, daß nicht ein Fall des § 1463 vorliegt.

4. Vgl. § 1459 A 1—6, § 1463 A 1.

5. **Diese Vorschrift** — nämlich, daß die Kosten im Verhältnisse der Ehegatten zueinander der Frau zur Last fallen.

6. Solchenfalls treffen die Kosten im Verhältnisse der Ehegatten zueinander das Gesamtgut.

§ 1465

[1]) Im Verhältnisse der Ehegatten zueinander fällt eine Ausstattung[2]), die der Mann[3]) einem gemeinschaftlichen Kinde aus dem Gesamtgute verspricht oder gewährt, dem Manne insoweit zur Last, als sie das dem Gesamtgut entsprechende Maß übersteigt.

Verspricht oder gewährt der Mann einem nicht gemeinschaftlichen Kinde eine Ausstattung[2]) aus dem Gesamtgute[4]), so fällt sie im Verhältnisse der Ehegatten zueinander dem Vater[5]) oder der Mutter des Kindes zur Last, der Mutter jedoch nur insoweit, als sie zustimmt[6]) oder die Ausstattung nicht das dem Gesamtgut entsprechende Maß übersteigt.

E I 1368 II 1363; M 4 358, 383, 390; P 4 271.

1. Der § 1465 unterscheidet Ausstattungen gemeinschaftlicher Kinder (Abs 1), und nicht gemeinschaftlicher Kinder (Abs 2). Einer natürlichen Auffassung entspricht es, die Ausstattung eines gemeinschaftlichen Kindes als eine gemeinschaftliche Last beider Ehegatten, die Ausstattung eines nicht gemeinschaftlichen Kindes als eine Sonderlast desjenigen Ehegatten, von dem das Kind abstammt, zu behandeln. Diese Auffassung liegt auch dem § 1465 zugrunde. Vgl. § 2054 Abs 1 (Ausgleichungspflicht). **Im Verhältnis der Ehegatten zueinander** fällt daher die **Ausstattung** eines gemeinschaftlichen Kindes dem Gesamtgute, die eines nicht gemeinschaftlichen Kindes dem Vorbehalts- bzw. Sondergute desjenigen Ehegatten, von dem es abstammt, zur Last. Die Ausstattung eines gemeinschaftlichen Kindes darf aber das dem Gesamtgut entsprechende Maß nicht übersteigen, andernfalls Abweichungen gelten. Insoweit die Ausstattung nach § 1624 als Schenkung anzusehen ist, kommt § 1446 (vgl. A 3 daselbst) zur Anwendung. Vgl. ferner § 1463 A 1.

2. Begriff der **Ausstattung** § 1624. Vgl. auch **RG** JW 06, 426[12]. Auf die Aussteuer (§ 1620) bezieht sich § 1465 nicht. A. M. Staudinger § 1465 A 6. Die Bestimmungen des § 1465 haben das Nichtvorhandensein einer Rechtspflicht zur Voraussetzung. Das trifft bei der Ausstattung, nicht aber bei der Aussteuer zu. Die Aussteuer hat auch anders als die Ausstattung einen gesetzlich bestimmten Umfang. Die Aussteuer einer gemeinschaftlichen oder nicht gemeinschaftlichen Tochter fällt im Verhältnisse der Ehegatten untereinander stets dem Gesamtgute zur Last.

3. Der **Mann** kann vermöge seines Verfügungsrechts (§ 1443) Ausstattungen aus dem Gesamtgut ohne Einwilligung der Frau versprechen und gewähren. Insoweit die Ausstattung aber eine Schenkung enthält, ist er durch § 1446 beschränkt. Der Frau stehen dieselben Rechte im Falle des § 1450 zu.

4. Stattet der Mann aus seinem Vorbehaltsgut ein gemeinschaftliches Kind oder ein nicht gemeinschaftliches Kind der Frau aus, so erwächst ihm unter Umständen ein Ersatzanspruch (§ 1466 Abs 2).

5. Dem **Ehemanne** fällt die Ausstattung seines nicht gemeinschaftlichen Kindes im Verhältnisse der Ehegatten zueinander stets und im vollen Umfange zur Last, also gleichviel, ob die Frau zustimmt und ob die Ausstattung das dem Gesamtgut entsprechende Maß einhält.

6. **Stimmt die Frau** der Ausstattung ihres nicht gemeinschaftlichen Kindes **zu**, so fällt die Ausstattung im Verhältnisse der Ehegatten zueinander ihr im vollen Umfange zur Last, also auch in Ansehung desjenigen Teiles, um den die Ausstattung das dem Gesamtgut ent-

sprechende Maß übersteigt. Übersteigt die Ausstattung dieses Maß und stimmt die Frau nicht zu, so macht sich der Mann nach § 1456 ersatzpflichtig, wenn nicht ein Ausnahmefall des § 1446 Abs 2 (A 3 daselbst) vorliegt.

§ 1466

[1]) **Verwendet der Mann Gesamtgut in sein Vorbehaltsgut[2]), so hat er den Wert[3]) des Verwendeten zu dem Gesamtgute zu ersetzen[4]).**

Verwendet der Mann Vorbehaltsgut in das Gesamtgut[5]), so kann er Ersatz[6]) aus dem Gesamtgute verlangen[7]).

E I 1365 II 1364; M 4 381; P 4 269; 6 281.

1. **Grund der Vorschrift.** Der Mann ist vermöge seines Verfügungsrechts jederzeit in der Lage, Gesamtgut in sein Vorbehaltsgut zu verwenden. Für solche Verwendungen würde er nach allgemeinen Grundsätzen höchstens zur Herausgabe der zur Zeit der Rechtshängigkeit noch vorhandenen Bereicherung haften. Selbst diese Verpflichtung könnte bezweifelt werden. Zum Schutze der Ehefrau ist daher dem freien Verfügungsrechte des Mannes im § 1466 Abs 1 eine Schranke gesetzt worden. Dementsprechend ist dem Manne für den umgekehrten Fall im § 1466 Abs 2 ein Ersatzanspruch gegeben worden. Wegen der Ausgleichung des Vorbehaltsguts und des eingebrachten Gutes beim gesetzlichen Güterrechte vgl. § 1417.

2. **Verwendung von Gesamtgut in Vorbehaltsgut** liegt z. B. vor, wenn der Mann eine nach § 1463 im Verhältnisse der Ehegatten ihm zur Last fallende Verbindlichkeit aus Mitteln des Gesamtguts tilgt.

3. Der **Wert,** den das Verwendete zur Zeit der Verwendung gehabt hat, ist zu ersetzen.

4. Die **Ersatzpflicht des Mannes** entsteht ohne Rücksicht darauf, ob ihm ein Verschulden zur Last fällt. Die Ersatzpflicht ist eine gewöhnliche Ersatzverbindlichkeit, keine bloße Anrechnungspflicht. Neben den Voraussetzungen des § 1456 Satz 2 ist der Mann sogar für eine Verminderung des Gesamtguts ersatzpflichtig.

5. **Verwendung von Vorbehaltsgut in das Gesamtgut** liegt z. B. vor, wenn der Mann aus Mitteln seines Vorbehaltsguts den nach § 1458 dem Gesamtgute zur Last fallenden ehelichen Aufwand — zu dem auch sein eigener standesgemäßer Unterhalt gehört, § 1458 A 1, § 1389 A 2 — bestreitet.

6. Der **Ersatz** ist nach dem Werte des Verwendeten zur Zeit der Verwendung zu leisten. Hatte der Mann nicht die Absicht, Ersatz zu verlangen, so entfällt der Ersatzanspruch (§ 685 Abs 1). Über die Fälligkeit der Ersatzansprüche trifft § 1467 Bestimmung.

7. Auf Verwendungen aus dem Gesamtgut in das **Vorbehaltsgut der Frau** sowie aus letzterem in ersteres finden die allgemeinen Grundsätze über Geschäftsführung ohne Auftrag und Herausgabe einer ungerechtfertigten Bereicherung Anwendung.

§ 1467

[1]) **Was ein Ehegatte zu dem Gesamtgut[2]) oder die Frau zu dem Vorbehaltsgute des Mannes[3]) schuldet, ist erst nach der Beendigung der Gütergemeinschaft zu leisten; soweit jedoch zur Berichtigung einer Schuld der Frau deren Vorbehaltsgut ausreicht, hat sie die Schuld schon vorher zu berichtigen[4]).**

Was der Mann aus dem Gesamtgute zu fordern hat, kann er erst nach der Beendigung der Gütergemeinschaft fordern[5]).

E I 1369 II 1365; M 4 390 ff.; P 4 272.

1. Grundsätzlich ist dasjenige, **was ein Ehegatte zu dem Gesamtgute schuldet,** erst nach Beendigung der Gütergemeinschaft zu leisten (Abs 1). Dem Wesen der allgemeinen Gütergemeinschaft entspricht es, daß diese Ansprüche solange ruhen, zumal ein Ehegatte, der nicht Vorbehaltsgut hat, während der Gemeinschaft gar nicht in der Lage ist, seiner Erfüllungspflicht zu genügen. In Ansehung desjenigen, was ein Ehegatte aus dem Gesamtgute zu fordern hat (Abs 2), sind Mann und Frau aus besonderen Gründen verschieden behandelt. Arreste und einstweilige Verfügungen sind durch § 1467 nicht ausgeschlossen.

2. Z. B. die **Ersatzverbindlichkeiten des Mannes** auf Grund der §§ 1456 Satz 2, 1466 Abs 1. Die Vorschrift bezieht sich übrigens auf alle Verbindlichkeiten eines Ehegatten gegenüber dem Gesamtgute.

3. Z. B. die **Ersatzverbindlichkeiten der Frau,** wenn der Mann aus Mitteln seines Vorbehaltsguts eine nach §§ 1463—1465 der Frau zur Last fallende Verbindlichkeit tilgt. Auch

alle sonstigen Verbindlichkeiten der Frau gegenüber dem Vorbehaltsgute des Mannes fallen unter die Vorschrift. Der umgekehrte Fall, wenn der Mann etwas zu dem Vorbehaltsgute der Frau schuldet, ist im § 1467 nicht erwähnt. Für ihn gelten zur Sicherung der Frau die allgemeinen Grundsätze. Die Frau ist also nicht gehindert, derartige Ansprüche schon während der Gütergemeinschaft geltend zu machen. Wegen des Sonderguts der Frau vgl. §§ 1439, 1539.

4. Hat die Frau **ausreichendes Vorbehaltsgut,** so liegt zur Hinausschiebung ihrer Erfüllungspflicht gegenüber dem Gesamtgut und gegenüber dem Vorbehaltsgute des Mannes kein Grund vor. Der Mann hat das Vorhandensein ausreichenden Vorbehaltsguts zu beweisen. Hat der Mann Vorbehaltsgut, so ist er dennoch nicht verpflichtet, das, was er zu dem Gesamtgute schuldet, schon während der Gemeinschaft zu leisten. Vermöge seines Verfügungsrechts würde er über das Geleistete sofort wieder verfügen können, ohne der Frau verantwortlich zu sein. Die Hinausschiebung der Leistung gereicht sonach der Frau zum Vorteile.

5. **Forderungen des Mannes,** z. B. der Ersatzanspruch aus § 1466 Abs 2. Der umgekehrte Fall, wenn die Frau etwas aus dem Gesamtgute zu fordern hat, ist nicht erwähnt. Für ihn gelten zur Sicherung der Frau die allgemeinen Grundsätze. Die Frau ist also nicht gehindert, derartige Ansprüche schon während der Gemeinschaft geltend zu machen. — Die Verzinsungspflicht ist nach allgemeinen Grundsätzen zu beurteilen.

§ 1468

[1]) Die Frau[2]) kann auf Aufhebung der Gütergemeinschaft klagen[3]):

1. wenn der Mann ein Rechtsgeschäft der in den §§ 1444 bis 1446 bezeichneten Art ohne Zustimmung[4]) der Frau vorgenommen hat[5]) und für die Zukunft eine erhebliche Gefährdung[6]) der Frau zu besorgen ist;

2. wenn der Mann das Gesamtgut in der Absicht, die Frau zu benachteiligen, vermindert hat[7]);

3. wenn der Mann seine Verpflichtung, der Frau und den gemeinschaftlichen Abkömmlingen Unterhalt zu gewähren, verletzt hat und für die Zukunft eine erhebliche Gefährdung[6]) des Unterhalts zu besorgen ist[8]);

4. wenn der Mann wegen Verschwendung[9]) entmündigt ist oder wenn er das Gesamtgut durch Verschwendung erheblich gefährdet[10])[6]);

5. wenn das Gesamtgut infolge von Verbindlichkeiten, die in der Person des Mannes entstanden sind, in solchem Maße überschuldet[11]) ist, daß ein späterer Erwerb der Frau erheblich gefährdet[6]) wird[12]).

E I 1372 II 1366; M 4 393 ff.; P 4 273 ff.

1. Die §§ 1468—1470 regeln die Fälle, in denen die Frau oder der Mann die **Aufhebung der Gütergemeinschaft durch gerichtliches Urteil** herbeiführen können. Andere Gründe der Beendigung des Güterstandes führt das Gesetz nicht auf. Selbstverständlich endigt die Gütergemeinschaft — abgesehen von den Bestimmungen über die fortgesetzte Gütergemeinschaft — auch mit der **Auflösung der Ehe** (Tod eines Ehegatten, Scheidung der Ehe und Wiederverheiratung eines Ehegatten im Falle der Todeserklärung des andern Ehegatten). Die Aufhebung der ehelichen Gemeinschaft (§ 1575) steht der Scheidung gleich (§ 1568). Wird die eheliche Gemeinschaft nach der Aufhebung wiederhergestellt, so tritt Gütertrennung ein (§ 1587). Im Falle der **Nichtigkeitserklärung der Ehe** wird festgestellt, daß die Ehe nie bestanden habe, mithin auch die Gütergemeinschaft nie eingetreten sei. In diesem Falle sind für die Vermögensauseinandersetzung die allgemeinen Grundsätze (über Rückforderung, Auftrag, auftragslose Geschäftsführung) maßgebend. **Tatsächliches Getrenntleben der Ehegatten** berührt, auch wenn es gerichtlich gestattet ist (§ 627 ZPO), an sich den Güterstand nicht, unbeschadet der Befugnis des Gerichts zum Erlaß einstweiliger Verfügungen (§ 940 ZPO, § 1418 A 12). Selbstverständlich kann auch durch **Ehevertrag** die Beendigung der Gütergemeinschaft bestimmt werden. Beendigungsgründe sind dagegen nicht die **Todeserklärung** eines Ehegatten (Abweichung von § 1420), M 4, 393, und die Eröffnung des **Konkurses** über das Vermögen eines Ehegatten (Abweichung von § 1419), M 4, 398, 535; Prot 4, 277 ff. Vgl. § 1459 A 13.

2. Hat die **Frau** einen gesetzlichen Vertreter, so steht das Klagerecht nur diesem zu (§§ 51 ff. ZPO). Anders bei Aufhebung der Gütergemeinschaft durch Vertrag (§ 1437). Der Rechtsstreit ist keine Ehesache.

3. **Die Klage auf Aufhebung der Gütergemeinschaft** ist im Falle der Entmündigung des Mannes wegen Verschwendung gegen seinen Vormund, in allen übrigen Fällen gegen den Mann und, wenn er einen gesetzlichen Vertreter hat, gegen diesen zu richten. Das Verfahren in Ehesachen (§§ 606—639 ZPO) findet keine Anwendung. Zuständig für die Klage aus § 1468 ist gemäß §§ 23, 70 Abs 1 GVG das Landgericht, da es sich um einen nicht vermögensrechtlichen Anspruch handelt. Die Klage kann der Mann durch Erbieten zum Abschluß eines die Aufhebung der Gütergemeinschaft bestimmenden Ehevertrags abwenden (M 4, 399; § 1436).

4. Ein unter Vorbehalt der Genehmigung der Frau vorgenommenes Rechtsgeschäft fällt nicht unter § 1468 Nr 1 (M 4, 345). — Unter den im § 1468 Nr 1 erwähnten, vom Manne ohne Zustimmung der Frau vorgenommenen Rechtsgeschäften der in den §§ 1444 bis 1446 bezeichneten Art sind, wie schon aus § 1372 Nr 1 des ersten Entwurfs hervorgeht, dessen inhaltliche Abänderung nicht beabsichtigt war, solche Geschäfte zu verstehen, die wegen der fehlenden Zustimmung der Ehefrau **unwirksam** sind, deren Unwirksamkeit jedoch durch nachträgliche Zustimmung (Genehmigung) von seiten der Frau gehoben werden kann (vgl. § 1448). Von einer Unwirksamkeit des Geschäfts (hier Belastung des Grundstücks mit einer Hypothek durch den Mann, selbst wenn dieser eigensüchtig und in der Absicht, die Rechte der Frau zu schmälern, gehandelt haben sollte) kann aber dann nicht die Rede sein, wenn die Frau dem Manne **„Generalvollmacht"** erteilt hat (**RG** Recht 1924 Nr 352).

5. Das Gesetz erblickt in einer Überschreitung der dem Verwaltungsrechte des Mannes durch die §§ 1444—1446 gezogenen Schranken eine selbstverschuldete Täuschung des von der Frau in den Mann gesetzten Vertrauens, denn die Gütergemeinschaft ist ein Vertrauensverhältnis (M 4, 394, 395). Verschulden braucht dem Manne nicht besonders nachgewiesen zu werden.

6. Über **erhebliche Gefährdung** vgl. § 1391 A 5. Sie kann in der Besorgnis, daß sich derartige Überschreitungen des Verwaltungsrechts wiederholen werden, liegen, aber auch schon durch das vom Manne vorgenommene Rechtsgeschäft selbst mit Rücksicht auf sein Unvermögen zu künftiger Ersatzleistung begründet sein (§ 1456).

7. Dies ist einer der Fälle des § 1456 Satz 2. Vgl. § 1456 A 4. — Abweichend von dem gesetzlichen Güterstande der Verwaltung und Nutznießung des Mannes (vgl. § 1391) kann bei dem Güterstande der allgemeinen Gütergemeinschaft, bei dem der Ehemann eine viel freiere Stellung hat, die Frau wegen Gefährdung ihrer Rechte nicht Sicherheitsleistung begehren, sondern nur unter den besonderen Voraussetzungen des § 1468 Nr 2 auf Aufhebung der Gütergemeinschaft klagen (**RG** 13. 7. 10 IV 467/09). Vgl. OLG 32, 9 (Verminderung des Gesamtguts).

8. Dies ist der Fall des § 1418 Abs 1 Nr 2 Satz 1. Vgl. § 1418 A 5, 6.

9. **Entmündigung wegen Verschwendung** § 6 Abs 1 Nr 2. Entmündigung wegen Trunksucht genügt nicht. Wird nach der Aufhebung der Gütergemeinschaft die Entmündigung wegen Verschwendung wiederaufgehoben oder der Entmündigungsbeschluß mit Erfolg angefochten, so steht dem Manne die Klage auf Wiederherstellung seiner Rechte nicht zu (Abweichung von § 1425).

10. Diese Bestimmung ist gegeben, damit die Frau nicht ohne Not gedrängt wird, die Entmündigung des Mannes zu beantragen (M 4, 397).

11. Zur **Überschuldung** wird Eröffnung des Konkurses über das Vermögen des Mannes nicht vorausgesetzt (vgl. A 1), ebensowenig Verschulden des Mannes.

12. Vorläufige Aufhebung der Gütergemeinschaft durch einstweilige Verfügung erscheint nicht statthaft. Vgl. § 1418 A 12.

§ 1469

[1]) **Der Mann kann auf Aufhebung der Gütergemeinschaft klagen, wenn das Gesamtgut infolge von Verbindlichkeiten der Frau, die im Verhältnisse der Ehegatten zueinander nicht dem Gesamtgute zur Last fallen[2]), in solchem Maße überschuldet ist, daß ein späterer Erwerb des Mannes erheblich gefährdet[3]) wird.**

E II 1367; M 4 394; P 4 279.

1. **Grund der Vorschrift.** Der § 1469 entspringt einer Forderung der ausgleichenden Gerechtigkeit gegenüber dem Rechte der Frau aus § 1468 Nr 5. Vgl. § 1468 A 1—3.

2. Solche **Verbindlichkeiten der Frau** §§ 1463—1465. Mit der Beendigung der Gütergemeinschaft erlischt die persönliche Haftung des Mannes für die Verbindlichkeiten der Frau (§ 1459 Abs 2 Satz 2).

3. **Erhebliche Gefährdung** § 1391 A 5.

§ 1470

Die Aufhebung der Gütergemeinschaft tritt in den Fällen der §§ 1468, 1469 mit der Rechtskraft des Urteils[1]) ein. Für die Zukunft gilt Gütertrennung[2]).

Dritten gegenüber ist die Aufhebung der Gütergemeinschaft nur nach Maßgabe des § 1435 wirksam.

E I 1371 Nr 2, 1381 Abs 2 II 1368; M 4 394, 418; P 4 272, 293; 6 281.

1. Ebenso § 1418 Abs 2. Vgl. § 1418 A 11, 12, § 1479, § 1542 A 3.

2. **Gütertrennung** §§ 1426—1431.

§ 1471

Nach der Beendigung[1]) der Gütergemeinschaft findet in Ansehung des Gesamtguts die Auseinandersetzung[2]) statt.

Bis zur Auseinandersetzung gelten für das Gesamtgut die Vorschriften des § 1442[3]).

E I 1373 Abs 1 Halbs 1, 1376 II 1369 Satz 1, 1370; M 4 400 ff., 410; P 4 279, 282; 2 342.

1. Gründe der **Beendigung der Gütergemeinschaft** vgl. § 1468 A 1.

2. Jeder Ehegatte kann im Weigerungsfalle auf Vornahme der **Auseinandersetzung** klagen. § 1471 Abs 1 schließt sich dem § 730 Abs 1 an. Vermittlung der Auseinandersetzung durch das Amtsgericht §§ 99, 193 FGG. — Das BGB kennt nur eine **Auseinandersetzung unter den Gemeinschaftsgenossen,** nicht auch (wie früher das rheinische Recht) ein Ausscheiden aus dem Gemeinschaftsverhältni durch einseitig Verzichtserklärung und mit der Wirkung, daß die Rechte des Verzichtenden dadurch dinglich auf den zurückbleibenden Gemeinschaftsgenossen übertragen werden (**RG** 79, 345). Das Recht, die Auseinandersetzung nach beendigter Gütergemeinschaft zu ver angen, kann durch Vertrag eingeschränkt werden (**RG** 89, 292). Die früher hier vertretene entgegengesetzte Ansicht wird aufgegeben. Das Recht auf Auseinandersetzung nach beendigter Gütergemeinschaft kann durch Vertrag sowohl eingeschränkt als auch aufgehoben werden, jedoch würde beim Eintritt eines **wichtigen Grundes** die vertragsmäßige Bindung unwirksam werden (§ 749 Abs 2, 3). Der Vertrag fällt nicht unter den Formzwang des § 1434. — Von einer Auseinandersetzung des Gesamtguts kann keine Rede sein, wenn eine fortgesetzte Gütergemeinschaft nicht bestand und es sich nur um die Teilung des beiderseitigen Rücklasses der Eheleute unter die im gleichen Grade erbberechtigten Kinder der Eheleute, sohin um die Auseinandersetzung in Ansehung der **Erbengemeinschaft** an dem Nachlasse der beiden Eltern handelt (BayObLG in OLG 30, 50). Beim Vorhandensein mehrerer Erben des verstorbenen Ehegatten ergibt sich ein doppeltes Gesamthandverhältnis: einerseits die Erbengemeinschaft in Ansehung des Nachlasses des Verstorbenen, anderseits die zwischen dem überlebenden Ehegatten und den Erben des verstorbenen eintretende Gemeinschaft in Ansehung des Gesamtguts. An sich gelten für jede dieser Gemeinschaften besondere Vorschriften. Gemäß § 2042 kann aber jeder Miterbe jederzeit die Auseinandersetzung des Nachlasses verlangen. Hiermit ist ihm auch die Befugnis gegeben, die Auseinandersetzung des Gesamtguts zu beanspruchen (OLG 36, 198).

3. Aus § 1471 Abs 2 ergibt sich, daß die während der Gütergemeinschaft bestandene **Gemeinschaft zur gesamten Hand** (§ 1438 A 1, § 1442 A 1) nach der Beendigung der Gütergemeinschaft bis zum Abschlusse der Auseinandersetzung fortdauert. Ebenso OLG 36, 198. Hierbei gelten jedoch die aus §§ 1471—1473 hervorgehenden Abweichungen. Nach § 860 Abs 2 ZPO ist nach Beendigung der Gütergemeinschaft der Anteil an dem Gesamtgute zugunsten der Gläubiger des Anteilsberechtigten der **Pfändung** unterworfen. Zulässig erscheint ein Vertrag, durch den ein Ehegatte (bzw. dessen Rechtsnachfolger) die Verpflichtung übernimmt, sein durch die Auseinandersetzung zu ermittelndes Guthaben abzutreten oder zu verpfänden. Vgl. § 1442 A 2. — § 1442 ist auch für den Erwerb der Früchte maßgebend (**RG** Gruch 49, 955). Das durch die Gütergemeinschaft begründete Gesamthandverhältnis dauert auch nach der Scheidung der Ehegatten fort, bis es durch die Auseinandersetzung beendigt wird. Der Mann ist ohne Zustimmung der Frau nicht berechtigt, in der Zeit von der Scheidung bis zur Auseinandersetzung ein zum Gesamtgute gehöriges Grundstück für eine Sicherungshypothek zu verpfänden, selbst dann nicht, wenn er schon vor Eingehung der Ehe im Grundbuch als Alleineigentümer eingetragen war und es hierbei nach Eingehung der Ehe verblieb. Die Eintragung des Mannes als Alleineigentümer kann aber für die Frage, ob der Gläubiger die Hypothek im guten Glauben (an das Alleineigentum des Mannes) erworben hat (§ 892), von Bedeutung sein (**RG** 11. 6. 13 V 62/13). Eine Frau, die, nach-

dem sie von ihrem Manne wegen eines Liebesverhältnisses geschieden und für den schuldigen Teil erklärt worden ist und nachdem sie ihren früheren Liebhaber geheiratet hat, handelt nicht ohne weiteres **sittenwidrig**, wenn sie ihr Recht auf Herausgabe ihres Anteils an dem (vom Beklagten erworbenen) Ehevermögen (Gesamtgute) geltend macht. Anders würde die Sache liegen, wenn sie die Eheverfehlung begangen hätte, um die Scheidung und damit den Besitz der Gesamtgutshälfte zu erlangen (**RG** Warn 1925 Nr 58).

§ 1472

Die Verwaltung des Gesamtguts steht bis zur Auseinandersetzung beiden Ehegatten[1]**) gemeinschaftlich zu**[2]**). Die Vorschriften des § 1424 finden entsprechende Anwendung**[3]**).**

Jeder Ehegatte ist dem anderen gegenüber verpflichtet, zu Maßregeln mitzuwirken[4]**), die zur ordnungsmäßigen Verwaltung erforderlich sind; die zur Erhaltung notwendigen Maßregeln kann jeder Ehegatte ohne Mitwirkung des anderen treffen**[5]**)**[6]**).**

E I 1373 Abs 1 Satz 2, 3 II 1371; M 4 400 ff.; P 4 279; 5 135; 6 393.

1. Ist die Gütergemeinschaft durch den Tod eines Ehegatten beendigt, so steht die Verwaltung seinen Erben und dem überlebenden Ehegatten gemeinschaftlich zu. Die §§ 1471 bis 1481 finden auch auf den Fall Anwendung, daß die Gütergemeinschaft durch den Tod eines Ehegatten beendigt ist, es sei denn, daß fortgesetzte Gütergemeinschaft (§ 1483) eintritt. Ebenso OLG 34, 253. Im Falle des Todes eines Ehegatten gehört nur sein Anteil am Gesamtgute zum Nachlasse. Solange es nicht zu einer Teilung kommt, gehört kein Gegenstand des Gesamtguts dem Nachlaß an. Daher ist es vor der Teilung auch nicht zulässig, den Erben gemäß § 1994 eine Inventarfrist setzen zu lassen (**RG** 79, 345).

2. **Gemeinschaftliche Verwaltung des Gesamtguts.** Während bis zur Beendigung der Gütergemeinschaft das Gesamtgut der Verwaltung des Mannes unterliegt (§ 1443 Abs 1 Satz 1), steht nach der Beendigung der Gütergemeinschaft bis zur Auseinandersetzung die Verwaltung beiden Ehegatten gemeinschaftlich zu. Diese Bestimmung entspricht dem § 744 Abs 1 (Gemeinschaft). Aus der Gemeinschaftlichkeit der Verwaltung folgt, daß die Frau vom Manne die **Einräumung des Mitbesitzes** an dem vom Manne besessenen Gesamtgutsgegenständen verlangen kann, daß beide Ehegatten nur gemeinsam über das Gesamtgut und die dazugehörenden Gegenstände verfügen und darüber Rechtsstreitigkeiten als Kläger oder Beklagte führen können (§ 1443 Abs 1 Satz 2). Über den Anteil eines Ehegatten an dem Gesamtgut und an den einzelnen dazu gehörenden Gegenständen können sie auch nicht gemeinsam verfügen (§ 1442 Abs 1, § 1471 Abs 2). Nimmt ein Ehegatte ein Rechtsgeschäft ohne die erforderliche Mitwirkung des andern Ehegatten vor, so ist die Wirksamkeit des Rechtsgeschäfts nach den §§ 182—185 zu beurteilen. Einseitige Rechtsgeschäfte, die sich auf das Gesamtgut beziehen und während der Gütergemeinschaft dem Manne gegenüber vorzunehmen gewesen wären, sind beiden Ehegatten gegenüber vorzunehmen. **Lasten und Kosten** treffen in sinnentsprechender Anwendung des § 748 (Planck A 3) jeden Ehegatten im Verhältnisse zueinander zur Hälfte. Die **Nutzungen** werden nach § 1473 Abs 1 Gesamtgut. Nicht in das Gesamtgut fällt der von einem Ehegatten außerhalb der Grenzen des § 1473 Abs 1 gemachte Erwerb. Die nach der Beendigung der Gütergemeinschaft für einen der beiden Ehegatten begründeten Verbindlichkeiten werden nicht mehr Gesamtgutsverbindlichkeiten. — Durch die rechtskräftige Scheidung der Ehe ist die allgemeine Gütergemeinschaft (und mit ihr das ehemännliche Verwaltungsrecht) beendigt worden. Der Mann kann seitdem die Auseinandersetzung beanspruchen. Solange diese aber noch nicht erfolgt ist, kann er nicht kraft Eigentums die Herausgabe bestimmter Haushaltgegenstände der Frau, die er mit eigenen Mitteln angeschafft und sie beim Verlassen der ehelichen Wohnung mitgenommen hat, verlangen. Er muß vielmehr darlegen, daß eine Auseinandersetzung bereits stattgefunden habe und daß ihm dabei die von ihm beanspruchten Gegenstände zugewiesen seien. Hat überhaupt noch keine Verständigung der früheren Eheleute über die Auseinandersetzung stattgefunden, so kann der Mann die Herausgabe der Klagegegenstände, also die Einräumung des **Alleinbesitzes** an ihnen nicht verlangen. Zufolge der im § 1472 Abs 1 für die Zeit bis zur Auseinandersetzung vorgesehenen Gemeinschaftlichkeit der Verwaltung würde ihm nur ein Anspruch auf Einräumung des **Mitbesitzes** zustehen (**RG** 21. 1. 24 IV 229/23). Aus der Gemeinschaftlichkeit der Verwaltung folgt, daß beide Ehegatten nur gemeinsam über das Gesamtgut verfügen und darüber Rechtsstreitigkeiten als Kläger oder Beklagte führen können. Dementsprechend bestimmt auch § 743 ZPO, daß nach der Beendigung der Gütergemeinschaft vor der Auseinandersetzung die **Zwangsvollstreckung** in das Gesamtgut nur zulässig ist, wenn beide Ehegatten zu der Leistung oder der eine Ehegatte zu der

Leistung und der andere zur Duldung der Zwangsvollstreckung verurteilt sind (RG 108, 281). Aus der Gemeinschaftlichkeit der Verwaltung ergibt sich noch nichts für eine Verurteilung der Frau zu mehr, als worin ihre Haftung besteht, nämlich nur die **Zwangsvollstreckung in das Gesamtgut zu dulden,** wenn die Schuld nur vom Manne persönlich, nicht aber von der Frau miteingegangen worden ist. Die Frau ist zu einer Leistung des Geschuldeten nicht verpflichtet; sie kann auch nicht als „Vertreterin" des Gesamtguts auf Leistung in Anspruch genommen werden (RG 89, 360). Vgl. § 1438 A 1, § 1459 A 1. Während der Auseinandersetzung nach beendigter Gütergemeinschaft hat der Ehemann keinen Anspruch auf **Alleinbesitz** (SeuffA 72 Nr 13; OLG 34, 254). Hat der Mann das Gesamtgut unter sich, so hat er der Frau bis zur Auseinandersetzung die Mittel zur Bestreitung ihres Unterhalts zu gewähren (OLG 36, 199).

3. Aus der entsprechenden Anwendung des § 1424 folgt nicht nur, daß der Mann die dort bezeichneten Rechte und Pflichten hinsichtlich der Fortführung der Verwaltung über den Zeitpunkt der Beendigung der Gütergemeinschaft hinaus hat, sondern auch, daß jeder Ehegatte die in § 1424 Abs 2 bezeichnete Pflicht zur Besorgung dringlicher Geschäfte hat, wenn einer der Ehegatten während der gemeinschaftlichen Verwaltung stirbt. Dies entspricht übrigens auch dem im § 1472 Abs 2 Satz 2 ausgesprochenen Grundsatze.

4. **Mitwirkungspflicht.** Eine Ersetzung der zu einer Maßregel erforderlichen Mitwirkung des andern Ehegatten durch das Vormundschaftsgericht (vgl. §§ 1447, 1451) ist nicht vorgesehen. Auf Erfüllung der Mitwirkungspflicht kann geklagt werden. Verwandte Vorschrift § 2038 (Miterben).

5. Die Ehegatten sind einander nach Maßgabe des § 1359 verantwortlich. — Jeder Ehegatte kann alle zur Feststellung, Erhaltung oder Sicherstellung der Teilungsmasse erforderlichen Maßregeln selbständig ohne Mitwirkung des andern Ehegatten ergreifen. Dazu gehört insbesondere die Befugnis, einen Dritten, in dessen Händen sich Teilungsgut befindet, zur Ablieferung des letzteren an die Gesamtheit der Berechtigten anzuhalten. Ist der andere Ehegatte selbst der Prozeßgegner (z. B. wenn die Frau den vom Manne während des Scheidungsverfahrens vorgenommenen Verkauf des gütergemeinschaftlichen Grundbesitzes gegen den Mann und den Erwerber anficht und Rückgabe des Kaufgegenstandes an sie und ihren Mann verlangt), so verbietet sich die Mitwirkung des andern Ehegatten von selbst (RG 48, 269). Nach Scheidung der Ehe kann die Frau vom Manne Auskunft über den Bestand des Gesamtguts zur Zeit der Rechtskraft des Scheidungsurteils verlangen (OLG 24, 13; vgl. auch OLG 30, 133; 34, 254). Der Mann ist nicht berechtigt, mit der Auskunft zurückzuhalten (§ 273), weil sich die Frau den Besitz von Gesamtgutssachen eigenmächtig angeeignet hat (OLG 34, 254). Die Beitreibung von fälligen Pachtzinsen ist nicht ohne weiteres als eine zur Erhaltung des Gesamtguts notwendige Maßregel im Sinne des § 1472 anzusehen (OLG 30, 49). Die Mitwirkung kann in der Duldung der Zwangsvollstreckung in das Gesamtgut bestehen (SeuffA 75 Nr 31). Vgl. § 1489 A 7.

6. Zwangsvollstreckung in das Gesamtgut §§ 743, 744 ZPO; Antrag auf Aufgebot der Gläubiger eines zum Gesamtgute gehörigen Nachlasses § 999 ZPO; Antrag auf Eröffnung des Konkurses über einen zum Gesamtgute gehörigen Nachlaß § 218 KO.

§ 1473

Was auf Grund eines zu dem Gesamtgute gehörenden Rechtes oder als Ersatz für die Zerstörung, Beschädigung oder Entziehung eines zu dem Gesamtgute gehörenden Gegenstandes oder durch ein Rechtsgeschäft erworben wird, das sich auf das Gesamtgut bezieht, wird Gesamtgut[1]).

Die Zugehörigkeit einer durch Rechtsgeschäft erworbenen Forderung zum Gesamtgute hat der Schuldner erst dann gegen sich gelten zu lassen, wenn er von der Zugehörigkeit Kenntnis[2]) erlangt; die Vorschriften der §§ 406 bis 408 finden entsprechende Anwendung[3]).

E I 1373 Abs 2 II 1372; M 4 405; P 4 279; 6 282, 326.

1. Die Vorschrift des § 1473 Abs 1 entspricht dem § 1370. Vgl. die Erl zu § 1370. Gleiche Vorschriften § 718 Abs 2 (Gesellschaftsvermögen), § 1524 Abs 1 (eingebrachtes Gut bei Errungenschaftsgemeinschaft), § 2041 (Erbschaft), § 2111 Abs 1 Satz 1 (Vorerbschaft). Der von einem Ehegatten außerhalb der durch § 1473 Abs 1 gezogenen Grenzen gemachte Erwerb verbleibt ihm allein (§ 1472 A 2). — Gehört zum Gesamtgut eine verzinsliche Forderung, so werden die Zinsen Gesamtgut. Die Ansicht, daß jedem Teil die Hälfte der Zinsen gebühre, ist nicht richtig (RG Gruch 49, 955). Ein Klavier, das der Mann während der Ehe **auf Abzahlung unter Eigentumsvorbehalt** gekauft und erst nach Auflösung der Ehe völlig

bezahlt hat, fällt in das Gesamtgut. Die Zahlungen kommen als Tatsachen, die den Eintritt der Bedingung des Eigentumsübergangs herbeiführten, in Betracht. Der Eigentumsübergang selbst hatte seine rechtliche Grundlage in dem dinglichen Vertrag über die Eigentumsübertragung, und das aus ihm erwachsene Recht gehörte zum Gesamtgute. Das Klavier ist daher auf Grund eines zu dem Gesamtgute gehörenden Rechtes erworben und deswegen nach § 1473 selbst Gesamtgut geworden (**RG** JW 1925, 353[6]).

2. Der **Kenntnis** steht das Kennenmüssen nicht gleich.

3. Gleiche Vorschriften § 720 (Gesellschaftsanspruch), § 1524 Abs 2 (Forderung des eingebrachten Gutes bei Errungenschaftsgemeinschaft), § 2019 Abs 2, § 2041 Satz 2 (Erbschaftsanspruch), § 2111 Abs 1 Satz 2 (Anspruch der Vorerbschaft).

§ 1474

[1]) Die Auseinandersetzung[2]) erfolgt, soweit nicht eine andere Vereinbarung[3]) getroffen wird, nach den §§ 1475 bis 1481.

E I 1376 II 1369 Satz 2; M 4 410; P 4 244, 282.

1. Die Vorschrift des § 1474 entspricht dem § 731 Satz 1 (Gesellschaft).

2. Jeder Ehegatte hat einen klagbaren Anspruch auf Auseinandersetzung (§ 1471 A 2).

3. Eine **Vereinbarung,** die nur die nach der Beendigung der Gütergemeinschaft abweichend von den gesetzlichen Bestimmungen vorzunehmende Auseinandersetzung betrifft, ist kein Ehevertrag (§ 1432 A 3) und bedarf nicht der im § 1434 vorgeschriebenen Form. Die Vereinbarung darf selbstverständlich Rechte Dritter (z. B. § 1480) nicht beeinträchtigen. Für die Auseinandersetzung in Ansehung des Gesamtguts nach Beendigung der ehelichen allgemeinen Gütergemeinschaft ist in erster Linie eine von den Ehegatten getroffene Vereinbarung maßgebend (**RG** Warn 1922 Nr 55). Ein Vergleich, durch den sich die Frau dem Manne gegenüber verpflichtet, ihm das Alleineigentum an dem von ihm in die Gütergemeinschaft eingebrachten Anwesen zu übertragen, bedarf der im § 313 vorgeschriebenen Form und ist, wenn es an dieser mangelt, gemäß § 125 nichtig. Die Nichtigkeit ergreift auch den in einem solchen Vergleich enthaltenen Verzicht der Frau auf ihr Recht, gegen die Übernahme des Anwesens durch den Mann vor Berichtigung der Gesamtgutsverbindlichkeiten zu widersprechen (**RG** Warn 1922 Nr 55).

§ 1475

Aus dem Gesamtgute sind zunächst die Gesamtgutsverbindlichkeiten[1]) zu berichtigen[2]). Ist eine Gesamtgutsverbindlichkeit noch nicht fällig oder ist sie streitig[3]), so ist das zur Berichtigung Erforderliche zurückzubehalten[4]).

Fällt eine Gesamtgutsverbindlichkeit im Verhältnisse der Ehegatten zueinander einem der Ehegatten allein zur Last[5]), so kann dieser[6]) die Berichtigung aus dem Gesamtgute nicht verlangen[7]).

Zur Berichtigung der Gesamtgutsverbindlichkeiten ist das Gesamtgut, soweit erforderlich, in Geld umzusetzen[8])[9]).

E I 1377 Abs 1, 1378 Abs 1 II 1373; M 4 410 ff.; P 4 283 ff.; 6 282.

1. Begriff der **Gesamtgutsverbindlichkeit** § 1459 A 5. Ob das Gesamtgut einem Dritten oder einem Ehegatten verbindlich ist, macht keinen Unterschied. Zu den Gesamtgutsverbindlichkeiten gehören also auch die Ersatzansprüche eines Ehegatten an das Gesamtgut, § 1466 Abs 2, § 1467 Abs 2 (Ersatzansprüche des Mannes), § 1456 Satz 2, § 1466 Abs 1 (Ersatzansprüche der Frau). Ist der ersatzberechtigte Ehegatte dem Gesamtgute zugleich ersatzpflichtig, so kann er aufrechnen, falls die Voraussetzungen der §§ 387ff. vorliegen.

2. **Berichtigung** kann durch Erfüllung (§§ 362ff.), Hinterlegung (§§ 272ff.) oder Aufrechnung (§§ 387ff.) erfolgen. Jeder Ehegatte hat ein Recht auf Vornahme der Berichtigung.

3. **Streitig** ist eine Verbindlichkeit, wenn über ihre Rechtsbeständigkeit, Höhe, Fälligkeit oder Berichtigungsweise Streit herrscht, sei es unter den Ehegatten, sei es zwischen diesen einerseits und dem Gläubiger anderseits.

4. § 1475 Abs 1 entspricht dem § 733 Abs 1 (Gesellschaftsvermögen). **Zurückbehalten** wird das Erforderliche, indem es fernerhin in der gemeinschaftlichen Verwaltung behalten wird. Das Recht hierauf schließt das Recht auf Hinterlegung oder Sicherheitsleistung (unbeschadet der Erwirkung hierauf gerichteter einstweiliger Verfügungen) aus und steht jedem Ehegatten gegenüber dem andern Ehegatten, nicht aber dem Gläubiger gegenüber dem Ehegatten zu. Dem Gläubiger gegenüber sind die Ehegatten zur Hinterlegung befugt, wenn die Voraussetzungen des § 372 vorliegen.

5. Dies sind die in den §§ 1463—1465 bezeichneten Gesamtgutsverbindlichkeiten.

6. Wohl aber kann der andere Ehegatte, dem die Gesamtgutsverbindlichkeit nicht zur Last fällt, die Berichtigung aus dem Gesamtgute verlangen. Daran muß ihm liegen, weil er, falls die Berichtigung unterbleibt, dem Gläubiger nach § 1480 mit den ihm zugeteilten Gegenständen haften würde. Erfolgt die Berichtigung aus dem Gesamtgute, so wird der Ehegatte, dem die Gesamtgutsverbindlichkeit zur Last fällt, dem Gesamtgut ersatzpflichtig und muß sich das Geleistete auf seinen Teil anrechnen lassen oder bleibt, soweit Ersatzleistung nicht durch Anrechnung erfolgt, dem andern Ehegatten verpflichtet (§ 1476 Abs 2).

7. Die Vorschrift des § 1475 Abs 2 ist eine Folge davon, daß es sich nur um Regelung des inneren Verhältnisses der Ehegatten zueinander handelt. Bei unzureichender Masse kann dies freilich zu einer Bevorzugung derjenigen Gläubiger führen, die auch im Verhältnisse der Ehegatten zueinander Gesamtgutsgläubiger sind (M 4, 412).

8. **Umsetzung in Geld.** § 1475 Abs 3 entspricht dem § 733 Abs 3 (Gesellschaftsvermögen) und dem § 2046 Abs 3 (Nachlaß). Bei Ersatzansprüchen eines Ehegatten an das Gesamtgut (oben A 1) kann der ersatzberechtigte Ehegatte, falls der ersatzpflichtige Ehegatte den zu ersetzenden Betrag nicht bar einzahlt, Umsetzung von Gesamtgut in Geld verlangen. Das Recht auf Umsetzung in Geld geht dem Rechte eines Ehegatten aus § 1477, einen Gegenstand gegen Wertersatz zu übernehmen, vor. Die Umsetzung erfolgt nach Maßgabe der §§ 753, 754.

9. Bei **Unzulänglichkeit des Gesamtguts** kann jeder Ehegatte zwar nicht konkursmäßige (M 4, 412; Prot 4, 285), aber doch verhältnismäßige Befriedigung der Gläubiger verlangen, und kein Ehegatte macht sich nach § 1480 haftbar, wenn die vollstreckbaren Forderungen zuerst und die übrigen nach der Reihenfolge ihrer Anmeldung berichtigt werden (Planck A 5).

§ 1476

Der nach der Berichtigung¹) der Gesamtgutsverbindlichkeiten²) verbleibende Überschuß³) gebührt den Ehegatten zu gleichen Teilen⁴).

Was einer der Ehegatten zu dem Gesamtgute zu ersetzen verpflichtet ist³), muß er sich auf seinen Teil anrechnen lassen⁵). Soweit die Ersatzleistung nicht durch Anrechnung erfolgt, bleibt er dem anderen Ehegatten verpflichtet⁶).

E I 1377 Abs 2—4 II 1374; M 4 413; P 4 282.

1. Berichtigung § 1475 A 2. 2. Gesamtgutsverbindlichkeiten § 1475 A 1.

3. Dieser **Überschuß** bildet die Teilungsmasse. Ihr ist jedoch hinzuzurechnen das, was der Mann zu dem Gesamtgute nach § 1456 Satz 2, § 1466 Abs 1 zu ersetzen hat, ferner das, was aus dem Gesamtgute zur Tilgung einer Gesamtgutsverbindlichkeit aufgewendet worden ist, die im Verhältnisse der Ehegatten nicht dem Gesamtgute zur Last fällt (§§ 1463—1465; vgl. § 1475 A 6; M 4, 413). Beispiel: Der Überschuß beträgt 1000 Mark. Der Mann hat 400 Mark zu ersetzen. Dann ist Teilungsmasse 1000 + 400 = 1400 Mark. Davon erhält der Mann 700 — 400 = 300 Mark, die Frau 700 Mark.

4. § 1476 Abs 1 entspricht dem § 742 (Gemeinschaft nach Bruchteilen). Ausnahme § 1478. Darauf, was jeder Ehegatte in die Gütergemeinschaft eingebracht oder während derselben erworben hat, kommt es nicht an.

5. Infolge der Anrechnung wird ein entsprechender Teil des Gesamtguts zur Befriedigung des andern Ehegatten frei. Anderseits muß sich der ersatzpflichtige Ehegatte die Anrechnung nicht nur gefallen lassen, sondern er kann sie auch erwarten und, insoweit darin der ersatzberechtigte Ehegatte Deckung findet, Erfüllung vor der Teilung verweigern.

6. Der andere Ehegatte hat dann einen persönlichen Anspruch und steht mit den übrigen Gläubigern des ersatzpflichtigen Ehegatten, die nicht Gesamtgutsgläubiger sind, auf gleicher Stufe. Hieraus folgt, daß die Ersatzverbindlichkeit nicht eine bloße, auf die dem Ersatzpflichtigen zugeteilten Gegenstände beschränkte Ausgleichungspflicht (wie z. B. die der Abkömmlinge als Miterben, §§ 2050, 2055, 2056), sondern eine gewöhnliche Ersatzverbindlichkeit ist.

§ 1477

Die Teilung des Überschusses erfolgt nach den Vorschriften über die Gemeinschaft¹).

Jeder Ehegatte kann gegen Ersatz des Wertes²) die ausschließlich zu seinem persönlichen Gebrauche bestimmten Sachen, insbesondere Kleider, Schmucksachen und Arbeitsgeräte³), sowie diejenigen Gegenstände übernehmen⁴), welche er in die Gütergemeinschaft eingebracht oder während der

Gütergemeinschaft durch Erbfolge, durch Vermächtnis oder mit Rücksicht auf ein künftiges Erbrecht, durch Schenkung oder als Ausstattung erworben hat[5]).

E I 1378 Abs 2 II 1375; M 4 414; P 4 285; 5 135.

1. **Vorschriften über die Aufhebung der Gemeinschaft** §§ 752—757, mit Ausnahme von § 755, an dessen Stelle § 1475 tritt. Danach erfolgt die Aufhebung der Gemeinschaft grundsätzlich durch Teilung in Natur und nur, wenn solche gemäß § 752 ausgeschlossen ist, durch Verkauf des gemeinschaftlichen Gegenstandes und Teilung des Erlöses (§ 753). Eine gemeinschaftliche Forderung ist einzuziehen und nur, wenn die Einziehung nicht möglich, zu verkaufen (§ 754). Der Grundsatz des § 756 ist hinsichtlich der Ersatzverbindlichkeiten eines Ehegatten gegenüber dem Gesamtgut im § 1476 Abs 2 anerkannt. Nach § 757 regelt sich die gegenseitige Gewährleistung. Die Beteiligten können eine andere Art der Teilung vereinbaren, z. B. statt des Verkaufs die Übernahme eines gemeinschaftlichen Gegenstandes zum Schätzungswerte. Vgl. § 1474 A 3.

2. Der **Wert,** den der Gegenstand zur Zeit der Übernahme hat, ist maßgebend. — Übereinstimmend SeuffA 77 Nr 3. — Der Ehegatte, der bei der Auseinandersetzung über das Gesamtgut der Gütergemeinschaft oder fortgesetzten Gütergemeinschaft Gegenstände des Gesamtguts bzw. das Gesamtgut gegen Ersatz des Wertes nach Maßgabe des Gesetzes übernehmen will, kann nicht vom Amtsgerichte die Ernennung von Sachverständigen zwecks **Feststellung des Wertes** verlangen. § 164 FGG ist nicht anwendbar. Die Feststellung des Wertes kann nur im Rechtsstreite geschehen, unbeschadet des Rechtes der Beteiligten, die Auseinandersetzung nach §§ 86—99 FGG zu beantragen (BayObLG in JFG 1 Nr 5).

3. **Ausschließlich zum persönlichen Gebrauche bestimmte Sachen.** Vgl. Erläuterung zu §§ 1362, 1366.

4. Das **Übernahmerecht** steht jedem Ehegatten selbständig zu und gelangt erst bei der Teilung zur Ausübung. Es muß zurückstehen, wenn der Übernahmegegenstand vom Gesamtgut einem Dritten geschuldet wird oder seine Versilberung behufs Berichtigung von Gesamtgutsverbindlichkeiten erforderlich ist (§ 1475 A 8). Letzteres ist nicht der Fall, wenn die Berichtigung durch **Versilberung anderer Gegenstände** als der zu übernehmenden ermöglicht werden kann. Das Übernahmerecht geht auf die Rechtsnachfolger, insbesondere die Erben des Berechtigten über. Anders das Übernahmerecht des überlebenden Ehegatten bei fortgesetzter Gütergemeinschaft. Vgl. § 1502 Abs 1. — Vor Feststellung der Höhe der Gesamtgutsverbindlichkeiten und vor der weiteren Feststellung, daß zu deren Tilgung die Umsetzung der vom Manne in die Ehe eingebrachten Grundstücke in Geld nicht erforderlich ist, ist der Mann nicht befugt, die Herausgabe der Grundstücke an ihn gegen Wertersatz zu verlangen und der auf Antrag der Frau zwecks Aufhebung der Gemeinschaft beantragten Zwangsversteigerung der Grundstücke zu widersprechen (RG 73, 41). Nicht zu beanstanden ist die Annahme, das Übernahmerecht des § 1477 Abs 2 stehe den Erben eines verstorbenen Ehegatten zu (M 4, 415 Abs 2; Prot 4, 285), ferner, es habe das Übernahmerecht nicht dem Rechte des andern Ehegatten, die **Versteigerung** (eines Nachlaßgrundstücks) zu betreiben, nachzustehen (RG 2. 11. 11 IV 59/11). Das Übernahmerecht aus § 1477 Abs 2 steht dem Überlebenden auch gegen die Erben des vorverstorbenen Eheteils, wie umgekehrt den letzteren gegen den überlebenden Ehegatten zu und kann schon vor dem Abschluß der Teilung ausgeübt werden (RG in DJZ 1924, 141). Das Übernahmerecht des Ehegatten aus § 1477 Abs 2 ist kein höchstpersönliches Recht, kann vererbt und veräußert, auch durch Testamentsvollstrecker ausgeübt werden. Die Ausübung des Übernahmerechts ist zulässig, sobald feststeht, daß der nach Ausscheidung der zu übernehmenden Gegenstände verbleibende Teil des Gesamtguts zur Berichtigung aller Gesamtgutsverbindlichkeiten ausreicht. Trifft letzteres zu, so ist der andere Teilhaber nicht berechtigt, die Versteigerung gerade der Übernahmegegenstände zu verlangen. Insoweit geht vielmehr das Übernahmerecht dem Versteigerungsrechte vor. Eine Vorschrift, daß das Übernahmerecht erst bei dem Abschlusse der Teilung ausgeübt werden könnte, besteht nicht (RG 85, 1). Der Ehegatte kann das Übernahmerecht erst bei der Teilung geltend machen, und zwar erst dann, wenn sich herausgestellt hat, daß eine Veräußerung der dem Übernahmerecht unterliegenden Gegenstände zur Tilgung der Gesamtgutsverbindlichkeiten nicht nötig ist (RG 26. 3. 25 IV 545/24). Durch **Vereinbarung** der Ehegatten (vgl. § 1474 A 3) kann auch das Recht eines Ehegatten zur Übernahme der von ihm in die Gütergemeinschaft eingebrachten Sachen von den beengenden gesetzlichen Voraussetzungen der §§ 1475, 1477, wonach namentlich zuvor die Gesamtgutsverbindlichkeiten berichtigt sein müssen und das Übernahmerecht erst bei der Teilung des Überschusses eintritt, befreit werden (RG Warn 1922 Nr 55).

5. Grundbuchverkehr §§ 37, 38, 39 GBO. Ergibt die das Eigentum an einem Grundstücke betreffende Grundbucheintragung, daß eine Witwe mit ihren Abkömmlingen in fortgesetzter Gütergemeinschaft Eigentümer ist, so kann nach dem Tode der Witwe das Grund-

stück nicht ohne weiteres auf einen durch Erbschein als Alleinerben der Witwe ausgewiesenen Abkömmling umgeschrieben werden; vielmehr bedarf es zunächst der Lösung des gesamthänderischen Verhältnisses durch Auseinandersetzung zwischen dem Erben und den übrigen Abkömmlingen (BayObLG in JFG 3 Nr 73).

§ 1478

[1]) Sind die Ehegatten geschieden[2]) und ist einer von ihnen allein für schuldig erklärt[3]), so kann der andere verlangen[4]), daß jedem von ihnen der Wert[5]) desjenigen zurückerstattet wird, was er in die Gütergemeinschaft eingebracht hat; reicht der Wert des Gesamtguts zur Rückerstattung nicht aus, so hat jeder Ehegatte die Hälfte des Fehlbetrags zu tragen[6]).

Als eingebracht ist anzusehen, was eingebrachtes Gut gewesen sein würde, wenn Errungenschaftsgemeinschaft bestanden hätte[7]). Der Wert des Eingebrachten bestimmt sich nach der Zeit der Einbringung.

Das im Abs 1 bestimmte Recht steht auch dem Ehegatten zu, dessen Ehe wegen seiner Geisteskrankheit geschieden worden ist[8]).

E II 1376; M 4 610 ff.; P 4 438 ff.

1. **Zweck der Vorschrift.** Der erst bei der zweiten Lesung geschaffene § 1478 will den Härten begegnen, die nach dem Standpunkte des ersten Entwurfs, der eine solche Bestimmung nicht kannte, für den unschuldigen Ehegatten namentlich dann zu befürchten seien, wenn er der reichere gewesen sei. Dieser sei gezwungen, entweder auf die Hälfte seines Vermögens zu verzichten oder die Scheidungsklage zu unterlassen. Es solle verhindert werden, daß der schuldige Ehegatte, der das Scheidungsrecht zum Zwecke der Erlangung der Scheidung auf Grund eigener Verfehlung, z. B. durch Begehung eines Ehebruchs, mißbrauche, aus seiner Schuld Gewinn ziehe (Prot 4, 440). Ähnliche Erwägungen treffen nicht zu, wenn die Ehe durch Tod aufgelöst oder die Gütergemeinschaft durch Urteil (§§ 1468, 1469) aufgehoben ist.

2. **Geschieden** sind die Ehegatten mit dem Eintritte der Rechtskraft des Scheidungsurteils (§ 1564 A 4). Ist vor diesem Zeitpunkte die Gütergemeinschaft durch Urteil aufgehoben (§§ 1468, 1469), so dürfte dieser Umstand dem Wahlrechte des unschuldigen Ehegatten aus § 1478 billigerweise nur dann im Wege stehen, wenn eine anderweite Auseinandersetzung bereits stattgefunden hat. Dem Scheidungsurteil steht das Urteil auf Aufhebung der ehelichen Gemeinschaft gleich (§ 1586 A 2). — Der unschuldige Ehegatte kann jedoch einen Anspruch auf die Vergünstigung des § 1478 dann nicht machen, wenn bereits längere Zeit vor Anstellung der Scheidungsklage der Güterstand der Gütergemeinschaft aufgehoben und durch einen andern kraft Gesetzes (§ 1470 Abs 1 Satz 2) oder auf Grund Vereinbarung eintretenden Güterstand ersetzt war. Bei einer die Aufhebung der Gütergemeinschaft regelnden Vereinbarung ist es zulässig, für den Fall der späteren Scheidung aus alleinigem Verschulden des andern Ehegatten das Wahlrecht des § 1478 vorzubehalten (**RG** SeuffA 74 Nr 89). Vgl. dazu OLG 38, 249. Stirbt vor der Rechtskraft des Scheidungsurteils der Ehegatte, dem bei Rechtskraft des Urteils das Wahlrecht aus § 1478 zustehen würde, so können seine Erben das Wahlrecht nicht geltend machen.

3. **Schuldigerklärung** § 1574. Sind beide Ehegatten für schuldig erklärt, so ist die Auseinandersetzung wie gewöhnlich (§§ 1475—1477, 1479—1481) zu bewirken.

4. **Anspruch des unschuldigen Teiles.** Selbstverständlich kann der unschuldige Ehegatte unter Abstandnahme von der ihm durch § 1478 erteilten Befugnis auch die gewöhnliche Art der Auseinandersetzung begehren. Eine dem § 1347 Abs 2 entsprechende Vorschrift (Fristsetzung) ist nicht erteilt. — § 1478 stellt sich ebenso wie § 1477 Abs 2 nicht als eine von der sonstigen Regelung der Auseinandersetzung unabhängige Sonderbestimmung dar, die unter allen Umständen dem schuldlosen Ehegatten hinsichtlich seines eingebrachten Gutes einen Anspruch auf Werterstattung zuerkennt, sondern sie fügt sich in die Auseinandersetzungsvorschriften der §§ 1474 ff. vollkommen ein (**RG** 73, 41). Der Anspruch aus § 1478 setzt daher voraus, daß die Gesamtgutsverbindlichkeiten gemäß § 1475 berichtigt sind. Bis zur Beendigung der Auseinandersetzung kann der schuldlose Ehegatte **wählen,** ob er Rückerstattung aus § 1478 (wobei die Zeit der Einbringung den Wert bestimmt) oder das Übernahmerecht aus § 1477 Abs 2 (wobei die Zeit der Übernahme den Wert bestimmt) geltend machen will (SeuffA 77 Nr 3).

5. **Recht auf Werterstattung.** Das Gesetz will es vermeiden, daß das Gesamtgut wieder in seine ursprünglichen Bestandteile zerfällt. Daher kann nicht Rückgabe in Natur, sondern Erstattung des Wertes verlangt werden, und zwar des Wertes, den das Eingebrachte zur Zeit der Einbringung gehabt hat. Dadurch wird eine Vereinbarung über die Übernahme in

Natur nicht ausgeschlossen. Das Recht auf Werterstattung schließt Teilung des Überschusses zu gleichen Teilen (§ 1476 Abs 1) aus und bezieht sich nur auf den nach Berichtigung der Gesamtgutsverbindlichkeiten verbleibenden Überschuß. — Das Verlangen der Frau, das von ihr eingebrachte Anwesen unter Löschung des für den Mann eingetragenen Miteigentums wieder zu alleinigem Eigentum zu übernehmen und dem Manne sein Eheeinbringen von 7000 Mark wieder zurückzugewähren, verstößt gegen den § 1478, der gerade vermeiden will, daß das Gesamtgut wieder in seine ursprünglichen Bestandteile zerfällt (SeuffA 77 Nr 3). Vgl. ferner Ehrenzweig „Die Wirkungen der Geldentwertung im Falle der Auseinandersetzung nach § 1478" in LZ 1921, 332, der — abgesehen von der Teilung des wirklichen Zuwachses — nur die Auseinandersetzung nach dem **Wertverhältnisse** des Eingebrachten des Mannes zum Eingebrachten der Frau als gerecht gelten läßt und eine Verhältnisrechnung empfiehlt.

6. **Fehlbetragsteilung.** Beispiel: Das Gesamtgut beträgt 20000 Mark. Davon ab die Gesamtgutsverbindlichkeiten (mit Einschluß der Ersatzansprüche § 1475 A 1) mit 2000 Mark, bleibt Überschuß 18000 Mark. Der Mann hat 5000 Mark, die Frau 25000 Mark eingebracht, zusammen 30000 Mark. Zur Deckung der 30000 Mark reicht der Überschuß von 18000 Mark nicht aus. Ungedeckt bleiben 12000 Mark, von welchem Fehlbetrage der Mann 6000 Mark und die Frau 6000 Mark tragen müssen. Rechnung des Mannes: + 5000 — 6000 = — 1000 Mark. Er erhält nichts, verliert 5000 Mark, braucht aber auch der Frau nichts zu erstatten. Rechnung der Frau: + 25000 — 6000 = 19000 Mark. Sie erhält den ganzen Überschuß von 18000 Mark, verliert 7000 Mark und hat wegen der fehlenden 7000 Mark keinen Anspruch auf Erstattung gegen den Mann. Ist der Überschuß so groß, daß nach Deckung des beiderseitigen Eingebrachten ein Mehrbetrag verbleibt, so gebührt dieser den Ehegatten zu gleichen Teilen.

7. **Eingebrachtes Gut** nach den Grundsätzen der Errungenschaftsgemeinschaft §§ 1520 bis 1523. Die im § 1522 erwähnten Gegenstände, die nicht durch Rechtsgeschäft übertragen werden können, sind nach § 1439 vom Gesamtgut ausgeschlossen, also Sondergut und fallen nicht unter § 1478 Abs 2. Die Vorschrift des § 1524 (Ersatz) kann nicht in Betracht kommen, weil nach § 1478 Abs 2 Satz 2 der Wert des Eingebrachten sich nach der Zeit der Einbringung bestimmt.

8. **Scheidung wegen Geisteskrankheit** § 1569. Über Grund und Zweck des § 1478 Abs 3 und des § 1583 vgl. § 1583 A 1.

§ 1479

[1]) Wird die Gütergemeinschaft auf Grund des § 1468 oder des § 1469 durch Urteil aufgehoben[2]), so kann der Ehegatte, welcher das Urteil erwirkt hat, verlangen[3]), daß die Auseinandersetzung so erfolgt, wie wenn der Anspruch auf Auseinandersetzung mit der Erhebung der Klage auf Aufhebung der Gütergemeinschaft rechtshängig geworden wäre[4]).

E I 1379 II 1377; M 4 415; P 4 286, 437.

1. Der § 1479 beruht auf ähnlichen Erwägungen wie der § 1422. Die **Auseinandersetzung** würde grundsätzlich (§ 1470 Abs 1, § 1471 Abs 1) nach dem Zustande des Gesamtguts zur Zeit der Rechtskraft des die Aufhebung der Gütergemeinschaft bestimmenden Urteils erfolgen. Der Ehegatte, der das Urteil erwirkt, soll vor den Nachteilen geschützt werden, die infolge Verzögerung der Auseinandersetzung durch den Rechtsstreit entstehen. Daher ist ihm das im § 1479 bestimmte Wahlrecht eingeräumt. Das Verhältnis der Ehegatten zu Dritten wird dadurch nicht berührt.

2. Wird die Gütergemeinschaft infolge Ehescheidung, Auflösung der Ehe durch Tod oder aus andern Gründen beendigt, so ist § 1479 nicht anwendbar. Der Ehegatte verliert aber das Wahlrecht aus § 1479 dann nicht, wenn die auf Grund des § 1468 oder des § 1469 erhobene Klage begründet ist, sich jedoch in der Hauptsache dadurch erledigt, daß Ehe und Güterstand aus andern Gründen (z. B. Ehescheidung) aufhören (§ 1422 A 1). Vgl. auch § 1502 A 4 (Übernahmerecht).

3. Der Ehegatte kann wählen, ob die Zeit der Rechtshängigkeit der Klage (§§ 263, 281 ZPO) oder die Zeit der Rechtskraft des Urteils maßgebend sein soll. Hierin liegt eine Abweichung vom § 1422, der den ersteren Zeitpunkt schlechthin für maßgebend erklärt. Das **Wahlrecht** kann bis zur Beendigung der Auseinandersetzung ausgeübt werden. Der Berechtigte kann nach Entstehung des Wahlrechts auf dessen Ausübung verzichten. Der Verzicht bedarf keiner Form.

4. **Wirkungen.** Verlangt der Ehegatte die Auseinandersetzung nach § 1479, so ist es so anzusehen, als hätte die Gütergemeinschaft schon im Zeitpunkte der Rechtshängigkeit der Klage ihr Ende erreicht. Der Mann haftet nicht mehr nach § 1456, sondern nach § 1359.

Der von einem Ehegatten gemachte Erwerb fällt, abgesehen von den Fällen des § 1473 Abs 1, nicht mehr in das Gesamtgut. Die Herausgabepflicht des andern Ehegatten bestimmt sich nach § 292. Vgl. § 1422 A 3.

§ 1480

[1]) Wird eine Gesamtgutsverbindlichkeit[2]) nicht vor der Teilung[3]) des Gesamtguts berichtigt[4]), so haftet dem Gläubiger auch der Ehegatte persönlich als Gesamtschuldner[5]), für den zur Zeit der Teilung eine solche Haftung nicht besteht[6]). Seine Haftung beschränkt sich auf die ihm zugeteilten Gegenstände[7]); die für die Haftung des Erben geltenden Vorschriften der §§ 1990, 1991 finden entsprechende Anwendung[8]).

E II 1378; M 4 417; P 4 286 ff.; 5 136, 828.

1. Die Auseinandersetzung der Eheleute (bzw. ihrer Erben) erfolgt in der Weise, daß aus dem Gesamtgute zunächst die Gesamtgutsverbindlichkeiten zu berichtigen sind (§ 1475 Abs 1 Satz 1). Wird dieser Regel zuwider das Gesamtgut ohne Berichtigung von Gesamtgutsverbindlichkeiten geteilt, so fragt es sich, ob und wie die Ehegatten den Gesamtgutsgläubigern bzw. die Ehegatten untereinander haften. Diese Fälle behandeln die §§ 1480, 1481. Der § 1480 bestimmt die **Haftung der Ehegatten gegenüber den Gläubigern** und der § 1481 die Haftung der Ehegatten gegeneinander.

2. Begriff der **Gesamtgutsverbindlichkeit** §§ 1459 A 5, § 1475 A 1.

3. Wann die **Teilung** des Gesamtguts als erfolgt anzusehen ist, richtet sich nach den Umständen des einzelnen Falles. Solange und soweit noch ungeteiltes Gesamtgut vorhanden ist, tritt die persönliche Haftung nicht ein. Sie tritt ein, soweit die Gesamtgutsforderung in dem ungeteilten Reste des Gesamtguts keine Deckung hat. Behalten sich die Ehegatten bei der Teilung des Gesamtguts einzelne Gegenstände zum Miteigentum vor, so hindert dies nicht den Eintritt der persönlichen Haftung. Vgl. auch die Erl zu §§ 2059, 2060 (Teilung des Nachlasses). Den **Beweis** der Teilung hat der Gläubiger zu führen. — Eine Teilung im Sinne des § 1480 ist in jeder Auseinandersetzung zu erblicken, durch die das Gesamtgut dieser seiner Eigenschaft entkleidet und Sondereigentum des einen oder andern Ehegatten wird (**RG** 75, 295; 89, 360). Als eine Teilung im Sinne des § 1480 ist auch eine solche Auseinandersetzung anzusehen, bei der das Gesamtgut vollständig einem von ihnen zugewiesen wird. Sonst würde die Bestimmung des § 1480 gerade in den Fällen versagen, in denen die Gesamtgutsgläubiger — durch Übertragung des Gesamtguts auf den ihnen persönlich nicht haftenden Ehegatten — am empfindlichsten geschädigt würden (**RG** 75, 295). Wann die Teilung des Gesamtguts als erfolgt anzusehen ist, richet sich wesentlich nach den Umständen des Einzelfalls. In der Regel wird die Auslassung von Vermögensgegenständen von nicht erheblichem Werte der Annahme einer Teilung nicht entgegenstehen (**RG** 89, 360; **RG** JW 1917, 102[4]).

4. **Berichtigung** § 1475 A 2.

5. **Gesamtschuldnerische Haftung** §§ 421—425. An Stelle des § 426 kommt § 1481 (inneres Verhältnis) in Betracht. — Aus dieser gesamtschuldnerischen Haftung ergibt sich nicht ohne weiteres, daß das gegen einen der beiden Ehegatten ergangene Urteil auch gegenüber dem andern Ehegatten wirksam und vollstreckbar ist (**RG** JW 04, 201[12]; § 750 ZPO). Hauseinrichtungsgegenstände, die zum Gesamtgut gehörten und bei der Auseinandersetzung der Frau zugeteilt wurden, können wegen einer Gesamtgutsverbindlichkeit aus einem nur gegen den Ehemann nach der Auseinandersetzung erwirkten Schuldtitel trotz Haftung der Frau gemäß § 1480 als Gesamtschuldnerin nicht gepfändet werden. Dazu bedarf es eines Schuldtitels gegen die Frau (**RG** 68, 426).

6. **Fälle des Nichtbestehens der Haftung.** Dem Gläubiger haftet (auch ohne die Bestimmung des § 1480) jeder Ehegatte, in dessen Person die Verbindlichkeit entstanden ist. Dies versteht sich von selbst (§ 1459 A 1). Dem Gläubiger haftet der Mann schon nach § 1459 Abs 2 für eine in der Person der Frau entstandene Verbindlichkeit, die im Verhältnisse der Ehegatten zueinander dem Gesamtgute zur Last fällt (§§ 1463—1465). Auf die vorbezeichneten Fälle bezieht sich der § 1480 nicht, dagegen auf folgende Fälle: Für eine in der Person des Mannes entstandene Gesamtgutsverbindlichkeit bestand für die Frau zur Zeit der Teilung keine Haftung. Sie haftet erst nach § 1480. Für eine in der Person der Frau entstandene Gesamtgutsverbindlichkeit, die im Verhältnisse der Ehegatten dem Gesamtgute nicht zur Last fällt (§§ 1463—1465), bestand zwar während der Gütergemeinschaft die persönliche Haftung des Mannes (§ 1459 Abs 2 Satz 1), aber seine Haftung erlosch mit der Beendigung der Gütergemeinschaft (§ 1459 Abs 2 Satz 2). Er haftet nach § 1480 von neuem.

7. Der Ehegatte haftet nur mit den ihm **zugeteilten Gegenständen,** nicht in Höhe des Wertes der Gegenstände mit seinem sonstigen Vermögen. — Die Erben des Ehegatten haften,

wenn sie die Beschränkung der Haftung geltend machen (§§ 786, 780 ZPO), nicht mit dem ganzen Nachlasse, sondern nur mit den dem Nachlasse zugeteilten Gegenständen. Eine von den Erben untereinander vorgenommene Unterverteilung ändert daran nichts (RG 79, 345). Für den Ehegatten, der aus dem Gesamtgute nichts erhält, ist eine Haftung überhaupt nicht begründet. Ihm gegenüber ist daher eine entsprechende Anwendung der §§ 1990, 1991 BGB und der §§ 780, 781, 785 ZPO ausgeschlossen. Es ist dabei gleichgültig, ob der Ehegatte schenkungsweise auf einen Anteil am Gesamtgute verzichtet oder ob er in irgendeiner Weise, nur nicht aus dem Gesamtgute, für dessen Überlassung an den andern Ehegatten entschädigt wird (RG 75, 295). Die Klage gegen den Ehegatten, der aus dem Gesamtgute nichts erhalten hat, ist abzuweisen (RG 89, 360). Darüber, daß sich die Verurteilung zur Leistung unter Beschränkung auf das Gesamtgut wesentlich unterscheidet von der Verurteilung zur bloßen Duldung der Vollstreckung in das Gesamtgut und daß das Leistungsurteil gegenüber dem Duldungsurteil ein Mehr bedeutet, vgl. ebenfalls RG 89, 360.

8. **Unzulänglichkeitseinrede.** Der Ehegatte kann danach die Befriedigung eines Gesamtgutsgläubigers insoweit verweigern, als die ihm zugeteilten Gegenstände nicht ausreichen. Er muß dann aber diese Gegenstände zum Zwecke der Befriedigung des Gläubigers im Wege der Zwangsvollstreckung herausgeben, d. h. die Zwangsvollstreckung dulden (RG Gruch 48, 958), nötigenfalls ein Verzeichnis der Gegenstände vorlegen, §§ 1990, 260, 1480 (RG Gruch 50, 382). Im übrigen vgl. die Erl zu §§ 1990, 1991. Der Ehegatte kann die Beschränkung seiner Haftung auf Grund des § 1480 gegen die Zwangsvollstreckung nur einwenden, wenn sie ihm im Urteile vorbehalten worden ist (§§ 780, 781, 785, 786 ZPO). Die Anfechtung der Auseinandersetzung auf Grund des § 3 des AnfG v. 21. 7. 79 (in der Fassung v. 20. 5. 98) durch einen Gesamtgutsgläubiger zum Zwecke seiner Befriedigung aus dem früheren Gesamtgute wird durch § 1480 nicht ausgeschlossen (RG Gruch 48, 958; 50, 382).

§ 1481

[1]) Unterbleibt bei der Auseinandersetzung die Berichtigung[2]) einer Gesamtgutsverbindlichkeit[3]), die im Verhältnisse der Ehegatten zueinander dem Gesamtgut[4]) oder dem Manne[5]) zur Last fällt, so hat der Mann dafür einzustehen[6]), daß die Frau von dem Gläubiger nicht in Anspruch genommen wird. Die gleiche Verpflichtung hat die Frau dem Manne gegenüber, wenn die Berichtigung einer Gesamtgutsverbindlichkeit unterbleibt, die im Verhältnisse der Ehegatten zueinander der Frau zur Last fällt[5]) [6]).

E I 1380 II 1379; M 4 415; P 4 291, 345.

1. Der § 1481 regelt das **Recht des Rückgriffs eines Ehegatten auf den andern.** Die Vorschrift bezieht sich nur auf das innere Verhältnis der Ehegatten zueinander, wogegen § 1480 das Verhältnis der Ehegatten nach außen regelt (§ 1480 A 1).

2. **Berichtigung** § 1475 A 2.

3. Begriff der **Gesamtgutsverbindlichkeit** § 1459 A 5, § 1475 A 1.

4. Das Gesamtgut haftet grundsätzlich für alle Verbindlichkeiten des Mannes wie der Frau (§ 1459 A 1). Grundsatz ist ferner, daß alle Gesamtgutsverbindlichkeiten auch im Verhältnisse der Ehegatten zueinander **dem Gesamtgute zur Last fallen** (§ 1463 A 1). Sofern nicht Ausnahmefälle (§§ 1463—1465) vorliegen, hat also der Mann nach § 1481 der Frau dafür einzustehen, daß sie von dem Gläubiger nicht in Anspruch genommen wird, was geschehen könnte, wenn die Verbindlichkeit in ihrer Person entstanden wäre (§ 1480 A 6). Diese Rückgriffspflicht des Mannes rechtfertigt sich dadurch, daß er das Gesamtgut ohne Verantwortlichkeit gegenüber der Frau verwaltet hat (§ 1456) und ihm das Recht der Entscheidung in gemeinschaftlichen Angelegenheiten zusteht (§ 1354), mithin die **Einbuße** vom Manne und nicht von der Frau zu tragen ist (M 4, 416; Prot 4, 292). Der Bestimmung liegen ähnliche Erwägungen zugrunde wie dem § 1459 Abs 2 Satz 1. Vgl. § 1459 A 1; M 4, 367. Die **Frau** haftet für eine Gesamtgutsverbindlichkeit, die auch im Verhältnisse der Ehegatten dem Gesamtgute zur Last fällt, mit den ihr zugeteilten Gesamtgutsgegenständen (dem Manne gegenüber) bis zur Hälfte der Gesamtgutsverbindlichkeit. Die Frau würde sich auf Kosten des Mannes bis zur Hälfte der Gesamtgutsverbindlichkeit ungerechtfertigt bereichern, wenn sie die ihr zugeteilten Gegenstände ungeschmälert behalten dürfte (Prot 4, 293). Insoweit die Bereicherung reicht, tritt die Rückgriffspflicht des Mannes nicht ein. Beispiel: Die Gesamtgutsverbindlichkeit beträgt 500 Mark. Die Frau hat aus dem Gesamtgute 300 Mark erhalten. Bis zur Höhe von 250 Mark muß sie zur Berichtigung der 500 Mark beitragen. Berichtigt sie nur 250 Mark, so hat der Mann ihr für nichts einzustehen. Berichtigt sie 300 Mark, so hat der Mann ihr in Höhe von 50 Mark einzustehen. Berichtigt sie 500 Mark, so hat der Mann ihr

in Höhe von 250 Mark einzustehen. Hat die Frau aus dem Gesamtgute nichts erhalten, aber die ganze Schuld von 500 Mark bezahlt, so hat ihr der Mann in Höhe von 500 Mark einzustehen.

5. Wem die Gesamtgutsverbindlichkeit im Verhältnisse der Ehegatten zur Last fällt, bestimmt sich nach den §§ 1463—1465. Wegen einer **dem Manne zur Last fallenden** Verbindlichkeit könnte die Frau persönlich vom Gläubiger in Anspruch genommen werden, wenn die Verbindlichkeit auch in der Person der Frau entstanden ist oder auf Grund des § 1480. Daß der Ehegatte, der eine im Verhältnisse der Ehegatten zueinander dem andern Ehegatten zur Last fallende Gesamtgutsverbindlichkeit berichtigt, von dem andern Ehegatten Ersatz verlangen kann, folgt übrigens schon aus §§ 1463—1465.

6. Der Mann hat in der bezeichneten Weise **einzustehen,** ist aber weder verpflichtet, die Frau von der persönlichen Haftung sofort zu befreien, noch, ihr Sicherheit zu leisten (M 4, 416).

§ 1482

[1]) **Wird die Ehe durch den Tod eines der Ehegatten aufgelöst und ist ein gemeinschaftlicher Abkömmling[2]) nicht vorhanden[3]), so gehört der Anteil des verstorbenen Ehegatten am Gesamtgute zum Nachlasse[4]). Die Beerbung des Ehegatten erfolgt nach den allgemeinen Vorschriften[5]).**

E I 1382, 1383 Abs 1 II 1380; M 4 419 ff.; P 4 294 ff.

1. Wird die Ehe durch den Tod eines der Ehegatten aufgelöst, so ist zu unterscheiden, ob ein gemeinschaftlicher Abkömmling vorhanden ist (beerbte Ehe) oder nicht vorhanden ist (unbeerbte Ehe). Im ersteren Falle tritt fortgesetzte Gütergemeinschaft (§ 1483) ein, im letzteren nicht. Den **Fall der unbeerbten Ehe** behandelt der § 1482. Für diesen Fall gelten neben § 1482 auch die Bestimmungen in §§ 1471—1481. Vgl. § 1472 A 1. Besondere Bestimmungen sind über die fortgesetzte Gütergemeinschaft in §§ 1483—1518 gegeben.

2. Ein **gemeinschaftlicher Abkömmling** ist nicht nur diejenige Person, die von dem Ehepaar abstammt (Kind, Enkel, § 1589), sondern auch diejenige Person, die, ohne von dem Ehepaar abzustammen (im Sinne des § 1589), doch die rechtliche Stellung eines gemeinschaftlichen Abkömmlings gegenüber beiden Ehegatten einnimmt (M 4, 423), z. B. das durch nachfolgende Ehe legitimierte Kind (§ 1719), das von einem Ehepaare gemeinschaftlich angenommene Kind (§ 1757) und unter Umständen das Kind aus einer nichtigen Ehe (§ 1699). Gemeinschaftliche Abkömmlinge sind dagegen z. B. nicht das aus einer früheren Ehe stammende Kind eines Ehegatten, das uneheliche Kind der Frau und das für ehelich erklärte Kind des Mannes (§ 1723). Ein Abkömmling, der zur Zeit des Todes des Ehemanns noch nicht lebte, aber bereits erzeugt war, gilt als vor jenem Zeitpunkte geboren (§ 1923 Abs 2).

3. Es kommt darauf an, daß ein gemeinschaftlicher Abkömmling zur Zeit des Todes des Ehegatten nicht vorhanden ist. Dem Falle der unbeerbten Ehe stehen die Fälle des § 1484 Abs 3 (Ablehnung der fortgesetzten Gütergemeinschaft durch den überlebenden Ehegatten), §§ 1508, 1509, 1510 (Ausschließung der fortgesetzten Gütergemeinschaft durch Ehevertrag oder letztwillige Verfügung), § 1506 (Unwürdigkeit eines Abkömmlings), § 1511 (Ausschließung eines Abkömmlings) und § 1517 (Verzicht eines Abkömmlings) gleich.

4. Der **Nachlaß** des verstorbenen Ehegatten umfaßt bei unbeerbter Ehe nicht nur dessen Vorbehaltsgut und Sondergut, sondern auch dessen Anteil am Gesamtgute. Hinsichtlich des Gesamtguts haben sich die Erben des verstorbenen Ehegatten mit dem überlebenden Ehegatten nach den Bestimmungen der §§ 1471—1481 auseinanderzusetzen. Im Falle der fortgesetzten Gütergemeinschaft gehört der Anteil des verstorbenen Ehegatten am Gesamtgute nicht zu dessen Nachlaß (§ 1483). — Keinesfalls folgt aus §§ 1471, 1442 Abs 1, daß ein Miterbe über seinen Nachlaßanteil dann nicht verfügen kann, wenn zum Nachlaß nach § 1482 ein Gesamtgutsanteil gehört. In solchem Falle kann nur das Umgekehrte gelten (OLG 32, 408).

5. Für die **Beerbung** des verstorbenen Ehegatten sind also Testament, Erbvertrag oder gesetzliche Erbfolge maßgebend. Der überlebende Ehegatte ist erb- und pflichtteilsberechtigt, wie im gewöhnlichen Falle. Das Gesetz hat es für den Fall der unbeerbten Ehe abgelehnt, dem überlebenden Ehegatten besondere Rechte (Alleinerbrecht, Nießbrauch) einzuräumen (Prot 4, 298).

§ 1483

[1]) **Sind bei dem Tode eines Ehegatten gemeinschaftliche Abkömmlinge[2]) vorhanden, so wird zwischen dem überlebenden Ehegatten und den gemeinschaftlichen Abkömmlingen, die im Falle der gesetzlichen Erbfolge als Erben berufen sind[3]), die Gütergemeinschaft fortgesetzt[4]). Der Anteil des verstorbenen Ehegatten am Gesamtgute gehört in diesem Falle nicht zum Nach-**

lasse[5]); im übrigen erfolgt die Beerbung des Ehegatten nach den allgemeinen Vorschriften[6]).

Sind neben den gemeinschaftlichen Abkömmlingen andere Abkömmlinge vorhanden, so bestimmen sich ihr Erbrecht und ihre Erbteile so, wie wenn fortgesetzte Gütergemeinschaft nicht eingetreten wäre[7]).

E I 1383 Abs 2 Satz 1, 1384 II 1381; M 4 423 ff.; P 4 299; 6 283.

1. Der § 1483 handelt von dem **Falle der beerbten Ehe** (Vorhandensein gemeinschaftlicher Abkömmlinge), wogegen der § 1482 von dem Falle der unbeerbten Ehe (Nichtvorhandensein gemeinschaftlicher Abkömmlinge) handelt. Der § 1483 unterscheidet weiter zwei Fälle, je nachdem neben den gemeinschaftlichen Abkömmlingen noch andere (sog. einseitige) Abkömmlinge vorhanden sind (Abs 1) oder nicht vorhanden sind (Abs 2).

2. **Gemeinschaftliche Abkömmlinge** § 1482 A 2.

3. Welche gemeinschaftlichen Abkömmlinge im Falle der gesetzlichen Erbfolge als Erben berufen sind, bestimmt sich nach den §§ 1923, 1924, 1927, 1930. Die hiernach Berufenen sind die **anteilsberechtigten Abkömmlinge,** doch scheiden aus der Zahl der Anteilsberechtigten solche Abkömmlinge aus, die unwürdig sind (§ 1506), verzichtet haben (§§ 1491, 1517) oder durch letztwillige Verfügung von der fortgesetzten Gütergemeinschaft ausgeschlossen sind (§ 1511). Wegen des Todes eines anteilsberechtigten Abkömmlings vgl. § 1490, wegen Entziehung und Beschränkung des Anteils vgl. § 1513.

4. Die **fortgesetzte Gütergemeinschaft** beruht auf dem Gedanken, daß beim Ableben des einen Ehegatten ohne weiteres eine Vereinigung des Gesamtguts in der Person des überlebenden Ehegatten stattfindet (Prot 4, 304). Sie tritt daher mit dem Tode eines Ehegatten **kraft Gesetzes** ein, jedoch unbeschadet des Rechtes des überlebenden Ehegatten, die Fortsetzung der Gütergemeinschaft abzulehnen (§ 1484). Das Gesamtgut soll den Ehegatten für ihre ganze Lebenszeit verbleiben. Es hat die Natur des gemeinschaftlichen Familienvermögens oder **Hausvermögens.** Daraus ergibt sich, daß die Gemeinschaft, in welcher der überlebende Ehegatte bisher mit dem andern Ehegatten gelebt hat, nunmehr mit den Kindern fortgesetzt wird. Von einer Erbfolge kann dabei keine Rede sein. Die Fortsetzung der Gütergemeinschaft erscheint sonach als eine dem Wesen der Gütergemeinschaft entsprechende natürliche Nachwirkung des Gütergemeinschaftsvertrags der Ehegatten. Zwischen den gemeinschaftlichen Abkömmlingen einerseits und dem überlebenden Ehegatten anderseits entsteht in Ansehung des Gesamtguts ein ähnliches Verhältnis, wie es während der Ehe zwischen den Ehegatten bestanden hat. Dabei nehmen die Abkömmlinge die rechtliche Stellung der Frau und der überlebende Ehegatte die rechtliche Stellung des Mannes ein (§ 1487 Abs 1). Dem überlebenden Ehegatten ist, wie während der Ehe dem Manne, ein ausgedehntes Verwaltungs- und Verfügungsrecht beigelegt. Er haftet aber auch in ausgedehntem Maße für die Schulden, während die Abkömmlinge den Gläubigern gegenüber von jeder persönlichen Haftung befreit sind (§§ 1488, 1489). Die Fortsetzung der Gütergemeinschaft kann durch Ehevertrag (§ 1508) oder letztwillige Verfügung (§ 1509) ausgeschlossen werden. — Vgl. auch Ebbecke, Fortgesetzte Gütergemeinschaft und Beerbung, im Recht 1920, 198. — Über die Unzulässigkeit der Verfügung über den Anteil an einer fortgesetzten Gütergemeinschaft rheinischen Rechtes nach dem Inkrafttreten des BGB vgl. Art 200 Abs 1 EG und **RG** Warn 1910 Nr 161. — Das Gesamthandverhältnis der fortgesetzten Gütergemeinschaft ist in seinen dinglichen Wirkungen wesentlich anders gestaltet als das Gesamthandverhältnis der **offenen Handelsgesellschaft.** Die Überführung eines Grundstücks aus dem Eigentum einer fortgesetzten Gütergemeinschaft in das Eigentum einer offenen Handelsgesellschaft muß deshalb auch dann als Eigentumsübertragung im Sinne der §§ 873, 925 gelten, wenn Gesellschafter ausschließlich die ehemaligen Teilhaber der fortgesetzten Gütergemeinschaft sind (KG in OLG 29, 315).

5. Da bei der Fortsetzung der Gütergemeinschaft von einer Erbfolge nicht die Rede sein kann (A 3), so kann auch der Anteil des verstorbenen Ehegatten am Gesamtgute nicht zu seinem Nachlasse gehören. Dies hebt der § 1483 noch ausdrücklich hervor. Der bezeichnete Anteil kann vielmehr nur zum **Gesamtgute der fortgesetzten Gütergemeinschaft** gehören. Zu ebendemselben Gesamtgute gehört ferner der Anteil des überlebenden Ehegatten am Gesamtgute sowie das Vermögen, das der überlebende Ehegatte aus dem Nachlasse des verstorbenen Ehegatten oder nach dem Eintritte der fortgesetzten Gütergemeinschaft sonst noch erwirbt (§ 1485 Abs 1). Zum **Nachlasse** des verstorbenen Ehegatten gehört nur sein etwa vorhandenes Sondergut (§ 1439) und Vorbehaltsgut (§ 1440). In Ansehung des Nachlasses erfolgt Beerbung, in Ansehung des Gesamtguts nicht. Beide Vermögensmassen sind daher voneinander zu sondern.

6. In Ansehung desjenigen Vermögens, das der verstorbene Ehegatte außer dem Anteil am Gesamtgute gehabt hat, wird er nach den **allgemeinen erbrechtlichen Vorschriften** beerbt.

Für die Beerbung sind also Testament, Erbvertrag oder gesetzliche Erbfolge maßgebend. Der überlebende Ehegatte und die Abkömmlinge sind wie im gewöhnlichen Falle erb- und pflichtteilsberechtigt. Bei der Berechnung des Pflichtteils bleibt der Anteil am Gesamtgut außer Ansatz. Was der überlebende Ehegatte aus dem Nachlasse des verstorbenen Ehegatten erwirbt, fällt in das Gesamtgut (A 5). Was die Abkömmlinge aus dem Nachlasse erwerben, fällt ihnen zu (§ 1485 Abs 2 Satz 1).

7. Die sog. **einseitigen Abkömmlinge** des verstorbenen Ehegatten treten nicht in die fortgesetzte Gütergemeinschaft ein. Behufs Bestimmung ihres Erbrechts und Erbteils bzw. Pflichtteils muß von der Unterstellung, als sei fortgesetzte Gütergemeinschaft nicht eingetreten, ausgegangen werden. Zum Nachlasse des verstorbenen Ehegatten wird daher in diesem Falle nicht nur sein Sonder- und Vorbehaltsgut, sondern auch sein Anteil am Gesamtgute gerechnet, und es gelten die gemeinschaftlichen Abkömmlinge und der überlebende Ehegatte als Miterben der einseitigen Abkömmlinge. Vorempfänge haben die Abkömmlinge untereinander auszugleichen. Vgl. jedoch auch § 1503. Behufs Ermittlung des Anteils des verstorbenen Ehegatten am Gesamtgute bedarf es einer nach Maßgabe der §§ 1471—1481 vorzunehmenden Auseinandersetzung zwischen den einseitigen Abkömmlingen einerseits und dem überlebenden Ehegatten anderseits. Kommt der einseitige Abkömmling nicht als Erbe, sondern nur als Vermächtnisnehmer oder Pflichtteilsberechtigter in Betracht, so bedarf es keiner Auseinandersetzung; es genügt, wenn der Anteil des verstorbenen Ehegatten am Gesamtgute geschätzt wird.

§ 1484

Der überlebende Ehegatte kann die Fortsetzung der Gütergemeinschaft ablehnen[1]).

Auf die Ablehnung[2]) finden die für die Ausschlagung einer Erbschaft geltenden Vorschriften der §§ 1943 bis 1947, 1950, 1952, 1954 bis 1957, 1959 entsprechende Anwendung[3]). Steht der überlebende Ehegatte unter elterlicher Gewalt oder unter Vormundschaft, so ist zur Ablehnung[4]) die Genehmigung des Vormundschaftsgerichts erforderlich[5]).

Lehnt der Ehegatte die Fortsetzung der Gütergemeinschaft ab, so gilt das gleiche wie im Falle des § 1482[6]).

E I 1386 II 1382; M 4 439; P 4 308; 6 285.

1. Der § 1484 behandelt das **Recht des überlebenden Ehegatten, die Fortsetzung der Gütergemeinschaft abzulehnen.** Den Abkömmlingen ist ein solches Recht nicht eingeräumt; sie können auf Aufhebung der fortgesetzten Gütergemeinschaft klagen (§§ 1495, 1496) oder auf ihren Anteil am Gesamtgute verzichten (§§ 1491, 1517). Das Ablehnungsrecht des überlebenden Ehegatten beruht auf der Erwägung, daß die fortgesetzte Gütergemeinschaft eine zu seinen Gunsten geschaffene Einrichtung ist. Es wäre eine Unbilligkeit gegen den überlebenden Ehegatten wegen der damit verbundenen tiefen Erschütterung seiner Stellung, wenn er gezwungen wäre, den gemeinschaftlichen Abkömmlingen ihren Erbanteil an dem Gesamtgute sofort bzw. nach Beendigung der elterlichen Nutznießung herauszugeben (M 4 S. 426, 440, 456, 468; Prot 4, 334). Über das Recht des überlebenden Ehegatten, die angenommene Fortsetzung der Gütergemeinschaft jederzeit aufzuheben, vgl. § 1492. Ein vertragsmäßiger Verzicht auf das Ablehnungsrecht ist unwirksam (§ 1518).

2. Die bezeichneten Vorschriften finden sowohl für die **Ablehnung** als auch für die Annahme der fortgesetzten Gütergemeinschaft entsprechende Anwendung.

3. **Die fortgesetzte Gütergemeinschaft tritt mit dem Tode des Ehegatten von selbst ein,** § 1483 A 4. Einer Annahmeerklärung des überlebenden Ehegatten bedarf es daher nicht. Hat dieser aber eine Annahmeerklärung (ausdrücklich oder stillschweigend) abgegeben, so kann er nicht mehr ablehnen **(§ 1943).** Dasselbe gilt, wenn er die sechswöchige Ablehnungsfrist **(§ 1944 Abs 1)** unbenutzt hat verstreichen lassen. Der Beginn der Frist setzt nicht voraus, daß der überlebende Ehegatte sein Ablehnungsrecht kennt und die rechtlichen Folgen der Ablehnung oder Nichtablehnung übersieht. Ob und wann dem überlebenden Ehegatten eine vom verstorbenen Ehegatten etwa errichtete **letztwillige Verfügung** bekannt geworden ist, ist für den Beginn der Ablehnungsfrist bedeutungslos, weil die Fortsetzung der Gütergemeinschaft nicht durch letztwillige Verfügung angeordnet werden kann, sondern immer die kraft Gesetzes eintretende Folge der allgemeinen Gütergemeinschaft ist (KG in OLG 40, 78 A 1). Genau genommen ist es nicht ganz richtig, wenn man sagt, der Eintritt der fortgesetzten Gütergemeinschaft beruhe auf Gesetz. **Die Grundlage bildet vielmehr der Vertrag,** durch den die allgemeine Gütergemeinschaft vereinbart ist (§ 1437), nur wenn ein solcher Vertrag vorliegt, soll nach § 1483 die Gütergemeinschaft fortgesetzt werden. Bei Fahrnisgemeinschaft muß

die Fortsetzung selbst sogar durch Ehevertrag vereinbart werden (§ 1557) und auch in diesem Falle gilt § 1484 (§ 1549). Entscheidend für den **(Beginn der Ausschlagungsfrist)** ist aber, daß die fortgesetzte Gütergemeinschaft niemals durch letztwillige Verfügung eingeführt werden kann und daß sie ebenso wie der Erbfall mit dem Tode eintritt (§ 1923). Allerdings kann die fortgesetzte Gütergemeinschaft durch einseitige letztwillige Verfügung eines der Ehegatten oder durch gemeinschaftliches Testament der Eheleute **Beschränkungen** erfahren (§§ 1509 ff.), und es ist nicht zu leugnen, daß deren Kenntnis für die Entschließung über die Ablehnung der Fortsetzung der Gütergemeinschaft von Bedeutung sein kann. Das kann aber nicht dazu führen, die Ausschlagungsfrist erst mit der Verkündung des Testaments beginnen zu lassen. Dies wäre nur dann angängig, wenn auch für den gesetzlichen Erben, dem durch letztwillige Verfügungen Beschränkungen seines Erbrechts auferlegt sind, die Frist erst von jenem Zeitpunkt ab laufen würde. Solche Beschränkungen des gesetzlichen Erben sind zulässig (§§ 2048, 2049, 2147, 2192). Trotzdem macht das Gesetz für solche Fälle keine Ausnahme hinsichtlich des Beginns der Ausschlagungspflicht. Der gesetzliche Erbe ist nicht durch letztwillige Verfügung berufen, und deshalb beginnt die Frist in dem Zeitpunkt, in dem er erfährt, daß er gesetzlicher Erbe geworden ist. Abgesehen von der Sondervorschrift des § 2306 spielt also die Kenntnis des Erben von Beschränkungen und Beschwerungen für den Beginn der Ausschlagungsfrist keine Rolle. Das gleiche muß deshalb auch für die Ablehnung der fortgesetzten Gütergemeinschaft gelten (**RG** 27. 3. 24 IV 374/23). Die Ablehnung wird dem Nachlaßgerichte gegenüber in öffentlich beglaubigter Form erklärt **(§ 1945 Abs 1)**. Annahme und Ablehnung können erst nach dem Tode des Ehegatten **(§ 1946)** und müssen unbedingt, unbetagt und unbeschränkt (auf das ganze Gesamtgut) erklärt werden **(§§ 1947, 1950)**. Das Ablehnungsrecht ist vererblich **(§ 1952)**. Über den Tod des überlebenden Ehegatten hinaus kann aber die Gütergemeinschaft niemals fortgesetzt werden (§ 1494). Annahme und Ablehnung der fortgesetzten Gütergemeinschaft können nach **§§ 1954—1957** und den allgemeinen Bestimmungen angefochten werden. **§ 1959** betrifft die Wirksamkeit der vom überlebenden Ehegatten vor der Annahme oder Ablehnung ergriffenen Maßregeln. Vgl. auch § 9 Satz 2 KO (Befugnis des überlebenden Ehegatten als Gemeinschuldners zur Annahme oder Ablehnung einer vor der Konkurseröffnung eingetretenen fortgesetzten Gütergemeinschaft).

4. Zur Annahme ist die Genehmigung des Vormundschaftsgerichts nicht erforderlich.

5. Erklärung durch einen Bevollmächtigten § 1945 Abs 2. Der in der Geschäftsfähigkeit beschränkte Ehegatte bedarf zur Ablehnung der Zustimmung des gesetzlichen Vertreters. Letzterer kann auch selbständig für den Ehegatten ablehnen, bedarf aber als Inhaber der elterlichen Gewalt oder Vormund (bzw. Pfleger) der Genehmigung des Vormundschaftsgerichts.

6. Danach gehört der Anteil des verstorbenen Ehegatten am Gesamtgute zu seinem Nachlasse. Im übrigen vgl. Erl zu § 1482.

§ 1485

Das Gesamtgut der fortgesetzten Gütergemeinschaft besteht aus dem ehelichen Gesamtgute[1]), soweit es nicht nach § 1483 Abs 2 einem nicht anteilsberechtigten Abkömmlinge zufällt[2]), und aus dem Vermögen, das der überlebende Ehegatte aus dem Nachlasse des verstorbenen Ehegatten[3]) oder nach dem Eintritte der fortgesetzten Gütergemeinschaft[4]) erwirbt.

Das Vermögen, das ein gemeinschaftlicher Abkömmling zur Zeit des Eintritts der fortgesetzten Gütergemeinschaft hat oder später erwirbt, gehört nicht zu dem Gesamtgute[5]).

Auf das Gesamtgut finden die für die eheliche Gütergemeinschaft geltenden Vorschriften des § 1438 Abs 2, 3 entsprechende Anwendung[6])[7])[8]).

E I 1396 Abs 1, 5, 1397 Abs 1 II 1393; M 4 455 ff.; P 4 316; 6 287.

1. **Eheliches Gesamtgut** ist das Vermögen der Ehegatten, das ihnen während der Ehe und Gütergemeinschaft gemeinschaftlich gehört (§§ 1438—1440). Dazu gehören auch die Ersatzansprüche der Ehegatten gegeneinander aus §§ 1466, 1467. Das **Gesamtgut der fortgesetzten Gütergemeinschaft** ist das Vermögen, das nach Beendigung der Gütergemeinschaft durch Tod eines Ehegatten dem überlebenden Ehegatten und den gemeinschaftlichen Abkömmlingen während der fortgesetzten Gütergemeinschaft gemeinschaftlich gehört (§ 1483 A 5).

2. Ein gemäß § 1511 durch letztwillige Verfügung ausgeschlossener gemeinschaftlicher Abkömmling hat wegen des ihm gebührenden Pflichtteils nur ein Forderungsrecht gegen die Teilhaber der fortgesetzten Gütergemeinschaft. Vom Gesamtgute fällt ihm nichts zu (Prot 4, 287). Daher ist sein Recht im § 1485 nicht erwähnt. Im übrigen vgl. Erl zu § 1483.

3. **Nachlaß** des verstorbenen Ehegatten § 1483 A 5. Zu dem Erwerb aus diesem Nachlasse gehört auch das, was der überlebende Ehegatte auf Grund eines Vermächtnisses erhält, mit dem der Erblasser den Erbteil eines einseitigen Abkömmlings belastet hat.

4. Unter den **Erwerb nach dem Eintritte der fortgesetzten Gütergemeinschaft** fällt alles, was auf die drei im § 1473 bezeichneten Erwerbsarten erworben wird, namentlich Nutzungen des Gesamtguts, Ersatzstücke für Gesamtgutsgegenstände und rechtsgeschäftlicher, das Gesamtgut betreffender Erwerb. Vgl. Erl zu §§ 1473, 1370. In den Fällen des § 1486 wird das Erworbene Vorbehalts- bzw. Sondergut des überlebenden Ehegatten. Die Nutzungen seines Sonderguts, nicht die seines Vorbehaltsguts, fallen in das Gesamtgut.

5. **Eigenes Vermögen des Anteilsberechtigten.** Die Nutzungen eines solchen Vermögens fallen, wenn sie der überlebende Ehegatte auf Grund seines elterlichen Nutznießungsrechts (§§ 1649, 1686) oder eines letztwillig zugewandten Nießbrauchsrechts bezieht, in das Gesamtgut der fortgesetzten Gütergemeinschaft.

6. Vgl. § 1438 A 4, 5, 6.

7. **Beweislast.** Alles Vermögen des überlebenden Ehegatten gilt mit Eintritt der fortgesetzten Gütergemeinschaft als Gesamtgut der fortgesetzten Gütergemeinschaft. Daß ein Gegenstand ausnahmsweise zum Sondergut oder Vorbehaltsgut gehört, hat zu beweisen, wer dies behauptet (M 4, 335),

8. **Grundbuch. Güterrechtsregister.** Das Bestehen der fortgesetzten Gütergemeinschaft wird, wenn ein Grundstück oder ein eingetragenes Recht zum Gesamtgute der fortgesetzten Gütergemeinschaft gehört, im Grundbuch eingetragen, jedoch nur auf Grund eines gemäß § 1507 vom Nachlaßgericht erteilten Zeugnisses (§ 1438 Abs 3 BGB, § 36 Abs 2, § 48 GBO). Die Ausnahmevorschrift des § 41 GBO findet auf die fortgesetzte Gütergemeinschaft keine Anwendung (OLG 5, 300ff.; 6, 11). Abweichend hat das Kammergericht die Anwendung des § 41 GBO auf die fortgesetzte Gütergemeinschaft für zulässig erklärt und folgende Grundsätze aufgestellt: Soll die Übertragung oder die Aufhebung eines zum Gesamtgute der fortgesetzten Gütergemeinschaft gehörenden Rechtes in das Grundbuch eingetragen werden, so bedarf es jedenfalls dann nicht der vorherigen Eintragung der Teilhaber der fortgesetzten Gütergemeinschaft, wenn beide Ehegatten als Berechtigte eingetragen stehen (KG in JFG 1 Nr 70), auch dann nicht, wenn nur einer der Ehegatten im Grundbuch eingetragen steht (ebenda S. 293 Nr 71). Vgl. § 1438 A 6. In das Güterrechtsregister wird das Bestehen der fortgesetzten Gütergemeinschaft nicht eingetragen, weil das Güterrechtsregister nur zur Beurkundung der während der Ehe bestehenden güterrechtlichen Verhältnisse bestimmt ist.

§ 1486

[1]) Vorbehaltsgut des überlebenden Ehegatten ist, was er bisher als Vorbehaltsgut gehabt hat[2]) oder nach § 1369 oder § 1370 erwirbt[3]).

Gehören zu dem Vermögen des überlebenden Ehegatten Gegenstände, die nicht durch Rechtsgeschäft übertragen werden können[4]), so finden auf sie die bei der Errungenschaftsgemeinschaft für das eingebrachte Gut des Mannes geltenden Vorschriften, mit Ausnahme des § 1524, entsprechende Anwendung[5])[6]).

E I 1396 Abs 2—4 II 1394; M 4 455; P 4 316.

1. Der § 1486 handelt im Abs 1 vom **Vorbehaltsgut** und im Abs 2 vom **Sondergute des überlebenden Ehegatten.** Das Vermögen der gemeinschaftlichen Abkömmlinge (§ 1485 Abs 2) kennt eine derartige Unterscheidung nicht.

2. Was der überlebende Ehegatte bisher als **Vorbehaltsgut gehabt hat,** entscheidet sich nach §§ 1440, 1369, 1370. Zum Vorbehaltsgute gehört nach § 1440 auch das, was durch Ehevertrag für Vorbehaltsgut eines Ehegatten für die Ehe erklärt worden war. Dagegen kann für die fortgesetzte Gütergemeinschaft Vorbehaltsgut weder durch Ehevertrag der Ehegatten noch durch Vertrag des überlebenden Ehegatten mit den Abkömmlingen begründet werden. Was der überlebende Ehegatte nicht schon bisher, d. h. während der Ehe als Vorbehaltsgut gehabt hat, kann — abgesehen von den Fällen der §§ 1369, 1370 — nicht Vorbehaltsgut werden. Vgl. auch § 1518.

3. **Erwerb als Vorbehaltsgut.** Beim Erwerbe von Todes wegen und durch Zuwendung Dritter unter Lebenden (§ 1369) genügt die Bestimmung, daß der Erwerb Vorbehaltsgut sein soll. Es ist nicht erforderlich, daß er als Vorbehaltsgut der fortgesetzten Gütergemeinschaft bestimmt wird. Unter § 1370 fallen insbesondere die Nutzungen des Vorbehaltsguts. Im übrigen vgl. Erl zu §§ 1369, 1370.

4. Dies ist das sog. **Sondergut.** Dazu vgl. § 1439 A 1, 2.

5. Nach § 1487 hat bei der fortgesetzten Gütergemeinschaft der überlebende Ehegatte die rechtliche Stellung des Mannes. Im Einklange mit dieser Stellung finden auf das Sondervermögen **die bei der Errungenschaftsgemeinschaft für das eingebrachte Gut des Mannes geltenden Vorschriften** (ausgenommen § 1524) entsprechende Anwendung. Danach (§ 1525) wird das Sondergut von dem überlebenden Ehegatten verwaltet, jedoch gehören die Nutzungen, die nach den für den Güterstand der Verwaltung und Nutznießung geltenden Vorschriften dem Manne zufallen, zu dem Gesamtgute der fortgesetzten Gütergemeinschaft.

6. In das Grundbuch ist weder die Vorbehalts- noch die Sondergutseigenschaft einzutragen, ebensowenig in das Güterrechtsregister. Vgl. § 1485 A 8.

§ 1487

[1]) **Die Rechte und Verbindlichkeiten des überlebenden Ehegatten sowie der anteilsberechtigten Abkömmlinge in Ansehung des Gesamtguts der fortgesetzten Gütergemeinschaft bestimmen sich nach den für die eheliche Gütergemeinschaft geltenden Vorschriften der §§ 1442 bis 1449, 1455 bis 1457, 1466; der überlebende Ehegatte hat die rechtliche Stellung des Mannes, die anteilsberechtigten Abkömmlinge haben die rechtliche Stellung der Frau**[2]).

Was der überlebende Ehegatte[3]) **zu dem Gesamtgute schuldet**[4]) **oder aus dem Gesamtgute zu fordern hat**[5]), **ist erst nach der Beendigung der fortgesetzten Gütergemeinschaft zu leisten**[6])[7]).

E I 1399 Abs 1 II 1398; M 4 461 ff.; P 4 334 ff.; 5 140.

1. Der § 1487 regelt die **Rechte und Verbindlichkeiten der Teilhaber der fortgesetzten Gütergemeinschaft** in Ansehung des Gesamtguts der fortgesetzten Gütergemeinschaft, indem er auf Vorschriften verweist, die für die eheliche Gütergemeinschaft gelten und hauptsächlich die Verfügungsmacht und die Verantwortlichkeit des Mannes betreffen. Die rechtliche Stellung des Mannes nimmt der überlebende Ehegatte (gleichviel ob Mann oder Frau) ein. Die rechtliche Stellung der Frau nehmen die anteilsberechtigten Abkömmlinge (§ 1483 A 3) ein. Für das Vorbehalts- und Sondergut des überlebenden Ehegatten gilt § 1486. Das Gesamtgut wird als eine von dem übrigen Vermögen vollständig gesonderte Vermögensmasse behandelt, ähnlich wie das Vermögen der offenen Handelsgesellschaft von dem Sondervermögen des einzelnen Gesellschafters getrennt wird, wenn dieser gestorben ist und die Erben die Handelsgesellschaft fortsetzen (Prot 4, 337). — Die Berechtigung der Teilhaber ist während der Dauer der fortgesetzten Gütergemeinschaft nicht als eine bloße Anwartschaft, sondern als ein festbegründetes, selbständiges Recht am Gesamtgut aufzufassen. Daher sind Gegenstände, die zu einer fortgesetzten Gütergemeinschaft gehören, als Vermögen aller daran Beteiligten, insbesondere auch des anteilsberechtigten Abkömmlings, im Sinne des § 23 ZPO anzusehen und geeignet, den Gerichtsstand des Vermögens zu begründen (**RG** 75, 414).

2. Nach **§ 1442** ist auch die fortgesetzte Gütergemeinschaft als Gemeinschaft zur gesamten Hand anzusehen. Wegen Unpfändbarkeit der Anteile des überlebenden Ehegatten und der Abkömmlinge vgl. § 860 ZPO. Nach **§ 1443 Abs 1** unterliegt das Gesamtgut grundsätzlich der Verwaltung des überlebenden Ehegatten. — Verfügt bei der fortgesetzten Gütergemeinschaft der überlebende Ehegatte über Grundstücke oder Rechte an Grundstücken, die zum Gesamtgute gehören, so wird die Vollendung der Rechtsänderung dadurch, daß der überlebende Ehegatte vorher gestorben ist, nicht gehindert (KG in IFG 1 Nr 81). Die Übergabe des ganzen Gesamtguts an einen Abkömmling kann (z. B. wegen drohender Zwangsversteigerung) zur **ordnungsmäßigen Verwaltung** des Gesamtguts erforderlich sein (BayObLG in OLG 42, 88). Zur ordnungsmäßigen Verwaltung des Gesamtguts gehört es nicht, wenn das Gesamtgut an einen Abkömmling überlassen werden soll, um den Erlös unter die Teilnehmer der fortgesetzten Gütergemeinschaft zu verteilen und eine der Erbfolge vorgreifende Auseinandersetzung herbeizuführen (KG in OLG 42, 88 A 2). Vgl. § 1447 A 2. Nach **§ 1443 Abs 2** werden die Abkömmlinge durch die Verwaltungshandlungen des überlebenden Ehegatten weder diesem noch einem Dritten persönlich verpflichtet. — Über die Befugnis des in fortgesetzter Gütergemeinschaft lebenden Ehegatten, ohne Zustimmung der gemeinschaftlichen Abkömmlinge für eine Hypothek, die auf einem zum Gesamtgute gehörenden Grundstücke ruht, eine Erhöhung des Zinssatzes und die Erteilung eines Hypothekenbriefs zu bewilligen, vgl. OLG Hamburg in RJA 10, 150. Dagegen führt das BayObLG mit Recht aus, daß in der Erhöhung des Zinssatzes einer auf einem Gesamtgrundstücke ruhenden Hypothekenforderung eine Verfügung über das Grundstück (vgl. § 1395 A 2) enthalten und daher

die Zustimmung der Abkömmlinge erforderlich sei (SeuffA 69 Nr 201). Die Unterwerfung unter die sofortige Zwangsvollstreckung nach § 800 ZPO hinsichtlich einer auf einem Gesamtgrundstücke ruhenden Hypothek enthält keine Verfügung über das Grundstück und ist an die Zustimmung der Abkömmlinge nicht gebunden (BayObLG in SeuffA 69 Nr 201). Zu dem Antrage auf Eintragung der in fortgesetzter Gütergemeinschaft lebenden Witwe und Kinder als Eigentümer eines Gesamtgrundstücks ist die Witwe allein nicht befugt, sondern sie bedarf dazu der Zustimmung der Abkömmlinge (KG in RJA 14, 243). Bei eintragungsbedürftigen Verfügungen des **Gesamtgutsverwalters** genügt es, wenn seine Vertretungsmacht nur in der Zeit von der Abgabe bis zur Wirksamkeit der Eintragungsbewilligung vorhanden war. Sie braucht nicht bis zur Zeit der Eintragung fortzudauern. Vorheriges Erlöschen der Verfügungsmacht des Gesamtgutsverwalters (z. B. durch dessen Tod) ist unschädlich, falls nur die Rechte und Verfügungsmacht der übrigen Teilhaber bis zur Eintragung fortdauern (KG in OLG 42, 119). Die nach den **§§ 1444—1446** erforderliche Einwilligung der Abkömmlinge ist erst erteilt, wenn alle Abkömmlinge, nicht bloß die Mehrzahl derselben, eingewilligt haben. Vgl. OLG 36, 200. (Die Zustimmung zur Auflassung eines zum Gesamtgute gehörigen Grundstücks kann aus einem Vertrage hervorgehen, auch wenn dieser vom Zustimmenden aus andern Gründen für ungültig angegriffen wird.) **Die Übernahme der Haftung** des überlebenden Ehegatten bei der fortgesetzten Gütergemeinschaft für die Erteilung der Genehmigung der Kinder zu dem von ihm geschlossenen Grundstücksveräußerungsvertrage verstößt weder gegen das Gesetz noch gegen die guten Sitten (**RG** JW 1924, 539[10]). Nach § 1487 Abs 1, § 1445 bedarf bei der fortgesetzten Gütergemeinschaft der überlebende Ehegatte zur Verfügung über ein zum Gesamtgute gehörendes Grundstück der Einwilligung der sämtlichen anteilsberechtigten Abkömmlinge. Die Vorschrift bezieht sich nur auf **Verfügungen unter Lebenden;** inwieweit jeder Ehegatte berechtigt ist, über das Gesamtgut letztwillig zu verfügen, ergibt sich aus §§ 1482 ff., 1505, 1509 ff., 1515 1516, 1518 in Verbindung mit den Bestimmungen des Erbrechts (BayObLG in JFG 1 Nr 35). Die Zustimmung der Abkömmlinge kann nach § **1447** durch das Vormundschaftsgericht ersetzt werden. — Der Anteil eines weiblichen Abkömmlings am Gesamtgut unterliegt, wenn die Frau verheiratet ist und mit ihrem Manne im gesetzlichen Güterstande lebt, nach § 1363 der Verwaltung des Mannes. In solchem Falle hat das Vormundschaftsgericht nicht nur die Zustimmung der Frau, sondern auch die des Mannes zu ersetzen (BayObLG in OLG 42, 88). **§ 1448** bestimmt Rechtsfolgen für den Fall, daß der überlebende Ehegatte ohne die erforderliche Einwilligung der Abkömmlinge handelt. Nach **§ 1449** können die Abkömmlinge, wenn der überlebende Ehegatte ohne ihre erforderliche Zustimmung über ein zu dem Gesamtgute der fortgesetzten Gütergemeinschaft gehörendes Recht (z. B. ein Forderungsrecht, ein Pfandrecht, ein Anfechtungsrecht) verfügt hat, das Recht ohne Mitwirkung des überlebenden Ehegatten gegen Dritte gerichtlich geltend machen. Dieses Recht der gerichtlichen Geltendmachung steht nur demjenigen Abkömmlinge zu, der nicht zugestimmt hat. Die zum Schutze Dritter bestehenden Vorschriften bleiben unberührt. Ist der Dritte aus ungerechtfertigter Bereicherung haftbar, so kann auch dieser Anspruch von dem Abkömmlinge, der nicht zugestimmt hat, geltend gemacht werden. Der die Bereicherung des Gesamtsguts betreffende **§ 1455** bezieht sich nur auf Rechtsgeschäfte des überlebenden Ehegatten, nicht auf solche der Abkömmlinge, da letzteren in Ansehung des Gesamtguts kein Verfügungsrecht zusteht. Nach **§ 1456 Abs 1** ist der überlebende Ehegatte den Abkömmlingen für die Verwaltung des Gesamtguts nicht verantwortlich. — Dabei macht es keinen Unterschied, ob er die Verwaltung selbst geführt oder ob er sie einem andern überlassen oder ob er etwaige unberechtigte Eingriffe eines andern in seine Verwaltung hat geschehen lassen (**RG** 2. 5. 12 IV 468/11). Insoweit er jedoch als Gewalthaber, Vormund oder Pfleger anderes Vermögen der Abkömmlinge verwaltet, trifft ihn die Verantwortlichkeit aus §§ 1664 bzw. 1833, 1915. Steht der überlebende Ehegatte unter Vormundschaft (bzw. vorläufiger Vormundschaft oder Pflegschaft), so hat ihn der Vormund bzw. Pfleger in den Rechten und Pflichten zu vertreten, die sich aus der Verwaltung des Gesamtguts der fortgesetzten Gütergemeinschaft ergeben **(§ 1457 Satz 1),** und zwar auch dann, wenn ein anteilsberechtigter Abkömmling Vormund ist **(§ 1457 Satz 2).** Nach **§ 1466 Abs 1** hat der überlebende Ehegatte, wenn er Gesamtgut der fortgesetzten Gütergemeinschaft in sein Vorbehaltsgut verwendet, den Wert des Verwendeten zu dem Gesamtgute zu ersetzen. Nach **§ 1466 Abs 2** kann der überlebende Ehegatte, wenn er Vorbehaltsgut in das Gesamtgut der fortgesetzten Gütergemeinschaft verwendet, Ersatz aus dem Gesamtgute verlangen. Da der § 1487 auf die §§ 1450—1454, 1458—1465, 1467 nicht hinweist, so finden diese Vorschriften keine entsprechende Anwendung auf die fortgesetzte Gütergemeinschaft. Ihre Nichtanwendung erklärt sich zum Teil aus der Natur der Sache (z. B. die Vorschrift über den ehelichen Aufwand), zum Teil daraus, daß sie durch andere Vorschriften ersetzt sind (z. B. die Vorschriften über die Schuldenhaftung).

3. Der Abs 2 gilt nur für den überlebenden Ehegatten, nicht für die Abkömmlinge. Für letztere gelten die allgemeinen Grundsätze.

4. Der überlebende Ehegatte **schuldet** zu dem Gesamtgute z. B. den Ersatzanspruch der Abkömmlinge aus § 1456 Satz 2, § 1487 Abs 1 wegen geflissentlicher Verminderung des Gesamtguts.

5. Der überlebende Ehegatte hat aus dem Gesamtgute z. B. **zu fordern** den Ersatzanspruch aus § 1466 Abs 2, § 1487 Abs 1 wegen Verwendung von Vorbehaltsgut in das Gesamtgut.

6. **Leistung erst nach der Beendigung der fortgesetzten Gütergemeinschaft.** Ob Schuld bzw. Forderung des überlebenden Ehegatten vor oder nach dem Tode des verstorbenen Ehegatten entstanden sind, macht keinen Unterschied. Schuld und Forderung des verstorbenen Ehegatten an das Gesamtgut sind aus dem Nachlasse bzw. an den Nachlaß sofort zu berichtigen (Prot 4, 335). Bei der Berechnung des Erbteils eines einseitigen Abkömmlings (§ 1483 A 7) sind Schuld und Forderung des überlebenden Ehegatten trotz späterer Fälligkeit zu berücksichtigen.

7. **Unterhalt, Aussteuer und Ausstattung** der Abkömmlinge durch den überlebenden Ehegatten bestimmen sich nach den allgemeinen Vorschriften in §§ 1601ff., 1620ff., 1624ff. Der überlebende Ehegatte ist kraft seines Verfügungsrechts berechtigt, aber nicht verpflichtet, zu den genannten Zwecken mehr, als gesetzlich nötig, aus dem Gesamtgute zu verwenden. Wegen der Berücksichtigung der Ausstattung bei der Auseinandersetzung vgl. § 1499 Nr 3. Auch ein sog. Abschichtungsanspruch für den Fall der Heirat bzw. Gründung eines selbständigen Haushalts ist den Abkömmlingen versagt (Prot 4, 332ff.). Der Unterhalt der Abkömmlinge bildet keine Last des Gesamtguts (RG JW 07, 23[26]).

§ 1488

1) Gesamtgutsverbindlichkeiten der fortgesetzten Gütergemeinschaft2) sind die Verbindlichkeiten des überlebenden Ehegatten3) sowie solche Verbindlichkeiten des verstorbenen Ehegatten, die Gesamtgutsverbindlichkeiten der ehelichen Gütergemeinschaft waren4)5).

E I 1384 Abs 1 Satz 2 Halbs 2, 1399 Abs 2 II 1399; M 4 433, 463; P 4 336ff.

1. Die §§ 1488 u. 1489 regeln die **Schuldenhaftung bei der fortgesetzten Gütergemeinschaft.** § 1488 handelt von der Haftung des Gesamtguts, § 1489 von der persönlichen Haftung des überlebenden Ehegatten und der anteilsberechtigten Abkömmlinge, § 1488 bestimmt den Umfang der Gesamtgutsverbindlichkeiten bei der fortgesetzten Gütergemeinschaft.

2. **Gesamtgutsverbindlichkeiten der fortgesetzten Gütergemeinschaft** sind begrifflich diejenigen Verbindlichkeiten, wegen deren die Gläubiger auch aus dem Gesamtgute Befriedigung verlangen können. Gesamtgutsverbindlichkeiten der ehelichen Gütergemeinschaft vgl. A 4.

3. **Alle** Verbindlichkeiten des überlebenden Ehegatten sind Gesamtgutsverbindlichkeiten der fortgesetzten Gütergemeinschaft. Es macht keinen Unterschied, ob die Verbindlichkeiten vor oder nach dem Eintritte der fortgesetzten Gütergemeinschaft entstanden sind und ob sie im ersteren Falle auf dem ehelichen Gesamtgute — sei es im Verhältnisse der Ehegatten zu dem Gläubiger, sei es im Verhältnisse der Ehegatten zueinander — lasteten oder nicht. — Zu den Gesamtgutsverbindlichkeiten der fortgesetzten Gütergemeinschaft gehört die Unterhaltspflicht des überlebenden Ehegatten gegenüber seinem Kinde (Recht 1920 Nr 2869).

4. **Begriff der Gesamtgutsverbindlichkeit der ehelichen Gütergemeinschaft** § 1459 A 5, § 1475 A 1. Gesamtgutsverbindlichkeiten der ehelichen Gütergemeinschaft waren alle Verbindlichkeiten des Mannes, ferner diejenigen Verbindlichkeiten der Frau, die nicht von den Ausnahmevorschriften der §§ 1460—1462 betroffen wurden (§ 1459 Abs 1). Für die von den genannten Ausnahmevorschriften betroffenen Verbindlichkeiten der Frau haften, wenn der Mann die Frau überlebt, ihre Erben mit dem Nachlasse der Frau (Vorbehalts- und Sondergut), falls sie die Erbschaft nicht ausschlagen. Wird der Mann Erbe der Frau, so werden die mit der Erbschaft übernommenen Schulden der Frau als jetzige Verbindlichkeiten des Mannes Gesamtgutsverbindlichkeiten. Dem Manne steht jedoch nach § 1488 Abs 2, §§ 1975ff. die Möglichkeit offen, die Mithaftung des Gesamtguts neben der Haftung des Nachlasses auszuschließen. Die Verbindlichkeiten der anteilsberechtigten Abkömmlinge sind niemals Gesamtgutsverbindlichkeiten der fortgesetzten Gütergemeinschaft.

5. Im Falle der fortgesetzten Gütergemeinschaft ist zur **Zwangsvollstreckung** in das Gesamtgut ein gegen den überlebenden Ehegatten ergangenes Urteil erforderlich und genügend (§ 745 Abs 1 ZPO). Vgl. auch § 744 ZPO. Wird über das Vermögen des überlebenden Ehegatten der **Konkurs** eröffnet, so gehört das Gesamtgut der fortgesetzten Gütergemeinschaft zur Konkursmasse (ebenso BayObLG in OLG 33, 341), und es findet eine Auseinandersetzung wegen des Gesamtguts zwischen dem überlebenden Ehegatten und den Abkömmlingen nicht statt (§ 2 Abs 1, 3 KO). Durch das Konkursverfahren über das Vermögen eines Abkömmlings wird das Gesamtgut nicht berührt (§ 2 Abs 2, 3 KO). Auf das Konkursverfahren über das Gesamtgut der fortgesetzten Gütergemeinschaft finden die §§ 214—234 KO (Nachlaßkonkurs) entsprechende Anwendung (§ 236 KO).

§ 1489

[1]) Für die Gesamtgutsverbindlichkeiten der fortgesetzten Gütergemeinschaft[2]) haftet der überlebende Ehegatte persönlich[3]).

Soweit die persönliche Haftung den überlebenden Ehegatten nur infolge des Eintritts der fortgesetzten Gütergemeinschaft trifft[4]), finden die für die Haftung des Erben für die Nachlaßverbindlichkeiten geltenden Vorschriften entsprechende Anwendung[5]); an die Stelle des Nachlasses tritt das Gesamtgut in dem Bestande, den es zur Zeit des Eintritts der fortgesetzten Gütergemeinschaft hat[6]).

Eine persönliche Haftung der anteilsberechtigten Abkömmlinge für die Verbindlichkeiten des verstorbenen oder des überlebenden Ehegatten wird durch die fortgesetzte Gütergemeinschaft nicht begründet[7]).

E I 1384 Abs 1 Satz 2 Halbs 2, 1399 Abs 2 II 1400; M 4 433, 463; P 4 336 ff.; 6 295.

1. Während § 1488 von der Haftung des Gesamtguts handelt, wird im § 1489 die **persönliche Haftung des überlebenden Ehegatten und der gemeinschaftlichen Abkömmlinge** in ihrer Eigenschaft als Teilhaber an der fortgesetzten Gütergemeinschaft geregelt Soweit die Teilhaber noch in einer andern Eigenschaft in Betracht kommen, z. B. als Erben des verstorbenen Ehegatten, wird ihre rechtliche Stellung nicht durch § 1489, sondern durch die allgemeinen Vorschriften bestimmt. Vgl. § 1483 A 5, 6, § 1488 A 4.

2. Begriff der **Gesamtgutsverbindlichkeiten der fortgesetzten Gütergemeinschaft** § 1488 A 2. Ihren Umfang bestimmt § 1488. Vgl. § 1488 A 3, 4.

3. Diese **persönliche Haftung** tritt mit dem Beginne der fortgesetzten Gütergemeinschaft (§ 1483 A 4) ohne weiteres ein und dauert — unbeschadet der Schutzvorschrift des § 1489 Abs 2 — über den Zeitpunkt der Beendigung der fortgesetzten Gütergemeinschaft hinaus. Abweichung von § 1459 Abs 2 Satz 2.

4. Der **Eintritt der fortgesetzten Gütergemeinschaft** muß, wie sich aus dem Wörtchen „nur" ergibt, der alleinige Grund für die persönliche Haftung des überlebenden Ehegatten sein. War seine persönliche Haftung schon vor dem Eintritte der fortgesetzten Gütergemeinschaft begründet, z. B. aus einer unerlaubten Handlung (§ 1463 Nr 1), und erlosch die Haftung nicht mit Beendigung der Gütergemeinschaft, wie im Falle des § 1459 Abs 2, so ist die Anwendung des § 1489 Abs 2 ausgeschlossen. Gleiches gilt von den Verbindlichkeiten, für die der überlebende Ehegatte als Erbe des verstorbenen Ehegatten haftet. Dabei ist es ohne Belang, daß diese Verbindlichkeiten nach § 1488 auch Gesamtgutsverbindlichkeiten sind.

5. Die **Haftung des Erben für die Nachlaßverbindlichkeiten** wird in den §§ 1967—2017 geregelt. Die entsprechende Anwendung dieser Vorschriften gereicht sowohl dem überlebenden Ehegatten als auch denjenigen Gesamtgutsgläubigern, denen der überlebende Ehegatte beim Eintritte der fortgesetzten Gütergemeinschaft nicht persönlich haftet, zum Schutze. Vor allem können sowohl der überlebende Ehegatte als auch jeder der genannten Gläubiger nach § 1975 die **Gesamtgutsverwaltung** oder den **Gesamtgutskonkurs** beantragen. Sie erreichen dadurch die Beschränkung der Haftung des überlebenden Ehegatten auf das Gesamtgut und somit die weiteren Vorteile 1. der überlebende Ehegatte: daß sein nicht zum Gesamtgute gehörendes Vermögen dem Zugriffe der genannten Gläubiger entzogen wird, 2. die genannten Gläubiger: daß sie Befriedigung aus dem Gesamtgute unter Ausschließung derjenigen Gesamtgutsgläubiger erlangen, die nicht schon Gesamtgutsgläubiger der ehelichen Gütergemeinschaft waren, sondern denen nur infolge des Eintritts der fortgesetzten Gütergemeinschaft das Gesamtgut haftet. Insoweit die persönliche Haftung des überlebenden Ehegatten schon vor dem Eintritte der fortgesetzten Gütergemeinschaft begründet war, wird sie durch den Gesamtgutskonkurs überhaupt nicht berührt. Ferner steht dem überlebenden Ehegatten gemäß § 1970 das Recht des Aufgebots der Gesamtgutsgläubiger, denen er beim Eintritte der fortgesetzten Gütergemeinschaft nicht persönlich haftet, sowie gemäß § 1990 das Recht zu, bei unzureichendem Gesamtgute unter Herausgabe desselben die Befriedigung der genannten Gesamtgutsgläubiger zu verweigern. Versäumt der überlebende Ehegatte die **Inventarfrist** (§ 1994), so verliert er allen Gesamtgutsgläubigern gegenüber das Recht, seine Haftung zu beschränken. Wegen Geltendmachung der beschränkten Haftung im Rechtsstreit und Zwangsvollstreckungsverfahren vgl. § 786 ZPO. — Wegen Schadensersatzpflicht des überlebenden Ehegatten dem Gesamtgutsgläubiger gegenüber, wenn er die im § 1980 über den Nachlaßkonkurs und das Gläubigeraufgebot erteilten Vorschriften aus Fahrlässigkeit unbeachtet läßt, vgl. SeuffA 73 Nr 205.

6. Da der **Bestand zur Zeit des Eintritts der fortgesetzten Gütergemeinschaft** (§ 1483 A 4) maßgebend ist, so scheidet das vom überlebenden Ehegatten später Erworbene (das sonst zum Gesamtgute gehört, § 1485 A 4) in diesem Falle aus. Im übrigen bestimmt sich der Bestand nach § 1485 Abs 1. Vgl. auch § 1978 Abs 2.

7. **Keine persönliche Haftung der anteilsberechtigten Abkömmlinge** (§ 1483 A 3). Sie müssen sich zwar die Berichtigung der Gesamtgutsverbindlichkeiten der fortgesetzten Gütergemeinschaft (§ 1488) aus dem Gesamtgute, mithin auch aus ihren Anteilen am Gesamtgute (§ 1483 Abs 1), gefallen lassen, aber weitergehende Verpflichtungen erwachsen ihnen aus der Fortsetzung der Gütergemeinschaft nicht. Vgl. auch § 1487 Abs 1, § 1483 Abs 2. Etwas anderes ist es, wenn den Abkömmling ein besonderer Verpflichtungsgrund trifft, z. B. als Erben des verstorbenen Ehegatten oder aus einer unerlaubten Handlung. Andere Fälle betreffen ferner §§ 1480, 1500, 1504. — Ist über den Nachlaß der Witwe, die mit den Kindern ihres verstorbenen Mannes in fortgesetzter Gütergemeinschaft gelebt hat, die **Nachlaßverwaltung** angeordnet, so ist zwar eine persönliche Haftung der Abkömmlinge für die rückständigen Zinsen einer das Gesamtgut belastenden Hypothekenforderung bis zur Teilung des Gesamtguts nicht eingetreten und der Zinsenanspruch kann nur gegen den Nachlaßverwalter verfolgt werden. Aber andrerseits ist zu berücksichtigen, daß nach §§ 1497, 1472 mit dem Tode der Witwe die Verwaltung des Gesamtguts dem Nachlaßverwalter als Vertreter der Erben und den Abkömmlingen gemeinschaftlich zusteht. Daraus ergibt sich die persönliche Verpflichtung der Abkömmlinge, zur Befriedigung des klagenden Gläubigers als zu einer ordnungsmäßigen Verwaltungsmaßregel mitzuwirken (§ 1472 Abs 2). Dieser Verpflichtung genügen sie dadurch, daß sie sich zur **Duldung der Zwangsvollstreckung** in das Gesamtgut verurteilen lassen (SeuffA 75 Nr 31).

§ 1490

[1]) Stirbt ein anteilsberechtigter Abkömmling[2]), so gehört sein Anteil an dem Gesamtgute nicht zu seinem Nachlasse[3]). Hinterläßt er Abkömmlinge, die anteilsberechtigt[4]) sein würden, wenn er den verstorbenen Ehegatten nicht überlebt hätte, so treten die Abkömmlinge an seine Stelle. Hinterläßt er solche Abkömmlinge nicht, so wächst sein Anteil den übrigen anteilsberechtigten Abkömmlingen und, wenn solche nicht vorhanden sind, dem überlebenden Ehegatten an[5]).

E I 1397 Abs 2 II 1395; M 4 456 ff.; P 4 316.

1. Die Bestimmungen im § 1490 entsprechen dem Wesen der Gütergemeinschaft. Die Eltern gelten den Kindern gegenüber als eine Einheit. Das **Gesamtgut der fortgesetzten Gütergemeinschaft** hat die Natur des Hausvermögens (§ 1483 A 4). Es findet eine Gemeinschaft auf Gedeih und Verderb statt. Fremde Personen (nicht einmal die Witwe eines verstorbenen Abkömmlings) dürfen an der Gemeinschaft nicht teilnehmen. Diese bleibt auf den überlebenden Ehegatten, die gemeinschaftlichen Abkömmlinge und deren Abkömmlinge beschränkt. Regelmäßig wird erst mit dem Tode des überlebenden Ehegatten die Gemeinschaft gelöst (M 4, 458).

2. **Anteilsberechtigter Abkömmling** § 1483 A 3.

3. **Unvererblichkeit des Anteils.** Da der Anteil eines verstorbenen anteilsberechtigten Abkömmlings nicht zu seinem Nachlasse gehört, so kann er sich auch nicht vererben, weder im Wege der gesetzlichen Erbfolge noch durch Testament. Mit der Unvererblichkeit würde auch eine letztwillige Belastung des Anteils unvereinbar sein (§ 1518). Zum **Nachlasse** des Abkömmlings gehört nur sein übriges Vermögen. Dieses vererbt sich nach den allgemeinen erbrechtlichen Grundsätzen und haftet nicht für die Gesamtgutsverbindlichkeiten, während anderseits das Gesamtgut nicht für die Verbindlichkeiten des verstorbenen Abkömmlings haftet.

4. Zu den **Abkömmlingen eines Anteilsberechtigten,** die anteilsberechtigt sein würden (A 1), gehören auch solche Abkömmlinge, die nach dem Tode des verstorbenen Ehegatten geboren sind (§ 1503 Abs 1), sowie solche Abkömmlinge, die zur Zeit des Todes des verstorbenen Abkömmlings zwar noch nicht geboren, aber bereits erzeugt waren. § 1923 Abs 2 ist entsprechend anwendbar. Vgl. auch § 1482 A 2.

5. **Anwachsung.** Den Bestimmungen in § 1490 Satz 2 u. 3 liegt der Gedanke zugrunde, als sei der verstorbene Ehegatte im Zeitpunkte des Todes des verstorbenen Abkömmlings gestorben und bestimme sich nach diesem Zeitpunkte die Teilnahme an der fortgesetzten Gütergemeinschaft (M 4, 459). Vereinigen sich alle Anteile in der Hand des überlebenden Ehegatten, so endigt die fortgesetzte Gütergemeinschaft.

§ 1491

[1]) **Ein anteilsberechtigter Abkömmling[2]) kann auf seinen Anteil an dem Gesamtgute verzichten. Der Verzicht erfolgt durch Erklärung gegenüber[3]) dem für den Nachlaß des verstorbenen Ehegatten zuständigen Gerichte[4]); die Erklärung ist in öffentlich beglaubigter Form[5]) abzugeben. Das Nachlaßgericht soll die Erklärung dem überlebenden Ehegatten und den übrigen anteilsberechtigten Abkömmlingen mitteilen[6]).**

Der Verzicht kann auch durch Vertrag mit dem überlebenden Ehegatten und den übrigen anteilsberechtigten Abkömmlingen erfolgen. Der Vertrag bedarf der gerichtlichen oder notariellen Beurkundung[7]).

Steht der Abkömmling unter elterlicher Gewalt oder unter Vormundschaft, so ist zu dem Verzichte die Genehmigung des Vormundschaftsgerichts erforderlich[8]).

Der Verzicht hat die gleichen Wirkungen, wie wenn der Verzichtende zur Zeit des Verzichts ohne Hinterlassung von Abkömmlingen gestorben wäre[9]).

E I 1398 Abs 1—3 II 1396; M 4 460; P 4 316; 5 443; 6 393.

1. Der § 1491 handelt von dem **Verzicht eines anteilsberechtigten Abkömmlings auf seinen Anteil am Gesamtgute,** setzt also voraus, daß die fortgesetzte Gütergemeinschaft bereits eingetreten ist. Dagegen behandelt der § 1517 den Fall, in welchem ein gemeinschaftlicher Abkömmling auf seinen Anteil am Gesamtgute der fortgesetzten Gütergemeinschaft verzichtet, bevor die fortgesetzte Gütergemeinschaft eingetreten ist. Im Falle des § 1491 kann der Verzicht sowohl durch einseitige Erklärung als auch durch Vertrag erfolgen. Er wirkt in jedem Falle des § 1491 dinglich, d. h. die Abkömmlinge des Verzichtenden sind an den Verzicht gebunden. Die Vorschrift hilft einem dringenden Bedürfnis ab, denn sie eröffnet dem Abkömmlinge, der sich verheiraten oder selbständig machen will, trotz der Unveräußerlichkeit des Anteils (§§ 1442, 1487) die Möglichkeit, sich die dazu nötigen Mittel in Gestalt einer Abfindung für den Verzicht zu verschaffen (M 4, 460). Wegen Anrechnung der für den Verzicht gewährten Abfindung vgl. § 1501. — Verzicht erfordert begrifflich nicht das Fehlen einer Gegenleistung für die Aufgabe des Rechtes (**RG** 75, 259).

2. **Anteilsberechtigter Abkömmling** § 1490 A 2.

3. Da die Erklärung **„gegenüber"**, nicht „vor" dem Nachlaßgericht erfolgt, kann sie auch schriftlich eingereicht werden. Vgl. auch § 130 Abs 3 (Beginn der Wirksamkeit).

4. **Zuständiges Nachlaßgericht** §§ 72, 73 FGG, Art 147 EG. Ähnliche Vorschriften § 1945 Abs 1 (Ausschlagung einer Erbschaft), § 1342 (Anfechtung einer Ehe).

5. **Öffentlich beglaubigte Form** § 129 BGB, §§ 167, 183 FGG.

6. Die Mitteilung ist nur durch eine Soll- oder Ordnungsvorschrift, deren Verletzung die Wirksamkeit des Verzichts nicht berührt, angeordnet. Für die Form der Mitteilung erscheint § 16 FGG, der sich auf Bekanntmachung gerichtlicher Verfügungen bezieht, nicht maßgebend.

7. **Gerichtliche oder notarielle Beurkundung** §§ 128, 152 BGB, Art 141 EG, §§ 167 ff. FGG.

8. Der Verzicht kann auch durch einen Vertreter erklärt werden.

9. Die Bestimmung im § 1491 Abs 4 hat zur Folge, daß die Bestimmung im § 1490 Satz 3 zur Anwendung gelangt. Hierin zeigt sich die dingliche **Wirkung des Verzichts** (§ 1). Diese kann auch nicht durch Vertrag ausgeschlossen werden (§ 1518). Unzulässig ist es, zugunsten anderer als der nach § 1490 Satz 3 berechtigten Personen zu verzichten oder den Verzicht auf einen Teil des Anteils am Gesamtgute zu beschränken. Verwandte Vorschrift § 2349 (Erbverzicht).

§ 1492

[1]) **Der überlebende Ehegatte kann[2]) die fortgesetzte Gütergemeinschaft jederzeit aufheben[3]). Die Aufhebung erfolgt durch Erklärung gegenüber dem für den Nachlaß des verstorbenen Ehegatten zuständigen Gerichte; die Erklärung ist in öffentlich beglaubigter Form abzugeben. Das Nachlaßgericht soll die Erklärung den anteilsberechtigten Abkömmlingen und, wenn der überlebende Ehegatte gesetzlicher Vertreter eines der Abkömmlinge ist, dem Vormundschaftsgerichte[4]) mitteilen.**

Die Aufhebung kann auch durch Vertrag zwischen dem überlebenden Ehegatten und den anteilsberechtigten Abkömmlingen erfolgen. Der Vertrag bedarf der gerichtlichen oder notariellen Beurkundung.

Steht der überlebende Ehegatte[5]) unter elterlicher Gewalt oder unter Vormundschaft, so ist zu der Aufhebung die Genehmigung des Vormundschaftsgerichts erforderlich[6])[7]).

E I 1403 Nr 4, 5 II 1403; M 4 468; P 4 342; 6 288.

1. Die **fortgesetzte Gütergemeinschaft** ist eine zugunsten des überlebenden Ehegatten geschaffene Einrichtung. Er kann daher die mit dem Tode des einen Ehegatten von selbst eintretende (§ 1483 A 4) Fortsetzung der Gütergemeinschaft gemäß § 1484 innerhalb einer bestimmten Frist ablehnen (§ 1484 A 1—3) und nach § 1492 die fortgesetzte Gütergemeinschaft — sei es durch einseitige Erklärung, sei es durch Vertrag — aufheben. Im einzelnen ist das Aufhebungsrecht des überlebenden Ehegatten ähnlich wie das Verzichtsrecht des Abkömmlings (§ 1492) geordnet. Es wird daher auf die Erl zu § 1492 verwiesen. Nach der Aufhebung kann die fortgesetzte Gütergemeinschaft nicht wiederhergestellt werden.

2. Im Falle des § 1493 (bevorstehende Wiederverheiratung) ist der überlebende Ehegatte sogar verpflichtet, die fortgesetzte Gütergemeinschaft aufzuheben.

3. Die Aufhebung ist nur der Gesamtheit der Abkömmlinge gegenüber, nicht bloß einzelnen Abkömmlingen gegenüber, statthaft. Vgl. dagegen § 1491 A 1 (Verzicht eines Abkömmlings gegen Abfindung, M 4, 464).

4. **Zuständiges Vormundschaftsgericht** §§ 35, 43 FGG. Dieses erhält durch die Mitteilung Anlaß, für die Bestellung eines Pflegers, der die Rechte des Abkömmlings bei der Auseinandersetzung wahrnimmt, zu sorgen (§ 1909).

5. Von einem Abkömmlinge gilt § 1492 Abs 3 nicht.

6. Die Vorschrift des § 1492 Abs 3 steht mit der Vorschrift des § 1484 Abs 2 Satz 2 im Einklange.

7. In das Güterrechtsregister wird die Aufhebung der fortgesetzten Gütergemeinschaft ebensowenig wie ihr Eintritt eingetragen (§ 1485 A 5).

§ 1493

Die fortgesetzte Gütergemeinschaft endigt[1]) mit der Wiederverheiratung des überlebenden Ehegatten.

Der überlebende Ehegatte hat, wenn ein anteilsberechtigter Abkömmling minderjährig ist oder bevormundet[2]) wird, die Absicht der Wiederverheiratung dem Vormundschaftsgericht[3]) anzuzeigen, ein Verzeichnis[4]) des Gesamtguts einzureichen, die Gütergemeinschaft aufzuheben[5]) und die Auseinandersetzung[6]) herbeizuführen. Das Vormundschaftsgericht kann gestatten, daß die Aufhebung der Gütergemeinschaft bis zur Eheschließung unterbleibt[7]) und daß die Auseinandersetzung erst später erfolgt[8]).

E I 1403 Nr 3, 1404 II 1404; M 4 466, 470; P 4 342.

1. Die **Beendigung der fortgesetzten Gütergemeinschaft** tritt mit der **Wiederverheiratung** des überlebenden Ehegatten kraft Gesetzes ein und kann von den Ehegatten weder letztwillig, noch durch Vertrag ausgeschlossen werden (§ 1518). Der wiederverheiratete Ehegatte ist nunmehr zur Auskehrung des den gemeinschaftlichen Abkömmlingen gebührenden Schichtteils — unbeschadet des elterlichen Nutznießungsrechts §§ 1649, 1686 — verpflichtet. Eine kraft Gesetzes eintretende Einkindschaftung der Abkömmlinge in die neue Ehe kennt das BGB nicht.

2. Oder wenn der Abkömmling unter Pflegschaft steht (§ 1915). Nicht erforderlich ist, daß der überlebende Ehegatte der Gewalthaber, Vormund bzw. Pfleger des Abkömmlings ist. Die ähnlichen Verpflichtungen, die den überlebenden Ehegatten als Gewalthaber, Vormund bzw. Pfleger aus §§ 1669, 1686, 1845, 1897, 1915 treffen, bleiben unberührt.

3. **Zuständiges Vormundschaftsgericht** §§ 35, 43 FGG, Art 147 EG.

4. Die Bestimmung, daß ein **Verzeichnis des Gesamtguts** einzureichen sei, schließt sich an die ähnlichen Bestimmungen in §§ 1669, 1845, 1314 an (M 4, 471). Vgl. auch § 1640. Zum Gesamtgute gehören auch die Gesamtgutsverbindlichkeiten. Das Verzeichnis ist dazu bestimmt, eine Übersicht über das der Schichtung zugrunde zu legende Gesamtgut zu gewähren und künftige Ermittlungen zu ersparen. Diesem Zwecke entsprechend muß das Verzeichnis richtig und vollständig sein, insbesondere auch eine Übersicht des Schuldenstandes enthalten

(a. M. Planck, Staudinger). Das Vormundschaftsgericht kann die Vervollständigung des Verzeichnisses mittelbar dadurch erzwingen, daß es von der Befugnis des § 1493 Abs 2 Satz 2 keinen Gebrauch macht, solange das Verzeichnis ungenügend ist. Vgl. A 8. — Im Falle der Beendigung der fortgesetzten Gütergemeinschaft durch Wiederverheiratung des überlebenden Ehegatten kann das Vormundschaftsgericht für das ihm nach § 1493 einzureichende Vermögensverzeichnis nicht die Beobachtung einer bestimmten **Form**, insbesondere nicht notarielle Aufnahme verlangen. Zu verzeichnen sind nur die im Zeitpunkte der Verzeichnung oder bei früherer Beendigung der fortgesetzten Gütergemeinschaft die im Zeitpunkte dieser Beendigung vorhandenen Gesamtgutsgegenstände. Weder sind **Belege** zu erbringen, noch ist über den Verbrauch von Teilen des Gesamtguts **Auskunft** zu geben. Der überlebende Ehegatte hat nicht in dem Verzeichnis über seine Verwaltung Rechenschaft abzugeben. Eine solche Rechenschaftsablage stände auch mit den §§ 1456, 1487 in Widerspruch. Die Vorschriften des § 1493 Abs 2 gelten auch dann, wenn der überlebende Ehegatte sich erst nach Beendigung der Gütergemeinschaft, aber vor durchgeführter Auseinandersetzung wieder verheiraten will (BayObLG in JFG 1 Nr 11).

5. Die **Aufhebung der fortgesetzten Gütergemeinschaft** erfolgt nach Maßgabe des § 1492. Nach bewirkter Aufhebung kann die fortgesetzte Gütergemeinschaft nicht wiederhergestellt werden, selbst wenn die Wiederverheiratung unterbleibt (§ 1492 A 1).

6. Die **Auseinandersetzung** wird nach Maßgabe der §§ 1497—1506 bewirkt. — Der wiederheiratende Gewalthaber braucht sich mit seinem minderjährigen Kinde nicht auseinanderzusetzen, wenn der verstorbene Ehegatte ihn zum Vorerben und das Kind zum Nacherben mit der Maßgabe eingesetzt hat, daß die Nacherbfolge bei der Wiederheirat eintreten soll; er hat aber auf seine Kosten dem Vormundschaftsgericht ein Verzeichnis einzureichen, in das nicht nur das Nacherbrecht des Kindes als solches, sondern auch die einzelnen Gegenstände des Nachlasses aufzunehmen sind (KGJ 43, 38).

7. **Fortdauer der Gütergemeinschaft.** Gestattet das Vormundschaftsgericht, daß die Aufhebung der fortgesetzten Gütergemeinschaft bis zur Eheschließung unterbleibt, so endigt die fortgesetzte Gütergemeinschaft gemäß § 1493 Abs 1 von selbst mit der Eheschließung.

8. **Aufschiebendes Ehehindernis.** Nach § 1314 Abs 2 darf im Falle des § 1493 Abs 2 der überlebende Ehegatte eine Ehe erst eingehen, nachdem ihm das Vormundschaftsgericht ein Zeugnis darüber erteilt hat, daß er die im § 1493 Abs 2 bezeichneten Verpflichtungen erfüllt hat oder daß sie ihm nicht obliegen. Vgl. Erl zu § 1314.

§ 1494

Die fortgesetzte Gütergemeinschaft endigt[1]) mit dem Tode des überlebenden Ehegatten.

Wird der überlebende Ehegatte für tot erklärt, so endigt die fortgesetzte Gütergemeinschaft mit dem Zeitpunkte, der als Zeitpunkt des Todes gilt[2])[3]).

E I 1403 Nr 1 II 1405; M 4 466, 474; P 4 342.

1. Die **Beendigung der fortgesetzten Gütergemeinschaft** tritt mit dem **Tode des überlebenden Ehegatten** kraft Gesetzes ein und kann von den Ehegatten weder letztwillig noch durch Vertrag ausgeschlossen werden (§ 1518). Aus dem Zwecke der fortgesetzten Gütergemeinschaft, das gemeinschaftliche Familienvermögen zugunsten des überlebenden Ehegatten zusammenzuhalten (§ 1483 A 4), ergibt sich, daß über den Tod des letztlebenden Ehegatten hinaus eine Fortsetzung der Gütergemeinschaft nicht stattfinden kann. Vgl. § 1490 (Tod eines Abkömmlings).

2. Welcher Zeitpunkt als **Zeitpunkt des Todes** zu gelten hat, wird gemäß § 18 Abs 2 BGB und § 970 Abs 2 ZPO im Todeserklärungsurteile festgestellt. Bei der Beendigung der fortgesetzten Gütergemeinschaft verbleibt es, auch wenn der Mann die Todeserklärung überlebt. Wird aber infolge einer Anfechtungsklage die Todeserklärung aufgehoben oder eine andere Todeszeit festgestellt, so tritt die der wirklichen Sachlage entsprechende Beurteilung ein. Gleiches gilt, wenn sich die Sterbeurkunde als falsch erweist. Der § 1494 Abs 2 entspricht dem § 1420. — Vgl. auch die Bek. über die Todeserklärung Kriegsverschollener v. 18. 4. 16 (RGBl 327) und dazu Dronke in JW 1916, 637, sowie Neufassung v. 9. 8. 17 (RGBl 703).

3. Die **Auseinandersetzung** erfolgt in den Fällen des § 1494 nach Maßgabe der §§ 1497 bis 1506. Der Anteil des verstorbenen Ehegatten am Gesamtgute der fortgesetzten Gütergemeinschaft gehört zu dessen Nachlaß und vererbt sich nach den allgemeinen erbrechtlichen Grundsätzen. — Im Falle der Eröffnung des **Konkurses** gehört nicht das Gesamtgut, sondern nur der Anteil des Ehegatten am Gesamtgute der fortgesetzten Gütergemeinschaft zur Konkursmasse (BayObLG in OLG 33, 341).

§ 1495

[1]) **Ein anteilsberechtigter Abkömmling[2]) kann gegen den überlebenden Ehegatten auf Aufhebung der fortgesetzten Gütergemeinschaft klagen[3]):**

1. **wenn der überlebende Ehegatte ein Rechtsgeschäft der in den §§ 1444 bis 1446 bezeichneten Art ohne Zustimmung des Abkömmlinges vorgenommen hat[4]) und für die Zukunft eine erhebliche Gefährdung[5]) des Abkömmlinges zu besorgen ist;**
2. **wenn der überlebende Ehegatte das Gesamtgut in der Absicht, den Abkömmling zu benachteiligen, vermindert hat;**
3. **wenn der überlebende Ehegatte seine Verpflichtung, dem Abkömmling Unterhalt zu gewähren, verletzt hat und für die Zukunft eine erhebliche Gefährdung[5]) des Unterhalts zu besorgen ist;**
4. **wenn der überlebende Ehegatte wegen Verschwendung[6]) entmündigt ist oder wenn er das Gesamtgut durch Verschwendung erheblich gefährdet[5]);**
5. **wenn der überlebende Ehegatte die elterliche Gewalt über den Abkömmling verwirkt hat oder, falls sie ihm zugestanden hätte, verwirkt haben würde[7])[8]).**

E I 1405 Abs 1 II 1406; M 4 472; P 4 328, 342.

1. Der § 1495 regelt die Fälle, in denen ein anteilsberechtigter Abkömmling die **Aufhebung der fortgesetzten Gütergemeinschaft durch gerichtliches Urteil** herbeiführen kann. Andere als die im § 1495 aufgeführten Klagegründe sind ausgeschlossen, z. B. Volljährigkeit, Verheiratung eines Abkömmlings, Gründung einer eigenen Wirtschaft. Vgl. § 1487 A 7 (Aussteuer, Ausstattung). Die Voraussetzungen, unter denen ein anteilsberechtigter Abkömmling auf Aufhebung der fortgesetzten Gütergemeinschaft klagen kann, sind im allgemeinen dieselben, unter denen eine Ehefrau auf Aufhebung der Gütergemeinschaft klagen kann (§ 1468). Es wird daher auf die Erl zu § 1468 verwiesen. § 1468 Nr 5 kann hier nicht in Frage kommen, weil der spätere Erwerb der Abkömmlinge nach § 1485 Abs 2 überhaupt nicht zum Gesamtgute gehört und durch Verschuldung des überlebenden Ehegatten nicht gefährdet werden kann.

2. **Anteilsberechtigter Abkömmling** § 1490 A 2. Klageberechtigt ist in den Fällen zu Nr 4 jeder anteilsberechtigte Abkömmling, in den Fällen zu 1—3 u. 5 derjenige anteilsberechtigte Abkömmling, bei dem der vorausgesetzte Tatbestand vorliegt.

3. Die **Klage auf Aufhebung der fortgesetzten Gütergemeinschaft** kann dadurch abgewendet werden, daß der überlebende Ehegatte gemäß § 1492 Abs 1 die fortgesetzte Gütergemeinschaft aufhebt oder sich zum Abschluß eines Aufhebungsvertrags gemäß § 1492 Abs 2 erbietet. Der Rechtsstreit wird in dem gewöhnlichen Verfahren ausgetragen. Wirkung des Urteils § 1496.

4. Verschulden braucht dem überlebenden Ehegatten nicht besonders nachgewiesen zu werden (§ 1468 A 5).

5. **Erhebliche Gefährdung** § 1468 A 6. Vgl. RG JW 07, 23[26].

6. **Entmündigung wegen Verschwendung** § 1568 A 9, 10.

7. **Verwirkung der elterlichen Gewalt** § 1680. Diesem Falle sind die in §§ 1666, 2334 vorausgesetzten Tatbestände nicht gleichgestellt. Durch die Vorschrift in § 1495 Nr 5 werden auch die nicht unter der elterlichen Gewalt des überlebenden Ehegatten stehenden Abkömmlinge geschützt.

8. Vorläufige Aufhebung der fortgesetzten Gütergemeinschaft durch einstweilige Verfügung erscheint nicht statthaft. Vgl. § 1418 A 12.

§ 1496

Die Aufhebung der fortgesetzten Gütergemeinschaft tritt in den Fällen des § 1495 mit der Rechtskraft des Urteils[1]) ein. Sie tritt für alle Abkömmlinge ein, auch wenn das Urteil auf die Klage eines der Abkömmlinge ergangen ist[2]).

E I 1403 Nr 3, 1405 Abs 2 II 1407; M 4 474; P 4 342.

1. Das **Urteil** hat rechtsgestaltende Wirkung und kann nicht für vorläufig vollstreckbar erklärt werden. § 1469 Satz 1 entspricht dem § 1418 Abs 2 u. § 1470 Abs 1 Satz 1. Vgl. § 1418 A 11, 12. Die Aufhebung der fortgesetzten Gütergemeinschaft tritt zwar erst mit der Rechtskraft des Urteils und nicht schon mit der Klageerhebung ein; der Zeitpunkt der Klageerhebung ist aber nach §§ 1498, 1479 für die Auseinandersetzung von Bedeutung.

2. Die **übrigen Abkömmlinge** sind nicht verpflichtet, sich an dem Rechtsstreite des klagenden Abkömmlings zu beteiligen. Treten sie ihm als Nebenintervenienten bei, so gelten sie als seine Streitgenossen im Sinne des § 61 ZPO (§ 69 ZPO).

§ 1497

Nach der Beendigung[1]) **der fortgesetzten Gütergemeinschaft findet in Ansehung des Gesamtguts die Auseinandersetzung**[2]) **statt.**

Bis zur Auseinandersetzung bestimmt sich das Rechtsverhältnis der Teilhaber am Gesamtgute nach den §§ 1442, 1472, 1473[3])[4]).

E I 1406 Abs 1 II 1408; M 4 475; P 4 344.

1. **Gründe der Beendigung der fortgesetzten Gütergemeinschaft** sind: Aufhebung durch den überlebenden Ehegatten (§ 1492), Wiederverheiratung des überlebenden Ehegatten (§ 1493), Tod oder Todeserklärung desselben (§ 1494) und Urteil auf Klage eines anteilsberechtigten Abkömmlings (§§ 1495, 1496). In diesen Fällen ist eine Auseinandersetzung notwendig. Die fortgesetzte Gütergemeinschaft kann auch dadurch ihr Ende erreichen, daß alle Abkömmlinge sterben oder verzichten. In solchen Fällen vereinigt sich das ganze Gesamtgut in der Hand des überlebenden Ehegatten (§ 1490 Satz 3, § 1491 Abs 4) und es ist für eine Auseinandersetzung kein Raum. Letzteres trifft auch dann zu, wenn neben dem überlebenden Ehegatten nur ein einziger Abkömmling vorhanden ist, ersterer stirbt und von letzterem beerbt wird. Zustimmend KG in JFG 1 Nr 86.

2. Sowohl der Ehegatte (bzw. dessen Erben) als auch jeder anteilsberechtigte Abkömmling können auf Vornahme der **Auseinandersetzung** klagen. Ebenso § 1471 Abs 1 u. § 730 Abs 1. Ist der überlebende Ehegatte gesetzlicher Vertreter eines Abkömmlings, so erhält letzterer für die Auseinandersetzung einen Pfleger. Genehmigung des Vormundschaftsgerichts erforderlich § 1822 Nr 2. Vermittlung der Auseinandersetzung durch das Amtsgericht §§ 99, 193 FGG.

3. Der Hinweis auf **§ 1442** ergibt, daß das **Rechtsverhältnis der Teilhaber** wieder wie während der Gütergemeinschaft und wie nach Beendigung der Gütergemeinschaft bis zur Auseinandersetzung **(§ 1471 Abs 2)** als Gemeinschaft zur gesamten Hand fortbesteht. Ebenso KG in JFG 1 Nr 86. — Auch die Beschränkung der Verfügung der anteilsberechtigten Abkömmlinge **über ihre Anteile** am Gesamtgute (§ 1487) dauert **bis zur Erledigung** der Auseinandersetzung fort (SeuffA 72 Nr 192). Der Hinweis auf **§ 1472** ergibt, daß die Verwaltung des Gesamtguts dem überlebenden Ehegatten (bzw. dessen Erben) und den anteilsberechtigten Abkömmlingen gemeinschaftlich zusteht. Was der überlebende Ehegatte erwirbt, fällt nicht mehr wie während der fortgesetzten Gütergemeinschaft (§ 1485 Abs 1 Halbs 2) in das Gesamtgut. Dagegen wird das unter den Voraussetzungen des **§ 1473** Erworbene Gesamtgut. — Der anteilsberechtigte Abkömmling kann auf seinen **Anteil** am Gesamtgute verzichten. Die Ausnahmevorschrift des § 1491 gilt auch für die fortgesetzte Gütergemeinschaft, wenngleich sie im § 1497 Abs 2 nicht ausdrücklich erwähnt ist (BayObLG in SeuffA 72 Nr 192). — Da für die Zeit nach Aufhebung der fortgesetzten Gütergemeinschaft das Verwaltungsrecht allen Teilhabern der Gemeinschaft gemeinschaftlich zusteht, so würde ein Teilhaber, der sich die alleinige Verwaltung anmaßt, den übrigen Teilhabern nach §§ 681, 666 auskunfts- und rechenschaftspflichtig werden, und zwar nicht nur der Gesamtheit der übrigen Teilhaber, sondern in sinnentsprechender Anwendung des § 2039 auch jedem einzelnen Teilhaber (RG 2. 5. 12 IV 468/11). Wird der überlebende Ehegatte, der mit einem Abkömmlinge die Gütergemeinschaft fortgesetzt hat, von diesem **als alleinigem Vorerben beerbt** und wird der Vorerbe zur Berichtigung des Grundbuchs als Eigentümer eines Grundstücks, das vorher zum Gesamtgute der fortgesetzten Gütergemeinschaft gehört hat, eingetragen, so wird durch den gleichzeitig einzutragenden Nacherbenvermerk nur eine Bruchteilshälfte des Grundstücks belastet (KG in JFG 1 Nr 86).

4. Nach § 860 Abs 2 ZPO sind nach Beendigung der fortgesetzten Gütergemeinschaft die Anteile des überlebenden Ehegatten und der Abkömmlinge am Gesamtgute zugunsten der Gläubiger der Anteilsberechtigten **pfändbar,** nicht aber die Anteile an den einzelnen Gesamtgutsgegenständen. Die pfändbaren Anteile gehören im Falle der **Konkurseröffnung** zur Konkursmasse. Wegen der Zwangsvollstreckung vgl. § 745 Abs 2 ZPO.

§ 1498

[1]) **Auf die Auseinandersetzung finden die Vorschriften der §§ 1475, 1476, des § 1477 Abs 1 und der §§ 1479 bis 1481 Anwendung[2]); an die Stelle des Mannes tritt der überlebende Ehegatte, an die Stelle der Frau treten die anteilsberechtigten Abkömmlinge. Die im § 1476 Abs 2 Satz 2 bezeichnete Verpflichtung besteht nur für den überlebenden Ehegatten.**[3])

E I 1406 Abs 1, 2, 4, 6, 1407 Abs 1 II 1409; M 4 475 ff.; P 4 344; 6 289.

1. Die **Auseinandersetzung** (Schichtung) erfolgt nach Beendigung der fortgesetzten Gütergemeinschaft wesentlich ebenso wie nach Beendigung der Gütergemeinschaft. An die Stelle des Mannes tritt der überlebende Ehegatte, an die Stelle der Frau treten die anteilsberechtigten Abkömmlinge, ein Grundsatz, der auch bereits im § 1487 Abs 1 zur Anerkennung gelangt ist. Abweichende Anordnungen sind den Ehegatten versagt (§ 1518). Dies schließt nicht aus, daß sich sämtliche Beteiligte über abweichende Grundsätze einigen. Vgl. ferner § 1494 A 3 u. § 1497 A 2, 3. Letztwillige Verfügungen des verstorbenen Ehegatten §§ 1511—1516.

2. **§ 1475** bestimmt, daß aus dem Gesamtgute zunächst die Gesamtgutsverbindlichkeiten zu berichtigen sind und daß das Gesamtgut, soweit erforderlich, in Geld umzusetzen ist. Bei Unzulänglichkeit des Gesamtguts tritt verhältnismäßige Befriedigung ein. **§ 1475 Abs 2** findet in §§ 1499, 1500 seine Ergänzung. Der etwaige Überschuß gebührt nach **§ 1476** dem überlebenden Ehegatten zur Hälfte und den anteilsberechtigten Abkömmlingen zur Hälfte. Unberücksichtigt bleiben das gesetzliche Erbrecht des überlebenden Ehegatten an dem Anteile des verstorbenen Ehegatten, sowie dasjenige, was einseitigen Abkömmlingen aus dem Gesamtgute ausgekehrt worden ist (§ 1483 A 7). Diese Nichtberücksichtigung erscheint als eine billige Ausgleichung dafür, daß die anteilsberechtigten Abkömmlinge wegen ihrer Erb- und Pflichtteilsansprüche nach dem verstorbenen Ehegatten nicht schon bei dessen Tode, sondern infolge der Fortsetzung der Gütergemeinschaft erst bei deren Beendigung schadlos gehalten werden (M 4 S. 478, 479). Mehrere anteilsberechtigte Abkömmlinge teilen die ihnen zufallende Hälfte nach Vorschrift des § 1503. Ersatzverbindlichkeiten werden nach **§ 1476 Abs 2 Satz 1** dem Schuldner auf seinen Teil angerechnet. **§ 1476 Abs 2 Satz 2** bezieht sich nicht auf die Abkömmlinge (§ 1498 Satz 2), weil ihre persönliche Haftung nach § 1489 Abs 3 durch die fortgesetzte Gütergemeinschaft überhaupt nicht begründet wird. Vgl. jedoch auch § 1489 A 7. Nach **§ 1477 Abs 1** wird der Überschuß nach den Vorschriften über die Gemeinschaft geteilt. An Stelle des **§ 1477 Abs 2** treten die §§ 1502, 1515 (Übernahmerecht). Das im **§ 1479** eingeräumte Recht, den Zeitpunkt der Rechtshängigkeit der Aufhebungsklage zur Grundlage für die Auseinandersetzung zu wählen, kann von den Abkömmlingen nur gemeinschaftlich ausgeübt werden, denn die Auseinandersetzung erfordert die Beobachtung einheitlicher Grundsätze allen Abkömmlingen gegenüber. Entsprechend § 1502 Abs 2 Satz 2 (Übernahmerecht der Abkömmlinge). Die **§§ 1480, 1481** regeln die Folgen der Nichtberichtigung einer Gesamtgutsverbindlichkeit, und zwar § 1480 die Haftung gegenüber den Gläubigern und § 1481 die Haftung der Schuldner untereinander. Wie bei der ehelichen Gütergemeinschaft der Ehemann gegenüber der Ehefrau die Einbuße zu tragen hat (§ 1481 A 4), so muß auch bei der fortgesetzten Gütergemeinschaft der überlebende Ehegatte den Abkömmlingen gegenüber die Einbuße tragen. Letztere sind sogar insofern günstiger als die Ehefrau gestellt, als sie auch wegen der ihnen nach § 1500 zur Last fallenden Verbindlichkeiten dem überlebenden Ehegatten nicht persönlich haften, sondern sich nur Anrechnung auf ihren Anteil gefallen lassen müssen. Dies muß auch für den Fall des § 1481 Satz 2 gelten. Die Haftung der anteilsberechtigten Abkömmlinge untereinander regelt § 1504.

3. Die Auseinandersetzung (Schichtung) hat nicht die Bedeutung einer sog. **Todteilung.** Erb- und Pflichtteilsrechte der abgeschichteten Abkömmlinge bleiben gegenüber dem überlebenden Ehegatten und Geschwistern unberührt. Ebensowenig wird das **elterliche Nutznießungsrecht** berühr

§ 1499

[1]) **Bei der Auseinandersetzung fallen dem überlebenden Ehegatten zur Last**[2]):

1. **die ihm bei dem Eintritte der fortgesetzten Gütergemeinschaft obliegenden Gesamtgutsverbindlichkeiten, für die das eheliche Gesamtgut nicht haftete**[3]) **oder die im Verhältnisse der Ehegatten zueinander ihm zur Last fielen**[4]);

2. **die nach dem Eintritte der fortgesetzten Gütergemeinschaft entstandenen Gesamtgutsverbindlichkeiten[5]), die, wenn sie während der ehelichen Gütergemeinschaft in seiner Person entstanden wären, im Verhältnisse der Ehegatten zueinander ihm zur Last gefallen sein würden[6]);**
3. **eine Ausstattung, die er einem anteilsberechtigten Abkömmling über das dem Gesamtgut entsprechende Maß hinaus oder die er einem nicht anteilsberechtigten Abkömmlinge versprochen oder gewährt hat[7])[8])[9]).**

E I 1400 Abs 2 Nr 1, 2, Abs 3, 1401; II 1401; M 4 464; P 4 339 ff.

1. Die §§ 1499, 1500 regeln die Frage, ob **bei der Auseinandersetzung eine Verbindlichkeit** dem überlebenden Ehegatten oder den anteilsberechtigten Abkömmlingen **zur Last fällt.** Sie regeln also nur das innere Verhältnis der Schichtungsbeteiligten zueinander und lassen das Verhältnis des Gesamtguts zu den Gläubigern (§ 1488) unberührt. Grundsätzlich fallen, da die fortgesetzte Gütergemeinschaft wie die Gütergemeinschaft ihrem Wesen nach eine Gemeinschaft auf Gedeih und Verderb ist (§ 1463 A 1), alle Gesamtgutsverbindlichkeiten der fortgesetzten Gütergemeinschaft auch im Verhältnisse des überlebenden Ehegatten und der anteilsberechtigten Abkömmlinge zueinander dem Gesamtgute der fortgesetzten Gütergemeinschaft zur Last. Das BGB läßt diesen Grundsatz unausgesprochen und führt in den §§ 1499, 1500 nur die Ausnahmen auf. Die Bedeutung jenes Grundsatzes ergeben im einzelnen § 1466 Abs 2 mit § 1487 (Ersatzansprüche), § 1475 mit § 1498 (Vorwegberichtigung aus dem Gesamtgute) und § 1481 Satz 1 mit § 1498 (Haftung bei Nichtberichtigung).

2. Fällt die Verbindlichkeit bei der Auseinandersetzung **dem überlebenden Ehegatten zur Last,** so ist er nicht berechtigt, die Berichtigung aus dem Gesamtgute der fortgesetzten Gütergemeinschaft zu verlangen (§ 1475 Abs 2 mit § 1498) und er hat, falls die Berichtigung dennoch erfolgt war, entsprechenden Ersatz zum Gesamtgute der fortgesetzten Gütergemeinschaft zu leisten (§ 1466 Abs 1 mit § 1487).

3. Das sind die Verbindlichkeiten der Frau als überlebender Ehegattin, für die nach §§ 1460—1462 das eheliche Gesamtgut nicht haftete. Verbindlichkeiten des Mannes als überlebenden Ehegatten fallen unter diese Gruppe nicht, weil das Gesamtgut nach § 1459 Abs 1 für seine Verbindlichkeiten ohne Ausnahme haftete.

4. Das sind die den §§ 1463—1465 zu entnehmenden Verbindlichkeiten des überlebenden Ehegatten.

5. Die vor dem Eintritte der fortgesetzten Gütergemeinschaft entstandenen Gesamtgutsverbindlichkeiten (§ 1488 A 3) gehören nicht hierher.

6. Das sind die den §§ 1463, 1464 Abs 1 zu entnehmenden Verbindlichkeiten des überlebenden Ehegatten.

7. **Ausstattung.** Der § 1499 Nr 3 entspricht dem § 1465 Abs 1. Auf die Aussteuer bezieht sich die Bestimmung nicht. Vgl. § 1499 A 3, § 1487 A 7. Soweit die versprochene oder gewährte Ausstattung das dem Gesamtgut entsprechende Maß einhält, ist sie vom Gesamtgute zu tragen. Die Ausgleichung der Abkömmlinge untereinander regelt sich nach § 1503.

8. Die **Beweislast** trifft denjenigen, der behauptet, daß einer der im § 1499 unter Nr 1—3 bezeichneten Ausnahmefälle vorliegt.

9. Wegen der Zulässigkeit abweichender Vereinbarungen vgl. § 1498 A 1.

§ 1500

[1]) **Die anteilsberechtigten Abkömmlinge müssen sich Verbindlichkeiten des verstorbenen Ehegatten, die diesem im Verhältnisse der Ehegatten zueinander zur Last fielen[2]), bei der Auseinandersetzung auf ihren Anteil insoweit anrechnen[3]) lassen, als der überlebende Ehegatte nicht von dem Erben des verstorbenen Ehegatten Deckung[4]) hat erlangen können.**

In gleicher Weise haben sich die anteilsberechtigten Abkömmlinge anrechnen[3]) zu lassen, was der verstorbene Ehegatte zu dem Gesamtgute zu ersetzen hatte[5])[6])[7]).

E I 1400 Abs 2 Nr 3, Abs 3, 4, 1402 Abs 2 II 1402; M 4 464, 466; P 4 340; 6 287.

1. Während § 1499 diejenigen Verbindlichkeiten, welche ausnahmsweise bei der Auseinandersetzung dem überlebenden Ehegatten zur Last fallen, aufführt, werden im § 1500 die **zu Lasten der Abkömmlinge fallenden Verbindlichkeiten** behandelt. Vgl. § 1499 A 1.

2. Das sind die den §§ 1463—1465 zu entnehmenden Verbindlichkeiten des verstorbenen Ehegatten.

3. Nur **Anrechnung** auf ihren Anteil müssen sich die Abkömmlinge gefallen lassen. Sie sind also einerseits nicht berechtigt, die Berichtigung der Verbindlichkeit aus dem Gesamtgute zu verlangen (§ 1475 Abs 2 mit § 1498), und genügen andrerseits, falls die Berichtigung dennoch erfolgt war, ihrer Ersatzpflicht durch Anrechnung. Eine persönliche Ersatzschuld entsteht nicht, da sie nach § 1489 Abs 3 persönlich überhaupt nicht haften, es sei denn, daß sie ein besonderer Verpflichtungsgrund trifft (§ 1489 A 7).

4. **Deckung** würde der überlebende Ehegatte von den Erben des verstorbenen Ehegatten nur haben verlangen können, wenn letzterer ausreichendes Vorbehalts- bzw. Sondergut hinterlassen hätte (§ 1483 A 5, 6). War solche Deckungsmöglichkeit vorhanden, so sind die Abkömmlinge nicht anrechnungspflichtig, gleichviel ob der überlebende die Deckungsmöglichkeit benutzt hat oder nicht. Dem Falle der wirklich erlangten Deckung steht es gleich, wenn und soweit der verstorbene Ehegatte vom überlebenden Ehegatten beerbt wird.

5. Das bezieht sich auf die **Ersatzverbindlichkeit** aus § 1466 Abs 1.

6. Die **Beweislast** trifft denjenigen, der behauptet, daß einer der im § 1500 bezeichneten Ausnahmefälle vorliegt.

7. Wegen der Zulässigkeit abweichender Vereinbarungen vgl. § 1498 A 1.

§ 1501

[1]) Ist einem anteilsberechtigten Abkömmlinge für den Verzicht[2]) auf seinen Anteil eine Abfindung aus dem Gesamtgute[3]) gewährt worden, so wird sie bei der Auseinandersetzung in das Gesamtgut eingerechnet und auf die den Abkömmlingen gebührende Hälfte angerechnet[4]).

Der überlebende Ehegatte kann mit den übrigen anteilsberechtigten Abkömmlingen schon vor[5]) der Aufhebung[6]) der fortgesetzten Gütergemeinschaft eine abweichende Vereinbarung[7]) treffen. Die Vereinbarung bedarf der gerichtlichen oder notariellen Beurkundung[8]); sie ist auch denjenigen Abkömmlingen gegenüber wirksam, welche erst später in die fortgesetzte Gütergemeinschaft eintreten.

E I 1398 Abs 4 II 1397; M 4 460; P 4 316.

1. Der § 1501 regelt die Frage, wie die einem anteilsberechtigten Abkömmlinge aus dem Gesamtgute **für den Verzicht auf seinen Anteil gewährte Abfindung** bei der Auseinandersetzung im Verhältnisse des überlebenden Ehegatten zu den Abkömmlingen **zu verrechnen** ist. Mangels ausdrücklicher Bestimmung würde die Abfindung zur Hälfte von dem überlebenden Ehegatten und zur Hälfte von den Abkömmlingen zu tragen sein. Dies wäre dem überlebenden Ehegatten gegenüber unbillig, weil der Anteil des infolge Verzichts ausscheidenden Abkömmlings nur den übrigen Abkömmlingen anwächst (§ 1491 Abs 4, § 1490 Satz 3). Daher ist im § 1501 Abs 1 die für den Regelfall angemessene und abänderungsfähige Vorschrift erteilt worden.

2. Nur ein nach Eintritt der fortgesetzten Gütergemeinschaft erklärter **Verzicht des Abkömmlings auf seinen Anteil** (§ 1491) ist, wie der Zusammenhang ergibt, gemeint, nicht ein vorher geschlossener Verzichtsvertrag (§ 1517). Verzicht und Abfindung müssen in dem Verhältnisse von Leistung und Gegenleistung stehen. Ein solches Verhältnis liegt bei einem einseitigen Verzichte (§ 1491 Abs 1) regelmäßig nicht vor. Auf diesen bezieht sich § 1491 nicht. Das Gesetz hat vielmehr den Regelfall im Auge, daß Verzicht (und Abfindung) durch Vertrag des Verzichtenden mit dem überlebenden Ehegatten und den übrigen anteilsberechtigten Abkömmlingen bedungen worden sind, § 1491 Abs 2 (a. M. Staudinger und andere Schriftsteller). In diesem Falle können die Abkömmlinge, die sich die Abfindung anrechnen lassen müssen, bei Bemessung der Abfindung mitwirken, im andern Falle nicht. Die Ansicht, daß sich die Abkömmlinge die Anrechnung jeder, auch der außervertraglich gewährten, noch so hohen Abfindung für einen einseitigen Verzicht gefallen lassen müßten, läuft auf eine große Unbilligkeit gegenüber den Abkömmlingen hinaus, widerspricht dem Grundgedanken des § 1499 Nr 3 und steht auch nicht mit den Darlegungen der M 4 S. 460, 461 im Einklange.

3. Nicht unter § 1501 fällt eine Abfindung, die der überlebende Ehegatte aus seinem Vorbehalts- oder Sondergut oder die ein Abkömmling, dem der Anteil des Verzichtenden anwächst, gewährt.

4. Über die **Anrechnungspflicht** hinaus haften die Abkömmlinge nicht persönlich. Vgl. § 1500 A 3. Untereinander verteilen sie die Last nach § 1503 Abs 3.

5. Die nach der Aufhebung der fortgesetzten Gütergemeinschaft getroffene Vereinbarung bedarf keiner Form. Vgl. § 1498 A 1. Den Beteiligten bleibt überlassen, schon beim Abschlusse des Verzichtsvertrags (§ 1491 Abs 2) geeignete Nebenabreden zu treffen (M 4, 461).

6. **Gründe der Beendigung der fortgesetzten Gütergemeinschaft** § 1497 A 1.

7. Ist der überlebende Ehegatte der gesetzliche Vertreter eines Abkömmlings, so muß diesem ein Pfleger bestellt werden. Vormundschaftsgerichtliche Genehmigung ist nur insoweit erforderlich, als die Abkömmlinge untereinander die Abfindungslast verteilen (§ 1822 Nr 2, § 1503 Abs 3).

8. **Gerichtliche oder notarielle Beurkundung** §§ 128, 152 BGB, Art 141 EG, §§ 167ff. FGG.

§ 1502

[1]) **Der überlebende Ehegatte ist berechtigt, das Gesamtgut oder einzelne dazu gehörende Gegenstände gegen Ersatz des Wertes[2]) zu übernehmen[3]). Das Recht geht nicht auf den Erben über.**

Wird die fortgesetzte Gütergemeinschaft auf Grund des § 1495 durch Urteil aufgehoben, so steht dem überlebenden Ehegatten das im Abs 1 bestimmte Recht nicht zu. Die anteilsberechtigten Abkömmlinge können in diesem Falle[4]) diejenigen Gegenstände gegen Ersatz des Wertes[2]) übernehmen[3]), welche der verstorbene Ehegatte nach § 1477 Abs 2 zu übernehmen berechtigt sein würde. Das Recht kann von ihnen nur gemeinschaftlich[5]) ausgeübt werden[6]).

E I 1406 Abs 5, 1407 Abs 2, 3 II 1410; M 4 480 ff.; P 4 344, 347.

1. Bei der Auseinandersetzung nach Beendigung der Gütergemeinschaft haben die Ehegatten das im § 1477 Abs 2 bestimmte Übernahmerecht. Bei der Auseinandersetzung nach Beendigung der fortgesetzten Gütergemeinschaft haben der überlebende Ehegatte und die Abkömmlinge das im § 1502 bestimmte Übernahmerecht. Beide Fälle sind verschieden geregelt. Insbesondere genießt der Ehegatte im Falle des § 1502, abweichend vom Falle des § 1477 Abs 2, die große Begünstigung gegenüber den Abkömmlingen, **das ganze Gesamtgut zum Schätzungswerte** ohne Rücksicht darauf, von welchem der beiden Ehegatten es herrührt, **zu übernehmen.** Dabei ist er nach § 1492 Abs 1 Satz 1 in der Lage, den für die Übernahme vorteilhaftesten Zeitpunkt zu wählen. Er kann sich dadurch (namentlich für den Fall der Wiederverheiratung) die wirtschaftliche Grundlage seines Lebens erhalten, was wiederum dem Zwecke der fortgesetzten Gütergemeinschaft entspricht. Vgl. § 1483 A 4, § 1484 A 1.

2. Der gemeine **Wert** zur Zeit der Übernahme ist maßgebend.

3. Das **Übernahmerecht** gelangt erst bei der Teilung zur Ausübung. Es muß zurückstehen, wenn der Übernahmegegenstand vom Gesamtgut einem Dritten geschuldet wird oder seine Versilberung behufs Berichtigung von Gesamtgutsverbindlichkeiten erforderlich ist (§ 1475 Abs 3 mit § 1498). Letzteres ist nicht der Fall, wenn die Berichtigung durch Versilberung anderer Gegenstände als der zu übernehmenden ermöglicht werden kann. Das Übernahmerecht des Ehegatten ist unvererblich, das der Abkömmlinge vererblich. Letztwillige Zuerteilung des Übernahmerechts § 1515. Vgl. auch § 1477 A 4.

4. Den Abkömmlingen steht das Übernahmerecht auch dann zu, wenn die Aufhebungsklage zwar erhoben, auch begründet war, der Rechtsstreit sich aber in der Hauptsache vor dem Urteile durch Aufhebung der fortgesetzten Gütergemeinschaft aus einem andern Grunde (z. B. Aufhebung durch den überlebenden Ehegatten, § 1492 Abs 1 Satz 1) erledigte. Dies folgt aus § 1479 mit § 1498. Vgl. § 1479 A 2 u. § 1422 A 1. A. M. Planck, Staudinger.

5. Mehrheitsbeschluß genügt nicht.

6. Grundbuchverkehr §§ 37, 38, 99 GBO.

§ 1503

Mehrere anteilsberechtigte Abkömmlinge[1]) teilen die ihnen zufallende Hälfte des Gesamtguts nach dem Verhältnisse der Anteile, zu denen sie im Falle der gesetzlichen Erbfolge[2]) als Erben des verstorbenen Ehegatten berufen sein würden, wenn dieser erst zur Zeit der Beendigung[3]) der fortgesetzten Gütergemeinschaft gestorben wäre[4]).

Das Vorempfangene[5]) kommt nach den für die Ausgleichung unter Abkömmlingen geltenden Vorschriften[6]) zur Ausgleichung, soweit nicht eine solche bereits bei der Teilung des Nachlasses des verstorbenen Ehegatten erfolgt ist.

Ist einem Abkömmlinge, der auf seinen Anteil verzichtet[7]) hat, eine Abfindung aus dem Gesamtgute gewährt worden, so fällt sie den Abkömmlingen zur Last, denen der Verzicht zustatten kommt.

E I 1408 II 1411; M 4 484; P 4 347; 6 289.

1. **Anteilsberechtigte Abkömmlinge** § 1482 A 2, § 1483 A 3.
2. Hiernach sind die §§ 1924, 1927, 1930 maßgebend. Abweichende Anordnungen durch letztwillige Verfügungen §§ 1511—1516.
3. Gründe der **Beendigung der fortgesetzten Gütergemeinschaft** § 1497 A 1.
4. Hiernach ist nicht der Todestag des verstorbenen Ehegatten, sondern der Zeitpunkt der Beendigung der fortgesetzten Gütergemeinschaft maßgebend.
5. Zum **Vorempfangenen** gehört, was der Abkömmling von dem verstorbenen Ehegatten und an dessen Stelle auf Grund des § 1487 Abs 1 mit §§ 1442—1446 aus dem Gesamtgute der fortgesetzten Gütergemeinschaft von dem überlebenden Ehegatten empfangen hat.
6. Hiernach sind die §§ 2050, 2051 Abs 1, 2053—2057 maßgebend. Abweichende Anordnungen sind den Ehegatten versagt (§ 1518). Die Ausgleichungspflicht findet auch dann statt, wenn der verstorbene Ehegatte gemäß § 1512 letztwillig den Anteil des Abkömmlings herabgesetzt hat (M 4, 485). Gegenüber dem überlebenden Ehegatten sind die Abkömmlinge zur Ausgleichung nicht verpflichtet.
7. Hiermit ist der Fall des § 1491 (nicht der des § 1517) in Verbindung mit § 1501 gemeint. Vgl. § 1501 A 2.

§ 1504

Soweit die anteilsberechtigten Abkömmlinge nach § 1480 den Gesamtgutsgläubigern haften[1]), sind sie im Verhältnisse zueinander nach der Größe ihres Anteils an dem Gesamtgute verpflichtet[2]). Die Verpflichtung beschränkt sich auf die ihnen zugeteilten Gegenstände; die für die Haftung des Erben geltenden Vorschriften der §§ 1990, 1991 finden entsprechende Anwendung[3]).

E II 1412; M 4 475; P 4 346; 5 828.

1. Nach § 1480 in Verbindung mit § 1498 **haften einem Gesamtgutsgläubiger,** dessen Forderung bei der Teilung des Gesamtguts unberichtigt blieb, alle anteilsberechtigten Abkömmlinge persönlich und gesamtschuldnerisch, jedoch ist ihre Haftung auf die ihnen zugeteilten Gegenstände beschränkt.
2. Ein Abkömmling, dem bei der Teilung Gesamtgutsgegenstände von einem seinen Anteil übersteigenden Werte zugeteilt worden sind und der den Gläubiger bis zum Werte der zugeteilten Gegenstände befriedigt hat, kann also wegen der seinen Anteil übersteigenden Mehrleistung von den übrigen Abkömmlingen Ersatz verlangen. Von diesen ist ein jeder nur mit den ihm zugeteilten Gegenständen und nur bis zur Höhe seines Anteils ersatzpflichtig.
3. Vgl. hierzu § 1480 A 8.

§ 1505

[1]) **Die Vorschriften über das Recht auf Ergänzung des Pflichtteils[2]) finden zugunsten eines anteilsberechtigten Abkömmlinges[3]) entsprechende Anwendung; an die Stelle des Erbfalls tritt die Beendigung der fortgesetzten Gütergemeinschaft, als gesetzlicher Erbteil gilt der dem Abkömmlinge zur Zeit der Beendigung gebührende Anteil an dem Gesamtgut[4]), als Pflichtteil gilt die Hälfte des Wertes dieses Anteils[5]).**

E I 1391 II 1389; M 4 446; P 4 314.

1. **Zweck der Vorschrift.** Nach §§ 1512, 1513, 1516, 1518 können die Ehegatten den Anteil eines Abkömmlings durch letztwillige Verfügung nur unter gewissen Beschränkungen schmälern oder entziehen. Diese Schranken könnten sie durch Vornahme von Schenkungen umgehen. Zum Schutze der dadurch benachteiligten Abkömmlinge schreibt der § 1505 die entsprechende Anwendung der erbrechtlichen Bestimmungen über das Recht der Pflichtteils-

ergänzung infolge von Schenkungen (§§ 2325—2332) vor. Dabei wird, wie im § 1503 Abs 1, von der Unterstellung ausgegangen, als sei der Erblasser, nämlich der verstorbene Ehegatte, erst im Zeitpunkte der Beendigung der fortgesetzten Gütergemeinschaft (§ 1497 A 1) gestorben. Eine wirkliche Erbfolge liegt nicht vor (§ 1483 A 4). — Die Verjährung des Anspruchs auf Pflichtteilsergänzung (§ 2332) beginnt erst nach Beendigung der fortgesetzten Gütergemeinschaft (RG JW 1911, 996[43]).

2. **Recht auf Ergänzung des Pflichtteils** §§ 2325—2332. Im Sinne dieser Vorschriften ist Schenkung nur eine wirksame Schenkung. Unwirksame Schenkungen (z. B. eine vom Manne während der Gütergemeinschaft ohne Zustimmung der Frau vorgenommene Schenkung aus dem Gesamtgute, § 1446) können zurückgefordert werden. Als Nachlaß im Sinne des § 2327 Abs 1 gilt die Hälfte des zur Zeit der Beendigung der fortgesetzten Gütergemeinschaft vorhandenen Gesamtguts. Nach § 2328 kann jeder anteilsberechtigte Abkömmling die von den andern Abkömmlingen verlangte Ergänzung ihres Anteils so weit verweigern, daß ihm seine eigene Anteilshälfte mit Einschluß dessen verbleibt, was ihm zu deren Ergänzung gebühren würde. In den §§ 2328, 2329 treten an die Stelle des Erben die anteilsberechtigten Abkömmlinge.

3. Jeder anteilsberechtigte Abkömmling kann die zu seinen Gunsten lautenden Vorschriften unabhängig von den übrigen Abkömmlingen geltend machen.

4. Der § 1505 bezieht sich nur auf das **Gesamtgut** der fortgesetzten Gütergemeinschaft. Auf das Vorbehalts- und Sondergut des verstorbenen Ehegatten finden die Vorschriften über Ergänzung des Pflichtteils unmittelbar Anwendung. Vgl. § 1488 A 5, 6. Dasselbe gilt von dem Vorbehalts- und Sondergute, das der überlebende Ehegatte bei seinem Tode hinterläßt.

5. **Westfälisches Güterrecht.** In Fällen der fortgesetzten Gütergemeinschaft nach dem PrGes. v. 16. 4. 60 findet § 1505 keine Anwendung (RG JW 1911, 996[43]). In diesen Fällen kann ein Anspruch wegen des **Schichtteils** (Anteils des Kindes an der dem verstorbenen Elternteile gehörig gewesenen Güterhälfte) oder **Pflichtteils** (in Ansehung des von beiden Eltern nachgelassenen Vermögens) erst geltend gemacht werden, wenn es zur Abschichtung oder Auseinandersetzung kommt, da der Betrag des Anspruchs nach § 15 des Ges. v. 16. 4. 60 in der Fassung des Art 48 § 6 PrAG und § 2311 BGB sich lediglich nach dem Bestande des gütergemeinschaftlichen Vermögens zu diesem späteren Zeitpunkte richtet und es vorher bei den fortdauernden Veränderungen des Vermögensbestandes gänzlich im ungewissen ist, ob eine Verletzung des Schichtteils- oder Pflichtteilsrechts sich herausstellen wird. Die **Verjährung des Pflichtteilsanspruchs** kann nicht vor dem Tode des Letztlebenden der beiden Ehegatten ihren Anfang nehmen. Der Anspruch auf den Schichtteil unterliegt der allgemeinen Verjährung von dreißig Jahren von der Zeit an, wo der Schichtteil gefordert werden kann (RG 17. 3. 19 IV 457/18). Nach § 10 Abs 4 des Ges. v. 16. 4. 60 ist der überlebende Ehegatte für sich allein befugt, durch letztwillige Verfügung unter den unabgefundenen Kindern die Erbfolge in das gemeinschaftliche Vermögen zu regeln, er muß aber jedem Kinde den Wert des ihm gebührenden Anteils an der dem verstorbenen Elternteile gehörig gewesenen Güterhälfte (des sog. Schichtteils) und von seiner eigenen Hälfte den Pflichtteil hinterlassen. Ist die **Teilungsanordnung** von beiden Ehegatten getroffen, so findet diese letztwillige Verfügung allgemeinen Grundsätzen gemäß (die nicht dem westfälischen Güterrechtsgesetz eigentümlich sind) nur in dem Pflichtteilsrecht der Kinder ihre Schranke (vgl. § 6 Abs 1, zweiter Satzteil des Ges. v. 16. 4. 60; Welter-Schultz, Handbuch über das eheliche Güterrecht in Westfalen, § 163). Die Kinder haben daher in diesem Falle nicht einen Anspruch auf Wahrung des Schichtteils in Ansehung der Güterhälfte des zuerst verstorbenen Elternteils, sondern lediglich einen Pflichtteilsanspruch in Ansehung des von beiden Eltern nachgelassenen Vermögens. Diese Änderung betrifft jedoch nur die Rechte der Kinder nach Beendigung der fortgesetzten Gütergemeinschaft. Auf die Rechtsstellung des überlebenden Ehegatten und der Kinder während des Fortbestehens der Gütergemeinschaft hat die Änderung keinen Einfluß (RG Warn 1919 Nr 118). Wenn der überlebende Ehegatte zugunsten eines der unabgefundenen Kinder einen **Übertragsvertrag**, sei es auch nur einen Teilübertragsvertrag abschließt, und sich nicht etwa den Nießbrauch und die Verwaltung an dem übertragenen Vermögen vorbehält, hat er den übrigen Kindern den Wert ihres Anteils am übertragenen Vermögen sofort auszuzahlen (OLG 34, 255). Für die Berechnung des Schichtteils bildet die Grundlage nicht der Vermögensstand, wie er durch den Übertragsvertrag willkürlich gestaltet wird, sondern der unabhängig von der Vertragsregelung vorhandene Vermögensbestand. Daher ist von dem Gesamtvermögen die im Übertragsvertrag bedungene **Leibzucht** nicht abzuziehen (OLG 35, 15). Der Übertragsgeber, der sich Nießbrauch und Verwaltung vorbehalten hat, kann Räumung des übertragenen Hofes vom Übertragsnehmer fordern, wenn dieser durch sein Verhalten (Trunk und schlechte Wirtschaft) das Zusammenleben auf dem Hofe unmöglich macht (OLG Hamm in SeuffA 79 Nr 36).

§ 1506

Ist ein gemeinschaftlicher Abkömmling[1]) erbunwürdig, so ist er auch des Anteils an dem Gesamtgut unwürdig[2]). Die Vorschriften[3]) über die Erbunwürdigkeit finden entsprechende Anwendung[2]).

E I 1392 II 1390, 1392; M 4 446 ff.; P 4 314.

1. **Gemeinschaftliche Abkömmlinge** § 1482 A 2. Ist ein einseitiger Abkömmling erbunwürdig, so fällt sein Erbteil den einseitigen und gemeinschaftlichen Abkömmlingen zu (§§ 1483 Abs 2, 2344).

2. § 1516 Satz 1 besagt, daß ein gemeinschaftlicher Abkömmling, wenn er in Ansehung des Nachlasses des verstorbenen Ehegatten (§ 1483 A 6) für **erbunwürdig** erklärt worden ist, ohne weiteres auch der Anteilnahme am Gesamtgute der fortgesetzten Gütergemeinschaft unwürdig sein soll. Ist eine Erbunwürdigkeitserklärung in Ansehung des Nachlasses des verstorbenen Ehegatten unterblieben, so kann der gemeinschaftliche Abkömmling — wie sich aus § 1506 Satz 2 ergibt — doch in Ansehung des Anteils am Gesamtgute für **anteilsunwürdig** erklärt werden. Bei der fortgesetzten Gütergemeinschaft kann zwar von einer Erbfolge keine Rede sein, aber die entsprechende Anwendung der Vorschriften über Erbunwürdigkeit rechtfertigt sich, weil sich der Anteil eines Abkömmlings am Gesamtgute stofflich als sein Erbteil nach dem verstorbenen Ehegatten darstellt (M 4, 446). Erbunwürdigkeit gegenüber dem überlebenden Ehegatten fällt nicht unter § 1506, sondern berührt nur dessen Nachlaß.

3. §§ 2339—2345. Die Fälle der Erbunwürdigkeit sind im **§ 2339** aufgeführt. Unter den daselbst gemeinten Verfügungen von Todes wegen sind auch solche zu verstehen, die unter die §§ 1511—1515 fallen. Letztere bedürfen zu ihrer Wirksamkeit nach § 1516 der Zustimmung des andern Ehegatten. Die Zustimmungserklärung bedarf der gerichtlichen oder notariellen Beurkundung, und die Ehegatten können die in den §§ 1511—1515 bezeichneten Verfügungen auch in einem gemeinschaftlichen Testamente treffen. Mit dem Gesetzeszwecke dürfte die sinnentsprechende Anwendung des § 2339 auf die Zustimmungserklärung im Einklange stehen (a. M. Staudinger). Nach **§ 2340** wird die Erbunwürdigkeit (Anteilsunwürdigkeit) durch Anfechtung des Erbschaftserwerbs (Anteilserwerbs) geltend gemacht, und es ist die Anfechtung erst nach dem Anfalle der Erbschaft (des Anteils), d. h. nach dem Tode des erstverstorbenen Ehegatten, zulässig. Im Falle des **§ 2343** kommt es auf die Verzeihung des überlebenden Ehegatten nicht an. Gemäß **§ 2344** kommt die Erbunwürdigkeit eines gemeinschaftlichen Abkömmlings den gemeinschaftlichen und einseitigen Abkömmlingen zugute.

§ 1507

Das Nachlaßgericht[1]) hat dem überlebenden Ehegatten[2]) auf Antrag[3]) ein Zeugnis[4]) über die Fortsetzung der Gütergemeinschaft zu erteilen. Die Vorschriften[5]) über den Erbschein finden entsprechende Anwendung.

E II 1392a; P 5 729 ff.

1. Zuständiges Nachlaßgericht §§ 72, 73 FGG, Art 147 EG.

2. **Antragsberechtigt** ist nur der überlebende Ehegatte bzw. dessen Rechtsnachfolger. — Nach dem Tode des überlebenden Ehegatten kann auch ein einzelner der mehreren anteilsberechtigten Erben ein Zeugnis über die fortgesetzte Gütergemeinschaft beantragen. Diese Auslegung entspricht dem Bedürfnisse, da sonst häufig weitläufige Erbausweisverhandlungen nicht zu vermeiden wären (RG in OLG 40, 155 A 1d). Ausnahmen für Gläubiger §§ 792, 896 ZPO, §§ 14, 40 GBO und Abkömmlinge § 1485 Abs 3 mit § 1438 Abs 3. Andere Personen können, wenn sie ein rechtliches Interesse glaubhaft machen, Einsicht in das erteilte Zeugnis und die vorausgegangenen Ermittlungsverhandlungen, sowie Ausfertigung des Zeugnisses nebst Abschrift der Ermittlungsverhandlungen erhalten (§§ 78, 85 FGG).

3. Der **Antrag** bedarf keiner Form; er kann auch durch einen Vertreter gestellt werden. Vgl. ferner § 11 FGG.

4. Das **Zeugnis** gibt über die Fortsetzung der Gütergemeinschaft Auskunft, d. h. es bezeugt unter Namhaftmachung der Beteiligten die Tatsache, daß die Gütergemeinschaft, die in der Ehe zweier Ehegatten geherrscht hat, nach dem Tode des einen Ehegatten zwischen dem überlebenden Ehegatten und den gemeinschaftlichen Abkömmlingen (§ 1482 A 2) fortgesetzt (§ 1483 A 4) worden ist. Es wird also nur der Eintritt der fortgesetzten Gütergemeinschaft, nicht deren Fortdauer bezeugt. **Zusätze** über nachträgliche Änderungen, z. B. Wegfall eines Abkömmlings und Eintritt anderer Abkömmlinge in die fortgesetzte Gütergemeinschaft oder Beendigung der fortgesetzten Gütergemeinschaft, gehören nicht zum gesetzlichen Inhalte des Zeugnisses,

können auch nicht von den Beteiligten beansprucht werden, sind jedoch zulässig und entkräften das Zeugnis nicht. Vgl. **RG** 64, 173 (Erbschein). Das Zeugnis und der Erbschein sind voneinander unabhängig (OLG 6, 319), können aber in derselben Urkunde verbunden werden (OLG 14, 237). Wegen Ausstellung eines Zeugnisses des Nachlaßgerichts, daß fortgesetzte Gütergemeinschaft nicht eingetreten, vgl. KG in RJA 13, 154. Wegen Ausstellung eines Zeugnisses über die Fortsetzung der Gütergemeinschaft nach BGB und nach dem PrGes. v. 16. 4. 60 bei dem Tode des einzigen und letzten anteilsberechtigten Abkömmlings vgl. OLG 26, 312. Vgl. ferner OLG 36, 200 A 1 (PrAG Art 66). Wegen des Zeugnisses als Unterlage für Eintragungen in das Grundbuch und Schiffsregister vgl. § 36 Abs 2 GBO, § 107 FGG.

5. **Vorschriften über den Erbschein** §§ 2353—2370. Nach **§ 2361 Abs 1** ist das Zeugnis, wenn sich ergibt, daß es unrichtig ist, einzuziehen und wird mit der Einziehung kraftlos. Änderungen, die nach dem Eintritte der fortgesetzten Gütergemeinschaft eintreten, begründen die Unrichtigkeit nicht. Nach **§ 2361 Abs 2** hat das Nachlaßgericht das einzuziehende Zeugnis, falls es nicht sofort erlangt werden kann, durch Beschluß für kraftlos zu erklären. — Die Anordnung der Erteilung eines bereits erteilten Zeugnisses kann nicht Gegenstand einer Beschwerde sein, ebensowenig der Inhalt eines erteilten Zeugnisses. Wohl aber ist Beschwerde zulässig gegen die Ablehnung des Antrags auf Einziehung und Kraftloserklärung eines erteilten Zeugnisses (**RG** 61, 273, Erbschein). Beschwerde gegen die Kraftloserklärung findet nicht statt (§ 84 FGG). Die Vermutung des **§ 2365** und der öffentliche Glaube der **§§ 2366, 2367** stehen dem Zeugnisse nur in Ansehung des gesetzlich vorgeschriebenen Inhalts, nicht in Ansehung sonstiger Zusätze (oben A 4) zur Seite (**RG** 64, 173).

§ 1508

[1]) Die Ehegatten können die Fortsetzung der Gütergemeinschaft durch Ehevertrag[2]) ausschließen[3]).

Auf einen Ehevertrag, durch welchen die Fortsetzung der Gütergemeinschaft ausgeschlossen oder die Ausschließung aufgehoben wird, finden die Vorschriften des § 1437 Anwendung[4]).

E I 1383 Abs 2 Satz 2 II 1413 Halbs 1; M 4 424; P 4 303.

1. Die §§ 1508, 1509 regeln die den Ehegatten zustehende Ausschließung der Fortsetzung der Gütergemeinschaft. § 1508 regelt die **Ausschließung durch Ehevertrag**, § 1509 die Ausschließung durch letztwillige Verfügung. Im ersteren Falle müssen beide Eheleute zusammenwirken, im letzteren Falle kann jeder Ehegatte einseitig, jedoch nur für seinen Todesfall Bestimmung treffen. Verschieden von der Ausschließung sind die Ablehnung der Fortsetzung der Gütergemeinschaft (§ 1484) und die Aufhebung der fortgesetzten Gütergemeinschaft (§ 1492) seitens des überlebenden Ehegatten.

2. Der die Fortsetzung der Gütergemeinschaft ausschließende **Ehevertrag** kann vor und während der Ehe geschlossen und mit dem die Gütergemeinschaft einführenden Ehevertrage, ebenso auch mit einem Erbvertrag (§ 2276), nicht aber mit einem gemeinschaftlichen Testamente (OLG 6, 162; 26, 229; dagegen OLG 6, 165) verbunden werden. Ausschluß der fortgesetzten Gütergemeinschaft durch gemeinschaftliches Testament setzt voraus, daß im Testament Bestimmungen enthalten sind, die dem Wesen einer fortgesetzten Gütergemeinschaft widersprechen. Das ist nicht der Fall, wenn sich die Eheleute im Testamente gegenseitig den lebenslänglichen Nießbrauch mit Verbrauchsfreiheit vermachen (OLG 38, 251).

3. Die **Ausschließung** kann sowohl für den Fall, daß der Mann vor der Frau stirbt, als auch für den Fall, daß die Frau vor dem Manne stirbt, bestimmt werden. Sie kann weder auf einen Teil des Gesamtguts noch in bezug auf Anfang und Ende durch eine Zeitbestimmung oder Bedingung beschränkt werden. Folgen der Ausschließung § 1510. Nichteintritt der fortgesetzten Gütergemeinschaft kann übrigens auch die Folge anderer Umstände sein, z. B. wenn sich die Ehegatten in einem Erbvertrage gegenseitig zu Alleinerben einsetzen. — Ein gemeinschaftliches Testament, in dem sich Eheleute gegenseitig zu Alleinerben einsetzen, enthält stillschweigend die Ausschließung der fortgesetzten Gütergemeinschaft mit den Kindern (KG in OLG 40, 78).

4. Die Ausschließung der Fortsetzung der Gütergemeinschaft durch Ehevertrag bedarf ebensowenig wie die Ausschließung durch letztwillige Verfügung (§ 1509 A 7) der Eintragung in das Güterrechtsregister. Dieser Fall gehört nicht zu den vom Gesetz als eintragungspflichtig bezeichneten Fällen. Vgl. § 1558 A 1. Die abweichende Entscheidung des Oberlandesgerichts in Hamburg (OLG 8, 335) wird von Winkler in Lobes Zentralblatt für freiwillige Gerichtsbarkeit, Jahrgang XI S. 354, 355 mit zutreffenden Gründen angefochten.

§ 1509

[1]) Jeder Ehegatte kann für den Fall, daß die Ehe durch seinen Tod aufgelöst wird, die Fortsetzung der Gütergemeinschaft durch letztwillige Verfügung[2]) ausschließen[3]), wenn er berechtigt ist, dem anderen Ehegatten den Pflichtteil zu entziehen[4]) oder auf Aufhebung der Gütergemeinschaft zu klagen[5]). Auf die Ausschließung finden die Vorschriften[6]) über die Entziehung des Pflichtteils entsprechende Anwendung[7])[8]).

E I 1387 Abs 1—3 II 1388 Abs 1; M 4 440; P 4 309; 6 286.

1. Allgemeines vgl. § 1508 A 1.
2. Über den Begriff der **letztwilligen Verfügung** vgl. Erl zu §§ 1937, 1941. Gemeint ist im § 1509 jede einseitige Verfügung von Todes wegen, sei es, daß sie in einem Testamente (§ 1937), sei es, daß sie in einem Erbvertrage (§ 2299) getroffen wird. Dagegen ist es unzulässig, auf Grund des § 1509 die Fortsetzung der Gütergemeinschaft durch eine vertragsmäßige Verfügung von Todes wegen in einem Erbvertrage auszuschließen (§ 2278). Vgl. aber auch § 1508 A 2.
3. Die **Ausschließung** darf nicht in unzulässiger Weise beschränkt werden (§ 1508 A 3).
4. **Entziehung des Pflichtteils** § 2335. Ob in diesen Fällen die Ausschließung der Fortsetzung der Gütergemeinschaft zugleich die Bedeutung der Entziehung des Pflichtteils hat, ist eine Frage der Auslegung (M 4, 441). Vgl. § 1511 Abs 2.
5. **Klage auf Aufhebung der Gütergemeinschaft** §§ 1468, 1469. In diesen Fällen wird das Pflichtteilsrecht des überlebenden Ehegatten von der Ausschließung nicht berührt (M 44, 41).
6. §§ 2336, 2337.
7. Die Ausschließung der Fortsetzung der Gütergemeinschaft durch letztwillige Verfügung wird in das **Güterrechtsregister** nicht eingetragen. Vgl. § 1508 A 4.
8. Nach § 17 Abs 1 des **Hamburgischen Güterstandsgesetzes** v. 14. 7. 99 kann der Mann für den Fall, daß die Ehe durch seinen Tod aufgelöst wird, die Fortsetzung der Gütergemeinschaft durch letztwillige Verfügung ausschließen, auch wenn die Voraussetzungen des § 1509 nicht vorliegen. Einen solchen Fall betrifft **RG** 17. 2. 19 IV 387/18.

§ 1510

Wird die Fortsetzung der Gütergemeinschaft ausgeschlossen[1]), so gilt das gleiche wie im Falle des § 1482[2]).

E I 1387 Abs 4 II 1383 Abs 2; M 4 441; P 4 309.

1. Sei es durch Ehevertrag (§ 1508), sei es durch letztwillige Verfügung (§ 1509).
2. Zum Nachlasse des verstorbenen Ehegatten gehört (außer seinem Vorbehalts- und Sondergute) auch sein Anteil am Gesamtgute und die Beerbung ist die gewöhnliche. Vgl. Erl zu § 1482.

§ 1511

[1]) Jeder Ehegatte[2]) kann für den Fall, daß die Ehe durch seinen Tod aufgelöst[3]) wird, einen gemeinschaftlichen Abkömmling[4]) von der fortgesetzten Gütergemeinschaft durch letztwillige Verfügung[5]) ausschließen[6]).

Der ausgeschlossene Abkömmling kann, unbeschadet seines Erbrechts[7]), aus dem Gesamtgute der fortgesetzten Gütergemeinschaft[8]) die Zahlung des Betrags verlangen[9]), der ihm von dem Gesamtgute der ehelichen Gütergemeinschaft[8]) als Pflichtteil gebühren würde, wenn die fortgesetzte Gütergemeinschaft nicht eingetreten wäre[9]). Die für den Pflichtteilsanspruch geltenden Vorschriften[10]) finden entsprechende Anwendung.

Der dem ausgeschlossenen Abkömmlinge gezahlte Betrag wird bei der Auseinandersetzung den anteilsberechtigten Abkömmlingen nach Maßgabe des § 1500[11]) angerechnet. Im Verhältnisse der Abkömmlinge zueinander fällt er den Abkömmlingen zur Last, denen die Ausschließung zustatten kommt[6]).

E I 1388 II 1384; M 4 442; P 4 309; 5 187; 6 287.

1. Während die §§ 1508, 1509 die den Ehegatten zustehende Ausschließung der Fortsetzung der Gütergemeinschaft überhaupt behandeln (§ 1508 A 1), regelt der § 1511 in Verbindung mit § 1516 die den Ehegatten zustehende **Ausschließung eines gemeinschaftlichen Abkömmlings von der fortgesetzten Gütergemeinschaft.** Wenngleich bei der fortgesetzten Gütergemeinschaft von einer Erbfolge keine Rede sein kann (§ 1483 A 4), so darf doch nicht übersehen werden, daß die Teilnahme eines gemeinschaftlichen Abkömmlings an der fortgesetzten Gütergemeinschaft gewissermaßen den Ersatz für sein gesetzliches Erbrecht bildet (M 41, 442). Wie ein Erblasser seinen Verwandten durch Testament von der gesetzlichen Erbfolge ausschließen kann (§ 1938), so soll auch den Ehegatten die Ausschließung eines gemeinschaftlichen Abkömmlings von der fortgesetzten Gütergemeinschaft gestattet sein. Wie in jenem bleibt auch in diesem Falle der Pflichtteilsanspruch unberührt. Verschieden von der Ausschließung des Abkömmlings durch letztwillige Verfügung ist die Entziehung seines Anteils durch letztwillige Verfügung (§ 1513).

2. Zustimmung des andern Ehegatten erforderlich (§ 1516). — Vgl. KG in OLG 31, 398 (einseitiges Testament genügt nicht).

3. Wird die Ehe durch den Tod des andern Ehegatten aufgelöst, so wird die Ausschließung gegenstandslos. Dasselbe gilt, wenn die Ehe nicht durch Tod, sondern aus andern Gründen aufgelöst wird, z. B. durch Scheidungsurteil, oder wenn die Ehe nicht aufgelöst, sondern für nichtig erklärt wird. Die Ausschließung ist nur bei Lebzeiten beider Ehegatten zulässig.

4. **Gemeinschaftlicher Abkömmling** § 1482 A 2. Die Ausschließung kann sich auch auf die ganze gegenwärtige und zukünftige Nachkommenschaft eines Abkömmlings erstrecken.

5. Letztwillige Verfügung §§ 1937, 1941, 2299. Eröffnung §§ 2259—2264, 2273, 2300; OLG 1, 379. Stillschweigende Ausschließung durch gemeinschaftliches Testament der Ehegatten, indem sich dieselben darin zu Alleinerben einsetzen, zulässig (KG in OLG 40, 78). § 1508 A 3; § 1314 A 3.

6. Der Beweggrund der **Ausschließung** ist für deren Wirksamkeit gleichgültig. Die Ausschließung **bewirkt,** daß der Ausgeschlossene so, als wäre er vor dem Eintritte der fortgesetzten Gütergemeinschaft gestorben, behandelt wird (M 4, 442). Sein Wegfall kommt nach Maßgabe des § 1490 Satz 2, 3 den übrigen anteilsberechtigten Abkömmlingen zugute. Der ausschließende Ehegatte ist nicht berechtigt, den Anteil des Ausgeschlossenen einem andern Abkömmlinge zuzuwenden (§§ 1514, 1518). Die Ausschließung kann auch die Folge anderer Anordnungen sein, z. B. wenn der überlebende Ehegatte als Vorerbe und der einzige Abkömmling als Nacherbe eingesetzt wird (OLG 7 S. 59, 62). Vgl. § 1508 A 3. — Die Ausschließung der fortgesetzten Gütergemeinschaft kann auch stillschweigend durch Bestimmungen erfolgen, die mit dem Eintritte der fortgesetzten Gütergemeinschaft nicht vereinbar sind, z. B. wenn die Eheleute in einem gemeinschaftlichen Testamente bestimmen, daß der überlebende Ehegatte Vorerbe und die Kinder des Mannes (aus seiner ersten Ehe) und die Nichte der Frau Nacherben sein sollen (**RG** 94, 814).

7. Das **Erbrecht des Abkömmlings** in Ansehung des Vorbehalts- und Sonderguts des Erblassers wird von der Ausschließung nicht berührt (Prot 5, 139). Dieses Gut bleibt folgerichtig auch bei der Berechnung des Pflichtteils aus § 1511 Abs 2 außer Betracht.

8. Gesamtgut der fortgesetzten Gütergemeinschaft § 1483 A 5. Eheliches Gesamtgut § 1485 A 1. Maßgebend ist der Bestand zur Zeit des Eintritts der fortgesetzten Gütergemeinschaft. Das Verlangen kann sich nur auf Zahlung eines Geldbetrags, nicht auf Überweisung eines Bruchteils des Gesamtguts oder einzelnen Gesamtgutsgegenstandes richten. Abweichende Anordnungen sind den Ehegatten versagt (§ 1518). Das Zahlungsverlangen ist an keine Frist gebunden.

9. Der § 1511 Abs 2 setzt hiernach voraus, daß es zum Eintritte der fortgesetzten Gütergemeinschaft gekommen ist. Die fortgesetzte Gütergemeinschaft kann aber dann nicht eintreten, wenn alle anteilsberechtigten Abkömmlinge ausgeschlossen sind. Von einer Fortsetzung der Gütergemeinschaft kann nur die Rede sein, wenn neben dem überlebenden Ehegatten wenigstens ein anteilsberechtigter Abkömmling vorhanden ist. Kann fortgesetzte Gütergemeinschaft nicht eintreten, so ist auch für die Anwendung des § 1511 Abs 2 kein Raum. Es tritt Beerbung nach den allgemeinen Vorschriften wie im Falle des § 1482 ein, und Frage der Auslegung ist es, ob die Ausschließung die Bedeutung der Einsetzung auf den Pflichtteil hat (OLG 6, 165; 7, 62; 26, 229; dagegen 7, 59). — Wenn, wie es nach § 1511 zulässig ist, alle Abkömmlinge von der fortgesetzten Gütergemeinschaft ausgeschlossen sind, so kann es zu einer solchen begriffsmäßig nicht kommen, da zu jeder Gemeinschaft mehrere Personen gehören (M 4, 442; **RG** 94, 314). Ebenso KG in OLG 33, 342. — Haben sich die Eheleute in einem **gemeinschaftlichen Testamente** gegenseitig zu Erben eingesetzt, so sind damit stillschweigend die Kinder von dem Eintritt in eine Gütergemeinschaft ausgeschlossen. Fortgesetzte Gütergemeinschaft kann nicht eintreten. Daraus folgt, daß der erstverstorbene Ehegatte nach § 1482 beerbt wird und sein Anteil am Gesamtgute zu seinem Nachlasse gehört. Da von diesem Anteile die Kinder durch das gemeinschaftliche Testament ihrer Eltern für die

Lebenszeit des Überlebenden ausgeschlossen sind, so steht ihnen nach allgemeinen Grundsätzen (nicht nach § 1511) der Pflichtteilsanspruch zu (KG in OLG 40, 78). Vgl. § 1314 A 3.

10. **Pflichtteilsvorschriften** §§ 2303ff. Nach **§ 2303 Abs 1 Satz 2** besteht der Pflichtteil in der Hälfte des Wertes des Anteils am Gesamtgute. Bei der Feststellung des Pflichtteils nach **§ 2310** werden diejenigen Abkömmlinge, die von der fortgesetzten Gütergemeinschaft ausgeschlossen sind (§ 1511) und diejenigen, die gemäß § 1517 auf ihren Anteil verzichtet haben, mitgezählt, nicht aber diejenigen Abkömmlinge, die gemäß § 1491 auf ihren Anteil verzichtet haben. Letzterer Verzicht steht der Ausschlagung einer Erbschaft nicht gleich (Planck A 7d). Die im **§ 2314** festgestellten Verpflichtungen zur Auskunftserteilung und Vorlegung eines Verzeichnisses treffen den Ehegatten, nicht die Abkömmlinge. Nach **§ 2317** entsteht der Anspruch auf den Pflichtteil mit dem Eintritte der fortgesetzten Gütergemeinschaft. Nach **§ 2354** ist der Pflichtteilsanspruch des ausgeschlossenen Abkömmlings bei Erbunwürdigkeit desselben anfechtbar. Wegen der **Pfändung** des Pflichtteilsanspruchs vgl. § 852 Abs 1 ZPO.

11. Soll heißen § 1501.

§ 1512

[1]) Jeder Ehegatte[2]) kann für den Fall, daß mit seinem Tode die fortgesetzte Gütergemeinschaft eintritt[3]), den einem anteilsberechtigten Abkömmlinge[4]) nach der Beendigung[5]) der fortgesetzten Gütergemeinschaft gebührenden Anteil an dem Gesamtgute durch letztwillige Verfügung[6]) bis auf die Hälfte herabsetzen[7]).

E I 1389 Abs 1 II 1385 Satz 1; M 4 443; P 4 310.

1. Die §§ 1512—1514 beschäftigen sich mit der Befugnis der Ehegatten, die Rechte der an der fortgesetzten Gütergemeinschaft teilnehmenden Abkömmlinge zu kürzen. Die Ehegatten dürfen den Anteil des Abkömmlings nach § 1512 **bis auf die Hälfte herabsetzen,** nach § 1513 ganz entziehen oder einer Beschränkung unterwerfen und nach § 1514 das Entzogene einem Dritten zuwenden. — Der § 512 gibt dem Ehegatten nur die Befugnis, den einem Abkömmlinge nach § 1503 Abs 1 zukommenden **Anteil auf die Hälfte zu ermäßigen,** nicht aber das Recht, dem Abkömmling auch die Rechte zu entziehen, welche ihm nach § 1497 Abs 2 mit dem Tode des Längstlebenden zustehen (§§ 1442, 1472, 1473, 1498). Das erhellt schon ohne weiteres, wenn man den Inhalt des § 1512 und den Inhalt des unmittelbar vorhergehenden § 1511 in Vergleich zieht, und ergibt sich auch aus dem § 1518 und dessen Begründung (RG 105, 242). Vgl. § 1518 A 1 und 2.

2. Zustimmung des andern Ehegatten erforderlich (§ 1516).

3. **Eintritt der fortgesetzten Gütergemeinschaft** § 1483 A 4. Stirbt der andere Ehegatte zuerst oder tritt fortgesetzte Gütergemeinschaft nicht ein, so ist die Verfügung gegenstandslos.

4. **Anteilsberechtigter Abkömmling** § 1483 A 3.

5. **Gründe der Beendigung** § 1497 A 1.

6. Letztwillige Verfügung §§ 1937, 1941, 2299. Eröffnung §§ 2259—2264, 2273, 2300.

7. Der Beweggrund der **Herabsetzung** ist für deren Wirksamkeit gleichgültig. Die Herabsetzung **bewirkt,** daß der entzogene Teil mangels anderweiter Bestimmung der Ehegatten (§§ 1514, 1516) nach Maßgabe des § 1490 Satz 2, 3 den übrigen anteilsberechtigten Abkömmlingen bzw. dem überlebenden Ehegatten zugute kommt. Stirbt oder verzichtet der Abkömmling, dessen Anteil herabgesetzt ist, während der fortgesetzten Gütergemeinschaft (§§ 1490, 1491), so müssen sich auch die an seine Stelle tretenden Abkömmlinge bzw. der überlebende Ehegatte die Herabsetzung gefallen lassen (a. M. Planck). Die Herabsetzung bewirkt ferner, daß der betroffene Abkömmling nur nach Verhältnis des ihm belassenen Betrags an den Anwachsungen (§§ 1490, 1491) teilnimmt. Selbstverständlich hat er auch nur nach demselben Verhältnisse die Lasten und Verbindlichkeiten des Gesamtguts zu tragen. Soweit die Herabsetzung die zulässige Hälfte überschreitet, ist sie ungültig.

§ 1513

[1]) Jeder Ehegatte[2]) kann für den Fall, daß mit seinem Tode die fortgesetzte Gütergemeinschaft eintritt[3]), einem anteilsberechtigten Abkömmlinge[4]) den diesem nach der Beendigung[5]) der fortgesetzten Gütergemeinschaft gebührenden Anteil an dem Gesamtgute durch letztwillige Verfügung[6]) entziehen[7]), wenn er berechtigt[8]) ist, dem Abkömmlinge den Pflichtteil zu entziehen. Die Vorschriften des § 2336 Abs 2 bis 4 finden entsprechende Anwendung[9]).

Der Ehegatte kann, wenn er nach § 2338 berechtigt ist, das Pflichtteilsrecht des Abkömmlinges zu beschränken, den Anteil des Abkömmlinges am Gesamtgut einer entsprechenden Beschränkung unterwerfen[10]).

E I 1389 Abs 2 II 1386; M 4 444; P 4 310 ff.

1. Allgemeines § 1512 A 1.
2. Zustimmung des andern Ehegatten erforderlich (§ 1516).
3. **Eintritt der fortgesetzten Gütergemeinschaft** § 1483 A 4. Stirbt der andere Ehegatte zuerst oder tritt fortgesetzte Gütergemeinschaft nicht ein, so ist die Verfügung gegenstandslos.
4. **Anteilsberechtigter Abkömmling** § 1483 A 3.
5. **Gründe der Beendigung** § 1497 A 1.
6. Letztwillige Verfügung §§ 1937, 1941, 2299. Eröffnung §§ 2259—2264, 2273, 2300.
7. Die **Entziehung des Anteils bewirkt,** daß der entzogene Anteil mangels anderweiter Bestimmung der Ehegatten (§§ 1514, 1516) nach Maßgabe des § 1490 Satz 2, 3 den übrigen anteilsberechtigten Abkömmlingen bzw. dem überlebenden Ehegatten zugute kommt. Stirbt der Abkömmling, dem der Anteil entzogen ist, während der fortgesetzten Gütergemeinschaft (§ 1490), so müssen sich auch die an seine Stelle tretenden Abkömmlinge bzw. der überlebende Ehegatte die Entziehung gefallen lassen (a. M. Planck). Der von der Entziehung betroffene Abkömmling nimmt weder an den Anwachsungen (§§ 1490, 1491) noch an den Lasten und Verbindlichkeiten des Gesamtguts teil.
8. Die **Berechtigung zur Entziehung des Pflichtteils** ergibt sich aus § 2333. Infolge Verzeihung entfällt die Berechtigung und wird die erfolgte Entziehung unwirksam (§ 2337).
9. Im § 2336 Abs 4 tritt an die Stelle des Erbfalls die Beendigung der fortgesetzten Gütergemeinschaft. Vgl. auch § 1505 Satz 2.
10. Durch eine solche **Beschränkung des Anteils in wohlmeinender Absicht** wird das Teilnahmerecht des Abkömmlings während der fortgesetzten Gütergemeinschaft nicht berührt. Erst mit der Beendigung der fortgesetzten Gütergemeinschaft tritt die Beschränkung in Wirksamkeit. Im § 2338 Abs 2 Satz 2 tritt an die Stelle des Erbfalls die Beendigung der fortgesetzten Gütergemeinschaft. Wegen Zulässigkeit der Pfändung der Nutzungen vgl. § 863 Abs 3 ZPO.

§ 1514

Jeder Ehegatte[1]) **kann den Betrag**[2]), **den er nach § 1512 oder nach § 1513 Abs 1 einem Abkömmling entzieht, auch einem Dritten**[3]) **durch letztwillige Verfügung**[4]) **zuwenden**[5]).

E II 1387; M 4 444; P 4 312, 323 ff.

1. Zustimmung des andern Ehegatten erforderlich (§ 1516).
2. Der dem Abkömmling entzogene **Betrag** ist der dem Werte des Entzogenen entsprechende Geldbetrag. Der Anteil selbst kann dem Dritten auf Grund des § 1514 weder ganz noch teilweise zugewendet werden, ebensowenig ein bestimmter Gesamtgutsgegenstand. Vgl. auch § 1511 A 6, § 1512 A 7 u. § 1513 A 7 (Anwachsung).
3. Der **Dritte** kann auch ein anderer gemeinschaftlicher oder einseitiger Abkömmling oder der überlebende Ehegatte sein.
4. **Letztwillige Verfügung** §§ 1937, 1941, 2299. Eröffnung §§ 2259—2264, 2273, 2300.
5. Die **Zuwendung bewirkt,** daß für den Dritten ein Anspruch auf Geldzahlung begründet wird, der nach Beendigung der fortgesetzten Gütergemeinschaft geltend gemacht werden kann. Auf die Zuwendung dürften die Vorschriften über die Vermächtnisse sinnentsprechend Anwendung finden (Planck A 3).

§ 1515

Jeder Ehegatte[1]) **kann für den Fall, daß mit seinem Tode die fortgesetzte Gütergemeinschaft eintritt**[2]), **durch letztwillige Verfügung**[3]) **anordnen, daß ein anteilsberechtigter Abkömmling**[4]) **das Recht haben soll, bei der Teilung**[5]) **das Gesamtgut oder einzelne dazu gehörende Gegenstände**[6]) **gegen Ersatz des Wertes**[7]) **zu übernehmen**[8]).

Gehört zu dem Gesamtgut ein Landgut[9]), **so kann angeordnet werden, daß das Landgut mit dem Ertragswert**[9]) **oder mit einem Preise, der den Ertragswert mindestens**[10]) **erreicht, angesetzt werden soll. Die für die Erbfolge geltenden Vorschriften des § 2049 finden Anwendung.**

Das Recht, das Landgut zu dem im Abs 2 bezeichneten Werte oder Preise zu übernehmen, kann auch dem überlebenden Ehegatten eingeräumt werden[11]**).**

E I 1389 Abs 1 II 1385 Satz 2; M 4 443; P 4 310; 6 393.

1. Zustimmung des andern Ehegatten erforderlich (§ 1516).
2. **Eintritt der fortgesetzten Gütergemeinschaft** § 1483 A 4. Stirbt der andere Ehegatte zuerst oder tritt fortgesetzte Gütergemeinschaft nicht ein, so ist die Verfügung gegenstandslos.
3. **Letztwillige Verfügung** §§ 1937, 1941, 2299. Eröffnung §§ 2259—2264, 2273, 2300.
4. **Anteilsberechtigter Abkömmling** § 1483 A 3. Anteilsberechtigt ist auch der Abkömmling, dessen Anteil gemäß § 1512 auf die Hälfte herabgesetzt ist. Stirbt der Übernahmeberechtigte nach der Beendigung der fortgesetzten Gütergemeinschaft, so treten seine Erben an seine Stelle.
5. **Teilung** §§ 1477, 1498 und Erläuterungen.
6. Ohne Rücksicht darauf, von welchem der Ehegatten der Gegenstand herrührt.
7. Der gemeine **Wert** zur Zeit der Übernahme ist maßgebend.
8. Das **Übernahmerecht** aus § 1515 geht dem Übernahmerechte des überlebenden Ehegatten aus § 1502 vor und ist vererblich. Wird der Übernahmegegenstand einem Dritten geschuldet oder ist seine Versilberung behufs Berichtigung von Gesamtgutsverbindlichkeiten erforderlich, so muß das Übernahmerecht zurückstehen. Vgl. § 1477 A 4, § 1502 A 3.
9. Begriff des **Landguts** §§ 98, 2049 und Erläuterungen; **Ertragswert** § 2049 Abs 2. Vgl. auch Art 137 EG.
10. Wie das Wörtchen **„mindestens"** ergibt, kann auch ein den Ertragswert übersteigender Preis angesetzt werden.
11. Ist die fortgesetzte Gütergemeinschaft gemäß § 1495 durch Urteil aufgehoben, so entfällt das dem überlebenden Ehegatten im § 1502 eingeräumte Übernahmerecht. Neben diesem gesetzlichen Übernahmerechte will der § 1515 Abs 3 nicht ein neues, auf letztwilliger Verfügung beruhendes Übernahmerecht schaffen — was überflüssig wäre —, sondern nur den Wert bzw. Preis, zu dem das gesetzliche Übernahmerecht ausgeübt werden kann, festsetzen. Demzufolge dürfte § 1502 Abs 2 auf den Fall des § 1515 Abs 3 anwendbar sein. Ebenso Staudinger; a. M. Planck u. a.

§ 1516

[1]) **Zur Wirksamkeit der in den §§ 1511 bis 1515 bezeichneten Verfügungen eines Ehegatten ist die Zustimmung**[2]) **des anderen Ehegatten erforderlich. Die Zustimmung kann nicht durch einen Vertreter erteilt werden**[3]). **Ist der Ehegatte in der Geschäftsfähigkeit beschränkt, so ist die Zustimmung seines gesetzlichen Vertreters nicht erforderlich. Die Zustimmungserklärung bedarf der gerichtlichen oder notariellen Beurkundung**[4]). **Die Zustimmung ist unwiderruflich**[2]).

Die Ehegatten können die in den §§ 1511 bis 1515 bezeichneten Verfügungen auch in einem gemeinschaftlichen Testamente[5]) **treffen.**

E I 1390 II 1388; M 4 445; P 4 313; 5 442; 6 287, 394.

1. **Grund der Vorschrift.** Sowohl dem Wesen der Gütergemeinschaft als auch dem mutmaßlichen Willen beider Ehegatten entspricht es, daß kein Ehegatte ohne die Zustimmung des andern Ehegatten die gesetzlichen Rechte der gemeinschaftlichen Abkömmlinge schmälern oder entziehen und auf diese Weise den einen Abkömmling vor dem andern begünstigen darf. Die Zustimmung ist ohne Rücksicht darauf, ob die Verfügung dem überlebenden Ehegatten zum Nachteile gereicht oder nicht, erforderlich.
2. Die **Zustimmung** des andern Ehegatten ist ein einseitiges, empfangsbedürftiges Rechtsgeschäft (§ 130), dem verfügenden Ehegatten gegenüber abzugeben, kann vor oder nach Errichtung der letztwilligen Verfügung, jedoch nicht mehr nach dem Tode des verfügenden Ehegatten abgegeben werden und ist in jedem Falle unwiderruflich. Zum Widerruf der letztwilligen Verfügung bedarf der verfügende Ehegatte nicht der Zustimmung des andern Ehegatten. Letzterer kann trotz erteilter Zustimmung gemäß § 1484 die Fortsetzung der Gütergemeinschaft ablehnen und dadurch die Verfügung unwirksam machen.
3. Hieraus folgt die höchstpersönliche Natur der Zustimmung. Vertretung in der Erklärung der Zustimmung ist dadurch nicht ausgeschlossen. Geschäftsunfähigkeit des Ehegatten macht die Zustimmung unmöglich.

4. **Gerichtliche oder notarielle Beurkundung** Art 141 EG, §§ 167ff. FGG. Diese Form ist notwendig, gleichviel in welcher Form die letztwillige Verfügung errichtet ist.

5. **Gemeinschaftliches Testament** §§ 2265ff. Die Ehegatten können die bezeichneten Verfügungen auch in einem Erbvertrage treffen, da dessen Form (§ 2276) den Erfordernissen des § 1516 genügt. Abweichend § 1509 A 2.

§ 1517

[1]) Zur Wirksamkeit eines Vertrags, durch den ein gemeinschaftlicher Abkömmling[2]) einem der Ehegatten gegenüber für den Fall, daß die Ehe durch dessen[3]) Tod aufgelöst wird, auf seinen Anteil am Gesamtgute der fortgesetzten Gütergemeinschaft verzichtet oder durch den ein solcher Verzicht aufgehoben[4]) wird, ist die Zustimmung des anderen Ehegatten erforderlich. Für die Zustimmung gelten die Vorschriften des § 1516 Abs 2 Satz 3, 4[5]).

Die für den Erbverzicht geltenden Vorschriften[6]) finden entsprechende Anwendung.

E I 1393 II 1391; M 4 448; P 4 314; 5 443; 6 394, 398.

1. § 1517 behandelt den während der Gütergemeinschaft im voraus, § 1491 den nach Eintritt der fortgesetzten Gütergemeinschaft erklärten **Verzicht eines Abkömmlings auf seinen Anteil.** Vgl. § 1491 A 1. Im Falle des § 1517 kann der Verzicht nur durch Vertrag erfolgen. Der Verzichtsvertrag wird von dem Abkömmlinge mit einem der beiden Ehegatten oder mit beiden Ehegatten abgeschlossen.

2. **Gemeinschaftlicher Abkömmling** § 1482 A 2.

3. Wird die Ehe durch den Tod des andern Ehegatten aufgelöst, so wird der Verzichtsvertrag, wenn er nicht auch mit dem andern Ehegatten geschlossen war, gegenstandlos. Das § 1511 A 3 Gesagte gilt auch hier.

4. Der **Verzicht** kann nur durch Vertrag mit dem Ehegatten, mit dem der Verzichtsvertrag geschlossen war, aufgehoben werden.

5. Die **Zustimmung des andern Ehegatten** ist ein einseitiges, empfangsbedürftiges Rechtsgeschäft (§ 130), dem Ehegatten oder dem Abkömmlinge gegenüber abzugeben (§ 182 Abs 1), kann vor oder nach Errichtung des Vertrags, jedoch nicht mehr nach dem Tode des vertragschließenden Ehegatten abgegeben werden und ist in jedem Falle unwiderruflich. Die Zustimmungserklärung bedarf der gerichtlichen oder notariellen Beurkundung. § 1516 Abs 2 Satz 1, 2 ist von der Anwendbarkeit ausgeschlossen. Daher kann die Zustimmung auch durch einen Vertreter erteilt werden und der in der Geschäftsfähigkeit beschränkte Ehegatte bedarf der Zustimmung des gesetzlichen Vertreters. Schließt der Abkömmling den Verzichtsvertrag mit beiden Ehegatten ab, so erscheint eine besondere Zustimmungserklärung überflüssig.

6. **Erbverzichtsvorschriften** §§ 2346ff. Nach § 2346 Abs 1 Satz 2 ist der verzichtende Abkömmling von der fortgesetzten Gütergemeinschaft ausgeschlossen, wie wenn er zur Zeit des Eintritts der fortgesetzten Gütergemeinschaft nicht mehr lebte. Ein Pflichtteilsanspruch steht ihm nicht zu, ebensowenig der dem ausgeschlossenen Abkömmling in § 1511 Abs 2 eingeräumte Anspruch. Unberührt bleibt sein Erbrecht in Ansehung des Vorbehalts- und Sonderguts des verstorbenen Ehegatten. Nach § 2349 erstreckt sich die Wirkung des Verzichts auf die Abkömmlinge des Verzichtenden. Hierin liegt eine Abweichung vom § 1490 Satz 2. Nach § 2350 Abs 1 kann zugunsten eines andern verzichtet werden. Der andere kann im Falle des § 1217 immer nur ein anteilsberechtigter Abkömmling oder der überlebende Ehegatte sein. Fremde Personen dürfen an der fortgesetzten Gütergemeinschaft nicht teilnehmen (§ 1490 A 1). Vgl. ferner § 1497 A 1 (Folgen des Verzichts aller Abkömmlinge).

§ 1518

[1]) Anordnungen, die mit den Vorschriften der §§ 1483 bis 1517 in Widerspruch stehen, können von den Ehegatten weder durch letztwillige Verfügung[2]) noch durch Vertrag[3]) getroffen werden[4]).

E I 1383 Abs 2 Satz 2 II 1413; M 4 424; P 4 303.

1. **Zweck der Vorschrift.** Der § 1518 bezweckt, für den Fall des Eintritts der fortgesetzten Gütergemeinschaft die anteilsberechtigten Abkömmlinge vor Anordnungen der Ehegatten zu schützen, die geeignet sind, die den Abkömmlingen als Ersatz für ihr Erb- und Pflichtteilsrecht zustehenden Anteile am Gesamtgute der fortgesetzten Gütergemeinschaft zu beeinträchtigen.

Insbesondere soll den Ehegatten die Möglichkeit entzogen sein, zum Nachteile der anteilsberechtigten Abkömmlinge dritte Personen zu bedenken (M 4, 424; RG 105, 242). Allerdings bieten die in den §§ 1511—1515 zugelassenen Anordnungen eine Handhabe, den Abkömmling mittelbar zu nötigen, sich auch nicht zugelassene Anordnungen, z. B. die Bestellung eines Nießbrauchs für den überlebenden Ehegatten, gefallen zu lassen (ebenso Planck, Staudinger). — Nach § 1518 sind auch Anordnungen unwirksam, die zwar den anteilsberechtigten Abkömmlingen zum Vorteile gereichen, aber mit den den Schutz des überlebenden Ehegatten bezweckenden, in den §§ 1483—1517 mitenthaltenen Vorschriften in Widerspruch stehen (RG JW 1916, 43[7]).

2. **Letztwillige Verfügung** §§ 1937, 1941, 2299. Der Mann kann die Gütergemeinschaft für die Zeit nach seinem Tode nicht dadurch beseitigen, daß er die Frau zur alleinigen Erbin seines ganzen Nachlasses einsetzt (RG Warn 08 Nr 163). Ungültig ist die von Eheleuten in ihrem gemeinschaftlichen Testamente getroffene Bestimmung, daß der Testamentsvollstrecker alsbald nach dem Tode des Ehemanns den Gesamtnachlaß in Besitz und Verwaltung nehmen solle. Die Einsetzung eines andern Gesamtgutsverwalters als des überlebenden Ehegatten ist für die fortgesetzte Gütergemeinschaft unzulässig §§ 1487, 1518 (RG JW 1916, 43[7]). Unwirksam ist eine testamentarische Anordnung, die den Abkömmling nach dem Tode des Längstlebenden auf eine Geldforderung (Pflichtteil) gegen die übrigen Beteiligten beschränkt (RG 105, 242). Vgl. § 1512 A 1. Der überlebende Ehegatte, der mit den gemeinschaftlichen Abkömmlingen die Gütergemeinschaft fortsetzt, darf durch Testament bei Einsetzung der Abkömmlinge zu Erben bestimmen, daß einer der Abkömmlinge das zum Gesamtgute gehörende Anwesen gegen Wertersatz zu übernehmen berechtigt sei und daß jeder die Überlassung weigernde Abkömmling nur den Pflichtteil erhalte. Die Unwirksamkeit solchen Testaments muß schon deshalb verneint werden, weil der Erblasser denselben Erfolg auf dem ihm durch § 1502 Abs 1 Satz 1 eröffneten Wege hätte erreichen können (BayObLG in JFG 1 Nr 35).

3. Ehevertrag oder Erbvertrag. — Auf Verträge, die der überlebende Ehegatte nach Eintritt der fortgesetzten Gütergemeinschaft mit einem Dritten schließt, bezieht sich § 1518 nicht. § 1518 ist auch nicht entsprechend anwendbar, wenn sich der überlebende Ehegatte dem Dritten gegenüber nur einer Verfügungsbeschränkung in bezug auf Gesamtgutsgegenstände unterwirft, sich aber nicht des ihm nach §§ 1443, 1487 zustehenden Verwaltungsrechts gänzlich entschlägt (RG JW 1916, 43[7]).

4. Anordnungen, die mit den §§ 1483—1517 im Widerspruche stehen, sind nichtig. Die **Nichtigkeit** können sowohl die Abkömmlinge als auch der überlebende Ehegatte geltend machen (OLG 6, 162). Unberührt bleibt die Befugnis des überlebenden Ehegatten, über seinen Anteil am Gesamtgute, sein Vorbehalts- und Sondergut letztwillig zu verfügen.

3. Errungenschaftsgemeinschaft

§ 1519

[1]) Was der Mann oder die Frau während der Errungenschaftsgemeinschaft erwirbt, wird gemeinschaftliches Vermögen beider Ehegatten (Gesamtgut)[2]).

Auf das Gesamtgut finden die für die allgemeine Gütergemeinschaft geltenden Vorschriften des § 1438 Abs 2, 3 und der §§ 1442 bis 1453, 1455 bis 1457 Anwendung[3]).

E I 1411 Abs 1, 1417 II 1414; M 4 151 ff., 492 ff., 505 ff.; P 4 349 ff.; 6 289.

1. Bei der **Errungenschaftsgemeinschaft** behält jeder Ehegatte sein Vermögen. Gemeinsam wird nur, was während der Errungenschaftsgemeinschaft das beiderseits eingebrachte Gut an Nutzungen abwirft und beide Ehegatten durch Arbeit erringen (Gesamtgut). Die Errungenschaftsgemeinschaft stellt sich gewissermaßen nur als eine Umgestaltung des Güterstandes der ehemännlichen Verwaltung und Nutznießung dar (M 4 S. 491, 499, 511, 513, 534). Die ehelichen Lasten, sowie die für den Erwerb der Gemeinschaftsmasse erforderlichen Ausgaben werden gemeinsam getragen. Der § 1519 Abs 1 bringt zum Ausdrucke, daß der in die Gemeinschaft fallende Erwerb schon während des Bestehens der Errungenschaftsgemeinschaft einen besonderen Vermögensinbegriff bildet (reine Errungenschaftsgemeinschaft). Abgelehnt hat das BGB die sog. Gemeinschaft des Zugewinstes, nach der erst bei Auflösung der Gemeinschaft durch Abrechnung ermittelt wird, ob nach Ersatz des eingebrachten Vermögens und nach Berichtigung der die Gemeinschaft belastenden Verbindlichkeiten ein (unter die Ehegatten gleichmäßig zu verteilender) Überschuß vorhanden ist. Errungenschaftsgemeinschaft kann nur durch Ehevertrag (§§ 1432—1436) eingeführt oder aufgehoben werden. Für diesen

Ehevertrag gelten Beschränkungen, wie sie § 1437 für die allgemeine Gütergemeinschaft vorsieht, nicht. Bei der Errungenschaftsgemeinschaft sind zu unterscheiden: Gesamtgut (§ 1519), eingebrachtes Gut des Mannes (§§ 1520—1525), eingebrachtes Gut der Frau (§§ 1520—1525) und Vorbehaltsgut der Frau (§ 1526 Abs 1, 3). Vorbehaltsgut des Mannes gibt es nicht (§ 1526 Abs 2). — Errungenschaftsgemeinschaft nach Solmser Landrecht vgl. BayObLG in OLG 34, 256.

2. **Gesamtgut** der Errungenschaftsgemeinschaft ist alles, was die Ehegatten — sei es der Mann allein, sei es die Frau allein, sei es beide Ehegatten gemeinsam — während der Errungenschaftsgemeinschaft erwerben, ausgenommen dasjenige, was nach den §§ 1520—1524 als eingebrachtes Gut der Ehegatten und nach § 1526 als Vorbehaltsgut der Frau anzusehen ist. Hiernach gehören zum Gesamtgute die **Nutzungen** des eingebrachten Gutes der Ehegatten (§ 1525) und die Erträge ihrer (körperlichen oder geistigen) **Tätigkeit.** Das Gesamtgut der Errungenschaftsgemeinschaft besitzt dieselbe rechtliche Natur wie das Gesamtgut der allgemeinen Gütergemeinschaft (Gemeinschaft zur gesamten Hand). — Nach § 1527 ist alles vorhandene Vermögen — vermutungsweise — Gesamtgut, sofern nicht eine andere güterrechtliche Eigenschaft sich besonders erweisen läßt. Was eingebrachtes Gut der Ehefrau ist, besagen die §§ 1520—1524. Die darin aufgeführten Fälle ertragen keine Erweiterung; was Vorbehaltsgut der Frau ist, ergibt § 1526; auch **heimlicher oder verbotener Erwerb der Frau,** sofern er nicht unter die §§ 1520—1524, 1526 fällt, wird Gesamtgut (**RG** 90, 288; **RG**St 40, 175). Der Erwerb für das Gesamtgut vollzieht sich mit rechtlicher Notwendigkeit, grundsätzlich ohne Rücksicht auf die *Willensrichtung des Erwerbenden.* Das mit dem Erwerb in der Person eines Ehegatten entstehende Eigentum wird mit seiner Entstehung *umgewandelt* in gütergemeinschaftliches Eigentum (**RG** 84 S. 73, 327; § 1438 A 5, 6), und zwar nach der ausdrücklichen Vorschrift des § 1438 Abs 2, die nach § 1519 Abs 2 auch für die Errungenschaftsgemeinschaft gilt, **kraft Gesetzes.** Der Eintritt dieser Rechtsfolge ist nicht davon abhängig, ob der Ehemann um den Erwerb der Frau weiß oder das von der Frau Erworbene in seine tatsächliche Verfügungsgewalt bekommt. Es kann der Frau nicht anheimgestellt sein, sich ein **Sondergut** dadurch zu verschaffen, daß sie einen Erwerb ohne Wissen des Mannes macht und ihn seiner Verfügungsgewalt vorenthält (**RG** 90, 288; vgl. § 1450).

3. Nach **§ 1438 Abs 2** tritt die Gesamtgutseigenschaft kraft Gesetzes ein. **§ 1442** regelt einige aus der Errungenschaftsgemeinschaft als einer Gemeinschaft zur gesamten Hand (A 2) sich ergebende Folgen (Ausschluß der Verfügung über Anteile, Ausschluß des Teilungsverlangens, Beschränkung der Aufrechnung). Nach **§ 1443** steht dem Manne die Verwaltung des Gesamtguts zu, jedoch bedarf er in den Fällen der **§§ 1444—1446** der Einwilligung der Frau, die nach **§ 1447** durch das Vormundschaftsgericht ersetzt werden kann. Die **§§ 1449—1452** regeln die Rechte der Frau in Ansehung des Gesamtguts. **§ 1455** betrifft die Herausgabe einer ungerechtfertigten Bereicherung des Gesamtguts. **§ 1456** stellt, abgesehen von zwei Ausnahmen (geflissentliche Benachteiligung der Frau oder mangelnde Zustimmung), den Grundsatz der rechtlichen Unverantwortlichkeit des Mannes gegenüber der Frau auf, und **§ 1457** trifft Bestimmung für den Fall, daß der Mann unter Vormundschaft steht. Die Erläuterungen zu den angezogenen Paragraphen werden in Bezug genommen.

§ 1520

Eingebrachtes Gut[1]**) eines Ehegatten ist, was ihm bei dem Eintritte**[2]**) der Errungenschaftsgemeinschaft gehört**[3]**)**[4]**).**

E I 1412 II 1415; M 4 495; P 4 349.

1. Die §§ 1520—1524 bestimmen, was als **eingebrachtes Gut** eines Ehegatten anzusehen ist. In den bezeichneten Fällen entsteht eingebrachtes Gut *kraft Gesetzes.* Eingebrachtes Gut beider Ehegatten bildet — abgesehen von dem Vorbehaltsgute der Frau (§ 1526) — gewissermaßen einen Gegensatz zum Gesamtgute (§ 1519), jedoch unterliegt das eingebrachte Gut, wie das Gesamtgut der Verwaltung des Mannes und die Nutzungen des eingebrachten Gutes beider Ehegatten gehören zum Gesamtgute (§ 1525). Der E I bezeichnete das eingebrachte Gut im Falle der Errungenschaftsgemeinschaft als **Sondergut.** Die zweite Kommission ersetzte diesen Ausdruck durch die Bezeichnung „eingebrachtes Gut" entsprechend dem Vorgange, daß auch bei dem gesetzlichen Güterstande das der Verwaltung und Nutznießung des Mannes unterliegende Vermögen als „eingebrachtes Gut" bezeichnet worden war (Prot 4, 349). Irgendeine Vermutung für die Eigenschaft als Eingebrachtes besteht nicht (**RG**St 40, 175).

2. **Eintritt der Errungenschaftsgemeinschaft.** Die *vor* der Ehe vereinbarte Errungenschaftsgemeinschaft kann naturgemäß nicht früher als mit der Eheschließung eintreten. Die *während* der Ehe vereinbarte Errungenschaftsgemeinschaft tritt mit dem Abschlusse des Ehevertrags

ein. In beiden Fällen kann durch Vertrag ein späterer Eintritt der Errungenschaftsgemeinschaft vereinbart werden.

3. Alle **dem Ehegatten gehörenden Gegenstände** (Sachen und Rechte) fallen ausnahmslos unter § 1520. Auch bares Geld und andere verbrauchbare Sachen sind nicht ausgenommen, doch gilt hinsichtlich ihrer die Vermutung aus § 1540 (Verwendung in das Gesamtgut). Vgl. auch §§ 1525 Abs 2, 1377, 1527. Unter § 1520 fällt auch ein bedingter oder anfechtbarer Erwerb, wenn letzterer während der Errungenschaftsgemeinschaft unbedingt oder unanfechtbar wird, desgleichen der Erwerb auf Grund einer vor Eintritt der Errungenschaftsgemeinschaft begonnenen, aber erst während derselben vollendeten Ersitzung. Was beiden Ehegatten schon vor Beginn der Errungenschaftsgemeinschaft gemeinschaftlich gehörte, wird gemeinschaftliches eingebrachtes Gut, nicht Gesamtgut (M 4, 496).

4. Durch **Ehevertrag** können Gegenstände, die an sich zum eingebrachten Gute gehören würden, dem Gesamtgute zugewiesen werden. Solche Gegenstände gehen nicht kraft Gesetzes in das Gesamtgut über (§§ 1519 Abs 2, 1438 Abs 2), sondern nach Maßgabe der allgemeinen, für den Übergang des betreffenden Rechtes geltenden Bestimmungen (M 4, 496). Vgl. auch OLG 7, 55 (bei Grundstücken Auflassung erforderlich). Über die Frage, ob in einer Vereinbarung, durch die bei Begründung der Errungenschaftsgemeinschaft ein zum eingebrachten Gute eines Ehegatten gehörendes Grundstück in die Gemeinschaft aufgenommen wird, eine **Schenkung** im Sinne des § 40 ErbschStG gefunden werden kann, vgl. RFH, Urt. v. 9. 12. 20 in JW 1921, 662[16] und Urt. v. 18. 11. 21 in JW 1922, 833[6].

§ 1521

Eingebrachtes Gut[1]) eines Ehegatten ist, was er von Todes wegen[2]) oder mit Rücksicht auf ein künftiges Erbrecht[3]), durch Schenkung[4]) oder als Ausstattung[5]) erwirbt. Ausgenommen ist ein Erwerb, der den Umständen nach zu den Einkünften zu rechnen ist[6])[7]).

E I 1412 II 1418; M 4 496; P 4 349, 365.

1. Eingebrachtes Gut § 1520 A 1.

2. Unter **Erwerb von Todes wegen** versteht § 1369 das, was während des Bestehens des gesetzlichen Güterstandes durch Erbfolge, durch Vermächtnis oder als Pflichtteil erworben wird. So auch M 4, 496. In diesem Sinne spricht auch § 1521 von einem Erwerbe von Todes wegen. Erwerb durch Erbfolge umfaßt den Erwerb auf Grund gesetzlicher Erbfolge, testamentarischer Erbfolge und testamentarischer Zuwendung von Vermächtnissen, sowie auf Grund Erbvertrags (§§ 1922—1940). Hiernach ist der Erwerb durch Vermächtnis (§§ 1939, 2147 ff.) schon in dem Erwerbe durch Erbfolge mitbegriffen. Bedarf es nach dem Anfalle der Erbschaft an die Frau (§ 1942) noch einer Auseinandersetzung mit Miterben, so ist dazu nach §§ 1525 Abs 2, 1359 die Zustimmung des Mannes nötig (OLG 8, 332). Der Erblasser kann — unbeschadet des Pflichtteilsrechts — bestimmen, daß das Erworbene Gesamtgut werden solle. Eine solche Bestimmung hat nicht zur Folge, daß das Erworbene ohne weiteres Gesamtgut wird, sondern dazu bedarf es eines Ehevertrags und der Befolgung der allgemeinen für den Übergang des fraglichen Vermögens geltenden Bestimmungen. Was beiden Ehegatten gemeinschaftlich zugewendet wird, fällt nicht in das Gesamtgut, sondern wird gemeinschaftliches eingebrachtes Gut (M 4, 496).

3. Was einem Ehegatten während des Bestehens der Errungenschaftsgemeinschaft **mit Rücksicht auf sein künftiges Erbrecht** von einem Dritten zugewendet wird, ist als eingebrachtes Gut zu behandeln, weil es sich hierbei um eine Vorwegnahme des Erbrechts, also inhaltlich um Erwerb durch Erbfolge handelt. Daran ändert sich nichts, wenn der bedachte Ehegatte oder beide Ehegatten gewisse Gegenleistungen (Leibzucht, Abfindung) übernehmen. Ob diese Verpflichtungen Gesamtgutsverbindlichkeiten sind und welchem der Ehegatten sie im Verhältnisse zueinander zur Last fallen, richtet sich nach den allgemeinen Bestimmungen (§§ 1530 ff., 1535 ff.).

4. **Schenkungen.** Was ein Dritter während des Bestehens der Errungenschaftsgemeinschaft einem Ehegatten schenkt, wird eingebrachtes Gut des Beschenkten. Was ein Dritter unter Lebenden einer Ehefrau unentgeltlich zuwendet, kann er zu ihrem Vorbehaltsgute bestimmen (§§ 1526, 1369). Was ein Dritter beiden Ehegatten gemeinschaftlich schenkt, wird nicht Gesamtgut, sondern gemeinschaftliches eingebrachtes Gut. Der Schenker kann das Geschenk aber auch für das Gesamtgut machen. Dann gilt das in A 1 über Bestimmung als Gesamtgut Gesagte. Hochzeitsgeschenke und belohnende Schenkungen unterliegen derselben Beurteilung wie Schenkungen überhaupt, desgleichen Geschenke, die ein Ehegatte dem andern macht. Zu einer Schenkung des Mannes an die Frau aus dem Gesamtgut ist ein Ehevertrag nicht notwendig (Planck A 1c; Staudinger A 1c). Was ein Ehegatte während des Bestehens der

Errungenschaftsgemeinschaft von einem Dritten durch ein entgeltliches Rechtsgeschäft erwirbt, kann nicht durch die Bestimmung des Dritten eingebrachtes Gut werden. Die Bestimmung des Dritten ist unwirksam. Sonst wäre jedem Ehegatten die Möglichkeit gegeben, durch entsprechende Abmachungen den Ertrag seiner Arbeit dem Gesamtgute zu entziehen. Dadurch würde aber die ganze Einrichtung der Errungenschaftsgemeinschaft gefährdet (M 4, 498; vgl. § 1522 A 2).

5. Die **Ausstattung** (§ 1624) umfaßt hier auch die **Aussteuer** (§ 1620). Sind sie schon vor dem Eintritte der Errungenschaftsgemeinschaft gewährt oder versprochen worden, so werden sie nach § 1520 eingebrachtes Gut.

6. Die **Ausnahme** des § 1521 Satz 2 beruht auf einem Beschlusse der zweiten Kommission (Prot 4, 366). Ihr liegt die Erwägung zugrunde, daß ein Erwerb, namentlich Schenkungen denkbar seien, die ihrer Natur und den Umständen des Falles entsprechend eine Vergrößerung des gemeinsamen Zehrguts (Konsumtionsfonds), nicht des eingebrachten Gutes bildeten, z. B. Trinkgelder, die der Mann als Pförtner oder die Frau als Kellnerin empfangen, überhaupt Geschenke, die ein Ehegatte mit Beziehung auf seine Erwerbstätigkeit oder aus Anlaß derselben erhalte (A 4). Ähnlich verhält es sich mit Zuwendungen zur Bestreitung des ehelichen Aufwandes, sei es, daß es sich um eine einmalige Leistung (z. B. Hergabe der Mittel zu einer Erholungsreise), sei es, daß es sich um wiederkehrende Zuschüsse (z. B. zu den laufenden Bedürfnissen des Haushalts) handelt. Sogenannte Nadelgelder, die ein Vater seiner Tochter gewährt, werden regelmäßig dem Gesamtgute zufließen. Bei der Frage, ob ein Erwerb zu den **Einkünften** zu rechnen sei, sind nicht nur die Absicht des Zuwendenden, sondern auch die persönlichen Verhältnisse des Empfängers, seine Erwerbstätigkeit und der Anlaß der Zuwendung zu berücksichtigen. Wirtschaftliche Gesichtspunkte sind in den Vordergrund zu stellen. In Betracht kommt **Erwerb** jeder der im § 152 Satz 1 bezeichneten Arten.

7. Durch **Ehevertrag** kann ein Erwerb der im § 1521 bezeichneten Art dem Gesamtgute zugewiesen werden. Für diesen Fall gilt das § 1520 A 4 Gesagte.

§ 1522

Eingebrachtes Gut[1]) eines Ehegatten sind Gegenstände, die nicht durch Rechtsgeschäft übertragen werden können[2]), sowie Rechte, die mit seinem Tode erlöschen[3]) oder deren Erwerb durch den Tod eines der Ehegatten bedingt ist[4]).

E I 1415 II 1416; M 4 503; P 4 350.

1. Eingebrachtes Gut § 1520 A 1.

2. Wegen der Gegenstände (Rechte, Sachen), die nicht durch Rechtsgeschäft übertragen werden können, vgl. § 1439 A 2. Ob die Unübertragbarkeit aus der rechtlichen Beschaffenheit des Gegenstandes folgt oder auf Vereinbarung beruht, macht keinen Unterschied. Vgl. aber auch § 1521 A 4. Mit dem Verluste der Eigenschaft der Unübertragbarkeit werden solche Gegenstände Gesamtgut. Die Nutzungen unübertragbarer Gegenstände (z. B. die Gehaltssumme, die Unfall- oder Altersrente) fallen gemäß § 1525 in das Gesamtgut. Gehören unübertragbare Gegenstände dem Ehegatten schon beim Eintritt der Errungenschaftsgemeinschaft, so werden sie nach § 1520 eingebrachtes Gut und bleiben eingebrachtes Gut, auch wenn sie während der Errungenschaftsgemeinschaft die Eigenschaft der Unübertragbarkeit verlieren. Späterer Verlust der Unübertragbarkeit ist überhaupt immer gleichgültig, wenn der Gegenstand nicht nur nach § 1522, sondern auch nach einer andern Bestimmung eingebrachtes Gut ist. Unzulässig ist es, durch Ehevertrag unübertragbare Gegenstände dem Gesamtgute zuzuweisen.

3. Zu den **Rechten, die mit dem Tode des berechtigten Ehegatten erlöschen,** gehört z. B. eine Leibrente (§ 759 Abs 1). Derartige Rechte sind, weil von der Lebenszeit des Berechtigten abhängig, nicht geeignet, den Zwecken des Gesamtguts zu dienen, insbesondere die Kosten des ehelichen Aufwandes zu bestreiten und nach Auflösung der Errungenschaftsgemeinschaft zur Teilung gebracht zu werden. Die Rechte selbst gehören also zum eingebrachten Gute, dagegen fallen die durch sie gewonnenen Nutzungen nach § 1525 in das Gesamtgut. Der für das erworbene Recht gezahlte Preis fällt dem eingebrachten Gute des Berechtigten zur Last (§ 1535 Nr 1). Der Nießbrauch gehört wegen seiner Unübertragbarkeit (§ 1059 Satz 1) nach § 1522 zum eingebrachten Gute.

4. Zu den **Rechten, deren Erwerb durch den Tod eines der Ehegatten bedingt ist,** gehört namentlich das Recht aus einer Lebensversicherung. Auch Rechte dieser Art sind wie die in A 3 bezeichneten Rechte ungeeignet, den Zwecken des Gesamtguts zu dienen. Unter § 1522 fallen solche Rechte nicht nur, wenn derjenige Ehegatte, bei dessen Tode die Versicherungssumme ausgezahlt werden soll, der überlebende Teil ist, sondern auch, wenn die Errungenschaftsgemeinschaft durch den Tod des versicherten Ehegatten aufgelöst ist. Die Lebensversicherungs-

beiträge fallen dem eingebrachten Gute desjenigen Ehegatten zur Last, der die Versicherung genommen hat. Unbenommen bleibt dem versicherungnehmenden Ehegatten natürlich, durch entsprechende Abmachung bei Eingehung der Versicherung oder durch letztwillige Verfügung dem überlebenden Ehegatten die Versicherungssumme zugute kommen zu lassen. Auf eine sog. Erlebensversicherung kann § 1522 nicht ausgedehnt werden. — Vgl. zu diesen Fragen **RG** Warn 1915/16 Nr 229 (Katzenelnbogener Landrecht und Gemeines Recht).

§ 1523

Eingebrachtes Gut[1]) eines Ehegatten ist, was durch Ehevertrag[2]) für eingebrachtes Gut erklärt ist[3]).

E I 1413 II 1417; M 4 498; P 4 349.

1. Eingebrachtes Gut § 1520 A 1. Der § 1523 ist eine Anwendung des im § 1432 ausgesprochenen Grundsatzes der Vertragsfreiheit.

2. **Ehevertrag.** Seine Form bestimmt sich nach § 1434, seine Wirkung gegen Dritte nach § 1435.

3. **Anfechtung.** Ein Ehevertrag, durch den Gesamtgutsgegenstände für eingebrachtes Gut der Frau erklärt werden, benachteiligt die Gläubiger des Mannes (§ 1525 Abs 2 mit § 1410) und unterliegt der Anfechtung nach Maßgabe des § 32 Nr 2 KO und § 3 Nr 3 AnfG. Die Umwandlung in eingebrachtes Gut des Mannes benachteiligt weder die Gläubiger des Mannes noch die der Frau (Planck A 2).

§ 1524

[1]) Eingebrachtes Gut[2]) eines Ehegatten ist, was er auf Grund eines zu seinem eingebrachten Gute gehörenden Rechtes[3]) oder als Ersatz[4]) für die Zerstörung, Beschädigung oder Entziehung eines zum eingebrachten Gute gehörenden Gegenstandes oder durch ein Rechtsgeschäft erwirbt, das sich auf das eingebrachte Gut bezieht[5]). Ausgenommen ist der Erwerb aus dem Betrieb eines Erwerbsgeschäfts[6]).

Die Zugehörigkeit einer durch Rechtsgeschäft erworbenen Forderung zum eingebrachten Gute hat der Schuldner erst dann gegen sich gelten zu lassen, wenn er von der Zugehörigkeit Kenntnis[7]) erlangt; die Vorschriften der §§ 406 bis 408 finden entsprechende Anwendung[8]).

E I 1414 II 1419; M 4 498; P 4 350; 6 326.

1. **Rechtliche Ersetzung** (Surrogation). Da die Errungenschaftsgemeinschaft nur eine Umgestaltung des gesetzlichen ehelichen Güterrechts ist (§ 1519 A 1), soll bei der Errungenschaftsgemeinschaft das eingebrachte Gut jedes Ehegatten, ebenso wie beim gesetzlichen ehelichen Güterrechte das Vorbehaltsgut der Frau (§ 1370 A 1), als Vermögensinbegriff, gleichviel welche rechtliche oder wirtschaftliche Form es im Laufe der Zeit annimmt, dem berechtigten Ehegatten erhalten bleiben. Dieser soll nicht auf bloße Ersatzansprüche an das Gesamtgut aus etwaiger Bereicherung angewiesen sein. Der § 1524 Abs 1 Satz 1 entspricht dem § 1370 und § 1440 und bringt den Grundsatz zur Anerkennung, daß das eingebrachte Gut gleichsam eigene Ersetzungskraft besitzt (sog. Surrogationsgrundsatz).

2. **Eingebrachtes Gut** § 1520 A 1. Der § 1524 begreift auch Gegenstände, die nur wegen ihrer *Unübertragbarkeit* eingebrachtes Gut sind (§ 1522). Anders § 1439 (Gütergemeinschaft) und § 1554 (Fahrnisgemeinschaft).

3. **Recht.** Vgl. § 1370 A 2. Der Anspruch auf einen **Lotteriegewinn** gehört zum eingebrachten Gute oder zum Gesamtgute, je nachdem das Gewinnlos Bestandteil des ersteren oder des letzteren war. Zum eingebrachten Gute gehören ferner der Erwerb auf Grund einer vor Eintritt der Errungenschaftsgemeinschaft begonnenen, aber erst während derselben vollendeten **Ersitzung** (vgl. auch § 1520 A 3), ferner die Gegenstände, die als **Erfüllung** auf Grund eines schon vor Eintritt der Errungenschaftsgemeinschaft begründeten Anspruchs geleistet sind, sowie Ansprüche, die beim Eintritte der Errungenschaftsgemeinschaft streitig waren, aber während der Errungenschaftsgemeinschaft (durch *Urteil*, *Vergleich* oder *Anerkenntnis*) unstreitig wurden. Ein Erwerb, der sich auf ein Teilnahmerecht des Ehegatten an einer *gemeinschaftlichen* Sache oder an einem **Nachlasse** gründet, gehört zum eingebrachten Gute auch dann, wenn die Teilung erst *nach* dem Eintritte der Errungenschaftsgemeinschaft stattgefunden hat. Die **Nutzungen** des eingebrachten Gutes würden an sich ebenfalls unter § 1524 Abs 1 Satz 1 fallen, sind aber nach § 1525 dem Gesamtgute zugewiesen.

4. **Ersatz.** Vgl. § 1370 A 3. Dazu gehören Ansprüche aus der Enteignung (auf die Entschädigungssumme), aus der wegen Schulden eingeleiteten Zwangsversteigerung (auf den Reinerlös) und im Falle eines Brandes auf die Brandschadenssumme, wenn die betroffenen Gegenstände zum eingebrachten Gute gehören.

5. **Zusammenhang des eingebrachten Gutes mit dem Rechtsgeschäfte.** Vgl. § 1370 A 4.

6. Der Erwerb aus dem Betrieb eines zum eingebrachten Gute gehörenden **Erwerbsgeschäfts** wird Gesamtgut. Diese Regelung entspricht dem Wesen der Errungenschaftsgemeinschaft, wonach die Erträge der Arbeitstätigkeit beider Ehegatten (§ 1519 A 1) und die Nutzungen des eingebrachten Gutes derselben (§ 1525) zu dem Gesamtgute gehören. Betreibt die Frau das Erwerbsgeschäft, so kommt es für die Anwendung des § 1524 Abs 1 Satz 2 nicht darauf an, daß der Mann in den Betrieb gewilligt habe, ebensowenig darauf, daß die Frau das Geschäft selbständig betreibt (§ 1367 A 3). Wird durch den Betrieb des Erwerbsgeschäfts das Gesamtgut auf Kosten des eingebrachten Gutes bereichert, so kann nach Maßgabe des § 1539 Ersatz gefordert werden. Gehört das Erwerbsgeschäft zum Vorbehaltsgute des Ehegatten, so gilt für seinen Erwerb wieder die Regel des § 1524 Abs 1 Satz 1. Über den Begriff des Erwerbsgeschäfts vgl. § 1405 A 5. — Erwerb aus dem Betrieb eines Erwerbsgeschäfts ist nicht nur der **Reingewinn des Geschäfts,** sondern der ganze Erwerb aus dem Betriebe (M 4, 502/03 unter 4). Alle einzelnen im Geschäftsbetriebe erworbenen Vermögensstücke, insbesondere auch die durch den Abschluß von Rechtsgeschäften entstandenen Forderungen gehören dazu. Dagegen gehören nicht zum Erwerb aus dem Betriebe des Geschäfts die **Geschäftseinrichtungen** (Baulichkeiten, Maschinen, Geräte usw.), mittels deren das Geschäft betrieben wird. Wem sie zustehen, bemißt sich, in Ermanglung einer besonderen Regelung durch Ehevertrag, nach den §§ 1520ff., insbesondere nach § 1524 Abs 1 Satz 1, soweit nicht etwa die §§ 93ff. oder andere Vorschriften eingreifen (**RG** 11. 7. 18 IV 10/18).

7. Der **Kenntnis** steht das Kennenmüssen nicht gleich.

8. Da der Schuldner auf Grund des § 1519 Abs 1 den Erwerb für Gesamtgut halten könnte, soll er um seines guten Glaubens willen durch § 1524 Abs 2 geschützt werden. Vgl. § 1473 Abs 2 u. A 3; Prot 6, 327.

§ 1525

Das eingebrachte Gut[1]) wird für Rechnung[2]) des Gesamtguts[3]) in der Weise verwaltet[4]), daß die Nutzungen, welche nach den für den Güterstand der Verwaltung und Nutznießung geltenden Vorschriften[5]) dem Manne zufallen, zu dem Gesamtgute gehören.

Auf das eingebrachte Gut der Frau finden im übrigen die Vorschriften der §§ 1373 bis 1383, 1390 bis 1417 entsprechende Anwendung[6]).

E I 1411 Abs 2, 1417 II 1420; M 4 495, 510 ff.; P 4 349, 351.

1. **Eingebrachtes Gut.** Im Abs 1 ist, abweichend vom Abs 2, sowohl das eingebrachte Gut der Frau wie das des Mannes gemeint. Im übrigen vgl. § 1520 A 1.

2. Daraus, daß das eingebrachte Gut **für Rechnung des Gesamtguts** verwaltet wird, folgt, daß Gewinn und Verlust das Gesamtgut treffen. Dieses hat daher die Lasten des eingebrachten Gutes beider Ehegatten zu tragen (§§ 1529, 1537 Abs 1). Dem Gesamtgute fallen aber auch die Nutzungen zu, und zwar werden diese unmittelbar kraft Gesetzes Bestandteile des Gesamtguts. Einer Übertragungshandlung des Mannes bedarf es nicht (M 4, 512; Prot 4, 353).

3. **Gesamtgut** § 1519 A 2.

4. Die **Verwaltung des eingebrachten Gutes** steht dem Manne zu und muß ordnungsmäßig sein. Frei verfügen kann er über das von ihm selbst eingebrachte Gut mit Einschluß von Grundstücken. An die Einwilligung der Frau ist er aber gebunden, wenn er aus seinem Eingebrachten zu schenken verspricht (§ 1519 Abs 2, § 1446 Abs 1 Satz 2; M 4, 510). Das Recht der Frau beschränkt sich in Ansehung der Nutzungen des vom Manne eingebrachten Gutes darauf, zu verlangen, daß solche Nutzungen, wenn und soweit sie gewonnen werden, dem Gesamtgute zufallen. Der Mann ist in dieser Beziehung nur nach Maßgabe des § 1456 Satz 2 verantwortlich (§ 1519 Abs 2).

5. Die Vorschrift des § 1383 ist maßgebend. Vgl. Erläuterungen dazu.

6. Da sich die Errungenschaftsgemeinschaft gewissermaßen nur als eine Umgestaltung des gesetzlichen ehelichen Güterstandes darstellt (§ 1519 A 1), so gelten viele für letztere gegebene Vorschriften auch für erstere, insbesondere in Ansehung der Stellung des Mannes zum eingebrachten Gute der Frau. Die Verwaltung und Nutznießung des eingebrachten Gutes der Frau übt der Mann zwar als ein eigenes (nicht zu seinem eingebrachten Gute gehöriges)

Recht aus, aber für Rechnung des Gesamtguts (M 4, 511). Nach **§ 1373** ist der Mann berechtigt, die zum eingebrachten Gute der Frau gehörenden Sachen in Besitz zu nehmen. Nach **§ 1374** hat er es ordnungsmäßig zu verwalten, ist der Frau gegenüber auskunftspflichtig und haftet für Sorgfalt wie in eigenen Angelegenheiten (§ 1359). In Ansehung der zu ziehenden Nutzungen ist er nur bei geflissentlicher Benachteiligung der Frau oder mangelnder Zustimmung (§ 1456 Satz 2) verantwortlich (§ 1519 Abs 2). Nach **§ 1375** ist der Mann nicht befugt, die Frau durch Rechtsgeschäfte zu verpflichten oder über eingebrachtes Gut der Frau, ausgenommen in den Fällen der **§§ 1376—1378**, ohne ihre Zustimmung zu verfügen. Die Zustimmung der Frau kann nach **§ 1379** durch das Vormundschaftsgericht ersetzt werden. Ein zum eingebrachten Gute der Frau gehörendes Recht kann der Mann nach **§ 1380** im eigenen Namen gerichtlich geltend machen. Das Urteil wirkt auch für und gegen die Frau, wenn er befugt ist, über das Recht ohne Zustimmung der Frau zu verfügen. Für den Erwerb beweglicher Sachen durch den Mann mit Mitteln des eingebrachten Gutes der Frau und für die Anschaffung von Haushaltsgegenständen gelten **§§ 1381, 1382.** Nach **§ 1383** erwirbt der Mann die Nutzungen wie ein Nießbraucher. Sie gehören zum Gesamtgute (vgl. A 2). Die Lasten des eingebrachten Gutes beider Ehegatten (§§ 1384—1388) trägt nach § 1529 das Gesamtgut, ebenso den ehelichen Aufwand (§ 1389). Für Aufwendungen kann der Mann nach **§ 1390** Ersatz verlangen. Hierzu vgl. § 1539 (Bereicherung). Nach **§§ 1391—1393** kann die Frau Sicherungsmaßregeln verlangen. Ihre Ansprüche auf Grund der Verwaltung und Nutznießung kann sie gegen den Mann nach **§ 1394** regelmäßig erst nach deren Beendigung geltend machen. Wegen Ersatzes verbrauchbarer Sachen vgl. §§ 1377 Abs 3, 1411 Abs 2 (ausschließlich Geld) und § 1540 (einschließlich Geld). Die Rechte der Frau, über ihr eingebrachtes Gut zu verfügen, Rechtsgeschäfte vorzunehmen und Rechtsstreite zu führen, bestimmen sich nach **§§ 1395—1407.** Die Beschränkungen der Frau muß ein Dritter nach **§ 1404** auch dann gegen sich gelten lassen, wenn er nicht gewußt hat, daß die Frau eine Ehefrau ist. Ihn schützt auch nicht der Umstand, daß die Errungenschaftsgemeinschaft nicht in das Grundbuch eingetragen ist (vgl. § 1404 A 1). Die Schlüsselgewalt (§ 1357) bleibt der Frau vorbehalten. Das dem Manne am eingebrachten Gute der Frau zustehende Recht ist nach **§ 1408** nicht übertragbar. § 861 ZPO findet auf die Errungenschaftsgemeinschaft keine Anwendung. Die Nutzungen werden mit dem Erwerb unmittelbar kraft Gesetzes Gesamtgut (A 2) und dieses haftet nach § 1530 den Gläubigern. Pfändung des Rechtes des Mannes auf noch nicht erworbene Nutzungen ist unzulässig, auch entbehrlich (Prot 4, 353). Den bevormundeten Mann vertritt nach § 1409 der Vormund. Die **§§ 1410—1417** regeln die Schuldenhaftung. Nach **§ 1410** können sich die Gläubiger des Mannes nicht an das eingebrachte Gut der Frau halten. Es haftet aber nach **§ 1411** den Gläubigern der Frau, ausgenommen in Fällen der **§§ 1412—1414.** Wegen der Zwangsvollstreckung in das eingebrachte Gut der Frau vgl. § 1411 A 2. Gezogene Nutzungen sind als Bestandteile des Gesamtguts (A 2) nur den Gesamtgutsgläubigern haftbar.

§ 1526

Vorbehaltsgut[1]) der Frau ist, was durch Ehevertrag für Vorbehaltsgut erklärt ist oder von der Frau nach § 1369 oder § 1370 erworben wird[2]).

Vorbehaltsgut des Mannes ist ausgeschlossen[3]).

Für das Vorbehaltsgut der Frau gilt das gleiche wie für das Vorbehaltsgut bei der allgemeinen Gütergemeinschaft[4])[5]).

E I 1416, 1417 II 1421; M 4 505; P 4 351, 353.

1. Der **Begriff des Vorbehaltsguts** ist bei allen Güterständen der nämliche. Es wird von demjenigen Ehegatten, dem es gehört, selbständig verwaltet und genutzt. Die Nutzungen werden gleichfalls Vorbehaltsgut (vgl. § 1440 A 1). Über den Unterschied zwischen Vorbehaltsgut, eingebrachtem Gut und Gesamtgut vgl. § 1519 A 1, 2 u. § 1520 A 1.

2. Der § 1526 Abs 1 begrenzt den **Umfang des Vorbehaltsguts der Frau** und stimmt wörtlich mit dem § 1440 Abs 2 (Vorbehaltsgut bei Gütergemeinschaft) überein. Wie bei der Gütergemeinschaft kann in den nicht mitaufgeführten Fällen der §§ 1366, 1367 Vorbehaltsgut nur durch Ehevertrag oder Bestimmung eines Dritten entstehen (§ 1440 A 2). — Durch Ehevertrag kann auch ein Inbegriff von Gegenständen ohne Aufreihung dessen, woraus er sich im einzelnen zusammensetzt, bestimmt werden (**RG** JW 1916, 834[6]).

3. Neben dem Vorbehaltsgute der Frau ist **Vorbehaltsgut des Mannes** nur bei der Gütergemeinschaft zugelassen. Vgl. § 1440 A 1. Dagegen ist es bei der Errungenschaftsgemeinschaft den Ehegatten unbenommen, gewisse Einkünfte durch Vereinbarung dem Manne allein zuzuweisen (Prot 4, 351) und dadurch eine dem Vorbehaltsgut eigene Wirkung zu erreichen. Die Vereinbarung bedarf der Form des Ehevertrags.

4. Nach § 1526 Abs 3 kommt § 1441 und nach diesem die Bestimmungen über Gütertrennung (§§ 1427—1431) in Betracht. Hiernach bleibt die Frau so, als wäre sie unverheiratet, **Herrin ihres vorbehaltenen Vermögens.** Sie verwaltet es selbständig und zieht die Nutzungen für sich. — Verwendet der Mann Vorbehaltsgut der Frau in das Gesamtgut, so kann die Frau, wenn ihr dadurch ein Ersatzanspruch erwächst, diesen auch während der Errungenschaftsgemeinschaft geltend machen. Der Anspruch steht ihr alsdann gegenüber dem Gesamtgute zu und richtet sich nach den allgemeinen gesetzlichen Bestimmungen; soweit die Verwendung auf Vereinbarung beruht, sind daher für Inhalt, Umfang und Fälligkeit die ausdrücklichen oder stillschweigenden Vereinbarungen bei Berücksichtigung der Auslegungsregel des § 1429 maßgebend. Dies folgt aus § 1526 Abs 3 in Verbindung mit § 1466 (**RG**St 40, 177).

5. Die Eintragung der Vorbehaltseigenschaft in das **Grundbuch** ist ausgeschlossen (vgl. § 1441 A 3).

§ 1527

[1]) Es wird vermutet[2]), daß das vorhandene Vermögen[3]) Gesamtgut sei[4]).

E I 1421 Abs 1 II 1422; M 4 516, 518; P 4 354.

1. Der § 1527 stellt eine **gesetzliche Vermutung zugunsten des Gesamtguts** auf. Das gleiche folgt bei der Gütergemeinschaft und der Fahrnisgemeinschaft schon aus ihrem durch § 1438 bzw. § 1549 gekennzeichneten Wesen. Bei der Errungenschaftsgemeinschaft bedurfte es einer besonderen Hervorhebung dieser Vermutung, weil bei diesem Güterstande seinem Wesen entsprechend das eingebrachte Gut neben dem Gesamtgut regelmäßig eine Sonderstellung einnimmt, während bei der Gütergemeinschaft und Fahrnisgemeinschaft Sondergut nur ausnahmsweise vorkommt. Der § 1527 bezweckt hauptsächlich, der Ehefrau mit Rücksicht darauf, daß regelmäßig der Ehemann das Gesamtgut mit Ausschluß der Frau besitzen und verwalten wird, die für sie aus dem Gemeinschaftsverhältnisse entspringenden Rechte zu sichern. Eine wichtige Folge der Vermutung ist namentlich die, daß jede auf ein eingebrachtes Gut gemachte Verwendung bis zum Beweise des Gegenteils als aus dem Gesamtgute gemacht gilt (M 4, 516; vgl. § 1539).

2. Die **Vermutung** gilt nicht nur im Verhältnisse der Ehegatten zueinander, sondern auch Dritten gegenüber. Sie kann durch Gegenbeweis widerlegt werden (§ 292 ZPO). Der Gegenbeweis kann auch anders als durch das im § 1528 vorgesehene Bestandsverzeichnis geführt werden. Die Vermutungen des § 1362 beim gesetzlichen Güterstande gelten nach § 1525 Abs 2 auch bei der Errungenschaftsgemeinschaft in bezug auf das eingebrachte Gut der Frau, jedoch erst nach Widerlegung der Vermutung des § 1527. Hinsichtlich verbrauchbarer Sachen stellt § 1540 eine Vermutung auf.

3. Das **vorhandene Vermögen** umfaßt das gesamte beiderseitige Vermögen der Ehegatten, gleichviel, worin es besteht, in wessen Besitz es sich befindet und ob es vor oder nach Eintritt der Errungenschaftsgemeinschaft erworben ist. Freilich wird der Beweis eines Ehegatten, daß er ein bestimmtes Vermögensstück vor dem Eintritte der Errungenschaftsgemeinschaft erworben habe, zur Widerlegung der Vermutung meist genügen. — Nach § 1527 wird vermutet, daß das vorhandene Vermögen Gesamtgut sei. Daraus ergibt sich, daß Gesamtgut alles Vermögen ist, von dem sich nicht erweisen läßt, daß es nach den einschlagenden besonderen Bestimmungen des BGB eine andere güterrechtliche Eigenschaft hat, möge es Eingebrachtes eines der Ehegatten oder Vorbehaltsgut der Frau sein. Ob dies zutrifft, ist allein nach den §§ 1520—1524 bzw. § 1526 zu beurteilen (**RG**St 40, 185; **RG** 90, 288).

4. Übergangsrecht. Die Vermutung, daß das vorhandene Vermögen der Ehegatten Gesamtgut sei, gilt bei den vor dem 1. Januar 1900 geschlossenen Ehen, auf welche die Bestimmungen des BGB über die Errungenschaftsgemeinschaft seit jenem Tage Anwendung finden, nur betreffs des Erwerbs solcher Vermögensstücke, die einem der Ehegatten seit dem 1. Januar 1900 zugefallen sind. Die damals schon begründeten güterrechtlichen Verhältnisse hat § 1527 nicht geändert (**RG** 31. 5. 07 VII 339/06; Köln).

§ 1528

[1]) Jeder Ehegatte kann verlangen[2]), daß der Bestand seines eigenen und des dem anderen Ehegatten gehörenden eingebrachten Gutes[3]) durch Aufnahme eines Verzeichnisses unter Mitwirkung[4]) des anderen Ehegatten festgestellt[5]) wird. Auf die Aufnahme des Verzeichnisses finden die für den Nießbrauch geltenden Vorschriften des § 1035 Anwendung[6]).

Jeder Ehegatte kann den Zustand der zum eingebrachten Gute[7]) gehörenden Sachen auf seine Kosten durch Sachverständige feststellen lassen.

E I 1422 II 1423; M 4 518; P 4 355.

1. **Zweck der Vorschrift.** Jedem Ehegatten soll die Möglichkeit an die Hand gegeben werden, sich im voraus durch Feststellung des Umfanges und Zustandes des jedem Ehegatten gehörenden eingebrachten Gutes eine womöglich unstreitige Grundlage für eine künftige Auseinandersetzung zu schaffen und sich gegen die Vermutung des § 1527 zu sichern. Dadurch wird die praktische Brauchbarkeit der Errungenschaftsgemeinschaft als eines vertragsmäßigen Güterstandes erhöht. Die Vorschrift des § 1528 entspricht der für das gesetzliche Güterrecht gegebenen Vorschrift des § 1372 und gilt nach § 1439 Satz 2 auch für das Sondergut der allgemeinen Gütergemeinschaft und nach § 1550 Abs 2 für das eingebrachte Gut jedes Ehegatten bei der Fahrnisgemeinschaft.

2. Nur auf **Verlangen** des Ehegatten ist der andere Ehegatte verpflichtet, bei der Feststellung des Bestandes durch Aufnahme eines Verzeichnisses mitzuwirken. Im Weigerungsfalle kann auf Verurteilung zur Mitwirkung geklagt werden.

3. **Eingebrachtes Gut** § 1520 A 1. In das Verzeichnis aufzunehmen ist auch der während des Bestehens der Errungenschaftsgemeinschaft gemachte, dem eingebrachten Gute zugefallene Erwerb.

4. Die **Mitwirkung** des andern Ehegatten beschränkt sich, wenn das Verzeichnis bereits ohne seine Mitwirkung aufgenommen worden ist, auf seine Mitunterzeichnung, und diese kann nur verlangt werden, wenn das Verzeichnis Anspruch auf Richtigkeit und Vollständigkeit erheben kann. Das Recht des Ehegatten, Feststellungsklage auf Grund des § 256 ZPO zu erheben, bleibt unberührt.

5. Die Feststellung des Bestandes durch **Aufnahme eines Verzeichnisses** ist nicht das einzige Mittel, die Zugehörigkeit eines Vermögensstücks zum eingebrachten Gute zu beweisen. Andere Beweismittel sind nicht ausgeschlossen. Übrigens kommt dem vorschriftsmäßig aufgenommenen Verzeichnisse gegenüber Dritten eine besondere Beweiskraft nicht zu, vielmehr unterliegt die Beweiswürdigung allgemeinen Grundsätzen.

6. Zuständigkeit und Verfahren §§ 164, 15 FGG.

7. Die Befugnis zur **Feststellung des Zustandes** bezieht sich sowohl auf das eigene eingebrachte Gut als auch auf das eingebrachte Gut des andern Ehegatten. Die Feststellung des Zustandes (Abs 2) sollte nicht anders als die Aufnahme des Verzeichnisses (Abs 1) jedem Ehegatten hinsichtlich des eingebrachten Gutes jedes Ehegatten zustehen (Prot 4, 355).

§ 1529

[1]) Der eheliche Aufwand[2]) fällt dem Gesamtgute zur Last[3]).

Das Gesamtgut trägt auch die Lasten des eingebrachten Gutes beider Ehegatten[4]); der Umfang der Lasten bestimmt sich nach den bei dem Güterstande der Verwaltung und Nutznießung für das eingebrachte Gut der Frau geltenden Vorschriften der §§ 1384 bis 1387[5]).

E I 1418, 1419 II 1424; M 4 512, P 4 354.

1. § 1529 gilt nur im Verhältnisse der Ehegatten zueinander. Die **Haftung des Gesamtguts** für die im § 1529 bezeichneten Lasten gegenüber den Gläubigern bestimmt sich nach den §§ 1530—1534.

2. Begriff des ehelichen Aufwandes § 1389 A 2.

3. Die Vorschrift des § 1529 Abs 1 entspricht dem § 1458 bei der allgemeinen Gütergemeinschaft und dem § 1549 bei der Fahrnisgemeinschaft. Anders bei dem gesetzlichen Güterstande (§ 1389 Abs 1). Eine Frau, die Vorbehaltsgut besitzt, hat zur Bestreitung des ehelichen Aufwandes nach Maßgabe des § 1441 beizutragen (§ 1526 Abs 3).

4. Das eingebrachte Gut beider Ehegatten wird nach § 1525 Abs 1 für Rechnung des Gesamtguts verwaltet. Diesem Grundsatz entspricht es, daß Gewinn und Verlust das Gesamtgut treffen. Wie diesem die Nutzungen des eingebrachten Gutes beider Ehegatten zugute kommen, so trägt es auch dessen **Lasten**, und zwar ohne Rücksicht darauf, ob und wie hohe Nutzungen gewonnen werden (vgl. § 1525 A 2). Außer diesen Lasten und dem ehelichen Aufwande trägt das Gesamtgut auch diejenigen Ausgaben, welche für den Erwerb, die Erhaltung und Verwaltung des Gesamtguts gemacht sind, insbesondere Ausgaben, die der Ehemann für die Zwecke eines von ihm betriebenen Erwerbsgeschäfts oder eines sonstigen auf Erwerb gerichteten Berufs gemacht hat. Für Lasten, die vor dem Eintritte der Errungenschaftsgemeinschaft entstanden sind, kommt § 103 in Betracht. Diejenigen **Kosten**, die zum Zwecke der ordnungsmäßigen Verwaltung des eingebrachten Gutes aufgewendet werden, sind vom Gesamtgute nur dann zu tragen, wenn sie unter die in den §§ 1384—1387 bezeichneten Lasten fallen. Andernfalls treffen sie das eingebrachte Gut, um dessen Verwaltung es sich handelt.

5. Umfang der Lasten. Auf dem Gesamtgute lasten nach **§ 1384** außer den durch die Gewinnung der Nutzungen des beiderseits eingebrachten Gutes entstehenden Kosten die darauf verwendeten Erhaltungskosten, nach **§ 1385** gewisse auf dem beiderseits eingebrachten Gute ruhende, öffentliche und privatrechtliche Lasten, sowie Versicherungsbeiträge, nach **§ 1386** gewisse vom Manne oder der Frau geschuldete Zinsen und wiederkehrende Leistungen anderer Art und nach **§ 1387** unter gewissen Voraussetzungen die Kosten eines Rechtsstreits und die Kosten der Verteidigung im Strafverfahren. In einem Rechtsstreite zwischen Mann und Frau hat der Mann die Frau mit angemessenen **Kostenvorschüssen** zu versehen. Vgl. im übrigen die Erl zu den §§ 1384—1387.

§ 1530

[1]) Das Gesamtgut haftet für die Verbindlichkeiten des Mannes[2]) und für die in den §§ 1531 bis 1534 bezeichneten Verbindlichkeiten der Frau[3]) (Gesamtgutsverbindlichkeiten)[4]).

Für Verbindlichkeiten der Frau, die Gesamtgutsverbindlichkeiten sind, haftet der Mann auch persönlich[5]) als Gesamtschuldner[6]). Die Haftung erlischt mit der Beendigung[7]) der Errungenschaftsgemeinschaft, wenn die Verbindlichkeiten im Verhältnisse der Ehegatten zueinander nicht dem Gesamtgute zur Last fallen[8—11]).

E I 1423 Abs 1, 2, 4 II 1425; M 4 519 ff., 528 ff.; P 4 365.

1. Während § 1529 einige Lasten aufführt, die im Verhältnisse der Ehegatten zueinander von dem Gesamtgute zu tragen sind, werden in den §§ 1530—1534 die **Verbindlichkeiten des Gesamtguts gegenüber den Gläubigern** behandelt. Die §§ 1535—1541 regeln dagegen das Verhältnis der Ehegatten zueinander in Ansehung der Gesamtgutsverbindlichkeiten und anderer Ansprüche. Die Haftung des Gesamtguts gegenüber den Gläubigern und die persönliche Haftung des Mannes gegenüber den Gläubigern ist bei der Errungenschaftsgemeinschaft im wesentlichen ebenso wie bei der allgemeinen Gütergemeinschaft (§§ 1459—1462) geordnet, jedoch mit der Abweichung, daß die vor Eintritt der Errungenschaftsgemeinschaft bereits entstandenen und die nach Eintritt aus einer unerlaubten Handlung entstandenen Verbindlichkeiten der Frau nicht Gesamtgutsverbindlichkeiten sind.

2. **Verbindlichkeiten des Mannes.** Daß alle Gläubiger des Mannes ohne Unterschied Befriedigung aus dem Gesamtgute verlangen können, entspricht dem § 1459 Abs 1.

3. **Beweislast.** Daß einer der Fälle der §§ 1531—1534 vorliegt, hat der Gläubiger zu beweisen. Anders § 1459 A 8.

4. **Begriff der Gesamtgutsverbindlichkeit** der Errungenschaftsgemeinschaft. Eine Gesamtgutsverbindlichkeit ist diejenige Verbindlichkeit des einen oder des andern Ehegatten, wegen deren der Gläubiger ohne Rücksicht darauf, ob die Verbindlichkeit im Verhältnisse der Ehegatten zueinander dem Gesamtgute zur Last fällt, auch aus dem Gesamtgute Befriedigung verlangen kann (vgl. § 1459 A 5).

5. Diese **persönliche Haftung des Mannes** bei der Errungenschaftsgemeinschaft entspricht nach Inhalt und Dauer der Bestimmung des § 1459 Abs 2 bei der Gütergemeinschaft. Aus der persönlichen Haftung folgt, daß dem Gläubiger der Frau (neben dem eingebrachten Gute der Frau nach Maßgabe der §§ 1525 Abs 2, 1410—1414, dem Vorbehaltsgute der Frau und dem Gesamtgute) auch das eingebrachte Gut des Mannes haftet. Dies gilt auch, wie bei der Gütergemeinschaft (**RG** JW 04, 176[19]), von Ansprüchen gegen die Frau auf Herausgabe bestimmter Gegenstände. Eine persönliche Haftung der Frau für Verbindlichkeiten des Mannes ist, da der Mann bei der Errungenschaftsgemeinschaft wie bei der allgemeinen Gütergemeinschaft die Einbuße allein tragen soll, nicht anerkannt.

6. Gesamtschuldnerische Haftung §§ 421—425.

7. Die **Beendigungsgründe** sind in § 1546 A 2 aufgeführt. Auf den Zeitpunkt der Beendigung der Auseinandersetzung kommt es nicht an. Im Falle des Konkurses über das Vermögen des Mannes (§ 1543) endigt die Errungenschaftsgemeinschaft mit der Rechtskraft des Eröffnungsbeschlusses und damit auch die persönliche Haftung des Mannes. Dies berührt aber nicht das bereits durch die vorangegangene Konkurseröffnung begründete Recht der Konkursgläubiger, Befriedigung auch aus dem eingebrachten Gute des Mannes zu verlangen (vgl. A 11 und § 1543 A 4).

8. Die persönliche **Haftung des Mannes dauert fort,** wenn die Verbindlichkeit der Frau im Verhältnisse der Ehegatten zueinander dem Gesamtgute zur Last fällt (§§ 1535—1537). Der Mann hat die Voraussetzungen für das Erlöschen seiner Haftung zu beweisen.

9. **Gemeinschaftlich eingegangene Verbindlichkeiten** vgl. § 1459 A 11. Jeder Ehegatte haftet dem Gläubiger zur Hälfte. Den Mann trifft außerdem (mit Rücksicht auf seine

Zustimmung) die persönliche Haftung für die Hälfte der Frau. Dagegen haftet die Frau nicht persönlich für die Hälfte des Mannes. Anders, wenn von beiden Ehegatten eine Gesamtschuld beabsichtigt ist (§§ 421 ff.).

10. **Zwangsvollstreckung** vgl. § 1459 A 12. Bei dem Güterstande der Errungenschaftsgemeinschaft ist die Zwangsvollstreckung in das eingebrachte Gut der Frau nur zulässig, wenn die Frau zu der Leistung und der Mann zur Duldung der Zwangsvollstreckung in das eingebrachte Gut verurteilt ist (§ 739 ZPO). Zur Zwangsvollstreckung in das Gesamtgut ist ein gegen den Ehemann ergangenes Urteil erforderlich und genügend (§ 740 ZPO). Betreibt die Frau selbständig ein Erwerbsgeschäft, so gilt die im § 741 ZPO bestimmte Abweichung. Wegen Erteilung vollstreckbarer Urteilsausfertigung vgl. §§ 742 Abs 1, 744 ZPO, und wegen der Zwangsvollstreckung nach Beendigung der Errungenschaftsgemeinschaft vgl. § 743 ZPO.

11. Im **Konkurse über das Vermögen des Mannes** gehört das Gesamtgut zur Konkursmasse; der Frau ist ein Recht auf Auseinandersetzung (§ 16 KO) und Absonderung (§ 51 KO) versagt; zwischen den Ehegatten findet also, obwohl der Konkurs die Errungenschaftsgemeinschaft beendet (§ 1543), keine Auseinandersetzung wegen des Gesamtguts statt (§ 2 Abs 1, 2 KO). Die Frau kann nur nach Maßgabe der KO die Aussonderung ihres eingebrachten Gutes verlangen. Infolge der Auflösung der Errungenschaftsgemeinschaft durch den Konkurs (§ 1543) werden auch die Ersatzansprüche der Frau (§§ 1525 Abs 2, 1377 Abs 3, 1539) fällig. Diese Ersatzansprüche sowie sonstige ihr gegen das Gesamtgut bzw. den Mann zustehende Ansprüche kann sie als Konkursgläubigerin geltend machen. Anderseits ist sie zur Erfüllung der Ersatzverbindlichkeit wegen Bereicherung ihres eingebrachten Gutes (§ 1539) verpflichtet (vgl. ferner A 7). Inwieweit sich ein Ehemann der Gläubigerbegünstigung im Sinne des § 241 KO schuldig machen kann, wenn er seiner Ehefrau unter vertragsmäßiger Aufhebung der bestehenden Errungenschaftsgemeinschaft in Anrechnung auf deren Ersatzansprüche Gesamtgut überweist, darüber vgl. RGSt 40, 171. — Durch den **Konkurs über das Vermögen der Frau** wird das Gesamtgut nicht berührt (§ 2 Abs 2 KO). Ihr Anteil am Gesamtgut und an den einzelnen dazu gehörenden Gegenständen ist der Pfändung nicht unterworfen (§ 860 ZPO).

§ 1531

[1]) Das Gesamtgut haftet für Verbindlichkeiten der Frau, die zu den im § 1529 Abs 2 bezeichneten Lasten des eingebrachten Gutes gehören[2]).

E I 1423 Abs 2 Nr 1 II 1426; M 4 527; P 4 365.

1. Die §§ 1531—1534 führen diejenigen **Verbindlichkeiten der Frau** auf, wegen deren sich die Gläubiger auch an das Gesamtgut halten können. § 1531 entspricht dem Grundsatze, daß diejenigen Verbindlichkeiten der Frau, welche im Verhältnisse der Ehegatten zueinander dem Gesamtgute zur Last fallen, auch nach außen hin Gesamtgutsverbindlichkeiten sein sollen (vgl. auch § 1529 A 1 u. § 1530 A 1).

2. Wegen der **persönlichen Haftung des Mannes** für die im § 1531 bezeichneten Verbindlichkeiten der Frau vgl. § 1530 Abs 2 u. A 5, 8.

§ 1532

[1]) Das Gesamtgut haftet für eine Verbindlichkeit der Frau, die aus einem nach dem Eintritte der Errungenschaftsgemeinschaft vorgenommenen Rechtsgeschäft[2]) entsteht, sowie für die Kosten eines Rechtsstreits[2]), den die Frau nach dem Eintritte der Errungenschaftsgemeinschaft führt, wenn die Vornahme des Rechtsgeschäfts oder die Führung des Rechtsstreits mit Zustimmung[3]) des Mannes erfolgt oder ohne[4]) seine Zustimmung für das Gesamtgut wirksam ist.

E I 1423 Abs 2 Nr 2 u. 3, Abs 3 II 1427; M 4 527; P 4 365; 6 289.

1. Der § 1532 entspricht dem § 1460, jedoch hinsichtlich der Kosten eines Rechtsstreits mit der im § 1532 bestimmten Einschränkung der Haftung (vgl. auch § 1531 A 1).

2. Gleichviel, ob sich das Rechtsgeschäft bzw. der Rechtsstreit auf das Gesamtgut, das eingebrachte Gut oder das Vorbehaltsgut der Frau bezieht.

3. **Zustimmung des Mannes** §§ 182 ff. Bei Erteilung der Zustimmung kann sich der Mann ausbedingen, daß das Gesamtgut und er persönlich nicht haften (§ 1460 A 3). Fehlt es an der Zustimmung des Mannes und ist die Führung des Rechtsstreits durch die Frau auch nicht für das Gesamtgut wirksam, so fallen die Kosten der Frau zur Last.

4. **Ohne Zustimmung des Mannes** ist für das Gesamtgut wirksam die Vornahme eines Rechtsgeschäfts durch die Frau in den Fällen der §§ 1450—1452, 1455 (bis zur Höhe der

Bereicherung), § 1357 (Schlüsselgewalt) und die Führung eines Rechtsstreits durch die Frau in den Fällen der §§ 1449, 1450, 1452 (1405). Vgl. § 1419 Abs 2. Dagegen wird das Gesamtgut mit denjenigen Verbindlichkeiten der Frau nicht belastet, die sie dadurch übernimmt, daß sie — sei es mit, sei es ohne Zustimmung des Mannes — eine Erbschaft oder ein Vermächtnis annimmt. Ein solcher Erwerb von Todes wegen fällt nach § 1521 regelmäßig in das eingebrachte Gut, und die mit einem solchen Erwerbe verbundenen Verbindlichkeiten können nicht Gesamtgutsverbindlichkeiten sein (M 4, 528). § 1453 ist zwar nach § 1519 Abs 2 auf das Gesamtgut anwendbar, kommt jedoch für die Anwendung des § 1532 nicht in Betracht.

§ 1533

[1]) **Das Gesamtgut haftet für eine Verbindlichkeit der Frau, die nach dem Eintritte der Errungenschaftsgemeinschaft infolge eines ihr zustehenden Rechtes oder des Besitzes einer ihr gehörenden Sache entsteht, wenn das Recht oder die Sache zu einem Erwerbsgeschäfte[2]) gehört, das die Frau mit Einwilligung des Mannes selbständig betreibt.**

E I 1423 Abs 2 Nr 4 II 1428; M 4 528; P 4 365; 6 289.

1. Der § 1533 entspricht dem § 1462 und dieser dem § 1414. Auf die Erl zu §§ 1533, 1414 wird verwiesen. Vgl. auch § 1531 A 1. Betreibt die Frau mit Zustimmung ihres Mannes selbständig ein Erwerbsgeschäft, so sind ihre Verbindlichkeiten aus Rechtsgeschäften und Rechtsstreitigkeiten der Frau, die der Betrieb mit sich bringt, schon nach § 1532 Gesamtgutsverbindlichkeiten (vgl. E I § 1423 Abs 2 Nr 3 und M 4, 527). Demgegenüber dehnt der § 1533 die **Haftung des Gesamtguts** auf weitere, mit dem Betrieb eines Erwerbsgeschäfts nur mittelbar zusammenhängende Verbindlichkeiten der Frau (z. B. Steuern und Abgaben vom Gewerbebetriebe) aus.

2. Ob das **Erwerbsgeschäft** zum eingebrachten Gute oder Vorbehaltsgute der Frau gehört, macht keinen Unterschied.

§ 1534

Das Gesamtgut haftet für Verbindlichkeiten der Frau, die ihr auf Grund der gesetzlichen Unterhaltspflicht obliegen[1]).

E I 1425 II 1429; M 4 530, 376 ff.; P 4 368.

1. **Verbindlichkeiten der Frau auf Grund der gesetzlichen Unterhaltspflicht** sind die in A 7 zu § 1386 bezeichneten Verbindlichkeiten. Keinen Unterschied macht es, ob die Verbindlichkeit vor oder nach dem Eintritte der Errungenschaftsgemeinschaft entstanden ist (vgl. § 1459 A 2, 4) und ob, bzw. inwieweit für die Begründung bzw. Bemessung des Unterhaltsanspruchs das Vorbehalts- oder eingebrachte Gut der Frau in Betracht kommt. Für das Verhältnis der Ehegatten untereinander ist § 1535 Nr 1 und für die Bestimmung der Unterhaltspflicht Verwandten gegenüber § 1604 Abs 2 maßgebend.

§ 1535

[1]) **Im Verhältnisse der Ehegatten zueinander fallen folgende Gesamtgutsverbindlichkeiten[2]) dem Ehegatten zur Last, in dessen Person sie entstehen[3]):**

1. **die Verbindlichkeiten aus einem sich auf sein eingebrachtes Gut oder sein Vorbehaltsgut beziehenden Rechtsverhältnis, auch wenn sie vor dem Eintritte der Errungenschaftsgemeinschaft oder vor der Zeit entstanden sind, zu der das Gut eingebrachtes Gut oder Vorbehaltsgut geworden ist[4]);**
2. **die Kosten eines Rechtsstreits, den der Ehegatte über eine der in Nr 1 bezeichneten Verbindlichkeiten führt[5]).**

E I 1426 Abs 2 Nr 1 u. 5 II 1430; M 4 530; P 4 368.

1. Regel ist, daß bei der Errungenschaftsgemeinschaft ebenso wie bei der allgemeinen Gütergemeinschaft (§ 1463 A 1) alle **Gesamtgutsverbindlichkeiten** auch im Verhältnisse der Ehegatten zueinander dem Gesamtgute zur Last fallen (M 4, 532). Die Ausnahmen von dieser Regel werden in den §§ 1535—1538 bestimmt. Vgl. ferner § 1530 A 1.

2. Begriff der Gesamtgutsverbindlichkeiten § 1530 A 4. Bei der Errungenschaftsgemeinschaft sind die Verbindlichkeiten des Mannes ausnahmslos, die Verbindlichkeiten der Frau aber nur in den Fällen der §§ 1531—1534 Gesamtgutsverbindlichkeiten (§ 1530 Abs 1).

3. Rechtsfolgen. Daraus, daß eine Gesamtgutsverbindlichkeit im Verhältnisse der Ehegatten zueinander **dem Ehegatten zur Last fällt,** in dessen Person sie entsteht, folgt, daß der Ehegatte, dem sie zur Last fällt, bei der Auseinandersetzung die Berichtigung aus dem Gesamtgute nicht verlangen kann (§§ 1546 Abs 2, 1475 Abs 2). Er muß vielmehr, falls die Berichtigung aus dem Gesamtgut erfolgt, bis zur Höhe der Bereicherung Ersatz leisten (§§ 1539, 1541). Außerdem erlischt mit der Beendigung der Errungenschaftsgemeinschaft die persönliche Haftung des Mannes für eine derartige Verbindlichkeit der Frau (§ 1530 Abs 2 Satz 2). Daraus, daß eine Gesamtgutsverbindlichkeit im Verhältnisse der Ehegatten **dem Gesamtgute zur Last fällt,** folgt, daß jeder Ehegatte bei der Auseinandersetzung die Berichtigung aus dem Gesamtgute verlangen kann (§§ 1546 Abs 2, 1475 A 2). Falls die Berichtigung aus dem eingebrachten Gute eines Ehegatten oder aus dem Vorbehaltsgute der Frau erfolgt ist, hat der Ehegatte gegen das Gesamtgut einen Ersatzanspruch bis zur Höhe der Bereicherung (§§ 1539, 1541). Außerdem hat der Mann, falls bei der Auseinandersetzung die Berichtigung unterbleibt, dafür einzustehen, daß die Frau von dem Gläubiger nicht in Anspruch genommen wird (§§ 1546 Abs 2, 1481 Satz 1).

4. § 1535 Nr 1 entspricht dem § 1463 Nr 2 und dieser dem § 1415 Nr 2. Vgl. die Erläuterungen dazu. Unter § 1535 Nr 1 fällt insbesondere die **gesetzliche Unterhaltspflicht** der Frau, insoweit der Unterhaltsanspruch durch den Besitz von eingebrachtem Gute oder Vorbehaltsgute der Frau begründet oder vergrößert wird (vgl. § 1534 A 2; Ausnahmen § 1537).

5. § 1535 Nr 2 entspricht dem § 1463 Nr 3 und dieser dem § 1415 Nr 3. Vgl. die Erläuterungen dazu. Da § 1535 nur von Gesamtgutsverbindlichkeiten handelt, so ist hier unter einem von der Frau geführten **Rechtsstreit** ein solcher zu verstehen, den sie mit Zustimmung des Mannes führt oder dessen Führung ohne seine Zustimmung für das Gesamtgut wirksam ist (1532). Fehlt es an der Zustimmung des Mannes und ist die Führung des Rechtsstreits durch die Frau auch nicht für das Gesamtgut wirksam, so fallen die Kosten ohnedies der Frau zur Last (vgl. § 1532 A 2, 3). Ausnahmen § 1537. — Die Kosten eines **Rechtsstreits zwischen Mann und Frau** fallen im Verhältnisse der Ehegatten zueinander der Frau zur Last, soweit nicht der Mann sie zu tragen hat. Eine ausdrückliche Bestimmung hierüber fehlt. Der Grundsatz des § 1464 Abs 1 darf entsprechend angewendet werden (Planck §§ 1535—1537 A 6).

§ 1536

[1]) Im Verhältnisse der Ehegatten zueinander fallen dem Manne zur Last:

1. die vor dem Eintritte der Errungenschaftsgemeinschaft entstandenen Verbindlichkeiten des Mannes[2]);

2. die Verbindlichkeiten des Mannes, die der Frau gegenüber aus der Verwaltung ihres eingebrachten[3]) Gutes entstehen, soweit[4]) nicht das Gesamtgut zur Zeit der Beendigung der Errungenschaftsgemeinschaft bereichert ist[5]);

3. die Verbindlichkeiten des Mannes aus einer unerlaubten Handlung, die er nach dem Eintritte der Errungenschaftsgemeinschaft begeht, oder aus einem Strafverfahren, das wegen einer unerlaubten Handlung gegen ihn gerichtet wird[6]);

4. die Kosten eines Rechtsstreits, den der Mann über eine der in Nr 1 bis 3 bezeichneten Verbindlichkeiten führt[7]).

E I 1426 Abs 2 Nr 2—5 II 1431; M 4 507, 530 ff.; P 4 368.

1. Vgl. § 1535 A 1—3. § 1536 handelt anders als § 1535 nur von **Verbindlichkeiten des Mannes.** Diese sind ausnahmslos Gesamtgutsverbindlichkeiten (§ 1530 A 2). Die nämlichen Verbindlichkeiten sind, wenn die Frau Schuldnerin ist, keine Gesamtgutsverbindlichkeiten und kommen für § 1536 überhaupt nicht in Betracht.

2. Diesen Verbindlichkeiten wird eine vor dem Eintritte der Errungenschaftsgemeinschaft begründete **sittliche oder Anstandspflicht des Mannes** gleichzustellen sein (vgl. M 4, 507; Ausnahmen § 1537).

3. Überläßt die Frau dem Manne die Verwaltung ihres **Vorbehaltsguts** (§§ 1430, 1441, 1526), so sind die aus dieser Verwaltung entstehenden Verbindlichkeiten des Mannes der Frau gegenüber Gesamtgutsverbindlichkeiten (§ 1530 Abs 1), was zur Folge hat, daß sich die Frau die Berichtigung aus dem Gesamtgute gefallen lassen muß (§ 1535 A 3).

4. Die **Beweislast** in Ansehung der Bereicherung trifft den Mann.

5. **Zweck.** Alle Verbindlichkeiten des Mannes sind Gesamtgutsverbindlichkeiten. Es wäre aber ungerecht, wenn die Frau dulden müßte, daß Verbindlichkeiten des Mannes aus der ihm obliegenden Verwaltung des eingebrachten Gutes der Frau (§§ 1374, 1525 Abs 2) zum Schaden der Frau mit Mitteln des Gesamtguts berichtigt würden. Dem will § 1536 Nr 2 vorbeugen.

6. § 1536 Nr 3 entspricht dem § 1463 Nr 1 und dieser dem § 1415 Nr 1. Vgl. Erläuterungen dazu. Verbindlichkeiten des Mannes aus einer vor Eintritt der Errungenschaftsgemeinschaft begangenen **unerlaubten Handlung** fallen unter Nr 1. Ein **Strafverfahren,** das wegen einer vor Eintritt der Errungenschaftsgemeinschaft begangenen unerlaubten Handlung stattfindet, fällt nicht unter § 1536 Nr 3.

7. Ausnahme § 1537. Für Kosten eines Rechtsstreits zwischen Mann und Frau gilt das zu § 1535 in A 5 am Schlusse Gesagte.

§ 1537

[1]) **Die Vorschriften des § 1535 und des § 1536 Nr 1, 4[2]) finden insoweit keine Anwendung, als die Verbindlichkeiten nach § 1529 Abs 2 von dem Gesamtgute zu tragen sind.**

Das gleiche gilt von den Vorschriften des § 1535 insoweit, als die Verbindlichkeiten durch den Betrieb eines Erwerbsgeschäfts, der für Rechnung des Gesamtguts[3]) geführt wird, oder infolge eines zu einem solchen Erwerbsgeschäfte gehörenden Rechtes oder des Besitzes einer dazu gehörenden Sache entstehen.

E I 1426 Abs 2 Nr 1, 2 u. 5 II 1432; M 4 530; P 4 368.

1. Vgl. § 1530 A 1 u. § 1535 A 1. Der § 1537 beschränkt für gewisse Fälle das Anwendungsgebiet der in den §§ 1535, 1536 bezeichneten Ausnahmen und unterstellt diese Fälle wiederum der Regel, daß alle **Gesamtgutsverbindlichkeiten** auch im Verhältnisse der Ehegatten zueinander dem Gesamtgute zur Last fallen.

2. Bei § 1536 Nr 4 ist nur an einen Rechtsstreit zu denken, den der Mann über eine der in Nr 1 (nicht Nr 2 u. 3) bezeichneten Verbindlichkeiten führt.

3. **Für Rechnung des Gesamtguts** wird das Erwerbsgeschäft — unbeschadet abweichender Vereinbarung der Ehegatten — betrieben, wenn es zum Gesamtgut oder zum eingebrachten Gute eines Ehegatten (§ 1525) gehört, nicht aber, wenn es zum Vorbehaltsgute der Frau gehört, selbst dann nicht, wenn die Frau aus dem Ertrage des Geschäfts zur Bestreitung des ehelichen Aufwandes beitragen muß (§§ 1427 Abs 2, 1441, 1526 Abs 3)

§ 1538

Verspricht oder gewährt der Mann einem Kinde eine Ausstattung, so finden die Vorschriften des § 1465 Anwendung[1]).

E I 1427 II 1433; M 4 532; P 4 368.

1. Bei der Errungenschaftsgemeinschaft ist Vorbehaltsgut des Mannes ausgeschlossen (§ 1526 Abs 2). Gewährt der Mann aber aus seinem eingebrachten Gute einem nicht gemeinschaftlichen Kinde eine **Ausstattung,** so erwächst ihm unter Umständen ein Ersatzanspruch an das Gesamtgut (§ 1539). Im übrigen vgl. Erl zu § 1465 und wegen des Falles, in dem die Ausstattung als Schenkung gilt, § 1446 A 3 u. § 1519 Abs 2. Vgl. ferner die allgemeinen Bemerkungen § 1530 A 1 u. § 1535 A 1.

§ 1539

[1]) **Soweit das eingebrachte Gut eines Ehegatten auf Kosten des Gesamtguts oder das Gesamtgut auf Kosten des eingebrachten Gutes eines Ehegatten zur Zeit der Beendigung der Errungenschaftsgemeinschaft bereichert[2]) ist, muß aus dem bereicherten Gute zu dem anderen Gute Ersatz geleistet werden. Weitergehende, auf besonderen Gründen beruhende Ansprüche[3]) bleiben unberührt[4])[5]).**

E I 1420 II 1434; M 4 514; P 4 354.

1. Die im § 1539 bestimmte **Ersatzpflicht** entspricht der Billigkeit und der besonderen Sachlage bei der Errungenschaftsgemeinschaft. Die Vorschrift ist notwendig, weil in manchen

Fällen die allgemeinen Grundsätze, namentlich die Grundsätze über die ungerechtfertigte Bereicherung, nicht ausreichen und in anderen Fällen die Voraussetzungen eines nach den allgemeinen Grundsätzen begründeten Ersatzanspruchs zur Zeit der Beendigung der Errungenschaftsgemeinschaft nicht mehr nachweisbar sind. § 1539 enthält keine Bestimmung für Fälle, in denen das Vorbehaltsgut der Frau auf Kosten des Gesamtguts oder umgekehrt bereichert ist, ebensowenig für Fälle, in denen das eingebrachte Gut des Mannes auf Kosten des eingebrachten Gutes bzw. des Vorbehaltsguts der Frau oder umgekehrt bereichert ist. Für alle diese Fälle verbleibt es bei den allgemeinen Grundsätzen.

2. **Bereicherung.** Die bloße Tatsache, daß das Gesamtgut auf Kosten des eingebrachten Gutes oder umgekehrt zu der angegebenen Zeit bereichert ist, begründet den Ersatzanspruch. An weitere Voraussetzungen ist der Ersatzanspruch nicht geknüpft. Der Begriff der Bereicherung ist derselbe wie in den §§ 812ff. Die Frage nach dem rechtlichen Grunde der Bereicherung ist hier gleichgültig. Ein solcher Ersatzanspruch wird z. B. gegeben sein, wenn eine dem Manne auferlegte Geldstrafe, die im Verhältnisse der Ehegatten zueinander nach § 1536 Nr 3 dem Manne zur Last fällt, aus dem Gesamtgute statt aus seinem eingebrachten Gute berichtigt worden ist. Abgelehnt ist eine Ersatzpflicht des Gesamtguts für Verschlechterung und Verlust der zum eingebrachten Gute gehörenden Sachen durch die gewöhnliche **Abnutzung** (vgl. § 1384 A 2). Abweichende Vereinbarungen können im Ehevertrage getroffen werden. — Der Ersatzbereicherungsanspruch aus § 1539 kann nur auf Geld gerichtet sein (RGSt 40, 178).

3. **Weitergehende Ansprüche** solcher Art können aus den nach § 1525 Abs 2 auf das eingebrachte Gut der Frau entsprechend anzuwendenden Vorschriften des gesetzlichen ehelichen Güterrechts oder aus Geschäftsführung ohne Auftrag oder aus sinnentsprechender Anwendung des § 1466 auf Fälle, in denen der Mann Verwendungen aus seinem eingebrachten Gut in Gesamtgut und umgekehrt vornimmt, hergeleitet werden. — Außer dem erst nach Beendigung der Errungenschaftsgemeinschaft verfolgbaren Ersatzbereicherungsanspruch aus § 1539 stehen der Frau die Ersatzansprüche auf Grund der §§ 1373—1393 zu, und zwar können diese gegen das Gesamtgut gleichfalls erst nach der Beendigung der Errungenschaftsgemeinschaft gerichtlich geltend gemacht werden (RGSt 40, 178). Wegen der Kosten eines auf dem eingebrachten Gute der Frau errichteten Neubaues und wegen der Unterhaltungskosten, die der Mann auf ein Haus der Frau über das im § 1041 Satz 2 vorgeschriebene Maß verwendet hat (Umbau), kann die Frau dem Gesamtgute nicht nur aus dem Grunde der Bereicherung ersatzpflichtig werden, sondern auch — wie sich aus § 1525 Abs 2 in Verbindung mit § 1374 und § 1390 ergibt — schon deshalb, weil die zum Zwecke der Verwaltung des eingebrachten Frauenguts gemachten Aufwendungen vom Manne den Umständen nach für erforderlich gehalten werden durften. Diese Voraussetzung kann mangels entgegenstehender besonderer Gründe als erfüllt gelten, wenn beide Eheleute darüber einig waren, daß die Bauten zur Ausführung kommen sollten (RG Warn 1911 Nr 275).

4. Die **Beweislast** trifft denjenigen Ehegatten, der den Ersatzanspruch erhebt. Ihm kommt bei Verwendung verbrauchbarer Sachen die Vermutung aus § 1540 zustatten.

5. Zu welcher **Zeit** die Ersatzansprüche aus § 1539 zu berichtigen sind, bestimmt § 1541.

§ 1540

[1]) Sind verbrauchbare[2]) Sachen, die zum eingebrachten Gute eines Ehegatten gehört haben[3]), nicht mehr vorhanden, so wird zugunsten[4]) des Ehegatten vermutet[5]), daß die Sachen in das Gesamtgut verwendet worden seien und dieses um den Wert der Sachen bereichert sei.

E I 1421 Abs 2 II 1435; M 4 517; P 4 354.

1. Wenn verbrauchbare Sachen, namentlich Gelder, die zum eingebrachten Gute eines Ehegatten gehört haben, bei der Beendigung der Errungenschaftsgemeinschaft nicht mehr vorhanden sind, so ist es wahrscheinlich, daß sie zur Bestreitung des ehelichen Aufwandes oder anderer dem Gesamtgute zur Last fallender Ausgaben (§§ 1529ff.) verwendet worden sind. Der Beweis der Verwendung ist aber gerade bei verbrauchbaren Sachen schwierig und soll durch die im § 1540 aufgestellte **Vermutung** erleichtert werden (vgl. § 1539 A 4). Dadurch erfährt zugleich die Vermutung des § 1527, daß das vorhandene Vermögen Gesamtgut sei, eine der Billigkeit und Zweckmäßigkeit entsprechende Richtigstellung. Die Vorschrift des § 1540 kann sowohl für die Auseinandersetzung als auch für den Anspruch der Frau auf Sicherheitsleistung (§§ 1525 Abs 2, 1391) und für ihre (nicht ihrer Gläubiger, § 1411) Ansprüche aus § 1394 bedeutsam werden.

2. Begriff der **verbrauchbaren Sachen** § 92. Nicht verbrauchbare Sachen unterliegen den allgemeinen Grundsätzen. Gleiches gilt von den zum Vorbehaltsgute der Frau gehörenden Sachen.

3. Der den Ersatzanspruch gegen das Gesamtgut (§ 1539) erhebende Ehegatte hat nur zu **beweisen**, daß die verbrauchbaren Sachen zur Zeit des Eintritts der Errungenschaftsgemeinschaft oder während derselben zu seinem eingebrachten Gute (§ 1520 A 1) gehört haben und nicht mehr vorhanden sind. Die ihm entgegenstehende Vermutung aus § 1527 muß er entkräften. Vgl. dazu § 1528 A 1 (Verzeichnis). Im Verhältnisse zu den Gläubigern des Mannes kommt es auch noch auf die Widerlegung der Vermutung aus § 1362 Abs 1 an.

4. Die Vermutung gilt nur **zugunsten** des Ehegatten (bzw. seines Rechtsnachfolgers oder Gläubigers), um dessen Ersatzansprüche es sich handelt. Der andere Ehegatte kann sich darauf nicht berufen. So kann z. B. der Mann sich nicht zu dem Zweck auf § 1540 berufen, um die nach § 1536 Nr 2 im Verhältnisse der Ehegatten zueinander ihm zur Last fallenden Verbindlichkeiten gegenüber der Frau von sich auf das Gesamtgut abzuwälzen.

5. Wegen des Beweises des Gegenteils vgl. § 292 ZPO.

§ 1541

[1]) **Was ein Ehegatte zu dem Gesamtgut oder die Frau zu dem eingebrachten Gute des Mannes schuldet, ist erst nach der Beendigung der Errungenschaftsgemeinschaft zu leisten; soweit jedoch zur Berichtigung einer Schuld der Frau ihr eingebrachtes Gut und ihr Vorbehaltsgut ausreichen, hat sie die Schuld schon vorher zu berichtigen[2]).**

Was der Mann aus dem Gesamtgute zu fordern hat, kann er erst nach der Beendigung der Errungenschaftsgemeinschaft fordern.

E I 1428 II 1436; M 4 533; P 4 368.

1. § 1541 bestimmt für die Errungenschaftsgemeinschaft dasselbe, was § 1467 für die Gütergemeinschaft bestimmt. Nur ist das, was sich im § 1467 auf Vorbehaltsgut des Mannes bezieht, im § 1541 auf das **eingebrachte Gut des Mannes** bezogen, da bei der Errungenschaftsgemeinschaft Vorbehaltsgut des Mannes ausgeschlossen ist (§ 1526 Abs 2). Auf die Erl zu § 1467 wird verwiesen.

2. Ihre **Ansprüche** auf Grund der Verwaltung und Nutznießung kann die Frau gegen den Mann während der Errungenschaftsgemeinschaft nur, wenn die Voraussetzungen zur Sicherheitsleistung des Mannes vorliegen, geltend machen (§§ 1394, 1525 Abs 2). Vgl. RGSt 40, 178.

§ 1542

[1]) **Die Frau kann unter den Voraussetzungen des § 1418 Nr 1, 3 bis 5[2]) und des § 1468, der Mann kann unter den Voraussetzungen des § 1469 auf Aufhebung der Errungenschaftsgemeinschaft klagen.**

Die Aufhebung tritt mit der Rechtskraft des Urteils ein[3])[4]).

E I 1429 Abs 1, 3 II 1439; M 4 534; P 4 370.

1. Auf **Aufhebung der Errungenschaftsgemeinschaft** kann unter denselben Voraussetzungen **geklagt** werden, unter denen auf Aufhebung der allgemeinen Gütergemeinschaft (§§ 1468, 1469) und auf Aufhebung der Verwaltung und Nutznießung des Ehemanns (§ 1418) geklagt werden kann. Klagegründe, die ausreichen, sogar die allgemeine Gütergemeinschaft aufzuheben, müssen natürlich zur Aufhebung der bloßen Errungenschaftsgemeinschaft erst recht ausreichen. Klagegründe, die beim gesetzlichen Güterrechte die Aufhebung der Verwaltung und Nutznießung des Ehemanns rechtfertigen, müssen zur Aufhebung der Errungenschaftsgemeinschaft genügen, weil letztere nur eine Umgestaltung des gesetzlichen Güterrechts ist (§ 1519 A 1) und nicht fortbestehen kann, ohne daß der Mann das eingebrachte Gut der Frau für Rechnung des Gesamtguts verwaltet und nutzt (§ 1525 Abs 1).

2. § 1418 Nr 2 (Verletzung der Unterhaltspflicht) ist im Hinblick auf § 1468 Nr 3 als entbehrlich ausgeschaltet.

3. § 1542 Abs 2 entspricht dem § 1470 Abs 1 Satz 1 und dieser dem § 1418 Abs 2 (vgl. § 1418 A 11). Für die Zukunft gilt Gütertrennung (§ 1545). Zur Eintragung in das Güterrechtsregister genügt der Antrag eines Ehegatten bei Vorlegung des rechtskräftigen Aufhebungsurteil (§ 1561 Abs 3 Nr 1). — Das Aufhebungsurteil gehört zu den sog. **rechtsgestaltenden Urteilen** (RG Gruch 53, 697). Es hat nicht nur die Beendigung des Güterstandes der Errungenschaftsgemeinschaft, sondern auch die Einführung der Gütertrennung zur Folge. Das gilt auch in dem Falle, daß für die Ehe nach Art 15 Abs 2 Halbs 1 EG grundsätzlich ein ausländisches Güterrecht maßgebend ist, die Ehegatten (Verlobten) aber ohne Einschränkung den deutschrechtlichen Güterstand der Errungenschaftsgemeinschaft eingeführt haben (RG SeuffA 75 Nr 82). Vgl. § 1432 A 5.

4. Vorläufige Aufhebung der Errungenschaftsgemeinschaft durch einstweilige Verfügung ist nicht statthaft (vgl. § 1418 A 12). Zulässig ist eine einstweilige Verfügung auf Aufhebung der dem Ehemanne zustehenden Verwaltung des Gesamtguts sowie der Verwaltung und Nutznießung des von der Ehefrau in die Ehe eingebrachten Gutes (RG Gruch 46, 951).

§ 1543

[1]) **Die Errungenschaftsgemeinschaft endigt[2]) mit der Rechtskraft[3]) des Beschlusses, durch den der Konkurs über das Vermögen des Mannes[4]) eröffnet wird.**

E I 1429 Abs 2 Satz 1 II 1437; M 4 534, 528 ff.; P 4 372.

1. Wie bei dem gesetzlichen Güterrechte die Verwaltung und Nutznießung des Mannes mit dem Konkurs über das Vermögen des Mannes endigt (§ 1419), so soll auch die **Errungenschaftsgemeinschaft,** die im Grunde nur eine Umgestaltung des gesetzlichen Güterstandes ist (§ 1519 A 1), **mit dem Konkurs über das Vermögen des Mannes endigen.** Hierin weichen beide Güterstände von der Gütergemeinschaft ab (§ 1468 A 1). Der § 1543 bezweckt, den künftigen Erwerb der Frau sicherzustellen (Prot 4, 373; vgl. § 1546 A 4).

2. Die **Beendigung** des Güterstandes tritt kraft Gesetzes ein. Eines Antrags der Frau bedarf es nicht. Für die Zukunft gilt Gütertrennung (§ 1545). Zur Eintragung in das Güterrechtsregister genügt der Antrag eines Ehegatten bei Vorlegung des rechtskräftigen Eröffnungsbeschlusses (§ 1561 Abs 3 Nr 1). Bei der Beendigung verbleibt es, gleichviel ob und wie das Konkursverfahren durchgeführt wird. Wegen des Rechtes der Frau auf Wiederherstellung der Gemeinschaft vgl. § 1547.

3. Eintritt der **Rechtskraft** § 705 ZPO, §§ 72, 109 KO. Weil erst in diesem Zeitpunkte die Errungenschaftsgemeinschaft aufhört, so fällt das, was ein Ehegatte in der Zwischenzeit von der Erlassung des Eröffnungsbeschlusses bis zu dessen Rechtskraft erwirbt, zwar in das Gesamtgut (§ 1519), aber, da es nicht schon zur Zeit der Erlassung des Eröffnungsbeschlusses Gesamtgut war, nicht in die Konkursmasse (§ 1 Abs 1 u. § 2 Abs 1 KO).

4. Der **Konkurs über das Vermögen des Mannes** umfaßt das eingebrachte Gut des Mannes (§§ 1520—1525) und das Gesamtgut (§ 1519). Vgl. § 1 Abs 1 u. § 2 Abs 1 KO. Nicht zur Konkursmasse gehören das eingebrachte Gut der Frau (§§ 1520—1525) und ihr Vorbehaltsgut (§ 1526 Abs 1, 3). Wegen des zur Konkursmasse gehörenden Gesamtguts findet eine Auseinandersetzung zwischen den Ehegatten nicht statt (§ 2 Abs 1 KO). Wegen der Rechte der Frau auf Aussonderung ihres eingebrachten Gutes und Befriedigung ihrer Ersatzansprüche vgl. § 1530 A 11. Durch das Konkursverfahren über das Vermögen der Frau wird das Gesamtgut nicht berührt (§ 2 Abs 2 KO).

§ 1544

[1]) **Die Errungenschaftsgemeinschaft endigt[2]), wenn ein Ehegatte für tot erklärt wird, mit dem Zeitpunkte, der als Zeitpunkt des Todes gilt[3]).**

E I 1429 Abs 2 Satz 1 II 1438; M 4 534; P 4 372.

1. Wie beim gesetzlichen Güterrechte die Verwaltung und Nutznießung des Mannes mit dessen Todeserklärung endigt (§ 1420), so soll auch die **Errungenschaftsgemeinschaft,** die im Grunde nur eine Umgestaltung des gesetzlichen Güterstandes ist (§ 1519 A 1), **mit der Todeserklärung des Mannes oder** — wie bei der 2. Lesung beschlossen wurde (Prot 4, 372) — **der Frau endigen.** Bei der Gütergemeinschaft ist Todeserklärung eines Ehegatten kein Grund zur Beendigung der Gemeinschaft (Prot 4, 372; § 1459 A 9; §§ 1482 ff.).

2. Die **Beendigung** des Güterstandes tritt kraft Gesetzes ein. Eines Antrags des andern Ehegatten bedarf es nicht. Für die Zukunft gilt Gütertrennung (§ 1545). Zur Eintragung in das Güterrechtsregister genügt der Antrag des andern Ehegatten bei Vorlegung der rechtskräftigen Todeserklärung (§ 1561 Abs 3 Nr 1). Bei der Beendigung verbleibt es, auch wenn der für tot erklärte Gatte die Todeserklärung überlebt hat und zurückkehrt. Wegen des Rechtes des letzteren auf Wiederherstellung der Gemeinschaft vgl. § 1547. Schließt der andere Ehegatte eine neue Ehe, so wird freilich gemäß § 1348 die frühere Ehe aufgelöst und der Güterstand beendigt.

3. **Zeitpunkt des Todes** § 18 Abs 2 BGB, § 970 Abs 2 ZPO. Wegen Anfechtung der Todeserklärung und der Folgen einer unrichtigen Sterbeurkunde gilt das zu § 1420 A 5 Gesagte. — Vgl. auch Bek über die Todeserklärung Kriegsverschollener v. 18. 4. 16 (RGBl 327) und dazu Dronke in JW 1916, 637, sowie Neufassung v. 9. 8. 17 (RGBl 703).

§ 1545

Endigt die Errungenschaftsgemeinschaft nach den §§ 1542 bis 1544, so gilt für die Zukunft Gütertrennung[1]).

Dritten gegenüber ist die Beendigung der Gemeinschaft nur nach Maßgabe des § 1435 wirksam[2]).

E I 1429 Abs 1, 2 Satz 2 II 1440; M 4 534; P 4 370; 6 281.

1. **Gütertrennung** §§ 1427—1431. Auch bei dem gesetzlichen Güterrecht und der Gütergemeinschaft tritt in den entsprechenden Fällen Gütertrennung ein (§§ 1426, 1470). Wird durch Ehevertrag die Errungenschaftsgemeinschaft aufgehoben, so tritt ebenfalls Gütertrennung ein, sofern der Vertrag keine abweichende Bestimmung trifft (§ 1436). Auch im Falle des § 1587 (Wiederherstellung der ehelichen Gemeinschaft nach Aufhebung) tritt Gütertrennung ein.

2. Zur **Eintragung** der Beendigung der Errungenschaftsgemeinschaft **in das Güterrechtsregister** genügt in den Fällen der §§ 1542—1544 der Antrag eines der Ehegatten bei Vorlegung der mit dem Zeugnisse der Rechtskraft versehenen, die Beendigung nach sich ziehenden gerichtlichen Entscheidung (§ 1561 Abs 3 Satz 1). Im übrigen vgl. Erl zu § 1435.

§ 1546

[1]) Nach der Beendigung[2]) der Errungenschaftsgemeinschaft findet in Ansehung des Gesamtguts die Auseinandersetzung statt[3]). Bis zur Auseinandersetzung bestimmt sich das Rechtsverhältnis der Ehegatten nach den §§ 1442, 1472, 1473[4]).

Die Auseinandersetzung erfolgt, soweit nicht eine andere Vereinbarung getroffen wird, nach den für die allgemeine Gütergemeinschaft geltenden Vorschriften der §§ 1475 bis 1477, 1479 bis 1481[5]).

Auf das eingebrachte Gut der Frau finden die für den Güterstand der Verwaltung und Nutznießung geltenden Vorschriften der §§ 1421 bis 1424 Anwendung[6]) [7]).

E I 1417, 1429 Abs 1, 4 II 1441; M 4 536 ff.; P 4 352, 371, 378.

1. Das BGB hat es abgelehnt, eine der Fortsetzung der Gütergemeinschaft nach dem Tode eines Ehegatten bei beerbter Ehe (§ 1483) entsprechende Fortsetzung der Errungenschaftsgemeinschaft einzuführen (M 4, 539; Prot 4, 378). Es ist auch nicht zulässig, fortgesetzte Errungenschaftsgemeinschaft durch Ehevertrag zu verabreden (anders bei der Fahrnisgemeinschaft, § 1557; vgl. RJA 5, 142). Nach der **Beendigung der Errungenschaftsgemeinschaft** findet vielmehr, gleichviel aus welchem Grunde der Güterstand endet, eine Auseinandersetzung statt und diese ist, wie bei der Gütergemeinschaft (§ 1481) so geordnet, daß eine etwa sich ergebende Einbuße der Mann allein zu tragen hat. Im Falle der Beendigung der Errungenschaftsgemeinschaft durch Tod eines Ehegatten tritt die gewöhnliche Erbfolge auf Grund des Gesetzes oder eines Testaments ein. Zum Nachlasse des verstorbenen Ehegatten gehört neben seinem eingebrachten Gute bzw. Vorbehaltsgute sein Anteil am Gesamtgute.

2. **Beendigungsgründe.** Die Errungenschaftsgemeinschaft endet durch Tod oder Todeserklärung (§ 1544) eines Ehegatten, durch Scheidung oder Aufhebung der ehelichen Gemeinschaft, durch Urteil im Falle des § 1542 und durch Konkurs über das Vermögen des Mannes (§ 1543). Sie kann selbstverständlich auch durch Ehevertrag aufgehoben werden. Vgl. § 1468 A 1 (Beendigung der Gütergemeinschaft) und Vorbem 1 vor § 1418 (Beendigung der Verwaltung und Nutznießung des Mannes).

3. **Klagerecht.** Jeder Ehegatte kann im Weigerungsfalle auf Vornahme der Auseinandersetzung klagen. § 1546 Abs 1 Satz 1 schließt sich dem § 1471 Abs 1 und dieser dem § 730 Abs 1 an. Das Recht auf Auseinandersetzung kann durch Vertrag weder ausgeschlossen noch eingeschränkt werden. Endigt die Errungenschaftsgemeinschaft durch Eröffnung des Konkurses über das Vermögen des Mannes, so findet eine Auseinandersetzung wegen des Gesamtguts nicht statt (§ 2 Abs 1 KO). Vermittlung der Auseinandersetzung durch das Amtsgericht §§ 99, 193 FGG.

4. Aus § 1546 Abs 1 Satz 2 ergibt sich, daß die während der Errungenschaftsgemeinschaft in Ansehung des Gesamtguts bestandene **Gemeinschaft zur gesamten Hand** (§ 1438 A 1, § 1442 A 1) von dem Zeitpunkte der Beendigung der Errungenschaftsgemeinschaft bis zum Abschlusse der Auseinandersetzung fortbauert, jedoch mit den aus §§ 1472, 1473 hervorgehenden Abweichungen. Der in dieser Zeit von einem Ehegatten außerhalb der durch § 1473

gezogenen Grenzen gemachte Erwerb verbleibt also ihm allein. Nach § 1472 wird das Gesamtgut nunmehr gemeinschaftlich von beiden Ehegatten verwaltet. Im übrigen vgl. Erl zu §§ 1442, 1472, 1473.

5. **Über den Begriff und Umfang der Gesamtgutsverbindlichkeiten** bei der Errungenschaftsgemeinschaft vgl. § 1530 A 4, § 1535 A 3. Das **Übernahmerecht** des Ehegatten aus **§ 1477 Abs 2** kann nur in Ansehung der für seinen persönlichen Gebrauch bestimmten Sachen ausgeübt werden. **§ 1478** ist nicht anwendbar; jedem der geschiedenen Ehegatten gebührt daher die Hälfte des Gesamtguts. **§ 1479** bezieht sich auf alle im § 1542 bezeichneten Fälle der Aufhebung der Errungenschaftsgemeinschaft durch Urteil. Im übrigen wird auf die Erl zu den §§ 1475—1477, 1479—1481 verwiesen.

6. Daß sich die Errungenschaftsgemeinschaft gewissermaßen nur als eine **Umgestaltung des gesetzlichen ehelichen Güterrechts** darstellt (§ 1519 A 1), ergeben die zahlreichen Hinweise auf die Bestimmungen des gesetzlichen Güterrechts, so in §§ 1525 Abs 2, 1529 Abs 2, 1542, 1546 Abs 2, 1547, 1578. Auf die Erl zu §§ 1421—1424 wird Bezug genommen.

7. **Zwangsvollstreckung. Konkurs.** Nach Beendigung der Errungenschaftsgemeinschaft ist der Anteil an dem Gesamtgute zugunsten der Gläubiger des Anteilsberechtigten der Pfändung unterworfen (§ 860 Abs 2 ZPO). Wegen der Voraussetzungen für die Zulässigkeit der Zwangsvollstreckung in das Gesamtgut und wegen Erteilung einer vollstreckbaren Urteilsausfertigung vgl. §§ 743, 744 ZPO. Ein Sonderkonkurs über das Gesamtgut erscheint in dieser Zwischenzeit nicht zulässig (Planck § 1472 A 13, § 1546 A 2). Wird Konkurs über das gesamte Vermögen eines Ehegatten eröffnet, so findet die Auseinandersetzung zwischen den Anteilsberechtigten außerhalb des Konkursverfahrens statt (§§ 16, 51 KO). — Wird nach Beendigung der Errungenschaftsgemeinschaft durch den Tod des Mannes über das Vermögen der Witwe der Konkurs eröffnet, so ist die Konkursmasse nicht berechtigt, Grundstücke, die während der Errungenschaftsgemeinschaft zum Gesamtgute gehörten, für die Verbindlichkeiten der Gemeinschuldnerin in Anspruch zu nehmen. Ihre Berechtigung beschränkt sich vielmehr auf den Anteil, der sich möglicherweise bei der Auseinandersetzung der Errungenschafts- und Erbengemeinschaft, die bis dahin eine Gemeinschaft zur gesamten Hand bilden (§§ 1442, 1471), als Vermögensanteil der Gemeinschuldnerin ergibt (**RG** JW 1910, 236[16]).

§ 1547

[1]) Endigt die Errungenschaftsgemeinschaft durch die Eröffnung des Konkurses über das Vermögen des Mannes, so kann die Frau auf Wiederherstellung der Gemeinschaft klagen[2]). Das gleiche Recht steht, wenn die Gemeinschaft infolge einer Todeserklärung endigt, dem für tot erklärten Ehegatten zu, falls er noch lebt.

Wird die Gemeinschaft auf Grund des § 1418 Nr 3 bis 5[3]) aufgehoben, so kann der Mann unter den Voraussetzungen des § 1425 Abs 1 auf Wiederherstellung der Gemeinschaft klagen[4]).

E I 1430 Abs 1, 2 Satz 1 II 1442; M 4 535; P 4 372.

1. **Grund der Vorschrift.** Dem Wesen der Errungenschaftsgemeinschaft und einer billigen Rücksichtnahme auf die Rechtslage der Ehegatten entspricht es, daß in gewissen Fällen die Frau, in anderen der Mann die Wiederherstellung der Gemeinschaft verlangen und sich dadurch wieder einen Anteil an dem Erwerbe des andern Ehegatten sichern kann. Die Wiederherstellung tritt mit der Rechtskraft des Urteils ein (§ 1548). Vgl. auch § 1425 (verwandte Vorschriften des gesetzlichen Güterrechts). — Im Falle des Abs 1 Satz 2 bedarf es einer förmlichen Aufhebung der Todeserklärung nicht. Vgl. Dronke in JW 1916, 642.

2. Die **Klage** kann erst nach Eintritt der Rechtskraft des Eröffnungsbeschlusses (§ 1543 A 3) erhoben werden und braucht nicht vor Beendigung des Konkursverfahrens anhängig gemacht zu sein (Prot 4, 373). In keinem der Fälle des § 1547 ist die Klage an eine Frist gebunden. Das Verfahren in Ehesachen findet keine Anwendung. Im Wege der **einstweiligen Verfügung** kann die Errungenschaftsgemeinschaft weder aufgehoben (§ 1542 A 4) noch wiederhergestellt werden. Im übrigen vgl. Erl zu § 1425.

3. Keine Klage auf Wiederherstellung im Falle des § 1468 Nr 4 (vgl. § 1542).

4. Das Klagerecht auf Wiederherstellung der Errungenschaftsgemeinschaft ist auf die Fälle des § 1547 beschränkt. In andern Fällen der Beendigung dieses Güterstandes (§ 1546 A 2) kann er nur durch Ehevertrag wiederhergestellt werden.

§ 1548

Die Wiederherstellung der Errungenschaftsgemeinschaft tritt in den Fällen des § 1547 mit der Rechtskraft des Urteils[1]) ein. Die Vorschrift des § 1422 findet entsprechende Anwendung[2]).

Dritten gegenüber ist die Wiederherstellung, wenn die Beendigung in das Güterrechtsregister eingetragen worden ist, nur nach Maßgabe des § 1435 wirksam[3]).

Im Falle der Wiederherstellung wird Vorbehaltsgut der Frau, was ohne die Beendigung der Gemeinschaft Vorbehaltsgut geblieben oder geworden sein würde[4]).

E I 1430 Abs 3 II 1443; M 4 536; P 4 372; 6 290.

1. Das **Urteil** hat sonach rechtsgestaltende Wirkung. Es wird so angesehen, als ob mit der Rechtskraft des Urteils die Errungenschaftsgemeinschaft von neuem eintritt. Der § 1548 Abs 1 entspricht dem § 1425 Abs 2. Vgl. Erläuterungen dazu. Der Umstand, daß im Falle des § 1543 das Konkursverfahren zur Zeit der Rechtskraft des Wiederherstellungsurteils noch schwebt, hindert den Eintritt der neuen Errungenschaftsgemeinschaft nicht (a. M. Staudinger).

2. Nach Maßgabe des **§ 1422** haben Mann und Frau ihre Herausgabepflicht zu erfüllen, nämlich die Frau in Ansehung ihres an den Mann zur Verwaltung und Nutznießung herauszugebenden eingebrachten Gutes, Mann und Frau in Ansehung ihres zum Gesamtgut einzuwerfenden Erwerbs (a. M. Staudinger). Was z. B. der Mann nach Zustellung der Wiederherstellungsklage der Frau und vor Eintritt der Rechtskraft des Wiederherstellungsurteils erwirbt, hat er zum Gesamtgut nach Maßgabe des § 1422 herzugeben.

3. § 1548 Abs 2 entspricht dem § 1431 Abs 2. Zur **Eintragung in das Güterrechtsregister** genügt der Antrag eines Ehegatten bei Vorlegung des rechtskräftigen Wiederherstellungsurteils (§ 1561 Abs 3 Nr 1). Im übrigen vgl. Erl zu § 1435.

4. Was **Vorbehaltsgut** der Frau ist, bestimmt § 1526. Was als eingebrachtes Gut eines Ehegatten anzusehen ist, bestimmen die §§ 1520—1524 (vgl. § 1520 A 1). Der einem Ehegatten zur Zeit des Wiedereintritts der Errungenschaftsgemeinschaft noch gebührende Anteil an dem früheren Gesamtgute wird nun sein eingebrachtes Gut. Gesamtgut (§ 1519 A 1) wird, was die Ehegatten seit der Zustellung der Wiederherstellungsklage erwerben (vgl. A 2).

4. Fahrnisgemeinschaft

§ 1549

[1]) Auf die Gemeinschaft des beweglichen Vermögens und der Errungenschaft (Fahrnisgemeinschaft) finden die für die allgemeine Gütergemeinschaft geltenden Vorschriften[2]) Anwendung, soweit sich nicht aus den §§ 1550 bis 1557 ein anderes ergibt[3]).

E I 1431 II 1444; M 4 150 ff., 541; P 4 373.

1. Die **Fahrnisgemeinschaft** des BGB stellt sich als eine Umgestaltung der allgemeinen Gütergemeinschaft dar. Von letzterer weicht sie hauptsächlich darin ab, daß zwischen beweglichem und unbeweglichem Vermögen unterschieden wird. Das bewegliche Vermögen und die Errungenschaft werden grundsätzlich Gesamtgut. Das unbewegliche Vermögen (im Sinne des § 1551) jedes Ehegatten ist sein eingebrachtes Gut (in dem 1. Entwurf und den Motiven als Sondergut bezeichnet). Auf das eingebrachte Gut bei der Fahrnisgemeinschaft finden die Vorschriften über das eingebrachte Gut bei der Errungenschaftsgemeinschaft Anwendung (§ 1550 Abs 2). Hat keiner der Ehegatten unbewegliches Vermögen, so deckt sich die Fahrnisgemeinschaft — von einigen Abweichungen abgesehen — fast vollständig mit der allgemeinen Gütergemeinschaft. Das BGB hat die Fahrnisgemeinschaft als vertragsmäßigen Güterstand nur mit Rücksicht auf das frühere, weite Geltungsgebiet der ihr ähnlichen, französisch-rechtlichen Mobiliargemeinschaft aufgenommen, obwohl diesem Güterstande erhebliche, aus der veralteten Unterscheidung zwischen beweglichem und unbeweglichem Vermögen sich ergebende Mängel anhaften (M 4, 151; Prot 4, 376).

2. **Für die allgemeine Gütergemeinschaft geltende Vorschriften** §§ 1437—1518 BGB; §§ 740, 741, 742 Abs 2, 743, 744, 745 (§ 1557 BGB), 750 Abs 2, 794 Abs 2, 860 ZPO;

§§ 2, 16, 51 KO. Vgl. die Erl zu § 1550 (Gesamtgut, ehelicher Aufwand), §§ 1551—1554 (eingebrachtes Gut), § 1555 (Vorbehaltsgut), § 1556 (Schuldenhaftung) und § 1557 (fortgesetzte Fahrnisgemeinschaft, Beendigung des Güterstandes, Auseinandersetzung).

3. **Schadensersatz.** Vgl. § 1458 A 2, § 1443 A 5. Der Mann ist berechtigt, den Anspruch der Frau auf Schadensersatz wegen Verminderung ihrer Erwerbsfähigkeit infolge eines Unfalls einzuklagen. Ein derartiger Anspruch fällt bei Fahrnisgemeinschaft in die gemeinschaftliche Masse und steht jedem Ehegatten ungeteilt zum vollen Betrage zu (RG JW 1917, 655[6]).

§ 1550

Von dem Gesamtgut[1]) ausgeschlossen ist das eingebrachte Gut[2]) eines Ehegatten.

Auf das eingebrachte Gut finden die bei der Errungenschaftsgemeinschaft für das eingebrachte Gut geltenden Vorschriften[3]) Anwendung[4]).

E I 1431 Abs 1, 1432 Abs 1 II 1445; M 4 543, 548; P 4 373.

1. **Gesamtgut.** Bei der Fahrnisgemeinschaft sind wie bei der Errungenschaftsgemeinschaft (§ 1519 A 1) zu unterscheiden: Gesamtgut der Ehegatten, eingebrachtes Gut des Mannes, eingebrachtes Gut der Frau und Vorbehaltsgut der Frau. Vorbehaltsgut des Mannes ist ausgeschlossen (§ 1555). Gesamtgut ist gemäß § 1438 alles, was die Ehegatten an Vermögensrechten beim Eintritte der Fahrnisgemeinschaft haben oder während derselben erwerben, ausgenommen das, was die §§ 1551—1554 als eingebrachtes Gut eines Ehegatten bezeichnen (hauptsächlich das unbewegliche Vermögen) und das Vorbehaltsgut der Frau. Die Gesamtgutseigenschaft tritt kraft Gesetzes ein. Sie wird in das Grundbuch eingetragen. Daß ein Gegenstand ausnahmsweise zum eingebrachten Gute oder zum Vorbehaltsgute gehöre, hat zu beweisen, wer dies behauptet. Wie bei der Gütergemeinschaft stellt auch bei der Fahrnisgemeinschaft das Gesamtgut eine Gemeinschaft zur gesamten Hand dar (§ 1438 A 1, § 1442 A 1). Das Gesamtgut unterliegt der Verwaltung des Mannes wie bei der Gütergemeinschaft (§§ 1443—1458). Die in Fahrnisgemeinschaft lebenden Eheleute können gemeinsam einen Schadensersatzanspruch wegen einer der Frau zugefügten Körperverletzung geltend machen (RG 29. 1 06 VI 173/05). Der eheliche Aufwand fällt dem Gesamtgute zur Last (§§ 1549, 1458).

2. Was **eingebrachtes Gut** ist, bestimmen erschöpfend die §§ 1551—1554.

3. Insbesondere die Vorschriften in §§ 1525, 1528, 1529 Abs 2, 1531, 1533, 1535, 1536 Nr 2, 4, 1537, 1539—1541, 1546 Abs 3. Danach wird das eingebrachte Gut vom Manne (§§ 1525 Abs 2, 1374) **für Rechnung des Gesamtguts verwaltet.** Die Nutzungen gehören zum Gesamtgute. Der § 1550 Abs 2 unterwirft das eingebrachte Gut bei der Fahrnisgemeinschaft ebendenselben Bestimmungen, denen der § 1439 Satz 2 das Sondergut bei der allgemeinen Gütergemeinschaft unterwirft, nur daß auf ersteres auch § 1524 (mit der im § 1554 Satz 2 bezeichneten Ausnahme) Anwendung findet, auf letzteres nicht. Für die Zwangsvollstreckung in das eingebrachte Gut gelten §§ 739, 741, 742, 794 Abs 2, 861 (§ 1525 A 6) ZPO.

4. **Anfechtung.** Ein Ehevertrag, durch den der Güterstand der Fahrnisgemeinschaft in den der Gütertrennung umgewandelt wird, kann von den Gläubigern des Mannes aus § 3 Nr 4 AnfG insoweit angefochten werden, als die früher dem Gesamtgute zugeflossenen, dem Zugriffe der Gläubiger des Mannes unterworfenen Nutzungen des eingebrachten Gutes der Frau nunmehr bei Gütertrennung dem Zugriffe jener Gläubiger entzogen sind (§§ 1550 Abs 2, 1525, 1426; RG 57, 81). Vgl. auch § 1391 A 12.

§ 1551

Eingebrachtes Gut eines Ehegatten ist das unbewegliche Vermögen, das er bei dem Eintritte der Fahrnisgemeinschaft hat[1]) oder während der Gemeinschaft durch Erbfolge[2]), durch Vermächtnis[3]) oder mit Rücksicht auf ein künftiges Erbrecht[4]), durch Schenkung[5]) oder als Ausstattung[6]) erwirbt[7]).

Zum unbeweglichen Vermögen[8]) im Sinne dieser Vorschrift gehören Grundstücke[9]) nebst Zubehör[10]), Rechte an Grundstücken[11]), mit Ausnahme der Hypotheken, Grundschulden und Rentenschulden[12]), sowie Forderungen[13]), die auf die Übertragung des Eigentums an Grundstücken oder auf die Begründung oder Übertragung eines der bezeichneten Rechte oder auf die Befreiung eines Grundstücks von einem solchen Rechte gerichtet sind[14]).

E I 1432 II 1446; M 4 548; P 4 375; 5 135.

1. Wegen des bedingten oder anfechtbaren Erwerbs oder noch nicht vollendeter Ersitzung vgl. § 1520 A 3.

2. Sei es durch gesetzliche oder testamentarische **Erbfolge** oder auf Grund eines Erbvertrags.

3. **Vermächtnis** §§ 1939, 2147—2191.

4. Erwerb **mit Rücksicht auf ein künftiges Erbrecht** vgl. § 1521 A 3.

5. Erwerb durch **Schenkung** vgl. § 1521 A 4.

6. Erwerb als **Ausstattung** vgl. § 1521 A 5.

7. Unbewegliches Vermögen, das ein Ehegatte während der Gemeinschaft auf andere als die im § 1551 Abs 1 bezeichnete Art, z. B. durch Kauf erwirbt, wird Gesamtgut, es sei denn, daß es unter eine der Bestimmungen in den §§ 1552—1554 fiele oder zum Vorbehaltsgute der Frau gehörte.

8. Was zum **unbeweglichen Vermögen** im Sinne des § 1551 gehört, führt der zweite Absatz erschöpfend auf.

9. Den **Grundstücken** stehen das Erbbaurecht (§ 1017 und Verordnung des Reichs-Arbeitsamts über das Erbbaurecht vom 15. 1. 1919, RGBl S. 72) und diejenigen Rechte gleich, welche landesgesetzlich gemäß Artt 63, 67, 68, 69, 196 EG den Vorschriften des BGB über Grundstücke unterworfen sind (z. B. die Jagd- und Fischereirechte). Erlangt ein Ehegatte durch Erbfolge Vermögen, zu dem sowohl unbewegliches als auch bewegliches Vermögen gehört, so fällt das unbewegliche Vermögen seinem Eingebrachten zu, während das bewegliche Vermögen Gesamtgut wird. Ist er in einem solchen Falle nicht als Alleinerbe, sondern neben anderen zur Erbschaft berufen, so gehört sein Anteil am Nachlasse, soweit er unbewegliches Vermögen betrifft, zu seinem eingebrachten Gute und nur im übrigen zum Gesamtgute. Die Vorschriften im § 2033 Abs 2 und im § 2040 Abs 1 stehen dieser Ansicht nicht entgegen. Vgl. **RG** 65, 227; 68, 410. — Soll der Grundstücksanteil der Frau an Miterben aufgelassen werden, so hat die Frau als Inhaberin ihres Eingebrachten die Auflassung und der Ehemann seine Einwilligung zur Auflassung zu erklären (**RG** Warn 1911 Nr 382). Der Anteil eines Ehegatten an einem unbewegliches und bewegliches Vermögen umfassenden Nachlasse fällt nach § 1551 insoweit, als dieser Nachlaß dem unbeweglichen Vermögen zuzurechnen ist, dem eingebrachten Vermögen zu, und zwar ohne Rücksicht darauf, ob bei der Erbauseinandersetzung dem Ehegatten unbewegliches oder bewegliches Vermögen zugeteilt wird (**RG** 75, 295).

10. **Zubehör** §§ 97, 98.

11. **Rechte an Grundstücken** (und an den den Grundstücken gleichgestellten Rechten, A 9) sind die Dienstbarkeiten, das dingliche Vorkaufsrecht (§§ 1094ff.) und die Reallasten. Zum unbeweglichen Vermögen gehört auch der Nießbrauch an einem Grundstück oder einem dem Grundstücke gleichstehenden Rechte. Der Nießbrauch an andern Rechten gehört zum beweglichen Vermögen (Prot 4, 375).

12. Zu den **ausgenommenen** Hypotheken, Grundschulden und Rentenschulden gehören auch Eigentümerhypotheken, Eigentümergrundschulden und Eigentümerrentenschulden. — Aus § 1551 ergibt sich, daß das BGB die Hypotheken nicht einmal zum unbeweglichen Vermögen rechnet, geschweige denn als unbewegliche Sachen ansieht. Für die Klage auf Löschung einer Hypothekpfändung (oder -verpfändung) ist daher nicht der Gerichtsstand der belegenen Sache (§ 24 ZPO) begründet (**RG** 51, 231).

13. Zu den hier bezeichneten **Forderungen** gehört namentlich das persönliche Vorkaufsrecht (§§ 504ff.). Fällt eine von mehreren wahlweise geschuldeten Leistungen (§ 262) unter § 1551 Abs 2, so gehört die Forderung bis zur Wahl zum eingebrachten Gute, und die Wahl selbst ist als eine Verfügung über eingebrachtes Gut zu behandeln. Die auf Grund einer Forderung der im § 1551 Abs 2 bezeichneten Art bewirkte Leistung fällt gemäß §§ 1554 Satz 1, 1524 in das eingebrachte Gut, selbst wenn sie nicht zum unbeweglichen Vermögen im Sinne des § 1551 Abs 2 gehört (z. B. die Leistung in Geld wegen Unmöglichkeit der Leistung in Natur).

14. Unbewegliches Vermögen, das beiden Ehegatten schon vor Beginn der Errungenschaftsgemeinschaft gemeinschaftlich gehörte, wird **gemeinschaftliches eingebrachtes Gut,** nicht Gesamtgut (vgl. § 1520 A 3). Dasselbe gilt von dem während der Gemeinschaft auf die im § 1551 Abs 1 bezeichnete Weise gemeinschaftlich erworbenen unbeweglichen Vermögen. Besteht der auf ebendieselbe Weise gemachte Erwerb teils in unbeweglichem, teils in beweglichem Vermögen, so wird — unbeschadet der Bestimmungen der §§ 1552—1554 und über Vorbehaltsgut der Frau — das unbewegliche Vermögen eingebrachtes Gut, das bewegliche Vermögen Gesamtgut. Erwirbt ein Ehegatte als **Miterbe,** so entscheidet sich die Frage, ob er unbewegliches oder bewegliches Vermögen, bzw. beides erworben hat, nach dem Bestande der ungeteilten Erbschaft, nicht nach dem Ergebnisse der Teilung (M 4, 549). Wird er z. B. für seinen Anteil an einem geerbten Grundstücke mit Geld abgefunden, so wird letzteres eingebrachtes Gut. Dies entspricht auch der **Ersetzungskraft des eingebrachten Gutes** (vgl. § 1524 A 1). A. M. Staudinger. Nach denselben Grundsätzen entscheidet sich auch der Erwerb von Miteigen-

tum. Zulässig ist es, den Erwerb durch **Ehevertrag** dem Gesamtgute bzw. dem eingebrachten Gute eines Ehegatten oder Vorbehaltsgute der Frau zuzuweisen (vgl. § 1521 A 7, § 1520 A 4). Austauschgeschäfte zwischen den einzelnen Gütermassen sind nicht ausgeschlossen (Prot 4, 377).

§ 1552

Eingebrachtes Gut eines Ehegatten sind Gegenstände, die nicht durch Rechtsgeschäft übertragen werden können[1]**.**

E I 1432 Abs 1 II 1447; M 4 543, 548; P 4 375.

1. **Gegenstände, die nicht durch Rechtsgeschäft übertragen werden können,** bilden bei der allgemeinen Gütergemeinschaft das Sondergut (§ 1439) und sind bei der Errungenschaftsgemeinschaft (§ 1522) ebenso wie bei der Fahrnisgemeinschaft eingebrachtes Gut. Vgl. die Erl zu §§ 1439, 1522. Dem im § 1552 bezeichneten eingebrachten Gute fehlt — übereinstimmend mit der allgemeinen Gütergemeinschaft (§ 1439) und abweichend von der Errungenschaftsgemeinschaft (§ 1524) — eigene **Ersetzungskraft.** Der sog. Surrogationsgrundsatz findet also keine Anwendung (§ 1554 Satz 2; vgl. auch § 1370).

§ 1553

Eingebrachtes Gut eines Ehegatten ist:

1. was durch Ehevertrag für eingebrachtes Gut erklärt ist[1]**;**

2. was er nach § 1369 erwirbt, sofern die Bestimmung dahin getroffen ist, daß der Erwerb eingebrachtes Gut sein soll[2]**.**

E I 1432 Abs 1 II 1448; M 4 544; P 4 376.

1. **Eingebrachtes Gut kraft Ehevertrags.** Die gleiche Bestimmung trifft § 1523 für die Errungenschaftsgemeinschaft.

2. Vgl. Erl zu § 1523.

§ 1554

Eingebrachtes Gut eines Ehegatten ist, was er in der im § 1524 bezeichneten Weise erwirbt[1]**. Ausgenommen ist, was an Stelle von Gegenständen erworben wird, die nur deshalb eingebrachtes Gut sind, weil sie nicht durch Rechtsgeschäft übertragen werden können**[2]**.**

E I 1432 Abs 1 II 1449; M 4 544; P 4 376.

1. § 1554 Satz 1 bringt für die Fahrnisgemeinschaft den bei der Errungenschaftsgemeinschaft geltenden Grundsatz zur Anerkennung, daß das eingebrachte Gut gleichsam eigene **Ersetzungskraft** besitzt (sog. Surrogationsgrundsatz). Vgl. § 1524 und Erläuterungen. Die Ausnahme, daß der Erwerb aus dem Betrieb eines zum eingebrachten Gute gehörenden Erwerbsgeschäfts Gesamtgut wird, gilt auch hier. Nutzungen des eingebrachten Gutes werden Gesamtgut (§ 1550 Abs 2, § 1525 Abs 1).

2. Diese **Ausnahme** ist auch für das Sondergut der allgemeinen Gütergemeinschaft bestimmt worden (§ 1439 Satz 2). Die Ausnahme beschränkt sich auf Gegenstände, die nur wegen ihrer Unübertragbarkeit, nicht auch aus andern Gründen (z. B. in Fällen des § 1553) eingebrachtes Gut sind. Anders bei der Errungenschaftsgemeinschaft (vgl. § 1524 A 2). — Die im § 1524 Abs 2 enthaltene, den Schutz des gutgläubigen Schuldners bezweckende Bestimmung gilt hier ebenfalls (§ 1550 Abs 2). — Aus §§ 1550 Abs 2, 1525 Abs 2 ergibt sich, daß auch die Ersetzungsgrundsätze der §§ 1381, 1382 hier Anwendung finden.

§ 1555

Vorbehaltsgut des Mannes[1]**) ist ausgeschlossen**[2]**.**

E I 1432 Abs 1, 1346 II 1450; M 4 543; P 4 376.

1. **Vorbehaltsgut des Mannes** ist bei der Fahrnisgemeinschaft wie beim gesetzlichen Güterrechte und bei der Errungenschaftsgemeinschaft (§ 1526 Abs 2) **ausgeschlossen.** Anders bei der Gütergemeinschaft (§ 1440). Unzulässig ist es, durch Ehevertrag Vorbehaltsgut des Mannes zu schaffen, dagegen ist es zulässig, durch Ehevertrag in Abweichung von § 1525 Abs 1 dem Manne die Einkünfte seines eingebrachten Gutes zuzuweisen (vgl. § 1526 A 3).

2. **Vorbehaltsgut der Frau ist nicht ausgeschlossen** (§§ 1549, 1440). Vorbehaltsgut der Frau ist, was durch Ehevertrag für Vorbehaltsgut der Frau erklärt ist oder von ihr nach § 1369 oder § 1370 erworben wird (§ 1440 Abs 2). Ebenso bei der Errungenschaftsgemeinschaft (§ 1526 Abs 1). Gesetzliches Vorbehaltsgut (§§ 1366, 1367) der Frau gibt es nicht. Im übrigen vgl. Erl zu §§ 1526, 1440.

§ 1556

[1]) Erwirbt ein Ehegatte während[2]) der Fahrnisgemeinschaft durch Erbfolge, durch Vermächtnis oder mit Rücksicht auf ein künftiges Erbrecht, durch Schenkung oder als Ausstattung[3]) Gegenstände, die teils Gesamtgut, teils eingebrachtes Gut werden, so fallen die infolge des Erwerbes entstehenden Verbindlichkeiten im Verhältnisse der Ehegatten zueinander dem Gesamtgut und dem Ehegatten, der den Erwerb macht, verhältnismäßig[4]) zur Last[5]).

E I 1433 II 1451; M 4 551; P 4 377; 5 135.

1. **Schuldenhaftung der Ehegatten im Verhältnisse zueinander.** Der § 1556 betrifft die Haftung der Ehegatten für Verbindlichkeiten, und zwar nur in bezug auf das innere Verhältnis der Ehegatten zueinander. Der § 1556 bestimmt für gewisse Fälle eine Ausnahme von der Regel. Als Regel gilt gemäß § 1549 der bei der allgemeinen Gütergemeinschaft herrschende Grundsatz, daß alle Gesamtgutsverbindlichkeiten auch im Verhältnisse der Ehegatten zueinander dem Gesamtgute zur Last fallen (§ 1463 A 1). Die für die Gütergemeinschaft in den §§ 1463—1465 bestimmten Ausnahmen gelten gemäß § 1549 auch für die Fahrnisgemeinschaft. Weitere Ausnahmen ergeben sich daraus, daß gemäß § 1550 Abs 2 für die Fahrnisgemeinschaft in Ansehung des eingebrachten Gutes die für die Errungenschaftsgemeinschaft in den §§ 1535—1537 über die Schuldenhaftung der Ehegatten im Verhältnisse zueinander erteilten Vorschriften gelten (vgl. Erl zu §§ 1463—1465, 1535—1537). Den bezeichneten Ausnahmevorschriften geht aber die Bestimmung des § 1556 vor.

2. Für den *vor* Eintritt der Fahrnisgemeinschaft gemachten Erwerb verbleibt es bei der Regel (A 1).

3. Vgl. § 1551 A 2—6 und Hinweise.

4. Die Verbindlichkeiten fallen **verhältnismäßig** dem Gesamtgut und dem Ehegatten, der den Erwerb macht, zur Last. Dadurch wird ausgedrückt, daß das Verhältnis des Wertes der dem Gesamtgut erworbenen Gegenstände zu dem Werte der dem eingebrachten Gute erworbenen Gegenstände den Verteilungsmaßstab abgibt. *Beispiel:* Ein Ehegatte erbt ein mit 30000 Mark Hypotheken belastetes Grundstück im Werte von 50000 Mark und ausstehende Forderungen im Gesamtbetrage von 10000 Mark. Sein eingebrachtes Gut erhält also einen Wertzuwachs von 50000 Mark, das Gesamtgut 10000 Mark. Außer den Hypotheken von 30000 Mark sind 3000 Mark Nachlaßschulden vorhanden, zusammen 33000 Mark. Diese sind nach dem Verhältnisse von 50000 zu 10000 zu verteilen. Mithin fallen dem eingebrachten Gute $^5/_6$ = 27500 Mark, dem Gesamtgute $^1/_6$ = 5500 Mark zur Last. Demzufolge ist der aus §§ 1550 Abs 2, 1535 Nr 1 sich ergebende Verteilungsmaßstab, wonach die auf dem Grundstücke haftenden Schulden dem unbeweglichen Vermögen, also dem eingebrachten Gute, die übrigen Schulden aber dem Gesamtgute zur Last fallen müßten, hier außer Anwendung gesetzt. Das BGB hat die Bestimmung des § 1556 nur mit Rücksicht auf die gleichen, in den früheren französisch-rechtlichen Gebieten ausgebildeten Grundsätze trotz der mit der Wertberechnung zum Teil verbundenen Schwierigkeiten aufgenommen (M 4, 552).

5. Die **Schuldenhaftung der Ehegatten im Verhältnisse zu den Gläubigern** läßt der § 1556 unberührt. In dieser Beziehung verbleibt es bei der Regel des § 1459 Abs 1 (§ 1549), daß das Gesamtgut für die **Schulden des Mannes** ausnahmslos haftet. Zwar gelten nach § 1550 Abs 2 in Ansehung des eingebrachten Gutes die Vorschriften über die Errungenschaftsgemeinschaft, aber auch nach diesen (§ 1530 Abs 1) haftet das Gesamtgut für die Verbindlichkeiten des Mannes. Mithin macht es keinen Unterschied, ob sich die Schuld des Mannes auf das Gesamtgut oder sein eingebrachtes Gut bezieht. Auch für die **Schulden der Frau** haftet das Gesamtgut (§§ 1459 Abs 1, 1549). Ausnahmen ergeben sich jedoch aus den §§ 1460 bis 1462 (1549) und den §§ 1531—1534 (1550 Abs 2). Vgl. Erläuterungen dazu. Für Verbindlichkeiten der Frau, die Gesamtgutsverbindlichkeiten sind, haftet der Mann auch *persönlich* als Gesamtschuldner. Die Haftung erlischt aber mit der Beendigung der Fahrnisgemeinschaft, wenn die Verbindlichkeit im Verhältnisse der Ehegatten zueinander nicht dem Gesamtgute zur Last fällt (§§ 1459 Abs 2, 1549). Für Verbindlichkeiten des Mannes haftet die Frau nicht.

Ihren Gläubigern haftet sie mit ihrem eingebrachten Gute und Vorbehaltsgute, jedoch mit ersterem nur innerhalb der durch §§ 1412—1414 gezogenen Schranken (§§ 1549, 1550 Abs 2, 1525 Abs 2).

§ 1557

[1]) Fortgesetzte Gütergemeinschaft[2]) tritt nur ein, wenn sie durch Ehevertrag[3]) vereinbart ist[4])[5]).

E I 1434 II 1452; M 4 552; P 4 378.

1. Für die **Beendigung der Fahrnisgemeinschaft** gelten gemäß § 1549 die Vorschriften über die Beendigung der allgemeinen Gütergemeinschaft (§§ 1468—1482). Die Beendigungsgründe (§ 1468 A 1) sind die gleichen. Eröffnung des Konkurses über das Vermögen eines Ehegatten beendigt die Fahrnisgemeinschaft nicht. Die Auseinandersetzung erfolgt, soweit nicht eine andere Vereinbarung getroffen ist, nach den §§ 1475—1481 (§§ 1549, 1474), jedoch sind für die Herausgabe des eingebrachten Gutes gemäß § 1550 Abs 2 die entsprechenden Vorschriften bei der Errungenschaftsgemeinschaft (§§ 1539—1541, 1546 Abs 3) anwendbar. Wegen der Vermittlung der Auseinandersetzung durch das Amtsgericht vgl. §§ 99, 193 FGG.

2. **Fortsetzung der Fahrnisgemeinschaft.** Die allgemeine Gütergemeinschaft wird nach dem Tode eines Ehegatten zwischen dem überlebenden Ehegatten und dem gemeinschaftlichen Abkömmlinge fortgesetzt. Die Fortsetzung tritt kraft Gesetzes ein (§ 1483 A 4). Bei der Errungenschaftsgemeinschaft ist fortgesetzte Gemeinschaft überhaupt ausgeschlossen (§ 1546 A 1). Bei der Fahrnisgemeinschaft ist (auf Beschluß der 2. Kommission, Prot 4, 377) nur die vertragsmäßige Einführung der fortgesetzten Gütergemeinschaft gestattet, obwohl das französische Recht die Fortsetzung nicht kennt. Die fortgesetzte Fahrnisgemeinschaft untersteht den für die fortgesetzte Gütergemeinschaft geltenden Regeln (§§ 1483—1518), wie sich denn auch die Fahrnisgemeinschaft beim Mangel unbeweglichen Vermögens mit der **allgemeinen Gütergemeinschaft** fast vollständig deckt (§ 1549 A 1). Die fortgesetzte Fahrnisgemeinschaft bezieht sich nur auf das Gesamtgut Das Gesamtgut der fortgesetzten Fahrnisgemeinschaft besteht aus dem ehelichen Gesamtgut der Fahrnisgemeinschaft, soweit es nicht nach § 1483 Abs 2 einem nicht anteilsberechtigten Abkömmlinge zufällt, und aus dem Vermögen, das der überlebende Ehegatte aus dem Nachlasse des verstorbenen Ehegatten oder nach dem Eintritte der fortgesetzten Fahrnisgemeinschaft erwirbt, soweit dieser Erwerb nach §§ 1549—1555 beim Bestehen der ehelichen Fahrnisgemeinschaft als Gesamtgut anzusehen wäre (§ 1485). Zum **Nachlasse** des verstorbenen Ehegatten gehören sein eingebrachtes Gut und, wenn die Frau gestorben ist, ihr Vorbehaltsgut. Dieses Vermögen vererbt sich nach den gewöhnlichen Vorschriften. Nicht zum Gesamtgut gehört das Vermögen eines anteilsberechtigten Abkömmlings (§ 1485 Abs 2). **Eingebrachtes Gut des überlebenden Ehegatten** ist bei der fortgesetzten Fahrnisgemeinschaft das, was er bei der ehelichen Fahrnisgemeinschaft als eingebrachtes Gut besessen hat und was nach §§ 1551—1554 eingebrachtes Gut werden würde, falls eheliche Fahrnisgemeinschaft bestände. Auf das eingebrachte Gut des überlebenden Ehegatten sind die Grundsätze anzuwenden, die für das eingebrachte Gut des Mannes während der ehelichen Fahrnisgemeinschaft gelten (§ 1487 Abs 1 Halbs 2). Die Nutzungen des eingebrachten Gutes des überlebenden Ehegatten fallen in das Gesamtgut (§§ 1550 Abs 2, 1525). **Vorbehaltsgut der überlebenden Frau** ist bei der fortgesetzten Fahrnisgemeinschaft das, was sie bei der ehelichen Fahrnisgemeinschaft als Vorbehaltsgut besessen hat und was nach § 1486 Abs 1 Vorbehaltsgut werden würde, falls eheliche Fahrnisgemeinschaft bestände. Vorbehaltsgut des überlebenden Mannes ist ausgeschlossen (§ 1555).

3. Der **Ehevertrag** kann bis zum Tode eines der Ehegatten vereinbart werden und unterliegt den allgemeinen Vorschriften (§§ 1432ff.). Auch § 1437 erscheint anwendbar. Stirbt ein Ehegatte, ohne daß ein die Fortsetzung der Fahrnisgemeinschaft vereinbarender Ehevertrag geschlossen worden ist, so tritt Beerbung nach allgemeinen Grundsätzen ein. Zum Nachlasse des verstorbenen Ehegatten gehören sein Anteil am Gesamtgute, sein eingebrachtes Gut und, wenn die Frau gestorben ist, ihr Vorbehaltsgut.

4. **Ablehnungsrecht des überlebenden Ehegatten.** Der überlebende Ehegatte kann die vertragsmäßig vereinbarte Fortsetzung der Fahrnisgemeinschaft ablehnen (§ 1484 BGB; § 9 KO). §§ 1508, 1509 sind sinnentsprechend anwendbar.

5. **Zwangsvollstreckung. Konkurs.** Vgl. §§ 743, 744, 745, 794 Abs 2, 860 ZPO und §§ 2 Abs 3, 236 KO, welche Vorschriften hier anwendbar sind. Vgl. auch Erl in § 1488 A 5, § 1497 A 4.

III. Güterrechtsregister

§ 1558

Die Eintragungen[1]**) in das Güterrechtsregister**[2]**) haben bei dem Amtsgerichte zu geschehen, in dessen Bezirke der Mann seinen Wohnsitz hat**[3]**). Durch Anordnung der Landesjustizverwaltung kann die Führung des Registers für mehrere Amtsgerichtsbezirke einem Amtsgericht übertragen werden**[4]**).**

E I 1436 Satz 1 II 1453 Abs 1, 1454; M 4 555; P 4 381 ff.

1. **Eintragungen.** § 1558 Abs 1 handelt von den Eintragungen, d. h. von den durch das Gesetz zur Wirksamkeit der Tatsache gegen Dritte vorgeschriebenen Eintragungen in das Güterrechtsregister. Die Eintragung ist vorgeschrieben: in § 1357 Abs 2 Satz 3 für die Beschränkung und Ausschließung der Schlüsselgewalt der Frau durch den Mann, in § 1364 (1431) für den Nichteintritt der Verwaltung und Nutznießung des Mannes einer in der Geschäftsfähigkeit beschränkten Frau, in § 1371 (1431, 1435) für das Vorbehaltsgut der Frau beim gesetzlichen Güterrechte, in § 1431 für die Gütertrennung und die Wiederherstellung der Verwaltung und Nutznießung in den Fällen des § 1425, in § 1435 für die Ausschließung oder Änderung der Verwaltung und Nutznießung des Mannes durch Ehevertrag, in § 1441 (§§ 1431, 1435) für das Vorbehaltsgut der Frau bei Gütergemeinschaft, in § 1470 für die Aufhebung der Gütergemeinschaft durch Urteil in den Fällen der §§ 1468, 1469, in § 1526 für das Vorbehaltsgut der Frau bei der Errungenschaftsgemeinschaft, in § 1545 für die Beendigung der Errungenschaftsgemeinschaft in den Fällen der §§ 1542—1544, in § 1548 für die Wiederherstellung der Errungenschaftsgemeinschaft durch Urteil in den Fällen des § 1547, in § 1549 für gewisse Fälle (§§ 1441, 1470) bei der Fahrnisgemeinschaft und in § 1587 für die Wiederherstellung der ehelichen Gemeinschaft nach deren urteilsmäßiger Aufhebung. **Fortgesetzte Gütergemeinschaft** (§ 1483) wird in das Güterrechtsregister nicht eingetragen, weil dasselbe nur dazu dient, die während der Ehe bestehenden güterrechtlichen Verhältnisse kundzutun. Ferner ist die Eintragung hinsichtlich aller Güterstände (mit Ausnahme der Gütertrennung) in den §§ 1405 Abs 2, 1452, 1519 Abs 2, 1525 Abs 2, 1549, 1550 Abs 2, für den **Einspruch des Mannes** gegen den Betrieb eines Erwerbsgeschäfts durch die Frau und den Widerruf seiner Einwilligung vorgeschrieben. Gleiches wird auch von der Zurücknahme des Einspruchs oder Widerrufs gelten müssen. In andern als den vom Gesetz als eintragungspflichtig bezeichneten Fällen findet eine Eintragung in das Güterrechtsregister nicht statt. Der Richter hat die in nicht eintragungspflichtigen Fällen beantragte Eintragung als unzulässig abzulehnen, desgleichen sachwidrige, überflüssige, unvollständige, unklare oder widerspruchsvolle Anträge zu beanstanden. Anderseits bezieht sich in gesetzlich zulässigen Eintragungsfällen seine Prüfungspflicht nicht auf die Frage, ob die in gehöriger Form angebrachten Erklärungen und Anträge der Wirklichkeit entsprechen. Eine unzulässigerweise bewirkte Eintragung ist von Amts wegen zu löschen (§§ 161, 142, 143 FGG). Eine Eintragung verliert ihre Wirkung für die Zukunft dadurch, daß eine den Inhalt der früheren Eintragung zurücknehmende oder mit ihr in Widerspruch tretende Tatsache eingetragen wird, selbst wenn die neu eingetragene Tatsache in Wirklichkeit nicht besteht (M 4, 554). Da alle Eintragungen nur für die Zeit während der Ehe, nicht für die Zeit vor der Ehe Zweck und Bedeutung haben, so werden sie naturgemäß erst nach dem Zeitpunkte der Eheschließung zu bewirken sein. Die vorher bewirkten Eintragungen sind zwar zunächst bedeutungslos, treten aber mit dem Beginne der Ehe in Wirksamkeit. — Wird eine Eintragung in das Güterrechtsregister — die keine rechtserzeugende, sondern nur rechtsbekundende Bedeutung hat — beantragt, so hat der Registerrichter zu prüfen, ob das Gericht örtlich zuständig ist (§ 1558), ob die Ehe geschlossen ist, ob die Anmeldung formell den gesetzlichen Vorschriften entspricht und die Eintragung inhaltlich zulässig ist. Er hat aber nicht darüber hinaus zu prüfen, ob die abgegebenen Erklärungen der Wahrheit entsprechen (KG in OLG 30, 134). Der Nachweis, daß die Antragsteller miteinander verheiratet sind, kann durch Vorlegung der Heiratsurkunde, aber auch durch Vorlegung einer notariellen Urkunde, in der vom Notar bezeugt wird, daß die Antragsteller ihm als Eheleute von Person bekannt sind, geführt werden (ebenda).

2. **Güterrechtsregister.** Gewisse Tatsachen können billigerweise einem Dritten gegenüber Wirksamkeit nur beanspruchen, wenn er sie kannte oder kennen mußte. Die Einrichtung eines öffentlichen Güterrechtsregisters bezweckt, jedem Dritten die Möglichkeit zu gewähren, von der betreffenden Tatsache Kenntnis zu erhalten. Die Nichtkenntnis einer durch Eintragung in das Güterrechtsregister kundgegebenen Tatsache muß dann als Mangel an Sorgfalt angesehen werden. Wesentlich ist dabei nur die Eintragung der Tatsache in das Güterrechtsregister,

nicht die Veröffentlichung (§ 1562). Ist die Tatsache weder eingetragen noch dem Dritten bekannt, so wird sein **guter Glaube** dadurch geschützt, daß die Tatsache ihm gegenüber unwirksam ist. Daraus ergibt sich für die Ehegatten genügender Anlaß, für die Eintragung der Tatsache in das Güterrechtsregister zu sorgen. Es bleibt ihnen überlassen, die erforderlichen Anträge zu stellen. Zwang wird nicht ausgeübt. **Die Rechtsstellung des Dritten** wird im § 1435 grundsätzlich bestimmt. Auf § 1435 verweisen zahlreiche andere Gesetzesstellen. Welche Tatsachen eintragungsbedürftig sind, darüber vgl. A 1. Die Bestimmungen des BGB über das Güterrechtsregister (§§ 1558—1563) werden durch die §§ 161, 162 FGG ergänzt. Dazu treten die auf Beschluß des Bundesrats v. 3. 11. 98 beruhenden Bestimmungen über das Güterrechtsregister v. 12. 11. 98 (RZBl 98, 438) und die landesgesetzlichen Ausführungsbestimmungen. — Erkenntnisquelle in Ansehung der güterrechtlichen Verhältnisse eines Ehegatten ist jetzt ausschließlich das Güterrechtsregister, und zwar gleichviel, ob der Ehemann Kaufmann ist oder nicht (**RG** 63, 245).

3. **Gerichtszuständigkeit.** Hat der Mann an **mehreren Orten den Wohnsitz** (§ 7 Abs 2), so genügt, wie die M 4, 555 ausdrücklich hervorheben, in Ermanglung einer entgegenstehenden Bestimmung die Veröffentlichung bei dem Amtsgerichte des einen oder andern Ortes. Daran wird festzuhalten sein. A. M. Staudinger und andere Schriftsteller, die annehmen, daß die Eintragung bei sämtlichen Amtsgerichten zu erfolgen hat, in deren Bezirke der Mann einen Wohnsitz hat. Nach der hier vertretenen Auffassung wird dem Dritten allerdings zugemutet, sich stets über das etwaige Vorhandensein mehrerer Wohnsitze zu vergewissern und gegebenenfalls die mehreren Güterrechtsregister einzusehen. Willkürlicher Wechsel in der Benutzung der Güterrechtsregister verbietet sich von selbst. Z. B. wird die Zurücknahme eines Einspruchs in dem Register einzutragen sein, in dem der Einspruch selbst eingetragen ist. Hat der Mann im **Inlande keinen Wohnsitz,** so fehlt es an einem zuständigen Registergericht. Mithin können Eintragungen überhaupt nicht bewirkt werden. Demzufolge können die Ehegatten gemäß § 1435 einem Dritten gegenüber nur geltend machen, daß ihm die fragliche Tatsache bekannt gewesen sei. In solchen Fällen werden die nach § 34 GBO und § 107 FGG auszustellenden Zeugnisse durch öffentliche Urkunden (z. B. Vorlegung des Ehevertrags) ersetzt. Für den Fall der **Verlegung des Wohnsitzes** trifft § 1559 Bestimmung. Der Wohnsitz des Mannes ist für die Gerichtszuständigkeit auch dann bestimmend, wenn die Frau den Wohnsitz des Mannes nicht teilt (§ 10 Abs 1 Satz 2). In einzelnen Fällen muß die Eintragung nicht nur bei dem nach § 1558 zuständigen Amtsgerichte, sondern auch noch bei einem andern Registergerichte erfolgen. Vgl. hierüber Art 4 EGHGB (Kaufleute) und § 11a Abs 2 Satz 2 GewO in der durch EG Art 36 I geänderten Fassung (gewerbetreibende Ehefrau). Für **ausländische Ehegatten** und Ehegatten, die nach der Eingehung der Ehe die Reichsangehörigkeit erworben haben, kommen die Vorschriften des Art 16 EG in Betracht Die Eintragung in das Register eines unzuständigen Gerichts ist unwirksam.

4. Über die **Beschwerde** entscheidet das dem registerführenden Amtsgerichte vorgesetzte Landgericht (§ 19 FGG).

§ 1559

Verlegt[1]) der Mann nach der Eintragung seinen Wohnsitz in einen anderen[2]) Bezirk, so muß die Eintragung im Register dieses Bezirkes wiederholt werden[3]). Die frühere Eintragung gilt als von neuem erfolgt, wenn der Mann den Wohnsitz in den früheren Bezirk zurückverlegt[4])[5]).

E I 1436 Satz 2 II 1453 Abs 2 Satz 1, 3; M 4 556; P 4 386; 5 141.

1. **Verlegung des Wohnsitzes** setzt Aufgabe des bisherigen Wohnsitzes voraus. Wird der bisherige Wohnsitz beibehalten, so kommen die Bestimmungen über das gleichzeitige Bestehen mehrerer Wohnsitze zur Anwendung (vgl. § 1558 A 3).

2. Ein **anderer Bezirk** als derjenige, innerhalb dessen sich der bisherige Wohnsitz befand oder der infolge Anordnung der Landesjustizverwaltung nach § 1558 Abs 2 als Bezirk des zuständigen Registergerichts galt. § 1559 findet auch Anwendung, wenn beim Vorhandensein mehrerer Wohnsitze gerade derjenige Wohnsitz verlegt wird, bei dessen Registergerichte die Eintragung erfolgt ist (vgl. § 1558 A 3).

3. **Wiederholung der Eintragung.** Diese Muß-Vorschrift ergibt, daß die frühere Eintragung mit der Verlegung des Wohnsitzes ihre Wirksamkeit verliert. Mit Rücksicht auf die Möglichkeit ihrer Wiederauflebung (§ 1559 Satz 2) ist es jedoch nicht angebracht, sie von Amts wegen zu löschen. Die Ehegatten müssen also, um sich die Wirksamkeit der Eintragung Dritten gegenüber für die Zukunft zu sichern, für die Wiederholung der Eintragung sorgen. Anderseits wird dem Dritten zugemutet, sich zu vergewissern, ob der Ehemann in dem Bezirke desjenigen Registergerichts noch wohnt, in dessen Register die Eintragung steht. Eine Frist zur Stellung des Eintragungsantrags ist nicht bestimmt. Aus dem alphabetischen Verzeichnisse (§ 16 der

vom Bundesrate beschlossenen Bestimmungen v. 12. 11. 98) ergeben sich die Namen der Ehemänner, für die Eintragungen bewirkt sind.

4. Infolge **Zurückverlegung des Wohnsitzes** gilt die frühere, nicht etwa inzwischen gelöschte Eintragung von neuem, selbst wenn die wiederholte Eintragung abweicht und nicht gelöscht ist. Die im Register des Zwischenwohnsitzes erfolgten Eintragungen verlieren mit der Zurückverlegung des Wohnsitzes ihre Wirksamkeit.

5. § 1559 findet entsprechende Anwendung auf die Verlegung der Niederlassung eines **Kaufmanns** (Art 4 Abs 2 EGHGB).

§ 1560

Eine Eintragung[1]) in das Register soll[2]) nur auf Antrag[3]) und nur insoweit[4]) erfolgen, als sie beantragt ist. Der Antrag ist in öffentlich beglaubigter Form zu stellen[5])[6]).

E I 1437 Abs 1 Satz 1, 2 Abs 2 Satz 1, 3 II 1455; M 4 557; P 4 389; 5 164.

1. Eine **Eintragung** in das Register stellt nicht nur der ursprüngliche Vermerk dar, sondern auch jeder auf dessen Ergänzung, Abänderung oder Löschung gerichtete Vermerk. Jede Eintragung soll den Tag, an welchem sie erfolgt ist, angeben und mit der Unterschrift des zuständigen Beamten versehen werden (§§ 161, 130 FGG; § 3 der BRBest v. 12. 11. 98). Im übrigen ist es Aufgabe des Registergerichts, der Eintragung eine sachgemäße Fassung zu geben. An den Wortlaut des Antrags ist es nicht gebunden. So ist z. B. eine Vereinbarung, wonach das ganze gegenwärtige und zukünftige Vermögen der Frau Vorbehaltsgut sein soll, als Vereinbarung der Gütertrennung anzusehen (§ 1368 A 1) und kann als Gütertrennung eingetragen werden. Ist einer der vom BGB geregelten vertragsmäßigen Güterstände (Allgemeine Gütergemeinschaft, Errungenschaftsgemeinschaft, Fahrnisgemeinschaft) oder, ist Gütertrennung vereinbart, so genügt es, einzutragen, daß der so benannte Güterstand vereinbart sei.

2. Das Wörtchen **„soll"** drückt aus, daß es sich nur um eine Ordnungsvorschrift handelt (Prot 4, 389). Die ohne Antrag bewirkte Eintragung ist also, wenngleich unzulässigerweise bewirkt, gültig. Wegen ihrer Löschung vgl. A 3.

3. **Nur auf Antrag** soll eine Eintragung erfolgen, weil das Gesetz den Ehegatten nur ermöglichen will, sich durch Vermittlung des Güterrechtsregisters vor den Nachteilen zu schützen, die sich sonst für sie aus dem guten Glauben Dritter ergeben würden (§ 1558 A 2). Von Amts wegen tritt das Registergericht nicht in Tätigkeit. Allerdings sind Vermerke, die unzulässigerweise (z. B. wegen Mangels eines Antrags oder wegen Unzuständigkeit des Gerichts) bewirkt worden sind, von Amts wegen zu löschen (§§ 161, 142, 143 FGG).

4. Das Wörtchen **„insoweit"** drückt aus, daß es den Ehegatten überlassen bleiben soll, den Inhalt der Eintragung auch seinem Umfange nach zu bestimmen. Sie brauchen nicht alles zu veröffentlichen, was sie zu veröffentlichen befugt wären. Insbesondere können sie bestimmen, auf welchen Teil eines Ehevertrags sich die Eintragung beschränken soll. Der Ehevertrag braucht auch nur insoweit auszugsweise vorgelegt zu werden. Für den nicht eingetragenen Teil können natürlich nicht die Rechtswirkungen aus § 1435 beansprucht werden. Andrerseits ist die Eintragung insoweit, als sie über den Antrag hinausgeht, wirksam (vgl. A 2).

5. **Form des Antrags.** Vgl. § 129 BGB, §§ 167, 183, 191 Abs 2 FGG. Ein formungültiger Antrag ist kein Antrag. Die daraufhin bewirkte Eintragung ist zwar unzulässig und muß von Amts wegen gelöscht werden, hat aber bis dahin Wirksamkeit (A 2, 3). Der Antrag kann im Ehevertrage Platz finden. Die Formvorschrift ist auch zu beobachten, wenn der Güterstand durch Urteil aufgehoben ist oder infolge Konkurseröffnung endet. Es ist zulässig, den Antrag vor der Ehe zu stellen. Darüber, daß es unzulässig ist, die Eintragung vor der Eheschließung zu bewirken, vgl. § 1558 A 1. Zu Protokoll des Gerichtsschreibers des Registergerichts können Anträge und Erklärungen (§ 11 FGG) nicht erfolgen, wohl aber **Anmeldungen** zur Eintragung in das Güterrechtsregister (§§ 161, 128 FGG).

6. **Bevollmächtigung** zur Antragstellung ist nicht ausgeschlossen (Prot 4, 389). Der Notar, der die zu einer Eintragung erforderliche Erklärung beurkundet oder beglaubigt, gilt nach §§ 161, 129 FGG als ermächtigt, im Namen desjenigen, dessen Erklärung er beurkundet oder beglaubigt hat, die Eintragung zu beantragen. Die zu einer Eintragung erforderliche Erklärung umfaßt auch die Erklärung des Antrags des nach § 1561 zum Antrage Berechtigten. Gilt der Notar als zur Antragstellung ermächtigt, so findet auf seinen Antrag die Formvorschrift des § 1560 Satz 2 keine Anwendung. Über das Beschwerderecht des Notars vgl. §§ 161, 129, 124 FGG.

§ 1561

[1]) Die Eintragung erfolgt in den Fällen des § 1357 Abs 2[2]) und des § 1405 Abs 3[3]) auf Antrag des Mannes[4]).

In den anderen Fällen[5]) ist der Antrag beider Ehegatten erforderlich; jeder Ehegatte ist dem anderen gegenüber zur Mitwirkung verpflichtet[6]).

Der Antrag eines der Ehegatten genügt:

1. zur Eintragung eines Ehevertrags oder einer auf gerichtlicher Entscheidung beruhenden Änderung der güterrechtlichen Verhältnisse der Ehegatten, wenn mit dem Antrage der Ehevertrag[7]) oder die mit dem Zeugnisse der Rechtskraft[8]) versehene Entscheidung[9]) vorgelegt wird;

2. zur Wiederholung einer Eintragung in dem Register eines anderen Bezirkes[10]), wenn mit dem Antrag eine nach der Aufhebung des bisherigen Wohnsitzes[11]) erteilte, öffentlich beglaubigte[12]) Abschrift der früheren Eintragung vorgelegt wird[13]).

E I 1437 Abs 1 Satz 1, 3, Abs 2 Satz 2, 1438 II 1456; M 4 557; P 4 387; 5 140; 6 290.

1. **Allgemeines.** Nach § 1560 bedarf das Registergericht zu jeder Eintragung eines Antrags (Ausnahmen: § 1560 A 3). Der § 1561 bestimmt, wer zu dem Antrage berechtigt ist. In gewissen Fällen ist der Mann allein antragsberechtigt (Abs 1), in andern sowohl der Mann als auch die Frau (Abs 3) und in den übrigen Fällen bedarf es des Antrags beider Ehegatten (Abs 2). In dem am häufigsten vorkommenden Falle, nämlich der Eintragung auf Grund eines Ehevertrags, genügt der Antrag eines Ehegatten.

2. **§ 1357 Abs 2** betrifft das Recht des Mannes, die **Schlüsselgewalt der Frau** zu beschränken oder auszuschließen. Wegen Aufhebung der Verfügung des Mannes durch das Vormundschaftsgericht (§ 1357 Abs 2 Satz 2) vgl. A 9. Im Falle des Getrenntlebens der Ehegatten kommt die Schlüsselgewalt der Frau von selbst in Wegfall. Vgl. § 1357 A 8. Über die Frage, ob es zulässig ist, daß auf Antrag des Mannes der Wegfall der Schlüsselgewalt infolge Getrenntlebens der Ehegatten im Güterrechtsregister eingetragen wird, vgl. BayObLG in RJA 13, 76, KG in RJA 13, 120 und § 1357 A 8

3. **§ 1405 Abs 3** betrifft das Recht des Mannes, gegen den Geschäftsbetrieb der Frau Einspruch zu erheben sowie seine Einwilligung zu widerrufen (vgl. § 1558 A 1).

4. Der **Antrag des Mannes** ist erforderlich und genügend.

5. Zu den **andern Fällen** gehören alle diejenigen Eintragungen, die nicht unter Abs 1 oder Abs 3 fallen, also namentlich die Eintragung der Gütertrennung bei Geschäftsunfähigkeit der Frau im Falle des § 1364, die Eintragung der Vorbehaltseigenschaft in den Fällen der §§ 1371, 1441, 1526 (1431, 1435) und die im § 1561 Abs 3 bezeichneten Fälle, sofern die darin beschriebenen Urkunden nicht vorgelegt werden.

6. Im Weigerungsfalle kann auf Stellung des Antrags geklagt werden. Die zur Erklärung des Antrags verurteilende Entscheidung ersetzt den Antrag (§ 894 ZPO).

7. Ein **Auszug aus dem Ehevertrage** genügt, wenn er das Vorhandensein aller gesetzlichen Erfordernisse ergibt (vgl. § 1560 A 4).

8. **Rechtskraft** der Urteile § 705 ZPO. Das Todeserklärungsurteil ist mit der Verkündung rechtskräftig (§§ 957, 960 ZPO); Rechtskraft des Beschlusses über Eröffnung des Konkurses (§§ 72, 73, 109 KO, § 577 ZPO); Rechtskraft der Entscheidung des Vormundschaftsgerichts im Falle des § 1357 vgl. §§ 53, 19, 20, 60 Abs 1 Nr 6 FGG; Erteilung des Rechtskraftzeugnisses § 706 ZPO und § 31 FGG.

9. Auf **rechtskräftiger, gerichtlicher Entscheidung** kann die Änderung der güterrechtlichen Verhältnisse in folgenden Fällen beruhen: Aufhebung der die Schlüsselgewalt der Frau beschränkenden oder ausschließenden Verfügung des Mannes durch Beschluß des Vormundschaftsgerichts (§ 1357 Abs 2 Satz 2, 3), Aufhebung eines Güterstandes durch Urteil, und zwar der Verwaltung und Nutznießung des Mannes (§ 1418), der Gütergemeinschaft (§ 1470), der Errungenschaftsgemeinschaft (§ 1542) und der Fahrnisgemeinschaft (§ 1549), Endigung des Güterstandes infolge Eröffnung des Konkurses über das Vermögen des Mannes, und zwar Endigung der Verwaltung und Nutznießung des Mannes (§ 1419) und der Errungenschaftsgemeinschaft (§ 1543), Endigung des Güterstandes infolge Todeserklärung des Mannes, und zwar Endigung der Verwaltung und Nutznießung des Mannes (§ 1420) und der Errungenschaftsgemeinschaft (§ 1544), Wiederherstellung eines Güterstandes durch Urteil, und zwar der Verwaltung und Nutznießung des Mannes (§§ 1425, 1431) und der Errungenschaftsgemeinschaft (§§ 1547, 1548). Soweit es überhaupt zulässig ist, im Wege

der einstweiligen Verfügung die güterrechtlichen Verhältnisse zu ändern (vgl. §§ 1418 A 12, 1468 A 12, 1542 A 4), kann eine Eintragung im Güterrechtsregister erfolgen, wenn die einstweilige Verfügung durch ein Urteil erlassen ist.

10. **Wiederholte Eintragung.** Dies ist der Fall des § 1559.

11. Der Zeitpunkt der **Aufhebung des bisherigen Wohnsitzes** kann durch eine Bescheinigung der zuständigen Polizeibehörde nachgewiesen werden.

12. Öffentliche Beglaubigung § 129 BGB; § 167 FGG.

13. Benachrichtigung beider Ehegatten §§ 161 Abs 2, 130 Abs 2 FGG. Aussetzung der Eintragungsverfügung §§ 161 Abs 1, 127 FGG. Beschwerde gegen Zurückweisung des Antrags §§ 19, 20 Abs 2 FGG.

§ 1562

Das Amtsgericht hat[1]) die Eintragung durch das für seine Bekanntmachungen bestimmte Blatt[2]) zu veröffentlichen[3]).

Wird eine Änderung des Güterstandes[4]) eingetragen, so hat sich die Bekanntmachung auf die Bezeichnung des Güterstandes[5]) und, wenn dieser abweichend von dem Gesetze geregelt ist, auf eine allgemeine Bezeichnung der Abweichung zu beschränken.

E I 1439 II 1457; M 4 558; P 4 390.

1. Das Amtsgericht hat die Veröffentlichung **von Amts wegen** zu bewirken, und zwar **unverzüglich** nach der Eintragung. Das Unterbleiben der Veröffentlichung hat jedoch auf die Wirksamkeit der Eintragung keinen Einfluß (§ 1558 A 2).

2. In Preußen durch den Anzeiger des Regierungsamtsblatts. Für Bayern s. Bek. v. 13. 12. 12, JMBl 1912 S. 341.

3. Die **Veröffentlichung** erfolgt durch einmalige Einrückung.

4. Gleichviel, ob die **Änderung des Güterstandes** auf Grund eines Ehevertrags, einer gerichtlichen Entscheidung oder zufolge gesetzlicher Vorschrift (z. B. im Falle des § 1587) eintritt.

5. Die **Bezeichnung des neu eintretenden Güterstandes** ist tunlichst dem Sprachgebrauche des Gesetzes anzupassen. Die Abweichung braucht neben der begriffsmäßigen Umgrenzung keine Einzelheiten zu enthalten. So brauchen z. B. nicht die einzelnen Stücke des Vorbehaltsguts neben der allgemeinen Bekanntmachung, daß Vorbehaltsgut bestehe, veröffentlicht zu werden. Die Beschränkungen des § 1562 Abs 2 sind mit Rücksicht darauf, daß die Einsicht des Registers nebst den zur Vervollständigung dienenden Urkunden (§ 1563 A 2) jedem freisteht, und zur Verminderung der Kosten angeordnet. Von diesen Beschränkungen abgesehen, ist die Eintragung regelmäßig ihrem ganzen Inhalte nach zu veröffentlichen. — Die Bekanntmachung muß Gütertrennung als eingetretenen Güterstand bezeichnen, gleichviel ob dieser Güterstand durch Vertrag vereinbart ist oder kraft Gesetzes eintritt (§§ 1426, 1436; LG Elbing in JW 1916, 1554[3]).

§ 1563

Die Einsicht[1]) des Registers[2]) ist jedem[3]) gestattet. Von den Eintragungen kann eine Abschrift gefordert werden; die Abschrift ist auf Verlangen zu beglaubigen[4]).

E I 1435 Abs 2 II 1458; M 4 555; P 4 384; 6 118, 182.

1. Die **Einsicht** ist während der gewöhnlichen Dienststunden zu gestatten.

2. Zum **Register** im Sinne des § 1563 gehören auch die zur Vervollständigung der Eintragungen dienenden Urkunden, z. B. das Verzeichnis der einzelnen zum Vorbehaltsgute gehörigen Gegenstände (§ 1562 A 5), besonders, wenn das Register darauf Bezug nimmt (BRBest v. 12. 11. 98 § 13). Dagegen ist die Einsicht der Registerakten und die Erteilung von Abschriften aus diesen Akten nur nach Maßgabe des § 34 FGG zulässig.

3. Das **Recht auf Einsicht** ist von der Darlegung eines berechtigten Interesses nicht abhängig, ebensowenig das Recht auf Erteilung einer einfachen oder beglaubigten **Abschrift** einer Eintragung nebst zugehörigen Urkunden (Abweichung von § 34 FGG; § 9 Abs 2 HGB; § 11 GBO). Die Kosten der Abschrift hat der Antragsteller zu tragen.

4. In gewissen Fällen (§§ 34, 35 GBO; § 107 Abs 2 FGG) hat die Registerbehörde auf Verlangen **Zeugnisse** über Eintragungen im Güterrechtsregister auszustellen. Das Recht auf Erteilung solcher Zeugnisse haben nur die Ehegatten und nach §§ 792, 896 ZPO deren

Gläubiger. Nach § 162 FGG hat das Amtsgericht auf Verlangen eine Bescheinigung darüber zu erteilen, daß bezüglich des Gegenstandes einer Eintragung weitere Eintragungen nicht vorhanden sind, oder daß eine bestimmte Eintragung nicht erfolgt ist. Das Verlangen einer solchen Bescheinigung ist von der Darlegung eines berechtigten Interesses nicht abhängig.

Siebenter Titel

Scheidung der Ehe

§ 1564

[1]) Die Ehe kann aus den in den §§ 1565 bis 1569 bestimmten Gründen[2]) geschieden werden. Die Scheidung erfolgt durch Urteil[3]). Die Auflösung der Ehe tritt mit der Rechtskraft des Urteils ein[4—7]).

E I 1440 Abs 1, 2, 1452 II 1459, 1470; M 4 562 ff., 610; P 4 391 ff., 437.

1. Das **Scheidungsrecht des BGB** beruht auf dem Grundsatze, daß ein Ehegatte nur wegen schweren Verschuldens des andern Ehegatten die Scheidung zu verlangen berechtigt sein soll (M 4, 563; **RG** 85, 13). Eine Ausnahme macht der Scheidungsgrund der Geisteskrankheit (§ 1569). Die im BGB anerkannten Scheidungsgründe lassen sich in bedingte und unbedingte einteilen. **Bedingte Scheidungsgründe** sind solche, die zur Scheidung nur unter der Bedingung führen, daß der Richter zugleich die Überzeugung gewinnt, es sei eine so tiefe Zerrüttung des ehelichen Verhältnisses eingetreten, daß dem klagenden Ehegatten die Fortsetzung der Ehe nicht zugemutet werden könne. Sie werden, ohne einzeln aufgeführt zu werden, im § 1568 durch Zurückführung auf einen gemeinsamen Grundsatz gekennzeichnet. **Unbedingte Scheidungsgründe** sind solche, die immer die Scheidung rechtfertigen, weil in diesen Fällen die Verletzung der durch die Ehe begründeten Pflichten schon an sich als eine so schwere und unmittelbare anzusehen ist, daß die Zerrüttung der Ehe ohne weiteres als Folge der Pflichtverletzung vorausgesetzt werden kann. Zu den unbedingten Scheidungsgründen gehören Ehebruch und die diesem gleichzuachtenden strafbaren Handlungen (§ 1565), Lebensnachstellung (§ 1566) und bösliche Verlassung (§ 1567). Neben die unbedingten Scheidungsgründe tritt der Scheidungsgrund der Geisteskrankheit (§ 1569), der eine gewisse Sonderstellung einnimmt. Die Begründung des E I bezeichnet die bedingten Scheidungsgründe als relative und die unbedingten als absolute Scheidungsgründe. Vgl. auch **RG** 85, 14.

2. Aus andern Gründen als den in den §§ 1565—1569 bezeichneten kann die Ehe nicht geschieden werden. Die Scheidungsgründe sind auch für die Aufhebung der ehelichen Gemeinschaft (§ 1575) die allein zulässigen Aufhebungsgründe. — Kein selbständiger Scheidungsgrund ist unüberwindliche Abneigung (**RG** JW 00, 563).

3. Gemeint ist das **gerichtliche Urteil.** Scheidung durch Vertragschließung ist unzulässig. Jede Scheidung aus landesherrlicher Machtvollkommenheit fällt weg. Auf Grund des die Scheidung aussprechenden gerichtlichen Urteils hat der Standesbeamte in dem Heiratsregister einen entsprechenden Randvermerk zu machen (Art 46 EG). Der Randvermerk ist auch dann zulässig und erforderlich, wenn eine im Inlande geschlossene Ehe durch Urteil eines ausländischen (hier schweizerischen) Gerichts geschieden worden ist. Der Erwirkung eines Vollstreckungsurteils bedarf es nicht. Der Standesbeamte hat selbständig zu prüfen, ob das Scheidungsurteil nach ausländischem Rechte rechtskräftig ist und ob es den Erfordernissen des § 328 ZPO, gegebenenfalls den des Art 7 des HaagEhescheidAbk. v. 12. 6. 02 (RGBl 1904, 231) entspricht (**RG** 88, 244). Die von einem Rabbiner in Deutschland (nach jüdisch-talmudischem Rechte durch Ausfertigung eines **Scheidebriefs**) vollzogene Scheidung der Ehe **russischer Staatsangehöriger** jüdischen Glaubens darf nicht in das Heiratsregister eingetragen werden. Der Rabbiner kann nicht als russische Behörde tätig gewesen sein, denn das wäre mit der Gerichtshoheit des Deutschen Reiches und seiner Länder unvereinbar. In Deutschland aber findet eine geistliche oder eine durch die Zugehörigkeit zu einem Glaubensbekenntnis bedingte Gerichtsbarkeit nicht mehr statt und die bürgerlichen Gerichte sind in streitigen Ehesachen ausschließlich zuständig (§ 76 PStG). Dies gilt für Inländer und Ausländer gleichmäßig. Ein die Anerkennung von Scheidungsurteilen deutscher Geistlicher oder anderer Organe einer Religionsgesellschaft verbürgender Staatsvertrag ist mit Rußland nicht abgeschlossen worden. Ist die Ehe nicht rechtswirksam geschieden, so würde sie doch nach erfolgter Eintragung der Scheidung in das Heiratsregister gemäß § 15 PStG bis auf weiteres als rechtswirksam geschieden zu gelten haben. Daraus könnten schon im Hinblick auf § 1326 (Doppelehe) für die Eheleute selbst und für Dritte schwere Schäden entstehen. Die Verhütung unrichtiger Eintragungen in das Heiratsregister liegt ebenso wie die Berichtigung solcher im öffentlichen Interesse (**RG** 102 S. 124, 126; **RG** Warn 1925 Nr 133). Die vom Berliner

Rabbinatskollegium ausgesprochene Scheidung russischer, jetzt **litauischer,** in Deutschland wohnender Juden wird auch nicht durch die Zustimmung des zuständigen litauischen Rabbiners und die Eintragung in die litauische Ehescheidungsmatrikel gültig (**RG** Warn 1925 Nr 133). Der Scheidungsspruch eines deutschen Rabbinatskollegiums entbehrt der bürgerlichen Wirksamkeit (§ 76 PStG, § 15 Abs 3 GVG) auch gegenüber Ausländern (hier russischen Juden), deren Heimatrecht die Ehescheidungen einer Religionsgesellschaft überläßt (**RG** 113, 38). Vgl. auch A 7 sowie § 1316 A 1. Die von einem deutschen Rabbiner ausgesprochene Scheidung der Ehe eines mosaischen **Türken** mit einer mosaischen Deutschen nach türkischem Rechte ist in Deutschland nicht anzuerkennen. Der deutsch-türkische Rechtsschutzvertrag v. 11. 1. 17 ist durch Art 290 des Versailler Friedensvertrags v. 28. 6. 19 aufgehoben (**RG** Warn 1921 Nr. 35).

4. Das auf Scheidung lautende Urteil bewirkt erst mit dem **Eintritte der Rechtskraft** (§ 705 ZPO) die Auflösung der Ehe. Es wirkt also nur für die Zukunft und es beseitigt nicht die bis dahin durch die Ehe einmal begründeten Wirkungen (M 4, 611). Die Auflösung der Ehe nach § 1564 tritt mit der Rechtskraft des Urteils ein, ohne daß die Ehescheidungsparteien von diesem Kenntnis haben müßten, und sie übt von da an ihre vermögensrechtlichen wie familienrechtlichen Wirkungen (**RG** 75, 282). Werden die vom Reichsgerichte für das Verfahren in Ehesachen aufgestellten Grundsätze befolgt, so sind Schwankungen hinsichtlich der Frage, in welchem Zeitpunkte die Ehe als aufgelöst zu betrachten ist, ausgeschlossen. Nach diesen Grundsätzen kann **über den Bestand der Ehe nur einheitlich entschieden** werden. Wird die Scheidung beantragt (oder die Ehe angefochten), so wird der Fortbestand der Ehe in Frage gestellt und das eheliche Verhältnis im ganzen Gegenstand des Streites. Die Ehescheidung darf nur in Verbindung mit der unbedingten Entscheidung sämtlicher anderen Streitfragen (insbesondere der Schuldfrage) erfolgen. Über Klage und Widerklage (auf Scheidung oder Anfechtung gerichtet) ist gleichzeitig zu entscheiden. Der Erlaß eines **Teilurteils** ist unstatthaft (**RG** 58, 307). Der Erlaß eines unzulässigen Teilurteils ist ein vom Revisionsgericht von Amts wegen zu berücksichtigender Verfahrensmangel (**RG** 107, 350). Die Einheitlichkeit des Verfahrens in Ehesachen (§§ 614—616 ZPO) hat zur Folge, daß das Armenrecht, das der Beklagten vom Berufungsgericht für die von ihr im zweiten Rechtszuge angekündigte Widerklage bewilligt wird, sich auch auf ihre Berufung zur Hauptklage erstreckt und insoweit sachlich geprüft werden muß (**RG** LZ 1926, 1196[8]). Neben dem unbedingten Ausspruch der Scheidung der Ehe ist die Erlassung einer bedingten Entscheidung über die **Kosten** des Rechtsstreits zulässig. Der Kostenpunkt gehört nicht zu den Streitpunkten, die zugleich mit dem Urteil über die Ehescheidung entschieden werden müssen (**RG** 58, 320; **RG** 19. 9. 21 IV 25/21). Vgl. auch **RG** JW 07, 391[9]; 06, 391[17]; 1922, 386[4]; **RG** Gruch 46, 957; **RG** 17. 3. 13 IV 567/568, 12 (Heilung des Mangels durch Verbindung zweier Teilurteile des Berufungsgerichts in der Revisionsinstanz); **RG** Warn 1917 Nr 86; 1926 Nr 91; **RG** 96, 224 (Wiederaufnahme); **RG** 10. 11. 19 IV 206/19. Wenn ein Ehegatte eine Eheanfechtungs- oder Ehescheidungsklage (oder Widerklage) erhebt, werden beide Ehegatten bei Vermeidung späteren Ausschlusses (§§ 614—616 ZPO) genötigt, in diesem Verfahren alle ihnen bekannten Eheanfechtungs- und Ehescheidungsgründe vorzubringen. Der durch § 616 ZPO bedingten erweiterten Rechtskraftwirkung des in einem solchen Verfahren ergangenen Urteils entspricht ein erweiterter Begriff der **Rechtshängigkeit,** indem durch jede der bezeichneten Klagen der Bestand der Ehe in seinem ganzen Umfange ergriffen und rechtshängig wird. Die Rechtshängigkeit ist von Amts wegen zu berücksichtigen. Eine bereits eingetretene Rechtshängigkeit wird durch Zurücknahme der ersten Klage beseitigt. Entgegenstehende Parteivereinbarungen können daran nichts ändern (**RG** 104, 155). Die **Verbindung von Klagegründen** ist in Ehesachen nur angängig innerhalb der einen Gruppe von Ehesachen (Ehescheidung, Herstellung der Gemeinschaft, Anfechtung, § 615 ZPO) oder innerhalb der anderen Gruppe (Nichtigkeit, Feststellung des Bestehens oder Nichtbestehens einer Ehe, §§ 633, 638 ZPO), nicht aber derart, daß in dem nämlichen Rechtsstreit über Klagen aus beiden Gruppen zu entscheiden wäre (**RG** Recht 1924 Nr 417). Unstatthaft ist ferner ein Urteil, das die Ehe auf Antrag des einen Ehegatten scheidet, daneben aber von einem Eide abhängig macht, ob auch dem Scheidungsbegehren des andern Ehegatten stattzugeben sei (**RG** 58, 316). Vgl. § 1574 A 16. Unstatthaft ist es, das Verfahren auf die Klage **auszusetzen** und auf die Widerklage fortzusetzen (**RG** 58, 315; **RG** JW 1913, 141[21]; **RG** Gruch 59, 141; OLG 29, 143). Wird die Scheidungsklage in Verbindung mit der Anfechtungsklage erhoben, so ist es unstatthaft, die Anfechtungsklage durch Teilurteil abzuweisen (**RG** JW 05, 397[20]). Wird die Anfechtungsklage nur bedingt für den Fall, daß die mit ihr verbundene Scheidungsklage nicht durchdringe, erhoben, so darf sich der Eherichter über diese Bedingung nicht hinwegsetzen (**RG** 88, 340). Vgl. auch Starck in Gruch 63, 596. Der Kläger kann, obwohl im ersten Rechtszuge auf seinen Antrag die Scheidung ausgesprochen worden ist, sich der Berufung der Beklagten anschließen, um an Stelle der Scheidung die Nichtigkeit der Ehe feststellen zu lassen (**RG** 6. 12. 23 IV 872/22). Für das Verhältnis der **mehreren** von einer Partei **gestellten Anträge zueinander** (z. B. 1. Anfechtung wegen arglistiger Täuschung, 2. Scheidung, 3. Anfechtung wegen Irrtums) ist lediglich der Wille der Partei maßgebend. Anders, wenn es sich um das Verhältnis der Anträge der einen Partei zu den Anträgen der andern Partei handelt. Wird z. B. von einer Partei ein Anfechtungs- und von der andern Partei ein Scheidungsantrag gestellt, so hat das Gericht, unabhängig davon, welcher dieser beiden Anträge als Klag- und welcher als Widerklagantrag gestellt ist, zunächst über den Anfechtungsantrag zu befinden. Denn dieser Antrag hat zufolge der Wirkungen einer begründeten Anfechtung einerseits (§ 1343 Abs 1) und der Ehescheidung andrerseits (§ 1564 Satz 3) die weitergehende Bedeutung; eine begründete Anfechtung macht den Scheidungsantrag gegenstandslos, dagegen nicht ein begründeter Scheidungsantrag den Anfechtungsantrag (**RG** 104, 292). In Ehesachen, deren Ziel die Scheidung der Ehe ist, kann über den gesamten Streitstoff nur gleichzeitig entschieden werden (**RG** 58, 307). Aus diesem Grundsatze folgt die Unzulässigkeit eines Urteils, das auf die Klage (oder Widerklage) streitig die Ehe scheidet und gleichzeitig im Wege des **Versäumnisurteils** die Widerklage (oder die Klage) abweist und damit die Möglichkeit einer besonderen rechtskräftigen Teilentscheidung schafft, weil es sonst dahin kommen könnte, daß über den Bestand der Ehe gesondert vor verschiedenen Gerichten weiter verhandelt und entschieden werde. Dies könnte aber zu dem Ergebnisse führen, daß die Ehe, nachdem sie auf das eine Rechtsmittel rechtskräftig geschieden worden, auf das andere Rechtsmittel nochmals geschieden werden müßte. Ein derartiges Ergebnis ist aber unter allen Umständen zu vermeiden (**RG** JW 1924, 44[4]). Neben der streitgemäßen, die Scheidung auf die Widerklage aussprechenden Entscheidung darf das Landgericht nicht gleichzeitig ein auf Abweisung der Klage gerichtetes Versäumnisurteil erlassen; vielmehr darf die Entscheidung nur als einheitliches streitgemäßes Urteil ergehen, gegen das allein die Berufung zulässig ist (**RG** JW 1907, 521[28]). Dasselbe gilt für den umgekehrten Fall, wenn das Landgericht durch ein streitgemäßes Urteil die Scheidung auf die Klage ausspricht und mit dieser Entscheidung ein die Scheidungswiderklage abweisendes Versäumnisurteil unzulässigerweise verbindet. Die Entscheidung kann nur mit der Berufung angefochten werden (**RG** JW 1913, 607[22]). Hat das Landgericht unrichtigerweise die Scheidungsklage des Mannes durch Versäumnisurteil abgewiesen und die Scheidungswiderklage der Frau mit sachlicher Begründung zugesprochen, und ist das Urteil nur mittels Einspruchs des Mannes angefochten worden, so ist dem Einspruch gegenüber einem solchen **zwiespältigen Urteil** eine Wirkung beizumessen, welche über den als Versäumnisurteil gemeinten Teil des Urteils hinausgreift und nicht nur diesen Teil des Rechtsstreits, sondern auch den streitig verhandelten Teil in die Lage zurückversetzt, in der er sich vor Eintritt der Versäumnis befunden hatte. Es muß hier der Grundsatz Anwendung finden, den die Rechtsprechung zu §§ 303, 304 ZPO entwickelt hat: die Partei darf nicht dadurch Nachteil in ihren Rechten erleiden, daß sie durch ein unrichtiges Verfahren des Gerichts in eine prozessual schwierige Lage versetzt wird, zumal sie möglicherweise den streitig ergangenen Teil des Urteils garnicht zu bekämpfen vermag und sich ausschließlich gegen das Versäumnisurteil wenden will (**RG** 110, 135). Wenn dagegen ein die Scheidung der Ehe sowohl auf die Klage der Frau, wie auf die Widerklage des Mannes aussprechendes landgerichtliches Urteil lediglich von der Klägerin hinsichtlich der Entscheidung auf die Widerklage mit der Berufung angefochten worden ist, das Berufungsgericht also nur über die Widerklage zu entscheiden hat, so ist der Erlaß eines Versäumnisurteils gegen den säumigen Widerkläger zulässig und dieses ist nur mittels Einspruchs (nicht Revision) angreifbar (**RG** JW 1916, 751[17]; Seuffert ebenda 900[2]). Hat das Landgericht die Ehe der Parteien auf die Klage des Mannes und auf die Widerklage der Frau geschieden und hat die Frau Berufung eingelegt und der Mann sich der Berufung angeschlossen, so darf im Falle des Ausbleibens der Beklagten, Berufungsklägerin, und Anschlußberufungsbeklagten gegen diese ein Versäumnisurteil des Inhalts erlassen werden, daß die Berufung der Beklagten zurückgewiesen und der Anschlußberufung des Klägers stattgegeben wird. Demzufolge verbleibt es bei der im ersten Rechtszuge auf die Klage ausgesprochenen Scheidung, während die Widerklage abgewiesen wird. Der Beklagten steht gegen diese Entscheidung nur der Einspruch zu (**RG** JW 1916, 1122[13]; früher abweichend **RG** Gruch 58, 483; **RG** JW 1916, 193[11]). War die Klägerin mit ihrer Ehescheidungsklage in der Berufungsinstanz durchgedrungen, bezweckte also die von ihr eingelegte Revision nur die Abweisung der Widerklage, so bestanden keine Bedenken gegen den Antrag der Klägerin auf Erlassung des Versäumnisurteils gegen den Widerkläger. Die Vorschrift des § 618 Abs 5 ZPO stand nicht entgegen. Ebensowenig war das Versäumnisurteil aus dem Grunde, weil in Ehesachen über Klage und Widerklage nur eine einheitliche Entscheidung ergehen kann, unzulässig. Denn dieser Grundsatz gilt nur insoweit, als von dem nämlichen Gericht über Klage und Widerklage zu entscheiden ist. Die Prüfung des Revisionsgerichts hatte sich aber nur auf die Widerklage zu erstrecken (§ 559 ZPO). Da die zu erlassende Entscheidung auf Aufhebung des Berufungsurteils, soweit es der Klägerin zum Nachteil gereichte, zu lauten hatte, mußte das ganze Berufungsurteil aufgehoben werden, damit das Berufungsgericht einheitlich und gleichzeitig über den gesamten Streitstoff von neuem entscheiden konnte (RG Warn 1920 Nr 129). Entscheidung über den Bestand der Ehe und über die Schuldfrage sind untrennbar (RG 46, 158; RG JW 04, 235[11]). Es ist insbesondere unzulässig, über die Anfechtungsklage durch Teilurteil zu erkennen und das Verfahren über die hilfsweise erhobene Scheidungsklage fortzusetzen (RG Warn 1913 Nr 348). Mit der Erhebung einer auf Scheidung gerichteten Klage oder Widerklage werden alle Scheidungs- und Anfechtungsgründe, die bis zur Rechtskraft des Urteils vorgebracht werden können, rechtshängig (RG Warn 1914 Nr 62). Die spätere Geltendmachung einzelner Scheidungs- oder Anfechtungsgründe kann weder durch die Parteien noch durch das Gericht vorbehalten werden (RG Warn 1914 Nr 263). Erledigt sich der Ehescheidungsprozeß durch Tod einer Partei nach Einlegung der Revision, so ist es gestattet, den Rechtsstreit behufs Herbeiführung einer Entscheidung über die Kosten fortzusetzen (RG 2. 1. 08 IV 234/07). **Zwischenurteile** (§ 303 ZPO) sind in Ehesachen zulässig (RG 58, 313). So kann z. B., wenn mit der Klage die beiden Scheidungsgründe des Ehebruchs und der schuldhaften Ehezerrüttung geltend gemacht werden, durch Zwischenurteil der eine von beiden für gerechtfertigt erklärt werden (RG Warn 1914 Nr 66). So kann, wenn Scheidungs- und Anfechtungsgründe geltend gemacht werden, durch Zwischenurteil dahin erkannt werden, daß die Anfechtung unbegründet ist (RG Warn 1914 Nr 263). Die Regel, daß Zwischenurteile in Ehesachen zulässig sind, gilt namentlich, wenn Angriffs- und Verteidigungsmittel abgelehnt werden, aber auch dann, wenn ein Angriffsmittel als begründet hingestellt werden soll, das einen der unbedingten Scheidungsgründe der §§ 1565—1567 zum Gegenstande hat. Handelt es sich aber um einen der bedingten Scheidungsgründe aus § 1568, so darf im Sinne der Klage nur entschieden werden, wenn die im Gesetze näher umschriebene Zerrüttung der Ehe für den Zeitpunkt des Erlasses des Scheidungsurteils festgestellt wird, d. h. für die Zeit der letzten mündlichen Verhandlung (RG 10. 5. 09 IV 452/08; RG Warn 1910 Nr 124; 1913 Nr 295; RG JW 1916, 1192[11]; § 1568 A 5). Mit diesem Rechtsgrundsatze des BGB ist es unvereinbar, durch ein vor der letzten mündlichen Verhandlung ergehendes Zwischenurteil einen der Scheidungsgründe des § 1568 als gerechtfertigt anzuerkennen (RG 98, 152). Über die **Klage auf Herstellung des ehelichen Lebens** kann getrennt von der damit verbundenen Scheidungsklage erkannt werden. So ist es, wenn beide Klagen abgewiesen sind, zulässig, die Revision hinsichtlich der abgewiesenen Scheidungsklage für unbegründet und hinsichtlich der abgewiesenen Herstellungsklage für begründet zu erachten und insoweit das Berufungsurteil aufzuheben (RG 26. 6. 05 IV 91/05). Die Anhängigkeit einer Anfechtungsklage begründet den Einwand der **Rechtshängigkeit** auch gegenüber einer später erhobenen Scheidungsklage und umgekehrt. Aber die Anhängigkeit einer Scheidungsklage begründet nicht den Einwand der Rechtshängigkeit gegenüber einer Klage auf Herstellung der häuslichen Gemeinschaft (RG SeuffA 70 Nr 204; 75 Nr 52; RG JW 1920, 288[11]; RG Warn 1915 Nr 131; 1920 Nr 79 zu I). Vgl. § 1567 A 4, § 1353 A 4. Der im ersten Rechtszuge nicht vertreten gewesene Herstellungskläger kann gegen ein Urteil, das seine Herstellungsklage abweist und der Scheidungswiderklage stattgibt, nicht Einspruch einlegen. Weil die Scheidungswiderklage gerechtfertigt war, mußte die Herstellungsklage abgewiesen werden. Es lag kein Versäumnisurteil vor (OLG 37, 157). Wird in erster Reihe Scheidung, in zweiter Reihe Herstellung beantragt, so kann nicht durch Teilurteil über die Scheidung erkannt und die Verhandlung über die Herstellungsklage vorbehalten werden (OLG 37, 158 A 1). In der Revisionsinstanz ist das Berufungsurteil **im ganzen Umfange aufzuheben,** wenn auch nur die Revision hinsichtlich der Abweisung der Scheidungswiderklage, nicht auch hinsichtlich der Abweisung der Scheidungsklage begründet ist (RG 24. 6. 07 IV 560/06; 29. 2. 12 IV 312/11) oder wenn die Revision nur gegen die auf die Widerklage getroffene Entscheidung gerichtet ist und begründet erscheint (RG 25. 2. 15 IV 578/14). Der vom Reichsgericht von jeher festgehaltene Grundsatz der Notwendigkeit einheitlicher Entscheidung in Ehesachen führt dazu, daß durch die Einlegung eines Rechtsmittels von seiten auch nur einer Partei die Rechtskraft des Urteils im ganzen Umfange gehemmt wird. Das hat zur Folge, daß, wenn auch nur von einer Partei Revision eingelegt und die Aufhebung des Urteils, soweit es ihr zum Nachteile gereicht, beantragt ist, dennoch, falls die Revision begründet erscheint und eine Aufhebung und Zurückverweisung erforderlich wird, das ganze Berufungsurteil aufgehoben werden muß, damit in dem neu eröffneten Rechtszuge vor dem Berufungsgericht eine einheitliche und gleichzeitige Entscheidung über den ganzen Streitstoff erfolgen kann (RG 94, 153; RG Warn 1920 Nr 129). Wenn im Scheidungsverfahren die obsiegende Widerklägerin zum Zwecke der Zurücknahme ihrer Widerklage Revision eingelegt hat, so ist ihrer Revision auch dann stattzugeben, wenn die Widerklägerin Berufung gegen das auf Klage und Widerklage scheidende Urteil des Landgerichts nur insoweit eingelegt hatte, als die Ehe auch auf die Klage geschieden worden war (RG Warn 1919 Nr 185). Zu beachten ist anderseits, daß auch im Ehescheidungsverfahren der Grundsatz gilt, daß der Rechtsstreit vor dem Berufungsgericht in den **durch die Anträge bestimmten Grenzen** von **neuem verhandelt wird** (§ 527 ZPO), wenn auch durch die Einlegung der Berufung die

Rechtskraft des landgerichtlichen Urteils in seinem ganzen Umfange gehemmt wird (RG 64, 315; RG JW 1916, 1122[13]; RG Warn 1917 Nr 157). Die Beschränkung des Berufungsantrags auf die Frage der Mitschuld des mit der Scheidungswiderklage durchgedrungenen Ehegatten hat zwar zur Folge, daß es bei der Scheidung auf die Widerklage sein Bewenden behalten muß und die Entscheidung über die Widerklage vom Berufungsgerichte nicht nachzuprüfen ist. Aber bei der Prüfung der Mitschuldfrage hat das Berufungsgericht die dem Scheidungsausspruche des Landgerichts zugrunde gelegten tatsächlichen Feststellungen frei nachzuprüfen (RG 2. 11. 14 IV 275/14). Hat das Landgericht die beiderseitigen Scheidungsklagen abgewiesen und nur die Frau Berufung eingelegt, so braucht das Scheidungsbegehren des Mannes einer Prüfung nicht unterzogen zu werden (RG 10. 5. 15 IV 618/14; RG Warn 1920 Nr 79 zu I). Zwar finden die §§ 536, 559 ZPO auch in Ehescheidungssachen Anwendung, aber ihre Bedeutung geht nur dahin, daß bei der Entscheidung über die Sache selbst einer Partei nicht etwas zugesprochen werden darf, was sie nach den von ihr bis zum Schlusse der mündlichen Verhandlung, auf die das Endurteil ergeht, gestellten Anträgen nicht beansprucht hat; dagegen beziehen sich diese Vorschriften nicht auf Fragen des Verfahrens, die dem Belieben der Parteien entzogen sind (RG 94, 153; RG Warn 1921 Nr 53). Auch im Ehescheidungsverfahren gelten die §§ 525, 536, 537 ZPO, wonach **vor dem Oberlandesgericht** der Rechtsstreit nur in den Grenzen der Anträge von neuem verhandelt wird (RG LZ 1924, 638[9]). Die vom Landgericht auf die Klage ausgesprochene Scheidung bleibt, wenn dieser Teil des Urteils mit der Berufung nicht angefochten ist, bestehen. Führt aber die Verhandlung über die Widerklage vor dem Berufungsgerichte dazu, einer Partei den Eid aufzuerlegen, so muß der in dem landgerichtlichen Urteil enthaltene Ausspruch der Scheidung in das Berufungsurteil übernommen werden (RG 97, 259). Vgl. § 1574 A 16. Hat das Landgericht die Ehe wegen Ehebruchs des Beklagten und wegen Verschuldens der Klägerin im Sinne des § 1568 geschieden und hat nur die Klägerin Berufung eingelegt, und zwar mit dem Antrage, unter Abänderung dieses Urteils nach dem Klagantrage zu verurteilen, die Widerklage aber abzuweisen, so wurde trotz dieser Beschränkung des Berufungsantrags auf einen Teil des landgerichtlichen Streitgegenstandes durch die Einlegung des Rechtsmittels nach dem **Grundsatze der Einheitlichkeit der Entscheidung** (§§ 614—616 ZPO und § 1574 BGB) die Rechtskraft des angefochtenen Urteils im ganzen Umfange gehemmt (RG 64, 317; RG Warn 1926 Nr 215). Ehescheidungsurteile haben **rechtsgestaltende Wirkung** und sind nicht vollstreckbar. Die sog. **Vollstreckungsgegenklage** (§ 767 ZPO) ist unzulässig. Nachdem der Ehemann den ihm durch rechtskräftiges, bedingtes Endurteil auferlegten Eid (keinen Ehebruch begangen zu haben) geleistet hatte und die Ehe aus Verschulden der Frau (wegen ihres Ehebruchs) geschieden worden war, konnte die Frau die Mitschuldigerklärung des Mannes wegen neuer, im Laufe des **Läuterungsverfahrens** begangener Ehebrüche nicht mehr durchsetzen, weder durch Vollstreckungsgegenklage, noch durch Restitutionsklage, noch durch negative Feststellungsklage (RG 100, 98). Hat der Kläger den ihm durch rechtskräftiges bedingtes Urteil des Landgerichts auferlegten Eid geleistet und ist durch **Läuterungsurteil** die Ehe aus Verschulden der Beklagten geschieden worden, so kann die Berufung einlegende Beklagte nicht noch Scheidungswiderklage (wegen neueren Ehebruchs des Klägers) erheben. Die Zulassung der Widerklage wäre mit dem in Ehesachen geltenden Grundsatze der Einheitlichkeit der Entscheidung unvereinbar. Daß dadurch der beklagten Partei die Geltendmachung von Scheidungsgründen, die erst nach Eintritt der Rechtskraft des bedingten Endurteils entstanden oder zu seiner Kenntnis gelangt sind, verschlossen wird, muß als eine unvermeidliche Folge der Rechtskraftwirkung des bedingten Endurteils hingenommen werden (RG 106, 220). — Die Verordnung vom 15. Januar 1924, betr. **Entlastung des Reichsgerichts,** beschränkte für die Zeit vom 15. Februar 1924 bis 31. Dezember 1925 die Revision in den dort bezeichneten Ehesachen. Die von den Oberlandesgerichten erlassenen Berufungsurteile wurden rechtskräftig, wenn die Revision im Urteile nicht für zulässig erklärt worden war. Vgl. dazu RG 110, 239; 108, 349 und § 1570 A 5.

5. Besonderes über **Verträge, Urteile, Schadensersatzansprüche.** Verträge, die auf **Ermöglichung oder Erleichterung der Scheidung** abzielen, sind nichtig. Sie verstoßen gegen die guten Sitten (§ 138) und vertragen sich nicht mit dem Staatswohle, das die möglichste Aufrechterhaltung der Ehen erheischt (vgl. § 622 ZPO; RG Warn 1912 Nr 220; 1922 Nr 64; RG JW 1916, 573[2]). Vgl. auch die Zusammenstellung zulässiger und unzulässiger Vereinbarungen über Folgen der Ehescheidung von Oppenheim in JW 1918, 727. Nichtig ist eine Vereinbarung, daß, falls in dem anhängig zu machenden Ehescheidungsverfahren im ersten Rechtszuge auf Scheidung erkannt werden sollte, auf Einlegung der Berufung im voraus verzichtet werde (RG 70, 59). Dagegen kann, nachdem das Landgericht auf Scheidung erkannt hat, auf das Recht der Berufung wirksam verzichtet werden (RG 105, 351). Nichtig ist ein Abkommen der Ehegatten, sich fortan als geschieden zu betrachten (RG Warn 1913 Nr 399). Ein von der Frau ausgesprochener **Verzicht auf Unterhalt** ist nichtig, wenn er bezweckt, den Mann zu einem Ehebruche zu bestimmen und dadurch der Frau die Scheidung

zu ermöglichen. Erhebt die Frau nach vollzogener Scheidung trotz des Verzichts Unterhaltsansprüche, so kann ihr der Mann die **Einrede der Arglist** nicht entgegensetzen. Dem nichtigen Verzicht würde sonst auf einem Umwege unzulässigerweise wieder Geltung verschafft werden (RG Warn 1914 Nr 273; RG 8. 12. 21 IV 243/21; RG 28. 5. 24 IV 400/23). Über Nichtanwendung des § 1614 Abs 1 (Verzicht auf Unterhalt für die Zukunft) auf den gesetzlichen Anspruch des geschiedenen Ehegatten auf Unterhaltsgewährung aus §§ 1578, 1579, 1580 vgl. § 1580 A 5. Keine sittenwidrige Erleichterung der Scheidung, wenn vereinbart wird, die Scheidungsklage auf den einen oder andern von zwei vorhandenen Scheidungsgründen (Ehebrüchen) zu stützen, mögen auch Vermögensvorteile dafür zugesichert sein (OLG 32, 10). Stand der Ehefrau bereits zur Zeit des Abkommens über Zahlung der Unterhaltsrente und der Geldabfindung für die Zeit nach der Scheidung durch den Mann der Scheidungsgrund der böslichen Verlassung — wie beide Eheleute wußten — wirksam zur Seite, so verstößt es nicht gegen die guten Sitten, wenn sie sich dahin einigten, in dem schwebenden Ehescheidungsverfahren nur den Scheidungsgrund der böslichen Verlassung, nicht auch den des Ehebruchs des Mannes geltend zu machen. Sie bezweckten nicht, die Scheidung erst zu ermöglichen oder zu erleichtern. Der **Verzicht auf die Geltendmachung weiterer Scheidungsgründe** wurde nicht als Entgelt für die übernommene Unterhaltsverpflichtung ausgesprochen, vielmehr deshalb, weil beide Eheleute hierbei durch die Rücksichtnahme auf ihre gesellschaftliche Stellung geleitet wurden (RG Warn 1920 Nr 114). In der bloßen Erfüllung eines zur Erleichterung der Ehescheidung abgegebenen und darum nichtigen Rentenversprechens liegt keine **Bestätigung** im Sinne des § 141, weil der das Rentenversprechen enthaltende Vertrag als Leibrentenvertrag zu gelten hat und deshalb nach § 141 in Verbindung mit § 761 eine erneute schriftliche Erteilung des Rentenversprechens erforderlich gewesen wäre. Eine Bestätigung im Sinne des § 141 setzt voraus, daß die Beteiligten das neue Geschäft in Kenntnis der Nichtigkeit des alten geschlossen haben. Der Berufung auf die Nichtigkeit des Rentenversprechens kann nicht die **Gegeneinrede der Arglist** entgegengesetzt werden (RG Warn 1922 Nr 64). Ein erst nach Rechtskraft des Scheidungsurteils zwischen den geschiedenen Eheleuten geschlossenes Abkommen, worin der Mann der Frau die Zahlung einer Geldsumme verspricht, kann nicht mit der Begründung, daß mit dem Geldversprechen die Einwilligung der Frau in die Scheidung erkauft werden sollte, als zur Erleichterung der Scheidung dienender und deshalb nichtiger Vertrag angefochten werden, selbst wenn etwaige während des Scheidungsverfahrens gepflogene Verhandlungen der Parteien über eine Kapitalabfindung das angegebene Ziel verfolgt haben sollten (RG Recht 1920 Nr 2267). Nichtig ist ein den Unterhalt der Frau regelnder Vertrag, durch den vereinbart wird, daß die Frau einen Vorfall, der sich in der Sprechstunde ihres Mannes, eines Arztes, ereignet hat, als Scheidungsgrund nicht geltend machen soll und daß statt dessen dem Gericht ein mit Einverständnis der Frau vom Manne erst zu begehender, also nach § 1565 Abs 2 zur Begründung des Scheidungsrechts ungeeigneter Ehebruch unterbreitet werden soll (RG Warn 1920 Nr 4). Über die Nichtigkeit der Abmachung jüdischer Eheleute, der Mann solle den nach mosaischem Gesetze zulässigen **Scheidebrief** ausstellen und der Frau aushändigen, vgl. RG 57, 250. Ein die Frau für schuldig erklärendes rechtskräftiges Scheidungsurteil wird zwar dadurch, daß es vom Manne in einer gegen die guten Sitten verstoßenden Weise zu Unrecht erwirkt ist (der Mann bestimmte die Frau, sich nicht zu verteidigen), nicht seiner familienrechtlichen und vermögensrechtlichen Wirksamkeit entkleidet, aber die Frau kann vom Manne wegen des ihr verlorengegangenen Unterhaltsanspruchs (§§ 1360, 1361) **Schadensersatz** verlangen (RG 75, 213). Eine Frau, die im Rechtsstreite bewußt rechtswidrig, durch Täuschung des Gerichts, die Scheidung der Ehe aus Verschulden des Mannes durchsetzt und ihre Mitschuldigerklärung abwendet, nämlich durch die falsche Behauptung, ihr Mann verletze sie durch den unbegründeten (in der Tat begründeten) Vorwurf des Ehebruchs, macht sich dem Manne gegenüber **schadensersatzpflichtig** aus § 826. Der von der Frau dem Manne zu ersetzende Schaden besteht darin, daß sie die Ausnutzung des zu ihren Gunsten ergangenen Urteils und damit die Geltendmachung des Unterhaltsanspruchs unterläßt (RG 30. 10. 11 IV 61/11; RG 4. 1. 26 IV 269/25). Vgl. auch § 1578 A 9, § 1353 A 2. Ein zwischen Eheleuten geschlossener Vertrag, inhalts dessen die Frau für den Fall, daß sie den ihr erwachsenen Scheidungsgrund des Ehebruchs gegen ihren Mann im Wege der Scheidungswiderklage geltend macht, vom Manne 10000 Mark zum Unterhalte für sie und die Kinder versprochen erhält, verstößt dann nicht gegen die guten Sitten (§ 138), wenn die Frau schon vor Abschluß des Vertrags entschlossen war, wegen des Ehebruchs des Mannes die Scheidung durchzuführen und hiervon nur aus Besorgnis für ihre und der Kinder gefährdete, wirtschaftliche Lage Abstand genommen hatte (RG JW 1913, 16[2]). Vgl. auch den ähnlichen Fall bei RG Warn 1913 Nr 398. — Verspricht der Mann, nachdem das Landgericht auf Scheidung erkannt, die Frau aber Berufung eingelegt hat, der Frau für den Fall, daß sie die Berufung zurücknimmt, eine Unterhaltsrente, so kommt es für die Frage, ob das Versprechen zur **Erleichterung der Ehescheidung** abgegeben worden ist, auch darauf an, ob ein Ehescheidungsgrund in Wirklichkeit nicht vorlag. Für Ehesachen besteht ebensowenig wie für andere bürgerliche Rechtsstreitigkeiten ein Zwang, die vorhandenen Rechtsmittel zu erschöpfen, und die Eheleute können wirksam die Abkürzung des Scheidungsverfahrens vereinbaren (**RG** JW 1913, 321[6]). Vgl. aber auch **RG** LZ 1922, 158[1], ferner **RG** Warn 1917 Nr 7 (Rentenversprechen des Mannes zugunsten der Frau für den Fall, daß das Berufungsgericht die Ehe aus beiderseitigem Verschulden scheiden würde, für nichtig erklärt). Nicht ein jeder Vertrag, der aus Zweckmäßigkeitsgründen bereits vor erfolgter Ehescheidung und im Hinblick auf eine solche eine den Wünschen beider Teile entsprechende Regelung ihrer beiderseitigen Vermögensverhältnisse und sonstigen Angelegenheiten enthält, ist als sittenwidrig im Sinne des § 138 zu bezeichnen; vielmehr ist dies nur dann der Fall, wenn der Vertrag darauf abzielt, die Ehescheidung erst zu ermöglichen oder durch Beseitigung von Hindernissen und Schwierigkeiten wesentlich zu erleichtern. Ob und wann diese Voraussetzungen vorliegen, ist Sache der tatsächlichen Prüfung des einzelnen Falles (**RG** JW 1913, 128[2]; 1916, 573[2]; **RG** Recht 1924 Nr 1519). Ein während des Scheidungsverfahrens geschlossener **Unterhaltsvergleich,** der nur die Beschleunigung des Ehescheidungsverfahrens, nicht die Erleichterung der Ehescheidung erstrebt, verstößt nicht gegen die guten Sitten (**RG** Warn 1926 Nr 82. Der Ehebruch des Mannes war in diesem Falle nachgewiesen und die Frau war ernstlich gewillt, dieserhalb die Scheidung herbeizuführen). Die vertragsmäßige Gewährung von Unterhalt durch einen geschiedenen Ehemann an die für schuldig erklärte Frau ist an sich nicht anstößig. Besondere Umstände, wie die **Rücksicht auf ein gemeinschaftliches Kind,** können es dem Manne sogar zur sittlichen Pflicht machen, die Mutter des Kindes zu unterstützen, um sie nicht in Not geraten zu lassen (**RG** Warn 1913 Nr 128). Wenn aber die Eheleute in Aussicht nehmen, beiderseits Scheidungsgründe, etwa durch Wechsel beleidigender Briefe zu schaffen, und daraufhin den Unterhaltsvertrag zu dem ausgesprochenen Zwecke schließen, eine Scheidung der Ehe im Wege des sog. **Konventionalprozesses** aus beiderseitigem Verschulden herbeizuführen, so verstößt ein derartiger Vertrag gegen die guten Sitten, selbst wenn die Scheidung schließlich nicht gemäß der Vereinbarung, sondern, unbeeinflußt durch sie, auf Grund wirklich gegebener Scheidungsgründe zustande gekommen ist. Denn die Frage der Sittenwidrigkeit eines Rechtsgeschäfts kann nur nach der **Zeit seiner Vornahme** beurteilt werden. Spätere, bei Geschäftsabschluß noch nicht ins Auge gefaßte Ereignisse kommen dafür nicht in Betracht (**RG** 23. 6. 24 IV 3/24). Keine rechtlichen Bedenken bestehen gegen die Feststellung, daß die Aussicht auf eine gute geldliche Sicherstellung zwar den Entschluß der Frau, sich scheiden zu lassen, erleichtert haben möge, daß dieser Entschluß aber nicht wesentlich darauf zurückzuführen sei (vielmehr hier in der Überzeugung der Frau wurzelte, daß ihre Ehe durch ein Liebesverhältnis des Mannes unheilbar zerrüttet war). Eine unwesentliche Erleichterung kann ohne Gesetzesverletzung außer Betracht gelassen werden. Die Sittenwidrigkeit eines Vertrags setzt regelmäßig voraus, daß beide Parteien sittenwidrig gehandelt haben. Es genügt nicht, daß der eine Teil (hier der Mann) den sittenwidrigen Zweck verfolgt, der Frau die Einwilligung in die Ehescheidung abzukaufen, um seine Geliebte heiraten zu können. Es muß hinzukommen, daß die Frau den vom Manne verfolgten sittenwidrigen Zweck beim Abschlusse des Vertrags gekannt und gebilligt hat (**RG** Warn 1917 Nr 172; **RG** 23. 6. 21 IV 613/20). Ein Vertrag, durch den der Mann sich von der Frau für den Fall der nur von ihm, nicht von der Frau erstrebten Scheidung (wegen seines Ehebruchs) Vermögensvorteile versprechen läßt, kann zur Erleichterung der Scheidung dienen. Daß der Frau keine Sittenwidrigkeit zur Last fällt, steht der Nichtigkeit des Vertrags nicht entgegen. Denn die Regel, daß die Nichtigkeit eines gegenseitigen Vertrags wegen Verstoßes gegen die guten Sitten nur bei sittenwidrigem Handeln beider Teile eintrete, findet keine Anwendung, wenn die Unsittlichkeit des Handelns des einen Vertragsteils gerade in seinem Verhalten gegenüber dem anderen Vertragsteile zu finden ist (**RG** 93, 30; 108, 213). Es kann keine Rede davon sein, daß ein Vertrag schon deshalb gegen die guten Sitten verstoße, weil die darin von dem Manne übernommenen Leistungen das Maß dessen übersteigen, was der allein für schuldig erklärte Ehemann nach erfolgter Scheidung seiner bisherigen Ehefrau kraft Gesetzes an Unterhalt zu gewähren verpflichtet ist. Diese Bestimmungen (§§ 1578ff.) schreiben nur das Mindestmaß des Unterhalts vor. Höhere Beträge (auch Zuwendungen für den Fall der Wiederverheiratung der Frau) können im Einzelfalle sehr wohl berechtigt sein (**RG** 23. 6. 21 IV 613/20). Wenn beide Ehegatten an der **Erschleichung des Scheidungsurteils** durch Täuschung des Gerichts zusammengewirkt haben, greift der Grundsatz Platz, daß zwischen Teilnehmern einer sittenwidrigen Handlung daraus Rechtsansprüche nicht entstehen, daher kann auch nicht ein Unterhaltsanspruch der Frau gegen den Mann aus einem gemeinsam erschlichenen Scheidungsurteil entstehen (OLG 34, 119).

6. **Übergangsrecht** vgl. Artt 201, 202 EG. Der im Art 201 Abs 2 gebrauchte Ausdruck „Trennungsgrund" bedeutet soviel als Grund zu zeitweiser Trennung von Tisch und Bett (**RG** 47, 32). Die in die Zeit vor dem 1. Januar 1900 fallende Verfehlung kann, wenn sie schon nach altem Rechte ihre Kraft als Scheidungsgrund durch Fristablauf, Verzeihung

oder Aufrechnung verloren hat, unter der Herrschaft des neuen Rechtes als Scheidungsgrund nicht mehr benutzt werden. Allein Tatsachen, die sich erst nach dem 31. Dezember 1899 ereignet haben, können einem vorher entstandenen Scheidungs- oder Trennungsgrunde nur dann entgegengehalten werden, wenn das BGB ihnen diese Wirkung beilegt (**RG** 52, 226). Wenn beide Ehegatten vor dem 1. Januar 1900 die Ehe gebrochen haben und in solchem Falle nach dem bisherigen Rechte die beiderseitigen Ehebrüche aufzurechnen waren, so ist die Scheidung nach Art 201 EG auch jetzt ausgeschlossen (**RG** 47, 4; 46, 90). Dagegen kann ein nach dem Inkrafttreten des BGB begangener Ehebruch des einen Ehegatten nicht mit dem vorher begangenen Ehebruche des andern Ehegatten aufgerechnet werden, denn ein unter der Herrschaft des BGB begangener Ehebruch vermag Wirkungen nur in Gemäßheit des BGB zu äußern (**RG** JW 04, 385[8]). Einer Klage auf zeitweilige Trennung der Ehegatten von Tisch und Bett darf nicht mehr stattgegeben werden (**RG** 45, 420). Wegen beständiger Trennung von Tisch und Bett vgl. § 1575 A 1.

7. **Verhältnis des deutschen zum ausländischen Ehescheidungsrechte.** Hierfür kommen hauptsächlich die Vorschriften des Art 17 EG und das HaagEhescheidAbk. vom 12. 6. 02 (RGBl. 1904, 231; 1924, 363; 1926, 553) in Betracht. Letzteres gilt (abgesehen von der Frage nach dem Einflusse des Kriegsausbruchs, vgl. SeuffA 73 Nr 233, und von den Bestimmungen der Artt 282—295, 299a des Versailler Friedensvertrags v. 28. 6. 19 über Staatsverträge) für **Deutschland, Belgien** (hat gekündigt, RGBl 1919, 197), **Frankreich, Luxemburg,** die **Niederlande, Rumänien, Schweden, Italien,** die **Schweiz** und **Portugal,** jedoch nur für die europäischen Gebiete dieser Staaten. Auch findet dieses Abkommen nach Art 9 Abs 1 nur auf solche Scheidungs- und Trennungsklagen Anwendung, welche in einem der Vertragsstaaten erhoben werden, und zwar nur dann, wenn mindestens eine der Parteien einem dieser Staaten angehört. Ferner gilt das Abkommen nur mit der Einschränkung des Art 9 Abs 2, wonach kein Staat zur Anwendung des Gesetzes, welches nicht dasjenige eines Vertragsstaats ist, verpflichtet wird. Die Hauptfrage geht dahin: nach welchem Rechte ist es zu beurteilen, **ob auf Scheidung überhaupt erkannt werden kann?** Darauf antwortet das deutsche Recht in Art 17 Abs 1 u. 4 EG: Für die Scheidung der Ehe sind die Gesetze des Staates maßgebend, dem der Ehemann zur Zeit der Erhebung der Klage angehört (Abs 1), und: Auf Scheidung sowie auf Aufhebung der ehelichen Gemeinschaft kann auf Grund eines ausländischen Gesetzes im Inlande nur erkannt werden, wenn sowohl nach dem ausländischen Gesetz als nach den deutschen Gesetzen die Scheidung zulässig sein würde (Abs 4). Hiernach müssen **Heimatgesetz und Ortsgesetz** hinsichtlich der Zulässigkeit der Scheidung übereinstimmen, wenn in Deutschland eine Ausländerehe geschieden werden soll. Ebenso **RG** 105, 340; 113, 38. Von diesem Grundsatze geht auch das Haager Abkommen aus. Nach Art 1 Abs 1 des Abkommens können die Ehegatten eine Scheidungsklage nur dann erheben, wenn sowohl das Gesetz des Staates, dem sie angehören (Gesetz des Heimatstaats), als auch das Gesetz des Ortes, wo geklagt wird, die Scheidung zulassen. Hiernach besteht ein Unterschied zwischen dem deutschen Einführungsgesetz und dem Haager Abkommen nur insofern, als ersteres das Heimatgesetz des Mannes allein, letzteres das Heimatgesetz beider Ehegatten für maßgebend erklärt. In letzterer Beziehung entsteht die Frage, wie es nach dem Abkommen zu halten ist, wenn beide Ehegatten verschiedenen Staaten angehören. Diese Frage entscheidet der Art 8 des Abkommens dahin, daß, wenn die Ehegatten nicht dieselbe Staatsangehörigkeit besitzen, ihr letztes gemeinsames Gesetz als das Gesetz ihres Heimatstaats anzusehen ist. Eine gleichfalls hierhin gehörige, zugunsten der deutschen Frau erteilte Vorschrift enthält der Art 17 Abs 3 EG. Danach finden die deutschen Gesetze auch dann Anwendung, wenn zur Zeit der Erhebung der Klage zwar die Reichsangehörigkeit des Mannes erloschen, die Frau aber Deutsche ist. Art 17 Abs 1 EG bezieht sich nur auf die Fragen der Zulässigkeit, Gründe und Wirkungen der Scheidung, nicht aber auf das Scheidungsverfahren. — Der Wille der Parteien entscheidet anerkanntermaßen in erster Linie über das anzuwendende **örtliche Recht,** soweit es sich um Beziehungen handelt, die ihnen das Gesetz nach ihrem freien Belieben zu regeln gestattet (**RG** 31. 3. 20 IV 336/19; Rechtsfolgen eines nach rechtskräftiger Scheidung geschlossenen Vertrags der früheren Eheleute, von denen der Mann ein Amerikaner und die Frau eine Deutsche war).

Verschieden von der Frage, ob ein Ausspruch der Scheidung überhaupt zulässig, ist die weitere Frage, **ob die an sich zulässige Scheidung im Einzelfalle begründet ist** und welche Gesetze für diese weitere Frage maßgebend sind. Die Antwort darauf ist gleichfalls aus den vorstehend angeführten Gesetzesvorschriften zu schöpfen. Außerdem kommen aber noch folgende in Betracht: Nach Art 2 Abs 2 des Abkommens kann auf Scheidung nur dann geklagt werden, wenn sie in dem zu beurteilenden Falle sowohl nach dem Gesetze des Heimatstaats der Ehegatten als auch nach dem Gesetze des Ortes, wo geklagt wird, sei es auch aus verschiedenen Gründen, zulässig ist. Hiernach kommt es nicht auf die Gleichheit der Gründe, sondern nur auf die **Gleichheit des Ergebnisses** an. Im Ergebnisse muß der Ausspruch der Scheidung nach beiden Gesetzen gerechtfertigt sein. Ferner sind Vorschriften für den Fall gegeben, daß die nämliche Tatsache von den Gesetzen der verschiedenen Staaten verschieden beurteilt wird. In dieser Beziehung bestimmt Art 17 Abs 2 EG: Eine Tatsache, die sich ereignet hat, während der Mann einem andern Staate angehörte, kann als Scheidungsgrund nur geltend gemacht werden, wenn die Tatsache auch nach den Gesetzen dieses Staates ein Scheidungsgrund oder ein Trennungsgrund ist. — Die Vorschrift in Art 17 Abs 2 EG ist dahin zu verstehen, daß die als Scheidungsgrund zu verwendende Tatsache nach dem ausländischen Rechte nicht nur im allgemeinen einen Scheidungs- oder Trennungsgrund bilden, sondern als solcher auch unter den gegebenen Verhältnissen wirksam sein muß — vgl. die zu der gleichartigen Vorschrift in Art 201 Abs 2 EG ergangenen Urteile **RG** 46, 90 u. 47, 4, ferner oben A 6 — (**RG** Warn 1919 Nr. 178). Hiernach wird nicht nur das Heimatgesetz des Mannes zur Zeit der Klageerhebung, sondern auch das Heimatgesetz des Mannes zur Zeit der Begehung der als Scheidungs- oder Trennungsgrund in Betracht kommenden Handlung für maßgebend erklärt. Dementsprechend bestimmt der Art 4 des Abkommens, daß das in den Artt 1—3 bezeichnete Gesetz des Heimatstaats nicht angerufen werden kann, um einer Tatsache, die sich ereignet hat, während die Ehegatten oder einer von ihnen einem andern Staate angehörten, die Wirkung eines Scheidungs- oder Trennungsgrundes zu verleihen. Aus alledem geht hervor, daß die Scheidung nur bei wesentlicher Übereinstimmung der ausländischen und inländischen Gesetze erreicht werden kann. — Es kommt nicht darauf an, ob die Scheidungsklage so, wie sie begründet ist, nach ausländischem (hier **französischem**) und deutschem Rechte zulässig erscheint, sondern darauf, ob der Tatbestand so, wie er zur Zeit der Urteilsfällung vorliegt, unter Berücksichtigung sämtlicher erhobener Einwendungen die Scheidung nach den in gleicher Weise zur Anwendung berufenen Gesetzen der beiden Staatsgebiete rechtfertigt (**RG** Warn 1920 Nr 46; **RG** 105, 340). Der im Art 17 Abs 1 EG ausgesprochene Grundsatz wird übrigens durch Art 27 EG, wonach im Falle der **Rückverweisung** die deutschen Gesetze anzuwenden sind, eingeschränkt. Ebenso bestimmt Art 3 des Abkommens, daß ungeachtet der Bestimmungen der Artt 1, 2 das Gesetz des Heimatstaats allein maßgebend ist, wenn das Gesetz des Ortes, wo geklagt wird, dies vorschreibt oder gestattet. Eine Verweisung des fremden Gesetzes auf das Gesetz eines dritten Staates bleibt unbeachtet. — Für die in Deutschland erhobenen Klagen ist aber Art 3 des Abkommens angesichts der Vorschrift des Art 17 Abs 4 EG insofern gegenstandslos, als diese Gesetzesbestimmung die ausschließliche Anwendung des Heimatrechts nicht zuläßt, sondern die Scheidung sowie die Aufhebung der ehelichen Gemeinschaft auf Grund eines ausländischen Gesetzes im Inlande nur gestattet, wenn sowohl nach dem ausländischen Gesetz als auch nach den deutschen Gesetzen die Scheidung zulässig sein würde (**RG** 105, 340).

Das Haager Abkommen hat in Artt 1 u. 2 der Scheidungsklage die Klage auf **Trennung von Tisch und Bett** gleichgestellt. Letztere Klage ist in Deutschland ausgeschlossen. Die Aufhebung der ehelichen Gemeinschaft (§ 1575) ist etwas anderes als die beständige Trennung von Tisch und Bett. Die Artt 5 u. 6 des Abkommens enthalten Vorschriften über die Gerichtszuständigkeit, und im Art 7 des Abkommens sind die Voraussetzungen bestimmt, unter denen Scheidungs- und Trennungsurteile überall anzuerkennen sind. — Die Frage, ob ein zwischen deutschen Eheleuten, die neben einem Wohnsitz in Deutschland einen zweiten in der **Schweiz** haben, ergangenes Scheidungsurteil des für den ausländischen Wohnsitz zuständigen schweizerischen Gerichts von den deutschen Gerichten als rechtsgültig anzuerkennen ist, wurde vom Reichsgerichte bejaht. Durch die Vorschriften des Haager Abkommens ist die im § 328 Nr 5 ZPO geforderte **Gegenseitigkeit** als verbürgt anzusehen und das schweizerische Gericht (Berner Amtsgericht) war zur Scheidung der Ehe zwar nicht nach Nr 1, wohl aber nach Nr 2 des Art 5 des Abkommens berufen (**RG** 102, 82). Die deutschen Gerichte sind für Ehescheidungsklagen von **Tschechoslowaken** nicht zuständig (OLG Dresden 13. 7. 20 in JW 1920, 716[12]). Ebenso KG in OLG 40, 392, bestätigt durch **RG** LZ 1922, 518[7], ferner **RG** SeuffA 78 Nr 2. Vgl. auch Stark, Scheidung und Trennung von Ehen nach tschechoslowakischem Rechte in JW 1922, 156. Daß ein tschechoslowakisches Urteil, durch das die Ehe von Tschechoslowaken geschieden worden ist, im Gebiete des Deutschen Reichs Rechtswirksamkeit habe, kann im Inlande durch Urteil festgestellt werden (**RG** 109, 383).

Das **Einführungsgesetz** enthält noch folgende hier in Betracht kommende Vorschriften: Art 29 regelt den Fall, wenn eine Person keinem Staate angehört, dahin, daß die Gesetze des Staates, dem die Person zuletzt angehört hat, maßgebend sind. Hat sie auch früher einem Staate nicht angehört, so sollen die Gesetze des Staates Anwendung finden, in welchem sie ihren Wohnsitz und in Ermanglung eines Wohnsitzes ihren Aufenthalt hat oder zu der maßgebenden Zeit gehabt hat. — Gehörte also zu der Zeit, in die die Verfehlungen der Frau fallen, der Mann keinem Staate an, so war die Frage, ob diese Verfehlungen einen Scheidungsgrund bilden, nach Art 29 EG in Verbindung mit Art 17 Abs 2 EG ausschließlich nach den deutschen Gesetzen als den Gesetzen des Staates zu beurteilen, dem der Mann zuletzt angehört hat **RG** 12. 7. 19 IV 80/19). Wenn nach deutschem Rechte kein Scheidungsgrund besteht, ist die

Abweisung der Scheidungsklage nach Art 17 Abs 4 EG geboten. Wenn jedoch in den vom klagenden Ehemanne behaupteten Vorgängen, die sich im Auslande ereigneten, nach deutschem Recht ein Scheidungsgrund zu finden ist, und wenn der Ehemann keinem Staate angehört, auch früher keinem Staate angehört hat, so muß gemäß Art 17 Abs 2, Art 29 EG geprüft werden, ob die Vorgänge auch nach den Gesetzen des Staates die Scheidung begründen, in dem der Ehemann zur Zeit der von ihm behaupteten Vorgänge seinen Wohnsitz, oder in Ermanglung eines Wohnsitzes, seinen Aufenthalt hatte (RG JW 07, 701[1]; RG LZ 1920, 46[15]). Vgl. Bergmann in JW 1925, 2082, Internationale Konflikte in Ehesachen. Art. 30 verbietet die Anwendung des ausländischen Gesetzes, wenn solche gegen die guten Sitten oder gegen den Zweck eines deutschen Gesetzes (z. B. Verträge zur Erleichterung der Scheidung, A 5) verstoßen würde. — Deutsche Gerichte können in Ehestreitigkeiten von Ausländern, deren Heimatsrecht nur eine **Trennung von Tisch und Bett** zuläßt, weder auf Scheidung noch auf Aufhebung der ehelichen Gemeinschaft erkennen (RG 48, 144). Deutsche Gerichte können in einem Eheprozeß unter Eheleuten fremder Staatsangehörigkeit, wenn nach deutschem Rechte die Scheidung gerechtfertigt, nach dem heimischen Rechte der Eheleute aber nur beständige Trennung von Tisch und Bett zulässig sein würde, auf beständige Trennung von Tisch und Bett nicht erkennen (RG 55, 345; RG JW 04, 86[2]; RG 28. 2. 27 IV 554/26; vgl. § 1575 A 1, Vorbem 2 vor § 1303, sowie § 1316 A 1, § 1323 A 2, § 1326 A 6, § 1353 A 1, § 1575 A 1). In einem Ehestreite zwischen Ausländern darf auf Scheidung nur dann erkannt werden, wenn eine dahingehende Entscheidung auch nach dem Rechte des Staates, dem der Ehemann zur Zeit der Erhebung der Klage angehörte, zulässig ist (RG 47, 136). Eine Ehe, die ein **russischer Staatsangehöriger** ohne kirchliche Trauung vor einem Standesbeamten in Deutschland mit einer Deutschen eingeht, ist in Rußland als gültig nicht anerkannt. Infolgedessen verliert die Frau durch die Eheschließung die deutsche Reichsangehörigkeit, ohne die russische Staatsangehörigkeit zu erwerben. Eine beantragte Scheidung greift denn auch in die Personenstandsverhältnisse der Eheleute vom Standpunkte des russischen Rechtes überhaupt nicht ein. Vielmehr erstreckt sich die Wirkung der Scheidung ausschließlich auf die Rechtsverhältnisse, die durch die Eheschließung unter den Eheleuten und nach außen hin nach deutschem Rechte entstanden sind. Demzufolge verbleibt es auch bei der Regel des § 606 Abs 1 ZPO (Zuständigkeit des Landgerichts für Ehesachen, RG 70, 144; RG 105, 363). Die Vorschrift des § 606 Abs 4 ZPO ist mit Rücksicht darauf gegeben, daß Scheidungsurteile inländischer Gerichte häufig von dem Staate, dem die ausländischen Ehegatten angehören, nicht anerkannt werden. Dieser Widerstreit zwischen ausländischem und inländischem Rechte kann aber nicht eintreten, wenn die zu scheidende Ehe zwar nach deutschem, aber nicht nach dem ausländischen (russischen) Rechte gültig war. Das deutsche Scheidungsurteil würde nicht in Widerspruch mit dem ausländischen Rechte treten. Eine Scheidung nach dem ausländischen Rechte ist überhaupt nicht möglich, weil eine nach diesem Rechte gültige Ehe nicht besteht. In solchem Falle ist nicht § 606 Abs 4, sondern § 606 Abs 1 ZPO anwendbar (RG 105, 363). Die im § 606 Abs 4 ZPO vorausgesetzte Ausländereigenschaft ist nicht in dem verneinenden Sinne des Fehlens der deutschen Reichsangehörigkeit, sondern in dem bejahenden Sinne des Vorhandenseins einer fremden Staatsangehörigkeit zu verstehen. Das folgt aus dem **Wortlaut** (angehört) und **Zweck** (Vermeidung eines deutschen Scheidungsurteils, das im Heimatstaate des Mannes nicht anerkannt wird) des Gesetzes. Das deutsche Gericht, in dessen Bezirk der Mann seinen Wohnsitz und damit nach § 13 ZPO seinen allgemeinen Gerichtsstand hat, ist deshalb gemäß der Regel des § 606 Abs 1 ZPO für den Scheidungsstreit auch dann zuständig, wenn der Mann keinen Heimatstaat mehr hat, also **staatenlos** ist. Dabei genügt es, wenn die für die Zuständigkeit des deutschen Gerichts erhebliche Staatenlosigkeit erst nach der Klagerhebung, aber noch vor der letzten mündlichen Verhandlung eingetreten ist (RG 113, 38). Vgl. § 1324 A 6. Vgl. jedoch jetzt Klibanski in JW 1920 S. 606, 607 über Eheschließung und Ehescheidung russischer Staatsangehöriger in Deutschland, insbesondere die daselbst mitgeteilte Änderung des Eheschließungs- und Ehescheidungsrechts in Rußland durch die Dekrete vom 18. und 19. Dezember 1917. Ersteres führt die bürgerliche Eheschließung vor dem Standesbeamten (wie § 1317) ein und letzteres weist die Ehescheidung unter Aufhebung der geistlichen Gerichte ausschließlich den weltlichen Gerichten zu. Vgl. auch A 3. — Über Anwendbarkeit des **bolschewistischen Rechtes** in Ehesachen (Scheidung auf einseitigen Antrag) vgl. Urt des LG Berlin v. 30. 6. 21 in JW 1922, 45[2], Urt. des LG München v. 22. 4. 21 in LZ 1921, 468, ferner Neubecker, Russisches und orientalisches Eherecht sowie die Zusammenstellung über das Eherecht im Auslande von Magnus und Sternberg in JW 1925 S. 408—415. Vgl. ferner RG 113, 38. In einem Rechtsstreite zwischen **holländischen Eheleuten** kann auf Scheidung nur erkannt werden, wenn sowohl nach dem holländischen als auch nach dem deutschen Rechte der Scheidungsanspruch (wenn auch nicht aus dem nämlichen Grunde, Art 2 des Haager Abkommens) begründet ist (RG 2. 5. 12 IV 485/11). Liegen nur solche Gründe vor, die nach dem holländischen Rechte vielleicht die Trennung von Tisch und Bett, aber nicht die Scheidung rechtfertigen, dann kann das deutsche Gericht eine Mitschuld nicht aussprechen, da § 1574 Abs 3 die Mitschuldigerklärung nur wegen solcher Tatsachen gestattet, wegen deren der Beklagte auf Scheidung klagen könnte. Etwas Abweichendes kann auch nicht aus dem von Trennung von Tisch und Bett handelnden Art 2 Abs 2 des Haager Abkommens hergeleitet werden (RG 28. 2. 27 IV 554/26). Wohl aber kann der holländische Beklagte durch Erhebung einer Widerklage einen Ausspruch über die Mitschuld der Klägerin durch das deutsche Gericht erreichen (ebenda). Die deutschen Gerichte sind für die Scheidung einer Ehe, die ein **Ungar** mit einer Deutschen eingegangen ist, nicht zuständig. Die Gerichte haben in allen Instanzen, auch in der Revisionsinstanz, die Staatsangehörigkeit der Parteien und die damit zusammenhängende Zuständigkeit für Scheidungssachen zu prüfen (RG JW 1911, 55[55]). Vor Feststellung der Staatsangehörigkeit und des etwa anwendbaren ausländischen Rechtes darf weder über die Scheidung noch über die Schuldfrage erkannt werden (RG 23. 12. 14 IV 425/14). Im Sinne der Vorschrift des § 606 Abs 4 ZPO ist das deutsche Gericht zur Scheidung von Ausländern (**Österreichern**) unzuständig, wenn sich zwar seine Unzuständigkeit nicht aus den eigentlichen Zuständigkeitsbestimmungen des fremden Staates ergibt, dieser aber dem deutschen Urteile die Anerkennung versagen würde (RG 85, 156). Vgl. dazu RG JW 1913, 1154[11] und OLG 29, 138 (Zuständigkeitsvereinbarung für Scheidungsklagen von Österreichern). Im Sinne der Vorschriften des § 606 Abs 2 ZPO gelten die deutschen Schutzgebiete als Ausland (RG 84, 259). Wenn der beklagte Ehemann (ein Österreicher) seinen allgemeinen Gerichtsstand nicht im Inlande hat und nie Reichsdeutscher war, so ist weder die Zuständigkeit des deutschen Gerichts gegeben noch das deutsche Eherecht ausschließlich maßgebend. Die Vorschrift des Art 17 Abs 3 EG steht mit der in § 606 Abs 2 Satz 2 ZPO getroffenen Regelung in Übereinstimmung (RG Warn 1913 Nr 430). Ehescheidungsstreitigkeiten katholischer österreichischer Staatsangehöriger (Scheidung, beständige Trennung von Tisch und Bett, Aufhebung der ehelichen Gemeinschaft) sind vor deutschen Gerichten aussichtslos (SeuffA 71 Nr 175). Die deutschen Gerichte sind nicht zuständig, über die Ehescheidung **polnischer Staatsangehöriger** aus früher österreichischen Gebieten (hier Lemberg) zu entscheiden (OLG Hamburg in LZ 1923, 149[5]). Über Begründung eines inländischen Wohnsitzes im Sinne des § 606 Abs 2 ZPO vgl. auch RG 20. 10. 13 IV 278/13 bei Warn 1914 Nr 101. Einen Fall der Nichtanerkennung eines **amerikanischen Scheidungsurteils**, das die nach Amerika ausgewanderte Frau gegen ihren in Deutschland wohnhaft gebliebenen Ehemann erwirkt hat (§ 328 Nr 1 mit § 606 Abs 1 ZPO) behandelt RG Warn 1915 Nr 144. Vgl. Recht 1920 Nr 1900. Ein deutsches Konsulargericht (Alexandrien) hat auf einen Ehestreit zwischen **Schweizern** schweizerisches Recht anzuwenden. Das Haager Abkommen greift nicht Platz. Art 27 EG ist nicht anwendbar, weil das schweizerische Recht die Anwendung der ausländischen Ehegesetze nicht vorschreibt. Dagegen bindet die Vorschrift des Art 17 Abs 4 EG auch das deutsche Konsulargericht, da der Konsulargerichtsbezirk hinsichtlich der Geltung der Gesetze dem Inlande gleichgestellt ist. Das deutsche Konsulargericht darf also eine Ehe zwischen Schweizern nach schweizerischem Rechte nur scheiden, wenn die Scheidung auch nach deutschem Rechte zulässig wäre (RG Warn 1913 Nr 37). Im Sinne der Vorschrift des Art 17 Abs 4 EG ist der Konsulargerichtsbezirk (Konstantinopel) als Inland anzusehen. Die Reichsgerichtsurteile Bd 84, 259 und Bd 87, 129 stehen nicht entgegen. Sie gehen beide davon aus, daß die Frage, ob ein Konsulargerichtsbezirk im Sinne der deutschen Gesetze als Inland anzusehen sei, nicht ein für allemal, sondern nur von Fall zu Fall entschieden werden könne, und zwar deshalb, weil die Gesichtspunkte, aus denen der Gesetzgeber eine unterschiedliche Behandlung des In- und Auslandes für angezeigt erachtet, bei den verschiedenen in Betracht kommenden Gesetzen verschieden gewesen sind. Der Art 17 Abs 4 EG enthält eine Anwendung des dem Art 30 EG zugrunde liegenden Gedankens und muß gerade so gut für den im Auslande wie für den im Inlande seines Amtes waltenden deutschen Richter gelten (RG Warn 1919 Nr 100, Scheidung zweier schweizerischen Eheleute auf Grund des am 1. 1. 12 in Kraft getretenen Schweizerischen Zivilgesetzbuchs v. 10. 12. 07 wegen Ehebruchs des Mannes). — Vertragsstaaten gegenüber ist nicht von den Vorschriften des EG, sondern von dem Haager Abkommen selbst auszugehen. Nach Art 1—3 des Abkommens ist für die Vorschrift in Art 27 EG kein Raum, vielmehr muß in Deutschland neben dem deutschen Rechte stets auch das Heimatrecht in Betracht gezogen werden. Das hat auch im Falle der Scheidung von Schweizern zu geschehen, mag im Schweizer Rechte das sog. Domizilprinzip anerkannt sein oder nicht. Der Schweizer Gesetzgeber (Art 59 Nr 7g des Zivilgesetzbuchs) will grundsätzlich sein Recht angewendet wissen, obwohl er die Scheidung schweizerischer, im Auslande wohnender Ehegatten, die durch ein nach dortigem Rechte zuständiges Gericht ausgesprochen ist, auch dann anerkennt, wenn sie nach schweizerischem Rechte nicht begründet gewesen wäre (RG 105, 340). Fälle, in denen die Ehe zweier schweizerischen Staatsangehörigen von einem deutschen Gericht geschieden wurde, vgl. OLG 27, 108 (wegen Ehebruchs) und OLG 29, 140 (wegen Ehezerrüttung). Für die Scheidungsklage eines in Deutschland wohnenden **Juden russisch-polnischer Abstammung** sind die deutschen Gerichte nicht zuständig.

In diesem Rechtszustande ist auch während der Dauer der kriegerischen Besetzung von Russisch-Polen durch Deutschland eine Änderung nicht eingetreten (RG Warn 1917 Nr 128). Ein die **Ehe eines Schweden** nach schwedischem Rechte (Ges. v. 12. 11. 15) scheidendes deutsches Urteil hat gemäß § 1574 auch über die Schuldfrage zu entscheiden. Wenn auch dem schwedischen Gesetz eine dem § 1574 entsprechende Vorschrift fehlt, so spielt die Schuldfrage doch nach schwedischem Rechte ähnlich wie nach deutschem Rechte (vgl. §§ 1635, 1578, 1579, 1584, 1478) bei Regelung von familien- und vermögensrechtlichen Folgen der Scheidung eine Rolle und es soll nach schwedischem Rechte über die Schuld und deren Folgen im Scheidungsverfahren selbst entschieden werden. Überdies ist die Vorschrift des § 1574, daß die Entscheidung über die Schuldfrage in die Urteilsformel aufgenommen werden soll, prozessualer Natur, und der deutsche Richter hat seine eigenen Prozeßgesetze anzuwenden (RG Warn 1918 Nr 189. Vgl. RG Warn 1917 Nr 212 und § 1574 A 17). Für einen schwedischen Staatsangehörigen sind, möge er auch im Deutschen Reiche geboren und niemals in Schweden gewesen sein, die schwedischen Gesetze maßgebend, jedoch mit der Einschränkung, daß auf Scheidung nur erkannt werden kann, wenn auch nach deutschem Rechte ein Scheidungsgrund vorliegt. Das am 1. 1. 16 in Kraft getretene schwedische Ges. v. 12. 11. 15 kennt Beschimpfungen und Beleidigungen (worauf die Scheidungsklage gestützt war) als Scheidungsgrund nicht. Die nach schwedischem Rechte zulässige Aufhebung des Zusammenlebens kann der Scheidung und der Aufhebung der ehelichen Gemeinschaft nicht gleichgestellt werden (SeuffA 73 Nr 192). Für die Scheidung und Anfechtung einer Ehe, die eine **Norwegerin** mit einem **Griechen** in Norwegen unter Beobachtung der dort vorgeschriebenen Formen geschlossen hat, ist das inländische deutsche Gericht, bei welchem der Ehemann seinen allgemeinen Gerichtsstand hat, zuständig (lex loci; Art 11 Abs 1 Satz 2 EG), auch wenn das ausländische Recht die lex loci nicht anerkennt. War aber die Ehe nach griechischem Rechte als dem Gesetze des Staates, dem der Mann angehörte, ungültig, so würde eine Ehescheidung vom Standpunkte des ausländischen Rechts unmöglich und das deutsche Gericht nach § 606 Abs 4 ZPO unzuständig sein (RG Warn 1926 Nr 15). Nach **englisch-australischem Rechte** ist für Fragen des Familien- und Personenrechts, insbesondere auch für die Ehescheidung nicht die Staatsangehörigkeit, sondern der Wohnsitz des Ehemanns entscheidend (RG JW 1911, 208[1]). **Italiener** können gemäß Art 1 des Haager Abkommens in Deutschland nicht geschieden werden, da ihrem Rechte die Ehescheidung fremd ist (OLG 36, 222 A 1). Der Ausspruch eines deutschen Rabbinats über die Scheidung einer in Deutschland standesamtlich geschlossenen Ehe zwischen einem jüdischen **Türken** und einer jüdischen Deutschen ist auch trotz Hinzutritt einer Bestätigung des Ausspruchs durch den Großrabbiner der Türkei in Deutschland nicht anzuerkennen. Für die Scheidung dieser Ehe ist das deutsche Landgericht, in dessen Bezirk der Ehemann wohnt, ausschließlich zuständig (RG Warn 1921 Nr 35. Darüber, daß diese Ehe nach türkischem Rechte ungültig war, weil zu der standesamtlichen Eheschließung nicht noch die religiöse Trauung durch den Rabbiner hinzugekommen war, vgl. § 1317 A 8). Für **Belgier** ist das inländische Gericht zuständig für die Erhebung einer Scheidungsklage, wenn der Ehemann ohne bekannten Wohnsitz und Aufenthalt ist und zuletzt in Deutschland gewohnt hat (LZ 1921, 239[5]). Der **deutsche Standesbeamte** hat im Falle des § 55 PStG nicht zu prüfen, ob das eine Ausländerehe scheidende rechtskräftige deutsche Scheidungsurteil im Auslande wirksam ist. Er hat die Frage, ob das deutsche Gericht nach § 606 Abs 4 ZPO für die Scheidung zuständig war, nicht nachzuprüfen. Für ihn wie für alle deutschen Behörden ist mit der Rechtskraft des deutschen Scheidungsurteils die Auflösung der Ehe im Sinne des § 55 PStG festgestellt (KG in JFG 2 Nr 31). Das Urteil eines **französischen** Gerichts auf Scheidung einer in Lothringen geschlossenen Ehe eines im Deutschen Reiche zur Zeit des Scheidungsverfahrens wohnhaft gewesenen und noch wohnhaften Deutschen ist vom deutschen Standesbeamten sowohl wegen Unzuständigkeit des französischen Gerichts als auch mangels Verbürgung der Gegenseitigkeit nicht anzuerkennen (BayObLG in JFG 2 Nr 32).

§ 1565

Ein Ehegatte kann auf Scheidung klagen, wenn der andere Ehegatte sich des Ehebruchs[1]) oder einer nach den §§ 171, 175 des Strafgesetzbuchs strafbaren Handlung[2]) schuldig[3]) macht.

Das Recht des Ehegatten auf Scheidung ist ausgeschlossen[3a]), wenn er dem Ehebruch oder der strafbaren Handlung zustimmt[4]) oder sich der Teilnahme[5]) schuldig macht[6])[7]).

E I 1441 II 1460; M 4 582 ff.; P 4 399 ff.

1. Unter **Ehebruch** ist im § 1565 der strafrechtliche Begriff des Ehebruchs (§ 172 StGB) zu verstehen (M 4, 582; Prot 4, 400). Danach besteht der Ehebruch in der Vollziehung

des Beischlafs eines Ehegatten mit einer andern Person als seinem Ehegatten. Zur Beischlafsvollziehung genügt die Vereinigung (nicht die bloße äußere Berührung) der Geschlechtsteile zweier Personen verschiedenen Geschlechts. Vgl. **RG** 9, 190; 38, 182; **RG** JW 1902 Beil 215[60]; **RG** Warn 1914 Nr 123. Ob eine Geschlechtsvereinigung stattgefunden hat, ist Tatfrage und kann mangels unmittelbaren Beweises aus andern Tatsachen gefolgert werden. Immer aber muß ein wirklicher Ehebruch und nicht ein bloßer, wenn auch dringender Verdacht, daß die eheliche Treue verletzt worden sei, den Tatsachen entnommen werden, um § 1565 anwenden zu können. — Ein Verhalten, das den dringenden Verdacht der Untreue erweckt, kann, auch wenn Ehebruch nicht stattgefunden hat, die Scheidung aus § 1568 begründen (**RG** JW 00, 517; 03 Beil 127[285]; **RG** Warn 1911 Nr 87; **RG** Recht 1913 Nr. 1609). Andrerseits kann der bloße, durch keine tatsächlichen Anhaltspunkte unterstützte Verdacht eines nicht harmlosen Verkehrs der Frau mit einem andern Manne ihr nicht als unsittliches Verhalten angerechnet werden (**RG** 14. 1. 11 IV 283/10). Vgl. **RG** Warn 1913 Nr 368 (Zusammenreisen der Frau mit einem andern Manne und Benutzung eines gemeinschaftlichen Schlafzimmers); **RG** 28. 2. 16 IV 343/15 (Zusammenschlafen einer Frau mit einem fremden Manne in demselben Schlafzimmer). Wiederaufnahme der Beziehungen der Frau zu einem Manne, mit dem sie vor der Ehe Geschlechtsverkehr gepflogen, kann einen Scheidungsgrund nach § 1568 abgeben (**RG** 25. 2. 11 IV 311/10). **Versuchter Ehebruch** fällt nicht unter § 1565. In den Fällen des Versuchs des Ehebruchs kann jedoch die Anwendung des § 1568 in Frage kommen. Dasselbe gilt, wenn unzüchtige Handlungen ohne hinzukommende Beischlafsvollziehung vorgenommen worden sind. — Wird Scheidung nur wegen Ehebruchs aus § 1565 begehrt, so ist der Richter (sowohl durch den Parteiwillen als auch durch das Gebot, Ehen möglichst aufrechtzuerhalten) gehindert, aus § 1568 zu scheiden, selbst wenn die Verhandlung diesen Tatbestand ergibt (**RG** Warn 09 Nr 431; **RG** LZ 1922, 327[3]). Wird zwar Ehebruch (hier des Mannes mit der Schwester der Frau) behauptet, aber Scheidung nur wegen anderer Verfehlungen nach § 1568 begehrt, so kann nur auf Grund des § 1568 geschieden werden. Die Klägerin kann in solchem Falle aber verlangen, daß der Ehebruch des Beklagten bei Beurteilung der Zumutungsfrage hinsichtlich seines Antrags auf Mitschuldigerklärung der Klägerin berücksichtigt wird (**RG** Warn 1915 Nr 145 zu 2). Hat der klagende Ehemann nur Ehebruch der Frau mit einem andern Manne behauptet und unter Beweis gestellt, hat die Beweisaufnahme aber nicht Ehebruch, sondern höchstens ehewidrigen Verkehr der Frau mit jenem Manne ergeben, so kann das Gericht zu einer Scheidung aus § 1568 nicht gelangen, wenn der Kläger nicht einmal behauptet, daß er an irgend etwas anderm, als dem unter Beweis gestellten Ehebruch Anstoß genommen habe (**RG** Warn 1909 Nr 431; 1914 Nr 61; **RG** 17. 1. 16 IV 366/15). Vgl. § 1568 A 5. Die Sachlage kann die Ausübung des Fragerechts (§ 139 ZPO) gebieten, ehe das Gericht, das den Ehebruch nicht für dargetan ansieht, sich einer Würdigung des Beweisergebnisses aus § 1568 für überhoben erachten darf (**RG** Warn 1919 Nr 120). Über Ausübung des Fragerechts in solchen Fällen vgl. Breme im Recht 1921 S. 13/14. Wird nur Ehebruch behauptet (unter Berufung auf Briefe), so kann dem nicht ohne weiteres der Ehescheidungsgrund aus § 1568 unterstellt werden, zumal wenn nichts dafür vorliegt, daß der Ehegatte ein **bloßes Liebesverhältnis** des andern Ehegatten als ehezerrüttend empfunden hätte. Der klagende Ehegatte kann sich über die Unterstellung des Scheidungsgrundes aus § 1568 beschweren (**RG** JW 1919, 243[11]). Ob der Scheidungskläger ein Recht darauf hat, daß ein bestimmter Scheidungsgrund, namentlich ein Ehebruch, der neben anderen Scheidungsgründen geltend gemacht wird, vom Gericht festgestellt werde, und ob er das Recht hat, trotz Durchdringens seines Scheidungsanspruchs das Urteil wegen Nichtberücksichtigung jenes bestimmten Scheidungsanspruchs mit Rechtsmitteln anzugreifen, das hängt wesentlich davon ab, in welcher Weise er das **Verhältnis der mehreren von ihm vorgebrachten Scheidungsgründe** gestaltet hat (Warn 1911 Nr 416, Urt. v. 15. 1. 20 IV 320/19, v. 2. 2. 22 IV 666/21). Nur dadurch, daß er einen bestimmten Scheidungsgrund deutlich erkennbar **in die erste Reihe rückt** und die anderen nur **hilfsweise** geltend macht, kann er das Gericht zu einem Eingehen auf jenen Scheidungsgrund nötigen (**RG** 12. 3. 23 IV 344/22). Hat der Ehegatte im Scheidungsverfahren die Scheidungsgründe des § 1565 und des § 1568 als gleichwertig nebeneinander geltend gemacht, dann bedeutet es keine Beschwerung der Partei, wenn die Ehe lediglich aus § 1568 und nicht aus § 1565 geschieden wird (**RG** JW 1920, 379[9]; **RG** SeuffA 76 Nr 150; **RG** Warn 1922 Nr 74; 1927 Nr 56; **RG** 31. 5. 23 IV 322/22; **RG** Recht 1926 Nr 2142). Ist vom Berufungsgericht die Ehe wegen **Ehebruchs** (§ 1565) und wegen **Ehezerrüttung** (§ 1568) der Frau geschieden und müßte die Beklagte zwar die Scheidung aus § 1568 gegen sich gelten lassen, könnte aber die Scheidung wegen Ehebruchs mit der Revision bekämpfen, so ließe sich im Hinblick auf die Vorschriften in den §§ 1312, 1328 BGB und § 172 StGB die Frage aufwerfen, ob die Beklagte nicht durch die Scheidung wegen Ehebruchs beschwert wäre, obwohl es bei der Scheidung wegen Zerrüttung des ehelichen Verhältnisses zu verbleiben hätte (**RG** 96, 222). Nach der neueren

Rechtsprechung ist diese Frage zu bejahen. In dem Urt. v. 10. 1. 25 hat der IV. Zivilsenat des Reichsgerichts **abweichend von früheren Entscheidungen desselben Senats** ausgesprochen, daß der Beklagte das Urteil des Landgerichts, das auf eine Klage aus § 1565 und § 1568 die Scheidung wegen Ehebruchs ausgesprochen hat, lediglich deswegen anfechten kann, weil die Scheidung nicht aus § 1568 erfolgte. An die Feststellung des Ehebruchs seien für den Scheidungsbeklagten Folgen geknüpft, die seine Rechtslage ungünstiger gestalteten, als dies bei einer Scheidung aus § 1568 der Fall gewesen wäre (§§ 1312, 1328 BGB; § 172 StGB). Ob diese Folgen auf dem Gebiete des öffentlichen Rechts liegen (**RG** 55, 244), was teilweise nicht einmal zuträfe, sei unerheblich (**RG** 110, 45). Gründet eine Partei den Scheidungsanspruch nicht ausdrücklich auf Ehebruch, sondern unterbreitet sie bloß gestützt auf die Tatsachen einen Scheidungsanspruch der Entscheidung des Gerichts, so ist die rechtliche Beurteilung des Tatbestandes Sache des Gerichts und dieses in der Lage, die vorgebrachten Tatsachen unter jedem rechtlichen Gesichtspunkte zu würdigen (**RG** LZ 1920, 337[4]). Hat die Frau gegen den Mann auf Scheidung aus § 1568 (wegen Verweigeruug der ehelichen Pflicht und Unterhaltung eines Liebesverhältnisses mit einer Belgierin) geklagt und scheidet das Landgericht wegen Ehebruchs des Mannes mit der Belgierin, so verletzt das Gericht die Vorschrift des § 308 ZPO. Die Berufung des Mannes ist (ebenso wie die Anschlußberufung der Frau) begründet und das Berufungsgericht kann die Scheidung nur aus § 1568 aufrechterhalten (LZ 1920, 722[2]). Der Scheidungskläger, der seinen Anspruch auf § 1565 und § 1568 stützt, kann, wenn der Vorderrichter aus § 1565 geschieden hat, nicht verlangen, daß im höheren Rechtszuge die Scheidung aus § 1568 ausgesprochen werde, wohl aber dann, wenn der Scheidungsausspruch aus § 1565 durch einen Eid bedingt war, da insoweit eine völlige Entscheidungsreife nicht vorliegt (**RG** 6. 12. 23 IV 75/23). Wenn der Kläger zwei Klagebegründungen, §§ 1565 und 1568, zur Entscheidung stellt und dabei zum Ausdruck bringt, daß er die Klagebegründung aus § 1565 in erster Linie, die andere Klagebegründung aus § 1568 aber nur hilfsweise geltend machen will, so ist das Gericht genötigt, seine Entscheidung auf die hilfsweise geltend gemachte Klagebegründung aus § 1568 nur dann zu stützen, wenn die in erster Linie geltend gemachte Klagebegründung aus § 1565 versagt. Auf eine andere Weise als durch **Bestimmung der Rangordnung der verschiedenen Klagebegründungen** kann der Scheidungskläger seine Rechte nicht wahren. Denn beschränkt er sich auf die Klagebegründung wegen Ehebruchs, so wird er, wenn das Gericht den Beweis auf Grund des § 1565 nicht als geführt ansieht und die Klage abweist, mit dem zweiten Klagegrund aus § 1568 mit Rücksicht auf § 616 ZPO ausgeschlossen. Schiebt er aber bei unsicherer Beweislage dem Ehescheidungsgrunde aus § 1565 denjenigen aus § 1568 nach, so läuft er Gefahr, daß das Gericht dennoch nur aus § 1568 scheidet, wenn dieser Grund schon auf alle Fälle durchschlagen sollte. Der Kläger ist also beschwert, wenn seine in erster Linie geltend gemachte Klagebegründung aus § 1565 entweder nicht untersucht oder zwar untersucht, aber nicht für erwiesen erachtet wird. Wird aber dieser Weg der Bestimmung einer Rangordnung für die verschiedenen Klagebegründungen nicht gewählt, so ist der Richter nicht gehindert, durch § 300 ZPO sogar verpflichtet, auf den spruchreifen Klagegrund aus § 1568 zu erkennen und den nicht spruchreifen aus § 1565 auf sich beruhen zu lassen (**RG** 115, 1). Wird ein **verziehener Ehebruch** rechtsirrig in der Formel und den Gründen des angefochtenen Urteils als selbständiger Scheidungsgrund aufgeführt, so ist die betroffene Partei dadurch im Hinblick auf die Nebenwirkungen des Urteils auch dann beschwert, wenn bei Wegfall des Scheidungsgrundes des Ehebruchs an dem außerdem durch andere Gründe gerechtfertigten Ausspruch der Scheidung nichts geändert wird (**RG** 27. 1. 27 IV 571/26). Wird die Widerklage der Ehefrau auf die Behauptung gestützt, daß der Kläger ehebrecherische oder mindestens ehewidrige Beziehungen zu einer anderen Frauensperson unterhalte, und hat das Landgericht auf die Widerklage nur aus § 1568 geschieden, so kann das Berufungsgericht, wenn nur der Widerbeklagte Berufung eingelegt hat, die Ehe nicht aus § 1565 scheiden (**RG** 115, 193). Wegen Unzulässigkeit einer Klage des verletzten Ehegatten gegen den ehebrecherischen Ehegatten und dessen Mitschuldigen auf Unterlassung ehebrecherischen Verkehrs vgl. **RG** 71, 85. Dem wegen Ehebruchs der Frau geschiedenen Ehemanne steht ein Schadensersatzanspruch gegen den Ehebrecher nicht zu (**RG** 72, 128).

2. Dies sind die Fälle der **Doppelehe** (§ 171 StGB) und der **widernatürlichen Unzucht** (§ 175 StGB). Zu § 175 StGB vgl. **RG** Warn 1912 Nr 311. Die Doppelehe kommt sowohl als Nichtigkeitsgrund für die neue Ehe (§ 1326) wie als Scheidungsgrund für die alte Ehe (§ 1565) in Betracht. Ist es in der neuen Ehe zwischen den Ehegatten zur Beischlafsvollziehung gekommen, so kommt auch noch der Scheidungsgrund des Ehebruchs in Betracht. Außer der widernatürlichen Unzucht des § 175 StGB sind **andere unzüchtige Handlungen** dem Ehescheidungsgrunde des Ehebruchs nicht gleichgestellt. Sie können aber einen Scheidungsgrund nach § 1568 abgeben.

3. Dem Ehegatten muß die Verfehlung als **Verschulden** angerechnet werden können (vgl. § 1564 A 1). Das ist nicht der Fall, wenn Gründe vorliegen, welche die Strafe aus-

schließen (§§ 51—54 StGB). Vgl. den Fall RG Warn 1913 Nr 423. Der schon als Schwachsinn zu bezeichnende Zustand, in dem alle Energie und der größte Teil der Selbstbestimmung verschwunden ist, kann die Verantwortlichkeit für den begangenen Ehebruch ausschließen (RG Warn 1915 Nr 290). Andrerseits kann sich ein Geistesschwacher des Ehebruchs schuldig machen, wenn nach den Feststellungen des Tatrichters die Voraussetzungen des § 51 StGB nicht gegeben sind (RG 27. 5. 07 IV 501/06). Auch der irrige Glaube des Ehegatten, seine frühere Ehe sei bereits geschieden oder sonst aufgelöst, entschuldigt. Der gute Glaube an die Rechtsgültigkeit einer in Amerika ausgesprochenen (in Deutschland nicht anerkannten) Ehescheidung ist geeignet, den Ehegatten vor dem Vorwurfe des Ehebruchs so lange zu schützen, bis er die Überzeugung von der Ungültigkeit des amerikanischen Urteils erlangt hat (RG Warn 1915 Nr 144).

3a. Die **Ausschließung des Scheidungsrechts** hat zur Folge, daß der Ehebruch und die strafbare Handlung auch nicht einmal zur Unterstützung im Sinne des § 1573 verwertet werden dürfen. Vgl. § 1573 A 2.

4. Die **Zustimmung** bedarf keiner besonderen Form. Sie hat nicht die Eigenschaft eines Rechtsgeschäfts. Es genügt, wenn der Ehegatte sein Einverständnis tatsächlich zu erkennen gegeben hat. — Die Zustimmung im Sinne des § 1565 Abs 2 ist ein **rein tatsächlicher Vorgang;** sie braucht deshalb nicht dem andern Ehegatten gegenüber erklärt, nicht einmal zu seiner Kenntnis gebracht zu werden (RG 85, 204; RG Warn 1917 Nr 179; RG LZ 1923, 229[9]). Es ist nicht erforderlich, daß der zustimmende Ehegatte die Zustimmung dem Ehebrecher oder dem andern Ehegatten ausdrücklich erklärt. Dadurch, daß der Ehemann einen andern Mann Bett an Bett neben seiner (des ersteren) Ehefrau nächtigen ließ, gab er, wie festgestellt, seine stillschweigende Billigung zu allem kund, was beide daraufhin geschlechtlich begehen würden (RG 3. 2. 19 IV 376/18). Ähnlich liegt der Fall in RG LZ 1920, 438[4]. Zustimmung zum Ehebruch liegt nicht vor, wenn es dem Ehegatten nicht auf Erlangung eines Scheidungsgrundes, sondern nur darauf ankam, den andern Ehegatten auf die Probe zu stellen und sich Gewißheit darüber zu verschaffen, ob der Verdacht des Ehebruchs begründet sei (RG Warn 1915 Nr 55, 143). Die Voraussetzungen des § 1565 Abs 2 sind auch dann erfüllt, wenn die Zustimmung zum Ehebruch **in der Erregung** erklärt worden ist. Dieser Umstand würde nur als Beweisbehelf für die etwa behauptete Nichternstlichkeit in Betracht kommen (RG Warn 1910 Nr 283; RG 11. 10. 23 IV 143/23). Auch der von dem andern Ehegatten gestattete Ehebruch ist nach allgemeinen sittlichen Anschauungen und so auch vom Standpunkte des Rechtes eine der gröblichsten Verletzungen der durch die Ehe begründeten Pflichten. Das Gesetz entzieht dem zustimmenden Ehegatten das Scheidungsrecht nur, weil er durch seine Zustimmung, wie es M 4, 587 heißt, die Handlung des andern Teiles sich zu eigen macht. Deshalb kommt es vorwiegend auf das Verhalten des zustimmenden Ehegatten an. Nur insofern kommt es auch auf das Verhalten des Ehebrechers an, als dieser sich nicht auf eine Zustimmung berufen kann, die er selbst für nicht ernst gehalten hat (RG Warn 1910 Nr 283; 1920 Nr 201). Entscheidend für die Anwendbarkeit des § 1565 Abs 2 ist, wenn aus gewissen Äußerungen des einen Ehegatten seine Zustimmung zum Ehebruch des andern Ehegatten gefolgert werden soll, vorwiegend das Verhalten des angeblich zustimmenden Ehegatten, insbesondere ob er dabei in ernsthafter Weise zum Ausdrucke gebracht hat, ein begangener oder zu begehender Fehltritt des andern Ehegatten sei für ihn von keiner, das eheliche Verhältnis beeinflussenden Bedeutung. Nicht entscheidend ist, daß der andere Ehegatte die fraglichen Äußerungen als ernsthaft gemeint aufgefaßt hat (RG Warn 1915 Nr 174). Für den **rechtlichen Bestand** des § 1565 Abs 2 ist das Verhalten des Zustimmenden allein und unabhängig von der Auffassung des anderen Teiles bestimmend (RG 11. 10. 23 IV 143/23). Darauf, daß die Beklagte den Brief des Klägers in dem Sinne einer Zustimmung zu Ehebrüchen habe auslegen dürfen, sie sei deshalb gesetzlich entschuldigt, kommt es entscheidend nicht an, denn eine Zustimmung im Sinne des § 1565 Abs 2 liegt nur dann vor, wenn der Ehegatte seinen darauf gerichteten Willen in ernsthafter Weise zum Ausdruck gebracht hat, was hier nicht geschehen war (RG Warn 1910 Nr 283; 1915 Nr 174; 1920 Nr 201; 1927 Nr 33). § 1565 Abs 2 ist nur dann anwendbar, wenn der andere Ehegatte dem Ehebruch tatsächlich zugestimmt hat, nicht aber dann, wenn der die Ehe brechende Gatte eine solche Zustimmung irrtümlich angenommen hat, mag auch der Irrtum nicht auf Fahrlässigkeit beruhen (OLG 24, 14; unentschieden gelassen in RG Warn 1920 Nr 201). Es macht keinen Unterschied, ob die Zustimmung zum Ehebruch für einen bestimmten einzelnen Fall oder **allgemein** (z. B. Zustimmung des Mannes zu dem unzüchtigen Treiben der Frau und etwaigen Ehebrüchen mit den in der Gastwirtschaft der Parteien verkehrenden Gästen) erteilt wird (RG Warn 1918 Nr 188; 1920 Nr 201; RG SeuffA 78 Nr 89). Bloße Kenntnis des ehebrecherischen Verhältnisses genügt nicht (RG JW 03 Beil 12[25]). Um Zustimmung anzunehmen, muß zur Kenntnis des ehebrecherischen Treibens ein dieses Treiben — sei es ausdrücklich, sei es stillschweigend — billigendes Verhalten des andern Ehegatten hinzukommen.

Wissentliches Dulden setzt voraus, daß der Duldende in der Lage ist, das Treiben zu hindern (RG 16. 9. 15 IV 87/15; 2. 3. 16 IV 356/15). Nicht erforderlich ist, daß der zustimmende Ehegatte stets sichere Kenntnis vom Ehebruch des andern haben muß. Auch die bloß tatsächliche Zustimmung nach § 1565 Abs 2 kann ebenso wie die rechtsgeschäftliche Zustimmung nach §§ 183, 184 sowohl eine nachherige als auch eine vorherige sein (RG Gruch 60, 866; RG Warn 1920 Nr 201). Das Einverständnis kann aus der **Anstiftung** des Dritten hervorgehen. Die Zustimmung kann vor und nach der Begehung der unsittlichen Handlung, mit und ohne Einschränkung erteilt werden (RG JW 1910, 476[16]). Anstiftung im Sinne einer Zustimmung liegt nicht bloß dann vor, wenn der Ehegatte davon ausgegangen ist, der Angestiftete solle den andern Ehegatten zum Ehebruch bringen, sondern sie würde auch schon dann anzunehmen sein, wenn der anstiftende Ehegatte auch nur das seinem Willen entsprechende Bewußtsein gehabt hat, es könnte der Dritte möglicherweise selber den andern Ehegatten zur Untreue verführen wollen (sog. Eventualzustimmung, RG Gruch 62, 121; RG Warn 1921 Nr 16). Die Zustimmung behält ihre Wirksamkeit, auch wenn sie aus dem Wunsche heraus, geschieden zu werden, erteilt worden ist (RG 14. 2. 07 IV 337/06; RG 85, 204; RG Gruch 58, 1046). Dagegen steht es der Zustimmung nicht gleich, wenn der Ehegatte nur durch sein eigenes rechtswidriges oder unsittliches Verhalten dem andern Ehegatten zur Begehung der unsittlichen Handlung Anlaß gibt, z. B. wenn Anlaß zum Ehebruch durch bösliche Verlassung oder Verweigerung der ehelichen Pflicht gegeben ist (M 4, 587). Auf ein derartiges Verhalten des Ehegatten kann jedoch der andere Ehegatte geeignetenfalls eine Widerklage gründen. — Ein Ehegatte, der eine für die Zukunft berechnete Zustimmung zu Ehebrüchen des andern Ehegatten erklärt hat, ist jederzeit zum **Widerrufe** berechtigt und ein in unzweideutiger Weise dem andern Gatten kundgegebener Widerruf wird für die Folgezeit ohne weiteres wirksam (RG JW 01, 868; 04, 63[23]; 08, 336[19]). Dabei ist es gleichgültig, ob die Zustimmung selbständig erteilt oder Bestandteil eines weitergehenden Abkommens der Ehegatten war. Sie kann auch ohne Rücksicht darauf, ob sich der Widerrufende zum ehelichen Verkehr bereit erklärt oder nicht, stets einseitig widerrufen werden (RG 22. 4. 12 IV 579/11). Der Widerruf kann in der Erhebung einer auf Ehebruch gestützten Scheidungsklage erblickt werden (RG Warn 08 Nr 483; 1919 Nr 119; 1921 Nr 127; RG 26. 3. 23 IV 122/22). Die **Zurücknahme der Zustimmung** kann wirksam auch dann erfolgen, wenn dem Zurücknehmenden das ehebrecherische Treiben des andern Teils innerlich vollständig gleichgültig ist und ihm an sich die Fortdauer der Ehe nicht unerträglich machen würde. Es kommt insoweit nur auf die Willenskundgebung des Zurücknehmenden an, nicht auf seine innere Gesinnung. Ausschlaggebend ist nicht, wie das ehebrecherische Verhalten auf das eheliche Empfinden des andern Teils wirkt (RG JW 1914, 473[15]; RG 11. 10. 20 IV 182/20; RG Recht 1923 Nr 519). Nichtig ist ein Abkommen der Eheleute, daß die Frau den Ehebruch des Mannes nicht geltend mache, damit dieser die Ehebrecherin heiraten könne (RG 14. 11. 07 IV 197/07).

5. Die **Teilnahme** ist nach den Bestimmungen des Strafgesetzbuchs (§§ 47—49) zu beurteilen.

6. Eine Ausschließung des Scheidungsrechts aus dem Gesichtspunkte der **Aufrechnung** in dem Falle, daß beide Ehegatten sich des Ehebruchs schuldig machen, ist dem BGB unbekannt (M 4, 585). Vgl. auch RG 46, 90; RG JW 05, 41[1] (Fälle der Aufrechnung von Ehebrüchen, die vor dem Inkrafttreten des BGB begangen sind); RG Warn 1921 Nr 127 und § 1564 A 6. Vgl. ferner § 1568 A 7 über die dem BGB fremde Aufrechnung von Scheidungsgründen überhaupt.

7. Für den **Beweis** des Ehebruchs gelten keine von den allgemeinen Grundsätzen abweichende Regeln. Insbesondere gilt nicht die im § 1591 Abs 1 Satz 2 angeordnete Beschränkung der Beweisführung. Die Entscheidung im Ehelichkeitsprozesse, daß das Kind als ein eheliches anzusehen sei, schließt nicht aus, daß im Ehescheidungsprozesse die Begehung eines Ehebruchs angenommen werden kann (RG Warn 08 Nr 646). Die im Anfechtungsprozesse rechtskräftig erfolgte **Feststellung der Unehelichkeit** eines während bestehender Ehe geborenen Kindes kann und muß im nachfolgenden, auf Ehebruch der Frau gegründeten Scheidungsprozeß als Beweisumstand gegen die Frau gewürdigt werden, aber der Frau gegenüber ist durch die Feststellung der Unehelichkeit ihres Kindes noch nicht entschieden, daß sie sich des Ehebruchs schuldig gemacht hat. Die Feststellung der Unehelichkeit des Kindes wirkt zwar gemäß § 693 ZPO auch gegen die Mutter, aber nach § 322 ZPO sind Urteile nur insoweit der Rechtskraft fähig, als über den durch die Klage erhobenen Anspruch entschieden ist. Daher ist ein Beweisantritt der Frau, daß das Kind aus dem letzten (hier mindestens 323 Tage vor der Geburt zurückliegenden) ehelichen Verkehre mit dem Ehemanne herrühre (§§ 1591, 1592) zulässig (RG 102, 366). Der Ehebruch kann, ohne daß sich die näheren Umstände feststellen lassen, als bewiesen angenommen werden, z. B. auf Grund eines Geständnisses des Ehegatten in Verbindung mit seiner geschlechtlichen Erkrankung (RG Warn 1915/16 Nr 172). **Der Tatrichter** kann die Überzeugung, daß Ehebruch der Frau vorliegt, erlangen, auch wenn

sich die **näheren Umstände,** unter denen der Ehebruch, und der Mann, mit dem der Ehebruch begangen sein soll, nicht feststellen lassen. Das Gesetz bietet keine Möglichkeit, den Ehebruch deshalb unberücksichtigt zu lassen, weil die näheren Umstände nicht feststehen (**RG.** 4. 6. 23 IV 498/22). Als **zugeschobener Eid** ist allerdings der Eid über den Geschlechtsverkehr mit unbestimmten Personen für gewöhnlich unzulässig, dann namentlich, wenn er ohne Anhalt für einen derartigen Verkehr dem Beweisführer nur als Ausforschungsmittel dienen soll. Für den **richterlichen Eid,** zu dem es regelmäßig nur kommt, wenn Anhaltspunkte vorliegen, gilt ähnliches aber nicht, bei ihm ist das Ermessen des Tatrichters auch nach dieser Richtung hin nicht begrenzt (**RG** LZ 1923, 497[9]). Zulässig ist die Auferlegung eines richterlichen Eides über das Bestehen eines **Liebesverhältnisses** zwischen dem Schwurpflichtigen und einer bestimmten anderen Person (**RG** Warn 1918 Nr 35; **RG** 7. 6. 23 IV 881/22).

§ 1566

Ein Ehegatte kann auf Scheidung klagen, wenn der andere Ehegatte ihm nach dem Leben trachtet[1])[2]).

E I 1442 II 1461; M 4 587; P 4 401.

1. Ein Ehegatte **trachtet** dem andern Ehegatten **nach dem Leben,** wenn er sich erkennbar mit der Absicht trägt, ihn zu töten. Nicht erforderlich ist, daß der Ehegatte bereits mit der Ausführung der Absicht begonnen hat. Insbesondere verlangt das Gesetz nicht den Tatbestand eines strafbaren Versuchs. Selbst Handlungen, die sich als bloße außerhalb des strafrechtlichen Gebiets fallende Vorbereitungshandlungen darstellen, können den Scheidungsanspruch begründen. Unerheblich ist es, wenn die gegen das Leben des andern Ehegatten gerichtete Tätigkeit die beabsichtigte Wirkung wegen Untauglichkeit des angewendeten Mittels nicht haben konnte. — Nach dem Leben eines andern trachtet, wer dessen Tod durch sein Tun erstrebt, wer sich den Tod des andern als Ziel seines Tuns gesetzt hat. Das tut aber auch derjenige, der nicht auf Grund vorbedachter Überlegung, sondern auf Grund eines plötzlichen, durch Erregung hervorgerufenen Entschlusses, den Tod eines andern herbeizuführen, dazu übergeht, Handlungen vorzunehmen, die auf die Herbeiführung dieses Todes abzielen. Nicht erforderlich ist, daß ein eine gewisse Beharrlichkeit zeigendes, vorbedachtes Handeln vorliege. Daher fällt auch ein **Todschlagsversuch** (der Mann hatte im Gerichtsgebäude einen Schuß auf die Frau abgegeben, der die Frau streifte) unter § 1566 (**RG** 100, 114). Zur Anwendung des § 1566 genügt der Tatbestand, daß die Frau die ernstliche Absicht gehabt hat, den Tod ihres Mannes herbeizuführen, und daß sie diese Absicht durch Handlungen betätigt hat, die in die äußere Erscheinung getreten sind und die auf die Verwirklichung der bezeichneten Absicht abgezielt haben. Ein die Handlungsweise der Frau beeinflussender **Erregungszustand** würde die Anwendung des § 1566 nicht ausschließen. Ebensowenig steht der Annahme, daß die Frau ihrem Ehemanne nach dem Leben getrachtet habe, der Umstand entgegen, daß sie sich gleichzeitig das Leben zu nehmen beabsichtigte (**RG** 112, 32. Aufdrehen des Gashahns im gemeinsamen Schlafzimmer). Nach dem Leben eines anderen trachtet nicht nur derjenige, der auf Grund vorbedachter Überlegung, sondern auch derjenige, der auf Grund eines plötzlichen, durch Erregung hervorgerufenen Entschlusses, den Tod eines anderen herbeizuführen, Handlungen vornimmt, die auf Herbeiführung dieses Todes abzielen (**RG** 21. 1. 24 IV 331/24). Trachtet der Ehegatte einem nahen Verwandten des anderen Ehegatten nach dem Leben, so kann ein Scheidungsanspruch aus § 1568 begründet sein (M 4, 587).

2. **Lebensgefährliche Mißhandlung** des andern Ehegatten ist kein unbedingter Scheidungsgrund, kann vielmehr nur bedingt auf Grund des § 1568 zur Scheidung führen (Prot 4, 401). Dasselbe gilt von bloßen Bedrohungen mit Tötung.

§ 1567

[1]) Ein Ehegatte kann auf Scheidung klagen, wenn der andere Ehegatte ihn böslich verlassen hat.

Bösliche Verlassung liegt nur[2]) vor:

1. wenn ein Ehegatte, nachdem er zur Herstellung der häuslichen[3]) Gemeinschaft rechtskräftig verurteilt worden ist[4]), ein Jahr[5]) lang gegen den Willen[6]) des anderen Ehegatten in böslicher Absicht[7]) dem Urteile nicht Folge geleistet hat;

2. wenn ein Ehegatte sich ein Jahr lang gegen den Willen[6]) des anderen Ehegatten in böslicher Absicht[7]) von der häuslichen[3]) Gemeinschaft

fern gehalten hat und die Voraussetzungen für die öffentliche Zustellung[8]) seit Jahresfrist[9]) gegen ihn bestanden haben.

Die Scheidung ist im Falle des Abs 2 Nr 2 unzulässig, wenn die Voraussetzungen für die öffentliche Zustellung am Schlusse der mündlichen Verhandlung[10]), auf die das Urteil ergeht, nicht mehr bestehen[11]).

E I 1443 II 1462; M 4 588 ff.; P 4 401 ff.

1. Der § 1567 regelt den **Scheidungsgrund der böslichen Verlassung.** Die Fälle der böslichen Verlassung scheiden sich in zwei Gruppen, je nachdem der abtrünnige Ehegatte für die Staatshilfe erreichbar oder unerreichbar ist (Fälle der uneigentlichen und der eigentlichen Verlassung). Erstere sind in Nr 1, letztere in Nr 2 Abs 2 begriffen. Andere Fälle der böslichen Verlassung gibt es nicht. Das Gesetz ordnet diesen Scheidungsgrund im § 1567 erschöpfend (**RG** 46, 158). Immerhin liegt in dem Verhalten eines Ehegatten, der sich in böslicher Absicht von der häuslichen Gemeinschaft fernhält, eine Verletzung der durch die Ehe begründeten Pflichten, auch wenn die Voraussetzungen des § 1567 nicht vorliegen. Diese Verletzung kann, wenn auch nicht für sich allein (was sonst auf eine Ausschaltung des § 1567 hinauslaufen würde), so doch in Verbindung mit andern Verfehlungen die Anwendung des § 1568 rechtfertigen. Selbst ohne Hinzutreten anderer Verfehlungen können die besonderen Umstände des Falles die Anwendung des § 1568 rechtfertigen (**RG** JW 07, 701[1]; **RG** 20. 12. 09 IV 78/09; **RG** JW 1910, 581[16]; **RG** Warn 1913 Nr 202; 1920 Nr 15; **RG** SeuffA 76 Nr 92). Ohne das Hinzutreten ganz besonderer Umstände kann ein böswilliges Fernhalten von der häuslichen Gemeinschaft zur Anwendung des § 1568 nicht genügen. Das würde sonst dem aus § 1567 zu entnehmenden Willen des Gesetzes zuwiderlaufen (**RG** Warn 1914 Nr 294). Die lediglich getroffene Feststellung, daß die Beklagte durch die Aufgabe der häuslichen Gemeinschaft die Sorge für die vier Kinder im Alter von 11—3 Jahren dem Kläger allein aufgebürdet und ihm ihren Aufenthaltsort geflissentlich verschwiegen hat, bilden keine die Anwendung des § 1568 rechtfertigende besonderen Umstände des Falles (**RG** JW 1920, 46[6]). Zur Anwendung des § 1568 müssen besondere Umstände hinzutreten, die das Verhalten des beklagten Ehegatten als lieblos und pflichtvergessen erscheinen lassen; das kann z. B. der Fall sein, wenn ein Gatte den anderen in pflegebedürftiger und hilfloser Lage ohne berechtigten Anlaß aus rein selbstsüchtigen Gründen verläßt, ohne Vorkehrungen für die erforderliche Fürsorge zu treffen oder sich in der Folgezeit irgendwie um den verlassenen Ehegatten zu kümmern (**RG** LZ 1923, 496[8]). In einer unbegründeten Weigerung eines Ehegatten, die häusliche Gemeinschaft wieder aufzunehmen, kann unter besonderen Umständen auch ein Scheidungsgrund nach § 1568 gefunden werden, dann nämlich, wenn auch im übrigen die sämtlichen Tatbestandsmerkmale dieses Paragraphen vorliegen, was namentlich dann möglich ist, wenn andere Eheverfehlungen des abtrünnigen Ehegatten hinzutreten (**RG** 5. 3. 23 IV 334/22).

2. **Bösliche Verlassung** kann hiernach nur im Rahmen des § 1567 festgestellt werden (vgl. jedoch A 1).

3. Da Ehegatten einander zur ehelichen Lebensgemeinschaft verpflichtet sind (§ 1353 Abs 1), so haben sie grundsätzlich auch **häusliche Gemeinschaft** zu halten (**RG** 53, 340). Beide Ehegatten haben in dieser Beziehung gleiche Pflichten. Zwar bestimmt der Mann für die häusliche Gemeinschaft Wohnort und Wohnung (§ 1354 Abs 1), er kann also auch den bisherigen Sitz der häuslichen Gemeinschaft ändern, aber die Frau braucht seiner Entscheidung, wenn sie sich als Mißbrauch seines Rechtes darstellt, keine Folge zu leisten (§ 1354 Abs 2). Daher kann sich jeder Ehegatte, der die häusliche Gemeinschaft verweigert, der böslichen Verlassung schuldig machen. Die **eheliche Gemeinschaft** kann auch ohne häusliche Gemeinschaft (**RG** 95, 330), wie umgekehrt letztere ohne erstere bestehen. Ein Ehegatte kann aber die Herstellung der bloß häuslichen Gemeinschaft von dem andern Ehegatten, der die eheliche Gemeinschaft mit Recht verweigert, z. B. wegen ansteckender Geschlechtskrankheit des klagenden Ehegatten (**RG** JW 05, 722[14]; 07 S. 178[18], 48[9]), nicht verlangen. Über eheliche Lebensgemeinschaft vgl. besonders § 1353 A 2 und 3. Die Klage auf Herstellung der häuslichen Gemeinschaft gehört zu den im § 606 ZPO aufgezählten Ehesachen, und zwar zu der Gruppe von Rechtsstreitigkeiten, die die Herstellung des ehelichen Lebens zum Gegenstande haben. § 1567 setzt Verurteilung zur Herstellung der häuslichen Gemeinschaft voraus, es genügt aber auch eine Verurteilung zur Herstellung des ehelichen Lebens, wenn die Urteilsgründe ergeben, daß dem Ehegatten die Herstellung der häuslichen Gemeinschaft aufgegeben wird. Die Klage auf Herstellung des ehelichen Lebens kann sowohl zur Beseitigung eines räumlichen Getrenntlebens als auch wegen jeder Verletzung der aus dem persönlichen Verhältnisse sich ergebenden Pflichten erhoben werden (**RG** 51, 182). Eheliche Gemeinschaft ist einerseits mehr als häusliche Gemeinschaft, anderseits kann eheliche Gemeinschaft auch ohne häusliche Gemeinschaft bestehen. Ist die Frau zur Her-

stellung der ehelichen, nicht, wie § 1567 Abs 2 Nr 1 vorschreibt, zur Herstellung der häuslichen Gemeinschaft verurteilt, ergibt aber das Urteil im Vorprozeß, daß letzteres gemeint war und daß auch die Parteien darüber niemals im Zweifel waren, so schadet der irrtümlich gebrauchte falsche Ausdruck nichts (RG LZ 1923, 167[1]). Es ist unzulässig, eine von ihrem Ehemanne getrennt lebende Ehefrau zu verurteilen, mit ihrem Manne zwar nicht die häusliche Gemeinschaft, wohl aber das eheliche Leben herzustellen. Allerdings ist die Möglichkeit der Fortsetzung einer Ehe ohne räumliches Zusammenleben der Ehegatten nicht ausgeschlossen. Derartige Verhältnisse beruhen in der Regel darauf, daß sich die Ehegatten gegenseitig von gewissen, aus der ehelichen Lebensgemeinschaft folgenden Rechtspflichten entbinden. Sie haben nur so lange, als das beiderseitige Einverständnis dauert, Bestand. Kein Ehegatte hat das Recht, gegen den Willen des andern die häusliche Gemeinschaft, die begrifflich zur ehelichen Gemeinschaft gehört, zu verweigern (RG JW 00, 658[8]; 1910, 817[38]; RG 53, 340).

4. Die **rechtskräftige Verurteilung zur Herstellung der häuslichen Gemeinschaft** bezweckt, dem unterliegenden Ehegatten zum Bewußtsein zu bringen, daß seine Verweigerung der häuslichen Gemeinschaft unbegründet sei (M 4 S. 589, 590). Seine Weigerungsgründe sind also in diesem ersten, dem Scheidungsverfahren vorausgehenden Rechtsstreite vorzubringen und zu prüfen. — Dadurch, daß der verurteilte Ehegatte nach Erlaß, jedoch vor Eintritt der Rechtskraft des Urteils zu dem anderen Ehegatten zurückkehrt, ihn aber auch noch innerhalb dieses Zeitraums verläßt, wird dem auf Herstellung der häuslichen Gemeinschaft lautenden Urteil nicht Folge geleistet. Die vorzeitige Rückkehr kann dem Folgeleisten nach Eintritt der Rechtskraft des Urteils nicht gleichgestellt werden (RG 107, 331). Der Ehegatte, der ein Herstellungsurteil erwirkt hat, ist, mindestens unter gewöhnlichen Verhältnissen, keineswegs genötigt, den anderen Ehegatten zur Befolgung des Urteils noch besonders aufzufordern, sondern diesem liegt es ohne weiteres ob, seinerseits die zur Herstellung der häuslichen Gemeinschaft erforderlichen Maßnahmen in die Wege zu leiten (RG Warn 1914 Nr 141; RG 23. 2. 20 IV 409/19; RG 28. 6. 23 IV 698/22; vgl. auch OLG 30, 53). Für nicht gewöhnliche Verhältnisse, unter denen die Ehe geschlossen worden ist und seitdem bestanden hat (der Mann in gering bezahlter Anfangsstellung; die Frau mit dem Kinde bei den Eltern) bedarf es eines beiderseitigen Entgegenkommens (RG 12. 4. 22 IV 510/21). Nach rechtskräftiger Verurteilung eines Ehegatten zur Herstellung des ehelichen Lebens kann er sich auf **frühere, vor der letzten mündlichen Verhandlung liegende Tatsachen** zum Nachweise des Rechtes zur Verweigerung der ehelichen Gemeinschaft nicht mehr berufen. Frühere Tatsachen können nur zur Unterstützung späterer Tatsachen verwertet werden (RG Gruch 47, 115; RG 3. 12. 10 IV 304/10; 2. 3. 11 IV 234/10; RG JW 1912, 75[17]; RG Warn 1913 Nr 422; RG 107, 331). Der zur Herstellung der häuslichen Gemeinschaft verurteilte Ehegatte kann seine Weigerung grundsätzlich nicht auf Tatsachen, die er schon im Herstellungsrechtsstreite hätte geltend machen können, stützen, ebensowenig auf Tatsachen, die sich erst nach Ablauf der Jahresfrist, also zu einer Zeit ereignet haben, wo dem andern Teile infolge des Fristablaufs bereits ein Recht auf Scheidung erwachsen war (RG 81, 297). Auf den **Krankheitszustand,** der beim Abschlusse der dem Herstellungsurteile voraufgegangenen letzten mündlichen Verhandlung bei dem Ehegatten vorlag, kann er sich zur Rechtfertigung seines Fernbleibens von der häuslichen Gemeinschaft nicht berufen. Anders, wenn sich die Krankheit nach jenem Zeitpunkte verschlimmert und dem Ehegatten die Herstellung der häuslichen Gemeinschaft unmöglich gemacht hat (RG 30. 3. 06 IV 389/15; 16. 4. 17 IV 17/17). Ähnlich RG 20. 12. 15 IV 315/15 (unsichere Stellung des auf Scheidung wegen böslicher Verlassung klagenden Mannes). Tatsachen, die dem zur Herstellung verurteilten Ehegatten als Gründe dienen könnten, die Rückkehr zu verweigern oder gar die Scheidung zu verlangen, kommen für den Tatbestand der böslichen Verlassung lediglich unter dem Gesichtspunkte in Betracht, ob sie sein Glauben und Wollen beeinflußt haben. Davon kann nur die Rede sein, wenn er sie innerhalb des entscheidenden Jahres erfahren hat (OLG 30, 53). Vgl. A 6. Zu beachten ist jedoch, daß das Herstellungsurteil nur hinsichtlich der Herstellungspflicht Rechtskraft schafft, nicht hinsichtlich der nur zur Begründung des Rechtes auf Verweigerung der Gemeinschaft etwa vorgebrachten **Scheidungs- oder Anfechtungsgründe.** Letztere können nicht als durch das Herstellungsurteil aberkannt angesehen werden. Anders, wenn im Herstellungsstreit ein Scheidungs- oder Anfechtungsanspruch erhoben und dieser Anspruch aberkannt wurde. — Beschränkt sich die Klage des Mannes auf Eheherstellung, so ist die Frau nicht gemäß § 616 Satz 2 ZPO mit dem Verluste ihres Scheidungsrechts bedroht, wenn sie es unterläßt, Widerklage auf Scheidung zu erheben. Der dem § 616 ZPO zugrunde liegende gesetzgeberische Gedanke, die Häufung von Scheidungs- und Anfechtungsprozessen über dieselbe Ehe zu vermeiden, kommt bei einem Eheherstellungsstreite, der den Bestand der Ehe gar nicht betrifft, nicht in Frage. Gleiches gilt, wenn die Frau gegenüber dem Herstellungsverlangen des Mannes nur verteidigungsweise (nicht angriffsweise mittels Widerklage) auf ein ihr zur Seite stehendes Scheidungs-

recht Bezug nimmt (RG Warn 1910 Nr 223; RG JW 1915, 657[10]; 1926, 2436[9]; RG 6. 11. 22 IV 6/22). Dem Herstellungskläger kann die Beklagte mit Rücksicht darauf, daß sie bei einem anderen Gerichte die Scheidungsklage anhängig gemacht hat, die **Einrede der Rechtshängigkeit** nicht entgegensetzen (RG SeuffA 70 Nr 204; 75 Nr 52; RG JW 1920, 288[11]; RG Warn 1915 Nr 331; 1920 Nr 79 zu I). Vgl. § 1564 A 4, § 1353 A 4. — Ist dem im ersten Rechtszuge auf Herstellung des ehelichen Lebens gerichteten Antrage stattgegeben, so kann der Kläger nicht im Wege der Berufung zur Scheidungsklage übergehen (RG JW 1926, 2436[9]; RG SeuffA 73 Nr 106; vgl. § 1570 A 4). Die Verweigerung der häuslichen Gemeinschaft setzt **räumliche Trennung** voraus. Diese bedingt aber nicht gerade einen Ortswechsel, kann vielmehr an demselben Orte, ja in demselben Hause, sogar in demselben Hauswesen vor sich gehen (RG JW 1920, 641[6]). Vgl. § 1571 A 7. — Dauernde Verweigerung des ehelichen Geschlechtsverkehrs stellt keine bösliche Verlassung im Sinne des § 1567 Abs 2 Nr 1 dar (RG JW 02 Beil 241[28]). Eine Verurteilung zur Herstellung der häuslichen Gemeinschaft verbietet sich trotz deren Aufhebung von selbst, wenn der abwesende Ehegatte durch äußeren Zwang (z. B. Strafhaft, RG 53, 341) an der Wiedervereinigung gehindert wird, ebenso wenn andere von dem Willen des Ehegatten unabhängige Hinderungsursachen, z. B. anhaltende Krankheit oder Unvermögen zur Bestreitung der Reisekosten vorliegen. Heben Eheleute in **beiderseitigem Einverständnisse** die häusliche Gemeinschaft auf, so gibt keiner, solange das Einverständnis besteht, dem andern Ehegatten Grund zur Klage. Das Einverständnis kann jedoch jederzeit zurückgenommen werden. Ein Vertrag, durch den ein Ehegatte dem andern gestattet, nach freiem Belieben und ohne Rücksicht darauf, ob ihm dazu ein gesetzlicher Grund zur Seite steht, dauernd getrennt zu leben, ist nichtig (RG 61, 53). Ein nicht ernstlich gemeintes Verlangen nach Wiederherstellung der Gemeinschaft enthält einen Rechtsmißbrauch im Sinne des § 1353 Abs 2 Satz 1 (RG JW 01, 293; RG 22. 12. 04 IV 305/04; vgl. die Erl zu § 1353 A 3).

5. Das Reichsgericht nahm früher an, das **Jahr** müsse schon zur Zeit der Erhebung der Scheidungsklage abgelaufen sein (RG 60, 194). Später hat es diesen Grundsatz eingeschränkt, namentlich für solche Fälle, in denen der klagende Ehegatte in der Erhebung der Scheidungsklage nur das äußerste Mittel erblickt, die ihm immer noch in erster Linie erwünschte Wiederherstellung des ehelichen Verhältnisses durchzusetzen (RG 72, 321). Schließlich hat das Reichsgericht mit Recht den Grundsatz ganz aufgegeben. Es genügt, wenn sich die Jahresfrist erst im Laufe des Scheidungsstreits vollendet. Wie im Falle des § 1568 ist auch im Falle des § 1567 Abs 2 Nr 1 maßgebender Zeitpunkt für das Vorhandensein der Erfordernisse des Scheidungsgrundes nicht die Klageerhebung, sondern die mündliche Verhandlung, auf die das Urteil ergeht. Allerdings läuft der Ehegatte, der die Klage aus § 1567 Abs 2 Nr 1 verfrüht erhebt, Gefahr, ohne weiteres mit seiner Klage kostenfällig abgewiesen zu werden, wenn das Jahr zur Zeit der ersten mündlichen Verhandlung noch nicht abgelaufen sein sollte (RG 83, 62). Die Jahresfrist läuft von dem Tage ab, in welchem das Herstellungsurteil rechtskräftig geworden ist. Rechtsirrig ist es, die Frist entgegen dem klaren Inhalte des § 1567 von der Zustellung des Herstellungsurteils an den beklagten Ehegatten ab zu rechnen (RG 23. 3. 22 IV 565/21). **Während des ganzen Jahres** muß der Ehegatte gegen den Willen des andern Ehegatten in böslicher Absicht dem Urteile nicht Folge geleistet haben. Hat dagegen vor Ablauf des Jahres der Ehegatte die häusliche Gemeinschaft hergestellt, also dem vorangegangenen Herstellungsurteile genügt, so entfällt eine Voraussetzung für die bösliche Absicht und der Scheidungsanspruch ist unbegründet, selbst wenn die Wiedervereinigung der Ehegatten nicht von Dauer gewesen ist. In diesem Falle erledigt sich die Verurteilung zur Herstellung der häuslichen Gemeinschaft durch Erfüllung. Nur eine neue Verurteilung kann zur Scheidung führen. Unstatthaft ist es, die Frist von einem Jahre durch Zusammenrechnung derjenigen Zeiträume, während welcher die häusliche Gemeinschaft aufgehoben war, zu berechnen. — Die Erfordernisse des § 1567 müssen, soweit es sich um freie Handlungen der Parteien handelt, **ununterbrochen** während des ganzen Jahres bestanden haben. Das ist z. B. dann nicht der Fall, wenn sich der Mann brieflich mit dem Fernbleiben der Frau während des letzten Teiles des Jahres einverstanden erklärt hat. Daß nach der Unterbrechung der Mann die Frau zur Rückkehr aufgefordert und die Frau der Aufforderung ein Jahr lang nicht Folge geleistet hat, kommt nicht in Betracht (RG 3. 4. 13 IV 623/12; RG LZ 1927, 456[9]). Ein Ehegatte, der gegen den andern Ehegatten ein rechtskräftiges Herstellungsurteil erwirkt hat, aber mit der auf das Herstellungsurteil gestützten Klage auf Scheidung wegen böslicher Verlassung **abgewiesen** wurde, kann sich auf das Herstellungsurteil zur Begründung einer neuen Klage auf Scheidung wegen böslicher Verlassung nicht mehr berufen (§ 616 ZPO). Es bedarf der Erwirkung eines neuen Herstellungsurteils (RG Warn 1915 Nr 23). Wollte man die erneute Scheidungsklage ohne **neues Herstellungsurteil** zulassen, so würde der Kläger es in der Hand haben, durch eine Änderung seiner Gesinnung nach vorheriger Ablehnung der Wiedervereinigung mit der Beklagten (aus welchem Grunde die erste Scheidungsklage abgewiesen wurde) die Frist des § 1567 Abs 2 Nr 1 immer wieder

in Lauf zu setzen. Das widerspricht dem Wortlaut und der Absicht des Gesetzes, von vornherein den Zeitraum fest zu begrenzen, innerhalb dessen es dem abtrünnigen Ehegatten freistehen sollte, die Scheidungsklage durch Herstellung der Gemeinschaft abzuwenden (**RG** LZ 1922, 120[7]). Die Jahresfrist muß **zusammenhängend** verlaufen; für die Frist trifft § 191 BGB nicht zu; ebensowenig finden die Grundsätze von der Hemmung der Verjährung auf die Frist Anwendung (**RG** 60, 195; **RG** Warn 1915 Nr 23; **RG** JW 1921, 28[7]).

6. Mit den Worten: **„gegen den Willen des andern Ehegatten"** bringt das Gesetz zum Ausdruck, daß, wenn die Nichtbefolgung des vorausgegangenen Urteils mit dem Willen des andern Ehegatten stattgefunden hat, der Scheidungsgrund nicht vorliegt. Das in diesem Falle vorliegende Einverständnis beider Eheleute über das Getrenntleben hindert die Scheidung (M 4, 590). Erhebt der Mann vor Ablauf des Jahres (A 5) eine auf Ehebruch der Frau gestützte Scheidungsklage, so ist die Annahme, daß die Frau seitdem nicht mehr gegen den Willen des Mannes der Gemeinschaft fernbleibt, nicht zu beanstanden. Dagegen kann die Erhebung einer auf § 1567 gestützten Scheidungsklage nicht ohne weiteres als Grundlage für die Annahme dienen, daß der Kläger die Herstellung der Gemeinschaft nicht wünsche (**RG** 11. 10. 15 IV 124/15). Wenn die auf Scheidung wegen böslicher Verlassung klagende Ehefrau in der vor Ablauf eines Jahres erhobenen Klage den Klagegrund des Ehebruchs nachschiebt, so folgt daraus nicht ohne weiteres, daß sie jede Wiedervereinigung mit dem andern Teil ablehne, dieser also sich nicht wider den Willen des klagenden Gatten von ihm fernhalte. Vielmehr kommt es auf die Umstände des einzelnen Falles an (**RG** Warn 1922 Nr 72). Hat die Frau davon, daß der Mann während des entscheidenden Jahres ein **Liebesverhältnis** mit einer andern Frau unterhielt, erst nach Ablauf des Jahres Kenntnis erhalten, so würde zwar bösliche Absicht auf ihrer Seite nicht ausgeschlossen sein (**RG** 81, 269), aber es kann auch der Schluß gerechtfertigt sein, daß der Mann tatsächlich die Rückkehr seiner Frau nicht gewollt hat (**RG** 21. 11. 18 IV 226/18). Vgl. dazu **RG** LZ 1922, 365[1]. Hat der Kläger sich vor Ablauf des Jahres (A 5) damit einverstanden erklärt, daß die Beklagte fernblieb, so mußte, wenn überhaupt das Herstellungsurteil noch verwertet werden konnte, zum mindesten verlangt werden, daß das Fernbleiben der Beklagten von dem Zeitpunkt an, in welchem der Kläger seine Einwilligung zum Fernbleiben widerrief, ein **neues Jahr** dauerte (**RG** JW 1921, 28[7]). Vgl. auch **RG** LZ 1922, 120[7] und A 5.

7. Der Ehegatte muß **in böslicher Absicht** dem Urteile nicht Folge geleistet haben (vgl. A 3 u. 4). — Daß ein Ehegatte in böslicher Absicht „dem Urteile" nicht Folge geleistet habe, wird sich der Regel nach von dem verurteilten Ehegatten nur sagen lassen, wenn er von seiner Verurteilung Kenntnis erlangt hat, wobei die Zustellung des Urteils an den Prozeßbevollmächtigten die eigene Kenntnis nicht ersetzen kann. Daraus folgt ohne weiteres, daß auch die Jahresfrist regelmäßig nicht beginnen kann, solange der zur Herstellung verurteilte Ehegatte von seiner Verurteilung noch keine Kenntnis hat. Anderseits sind Fälle denkbar, in denen die „bösliche Absicht" auch ohne Kenntnis der Verurteilung anzunehmen ist, z. B. wenn der verurteilte Ehegatte in böslicher Absicht die Kenntnisnahme vereitelt (**RG** JW 1916, 835[7]). Der zur Herstellung der häuslichen Gemeinschaft verurteilte Ehegatte ist nicht gehindert, im Scheidungsverfahren zur Rechtfertigung seines Verhaltens Tatsachen anzuführen, die sich **nach dem Urteil und vor Ablauf der Frist** ereignet haben (M 4, 590). Es ist selbstverständlich, daß der zur Herstellung der häuslichen Gemeinschaft verurteilte Ehegatte die Rückkehr verweigern darf, wenn ihm im Laufe des entscheidenden Jahres Tatsachen bekannt werden, aus denen ihm ein Scheidungsgrund und damit nach § 1353 Abs 2 BGB das gesetzliche Recht zum Getrenntleben erwächst (**RG** 81, 297). In diesem Falle kann von einem Fernbleiben des Ehegatten in böslicher Absicht nicht mehr gesprochen werden. — Liegt gegen die Frau ein rechtskräftiges Herstellungsurteil vor, so ist ihre Rückkehrpflicht nicht mehr am Maßstabe des § 1353 zu messen, sondern steht rechtskräftig fest. Die Frage ist dann nur, ob der Kläger aus dem Fernbleiben der Beklagten einen Scheidungsanspruch herleiten kann. Dazu ist auf seiten der Beklagten nur bösliche Absicht vorausgesetzt. Diese aber ist als „die aus dem bösen Willen hervorgegangene Zerreißung der häuslichen Gemeinschaft" — **RG** 81, 298; M 4, 590 — vorhanden, sobald der rechtskräftig für rückkehrpflichtig erklärte Teil die Rückkehr verweigert (**RG** LZ 1923, 394[6]. Guter Glaube kam hier nicht in Betracht). Bösliche Absicht des Verurteilten ist gegeben, wenn er seine Verurteilung kennt und dem Urteile nicht folgt, trotzdem er weder einen Grund hat, noch auch nur gutgläubig zu haben meint, der ihn zum Fernbleiben berechtigte. Der besondere Beweggrund einer absichtlichen Mißachtung der ehelichen Verpflichtungen ist nicht Voraussetzung der Böslichkeit (**RG** LZ 1923, 167[1]). Es muß, soll der Ehegatte wegen seiner weiteren Fernhaltung gerechtfertigt erscheinen, hinzukommen, daß die Verfehlungen des andern Teils ihm nicht gleichgültig gewesen sind, sondern auf seinen Willen, nicht zurückzukehren, mitbestimmend eingewirkt haben (**RG** 14. 12. 16 IV 266/16). Tatsachen, die der Ehegatte im Herstellungsstreite geltend gemacht hat oder bis zur letzten mündlichen Verhandlung hätte geltend machen können, dürfen im Scheidungsverfahren wegen böslicher Verlassung vom beklagten Ehe-

gatten zur Begründung des Rechtes, die Herstellung der Gemeinschaft zu verweigern, nur in Verbindung mit neuen Ereignissen zu deren Unterstützung geltend gemacht werden (RG JW 02 Beil 273; RG Gruch 49, 960; RG 5. 11. 08 IV 67/08; RG Warn 1914 Nr 141). **Der gute Glaube** des Ehegatten, zur Verweigerung der Gemeinschaft berechtigt zu sein, ist zu berücksichtigen, es sei denn, daß er sich lediglich auf die durch das Herstellungsurteil zurückgewiesenen Weigerungsgründe stützte (RG 10. 5. 06 IV 530/05; RG JW 1911, 281[12]). Der gute Glaube des Ehegatten, einen Ehescheidungsgrund geltend machen zu können, muß im Tatsachenzuge behauptet und dargelegt werden (RG JW 1911, 765[24]). Von einem guten Glauben des Ehegatten kann nur die Rede sein, wenn tatsächliche Anhaltspunkte gegeben sind, an die bei vernünftiger Erwägung mit einer gewissen Sicherheit eine bestimmte Überzeugung geknüpft werden kann. Der gute Glaube ist mehr als ein bloßer Verdacht. Bloße Gerüchte oder unverbürgte Mitteilungen reichen in der Regel nicht aus, die Annahme des guten Glaubens zu rechtfertigen (RG Warn 1912 Nr 263; RG 3. 12. 10 IV 304/10; 21. 6. 15 IV 688/14; RG 107, 331). Der gute Glaube ist nur unter der Voraussetzung zu berücksichtigen, daß er sich auf Tatsachen stützt, deren Geltendmachung dem Ehegatten noch gestattet ist. Insbesondere darf sich der Ehegatte nicht auf Tatsachen berufen, die er in einem vorhergegangenen Rechtsstreite behufs Scheidung oder Anfechtung der Ehe hätte geltend machen können und sollen und mit deren Geltendmachung als Scheidungs- oder Anfechtungsgrund er gemäß § 616 ZPO ausgeschlossen ist (RG JW 1912, 75[17]; RG Warn 1914 Nr 141). Der gute Glaube eines Ehegatten kann nicht dadurch begründet werden, daß sich der Ehegatte auf eine ihm nach Erlaß des Herstellungsurteils erteilte, die Bedeutung des Herstellungsurteils verkennende Auskunft seines Prozeßbevollmächtigten, der Ehegatte könne die Aufforderung des andern Ehegatten zur Rückkehr abwarten, beruft. Sonst würde der ganze Zweck des Herstellungsurteils (vgl. A 4) in Frage gestellt (RG Warn 1914 Nr 141; RG 30. 3. 16 IV 389/15). Eine Frau, die dem Herstellungsurteile nachkommt, macht sich der böslichen Verlassung auch dann nicht schuldig, wenn der Mann ihr das Verbleiben in der Ehewohnung durch ehewidriges Verhalten verleidet und sie von neuem die häusliche Gemeinschaft aufhebt (RG 8. 1. 12 IV 242/11). Pflicht des die Wiederherstellung des ehelichen Lebens nachsuchenden Ehegatten ist es, dem andern Teile bei seiner Rückkehr so viel Entgegenkommen zu bezeigen, als zur Ausgleichung der vorhandenen Gegensätze von vornherein nötig ist (RG 29. 2. 12 IV 312/11; RG LZ 1922, 70[3]). Auf einen besonders freundlichen Empfang „mit offenen Armen" hat die Frau, der der Mann keinen Anlaß zum Fernbleiben gegeben hat, keinen Anspruch. Ebenso konnte der Mann schon während der Jahresfrist in Aussicht nehmen, bei weiterem Fernbleiben der Frau die Scheidungsklage zu erheben (RG LZ 1923, 167[1]). Die im Herstellungsverfahren obsiegende Partei braucht sich nicht um die Herstellung der Gemeinschaft zu bemühen, sondern darf abwarten, ob die unterlegene Partei dem Urteile Folge leisten werde. Lehnt aber der Kläger den von der Beklagten (am letzten Tage der Frist) gemachten Versuch der Rückkehr ab, so kann er nicht mehr behaupten, daß das Fernbleiben der Beklagten gegen seinen Willen erfolgt sei. Auch ein etwaiger Irrtum des Klägers über die Ernstlichkeit der Absicht der Beklagten ist nicht von Bedeutung (RG 29. 2. 12 IV 312/11). Es kommt ausschließlich darauf an, ob der Beklagten ein gegen § 1567 verstoßendes Verhalten zur Last fällt (RG 17. 5. 23 IV 738/22). Die bösliche Absicht der Frau ist zu verneinen, wenn der Mann während des entscheidenden Jahres zum Heeresdienst eingezogen wird und der Frau nicht mitteilt, welche Schritte er unter den veränderten Umständen von ihr als Herstellung der häuslichen Gemeinschaft (z. B. Vereinigung während des Urlaubs) verlangt (OLG 34, 257). **Tatsachen,** die sich innerhalb des entscheidenden Jahres oder bereits vorher ereignet haben und an sich geeignet sind, das Recht auf Verweigerung der häuslichen Gemeinschaft oder auf Scheidung zu begründen, können, wenn sie dem zur Herstellung der häuslichen Gemeinschaft verurteilten Ehegatten während des entscheidenden Jahres **unbekannt geblieben sind,** die Feststellung der böslichen Absicht nicht ausschließen. In einem solchen Falle kann der zur Herstellung der häuslichen Gemeinschaft verurteilte Ehegatte zwar Scheidung verlangen, muß sich aber auch die Scheidung wegen böslicher Verlassung gefallen lassen (RG 81, 296). Ebenso OLG 34, 258, ferner RG LZ 1922, 365[1]. Wie einerseits Tatsachen unberücksichtigt bleiben müssen, die zwar den bösen Glauben des zur Rückkehr verurteilten Ehegatten ausgeschlossen haben würden, wenn er sie gekannt hätte, die aber diesen Erfolg tatsächlich nicht gehabt haben, so genügt es anderseits zur Verneinung der böslichen Absicht, wenn der verurteilte Ehegatte irrig des guten Glaubens war, daß ein neuer, das Fernbleiben von der häuslichen Gemeinschaft rechtfertigender Grund eingetreten sei (RG SeuffA 77 Nr 146). Für den vollen Tatbestand des § 1567 Nr 1, also auch für die bösliche Absicht der Beklagten, ist der Kläger beweispflichtig (RG 29. 2. 12 IV 312/11; RG LZ 1922, 70[3]). Der Kläger genügt seiner **Beweispflicht,** wenn er dartut, daß der beklagte Ehegatte dem Herstellungsurteile nicht Folge geleistet hat. Sache des beklagten Ehegatten ist es, die Gründe dieses seines Ungehorsams darzulegen (RG Recht 1922 Nr 973; RG LZ 1923, 394[6]). Rechtsirrig ist die Annahme, daß die vorzeitige (nach Erlaß, aber vor Eintritt der Rechtskraft des Herstellungsurteils erfolgte) Rückkehr des verurteilten Ehegatten allein genüge, um dem anderen Ehegatten die Beweispflicht dafür aufzubürden, daß die Rückkehr nicht in ernstlicher Absicht erfolgt sei (**RG** 107, 331). Ist dem Ehegatten nach Ablauf des Jahres der Scheidungsgrund der böslichen Verlassung einmal erwachsen, so geht er ihm durch spätere Ereignisse, die dem anderen Ehegatten eine Wiedervereinigung zu verleiden angetan sein möchten, nicht verloren (**RG** 10. 5. 06 IV 530/05; **RG** 28. 6. 23 IV 698/22). Allerdings ist es eine vom Kläger darzulegende Voraussetzung des Scheidungsverlangens aus § 1567 Nr 1, daß er bis zum Ablaufe der Wartefrist die Rückkehr des andern Teiles aufrichtig erstrebt habe (**RG** 3. 1. 18 IV 312/17). Allein der Mangel dieses Willens kann nicht schon daraus abgeleitet werden, daß der Kläger nach dem Fristablaufe, nachdem er also ein Recht auf Scheidung erworben hatte, das **Erbieten des andern Gatten zur Wiederherstellung der ehelichen Gemeinschaft** ablehnt (**RG** 10. 5. 06 IV 530/05; 30. 9. 07 IV 49/07). Sonst hätte es auch der beklagte Gatte in der Hand, durch die Erklärung seiner Bereitschaft zur Rückkehr, dem Kläger, der hierauf nicht eingehen will, den **Beweis aufzubürden**, daß er erst nach dem Verstreichen des Wartejahrs seine Gesinnung dem beklagten Teile gegenüber geändert habe, wodurch er das Scheidungsrecht des Klägers leicht vereiteln könnte (**RG** LZ 1922, 291[3]).

8. **Öffentliche Zustellung** § 203 ZPO. Über Begriff und Beweis des unbekannten Aufenthalts eines Ehegatten vgl. **RG** Gruch 45, 1025.

9. Hier ist ein zusammenhängender Verlauf der Frist vorausgesetzt.

10. **Schluß der mündlichen Verhandlung** im ersten oder zweiten Zuge. Das Reichsgericht ist mit der Prüfung tatsächlicher Voraussetzungen nicht befaßt. In den Tatsachenzügen kann der Kläger im Falle des § 1567 Abs 3 zum Antrage auf Verurteilung des Beklagten zur Herstellung der häuslichen Gemeinschaft übergehen (M 4, 593; Prot 4, 404).

11. Wegen der Herstellungsklage **ausländischer Ehegatten** vgl. § 1353 A 5.

§ 1568

[1]) Ein Ehegatte kann auf Scheidung klagen, wenn der andere Ehegatte durch schwere[2]) Verletzung der durch die Ehe begründeten Pflichten[3]) oder durch ehrloses oder unsittliches Verhalten[4]) eine so tiefe Zerrüttung des ehelichen Verhältnisses[5]) verschuldet[6]) hat, daß dem Ehegatten die Fortsetzung der Ehe nicht zugemutet werden kann[7]). Als schwere Verletzung der Pflichten gilt auch grobe Mißhandlung[8])[9])[10]).

E I 1444 II 1463; M 4 593 ff.; P 4 405 ff.

1. Während die in den §§ 1565—1567, 1569 aufgeführten Scheidungsgründe ohne weiteres als vollkommen ehezerrüttend gelten und das Recht auf Scheidung unbedingt begründen (*unbedingte Scheidungsgründe*), hängt im § 1568 die Scheidung auch noch davon ab, daß der Richter die Überzeugung gewinnt, in dem seiner Beurteilung unterliegenden einzelnen Falle sei die Ehe *tatsächlich* bis zu dem in § 1568 bezeichneten Grade zerrüttet **(bedingte Scheidungsgründe)**. Durch Aufstellung des im § 1568 ausgesprochenen allgemeinen Grundsatzes wurde es ermöglicht, von einer Aufzählung der bedingten Scheidungsgründe, die bei der Vielgestaltigkeit der Fälle doch keine erschöpfende hätte sein können, Abstand zu nehmen. Vgl. auch **RG** 85, 14.

2. **Schwere Verletzung.** Die Schwere der Verletzung ergibt sich aus den Umständen des einzelnen Falles (**RG** JW 00, 645; 05, 23[24]; 1923, 372[8]). Die Frage, ob die Verletzung schwer ist, gehört wesentlich zur tatsächlichen Beurteilung (**RG** JW 00, 726; 04, 470; 05, 24[25]; **RG** 23. 11. 08 IV 101/08; **RG** Warn 1914 Nr 219, 336). Indessen können Erwägungen rechtlicher oder sittlicher Natur den Ausschlag geben. Die Schwere der Verletzung kann aus ihrer Beschaffenheit oder der Stärke des Verletzungswillens hervorgehen. Handlungen und Unterlassungen kommen in Betracht. Eine Pflichtverletzung wird sich regelmäßig dann als schwer darstellen, wenn der Ehegatte eine besonders wichtige Pflicht unmittelbar und mit einer Rücksichtslosigkeit verletzt, die einen gänzlichen Mangel an ehelicher Gesinnung bekundet. — *Schwere Verletzungen* der durch die Ehe begründeten Pflichten sind solche, die unter gewöhnlichen Verhältnissen auch bei einem von rechter ehelicher Gesinnung erfüllten Ehegatten eine völlige Entfremdung herbeiführen und geeignet sind, ihm die Fortsetzung der Ehe zu einer unerträglichen Last zu machen (**RG** Warn 1914 Nr 219, 298, 336). Dem Ermessen des Tatrichters sind insoweit Grenzen gesetzt, als seine Erwägungen nicht auf einer unrichtigen Auffassung über das *Wesen der Ehe* und die daraus erwachsenden Pflichten der Ehegatten beruhen dürfen (**RG** Warn 1914 Nr 219, 298, 336; 1917 Nr 120; 1926 Nr 214; **RG** 20. 9. 23 IV 839/22). Wenn eine verheiratete,

von ihrem Manne getrennt lebende Frau mit ihrem erst vor kurzer Zeit in ihr Geschäft als Teilhaber aufgenommenen Kaufmann alsbald das vertrauliche „Du" wechselt, ohne durch besondere Umstände, wie Verwandtschaft, langjährige Freundschaft u. ä. dies rechtfertigen zu können, so ist das auch unter den etwas ungezwungenen süddeutschen Lebensverhältnissen etwas durchaus Ungewöhnliches und wird zur Pflichtwidrigkeit, wenn sie weiß, daß eine so **große Vertraulichkeit** von ihrem Manne ausdrücklich mißbilligt wird. Durchaus nicht zu billigen war auch die gemeinschaftliche Autofahrt mit demselben Manne unter Benutzung eines gemeinsamen Koffers und das Wohnen und Nächtigen (wenn auch in getrennten Zimmern) in dem gleichen Gasthof. In diesem Verhalten lag eine schwere Verletzung der durch die Ehe begründeten Pflichten (RG Warn 1926 Nr 214). Die Schwere einer unter § 1568 fallenden Pflichtverletzung hängt von den Umständen des Falles ab, und zwar sowohl von den im Willen und im Bewußtsein des Täters liegenden Umständen als auch von der äußeren Beschaffenheit der Tat und ihrer Folgen (RG 5. 10. 22 IV 8/22). Eine schwere Verletzung der ehelichen Pflichten kann in hartnäckiger Verweigerung sowohl des Beischlafs überhaupt als auch der regelrechten Beiwohnung (sog. coitus interruptus) nur dann erblickt werden, wenn dieses Verhalten auf einer Rücksichtslosigkeit beruht, die einen gänzlichen Mangel an ehelicher Gesinnung erkennen läßt (RG Warn 1918 Nr 58). Eine an sich schwere Pflichtverletzung kann **in milderem Lichte** erscheinen, wenn sie in leidenschaftlicher Erregung oder gereizter Stimmung verübt wird, durch das Verhalten des andern Ehegatten veranlaßt worden oder unter dem Einfluß eines krankhaften (geistigen oder körperlichen) Zustandes begangen ist (vgl. RG JW 04, 470[9]; 00, 645; 1910, 150[16]; RG 29. 10. 04 IV 235/04; 15. 4. 16 IV 428/15). Im Falle des § 1568 hindert eine dazwischen liegende Verzeihung den beklagten Ehegatten nicht, frühere Verfehlungen des klagenden Teils zu seiner Verteidigung, insbesondere dazu zu benutzen, um darzutun, daß seine eigenen Verfehlungen in einem milderen Lichte erschienen (RG 14. 1. 24 IV 824/22). **Eifersuchtsausbrüche** der Frau sind, auch wenn der Verdacht der Untreue nicht begründet ist, keine schwere Eheverfehlung, falls das Verhalten des Mannes geeignet war, auch bei Unbeteiligten die Empfindung des Ungehörigen hervorzurufen (RG JW 1912, 146[24]; 1920, 438[9]; RG LZ 1922, 463[8]). Als Umstände, die das Verhalten eines Ehegatten in einem milderen Lichte erscheinen lassen, kommen keineswegs bloße Eheverfehlungen des andern Ehegatten in Betracht. Auch nicht ehewidriges Verhalten des andern Ehegatten, ja selbst Tatsachen, für deren Eintritt er in keiner Weise verantwortlich gemacht werden kann, sogar rein zufällige Ereignisse können diese Wirkung je nach der Sachlage haben (RG 26. 10. 14 IV 260/14). Bedenklich ist es, Verfehlungen um deshalb, weil sie **während des Scheidungsverfahrens** begangen sind, milder zu beurteilen (RG LZ 1922, 71[1]). **Eigenes ehewidriges Verhalten** des Ehegatten kann dahin führen, daß die Verfehlungen des andern Ehegatten in einem milderen Lichte und darum nicht als schwere Verletzung der durch die Ehe begründeten Pflichten erscheinen (RG 10. 1. 16 IV 270/15; 2. 10. 19 IV 223/19). Eigene Verfehlungen des aus § 1568 klagenden Ehegatten sind möglicherweise dazu angetan (vgl. JW 1910, 150[16]), das ehewidrige Verhalten des andern Ehegatten wenigstens insoweit zu entschuldigen, daß ihm die Eigenschaft einer schweren Verletzung der durch die Ehe begründeten Pflichten genommen wird. Sie können ferner der Annahme entgegenstehen, daß die eheliche Gesinnung des klagenden Ehegatten von seinem persönlichen Standpunkt aus durch das Verhalten des andern Ehegatten zerstört sei (vgl. RG 46, 162/164). Vor allem aber können sie (vgl. Warn 1917 Nr 21 u. 22) auch dahin führen, daß dem Ehegatten, der selbst die ehelichen Pflichten schwer verletzt hat, vom sachlichen, aus dem sittlichen Wesen der Ehe zu entnehmenden Standpunkt aus zuzumuten ist, über Verfehlungen des andern Ehegatten hinwegzusehen und die Ehe mit ihm fortzusetzen. Nach allen diesen Richtungen hin wird eigenen Verfehlungen des klagenden Ehegatten auch dadurch nicht jede Bedeutung genommen, daß eine Verzeihung dazwischen liegt. Dem Beklagten ist es nicht verwehrt, sich der Klage gegenüber zu seiner Verteidigung auf Vorkommnisse, die vor der Verzeihung liegen oder auf die er aus einem sonstigen Grunde weder eine Scheidungsklage noch einen Antrag auf Mitschuldigerklärung gründen könnte, zu beziehen (RG JW 1920, 437[9]). Vgl. SeuffA 77 Nr 4 und RG Recht 1913 Nr 1608. Leichte Pflichtverletzungen können infolge häufiger Wiederkehr zu einer schweren Verletzung heranwachsen, z. B. fortgesetzte grundlose Vorwürfe des Treubruchs. Es genügt nicht, jeden Vorgang für sich allein zu prüfen, sondern sämtliche Vorgänge sind, soweit es sich nicht um völlig bedeutungslose, harmlose Dinge handelt, in Verbindung miteinander unter dem Gesichtspunkte zu prüfen, ob das so bezeigte **Gesamtverhalten** eine schwere Pflichtverletzung darstellt (RG JW 02 Beil 267[200]; 07, 107[9]; 1910, 756[16]). Vgl. A 7. Bilden die Verfehlungen eines Ehegatten erst in ihrer Gesamtheit einen Scheidungsgrund, so ist ein vollendeter Scheidungsgrund erst mit dem Eintritte der letzten Verfehlung entstanden, was für die Fragen der Verjährung und des Zeitablaufs sowie des Rechtes auf Mitschuldigerklärung im Falle des § 1574 Abs 3 von Wichtigkeit ist (RG Warn 1915 Nr 145 zu 3; RG 30. 5. 18 IV 122/18). Auch eine nach Aufhebung der ehelichen

Gemeinschaft und Erhebung der Scheidungsklage begangene Verfehlung kann Bedeutung gewinnen (RG JW 04, 295[19]; RG Warn 1910 Nr 124).

3. **Die durch die Ehe begründeten Pflichten** wurzeln in dem Gebote gegenseitiger Liebe und Achtung, sind äußerst mannigfaltig und lassen sich nicht erschöpfend aufzählen. Als Verletzungen solcher Pflichten können sich darstellen: **Mißhandlungen aller Art, Bedrohungen, Beleidigungen** (auch in Prozeßschriften, RG JW 05, 204[8]), falsche Anschuldigung, **Versagung des Unterhalts** (RG Warn 1915 Nr 24), hartnäckige, grundlose **Verweigerung der ehelichen Pflicht** (RG JW 08, 683[15]; 1910, 1005[18]; 1924, 45[5] — vgl. A 6 —; RG Warn 1913 Nr 59 u. 60; 1915/16 Nr 142; RG 4. 12. 22 IV 113/22); auch ein kürzerer Zeitraum (hier 4 Monate) der Beischlafsverweigerung kann genügen (RG LZ 1923, 648[7]); schuldvoll verursachtes Unvermögen zur Leistung der ehelichen Pflicht (RG JW 01, 54), wiederholte Erzwingung des Beischlafs seitens des Mannes, trotzdem die Frau die Gestattung des Beischlafs wegen der für sie damit verbundenen Schmerzen ernsthaft verweigert (RG Warn 1915 Nr 289), **Unverträglichkeit und Zanksucht** (RG 18. 4. 14 IV 1/14), arge Vernachlässigung des Hauswesens (RG Warn 1913 Nr 327), **arge Vernachlässigung der Kindererziehung**, böswillige Entziehung eines gemeinsamen Kindes (RG JW 06, 200[19]; RG Warn 1914 Nr 194), Mißhandlung der Stiefkinder (RG JW 06, 391[17]; 1917, 656[7]; RG Warn 1915 Nr 86), liebloses Verhalten gegen die gemeinschaftlichen Kinder (RG Warn 1913 Nr 204), **Unterhaltung eines Liebesverhältnisses** (RG JW 03 Beil 36[76]). Sofern sich die Zuneigung einer Ehefrau zu einem andern Manne nicht in ehewidrige Handlungen umgesetzt hat, liegt keine schuldhafte Pflichtverletzung vor. Abneigung gegen den eigenen, Zuneigung zu einem fremden Mann sind für sich allein keine Scheidungsgründe (RG LZ 1921, 59[5]). Die Frau hat aber auch die Verpflichtung, einen Verkehr zu unterlassen, der geeignet ist, einen gegen sie bestehenden Verdacht der ehelichen Untreue zu bestärken (RG Recht 1920 Nr 2873; RG 31. 1. 24 IV 208/23). Weiteres siehe unten bei Treupflicht. Einen Scheidungsgrund gibt die Frau dem Manne, wenn sie entgegen dessen dringendem Wunsche, Kinder zu haben, Mittel zur Verhütung der Empfängnis anwendet (RG Warn 1914 Nr 23). Erfüllt wird die eheliche Pflicht nur durch eine solche **Beiwohnung, die von den Ehegatten in natur- und ordnungsmäßiger Weise vollzogen wird.** Entzieht sich ein Ehegatte gegen den Willen des andern Ehegatten der Vornahme einer ordnungsmäßigen Beiwohnung derart, daß nur ein ordnungswidriger Geschlechtsverkehr stattfinden kann, so kommt sein Verhalten auf **Verweigerung der ehelichen Pflicht** hinaus, wenn er trotz ernstlichen Verlangens des andern Ehegatten sein Verhalten nicht ändert (RG Warn 1914 Nr 59; RG Recht 1924 Nr 398). Die **Zumutung unnatürlichen Geschlechtsverkehrs** durch den einen Ehegatten an den andern, der eine Abneigung dagegen zu erkennen gibt, enthält eine Verletzung der von den Ehegatten einander geschuldeten Rücksichtnahme und Achtung. Die Pflichtverletzung gewinnt an Schwere, wenn sie trotz ernstlicher Vorstellungen des andern Ehegatten über die schädlichen Folgen für seinen Gesundheitszustand und für den Bestand der Ehe fortgesetzt wird. Verbindet sich damit die beharrliche Weigerung, die Beiwohnung in naturgemäßer Weise zu vollziehen, so kann in dem Verhalten auch unter dem Gesichtspunkte hartnäckiger Versagung der ehelichen Pflicht eine Eheverfehlung liegen (RG 11. 10. 23 IV 360/22). Hartnäckige **Beischlafsverweigerung** der Frau muß, um als Scheidungsgrund zu gelten, auf **rücksichtslose Eigensucht,** auf Böswilligkeit zurückzuführen sein. Das ist nicht der Fall, wenn der Gesundheitszustand der Frau (Senkung der Gebärmutter nach der Geburt eines Kindes) die Gestattung des Beischlafs ihr nicht erlaubte (RG LZ 1920, 238[7]). Standen die Eheleute bei der Eheschließung bereits im **hohen Alter** (Mann 60, Frau 59 Jahre alt), so kann daraus, daß der Mann während der kurzen Dauer des Zusammenlebens (zwei Monate) der Frau den Geschlechtsverkehr nicht angeboten hat, noch nicht auf hartnäckige Verweigerung der ehelichen Pflicht geschlossen werden (RG Recht 1920 Nr 3393). Eine schwere Eheverfehlung wurde darin gefunden, daß der Mann sich nach der Hochzeit seiner Frau überhaupt nicht genähert, ihr vielmehr die eheliche Pflicht beharrlich verweigert und seit dem achten Tage nach der Hochzeit die Wohnung der Beklagten überhaupt nicht mehr betreten, auch alle **Annäherungsversuche** schroff zurückgewiesen hatte. Dieses die Frau bloßstellende Verhalten und die darin liegende Kränkung wurde durch den einer hinreichenden Grundlage entbehrenden Glauben des Mannes, von der Frau arglistig getäuscht worden zu sein, nicht entschuldigt (RG Recht 1920 Nr 3399). Ein Mann, der nicht völlig bereit ist, **die Folgen der Schwängerung auf sich zu nehmen** und seine Pflichten gegen die Schwangere und das Kind zu erfüllen, mißbraucht seine Stellung als Ehemann, wenn er trotzdem von seiner Frau die Duldung der ehelichen Beiwohnung fordert. Er kann, wenn seine Frau die Beiwohnung verweigert, den Scheidungsgrund der hartnäckigen Verweigerung der ehelichen Pflicht nicht gegen sie geltend machen, obwohl beide Teile dem Kindersegen vorbeugen wollten und nur in den Beweggründen und in der Wahl des Mittels nicht einig waren (RG Recht 1921 Nr 2601). Mit dem Wesen der Ehe ist es nicht unverträglich, wenn eine **unterleibsleidende Frau** der Beischlafsvollziehung, die ihr Schmerzen bereitet, sich zu entziehen sucht (RG Recht 1922

Nr 980). Versteckte Beschuldigung in einem Schriftsatze, die andere Partei habe einen Eid wissentlich falsch geschworen, ist als schwere Eheverfehlung anzusehen (RG Warn 1910 Nr 456). **Drohungen** (z. B. die Drohung der Frau, den Mann ins Irrenhaus zu bringen) können schwere Pflichtverletzungen auch dann darstellen, wenn sie zwar nicht ernstlich gemeint, aber bestimmt waren, den Eindruck ernstlicher Drohungen zu erwecken (RG JW 1915, 1261[5]). Darüber, ob die Aufhebung der häuslichen Gemeinschaft als Scheidungsgrund aus § 1568 verwendet werden kann, wenn die Voraussetzungen des § 1567 nicht vorliegen, vgl. § 1567 A 1. — Die von einer Partei im Rechtsstreit zur Begründung des Scheidungsbegehrens aufgestellten **Behauptungen beleidigender Natur** können, wenn sie wider besseres Wissen oder in hohem Grade leichtfertig oder lediglich in der Absicht, den andern Ehegatten zu kränken, und nicht zur Wahrnehmung berechtigter Interessen aufgestellt sind, Eheverfehlungen darstellen (RG JW 09, 461[20]; RG Warn 1920 Nr 115; RG LZ 1920, 236[6]; 1922, 463[8]). Bei Prozeßbehauptungen (z. B. Behauptung des Ehebruchs) ist der **gute Glaube** der Partei an die Wahrheit der Behauptung zu berücksichtigen, es sei denn, daß die Behauptung im hohen Grade leichtfertig, also mißbräuchlich aufgestellt worden wäre (RG Warn 1910 Nr 455; RG SeuffA 77 Nr 189). Stellt eine Partei im Scheidungsverfahren ehrenkränkende Behauptungen, deren Richtigkeit sie nicht beweisen kann, ohne jeden äußeren Anhalt, wenn auch nicht wider besseres Wissen auf, so handelt sie grobleichtfertig, kann sich auf **Wahrnehmung berechtigter Interessen** nicht berufen und verletzt die durch das eheliche Verhältnis gebotenen Pflichten (RG LZ 1920, 528[6]). Bei beleidigenden Äußerungen, die in Schriftsätzen der Prozeßbevollmächtigten enthalten sind, ist darauf Gewicht zu legen, ob sie mit Wissen und Willen des Ehegatten aufgenommen worden sind, aber für den Inhalt der Schriftstücke, die von der Partei selbst herrühren, ist die Partei ohne weiteres verantwortlich. Ehrenrührige Äußerungen in solchen Schriftstücken unterstehen, gleichviel ob sie zur Kenntnis des Gegners gelangen sollen oder nicht, derselben Beurteilung wie sonstige ehrenrührige Aufstellungen im Eheprozeß (RG JW 05, 204[8]; 09, 461[20]; RG 11. 12. 15 IV 204/15; vgl. auch OLG 30, 55). Wahrheitswidrige, zur Herabwürdigung des andern Ehegatten geeignete Nachreden können auch dann den Tatbestand des § 1568 erfüllen, wenn sie zwar nicht gerade wider besseres Wissen aufgestellt worden sind, aber auf grober Fahrlässigkeit beruhen (RG JW 1913, 95[10]). Behauptungen beleidigenden Inhalts können an sich Eheverfehlungen, selbst schwere, darstellen, auch wenn sie der Wahrheit entsprechen und nicht in der Absicht der Kränkung aufgestellt sind (RG Warn 1914 Nr 219). Das Vorhandensein einer schweren Eheverfehlung ist nicht schon deshalb zu verneinen, weil der beschuldigte Ehegatte bei beleidigenden Äußerungen lediglich die Absicht verfolgt habe, seinem schweren Herzen Luft zu machen (RG Warn 1913 Nr 148; 1914 Nr 219; RG 7. 2. 16 IV 313/15). Unter Umständen kann auch die **grundlose Weitererzählung wahrer Tatsachen** schwer gegen die durch die Ehe begründeten Pflichten verstoßen (RG Warn 1913 Nr 148; RG 8. 2. 23 IV 436/22; RG 31. 5. 23 IV 322/22). Auch von einer durch Untreue ihres Mannes gekränkten Frau muß verlangt werden, daß sie ihn nicht ohne Not in der Achtung der Hausgenossen herabsetzt. Selbst solche der Wahrheit entsprechende **Mitteilungen über den Lebenswandel des Mannes,** mit denen die Frau nur ihrem gepreßten Herzen Luft machen will, können sich als eine Eheverfehlung darstellen (RG 3. 1. 24 IV 152/23). Auch eine **einmalige Beleidigung** kann einen Scheidungsgrund abgeben, doch müssen die begleitenden Umstände besonders schwer wiegen (RG JW 1910, 655[13]; 1920, 437[9]; RG Warn 1912 Nr 218). In solchen und ähnlichen Fällen sind die Begleitumstände besonders sorgfältig zu prüfen (RG 15. 4. 16 IV 428/15; RG Gruch 64, 230; RG JW 1920, 437[9]; RG Warn 1926 Nr 91). Auch von einer durch Untreue ihres Mannes gekränkten Frau muß verlangt werden, daß sie in Gesprächen mit andern, namentlich mit ihren Kindern, über den Lebenswandel des Vaters die gebotene Zurückhaltung übt, vor allem keine unwahren Mitteilungen macht, die geeignet sind, den Vater in den Augen der Kinder herabzuwürdigen. Zuwiderhandlungen können schwere Eheverfehlungen darstellen (RG Warn 1914 Nr 299). **Zänkisches Wesen** des einen Teils kann nur dann als Scheidungsgrund gelten, wenn Tatsachen vorliegen, aus denen das Gericht auf eine schwere Eheverfehlung und eine hierdurch hervorgerufene Zerrüttung des ehelichen Verhältnisses schließen kann. Das allgemein gehaltene Urteil eines einzelnen Zeugen wird dazu in der Regel nicht genügen. Die Tatsachen müssen besonders schwerwiegender Natur sein, wenn ihretwegen eine dreißigjährige Ehe, aus der sechs Kinder hervorgegangen sind, geschieden werden soll (RG 17. 1. 24 IV 196/23). **Briefe der Frau,** in denen sie dem Manne allerhand ehrenrührige Dinge vorwirft, nachdem es ihr mit gesetzlichen Mitteln nicht gelungen war, in den Besitz der Kinder zu kommen, können die Scheidung begründen. Der Frau gereicht es nicht zur Entschuldigung, daß sie die Briefe im Streite um die Kinder geschrieben hat (RG Warn 1915 Nr 291). Die bloße Abfassung eines den Mann beleidigenden Briefes kann der Frau als Eheverfehlung nicht angerechnet werden. Es muß hinzukommen, daß der Brief mit ihrem Willen zur Kenntnis irgendeiner andern Person gelangt (RG Recht 1922 Nr 983). In der

Stellung des Antrags auf Entmündigung des Ehegatten wegen Geisteskrankheit ist ein Verstoß gegen die Ehepflichten dann nicht zu erblicken, wenn der Antrag nicht aus Gehässigkeit oder in unlauteren Absichten, sondern lediglich zu dem Zwecke gestellt worden ist, einer Verschwendung des Vermögens des zu entmündigenden Ehegatten zum Besten der Familie vorzubeugen (RG 1. 11. 15 IV 123/15). Für die Frage, ob in dem Entmündigungsantrag eine und insbesondere eine schwere Verletzung der durch die Ehe begründeten Pflichten liegt, kommt es nicht entscheidend darauf an, ob der Entmündigungsantrag, bei der vorausgesetzten Geistesschwäche oder Verschwendungssucht des Klägers, das einzige oder das geeignetste Mittel zur Erreichung des von der Beklagten verfolgten Zweckes, sich vor Not zu schützen, war. Zur Verneinung der aufgeworfenen Frage genügt es vielmehr, daß die Beklagte den Schritt ohne leichtfertige Übereilung oder Hinwegsetzung über die auf den Kläger zu nehmende Rücksicht zur Wahrung ihrer Rechte für notwendig hielt (RG 30. 4. 23 IV 16/23). Entschließt sich der Mann zur Fortsetzung der Ehe, obwohl er gegen seine Frau den Verdacht der ehelichen Untreue hegt, so macht er sich einer schweren Eheverfehlung schuldig, wenn er ihr deswegen jahrelang in der Absicht, sie zu demütigen, Vorwürfe macht und so ein erträgliches Zusammenleben vereitelt (RG SeuffA 73 Nr 32). Vgl. auch RG JW 06, 389[15], § 1353 A 2 und § 1570 A 3. Der **Geiz eines Ehemanns** ist, wenn er sich in einer wesentlichen Beeinträchtigung der Lebenshaltung äußert, auf welche die Ehefrau nach ihrer durch die Ehe begründeten gesellschaftlichen Stellung einen berechtigten Anspruch hat, mit den sittlichen Grundlagen, auf welche die eheliche Gemeinschaft aufgebaut sein soll, nicht vereinbar. Eine solche Verletzung der durch die Ehe begründeten Pflichten kann sowohl einen Scheidungsgrund abgeben als auch geeignet sein, einem dadurch hervorgerufenen ehewidrigen Verhalten der Ehefrau die Bedeutung eines Scheidungsgrundes aus § 1568 zu nehmen (RG 11. 3. 18 IV 397/17: Ein Rentner mit 26000 Mark Jahreseinkommen stellte seiner Frau nur das geringe Haushaltungsgeld von monatlich 150 Mark oder 200 Mark zur Verfügung). Eine schwere Eheverfehlung stellt es dar, wenn der Mann von seinem Rechte, sich gegen das **Schuldenmachen seiner Frau** durch eine Anzeige in den Zeitungen, daß er für die Schulden nicht aufkomme, zu sichern (§ 1357 A 2), ohne jeden genügenden Anlaß und nur in der Absicht, seine Frau zu verletzen und bloßzustellen, Gebrauch macht (RG 9. 1. 19 IV 287/18). Wenn es auch einem Ehegatten nicht versagt ist, strafgerichtliches Einschreiten gegen den andern Ehegatten wegen einer strafbaren Handlung zu veranlassen, so kann doch unter Umständen die **Erstattung einer Strafanzeige** mit der rechten ehelichen Gesinnung unverträglich erscheinen und die Scheidung rechtfertigen, selbst wenn die Anzeige zwar nicht wissentlich falsch, aber doch grob fahrlässig erstattet wurde (RG JW 05, 496[23]; 1911, 488[12]; RG Warn 1915/16 Nr 109). Strafanzeigen, die zur **Wahrnehmung eigener Rechte** und nicht in der Absicht, den andern Ehegatten zu schädigen, erstattet werden, begründen keinen Scheidungsanspruch (RG JW 1911, 154[13]; RG 9. 6. 10 IV 399/09, Anzeige wegen falschen Offenbarungseides des Mannes durch die Frau aus Sorge um ihren Unterhalt). Die Annahme einer schweren Eheverfehlung müßte begründeten Bedenken unterliegen, wenn die Beklagte eine — übrigens begründete — Diebstahlsanzeige gegen den Kläger zwar nicht zur Wahrnehmung berechtigter Interessen gemacht, sich aber erst infolge erneuter Mißhandlung durch den Kläger und in der dadurch hervorgerufenen Erbitterung zur Erstattung der von ihr angeblich später bereuten Anzeige hat hinreißen lassen (RG 13. 7. 22 IV 615/21). Eine Meineidsanzeige, die der Mann gegen die Frau ohne sachliches Interesse **aus blindem Haß** erstattet, ist selbst dann, wenn die Frau die Eidespflicht mindestens fahrlässig verletzt hat, eine schwere Eheverfehlung. Als berechtigtes Interesse des Mannes kann es nicht anerkannt werden, wenn der Mann im Wege des Strafverfahrens den Beweis des Meineides erlangen will, um den Meineid als Ehescheidungsgrund benutzen zu können. Ein derartiges Verfahren würde in gröbster Weise gegen die durch die Ehe begründeten Pflichten verstoßen (RG JW 1913, 990[19]). Die Tatsache, daß ein Ehegatte Verdacht einer strafbaren Handlung gegen den andern hegt, reicht nicht aus, um die Erstattung einer Strafanzeige zu rechtfertigen; es müssen vielmehr tatsächliche Anhaltspunkte vorliegen, die bei ruhiger Prüfung und Überlegung den Verdacht als begründet und erweisbar erscheinen lassen (RG Warn 1915/16 Nr 109). Eine schwere Eheverfehlung liegt vor, wenn sich der Ehegatte nur durch **Rachsucht** zu der Erstattung einer Strafanzeige bewegen läßt (RG 9. 7. 14 IV 169/14). Desgleichen, wenn er in der Absicht, dem andern Ehegatten möglichst zu schaden, in einem gegen letzteren eingeleiteten Strafverfahren eine eidliche Zeugenaussage zu dessen Ungunsten wissentlich oder fahrlässig falsch abgibt (RG 8. 3. 15 IV 457/14). Ob die Erstattung einer Strafanzeige gegen den andern Ehegatten eine Verfehlung im Sinne des § 1568 bildet, das ist eine nicht allgemein zu beantwortende, sondern von Fall zu Fall unter Berücksichtigung der jeweiligen Umstände zu prüfende Frage; insbesondere kann nicht nur die Erstattung einer grundlosen, sondern auch die **Erstattung einer an sich begründeten Anzeige** als gegen die Pflichten eines Ehegatten verstoßend angesehen werden (RG Warn 1913 Nr 369; RG 3. 1. 16 IV 248/15). Bezichtigt ein Gatte den andern gegenüber

Dritten einer strafbaren Handlung, so kann darin eine schwere Eheverfehlung auch dann liegen, wenn es nicht wider besseres Wissen geschieht. Nicht darauf kommt es an, ob er sich in **gutem Glauben** befindet, sondern ob seine **Beweggründe entschuldbar** oder zu mißbilligen sind, ob also seine Handlungsweise eine verwerfliche, mit dem Wesen der Ehe nicht vereinbare Gesinnung verrät oder nicht. Wird der Gatte zu der Beschuldigung nicht durch sachliche Interessen, sondern durch Rachsucht oder Gehässigkeit, also durch die Absicht bestimmt, den andern zu **schädigen** und **herabzusetzen,** so verletzt er das Gebot gegenseitiger Achtung und damit die durch die Ehe begründeten Pflichten (**RG** LZ 1920, 862[8]; 1922, 558[5]; **RG** 14. 2. 21 IV 452/20). Eine nur in **Schädigungsabsicht** und nicht etwa in Wahrung berechtigter Interessen gegen den Ehegatten erstattete Strafanzeige muß, auch wenn die behauptete Tatsache wahr ist oder doch der Anzeigende von ihrer Wahrheit überzeugt sein kann, als mit der rechten ehelichen Gesinnung nicht verträglich angesehen werden (**RG** 7. 1. 24 IV 175/23). Auch eine **begründete oder gutgläubige Strafanzeige** kann unter Umständen eine schwere Verfehlung im Sinne des § 1568 darstellen. Hauptsächlich kommt es auf die **Gesinnung** an, von welcher sich ein Gatte bei der Erstattung einer Strafanzeige leiten läßt (**RG** LZ 1922, 71[4]; **RG** 11. 6. 23 IV 782/22). Die **Ladung zum Offenbarungseide** kann, wenn mit ihr eine öffentliche Kränkung und Bloßstellung des geladenen Ehegatten bezweckt wird, als eine Verfehlung angesehen werden, die unter Heranziehung früherer durch Fristablauf oder Verzeihung ausgeschlossener Tatsachen die Scheidung aus § 1568 rechtfertigt (**RG** 3. 4. 16 IV 404/15). Erheblich für die Verneinung einer schweren Eheverfehlung würde sein können, wenn der Ehegatte die Strafanzeige aus berechtigtem Interesse, zu eigenem Schutze erstattet hat (**RG** 28. 9. 16 IV 158/16; **RG** Warn 1919 Nr 120). **Unsauberkeit und wirtschaftliche Nachlässigkeit** eines Ehegatten können nur, wenn sie in besonders hohem Grade vorliegen und in beharrlicher Weise, trotz der Ermahnungen des andern Teiles betätigt werden, als Scheidungsgrund in Frage kommen (**RG** Warn 08 Nr 525; 1911 Nr 39; **RG** JW 1912, 352[18]; **RG** LZ 16, 588; **RG** 7. 3. 27 IV 751/26). Fehlt es an der Feststellung, daß der Mann jemals der Frau ihr Verhalten mit Bezug auf die Wirtschaftsführung ernstlich verwiesen hat, so kann die Vernachlässigung der Haushaltspflichten zur Scheidung nicht führen (**RG** 17. 12. 14 IV 390/14; 16. 9. 15 IV 75/15). Vgl. auch **RG** Warn 1920 Nr 167, wo die von der Frau verschuldete, zu einem dauernden Zustande gewordene große Unsauberkeit und Unordnung im Haushalt und **Verwahrlosung der Kindererziehung** als Scheidungsgrund anerkannt wurde, da die Frau trotz Abnahme eines Beines imstande war, ihre Pflichten zu erfüllen. — Eine Frau, die es trotz nachdrücklicher und ernster Ermahnungen des Mannes beharrlich unterläßt, ihren Körper, insbesondere ihre Geschlechtsteile durch **Baden und Waschen** sauber zu erhalten, gibt dem Manne Grund zur Scheidung (**RG** Recht 1920 Nr 2872). Wenn die Verfehlungen **(Schuldenmachen)** der Frau nicht vor den Augen des Ehemanns, sondern hinter dessen Rücken geschehen waren, so bedarf es zur Annahme einer schweren Eheverfehlung nicht der Feststellung, daß der Mann bemüht gewesen ist, durch Einwirkung auf die Frau Abhilfe zu schaffen (**RG** 18. 12. 16 IV 207/16). Schuldenmachen der Frau in Verbindung mit falschen Vorspiegelungen gegenüber dem Manne trotz dessen Verwarnung als Scheidungsgrund anerkannt in **RG** Warn 1921 Nr 146. Ist die mangelhafte Führung des Haushalts nicht auf bloße Nachlässigkeit, sondern aufBöswilligkeit der Frau gegen den Mann zurückzuführen, so bedarf es zur Annahme eines Verstoßes gegen § 1568 nicht der Feststellung, daß der Mann bemüht gewesen ist, durch Einwirkung auf die Frau Abhilfe zu schaffen (**RG** Warn 1913 Nr 203; **RG** 18. 12. 16 IV 207/16). Einer schweren Eheverfehlung macht sich unter Umständen die Ehefrau eines Landwirts schuldig, wenn sie bei der Wirtschaftsführung in einer die Wirtschaft gefährdenden Weise die Anordnungen des Mannes durch Gegenanordnungen durchkreuzt (zumal vor dem Gesinde) und ihre Mitarbeit verweigert (**RG** JW 1912, 912[9]). Eine mit ihrem Manne in Errungenschaftsgemeinschaft lebende Frau, die trotz auskömmlicher Einnahme heimlich und hinter dem Rücken ihres Mannes in unehrenhafter Weise Schulden auf Schulden häuft und dadurch das Konkursverfahren über ihr Vermögen veranlaßt, gibt dem Manne einen Scheidungsgrund (**RG** Warn 1914 Nr 295). Beim gesetzlichen Güterstande steht dem Manne während der Ehe Verwaltung und Nutznießung an den der Frau gehörigen Möbeln und Einrichtungsgegenständen und damit das Recht zu, über den Verbleib dieser Sachen zu bestimmen. Nur bei berechtigtem Getrenntleben der Frau kann diese auf Grund des § 1361 Abs 1 Satz 2 die zur Führung eines abgesonderten Haushalts erforderlichen Sachen aus dem gemeinschaftlichen Haushalte zum Gebrauch herausverlangen, sofern diese Sachen nicht für den Mann unentbehrlich sind. Auch in diesem Falle hat jedoch die Frau grundsätzlich kein Recht, hinter dem Rücken des Mannes und eigenmächtig **Sachen aus der Ehewohnung fortzuschaffen** und dem Manne auf diese Weise ohne seinen Willen den Besitz daran zu entziehen. Eine derartige Handlungsweise ist demnach rechtswidrig und kann zugleich eine Verletzung der durch die Ehe begründeten Pflichten enthalten, wenn sie sich nach den Umständen des einzelnen Falles als eine besondere Rücksichtslosigkeit oder Lieblosigkeit gegenüber dem Ehemanne darstellt (RG 31. 5. 23 IV 8/23). Das **eigenmächtige Ausräumen der ehelichen Wohnung** durch die Frau ohne Kenntnis und gegen den Willen des (auf See befindlichen) Ehemanns kann je nach den Umständen eine schwere Eheverfehlung darstellen (RG 13. 12. 26 IV 555/26). Die Einleitung des Scheidungsverfahrens seitens der Frau überhebt sie grundsätzlich nicht ihrer Hausfrauenpflichten, solange sie mit dem Manne die häusliche Gemeinschaft teilt (RG 9. 3. 11 IV 191/10). Die **Vernachlässigung der Hausfrauenpflichten** seitens einer Ehefrau verliert die Eigenschaft einer schweren Eheverfehlung, wenn ihr der Mann durch unwürdige Behandlung die Lust und die Kraft zur Pflichterfüllung benimmt (RG JW 1911, 589[35]). **Häusliche Mißwirtschaft der Frau** kann allerdings den Mann zum Scheidungsverlangen berechtigen, aber nur unter besonders schweren, ausdrücklich festzustellenden Umständen, namentlich wenn die Frau trotz Warnung und Einwirkung des Mannes ihre hauswirtschaftlichen Pflichten auch weiterhin böslich oder doch grob fahrlässig zu vernachlässigen fortfährt (RG LZ 17, 1052; RG 11. 6. 23 IV 782/22; RG 4. 2. 24 IV 198/23). Aber die Schutzbehauptung der Beklagten, sie sei nur infolge der andauernden Beschimpfungen des Klägers nervenleidend geworden und bedürfe einer rücksichtsvollen Behandlung, durfte nicht außer acht gelassen werden. Denn ihr Vorbringen war geeignet, die Vernachlässigung des Haushalts als minder schwere Eheverfehlung zu bewerten (RG Recht 1922 Nr 981). Die Pflicht, zur Erziehung der Töchter mitzuwirken, liegt der Frau nicht nur als Mutter, sondern auch als Gattin ob (RG JW 01, 296). Begünstigt die Frau trotz Einspruchs des Mannes einen unziemlichen Verkehr der Töchter mit jungen Männern, so macht sie sich einer schweren Eheverfehlung schuldig (RG Warn 1911 Nr 39). **Verlobung** eines Ehegatten mit einem Dritten während der Ehe gilt grundsätzlich als schwere Eheverfehlung (RG JW 1911, 983[19]). Es ist rechtlich nicht zu beanstanden, wenn das Berufungsgericht unter den obwaltenden Umständen, nach denen mit der Scheidung der Ehe wegen Ehebruchs der Klägerin als einer feststehenden Tatsache zu rechnen war, angenommen hat, daß die bloße Äußerung der Absicht des Beklagten, sich nach Scheidung seiner Ehe **anderweitig verheiraten zu wollen,** noch keine Eheverfehlung enthält. Anders verhält es sich allerdings, wenn der Beklagte vor Auflösung seiner Ehe mit der Klägerin einer andern Person gegenüber ein Eheversprechen abgegeben haben sollte. Darin müßte in jedem Falle eine Verletzung der durch die Ehe begründeten Pflichten gesehen werden (RG 12. 11. 23 IV 359/23). Ein Ehegatte, der den andern Ehegatten planmäßig der **Versuchung des Ehebruchs aussetzt,** um einen Scheidungsgrund zu erlangen, gibt selbst Anlaß zur Scheidung (RG 25. 1. 12 IV 258/11; RG Warn 1918 Nr 119). Ein Ehegatte, der während des Scheidungsverfahrens den andern Ehegatten auf den bloßen, tatsächlicher Anhaltspunkte entbehrenden Verdacht des Ehebruchs hin **durch Geheimbeamte (Detektivs) oder andere Personen beobachten** und über ihn beleidigende Erkundigungen einziehen oder beleidigende Gerüchte ausstreuen läßt, macht sich einer unerlaubten Handlung schuldig. Der andere Teil hat geeignetenfalls einen Anspruch auf Unterlassung und Schadensersatz (RG JW 1912, 1105[6]). Eine derartige unerlaubte Handlung kann auch als Eheverfehlung im Sinne des § 1568 angesehen werden. Verletzungen der durch die Ehe begründeten Pflichten können sich auch als unerlaubte Handlungen im Sinne der §§ 823, 826 darstellen und Schadensersatzpflicht nach sich ziehen (RG JW 05, 431[10]). Hat der Mann keinerlei begründeten Anhalt dafür, daß die Frau sich in ehewidrigen Verkehr mit andern Männern eingelassen habe, so wird schon in dem Beobachtenlassen durch ein Detektivbureau an sich, auch wenn hierbei unlautere oder anstößige Mittel nicht angewendet worden sind, eine Verletzung der durch das eheliche Verhältnis gebotenen Pflichten zu finden sein (RG LZ 1920, 526[6]). **Überwachung des Mannes** durch einen von der Frau betrauten Detektiv stellt sich nicht notwendig als eine schwere Eheverfehlung dar, besonders wenn der Mann durch nächtliches Fernbleiben von Hause unter geflissentlicher Verschweigung des Zweckes seiner Ausgänge und völligem geschlechtlichem Fernbleiben von der Frau den Verdacht des Ehebruchs erregt (RG Warn 1922 Nr. 124). Ein Ehemann, der seine **vermeintlichen Ansprüche** gegen seine mit ihm in Gütertrennung lebende Ehefrau gerichtlich zur Geltung bringt, macht sich dadurch nicht ohne weiteres einer Eheverfehlung schuldig. Es kommt vielmehr darauf an, ob er eine genügende Veranlassung zur Klage hatte oder doch glauben konnte, solche zu haben (RG JW 1917, 656[8]). Die **Treupflicht,** welche die Eheleute sich gegenseitig geloben, und die **Achtung,** welche sie einander schulden, verlangen, daß sie während des Bestehens der Ehe im Umgange mit Personen andern Geschlechts und ihrem Benehmen diesen gegenüber alles vermeiden, was geeignet ist, in dem einen Gatten Zweifel an der ehelichen Treue des andern zu erwecken. Gegen dieses Gebot der Ehe als der Verkörperung des höchsten Sittengesetzes verstößt ein Mann, der mit dem Dienstmädchen ein ehewidriges Verhältnis unterhält, in gröblichster Weise (RG JW 1917, 970[9]). Ein Scheidungsgrund kann darin gefunden werden, daß der Ehemann eine andere Frauensperson als seine Ehefrau in das Fremdenbuch eines Gasthofs einträgt (RG 108, 230). Unter Umständen ist das Scheidungsverlangen schon berechtigt, wenn der andere Teil

Anlaß zum Zweifel an der ehelichen Treue gibt. Denn es gehört zu den ehelichen Pflichten, dem andern Teil keinen Anlaß zum Zweifel an der ehelichen Treue des Gatten zu geben (RG JW 1927, 1193[7]). Ehewidriges Verhalten der Ehefrau ist darin zu erblicken, daß sie einen Untermieter, auf den, wie sie wußte, ihr Ehemann schon lange eifersüchtig war, abermals in ihre Wohnung aufnahm und **verdächtige Beziehungen** zu ihm weiterpflegte (RG Warn 1926 Nr 215). Dagegen ist das Scheidungsverlangen des Mannes unbegründet, wenn er die Besuche der Frau bei ihrem früheren Liebhaber selbst veranlaßt hat (RG Warn 1927 Nr 14). Über anstößiges, den Verdacht des Ehebruchs erweckendes Verhalten eines Ehegatten als Scheidungsgrund vgl. auch § 1565 A 1. Einer schweren Pflichtverletzung macht sich eine Frau schuldig, die das aufrichtige und ernste Verlangen ihres mit der Scheidungsklage rechtskräftig abgewiesenen Mannes nach Wiedervereinigung unbeachtet läßt. Ihr Verhalten kann unter Heranziehung früherer Verfehlungen zur Unterstützung gemäß § 1573 als Grundlage der Scheidung dienen (RG Warn 1918 Nr 33). Durchführung der (in Deutschland nicht anerkannten) Scheidung vor einem amerikanischen Gerichte seitens einer in Deutschland wohnenden, sich in Amerika besuchsweise aufhaltenden Frau kann von dem Manne (einem Deutschen) als schwere Verletzung der durch die Ehe begründeten Pflichten angesprochen werden (RG JW 1906, 167[13]). **Keine Eheverfehlung** liegt darin, daß der Ehegatte im Scheidungsprozeß tatsächliche **Behauptungen des Gegners bestreitet,** die sich durch die Beweisaufnahme als zutreffend erweisen. Es handelt sich dabei lediglich um Verteidigungsmaßnahmen. Eine Verpflichtung des Ehegatten, ihm ungünstige, aber richtige Tatsachen zuzugestehen oder doch unbestritten zu lassen, läßt sich aus dem sittlichen Wesen der Ehe nicht herleiten (RG 5. 12. 15 IV 231/15).

4. Ehrloses oder unsittliches Verhalten eines Ehegatten ist, wenn es auch keine unmittelbare Verletzung der durch die Ehe begründeten Pflichten enthält, doch mit dem Wesen der Ehe unvereinbar. **Verbrechen und Vergehen** können sich als ehrloses oder unsittliches Verhalten darstellen. Entscheidend ist nicht die Tatsache der Bestrafung des Ehegatten, sondern die Tatsache der Begehung einer strafwürdigen Handlung (RG JW 1912, 871[31]). Strafgerichtliche Urteile haben für das Ehegericht keine bindende Kraft (§ 14 Abs 2 Nr 1 EG.ZPO). Ist die strafbare Handlung vor der Eingehung der Ehe begangen, so kann, auch wenn die strafgerichtliche Verurteilung erst nach der Eingehung der Ehe erfolgt, der § 1568 nicht angewendet werden. Dagegen kann in solchem Falle der Anfechtungsgrund des Irrtums oder der arglistigen Täuschung (§§ 1333, 1334) in Frage kommen (RG 51, 340; RG 22. 3. 23 IV 399/22). Keineswegs braucht ein Verhalten, um unsittlich zu sein, auf Erregung oder Befriedigung des Geschlechtstriebs abzuzielen, also unzüchtig zu sein, wenn es nur sonst den herrschenden Sittlichkeitsbegriffen widerstreitet (RG Warn 1914 Nr 86, der Mann hatte vor dem Dienstmädchen seinen Unterleib entblößt). **Unsittliches,** die Scheidung rechtfertigendes Verhalten des Mannes liegt vor, wenn dieser die Frau wiederholt vor Ausführung des Beischlafs trotz ihres Widerstrebens einer entwürdigenden, schmerzhaften, Ekel und Abscheu erregenden Behandlung unterwirft (RG Warn 1926 Nr 160). **Beharrliche Trunksucht** eines Ehegatten kann als ehrloses oder unsittliches Verhalten aufgefaßt werden (RG JW 02, 71; 02 Beil 248[150]; 1911, 369[27]). Unverbesserliche Trunksucht wird nicht vorausgesetzt (RG JW 04, 473[13]; RG Warn 1915 Nr 241). Nicht erforderlich ist, daß der Zustand der beharrlichen Trunksucht noch zur Zeit der Geltendmachung dieses Scheidungsgrundes fortbesteht (RG JW 06, 140[13]). Dagegen kann die nachträglich eingetretene Besserung oder Heilung den Schluß rechtfertigen, daß die Trunksucht keine beharrliche gewesen sei (RG JW 02 Beil 248[150]). Die Verantwortlichkeit des trunksüchtigen Ehegatten wird durch die infolge übermäßigen Trinkens eintretende Geistesschwäche nicht beseitigt (RG JW 06, 140[13]). Ein Ehegatte ist trunksüchtig, wenn sein Hang zu übermäßigem Trinken in dem Grade krankhaft geworden ist, daß er die Kraft verloren hat, dem Anreize zum übermäßigen Genusse geistiger Getränke zu widerstehen (RG JW 02 Beil 280[230]; RG Gruch 57, 410). Ein unsittliches Verhalten eines Ehegatten, der sich dem Trunke hingibt, kann auch angenommen werden, **ohne daß** Trunksucht im Sinne des § 6 vorliegt (RG Warn 1910 Nr 124; RG 28. 1. 15 IV 531/14). Nicht schon **wiederholte Trunkenheit** ist mit rechtlicher Notwendigkeit als eine schwere Eheverfehlung anzusehen; regelmäßig wird eine solche (auch wenn keine Trunksucht im Sinne des § 6 vorliegt) erst beim Nachweis einer einigermaßen stetig gewordenen Hingabe an übermäßigen Genuß geistiger Getränke für vorliegend erachtet werden können, wobei es wesentlich auf die Gestaltung des Einzelfalles ankommen wird (RG 6. 12. 23 IV 821/22). Anderseits bedarf, wenn ein unwiderstehlicher Hang besteht, die Frage des Verschuldens besonderer Prüfung (RG 68, 124; RG Warn 08 Nr 160; 1910 Nr 124). Ist das Trinken ein auf erbliche Belastung zurückzuführender Krankheitszustand, so läßt sich eine schwere Eheverfehlung nicht feststellen (RG JW 1914, 592[9]). Eingetretene Besserung des Trinkers kann auf die Frage, ob dem andern Ehegatten die Fortsetzung der Ehe zuzumuten sei, von Einfluß sein (RG Warn 1910 Nr 124: 1915 Nr 241; 1915/16 Nr 108 u. 249; RG JW 1914, 248[9]; 1915, 446[5]; RG LZ 16, 650). Vgl. A 7.

Äußerungen eines Ehegatten über Vorkommnisse im innersten ehelichen Verkehr zu dritten Personen können, auch wenn sie der Wahrheit entsprechen, Eheverfehlungen bilden, und zwar sowohl als Beleidigung des andern Ehegatten wie auch aus dem Gesichtspunkte eines unsittlichen Verhaltens (RG 16. 1. 11 IV 72/10; RG Warn 1926 Nr 215). Die ohne jeden berechtigten Zweck und Grund erfolgende Offenbarung innerster, das Geschlechtsleben der Ehegatten betreffender Vorgänge an gänzlich unbeteiligte Dritte, hier noch dazu an einen ehemaligen Dienstboten der Parteien, ist mit der auch noch während des Scheidungsverfahrens fortbestehenden Pflicht der Ehegatten zur gegenseitigen Rücksichtnahme nicht vereinbar und kann sehr wohl geeignet sein, einen Scheidungsanspruch des andern Ehegatten aus § 1568 zu begründen (RG 8. 6. 14 IV 81/14). Eine schwere Eheverfehlung der Frau kann darin gefunden werden, daß sie einem Dritten gegenüber **schamlose Reden über den ehelichen Verkehr** der Eheleute führt. Ein jeder natürlich empfindende Mann müsse durch ein solches Verhalten seiner Frau mit Abneigung und Widerwillen gegen sie erfüllt werden (RG 14. 12. 22 IV 49/22). Hat der Kläger von dem **Abtreibungsversuche** der Beklagten gewußt und das Verhalten seiner Frau gebilligt, so hatte er sich des Rechts begeben, aus dem an sich sittlich verwerflichen Tun seiner Frau einen Vorwurf gegen sie herzuleiten und dieserhalb Scheidung zu begehren. Tat er dies gleichwohl, unter Verschweigung seines früheren Einverständnisses, so konnte darin ein Zeichen starker Lieblosigkeit und des Mangels ehelicher Gesinnung gefunden werden, zumal wenn er die Angelegenheit in gehässiger und verletzender Form zur Sprache brachte (RG 17. 2. 27 IV 497/26). Die **ehrlose Handlung** eines Ehegatten kann auch dann die Scheidung rechtfertigen, wenn die Handlung zum Vorteile beider Ehegatten dienen sollte (RG Warn 1912 Nr 435, Ansinnen eines Kaufmanns an seine Frau, die eingehenden Gelder nicht zu buchen, sondern beiseitezuschaffen). Als ehrloses oder unsittliches Verhalten können auch in Betracht kommen: die Ergreifung eines **schimpflichen Gewerbes,** die Vornahme **unzüchtiger Handlungen, Lebensnachstellung gegen nahe Verwandte des andern Ehegatten** und die **Verweigerung der kirchlichen Trauung,** wenn sie vor der Eheschließung ausdrücklich vereinbart war. In letzterer Beziehung vgl. RG 57, 256. Es ist weder ein ehrloses oder unsittliches Verhalten, noch eine Verletzung der durch die Ehe begründeten Pflichten, wenn die Frau einem vor und während der Ehe abgegebenen ehrenwörtlichen Versprechen zuwider sich weigert, lediglich aus äußeren Gründen und ohne innere Überzeugung ihren **Glauben zu wechseln** (hier zum Judentum überzutreten; RG JW 1917, 765[8] und Bem dazu von Fuchs und Kahl). Übertritt der Frau von der evangelischen Kirche zur Adventistengemeinde als Scheidungsgrund wegen mangelnden Verschuldens der Frau verneint in RG Gruch 65, 347. Zu den durch die Ehe begründeten Pflichten des andersgläubigen Ehegatten gehört es, bei der **Erziehung des Kindes in religiöser Beziehung** das gegebene Versprechen einzulösen. Ob aber die Zuwiderhandlung gegen diese Pflicht als eine schwere anzusehen ist, kann nur nach den Umständen des Falles gewürdigt werden (RG Recht 1925 Nr 459, hier verneint, weil die Zuwiderhandlung nicht auf eine ehewidrige Gesinnung, sondern auf den Wunsch der Frau, ihren Sohn religiös zu erziehen, zurückzuführen war). In einem Falle, in welchem beide Eheleute katholisch waren und keine Vereinbarung über die religiöse Erziehung der Kinder getroffen hatten, hat das Reichsgericht darin, daß der Ehemann gegen den offensichtlichen, ihm bekannten Willen seiner Ehefrau das eine Kind der evangelischen Religion zugeführt hat, eine schwere Eheverfehlung erblickt, auch wenn nicht die Absicht der Kränkung, sondern religiöse Gründe maßgebend waren. Solche Eheverfehlung begründe, wird ausgeführt, die Scheidung nach § 1568, sofern durch das Verhalten des Mannes infolge der drohenden Streitigkeiten eine ersprießliche, dem sittlichen Wesen der Ehe entsprechende Fortsetzung der ehelichen Gemeinschaft unmöglich gemacht wird (RG JW 1927, 1194[9]). Vgl. Ges über die religiöse Kindererziehung v. 15. 7. 21. Als unsittliches Verhalten im Sinne des § 1568 ist es nicht anzusehen, wenn die katholische Ehefrau entgegen der mit dem protestantischen Manne vor der Heirat getroffenen Vereinbarung, daß ihre Kinder protestantisch getauft und erzogen werden sollen, einem Kinde die katholische Taufe hat geben lassen und hierzu lediglich durch Gewissensbedenken veranlaßt worden war (RG 15. 3. 23 IV 509/22). Über anstößiges, den Verdacht des Ehebruchs erweckendes Verhalten eines Ehegatten als Scheidungsgrund vgl. § 1565 A 1.

Zustimmung und Teilnahme. Hat ein Ehegatte den Handlungen des andern Ehegatten zugestimmt, z. B. zu unzüchtigen Handlungen, oder sich der Teilnahme schuldig gemacht, z. B. an Straftaten, so entfällt der Scheidungsgrund. Vgl. A 7.

Geschlechtskrankheit. Die Tatsache, daß der Ehegatte mit einer Geschlechtskrankheit behaftet ist, bildet für sich allein keinen Scheidungsgrund (RG 16. 11. 05 IV 247/05), kann aber die Verweigerung der Geschlechtsgemeinschaft, nötigenfalls die Aufhebung der häuslichen Gemeinschaft und die Anfechtung der Ehe rechtfertigen. Vgl. § 1567 A 3, § 1353 A 3, § 1333 A 5.

5. Zerrüttung des ehelichen Verhältnisses ist gleichbedeutend mit Zerrüttung der Ehe. — Die Zerrüttung des ehelichen Verhältnisses im Sinne des § 1568 besteht darin, daß durch das schuldhafte ehewidrige Verhalten des einen Ehegatten die **eheliche Gesinnung** des andern Teils **zerstört** wird, dieser also die Verfehlungen des gegen die Ehepflichten verstoßenden Gatten als so schwere Kränkungen seiner ehelichen Rechte empfindet, daß es ihm unmöglich gemacht wird, fernerhin dem schuldigen Teile die ihm nach dem Wesen der Ehe geschuldete Liebe und Achtung entgegenzubringen. Die Annahme der ehezerrüttenden Wirkung der Verfehlungen eines Ehegatten erfordert hiernach nicht die Feststellung, daß auch die eheliche Gesinnung dieses Ehegatten erloschen sei, wird aber anderseits durch eine derartige Feststellung auch nicht ausgeschlossen. Es kommt vielmehr stets nur darauf an, in welcher Weise die Verfehlungen auf das eheliche Empfinden des andern Teils wirken (**RG** 103, 326, **RG** Recht 1924 Nr 270). Die Ehe muß so tief zerrüttet sein, daß dem andern Ehegatten die Fortsetzung der Ehe als Erfüllung einer Rechtspflicht nicht zugemutet werden kann. Diese Frage ist zunächst unabhängig davon, ob der andere Ehegatte die Fortsetzung der Ehe als eine unerträgliche Last empfindet, zu beantworten. Ihre Beantwortung ist unter Berücksichtigung der Schwere der Pflichtverletzung aus dem **Wesen der Ehe** als einer auf sittlicher Grundlage beruhenden Lebensgemeinschaft und einer über dem Willen der Eheleute stehenden Ordnung zu entnehmen. Ist hiernach dem gekränkten Ehegatten die Fortsetzung der Ehe nicht anzusinnen, so fragt es sich in zweiter Reihe, ob er **nach seinem eigenen persönlichen Empfinden** die Fortsetzung der Ehe nicht ertragen könne (**RG** JW 05, 393[13]; **RG** Warn 1915 Nr 56; 1919 Nr 177; **RG** JW 1923, 372[8]; **RG** 4. 2. 24 IV 356/23). Die Pflichtverletzung muß hiernach sowohl an sich geeignet sein, die Ehe bis zu der im § 1568 bezeichneten Tiefe zu zerrütten, als auch diese Wirkung im einzelnen Falle tatsächlich gehabt haben (**RG** JW 00 S. 518, 645, 892). Eine Handlung, die im allgemeinen geeignet ist, die eheliche Gesinnung des verletzten Ehegatten zu zerstören (hier Verwendung von Phosphorstreichhölzern bei Zubereitung der für den Mann und dessen Eltern bestimmten Speise durch die Frau) hat auch im einzelnen Falle ohne weiteres Eingehen auf den persönlichen Standpunkt des verletzten Ehegatten als dazu geeignet zu gelten, wenn nicht besondere, eine Ausnahme begründende Umstände geltend gemacht werden (**RG** 46, 154; ebenso **RG** 11. 7. 18 IV 146/18; **RG** 6. 11. 22 IV 44/22). Vermag der gekränkte Ehegatte die Verfehlungen des andern nicht als ehewidrig zu empfinden, weil ihm infolge **Geisteskrankheit** das Verständnis für das Wesen der Ehe und für die durch sie begründeten sittlichen Pflichten der Ehegatten abgeht, so ist mangels einer gesetzlichen Voraussetzung eine Scheidung aus § 1568 unmöglich. Aus § 612 Abs 2 ZPO läßt sich das Gegenteil nicht herleiten. Dort ist die Entschließung, ob von einem für den geschäftsunfähigen Ehegatten bestehenden Scheidungsrechte Gebrauch gemacht werden soll, dem gesetzlichen Vertreter vorbehaltlich der Genehmigung des Vormundschaftsgerichts übertragen worden, aber die Frage nach dem Bestehen eines Scheidungsrechts kann nur auf Grund der Vorschriften des BGB durch den Richter entschieden werden. Die Zerstörung der ehelichen Gesinnung des schuldlosen Ehegatten ist ein innerer, jeder Vertretung unzugänglicher Seelenvorgang (**RG** 85, 11). Die **Verneinung einer ehezerrüttenden Wirkung** kann nur erfolgen, wenn bei dem betroffenen Ehegatten ein so großer Mangel an Verständnis für das Wesen der Ehe und der durch sie begründeten gegenseitigen Rechte und Pflichten der Ehegatten besteht, daß anzunehmen ist, er habe die Verfehlungen des andern Teiles überhaupt nicht als Kränkung seiner ehelichen Rechte empfunden, sie seien mithin völlig einflußlos auf sein Empfinden geblieben (**RG** Recht 1924 Nr 270). Rechtlich zu mißbilligen ist die Anschauung, die Parteien gehörten vermöge der Beschäftigung des Mannes als einfacher Ackerknecht und Schafhirt einer **Volksschicht** an, die an Eigentumsvergehen, insbesondere an Straßenraub **keinen besonderen Anstoß nähme**; daher könne die Frau die Bestrafung des Mannes wegen Straßenraubes nicht als ehezerrüttend empfinden (**RG** JW 1916, 1192[11]). Jeglicher Berechtigung entbehrt die Erwägung, daß man es im bäuerlichen Stande mit der ehelichen Treue weniger genau nehme als in anderen Ständen. Ob die Frau eines Ackermanns das Unrecht (Ehebruchsversuch) ihres Mannes als ehezerrüttend empfinde, entscheidet sich nach ihrer persönlichen Auffassung (**RG** 23. 4. 17 IV 37/17). Wiederholte Versuche des Ehemanns (hier eines Kutschers), andere Frauen zum Geschlechtsverkehre mit ihm zu bestimmen, werden erfahrungsgemäß auch in gesellschaftlich tiefer stehenden Volkskreisen als eine erhebliche Verletzung der Treupflicht gegenüber der Ehefrau empfunden (**RG** Gruch 64, 232). Gemißbilligt mußte die Meinung werden, daß der Beklagte den Vorwurf, er habe ein Hurenhaus besucht und Ehebruch getrieben, schon nach seinem **Bildungsgrad** und seiner **sozialen Stellung** als Maurer nicht als eine seine eheliche Gesinnung zerrüttende schwere Eheverfehlung seiner Frau empfunden haben werde (**RG** 4. 2. 24 IV 356/23). Die Mitschuldigerklärung der Frau wegen ehewidrigen Verkehrs mit einem andern Manne wurde in einem Falle zurückgewiesen, weil der Ehemann ein **gleichgeschlechtliches Verhältnis** mit dem andern Manne unterhielt, dieses Verhältnis höher als die Ehe mit der Klägerin stellte und ihren ehewidrigen Verkehr nicht als ehezerrüttend empfand (**RG** Warn

1920 Nr 115). Die Annahme, daß der Mann das Liebesverhältnis der Frau mit einem andern Manne nicht als ehezerrüttend empfindet, liegt nahe, wenn er selbst Ehebruch treibt und sich von der Frau trotz seiner Kenntnis von ihrem Liebesverhältnisse nicht trennt, um so mehr, wenn er selbst nicht behauptet, das Liebesverhältnis seiner Frau als ehezerrüttend empfunden zu haben (RG LZ 1920, 338[4]). Es genügt nicht, daß Tatsachen vorliegen, die nach dem gewöhnlichen Gange der Dinge geeignet sind, den Erfolg der Ehezerrüttung eintreten zu lassen. Die rein begriffsmäßige Möglichkeit, daß ein ehewidriges Verhalten des einen Ehegatten die eheliche Zuneigung des andern Teiles gänzlich vernichten kann, erfüllt die Scheidungsvoraussetzungen des § 1568 noch nicht. Die in einer solchen völligen Entfremdung bestehende Ehezerrüttung muß vielmehr in dem ehewidrigen Verhalten tatsächlich ihren Grund haben und nicht etwa in einer eigenwilligen Laune des klagenden Ehegatten oder in einer ehewidrigen Einwirkung von dritter Seite oder in andern, wenn auch nicht ersichtlichen, Umständen (RG Recht 1915 Nr 895). Darauf, ob die Ehe **„unheilbar"** zerrüttet ist, stellt das Gesetz nicht ab. — Zu beanstanden ist die Meinung, daß eine Zerrüttung im Sinne des § 1568 nur dann vorliege, wenn auch die Möglichkeit einer Aussöhnung der Ehegatten endgültig ausgeschlossen sei (RG JW 1908, 42[17]; RG 19. 12. 12 IV 558/12; 21. 1. 15 IV 497/14). Der Tatbestand des § 1568 erfordert nicht, daß sich der schuldige Ehegatte der Möglichkeit einer ehezerrüttenden Wirkung seines Verhaltens auf den andern Teil **bewußt** gewesen ist oder auch nur hätte bei gehöriger Überlegung bewußt werden müssen (RG 16. 12. 15 IV 226/15; RG 14. 2. 21 IV 452/20). Vgl. auch A 6. Der Umstand, daß die **Ehe bereits zerrüttet war,** als die Pflichtverletzung begangen wurde, schließt deren Verwertung als Scheidungsgrund nicht aus, denn es genügt, wenn die Pflichtverletzung dazu beigetragen hat, die bestehende Zerrüttung zu vertiefen, zu befestigen oder in ihrem Fortbestande zu sichern, und so die einer Aussöhnung entgegenstehenden Hindernisse zu vermehren (RG JW 02 Beil 242[130]; RG 21. 9. 05 IV 139/05; RG 75, 213; RG Warn 1913 Nr 295; 1915 Nr 88; 1915/16 Nr 308; 1917 Nr 20; RG LZ 1920, 236[6]). Die Möglichkeit daß weitere Eheverfehlungen dazu beitragen, das eheliche Verhältnis immer tiefer und tiefer zu zerrütten, es also noch ärger als bisher zu gestalten, ist stets gegeben (RG 28. 9. 14 IV 206/14). Auch der Ehegatte, dessen eheliche Gesinnung durch die Schuld des andern Teils bereits zerstört ist, kann nun seinerseits durch eigene Verfehlungen die eheliche Gesinnung des andern Ehegatten vernichten oder ihm doch wenigstens die **pflichtgemäße Rückkehr zur rechten ehelichen Gesinnung erschweren** (RG 103, 327; RG 4. 2. 24 IV 356/23). Solange das Band der Ehe noch nicht gelöst ist, bestehen die durch die Ehe begründeten Pflichten eines jeden Teils fort. Mag auch der Beklagte durch sein ehebrecherisches und auch sonst ehewidriges Verhalten der Klägerin allen Anlaß zur Erhebung der Ehescheidungsklage gegeben haben, so berechtigt dies die Klägerin doch nicht, wenn auch nach tatsächlicher Trennung von ihrem Manne, aber noch vor Scheidung der Ehe nun ihrerseits ein Liebesverhältnis einzugehen und sich dabei derartig unzüchtig zu benehmen und soweit zu vergessen, wie sie es nach den Ausführungen des angefochtenen Urteils getan hat. Sie hat dadurch die **Zerrüttung noch vertieft** und dem Beklagten kann die Fortsetzung der Ehe nicht zugemutet werden (RG Warn 1927 Nr 15). Die Annahme einer ehezerrüttenden Wirkung wird nicht dadurch ausgeschlossen, daß der verletzte Ehegatte zu der Zeit, als das ehewidrige Verhalten des andern Teiles stattfand oder zu seiner Kenntnis kam, **nicht mehr von der rechten ehelichen Gesinnung erfüllt** war. Denn in solchen Fällen werden die Verfehlungen des andern Ehegatten der Regel nach die Wirkung haben, daß dadurch dem gekränkten Teile die Wiedererlangung der rechten ehelichen Gesinnung, um die er sich bei mangelndem Verschulden des andern Gatten an deren Verlust zu bemühen verpflichtet ist, nach seinem Empfinden erschwert oder unmöglich gemacht und somit die bereits bestehende Zerrüttung befestigt oder vertieft wird. Eine derartige Wirkung könnte nur verneint werden, wenn bei dem gekränkten Ehegatten so wenig Verständnis für das Wesen der Ehe und die gegenseitigen Rechte und Pflichten der Ehegatten besteht, daß anzunehmen ist, er empfinde die Verfehlungen des andern Teiles überhaupt nicht als Kränkungen seiner ehelichen Rechte. Die Frage, ob eine nach erfolgter Entzweiung der Eheleute vorfallende Verfehlung eines von ihnen ein Hindernis für eine Wiederversöhnung bildet, kann nur nach der Wirkung dieser Verfehlung auf das Empfinden des andern Teiles beantwortet werden. Von **einer Unmöglichkeit einer künftigen Wiederversöhnung** entzweiter Ehegatten kann nicht wohl gesprochen werden, da diese lediglich von dem Empfindungsleben der Ehegatten abhängt, dessen Wandlungsfähigkeit und künftige Gestaltung sich niemals mit vollständiger Sicherheit voraussehen läßt (RG 103, 326; RG 22. 3. 23 IV 386/22). Ob es zutrifft, daß die ehezerrüttende Wirkung des Verhaltens der Beklagten auf den Kläger zu verneinen ist, ist wie das Vorhandensein aller Voraussetzungen des § 1568 nach der Sachlage zur Zeit der letzten vor dem Tatrichter stattfindenden mündlichen Verhandlung zu entscheiden (RG Warn 1910 Nr 124; 1913 Nr 295; 1914 Nr 298; RG JW 1920, 141[7]; RG 28. 5. 23 IV 473/22; RG 26. 11. 23 IV 884/22). Auch eine ohne besondere Zuneigung geschlossene Ehe kann im Sinne des § 1568 zerrüttet werden (RG 29. 10. 14 IV 422/14). Der

Ehegatte erlangt dadurch, daß die Ehe bereits durch Schuld des andern Ehegatten zerrüttet ist, **keinen Freibrief** zu eigenen Verfehlungen (**RG** JW 00, 550; **RG** Warn 1915/16 Nr 308). Auf die Tatsache der Zerrüttung kann sich derjenige Ehegatte, der die Zerrüttung durch eigenes schuldvolles Verhalten herbeigeführt hat, zur Begründung eines Scheidungsanspruchs nicht berufen (M 4, 564; **RG** 25. 2. 15 IV 578/14). Kann durch das Verhalten des Ehegatten seine eigene eheliche Gesinnung nicht zerrüttet werden, so kann man auch nicht von einer Verstärkung der Zerrüttung seiner ehelichen Gesinnung durch das Verhalten des andern Ehegatten sprechen (**RG** 27. 3. 18 IV 20/18). Rechtsirrig ist die Annahme, daß zur Zerrüttung der Ehe das beiderseitige Erlöschen der ehelichen Gesinnung gehöre. Für die Frage der Zerrüttung ist es gleichgültig, daß die eheliche Gesinnung des schuldigen Teiles noch nicht erloschen ist (**RG** 6. 3. 13 IV 545/12). Wenn die völlige **Vernichtung der ehelichen Gesinnung auch nur auf seiten eines (des unschuldigen) Teiles** eingetreten ist, so ist damit eine Ehezerrüttung im Sinne des § 1568 dargetan. Die Fortdauer der ehelichen Zuneigung des andern (schuldigen) Teiles schließt die Ehezerrüttung nicht aus (**RG** 29. 11. 15 IV 190/15; **RG** Recht 1924 Nr 270). Die Zerrüttung muß **zur Zeit der letzten mündlichen Verhandlung vor dem Berufungsgerichte** vorhanden sein (**RG** 10. 5. 09 IV 452/08; **RG** Warn 1910 Nr 124; 1913 Nr 295; **RG** JW 1916, 1192[11]; 1923, 372[8]). Es ist keineswegs notwendig, daß die Verfehlung des schuldigen Teiles bei dem unschuldigen Ehegatten sofort das Gefühl der Ehezerrüttung ausgelöst haben müsse (**RG** JW 1914, 149[11]). **Frühere Verfehlungen** können zur Zeit der letzten mündlichen Verhandlung, auf die das Urteil des Tatrichters ergeht, zur Zerrüttung beitragen, auch wenn sie früher zu einer Entfremdung der Klägerin nicht geführt hatten; das Maß desjenigen, was die Klägerin ohne Gefährdung ihrer ehelichen Gesinnung zu ertragen imstande war, konnte durch den Hinzutritt der neuen Verfehlungen zu den alten voll geworden sein. Außerdem brauchen die älteren Verfehlungen nicht für sich allein schwere zu sein, sondern erst im Zusammenhalt mit den späteren (**RG** 21. 6. 23 IV 816/22). Daß ein Vorkommnis eine ehezerrüttende Wirkung ausgeübt hat, kann das Gericht nicht feststellen, ohne daß es von dem gekränkten Eheteil geltend gemacht wird (**RG** JW. 1914, 149[12]). Ein ehewidriges Verhalten, das ehezerrüttend gewirkt hat (Trunksucht), verliert deshalb, weil es nicht bis zur letzten mündlichen Verhandlung fortgedauert hat, nicht ohne weiteres seine Bedeutung als Scheidungsgrund (**RG** JW 1915, 446[6]). Tatfrage ist es, ob eine Ehezerrüttung deshalb zu verneinen sei, weil der Scheidung begehrende Ehegatte den Hilfsantrag stellt, den andern Ehegatten zur Wiederherstellung des ehelichen Lebens zu verurteilen (**RG** JW 05, 693[17]; **RG** Warn 1911 Nr 434). Es kann nicht anerkannt werden, daß rechtsgrundsätzlich die zuvorige **Erhebung der Herstellungsklage** insoweit ein Hindernis für die Durchführung der Scheidungsklage aus § 1568 bilde, als sie von vornherein offenbare, daß der klagende Ehegatte auf sein Scheidungsrecht verzichte oder die Eheverfehlungen des andern Teiles nicht als ehezerrüttend empfinde. Der auf Herstellung klagende Ehegatte kann von der Erwägung geleitet worden sein, daß eine Wiedervereinigung der Parteien einer Scheidung vorzuziehen sei, daß aber, wenn die Wiedervereinigung durch die Weigerung des andern Teiles vereitelt werde, die Scheidung unvermeidlich werde. Mit dieser Erwägung verträgt sich vollkommen die Gesinnung, daß Scheidungstatsachen, die in Wirklichkeit als ehezerrüttend empfunden werden, aus andern Gründen für den Fall und zugunsten des Zustandekommens der Wiedervereinigung verwunden und nicht geltend gemacht werden sollen. Eines im Rechtsstreite zum Ausdrucke zu bringenden Vorbehalts der künftigen Geltendmachung der Scheidungstatsachen bedarf es nicht (**RG** JW 1911, 369[28]; **RG** Warn 1915 Nr 88). Nicht schlüssig ist die Folgerung, ein Ehegatte empfinde das Verhalten des andern Ehegatten als ehezerrüttend, weil er darauf die Scheidungsklage gegründet habe (**RG** 21. 3. 07 IV 577/06; 19. 6. 11 IV 450/10; 19. 10. 11 IV 698/10; 10. 5. 15 IV 618/14; **RG** JW 1923, 372[8]). **Verspätetes Vorbringen** einer Eheverfehlung im Rechtsstreite ist allein nicht ausreichend, den Schluß zu rechtfertigen, daß sie nicht als ehezerrüttend empfunden werde (**RG** JW 08, 42[17]; **RG** 9. 2. 11 IV 125/10; **RG** Warn 1912 Nr 311; 1913 Nr 224; 1915 Nr 291). Der Umstand, daß die Frau mehr als zwei Jahre nach der Bestrafung des Mannes mit der Erhebung der auf die Bestrafung gegründeten Scheidungsklage gewartet hat, kann für Verneinung der Ehezerrüttung nicht verwertet werden (**RG** JW 1916, 1192[11]). Aus **ernstem und nachhaltigem Streben des Mannes nach Wiedervereinigung** mit der Frau kann der Schluß gezogen werden, daß er das Verhalten der Frau nicht als ehezerrüttend empfinde und daß ihm die Fortsetzung der Ehe zugemutet werden könne (**RG** Warn 1918 Nr 59). Daraus, daß die Frau nach der ihr vom Manne widerfahrenen Mißhandlung noch monatelang mit ihm zusammengelebt hat, ist nicht zu entnehmen, daß sie das Verhalten des Mannes nicht als ehezerrüttend empfunden habe (**RG** 15. 4. 16 IV 442/15). Gar manchem Gatten, und zwar vielfach gerade dem sittlich und recht denkenden ist der **Bestand der Ehe das höhere Gut gegenüber der Scheidung,** die er ablehnt, so schwer er durch die Verfehlungen des andern Teiles gekränkt sein und so schwer er diese Kränkungen als ehezerrüttend empfinden mag. Daraus, daß der beleidigte Gatte die Fortsetzung der Ehe und die Wiedervereinigung der

Scheidung vorzieht, kann nicht geschlossen werden, daß er die Kränkungen von der Gegenseite nicht als ehezerrüttend empfinde (RG LZ 1923, 555[1]. Die hier abgelehnte Schlußfolgerung kann aber unter besonderen Umständen doch gerechtfertigt sein, so z. B. in dem oben erwähnten Falle bei RG Warn 1918 Nr 59). Das eheliche Verhältnis kann durch eine fortgesetzt ehewidrige Behandlung des einen Ehegatten durch den andern in der Weise allmählich zerrüttet werden, daß selbst wenn vorangegangene schwere Verfehlungen des Ehegatten noch nicht die Wirkung gehabt haben, dem andern Ehegatten die Fortsetzung der Ehe unerträglich zu machen, schließlich **ein verhältnismäßig leichtes Vergehen genügen** kann, den noch vorhandenen letzten Rest der ehelichen Gesinnung zum Erlöschen zu bringen (RG Warn 1911 Nr 248). Einem Ehegatten, der schwere Eheverfehlungen des andern verziehen hat, darf nicht deshalb zugemutet werden, fortan auch über leichtere Eheverfehlungen hinwegzusehen. Er darf vielmehr erwarten, daß nach der Verzeihung der andere Teil um so mehr bemüht sein wird, jede Ehewidrigkeit zu vermeiden (RG Warn 1913 Nr 425). Verfehlt ist die Ausführung, ein Ehegatte könne, weil selbst Ehebrecher, die Unsittlichkeiten des andern Teiles nicht als ehezerrüttend empfinden (RG 19. 10. 11 IV 698/10).

6. Verschulden. Wie bei den unbedingten Scheidungsgründen, außer dem der Geisteskrankheit, wird auch bei den bedingten Scheidungsgründen Verschulden vorausgesetzt. Verschulden umfaßt **Vorsatz und Fahrlässigkeit.** Die Zerrüttung oder wenigstens deren Verschärfung oder Verlängerung (A 5) muß dem Ehegatten als Schuld angerechnet werden können. — Ein Ehegatte, der im **Zustande der Bewußtlosigkeit** oder in einem die freie Willensbestimmung ausschließenden Zustande krankhafter Störung der Geistestätigkeit (§ 104 Nr 2, § 827 BGB, § 51 StGB) handelt, ist für sein Verhalten nicht verantwortlich (RG JW 04, 470[9]; RG Warn 1914 Nr 336). Beschränkung der Geschäftsfähigkeit wegen Geistesschwäche (z. B. bei Trunksucht, s. A 4) schließt die Verantwortlichkeit nicht aus (RG JW 06, 140[13]; RG 27. 5. 07 IV 507/06). **Krankheitszustände,** die nicht geeignet sind, die Verantwortlichkeit aufzuheben, können in der Richtung Bedeutung gewinnen, daß die Verfehlungen dem Ehegatten nicht mit voller Schwere anzurechnen sind (RG JW 03 Beil 27[56]; RG 7. 6. 23 IV 791/22). **Schwere Hysterie der Frau** ist geeignet, ihre Verantwortlichkeit für die im Zustande der Erregtheit, nicht bei kaltem Blute mit ruhiger Überlegung verübten Beschimpfungen des Mannes gänzlich auszuschließen (RG 14. 11. 12 IV 237/12; 16. 9. 15 IV 75/15; RG Warn 1918 Nr 34). Für die Frage, ob hohe Erregbarkeit, hysterische Veranlagung, kindisches unreifes Wesen der Frau die freie Willensbestimmnug und damit die Verantwortlichkeit für Eheverfehlungen ausschließen, kommt es auf die Umstände des einzelnen Falles an. Das Recht stellt an jeden, dessen freie Willensbestimmung nicht durch krankhafte Störung seiner Geistestätigkeit ausgeschlossen ist, die Anforderung, daß er sich soviel als möglich zusammennimmt und seiner Stimmungen Herr wird (RG Warn 1914 Nr 336; RG JW 1924, 44[3]). Ein krankhafter Zustand kann nur insoweit für ehewidriges Verhalten als Entschuldigungsgrund gelten, als er dem Ehegatten die Möglichkeit, sich zu beherrschen, raubt (RG 9. 12. 15 IV 234/15). Verschulden setzt **ursächlichen Zusammenhang** zwischen dem Verhalten des Ehegatten und der Zerrüttung der Ehe voraus. Nicht erforderlich ist, daß es der Ehegatte auf die Zerrüttung abgesehen oder deren Eintritt vorausgesehen hat oder daß er sich der Möglichkeit einer ehezerrüttenden Wirkung seines Verhaltens auf den andern Teil **bewußt** gewesen ist (RG 25. 2. 09 IV 292/08; RG Warn 1914 Nr 336; RG 17. 1. 16 IV 366/15; RG 14. 2. 21 IV 452/20; RG 12. 10. 22 IV 25/22). Das zum Tatbestande des § 1568 allerdings gehörige Verschulden besteht vielmehr im Falle ehewidrigen Verhaltens in dem Bewußtsein des Ehegatten oder in dem auf Fahrlässigkeit beruhenden Mangel des Bewußtseins, durch sein Verhalten die durch die Ehe begründeten Pflichten zu verletzen (RG 12. 10. 22 IV 25/22). Das in § 1568 vorausgesetzte Verschulden besteht — abgesehen von den Fällen eines ehrlosen oder unsittlichen Verhaltens — in dem Bewußtsein des Ehegatten oder dem auf Fahrlässigkeit beruhenden Mangel des Bewußtseins, durch sein Handeln (hier Übertritt von der evangelischen Kirche zur Adventistengemeinde und Befolgung ihrer Religionsgrundsätze) die durch die Ehe begründeten Pflichten zu verletzen (RG Gruch 65, 347). Das zu den Scheidungsgründen des § 1568 gehörige Verschulden ist zu suchen: a) wenn eine schwere Pflichtverletzung in Frage steht, in dem Bewußtsein des Ehegatten oder dem auf Fahrlässigkeit beruhenden Mangel des Bewußtseins, durch sein Handeln die durch die Ehe begründeten Pflichten zu verletzen; b) wenn ein ehrloses oder unsittliches Handeln in Frage steht, in der das Schuldmerkmal ohne weiteres in sich tragenden Ehrlosigkeit oder Unsittlichkeit des Handelns (RG 14. 2. 21 IV 452/20). Vgl. Seyffarth in GruchBeitr 66, 243. Verschulden im Sinne des § 1568 setzt voraus, daß der Ehegatte die Ehewidrigkeit seines Verhaltens kennt oder kennen muß. Ein vorsätzliches oder fahrlässiges Handeln in diesem Sinne kann auch vorliegen, wenn der Gatte sich in einem **Gewissensstreit** befindet, der ihn vor die Wahl stellt, die ihm bekannten bürgerlich-rechtlichen Ehepflichten (hier Pflicht zum ehelichen Verkehr) oder die entgegenstehenden kirchlichen Gebote zu verletzen. Der vorhandene Gewissenszwang

19*

und die unter dessen Einfluß zugunsten der kirchlichen Verpflichtungen getroffene Wahl vermögen vor der Rechtsordnung sein Verschulden noch nicht zu beseitigen. Es genügt insbesondere nicht, daß er des irrigen Glaubens war, die Erfüllung religiöser Gebote verdiene den Vorrang vor der Leistung bürgerlich-rechtlicher Ehepflichten, sondern es muß hinzukommen, daß dieser Irrtum entschuldbar, also nicht durch Fahrlässigkeit verursacht war (RG JW 1924, 45[5]). Vgl. auch A 5. Die Pflichtverletzung braucht keine vorsätzliche, auf die Kränkung des andern Ehegatten gerichtete zu sein. Auch ein liebloses Verhalten, das seine Spitze nicht gerade in erster Linie gegen den andern Ehegatten, sondern z. B. gegen die Kinder richtet (der Ehemann beteiligte sich am Begräbnistage des gemeinschaftlichen Kindes an einem öffentlichen Tanze), kann eine schwere Verfehlung gegenüber dem andern Ehegatten enthalten (RG Warn 1918 Nr 326). Es muß als völlig ausgeschlossen gelten, daß ein Mann die eheliche Lebensgemeinschaft im Sinne einer sittlichen Lebensgemeinschaft mit einer Frau fortzuführen vermöchte, die sich für berechtigt ansieht, jederzeit, auch ohne besonderem Anlaß, ihn gegenüber Außenstehenden des Mordes am eigenen Kinde zu bezichtigen. Der bloße **gute Glaube** kann zur Rechtfertigung solchen Verhaltens nicht ausreichen (RG 25. 11. 15 IV 191/15). Der gute Glaube eines Ehegatten an die Zulässigkeit seines Tuns allein genügt nicht, um ein Verschulden im Sinne des § 1568 auszuschließen. Der gute Glaube kann ihn nicht schützen, wenn er auf **Fahrlässigkeit** beruht (RG 8. 11. 22 IV 115/22). Die Tatsache allein, daß die Behauptung der Klägerin, der Beklagte habe mit seiner Schwester geschlechtlich verkehrt, beweislos geblieben ist, reicht zur Annahme einer schweren Eheverfehlung der Klägerin nicht aus. Ihr guter Glaube an die Richtigkeit ihrer Behauptung würde ihr Verschulden ausschließen, sofern sie nicht in hohem Grade leichtfertig vorgegangen ist. Nach ihrer Angabe soll der Beklagte selbst ihr davon erzählt haben. Trifft das zu, so durfte sie ihre Behauptung für wahr halten. Dann aber war es Sache des Beklagten, die Unrichtigkeit dieser Angabe zu beweisen, sofern nicht nach den Umständen des Falles eine Umkehrung der Beweislast einzutreten hat (RG SeuffA 81 Nr 29). Haben sich beide Ehegatten Verfehlungen zuschulden kommen lassen, so kann jeder von ihnen Scheidung verlangen. **Gegenseitige Aufrechnung findet nicht statt** (RG 46, 159, s. A 7). Der Umstand jedoch, daß sich der klagende Ehegatte ebenfalls schuldvoll verhalten hat, kann die Annahme ausschließen, daß seine eheliche Gesinnung durch das Verhalten des andern Ehegatten zerstört worden sei (RG 46, 163; JW 00, 602; RG 15. 11. 06 IV 160/06; 2. 10. 19 IV 223/19). Unrichtig ist die Annahme, daß ein ursächlicher Zusammenhang der Verfehlungen eines Ehegatten mit der Zerrüttung nicht bestehen könne, wenn sie durch Verfehlungen des andern Ehegatten hervorgerufen worden sind (vgl. A 2). So kann z. B. ein Ehegatte, der sich einer groben Mißhandlung des andern Ehegatten schuldig gemacht hat, als alleiniger Urheber der Zerrüttung angesehen werden, auch wenn er zu der Mißhandlung durch Schimpfworte des andern Ehegatten herausgefordert wurde. — Es ist anerkannten Rechtes, daß infolge von Verfehlungen des einen Teiles die Verfehlungen des andern Teiles in **milderem Lichte** erscheinen können, ohne daß deshalb von einer Aufrechnung gesprochen werden darf (RG JW 09, 150[16]; RG Recht 1924 Nr 647). Andrerseits kann eine Mißhandlung mit Rücksicht auf eine unmittelbar vorausgegangene, kränkende Äußerung des mißhandelten Ehegatten als entschuldigt gelten (RG JW 07, 142[24]). Als Umstände, die das Verhalten eines Ehegatten in einem mildern Lichte erscheinen lassen, kommen keineswegs bloß Eheverfehlungen des andern Ehegatten in Betracht. Auch nicht ehewidriges Verhalten des andern Ehegatten, ja selbst Tatsachen, für deren Eintritt er nicht verantwortlich gemacht werden kann, sogar rein zufällige Ereignisse können diese Wirkung je nach der Sachlage haben. Daher kann z. B. hochgradige Reizbarkeit der Frau als Entschuldigungsgrund auch dann verwertet werden, wenn sie ihre Ursache in einem schuldhaften, vor der Eheschließung liegenden Verhalten des Mannes hatte (RG JW 1915, 95[10]).

7. **Zumutung, die Ehe fortzusetzen.** Einem Ehegatten kann die Fortsetzung der Ehe als Erfüllung einer Rechtspflicht dann nicht zugemutet werden, wenn anzunehmen ist, daß seine eheliche Gesinnung durch die Pflichtverletzung des andern Ehegatten völlig und unwiederbringlich zerstört worden ist, er also die Fortsetzung der Ehe nur als eine unerträgliche Last empfinden würde. Diese Voraussetzung muß sich sowohl allgemein aus dem Wesen der Ehe (A 5) als auch im Einzelfall aus dem persönlichen Empfinden des Ehegatten ergeben (RG JW 05 S. 496[24], 693[18]). Die Frage, ob dem Ehegatten die Fortsetzung der Ehe zuzumuten sei, ist nicht allein unter dem persönlichen Gesichtspunkte, ob er nach seiner Anschauungsweise die Fortsetzung der Ehe als unerträgliche Last empfinden würde, zu prüfen, sondern auch unter Anlegung eines unpersönlichen Maßstabes, der dem Wesen der Ehe als einer auf sittlicher Grundlage beruhenden Lebensgemeinschaft und einer über dem Willen der Ehegatten stehenden Ordnung zu entnehmen ist (RG Warn 1915 Nr 56; 1920 Nr 166; 1926 Nr 91; RG 4. 12. 16 IV 300/16). Dabei ist auf das **eigene Verhalten des gekränkten Ehegatten Rücksicht zu nehmen,** und eine ihm zur Last fallende Ehewidrigkeit gegenüber den ihm zugefügten Kränkungen **abzuwägen** (RG Warn 1915 Nr 56 u. 88; 1918 Nr 228; 1920 Nr 168; RG LZ 1920,

236[6]). Vgl. SeuffA 77 Nr 4; **RG** Recht 1922 Nr 979; **RG** JW 1923, 372[8]). Die von früheren Rechten zugelassene, vom BGB aber nicht gestattete Aufrechnung führte zur gegenseitigen Aufhebung zweier Eheverfehlungen. Nach § 1568 aber handelt es sich um die Feststellung, daß ein Tatbestandsmerkmal fehlt, wenn dem verletzten Ehegatten die Fortsetzung der Ehe zugemutet werden kann (**RG** 26. 10. 14 IV 260/14). Rechtlich ist die Zumutungsfrage nicht bloß nach dem **persönlichen Empfinden** der Ehegatten zu prüfen, sondern auch nach der Richtschnur der im **Wesen der Ehe** begründeten sittlichen Gebote. Wer selber aus völligem Mangel an ehelicher Gesinnung die durch die Ehe gebotenen Pflichten schwer verletzt, wird sich in der Regel dem andern, die Scheidung begehrenden Gatten gegenüber nicht darauf berufen können, daß diesem gleichwohl die Fortsetzung der Ehe zuzumuten sei (**RG** JW 1918, 171[7] und daselbst Neubecker, der aber zu weit geht, wenn er in der Berücksichtigung des eigenen Verhaltens und Empfindens des verletzten Ehegatten bei der Zumutungsfrage die Wiedereinführung einer Art Aufrechnung durch ein Hintertürchen erblickt). Eine **Aufrechnung von Scheidungsgründen** ist dem BGB fremd (Gruch 63, 230, 331). Eine Handlung, die im allgemeinen geeignet ist, die eheliche Gesinnung des verletzten Ehegatten zu zerstören (z. B. der Versuch, dem Manne und seinen Eltern Gift beizubringen, um sie an der Gesundheit zu schädigen), ist es auch im Streitfalle, wenn nicht besondere, eine Ausnahme begründende Umstände geltend gemacht werden (**RG** 46, 154). Ein Mann, der sich dazu hinreißen läßt, seine ihm ihrer Herkunft und Bildung nach ebenbürtige Gattin wiederholt grob zu mißhandeln, zu beschimpfen und zu demütigen, ist, wenn sie in der durch sein Verhalten hervorgerufenen Entfremdung verletzende Äußerungen macht, der Zumutung, die Ehe fortzusetzen, nicht überhoben. Vielmehr geziemt es ihm, sein Verhalten von Grund aus zu ändern und die durch ihn verscherzte eheliche Gesinnung der Frau wiederzugewinnen zu suchen (**RG** JW 1910, 21[32]; **RG** 2. 2. 11 IV 88/10; 25. 3. 11 IV 365/10; 9. 12. 15 IV 234/15). Hat der Mann durch sein in hohem Maße ehewidriges Verhalten den Grund zu den an sich schweren Verfehlungen der Frau gelegt und sind diese Verfehlungen nicht einer darüber hinausgehenden feindlichen Gesinnung der Frau entsprungen, so ist es zunächst Pflicht des Mannes, durch sein Verhalten **auf die Wiedergewinnung der ehelichen Gesinnung der Frau hinzuwirken.** Andernfalls ist ihm zuzumuten, die Ehe mit der Frau fortzusetzen (**RG** 29. 6. 14 IV 120/14; **RG** Recht 1922 Nr 978). Solange der Mann sich seiner Frau und seinen Kindern gegenüber der Unterhaltspflicht entzieht, ist er trotz der groben Briefe, die seine Frau aus Angst und Sorge um den Unterhalt der Familie an ihn schreibt, der Zumutung nicht überhoben, die Ehe fortzusetzen (**RG** 13. 3. 11 IV 230/10). Dem Manne, dessen Verhalten den **Verdacht des Ehebruchs** erweckt, ist trotz der dadurch hervorgerufenen gehässigen Redensarten der Frau die Fortsetzung der Ehe zuzumuten (**RG** 25. 9. 11 IV 672/10, zum Teil abgedruckt JW 1911, 944[11]; **RG** 19. 6. 11 IV 450/10). Ein Mann, der die Frau dauernd schlecht behandelt, ist, wenn sie im Unwillen darüber herzlose und beleidigende Äußerungen macht, der Zumutung nicht überhoben, die Ehe fortzusetzen (**RG** 22. 5. 11 IV 623/10). Die Zumutung, die Ehe trotz der Verfehlungen des andern Teils fortzusetzen, ist jedenfalls dann zu stellen, wenn zwischen den beiderseitigen Verfehlungen ein gewisser Zusammenhang besteht, wenn die Verfehlungen des einen Teiles auf die des andern zurückzuführen sind (**RG** Warn 1910 Nr 24; 1912 Nr 31; 1913 Nr 18). Demjenigen Ehegatten, der sich einer gleichartigen Verfehlung wie der andere Ehegatte zuschulden kommen läßt (z. B. schamlose Äußerungen zu Dritten über den andern Ehegatten), kann die Fortsetzung der Ehe zugemutet werden (**RG** Warn 1914 Nr 60). Hat ein Ehegatte die ihm vom andern Ehegatten widerfahrene **Mißhandlung** durch eigenes schuldvolles Verhalten (wörtlichen und tätlichen Angriff) herbeigeführt, so ist er der Zumutung, die Ehe fortzusetzen, nicht überhoben (**RG** Warn 1914 Nr 87). Ähnlich **RG** Recht 1921 Nr 114 (wo dem Ehemanne, der sich des Ehebruchs schuldig gemacht hatte, die Fortsetzung der Ehe zugemutet wurde, trotzdem die Ehefrau ihm in der Erregung eine Ohrfeige gegeben hatte). Die Zumutungsfrage ist um so strenger zu prüfen, wenn der verletzte Ehegatte gleichfalls Schuld an der Zerrüttung der Ehe trägt (**RG** Warn 1915 Nr 87). Hat der die Mitschuldigerklärung der Klägerin begehrende Beklagte sich schwerer vergangen als die Klägerin, so kann die Zumutungsfrage zu seinen Ungunsten entschieden werden (**RG** Warn 1915 Nr 145 zu 2). Nicht nur, wenn ein **ursächlicher Zusammenhang** zwischen den Verfehlungen des einen Ehegatten und denjenigen des andern Ehegatten besteht, kann die Zumutung, die Ehe fortzusetzen, gestellt werden, sondern es können auch in andern Fällen die Umstände so liegen, daß an einen Ehegatten, der sich selbst schwer gegen die ehelichen Pflichten vergangen hat, die Zumutung gestellt werden kann, das ihm widerfahrene Unrecht zu verwinden und die Ehe fortzusetzen (**RG** Warn 1915/16 Nr 107; **RG** JW 1920, 141[7]; **RG** 24. 1. 27 IV 320/26). Erst die **Abwägung der beiderseitigen Verfehlungen** kann den Ausschlag für die Zumutungsfrage geben. Nicht erforderlich ist, daß die Verfehlungen des Ehegatten, dem die Fortsetzung der Ehe zugemutet wird, die Verfehlungen des andern Ehegatten geradezu hervorgerufen haben müssen. Schon ein weniger enger Zusammenhang genügt, der an sich auch dann fortwirken kann, wenn die Verfehlungen des ersteren Ehegatten inzwischen verziehen und verjährt sind. Nur müssen seine

Verfehlungen diejenigen des andern Ehegatten wenigstens soweit überwiegen, daß es ihm nach den sittlichen Anforderungen der Ehe aufzuerlegen ist, über die minder schweren Verfehlungen des andern Ehegatten hinwegzusehen und die Ehe mit ihm fortzusetzen (RG Warn 1917 Nr 21, 22, 211; 1920 Nr 166; RG 2. 10. 19 IV 223/19; RG JW 1920, 141[7]; 438[9]; RG LZ 1922, 195[5]). Das größere Gewicht der auf der einen oder der andern Seite vorgekommenen Verfehlungen hat bei der Beurteilung der Zumutungsfrage eine erhebliche, aber keine schlechthin ausschlaggebende Bedeutung. Vielmehr kommt es auf die Gesamtumstände des Falles an (RG 5. 6. 24 IV 100/24). Bei der Beantwortung der Zumutungsfrage und bei der zu diesem Zwecke erforderlichen Abwägung des beiderseitigen Verhaltens der Ehegatten muß das Gesamtverhalten jedes Ehegatten in Betracht gezogen werden (RG 23. 10. 22 IV 561/21). Es kommt namentlich auch auf die **Art der beiderseitigen Verfehlungen** an. Deshalb ist von Bedeutung, daß sich der Mann gerade gegen seine Verpflichtung zur Wahrung der ehelichen Treue grob vergangen hat. Gerade bei derartigen Verfehlungen kann dem andern Ehegatten, mag er selbst sogar Ehebruch getrieben haben, in bezug auf die Verpflichtung zur Fortsetzung der Ehe der Regel nach nicht allzuviel zugemutet werden (RG JW 1923, 984[5]; RG 9. 4. 23 IV 295/22; 23. 4. 23 IV 620/22). Die **eheliche Treupflicht** ist die vornehmste der ehelichen Pflichten und ihre Verletzung steht mit dem Wesen der Ehe in unerträglichem Widerspruch. Von diesem Standpunkt aus kann man auch einen sittlich tiefstehenden Mann (er hatte Ehebruch mit der Schwester der Klägerin begangen) an der Ehe nicht festhalten, wenn die Beziehungen seiner Frau zu einem andern Manne in solchem Maße die eheliche Treue verletzten, wie das Berufungsgericht hier festgestellt hat (RG 22. 10. 23 IV 78/23; die Klägerin hatte festgestelltermaßen mit einem andern Manne, wenn nicht ehebrecherischen, so doch mindestens ehewidrigen Verkehr gepflogen). **Fortgesetztes ehebrecherisches Treiben** des Mannes rechtfertigt die Zumutung, die Ehe fortzusetzen, auch gegenüber weitgehenden Verfehlungen des andern Teils. Dabei ist es nicht von wesentlicher Bedeutung, ob etwa in dem einen oder andern Falle einmal die Eifersucht der Frau auf unrichtigen Annahmen beruht haben sollte (RG 14. 2. 24 IV 369/23). **Eigene Verfehlungen** des klagenden Ehegatten können für den Tatbestand des § 1568 nach **drei Richtungen** erheblich sein. Sie können das ehewidrige Verhalten des beklagten Ehegatten wenigstens soweit entschuldigen, daß ihm die Eigenschaft einer **schweren** Pflichtverletzung genommen wird; sie können der Annahme entgegenstehen, daß jenes ehewidrige Verhalten von dem klagenden Ehegatten als **ehezerrüttend** empfunden worden sei; und sie können vor allem dazu führen, daß dem Ehegatten, der selbst die ehelichen Pflichten schwer verletzt hat, nach den sittlichen Anforderungen der Ehe **zuzumuten** ist, über die Verfehlungen des andern Ehegatten hinwegzusehen und die Ehe mit ihm fortzusetzen (RG SeuffA 78 Nr 90; RG 18. 10. 23 IV 230/23). Wenn sich beiderseitige Verfehlungen gegenüberstehen, so muß eine Prüfung vorgenommen werden, ob nicht dem die Scheidung verlangenden Teile die Fortsetzung der Ehe mit Rücksicht auf sein eigenes Verhalten zuzumuten sei, und nach dieser Richtung können auch solche Verfehlungen des Scheidungsklägers von Bedeutung sein, die zeitlich nach denen des Gegners liegen (RG 18. 12. 22 IV 66/22; RG 7. 6. 23 IV 791/22). Die **Aufrechnung von Scheidungsgründen,** die frühere Rechte zuließen, die aber dem BGB fremd ist, führte zur gegenseitigen Aufhebung zweier Eheverfehlungen. Durch die Nichtzulassung der Aufrechnung von Scheidungsgründen ist aber eine Feststellung dahin nicht ausgeschlossen und rechtlich durchaus möglich, daß auf seiten des Klägers eine die Scheidung aus § 1568 rechtfertigende Eheverfehlung gar nicht vorliegt, weil es wegen des eigenen Verhaltens der Beklagten (hier Ehebruch) an einem wesentlichen Tatbestandsmerkmale dieser Gesetzesvorschrift, nämlich an dem Erfordernisse fehlt, daß der Beklagten die Fortsetzung der Ehe nicht zugemutet werden kann (RG 9. 4. 23 IV 295/22). Vgl. A 2. Einem Ehegatten kann die Fortsetzung der Ehe auch dann zugemutet werden, wenn sein ehewidriges Verhalten erst **nach** der Verfehlung des andern Ehegatten begonnen hat (RG Recht 1920 Nr 3397; RG 16. 12. 26 IV 638/26). Bei der rechtlichen Abwägung der beiderseitigen Verfehlungen und der daraus zu folgernden Zumutung, die Ehe fortzusetzen, handelt es sich nicht um eine Tatfrage, sondern eine **Rechtsfrage** (RG JW 1910, 334[12]; 1914, 248[9]; RG Warn 1914 Nr 193). Das Revisionsgericht kann daher bei Verletzung dieses Rechtsgrundsatzes in die Lage kommen, ohne Zurückverweisung in der Sache selbst zu entscheiden (RG JW 1913, 379[12]; RG Warn 1915 Nr 88; 1926 Nr 91). Anderseits hängt die Beantwortung der Zumutungsfrage von den Umständen des einzelnen Falles ab, deren Feststellung und tatsächliche Würdigung Sache des Tatrichters ist. Die Zumutungsfrage ist deshalb zu einem großen Teile **zugleich Tatfrage** (RG Warn 1914 Nr 191). Demjenigen Ehegatten, der sich **schwerer als der andere** gegen die ehelichen Pflichten vergangen hat, ist die Fortsetzung der Ehe deswegen nicht stets zuzumuten; selbst dann nicht, wenn seine Verfehlungen die des andern Teiles erheblich überwiegen. Es hängt dies vielmehr von den Umständen des einzelnen Falles und von der Art der Verfehlungen ab. Danach ist zu beurteilen, ob dem Ehegatten, den das überwiegende Verschulden trifft, nach den **sittlichen**

Anforderungen der Ehe die Verpflichtung aufzuerlegen ist, über die minder schweren Verfehlungen des andern Ehegatten hinwegzusehen und die Ehe fortzusetzen. Deshalb ist die Zumutungsfrage zugleich Rechts- und zu einem großen Teile auch Tatfrage (**RG** 22. 5. 22 IV 650/21). Es läßt sich keineswegs sagen, daß dem Ehegatten, den ein überwiegendes Verschulden trifft, die Fortsetzung der Ehe stets zuzumuten sei. Ebensowenig läßt sich umgekehrt sagen, daß ein Ehegatte, dem nur eine minder schwere Eheverfehlung zur Last fällt, der Verpflichtung zur Fortsetzung der Ehe stets überhoben sei. Anzulegen ist vielmehr ein dem sittlichen Wesen der Ehe entsprechender Maßstab, bei dem es auf die **Gesamtumstände des Falles** und insbesondere auf die **Art der beiderseitigen Verfehlungen** ankommt (**RG** 9. 4. 23 IV 295/22; **RG** 15. 10. 23 IV 622/22; **RG** 21. 2. 27 IV 837/26). Eine Feststellung dahin, der Ehegatte empfinde die Fortsetzung der Ehe als unerträgliche Last, daher sei ihm die Fortsetzung nicht zuzumuten, genügt nicht (**RG** JW 05, 393[13]; **RG** Warn 1919 Nr 177). Ebensowenig genügt eine Darlegung dahin, das Verhalten des Ehegatten stelle eine schwere Pflichtverletzung dar und habe zur Zerrüttung der Ehe beigetragen, daher könne dem andern Ehegatten die Fortsetzung der Ehe nicht zugemutet werden (**RG** 23. 12. 15 IV 223/15; 10. 1. 16 IV 270/15). Hat ein Ehegatte einem Verhalten des andern **zugestimmt** (z. B. wenn der Mann einen andern Mann zu einem vertraulichen Umgange mit der Frau anstiftet), so ist der zustimmende Ehegatte der Verpflichtung zur Fortsetzung der Ehe nicht überhoben, selbst wenn sich feststellen ließe, daß durch jenes Verhalten des andern Ehegatten seine eheliche Gesinnung zerstört wäre. Das folgt aus dem Grundsatze der Bedingtheit, der alle Scheidungsgründe des § 1568 beherrscht und der es überflüssig gemacht hat, in den § 1568 eine ähnliche Bestimmung wie im § 1565 Abs 2 aufzunehmen (M 4, 596; **RG** 85, 204; **RG** Warn 1915 Nr 55 u. 143; **RG** Gruch 62, 385; **RG** Recht 1920 Nr 94 [Zustimmung der Frau zu regelwidrigem Geschlechtsverkehre]; OLG. 26, 230). Die **Zustimmung** des aus § 1568 klagenden oder widerklagenden Ehegatten zum ehewidrigen Verhalten des andern Gatten schließt den Tatbestand des § 1568 aus, und zwar regelmäßig schon deshalb, weil jenes Verhalten auf die eheliche Gesinnung des zustimmenden Ehegatten nicht zerrüttend wirken wird, und jedenfalls um deswillen, weil diesem Ehegatten zuzumuten ist, die Ehe mit dem unter seiner Zustimmung handelnden Gatten fortzusetzen (**RG** Warn 1922 Nr 73; **RG** 17. 12. 23 IV 847/22). Keinen Scheidungsgrund bildet die Meldung der Frau auf ein **Heiratsgesuch**, das der Mann durch einen andern in die Zeitung hat setzen lassen, um einen Scheidungsgrund zu erlangen. Denn ein Mann, der, um einen Scheidungsgrund zu erlangen, den Anlaß zu einer Eheverfehlung der Frau herbeiführt, wünscht diese Verfehlung. Wer aber einen gewissen Vorgang wünscht, ist notwendigerweise damit einverstanden, daß sich der Vorgang verwirklicht, er stimmt ihm zu. Kein Ehegatte kann die Ehescheidung wegen eines Verhaltens des andern Ehegatten verlangen, dem er zugestimmt hat (**RG** Warn 1922 Nr 73). Vgl. A 4 Abs 2; § 1565 A 4. Inwiefern nachträglich eingetretene Besserung oder Heilung der Trunksucht des einen Ehegatten auf die Frage von Einfluß sein kann, ob dem andern Ehegatten die Fortsetzung der Ehe zuzumuten sei, vgl. A 4. Für die Zumutungsfrage ist wie für alle Voraussetzungen des § 1568 **maßgebender Zeitpunkt die letzte mündliche Verhandlung, auf die das Urteil ergeht.** Einer Frau, die wegen der vertrauten Beziehungen ihres Mannes zu seiner Buchhalterin auf Scheidung klagt, kann die Fortsetzung der Ehe zugemutet werden, wenn der Mann zur Zeit der letzten mündlichen Verhandlung vor dem Berufungsgerichte der Buchhalterin gekündigt hatte (**RG** Warn 1914 Nr 298; **RG** 14. 1. 18 IV 351/17; **RG** JW 1923, 372[8]). Daraus, daß der Mann nachträglich die eheliche Treue verletzt, folgt keineswegs, daß Vorwürfe, die die Frau in dieser Beziehung vorher zu Unrecht erhoben hat, stets so zu beurteilen sind, daß dem Manne nunmehr die Fortsetzung der Ehe zugemutet werden muß. Auf der andern Seite ist aber auch rechtsirrig, daß es die Zumutungsfrage niemals beeinflussen könne, wenn sich der klagende Ehegatte erst nach den Verfehlungen des andern Teiles, insbesondere erst nach der Klageerhebung, in der ihm vorgeworfenen Weise gegen die eheliche Treue vergeht. Es kommt vielmehr alles auf die Umstände des einzelnen Falles an. Maßgebender Zeitpunkt für deren Beurteilung, wie für alle Voraussetzungen des § 1568 ist dabei nicht die Klageerhebung oder die Begehung der dem andern Ehegatten zur Last fallenden Pflichtverletzungen, sondern die letzte mündliche Verhandlung, auf die das Urteil ergeht (**RG** JW 1920, 141[7]; **RG** 31. 1. 24 IV 304/23). Ist einmal durch schwere Verfehlungen des einen Teiles (Beleidigungen, Beschimpfungen, Verleumdungen) eine so tiefe Zerrüttung der Ehe eingetreten, daß dem andern Teile die Fortsetzung der Ehe als unerträgliche Zumutung erscheinen muß, so kann diese Wirkung nicht hinterher wieder dadurch beseitigt werden, daß der schuldige Teil während des Scheidungsprozesses seine Verfehlungen nicht fortsetzt und sich anscheinend **gebessert** hat. Daß der Grund zur Beschwerde weggefallen sei, kann in der Regel nur dann von Bedeutung sein, wenn die Eheverfehlung in einem gewissen Dauerverhalten, wie z. B. Trunksucht, bestand, nicht aber dann, wenn durch eine oder mehrere, sich als schwere Eheverfehlungen darstellende Einzelhandlungen die Ehe zerrüttet ist. Der

Zeitpunkt des Urteilserlasses spielt bei der Beantwortung der Zumutungsfrage auch insofern eine Rolle, als unter Umständen dem klagenden Teile deshalb, weil er sich während des Prozesses einer schweren Eheverfehlung schuldig gemacht hat, angesonnen werden kann, über die zunächst als schwer zu erachtende Verfehlung des andern Teiles hinwegzusehen (RG JW 1927, 1194[8]).

8. **Grobe Mißhandlung** ist nicht gleichbedeutend mit lebens- oder gesundheitsgefährlicher Mißhandlung (RG 47, 33; vgl. auch RG JW 08 S. 42[17], 276[12]). **Leichte Tätlichkeiten** können wegen der mit der Ausübung verbundenen Schmach, Erniedrigung oder Demütigung grobe Mißhandlungen darstellen (RG JW 07, 711[20]; 04, 204[17]). Alle Mißhandlungen können dem § 1568 unterstellt werden. Die Feststellung einer groben Mißhandlung ist ebenso wie die einer schweren Verletzung der Pflichten nicht nur von der äußeren Beschaffenheit der Tat, sondern auch von dem Willen des Täters und den sonstigen Umständen abhängig (vgl. A 2). So kann z. B. eine ihrer äußeren Beschaffenheit nach grobe Mißhandlung als solche nicht erscheinen, wenn sie fahrlässig oder aus Furcht begangen ist. — Grobe Mißhandlung gilt kraft Gesetzes stets als schwere Verletzung der Pflichten und kann nicht, je nachdem der Gegner einen ihm über seine Verfehlung auferlegten Eid schwört oder nicht schwört, verschieden beurteilt werden (RG JW 09, 166[14]). Grobe Mißhandlung gilt als schwere Pflichtverletzung **ohne Unterschied des Standes und Bildungsgrades** der Ehegatten (RG JW 1911 S. 717[18], 945[12]; RG Recht 1923 Nr 1243). Dafür, ob eine grobe Mißhandlung anzunehmen, ist nicht bloß die äußere Beschaffenheit der Einwirkung auf den Körper des andern maßgebend, vielmehr können auch sonstige Umstände dafür herangezogen werden (RG 1. 6. 11 IV 514/10; 15. 1. 12 IV 231/11; RG JW 1910, 819[40]). Es ist zu prüfen, ob die Mißhandlung unter Umständen oder in einer Art und Weise begangen worden ist, die sie als eine besonders rohe, das allgemeine Rechtsempfinden schwer verletzende Ausschreitung erscheinen lassen (RG 20. 9. 12 IV 23/12; RG 27. 1. 27 IV 705/26). Für die Beurteilung, ob eine Mißhandlung als grobe anzusehen und ob demzufolge eine schwere Eheverfehlung anzunehmen ist, ist nicht bloß auf die äußere Beschaffenheit der Verletzung, sondern auch auf die sonstigen Umstände des Falles, insbesondere auf den Grad des Verschuldens, Rücksicht zu nehmen. Deshalb muß, wenn der gemißhandelte Ehegatte zuerst den andern Ehegatten (wörtlich und tätlich) angegriffen hat, diesem Umstande Rechnung getragen werden (RG Warn 1914 Nr 87). **Starke Erregung,** in der sich der Ehegatte bei Ausübung der Tätlichkeit befand, kann zu seinen Gunsten berücksichtigt werden, um so mehr dann, wenn ihm der andere Ehegatte durch böswilliges Verhalten Anlaß dazu gegeben hat (RG Warn 1914 Nr 193; RG SeuffA 74 Nr 33; RG Recht 1923 Nr 1243). Auf Berücksichtigung seiner Erregung darf der Ehegatte nur dann rechnen, wenn die Erregung durch wirkliche Verfehlungen des andern Ehegatten hervorgerufen worden ist, nicht aber, wenn die Mißhandlung begangen wurde, ohne daß sich der verletzte Ehegatte eines die Erregung rechtfertigenden Verhaltens schuldig gemacht hat (RG Recht 1924 Nr 829). Starke Erregung des Ehegatten bei Ausübung von Tätlichkeiten kann zwar zu seinen Gunsten berücksichtigt werden; es kommt aber wesentlich darauf an, worauf die Erregung zurückzuführen war, insbesondere, ob ihn der andere Ehegatte durch böswilliges Verhalten gereizt oder ihm sonst Anlaß zu seiner Heftigkeit gegeben haben sollte. Die Verantwortlichkeit für seine rohen Ausschreitungen wird dem Ehemanne mit Rücklicht darauf, daß sein vierjähriger Aufenthalt im Felde seine Nerven ungünstig beeinflußt haben mögen, nicht abgenommen. Es konnte und mußte von ihm verlangt werden, daß er seiner **leichten Erregbarkeit und Neigung zu Wutausbrüchen** mit allen inneren Kräften entgegenarbeitete und die Ehefrau nicht immer wieder tätlich angriff (RG 27. 1. 27 IV 705/26). Eine Ohrfeige, die die Frau dem Manne in äußerster sittlicher Empörung über eine schwer kränkende Äußerung des Mannes über ihren kurz zuvor verstorbenen Vater versetzt, ist auch dann kein Scheidungsgrund, wenn die Eheleute den gebildeten Kreisen angehören (RG Warn 1915/16 Nr 52). Auch andere als grobe Mißhandlungen können als schwere Eheverfehlungen angesehen werden (RG 15. 4. 16 IV 442/15). Eine derbe Ohrfeige, die der Mann der Frau gegeben, weil sie auf der Straße einen ihr bekannten Herrn zufällig getroffen und mit ihm einige Worte gewechselt hatte, kann als grobe Mißhandlung angesehen werden (RG 9. 1. 19 IV 287/18).

9. Wegen der **Aussetzung des Verfahrens** im Falle des § 1568 vgl. § 620 ZPO. Es muß ein gewisser tatsächlicher Anhalt für die Annahme gegeben sein, daß die Aussöhnung nicht ausgeschlossen sei (RG 15. 11. 06 IV 160/06). Aussetzung von Amts wegen (§ 620 ZPO) ist dann nicht geboten, wenn die Scheidungsklage nicht nur auf § 1568, sondern auch auf § 1565 gegründet ist (RG JW 1912, 46[45]). Maßgebender Zeitpunkt für das Vorhandensein sämtlicher Erfordernisse des § 1568 ist die letzte mündliche Verhandlung vor Erlaß des Urteils (RG JW 08, 42; RG 14. 5. 08 IV 478/07; RG Warn 1910 Nr 124).

10. **Beweislast.** Der Ehescheidungskläger hat den vollen Tatbestand des § 1568, einschließlich derjenigen Umstände, aus denen sich das **Verschulden** des andern Ehegatten ergibt, darzutun. Dazu genügt die Darlegung eines Sachverhalts, der bei einem geistig ge-

funden Menschen ein Verschulden ergeben würde. Lehnt der Beklagte seine Verantwortlichkeit mit der Behauptung, daß er unter dem Einflusse krankhafter Geistesstörung gehandelt habe, ab, so ist es wesentlich Frage der tatsächlichen Würdigung, ob sich nach den Umständen des einzelnen Falles Bedenken gegen die Verantwortlichkeit des Beklagten rechtfertigen lassen (RG JW 1911, 99[25]). Behauptet der Kläger Beleidigung oder Verleumdung, so ist es auch seine Sache, die Unwahrheit der behaupteten Tatsache (hier des Abtreibungsversuchs) darzutun. Keinesfalls liegt dem andern Ehegatten der Wahrheitsbeweis ob. Die im Strafrechte geltenden abweichenden Beweisregeln (§ 186 StGB) sind für das Ehescheidungsrecht nicht maßgebend (RG 7. 3. 07 IV 396/06; 24. 6. 07 IV 560/06; 16. 1. 11 IV 72/10; RG Warn 1912 Nr 114). Für Ehesachen ha weder das BGB noch die ZPO die Beweislast besonders geregelt, es gelten also auch in Ehesachen dafür die allgemeinen Grundsätze (RG Recht 1922 Nr 976). Sache des Ehegatten, der sich auf § 1568 beruft, ist es, den **Vorfall in seinem vollen Umfange klarzulegen,** also die der seinigen entgegengesetzte Darstellung des andern Ehegatten zu widerlegen (RG Warn 1913 Nr 328; 1914 Nr 219; 1915/16 Nr 52; 1917 Nr 86; RG Gruch 59, 923). Der klagende Ehegatte hat den behaupteten Scheidungsgrund auch dann zu beweisen, wenn es sich um die Unwahrheit der vom andern Teile über ihn verbreiteten beleidigenden Tatsachen (Vorwurf des Ehebruchs) handelt, es sei denn, daß das Gericht aus tatsächlichen Gründen zu einer sog. **Umkehrung der Beweislast** kommt (RG Warn 1915/16 Nr 85); RG 14. 2. 24 IV 824/22; RG SeuffA 81 Nr 29). Vgl. § 1571 A 4, § 1339 A 2. Der Ehegatte, der eine Eheverfehlung als Scheidungsgrund gemäß § 1568 geltend macht, muß grundsätzlich den Vorfall in vollem Umfange klarstellen und auch die Abwesenheit von Umständen dartun, die ein Verschulden des andern Ehegatten ausschließen oder die eine mildere Beurteilung rechtfertigen (RG 10. 1. 16 IV 270/15; RG SeuffA 74 Nr 33). Der aus § 1568 auf Scheidung klagende Ehegatte hat den vollen Tatbestand dieses Scheidungsgrundes und demgemäß auch zu beweisen, daß dem Verhalten des beklagten Teiles im gegebenen Falle die Bedeutung einer schweren Pflichtverletzung zukomme. Er muß deshalb auch die Abwesenheit der von der Gegenseite mit genügender tatsächlicher Bestimmtheit behaupteten Umstände dartun, die eine mildere Beurteilung einer an sich schweren Pflichtverletzung rechtfertigen, diese also im gegebenen Falle nicht als schwer erscheinen lassen würden (RG 7. 6. 23 IV 791/22). Wird die Scheidungsklage des Mannes darauf gegründet, daß die Frau wider besseres Wissen behauptet habe, bei einem bestimmten Vorfalle vom Manne mißhandelt worden zu sein, so genügt es, wenn die Frau den Vorfall bestimmt bezeichnet; aber Sache des Mannes ist es, zu beweisen, daß er die Frau bei dem von ihr behaupteten Vorfalle nicht mißhandelt habe (RG Recht 1920 Nr 3398). Dem Ehegatten, der Nichtgewährung des Unterhalts als Scheidungsgrund geltend macht, liegt der Beweis dieses klagebegründenden Vorbringens ob, insbesondere im Falle des Getrenntlebens der Ehegatten der Beweis für die Voraussetzungen des § 1361 (RG Warn 1915 Nr 24). Bei Vorgängen, die naturgemäß selten durch Zeugen oder Sachverständige bewiesen werden können, wie z. B. bei Behauptungen der Parteien über die Ausübung des Geschlechtsverkehrs, kommen als Beweismittel die **persönliche Vernehmung der Partei** (§ 619 ZPO) und die **Auferlegung eines richterlichen Eides** in Betracht (RG Warn 1915 Nr 289; RG Recht 1922 Nr 976). Gerade in Angelegenheiten, die das innere, sich den Wahrnehmungen Dritter oft entziehende Eheleben betreffen, wird das Gericht vielfach Anlaß haben, die Parteien persönlich zu hören und sich durch unmittelbare Befragung ein Bild von ihrem Zusammenleben zu machen. Daß dabei nicht nur die mündlichen Angaben der Partei, sondern auch ihre **schriftlichen Aufzeichnungen** Berücksichtigung finden, entspricht dem Zwecke einer solchen Beweiserhebung. Die dadurch gewonnene richterliche Überzeugung ist nicht prozeßwidrig zustande gekommen (RG SeuffA 68 Nr 47). Wer das Verhalten des andern Eheteils als Scheidungsgrund geltend machen will, dem liegt es ob, zu beweisen, daß jenem Verhalten die Bedeutung einer schweren Verfehlung im einzelnen Falle zukommt; er muß also auch die Einwände ausräumen, mit welchen der Gegner dartun will, daß das betreffende Vorkommnis milder zu beurteilen sei und ihm deshalb nicht die Bedeutung eines Scheidungsgrundes zukomme (z. B. den Einwand des Gegners, zu seiner Eheverfehlung durch Schimpfreden des andern Ehegatten gereizt worden zu sein). Den angegriffenen Teil trifft solchenfalls keine Beweislast (RG 20. 3. 19 IV 415/18). Über die Beweislast in Ehesachen hinsichtlich des Einwandes der **Notwehr** vgl. RG JW 03 Beil 54[126]. Auch dem Ehegatten gegenüber, der sich auf Notwehr beruft, muß der klagende Ehegatte das Vorhandensein einer schweren Eheverfehlung beweisen (RG 30. 10. 11 IV 102/11; RG Gruch 59, 923; RG 11. 12. 19 IV 277/19).

§ 1569

[1]) Ein Ehegatte kann auf Scheidung klagen, wenn der andere Ehegatte in Geisteskrankheit[2]) verfallen ist, die Krankheit während[3]) der Ehe min-

destens drei Jahre[4]) gedauert und einen solchen Grad[5]) erreicht hat, daß die geistige Gemeinschaft zwischen den Ehegatten aufgehoben, auch jede Aussicht auf Wiederherstellung dieser Gemeinschaft ausgeschlossen ist[6]).

E II 1464; M 4 570 ff.; P 4 423, 427.

1. Von dem Grundsatze des BGB, daß ein Ehegatte nur wegen schweren Verschuldens des andern Ehegatten die Scheidung zu verlangen berechtigt sein soll, bildet der **Scheidungsgrund der Geisteskrankheit** eine Ausnahme, und zwar die einzige (§ 1564 A 1). Der Scheidungsanspruch aus § 1569 besteht unabhängig davon, ob der andere Ehegatte die Zerrüttung seines Geistes durch eigene Schuld herbeigeführt hat. Der E I ließ Scheidung wegen Geisteskrankheit nicht zu. Zwar verkannte er nicht, daß für die Zulassung der Scheidung und Ermöglichung einer Wiederverheiratung des gesunden Ehegatten die Rücksichtnahme auf die Lage des letzteren und die Kinder spräche. Allein er hielt es — abgesehen von sittlichen Bedenken — nicht für ausführbar, diejenigen Fälle, in denen durch die Geisteskrankheit jede geistige Gemeinschaft aufgehoben werde und der geisteskranke Ehegatte daher als geistig tot zu betrachten sei, von andern Fällen zu sondern (M 4 S. 570, 571). Die 2. Kommission entschied sich jedoch für Zulassung der Scheidung wegen Geisteskrankheit und nahm eine dem § 1569 gleichlautende Bestimmung in den Entwurf auf (Prot 4, 424). — Das Erfordernis der **Aufhebung der geistigen Gemeinschaft** bringt deutlich zum Ausdruck, daß die Unmöglichkeit eines ehelichen Zusammenlebens zur Scheidung wegen Geisteskrankheit nicht genügt (**RG** 97, 340). Gegenüber dem Hinweise, daß bei Versagung der Scheidung wegen Geisteskrankheit der Kläger sich in einer harten Lage befindet, wird mit Recht erwogen, daß das Gesetz bewußterweise den **Schutz des geisteskranken Ehegatten** den Interessen des gesunden voranstellt (**RG** 98, 295).

2. Nur **Geisteskrankheit,** nicht Geistesschwäche kann als Scheidungsgrund aus § 1569 verwertet werden. Das BGB hat den Unterschied zwischen Geisteskrankheit und Geistesschwäche nicht festgesetzt. Der Begriff der Geisteskrankheit ist im § 1569 — abgesehen von Dauer und Grad — derselbe wie im § 6 (vgl. die Erl zu § 6 und **RG** 50, 207) Die Zulässigkeit der Scheidung wegen Geisteskrankheit ist von einer vorgängigen Entmündigung des geisteskranken Ehegatten nicht abhängig. Die im Entmündigungsverfahren über den Geisteszustand getroffenen Feststellungen können im Ehescheidungsstreite verwertet werden. Das Ehescheidungsgericht hat aber selbständig zu prüfen, ob Geisteskrankheit vorliegt, und es darf nach § 623 ZPO auf Scheidung wegen Geisteskrankheit nicht erkennen, bevor es einen oder mehrere Sachverständige über den Geisteszustand des Beklagten gehört hat. — Daß das gegen den geisteskranken Ehegatten eingeleitete Entmündigungsverfahren mit einer Ablehnung der Entmündigung geendet hat, schließt die Scheidung wegen Geisteskrankheit nicht aus, ebensowenig der Umstand, daß das Ehegericht den geisteskranken Ehegatten für geschäftsfähig und darum auch für prozeßfähig hält (**RG** Warn 1917 Nr 233). Die Fachausdrücke der ärztlichen Kunstsprache brauchen sich mit den Begriffsbestimmungen der Geisteskrankheit und Geistesschwäche im § 6 Nr 1 nicht zu decken, aber im Sinne des Gesetzes sind zwischen beiden Formen der regelwidrigen Geistesbeschaffenheit nur Gradunterschiede anzuerkennen (**RG** JW 05, 395[16]; **RG** Warn 1913 Nr 78). — Zur Durchführung der Scheidungsklage kann dem Beklagten gemäß § 1910 Abs 2 BGB ein Pfleger bestellt werden. — Zulässig ist auch die Bestellung eines besonderen Vertreters durch den Vorsitzenden, wenn die Voraussetzungen des § 57 ZPO vorliegen (**RG** 105, 401, unter Abweichung von **RG** JW 1894, 113[5]). Zur Scheidungswiderklage bedarf eine im Laufe des Rechtsstreits wegen Geisteskrankheit entmündigte Beklagte der Genehmigung des Vormundschaftsgerichts. Diese kann noch nachträglich im Laufe des Rechtsstreits erteilt werden (**RG** 86, 15; **RG** 27. 9. 15 IV 97/15; § 612 ZPO).

3. **Während der Ehe.** Die vor der Eheschließung liegende Krankheitszeit bleibt hier also außer Betracht. Wegen Anfechtbarkeit und Nichtigkeit der Ehe eines Geisteskranken vgl. §§ 1333, 1325.

4. **Dauer der Geisteskrankheit.** In den dreijährigen Zeitraum sind lichte Zwischenräume einzurechnen. Es genügt, wenn der dreijährige Zeitraum zur Zeit der mündlichen Verhandlung, auf die das Urteil ergeht, vollendet ist. Der vor Ablauf der drei Jahre klagende Ehegatte hat allerdings Abweisung der Klage zu gewärtigen. — Es kommt darauf an, daß sich der Ehegatte dauernd in einem einheitlichen Zustande geistiger Erkrankung befindet. Ist das der Fall, dann sind auch die Zwischenzeiten, die zwischen den Aufenthalten in verschiedenen Irrenanstalten liegen, in den dreijährigen Zeitraum miteinzurechnen (**RG** Warn 1917 Nr 233).

5. **Grad der Geisteskrankheit.** Die völlige Lebensgemeinschaft, zu der sich Mann und Frau durch die Eheschließung verbinden, umfaßt auch die geistige Gemeinschaft, zu der sie als geistig veranlagte Geschöpfe fähig sind. Die geistige Gemeinschaft unter Ehegatten äußert sich in der mehr oder minder regen Teilnahme an dem, was das geistige Leben der Ehegatten erfüllt, also namentlich in der Teilnahme an dem körperlichen und geistigen Wohle des andern Ehegatten und der gemeinsamen Kinder, sowie an sonstigen Familienangelegenheiten. Die

geistige Gemeinschaft kann sich auch auf den Beruf erstrecken, z. B. bei einem Künstlerehepaare, und wird überhaupt je nach den Verhältnissen eine tiefgehende oder oberflächliche sein. Ist aber ein Ehegatte infolge von Geisteskrankheit zu einer geistigen Gemeinschaft mit dem andern Ehegatten unfähig geworden, so ist die geistige Gemeinschaft aufgehoben. — **Die Anteilnahme des geisteskranken Ehegatten** (an den gemeinsamen Angelegenheiten der Familie) darf nicht lediglich eine innerliche, sich auf bloße Gefühlsäußerungen beschränkende sein, sondern muß sich durch Handlungen, die sich als Ausfluß des gemeinsamen Denkens und Fühlens der Ehegatten darstellen, lebendig betätigen, wenn daraus auf das Bestehen der geistigen Gemeinschaft geschlossen werden soll (**RG** JW 1915, 784[4]). Die dem geisteskranken Ehegatten verbliebene Befähigung, der Familie eine gewisse, zumal nur äußere Fürsorge zuzuwenden, schließt allerdings die Annahme einer Aufhebung der geistigen Gemeinschaft nicht aus. Allein dieses innere Zerfallen der Ehe entspricht nur dann den Anforderungen des § 1569, wenn es seine Ursache gerade in der Geisteskrankheit des Ehegatten hat. Der gesunde Ehegatte hat bei der Gestaltung des Ehelebens auf das Leiden des andern Rücksicht zu nehmen, und nur dann, wenn sich trotzdem in dem Geisteszustande des Erkrankten ein unüberwindliches Hindernis gemeinsamen Denkens und Empfindens entgegenstellt, beruht eine völlige innere Entfremdung auf dieser geistigen Erkrankung (**RG** Warn 1917 Nr 23). **Völlige Verblödung** wie in den Fällen des sog. geistigen Todes wird nicht verlangt. Das Fortbestehen der ehelichen Gemeinschaft wird nicht damit dargetan, daß der Ehegatte noch weiß, er stehe mit dem andern Ehegatten in der Ehe (**RG** JW 05, 395[17]; vgl. auch **RG** JW 01, 297; 02 Beil 244[133]; 03 Beil 28[57]; 1915, 784[4]; **RG** Warn 1913 Nr 370). Auch Eheleute, deren geistige Gemeinschaft eine nur oberflächliche ist, werden mindestens durch die gemeinsame Sorge für das Wohl der Familie einander geistig näher geführt. Hört aber sogar auf diesem Gebiete das gemeinsame Denken und Fühlen der Ehegatten auf, so gebricht es selbst an einem Mindestmaße geistiger Gemeinschaft (**RG** 1. 4. 09 IV 434/08). Eine geistige Gemeinschaft zwischen den Eheleuten besteht nicht mehr, wenn dem klagenden Ehegatten in der krankhaften Geistesverfassung des andern Teiles ein unüberwindliches Hindernis der Vereinigung zu gemeinsamem, dem Wesen der Ehe entsprechenden Denken, Empfinden und darauf beruhenden Handeln entgegensteht (**RG** Warn 1917 Nr 233). **Wahnvorstellungen** der Frau, ihre Kinder seien besessen und ihr Mann peinigte sie und treibe fortgesetzt Ehebruch, sind geeignet, die geistige Gemeinschaft aufzuheben (**RG** 16. 2. 11 IV 132/10, zum Teil abgedruckt JW 1911, 370[29]). Aufhebung der geistigen Gemeinschaft wird nicht schon um deswillen verneint, weil die Beklagte noch Interesse für ihre Familie, insbesondere den Kläger, und Verständnis für die Sicherung der Zukunft ihrer Kinder habe, auch die Möglichkeit vorliege, daß die Ehegatten auf brieflichem Wege einen regelmäßigen Gedankenaustausch führen. Denn infolge der Wahnvorstellungen der Beklagten, ihr Ehemann verletze andauernd die eheliche Treue und habe es auf ihr Vermögen abgesehen, und die Kinder steckten mit dem Vater unter einer Decke, könne eine geistige Gemeinschaft auch auf brieflichem Wege nicht hergestellt werden. Ein **Briefwechsel,** in dem der eine Briefschreiber lediglich den gegen den andern gerichteten Wahnvorstellungen Ausdruck gibt, kann als ein Ausdruck einer geistigen Gemeinschaft zwischen dem Schreiber und dem Empfänger nicht gelten. Dasselbe gilt von dem Interesse und Verständnis der Beklagten für die Familie, wenn beides von derartigen Wahnvorstellungen beherrscht wird (**RG** 97, 340). Zur geistigen Gemeinschaft gehört das auf der verständnisvollen Neigung und dem Vertrauen zu dem andern Ehegatten beruhende **Bewußtsein beider Ehegatten von der Ehe** als einem auf sittlichen Rechten und Pflichten fußenden Lebensverhältnis, die daraus sich ergebende Anteilnahme an dem, was das geistige Leben rechter Ehegatten erfüllt, namentlich an dem körperlichen und geistigen Wohle des andern Ehegatten und der Kinder, und die Betätigung dieser Anteilnahme nicht in bloßen Gefühlsäußerungen, sondern in **Handlungen, die sich als der Ausfluß gemeinsamen Denkens und Fühlens** darstellen (**RG** 98, 295). Wenn dieses Verhältnis zerstört und eine tiefinnerliche Entfremdung an seine Stelle getreten ist, ohne daß indessen der kranke Ehegatte den sog. **geistigen Tod** erlitten zu haben braucht, ist die geistige Gemeinschaft aufgehoben (**RG** 98, 295). Die geistige Gemeinschaft zwischen den Ehegatten braucht keineswegs mit einem beiderseitigen Zusammenleben zusammenzufallen, kann vielmehr auch zwischen getrennt lebenden Ehegatten bestehen (**RG** 100, 109). Zu den durch die Ehe begründeten Pflichten gehört eine weitgehende **Nachsicht gegenüber dem andern Gatten,** und nur dann ist anzunehmen, daß dessen geistige Erkrankung eine völlige innere Entfremdung herbeigeführt habe, wenn sich dem redlichen Willen des gesunden Ehegatten, das Eheleben mit gebührender Rücksichtnahme auf das Leiden des andern zu gestalten und fortzuführen, in dessen Geisteszustande ein unüberwindliches Hindernis gemeinsamen Denkens und Empfindens entgegenstellt. Nur bei völliger Verblödung des einen Teiles erscheint die Möglichkeit, die geistige Gemeinschaft aufrechtzuerhalten, schlechthin und ohne weiteres ausgeschlossen (**RG** JW 1920, 438[10]). Es genügt, wenn die Krankheit den erforderten Grad zur Zeit der mündlichen Verhandlung, auf die das Urteil ergeht, erreicht hat. — Wird nach rechtskräftiger Abweisung einer wegen Geisteskrankheit erhobenen Scheidungsklage von neuem auf Scheidung wegen Geisteskrankheit geklagt, so erfordert die neue Entscheidung die Feststellung, ob jetzt die Voraussetzungen des § 1569 gegeben sind. Diese Feststellung kann auch, ohne daß inzwischen eine Verschlimmerung eingetreten ist, bei bloßer Fortdauer des schon zur Zeit des ersten Urteils vorhandenen Geisteszustandes getroffen werden. Die Ansicht, die neue Klage könne gemäß § 616 ZPO nur auf eine nach dem Erlasse des ersten Urteils eingetretene Verschlimmerung des Geisteszustandes gestützt werden, beruht auf einer unrichtigen Auslegung des § 616 ZPO. Die in den Gründen des früheren Urteils hinsichtlich der Richtigkeit oder Unrichtigkeit von Tatsachen getroffenen Feststellungen sind für die Beurteilung der neuen Klage nicht bindend (RG JW 1915, 784[4]).

6. Jede **Aussicht auf Wiederherstellung der geistigen Gemeinschaft** muß ausgeschlossen sein, nicht jede Aussicht auf Heilung. Der Tatbestand des § 1569 deckt sich nicht mit dem Begriffe der unheilbaren Geisteskrankheit. — Zur Wiederherstellung der geistigen Gemeinschaft ist nicht notwendig eine völlige Heilung erforderlich, sondern es würde schon eine gewisse Abschwächung des Grades der Geisteskrankheit ausreichen (RG 100, 109). — Ist infolge Besserung des geisteskranken Ehegatten das der Wiederherstellung der geistigen Gemeinschaft entgegenstehende Hindernis behoben, so ist der klagende Ehegatte, wenn nicht besondere Umstände eine abweichende Beurteilung rechtfertigen, seinerseits zur Wiederherstellung der geistigen Gemeinschaft verpflichtet (RG JW 1915, 784[4]). Es ist nicht erforderlich, jede bloße Möglichkeit einer Wiederherstellung der geistigen Gemeinschaft zu verneinen, vielmehr genügt es, wenn eine wissenschaftlich begründbare **Aussicht auf diese Wiederherstellung nicht vorliegt.** Dieser Unterschied ist als vorhanden anzuerkennen, wenn auch der Sprachgebrauch nicht so scharf unterscheidet. Eine Möglichkeit kann häufig schon deswegen nicht ausgeschlossen werden, weil die menschlichen Erkenntnismittel unzulänglich sind und der menschliche Einblick in das Wirken und Walten der Natur trotz aller Fortschritte unvollkommen bleibt. Im Gegensatze dazu ist eine bestimmte Aussicht erst dann als nicht ausgeschlossen anzunehmen, wenn ein irgendwie greifbarer Anhalt für ihre Verwirklichung besteht (RG 98, 295). Vom sittlichen, dem Wesen der Ehe entsprechenden Standpunkte muß dem Kläger auferlegt werden, daß er, bevor seinem Scheidungsbegehren aus § 1569 stattgegeben werden könnte, seinerseits alles versucht hat, mit der durch seine eheliche Untreue schwer gekränkten und infolgedessen aus Eifersucht seelisch erkrankten Beklagten wieder ein **erträgliches eheliches Verhältnis wiederherzustellen.** Erst wenn diese Versuche scheitern sollten, kann zuverlässig beurteilt werden, ob wirklich jede Aussicht auf Wiederherstellung einer geistigen Gemeinschaft zwischen beiden ausgeschlossen erscheint (RG 100, 109). Wegen des Unterhaltsanspruchs des geisteskranken Ehegatten vgl. § 1583, wegen der Auseinandersetzung vgl. §§ 1478 Abs 3, 1549.

§ 1570

Das Recht auf Scheidung erlischt[1]) in den Fällen der §§ 1565 bis 1568[2]) durch Verzeihung[3—7]).

E I 1446 Satz 1 II 1465; M 4 602 ff.; P 4 429.

1. Der **Verlust des Scheidungsrechts** knüpft sich an die Verzeihung, ohne daß die Aussöhnung der Ehegatten eine vollständige zu sein braucht oder eine Zeitlang andauern müßte. — Im Falle des § 1567 Abs 2 Nr 1 verliert infolge Verzeihung auch das Herstellungsurteil seine innere Berechtigung und es muß von neuem auf Herstellung der häuslichen Gemeinschaft geklagt werden (RG 72, 321; OLG 26, 230). Das Herstellungsurteil verliert aber seine Verwendbarkeit zur Begründung einer auf § 1567 Abs. 2 Nr 1 gestützten Scheidungsklage nicht schon dadurch, daß der Herstellungskläger mit dem andern Ehegatten während des Jahres nach der Rechtskraft des Herstellungsurteils, nicht nachher, geschlechtlich verkehrt. Ein solcher Verkehr kommt nicht als rechtsvernichtende Verzeihung in Betracht, sondern als eine Betätigung des ernstlichen Willens, die eheliche Lebensgemeinschaft mit dem abtrünnigen Ehegatten wieder herzustellen. Dieser Wille muß aber bei Erhebung der Herstellungsklage nach § 1353 BGB und während des ganzen Jahres nach Rechtskraft des Herstellungsurteils bestehen, wenn der Scheidungsgrund der böslichen Verlassung entstehen soll. Seine Betätigung kann also nicht das Gegenteil, nämlich die Ausschließung dieses Scheidungsgrundes zur Folge haben (RG 108, 15; RG LZ 1927, 456[9]). Über Ernstlichkeit des Herstellungsverlangens vgl. § 1353 A 3. Im Falle des § 1568 hindert eine dazwischenliegende Verzeihung den beklagten Ehegatten grundsätzlich nicht, frühere Verfehlungen des klagenden Teiles dazu zu benutzen, um darzutun, daß seine eigenen Verfehlungen in einem milderen Lichte erscheinen (RG 26. 1. 16 IV 368/15). Vgl. § 1573 A 3, § 1574 Abs 2 u. 3. Das durch Verzeihung erloschene Recht auf Scheidung kann nicht durch Widerruf der Verzeihung zum Wiederaufleben gebracht werden.

2. Im Falle des § 1568 (bedingter Scheidungsgrund) ist, wenn der Ehegatte die Verfehlungen des andern Ehegatten nicht als ehezerrüttend empfindet, der Scheidungsanspruch schon wegen des Mangels eines Tatbestandmerkmals ausgeschlossen, und es kommt dann auf den Verzeihungseinwand nicht an. Ob ein versöhnliches Verhalten des schuldlosen Ehegatten im Sinne des Mangels eines Tatbestandmerkmals oder als Verzeihung aufzufassen ist, richtet sich nach den Umständen des einzelnen Falles. Vgl. A 3.

3. **Verzeihung** im Sinne des § 1570 BGB ist **Äußerung eines inneren Vorgangs**, der darin besteht, daß der verletzte Ehegatte die Ehe nicht oder nicht mehr als durch die Verfehlungen des andern Ehegatten zerrüttet empfindet (**RG** JW 05, 113[8]; 06, 752[25]; **RG** 96, 268; 105, 106; **RG** LZ 1923, 132[6]; 317[7]; **RG** Warn 1926 Nr 160). Sind die Verfehlungen des einen Ehegatten von dem andern Ehegatten überhaupt nicht als Kränkungen empfunden worden, so kann eine Verzeihung im Rechtssinne nicht in Frage kommen. In diesem Falle würde eine Scheidungsklage an dem Fehlen des zum Tatbestande des § 1568 gehörenden Merkmals der ehezerrüttenden Wirkung des Verhaltens des Beklagten scheitern (**RG** 12. 10. 22 IV 738/21). Nicht erforderlich ist, daß der verzeihende Ehegatte die Eheverfehlung des andern Teils längere Zeit als ehezerrüttend empfunden haben müßte. Vielmehr kann die Verzeihung in unmittelbarem Anschluß an den Zeitpunkt, in welchem der verletzte Ehegatte die Eheverfehlung des andern Teils erfährt und als ehezerrüttend empfindet, gewährt werden. — Die Verzeihung ist nicht eine empfangsbedürftige Willenserklärung, sondern ein tatsächlicher Vorgang, aus welchem auf die innere versöhnliche Gesinnung des Ehegatten und seine Bereitwilligkeit, die Ehe fortzusetzen, zu schließen ist (**RG** 1. 3. 15 IV 415/14; **RG** 105, 106). Es kommt nicht darauf an, wie der Ehegatte das Verhalten des andern Ehegatten, aus welchem sich die Verzeihung ergeben soll, aufgefaßt hat, sondern der Richter muß sich selbst ein Urteil darüber bilden, ob das Verhalten des andern Ehegatten so geartet war, daß daraus auf die Tatsache der Verzeihung geschlossen werden kann (**RG** 105, 106; **RG** JW 1924, 294[6]). Verzeihung ist anders als Verzicht auf das Scheidungsrecht (A 5) **kein Rechtsgeschäft** (**RG** 10. 2. 08 IV 306/07), braucht auch nicht dem andern Ehegatten gegenüber zum Ausdrucke zu gelangen und beseitigt das Scheidungsrecht unabhängig davon, ob der Ehegatte die Eigenschaft der verziehenen Handlung als eines Scheidungsgrundes kennt und den Willen hat, durch Verzeihung den Wegfall des Scheidungsrechts herbeizuführen (**RG** JW 02, 13). Die **Bestimmungen über Rechtsgeschäfte** (§§ 104—193) finden auf die Verzeihung, da sie kein Rechtsgeschäft ist (A 5), grundsätzlich keine Anwendung, jedoch mit einigen Ausnahmen. Ein geschäftsunfähiger Ehegatte (§ 104) kann nicht rechtswirksam verzeihen, es sei denn, daß er trotz des Mangels der Geschäftsfähigkeit imstande ist, das Wesen der Ehe verständig zu würdigen. Bloße Beschränkung in der Geschäftsfähigkeit beeinträchtigt nicht die Wirksamkeit der Verzeihung. Eine im Zustande der Bewußtlosigkeit oder vorübergehender Störung der Geistestätigkeit erfolgte Verzeihung ist unwirksam (§ 105). Dasselbe gilt von der widerrechtlich durch Drohung oder arglistige Täuschung erlangten Verzeihung (§ 123), ohne daß es einer förmlichen Anfechtung bedarf (a. M. Planck). Auch der Irrtum (§ 119) ist geeignet, die Wirksamkeit der Verzeihung zu beeinträchtigen. — **Irrtum und arglistige Täuschung** können auch ohne förmliche Anfechtung geltend gemacht werden, da die Verzeihung kein Rechtsgeschäft ist und deshalb auf sie die §§ 119, 121, 123, 124 keine Anwendung finden (**RG** 28. 9. 14 IV 206/14; **RG** 16. 11. 22 IV 144/22). Dagegen verdient der **geheime Vorbehalt** (§ 116) keine Berücksichtigung. Die Wirksamkeit der Verzeihung kann nicht dadurch in Frage gestellt werden, daß der verzeihende Ehegatte sich im Widerspruche mit seinem äußeren Verhalten insgeheim vorbehält, nicht zu verzeihen (**RG** JW 01, 386; 05, 371[12]; **RG** Gruch 64, 113; **RG** Warn 1922 Nr 56). Selbst der ausgesprochene Vorbehalt, nicht verzeihen zu wollen, vermag der Verzeihung, wenn diese sonst nur unzweideutig zum Ausdrucke gelangt, die Wirksamkeit nicht zu nehmen **RG** JW 07, 79[7]; **RG** Gruch 51, 187; **RG** 96, 268; SeuffA 74 Nr 180). Bedeutungslos ist der von einem Ehegatten bei Gelegenheit vertraulichen Verkehrs mit dem andern Ehegatten gemachte, mit dem tatsächlichen Empfinden des ersteren im Widerspruch stehende Vorbehalt, daß er sich dadurch seines Scheidungsrechts nicht begeben wolle (**RG** Warn 1914 Nr 195). Das Versprechen eines Ehegatten, dessen Verfehlungen von dem andern Teile verziehen worden sind, die Verzeihung in dem Scheidungsverfahren nicht geltend zu machen, ist nicht in dem Sinne bindend, daß der Versprechende mit dem Einwande der Verzeihung nicht gehört werden dürfte. Der Bruch eines solchen Versprechens ist, selbst wenn es unter Ehrenwort abgegeben wäre, nicht als schwere Verfehlung anzusehen (**RG** Warn 1914 Nr 195). Allerdings ist die kundgegebene Verzeihung nicht deshalb nichtig, weil sich der Erklärende vorbehält, das Erklärte nicht zu wollen. Man darf aber nicht auf eine solche Verzeihung die nur für den rechtsgeschäftlichen Verkehr bestimmte Auslegungsregel anwenden, daß ein jeder die Erklärung so gelten lassen muß, wie sie der Gegner nach **Treu und Glauben** verstehen durfte (vgl. **RG** 88, 425). Das Vorhandensein einer Verzeihung ist vielmehr regelmäßig — mit Ausnahme des Falles des Geheimvorbehalts — davon abhängig,

daß der Ehegatte wirklich die Verzeihung gewollt hat (RG Warn 1918 Nr 121). Bei der Verzeihung kommt es lediglich auf den inneren Willen des sie erklärenden Ehegatten und nicht etwa darauf an, wie sie der andere Teil nach Treu und Glauben verstehen durfte (RG 29. 11. 23 IV 13/23). Trotz des ausdrücklichen Vorbehalts des Mannes, den Ehebruch der Frau nur im Falle eines offenen Geständnisses verzeihen zu wollen, liegt wirksame Verzeihung des Mannes vor, wenn er im Glauben an die Schuld der Frau den Geschlechtsverkehr mit ihr fortsetzt (OLG 30, 52). Mit Recht wird die Verzeihung als ein innerer sittlicher Vorgang, nicht als eine Handlung rechtsgeschäftlichen Verkehrs aufgefaßt. Deshalb kommt es nicht auf die wörtlichen Erklärungen und ebensowenig darauf an, wie der andere Ehegatte das Verhalten des Verletzten aufgefaßt hat. Maßgebend ist allein, ob der Kläger nach seinem ganzen Verhalten die Verfehlung des andern Ehegatten nicht mehr gelten lassen wolle, daß also nicht mehr gesagt werden könne, die Fortsetzung der Ehe sei ihm nicht mehr zuzumuten. Die Frage der Verzeihung steht eben mit der Zumutungsfrage im engsten Zusammenhange. Dies trifft nicht nur auf die bedingten, sondern auch auf die unbedingten Scheidungsgründe (§ 1568 A 1) zu, denn auch bei letzteren ist der eigentliche und innerste Grund für den Scheidungsanspruch eben der, daß dem andern Ehegatten die Fortsetzung der Ehe nicht zugemutet werden kann (RG 96, 268). Die Vorschrift des § 133, daß bei der Auslegung einer Willenserklärung der **wirkliche Wille** zu erforschen und nicht an dem buchstäblichen Sinne des Ausdrucks zu haften ist, findet auch auf die Verzeihung Anwendung (RG JW 1919, 820[2]). Andrerseits liegt Verzeihung nicht vor, wenn sie zwar äußerlich erklärt worden ist, aber zu einer Zeit, in der sich der Erklärende infolge hochgradiger Erregung über die erlittene Kränkung zu einem festen Entschlusse noch gar nicht durchgerungen hatte (RG 17. 12. 10 IV 53/10). Ob der Verzeihungswille vorhanden ist, ist im wesentlichen Sache tatsächlicher Würdigung. Es kommt nicht darauf an, ob der Beklagte nach dem Verhalten der Klägerin in den früheren Verzeihungsfällen annehmen konnte, Klägerin wolle ihm auch diesmal verzeihen. Allerdings kann aus der Duldung und gelegentlichen Erwiderung von Zärtlichkeiten der Verzeihungswille gefolgert werden. Es können aber auch Umstände vorliegen, die einen solchen Schluß verbieten. Hier befand sich die Klägerin in der Lage innerlicher Unentschlossenheit. Sie wollte nach ihrer Angabe lediglich von der ständigen Überwachung des Beklagten (der die Klägerin durch Verschließen der Tür am Weggehen verhinderte), loskommen, um in Ruhe über ihren Entschluß einer endgültigen Verzeihung ins Reine zu kommen. Es war daher gerechtfertigt, der Klägerin einen richterlichen Eid über ihren Verzeihungswillen aufzuerlegen (RG 10. 1. 25 IV 343/24). Streitig ist, wie eine **bedingte Verzeihung** wirkt. Das Reichsgericht nimmt an, daß eine bedingte Verzeihung zulässig sei, ihre Wirksamkeit aber nicht über den Inhalt der Erklärung hinausgehen und die gleiche sein könne, wie wenn der Ehegatte bedingungslos verziehen hätte (RG JW 03 Beil 26[55]; RG Gruch 48, 803; RG Warn 1913 Nr 62 u. 205). Übrigens findet auf die bedingte Verzeihung die Vorschrift des § 162 und gegebenenfalls die allgemeine Einrede der Arglist Anwendung (RG JW 1919, 820[2] und dazu die beachtenswerten Bemerkungen von Landsberg. Dasselbe Urteil ausführlicher RG Warn 1919 Nr 206). In dem vom Manne zurückgewiesenen Erbieten der Frau zum Geschlechtsverkehr liegt nicht notwendig eine vollendete und unbedingte Verzeihung, vielmehr kann darin ein bloßer Versöhnungsversuch erblickt werden (RG JW 1916, 46[3]). Im Verhältnisse zwischen Ehegatten kann es nicht als arglistig oder sittenwidrig angesehen werden, wenn der eine Ehegatte zum Zwecke gegenseitiger Aussöhnung darauf ausgeht, den andern Teil **zum Beischlafe zu reizen.** Die Behauptung des Klägers, die Beklagte habe damals hoch und heilig Besserung versprochen und ihn zur ehelichen Beiwohnung verführt, konnte daher unberücksichtigt bleiben, da auch nicht ersichtlich war, daß der Kläger die in der Beiwohnung regelmäßig zu findende Verzeihung von einer Bedingung abhängig gemacht habe (RG LZ 1922, 464[9]). Verzeihung im Sinne des § 1570 setzt **Bereitsein zur Fortsetzung der Ehe** voraus. Wird zugleich die Absicht, die Ehe nicht fortzusetzen, ausgedrückt, so liegt keine Verzeihung im Sinne des § 1570, sondern der Fall einer nur aus allgemein menschlichen Gründen und ohne Beziehung auf das eheliche Verhältnis ausgesprochenen Verzeihung vor, einer Verzeihung, wie sie auch dem Ehegatten, von dem man sich trennen will, gewährt werden kann (RG Warn 08 Nr 324; 1911 Nr 383; RG 13. 5. 18 IV 55/18). Der **Versuch eines weiteren äußeren Zusammenlebens** ist nicht Verzeihung, noch weniger die bloße Erklärung der Bereitwilligkeit zur Anstellung eines solchen Versuchs, mag zugleich auch **im christlichen Sinne** die Verzeihung der dem andern Ehegatten zur Last fallenden Schuld ausgesprochen werden (RG LZ 1923, 132[6]). Die Wiederherstellung der aufgehobenen häuslichen Gemeinschaft kann geeignet sein, einen Verzeihungswillen des gekränkten Ehegatten zu beweisen. Das setzt aber voraus, daß sie unter Umständen und in einer Weise bewirkt wird, die den Schluß auf das Bereitsein zur Fortsetzung der Ehe auf seiten des verletzten Gatten als gerechtfertigt erscheinen läßt (RG 30. 4. 14 IV 74/14). **Bloßes Inaussichtstellen künftiger Versöhnung,** bloße Versöhnungsversuche und bloße Bereitwilligkeit zur Verzeihung können nicht als Verzeihung im Sinne des § 1570 gelten (RG 26 10. 11 IV 98/11; 29. 1. 12 IV 213/11; RG Warn 1912 Nr 396). Nur eine Verzeihung, die das eheliche Verhältnis endgültig nicht mehr als durch Schuld des andern Teils zerrüttet erscheinen läßt, hat rechtlich die Kraft, das Scheidungsrecht zum Erlöschen zu bringen. Bloßes Inaussichtstellen künftiger Versöhnung genügt nicht, selbst wenn es von zärtlichem Verhalten begleitet ist (RG Warn 1918 Nr 120). Keine Verzeihung liegt vor, wenn der Ehemann zwar seine Bereitwilligkeit, sich mit der des Ehebruchs schuldigen Ehefrau auszusöhnen, in der Hoffnung erklärt, daß es wieder zu einem ehelichen Zusammenleben kommen werde, aber die Ehefrau auf die ihr gebotene Gelegenheit eines versöhnten Zusammenlebens nicht eingeht (RG 11. 3. 18 IV 8/18). Die **bloße Versöhnungsbereitschaft** ist noch kein unbedingtes Anzeichen dafür, daß der betreffende Ehegatte die Verfehlungen des andern nicht als ehezerrüttend empfunden hat oder nicht mehr als solche empfindet. Ebensowenig kann in der **Unterlassung einer alsbaldigen Klageerhebung** ein unbedingter Gegenbeweis gegen eine Zerstörung der ehelichen Gesinnung des gekränkten Ehegatten gefunden werden; es kommt vielmehr immer auf die Umstände des einzelnen Falles an (RG 7. 5. 23 IV 136/22). Entschließt sich ein Ehegatte, über den Ehebruch des andern Ehegatten hinwegzusehen und die eheliche Lebensgemeinschaft mit ihm fortzusetzen, so erwächst für ihn die Verpflichtung, sein Verhalten so einzurichten, daß ein **erträgliches Zusammenleben** der Ehegatten stattfinden kann (RG JW 06, 389[15]; RG SeuffA 73 Nr 32; RG Warn 1919 Nr 177). Vgl. auch § 1353 A 2, § 1568 A 3.

4. Sonstige Erfordernisse der Verzeihung. Verzeihung setzt **Kenntnis der Verfehlung** des andern Ehegatten voraus (RG Warn 1913 Nr 296; RG 24. 1. 24 IV 961/23). Die Kenntnis braucht nicht alle Einzelheiten zu umfassen, muß aber so weit reichen, daß der Verzeihende die Schwere der Verfehlung ermessen kann (RG Warn 1918 Nr 120). Vgl. § 1571 A 4. Behauptet die Frau, daß sie sich keines Ehebruchs schuldig gemacht habe, vielmehr das von ihr während des Kriegsdienstes ihres Mannes geborene Kind aus einer von einem Unbekannten gewaltsam erzwungenen Geschlechtsvereinigung stamme, und hat der Mann trotz Kenntnis ihrer Schwangerschaft mit ihr während eines Urlaubs geschlechtlich verkehrt, so folgt daraus noch nicht, daß der Mann sichere Kenntnis von dem Ehebruch der Frau erlangt hatte und ihr die Verfehlung verziehen habe (RG 26. 4. 19 IV 7/19). — Es ist nicht ausgeschlossen, daß der Ehegatte — namentlich beim Vorliegen mehrerer gleichartiger Verfehlungen — allgemein, auch die ihm unbekannt gebliebenen Verfehlungen wirksam verzeihen kann (RG JW 02 Beil 260[180], 265[195]; 05, 145[26]). **Bloßer Verdacht** ersetzt die Kenntnis nicht, jedoch kann — was zu beweisen — der Wille des Verzeihenden darauf gerichtet sein, für jeden Fall, wie es sich auch mit der fraglichen Eheverfehlung verhalten mag, Verzeihung zu gewähren (RG JW 1913, 139[18]; 1918, 106[9]; RG Warn 1913 Nr 62; 1914 Nr 24). Insbesondere dann, wenn auf seiten des gekränkten Ehegatten nur ein mehr oder weniger dringender Verdacht oder Argwohn bestanden hat, daß dem andern Ehegatten bestimmte Verstöße gegen seine ehelichen Pflichten zur Last fallen, bedarf es des Nachweises besonderer Umstände, aus denen der Wille des gekränkten Ehegatten, auch ihm **nicht bekannt gewordene Verfehlungen** zu verzeihen, mit Sicherheit entnommen werden kann (RG Warn 1914 Nr 165). Vgl. § 1571 A 1 (Verzeihung künftiger oder später bekanntgewordener leichterer Verfehlungen nicht daraus zu entnehmen, daß der Ehegatte sogar eine schwere Eheverfehlung verziehen hat, RG 95, 285). Der die Verzeihung einwendende Ehegatte hat die Kenntnis des andern von den Verfehlungen zu beweisen (RG 23. 3. 11 IV 374/10; 16. 9. 11 IV 633/10). Die Verzeihung kann eine **ausdrückliche oder stillschweigende** sein. Ob in dem **freiwilligen Beischlafe** des verletzten Ehegatten eine stillschweigende Verzeihung liegt, richtet sich nach den Umständen des einzelnen Falles (RG JW 06, 752[24], [25]; RG Gruch 64, 113; RG LZ 1922, 464[9]). Gleiches gilt von der **Zurücknahme der Scheidungsklage** (RG JW 03 Beil 26[55]; RG Warn 1915/16 Nr 144). Nur der Prozeßbevollmächtigte desjenigen Rechtszugs, bei welchem der Rechtsstreit gerade anhängig ist, ist zur Zurücknahme der Scheidungsklage befugt (RG 5. 11. 10 IV 598/09). Die **Fortsetzung des ehelichen Verkehrs** nach Eheverfehlungen im Sinne des § 1568 kann als Verzeihung oder als mangelndes Tatbestandsmerkmal (Empfindung der Fortsetzung der Ehe als einer unerträglichen Last) in Betracht kommen (RG 6. 6. 07 IV 546/06; RG 31. 5. 20 IV 493/19; RG Recht 1922 Nr 985). In der Fortsetzung der Geschlechtsgemeinschaft kann sowohl Verzeihung als auch ein Verzicht auf Anfechtung der Ehe liegen (RG 10. 4. 05 IV 572/04). Aus der Fortsetzung der ehelichen Gemeinschaft ist nicht ohne weiteres auf eine Verzeihung zu schließen. Das einstweilige Verbleiben des verletzten Ehegatten in der Ehewohnung kann auf Beweggründe zurückzuführen sein, die einer Verzeihung entgegenstehen, z. B. Angst vor neuen Mißhandlungen, Hoffnung auf Besserung, Mangel an Reisegeld (RG 26. 10. 11 IV 98/11). Hat die Frau nach der Trennung der Parteien dem Manne den Beischlaf nicht freiwillig, sondern nur aus **Angst** vor neuen Mißhandlungen gestattet, so kann aus der Beischlafsgestattung der Frau auf eine Verzeihung der Verfehlungen des Mannes nicht geschlossen werden (RG 6. 11. 19 IV 272/19). Die bloß äußere Geschlechtshandlung braucht noch nicht unbedingt der Ausdruck einer Verzeihung zu sein. Denn diese beruht darauf, daß der gekränkte Ehegatte auch innerlich das ehewidrige Verhalten des andern nicht mehr als ehezerrüttend empfinden will und aus diesem Seelenvorgange heraus bereit ist, das eheliche Leben wieder aufzunehmen. Ob dies der Fall, ist wesentlich eine Frage der tatsächlichen Beurteilung. Immerhin wird man, wenn beide Ehegatten aus natürlichem Bedürfnisse fortdauernd miteinander im ehelichen Geschlechtsverkehre bleiben, davon ausgehen dürfen, daß sie bei dieser dem Wesen der Ehe entsprechenden Tatsache die Ehe weiter fortsetzen wollen und daß keiner von ihnen dabei verharren kann, die Ehe habe gleichwohl auf seiner Seite durch die Schuld des andern Teiles auch weiterhin als zerrüttet zu gelten. Es müssen schon ganz besondere Umstände hinzukommen, einem derartigen **einträchtigen fortgesetzten Geschlechtsverkehre** die Bedeutung einer Verzeihung abzusprechen (RG JW 1919, 573[8]; RG LZ 1923, 60[3]). Ähnlich RG 12. 10. 22 IV 738/21 (die Klägerin hatte trotz der vom Manne erlittenen Mißhandlungen und Beschimpfungen ihm fortgesetzt den Geschlechtsverkehr gestattet, obwohl sie die Möglichkeit hatte, sich von ihm zu trennen und in einem besonderen Zimmer zu schlafen). Ein derartiger Umstand brauchte in der starken Sinnlichkeit, die die Beklagte von sich behauptet, nicht gefunden zu werden (RG 31. 5. 20 IV 493/19). Ob die Verzeihung in dem freiwilligen Beischlaf des verletzten Ehegatten zu finden ist, ist eine Frage der tatsächlichen Umstände (RG Warn 1926 Nr 160, hier verneint, weil die Frau nur widerwillig und mit steigendem Abscheu und Ekel die unsittliche Behandlung durch den Mann vor der Ausführung des Beischlafs ertrug). Richtig ist, daß aus einem Geschlechtsverkehr unter den Ehegatten ein sicherer Beweis für das Vorliegen versöhnlichen Empfindens, wie es die Verzeihung voraussetzt, nur dann gewonnen werden kann, wenn der gekränkte Ehegatte dabei von den Verfehlungen des andern Teiles überzeugende Gewißheit gehabt hat. Bei bloßen Vermutungen liefert der Geschlechtsverkehr nur dann einen Beweis für die Verzeihung, wenn auch die Bewahrheitung des Verdachts in das Bewußtsein des verletzten Ehegatten aufgenommen ist und er auch für diesen Fall sich über die Verfehlungen des andern hinwegsetzen will (RG Recht 1922 Nr 985). Verzeihung kann auch dann vorliegen, wenn der Mann nur in der Befürchtung, daß eine regelrechte Beiwohnung als Verzeihung ausgelegt werden könnte, sich auf andere Weise die geschlechtliche Befriedigung durch die Frau wiederholt gefallen läßt (RG 3. 4. 19 IV 20/19). In der **Erhebung der Klage auf Wiederherstellung des ehelichen Lebens** ist eine Verzeihung der früheren Verfehlungen des andern Ehegatten nicht zu erblicken, wenn es zur Wiederherstellung nicht kommt. Die Verzeihungsbereitschaft des Herstellungsklägers gilt nur unter der Voraussetzung, daß der andere Ehegatte dem Herstellungsverlangen wirklich entspricht (RG 28. 2. 07 IV 383/06). Die Verzeihung kann sowohl vor als auch nach der Erhebung der Scheidungsklage erfolgen. Nach dem Eintritte der Rechtskraft eines auf Scheidung lautenden Urteils kann Verzeihung nicht mehr geltend gemacht werden, selbst wenn das Urteil durch einen Eid bedingt ist; ebensowenig kann in der Revisionsinstanz Verzeihung geltend gemacht werden (RG JW 04, 260[8]; RG 44, 354).

5. Das Recht auf Scheidung erlischt nicht nur durch Verzeihung, sondern auch durch **Verzicht,** gleichviel, ob er sich auf das Scheidungsrecht selbst oder dessen Geltendmachung bezieht. Dieser Verzicht steht unter den allgemeinen Regeln über Rechtsgeschäfte. — Auch in Ehesachen ist es zulässig, nach Erlaß des landgerichtlichen Urteils **auf die Berufung zu verzichten.** Der Verzicht kann sowohl dem Gericht als auch dem Gegner gegenüber erklärt werden. Im ersteren Falle bedarf es nicht der Erklärung zu Protokoll in der mündlichen Verhandlung oder vor dem beauftragten oder dem ersuchten Richter, im letzteren Falle nicht der Zustellung eines Schriftsatzes (RG 105, 351). Der Verzicht auf die Berufung ist auch nicht deshalb unwirksam, weil er nach der Zustellung des Urteils von dem Prozeßbevollmächtigten des ersten Rechtszugs abgegeben wurde, denn dieser ist auch noch nach der Urteilszustellung bis zur Rechtsmitteleinlegung zur Abgabe der Verzichtserklärung befugt (RG 68, 248). Der Verzicht hat für den Verzichtenden den Verlust des Rechtsmittels und damit die Unzulässigkeit der Berufung zur Folge. Ist von beiden Parteien verzichtet worden, so tritt Rechtskraft des Urteils noch vor Ablauf der Rechtsmittelfrist ein. Die verzichtende Partei kann vor Ablauf der Rechtsmittelfrist eine Verzichtserklärung solange **widerrufen** und sich dadurch das Rechtsmittel erhalten (RG 105, 355), als nicht bereits durch beiderseitigen Verzicht das Urteil rechtskräftig geworden ist (RG 20. 12. 23 IV 302/23). Der Verzicht einer Partei auf den Scheidungsanspruch, mag dieser im Wege der Klage oder der Widerklage verfolgt worden sein, ist auch bei Widerspruch des Gegners und selbst dann zulässig, wenn der Gegner bereits ein Urteil erlangt hatte, durch das der Scheidungskläger für mitschuldig an der Scheidung erklärt worden war. Der Gegner ist berechtigt, die Abweisung der Scheidungsklage bzw. Scheidungswiderklage durch Urteil zu verlangen, sein Anspruch auf Mitschuldigerklärung des Scheidungsklägers ist aber durch den Verzicht des letzteren auf den Scheidungsanspruch erledigt (RG 115, 374). Der Verzicht auf den

Scheidungsanspruch ist trotz Widerspruchs des Gegners zulässig (RG 115, 376). Zum Zwecke der Zurücknahme der Scheidungsklage und, falls der Beklagte der Klagerücknahme widerspricht, zum Zwecke des Verzichts auf den Klageanspruch kann der Kläger auch **im Falle des Obsiegens ein Rechtsmittel einlegen** (RG 36, 341; RG Gruch 41, 171; RG JW 05, 537[24]; RG 19. 11. 10 IV 301/90; RG Warn 1913 Nr 458; 1915/16 Nr 143; 1918 Nr 148; 1919 Nr 185; 1922 Nr 29). Der Weiterverfolgung der Revision steht auch die Verordnung v. 15. 1. 24 zur Entlastung des Reichsgerichts nicht entgegen, da dieselbe sich nicht auf eine in diesem Sinne (Verzicht) eingelegte Revision erstreckt (RG 3. 5. 24 IV 192/22; RG Warn 1924 Nr 191 und Nr 192). Der Verzicht kann bei der mündlichen Verhandlung in der Revisionsinstanz rechtswirksam erklärt werden; der gerichtliche Verzicht bedarf nicht der Annahme des Gegners (RG 12. 1. 11 IV 21/10; RG Warn 1924 Nr 192; RG JW 1927, 1207[22]). Zugunsten der Aufrechterhaltung der Ehe kann auch eine durch das Urteil nicht beschwerte Partei ein Rechtsmittel (Berufung, Revision) zum Zwecke des Verzichts auf den zuerkannten Scheidungsanspruch einlegen (RG 2. 6. 13 IV 75/13). Ob die die Revision einlegende Partei das ihr günstige Urteil schon im ersten oder erst im zweiten Rechtszuge erlangt hat, macht keinen Unterschied. Von der Bezeichnung einer verletzten Rechtsnorm (§ 554 ZPO) kann keine Rede sein. Es genügt, wenn die Aufhebung des Berufungsurteils beantragt und als Grund der Revision die Absicht angegeben wird, durch die entsprechenden Prozeßmaßnahmen (Verzicht) die Aufrechterhaltung der Ehe herbeizuführen. Die **Kosten des Rechtsmittels** hat der Revisionskläger zu tragen (RG 91, 365). Die Kosten der Revisionsinstanz sind dem Revisionskläger aufzuerlegen, da von einem Obsiegen auf seiner Seite nicht gesprochen werden kann (RG Warn 1924 Nr 191). Fehlt es in der Revisionsbegründung an einer ausdrücklichen Kundgabe des Zweckes, die (im zweiten Rechtszuge zugesprochene) Scheidungswiderklage zurückzunehmen und dadurch die Aufrechterhaltung der Ehe zu erreichen, so genügt es, wenn die Umstände so liegen, daß ein anderer Zweck gar nicht in Frage kommen kann (RG SeuffA 78 Nr 103). Nachdem das Berufungsgericht durch bedingtes, rechtskräftig gewordenes Endurteil die Ehe auf die Widerklage der Frau geschieden und den Mann für allein schuldig erklärt hat, kann der Mann mit dem Einwande, daß die Parteien sich in der Zeit nach dem Erlaß des bedingten Endurteils ausgesöhnt hätten, nicht gehört werden. Die Läuterung des in Rechtskraft erwachsenen bedingten Endurteils kann durch das neue Sachvorbringen des Mannes nicht gehemmt werden (RG 4. 11. 15 IV 615/14). Ein mit der Klage auf Herstellung der ehelichen Gemeinschaft im ersten Rechtszuge durchgedrungener Ehegatte kann nicht Berufung zum Zwecke der Erlangung der Ehescheidung einlegen. Auch in Ehesachen bedarf es grundsätzlich für die Zulässigkeit der Berufung einer Beschwerung des Berufungsklägers (SeuffA 73 Nr 106). Nur zugunsten der Aufrechterhaltung der Ehe ist vom Reichsgericht von dem Erfordernis der formellen **Beschwerung des Rechtsmittelklägers** eine Ausnahme für den Fall zugelassen, daß das Rechtsmittel lediglich zum Zwecke der Zurücknahme der Nichtigkeits- oder Scheidungsklage oder zum Zwecke des Verzichts auf den Urteilsanspruch oder zum Zwecke des Übergangs von der Scheidungsklage zur Klage auf Aufhebung der ehelichen Gemeinschaft eingelegt wird. Die Ausnahme ist damit begründet, daß zugunsten der Aufrechterhaltung der Ehe auch der siegreiche Kläger die Möglichkeit haben muß, seinen Verzicht auf die Urteilsfolgen zur Geltung zu bringen (RG 100, 208 und die daselbst angeführten Entscheidungen) Die Erwägung, daß im Falle der Scheidung die Ehe bis zur Rechtskraft des Scheidungsurteils rechtsgültig bestanden haben würde, während sie im Falle der erfolgreichen Anfechtung als von Anfang an nichtig anzusehen ist, rechtfertigt nicht die Zulassung der Ausnahme von dem Erfordernis der Beschwerung des Rechtsmittelklägers. Für eine solche Ausnahme ist vielmehr lediglich die Rücksicht auf die Aufrechterhaltung der Ehe bestimmend (RG 100, 210; RG Warn 1926 Nr 16; RG JW 1926, 2436[9]; RG 12. 10. 25 IV 222/25). Auch ein Ehegatte, der glaubt, keine Scheidungsgründe zu haben, kann nichtsdestoweniger einen Verzicht auf das Scheidungsrecht für den Fall aussprechen, daß Scheidungsgründe vorhanden sein sollten. Es ist auch keineswegs ausgeschlossen, daß ein solcher **Verzicht im Verhalten des Ehegatten** (Vereinbarung des Getrenntlebens und Zusicherung einer Unterhaltsrente) gefunden werden kann (RG Warn 1915/16 Nr 110). Eheleute können in einem Ehevertrag auf die Geltendmachung ihrer bisherigen Verfehlungen als selbständige Scheidungsgründe verzichten, auch wenn sie sich wegen derselben nicht zugleich Verzeihung gewähren. Die Wirksamkeit eines solchen Verzichts wird auch dadurch nicht in Frage gestellt, daß der Ehevertrag (wegen unzulässiger Vereinbarung dauernden Getrenntlebens) nichtig ist. Denn der Verzicht soll nach dem Willen beider Ehegatten der Aufrechterhaltung der Ehe dienen und wird nach § 139 von der Nichtigkeit der ehewidrigen Vertragsbestimmungen nicht mitbetroffen. Er würde rechtswirksam auch dann sein, wenn der eine Ehegatte sich mit der Verzichtserklärung des andern nicht verträglich einverstanden erklären würde. Denn der Verzicht bringt schon für sich allein, ohne daß es der Einwilligung des andern Gatten bedarf, den Scheidungsanspruch zum Erlöschen

(RG JW 1918, 87[7]; RG Warn 1913 Nr 458; RG 6. 11. 22 IV 44/22). In der Zeit vom 15. Februar 1924 bis 31. Dezember 1925 war die Revision in Ehesachen beschränkt. Die Berufungsurteile der Oberlandesgerichte wurden rechtskräftig, wenn die Revision im Urteile nicht für zulässig erklärt worden war. Gegen ein solches rechtskräftiges Urteil des Oberlandesgerichts konnte auch nicht zum Zwecke des Verzichts auf den Scheidungsgrund Revision eingelegt werden (RG 110, 239). Vgl. § 1564 A 4 sowie die Entscheidungen des RG v. 3. 3. 24 (LZ 1924 Sp. 371) und 10. 7. 24 (Warn 1923/24 Nr 192).

6. Die Verzeihung ist **von Amts wegen zu berücksichtigen** (§ 622 ZPO; RG Warn 1915/16 Nr 142). Die Verzeihung ist eine sog. rechtsvernichtende Tatsache, die wie alle rechtsvernichtenden und rechtshemmenden Tatsachen vom Richter zu berücksichtigen ist, auch ohne daß sich die Partei, zu deren Gunsten sie wirkt, auf sie beruft, sofern sie nur in der Verhandlung überhaupt zutage tritt (RG 8. 10. 17 IV 183/17; RG JW 1922, 286[4]). Vgl. RG LZ 1922, 293[6] (Nichtberücksichtigung des zwischen der Schlußverhandlung des Berufungsgerichts und dem Termine zur Urteilsverkündung vorgebrachten Einwandes der Verzeihung kein Rechtsverstoß). — Dem § 1570 sind die §§ 532, 2337, 2343, 2345 verwandt.

7. **Beweislast.** Der Ehegatte, der sich auf die Verzeihung des andern Teiles beruft, hat den gesamten, die Verzeihung zum Ausdruck bringenden Tatbestand zu beweisen. Grundsätzlich trifft ihn daher die Beweislast, wenn der andere Teil besondere, das Vorliegen eines Verzeihungswillens ausschließende Umstände (Schlaftrunkenheit des Mannes bei der Beischlafsvollziehung) behauptet. Das schließt aber nicht aus, daß das Gericht auf Grund der gewöhnlichen Lebenserfahrung die geltend gemachten Umstände für unglaubwürdig und deshalb den die Verzeihung behauptenden Ehegatten einer weiteren Beweisführung für überhoben erachtet (RG 5. 12. 15 IV 231/15).

§ 1571

Die Scheidungsklage muß in den Fällen der §§ 1565 bis 1568 binnen sechs Monaten¹) von dem Zeitpunkt an erhoben werden, in dem der Ehegatte²) von dem Scheidungsgrunde³) Kenntnis⁴) erlangt. Die Klage ist ausgeschlossen, wenn seit dem Eintritte³) des Scheidungsgrundes zehn Jahre⁵) verstrichen sind.

Die Frist⁶) läuft nicht, solange die häusliche Gemeinschaft der Ehegatten aufgehoben ist⁷). Wird der zur Klage berechtigte Ehegatte²) von dem anderen Ehegatten²) aufgefordert⁸), entweder die häusliche Gemeinschaft herzustellen⁷) oder die Klage zu erheben, so läuft die Frist von dem Empfange der Aufforderung an⁹).

Der Erhebung der Klage steht die Ladung zum Sühnetermine gleich¹⁰). Die Ladung verliert ihre Wirkung, wenn der zur Klage berechtigte Ehegatte im Sühnetermine nicht erscheint oder wenn drei Monate nach der Beendigung des Sühneverfahrens verstrichen sind und nicht vorher die Klage erhoben worden ist.

Auf den Lauf der sechsmonatigen und der dreimonatigen Frist finden die für die Verjährung geltenden Vorschriften der §§ 203, 206 entsprechende Anwendung.

E I 1447 Abs 1—4 II 1466; M 4 604 ff.; P 4 429 ff.; 6 290.

1. Die **sechsmonatige Frist** ist eine Ausschlußfrist. Mit ihrem Ablauf ist die Geltendmachung des Scheidungsgrundes durch Erhebung der Scheidungsklage ausgeschlossen. Die Ehegatten können weder die Verlängerung der Frist vereinbaren noch auf ihre Geltendmachung verzichten. Der sechsmonatigen Frist liegt der Gedanke zugrunde, daß die Frage der Scheidung rasch zum Austrage gebracht werden muß, weil eine dauernde Ungewißheit darüber dem Wesen der Ehe widerstreitet. Auf den Scheidungsgrund der Geisteskrankheit (§ 1569) findet § 1571 keine Anwendung. — Von dem Wegfall des Scheidungsgrundes infolge Zeitablaufs bleibt das auf dem nämlichen Tatbestande beruhende Recht des unschuldigen Ehegatten unberührt, gemäß § 1353 Abs 2 Satz 1 die häusliche Gemeinschaft wegen Rechtsmißbrauchs zu verweigern (RG JW 03 Beil 44[96]; RG 14. 4. 10 IV 336/09). Vgl. A 8. Ein Ehebruch, der wegen Ablaufs der sechsmonatigen Ausschlußfrist des § 1571 zur Geltendmachung als selbständiger Scheidungsgrund nicht mehr geeignet ist, kann bei der gemäß § 1568 vorzunehmenden Prüfung, ob gewissen dem Ehegatten zur Last fallenden Ehewidrigkeiten auch bei Berücksichtigung des Ehebruchs des andern Teiles die Eigenschaft einer schweren Pflicht-

verletzung und die Wirkung der Ehezerrüttung zukomme, verwertet werden (**RG** 19. 10. 22 IV 42/22). Kann sich ein Ehegatte wegen einer besonders schweren Eheverfehlung (Ehebruch) des andern Ehegatten innerhalb der Frist des § 1571 zur Scheidungsklage nicht entschließen, so folgt daraus nicht, daß er die Scheidungsklage auch nicht erhoben haben würde, wenn er von andern leichteren Verfehlungen innerhalb der Frist erfahren hätte. Wenn ein Ehegatte über Fehltritte des andern hinweggesehen hat, so folgt daraus nicht, daß er auch künftige oder solche, die ihm erst später bekannt werden, verzeihen will. Er kann sehr wohl zu der Überzeugung kommen, daß seine Nachsicht an einen Unwürdigen verschwendet war oder daß sich eine gedeihliche Ehe doch nicht aufrechterhalten läßt (**RG** 95, 285). Während der **Kriegsteilnehmerschaft** des Ehegatten ist der Lauf der Frist gehemmt, und zwar sowohl zugunsten des Kriegsteilnehmers selbst als auch zugunsten seines Gegners (Ges. v. 4. 8. 14, RGBl S. 328, § 8 Abs 2; vgl. A 7).

2. Ist der Ehegatte **geschäftsunfähig,** so kommt nur sein gesetzlicher Vertreter in Betracht (§ 612 ZPO).

3. Der **Scheidungsgrund ist eingetreten,** sobald alle Tatbestandsmerkmale vorliegen. Der Scheidungsgrund der böslichen Verlassung ist eingetreten, sobald die Voraussetzungen des § 1567 Abs 2 erfüllt sind. — Wegen Trunksucht kann die Scheidung auf Grund des § 1568 nachgesucht werden. Verfällt der trunksüchtige Ehegatte in Geisteskrankheit, so entfällt mit diesem Ereignisse seine Verantwortlichkeit und somit der Scheidungsgrund aus § 1568, selbst wenn der Ehegatte das unmäßige Trinken fortsetzt. Dies ist bei Berechnung der Ausschlußfrist zu berücksichtigen (**RG** 68, 124).

4. Die **Kenntnis** muß die wesentlichen Merkmale des Scheidungsgrundes umfassen (**RG** JW 09, 690[19]). Bloßer Verdacht, bloße Vermutungen genügen nicht, die Frist in Lauf zu setzen (**RG** 6. 10. 14 IV 205/14; **RG** 24. 1. 24 IV 961/23). Vgl. § 1570 A 4. Fahrlässige Unkenntnis (kennen müssen) steht der Kenntnis nicht gleich. **Bloße Gerüchte** sind ungeeignet, die Kenntnis zu begründen. Mitteilungen eines Dritten braucht der Empfänger der Mitteilungen zwar nicht zu glauben, aber man wird, wie **RG** 12. 10. 05 IV 181/05 angenommen, den Einwand des Empfängers, er habe sie nicht für wahr gehalten, nicht leicht zulassen, wenn sie auf Wahrheit beruhen und nach den Umständen des Falles ein vernünftig denkender Mensch an der Wahrheit nicht gezweifelt hätte. Vgl. auch § 1339 A 5. — Im Falle des § 1568 genügt Kenntnis des äußeren Tatbestandes des Scheidungsgrundes. Mit Erlangung dieser Kenntnis, nicht erst mit dem Zeitpunkt, in dem der Ehegatte den vorliegenden äußeren Tatbestand als ehezerrüttend zu empfinden beginnt, wird die Frist in Lauf gesetzt. Ist bei mehreren an sich nicht schweren Verfehlungen erst durch Hinzutritt der letzten Verfehlung das zur Annahme eines Scheidungsgrundes erforderliche Maß erreicht, so kommt es auf die Kenntnis von der letzten Verfehlung an, nicht auf den Zeitpunkt des Eintritts der ehezerrüttenden Wirkung (**RG** JW 09, 690[19]). Eine eigentliche **Beweislast** liegt dem Kläger hinsichtlich der Zeit der erlangten Kenntnis von dem Scheidungsgrunde nicht ob. Es genügt, daß er unter Darlegung des Sachverhältnisses angibt, wann er zuerst Kenntnis erhalten hat. Sache des Gegners ist es dann, den Nachweis zu führen, daß in Wirklichkeit die Kenntnis schon früher eingetreten ist (**RG** Warn 1918 Nr 211; **RG** LZ 16, 588). Die Frage nach der Berechtigung einer sog. Umkehrung der Beweislast ist keine Rechtsfrage, sondern eine Frage der Beweiswürdigung und daher vom Revisionsgerichte nicht nachzuprüfen (**RG** 14. 1. 18 IV 351/17). Vgl. § 1568 A 10, § 1339 A 2. Die sechsmonatige Frist des § 1571 Abs 1 ist zwar keine Verjährungs-, sondern eine unter Beachtung der §§ 617, 622 ZPO **von Amts wegen** zu berücksichtigende Ausschlußfrist. Das ändert aber nichts daran, daß es — soweit sich aus der Sachlage selbst keine Bedenken gegen den vom verletzten Ehegatten angegebenen Zeitpunkt der Kenntniserlangung ergeben — dem schuldigen Ehegatten obliegt, frühere Kenntnis einzuwenden und darzulegen (**RG** 6. 10. 14 IV 205/14).

5. **Die zehnjährige Frist** ist ebenfalls eine Ausschlußfrist (vgl. A 1). Sie läuft vom Eintritte des Scheidungsgrundes, ohne daß es auf die Kenntnis (A 2, 3) ankommt. Rücksichtlich soweit zurückliegender Tatsachen soll jeder Streit darüber schlechthin abgeschnitten sein. — Da nach Art 201 Abs 1 EG Scheidungsgründe, die zwar das alte Recht kannte, aber das BGB nicht übernommen hat, zur Begründung einer Scheidungsklage nicht mehr geeignet sind, so muß dasselbe auch von Scheidungsgründen gelten, die das BGB zwar übernommen hat, seit deren Eintritt aber zehn Jahre verstrichen sind, mag auch ein Teil der Frist schon vor dem Inkrafttreten des BGB verstrichen sein. War die altrechtliche Frist schon beim Inkrafttreten des BGB abgelaufen, so behält es dabei nach Art 201 Abs 2 EG sein Bewenden. Die Vorschriften in Art 169 EG, insbesondere Abs 2 Satz 1, kommen bei der zehnjährigen Frist nicht, auch nicht sinnentsprechend zur Anwendung (**RG** JW 1913, 42[31]; vgl. auch **RG** 46, 156; 48, 157; 66, 249; **RG** JW 04, 115[14]).

6. Gemeint ist sowohl die sechsmonatige als auch die zehnjährige **Frist.** — Einem Beschlusse der Reichstagskommission, die Hemmung des Fristenlaufs während der Aufhebung

der häuslichen Gemeinschaft auf beide Fristen für anwendbar zu erklären, trug die Redaktionskommission dadurch Rechnung, daß sie die früheren Anfangsworte: „Die sechsmonatige Frist läuft nicht" dahin änderte: „Die Frist läuft nicht." Sowohl die Bestimmung über Hemmung des Fristenlaufs als auch die über die Aufforderung zur Klageerhebung beziehen sich auf beide Fristen (**RG** 26. 5. 10 IV 447/09, zum Teil JW 1910, 707[11] abgedruckt; **RG** Warn 1913 Nr 149).

7. **Aufhebung der häuslichen Gemeinschaft.** Die sechsmonatige Ausschlußfrist bringt die Gefahr mit sich, daß sich der schuldlose Ehegatte zur schleunigen Erhebung der Scheidungsklage gedrängt fühlt. Um dies zu vermeiden, ist die Möglichkeit gewährt worden, daß sich die Ehegatten zunächst tatsächlich trennen, ohne daß der schuldlose Ehegatte sein Scheidungsrecht durch Zeitablauf einbüßt. — Eine Aufhebung der häuslichen Gemeinschaft mit der Wirkung des § 1571 ist nur anzunehmen, wenn die Trennung der Ehegatten in dem Sinne erfolgt, daß die eheliche Gemeinschaft für immer oder auf gewisse Zeit (bis zur Beruhigung der erregten Gemüter der Ehegatten) aufgehoben sein soll (**RG** 23. 6. 10 IV 433/09; **RG** JW 1912, 147[25]). — Die Aufhebung der häuslichen Gemeinschaft im Sinne des § 1571 Abs 2 Satz 1 kann nicht nur durch freiwillige Trennung, sondern auch durch wider den Willen des abwesenden Ehegatten eingetretene Trennung erfolgen (**RG** 53, 337). Infolge Inhaftnahme des Mannes wegen Straftaten wird die häusliche Gemeinschaft der Ehegatten aufgehoben (**RG** JW 1916, 1192[11]). Durch die **Trennung der Schlafräume** allein wird, wenn im übrigen die gemeinsame Haushaltung fortgesetzt wird, die häusliche Gemeinschaft nicht aufgehoben. Allerdings wird die Aufhebung der häuslichen Gemeinschaft weder durch einen Ortswechsel noch mit Notwendigkeit durch Aufgabe der gemeinsamen Wohnung bedingt. Sie kann gegebenenfalls **auch in demselben Hauswesen** erfolgen. Erforderlich ist aber in jedem Fall eine vollkommene **tatsächliche Trennung** der Eheleute, da nur dann der Zweck des Gesetzes erreicht wird, den Eheleuten behufs Vorbeugung voreiliger Scheidungen ohne Rechtsnachteil die Herstellung eines tatsächlichen Verhältnisses zueinander zu ermöglichen, bei dem die Bedingungen zu einer Beruhigung der erregten Gemüter geschaffen worden sind (**RG** 53, 337; **RG** JW 1920, 641[6]). Kommt es aus irgendwelchen Gründen nicht zu einer tatsächlichen Trennung, mögen diese auch außerhalb des Willens der Ehegatten liegen, so tritt auch die Unterbrechung nicht ein (**RG** LZ 1921, 749[7]). In vielen Fällen, in denen Ehegatten **infolge schwieriger Wirtschafts- und Wohnungsverhältnisse der Nachkriegszeit** getrennt voneinander leben müssen, wird damit weder bei ihnen selbst noch bei anderen die Vorstellung verbunden sein, daß die häusliche Gemeinschaft zwischen ihnen aufgehoben sei, zumal wenn sie sich gegenseitig besuchen, wie es hier geschehen ist (**RG** DRZ 1926 Nr 1025). Die Frist des § 1571 Abs 2 gehört zu denjenigen, auf welche die §§ 203, 206 Anwendung finden, und von letzteren bestimmt der § 8 des Ges., betr. den Schutz der infolge des Krieges an Wahrnehmung ihrer Rechte behinderten Personen, v. 4. 8. 14 (RGBl S 328), daß sie — und zwar zugunsten beider Teile — bis zur Beendigung des **Kriegszustandes** usw. in ihrem Laufe gehemmt sind (**RG** JW 1917, 660[14]; **RG** Warn 1921 Nr 45). Vgl. im übrigen die Erl zu §§ 1353, 1354, 1567.

8. Die **Aufforderung** muß sich inhaltlich mit der gesetzlichen Vorschrift decken (a. M. Planck). — Die Aufforderung des Mannes an die Frau, ihm nach dem neugewählten Wohnorte zu folgen, genügt nicht, weil sie inhaltlich der Vorschrift im § 1571 Abs 2 nicht entspricht (**RG** JW 1911, 405[21]). Eine besondere Form ist für die Aufforderung nicht vorgeschrieben. Sie bezweckt, die sechsmonatige Frist wieder in Lauf zu setzen und eine Entscheidung über die Erhebung der Scheidungsklage herbeizuführen. Der schuldige Ehegatte soll nicht dauernd an eine Ehe ohne Lebensgemeinschaft gefesselt bleiben. Die Wirksamkeit der Aufforderung ist unabhängig davon, ob der Auffordernde zur Zeit der Aufforderung den ernstlichen Willen hat, die häusliche Gemeinschaft herzustellen (**RG** 61, 160). In der mit der Scheidungsklage vorsorglich verbundenen Klage auf Herstellung der häuslichen Gemeinschaft liegt keine Aufforderung im Sinne des § 1571 Abs 2 (**RG** JW 08, 433[8]). Der Ehegatte kann die Aufforderung durch einen Dritten, insbesondere durch den Prozeßbevollmächtigten (**RG** 14. 4. 10 IV 336/09) bewirken lassen. Ist die Aufforderung einmal ergangen, so wird die Ausschlußfrist hinsichtlich aller vor und nach der Aufforderung liegenden Verfehlungen wieder in Lauf gesetzt. Die klageerhaltende Wirkung des Getrenntlebens ist dann überhaupt außer Kraft gesetzt (**RG** 63, 113). Der Verlust des Scheidungsrechts läßt das Recht zum Getrenntleben unberührt (**RG** Warn 1917 Nr 274). Vgl. A 1 und § 1353 A 3 u. 4. Die Entscheidung darüber, ob die Herstellung der ehelichen Gemeinschaft zu verlangen oder der Scheidungsprozeß hervorzurufen ist, ist der persönlichen Entschließung des Ehegatten vorzubehalten. Die zur Führung eines Rechtsstreits über Unterhaltsgewährung erteilte Vollmacht ermächtigt den Anwalt nicht zur Abgabe und Entgegennahme der Aufforderung nach § 1571 Abs 2 (**RG** 58, 227). Der Verlust des Scheidungsrechts des Aufgeforderten infolge Versäumung der Klagefrist zieht nicht ohne weiteres den Verlust seines Rechtes zur Ver-

weigerung der häuslichen Gemeinschaft nach sich, ebensowenig den Verlust einer zugesprochenen Unterhaltsrente (RG 13. 11. 05 IV 245/05; vgl. auch A 1).

9. **Widerklage.** Der Erhebung der Klage steht die Erhebung der Widerklage gleich, dagegen nicht die nur einredeweise erfolgende Geltendmachung von Scheidungstatsachen, z. B. die Einrede grober Mißhandlung gegenüber der auf bösliche Verlassung gestützten Scheidungsklage. Im übrigen vgl. § 1572 A 4.

10. **Ladung zum Sühnetermine.** Nach § 609 Abs 1 ZPO (Fassung vom 13. 5. 24) hat der Kläger bei dem Amtsgerichte, vor welchem der Ehemann seinen allgemeinen Gerichtsstand hat, die Anberaumung eines Sühnetermins zu beantragen. Nach § 497 Abs 1 a. a. O. hat das Gericht von Amts wegen den Sühnetermin zu bestimmen und die Ladung der Parteien durch den Gerichtsschreiber zu veranlassen. Ladung durch die Partei findet nicht mehr statt. Die frühere Vorschrift, daß der Kläger den Beklagten zum Sühnetermine zu laden habe, ist durch das Ges. v. 1. 6. 09 aufgehoben worden. Maßgebend ist jetzt nicht etwa der Tag der amtsgerichtlichen Ladung, sondern gemäß § 496 Abs 3 a. a. O. der Tag, an dem der Antrag bei dem Gerichte schriftlich eingereicht oder mündlich angebracht worden ist, vorausgesetzt, daß die amtsgerichtliche Ladung darauf zugestellt worden ist. Dasselbe gilt für die Wiederholung des Antrags gemäß § 610 Abs 2 a. a. O. Im Sinne des § 1571 Abs 3 Satz 1 steht also der Erhebung der Klage die Einreichung oder Anbringung des Antrags auf Anberaumung eines Sühnetermins gleich. Vgl. auch § 1572 A 3.

§ 1572

[1]) Ein Scheidungsgrund kann, auch wenn die für seine Geltendmachung im § 1571 bestimmte Frist[2]) verstrichen ist, im Laufe des Rechtsstreits geltend gemacht werden, sofern die Frist zur Zeit der Erhebung der Klage[3]) noch nicht verstrichen war[4])[5]).

1. **Zweck der Vorschrift.** Das eheliche Verhältnis soll, wenn nun einmal der Klageweg beschritten wird, vollständig zum Gegenstande des Rechtsstreits gemacht werden. Diesen Zweck verfolgt § 1572 in Verbindung mit §§ 614, 616 ZPO.

2. **Frist.** Gemeint sind alle im § 1571 erwähnten Fristen.

3. Der **Erhebung der Klage** steht die Ladung zum Sühnetermine gleich. Wenn dies auch nicht ausdrücklich gesagt ist, so folgt es doch aus dem innigen Zusammenhange des § 1572 mit § 1571. Die frühere Vorschrift, daß der Kläger den Beklagten zum Sühnetermin zu laden habe, ist aber durch das Ges v. 1. 6. 09 aufgehoben worden. Nunmehr steht die Einreichung oder Anbringung des Antrags auf Anberaumung eines Sühnetermins der Erhebung der Klage gleich. Vgl. § 1571 A 10. — Unter Klage ist die Scheidungsklage zu verstehen. Dieser steht die Anfechtungsklage, nicht aber die Herstellungsklage gleich. Die Anhängigkeit des Herstellungsprozesses hindert keine Partei, im besonderen Rechtsstreit auf Scheidung zu klagen (RG JW 1910, 475[15]). Die Erhebung einer Widerklage auf Scheidung berechtigt den Widerkläger, auch Anfechtungsgründe vorzubringen, sofern die Frist noch nicht abgelaufen ist (RG Warn 1913 Nr 58).

4. **Widerklage.** Unter § 1572 fällt auch die Scheidungswiderklage. Dem Widerkläger bleibt aber die Frist zur Geltendmachung nur dann gewahrt, wenn sie noch nicht zur Zeit der (nach § 281 ZPO in der mündlichen Verhandlung erfolgenden) Erhebung der Widerklage verstrichen war, jedoch wird zugunsten des Widerklägers derjenige Zeitraum in die Ausschlußfrist des § 1571 nicht eingerechnet, währenddessen er verhindert war (§ 203 Abs 2), Widerklage zu erheben, d. h. der Zeitraum zwischen Erhebung der Klage und der ersten mündlichen Verhandlung (RG 57, 192). Da jetzt nach § 281 ZPO i. d. Fassung v. 13. Mai 1924 die Widerklage auch durch Zustellung eines den Erfordernissen des § 253 Abs 2 Nr 3 entsprechenden Schriftsatzes erhoben werden kann, wird zugunsten des Widerklägers in die Ausschlußfrist nur der Zeitraum nicht eingerechnet werden können, der zwischen der Klageerhebung und dem Eintritt der Möglichkeit, Widerklage mittels Schriftsatzes zu erheben, liegt. **Jedoch kommt** § 1572 dem Widerkläger nur dann zustatten, wenn die Klage auf Scheidung oder Anfechtung der Ehe gerichtet ist; denn nur in diesen Fällen ist der Widerkläger mit dem Verluste seines Scheidungs- oder Anfechtungsrechts gemäß § 616 ZPO bedroht (RG JW 1910, 475[15]). Für den Widerkläger wird die Frist zur Geltendmachung von Scheidungs- und Anfechtungsgründen nicht durch die von seinem Gegner ausgehende Klageerhebung gewahrt (RG JW 1909, 689[17]; RG Warn 1917 Nr 209; RG 104, 157; RG 4. 2. 24 IV 147/23).

5. **Anfechtungsgründe.** Da mit Erhebung der Scheidungsklage oder der Anfechtungsklage das eheliche Verhältnis im ganzen zum Gegenstande des Streites gemacht wird (RG 58, 309), so gilt der Grundsatz des § 1572 für die Scheidungsgründe auch dann, wenn

die Anfechtungsklage erhoben ist, und für die Anfechtungsgründe dann, wenn die Anfechtungs- oder die Scheidungsklage erhoben ist (vgl. dazu RG 53, 334; RG JW 03 Beil 70[163]; RG Warn 1920 Nr 42; 1921 Nr 45; § 1564 A 4).

§ 1573

[1]) Tatsachen[2]), auf die eine Scheidungsklage nicht mehr gegründet werden kann, dürfen zur Unterstützung einer auf andere Tatsachen gegründeten Scheidungsklage geltend gemacht werden[3]).

E I 1448 II 1468; M 4 606; P 4 436.

1. Der **ausgeschlossene Scheidungsgrund** kommt nach § 1573, wie es M 4, 606 heißt, „nicht als selbständige rechtserzeugende Tatsache, sondern nur zur Charakterisierung und zum Beweise eines neuen Scheidungsgrundes in Betracht".

2. Alle **Tatsachen,** die infolge Verzeihung (§ 1570), Fristablauf (§ 1571) und Klageabweisung (§ 616 ZPO) zur selbständigen Begründung des Scheidungsanspruchs ungeeignet sind, fallen unter § 1573 (RG JW 03 Beil 48[108]). Haben die früheren Verfehlungen überhaupt nicht ehezerrüttend gewirkt, so findet § 1573 keine Anwendung. Denn dann liegt die Voraussetzung dieser Vorschrift, daß auf jene Tatsachen die Scheidungsklage nicht mehr gegründet werden kann, nicht vor (RG 18. 6. 14 IV 138/14). Die Verwertung sämtlicher Eheverfehlungen eines Ehegatten zur Begründung des Scheidungsausspruchs ist nicht zu beanstanden, wenn auch nur eine dieser Verfehlungen in die Zeit nach der Verzeihung oder in die letzten sechs Monate vor der Trennung der Parteien fällt (RG 15. 3. 15 IV 462/14; 20. 9. 15 IV 77/15). Die Grundsätze über die Rechtskraft werden nicht verletzt, wenn die früheren Tatsachen, die zur Begründung der abgewiesenen Scheidungsklage dienen sollten, anders als im Vorprozeß beurteilt werden (RG SeuffA 67 Nr 42). Der § 1573 ist für den Fall gegeben, daß die neuen Tatsachen weder jede für sich allein, noch alle zusammen zur Erfüllung des Tatbestandes eines Scheidungsgrundes ausreichen, daß sie aber einen Scheidungsgrund abgeben würden, wenn sie im **Zusammenhalte mit den ausgeschlossenen Tatsachen** betrachtet würden. Irrig ist die Annahme, daß die nicht ausgeschlossenen Tatsachen, schon allein für sich betrachtet, schwere ehezerrüttende Verfehlungen oder gar einen Scheidungsgrund darstellen müßten (RG Gruch 50, 1101; RG 12. 3. 06 IV 426/05; RG JW 1912, 39[32]; RG 29. 11. 23 IV 167/23). Die Heranziehung der älteren Verfehlungen ist zulässig, auch wenn diese auf einem ganz andern Gebiete liegen als die neueren Verfehlungen (RG 5. 6. 16 IV 56/16). Bei der Würdigung des Gesamtverhaltens können die früheren Verfehlungen, die nur unterstützungsweise heranzuziehen sind, nicht als gleichwertig mit den neuen Verfehlungen behandelt werden. Es kann ihnen für Erfüllung des Scheidungstatbestandes immer nur eine geringere Bedeutung beigemessen werden, wobei es namentlich darauf ankommt, wieweit die Verfehlungen zurückliegen und inwieweit ihre Wirkungen durch besseres Verhalten in der Zwischenzeit beseitigt sind (RG 5. 6. 16 IV 56/16; RG 27. 3. 22 IV 467/21). Für die Scheidung aus § 1568 ist auch ein **verziehener Ehebruch** als unterstützende Tatsache im Sinne des § 1573 verwertbar (RG 16. 11. 05 IV 247/05; RG Warn 1915/16 Nr 202). Ein verziehener Ehebruch kann nur dann zur Unterstützung im Sinne des § 1573 verwertet werden, wenn zugleich festgestellt wird, daß ihn der andere Teil als ehezerrüttend empfunden hat. Die Feststellung ist notwendig, weil der Ehebruch infolge der Verzeihung keinen unbedingten Scheidungsgrund mehr bildet (RG 27. 9. 15 IV 97/15; 5. 6. 16 IV 56/16). Ein Ehebruch, dem der andere Teil zugestimmt hat, kann nicht zur Unterstützung im Sinne des § 1573 verwertet werden (RG 28. 5. 19 IV 90/19). Verweigert ein Ehegatte mit der Behauptung, daß ihm ein Scheidungsgrund zur Seite stehe, die Wiederherstellung der häuslichen Gemeinschaft, wird er aber dazu rechtskräftig verurteilt, so können die zur Darlegung des Scheidungsgrundes im Herstellungsprozesse geltend gemachten Tatsachen im folgenden Scheidungsprozeß wegen böslicher Verlassung behufs Begründung des Rechtes zur Verweigerung der Gemeinschaft nur im Rahmen des § 1573 zur Unterstützung neuer Tatsachen verwertet werden (RG JW 02 Beil 273). Sie können aber zur Begründung der Scheidungsklage selbständig geltend gemacht werden. Vgl. § 1567 A 4. Stellen die neueren Tatsachen **überhaupt keine Eheverfehlungen** dar, so entfällt die Veranlassung, auf die früheren Vorgänge einzugehen (RG 12. 11. 07 IV 70/08; RG JW 07, 107[9]; 1910, 1005[19]; 1912, 39[32]; RG Warn 1913 Nr 425; RG 22. 3. 15 IV 523/14; 20. 9. 15 IV 77/15; RG 23. 4. 23 IV 620/22). Die Verfehlungen aus neuerer Zeit müssen im Falle des § 1568 zwar eine schuldhafte Verletzung der durch die Ehe begründeten Pflichten enthalten, dürfen aber nicht ganz bedeutungslos, nicht völlig unerheblich sein. Schwere Pflichtverletzungen brauchen sie nicht darzustellen (RG 10. 2. 16 IV 302/15; 12. 10. 22 IV 25/22; RG 28. 1. 24 IV 130/23). Vgl. auch RG 100, 107 (zulässige Berücksichtigung eines auf neue Tatsachen gegründeten Gutachtens bei vorangegangener Abweisung der Scheidungsklage wegen

Geisteskrankheit). Wenn ältere Tatsachen in Verbindung mit neueren Tatsachen einen Scheidungsgrund bilden, so kann dieser Umstand auch im Sinne des § 323 ZPO und der §§ 1611 Abs 2, 2335 BGB zur Herabsetzung der rechtskräftig zugesprochenen Unterhaltsrente führen (**RG** 23. 11. 08 IV 513/08). Tatsachen, die vor dem Inkrafttreten des BGB liegen, können unter der Voraussetzung, daß sie auch nach altem Rechte Eheverfehlungen, wenn auch nicht gerade einen Scheidungsgrund darstellen, verwertet werden.

3. **Geltendmachung zur Verteidigung.** Die im § 1573 eingeräumte Befugnis kann nicht nur zur Unterstützung einer Scheidungsklage sowie einer Scheidungswiderklage, sondern auch zur Unterstützung eines Antrags auf Mitschuldigerklärung ausgeübt werden; es kann der beklagten Partei auch nicht verwehrt werden, sich der Klage gegenüber zu seiner Verteidigung auf Vorkommnisse zu beziehen, die vor der Verzeihung liegen oder auf die er aus einem sonstigen Grunde eine Scheidungsklage und selbst einen Antrag auf Mitschuldigerklärung nicht gründen könnte (**RG** 26. 1. 16 IV 368/15; 2. 10. 19 IV 223/19. Vgl. § 1570 A 1).

§ 1574

[1]) Wird die Ehe aus einem der in den §§ 1565 bis 1568[2]) bestimmten Gründe geschieden[3]), so ist[4]) in dem Urteil auszusprechen[5]), daß der Beklagte[6]) die Schuld an der Scheidung trägt.

Hat der Beklagte Widerklage[7]) erhoben und wird auch diese für begründet erkannt[8]), so sind[4]) beide Ehegatten für schuldig zu erklären[9]).

Ohne Erhebung einer Widerklage[10]) ist auf Antrag[11]) des Beklagten[12]) auch der Kläger für schuldig zu erklären, wenn Tatsachen vorliegen, wegen deren der Beklagte auf Scheidung klagen könnte[13]) oder, falls sein Recht auf Scheidung durch Verzeihung oder durch Zeitablauf ausgeschlossen ist, zur Zeit des Eintritts des von dem Kläger geltend gemachten Scheidungsgrundes berechtigt war, auf Scheidung zu klagen[14—17]).

E I 1449 II 1469; M 4 606 ff.; P 4 436.

1. Die **auf Verschulden beruhende Scheidung** (§§ 1565—1568) hat, je nachdem das Verschulden einen Ehegatten allein oder beide Ehegatten trifft, verschiedene Wirkungen. Vgl. namentlich §§ 1578—1582 (Gegenseitige Unterhaltspflicht geschiedener Ehegatten), § 1584 (Widerruf von Schenkungen), §§ 1585, 1635, 1636 (Unterhalt der Kinder und Sorge für ihre Person), § 1577 (Namensführung der geschiedenen Frau), §§ 1478, 1549 (Teilung des Gesamtguts). Außerdem beeinflußt die Schuldfrage schon vor der Scheidung das Erbrecht (§ 1933), die letztwilligen Verfügungen (§§ 2077, 2268) und den Erbvertrag (§ 2279). Wegen ihrer Wichtigkeit muß in den Fällen der §§ 1565—1568 die Entscheidung der Schuldfrage mit dem Scheidungsausspruche verbunden werden.

2. Die in den **§§ 1565—1568 bestimmten Scheidungsgründe** haben sämtlich zur Voraussetzung, daß die Zerrüttung des ehelichen Verhältnisses von dem Ehegatten verschuldet worden ist. Wird die Ehe aus einem der bezeichneten Gründe auf Antrag einer Partei geschieden, so ist damit anerkannt, daß die andere Partei ein Verschulden trifft. Dies bedarf aus dem in A 1 angegebenen Grunde des ausdrücklichen Ausspruchs. Die Schuldigerklärung ist eine Folge, nicht eine Voraussetzung der Scheidung (**RG** JW 05, 723[15]). Nur bei der ein Verschulden nicht voraussetzenden Scheidung wegen Geisteskrankheit (§ 1569) bedarf es eines Schuldausspruchs nicht, obwohl Fälle denkbar sind, in denen die Zerstörung der geistigen Fähigkeiten auf eigene Schuld zurückzuführen ist, z. B. bei Trinkern (§ 1568 A 4).

3. **Scheidung.** Gleiches gilt, wenn auf Aufhebung der ehelichen Gemeinschaft erkannt wird (§ 1575 Abs 2).

4. Hiermit wird im Gegensatze zu Abs 3 § 1574 vorgeschrieben, daß der Schuldausspruch **von Amts wegen** zu erfolgen hat (**RG** JW 04, 235[11]). Die Entscheidung über die Schuldfrage ist ein notwendiger Bestandteil des Scheidungsurteils (**RG** 46, 158). Beide Entscheidungen sind untrennbar (**RG** 58 S. 311, 319). Ein gegen die Schuldigerklärung gerichtetes Rechtsmittel greift immer zugleich den Scheidungsausspruch an (**RG** JW 05, 395[14]; **RG** SeuffA 72 Nr 128).

5. Der **Ausspruch über die Schuld** findet in der Urteilsformel seinen Platz. — Der Vorschrift des § 1574 ist genügt, wenn die Entscheidung über die Schuldfrage zwar nicht in der Urteilsformel, wohl aber in den Entscheidungsgründen getroffen ist (**RG** Warn 1919 Nr 41; **RG** Recht 1922 Nr 73). Die lediglich in den Gründen des bedingten

der Ehe treffe, kann die vom Gesetz erforderte Schuldigerklärung nicht ersetzen (**RG** 99, 80). Vgl. § 1578 A 2.

6. **Parteirolle.** Abs 1 bezieht sich dem Wortlaute nach auf den Fall, daß auf Antrag des Klägers geschieden wird. Dem Sinn nach sind aber auch die Fälle betroffen, in denen auf Antrag des Beklagten geschieden wird, z. B. wenn die klagende Partei die Anfechtungs- oder die Herstellungsklage erhoben hat. Die Parteirolle ist von keiner Bedeutung (**RG** JW 04, 235[11]).

7. Im Abs 2 wird vorausgesetzt, daß Klage und Widerklage auf Scheidung aus §§ 1565 bis 1568 gerichtet sind.

8. Der Ausdruck: „die Widerklage wird **für begründet erkannt**" ist gleichbedeutend mit: „auf die Widerklage wird geschieden" und nur deshalb gewählt, weil ein nochmaliger Scheidungsausspruch überflüssig ist, wenn, was hier vorausgesetzt wird (folgt aus dem Wörtchen „auch"), schon auf die Klage geschieden wird.

9. Wird die Widerklage, aber nicht die Klage für begründet erachtet und auf die Widerklage allein geschieden, so ist der Kläger allein für den schuldigen Teil zu erklären. — Hat die Frau **Mißhandlungen** durch den Mann sowohl als Scheidungsgrund als auch als Entschuldigung für die ihr als Mitschuld vorgeworfenen Beleidigungen geltend gemacht und ist sie mit der Scheidungsklage durchgedrungen, so hat der Mann, wenn er den Scheidungsausspruch unangefochten läßt und sich auf den Antrag, die Klägerin für mitschuldig wegen der Beleidigungen zu erklären, darzutun, daß die erwiesenen Mißhandlungen nach Anlaß und Verlauf der Streitigkeiten nicht geeignet gewesen seien, die späteren Ausfälle der Klägerin milder erscheinen zu lassen (**RG** LZ 1922, 462[10]).

10. **Ohne Erhebung einer Widerklage.** Es soll verhütet werden, den Beklagten in die Zwangslage zu bringen, eine auf Scheidung gerichtete Widerklage lediglich zu dem Zwecke zu erheben, um die Nachteile der Schuldigerklärung, die ihn für den Fall der Zuerkennung der Scheidungsklage treffen würden, von sich abzuwenden (M 4, 607). Das Gesetz hat zunächst den Fall im Auge, daß der Beklagte einer Scheidungsklage aus §§ 1565—1568 gegenüber eine Widerklage auf Scheidung aus §§ 1565—1568 überhaupt nicht erhebt, sondern sich von vornherein auf den Antrag beschränkt, auch den Kläger für schuldig zu erklären. Diesem Falle steht der Fall gleich, daß der Beklagte die Widerklage auf Scheidung zwar erhebt, aber, bevor eine rechtskräftige Entscheidung über die Widerklage getroffen ist, fallen läßt und sich auf den Antrag auf Schuldigerklärung beschränkt. Dazu ist er sowohl in demselben wie in einem früheren Rechtszuge berechtigt, selbst dann, wenn er in einem Rechtszuge mit der Scheidungswiderklage abgewiesen worden war und mit dem eingelegten Rechtsmittel das Urteil hinsichtlich der abweisenden Entscheidung unangefochten gelassen hatte (**RG** JW 05, 154[12]; **RG** 8. 3. 06 IV 444/05). **Zwang** soll weder zur Erhebung noch zur Aufrechterhaltung einer Scheidungswiderklage ausgeübt werden. — Das Recht des beklagten Ehegatten auf Schuldigerklärung des Klägers aus § 1574 Abs 3 geht nicht dadurch verloren, daß er über den fraglichen Antrag hinaus widerklagend Scheidung begehrt (**RG** JW 04, 489[14], **RG** 19. 9. 07 IV 16/07), gleichviel ob der Antrag auf Schuldigerklärung nur als **Hilfsantrag** in der Rangstellung nach der Scheidungswiderklage gestellt ist oder nicht. Demzufolge ist das Gericht verpflichtet, einen dahin gefaßten Widerklageantrag: die Ehe zu scheiden und die Gegenpartei für den schuldigen Teil zu erklären, auch aus § 1574 Abs 3 zu prüfen (**RG** JW 05, 395[14]; **RG** 21. 5. 06 IV 575/05). Der Antrag auf Schuldigerklärung hat selbständige Bedeutung (**RG** JW 05, 150[35]). Er kann mit der Klage auf Herstellung der ehelichen Gemeinschaft verbunden werden (**RG** JW 04, 488[13]). Der im ersten Rechtszuge mit der Scheidungsklage abgewiesene, aber auf die Widerklage geschiedene Kläger kann sich im zweiten Rechtszuge auf den Antrag, auch die Beklagte für schuldig zu erklären, beschränken (**RG** Gruch 47, 966). Die Pflicht des Ehescheidungsgerichts, eine Scheidungswiderklage auch als Antrag auf Schuldigsprechung aus § 1574 Abs 3 zu prüfen, dürfte sogar dann bestehen, wenn der Widerklageantrag schlechthin auf Scheidung gerichtet ist; denn der Antrag auf Scheidung enthält stillschweigend auch den Antrag auf Schuldigerklärung, da Scheidung ohne Schuldigerklärung gesetzlich ausgeschlossen ist (vgl. **RG** JW 04, 235[11]). Wenn im Eheprozeß eine Partei, die die Stellung des Beklagten einnimmt — einerlei ob gegenüber der ursprünglichen Klage oder gegenüber einer Widerklage —, den Antrag stellt, die Ehe aus Verschulden des Gegners zu scheiden, so muß dieser Antrag in dem Sinne behandelt werden, daß er zugleich das Begehren enthält, den Gegner für mitschuldig zu erklären, falls das Gericht dem Beklagten seinen zunächst geltend gemachten, auf Scheidung gerichteten Anspruch aus einem der in § 1574 Abs 3 erwähnten Gründe absprechen sollte (**RG** 13. 5. 18 IV 55/18; **RG** Gruch 63, 489; **RG** SeuffA 77 Nr 5; 78 Nr 139; **RG** LZ 1924, 160[1]). Nach § 1574 Abs 3 gibt das Geltendmachen eines Scheidungsgrundes dem Gegner das Recht, diesen Scheidungsgrund als Grundlage für die Stellung seines Antrags auf Mitschuldigerklärung des Klägers zu benutzen. Der mit seinem Scheidungsverlangen im ersten Rechtszuge durchgedrungene Kläger darf gegenüber dem Antrage des

andern Ehegatten auf Mitschuldigerklärung seine Klagebegründung im zweiten Rechtszuge zum Zwecke der Beseitigung dieses Antrags nicht ändern (RG Gruch 67, 189). Wenn bei Scheidung auf beiderseitigen Antrag der eine Ehegatte wegen Ehebruchs für mitschuldig erachtet wird, so darf der Gegenbeweis, daß kein Ehebruch vorliege, nicht aus dem Grunde, weil derselbe Ehegatte ja doch für mitschuldig zu erklären wäre, nicht abgelehnt werden. Durch ein solches Urteil kann sich der Ehegatte mindestens insofern beschwert fühlen, als er dadurch der Möglichkeit der Bestrafung aus § 172 StGB ausgesetzt wird (RG Recht 1920 Nr 410). Es steht nichts im Wege, auch bei bloßer Mitschuldigerklärung die Kosten nach § 92 ZPO gegeneinander aufzuheben (Strauß im Recht 1921 S. 74).

11. Antrag. In dem Antrag auf Klageabweisung liegt ein Antrag auf Schuldigerklärung nicht, wohl aber in dem Antrag auf Scheidung aus §§ 1565—1568; vgl. auch A 10.

12. Parteirolle. Das Antragsrecht steht jedem auf Scheidung verklagten Ehegatten zu, in welcher Parteirolle er sich auch befinden möge (RG 49, 167; RG JW 04, 489[14]), und zwar gleichviel, ob er ebenfalls Scheidung begehrt oder Herstellung der Gemeinschaft verlangt oder die Ehe anficht. — Die Vorschrift des § 1574 Abs 3 ist nicht auf den Fall zu beschränken, daß die beklagte Partei der Klage gegenüber die Mitschuld des Klägers beantragt, sie muß entsprechend auch zugunsten des mit einer Scheidungswiderklage belangten Klägers Anwendung finden (RG LZ 1924, 160[1]).

13. Vorhandene Scheidungsgründe. Hiermit wird zum Ausdrucke gebracht, daß Scheidungsgründe vorhanden und noch nicht durch Verzeihung oder Zeitablauf erloschen sind, also behufs Erlangung der Scheidung geltend gemacht werden könnten, aber nicht zu diesem Zwecke geltend gemacht werden (vgl. RG JW 03 Beil 72[167]; RG 10. 5. 15 IV 618/14). In diesem Falle läge mithin für eine Scheidungswiderklage Aussicht auf Erfolg vor (anders A 14), und der Beklagte würde gezwungen sein, die Widerklage zu erheben, wenn ihm nicht das Antragsrecht aus § 1574 Abs 3 zustände (vgl. A 10). Abgesehen von dem Sonderfall des § 1574 Abs 3 Halbs 2 kann dem Antrag eines Beklagten, auch die Klägerin für schuldig zu erklären, nach § 1574 Abs 3 nur entsprochen werden, wenn die Sache so liegt, daß, falls der Beklagte Widerklage auf Scheidung erhoben hätte, diese in jeder Beziehung, auch in der Zumutungsfrage, begründet sein würde (RG 3. 5. 23 IV 591/22).

14. Ausgeschlossene Scheidungsgründe. Hiermit wird zum Ausdrucke gebracht, daß dem Beklagten Scheidungsgründe nicht oder doch nicht mehr zur Seite stehen. In diesem Falle läge mithin für eine Scheidungswiderklage Aussicht auf Erfolg nicht vor (anders A 13) und demgemäß auch keine Zwangslage für den Beklagten (vgl. A 10). Die Widerklage verbietet sich von selbst, und es folgt auch hieraus, daß das Antragsrecht aus § 1574 Abs 3 durch Erhebung einer Widerklage nicht beseitigt wird (RG Gruch 49, 1045). In Fällen des Abs 3 Halbs 2 liegt die Annahme nahe, daß der Beklagte den Scheidungsgrund in der Erwartung verziehen oder nicht rechtzeitig geltend gemacht habe, daß auch der Kläger den ihm zustehenden Scheidungsgrund nicht geltend machen werde (M 4, 608). Dieser Gedanke trifft nicht nur zu, wenn dem Beklagten zur Zeit seiner Verfehlung ein Scheidungsgrund nicht mehr, sondern auch, wenn ihm damals ein Scheidungsgrund noch nicht zur Seite stand. Es ist also gleichgültig, welcher der Ehegatten sich zuerst verfehlt hat. Vielmehr kommt es nur darauf an, daß zu der Zeit, in der das Scheidungsrecht des Klägers begründet war, das Scheidungsrecht des Beklagten noch nicht durch Verzeihung oder Zeitablauf erloschen war, d. h. wenn wenigstens zeitweise **Scheidungsrecht gegen Scheidungsrecht** stand (RG JW 04, 489[14]; RG SeuffA 77 Nr 5). Die Fassung des § 1574 Abs 3 ist insofern ungenau, als auf den Zeitpunkt des „Eintritts" und nicht vielmehr auf die Zeitdauer des Bestehens des vom Kläger geltend gemachten Scheidungsgrundes abgestellt wird. Zur Anwendung des § 1574 Abs 3 Halbs 2 genügt es, wenn sich die beiderseitigen Scheidungsgründe während gewisser Zeit noch **unverziehen und unverjährt gegenüberstanden** (RG 70, 334; RG JW 09, 417[16]; RG Warn 1915 Nr 145 zu 3; RG SeuffA 77 Nr 5). — Hat der Beklagte nacheinander mehrere Scheidungsgründe (z. B. durch mehrere Ehebrüche) dem klagenden Ehegatten gegeben und trifft das Erfordernis, daß sich die beiderseitigen Verfehlungen eine Zeitlang unverziehen und unverjährt gegenüberstanden, nur hinsichtlich der älteren, nicht hinsichtlich der neueren Verfehlungen des Beklagten zu, so steht diesem das Recht auf Mitschuldigerklärung des andern Teiles dann nicht zu, wenn der klagende Ehegatte nur die neueren Verfehlungen des Beklagten als Scheidungsgrund geltend macht. Reichen die geltend gemachten neueren Verfehlungen des Beklagten zur Rechtfertigung des Scheidungsanspruchs aus, so kann der Beklagte die Mitschuldigerklärung des andern Teiles nicht dadurch erreichen, daß er gegen den Willen des andern Teiles auf seine, des Beklagten, älteren Verfehlungen zurückgreift. Anders liegt die Sache, wenn erst durch das **Gesamtverhalten** des Beklagten (ältere und neuere Verfehlungen zusammengenommen, § 1568 A 2) ein Scheidungsgrund zustande kommt. — Bildet ein Gesamtverhalten des einen Ehegatten erst den Scheidungsgrund nach § 1568, so trifft § 1574 Abs 3 Halbs 2 nur zu, wenn der vollendete Scheidungsgrund dem auf der andern Seite gegebenen Scheidungsgrund unverjährt oder unverziehen gegenüber gestanden hat.

Solange der Tatbestand des § 1568 noch nicht erfüllt war, war auch ein Scheidungsgrund nicht gegeben (**RG** 104, 86). Handelt es sich um Verfehlungen, die erst in ihrer Gesamtheit einen Scheidungsgrund bilden, so ist ein vollendeter Scheidungsgrund erst entstanden, wenn die letzte der Verfehlungen eingetreten ist (**RG** 3. 5. 23 IV 591/22; **RG** 5. 11. 23 IV 159/23). Voraussetzung der Mitschuldigerklärung des Klägers nach § 1574 Abs 3 Halbs 2 ist nicht nur, daß der Kläger den Scheidungsgrund geltend macht, sondern er muß damit auch durchdringen (**RG** 30. 5. 18 IV 122/18). Wohl ist der Scheidungskläger befugt, frei darüber zu bestimmen, **welche Scheidungsgründe** er zur Begründung seines Scheidungsverlangens geltend machen will. Er mag seine Entscheidung darüber auch unter dem Gesichtspunkte treffen können, dem Gegner womöglich keine Gelegenheit zur Stellung eines Mitschuldantrags zu bieten; er mag auch unter demselben Gesichtspunkte nachträglich seine ursprüngliche Klagebegründung ändern können. Aber dieses Recht hört auf, wenn aus seiner Prozeßführung bereits dem Gegner selbständige Rechte erwachsen sind. Das ist der Fall, wenn das Vorbringen der Klägerin im ersten Rechtszuge dazu geführt hat, daß das Gericht den Ausspruch der Scheidung darauf gestützt hat. Dieser Scheidungsausspruch war mangels eines darauf gerichteten Parteiantrags (der Beklagte und Berufungskläger hatte im zweiten Rechtszuge nur Mitschuldigerklärung der Klägerin beantragt) nicht mehr abänderbar und deshalb als ein endgültiger Ausspruch zu behandeln. Der Beklagte war nunmehr berechtigt, seinen Mitschuldantrag auf das die Grundlage des Scheidungsausspruchs bildende Vorbringen der Klägerin zu gründen, obwohl diese einen Teil davon nicht mehr aufrechterhalten wollte (**RG** 29. 6. 22 IV 2/22). Auf Tatsachen, deren Geltendmachung in einem früheren Rechtsstreite geschehen konnte, und die deshalb durch § 616 ZPO ausgeschlossen ist, bezieht sich § 1574 Abs 3 nicht. (Wegen der gegen diese Regelung sprechenden Bedenken vgl. **RG** JW 1913, 644[9].) Solche Tatsachen können aber gemäß § 1573 zur Unterstützung anderer Tatsachen auch im Falle des Abs 3 berücksichtigt werden (**RG** JW 1910, 477[17]; **RG** Warn 1913 Nr 101). § 616 ZPO findet auf die Herstellungsklage keine Anwendung (**RG** Warn 1926 Nr 16).

15. Parteiabreden über die Regelung der Schuldfrage sind unverbindlich. Diese kann nur auf Grund des § 1574 durch richterlichen Ausspruch geregelt werden. Dagegen ist es zulässig, Vereinbarungen für den Fall der richterlichen Schuldigerklärung über deren vermögensrechtliche Wirkungen zu treffen.

16. Verfahren. Die **Eideszuschiebung** über eine nur zur Begründung des Antrags auf Schuldigerklärung vorgebrachte Tatsache ist zulässig. § 617 Abs 2 ZPO steht nicht entgegen (**RG** 5. 6. 05 IV 49/05; **RG** JW 1927, 1207[22]). Soll mit den unter Eidesbeweis gestellten Behauptungen zugleich ein Scheidungsantrag begründet werden, so ist das Beweismittel zurückzuweisen (**RG** JW 04, 391[22]; 1924, 46[6]; **RG** Warn 1917 Nr 86; 1921 Nr 54). Dabei macht es keinen Unterschied, ob der **Antrag auf Mitschuldigerklärung** der Gegenpartei mit dem Hauptantrage auf Scheidung verbunden ist oder nur als Hilfsantrag für den Fall, daß dem Hauptantrage nicht stattgegeben werden könne, gestellt wird (**RG** 17. 5. 09 IV 411/08). Die Eideszuschiebung in Ehesachen ist insoweit nicht zu beanstanden, als sie sich auf Behauptungen bezieht, die ausschließlich zur **Abwehr** der Ehescheidung oder zur Begründung eines auf die **Schuldfrage** beschränkten Antrags vorgebracht werden (**RG** Warn 1913 Nr 328). Eideszuschiebungen des Beklagten hinsichtlich der Schuldfrage sind unzulässig, solange neben dem Hilfsantrag auf Mitschuldigerklärung der Klägerin ein Widerklageantrag auf Scheidung aufrechterhalten wird. In dem einheitlichen Eheverfahren kann eine Unterscheidung dahin, daß der Beweis einer Eheverfehlung zwar für die Schuldfrage, nicht aber für die Widerklage als geführt anzusehen ist, nicht gemacht werden (**RG** Warn 1914 Nr 345). Ein über die Schuldfrage abgeleisteter Schiedseid beweist die beschworene Tatsache auch für die Scheidungsfrage. So wurde die auf Ehebruch des Mannes gegründete Scheidungswiderklage der Frau mit Recht abgewiesen, nachdem die Frau unter Aufgabe der Scheidungswiderklage nur Mitschuldigerklärung des Mannes beantragt, den Eid über den Ehebruch zugeschoben und nach verneinender Ableistung des Eides durch den Mann die Scheidungswiderklage wieder aufgenommen hatte (**RG** SeuffA 71 Nr 265). Unzulässigkeit der Eideszuschiebung liegt aber nicht schon dann vor, wenn die Tatsache an sich geeignet ist, die Scheidung, Eheanfechtung oder Verweigerung des ehelichen Lebens zu begründen, sondern erst, wenn sie dazu vorgebracht oder vom Richter verwendet worden ist (**RG** JW 03, 181[30]). Wird die Tatsache vom Richter nicht zur Begründung des Scheidungsausspruchs verwendet, sondern die Scheidungsklage abgewiesen, so liegt kein Verstoß gegen § 617 Abs 2 ZPO vor (**RG** JW 06, 314[23]; **RG** 11. 1. 23 IV 179/22). Vgl. auch **RG** Warn 1917 Nr 219 (Verzicht auf Beeidigung von Zeugen). § 617 Abs 2 ZPO findet nur dann Anwendung, wenn die von einem **Zeugen** bekundeten Tatsachen zur Scheidung geführt haben, nicht aber, wenn die Scheidungsklage abgewiesen ist (**RG** Gruch 50, 1101; **RG** Warn 1920 Nr 16; **RG** 22. 11. 23 IV 61/23). Ein nur wegen der Schuldigerklärung eingelegtes Rechtsmittel **hemmt die**

Rechtskraft des Urteils im ganzen Umfange (RG JW 05, 154[42]). Ein Teilurteil, das auf Scheidung unter Vorbehalt der Entscheidung über die Schuldfrage erkennt, ist unzulässig (RG 58, 311). Das Erkenntnis über die Schuld der Ehegatten darf nicht von dem Scheidungsausspruch getrennt werden. Jedes Rechtsmittel, das gegen ein Scheidungserkenntnis eingelegt wird, ergreift das ganze Urteil, auch wenn die Abänderung der Entscheidung nur hinsichtlich des Schuldpunkts begehrt wird und die Nachprüfung nur in den durch die Anträge bestimmten Grenzen zu erfolgen hat. Ist rechtskräftig auf Scheidung erkannt, so ist der Scheidungsprozeß einschließlich der Feststellung der Schuld erledigt; zu einer Eidesleistung und einem **Läuterungsverfahren** kann es dann nicht mehr kommen. Es ist also unzulässig, nur die Entscheidung über die Schuld eines Ehegatten von einem Eide abhängig zu machen (RG JW 1910, 756[19]). Vgl. § 1564 A 4. Das Revisionsgericht kann geeignetenfalls die **Urteilsformel** dem § 1574 entsprechend dahin fassen, daß sowohl über die Schuld als auch über die Scheidung bedingt erkannt wird (RG JW 1910, 756[19]; RG 8. 12. 10 IV 207/10; 23. 9. 11 IV 667/10). Auch wenn nur die Scheidungswiderklage durch Eid bedingt zugesprochen, die Scheidungsklage aber unbedingt abgewiesen wird, ist die Urteilsformel so zu fassen, daß sowohl die Entscheidung über die Widerklage als auch über die Klage von der Leistung oder Nichtleistung des Eides abhängig sind (RG 18. 3. 12 IV 364/11). Unzulässig ist es, über einen Teil des Streitstoffs unbedingt und über einen andern Teil durch bedingtes Endurteil zu entscheiden. Das gilt nicht nur dann, wenn durch den unbedingten Teil des Urteils einem Anfechtungs- oder Scheidungsantrage stattgegeben wird (RG 58, 316), sondern auch im umgekehrten Falle, wenn er abgewiesen wird (RG 58, S. 313, 314; RG JW 05, 397[20]). Auch in einem solchen Falle ist, wenn nur gegen einen Teil des Urteils ein Rechtsmittel eingelegt wird, die Möglichkeit nicht ausgeschlossen, daß über den nur einheitlicher Beurteilung zugänglichen Bestand der Ehe vor verschiedenen Gerichten verhandelt und entschieden wird oder daß sich sonstige Schwierigkeiten ergeben (RG 11. 12. 15 IV 188/15).

Tod. Stirbt ein Ehegatte im Laufe des Rechtsstreits, so gilt der Rechtsstreit in Ansehung der Hauptsache als erledigt (§ 628 ZPO). Zur Hauptsache gehört auch die Schuldfrage. Ihre Entscheidung kann aber in einem andern Verfahren nachgesucht werden (vgl. A 1). — Stirbt während des Scheidungsverfahrens einer der Ehegatten, so kann der zur Vertretung des Nachlasses berufene Testamentsvollstrecker das Verfahren, das nur wegen der Kosten fortgesetzt werden kann, aufnehmen (RG Recht 1921 Nr 2628). Dem Eintritte des Todes vor der Rechtskraft des Urteils ist der Fall gleichzustellen, daß im Wiederaufnahmeverfahren die Wirkung der noch bei Lebzeiten beider Ehegatten eingetretenen Rechtskraft nach dem Tode des einen Ehegatten durch Beseitigung des rechtskräftigen Urteils rückgängig gemacht wird (RG JW 1924, 908[4]).

17. Verhältnis des deutschen zum ausländischen Rechte. Im Falle der Scheidung von Ausländerehen ist die Schuldfrage nach deutschem Rechte, also nach § 1574 zu beurteilen. Weder Art 17 EG noch das Haager Abkommen v. 12. 6. 02 enthalten eine Abweichung von der Regel, daß deutsche Gerichte deutsches Recht anzuwenden haben (OLG 30, 137). Vgl. § 1564 A 7. Die Vorschrift im § 1574 Abs 3 über die Mitschuldigerklärung des Klägers ist nicht als eine rein prozessuale Vorschrift anzusehen, sonst müßte sie auch im Rechtsstreite zwischen Ausländern (hier **schwedische** Ehegatten) angewendet werden (RG Warn 1917 Nr 212). Vgl. RG Warn 1918 Nr 189; § 1564 A 7.

§ 1575

¹) Der Ehegatte, der auf Scheidung zu klagen berechtigt ist²), kann statt auf Scheidung auf Aufhebung der ehelichen Gemeinschaft³) klagen⁴). Beantragt⁵) der andere Ehegatte, daß die Ehe, falls die Klage⁶) begründet ist, geschieden wird, so ist auf Scheidung zu erkennen.

Für die Klage auf Aufhebung der ehelichen Gemeinschaft gelten die Vorschriften der §§ 1573, 1574.

E I 1444; M 4 579; P 4 391 ff.

1. Entstehungsgeschichte. Der E I hatte die beständige Trennung von Tisch und Bett nicht zugelassen, auch nicht wahlweise nach Bestimmung des Klägers neben der Ehescheidung (M 4 S. 562, 563). Er befand sich damit im Einklange mit dem bestehenden Reichsrechte (§ 77 PStG v. 6. 2. 75). Dieses war auch für die gleichfalls ablehnende Stellung der Reichstagsvorlage bestimmend. Während aber der E I zeitweilige Trennung von Tisch und Bett auf höchstens zwei Jahre als eine Versöhnungsmaßregel bei bedingten Scheidungsgründen zulassen wollte (E I § 1444 und M 4, 579), wurde in der 2. Kommission ein Antrag, diese Einrichtung gänzlich zu beseitigen und als Versöhnungsmaßregel nur die Aussetzung des Verfahrens (§ 620 ZPO) zuzulassen, angenommen (Prot 4, 398 unten).

In der Reichstagskommission wurde sodann mit Rücksicht auf die Lehre der katholischen Kirche (Prot 4 S. 391—399), wonach eine Scheidung vom Bande niemals zulässig ist, beantragt, neben der Scheidung die dauernde Trennung von Tisch und Bett einzuführen. Dieser Antrag gelangte in der Reichstagskommission und darauf auch im Reichstage zur Annahme. Er hat in den §§ 1575, 1576, 1586, 1587 Ausdruck gefunden. Vgl. § 1564 A 7 (ausländisches Recht), § 1353 A 1 (Unzulässigkeit einer Klage auf zeitliche Aufhebung der ehelichen Gemeinschaft) und Vorbem 2 vor § 1303 (österreichisches Recht), ferner § 1316 A 1, § 1323 A 2, § 1326 A 6.

2. Die Berechtigung zur Klage auf Aufhebung der ehelichen Gemeinschaft hängt also von der **Berechtigung zur Scheidungsklage** ab. Wie für letztere Klage, so sind auch für die Aufhebungsklage nur die gesetzlich anerkannten Scheidungsgründe (§§ 1565—1569) maßgebend. Ebenso gelten für die Aufhebungsklage auch die §§ 1570—1572 (Verzeihung, Zeitablauf) und § 616 ZPO (Ausschließung infolge Klageabweisung). Vgl. § 639 ZPO.

3. **Aufhebung der ehelichen Gemeinschaft.** Wegen der Wirkungen des Aufhebungsurteils vgl. § 1586. — Die Aufhebung der ehelichen Gemeinschaft gewährt die jederzeitige Möglichkeit, sofort auch die Lösung des Bandes der Ehe zu verlangen; sie ist eine nur aufschiebend noch bedingte, und zwar in das Belieben des Ehegatten gestellte Scheidung, während die Trennung von Tisch und Bett (hier nach österreichischem Rechte) sachlich etwas ganz anderes ist, da sie das Band der Ehe unberührt läßt (**RG** 48, 144).

4. Auch nach erhobener Scheidungsklage kann der Kläger zu der **Klage** auf Aufhebung der ehelichen Gemeinschaft übergehen, natürlich unbeschadet des Antragsrechts des Beklagten aus § 1575 Abs 1 Satz 2. Ebenso steht dem Ehegatten, der auf Aufhebung der ehelichen Gemeinschaft geklagt hat, der Übergang zur Scheidungsklage frei, selbst gegen den Widerspruch des Beklagten. — Der Kläger oder Widerkläger, auf dessen Antrag die Scheidung ausgesprochen worden ist, kann gegen das Scheidungsurteil Berufung oder Revision auch lediglich zu dem Zwecke einlegen, um nachträglich den Scheidungsantrag in den Antrag auf Aufhebung der ehelichen Gemeinschaft umzuwandeln. Auf das Einverständnis des Gegners kommt es für die Frage der Zulässigkeit des Übergangs nicht an (**RG** JW 1911, 655 Nr 30). Vgl. auch **RG** 100, 209 und § 1570 A 5.

5. Wird erst in der Revisionsinstanz der Antrag auf Scheidung in den Antrag auf Aufhebung der ehelichen Gemeinschaft umgewandelt, so ist es auch dem Gegner gestattet, den Antrag aus § 1575 Abs 1 Satz 2 noch in der Revisionsinstanz zu stellen (**RG** 18. 5. 11 IV 504/10). In der Erhebung einer auf Scheidung gerichteten Widerklage ist der Antrag nicht enthalten (**RG** JW 08, 302[2]). **Steht der Aufhebungsklage eine Scheidungswiderklage** (nicht bloß ein Scheidungsantrag aus § 1575 Abs 1) **gegenüber,** so ist, wenn nur die Aufhebungsklage begründet ist, auf Aufhebung der ehelichen Gemeinschaft zu erkennen und die Scheidungswiderklage abzuweisen. Wird nur die Scheidungswiderklage für begründet erachtet, so ist auf Scheidung zu erkennen und die Aufhebungsklage abzuweisen. Werden aber die Aufhebungsklage und die Scheidungswiderklage für begründet erachtet, so kann nur auf Scheidung erkannt werden. Entsprechend dem Geiste des Gesetzes hat das Verlangen nach Scheidung Anspruch auf vorzügliche Berücksichtigung gegenüber dem Verlangen nach Aufhebung der ehelichen Gemeinschaft. Der Umstand, daß in der Scheidungswiderklage der Antrag aus § 1575 Abs 1 nicht mitenthalten ist, kommt gegenüber dem Erfordernisse, auf eine begründete Scheidungswiderklage die Scheidung auszusprechen, nicht in Betracht. Ist es aber erforderlich, die Scheidung auszusprechen, so hat daneben ein Ausspruch auf Aufhebung der ehelichen Gemeinschaft keinen Platz. Abgesehen davon kann durch Ausübung des Fragerechts dahin gewirkt werden, daß der Beklagte und Widerkläger den Antrag aus § 1575 Abs 1 ausdrücklich stellt. Was die **Kostenentscheidung** in dem Falle, wenn Aufhebungsklage und Scheidungswiderklage für begründet erachtet werden, betrifft, so können die klagende Partei lediglich um deshalb, weil das Urteil nicht auf Aufhebung der ehelichen Gemeinschaft, sondern ihrem Antrage zuwider auf Scheidung lauten mußte, Kosten nicht treffen. Wesentlich übereinstimmend Blanckmeister im Recht 1920 S. 120. — Für ein Urteil auf Aufhebung der ehelichen Gemeinschaft ist neben einem Urteil auf Scheidung kein Raum mehr. Das Verlangen auf Scheidung geht dem Verlangen nach Aufhebung der ehelichen Gemeinschaft, wie sich im besonderen gerade aus § 1575 Abs 1 Satz 1 ergibt, unbedingt vor (**RG** JW 1927, 1208[23]).

6. Dasselbe gilt von der **Widerklage.** Das Antragsrecht steht in diesem Falle dem Kläger und Widerbeklagten zu. — Der mit der Scheidungsklage abgewiesene Kläger, gegen den auf die Widerklage der Beklagten auf Aufhebung der ehelichen Gemeinschaft erkannt ist, kann gegen das Urteil lediglich zu dem Zwecke, Scheidung gemäß § 1575 Abs 1 Satz 2 und Mitschuldigerklärung der Beklagten gemäß § 1574 zu beantragen, Berufung einlegen. Seine Beschwerung ergibt sich aus den §§ 1576 und 1586 sowie aus der Abweisung seiner Scheidungsklage. Er will im Ergebnis dasselbe Ziel wie mit der Scheidungsklage erreichen, nur wehrt er sich nicht dagegen, daß er auch selbst schuldig an der Scheidung ist (**RG** 115, 86).

§ 1576

[1]) **Ist auf Aufhebung der ehelichen Gemeinschaft erkannt, so kann jeder[2]) der Ehegatten auf Grund des Urteils[3]) die Scheidung beantragen[4]), es sei denn[5]), daß nach der Erlassung des Urteils[6]) die eheliche Gemeinschaft wiederhergestellt[7]) worden ist.**

Die Vorschriften der §§ 1570 bis 1574 finden keine Anwendung; wird die Ehe geschieden, so ist der für schuldig erklärte Ehegatte auch im Scheidungsurteile für schuldig zu erklären.

E I 1445.

1. Das im § 1576 jedem der beiden Ehegatten eingeräumte Recht auf **Umwandlung des Aufhebungsurteils in ein Scheidungsurteil** entspricht dem § 1575. Die Aufhebung der ehelichen Gemeinschaft kann nur, wenn und solange beide Ehegatten damit einverstanden sind, ausgesprochen werden und fortdauern.

2. **Jeder Ehegatte.** Ob er Kläger oder Beklagter gewesen ist, ob er für schuldig erklärt worden ist oder nicht, ob er sich mit der Aufhebung der ehelichen Gemeinschaft einverstanden erklärt hatte oder nicht, macht keinen Unterschied.

3. Lediglich das **rechtskräftige Aufhebungsurteil** ist zur Klagebegründung notwendig und genügend. — Wird die Scheidung nach § 1576 beantragt, so bildet, wie sich aus Abs 1 daselbst ergibt, das Aufhebungsurteil den einzigen Klaggrund der neuen Scheidungsklage. Ihr gegenüber ist als **alleiniger sachlicher Einwand** nur der auf § 1587 gegründete Einwand der **Wiederherstellung der ehelichen Gemeinschaft** zugelassen. Daraus folgt, daß der Umwandlungsanspruch des § 1576 allen übrigen Scheidungstatbeständen gegenüber durchaus selbständige Bedeutung hat und sie ausschließt. Andere Scheidungsgründe können im Umwandlungsverfahren daher nicht geltend gemacht werden. Es wäre auch unmöglich, die Schuldfrage nach § 1574, dessen Anwendung nach § 1576 Abs 2 ausgeschlossen ist, erneut zu prüfen und zu entscheiden. Der Geltendmachung neuer Scheidungsgründe steht ferner die Nichtanwendbarkeit des § 1573 entgegen. Schließlich muß die Unzulässigkeit einer neuen Scheidungsklage aus der Bestimmung des § 1586 Satz 2 gefolgert werden, inhaltlich deren nach Aufhebung der ehelichen Gemeinschaft die Vorschriften über Nichtigkeit und Anfechtbarkeit, nicht aber die über die Scheidung der Ehe Anwendung finden. Die Möglichkeit der Geltendmachung neuer Scheidungsgründe ist beiden Ehegatten genommen (RG 105, 139).

4. Der **Antrag** ist in Gestalt einer Scheidungsklage (Umwandlungsklage) bei dem Gericht anzubringen, das für eine gewöhnliche Scheidungsklage zuständig sein würde. Solange die Umwandlungsklage zulässig ist, kann weder eine auf andere Tatsachen als das Aufhebungsurteil gegründete Scheidungsklage (vgl. A 3), noch eine Klage auf Herstellung des ehelichen Lebens (der häuslichen Gemeinschaft) erhoben werden. Dagegen sind die Anfechtungsklage und die Nichtigkeitsklage zulässig (§ 1586 Satz 2). — Für die Umwandlungsklage gelten auch die Vorschriften über den Sühneversuch (§§ 608—611 ZPO). Die Kosten des Scheidungsverfahrens fallen in der Regel dem schuldigen Ehegatten zur Last (Hochschild in JW 09, 384, Marx in JW 1922, 467; Weißler in JW 1922, 523[10], bestr.). Für ein Anerkenntnisurteil ist in diesem Verfahren kein Raum (RG JW 08, 557). Der schuldige Ehegatte hat im Verfahren nach § 1576 die Kosten zu tragen, auch wenn auf seine Klage die Ehe geschieden wird (LG I Berlin 21. 5. 26 JW 1927, 1224[1]).

5. **Beweislast.** Daß nach der Erlassung des Aufhebungsurteils die eheliche Gemeinschaft wiederhergestellt worden ist, hat der Beklagte zu beweisen.

6. Die Worte **„nach der Erlassung des Urteils"** bedeuten dasselbe, was im § 1587 die Worte „nach der Aufhebung" bedeuten. Die §§ 1576 u. 1587 haben nicht verschiedene Zeitpunkte, sondern ein und denselben Zeitpunkt, nämlich den, in dem das Aufhebungsurteil rechtskräftig wird, im Auge. Daher kommt eine Wiederherstellung, die nach der Urteilsverkündung beginnt und vor dem Eintritte der Rechtskraft des Aufhebungsurteils aufhört, weder für § 1576 noch für § 1587 in Betracht.

7. Nach der **Wiederherstellung der ehelichen Gemeinschaft** (vgl. § 1587) kann Scheidung nur mittels gewöhnlicher Scheidungsklage, für die die allgemeinen Grundsätze gelten, erwirkt werden.

§ 1577

Die geschiedene Frau behält den Familiennamen des Mannes[1]).

Die Frau kann ihren Familiennamen wiederannehmen[2]). War sie vor der Eingehung der geschiedenen Ehe verheiratet, so kann sie auch den Namen wiederannehmen, den sie zur Zeit der Eingehung dieser Ehe hatte[3]), es

sei denn, daß sie allein für schuldig erklärt ist[4]). Die Wiederannahme des Namens erfolgt durch Erklärung gegenüber der zuständigen Behörde[5]); die Erklärung ist in öffentlich beglaubigter Form[6]) abzugeben.

Ist die Frau allein für schuldig erklärt, so kann der Mann ihr die Führung seines Namens untersagen. Die Untersagung[7]) erfolgt durch Erklärung gegenüber der zuständigen[5]) Behörde; die Erklärung ist in öffentlich beglaubigter Form[6]) abzugeben. Die Behörde soll[8]) der Frau die Erklärung mitteilen. Mit dem Verluste des Namens des Mannes erhält die Frau ihren Familiennamen wieder[9—12]).

E I 1455 II 1478; M 4 620; P 4 444 ff.; 5 163; 6 293.

1. Mit der Eheschließung erhält die Frau den **Familiennamen des Mannes** (§ 1355). An den Änderungen, die der Name des Mannes während der Ehe erfährt, nimmt sie teil. Den Familiennamen, den der Mann zur Zeit der Scheidung führt, behält die Frau. Von diesem Grundsatze gelten nur die im § 1577 Abs 2 u. 3 bestimmten Ausnahmen.

2. Das Recht der Frau, ihren **Familiennamen** (Mädchennamen) **wiederanzunehmen,** ist in keinem Falle beschränkt. Sie kann wählen, ob sie den Namen des geschiedenen Mannes beibehalten oder unter Ablegung dieses Namens ihren Mädchennamen wiederannehmen will. War sie vor der Eingehung der geschiedenen Ehe verheiratet, so kann sie noch ein Drittes wählen (A 3). Die Wahl der Frau zwischen den zwei bzw. drei in Frage kommenden Namen ist aber nur dann unbeschränkt, wenn in dem die letzte Ehe scheidenden Urteil entweder der Mann allein oder beide Ehegatten für schuldig erklärt worden sind. — Das Wahlrecht der Frau ist lediglich zu ihrem eigenen Nutzen gegeben und für die Allgemeinheit gleichgültig. Grundsätzlich kann sich daher die geschiedene Frau dem geschiedenen Manne gegenüber zur Wiederannahme ihres Familiennamens rechtswirksam verpflichten. Aus der höchstpersönlichen Natur des Wahlrechts der Frau und des Untersagungsrechts des Mannes ist kein Bedenken dagegen, daß sich die geschiedenen Eheleute im Rahmen der ihnen vom Gesetze gewährten Freiheit vertragsmäßig binden können, herzuleiten (**RG** 86, 114). Vgl. § 1297 Vorbem 1. Bloß daraus, daß sich die geschiedene Frau für die Übernahme der Verpflichtung zur Wiederannahme des Familiennamens ein Entgelt gewähren läßt, kann noch nicht gefolgert werden, daß der zwischen den geschiedenen Eheleuten geschlossene Vertrag dem herrschenden Volksbewußtsein sowie dem Anstandsgefühl aller billig und gerecht Denkenden widerspreche und daß ihm daher als sittenwidrig (§ 138 Abs 1) die rechtliche Anerkennung versagt werden müsse (**RG** SeuffA 76 Nr 55).

3. Zur Zeit der Eingehung der früheren Ehe hatte die Frau den **Familiennamen ihres früheren Ehemanns.** Diesen Namen mit seinen während der früheren Ehe eingetretenen Änderungen kann sie wiederannehmen.

4. **Schuldigerklärung** § 1574, nämlich in der späteren Ehe. Einer Untersagung des Gebrauchs des Namens bedarf es in diesem Falle nicht (Prot 4, 448).

5. Die Wiederannahme des Namens tritt mit der Abgabe der **Wiederannahmeerklärung gegenüber der Behörde** in Kraft (§ 130 Abs 3). Einer Mitteilung dieser Erklärung an den geschiedenen Mann bedarf es nicht. Die Zuständigkeit der Behörde bestimmt sich nach den Landesgesetzen.

6. **Öffentliche Beglaubigung** § 129 BGB, §§ 167, 183, 191 FGG.

7. Die **Untersagung** tritt mit der Abgabe der Untersagungserklärung gegenüber der Behörde in Kraft (§ 130 Abs 3), nicht erst mit dem Empfange der behördlichen Mitteilung. — Der Mann kann auf das ihm zustehende Untersagungsrecht rechtswirksam verzichten (**RG** 86, 117; **RG** JW 1917, 656[9]).

8. Da es sich nur um eine Soll-Vorschrift handelt, berührt die Unterlassung der **Mitteilung an die Frau** die Wirksamkeit der Untersagung (A 7) nicht.

9. Mit diesem Verluste erhält die Frau von selbst ihren Mädchennamen wieder.

10. Die **Wahl** kann sich nur auf einen der in Frage kommenden Namen richten. Der gewählte Name ist im amtlichen und außeramtlichen Verkehre der allein maßgebende. Zusätze, die auf die frühere Namensführung Bezug haben, sind gestattet, z. B. früher verwitwete Frau N. N. oder früher geschiedene Frau N. N. An eine Frist ist weder die Wiederannahme- noch die Untersagungserklärung geknüpft. Sobald die Erklärung in Wirksamkeit getreten ist, darf sie nicht mehr zurückgenommen werden. Auf die Namen der Kinder hat die Namensänderung der geschiedenen Frau keinen Einfluß. Die im § 1577 den geschiedenen Eheleuten in bezug auf die Namensführung eingeräumten Rechte können im Wege der Klage zur Geltung gebracht werden. Zulässig sind nicht nur die Feststellungsklage aus § 256 ZPO, sondern auch die beiden Leistungsklagen aus § 12 BGB und, falls ein schuldbar verursachter Schaden vorliegt, auch die Schadensersatzklage (Prot 4 S. 44, 45).

11. Den Rechtsschutz des § 1577 genießen **bürgerliche und adlige Namen** ohne Unterschied. Von dem Rechtsschutze des adligen Namens ist aber die Frage nach dem Adelsstande zu trennen. Da das BGB davon ausgeht, daß die Einrichtung des Adels im wesentlichen dem öffentlichen Rechte angehört, dieses aber von der Regelung durch das BGB ausgeschlossen ist, so hat es sich weder mit dem Erwerb und Verluste des Adelsstandes durch Eheschließung noch mit dem Einflusse der Scheidung auf den Adelsstand der Frau befaßt. Wegen der Familienverhältnisse der landesherrlichen Familien und der Familien des hohen Adels vgl. jedoch die Ausnahmebestimmungen in Artt 57, 58 EG und Art 109 Abs 3 der Reichsverfassung v. 11. 8. 19, wonach öffentlich-rechtliche Vorrechte oder Nachteile der Geburt oder des Standes aufzuheben sind, Adelsbezeichnungen nur als Teil des Namens gelten und nicht mehr verliehen werden dürfen. Vgl. auch § 1355 A 6. — Die geschiedene, für schuldig erklärte Frau darf den Familiennamen ihres Mannes nur unter Weglassung des Adels weiterführen, selbst wenn der Mann ihr die Fortführung seines adligen Namens gestattet. Nur in dieser Form darf sie gemäß § 1577 Abs 2 Satz 2 den Namen ihres ersten Mannes wiederannehmen (KGJ 47, 89). Wird eine **nichtige oder anfechtbare Ehe** für nichtig erklärt, so entfällt damit von selbst die Berechtigung der Frau, den Familiennamen des Mannes zu führen (**RG** 67, 61). Für die Kinder aus nichtigen Ehen gelten besondere Bestimmungen (§§ 1699—1704).

12. **Verhältnis des deutschen zum ausländischen Namensrecht.** Die Vorschriften des § 1577 finden auf geschiedene russische Eheleute keine Anwendung (KG in OLG 33, 344).

§ 1578

[1]) Der allein für schuldig erklärte Mann[2]) hat der geschiedenen Frau den standesmäßigen[3]) Unterhalt insoweit[4]) zu gewähren, als sie ihn nicht aus den Einkünften[5]) ihres Vermögens und, sofern nach den Verhältnissen, in denen die Ehegatten gelebt haben, Erwerb durch Arbeit der Frau üblich[6]) ist, aus dem Ertrag ihrer Arbeit bestreiten kann.

Die allein für schuldig erklärte Frau[2]) hat dem geschiedenen Manne den standesmäßigen[3]) Unterhalt insoweit[4]) zu gewähren, als er außerstande ist, sich selbst zu unterhalten[7—12]).

E I 1454 Abs 1 II 1472; M 4 617 ff.; P 4 515 ff.

1. Das BGB hat es abgelehnt, sog. Ehescheidungsstrafen einzuführen (vgl. **RG** 50, 307). Von der Auffassung geleitet, daß die Gestaltung der Ehe als Quelle vermögensrechtlicher Vorteile dem Wesen der Ehe widerstrebe, hat das BGB an die Scheidung nur einen auf das Bedürfnis beschränkten **Unterhaltsanspruch** geknüpft, bei dem der Gesichtspunkt einer auf Billigkeit beruhenden **Nachwirkung der Ehe** vorherrscht. Dieser Unterhaltsanspruch ist im engen Anschluß an die gesetzliche Unterhaltspflicht der Verwandten (§§ 1601—1615) geregelt, weicht aber von letzterer in mehrfacher Beziehung erheblich ab. Notwendige Voraussetzungen der Unterhaltsgewährung sind **Unterhaltsbedürftigkeit** auf der einen Seite und **Unterhaltsfähigkeit** auf der andern Seite. Beide Voraussetzungen müssen gleichzeitig gegeben sein. Ob sie schon zur Zeit der Scheidung gegeben sind oder erst später eintreten, macht keinen Unterschied. — Die in einem Unterhaltsvergleiche für die Frau festgesetzten Unterhaltsbeiträge des Mannes können im Hinblick auf die inzwischen eingetretene **Verbesserung seiner Einkommensverhältnisse** erhöht werden, wenn es im Sinne der getroffenen Vereinbarung liegt, daß die Höhe der Beiträge auch durch eine wesentliche Änderung der Einkommensverhältnisse des Mannes beeinflußt werden sollte (**RG** Warn 1926 Nr 82). Vermindert sich nach der Scheidung die Unterhaltsfähigkeit des Pflichtigen, so muß sich der Berechtigte die hieraus folgende Minderung des Unterhalts ebenso gefallen lassen, als wenn die Ehe noch fortbestände (**RG** Warn 08 Nr 68; vgl. auch § 323 ZPO, insbesondere den durch Ges. v. 13. 8. 19 hinzugefügten Abs 4, ferner § 1573 A 2 und § 1579 A 2). Unter Umständen hat der Richter die in einem Unterhaltsvergleiche festgesetzte Rente im Hinblick auf die inzwischen eingetretene **Geldentwertung** zu erhöhen. Gerade bei Festsetzung von Unterhaltsrenten kommt dem Werte des Geldes eine besondere Bedeutung zu; hier bildet den Gegenstand des Vergleichs im Grunde genommen gar nicht der anzusetzende Betrag, sondern die für den Unterhaltsberechtigten zu schaffende Möglichkeit, sich eine gewisse Menge von Dingen, die er zur Fristung seines Lebens unbedingt nötig hat, zu verschaffen. Anderseits muß aber auch bei Beurteilung der Leistungsfähigkeit des Unterhaltspflichtigen berücksichtigt werden, daß er möglicherweise ebenfalls von dem Sinken des Geldwerts in seiner Lebenshaltung betroffen wird (**RG** Warn 1921 Nr 99; zustimmend KG in JW 1922, 1336[7]; **RG** JW 1923, 45[4]; **RG** Gruch

67 S. 88, 652; RG SeuffA 77 Nr 84, 190; RG LZ 1922 S. 259[2], 409[6], 651[4]; RG 6. 1. 25 IV 183/24). Vgl. § 157 A 1; § 242 A 5. Auch eine Geldrente, die der Mann **freiwillig** und ohne gesetzliche Notwendigkeit sowie ohne Gegenleistung seiner wegen böslicher Verlassung aus ihrem Verschulden geschiedenen Frau zu ihrem standesmäßigen Unterhalt vertraglich aussetzt, ist entsprechend der inzwischen eingetretenen außerordentlichen Geldentwertung so weit zu erhöhen, daß der gewollte Zweck des Unterhaltsversprechens, nämlich die Gewährung des zum standesgemäßen Leben Notwendigen erreicht wird (RG JW 1925, 349[2]; RG 21. 3. 25 IV 476/24). Bei einem **Unterhaltsabfindungsvertrag**, den Eheleute für den Fall der Scheidung schließen, wird, im Gegensatz zu Unterhaltsrentenverträgen, die Aufwertung nicht zugelassen. Die durch Gewährung eines Kapitals abgefundene Frau ist daher, von besonders gelagerten Einzelfällen abgesehen, nicht berechtigt, vom Manne infolge der eingetretenen Geldentwertung eine Zuschlagsrente bzw. Erhöhung der Abfindungssumme zu beanspruchen (RG JW 1925, 350[3]; RG Warn 1925 Nr 104: Abfindung unehelicher Kinder). Das Reichsgericht hat bereits ausgesprochen (JW 1921, 1080[6]; Gruch 65, 492), daß es nach dem einem Vergleiche zugrunde liegenden Willen der Parteien zu beurteilen ist, ob im einzelnen Falle die Vorschrift des § 323 Abs 4 ZPO auf einen unter § 794 ZPO fallenden Vergleich Anwendung finden kann, und daß eine Abänderung des Vergleichs auf Grund des § 323 Abs 4 ZPO deshalb dann unzulässig ist, wenn der Wille der Parteien bei dem Vergleichsschlusse dahin gegangen ist, daß eine **noch so erhebliche Veränderung der Verhältnisse** keinen Einfluß auf die im Vergleiche getroffene Regelung der Rechtsbeziehungen haben solle (RG 10. 11. 21 IV 167/21). Vgl. auch RG 101, 209; § 1579 A 8, § 1361 A 8. Ändert sich nachträglich der Geldwert derart, daß es dem Rentenempfänger auch nicht annähernd mehr möglich ist, aus der festgesetzten Rentensumme sich das bestimmte Maß des zum Unterhalte Notwendigen anzuschaffen, so wird durch Zahlung einer gleichbleibenden Rente das nicht mehr erfüllt, was die Parteien gewollt haben (RG 106, 235; RG JW 1921, 1080[6]; 1923, 454). Bei dieser rechtlichen Betrachtung findet der auf Erhöhung der Rente wegen veränderten Geldwerts gerichtete Anspruch seine Grundlage schon in dem § 242, wonach der Schuldner verpflichtet ist, die Leistung so zu bewirken, wie Treu und Glauben mit Rücksicht auf die Verkehrssitte es erfordern. Bei alledem ist es unerheblich, wenn nicht eine **gesetzliche Unterhaltspflicht** geregelt, sondern eine nach den Gesetzen nicht bestehende Unterhaltsverpflichtung begründet ist. Aus welchem Anlaß der Vertrag geschlossen ist, kann auf sich beruhen. Entscheidend ist, daß die Zahlung einer bestimmten Rente als eine Unterhaltsleistung übernommen ist (RG Warn 1923/24 Nr 3 und Nr 78). Der Anspruch auf Erhöhung der Rente ist also begründet, es sei denn, daß sich durch Vertragsauslegung feststellen ließe, es sollte nach dem Willen der Parteien, wie sich auch der Geldwert später ändern würde, der Markbetrag der Rente der gleiche bleiben (RG 106, 236; RG Warn 1923/24 Nr 36, 77, 78; RG Recht 1926 Nr 1923). Die Aufwertung der Rente findet nach § 242 freilich darin ihre Grenze, daß der Beklagte in keinem höheren Maße belastet werden darf, als sich sein Einkommen seit dem Vertragsschluß infolge der Geldentwertung dem Nennbetrage nach erhöht hat (RG JW 1080 Nr 6; RG Warn 1923/24 Nr 36; RG 20. 3. 24 IV 585/23). Der Anspruch auf Erhöhung der Unterhaltsrente wegen veränderter Umstände kann auch außerhalb des § 323 ZPO erhoben werden. Insbesondere können **Vergleiche, die während des Scheidungsstreits** für den Fall der Scheidung geschlossen sind, aber nicht unter § 323 Abs 4 ZPO fallen, gegebenenfalls die Grundlage eines solchen Anspruchs bilden (RG LZ 1922 S. 259; RG JW 1923, 45[4]). Die Berücksichtigung der veränderten Verhältnisse, namentlich der Geldentwertung, hat bei Unterhaltsverträgen nach den Grundsätzen von Treu und Glauben entweder im Wege der ergänzenden Vertragsauslegung oder in Anwendung des Art und Maß der Leistung regelnden § 242 zu erfolgen. Maßgebend ist dabei für die Ermittlung des Parteiwillens wie für die Frage der Zumutbarkeit der Leistung der Zweck des Vergleichs, der hier der Klägerin den für den Unterhalt notwendigen Beitrag für die Zukunft sichern soll. Auch bei **Leibrentenverträgen** ist die Berücksichtigung einer späteren Geldentwertung grundsätzlich nicht ausgeschlossen (RG 22. 3. 24 IV 502/23; 21. 3. 25 IV 476/24; 3. 3. 24 IV 101/23). Selbst ein in dem Vertrage ausgesprochener **Verzicht** des Berechtigten auf jede Erhöhung der Rente schließt die Aufwertung bei der eingetretenen, nicht voraussehbaren außerordentlichen Geldentwertung der letzten Jahre nicht aus (RG Warn 1921 Nr 99; 1922 Nr 6; RG JW 1923, 45[4]; RG 106, 235/36; RG 31. 5. 24 IV 767/23). Es entspricht den Grundsätzen der Billigkeit, auch im Verhältnisse des Gläubigers zum **Bürgen** einen Interessenausgleich vorzunehmen. Wenn aber auch die Vermögenslage des Bürgen sich nicht verschlechtert, sondern sogar verbessert hätte, so würde dies zwar eine Aufwertung in erheblichem Maße, aber noch nicht eine Vollaufwertung rechtfertigen. Denn der Kläger hat nur darauf Anspruch, daß er im Rahmen der allgemeinen Wirtschaftslage nicht schlechter gestellt wird als bisher. Den besonderen Vermögensvorteilen, die der Beklagte bereits zur Zeit der Bürgschaftsübernahme im Jahre 1908 von der Hauptschuldnerin erlangt haben soll, war daher für die Höhe der Aufwertung keine Bedeutung beizumessen (RG 21. 3. 25

IV 476/24). Ist dagegen die Unterhaltsrente einer schuldlos geschiedenen Frau ausdrücklich **auf wertbeständiger Grundlage** nach dem Wertverhältnisse von 4,20 Goldmark gleich einem Dollar berechnet und vereinbart worden, so findet keine Aufwertung der Rente statt (**RG** JW 1927, 1189[1]). Das Gericht ist verpflichtet, bei Berechnung der Unterhaltsrente die von ihm als gewiß angesehene künftige Änderung der Einkommensverhältnisse des Mannes (hier Wegfall erhöhter Bezüge eines in den Ruhestand versetzten, wieder in den Militärdienst getretenen Offiziers nach Beendigung des Krieges oder vorher eingetretener Dienstuntauglichkeit) zu berücksichtigen (**RG** Warn 1915/16 Nr 203). Für die Ermittlung der Unterhaltsrente sind die **Verhältnisse zur Zeit der Scheidung** maßgebend. Ist aber das Geschäftseinkommen des Mannes wechselnden Auf- und Abwärtsschwankungen ausgesetzt, so ist es angebracht, für das maßgebliche Scheidungsjahr ein Durchschnittseinkommen unter Heranziehung einiger früherer Geschäftseinkommen festzusetzen (**RG** Warn 1915/16 Nr 283). Unter welchen Voraussetzungen zukünftig zu erwartende **Gehaltserhöhungen des Mannes** zu berücksichtigen sind, darüber vgl. **RG** 75, 124 bei § 1579 A 2. Unrichtig ist es, ausschließlich auf den Stand des Mannes Gewicht zu legen (**RG** Warn 1914 Nr 256; **RG** 18. 1. 15 IV 243/14). Die Unterhaltspflicht des Mannes bemißt sich nach seinen Vermögensverhältnissen und seiner Erwerbsfähigkeit. Er kann sich also der Verpflichtung, seiner (wegen Geisteskrankheit) geschiedenen Frau den standesmäßigen Unterhalt zu gewähren, nicht dadurch entziehen, daß er es unterläßt, seine Erwerbsfähigkeit (hier schriftstellerische Tätigkeit) auszunutzen. Er ist vielmehr ebenso wie zur Nutzbarmachung seines Vermögens auch zur **Anspannung seiner Kräfte** verpflichtet (**RG** 3. 4. 16 IV 408/15; 14. 1. 07 IV 277/06). Eine Verstümmlungszulage des Unterhaltspflichtigen (hier eines Kapitänleutnants a. D.) ist zwar dem Einkommen desselben hinzuzurechnen, aber nicht als reine Einnahme anzusetzen. Vielmehr ist dem Umstande Rechnung zu tragen, daß der Unterhaltspflichtige infolge des krankhaften Zustandes, zu dessen Linderung die Zulage verliehen ist, besondere Aufwendungen machen muß (**RG** 3. 4. 16 IV 408/15). Wegen Berücksichtigung des infolge des Krieges in England festgehaltenen Vermögens vgl. OLG 34, 259. In gewissen Fällen haften für den Unterhalt des bedürftigen Ehegatten dessen Verwandte vor dem geschiedenen unterhaltspflichtigen Ehegatten. Darüber vgl. die Erl zu § 1608.

2. Sind beide Ehegatten für schuldig erklärt, so findet ein Unterhaltsanspruch nicht statt. — Erst mit der **Rechtskraft** des die Scheidung aussprechenden Urteils ist die Grundlage für den Anspruch aus § 1578 gegeben (OLG Dresden in JW 1917, 304[3]). Wenn aus dem **Scheidungsurteile,** sei es aus dessen Urteilssatze, sei es aus dessen Gründen mit einer jeden Zweifel ausschließenden Sicherheit zu entnehmen ist, daß der mit der Unterhaltsklage in Anspruch Genommene die alleinige Schuld an der Scheidung trägt, so ist das Urteil geeignet, als Grundlage eines auf § 1578 gestützten Unterhaltsanspruchs zu dienen. Das trifft z. B. auf den Fall zu, wo nur von einer Seite Klage (Widerklage) auf Scheidung erhoben, ein Antrag auf Mitschuldigerklärung nicht gestellt und die Scheidung (vorschriftswidrig unter Versäumung der im § 1574 Abs 1 erforderten Schuldigerklärung) auf Grund des § 1568 ausgesprochen ist (**RG** 99, 80). Vgl. A 11 (Schweizer Recht). Wegen der vor dem Eintritte der Rechtskraft des Scheidungsurteils fällig gewordenen (durch einstweilige Verfügung festgesetzten) Unterhaltsbeträge findet die Zwangsvollstreckung auch nach der Beendigung des Ehestreits statt (OLG 27, 116). Im Falle der Scheidung wegen Geisteskrankheit wird dem geisteskranken Ehegatten ein Unterhaltsanspruch gegen den andern Ehegatten gewährt (§ 1583). Vgl. auch § 1351 (Wiederverheiratung im Falle der Todeserklärung).

3. Standesmäßiger Unterhalt. Nach § 1580 Abs 3 findet auf den Unterhaltsanspruch des geschiedenen Ehegatten der sich auf die Unterhaltspflicht der Verwandten beziehende § 1610 Anwendung. Danach bestimmt sich das Maß des zu gewährenden Unterhalts nach der Lebensstellung des Bedürftigen (standesmäßiger Unterhalt), und es umfaßt der Unterhalt den gesamten Lebensbedarf. Es kommt also nicht auf das bisher während der Ehe (vielleicht mit großem Aufwande) geführte Leben, sondern auf die allgemeine Lebensstellung an (Prot 4, 529). Vgl. im übrigen die Erl zu § 1610. Das Maß des zu gewährenden Unterhalts kann unter Umständen weniger als der standesmäßige Unterhalt betragen, sei es, daß der Unterhaltsberechtigte infolge eigener Hilfsquellen weniger braucht, sei es, daß der Unterhaltspflichtige das volle Maß nicht gewähren kann. — Bei der Bemessung des Bedarfs sind die wegen eines körperlichen Leidens des unterhaltsberechtigten Ehegatten notwendig aufzuwendenden **Kurkosten** mit zu berücksichtigen (**RG** JW 1911, 155[14]). Desgleichen die Mehraufwendungen, die durch die notwendige Wahl eines teureren Wohnorts verursacht werden (**RG** 18. 3. 12 IV 445/11). Für das Maß des der geschiedenen Frau zukommenden Unterhalts kommt es allein auf die Lebensstellung der Ehegatten zur Zeit der Scheidung, nicht auf die späteren Verhältnisse der Frau an (**RG** Warn 1914 Nr 256). Auf das früher geführte, besonders teuere oder einfache Leben der Eheleute kommt es nicht an, sondern auf ihre allgemeine Lebensstellung zur Zeit der Scheidung (**RG** 18. 1. 15 IV 243/14).

4. Der Unterhaltsanspruch des geschiedenen Ehegatten setzt seine **Unterhaltsbedürftigkeit** voraus. — Der Unterhaltsanspruch der geschiedenen Frau ist von dem während der Ehe gegebenen wesentlich verschieden. Jener setzt **Bedürftigkeit der Frau** voraus, dieser nicht, jener beginnt mit der Scheidung, dieser hört mit ihr auf. Das Maß jenes Unterhaltungsanspruchs richtet sich nach der Lebensstellung des Mannes zur Zeit der Ehescheidung, wogegen für diesen Unterhaltsanspruch die jeweiligen Verhältnisse des Mannes während der Ehe maßgebend sind. Es ist daher rechtlich ausgeschlossen, schon während des Bestehens der Ehe über einen etwaigen zukünftigen Unterhaltsanspruch des Ehegatten aus § 1578 Entscheidung zu treffen. Der unterhaltsberechtigte Ehegatte muß nach Scheidung der Ehe den ihm jetzt aus § 1578 zustehenden Unterhaltsanspruch erneut im Wege der Klage geltend machen, trotzdem ihm schon während der Ehe der Unterhaltsanspruch (aus §§ 1360, 1361) zuerkannt worden sein mag (**RG** Warn 1914 Nr 293; SeuffA 72 Nr 107; OLG 33, 339). Allerdings kommt es, anders wie bei Eheleuten in stehender Ehe, für den Unterhaltsanspruch der geschiedenen Frau grundsätzlich auf die Bedürftigkeit der Frau an. Aber wie diese nicht als ausgeschlossen gilt, wenn die Frau durch **freiwillige Zuwendungen** in die Lage gesetzt wird, ihren Unterhalt zu befriedigen (vgl. A 5), so steht ihr auch der Verdienst durch freiwillig übernommene Arbeit nicht entgegen, da die tatsächliche Gestaltung der Lebensverhältnisse nicht das Recht auf den Unterhalt beeinflußt (OLG 31, 399). Vgl. auch § 1361 A 5. Ist der unterhaltsberechtigte Ehegatte imstande, die zu seinem standesmäßigen Unterhalte erforderlichen Kosten wenigstens zum Teile zu bestreiten, so hat der unterhaltspflichtige Ehegatte nur das Fehlende zuzuschießen. In beiden Absätzen des § 1578 ist darum das Wörtchen „insoweit" gebraucht. — Dies trifft auch dann zu, wenn der unterhaltsberechtigten Frau nach den Verhältnissen, in denen die Ehegatten lebten, **Arbeitserwerb** zuzumuten ist (**RG** Warn 1920 Nr 191). Vgl. auch A 6.

5. Für die Frage, ob die Frau unterhaltsbedürftig ist, kommen nur die **Einkünfte ihres Vermögens** und der Ertrag ihrer Arbeit in Betracht. Da es auf die Einkünfte, nicht den Stamm ihres Vermögens ankommt (anders § 1579 Abs 2), setzt Unterhaltsbedürftigkeit der Frau nicht voraus, daß der Stamm ihres Vermögens aufgezehrt ist. Diese Regelung entspricht der Vorschrift des § 1360 Abs 1. Anders die Unterhaltsbedürftigkeit des Mannes (vgl. A 7 und Prot 4, 521). **Freiwillige Zuwendungen,** die die Frau von ihren Verwandten oder Freunden erhält und die ihr jederzeit wieder entzogen werden können, braucht sie sich auf den vom Manne zu gewährenden Unterhalt nicht anrechnen zu lassen. Die wohltätige Absicht des Zuwenders, den Unterstützten besser zu stellen, würde sonst vereitelt werden und die Zuwendung nicht dem Unterstützten, sondern dem Unterhaltspflichtigen zugute kommen (**RG** 72, 199; vgl. **RG** JW 05, 212[21]). Bei der Frage nach der Unterhaltsbedürftigkeit der Frau sind die Einkünfte zu berücksichtigen, die sie von einer ihr rechtswirksam versprochenen, aber nicht gewährten Mitgift haben könnte (**RG** Warn 1911 Nr 334; **RG** JW 1912, 351[17]). Dagegen muß eine der Frau angefallene Erbschaft so lange unberücksichtigt bleiben, als ihr (infolge Hinterlegung der Erbschaft wegen Streitigkeiten der Erben) Einkünfte aus der Erbschaft nicht zufließen (**RG** 81, 241). Die Frau hat die **Unzulänglichkeit der Einkünfte** ihres Vermögens darzulegen und zu beweisen (**RG** 14. 3. 21 IV 356/20). Vgl. A 8.

6. Bei der Frage, ob nach den Verhältnissen, in denen die Ehegatten gelebt haben, **Erwerb durch Arbeit der Frau üblich** ist, darf nicht lediglich auf den Stand der Frau oder den Stand des Mannes Gewicht gelegt werden, sondern es müssen auch ihr Vermögen, Erwerb, Beruf, Amt und ähnliche das Erwerbsleben und die gesellschaftliche Stellung der Eheleute bedingende Umstände berücksichtigt werden. Die Frau erwirbt durch Arbeit nicht nur, wenn sie dritten Personen gegen Entgelt Arbeiten leistet, sondern auch wenn sie für ihren Mann arbeitet. Auch die dem Manne geleisteten persönlichen Dienste können die Eigenschaften erwerbender Tätigkeit besitzen und es ist dabei ohne Belang, ob der durch die Arbeit der Frau erzielte Gewinn ihr verbleibt oder dem Manne zufließt. Andrerseits kann es nach den Lebensverhältnissen der Ehegatten üblich sein, daß die Frau während der Ehe **häusliche Dienste** verrichtet, z. B. die Mahlzeiten bereitet, Stuben aufräumt, für die Familie Schneiderarbeit verrichtet oder in des Mannes Laden Kunden bedient. Aus dieser Tatsache der Beihilfe im Hauswesen und im Geschäfte des Mannes folgt aber nicht ohne weiteres, daß der Frau zuzumuten sei, nach Auflösung der Ehe auch in fremden Häusern ähnliche Dienste zu verrichten. Ist jedoch die Frage, ob erwerbende Tätigkeit der Frau während der Ehe üblich ist, zu bejahen, so muß sich die Frau, auch wenn sie solche Tätigkeit während der Ehe tatsächlich nicht ausgeübt hat, das, was sie durch Arbeit erwerben könnte, auf den Unterhalt anrechnen lassen. Ist die Frage dagegen zu verneinen, so bleibt der Ertrag ihrer Arbeit von der Anrechnung ausgeschlossen, selbst wenn sie während der Ehe erwerbende Tätigkeit ausgeübt hat (**RG** 62, 294; 67, 56; **RG** JW 07, 835[13]; 1911, 155[14]; **RG** Warn 1915 Nr 175; 1917 Nr 213 u. 246). Das Wort „Arbeit" in § 1578 bedeutet jede auf Erwerb abzielende Tätigkeit. Darunter fällt auch die Tätigkeit einer Frau als Lehrerin oder als Angestellte im öffentlichen Dienste (**RG** Warn 1915/16 Nr 86). Ausschlaggebend ist das, was im allgemeinen üblich

ist, nicht das, was in der Ehe der Parteien üblich war. Es kommt darauf an, wie Ehegatten, die in wesentlich gleichen Verhältnissen wie die Parteien leben, es mit der Mitarbeit der Frau zu halten pflegen (z. B. Fortsetzung des Sängerberufs einer Opernsängerin nach der Heirat mit einem Opernsänger; **RG** Warn 1913 Nr 371; 1917 Nr 213). Einer geschiedenen Bauersfrau kann nicht zugemutet werden, als gewöhnliche Dienstmagd in Stellung zu gehen (**RG** Warn 1913 Nr 372). Maßgebend für die Beurteilung, ob ein Arbeitserwerb der Frau als üblich anzusehen ist, sind nicht die Verhältnisse, in denen die Eheleute während der ersten Zeit der Ehe gelebt haben, sondern die **Verhältnisse,** wie sie sich später in der Ehe entwickelt und **bleibenden Bestand** angenommen haben. Entscheidendes Gewicht ist auf die Lebensstellung der Eheleute zur Zeit der Scheidung zu legen, vorausgesetzt, daß diese Lebensstellung die Gewähr der Stetigkeit in sich trägt (**RG** Warn 1914 Nr 196 u. 256; 1917 Nr 246; 1920 Nr 191). Für die Frage, ob die geschiedene Ehefrau zum Arbeitserwerbe verpflichtet ist, kommt es nicht darauf an, welche Stellung die Frau vor der Verheiratung eingenommen hat (**RG** Warn 1917 Nr 246). Wegen Haftung der Verwandten des bedürftigen Ehegatten vor dem geschiedenen unterhaltspflichtigen Ehegatten vgl. § 1608 und die Erläuterungen dazu. Erwirbt die unterhaltsberechtigte Frau ihren Unterhalt durch eigene Arbeit, ohne daß erwerbende Tätigkeit in ihrer Ehe üblich war, so hat sie mangels Bedürftigkeit gegen ihre Verwandten kein Recht auf Unterhaltsgewährung (§ 1602 Abs 1), und der geschiedene unterhaltspflichtige Ehemann hat ihr den Unterhalt auch dann zu gewähren, wenn er bei Berücksichtigung seiner sonstigen Verpflichtungen außerstande ist, ohne Gefährdung seines standesmäßigen Unterhalts, dem andern Ehegatten Unterhalt zu gewähren (**RG** Warn 1915 Nr 175). Die von einer geschiedenen Ehefrau in ihrem **elterlichen Hause** nach § 1617 zu leistenden Dienste stellen keinen Arbeitserwerb im Sinne des § 1578 Abs 1 dar, es sei denn, daß sie mit ihren Eltern ausdrücklich oder stillschweigend einen Dienstvertrag abschließt (**RG** 10. 7. 11 IV 684/10). Die geschiedene Ehefrau ist verpflichtet, eine ihr sich bietende, den früheren Verhältnissen entsprechende Gelegenheit zur Betätigung ihrer Fähigkeiten und Sicherung ihrer wirtschaftlichen Lage zu benutzen, andernfalls sich ihr Unterhaltsanspruch entsprechend ermäßigt (**RG** 21. 2. 10 IV 218/09; **RG** Warn 1920 Nr 191). Ist der geschiedenen Frau nach den Verhältnissen, in denen die Ehegatten lebten, **Arbeitserwerb zuzumuten,** so muß sie sich das, was sie durch ihre Arbeit verdienen kann, auf den von dem Manne zu gewährenden Unterhalt auch dann verrechnen lassen, wenn der Mann zur Bestreitung ihres vollen standesmäßigen Unterhalts imstande ist. Dies ergibt sich nicht nur aus dem klaren Wortlaute des § 1578 (vgl. A 4), sondern auch aus dem Grundgedanken des Gesetzes, daß es dem sittlichen Wesen der Ehe widerstrebe, aus der Ehe eine Quelle vermögensrechtlicher Vorteile zu machen, und daß dieser Auffassung entsprechend von der Festsetzung sog. Ehescheidungsstrafen abgesehen und an die Scheidung nur ein **auf das Bedürfnis beschränkter Unterhaltsanspruch** geknüpft worden ist (**RG** Warn 1920 Nr 191). Vgl. auch A 1 u. 4. Zu Arbeitserwerb durch Ausübung eines **den guten Sitten** zuwiderlaufenden Gewerbes (hier Kartenlegen) kann die Frau nicht genötigt werden (**RG** 14. 3. 21 IV 356/20).

7. Der **Mann** ist außerstande, sich selbst zu unterhalten, wenn er kein Vermögen hat und zum Erwerbe unfähig ist. **Vermögenslosigkeit und Erwerbsunfähigkeit** müssen zusammentreffen, um seine Unterhaltsbedürftigkeit zu begründen. Diese Regelung entspricht der Vorschrift des § 1360 Abs 2. Anders die Unterhaltsbedürftigkeit der Frau (vgl. A 5 und Prot 4, 521). Auch unter Verwandten ist unterhaltsberechtigt nur, wer außerstande ist, sich selbst zu unterhalten (§ 1602 Abs 1; vgl. die Erl zu § 1602).

8. **Beweislast.** Klagt die Frau, so hat sie den Mangel ausreichender Einkünfte zu beweisen. Der Beklagte hat zu beweisen, daß nach den Verhältnissen, in denen die Ehegatten gelebt haben, Erwerb durch Arbeit der Frau üblich ist. Demgegenüber hat die Frau zu beweisen, daß der Ertrag ihrer Arbeit nicht ausreicht (z. B. wegen unzureichender Arbeitskraft oder mangelnder Arbeitsgelegenheit). Übereinstimmend **RG** 14. 3. 21 IV 356/20. Klagt der Mann, so hat er seine unzureichenden Vermögens- und Erwerbsverhältnisse zu beweisen. In allen Fällen hat der Kläger den zum standesmäßigen Unterhalt erforderlichen Betrag, und der Beklagte seine Unterhaltsunfähigkeit zu beweisen. — Aus der Fassung des § 1578 Abs 1 ergibt sich, daß es Sache des Mannes ist, zu beweisen, daß nach den Verhältnissen, in denen die Ehegatten gelebt haben, Erwerb durch Arbeit der Frau üblich sei (**RG** 4. 3. 18 IV 407/17; **RG** 14. 3. 21 IV 356/20).

9. **Schadensersatzansprüche.** Die geschiedene Frau hat gegen denjenigen, zu dessen Gunsten und unter dessen Mitwirkung der geschiedene Mann sich seines ganzen angreifbaren Vermögens zu dem Zwecke entäußert hat, um die Unterhaltsansprüche der Frau zu vereiteln, einen Schadensersatzanspruch aus § 826 (**RG** 74, 224). Sind beide Ehegatten für schuldig erklärt und enthält die Eheverfehlung des Mannes, die zur Scheidung geführt hat, zugleich einen Verstoß gegen die §§ 823ff., so kann die geschiedene Frau von ihrem früheren Ehemanne Schadensersatz mit der Behauptung verlangen, daß er durch seine Eheverfehlung ihre Gesundheit beschädigt habe (**RG** 85, 335). In diesem Urteil ist unentschieden gelassen, wie sich die

Sachlage gestaltet, wenn der unschuldige Ehegatte Ansprüche aus § 1578 und aus §§ 823ff. nebeneinander geltend macht. In solchem Falle wird ein Schadensersatzanspruch wohl nur insoweit gegeben sein, als die Größe des Schadens den Unterhaltsanspruch übersteigt. Vgl. § 1564 A 5. — Ein Mann, der sich der wesentlichen Teile seines **Vermögens entäußert**, um seine schuldlos geschiedene und bedürftige Frau und die minderjährigen, noch unterhaltspflichtigen Kinder aus der geschiedenen Ehe in Ansehung ihrer Unterhaltsansprüche zu schädigen, verstößt durch diese vorsätzliche Schadenszufügung gegen die guten Sitten und ist deshalb wegen unerlaubter Handlung nach § 826 schadensersatzpflichtig (**RG** 74, 224). Diese Entscheidung ist unabhängig davon, ob die Merkmale einer anfechtbaren Handlung nach § 3 Nr 1 AnfG gegeben sind. Diese Schadensersatzpflicht des Mannes führt dahin, daß er sich in Ansehung seiner Unterhaltspflicht so behandeln lassen muß, als ob die Vermögensentäußerung nicht eingetreten wäre (**RG** SeuffA 77 Nr 6).

10. Wegen des **Verzichts** auf zukünftige Unterhaltungsgewährung vgl. § 1580 A 5 und wegen der **Nichtigkeit** von Unterhaltsverträgen § 1564 A 5 und § 1360 A 1.

11. Verhältnis des deutschen zum ausländischen Rechte. Für die Unterhaltspflicht ausländischer, in Deutschland wohnender Ehegatten ist, wenn sie dem nämlichen Staat angehören, das Recht dieses Staates maßgebend (Art 14 EG; **RG** 62, 400; 91, 406). Vgl. § 1360 A 10. Das **Schweizer** Recht enthält zwar keine dem § 1574 entsprechende Bestimmung. Allein die Nichtaufnahme eines Schuldausspruchs in das (deutsche) Scheidungsurteil hindert nicht, über die Unterhaltspflicht des Mannes gegenüber der Frau nach Schweizer Recht im besonderen Rechtsstreite zu erkennen (OLG 38, 251). Vgl. A 2, § 1564 A 7, § 1574 A 17.

12. Gerichtszuständigkeit. Das Ges. zur Entlastung der Gerichte v. 11. 3. 21 (RGBl S. 229), in Kraft seit 1. 4. 21, hat durch Art I 2b die Zuständigkeit der Amtsgerichte auf alle Ansprüche auf Erfüllung einer durch Ehe oder Verwandtschaft begründeten gesetzlichen Unterhaltspflicht ausgedehnt, und zwar ohne Rücksicht auf den Wert des Streitgegenstandes. Unter die durch Ehe begründete Unterhaltsansprüche fallen sowohl die während der Ehe (§§ 1360, 1361), als auch die nach Scheidung der Ehe (§§ 1578—1583) entstehenden Unterhaltsansprüche der Ehegatten. Die letzteren sind zwar an die Scheidung der Ehe geknüpft, aber vornehmlich unter dem Gesichtspunkte einer auf Billigkeit beruhenden Nachwirkung der Ehe zu betrachten (vgl. A 1) und daher gleichfalls als durch Ehe begründete Ansprüche anzusehen. Ebenso Engelmann, Der Unterhaltsanspruch des geschiedenen Ehegatten nach der Rechtsprechung des Reichsgerichts im Recht 1922, 33ff. Für die Frage der Gerichtszuständigkeit macht es keinen Unterschied, ob die Klage unmittelbar auf Erfüllung der gesetzlichen Vorschriften über den Unterhalt gerichtet ist oder auf Erfüllung eines **Vertrags**, der zum Zwecke der Regelung der gesetzlichen Unterhaltspflicht geschlossen worden ist. Zweifelhaft kann sein, ob unter die den Amtsgerichten zugewiesenen Unterhaltsansprüche auch diejenigen gehören, welche das Gesetz in gewissen Fällen der **Anfechtbarkeit** und **Nichtigkeit der Ehe** (§§ 1345, 1346, 1347) sowie bei **Wiederverheiratung im Falle der Todeserklärung** (§ 1351) den Ehegatten gewährt. Ich möchte diese Frage bejahen, da diese Ansprüche immerhin in dem Zusammenleben von Mann und Frau wie Eheleute in einer förmlich geschlossenen Ehe ihren Grund haben und das Entlastungsgesetz selbst keinen Unterschied zwischen gültigen, anfechtbaren und nichtigen Ehen macht. Nur der Fall, wenn die Nichtigkeit der Ehe auf einem Formmangel beruht und die Ehe nicht in das Heiratsregister eingetragen worden ist, scheidet aus, weil hier eine Ehe nicht einmal der Form nach vorliegt (§ 1324 Abs 1) und die Grundlage für einen gesetzlichen Unterhaltsanspruch gänzlich fehlt (§ 1345 Abs 2). Als ein Ausfluß der auf Verwandtschaft beruhenden gesetzlichen Unterhaltspflicht ist die in den §§ 1352, 1585 geregelte Pflicht der Frau, dem Manne zu den Kosten des Unterhalts eines gemeinschaftlichen Kindes einen Beitrag zu leisten, anzusehen. Streitigkeiten über diese **Beitragspflicht der Frau** gehören daher gleichfalls zur Zuständigkeit der Amtsgerichte.

§ 1579

Soweit der allein für schuldig erklärte Ehegatte bei Berücksichtigung seiner sonstigen Verpflichtungen[1]) außerstande[2]) ist, ohne Gefährdung seines standesmäßigen[1]) Unterhalts dem anderen Ehegatten Unterhalt zu gewähren, ist er berechtigt[3]), von den zu seinem Unterhalte verfügbaren Einkünften[4]) zwei Dritteile oder, wenn diese zu seinem notdürftigen Unterhalte[5]) nicht ausreichen, so viel zurückzubehalten, als zu dessen Bestreitung erforderlich ist[6]). Hat er einem minderjährigen unverheirateten Kinde oder infolge seiner Wiederverheiratung dem neuen Ehegatten Unterhalt zu gewähren[7]), so beschränkt sich seine Verpflichtung dem geschiedenen

Ehegatten gegenüber auf dasjenige, was mit Rücksicht auf die Bedürfnisse sowie auf die Vermögens- und Erwerbsverhältnisse der Beteiligten der Billigkeit entspricht[8]).

Der Mann ist der Frau gegenüber unter den Voraussetzungen des Abs 1 von der Unterhaltspflicht ganz befreit, wenn die Frau den Unterhalt aus dem Stamme[9]) ihres Vermögens bestreiten kann[10]).

E I 1454 Abs 1 1483 Abs 3 II 1473, 1504 Abs 2; M 4 618; P 4 523; 6 291.

1. Darüber, was unter „Berücksichtigung seiner sonstigen Verpflichtungen" und unter „Gefährdung seines standesmäßigen Unterhalts" zu verstehen ist, vgl. die Erl zu § 1603. Zu den sonstigen Verpflichtungen gehört auch der dem unehelichen Kinde zu gewährende Unterhalt (RG 14. 1. 07 IV 277/06; SeuffA 70 Nr 220; Recht 1920 Nr 1234). Der § 1579 Abs 1 Satz 1 rechtfertigt nicht, daß die sonstigen Verpflichtungen von dem Einkommen des Schuldners schlechthin abgezogen werden, sondern er schreibt nur ihre sachgemäße Berücksichtigung nach den Lebensverhältnissen vor (SeuffA 70 Nr 220). An sich ist die Berücksichtigung der Schulden des unterhaltspflichtigen Ehegatten zu beachten. Zwar ist nicht ihr gesamter Betrag ohne weiteres von dem Einkommen abzuziehen, wohl aber der Betrag, der bei Aufstellung eines den Verhältnissen in verständiger Weise Rechnung tragenden **Tilgungsplanes** zu allmählicher Tilgung der Schulden binnen angemessener Frist nötig ist (RG JW 1910, 16[21]; RG LZ 1921, 654[3]).

2. Die **Unterhaltsfähigkeit** bemißt sich im Falle des § 1579 Abs 1 Satz 1 nach den verfügbaren Einkünften und der Erwerbskraft des unterhaltspflichtigen Gatten. Aufwendungen aus dem Stamme seines Vermögens sind ihm nicht zuzumuten. Was die Erwerbskraft betrifft, so kommt es nicht darauf an, was der Unterhaltspflichtige tatsächlich erwirbt, sondern darauf, was er bei **Anspannung seiner Kräfte** erwerben kann. Der Unterhaltspflichtige kann sich der Unterhaltspflicht nicht dadurch entziehen, daß er es unterläßt, seine Erwerbsfähigkeit auszunutzen (RG Warn 08 Nr 68). Er ist zur Anspannung seiner Kräfte und zur Nutzbarmachung seines Vermögens verpflichtet (RG 14. 1. 07 IV 277/06). Dem Unterhaltspflichtigen kann beim Mangel flüssiger Mittel zugemutet werden, sich die zur Gewährung des Unterhalts erforderlichen Mittel nötigenfalls im Wege des **Borgens** zu beschaffen. Er kann seine Pflicht nicht dadurch ausschließen oder beschränken, daß er sich der Verfügung über seine Mittel durch wirtschaftliche Maßnahmen (z. B. Belastung seines Grundstücks mit Hypotheken) beraubt (RG 1. 10. 14 IV 224/14). Eine **Vermögensentäußerung,** die der Mann zwecks Schädigung seiner unterhaltsberechtigten geschiedenen Ehefrau vornimmt, verstößt gegen die guten Sitten und ist bei Bemessung der von ihm zu leistenden Unterhaltsrente nicht zu berücksichtigen (RG SeuffA 77 Nr 6). Vgl. § 1578 A 9. Bei der unterhaltspflichtigen Frau wird freilich wie im Falle des § 1578 Abs 1 Vorbedingung sein, daß nach den in der Ehe bestandenen Verhältnissen Erwerb durch Frauenarbeit üblich ist (vgl. § 1578 A 6). Der standesgemäße Unterhalt der geschiedenen, nicht für schuldig erklärten Ehefrau richtet sich nach der **Lebensstellung der Ehegatten zur Zeit der Scheidung** (ebenso OLG 36, 203). Bei der Lebensstellung spielen nicht nur die Standes-, sondern auch die Vermögens- und Einkommensverhältnisse eine wesentliche Rolle. Die zur Zeit der Scheidung feststehende Tatsache, daß das **Gehalt des Beklagten** (eines Oberlehrers) in Zukunft bestimmt und erheblich steigen wird, ist bei der Ermittlung der „Lebensstellung" der Parteien zu jener Zeit und des sich danach richtenden Unterhaltsbedarfs der Klägerin nicht außer acht zu lassen. Für die Abänderungsklage aus § 323 ZPO ist in diesem Falle kein Raum (RG 75, 124; vgl. auch RG JW 1914, 356[9]; SeuffA 76 Nr 24). Nach der Rechtsprechung des Reichsgerichts (RG 75, 126; RG 101, 209) bestimmt sich der standesmäßige Unterhalt, den der an der Scheidung allein schuldige Ehemann seiner geschiedenen Ehefrau gemäß § 1578 zu gewähren hat, nach der Lebensstellung der Ehegatten zur Zeit der Scheidung. Dabei sind aber nicht nur die Standes- sondern auch die Vermögens- und Einkommensverhältnisse der Ehegatten von wesentlicher Bedeutung. Eine später eintretende Verbesserung des Ehemanns in seinen Einkommensverhältnissen kommt der geschiedenen Ehefrau nur insoweit zugute, als die Verbesserung schon damals in so sicherer Aussicht stand, daß wenigstens mit großer Wahrscheinlichkeit bereits mit ihr gerechnet werden konnte. Gegen den Grundsatz, daß der Unterhaltsbedarf nach den Verhältnissen zur Zeit der Scheidung zu bemessen ist, wird auch dann nicht verstoßen, wenn dem Umstande Rechnung getragen wird, daß infolge der eingetretenen **Geldentwertung** der Unterhaltsbedarf der geschiedenen Frau gestiegen ist und ihr eine entsprechende Erhöhung der ihr durch Vergleich ausgesetzten Unterhaltsrente in Anbetracht dessen, daß die **Gehaltsbezüge des Mannes** in Anpassung an den gesunkenen Geldwert gleichfalls erhöht worden sind, zugesprochen wird (RG Recht 1922 Nr 850). Bei Bestimmung des standesmäßigen **Unterhaltsbedarfs der Frau** ist die Lebensstellung des Mannes **zur Zeit der Scheidung** zugrunde zu legen. Für die Bestimmung des Umfangs der **Unterhaltspflicht des Mannes** ist dagegen nicht sein Ein-

kommen zur Zeit der Scheidung, sondern sein **jeweiliges Einkommen** maßgebend (RG Recht 07, 1537; SeuffA 76 Nr 24). Auch die Vermögensverhältnisse der Eltern können auf die Lebensstellung der Ehegatten von Einfluß sein (RG 5. 1. 16 IV 189/15). Stammt der unterhaltspflichtige Ehegatte aus einer wohlhabenden Familie und hat er deshalb begründete Anwartschaft auf späteren Vermögensanfall, so ist auch eine ihm nach der Scheidung **angefallene Erbschaft** in gewissem Maße zu berücksichtigen (RG 18. 3. 12 IV 445/11). Allerdings richtet sich die Höhe des Anspruchs der geschiedenen Frau an sich nach denjenigen Verhältnissen, unter welchen bei bestehender Ehe die Parteien gelebt haben; jedoch muß sich die Frau, wenn sich die Leistungsfähigkeit des Mannes nach der Scheidung vermindert hat (z. B. durch einen Unfall), die hierdurch herbeigeführte Minderung des Unterhalts ebenso gefallen lassen, wie dies der Fall wäre, wenn die Ehe noch bestände (RG Warn 08 Nr 68 a. E.; 1914 Nr 256; RG JW 1911, 454[23]; § 1578 A 1).

3. Beweislast. Der Unterhaltspflichtige muß die Umstände darlegen, aus denen sich seine Berechtigung zur Zurückbehaltung eines Teiles seiner Einkünfte oder aller Einkünfte ergibt. — Zunächst ist zu prüfen, welchen Unterhaltsanspruch der klagende geschiedene Ehegatte nach § 1578 hat. Sache des Beklagten ist es, die Voraussetzungen zur Anwendung des § 1579 darzutun. Dazu gehört in erster Linie der Nachweis, daß Beklagter bei Berücksichtigung seiner sonstigen Verpflichtungen außerstande sei, ohne Gefährdung seines standesgemäßen Unterhalts dem klagenden Ehegatten den Unterhalt zu gewähren. Wird dieser Nachweis erbracht, so kann der Beklagte zwei Dritteile zurückbehalten und im Falle des § 1579 Abs 1 Satz 2 verlangen, daß die Regelung nach Billigkeit erfolge (RG Warn 1910 Nr 458). Die Beweispflicht dafür, daß der vom Kläger geforderte Betrag im Vergleich mit den Verhältnissen, unter denen die Parteien während der Ehe gelebt haben, angemessen ist, trifft den Kläger (RG JW 1911, 454[23]; RG 2. 10. 11 IV 1/11).

4. Der **Stamm** seines Vermögens bleibt dem Unterhaltspflichtigen ungeschmälert (A 2). Der unterhaltspflichtige Ehegatte ist nicht verpflichtet, den Stamm seines Vermögens für die auf Grund der §§ 1578, 1579 bestehende Unterhaltsverpflichtung anzugreifen (RG JW 1911, 454[23]). Brandis (DJZ 1910, 875) hält diese Ansicht für unbillig und unrichtig. Seine Gründe sind beachtenswert. Meines Erachtens spricht auch ein Vergleich der §§ 1578, 1579 mit den §§ 1360, 1361 gegen die von Brandis bekämpfte Ansicht. — Im Falle des § 1579 Abs 1 Satz 2 ist neben den Einkünften auch das Stammvermögen des unterhaltspflichtigen Ehegatten zu berücksichtigen, da für diesen Fall nicht nur die Einkommensverhältnisse, sondern auch die Vermögensverhältnisse in Betracht kommen sollen (RG JW 1915, 662[15]).

5. Über den Begriff des notdürftigen Unterhalts vgl. die Erl zu § 1611 und RG JW 07, 711[21].

6. Zwei Dritteile der verfügbaren Einkünfte, mindestens aber so viel, als zur Bestreitung des eigenen notdürftigen Unterhalts erforderlich ist, dürfen zurückbehalten werden. Betragen im einzelnen Falle die zwei Dritteile mehr, als zur Bestreitung des standesmäßigen Unterhalts des Verpflichteten erforderlich ist, so gebührt der Mehrbetrag dem Unterhaltsberechtigten, denn die zwei Dritteile sind nur so weit zurückzubehalten, als sie zur Deckung des standesmäßigen Unterhalts gebraucht werden. Beispiel: Zum standesmäßigen Unterhalt eines jeden der beiden Ehegatten werden jährlich 3000 Mark gebraucht. Der Unterhaltspflichtige verfügt über 6000 Mark Jahreseinkünfte. Er darf 3000 Mark zurückbehalten und muß 3000 Mark abgeben. Verfügte er aber nur über 5400 Mark, so darf er nicht etwa volle zwei Dritteile, also 2 × 1800 = 3600 Mark, sondern auch nur 3000 Mark zurückbehalten, und muß 2400 Mark abgeben. Betragen die zwei Dritteile weniger, als zur Bestreitung des standesmäßigen Unterhalts des Verpflichteten erforderlich ist, so gebühren dem Verpflichteten die vollen zwei Dritteile, dem Berechtigten ein Dritteil. Beispiel: Zum standesmäßigen Unterhalte des Verpflichteten werden jährlich 3000 Mark gebraucht. Er verfügt über 4200 Mark Jahreseinkünfte. Zurückbehalten kann er 2 × 1400 = 2800 Mark, abgeben muß er 1400 Mark. Betragen die zwei Dritteile nicht einmal so viel, daß sie zur Bestreitung des notdürftigen Unterhalts des Verpflichteten ausreichen, so kann der hierzu fehlende Betrag außer den zwei Dritteilen zurückbehalten werden, und der Unterhaltsberechtigte erhält nur den Überschuß. Beispiel: Zum notdürftigen Unterhalte des Verpflichteten werden 2400 Mark jährlich gebraucht. Er verfügt über 3300 Mark Jahreseinkünfte. Zurückbehalten kann er nicht nur 2 × 1100 = 2200 Mark, sondern auch noch die fehlenden 200 Mark, braucht also nur 900 Mark abzugeben. — Zu den Einkünften des Mannes ist auch der mit dem An- und Verkaufe von Börsenpapieren zu erzielende Kursgewinn zu rechnen, wenn dieser sich gutachtlich schätzen läßt (RG Warn 1913 Nr 297). Allerdings müssen nach § 1579 verfügbare Einkünfte vorliegen. Die Verfügbarkeit ist aber vorhanden, wenn die Einkünfte der Verfügungsbefugnis des Ehegatten unterliegen. Keineswegs sind unter verfügbaren Einkünften nur solche zu verstehen, die regelmäßig die zur Entrichtung der Unterhaltsrente nötigen Mittel so bereitstellen, daß es nur des Zugriffs bedarf (RG ebenda). Die Vorschrift des § 1579 Abs 1 Satz 1 ist nicht zwingender Natur (OLG 32, 10).

7. Einer der hier vorgesehenen Fälle der **Verpflichtung zur Unterhaltsgewährung** liegt vor, wenn der unterhaltspflichtige Ehegatte zur Gewährung des Unterhalts an das Kind bzw. den neuen Ehegatten nicht nur rechtlich verpflichtet ist, sondern auch den Unterhalt tatsächlich gewährt oder doch wenigstens seine alsbaldige Inanspruchnahme gewärtigen muß (**RG** 72, 199). Der Unterhaltsanspruch des geschiedenen Ehegatten geht den Unterhaltsansprüchen der volljährigen Kinder, der verheirateten Kinder und aller übrigen Verwandten vor (§ 1609 Abs 2). Hat der geschiedene unterhaltspflichtige Ehegatte minderjährigen, unverheirateten Kindern oder einem neuen Ehegatten Unterhalt zu gewähren, so ist der Unterhaltsanspruch des geschiedenen Ehegatten nach Billigkeitsrücksichten zu bestimmen (**RG** 75, 433; **RG** JW 1917, 288[9]; **RG** LZ 1921, 305[6]; 1923, 133[7]). Ob der neue Ehegatte der frühere Ehebrecher ist, macht keinen Unterschied (KG in OLG 33, 335). Vgl. auch § 1312 A 5. Der § 1579 Abs 1 Satz 2 bezieht sich nur auf eheliche Kinder (**RG** 14. 1. 07 IV 277/06). Ebenso KG im Recht 1920 Nr 1234. Der Anspruch volljähriger Töchter aus § 1620 auf Aussteuer steht dem Unterhaltsanspruche des geschiedenen Ehegatten nach (**RG** 10. 6. 07 IV 542/06); **RG** Warn 1921 Nr 147). Die Anwendung des § 1579 Abs 1 Satz 2 wird dadurch nicht ausgeschlossen, daß das minderjährige unverheiratete Kind im Hauswesen des Unterhaltspflichtigen gemäß § 1617 Dienste leistet (**RG** 1. 12. 04 IV 249/04). Ein zwischen Eheleuten geschlossener Unterhaltsvergleich kann mit Rücksicht darauf, daß der Mann nach der Scheidung wieder heiratet, das mit seiner zweiten Frau erzeugte, voreheliche Kind als ehelich anerkennt und eine Verminderung seines Diensteinkommens als Beamter erfährt, zugunsten des Mannes gegenüber der unterhaltsberechtigten geschiedenen ersten Frau und den aus dieser Ehe stammenden Kindern in der Richtung geändert werden (vermöge der clausula rebus sic stantibus), daß die vertragsmäßig festgesetzte Geldrente entsprechend herabgesetzt wird (**RG** Warn 1925 Nr 103). Vgl. auch § 242 A 5a.

8. **Billigkeit.** Auch im Falle des § 1579 Abs 1 Satz 2 müssen die Voraussetzungen des § 1579 Abs 1 Satz 1 vorliegen (**RG** JW 03 Beil 88[204]; **RG** 67, 56; 101, 208; **RG** Warn 1914 Nr 256; 1917 Nr 213 u. 246), und es kann der Verpflichtete angehalten werden, mehr herzugeben, als ihm nach **Deckung seines Eigenbedarfs** übrigbleibt (**RG** 67, 60). Werden die Voraussetzungen des § 1579 Abs 1 Satz 1 verneint, so ist für die Anwendung des § 1579 Abs 1 Satz 2 kein Raum mehr (**RG** 101, 208). Unter dem Unterhalt im Sinne des § 1579 Abs 1 Satz 1 ist derjenige Unterhalt zu verstehen, der den nach Maßgabe des § 1578 festzustellenden **Bedürfnissen der Ehefrau** entspricht und jedenfalls das Maß dessen nicht übersteigt, was die Ehefrau selbst zur Befriedigung ihres Bedürfnisses fordert. Zur Ausräumung der Voraussetzungen des Abs 1 Satz 1 bedarf es daher nicht etwa des Nachweises, daß der Mann zur Gewährung des vollen standesgemäßen Unterhalts in der Lage ist (**RG** 101, 208). Die im Gesetze bestimmte Beschränkung der Unterhaltspflicht kann so weit reichen, daß der Verpflichtete nichts herzugeben hat (**RG** 48, 112). Der § 1579 Abs 1 Satz 2 gilt nicht für den Fall, daß der schuldige Ehegatte sich vor seiner Wiederverheiratung dem andern gegenüber vertragsmäßig verbindlich gemacht hatte, ihm die Unterhaltsrente in einer bestimmten Höhe zu leisten (**RG** 56, 121; **RG** Gruch 62, 386). Vgl. auch § 1582 A 2. Die Vorschriften im § 1579 sind nur für solche Fälle gegeben, in denen das beiderseitige Einkommen der Ehegatten zu knapp ist, um beiden Ehegatten ein standesmäßiges Leben zu gestatten. Die Anwendung des § 1579 kann niemals dahin führen, daß der unterhaltsberechtigte Ehegatte durch den andern Ehegatten in die Lage gebracht wird, besser als standesmäßig zu leben. Vielmehr soll der unterhaltsberechtigte Ehegatte unter den Voraussetzungen des § 1579 gehalten sein, sich mit einem geringeren Maße als dem standesmäßigen Unterhalte zu begnügen. Billigkeitserwägungen rechtfertigen es nicht, dem unterhaltspflichtigen Ehegatten eine **höhere Unterhaltsrente** aufzubürden, als er im Regelfalle des § 1578 zu entrichten haben würde (**RG** Warn 1913 Nr 399). Bei Bemessung der Unterhaltsrente für die geschiedene Frau kann im Falle des § 1579 Abs 1 Satz 2 auch der Umstand billigerweise berücksichtigt werden, daß Zinsen, die sie einer wohlhabenden Schwester schuldet, von letzterer, wenn auch nur aus Mildtätigkeit, nicht verlangt werden (**RG** JW 1917, 288[9]; vgl. aber auch § 1602 A 1). Die **Verpflichtung zum Arbeitserwerb** ist im Regelfalle des § 1578 in anderer Weise zu beurteilen als im Falle des § 1579 Abs 1 Satz 2. Der Gesichtspunkt der Billigkeit kann hier dazu führen, der geschiedenen Frau bezüglich des Arbeitserwerbs eine weitergehende Verpflichtung aufzuerlegen, als im § 1578 bestimmt ist (**RG** JW 1917, 288[9]; **RG** 101, 209; **RG** 28. 4. 21 IV 573/20). Der Gesichtspunkt der Billigkeit kann dazu führen, der geschiedenen Frau die Verpflichtung aufzuerlegen, nicht nur dasjenige, was sie tatsächlich erwirbt, sondern auch dasjenige, was sie bei gehöriger Ausnutzung ihrer Arbeitskraft zu verdienen imstande ist, sich in Anrechnung bringen zu lassen (**RG** Warn 1917 Nr 246; 1918 Nr 141). Als ein Verstoß gegen den Grundsatz, wonach der Unterhaltsbedarf nach den Verhältnissen zur Zeit der Ehescheidung zu bemessen ist, kann es keineswegs angesehen werden, wenn den veränderten wirtschaftlichen Verhältnissen und Anschauungen der Gegenwart gebührende Rechnung getragen wird, sowohl bei der Frage, ob der Frau ein Erwerb durch eigene Arbeit

zuzumuten ist, als auch bei der Frage, in welcher Höhe entsprechend dem **geminderten Geldwerte** der Unterhaltsbedarf der Frau zu bemessen ist (RG 101, 209). Vgl. auch SeuffA 76 Nr 24; § 1578 A 1. Bei Anwendung des § 1579 Abs 1 Satz 2 ist zu untersuchen, ob die schuldlos geschiedene, zur Zeit arbeitsunfähige Frau nicht für die Zukunft arbeitsfähig werden und nun entsprechende Beschäftigung finden könne (RG LZ 1921, 498[9]). Im Falle des § 1579 Abs 1 Satz 1 darf der allein für schuldig erklärte Gatte zwei Drittel seiner Einkünfte und wenn diese zu seinem **notdürftigen Unterhalt** nicht ausreichen, so viel zurückbehalten, als zu dessen Bestreitung erforderlich ist. Dieses Recht steht ihm aber im Falle des § 1579 Abs 1 Satz 2 nicht ohne weiteres zu, vielmehr muß auch er sich, wie alle andern Beteiligten, eine Herabsetzung des an sich erforderlichen Unterhalts gefallen lassen, wenn dies bei Berücksichtigung der im Satz 2 hervorgehobenen Gesichtspunkte der Billigkeit entspricht (RG 75, 433; 101, 206; RG Warn 1910, 458; 1917, 213; RG LZ 1921, 498[9]).

9. Gänzliche Befreiung. Abweichung von § 1578 Abs 2 (vgl. § 1578 A 5). Soweit der Mann außerstande ist, ohne Gefährdung seines standesmäßigen Unterhalts der Frau den Unterhalt zu gewähren, muß die Frau zuerst den **Stamm ihres Vermögens** verbrauchen (RG 1. 12. 04 IV 249/04). Die Befreiung reicht soweit wie die Gefährdung, kann also je nach der Sachlage eine gänzliche oder nur verhältnismäßige sein. — Handelt es sich um eine Hypothek der Frau, so darf es nicht an der Darlegung fehlen, daß die Frau imstande sei, die Hypothek zu veräußern oder zu verpfänden und dadurch weitere Unterhaltsmittel zu beschaffen. Überdies ist § 1579 Abs 2 nicht so auszulegen, daß die schuldlos geschiedene Ehefrau darauf hingewiesen werden dürfte, ihr Stammvermögen in noch so unwirtschaftlicher Weise hinzugeben, nur damit der schuldige Ehegatte von einer Unterhaltsleistung frei bleibe. Vielmehr setzt § 1579 Abs 2 immerhin eine solche Verwendbarkeit des Stammvermögens der Frau zu ihrem Unterhalte voraus, die sich wirtschaftlich rechtfertigen läßt und nicht (vgl. für den Fall des § 1360 Abs 2 Warn 1914 Nr 192 drittletzter Absatz) die dauernde Sicherung ihres Unterhalts in Zweifel stellt (RG 19. 4. 15 IV 603/14). Vgl. § 1360 A 6. Stammvermögen im Sinne des § 1579 Abs 2 ist keineswegs bloß **Kapitalvermögen.** Auch anderes Vermögen, aus dem sich durch Veräußerung Einkünfte erzielen lassen (z. B. entbehrliches Hausgerät), gehören dazu, wenn sich die Verwendbarkeit zum Unterhalte wirtschaftlich rechtfertigen läßt (RG SeuffA 73 Nr 137). Der § 1579 Abs 2 bildet eine Ausnahme von der Vorschrift des § 1578 Abs 1. Aber entsprechend der Regelvorschrift des § 1578 Abs 1 muß auch die Vorschrift des § 1579 Abs 2 dahin verstanden werden, daß der Mann nur insoweit befreit wird, als die Frau den Unterhalt aus dem Stamm ihres Vermögens bestreiten kann. Im Sinne des § 1579 Abs 2 ist die Frau nur dann imstande, den Unterhalt dem Stamm ihres Vermögens zu entnehmen, wenn und soweit dieser nach dem gewöhnlichen Laufe der Dinge unter Berücksichtigung ihrer zukünftigen Vermögens- und Erwerbsverhältnisse für ihre voraussichtliche Lebensdauer zum Unterhalt ausreicht. **Unwirtschaftliche Maßnahmen** können ihr dabei nicht angesonnen werden. Inwieweit solche Unwirtschaftlichkeit anzunehmen ist, ist Tatfrage des Einzelfalles. Ergibt sich aber, daß die Frau den Unterhalt aus dem Stamme ihres Vermögens nach den Regeln einer ordnungsmäßigen Wirtschaft nur teilweise bestreiten kann, so ist zu untersuchen, ob nicht die Verhältnisse der übrigen Beteiligten es billig erscheinen lassen (§ 1579 Abs 1 Satz 2), daß die Frau, statt den Mann auf Unterhaltsbeiträge in Anspruch zu nehmen, ihr Vermögen ohne Rücksicht auf die Grundsätze einer ordnungsmäßigen Verwaltung verbraucht (RG 97, 276).

10. Die **Verwandten des unterhaltsberechtigten Ehegatten** haften vor dem allein für schuldig erklärten Ehegatten, wenn und soweit dieser bei Berücksichtigung seiner sonstigen Verpflichtungen außerstande ist, ohne Gefährdung seines standesmäßigen Unterhalts den Unterhalt zu gewähren (§ 1608). So ist der Mann, insoweit sein Schwiegervater im Sinne des § 1603 Abs 1 imstande ist, den Unterhalt zu bestreiten (§ 1601), von der Unterhaltspflicht befreit (RG JW 04, 176[20])

§ 1580

Der Unterhalt ist durch Entrichtung einer Geldrente[1]) nach Maßgabe des § 760 zu gewähren. Ob, in welcher Art und für welchen Betrag der Unterhaltspflichtige Sicherheit[2]) zu leisten hat, bestimmt sich nach den Umständen[3]).

Statt der Rente kann der Berechtigte eine Abfindung in Kapital verlangen, wenn ein wichtiger Grund vorliegt[4]).

Im übrigen finden die für die Unterhaltspflicht der Verwandten geltenden Vorschriften der §§ 1607, 1610, des § 1611 Abs 1, des § 1613 und für den Fall des Todes des Berechtigten die Vorschriften des § 1615 entsprechende Anwendung[5]).

E I 1454 II 1474; M 4 618; P 4 529 ff.

1. **Geldrente.** Diese Regelung entspricht dem § 1361 (Getrenntleben der Ehegatten). § 1612 Abs 1 Satz 2 findet keine Anwendung, daher z. B. kein Recht auf Naturalversorgung.

2. **Sicherheitsleistung** §§ 232—240 BGB; § 324 ZPO. — § 1580 Abs 1 betrifft zwar nur gesetzliche, nicht vertraglich vereinbarte Renten. Die Umstände können aber auch bei vertraglicher Zusicherung des Unterhalts das Verlangen nach Leistung einer Sicherheit rechtfertigen (**RG** Recht 1920 Nr 2432).

3. Diese Regelung entspricht dem § 843 Abs 2 Satz 2.

4. Diese Regelung entspricht dem § 843 Abs 3.

5. Auf den Unterhaltsanspruch des geschiedenen Ehegatten findet § 1614 Abs 1, wonach für die Zukunft auf den Unterhalt nicht verzichtet werden kann, keine Anwendung. Die Unterhaltspflicht kann schon im voraus für den Fall der Ehescheidung durch Vertrag geregelt, also auch erlassen werden. Der Vertrag ist aber nichtig, wenn er auf Erleichterung der Scheidung abzielt (**RG** 26. 4. 09 IV 370/08; **RG** JW 1916, 573[2]; SeuffA 72 Nr 181). Vgl. auch **RG** Warn 1920 Nr 114.

§ 1581

Die Unterhaltspflicht erlischt mit der Wiederverheiratung[1]) des Berechtigten.

Im Falle der Wiederverheiratung des Verpflichteten finden die Vorschriften des § 1604 entsprechende Anwendung[2]).

E I 1454 Abs 1, 2 II 1475; M 4 619; P 4 519 ff.

1. **Wiederverheiratung.** Der im § 1581 ausgesprochene Rechtsgrundsatz ist nicht zwingender Natur, unterliegt vielmehr der Abänderung durch Parteivereinbarung. Daher ist ein Abkommen, durch das die Fortdauer der Unterhaltsverpflichtung über den Zeitpunkt der Wiederverheiratung des Berechtigten hinaus festgelegt wird, rechtlich zulässig (**RG** Warn 1920 Nr 114). Vgl. auch **RG** 56, 121 und § 1579 A 8. Die Unterhaltspflicht erlischt nicht, wenn die neue Ehe des Berechtigten nichtig ist. Von einem Verzuge des Unterhaltspflichtigen (§ 1613) kann freilich bis zur Nichtigkeitserklärung (bei unvollkommener Nichtigkeit) keine Rede sein. Auflösung der neuen Ehe ruft die erloschene Unterhaltspflicht nicht wieder ins Leben. — Die Wiederverheiratung der Witwe eines Getöteten hat nicht ohne weiteres den Verlust ihres Anspruchs auf Unterhaltsrente gegen den Beschädiger zur Folge (**RG** JW 05, 143[23]).

2. **Übergangsrecht.** Die Bestimmung des § 1581 Abs 2 kann nicht auf Fälle zurückwirken, in denen die Scheidung der Ehe bereits vor dem 1. Januar 1900 erfolgt ist. Die entgegengesetzte Ansicht findet im BGB keine Stütze. Auch aus den Artt 199, 201, 206 EG ist dafür nichts zu entnehmen (**RG** 48, 4).

§ 1582

Die Unterhaltspflicht erlischt nicht mit dem Tode des Verpflichteten[1]).

Die Verpflichtung des Erben unterliegt nicht den Beschränkungen des § 1579. Der Berechtigte muß sich jedoch die Herabsetzung[2]) der Rente bis auf die Hälfte der Einkünfte gefallen lassen, die der Verpflichtete zur Zeit des Todes[3]) aus seinem Vermögen bezogen hat[4]). Einkünfte aus einem Rechte[5]), das mit dem Eintritt eines bestimmten Zeitpunkts oder Ereignisses erlischt, bleiben von dem Eintritte des Zeitpunkts oder des Ereignisses an außer Betracht.

Sind mehrere Berechtigte vorhanden, so kann der Erbe die Renten nach dem Verhältnis ihrer Höhe so weit herabsetzen, daß sie zusammen der Hälfte der Einkünfte gleichkommen.

E I 1454 Abs 1 II 1476; M 4 619; P 4 525; 6 293.

1. Mit dem **Tode des Berechtigten** erlischt der Unterhaltsanspruch, soweit er nicht die im § 1580 Abs 3 u. § 1615 bezeichneten Nachleistungen betrifft. Die Unterhaltspflicht vererbt sich, unterliegt aber der Herabsetzung nach Abs 2 u. 3. Mehr als den standesmäßigen Unterhalt hat der Erbe nicht zu gewähren und auch diesen nur nach Maßgabe des § 1578. Die Vorschriften in §§ 1580, 1581 Abs 1 bleiben gleichfalls maßgebend. Nach diesen Grundsätzen ist es möglich, daß der Erbe eine höhere oder geringere Unterhaltsrente als der Erblasser oder gar kein zu entrichten hat.

2. Das Recht des Erben auf **Herabsetzung der Rente** ist an keine Frist gebunden. Es steht jedem Miterben zu. — Die Vorschrift des § 1582 Abs 2 Satz 2 enthält nachgiebiges Recht, kann also durch Vertrag in Wegfall gebracht werden. Es kommt darauf an, ob der Wille der Beteiligten, es bei der Vorschrift des § 1582 Abs 2 Satz 2 zu belassen, im Vertrage zum Ausdruck gekommen ist. Hat z. B. der geschiedene Ehemann sich vertragsmäßig ohne Vorbehalt verpflichtet, eine ganz bestimmte Geldrente der geschiedenen Frau bis an ihr Lebensende für sie und die bei ihr befindlichen Kinder zu entrichten, so ist anzunehmen, daß er damit eine dauernde, der Beschränkung des § 1582 Abs 1 Satz 2 nicht unterliegende Sicherung hat schaffen wollen (**RG** Gruch 62, 386). Vgl. auch § 1579 A 8.

3. „Zur Zeit des Todes" bedeutet nicht den Todestag, sondern den je nach den Verhältnissen größeren oder geringeren Zeitraum, innerhalb dessen das Vermögen Einkünfte abwirft und der Tod erfolgt ist (**RG** 70, 213).

4. Ob der Erblasser **Einkünfte**, die sein Vermögen abwarf, tatsächlich bezogen hat, ist gleichgültig. Insofern ist die Fassung des Gesetzes ungenau. Unter den Einkünften, die der Verpflichtete zur Zeit des Todes aus seinem Vermögen bezogen hat, ist nichts anderes zu verstehen als die Einkünfte des beim Tode vorhandenen Vermögens des Verpflichteten. Daher kommt es nicht darauf an, ob ein neuerbautes Miethaus am Todestage von Mietern noch nicht bezogen war, wenn nur der Mietzins schon in dem Kalendervierteljahre, in das der Todestag fällt, beziehbar war (**RG** 70, 213). Das Gesetz hat den Regelfall im Auge, daß der Verpflichtete alle Einkünfte, die er beziehen konnte, auch bezogen hat. Einkünfte, die nach wirtschaftlichen Grundsätzen hätten bezogen werden können, aber nicht bezogen worden sind, müssen als bezogen gelten.

5. **Einkünfte aus Rechten.** Z. B. aus einem Urheberrechte.

§ 1583

[1]) Ist die Ehe wegen Geisteskrankheit eines Ehegatten geschieden, so hat ihm der andere Ehegatte Unterhalt in gleicher Weise zu gewähren wie ein allein für schuldig erklärter Ehegatte.

E II 1477; P 4 444, 532.

1. **Grund und Zweck.** Die Vorschrift des § 1583 entspringt Billigkeitsrücksichten. Sie bezweckt nicht nur, den geisteskranken geschiedenen Ehegatten wirtschaftlich möglichst selbständig zu stellen, sondern will auch einen gewissen Schutz gegen Mißbrauch der Scheidung wegen Geisteskrankheit schaffen. Gleiche Zwecke verfolgt § 1478 Abs 3 (vgl. Prot 4, 444). Im übrigen vgl. die Erl zu §§ 1578—1582.

§ 1584

[1]) Ist ein Ehegatte allein für schuldig erklärt, so kann der andere Ehegatte[2]) Schenkungen[3]), die er ihm während des Brautstandes oder während der Ehe gemacht hat, widerrufen. Die Vorschriften des § 531 finden Anwendung.

Der Widerruf ist ausgeschlossen, wenn seit der Rechtskraft des Scheidungsurteils ein Jahr verstrichen oder wenn der Schenker oder der Beschenkte gestorben ist[4]).

E I 1453 II 1471; M 4 612; P 4 438.

1. Die allgemeinen Bestimmungen über den **Widerruf von Schenkungen** wegen Undanks (§§ 530—534) sind von der Anwendung auf geschiedene Ehegatten nicht ausgeschlossen, gleichviel ob der Schenker oder der Beschenkte oder beide Teile für schuldig erklärt sind. Diese durch die allgemeinen Bestimmungen begründeten Rechte erfahren aber durch die Sonderbestimmung des § 1584 eine Erweiterung. Das im § 1584 eingeräumte Widerrufsrecht setzt Undank nicht voraus. — Dem § 1584 kommt die Bedeutung zu, daß dadurch für den schuldlos geschiedenen Ehegatten ein selbständiges, von dem Vorliegen eines **groben Undanks** des Beschenkten unabhängiges Widerrufsrecht gegeben wird, daß aber im übrigen auch unter Ehegatten vor wie nach der Scheidung die allgemeinen Vorschriften über den Widerruf von Schenkungen maßgebend sind (**RG** Warn 1920 Nr 169; **RG** Recht 1923 Nr 662). So wenig eine schwere, die Scheidung begründende Eheverfehlung der Beklagten notwendig einen groben Undank im Sinne des § 530 darstellen muß, so wenig steht anderseits die Verneinung eines Scheidungsanspruchs des Klägers einer Feststellung, daß der Beklagten gleichwohl ein grober Undank zur Last falle, entgegen (**RG** Recht 1923 Nr 662). Die Vor-

schrift in § 530 (Widerruf wegen groben Undanks) gilt unter geschiedenen Ehegatten selbst dann, wenn auch der Schenker für schuldig erklärt ist (RG Warn 1920 Nr 169). Das Widerrufsrecht des § 1584 ist wie das des § 530 höchstpersönlicher Natur und daher weder übertragbar noch vererblich. Ist das Widerrufsrecht vom Berechtigten ausgeübt, so ist der daraus folgende Herausgabeanspruch übertragbar und vererblich.

2. Ist der **andere Ehegatte** in der Geschäftsfähigkeit beschränkt, so bedarf er der Zustimmung des gesetzlichen Vertreters, sofern solche nach den allgemeinen Bestimmungen, von denen § 1584 hierin nicht abweicht, erforderlich ist.

3. Unter **Schenkungen** sind hier nur Schenkungen unter Lebenden und solche Schenkungen auf den Todesfall zu verstehen, die nach § 2301 Abs 2 als Schenkungen unter Lebenden behandelt werden. — Schenkungen, durch die einer sittlichen Pflicht oder einer auf den Anstand zu nehmenden Rücksicht entsprochen worden war (§ 534), unterliegen gleichfalls dem Widerrufsrecht aus § 1584 (RG 58, 382; RG Warn 1920 Nr 169; RG 6. 3. 22 IV 690/21). Ein Ehemann, der seine Frau mit Schmucksachen beschenkt hat, kann die Schenkung wegen groben Undanks (§ 530) widerrufen, wenn die Frau ein öffentlich gezeigtes Liebesverhältnis mit einem andern Manne unterhält (RG JW 09, 148[9]).

4. **Ausschluß des Widerrufs** tritt auch durch Verzicht ein. Entsprechend dem § 533 kann jedoch auf das Widerrufsrecht erst verzichtet werden, wenn der Ehescheidungsgrund dem andern Ehegatten bekannt geworden ist. Über den Einfluß der Scheidung bzw. Erhebung der Scheidungsklage auf letztwillige Verfügungen, die ein Ehegatte zugunsten des andern trifft, vgl. §§ 2077, 2268, 2279.

§ 1585

[1]) Hat der Mann einem gemeinschaftlichen Kinde Unterhalt zu gewähren, so ist die Frau verpflichtet, ihm aus den Einkünften ihres Vermögens und dem Ertrag ihrer Arbeit oder eines von ihr selbständig betriebenen Erwerbsgeschäfts einen angemessenen[2]) Beitrag zu den Kosten des Unterhalts zu leisten, soweit nicht diese durch die dem Manne an dem Vermögen des Kindes zustehende Nutznießung gedeckt werden. Der Anspruch des Mannes ist nicht übertragbar.

Steht der Frau die Sorge für die Person des Kindes zu und ist eine erhebliche Gefährdung des Unterhalts des Kindes zu besorgen, so kann die Frau den Beitrag zur eigenen Verwendung für den Unterhalt des Kindes zurückbehalten[3]).

E I 1458; II 1481; M 4 628; P 4 449.

1. **Beitragspflicht der Frau.** Die Unterhaltspflicht der Eltern gegenüber den Kindern beruht auf der Verwandtschaft (§ 1601), nicht auf der Ehe, und kann mithin im **Verhältnisse zu den Kindern** durch die Scheidung der Ehe weder geändert noch beseitigt werden. Demgemäß haftet den Kindern gegenüber nach wie vor der Scheidung der Vater vor der Mutter, ausgenommen, wenn der Mutter die Nutznießung an dem Vermögen des Kindes zusteht, in welchem Falle die Mutter vor dem Vater haftet (§ 1606 Abs 2). Diese Reihenfolge der Haftung gilt ohne Rücksicht darauf, ob das Recht der Sorge für die Person des Kindes gemäß § 1635 dem Vater oder der Mutter zusteht (M 4, 628). Im **Verhältnisse der Eltern zueinander** (RG 57, 75) tritt jedoch mit der Scheidung eine Änderung der Unterhaltspflicht insofern ein, als die Kosten des Unterhalts der Kinder nunmehr nach Maßgabe des § 1585 von den Eltern gemeinschaftlich zu tragen sind. Der § 1585 setzt nur eine Beitragspflicht der Frau, nicht des Mannes fest. Bei Anwendung des § 1585 sind die Fragen, wer für den schuldigen Teil erklärt ist und wem die Sorge für die Person des Kindes zusteht — abgesehen von der Bestimmung im Abs 2 —, bedeutungslos. — Die geschiedene Frau ist gewissermaßen zum Ausgleiche für die weggefallene Nutznießung des Mannes am eingebrachten Frauenvermögen verpflichtet, zum Kinderunterhalt einen angemessenen Beitrag zu leisten. In diesem Sinne bestimmt § 1585, daß der Mann den Beitrag nur aus den **Einkünften des Vermögens der Frau** verlangen kann. Das **Stammvermögen der Frau** bleibt frei. Unzulässig ist es, über diese Grundlage und Begrenzung hinaus auf die grundverschieden gestaltete und unmittelbar auf der Verwandtschaft beruhende mütterliche Unterhaltspflicht (§ 1603, § 1607 Abs 1) einzugehen. Auf seiten des Mannes ist nicht nur sein Jahreseinkommen einzusetzen, sondern es ist seine Leistungsfähigkeit nach den §§ 1601, 1603 unter Berücksichtigung aller seiner verfügbaren Mittel (mit Einschluß des verfügbaren Stammvermögens) zu würdigen (RG Warn 1917 Nr 25). Während der Dauer der Ehe haften die Eltern den gemeinschaftlichen Kindern

gegenüber für die Erfüllung der Unterhaltspflicht nicht gemeinschaftlich. Vielmehr haftet nach § 1606 Abs 2 Satz 2 der Vater vor der Mutter (ausgenommen im Falle des Halbsatzes 2). Daran wird durch die Scheidung nichts geändert. Da aber infolge der Scheidung das dem Manne beim ordentlichen gesetzlichen Güterstande am eingebrachten Gute der Frau zustehende Nutznießungsrecht wegfällt (M 4, 628, 629), erklärt § 1585 die Frau im Falle der Scheidung für verpflichtet, dem unterhaltspflichtigen Manne zu den Kosten des Unterhalts der gemeinschaftlichen Kinder einen angemessenen Beitrag zu leisten. Diese Beitragspflicht der Frau ist unabhängig davon, ob die Sorge für die Person der Kinder ihr oder dem Manne zusteht. Steht der Frau die Sorge für die Person der Kinder zu und gewährt sie den Kindern den Unterhalt auch tatsächlich, so wird selbst dadurch an ihrer dem Manne gegenüber bestehenden Verpflichtung nichts geändert (Prot 4, 450 unter C). Wird also trotzdem der Mann von den Kindern mit Erfolg auf Gewährung von Unterhalt durch Entrichtung einer Geldrente in Anspruch genommen (§ 1612 Abs 1 Satz 1), so ist sie gleichwohl dem Manne gegenüber verpflichtet, ihm einen Beitrag zu leisten (**RG** 24. 1. 16 IV 327/14).

2. Welcher Beitrag **angemessen** ist, hat der Richter unter Berücksichtigung der wirtschaftlichen und gesellschaftlichen Verhältnisse der beiden früheren Ehegatten nach freiem Ermessen zu entscheiden. Dabei spielt, was die wirtschaftlichen Verhältnisse des Mannes anlangt, nicht nur das, was er tatsächlich erwirbt, sondern unter Umständen auch das, was er bei gehöriger Anspannung seiner Kräfte durch Arbeit verdienen könnte, eine Rolle (**RG** 24. 1. 16 IV 327/14).

3. **Gerichtszuständigkeit.** Das Ges. zur Entlastung der Gerichte v. 11. 3. 21 (RGBl S. 229), in Kraft seit 1. 4. 21, hat durch Art I 2 b die Zuständigkeit der Amtsgerichte auf alle Ansprüche auf Erfüllung einer durch Ehe oder Verwandtschaft begründeten gesetzlichen Unterhaltspflicht ausgedehnt, und zwar ohne Rücksicht auf den Wert des Streitgegenstandes. Zu diesen den Amtsgerichten zugewiesenen Streitigkeiten gehört auch die im § 1585 geregelte Beitragspflicht der Frau, da sie eine durch Verwandtschaft begründete gesetzliche Unterhaltspflicht darstellt. Vgl. § 1578 A 12.

§ 1586

Wird nach § 1575 die eheliche Gemeinschaft aufgehoben[1]), so treten die mit der Scheidung verbundenen Wirkungen[2]) ein; die Eingehung einer neuen Ehe ist jedoch ausgeschlossen. Die Vorschriften über die Nichtigkeit und Anfechtbarkeit der Ehe finden Anwendung, wie wenn das Urteil nicht ergangen wäre.

1. Die **eheliche Gemeinschaft** wird in dem Zeitpunkte **aufgehoben**, in dem das Aufhebungsurteil rechtskräftig wird (vgl. § 1576 A 6). Von da ab beginnen die Wirkungen der Scheidung.

2. **Alle mit der Scheidung verbundenen Wirkungen** treten ein (vgl. § 1312 A 2), nur diejenigen nicht, die der § 1586 selbst ausnimmt. Zu diesen Ausnahmen gehört, daß die Ehegatten — anders als geschiedene Ehegatten — gehindert sind, eine neue Ehe einzugehen, sowie, daß die Ehe — anders als die geschiedene Ehe — noch ferner den Vorschriften über die Nichtigkeit und Anfechtbarkeit der Ehe unterliegt. Hieraus folgt, daß das Band der Ehe durch die Aufhebung der ehelichen Gemeinschaft noch nicht gelöst ist. Dasselbe ergibt sich auch daraus, daß bloße Wiederherstellung der ehelichen Gemeinschaft (§ 1587) ohne förmliche Eheschließung genügt, die Ehe vollinhaltlich wiederherzustellen. — Die Ehefrau kann nach Aufhebung der ehelichen Gemeinschaft selbständig einen Wohnsitz begründen (**RG** 59, 337).

§ 1587

Wird die eheliche Gemeinschaft nach der Aufhebung[1]) wiederhergestellt[2]), so fallen die mit der Aufhebung verbundenen Wirkungen weg und tritt Gütertrennung ein[3]).

1. Die Worte **„nach der Aufhebung"** bedeuten: nach dem Zeitpunkt, in dem das Aufhebungsurteil rechtskräftig geworden ist (vgl. § 1576 A 6).

2. Die **Wiederherstellung der ehelichen Gemeinschaft** ist eine von Rechtsfolgen begleitete, keiner Form bedürfende, zweiseitige Handlung. Ein geschäftsunfähiger Ehegatte kann sie nicht vornehmen und ein in der Geschäftsfähigkeit beschränkter Ehegatte bedarf dazu der Einwilligung des gesetzlichen Vertreters. Ob Ehegatten die eheliche Gemeinschaft wiederhergestellt haben, läßt sich im übrigen nur nach den Umständen des einzelnen Falles beurteilen.

3. Die **Folgen der Wiederherstellung** treten für die Zukunft ein. Rückwirkende Kraft hat die Wiederherstellung nicht. Entsteht ein neuer Scheidungsgrund, so kann wiederum der verletzte Ehegatte nach seiner Wahl auf Aufhebung der ehelichen Gemeinschaft oder Scheidung klagen und der andere Ehegatte hat das Antragsrecht aus § 1575 Abs 1 Satz 2. — Wegen der Berichtigung des Heiratsregisters vgl. Art 46, § 55 EG. Gütertrennung §§ 1426ff.

Achter Titel

Kirchliche Verpflichtungen

§ 1588

Die kirchlichen Verpflichtungen in Ansehung der Ehe werden durch die Vorschriften dieses Abschnitts nicht berührt[1]).

1. Der ganze erste Abschnitt des vierten Buches bezieht sich, wie seine Überschrift ergibt, auf die bürgerliche Ehe, d. h. auf die bürgerliche Seite der Ehe, und läßt deren kirchliche Seite unberührt.

Zweiter Abschnitt

Verwandtschaft

Erster Titel

Allgemeine Vorschriften

§ 1589

[1]) Personen, deren eine von der anderen abstammt, sind in gerader Linie verwandt. Personen, die nicht in gerader Linie verwandt sind, aber von derselben dritten Person abstammen, sind in der Seitenlinie verwandt. Der Grad der Verwandtschaft bestimmt sich nach der Zahl der sie vermittelnden Geburten[2])[3]).

Ein uneheliches Kind und dessen Vater gelten nicht als verwandt[4]).

E I 30, 31 II 15; M 1 65; P 4 35, 37; 6 112.

1. Die in E I in den allgemeinen Teil aufgenommen gewesenen §§ 1589 und 1590 bestimmen, was unter **Verwandtschaft** und **Schwägerschaft** im Sinne des BGB, nicht bloß im Sinne des vierten Buches zu verstehen ist. Nach Art 33 EG erstreckt sich ihre Geltung auch auf das AnfG v. 21. 7. 79, die Prozeßgesetze (ZPO, StPO, KO) und das GVG. Bezüglich der nach dem BGB erlassenen Reichs- und Landesgesetze darf davon ausgegangen werden, daß sie den Begriff der Verwandtschaft und Schwägerschaft in demselben Sinne verstehen wie das BGB, während bezüglich der früheren Gesetze die gleiche Vermutung nicht Platz greifen kann. — Keine Verwandtschaft besteht mit einem bereits erzeugten, aber noch nicht geborenen Kinde. Eine Ausnahme hiervon wird auch durch § 1923 Abs 2, der hinsichtlich der Erbfolge die Rückbeziehung anordnet, nicht begründet. Das zur Zeit des Erbfalls als Leibesfrucht vorhandene Kind gewinnt Verwandte erst, wenn es geboren ist. — Die geistliche Verwandtschaft (**cognatio spiritualis**) hat für das bürgerliche Recht keine Bedeutung.

2. Der **Grad der Verwandtschaft,** der in den verschiedensten Beziehungen (für Erbrecht, Unterhaltspflicht, Zeugnispflicht usw.) von Bedeutung ist, wird bei den Verwandten gerader Linie durch Zählung der die Abstammung vermittelnden Geburten, bei den Seitenverwandten durch Zählung der sämtlichen von dem einen Verwandten über den gemeinschaftlichen Stammvater hinweg bis zu dem andern Verwandten führenden Geburten berechnet, nicht, wie nach germanischer und kanonischer Zählweise, durch Zählung der bis zu dem gemeinschaftlichen Stammvater reichenden Geburten, deren Zahl für jeden der beiden Verwandten eine verschiedene sein kann. Für die gesetzliche Erbfolge ist übrigens nicht die Gradesnähe, sondern die Zugehörigkeit zu den verschiedenen Stämmen (Linien oder Parentelen) — Abkömmlinge des Erblassers, Eltern und deren Abkömmlinge, Großeltern und deren Abkömmlinge usw. — maßgebend und nur innerhalb desselben Stammes, abgesehen von den vorgenannten drei ersten Stämmen, gibt die Gradesnähe den Vorzug (Lineal-Gradualordnung). Es sind deshalb, wenn der Erblasser schlechtweg seine „nächsten Ver-

wandten" bedenkt, nach der Auslegungsregel des § 2067 hierunter nicht die dem Grade nach nächsten Verwandten, sondern die zur gesetzlichen Erbfolge berufenen Verwandten zu verstehen. Die Verwandten absteigender Linie werden im BGB als „Abkömmlinge" bezeichnet, während der Ausdruck „Kinder" nur die Abkömmlinge ersten Grades bedeutet (ebenso in § 65 PrGes. v. 8. 3. 71 nach RG 5. 4. 00 IV 24/00). Für die Verwandten aufsteigender Linie wird in §§ 685, 1310 Abs 2 der Ausdruck „Eltern und Voreltern" gebraucht. Zu den Verwandten gerader Linie (§ 1795 Nr 1) gehören Abkömmlinge und die Verwandten aufsteigender Linie. Mit dem Ausdruck „Angehörige" werden in § 186 RVO sowohl Verwandte als Verschwägerte ohne Unterschied des Grades bezeichnet. Unter dem von dem Erblasser gebrauchten Ausdruck „Kinder" oder „Enkel" können nach dem Willen des Erblassers die Nachkommen der Kinder oder Enkel mit zu verstehen sein (RG Warn 1915 Nr 121).

3. Eine allgemeine **Klage auf Feststellung der Verwandtschaft** ist zulässig, wenn sich das Rechtsschutzinteresse des Klägers nicht in der Feststellung der Verwandtschaft für ein besonderes Rechtsverhältnis erschöpft (vgl. § 1593 A 1). Mit der Klage auf Herausgabe der Erbschaft kann nötigenfalls die Klage auf Feststellung des Verwandtschaftsverhältnisses verbunden werden (vgl. RG 14. 1. 04 IV 123/03).

4. Dadurch, daß **keine Verwandtschaft zwischen dem Vater und dem unehelichen Kinde** im BGB — anders im StGB — anerkannt wird, ist auch ein Verwandtschaftsverhältnis zwischen dem unehelichen Kinde und den Verwandten des Vaters ausgeschlossen. Desgleichen ein Verwandtschaftsverhältnis zwischen den unehelichen Kindern desselben Vaters, die deshalb, wenn sie zugleich von derselben Mutter abstammen, nur halbbürtige Geschwister sind. Das natürliche Verwandtschaftsverhältnis zwischen dem Vater und dem unehelichen Kinde hat für das BGB nur die Bedeutung, daß es nach § 1310 Abs 3 das Ehehindernis der Verwandtschaft sowie nach §§ 1708ff. eine gewisse Unterhaltspflicht des Vaters begründet, und daß es die Grundlage der Legitimation bildet. Unter „Vater" wird deshalb im BGB (vgl. §§ 1776 Nr 1 und andrerseits Nr 2, 1782 usw.) der natürliche Vater niemals mitbegriffen (vgl. über den Ausdruck leiblicher Verwandter § 1766 A 2), ebensowenig gehört das uneheliche Kind zu den „Abkömmlingen des Vaters" oder zu den unverheirateten Kindern im Sinne des § 1612, wie auch ein uneheliches Kind nicht zu den Hinterbliebenen eines Beamten im Sinne des RBG v. 18. 5. 07 (§ 69) gerechnet wird. Der Grundsatz des § 1589 Abs 2 gilt nach Art 33 EG auch für die StPO. Das uneheliche Kind ist im Verhältnis zum natürlichen Vater nicht zur Verweigerung des Zeugnisses berechtigt (RGSt JW 1922, 1212[3]). Ein Verwandtschaftsverhältnis besteht dagegen zwischen dem unehelichen Kinde und der Mutter nebst deren Verwandten, somit auch zwischen dem unehelichen und dem ehelichen Kinde derselben Mutter (§ 1705). — Durch **Annahme an Kindes Statt** wird ein künstliches Verwandtschaftsverhältnis nur zwischen den Vertragsparteien einschließlich der nach Vertragsschluß geborenen Abkömmlinge des angenommenen Kindes geschaffen (§§ 1762, 1763).

§ 1590

[1]) Die Verwandten eines Ehegatten[2]) sind mit dem anderen Ehegatten verschwägert. Die Linie und der Grad der Schwägerschaft bestimmen sich nach der Linie und dem Grade der sie vermittelnden Verwandtschaft.

Die Schwägerschaft dauert fort, auch wenn die Ehe, durch die sie begründet wurde, aufgelöst ist[3]).

E I 32, 33 II 16; M 1 67; P 4 36.

1. Über das Geltungsgebiet des § 1590 s. § 1589 A 1.

2. **Schwägerschaft** besteht nur zwischen einem Ehegatten und den Verwandten des andern Ehegatten — wobei der Grad der Verwandtschaft mit diesem zugleich den Schwägerschaftsgrad bestimmt —, nicht auch zwischen einem Ehegatten und dem Ehegatten eines solchen Verwandten. Auch bei der Schwägerschaft gibt es Verschwägerte aufsteigender Linie, absteigender Linie und der Seitenlinie. Auf das uneheliche Kind eines Vaters kann sich, da das Kind mit diesem nicht verwandt ist (§ 1589 Abs 2), das Schwägerschaftsverhältnis nicht erstrecken. Die Schwägerschaft setzt das Bestehen einer gültigen Ehe voraus. Der gute Glaube der Ehegatten an die Gültigkeit der Ehe ist hierfür einflußlos. Jedoch wird bei einer bloß anfechtbaren Ehe Schwägerschaft so lange als bestehend anzunehmen sein, als nicht Nichtigkeitserklärung erfolgt ist (Staudinger A 2b, vgl. RGSt 41, 115; 56, 428; 60, 247). Als Ehehindernis kommt auch das kanonische Schwägerschaftsverhältnis auf Grund außerehelicher Beiwohnung in Betracht, indem dem Beiwohnenden nach § 1310 Abs 2 die Ehe mit den Verwandten auf- oder absteigender Linie des andern Teiles verboten ist.

3. Die einmal durch die Ehe begründete Schwägerschaft wird durch die **Auflösung der Ehe,** mag diese auf Tod, auf Scheidung oder auf Wiederverheiratung im Falle der Todes-

erklärung beruhen, nicht aufgehoben, was auch für § 3 Nr 2 AnfG (vgl. § 1589 A 1) von Wichtigkeit ist (RG 63, 93). Dem entspricht es, daß in §§ 850 Abs 4, 863 Abs 1 ZPO der Unterhaltsanspruch des früheren Ehegatten, was die Vorrechte gegenüber einer Pfändung anlangt, dem des zeitigen Ehegatten gleichgestellt ist. Nach Auflösung der Ehe kann ein Schwägerschaftsverhältnis zwischen dem einen Ehegatten und den nach dieser Zeit erzeugten Kindern des andern Ehegatten nicht mehr entstehen.

Zweiter Titel

Eheliche Abstammung

1. An der Feststellung der ehelichen Abstammung, die nicht nur für das Rechtsverhältnis zwischen Eltern und Kindern, sondern allgemein für das Verwandtschaftsverhältnis die Grundlage bildet, hat auch der Staat ein Interesse, das er durch die Einrichtung der **Personenstandsregister** betätigt. Der Beweis der Abstammung kann durch die Eintragung im Geburtsregister (§§ 17ff. PStG v. 6. 2. 75, abgeändert durch Art 46 EG, in der Fassung der Ges v. 11. 6. 20 und 8. 3. 23 und der VO v. 14. 2. 24) geführt werden. Die Angaben im Geburtsregister sind so lange beweisend, bis der Gegenbeweis erbracht ist (§ 15 PStG, § 415 ZPO; für die Abstammung liefern daher die vollständigen Auszüge aus dem Geburtsregister vollen Beweis, nicht aber die Geburtsscheine (§§ 15a bis 15c PStG). Die Beweiskraft erstreckt sich auf die Angabe der Verehelichung der Eltern (RG 20. 9. 15 IV 44/15, früher anders 14. 1. 04 IV 123/03, vgl. RGSt 25, 188 und wegen der Taufscheine Gruch 48, 1133), nicht dagegen auf die nach PrMErl vom 21. 5. 97 in die Geburtsurkunde aufzunehmenden Angaben über den Todestag des Ehemanns oder den Tag der Rechtskraft des Scheidungsurteils. Nicht die Abstammung, sondern nur die Abgabe des Anerkenntnisses wird durch das nach § 25 PStG einzutragende Anerkenntnis der Vaterschaft (§ 1718) beurkundet, so daß für ein Berichtigungsverfahren wegen sachlicher Unrichtigkeit des Anerkenntnisses kein Raum ist (RG 68, 60; RJA 12, 195; KG in JFG 1, 132; vgl. Gruch 35, 347). Zulässig bleibt aber eine Berichtigung, wenn der Erklärende gar nicht ein Anerkenntnis der Vaterschaft hat abgeben, sondern nur dem Kinde nach § 1706 Abs 2 seinen Namen hat erteilen wollen (vgl. KGJ 42 A 81 — anders anscheinend RG Gruch 57, 1012). Es ist auch nicht ausgeschlossen, daß im Falle der Anfechtung des Anerkenntnisses hierüber ein Zusatzvermerk eingetragen wird. Das in der Ehe oder binnen 302 Tagen nach Auflösung der Ehe geborene Kind hat der Standesbeamte als eheliches einzutragen, da das Kind so lange, bis es auf Anfechtungsklage des Ehemanns für unehelich erklärt ist, als eheliches gilt (vgl. § 1593 A 2). Anders ist es, wenn durch die Todeserklärung des Mannes die Vermutung der Auflösung der Ehe begründet ist, eine Vermutung, welche auch der Standesbeamte zu beachten hat (RG 60, 199). Ist durch rechtskräftiges Urteil auf Anfechtungsklage des Ehemanns die Unehelichkeit festgestellt, so ist diese Änderung des Personenstandes auf Antrag eines Beteiligten am Rande der den Geburtsfall betreffenden Eintragung zu vermerken (§ 26 PStG). Auch neugeborene Findelkinder — wobei der Begriff des neugeborenen Kindes nicht zu eng aufgefaßt werden darf (RG 79, 357; KGJ 46 A 114) — sind in das Geburtsregister einzutragen (§ 24 PStG).

2. **Geltungsgebiet.** Auf dem Gebiete des Lehnrechts, des Fideikommißrechts und des Stammgüterrechts war das Landesrecht in Geltung geblieben (Art 59 EG). Es konnten deshalb mit einer auf diese Gebiete beschränkten Wirkung landesrechtlich abweichende Vorschriften über eheliche Abstammung usw. (vgl. § 1593 A 1, § 1912 A 3) gegeben werden. Dieses Sonderrecht ist jetzt (vgl. Art 155 RVerf, der die Auflösung der Fideikommisse anordnet, und das PrGes v. 10. 3. 19 über Auflösung der Familiengüter) landesgesetzlich beseitigt.

3. **Räumliche und zeitliche Herrschaft.** Die Frage der Ehelichkeit ist nach Art 18 EG (vgl. auch Art 29 daselbst) nach deutschem Recht zu beurteilen, wenn der Ehemann der Mutter zur Zeit der Geburt des Kindes oder seines vorher erfolgten Todes ein Deutscher war. Nach deutschem Recht sind in diesem Falle auch die mit der Ehelichkeit in Zusammenhang stehenden weiteren Fragen der Anfechtung der Ehelichkeit, der Anerkennung usw., worüber sich die §§ 1591—1600 verhalten, zu entscheiden. Die Gültigkeit der Ehe dagegen, auf die es für die Ehelichkeit ebenfalls ankommt, bestimmt sich nach dem Grundsatz des Art 13 EG für jeden Ehegatten nach dem Recht der Staatsangehörigkeit zur Zeit der Eheschließung (a. A. Planck A 3; Niedner A 3). Ist die Ehe geschieden, so ist für die Frage, ob das Kind von dem geschiedenen Ehemann abstammt, das Heimatsrecht des Mannes zur Zeit der Scheidung maßgebend. In erster Linie ist aber, falls etwa die Frau sich wieder verheiratet hat, das Heimatsrecht des neuen Ehemanns dafür entscheidend, ob das Kind als sein eheliches Kind anzusehen ist (ZIntern-Rechtsverkehr 1912/13, 107). Die Vorschriften der §§ 1596, 1597 über die Anfechtung durch Erhebung der Anfechtungsklage bei dem inländischen Prozeßgericht oder durch Erklärung

bei dem inländischen Nachlaßgericht sind, soweit deutsches Recht anwendbar ist, auch von dem im Auslande lebenden Ehemanne zu erfüllen, während es dafür, wie der in § 1597 Abs 1 vorgeschriebenen Form der öffentlichen Beglaubigung zu genügen ist, auf das Recht am Orte der Vornahme der Handlung ankommt (bestr.). Ist deutsches Recht nicht anwendbar, so wird dafür, welches ausländische Recht zur Anwendung kommt — falls nicht die ausländischen Rechte, die hierbei in Betracht kommen können, übereinstimmend eine andere Regel aufstellen (vgl. Vorbem 7 vor § 1) —, ebenfalls auf die Staatsangehörigkeit des Ehemanns zur Zeit der Geburt des Kindes zu sehen sein (für unbedingte Geltung des Rechtes der Staatsangehörigkeit des Mannes Planck A 6; Staudinger A I 2 zu Art 18; Bergmann, Internationales Ehe- und Kindschaftsrecht I S. 54). — Ist das Kind vor Inkrafttreten des BGB geboren, so ist die eheliche Abstammung lediglich nach bisherigem Recht zu beurteilen (KG in OLG 6, 57). Auch hinsichtlich der einzuhaltenden Anfechtungsfrist bleibt das frühere Recht maßgebend (RG 66, 249).

4. Für die Anfechtungsklage des Ehemanns der Mutter und den die Feststellung des Familienstandes mit Wirkung gegen Dritte betreffenden **Rechtsstreit** sind in §§ 640ff. ZPO besondere Vorschriften gegeben, welche das Verfügungsrecht der Partei und den Erlaß eines Versäumnisurteils, soweit dies der Ehelichkeit des Kindes zum Nachteil gereicht, ausschließen. Als Beweismittel kann in einem solchen Prozesse über die Ehelichkeit die Untersuchung des körperlichen Zustandes einer Partei von Wichtigkeit sein. Zwangsmaßregeln dürfen jedoch zu diesem Zwecke nicht angeordnet werden (RG 24. 11. 02 IV 235/02; vgl. JW 97, 628[2]). Durch § 642 ist Vorsorge getroffen, daß der Beklagte, wenn einer der Streitteile ein Deutscher ist oder der Beklagte früher ein Deutscher war und diese Staatsangehörigkeit ohne Erwerb einer andern verloren hat, auch dann im Inlande verklagt werden kann, wenn er dort einen allgemeinen Gerichtsstand nicht hat. Da das Kind bis zur rechtskräftigen Feststellung der Unehelichkeit die Stellung eines ehelichen Kindes hat, ist die Anfechtungsklage gemäß § 13 ZPO und § 11 Abs 1 BGB bei dem für den Wohnsitz des Ehemanns der Mutter zuständigen Landgericht anzustellen. Der Gerichtsstand des Wohnsitzes der Mutter kann nicht damit begründet werden, daß das Kind, falls die Anfechtungsklage durchdringt, den Wohnsitz der Mutter teilen würde (RG 96, 70). Die Klage auf Feststellung der Ehelichkeit kann von dem Kinde bei Vorhandensein eines rechtlichen Interesses auch einem Dritten gegenüber angestellt werden, ohne daß die Vorschriften der §§ 640ff. ZPO zur Anwendung kommen (s. § 1593 A 1). Die Klage des Kindes gegen seine Mutter auf Feststellung der Unehelichkeit ist nicht als Familienstandsklage im Sinne der §§ 640, 641, 643 ZPO anzusehen. Die Frage, ob die Geburt eine eheliche oder uneheliche ist, berührt in Wahrheit nicht das Rechtsverhältnis des Kindes zur Mutter, sondern zu einem außerhalb des Rechtsstreits stehenden Dritten, ihrem Ehemann (RG 102, 358).

§ 1591

Ein Kind, das nach der Eingehung der Ehe geboren wird, ist ehelich, wenn die Frau es vor oder während der Ehe empfangen und der Mann innerhalb der Empfängniszeit der Frau beigewohnt hat[1]). Das Kind ist nicht ehelich, wenn es den Umständen nach offenbar unmöglich ist, daß die Frau das Kind von dem Manne empfangen hat[2])[3]).

Es wird vermutet, daß der Mann innerhalb der Empfängniszeit der Frau beigewohnt habe. Soweit die Empfängniszeit in die Zeit vor der Ehe fällt, gilt die Vermutung nur, wenn der Mann gestorben ist, ohne die Ehelichkeit des Kindes angefochten zu haben[1]).

E I 1466, 1468—1470 II 1486; M 4 646 ff.; P 4 456 ff., 463 f., 861.

1. Das während der Ehe oder innerhalb 302 Tagen nach Auflösung der Ehe geborene Kind gilt so lange als ehelich (ist so lange als eheliches Kind legitimiert), bis die Ehelichkeit in zulässiger Weise angefochten und die Anfechtung erfolgreich durchgeführt ist (vgl. § 1593 A 2, § 1596 A 2, § 1597 A 1). Verschieden von dieser Frage der Legitimation ist die in § 1591 geregelte Frage der Beweisführung. Zum **Nachweise der ehelichen Abstammung** ist erforderlich der Beweis, daß das Kind während der Ehe oder, wie aus §§ 1592, 1593 zu ergänzen ist, innerhalb 302 Tagen nach Auflösung der Ehe geboren ist, und weiter der Beweis, daß der Mann während der Empfängniszeit der Frau beigewohnt hat. Die Führung dieses zweiten Beweises wird erleichtert durch die in Abs 2 aufgestellte Vermutung, und zwar gilt diese Vermutung nicht nur, wenn die Empfängniszeit in die Zeit nach Eingehung der Ehe fällt, sondern auch, wenn das Kind schon vor der Ehe empfangen ist, im letzteren Falle jedoch nur unter der Voraussetzung, daß der Ehemann die rechtzeitige Anfechtung der Ehelichkeit unterlassen hat. Diesem selbst steht also die Vermutung nicht entgegen, sondern nur den andern Beteiligten, die unter den Voraussetzungen des § 1593 zur Anfechtung berechtigt sind. Die Ver-

mutung der Beiwohnung greift auch dann Platz, wenn der Ehemann vor Geburt des Kindes gestorben ist (RG LZ 1915, 977[30]). Nicht beseitigt wird die Vermutung der Beiwohnung dadurch, daß den Eheleuten das Getrenntleben gerichtlich gestattet ist, auch nicht unbedingt dadurch, daß auf Aufhebung der ehelichen Gemeinschaft erkannt ist, da die Eheleute nicht gehindert sind, jeden Augenblick, ohne daß es der Einhaltung einer Form bedarf, in die eheliche Gemeinschaft wieder einzutreten. Wird die Herstellung dieser Gemeinschaft behauptet, so ist es Sache des Gegners, die Behauptung zu widerlegen (anders die herrschende Meinung; vgl. auch § 1586 A 2). Ist der Ehemann für tot erklärt, so wird die Vermutung der Beiwohnung durch die Vermutung beseitigt, daß der Verschollene zu dem im Aufgebotsurteil bestimmten Zeitpunkte verstorben ist (§ 18), solange nicht diese letztere Vermutung widerlegt ist (RG 60, 199).

2. Die Führung des Gegenbeweises, daß der Ehemann während der Empfängniszeit der Frau nicht beigewohnt hat, ist unbeschränkt zulässig (RG JW 1921, 26[5]; vgl. für das frühere Recht RG 41, 157). Dagegen kann im Interesse der Ehelichkeit des Kindes die Vermutung der Ursächlichkeit einer Beiwohnung nur durch den — ebenfalls dem anfechtenden Ehemann obliegenden (RG Warn 1926 Nr 213) — Gegenbeweis entkräftet werden, daß den Umständen nach die Erzeugung des Kindes durch den Ehemann **„offenbar unmöglich"** ist. Der Gegenbeweis ist, um die Rechte des ehelichen Kindes nicht zu gefährden, dahin beschränkt, daß ein Tatbestand nachgewiesen werden muß, welcher für die Schlußfolgerung auf Nichtehelichkeit des Kindes derart zwingend ist, daß die Annahme des Gegenteils bei vernünftiger Erwägung als mit dem gesunden Menschenverstande unvereinbar erscheint (RG Warn 1912 Nr 171; 1921, 17; vgl. Prot. 4, 464). Der Gegenbeweis kann dahin geführt werden, daß der Mann während der ganzen Dauer der Empfängniszeit zeugungsunfähig war oder daß die Beiwohnung aus andern Gründen keine befruchtende Wirkung haben konnte. Zur Führung des Gegenbeweises kann auch der Reifegrad des Kindes verwertet werden (RG JW 04, 236[12]; 1910, 477[18]; vgl. aber JW 1924, 1709). Auf diese Weise ist die Feststellung möglich, daß das nach Auflösung der Ehe kurz vor Ablauf der Frist von 302 Tagen geborene frühreife Kind nicht während der Ehe erzeugt sein kann und ebenso, daß das in der ersten Zeit der Ehe geborene vollständig ausgetragene Kind, dessen Geburt noch in die Empfängnisfrist fällt, aus der Zeit vor der Ehe herrühren muß. Die Geburt eines vollständig reifen Kindes erfordert nach naturwissenschaftlicher Lehre eine Schwangerschaft von mindestens 240 Tagen. Der Reifegrad kann auch dafür verwertet werden, daß das Kind aus einer in die gesetzliche Empfängniszeit fallenden Beiwohnung des Ehemanns, wenn in der Empfängniszeit nur diese eine Beiwohnung stattgefunden hat, nicht herrühren kann. Nicht ausreichend ist eine bloße Wahrscheinlichkeit, daß es infolge Anwendung empfängnishindernder Mittel oder infolge eines für die Beischlafsvollziehung ungünstigen Körperbaues nicht zur Empfängnis gekommen sein werde (RG 11. 4. 07 IV 382/06). Auch die Ähnlichkeit eines Kindes mit einem Dritten, der außer dem Ehemann in der Empfängniszeit der Mutter beigewohnt hat, wird einen sicheren Schluß auf die Unehelichkeit regelmäßig noch nicht ergeben (vgl. RG 26. 5. 21 IV 569/20). Besondere Vorschriften über den Beweis der für die Schlußfolgerung auf Nichtehelichkeit des Kindes maßgebenden Tatsachen sind nicht gegeben. Zu verlangen ist jedoch ein derart sicherer Beweis für die Richtigkeit dieser Tatsachen (wie z. B. der von der Schwangeren angeblich gespürten Kindesbewegungen), daß sie eine genügende Grundlage für die Schlußfolgerung bieten können (RG Warn 1912 Nr 171). Die Art der Beweisführung ist — abgesehen von der nach §§ 641, 617 ZPO unzulässigen Eideszuschiebung — nicht beschränkt. Zulässig ist namentlich die Vernehmung der Mutter des Kindes, wobei allerdings die Glaubwürdigkeit der Zeugin, die ein besonderes Interesse daran haben kann, die Unehelichkeit des Kindes zu verdecken, sorgfältig zu prüfen ist. Bedenken gegen die Glaubwürdigkeit können sich anderseits dann ergeben, wenn die Zeugin offenbar bestrebt ist, eine jede Möglichkeit der Vaterschaft ihres Mannes in Abrede zu stellen (vgl. RG 30. 12. 04 IV 204/04 — die Mutter ist übrigens berechtigt, ihr Zeugnis über den Geschlechtsverkehr mit ihrem Manne während der Empfängniszeit nach § 384 Nr 2 ZPO zu verweigern, weil die Verneinung des Verkehrs ihr zur Unehre gereichen würde und wegen des darin liegenden Zugeständnisses eines außerehelichen Geschlechtsverkehrs die Gefahr strafgerichtlicher Verfolgung nach sich zieht, RG 17. 11. 10 IV 186/09). Die Beschränkung des Gegenbeweises greift, wie aus der in den Worten „das Kind" enthaltenen Rückverweisung auf Satz 1 erhellt, nur zugunsten des Kindes Platz, dessen Ehelichkeit nach Satz 1 vermutet wird, nicht also, wenn festgestelltermaßen der Ehemann während der Empfängniszeit der Mutter nicht beigewohnt hat, zugunsten eines Kindes, das aus künstlicher Befruchtung hervorgegangen sein soll (RG JW 08, 485[19]). Die in dem angeführten Urteil offengelassene Frage, ob es rechtlich möglich ist, daß durch künstliche Befruchtung jemand ohne oder wider seinen Willen Vater wird, ist zu verneinen (ebenso Kohler, Familienrecht 296, Enneccerus-Kipp § 75 IV). Über Führung des Beweises durch Blutuntersuchung s. JW 1925 S. 343, 2108; 1927, 1186; DJZ 1926, 1607.

3. Die rechtskräftige Feststellung der Unehelichkeit erbringt für den Scheidungsprozeß, wenn auch dieser Umstand einen gewissen Beweisanhalt gibt, noch nicht den Beweis, daß die Frau sich des Ehebruchs schuldig gemacht hat. Über den in der Klage erhobenen Anspruch geht die Rechtskraft nicht hinaus. Der Frau ist daher im Scheidungsprozesse zur Beseitigung des Verdachts des Ehebruchs der Nachweis gestattet, daß in Wirklichkeit das Kind aus dem letzten ehelichen Verkehr herrühre (RG 102, 366).

§ 1592

Als Empfängniszeit[1]) gilt die Zeit von dem einhunderteinundachtzigsten bis zu dem dreihundertundzweiten Tage vor dem Tage der Geburt des Kindes, mit Einschluß sowohl des einhunderteinundachtzigsten als des dreihundertundzweiten Tages.

Steht fest, daß das Kind innerhalb eines Zeitraums empfangen worden ist, der weiter als dreihundertundzwei Tage vor dem Tage der Geburt zurückliegt, so gilt zugunsten der Ehelichkeit des Kindes dieser Zeitraum als Empfängniszeit[2]).

E I 1467 II 1487; M 4 648; P 4 457, 484.

1. Ohne die Bestimmung des § 1592 würde der Richter genötigt sein, in jedem einzelnen Falle auf Grund des Gutachtens von Sachverständigen die **Empfängniszeit** zu bestimmen. Das Gesetz gibt deshalb eine feste Regel. In die Frist ist der Tag der Geburt, das ist derjenige Tag, an dem die Trennung des Kindes vom Mutterleibe sich vollzogen hat, nicht einzurechnen. Bei Zwillingsgeburten kann naturgesetzlich die Empfängnis für die einzelnen Kinder nicht eine verschiedene sein. Sie muß deshalb nach der Geburt des ersten Kindes auch für das nachgeborene Kind berechnet werden.

2. Die Regel des § 1592 Abs 1 hat unbedingte Geltung nur insofern, als eine **kürzere Schwangerschaftsdauer** nicht anerkannt wird. Dagegen ist der Beweis, daß die Schwangerschaft im einzelnen Falle eine **längere Dauer** gehabt hat — was darauf beruhen kann, daß möglicherweise die Empfängnis erst 3—4 Wochen nach der Beiwohnung eintritt —, nicht ausgeschlossen (vgl. RG 5. 10. 08 IV 20/08). Es kommt darauf an, ob nach dem Reifegrade des Kindes und dem sonstigen Beweisergebnis anzunehmen ist, daß eine spätere Beiwohnung nicht stattgefunden hat. Die Beweislast liegt dem Kinde ob. Über die Zulässigkeit des Beweises, daß die Empfängniszeit im einzelnen Falle zu weit bemessen ist, s. § 1591 A 2.

§ 1593

Die Unehelichkeit eines Kindes, das während der Ehe oder innerhalb dreihundertundzwei Tagen nach der Auflösung der Ehe geboren ist, kann nur geltend gemacht werden, wenn der Mann die Ehelichkeit angefochten hat oder, ohne das Anfechtungsrecht verloren zu haben, gestorben ist[1])[2]).

E I 1471 Abs 1 II 1488; M 4 657; P 4 466; 6 296.

1. **Anfechtungsrecht des Ehemanns.** Der Ehemann hat kraft dieser seiner Eigenschaft, ohne Rücksicht darauf, ob er sich im Besitz der elterlichen Gewalt befindet, zu bestimmen, ob das während der Ehe, das ist während des rechtlichen Bestandes der Ehe, oder innerhalb 302 Tagen nach der Auflösung der Ehe geborene Kind (für dessen Ehelichkeit also die Vermutung streitet) als ehelich gelten soll. Er hat es damit in der Hand, durch Unterlassung der Anfechtung oder durch Anerkennung (§ 1598) einem in Wirklichkeit unehelichen Kinde die Stellung eines ehelichen zuzuwenden (vgl. Raape, Vorläufige Ehelichkeit im ArchZivPr 120, 194ff.). Die Rechte der übrigen Beteiligten treten derart hinter dem Rechte des Ehemanns als Hauptbeteiligten zurück, daß sie an die von diesem ausdrücklich oder stillschweigend erklärte Anerkennung gebunden sind. Die Befugnis, die Unehelichkeit des Kindes geltend zu machen (was von der Anfechtung der Ehelichkeit zu unterscheiden ist), steht den Beteiligten — bezüglich der Lehns- und Fideikommißanwärter s. Vorbem 2 vor § 1591 — nur zu, wenn der Ehemann, ohne das Kind anerkannt zu haben, vor Ablauf der Anfechtungsfrist verstorben ist. Anders ist es, wenn der Ehemann bereits vor Geburt des Kindes gestorben ist, so daß der Lauf der Anfechtungsfrist gar nicht hat beginnen können. In diesem Falle ist die Anfechtung der Ehelichkeit unbeschränkt. Die Anfechtungsbefugnis kommt den Familienmitgliedern zu, die als solche ein Interesse daran haben, daß ein von dem Ehemann nicht erzeugtes Kind nicht in die Familie aufgenommen wird, sowie allen denjenigen Personen, deren Rechtszustand irgendwie davon berührt wird, ob

das Kind als ehelich oder unehelich anzusehen ist. Dem natürlichen Vater kann die gleiche Befugnis nicht zugestanden werden, sofern er nicht etwa nachträglich die Mutter geheiratet und deshalb ein berechtigtes Interesse daran hat, das Kind als zu seiner Familie, nicht als zur Familie des ersten Ehemanns der Mutter gehörig, anerkannt zu sehen (a. A. insoweit Dernburg IV § 67 A 9). Auch die Mutter des Kindes ist, da im Verhältnis zu ihr das uneheliche Kind die rechtliche Stellung eines ehelichen hat (§ 1705), nicht ohne weiteres berechtigt, die Unehelichkeit des Kindes geltend zu machen (SeuffA 62 Nr 261). Bei der Ausübung der Befugnis sind die Beteiligten voneinander unabhängig. — Eine Klage auf Feststellung der Ehelichkeit kann unter den Voraussetzungen des § 256 ZPO von jedem Interessenten erhoben werden. Eine Frist hierfür besteht nicht.

2. Dadurch, daß allein der Ehemann das Bestimmungsrecht hat, ob das Kind als eheliches gelten soll, ist die **Klage des Kindes auf Feststellung der Unehelichkeit** (actio paternitatis negativa) **ausgeschlossen** (KGJ 50 A 38). Das Kind kann nicht im Widerspruch mit dem Bestimmungsrecht des Ehemanns die Feststellung begehren, daß dieser keine Elternrechte habe. Ist aber der Ehemann, ohne das Anfechtungsrecht verloren zu haben, verstorben, so steht nichts entgegen, daß die Unehelichkeit wie von jedem andern Beteiligten so auch von dem Kinde selbst gemäß § 256 ZPO oder angriffs- bzw. verteidigungsweise in einem anderweitigen Rechtsstreit geltend gemacht werden kann (**RG** 102, 362). Aus der Ausschließlichkeit des Anfechtungsrechts des Ehemanns ergibt sich weiter die wichtige Folge, daß ein jeder das Kind so lange als eheliches gelten lassen muß, bis der Ehemann von dem Anfechtungsrecht erfolgreich Gebrauch gemacht hat oder, ohne das Anfechtungsrecht verloren zu haben, gestorben ist. Bis zu diesem Zeitpunkte gilt das Kind, sofern es während der Ehe oder binnen 302 Tagen nach Auflösung der Ehe geboren ist, als eheliches. Der Auflösung der Ehe steht hier (s. anderseits § 1591 A 1) die Aufhebung der ehelichen Gemeinschaft gleich. Über die Unehelichkeitsklage gegen die Mutter s. Vorbem 4 vor § 1591.

§ 1594

Die Anfechtung der Ehelichkeit kann nur binnen Jahresfrist[1]) erfolgen.

Die Frist beginnt mit dem Zeitpunkt, in welchem der Mann die Geburt des Kindes erfährt[1]).

Auf den Lauf der Frist finden die für die Verjährung geltenden Vorschriften der §§ 203, 206 entsprechende Anwendung[2]).

E I 1473 II 1490; M 4 667; P 4 473.

1. Die Nichteinhaltung der **Jahresfrist** hat das völlige Erlöschen des Rechtes zur Folge. Die Frist ist also keine Verjährungsfrist, sondern eine Ausschlußfrist. Sie beginnt mit dem (nicht in die Frist einzurechnenden) Tage, an dem der Ehemann überzeugende Kenntnis von der Geburt des Kindes erhalten hat (**RG** Warn 1918 Nr 143; SeuffA 61 Nr 113). Die Kenntnis braucht sich nicht darauf zu erstrecken, daß das Kind während der Ehe oder innerhalb 302 Tagen nach Auflösung der Ehe (§ 1593) geboren ist, vielmehr hat der Mann die näheren Umstände (Zeit der Geburt, Zeit der Auflösung der Ehe) innerhalb der Frist zu prüfen und kann sich wegen des Beginns der Frist nicht darauf berufen, daß er hierüber im Ungewissen oder im Irrtum gewesen sei (**RG** 109, 394; abw. früh. Aufl.). Auch die Mitteilung eines Gerüchts kann dem Ehemann, wenn es auf Wahrheit beruht und er es für wahr gehalten hat, diese Kenntnis verschaffen. Hat er die Mitteilung unter solchen Umständen erhalten, unter denen ein verständig Denkender an der Wahrheit des Mitgeteilten nicht wohl zweifeln kann, hat er z. B. die amtliche Mitteilung von der Geburt des Kindes erhalten, so wird er mit dem Einwande, daß er für seine Person an die Richtigkeit der Mitteilung nicht geglaubt habe, nicht leicht gehört werden. Ohne Bedeutung für die erlangte Kenntnis ist es, wenn ihm hinterher Zweifel an der Richtigkeit des Mitgeteilten gekommen sind (**RG** Warn 1918 Nr 143). Das Bestehen der gesetzlichen Frist des § 1594 braucht der Ehemann nicht gekannt zu haben. Vgl. jedoch hierzu A 2. Die Frist beginnt nicht erst von der Zeit an zu laufen, wo der Ehemann die Kenntnis erlangt, daß das Kind nicht von ihm herrührt (Warn 1921 Nr 133). Der Beweis der Einhaltung der Frist braucht von dem Ehemann nicht geführt zu werden. Vielmehr liegt dem beklagten Kinde, das die Versäumung der Anfechtungsfrist behauptet, der Beweis hierfür ob (**RG** Warn 1921 Nr 100).

2. Nach den in Abs 3 für anwendbar erklärten Vorschriften **läuft die Frist nicht,** solange der Ehemann durch Stillstand der Rechtspflege oder sonst durch höhere Gewalt während der letzten 6 Monate der Frist an der Anfechtung verhindert ist, welche Zeit in die Frist nicht eingerechnet wird. Eine höhere Gewalt kann unter Umständen darin gefunden werden, daß der Ehemann trotz Aufwendung aller Sorgfalt über den Lauf der Frist von glaubwürdiger Seite falsch unterrichtet ist. Höhere Gewalt liegt auch vor, wenn jahrelang über ein Kind, das nach Scheidung der Ehe geboren ist, aber nach dem Gesetze (§ 1593) als eheliches zu gelten

hat, eine Vormundschaft, weil es unehelich sei, geführt worden ist, und der aus dem Felde zurückkehrende Ehemann diese Sachlage vorgefunden und sich zunächst auf die amtliche Behandlung der Angelegenheit als richtig verlassen hat (RG JW 1927, 1195[10]). Ist der Ehemann infolge Geschäftsunfähigkeit und Fehlens eines gesetzlichen Vertreters an der Anfechtung verhindert, so läuft die Frist erst ab, wenn seit dem Wegfalle des Hindernisses, seit dem Zeitpunkte, wo der nachträglich bestellte gesetzliche Vertreter oder der beschränkt oder unbeschränkt geschäftsfähig gewordene Ehemann Kenntnis von der Geburt hatte, 6 Monate verstrichen sind. Die Unterlassung der Anfechtung durch den gesetzlichen Vertreter schadet jedoch dem Ehemanne nicht (s. hierüber § 1595 A 1). Der Ablauf der Frist ist nach § 8 des Ges v. 4. 8. 14, betr. den Schutz der Kriegsteilnehmer, zugunsten der in § 2 dieses Gesetzes bezeichneten Personen gehemmt.

§ 1595

Die Anfechtung der Ehelichkeit kann nicht durch einen Vertreter erfolgen. Ist der Mann in der Geschäftsfähigkeit beschränkt, so bedarf er nicht der Zustimmung seines gesetzlichen Vertreters[1]).

Für einen geschäftsunfähigen Mann kann sein gesetzlicher Vertreter mit Genehmigung des Vormundschaftsgerichts die Ehelichkeit anfechten. Hat der gesetzliche Vertreter die Ehelichkeit nicht rechtzeitig angefochten, so kann nach dem Wegfalle der Geschäftsunfähigkeit der Mann selbst die Ehelichkeit in gleicher Weise anfechten, wie wenn er ohne gesetzlichen Vertreter gewesen wäre[2]).

E I 1474 Satz 1 u. 3 II 1491 Abs 1, 2; M 4 668; P 4 473.

1. **Keine Anfechtung durch Vertreter.** Die Anfechtung der Ehelichkeit ist ebenso wie die Anfechtung der Ehe eine höchstpersönliche Handlung. Der Ehemann kann deshalb die Entschließung, ob die Ehelichkeit angefochten oder anerkannt werden soll (§ 1598 Abs 3), nicht einem andern überlassen. Die Erklärung kann durch einen Vertreter im Willen nicht abgegeben werden. Der den Anfechtungsstreit führende Anwalt hat sich deshalb durch eine besondere, ihm für diesen Rechtsstreit erteilte Vollmacht auszuweisen (§§ 641 Abs 1, 613). Der in der Geschäftsfähigkeit beschränkte Ehemann bedarf, da es allein auf seinen Willen ankommt, nicht der Zustimmung des gesetzlichen Vertreters. Oder, mit anderen Worten ausgedrückt, der Ehemann gilt für diese Angelegenheit — wie auch für andere persönliche Angelegenheiten des Familienrechts, §§ 1336, 1676 Abs 2 usw. — als unbeschränkt geschäftsfähig und demgemäß nach § 641 Abs 2 ZPO auch als prozeßfähig.

2. Für den **geschäftsunfähigen Ehemann** kann der gesetzliche Vertreter, und zwar derjenige Vertreter, dem die Sorge für die Person zusteht, das Anfechtungsrecht ausüben. Er braucht es aber nicht. Die Anfechtung ist wirkungslos, wenn die Genehmigung des Vormundschaftsgerichts nicht spätestens vor Ablauf der Frist durch Mitteilung an den gesetzlichen Vertreter (§ 1828) erteilt ist. Dem Ehemann geht das Anfechtungsrecht dadurch, daß es der gesetzliche Vertreter nicht ausgeübt hat, nicht verloren. Für ihn beginnt von dem Zeitpunkte, wo er beschränkt oder unbeschränkt geschäftsfähig geworden ist und von der Geburt des Kindes Kenntnis erlangt hat, eine selbständige Anfechtungsfrist. Wird der Ehemann nach Anstellung der Anfechtungsklage geschäftsunfähig, so braucht für die Genehmigung des Vormundschaftsgerichts zur Fortführung der Klage die in § 1594 für die Klageerhebung vorgeschriebene Frist nicht eingehalten zu werden (RG 29. 10. 03 IV 261/03).

§ 1596

Die Anfechtung der Ehelichkeit erfolgt bei Lebzeiten des Kindes durch Erhebung der Anfechtungsklage[1]). Die Klage ist gegen das Kind zu richten.

Wird die Klage zurückgenommen, so ist die Anfechtung als nicht erfolgt anzusehen. Das gleiche gilt, wenn der Mann vor der Erledigung des Rechtsstreits das Kind als das seinige anerkennt.

Vor der Erledigung des Rechtsstreits kann die Unehelichkeit nicht anderweit geltend gemacht werden[2]).

E I 1471 Abs 2, 1475 Abs 1, 1476 Satz 2 u. 3 II 1492; M 4 662, 669; P 4 470, 474.

1. Die **Erhebung der Anfechtungsklage** ist vorgeschrieben, damit die Frage der Unehelichkeit nicht in der Schwebe bleibt, sondern durch die im Prozeß ergehende Entscheidung bald ein sicherer Rechtszustand hergestellt wird. Es genügt nicht, daß die Anfechtungs-

erklärung dem Vormundschaftsgericht gegenüber abgegeben wird oder bei Unehelichkeit nebenbei in einem andern Rechtsstreit, wie z. B. im Scheidungsprozesse, geltend gemacht wird. Für den Rechtsstreit muß das Kind, das durch den anfechtenden Vater nicht vertreten werden kann (§ 181 in Verb. mit §§ 1795, 1630), nötigenfalls einen besonderen Vertreter haben, der bei Gefahr im Verzug auf Antrag von dem Vorsitzenden des Prozeßgerichts zu bestellen ist (§ 57 ZPO). Über das Verfahren und das zuständige Gericht s. Vorbem 4 vor § 1591. Durch Zurücknahme der Klage sowie durch Anerkennung des Kindes wird zugleich der in der Klageerhebung liegende rechtsgeschäftliche Akt der Anfechtung beseitigt (vgl. § 212), was zur Vermeidung von Zweifeln in Abs 2 ausdrücklich hervorgehoben ist. Der Ehemann ist aber durch die Klagezurücknahme nicht gehindert, die Anfechtungsklage vor Ablauf der Frist von neuem zu erheben (anders früher Art 11 E I des EG).

2. Dem alleinigen Anfechtungsrecht des Ehemanns entspricht es, daß das auf die Anfechtungsklage ergehende, bei Lebzeiten der Parteien rechtskräftig werdende Urteil Recht für und gegen alle schafft (§ 643 ZPO) und daß, solange dieser Rechtsstreit dauert, die **Unehelichkeit nicht in einem andern Prozesse** — der nötigenfalls von Amts wegen auszusetzen ist (a. A. anscheinend Staudinger A 4a) — **geltend gemacht werden darf.** Der Rechtsstreit ist erledigt, auch wenn die Klage nur wegen Unzuständigkeit des Gerichts abgewiesen wird. Auf Grund der Anfechtung des Ehemanns darf zwar ein jeder, der wegen Inanspruchnahme eines Rechtes oder Abwehr einer Verpflichtung hieran ein Interesse hat, auf die Unehelichkeit sich berufen, er kann aber hiermit nur Erfolg haben, wenn in dem von dem Ehemann geführten Anfechtungsstreit die Unehelichkeit festgestellt wird. Stirbt der Ehemann oder das Kind vor Rechtskraft des Urteils, so bleibt zwar die Wirkung der von dem Ehemann durch Klageerhebung rechtzeitig erklärten Anfechtung bestehen. Die Erben können aber, da es sich um eine höchstpersönliche Angelegenheit handelt, nicht in den Rechtsstreit eintreten. Der Tod einer der Parteien hat also die Folge, daß nunmehr jeder Beteiligte die Freiheit erhält, in besonderen Prozessen die Unehelichkeit des Kindes darzutun. Ist rechtskräftig die Unehelichkeit festgestellt, so ist damit entschieden, daß das Kind von vornherein ein uneheliches gewesen ist. Durch die Bestimmung des Abs 2 wird der Ehemann nicht gehindert, im Eheprozeß als Anfechtungsgrund geltend zu machen, daß seine Frau in ihrer früheren Ehe während der Empfängniszeit des Kindes keinen ehelichen Verkehr mit ihrem damaligen Manne gehabt habe, da hierdurch lediglich der frühere Ehebruch bewiesen werden soll, dessen Feststellung möglich ist, auch wenn der frühere Ehemann das Kind als eheliches gelten lassen muß (RG 1. 7. 15 IV 33/15).

§ 1597

Nach dem Tode des Kindes erfolgt die Anfechtung der Ehelichkeit durch Erklärung gegenüber dem Nachlaßgerichte; die Erklärung ist in öffentlich beglaubigter Form abzugeben[1]).

Das Nachlaßgericht soll die Erklärung sowohl demjenigen mitteilen, welcher im Falle der Ehelichkeit, als auch demjenigen, welcher im Falle der Unehelichkeit Erbe des Kindes ist. Es hat die Einsicht der Erklärung jedem zu gestatten, der ein rechtliches Interesse glaubhaft macht.

E I 1475 Abs 2 II 1493; M 4 671; P 4 474; 5 163.

1. Ist das Kind verstorben, so erfolgt, da mit seinem Tode das hauptsächlichste Interesse an einer baldigen und einheitlichen Entscheidung über die Ehelichkeit fortgefallen ist, die Anfechtung, sofern sie nicht bereits durch Erhebung der Anfechtungsklage erklärt war (vgl. § 1596 A 1), durch **Erklärung gegenüber dem Nachlaßgericht.** Die Erklärung hat innerhalb der Frist des § 1594 zu erfolgen und ist unwiderruflich. Das Nachlaßgericht hat in Vertretung der Beteiligten die Anfechtungserklärung entgegenzunehmen und denjenigen Beteiligten, deren Erbrecht an dem Nachlaß des Kindes von der Ehelichkeit oder Unehelichkeit abhängt, Nachricht zu geben. Einem jeden Beteiligten, der sich als solcher ausweist, steht es ferner frei, von der Anfechtungserklärung Einsicht zu nehmen (vgl. § 79 A 1, auch § 34 FGG). Mit Rücksicht auf die Bedeutung der Anfechtungserklärung ist zur Sicherstellung der Echtheit die Abgabe der Erklärung in öffentlich beglaubigter Form (§ 129) vorgeschrieben. Durch die Anfechtungserklärung wird den Beteiligten die Möglichkeit gewährt, nunmehr in besonderen Prozessen gegen diejenigen, die ihre durch die Unehelichkeit des Kindes bedingten Ansprüche bestreiten, die Unehelichkeit mit einer auf die Prozeßparteien beschränkten Wirkung feststellen zu lassen. Das gleiche Recht steht natürlich auch dem Ehemanne zu, der in dieser Beziehung grundsätzlich keine andere Stellung einnimmt wie die übrigen Beteiligten.

§ 1598

Die Anfechtung der Ehelichkeit ist ausgeschlossen, wenn der Mann das Kind nach der Geburt als das seinige anerkennt[1]).

Die Anerkennung kann nicht unter einer Bedingung oder einer Zeitbestimmung erfolgen.

Für die Anerkennung gelten die Vorschriften des § 1595 Abs 1. Die Anerkennung kann auch in einer Verfügung von Todes wegen erfolgen.

E I 1472 Satz 1 u. 3, 1474 Satz 1 u. 3 II 1489, 1491 Abs 3; M 4 665, 668; P 4 470.

1. Die **Anerkennung des Kindes** verschafft ihm die Rechtsstellung eines ehelichen, wenn es sich um ein während der Ehe oder binnen 302 Tagen nach Auflösung der Ehe geborenes Kind handelt. Wegen dieser rechtsbegründenden Wirkung der Anerkennung gilt für sie ebenso wie für die Ehelichkeitserklärung und die Annahme an Kindes Statt (§§ 1724, 1742), daß sie nicht unter einer Bedingung oder einer Zeitbestimmung erklärt werden kann. Ein solcher Zusatz würde die Anerkennung nichtig machen. Es kann nicht abweichend von dem natürlichen Kindesverhältnis ein nur für eine bestimmte Zeit oder für eine bestimmte Möglichkeit bestehendes Kindesverhältnis geschaffen werden. Eine bestimmte Form ist für die Anerkennung nicht vorgeschrieben. Sie ist kein empfangsbedürftiges Rechtsgeschäft und braucht nicht ausdrücklich erklärt zu werden (RG 107, 236 — anders E I § 1472). Erforderlich ist nur, daß die Kundgebung den Willen der Anerkennung klar erkennen läßt. Es genügt aber nicht, wenn der Ehemann nur bereit ist, das Kind tatsächlich als eheliches zu behandeln. Sein Wille muß darauf gerichtet sein, die rechtliche Wirkung der Ehelichkeit herbeizuführen (RG a. a. O.; Warn 1917 Nr 57). In der Anmeldung der Geburt beim Standesbeamten ist nicht ohne weiteres eine Anerkennung zu finden (RG JW 1904, 236[12]). Auch darin, daß der Ehemann das Kind auf seinen Namen anmeldet, ist im Hinblick auf § 1706 Abs 2 nicht notwendig eine Anerkennung enthalten. Der Ehemann kann die Anerkennung noch nach dem Tode des Kindes und nach Erhebung der Anfechtungsklage, solange das die Unehelichkeit feststellende Urteil noch nicht rechtskräftig geworden ist, erklären und es wird ihm, um der Anerkennung Geltung zu verschaffen, zu gestatten sein, das nach seinem Antrage ergangene Urteil durch Berufung anzufechten (ebenso Staudinger § 1596 A 6b). Ist das Urteil bereits rechtskräftig geworden, so ist er, wenn er dem Kinde die Rechte eines ehelichen verschaffen will, auf die Annahme an Kindes Statt angewiesen. — Anerkennung vor der Geburt ist wirkungslos (RG JW 1926, 1955[7], wo auch die Frage des Verzichts auf die Anfechtung erörtert ist). Die in einer Verfügung von Todes wegen erfolgte Anerkennung erlangt Wirksamkeit nur, wenn die Verfügung formgültig ist und bis zum Tode des Ehemanns nicht zurückgenommen wird (bestr.).

§ 1599

Ist die Anerkennung der Ehelichkeit anfechtbar[1]), so finden die Vorschriften der §§ 1595 bis 1597 und, wenn die Anfechtbarkeit ihren Grund in arglistiger Täuschung oder in Drohung hat, neben den Vorschriften des § 203 Abs 2 und des § 206 auch die Vorschrift des § 203 Abs 1 entsprechende Anwendung[2]).

E I 1478 II 1494; M 4 674; P 4 477.

1. Die **Anerkennung** kann wie ein jedes andere Rechtsgeschäft wegen Irrtums, Drohung oder arglistiger Täuschung **angefochten** werden, wegen Irrtums jedoch nur in beschränktem Maße. Da die Anerkennung unter einer Bedingung unstatthaft ist (§ 1598 Abs 2), so ist es auch unzulässig, sie stillschweigend von dem Vorhandensein oder dem Nichtvorhandensein bestimmter Umstände abhängig zu machen. Der Ehemann kann deshalb, wenn er einmal für Anerkennung des Kindes sich endgültig entschieden hat, seine Anerkennungserklärung nicht bloß eine vorläufige ist, nicht einwenden, daß er irrtümlich das Kind als von ihm erzeugt angesehen, daß er irrtümlich angenommen habe, während der Empfängniszeit seiner Ehefrau beigewohnt zu haben, daß er die Empfängniszeit unrichtig berechnet habe und dergleichen (was regelmäßig damit begründet wird, daß es sich um einen Irrtum im Beweggrund handle). Jede Anfechtung wegen Irrtums ist ausgeschlossen, wenn die Anfechtungsfrist verstrichen ist. Der Ehemann kann sich nicht darauf berufen, daß er, weil er in einem Irrtum über die Vaterschaft befangen gewesen, absichtlich die Anfechtungsfrist unbenutzt habe verstreichen lassen (anders betreffs der Erbausschlagungsfrist, RG 58, 81). Nur der Einwand bleibt ihm und den andern Beteiligten, daß die Ehe nichtig und das Kind aus diesem Grunde ein uneheliches sei oder das Kind nicht von der Ehefrau geboren sei, da die Anerkennung nur auf die Erzeugung

durch den Ehemann sich bezieht. Abgesehen von den Fällen der Anfechtung ist die Anerkennung nicht widerruflich (vgl. jedoch für den Fall des Widerrufs des die Anerkennung enthaltenden Testaments § 1598 A 1 a. E.).

2. Hinsichtlich der **Form** der Anfechtung und der Frage, inwieweit die **Anfechtung durch einen Vertreter** statthaft ist, gelten die für die Anfechtung der Ehelichkeit in §§ 1595—1597 getroffenen Bestimmungen. Die Anfechtung erfolgt hiernach durch Erhebung der Anfechtungsklage und nach dem Tode des Kindes durch Erklärung gegenüber dem Nachlaßgericht. Für die Anfechtung ist die in §§ 121, 124 bestimmte **Frist** einzuhalten, wodurch jedoch eine Verlängerung der Frist des § 1594 nicht herbeigeführt werden darf (anders anscheinend Staudinger A 5c). Abweichend von § 124 findet mit Rücksicht auf die zu erhebende Anfechtungsklage auch die Vorschrift des § 203 Abs 1 Anwendung, wonach der Lauf der Frist bei Stillstand der Rechtspflege in den letzten 6 Monaten der Frist gehemmt ist.

§ 1600

Wird von einer Frau, die sich nach der Auflösung ihrer Ehe wiederverheiratet hat, ein Kind geboren, das nach den §§ 1591 bis 1599 ein eheliches Kind sowohl des ersten als des zweiten Mannes sein würde, so gilt das Kind, wenn es innerhalb zweihundertundsiebzig Tagen nach der Auflösung der früheren Ehe geboren wird, als Kind des ersten Mannes, wenn es später geboren wird, als Kind des zweiten Mannes[1]).

E I 1479 II 1495; M 4 675; P 4 478.

1. Hat sich die Frau entgegen dem Verbot des § 1313 oder unter Befreiung von diesem Verbot vor Ablauf von 10 Monaten seit der Auflösung der Ehe oder seit dem im Aufgebotsurteil festgestellten Todestage des früheren Ehemanns (vgl. § 1591 A 1) wiederverheiratet, so kann der Fall eintreten, daß die Empfängniszeit des binnen 302 Tagen seit diesem Zeitpunkt geborenen Kindes sowohl in die frühere Ehe als in die neue Ehe fällt. Zur Beseitigung der hieraus sich ergebenden Unzuträglichkeit der **Vaterschaft zweier ehelicher Väter** stellt § 1600 es als entscheidend hin, ob das Kind innerhalb des Zeitraums von 270 Tagen oder später geboren ist. Diese Regel greift aber nur Platz, wenn wirklich ein solcher Widerstreit vorliegt, was nicht der Fall ist, wenn auf Anfechtung des einen Ehemanns das Kind nach den Vorschriften der §§ 1591ff. als nicht von diesem abstammend erklärt ist. Dem Ehemann ist der Nachweis, daß das Kind den Umständen nach offenbar von ihm nicht erzeugt sein kann, nicht beschränkt, auch nicht den Beteiligten, soweit sie überhaupt anfechtungsberechtigt sind (a. A. Planck A 4; Blume A 4). Sind über die Frage der Vaterschaft widersprechende Entscheidungen ergangen, so muß es bei der Regel des § 1600 verbleiben. Keine Regel gibt § 1600 für den Fall, daß ein Ehegatte in dem guten Glauben, die frühere Ehe sei aufgelöst, eine neue Ehe eingegangen ist oder wenigstens der zweite Ehegatte die neue Ehe für gültig angesehen hat. Grundsätzlich würden, da hinsichtlich der Ehelichkeit des Kindes die für gültig gehaltene Ehe (Putativehe) nach § 1699 Abs 1 die Wirkungen der Ehe hat, die Vorschriften der §§ 1591—1593, 1600 in gleicher Weise sowohl für die erste als die zweite Ehe gelten, was zu einer doppelten ehelichen Vaterschaft führen müßte. Diese Vorschriften heben sich daher gegenseitig auf (RG 14. 1. 04 IV 123/03) und es bleibt nur übrig, die Vaterschaft nach Wahrscheinlichkeitsregeln zu bestimmen, so daß als Vater derjenige anzusehen ist, der zur Zeit der Empfängnis tatsächlich in ehelicher Gemeinschaft mit der Frau gelebt hat (ähnlich Riezler, ArchBürgR 38, 66ff.)

Dritter Titel

Unterhaltspflicht

1. Der **Unterhaltsanspruch** setzt die Unterhaltsbedürftigkeit auf seiten des Berechtigten und die Leistungsfähigkeit auf seiten des Verpflichteten voraus. Eine gesteigerte Unterhaltspflicht liegt hinsichtlich beider Voraussetzungen den Eltern gegenüber den minderjährigen unverheirateten Kindern ob (§§ 1602 Abs 2, 1603 Abs 2). Ähnlich geregelt ist die Unterhaltspflicht des Ehemanns gegenüber der Ehefrau (§§ 1360, 1361). Zur Begründung des Unterhaltsanspruchs hat der den Unterhalt Fordernde außer dem Bestehen des Verwandtschaftsverhältnisses nur seine Bedürftigkeit nachzuweisen, während es Sache des Verpflichteten ist, um des Anspruchs sich zu erwehren, seine Leistungsunfähigkeit darzutun oder nachzuweisen, daß ein weiterer Verpflichteter vorhanden ist, der vor ihm oder neben ihm haftet, so daß hierdurch seine Verpflichtung ausgeschlossen oder beschränkt ist. Der Nachweis, daß der weitere Verpflichtete leistungsunfähig ist, ist wiederum von dem Kläger zu führen

(s. das Nähere hierüber in §§ 1602 A 4, 1603 A 3, 1607 A 4). Zur Geltendmachung des Unterhaltsanspruchs ist nur der Berechtigte oder sein gesetzlicher Vertreter, nicht ohne weiteres — abgesehen von § 627 ZPO — die Mutter für ihre Kinder befugt. Ein Vergleich zwischen den Ehegatten, wonach der Mann als Unterhalt für die Kinder bestimmte Leistungen an die Frau zu gewähren hat, läßt indes die Auslegung zu, daß die Frau die Unterhaltung der Kinder übernommen hat und sie danach aus eigenem Recht zur Einforderung der versprochenen Leistungen befugt ist (RG 24. 2. 21 IV 457/20). Die den Unterhaltsanspruch benachteiligenden Rechtshandlungen können, sofern der Unterhaltsanspruch damals bereits entstanden war, nach Maßgabe des Anfechtungsgesetzes, andernfalls nach § 826 BGB (vgl. RG 74, 225) angefochten werden. Nicht ausgenommen von der Anfechtung ist ein zwischen den Eheleuten geschlossener, die Gütertrennung einführender Ehevertrag, soweit dem nicht unterhaltspflichtigen Ehegatten bei der Auseinandersetzung mehr an Vermögen zugewiesen ist, als auf seinen Anteil entfällt (vgl. Recht 04, 513ff.; RG 57, 81; Henle in JW 06, 700ff.). Hat jemand sich wesentlicher Teile seines Vermögens entäußert, um auf diese Weise die von ihm zu unterhaltenden Personen wegen ihres Unterhaltsanspruchs zu schädigen, so verstößt er damit gegen die guten Sitten und ist nach § 826 schadensersatzpflichtig. Er muß sich hinsichtlich der Unterhaltspflicht so behandeln lassen, als wenn die Entäußerung nicht stattgefunden hätte (RG 17. 3. 21 IV 404/20). Verschieden von dem Unterhaltsanspruch aus §§ 1601ff. ist der aus Auftrag, Geschäftsführung ohne Auftrag oder aus andern Gründen zustehende Anspruch auf Ersatz des gewährten Unterhalts. Die Bestimmungen über Unverzichtbarkeit, Unpfändbarkeit finden auf diesen Anspruch keine Anwendung. Hat die getrennt lebende Ehefrau dem Manne gegenüber den Unterhalt der Kinder für eine bestimmte Summe übernommen, so kann sie nicht auf Grund des § 1614 Erhöhung der Summe fordern (RG JW 03 Beil 128[286]). Der durch § 844 wegen Verkümmerung des gesetzlichen Unterhalts gewährte Schadensersatzanspruch auf Entrichtung einer Rente steht in bezug auf Unpfändbarkeit (§ 850 Abs 1 Nr 2 ZPO), nicht aber in sonstigen Beziehungen dem gesetzlichen Unterhaltsanspruch gleich. — Die für den gesetzlichen Unterhaltsanspruch geltenden besonderen Bestimmungen können keine Anwendung finden auf den auf Vertrag beruhenden Unterhaltsanspruch, sofern nicht in dem Vertrage nur die gesetzliche Unterhaltspflicht näher bestimmt ist. Gegenüber dem auf Vertrag beruhenden Unterhaltsanspruch kann die Zulässigkeit der Aufrechnung (vgl. A 6) vereinbart werden. Der Formvorschrift des § 761 ist ein über die Grenzen der gesetzlichen Unterhaltspflicht nicht hinausgehendes Rentenversprechen nicht unterworfen. Im übrigen kommt es für die Anwendbarkeit des § 761 darauf an, ob durch das Unterhaltsversprechen ein einheitliches Leibrentenstammrecht geschaffen ist, aus welchem sich die Verpflichtung zur Zahlung der einzelnen Renten von gleichmäßigem, durch die Verhältnisse des Berechtigten oder Verpflichteten nicht beeinflußtem Betrage ergibt (RG Warn 1911 Nr 266; vgl. § 759 A 1, § 1624 A 3). Im allgemeinen hat der über die gesetzliche Unterhaltspflicht zwischen dem Berechtigten und Verpflichteten geschlossene Vertrag die Bedeutung, daß das Schuldverhältnis dauernd festgelegt werden soll und daß deshalb der Verpflichtete in Ermanglung eines ausdrücklichen oder stillschweigenden Vorbehalts eine spätere Veränderung der Umstände, durch welche seine Leistungsfähigkeit beschränkt oder aufgehoben wird, nicht einwenden kann (RG Warn 1913 Nr 206). Jedoch kann im Zweifel als Wille der Beteiligten angenommen werden, daß das Unterhaltsversprechen nur so lange gelten soll, bis der Berechtigte wieder imstande ist, sich selbst und seine Familie zu erhalten (RG 28. 6. 05 IV 84/05). Ein Versprechen des Vaters, dem Sohne monatlich einen bestimmten Betrag zur Bestreitung der Studienkosten zukommen zu lassen, ist im Zweifel nicht dahin aufzufassen, daß ein klagbarer Anspruch auf Zahlung dieses Betrags hat begründet werden sollen, der auch im Konkurse des Vaters geltend gemacht werden könnte (SeuffA 65 Nr 248). Über den Einfluß der Geldentwertung vgl. unten Vorbem 7, über die Verjährung der Unterhaltsbeiträge § 197 A 2.

2. Anwendungsgebiet. Die Grundsätze der §§ 1601ff. haben zum Teil eine über diesen Titel hinausgehende Bedeutung. Auf die Unterhaltspflicht der Ehegatten finden, abgesehen von den Bestimmungen in §§ 1608, 1609, 1611 Abs 2, die sich ausdrücklich hierüber verhalten, nach § 1360 Abs 3 auch die Bestimmungen der §§ 1605, 1613—1615 entsprechende Anwendung. Nicht anwendbar ist § 1611 Abs 1. Wegen der Unterhaltspflicht der Ehegatten siehe im übrigen § 1602 A 2 u. 3 und § 1603 A 3. Die aus der Annahme an Kindes Statt für den Annehmenden und das angenommene Kind sich ergebende Unterhaltspflicht (§§ 1757, 1766) wird der gesetzlichen Unterhaltspflicht der Verwandten gleichbehandelt und unterliegt daher den Bestimmungen des gegenwärtigen Titels, ebenso die Unterhaltspflicht zwischen dem unehelichen Kinde und der Mutter nebst ihren Verwandten (§ 1705). Eine eigenartige Regelung hat dagegen der Unterhaltsanspruch des unehelichen Kindes gegen den Vater in §§ 1708 ff. erfahren. Dieser Unterhaltsanspruch setzt, abgesehen von dem besonderen Falle des § 1708 Abs 2, weder Bedürftigkeit noch Leistungsfähigkeit voraus. Bemerkenswert ist, daß hinsichtlich der nach § 850 Abs 4 ZPO und § 4a LohnBG nur der Pfändung wegen gesetzlicher Unterhaltsforderungen unterworfenen Bezüge der Unterhaltsanspruch des unehelichen Kindes hinter den der Familienmitglieder zurücktritt (vgl. § 1708 A 2). Über die Unterhaltspflicht des Erben s. § 1969.

3. **Räumlicher Geltungsbereich.** Nach Art 19 EG wird das Rechtsverhältnis zwischen den Eltern und dem ehelichen Kinde, wenn der Vater oder die überlebende Mutter die deutsche Reichsangehörigkeit besitzt oder unter Bestehenbleiben der Reichsangehörigkeit des Kindes besessen hat, nach den deutschen Gesetzen beurteilt. Diese Bestimmung gilt auch für die zwischen den Eltern und dem ehelichen Kinde bestehende Unterhaltspflicht (**RG** LZ 1923, 449), und zwar nicht nur für die Unterhaltspflicht der Eltern, sondern auch für die des Kindes (a. A. Niedner A 4c zu Art 19). Darüber, nach welchen Gesetzen die Unterhaltspflicht zwischen den sonstigen Verwandten auf- und absteigender Linie zu beurteilen ist, fehlt es an einer gesetzlichen Regel. Es wird davon auszugehen sein, daß der den Unterhalt Fordernde die Anwendung der für den Verpflichteten nach dessen Staatsangehörigkeit geltenden Gesetze sich gefallen lassen muß. Die Anwendbarkeit des Heimatsrechts des Verpflichteten kann aber nicht dahin führen, daß der Unterhaltsberechtigte eine Berechtigung gewinnt, die ihm nach seinem eigenen Heimatsrecht überhaupt nicht zukommt. Ein Unterhaltsanspruch kann deshalb von einem Ausländer gegen einen Inländer nur geltend gemacht werden, wenn der Anspruch in beiden Rechten anerkannt ist (vgl. E des EG I § 12, II § 2258, III § 2377). Für die nähere Ausgestaltung des Unterhaltsanspruchs wird dagegen das Heimatsrecht des Verpflichteten als entscheidend anzusehen sein. Hat der Verpflichtete einen mehrfachen Wohnsitz, so kann der Berechtigte ihn nach dem Recht desjenigen Wohnorts in Anspruch nehmen, das für seinen Anspruch das günstigste ist (**RG** 13. 3. 02 IV B 16/02). Verweist das an sich maßgebende ausländische Recht bezüglich der Unterhaltspflicht auf das inländische Recht, so wird dieses anwendbar. Über die Unterhaltspflicht der Ehegatten und des natürlichen Vaters siehe die besonderen Bestimmungen in Artt 14 und 20 EG (vgl. § 1360 A 11; Vorbem 2 vor § 1705).

4. **Übergangsvorschriften.** Aus der Natur der Unterhaltspflicht, die nicht als eine einheitliche, sondern als eine bei Vorhandensein der gesetzlichen Voraussetzungen fort und fort sich erneuernde Verbindlichkeit aufzufassen ist, ergibt sich, daß für Unterhaltsansprüche, die in die Zeit nach dem 1. Jan. 1900 fallen, nur das neue Recht maßgebend sein kann (**RG** 46, 65; 49, 155; JW 1902, 72; Gruch 44, 1108). Die nach preußischem Recht (ALR II 3 §§ 15 ff.) bestandene Unterhaltspflicht der Geschwister hat daher unter der Herrschaft des BGB aufgehört (**RG** JW 00, 431), und zwar auch dann, wenn sie (als eine nach früherem Recht begründete) durch Urteil zuerkannt war. War diese Unterhaltspflicht durch Vertrag übernommen, so ist entscheidend, ob hierbei der Gedanke an die gesetzliche Unterhaltspflicht nur als Beweggrund mitgewirkt hat, oder ob sie — was nicht ohne weiteres angenommen werden darf — Bedingung der Willenserklärung gewesen ist (**RG** 7. 5. 02 IV 48/02). Ein über die Unterhaltspflicht vor dem 1. Jan. 1900 zwischen Eheleuten geschlossener Vertrag wird nach Art 199 EG unwirksam, wenn er den Bestimmungen des BGB widerstreitet (**RG** 28. 9. 05 IV 148/05). Die Unterhaltspflicht des geschiedenen Ehegatten hat die Eigenschaft einer schuldrechtlichen Verpflichtung, die mit dem Tage des den Ehegatten für schuldig erklärenden, später rechtskräftig gewordenen Urteils entstanden ist (**RG** 13. 1. 02 IV 299/01). Fällt dieser Tag vor den 1. Jan. 1900, so bleibt das frühere Recht anwendbar. Die durch Einkindschaftsvertrag begründete Unterhaltspflicht bleibt auch nach Inkrafttreten des BGB bestehen, vorausgesetzt, daß der Einkindschaftsvertrag nur vermögensrechtliche Bedeutung hatte (**RG** Gruch 47, 135).

5. **Öffentliches Recht.** Die familienrechtliche Unterhaltspflicht und die öffentlich-rechtliche Unterstützungspflicht sind voneinander unabhängig. Nach dem RGes. über den Unterstützungswohnsitz v. 30. 5. 1908 konnte der auf Gewährung von Unterhalt in Anspruch genommene Verwandte seine Verpflichtung nicht deshalb ablehnen, weil der den Unterhalt Fordernde bereits Armenunterstützung erhielt. Ebensowenig konnte der Armenverband die Unterstützung aus dem Grunde verweigern, weil der Arme einen Unterhaltsanspruch gegen seine Verwandten hat. Der Armenverband war jedoch befugt, diesen Unterhaltsanspruch, um hierdurch Ersatz der von ihm aufgewandten Kosten zu erlangen, geltend zu machen (§ 62 UWG). Gegen den Unterstützten selbst konnte nach den Vorschriften des BGB ein Ersatzanspruch von dem Armenverbande nur erhoben werden, wenn er in der irrigen Annahme einer ihm obliegenden Verpflichtung (§§ 812, 814) die Unterstützung gewährt hatte, während der Unterstützte nicht hilfsbedürftig war, sondern zur Zeit der Unterstützung ausreichende Mittel zur Bestreitung des Unterhalts besaß (vgl. **RG** 72, 336), oder wenn die wegen vorübergehender Hilfsbedürftigkeit gewährte Unterstützung nur die Eigenschaft eines Vorschusses hatte. In erster Linie kam jedoch nach Art 103 EG das Landesrecht zur Anwendung. Für das preußische Recht nahm das **RG** (75, 84; 76, 69) an, daß durch § 68 Abs 2 des AG in der Fassung des Ges v. 11. 7. 91 dem Armenverband allgemein ein materiellrechtlicher Ersatzanspruch gegen den Unterstützten und seine damals unterhaltspflichtigen Angehörigen (ohne eine dem § 1613 entsprechende Beschränkung) verliehen war. Der Ersatzanspruch gegen den Unterstützten setzte nach der Praxis des preußischen Rechtes

(RG Gruch 24, 513) voraus, daß dieser nicht sogleich wieder in die Lage geriet, Armenunterstützung in Anspruch nehmen zu müssen. Zulässig war es, daß der Armenverband (Gutsvorsteher) zur Vermeidung einer armenrechtlichen Unterstützung mit dem Bedürftigen einen privatrechtlichen Vertrag abschloß, in welchem er diesem eine gleichwertige Unterstützung gewährte, anderseits ihm die Verpflichtung auferlegte, seinem bisherigen Unterstützungswohnsitz fernzubleiben (RG 22. 10. 10 IV 711/09). Das UWG ist aufgehoben durch § 29 der VO über die Fürsorgepflicht v. 13. 2. 24, in Kraft getreten am 1. 4. 1924, abgeändert durch RGes v. 9. 6. 26. Danach werden die Verpflichtungen Dritter, einen Hilfsbedürftigen zu unterstützen, durch die Neureglung nicht berührt. Der Fürsorgeverband, der auf Grund der VO (§§ 1, 6 das.) einen Hilfsbedürftigen unterstützt hat, kann zum Ersatze Rechtsansprüche, die dieser einem Dritten gegenüber hat, in dem Maße und unter denselben Voraussetzungen geltend machen wie der Hilfsbedürftige selbst (§ 21). In den Grenzen des notdürftigen Unterhalts kann der Fürsorgeverband Ersatz seiner Aufwendungen von den Kindern des Hilfsbedürftigen auch dann verlangen, wenn sie nach den Vorschriften des bürgerlichen Rechts (§ 1603 BGB) lediglich deshalb nicht unterhaltspflichtig sind, weil sie sonst ihren standesgemäßen Unterhalt gefährden würden. Das gilt nicht, wenn der in Anspruch Genommene aus dem gleichen Grunde nicht verpflichtet ist, seiner Ehefrau oder seinen Kindern den standesgemäßen Unterhalt zu gewähren, oder wenn durch die Ersatzleistungen sein Fortkommen oder das seiner Ehefrau oder Kinder unbillig erschwert würde (§ 22). Auf Antrag des vorläufig oder endgültig verpflichteten Fürsorgeverbandes kann der Unterhalts- oder Ersatzpflichtige im Verwaltungswege zum Kostenersatz oder zur Erfüllung seiner Unterhaltspflicht angehalten werden (§ 23). Das Land bestimmt im Rahmen der reichsrechtlichen Vorschriften, inwieweit ein Hilfsbedürftiger, der zu hinreichendem Vermögen oder Einkommen gelangt, oder dessen Erbe die aufgewendeten Kosten dem Fürsorgerverbande zu ersetzen hat (§ 25). Übergangsvorschriften sind in § 36 getroffen. Für Preußen ergingen die AusfVO v. 17. 4. 24 und zu deren Änderung das Ges v. 17. 2. 26. §§ 49—54 des Jugendwohlfahrtsges v. 9. 7. 22, welche die öffentliche Unterstützung hilfsbedürftiger Minderjähriger geregelt hatten, sind durch Art 2 der VO über das Inkrafttreten des JWG v. 14. 2. 24 wieder aufgehoben worden. Maßgebend sind auch in dieser Hinsicht nunmehr die VO v. 13. 2. 24 und die gemäß § 6 das. erlassenen Reichsgrundsätze über Voraussetzung, Art und Maß der öffentlichen Fürsorge v. 4. 12. 24. — Von sonstigen die Unterhaltspflicht betreffenden Bestimmungen sind aus dem Gebiete des öffentlichen Rechts zu erwähnen: Von der Schenkungssteuer sind nach § 22 Nr 14 ErbschStG in der Fassung v. 22. 8. 25 Zuwendungen unter Lebenden zum Zwecke des angemessenen Unterhalts oder zur Ausbildung befreit. Hinsichtlich der Einkommensteuer sind Aufwendungen zum Unterhalte der Familienangehörigen nach § 18 Abs 1 Nr 2 Ges v. 10. 8. 25 nicht abzugsfähig. Anspruch auf Entschädigung haben nach §§ 1, 2 RGes betr. die Entschädigung der im Wiederaufnahmeverfahren freigesprochenen Personen v. 20. 5. 1898 und nach §§ 1, 3 RGes betr. die Entschädigung für unschuldig erlittene Untersuchungshaft v. 14. 7. 04 auch diejenigen, denen der Verurteilte (Verhaftete) kraft Gesetzes unterhaltspflichtig war.

6. Prozeßrecht. Die Klage auf Gewährung von Unterhalt kann wie eine jede Klage auf wiederkehrende Leistungen nicht bloß wegen des fällig gewordenen Unterhalts, sondern auch lediglich wegen der später fällig werdenden Leistungen erhoben werden (§ 258 ZPO). Das die Unterhaltsbeiträge zusprechende Urteil ist, soweit diese nicht auf eine frühere Zeit als das letzte Vierteljahr vor der Klageerhebung entfallen, von Amts wegen für vorläufig vollstreckbar zu erklären (§ 708 Nr 6). Tritt nach der Verurteilung eine wesentliche Veränderung der für die Zuerkennung der Unterhaltsbeiträge, der Höhe und der Dauer maßgebend gewesenen Verhältnisse ein, so kann die Abänderung des Urteils für die Zeit nach Erhebung der Klage nach § 323 — nicht im Wege der Vollstreckungsklage (RG 52, 344) — beantragt werden. Diese Bestimmung findet nach dem Ges. v. 13. 8. 19 auch Anwendung auf die vollstreckbaren Schuldtitel des § 794 Nr 1, 2 und 5. Die Aberkennung des Unterhaltsanspruchs steht der Erhebung einer neuen Klage auf Grund veränderten Sachverhalts nicht entgehen. Wegen der Geldentwertung s. Vorbem 7. Über die Regelung der Unterhaltspflicht kann nach § 940 (im Eheprozeß auf Grund des § 627) eine einstweilige Verfügung ergehen, welche dem Unterhaltspflichtigen die Entrichtung des Unterhaltsbedarfs auferlegt. Der Richter ist nicht etwa durch § 940 gezwungen, den Unterhalt nur nach dem Notbedarf zu bemessen (RG 16. 3. 05 IV 27/05). Die Pfändungsbeschränkungen, die für die in § 850 Nr 7—9 bezeichneten Bezüge gelten, fallen nach dem Ges v. 26. 10. 22 fort, wenn die Pfändung wegen des den Verwandten, dem Ehegatten oder früheren Ehegatten für die Zeit nach Klageerhebung oder das vorausgehende letzte Vierteljahr gesetzlich geschuldeten Unterhalts beantragt wird. Die Pfändung des Unterhaltsanspruchs selbst ist nach § 850 Abs 1 Nr 2 (vgl. auch Nr 3 u. 4) ZPO unzulässig. Damit ist nach §§ 400 u. 394 auch die Abtretung und Aufrechnung ausgeschlossen. Aufgerechnet werden kann auch nicht mti einer Forderung auf Rückzahlung des früher zuviel gezahlten Unterhalts. Das Verbot der Aufrechnung darf nicht dadurch umgangen werden, daß der Unterhaltspflichtige den zum Unterhalt zu leistenden Geldbetrag auszahlen, aber sogleich nach der Auszahlung wegen einer Gegenforderung wieder pfänden läßt. Durch die AbänderungsVO v. 7. 1. 24 über Lohnpfändung ist auf den Unterhalt, den der Schuldner seinem Ehegatten, seinen Verwandten oder einem unehelichen Kinde zu entrichten hat, insofern Rücksicht genommen, als der unpfändbare Teil des 30 Goldmark für die Woche übersteigenden Lohnbetrags, der sonst ein Drittel ausmacht, sich für jeden Unterhaltsberechtigten um ein Sechstel bis zum Höchstbetrage von zwei Drittel erhöht. Die Geltungsdauer der VO ist durch Ges v. 17. 12. 26 bis zum 31. 12. 28 erstreckt. Im Konkursverfahren kann ein familienrechtlicher Unterhaltsanspruch für die Zukunft nicht geltend gemacht werden (§ 3 Abs 2 KO). Über Unpfändbarkeit der Ansprüche aus der Reichsversicherungsordnung s. § 119 dieses Gesetzes.

7. Aufwertung von Unterhaltsansprüchen. Sie richtet sich nach den allgemeinen Grundsätzen des bürgerlichen Rechts, wie sie in der Rechtsprechung, insbesondere der des Reichsgerichts, entwickelt sind (vgl. §§ 62, 63 AufwG). 1. Unterhaltsrenten. Die rechtliche Möglichkeit einer Berücksichtigung der Geldentwertung boten zunächst bei Rentenurteilen die Vorschriften des § 323 Abs 1—3 ZPO, da die Einwirkungen des Krieges auf die Wirtschaftslage und namentlich der eingetretene Währungsverfall als wesentliche Änderungen der Verhältnisse i. S. des § 323 Abs 1 anzusehen sind (**RG** Warn 1921 Nr 149). Nach dem durch die Novelle v. 13. 8. 19 eingefügten Abs 4 finden die Bestimmungen in Abs 1—3 auch Anwendung auf gerichtliche Vergleiche und vollstreckbare gerichtliche und notarielle Urkunden, soweit in ihnen Rentenleistungen übernommen sind. Damit ist zunächst nichts anderes gesagt, als daß prozessual die vollstreckbare Urkunde der Abänderbarkeit der Rente nicht entgegensteht. Ob eine Aufwertung tatsächlich stattzufinden hat, entscheidet sich hier nach den Grundsätzen des materiellen Rechts, die für das in der Urkunde geregelte Vertragsverhältnis der Beteiligten maßgebend sind. In dieser Beziehung hat der 4. Zivilsenat des Reichsgerichts bereits in dem Urteil v. 26. 5. 21 (JW 1921, 1080[6]) ausgesprochen, daß bei der in einem gerichtlichen Vergleich erfolgten Festsetzung einer Unterhaltsrente den Gegenstand des Vergleiches im Grunde genommen nicht der vereinbarte Betrag bilde, sondern die für den Unterhaltsberechtigten zu schaffende Möglichkeit, sich eine gewisse Menge von Dingen, die er zur Fristung seines Lebens unbedingt nötig habe, zu verschaffen, daß sich das Maß der Leistung also nach dem jeweiligen Stande des Geldwerts bestimme und daß, wenn nach der Festsetzung hierin eine so wesentliche Änderung eintrete, daß mit dem angesetzten Betrag die Beschaffung der bezeichneten Dinge nicht mehr möglich sei, der ganze Zweck des Vergleichs vereitelt werde. Da als Regel angenommen werden könne, daß solches dem Willen der Beteiligten nicht entspreche, müsse insoweit eine ergänzende Vertragsauslegung eintreten. Die dargelegten Grundsätze haben, wie sich aus der Natur der Sache ohne weiteres ergibt, auch bei privatschriftlichen Vergleichen und Verträgen, durch welche die Leistung von Unterhaltsrenten übernommen wird, Anwendung zu finden; in diesem Sinne wohnt jedem Unterhaltsvertrag „regelmäßig die clausula rebus sic stantibus stillschweigend inne" (**RG** 106, 235). Ändert sich der Geldwert derart, daß es dem Berechtigten auch nicht annähernd mehr möglich ist, aus der festgesetzten Rentensumme sich das bestimmte Maß des zum Unterhalt Notwendigen anzuschaffen, so wird durch Zahlung einer gleichbleibenden Rente das nicht mehr erfüllt, was die Parteien gewollt haben. Die Rente ist in solchen Fällen aufzuwerten; die rechtliche Grundlage der Aufwertung bilden die Vorschriften der §§ 157, 242 BGB. Hieran hat das Reichsgericht in ständiger Rechtsprechung, und zwar nicht nur bei den auf familienrechtlicher Grundlage beruhenden Unterhaltsrenten, sondern auch z. B. bei Unfallrenten, festgehalten (vgl. die Zusammenstellung der Urteile in **RG** 108, 294, ferner 107, 215; JW 1923, 600[12]; 1925, 350[3]; Warn 1923/24 Nr 77, 78, 115; 1925 Nr 1, 103; LZ 1922 399). Keinen Unterschied macht es dabei, ob die Erfüllung einer gesetzlichen Unterhaltspflicht versprochen oder näher geregelt oder ob die Verpflichtung durch einseitiges Versprechen freiwillig übernommen wird (**RG** JW 1925, 349[2]; Warn 1923/24 Nr 116, 169). Auch bei Leibrentenverträgen ist, wenn die Rentenpflicht an die Stelle der gesetzlichen Unterhaltspflicht tritt, die Aufwertung zulässig (**RG** Warn 1923/24 Nr 117, bez. eines Ausstattungsrentenversprechens vgl. **RG** 111, 286). Ein in dem Vertrag enthaltener Verzicht des Berechtigten auf weitere Ansprüche ist, sofern gesetzlich zulässig, im Zweifel nicht dahin zu verstehen, daß damit jede spätere Erhöhung der Rente, wenn sie nach eingetretener Geldentwertung zur Erfüllung des Vertragszwecks erforderlich erscheint, hat ausgeschlossen sein sollen (**RG** 106, 236; JW 1921, 1080[6]; Warn 1923/24 Nr 116, 141; SeuffA 77 Nr 84, 104). Anders wenn die Parteien die Rente ein für alle Mal wertbeständig festgesetzt haben (**RG** Warn 1926 Nr 147). — Liegt bereits ein auf Vertrag oder Vergleich beruhendes Rentenurteil vor, so bleibt es dem Berechtigten unbenommen, die Anpassung an die Geldentwertung im Wege der Umwandlungsklage nach § 323 Abs 1 ZPO (gegebenenfalls nach Abs 4) herbeizuführen, was aber nur für die Zeit nach der Klageerhebung möglich ist (Abs 3 das.). Auch hier ist die Frage der Abänderbarkeit von dem Gesichtspunkt des Vertragszwecks (Vertragswillens) aus zu prüfen (RG Gruch 68, 336; LZ 1922, 294). Entsprechend dem jetzt allgemein anerkannten Satze, daß die Rechtskraft des über einem Papiermarkbetrag ergangenen Urteils einer Aufwertung in einem zweiten Rechtsstreit nicht entgegensteht, kann aber der Berechtigte auch, ohne an die Erfordernisse des § 323 ZPO gebunden zu sein, auf Grund der §§ 157, 242 BGB die Aufwertung der Rente selbständig mit einer neuen Klage fordern (RG 110, 100; JW 1926, 52[3]; 25. 1. 26 IV 427/25). Das gilt selbst gegenüber Vorkriegsurteilen und solchen, die vor der Inflationszeit ergangen sind (RG 114, 193). — Da die Rentenansprüche nach § 63 Abs 2 Nr 3 AufwG nicht als Vermögensanlagen gelten, unterliegt ihre Aufwertung keiner Beschränkung hinsichtlich ihrer Höhe (Abs 1 das.). Das Maß der Aufwertung bestimmt sich nach dem Umfang der Bedürfnisse des Rentenempfängers, zu deren Befriedigung die Rente dienen soll. Nach diesem ihrem Zweck entscheidet sich insbesondere auch, ob sie im Rahmen des standesgemäßen oder nur des notdürftigen Unterhalts aufzuwerten ist. Im allgemeinen sind die Reichsrichtzahlen unter Berücksichtigung des sog. Verarmungsfaktors zugrundezulegen. In Betracht zu ziehen sind aber nicht lediglich die Verhältnisse des Berechtigten, sondern auch die des Rentenschuldners, so daß zu fragen ist, ob und wieweit sich sein Einkommen oder der empfangene Gegenwert wertbeständig erhalten haben (RG 107, 217; JW 1921, 1080[6]; 1923, 45[4]; Warn 1923/24 Nr 36, 116). Ob der Rentenempfänger sich die Beträge wertbeständig erhalten konnte, hat außer Betracht zu bleiben, da sie ihrer Natur nach zum sofortigen Verbrauch bestimmt sind (RG 23. 9. 26 IV 28/26). Über die Aufwertung dinglich gesicherter Unterhaltsforderungen s. § 10 Abs 1 Nr 3 AufwG, über die anderweite Festsetzung der Geldbezüge aus Altenteilsverträgen s. RGes v. 18. 8. 23. 2. Abfindungsverträge. Ist der Unterhaltsberechtigte z. B. in den Fällen der §§ 1580 und 1714 (vgl. im übrigen § 1614) durch Zahlung eines Kapitals abgefunden, so wird man in Übereinstimmung mit der — vielfach bestrittenen — Rechtsprechung des Reichsgerichts die Aufwertbarkeit der Abfindungssumme dann verneinen müssen, wenn, was die Regel bildet, der Unterhaltsanspruch durch die Kapitalzahlung völlig abgelöst, das Verpflichtungsverhältnis also erloschen sein sollte und nicht etwa nur die Vorauszahlung der kapitalisierten Rente unter Aufrechterhaltung des Anspruchs selbst oder unter Übernahme der Gewähr dafür, daß der Ertrag des Kapitals zur Versorgung ausreiche, beabsichtigt war (RG 106, 396; JW 1925, 350[3]; Warn 1925 Nr 104, ebenso Staudinger § 1714 A 11).

§ 1601

Verwandte in gerader Linie sind verpflichtet, einander Unterhalt zu gewähren[1—3]).

E I 1480 II 1496; M 4 678; P 4 478.

1. Nach BGB besteht allgemein eine **gegenseitige Unterhaltspflicht zwischen den Verwandten in gerader Linie** (aufsteigender oder absteigender Linie) ohne Unterschied des Grades, was insofern von der Regelung des Pflichtteilsrechts abweicht, als nur die Eltern, nicht die weiteren Verwandten aufsteigender Linie als pflichtteilsberechtigt erklärt sind (§ 2303). Die gegenseitige Unterhaltspflicht der Geschwister ist in das BGB nicht übernommen. Ein Kind kann deshalb von den Eltern zur Unterhaltsgewährung insoweit nicht herangezogen werden, als deren Unterhaltsbedürftigkeit darauf beruht, daß die noch erwerbsunfähigen Geschwister dieses Kindes von ihnen zu unterhalten sind. Anzuerkennen ist jedoch das Bestehen einer sittlichen Pflicht für die Geschwister, sich in Notfällen zu unterstützen, und es können deshalb die in Erfüllung dieser Pflicht gewährten Unterstützungen nicht wegen Irrtums, weil der Leistende sich für rechtlich verpflichtet hielt, zurückgefordert werden (§ 814, vgl. § 1624 Abs 1). Unter Verwandten gerader Linie im Sinne des § 1601 sind im allgemeinen nur diejenigen zu verstehen, welche durch eheliche Abstammung miteinander verwandt sind. Uneheliche Kinder haben indes im Verhältnis zu der Mutter und deren Verwandten die rechtliche Stellung eines ehelichen Kindes (§ 1705), können also gegen die Mutter und deren Verwandte dieselben Unterhaltsansprüche erheben wie ein eheliches Kind. Kinder aus einer vermeintlichen Ehe (Putativehe) gelten als ehelich und sind demgemäß auch hinsichtlich des Unterhaltsanspruchs den ehelichen Kindern vollständig gleichgestellt (§ 1700). Auch in dem Falle, daß beide Ehegatten bei der Eheschließung die Nichtigkeit der der äußeren Form nach bestehenden Ehe gekannt haben, in welchem Falle das Kind nicht als ehelich gilt, unterscheidet sich seine Rechtsstellung von der des unehelichen Kindes darin, daß es von dem Vater (nicht bloß der Mutter) Unterhalt wie ein eheliches Kind verlangen kann (§ 1703). Das an Kindes Statt angenommene Kind hat einen Unterhaltsanspruch nach §§ 1757, 1764—1766 sowohl gegen den Annehmenden, der in erster Linie haftet, als gegen seine leiblichen Verwandten. Desgleichen ist dem Annehmenden ein Unterhaltsanspruch gegen das Kind gegeben. Eine gesetzliche Unterhaltspflicht der Schwiegereltern oder Schwiegerkinder ist nicht anerkannt. Ein derartiger Unterhalt kann auch nicht auf dem Wege erreicht werden, daß z. B. der Ehemann

bei Forderung des Unterhalts gegenüber seinen Eltern das Unterhaltsbedürfnis seiner Frau mit in Anschlag bringt (vgl. §§ 1604 A 1, 1610 A 3).

2. Als Unterhaltsverpflichtete können, da der Unterhaltsanspruch nach § 1601 an sich gegen sämtliche Abkömmlinge und Vorfahren geht, **mehrere Personen** in Betracht kommen. Es bedarf deshalb der Regelung, in welcher Reihenfolge und in welchem Maße die Verpflichteten neben- oder nacheinander haften. Diese Regelung ist in den §§ 1606—1608 erfolgt. Ebenso kann es vorkommen, daß dieselbe Person dem Unterhaltsanspruch mehrerer Berechtigter ausgesetzt ist, worüber in § 1609 nähere Bestimmungen getroffen sind.

3. **Erfüllt** wird der Unterhaltsanspruch durch tatsächliche Gewährung des Unterhalts, auch wenn der Unterhalt von einem Nichtverpflichteten geleistet wird, nicht schon dadurch, daß der Verpflichtete zugunsten des Unterhaltsberechtigten ein Abkommen mit einem Dritten wegen Entrichtung des Unterhalts trifft oder daß ein Dritter die Unterhaltsgewährung zusagt (**RG** Warn 1923/24 Nr 19, wo ausgesprochen ist, daß, wenn der Unterhalt auf Grund eines solches Vertrages von dem Dritten tatsächlich gewährt wird, der Unterhaltspflichtige selbst in Wahrheit den Unterhalt leistet, vgl. indes § 1602 A 1).

§ 1602

Unterhaltsberechtigt ist nur, wer außerstande ist, sich selbst zu unterhalten[1]).

Ein minderjähriges unverheiratetes Kind kann von seinen Eltern, auch wenn es Vermögen hat, die Gewährung des Unterhalts insoweit verlangen, als die Einkünfte seines Vermögens und der Ertrag seiner Arbeit zum Unterhalte nicht ausreichen[2—5]).

E I 1481 Abs 1, 3 II 1497; M 4 680; P 4 478.

1. Voraussetzung des Unterhaltsanspruchs ist die **Bedürftigkeit des Berechtigten**, d. h. daß er außerstande ist, sich selbst zu unterhalten. Diese Voraussetzung liegt vor, wenn er seinen Unterhalt weder aus seinem Vermögen (soweit es wirtschaftlich zu verwerten, vgl. **RG** Warn 1921 Nr 101 unter 3), noch aus dem Ertrage seiner Arbeit oder geschäftlichen Tätigkeit bestreiten kann. Für die Beurteilung, ob das Vermögen zur Bestreitung des Unterhalts ausreicht, kommt es nicht sowohl darauf an, ob das Vermögen in der Weise, wie der Unterhaltsbedürftige es verwertet, tatsächlich Einnahmen gewährt, sondern darauf, ob das Vermögen zur Bestreitung des Unterhalts nutzbar gemacht werden kann. Von dem Unterhaltsbedürftigen ist zu verlangen, daß er diejenigen Einnahmen aus seinem Vermögen zieht, die bei verständiger Verwaltung gezogen werden können, und daß er nötigenfalls durch Verkauf oder andere Verwertung des Vermögens die zur Bestreitung des Unterhalts notwendigen Mittel gewinnt. Eine gänzlich unwirtschaftliche Verwertung ist ihm natürlich nicht zuzumuten. Hat der Bedürftige Forderungen gegen Dritte, so ist es seine Pflicht, sie geltend zu machen und zur Einziehung zu bringen. Von Bedeutung ist dies besonders, wenn er wegen eines erlittenen Unfalls Schadensersatz beanspruchen kann. Soweit er durch diesen Anspruch wegen seines Unterhalts gesichert ist, kann er nicht seine Verwandten auf Erfüllung seiner gesetzlichen Unterhaltspflicht in Anspruch nehmen (**RG** Warn 08 Nr 221). Zu berücksichtigen ist auch eine Forderung, die dem Bedürftigen aus dem Grunde zusteht, daß durch einen zu seinen Gunsten geschlossenen Vertrag zwischen dem Unterhaltspflichtigen und einem Dritten die Unterhaltspflicht von letzterem übernommen ist (**RG** Warn 1916 Nr 284). In dem Rechtsstreit über die Unterhaltspflicht ist nebensächlich auch über das Bestehen und die Einziehbarkeit einer Forderung des Bedürftigen Entscheidung zu treffen, die naturgemäß nur eine vorläufige sein kann. Wird entgegen dieser Entscheidung später im Prozesse des Bedürftigen gegen den Schuldner die Forderung aberkannt oder ergibt sich tatsächlich ihre Uneinziehbarkeit, so kann aus diesem Grunde (vgl. § 323 ZPO) ein neuer Unterhaltsanspruch erhoben werden. Ist übrigens der Unterhaltspflichtige selbst der Schuldner, so kann er sich auf das Bestehen dieser Forderung, da es seine Sache sein würde, den Gläubiger zu befriedigen, nicht berufen. Ebensowenig kann der Ehemann seine den Unterhalt fordernde Ehefrau auf eine Forderung verweisen, deren Einziehung ihm selbst obliegt. Zu verlangen ist ferner, daß der Berechtigte seine Arbeitskraft, seine körperlichen und geistigen Kräfte, zur Gewinnung des Unterhalts verwertet. Die Übernahme einer Erwerbstätigkeit, die seinen Verhältnissen nicht angemessen ist, kann ihm aber nicht zugemutet werden (**RG** JW 01, 480; 02, 73; 1917, 42[8]). Auf die Lebensstellung und den Bildungsgrad des Bedürftigen ist billige Rücksicht zu nehmen, wobei jedoch namentlich unter den heutigen Verhältnissen bloße Standesvorurteile keine besondere Beachtung finden können. Auch die bisherige Tätigkeit kommt insofern in Betracht, als der Bedürftige sich regelmäßig nicht weigern kann, seinen Unterhalt in der bisher gewohnten Weise zu verdienen. Befindet er sich in der

Vorbildung zu einem bestimmten Berufe — welche Vorbildungszeit mit Ablegung der vorgeschriebenen Abschlußprüfung beendet ist —, so kann ihm eine hiermit nicht verträgliche Erwerbstätigkeit nicht angesonnen werden. Eine Tochter braucht sich von ihrem wohlhabenden Vater nicht darauf verweisen zu lassen, sich durch ihrer Hände Arbeit einen Erwerb zu verschaffen, wenn ihr dies nach den Verhältnissen, in denen sie bisher mit dem Willen des Vaters gelebt hat, nicht zuzumuten ist (**RG** 12. 7. 09 IV 114/09). Ebensowenig ist sie zu einer Erwerbstätigkeit verpflichtet, wenn ihre Zeit durch die Pflege ihres kranken Mannes und die Besorgung des Hauswesens vollständig in Anspruch genommen ist (**RG** 5. 10. 14 IV 204/14, vgl. **RG** 99, 114). Dadurch, daß von dritter Seite freiwillig, ohne Bestehen einer Rechtspflicht, Unterhalt geleistet wird, wird der Unterhaltsanspruch, falls nicht ausnahmsweise der Bedürftige sich hinsichtlich des Fortbezugs der Unterstützung in einer tatsächlich gesicherten Stellung befindet, nicht beseitigt. Auf eine jederzeit entziehbare Mildtätigkeit anderer kann der Unterhaltsbedürftige (abgesehen von dem besonderen Falle des § 1579 Abs 1 Satz 2, wo die Rücksicht auf Billigkeit entscheidet, **RG** Warn 1917 Nr 246) nicht verwiesen werden (**RG** 72, 199; 26. 3. 00 IV 11/10; vgl. KGJ 37 A 44; anders wenn das Kind von dem Dritten in dessen Familie dauernd den Unterhalt erhält, **RG** 105, 166). Der Bedürftige braucht demgemäß bei der Forderung seines künftigen Unterhalts auch einen Unterhaltsbeitrag sich nicht anrechnen zu lassen, der nur geleistet wird, weil und solange der Unterhaltspflichtige keinen Unterhalt gewährt. — Die Bestimmung des § 1610 über das Maß des zu gewährenden Unterhalts ist auch für die Frage der Unterhaltsbedürftigkeit von Wichtigkeit. Ist anzunehmen, daß der den Unterhalt Fordernde so viel besitzt (oder erwerben könnte), als zu seinem standesgemäßen Unterhalt erforderlich ist, so liegt Unterhaltsbedürftigkeit überhaupt nicht vor. Andernfalls ist das hieran Fehlende von dem Unterhaltsverpflichteten aufzubringen. Hat der Unterhaltsbedürftige durch Entbehrungen es ermöglicht, einen Teil des Unterhalts als Ersparnis zurückzulegen, so kann dieser Umstand allein nicht zur Ermäßigung des Unterhaltsbedarfs führen. Er kann aber, wenn neue Unterhaltsansprüche erhoben werden, Anlaß zur Nachprüfung geben, ob nicht der Unterhaltsbedarf geringer zu bemessen ist.

2. Der **gesteigerte Unterhaltsanspruch der minderjährigen unverheirateten Kinder** (der Abkömmlinge ersten Grades, s. § 1589 A 2) **gegen die Eltern** findet darin seine Rechtfertigung, daß die Eltern verpflichtet sind, das Stammvermögen dieser Kinder als die spätere Grundlage ihres wirtschaftlichen Lebens möglichst unversehrt zu erhalten. Die Eltern sind deshalb zur Unterhaltsgewährung schon dann verbunden, wenn die laufenden Einkünfte (die Vermögenseinkünfte und das Arbeitseinkommen) des Kindes zur Deckung des Unterhalts nicht ausreichen. Da die Unterhaltspflicht lediglich auf dem Verwandtschaftsverhältnis beruht, so macht es keinen Unterschied, ob die Eltern im Besitz der elterlichen Gewalt und ob sie im Besitz des Nutznießungsrechts sich befinden. Letzterer Umstand ist nur insofern von Bedeutung, als die Mutter, wenn ihr das Nutznießungsrecht zusteht, ausnahmsweise vor dem Vater haftet (§ 1606 Abs 2 Satz 2). Ist der verpflichtete Elternteil im Besitz der elterlichen Gewalt, so hat er kraft dieser das Bestimmungsrecht darüber, wie zur Gewinnung einer größeren Einnahme das Kindesvermögen zweckmäßig zu verwalten und die Beschäftigung des Kindes einzurichten ist. Steht ihm die elterliche Gewalt nicht zu, so kann er einen Einwand daraus, daß eine bessere Einnahme erzielt werden könnte, nicht ableiten. Er ist vielmehr darauf beschränkt, Anträge bei dem Vormund oder Vormundschaftsgericht zu stellen und nötigenfalls den Vormund, falls dieser in unverantwortlicher Weise die Gewinnung von Einnahmen unterläßt, ersatzpflichtig zu machen. Besitzt das Kind freies Vermögen, so kann der Unterhaltspflichtige verlangen, daß die Einkünfte hiervon in erster Linie zur Bestreitung des Unterhalts verwendet werden. Die erhöhte Unterhaltspflicht besteht nur gegenüber den unverheirateten minderjährigen Kindern, mit denen die Eltern in engerer Familiengemeinschaft verbunden sind. Durch die Verheiratung der Tochter — welche dem Gewalthaber nur noch das Recht zur Vertretung in den die Person betreffenden Angelegenheiten läßt (§ 1633 A 1) — scheidet die Tochter, vorausgesetzt, daß nicht die Ehe nichtig ist oder durch Anfechtung nichtig geworden ist, aus der engeren Familiengemeinschaft aus und kehrt in diese auch nach Auflösung der Ehe nicht wieder zurück (**RG** 22. 2. 09 IV 329/08).

Ein gesteigerter Unterhaltsanspruch steht während der Ehe auch der Ehefrau gegen den Mann zu (s. §§ 1360, 1361).

3. **Rückforderung des gewährten Unterhalts.** Stellt sich später heraus, daß bei richtiger Bewertung des Vermögens und der Erwerbsfähigkeit des Berechtigten ein Unterhaltsanspruch nicht begründet war, daß z. B. das von der Mutter unterstützte Kind eine Unfallrente zu beziehen hatte (vgl. **RG** 19. 12. 04 IV 313/04), so kann der Verpflichtete das an Unterhalt Gewährte, weil er sich über seine Verpflichtung im Irrtum befand, zurückfordern. Es handelt sich hier um einen Bereicherungsanspruch aus § 812. Die Anfechtung wegen Irrtums braucht also nicht unverzüglich zu erfolgen. Ist allerdings der Unterhaltsanspruch dem Berechtigten rechtskräftig zuerkannt, so ist eine Rückforderung wegen Irrtums ausgeschlossen. Liegt die Sache so, daß der Verpflichtete sich nur aus dem Grunde zur Unterhaltsgewährung verstanden

hat, weil der Berechtigte vorübergehend in einer Notlage sich befand, indem er über die an sich zureichenden Mittel nicht verfügen konnte, so ist damit ein Rückforderungsanspruch ohne weiteres gegeben. Die Unterstützung hat bei dieser Sachlage von vornherein nur vorschußweise gewährt werden sollen. Abgesehen von diesem Falle gibt die spätere Besserung der Vermögensverhältnisse dem andern kein Recht, das an Unterstützung Geleistete zurückzufordern. Den Grund der Leistung bildete die gesetzliche Verpflichtung zur Unterhaltsgewährung, und dieser Grund ist durch die spätere Änderung in den Vermögensverhältnissen nicht weggefallen.

4. Den **Nachweis** der Bedürftigkeit hat der Kläger, der den Unterhaltsanspruch erhebt, zu führen. Er hat zu diesem Zweck seine Vermögens- und Erwerbsverhältnisse so darzulegen, daß der Richter die Überzeugung von der Bedürftigkeit gewinnt. Ein erschöpfender Nachweis wird kaum möglich sein. Deshalb ist es für den Beklagten wichtig, daß er es an seiner Mitwirkung zur Klarstellung der Sachlage nicht fehlen läßt und darauf hinweist, in welcher Weise nach seiner Ansicht der Kläger sich den Unterhalt beschaffen könnte. Dem Kläger liegt es dann auf Grund der ihn treffenden Beweislast ob, die in dieser Beziehung von dem Beklagten aufgestellten Behauptungen zu widerlegen. Darauf, wieviel der Kläger bisher zu seinem Unterhalt gebraucht hat, kommt es nicht entscheidend an. Festzustellen ist vielmehr, was er nach seiner Lebensstellung verbrauchen darf. Der Nachweis des zur Fristung des Lebens bisher Gebrauchten würde höchstens für die Bemessung des notdürftigen Unterhalts von Wichtigkeit sein können. Eine ins einzelne gehende Berechnung des Unterhaltsbedarfs ist nicht nötig und es würde auch wenig zweckmäßig sein, wenn das Gericht bei der Festsetzung des Bedarfs sich darauf einlassen wollte, für die einzelnen Lebensbedürfnisse getrennte Summen auszuwerfen. Wird der Unterhalt von dem minderjährigen unverheirateten Kinde gefordert, so liegt diesem nur der Nachweis ob, daß das ihm an Unterhalt Gewährte nicht ausreicht und das Fehlende auch nicht aus den zu seiner Verfügung stehenden Einkünften (welche der Verwaltung des verpflichteten Elternteils nicht unterstehen) genommen werden kann. Der den Unterhalt Fordernde hat auch darzulegen, daß die Bedürftigkeit nach dem gewöhnlichen erfahrungsgemäßen Verlauf der Dinge oder den vorauszusehenden besonderen Verhältnissen für den Zeitraum, für welchen der Unterhalt begehrt wird, fortdauert. Erweist sich infolge späterer, nicht voraussehbarer Umstände der Zeitraum als zu kurz oder der Betrag als zu niedrig, so ist eine Nachforderung dem Kläger unverwehrt. Anderseits kann der Beklagte, wenn die Bedürftigkeit wegen wesentlicher Änderung der für die Höhe oder Dauer der Unterhaltsrente maßgebend gewesenen Verhältnisse früher fortfällt oder sich ändert, dem Urteil mit der Klage aus § 323 ZPO entgegentreten (**RG** JW 1916, 836[6]; Warn 1917 Nr 26; vgl. § 843 A 3b). Die zeitlich uneingeschränkte Forderung von Unterhalt ist in der Regel nicht zulässig (**RG** Warn 1917 Nr 249, 12. 4. 22 IV 670/21).

5. Sind die Eltern zum Unterhalt der Kinder unvermögend oder sind Eltern nicht vorhanden, so tritt äußerstenfalls die öffentliche Armenpflege in Kraft. S. hierüber A 5 vor § 1601.

§ 1603

Unterhaltspflichtig ist nicht, wer bei Berücksichtigung seiner sonstigen Verpflichtungen außerstande ist, ohne Gefährdung seines standesmäßigen Unterhalts den Unterhalt zu gewähren[1])[3]).

Befinden sich Eltern in dieser Lage, so sind sie ihren minderjährigen unverheirateten Kindern gegenüber verpflichtet, alle verfügbaren Mittel zu ihrem und der Kinder Unterhalte gleichmäßig zu verwenden. Diese Verpflichtung tritt nicht ein, wenn ein anderer unterhaltspflichtiger Verwandter vorhanden ist; sie tritt auch nicht ein gegenüber einem Kinde, dessen Unterhalt aus dem Stamme seines Vermögens bestritten werden kann[2])[3]).

E I 1482 II 1498; M 4 685; P 4 480; 6 296.

1. Die weitere Voraussetzung des Unterhaltsanspruchs bildet die **Leistungsfähigkeit des Verpflichteten.** Hierbei ist, ebenso wie bei der Beurteilung der Unterhaltsbedürftigkeit, nicht bloß auf die Einnahmen zu sehen, die von dem Unterhaltspflichtigen gezogen werden, sondern auf die Einnahmen, die bei verständiger Wirtschaftsführung gezogen werden können. Die Ertraglosigkeit des Vermögens schließt die Unterhaltsverpflichtung nicht aus, wenn durch geeignete Verwertung des Vermögens ein Ertrag geschaffen werden kann. Als Einkünfte sind unter Umständen auch Kursgewinne, die zu erzielen waren, einzustellen (**RG** Warn 1913 Nr. 297). Es kann hierfür von Bedeutung sein, daß die Wertpapiere zur Erzielung eines solchen Gewinns angeschafft waren. Die ihm zustehenden Forderungen und Rechte hat der Verpflichtete mit den ihm zu Gebote stehenden gesetzlichen Mitteln zur Verwirklichung zu

bringen. Als Einnahme kommt auch der Beitrag in Betracht, den der Verpflichtete als Ehemann zur Bestreitung der Ehelasten von seiner in Gütertrennung mit ihm lebenden oder Vorbehaltsgut besitzenden Ehefrau nach §§ 1427 Abs 2, 1371 verlangen kann (RG JW 04, 206[19]), nicht aber, was die Unterhaltspflicht der Ehefrau gegenüber ihren Verwandten betrifft, schlechthin das ihr von ihrem Manne über seine gesetzliche Verpflichtung hinaus an Unterhalt Gewährte (RG LZ 1921, 304[5]). Einzurechnen ist der Pflichtteilsanspruch (RG Warn 1919 Nr 98), ferner der nach § 528 dem Schenker zustehende Anspruch auf Rückforderung des Geschenkten, obschon dieser Anspruch in § 852 Abs 2 ZPO für unpfändbar erklärt ist (RG LZ 1915, 1096[16]). Nicht berücksichtigt werden kann das Vermögen, über das die Verfügung dem Unterhaltspflichtigen nicht zusteht. Ist ein Testamentsvollstrecker eingesetzt, so hat dieser dem Erben gegenüber die Verpflichtung, bei der von ihm zu führenden ordnungsmäßigen Verwaltung auch auf die gesetzlichen Unterhaltspflichten des Erben Rücksicht zu nehmen (RG LZ 1918, 1268[15]). Bei Beurteilung der Leistungsfähigkeit ist auch die Arbeitskraft des Verpflichteten zu berücksichtigen. Er hat sich, um seinen Unterhaltspflichten gerecht zu werden, zu bemühen, denjenigen Verdienst zu finden, den er bei gutem Willen durch gehörige Verwendung seiner körperlichen und geistigen Kräfte erlangen kann. Nicht aber ist zu verlangen, daß der Verpflichtete, der als pensionierter Offizier, um aus seiner bedrängten Lage herauszukommen, das Studium der Medizin ergriffen hat, mit Rücksicht auf seine Unterhaltspflicht sich einer andern, alsbaldigen Verdienst versprechenden Stellung zuwende (RG Warn 1921 Nr 128). Freiwillige Zuwendungen an einen Unterhaltspflichtigen, die diesem jederzeit entzogen werden können, kommen bei Bemessung seiner Leistungsfähigkeit regelmäßig nicht in Betracht, wie solche Zuwendungen regelmäßig auch bei Beurteilung der Unterhaltsbedürftigkeit nicht in Rechnung zu stellen sind (RG 23. 12. 20 IV 384/20; vgl. § 1602 A 1). Zweifelhaft kann sein, ob Einnahmen, die wider die guten Sitten verstoßen, bei Bestimmung der Leistungsfähigkeit in Ansatz zu bringen sind. Die Frage dürfte mit der Maßgabe zu bejahen sein, daß durch die Anrechnung nicht ein Druck auf die Fortsetzung des unsittlichen Erwerbs ausgeübt werden darf. Aus den Einnahmen kann der Verpflichtete vorweg das zu seinem standesgemäßen Unterhalt Erforderliche — wobei hauptsächlich darauf zu sehen ist, mit welchem Betrage Personen gleichen Standes unter gleichen Verhältnissen auskommen — und das zur Erfüllung seiner sonstigen Verpflichtungen angemessen Aufzuwendende in Abzug bringen. Es kann aber nicht einfach der gesamte Betrag der Schulden von dem Einkommen abgezogen werden, sondern nur derjenige Betrag, der bei Aufstellung eines den Verhältnissen in verständiger Weise Rechnung tragenden Tilgungsplans zur allmählichen Tilgung der Schulden binnen angemessener Frist nötig ist (RG JW 1910, 16[21]; LZ 1921, 654[3]; vgl. auch § 1608 A 1). Zu berücksichtigen sind auch solche Schulden, die vermeidbar gewesen wären, wennschon dieser Umstand dazu führen kann, daß an die Anspannung der Arbeitskraft und die Beschränkung des eigenen Bedürfnisses größere Anforderungen zu stellen sind (RG 3. 7. 22 IV 748/21). Hat der Verpflichtete durch seine Weigerung, die Unterhaltspflicht zu erfüllen, sich Zwangsmaßnahmen oder Kosten zugezogen, so kann er sich hierauf zur Minderung seiner Verbindlichkeit nicht berufen (RG 2. 5. 21 IV 39/21). Zu den „sonstigen Verpflichtungen" gehört auch der dem unehelichen Kinde zu gewährende Unterhalt (vgl. indes § 1708 A 2 a. E.). Bezieht der Unterhaltspflichtige als pensionierter Offizier eine Verstümmlungszulage oder Tropenzulage (§§ 11 Abs 3, 87, 66, 67 des Ges. v. 31. 5. 06), so ist diese Zulage als Einnahme nur anzurechnen unter Abzug der nach dem Zweck der Zulage gebotenen Aufwendungen für besondere Pflege (RG LZ 1916, 878[8]). Reichen die Einnahmen nicht aus, so muß der Unterhaltspflichtige das Stammvermögen (auch das Vermögen, über das er als Vorerbe usw. im eigenen Interesse verfügen darf) angreifen, was unter anderm in der Weise geschehen kann, daß er unter Benutzung seines Kredits ein Darlehn aufnimmt (RG JW 07, 674[11]; Warn 09 Nr 29). Es ist ihm aber nicht zuzumuten, das von seinen Eltern stammende Geschäft wegen ungünstigen Geschäftsgangs sogleich aufzugeben und einen andern, lohnenderen Erwerb zu suchen. Die Grenze der Unterhaltspflicht bildet, daß der standesgemäße Unterhalt des Verpflichteten nicht gefährdet werden darf. Die Gefahr muß eine gegenwärtige sein. Dies schließt indes die Berücksichtigung der bestimmt vorauszusehenden künftigen Gestaltung der Vermögensverhältnisse, insbesondere die Berücksichtigung der zur Abschließung der Ausbildung noch zu machenden Ausgaben, nicht aus (RG 13. 7. 04 IV 537/03; 18. 1. 09 IV 238/08; JW 04, 295[20]). Tritt die Gefährdung des standesgemäßen Unterhalts später ein, so hat dies die Ermäßigung bzw. den Fortfall der Unterhaltspflicht zur Folge, was auch gegenüber einem rechtskräftigen Urteil auf dem Wege des § 323 ZPO (allerdings nicht mit rückwirkender Kraft) zur Geltung gebracht werden kann. Im allgemeinen sind bei Bemessung des Unterhalts, namentlich des dem erziehungsbedürftigen Kinde zu gewährenden Unterhalts zur Vermeidung eines steten Wechsels des Unterhaltsbetrags möglichst die durchschnittlichen Einkünfte zugrunde zu legen, vor allem dann, wenn die Einkünfte größeren Schwankungen unterliegen. Im Interesse der Ausgleichung während der ungünstigen Geschäftszeit hat der Unterhaltspflichtige nötigenfalls, auch wenn ihm ein Stammvermögen nicht zur Verfügung steht, seinen persönlichen Kredit anzuspannen (RG 19. 9. 07 IV 541/06). Wird die Unterhaltsklage abgewiesen, so ist im Urteil ersichtlich zu machen, inwieweit die Abweisung darauf beruht, daß der Unterhaltspflichtige nicht die nötigen Mittel besitzt, und inwieweit darauf, daß er die Mittel zur Deckung seines eigenen Unterhalts bedarf. Verlangt der Unterhaltspflichtige gemäß § 323 ZPO wegen wesentlicher Veränderung der für die Verurteilung maßgebenden Verhältnisse die Herabsetzung der Rente, so kann der Berechtigte, ohne seinerseits eine Widerklage erheben zu müssen, dem mit dem Einwande entgegentreten, daß seine Bedürfnisse inzwischen wegen der eingetretenen allgemeinen Verteuerung oder aus sonstigem Grunde gestiegen sind. Wegen der Schadensersatzpflicht des Unterhaltspflichtigen aus § 826 s. Vorbem 1 Mitte vor § 1601.

2. **Gesteigerte Unterhaltspflicht der Eltern gegenüber den minderjährigen unverheirateten Kindern** (vgl. hierzu § 1602 A 2). Die Verpflichtung der Eltern erhöht sich insofern, als sie die Unterhaltspflicht ohne Rücksicht auf die Gefährdung des eigenen Unterhalts zu erfüllen haben. Die Eltern müssen sich auf das für ihren Lebensbedarf Unentbehrlichste einschränken (RG JW 03 Beil 29[58]) und können sich, wenn nötig, dem nicht entziehen, selbst den letzten Sparpfennig mit diesen Kindern zu teilen. Dabei ist natürlich nicht an eine Teilung zu gleichen Teilen, sondern nach Verhältnis des Unterhaltsbedarfs zu denken, und es ist den Eltern das zur Erhaltung der Arbeitsfähigkeit Nötige unbedingt zu belassen. Andrerseits kann das Unterhaltsbedürfnis der Kinder nicht dem der Eltern vorgehen, und hieraus ergibt sich, daß die gesteigerte Unterhaltspflicht nur insoweit eintritt, als der Unterhalt aus dem Vermögen des Kindes, mag es freies oder unfreies sein, nicht bestritten werden kann. Die gesteigerte Unterhaltspflicht der Eltern kann außerdem nur im äußersten Falle in Anspruch genommen werden, nämlich wenn ein anderer unterhaltspflichtiger Verwandter, der den Unterhalt ohne Gefährdung seines standesmäßigen Unterhalts gewähren kann, nicht vorhanden ist. Dieser in § 1603 Abs 2 zum Ausdruck gelangte Grundsatz führt dahin, daß auch die Mutter vor dem Vater haften muß, wenn sie, nicht aber der Vater, zur Unterhaltsgewährung ohne Gefährdung des standesmäßigen Unterhalts imstande ist (RG 57, 73; JW 04, 339[9]; 06, 357[19]). — Auch der Ehemann ist bei dem während der Ehe nötigenfalls unter Verwendung des Vermögensstamms seiner Frau gemäß §§ 1360, 1361 — § 1603 kommt hier nicht zur Anwendung — zu gewährenden Unterhalt nicht berechtigt, das zu seinem eigenen notdürftigen Unterhalt Erforderliche aus den Einkünften vorweg in Abzug zu bringen (RG Warn 1913 Nr 367; 1921 Nr 74). In § 1360 ist die Unterhaltspflicht durch Rücksichten auf den eigenen standesgemäßen Bedarf nicht begrenzt, und auch aus § 1361 ist ein solches Abzugsrecht nicht herzuleiten. Ebenso kann der Ehefrau, wenn sie ausnahmsweise (§ 1360 Abs 2) den Mann zu unterhalten hat, ein solches Abzugsrecht nicht zugestanden werden. Die Unterhaltspflicht des geschiedenen Ehegatten erfährt bei Gefährdung des standesmäßigen Unterhalts nach § 1579 Abs 1 nur eine Einschränkung. Die gesteigerte Unterhaltspflicht greift jedoch, wie in § 1579 Abs 2 bezüglich des Unterhaltsanspruchs der geschiedenen Ehefrau ausdrücklich bestimmt ist, nicht Platz, wenn und soweit der Unterhalt aus dem Vermögensstamm des Bedürftigen bestritten werden kann. Das gleiche ist auch im Falle des § 1361 Abs 2 infolge der hier zu beachtenden Billigkeitsrücksichten anzunehmen (RG 1. 12. 04 IV 249/04). Für die Unterhaltspflicht des geschiedenen Ehegatten kommt es auf die jeweilige Leistungsfähigkeit an (RG 75, 124; JW 1910, 15[21]), während für das Maß des Unterhalts die dauernde Lebensstellung des Mannes zur Zeit der Scheidung (Rechtskraft des Scheidungsurteils) entscheidend bleibt (RG Warn 1914 Nr 196 u. 293). Den Vermögensstamm braucht der unterhaltspflichtige Ehegatte, abgesehen von dem Fall des § 1579 Satz 2, nicht anzugreifen (RG JW 1911, 454[23]; 19. 4. 15 IV 603/14). Die besondere Bestimmung des § 1578 Abs 1 über die Verpflichtung der Frau zum Arbeitserwerb findet auf den ihr gegen Verwandte zustehenden Unterhaltsanspruch keine Anwendung. Darüber, wann die Verwandten vor dem Ehegatten haften, s. § 1608.

3. **Beweislast.** Die Leistungsfähigkeit des Verpflichteten braucht der den Unterhalt Fordernde nicht nachzuweisen. Es ist Sache des Verpflichteten, seine Leistungsunfähigkeit — worüber im Prozesse, nicht erst in der Zwangsvollstreckungsinstanz entschieden wird — einzuwenden und klarzulegen (RG 8. 3. 09 IV 369/08; JW 07, 674[11]; 1911 454[23]; 20. 6. 21 IV 21/21; 12. 4. 22 IV 670/21, a. M. Leonhard, Beweislast S. 425), ohne daß er jedoch in Ermanglung entsprechender Gegenbehauptungen das Nichtvorhandensein ungewöhnlicher Einnahmequellen nachzuweisen braucht. Ist der Verpflichtete arbeitsfähig, so darf davon ausgegangen werden, daß er in der Lage ist, einen entsprechenden Verdienst sich zu verschaffen. Der Gegenbeweis, daß er zur nutzbringenden Verwendung seiner Kräfte keine Gelegenheit hat, ist von dem Verpflichteten zu führen. Meint der Berechtigte, daß der Verpflichtete imstande sei, eine größere Einnahme zu erzielen, so ist diese Behauptung näher zu begründen. Allgemeine Möglichkeiten und Vermutungen, daß der Verpflichtete einen lohnenderen Erwerb werde finden können, genügen nicht (RG 27. 11. 02 IV 240/02). Wird die erhöhte Unterhalts-

pflicht der Eltern in Anspruch genommen, so kann der Elternteil einwenden, daß andere Verwandte vorhanden sind, welche die Unterhaltspflicht ohne Gefährdung ihres standesmäßigen Unterhalts erfüllen können. Der Beweis der Leistungsfähigkeit dieser Verwandten liegt aber nicht dem Elternteil ob, vielmehr ist die Leistungsunfähigkeit von dem Unterhaltsberechtigten nachzuweisen (RG 57, 69).

§ 1604

Soweit die Unterhaltspflicht einer Frau ihren Verwandten gegenüber davon abhängt, daß sie zur Gewährung des Unterhalts imstande ist, kommt die dem Manne an dem eingebrachten Gute zustehende Verwaltung und Nutznießung nicht in Betracht[1]).

Besteht allgemeine Gütergemeinschaft, Errungenschaftsgemeinschaft oder Fahrnisgemeinschaft[3]), so bestimmt sich die Unterhaltspflicht des Mannes oder der Frau Verwandten gegenüber so, wie wenn das Gesamtgut dem unterhaltspflichtigen Ehegatten gehörte. Sind bedürftige Verwandte beider Ehegatten vorhanden, so ist der Unterhalt aus dem Gesamtgute so zu gewähren, wie wenn die Bedürftigen zu beiden Ehegatten in dem Verwandtschaftsverhältnisse ständen, auf dem die Unterhaltspflicht des verpflichteten Ehegatten beruht[2])[3]).

E I 1318, 1363, 1425, 1431 Abs 1 II 1499; M 4 255, 376, 530; P 4 242 u. 265.

1. Bei dem gesetzlichen Güterstand der **Nutznießung und Verwaltung des Mannes** erwirbt dieser das Nutznießungrecht an dem eingebrachten Gute der Frau nur mit den aus der gesetzlichen Unterhaltspflicht der Frau sich ergebenden Beschränkungen. Der Mann muß sich deshalb gefallen lassen, daß der Unterhaltsberechtigte, der gegen die Frau einen Anspruch hat, aus dem eingebrachten Gut geradeso seine Befriedigung sucht, als wenn das Nutznießungsrecht nicht bestände. Es tritt hier hinsichtlich der Haftung des eingebrachten Gutes das gleiche Rechtsverhältnis ein wie in dem Falle, daß die Ehefrau voreheliche Schulden hat. Ein Widerspruchsrecht hat der auf Duldung der Zwangsvollstreckung zu verklagende Ehemann nur, wenn das Maß der gesetzlichen Unterhaltspflicht überschritten wird (RG 21. 10. 01 IV 197/01). Für den Unterhalt ist der Mann nach §§ 1386 Abs 1 Satz 2 u. 1388 persönlich verpflichtet, wenn und soweit der Unterhalt bei ordnungsmäßiger Verwaltung aus den Einkünften des Eingebrachten bestritten werden kann. Soweit dies der Fall, kann der Mann auch nicht Erstattung des von ihm Geleisteten von der Frau beanspruchen. Der Grundsatz des § 1604 ist von besonderer Bedeutung für das Rechtsverhältnis des Stiefvaters zu dem erstehelichen Kinde seiner Ehefrau (s. hierüber Krückmann in LZ 1925, 6). Der Stiefvater muß ohne Rücksicht auf sein Verwaltungs- und Nutznießungsrecht den Unterhalt des Kindes aus dem Vermögen seiner Frau bestreiten lassen und kann im Notfalle ihr nicht unbedingt verwehren, den Unterhalt für das Kind durch Dienstleistungen, Stundengeben usw. zu verdienen. Ob in solchem Falle der Mann zur Kündigung des von der Frau geschlossenen Vertrags zu ermächtigen ist, hängt von der nach Billigkeit zu treffenden Entscheidung des Vormundschaftsgerichts ab.

2. Nach **Gütergemeinschaftsrecht** (nach dem Rechte der allgemeinen Gütergemeinschaft, der Errungenschaftsgemeinschaft und der Fahrnisgemeinschaft) wird mit der gesetzlichen Unterhaltspflicht der Frau das Gesamtgut geradeso belastet wie beim Vorhandensein vorehelicher Schulden der Frau. Der Mann muß sich deshalb gefallen lassen, daß sich der Unterhaltsberechtigte aus dem Gesamtgut befriedigt und kann nicht etwa einwenden, daß das Gesamtgut der Frau nur zur Hälfte gehöre und nur diese Hälfte bei Beurteilung der Leistungsfähigkeit der Frau in Betracht gezogen werden könne. Denn verhaftet ist das ganze Gesamtgut. Der § 1604 Abs 2 drückt dies — wobei allerdings der Rechtsgedanke verdunkelt wird — in der Weise aus, daß es so anzusehen sei, als wenn das Gesamtgut dem unterhaltspflichtigen Ehegatten gehöre. Das gleiche gilt natürlich auch, wenn der Ehemann der Unterhaltspflichtige ist. Es wird nach der Ausdrucksweise des Gesetzes so angesehen, als wenn der Unterhaltsberechtigte zu beiden Eheleuten in dem Verwandtschaftsverhältnisse stünde, in welchem er zu dem unterhaltspflichtigen Ehegatten steht. Reicht das Gesamtgut zur Befriedigung der sämtlichen Unterhaltsberechtigten nicht aus, so bestimmt sich ihre Reihenfolge ohne Unterschied, ob die Ansprüche von den Verwandten des einen Teiles oder andern Teiles erhoben werden, lediglich nach den allgemeinen in § 1609 bestimmten Grundsätzen, so daß z. B. unter den Verwandten der aufsteigenden Linie die Gradesnähe entscheidet. Daraus, daß die Unterhaltspflicht der Frau sich als eine Gesamtgutsverbindlichkeit darstellt, folgt, daß der Ehemann hierfür bis zur Beendigung der Gütergemeinschaft, d. i. für diejenigen Unterhaltspflichten, die

bis zur Beendigung der Gütergemeinschaft entstanden sind, persönlich als Gesamtschuldner haftet (§§ 1459 Abs 2, 1530 Abs 2, 1549). — Durch die Unterhaltspflicht wird nach Gütergemeinschaftsrecht nur das Gesamtgut belastet, nicht das Sondergut oder Vorbehaltsgut (§§ 1439—1441), bei Errungenschaftsgemeinschaft und Fahrnisgemeinschaft nicht das eingebrachte Gut oder Vorbehaltsgut (§§ 1520—1526, 1550—1555). — Bei der Errungenschafts- und Fahrnisgemeinschaft kann nur die Frau Vorbehaltsgut haben. Dieses Vermögen kann daher nur bei der Bemessung der Leistungsfähigkeit desjenigen Ehegatten, welchem das Vermögen gehört, in Anschlag gebracht werden. Aus dem besondern Vermögen des unterhaltspflichtigen Ehegatten ist das aus Gesamtgut Geleistete insoweit zu ersetzen, als es die Leistungsfähigkeit des Gesamtguts, mithin denjenigen Betrag übersteigt, der zu leisten gewesen wäre, wenn bei der Beurteilung der Leistungsfähigkeit nur das Gesamtgut, nicht das besondere Vermögen des Unterhaltspflichtigen in Betracht gezogen wäre (vgl. §§ 1463, 1535, 1549).

3. Keine Bestimmungen sind im Gesetze für den Fall getroffen, daß in der Ehe das Recht der **Gütertrennung** besteht. In diesem Falle erhält der Mann an Stelle des Nutznießungsrechts zur Bestreitung der ehelichen Lasten einen angemessenen Beitrag von der Frau (§ 1427). Hinsichtlich dieser Beitragsforderung muß dasselbe gelten, was A 1 hinsichtlich des Nutznießungsrechts gesagt ist. Die Verpflichtung der Frau zur Gewährung des Beitrags muß deshalb, wenn ein gesetzlicher Unterhaltsanspruch gegen sie geltend gemacht wird, bei Beurteilung der Leistungsfähigkeit unberücksichtigt bleiben. Das Recht des Mannes tritt gegenüber dem Unterhaltsanspruch zurück (ebenso **RG** JW 1911, 47[36], a. A. Planck A 1 a, Staudinger A 1 a).

§ 1605

Soweit die Unterhaltspflicht eines minderjährigen Kindes seinen Verwandten gegenüber davon abhängt, daß es zur Gewährung des Unterhalts imstande ist, kommt die elterliche Nutznießung an dem Vermögen des Kindes nicht in Betracht[1]).

E I 1529 II 1500; M 4 787; P 4 552 u. 580.

1. Im Einklang mit der Vorschrift des § 1604 Abs 1 steht die Regelung der **Unterhaltspflicht eines minderjährigen Kindes.** Ebenso wie der Ehemann, dem das Verwaltungs- und Nutznießungsrecht zusteht, die Befriedigung der unterhaltsberechtigten Verwandten seiner Frau aus dem eingebrachten Gut, muß sich der Inhaber der elterlichen Gewalt die Befriedigung der unterhaltsberechtigten Verwandten seines minderjährigen Kindes aus dem **nicht freien Vermögen** des Kindes ohne Rücksicht auf das ihm hieran zustehende Nutznießungsrecht gefallen lassen (vgl. § 1659). Die über die persönliche Haftung und den Ersatzanspruch des Mannes in §§ 1386 Abs 1 Satz 2 u. 1388 gegebene Vorschrift (s. § 1604 A 1) findet auf den Inhaber der elterlichen Gewalt nach § 1654 entsprechende Anwendung.

§ 1606

Die Abkömmlinge sind vor den Verwandten der aufsteigenden Linie unterhaltspflichtig. Die Unterhaltspflicht der Abkömmlinge bestimmt sich nach der gesetzlichen Erbfolgeordnung und dem Verhältnisse der Erbteile.

Unter den Verwandten der aufsteigenden Linie haften die näheren vor den entfernteren, mehrere gleich nahe zu gleichen Teilen. Der Vater haftet jedoch vor der Mutter; steht die Nutznießung an dem Vermögen des Kindes der Mutter zu, so haftet die Mutter vor dem Vater[1])[2]).

E I 1485, 1486 Satz 1 II 1501; M 4 689; P 4 482, 485; 6 297.

1. Der Unterhaltsberechtigte kann die zur Gewährung des Unterhalts verpflichteten Personen nur in der gesetzlich bestimmten **Reihenfolge** in Anspruch nehmen. Die Unterhaltspflicht trifft in erster Linie den Ehegatten des Bedürftigen (§ 1608), dann die Abkömmlinge, und zwar nach der gesetzlichen Erbfolgeordnung und dem Verhältnis ihrer Erbteile, darauf den Vater, sodann die Mutter, endlich die Verwandten in aufsteigender Linie, und zwar die dem Grade nach näheren vor den entfernteren und mehrere gleich nahe zu gleichen Teilen. Die Abkömmlinge haften nicht nach der Gradesnähe, sondern nach der gesetzlichen Erbfolgeordnung, d. i. der Erbfolge nach Stämmen (§ 1924). Es treten also, wenn eines der Kinder des Unterhaltsberechtigten fortgefallen ist, an Stelle dieses Kindes dessen Abkömmlinge. Die Regel, daß von den Eltern der Vater vor der Mutter haftet, erleidet dann eine Ausnahme, wenn die Nutznießung am Vermögen des Kindes nicht dem Vater, sondern der Mutter zusteht.

In diesem Falle ist umgekehrt vor dem Vater die Mutter verpflichtet. Es erscheint billig, daß derjenige Elternteil an erster Stelle den Unterhalt übernimmt, welchem das Nutznießungsrecht zusteht. Die Belastung mit der Unterhaltspflicht mag allerdings, wenn die Nutznießung keine oder nur sehr geringe Erträgnisse abwirft, eine Härte sein. Diese Härte wird aber dadurch beseitigt, daß die Mutter auf das Nutznießungsrecht verzichten kann (§ 1662). Darüber, daß die Mutter vor dem Vater haftet, wenn eine Gefährdung des Unterhalts des Vaters, nicht auch der Mutter eintreten würde, s. § 1603 A 2. Die Großeltern und weiteren Vorfahren endlich haften — was auch der Erbfolgeordnung entspricht — nach der Nähe des Grades. Die gleich nahen Verwandten haben, ihre Leistungsfähigkeit (§ 1603) vorausgesetzt, zu dem Unterhalt zu gleichen Teilen beizutragen, ohne daß es einen Unterschied macht, ob der eine Verwandte in besseren Vermögensverhältnissen sich befindet wie der andere Verwandte (**RG** JW 1910, 237[17]). Die gleiche Beitragspflicht schließt übrigens eine Verteilung in der Weise nicht aus, daß dem einen Großelternteil seinen Wünschen und seiner Leistungsfähigkeit entsprechend der Unterhalt eines Enkels in Natur, dem andern Großelternteil der Unterhalt eines oder mehrerer anderer Enkel in Geld auferlegt wird (**RG** 15. 2. 09 IV 282/08). — Der Grundsatz des § 1606 Abs 2, daß der leistungsfähige Vater vor der Mutter haftet, greift nicht Platz für die nach § 627 ZPO von dem Eherichter zu treffende Regelung des Unterhalts der Kinder im Verhältnis der Ehegatten zueinander. Es ist in diesem Falle der zu leistende Beitrag unter Berücksichtigung der beiderseitigen Vermögensverhältnisse der Ehegatten zu bestimmen (**RG** 23. 9. 09 IV 477/09).

2. Über die Art der Haftung der Mitverpflichteten und über die Frage, ob der Mitverpflichtete Ersatz des über seinen Anteil hinaus Geleisteten fordern kann, s. A 2 u. 4 zu § 1607.

§ 1607

Soweit ein Verwandter auf Grund des § 1603 nicht unterhaltspflichtig ist, hat der nach ihm haftende Verwandte den Unterhalt zu gewähren[1]).

Das gleiche gilt, wenn die Rechtsverfolgung gegen einen Verwandten im Inland ausgeschlossen oder erheblich erschwert ist[1]). Der Anspruch gegen einen solchen Verwandten geht, soweit ein anderer Verwandter den Unterhalt gewährt, auf diesen über. Der Übergang kann nicht zum Nachteile des Unterhaltsberechtigten geltend gemacht werden[2—4]).

E I 1487 II 1502; M 4 694; P 4 489—491.

1. Eine **Ausnahme von der in § 1606 bestimmten Reihenfolge** ist gemacht, wenn und soweit der zunächst Verpflichtete nicht leistungsfähig ist oder die Rechtsverfolgung im Inlande ausgeschlossen oder erheblich erschwert ist. In diesen Fällen treten als Unterhaltsverpflichtete die nach ihm Haftenden ein. Darüber, wann Leistungsunfähigkeit anzunehmen ist, s. § 1603 A 1. Der Leistungsunfähigkeit wird der Fall gleichgestellt, daß die Rechtsverfolgung im Inlande wegen fehlenden Gerichtsstandes unzulässig ist oder die Zwangsvollstreckung (die unter Rechtsverfolgung mit zu verstehen ist) im Inlande nicht stattfinden kann. Ist die Zwangsvollstreckung im Inlande nur bezüglich einzelner Vermögensgegenstände ausführbar, so kann der Unterhaltsberechtigte insoweit, als diese Zwangsvollstreckung nicht zu seiner Befriedigung führen würde, auf die an zweiter Stelle Haftenden zurückgreifen. Was unter erheblicher Erschwerung der Rechtsverfolgung zu verstehen ist, wird im Gesetze nicht gesagt. Der Ausdruck ist nicht auf den Fall des § 773 Nr 2 zu beschränken, daß eine Änderung des Wohnsitzes, der gewerblichen Niederlassung oder des Aufenthaltsorts des Verpflichteten stattgefunden hat. Die Erschwerung der Rechtsverfolgung kann auch durch sonstige Hindernisse und Weiterungen herbeigeführt werden, wenn sie so erheblich sind, daß dem Unterhaltsbedürfnis des Berechtigten in empfindlicher Weise Eintrag geschieht. Sie kann z. B. darin ihren Grund haben, daß der Verpflichtete, der vom Prozeßrichter für leistungsfähig erachtet ist, es unterläßt, durch Verwertung seiner Arbeitskraft (vgl. **RG** SeuffA 62 Nr 112), Aufnahme eines Darlehns usw., die nötigen Unterhaltsmittel zu erlangen, so daß die Zwangsvollstreckung fruchtlos ausfällt.

2. Die Fälle des Abs 1 und des Abs 2 des § 1607 liegen insofern verschieden, als bei mangelnder Leistungsfähigkeit eine Verpflichtung überhaupt nicht besteht, während im Falle des Abs 2 die materielle Haftung des Verpflichteten, der nur von dem Unterhaltsberechtigten nicht in Anspruch genommen zu werden braucht, unverändert fortbesteht. Dieser Unterschied ist von Bedeutung für den **dem Leistenden zustehenden Ersatzanspruch.** Kommt der Leistungsunfähige (dessen Leistungsunfähigkeit innerhalb des Vierteljahrs, für den der Unterhalt zu gewähren war, fortdauerte) nachher in bessere Vermögensverhältnisse, so kann ein Ersatzanspruch gegen ihn, da eine Verpflichtung für ihn überhaupt nicht bestand, nicht erhoben werden (**RG** 12. 11. 06 VI 108/06). Dagegen wird im Falle des Abs 2 der Unterhalt von dem an zweiter Stelle Verpflichteten für Rechnung des an erster Stelle Haftenden, der von seiner Verpflichtung

nicht befreit ist, gewährt. Es folgt hieraus, daß der Leistende, der nach dem Gesetze zur Unterhaltsgewährung gezwungen ist, einen Ersatzanspruch haben muß, der schon nach den Grundsätzen über Geschäftsführung ohne Auftrag (§ 679) begründet sein würde (vgl. § 1709 A 2). Das Gesetz gewährt den Ersatzanspruch hier wie in andern Fällen (vgl. §§ 774, 1709 Abs 2) in der Form, daß es auf den Leistenden den Anspruch des Bedürftigen übergehen läßt. Der übergegangene Anspruch hat übrigens, was Abtretbarkeit, Pfändbarkeit betrifft, und auch in anderer Hinsicht nicht die Eigenschaft eines Unterhaltsanspruchs. Das Pfändungsvorrecht des § 850 Abs 4 ZPO geht nicht auf ihn über. Trotz § 1613 kann Ersatz des Geleisteten gefordert werden, ohne daß der Verpflichtete zuvor in Verzug gekommen zu sein braucht (ebenso OLG Hamburg in LZ 1921, 681, bestr.). Den auf ihn übergegangenen Anspruch darf der Leistende nicht zum Nachteil des Unterhaltsberechtigten in solcher Weise geltend machen, daß dessen Unterhaltsbedürfnis Abbruch geschieht (vgl. § 268 A 4 und RG 76, 198). Dieser würde sonst in die Lage kommen, zur Erlangung des weiteren Unterhalts wieder auf den Ersatzberechtigten zurückgreifen zu müssen. Die gleichen Grundsätze sind auch auf den Ersatzanspruch des Mitverpflichteten, der gemäß § 1607 mehr als seinen Anteil hat leisten müssen, zur Anwendung zu bringen. Keinen Ersatzanspruch hat, wer das von ihm unterhaltene Kind böslich dem zur Unterhaltsgewährung verpflichteten Vater entzogen hat (RG Warn 1910 Nr 286).

3. Aus dem in § 1607 aufgestellten Grundsatz ist zu entnehmen, daß, wenn **mehrere nebeneinander haftende Verpflichtete** vorhanden sind und einer von ihnen wegen Leistungsunfähigkeit oder Erschwerung der Rechtsverfolgung ausfällt, die übrigen Mitverpflichteten an seiner Stelle für den ganzen Unterhalt aufzukommen haben. Die Mitverpflichteten haften nicht als Gesamtschuldner (vgl. RG 57, 69), sondern an sich zu gleichen Anteilen, beziehentlich, was die Abkömmlinge betrifft, nach Stämmen (vgl. § 1924). Von einer bloßen Teilhaftung kann man aber um deswillen nicht reden, weil die Zahlung bei Fortfall der Mitverpflichteten sich zu einer Haftung auf das Ganze erweitert (RG 52, 193). Der durch das gänzliche oder teilweise Ausscheiden eines Mitverpflichteten entstehende Ausfall ist, wenn sämtliche Mitverpflichtete zu gleichen Teilen haften, von den andern gleichteilig zu tragen, falls nicht das bei weiterer Inanspruchnahme entstehende Unvermögen eines Mitverpflichteten die stärkere Heranziehung der übrigen nötig macht. Die Haftung der Mitverpflichteten kann hiernach weder als eine gesamtschuldnerische noch als eine Teilhaftung bezeichnet werden. Es findet ein ähnliches Rechtsverhältnis statt, wie wenn jeder der Mitverpflichteten für seinen Anteil und zugleich bürgschaftsweise für die Anteile der andern haftet. — Die Mitverpflichteten stehen nicht in dem Verhältnis notwendiger Streitgenossen zueinander. Doch empfiehlt es sich, sie gemeinschaftlich zu verklagen, damit nicht infolge verschiedenartiger Entscheidungen die Anteile so bemessen werden können, daß der volle Unterhalt überhaupt nicht herauskommt.

4. **Beweislast.** Der Unterhaltsberechtigte hat nicht nötig, bevor er den in zweiter Linie Haftenden in Anspruch nimmt, die Leistungsunfähigkeit der an erster Stelle Verpflichteten in einem gegen letztere anzustellenden Prozesse zur Feststellung zu bringen. Auch braucht er nicht die sämtlichen Verpflichteten gemeinschaftlich zu belangen, und zwar selbst dann nicht, wenn er den einen Mitverpflichteten wegen Leistungsunfähigkeit des andern auf mehr als seinen Anteil in Anspruch nehmen will. Den Nachweis der Leistungsunfähigkeit hat natürlich in diesem Falle der Unterhaltsberechtigte zu führen, wie ihm überhaupt, wenn der Verpflichtete sich darauf beruft, daß neben ihm oder vor ihm andere haften, der Nachweis obliegt, daß letztere nach § 1607 wegen Leistungsunfähigkeit oder Erschwerung der Rechtsverfolgung nicht in Betracht kommen (RG 57, 76; JW 01, 481). Dagegen braucht er nicht nachzuweisen, daß die Unterhaltspflicht von ihnen nicht erfüllt ist. Die Behauptung, daß der Unterhalt gewährt oder in gehöriger Weise angeboten sei, ist ein Einwand, der von dem Verpflichteten zu beweisen ist (RG JW 01, 481).

§ 1608

Der Ehegatte des Bedürftigen haftet vor dessen Verwandten. Soweit jedoch der Ehegatte bei Berücksichtigung seiner sonstigen Verpflichtungen außerstande ist, ohne Gefährdung seines standesmäßigen Unterhalts den Unterhalt zu gewähren, haften die Verwandten vor dem Ehegatten. Die Vorschriften des § 1607 Abs 2 finden entsprechende Anwendung[1]).

Das gleiche gilt von einem geschiedenen unterhaltspflichtigen Ehegatten sowie von einem Ehegatten, der nach § 1351 unterhaltspflichtig ist[1]).

E I 1484 II 1503; M 4 689; P 4 485.

1. Die Eheleute, die sich gegenseitig Beistand schulden, sind im Falle der Unterhaltsbedürftigkeit zuerst aufeinander angewiesen. Die **Verwandten haften** deshalb **erst nach dem Ehegatten** des Bedürftigen, mit der Ausnahme jedoch, daß, soweit der von dem Ehegatten

zu gewährende Unterhalt über das in § 1608 Abs 1 bestimmte Maß hinausgeht (vgl. § 1603 A 2), die leistungsfähigen Verwandten vor ihm einzutreten haben. Hierbei macht es keinen Unterschied, ob die Ehegatten verheiratet sind (§§ 1360, 1361) oder die Ehe geschieden ist (§§ 1578ff.) oder der Unterhaltsanspruch durch die Nichtigkeit der Ehe (§§ 1345, 1351) begründet ist. Die nach dem Ehemann haftenden Verwandten können in gleicher Weise wie die unterhaltsbedürftige Frau verlangen, daß der Ehemann die Einkünfte nicht ausschließlich zur Tilgung der Schulden verwendet, ohne auf seine Unterhaltspflicht gegenüber der Frau Rücksicht zu nehmen. Es muß in dieser Beziehung ein billiger Ausgleich stattfinden, auch in dem Falle, daß sich der Ehemann durch Eingehung einer hohen Versicherung zugunsten der Frau mit Schulden belastet hat (RG Warn 1917 Nr 249). Die Bestimmung des § 1608 über die ausnahmsweise Haftung der Verwandten vor dem Ehegatten steht im Einklang mit der in § 1603 Abs 2 und § 1607 Abs 1 getroffenen Regelung. Die Anwendbarkeit des § 1607 Abs 2 ist in § 1608 ausdrücklich vorgeschrieben. Zu den „sonstigen Verpflichtungen" gehören nicht nur die Unterhaltsverbindlichkeiten des Ehegatten gegenüber seinen ehelichen Kindern, sondern auch die dem Ehemann gegenüber seinen unehelichen Kindern obliegende Unterhaltspflicht (RG 106, 372, ebenso Enneccerus-Kipp § 97 A 44).

§ 1609

Sind mehrere Bedürftige[1)] [2)] vorhanden und ist der Unterhaltspflichtige außerstande, allen Unterhalt zu gewähren, so gehen unter ihnen die Abkömmlinge den Verwandten der aufsteigenden Linie, unter den Abkömmlingen diejenigen, welche im Falle der gesetzlichen Erbfolge als Erben berufen sein würden, den übrigen Abkömmlingen, unter den Verwandten der aufsteigenden Linie die näheren den entfernteren vor.

Der Ehegatte steht den minderjährigen unverheirateten Kindern gleich; er geht anderen Kindern und den übrigen Verwandten vor. Ein geschiedener Ehegatte sowie ein Ehegatte, der nach § 1351 unterhaltsberechtigt ist, geht den volljährigen oder verheirateten Kindern und den übrigen Verwandten vor.

E I 1488 II 1504; M 4 688; P 4 485, 580; 6 291.

1. Wenn der Unterhaltspflichtige nicht imstande ist, den sämtlichen Unterhaltspflichten zu genügen, so entsteht die Frage, **welchem der mehreren Unterhaltsberechtigten ein Vorrang** gebührt. Die hierfür geltenden Grundsätze weichen von den in § 1606 über die Reihenfolge der Unterhaltsverpflichteten aufgestellten Regeln in verschiedenen Beziehungen ab. Unterhaltsberechtigt sind nach § 1609 Abs 1 in erster Linie die Abkömmlinge. Diese Regel erleidet indes nach Abs 2 dadurch eine Änderung, daß der Ehegatte den minderjährigen unverheirateten Kindern gleichgestellt ist und vor den andern Kindern den Vorrang hat. Reicht die Leistungsfähigkeit des Elternteils zur Bestreitung des Unterhalts sämtlicher Kinder nicht aus, so liegt ihm gegenüber den minderjährigen unverheirateten Kindern nach § 1603 Abs 2 und gegenüber dem Ehegatten (bei Nichtvorhandensein unterhaltspflichtiger Verwandter) die Verpflichtung ob, zur Ergänzung des Unterhaltsbedarfs ohne Rücksicht auf die Gefährdung seines standesmäßigen Unterhalts alle verfügbaren Mittel mit diesen zu teilen. Da hierdurch zugleich die nach § 1603 Abs 1 zu bemessende Leistungsfähigkeit herabgesetzt wird, so führt diese Berechnung dazu, daß der etwaige Ausfall von den verheirateten und den volljährigen Kindern zu tragen ist. Reichen die Mittel nicht aus, so müssen die minderjährigen unverheirateten Kinder und der Ehegatte, welche gleichen Rang haben, eine verhältnismäßige Schmälerung ihres Unterhaltsbedarfs (der für die Berechtigten verschieden sein kann) sich gefallen lassen. Eine solche gleichmäßige Beschränkung kann verlangt werden, auch wenn auf Klage eines einzelnen Familienmitgliedes bereits ein rechtskräftiges Urteil ergangen sein sollte, das diesem einen höheren Unterhaltsbetrag zuspricht (vgl. § 323 ZPO). Der Ehemann kann übrigens bei dieser Unterhaltsbemessung auf die ihm gegenüber seiner Frau obliegende Unterhaltspflicht sich insoweit nicht berufen, als er in der Lage sein würde, durch Herstellung der ehelichen Gemeinschaft, die er unberechtigt weigert, eine Minderung seiner Aufwendungen herbeizuführen (RG 20. 6. 21 IV 21/21). Der Unterhaltsanspruch eines Kindes geht dem Anspruch der Tochter auf Aussteuer vor, da dieser Anspruch nach § 1620 nur gegeben ist, wenn der Vater bei Berücksichtigung seiner sonstigen Verpflichtungen ohne Gefährdung seines standesmäßigen Unterhalts zur Gewährung einer Aussteuer imstande ist (RG Warn 1921 Nr 147; vgl. § 1620 A 2 a. E.). Ähnlich ist die Stellung des geschiedenen Ehegatten. Er geht den volljährigen oder verheirateten Kindern vor. Über das Zusammentreffen des Unterhaltsanspruchs des geschiedenen Ehegatten mit dem Unterhaltsanspruch des minderjährigen Kindes oder des neuen Ehegatten ist in § 1609 nichts bestimmt. Es greift hier die

Regel des § 1579 Abs 1 Satz 2 ein. Die Entscheidung, ob und inwieweit der Unterhaltsanspruch des einen oder andern Teiles vorzugsweise Berücksichtigung verdient, ist nach Billigkeit zu treffen (RG 75, 433). Die gleichen Rechte wie der geschiedene Ehegatte hat der in den Fällen der §§ 1345 u. 1351 für unterhaltsberechtigt erklärte Ehegatte aus nichtiger Ehe. Auf die volljährigen Kinder und die verheirateten folgen die Verwandten aufsteigender Linie, und zwar entscheidet unter ihnen — was mit der Regelung der Reihenfolge der Unterhaltsverpflichteten übereinstimmt — die Gradesnähe.

2. Gegenüber dem Anspruch auf Unterhalt kann der Verpflichtete auf den Vorrang oder den gleichen Rang eines Unterhaltsberechtigten sich nur berufen, wenn von diesem **der Unterhaltsanspruch geltend gemacht wird,** wobei eine Geltendmachung auch in der Annahme des freiwillig gewährten Unterhalts zu erblicken ist. Anders ist es nur, wenn als unterhaltsberechtigt minderjährige Kinder in Betracht kommen, deren Unterhaltsansprüche von dem verpflichteten Elternteil auch ohne Geltendmachung berücksichtigt werden dürfen. Solange einem Vorberechtigten oder Mitberechtigten der Unterhalt freiwillig von einem Dritten, wennschon dieser keine Rechtspflicht hierzu hat, gewährt wird, bleibt der Unterhaltsanspruch dieser Personen unberücksichtigt (RG JW 04, 340[9]). Hat der Vorberechtigte oder Mitberechtigte keinen Unterhaltsanspruch geltend gemacht, so geht ihm dadurch nicht das Recht verloren, das dem andern an Unterhalt Gewährte, was diesem sonst nicht zugekommen wäre, nach den Grundsätzen der ungerechtfertigten Bereicherung zurückzufordern. Dies Rückforderungsrecht kann allerdings erst von dem Zeitpunkte an, wo der andere in Verzug gesetzt ist (vgl. § 1613), ausgeübt werden. Gegen den Unterhaltspflichtigen kann der Vorberechtigte oder Mitberechtigte Ansprüche erst erheben seit Ablauf des Vierteljahrs, für welches der Verpflichtete den Unterhalt entrichtet hat (vgl. § 1612 Abs 3).

§ 1610

Das Maß des zu gewährenden Unterhalts bestimmt sich nach der Lebensstellung des Bedürftigen (standesmäßiger Unterhalt)[1]).

Der Unterhalt umfaßt den gesamten Lebensbedarf, bei einer der Erziehung bedürftigen Person auch die Kosten der Erziehung und der Vorbildung zu einem Berufe[2—4]).

E I 1488 Abs 1 u. 2 II 1505; M 4, 696 ff.; P 4 491.

1. In § 1610 ist grundsätzlich ausgesprochen, daß der Unterhalt nach der **Lebensstellung des Bedürftigen** sich bestimmt. Für die Lebensstellung sind außer dem Stande auch die Vermögens- und Einkommensverhältnisse von Bedeutung (vgl. RG Warn 1914 Nr 196), wennschon natürlich nicht in dem Maße, daß eine jede Erhöhung des Einkommens für eine Erhöhung des standesmäßigen Unterhalts ausschlaggebend sein müßte. Auch die für spätere Zeit in sicherer Aussicht stehende Besserstellung kann schon im voraus einen gewissen Einfluß auf die Lebensstellung ausüben (RG 75, 124; Warn 1912 Nr 265). Die Lebensstellung des Berechtigten ist maßgebend, auch wenn sie eine höhere ist als die des Verpflichteten. Zu beachten ist aber, daß der Berechtigte keinen Anspruch darauf hat, daß ihm der Unterhalt nach der einmal erlangten höheren Lebensstellung für immer gewährt wird. Kann er sich in dieser nicht behaupten, so muß er, da er seinen Unterhalt, soweit möglich, sich selbst zu verdienen hat, mit einer dieser Beschäftigung entsprechenden niedrigeren Unterhaltsrente sich begnügen. Auf die Lebensstellung der Kinder haben die Eltern dadurch einen maßgebenden Einfluß, daß die Erziehung in ihren Händen liegt und sie den von dem Kinde zu ergreifenden Beruf (vorbehaltlich des Eingreifens des Vormundschaftsgerichts im Falle des Mißbrauchs, § 1666) zu bestimmen haben. Erwählt dem entgegen das volljährig gewordene Kind einen andern Beruf, für den es ihm von vornherein an den nötigen Mitteln gebricht, so kann die hierdurch herbeigeführte höhere Lebensstellung für die Bemessung des von den Eltern zu gewährenden Unterhalts nicht maßgebend sein. Die Lebensstellung des Kindes richtet sich im allgemeinen nach der des Vaters, ebenso wie die Lebensstellung der Frau nach der des Mannes. Doch können die gesamten Verhältnisse der Familie fortdauernd einen günstigen Einfluß auf die Lebensstellung des Bedürftigen ausüben und es ist insoweit bei Bestimmung des ihm zu gewährenden Unterhalts auf seine aus der Zugehörigkeit zur Familie sich ergebende gesellschaftliche und wirtschaftliche Stellung mit Rücksicht zu nehmen (RG Warn 1910 Nr 128; JW 1914, 765[10]; 1917, 155[4]). Die Verhältnisse der Familie behalten insbesondere während der Zeit der Einziehung des Vaters zum Kriegsdienst bestimmenden Einfluß. Zu berücksichtigen sind nicht nur die Verhältnisse des Vaters des unterhaltsbedürftigen Kindes, sondern auch der Mutter, mag selbst das Kind sich bei dem Vater befinden (RG 3. 10. 18 IV 215/18). Über das Maß des während bestehender Ehe dem Ehegatten gebührenden Unterhalts s. §§ 1360, 1361. — Die Gewährung eines höheren als des standesmäßigen Unterhalts kann unter Umständen eine Schenkung darstellen (RG Warn 1912 Nr 382). Nach RG 114, 52

handelt der Vater, der die Kosten der Berufsvorbildung eines Kindes bestreitet, obwohl das Kind ausreichendes eigenes Vermögen besitzt, nicht in Erfüllung der gesetzlichen Unterhaltspflicht, ebensowenig liegt die Erfüllung einer solchen Pflicht vor, wenn die von ihm gemachten Aufwendungen die Grenzen des Standesgemäßen übersteigen.

2. Der von den Verwandten zu gewährende standesmäßige Unterhalt geht über die Gewährung von Obdach, des unentbehrlichen Lebensunterhalts, der erforderlichen Pflege in Krankheitsfällen und eines angemessenen Begräbnisses (worauf die Armenunterstützung sich zu beschränken pflegt) erheblich hinaus. Er umfaßt, wie § 1610 Abs 2 sagt, den **gesamten Lebensbedarf** und ist deshalb nicht auf das Unentbehrlichste, auch nicht auf die Pflege des Körpers beschränkt. Dem Unterhaltsbedürftigen müssen je nach Verschiedenheit der Lebensstellung im einzelnen Falle auch die zur Pflege der geistigen Interessen (Zeitungen, Bücher usw.) notwendigen Mittel verabfolgt werden (a. A. Opet, Verwandtschaftsrecht § 10 S. 88). Zu den Kosten der körperlichen Pflege können, wofür es ebenfalls auf die Lebensstellung des Bedürftigen ankommt, die Kosten eines Badeaufenthalts oder einer Erholungsreise gehören. Auch die Kosten der Bedienung können zu den Unterhaltskosten zu rechnen sein. Einen weiteren Umfang gewinnt der Unterhalt bei einer der Erziehung bedürftigen Person. Zu den Erziehungskosten sind die Kosten der Vorbildung zu einem bestimmten Berufe zu rechnen, unter Umständen gehörten hierzu auch die Kosten des bisherigen Militärdienstes als Einjährig-Freiwilliger, wenn nämlich diese Art des Militärdienstes den Standes- und Vermögensverhältnissen entsprach. Für die Entscheidung der Frage, ob die Kosten eines Universitätsstudiums oder einer ähnlichen höheren Vorbildung zu gewähren sind, kommt es nicht nur auf die Befähigung des Bedürftigen an, sondern auch auf die Größe der zur Verfügung stehenden Mittel, wobei es von Bedeutung sein kann, daß der Kläger zur Ermöglichung des Studiums bereit ist, mit einer notdürftig die Kosten deckenden Rente sich zu begnügen (**RG** Warn 1921 Nr 101 unter 2). Doch werden die Eltern sich in der Regel nicht weigern können, die Kosten zur Fortsetzung des Studiums her.ugeben, wenn dasselbe mit ihrer Zustimmung einmal begonnen ist und die Fortsetzung Erfolg verspricht (vgl. **RG** 14. 5. 03 IV 26/03). Mag selbst die Aussicht auf baldige Anstellung bei dem betreffenden Studium keine besonders große sein, so kann doch demgegenüber ins Gewicht fallen, daß der Studierende nach seinen Anlagen und seinem Entwicklungsgange gerade für dieses Fach eine große Befähigung hat (**RG** Warn 1921 Nr 101 unter 1). Den Anschauungen des höheren Bürgerstandes entspricht es, daß den aus ihm hervorgegangenen Söhnen eine das volle Hochschulstudium umfassende Ausbildung zuteil wird (**RG** 11. 11. 09 IV 35/09). Auch wenn die Erziehung bereits abgeschlossen ist, kann eine Berufsvorbildung oder eine weitere Berufsvorbildung nötig werden, um den Unterhaltsberechtigten, was im Interesse des Unterhaltspflichtigen liegt, in den Stand zu setzen, sich selbst zu unterhalten. Auch auf diese Kosten erstreckt sich deshalb die Unterhaltspflicht (**RG** JW 1910, 478[19], vgl. **RG** 114, 54). Durch Genehmigung des Studiums usw. wird übrigens nicht ein den Unterhaltspflichtigen bindender Vertrag in dem Sinne abgeschlossen, daß ein Abgehen hiervon, wenn eine andere Sachlage sich herausstellt, unbedingt ausgeschlossen wäre. Zur Begründung der Höhe und Dauer des geforderten Unterhalts sind die Verhältnisse des Bedürftigen klarzulegen. So bedarf es, wenn Ausbildungskosten gefordert werden, zur Begrenzung der Kosten der Darlegung, welche Ausbildung der Bedürftige genießen soll und wie lange Zeit sie voraussichtlich dauern wird (vgl. § 1602 A 4 a. E.). Bei Bemessung des Unterhaltsbedarfs ist auch auf die für später mit Sicherheit zu erwartende Erhöhung der Ausgaben Rücksicht zu nehmen (**RG** Warn 08 Nr 325). Über die Verpflichtung zur Tragung der Beerdigungskosten s. § 1615 A 2. — Ist die Unterhaltspflicht durch Vertrag oder Verfügung von Todes wegen begründet, so ist lediglich durch Auslegung des Vertrags oder der Verfügung der Umfang des Unterhaltsanspruchs zu bestimmen. Dem Willen des Erblassers kann es entsprechen, daß die Kosten der Vorbildung in höherem Maße und auf längere Zeit zu gewähren sind, als sie nach den Vorschriften über die gesetzliche Unterhaltspflicht verlangt werden könnten.

3. Für die Bestimmung des Unterhaltsbedarfs kommen nur die **eigenen Bedürfnisse** des Unterhaltsberechtigten in Betracht. Ohne Bedeutung ist, daß dieser wiederum das an Unterhalt Empfangene, vermöge der ihm obliegenden Unterhaltspflicht, mit dem Ehegatten und den Kindern zu teilen hat (**RG** LZ 1918, 217[16]). Es führt dies allerdings dazu, daß im Erfolge dem Berechtigten nicht der volle Unterhalt zuteil wird. Würde man von diesem Grundsatz abgehen, so würde das die Folge haben, daß dem Gesetze zuwider eine Unterhaltspflicht der Schwiegereltern, indem die Eltern nicht bloß ihr Kind, sondern auch dessen Ehegatten zu unterhalten hätten, und eine Unterhaltspflicht der Geschwister, indem das von einem Elternteil auf Unterhalt in Anspruch genommene Kind für den Unterhalt der andern Kinder mit aufkommen müßte, eingeführt würde. — Bei Bemessung des standesmäßigen Unterhalts ist darauf zu sehen, wieviel der Berechtigte nach seiner Lebensstellung bei **normaler Lebensführung** bedarf, ohne daß auf etwaige verschwenderische Lebensgewohnheiten des Berechtigten oder seiner Familiengenossen Rücksicht zu nehmen ist. Es sind hier-

bei ohne Rücksicht auf die örtliche Verschiedenheit der Preise die Durchschnittspreise zugrunde zu legen. Die Berücksichtigung der Preise des von ihm gewählten teureren Wohnorts kann der Unterhaltsberechtigte nur verlangen, wenn besondere Billigkeitsgründe gerade die Wahl dieses Wohnorts als angemessen erscheinen lassen (vgl. RG JW 1911, 281[13]; 18. 3. 12 IV 445/11).

4. Die Unterhaltspflicht enthält nicht die Verpflichtung, die Kosten zur Führung eines **Rechtsstreits** oder zur **Verteidigung** im Strafverfahren herzugeben (a. A. Blume A 2). Für den Unterhaltsbedürftigen ist in dieser Beziehung dadurch gesorgt, daß für die Führung des Rechtsstreits das Armenrecht ihm bewilligt (§§ 114 ff. ZPO) und für das Strafverfahren ein Verteidiger beigeordnet werden kann (§§ 140, 141 StPO).

§ 1611

Wer durch sein sittliches Verschulden[2]) bedürftig geworden ist, kann nur den notdürftigen Unterhalt[1]) verlangen.

Der gleichen Beschränkung unterliegt der Unterhaltsanspruch der Abkömmlinge, der Eltern und des Ehegatten, wenn sie sich einer Verfehlung schuldig machen, die den Unterhaltspflichtigen berechtigt, ihnen den Pflichtteil zu entziehen, sowie der Unterhaltsanspruch der Großeltern und der weiteren Voreltern, wenn ihnen gegenüber die Voraussetzungen vorliegen, unter denen Kinder berechtigt sind, ihren Eltern den Pflichtteil zu entziehen[2]).

Der Bedürftige kann wegen einer nach diesen Vorschriften eintretenden Beschränkung seines Anspruchs nicht andere Unterhaltspflichtige in Anspruch nehmen[3]).

E I 1490 II 1506; M 4 699; P 4 494; 6 297.

1. Das öffentliche Interesse an dem Bestehen des familienrechtlichen Unterhaltsanspruchs zeigt sich nicht bloß in der Unverzichtbarkeit des Anspruchs auf künftigen Unterhalt (§ 1613), sondern auch darin, daß der Anspruch durch Verfehlungen niemals gänzlich verwirkt wird. Der Bedürftige wird nur dadurch bestraft, daß sich sein Anspruch auf den **notdürftigen Unterhalt** (RG JW 1907, 711 [21]) beschränkt. Nach den Motiven (4, 698) ist es abgelehnt, das Maß des notdürftigen Unterhalts nach den von der öffentlichen Armenpflege gewährten Leistungen (s. § 1610 A 2) zu bestimmen. Gleichwohl können diese Leistungen zum Vergleiche herangezogen werden, wobei allerdings nicht außer acht gelassen werden darf, daß die persönlichen Verhältnisse des Berechtigten zu einer Steigerung der Unterhaltsrente führen können (RG 21. 3. 04 IV 4/04). Die Beschränkung des Unterhalts auf den Notbedarf ist von dem Verpflichteten einredeweise geltend zu machen und es liegt ihm demgemäß auch der Nachweis ob, daß die Voraussetzungen der Beschränkung eingetreten sind. Tritt nach rechtskräftiger Verurteilung zur Zahlung der Unterhaltsrente ein die Beschränkung rechtfertigender Grund ein, so darf diese Änderung nach § 323 ZPO nachträglich geltend gemacht werden. Über die Gewährung des notdürftigen Unterhalts durch Unterbringung in ein Armenhaus s. § 1612 A 2.

2. **Verfehlungen gegen den Unterhaltspflichtigen** haben die Beschränkung auf den notdürftigen Unterhalt nur zur Folge, wenn sie diesem einen Grund zur Entziehung des Pflichtteils geben würden. Ehegatten sind gegeneinander zur Entziehung des Pflichtteils nach § 2335 aus den in §§ 1565—1568 angeführten Gründen berechtigt, ohne daß Scheidungsklage erhoben zu sein braucht, Eltern und Voreltern gegenüber den Abkömmlingen aus den in § 2333 angeführten Gründen, endlich die Kinder gegenüber den Eltern aus den in § 2335 bezeichneten Gründen. Von der Zeit an, wo der Entziehungsgrund entstanden ist, kann der Unterhalt in Höhe des den notdürftigen Unterhalt übersteigenden Betrags nicht mehr gefordert werden. Der Prozeßrichter darf diesen Betrag nicht zusprechen, weil das Scheidungsrecht nach den Scheidungsakten noch ungeklärt sei, sondern nur auf Grund der Feststellung, daß das Scheidungsrecht nicht besteht oder nicht beweisbar ist (RG JW 1920, 46[1]; LZ 1921, 499[11]). Dem Anspruch des Ehegatten auf Beschränkung des Unterhalts steht der Ablauf der für die Geltendmachung des Scheidungsgrundes in § 1571 bestimmten Frist nicht entgegen (RG Warn 1909 Nr 148). Der Anspruch kann auch dann geltend gemacht werden, wenn die Ehe wegen einer später eingetretenen Geisteskrankheit des andern Ehegatten nur aus diesem Grunde (§ 1569) geschieden ist (a. A. RG 10. 12. 17 IV 266/17). Was die Voreltern betrifft, so ist die daraus, daß sie überhaupt nicht pflichtteilsberechtigt sind, sich ergebende Lücke in § 1611 Abs 2 dahin ergänzt, daß auf sie die für die Entziehung des Pflichtteils der Eltern durch das Kind geltenden Gründe ausgedehnt sind. Durch Verzeihung wird das Recht zur Ent-

ziehung des Pflichtteils beseitigt (§ 2337). Einen allgemeinen Grund zur Beschränkung des Unterhalts auf den Notbedarf bildet es, wenn der den Unterhalt Verlangende durch sein **sittliches Verschulden** bedürftig geworden ist. Daß die Armut verschuldet ist, genügt nicht, die Armut muß durch Gründe, welche die sittliche Mißbilligung verdienen (z. B. Arbeitsscheu, Trunksucht, unverantwortliche Verschwendung, verbrecherische Handlungen leichtfertige Spekulationen), herbeigeführt sein (vgl. RG LZ 1919, 1238[16]). Ein solcher Sachverhalt kann auch gegeben sein, wenn der Bedürftige durch unsittliches Verhalten seine Einnahmequelle verloren hat. Solange der Zusammenhang zwischen dem sittlichen Verschulden als Ursache und der Bedürftigkeit als Wirkung besteht, dauert auch die Beschränkung des Unterhaltsanspruchs auf das notdürftige Maß fort. Der Zusammenhang ist unterbrochen, wenn der Bedürftige eine Erwerbsstellung gefunden hat, demnächst aber durch unverschuldete Krankheit von neuem erwerbsunfähig geworden ist (RG JW 1910, 477[10]). Auf das Verhältnis der Ehegatten zueinander findet die in Abs 1 gegebene Vorschrift, die in § 1360 Abs 3 nicht mitangeführt ist, keine Anwendung (RG JW 05, 203[7]). Anwendbar ist dagegen diese Vorschrift nebst den anderen in § 1580 Abs 3 angezogenen Vorschriften auf den Unterhaltsanspruch des geschiedenen Ehegatten. Ist die Ehe aus alleinigem Verschulden des Ehemanns rechtskräftig geschieden, so steht damit nicht etwa zugleich für den Unterhaltsprozeß rechtskräftig fest, daß die klagende Ehefrau nicht aus sittlichem Verschulden bedürftig geworden sei (RG 15. 2. 23 IV 213/22). Hat der Verpflichtete, obwohl nur der notdürftige Unterhalt beansprucht werden konnte, an Unterhalt freiwillig mehr geleistet, so ist die Rückforderung nach § 814 in der Regel ausgeschlossen. Ein Anspruch auf Schadensersatz kann dem Leistenden aus § 945 ZPO erwachsen — der trotz der Bestimmung des § 627 Abs 4 auf die aus § 627 erlassene einstweilige Verfügung Anwendung findet —, wenn die Mehrleistung durch einstweilige Verfügung (vgl. auch § 717) erzwungen war.

3. Da die Beschränkung des Unterhalts zur Strafe eintritt, so ist es selbstverständlich, daß der Bedürftige, der gegen den Unterhaltspflichtigen sich vergangen hat, **nicht** etwa wegen des durch die Beschränkung ihm entgehenden Unterhalts (des Ausfalls) sich an **einen andern Verpflichteten** halten kann. Anders ist es, wenn der Unterhaltspflichtige wegen mangelnder Leistungsfähigkeit ganz oder teilweise ausscheidet. Mitverpflichtete, die zu ihrem Anteil den standesmäßigen Unterhalt zu gewähren haben, können sich dieserhalb auf Abs 2 nicht berufen.

§ 1612

Der Unterhalt ist durch Entrichtung einer Geldrente zu gewähren. Der Verpflichtete kann verlangen, daß ihm die Gewährung des Unterhalts in anderer Art gestattet wird, wenn besondere Gründe es rechtfertigen[1]).

Haben Eltern einem unverheirateten Kinde Unterhalt zu gewähren, so können sie bestimmen, in welcher Art und für welche Zeit im voraus der Unterhalt gewährt werden soll. Aus besondern Gründen kann das Vormundschaftsgericht auf Antrag des Kindes die Bestimmung der Eltern ändern[2]).

Im übrigen finden die Vorschriften des § 760 Anwendung[3]).

E I 1491 II 1507; M 4 702; P 4 495; 6 297.

1. Die Entrichtung des Unterhalts in einer **Geldrente** wird in der Mehrzahl der Fälle den Verhältnissen des Berechtigten und Verpflichteten am besten entsprechen. Wird der Verpflichtete durch diese Art der Unterhaltsgewährung besonders beschwert, so kann er verlangen, daß ihm die **Gewährung des Unterhalts in anderer Art** (Naturalunterhalt) gestattet wird. Er hat zu diesem Zweck dem Berechtigten einen bestimmten Vorschlag zu machen, der ersehen läßt, in welcher Weise für Wohnung und Verpflegung gesorgt werden soll (RG 13. 2. 02 IV 360/01). Verlangt er die Übersiedlung des Unterhaltsbedürftigen, so hat er das hierzu erforderliche Reisegeld anzubieten. Der Vorschlag kann von dem Berechtigten abgelehnt werden, wenn der Empfang von Naturalunterhalt für ihn besonders drückend sein würde, wenn z. B. die Mutter hierdurch gezwungen sein würde, sich von der Tochter zu trennen. Kommt es zu keiner Einigung, so hat der Prozeßrichter hierüber zu entscheiden, der auf die Interessen des Verpflichteten und des Berechtigten Rücksicht zu nehmen hat und, wenn er hierin einen billigen Ausgleich sieht, die von dem Verpflichteten verlangte Naturalverpflegung auch in einer von dessen Vorschlägen abweichenden Weise anordnen kann. Naturalverpflegung kann der Verpflichtete auch aus dem Grunde verlangen, weil diese Unterhaltsgewährung im eigenen Interesse des Berechtigten ist, weil z. B. eine wirtschaftliche Verwaltung des Geldes von ihm nicht zu erwarten ist (a. A. Blume A 3). Stellt sich später heraus, daß die Gewährung von Naturalunterhalt zu Mißständen oder Mißhelligkeiten führt, so kann die getroffene Wahl

(nötigenfalls auf dem Wege des § 323 ZPO) wieder geändert werden. Eine Art des Naturalunterhalts ist es, wenn der Bedürftige in Verpflegung gegeben und Pension für ihn entrichtet wird. Der Übergang vom Antrag auf Naturalunterhalt zum Antrag auf Geldunterhalt und umgekehrt stellt sich nicht als Klageänderung dar. — Die Unterhaltspflicht geht an sich nur auf Geldzahlung. Es kann deshalb nicht gefordert werden, daß derjenige, welcher wegen seiner ungünstigen Vermögensverhältnisse eine Geldzahlung nicht machen kann, seiner Unterhaltspflicht durch Leistung von Diensten genügt. Dies ist auch wichtig für den Schadensersatzanspruch aus § 844 Abs 2 wegen Entziehung des Unterhalts (**RG** 27. 9. 09 IV 643/08).

2. Besondere Grundsätze greifen Platz, **wenn die Eltern** (nicht Großeltern) **einem unverheirateten Kinde,** mag dieses nun minderjährig oder volljährig sein, **Unterhalt zu gewähren haben.** Die Eltern haben das Bestimmungsrecht darüber, in welcher Art und für welche Zeit im voraus der Unterhalt zu entrichten ist, ohne an die Schranke gebunden zu sein, daß die Vorausentrichtung den Zeitraum von drei Monaten nicht übersteigen darf. Der Zeitraum muß aber ein den Umständen nach angemessener sein. Nur unter dieser Voraussetzung werden die Eltern nach § 1614 Abs 2 durch eine über drei Monate hinausgehende Vorausentrichtung von der Verpflichtung zur Unterhaltsgewährung frei. Ist der notdürftige Unterhalt zu gewähren, so können die Eltern bestimmen, daß das Kind den Unterhalt nebst der erforderlichen ärztlichen Behandlung, sofern diese Leistungen durch ein Abkommen mit der Armenverwaltung sichergestellt sind, im Armenhause zu empfangen hat (**RG** 3. 11. 10 IV 295/10). Der von dem unterhaltspflichtigen Elternteil getroffenen Bestimmung hat das Kind sich zu fügen, ohne daß es hiergegen die Entscheidung des Prozeßgerichts anrufen kann. Es steht ihm nur frei, sich an das Vormundschaftsgericht zu wenden, das (ohne daß es der Bestellung eines Pflegers bedarf) die von dem Elternteil getroffene Bestimmung, wenn es hierin eine unbillige Beschwerung des Kindes erachtet, abändern kann. Es ist z. B. nicht zu verlangen, daß das Kind, um Naturalverpflegung im elterlichen Hause zu empfangen, sich von seiner Familie trennt. Auch die im elterlichen Hause bestehenden unleidlichen Familienverhältnisse können dem Vormundschaftsgericht einen Grund geben, das Kind von der Verpflichtung der Rückkehr zu den Eltern zu befreien. Über den Fall, daß sich nach Trennung der Eltern die Kinder bei der Mutter befinden, vgl. Hagemann in ZBlFG 22. Jahrg. S. 401 ff. — Die von dem Elternteil getroffene Bestimmung ist ohne weiteres unwirksam, wenn sie etwas Unausführbares anordnet. Zuständig zur Entscheidung über den Anspruch des Kindes auf Geldunterhalt ist in diesem Falle das Prozeßgericht (vgl. **RG** Warn 1911 Nr 41). Der Vater kann nicht anordnen, daß das von ihm getrennt lebende Kind seinen Unterhalt in der väterlichen Wohnung zu beziehen hat, wenn es in so jugendlichem Alter sich befindet, daß es den Willen, zum Vater zurückzukehren, nicht haben kann (**RG** JW 01, 871) oder wenn es wegen Geisteskrankheit nicht imstande war, von sich aus der Bestimmung des Vaters Folge zu leisten (**RG** 5. 4. 24 IV 621/23). Es kann dies auch nicht angeordnet werden gegenüber einem für das Kind bestellten Pfleger, der nicht ermächtigt ist, den Streit über das Verbleiben des Kindes zum Austrag zu bringen (**RG** 57, 77). Sache des Vaters ist es, wenn er den Unterhalt nur in seiner Wohnung gewähren will, die Herausgabe des Kindes nach § 1632 zu erwirken. Der Unterhalt darf dem unverheirateten Kinde von den Eltern auch in der Weise zugewendet werden, daß sie dem das Grundstück übernehmenden Kinde unter Benachrichtigung des unterhaltsberechtigten Kindes die Verpflichtung zur Unterhaltsgewährung auferlegen. Diese Bestimmung kann von dem Vormundschaftsgericht auf Antrag des Kindes geändert werden, falls der Unterhalt nicht gewährt wird oder dem Kinde der Empfang des Unterhalts in solcher Weise nicht ferner zugemutet werden kann (KGJ 53 A 25). Der Vater darf ferner, wenn die Sorge für die Person des Kindes der Mutter zusteht, das Bestimmungsrecht nicht in der Weise ausüben, daß er mit den Anordnungen der Mutter sich in Widerspruch setzt (**RG** 74, 77). Die Entscheidung des Vormundschaftsgerichts erlangt Vollstreckbarkeit nur dadurch, daß sie im Rechtsstreit über die Unterhaltspflicht der Entscheidung des Prozeßgerichts zugrunde zu legen ist (**RG** JW 08 Beil 80[59]). Das Eingreifen des Vormundschaftsgerichts setzt voraus, daß in maßgeblicher Weise gegenüber dem Kinde oder dessen gesetzlichem Vertreter die Bestimmung des Elternteils getroffen ist (RJA 12, 181). Das Bestimmungsrecht kann auch durch tatsächliches Verhalten ausgeübt sein (Josef in ZBlFG 17. Jahrg. S. 281). Nicht befugt ist das Vormundschaftsgericht, die Bestimmung dahin zu ändern, daß an Stelle des Geldunterhalts die Unterhaltsgewährung in Natur gesetzt wird, und so die Eltern zu zwingen, ein volljähriges Kind bei sich zu behalten, was nicht eine Begünstigung, sondern eine Schlechterstellung der Eltern im Vergleich mit andern Unterhaltspflichtigen bedeuten würde (RJA 12, 192). Dem unverheirateten Kinde steht das verheiratet gewesene Kind nicht gleich (**RG** 22. 2. 09 IV 329/08). Nicht unter den Begriff des unverheirateten Kindes im Sinne des § 1612 fällt, was das Verhältnis zum Vater betrifft, das uneheliche Kind (vgl. § 1589 A 4).

3. Nach der in Abs 3 angezogenen Vorschrift des § 760 ist die **Geldrente für drei Monate im voraus** zu entrichten. Diese Bestimmung enthält, wie in § 1614 Abs 2 gesagt ist, insofern zwingendes Recht, als die Vorausentrichtung über diesen Zeitraum hinaus den Verpflichteten

für den überschießenden Zeitraum, wenn die Bedürftigkeit von neuem eintritt, von der Verbindlichkeit zur Unterhaltsgewährung nicht befreit. Der Unterhaltspflichtige handelt, wenn er für einen längeren Zeitraum zahlt, auf eigene Gefahr. Nicht richtig ist es deshalb, wenn Staudinger (A 2a) dem Unterhaltspflichtigen das Recht geben will, sich aus besondern Gründen durch Zahlung einer Kapitalabfindung zu befreien. Das Recht auf Unterhalt geht dem Berechtigten selbst dann nicht verloren, wenn er eine Kapitalabfindung im Rechtsstreit gefordert und zuerkannt erhalten haben sollte (RG 8. 7. 01 IV 112/01). Durch die Bestimmung des § 1612 Abs 3 ist dagegen nicht ausgeschlossen, daß dem Unterhaltspflichtigen, wenn er zu etwas mehrerem nicht imstande ist, die Vorauszahlung in kürzeren Zeiträumen nachgelassen wird, ohne daß deswegen auf den nach ihm Haftenden zurückgegriffen werden darf. Dies insbesondere auch dann, wenn ihm die Vorauszahlung für drei Monate nach seinen Einkünften sehr schwer fallen würde, wobei anderseits die Interessen des Unterhaltsberechtigten nicht außer Betracht bleiben dürfen. Bei der Gewährung des Naturalunterhalts darf die Vorausentrichtung nicht einen den Umständen nach angemessenen Zeitraum übersteigen (§§ 1614 Abs 2, 760 Abs 2). Für alle Fälle der Vorausentrichtung gilt die Regel des § 760, daß der Unterhaltsberechtigte, der den Beginn des Zeitraums erlebt, ein Recht auf die volle Rente erworben hat. Hieraus kann aber nicht hergeleitet werden, daß ihm auch dann die volle Rente verbleibt, wenn während dieses Zeitraums die Unterhaltsbedürftigkeit weggefallen ist.

§ 1613

Für die Vergangenheit kann der Berechtigte Erfüllung oder Schadensersatz wegen Nichterfüllung nur von der Zeit an fordern, zu welcher der Verpflichtete in Verzug gekommen oder der Unterhaltsanspruch rechtshängig geworden ist[1]).

E I 1492 II 1508; M 4 705; P 4 496.

1. Der Berechtigte kann **Unterhalt nur für die Zukunft**, nicht die Vergangenheit fordern. Eine Ausnahme hiervon ist auch in dem Falle nicht zuzulassen, daß er zur Bestreitung seines Unterhalts genötigt war, Schulden zu machen. Hat er aber einmal Unterhalt gefordert, sei es im Wege der Mahnung oder der Klagerhebung, so kann der Verpflichtete dadurch keinen Vorteil haben, daß er durch Nichterfüllung es dahin gebracht hat, daß der Zeitraum, für den der Unterhalt gefordert war, verstrichen ist. Der Unterhalt kann deshalb von der Zeit an, wo der Verpflichtete in **Verzug** gekommen ist oder der Unterhaltsanspruch **rechtshängig** geworden ist, nachgefordert werden. Diesem Anspruch gegenüber kann der Verpflichtete sich nicht darauf berufen, daß der Berechtigte bisher Unterhalt gehabt hat, sofern nicht der Dritte den Unterhalt für Rechnung des Verpflichteten, sei es in der Absicht, von ihm Ersatz zu verlangen, sei es aus Freigebigkeit, gewährt hat. Liegen die Voraussetzungen des § 1607 Abs 2 vor, so würde der Unterhaltsanspruch mit der Beschränkung des § 1613 auf den Dritten übergegangen sein. Zur Inverzugsetzung genügt die Aufforderung, von einem bestimmten späteren Zeitpunkte an Unterhalt zu gewähren, falls zu dieser Zeit die Leistung nicht erfolgt. Ein Verzug liegt nicht vor, wenn der Berechtigte selbst schuld ist, daß er den Unterhalt nicht erhalten hat, wenn er z. B. bei Gewährung von Naturalunterhalt sich nicht zur rechten Zeit zur Empfangnahme des Unterhalts eingefunden hat. Ist der Verpflichtete nicht in Verzug gekommen, so ist weder ein Anspruch auf Nacherfüllung noch ein Anspruch auf Schadensersatz oder Herausgabe der Bereicherung (vgl. RG 25. 1. 04 IV 279/03) gegeben. Im Falle des Verzugs geht der Anspruch an sich auf Nachlieferung und Ersatz des durch die Verzögerung entstandenen Schadens. Hat aber die Nacherfüllung für den Berechtigten kein Interesse — wie es bei Gewährung von Naturalunterhalt meist der Fall sein wird —, so kann Schadensersatz wegen Nichterfüllung gefordert werden (§ 286 Abs 2). Anderseits kann bei Gewährung von Naturalunterhalt dem in Verzug gekommenen Verpflichteten die Nacherfüllung, wenn die Aufbewahrung umständlich ist oder der Verderb der Lebensmittel zu besorgen ist, nicht zugemutet werden. In diesem Falle ist daher nur ein Anspruch auf Schadensersatz gegeben. Das Verlangen der Ehefrau auf Zahlung eines angemessenen Taschengeldes durch den Mann, um der unwürdigen Lage überhoben zu sein, wegen jeder kleineren Ausgabe den Mann besonders angehen zu müssen, erscheint wesentlich aus dem Gesichtspunkte berechtigt, daß die Frau gegen das in dieser Behandlung liegende kränkende Verhalten des Mannes geschützt sein soll. Die zur Abstellung der Kränkung dem Manne auferlegten Leistungen können deshalb, da eine Wiederherstellung der Ehre für die frühere Zeit nicht möglich ist, erst von der Rechtskraft der Entscheidung an gefordert werden (RG 97, 290). Die im § 1613 aufgestellte Beschränkung greift nicht Platz, wenn der Unterhalt durch Vertrag versprochen ist. Sie steht auch dem Ersatzanspruch aus Geschäftsführung ohne Auftrag nicht entgegen, ebenso

nicht dem in § 62 UWG dem Armenverbande, jetzt in §§ 21ff. VO v. 15. 2. 24 dem Fürsorgeverband gewährten Ersatzanspruch (SeuffA 66 Nr 241). Hinsichtlich des Rückgriffs des Armenverbands kommt es auf die Leistungsfähigkeit des Verpflichteten zur Zeit der Gewährung des Unterhalts durch den Verband an (SeuffA 77 Nr 147). — Für die beschleunigte Durchführung des Unterhaltsanspruchs bietet sich der Weg der einstweiligen Verfügung.

§ 1614

[3]) **Für die Zukunft kann auf den Unterhalt nicht verzichtet werden[1]).**

Durch eine Vorausleistung wird der Verpflichtete bei erneuter Bedürftigkeit des Berechtigten nur für den im § 760 Abs 2 bestimmten Zeitabschnitt oder, wenn er selbst den Zeitabschnitt zu bestimmen hatte, für einen den Umständen nach angemessenen Zeitabschnitt befreit[2]).

E I 1495 II 1509; M 4 709; P 4 483 u. 515.

1. Die Bestimmung des § 1614, daß **für die Zukunft auf den Unterhalt nicht verzichtet werden kann,** findet ihre Rechtfertigung in der sittlichen Grundlage der Unterhaltspflicht und in dem wegen der öffentlichen Armenpflege bestehenden öffentlichen Interesse (M 4, 709). Der Verzicht ist nichtig, auch wenn er gegen entsprechendes Entgelt abgegeben ist und der Verzichtende zur Zeit der Verzichtserklärung genügendes Vermögen zur Bestreitung seines Unterhalts besaß (**RG** JW 05, 682[1]; 17. 2. 02 IV 362/01), oder wenn die Unterhaltspflicht von einem andern übernommen wird. Durch eine solche Übernahme wird der gesetzlich Verpflichtete, sofern der Übernehmer tatsächlich den Unterhalt nicht gewährt, nicht frei. Die Übernahme wirkt auf diese Unterhaltspflicht nur insofern ein, als der Bedürftige, wenn er aus dem Übernahmevertrag für sich einen Anspruch erlangt hat, denselben vor Geltendmachung seines gesetzlichen Rechtes auf Unterhalt zur Verwirklichung bringen muß (**RG** JW 1912, 1062[5]; Warn 1916 Nr 284, vgl. § 1602 A 1). Für die Anwendung des § 1614 macht es keinen Unterschied, ob der Verzicht allgemein für die Zukunft oder nur für einen eng begrenzten künftigen Zeitraum erklärt wird. Nichtig ist ferner ein Vergleich über den Unterhaltsbetrag (**RG** Gruch 46, 945) oder eine sonstige Abmachung, durch welche der gesetzliche Unterhaltsanspruch geschmälert wird (**RG** JW 02, 72), und zwar ohne Unterschied, ob der Vertrag entgeltlich oder unentgeltlich ist (**RG** JW 05, 682[1]); jedoch muß die nähere Regelung des Unterhaltsbetrags innerhalb der Grenzen des Angemessenen für zulässig erachtet werden (**RG** Warn 1919 Nr 69). Es kommt nicht darauf an, ob der den Unterhalt mindernde Vergleich in der bewußten Absicht eines Verzichts geschlossen ist (**RG** JW 1919, 825[8]). Keinen unzulässigen Verzicht auf künftigen Unterhalt enthält der Vergleich, der die Unterhaltspflicht nur für so lange hat regeln wollen und geregelt hat, als nicht eine wesentliche Änderung der für die Rentenhöhe maßgebenden Verhältnisse eine neue Festsetzung des Betrags z. B. infolge der Geldentwertung nötig macht (**RG** 10. 4. 22 IV 647/21). Nichtig ist aus andern Gründen eine Vereinbarung zwischen Ehegatten, in der die Unterhaltsgewährung von dem Getrenntleben abhängig gemacht ist (**RG** 25. 9. 05 IV 156/05), oder ein Abkommen derselben, daß die Frau während der ehelichen Gemeinschaft ihren Unterhalt in einer Geldrente erhalten soll, da ein solches Abkommen gegen den Grundsatz des § 1360 Abs 3 verstößt (**RG** 61, 53), während bei einer dem § 1361 entsprechenden Sachlage Vereinbarungen der Ehegatten über die Art der Unterhaltsgewährung für die Zeit des Getrenntlebens aus dem Gesichtspunkt des § 138 nicht zu beanstanden sind (**RG** Warn 1913 Nr 188). Nicht unzulässig ist eine Vereinbarung der Ehegatten über die Unterhaltsgewährung für die Dauer des Scheidungsprozesses. Nur darf die Vereinbarung nicht zu einer Minderung des gesetzlichen Unterhalts führen (**RG** 17. 4. 13 IV 637/12). Die Bestimmung des § 1614 gilt nicht für den Unterhaltsanspruch eines geschiedenen Ehegatten, worüber die Eheleute Vereinbarungen treffen können, falls nicht etwa der Vertrag auf Erleichterung der Scheidung abzielt (vgl. § 1580 A 5). § 1614 steht auch dem nicht entgegen, daß die Ehegatten, unbeschadet des Unterhaltsanspruchs des Kindes, unter sich wegen der zum Unterhalt des Kindes zu leistenden Beiträge eine Vereinbarung treffen. — Wird durch Vertrag der Unterhalt auf einen den gesetzlichen Unterhaltsanspruch übersteigenden Betrag festgesetzt, so kann das Recht auf Bezug dieses Unterhalts von bestimmten Bedingungen abhängig gemacht werden. Das Abkommen ist aber nichtig, wenn eine sittenwidrige Beschränkung des Selbstbestimmungsrechts dem Unterhaltsberechtigten auferlegt wird. Als solche ist vom **RG** in Gruch 44, 1109 (preußisch-rechtlicher Fall) die Verpflichtung angesehen, dem Dienste des preußischen Staates und des Deutschen Reiches für immer fernzubleiben.

2. Nichtig ist ein Vertrag, durch welchen der Unterhaltsberechtigte eine über den gesetzlichen Zeitraum (vgl. § 1612 A 3) hinausgehende **Vorausleistung** bewilligt.

3. **Zeitliche Geltung.** § 1614 findet, da der Unterhaltsanspruch für die Zeit nach Inkrafttreten des BGB ausschließlich nach neuem Recht zu beurteilen ist, auch auf einen vor dieser Zeit erklärten Verzicht Anwendung (RG JW 02, 72). Vgl. § 1612 A 3. Ein Verzicht auf den Unterhalt **für die Vergangenheit** wird durch § 1614 nicht betroffen.

§ 1615

Der Unterhaltsanspruch erlischt mit dem Tode des Berechtigten oder des Verpflichteten, soweit er nicht auf Erfüllung oder Schadensersatz wegen Nichterfüllung für die Vergangenheit oder auf solche im voraus zu bewirkende Leistungen gerichtet ist, die zur Zeit des Todes des Berechtigten oder des Verpflichteten fällig sind[1]).

Im Falle des Todes des Berechtigten hat der Verpflichtete die Kosten der Beerdigung[2]) zu tragen, soweit ihre Bezahlung nicht von dem Erben zu erlangen ist.

E I 1488 Abs 4, 1496 II 1510; M 4 699, 710; P 4 491, 493, 515.

1. Die Unterhaltspflicht muß **für die Zukunft erlöschen,** wenn durch den **Tod des Berechtigten oder Verpflichteten** der die Unterhaltspflicht begründende Zustand des Verwandtschaftsverhältnisses fortgefallen ist. Auch wenn die Erben des Verpflichteten (was keineswegs immer der Fall zu sein braucht) Verwandte des Unterhaltsberechtigten sind nnd in dieser Eigenschaft unterhaltspflichtig werden, so ist dies doch eine in ihrer Person neu beginnende Verpflichtung, die aus der Verpflichtung des Erblassers nicht abgeleitet ist. Auf den bereits vor dem Tode des Berechtigten oder Verpflichteten fällig gewordenen Unterhalt (s. § 1613) erstreckt sich dagegen die Unvererblichkeit nicht, auch nicht auf die Verpflichtung zur Unterhaltsgewährung an den geschiedenen Ehegatten (§ 1582); dagegen findet hier im Falle des Todes des unterhaltsberechtigten Gatten § 1615 entsprechende Anwendung (§ 1580 Abs 3). Wegen der Pfändbarkeit des Unterhaltsanspruchs s. Vorbem 6 vor § 1601.

2. Für die **Beerdigungskosten** hat in erster Linie der Erbe (§ 1968), in zweiter Linie der Unterhaltspflichtige aufzukommen. Zur Inanspruchnahme des letzteren genügt der Nachweis, daß die Zwangsvollstreckung gegen den Erben erfolglos bleiben würde. Wegen der gehabten Aufwendungen steht dem Unterhaltspflichtigen ein Ersatzanspruch gegen den Erben zu. Auch wird dem Erben oder Unterhaltspflichtigen ein Ersatzanspruch gegen den Dritten, der durch Vertrag mit dem Erblasser die Begräbniskosten übernommen hat, nicht zu versagen sein. Ihre Haftung wird dadurch, daß der Dritte eine solche Vertragspflicht eingegangen ist, nicht ausgeschlossen. Sie tritt natürlich nicht in Kraft, wenn tatsächlich die Vertragspflicht erfüllt wird. Verschieden von der Pflicht, die Beerdigungskosten zu tragen, ist die nach polizeilichen Rücksichten sich bestimmende Pflicht, die Beerdigung zu besorgen, welche, als dem öffentlichen Recht angehörig, im BGB nicht geregelt ist. Das Maß der von dem Unterhaltspflichtigen zu tragenden Begräbniskosten richtet sich entsprechend dem allgemeinen Grundsatze des § 1610 nach der Lebensstellung des Erblassers. Hiernach richtet sich auch, ob der Unterhaltspflichtige (Erbe) die Kosten der Errichtung eines Grabdenkmals aufzuwenden hat. Zur standesmäßigen Beerdigung kann gehören, daß die Leiche nach dem Orte, wo die andern Familienmitglieder wohnen, zurückgeschafft wird. Die Kosten der Feuerbestattung treffen den Unterhaltspflichtigen (Erben) jedenfalls so weit, als sie auch im Falle der Beerdigung (unter Hinzurechnung der Kosten einer etwa dem Verpflichteten obliegenden Rückbeförderung der Leiche nach der Heimat) entstanden wären, sofern man sie nicht der heutigen Anschauung entsprechend schlechthin als unter § 1615 Abs 2 fallend ansieht.

Vierter Titel

Rechtliche Stellung der ehelichen Kinder

I. Rechtsverhältnis zwischen den Eltern und dem Kinde im allgemeinen

1. Die **elterliche Gewalt** ist im BGB als eine **vormundschaftliche** gestaltet. Sie endet deshalb mit dem Aufhören der durch die Minderjährigkeit des Kindes bedingten Schutzbedürftigkeit (§§ 1626, 3), nicht in vollem Umfange mit der Verheiratung der noch minderjährigen Tochter (§ 1633). Der Gewalthaber kann auf die elterliche Gewalt, die nicht bloß ein Recht, sondern zugleich eine Pflicht ist, weder verzichten noch sie einem andern übertragen. Auch die Übertragung des mit der elterlichen Gewalt verbundenen Nutznießungsrechts ist un-

zulässig (§ 1658, vgl. § 862 ZPO). In bezug auf die **Verwaltung** hat der Gewalthaber im allgemeinen die Pflichten eines Vormundes zu erfüllen (§§ 1641, 1642, 1653, 1654, wonach nur die in eigenen Angelegenheiten gewohnte Sorgfalt zu vertreten ist). Er ist jedoch insofern freier gestellt, als das Vormundschaftsgericht **nicht eine fortlaufende Aufsicht** zu führen, sondern nur einzuschreiten hat, wenn dies im einzelnen Falle zur Abwendung einer Gefahr für die Person oder das Vermögen des Kindes geboten ist (§§ 1666 ff.; vgl. wegen der Vermögensverzeichnungspflicht § 1640), und als die Genehmigung des Vormundschaftsgerichts nur zu wichtigeren Rechtsgeschäften erforderlich ist (§ 1643). Die elterliche Gewalt geht durch Verwirkung (§ 1680) verloren, ebenso dadurch, daß ihre beiden Bestandteile, die Sorge für die Person und das Vermögen nebst dem Vertretungsrecht dem Gewalthaber **vollständig** entzogen sind. Es verbleibt ihm jedoch (abgesehen von § 1666 Abs 2) das Nutznießungsrecht, auch können ihm die entzogenen Rechte vom Vormundschaftsgericht wieder eingeräumt werden (§ 1671). Die Entziehung des Vertretungsrechts in den die Person und das Vermögen des Kindes betreffenden Angelegenheiten macht die Bevormundung nötig (§ 1773). Über die Rechte des Gewalthabers auf vormundschaftlichem Gebiete vgl. Vorbem 2 vor § 1773. Wegen der Vorbehalte für die landesherrlichen und standesherrlichen Familien in Artt 57, 58 EG vgl. Vorbem 9 vor § 1773.

2. Die elterliche Gewalt — welche nicht nur ein Recht gegen das Kind, sondern auch gegen jeden Dritten gibt, der sich mit ihr in Widerspruch setzt — steht an sich **gleichmäßig beiden Elternteilen** zu. Das Recht der Mutter tritt jedoch, abgesehen von ihrer Mitwirkung auf dem Gebiete der tatsächlichen Sorge für die Person des Kindes (§ 1634), erst bei Verhinderung des Vaters an der Ausübung der elterlichen Gewalt **aushilfsweise** (§ 1685) und beim Tode des Vaters oder im Falle der Verwirkung seiner elterlichen Gewalt, wenn in diesem Falle die Auflösung der Ehe hinzugekommen ist, **endgültig** in Wirksamkeit (§ 1684). Die elterliche Gewalt der Mutter unterscheidet sich von der des Vaters wesentlich dadurch, daß die Bestellung eines Beistandes zulässig ist, dem auf Antrag der Mutter auch die Vermögensverwaltung übertragen werden kann (§§ 1687, 1693), und daß die elterliche Gewalt der Mutter durch Wiederverheiratung erlischt (§ 1697). Über die Rechte der geschiedenen Ehegatten hinsichtlich der Erziehung der gemeinschaftlichen Kinder ist in den §§ 1635, 1636 das nähere bestimmt. Auf die tatsächliche Sorge für die Person des Kindes (worauf sich auch die Rechte des Vaters bei geminderter Geschäftsfähigkeit und der unehelichen Mutter beschränken, §§ 1676 Abs 2, 1707) finden die für die elterliche Gewalt geltenden allgemeinen Bestimmungen entsprechende Anwendung (s. namentlich §§ 1666, 1633, 1648, 1664, 1673, 1675, 1680).

3. Verschieden von dem Rechte der elterlichen Gewalt sind die Rechte, welche den Eltern als solchen (auch der unehelichen Mutter) kraft des **natürlichen Verwandtschaftsverhältnisses** zustehen. Hierzu gehört das Recht der Einwilligung zur Eheschließung, Kindesannahme und, was die uneheliche Mutter betrifft, zur Ehelichkeitserklärung des noch nicht 21jährigen Kindes (§§ 1305, 1747, 1726), der Anspruch auf Unterhalt (§ 1601), das Recht des Vaters, die Ehelichkeit des Kindes anzufechten oder anzuerkennen (§§ 1593, 1598), die Berufung als Vormund des volljährigen Kindes (§ 1899). Der Name und Stand des Vaters (nicht des gesetzlichen Vertreters) ist für den Wohnsitz usw. des ehelichen Kindes maßgebend (§§ 11, 1616), seine Staatsangehörigkeit bestimmt das nach Artt 7 ff. EG (vgl. namentlich Artt 18, 19) anzuwendende Recht. Über die aus der Angehörigkeit zum Hausstande folgenden **hausherrlichen Rechte** der Eltern, die ebenfalls mit dem Recht der elterlichen Gewalt nichts gemein haben, s. §§ 1617 bis 1619.

4. Die auf dem Gebiete der elterlichen Gewalt dem **Vormundschaftsgericht** obliegenden Verrichtungen werden von dem Amtsgericht wahrgenommen, in dessen Bezirk das Kind zu der Zeit des Eintritts der Fürsorgebedürftigkeit seinen Wohnsitz oder, in Ermanglung eines inländischen Wohnsitzes, seinen Aufenthalt hat (§§ 43, 36 FGG). Wegen der sonstigen **Zuständigkeitsvorschriften** s. Vorbem 4 vor § 1773. Soweit die Entscheidung dem Vormundschaftsgericht zugewiesen ist (wofür Rücksichten auf das Wohl des Kindes bestimmend sind), ist seine Zuständigkeit regelmäßig eine ausschließliche (vgl. § 1635 A 2). Hinsichtlich des **Verfahrens** ist hervorzuheben, daß weder nach §§ 1635, 1636, noch nach §§ 1666 ff. die Bestellung eines Pflegers notwendig ist. § 1909 kommt hier nicht zur Anwendung, da es sich um eine von dem Vormundschaftsgericht, nicht um eine von dem Gewalthaber zu besorgende Angelegenheit handelt (vgl. § 1909 A 1). Auch bieten die Bestimmungen der §§ 1673, 1675 BGB und der §§ 12, 15, 57 Abs 1 Nr 9, 59, 63 FGG eine ausreichende Gewähr für eine erschöpfende Ermittlung des Sachverhalts (RG 60, 134; 62, 132; 64, 16). Das über 14 Jahre alte Kind ist, soweit es sich um seine persönlichen Angelegenheiten handelt oder es vor der Entscheidung zu hören ist, zu Anträgen und Beschwerden berechtigt (§ 59 FGG). Die Einsicht der Akten ist einem jeden Beteiligten zu gestatten (§ 34 FGG). Ein Recht des Beschwerdeführers auf Zuziehung zur Beweisaufnahme ist dagegen nicht anzuerkennen (RG 63, 278). Nach § 12 FGG ist das Vormund-

schaftsgericht befugt, auch die Beteiligten selbst vorzuladen, um die als Grundlage der Entscheidung dienenden Tatsachen festzustellen (KGJ 32 A 41). Über die Zwangsvollstreckungsgewalt des Vormundschaftsgerichts s. Vorbem 5 vor § 1773, über die unterstützende Tätigkeit desselben s. § 1837 A 1.

5. Als Aufgabe des Staates wie auch der Gemeinde wird es in Art 122 RVerf erklärt, die Jugend gegen Ausbeutung sowie gegen sittliche, geistige oder körperliche Verwahrlosung zu schützen. Diesem Zwecke dient zunächst die in den §§ 1666, 1838 zugelassene Zwangserziehung. Sie konnte nach Art 135 EG außerdem und unbeschadet der Vorschriften in §§ 55, 56 StGB nach näherer Bestimmung der Landesgesetze durch Beschluß des Vormundschaftsgerichts dann angeordnet werden, wenn sie zur Verhütung des völligen sittlichen Verderbens notwendig war. Die Ausführung lag nach Maßgabe des Landesrechts in den Händen der Verwaltungsbehörde, die Unterbringung erfolgte nötigenfalls auf öffentliche Kosten. Nach dem PrGes v. 2. 7. 00 § 1 Nr 1 in der Fassung des Ges v. 7. 7. 15 (ähnlich BayFürsErzG in der Fassung des Ges v. 21. 8. 14) durfte bei Vorhandensein der Voraussetzungen des § 1666 oder des § 1838 die Fürsorgeerziehung (Zwangserziehung) angeordnet werden, wenn zur Verhütung der Verwahrlosung des Minderjährigen — ohne daß übrigens die Anzeichen der Verwahrlosung bereits hervorgetreten zu sein brauchten (KGJ 43 A 69) — die anderweite Unterbringung erforderlich war und diese in der nach dem Ermessen des Vormundschaftsgerichts geeigneten Weise ohne Inanspruchnahme öffentlicher Mittel nicht erfolgen konnte (vgl. JW 1915, 1149f.). In diesem Falle griff, falls das Kind einer erzieherischen Einwirkung zugänglich war, sogleich die Fürsorgeerziehung Platz, ohne daß die Armenverwaltung anzugehen war. Durch das Eingreifen der Armenverwaltung konnte aber im einzelnen Falle die Gefährdung des Kindes im Sinne der §§ 1666, 1838 ausgeschlossen sein (KGJ 48, 24). Bei Gefahr im Verzuge war eine vorläufige Unterbringung unter polizeilicher Vermittlung zulässig (§ 5; wegen der Kosten der Überführung s. RG JW 09, 255[8]). Die Anordnung der Fürsorgeerziehung fällt weder unter Art 23 EG noch unter das Haager Vormundschaftsabkommen (s. Vorbem 7 vor § 1773); sie war daher auch gegen Auslandskinder zulässig, so jedoch, daß statt der §§ 1666, 1838 die entsprechenden Vorschriften des Auslandsrechts anzuwenden sind (KGJ 47 A 48; 53 A 56). Durch die Fürsorgeerziehung wurde die elterliche Gewalt insofern eingeschränkt, als für die Dauer und die Zwecke der Fürsorgeerziehung die Rechte und Pflichten der Eltern, soweit es sich um Unterhalt, Erziehung und Beaufsichtigung des Kindes handelt, auf den zur Unterbringung verpflichteten Kommunalverband (Provinzialverband) übergingen. Die Verpflichtung dieses Verbandes, für den Unterhalt des Fürsorgezöglings zu sorgen, begann in Preußen mit der Rechtskraft des die Fürsorgeerziehung anordnenden Beschlusses (RG 75, 276). Wegen der Schutzpflegschaft des preuß. Rechts vgl. Vorbem 3 vor § 1909. Art. 135 EG und die auf seiner Grundlage erlassenen Landesgesetze sind durch das RGes für Jugendwohlfahrt v. 9. 7. 22 — wegen seines Inkrafttretens s. Vorbem 6 vor § 1773 — aufgehoben (§ 64 des Ges, Art 4 EG das.). Das Gesetz (vgl. dazu das PrAusfGes v. 29. 3. 24 und AllgVf des PrJM v. 8. 3. 26) regelt die unter öffentlicher Aufsicht und auf öffentliche Kosten eintretende Fürsorgeerziehung in §§ 62—76. Ein Minderjähriger, der das 18., ausnahmsweise das 20. Lebensjahr noch nicht vollendet hat, ist durch Beschluß des Vormundschaftsgerichts der Fürsorgeerziehung zu überweisen, wenn die Voraussetzungen der §§ 1666 oder 1838 vorliegen und seine Entfernung aus der bisherigen Umgebung, ohne daß eine anderweite geeignete Unterbringung erfolgen kann, zur Verhütung der Verwahrlosung erforderlich ist, oder es sich um die Beseitigung der wegen unzulänglicher Erziehung bereits eingetretenen Verwahrlosung handelt (§ 63). Der Beschluß muß feststellen, welche der beiden sich einander ausschließenden Voraussetzungen gegeben ist (JFG 2, 108). Im Falle der Undurchführbarkeit der Fürsorgeerziehung aus Gründen, die in der Person des Kindes liegen, z. B. anormale Geistesbeschaffenheit, hat der Beschluß zu unterbleiben (JFG 2, 104). Das Vormundschaftsgericht verfährt von Amts wegen oder auf Antrag; antragsberechtigt ist das Jugendamt (§ 65). Das Verfahren kann auf ein, höchstens zwei Jahre ausgesetzt werden (§ 66). Gegen die Aussetzung steht dem Jugendamt (der Fürsorgeerziehungsbehörde, § 70), aber auch dem über 14 Jahre alten Minderjährigen und seinen Eltern die sofortige Beschwerde zu (JFG 3, 88). Bei Gefahr im Verzug kann vorläufige Fürsorgeerziehung angeordnet werden (§ 67); vorherige Anhörung der Fürsorgebehörde ist erforderlich (JFG 3, 94). Die Erziehung erfolgt in einer Familie gleichen Bekenntnisses oder in einer Anstalt, soweit möglich ebenfalls des gleichen Bekenntnisses; versuchsweise kann der Minderjährige unter öffentlicher Aufsicht in der eigenen Familie belassen werden (§§ 62, 69). Die Fürsorgeerziehung ist grundsätzlich auch bei Kindern im jüngsten Alter zulässig (BayObLG in DJZ 1926, 1425). Sie endet spätestens, sofern der Zweck der Erziehung nicht früher erreicht oder anderweit sichergestellt ist oder die Unausführbarkeit mit Rücksicht auf die Person des Minderjährigen sich herausgestellt hat, mit dessen Volljährigkeit (§ 72). Die Aufhebung auf Widerruf ist zulässig. Die Kosten sind nötigenfalls aus öffentlichen Mitteln (§§ 70, 75) zu decken. Die Entziehung

des Minderjährigen aus der Fürsorgeerziehung ist nach § 76 strafbar. Zur Verhütung der Verwahrlosung hat das Gesetz eine besondere Schutzaufsicht zugelassen, deren Ausübung von dem Vormundschaftsgericht dem Jugendamt oder nach dessen Anhörung einer Vereinigung für Jugendhilfe oder einer einzelnen Person zu übertragen ist (§§ 56—58, 60). Bloße Schutzaufsicht kann vom Vormundschaftsgericht auch angeordnet werden, wenn das Jugendamt Fürsorgeerziehung beantragt hatte (IFG 3, 85). Der mit Ausführung der Schutzaufsicht betraute Helfer (§ 58) hat den Erziehungsberechtigten bei Ausübung der Sorge für die Person zu unterstützen und zu überwachen und damit eine dem Beistand (§ 1689) ähnliche Stellung (IFG 2, 85). Mit Einverständnis des Erziehungsberechtigten kann das Jugendamt die Schutzaufsicht auch ohne gerichtliche Anordnung ausüben (sog. freiwillige Schutzaufsicht, § 60 Abs 3). Fürsorgeerziehung ist auch bei Ausländern zulässig. — Im Jugendstrafverfahren ist das Jugendgericht zur Anordnung der Fürsorgeerziehung dann befugt, wenn es zugleich Vormundschaftsgericht ist. Andernfalls ist das Vormundschaftsgericht zuständig, aber auch zur Anordnung verpflichtet, wenn in den Gründen des Strafurteils die Fürsorgeerziehung als erforderlich bezeichnet ist (§§ 5, 7 Jugendgerichtsges v. 16. 2. 23, vgl. **RG**St 60, 47 und bez. der sonstigen Erziehungsmaßregeln im Jugendstrafverfahren IFG 3, 80). Über die öffentliche Unterstützung hilfsbedürftiger Minderjähriger s. § 1602 A 5.

6. Nach dem Grundsatze des Art 19 EG, der einer Erweiterung fähig ist (vgl. Vorbem 6 vor § 1), regeln sich, was den **örtlichen Geltungsbereich** betrifft, die familienrechtlichen Verhältnisse persönlicher oder vermögensrechtlicher Art zwischen den Eltern und dem ehelichen Kinde nach dem jeweiligen Recht der Staatsangehörigkeit des Vaters (**RG** 23. 5. 27 IV 865/26). Ist dieser verstorben, so entscheidet die Staatsangehörigkeit der Mutter. Nach dem gleichen Recht bestimmt sich auch die Beendigung der elterlichen Gewalt durch Volljährigkeit des Kindes (so daß Art 7 hier nicht zur Anwendung kommt) oder Verheiratung. Der Gewalthaber darf jedoch, wenn seine elterliche Gewalt durch die Verheiratung der Tochter nach dem Heimatsrecht des Ehemanns (Art 14) aufgehört hat, nicht in Widerspruch hiermit die elterliche Gewalt für sich in Anspruch nehmen. Der Grundsatz des Art 19 findet eben seine Beschränkung durch die das Rechtsverhältnis der Ehegatten betreffenden Vorschriften der Artt 14 u. 15 (**RG** 91, 403). Hinsichtlich der Zuteilung der Kinder aus geschiedener Ehe und des Rechts zum Verkehr mit dem Kinde (§§ 1635, 1636) bleibt das zur Zeit der Scheidung geltende Recht auch bei einem späteren Wechsel der Staatsangehörigkeit des Vaters bestehen (Art 17; vgl. **RG** IW 1911, 208[1] — streitig), unbeschadet der Befugnis des Vormundschaftsgerichts, im Interesse des Kindes eine abweichende Bestimmung zu treffen. An der Anwendbarkeit des ausländischen Rechtes wird dadurch nichts geändert, daß die geschiedene Ehefrau später die deutsche Reichsangehörigkeit gewinnt (anders **RG** 81, 373; dagegen Klein ÖZBl 33, 803). Auch in diesem Falle sind hinsichtlich des der Ehefrau zugesprochenen Kindes, solange eine abweichende Anordnung des inländischen Vormundschaftsgerichts nicht ergangen ist, die Anordnungen der ausländischen Vormundschaftsbehörde maßgebend (abweichend das angeführte Urteil des Reichsgerichts). Zum Schutze des deutschen Kindes ist endlich in Art 19 Satz 2 vorgeschrieben, daß die einmal begründete Anwendbarkeit des deutschen Rechtes durch das Erlöschen der Reichsangehörigkeit des Vaters, sofern nur dem Kinde die Reichsangehörigkeit verblieben ist, nicht wegfällt. Die von dem ausländischen Heimatsrecht ausgesprochene Rückverweisung (Art 27 EG) ist zu beachten (auch hinsichtlich der Frage, welchem Elternteile bei geschiedener Ehe die Sorge für die Kinder zukommt und welche Befugnisse der andere Elternteil hinsichtlich des persönlichen Verkehrs mit dem Kinde hat, **RG** IW 1911, 208[1]), ebenso die Weiterverweisung. Streitig ist, ob die durch Art 23 Abs 2 EG (vgl. § 1773 A 1) dem deutschen Vormundschaftsgericht gegebene Zuständigkeit, vorläufige Maßregeln hinsichtlich eines Ausländers zu treffen, auf eigentliche Vormundschaftssachen zu beschränken ist. Würde man selbst dies annehmen, so sind doch die inländischen Vormundschaftsgerichte nicht gehindert, in Ausübung öffentlich-rechtlicher Verwaltungstätigkeit zum Schutze des im Inlande befindlichen minderjährigen Kindes gegen eine Gefährdung des geistigen oder leiblichen Wohles in einer dem § 1666 entsprechenden Weise einzuschreiten (RIA 13, 178). Die weitere Frage, welche inländische Behörde in Erziehungsstreitigkeiten und hinsichtlich der Regelung des Verkehrs mit dem Kinde (§ 1636) zuständig ist, ob die Zuständigkeit des Prozeßgerichts oder die ausschließliche Zuständigkeit des Vormundschaftsgerichts (vgl. § 1636 A 1) begründet ist, ist lediglich nach inländischem Recht zu entscheiden (**RG** Warn 1913 Nr 426; RIA 14, 18; SächsOLG 35, 267 — früher anders KG in RIA 10, 1). Über die Unterhaltspflicht vgl. Vorbem 3 vor § 1601.

7. Übergangsvorschriften. Das Rechtsverhältnis zwischen Eltern und Kindern bestimmt sich seit dem 1. Jan. 1900 nach neuem Recht (Art 203 EG). Die nach bisherigem Recht durch besondere Anordnung der Behörde erfolgte Beschränkung oder Entziehung des Rechtes der Sorge für die Person oder das Vermögen des Kindes bleibt jedoch bis zu anderweiter Anordnung des

Vormundschaftsgerichts — die hier trotz § 1673 die vorgängige Anhörung von Verwandten oder Verschwägerten des Kindes nicht erfordert, BayObLGZ 2, 81 — bestehen (Art 204 Abs 1 EG). Das gleiche gilt für eine nach bisherigem Recht zulässige Vereinbarung über die Erziehung des Kindes (**RG** Gruch 42, 126; 49, 372; Warn 1912 Nr 220). Auch die Befugnis zum Rücktritt von einem solchen Vertrage bestimmt sich nach dem bisherigen Recht. Ebenso bleiben nach Maßgabe des Art 206 die Bestimmungen des früheren Rechtes über die Zuteilung der tatsächlichen Sorge für die Person der gemeinschaftlichen Kinder, wenn unter diesem Recht die Ehe geschieden ist, so lange in Kraft, als auch nur einer der geschiedenen Ehegatten noch am Leben ist (**RG** 62, 286; vgl. auch Gruch 46, 969). Eine nach neuem Recht nicht zulässige Entziehung der Nutznießung (vgl. § 1666 Abs 2) soll das Vormundschaftsgericht aufheben (Art 204 Abs 2 EG). Ist die väterliche Gewalt nach früherem Recht aus einem Grunde verwirkt, den das BGB nicht anerkennt, so erlangt der Vater mit Inkrafttreten des BGB die elterliche Gewalt zurück (KGJ 19 A 51). Die elterliche Gewalt der Mutter tritt ein, wenn deren Voraussetzungen nach BGB vorliegen. Die Mutter hat deshalb gemäß § 1697 kein Recht auf die elterliche Gewalt, wenn sie vor dem Inkrafttreten des BGB sich wieder verheiratet hat, mag auch zu dieser Zeit die Ehe nicht mehr bestehen (anders für letzteren Fall **RG** 20. 12. 06 IV B 343/06). Die nach früherem Rechte von dem Vater angeordnete Ausschließung der Mutter von der Vormundschaft gilt nach neuem Rechte, das eine solche Ausschließung nicht kennt, als Anordnung der Bestellung eines Beistandes im Sinne des § 1687 Nr 1 (Art 205).

§ 1616

Das Kind erhält den Familiennamen des Vaters[1])[2]).

E I 1497 II 1511; M 4 712; P 4 535.

1. Die zur Familie des Mannes gehörigen Personen, Frau und Kinder, teilen dessen **Familiennamen** und sind nach dem in den einzelnen Bundesstaaten geltenden öffentlichen Recht auch zur Führung dieses die Familienzugehörigkeit erkennbar machenden Namens verpflichtet. Die Änderung des Familiennamens ist nur mit staatlicher Genehmigung gestattet, die nach den landesgesetzlichen Vorschriften erteilt wird (s. § 12 A 2). Nach dem Landesrecht bestimmt es sich, ob diese Genehmigung auch zu einer bloßen, den Wortklang unverändert lassenden Änderung der Schreibweise erforderlich ist (vgl. DJZ 00, 484[51]) und ob die Hinzufügung von Zusätzen erlaubt ist. Über Findelkinder s. § 1773 A 3. Das Kind teilt den Namen des Vaters, auch wenn dieser nach § 1701 nicht die aus der Vaterschaft sich ergebenden Rechte hat. Anders ist es nur, wenn gemäß § 1699 die Ehe schlechthin nichtig ist oder beiden Ehegatten bei der Eheschließung die Nichtigkeit der Ehe bekannt war. Hat der Vater nach der Geburt des Kindes mit staatlicher Genehmigung (vgl. hierüber § 12 A 2) einen andern Namen angenommen, so geht der neue Namen in Ermanglung eines bei der Genehmigung gemachten Vorbehalts auch auf die minderjährigen Kinder über, die in dieser Beziehung eine Sonderstellung nicht beanspruchen können (vgl. Art 134 WürttAG — a. A. Staudinger A 2c; Planck A 1b), nicht aber auf die volljährigen Kinder, nach PrVO v. 3. 11. 19 § 7 auf die in der elterlichen Gewalt des Vaters befindlichen minderjährigen Kinder. An der Änderung des Namens durch Annahme an Kindes Statt nehmen — abweichend von der Legitimation durch Eheschließung und von der Ehelichkeitserklärung, wo diese Wirkung ohne weiteres eintritt — die zur Zeit der Kindesannahme bereits geborenen Kinder nur teil, wenn der Vertrag auch mit ihnen geschlossen ist (§§ 1722, 1737, 1762, 1772). Über das Namensrecht des von einer Ehefrau angenommenen Kindes s. § 1758 A 2. — Was die **Vornamen** betrifft, so ist in dem Recht der Sorge für die Person des Kindes, ohne daß damit das Vertretungsrecht verbunden zu sein braucht, auch die Befugnis enthalten, die Vornamen zu bestimmen (die nach § 22 PStG v. 6. 2. 75 binnen zwei Monaten dem Standesbeamten anzumelden sind) und darunter den Rufnamen auszuwählen. Darüber, welche Vornamen gewählt werden dürfen und ob es zu einer Änderung der Vornamen — wozu auch die Umstellung der Vornamen gehört — der staatlichen Genehmigung bedarf, was dem Gebiete des öffentlichen Rechtes angehört, entscheidet das Landesrecht. Als allgemein geltender Grundsatz ist anzuerkennen, daß die gewählte Bezeichnung nach allgemeiner Übung ein Name sein muß, und daß der Name nicht unanständig oder anstößig sein darf. Über Änderung der Vornamen vgl. PrVO v. 29. 10. 20. — Auf das eheliche Kind wird auch der adlige Familienname des Vaters übertragen (s. § 12 A 1). Doch gibt Art 109 Abs 3 RVerf den vor dem 14. 8. 19 geborenen Kindern aus morganatischer Ehe eines dem bisherigen hohen Adel angehörenden Vaters nicht ohne weiteres das Recht, in Zukunft dessen Namen und Adelsbezeichnung zu führen (**RG** 103, 192; OLG Karlsruhe in JFG 1, 118). Ferner geht das persönliche Adelsprädikat des Vaters nicht als Teil des Namens auf das nach dem 14. 8. 19 geborene Kind über, da Art 109 Abs 3 RVerf nicht so weit auszulegen ist, daß auch in einem solchen Falle an Stelle des bisherigen bürgerlichen

Namens des Kindes die Adelsbezeichnung tritt (JFG 1, 123). Wegen der unehelichen Kinder vgl. Vorbem 4 vor § 1705.

2. Die **Familiengemeinschaft** zeigt sich auch darin, daß die Kinder nach Maßgabe der öffentlich-rechtlichen Bestimmungen des Landrechts den Stand des Vaters teilen und nach § 4 Abs 1 des RuStAngG v. 22. 7. 13 die Staatsangehörigkeit des Vaters auf sie übergeht. Nach § 16 dieses Ges. erstreckt sich die Aufnahme oder Einbürgerung des Elternteils auch auf die kraft elterlicher Gewalt von ihm vertretenen Kinder, sofern nicht in der Urkunde bezüglich dieser Kinder ein Vorbehalt gemacht ist (über die Ausnahme wegen der verheirateten Tochter s. § 1633 A 1); desgleichen nehmen diese Kinder auch an dem nach §§ 26—28 zur Strafe eintretenden Verlust der Staatsangehörigkeit und dem Wiedererwerb der Staatsangehörigkeit (§ 26 Abs 3) des Gewalthabers teil, vorausgesetzt, daß sie sich in häuslicher Gemeinschaft mit ihm befinden. Die Entlassung des Gewalthabers aus der Staatsangehörigkeit hat nicht ohne weiteres die Entlassung der von ihm vertretenen Kinder zur Folge. Sie muß vielmehr von ihm besonders beantragt werden (wegen der vormundschaftsgerichtlichen Genehmigung s. § 1643 A 2) und in der Entlassungsurkunde besonders zum Ausdruck gebracht werden (§§ 19, 23 RuStAngG). Mit der Aushändigung der Urkunde an den Gewalthaber wird der Erwerb und Verlust der Staatsangehörigkeit auch für die Kinder wirksam (§§ 16, 23 — vgl. für das frühere Recht **RG** Warn 1915 Nr 224). Wegen des Wohnsitzes s. § 11 A. 1 u. 2. Nicht abzuleiten ist aus dem Grundsatz der Familiengemeinschaft ein Recht auf Auskunftserteilung über die persönlichen Verhältnisse der andern Familienmitglieder (**RG** JW 01, 54). In dem damals entschiedenen Falle hatte ein durch nachfolgende Verheiratung der Eltern ehelich gewordenes Kind, das bisher der Familie ferngestanden hatte, auf Mitteilung der Namen, des Geburtstags und gegebenenfalls des Todestags aller ehelich erzeugten oder legitimierten Kinder gegen die Eltern Klage erhoben.

§ 1617

Das Kind ist, solange es dem elterlichen Hausstand angehört[1]) und von den Eltern erzogen oder unterhalten wird[2]), verpflichtet, in einer seinen Kräften und seiner Lebensstellung entsprechenden Weise den Eltern in ihrem Hauswesen und Geschäfte Dienste zu leisten[3]).

E I 1499 II 1512; M 4 715; P 4 535.

1. Die **Angehörigkeit zum elterlichen Hausstand** oder dem Hausstand eines Elternteils begründet gewisse hausherrliche Rechte, die von den Rechten der elterlichen Gewalt grundsätzlich verschieden und in den §§ 1617—1619 dargestellt sind. Es macht keinen Unterschied, ob das Kind minderjährig, volljährig oder verheiratet ist. Zur Hausangehörigkeit ist erforderlich, daß das Kind in dem Hausstande den Mittelpunkt seiner Lebensbeziehungen hat (so Dernburg IV § 71 III). Nicht unbedingt nötig ist, daß das Kind die elterliche Wohnung zugleich als Schlafstätte oder zur Einnahme sämtlicher Mahlzeiten benutzt.

2. Voraussetzung des in § 1617 behandelten Anspruchs auf Dienste ist weiter, daß das Kind **Erziehung oder Unterhalt** erhält, was bei dem nicht in elterlicher Gewalt befindlichen minderjährigen Kinde nur mit (ausdrücklicher oder stillschweigender) Zustimmung des Vormundes geschehen kann. Der Erwerb aus den Diensten gebührt demjenigen Elternteil, der die Erziehung leitet oder den Unterhalt besorgt. Nur dieser hat über die Dienste Bestimmung zu treffen. Wird die Erziehung oder der Unterhalt von beiden Eheleuten gewährt, so bestimmt sich das Recht auf die Dienste vorbehaltlich anderer Vereinbarung nach den allgemeinen Grundsätzen des ehelichen Güterrechts. Leistet die geschiedene Ehefrau, die nach der Scheidung in das Elternhaus zurückgekehrt ist, derartige Dienste, so ist dies nicht eine erwerbende Tätigkeit im Sinne des § 1578 (**RG** 67, 58; JW 1911, 810[16]).

3. Nur zur **Leistung von Diensten,** nicht zu Vermögensleistungen ist das Kind verpflichtet und auch nur zur Leistung von Diensten im Hauswesen oder Geschäft der Eltern. Ein Unterschied zwischen gewöhnlichen und außergewöhnlichen Diensten ist hierbei nicht zu machen. Auch für außergewöhnliche Dienste, wie z. B. für Pflege in schweren Krankheitsfällen, kann Vergütung nur auf Grund besonderer Vereinbarung gefordert werden (**RG** 6. 2. 13 IV 508/12). Zu andern Zwecken oder zu Diensten höherer Art dürfen die Eltern die Kinder nicht in Anspruch nehmen. Auch können sie ihr Recht nicht einem andern übertragen. Die Dienste können immer nur insoweit gefordert werden, als sie den körperlichen und geistigen Kräften des Kindes und seiner Lebensstellung entsprechen und als die Ausbildung des Kindes nicht hierunter leidet. Gegen mißbräuchliche Ausnutzung der Arbeitskraft hat im Interesse des minderjährigen Kindes das Vormundschaftsgericht nach § 1666 einzuschreiten. Über die Kinderarbeit in gewerblichen Betrieben (auch über die Beschäftigung eigener Kinder) ist das RGes v. 30. 3. 03, abgeändert durch RGes v. 31. 7. 25 ergangen. Kinder unter 13 Jahren und die noch zum Besuch der Volksschule verpflichteten Kinder dürfen in ge-

wissen Betrieben überhaupt nicht, in andern Betrieben nur während beschränkter Zeit beschäftigt werden. Diese Verbotsbestimmungen sind als Schutzgesetze im Sinne des § 823 Abs 2 anzusehen (so bezüglich der §§ 5 u. 7 RG JW 1914, 644[6]). — Verschieden von dem Dienstverhältnis des § 1617 ist es, wenn das Kind, wofür es auf die Stetigkeit der Arbeitsleistung, die Höhe der Vergütung usw. ankommt, sich in einem vertragsmäßigen Lohnarbeitsverhältnis befindet (vgl. Anl. des RVA v. 6. 12. 05 I 18c). Eine Vergütung für die Dienste kann auch stillschweigend bedungen sein. Es ist dies anzunehmen, wenn die Dienste unter erheblicher Schmälerung der Verdienstmöglichkeiten des Kindes in so großem Umfange in Anspruch genommen werden, daß die Leistung der Dienste ohne Vergütung nicht gewollt sein kann. Liegt ein solcher Sachverhalt nicht vor, so kann die Unterhaltsgewährung (im Sinne der AllgVf v. 8. 8. 17 und 4. 4. 18 über Kriegsteuerungszulagen) nicht etwa wegen der von dem Kinde geleisteten Dienste als eine entgeltliche angesehen werden (RG 99, 114). Hat das Kind die Bewirtschaftung des elterlichen Anwesens erkennbar in der Erwartung geführt, hierfür durch spätere Übertragung des Anwesens entschädigt zu werden, und geht diese Erwartung fehl, so kann es nach den Grundsätzen der ungerechtfertigten Bereicherung Vergütung für die geleisteten Dienste fordern.

§ 1618

Macht ein dem elterlichen Hausstand angehörendes[1]) volljähriges Kind zur Bestreitung der Kosten des Haushalts aus seinem Vermögen eine Aufwendung oder überläßt es den Eltern zu diesem Zwecke etwas aus seinem Vermögen, so ist im Zweifel anzunehmen, daß die Absicht fehlt, Ersatz zu verlangen[2]).

E II 1513; P 4 538 u. 541.

1. Über die Hausangehörigkeit s. § 1617 A 1.

2. Verbleibt das volljährige Kind im elterlichen Hausstand, so wird regelmäßig, sofern die Eltern auf einen Zuschuß zu den Kosten des Haushalts angewiesen sind und das Kind nach seinem Verdienste einen solchen Zuschuß leisten kann, eine Vereinbarung anzunehmen sein, daß das Kind zur Zahlung eines Entgelts verpflichtet ist. Aber auch ohne solche Vereinbarung greift die Auslegungsregel Platz, daß das Kind, wenn es freiwillig einen **Beitrag zum Haushalt** leistet, sei es, daß es selbst die Kosten des Haushalts bestreitet oder daß es den Eltern zur Verwendung hierfür Vermögensgegenstände überläßt, nicht in der Absicht handelt, Ersatz zu verlangen, mithin nicht den in § 683 bestimmten Ersatzanspruch hat (vgl. die ähnliche Auslegungsregeln der §§ 685 Abs 2, 1429). Aus besonderen Umständen, wie namentlich aus der Höhe der Aufwendung, die zu den Vorteilen des Kindes aus der Hausgemeinschaft der Eltern in keinem Verhältnis steht, wird jedoch auf die Absicht des Kindes, sich den Ersatzanspruch vorzubehalten, geschlossen werden dürfen.

§ 1619

Überläßt ein dem elterlichen Hausstand angehörendes[1]) volljähriges Kind sein Vermögen ganz oder teilweise der Verwaltung des Vaters, so kann der Vater die Einkünfte, die er während seiner Verwaltung bezieht, nach freiem Ermessen verwenden, soweit nicht ihre Verwendung zur Bestreitung der Kosten der ordnungsmäßigen Verwaltung und zur Erfüllung solcher Verpflichtungen des Kindes erforderlich ist, die bei ordnungsmäßiger Verwaltung aus den Einkünften des Vermögens bestritten werden[2]). Das Kind kann eine abweichende Bestimmung treffen[3]).

Das gleiche Recht steht der Mutter zu, wenn das Kind ihr die Verwaltung seines Vermögens überläßt[2]).

E II 1514; M 4 728; P 4 538 u. 541.

1. Über die Hausangehörigkeit s. § 1617 A 1. Vgl. die ähnliche Vorschrift in § 1430.

2. Solange sich das Kind in elterlicher Gewalt befindet, steht dem Gewalthaber die Nutznießung an dem nichtfreien Vermögen des Kindes zu. Ein ähnliches Rechtsverhältnis findet statt bezüglich des **Vermögens, das ein volljähriges Kind der Verwaltung des Vaters oder der Mutter überläßt,** was auch stillschweigend durch Nichtrückforderung des vom bisherigen Gewalthaber verwalteten Vermögens geschehen kann. Der verwaltende Elternteil erhält hierdurch das Recht, die Einkünfte nach *freiem Ermessen*, auch im eigenen Interesse, zu ver-

wenden. Von dem Nutznießungsrecht unterscheidet sich dies Verfügungsrecht darin, daß die Nutzungen bis zur Verwendung im Eigentum des Kindes bleiben. Dies ist namentlich für das Rechtsverhältnis dritten Personen gegenüber und für die Herausgabepflicht bei Beendigung des Verfügungsrechts von Bedeutung. Abweichend vom Nutznießungsrecht sind ferner aus dem Vermögen nicht bloß die dem Nutznießer obliegenden Lasten (§§ 1654, 1384 bis 1386, 1388), sondern allgemein alle Verbindlichkeiten des Kindes zu bestreiten, die bei ordnungsmäßiger Verwaltung aus den Einkünften bestritten werden, auch die Kosten des Unterhalts des Kindes, jedoch mit der Beschränkung, daß das Kind von dem in seiner Verwaltung gebliebenen Vermögen zu diesen Unterhaltskosten einen entsprechenden Beitrag zu leisten hat. Insoweit, als es sich um Erfüllung dieser Verpflichtungen handelt, ist der Elternteil zur ordnungsmäßigen Ziehung der Nutzungen und zur Rechnungslegung verpflichtet.

3. Die Gestaltung des Verfügungsrechts beruht auf dem **freien Willen** des Kindes, das hierüber abweichende Bestimmungen treffen, die Befugnisse des Elternteils erweitern, aber auch das Vermögen jederzeit zurückfordern kann. Werden die an sich dem Elternteil obliegenden Ausgaben (A 2) von dem Kinde gedeckt, so ist im Zweifel anzunehmen, daß es dieserhalb keinen Ersatz beanspruchen will (vgl. § 1618).

§ 1620

Der Vater ist verpflichtet, einer Tochter im Falle ihrer Verheiratung zur Einrichtung des Haushalts eine angemessene Aussteuer zu gewähren[1]), soweit er bei Berücksichtigung seiner sonstigen Verpflichtungen ohne Gefährdung seines standesmäßigen Unterhalts dazu imstande ist und nicht die Tochter ein zur Beschaffung der Aussteuer ausreichendes Vermögen hat[2])[3]). Die gleiche Verpflichtung trifft die Mutter, wenn der Vater zur Gewährung der Aussteuer außerstande oder wenn er gestorben ist.

Die Vorschriften des § 1604 und des § 1607 Abs 2 finden entsprechende Anwendung[2]).

E II 1515; P 4 317; 5 143.

1. Abweichend von dem ersten Entwurf hat das BGB in § 1620 der sich verheiratenden Tochter — nicht dem Sohne — einen klagbaren **Anspruch auf eine angemessene Aussteuer** gegen die Eltern eingeräumt, sofern sie nicht bereits früher eine Aussteuer erhalten hat (§ 1622). Die Aussteuer umfaßt die zur Einrichtung des Haushalts gehörigen beweglichen Gegenstände einschließlich der zum persönlichen Bedarf der Tochter erforderlichen Kleidung und Wäsche. Den Eltern bleibt es überlassen, ob sie ihrer Verpflichtung durch Gewährung einer Naturalaussteuer oder durch Zahlung eines entsprechenden Geldbetrags genügen wollen. Die Tochter dagegen kann nur eine Naturalaussteuer fordern, falls nicht besondere Umstände, wie Zerwürfnis mit den Eltern, erhebliche Verschiedenheit der Wohnungs- und Lebensverhältnisse, feindselige Verweigerung der Aussteuer, das Verlangen einer Geldzahlung — worin nur eine andere Erfüllungsart, nicht ein verschiedener Anspruch zu sehen ist — gerechtfertigt erscheinen lassen (**RG** JW 06, 458[11]; 30. 5. 04 IV 481/03; JW 09, 393[10]; Warn 09 Nr 305; 1921 Nr 18 und Nr 129 unter 2). Die gleichen Grundsätze gelten für den vertragsmäßigen Aussteueranspruch (**RG** Warn 1921 Nr 18). Zur Vermeidung der Gefahr, daß die Geldmittel dem bestimmungsmäßigen Zwecke der Beschaffung von Aussteuergegenständen entzogen werden, kann unter Umständen die Anordnung berechtigt sein, daß das Geld bei einer Bank oder einer andern, dem Beklagten genehmen Stelle hinterlegt und damit ein entsprechender Kredit zum Ankauf der Aussteuergegenstände eröffnet wird (**RG** LZ 1921, 417[8]). Das Gesetz gewährt einen Anspruch auf angemessene Aussteuer und gestattet damit, daß nicht nur der Lebensstellung des Ehemanns der Tochter, sondern auch den Vermögensverhältnissen der Eltern Rechnung getragen wird, wobei auch darauf zu achten ist, daß den Eltern das zur Versorgung der übrigen Kinder erforderliche Vermögen verbleibt. Bei Beurteilung der Lebensstellung des Ehemanns ist auch dessen berufsmäßige Ausbildung und die dadurch gewonnene Fähigkeit, eine höhere Stellung einzunehmen, mit in Betracht zu ziehen (**RG** JW 09, 393[10]). Desgleichen sind sonstige Änderungen in den Lebensverhältnissen, auf deren Eintritt zur Zeit der Eheschließung nach dem gewöhnlichen Laufe der Dinge mit Sicherheit zu rechnen war, bei Bemessung der Aussteuer mit zu berücksichtigen (**RG** Warn 1921 Nr 129). Für die nähere Bestimmung des Umfangs und der Beschaffenheit der Aussteuer ist nach dem allgemeinen Grundsatz des § 242 die örtliche Sitte und die Familiensitte von Bedeutung. Besteht in gewissen Gegenden eine allgemeine Sitte, nach welcher bestimmte Aussteuergegenstände von dem Manne zu beschaffen sind, so wird die Weigerung oder das Unvermögen des Mannes zur Beschaffung dieser Gegenstände der Regel nach einen Aussteueranspruch der Tochter bezüglich dieser Gegenstände nicht begründen. Die gleiche Wirkung kann aber der

angeblich bestehenden jüdischen Sitte, daß die Beschaffung der Wohnungsgegenstände lediglich Sache des Mannes sei, nicht beigemessen werden (RG Warn 1921 Nr 129). Die Regel des § 243 Abs 1 findet keine Anwendung (a. A. Staudinger A 5c). Die Gewährleistungspflicht bestimmt sich entsprechend § 1624 Abs 2 nach den Grundsätzen über Schenkung, da die Aussteuer als eine Unterart der Ausstattung zu betrachten ist (abw. früh. Aufl.). Liegt der in § 1620 behandelte Fall der Aussteuer nicht vor oder sind bei Gewährung der Aussteuer die Grenzen des Angemessenen überschritten, so greifen die für die Ausstattung geltenden allgemeinen Grundsätze Platz (vgl. § 1624 A 2 u. 3, vgl. auch § 1625 A 1). Über die Versteuerung der Aussteuer s. § 1624 A 3 a. E.

2. **Begrenzung der Aussteuerpflicht.** Die Aussteuerpflicht stellt sich als eine Erweiterung der Unterhaltspflicht dar und unterliegt deshalb in vielen Beziehungen den für die Unterhaltspflicht geltenden Bestimmungen. Durch die Bedürftigkeit des Berechtigten (vgl. § 1602 Abs 1) ist der Aussteueranspruch insofern bedingt, als die Tochter nur einen Anspruch hat, wenn und insoweit sie die Aussteuer aus ihrem Vermögen, mag dasselbe nun freies oder unfreies Vermögen sein, nicht beschaffen kann, wofür die Beweislast hier nicht der Tochter, sondern dem Verpflichteten zufällt. Der Tochter ist aber nicht zuzumuten, für die Aussteuer dasjenige Vermögen zu verwenden, dessen sie zu ihrem Unterhalt für die nächste Zeit dringend bedarf. Einer Aussteuer bedarf die Tochter ferner insoweit nicht, als sie oder ihr künftiger Mann die benötigten Aussteuergegenstände bereits besitzt oder der Mann zur Beschaffung bereit ist oder ein Dritter, etwa der Großvater, sie zur Verfügung stellt (RG JW 1925, 354[8]). Erforderlich ist ferner die Leistungsfähigkeit des Verpflichteten (§ 1603 Abs 1), wobei hinsichtlich der Einwirkung des ehelichen Güterrechts die Bestimmungen des § 1604 zur Anwendung kommen. Dem Verpflichteten ist unter Umständen, wenn sein Vermögen vorübergehend keinen oder nur geringen Ertrag bringt, zuzumuten, sich die Mittel zur Gewährung der Aussteuer durch Benutzung seines Kredits zu verschaffen (RG 23. 11. 12 IV 431/12). Der Nachweis der Leistungsunfähigkeit ist von dem verpflichteten Elternteil zu führen (RG JW 1925 a. a. O.). Aussteuerpflichtig ist in erster Linie der Vater, und zwar ohne Rücksicht darauf, ob ihm das Nutznießungsrecht zusteht, in zweiter Linie bei Leistungsunfähigkeit des Vaters, der die Erschwerung der Rechtsverfolgung nach § 1607 Abs 2 gleichsteht, die Mutter. § 1607 Abs 2 hat auch Geltung hinsichtlich des der Mutter zustehenden Ersatzanspruchs. Ist zwischen den geschiedenen Eheleuten vereinbart, daß die dem Vater gegenüber der Tochter obliegende Aussteuerpflicht von der Mutter zu erfüllen ist, so erlischt die Verpflichtung des Vaters, soweit die Mutter oder ein von ihm beauftragter Dritter die Aussteuer gewährt hat. Hat die Tochter aus dem Übernahmevertrage einen selbständigen Anspruch (vgl. § 328) erworben, so kann hierdurch, weil sie auf diese Weise in den Besitz eigenen Vermögens gelangt ist, der Anspruch gegen den Vater ausgeschlossen sein (RG JW 1914, 646[9]). Beim Zusammentreffen eines Unterhalts- und Aussteueranspruchs (vgl. Zimmermann, Der gesetzliche Aussteueranspruch § 7 S. 37) muß der Aussteueranspruch zurücktreten, jedenfalls dann, wenn nach den Grundsätzen des § 1609 Abs 2 dem den Unterhalt Fordernden im Verhältnis zu der die Aussteuer ansprechenden Tochter der Vorrang zukommt (RG 10. 6. 07 IV 542/06; Warn 1921 Nr 147).

3. Der Anspruch auf Aussteuer kommt mit dem **Zeitpunkt der Eheschließung der Tochter** zur Entstehung. Hat die Tochter längere Zeit nach der Heirat vergehen lassen, ohne eine Aussteuer zu fordern, so kann je nach der Sachlage hierin ein Verzicht gefunden werden. Ebenso wird, wenn die Tochter nach Auflösung der Ehe in den Hausstand des Vaters zurückkehrt, angenommen werden dürfen, daß sie an Stelle der Aussteuer sich mit dem Unterhalt im väterlichen Haushalt begnügen will. Abgesehen von solchen besonderen Umständen ist an der Regel festzuhalten, daß der durch rechtsgültige Eingehung der Ehe einmal entstandene Aussteueranspruch durch Auflösung der Ehe nicht wieder in Wegfall kommt (RG 16. 9. 12 IV 273/12). Der Zeitpunkt der Eheschließung ist auch maßgebend für die Beurteilung der Bedürftigkeit der Tochter (RG 20. 1. 12 IV 535/11) und, wenigstens der Regel nach, für die Beurteilung der Leistungsfähigkeit der Eltern (RG JW 1915, 331[7]). Desgleichen kommt es für den Umfang der Aussteuer, wenn auch diese erst später gegeben wird, darauf an, was zur Zeit der Eheschließung zur Einrichtung des Haushalts erforderlich ist (wegen der Berücksichtigung voraussehbarer künftiger Änderungen s. jedoch A 1 und über den Einfluß der Nachkriegsverhältnisse RG JW 1925, 354[8]). Daraus, daß der Leistungsanspruch erst mit der Eheschließung entsteht, ist jedoch nicht zu folgern, daß auch auf Feststellung nicht früher geklagt werden könnte. Ein zur Erhebung der Feststellungsklage aus § 256 ZPO ausreichendes wirtschaftliches Interesse ist gegeben, wenn die Tochter verlobt ist (RG 49, 370). Auch eine Klage auf künftige Leistung ist unter den Voraussetzungen des § 259 ZPO, wenn nach dem bisherigen Verhalten des Verpflichteten zu besorgen ist, daß er sich der rechtzeitigen Leistung entziehen werde, zulässig (RG 58, 139; JW 09, 393[10]).

§ 1621

Der Vater und die Mutter können die Aussteuer verweigern, wenn sich die Tochter ohne die erforderliche elterliche Einwilligung verheiratet[1]).

Das gleiche gilt, wenn sich die Tochter einer Verfehlung schuldig gemacht hat, die den Verpflichteten berechtigt, ihr den Pflichtteil zu entziehen[1])[2]).

E II 1516; P 4 317.

1. Das in § 1621 Abs 2 bestimmte **Recht der Eltern, die Aussteuer zu verweigern,** steht in Einklang mit § 1611 Abs 2 (vgl. § 1611 A 2). Nur hat die Verfehlung (die einredeweise geltend zu machen ist) nicht eine bloße Beschränkung, sondern den vollständigen Verlust des Aussteueranspruchs zur Folge. Als weitere Verfehlung kommt hinzu die Verheiratung der Tochter ohne die nach §§ 1305ff. erforderliche Einwilligung der Eltern. Es ist nicht mehr wie billig, daß den Eltern durch eine Verheiratung der Tochter, zu der sie die erforderliche Einwilligung nicht gegeben haben, keinerlei Lasten erwachsen dürfen. Wird die Einwilligung nachträglich erteilt, so kann hierin ein Verzicht auf die Einrede liegen (a. A. Staudinger A 1a). Die Verheiratung ohne die erforderliche Einwilligung berechtigt — wie die Pflichtteilsentziehungsgründe des § 2333 Nr 1, 2, 3 — nicht nur den Elternteil, dessen Einwilligung nötig war, sondern auch den andern Elternteil zur Versagung der Aussteuer. Macht der Vater von dem Recht der Versagung aus § 1621 Gebrauch, so kann nicht an seiner Stelle die Mutter zur Gewährung der Aussteuer herangezogen werden (vgl. § 1611 A 3). Abs 1 ist nicht entsprechend anwendbar in dem Fall, daß die Tochter gegen den Willen der Eltern eine sog. Gewissensehe mit ihrem Verlobten führt. Wohl aber kann alsdann die Aussteuer auf Grund des Abs 2 verweigert werden, weil sie die außereheliche Geschlechtsgemeinschaft bis zur Heirat fortgesetzt hat (RG LZ 1923, 396).

2. **Beweispflichtig** für das Vorhandensein der in Abs 2 bezeichneten Verfehlung ist der die Aussteuer verweigernde Elternteil. Hinsichtlich der Verfehlung nach § 2333 Nr 5 genügt es nicht, daß die Tochter früher einmal — vielleicht ohne besonderes Verschulden — einen schimpflichen Lebenswandel geführt hat. Grundsätzlich ist vielmehr der Beweis zu erbringen, daß der schimpfliche Lebenswandel noch zur Zeit der Eheschließung bestanden hat, wobei allerdings aus dem Umstande, daß das frühere Verhalten der Tochter einen festgewurzelten Hang zu einem solchen Lebenswandel erkennen läßt, Schlüsse auch für die spätere Zeit gezogen werden können und eine wirkliche Besserung nicht schon aus dem Grunde angenommen werden darf, weil die Tochter einige Zeit diese Neigung nicht betätigt hat oder ihr die Betätigung nicht nachgewiesen ist (RG 77, 162). Die Tochter ist aussteuerberechtigt, wenn auch die Abkehr von dem früheren schimpflichen Lebenswandel nur unter dem Einfluß ihrer Verlobung sich vollzogen hat (RG Warn 1916 Nr 6).

§ 1622

Die Tochter kann eine Aussteuer nicht verlangen, wenn sie für eine frühere Ehe von dem Vater oder der Mutter eine Aussteuer erhalten hat[1]).

E II 1517; P 4 317.

1. Die Tochter hat **nur einen Anspruch auf einmalige Aussteuer.** Hat sie eine angemessene Aussteuer bereits für eine frühere Ehe von dem Vater oder der Mutter erhalten, so ist sie damit wegen ihres Aussteueranspruchs auch für die spätere Ehe abgefunden. Eine zweite Aussteuer kann sie nicht verlangen. Ist es aber zu einer Eheschließung nicht gekommen, der Zweck der Aussteuer also nicht erreicht, so tritt eine Befreiung von der Aussteuerpflicht insoweit ein, als die Tochter bei Eingehung der andern Ehe aus der früheren Zuwendung noch bereichert ist (a. A. Planck A 3). Die von einem Dritten gewährte Aussteuer wirkt auf den Aussteueranspruch der Tochter insofern ein, als hierdurch die Bedürftigkeit (§ 1620 A 2) beseitigt wird.

§ 1623

Der Anspruch auf die Aussteuer ist nicht übertragbar[1]). **Er verjährt in einem Jahre von der Eingehung der Ehe an**[2]).

E II 1518; P 4 317; 6 298.

1. Der Aussteueranspruch soll dem Zwecke, die Mittel zur Begründung des ehelichen Haushalts zu gewähren, nicht entfremdet werden dürfen. Er ist deshalb als ein höchstpersönlicher Anspruch **nicht übertragbar, auch nicht pfändbar** (§ 851 Abs 1 ZPO), und es kann nicht gegen ihn aufgerechnet werden (§ 394). Dagegen ist der Aussteueranspruch, sobald er durch die Eheschließung zur Entstehung gelangt ist, sowohl auf seiten des Berechtigten als des Ver-

pflichteten vererblich. Die Unübertragbarkeit schließt nicht aus, daß der Aussteueranspruch der Frau von dem Ehemann nach den Regeln des ehelichen Güterrechts (s. §§ 1380, 1439, 1525 Abs 2) geltend gemacht werden kann.

2. Der einjährigen **Verjährung** unterliegt nur der gesetzliche Aussteueranspruch, nicht der Anspruch aus einem Aussteuerversprechen. Die Verjährung beginnt mit Eingehung der Ehe, falls nicht vereinbarungsgemäß die Aussteuer erst später fällig wird. Während der Minderjährigkeit der Tochter ist die Verjährung des Anspruchs nach § 204 gehemmt. Der Aussteueranspruch ist ein Recht der Ehefrau, das von dieser zur Abwendung der drohenden Gefahr der Verjährung gemäß § 1401 ohne Zuziehung des Mannes geltend gemacht werden kann (LZ 1920, 398).

§ 1624

Was einem Kinde mit Rücksicht auf seine Verheiratung oder auf die Erlangung einer selbständigen Lebensstellung zur Begründung oder zur Erhaltung der Wirtschaft oder der Lebensstellung von dem Vater oder der Mutter zugewendet wird (Ausstattung)[1], gilt, auch wenn eine Verpflichtung nicht besteht, nur insoweit als Schenkung[2])[3]), als die Ausstattung das den Umständen, insbesondere den Vermögensverhältnissen des Vaters oder der Mutter, entsprechende Maß übersteigt.

Die Verpflichtung des Ausstattenden zur Gewährleistung wegen eines Mangels im Rechte oder wegen eines Fehlers der Sache bestimmt sich, auch soweit die Ausstattung nicht als Schenkung gilt, nach den für die Gewährleistungspflicht des Schenkers geltenden Vorschriften[3]).

E I 1500 Abs 1, 3 II 1519; M 4 716 ff.; P 4 317 ff.

1. Als **Ausstattung** ist anzusehen, was einem Kinde zur Selbständigmachung oder zur Erhaltung der Selbständigkeit (vgl. RG Warn 1912 Nr 86) zugewandt wird, wobei es gleichgültig ist, ob die Zuwendungen tatsächlich hierzu erforderlich sind. Auf den Zeitpunkt der Zuwendung, ob sie vor oder nach der Verheiratung oder Begründung der selbständigen Lebensstellung erfolgt, kommt es nicht an (RG JW 06, 426[12]). Unter den Begriff der Ausstattung fällt auch, was zur Vergrößerung des Geschäfts im Sinne der Hebung der wirtschaftlichen Selbständigkeit und was einem unausgestatteten oder geringer ausgestatteten Kinde zur Gleichstellung mit der Ausstattung eines andern Kindes gegeben wird (RG JW 1910, 237[18]). Eine Ausstattung kann der Tochter in der Weise gewährt werden, daß in ihrem Interesse, um den wirtschaftlichen Bestand der Ehe zu sichern, die Schulden des Ehemanns oder künftigen Ehemanns bezahlt werden (RG JW 1912, 913[10]). Die Ausstattung (Mitgift) — die in weiterem Sinne auch die Aussteuer mitumfaßt — ist nicht auf bewegliche Sachen beschränkt, sondern kann auch in Grundstücken, in dem Recht, die Nutzungen eines Grundstücks zu ziehen (das aber nicht auf längere Zeit als 30 Jahre bestellt werden kann) — vgl. § 567; LZ 1917, 801[5], SeuffA 74 Nr 69 — in der Gewährung einer Rente, einer freien Wohnung (RG 26. 3. 06 IV 479/05), in Verkauf unter dem Werte, so daß mit dem Verkauf eine Schenkung verbunden ist, usw. bestehen. Die Ausstattung der Tochter kann darin bestehen, daß ihrem Manne ein an sie zurückzuzahlendes Darlehn gewährt oder ihm ein Bankkonto zur freien Verfügung oder zur Verfügung nach den für eingebrachtes Gut geltenden Regeln eröffnet wird (vgl. RG JW 1922, 1443[2]). Unter den Begriff der Ausstattung im Sinne des § 1624 fallen auch die in § 2050 erwähnten Zuschüsse, sofern sie zu dem in § 1624 bezeichneten Zwecke gemacht sind (RG JW 1910, 237[18]). Die in § 2050 hinsichtlich der Ausgleichungspflichtigkeit zwischen Ausstattung und Zuschüssen gemachte Unterscheidung hat für die Anwendung des § 1624 keine Bedeutung. Der Annahme einer Mitgift steht nicht unbedingt entgegen, daß das Geld abredemäßig zu verzinsen ist (RG Warn 1917 Nr 58). Die Bestimmung des § 1623 über die Unübertragbarkeit des Aussteueranspruchs ist nicht auf den Ausstattungsanspruch auszudehnen. Die Übertragbarkeit richtet sich hier im allgemeinen nach dem Gegenstande des Anspruchs (vgl. RG JW 07, 510[10]). Aus besondern Umständen kann sich ergeben, daß, um die Erreichung des Zweckes der für den ehelichen Haushalt zu verwendenden Mitgift sicherzustellen, die Zulässigkeit der Übertragung hat ausgeschlossen sein sollen (RG JW 1916, 744[8]), was jedoch der Pfändbarkeit nach § 851 Abs 2 ZPO nicht entgegensteht (RG SeuffA 77 Nr 7). Eine Verbindlichkeit aus dem Mitgiftversprechen — mag dieses von den Eltern oder einem Dritten erteilt sein — wird nicht begründet, wenn der Versprechende gleichzeitig erklärt, daß die Zuwendung nur eine freiwillige sein solle. Behauptet der Versprechende, der bemüht gewesen war, eine passende Heirat zustande zu bringen, daß er das Versprechen nicht als ein rechtlich bindendes abgegeben, sondern nur eine unverbindliche Äußerung getan habe, so ist er hierfür beweispflichtig (RG JW 1914, 240[2]). Das

Mitgiftversprechen kann unter einem bestimmten, ausdrücklich oder stillschweigend erklärten Vorbehalt abgegeben werden, so z. B. unter dem Vorbehalt, daß eine in der Zeit bis zur Fälligkeit eintretende erhebliche Verschlechterung der Vermögenslage den Versprechenden berechtigt, den Betrag angemessen zu mindern. Es kann insbesondere bei dem Versprechen eines Zuschusses die Fortdauer des Zuschußbedarfs und ebenso die Fortdauer günstiger, die Leistung des Zuschusses ermöglichender Vermögensverhältnisse, wofür es ganz auf die Umstände des Falles ankommt, die stillschweigende Voraussetzung des Versprechens bilden (RG JW 1916, 588[13]). Im letzteren Falle ist — abweichend von § 1603 — der Kläger für die Fortdauer der Leistungsfähigkeit beweispflichtig. Die Pflicht zur Entrichtung der Ausstattung fällt weg, wenn der damit verbundene Zweck nicht mehr erreicht werden kann. Sie erlischt aber nicht ohne weiteres dadurch, daß die ausstattungsberechtigte Tochter nach der Verheiratung gestorben ist. Es läßt sich in diesem Falle nicht sagen, daß durch den Tod der Ehefrau der Zweck der Vereinbarung gänzlich vereitelt sei (RG 22. 12. 13 IV 467/13; vgl. auch § 1620 A 3). Die Abgabe eines Zuschußversprechens wird regelmäßig in dem Sinne gemeint sein, daß die Fortentrichtung spätestens aufhören soll, wenn das Kind in den Genuß seines Erbteils am Nachlaß des Versprechenden gelangt. Daß das Kind außer den Einnahmen aus der Erbschaft den Zuschuß weitererhalten soll, ist eine so außerordentliche Begünstigung, daß sie dem Willen des Versprechenden nur in den seltensten Fällen entsprechen wird. Insofern ist die Vererblichkeit der Verpflichtung nur eine beschränkte (vgl. RG Warn 1914 Nr 166). Möglich ist es, das Rentenversprechen dahin auszulegen, daß es unter dem stillschweigenden Vorbehalt der Nichtbeendigung der Ehe durch Scheidung erteilt ist (RG 16. 10. 19 IV 220/19). Der Umstand allein, daß die Beteiligten bei Abschluß des Vertrags davon ausgegangen sind, die Ehegatten würden dauernd in ehelicher Gemeinschaft leben, macht den Vertrag noch nicht zu einem bedingten (RG Warn 1920 Nr 98). Das Mitgiftversprechen wird hinfällig, wenn der Versprechende seine nach § 1305 erforderliche Einwilligung zur Verheiratung zurückgezogen hat, da angenommen werden darf, daß das Versprechen unter der selbstverständlichen Bedingung erteilt ist, es werde unter Fortdauer der Einwilligung zur Heirat kommen. Anders ist es, wenn der Versprechende sich zur Gewährung der Mitgift schlechthin auch für den Fall verpflichtet haben sollte, daß die Ehe erst nach Volljährigkeit der Tochter oder auf Grund einer bei veränderter Sachlage erteilten neuen Einwilligung zustande kommen würde (RG 2. 6. 13 IV 49/13). Die für die Ehefrau gegebene Mitgift geht mit der Hingabe an den Mann in das Eigentum der Frau über. Der Mann darf daher nach Beendigung seines Verwaltungs- und Nutznießungsrechts nicht etwa die Mitgift ohne Zustimmung der Frau an den Besteller der Mitgift zurückgeben (RG 7. 10. 15 IV 99/15).

2. § 1624 gibt keine besondere Vorschrift darüber, wann ein Ausstattungsversprechen sich als **Schenkung** darstellt. Es kommt hierfür lediglich darauf an, ob die in § 516 Abs 1 bestimmten Erfordernisse der Schenkung erfüllt sind. Eine Schenkung ist nicht anzunehmen, wenn Eheschließung und Mitgiftversprechen nach der Auffassung beider Teile oder doch nach der Auffassung des Mannes, dem das Mitgiftversprechen gemacht wird, im Verhältnis von Leistung und Gegenleistung stehen oder wenn die Mitgift auch nur eine Abgeltung der Lasten der Ehe sein soll, ohne welche Abgeltung die Eheleute überhaupt nicht daran denken konnten, zu heiraten, wobei für die Auffassung der Beteiligten auch die Anschauung der Kreise, denen sie angehören, in Betracht zu ziehen ist (vgl. RG 7. 10. 18 IV 214/18; 62, 273; JW 08, 71[6]; Warn 08 Nr 203; Gruch 51, 376; vgl. auch Neubecker, Die Mitgift S. 243, welcher ein jedes die Eheschließung veranlassendes Mitgiftversprechen an den Mann für klagbar ansehen will). Das Verhältnis von Leistung und Gegenleistung wird dadurch nicht ausgeschlossen, daß eine klagbare Verpflichtung zur Eheschließung nicht eingegangen werden kann (§ 1297). Ein solches Gegenseitigkeitsverhältnis wird sich aus den wirtschaftlichen Verhältnissen oft ohne weiteres ergeben. Es kann sich auch daraus ergeben, daß die Eltern, weil die Tochter von ihrem späteren Manne geschwängert worden war, ein besonderes Interesse an der Verheiratung gehabt haben (vgl. RG 26. 9. 10 IV 416/09). Keine Schenkung ist es, wenn dem künftigen Ehemann der Nichte ein Zuschuß dafür versprochen wird, daß dieser infolge der Eheschließung dem Versprechenden die Fürsorge für die bisher von ihm unterhaltene Nichte abnimmt (RG 15. 2. 11 IV 140/10). Es ist ferner nicht als Schenkung anzusehen, sondern als ein eigenartiger gegenseitiger Vertrag, wenn der Vater der Tochter und der Onkel des künftigen Ehemanns vereinbaren, daß ersterer die Schulden des Neffen tilgen und letzterer dafür der Tochter eine bestimmte Mitgift gewähren soll (RG Warn 1911 Nr 174). Ein gegenseitiger Vertrag über Gewährung einer Ausstattung und einer Gegenleistung dafür kann zugunsten der Kinder auch zwischen den beiderseitigen Eltern geschlossen werden (RG LZ 1916, 1308[9]). Das Versprechen der Mitgift kann unter Umständen im Verhältnis zur künftigen Ehefrau als Schenkung, im Verhältnis zum künftigen Ehemann als entgeltlicher Vertrag zu beurteilen sein (RG JW 1913, 278[21]). Ist nach vorstehendem eine Schenkung nicht anzunehmen, so liegt doch immer, sofern für die Zuwen-

dung sachlich kein Entgelt gewährt wird, im Verhältnis der Eheleute zueinander eine unentgeltliche Zuwendung vor, was insofern von Bedeutung ist, als in diesem Falle der Ausstattung nach § 1369 bei der Zuwendung die Eigenschaft des Vorbehaltsguts gegeben werden kann (RG 80, 217). Wird die Mitgift versprochen, um den Mann dazu zu bestimmen, die von dem Versprechenden geschwängerte Frauensperson zu heiraten, so kann hierin, falls für den Mann keine andern Beweggründe vorgelegen haben, ein die Ungültigkeit des Vertrags bewirkender Verstoß gegen die guten Sitten liegen (RG 62, 278). Über die Befugnis des Vormundes zur Gewährung einer Ausstattung s. § 1902 A 1.

3. Für den besondern Fall, daß die **Ausstattung** dem Kinde **von dem Vater oder der Mutter zugewendet** wird, ist in § 1624 bestimmt, daß die Ausstattung in gewissen Beziehungen nicht als Schenkung zu behandeln ist, soweit sie nach den Umständen, wobei namentlich auch die Verhältnisse des auszustattenden Kindes und der übrigen Kinder in Betracht kommen, zur Zeit des Versprechens oder der Leistung das den Vermögensverhältnissen der Eltern entsprechende Maß nicht übersteigt. Die Ausstattungspflicht der Eltern ist damit in gewisser Weise zu einer Rechtspflicht erhoben. Ob in Wirklichkeit eine Schenkung vorliegt — deren Vorhandensein nicht dadurch ausgeschlossen wird, daß die Zuwendung in Erfüllung einer sittlichen Pflicht erfolgt (§ 534) —, entscheidet sich nach dem in A 2 Gesagten. Aus § 1624 darf nicht etwa die Folgerung gezogen werden, daß eine übermäßige Ausstattung immer als Schenkung anzusehen sei (RG JW 08, 71[6]). Daß die Ausstattung das den Vermögensverhältnissen der Eltern entsprechende Maß übersteigt, darf als Ausnahme angesehen werden. Es hat daher im Streitfalle derjenige die Beweislast, welcher die Übermäßigkeit behauptet (RG Gruch 56, 1003; Warn 1920 Nr 98). Ist die Ausstattung nicht als Schenkung zu behandeln, so bedarf das Ausstattungsversprechen zu seiner Gültigkeit nicht der für das Schenkungsversprechen vorgeschriebenen Form der gerichtlichen oder notariellen Beurkundung, sondern ist formlos gültig, soweit nicht wegen seines Gegenstandes eine besondere Form eingehalten werden muß. Die Form des § 313 ist zu beobachten, wenn die Zusage auf Übereignung eines Grundstücks gerichtet ist, wodurch jedoch die Gültigkeit des wahlweise beigefügten Versprechens einer Geldzahlung nicht berührt wird (RG JW 04, 405[6]). Es bedarf der Schriftform des § 761, wenn den Gegenstand des Ausstattungsversprechens eine Leibrente bildet, für deren Begriff die Lebenslänglichkeit der Rente — die allerdings durch Nebenvereinbarungen eingeschränkt sein kann — und die Einheitlichkeit des Rentenrechts als eines von den sonstigen Beziehungen und Verhältnissen der Beteiligten unabhängigen Grundrechts wesentlich ist (RG 67, 204; 111, 286; LZ 1921, 567[2]). Das Versprechen einer Leibrente liegt nicht vor, wenn der Betrag der einzelnen Renten von der Leistungsfähigkeit des Versprechenden oder der Bedürftigkeit des Empfängers abhängig ist (RG Warn 1911 Nr 266; 14. 2. 21 IV 103/20; vgl. § 759 A 1). Keine Anwendung finden ferner die Bestimmungen über Rückforderung einer Schenkung wegen Bedürftigkeit und Widerruf einer Schenkung wegen Undanks (§§ 519, 528ff.), die Auslegungsregel des § 520 sowie die Bestimmungen über die auf Vorsatz und grobe Fahrlässigkeit beschränkte Haftung und die Befreiung von Verzugszinsen (§§ 521, 522). Auch die Anwendbarkeit der in § 63 Nr 4 und § 226 Abs 2 Nr 3 KO für Forderungen aus Freigebigkeit gegebenen Vorschriften ist ausgeschlossen (RG JW 1916, 588[13]). Dagegen bleibt es nach § 1624 Abs 2 bei der Anwendbarkeit der Vorschriften über die Gewährleistungspflicht des Schenkers (§§ 523, 524), und auch die Anwendbarkeit der Vorschriften über Schenkung unter einer Auflage (§§ 525—527) unterliegt keinem Bedenken. Diese besondere Regelung greift nur Platz zugunsten des Kindes. Doch wird, wenn der die Ausstattung versprechende Elternteil sich unmittelbar an den Ehemann oder Bräutigam der Tochter wendet, die Sache regelmäßig so liegen, daß die Zusage für die Tochter bestimmt ist und nur in deren Vertretung von dem Schwiegersohn entgegengenommen wird, so daß sich hieraus die Gültigkeit des mündlichen Versprechens ergibt (RG JW 04, 405[6]; 26. 3. 06 IV 479/05; 7. 10. 07 IV 67/07). Das mündliche Versprechen wird in entsprechender Anwendung des § 1624 Abs 1 auch dann als gültig anzusehen sein, wenn dem Schwiegersohn gegenüber die Verpflichtung zur Leistung an die Tochter gemäß § 328 Abs 1 übernommen wird (RG 67, 207; Warn 1920 Nr 98). Hat die Ehefrau das Versprechen zugunsten ihres Mannes sich erteilen lassen, so wird der Regel nach die Zuwendung nicht dadurch hinfällig, daß hinterher der Mann die Zuwendung ablehnt. Die Frau kann in diesem Falle auf Leistung an sich selbst klagen. Auf die von dem Vater seinem Sohne gegenüber zur Ermöglichung der Verheiratung eingegangene Verpflichtung, dessen künftige Frau während der Kriegsdienstzeit des Sohnes zu unterhalten, findet der in § 1624 in der Begrenzung des Abs 1 ausgesprochene Grundsatz der Formfreiheit entsprechende Anwendung (RG LZ 1920, 700[5]). — In steuerrechtlicher Hinsicht ist zu bemerken, daß nach § 3 Abs 5 des ErbschStG in der Fassung v. 22. 8. 25 „Ausstattungen", die Abkömmlingen zur Einrichtung eines den Vermögensverhältnissen und der Lebensstellung der Beteiligten angemessenen Haushalts gewährt werden (worunter die Aussteuer im Sinne des § 1620 mit zu begreifen ist), steuerfrei bleiben, insbesondere nicht als Schenkung versteuert werden, sofern ein Anlaß zur

Ausstattung vorhanden war und der Zweck der Ausstattung innerhalb zweier Jahre erfüllt wird. Im übrigen kommt außer § 18 Nr 4, der die Zuwendung beweglicher Sachen bis zu einem gewissen Werte betrifft, hauptsächlich § 18 Nr 14 in Betracht, wonach Zuwendungen unter Lebenden zum Zwecke des angemessenen Unterhalts oder zur Ausbildung des Bedachten von der Steuer befreit sind.

§ 1625

Gewährt der Vater einem Kinde, dessen Vermögen seiner elterlichen oder vormundschaftlichen Verwaltung unterliegt, eine Ausstattung, so ist im Zweifel anzunehmen, daß er sie aus diesem Vermögen gewährt. Diese Vorschrift findet auf die Mutter entsprechende Anwendung[1]).

E I 1500 Abs 2 II 1520; M 4 720; P 4 323.

1. Die **Auslegungsregel** des § 1625 — die auch auf die Aussteuer anzuwenden ist — ist nur für den Fall aufgestellt, daß sich das Vermögen des Kindes kraft Gesetzes in der Verwaltung des die Ausstattung gewährenden Elternteils befindet. Erhellt nicht, ob die Mittel aus dem eigenen Vermögen oder dem Kindesvermögen genommen sind oder im Wege der Aufnahme eines Darlehns genommen werden sollen, so spricht die Vermutung für Verwendung des Kindesvermögens. Darüber, wem im Verhältnis der Ehegatten zueinander nach Gütergemeinschaftsrecht die Ausstattung zur Last fällt, s. §§ 1465, 1538, 1549.

II. Elterliche Gewalt

§ 1626

Das Kind steht, solange es minderjährig ist, unter elterlicher Gewalt[1]).

E I 1501 Abs 1 II 1521; M 4 727; P 4 546.

1. Der § 1626 enthält den wichtigen Grundsatz, daß es keine väterliche, sondern nur eine **elterliche Gewalt** gibt (vgl. hierüber Vorbem 2 vor § 1616), und daß die elterliche Gewalt mit der Volljährigkeit des Kindes endet, die durch Vollendung des 21. Lebensjahrs oder Volljährigkeitserklärung (§§ 2—5) erlangt wird. Über die Volljährigkeit hinaus kann die elterliche Gewalt nicht verlängert werden. Es kann nur durch Einrichtung einer Vermögensverwaltung (Einsetzung eines Testamentsvollstreckers) von demjenigen, der dem Kinde Vermögen zuwendet, dafür gesorgt werden, daß das Kind (unbeschadet seines etwaigen Pflichtteilsrechts) erst später in den Besitz dieses Vermögens kommt (§ 2209). Für die auf dem natürlichen Verwandtschaftsverhältnis beruhenden Rechte der Eltern besteht, abgesehen davon, daß nur ein Kind unter 21 Jahren der Einwilligung zur Eheschließung und Kindesannahme bedarf (vgl. Vorbem 3 vor § 1616), eine solche Zeitgrenze nicht. In prozessualer Beziehung ist zu bemerken, daß durch Beendigung der elterlichen Gewalt, falls zugleich das Kind prozeßfähig geworden ist, das Streitverfahren nach § 241 ZPO nicht unterbrochen wird (**RG** 21. 2. 03 III 406/01).

1. Elterliche Gewalt des Vaters

§ 1627

Der Vater hat kraft der elterlichen Gewalt das Recht und die Pflicht, für die Person und das Vermögen des Kindes zu sorgen[1])[2]).

E I 1502 Nr 1 II 1522; M 4 724; P 4 547.

1. Die elterliche Gewalt enthält das Recht der **Fürsorge für die Person und das Vermögen des Kindes**, womit nach § 1649 auch das Nutznießungsrecht verbunden ist. Das Recht der Vertretung (§ 1630) ist in der Sorge für die Person und das Vermögen inbegriffen, und zwar derart, daß die Sorge für die Person auch das Vertretungsrecht in den die Person des Kindes betreffenden Angelegenheiten und die Sorge für das Vermögen die Vertretung in Vermögensangelegenheiten umfaßt; es erscheint aber, wenn auf Grund der §§ 1666 ff. dem Gewalthaber nur das Vertretungsrecht oder nur die tatsächliche Fürsorge entzogen wird oder wenn der Mutter auf Grund des § 1635 (vgl. auch §§ 1696—1698 u. 1676 Abs 2) die tatsächliche Fürsorge für die Person zusteht, als ein besonderes Recht. Das Vertretungsrecht ist für die elterliche Gewalt derart wesentlich, daß sein völliges Fehlen die Einleitung der Vormundschaft nötig macht (§ 1773). Ist dem Gewalthaber in dem Verfahren aus §§ 1666 ff. sowohl die Sorge für die Person als das Vermögen entzogen, so ist damit zugleich, falls nicht ausdrücklich eine andere Anordnung getroffen wird, das Vertretungsrecht ausgeschlossen.

2. Die Fürsorge ist nicht bloß ein Recht, sondern auch eine **Pflicht**. Ein Verzicht auf die Verwaltung des Kindesvermögens ist unzulässig. Auch auf Rechnungslegung kann der Gewalthaber nicht verzichten. Doch gilt der Verzicht auf Rechnungslegung so lange, als tatsächlich die Verwaltung dem andern belassen ist (RG 2. 4. 06 IV 489/05). Kraft der Sorge für das Vermögen hat der Gewalthaber die dem Kinde als Hauseigentümer nach § 823 obliegende Beleuchtungspflicht bei eigener Verantwortlichkeit zu erfüllen. Über die Haftung aus Nichterfüllung der Aufsichtspflicht s. § 1631 A 2.

§ 1628

Das Recht und die Pflicht, für die Person und das Vermögen des Kindes zu sorgen, erstreckt sich nicht auf Angelegenheiten des Kindes, für die ein Pfleger bestellt ist[1]).

E I 1503, 1650 II 1523; M 4 740; P 4 557.

1. Das Recht der Fürsorge und das Vertretungsrecht ist für diejenigen Angelegenheiten ausgeschlossen, für die ein **Pfleger** bestellt ist (§§ 1909 Abs 1 u. 3, 1638, 1665, 1666, 1667, 1669, 1670), und zwar tritt die Ausschließung mit der Bestellung des Pflegers ein und bleibt so lange in Kraft, bis die Pflegschaft aufgehoben wird, ohne Unterschied, ob sie mit Recht angeordnet ist oder nicht (vgl. § 1774 A 2). Anlaß zur Bestellung eines Pflegers ist auch dann vorhanden, wenn in der fraglichen Angelegenheit ein wesentlicher Interessengegensatz zwischen dem Gewalthaber und dem Kinde besteht. Der Gewalthaber ist nach § 1909 Abs 2 anzeigepflichtig, wenn ein Fall eintritt, in dem die Bestellung eines Pflegers nötig wird. Für die Verwaltung durch den Pfleger gelten die Grundsätze des Vormundschaftsrechts. Insbesondere kommen hinsichtlich der Notwendigkeit der Genehmigung des Vormundschaftsgerichts nicht die Vorschriften des § 1643, sondern die Vorschriften der §§ 1821ff. zur Anwendung.

§ 1629

Steht die Sorge für die Person oder die Sorge für das Vermögen des Kindes einem Pfleger zu, so entscheidet bei einer Meinungsverschiedenheit[1]) zwischen dem Vater und dem Pfleger über die Vornahme einer sowohl die Person als das Vermögen des Kindes betreffenden Handlung das Vormundschaftsgericht[1]) [2]).

E I 1503, 1653 II 1524; M 4 741; P 4 558.

1. **Können der Gewalthaber und der** für die Person oder das Vermögen des Kindes bestellte **Pfleger** (vgl. § 1628 A 1) bei einer den beiderseitigen Wirkungskreis berührenden Angelegenheit **sich nicht einigen**, so würde, wenn nicht das Vormundschaftsgericht die Macht hätte, den Streit zu entscheiden, die betreffende Maßregel unterbleiben müssen, was unter Umständen dem Kinde zum Schaden gereichen würde. Die Entscheidung des Vormundschaftsgerichts kann nur dahin ergehen, daß es der Meinung des einen ganz oder teilweise beitritt, wogegen der andere, dessen Zustimmung vom Vormundschaftsgericht ersetzt wird, sofortige Beschwerde einlegen kann (§§ 53 Abs 1, 60 Abs 1 Nr 6 FGG). Eine dritte Ansicht, die weder die Zustimmung des Gewalthabers noch des Pflegers findet, kann das Vormundschaftsgericht hierbei nicht vertreten (a. A. Blume A 3), unbeschadet seiner Befugnis, wenn es beide Ansichten und auch das Unterbleiben einer jeden Maßregel für das Wohl des Kindes als nachteilig erachtet, aus §§ 1666ff. einzuschreiten. Durch § 1629 wird das Vormundschaftsgericht genötigt, auch über reine Zweckmäßigkeitsfragen, wie über die Höhe des für die Person des Kindes zu bestreitenden Aufwandes, welche Frage sowohl die Erziehung wie die Vermögensverwaltung berührt, Entscheidung zu treffen. Die Beschwerde steht nur dem Gewalthaber oder dem Pfleger zu, nicht aber einem Dritten, insbesondere nicht, wenn die Mutter die Gewalthaberin ist, dem Stiefvater.

2. Der Grundsatz des § 1629 hat **entsprechende Anwendung** zu finden, wenn die Sorge für Person und Vermögen nicht zwischen Gewalthaber und Pfleger, sondern zwischen andern Personen — Gewalthaber und Mutter gemäß §§ 1635 u. 1637, Mutter und Vormund gemäß §§ 1696, 1697 u. 1707, verschiedenen Vormündern gemäß § 1798 — geteilt ist (RG 9. 6. 21 IV 58/21; RJA 8, 9). Die Anwendung ist auch auf den Fall zu erstrecken, daß der lediglich auf vermögensrechtlichem Gebiete liegende Meinungsstreit sowohl den Wirkungskreis des Gewalthabers als den des für bestimmte Vermögensangelegenheiten bestellten Pflegers berührt (a. A. Staudinger A 4).

§ 1630

Die Sorge für die Person und das Vermögen umfaßt die Vertretung des Kindes[1])[2]).

Die Vertretung steht dem Vater insoweit nicht zu, als nach § 1795 ein Vormund von der Vertretung des Mündels ausgeschlossen ist. Das Vormundschaftsgericht kann dem Vater nach § 1796 die Vertretung entziehen[3]).

E I 1503, 1649 u. 1651 II 1525; M 4 740; P 4 548 u. 557.

1. Über das Vertretungsrecht im allgemeinen s. § 1627 A 1. Der **Inhaber der elterlichen Gewalt ist der gesetzliche Vertreter des Kindes** bei Vornahme von Rechtshandlungen privater oder öffentlicher Natur, zu welchen letzteren auch die prozessualen Handlungen gehören. Als gesetzlicher Vertreter ist der Gewalthaber auch befugt, Willenserklärungen sowie Anordnungen der Behörde für das Kind entgegenzunehmen. Bei höchstpersönlichen Rechtshandlungen, wie Eheschließung und Einwilligung hierzu, Wahrnehmung der persönlichen Angelegenheiten des Familienrechts, Antrag auf Ehelichkeitserklärung und Einwilligung hierzu, Annahme an Kindes Statt, Errichtung oder Aufhebung einer letztwilligen Verfügung, ist natürlich eine Vertretung ausgeschlossen. Ausnahmsweise ist die Vertretung des geschäftsunfähigen (unmündigen oder geisteskranken) Kindes trotz Vorliegens einer höchstpersönlichen Angelegenheit, um die Vornahme der im einzelnen Falle gebotenen Rechtshandlung nicht unmöglich zu machen, zugelassen bei Scheidung oder Anfechtung der Ehe (§ 612 Abs 2 ZPO, § 1336 Abs 2), Anfechtung der Ehelichk it (§ 1595 Abs 2), Einwilligung des unehelichen Kindes zur Ehelichkeitserklärung, Anfechtung und Bestätigung dieser Erklärung (§§ 1728 Abs 2, 1731), Eingehung des Annahmevertrags durch das unmündige Kind, Anfechtung, Bestätigung und Aufhebung (§§ 1750 Abs 1, 1755, 1770), Anfechtung des Erbvertrags (§ 2282 Abs 2), Entlassung aus der Staatsangehörigkeit (§ 19 RuStAngG v. 22. 7. 13), immer aber nur mit Genehmigung des Vormundschaftsgerichts. Die Vertretung des geschäftsunfähigen Kindes findet in der Weise statt, daß der Gewalthaber (gesetzliche Vertreter) für das Kind in *Ersetzung* seines Willens handelt. Diese Ersetzung ist mit Genehmigung des Vormundschaftsgerichts bei der Ehelichkeitserklärung und der Annahme an Kindes Statt auch zulässig für das unter 14 Jahre alte Kind (§§ 1728 Abs 2, 1731, 1750 Abs 1, 1755, 1770). Die Vertretung des beschränkt geschäftsfähigen Kindes kann ferner in der Weise vor sich gehen, daß sein Wille durch Genehmigung der Willenserklärung *ergänzt* wird. Nur diese letztere Form der Vertretung ist statthaft bei Verträgen, durch welche die allgemeine Gütergemeinschaft vereinbart oder aufgehoben wird (§ 1437), bei dem Antrage auf Ehelichkeitserklärung, der Einwilligung des Kindes hierzu, der Anfechtung und Bestätigung dieser Erklärungen (§§ 1729 Abs 1 u. 2, 1731), bei der Eingehung eines Annahmevertrags, Anfechtung, Bestätigung und Aufhebung (§§ 1751, 1755, 1770), bei Eingehung eines Erbvertrags mit dem Ehegatten (§ 2275 Abs 2) sowie bei Erwerb der Staatsangehörigkeit durch Aufnahme seitens des über 16 Jahre alten Kindes (§ 7 Abs 2 RuStAngG). Im übrigen gilt der beschränkt Geschäftsfähige für persönliche Angelegenheiten des Familienrechts als unbeschränkt geschäftsfähig, so daß es der Zustimmung des gesetzlichen Vertreters nicht bedarf. So bei Ausübung des ehemännlichen Rechtes in bezug auf die eheliche Lebensgemeinschaft (vgl. § 1358 Abs 3), Ausübung des Rechtes der Sorge für die Person des Kindes, Anfechtung und Anerkennung der Ehelichkeit (§§ 1595 Abs 1, 1598 Abs 3), elterliche Einwilligung zur Eheschließung und Kindesannahme (§§ 1307, 1748 Abs 2), Einwilligung der Mutter und des Ehegatten zur Ehelichkeitserklärung, des Ehegatten zur Kindesannahme (§§ 1729 Abs 3, 1748 Abs 2). In Strafsachen ist der beschränkt Geschäftsfähige selbständig, neben dem gesetzlichen Vertreter, zur Bestellung eines Verteidigers und Einlegung eines Rechtsmittels berechtigt (§§ 137, 298 StPO), zur Stellung eines Strafantrags nur bei Vollendung des 18. Lebensjahrs (§ 65 StGB). Zur Einlegung eines Rechtsmittels in Strafsachen ist der Inhaber der elterlichen Gewalt nur in seiner Eigenschaft als gesetzlicher Vertreter des Kindes befugt, nicht in seiner Eigenschaft als Vater oder Mutter. Nach Aufhören der gesetzlichen Vertretungsbefugnis kann das eingelegte Rechtsmittel nicht von ihm weiter verfolgt werden (**RG**St 42, 342; JW 1913, 1003[51]). — Durch seine Stellung als Vertreter ist der Gewalthaber nicht unbedingt genötigt, die für das Kind abzuschließenden Rechtsgeschäfte auf den Namen des Kindes zu stellen, und ebenso ist er nicht gehindert, die Ansprüche des Kindes aus den auf eigenen Namen abgeschlossenen Rechtsgeschäften auch im Prozesse auf eigenen Namen einzuklagen. Nimmt er zur Behandlung des Kindes einen Arzt an, so entspricht es der Natur der Sache und der Verkehrssitte, daß er den Vertrag mit dem Arzt für sich, nicht in Vertretung des Kindes schließt (**RG** 85, 183). Über die Wirksamkeit der Vertretungsbefugnis im Falle des Mißbrauchs und über den Besitz des Gewalthabers vgl. § 1793 A 2, über die zeitliche Begrenzung des Vertretungsrechts das. A 3. Für ein Verschulden

des Gewalthabers in Vertragsverhältnissen (§ 278) oder gleichartigen gesetzlichen Schuldverhältnissen ist das durch ihn vertretene Kind haftbar. Die in den Fällen der §§ 833, 836 dem Kinde als Tierhalter oder Werkbesitzer auferlegte Verpflichtung ist — abweichend von dem in § 1793 A 2 über die Verantwortlichkeit des Vormundes Gesagten — von dem Gewalthaber als eigene Verbindlichkeit zu erfüllen (vgl. § 1627 A 2), was indes im Verhältnis zu dem Verletzten die gesetzliche Haftung des Kindes nicht ausschließt.

2. Das Vertretungsrecht in persönlichen Angelegenheiten gewährt auch das Recht, **Lehr-, Dienst- und Arbeitsverträge** für das Kind abzuschließen. Der Lehrvertrag, der, um volle Gültigkeit zu haben, schriftlich abzufassen ist, muß übrigens auch von dem Lehrling unterschrieben werden (§§ 126b Abs 2, 127d, 127f GewO; vgl. auch die Strafbestimmung in § 150 Nr 4a GewO). Dem Gewalthaber ist es gestattet, derartige Verträge auch über die Dauer der Minderjährigkeit hinaus einzugehen. Es darf jedoch die bei solchen Verträgen übliche Dauer nicht in ungebührlicher Weise überschritten werden. Bei Lehrverträgen ist die im § 130a GewO bestimmte Höchstdauer einzuhalten. Steht die Sorge für die Person des Kindes dem andern Elternteil oder einem Pfleger zu, so ist dessen Zustimmung zur Wirksamkeit des Vertrages erforderlich, da das Recht, den Aufenthalt des Kindes zu bestimmen, in der Sorge für die Person enthalten ist (§ 1631; vgl. § 1707 A 2). War die Fürsorgeerziehung des Kindes nach früherem Recht angeordnet, so hatte der zur Ausführung des Beschlusses verpflichtete Kommunalverband auch die Befugnis, behufs Unterbringung des Kindes in einer Familie einen Lehr-, Dienst- oder Arbeitsvertrag für dasselbe einzugehen, ohne daß es der Zustimmung des gesetzlichen Vertreters des Kindes bedurfte (KGJ 28 A 179). Nach § 70 Abs 3 JWGes v. 9. 7. 22 gilt jetzt die Fürsorgeerziehungsbehörde für den Abschluß von Dienst- und Lehrverträgen als gesetzlicher Vertreter des Minderjährigen.

3. Über die **Beschränkungen der Vertretungsmacht des Gewalthabers** s. § 1795 A 1—3 und § 1796 A 1. Nach der in § 1630 für anwendbar erklärten Bestimmung des § 1795 unterliegt die Vertretungsmacht der Beschränkung des § 181, wonach der Gewalthaber in seiner Eigenschaft als Vertreter des Kindes nicht mit sich selbst ein Rechtsgeschäft vornehmen kann, mag er nun hierbei persönlich oder als Vertreter eines Dritten (gesetzlicher Vertreter oder Bevollmächtigter) beteiligt sein. Schenkungen, die der Gewalthaber dem Kinde macht, kann er nicht in Vertretung des geschäftsunfähigen Kindes annehmen. Daß durch die Annahme dem Kinde nur Vorteile entstehen, begründet keine Ausnahme von der Vorschrift des § 181 (RG Warn 1910 Nr 414). Die Vertretungsbeschränkung erstreckt sich auf Rechtshandlungen jeder Art, auch auf die Empfangnahme von Erklärungen und auf die Führung von Rechtsstreitigkeiten. Ausgenommen sind nur die Erfüllungsgeschäfte. Mit der gleichen Ausnahme ist die Vertretungsbefugnis des Gewalthabers kraft Gesetzes ausgeschlossen in den in § 1795 unter Nr 1—3 bezeichneten Angelegenheiten. Der Vater kann z. B. als Gewalthaber das Kind nicht bei einem Vertragsschluß mit seiner Ehefrau vertreten. Ausgeschlossen ist ferner die Vertretungsbefugnis des Gewalthabers kraft Anordnung des Vormundschaftsgerichts gemäß § 1796 in den Angelegenheiten, für die ihm das Vormundschaftsgericht, mag nun ein Pfleger bestellt sein oder nicht, die Vertretungsbefugnis wegen der Gefahr eines Interessenwiderstreits entzogen hat. Aus diesem Grunde kann z. B. dem Gewalthaber die Entscheidung darüber entzogen werden, ob eine Erbauseinandersetzung stattzufinden hat. Die Entziehung der Vertretungsmacht kann immer nur für einzelne Angelegenheiten oder einen Kreis von solchen stattfinden (anders im Falle der §§ 1666, 1670). Eine Einschränkung der Vertretungsbefugnis enthält auch die Bestellung eines Pflegers (§ 1628). Über die Befugnis des Gewalthabers, das Kind zu sich in die Lehre zu nehmen, s. § 1631 A 1.

§ 1631

Die Sorge für die Person des Kindes umfaßt das Recht und die Pflicht, das Kind zu erziehen, zu beaufsichtigen und seinen Aufenthalt zu bestimmen[1] [2] [3] [5]**.**

Der Vater kann kraft des Erziehungsrechts angemessene Zuchtmittel gegen das Kind anwenden. Auf seinen Antrag hat das Vormundschaftsgericht ihn durch Anwendung geeigneter Zuchtmittel zu unterstützen[4] [5]**.**

E I 1504 II 1526; M 4 750; P 4 548.

1. **Die Sorge für die Person des Kindes** gewährt das Recht, über die persönlichen Angelegenheiten des Kindes, seinen Aufenthalt, seine Beschäftigung, körperliche und geistige Ausbildung (Erziehung zur leiblichen, seelischen und gesellschaftlichen Tüchtigkeit, wie es in Art 120 RVerf und § 1 JWG heißt), Bestimmung zu treffen. Zu dem Bereich der Fürsorge für die Person gehört auch der Antrag auf Volljährigkeitserklärung (§ 56 Abs 1 FGG), der Antrag auf Entmündigung oder Wiederaufhebung der Entmündigung und die Vertretung im Ent-

mündigungsverfahren (§§ 646 Abs 1, 653 Abs 1, 660, 664 Abs 2, 675 usw.), die Begründung des Wohnsitzes (vgl. § 8 A 1), die Vertretung des geschäftsunfähigen Kindes in den persönlichen Angelegenheiten des Familienrechts (vgl. § 1630 A 1), der Abschluß von Dienst- und Arbeitsverträgen, der Antrag auf Aufnahme und auf Entlassung aus der Staatsangehörigkeit (§§ 7 Abs 2, 19 RuStAngG v. 22. 7. 13) u. dgl. Zu beachten ist aber, daß die vorbezeichneten Vertretungshandlungen nur von dem Elternteil vorgenommen werden können, dem das Vertretungsrecht gebührt. Die bloße tatsächliche Fürsorge für die Person des Kindes (vgl. §§ 1635, 1666, 1676 Abs 2, 1696, 1700, 1702 Abs 2, 1707) gibt kein Recht zur Vertretung. Der Antrag auf Todeserklärung (§ 962 ZPO) ist nicht als eine die Person des Kindes, sondern als eine das Vermögen betreffende Rechtshandlung anzusehen. Die Abgrenzung der aus der Sorge für die Person des Kindes folgenden Befugnisse ist wichtig für die Fälle, in denen die Fürsorge für die Person und das Vermögen sich nicht in einer Hand befindet (vgl. §§ 1635, 1638, 1647, 1666 ff.). Das Recht, über die persönlichen Angelegenheiten des Kindes zu bestimmen, fällt mit der **Erziehung**, die dem Zwecke der körperlichen, geistigen und sittlichen Ausbildung des Kindes, der allgemeinen Ausbildung und der Ausbildung zu dem vom Gewalthaber gewählten besonderen Berufe dient, nicht vollständig zusammen. Auch wenn die Erziehung bereits vor der Volljährigkeit abgeschlossen ist, dauert die Fürsorge für die Person fort, die dann allerdings entsprechend der größeren Selbständigkeit des Kindes einen beschränkteren Umfang hat. Kraft des Erziehungsrechts darf der Gewalthaber ungeachtet der Vorschrift, daß er mit sich selbst keinen Vertrag schließen kann, das Kind als Lehrling in seinem Gewerbe annehmen. Er hat solchenfalls die gleichen Pflichten zu erfüllen, als wenn ein schriftlicher Lehrvertrag abgeschlossen wäre (a. A. Staudinger A 2c; Blume A 3d). In der Ausübung der Erziehungsgewalt ist der Gewalthaber mannigfach dadurch beschränkt, daß öffentlich-rechtliche Bestimmungen eingreifen, wie die Bestimmungen über Schulzwang, über Impfzwang (Ges v. 8. 4. 74, s. über die strafrechtliche Verantwortlichkeit LZ 1914, 1138[2]), Verbot oder doch Beschränkung der Kinderarbeit für den Gewerbebetrieb im Umherziehen (GewO §§ 60b Abs 3, 62 Abs 3), für Fabriken (GewO §§ 135—139a hinsichtlich der Kinder und der zwischen 14 und 16 Jahre alten jungen Leute) sowie für sonstige gewerbliche Betriebe (RGes v. 30. 3. 03, vgl. auch § 9 der VO gegen Mißstände im Auswanderungswesen v. 14. 2. 24; s. hierüber § 1617 A 3). Die Schulpflicht wird nach Landesrecht (vgl. für Preußen KGJ 23 C 110) regelmäßig nur durch den Besuch einer öffentlichen inländischen Schule erfüllt. — Hinsichtlich der religiösen Erziehung ist das aus einem Antrage des Reichstags hervorgegangene Ges v. 15. 7. 21 (RGBl S. 939 f.) erlassen, das unter Beseitigung landesrechtlicher Verschiedenheiten (Art 134 EG) allgemeines Recht schafft. Das Gesetz ist hinter § 1631 mit Erläuterungen abgedruckt.

2. Auf das Recht der Sorge für die Person des Kindes (vgl. Vorbem 1 vor § 1616) kann der Gewalthaber **nicht verzichten**. Es sind deshalb auch Verträge der Ehegatten über die Erziehung — soweit sie nicht betreffs der religiösen Erziehung landesrechtlich gestattet sind — nicht bindend, auch nicht die für den Scheidungsfall geschlossenen Verträge (M 4, 627 f.; **RG** 60, 266; 68, 393; JW 03 Beil 82[190]; Gruch 50, 999; 53, 699). Der für den Scheidungsfall vereinbarte Verzicht auf die Erziehung hat, wenn dieses Recht nach dem Scheidungsurteile dem verzichtenden Ehegatten überhaupt nicht zukam, die Unwirksamkeit der sonstigen in demselben Vertrage getroffenen Abmachungen regelmäßig nicht zur Folge (**RG** Warn 1917 Nr 172). Die freie, pflichtgemäße Betätigung der Fürsorge für die Person der Kinder darf auch nicht durch Abmachungen beschränkt werden, die eine bestimmte Art der Betätigung des Rechtes mit Vermögensnachteilen belegen. Solche Abmachungen sind ungültig. Nur die Ausübung der Erziehungsgewalt (vgl. **RG** Warn 1912 Nr 115) kann der Gewalthaber einem andern überlassen, unbeschadet der Verpflichtung, die Erziehung zu überwachen und unbeschadet der Befugnis, das Kind jederzeit zurückzunehmen (**RG** LZ 1920 S. 385 oben, 611[3]), womit ihm indes nicht die Befugnis eingeräumt ist, die gültig eingegangenen Lehr- und Dienstverträge willkürlich aufzulösen (bestr. — vgl. André, Verträge zwischen Eltern über die Erziehung ihrer Kinder). Hat der Mann für die Dauer des Scheidungsverfahrens die Erziehung des Kindes unter seiner Leitung seiner Frau übertragen, so wird ihm ohne besonderen rechtfertigenden Grund der Rücktritt von dieser Abmachung nicht zu gestatten sein (vgl. **RG** LZ 1919, 698[10]; Josef in ArchZivPrax 119, 403). In der Annahme eines Entgelts für die Abtretung des Erziehungsrechts wird regelmäßig eine unter § 138 u. § 817 Satz 1 fallende sittenwidrige Handlung zu erblicken sein (**RG** JW 04, 256[1]; Warn 1913 Nr 183; s. anderseits § 1748 A 1). Keinesfalls ist die Rückgabe des Kindes von Erstattung des Entgelts abhängig. Aus der Ungültigkeit des zwischen den Eltern über das Erziehungsrecht geschlossenen Vertrags folgt nicht zugleich die Ungültigkeit der Abmachung, daß, solange tatsächlich der eine Elternteil die Erziehung besorgt, der andere Teil hierfür ein bestimmtes Unterhaltsgeld zu zahlen hat (**RG** Warn 1912 Nr 115). Diese Verpflichtung ist wirksam, auch wenn der Verzicht auf das Erziehungsrecht, weil beide Teile der Ungültigkeit des Verzichts sich bewußt waren, überhaupt keine rechtsgeschäftliche Bedeutung hat (**RG** 21. 4. 10 IV 457/09; vgl. **RG** 68, 322).

3. Die Sorge für die Person des Kindes ist zugleich eine **Pflicht** des Gewalthabers (Fürsorgeberechtigten). Die schuldhafte Nichterfüllung der Aufsichtspflicht macht ihn nach §§ 1631, 1627, 1664 dem Kinde gegenüber und, wenn sie den Tatbestand einer unerlaubten Handlung nach §§ 823ff., 832 erfüllt, dem geschädigten Kinde und dem geschädigten Dritten gegenüber verantwortlich, ohne daß hier die Haftung auf die in eigenen Angelegenheiten gewohnte Sorgfalt (§ 1664) sich beschränkt (RG 50, 60; JW 05, 21[21]; Warn 1914 Nr 217). Eine unerlaubte Handlung nach § 823 ist anzunehmen, wenn es sich um die Verletzung einer Verpflichtung handelt, die nicht bloß kraft elterlicher Aufsichtspflicht, sondern nach allgemeiner Rechtspflicht zu erfüllen gewesen wäre (RG JW 1912, 190[7]). Ist für den von dem Kinde erlittenen Unfall nach den Grundsätzen über unerlaubte Handlungen sowohl der aufsichtspflichtige Elternteil als ein Dritter verantwortlich, so tritt zwischen den mehreren Urhebern eine Ausgleichungspflicht nach Maßgabe der §§ 840, 426 Abs 1 u. 254 ein, wobei der Schaden nach Verhältnis des Verschuldens auch in ungleicher Weise verteilt werden kann (RG 75, 251; JW 1912, 190[7]). Ein Verschulden des aufsichtspflichtigen Elternteils bei der Entstehung des Schadens kann dem Kinde, mag auch der Elternteil als Inhaber der elterlichen Gewalt der gesetzliche Vertreter sein, den Schadensersatzanspruch gegen den Dritten nicht nehmen, da nach § 254 Abs 2 das Verschulden des gesetzlichen Vertreters nur in dem dort bestimmten Umfange, was namentlich die Abwendung und Minderung des Schadens betrifft, von dem Kinde vertreten zu werden braucht (RG JW 1913, 922[9]). Die Erziehungspflicht liegt an sich dem Gewalthaber nur gegenüber dem Kinde, nicht gegenüber dem Dritten ob (RG JW 1914, 298[5]). Gleichwohl kann der Gewalthaber, der es an der gehörigen erzieherischen Einwirkung und Zurechtweisung des Kindes hat fehlen lassen, aus dem Gesichtspunkte verantwortlich sein, daß er die bei Unterlassung dieser Maßnahme notwendige schärfere Aufsicht (§ 832), die sogar bis zur Verwahrung des Kindes sich steigern kann, hätte eintreten lassen müssen. Eine Verletzung der Aufsichtspflicht ist es, wenn er ein gefahrvolles Tun des Kindes duldet (RG JW 1917, 850[6] über die Pflicht zur Unterweisung und Überwachung des Kindes, dem ein gefährliches Spielzeug anvertraut wird — vgl. anderseits RG Warn 1916 Nr 166). Über die Pflicht des Vaters zur Beaufsichtigung des volljährigen Sohnes s. RG 92, 125. — Neben dem Vater ist auch die Mutter aufsichtspflichtig (§ 1634 A 4). Über die strafrechtliche Verantwortlichkeit der Eltern, die es unterlassen haben, ihr Kind von strafbaren Handlungen abzuhalten, vgl. § 361 Nr 4, 9 StGB, § 153 Abs 1 Nr 3 Vereinszollges v. 1. 7. 69, § 6, Vogelschutzges v. 30. 5. 08. Über das Zuchtrecht und Erziehungsrecht des Lehrherrn s. A 5.

4. Die kraft der Sorge für die Person des Kindes getroffenen Anordnungen kann der Gewalthaber mittels Eigenmacht, durch Anwendung unmittelbaren Zwanges gegen das Kind durchsetzen. Zu erzieherischen Zwecken ist ihm ferner die Anwendung **angemessener Zuchtmittel** innerhalb der durch die Rücksichtnahme auf die Gesundheit und Bildung des Kindes bestimmten Grenzen gestattet. Hierzu gehört namentlich die Vornahme körperlicher Züchtigung. Das durch den Erziehungszweck gebotene Maß darf die Züchtigung nicht überschreiten. Ein Irrtum hierüber kommt, was die Strafbarkeit der Körperverletzung betrifft, dem Elternteil nicht zustatten, wenn die Handlung nach allgemeiner sittlicher Anschauung eine zulässige Züchtigung nicht ist (RGSt 41, 98). Gegen einen Mißbrauch des Erziehungsrechts hat das Vormundschaftsgericht dem Kinde nach § 1666 Schutz zu gewähren. Bei Ausübung der Erziehungsgewalt hat das Vormundschaftsgericht den Gewalthaber auf dessen (jederzeit widerruflichen) Antrag nötigenfalls durch Anwendung geeigneter Zuchtmittel zu unterstützen. Als solche Mittel kommen namentlich die gerichtliche Verwarnung des Kindes und die Unterbringung in eine Erziehungs- oder Besserungsanstalt (vgl. KGJ 22 A 39) in Betracht. Das Vormundschaftsgericht kann die Polizeibehörde ersuchen, das Kind in eine solche Anstalt zu überführen (vgl. KGJ 39 A S. 10 u. 11). Nach § 43 des JWG v. 9. 7. 22 kann das Jugendamt mit Ausführung der von dem Vormundschaftsgericht getroffenen Anordnungen mit seinem Einverständnis betraut werden. Über Fürsorgeerziehung s. Vorbem 5 vor § 1616.

5. Den **Pflegeeltern** (s. auch Vorbem 4 vor § 1741) steht im allgemeinen nur ein abgeleitetes Erziehungs- und Züchtigungsrecht zu, das durch den Willen des Gewalthabers (Fürsorgeberechtigten) sich bestimmt. Geht der Vater oder die Mutter eines erziehungsbedürftigen Kindes eine neue Ehe ein, so darf angenommen werden, daß dem Stiefelternteil das Erziehungs- und Züchtigungsrecht als abgeleitetes Recht stillschweigend übertragen wird. Der Stiefelternteil darf die zur Erziehung erforderlichen Zuchtmittel anwenden, ohne daß er hierzu die Zustimmung seines Ehegatten besonders einzuholen braucht (RG JW 1917, 656[7]). Wird das Kind in eine Anstalt oder Familie zur Fürsorgeerziehung untergebracht, so geht kraft Gesetzes mit dem Erziehungsrecht auch das Recht zur Anwendung angemessener Zuchtmittel (nicht das Recht der Vertretung in persönlichen Angelegenheiten) auf den Vorsteher der Anstalt oder Familie über (RG JW 1911, 342[51] für preußisches Recht). Von dem Vorsteher der Anstalt kann wiederum die Ausübung dieses Rechts dem die Anstalt verwaltenden Hausvater übertragen werden (RGSt 42, 347). Das gleiche ist anzunehmen, wenn die Zwangserziehung aus § 1666 angeordnet oder gemäß §§ 55, 56 StGB, jetzt §§ 5, 7 des Jugendgerichtsges v. 16. 2. 23 auf Unterbringung in eine Erziehungs- oder Besserungsanstalt erkannt ist. Ebenso ist den Pflegeeltern, denen das Kind von der Armenverwaltung zugewiesen ist, das Erziehungsrecht und das für die Zwecke der Erziehung unentbehrliche Züchtigungsrecht zuzuerkennen (vgl. Diefenbach in Gruch 54, 127). Auch während der Dauer der Fürsorgeerziehung kann übrigens die elterliche Aufsichtspflicht mit Einwilligung des mit der Fürsorgeerziehung Betrauten wieder in Wirksamkeit treten, wie in dem Falle, daß der Zögling ins Elternhaus beurlaubt ist oder nach Entweichung aus der Anstalt unbefugt dorthin zurückkehrt (RG 98, 246). Ein selbständiges Zucht- und Erziehungsrecht ist reichsgesetzlich dem Lehrherrn in §§ 127, 127a, 127b GewO eingeräumt, während der kaufmännische Lehrling der Züchtigungsgewalt nicht unterworfen ist. Aber auch dem kaufmännischen Lehrherrn ist die Verpflichtung zur erzieherischen Einwirkung auf den Lehrling durch das Gesetz auferlegt (§ 76 HGB). Diese Vorschriften begründen zugleich eine gesetzliche Aufsichtspflicht (§ 832) über das minderjährige Kind (vgl. über Verletzung der Vertragspflicht RG JW 09, 685[7]). Das Bestehen der Aufsichtspflicht ist durch die Minderjährigkeit, nicht durch eine besondere Aufsichtsbedürftigkeit bedingt. Sie erstreckt sich auf das Verhalten des Lehrlings auch außerhalb des gewerblichen Betriebs (RG 52, 69). Hinsichtlich des kaufmännischen Lehrlings wird das Maß der Aufsicht nach dem Grade der Erziehung des Lehrlings sich zu richten haben (RG 97, 229). Lediglich im öffentlichen Recht ist das Züchtigungsrecht des Lehrers begründet (vgl. RG Warn 1912 Nr 163; RGSt 43, 281, für Preußen Erl v. 26. 2. 23). Anderseits hat der Lehrer gegenüber den in seiner Aufsicht befindlichen Schulkindern die Amtspflicht, sorgsam alles zu vermeiden, was zu ihrer Schädigung führen kann (RG JW 1920, 1032[9]). Nach RGSt 46, 344 steht das Züchtigungsrecht dem Lehrer ohne Beschränkung auf den Ort und die Zeit des Unterrichts, auch abgesehen von besonderen gesetzlichen Bestimmungen, insoweit zu, als seine Ausübung vernünftigerweise von den erziehungsberechtigten Eltern oder den sonstigen gesetzlichen Vertretern als gewünscht oder doch nicht als abgelehnt gelten kann. Das Züchtigungsrecht kann stillschweigend auf den mit der Ausbildung des Lehrlings Betrauten übertragen sein (LZ 1920, 261[2]). Ein Dritter kann in Vertretung des Erziehungsberechtigten, wenn dieser abwesend oder sonst zur Ausübung des Züchtigungsrechts außerstande ist, die diesem obliegende Züchtigung vornehmen, sofern angenommen werden darf, daß diese Geschäftsführung seine Billigung findet. Ein entgegenstehender Wille des Erziehungsberechtigten kommt jedoch (vgl. § 679) nicht in Betracht, wenn das Interesse der Allgemeinheit es erfordert, daß einer groben Ungehörigkeit des Kindes sofort durch Zuchtmittel entgegengetreten wird (OLG Braunschweig in DJZ 05, 752; OLG Kolmar in LZ 1916, 635[17]; vgl. Enneccerus-Kipp § 79 A 4).

Gesetz über die religiöse Kindererziehung. Vom 15. Juli 1921.

§ 1

Über die religiöse Erziehung eines Kindes bestimmt die freie Einigung der Eltern, soweit ihnen das Recht und die Pflicht zusteht, für die Person des Kindes zu sorgen. Die Einigung ist jederzeit widerruflich und wird durch den Tod eines Ehegatten gelöst.

Solange die erziehungsberechtigten Eltern über die religiöse Erziehung des Kindes einig sind, hat kein Dritter — auch nicht das Vormundschaftsgericht, falls nicht die Voraussetzungen des § 1666 vorliegen, vgl. § 7 — das Recht, sich in die Erziehung einzumischen. Die Einigung kann aber jederzeit durch Wort oder Tat von jedem Ehegatten frei widerrufen werden. Bei den Beratungen ist abgelehnt worden, ihr den Charakter eines verbindlichen Vertrags zu geben, da sie sonst leicht als Gewissensdruck wirken könnte (Verhandlungen des Reichstags I. Wahlperiode 1920 Bd. 350 S. 4390). Sie ist ein rechtsgeschäftlicher Willensakt (nicht etwas rein Tatsächliches) und unterliegt der Anfechtung wegen Willensmängel (Enneccerus-Kipp § 132).

§ 2

Besteht eine solche Einigung nicht oder nicht mehr, so gelten auch für die religiöse Erziehung die Vorschriften des Bürgerlichen Gesetzbuchs über das Recht und die Pflicht, für die Person des Kindes zu sorgen.

Es kann jedoch während bestehender Ehe von keinem Elternteil ohne die Zustimmung des anderen bestimmt werden, daß das Kind in einem anderen

als dem zur Zeit der Eheschließung gemeinsamen Bekenntnis oder in einem anderen Bekenntnis als bisher erzogen, oder daß ein Kind vom Religionsunterricht abgemeldet werden soll.

Wird die Zustimmung nicht erteilt, so kann die Vermittlung oder Entscheidung des Vormundschaftsgerichts beantragt werden. Für die Entscheidung sind, auch soweit ein Mißbrauch im Sinne des § 1666 des Bürgerlichen Gesetzbuchs nicht vorliegt, die Zwecke der Erziehung maßgebend. Vor der Entscheidung sind die Ehegatten sowie erforderlichenfalls Verwandte, Verschwägerte und die Lehrer des Kindes zu hören, wenn es ohne erhebliche Verzögerung oder unverhältnismäßige Kosten geschehen kann. Der § 1847 Abs 2 des Bürgerlichen Gesetzbuchs findet entsprechende Anwendung. Das Kind ist zu hören, wenn es das zehnte Jahr vollendet hat.

Die Gleichberechtigung der Ehefrau mit dem Manne ist dadurch zur Anerkennung gebracht, daß § 1 eine Einigung der Ehegatten verlangt. Aber auch wenn eine solche Einigung nicht besteht und deshalb nach dem Grundsatz des § 2 Abs 1 die Bestimmung über die religiöse Erziehung in der Hand des Ehegatten liegt, dem die Sorge für die Person des Kindes zusteht, wird der Mitberechtigung des andern Ehegatten doch insofern Rechnung getragen, als dem fürsorgeberechtigten Elternteil die Wahl eines andern Bekenntnisses als des zur Zeit der Eheschließung den Eltern gemeinsamen und, falls das Kind bisher in einem andern Bekenntnis erzogen wurde, die Wahl eines hiervon abweichenden Bekenntnisses, desgleichen die Abmeldung des Kindes vom Religionsunterricht — worunter der in Art 149 Abs 2 RVerf gedachte Religionsschulunterricht zu verstehen ist (ebenso Perels in LZ 1921, 644f.) — nur mit Zustimmung des andern Ehegatten gestattet ist. Die Zustimmung hat rechtsgeschäftlichen Charakter. Dem religiösen Bekenntnis ist auch hier die Weltanschauung gleichgestellt. Regelmäßig gebührt das Recht der Sorge für die Person des Kindes dem Vater, da bei einer Meinungsverschiedenheit der Eltern seine Meinung nach § 1634 entscheidend ist. Es kann aber sein, daß das Personensorgerecht auf die Mutter übergegangen ist (vgl. §§ 1635, 1637, 1666, 1684, 1685). Auch für diesen Fall gilt die angeführte Beschränkung des § 2 Abs 2. Die in Abs 1 gedachte Einigung „der Ehegatten" besteht auch dann nicht mehr, wenn die Ehe rechtskräftig wegen Verschuldens geschieden ist. Über die religiöse Erziehung hat dann der in § 1635 als fürsorgeberechtigt bezeichnete Elternteil, ohne daß die Beschränkung des § 2 Abs 2 Platz greift, zu befinden (OLG 42, 99). Bei Scheidung der Ehe wegen Geisteskrankheit des Vaters steht im Falle des § 1685 Abs 2 der Mutter das unbeschränkte Bestimmungsrecht zu, ebenso dem Vater, wenn die Mutter die Geisteskranke ist, als dem dann allein Fürsorgeberechtigten (s. § 1636 A 1). Ist bei bestehender Ehe die Zustimmung des andern Ehegatten nicht zu erlangen, so kann ein jeder Elternteil das Vormundschaftsgericht anrufen, das, falls eine Vermittlung nicht gelingt, die Entscheidung nach den Grundsätzen objektiv verständiger Erziehung zu treffen hat und hierbei auch eine solche Entscheidung fällen kann, die von keinem Teile beantragt war (letzt. bestr.). Es ist hierbei nicht ausgeschlossen, die in der Familie herrschenden Anschauungen sowie die Eigenart des Kindes, wie dieses sich bisher entwickelt hat, zu berücksichtigen. Der Wichtigkeit der Entscheidung entspricht es, daß zuvor die Eltern und das über 10 Jahr alte Kind (vgl. § 5) zu hören sind. Der Vormundschaftsrichter hat außerdem, soweit es zur Aufklärung erforderlich erscheint, die Verwandten und Verschwägerten sowie, was von § 1847 abweicht, die Lehrer des Kindes als Auskunftspersonen zu hören. Ein Antragsrecht ist aber damit diesen Nebenbeteiligten nicht zuerkannt.

Die Entscheidung ist dem Vormundschaftsgericht übertragen, da die Vorschriften des Gesetzes rein privatrechtlicher Natur sind. Das Gesetz hat es geflissentlich vermieden, auf das öffentlichrechtliche Gebiet überzugreifen. Dem Vormundschaftsgericht steht es nicht zu, über die aus der Bestimmung der Religion des Kindes sich für das Kirchenrecht und die Schulverwaltung ergebenden Folgen auszusprechen, wie über die Frage, welcher Religionsgesellschaft das Kind angehört — was sich für Preußen nach dem Ges. v. 30. 11. 20 über den Austritt aus einer Religionsgemeinschaft bestimmt — und an welchem Religionsunterricht das Kind teilzunehmen hat (vgl. Artt 146, 149 RVerf).

Über die religiöse Erziehung des unehelichen Kindes hat nach § 1707 die Mutter zu bestimmen.

§ 3

Steht dem Vater oder der Mutter das Recht und die Pflicht, für die Person des Kindes zu sorgen, neben einem dem Kinde bestellten Vormund oder Pfleger zu, so geht bei einer Meinungsverschiedenheit über die Bestimmung des reli-

giösen Bekenntnisses, in dem das Kind erzogen werden soll, die Meinung des Vaters oder der Mutter vor, es sei denn, daß dem Vater oder der Mutter das Recht der religiösen Erziehung auf Grund des § 1666 des Bürgerlichen Gesetzbuchs entzogen ist.

Steht die Sorge für die Person eines Kindes einem Vormund oder Pfleger allein zu, so hat dieser auch über die religiöse Erziehung des Kindes zu bestimmen. Er bedarf dazu der Genehmigung des Vormundschaftsgerichts. Vor der Genehmigung sind die Eltern sowie erforderlichenfalls Verwandte, Verschwägerte und die Lehrer des Kindes zu hören, wenn es ohne erhebliche Verzögerung oder unverhältnismäßige Kosten geschehen kann. Der § 1847 Abs 2 des Bürgerlichen Gesetzbuchs findet entsprechende Anwendung. Auch ist das Kind zu hören, wenn es das zehnte Lebensjahr vollendet hat. Weder der Vormund noch der Pfleger können eine schon erfolgte Bestimmung über die religiöse Erziehung ändern.

Besondere Bestimmungen sind in § 3 für den Fall gegeben, daß ein Vormund oder Pfleger bestellt ist. Es ist einmal bestimmt, daß der Vormund oder Pfleger, wenn neben ihm das Personensorgerecht dem Vater oder der Mutter zusteht — was für den Fall der §§ 1676 Abs 2, 1688 Abs 2, 1696, 1697, 1698 zutrifft —, sich die Bestimmung des religiösen Bekenntnisses durch diesen Elternteil gefallen lassen muß. Anders ist es, wenn das Recht der religiösen Erziehung uneingeschränkt auf Grund des § 1666 dem Elternteil entzogen ist. Wird das Recht von dem Erziehungsberechtigten mißbräuchlich in einer das sittliche Wohl des Kindes gefährdenden Weise ausgeübt, so hat das Vormundschaftsgericht gemäß § 7 ebenfalls von Amts wegen einzuschreiten. Ein Mißbrauch ist es, wenn eine Religion oder Weltanschauung gewählt wird, welche den allgemeinen sittlichen Anschauungen und dem vaterländischen Empfinden zuwiderläuft, oder wenn der religiöse Unterricht in solcher Weise gehandhabt wird, daß die sittliche Ausbildung des Kindes Schaden leiden muß. Ein Mißbrauch ist es ferner, wenn der Erziehungsberechtigte den Lehren des von dem Vormundschaftsgericht nach § 2 bestimmten Bekenntnisses durch regelmäßige Teilnahme des Kindes an einem andern Gottesdienst, an religionsfeindlichen Versammlungen oder in sonstiger Weise böslich entgegenwirkt (vgl. KGJ 46 A 41). Auch eine Vernachlässigung der religiösen Erziehung (vgl. Anmerkung zu § 5) kann in schweren Fällen dazu führen, daß das Personensorgerecht hinsichtlich der religiösen Erziehung zu entziehen ist. Die Bestimmung über die religiöse Erziehung ist in solchem Falle bei Nichtvorhandensein eines erziehungsberechtigten Elternteils von dem Vormund oder Pfleger mit Genehmigung des Vormundschaftsgerichts zu treffen. Zur Änderung der von Vaterseite oder Mutterseite bereits ausgeübten und in tatsächliche Wirksamkeit getretenen Bestimmung ist dieser indes selbst mit Genehmigung des Vormundschaftsgerichts nicht befugt, vorbehaltlich des Ausnahmefalls, daß diese Bestimmung als einen Mißbrauch des Erziehungsrechts enthaltend von dem Vormundschaftsgericht für die Jetztzeit nach § 1666 aufgehoben werden muß (Perels a. a. O. S. 667). Der Vormund kann auch von dem bestimmungsberechtigten Elternteil nicht wirksam zu einer Änderung der bereits getroffenen Bestimmung ermächtigt werden (JFG 3, 120). Das Recht des Vormundes, die Religion zu bestimmen, wird danach — abgesehen von der Übergangsbestimmung des § 10 — hauptsächlich nur praktisch, wenn es sich um ein Kind handelt, dessen Familienstand nicht zu ermitteln ist, so daß es ungewiß ist, ob und in welchem Sinne eine Bestimmung der Religion stattgefunden hat (vgl. Bericht des 22. Ausschusses in Drucksachen des Reichstags 1920/21 Nr 2317 S. 7), oder wenn aus besonderen Gründen, z. B. wegen Verhinderung des Erziehungsberechtigten bei einem erst kurz vorher geborenen Kinde, eine solche Bestimmung unterblieben ist. Nach OLG 42, 124ff. soll der Vormund eine gesetzliche Bestimmung über die religiöse Erziehung, die aus der Zeit vor dem Inkrafttreten des Gesetzes herrührt, ändern können. Dagegen mit Recht Kipp in der Festgabe für Kahl S. 43ff.

§ 4

Verträge über die religiöse Erziehung eines Kindes sind ohne bürgerliche Wirkung.

In § 4 ist der schon aus § 1 hervorgehende Grundsatz, daß Verträge der Eltern über die religiöse Erziehung des Kindes ohne bindende Wirkung sind, noch besonders ausgesprochen. Die religiöse Erziehung eines Kindes kann überhaupt nicht zum Gegenstand der Vertragschließung, auch nicht als Bestandteil eines andern Vertrags, gemacht werden. Die erziehungsberechtigten Eltern können nicht etwa Dritten gegenüber die Verpflichtung eingehen, das Kind in einem bestimmten Bekenntnis zu erziehen. Ebensowenig kann dem Erziehungsberechtigten eine solche Verpflichtung durch Verfügung von Todes wegen auferlegt werden. Der Vertrag ist, wie § 4 sich ausdrückt, ohne bürgerliche Wirkung, d. h. unwirksam (nichtig) auf dem Gebiete des bürgerlichen Rechts. Er kann aber in anderer Hinsicht, namentlich in kirchenrechtlicher Hinsicht, worüber in § 4 nichts bestimmt ist, von Bedeutung sein. Ausgeschlossen ist auch nicht, daß der Vertrag in familienrechtlicher Hinsicht gewisse Wirkungen haben kann. Der Ehemann kann z. B., wenn er seiner Frau vor der Eheschließung die evangelische Erziehung des Kindes angelobt hat und diesem Versprechen grundlos oder vielleicht sogar zur Kränkung seiner Frau zuwiderhandelt, ein schweres Unrecht begehen, das die Frau zur Verweigerung der Rückkehr berechtigt (vgl. RG JW 06, 21[21]), unter Umständen auch die Eheanfechtungsklage (RG Warn 1920 Nr 165) oder die Scheidungsklage (RG 15. 3. 23 IV 509/22) begründet.

§ 5

Nach der Vollendung des vierzehnten Lebensjahrs steht dem Kinde die Entscheidung darüber zu, zu welchem religiösen Bekenntnis es sich halten will. Hat das Kind das zwölfte Lebensjahr vollendet, so kann es nicht gegen seinen Willen in einem anderen Bekenntnis als bisher erzogen werden.

Das zur selbständigen Entschließung des Kindes, welchem Bekenntnis (Weltanschauung) es angehören will, erforderliche Alter (Unterscheidungsjahr, annus discretionis) ist in Übereinstimmung mit dem bisherigen Recht der meisten Länder — ein höheres Alter wurde namentlich vom bayerischen Recht gefordert — auf das vollendete 14. Lebensjahr festgesetzt worden. Schon vom vollendeten 12. Lebensjahre an wird aber auf den Willen des Kindes insofern Rücksicht genommen, als ihm ein anderes Bekenntnis als dasjenige, in welchem es bisher erzogen worden, nicht aufgedrängt werden darf. Die bisherige Erziehung muß den gesetzlichen Bestimmungen entsprochen haben (OLG 43, 369, anders JFG 2, 73). Mit Vollendung des 14. Lebensjahres erlangt das Kind, was die Wahl des religiösen Bekenntnisses angeht, volle Geschäftsfähigkeit (Religionsmündigkeit). Seine Wahl, die formlos kundgegeben werden kann, bedarf nicht der Genehmigung des gesetzlichen Vertreters und es ist auch zum Austritt des Kindes aus einer Religionsgesellschaft öffentlichen Rechtes, auch aus einer einzelnen Synagogengemeinde, nach dem PrGes. v. 30. 11. 20 — nach welchem die Austrittserklärung vor dem Amtsgericht des Wohnorts zu Protokoll des Gerichtsschreibers abzugeben oder dort in öffentlich beglaubigter Urkunde einzureichen ist — nicht etwa die Genehmigung des gesetzlichen Vertreters vorgeschrieben. Damit das Kind nach Vollendung des 14. Lebensjahres in der Lage ist, sich zu entscheiden, zu welchem Bekenntnis es sich halten will, muß ihm vorher ein Religionsunterricht oder als Ersatz desselben ein Weltanschauungsunterricht erteilt sein, der ihm ein Verständnis für die Bedeutung der Religion im geistigen Leben vermittelt. Wird es in dieser Beziehung ohne jede Unterweisung gelassen, so kann dies dem Vormundschaftsgericht Anlaß geben, nach § 1666 einzuschreiten.

§ 6

Die vorstehenden Bestimmungen finden auf die Erziehung der Kinder in einer nicht bekenntnismäßigen Weltanschauung entsprechende Anwendung.

Die Gleichstellung entspricht dem Grundsatz der vollen Glaubens- und Gewissensfreiheit, wie er in Artt 135, 137 Abs 7, 146 Abs 2 RVerf zur Geltung gelangt ist. Der Begriff der Weltanschauung ist im weitesten Sinne zu fassen und begreift jede Lehre in sich, die das Wesen und die Bedeutung des Weltganzen zum Gegenstand hat.

§ 7

Für Streitigkeiten aus diesem Gesetz ist das Vormundschaftsgericht zuständig. Ein Einschreiten von Amts wegen findet dabei nicht statt, es sei denn, daß die Voraussetzungen des § 1666 des Bürgerlichen Gesetzbuchs vorliegen.

Aus der Zuständigkeit des Vormundschaftsgerichts folgt, daß auch das Verfahren sich nach den Vorschriften richtet, die für vormundschaftliche Angelegenheiten gegeben sind. Über die Zulässigkeit der Beschwerde und der weiteren Beschwerde s. Vorbem 4c vor § 1773. Ein allgemeiner Grundsatz des Vormundschaftsrechts ist es, daß das Vormundschaftsgericht von Amts wegen verfährt. Es hatte deshalb nach früherem Recht auch von Amts wegen darauf zu achten, daß der Vormund den Mündel in dem landesrechtlich bestimmten Bekenntnis erzog. Hiervon macht der § 7 eine Ausnahme. Das Vormundschaftsgericht soll von Amts wegen nur einschreiten, wenn es zum Schutze des Kindes nach § 1666 notwendig ist (vgl. hierüber die Erörterungen zu § 3). Im übrigen ist die Tätigkeit des Vormundschaftsgerichts, was die religiöse Erziehung betrifft, darauf beschränkt, die hierüber entstehenden Streitigkeiten auf Antrag zur Entscheidung zu bringen. Als antragsberechtigt sind nach § 57 Abs 1 Nr 9 FGG (vgl. § 1779 A 2) alle Personen anzuerkennen, die ein berechtigtes Interesse an der richtigen Leitung der religiösen Erziehung haben. Es sind hierzu nicht nur der Gegenvormund, die Verwandten und Verschwägerten des Kindes, sondern auch die Religionsgesellschaften und die zur Wahrnehmung religiöser Interessen gebildeten Vereinigungen zu rechnen (OLG 42, 124). Im Zusammenhang mit der Entscheidung des ihm vorgelegten Streites ist das Vormundschaftsgericht — woran es durch § 7 nicht gehindert ist — auch berechtigt, die der Entscheidung entsprechende vormundschaftliche Anordnung zu treffen, ohne daß es hierzu eines besonderen Antrags bedarf. Verschieden von diesem Antragsrecht ist das Recht, die in den §§ 2, 3, 10, ähnlich § 9, vorgesehene Genehmigung des Vormundschaftsgerichts zu beantragen, welches nur den in diesen Vorschriften bezeichneten Personen zusteht. Daß die vor der Beschlußfassung über die Genehmigung nach §§ 2 u. 3 zu hörenden Nebenbeteiligten hierzu nicht gehören, ist bereits in der Anmerkung zu § 2 ausgesprochen. Die einmal erteilte Genehmigung darf von dem Vormundschaftsgericht nur in den Grenzen des § 18 FGG geändert werden.

§ 8

Alle diesem Gesetz entgegenstehenden Bestimmungen der Landesgesetze sowie Artikel 134 des Einführungsgesetzes zum Bürgerlichen Gesetzbuch werden aufgehoben.

Das Gesetz ist zu dem Zweck erlassen, die Rechtszersplitterung, die gerade auf dem Gebiete der religiösen Kindererziehung sich in empfindlicher Weise bemerkbar gemacht hat und an der auch die Vorschriften der Reichsverfassung (vgl. Artt 136 Abs 4, 149 Abs 2) nichts geändert haben, zu beseitigen (vgl. KGJ 52 A 33). Es ist deshalb auch der die landesgesetzliche Regelung zulassende Art 134 EG aufgehoben worden. Über das in den verschiedenen Ländern bisher geltende Recht vgl. Güttler, Die religiöse Kindererziehung im Deutschen Reiche, und Engelmann, Das Reichsgesetz über die religiöse Kindererziehung, S. 9ff. Die landesgesetzlichen Vorschriften treffen übrigens fast durchweg nur für den Fall Bestimmung, daß die Ehegatten einem verschiedenen christlichen Bekenntnis angehören, nicht auch für den Fall des Bestehens einer Ehe zwischen Christen und Nichtchristen. Die Vorschriften des öffentlichen Rechtes sind durch das Ges. v. 15. 7. 21 nicht geändert.

§ 9

Verträge über religiöse Erziehung bleiben in Kraft, soweit sie vor Verkündung dieses Gesetzes abgeschlossen sind. Auf Antrag der Eltern oder des überlebenden Elternteils wird ein bestehender Vertrag durch Beschluß des Vormundschaftsgerichts aufgehoben.

Die Verträge mußten nach dem maßgebenden Landesrecht zulässig und wirksam sein. Nach PrALR II 2 § 77, Art 89, 1c PrAG waren sie ungültig. Der Antrag ist, wenn die Eltern noch leben, von beiden Elternteilen zu stellen; die Ersetzung des fehlenden Antrags des einen durch das Vormundschaftsgericht findet nicht statt (BayObLG in JW 1927, 1215[4]).

§ 10

Wenn beide Eltern vor dem Inkrafttreten dieses Gesetzes verstorben sind und über die religiöse Erziehung in einem bestimmten Bekenntnis nachweisbar einig waren, so kann der Vormund bestimmen, daß sein Mündel in diesem Bekenntnis erzogen wird. Er bedarf zu dieser Bestimmung der Genehmigung des Vormundschaftsgerichts.

Von dem Inkrafttreten des Gesetzes an gilt unter Beseitigung der früheren Rechtsverhältnisse lediglich der durch das neue Gesetz bestimmte Rechtszustand. Haben jedoch die Eltern unter früherem Recht, sofern es die Verbindlichkeit eines solchen Vertrags anerkannte — wie es namentlich nach bayerischem Recht der Fall war (vgl. Ausschußbericht S. 21) —, über die religiöse Kindererziehung einen Vertrag geschlossen, so bleibt die Bindung aus dem Vertrage so lange bestehen, bis seine Aufhebung von dem Vormundschaftsgericht auf Verlangen der

Eltern oder des überlebenden Elternteils ausgesprochen ist. Erst durch diese Aufhebung wird der Vertrag außer Kraft gesetzt. Die Aufhebung hat zu erfolgen, sobald der formelle Antrag der Eltern oder des überlebenden Teiles gestellt wird, ohne daß das Vormundschaftsgericht in eine sachliche Prüfung einzutreten hat. Kommt es zu Streitigkeiten über die Aufhebung, so sind diese in einem besondern Verfahren nach § 7 des Gesetzes zu erledigen (OLG 42, 125). Eine weitere Ausnahme von dem Grundsatze der ausschließlichen Geltung des neuen Rechtes ist es, daß der Vormund, wenn die vor dem Inkrafttreten des neuen Gesetzes verstorbenen Eltern über die religiöse Erziehung des Kindes tatsächlich einig waren, diese Einigung, mag sie auch zu einer formellen Bestimmung des Bekenntnisses noch nicht fortgeschritten sein, berücksichtigen und das Bekenntnis, wozu er allerdings der Genehmigung des Vormundschaftsgerichts bedarf, dementsprechend ändern darf. Eine solche tatsächliche Einigung darf berücksichtigt werden, selbst wenn sie mit einem früher abgeschlossenen verbindlichen Vertrage der Eltern in Widerspruch stehen sollte (vgl. S. 26 des Ausschußberichts). Die Erteilung der Genehmigung steht im freien Ermessen des Vormundschaftsgerichts. Die Genehmigung kann verweigert werden, auch wenn die Anführungen des Vormunds sich als richtig herausstellen.

§ 11

Das Gesetz tritt am 1. Januar 1922 in Kraft. Der Reichspräsident ist jedoch ermächtigt, das Gesetz für ein Land im Einvernehmen mit der Landesregierung zu einem früheren Zeitpunkt in Kraft zu setzen.

Von der Befugnis der früheren Inkraftsetzung ist verschiedentlich Gebrauch gemacht. Für Preußen ist das Gesetz auf Grund der im Einvernehmen mit dem Preuß. Staatsministerium ergangenen VO des Reichspräsidenten v. 8. 9. 21 am 1. 10. 21 in Kraft getreten. In dem Verfahren der weiteren Beschwerde vor dem Kammergericht können die Vorschriften des neuen Gesetzes, falls es erst nach Bekanntmachung des landgerichtlichen Beschlusses in Kraft getreten ist, nicht zur Anwendung gebracht werden (KGJ 53 A 8).

§ 1632

Die Sorge für die Person des Kindes umfaßt das Recht, die Herausgabe des Kindes von jedem zu verlangen, der es dem Vater widerrechtlich vorenthält[1])[2]).

E I 1505 Abs 1 II 1527; M 4 753; P 4 549.

1. Die **Klage auf Herausgabe des Kindes,** bei der es sich nicht um die Vertretung des Kindes, sondern darum handelt, Dritten gegenüber das Recht der Sorge für die Person des Kindes zu verwirklichen, ist mit der Eigentumsklage vergleichbar, von der sie aber darin abweicht, daß jeder, der durch sein tatsächliches Verhalten den Gewalthaber an Erlangung der Gewalt über das Kind hindert, der Klage aus § 1632 ausgesetzt ist. Ein Vorenthalten liegt vor, wenn die Herausgabe des Kindes unmittelbar oder mittelbar verweigert wird. Letzteres kann z. B. dadurch geschehen, daß die Herausgabe der Kleidungsstücke des Kindes (Betten, Wäsche) abgelehnt wird. Es genügt aber auch, daß der Dritte eine Lage schafft, die dem Gewalthaber die Verwirklichung seines Anspruchs wesentlich erschwert (RG Warn 1923/24 Nr 130). Welche Anforderungen in dieser Beziehung zu stellen sind, läßt sich nur nach Lage des einzelnen Falles beurteilen, wobei es namentlich darauf ankommt, ob es sich um ein noch willenloses oder um ein mehr oder weniger selbständiges Kind handelt (vgl. OLG 11, 292a). Ein Vorenthalten ist auch darin zu finden, daß der Beklagte das Kind einem andern zwecks Vereitelung des Herausgabeanspruchs unter der Verpflichtung zum Verschweigen des Aufenthaltsorts übergeben hat (RG JW 1924, 539[11]). Hat der Dritte durch sein früheres Verhalten einen das Recht der elterlichen Gewalt beeinträchtigenden Zustand geschaffen, hat er z. B. rechtswidrig das Kind in seinen alleinigen Besitz und unter seinen alleinigen Einfluß gebracht, so hat er zur Beseitigung der hierdurch herbeigeführten Schwierigkeiten seinerseits eine Einwirkung auf das Kind auszuüben (RG JW 1916, 910[8]; LZ 1918, 323[9]; Warn 1914 Nr 124; vgl. OLG 23, 412). Die Klage gegen die Großmutter auf Herausgabe der Enkelin ist nicht ohne weiteres dadurch ausgeschlossen, daß jene inzwischen auch der Mutter bei sich Wohnung gewährt hat (RG Warn 1918 Nr 190). Der dritte braucht zwar das Kind dem Kläger nicht zu übergeben, hat aber, soviel an ihm ist, eine solche Lage zu schaffen, daß diesem die Wegnahme des Kindes ohne wesentliche Erschwerung möglich ist. Wendet der Beklagte ein, daß die Vorenthaltung aus besonderem Grunde, wegen einer von dem Vormundschaftsgericht oder dem Prozeßgericht getroffenen Anordnung (vgl. RG Warn 1916 Nr 53), wegen eines rechtsgültig fortbestehenden Dienst- oder Arbeitsvertrags (vgl. § 1631 A 2) oder wegen Erfüllung einer öffentlichrechtlichen Verpflichtung nicht rechtswidrig sei, so ist er hierfür beweispflichtig.

Auf einen Verzicht des Herausgabeberechtigten, der nichtig wäre, kann er sich nicht berufen. Das Bewußtsein der Widerrechtlichkeit oder ein Verschulden des Beklagten ist nicht Voraussetzung der Klage. Mit einer gewissen Abweichung gelten diese Grundsätze auch für den Anspruch des Vaters auf Herausgabe des Kindes gegen die Mutter (s. hierüber und über den Mißbrauch des Herausgabeverlangens § 1634 A 2). Ist der Beklagte zur Herausgabe verurteilt, so erfolgt die Zwangsvollstreckung unter entsprechender Anwendung der für die Herausgabe von Sachen in § 883 ZPO gegebenen Vorschriften (**RG** JW 1924, 539[11], vgl. § 1636 A 2). Die Klage auf Herausgabe ist zulässig, ohne daß das Kind zum Prozesse zugezogen zu werden braucht (so in den Fällen der §§ 1635, 1701, 1702). Sie ist namentlich dann ein Bedürfnis, wenn dem Fürsorgeberechtigten das Kind von einem Dritten eigenmächtig weggenommen ist. Auch gegen denjenigen, welcher das Recht der elterlichen Gewalt für sich in Anspruch nimmt, kann auf Herausgabe des Kindes ohne dessen Zuziehung geklagt werden. Es handelt sich dabei nicht um Feststellung des Familienstandes (§ 640 ZPO), sondern lediglich um den tatsächlichen Besitz des Kindes und um dessen Aufenthalt, worüber der Beklagte ohne Zustimmung des Kindes verfügt, wie er auch außerhalb des Prozesses, wenn er von dem Recht des andern sich überzeugt, nicht gehindert ist, ihm das Kind ohne dessen Zustimmung herauszugeben. Eine prozessuale Vorschrift, daß in dem Prozesse über Herausgabe nicht nebenbei über das Kindesverhältnis entschieden werden dürfe, ist (abweichend von den in §§ 151—154 ZPO bezeichneten Fällen des Streites über Bestehen oder Gültigkeit der Ehe oder der Anfechtung der Ehelichkeit) nicht getroffen. Durch die Entscheidung über die Herausgabe wird die Rechtsstellung des Kindes nicht geändert. Die Entscheidung verliert ihre Bedeutung, sobald im Familienstandsprozesse, da nach § 643 ZPO dieses Urteil unbedingt für und gegen alle wirkt, eine andere Entscheidung ergeht. Den für die Zwischenzeit etwa sich hieraus ergebenden Unzuträglichkeiten kann durch Eingreifen des Vormundschaftsgerichts abgeholfen werden. Wegen dieser Unzuträglichkeiten ist das Reichsgericht in dem **RG** 76, 283 mitgeteilten Falle, wo der die elterliche Gewalt in Anspruch nehmende Beklagte durch Eintragung im Standesregister als Vater des Kindes legitimiert war und Klägerin Ausländerin war (Kwilecki-Prozeß), dazu gelangt, zweckmäßigkeitshalber den Rechtssatz aufzustellen, daß der Beklagte zur Herausgabe des Kindes nur verurteilt werden könne, wenn zugleich im Wege der Familienstandsklage, also mit Wirkung gegen das Kind, das Nichtbestehen seiner elterlichen Gewalt festgestellt wird (dagegen Enneccerus-Kipp § 75 A 42, Josef in KGBl 1911, 117). Jedenfalls kann diese Entscheidung nicht auf andere ähnliche Fälle ausgedehnt werden, und es ist auch von dem Reichsgericht Abstand genommen, sie auf einen Rechtsstreit zur Anwendung zu bringen, in welchem die Mutter die Herausgabe des Kindes von ihrem Manne mit der Behauptung forderte, daß nicht bloß sie, sondern auch der Mann die Nichtigkeit der Ehe gekannt habe, so daß die elterliche Gewalt nach § 1699 ihm nicht zustehe (**RG** JW 1916, 1337[1]).

2. Zur Wiedererlangung des Kindes kann nötigenfalls polizeiliche Hilfe in Anspruch genommen werden. Das Eingreifen der Polizeibehörde ist dadurch, daß § 1631 Abs 2 auf die Hilfe des Vormundschaftsgerichts verweist, nicht ausgeschlossen. Das polizeiliche Einschreiten setzt aber voraus, daß zugleich ein dringendes polizeiliches Interesse besteht, wie dies z. B. bei einem dem Vagabundieren oder einem unzüchtigen Lebenswandel ergebenen Kinde oder zur Verhütung strafbarer Handlungen der Fall ist (Vf des Pr Min d J v. 30. 6. 11 in MBl 199). Entsteht Streit über die Rechtmäßigkeit des Herausgabeverlangens, so gebührt die Entscheidung den **Gerichten**. Der Erlaß einer einstweiligen Verfügung ist gerechtfertigt, wenn z. B. das feindselige Verhältnis zwischen den Parteien einen solchen Grad erreicht hat, daß die Vereitlung des Herausgabeanspruchs oder der Versuch der Vereitlung zu besorgen ist (**RG** 13. 12. 00 IV 261/00). Es kann auch auf Feststellung geklagt werden, daß der beklagte Ehegatte nicht berechtigt ist, dem Kläger das Kind vorzuenthalten, wenn dieser gewärtig sein muß, daß der Beklagte ihm das Kind entzieht (**RG** 1. 5. 02 IV 37/02). Ist das Kind später mit Zustimmung des Gewalthabers in ein Dienstverhältnis eingetreten, so wird, da hierdurch der Anspruch auf Herausgabe des Kindes sich erledigt hat, ein Anlaß zur Feststellungsklage regelmäßig nicht mehr bestehen (**RG** 13. 4. 16 IV 48/16). Die Verletzung des Rechtes der elterlichen Gewalt durch Vorenthaltung des Kindes stellt eine unter § 823 Abs 1 fallende unerlaubte Handlung dar, aus der in dem Gerichtsstande des § 32 ZPO auf Beseitigung des rechtsverletzenden Zustandes durch Herausgabe des Kindes sowie auf Schadensersatz geklagt werden kann; dieser Schutz kommt auch dem Ausländer (vgl. Vorbem 6 vor § 1616) zugute (**RG** JW 1913, 202[14] und ausführlicher Warn 1913 Nr 53, vgl. KG in JW 1924, 377[4]). Ein bloßes Besitzrecht an einem Kinde wird nicht anerkannt. Die Vorschriften der §§ 854ff. können daher keine Anwendung finden. Selbsthilfe ist nach Maßgabe der §§ 229ff. zulässig. Dem Kinde gegenüber ist der Gewalthaber darauf angewiesen, sein Aufenthaltsbestimmungsrecht durch eigene Macht zu verwirklichen. Für eine Klage auf Rückkehr oder auf Räumung des Vaterhauses ist kein Raum (KGJ 49 A 24). Über den strafrechtlichen Schutz der elterlichen Gewalt s. § 235 StGB (vgl. hierzu **RG**St 48, 427; JW 1911, 240[14]; 1916, 1198[3]).

§ 1633

Ist eine Tochter verheiratet, so beschränkt sich die Sorge für ihre Person auf die Vertretung in den die Person betreffenden Angelegenheiten[1]).

E I 1509 II 1528; M 4 758; P 4 565.

1. Durch die **Verheiratung der minderjährigen Tochter** verliert der Gewalthaber — für die Dauer der Ehe (a. A. Blume A 5) — das Recht der tatsächlichen Fürsorge für die Person, da die Ausübung dieser Fürsorge mit dem Recht des Ehemanns unverträglich sein würde. Es entfällt damit nicht auch dem Ehemann gegenüber sein Recht auf persönlichen Verkehr mit der Tochter (Staudinger A 1 b α, abw. früh. Aufl.). Im übrigen gebührt ihm in ihren persönlichen Angelegenheiten (vgl. § 1630 A 1) nur das Recht der Vertretung. Das Vertretungsrecht hat aber nicht die Wirkung, daß die dem Gewalthaber erteilte Aufnahme oder Einbürgerung sich auch auf die verheiratete oder verheiratet gewesene Tochter erstreckt (§§ 16, 23 Abs 2 RuStAngG v. 22. 7. 13). Auch von dem Verlust der Staatsangehörigkeit wird sie nicht mitbetroffen (§§ 26—28, 29 daselbst). Ihre Entlassung aus der Staatsangehörigkeit kann von dem Gewalthaber, da dieser nicht, wie § 19 Abs 2 erfordert, die Sorge für die Person hat, nur mit Genehmigung des Vormundschaftsgerichts (§ 19 Abs 1) beantragt werden. Vor deren Erteilung wird, wennschon dies nicht ausdrücklich vorgeschrieben ist, die Tochter zu hören sein (vgl. § 1827). Die Verwaltung des Vermögens steht dem Gewalthaber insoweit zu, als sie nicht nach dem für die Ehe geltenden Güterrecht dem Ehemann zukommt. Die zu Verfügungen des Mannes erforderliche Zustimmung der Frau ist von dem Gewalthaber zu erteilen (vgl. darüber, daß die vormundschaftsgerichtliche Genehmigung hier nicht erforderlich ist, § 1821 A 3). Wird die Ehe ohne seine Einwilligung geschlossen, so erlangt der Mann, auch wenn die Frau von dem Recht der Anfechtung der Ehe (§ 1331) keinen Gebrauch macht, keine Rechte an dem Vermögen der Frau. Es tritt vielmehr Gütertrennung ein (§§ 1364, 1426, 1437 Abs 2, 1519 Abs 2, 1549). Auch das Nutznießungsrecht des Gewalthabers geht in diesem Falle nicht verloren (§ 1661). Eine Verheiratung des minderjährigen Sohnes, die nach § 1303 nicht zugelassen werden soll, würde, wenn sie gleichwohl vorkommt, den Fortbestand der elterlichen Gewalt nicht berühren.

§ 1634

Neben dem Vater hat während der Dauer der Ehe die Mutter das Recht und die Pflicht, für die Person des Kindes zu sorgen; zur Vertretung des Kindes ist sie nicht berechtigt, unbeschadet der Vorschrift des § 1685 Abs 1. Bei einer Meinungsverschiedenheit zwischen den Eltern geht die Meinung des Vaters vor[1—4]).

E I 1506 II 1529; M 4 754; P 4 549.

1. **Recht der Mutter.** An der Ausübung der elterlichen Gewalt nimmt die Mutter während bestehender Ehe insofern teil, als ihr ebenso wie dem Vater die tatsächliche Fürsorge für die Person des Kindes gebührt. Die Frau kann von dem Manne verlangen, daß ihr eine diesem Recht entsprechende Einwirkung auf das Kind gestattet, der Aufenthalt des Kindes ihr nicht verheimlicht wird. Es ist dies ein im Klagewege verfolgbarer Anspruch, der ihr nicht um des Kindes willen, sondern um ihrer selbst willen gegen den Ehemann zusteht und der deshalb im Prozeßwege verfolgt werden kann. Rücksichten auf das Wohl des Kindes können allerdings dem Manne gebieten, den Verkehr der Mutter mit dem Kinde zu beschränken oder zeitweise auszuschließen (vgl. § 1634 A 2, § 1636 A 1). Eine von dem Vormundschaftsrichter im Interesse des Kindes gemäß § 1666 getroffene Anordnung ist für den Prozeßrichter bindend. Das Fürsorgerecht der Mutter steht, soweit diese nicht nach § 1685 ein festes Recht zur Vertretung des Vaters hat, dem Recht des Vaters — nicht dem Recht des Beistandes, §§ 1689, 1707 Satz 3 — insofern nach, als bei Meinungsverschiedenheiten die Meinung des Vaters entscheidet. Durch Art 119 Satz 2 RVerf ist hieran nichts geändert. Der Mutter bleibt nur übrig, falls sie durch die Entscheidung das Wohl des Kindes für gefährdet erachtet, das Vormundschaftsgericht anzurufen, und sie kann sich im Falle des Notstandes bis zu diesem Zeitpunkte der Meinung des Vaters widersetzen. Gegen die Entscheidung des Vormundschaftsgerichts steht ihr nach § 57 Abs 1 Nr 9 FGG die Beschwerde zu (**RG** 56, 129).

2. Die Ehefrau hat, da auch hinsichtlich der Bestimmung des Aufenthalts die Meinung des Mannes vorgeht, an sich nicht das Recht, solange nicht eine Entscheidung des Vormundschaftsgerichts ergangen ist (vgl. A 1), die **Herausgabe des Kindes an den Mann** zu verweigern. Ist sie aber befugt, von dem Manne getrennt zu leben, so kann sie einwenden, daß das Herausgabeverlangen des Mannes sich ihr gegenüber als Mißbrauch seines Rechtes darstelle. Es folgt dies nicht sowohl aus § 1354 Abs 2 als aus dem das Familienrecht beherr-

schenden allgemeinen Grundsatze, daß eine schrankenlose und willkürliche Ausübung solcher Rechte unzulässig ist. Der Einwand des Mißbrauchs ist begründet, wenn der Mann die Herausgabe des Kindes verlangt, um auf die die Herstellung der ehelichen Gemeinschaft mit Grund verweigernde Frau einen unberechtigten Druck auszuüben, somit überhaupt nicht in Wahrnehmung der Fürsorge für die Person des Kindes handelt (RG 55, 419; JW 07, 6[6]; Warn 09 Nr 107; LZ 1915, 505[7]; 21. 6. 20 IV 70/20, vgl. RG Recht 1922 Nr 987; JW 1925, 945[14], wo das Herausgabeverlangen nur zu dem Zwecke gestellt ist, die Frau zur Ehescheidung geneigt zu machen). In einem solchen Falle kann die Frau sogar, wenn der Mann ihr das Kind vorenthält, ihrerseits auf Herausgabe klagen (RG Warn 08 Nr 222). Ein Mißbrauch ist es daher allgemein, wenn das Herausgabeverlangen des Mannes in Wirklichkeit nicht der Sorge für die Person des Kindes entspringt. Ein solcher Mißbrauch liegt nicht nur in dem Falle des § 226 vor, daß die Ausübung des Rechtes nur den Zweck haben kann, einem andern Schaden zuzufügen, sondern ist auch dann anzunehmen, wenn der Ehemann mit dem Herausgabeverlangen ausschließlich oder doch in überwiegendem Maße den Zweck einer Schädigung oder Kränkung der Frau oder andere unlautere Zwecke verfolgt (RG JW 1912, 395[15]; 1915, 1261[6]; 1917, 902[6]; Warn 1912 Nr 437; 1917 Nr 251). Danach kann ein Mißbrauch z. B. darin gefunden werden, daß der Mann seiner sehr kränklichen Frau die Kinder wegnehmen will, obschon aller Voraussicht nach diese Wegnahme eine schwere Schädigung ihrer Gesundheit nach sich ziehen würde (RG JW 1912, 395[15]). Bloß deshalb, weil sie zum Getrenntleben berechtigt ist, kann die Ehefrau die Herausgabe des Kindes nicht verweigern, da sie sonst, ohne daß die Frage eines auf ihrer Seite vorhandenen Verschuldens aufgeklärt wäre, die gleichen Rechte haben würde wie eine ohne ihr Verschulden geschiedene Ehefrau (RG JW 1913, 646[10]). Einwendungen der Frau bloß aus dem Grunde, daß das Wohl des Kindes gefährdet sein würde, wenn es an den Mann herausgegeben werden müßte, sind ausgeschlossen. Die Ehefrau ist in solchem Falle lediglich darauf angewiesen, die Entscheidung des Vormundschaftsgerichts nach § 1666 anzurufen (RG JW 1915, 1261[6]; Warn 1912 Nr 172; 1917 Nr 251). Ist die Ehe geschieden, so kann die Herausgabe des Kindes an den hiernach erziehungsberechtigten Ehegatten nur verweigert werden, wenn dieser einer nach § 226 verwerflichen Schikane sich schuldig macht (RG Warn 1918 Nr 12; 1920 Nr 17 u. 47). Es muß ihm nachgewiesen werden, daß er gar nicht auf ernstliche Wahrnehmung seines Fürsorgerechts, sondern lediglich darauf ausgeht, unter Mißbrauch seines Rechtes den andern Ehegatten zu schädigen und zu kränken. Über das Verhältnis der Klage auf Herausgabe des Kindes zu der einstweiligen Verfügung des Eherichters (§ 627 ZPO) s. § 1635 A 2 a. E., über das Recht der getrennt lebenden Ehefrau auf Verkehr mit dem Kinde § 1636 A 1, über Verträge zwischen Ehegatten wegen Überlassung der Ausübung des Erziehungsrechts § 1631 A 2.

3. Hat die Mutter in das Erziehungsrecht des Vaters in einer dieses schwer verletzenden Weise eingegriffen, so kann dieser, sofern die Besorgnis weiterer Beeinträchtigung gerechtfertigt ist, äußerstenfalls auf **Unterlassung** klagen. Vorausgesetzt ist jedoch, daß sonstige zur Wahrung des Erziehungsrechts sich bietende Maßnahmen (z. B. die Benachrichtigung des Dritten, daß die unter dem bloßen Familiennamen ausgestellten Schreiben von der Mutter herrühren) ohne Erfolg bleiben würden (RG SeuffA 66 Nr 240).

4. Die **Pflicht der Mutter**, neben dem Vater für die Person des Kindes zu sorgen, besteht in der Fürsorgepflicht gegenüber dem Kinde und in der Pflicht der Aufsicht, deren Verletzung sie Dritten gegenüber haftbar macht. Die Aufsichtspflicht der Mutter tritt ein, soweit der Vater seiner Aufsichtspflicht nicht genügt. Die Mutter ist deshalb vom RG JW 1914, 198[14] für verantwortlich erklärt worden, weil sie wußte, daß ihrem Sohne die Patronenhülsen zu dem ihm anvertrauten Schießwerkzeug von ihrem Manne belassen waren und sie nicht selbst für Entfernung der Hülsen gesorgt hatte.

§ 1635

Ist die Ehe aus einem der in den §§ 1565 bis 1568 bestimmten Gründe geschieden, so steht, solange die geschiedenen Ehegatten leben, die Sorge für die Person des Kindes, wenn ein Ehegatte allein für schuldig erklärt ist, dem anderen Ehegatten zu; sind beide Ehegatten für schuldig erklärt, so steht die Sorge für einen Sohn unter sechs Jahren oder für eine Tochter der Mutter, für einen Sohn, der über sechs Jahre alt ist, dem Vater zu[1])[4]). Das Vormundschaftsgericht[2]) kann eine abweichende Anordnung treffen, wenn eine solche aus besonderen Gründen im Interesse des Kindes geboten ist; es kann die Anordnung aufheben, wenn sie nicht mehr erforderlich ist.

Das Recht des Vaters zur Vertretung des Kindes bleibt unberührt[3]).

E I 1456 II 1479; M 4 622; P 4 440, 660; 6 294.

1. **Ist die Ehe** durch rechtskräftiges Urteil (§ 1564) **geschieden,** so kann nicht wie bei bestehender Ehe die tatsächliche Fürsorge für die Person der Kinder von den beiden Eheleuten gemeinschaftlich ausgeübt werden. Es bedarf deshalb der Bestimmung, welchem Ehegatten die tatsächliche Fürsorge zufällt, während der andere Ehegatte auf das Recht des Verkehrs mit dem Kinde (§ 1636) beschränkt ist. In erster Linie kommt es darauf an, wer in dem Scheidungsurteil (auch wenn der Ausspruch nur in den Gründen sich findet, RJA 8, 6) für schuldig erklärt wird. Dieser verliert zugunsten des andern Ehegatten das Recht der Fürsorge. Sind beide Teile für schuldig erklärt, so fallen die Söhne bis zur Vollendung des sechsten Jahres und die Töchter der Mutter, die über sechs Jahre alten Söhne dem Vater zu. Der § 1635 findet keine Anwendung, wenn die Ehe wegen Geisteskrankheit aus § 1569 geschieden ist, in welchem Falle eine Schuldigerklärung nicht stattfinden kann. Bei Scheidung wegen Geisteskrankheit der Frau behält der Mann das Fürsorgerecht im vollen Umfange. Bei Scheidung wegen Geisteskrankheit des Mannes wird § 1685 Abs 2 anwendbar, wonach die Ausübung der elterlichen Gewalt der Mutter übertragen werden kann. Für die Anwendung des § 1635 ist ferner kein Raum, wenn der eine Elternteil die elterliche Gewalt und damit auch das Recht der Sorge für die Person des Kindes verwirkt hat (vgl. §§ 1680, 1684 Abs 1 Nr 2 — a. A. Staudinger A 4). Ebenso kann § 1635 keine Anwendung finden, wenn dem einen Elternteil die Sorge für die Person auf Grund des § 1666 entzogen ist oder später nach Scheidung der Ehe entzogen wird. Durch § 1635 wird das Recht des einen Ehegatten immer nur gegenüber dem andern Ehegatten beschränkt, nicht gegenüber einem auf Grund des § 1666 zu bestellenden Pfleger oder Vormund (KGJ 42 A 28; **RG** 102, 283). Im Verhältnis zu diesem hat das Recht des Ehegatten den Vorzug. Hieraus folgt, daß, wenn in dem Verfahren aus § 1635 in Frage kommt, ob gegen den einen Ehegatten aus § 1666 einzuschreiten ist, zunächst hierüber entschieden werden muß (RJA 12, 10; KGJ 46 A 35). Daraus, daß im Scheidungsverfahren der eine Ehegatte wegen Verfehlungen gegen den andern Ehegatten für schuldig erklärt ist, folgt nicht ohne weiteres, daß er zur Erfüllung der Erziehungspflichten gegenüber den Kindern weniger geeignet wäre. Die in § 1635 bestimmte Regelung gilt nur so lange, als beide Ehegatten am Leben sind. Mit dem Tode eines Ehegatten kommt sie in Wegfall. Über die Personensorge für Kinder geschiedener Ehen nach Anordnung der Fürsorgeerziehung vgl. JFG 2, 74. — Die geschiedene Frau, die nicht fürsorgeberechtigt ist, kann strafrechtlich nach § 180 StGB nicht verantwortlich gemacht werden, weil sie unterlassen hat, die bei ihr wohnende Tochter von unsittlichem Verkehr abzuhalten (**RG**St Warn 1918 Nr 171).

2. Das **Vormundschaftsgericht,** dem der Ehescheidungsrichter gemäß § 630 ZPO bei Vorhandensein eines minderjährigen Kindes von dem rechtskräftigen Scheidungsurteil Mitteilung zu machen hat, ist auch ohne Antrag befugt, eine von der gesetzlichen Regel **abweichende Anordnung** über die Zuweisung zu treffen, falls es dies aus besonderen Gründen zum Wohle des Kindes (wegen Gefährdung seiner Interessen) für geboten erachtet, ohne daß die Voraussetzungen des § 1666 vorzuliegen brauchen. Ein Grund hierfür kann darin liegen, daß die Mutter, der an sich die Erziehung zufallen würde, vollständig unter dem Einflusse ihres neuen Ehemanns steht und dieser dem Vater des Kindes feindlich gesinnt ist (**RG** Warn 1911 Nr 435). Der schuldlos geschiedene Ehemann, der nicht imstande ist, ein jugendliches Kind zu sich zu nehmen, darf es ohne zwingenden Grund nicht Dritten überlassen, sondern muß prüfen, ob es bei der Mutter gefährdet ist (KG in JW 1927, 1215[3]). Die für das Kind sich ergebende größere Annehmlichkeit kann natürlich nicht ausschlaggebend sein (SeuffA 67 Nr 84). Die Entscheidung gebührt ausschließlich dem Vormundschaftsgericht. Das zuständige Jugendamt ist vorher zu hören (JWG § 43 Abs 1). Die vom Vormundschaftsgericht erlassene Anordnung ist für den Prozeßrichter bindend, und zwar auch dann, wenn das Vormundschaftsgericht vor der endgültigen Entscheidung eine vorläufige Anordnung getroffen hat (**RG** JW 1910, 113[17]). Dadurch, daß über das Recht der persönlichen Fürsorge bereits ein Rechtsstreit anhängig ist, wird das Eingreifen des Vormundschaftsgerichts nicht ausgeschlossen (**RG** 63, 275). Anderseits wird durch das Einschreiten des Vormundschaftsrichters das Prozeßverfahren nicht aufgehalten. Die Aussetzung des Prozeßverfahrens bis zur Entscheidung des Vormundschaftsgerichts kann, da bis zu diesem Zeitpunkte der Kläger schutzlos bleiben würde, nicht verlangt werden (**RG** JW 07, 6[6]). Darüber, daß im vormundschaftsgerichtlichen Verfahren ein Pfleger nicht bestellt zu werden braucht, s. Vorbem 4 vor § 1616 und **RG** 62, 132. Ist der schuldlos geschiedene Gatte geschäftsunfähig und wegen Ruhens seiner elterlichen Gewalt eine Vormundschaft über die Kinder eingeleitet, so kann die an sich dem Vormund zustehende Sorge für ihre Person dem andern Gatten übertragen werden, obwohl er für allein schuldig erklärt worden ist; ein unzulässiger Eingriff in die Rechte des Vormunds (§§ 1793, 1800) ist darin nicht zu erblicken (JFG 1, 59). Schon vor der Scheidung kann von dem Ehescheidungsrichter eine Entscheidung über die Sorge für die Person der gemeinschaftlichen Kinder — wozu auch die Regelung des Verkehrs der Eltern mit ihnen gehört — durch einstweilige Verfügung (§§ 627, 940 ZPO) für die Dauer des Scheidungsprozesses erlassen werden. Es ist hierbei ebenfalls in erster Linie

auf das Wohl der Kinder Rücksicht zu nehmen (RG 30. 11. 08 IV 530/08). Ist die Sachlage in dem Scheidungsprozesse eine solche, daß der Ausgang des Prozesses vorausgesehen werden kann, so kann es sich rechtfertigen, die dem § 1635 entsprechende Zuweisung, um einen für die Erziehung unzuträglichen Wechsel des Aufenthalts zu vermeiden, schon jetzt eintreten zu lassen. Diese Rücksicht kann auch, wenn der Ausgang des Prozesses ungewiß ist, dahin führen, das Kind vorläufig bei dem Elternteile, bei dem es mit früherem Einvernehmen des andern Elternteils sich befindet, zu belassen (RG 1. 7. 07 IV 36/07). Auch die Notwendigkeit der mütterlichen Pflege kann für die Zuweisung ausschlaggebend sein. Durch den Erlaß der einstweiligen Verfügung wird eine Klage auf Herausgabe des Kindes, die ihre Bedeutung auch über die Dauer des Scheidungsprozesses hinaus behält, nicht ausgeschlossen. Solange aber die einstweilige Verfügung zu Recht besteht, kann dem Klageantrage nicht stattgegeben werden (RG 21. 10. 07 IV 394/07). Umgekehrt steht auch die Anhängigkeit der Klage auf Herausgabe dem nicht entgegen, daß über die Zuweisung des Kindes durch einstweilige Verfügung des Eherichters entschieden wird (RG 2. 5. 07 IV 56/07). Auch das Vormundschaftsgericht kann ausnahmsweise schon vor der Scheidung für die Dauer des Scheidungsprozesses eine einstweilige Anordnung über die Sorge für die Person der gemeinschaftlichen Kinder auf Grund der §§ 1666 ff. treffen. Eine solche Anordnung darf aber über die Grenzen der §§ 1666 ff. nicht hinausgehen (RJA 13, 5). — Besteht zwischen geschiedenen Eheleuten darüber Streit, wem von ihnen die Fürsorge für die Person des Kindes gebührt, so liegt es im Interesse des Kindes und der Eltern, daß der Streit baldmöglichst geschlichtet wird. Das zur Anstellung einer Feststellungsklage nach § 256 ZPO erforderliche Interesse an alsbaldiger Feststellung des Rechtsverhältnisses ist in einem solchen Falle nicht zu verneinen. Selbst dann, wenn dem im Auslande lebenden Ehegatten das Recht der Fürsorge durch ausländisches Urteil bereits zugesprochen ist, kann er ein gerechtfertigtes Interesse haben, dieses Recht durch inländischen Richterspruch festgestellt zu sehen (RG JW 1913, 927[15]).

3. Zur **Vertretung des Kindes** (vgl. § 1630 A 1) gehört auch die Geltendmachung des Unterhaltsanspruchs. Richtet sich dieser Anspruch gegen den Vater, so ist dem Kinde nach § 1909 ein Pfleger zu bestellen. Die Mutter ist als solche (abgesehen von der nach § 627 ZPO zulässigen Regelung des Unterhalts durch einstweilige Verfügung des Eherichters) zur Einklagung des Unterhaltsanspruchs nicht befugt (RG 4. 6. 09 IV 519/08). Bei Mißbrauch des Vertretungsrechts kann das Vormundschaftsgericht nach § 1630 in Verbindung mit § 1796 und nach §§ 1666 ff. einschreiten. Ein klagbarer Anspruch auf Vornahme einer bestimmten Vertretungshandlung ist nicht gegeben.

4. Den Eheleuten ist es — unbeschadet der dem Vormundschaftsgericht verbleibenden Befugnis zum Einschreiten — unbenommen, über das Erziehungsrecht eine von § 1635 abweichende **Vereinbarung** zu treffen und seine Ausübung dem nach dem Gesetze nicht fürsorgeberechtigten Teil zu übertragen; eine solche Vereinbarung ist frei widerruflich (RG JW 1925, 2115[6]). Für die Zeit aber, in welcher der Vertrag durch Überlassung des Kindes an den andern Elternteil zur Ausführung gebracht ist, muß auch die wegen des Unterhalts des Kindes getroffene Vereinbarung Wirksamkeit behalten (vgl. Warn 1914 Nr 209, § 1631 A 2). Ein Verstoß gegen die guten Sitten ist nicht darin zu sehen, daß die Ehegatten in dem Vertrage über das Erziehungsrecht zugleich ihre vermögensrechtlichen Beziehungen regeln, falls nicht etwa das Recht der Sorge für das Kind von dem dieses Recht aufgebenden Ehegatten dazu mißbraucht wird, einen unzulässigen Druck auf den andern Ehegatten zur Erreichung besonderer Vorteile auszuüben (RG Warn 1915 Nr 102). Unwirksam ist eine Vereinbarung, nach welcher im Streitfall zunächst die Entscheidung des Vormundschaftsgerichts angerufen werden soll; dessen Zuständigkeit kann dadurch nicht begründet werden (RG JW 1925, 2114[5]).

§ 1636

Der Ehegatte, dem nach § 1635 die Sorge für die Person des Kindes nicht zusteht, behält die Befugnis, mit dem Kinde persönlich zu verkehren[1]). Das Vormundschaftsgericht kann den Verkehr näher regeln[2]).

E I 1457 II 1480; M 4 628; P 4 449.

1. Die Befugnis zum **persönlichen Verkehr mit dem Kinde** stellt sich als ein unentziehbares und unverzichtbares Recht der elterlichen Gewalt, als ein Recht der durch die elterliche Gewalt gegebenen Personenfürsorge, nicht als ein auf dem bloßen Verwandtschaftsverhältnis beruhendes Recht dar (RG 64, 50; vgl. §§ 1633 A 1, 1666 A 4, 1676 A 1, 1685 A 2, 1738 A 3, 1765 A 2 — bestr., a. A. KG in RJA 11, 256; 15, 97 u. ö.; Staudinger A 4). Dem nicht sorgeberechtigten Elternteil soll die Möglichkeit nicht entzogen werden, sich selbst von dem leiblichen und geistigen Wohle des Kindes zu überzeugen, um danach das Nötige für die Förderung des Wohles des Kindes veranlassen zu können. Ein Recht auf solchen Verkehr

hat in gleicher Weise der nicht sorgeberechtigte Elternteil, wenn er, worüber im Streitfalle das Prozeßgericht zu entscheiden hat, aus gerechtfertigten Gründen von dem Gewalthaber getrennt lebt (vgl. RG 69, 94; bestr.). Die Vorschrift des § 1634 Satz 2 steht diesem Recht nicht entgegen. Die Regelung des Verkehrs kommt — abgesehen von der in § 627 ZPO dem deutschen Eherichter nachgelassenen einstweiligen Verfügung, die indes auf die Regelung im einzelnen sich nicht zu erstrecken hat (RG 69, 97; a. A. OLG 27, 112 a. E.) — ausschließlich dem Vormundschaftsgericht zu, das bei Gefährdung des Wohles des Kindes von Amts wegen einzuschreiten hat (RG 63, 238; 69, 94). Der Rechtsweg ist daher für einen solchen Streit der Ehegatten, auch der ausländischen Ehegatten (RG Gruch 58, 205), ausgeschlossen, falls nicht der Streit nur die Frage betrifft, ob der Ehegatte überhaupt zum Verkehr berechtigt ist (für den Ausschluß des Rechtswegs auch in diesem Falle Lohmann in Gruch 61, 57). Wird dagegen dem Ehegatten das Recht zum Verkehr bestritten oder doch die Ausübung des Rechtes tatsächlich unmöglich gemacht, so ist für die Durchsetzung des in § 1636 Satz 1 gewährten Rechts der ordentliche Rechtsweg gegeben (RG 100, 178). Dem Vormundschaftsgericht ist aber, wenn es den Verkehr zu regeln hat, nicht etwa die Befugnis entzogen, hierbei zugleich die Vorfrage nach dem Bestehen des Rechts zum Verkehr zu entscheiden. Die Regelung des Verkehrs ist auch dann Sache des Vormundschaftsgerichts, wenn zwischen den getrennt lebenden Ehegatten ein Scheidungsverfahren nicht anhängig ist (RG 69, 94; ebenso KG in RJA 11, 172; s. auch KGJ 52 A 26 — vgl. Hagemann in ZBlFG 22, 404ff.; ferner v. Blume in SeuffBl 72, 95ff., der § 1636 ganz allgemein für anwendbar hält, wenn aus irgendeinem Grund ein Ehegatte von der Erziehung des Kindes ausgeschlossen ist). Die Bestimmungen sind so zu treffen, daß die Interessen des fürsorgeberechtigten Elternteils nicht unnötig beeinträchtigt werden und möglichst jeder schädliche Einfluß des andern Elternteils auf das Kind vermieden wird. Aus diesem letzteren Gesichtspunkt kann namentlich angeordnet werden, daß der Verkehr nur unter Aufsicht eines Dritten stattfinden darf. Ohne eine solche Anordnung braucht der Verkehrsberechtigte sich eine derartige Überwachung nicht gefallen zu lassen (anders Lohmann in Gruch 61, 38). Bei Feststellung der Zahl und der Dauer der einzelnen Besuche ist darauf Rücksicht zu nehmen, daß die Gleichmäßigkeit der Erziehung des Kindes nicht gefährdet und das Kind dem Erziehungsberechtigten nicht entfremdet wird (KGJ 48 A 6). Nicht berechtigt ist das Vormundschaftsgericht, andersartige Bedingungen festzusetzen. Es kann insbesondere den Verkehr nicht davon abhängig machen, daß der Elternteil zuvor seine Verpflichtung zur Unterhaltsgewährung dem Kinde gegenüber erfüllt hat (RJA 12, 8). Aus besondern Gründen kann der persönliche Verkehr vorübergehend ganz untersagt werden (vgl Prot 4, 449), auch bei dringender Gefahr der Ansteckung (vgl. jedoch KGJ 53 A 30). Der wegen Geisteskrankheit geschiedene Ehegatte hat kein Recht auf Verkehr mit dem Kinde. Doch kann gegen den andern Ehegatten aus § 1666 eingeschritten werden, wenn er schuldhaft in einer gegen die sittlichen Pflichten verstoßenden Weise das Kind von dem geisteskranken Ehegatten fernhält (KG in RJA 16, 177). Daß das Kind vor dem nicht fürsorgeberechtigten Elternteil Angst empfindet, ist nicht ohne weiteres ein Grund zur Beschränkung des Verkehrs. Es ist Pflicht des andern Ehegatten, durch vernünftige Vorstellungen dem Kinde diese Angst zu nehmen und die Einflüsse zu beseitigen, die diese Angst hervorrufen (RG 23. 12. 01 IV 286/01). Das Recht auf persönlichen Verkehr ist nicht auf den Zutritt zu den Kindern in der Wohnung des andern Elternteils beschränkt. Die Zusammenkunft kann auch am dritten Orte stattfinden, auch an einem von dem gewöhnlichen Aufenthaltsort des Kindes entfernten Orte. Ein Anspruch auf brieflichen Verkehr, auf Ausweise über das Befinden der Kinder, auf Vorlegung der Schulzeugnisse, auf Übersendung einer Photographie des Kindes usw ist, abgesehen von besonderen Ausnahmefällen, nicht anzuerkennen (vgl. KGJ 34 A 23). Leben die Kinder getrennt voneinander bei den geschiedenen Gatten, so ist auf die Möglichkeit ihres Verkehrs unter sich im Beisein des einen oder andern Elternteils Bedacht zu nehmen (JFG 2, 80). Das Verkehrsrecht kann immer nur persönlich, nicht durch einen Beauftragten ausgeübt werden. Nicht ausgeschlossen ist, daß die Regelung unwesentlicher Einzelheiten von dem Vormundschaftsgericht dem zur Überwachung des Verkehrs bestellten Pfleger übertragen wird (KGJ 51 A 33). Über die Regelung des Verkehrs können die Eltern sich rechtswirksam einigen, unbeschadet der Befugnis des Vormundschaftsgerichts, im Interesse des Kindes eine abweichende Anordnung zu treffen. Mit einer solchen Anordnung verliert die Vereinbarung ihre Wirksamkeit (RG JW 1925, 2115[6]). Es ist aber nicht Aufgabe des Vormundschaftsgerichts, die von den Eltern getroffenen unvollständigen Vereinbarungen zu ergänzen (SeuffA 60 Nr 77). Über die Auslegung solcher Vereinbarungen hat, soweit eine Regelung des Verkehrs von dem Vormundschaftsgericht nicht vorgenommen ist, in einem zwischen den Eltern geführten Rechtsstreit das Prozeßgericht zu befinden. Zur Zuständigkeit des Prozeßgerichts, nicht des Vormundschaftsgerichts, gehört es auch, darüber zu entscheiden, welcher der Ehegatten die durch den Verkehr entstehenden Kosten, die regelmäßig dem verkehrsberechtigten Ehegatten zur Last fallen, zu tragen hat (KG in RJA 8, 89). Die Kosten der

Entscheidung des Vormundschaftsrichters über die Verkehrsberechtigung fallen im allgemeinen dem Kinde, in dessen Angelegenheit die Entscheidung ergeht, zur Last (OLG München in LZ 1920, 350[1]). Dritten Personen gegenüber kann das Vormundschaftsgericht, das nur berufen ist, das Rechtsverhältnis zwischen den Ehegatten unter Berücksichtigung der Interessen des Kindes zu regeln, keine Anordnungen treffen (KGJ 44 A 23). Darüber, daß für Ausländer, deren Ehe nach den Gesetzen des Auslandes geschieden ist, das nach diesen Gesetzen bestehende Verkehrsrecht maßgebend bleibt, s. Vorbem 6 vor § 1616.

2. Streitig ist, ob auf die **Vollstreckung** der von dem Prozeßrichter durch einstweilige Verfügung erlassenen Anordnung, daß der eine Elternteil das Kind dem andern zuzuführen habe, § 888 ZPO Anwendung findet. Das **RG** hat dies in JW 04, 557[19] (vgl. dagegen KGJ 37 A 23) mit der anfechtbaren Begründung verneint, daß die Zuführung des Kindes nicht eine lediglich von dem Willen des Verpflichteten abhängige Handlung sei, weil im einzelnen Falle äußere Umstände, wie Krankheit des Zuzuführenden, Mittellosigkeit des Verpflichteten, die Zuführung verhindern könnten, und hat deshalb lediglich § 883 für anwendbar erachtet. Kommt § 888 zur Anwendung, so kann die Strafandrohung erst im Zwangsvollstreckungsverfahren erlassen, nicht bereits in das Urteil oder die einstweilige Verfügung aufgenommen werden (**RG** JW 09, 24[23]; Warn 1910 Nr 75). Dem Vormundschaftsgericht steht zur Durchführung der von ihm getroffenen Anordnung das Mittel der Ordnungsstrafe (soweit solche landesgesetzlich zulässig ist) zur Verfügung. Von diesem Mittel kann es in der Weise Gebrauch machen, daß es dem verpflichteten Ehegatten bei Strafe aufgibt, die Abholung des Kindes zu dulden (**RG** 63, 241), das Kind zur Abholung bereitzuhalten (wobei der etwaige Widerstand des Kindes durch Anwendung der Erziehungsgewalt zu brechen ist, KGJ 37 A 24) oder das Kind dem andern Ehegatten zuzuführen. Die zu leistende Handlung muß in ihren Einzelheiten bestimmt bezeichnet werden. Eine Ordnungsstrafe kann nicht verhängt werden, wenn der verpflichtete Elternteil nicht die Mittel besitzt und auch von dem andern Elternteil nicht vorgeschossen erhält, um die Kosten der zur Zuführung des Kindes nötigen Reise zu bestreiten. Eine Klage auf Vollstreckung der vom Vormundschaftsgericht getroffenen Anordnung ist nicht gegeben (**RG** 63, 239). Ist landesrechtlich, wie z. B. in Preußen nach Art 17 PrFGG und in Bayern, in Vormundschaftssachen die Anwendung unmittelbaren Zwanges zulässig, so hat das Vormundschaftsgericht die einzelnen zur Ausführung des Zwanges vorzunehmenden Handlungen selbst zu bestimmen, es kann nicht die zu ergreifenden Maßnahmen dem Ermessen des Gerichtsvollziehers überlassen (BayObLG in BayZ 1911, 119; KGJ 37 A 18). Mit Ausführung der aus § 1636 Satz 2 getroffenen Anordnungen kann das Vormundschaftsgericht nach § 43 Abs 1 JWG v. 9. 7. 22 das Jugendamt mit dessen Einverständnis betrauen.

§ 1637

Ist die Ehe nach § 1348 Abs 2 aufgelöst, so gilt in Ansehung der Sorge für die Person des Kindes das gleiche, wie wenn die Ehe geschieden ist und beide Ehegatten für schuldig erklärt sind[1]).

E I 1465 II 1485 Satz 1; M 4 645; P 4 456.

1. Dem Falle der Scheidung der Ehe aus Verschulden beider Teile wird es hier gleichgestellt, wenn die Ehe **nach Todeserklärung** des einen Ehegatten, dessen Fortleben sich später herausstellt, durch **Wiederverheiratung** des andern Ehegatten aufgelöst ist (§ 1348), und zwar ohne Rücksicht darauf, ob dieser Ehegatte das Fortleben gekannt hat oder nicht.

§ 1638

Das Recht und die Pflicht, für das Vermögen des Kindes zu sorgen (Vermögensverwaltung)[1]), erstreckt sich nicht auf das Vermögen, welches das Kind von Todes wegen erwirbt oder welches ihm unter Lebenden von einem Dritten unentgeltlich zugewendet wird, wenn der Erblasser durch letztwillige Verfügung, der Dritte bei der Zuwendung bestimmt hat, daß der Erwerb der Verwaltung des Vaters entzogen sein soll[2]).

Was das Kind auf Grund eines zu einem solchen Vermögen gehörenden Rechtes oder als Ersatz für die Zerstörung, Beschädigung oder Entziehung eines zu dem Vermögen gehörenden Gegenstandes oder durch ein Rechtsgeschäft erwirbt, das sich auf das Vermögen bezieht, ist gleichfalls der Verwaltung des Vaters entzogen[3]).

E I 1510 II 1530; M 4 758; P 4 266.

1. Kraft der Sorge für das Vermögen hat der Gewalthaber **das Recht der Vermögensverwaltung** in tatsächlicher und rechtlicher Beziehung. In letzterer Beziehung umfaßt das Verwaltungsrecht des Gewalthabers, das von dem Verwaltungsrecht des Ehemanns bei gesetzlichem Güterstand gänzlich verschieden ist, das Recht der Verfügung über das Vermögen des wegen mangelnder oder beschränkter Geschäftsfähigkeit der Vertretung bedürftigen Kindes. Die in Ausübung der Verwaltung abzuschließenden Rechtsgeschäfte braucht der Gewalthaber nicht unbedingt auf den Namen des Kindes abzuschließen (vgl. § 1630 A 1 a. E.). Eine Trennung des Vertretungsrechts von der tatsächlichen Sorge für das Vermögen wird, wennschon das Vormundschaftsgericht nach §§ 1666 Abs 2, 1667 sich darauf beschränken kann, das Vertretungsrecht zu entziehen, nur selten vorkommen. Auf das Verwaltungsrecht kann der Gewalthaber nicht verzichten, auch nicht bei der Zuwendung eigenen Vermögens an das Kind, da er als ein Dritter im Sinne des § 1638 nicht angesehen werden kann (**RG** 2. 4. 06 IV 489/05; RJA 14, 1). Über die Annahme eines Bevollmächtigten vgl. § 1793 A 2.

2. **Entziehung des Verwaltungsrechts.** Der Dritte, welcher dem Kinde durch letztwillige Verfügung oder Vertrag unter Lebenden Vermögen zuwendet, hat bezüglich dieses Vermögens nach dem Gesetze die Macht, das Verwaltungsrecht des Gewalthabers, obwohl es sich hier um eine dem öffentlichen Recht angehörige Einrichtung handelt, gänzlich auszuschließen oder zu beschränken (§ 1639). Das braucht nicht ausdrücklich zu geschehen, doch enthält die Ernennung eines Testamentsvollstreckers noch nicht die Ausschließung des gesamten Verwaltungsrechts, da der Vater die dem Kinde als Erben gegen jenen zustehenden Vermögensrechte wahrzunehmen hat, falls ihm nicht die Verwaltung ausdrücklich entzogen ist. Die Bestimmung muß bei der Zuwendung — die schon dann vorliegt, wenn ein klagbarer Anspruch auf die Zuwendung gewährt wird —, und zwar als Nebenbestimmung des Hauptgeschäfts, bei einer Zuwendung von Todes wegen in der die Zuwendung anordnenden oder einer späteren letztwilligen Verfügung getroffen werden. Ein Erwerb von Todes wegen liegt vor, auch wenn dem Kinde nur der Pflichtteil zugewandt wird. Die Ausschließung des Verwaltungsrechts, wodurch dem Kinde selbst nichts genommen wird, enthält keine unstatthafte Beschränkung des Pflichtteilsrechts. Bei Verträgen unter Lebenden ist Voraussetzung, daß die Zuwendung unentgeltlich ist. Eine Anordnung des Vaters, der in Erfüllung seiner gesetzlichen Verpflichtung dem Kinde Unterhaltsmittel zuwendet, über Ausschließung des Verwaltungsrechts der im Besitz der elterlichen Gewalt befindlichen Mutter würde wirkungslos sein. Die Ausstattung, mag sie auch nicht als Schenkung gelten, erscheint als unentgeltliche Zuwendung, soweit keine Verpflichtung zu ihrer Gewährung besteht (§§ 1624, 1620). Dem von der Verwaltung der Erbschaft ausgeschlossenen Elternteil ist durch diese Ausschließung auch das Recht entzogen, die Erbschaft auszuschlagen (a. A. KGJ 48 A 22). Die Frage, ob der Dritte schon vor Geburt des Kindes bei einer Zuwendung an die künftige Nachkommenschaft (vgl. § 1 A 4) die Ausschließung des Verwaltungsrechts es Gewalthabers wirksam bestimmen kann, wird zu bejahen sein. Die Erwägungen, aus denen das **RG** 65, 367 dazu gelangt ist, die Möglichkeit der Ausschließung des Verwaltungsrechts des Ehemanns (§ 1369) vor der Eheschließung zu verneinen, treffen hier nicht zu. Über die Bestellung eines Pflegers s. § 1909 A 1 u. 3 und § 1917 A 3. Die Ausschließung des Verwaltungsrechts wird übrigens nicht erst mit Bestellung des Pflegers, sondern schon durch die von dem Dritten getroffene Bestimmung wirksam (**RG** 25. 2. 09 IV 298/08). Der von dem Verwaltungsrecht ausgeschlossene Gewalthaber ist auch zur Erhebung von Klageansprüchen, die auf die Sicherung des Vermögens gerichtet sind, nicht befugt (**RG** a. a. O.). Über Ausschließung der Nutznießung s. § 1651 A 2.

3. Das von dem Pfleger zu verwaltende Vermögen bildet gegenüber dem in der Verwaltung des Gewalthabers befindlichen Vermögen ein **Sondervermögen**, das — ebenso wie in den Fällen der §§ 718 Abs 2, 1370, 1440, 1651, 2041, 2111 — nicht auf die ursprünglichen Vermögensbestandteile beschränkt ist, sondern das Vermögen in seiner weiteren Entwicklung begreift (Ersetzungsgrundsatz oder Surrogationsgrundsatz). Der rechtsgeschäftliche Erwerb gehört zum Sondervermögen, wenn das Rechtsgeschäft mit Beziehung auf dieses geschlossen ist (vgl. **RG** JW 1916, 408[10]). Aber auch sonst ist der Verwalter verpflichtet, den Erwerb, den er sachlich in Angelegenheiten des Sondervermögens gemacht hat, diesem Vermögen zu überlassen.

§ 1639

Was das Kind von Todes wegen erwirbt oder was ihm unter Lebenden von einem Dritten unentgeltlich zugewendet wird, hat der Vater nach den Anordnungen des Erblassers oder des Dritten zu verwalten, wenn die Anordnungen von dem Erblasser durch letztwillige Verfügung, von dem Dritten bei der Zuwendung getroffen worden sind[1]). Kommt der Vater den An-

ordnungen nicht nach, so hat das Vormundschaftsgericht die zu ihrer Durchführung erforderlichen Maßregeln zu treffen[2]).

Der Vater darf von den Anordnungen insoweit abweichen, als es nach § 1803 Abs 2, 3 einem Vormunde gestattet ist[3]).

E I 1503, 1545, 1660 II 1531, 1556 Abs 2; M 4 741, 1104; P 4 617.

1. Vgl. § 1638 A 2 u. 3. Der Surrogationsgrundsatz des § 1638 Abs 2 gilt auch hier.

2. Soweit die **Beschränkung des Verwaltungsrechts** darin besteht, daß der Gewalthaber zur Vornahme bestimmter Rechtshandlungen nicht befugt sein soll, tritt sie unmittelbar in Kraft. Im übrigen ist es Sache des Vormundschaftsgerichts, die Befolgung der im Interesse des Kindes getroffenen Anordnungen zu überwachen. Behufs zwangsweiser Durchführung der Anordnungen kann das Vormundschaftsgericht nötigenfalls dazu schreiten, die Verwaltung des Vermögens — nicht die Nutznießung (vgl. § 1656 Abs 1) — dem Gewalthaber zu entziehen und einem Pfleger zu übertragen, ohne daß die Voraussetzungen des § 1667 vorzuliegen brauchen. Es kann dem Gewalthaber die Pflicht zur Rechnungslegung, Sicherheitsleistung usw. auferlegen.

3. Zur **Abweichung** von den Anordnungen ist der Gewalthaber nur befugt mit Zustimmung des Zuwenders oder, wenn dessen Erklärung für längere Dauer nicht zu beschaffen ist, mit Genehmigung des Vormundschaftsgerichts (s. hierüber § 1803 A 2 u. 3).

§ 1640

Der Vater hat das seiner Verwaltung unterliegende Vermögen des Kindes, welches bei dem Tode der Mutter vorhanden ist oder dem Kinde später zufällt, zu verzeichnen[1]) und das Verzeichnis, nachdem er es mit der Versicherung der Richtigkeit und Vollständigkeit versehen hat, dem Vormundschaftsgericht einzureichen. Bei Haushaltsgegenständen genügt die Angabe des Gesamtwerts[2]).

Ist das eingereichte Verzeichnis ungenügend, so kann das Vormundschaftsgericht anordnen, daß das Verzeichnis durch eine zuständige Behörde oder durch einen zuständigen Beamten oder Notar aufgenommen wird. Die Anordnung ist für das infolge des Todes der Mutter dem Kinde zufallende Vermögen unzulässig, wenn die Mutter sie durch letztwillige Verfügung ausgeschlossen hat[3]).

M 4 742; P 4 562.

1. Aus der Pflicht der Verwaltung ergibt sich ohne weiteres die **Pflicht des Gewalthabers,** das in seine Verwaltung gelangte **Vermögen zu verzeichnen,** damit er auf dieser Grundlage der nach Beendigung der elterlichen Gewalt ihm obliegenden Rechnungslegungspflicht (§ 1681) genügen kann. Eine Aufsicht des Vormundschaftsgerichts darüber, daß diese Verzeichnungspflicht erfüllt wird, findet bei Lebzeiten des andern Ehegatten nicht statt. Ist dieser aber gestorben, so ist dem Gewalthaber durch die auf einem Beschlusse der RTK (Ber S. 364ff.) beruhende Vorschrift des § 1640 die Verpflichtung auferlegt, ein Verzeichnis des Kindesvermögens dem Vormundschaftsgericht einzureichen. Hiervon kann er auch nicht durch Anordnung des andern Ehegatten oder des Zuwendenden befreit werden. Die Verzeichnungspflicht erstreckt sich nicht bloß auf das zur Zeit des Todes des andern Ehegatten vorhandene, sondern auch auf das erst später dem Kinde zufallende Vermögen, und zwar auch dann, wenn dieser Erwerb erst nach Einreichung des Verzeichnisses eintritt (a. A. Staudinger A 2a; Blume A 3b). Dem Anfall eines Vermögens ist der Erwerb einzelner Vermögensgegenstände nicht gleichzustellen. Nachträgliche Änderungen des Vermögensbestandes sind in das einzureichende Verzeichnis nicht aufzunehmen. Von der Pflicht zur Einreichung des Verzeichnisses wird der Gewalthaber nicht dadurch frei, daß sich das Vermögen im Besitz eines Nießbrauchers oder Pfandgläubigers befindet, auch nicht dadurch, daß das Vermögen, an dem das Kind als Miteigentümer, Gesellschafter oder Miterbe beteiligt ist, vertragsmäßig oder infolge Anordnung des Erblassers für Rechnung der Gemeinschaft von einem andern verwaltet wird (vgl. KGJ 36 A 38 — a. A. Blume A 3c und teilweise Staudinger A 2b). Ist das Kind Inhaber oder Teilhaber eines Geschäftsunternehmens, so wird es regelmäßig genügen, wenn die vor dem Tode des andern Ehegatten aufgenommene letzte Inventur und Bilanz eingereicht wird. Der Verzeichnungspflicht unterliegt dagegen nicht das Vermögen der juristischen Person, an dem das Kind anteilsberechtigt ist, auch nicht das zum Gesamtgut gehörende Vermögen, wenn der Gewalthaber nach dem Tode des andern Ehegatten die

allgemeine Gütergemeinschaft mit den Kindern fortsetzt, da sich seine Verpflichtungen hier ausschließlich nach dem Rechte der Gütergemeinschaft bestimmen (vgl. §§ 1487, 1442ff., 1493). Ob dasselbe bezüglich des von dem verstorbenen Elternteil herrührenden Kindesvermögens gilt, an welchem dem Überlebenden der statutarische Nießbrauch zusteht, ist bestritten. Es braucht ferner nicht verzeichnet zu werden das in der Verwaltung des Vorerben befindliche Vermögen, wovon jedoch aus praktischen Rücksichten für den Fall, daß im Testament des verstorbenen Ehegatten der Gewalthaber als Vorerbe oder auch als befreiter Vorerbe und das Kind als Nacherbe eingesetzt ist, eine Ausnahme zu machen ist, da gerade in diesem Falle die Klarstellung, was zum Nachlaß und was zum eigenen Vermögen des Gewalthabers gehört, von größter Wichtigkeit ist (RG 65, 143; KGJ 43 A 38). Steht dagegen dem Kinde nur eine Pflichtteilsforderung zu, so genügt der Gewalthaber, auch wenn ihm selbst die Pflichtteilslast obliegt, der Verzeichnungspflicht, indem er die Forderung durch Angabe der Person des Schuldners, des Reinbetrags des Nachlasses und der Pflichtteilsquote bezeichnet, unbeschadet des Rechtes des Vormundschaftsrichters, falls ihm die Sachlage Anlaß zu Zweifeln gibt, nähere Ermittlungen anzustellen oder durch einen von ihm zu bestellenden Pfleger anstellen zu lassen (RG 80, 65; vgl. BayObLG JW 1925, 2140[2]). Bei fortgesetzter Gütergemeinschaft genügt bloße Anzeige (JFG 1, 56). Über die Kosten des Verzeichnisses s. § 1648 A 2.

2. Über die **Einrichtung des Verzeichnisses** ist in § 1640 bestimmt, daß es nur ein Privatverzeichnis zu sein braucht, daß bei Haushaltungsgegenständen (vgl. über den Begriff § 1382 A 2) statt der Aufführung der einzelnen Stücke die Angabe des Gesamtwerts genügt und daß es der Gewalthaber mit der Versicherung der Richtigkeit und Vollständigkeit zu versehen hat. Nicht zu verlangen ist die Angabe des Wertes der sonstigen in das Verzeichnis aufgenommenen Gegenstände. Es muß dann aber eine die Wertangabe ersetzende Beschreibung der Vermögensgegenstände gegeben werden. Die Forderungen müssen dem Grunde und Betrage nach bezeichnet werden. Auch sind die Verzinsungs- und Rückzahlungsbedingungen sowie etwaige Zinsrückstände anzugeben. Nicht unbedingt notwendig ist die Aufführung der Schulden, die jedoch, obschon die Angaben im Verzeichnis nur zugunsten des Kindes beweisend sind, immerhin zur Vermeidung späterer Weiterungen im Interesse des Gewalthabers liegt. Eine Beeidigung des Verzeichnisses durch den Gewalthaber kann nicht verlangt werden.

3. Der Gewalthaber ist zur Einreichung des Vermögensverzeichnisses verpflichtet, ohne daß er eine Aufforderung des Vormundschaftsgerichts abzuwarten hat (KGJ 20 A 227). Das **Vormundschaftsgericht** (das durch den Standesbeamten gemäß § 48 FGG von dem Tode des Ehegatten Anzeige erhält) hat den Eingang zu überwachen und das eingegangene Verzeichnis — dessen Offenlegung nicht verboten werden kann — in bezug auf seine formelle und sachliche Richtigkeit zu prüfen. Genügt das Verzeichnis den nach dieser Richtung zu stellenden Anforderungen nicht, so kann das Vormundschaftsgericht, soweit nicht die Mutter für das von ihr dem Kinde vererbte Vermögen diese Maßregel durch letztwillige Verfügung ausgeschlossen hat, die nach Landesrecht zuständige Stelle mit Aufnahme eines öffentlichen Verzeichnisses betrauen. Das Vormundschaftsgericht kann, soweit dies landesgesetzlich zulässig ist, durch Ordnungsstrafen den Gewalthaber zur Erfüllung seiner Pflichten anhalten (RG 57, 134 — a. A. Gimmerthal, ArchBürgR 29, 298) und ihm nötigenfalls gemäß § 1670 die Vermögensverwaltung entziehen.

§ 1641

Der Vater kann nicht in Vertretung des Kindes Schenkungen[1]) machen. Ausgenommen sind Schenkungen, durch die einer sittlichen Pflicht oder einer auf den Anstand zu nehmenden Rücksicht entsprochen wird.

E I 1503, 1661 II 1532; M 4 741; P 4 559.

1. In dem Recht der Verwaltung, die dazu dient, das Vermögen zu erhalten und nutzbar zu machen, ist die **Befugnis zur Vornahme von Schenkungen,** soweit diese nicht einer durch besondere Verhältnisse begründeten sittlichen Pflicht oder Anstandspflicht entsprechen, nicht enthalten. Für die Beurteilung, ob und in welchem Maße eine solche Pflicht besteht, ist auch auf die Vermögensverhältnisse des Kindes Rücksicht zu nehmen. Es ist ferner zu prüfen, ob nicht nach den Grundsätzen einer ordentlichen Wirtschaftsführung die Schenkung aus den dem Gewalthaber zustehenden Nutzungen zu bestreiten war. Die allgemeine Pflicht zur Wohltätigkeit ist als eine sittliche Pflicht im Sinne des § 1641 nicht ohne weiteres anzuerkennen (vgl. RG 70, 15). Unter Schenkungen sind nur solche im Sinne des § 516 (vgl. auch § 517), nicht sonstige Freigebigkeiten zu verstehen (über Verzicht auf den Rang einer Hypothek als Schenkung s. LZ 1917, 1281[9]). Die unentgeltliche Überlassung des Gebrauchs einer Sache, die unentgeltliche Aufbewahrung usw. braucht nicht notwendig eine Schenkung zu sein. Durch

ungerechtfertigte Vornahme derartiger Freigebigkeiten kann der Gewalthaber sich ersatzpflichtig machen. Das Rechtsgeschäft selbst bleibt aber gültig. Zur Errichtung einer Stiftung ist der Gewalthaber ebensowenig wie zur Vornahme einer Schenkung befugt. Auch unentgeltliche Verzichte fallen nicht ohne weiteres unter den Begriff der Schenkung. Wegen der durch geschäftliche Rücksichten gebotenen Freigebigkeiten s. § 1804 A 1; über die Genehmigungsbedürftigkeit der Erbschaftsausschlagung und ähnlicher Rechtsgeschäfte s. § 1643 Abs 2.

§ 1642

Der Vater hat das seiner Verwaltung unterliegende Geld des Kindes, unbeschadet der Vorschrift des § 1653, nach den für die Anlegung von Mündelgeld geltenden Vorschriften der §§ 1807, 1808 verzinslich anzulegen, soweit es nicht zur Bestreitung von Ausgaben bereit zu halten ist[1]).

Das Vormundschaftsgericht kann dem Vater eine andere Anlegung gestatten. Die Erlaubnis soll nur verweigert werden, wenn die beabsichtigte Art der Anlegung nach Lage des Falles den Grundsätzen einer wirtschaftlichen Vermögensverwaltung zuwiderlaufen würde[2]).

E I 1503, 1664, 1665, 1667 II 1533; M 4 742; P 4 559.

1. Aus der Verwaltungspflicht ergibt sich die allgemeine Pflicht, die Vermögensgegenstände, insbesondere Gelder und Wertpapiere, sicher aufzubewahren und nutzbringend zu verwerten. Besondere Bestimmungen sind in dieser Beziehung nur über die **Anlegung des Geldes** — nicht über die Verwahrung von Wertpapieren und Kostbarkeiten (§§ 1814ff.) — gegeben, indem die Vorschriften der §§ 1807, 1808 über die Anlegung von Mündelgeld für anwendbar erklärt sind. Diese Vorschriften greifen jedoch nur Platz, soweit der Gewalthaber in seiner Eigenschaft als gesetzlicher Vertreter des Kindes über die Anlegung zu bestimmen hat. Sie sind nicht anwendbar, wenn er in seiner Eigenschaft als geschäftsführender Gesellschafter oder als Testamentsvollstrecker usw. die Verwaltung des dem Kinde mit andern Personen gemeinschaftlich gehörigen Vermögens führt oder wenn in Gemeinschaftsverhältnissen die Anlegung durch Mehrheitsbeschlüsse geregelt wird. Sie gelten auch nicht für die bei Beginn der Verwaltung bereits vorhandenen Kapitalanlagen. S. hierüber und über die Folgen vorschriftswidriger Anlegung § 1807 A 1. Die nicht mündelsichere Anlegung kann zum Einschreiten aus § 1667, äußerstenfalls zur Entziehung der Vermögensverwaltung nach § 1670 Anlaß geben. Übereinstimmend mit § 1806 ist bestimmt, daß die Vorschriften über mündelsichere Anlegung keine Anwendung finden auf das zur Bestreitung von Ausgaben bereit zu haltende Geld (vgl. § 1806 A 1). Nicht für anwendbar erklärt ist der § 1809. Das Vormundschaftsgericht ist deshalb, abgesehen von dem Falle des § 1667, nicht berechtigt, die Sperre des Sparguthabens des Kindes anzuordnen und würde wegen der hierdurch verursachten Kosten und Weiterungen ersatzpflichtig sein.

2. Abs 2 hat durch Ges v. 23. 6. 1923 entsprechend der Änderung des § 1811 seine jetzige Fassung erhalten. S. hierüber § 1811 A 1. — Nach § 1653 kann ferner das Vormundschaftsgericht dem Gewalthaber gestatten, das seiner Nutznießung unterliegende Geld, vorbehaltlich des späteren Ersatzes, für sich zu verwenden. Über das Erfordernis der Sicherheitsleistung in diesem Fall s. SeuffA 60 Nr 152.

§ 1643

Zu Rechtsgeschäften für das Kind bedarf der Vater der Genehmigung des Vormundschaftsgerichts in den Fällen, in denen nach § 1821 Abs 1 Nr 1 bis 3, Abs 2 und nach § 1822 Nr 1, 3, 5, 8 bis 11 ein Vormund der Genehmigung bedarf[1])[2]).

Das gleiche gilt für die Ausschlagung einer Erbschaft oder eines Vermächtnisses sowie für den Verzicht auf einen Pflichtteil. Tritt der Anfall an das Kind erst infolge der Ausschlagung des Vaters ein, so ist die Genehmigung nur erforderlich, wenn der Vater neben dem Kinde berufen war[1]).

Die Vorschriften der §§ 1825, 1828 bis 1831 finden entsprechende Anwendung[2])[3]).

E I 1511, 1513, 1514, 2043 II 1534, 1534a; M 4 762 ff.; 5 514; P 4 566; 5 632; 6 322.

1. Hinsichtlich der Notwendigkeit **vormundschaftsgerichtlicher Genehmigung** ist der Gewalthaber freier gestellt wie der Vormund. Genehmigungsbedürftig sind nur die Rechtsgeschäfte, die sich auf das Gesamtvermögen, eine Erbschaft, das unbewegliche Vermögen,

ein Erwerbsgeschäft beziehen, sowie besondere Kreditgeschäfte, und zwar nicht bloß die Verfügung, sondern auch die Übernahme der Verpflichtung zur Verfügung. Im einzelnen ist die Genehmigung erforderlich: a) zu jedem Rechtsgeschäft, welches das Kindesvermögen im ganzen zum Gegenstand hat (vgl. § 311) nach § 1822 Nr 1; b) zur Verfügung über eine angefallene Erbschaft (Erbteil), Verfügung über die künftige gesetzliche Erbschaft oder den künftigen Pflichtteil (vgl. § 312 Abs 2), Ausschlagung einer Erbschaft oder eines Vermächtnisses und Verzicht auf den Pflichtteil, mag dieser bereits angefallen sein oder nicht, nach §§ 1822 Nr 1, 1643 Abs 2, 2347. Der Genehmigung der Ausschlagung der Erbschaft bedarf es ausnahmsweise nicht, wenn die Erbschaft dem Kinde lediglich infolge der Ausschlagung des Gewalthabers anfällt (ohne daß das Kind neben ihm als Miterbe berufen war), da hier eine Benachteiligung des Kindes nicht zu besorgen ist, auch nicht, wenn es sich um Ausschlagung einer dem Kinde durch Ausschlagung des Gewalthabers angefallenen Nacherbenanwartschaft handelt (KGJ 53 A 33); c) zu einer jeden Verfügung über ein Grundstück oder dingliches Recht an einem Grundstück oder eine hierauf bezügliche Forderung, einschließlich der Forderung auf Befreiung des Grundstücks von einer dinglichen Last nach § 1821 Nr 1, 2 u. 3. Unter den Begriff der Verfügung über ein Grundstück könnte an sich auch die Entgegennahme der Auflassung gebracht werden, die jedoch, da der Gewalthaber zum Erwerbe eines Grundstücks (§ 1821 Nr 4) keiner Genehmigung bedarf, ebenfalls nicht als genehmigungspflichtig anzusehen ist (SeuffA 62 Nr 113; a. A. Staudinger II 2). Die Notwendigkeit der Genehmigung wird von verschiedenen Seiten daraus gefolgert, daß die Entgegennahme der Auflassung eine der Genehmigung unterliegende Verfügung über den Anspruch auf Auflassung enthalte, der durch die Entgegennahme erfüllt werde. Diese Folgerung erscheint nicht berechtigt. Mag auch der Anspruch auf Auflassung wegen fehlender Genehmigung bestehen bleiben, so wird doch die Rechtsbeständigkeit der Entgegennahme der Auflassung als eines dinglichen Rechtsgeschäfts hierdurch nicht aufgehoben (KG in RJA 16, 262 unter Aufgabe der früheren gegenteiligen Ansicht). Gegen das Erfordernis der Genehmigung auch **RG** 108, 364, wo nicht die abstrakte Natur der Auflassung, sondern der Gesichtspunkt des nicht eintretenden Rechtsverlustes verwertet wird. Ist dem Kinde ein Grundstück abzüglich des Nießbrauchs zugewandt, so ist der Gewalthaber ohne vormundschaftsgerichtliche Genehmigung befugt, bei der Eigentumseintragung des Grundstücks zugleich die Eintragung des Nießbrauchs zu bewilligen (RJA 14, 258). Zu der Eintragung einer Restkaufgeldhypothek auf dem für das Kind erworbenen Grundstück soll, da der Grundstückserwerb auch ohne Belastung des Grundstücks vor sich gehen kann, die Genehmigung des Vormundschaftsgerichts notwendig sein (KGJ 32 A 232; SeuffA 65 Nr 12). Dagegen hält neuerdings das Reichsgericht (**RG** 108, 365; 110, 175; Warn 1926 Nr 70 — vgl. **RG** 69, 179) die Genehmigung in diesem Fall nicht für erforderlich, weil der Vater im Gegensatz zum Vormund (§ 1821 Abs 1 Nr 4) in der Ausgestaltung des schuldrechtlichen Grundstückserwerbsvertrags völlig frei sei und das Kind ohne Zustimmung des Vormundschaftsgerichts zur Bestellung einer Restkaufgeldhypothek verpflichten könne, deshalb aber auch für die zur Erfüllung dieser Verpflichtung dienende dingliche Verfügung der Genehmigung nicht bedürfe. Aus diesem Grunde ist nach **RG** 110, 175 auch die Übernahme einer Hypothek beim Erwerb eines Grundstücks unter Anrechnung auf den Kaufpreis nicht genehmigungspflichtig, vgl. dazu Enneccerus-Kipp § 115 II 13; d) zu dem entgeltlichen Erwerb oder der Veräußerung eines Erwerbsgeschäfts und dem auf den Betrieb eines Erwerbsgeschäfts gerichteten Gesellschaftsvertrage nach § 1822 Nr 3; e) zur Aufnahme von Geld auf den Kredit des Kindes (Aufnahme eines Darlehns, Eingehung eines Kontokorrentverhältnisses), zur Übernahme einer fremden Verbindlichkeit und zur Schuldübernahme, sowie zu gewissen andern bedenklichen Rechtsgeschäften (Ausstellung eines Inhaberpapiers, Eingehung einer Verbindlichkeit aus einem Wechsel oder Orderpapier, Erteilung einer Prokura; vgl. hierüber § 1822 zu Nr 8—11). In der Frage, ob der Gewalthaber das Kind zu wiederkehrenden Leistungen über das 21. Jahr hinaus verpflichten darf, was auch durch Miet- und Pachtverträge geschehen kann, nimmt das BGB einen mittleren Standpunkt ein, indem es diese Geschäfte zwar für zulässig, aber für den Fall, daß die Verpflichtung über das 21. Lebensjahr des Kindes fortdauern soll, für genehmigungsbedürftig erklärt (§ 1882 Nr 5, **RG** 114, 37). Vgl. im übrigen die Erläuterungen zu §§ 1821 und 1822.

2. Hinsichtlich der Zulässigkeit einer allgemeinen Ermächtigung des Gewalthabers gilt § 1825, hinsichtlich der Form der Erteilung der vormundschaftsgerichtlichen Genehmigung und hinsichtlich der rechtlichen Wirkungen des Fehlens der Genehmigung gelten die in §§ 1828 bis 1831 für die Rechtsgeschäfte des **Vormundes** aufgestellten Grundsätze.

3. Darüber, wann die Genehmigung des Vormundschaftsgerichts zu Rechtshandlungen in **persönlichen Angelegenheiten** des Kindes erforderlich ist, ist in § 1643 nichts bestimmt. Vorgeschrieben ist die Genehmigung für den Antrag auf Ehelichkeitserklärung und die Einwilligung des Kindes, die Anfechtung und Bestätigung dieser Erklärungen (§§ 1728, 1729,

1731), für die Eingehung und Aufhebung des Kindesannahmevertrags, und zwar sowohl betreffs des Annehmenden als des Kindes, die Anfechtung und Bestätigung dieser Erklärungen (§§ 1750, 1751, 1755, 1770), außerdem für den Antrag auf Entlassung des Kindes aus der Staatsangehörigkeit, falls der Gewalthaber den Antrag nicht zugleich für sich selbst stellt (§ 19 RuStAngG v. 22. 7. 13). Steht dem Gewalthaber die Sorge für die Person des Kindes nicht zu, so ist nach dieser Vorschrift die Genehmigung des Vormundschaftsgerichts unbedingt erforderlich. Über die Fälle, in denen die Vertretung des geschäftsunfähigen Kindes nur mit Genehmigung des Vormundschaftsgerichts gestattet ist, s. § 1630 A 2.

§ 1644

Der Vater kann Gegenstände, zu deren Veräußerung die Genehmigung des Vormundschaftsgerichts erforderlich ist, dem Kinde nicht ohne diese Genehmigung zur Erfüllung eines von dem Kinde geschlossenen Vertrags oder zu freier Verfügung überlassen[1]).

E I 1512 II 1535; M 4 767; P 4 567.

1. Der Gewalthaber kann die Vorschriften über die Notwendigkeit vormundschaftsgerichtlicher Genehmigung nicht dadurch wirkungslos machen, daß er die Vermögensgegenstände, zu deren Veräußerung es der vormundschaftsgerichtlichen Genehmigung bedarf (wie im Falle des § 1821 Nr 1), dem Kinde zur **freien Verfügung** überläßt. Die Vorschrift ist nur deshalb aufgenommen, um einer aus § 110 herzuleitenden gegenteiligen Folgerung vorzubeugen. Sie bezieht sich übrigens nur auf den Fall, daß der Gewalthaber das seiner Verwaltung unterliegende Kindesvermögen, nicht darauf, daß er sein eigenes Vermögen dem Kinde überläßt (RG 15. 5. 05 IV 620/04).

§ 1645

Der Vater soll nicht ohne Genehmigung des Vormundschaftsgerichts ein neues Erwerbsgeschäft im Namen des Kindes beginnen[1]).

E I 1515 II 1536; M 4 768; P 4 567.

1. § 1645 fordert wegen der mit dem Geschäftsbetriebe für das Kind verbundenen Gefahren die vormundschaftsgerichtliche Genehmigung über §§ 1643, 1822 Nr 3 hinaus auch für den **Beginn eines** neu errichteten oder durch unentgeltlichen Vertrag übernommenen, im Namen des Kindes zu betreibenden **neuen Erwerbsgeschäfts** (vgl. über dessen Begriff § 112 A 2), nicht für die bloße Erweiterung eines solchen Geschäfts. Diese Genehmigung ist wesentlich anderer Art als die in § 112 vorgesehene Genehmigung des Vormundschaftsgerichts zu der für die Geschäftsfähigkeit bedeutungsvollen Ermächtigung des Minderjährigen zum selbständigen Geschäftsbetriebe (vgl. § 1651 A 1). Die Verletzung der in § 1645 gegebenen Sollvorschrift macht den Gewalthaber nach § 1664 ersatzpflichtig, rechtfertigt auch das Einschreiten des Vormundschaftsgerichts aus § 1667, steht aber der Gültigkeit der im Betriebe des Geschäfts vorgenommenen Rechtshandlungen und der Kaufmannseigenschaft des Kindes nicht entgegen. Es besteht also die Pflicht der Buchführung, die von dem Gewalthaber bei eigener Verantwortlichkeit zu erfüllen ist. Auch kann der Registerrichter die Eintragung der Firma des Erwerbsgeschäfts nicht deshalb ablehnen, weil die erforderliche Genehmigung des Vormundschaftsgerichts nicht vorliege (a. A. RGSt 45, 3, wonach die Kaufmannseigenschaft des Kindes erst mit der Volljährigkeit eintreten soll). Zur Auflösung eines Erwerbsgeschäfts bedarf der Gewalthaber, abweichend von der in § 1823 für den Vormund getroffenen Bestimmung, nicht der vormundschaftsgerichtlichen Genehmigung. Vgl. auch § 1823 A 1.

§ 1646

Erwirbt der Vater mit Mitteln des Kindes bewegliche Sachen, so geht mit dem Erwerbe das Eigentum auf das Kind über, es sei denn, daß der Vater nicht für Rechnung des Kindes erwerben will[1]). **Dies gilt insbesondere auch von Inhaberpapieren und von Orderpapieren, die mit Blankoindossament versehen sind.**

Die Vorschriften des Abs 1 finden entsprechende Anwendung, wenn der Vater mit Mitteln des Kindes ein Recht an Sachen der bezeichneten Art oder ein anderes Recht erwirbt, zu dessen Übertragung der Abtretungsvertrag genügt.

E II 1537; P 4 571.

1. **Eigentumsübergang auf das Kind.** Wegen des Anspruchs auf Herausgabe des gesetzlich der Verwaltung des Gewalthabers unterworfenen Vermögens ist das Kind durch das Vorrecht des § 61 Nr 5 KO gesichert (s. § 1668 A 2). Eine weitere Sicherung bezweckt der § 1646. Es ist zwar nicht der Rechtssatz aufgestellt, daß die mit Mitteln des Kindes von dem Gewalthaber erworbenen Sachen und Rechte notwendig an Stelle dieser Mittel Vermögen des Kindes werden (Ersetzungsgrundsatz). Der Vermögensübergang ist vielmehr abhängig von dem Willen des Gewalthabers, das Eigentum oder dingliche Recht dem Kinde zuzuwenden. Für das Vorhandensein dieses Willens spricht aber die Vermutung, falls der Gewalthaber mit Mitteln des Kindes erworben hat, und zwar auch in dem Falle, daß er das Rechtsgeschäft in eigenem Namen abgeschlossen hat. Der Gewalthaber kann als ehrlich handelnder Mann, falls nicht außergewöhnliche Umstände vorliegen, nur den Willen haben, das aus Mitteln des Kindes Angeschaffte dem Kinde zuzuwenden. Diese Auslegungsregel gilt natürlich nur für bewegliche Sachen, zu deren Übereignung die Besitzübergabe genügt, und für Rechte, die durch Abtretungsvertrag oder, wie bei Inhaberpapieren und mit Blankoindossament versehenen Orderpapieren (§§ 363ff. HGB, Artt 9ff. WO), durch Übergabe der Urkunde übertragen werden, nicht für die durch Auflassung zu übereignenden Grundstücke und für Rechte, zu deren Übertragung es einer besondern Form bedarf. Der Besitzübergang auf das Kind vollzieht sich dadurch, daß der Gewalthaber für sich, ohne daß dies dem den Besitz übertragenden Vertragsgegner kund zu sein braucht, den Willen des Besitzerwerbs für das Kind gefaßt hat. Auf den Willen des Vertragsgegners wird es regelmäßig nicht weiter ankommen, da es diesem, der (aus den Mitteln des Kindes) seine Befriedigung erhält, gleich sein kann, ob der Besitz auf den Gewalthaber oder das Kind übergeht, und deshalb angenommen werden darf, daß er mit der von dem Gewalthaber getroffenen Bestimmung einverstanden ist (vgl. **RG** Gruch 37, 975). Das gleiche gilt für den Übergang des Rechtes. Als ein Erwerb aus Mitteln des Kindes ist es nach **RG** 76, 137 auch aufzufassen, wenn der Gewalthaber aus der in eigenem Namen vorgenommenen Versicherung von Sachen des Kindes Rechte erlangt hat. Auch in solchem Falle ist anzunehmen, daß die Rechte entsprechend dem mutmaßlichen Willen des Gewalthabers dem Kinde erworben werden. Hat ein Erwerb für den Gewalthaber stattgefunden, so kann dieser den Besitz oder das Recht durch ein mit sich selbst geschlossenes Rechtsgeschäft — das sich als Erfüllungsgeschäft im Sinne des § 181 darstellt — dem Kinde übertragen. Es genügt, daß der Übertragungswille irgendwie erkennbar in Erscheinung tritt (**RG** 76, 137f.).

§ 1647

Die Vermögensverwaltung des Vaters endigt mit der Rechtskraft des Beschlusses, durch den der Konkurs über das Vermögen des Vaters eröffnet wird[1]).

Nach der Aufhebung des Konkurses kann das Vormundschaftsgericht die Verwaltung dem Vater wieder übertragen[2]).

E I 1553 Abs 1 u. 2 II 1538; M 4 816; P 4 638.

1. Durch **Eröffnung des Konkurses** über das Vermögen des Gewalthabers hat dieser die zur Fortführung der Verwaltung erforderliche Vertrauenswürdigkeit verloren. Seine Vermögensverwaltung — nicht auch das Nutznießungsrecht (§ 1656 Abs 1) — endet daher, und zwar sowohl in tatsächlicher als rechtlicher Hinsicht (vgl. § 1638 A 1) mit der Rechtskraft des den Konkurs eröffnenden Beschlusses (§§ 72, 73, 109 KO). Das gleiche ist hinsichtlich des Ehemanns in § 1419, nicht aber auch hinsichtlich des Vormundes bestimmt. Der Verlust der Vermögensverwaltung tritt auch in dem Falle ein, daß über das Gesellschaftsvermögen einer offenen Handelsgesellschaft, an welcher der Gewalthaber als Gesellschafter beteiligt ist, Konkurs eröffnet wird (KG in RJA 12, 179). Bei der den Gesellschaftern obliegenden gesamtschuldnerischen Haftung erscheint es bis zur Aufhebung des Konkurses mindestens zweifelhaft, ob der Gewalthaber seinen Verbindlichkeiten aus dem Gesellschaftsverhältnis gerecht werden kann. Von dem Vormundschaftsgericht, das von der Konkurseröffnung durch das Konkursgericht Nachricht erhält (vgl. § 50 FGG), ist zur Führung der Vermögensverwaltung ein Pfleger zu bestellen, der übrigens mit der Besorgung des Unterhalts für das Kind nicht befaßt ist und deshalb nicht etwa von den dem Gewalthaber kraft seines Nutznießungsrechts abzuliefernden Nutzungen die Kosten des Unterhalts des Kindes vorweg in Abzug bringen kann. Der Verlust der Vermögensverwaltung erstreckt sich nicht bloß auf dasjenige Vermögen, welches den Kindern zur Zeit des Konkurses gehörte, sondern auch auf das später erworbene Vermögen. Desgleichen geht das Recht der Sorge für das Vermögen des Kindes dem Gewalthaber auch dann verloren, wenn zur Zeit der Konkurseröffnung noch kein Vermögen vorhanden war. Hat das Konkursverfahren schon vor dem Inkrafttreten des BGB stattgehabt, so tritt mit diesem Zeitpunkte die in § 1647 bestimmte Wirkung

des Konkurses ein (vgl RG JW 01, 491). Dagegen bezieht sich § 1647 nicht auf das Vermögen derjenigen Kinder, welche erst nach Beendigung des Konkurses geboren sind. Ist der Konkurseröffnungsbeschluß schon vor Entstehung der elterlichen Gewalt rechtskräftig geworden, und hat die Konkurseröffnung bei Erlangung der elterlichen Gewalt noch fortgewirkt, indem das eheliche Kind vor Beendigung des Konkurses geboren oder das außereheliche Kind vor diesem Zeitpunkte legitimiert ist, so geht die Vermögensverwaltung auf den Gewalthaber nicht erst über. Wegen des Konkursvorrechts des Kindes s. § 1668 A 2.

2. Eine dauernde Unfähigkeit zur Verwaltung des Kindesvermögens wird durch die Konkurseröffnung nicht herbeigeführt. Nach **Aufhebung des Konkurses** kann dem Gewalthaber von dem Vormundschaftsgericht, was in dessen freiem Ermessen steht — Beschwerde daher nicht zulässig (BayObLGZ 2, 407) —, die Verwaltung wieder eingeräumt werden.

§ 1648

Macht der Vater bei der Sorge für die Person oder das Vermögen des Kindes Aufwendungen, die er den Umständen nach für erforderlich halten darf, so kann er von dem Kinde Ersatz verlangen, sofern nicht die Aufwendungen ihm selbst zur Last fallen[1])[2]).

E I 1503 i. Verb. mit 1698 II 1539; M 4 742 u. 746; P 4 561; 5 143; 6 298.

1. Die Vorschrift des § 1648 hat nicht bloß für die Vermögensverwaltung, sondern auch für die Verwaltung der persönlichen Angelegenheiten des Kindes Bedeutung. Nach dieser Vorschrift gilt für den Gewalthaber hinsichtlich des **Anspruchs auf Ersatz von Aufwendungen** dasselbe, was für den Beauftragten in § 670 bestimmt ist. Er soll, ohne daß es darauf ankommt, ob sachlich die Aufwendungen nötig waren, alle Aufwendungen ersetzt erhalten, die er den Umständen nach ohne Verschulden für erforderlich halten durfte, und zwar hat er hierbei gemäß § 1664 nur für diejenige Sorgfalt aufzukommen, die er in eigenen Angelegenheiten anzuwenden pflegt. Bei der Prüfung, ob er die Aufwendung als erforderlich ansehen durfte, ist nicht bloß die Nützlichkeit an sich, sondern auch die Angemessenheit der Ausgabe mit Rücksicht auf die besonderen Verhältnisse des Kindes, insbesondere seine Vermögensverhältnisse, in Betracht zu ziehen. Der dem Gewalthaber zu leistende Ersatz umfaßt nach § 256 auch die Verzinsung des von ihm in Geld oder Geldeswert aufgewandten Betrags, die jedoch bei Aufwendungen für einen dem Kinde gehörigen Gegenstand für die Zeit fortfällt, für welche dem Gewalthaber die Nutzungen gebühren. An Stelle des Anspruchs auf Ersatz tritt, wenn der Gewalthaber statt der Aufwendung zu gleichem Zweck eine Verbindlichkeit eingegangen ist, nach § 259 der Anspruch auf Befreiung von dieser Verbindlichkeit. Hinsichtlich des Anspruchs auf Ersatz und Befreiung kann der Gewalthaber während der Dauer seiner Verwaltung sich selbst befriedigen. Nach Beendigung der Verwaltung ist er darauf angewiesen, seine Ansprüche nötigenfalls im Klagewege geltend zu machen. Ein Anspruch auf Leistung eines Vorschusses zur Deckung der Aufwendungen (§ 669) ist ihm nicht gegeben, da er kraft seines Verwaltungsrechts auch ohnedies wegen des Ersatzes gesichert ist. Für Dienstleistungen und für Zeitversäumnis erhält der Gewalthaber (abweichend von §§ 1835, 1836) keine Vergütung.

2. Eine Ersatzpflicht besteht nicht, soweit die Aufwendungen dem Gewalthaber selbst zur Last fallen. Dahin gehören die Unterhaltslasten (§§ 1601 ff.) und die Lasten der Nutznießung (§ 1654). Die Kosten der Vermögensverwaltung, auch die Kosten eines nach § 1640 aufzunehmenden Verzeichnisses, einschließlich des öffentlichen Verzeichnisses (a. A. Planck A 9 zu § 1640; teilweise abweichend Blume A 8 zu § 1640), fallen dem Kinde, nicht dem Gewalthaber zur Last. Ausnahmsweise sind die Kosten des bei der Wiederverheiratung von dem Gewalthaber einzureichenden Verzeichnisses und der Auseinandersetzung in § 1669 diesem auferlegt, wie er auch nach § 1672 Abs 2 die Kosten der Bestellung und Aufhebung einer Sicherheit als von ihm veranlaßt zu tragen hat.

§ 1649

Dem Vater steht kraft der elterlichen Gewalt die Nutznießung an dem Vermögen des Kindes zu[1])[2]).

E I 1502 Nr 2 II 1540; M 4 724; P 4 547.

1. In Übereinstimmung mit dem bisherigen Recht in Deutschland hat auch das BGB dem **Inhaber der elterlichen Gewalt die Nutznießung an dem Kindesvermögen** eingeräumt, die darin ihre Rechtfertigung findet, daß die Familiengemeinschaft zugleich eine gewisse Vermögensgemeinschaft begründet. Die Nutznießung geht, abgesehen von dem Falle

der Verheiratung des Kindes (§ 1661), des Verzichts (§ 1662) und der Entziehung der Nutznießung wegen Unterhaltsgefährdung (§ 1666 Abs 2), nur durch Verlust der elterlichen Gewalt verloren, nicht durch Ruhen der elterlichen Gewalt (§ 1678, vgl. jedoch § 1685 Abs 2), auch nicht dadurch, daß wegen Fortfalls des Vertretungsrechts in persönlichen und Vermögensangelegenheiten des Kindes (§ 1773) ein Vormund bestellt werden muß.

2. Die **Nutznießung** unterscheidet sich wesentlich von dem Nießbrauch (auch von dem letztwillig zugewendeten Nießbrauch am Kindesvermögen, **RG** JW 1909, 145[31]). Der Nutznießung ist das Kindesvermögen kraft Gesetzes unterworfen, ohne daß es zu ihrem Entstehen der für die Begründung des Nießbrauchs erforderlichen Form bedarf und ohne daß eine Eintragung in das Grundbuch zulässig ist. Der Nutznießung unterliegen, abweichend vom Nießbrauch (vgl. § 1069 A 2), auch diejenigen Rechte, die nicht übertragen werden können, sofern sie nur eine Ausübung durch einen andern zulassen. An Stelle der Bestimmungen über den Besitz und das Verfügungsrecht des Nießbrauchers (a. A. hinsichtlich des § 1048 Abs 1 Staudinger A 2 b η zu § 1652, Planck A 1 b zu § 1654, Blume A 2 b γ zu § 1654) tritt das auf familienrechtlicher Grundlage beruhende Verwaltungsrecht des Gewalthabers, woraus auch eine Änderung der Bestimmungen über den Nießbrauch an verbrauchbaren Sachen (§ 1067 ist durch § 1653 ersetzt), über den Mitbesitz an Inhaberpapieren (§ 1081) und das Verfügungsrecht über Forderungen und Kapitalien (§§ 1074 ff.) sich ergibt. Verschiedenheiten zeigen sich ferner bei der Behandlung der Lasten (§ 1654). Wenn auch hiernach die Nutznießung mehr einen familienrechtlichen Charakter hat, so kann ihr gleichwohl, was ihre sachenrechtliche Unterlage betrifft, die Eigenschaft eines dinglichen Rechtes nicht abgesprochen werden (**RG** 75, 162; JW 1913, 740[10]).

§ 1650

Von der Nutznießung ausgeschlossen[1]) (freies Vermögen) sind die ausschließlich zum persönlichen Gebrauche des Kindes bestimmten Sachen, insbesondere Kleider, Schmucksachen und Arbeitsgeräte[2]).

E I 1516 II 1541; M 4 773; P 4 572.

1. Alles andere Vermögen des Kindes, das nicht in den §§ 1650 oder 1651 als zu dem freien Vermögen gehörig bezeichnet ist, unterliegt der **Nutznießung** des Gewalthabers. Dahin gehört auch der Anspruch des Kindes auf Ersatz des durch einen Unfall erlittenen Schadens. Dieser Anspruch steht dem Kinde, nicht dem Gewalthaber zu. Hieran wird dadurch nichts geändert, daß das Kind einen gesetzlichen Anspruch auf Unterhalt gegen den Vater hat und daß dieser auf Grund seiner Unterhaltspflicht die Kosten der Heilung zu tragen hat (§ 843 Abs 4; **RG** 65, 163; JW 1911, 774[42]). Dem Vater verbleibt natürlich das Recht, das von ihm zur Heilung Aufgewandte, soweit das Kind den Schaden ersetzt erhalten hat, sich von diesem erstatten zu lassen.

2. Daß die **ausschließlich zum persönlichen Gebrauche des Kindes bestimmten Sachen** Eigentum des Kindes werden, ist in § 1650 nicht gesagt. Es kommt hierfür auf den Willen des Zuwenders an (anders § 1362 Abs 2). Sind sie Eigentum des Kindes, so gehören sie zum freien Vermögen. Durch den Ausschluß der Nutznießung ist nicht ohne weiteres das Verwaltungsrecht des Gewalthabers ausgeschlossen. Doch macht er sich ersatzpflichtig, wenn er ohne Not in einer dem Interesse des Kindes zuwiderlaufenden Weise über die Gegenstände des § 1650 verfügt. Darin, daß der Gewalthaber dem Kinde bestimmte Gegenstände zum ausschließlichen Gebrauch überläßt (Taschengeld usw.), kann zugleich ein Verzicht auf das Verwaltungsrecht liegen. Dem Kinde gegebene Patengeschenke unterliegen der Nutznießung, wenn sie nicht zu seinem persönlichen Gebrauch bestimmt sind oder der Geber nach § 1651 Abs 1 Nr 2 nichts anderes bestimmt hat.

§ 1651

Freies Vermögen ist:

1. **was das Kind durch seine Arbeit oder durch den ihm nach § 112 gestatteten selbständigen Betrieb eines Erwerbsgeschäfts erwirbt[1]);**
2. **was das Kind von Todes wegen erwirbt oder was ihm unter Lebenden von einem Dritten unentgeltlich zugewendet wird, wenn der Erblasser durch letztwillige Verfügung, der Dritte bei der Zuwendung bestimmt hat, daß das Vermögen der Nutznießung entzogen sein soll[2]).**

Die Vorschriften des § 1638 Abs 2 finden entsprechende Anwendung[3])[4]).

E I 1517—1519 II 1542; M 4 770 ff.; P 4 572.

1. Als **freies Vermögen** unterliegt nicht der Nutznießung der von dem Kinde durch **Arbeit** (außer im Falle des § 1617) **oder Geschäftsbetrieb gemachte Erwerb**, wozu auch die durch Arbeit verdienten Trinkgelder, die als Belohnung für seinen Fleiß ihm gegebenen Schulpreise, **die auf Grund der Arbeiterversicherungsgesetze ihm zukommenden Bezüge** usw. gehören. **Das durch Geschäftsbetrieb Verdiente** (vgl. über den Begriff des Erwerbsgeschäfts § 112 A 1) wird aber nur dann freies Vermögen des Kindes, wenn ihm dieser Betrieb gemäß § 112 von dem Gewalthaber mit Genehmigung des Vormundschaftsgerichts gestattet ist. Das Kind hat hiernach selbst ein erhebliches Interesse daran, diese Genehmigung einzuholen. Ein bei Erteilung der Ermächtigung von dem Gewalthaber gemachter Vorbehalt der Nutznießung würde unwirksam sein. Der Nutznießung des Gewalthabers unterliegen auch nicht die ausschließlich für die Person des Kindes bestimmten dienstlichen Bezüge (Kinderzuschlag, Waisenrente, s. Recht 1922 Nr 1419).

2. Über den **Erwerb durch Zuwendungen eines Dritten** vgl. § 1638 A 2. Ebenso wie das Verwaltungsrecht kann auch die Nutznießung von dem Dritten ausgeschlossen werden.

3. Die Anwendbarkeit des **Ersetzungsgrundsatzes** gemäß § 1638 Abs 2 folgt daraus, daß das freie Vermögen (abgesehen von den in § 1650 bezeichneten Gegenständen, die nur in ihrer Eigenschaft als dem Gebrauche des Kindes dienende Sachen von der Nutznießung ausgenommen sind) ein Sondervermögen bildet (s. hierüber § 1638 A 3).

4. Der **Verwaltung des Gewalthabers** (vgl. § 1650 A 2) ist das freie Vermögen nicht ohne weiteres entzogen. Die Geschäftsfähigkeit des Kindes erstreckt sich nach § 113 nur auf die Eingehung oder Aufhebung von Dienst- oder Arbeitsverträgen und auf Erfüllung sich hieraus ergebender Vertragspflichten. Der von dem Kinde verdiente Lohn kann daher rechtswirksam ohne Zustimmung des Gewalthabers, die auch stillschweigend erteilt sein kann, nicht an das Kind ausgezahlt werden. Nach § 119a GewO kann durch Statut der Gemeinde oder eines weiteren Kommunalverbandes bestimmt werden, daß der Lohn an die minderjährigen gewerblichen Arbeiter nur auf Grund schriftlicher Zustimmung oder Lohnquittung der Eltern oder Vormünder ausgezahlt werden darf. Es kann auch bestimmt werden, daß die Gewerbetreibenden von den Lohnzahlungen den Eltern oder Vormündern Mitteilung zu machen haben.

§ 1652

Der Vater erwirbt die Nutzungen des seiner Nutznießung unterliegenden Vermögens in derselben Weise und in demselben Umfange wie ein Nießbraucher[1]).

E I 1520 II 1543; M 4 775; P 4 575.

1. Die für den **Nießbrauch** geltenden Bestimmungen — auf welche § 1520 E I allgemein verwies — finden auf die Nutznießung nur insofern uneingeschränkte Anwendung, als sie den **Erwerb der Nutzungen** betreffen. Der Gewalthaber erwirbt hiernach während der Dauer der Nutznießung die natürlichen Früchte mit der Trennung (§ 954). Wegen des Erwerbs der Zinsen s. § 1068 A 2. Wegen der Verteilung der Früchte zwischen dem Gewalthaber und dem Eigentümer bei Beginn und Beendigung der Nutznießung kommen die Vorschriften des § 101 zur Anwendung. Der Umfang des Fruchtgewinnungsrechts bestimmt sich nach §§ 99, 1039 (unter Wegfall jedoch der hier angeordneten Pflicht zur Sicherheitsleistung, die ausschließlich durch § 1668 geregelt wird), nach § 1040 (mit der Abweichung, daß die Nutznießung auch auf den in das nichtfreie Vermögen des Kindes fallenden Schatzanteil sich erstreckt), nach §§ 1046, 1066, 1068 u. 1073. — Über die Pfändbarkeit der Früchte s. § 1658 A 1.

§ 1653

Der Vater darf verbrauchbare Sachen[1]), die zu dem seiner Nutznießung unterliegenden Vermögen gehören, für sich veräußern oder verbrauchen, Geld[2]) jedoch nur mit Genehmigung des Vormundschaftsgerichts. Macht der Vater von dieser Befugnis Gebrauch, so hat er den Wert der Sachen nach der Beendigung der Nutznießung zu ersetzen; der Ersatz ist schon vorher zu leisten, wenn die ordnungsmäßige Verwaltung des Vermögens es erfordert.

E I 1523 Abs 2 u. 3, 1525 II 1544; M 4 777; P 4 576.

1. Die **Nutznießung an verbrauchbaren Sachen** ist abweichend von dem Nießbrauch (§ 1067) dahin geordnet, daß das Eigentum auf den Gewalthaber erst mit der Veräußerung oder dem Verbrauche übergeht, wodurch dem Kinde eine größere Sicherung gewährt ist, und daß der Gewalthaber den Werterſatz, der nach der Zeit der Verwendung sich bestimmt,

schon vor *Beendigung der Nutznießung*, sobald die Geldmittel zur ordnungsmäßigen Verwaltung gebraucht werden, zu leisten hat. Hinsichtlich der Verpflichtung des Gewalthabers zur Sicherheitsleistung ist lediglich § 1668 maßgebend. — Über das Recht der Gläubiger des Kindes, den Ersatzanspruch zu pfänden, s. § 1659 A 2.

2. Besteht die Nutznießung an **Geld**, mag dieses von vornherein oder erst später Gegenstand der Nutznießung geworden sein, so hat gemäß § 1642 der Gewalthaber die Pflicht zur mündelsicheren Anlegung. Das *Vormundschaftsgericht* kann aber, falls es das Kind hierdurch nicht für geschädigt erachtet, dem Gewalthaber gestatten, das Geld vorbehaltlich des nach § 1653 zu leistenden Ersatzes für sich zu verwenden. Zinsen hat in diesem Falle der Gewalthaber nicht zu zahlen. Das Vormundschaftsgericht kann auch die Genehmigung nach seinem Ermessen von Erfüllung bestimmter Bedingungen, insbesondere von Leistung einer Sicherheit abhängig machen. Gegen die Verweigerung oder die bedingungsweise Verweigerung der Genehmigung ist Beschwerde nach § 20 FGG zulässig.

§ 1654

Der Vater hat die Lasten des seiner Nutznießung unterliegenden Vermögens zu tragen. Seine Haftung bestimmt sich nach den für den Güterstand der Verwaltung und Nutznießung geltenden Vorschriften der §§ 1384 bis 1386, 1388 [1)] [2)] [5)]. Zu den Lasten gehören auch die Kosten eines Rechtsstreits, der für das Kind geführt wird, sofern sie nicht dem freien Vermögen zur Last fallen, sowie die Kosten der Verteidigung des Kindes in einem gegen das Kind gerichteten Strafverfahren, vorbehaltlich der Ersatzpflicht des Kindes im Falle seiner Verurteilung [3)] [4)].

E I 1531 Abs 1 II 1545; M 4 788; P 4 581.

1. **Der Gewalthaber** hat als Nutznießer ebenso wie der Nießbraucher und der nutznießungsberechtigte Ehemann (§§ 1384—1386) die **Lasten zu tragen,** die nach wirtschaftlichen Grundsätzen aus den Nutzungen zu bestreiten sind. Hierher gehören: a) die *durch Gewinnung der Nutzungen entstehenden Kosten*, worunter auch die Betriebskosten fallen (§ 1384, vgl. §§ 102 u. 1047 A 1); b) die *Erhaltungskosten* nach Maßgabe der §§ 1384, 1041, 1043, 1068, also mit Ausschluß der außergewöhnlichen Ausbesserungs- und Erneuerungskosten. Zu den Erhaltungskosten im weiteren Sinne sind auch die Versicherungskosten zu rechnen, die dem Nutznießer uneingeschränkt zur Last fallen, auch in dem Falle, daß er nach den Grundsätzen einer ordnungsmäßigen Wirtschaft (§ 1045) nicht zur Versicherung verpflichtet war (§ 1385 Nr 3); c) die *öffentlichen Lasten* mit Ausnahme derjenigen außerordentlichen Lasten, die als auf den Stammwert gelegt anzusehen sind, wie dies z. B. bei der Erbschaftssteuer der Fall ist (§ 1385 Nr 1). Um nicht im Gegensatz zu der bei den Lasten festgehaltenen Begrenzung hier zu einer schrankenlosen Belastung des Nutznießers zu gelangen, ist der Begriff der öffentlichen Last auf diejenigen *Abgaben* und abgabeähnlichen Leistungen zu beschränken, die an den Staat, die Gemeinde oder öffentliche Verbände zu entrichten sind (Steuern, Armenlasten, Schullasten, Wegebaukosten, Deichlasten, Arbeiterversicherungsbeiträge, Gebühren usw.), so daß die im polizeilichen Interesse auferlegten Leistungen nicht hierunter fallen (a. A. Schultzenstein, ArchBürgR 29, 168ff.; vgl. Blume das. 30, 1ff.). Wegen der Gerichtsgebühren vgl. A 3; d) die *privatrechtlichen Lasten* (§ 1385 Nr 2) einschließlich der Zinsen und der bei ordnungsmäßiger Verwaltung aus den Nutzungen zu bestreitenden wiederkehrenden Leistungen, auch die von dem Kinde in Erfüllung der gesetzlichen Unterhaltspflicht zu leistenden Beträge (§ 1386).

2. Aus der Anwendbarkeit des § 1388 folgt, daß die Verpflichtung des Gewalthabers zur Tragung der Lasten nicht bloß dem Kinde, sondern auch **den Gläubigern gegenüber** besteht, und zwar haftet er neben dem Kinde als Gesamtschuldner. Auch betreffs der zu 1c bezeichneten öffentlichen Lasten ist diese Haftung des Gewalthabers als eine privatrechtliche, nicht als eine öffentlich-rechtliche aufzufassen. Ein Ersatzanspruch gegenüber dem Kinde besteht nicht.

3. Zu den unter 1 aufgeführten Lasten gehören auch die **Prozeßkosten** und die **Kosten der Verteidigung** (nicht bloß des Verteidigers). Die in § 1416 Abs 2 aufgestellte Beschränkung, daß die Aufwendung der Kosten den Umständen nach geboten sein muß, ist in § 1654 nicht übernommen, weil über die Prozeßführung (abgesehen von der Führung des Rechtsstreits durch einen für das Kind bestellten Pfleger oder durch das insoweit prozeßfähige Kind) und die Verteidigung (abgesehen von der durch § 140 StPO angeordneten notwendigen Verteidigung) der Gewalthaber selbst zu bestimmen hat. Soweit das Kind selbst nach §§ 112, 113 in Verbindung mit § 52 Abs 1 ZPO prozeßfähig ist, handelt es sich um Angelegenheiten

des freien Vermögens (vgl. A 4). In dem gleichen Umfange, in dem der Gewalthaber die Prozeßkosten zu tragen hat, ist er auch erforderlichenfalls zur vorschußweisen Entrichtung verbunden (str.). Die Kosten der Verteidigung kann er, wenn das Kind rechtskräftig verurteilt wird, von diesem zurückverlangen. Desgleichen hat das Kind, wenn es in einem zwischen ihm und dem Gewalthaber geführten Rechtsstreit unterliegt, die Prozeßkosten zu erstatten (§§ 1660, 1416 Abs 1). Die Gebühren, welche der Staat für seine Tätigkeit in Angelegenheiten der freiwilligen Gerichtsbarkeit erhebt, sind in Satz 2 nicht besonders erwähnt. Sie fallen jedoch ebenfalls unter den Begriff der öffentlichen Lasten (vgl. A 1c). Dagegen gehören zu den öffentlichen Lasten oder zu den Kosten eines Rechtsstreits nicht die Gebühr und Auslagen eines Pflegers für seine Tätigkeit in einem außergerichtlichen Erbauseinandersetzungsverfahren (RG JW 1927, 1368[21]). Wegen der Verwaltungskosten s. § 1648 A 2. — Die Pflicht der Eltern und damit auch des Gewalthabers zur Unterhaltung des Kindes kann, da diese Pflicht von dem Bestehen einer Nutznießung unabhängig ist, nicht als Last der Nutznießung bezeichnet werden.

4. **Begrenzung der Haftung.** Die Verpflichtung zur Tragung der unter 1 bis 3 bezeichneten Lasten ist nicht durch den Betrag der Nutzungen begrenzt. Übersteigen die Lasten die Nutzungen, so kann sich der Gewalthaber ihrer nur erwehren, wenn er auf die Nutznießung verzichtet (§ 1662). Ist ein der Nutznießung unterworfenes Vermögen überhaupt nicht vorhanden, so entfällt damit die Pflicht zur Lastentragung (RGSt 45, 407; RG 97, 175; SeuffA 68 Nr 101, 239 — bestr.). Dies gilt auch hinsichtlich der den Lasten gleich behandelten Kosten. Die Pflicht zur Kostentragung setzt voraus, daß tatsächlich ein der Nutznießung unterliegendes Vermögen vorhanden ist. Die Vorschrift des § 1387, wonach der Mann der Frau gegenüber unbeschränkt zur Tragung von Kosten verbunden ist, ist hierher nicht übernommen. Die Lasten liegen ferner dem Gewalthaber insoweit nicht ob, als sie, was von diesem nachzuweisen ist, das freie Vermögen betreffen. Wird durch die Last sowohl das freie als das nichtfreie Vermögen betroffen, so hat eine verhältnismäßige Teilung einzutreten. Die dem Kinde zur Erfüllung seiner gesetzlichen Unterhaltspflicht obliegenden Leistungen berühren an sich das freie Vermögen nicht (KGJ 36 B 3 — vgl. A 1d). Soweit aber durch Hinzurechnung des für die Leistungsfähigkeit mit in Betracht zu ziehenden freien Vermögens (anders im Falle des § 1708 Abs 1, wo es auf die Leistungsfähigkeit nicht ankommt) eine Erhöhung der Unterhaltsleistungen eintritt, braucht der Gewalthaber hierfür, da die Mehrleistungen dem freien Vermögen zur Last fallen, nicht aufzukommen. Die Kosten eines in persönlichen Angelegenheiten des Kindes geführten Prozesses müssen, da diese zu dem freien Vermögen keine Beziehung haben, von dem Gewalthaber getragen werden.

5. Hinsichtlich der **zeitlichen Begrenzung** gilt der Grundsatz des § 103, daß die regelmäßig wiederkehrenden Lasten nach Verhältnis der Zeit, für welche sie zu entrichten sind, zu der auf diesen Zeitraum entfallenden Dauer der Nutznießung, andere Lasten insofern, als sie während der Dauer der Nutznießung fällig geworden sind, von dem Gewalthaber zu tragen sind. Ein in dieser Zeit fällig gewordener Vorschuß ist gleichfalls von dem Gewalthaber zu entrichten, wobei ihm jedoch der Anspruch auf Ausgleichung nach Maßgabe des § 103 vorbehalten bleibt.

§ 1655

Gehört zu dem der Nutznießung unterliegenden Vermögen ein Erwerbsgeschäft, das von dem Vater im Namen des Kindes betrieben wird, so gebührt dem Vater nur der sich aus dem Betrieb ergebende jährliche Reingewinn[1]). Ergibt sich in einem Jahre ein Verlust, so verbleibt der Gewinn späterer Jahre bis zur Ausgleichung des Verlustes dem Kinde[2]).

E I 1527 Abs 1 II 1546; M 4 782; P 4 578; 5 144.

1. Die **Nutznießung am Erwerbsgeschäft** (vgl. § 112 A 1) ist in der Weise gestaltet, daß der Gewalthaber nicht die Nutzungen unter der Verpflichtung zur Bestreitung der Lasten eigentümlich erwirbt, sondern nur auf den nach Abzug der Geschäftsunkosten verbleibenden jährlichen Reingewinn Anspruch hat. Statt des dinglichen Rechtes ist ihm nur ein schuldrechtlicher Anspruch auf Ausantwortung des bei der Abrechnung festgestellten Reingewinns gegeben, was den Vorteil bietet, daß die Gläubiger des Gewalthabers nicht durch Pfändung der Nutzungen störend eingreifen können. Die Übertragung und Pfändung des Anspruchs ist nach § 1658 Abs 2 und § 862 ZPO (vgl. § 1658 A 1 u. 2) erst zulässig, nachdem durch die Abrechnung die Fälligkeit des Anspruchs herbeigeführt ist. Hierdurch dürfte indes für den Fall, daß die Abrechnung schuldhaft verzögert ist, die Übertragung oder Pfändung nicht ausgeschlossen sein.

2. Der **Reingewinn wird ermittelt** durch eine nach kaufmännischen Grundsätzen aufzu-

stellende Bilanz. Bei Ansetzung der Werte sind die geschäftsüblichen Abschreibungen zu machen. Eine Zusammenrechnung des Geschäftsergebnisses mehrerer Jahre findet insofern statt, als der Verlust des einen Jahres durch den Gewinn der späteren Jahre auszugleichen ist.

§ 1656

Steht dem Vater die Verwaltung des seiner Nutznießung unterliegenden Vermögens nicht zu, so kann er auch die Nutznießung nicht ausüben; er kann jedoch die Herausgabe der Nutzungen verlangen, soweit nicht ihre Verwendung zur ordnungsmäßigen Verwaltung des Vermögens und zur Bestreitung der Lasten der Nutznießung erforderlich ist[1]).

Ruht die elterliche Gewalt des Vaters oder ist dem Vater die Sorge für die Person und das Vermögen des Kindes durch das Vormundschaftsgericht entzogen, so können die Kosten des Unterhalts des Kindes aus den Nutzungen insoweit vorweg entnommen werden, als sie dem Vater zur Last fallen[2]).

E I 1532 II 1547; M 4 789; P 4 551 u. 582; 6 327.

1. **Steht dem Gewalthaber die Vermögensverwaltung nicht zu** — wie im Falle der §§ 1630 Abs 2, 1638, 1647, 1665, 1666 Abs 2, 1670, 1678, 1685 Abs 1, 1693 —, so wird dadurch zwar sein Nutznießungsrecht nicht beeinträchtigt. Wohl aber ist ihm die Verwaltung auch insoweit genommen, als sie zur Ausübung des Nutznießungsrechts dient. Es ist Sache des zur Fürsorge für das Vermögen Berufenen, die Nutzungen zu ziehen und hieraus die dem Nutznießer obliegenden Lasten sowie die sonstigen zur ordnungsmäßigen Vermögensverwaltung erforderlichen Ausgaben zu bestreiten. Der Gewalthaber hat deshalb nicht das Recht, die Nutzungen selbst in Besitz zu nehmen, sondern nur einen mit Ablauf des Geschäftsjahrs fälligen und erst von dieser Zeit an übertragbaren und pfändbaren (§ 1658 Abs 2, § 862 Abs 1 ZPO) Anspruch auf Herausgabe des Überschusses der Nutzungen, womit ihm indes das dingliche Recht an den Nutzungen nicht entzogen ist. Aus dem ihm verbleibenden dinglichen Recht folgt, daß er Eigentümer der getrennten Früchte wird und daß die dem Kinde gebührenden Renten usw., sofern keinerlei aus den Einkünften zu bestreitende Kosten entstehen können, eine Beeinträchtigung des Kindes auch sonst ausgeschlossen ist, wirksam von dem Gewalthaber in Empfang genommen werden dürfen (**RG** 75, 161). Besteht die Nutznießung an einem Erbteil, so kann der Gewalthaber die dem Anteil des Kindes entsprechenden Nutzungen nicht von den einzelnen Nachlaßgegenständen (vgl. §§ 2040, 2041), sondern nur von dem gesamten Nachlaß beanspruchen (**RG** 25. 11. 15 IV 173/15). Ein unmittelbarer Anspruch auf Aushändigung der Nutzungen gegen den den Nachlaß verwaltenden Testamentsvollstrecker steht ihm aber nicht zu, wenn der eingesetzte Pfleger aus den Nutzungen besondere dem Kinde obliegende Lasten zu bestreiten, auch im Interesse des Kindes zu überwachen hat, daß die Nutzungen richtig berechnet sind und nicht etwa in zu hohen Beträgen an den Gewalthaber gelangen (**RG** JW 1913, 740[10]).

2. Die zur Bestreitung des Unterhalts des Kindes von dem Gewalthaber aufzubringenden Kosten gehören nicht zu den von dem Nutznießer zu tragenden Lasten (§ 1654 A 3 a. E.). Sie können deshalb bei Ablieferung der Nutzungen an den Gewalthaber nicht in Abzug gebracht werden. Dagegen ist die **Vorwegnahme der Unterhaltskosten** gestattet, wenn dem Gewalthaber, der als unterhaltspflichtig für diese Kosten aufzukommen hat, auch die Sorge für die Person des Kindes nicht zusteht (vgl. §§ 1666 Abs 1, 1676—1678). Es steht jedoch im Ermessen des Pflegers oder (bei ruhender elterlicher Gewalt) des Vormundes, von einem solchen Abzuge abzusehen.

§ 1657

Ist der Vater von der Ausübung der Nutznießung ausgeschlossen, so hat er eine ihm dem Kinde gegenüber obliegende Verbindlichkeit, die infolge der Nutznießung erst nach deren Beendigung zu erfüllen sein würde, sofort zu erfüllen. Diese Vorschrift findet keine Anwendung, wenn die elterliche Gewalt ruht[1]).

E I 1533 II 1548; M 4 789; P 4 582.

1. Eine weitere Änderung erfährt das Recht der Nutznießung, wenn die Verwaltung dem Gewalthaber durch Anordnung des Vormundschaftsgerichts oder infolge Konkurseröffnung (vgl. § 1656 A 1) verloren geht oder er durch Anordnung des zuwendenden Dritten (§ 1638)

von der Verwaltung ausgeschlossen ist. In diesen Fällen — nicht auch im Falle des Ruhens der elterlichen Gewalt (§§ 1676, 1677), da hier die sofortige Erfüllung durch das Interesse des Kindes nicht geboten ist — soll der Gewalthaber im Interesse der endgültigen Auseinandersetzung mit dem Kinde verpflichtet sein, diejenigen Beträge, die er sonst erst bei Beendigung der Nutznießung zu ersetzen haben würde, dem Kinde **sofort zu ersetzen.** Es kommt hier in Betracht die Verpflichtung des Gewalthabers zum Ersatze des Wertes von ihm verbrauchter oder veräußerter verbrauchbarer Sachen (§ 1653), die Verpflichtung zum Ersatze des Wertes der im Übermaß gezogenen Früchte (§§ 1652, 1039 Abs 1) und die Verpflichtung aus der Übernahme des zum Schätzungswerte zurückzugewährenden Inventars, sofern eine solche Übernahme zwischen dem Gewalthaber und dem Kinde vereinbart ist (§§ 1652, 1048 Abs 2, 588, 589).

§ 1658

Das Recht, das dem Vater kraft seiner Nutznießung an dem Vermögen des Kindes zusteht, ist nicht übertragbar[1]).

Das gleiche gilt von den nach den §§ 1655, 1656 dem Vater zustehenden Ansprüchen, solange sie nicht fällig sind[2]).

E I 1534 II 1549; M 4 793; P 4 582; 5 144.

1. Die Nutznießung steht dem Gewalthaber nur in seiner Stellung als Inhaber der elterlichen Gewalt zu und kann von dieser Stellung nicht losgelöst werden. Es ergibt sich hieraus die **Unübertragbarkeit des Nutznießungsrechts,** die indes nicht ausschließt, daß die Nutznießung der Ausübung nach unentgeltlich oder entgeltlich (vgl. § 1059 A 1) überlassen werden kann. Dagegen bedeutet die in § 862 Abs 1 ZPO ausgesprochene Unpfändbarkeit, daß die Nutznießung auch nicht der Ausübung nach gepfändet werden kann. Pfändbar sind nach §§ 862 Abs 2, 861 ZPO die kraft der Nutznießung erworbenen Früchte, jedoch nur mit der Beschränkung, daß vorweg die dem Nutznießer nach § 1654 obliegenden Leistungen gedeckt sein müssen, und mit der weiteren Beschränkung, daß auch das zur Bestreitung des eigenen standesgemäßen Unterhalts des Gewalthabers und das zur Erfüllung der ihm obliegenden gesetzlichen Unterhaltspflichten — mit Ausnahme des Unterhalts des unehelichen Kindes des Vaters — Erforderliche in Abzug zu bringen ist. Soweit die Unpfändbarkeit reicht, fallen die zur Zeit der Konkurseröffnung von dem Gewalthaber bereits erworbenen Früchte nicht in dessen Konkursmasse (§ 1 KO). Die Veräußerung der erworbenen Früchte ist durch § 1658 nicht beschränkt.

2. Die nach §§ 1655, 1656 **aus der Nutznießung sich ergebenden Ansprüche** bilden einen Bestandteil des Nutznießungsrechts und sind daher diesem in bezug auf Unübertragbarkeit und Unpfändbarkeit gleichgestellt. Der mit der Fälligkeit von dem Gewalthaber erworbene Anspruch steht in bezug auf Übertragbarkeit und das Maß der Pfändbarkeit (§§ 862 Abs 2, 961 ZPO) den erworbenen Früchten gleich (vgl. A 1 u. § 1655 A 1).

§ 1659

Die Gläubiger des Kindes können ohne Rücksicht auf die elterliche Nutznießung Befriedigung aus dem Vermögen des Kindes verlangen[1]).

Hat der Vater verbrauchbare Sachen nach § 1653 veräußert oder verbraucht, so ist er den Gläubigern gegenüber zum sofortigen Ersatze verpflichtet[2]).

E I 1528 II 1550; M 4 793; P 4 580.

1. Der Gewalthaber muß die **Befriedigung der Gläubiger des Kindes** aus dem seiner Nutznießung unterworfenen Kindesvermögen sich gefallen lassen, ohne Unterschied, ob die Forderung vor oder erst nach Beginn der Nutznießung entstanden ist, ob sie auf einem von ihm selbst für das Kind abgeschlossenen Rechtsgeschäft beruht oder ob das Rechtsgeschäft von einem andern gesetzlichen Vertreter des Kindes oder dem nach §§ 112, 113 geschäftsfähigen Kinde geschlossen ist. Es steht ihm ein Nutznießungsrecht an dem Vermögen nur zu in dem Zustande, in welchem es sich durch die für das Kind geführte Verwaltung und die hieraus oder aus unerlaubter Handlung entspringenden Verbindlichkeiten jeweilig befindet. Zur Zwangsvollstreckung in das seiner Nutznießung unterliegende Vermögen genügt ein gegen das Kind erlassenes Urteil, ohne daß er zur Duldung der Zwangsvollstreckung verurteilt zu sein braucht (§ 746 ZPO).

2. Nach § 1653 hat der Gewalthaber den Wert der veräußerten oder verbrauchten verbrauchbaren Sachen schon vor Beendigung der Nutznießung zu ersetzen, wenn die ordnungsmäßige Verwaltung des Vermögens es erfordert. Dieser Fall wird als gegeben angesehen, wenn die Gläubiger des Kindes den **Ersatzanspruch** (indem sie ihn pfänden lassen) für sich

in Anspruch nehmen. Von dem Gewalthaber kann nicht der Einwand erhoben werden, daß die Gläubiger in der Lage seien, sich in anderer Weise aus dem Kindesvermögen zu befriedigen. Das gleiche Recht wird den Gläubigern einzuräumen sein hinsichtlich der Verpflichtung des Gewalthabers, den Wert der im Übermaß (also über die Nutzungsbefugnis hinaus) gezogenen Früchte zu ersetzen.

§ 1660

Im Verhältnisse des Vaters und des Kindes zueinander finden in Ansehung der Verbindlichkeiten des Kindes die für den Güterstand der Verwaltung und Nutznießung geltenden Vorschriften des § 1415, des § 1416 Abs 1 und des § 1417 entsprechende Anwendung[1])[2]).

E I 1530 II 1551; M 4 788; P 4 581.

1. Nach den für entsprechend anwendbar erklärten Vorschriften der §§ 1415, 1416 Abs 1 fallen im **Verhältnis zwischen dem Gewalthaber und dem Kinde** die Verbindlichkeiten (einschließlich der Prozeßkosten) aus einem auf das freie Vermögen des Kindes sich beziehenden Rechtsverhältnis (vgl. § 1651 und wegen der Unterhaltsleistungen § 1654 A 4) dem freien Vermögen zur Last, ebenso die Verbindlichkeiten des Kindes aus einer unerlaubten Handlung, da hierdurch die Nutznießung des Gewalthabers nicht geschädigt werden darf, und die Kosten eines zwischen dem Kinde und dem Gewalthaber geführten Rechtsstreits, in welchem die Kosten endgültig dem Kinde auferlegt sind (§ 1654 A 3).

2. Die **Gläubiger** des Kindes sind durch die vorstehenden Bestimmungen **nicht gehindert**, nach ihrer Wahl **das freie oder das nichtfreie Vermögen des Kindes in Anspruch zu nehmen**. Es muß deshalb, wenn sie das nichtfreie Vermögen angreifen, obschon das freie Vermögen haftet, und ebenso im umgekehrten Falle gemäß § 1417 eine Ausgleichung zwischen den beiden Vermögensmassen, soweit der Bestand der verpflichteten Masse reicht, stattfinden vorbehaltlich der Schadensersatzpflicht des gesetzlichen Vertreters, der die Ausgleichung schuldhaft unterlassen hat. Eine Ausgleichung wird auch nötig, falls ohne Zutun des Gläubigers eine Verbindlichkeit nicht aus derjenigen Vermögensmasse, der sie zur Last fällt, sondern aus der andern Masse berichtigt ist.

§ 1661

Die Nutznießung endigt, wenn sich das Kind verheiratet[1])**. Die Nutznießung verbleibt jedoch dem Vater, wenn die Ehe ohne die erforderliche elterliche Einwilligung geschlossen wird**[2]).

E I 1536 II 1552; M 4 795; P 4 583.

1. Durch die **Verheiratung des Kindes** wird die Beendigung der Nutznießung nur herbeigeführt, wenn die Ehe eine gültige ist. Die Ungültigkeit einer formell bestehenden Ehe (die in gehöriger Form eingegangen oder doch wenigstens in das Heiratsregister eingetragen ist) kann aber nur im Wege der Nichtigkeitsklage oder Anfechtungsklage geltend gemacht werden. Die Erhebung der Nichtigkeitsklage steht gemäß § 632 ZPO auch dem Gewalthaber zu. Ist die Ehe rechtskräftig für nichtig erklärt, so ist damit auch das Fortbestehen der Nutznießung mit rückwirkender Kraft — unbeschadet des Schutzes des redlichen Dritten gemäß der entsprechend anwendbaren Vorschrift des § 1344 — festgestellt. Im Falle der Auflösung der Ehe lebt die elterliche Nutznießung nicht wieder auf.

2. Die **mangelnde Einwilligung des Elternteils** (§§ 1305—1308) hat zwar nicht allgemein die Ungültigkeit der Ehe zur Folge — vgl. § 1331, wonach nur die mangelnde Einwilligung des gesetzlichen Vertreters ein Anfechtungsgrund ist —, wohl aber die Wirkung, daß die Nutznießung dem Gewalthaber nicht verloren geht. Wird die Einwilligung nachträglich erteilt, so erreicht damit in der Regel die Nutznießung ihr Ende.

§ 1662

Der Vater kann auf die Nutznießung verzichten[1])**. Der Verzicht erfolgt durch Erklärung gegenüber dem Vormundschaftsgerichte; die Erklärung ist in öffentlich beglaubigter Form abzugeben**[2])[3]).

E I 1537 II 1553; M 4 796; P 4 583.

1. Der **Verzicht auf die Nutznießung** ist, da es sich um ein dem Gewalthaber im eigenen Interesse gegebenes Recht handelt, zulässig. Durch den Verzicht wird der Gewalthaber zugleich von den in § 1654 bezeichneten Lasten frei, da dies Verpflichtungen sind, die dem Gewalthaber nicht als solchem, sondern nur kraft des Nutznießungsrechts obliegen (§ 1654 A 4). Dagegen kann sich der Gewalthaber der Verpflichtung zur Tragung der Lasten, die auf be-

stimmten Gegenständen ruhen, nicht dadurch entziehen, daß er die Nutznießung an diesen Gegenständen aufgibt. Ein Verzicht auf die Nutznießung an einzelnen Gegenständen — der dem beschränkt geschäftsfähigen Kinde oder dem für das geschäftsunfähige Kind zu bestellenden Pfleger zu erklären ist (vgl. §§ 1064, 1072, 107) — ist nur in dem Sinne möglich, daß die Nutzungen dem Kinde überlassen werden (bestr.). — Der Verzicht unterliegt nicht der Anfechtung durch die Gläubiger des Kindes.

2. Der Verzicht auf die Nutznießung erfolgt ebenso wie der Verzicht auf den Nießbrauch (§§ 1064, 1072) durch einseitige, empfangsbedürftige Erklärung. Die Erklärung ist **gegenüber dem Vormundschaftsgericht** abzugeben, das in dieser Beziehung als Vertreter des Kindes erscheint. Mit Rücksicht auf die Wichtigkeit, die der das Familiengüterrecht ändernde Verzicht für dritte Personen, insbesondere die Gläubiger des Gewalthabers hat, ist öffentliche Beglaubigung der Erklärung (§ 129) vorgeschrieben. Wegen der Zuständigkeit des Vormundschaftsgerichts vgl. Vorbem 4b vor § 1773.

3. Der von dem Vater als Inhaber der elterlichen Gewalt erklärte Verzicht auf die Nutznießung hat **gegenüber der Mutter**, wenn diese später in den Besitz der elterlichen Gewalt gelangt, **keine Wirksamkeit**. Der Mutter steht ein eigenes Recht, nicht ein von dem Vater abgeleitetes Recht der elterlichen Gewalt zu. Dies gilt auch dann, wenn die Mutter gemäß § 1685 Abs 2 nach Auflösung der Ehe durch Übertragung der Ausübung der elterlichen Gewalt die Nutznießung erlangt (a. A. Planck A 7; Staudinger A 6).

§ 1663

Hat der Vater kraft seiner Nutznießung ein zu dem Vermögen des Kindes gehörendes Grundstück vermietet oder verpachtet, so finden, wenn das Miet- oder Pachtverhältnis bei der Beendigung der Nutznießung noch besteht, die Vorschriften des § 1056 entsprechende Anwendung[1]).

Gehört zu dem der Nutznießung unterliegenden Vermögen ein landwirtschaftliches Grundstück, so findet die Vorschrift des § 592, gehört zu dem Vermögen ein Landgut, so finden die Vorschriften der §§ 592, 593 entsprechende Anwendung[2]).

E I 1520, 1008, 1009 II 1554; M 4 776; P 4 576.

1. Nach § 1056 kann der Nießbraucher kraft seines Nießbrauchsrechts ein **Grundstück** auch **über die Nießbrauchszeit hinaus** unter Überlassung des Besitzes **vermieten** oder **verpachten**, so jedoch, daß der Eigentümer berechtigt ist, das Miet- oder Pachtverhältnis unter Einhaltung der gesetzlichen vierteljährlichen bzw. halbjährlichen Kündigung (§§ 565, 595) bis zum Ablaufe der von dem Mieter oder Pächter gesetzten Erklärungsfrist (§ 1056 Abs 3) zu kündigen und daß er in die Verpflichtungen aus dem Vertrage mit selbständiger Berechtigung nach Maßgabe der §§ 571, 572, 573 Satz 1, 574—576 u. 579 eintritt. In gleicher Weise ist durch § 1663 das Rechtsverhältnis zwischen dem Kinde als Eigentümer des von dem Gewalthaber vermieteten oder verpachteten Grundstücks und dem Mieter oder Pächter für die Zeit nach Beendigung der Nutznießung geregelt. Hat der Gewalthaber nicht für sich kraft seines Nutznießungsrechts, sondern für das Kind kraft seines Verwaltungsrechts vermietet oder verpachtet, was regelmäßig anzunehmen ist, wenn er den Vertrag im Namen des Kindes geschlossen hat, so ist § 1663 nicht anwendbar. Es bedarf dann aber, wenn der Vertrag über das 21. Lebensjahr des Kindes fortdauern soll, der vormundschaftsgerichtlichen Genehmigung (§§ 1643 Abs 1, 1822 Nr 5).

2. Für die **Auseinandersetzung bei Beendigung der Nutznießung** hinsichtlich der Bestellungskosten für die noch ungetrennten Früchte sowie hinsichtlich der Zurücklassung landwirtschaftlicher Erzeugnisse eines Landguts und der hierfür zu gewährenden Vergütung sind in Übereinstimmung mit der für den Nießbrauch geltenden Vorschrift des § 1055 Abs 2 die Bestimmungen der §§ 592 u. 593 für maßgebend erklärt. Die Anwendbarkeit des § 591 erübrigt sich, da die Pflicht zur ordnungsmäßigen Bewirtschaftung schon aus der Verwaltungspflicht des Gewalthabers folgt.

§ 1664

Der Vater hat bei der Ausübung der elterlichen Gewalt dem Kinde gegenüber nur für diejenige Sorgfalt einzustehen, welche er in eigenen Angelegenheiten anzuwenden pflegt[1]).

E I 1503, 1696 Abs 1 II 1555; M 4 745; P 4 556 u. 561.

1. Bei Erfüllung der auf dem Gebiete der Sorge für das Vermögen und der Sorge für die Person des Kindes ihm obliegenden Pflichten hat der Gewalthaber **die in eigenen Angelegenheiten gewohnte Sorgfalt** zu betätigen, mindestens aber für grobe Fahrlässigkeit

einzustehen (§ 277). Die Anwendung einer größeren Sorgfalt können die Kinder, die mit den Eltern auch sonst dasselbe Geschick teilen, nicht verlangen. Wird der Gewalthaber wegen Verletzung seiner Pflichten von dem Kinde in Anspruch genommen, so liegt diesem der Nachweis ob, daß im gegebenen Falle der Gewalthaber eine bestimmte Pflicht zu erfüllen hatte (RG 21. 9. 05 IV 142/05). Darüber, daß er bei Erfüllung dieser Pflicht die in eigenen Angelegenheiten gewohnte Sorgfalt beobachtet hat, hat dann der Gewalthaber sich auszuweisen (vgl. M 4, 748; RG Gruch 50, 1028; a. A. Blume A 4). Derartige Ersatzansprüche werden von dem Kinde regelmäßig erst nach Erreichung der Volljährigkeit erhoben werden. Bis dahin ist die Verjährung nach § 204 gehemmt. Ist schon vorher zur Verhütung einer Benachteiligung des Kindes die Durchführung des Ersatzanspruchs nötig, so hat das Vormundschaftsgericht dem Kinde einen Pfleger zu bestellen (§ 1628). Vgl. im übrigen die Erl zu § 1833. — Über die Haftung des Gewalthabers aus unerlaubter Handlung gegenüber dem Kinde und gegenüber dritten Personen s. § 1631 A 3.

§ 1665

Ist der Vater verhindert, die elterliche Gewalt auszuüben, so hat das Vormundschaftsgericht, sofern nicht die elterliche Gewalt nach § 1685 von der Mutter ausgeübt wird, die im Interesse des Kindes erforderlichen Maßregeln zu treffen[1])[2]).

E I 1544 II 1556 Abs 1; M 4 802; P 4 552 u. 617.

1. Bei tatsächlicher oder rechtlicher **Verhinderung des Gewalthabers** hat das Vormundschaftsgericht — worin eine Beeinträchtigung des Rechtes der elterlichen Gewalt nicht enthalten ist — selbsttätig in Vertretung des Kindes die in dessen Interesse erforderlichen Maßregeln zu treffen oder dem Vertretungsbedürfnis durch Bestellung eines Pflegers abzuhelfen. Die Verhinderung kann die Ausübung der elterlichen Gewalt im ganzen oder nur in einzelnen Beziehungen betreffen. Sie ist nicht schon bei zeitweiliger Abwesenheit anzunehmen, so z. B. nicht in dem Falle, daß der Gewalthaber durch Berufsgeschäfte gezwungen ist, bei Tage vom Hause fernzubleiben (RG 7. 5. 03 IV 16/03). Die Sachlage muß eine solche sein, daß der Gewalthaber als verständig denkender Mann zur Ergreifung von Maßnahmen für das Kind Anlaß haben würde und hieran durch Abwesenheit, Krankheit usw. verhindert ist. Über den Fall der Verhinderung durch Kriegsdienst s. § 1685 A 1. Trotz Bestellung eines Bevollmächtigten kann Verhinderung vorliegen, wenn die Sachlage sich inzwischen verändert hat, wenn insbesondere Anlaß zum Widerruf der Vollmacht vorhanden ist. Unter Umständen kann eine Verhinderung in der Geschäftsungewandtheit gefunden werden, wie z. B. in dem Falle, daß dem Kinde ein seinem Umfang nach über die Verhältnisse des Gewalthabers weit hinausgehendes Vermögen angefallen ist (Habicht in Gruch 42, 434). Keinen Grund zum Einschreiten hat das Vormundschaftsgericht, wenn an Stelle des verhinderten Vaters die Mutter nach § 1685 zur Ausübung der elterlichen Gewalt berufen ist. Nicht § 1665, sondern § 1846 ist anwendbar, wenn infolge Ruhens der elterlichen Gewalt eine Bevormundung nötig wird.

2. Darüber, ob und welche Maßregel angemessen erscheint, hat das Vormundschaftsgericht nach **freiem Ermessen** zu befinden. Die Rechtsgültigkeit der von ihm vorgenommenen Handlung unterliegt nicht schon um deswillen der Anfechtung, weil von dem Ermessen ein unrichtiger Gebrauch gemacht ist. Als allgemein unstatthaft kann es nicht angesehen werden, daß vor endgültiger Feststellung der Verhinderung vorläufige Sicherungsmaßnahmen getroffen werden (a. A. Staudinger A 2 unter Bezugnahme auf OLG Stuttgart in KGJ 41 A 262). Die Wirksamkeit dieser Maßnahmen darf natürlich nicht davon abhängig gemacht werden, daß nachträglich die Feststellung der Verhinderung erfolgt. Über die Zuständigkeit des Vormundschaftsgerichts vgl. Vorbem 4b vor § 1773. Gegen die Ablehnung oder Aufhebung einer Anordnung aus § 1665 kann nach § 57 Abs 1 Nr 8 FGG von den Verwandten oder Verschwägerten des Kindes Beschwerde erhoben werden. Beschwerdeberechtigt sind die Regierungspräsidenten in Preußen nur wegen Beeinträchtigung solcher allgemeiner staatlicher Interessen, deren Wahrnehmung nicht besonderen Behörden, wie z. B. der Staatsanwaltschaft in Einbürgerungsangelegenheiten (§ 19 StAngG v. 22. 7. 13), zugewiesen ist (RJA 16, 175).

§ 1666

[1]) Wird das geistige oder leibliche Wohl des Kindes dadurch gefährdet[3]), daß der Vater das Recht der Sorge für die Person des Kindes mißbraucht, das Kind vernachlässigt oder sich eines ehrlosen oder unsittlichen Verhaltens schuldig macht[2]), so hat das Vormundschaftsgericht die zur Abwendung der

Gefahr erforderlichen Maßregeln zu treffen[4]). Das Vormundschaftsgericht kann insbesondere anordnen, daß das Kind zum Zwecke der Erziehung in einer geeigneten Familie oder in einer Erziehungsanstalt oder einer Besserungsanstalt untergebracht wird[4]).

Hat der Vater das Recht des Kindes auf Gewährung des Unterhalts verletzt und ist für die Zukunft eine erhebliche Gefährdung des Unterhalts zu besorgen, so kann dem Vater auch die Vermögensverwaltung sowie die Nutznießung entzogen werden[5]).

E I 1546 II 1557; M 4 803; P 4 619 ff., 654 ff

1. **Allgemeines.** Die Aufsichtsgewalt des Vormundschaftsgerichts tritt zutage, wenn durch das pflichtverletzende Verhalten des Gewalthabers (des für die Person des Kindes fürsorgeberechtigten Elternteils) eine Gefährdung des Kindes herbeigeführt ist. Das Vormundschaftsgericht hat, sobald es von einem solchen Falle durch Anzeige des Gemeindewaisenrats (§ 1675) oder auf andere Weise Kenntnis erhält, soweit erforderlich, die nötigen Erhebungen anzustellen (vgl. Vorbem 4 vor § 1616) und hat dann unter Einschränkung des Rechtes des Gewalthabers die zum Schutze des Kindes (zur Abwendung der Gefahr) erforderlichen Anordnungen zu treffen und durchzuführen (vgl. Vorbem 5 vor § 1616). Gegen die Anordnung steht nach dem allgemeinen Grundsatze des § 20 FGG dem Gewalthaber, gegen die Ablehnung oder Aufhebung einer solchen Anordnung — was nicht bloß für § 1666, sondern auch für §§ 1665 und 1667 gilt — den Verwandten und Verschwägerten des Kindes das Recht der Beschwerde zu (§ 57 Abs 1 Nr 8 FGG; vgl. auch über die vorgängige Anhörung dieser Personen und des Gewalthabers § 1673). Bei einer Entscheidung in einer die Person des Kindes betreffenden Angelegenheit ist außerdem nach § 57 Abs 1 Nr 9 das. (vgl. § 1800 A 3) jeder Beteiligte beschwerdeberechtigt. Zu den Beteiligten gehört insbesondere der unterstützungspflichtige Armenverband und der Gemeindewaisenrat. Als beschwerdeberechtigt ist auch ein Verein zur Förderung des Jugendwohls (ohne Unterschied, ob der Verein rechtsfähig ist oder nicht) anzuerkennen (SeuffA 67 Nr 191). Die von ihm getroffenen Anordnungen kann das Vormundschaftsgericht — das in dringenden Fällen auch eine vorläufige Anordnung erlassen kann (RJA 1, 92; 11, 86) — jederzeit ändern. Darüber, daß die Bestellung eines Pflegers in dem Verfahren aus §§ 1666 ff. nicht notwendig ist, s. Vorbem 4 vor § 1616. Es ist rechtlich möglich, daß das Kind in diesem Verfahren durch das Vormundschaftsgericht vertreten wird (RG 71, 167). Die Kosten (Auslagen) des Verfahrens fallen vorbehaltlich der Ersatzpflicht des Gewalthabers aus § 1664 dem Kinde zur Last (bestr.). Die aus § 1666 von dem Vormundschaftsrichter getroffene Entscheidung bindet den Prozeßrichter, auch wenn die Entscheidung nur eine einstweilige ist (RG Gruch 50, 1002).

2. Voraussetzung des Einschreitens des Vormundschaftsgerichts ist nach § 1666, daß der Gewalthaber die ihm obliegenden **Pflichten** auf dem Gebiete **der Sorge für die Person des Kindes verletzt** hat und daß ihm dies als Verschulden anzurechnen ist (a. A. in letzterem Punkte Blume A 1). Ein Verschulden wird aber schon dann anzunehmen sein, wenn er, trotzdem ihm das Verkehrte seiner Handlungsweise klargemacht ist, aus Eigensinn dabei beharrt. Ist der Gewalthaber geisteskrank oder in so hohem Maße geschäftsungewandt, daß er die Verhältnisse nicht übersehen kann, so greifen die Bestimmungen des § 1676 (Ruhen der elterlichen Gewalt) und § 1665 (Verhinderung des Gewalthabers) Platz. Die Verletzung der Pflichten kann darin bestehen, daß der Gewalthaber das Recht der Sorge für die Person des Kindes mißbraucht, also eine bestimmte pflichtwidrige Handlung vornimmt, oder darin, daß er das Kind vernachlässigt, also die Erfüllung der ihm obliegenden Pflichten unterläßt. Unter Mißbrauch fällt die Verleitung zum Bösen, Einprägung unsittlicher oder vaterlandsfeindlicher Grundsätze (vgl. JW 1917, 739), die Überschreitung des Züchtigungsrechts, Versagung der Einwilligung zu einer notwendigen Operation (s. hierüber RJA 14, 91), die ungerechtfertigte Ausnutzung der Arbeitskraft des Kindes, Vorbereitung zu einem ungeeigneten Berufe oder Beschäftigung hierin, Änderung der Religion in einer den guten Sitten und dem persönlichen Wohle des Kindes zuwiderlaufenden Weise (KGJ 49 A 29 über die Bestimmung des Vaters, daß die bisher katholisch erzogenen Kinder in der jüdischen Religion erzogen werden sollen), ungehörige Einwirkung in religiöser Hinsicht auf das religionsmündige Kind (OLG 7, 419; 18, 280), willkürliche Versagung der Einwilligung zur Heirat (OLG 9, 444) usw. Als Mißbrauch ist es anzusehen, wenn der Gewalthaber sein Kind beharrlich anhält, sich der Ordnung der Schule offen zu widersetzen (KGJ 33 A 14) oder die Mutter sich weigert, dem von einem deutschen Vater abstammenden Kinde eine deutsche Erziehung zu geben (KG in RJA 11, 85). Ein Mißbrauch kann ferner darin liegen, daß der Adoptivvater das Kind von dem Verkehr mit den leiblichen Eltern — wennschon diese kein Recht hierauf haben — in ungehöriger Weise vollständig fernhält (RG 64, 52) oder die Herausgabe des Kindes aus eigennützigen Gründen z. B. um

aus den von ihm zu leistenden Diensten (§ 1617) Nutzen zu ziehen oder unter Außerachtlassung des Umstands verlangt, daß das im zartesten Alter stehende Kind noch der mütterlichen Pflege bedarf (RJA 12, 86; OLG 43, 370). Auch die Wahl unzulässiger Mittel zur Erreichung eines gerechtfertigten Zweckes kann einen Mißbrauch darstellen. Einer **Vernachlässigung** des Kindes macht der Gewalthaber sich schuldig, wenn er nicht genügend für seine sittliche und geistige Ausbildung oder seine Gesundheit sorgt, es nicht zum Schulbesuch anhält, seinen schlechten Neigungen nicht mit der nötigen Strenge entgegentritt, es nicht gegen schädliche Einwirkungen dritter Personen schützt, wenn er seine Einwilligung zur Aufnahme des schwachsinnigen Kindes in eine für solche Personen bestimmte Anstalt trotz Sicherstellung der Mittel oder des taubstummen Kindes in eine öffentliche Taubstummenerziehungsanstalt verweigert (KGJ 36 A 10; JFG 2, 101) u. dgl. Eine Vernachlässigung kann auch darin gefunden werden, daß er seinem Sohne die zum Universitätsstudium oder zum Besuch einer Hochschule erforderlichen Mittel vorenthält, wenn der Sohn dadurch gezwungen sein würde, in einer seinen geistigen Fähigkeiten, der sozialen Stellung der Familie und den Vermögensverhältnissen des Gewalthabers nicht entsprechenden Stellung zu bleiben (OLG 1, 450). Eine Vernachlässigung ist es ferner, wenn der Gewalthaber es an der nötigen religiösen Erziehung fehlen läßt, in welcher Beziehung die Vorschriften des RGes v. 15. 7. 21 (abgedruckt hinter § 1631; s. insbesondere die Erläuterung zu § 3 dieses Gesetzes) jetzt maßgebend sind. Als allgemeiner Grundsatz ist anzuerkennen, daß der Gewalthaber auch angesichts der Bestimmung in Art 149 Abs 2 RVerf nicht das Recht hat, das Kind ohne jede religiöse Unterweisung zu lassen. Die Unterweisung ist notwendig, damit das Kind nach erreichter Religionsmündigkeit selbst in der Lage ist, sich zu entscheiden, welchem Bekenntnis es angehören will. Eine Verletzung der Pflichten gegenüber dem Kinde ist endlich darin zu sehen, daß der Gewalthaber sich eines **unsittlichen oder ehrlosen Verhaltens** schuldig macht (vgl. die ähnliche Regelung in § 1568). Die Verfehlung beruht darauf, daß durch dieses Verhalten eine ungünstige Einwirkung auf das Kind geübt wird. Es bleibt daher zu prüfen, ob nach Lage der Verhältnisse und mit Rücksicht auf das jugendliche Alter des Kindes auf eine solche Beeinflussung zu rechnen ist. Daß eine Beeinflussung bereits stattgefunden hat, ist nicht zu erfordern (KGJ 46 A 38). Zu einem Einschreiten des Vormundschaftsgerichts kann auch der Umstand Veranlassung geben, daß das Kind zwar nicht von der Mutter, wohl aber von deren jetzigem Ehemann mißhandelt wird (BayObLG 19. 7. 18).

3. Zu der Pflichtverletzung muß hinzukommen, daß **das geistige** (sittliche) **oder leibliche Wohl des Kindes gefährdet** ist, wobei sein Alter und der Grad seiner sittlichen Reife von Bedeutung sind. Nicht nötig ist es, daß es bereits zu einer Schädigung des Kindes, zu einer sittlichen Verwahrlosung gekommen ist. Dieser Gefahr soll von vornherein vorgebeugt werden. Die Gefahr muß aber, was für den einzelnen Fall näher festzustellen ist, eine **gegenwärtige**, und zwar in solchem Maße vorhanden sein, daß bei der weiteren Entwicklung der Dinge eine erhebliche Schädigung des geistigen oder leiblichen Wohles des Kindes sich mit ziemlicher Sicherheit vorhersehen läßt. Eine Gefährdung wird deshalb, wenn es sich um einen einzelnen abgeschlossenen Vorgang handelt und nicht etwa wegen der erkennbaren Neigung des Gewalthabers zu gleicher Handlungsweise die Gefahr der Wiederholung besteht, regelmäßig nicht anzunehmen sein (BayObLG 1924, 250). Auch können hierfür Vorgänge, die längere Zeit zurückliegen und deren Wirkungen nicht auf die Gegenwart sich erstrecken, nicht herangezogen werden. Ebensowenig genügt eine künftige Gefährdung. Ist der Gewalthaber bereit, sein Kind dauernd in einer Anstalt unterzubringen, so kann hierdurch die sonst bestehende Gefährdung ausgeschlossen sein.

4. Die Wahl der **zur Abwendung der Gefahr erforderlichen Maßregeln** ist dem Ermessen des Vormundschaftsgerichts überlassen. Das Vormundschaftsgericht kann so weit gehen, dem Gewalthaber die Sorge für die Person des Kindes zu entziehen, was zur Folge hat, daß zur Ausübung des Rechtes der Sorge, soweit das Recht des andern Ehegatten nicht entgegensteht (vgl. § 1635 A 1), ein Pfleger zu bestellen ist. Ist im einzelnen Falle zu besorgen, daß die Gefährdung des Kindes, wenn das Recht der Sorge auf den andern Ehegatten übergeht, nicht beseitigt wird, weil dieser von dem Einfluß seines Ehegatten sich nicht würde frei machen können und die Erziehung in den gleichen Bahnen weiter leisten würde, so hat das Vormundschaftsgericht bei Feststellung eines solchen Sachverhalts die Entziehung des Sorgerechts zugleich gegenüber dem andern Ehegatten auszusprechen (**RG** 102, 289). Die Entziehung der Sorge für die Person hat regelmäßig die Bedeutung, daß zugleich das Vertretungsrecht in persönlichen Angelegenheiten entzogen ist, welche Entziehung auch als besondere Maßnahme angeordnet werden kann. Das berechtigte Interesse des Elternteils, in persönlichen Angelegenheiten des Kindes gegen eine Verfügung des Vormundschaftsgerichts nach § 57 Abs 1 Nr 9 FGG Beschwerde zu erheben, wird zwar wegen der ihm verbleibenden Verwandtschaft nicht vollständig ausgeschlossen. Die Annahme wird aber oft nahe liegen, daß er mit der Beschwerde nicht das Wohl des Kindes, sondern eigennützige oder fremde Interessen

verfolgt oder gar aus Gehässigkeit handelt (KGJ 47 A 30). Durch die Entziehung verliert ferner der Gewalthaber das Recht des Verkehrs mit dem Kinde insofern, als es nunmehr Sache des Pflegers ist, nach eigenem pflichtmäßigen Ermessen, vorbehaltlich des Einschreitens des Vormundschaftsgerichts aus § 1837, den Verkehr zu regeln (teilweise abweichend KG in RJA 11, 254, welches die völlige Entziehung des Verkehrs niemals für zulässig erachtet, a. A. auch Staudinger A III A 3). Meist werden jedoch weniger einschneidende Maßregeln, Gebote oder Verbote, Androhung weiterer Maßnahmen, Verhängung von Ordnungsstrafen, soweit dies landesgesetzlich zulässig ist (vgl. Vorbem 5 vor § 1773), Beschränkung der Sorge für die Person in tatsächlicher oder rechtlicher Hinsicht, Beschränkung des Rechtes der Aufenthaltsbestimmung, genügen. Hält das Vormundschaftsgericht die beantragte völlige Entziehung des Personensorgerechts nicht für geboten, so bleibt zu prüfen, ob nicht Veranlassung vorliegt, dem Gewalthaber das Sorgerecht wenigstens teilweise (hinsichtlich einzelner Handlungen oder eines Kreises von Handlungen) zu entziehen. Zulässig ist insbesondere, wie § 1666 Abs 1 Satz 2 hervorhebt, die Anordnung der Zwangserziehung, deren Art und Dauer innerhalb der Grenze der Volljährigkeit das Vormundschaftsgericht zu bestimmen hat. Die Ausführung der Anordnung kann das Vormundschaftsgericht einem Pfleger übertragen. Es kann aber auch selbst die hierzu erforderlichen Maßnahmen treffen. Die Zwangserziehung kann nur auf Kosten des Kindes durchgeführt werden. Über die Fürsorgeerziehung alten und neuen Rechts s. Vorbem 5 vor § 1616. Sie setzt nach § 63 Abs 1 Nr 1 JWG voraus, daß eine anderweit geeignete, zur Verhütung der Verwahrlosung erforderliche Unterbringung nicht möglich ist. Die gleichen Befugnisse wie gegenüber dem Gewalthaber hat das Vormundschaftsgericht auf Grund des § 1666 auch gegenüber dem Elternteil, dem die Fürsorge für die Person des Kindes zusteht (vgl. §§ 1634, 1635, 1636, auch § 1684 A 3). Verfehlungen gegen die Kinder, und zwar auch Verfehlungen gegen die Stiefkinder, insbesondere Mißhandlungen, können übrigens zugleich die Bedeutung einer schweren Eheverfehlung haben, die nach § 1568 zur Scheidung berechtigt (RG JW 06, 392[17]; 29. 3. 09 IV 429/08).

5. Die **Nichtgewährung des Unterhalts** (mag der Unterhalt überhaupt nicht oder nicht in ausreichendem Maße gewährt sein) stellt sich als eine das leibliche Wohl des Kindes gefährdende Pflichtverletzung dar. Die in A 4 bezeichneten Maßregeln werden jedoch, wenn der Gewalthaber nicht gewillt ist, dem Kinde den nötigen Unterhalt zu gewähren, oder nicht für Beschaffung der Unterhaltsmittel sorgt, meist ohne Wirkung sein. Es ist deshalb dem Vormundschaftsgericht, falls der Unterhalt des Kindes auch für die Zukunft erheblich gefährdet ist, die Befugnis gegeben, außer den Maßregeln des Abs 1 oder statt dieser Maßregeln (KG in RJA 8, 86) dem Gewalthaber die Vermögensverwaltung und Nutznießung zu entziehen, soweit dies zur Sicherung des Unterhalts erforderlich ist. Auch diese Anordnung setzt, ebenso wie die Anordnung aus § 1666 Abs 1, ein Verschulden des Gewalthabers voraus (bestr. — vgl. Starck in LZ 1917, 849). Eine schuldhafte Verletzung des Rechtes auf Unterhalt kann übrigens unter Umständen auch vorliegen, obwohl das Kind es bisher verstanden hat, die Unterhaltsbedürftigkeit durch eigenen Verdienst abzuwenden (anders anscheinend OLG 9, 445). Wird die Entziehung der Vermögensverwaltung ausgesprochen, so wird dies regelmäßig in dem Sinne gemeint sein, daß allgemein die Sorge für das Vermögen des Kindes einschließlich des Rechtes zur Vertretung in vermögensrechtlichen Angelegenheiten entzogen ist; wird auch die Nutznießung entzogen, so liegt eine Entziehung der gesamten elterlichen Gewalt vor (KGJ 47 A 39). Ist der Gewalthaber zur Unterhaltsgewährung nicht bereit, so kann es angezeigt sein, auch das Recht der Sorge für die Person des Kindes darin zu beschränken, daß ihm die Verwendung der Unterhaltsmittel entzogen wird.

§ 1667

Wird das Vermögen des Kindes dadurch gefährdet[1]), daß der Vater die mit der Vermögensverwaltung oder die mit der Nutznießung verbundenen Pflichten verletzt oder daß er in Vermögensverfall gerät, so hat das Vormundschaftsgericht die zur Abwendung der Gefahr erforderlichen Maßregeln zu treffen.

Das Vormundschaftsgericht kann insbesondere anordnen, daß der Vater ein Verzeichnis des Vermögens einreicht und über seine Verwaltung Rechnung legt. Der Vater hat das Verzeichnis mit der Versicherung der Richtigkeit und Vollständigkeit zu versehen. Ist das eingereichte Verzeichnis ungenügend, so findet die Vorschrift des § 1640 Abs 2 Satz 1 Anwendung. Das Vormundschaftsgericht kann auch, wenn Wertpapiere, Kostbarkeiten oder

Buchforderungen gegen das Reich oder einen Bundesstaat zu dem Vermögen des Kindes gehören, dem Vater die gleichen Verpflichtungen auferlegen, welche nach den §§ 1814 bis 1816, 1818 einem Vormund obliegen; die Vorschriften der §§ 1819, 1820 finden entsprechende Anwendung[2]).

Die Kosten der angeordneten Maßregeln fallen dem Vater zur Last[3]).

E I 1547 Abs 1, 1549 Abs 1 II 1558; M 4 807 u. 815; P 4 553 u. 635; 6 299.

1. Die **Vermögensgefährdung** des § 1667 muß darin ihren Grund haben, daß der Gewalthaber die ihm kraft der Vermögensverwaltung oder kraft des Nutznießungsrechts obliegenden Pflichten verletzt hat (unerfüllt gelassen hat) oder in Vermögensverfall geraten ist. Ein schuldhaftes Verhalten des Gewalthabers ist hier nicht zu erfordern (bestr. — a. A. namentlich Starck in Gruch 62, 709). Eine Gefährdung liegt nicht vor, wenn trotz vorschriftswidriger Anlegung oder Verwendung des Kindesvermögens ein Schaden nicht entstanden ist, auch die naheliegende Möglichkeit eines Schadens nicht besteht. Ebenso wie im Falle des § 1666 (vgl. A 3) muß auch hier die Gefahr eine gegenwärtige sein. Daß der Gewalthaber in Vermögensverfall geraten ist, genügt für sich allein nicht; es muß noch die Gefährdung des Kindesvermögens hinzukommen, die jedoch aus der Sachlage sich ohne weiteres ergeben kann. Sie ist insbesondere dann vorhanden, wenn das Vermögen des Kindes von den Gläubigern des Gewalthabers angegriffen wird oder Zwangsvollstreckungen drohen, bei denen das Vermögen des Kindes in Mitleidenschaft gezogen werden kann.

2. Die **zur Abwendung der Gefahr erforderlichen Maßregeln,** die nach dem Umfange der Gefahr sich richten, hat das Vormundschaftsgericht nach freiem Ermessen auszuwählen. Der Begriff der Gefahr darf hierbei nicht zu eng begrenzt werden. Das pflichtwidrige Verhalten, das sich in einer Beziehung gezeigt hat, wird leicht auch in andern ähnlichen Beziehungen zutage treten. Abweichend von § 1666 kann das Vormundschaftsgericht nicht sofort die schwerste Maßregel, die Entziehung der Sorge für das Vermögen des Kindes, anordnen (§ 1670), auch nicht unter Beschränkung auf einen Teil des Vermögens oder unter Beschränkung auf eine bestimmte Zeit. Zulässig sind zunächst nur solche Maßnahmen, welche, ohne dem Gewalthaber das Recht der Vermögensverwaltung zu nehmen, ihm zur Sicherung des Kindesvermögens gewisse sachliche Beschränkungen auferlegen oder ihn in gewissen Beziehungen einer vormundschaftlichen Aufsicht unterwerfen. In letzterer Hinsicht kann insbesondere die Verpflichtung zur Einreichung eines Vermögensverzeichnisses und zur Rechnungslegung (§§ 1802, 1840—1843) in vollem oder beschränktem Umfange eingeführt werden, worüber das Vormundschaftsgericht das Nähere zu bestimmen hat. Was die Einreichung des Verzeichnisses betrifft, so ist wegen der Befugnis des Vormundschaftsgerichts, die amtliche Aufnahme des Verzeichnisses anzuordnen, wenn das eingereichte Privatverzeichnis als ungenügend befunden wird, auf die mit § 1802 Abs 3 gleichlautende Bestimmung des § 1640 Abs 2 Satz 1 verwiesen, woraus aber nicht zu folgern ist, daß auch die übrigen Bestimmungen des § 1640 Anwendung finden. Die Beeidigung des Verzeichnisses oder der Rechnung kann das Vormundschaftsgericht nicht anordnen. Dem Gewalthaber kann ferner zur Pflicht gemacht werden, Wertpapiere und Kostbarkeiten nach näherer Anweisung des Vormundschaftsgerichts gemäß §§ 1814 bis 1816, 1818 mit der Bestimmung zu hinterlegen, daß die Rückgabe nur mit Genehmigung des Vormundschaftsgerichts zulässig ist, wobei die Hinterlegung durch Umschreibung des Inhaberpapiers in ein Namenspapier ersetzt werden kann. Desgleichen kann angeordnet werden, daß der Gewalthaber das Kindergeld bei einer Sparkasse unter Sperrvermerk verzinslich anzulegen hat (RJA 8, 85), es kann auch die Verpflichtung zur Einholung der vormundschaftsgerichtlichen Genehmigung auf Rechtsgeschäfte ausgedehnt werden, für welche der Vormund der Genehmigung des Vormundschaftsgerichts bedürfen würde. Nicht zulässig ist die Bestellung eines Pflegers bloß zur Überwachung des Gewalthabers bei Verwaltung des Kindesvermögens (KGJ 35 A 9). — Zur Sicherung des Kindes kann, was durch §§ 1667 ff. nicht ausgeschlossen ist, von dem für das Kind bestellten Pfleger auch ein Arrestantrag gegen den Gewalthaber gestellt werden, wenn die besondern Voraussetzungen des Arrestes vorliegen (RG JW 07, 203[8]). Der zur Wahrnehmung der Rechte des Kindes auf Sicherstellung gemäß §§ 1667, 1670 bestellte Pfleger ist im Zweifel, sofern die Sicherung einen Arrest notwendig macht, auch hierzu als ermächtigt anzusehen (RG das.).

3. Die **Kosten** der Ausführung der gemäß § 1667 angeordneten Maßregeln hat der Gewalthaber als von ihm veranlaßt zu tragen. Wegen der Kosten des Beschlußverfahrens s. § 1666 A 1.

§ 1668

Sind die nach § 1667 Abs 2 zulässigen Maßregeln nicht ausreichend, so kann das Vormundschaftsgericht dem Vater Sicherheitsleistung für das seiner Verwaltung unterliegende Vermögen auferlegen. Die Art und den

Umfang der Sicherheitsleistung bestimmt das Vormundschaftsgericht nach seinem Ermessen[1][2].

E I 1547 Abs 2, 1549 Abs 1 II 1559 Abs 1 Satz 1 u. 2; M 4 810 u. 815; P 4 553 u. 635.

1. Die Anordnung einer **Sicherheitsleistung**, wodurch unter Umständen der Gewalthaber sehr schwer getroffen wird, ist nur ausnahmsweise zulässig, wenn die Maßregeln des § 1667 von vornherein zur Sicherung des Kindes nicht ausreichen oder später als nicht ausreichend sich erweisen. Nicht erforderlich ist, daß Maßnahmen auf Grund des § 1667 vorher vergeblich versucht worden sind. Bei Bestimmung der Art und des Umfanges der Sicherheitsleistung ist auch auf die Vermögensverhältnisse des Gewalthabers Rücksicht zu nehmen. Es darf jedoch von der Auflage der Sicherheitsleistung nicht bloß aus dem Grunde abgesehen werden, weil voraussichtlich der Gewalthaber zur Leistung der Sicherheit nicht imstande sein würde (**KG** in RJA 8, 90). Von der Sicherheitsleistung kann auch von vornherein die Ausantwortung des Kindesvermögens in die Verwaltung des Gewalthabers abhängig gemacht werden (RJA das.). Die Anordnung der Sicherheitsleistung kann das Vormundschaftsgericht jederzeit wieder aufheben oder abändern (§ 1671). Wegen der Kosten und wegen der Vertretung des Kindes durch das Vormundschaftsgericht s. § 1672.

2. Ein gesetzlicher Hypothekentitel ist dem Kinde gegen den Gewalthaber nicht eingeräumt. Im **Konkurse** ist es wegen seines gesetzlich der Verwaltung des Gewalthabers unterworfenen Vermögens durch das Vorrecht des § 61 Nr 5 KO gesichert. Das Vorrecht gilt nicht bloß für den Anspruch auf Herausgabe des im Besitz des Gewalthabers befindlich gewesenen Vermögens, sondern für alle Forderungen, die dem Kinde aus irgendeinem Grunde anläßlich der Verwaltung gegen den Gewalthaber zustehen, einschließlich der Schadensersatzansprüche wegen Verletzung der dem Gewalthaber aus der Verwaltung oder Nutznießung obliegenden Pflichten. Es greift z. B. Platz, wenn der Vater die bei der Erbauseinandersetzung eingegangene Verpflichtung, dem Kinde als sein Erbteil eine bestimmte Summe auszuzahlen, unerfüllt gelassen hat (**RG** 13. 11. 13 IV 305/13). Hat der Gewalthaber das dem Kinde gehörige Geld mit oder ohne Genehmigung des Vormundschaftsgerichts (§ 1653) für sich verwendet, so ist für die hieraus entspringende Forderung dem Kinde das Vorrecht aus § 61 Nr 5 KO nicht zu versagen. Das Vorrecht ist aber nicht zu erstrecken auf die durch Erbfall oder Abtretung auf das Kind übergegangenen Forderungen gegen den Gewalthaber, soweit sie bereits zur Zeit des Übergangs wegen der schlechten Vermögensverhältnisse des Gewalthabers nur einen geringeren Wert hatten (anders in ständiger Rechtsprechung das Reichsgericht, vgl. neuerdings **RG** 15. 5. 11 IV 499/10). — Das Konkursvorrecht kommt dem Kinde in gleicher Weise zustatten gegenüber dem mit der Besorgung von Vermögensangelegenheiten betrauten Pfleger.

§ 1669

Will der Vater[3] **eine neue Ehe eingehen, so hat er seine Absicht dem Vormundschaftsgericht anzuzeigen**[2]**, auf seine Kosten ein Verzeichnis des seiner Verwaltung unterliegenden Vermögens einzureichen und, soweit in Ansehung dieses Vermögens eine Gemeinschaft zwischen ihm und dem Kinde besteht, die Auseinandersetzung herbeizuführen**[1]**. Das Vormundschaftsgericht kann gestatten, daß die Auseinandersetzung erst nach der Eheschließung erfolgt.**

E I 1548, 1549 Abs 1 II 1560; M 4 811; P 4 553 u. 635; 6 299.

1. Die **Wiederverheiratung des Gewalthabers** macht es notwendig, daß die Vermögensverhältnisse der Kinder erster Ehe klargestellt werden, da sonst im Laufe der zweiten Ehe leicht eine Verdunklung eintreten kann. Zu diesem Zwecke hat der Gewalthaber, der das Recht der Vermögensverwaltung besitzt, vor Eingehung der neuen Ehe ein Verzeichnis des Kindesvermögens (vgl. § 1640 A 1) einzureichen und, soweit nicht ausnahmsweise das Vormundschaftsgericht zur Vermeidung wirtschaftlicher Unzuträglichkeiten die Fortdauer der Gemeinschaft gestattet, die Auseinandersetzung mit den Kindern erster Ehe herbeizuführen, die auf Grund des § 2044 von dem Erblasser nicht ausgeschlossen werden kann (OLG 2, 169). Geht mit der Wiederverheiratung des Gewalthabers das diesem als Vorerben zugefallene Vermögen auf das Kind als Nacherben über, so folgt die Verzeichnispflicht schon aus § 260 (vgl. KGJ. 43 A 38). Das einzureichende Verzeichnis muß, damit es als Grundlage für die jetzige oder spätere Auseinandersetzung dienen kann, nicht bloß die Werte, sondern auch die Schulden enthalten und muß die einzelnen Gegenstände so bezeichnen, daß ihre Unterscheidung von den zu den andern Vermögensmassen gehörigen Gegenständen möglich ist (a. A. Staudinger A IIb 1). Die Vergünstigung des § 1640, daß bei Haushaltungsgegen-

ständen die Angabe des Gesamtwerts genügt, kommt auch dem sich wiederverheiratenden Gewalthaber zustatten (abw. früh. Aufl.). Die Richtigkeit und Vollständigkeit des Verzeichnisses hat das Vormundschaftsgericht, das schon hierfür — nicht bloß für die Auseinandersetzung — einen Pfleger zu bestellen hat, nachzuprüfen, zu welchem Zwecke es nötigenfalls besondere Erhebungen veranstalten kann. Ebenso ist es Pflicht des Pflegers, sich über die Richtigkeit der Vermögensangaben des zur zweiten Ehe schreitenden Ehegatten zu vergewissern. Die Aufnahme eines öffentlichen Verzeichnisses kann nicht verlangt werden. Soweit schon früher (auf Grund der §§ 1640, 1667) ein Verzeichnis eingereicht ist, genügt eine dem § 1669 entsprechende Ergänzung dieses Verzeichnisses. Die Kosten der Vermögensnachweisung und der Auseinandersetzung hat der Gewalthaber zu tragen. Von einer Auseinandersetzungspflicht kann nicht wohl die Rede sein, wenn das Vermögen des Kindes nur in einem Pflichtteilsanspruch am Nachlasse des verstorbenen Elternteils besteht (KGJ 44 A 32). Wohl aber hat der zur zweiten Ehe schreitende Gewalthaber die Pflicht der Klarstellung, was dem Kinde als Pflichtteil gebührt, damit hierüber eine bestimmte Angabe in das Vermögensverzeichnis aufgenommen werden kann.

2. Um die Erfüllung der in A 1 bezeichneten Verpflichtungen zu sichern, ist es dem Gewalthaber zur Pflicht gemacht, vor Eingehung der neuen Ehe von der hierauf gerichteten Absicht **dem Vormundschaftsgericht Anzeige zu machen.** Nötigenfalls hat auch der Gemeindewaisenrat (§ 1675) Nachricht zu geben. In dem gleichen Interesse ist in § 1314 Abs 1 vorgeschrieben, daß der Gewalthaber, der ein minderjähriges eheliches Kind hat, vor Beibringung eines Zeugnisses des Vormundschaftsgerichts über Erfüllung jener Verpflichtungen nicht zur Eheschließung zugelassen wird. Die Erteilung des Zeugnisses hat das Vormundschaftsgericht, um sich nicht der Mitwirkung bei Eingehung einer Doppelehe schuldig zu machen, auch dann abzulehnen, wenn ihm der Nachweis der Auflösung der früheren Ehe nicht geführt werden kann. Sollte es gleichwohl zur Wiederverheiratung gekommen sein, so ist das Vormundschaftsgericht darauf angewiesen, zur nachträglichen Erfüllung jener Pflichten von den ihm zur Verfügung stehenden Zwangsmitteln (vgl. Vorbem 5 vor § 1773) Gebrauch zu machen.

3. Die Verpflichtungen aus § 1669 treffen in gleicher Weise auch die im Besitz der elterlichen Gewalt befindliche **Mutter,** wennschon diese durch die Wiederverheiratung die elterliche Gewalt verliert (§§ 1686, 1697). Der die elterliche Gewalt nicht besitzende Elternteil ist von jenen Verpflichtungen frei, worüber ihm, damit er zur Eheschließung zugelassen wird, gleichfalls ein Zeugnis von dem Vormundschaftsgericht zu erteilen ist (§ 1314 Abs 1).

§ 1670

Kommt der Vater den nach den §§ 1667, 1668 getroffenen Anordnungen nicht nach oder erfüllt er die ihm nach den §§ 1640, 1669 obliegenden Verpflichtungen nicht, so kann ihm das Vormundschaftsgericht die Vermögensverwaltung entziehen[1]). Zur Erzwingung der Sicherheitsleistung sind andere Maßregeln nicht zulässig[2]).

E I 1550 II 1561; M 4 815; P 4 638.

1. Über die zur Erzwingung der Anordnungen landesgesetzlich zulässigen Zwangsmittel s. Vorbem 5 vor § 1773. Reichsrechtlich ist als Zwangsmittel die **Entziehung der Vermögensverwaltung** gewährt, die auch auf einen Teil des Vermögens oder auf eine gewisse Zeit beschränkt werden kann. Die Entziehung setzt eine vorgängige Androhung dieser Maßregel nicht voraus. Es ist auch nicht zu verlangen, daß den Gewalthaber bei Nichtbefolgung der Anordnung ein Verschulden trifft. Erforderlich ist nur, daß ihm die von dem Vormundschaftsgericht getroffene Anordnung amtlich zur Kenntnis gebracht und ihm zur Ausführung der Anordnung angemessene Zeit gelassen wird. Die nach §§ 1640, 1669 ihm obliegenden Pflichten zur Einreichung des Vermögensverzeichnisses und zur Auseinandersetzung hat der Gewalthaber unaufgefordert zu erfüllen. Die Entziehung der Vermögensverwaltung ist deshalb hier zulässig, ohne daß ihm eine Anordnung des Vormundschaftsgerichts zugegangen zu sein braucht. Die Folge der Entziehung der Vermögensverwaltung ist, daß hierfür ein Pfleger eingesetzt werden muß, wozu auch der andere Ehegatte bestellt werden kann. Die Entziehung der Nutznießung ist, abgesehen von dem in § 1666 Abs 2 bestimmten Falle der Unterhaltsgefährdung, unstatthaft. Ein genügender Schutz ist schon dadurch gewährt, daß die Entziehung der Vermögensverwaltung den Verlust der mit der Nutznießung verbundenen Verwaltung nach sich zieht (§ 1656).

2. Zur **Erzwingung der Sicherheitsleistung** (§ 1668) ist, da ein sonstiger Zwang zum Nachteil des Kindes die wirtschaftlichen Lebensbedingungen des Gewalthabers untergraben kann, als alleiniges Zwangsmittel die Entziehung der Vermögensverwaltung zugelassen. Über die Zulässigkeit des Arrestantrags s. § 1667 A 2 a. E.

§ 1671

Das Vormundschaftsgericht kann während der Dauer der elterlichen Gewalt die von ihm getroffenen Anordnungen jederzeit ändern[1]), insbesondere die Erhöhung, Minderung oder Aufhebung der geleisteten Sicherheit anordnen[2]).

E I 1551 Satz 1 II 1562; M 4 815; P 4 638.

1. Die von dem Vormundschaftsgericht kraft seiner Aufsichtsgewalt getroffenen **Anordnungen** (§§ 1665 bis 1670) ergehen im Verfahren der freiwilligen Gerichtsbarkeit und sind deshalb nach der hier geltenden Regel (vgl. die Ausnahmen in §§ 18, 55 FGG) **nicht unabänderlich.** Das Vormundschaftsgericht kann von seiner Anordnung abgehen, nicht bloß, wenn die Umstände sich verändert haben, sondern auch, wenn es bei erneuter Prüfung zu einer andern Beurteilung gelangt, vorausgesetzt, daß nicht inzwischen durch Aufhören der elterlichen Gewalt auch seine Aufsichtsgewalt weggefallen ist. Ebenso kann es, wenn es abgelehnt hat, eine Anordnung dieser Art zu treffen, jeden Augenblick von dieser Entschließung wieder abgehen.

2. Die in § 1671 bestimmte Abänderlichkeit gilt namentlich auch für die **Anordnung der Sicherheitsleistung,** und zwar sowohl in der Richtung der Erhöhung als in der Richtung der Minderung und gänzlichen Aufhebung der Sicherheit. Über das Recht des Vormundschaftsrichters zur Vertretung des Kindes s. § 1672 A 1.

§ 1672

Bei der Bestellung und Aufhebung der Sicherheit wird die Mitwirkung des Kindes durch die Anordnung des Vormundschaftsgerichts ersetzt[1]).

Die Kosten der Bestellung und Aufhebung der Sicherheit fallen dem Vater zur Last[2]).

E I 1549 Abs 2, 1551 Satz 2 II 1599 Abs 1 Satz 3, Abs 2; M 4 814; P 4 638.

1. Die von dem Vormundschaftsgericht wegen Bestellung oder Aufhebung (Minderung) der Sicherheit getroffene Anordnung hat die Bedeutung einer in **Vertretung des Kindes** getroffenen, für dieses verbindlichen Verfügung. Es bedarf deshalb zur Bestellung der Sicherheit nicht einer von dem Kinde oder dessen Pfleger zu erklärenden Annahme und ebensowenig zur Aufhebung (Minderung) der Sicherheit einer Bewilligung des Pflegers. Das Vertretungsrecht greift nur während der Dauer der elterlichen Gewalt Platz. Es besteht hinsichtlich der Aufhebung einer Sicherheit nur, wenn die Bestellung auf Grund des § 1672 — nicht auf Grund des eine solche Anordnung nicht kennenden älteren Rechtes (BayObLGZ 1, 706) — erfolgt ist. Der Löschungsantrag des Grundstückseigentümers wird durch die wegen Löschung der Sicherheitshypothek von dem Vormundschaftsgericht getroffene Anordnung nicht erübrigt.

2. Die **Kosten** der Sicherheitsbestellung hat der Gewalthaber zu tragen, da sie durch sein Verhalten veranlaßt sind. Demzufolge müssen ihm auch die Kosten der Aufhebung der Sicherheit zur Last fallen, falls nicht etwa die Sicherheitsbestellung zu Unrecht angeordnet war und aus diesem Grunde die Aufhebung erfolgt.

§ 1673

Das Vormundschaftsgericht soll vor einer Entscheidung, durch welche die Sorge für die Person oder das Vermögen des Kindes oder die Nutznießung dem Vater entzogen oder beschränkt wird, den Vater hören, es sei denn, daß die Anhörung untunlich ist[1]).

Vor der Entscheidung sollen auch Verwandte, insbesondere die Mutter, oder Verschwägerte des Kindes gehört werden, wenn es ohne erhebliche Verzögerung und ohne unverhältnismäßige Kosten geschehen kann[1]). Für den Ersatz der Auslagen gilt die Vorschrift des § 1847 Abs 2[2]).

KB 2081.

1. Ohne **Anhörung des Gewalthabers** darf dieser in keiner Weise — auch nicht in den Fällen der §§ 1630 Abs 2 Satz 2, 1635, 1637, 1687 Nr 3 (vgl. KGJ 31 A 10 über Bestellung eines Pflegers zur Einklagung von Unterhaltsansprüchen gegen den Gewalthaber) — in seinen

Rechten beschränkt werden. Seine Anhörung kann nur unterbleiben, wenn sie untunlich, das ist, wenn sie unausführbar ist oder wenn ohne Nachteile für das Wohl des Kindes nicht länger gewartet werden kann. Dem Gewalthaber als Partei soll durch die Anhörung Gelegenheit gegeben werden, sich über den Sachverhalt zu äußern und in seinem Interesse Beweisanträge zu stellen. Es muß ihm deshalb über die Vorgänge so weit Mitteilung gemacht werden, daß er zur Ausübung seines Rechtes imstande ist. Darüber, in welcher Weise die Anhörung erfolgen soll, ob mündlich oder schriftlich und in welchem Abschnitt des Verfahrens, hat das Vormundschaftsgericht nach freiem Ermessen zu befinden. Ein Recht auf Bekanntmachung des Beweisbeschlusses und Zuziehung zum Beweistermine hat er nicht (**RG** 63, 277). Auch ein allgemeines Recht auf Einsicht der Vormundschaftsakten (vgl. § 34 FGG) ist nicht anzuerkennen (BayObLG in ZBlFG 14, 25). Außer dem Gewalthaber sollen, falls sie hierzu bereit sind, auch Verwandte, zu denen namentlich die Mutter des Kindes gehört, oder Verschwägerte gehört werden. Von der Anhörung kann hier jedoch schon dann abgesehen werden, wenn nach Ermessen des Vormundschaftsgerichts das Verfahren erheblich verzögert werden würde oder unverhältnismäßige Kosten entstehen würden. **Der Gewalthaber hat kein Recht darauf, daß sämtliche von ihm benannte Verwandte oder Verschwägerte gehört werden.** Die Anhörung ist in jedem Falle, auch wenn die vorbezeichneten beiden Ausnahmegründe nicht zutreffen, nur so weit auszudehnen, daß die erforderliche Aufklärung gewonnen wird (BayObLG in SeuffA 67 Nr 261). Verschieden von der Anhörung ist die Vernehmung als Auskunftsperson (vgl. § 15 FGG). Doch wird auch bei der Anhörung darauf hinzuwirken sein, daß die Angehörigen den ihnen bekannten Sachverhalt mitteilen. Über das Recht der Angehörigen auf Anhörung in Vormundschaftssachen s. § 1847. Im Falle der Beschränkung der Rechte des Gewalthabers ist dieser nach § 20 Abs 1 FGG beschwerdeberechtigt. Den Angehörigen steht das Recht der Beschwerde zu, wenn entgegen dem § 1673 ihre Anhörung unterblieben ist — in welchem Falle nach **Umständen der Beschluß aufgehoben werden kann** (OLG 8 S. 350 u. 351) —, außerdem nach Maßgabe des § 57 Abs 1 Nr 8, 3, 5 bei Ablehnung oder Aufhebung der hier bezeichneten Beschränkungen (vgl. auch § 57 Nr 9). — Keine Anwendung findet § 1673, wenn dem Gewalthaber die Verwaltung und Nutznießung durch Verfügung von Todes wegen entzogen ist. — Über Anhörung des Jugendamts vgl. §§ 43 Abs 1, 65 Abs 2 JWG.

2. Die Angehörigen haben einen Anspruch auf Ersatz der durch die Anhörung ihnen etwa erwachsenen **Auslagen** aus dem Vermögen des Kindes, nicht der Staatskasse, während der Gewalthaber seine Auslagen selbst zu tragen hat.

§ 1674

Verletzt der Vormundschaftsrichter vorsätzlich oder fahrlässig die ihm obliegenden Pflichten, so ist er dem Kinde nach § 839 Abs 1, 3 verantwortlich[1]).

E I 1503, 1702 II 1563; M 4 749; P 4 548.

1. S. § 1848 A 1 u. 2.

§ 1675

Der Gemeindewaisenrat[1]) hat dem Vormundschaftsgericht Anzeige zu machen, wenn ein Fall zu seiner Kenntnis gelangt, in welchem das Vormundschaftsgericht zum Einschreiten berufen ist[2]).

E I 1552 II 1564; M 4 815; P 4 638.

1. Der zur Mitwirkung in Vormundschaftssachen berufene **Gemeindewaisenrat** (§§ 1849ff.) hat das Vormundschaftsgericht auch auf dem Gebiete der elterlichen Gewalt insofern zu unterstützen, als er hinsichtlich der in seinem Bezirk sich aufhaltenden Kinder, wenn das Einschreiten des Vormundschaftsgerichts im Interesse der Person oder des Vermögens der Kinder geboten sein kann und er hiervon Kenntnis erhält, Anzeige zu machen hat. Dem Gemeindewaisenrat ist damit nicht die Pflicht einer ständigen Überwachung auferlegt. Er hat aber, wenn Tatsachen zu seiner Kenntnis kommen, die ein Einschreiten des Vormundschaftsgerichts nötig erscheinen lassen, sich hierüber zu vergewissern. Zu sonstigen Hilfsleistungen, Erkundigungen usw. kann der Gemeindewaisenrat auf dem Gebiet der elterlichen Gewalt nicht herangezogen werden. Über die Pflicht zur Anzeige, wenn Anlaß zur Bestellung eines Vormundes, Gegenvormundes (Beistandes) oder Pflegers vorliegt, s. § 49 FGG. — Gemeindewaisenrat ist jetzt nach § 42 JWG das Jugendamt.

2. Aus der den Behörden obliegenden Pflicht zur gegenseitigen Beistandsleistung folgt, daß dem Vormundschaftsgericht, wenn im Amtsbereich einer **andern Behörde** die Notwendigkeit der vormundschaftsgerichtlichen Fürsorge hervortritt, von dieser Behörde Nachricht zu

geben ist. Durch § 50 FGG ist dem Gericht diese Benachrichtigung zur Pflicht gemacht, wenn infolge eines bei ihm anhängigen Verfahrens die Anordnung einer Vormundschaft oder Pflegschaft erforderlich wird (s. auch §§ 660, 683 Abs 2, 674 in Verbindung mit 679 Abs 4, 684 Abs 4, 686 Abs 4). Desgleichen ist das Gericht zur Benachrichtigung verpflichtet bei Aufnahme von Urkunden, in denen Zuwendungen an Minderjährige unter besondern, von dem Vormundschaftsgericht zu überwachenden Verwaltungsanordnungen (§ 1639) gemacht werden. Sterbefälle hat der Standesbeamte, wenn der Verstorbene ein minderjähriges Kind hinterlassen hat, gemäß § 48 FGG dem Vormundschaftsgericht anzuzeigen, das hieran wegen der Überwachung des Eingangs des Vermögensverzeichnisses, das nach dem Tode der Mutter der Vater einzureichen hat (§ 1640) und wegen des der Mutter beizuordnenden Beistandes (§ 1687) interessiert ist.

§ 1676

Die elterliche Gewalt des Vaters ruht[1], wenn er geschäftsunfähig ist.

Das gleiche gilt, wenn der Vater in der Geschäftsfähigkeit beschränkt ist[2]) oder wenn er nach § 1910 Abs 1 einen Pfleger für seine Person und sein Vermögen erhalten hat[3]). Die Sorge für die Person des Kindes steht ihm neben dem gesetzlichen Vertreter des Kindes zu; zur Vertretung des Kindes ist er nicht berechtigt. Bei einer Meinungsverschiedenheit zwischen dem Vater und dem gesetzlichen Vertreter geht die Meinung des gesetzlichen Vertreters vor[2]).

E I 1554 Abs 1 Satz 1 II 1565; M 4 818; P 4 638; 5 119.

1. Das **Ruhen der elterlichen Gewalt** ist von der tatsächlichen Verhinderung der Ausübung zu unterscheiden. Eine solche Verhinderung läßt das Recht der elterlichen Gewalt — unbeschadet der von dem Vormundschaftsgericht nach § 1665 zu treffenden Maßregeln und abgesehen vom Fall des § 1677 — unberührt. Das Ruhen der elterlichen Gewalt hat dagegen die Bedeutung, daß der Gewalthaber die elterliche Gewalt, auch wenn er wollte, nicht ausüben kann (§ 1678). An seine Stelle tritt, soweit § 1685 nicht eingreift, ein für das Kind zu bestellender Vormund, dem das Vermögen unter Rechnungslegung herauszugeben ist (§ 1681) und der während des Ruhens der elterlichen Gewalt das Nutznießungsrecht für Rechnung des Gewalthabers ausübt (§ 1678). Das Ruhen der elterlichen Gewalt hat keinen Einfluß auf die Ausübung der dem Gewalthaber kraft des natürlichen Verwandtschaftsverhältnisses zustehenden Rechte (vgl. Vorbem 3 vor § 1616). Es hat auch nicht zur Folge, daß dem Gewalthaber das Recht auf persönlichen Verkehr mit dem Kinde — das natürlich nur ausgeübt werden kann, soweit er hierzu imstande ist — verlorengeht (vgl. OLG 21, 258).

2. Der **Geschäftsunfähige** (§ 904) ist unfähig zur Ausübung der elterlichen Gewalt und zur Ausübung des Rechtes der Sorge für die Person des Kindes. Der **beschränkt Geschäftsfähige** (§§ 106, 114) ist unfähig zur Ausübung der elterlichen Gewalt, es verbleibt ihm aber die rein tatsächliche Fürsorge für die Person des Kindes, und zwar in der Weise, daß bei einer Meinungsverschiedenheit zwischen ihm und dem gesetzlichen Vertreter die Meinung des letzteren ausschlaggebend ist (vgl. § 1634). Andere Bestimmungen sind auch nicht für den Fall der Minderjährigkeit des Vaters getroffen, da dieser Fall nach §§ 1303, 1744, 1745 Abs 1 — abgesehen von dem Erwerb der elterlichen Gewalt durch Ehelichkeitserklärung (§ 1729) — kaum praktisch wird (s. die abweichende Regelung für den Fall der Minderjährigkeit der Mutter in § 1696).

3. Dem Falle der beschränkten Geschäftsfähigkeit ist der Fall gleichgestellt, daß der Gewalthaber wegen körperlicher Gebrechen nach § 1910 Abs 1 einen **Pfleger** sowohl für seine Person als sein Vermögen erhält. Dem Gewalthaber, der die Besorgung aller seiner Angelegenheiten dem Pfleger überlassen muß, kann nicht wohl die Ausübung der Rechte der elterlichen Gewalt belassen werden. Es ist deshalb auch hier für das Kind ein Vormund zu bestellen Mit der Ausübung der elterlichen Gewalt hat der Pfleger des Gewalthabers nichts zu tun.

§ 1677

Die elterliche Gewalt des Vaters ruht, wenn von dem Vormundschaftsgerichte festgestellt wird, daß der Vater auf längere Zeit an der Ausübung der elterlichen Gewalt tatsächlich verhindert ist[1]).

Das Ruhen endigt, wenn von dem Vormundschaftsgerichte festgestellt wird, daß der Grund nicht mehr besteht[2]).

E I 1554 Abs 1 Satz 2 II 1566; M 4 818; P 4 638.

1. Die **tatsächliche Verhinderung an der Ausübung** führt zum Ruhen der elterlichen Gewalt, wenn von dem Vormundschaftsgericht die längere Dauer der Verhinderung festgestellt ist. Und zwar muß die Verhinderung, da sonst eine Veranlassung zur Einleitung einer Vormundschaft nicht vorliegen würde, eine allgemeine sein, sich sowohl auf die persönlichen Angelegenheiten als die Vermögensangelegenheiten erstrecken. Über Abwesenheit im Kriegsdienst s. § 1685 A 1. Die Feststellung des Vormundschaftsgerichts (die nicht durch besondere Verfügung ausgesprochen zu werden braucht) tritt nach § 51 Abs 1 FGG mit der Bestellung des Vormundes und in dem Falle, daß die Mutter zur Ausübung der elterlichen Gewalt berufen ist (§ 1685), nach der gleichen Vorschrift mit der Bekanntmachung an die Mutter in Wirksamkeit (RGSt 49, 228). Es ist damit ein fester Zeitpunkt gegeben, mit dem die Berechtigung des Gewalthabers zur Ausübung der elterlichen Gewalt fortfällt. Die Feststellung behält, auch wenn sie zu Unrecht getroffen ist, Dritten gegenüber, denen eine unredliche Handlungsweise nicht zur Last fällt, so lange ihre Wirksamkeit, bis sie vom Vormundschaftsgericht zurückgenommen wird (§ 32 FGG; vgl. KGJ 37 A 48). Die bis zu diesem Zeitpunkte vorgenommenen Rechtshandlungen bleiben — abgesehen vom Falle der Unredlichkeit des Dritten — gültig. Die auf Grund der Einwilligung der Mutter erfolgte Volljährigkeitserklärung des Kindes kann nicht aus dem Grunde, weil in Wirklichkeit der Vater nicht verhindert war, angefochten werden (vgl. Josef im Recht 1912, 287). Hat der Gewalthaber von der Feststellung keine Kenntnis erlangt und auch nicht annehmen können, daß er als verhindert angesehen werden würde, so ist nach § 1682 Abs 2 die Bestimmung des § 1682 Abs 1 zur entsprechenden Anwendung zu bringen. — § 1677 findet, wenn dem Elternteil nicht die volle elterliche Gewalt, sondern nur die Sorge für die Person zusteht, auch hierauf Anwendung. Eine länger dauernde Verhinderung in Ausübung der Personensorge kann darin gefunden werden, daß der Elternteil an hysterischen Anfällen leidet, während deren er zur Vornahme von unsittlichen Handlungen in Gegenwart des Kindes geneigt ist (KGJ 42 A 30).

2. Hat das Vormundschaftsgericht die in § 1677 Abs 1 bezeichnete Feststellung getroffen, so **endigt** das Ruhen der elterlichen Gewalt erst mit der Feststellung, daß die Verhinderung nicht mehr besteht. Diese Feststellung muß, um wirksam zu werden, nach § 51 Abs 2 FGG dem Gewalthaber, dessen elterliche Gewalt nunmehr unbeschränkt wieder in Kraft tritt, bekanntgemacht werden. Hat der bisherige Vormund oder die Mutter, die zwischendurch die elterliche Gewalt ausgeübt hat, von der Feststellung ohne Schuld keine Kenntnis erhalten, so bleibt deren Geschäftsführungsbefugnis, auch zugunsten des redlichen Dritten, nach Maßgabe des § 1682 bestehen.

§ 1678

Solange die elterliche Gewalt des Vaters ruht, ist der Vater nicht berechtigt, sie auszuüben; es verbleibt ihm jedoch die Nutznießung an dem Vermögen des Kindes, unbeschadet der Vorschrift des § 1685 Abs 2[1]).

E I 1554 Abs 1 II 1567; M 4 818; P 4 639 u. 650

1. Vgl. § 1676 A 1. Da dem Gewalthaber das Recht der Ausübung des Nutznießungsrechts fehlt, so verbleibt ihm gemäß § 1656 nur der Anspruch auf Herausgabe des **Reinertrags**. Wegen des Übergangs der Nutznießung auf die Mutter s. § 1685 Abs 2. Ist der Vater durch Verbüßung einer längeren Freiheitsstrafe an der Ausübung der elterlichen Gewalt verhindert, so verbleibt ihm gemäß der entsprechend anwendbaren Vorschrift des § 1634 (vgl. § 1686) ein Recht auf Verkehr mit dem Kinde, der von dem Vormundschaftsgericht z. B. durch Beauftragung einer Mittelsperson näher zu regeln ist (KJA 11, 5).

§ 1679

Die elterliche Gewalt des Vaters endigt, wenn er für tot erklärt wird, mit dem Zeitpunkte, der als Zeitpunkt des Todes gilt[1]).

Lebt der Vater noch, so erlangt er die elterliche Gewalt dadurch wieder, daß er dem Vormundschaftsgerichte gegenüber seinen hierauf gerichteten Willen erklärt[2]).

E I 1557 Abs 2 Satz 1, Abs 3 II 1568; M 4 830; P 4 644 u. 861.

1. Die **Todeserklärung** könnte als ein Fall des Ruhens oder als ein Fall der **Beendigung der elterlichen Gewalt** behandelt werden. Das BGB hat sich in Einklang mit der Behandlung ähnlicher Fälle auf dem Gebiete des ehelichen Güterrechts und des Vormundschaftsrechts (vgl. § 18 A 1) für letzteres entschieden, mit der Besonderheit, daß die elterliche Gewalt wieder in Kraft tritt, sobald der irrtümlich für tot Erklärte die Absicht der Ausübung der elterlichen Gewalt dem Vormundschaftsgericht anzeigt. Wird auf Anfechtungsklage (§ 973 ZPO)

die Todeserklärung aufgehoben oder der in dem Ausschlußurteil festzustellende Zeitpunkt des Todes berichtigt, so tritt — unbeschadet des Vertretungsrechts des bisherigen Vormundes, das erst mit seiner Entlassung oder mit Erlangung der Kenntnis von der Fortdauer des Lebens des Gewalthabers endet — mit rückwirkender Kraft die der Fortdauer der elterlichen Gewalt entsprechende Rechtslage ein. Über den Fall, daß der Ehegatte des irrtümlich für tot Erklärten sich inzwischen verheiratet hat, s. § 1637. Mit Beendigung der elterlichen Gewalt geht auch das Nutznießungsrecht verloren, wird aber bei Wiedererlangung der elterlichen Gewalt von neuem erworben. Es ist selbstverständlich, daß diejenigen Vermögensgegenstände, die bei Fortbestehen der elterlichen Gewalt freies Vermögen des Kindes geworden sein würden, nunmehr diese Eigenschaft annehmen. — Von der Todeserklärung und von einer auf Anfechtungsklage ergehenden abändernden Entscheidung hat gemäß § 50 FGG das Prozeßgericht bei Vorhandensein eines minderjährigen Kindes das Vormundschaftsgericht zu benachrichtigen.

2. Eine bestimmte Form ist für die **Erklärung gegenüber dem Vormundschaftsgericht** nicht vorgeschrieben. Sie kann schriftlich gegenüber dem Vormundschaftsgericht oder mündlich vor dem Vormundschaftsrichter oder zu Protokoll des Gerichtsschreibers des Vormundschaftsgerichts abgegeben werden. Die Wirksamkeit der schriftlichen Erklärung ist dadurch bedingt, daß sie dem Vormundschaftsgericht zugeht. Diesem liegt es ob, die Erklärung dem bisherigen gesetzlichen Vertreter des Kindes mitzuteilen, der hierdurch das ihm nach § 1682 noch zustehende Vertretungsrecht verliert. Wegen der Zuständigkeit des Vormundschaftsgerichts vgl. Vorbem 4 b vor § 1773.

§ 1680

Der Vater verwirkt die elterliche Gewalt[1]), wenn er wegen eines an dem Kinde verübten Verbrechens oder vorsätzlich verübten Vergehens zu Zuchthausstrafe oder zu einer Gefängnisstrafe von mindestens sechs Monaten verurteilt wird. Wird wegen des Zusammentreffens mit einer anderen strafbaren Handlung auf eine Gesamtstrafe erkannt, so entscheidet die Einzelstrafe, welche für das an dem Kinde verübte Verbrechen oder Vergehen verwirkt ist.

Die Verwirkung der elterlichen Gewalt tritt mit der Rechtskraft des Urteils ein[2])[3]).

E I 1559 Abs 1 II 1569; M 4 836 ff.; P 4 648 u. 688.

1. Die **Verwirkung der elterlichen Gewalt** (auch des Rechtes der Sorge für die Person oder das Vermögen) kann nur **infolge strafgerichtlicher Verurteilung** eintreten. Sie setzt voraus die Begehung eines Verbrechens oder vorsätzlichen Vergehens „an dem Kinde", worunter Verbrechen oder Vergehen gegen das Kind (vgl. die Fassung von E I 1559 sowie M 4, 838) einbegriffen sind. Die Straftat braucht nicht unmittelbar gegen die Person des Kindes gerichtet zu sein. Es genügt eine gegen das Vermögen oder sonstige Rechtsgüter des Kindes gerichtete strafbare Handlung, da durch diese zugleich die Person des Kindes mitbetroffen wird (bestr. — vgl. Starck in LZ 1918, 1048; anders Mantey in LZ 1917, 914). Die Straftat muß ferner eine so schwere sein, daß dieserhalb auf Zuchthausstrafe oder Gefängnisstrafe von mindestens sechs Monaten erkannt wird. Wird wegen mehrerer gegen das Kind gerichteter strafbarer Handlungen auf eine Gesamtstrafe erkannt, so muß die Strafe für eine einzelne Handlung das angegebene Maß erreichen. Es genügt nicht, daß die Gesamtstrafe diese Höhe hat, da der zufällige Umstand, ob die Aburteilung in einem gemeinschaftlichen Strafverfahren oder hintereinander in mehreren Strafverfahren erfolgt, nicht entscheidend sein kann (anders Staudinger **A** 2c und Planck A 1b).

2. Die Verurteilung zieht, sobald sie **rechtskräftig** geworden ist, den Verlust der elterlichen Gewalt nach sich, und zwar hinsichtlich des Kindes, gegen das die Straftat gerichtet ist, nicht hinsichtlich der übrigen Kinder. Die Verfehlungen gegen das eine Kind können aber dem Vormundschaftsgericht Veranlassung geben, zum Schutze der übrigen Kinder aus §§ 1666ff. einzuschreiten. Die Verwirkung der elterlichen Gewalt fällt weg, wenn im Wiederaufnahmeverfahren das Strafurteil aufgehoben oder auf eine mildere als die in § 1680 bestimmte Strafe erkannt wird, jedoch nicht mit rückwirkender Kraft (vgl. **RG** 42, 284). Durch die Begnadigung wird die mit der Verurteilung verbundene privatrechtliche Folge der Verwirkung, die ihren Grund in der Vertrauensunwürdigkeit des Gewalthabers hat, nicht beseitigt. Mit dem Verlust der elterlichen Gewalt gehen durch die Verwirkung auch diejenigen Rechte verloren, die in der bis zum Ableben des Gewalthabers bestandenen elterlichen Gewalt ihre Grundlage haben (vgl. §§ 1776 Nr 1 u. 2, 1777, 1792 Abs 4, 1852ff., 1858ff.), auch das Recht des persönlichen Verkehrs mit dem Kinde, welchen Verkehr der Vormund, vorbehaltlich des Eingreifens des Vormund-

schaftsgerichts aus § 1837, lediglich nach eigenem pflichtmäßigen Ermessen zu regeln hat (bestr. — vgl. § 1666 A 4).

3. Ist im Strafverfahren ein für die Verwirkung der elterlichen Gewalt oder den Wegfall der Verwirkung bedeutsames Urteil ergangen, so hat nach § 50 FGG das Gericht — soweit nicht landesrechtlich die Verpflichtung der Staatsanwaltschaft auferlegt ist — dem Vormundschaftsrichter hiervon **Mitteilung** zu machen.

§ 1681

Endigt oder ruht die elterliche Gewalt des Vaters oder hört aus einem anderen Grunde seine Vermögensverwaltung auf, so hat er dem Kinde das Vermögen herauszugeben[1]) und über die Verwaltung Rechenschaft abzulegen[2]).

E I 1503, 1700 Abs 1 II 1570; M 4 746; P 4 562.

1. Bei **Beendigung der Vermögensverwaltung**, die auch in den Fällen der §§ 1647, 1666 Abs 2, 1670 eintritt, hat der Gewalthaber oder dessen gesetzlicher Vertreter das **Vermögen an das Kind** oder dessen gesetzlichen Vertreter unter Vorlage eines Verzeichnisses über den vorhandenen Bestand (§ 260) — wobei ein nach § 1640 gefertigtes Verzeichnis zugrundegelegt werden kann — **herauszugeben** und, was damit in untrennbarem Zusammenhange steht, über die vollständige Herausgabe durch Rechenschaftsablegung über die bisherige Verwaltung sich auszuweisen. Eine Nachprüfung des Vormundschaftsgerichts findet hierbei, falls nicht das Vermögen an den gesetzlichen Vertreter des Kindes herauszugeben ist, nicht statt. Für die Rückgabe ist der Gewalthaber, auch wenn er den Vermögensgegenstand nicht empfangen hat, verantwortlich, sofern er die ihm als Verwalter des Vermögens obliegende Pflicht der Inbesitznahme schuldhafterweise nicht erfüllt hat. Der Nachweis dieses Verschuldens ist von dem Kinde zu führen. Es wird hierzu aber meist der Beweis genügen, daß der Gegenstand zu dem Kindesvermögen gehört hat. Zur Rechenschaftslegung, d. h. einer geordneten Zusammenstellung der Einnahmen und Ausgaben, ist der Gewalthaber nur in dem Umfang verpflichtet, der dem Bestand des Kindesvermögens zur Zeit des Beginns der elterlichen Gewalt entspricht (vgl. **RG** v. 24. 10. 21 IV 133/21). Der Bestand muß ihm also nachgewiesen werden (abw. früh. Aufl.). Kann der Gewalthaber den Vermögensgegenstand nicht oder nur in verschlechtertem Zustande zurückgeben, so hat er sich darüber auszuweisen, daß ihn ein Verschulden (§ 1664) nicht trifft.

2. Zufolge der Pflicht zur Rechenschaftslegung hat der bisherige Gewalthaber gemäß § 259 eine geordnete **Rechnung** unter Beifügung der nötigen Belege aufzustellen. Sie hat sich auf die Nutzungen des freien Vermögens (§§ 1650ff.) zu erstrecken und im übrigen die hinsichtlich des Stammvermögens vorgekommenen Veränderungen darzulegen. Aus der Rechenschaftspflicht folgt auch die Verpflichtung, soweit erforderlich, über die Verwaltung, namentlich was die laufenden Geschäfte betrifft, Auskunft zu erteilen. Über die Pflicht zur Leistung des Offenbarungseides s. §§ 259 Abs 2 u. 3, 261.

§ 1682

Der Vater ist auch nach der Beendigung seiner elterlichen Gewalt zur Fortführung[1]) der mit der Sorge für die Person und das Vermögen des Kindes verbundenen Geschäfte berechtigt, bis er von der Beendigung Kenntnis erlangt oder sie kennen muß. Ein Dritter kann sich auf diese Berechtigung nicht berufen, wenn er bei der Vornahme eines Rechtsgeschäfts die Beendigung der elterlichen Gewalt kennt oder kennen muß.

Diese Vorschriften finden entsprechende Anwendung, wenn die elterliche Gewalt des Vaters ruht oder aus einem anderen Grunde seine Vermögensverwaltung aufhört.

E II 1571 Abs 1; P 4 662; 6 300.

1. Die Bestimmung steht in Einklang mit der für den Auftrag gegebenen Vorschrift des § 674, vgl. § 1424 Abs. 1. Der Gewalthaber soll dadurch keinen Nachteil haben, daß er von der (gänzlichen oder teilweisen) Beendigung der elterlichen Gewalt oder der Vermögensverwaltung ohne Schuld keine Kenntnis erhalten hat. Er ist deshalb zur **Fortführung der Geschäfte befugt**, bis er die Beendigung erfährt oder bei Anwendung der gehörigen Sorgfalt (§ 1664) hätte erfahren müssen. Diese Befugnis gilt — was mit

der Regelung in §§ 169, 674 übereinstimmt — auch zugunsten des Dritten, der mit dem Gewalthaber oder ihm gegenüber ein Rechtsgeschäft (Rechtshandlung) vorgenommen hat, vorausgesetzt, daß auch der Dritte ohne Schuld sich in gutem Glauben befand. Ist dies nicht der Fall, so kann doch der gutgläubige Gewalthaber seinerseits die gleichen Ansprüche wegen Ersatz der Aufwendungen (§ 1648) erheben, als wenn das Rechtsgeschäft gültig vorgenommen wäre, auch kann er wegen Ungültigkeit des Rechtsgeschäfts nicht ersatzpflichtig gemacht werden. Den Mangel der Gutgläubigkeit hat zu beweisen, wer auf diesen Mangel sich beruft. Keinen besondern Schutz genießt der Dritte, wenn zwar er selbst, nicht aber der Gewalthaber gutgläubig ist (RG 74, 266).

§ 1683

Endigt die elterliche Gewalt infolge des Todes des Kindes, so hat der Vater diejenigen Geschäfte, mit deren Aufschube Gefahr verbunden ist, zu besorgen, bis der Erbe anderweit Fürsorge treffen kann[1]).

E II 1571 Abs 2; P 4 662.

1. Entsprechend der für den Auftrag geltenden Bestimmung des § 672 Satz 2 ist es dem Gewalthaber zur Pflicht gemacht, so lange, bis die Erben des Kindes sich um den Nachlaß kümmern können, diejenigen Maßregeln vorzunehmen, die ohne Gefahr eines größeren Nachteils bis zu diesem Zeitpunkte nicht aufgeschoben werden können. In dem hierdurch bestimmten Umfange **dauern die vermögensrechtlichen Pflichten und Rechte fort,** die aus der elterlichen Gewalt entspringen (s. namentlich §§ 1664 u. 1648).

2. Elterliche Gewalt der Mutter

§ 1684

Der Mutter[1]) steht die elterliche Gewalt zu:

1. wenn der Vater gestorben oder für tot erklärt ist[2]);

2. wenn der Vater die elterliche Gewalt verwirkt hat und die Ehe aufgelöst ist[3]).

Im Falle der Todeserklärung beginnt die elterliche Gewalt der Mutter mit dem Zeitpunkte, der als Zeitpunkt des Todes des Vaters gilt[2]).

E I 1501 Abs 2, 1557 Abs 2 Satz 2, 1559 Abs 2 II 1572; M 4 783, 832 u. 840; P 4 547, 549 u. 644.

1. **Elterliche Gewalt der Mutter.** Während bestehender Ehe findet ein Übergang der elterlichen Gewalt auf die Mutter niemals statt. Die Mutter kann nur in bestimmten Fällen nach § 1685 die elterliche Gewalt ausüben. Dagegen geht nach Auflösung der Ehe die elterliche Gewalt auf die Mutter über, sofern das Recht des Vaters durch Tod, durch Todeserklärung oder durch Verwirkung der elterlichen Gewalt vollständig in Wegfall gekommen ist. Von einem Übergang der elterlichen Gewalt kann natürlich nicht in dem Sinne gesprochen werden, daß das Recht der Mutter ein aus dem Rechte des Vaters abgeleitetes wäre. Die Mutter hat auf die elterliche Gewalt ein selbständiges Recht, das von dem Vater nicht ausgeschlossen werden und, abgesehen von der Anordnung der Bestellung eines Beistandes (§ 1687 Nr 1) und den nach §§ 1638, 1651 Abs 1 Nr 2, 1639 zulässigen Anordnungen, auch nicht beschränkt werden kann. Ein Verzicht des Vaters auf die Nutznießung steht dem Rechte der Mutter nicht entgegen (vgl. § 1662 A 3). Über das Recht der Mutter, für die Person des Kindes zu sorgen, s. §§ 1696, 1697 u. 1698.

2. Dem Tode des Vaters ist in Übereinstimmung mit dem Grundsatze des § 1679 Abs 1 auch hier die **Todeserklärung** gleichgestellt. Der Übergang der elterlichen Gewalt vollzieht sich in dem Zeitpunkte, der in dem Ausschlußurteil als Zeit des Todes festgesetzt ist. Der irrtümlich für tot erklärte Vater kann sein Recht (falls er nicht inzwischen die elterliche Gewalt verwirkt hat) durch Anzeige seiner diesbezüglichen Absicht bei dem Vormundschaftsgericht wiedererlangen, was zugleich die Beendigung der elterlichen Gewalt der Mutter herbeiführt. Wegen der Wirkung der Aufhebung des Ausschlußurteils s. § 1679 A 1.

3. Im Falle der **Scheidung** verbleibt die elterliche Gewalt, abgesehen von den über die tatsächliche Personenfürsorge in §§ 1635, 1636 getroffenen Bestimmungen, dem Vater. Dagegen hat hier die Entziehung des Rechtes der Sorge für die Person auf Grund des § 1666 zur Folge, daß nunmehr das Recht der Mutter, das nur gegenüber dem Recht des Vaters zurücktreten mußte, in vollem Umfange wieder wirksam wird (vgl. §§ 1635 A 1, 1666 A 4

und im übrigen § 1698). Das Vormundschaftsgericht kann auch nach Beschaffenheit der Umstände die Mutter zum Vormund oder Pfleger bestellen (vgl. KG in RJA 10, 94). Die elterliche Gewalt steht der Mutter zu, **wenn der Vater sie verwirkt** hat (§ 1680) **und die Auflösung der Ehe hinzukommt,** wozu außer der Scheidung und der Beendigung der Ehe durch Wiederverheiratung nach Todeserklärung des einen Ehegatten (§ 1348 Abs 2) hier auch die Aufhebung der ehelichen Gemeinschaft (a. M. Staudinger A 1 c δ) zu rechnen ist. Die elterliche Gewalt der Mutter beginnt mit der Rechtskraft des Strafurteils (§ 1680 Abs 2) und bei späterer Auflösung der Ehe mit der Rechtskraft des Scheidungsurteils.

§ 1685

Ist der Vater an der Ausübung der elterlichen Gewalt tatsächlich verhindert oder ruht seine elterliche Gewalt, so übt während der Dauer der Ehe[2]) die Mutter die elterliche Gewalt mit Ausnahme der Nutznießung aus[1]).

Ist die Ehe aufgelöst, so hat das Vormundschaftsgericht der Mutter auf ihren Antrag die Ausübung zu übertragen, wenn die elterliche Gewalt des Vaters ruht und keine Aussicht besteht, daß der Grund des Ruhens wegfallen werde. Die Mutter erlangt in diesem Falle auch die Nutznießung an dem Vermögen des Kindes[2]).

E I 1555 II 1578; M 4 821; P 4 639 u. 650; 6 300.

1. **Während bestehender Ehe** ist die elterliche Gewalt derart ein gemeinschaftliches Recht der Eltern, daß, sobald der Vater an der Ausübung der elterlichen Gewalt tatsächlich verhindert ist — mag diese Verhinderung eine zeitweilige oder eine dauernde sein — oder seine elterliche Gewalt ruht (§§ 1676, 1677), an seiner Stelle die Mutter eintritt. Auf die Fälle der rechtlichen Verhinderung des Vaters (§§ 1630, 1795, 1796) ist dies jedoch, da hier ein Eingreifen des Vormundschaftsgerichts wünschenswert ist, nicht ausgedehnt. Nicht unter den Gesichtspunkt der rechtlichen Verhinderung, sondern des Ruhens der elterlichen Gewalt fällt die Geschäftsunfähigkeit oder beschränkte Geschäftsfähigkeit des Vaters. Eine Verhinderung des Vaters an Ausübung der elterlichen Gewalt ist nicht ohne weiteres dadurch gegeben, daß er im Felde steht (**RG** JW 1917, 904[6]; KGJ 47 A 61; 50 A 55 — abw. KGJ 43 A 230). Auch eine vorübergehende Hinderung des schriftlichen Verkehrs ist ohne Bedeutung, falls nicht gerade in dieser Zeit die Vornahme einer ohne großen Nachteil für das Kind nicht aufschiebbaren Maßnahme notwendig wird. Auf die Mutter geht immer nur die Ausübung der elterlichen Gewalt, einschließlich des Vertretungsrechts, über, während die elterliche Gewalt selbst bei dem Vater zurückbleibt. Bei tatsächlicher Verhinderung des Vaters steht die Ausübung der Mutter nur so lange zu, als diese Verhinderung andauert, was der Dritte, dem allerdings die Bestimmung des § 1682 zugute kommt, auf eigene Verantwortung zu prüfen hat. Auch ist sie zu einer Änderung der Anordnungen des Vaters bei kürzerer Verhinderung nur insoweit befugt, als die Verhinderung des Vaters hierzu Anlaß bietet. Das Recht der zur Ausübung der elterlichen Gewalt berufenen Mutter ist grundsätzlich nicht auf bestimmte Rechtsgeschäfte beschränkt. Es steht ihr deshalb auch die Befugnis zu, die Einwilligung zur Volljährigkeitserklärung des Kindes zu erteilen (§ 4 Abs 2), obschon hierdurch die elterliche Gewalt aufgehoben wird. Die Mutter muß selbstverständlich als Rechtsnachfolgerin ihres Mannes die Rechtslage so übernehmen, wie sie durch dessen Handlungen und Erklärungen gestaltet ist. Ist ein Scheidungsverfahren anhängig und ist für dieses Verfahren durch einstweilige Verfügung des Prozeßgerichts oder Beschluß des Vormundschaftsgerichts Bestimmung darüber getroffen, von welchem Elternteil das Kind zu erziehen ist, so ist diese Bestimmung ausschließlich maßgebend, ohne daß § 1685 Abs 1 Anwendung finden kann. Die Nutznießung verbleibt, wenn die Ausübung der elterlichen Gewalt auf die Mutter übergegangen ist, dem Vater. Sie ist für seine Rechnung von der Mutter auszuüben (§ 1656).

2. **Ist die Ehe geschieden** oder ist, was dem gleichsteht, die eheliche Gemeinschaft durch Urteil aufgehoben (vgl. § 1684 A 3), so ist der Übergang der Ausübung nur ausnahmsweise zugelassen. Der öftere Wechsel der elterlichen Gewalt würde hier, da nicht zu erwarten ist, daß die geschiedenen Ehegatten die Erziehung des Kindes einheitlich leiten, große Unzuträglichkeiten zur Folge haben können. Die Mutter hat jedoch einen Anspruch darauf, daß die Ausübung der elterlichen Gewalt ihr vom Vormundschaftsgericht übertragen wird, wenn ein Wechsel der elterlichen Gewalt nicht mehr zu besorgen ist, wenn nämlich die väterliche Gewalt ruht und aller Voraussicht nach der Grund des Ruhens, wie z. B. bei einer unheilbaren Geisteskrankheit, später nicht fortfallen wird. In diesem Falle geht mit der Übertragung auch das Nutznießungsrecht auf die Mutter über. Wird ihr Antrag auf Übertragung

abgelehnt, so ist sie nach § 20 FGG beschwerdeberechtigt. Bis zur Übertragung darf der Antrag von ihr zurückgenommen werden. Das Recht der Mutter auf Übertragung der Ausübung der elterlichen Gewalt wird namentlich in dem Falle wirksam, daß die Ehe wegen Geisteskrankheit des Mannes geschieden ist. Ohne diese Übertragung würde sie, da grundsätzlich die volle elterliche Gewalt hier dem Manne verbleibt, nicht einmal ein Recht auf persönlichen Verkehr mit dem Kinde haben (Junghanns in SächsArch 1912, 487). — Die Auflösung der Ehe durch Tod oder durch Wiederverheiratung nach Todeserklärung des Ehemanns kommt für § 1685 nicht weiter in Betracht, da sie schon nach § 1684 den Übergang des Rechtes der elterlichen Gewalt bewirkt.

§ 1686

Auf die elterliche Gewalt der Mutter finden die für die elterliche Gewalt des Vaters geltenden Vorschriften Anwendung, soweit sich nicht aus den §§ 1687 bis 1697 ein anderes ergibt[1]).

E II 1575; P 4 555.

1. **Die elterliche Gewalt der Mutter** hat grundsätzlich, was die Rechte wie die Pflichten betrifft, den **gleichen Inhalt wie diejenige des Vaters.** Unterschiede ergeben sich nur daraus, daß der Mutter ein Beistand beigeordnet werden kann (§§ 1687—1695), daß ihr bei Minderjährigkeit — ein Fall, der bei dem Vater kaum vorkommen wird (vgl. § 1676 A 2) — die tatsächliche Fürsorge für die Person des Kindes unbeschränkt verbleibt (§ 1696) und daß sie die elterliche Gewalt durch Wiederverheiratung verliert (§ 1697). Die Mutter ist kraft der elterlichen Gewalt nicht befugt, einen auf die Behauptung unehelicher Abkunft des Kindes gegründeten Unterhaltsanspruch gegen den angeblichen natürlichen Vater zu verfolgen. Es bedarf vielmehr in einem solchen Falle, wo die Klagebehauptungen mit dem das gesetzliche Vertretungsrecht der Mutter ergebenden Sachverhalte in Widerspruch treten, der Bestellung eines Vormundes oder, wenn die uneheliche Abstammung noch zweifelhaft ist, eines Pflegers (KGJ 42 A 15).

§ 1687

Das Vormundschaftsgericht hat der Mutter einen Beistand[1]) zu bestellen:

1. **wenn der Vater die Bestellung nach Maßgabe des § 1777 angeordnet hat[2]);**
2. **wenn die Mutter die Bestellung beantragt[3]);**
3. **wenn das Vormundschaftsgericht aus besonderen Gründen, insbesondere wegen des Umfanges oder der Schwierigkeit der Vermögensverwaltung, oder in den Fällen der §§ 1666, 1667 die Bestellung im Interesse des Kindes für nötig erachtet[4]).**

E I 1538 II 1576; M 4 797; P 4 555 u. 612.

1. Die grundsätzliche Gleichstellung des Vaters und der Mutter bezüglich der elterlichen Gewalt ist nur dadurch durchzuführen, daß **der Mutter ein Beistand bestellt** werden kann, ohne dessen Unterstützung sie vielfach der ihr gestellten Aufgabe nicht in vollem Maße würde genügen können. Die Mutter kann die Bestellung verlangen. Ein Beistand kann aber auch gegen ihren Willen ihr beigeordnet werden, und es muß dies geschehen auf Antrag des Vaters. Zulässig ist die Bestellung mehrerer Beistände (vgl. § 1797). Als Beistand darf eine Frau bestellt werden, was besonders in solchen Fällen angebracht ist, wo die der Fürsorge bedürftigen Kinder sich noch in sehr jugendlichem Alter befinden (vgl. AllgVf des PrJM v. 18. 2. 18 unter 4). Die Vorschriften des § 1776 über die als Vormünder berufenen Personen finden auf die Bestellung eines Beistandes keine Anwendung. Dafür, daß die elterliche Gewalt der Mutter durch Bestellung eines Beistandes nicht beschränkt ist, spricht keine Vermutung. Der Grundbuchrichter darf deshalb einen Ausweis darüber verlangen, daß ein Beistand nicht bestellt ist (vgl. Erl des PrJM v. 6. 7. 00, mitgeteilt in Gruch 45, 497). Wird die Bestellung eines Beistandes in den Fällen des § 1687 Nr 1 u. 3 abgelehnt oder die Bestellung aufgehoben, so steht hiergegen die Beschwerde allgemein den Verwandten und Verschwägerten des Kindes sowie dessen Ehemann zu (§ 57 Abs 1 Nr 5 FGG, vgl. auch § 60 Abs 1 Nr 1—3 das.). Wird der Antrag der Mutter auf Bestellung eines Beistandes abgelehnt oder die auf ihren Antrag erfolgte Bestellung aufgehoben, so ist nach § 20 FGG die Mutter beschwerdeberechtigt. Die Bestellung eines Beistandes setzt voraus, daß die Mutter sich im Besitz der elterlichen Gewalt befindet. Vor diesem Zeitpunkte kann die Bestellung nicht stattfinden (KGJ 50 A 26). Als Beistände können das Jugendamt oder die Vorstände von Anstalten und Vereinen in Gemäßheit der §§ 46, 47 JWG bestellt werden.

2. Das **Recht des Vaters, die Bestellung eines Beistandes durch letztwillige Verfügung anzuordnen,** ist nach § 1777 davon abhängig, daß er zur Zeit seines Todes kraft elterlicher Gewalt zur Vertretung des Kindes sowohl in persönlichen Angelegenheiten als in Vermögensangelegenheiten berechtigt ist. Wegen der sonstigen Voraussetzungen dieser Anordnung s. § 1777 A 1. Der Vater ist — was kaum zu billigen sein dürfte — zu der Anordnung auch dann berechtigt, wenn er bei der Scheidung als der schuldige Teil erklärt ist. Zu seinen Befugnissen gehört es auch, eine bestimmte Person als Beistand zu benennen (§§ 1694, 1777) und den Wirkungskreis des Beistandes zu bestimmen (§ 1688 Abs 3). Im übrigen ist er nicht berechtigt, Vorschriften über die Verwaltung, außer in Bezug auf das von ihm selbst hinterlassene Vermögen, zu geben. Hat er sich darauf beschränkt, einen Beistand zu benennen, so kann die Anordnung nach Lage der Sache so gemeint sein, daß ein Beistand unbedingt bestellt werden soll, auch wenn der Benannte das Amt eines Beistandes nicht annehmen kann oder will.

3. In dem **Recht der Mutter, die Bestellung eines Beistandes zu beantragen,** ist das Recht enthalten, den Wirkungskreis des Beistandes auf bestimmte Angelegenheiten oder gewisse Arten von Angelegenheiten zu beschränken, wobei selbstverständlich die Mutter nichts daran ändern kann, daß der Beistand innerhalb dieses Wirkungskreises alle in seiner öffentlich-rechtlichen Stellung begründeten Rechte und Pflichten hat. Wegen Benennung eines bestimmten Beistandes vgl. § 1694 A 1. Die Mutter kann nicht verlangen, daß ihr der Beistand die Vermögensverwaltung abnimmt (vgl. § 1693). Dem Antragsrecht der Mutter entspricht es, daß ohne ihre Zustimmung die auf ihren Antrag erfolgte Bestellung des Beistandes nicht aufgehoben werden darf (§ 1695 Abs 2). Über die Wirkung der Rücknahme des Antrags s. § 1695 A 1.

4. Das **Vormundschaftsgericht** kann endlich **von Amts wegen** der Mutter einen Beistand bestellen, wenn und soweit es dies aus besonderen Gründen im Interesse des Kindes, sei es zur Unterstützung oder zur Überwachung der Mutter, für nötig erachtet. Als solche besondern Gründe hebt das Gesetz den Umfang und die Schwierigkeit der Vermögensverwaltung hervor. Für die Bestellung eines Beistandes können aber auch sonstige Gründe, wie die mangelnde Befähigung oder die mangelnde Charakterfestigkeit der Mutter, maßgebend sein. Auch der Umstand kann zur Bestellung eines Beistandes führen, daß die Mutter beharrlich den gesetzlichen Vorschriften über die religiöse Erziehung des Kindes nicht nachgekommen ist (KGJ 20 A 251). Ist das Einschreiten des Vormundschaftsgerichts aus §§ 1666, 1667 geboten, so kann die zur Abwendung der Gefahr zu treffende Maßregel unter anderm darin bestehen, daß der Mutter ein Beistand beigeordnet wird. Die Bestellung eines Beistandes von Amts wegen enthält eine Beschränkung der elterlichen Gewalt. Sie soll daher nach § 1673 erst angeordnet werden, nachdem zuvor die Mutter sowie Verwandte oder Verschwägerte des Kindes gehört sind. Ist die Mitwirkung eines Beistandes entbehrlich geworden, so ist sie von Amts wegen wieder aufzuheben (§ 1695 Abs 1).

§ 1688

Der Beistand kann für alle Angelegenheiten, für gewisse Arten von Angelegenheiten oder für einzelne Angelegenheiten bestellt werden[1]).

Über den Umfang seines Wirkungskreises entscheidet die Bestellung. Ist der Umfang nicht bestimmt, so fallen alle Angelegenheiten in seinen Wirkungskreis[2]).

Hat der Vater die Bestellung angeordnet, so hat das Vormundschaftsgericht Bestimmungen, die er nach Maßgabe des § 1777 über den Umfang des Wirkungskreises getroffen hat, bei der Bestellung zu befolgen.

E I 1539 II 1577; M 4 800; P 4 614.

1. Dem Vormundschaftsgericht ist durch diese Bestimmung die Möglichkeit gewährt, bei der Bestellung eines Beistandes von Amts wegen den **Wirkungskreis des Beistandes** entsprechend dem Bedürfnis des einzelnen Falles zu begrenzen. Zulässig ist es, den Beistand nur für eine bestimmte Zeit oder bis zum Eintritt eines bestimmten Ereignisses zu bestellen. Der Anordnung des Vaters oder dem Antrage der Mutter (§ 1687 Nr 1 u. 2) ist insofern unbedingt stattzugeben, als der Wirkungskreis nicht enger bestimmt werden darf. Dagegen ist das Vormundschaftsgericht nicht gehindert, auf Grund des § 1687 Nr 3 den Wirkungskreis über diese Grenzen zu erweitern. Erstreckt sich die Tätigkeit des Beistandes auf die Sorge für die Person des Kindes, so wird es regelmäßig nicht angebracht sein, den Wirkungskreis des Beistandes auf diesem Gebiete zu begrenzen. Über die von einem derartigen Beistand zur Entlassung des Kindes aus der Staatsangehörigkeit zu erteilende Genehmigung s. § 1690 A 1.

2. Ist bei der Bestellung der Wirkungskreis des Beistandes nicht begrenzt, so gilt er als

für alle Angelegenheiten bestellt, die in den Geschäftskreis der Mutter als Inhaberin der elterlichen Gewalt fallen. Der Umfang des Wirkungskreises ist in der dem Beistande zu erteilenden Bestallung anzugeben (vgl. § 1791 A 1).

§ 1689

Der Beistand hat innerhalb seines Wirkungskreises die Mutter bei der Ausübung der elterlichen Gewalt zu unterstützen und zu überwachen; er hat dem Vormundschaftsgerichte jeden Fall, in welchem es zum Einschreiten berufen ist, unverzüglich anzuzeigen[1]).

E I 1540 II 1578; M 4 800; P 4 614.

1. Durch die Bestellung eines Beistandes wird die Mutter — abgesehen davon, daß sie zu bestimmten Rechtshandlungen der Genehmigung des Beistandes bedarf (§§ 1690, 1691) — in ihren Verwaltungsbefugnissen nicht beschränkt. Dem Beistande ist die Aufgabe zugewiesen, die Mutter innerhalb seines Wirkungskreises durch Rat und Anleitung zu **unterstützen** und zugleich die vormundschaftliche Verwaltung der Mutter zu **überwachen**. In der Überwachungspflicht ist es begründet, daß er dem Vormundschaftsgericht, sobald ein Anlaß zum Einschreiten vorliegt, Anzeige zu machen hat. Die Stellung eines Beistandes entspricht somit im wesentlichen der eines Gegenvormundes (vgl. § 1694 A 1). Es ist ihm deshalb auch das im § 1799 Abs 2 dem Gegenvormund gewährte Recht auf Auskunftserteilung und Einsicht der Schriftstücke zuzuerkennen.

§ 1690

Die Genehmigung des Beistandes ist innerhalb seines Wirkungskreises[3]) **zu jedem Rechtsgeschäft erforderlich, zu dem ein Vormund der Genehmigung des Vormundschaftsgerichts oder des Gegenvormundes bedarf. Ausgenommen sind Rechtsgeschäfte, welche die Mutter nicht ohne die Genehmigung des Vormundschaftsgerichts vornehmen kann. Die Vorschriften der §§ 1828 bis 1831 finden entsprechende Anwendung**[1]).

Die Genehmigung des Beistandes wird durch die Genehmigung des Vormundschaftsgerichts ersetzt[2]).

Das Vormundschaftsgericht soll vor der Entscheidung über die Genehmigung in allen Fällen, in denen das Rechtsgeschäft zu dem Wirkungskreise des Beistandes gehört, den Beistand hören, sofern ein solcher vorhanden und die Anhörung tunlich ist[2]).

E I 1541 Abs 1 u. 2, 1542 II 1579; M 4 800; P 4 615.

1. Die Bestellung eines Beistandes hat zur Folge, daß die **Mutter in allen Fällen, in denen der Vormund der Genehmigung des Gegenvormundes bedarf, an die Genehmigung des Beistandes gebunden ist.** Dagegen wird die Machtbefugnis des Vormundschaftsgerichts durch die Bestellung eines Beistandes nicht erweitert. Die Genehmigung des Vormundschaftsgerichts wird vielmehr nur für diejenigen Rechtsgeschäfte erfordert, für welche auch der Vater als Inhaber der elterlichen Gewalt der vormundschaftsgerichtlichen Genehmigung bedürfen würde. Es würde indes widersinnig sein, die Verwaltungsbefugnis der Mutter einzuschränken hinsichtlich der vom Gegenvormund zu genehmigenden Rechtsgeschäfte, nicht aber hinsichtlich der viel wichtigeren Rechtsgeschäfte, für die nach dem Vormundschaftsrecht über die Bestimmungen des § 1643 hinaus die Genehmigung des Vormundschaftsgerichts erforderlich ist. Für diese Rechtsgeschäfte ist deshalb gleichfalls die Genehmigung des Beistandes in Abs 1 vorgeschrieben. Die Genehmigung des Beistandes ist, sofern rechtswirksam seine Bestellung von dem Vater angeordnet oder von der Mutter beantragt ist, zur Wirksamkeit des Rechtsgeschäfts nötig, auch wenn es zur Bestellung des Beistandes noch nicht gekommen ist. Eine Ausnahme von der Notwendigkeit der Genehmigung wird auch nicht dadurch begründet, daß der Beistand verstorben oder aus anderm Grunde weggefallen und der neue Beistand noch nicht bestellt ist. Darüber, ob die Genehmigung von dem Beistande zu erteilen ist, hat der Dritte sich selbst zu vergewissern. Eine Vermutung für die Unbeschränktheit der elterlichen Gewalt der Mutter (vgl. § 1687 A 1) ist nicht gegeben. Die Bestimmungen der §§ 1828—1831 über die Empfangsbedürftigkeit der Genehmigung (die nur der Mutter gegenüber erklärt werden kann) und über die rechtlichen Folgen des Fehlens der Genehmigung sind für entsprechend anwendbar erklärt. Eine besondere Bestimmung ist, daß die Mutter die Entlassung des Kindes aus der Staats-

angehörigkeit nach § 19 Abs 2 RuStAngG v. 22. 7. 13 auch dann, wenn sie die Entlassung zugleich für sich selbst beantragt, nur mit der Genehmigung des Beistandes beantragen kann, sofern dessen Wirkungskreis sich auf die Sorge für die Person des Kindes erstreckt. Die Genehmigung des Vormundschaftsgerichts ist in diesem Falle, in welchem die Mutter den Entlassungsantrag zugleich für sich selbst stellt, zu dem Entlassungsantrage für das Kind, vorausgesetzt, daß ihr die Sorge für die Person des Kindes nicht entzogen ist, ebensowenig wie zu dem Entlassungsantrage des Vaters erforderlich.

2. Die Gleichstellung des Beistandes mit dem Gegenvormunde zeigt sich auch darin, daß das Vormundschaftsgericht vor Erteilung der Genehmigung zu einer Rechtshandlung der Mutter tunlichst den Beistand **hören** soll und daß die **Genehmigung des Beistandes durch die des Vormundschaftsgerichts ersetzt** wird, womit die für den Gegenvormund in §§ 1826, 1812 Abs 2 (1810) gegebenen Bestimmungen auf den Beistand übertragen sind. Der Genehmigung des Vormundschaftsgerichts an Stelle des Beistandes bedarf es bei Fehlen des Beistandes natürlich nur dann, wenn die Bestellung des Beistandes geboten war.

3. Die Genehmigung oder Anhörung des Beistandes (vgl. A 1 u. 2) ist nur nötig bei Geschäften, die in den **Wirkungskreis des Beistandes** fallen. Dieser Wirkungskreis kann nach § 1688 weiter oder enger bestimmt sein. Die Vorschrift des § 1825, wonach dem Vormunde zu bestimmten Rechtsgeschäften eine allgemeine Ermächtigung von dem Vormundschaftsgericht erteilt werden kann, findet zwar auf die Mutter keine Anwendung. Das gleiche Ergebnis läßt sich aber dadurch erreichen, daß die betreffenden Rechtsgeschäfte von dem Wirkungskreise des Beistandes ausgenommen werden.

§ 1691

Soweit die Anlegung des zu dem Vermögen des Kindes gehörenden Geldes in den Wirkungskreis des Beistandes fällt, finden die für die Anlegung von Mündelgeld geltenden Vorschriften der §§ 1809, 1810 entsprechende Anwendung[1]).

E I 1541 Abs 3 II 1580; M 4 801; P 4 615.

1. Die Genehmigung des Beistandes ist in Einklang mit § 1810, auch für die **Anlegung des Geldes** nötig, sofern sich hierauf sein Wirkungskreis erstreckt. Das Fehlen der Genehmigung zieht nicht die Ungültigkeit der Anlage, sondern nur die Ersatzpflicht der Mutter nach sich. Auch der Beistand selbst kann trotz fehlender Genehmigung haftbar sein, wenn er sich um die Anlegung nicht gekümmert hat. Die Genehmigung des Beistandes kann auch hier gemäß § 1810 (vgl. § 1690 A 2) durch die Genehmigung des Vormundschaftsgerichts ersetzt werden. Erfolgt die Anlegung des Geldes gemäß § 1807 Nr 5 oder § 1808 bei einer Sparkasse oder Bank, so ist es durch §§ 1691 u. 1809 der Mutter zur Pflicht gemacht, die Anlegung des Geldes mit der Bestimmung zu bewirken, daß die Abhebung des Geldes nur mit Zustimmung des Beistandes zulässig ist (vgl. § 1809 A 1). Die Nichtbeachtung dieser Vorschrift kann sowohl die Mutter als den Beistand haftbar machen. Die Notwendigkeit der Genehmigung des Beistandes zur Erhebung des angelegten Geldes sowie zur sonstigen Verfügung über geldwerte Forderungen des Kindes folgt aus §§ 1690 u. 1812.

§ 1692

Hat die Mutter ein Vermögensverzeichnis einzureichen, so ist bei der Aufnahme des Verzeichnisses der Beistand zuzuziehen[1]); das Verzeichnis ist auch von dem Beistande mit der Versicherung der Richtigkeit und Vollständigkeit zu versehen[2]). Ist das Verzeichnis ungenügend, so finden, sofern nicht die Voraussetzungen des § 1667 vorliegen, die Vorschriften des § 1640 Abs 2 entsprechende Anwendung[3]).

E II 1581; P 4 555 u. 616; 6 301.

1. Der Überwachungspflicht des Beistandes entspricht es, daß er bei der Aufnahme des dem Vormundschaftsgericht einzureichenden **Vermögensverzeichnisses** durch die Mutter — wozu diese nach § 1640 im Falle des Todes oder der Todeserklärung des Vaters sowie nach §§ 1669, 1686 im Fall ihrer Wiederverheiratung verpflichtet ist — mitzuwirken hat, soweit sein Wirkungskreis auf das betreffende Vermögen sich erstreckt. Ist der Mutter die Pflicht zur Einreichung des Vermögensverzeichnisses auf Grund des § 1667 auferlegt, so kann das Vormundschaftsgericht über die Mitwirkung des Beistandes nähere Bestimmungen treffen. Andernfalls bleibt § 1692 maßgebend. Aus der Mitwirkung bei der Aufnahme des Vermögensverzeichnisses folgt das Recht und die Pflicht des Beistandes, auch

bei der nach § 1667 angeordneten Rechnungslegung nach näherer Anordnung des Vormundschaftsgerichts mitzuwirken.

2. Die Beifügung dieser **Versicherung** ist vorgeschrieben, damit sich der Beistand seiner Verantwortlichkeit bewußt werde. Die Haftbarkeit des Beistandes ist aber nicht etwa davon abhängig, daß er die Erklärung abgegeben hat.

3. Die Befugnis des Vormundschaftsgerichts, die **amtliche Aufnahme** des Verzeichnisses gemäß § 1640 Abs 2 und im Falle des Einschreitens aus § 1667 auf Grund der gleichen Vorschrift anzuordnen, wird dadurch nicht berührt, daß die Mitwirkung des Beistandes erforderlich ist.

§ 1693

Das Vormundschaftsgericht kann auf Antrag der Mutter dem Beistande die Vermögensverwaltung ganz oder teilweise übertragen[1]); soweit dies geschieht, hat der Beistand die Rechte und Pflichten eines Pflegers[2]).

E II 1582 Satz 1; P 4 614.

1. Die **Vermögensverwaltung** kann der Mutter abgenommen werden und **dem Beistande übertragen** werden, jedoch nur auf Antrag oder, was dem gleichsteht, mit Zustimmung der Mutter und nur, wenn das Vormundschaftsgericht die Mutter zur Führung der Vermögensverwaltung nicht für geeignet erachtet (a. M. Blume A 2, der annimmt, daß dem Antrage der Mutter unbedingt stattzugeben sei). Die Übertragung der Vermögensverwaltung kann in der Form erfolgen, daß der Beistand besonders für die Vermögensverwaltung verpflichtet wird. Sie braucht aber nicht in dieser Form zu erfolgen (a. M. Blume A 2). Es genügt daß die Übertragung dem Beistande von dem Vormundschaftsgericht bekanntgemacht wird. Die Erweiterung der Befugnisse des Beistandes ist in der Bestallung zum Ausdruck zu bringen. Über die Rückübertragung der Verwaltung auf die Mutter s. § 1695 A 1.

2. Im Falle der Übertragung hat der Beistand die Vermögensverwaltung selbständig zu führen an Stelle der Mutter, die das bisher von ihr verwaltete Vermögen unter Rechnungslegung an ihn herauszugeben hat (§§ 1681, 1686). Sie ist für den in den Bereich der Vermögensverwaltung fallenden Rechtsstreit von der gesetzlichen Vertretung des Kindes ausgeschlossen (**RG** 96, 50). Dem Beistande kommen auf dem ihm übertragenen Gebiete die **Rechte** (Anspruch auf Ersatz der Aufwendungen, auf Vorschuß und Vergütung) **und Pflichten** (Pflicht der Vermögensverzeichnung und Rechnungslegung, der mündelsicheren Anlegung des Geldes, der Hinterlegung von Wertpapieren und Kostbarkeiten, der Einholung der Genehmigung des Vormundschaftsgerichts) **eines Pflegers** zu. Die Notwendigkeit der Genehmigung des Vormundschaftsgerichts bestimmt sich somit nicht nach § 1643, sondern nach den Grundsätzen des Vormundschaftsrechts. Im übrigen bleibt die Stellung des Beistandes unverändert, was sich namentlich darin zeigt, daß mit dem Wegfall des Rechtes der Mutter zur Vermögensverwaltung (vgl. § 1647) auch sein Amt als Vermögensverwalter aufhört (a. M. Planck A 4). Bei einer Meinungsverschiedenheit zwischen ihm und der Mutter in einer sowohl das Vermögen als die Person des Kindes betreffenden Angelegenheit entscheidet nach § 1629 (vgl. auch § 1798) das Vormundschaftsgericht. Die Bestellung eines Gegenvormundes neben dem Beistand in seiner Eigenschaft als Vermögensverwalter (vgl. § 1915) ist als unzulässig zu erachten, da hierdurch die Stellung des Beistandes eine grundsätzliche Änderung erfahren würde (a. M. Blume A 3b).

§ 1694

Für die Berufung, Bestellung und Beaufsichtigung des Beistandes, für seine Haftung und seine Ansprüche, für die ihm zu bewilligende Vergütung und für die Beendigung seines Amtes gelten die gleichen Vorschriften wie bei dem Gegenvormunde.

Das Amt des Beistandes endigt auch dann, wenn die elterliche Gewalt der Mutter ruht[1]).

E I 1453 II 1583; M 4 801; P 4 616; 6 301.

1. **Gleichstellung des Beistandes mit dem Gegenvormund.** Die Stellung des Beistandes hat mit der des Gegenvormundes eine solche Ähnlichkeit, daß die für letzteren geltenden allgemeinen Vorschriften über Berufung, Bestellung (§§ 1776—1791), über Beaufsichtigung (vgl. namentlich §§ 1837, 1839) und über Beendigung des Amtes (§§ 1882—1895) auf den Beistand für anwendbar erklärt werden durften. Eine befreite Beistandschaft unter entsprechender Anwendung der §§ 1852ff. kann nicht angeordnet werden. Keine Anwendung findet

auch die Bestimmung des § 1776 Nr 2 über die Benennung des Gegenvormundes durch die Mutter, da diese Benennung nur durch letztwillige Verfügung (§ 1777 Abs 3), also nur für die Zeit nach dem Tode der Mutter statthaft sein würde. Es erscheint auch nicht angebracht, der Mutter das Recht zur Benennung des Beistandes beizulegen. Das Vormundschaftsgericht muß, da es auch gegen den Willen der Mutter einen Beistand bestellen kann, freie Hand haben, einen andern als den von der Mutter benannten Beistand auszuwählen. Nur insofern kann die Mutter auf die Auswahl des Beistandes Einfluß üben, als sie ihren Antrag auf Bestellung eines Beistandes davon abhängig machen kann, daß der von ihr vorgeschlagene Beistand bestellt wird. Hinsichtlich der Beendigung des Amtes kommt in Betracht, daß der Beistand nicht für das Kind bestellt, sondern der Mutter beigeordnet wird (vgl. § 1693 A 2). Das Amt des Beistandes wird deshalb auch dadurch beendet, daß die elterliche Gewalt der Mutter fortfällt oder ruht (§§ 1676—1680, 1696 u. 1697). Neben dem für das Kind zu bestellenden Vormunde würde der Beistand keinen Platz behalten können. Es ist aber nicht ausgeschlossen, daß der bisherige Beistand als Gegenvormund neu bestellt wird. Die bezeichneten Vorschriften sind anwendbar auch in dem Falle, daß dem Beistande die Vermögensverwaltung übertragen ist (§ 1693). Der Beistand ist ferner in bezug auf Haftbarkeit, was aus der Natur des Amtes folgt, und in bezug auf die ihm zu gewährende Vergütung dem Gegenvormund gleichgestellt. Der Beistand hat auch das gleiche Beschwerderecht wie der Gegenvormund (vgl. § 1799 A 1, § 57 Abs 1 Nr 6 FGG). Ist dem Beistande die Vermögensverwaltung übertragen, so kommen nach §§ 1693, 1915 die Vorschriften über die Haftbarkeit und den Vergütungsanspruch des Vormundes (§§ 1833, 1836) zur Anwendung (vgl. § 1693 A 2). Hat der Beistand das den Kindern in ungeteilter Erbengemeinschaft mit der Mutter gehörige Vermögen geschädigt, so sind die Kinder nach Verhältnis ihres Erbteils schadenersatzberechtigt. — Nach § 45 JWG hat das Jugendamt auch die Beistände seines Bezirks planmäßig zu beraten und bei der Ausübung ihres Amtes zu unterstützen.

§ 1695

Das Vormundschaftsgericht kann in den Fällen des § 1687 Nr 2, 3 die Bestellung des Beistandes und im Falle des § 1693 die Übertragung der Vermögensverwaltung auf den Beistand jederzeit aufheben[1]).

Ist die Bestellung des Beistandes nach § 1687 Nr 2 erfolgt, so soll sie nur mit Zustimmung der Mutter aufgehoben werden. Das gleiche gilt für die Übertragung der Vermögensverwaltung auf den Beistand[1]).

E II 1582 Satz 2, 1584; P 4 616.

1. Die **Befugnis des Vormundschaftsgerichts, die wegen Bestellung eines Beistandes und Übertragung der Vermögensverwaltung getroffenen Anordnungen wieder aufzuheben,** ist beschränkt durch das Recht des Vaters und der Mutter. Beruht die Beiordnung eines Beistandes auf der durch letztwillige Verfügung getroffenen, also erst nach seinem Tode wirksamen Anordnung des Vaters (§ 1687 Nr 1), so kann sie, da der Vater ein Recht auf Bestellung des Beistandes hat, überhaupt nicht aufgehoben werden. Beruht sie auf dem Antrage der Mutter (§ 1687 Nr 2), so ist die Aufhebung wegen des Rechtes der Mutter nur mit ihrer Zustimmung zulässig. Ebenso soll die Mutter, wenn einmal das Vormundschaftsgericht auf ihren Antrag sich veranlaßt gesehen hat, die Vermögensverwaltung dem Beistande zu übertragen, dagegen geschützt sein, daß diese Maßnahme wider ihren Willen in Wegfall kommt. Die Rückübertragung der Verwaltung ist nur mit ihrer Zustimmung zulässig. Die diesen Vorschriften zuwider erfolgte Aufhebung (Rückübertragung) ist jedoch nicht ungültig. Das Vormundschaftsgericht ist nur nach § 1674 ersatzpflichtig. Die Zurücknahme des von der Mutter gemäß § 1687 Nr 2 oder § 1693 gestellten Antrags verpflichtet das Vormundschaftsgericht nicht unbedingt, die Beistandschaft oder die Übertragung der Vermögensverwaltung aufzuheben. Dem Antrage auf Aufhebung dieser Übertragung kann ferner, da in dem Antrage aus § 1693 zugleich ein Antrag aus § 1687 Nr 2 zu sehen ist, mit der Beschränkung stattgegeben werden, daß die Befugnisse des Vermögensverwalters auf die eines gewöhnlichen Beistandes herabgemindert werden. — Über das Recht der Beschwerde im Falle der Aufhebung der Beistandschaft s. § 1687 A 1. — Eine Beistandschaft, die zur Zeit der Anordnung einer Schutzaufsicht gemäß §§ 56ff. JWG besteht, soll insoweit aufgehoben werden, als sich ihr Wirkungskreis mit dem der Schutzaufsicht deckt (§ 61 das.).

§ 1696

Ruht die elterliche Gewalt der Mutter wegen Minderjährigkeit, so hat die Mutter das Recht und die Pflicht, für die Person des Kindes zu sorgen;

zur Vertretung des Kindes ist sie nicht berechtigt. Der Vormund des Kindes hat, soweit der Mutter die Sorge zusteht, die rechtliche Stellung eines Beistandes[1]).

E I 1554 Abs 2 II 1585; M 4 820; P 4 639.

1. Von der Regel des § 1676, daß die beschränkt geschäftsfähige Mutter nur neben dem gesetzlichen Vertreter die tatsächliche Sorge für die Person des Kindes hat, wird hier eine Ausnahme gemacht für den Fall der **Minderjährigkeit der Mutter**, ein Fall, der bei dem Vater wegen des seltenen Vorkommens (vgl. § 1676 A 2) keine Berücksichtigung verdient. Die minderjährige Mutter (vgl. § 1303) bleibt, wenn schon die elterliche Gewalt ruht (§§ 1676, 1677), abgesehen von dem Vertretungsrecht, in vollem Umfange befähigt, das Recht der Sorge für die Person des Kindes auszuüben. In Angelegenheiten der Erziehung entscheidet ihre Meinung, nicht diejenige des Vormundes, der neben ihr auf dem Gebiet der Sorge für die Person nur die Stellung eines Beistandes hat. Sie muß auch als berechtigt gelten, in Erziehungssachen selbständig Anträge bei der Behörde, insbesondere dem Vormundschaftsgericht (vgl. die für das Kind gegebene Vorschrift des § 59 FGG), zu stellen und Beschwerde zu führen, und kann ihr Fürsorgerecht dadurch zur Geltung bringen, daß sie Klage auf Herausgabe des Kindes anstellt. Nur zur Vertretung des Kindes bei Rechtshandlungen und in Rechtsstreitigkeiten ist sie nicht berechtigt (vgl. RGSt 57, 327). Bei Meinungsverschiedenheiten zwischen ihr und dem Vormunde des Kindes über eine sowohl die Person als das Vermögen des Kindes betreffende Angelegenheit entscheidet das Vormundschaftsgericht (KG in RJA 8, 9).

§ 1697

Die Mutter verliert die elterliche Gewalt, wenn sie eine neue Ehe eingeht. Sie behält jedoch unter den im § 1696 bestimmten Beschränkungen das Recht und die Pflicht, für die Person des Kindes zu sorgen[1])[2]).

E I 1558 II 1586; M 4 833; P 4 645.

1. Mit der **Wiederverheiratung verliert die Mutter das Recht der Vermögensverwaltung und die Nutznießung.** Das Vermögen ist deshalb unter Rechnungslegung (§ 1681) an den neu zu bestellenden Vormund herauszugeben. Wird die Mutter zum Vormunde bestellt — was beim Mangel eines berufenen Vormundes (§§ 1776, 1777) zulässig ist, vgl. den jetzt aufgehobenen § 1783 —, so unterbleibt zwar die Herausgabe, nicht aber die Rechnungslegung (die gegenüber einem für das Kind zu bestellenden Pfleger zu bewirken ist), da die Mutter nunmehr die Verwaltung aus anderm Rechtsgrunde führt (a. A. in letzterer Beziehung Blume A 4). Die Mutter hat außerdem, bevor sie zur Schließung der neuen Ehe zugelassen werden kann (vgl. § 1314), die ihr ebenso wie dem Vater nach § 1669 obliegende Pflicht der Auseinandersetzung zu erfüllen. Mit der Wiederverheiratung verliert ferner die Mutter das Recht der Vertretung des Kindes, nicht aber die tatsächliche Fürsorge für die Person des Kindes, die ihr in dem in § 1696 bestimmten Umfange verbleibt. Kraft dieses Fürsorgerechts steht der Mutter die Entscheidung über die religiöse Erziehung des Kindes zu (RJA 13, 66; § 3 Abs 1 Ges v. 15. 7. 21 ist nicht anwendbar). Über die Frage, ob der Verlust der elterlichen Gewalt auch die Mutter betrifft, die vor dem Inkrafttreten des BGB eine neue Ehe eingegangen war, wenn die Ehe bereits vor diesem Zeitpunkt wieder aufgelöst ist, s. Vorbem 7 vor § 1616. Mit der Beendigung der elterlichen Gewalt der Mutter endet nach § 1918 auch die Pflegschaft über das in der elterlichen Gewalt der Mutter befindliche Kind. — Über die Anzeigepflicht des Standesbeamten s. § 48 FGG.

2. Ist die **neue Ehe** wegen Mangels der Form und Nichteintragung in das Heiratsregister (§ 1699 Abs 2) als nicht bestehend anzusehen, so tritt der Verlust der elterlichen Gewalt nicht ein. Ist die Ehe nichtig oder anfechtbar, so fällt der Verlust der elterlichen Gewalt — unbeschadet der Gültigkeit der bis dahin von dem Vormund vorgenommenen Rechtshandlungen — wieder fort, sobald die Ungültigkeit der Ehe rechtskräftig festgestellt ist. Die Scheidung der Ehe kann natürlich die verlorengegangene elterliche Gewalt nicht wieder zur Entstehung bringen.

§ 1698

Wird für das Kind ein Vormund bestellt, weil die elterliche Gewalt des Vaters ruht oder verwirkt ist oder weil die Vertretung des Kindes dem Vater entzogen ist, oder wird für die Erziehung des Kindes an Stelle des Vaters ein Pfleger bestellt, so steht der Mutter die Sorge für die Person des

Kindes neben dem Vormund oder dem Pfleger in gleicher Weise zu wie nach § 1634 neben dem Vater[1]).

E II 1574; P 4 638 u. 650; 6 300.

1. Nach § 1634 steht der Mutter neben dem im Besitz der elterlichen Gewalt befindlichen Vater die tatsächliche Sorge für die Person des Kindes in der Weise zu, daß bei Meinungsverschiedenheiten die Meinung des Vaters vorgeht. Dieses **Recht** bleibt **der Mutter** in denjenigen Fällen erhalten, in denen, **ohne daß die elterliche Gewalt** oder die Ausübung der elterlichen Gewalt auf sie **übergeht** (§§ 1684, 1685), an Stelle des Vaters, mag nun die Ehe noch bestehen oder bereits aufgelöst sein, ein Vormund oder zur Wahrnehmung der Sorge für die Person des Kindes ein Pfleger tritt. Der Mutter steht dann neben dem Vormund oder Pfleger die Fürsorge in gleicher Weise wie neben dem Vater zu. Es kommt hierbei auch nicht darauf an, ob der Mutter bei Scheidung der Ehe die Erziehung des Kindes abgesprochen ist, da sie damit das Recht der Fürsorge nur zugunsten des Vaters, nicht zugunsten des Vormundes oder Pflegers verloren hat (**RG** 102, 289). Die weitergehenden Rechte, die der Mutter bei Ruhen der elterlichen Gewalt wegen Minderjährigkeit und nach § 1635 hinsichtlich des ihr zugesprochenen Kindes aus geschiedener Ehe zustehen, werden durch § 1698 nicht berührt.

Fünfter Titel

Rechtliche Stellung der Kinder aus nichtigen Ehen

§ 1699

Ein Kind aus einer nichtigen Ehe, das im Falle der Gültigkeit der Ehe ehelich sein würde, gilt als ehelich, sofern nicht beide Ehegatten die Nichtigkeit der Ehe bei der Eheschließung gekannt haben[2]).

Diese Vorschrift findet keine Anwendung, wenn die Nichtigkeit der Ehe auf einem Formmangel beruht und die Ehe nicht in das Heiratsregister eingetragen worden ist[1]).

E I 1562 II 1587; M 4 843 u. 850; P 4 662 u. 663.

1. Das Gesetz unterscheidet zwischen **Nichtehe** und nichtiger Ehe. Ist die in § 1317 vorgeschriebene Form der Eheschließung nicht beobachtet und ist die Form nicht wenigstens insofern gewahrt, daß die Ehe von dem Standesbeamten in das Heiratsregister eingetragen ist, so gilt die Ehe als nicht bestehend (schlechthin nichtig) und kann deshalb, ohne daß sie für nichtig erklärt zu werden braucht, nach keiner Richtung hin die Wirkungen der Ehe haben (vgl. §§ 1329 Satz 2, 1344 Abs 2, 1345 Abs 2). Die Kinder aus einer solchen Ehe haben daher nicht die Eigenschaft ehelicher Kinder.

2. Anders ist es bei einer **nichtigen** oder **anfechtbaren Ehe.** Die Kinder, die aus einer solchen Ehe bis zu dem Zeitpunkte der rechtskräftigen Feststellung ihrer Nichtigkeit nach den Vorschriften der §§ 1591—1593, 1600 entstammen, werden grundsätzlich als ehelich angesehen. Sie gelten als ehelich, wennschon ihnen folgerichtig diese Eigenschaft nicht zukommen würde. Festgehalten ist jedoch an der Beschränkung, daß einer der Ehegatten bei Schließung der Ehe — von dem Falle der Drohung (§ 1704) abgesehen — gutgläubig gewesen sein muß. Ist beiden Ehegatten bei Schließung der Ehe die Nichtigkeit (Anfechtbarkeit) bekannt, so gehen sie in bewußter Hinwegsetzung über das Gesetz eine Scheinehe ein, die vor dem Recht keine Anerkennung finden kann. Die Unehelichkeit kann von einem jeden Beteiligten geltend gemacht werden, sobald die Nichtigkeit der Ehe gemäß §§ 1329, 1343 Abs 2 rechtskräftig festgestellt ist oder die Ehe aufgelöst ist. Die im Familienstandsprozesse zwischen den Eltern und dem Kinde über die Ehelichkeit ergehende Entscheidung hat Wirkung für und gegen alle (§§ 640, 643 ZPO, vgl. **RG** 102, 362). Die Mutter ist übrigens nicht gehindert, auf Grund der Behauptung, daß die Nichtigkeit der Ehe auch ihrem Manne bekannt gewesen sei und ihr deshalb als unehelicher Mutter das Recht der Sorge für die Person des Kindes zustehe, sogleich auf Herausgabe des Kindes zu klagen, ohne daß zuvor die Klage auf Feststellung der Unehelichkeit von ihr erhoben zu werden braucht (**RG** JW 1916, 1337[1]). Über den Begriff der Bösgläubigkeit und die Beweislast s. § 1701 A 1 und über die Abstammung des Kindes, wenn die für gültig gehaltene Ehe eine Doppelehe ist, § 1600 A 1 a. E. — Ist die ungültige Ehe bereits unter der Herrschaft des früheren Rechtes geschlossen, so sind die Rechtsstellung der Kinder, mögen sie auch erst nach dem Inkrafttreten des BGB geboren oder erzeugt sein, und die Rechte der Eltern nach früherem Recht zu beurteilen (Art 207

EG — RG 52, 245). Soweit aber nach diesem Recht die Kinder durchweg den ehelichen Kindern gleichgestellt waren, sind für ihre Rechtsstellung gemäß Art 203 EG die Vorschriften des neuen Rechtes maßgebend (Horn, Rechtsstellung der Putativkinder S. 81). Was den örtlichen Geltungsbereich betrifft, so entscheidet auch hier die Staatsangehörigkeit des Vaters zur Zeit der Geburt des Kindes (Planck A 4 zu Art 18). Ist jedoch die im Ausland geschlossene Ehe nach deutschem Recht wegen Formmangels nichtig, so gelten im Inland die Kinder als unehelich (OLG 42, 98). Wenn die Eheleute zur Zeit der Geburt des Kindes eine verschiedene Staatsangehörigkeit haben, so können dem Kinde nur diejenigen Rechte zugesprochen werden, welche nach dem Recht beider Staaten ihm zustehen (bestr.).

§ 1700

Das Rechtsverhältnis zwischen den Eltern und einem Kinde, das nach § 1699 als ehelich gilt, bestimmt sich, soweit sich nicht aus den §§ 1701, 1702 ein anderes ergibt, nach den Vorschriften, die für ein Kind aus einer geschiedenen Ehe gelten, wenn beide Ehegatten für schuldig erklärt sind[1]).

E I 1563 II 1588; M 4 845; P 4 66.

1. § 1700 findet Anwendung, wenn beide Ehegatten gutgläubig sind. Für diesen Fall entspricht es der Stellung der Ehegatten zueinander, das Rechtsverhältnis zwischen ihnen und dem Kinde, nachdem die Ehe rechtskräftig für nichtig erklärt ist, so zu beurteilen, **als wenn die Ehe wegen beiderseitigen Verschuldens geschieden wäre** (vgl. § 1637). Dem Vater als Inhaber der elterlichen Gewalt verbleibt die Sorge für das Vermögen und das Vertretungsrecht sowie die Nutznießung, während die tatsächliche Fürsorge für die Person und das Recht des Verkehrs mit dem Kinde nach §§ 1635, 1636 sich bestimmt. Auch für den Fall des § 1700 gilt, daß die nähere Regelung des Verkehrs der Eltern mit den Kindern ausschließlich dem Vormundschaftsgericht zusteht (RG JW 1910, 113[17]). Der unterhaltspflichtige Vater hat nach § 1585 das Recht, von der Mutter einen angemessenen Beitrag zu fordern (a. A. Staudinger A 3).

§ 1701

War dem Vater die Nichtigkeit der Ehe bei der Eheschließung bekannt[1]), so hat er nicht die sich aus der Vaterschaft ergebenden Rechte[2]). Die elterliche Gewalt steht der Mutter zu[3])[4]).

E I 1564 II 1589; M 4 846; P 4 664 ff.

1. Die **Kenntnis des Vaters von der Nichtigkeit der Ehe** muß zur Zeit der Eheschließung bestanden haben. Spätere Kenntnis schadet nicht. Das Wissenmüssen steht dem Wissen hier nicht gleich. Es genügt auch nicht die bloße Kenntnis der die Nichtigkeit begründenden Tatsachen, dem Vater muß vielmehr die rechtliche Folge, daß die Ehe, mag sie nun nichtig oder anfechtbar sein, vom Gesetz nicht anerkannt wird, bekannt gewesen sein. Es muß ihm mithin, wenn die Ehe wegen Irrtums des andern Ehegatten für nichtig erklärt ist, nicht nur der Irrtum, sondern auch die Erheblichkeit des Irrtums für die Anfechtung bekannt gewesen sein, und es ist hierauf der Nachweis zu richten. An die Beweisführung dürfen jedoch, soweit es sich um innere Vorgänge handelt, keine zu strengen Anforderungen gestellt werden; Eidesbeweis ist zulässig (RG JW 1912, 245[13]). Der Ehemann mußte hiernach gewußt haben, daß seine Ehefrau bei Kenntnis des Anfechtungsgrundes die Ehe nicht geschlossen und daß der bei ihr durch die Unkenntnis hervorgerufene Irrtum sie zur Anfechtung berechtigt haben würde. Dagegen ist unerheblich, welche Vorstellungen sich der Ehemann darüber gemacht hat, wie eine nach der Eheschließung erlangte Kenntnis auf seine Ehefrau wirken würde, ob diese sie veranlassen würde, von ihrem Anfechtungsrecht Gebrauch zu machen (RG 109, 64; 111 S. 5, 8; v. 3. 11. 24 IV 218/24). Der Umstand allein, daß der Vater die in seiner Person vorhandene Eigenschaft kannte, die dem andern Ehegatten Anlaß zur Anfechtung gab, reicht zur Annahme der Bösgläubigkeit nicht aus. Der wegen Irrtums zur Anfechtung berechtigte Ehegatte hat — abweichend von der Regelung in § 1346 Satz 2 — stets die Rechte des gutgläubigen Ehegatten. Der Beweis der Bösgläubigkeit ist von demjenigen zu führen, der hieraus Rechte für sich herleitet. Die im Familienstandsprozesse über die Bösgläubigkeit ergangene Entscheidung hat Wirkung für und gegen alle (§§ 640, 643 ZPO). Ist in einem sonstigen Prozesse zwischen Vater und Kind das von der Entscheidung über die Bösgläubigkeit abhängige Bestehen der elterlichen Gewalt des Vaters streitig, so hat, damit zunächst hierüber im Wege der Familienstandsfeststellungsklage (§§ 640 ff. ZPO) entschieden werden kann, das Gericht auf Antrag nach § 154 Abs 2 ZPO das Verfahren auszusetzen. Die Klage der Mutter auf Herausgabe des Kindes ist zulässig, ohne daß zuvor die Familien-

standsklage erhoben zu werden braucht (vgl. § 1699 A 2). Die in dem Rechtsstreit wegen Herausgabe des Kindes über die Bösgläubigkeit ergehende Entscheidung schafft keine Rechtskraft für oder gegen Dritte.

2. Der Vater wird im Falle der Bösgläubigkeit, was seine Rechte gegenüber dem Kinde betrifft, **dem natürlichen Vater gleich behandelt.** Er verliert nicht nur das Recht der elterlichen Gewalt, sondern auch die sonstigen aus der Vaterschaft sich ergebenden Rechte (vgl. Vorbem 3 vor § 1616), auch das Vorrecht, daß er statt aus § 276 nur aus § 1664 haftet, und das Recht, sich zur Ausschließung der Verjährung auf § 204 zu berufen. Als ein solches Recht aus der Vaterschaft ist es nicht anzusehen, daß das Kind den Namen und den Wohnsitz des Vaters teilt (§§ 1616 A 1, 11 A 1). Der Verlust der Rechte tritt, sobald die Ehe rechtskräftig für nichtig erklärt oder aufgelöst ist, bei Nachweis der Bösgläubigkeit mit rückwirkender Kraft ein (a. M. Dernburg IV § 86 II 1), ohne daß die in § 1344 gegebene, auf den Schutz des redlichen Dritten berechnete Vorschrift hier entsprechende Anwendung finden kann (bestr.). Von den aus der ehelichen Vaterschaft sich ergebenden Verpflichtungen ist der bösgläubige Vater nicht befreit, soweit diese sich nicht lediglich als ein Ausfluß seines Rechtes darstellen, wie es z. B. bei der dem Vater nach § 832 obliegenden, in der elterlichen Gewalt begründeten Aufsichtspflicht der Fall ist. Zur Gewährung des Unterhalts ist der Vater nach §§ 1601ff. verpflichtet, ohne daß ihm die in § 1612 Abs 2 bestimmten, mit dem Fürsorgerecht des Vaters zusammenhängenden Befugnisse zustehen. Keinen Einfluß hat die Bösgläubigkeit auf das in § 1310 Abs 3 bestimmte Ehehindernis der Verwandtschaft (vgl. § 1589 A 3).

3. Die **elterliche Gewalt** geht nicht auf die **Mutter** über, sondern steht ihr nach Maßgabe der §§ 1686ff. von vornherein zu. Verheiratet sich die Mutter, so gilt dies als Eingehung einer neuen Ehe im Sinne des § 1697, da wenigstens hinsichtlich des Verhältnisses zwischen ihr und den Kindern die Sache so zu behandeln ist, als wenn die nichtige Ehe Bestand gehabt hätte.

4. Der Verlust der Rechte aus der Vaterschaft trifft den Vater **persönlich** als Strafe für die Bösgläubigkeit. Das Rechtsverhältnis zwischen den Verwandten des Vaters und dem Kinde wird hierdurch in keiner Weise berührt. Zwischen ihnen und dem Kinde bleiben die durch die Ehelichkeit des Kindes begründeten Rechte und Pflichten bestehen (bestr.), was namentlich auf dem Gebiete des Erbrechts von Wichtigkeit ist (vgl. auch § 1899 A 1).

§ 1702

War der Mutter die Nichtigkeit der Ehe bei der Eheschließung bekannt, so hat sie in Ansehung des Kindes nur diejenigen Rechte, welche im Falle der Scheidung der allein für schuldig erklärten Frau zustehen[1]).

Stirbt der Vater oder endigt seine elterliche Gewalt aus einem anderen Grunde, so hat die Mutter nur das Recht und die Pflicht, für die Person des Kindes zu sorgen; zur Vertretung des Kindes ist sie nicht berechtigt. Der Vormund des Kindes hat, soweit der Mutter die Sorge zusteht, die rechtliche Stellung eines Beistandes[1]).

Die Vorschriften des Abs 2 finden auch dann Anwendung, wenn die elterliche Gewalt des Vaters wegen seiner Geschäftsunfähigkeit oder nach § 1677 ruht[1])[2]).

E I 1565 II 1590; M 4 847; P 4 664 ff.

1. Die **bösgläubige Mutter** (vgl. über die Bösgläubigkeit § 1701 A 1) ist hinsichtlich der Rechte und Pflichten **der unehelichen Mutter gleichgestellt.** Als bösgläubig ist die Frau nicht schon deshalb anzusehen, weil sie vor der Ehe mit einem Dritten Geschlechtsverkehr hatte und ihrem Manne hiervon keine Mitteilung gemacht hat. Der bösgläubigen Mutter stehen neben dem die elterliche Gewalt oder die tatsächliche Fürsorge für die Person des Kindes (vgl. § 1676 Abs 2) ausübenden Vater, da sie nicht mehr Rechte wie die Ehefrau haben kann, nur die Rechte einer bei der Scheidung allein für schuldig erklärten Ehefrau zu, so daß ihr (vorbehaltlich der Befugnis des Vormundschaftsgerichts, ihr gemäß § 1635 die Sorge für die Person des Kindes zuzuweisen) nur die Befugnis des persönlichen Verkehrs mit dem Kinde zukommt (§ 1636). Gleich der unehelichen Mutter hat sie das Recht der tatsächlichen Fürsorge für die Person in der Weise, daß der Vormund auf diesem Gebiete nur die Stellung eines mit der Unterstützung und Überwachung der Mutter betrauten Beistandes einnimmt (§§ 1707, 1689). Diese Rechte erlangt sie aber erst, wenn die väterliche Gewalt beendet ist oder ruht. Die Fürsorge für die Person des Kindes erlangt sie überhaupt nicht,

wenn das Ruhen der väterlichen Gewalt in der beschränkten Geschäftsfähigkeit des Vaters oder in der Bestellung eines Gebrechlichkeitspflegers für seine Person und sein Vermögen seinen Grund hat (§ 1676 Abs 2). In diesen Fällen wird dem Vater die tatsächliche Fürsorge für die Person des Kindes neben dem Vormunde eingeräumt und es ist deshalb, da die bösgläubige Mutter dem Vater nachstehen muß, kein Raum mehr für die Fürsorge der Mutter. Es verbleibt ihr nur das Recht des persönlichen Verkehrs mit dem Kinde (§ 1636). Zum Vormunde des volljährigen Kindes ist die bösgläubige Mutter ebensowenig berufen wie die uneheliche Mutter (§ 1899 Abs 3, vgl. auch § 1900 Abs 3). Auch stehen ihr nicht die der ehelichen Mutter gewährten Befreiungen zu (§§ 1904 Satz 1, 1903). Das Rechtsverhältnis der Verwandten der Mutter zu dem Kinde wird durch die Bösgläubigkeit der Mutter nicht beeinflußt.

2. Die zu 1 bezeichnete Rechtsstellung der bösgläubigen Mutter tritt, sobald die Ehe rechtskräftig für nichtig erklärt oder aufgelöst ist, im Falle des Erweises der Bösgläubigkeit mit **rückwirkender Kraft** ein (vgl. § 1701 A 2 u. § 1699 A 2), welche Rückwirkung hier kaum zu Unzuträglichkeiten führen kann.

§ 1703

Gilt das Kind nicht als ehelich, weil beiden Ehegatten die Nichtigkeit der Ehe bei der Eheschließung bekannt war, so kann es gleichwohl von dem Vater, solange er lebt[2]), Unterhalt wie ein eheliches Kind verlangen. Das im § 1612 Abs 2 bestimmte Recht steht dem Vater nicht zu[1]).

E I 1566 Abs 1 II 1591; M 4 848; P 4 667.

1. Die Rechtsstellung des nach § 1699 nicht als ehelich geltenden Kindes ist entsprechend einem Beschlusse der zweiten Kommission (Prot 4, 668ff.) der Rechtsstellung des ehelichen Kindes insofern angenähert, als es den **Unterhaltsanspruch eines ehelichen Kindes** auch gegen seinen Vater hat. Diese Gleichstellung führt aber nicht dazu, daß nunmehr auch dem Vater die Befugnis des § 1612 Abs 2 zukommt, also dem unverheirateten Kinde gegenüber zu bestimmen, in welcher Art und für welche Zeit im voraus der Unterhalt gewährt werden soll (vgl. § 1701 A 2). Dem Interesse des Vaters ist dadurch genügend Rechnung getragen, daß er bei Vorhandensein besonderer Gründe gemäß § 1612 Abs 1 darauf antragen kann, daß ihm die Gewährung des Unterhalts in anderer Weise als durch Entrichtung einer Geldrente gestattet wird.

2. Ein Pflichtteilsrecht oder Erbrecht ist dem in § 1703 bezeichneten unehelichen Kinde nicht eingeräumt. Auch der Unterhaltsanspruch eines ehelichen Kindes kommt ihm nur zu, **solange der Vater lebt.** Dagegen bleibt ihm nach dem Tode des Vaters das Recht, gegen dessen Erben den einem unehelichen Kinde zustehenden Unterhaltsanspruch (§ 1712) geltend zu machen. Die Frage, ob das Kind auch bei Lebzeiten des Vaters den Unterhaltsanspruch eines unehelichen Kindes (§§ 1708 ff.) wählen darf, ist zu verneinen (bestr.). Es bleibt ihm natürlich unbenommen, den Unterhalt nur in der Höhe zu fordern, in der auch das uneheliche Kind Unterhalt verlangen kann. Dadurch wird aber der Unterhaltsanspruch selbst, der nur nach Maßgabe der §§ 1601ff. gerechtfertigt ist, in seinem Wesen nicht verändert. Die Mutter kann deshalb, wenn der Vater ohne Gefährdung seines standesmäßigen Unterhalts nicht imstande ist, den Unterhalt zu gewähren (§ 1603 Abs 2 Satz 2), zur Abwendung ihrer Unterhaltspflicht sich nicht darauf berufen, daß in Höhe des dem unehelichen Kinde zu gewährenden Unterhalts der natürliche Vater nach § 1708 vor der Mutter haftet (a. M. Planck A 1e). Der Name des Vaters kommt dem in § 1703 behandelten Kinde nicht zu.

§ 1704

Ist die Ehe wegen Drohung anfechtbar und angefochten, so steht der anfechtungsberechtigte Ehegatte einem Ehegatten gleich, dem die Nichtigkeit der Ehe bei der Eheschließung unbekannt war[1]).

E I 1567 II 1592; M 4 850; P 4 670.

1. Dem **wegen Drohung anfechtungsberechtigten Ehegatten** (§ 1335) kann ebensowenig wie dem gutgläubigen Ehegatten daraus ein Vorwurf gemacht werden, daß er eine anfechtbare Ehe eingegangen ist. Er hat deshalb die Rechte eines gutgläubigen Ehegatten (vgl. § 1346). Gutgläubig kann übrigens, wenn die Drohung von einem Dritten ausgegangen ist, auch der andere Ehegatte sein, gegen den die Drohung sich nicht gerichtet hat. Bei Gutgläubigkeit beider Ehegatten wird § 1700 anwendbar.

Sechster Titel

Rechtliche Stellung der unehelichen Kinder

1. Dem Grundgedanken der Ehe entspricht es, daß familienrechtliche Pflichten und Rechte regelmäßig nur auf die durch eheliche Abstammung vermittelte Verbindung gegründet werden können und daß deshalb das aus außerehelichem Geschlechtsverkehr hervorgegangene Kind nicht oder doch nur in beschränktem Maße die Rechtsstellung eines ehelichen Kindes haben kann. Nicht in Widerspruch hiermit steht der in Art 119 Abs 3 RVerf aufgestellte Grundsatz, daß auch die uneheliche Mutterschaft Anspruch auf den Schutz und die Fürsorge des Staates hat, auch nicht die in Art 121 für die Gesetzgebung aufgestellte Regel, daß den unehelichen Kindern die gleichen Bedingungen für ihre leibliche, seelische und gesellschaftliche Entwicklung zu schaffen seien wie den ehelichen Kindern. (Der auf Grund des Art 121 ausgearbeitete Gesetzentwurf über die unehelichen Kinder und die Annahme an Kindes Statt ist im Reichsarbeitsblatt 1925 S. 459ff veröffentlicht worden.) Nach dem Recht des BGB tritt das **uneheliche Kind nur in die Familie der Mutter**, nicht in die Familie des Vaters, und auch die Mutter selbst hat nicht die Rechte der elterlichen Gewalt, sondern ist auf die tatsächliche Fürsorge für die Person des Kindes beschränkt (§§ 1705, 1707). Die Unterhaltspflicht des Vaters gegenüber dem Kinde und der Mutter (§§ 1708ff., 1715) ist regelmäßig eine beschränkte. Dadurch, daß die Eltern nachträglich die Pflicht der Eheschließung erfüllen, können dem unehelichen Kinde die Rechte eines ehelichen verschafft werden (§§ 1719—1722). Ausnahmsweise ist dies für das Rechtsverhältnis zwischen dem Vater und dem Kinde sowie dessen Abkömmlingen auch möglich auf dem Wege der Ehelichkeitserklärung, die auf Antrag des Vaters vom Staate nach freiem Ermessen erteilt wird (§§ 1723ff.). Um die Unehelichkeit des Kindes nicht ohne Not hervortreten zu lassen, ist die Einrichtung getroffen, daß an Stelle der vollständigen Geburtsurkunde auf Antrag ein Geburtsschein ausgestellt wird, dessen Angaben sich auf Ort und Tag der Geburt sowie auf Vor- und Zunamen des Kindes beschränken (PrMVf v. 13. 2. 18, MBl 41). Vgl. jetzt § 15a—c PStG, die durch VO v. 14. 2. 24 eingefügt sind. Nach dem Erl des PrMdJ v. 15. 12. 15 kann den Bräuten gefallener Kriegsteilnehmer auf ihren Antrag mit Einverständnis der nächsten Verwandten des Gefallenen die Erlaubnis erteilt werden, den Namen des Gefallenen zu führen und auch dem Kinde den gleichen Namen zu geben. Über die Kindesannahme s. Vorbem vor § 1741.

2. Nach dem Grundsatze des Art 20 EG, der ergänzungsweise auch auf Ausländer angewandt werden darf (vgl. Vorbem 7 vor § 1), bestimmt sich, was den **räumlichen Geltungsbereich** der Gesetze betrifft, das Rechtsverhältnis zwischen dem unehelichen Kinde und der Mutter nach dem jeweiligen Recht der Staatsangehörigkeit der Mutter (RG 76, 284, vgl. Bergmann, Internationales Ehe- und Kindschaftsrecht I S. 56ff.). Unter die Vorschrift des Art 20 Satz 1 fällt auch die Namenserteilung an das uneheliche Kind durch den Ehemann der Mutter. Daher bestimmt sich nach deutschem Recht, ob und unter welchen Voraussetzungen der deutsche Ehemann dem ausländischen unehelichen Kinde seiner deutschen Ehefrau rechtswirksam seinen Namen erteilen kann (so die herrschende Meinung, a. A. KG in JFG 3, 130). Im Interesse des deutschen Kindes ist in Art 20 Satz 2 die besondere Bestimmung getroffen, daß die einmal begründete Anwendbarkeit des deutschen Rechtes durch das Erlöschen der Reichsangehörigkeit der Mutter nicht verloren geht, sofern nur das Kind sie behalten hat. Für die gegen den natürlichen Vater von dem Kinde oder der Mutter zu erhebenden Ansprüche ist nach dem allgemein gültigen Grundsatz des Art 21 das Recht der Mutter zur Zeit der Geburt des Kindes maßgebend, wobei jedoch zugunsten des deutschen Vaters die Einschränkung beigefügt ist, daß die Ansprüche in dem gleichen Umfange auch nach dem inländischen Recht des Vaters begründet sein müssen. Stammt das uneheliche Kind von einer Eingeborenen, so ist für den Unterhaltsanspruch des Kindes das Eingeborenenrecht maßgebend (vgl. BöhmsZ 21, 535). Die Voraussetzungen und Wirkungen der Legitimation durch Eheschließung und Ehelichkeitserklärung sind gemäß dem einer Erweiterung fähigen Grundsatze des Art 22 (vgl. Vorbem 7 vor § 1) nach dem Recht des Vaters zur Zeit der Eheschließung oder des Erlasses der die Ehelichkeitserklärung erteilenden Verfügung der Staatsgewalt zu beurteilen. Wegen der Form der Erklärungen und wegen des Erfordernisses der Einwilligung s. Vorbem 2 vor § 1741, wegen der Einflußlosigkeit einer nach der Legitimation durch Eheschließung erfolgenden Änderung der Staatsangehörigkeit § 1719 A 2.

3. **Übergangsvorschriften.** Seit Inkrafttreten des BGB richtet sich gemäß Art 208 EG das Rechtsverhältnis zwischen dem früher geborenen unehelichen Kinde und seiner Mutter sowie den mütterlichen Verwandten nach neuem Recht. Das uneheliche Kind ist mit dem 1. Jan. 1900 in die Familie der Mutter ohne weiteres eingetreten, ohne daß eine Anerkennung

des Kindes durch die Mutter erforderlich war (RG 3. 7. 03 II 560/02). Hinsichtlich des Rechtes, den Familiennamen des Vaters zu führen, hinsichtlich der Unterhaltspflicht des Vaters und der Zulässigkeit der Erforschung der Vaterschaft bleibt das frühere Recht bestehen, und zwar auch dann, wenn die nach dem französisch-rheinischen oder badischen Rechte das Namensrecht und Unterhaltsrecht des Kindes begründende Anerkennung erst nach Inkrafttreten des BGB erfolgt ist (Art 208 Abs 3 EG; RG JW 1911, 1012[1], ausführlicher in Gruch 56, 334). Nur ist in letzterer Hinsicht das in Art 340 Code civil ausgesprochene Verbot als zwingendes Verbot für das Recht des Prozeßgerichts fortgefallen (RG 48, 168). Die Voraussetzungen und Wirkungen der Legitimation bestimmen sich, wenn die Eheschließung oder die Ehelichkeitserklärung oder das sonstige die Ehelichmachung begründende Ereignis (Erzeugnis des Kindes im Brautstande unter Herrschaft des sächsischen Rechtes) vor dem 1. Jan. 1900 stattgefunden hat, nach früherem Recht (Artt 209, 208 Abs 2, RG JW 1914, 418[19]). Das neue Recht greift hier nur insofern ein, als die den legitimierten Kindern gewährte Rechtsstellung eines ehelichen Kindes jetzt ihren Inhalt aus dem neuen Recht empfängt.

4. Öffentliches Recht. Die unehelichen Kinder erlangen nach § 4 Abs 2 RuStAngG v. 22. 7. 13 mit der Geburt die ihrer Mutter zu diesem Zeitpunkte zustehende Staatsangehörigkeit, nehmen aber im übrigen weder an dem Erwerbe noch dem Verluste der Staatsangehörigkeit der Mutter teil, da die Mutter nicht die gesetzliche Vertreterin des Kindes ist (§§ 16, 19, 29 dieses Ges.). Der Unterstützungswohnsitz der Mutter wird nach §§ 21. 18 UWG v. 30. 5. 08 von dem unehelichen Kinde geteilt. Das Gesetz ist durch § 29 der ReichsfürsorgepflichtVO v. 13. 2. 24 aufgehoben, vgl. jetzt §§ 8, 20 dieser VO. Hinsichtlich der Pflicht zur Entrichtung der Erbschaftsteuer wird nach dem ErbschStG in der Fassung v. 22. 8. 25 zwischen ehelichen Kindern und unehelichen Kindern der Mutter oder vom Vater anerkannten unehelichen Kindern kein Unterschied gemacht (§ 9). Der Adel in seiner namensrechtlichen Bedeutung (Art 109 Abs 3 RVerf.) geht auf das uneheliche Kind der Mutter über (RG 103, 194). Die Zugehörigkeit zur Adelsfamilie ist damit nicht erworben. Sie richtet sich nach den Bestimmungen des Landesrechts. Auf die zur Zeit des Inkrafttretens der Reichsverfassung bereits geborenen unehelichen Kinder und deren Abkömmlinge geht der adelige Name nicht über. Rückwirkende Kraft kann der Vorschrift des Art 109 Abs 3 nicht beigelegt werden (s. § 12 A 1). Die eine gegenteilige Bestimmung enthaltende PrVO v. 3. 11. 19 (GS S. 179), ist durch VO v. 12. 5. 22 wieder aufgehoben (vgl. hierzu RG 109, 244; KGJ 53 A 75). Über die Nachfolgeberechtigung in Familienfideikommisse und Lehen entscheidet das Landesrecht (vgl. Art 59 EG). — Nach § 16 Abs 4 RBesoldG in der Neufassung v. 6. 12. 26 (Ziff. 174 der Besoldungsvorschriften v. 14. 7. 24) erhalten die Beamten den Kinderzuschlag auch für das uneheliche Kind, wenn die Vaterschaft zu dem Kinde festgestellt ist und wenn der Beamte es in seinen Hausstand aufgenommen hat oder auf andere Weise nachweislich für seinen vollen Unterhalt aufkommt. Das uneheliche Kind hat ferner nach dem Ges. v. 28. 2. 88 in der Fassung v. 4. 8. 14 (vgl. auch über bedürftige Pflegekinder Vorbem 4 vor § 1741) im Falle der Bedürftigkeit (in gleicher Weise wie das eheliche) bei Einberufung des Vaters Anspruch auf Kriegsunterstützung, sofern dessen Unterhaltspflicht festgestellt ist. In Höhe der gewährten Unterstützung wird der natürliche Vater von seiner Unterhaltspflicht befreit. Wegen Gleichstellung der unehelichen Kinder mit den ehelichen vgl. ferner §§ 559 b, 1259, 1291 RVO und Abändges v. 25. 6. 26. Rechtsnachteile infolge unehelicher Geburt sollen nach Art 109 Abs 3 RVerf auf dem Gebiete des öffentlichen Rechtes künftig nicht mehr bestehen.

§ 1705

Das uneheliche Kind[1]) hat im Verhältnisse zu der Mutter und zu den Verwandten der Mutter die rechtliche Stellung eines ehelichen Kindes[2]).

E I 1268 II 1593; M 4 851; P 4 670.

1. **Unehelich** ist das Kind, das nach den Bestimmungen der §§ 1591 ff. und des § 1699 nicht als eheliches Kind anzusehen ist. Es kommt nicht bloß darauf an, ob die mutmaßliche Erzeugungszeit in die Zeit der Ehe fällt, sondern auch darauf, ob die Ehelichkeit rechtzeitig angefochten ist (§§ 1593—1599) und ob die Nichtigkeit (Anfechtbarkeit) der Ehe den Ehegatten unbekannt gewesen ist (§ 1699, vgl. auch § 1704). Eine unterschiedliche Behandlung der im Ehebruch oder in Blutschande erzeugten unehelichen Kinder findet, abgesehen von der Bestimmung des § 1732, nicht statt.

2. Grundsätzlich ist die Stellung des unehelichen Kindes von der des ehelichen Kindes darin verschieden, daß ein **Verwandtschaftsverhältnis** (beziehentlich, wenn es sich um den Ehegatten handelt, Schwägerschaftsverhältnis) nur mit der Mutter und deren Verwandten, nicht mit dem Vater und dessen Verwandten (vgl. hierüber § 1589 A 4) besteht. Das Verwandtschaftsverhältnis zeigt sich namentlich auf dem Gebiete der Unterhaltspflicht, des Erb-

rechts und des Vormundschaftsrechts (vgl. hinsichtlich des Vormundschaftsrechts §§ 1776 Nr 4, 1897, 1899, wonach der mütterliche Großvater zum Vormunde berufen ist). Das Verwandtschaftsverhältnis zu der Mutter zeigt sich auch darin, daß das uneheliche Kind den Namen (§ 1706) und während der Minderjährigkeit den Wohnsitz der Mutter (§ 11) teilt. — Der Ehemann der Mutter des unehelichen Kindes hat selbstverständlich diesem gegenüber keine Verpflichtungen. Es entspricht aber — was für die Frage der Ehescheidung von Bedeutung sein kann — nicht der rechten ehelichen Gesinnung, wenn der Mann die Aufnahme des unehelichen Kindes seiner Frau, das diese schon vor der Eheschließung bei sich hatte, ablehnt (**RG** 23. 4. 06 IV 505/05). Der Ehemann ist auch nach § 57 Abs 1 Nr 9 FGG als beschwerdeberechtigt im Interesse der unehelichen Kinder seiner Frau anzuerkennen (RJA 9, 5). — Auf einen Rechtsstreit zwischen der Mutter und dem unehelichen Kinde über die Mutterschaft finden die Vorschriften der §§ 640, 642, 643 ZPO Anwendung; anders, wenn auf Feststellung der unehelichen Geburt des Kindes geklagt wird (**RG** 102, 358 und § 1589 A 4).

§ 1706

Das uneheliche Kind erhält den Familiennamen der Mutter[1]).

Führt die Mutter infolge ihrer Verheiratung einen anderen Namen, so erhält das Kind den Familiennamen, den die Mutter vor der Verheiratung geführt hat. Der Ehemann der Mutter kann durch Erklärung gegenüber der zuständigen Behörde dem Kinde mit Einwilligung des Kindes und der Mutter seinen Namen erteilen; die Erklärung des Ehemanns sowie die Einwilligungserklärungen des Kindes und der Mutter sind in öffentlich beglaubigter Form abzugeben[2]).

E I 1569 II 1594; M 4 859; P 4 671.

1. Die Zugehörigkeit des unehelichen Kindes zur Familie der Mutter kommt darin zum Ausdruck, daß das Kind den **Familiennamen der Mutter** führt. Ist der ursprüngliche Familienname der Mutter durch Annahme an Kindes Statt oder (bei Unehelichkeit der Mutter) durch Legitimation oder Beilegung des Namens des Stiefvaters (§ 1706 Abs 2) geändert, so ist es der neue Name, den das nach der Änderung geborene uneheliche Kind zu führen hat. Ist das Kind früher geboren, so erlangt es im Falle der Legitimation ebenfalls den neuen Namen (§ 1737), im Falle der Kindesannahme nur dann, wenn der Vertrag auch mit ihm geschlossen wird (§ 1762), während es bei der Beilegung des Namens des Stiefvaters in dessen Belieben steht, ob er auch die unehelichen Abkömmlinge der Stieftochter (die in diesem Falle nach § 1706 Abs 2 ihre Einwilligung zu erteilen haben) seinen Namen führen lassen will. Ist das Kind als eheliches in das Geburtsregister eingetragen, so verbleibt ihm trotz Feststellung der Unehelichkeit, solange die Eintragung nicht berichtigt ist, die Berechtigung, den eingetragenen Namen weiter zu führen. — Die Beilegung des **Vornamens** steht als Ausfluß der Sorge für die Person des Kindes der unehelichen Mutter und, falls diese verstorben oder ihr die Sorge für die Person entzogen ist, dem Vormunde des Kindes zu. Über Eintragung und Änderung des Vornamens s. § 1616 A 1 a. E. und wegen Übergangs des adligen Namens Vorbem 4 vor § 1705.

2. Hat die **Mutter des unehelichen Kindes sich verheiratet**, so gehört das Kind nicht zur Familie des Ehemanns der Mutter und nimmt an dessen Namen nicht teil. Jedoch ist dem Ehemann gestattet — was auf einem Beschlusse der Reichstagskommission beruht (RTK 282) —, **seinen Namen** dem vor oder nach der Eheschließung geborenen unehelichen Kinde seiner Frau bleibend **beizulegen**, um auf diese Weise den mit der unehelichen Geburt verbundenen Makel nach außen hin möglichst zu beseitigen. Hat der erste Mann bereits dem Kinde seinen Namen gegeben, so kann der zweite Mann die Befugnis des § 1706 nicht mehr ausüben (OLG 42, 102). Die Namenserteilung ist aber zulässig, wenn schon vor der Heirat mit obrigkeitlicher Erlaubnis die Mutter sich als „Frau" bezeichnet und Mutter und Kind den Familiennamen des Erzeugers geführt haben (JFG 1, 129). Die Beilegung des Namens geschieht durch eine gegenüber der zuständigen Behörde in öffentlich beglaubigter Form (§ 129) abzugebende Erklärung. Erforderlich ist außerdem die von dem Kinde und der Mutter, da durch Erteilung des neuen Namens in ihr Namensrecht eingegriffen wird, in gleicher Form entweder der zuständigen Behörde oder dem Stiefvater gegenüber abzugebende Einwilligungserklärung. Die von der Mutter verweigerte Einwilligung kann nicht, wie im Falle des § 1727, von dem Vormundschaftsgericht ersetzt werden. Auch kann die Bestimmung des § 1746 Abs 2 keine entsprechende Anwendung finden (bestr.). Die von dem Stiefvater abzugebende Erklärung und die Einwilligungserklärungen bedürfen bei der höchstpersönlichen Natur der Rechtshandlung im Falle der beschränkten Geschäftsfähig-

keit des Erklärenden nicht der Zustimmung des gesetzlichen Vertreters (bestr.), und es kann, abgesehen von dem geschäftsunfähigen Kinde (vgl. §§ 1728 Abs 2, 1750 Abs 1), für den Geschäftsunfähigen nicht der gesetzliche Vertreter die Erklärung abgeben (bestr. — a. A. KG in RJA 13, 11). Der Zustimmung des Gegenvormundes bedarf es nicht. Ist die Mutter verstorben oder für tot erklärt, so bedarf es nur noch der Einwilligung des Kindes. Ist der Stiefvater der gesetzliche Vertreter des Kindes, so ist er durch § 181 nicht gehindert, namens des Kindes dessen Einwilligung der Behörde zu erklären, und es bedarf deshalb zur Abgabe dieser Erklärung nicht der Bestellung eines Pflegers (BayObLG in SeuffA 61 Nr 12). Das Recht und die Pflicht des Kindes, den neuen Namen zu führen, beginnt mit dem Zeitpunkte, in welchem die sämtlichen Erklärungen in gehöriger Form bei der zuständigen Behörde eingegangen sind, ohne daß die Eintragung in das Geburtsregister (die in den Ausführungsgesetzen durchweg vorgeschrieben ist) hinzugekommen zu sein braucht. Über die Unzulässigkeit einer gegen die gerichtliche Anweisung zur Eintragung gerichteten Beschwerde der Aufsichtsbehörde s. RJA 16, 31. Die Zuständigkeit der Behörde zur Entgegennahme und zur Beglaubigung der Erklärungen bestimmt sich nach Landesrecht (vgl. indessen § 43 Abs 2 JWG). Es ist teils, wie in Sachsen, Baden und Hessen, das Amtsgericht, teils, wie in Bayern, die Verwaltungsbehörde, teils, wie in Württemberg, das Standesamt, teils, wie in Preußen, nach Art 8 PrAG das Standesamt und das Amtsgericht bzw. der Rechtspfleger (Vorbem 4 a vor § 1773) für zuständig erklärt. Für Bayern kann die nach der VO v. 24. 11. 21 zuständige Bezirkspolizeibehörde mit der Entgegennahme der nach § 1706 Abs 2 abzugebenden Erklärung gemäß VO v. 18. 7. 22 eine Gemeindebehörde ihres Bezirks beauftragen.

§ 1707

Der Mutter steht nicht die elterliche Gewalt über das uneheliche Kind zu[1]). Sie hat das Recht und die Pflicht, für die Person des Kindes zu sorgen; zur Vertretung des Kindes ist sie nicht berechtigt. Der Vormund des Kindes hat, soweit der Mutter die Sorge zusteht, die rechtliche Stellung eines Beistandes[2])[3]).

E I 1570 II 1595; M 4 859 ff.; P 4 671.

1. Die **Ausschließung der Mutter von der elterlichen Gewalt** hat zur Folge, daß das uneheliche Kind einen **Vormund** erhalten muß, wozu die Mutter selbst bestellt werden kann, ohne daß der als Vormund berufene mütterliche Großvater des Kindes vor ihr ein Vorrecht hat (§ 1778 Abs 3). Nach § 35 JWG erlangt mit der Geburt des unehelichen Kindes das Jugendamt des Geburtsorts die Vormundschaft, jedoch kann auf seinen Antrag an seiner Stelle vom Vormundschaftsgericht ein Einzelvormund bestellt werden (§ 40). Vgl. im übrigen über die gesetzliche Vormundschaft, die gerade für uneheliche Kinder von Bedeutung ist, § 1773 A 4 und 5. Durch die Versagung der elterlichen Gewalt werden die aus dem natürlichen Verwandtschaftsverhältnis folgenden Rechte (vgl. Vorbem 3 vor § 1616) und die in den §§ 1617—1619 bestimmten Rechte nicht berührt.

2. Der Mutter verbleibt derjenige Teil der elterlichen Gewalt, welcher in der tatsächlichen **Fürsorge für die Person** des Kindes besteht (bezüglich der Aufsicht des Jugendamts s. §§ 24 Abs 1, 25 Abs 2, 3 JWG). Der Vormund kann auf diesem Gebiete selbständige Anordnungen nicht treffen, er hat hier vielmehr nur die Stellung eines mit der Unterstützung und Überwachung der Mutter betrauten Beistandes (§ 1689, vgl. jedoch wegen seiner strafrechtlichen Verantwortlichkeit aus § 174 StGB RGSt 58, 10). Die Abschließung von Dienst-, Arbeits- und Lehrverträgen, die Abschließung eines entgeltlichen Verpflegungsvertrages gebührt an sich, als zur Vertretung des Kindes gehörig, dem Vormunde. Die Mutter ist jedoch, da sie über den Aufenthalt und die Beschäftigung des Kindes zu bestimmen hat, hieran nur gebunden, wenn sie dem Vertrage zugestimmt hat (vgl. Schäfer im Recht 03, 302 ff.). Verweigert sie mißbräuchlich die Zustimmung, so kann allerdings auf Grund des § 1666 gegen sie eingeschritten werden (vgl. KGJ 28 A 179). Das für Minderjährige zur Eingehung eines gewerblichen Arbeitsverhältnisses erforderliche Arbeitsbuch ist nach § 107 GewO an den Vormund, als den gesetzlichen Vertreter des Kindes, auszuhändigen; die Aushändigung kann mit Genehmigung der Gemeindebehörde indes auch an die Mutter erfolgen. Die Wahrnehmung der Rechte des unehelichen Kindes gegen den Erzeuger, die Einziehung der Unterhaltsgelder usw. ist Sache des Vormundes. Die Mutter kann aber verlangen, daß der Vormund ihr die zur Bestreitung der einzelnen Bedürfnisse des Kindes erforderlichen Mittel überläßt. Kommt eine Einigung zwischen ihnen nicht zustande, so hat, da es sich um eine sowohl die Person als das Vermögen betreffende Angelegenheit handelt, das Vormundschaftsgericht zu entscheiden (vgl. §§ 1629, 1798 — ebenso KG in RJA 8, 9 unter Aufgabe der früheren gegenteiligen An-

sicht). Über die religiöse Erziehung des Kindes hat, bis dieses das 14. Lebensjahr vollendet hat, nach § 3 Abs 1 des RGes. v. 15. 7. 21 (abgedruckt hinter § 1631) ausschließlich die Mutter zu befinden, unbeschadet des Rechtes des Vormundschaftsgerichts, im Falle des Mißbrauchs dagegen einzuschreiten. Die gleichen Befugnisse stehen auch der minderjährigen Mutter zu (vgl. § 1696). Vermöge ihres Personenfürsorgerechts hat die Mutter ein berechtigtes Interesse an der Auswahl der Person des Vormundes und an der Entlassung des Vormundes, der seinen Pflichten auf dem Gebiete der Erziehung nicht gerecht geworden ist, und ist dieserhalb nach § 57 Abs 1 Nr 9 FGG beschwerdeberechtigt (RJA 11, 164). Auf Grund derselben Vorschrift kann sie auch gegen die Erteilung oder Versagung der vormundschaftsgerichtlichen Genehmigung zu einem Unterhaltsvergleich (§ 1714) Beschwerde einlegen, da es sich hier um eine die Person des Kindes mitberührende Angelegenheit handelt (KGJ 38 A 65).

3. Im Falle der tatsächlichen **Verhinderung der Mutter** hat der Vormund die Fürsorge für die Person des Kindes auszuüben, wenn ihm diese oder einzelne dazu gehörige Verrichtungen gemäß § 1665 vom Vormundschaftsgericht übertragen sind (abw. früh. Aufl.). Hat der Vormund mit Zustimmung der Mutter das uneheliche Kind in seine Pflege genommen, so kann nötigenfalls — wenn Bedenken gegen die Verpflegung bestehen und die Mutter ganz unter dem Einflusse des Vormundes steht — ein Pfleger zur Überwachung der Verpflegung bestellt werden (KGJ 36 A 43).

§ 1708

Der Vater des unehelichen Kindes[1]) ist verpflichtet, dem Kinde bis zur Vollendung des sechzehnten Lebensjahrs den der Lebensstellung der Mutter entsprechenden Unterhalt zu gewähren. Der Unterhalt umfaßt den gesamten Lebensbedarf sowie die Kosten der Erziehung und der Vorbildung zu einem Berufe[2]).

Ist das Kind zur Zeit der Vollendung des sechzehnten Lebensjahrs infolge körperlicher oder geistiger Gebrechen außerstande, sich selbst zu unterhalten, so hat ihm der Vater auch über diese Zeit hinaus Unterhalt zu gewähren; die Vorschrift des § 1603 Abs 1 findet Anwendung[3])[4]).

E I 1571, 1573, 1574 II 1596 Abs 1; M 4 864 ff., 893 ff.; P 4 671 u. 680 ff.

1. Zu dem **Vater des unehelichen Kindes** tritt dieses in kein Verwandtschaftsverhältnis. Der Vater hat deshalb keine Rechte hinsichtlich der Sorge für die Person des Kindes, auch nicht das Recht des persönlichen Verkehrs. Dagegen ist er nach Maßgabe der §§ 1708ff. zur Gewährung des vollen Unterhalts verpflichtet, ohne daß die Mutter zu dem Unterhalt beizutragen hat — wennschon praktisch bei Verwirklichung der Unterhaltspflicht ein anderer Standpunkt eingenommen zu werden pflegt (vgl. die Aufsätze in JW 1912 S. 328ff., 770ff.) — und ohne daß er zur Erleichterung der Unterhaltspflicht das Recht für sich in Anspruch nehmen kann, das Kind in eigene Verpflegung zu nehmen. Bei Bemessung der Unterhaltsrente ist auch auf die nach der Schulentlassung bis zur Vollendung des 16. Lebensjahrs entstehenden weiteren Kosten der Erziehung und der Vorbildung zu einem bestimmten Berufe, insbesondere einem Handwerk oder sonstigen Gewerbe Rücksicht zu nehmen (vgl. AllgVf des PrJM v. 28. 1. 19 über Höhe des Unterhalts). Dem unehelichen Kinde aus nichtiger Ehe ist in § 1703 der gleiche Unterhaltsanspruch wie dem ehelichen Kinde eingeräumt. Ein über § 1708 hinausgehender Anspruch erwächst dem unehelichen Kinde auch nicht in dem Falle, daß die Beiwohnung den Tatbestand einer unerlaubten Handlung enthält. Über den Unterstützungsanspruch des unehelichen Kindes bei Einberufung des Vaters zum Kriegsdienst s. Vorbem 4 vor § 1705 a. E., über den Schadensersatzanspruch der Mutter aus unerlaubter Handlung s. § 1717 A 4. Zuwendungen, die der Vater auf Grund der Unterhaltspflicht dem unehelichen Kinde auch über seine gesetzliche Verpflichtung hinaus gemacht hat, unterliegen nach § 534 soweit sie einer sittlichen Pflicht oder einer Anstandspflicht entsprechen, nicht der Rückforderung oder dem Widerruf. Nicht als Schenkungsversprechen (§ 516) ist das zugunsten des Kindes der Mutter gegenüber abgegebene Zahlungsversprechen des Vaters anzusehen, wenn es in dem Bewußtsein gegeben oder angenommen ist, daß ihm eine Verpflichtung rechtlicher Art zugrunde liege (RG Warn 1918 Nr 172). Die gesetzliche Unterhaltsforderung des unehelichen Kindes steht der des ehelichen Kindes darin gleich, daß sie nach § 850 Nr 2 ZPO der Pfändung nicht unterworfen ist. — Die Eltern des unehelichen Vaters sind nicht unterhaltspflichtig, doch kann sich ihre Haftung aus § 1712 oder § 1654 ergeben.

2. Die in § 1708 Abs 1 bestimmte **Unterhaltspflicht des natürlichen Vaters** ist, wennschon sie auf dem Verwandtschaftsverhältnis, nicht auf einer unerlaubten Handlung beruht

(wichtig wegen der Zurechnungsfähigkeit, der Verjährung, des Gerichtsstandes), von der Unterhaltspflicht der Verwandten (§§ 1601 ff.) so verschieden, daß sie besondern Regeln unterstellt ist. Sie unterscheidet sich von der Unterhaltspflicht der Verwandten hauptsächlich darin, daß das an Unterhalt zu Gewährende ein fester Betrag ist, der sich nach der Lebensstellung des Kindes bemißt, ohne daß es auf die Bedürftigkeit des Kindes (vgl. **RG** 96, 145) oder die Leistungsfähigkeit des Vaters ankommt, wie denn auch vielfach das Unterhaltsgeld nicht für den Unterhalt des Kindes verwendet, sondern für dieses gespart wird. Für die Lebensstellung des Kindes ist wiederum die jeweilige Lebensstellung der Mutter maßgebend. Als weitere Unterschiede sind hervorzuheben: a) Es kann regelmäßig nur Gewährung des Unterhalts bis zum vollendeten 16. Lebensjahre des Kindes verlangt werden (§ 1708); b) der Unterhalt ist nur in Geld zu leisten (§ 1710); c) der Unterhalt kann für die Vergangenheit nachgefordert werden (§ 1711); d) der Unterhaltsanspruch erlischt nicht mit dem Tode des Vaters (§ 1712); e) das Kind kann wegen des Unterhaltsanspruchs abgefunden werden (§ 1714). Zu bemerken ist dabei, daß die zeitliche Beschränkung des Unterhalts auch eine inhaltliche Beschränkung nach sich zieht, indem eine Ausbildung des Kindes, welche die Unterhaltsgewährung noch über das 16. Lebensjahr hinaus nötig macht, auf Kosten des Vaters nicht gewählt werden darf. Das Recht der Mutter, dem Kinde eine weitergehende Ausbildung zu gewähren, wird hierdurch nicht berührt. Soweit bei dieser Ausbildung — im Verhältnis zu der mit Vollendung des 16. Lebensjahrs abschließenden normalen Ausbildung — bereits in der Zeit vor vollendetem 16. Lebensjahre Mehrkosten entstehen, fallen sie dem Vater nicht zur Last. Nach den angegebenen Unterschieden hat die Unterhaltspflicht des natürlichen Vaters mehr die Natur einer schuldrechtlichen Verpflichtung. Es läßt sich hieraus folgern, daß der Unterhaltsanspruch gegen den natürlichen Vater bei Zusammentreffen mit Unterhaltsansprüchen von Verwandten ohne Rücksicht auf letztere Ansprüche geradeso wie eine gewöhnliche Forderung geltend zu machen ist. Die Billigkeit fordert aber, daß, soweit dem unehelichen Kinde nach § 4a LohnBG v. 29. 3. 97/26. 10. 22 und § 850 Abs 4 ZPO ein **Pfändungsvorrecht** zusteht, es die vorzugsweise Befriedigung der ehelichen Verwandten einschließlich des Ehegatten und des geschiedenen Ehegatten wegen ihres Unterhalts für den gleichen Zeitraum und bei früherer Klagerhebung der Verwandten für die Zeit seit Anhängigkeit dieser Klage und das vorausgehende letzte Vierteljahr sich gefallen lassen muß. Der von seinen Verwandten auf Unterhaltsgewährung in Anspruch genommene natürliche Vater darf auch bei Bemessung seiner Leistungsfähigkeit (§ 1603) nicht zum Nachteil seiner Verwandten die Unterhaltsforderung des unehelichen Kindes zum vollen Betrage vorweg in Abzug bringen.

3. Mit dem vollendeten **16. Lebensjahre** wird das Kind regelmäßig in der Lage sein, sich selbst zu unterhalten. Darüber hinaus ist ihm durch § 1708 Abs. 2, welche Vorschrift auf einem Beschlusse der Reichstagskommission beruht (RTK 283ff.), ein Unterhaltsanspruch für den Fall eingeräumt, daß es bei Erreichung dieses Alters (a. M. Dernburg IV § 89 A 16) infolge körperlicher oder geistiger Gebrechen, mögen diese verschuldet oder unverschuldet sein, den Unterhalt nicht gewinnen kann. Dieser **außerordentliche Unterhaltsanspruch** ist seiner rechtlichen Natur nach wesentlich verschieden von dem ordentlichen Unterhaltsanspruch. Er erfordert Bedürftigkeit des Kindes und, wie durch Verweisung auf § 1603 Abs 1 ausgesprochen ist, Leistungsfähigkeit des Vaters. Auch in den übrigen Beziehungen ist der außerordentliche Unterhaltsanspruch als ein rein familienrechtlicher Anspruch, der den Vorschriften der §§ 1604ff. unterliegt, aufzufassen, mit der Ausnahme, daß immer nur eine Geldrente zu entrichten ist und daß eine Bedürftigkeit aus sittlichem Verschulden seitens des erst 16 Jahre alten Kindes nicht in Frage kommen wird, so daß die Anwendbarkeit der §§ 1611 u. 1612 sich erübrigt. Die in § 1603 Abs 2 ausgesprochene erweiterte Unterhaltspflicht der Eltern ist auf die Verpflichtung aus § 1708 Abs 2 nicht übertragen. Maßgebend für den Umfang des Unterhalts ist auch hier die Lebensstellung des Kindes, die bei einem erwachsenen Kinde der Lebensstellung der Mutter nicht immer entsprechen wird (abweichend Korn in Gruch 55, 796, welcher als höchstes Maß den nach der Lebensstellung der Mutter zu bemessenden Unterhalt zubilligt). Für den außerordentlichen Unterhaltsanspruch ist nicht zu bezweifeln, daß der Unterhaltsanspruch der ehelichen Kinder und des Ehegatten des natürlichen Vaters den Vorrang hat (vgl. A 2 a. E.).

4. Über die Verbindung der **Unterhaltsklage** mit der Klage der Mutter aus § 1715 s. A 4 zu diesem Paragraphen. Eine Erhöhung des rechtskräftig zuerkannten Unterhalts kann unter den Voraussetzungen der Umwandlungsklage des § 323 ZPO gefordert werden (s. Vorbem 7 vor § 1601). Die Pfändungsbeschränkungen des § 850 ZPO greifen gegenüber dem gesetzlichen Unterhaltsanspruch des unehelichen Kindes nicht Platz, was jedoch nicht zu einer Beeinträchtigung des notdürftigen Unterhalts des Vaters führen darf (s. § 850 Abs 4). Über das Zusammentreffen mit Unterhaltsansprüchen ehelicher Verwandten s. A 2 und über die Zulässigkeit der Feststellungsklage § 1717 A 1. Der uneheliche Vater unterliegt der Strafvorschrift des § 360 Nr 10 StGB, vgl. auch § 20 Abs 2 RFürsorgeVO v. 13. 2. 24.

§ 1709

Der Vater ist vor der Mutter und den mütterlichen Verwandten des Kindes unterhaltspflichtig[1]).

Soweit die Mutter oder ein unterhaltspflichtiger mütterlicher Verwandter dem Kinde den Unterhalt gewährt, geht der Unterhaltsanspruch des Kindes gegen den Vater auf die Mutter oder den Verwandten über. Der Übergang kann nicht zum Nachteile des Kindes geltend gemacht werden[2]).

E I 1571 II 1596 Abs 2; M 4 875 u. 879; P 4 680; 6 301.

1. Daß der **Vater vor der Mutter und den mütterlichen Verwandten des unehelichen Kindes haftet,** folgt, was die Unterhaltspflicht des § 1708 Abs 1 betrifft, aus dem schuldrechtlichen Charakter dieser Verpflichtung (vgl. § 1708 A 2). Hinsichtlich der Unterhaltspflicht aus § 1708 Abs 2 ergibt sich die gleiche Folge aus Anwendung des § 1606 Abs 2, da die hier gemachte Ausnahme, daß der Mutter die Nutznießung an dem Vermögen des Kindes zusteht, dem unehelichen Kinde gegenüber nicht vorkommen kann. Die in § 1709 nicht entschiedene Frage, ob die Unterhaltspflicht des Ehegatten und der Abkömmlinge des unehelichen Kindes der des Vaters vorgeht, die nur für den außerordentlichen Unterhaltsanspruch des § 1708 Abs 2 von Bedeutung werden kann, dürfte mit Rücksicht auf den familienrechtlichen Charakter dieser Unterhaltspflicht zu bejahen sein (bestr.).

2. Die Bestimmung des Abs 2 entspricht der in § 1607 Abs 2 gegebenen Vorschrift. Der **gesetzliche Übergang des Anspruchs** tritt nur zugunsten des unterhaltspflichtigen Verwandten ein, nicht zugunsten eines Dritten, der freiwillig Unterhalt leistet. Von dem Übergang sind auch diejenigen rückständigen Beträge, mit denen der Unterhaltspflichtige noch nicht in Verzug gekommen war, nicht ausgenommen, was hier um so zweifelloser ist, als die Regel des § 1613 nach § 1711 für die Unterhaltspflicht des natürlichen Vaters nicht gilt. Durch den Übergang des Anspruchs wird dem unterhaltspflichtigen Verwandten ein schon nach den Grundsätzen der Geschäftsführung ohne Auftrag (§ 679) gerechtfertigter Ersatzanspruch gewährt. Der Anspruch aus Geschäftsführung unterliegt der 30jährigen Verjährung, nicht der in § 197 bestimmten 4jährigen Verjährung (vgl. RG 72, 342). Wegen dieses Übergangs des Unterhaltsanspruchs empfiehlt es sich, die Unterhaltsklage des Kindes mit der Klage des Ersatzberechtigten (vgl. § 1711 A 1) zu verbinden.

§ 1710

Der Unterhalt ist durch Entrichtung einer Geldrente zu gewähren[1]) [2]).

Die Rente ist für drei Monate vorauszuzahlen. Durch eine Vorausleistung für eine spätere Zeit wird der Vater nicht befreit[3]).

Hat das Kind den Beginn des Vierteljahrs erlebt, so gebührt ihm der volle auf das Vierteljahr entfallende Betrag[3]).

E I 1574 u. 1576 Abs 2 II 1597; M 4 897; P 4 677 u. 683.

1. **Geldrente.** Der Vater des unehelichen Kindes hat weder die Pflicht noch das Recht, den Unterhalt in Natur zu gewähren. Die Bestimmung des § 1612 Abs 1 Satz 2, wonach der Verpflichtete aus besondern Gründen verlangen kann, daß ihm die Gewährung des Naturalunterhalts gestattet wird, findet keine Anwendung. Eine Vereinbarung zwischen Vater und Kind über die künftige Gewährung von Naturalunterhalt bedarf der vormundschaftsgerichtlichen Genehmigung (§ 1714). Soweit aber ein der Geldrente gleichwertiger Naturalunterhalt bereits geleistet und empfangen ist, ist hierdurch die Unterhaltspflicht getilgt.

2. Die **Höhe der Rente** ist danach zu bemessen, wieviel für den Unterhalt eines dem Stande der Mutter angehörigen Kindes nach den in jener Gegend üblichen Preisen unter Berücksichtigung der zur Zeit bestehenden wirtschaftlichen Verhältnisse aufzuwenden ist. Der Unterhalt soll insbesondere auch die Erziehung (zur leiblichen, seelischen und gesellschaftlichen Tüchtigkeit, s. § 1 JWG) ermöglichen. Die besonderen Verhältnisse der Mutter, die es ihr ermöglichen, den Unterhalt mit geringeren Kosten zu bestreiten, kommen hierbei nicht in Betracht. Dagegen ist auf die durch besondere Verhältnisse des Kindes, Kränklichkeit, Gebrechen usw. herbeigeführte Vermehrung der Bedürfnisse Rücksicht zu nehmen. Ausnahmsweise können auch die besonderen Fähigkeiten des Kindes auf das Maß des Unterhalts Einfluß haben. Es empfiehlt sich, die Rente entsprechend den mit den Lebensjahren steigenden Bedürfnissen des Kindes nach den verschiedenen Altersstufen verschieden festzusetzen.

3. Diese Vorschriften stehen in Übereinstimmung mit den nach § 1612 Abs 3 für die Unterhaltspflicht der Verwandten geltenden Bestimmungen des § 760 Abs 2 u. 3 und mit § 1614 Abs 2. Das Vierteljahr, für das die **Vorauszahlung** zu erfolgen hat, bestimmt sich nach dem Tage der Geburt des Kindes. Der Vormund des Kindes braucht eine Vorauszahlung für kürzere Zeit nicht anzunehmen. Befreit wird der Unterhaltspflichtige durch eine Vorauszahlung für die das Vierteljahr übersteigende Zeit nur insoweit, als der Unterhaltsberechtigte durch die Zahlung noch nach Ablauf des Vierteljahrs bereichert ist. Mit Rücksicht hierauf kann die vorzeitig geleistete Zahlung in Höhe der zur Zeit der Rückforderung vorhandenen Bereicherung nach § 812 (unbeschadet eines etwaigen Schadensersatzanspruchs gegen den Vormund), soweit nicht inzwischen die Fälligkeit eingetreten ist, zurückgefordert werden.

§ 1711

Der Unterhalt kann auch für die Vergangenheit verlangt werden[1]**.**

E I 1574 II 1598; M 4 899; P 4 683.

1. Mit dem Grundsatz, daß der Unterhaltsanspruch aus § 1708 Abs 1 weder durch die Bedürftigkeit des Kindes noch die Leistungsfähigkeit des Vaters bedingt ist, steht es in Zusammenhang, daß der Unterhalt — entgegen der für die Unterhaltspflicht der Verwandten geltenden Regel des § 1613 — **für die Vergangenheit nachgefordert** werden kann. Auf den außerordentlichen Unterhaltsanspruch (§ 1708 Abs 2) ist dies nicht auszudehnen (bestr.). Zinsen können immer nur von der Zeit an gefordert werden, in welcher der Unterhaltspflichtige in Verzug gekommen oder der Unterhaltsanspruch rechtshängig geworden ist. Ist der Unterhalt des Kindes, wie dies regelmäßig der Fall, bisher von der Mutter oder den mütterlichen Voreltern bestritten, so ist insoweit der Unterhaltsanspruch nach § 1709 Abs 2 auf diese übergegangen und damit die Nachforderung des Kindes ausgeschlossen. Auch wenn ein anderer für den unehelichen Vater den Unterhalt gewährt hat, ist die Verbindlichkeit dem Kinde gegenüber erfüllt.

§ 1712

Der Unterhaltsanspruch erlischt nicht mit dem Tode des Vaters; er steht dem Kinde auch dann zu, wenn der Vater vor der Geburt des Kindes gestorben ist[1]**.**

Der Erbe des Vaters ist berechtigt, das Kind mit dem Betrag abzufinden, der dem Kinde als Pflichtteil gebühren würde, wenn es ehelich wäre. Sind mehrere uneheliche Kinder vorhanden, so wird die Abfindung so berechnet wie wenn sie alle ehelich wären[2]**.**

E II 1575 Abs 1 II 1599; M 4 901; P 4 684.

1. Als Ersatz dafür, daß dem unehelichen Kinde weder ein Erbrecht noch ein Pflichtteilsrecht an dem Nachlasse des Vaters zusteht, ist die **Unterhaltsverbindlichkeit** für **vererblich** erklärt. Sie geht in dem Stande, wie sie zur Zeit des Todes des Vaters diesem oblag, auf die Erben über, die hierfür in derselben Weise wie für andere Nachlaßverbindlichkeiten haften. Sie können deshalb, wenn eine Nachlaßverwaltung angeordnet oder der Nachlaßkonkurs eröffnet ist, und auch ohne diese Maßregeln, sofern die Kosten der Nachlaßverwaltung oder des Konkursverfahrens nicht gedeckt werden können (§ 1990), die Entrichtung des Unterhalts insoweit verweigern, als der Nachlaß nicht ausreicht, und es liegt dann im Falle der Tötung des Kindes der Tatbestand des § 844 Abs 2 vor, daß dem Kinde infolge der Tötung das Recht auf den Unterhalt entzogen ist (**RG** 74, 375). Der Übergang auf die Erben findet übrigens auch dann statt, wenn der Vater vor der Geburt des Kindes gestorben ist. Die Verbindlichkeit geht hier auf die Erben so über, wie sie, wenn der Vater zur Zeit der Geburt des Kindes am Leben gewesen wäre, gegen diesen begründet gewesen wäre. Die außerordentliche Unterhaltspflicht aus § 1708 Abs 2 trifft die Erben in derselben Weise, wie sie den Vater getroffen haben würde, wenn bei seinem Tode das Kind das 16. Lebensjahr bereits erreicht hätte. Es kommt also — abgesehen von der auf den Nachlaß beschränkten Haftung der Erben — für die außerordentliche Unterhaltspflicht nur auf die Leistungsfähigkeit des Vaters, nicht der Erben an (a. M. Blume A 2).

2. Das uneheliche Kind soll anderseits nicht günstiger gestellt werden wie ein eheliches Kind. Es muß sich deshalb gefallen lassen, daß es **mit dem Pflichtteil abgefunden** wird, der ihm als ehelichem Kinde zu zahlen gewesen wäre, wobei der Pflichtteil so berechnet wird, als wenn die unterhaltsberechtigten Kinder sämtlich eheliche Kinder wären. Die Vergünstigung des § 1712 Abs 2 kann jeder Miterbe für seinen Anteil in Anspruch nehmen. Die Pflicht zur Zahlung der Unterhaltsrente erlischt nicht schon dadurch, daß der Erbe erklärt,

das Abfindungsrecht ausüben zu wollen, sondern erst durch wirkliche Abfindung, wobei der Zahlung der Annahmeverzug des Kindes oder die Hinterlegung gleichsteht; die bis dahin fällig gewordenen Unterhaltsrenten hat der Erbe außer dem Pflichtteil zu entrichten, ohne daß eine Anrechnung auf den Pflichtteil stattfindet (bestr.). Es ist Sache des Erben, sich darüber schlüssig zu machen, ob er gleichwohl von seinem Abfindungsrecht Gebrauch machen will. Eine bestimmte Frist zur Ausübung des Abfindungsrechts ist nicht gesetzt. Für den Erben kann es namentlich in dem Falle, daß das Kind mit außerordentlichen Unterhaltsansprüchen (§ 1708 Abs 2) hervortritt, von Wert sein, das Abfindungsrecht noch nachträglich zur Ausübung zu bringen. Hat jedoch der Erbe eine ungerechtfertigt lange Zeit vergehen lassen, so kann unter Umständen hierin ein Verzicht auf das Abfindungsrecht gefunden werden. Dem Testamentsvollstrecker steht die Geltendmachung des Abfindungsrechts nicht zu, da § 1712 dieses Recht ausdrücklich dem Erben beilegt. Darüber, daß die Pflichtteilssumme richtig berechnet ist, hat sich der Erbe dem Kinde gegenüber auszuweisen. Im übrigen kann das Kind auf das in § 2314 dem Pflichtteilsberechtigten gegebene Recht auf Auskunftserteilung keinen Anspruch machen. Der Anspruch des Kindes bleibt, wenn schon sich der Betrag auf dasjenige beschränkt, was ihm als Pflichtteilsberechtigten zukommen würde, in Wirklichkeit ein Unterhaltsanspruch, was namentlich in prozeßrechtlicher Beziehung (vgl. Vorbem 6 vor § 1601) von Wichtigkeit ist. Das Abfindungsrecht ist gesetzlich an keine Beschränkung gebunden und steht im Ermessen des Erben; es kommt nicht darauf an, ob der zur Abfindung dienende Pflichtteilsbetrag dem Unterhaltsanspruch des Kindes gleichwertig, höher oder niedriger ist (RG 90, 203ff.). Die pflichtteilsberechtigten Eltern des natürlichen Vaters müssen sich die durch die Abfindung herbeigeführte Schmälerung ihres Pflichtteils, indem dieser nur von dem nach Abzug des Abfindungsbetrags für das Kind verbleibenden Nachlaßvermögen zu berechnen ist, gefallen lassen (RG a. a. O. 205). Das Recht der Abfindung wird dem Nachlaßkonkursverwalter, falls der Erbe das Recht nicht schon vorher verloren hat, nicht zu versagen sein, mag auch wegen der Überschuldung ein dem Kinde verbleibender Pflichtteil nicht herauskommen (vgl. LZ 1916, 1000). Von dem Abfindungsrecht kann auch der unbeschränkt haftende Erbe Gebrauch machen. Auch in diesem Falle wird der Anspruch des Kindes hinfällig, wenn nachweislich ein Nachlaß und damit ein nach dem Nachlaß sich bemessender Pflichtteilsanspruch nicht vorhanden ist (vgl. JW 1921, 420). Gegenüber einem zwischen Vater und Kind geschlossenen Abfindungsvertrag kann das Recht aus § 1712 Abs 2 nicht geltend gemacht werden. Die Klage auf Feststellung der Vaterschaft bleibt gegen die Erben des Vaters trotz Nichtvorhandenseins eines Nachlasses zulässig (vgl. JW 1919, 519[1]).

§ 1713

Der Unterhaltsanspruch erlischt mit dem Tode des Kindes, soweit er nicht auf Erfüllung oder Schadensersatz wegen Nichterfüllung für die Vergangenheit oder auf solche im voraus zu bewirkende Leistungen gerichtet ist, die zur Zeit des Todes des Kindes fällig sind[1]).

Die Kosten der Beerdigung hat der Vater zu tragen, soweit ihre Bezahlung nicht von dem Erben des Kindes zu erlangen ist[2]).

E I 1574, 1575 Abs 2 II 1600; M 4 904; P 4 684.

1. Das **Erlöschen des Unterhaltsanspruchs mit dem Tode des Kindes** entspricht der in § 1615 Abs 1 für den Unterhaltsanspruch der Verwandten getroffenen Bestimmung. Der Tod des Kindes ist einflußlos, wenn der Anspruch auf Zahlung der Rente durch Vertrag (§ 1714) in den Anspruch auf Zahlung eines Kapitals umgewandelt ist.

2. Die **Kosten der Beerdigung** fallen dem Vater nur zur Last auf Grund seiner Unterhaltspflicht, also nur, wenn der Tod in die Zeit seiner Unterhaltspflicht fällt, wenn das Kind vor vollendetem 16. Lebensjahr oder zu einer Zeit verstirbt, in der es gemäß § 1708 Abs 2 den außerordentlichen Unterhalt verlangen konnte und hierauf Anspruch erhoben hat.

§ 1714

Eine Vereinbarung[3]) zwischen dem Vater und dem Kinde über den Unterhalt für die Zukunft oder über eine an Stelle des Unterhalts zu gewährende Abfindung bedarf der Genehmigung des Vormundschaftsgerichts[2]).

Ein unentgeltlicher Verzicht auf den Unterhalt für die Zukunft ist nichtig[1]).

E I 1576 II 1601; M 4 905; P 4 684.

1. Während nach § 1614 Abs 1 der familienrechtliche Anspruch auf künftigen Unterhalt nicht durch Vertrag aufgegeben werden kann, ist es nach § 1714 gestattet, eine **Vereinbarung über die Unterhaltspflicht** des natürlichen Vaters zu treffen, insbesondere, was zur völligen Auseinandersetzung zwischen dem unehelichen Kinde und dem Vater oft sehr wünschenswert ist, eine Abfindung zu vereinbaren. Auch wegen der außerordentlichen Unterhaltsansprüche (§ 1708 Abs 2) kann das Kind abgefunden werden. Ob der Vertrag im einzelnen Falle so zu verstehen ist, daß auch diese Ansprüche betroffen sein sollen, ist Sache der Auslegung. — Nicht gestattet ist die **unentgeltliche** Aufgabe des Unterhaltsanspruchs für die Zukunft, die auch dann vorliegt, wenn die Parteien absichtlich die Rente, um damit dem Verpflichteten eine unentgeltliche Zuwendung zu machen, zu niedrig festsetzen. Ein derartiges Abkommen ist nichtig, selbst wenn ihm die vormundschaftsgerichtliche Genehmigung erteilt sein sollte. Eine Vereinbarung über die Art der Unterhaltsleistung, die sachlich den Unterhalt nicht schmälert, ist nicht deshalb unzulässig, weil hierfür ein besonderes Entgelt nicht entrichtet wird.

2. Der Vertrag (nicht die einseitige Verpflichtungserklärung des natürlichen Vaters) bedarf der **Genehmigung des Vormundschaftsgerichts**, selbst wenn er nur den Inhalt hat, daß der Betrag der Unterhaltsrente festgesetzt wird, ohne daß besondere Bedingungen (wie über die Art der Unterhaltsleistung, über den Zeitraum der Vorauszahlung, Auflagen über die Verwendung des Geldes, Rückzahlungspflicht) vereinbart werden. Auch der vor dem Prozeßgericht geschlossene Vertrag bedarf dieser Genehmigung (**RG** 56, 333). Die vormundschaftsgerichtliche Genehmigung ist nur erforderlich im Interesse des zu bevormundenden Kindes, nicht auch, was mit der sonst dem Vormundschaftsgericht zugewiesenen Aufgabe in Widerspruch stehen würde, des unbeschränkt geschäftsfähigen Kindes, das über den Unterhaltsanspruch sich vergleicht (bestr., vgl. KGJ 53 A 43). Solange die Verpflichtungserklärung von dem Vormunde nicht angenommen ist, darf das Vormundschaftsgericht eine Genehmigung nicht erteilen (KGJ 52 A 30; RJA 16, 198). Nicht notwendig ist die vormundschaftsgerichtliche Genehmigung zu einer Vereinbarung über den rückständigen Unterhalt (vgl. § 1614 Abs 1), soweit es sich nicht etwa um einen nach § 1822 Nr 12 genehmigungsbedürftigen Vergleich handelt. Daß sich bei der Unterhaltsabfindung der Vater, ohne sich zu nennen, durch einen Bevollmächtigten hat vertreten lassen, steht der vormundschaftsgerichtlichen Genehmigung nicht entgegen. Ist der Vertrag wegen mangelnder Genehmigung unwirksam (vgl. §§ 1829, 1830), so kann das in Ausführung des Vertrags über das Maß des gesetzlichen Unterhalts bereits Geleistete, soweit nicht § 814 durchgreift, zurückgefordert werden, wie auch das am gesetzlichen Unterhalt Fehlende nachgefordert werden kann. Über das Beschwerderecht der Mutter s. § 1707 A 2 a. E., über die Haftung des Vormundschaftsrichters § 1848 A 1.

3. Der Vertrag über die Unterhaltspflicht stellt sich meist, auch wenn durch Bestimmung des Betrags der Unterhaltsrente nur die Ungewißheit über die Höhe des Anspruchs beseitigt wird, als ein **Vergleich** im Sinne des § 779 dar. Er ist deshalb unwirksam, wenn der von den Parteien als feststehend zugrunde gelegte, für den Abschluß des Vergleichs maßgebende Sachverhalt sich als irrig erweist, wenn z. B. die vermeintliche Vaterschaft nicht besteht (s. aber auch § 1718) oder das Kind, dessen Lebendgeburt die Parteien voraussetzten, als ein totes geboren wird. Wird der Unterhaltsvergleich vor Geburt des Kindes geschlossen, so werden die Parteien regelmäßig davon ausgehen, daß nur ein Kind geboren wird, so daß nicht ohne weiteres das an Unterhalt Vereinbarte einem jeden der Kinder zu entrichten ist. Als eine Schenkung kann die Vereinbarung über den Unterhalt nicht ohne weiteres schon um deswillen angesehen werden, weil dem Betrage oder der Zeitdauer nach ein über die gesetzliche Verpflichtung hinausgehender Unterhalt versprochen wird (vgl. für preuß. Recht **RG** Gruch 50, 1196 — s. auch § 1708 A 1). Ein den Vormund bindender und deshalb der vormundschaftsgerichtlichen Genehmigung bedürftiger Vertrag liegt nur vor, wenn die Verpflichtungserklärung von dem Vormund angenommen wird (vgl. § 1714 A 2). Daß die Annahme dem natürlichen Vater gegenüber erklärt wird, ist nach der Verkehrssitte (§ 151) nicht zu erfordern (RJA 15, 98). — Zulässig ist es, da § 1614 Abs 1 hier keine Anwendung findet, das uneheliche Kind durch Zahlung eines Kapitals abzufinden. Wegen der Frage, ob die Abfindung der Aufwertung unterliegt, s. Vorbem 7 vor § 1601.

§ 1715

Der Vater[1]) ist verpflichtet, der Mutter die Kosten der Entbindung sowie die Kosten des Unterhalts für die ersten sechs Wochen nach der Entbindung[2]) und, falls infolge der Schwangerschaft oder der Entbindung weitere Aufwendungen notwendig werden, auch die dadurch entstehenden

Kosten zu ersetzen[3]). Den gewöhnlichen Betrag der zu ersetzenden Kosten kann die Mutter ohne Rücksicht auf den wirklichen Aufwand verlangen[2]).

Der Anspruch steht der Mutter auch dann zu, wenn der Vater vor der Geburt des Kindes gestorben oder wenn das Kind tot geboren ist[1]).

Der Anspruch verjährt in vier Jahren. Die Verjährung beginnt mit dem Ablaufe von sechs Wochen nach der Geburt des Kindes[2])[4]).

E I 1577 Abs 1, 1578 II 1602; M 4 906 ff.; P 4 685; 5 144; 6 308.

1. Die Verpflichtung trifft den Vater, der nach Maßgabe der §§ 1717, 1718 dem von der Mutter geborenen unehelichen Kinde den Unterhalt zu gewähren hat oder bei Lebendgeburt des Kindes zu gewähren hätte. **Der Anspruch der Mutter des unehelichen Kindes** ist sonach — mit der im letzteren Falle sich ergebenden Besonderheit — davon abhängig, daß die Voraussetzungen für den Anspruch des Kindes erfüllt sind. Er wird wie dieser durch den Einwand der mehreren Zuhälter nach näherer Bestimmung des § 1717 ausgeschlossen. Im Falle einer Fehlgeburt — die von der Totgeburt eines an sich lebensfähigen Kindes zu unterscheiden ist — findet ein Anspruch der Mutter nicht statt. Gleich dem Anspruch des Kindes (vgl. § 1712 Abs 1) kann auch der Anspruch der Mutter gegen die Erben des Vaters geltend gemacht werden, und zwar auch dann, wenn der Vater schon vor der Geburt des Kindes gestorben ist. Die Pfändbarkeit des Anspruchs der Mutter ist — abweichend von der Unterhaltsforderung des Kindes — nicht beschränkt. — Die auf §§ 195 a, 195 b, 205 a bis 205 d RVO i. d. F. v. 15. 12. 24 und 9. 7. 26 beruhenden Ansprüche der unehelichen Mutter auf Wochenhilfe lassen ihren Anspruch aus §§ 1715, 1716 unberührt; sie gehen nach § 1542 Abs 1 Satz 2 das. auf den Versicherungsträger nicht über. Wegen der Wochenfürsorge vgl. §§ 1 Abs 1 f, 6, 32 Abs 1 d RFürsorgeVO v. 13. 2. 24 und § 12 der Reichsgrundsätze über Voraussetzung, Art und Maß der öffentl. Fürsorge sowie § 21 VO.

2. Der Anspruch der Mutter geht auf **Ersatz der durch die Entbindung herbeigeführten Nachteile,** auf Ersatz der Entbindungskosten und der auf die Dauer von sechs Wochen seit der Entbindung beschränkten Unterhaltskosten. Die Mutter hat dieserhalb einen vererblichen Anspruch auf Geldersatz, und zwar auf Ersatz des wirklichen Aufwandes. Den gewöhnlichen Aufwand kann sie aber ohne Rücksicht auf das tatsächlich Aufgewandte unbedingt ersetzt verlangen. Der Anspruch der Mutter ist hiernach als ein gesetzlicher Entschädigungsanspruch aufzufassen, nicht als ein Unterhaltsanspruch mit den Besonderheiten eines solchen (vgl. Vorbem 6 vor § 1601), anderseits nicht als ein Anspruch aus unerlaubter Handlung. Die hierfür in bezug auf Zurechnungsfähigkeit, Gerichtsstand usw. geltenden Grundsätze können daher nicht zur Anwendung kommen. Auch hinsichtlich der **Verjährung** ist eine von § 852 abweichende Frist von vier Jahren bestimmt. Sie beginnt, da die Mutter zur Verfolgung ihrer Ansprüche in den ersten sechs Wochen nicht wohl imstande sein wird, erst nach Ablauf von sechs Wochen seit der Entbindung. Eine Entschädigung kann übrigens der Mutter auch in der Weise zugewandt werden, daß ihr eine reichlich bemessene Geldsumme mit der Auflage gezahlt wird, dem Kinde eine angemessene Erziehung und Versorgung zu gewähren.

3. Außerordentlicherweise kann die Mutter — was durch Reichstagsbeschluß eingeführt ist (RTK 286 ff.) — auch **Ersatz der durch die Schwangerschaft oder die Entbindung notwendig gewordenen weiteren Aufwendungen** beanspruchen. Hierzu gehören die Aufwendungen, welche die Mutter infolge der durch die Schwangerschaft oder Entbindung herbeigeführten gänzlichen oder teilweisen Erwerbsunfähigkeit für ihren Unterhalt hat machen müssen; so **RG** 15. 4. 07 IV 454/06 in einem Falle, wo die Mutter durch die Schwangerschaft und Entbindung hysterisch erkrankt war, ebenso OLG Stettin in JW 1927, 1220² (anders für den Fall teilweiser Erwerbsunfähigkeit OLG Hamburg in JW 1919, 840⁹, s. auch SeuffA 77 Nr 38). Außerdem sind natürlich die zur Heilung der Krankheit oder Minderung der Erwerbsunfähigkeit zweckmäßig aufgewandten Kosten zu ersetzen. Auch die Beerdigungskosten (vgl. § 1615 A 2) fallen, wenn der Tod der Mutter durch die Schwangerschaft oder Entbindung verursacht ist, dem Vater zur Last (bestr., vgl. den Aufsatz in JW 1911, 383). Ersatz des entgangenen Gewinns kann nicht gefordert werden. Wegen der rechtlichen Natur des Anspruchs und wegen der Verjährung ist auf das in A 2 Gesagte zu verweisen.

4. Die Klagen des unehelichen Kindes und der Mutter gegen den Vater können miteinander **verbunden** werden. Eine notwendige Streitgenossenschaft wird hierdurch nicht begründet. — Die Mutter kann in dem Rechtsstreit des Kindes, solange sie gesetzliche Vertreterin ist, nicht als Zeugin vernommen werden. Im andern Falle darf sie von dem Zeugnisverweigerungsrecht aus § 383 Abs 1 Nr 3 ZPO keinen Gebrauch machen, weil der Streit über die Unterhaltspflicht eine durch das Familienverhältnis bedingte Vermögensangelegenheit im Sinne des § 385 Abs 1 Nr 3 betrfft (Staudinger A 2d zu § 1708).

§ 1716

Schon vor der Geburt des Kindes kann auf Antrag der Mutter durch einstweilige Verfügung[1]) angeordnet werden, daß der Vater den für die ersten drei Monate dem Kinde zu gewährenden Unterhalt alsbald nach der Geburt an die Mutter oder an den Vormund zu zahlen und den erforderlichen Betrag angemessene Zeit vor der Geburt zu hinterlegen hat. In gleicher Weise kann auf Antrag der Mutter die Zahlung des gewöhnlichen Betrags der nach § 1715 Abs 1 zu ersetzenden Kosten an die Mutter und die Hinterlegung des erforderlichen Betrags angeordnet werden.

Zur Erlassung der einstweiligen Verfügung ist nicht erforderlich, daß eine Gefährdung des Anspruchs glaubhaft gemacht wird.

E II 1603; M 4 893; P 4 685.

1. Der Unterhaltsanspruch des Kindes und der Entschädigungsanspruch der Mutter kommt zwar erst zur Entstehung mit der Geburt des Kindes. Die durch Gewährung dieser Ansprüche beabsichtigte Wohltat würde aber sehr an ihrem Werte verlieren, wenn vor der Geburt des Kindes ein Anspruch noch nicht erhoben werden könnte, da es dann oft nicht möglich wäre, die zur Zeit der Geburt dringend benötigten Mittel rechtzeitig zu beschaffen. Die Mutter kann deshalb schon **vor der Geburt des Kindes** im Wege der **einstweiligen Verfügung,** ohne daß etwas weiteres als die Glaubhaftmachung des Anspruchs (Glaubhaftmachung der Schwangerschaft und der Beiwohnung durch den Beklagten innerhalb der Empfängniszeit und demgemäß, weil sonst die Empfängniszeit nicht berechnet werden könnte, die Glaubhaftmachung der Zeit, zu welcher die Entbindung zu erwarten ist) gefordert wird, die Hinterlegung der dem Kinde für die ersten drei Monate gebührenden Unterhaltsgelder und des gewöhnlichen Betrags der ihr selbst gebührenden Entbindungs- und Sechswochenkosten zum Zweck der Auszahlung alsbald nach der Geburt verlangen. Der Erlaß der einstweiligen Verfügung wird, sofern der Antrag rechtzeitig vor Geburt des Kindes gestellt ist, nicht dadurch gehindert, daß inzwischen die Geburt erfolgt ist (a. M. Staudinger A 7, Planck A 6). Bei der Verfolgung des in § 1716 gewährten Rechtes werden die Interessen des noch ungeborenen Kindes kraft Gesetzes durch die Mutter vertreten, die allerdings hierbei im eigenen Namen handelt. Die Bestellung eines Pflegers für das Kind ist damit ausgeschlossen. Die Anordnung kann auf Antrag der Mutter dahin erlassen werden, daß die Zahlung des dem Kinde zukommenden Betrags statt an den Vormund, mit dessen Bestellung wiederum Zeit vergehen würde, an die Mutter, als Vertreterin des Kindes, zu leisten ist. Die Hinterlegung, welche bei der für die Mutter nach ihrem Wohnsitz zur Zeit der Geburt des Kindes zuständigen Hinterlegungsstelle zu bewirken ist, soll die sofortige Auszahlung nach Eintritt der Geburt sicherstellen, nicht aber der Mutter ein Pfandrecht an dem hinterlegten Betrage verschaffen, so daß die Vorschrift des § 233 keine Anwendung finden kann. Ebensowenig ist § 235 (Recht zum Umtausch des Geldes gegen Wertpapiere) anwendbar. Auch die Vorschriften der §§ 372ff. über Hinterlegung zur Tilgung einer Schuld und die Vorschriften der §§ 923, 930—934 ZPO über Arrestvollziehung können auf den anders liegenden Fall des § 1716 keine Anwendung finden. — Das Recht auf Hinterlegung wird nicht dadurch ausgeschlossen, daß die Mutter aus der Krankenkasse gemäß §§ 195ff. RVO Wochengeld zu erhalten hat (s. § 1715 A 1).

§ 1717

Als Vater[1]) des unehelichen Kindes[2]) im Sinne der §§ 1708 bis 1716 gilt, wer der Mutter innerhalb der Empfängniszeit beigewohnt hat, es sei denn, daß auch ein anderer ihr innerhalb dieser Zeit beigewohnt hat. Eine Beiwohnung bleibt jedoch außer Betracht, wenn es den Umständen nach offenbar unmöglich ist, daß die Mutter das Kind aus dieser Beiwohnung empfangen hat[3]).

Als Empfängniszeit gilt die Zeit von dem einhunderteinundachtzigsten bis zu dem dreihundertundzweiten Tage vor dem Tage der Geburt des Kindes, mit Einschluß sowohl des einhunderteinundachtzigsten als des dreihundertundzweiten Tages[3])[4]).

E I 1572, 1577 Abs 2 II 1604; M 4 883, 908; P 4 672ff., 861; 6 302.

1. Die **Feststellung der Vaterschaft** (Zahlvaterschaft) ist wesentlich für den Unterhaltsanspruch des unehelichen Kindes aus §§ 1708ff. und den Entschädigungsanspruch der Mutter aus § 1716, hat also nur vermögensrechtliche Bedeutung, nicht die Bedeutung der Feststellung eines Personenstandes. Eine besondere Klage auf Feststellung, abgesondert von jenen vermögensrechtlichen Ansprüchen, ist nur unter den Voraussetzungen des § 256 ZPO zulässig, so, wenn die Abstammung im Interesse der Legitimation des Kindes festgestellt werden oder die Grundlage für das Recht auf Bezug der Kriegsunterstützung (vgl. Vorbem 4 vor § 1705) beschafft werden soll. Aus diesem Gesichtspunkt ist auch eine Feststellungsklage gegen die Erben möglich. Die Vorschriften der §§ 640—643 ZPO finden nach § 644 daselbst auf eine solche Klage keine Anwendung. Das in das Geburtsregister eingetragene Anerkenntnis der Vaterschaft (vgl. Vorbem 1 vor § 1591) hat nicht die Bedeutung einer Feststellung der Abstammung. — Ein Anspruch auf Namhaftmachung des Erzeugers steht dem unehelichen Kinde gegen die Mutter nicht zu. Auch dem Vormundschaftsgericht gegenüber ist die Mutter zur Namhaftmachung nicht verpflichtet, falls nicht die Sache so liegt, daß durch Nichtangabe des Namens eine Verkümmerung der für das gesundheitliche und geistige Wohl des Kindes notwendigen Mittel herbeigeführt wird. In diesem Falle würde gegen die Mutter aus § 1666 und, sofern sie zum Vormunde bestellt ist, aus § 1837 eingeschritten werden können. Eine bei der Unterhaltsabfindung von der Mutter eingegangene Verpflichtung zur Geheimhaltung des Vaters ist insoweit unwirksam, als die Mutter damit nachteilig über die Rechte des Kindes verfügen würde, das zur Erlangung einer genügenden Abfindung oder zum Zweck der Legitimation (§ 1719) ein Interesse haben kann, den Namen des Vaters zu erfahren. Als sittenwidrig wird der Schweigevertrag ohne weiteres nicht erachtet werden können, vielmehr kommt es auf die Umstände des einzelnen Falles an (vgl. SeuffA 67 Nr 30, OLG 30, 343, JW 1922, 628[4]).

2. Darüber, wann ein Kind als ein **uneheliches** anzusehen ist, s. § 1705 A 1.

3. Die Beiwohnung innerhalb der Empfängniszeit, die ebenso bestimmt ist wie in § 1592 Abs 1, begründet die **Vermutung der Vaterschaft,** falls nicht die Empfängnis aus dieser Beiwohnung offenbar unmöglich ist. Diese Regelung steht in Übereinstimmung mit dem Grundsatz des § 1591 Abs 1 (s. A 2 das.). Eine kurz vor Ende der Empfängniszeit stattgehabte Beiwohnung kommt nicht in Betracht, wenn ein völlig ausgetragenes Kind geboren ist, so daß es unmöglich aus dieser letzten Beiwohnung herrühren kann (**RG** JW 1922, 1006[3]; vgl. JW 1922, 1540[1]). Nicht übernommen ist dagegen die zugunsten der Ehelichkeit in § 1592 Abs 2 enthaltene Bestimmung über die Verlängerung der Empfängniszeit. Eine selbstverständliche Verkürzung erfährt die Empfängniszeit, wenn innerhalb dieser Frist die Mutter ein anderes Kind geboren hat. Als Empfängniszeit kann hier nur der nach der Geburt liegende Teil der Frist in Betracht kommen. Abgesehen von diesem Ausnahmefalle können Ansprüche aus §§ 1708—1716 nicht erhoben werden, wenn die Beiwohnung vor oder nach der in Abs 2 bestimmten Zeit stattgefunden hat. Die Vorschrift des § 1717 hat somit nicht nur beweiserleichternde, sondern auch beweisausschließende Bedeutung (OLG 43, 373, a. A. Kuttner in JheringsJ 50, 428). Die Vermutung der Vaterschaft wird aber — worin die hauptsächlichste Abweichung von den Grundsätzen über eheliche Abstammung liegt — durch den Nachweis beseitigt, daß innerhalb der Empfängniszeit auch ein anderer der Mutter beigewohnt hat. Es greift dann der Gesichtspunkt durch, daß die Vaterschaft nicht mehr mit Sicherheit festzustellen ist. Unerheblich ist es deshalb, ob die Mutter an jener weiteren Beiwohnung ein Verschulden trifft. Dagegen ist zur Beseitigung der Einrede auch hier der von dem Kinde zu führende Nachweis zulässig, daß die Empfängnis aus dieser Beiwohnung offenbar unmöglich gewesen ist. Das uneheliche Kind kann nur einen Vater haben. Möglich ist es aber trotzdem, daß in verschiedenen Prozessen mehrere Personen als Vater des Kindes verurteilt werden. Die Frage, ob die Einrede der zweiten Beiwohnung aus dem Grunde zurückgewiesen werden kann, daß der Zweite arglistig von dem Ersten behufs Ermöglichung jener Einrede zu der Beiwohnung bestimmt ist, wird, falls die zweite Beiwohnung nicht als eine gegen § 825 verstoßende unerlaubte Handlung anzusehen ist (vgl. A 4), zu verneinen sein (dagegen für Anwendbarkeit des § 826 Enneccerus-Kipp § 95 A 16, SeuffA 70 Nr 82, JW 1925, 383[14]). Der Beweis einer weiteren Beiwohnung wird übrigens, ohne daß die einzelne Handlung und der Name des betreffenden Mannes festgestellt zu werden braucht, schon dann als geführt zu erachten sein, wenn nach den Umständen, weil es sich um eine feile Dirne oder eine der Geschlechtslust in hohem Maße ergebene Frauensperson handelt, mit Sicherheit angenommen werden kann, daß sie während der Empfängniszeit mit mehreren Mannspersonen geschlechtlichen Verkehr gehabt hat (vgl. Schwarz in ArchZivPrax 107, 316ff.).

4. Die in § 1717 getroffene Regelung greift nur Platz für die Ansprüche aus §§ 1708 bis 1716, nicht ohne weiteres für den Schadensersatzanspruch wegen **unerlaubter Handlung**

gegenüber der Mutter des Kindes aus §§ 823 Abs 2 u. 825. Insbesondere ist für diesen Anspruch die Bestimmung in § 1717 Abs 2 über die Berechnung der Empfängniszeit formell nicht bindend (RG JW 09, 415[12]). Haben an der unerlaubten Handlung mehrere Personen als Mittäter teilgenommen, so bestimmt sich ihre gesamtschuldnerische Haftung nach § 840 Abs 1. Als solche Beteiligung ist es anzusehen, wenn die mehreren Personen unmittelbar hintereinander in Kenntnis von der unerlaubten Handlung des andern gegen dieselbe Frauensperson sich vergehen (RG 11. 7. 12 IV 62/12). Es genügt aber auch, wenn trotz der dazwischenliegenden Zeit die Beiwohnungen aus besondern Gründen — es wird z. B. eine Frau während der länger dauernden Zeit ihres Eingesperrtseins von mehreren vergewaltigt — als einheitliche Tat angesehen werden können.

§ 1718

Wer seine Vaterschaft nach der Geburt des Kindes in einer öffentlichen Urkunde anerkennt, kann sich nicht darauf berufen, daß ein anderer der Mutter innerhalb der Empfängniszeit beigewohnt habe[1—3]).

E II 1605; M 4 892; P 4 678—680 u. 702; 6 303.

1. Die Anerkennung der Vaterschaft hat regelmäßig nicht rechtsbegründende Wirkung, sondern nur die Bedeutung eines Beweismittels. Anders ist es, wenn die **Anerkennung nach Geburt des Kindes in einer öffentlichen Urkunde** abgegeben wird. Diese Anerkennung, welche die Anstellung einer Klage unnötig machen soll und deshalb in gewisser Weise der Verurteilung im Prozesse gleichwertig ist — hiervon zu unterscheiden ist das bloße Geständnis der Tatsache der Beiwohnung während der Empfängniszeit —, enthält nach der Bestimmung des § 1718 insofern eine rechtsbegründende Verfügung, als damit auf die Einrede der mehreren Zuhälter verzichtet wird. Insoweit kann deshalb die Anerkennung nicht durch den bloßen Nachweis der Unrichtigkeit des Anerkenntnisses entkräftet werden, dagegen bleibt der Gegenbeweis offenbarer Unmöglichkeit der Empfängnis oder einer in der Empfängniszeit überhaupt nicht stattgefundenen Beiwohnung offen. Zulässig ist die Anfechtung wegen widerrechtlicher Drohung oder arglistiger Täuschung. Eine arglistige Täuschung kann darin gefunden werden, daß die uneheliche Mutter dem Anerkennenden z. B. unter Eideserbieten oder unter sonstigen eindringlichen Beteuerungen die unwahre Versicherung gegeben hat, sie habe in der Empfängniszeit mit anderen Männern nicht verkehrt, sofern er dadurch zur Anerkennung bestimmt worden ist und die Täuschende sich dessen bewußt war oder doch mit einer solchen Möglichkeit rechnete (RG 107, 176 unter Aufgabe der engeren Ansicht in RG 58, 348 und Warn 1914 Nr 207). Eine Anfechtung wegen Irrtums ist dann nicht gegeben, wenn der Anerkennende irrtümlich angenommen hat, die Kindesmutter habe in der Empfängniszeit nur mit ihm geschlechtlich verkehrt. Für den Fall, daß der Anerkennende in Unkenntnis der offenbaren Unmöglichkeit der Empfängnis oder seiner Beiwohnung in der kritischen Zeit in einem Vertrage das Anerkenntnis abgegeben und sich zur Zahlung einer Unterhaltsrente verpflichtet hat, läßt RG JW 1910, 752[12] die Rückforderung (den Widerruf) wegen Fehlens eines rechtlichen Grundes gemäß § 812 BGB zu.

2. Die in der Form des § 1718 nach Geburt des Kindes erklärte Anerkennung ist **kein empfangsbedürftiges Rechtsgeschäft,** so daß die Beschränkung des § 123 Abs 2 hinsichtlich der Anfechtbarkeit nicht Platz greift (RG 58, 353). Die Erklärung kann, da die Anerkennung wesentlich nur eine vermögensrechtliche Bedeutung hat (vgl. § 1717 A 1), durch einen Vertreter abgegeben werden, und zwar ist es der gesetzliche Vertreter in Vermögensangelegenheiten, nicht der gesetzliche Vertreter in persönlichen Angelegenheiten, der zu der Anerkennung des in der Geschäftsfähigkeit Beschränkten seine Zustimmung zu geben hat (bestr.). Die ohne vorherige Zustimmung des gesetzlichen Vertreters von dem Minderjährigen erklärte Anerkennung ist unwirksam (§§ 111 Satz 1, 183). Diese Unwirksamkeit trifft aber nicht die nach § 108 zu beurteilende Vertragspflicht zur Zahlung des Unterhalts (vgl. RG 84, 318; s. auch § 1714 A 3). Die Genehmigung des Vormundschaftsgerichts ist zu der Anerkennung nicht erforderlich. Über die Eintragung der Anerkennung in das standesamtliche Geburtsregister s. § 25 PStG und Art 70 Abs 1 PrAGBGB, über den nachträglichen Vermerk am Rande s. § 26 PStG (vgl. auch Vorbem 1 vor § 1591, KGJ 26 A 39 und Frese in ZBlFG 8, 490). — Verschieden von der Anerkennung ist die Namensbeilegung durch den Ehemann der Mutter (s. § 1706 A 3). Der beurkundende Beamte wird sich zu vergewissern haben, ob nicht die Anerkennung in Wirklichkeit als Namensbeilegung gemeint ist. Die Erklärung des Ehemanns, daß er das Kind auf seinen Namen schreiben lassen wolle, kann nur als Namensbeilegung aufgefaßt werden.

3. Für die öffentliche Beurkundung der in § 1718 und in § 1720 Abs 2 bezeichneten Anerkennung sind nach der reichsrechtlichen Vorschrift des § 167 Abs 2 FGG die Notare und

die Amtsgerichte **zuständig**, außerdem der die Geburt des Kindes oder die Eheschließung der Eltern beurkundende Standesbeamte, wenn die Anerkennung bei der Anzeige der Geburt des Kindes oder der Eheschließung erfolgt. Diese letztere Beschränkung ist auf Grund des § 191 Abs 1 FGG in den meisten Bundesstaaten beseitigt. Vgl. auch JWG § 43 Abs 3 und PrVO v. 12. 10. 26.

Siebenter Titel

Legitimation unehelicher Kinder

I. Legitimation durch nachfolgende Ehe

§ 1719

Ein uneheliches Kind erlangt dadurch, daß sich der Vater mit der Mutter verheiratet, mit der Eheschließung die rechtliche Stellung eines ehelichen Kindes[1])[2]).

E I 1579 II 1606; M 4 919 ff.; P 4 698.

1. Das in der Ehe geborene, wennschon vor der Ehe erzeugte Kind hat (falls nicht die Ehelichkeit erfolgreich angefochten ist) ohne weiteres die Rechte des ehelichen Kindes (§ 1591). Wird die Pflicht der Eheschließung von den Eltern erst nachträglich erfüllt, so hat dies die Wirkung, daß das Kind vom Zeitpunkt der Eheschließung an die Stellung eines ehelichen Kindes erlangt. Rückwirkende Kraft ist der **Legitimation durch Eheschließung** nicht beigelegt. Das legitimierte Kind kann deshalb auch nicht als eheliches in das Geburtsregister eingetragen werden, sondern nur als ehelich gewordenes, was durch Eintragung eines Vermerks am Rande der Geburtsurkunde geschieht (§ 26 PStG, § 15 der Bundesratsvorschriften v. 25. 3. 99). Durch MErl v. 24. 2. 05 und 4. 11. 09 sind jedoch für Preußen die Standesämter angewiesen, für Schul-, Unterrichts- und Konfirmationszwecke, falls nicht die Ausstellung eines vollständigen Geburtsregisterauszugs ausdrücklich beantragt ist, einen abgekürzten Geburtsschein zu erteilen, in welchem das Kind ohne Zusatz, daß es durch nachfolgende Ehe oder Ehelichkeitserklärung legitimiert ist, lediglich mit dem Namen des Vaters bezeichnet wird (vgl. Vorbem 1 vor § 1705). Zur Eintragung in das Standesregister ist nach § 26 PStG erforderlich, daß die Legitimation durch öffentliche Urkunden nachgewiesen ist. Damit die Legitimation in das Standesregister eingetragen werden kann, ist durch öffentliche Urkunden auch nachzuweisen, daß es sich um ein uneheliches Kind der später zur Ehe geschrittenen Eltern handelt. Dieser Nachweis läßt sich, wenn der ursprüngliche Ehemann erst nach längerem Vermißtsein für tot erklärt war und in diese frühere Zeit die Geburt des Kindes gefallen ist, regelmäßig nur auf dem Wege des Berichtigungsverfahrens nach §§ 65, 66 PStG führen (vgl. Aufsatz in JW 1922, 283; vgl. auch RJA 16, 36). Ist die zum Geburts- und Heiratsregister erfolgte Anerkennung der Vaterschaft der Wahrheit zuwider erklärt worden, so findet eine Berichtigung nicht statt (**RG** 68, 60). Nach dem durch Ges. v. 11. 6. 20 dem § 26 beigefügten Abs 2 u. 3 (vgl. schon BRBek v. 18. 1. 17 betr. die Legitimation der unehelichen Kinder von Kriegsteilnehmern) hat das Vormundschaftsgericht oder die ihm landesgesetzlich gleichgestellte Behörde, wenn ein uneheliches Kind durch nachfolgende Heirat der Eltern die Stellung eines ehelichen erlangt, dies von Amts wegen festzustellen und die Beischreibung der Feststellung am Rande der Geburtsurkunde anzuordnen. An ein Anerkenntnis der Vaterschaft oder dessen Nachweis durch öffentliche Urkunden ist es dabei nicht gebunden. Dem Vermerk kommt nur für das Standesregister beweiserhebliche Bedeutung zu (KGJ 53 A 66). Die Vorschrift des Abs 1 bleibt hiervon unberührt. Das durch die nachfolgende Eheschließung begründete Verwandtschaftsverhältnis tritt in vollem, nicht, wie bei der Ehelichkeitserklärung und Kindesannahme (§§ 1737, 1762, 1763), in beschränktem Umfange ein. Die Legitimation durch Eheschließung behält deshalb ihre Bedeutung, auch wenn jene Rechtshandlungen vorhergegangen sind. Die durch den Annahmevertrag begründeten Rechte und Pflichten erfahren selbstverständlich durch die nachfolgende Legitimation, was die Zeit bis zur Legitimation betrifft, keine Änderung. Ist die Ehelichkeitserklärung auf Antrag eines Dritten erteilt, so steht der Legitimation durch Eheschließung allerdings entgegen, daß damit bis zum Beweise des Gegenteils (vgl. § 1735 A 2 a. E.) nach § 1735 die Vaterschaft des Dritten regelmäßig feststeht. Über die Einwirkung der Legitimation auf die Staatsangehörigkeit s. § 1736 A 3, über die Beendigung der Vormundschaft durch die Legitimation des Kindes s. § 1883 A 1. Den Anspruch auf Feststellung, daß durch nachfolgende Ehe die Legitimation begründet ist, kann das Kind unter den Voraussetzungen des § 256 ZPO auch gegen

über jedem Dritten verfolgen, wennschon das ergehende Urteil abweichend von der Familienstandsklage (§ 643 ZPO) nur eine auf den Beklagten beschränkte Wirkung hat (RG Warn 1915 Nr 184). Wegen der unter Vormundschaft stehenden unehelichen Kinder vgl. § 1883 A 1.

2. Ist der Vater ein **Ausländer,** so erfolgt die Legitimation nach den Gesetzen des Staates, dem der Vater zur Zeit der Legitimation angehört (vgl. Vorbem 2 vor § 1705). Hat nach diesen Gesetzen die Eheschließung nicht die Wirkung der Legitimation, so kann diese Wirkung nicht nachträglich dadurch herbeigeführt werden, daß nach der Eheschließung der Ausländer die deutsche Reichsangehörigkeit erwirbt.

§ 1720

Der Ehemann der Mutter gilt als Vater des Kindes, wenn er ihr innerhalb der im § 1717 Abs 2 bestimmten Empfängniszeit beigewohnt hat, es sei denn, daß es den Umständen nach offenbar unmöglich ist, daß die Mutter das Kind aus dieser Beiwohnung empfangen hat[1]).

Erkennt der Ehemann seine Vaterschaft nach der Geburt des Kindes in einer öffentlichen Urkunde an, so wird vermutet, daß er der Mutter innerhalb der Empfängniszeit beigewohnt habe[2]).

E I 1580 II 1607; M 4 925 ff.; P 4 698; 6 304.

1. Die Legitimation durch nachfolgende Ehe setzt voraus, daß der Ehemann der Mutter wirklich der Vater des Kindes ist. Dies wird aber im Interesse der Ehelichkeit des Kindes schon angenommen, wenn der **Ehemann innerhalb der Empfängniszeit der Mutter beigewohnt hat.** Es gelten in dieser Beziehung dieselben Grundsätze wie bei der ehelichen Abstammung (§§ 1591, 1592). Das Kind gilt schon dann als ehelich, wenn die Möglichkeit des Ehelichseins vorhanden ist. Die Legitimation wird deshalb nicht durch den Nachweis entkräftet, daß die Mutter innerhalb der Empfängniszeit noch mit einem andern geschlechtlich verkehrt hat. Nur der Beweis ist zulässig, daß die Empfängnis aus der Beiwohnung durch den Ehemann offenbar unmöglich ist (s. § 1591 A 2). Die in einer öffentlichen Urkunde ausgesprochene Anerkennung der unehelichen Vaterschaft (§ 1718) hat hiernach der Legitimation durch Eheschließung gegenüber keine Wirkung. Zweifelhaft ist, ob die in § 1592 Abs 2 zugunsten der Ehelichkeit zugelassene Verlängerung der Empfängnisfrist, wenn nachweisbar die Empfängnis weiter zurückliegt, auch für den Fall der Legitimation Geltung hat. Doch dürfte eine solche erweiternde Auslegung gerechtfertigt sein (bestr.).

2. Die Legitimation ist nicht davon abhängig, daß der Ehemann der Mutter das Kind als das seinige anerkannt hat. Ist eine Anerkennung nicht oder nicht in einer öffentlichen Urkunde erklärt, so bleibt es bei den in A 1 dargestellten Grundsätzen. Ist die **Anerkennung in einer öffentlichen Urkunde ausgesprochen,** so greift statt der in § 1718 bestimmten Folge, die sich hier nach dem in A 1 Gesagten erübrigt, die durch Gegenbeweis widerlegbare Vermutung Platz, daß der Anerkennende der Mutter innerhalb der Empfängniszeit beigewohnt habe. Auf Grund dieser Urkunde und der Heiratsurkunde kann deshalb die Legitimation durch Zusatzvermerk zur Geburtsurkunde in das Standesregister eingetragen werden. Kann die Vermutung nicht anders widerlegt werden, so ist nur der in Abs 1 nachgelassene Beweis der offenbaren Unmöglichkeit der Vaterschaft statthaft. Die Anerkennung darf, um diese Wirkung zu haben, nicht bedingt oder betagt sein. Das in §§ 1593ff. dem Ehemann gegebene Recht, allein darüber zu bestimmen, ob das Kind als ein eheliches gelten soll, findet auf die Legitimation durch nachfolgende Ehe keine Anwendung. Die durch diese Legitimation begründete Ehelichkeit kann von einem jeden Beteiligten angefochten werden. Die im Familienstandsprozesse zwischen dem Ehemann der Mutter und dem Kinde über die Ehelichkeit ergehende Entscheidung hat jedoch Wirkung für und gegen alle (§ 643 ZPO). Eine Klage des Kindes gegen die Mutter oder dritte Personen auf Feststellung der durch nachfolgende Ehe erlangten Legitimation ist nur unter den in § 256 ZPO bestimmten Voraussetzungen zulässig (SeuffA 66 Nr 126). Die Anfechtung wegen Irrtums ist ausgeschlossen, wenn der Anerkennende gewußt hat, daß das Kind nicht von ihm herrührt.

§ 1721

Ist die Ehe der Eltern nichtig, so finden die Vorschriften der §§ 1699 bis 1704 entsprechende Anwendung[1]).

E I 1581 II 1608; M 4 928; P 4 703.

1. Die Gültigkeit der nachfolgenden Ehe ist zur Legitimation der Kinder nicht unbedingt erforderlich. Trotz **Nichtigkeit oder Anfechtbarkeit der Ehe** werden die Kinder insoweit

ehelich, als die Ehelichkeit nach §§ 1699—1704 hinsichtlich der in der Ehe geborenen Kinder eintritt. Das Kind bleibt unehelich, wenn die Ehe eine Nichtehe (schlechthin nichtig) ist (s. § 1699 A 1). Ist die Ehe nichtig oder anfechtbar und haben beide Ehegatten bei Schließung der Ehe — abgesehen von dem Falle der Drohung (§ 1704) — die Ungültigkeit gekannt, so fällt die Ehelichkeit mit rückwirkender Kraft weg, sobald die Ehe rechtskräftig für nichtig erklärt oder aufgelöst ist. Das hiernach uneheliche Kind behält aber den Unterhaltsanspruch eines ehelichen Kindes (§ 1703). Wegen der Rechtsstellung der Ehegatten s. §§ 1700—1702. Die legitimierende Wirkung der Ehe bleibt bestehen, auch wenn die Todeserklärung des früheren Ehegatten später auf Anfechtungsklage aufgehoben wird, sofern nicht etwa bei Schließung der neuen Ehe beide Ehegatten das Fortleben gekannt haben (vgl. § 1348).

§ 1722

Die Eheschließung zwischen den Eltern hat für die Abkömmlinge des unehelichen Kindes die Wirkungen der Legitimation auch dann, wenn das Kind vor der Eheschließung gestorben ist[1]).

E I 1582 II 1609; M 4 929; P 4 704; 6 315.

1. Die **Wirkungen der Legitimation** erstrecken sich, da das legitimierte Kind in allen Beziehungen als eheliches zu behandeln ist, notwendig **auch auf die Abkömmlinge des Kindes,** ohne daß durch Vertrag hieran etwas geändert werden kann. Diese Wirkung wird dadurch nicht ausgeschlossen, daß das Kind selbst, weil vor der Eheschließung verstorben, nicht mehr legitimiert werden kann.

II. Ehelichkeitserklärung

§ 1723

Ein uneheliches Kind kann auf Antrag seines Vaters[2]) durch eine Verfügung der Staatsgewalt für ehelich erklärt werden[1]).

Die Ehelichkeitserklärung steht dem Bundesstaate[3]) zu, dem der Vater angehört; ist der Vater ein Deutscher, der keinem Bundesstaat angehört, so steht sie dem Reichskanzler zu.

Über die Erteilung der einem Bundesstaate zustehenden Ehelichkeitserklärung hat die Landesregierung zu bestimmen[4])[5]).

E I 1583 Abs 1, 1584 II 1610 Abs 1; M 4 930; P 4 704; 5 66 u. 304.

1. Die **Ehelichkeitserklärung** ist dazu bestimmt, einen Ersatz der Legitimation durch nachfolgende Ehe für solche Fälle zu bieten, wo die Eheschließung nicht möglich ist oder doch dem Vater nicht wohl zugemutet werden kann. Doch ist in dieser Beziehung alles dem Ermessen der über die Ehelichkeitserklärung entscheidenden Stelle überlassen. Die Ehelichkeitserklärung kann versagt werden, auch wenn die gesetzlichen Erfordernisse erfüllt sind (§ 1734). Die Ehelichkeitserklärung darf aber nicht dazu benutzt werden, einen Ersatz für die wegen Verwandtschaft oder Schwägerschaft verbotene Eheschließung zu gewähren (§ 1732). Die einzelnen Bestimmungen über Ehelichkeitserklärung sind, wennschon es sich hierbei nicht wie bei der Kindesannahme um ein Vertragsverhältnis handelt und deshalb die zum Schutze gegen mißbräuchliche Kindesannahme gegebenen Vorschriften hier wegfallen, in ganz ähnlicher Weise wie bei der Kindesannahme gestaltet. Vertragsabmachungen über die Wirkungen der Ehelichkeitserklärung sind indes — abgesehen von Vereinbarungen über das Verkehrsrecht der Mutter (§ 1738 A 3) — unzulässig. Unzulässig sind insbesondere Vereinbarungen über Herstellung eines Verwandtschaftsverhältnisses zu den Verwandten des Vaters (§ 1737). Wegen der Zulässigkeit eines abgekürzten Geburtsscheins, in welchem ohne Erwähnung der Ehelichkeitserklärung lediglich der Name des Vaters angegeben wird, s. § 1719 A 1.

2. Über das Erfordernis des **Antrags des Vaters** s. § 1725 A 1.

3. Die **Zuständigkeit des Landes** bestimmt sich nach der Staatsangehörigkeit, welche der die Ehelichkeitserklärung beantragende Vater zur Zeit der Entscheidung (nicht bloß zur Zeit des Eingangs des Gesuchs) hat. Fehlt hiernach dem Lande die Zuständigkeit, so ist die Ehelichkeitserklärung nicht bloß für das Gebiet des Landes, das zuständig gewesen wäre, sondern, da die Regelung nur eine einheitliche sein kann, allgemein als ungültig anzusehen. Gehört der Vater mehreren Ländern an, so ist ein jedes dieser Länder zuständig. Die Entscheidung über das Gesuch wird aber füglich dem Lande, in dem der Vater zugleich seinen Wohnsitz hat, zu überlassen sein. Ist der Vater ein Deutscher, ohne einem Lande

anzugehören — was bei Verleihung der Reichsangehörigkeit an einen Ansässigen im Schutzbezirk vorkommen konnte (§ 9 des SchutzgebG in der Fass. v. 10. 9. 00, auch nach §§ 33 Nr 2, 34 Reichs- und Staatsangehörigkeits-Ges. v. 22. 7. 13), so steht die Erteilung der Ehelichkeitserklärung dem Reiche zu, und zwar ist die Entscheidung dem Reichskanzler (nicht wie im Falle des § 23 dem Bundesrat) übertragen.

4. Für den Bezirk des einzelnen Landes hat die **Landesregierung** die **zuständige Stelle** und das **Verfahren** für die Ehelichkeitserklärung zu bestimmen. Grundsätzlich ist die Ehelichkeitserklärung Justizverwaltungssache, nicht Justizsache, so daß die Vorschriften über das Verfahren in Angelegenheiten der freiwilligen Gerichtsbarkeit nicht zur Anwendung kommen. Meist ist der Justizminister für zuständig erklärt, so für Preußen durch Beschluß des Staatsministeriums v. 20. 2. 22, wobei dem Justizminister vorbehalten ist, seine Zuständigkeit auf nachgeordnete Behörden zu übertragen. Diese Zuständigkeit ist, sofern nicht der Vater außer der preußischen auch noch eine andere Staatsangehörigkeit besitzt oder das Kind nicht die deutsche Staatsangehörigkeit besitzt, dem Landgerichtspräsidenten durch AllgVf v. 4. 4. 22 zugewiesen, vorbehaltlich der Befugnis des Justizministers, über Beschwerden und auch sonst über Befreiungsgesuche zu befinden. Die in den andern deutschen Ländern zuständigen Behörden sind in der AllgVf. des PrJM v. 8. 10. 22 (JMBl 424) aufgeführt. Das Gesuch ist nach den Ausführungsbestimmungen der Bundesstaaten regelmäßig bei dem Amtsgericht einzureichen, das auch die Entscheidung vorzubereiten hat.

5. Hinsichtlich des **räumlichen und zeitlichen Geltungsbereichs** ist auf das in Vorbem 2 u. 3 vor § 1741 über die Annahme an Kindes Statt Gesagte zu verweisen. Maßgebend ist in dieser Hinsicht der Zeitpunkt, in welchem die Ehelichkeitserklärung dem den Antrag stellenden Vater bekanntgemacht ist (§ 1736 A 1). Das Erfordernis der Ehelichkeitserklärung (die gemäß § 1734 nach freiem Ermessen versagt werden kann) stellt sich als ein sachliches, nicht bloß formelles dar und ist deshalb lediglich nach dem Heimatsrecht des Vaters zu beurteilen. Die Wirkung der Ehelichkeitserklärung nach deutschem Recht tritt nicht ein, wenn das Kind nach dem für ihn geltenden Heimatsrecht, weil dieses die Legitimation durch Ehelichkeitserklärung verbietet, zur Erteilung der Einwilligung überhaupt nicht befugt war. Ist der Vater ein Ausländer und die Ehelichkeitserklärung von der zuständigen ausländischen Behörde ausgesprochen, so kann die Eintragung des entsprechenden Randvermerks nach § 26 PStG im Inland erfolgen (JFG 1, 137).

§ 1724

Die Ehelichkeitserklärung kann nicht unter einer Bedingung oder einer Zeitbestimmung erfolgen[1]).

E I 1594 II 1618 Abs 2; M 4 946; P 4 711.

1. S. § 1742 A 1. Aus der Ungültigkeit der bedingten oder befristeten Ehelichkeitserklärung folgt zugleich die Ungültigkeit des eine solche Beschränkung enthaltenden Antrags auf Ehelichkeitserklärung. Auch die in den Antrag nach § 1725 aufzunehmende Anerkennung der Vaterschaft darf nicht unter einer Bedingung oder Zeitbestimmung erklärt werden (a. M. Blume zu diesem Paragraphen).

§ 1725

Der Antrag[1]) muß die Erklärung des Vaters enthalten, daß er das Kind als das seinige anerkenne[2]).

E I 1585 II 1611; M 4 937; P 4 705.

1. Die Grundlage der Ehelichkeitserklärung bildet nicht ein zwischen dem Vater und dem Kinde geschlossener Vertrag, sondern der von dem Vater mit Einwilligung des Kindes (§ 1726) gestellte **Antrag**. Der Antrag des Vaters wird, sobald er bei der zur Entscheidung über die Ehelichkeitserklärung oder zur Entgegennahme des Antrags berufenen Stelle (vgl. § 1723 A 3) eingegangen ist, nicht dadurch unwirksam, daß hinterher der Antragsteller geschäftsunfähig oder beschränkt geschäftsfähig wird (vgl. § 130 Abs 2 u. 3). Über die freie Widerruflichkeit des Antrags und über den Einfluß des Todes des Antragstellers s. § 1733 A 2.

2. Um eine Sicherheit dafür zu schaffen, daß der Antragsteller der Vater ist, muß die **Anerkennung der Vaterschaft** — die ebenso wie der Antrag der gerichtlichen oder notariellen Beurkundung bedarf (§ 1730) — mit dem Antrage eingereicht oder nachgebracht werden. Die Richtigkeit der Anerkennung bleibt von der Behörde zu prüfen. Eine gewisse Gewähr der Richtigkeit liegt schon darin, daß die wissentlich falsche Ausstellung der Erklärung nach § 169 StGB Strafe nach sich zieht. Stellt sich später die Unrichtigkeit heraus, so hat dies die Ungültigkeit der einmal erteilten Ehelichkeitserklärung nicht zur Folge (§ 1735). Der Nachweis der Unrichtigkeit kann übrigens nicht schon mit Berufung darauf geführt werden, daß die in § 1717

Abs 2 bestimmte Empfängniszeit nicht genau passe. Die Anerkennung hat nur für den Zweck der Ehelichkeitserklärung Bedeutung, wennschon sie auch für andere Rechtsverhältnisse einen gewissen Beweisanhalt gewähren kann. Die in § 1718 bestimmte Folge des Verzichts auf die Einrede der mehreren Zuhälter ist mit der für die Ehelichkeitserklärung ausgestellten Anerkennung nicht verbunden (bestr.). Ist das während der Ehe geborene Kind von dem Ehemann der Mutter anerkannt oder hat dieser die Ausschlußfrist des § 1594 verstreichen lassen, so ist, weil damit die Ehelichkeit des Kindes feststeht, die Ehelichkeitserklärung ausgeschlossen, auch wenn das Kind als ein uneheliches geboren sein sollte. Sind aber dem Kinde die Rechte eines für ehelich erklärten Kindes in dem mit dem Dritten als angeblichen Vater geführten Rechtsstreit rechtskräftig zuerkannt, so wirkt dieses Urteil gemäß § 643 ZPO für und gegen alle.

§ 1726

Zur Ehelichkeitserklärung ist die Einwilligung des Kindes[1]) und, wenn das Kind nicht das einundzwanzigste Lebensjahr vollendet hat, die Einwilligung der Mutter[2]) erforderlich. Ist der Vater verheiratet, so bedarf er auch der Einwilligung seiner Frau[3]).

Die Einwilligung hat dem Vater oder der Behörde gegenüber zu erfolgen, bei welcher der Antrag einzureichen ist; sie ist unwiderruflich[1]).

Die Einwilligung der Mutter ist nicht erforderlich, wenn die Mutter zur Abgabe einer Erklärung dauernd außerstande oder ihr Aufenthalt dauernd unbekannt ist[2]). Das gleiche gilt von der Einwilligung der Frau des Vaters[3]).

E I 1587, 1591 Satz 2 II 1613 Abs 1 u. 3, 1616 Satz 2; M 4 940 u. 944; P 4 708; 5 443 u. 445.

1. Die **Einwilligung des Kindes** ist bei der weittragenden Bedeutung der durch die Ehelichkeitserklärung herbeigeführten Änderung des Personenstandes nicht zu entbehren. Sie bedarf ebenso wie der Antrag der gerichtlichen oder notariellen Beurkundung (§ 1730) und wird dadurch wirksam, daß diese Urkunde von dem Einwilligenden dem Vater oder der zur Entscheidung oder zur Entgegennahme des Antrags berufenen Behörde (vgl. § 1723 A 3) überreicht wird, wodurch die Einwilligung zugleich unwiderruflich wird (§ 1726 Abs 2). Über die Zulässigkeit der Vertretung s. § 1728 A 1 u. 2, über den Zeitpunkt der Abgabe der Erklärung § 1735 A 1.

2. Die **Einwilligung der Mutter** — die erst von der zweiten Kommission für erforderlich erklärt ist — ist nicht bloß im Interesse des noch nicht 21 Jahre alten Kindes, sondern auch im Interesse der Mutter vorgeschrieben, und zwar nicht lediglich für den Fall, daß sie durch die Ehelichkeitserklärung das Recht der Fürsorge für die Person des Kindes verliert (vgl. § 1747 A 1). Sie bildet aber nicht ein unbedingtes Erfordernis. Die Einwilligung kann durch das Vormundschaftsgericht ersetzt werden (§ 1727). Von der Einwilligung kann ferner unter den in Abs 3 bezeichneten Voraussetzungen, die der Bestimmung des § 1746 Abs 2 entsprechen, abgesehen werden. Das Hindernis ist ein dauerndes, wenn die Ehelichkeitserklärung ungebührlich verzögert werden würde, wenn das Aufhören des Hindernisses abgewartet werden müßte. Die für die Ehelichkeitserklärung zuständige Stelle hat hierüber nach freiem Ermessen zu befinden (vgl. § 1735). Im übrigen ist auf das in A 1 über die Einwilligung Gesagte zu verweisen.

3. Erforderlich ist endlich die **Einwilligung der Ehefrau des Vaters,** weil die Ehelichkeitserklärung geeignet ist, auf die Gestaltung des ehelichen Lebens einzuwirken. Der Einwilligung bedarf es nicht unter den in Abs 3 bestimmten Voraussetzungen (s. hierüber A 2). Nicht einwilligungsberechtigt ist die Ehefrau, wenn gemäß § 1575 auf Aufhebung der ehelichen Gemeinschaft erkannt ist (a. M. Staudinger A 1 b). Liegt der Ehefrau daran, die Ehelichkeitserklärung zu verhindern, so mag sie vorher die eheliche Gemeinschaft wieder herstellen. S. im übrigen wegen der Einwilligung die Ausführungen in A 1.

§ 1727

Wird die Einwilligung von der Mutter verweigert, so kann sie auf Antrag des Kindes durch das Vormundschaftsgericht ersetzt[1]) werden, wenn das Unterbleiben der Ehelichkeitserklärung dem Kinde zu unverhältnismäßigem Nachteile gereichen würde.

E II 1613 Abs 2; P 4 708.

1. Bei der Entschließung über Erteilung der Einwilligung darf die Mutter nicht rücksichtslos ihr eigenes Interesse unter völliger Hintansetzung des Interesses des Kindes in den Vordergrund stellen. Ihre **Einwilligung kann deshalb durch das Vormundschaftsgericht ersetzt werden,** wenn der aus der Ehelichkeitserklärung für das Kind zu erwartende Vorteil unverhältnismäßig größer ist als der der Mutter entstehende Nachteil. Auf Antrag des Kindes, das auch nach Vollendung des 14. Lebensjahrs hierzu der Zustimmung des gesetzlichen Vertreters bedarf (§ 59 FGG ist nicht anwendbar— abw. die früh. Aufl.) oder, jedenfalls im Fall der Geschäftsunfähigkeit des Kindes, auf Antrag des gesetzlichen Vertreters hat das Vormundschaftsgericht unter Ausschluß des Prozeßverfahrens, und zwar nach Anhörung der Mutter (§§ 1673 Abs 1, 1707) sowie sonstiger Verwandter oder Verschwägerten des Kindes (§ 1673 Abs 2) und des zuständigen Jugendamts (JWG § 43 Abs 1) hierüber zu befinden. Gegen die Entscheidung steht, wenn sie auf Ersetzung der Einwilligung lautet, der Mutter die sofortige Beschwerde (§§ 20 Abs 1, 60 Abs 1 Nr 6 FGG), wenn sie auf Abweisung des Antrags lautet, dem Kinde die einfache Beschwerde zu (§ 20 Abs 2 FGG); die Wirksamkeit der Verfügung tritt erst mit ihrer Rechtskraft ein (§ 53 FGG); sie kann nach erfolgter Ehelichkeitserklärung nicht mehr geändert werden (§ 55 Abs. 2 das.).

§ 1728

Der Antrag auf Ehelichkeitserklärung sowie die Einwilligung der im § 1726 bezeichneten Personen kann nicht durch einen Vertreter[1]) erfolgen.

Ist das Kind geschäftsunfähig oder hat es nicht das vierzehnte Lebensjahr vollendet, so kann sein gesetzlicher Vertreter die Einwilligung mit Genehmigung des Vormundschaftsgerichts erteilen[2]).

E I 1588, 1589 Abs 2 Satz 2 II 1614; M 4 942 ff.; P 4 710.

1. Übereinstimmend §§ 1748 Abs 2 u. 1750 Abs 1. Wegen der höchstpersönlichen Natur dieser Rechtshandlungen ist die **Zulässigkeit der Vertretung ausgeschlossen.** Es ist weder die Vertretung durch einen Bevollmächtigten, der nicht bloßer Vertreter in Erklärung des Willens ist, noch durch den gesetzlichen Vertreter statthaft. Die Erklärung des in der Geschäftsfähigkeit Beschränkten bedarf nicht der Zustimmung des gesetzlichen Vertreters (§ 1729 Abs 3). Aus besondern Gründen sind jedoch Ausnahmen von dieser Regel gemacht für den Antrag des Vaters und die Einwilligung des Kindes (s. § 1728 A 2, § 1729 A 1 u. 2).

2. Für die **Einwilligung des geschäftsunfähigen Kindes** (§ 104) ist in gleicher Weise, wie dies in § 1750 geschehen ist, um die Möglichkeit der Ehelichkeitserklärung eines solchen Kindes nicht abzuschneiden, die Vertretung durch den Vormund vorbehaltlich der Genehmigung des Vormundschaftsgerichts zugelassen. Die Bestimmung ist auf den Fall ausgedehnt, daß das Kind das 14. Lebensjahr noch nicht vollendet hat.

§ 1729

Ist der Vater in der Geschäftsfähigkeit beschränkt, so bedarf er zu dem Antrag, außer der Zustimmung seines gesetzlichen Vertreters, der Genehmigung des Vormundschaftsgerichts[1]).

Ist das Kind in der Geschäftsfähigkeit beschränkt, so gilt das gleiche für die Erteilung seiner Einwilligung[1]).

Ist die Mutter des Kindes oder die Frau des Vaters in der Geschäftsfähigkeit beschränkt, so ist zur Erteilung ihrer Einwilligung die Zustimmung des gesetzlichen Vertreters nicht erforderlich.

E I 1589 u. 1590 II 1615; M 4 943; P 4 710.

1. Entsprechend der großen Bedeutung, welche die Ehelichkeitserklärung für den Vater und das Kind als die beiden Hauptbeteiligten, und zwar auch auf vermögensrechtlichem Gebiete, hat, sind in Übereinstimmung mit der Regelung in § 1751 an den **Antrag des Vaters** und die **Einwilligung des Kindes im Falle der beschränkten Geschäftsfähigkeit** dieser Personen (§§ 106, 114) größere Anforderungen gestellt. Verlangt wird die Zustimmung des gesetzlichen Vertreters und die Genehmigung des Vormundschaftsgerichts. In dieser Beziehung werden Vater und Kind gleich behandelt, während eine Vertretung im Falle der Geschäftsunfähigkeit nur hinsichtlich des Kindes (§ 1728 Abs 2) zugelassen ist. Hat das Kind das siebente, aber nicht das vierzehnte Lebensjahr vollendet, so genügt sowohl die in § 1728 Abs 2 als die in § 1729 Abs 2 bestimmte Art der Einwilligung. — Nach JWG § 43 Abs 1 ist in den Fällen des § 1728 Abs 2 und des § 1729 Abs 2 das Jugendamt zu hören.

§ 1730

Der Antrag sowie die Einwilligungserklärung der im § 1726 bezeichneten Personen bedarf der gerichtlichen oder notariellen Beurkundung[1]).

E I 1591 Satz 1 II 1616 Satz 1; M 4 944; P 4 711.

1. Die **gerichtliche oder notarielle Beurkundung** (§ 128) ist — in Übereinstimmung mit §§ 1748 Abs 3, 1750 Abs 2 — nicht bloß für den Antrag, sondern auch die Einwilligungserklärungen vorgeschrieben. Dagegen wird die gleiche Form als Bedingung der Gültigkeit der Ehelichkeitserklärung für die Zustimmung des gesetzlichen Vertreters zu den Erklärungen des in der Geschäftsfähigkeit beschränkten Vaters oder Kindes (vgl. § 1729 A 1) oder für die Bevollmächtigung zur Überbringung der Erklärung (vgl. § 1728 A 1) nicht zu erfordern sein (§ 182 Abs 2). Die über den Antrag auf Ehelichkeitserklärung entscheidende Stelle kann sich hier mit der schriftlichen Form begnügen.

§ 1731

Ist der Antrag oder die Einwilligung einer der im § 1726 bezeichneten Personen anfechtbar, so gelten für die Anfechtung und für die Bestätigung der anfechtbaren Erklärung die Vorschriften der §§ 1728, 1729[1]).

E I 1600 II 1617; M 4 950; P 4 718.

1. Über die **Anfechtung** und **Bestätigung** s. § 1755 A 1. Das Anfechtungsrecht ist nicht vererblich.

§ 1732

Die Ehelichkeitserklärung ist nicht zulässig, wenn zur Zeit der Erzeugung des Kindes die Ehe zwischen den Eltern nach § 1310 Abs 1 wegen Verwandtschaft oder Schwägerschaft verboten war[1]).

E I 1586 II 1612; M 4 939; P 4 707.

1. Dem nach § 1310 Abs 1 bestehenden **Verbote der Eheschließung zwischen nahen Verwandten** (Verwandten in gerader Linie, vollbürtigen und halbbürtigen Geschwistern, Verschwägerten in gerader Linie) wird dadurch zu größerer Wirksamkeit verholfen, daß Kinder aus einer solchen Geschlechtsverbindung auch nicht auf dem Wege der Ehelichkeitserklärung ehelich werden können (vgl. § 1723 A 1). Unter Verwandtschaft im Sinne des § 1310 ist auch die auf unehelicher Erzeugung beruhende natürliche Verwandtschaft zu verstehen (§ 1310 Abs 3). Eine erst nach Erzeugung des unehelichen Kindes eintretende Schwägerschaft kommt nicht in Betracht. Bei Feststellung der Zeit der Erzeugung ist der Richter formell an die Vorschrift des § 1717 Abs 2 (vgl. A 3 zu diesem Paragraphen) nicht gebunden, obgleich sie in der Mehrzahl der Fälle, weil eine genauere Feststellung des Zeitpunkts der Erzeugung nicht möglich ist, für ihn leitend sein wird. Durch das Eheverbot des § 1310 Abs 2 und des § 1311 wird die Legitimation nicht ausgeschlossen.

§ 1733

Die Ehelichkeitserklärung kann nicht nach dem Tode des Kindes erfolgen[1]).

Nach dem Tode des Vaters ist die Ehelichkeitserklärung nur zulässig, wenn der Vater den Antrag bei der zuständigen Behörde eingereicht oder bei oder nach der gerichtlichen oder notariellen Beurkundung des Antrags das Gericht oder den Notar mit der Einreichung betraut hat[2]).

Die nach dem Tode des Vaters erfolgte Ehelichkeitserklärung hat die gleiche Wirkung, wie wenn sie vor dem Tode des Vaters erfolgt wäre[2]).

E I 1595 II 1619; M 4 946; P 4 706, 711 ff.

1. Die Ehelichkeitserklärung ist nur zugelassen im Interesse des unehelichen Kindes, dem hierdurch im Verhältnis zum Vater die Rechtsstellung eines ehelichen Kindes gewährt werden soll, daher **nicht nach dem Tode des Kindes,** nicht im Interesse der Abkömmlinge des Kindes, die durch die Ehelichkeitserklärung nur nebenher mitbetroffen werden (§ 1737). Es verhält sich hiermit ebenso wie mit der Annahme an Kindes Statt, die nur zur Gewinnung eines Kindes, nicht zur Gewinnung eines Enkels statthaft ist (vgl. § 1741 A 3, § 1753 A 1). Daraus folgt die Hinfälligkeit der Ehelichkeitserklärung, wenn das Kind vor dem Zeitpunkte, in dem die Ehelichkeitserklärung wirksam wurde (s. hierüber § 1736 A 1), gestorben ist.

2. Auch durch den **Tod des Vaters** wird grundsätzlich die Ehelichkeitserklärung ausgeschlossen, da ihr hauptsächlichster Zweck, die Herstellung eines auf ehelicher Grundlage beruhenden persönlichen Kindesverhältnisses, vereitelt ist. Hat der Vater jedoch den Antrag bereits bei der zur Entscheidung oder zur Entgegennahme des Antrags zuständigen Stelle (vgl. § 1723 A 3) eingereicht oder doch das beurkundende Gericht oder den beurkundenden Notar mit der Einreichung ausdrücklich beauftragt und somit alles getan, was seinerseits zur Erreichung der Ehelichkeitserklärung zu tun ist, so ist der spätere Tod des Vaters einflußlos. Es soll dem Kinde nicht zum Nachteil gereichen, daß bis zur Entscheidung ein gewisser Zeitraum vergeht, auf dessen Abkürzung der Antragsteller keine Einwirkung üben kann. — Die in A 2 bezeichnete Einreichung oder Beauftragung hat nicht etwa die Wirkung, daß nunmehr der Vater an den von ihm gestellten Antrag gebunden wäre. Er kann vielmehr den Antrag bis zum Wirksamwerden der Ehelichkeitserklärung (s. § 1736 A 1) frei *widerrufen*. Der Widerruf muß allerdings bis zu diesem Zeitpunkte zur Kenntnis der für die Entscheidung zuständigen Stelle gebracht sein (vgl. die abweichende Regelung in § 81 Abs 2). Den Erben des Vaters steht nach Erfüllung der in Abs 2 bezeichneten Voraussetzungen das Widerrufsrecht nicht zu.

§ 1734

Die Ehelichkeitserklärung kann versagt werden, auch wenn ihr ein gesetzliches Hindernis nicht entgegensteht[1]).

E I 1592 II 1618 Abs 1; M 4 945; P 4 711.

1. Die Erteilung der Ehelichkeitserklärung steht hiernach im **freien Belieben der Staatsgewalt** (§ 1723 A 1).

§ 1735

Auf die Wirksamkeit der Ehelichkeitserklärung[1]) ist es ohne Einfluß, wenn der Antragsteller nicht der Vater des Kindes ist[2]) oder wenn mit Unrecht angenommen worden ist, daß die Mutter des Kindes oder die Frau des Vaters zur Abgabe einer Erklärung dauernd außerstande oder ihr Aufenthalt dauernd unbekannt sei[3]).

E I 1593 II 1620; M 4 946; P 4 711.

1. Der Mangel eines der gesetzlichen Erfordernisse macht die **Ehelichkeitserklärung unwirksam.** Einem jeden Beteiligten ist gestattet, diese Unwirksamkeit im Prozesse geltend zu machen. Es genügt aber, wenn die gesetzlichen Erfordernisse zur Zeit der Erteilung der Ehelichkeitserklärung erfüllt sind, und zwar gilt dies auch für die Einwilligung der in § 1726 bezeichneten Personen, die noch nach Einreichung des Antrags des Vaters erklärt werden kann (vgl. § 1754 A 2 a. E.).

2. Die Bestimmung, daß es **ohne Einfluß** sein soll, **wenn der Antragsteller nicht der Vater des Kindes** ist, enthält keine Ausnahme von dem in A 1 dargestellten Grundsatze. § 1725 verlangt nur, daß der Antrag die Anerkennung der Vaterschaft enthält, macht aber die Gültigkeit der Ehelichkeitserklärung nicht von der Richtigkeit der Anerkennung abhängig. Ist die Anerkennung unrichtig, so kann allerdings der Antragsteller, da ihre Richtigkeit die sich von selbst verstehende Voraussetzung des Antrags ist, den Antrag und damit auch die Ehelichkeitserklärung wegen Irrtums oder arglistiger Täuschung anfechten. Ebenso kann das Kind aus gleichem Grunde die Einwilligungserklärung anfechten. Zu beachten ist hierbei, daß es nach *Erteilung der Ehelichkeitserklärung* zum Nachweise der Unrichtigkeit der Anerkennung nicht genügt, daß die Mutter innerhalb der Empfängniszeit noch mit einem andern Manne geschlechtlich verkehrt hat. Es sind hier dieselben Grundsätze, die für die eheliche Abstammung gelten (§§ 1591, 1592; vgl. § 1720 A 1), zur Anwendung zu bringen. Die Ehelichkeitserklärung ist wirksam, auch wenn der Antragsteller gewußt hat, daß er nicht der Vater des Kindes ist; die Anerkennung kann aber nach §§ 134, 138 nichtig sein (letzt. bestr.).

3. Darüber, ob der Einholung der Einwilligung der Mutter oder der Ehefrau des Vaters ein dauerndes Hindernis entgegensteht, hat die über die Ehelichkeitserklärung entscheidende Stelle nach freiem Ermessen zu befinden (§ 1726 A 2). Es folgt hieraus, daß die Ehelichkeitserklärung **nicht wegen irrtümlicher Annahme eines solchen Hindernisses anfechtbar** ist. Die Anfechtung würde nur zulässig sein, wenn das Ermessen rein willkürlich ausgeübt oder das Vorhandensein eines Anfechtungsberechtigten einfach übersehen wäre (a. M. Blume A 3).

§ 1736

Durch die Ehelichkeitserklärung[1]) erlangt das Kind die rechtliche Stellung eines ehelichen Kindes[2]) [3]).

E I 1583 Abs 2 II 1610 Abs 2; M 4 934; P 4 704; 5 445.

1. Die Ehelichkeitserklärung tritt — falls hierüber nicht landesrechtlich gemäß § 1723 Abs 3 eine besondere Bestimmung getroffen ist — mit dem Zeitpunkt in **Wirksamkeit,** in welchem sie dem den Antrag stellenden Vater bekanntgemacht ist (vgl. §§ 16 Abs 1, 67 FGG — bestr.; Dernburg IV § 92 A 9 hält entsprechend dem § 196 FGG die Bekanntmachung an das Kind, Blume A 4 und andere die Zeit der Unterzeichnung der Verfügung für maßgebend). Rückwirkende Kraft ist der Ehelichkeitserklärung nicht beigelegt.

2. Die **Stellung eines ehelichen Kindes** erlangt das Kind für sich und seine Abkömmlinge nur im Verhältnis zu dem den Antrag stellenden Vater. Diese Rechtsstellung zeigt sich nicht bloß auf dem Gebiete der elterlichen Gewalt, sondern auch auf dem Gebiete der Unterhaltspflicht, des Vormundschaftsrechts, des Erbrechts sowie bei Anwendung der §§ 1616 bis 1625. Über die Annahme des adligen Familiennamens des Vaters vgl. die wieder aufgehobene PrVO v. 3. 11. 19 (Vorbem 4 vor § 1705). Besondere Abmachungen hierüber zwischen Vater und Kind vor Erteilung der Ehelichkeitserklärung sind ohne Bedeutung, da diese nicht auf einem Vertragsverhältnis, sondern auf einer Verfügung der Staatsgewalt beruht. Dritte Personen sind natürlich nicht gehindert, für die von ihnen ausgehenden Zuwendungen zu bestimmen, ob das für ehelich erklärte Kind dem ehelichen gleichstehen soll. — Die Unterhaltsansprüche des Kindes gegen seinen natürlichen Vater können dadurch, daß es für das eheliche Kind eines andern Mannes erklärt ist, nicht beeinträchtigt werden (abw. früh. Aufl.).

3. Die Legitimation durch Ehelichkeitserklärung hat ebenso wie die Legitimation durch nachfolgende Ehe nach §§ 5, 17 Nr 5 RuStAngG v. 22. 7. 13 die Wirkung, daß das Kind die Staatsangehörigkeit des Vaters erwirbt. Auch in sonstigen Beziehungen kommt dem legitimierten Kinde auf dem Gebiete des öffentlichen Rechts die gleiche Stellung zu wie dem ehelichen (vgl. z. B. RVO § 559b). Das Nachfolgerecht in Lehen und Familienfideikommisse, soweit solche noch bestehen, bestimmt sich nach Landesrecht und Stiftungsurkunde (Art 59 EG).

§ 1737

Die Wirkungen der Ehelichkeitserklärung erstrecken sich auf die Abkömmlinge des Kindes; sie erstrecken sich nicht auf die Verwandten des Vaters. Die Frau des Vaters wird nicht mit dem Kinde, der Ehegatte des Kindes wird nicht mit dem Vater verschwägert[1]).

Die Rechte und Pflichten, die sich aus dem Verwandtschaftsverhältnisse zwischen dem Kinde und seinen Verwandten ergeben, bleiben unberührt, soweit nicht das Gesetz ein anderes vorschreibt[2]).

E I 1596 II 1621; M 4 947; P 4 713.

1. Durch die Ehelichkeitserklärung tritt das Kind ebensowenig in die Familie des Vaters wie das an Kindes Statt angenommene Kind in die Familie des Annehmenden (§ 1763). Es entsteht — unbeschadet des auf der natürlichen Erzeugung beruhenden Eheverbots des § 1310 Abs 3 — **kein Verwandtschaftsverhältnis zwischen dem Kinde und den Verwandten** des Vaters, auch **kein Schwägerschaftsverhältnis** zwischen dem Kinde und der Ehefrau des Vaters. Ein solches Verwandtschafts- oder Schwägerschaftsverhältnis kann auch nicht durch Vertrag geschaffen werden. Der Vater des Antragstellers gilt im Sinne der vormundschaftsrechtlichen Bestimmungen (§§ 1776 Abs 1 Nr 3, 1897, 1899) nicht als Großvater des Kindes. Dagegen nehmen an der Ehelichkeitserklärung teil die Abkömmlinge des Kindes, und zwar (abweichend von § 1762) auch die zur Zeit der Ehelichkeitserklärung bereits vorhandenen Abkömmlinge. Diese Abkömmlinge treten, allerdings erst von der Ehelichkeitserklärung ab (vgl. § 1736 A 1), in diejenige Rechtsstellung ein, für welche bereits durch die Abstammung von dem unehelichen, aber der Legitimation fähigen Kinde der Grund gelegt war. Auf den Ehegatten des Kindes oder der Abkömmlinge erstreckt sich die Wirkung der Ehelichkeitserklärung nicht.

2. Eine notwendige Folge davon, daß das für ehelich erklärte Kind nicht in die Familie des Vaters eintritt, ist es, daß **das Kind in der Familie der Mutter verbleibt.** Die aus dem Verwandtschaftsverhältnis zwischen dem Kinde und der unehelichen Mutter sowie ihren Verwandten sich ergebenden Rechte und Pflichten erfahren — abgesehen von den für die Mutter geltenden besondern Bestimmungen der §§ 1738, 1739 u. 1305 (s. § 1738 A 3) — nur dadurch eine Änderung, daß mit den Rechten der Mutter und ihrer Verwandten (Erbrecht, Unterhaltsanspruch usw.) nunmehr das Recht des Vaters zusammentrifft.

§ 1738

Mit der Ehelichkeitserklärung[1]) verliert die Mutter das Recht und die Pflicht, für die Person des Kindes zu sorgen. Hat sie dem Kinde Unterhalt zu gewähren, so treten Recht und Pflicht wieder ein, wenn die elterliche Gewalt des Vaters endigt oder wenn sie wegen Geschäftsunfähigkeit des Vaters oder nach § 1677 ruht[2])[3]).

E I 1597 II 1622; M 4 948 ff.; P 4 714.

1. Über den Zeitpunkt, in dem die Ehelichkeitserklärung **wirksam** wird, s. § 1736 A 1.

2. Das **Fürsorgerecht der Mutter für die Person des Kindes** (§ 1707) muß als mit der elterlichen Gewalt des Vaters unvereinbar hinter dieser zurücktreten und **geht** insofern der Mutter **verloren.** An sich würde es zulässig sein, das Fürsorgerecht für die Zeit nach Beendigung der elterlichen Gewalt oder während des Ruhens der Gewalt im Falle des § 1676 Abs 1 u. § 1677 — im Falle des § 1677 Abs 2 verbleibt dem Vater die Fürsorge — fortbestehen zu lassen. Man hat jedoch hiervon Abstand genommen, weil inzwischen eine zu große Entfremdung zwischen Mutter und Kind eingetreten sein kann (M 4, 949). Nur wenn hinzukommt, daß die Mutter in Erfüllung ihrer gesetzlichen Unterhaltspflicht dem Kinde tatsächlich (ganz oder teilweise) **Unterhalt gewährt** (vgl. wegen dieses in Satz 2 gebrauchten Ausdrucks auch § 1579 Satz 2 und dazu **RG** 72, 199, ferner §§ 1612 Abs 2, 1765 Abs 2 und § 1 Abs 2 des Ges. v. 23. 12. 21 über Lohnpfändung), tritt in den bezeichneten Fällen mit der Unterhaltsgewährung ihr Recht der tatsächlichen Fürsorge wieder in Kraft. Es würde unbillig sein, die Mutter nur die Last des Unterhalts tragen zu lassen, ohne ihr das in wesentlichem Zusammenhang hiermit stehende Recht der Fürsorge (vgl. § 1612 Abs 2) zu geben. In **RG** 105, 164 ist anerkannt, daß die Mutter trotz ihrer Bereitschaft, den Unterhalt zu gewähren, das Fürsorgerecht nicht in Anspruch nehmen kann, wenn das für ehelich erklärte Kind von der Frau des inzwischen verstorbenen Vaters weiter unterhalten wird, da dann wegen fehlender Bedürftigkeit des Kindes eine Unterhaltspflicht der Mutter nicht besteht. Die dort nicht entschiedene Frage, ob schon das bloße Bestehen der Unterhaltspflicht der Mutter oder erst die tatsächliche Gewährung des Unterhalts durch sie ihr Fürsorgerecht wieder aufleben läßt, dürfte im letzteren Sinne zu beantworten sein. Das Recht der Fürsorge kann auf Grund des § 1666 eingeschränkt oder gänzlich entzogen werden. Wird es von der Mutter nicht ausgeübt, so bleibt das volle Recht des Vaters in Kraft.

3. Zweifelhaft kann sein, ob der Mutter das **Recht des persönlichen Verkehrs** mit dem Kinde verbleibt. Für die Bejahung kann angeführt werden, daß durch die Ehelichkeitserklärung das Fürsorgerecht der Mutter nicht vollständig verlorengeht. Immerhin ist es sehr ungewiß, ob jemals dies Fürsorgerecht wirksam wird, und es erscheint danach von dem Standpunkt aus, daß das Recht auf persönlichen Verkehr mit dem Kinde ein Ausfluß der Personenfürsorge ist (§ 1636 A 1), als das Richtigere, dieses Recht der Mutter bis zu dem etwaigen Eintritt der Personenfürsorge in gleicher Weise wie den Eltern des an Kindes Statt angenommenen Kindes (§ 1765 A 2) zu versagen (SächsOLG 28, 396; abw. OLG Stuttgart in RJA 11, 251). Hierdurch wird nicht ausgeschlossen, daß zwischen Vater und Mutter über das Recht des Verkehrs mit dem Kinde Vereinbarungen getroffen werden dürfen, die, soweit das Wohl des Kindes nicht durch sie beeinträchtigt wird, als verbindlich anzusehen sind. Als ein Mißbrauch des Rechtes des Vaters, der das Vormundschaftsgericht zum Einschreiten berechtigt, ist es unter Umständen zu erachten, wenn das Kind vollständig dem Verkehr mit der Mutter entzogen wird. Ein solcher Mißbrauch kann auch darin liegen, daß der Vater ohne zwingenden Grund den persönlichen Verkehr davon abhängig machen will, daß die Mutter sich hierbei nicht als Mutter, sondern als Tante bezeichnet (vgl. RJA 11, 251; KGJ 43 A 285). Das Recht der Einwilligung zu der Eheschließung ihres noch nicht 21 Jahre alten Kindes geht der Mutter nach § 1305 Abs 1 letzter Satz durch die Ehelichkeitserklärung dauernd verloren. Über die Einwilligung zur Kindesannahme s. § 1747 A 1.

§ 1739

Der Vater ist dem Kinde und dessen Abkömmlingen vor der Mutter und den mütterlichen Verwandten zur Gewährung des Unterhalts verpflichtet[1]).

E I 1598 II 1623; M 4 949; P 4 716.

1. Die Folge der Ehelichkeitserklärung ist, daß die **Pflicht zur Unterhaltung** des Kindes, was mit § 1606 Abs 2 in Einklang steht, den Vater vor der Mutter trifft und daß ebenso zur Unterhaltung der Abkömmlinge des Kindes, während sonst die väterlichen und mütterlichen Großeltern nach § 1606 Abs 2 zu gleichen Teilen haften, der Vater vor der Mutter verpflichtet

ist. Die Mutter und die nach ihr haftenden mütterlichen Vorfahren haben hiernach für den Unterhalt nur insoweit einzustehen, als der Vater ohne Gefährdung des eigenen standesgemäßen Unterhalts zur Erfüllung der Unterhaltspflicht nicht imstande ist oder die Rechtsverfolgung gegen ihn erheblich erschwert ist (§§ 1603, 1607). § 1739 entspricht der für die Annahme an Kindes Statt geltenden Bestimmung des § 1766 Abs 1.

§ 1740

Will der Vater eine Ehe eingehen[1]), während er die elterliche Gewalt über das Kind hat, so finden die Vorschriften der §§ 1669 bis 1671 Anwendung.

E I 1599 II 1624; M 4 949; P 4 716; 6 299.

1. In Ansehung des für ehelich erklärten Kindes treten, **wenn der Vater nachher eine Ehe eingeht,** dieselben Änderungen ein, wie wenn das Kind in der Ehe geboren wäre und nach Auflösung dieser Ehe eine neue Ehe von dem Vater geschlossen würde. Es sind deshalb von diesem hinsichtlich des Nachweises des Vermögens und der Auseinandersetzung (§§ 1669 bis 1671, 1314) die gleichen Pflichten zu erfüllen wie bei der Wiederverheiratung (vgl. § 1761). Darauf, ob er bei Erteilung der Ehelichkeitserklärung tatsächlich verheiratet war, kommt es hiernach nicht weiter an.

Achter Titel

Annahme an Kindes Statt

1. Die unbeschränkte Zulässigkeit der Annahme an Kindes Statt würde der Eheschließung nicht förderlich sein. Die Kindesannahme ist daher nur **unter Beschränkungen** (§§ 1741, 1744) gestattet. Auch ist Vorsorge getroffen, daß sie nicht zur Verfolgung eigennütziger Zwecke mißbraucht wird (§§ 1752, 1759, 1760, 1767, 1771). Das durch die Annahme an Kindes Statt geschaffene Rechtsverhältnis ist grundsätzlich dem natürlichen Kindesverhältnis nachgebildet (vgl. §§ 1744, 1742, 1743, 1746, 1749, 1757). Ein Verwandtschaftsverhältnis wird jedoch nur zwischen den Vertragsparteien begründet, als welche auch der Ehegatte des Annehmenden und die zur Zeit des Vertragsschlusses vorhandenen Abkömmlinge des Kindes zugezogen werden können (§§ 1757 Abs 2, 1762, 1763). Eine sehr erwünschte Anwendung findet die Annahme an Kindes Statt bei Kriegerwaisen. Das Zustandekommen solcher Verträge ist von den Behörden (wie z. B. die AVf des PrJMin v. 7. 7. 15 in JMBl 129 vorschreibt) möglichst zu fördern, namentlich auch bei Behandlung der Gesuche um Befreiung von dem Erfordernis des Alters. Den Behörden wird empfohlen, für die Beschaffung der benötigten Urkunden selbst zu sorgen. Über Kindesannahme durch Kriegerwitwen vgl. § 1758 A 2. — Wegen der in Aussicht genommenen Gesetzesänderung (Entwurf eines Gesetzes über die unehelichen Kinder und die Annahme an Kindes Statt) s. Vorbem 1 vor § 1705.

2. **Räumlicher Geltungsbereich.** Die Voraussetzungen und Rechtswirkungen der Annahme an Kindes Statt bestimmen sich gemäß Art 22 Abs 1 EG nach deutschem Recht, wenn der Annehmende „zur Zeit der Annahme", das ist zur Zeit der Mitteilung der Bestätigung an den Annehmenden (vgl. § 1754 A 1), die Reichsangehörigkeit besitzt. Es gilt dies grundsätzlich auch hinsichtlich des in § 1748 Abs 3 u. § 1750 Abs 2 vorgeschriebenen Formerfordernisses, mit der Besonderheit natürlich, daß darüber, wie die öffentliche Beurkundung zu bewirken ist, bei einer im Auslande erfolgten Beurkundung nur das ausländische Recht maßgebend sein kann. Art 11 Abs 1 Satz 2 EG ist hiernach nicht unbedingt entscheidend (anders die herrschende Ansicht). Der Grundsatz des Art 22 Abs 1 ist einer ergänzenden Ausdehnung auf Ausländer fähig (vgl. Vorbem 7 vor § 1). Auch das ausländische Recht wird der Regel nach dahin zu verstehen sein, daß für die Bestätigung (§ 1741) und für die Bewilligung der Befreiung (§ 1745) die Behörde dieses Auslandsstaates ausschließlich zuständig ist (vgl. Enneccerus-Kipp § 99 A 12). Eine besondere Schutzbestimmung im Interesse des Deutschen ist es, daß bei Kindesannahme eines Deutschen durch einen Ausländer hinsichtlich des Erfordernisses der Einwilligung des Kindes, seiner Eltern (beziehentlich seiner unehelichen Mutter) und des Ehegatten des Kindes den Vorschriften des deutschen Rechtes genügt sein muß (Art 22 Abs 2 EG). Wird ein Ausländer von einem Deutschen an Kindes Statt angenommen, so wird hinsichtlich der Frage, inwieweit die nach deutschem Recht vorgeschriebene Einwilligung des Kindes und seiner Angehörigen zu erfordern ist, das Heimatsrecht des Ausländers berücksichtigt werden müssen. Ist der Annehmende ein im Inlande wohnender Ausländer, so soll nach Ansicht des Kammergerichts (JFG 1, 96) eine Bestätigung durch den inländischen Richter, die sich aber über die nach deutschem Recht gebotene Prüfung der formellen Voraussetzungen der Kindesannahme hinaus nicht erstrecken dürfe, gemäß § 66 FGG erforderlich sein. Eine andere Frage ist, in-

wieweit die Einwilligungserklärung der Mitwirkung des gesetzlichen Vertreters und der Genehmigung des Vormundschaftsgerichts bedarf. Diese Frage ist allgemein nach dem Heimatsrecht des Einwilligungsberechtigten zu entscheiden (vgl. Sternberg in JW 1913, 567ff.). Desgleichen ist die Einwirkung der Kindesannahme auf das Recht der Eltern des angenommenen Kindes nach dem Heimatsrecht der Eltern zu beurteilen (RG 13. 10. 19 IV 103/19). Erwirbt der Annehmende nach Annahme an Kindes Statt eine andere Staatsangehörigkeit, so wird hierdurch eine Änderung der durch die Annahme des Wahlkindes bereits eingetretenen Rechtswirkungen nicht herbeigeführt. Vgl. auch über die maßgebenden Grundsätze AllgVfg des PrJM v. 11. 6. 25 in JW 1925, 2101.

3. **Übergangsvorschriften.** Die Gültigkeit einer vor Inkrafttreten des BGB erfolgten Annahme an Kindes Statt und der Zustimmungserklärungen dritter Personen sowie die Rechtswirkungen dieses Vertrags sind nach bisherigem Recht zu beurteilen, vorausgesetzt, daß der Vertrag unter Herrschaft dieses Rechtes vollwirksam geworden ist (Art 209 EG; RG Gruch 47, 653). Nach früherem Recht bestimmt sich insbesondere, ob und inwieweit durch die Kindesannahme ein Verwandtschaftsverhältnis und Namensrecht begründet ist und welche Einschränkungen durch den Annahmevertrag die Eltern des angenommenen Kindes in ihren Rechten erlitten haben. Diese Regel erleidet indes insofern eine Ausnahme, als der Inhalt der dem Annehmenden zukommenden elterlichen Rechte und Pflichten, soweit eben das Kind durch den früheren Annahmevertrag dem ehelichen Kinde gleichgestellt ist, sich gemäß Art 203 EG vom Inkrafttreten des BGB an lediglich nach dessen Vorschriften bestimmt (RG JW 1919, 824[3]).

4. Das BGB kennt als familienrechtlichen Vertrag, durch welchen rechtswirksam ein Eltern- und Kindesverhältnis begründet wird, nur die Annahme an Kindes Statt, nicht den Vertrag über **Annahme eines Pflegekindes.** Der Inhaber der elterlichen Gewalt wird durch Abschluß eines solchen Vertrags nicht gehindert, das Kind jederzeit zurückzufordern. Der Verzicht auf das Rückforderungsrecht kann auch nicht durch Vereinbarung einer Vertragsstrafe (vgl. § 344) oder durch Übernahme einer Verpflichtung zum Schadensersatz wirksam gemacht werden. Haben die Pflegeeltern der Tochter eine Ausstattung gewährt, so können die Verhältnisse so liegen, daß in der schenkungsweisen Zuwendung die Erfüllung einer sittlichen Pflicht (§ 534) zu sehen ist (RG JW 1917, 480[23]). Die familienrechtlichen Wirkungen des im preußischen Recht anerkannten Pflegekindschaftsverhältnisses (ALR II 2 §§ 753ff.) sind seit dem 1. Jan. 1900 fortgefallen (RG 24. 1. 07 B IV 6/07). Ein vor diesem Zeitpunkt geschlossener Einkindschaftsvertrag hat, soweit darin nicht eine gültige Kindesannahme enthalten ist, mit Inkrafttreten des BGB seine personenrechtliche Wirksamkeit verloren, während die vermögensrechtlich, insbesondere erbrechtlich übernommenen Verpflichtungen fortdauern (RG JW 1915, 95[11]). Eine in dem Vertrage übernommene Unterhaltspflicht wird meist in dem Sinne aufzufassen sein, daß die Bestimmungen des jeweils geltenden Rechtes über die zwischen Vater und Kind bestehende Unterhaltspflicht maßgebend sein sollen (RG 22. 9. 02 IV 140/02; vgl. KGJ 48 A 57). Nach der VO v. 21. 1. 16/20. 4. 17 (Bf des PrM. des J. v. 25. 4. 17) haben im Falle der Bedürftigkeit auch Pflegekinder und Pflegeeltern, vorausgesetzt, daß das Pflegeverhältnis bereits vor Ausbruch des Krieges bestanden hat oder das Pflegekind erst während des Krieges geboren oder elternlos geworden ist, Anspruch auf Kriegsunterstützung. — Über die Erlaubnis zur Annahme eines Pflegekindes und die Beaufsichtigung der Pflegekinder s. JWG §§ 19ff. Der in A 1 erwähnte Gesetzentwurf sieht eine Neuordnung der Pflegekindschaft vor.

5. Auf dem Gebiete des **öffentlichen Rechtes** hat die Annahme an Kindes Statt nur geringe Bedeutung. Sie hat nach § 3 RuStAngG v. 22. 7. 13 den Erwerb der Staatsangehörigkeit des Annehmenden durch das Kind nicht zur Folge. Es erstreckt sich jedoch nach § 16 Abs 2 das. (vgl. § 29) die Aufnahme und Einbürgerung mangels eines Vorbehalts zugleich auf diejenigen Kinder, deren gesetzliche Vertretung dem Aufgenommenen und Eingebürgerten kraft elterlicher Gewalt zusteht; dazu sind richtiger Ansicht nach auch die angenommenen Kinder zu rechnen, vgl. § 1616 A 2. Hinsichtlich der Erbschaftsteuer s. § 9 ErbschStG in der Fassung v. 22. 8. 25. Nach § 18 UWG v. 30. 5. 08 teilte das angenommene Kind geradeso wie das eheliche Kind den Unterstützungswohnsitz des Annehmenden; vgl. jetzt §§ 5ff. RFürsVO v. 13. 2. 24. Der Kinderzuschlag wird dem Beamten nach § 16 Abs 3 Nr 3 des RBesoldG v. 6. 12. 26 (Ziff 174 der Besoldungsvorschriften v. 14. 7. 24) für das angenommene Kind — nicht aber das Pflegekind — in der gleichen Weise wie für eheliche Kinder gewährt. Zu den versorgungsberechtigten Kindern im Sinne der Beamtenhinterbliebenengesetze (s. §§ 1, 9 des RGes v. 17. 5. 07) wird das angenommene Kind nicht gerechnet. Vgl. hierzu Gruch 65, 446. Der Adel in seiner namensrechtlichen Bedeutung geht auf das angenommene Kind über (§ 1758 A 1 a. E.). In Lehen und Familienfideikommisse war das angenommene Kind, falls für Familienfideikommisse in der Stiftungsurkunde nichts anderes festgesetzt war, nach Landesrecht (vgl. Art 59 EG) regelmäßig nicht nachfolgeberechtigt.

§ 1741

Wer keine ehelichen Abkömmlinge hat[1]), kann durch Vertrag[2]) mit einem anderen diesen an Kindes Statt annehmen[3]). Der Vertrag bedarf der Bestätigung[4]) durch das zuständige Gericht[4]).

E I 1601 Abs 2, 1602 Satz 1, 1617 Satz 1 II 1625 Abs 1, 1631 Satz 1, 1632 Abs 1 Satz 1; M 4 951 und 972; P 4 718 u. 724.

1. Ein **Hindernis der Annahme** an Kindes Statt bildet das **Vorhandensein ehelicher Abkömmlinge** auf seiten des Annehmenden nur, wenn sie zur Zeit des Abschlusses des Annahmevertrags — wodurch eine Bindung zwischen den Vertragschließenden bewirkt wird (§ 1754 Abs 1 Satz 2) — bereits geboren, nicht bloß erzeugt sind (JFG 3, 123, a. M. Dernburg IV § 94 unter I). Zu den ehelichen Abkömmlingen sind auch die legitimierten Kinder (§§ 1719, 1723) und die als ehelich geltenden Kinder aus einer nichtigen Ehe (§§ 1699, 1704) zu zählen. Die Nichtbeachtung des hier aufgestellten Erfordernisses, wovon Befreiung nicht gewährt werden kann, macht den Annahmevertrag nichtig, auch wenn er die gerichtliche Bestätigung erhalten haben sollte. Stellt sich nach Bestätigung des Annahmevertrags heraus, daß ein für tot erklärter Abkömmling noch am Leben ist, so hat dies jedoch die Nichtigkeit nicht zur Folge (bestr.). Die Vorschrift des § 1741, die verhindern will, daß eine Verkürzung der vorhandenen ehelichen Abkömmlinge eintritt, schließt übrigens nicht aus, daß der Enkel von dem Großelternteil, der keine sonstigen ehelichen Abkömmlinge hat, an Kindes Statt angenommen werden darf (RJA 14, 120).

2. Die Annahme an Kindes Statt setzt einen **Vertrag** zwischen dem Annehmenden und dem angenommenen Kinde voraus, nicht einen Vertrag mit den Eltern oder der unehelichen Mutter des Kindes, welche nur durch Erteilung der Einwilligung an dem Vertrage teilnehmen. Der Vertrag hat die Natur eines familienrechtlichen Vertrags. Eine Bindung (§ 1754 Abs 1) wird nur erzeugt durch die in der Form des § 1750 Abs 2 erklärte Einigung. Eine Verpflichtung zur Abschließung eines Kindesannahmevertrags oder zur Aufhebung eines solchen Vertrags kann nicht gültig eingegangen werden. Ebensowenig können die Grundsätze über die bindende Kraft eines Vertragsantrags (§§ 145ff.) Platz greifen. Über die Dauer der Bindung s. § 1754 A 3. — Nach **RG** 109, 247 soll eine zur Beseitigung von Zweifeln an der objektiven Wirksamkeit der ersten erfolgte Wiederholung der Annahme an Kindes Statt nicht zulässig, sondern nur die Wiederaufhebung des früheren und der Abschluß eines neuen Vertrags statthaft sein.

3. Das BGB kennt nur eine Annahme **an Kindes Statt** (vgl. §§ 1742, 1753 Abs 1, 1767 Abs 2), nicht eine Annahme an Enkel Statt. Zulässig ist es, daß der Vater oder die Mutter das eigene uneheliche Kind an Kindes Statt annimmt, wie auch eine derartige Kindesannahme vielfach in Gebrauch ist. Sie behält neben der Einrichtung der Legitimation durch nachfolgende Ehe oder Ehelichkeitserklärung ihre selbständige Bedeutung (vgl. **RG** JW 06, 599[2]). Es ist oft nur auf diesem Wege möglich, den Makel der unehelichen Geburt völlig zu tilgen. Für die uneheliche Mutter bildet die Möglichkeit der Kindesannahme einen Ersatz für die nur auf Antrag des Vaters zulässige Ehelichkeitserklärung. — Der Vertrag kann nur zum Zwecke der Herstellung eines wirklichen Kindesverhältnisses benutzt werden. Ist die Absicht der Parteien nicht hierauf, sondern nur auf die Namensänderung (vgl. § 1758) gerichtet, so ist der Vertrag als zum Schein abgeschlossen, daher als nichtig anzusehen und es kann aus diesem Grunde, da die Eingehung eines solchen nichtigen Vertrags nicht im Interesse des Mündels ist, die vormundschaftsgerichtliche Genehmigung zu dem Vertrage versagt werden (OLG 7, 425; 12, 347; SeuffA 60 Nr 69; KGJ 32 A 47; vgl. **RG** 29, 132; Warn 1911 Nr 3; OLG 42, 186). Ein Scheinvertrag liegt nicht vor, sofern die Rechtsfolgen der Annahme, wenn auch zum Zwecke des Namenserwerbs, tatsächlich gewollt sind (**RG** LZ 1918, 393[24]; JFG 1, 101). Doch kann, wenn die Einrichtung der Kindesannahme mißbräuchlich zur Erlangung besonderer Vorteile, z. B. zum Kauf eines adligen Namens benutzt wird, ein Verstoß gegen die guten Sitten nach § 138 Abs 1 vorliegen (RJA 16, 27; BayObLG in JW 1925 S. 373[15], 2792[1]; LZ 1926, 1140). Von einer Nichtigkeit kann aber nicht die Rede sein, wenn der eine Vertragsteil den unsittlichen Charakter der vom Vertragsgegner erstrebten Zwecke und gehegten Beweggründe nicht erkannt und nicht geteilt hat (**RG** 25. 4. 07 IV 470/06; **RG** 114, 338). Nichtigkeit nach § 138 ist anzunehmen, wenn beide Teile darüber einig sind, daß der Vertrag nur dazu dient, die Anfechtung eines Erbvertrags oder gemeinschaftlichen Testaments zu ermöglichen und nach Erreichung dieses Zweckes wieder aufgehoben werden soll. Aber auch, wenn nur der Annehmende in dieser Absicht gehandelt hat, kann doch die zur Erreichung des sittenwidrigen Zwecks von diesem erklärte Anfechtung des Erbvertrags oder gemeinschaftlichen Testaments nach § 138 nichtig sein (**RG** JW 1917, 536[2]).

4. **Zuständig** für die Bestätigung ist nach §§ 65, 66 FGG das Amtsgericht, in dessen Bezirk der Annehmende seinen Wohnsitz oder in Ermanglung eines inländischen Wohnsitzes seinen Aufenthalt zu der Zeit hat, wo der Antrag bei dem Amtsgericht eingeht oder das

beurkundende Gericht (Notar) mit der Einreichung beauftragt ist. Es wird damit dem Annehmenden, wenn er ein in Deutschland lebender Ausländer ist, für den Fall, daß sein Heimatsrecht die Bestätigung durch ein ausländisches Gericht zuläßt (vgl. Vorbem 2 vor § 1741), die Möglichkeit der Kindesannahme im Inland gewährt. Im Interesse des im Auslande befindlichen Deutschen ist eine besondere Zuständigkeitsbestimmung (Zuständigkeit auf Grund des letzten inländischen Wohnsitzes, äußerstenfalls des von der Landesjustizverwaltung oder dem Reichskanzler bestimmten Gerichts) in § 66 Abs 2 FGG gegeben. Die örtliche Unzuständigkeit ist auf die Gültigkeit der Bestätigung ohne Einfluß (§ 7 FGG). Eine Beschwerde, und zwar die sofortige Beschwerde, die von jedem der Vertragschließenden erhoben werden kann, findet nach § 68 FGG nur gegen die Versagung der Bestätigung statt. Die Bestätigung ist nicht Gnadensache (§ 1754).

§ 1742

Die Annahme an Kindes Statt kann nicht unter einer Bedingung oder einer Zeitbestimmung erfolgen[1]).

E I 1615 II 1630; M 4 971; P 4 724.

1. Die Annahme an Kindes Statt kann, weil das durch sie begründete Kindesverhältnis dem natürlichen Kindesverhältnis entsprechen soll, **zeitlich nicht begrenzt werden,** weder durch Beifügung eines Anfangstermins oder Endtermins noch durch Beifügung einer aufschiebenden oder auflösenden Bedingung. Der Annahmevertrag bleibt in solchem Falle ungültig, auch wenn der Anfangstermin oder die Bedingung noch vor der Bestätigung eingetreten sein sollte. Eine zeitliche Begrenzung kann übrigens auch nicht dadurch herbeigeführt werden, daß die Verpflichtung übernommen wird, zu einer bestimmten Zeit oder bei Eintritt einer bestimmten Bedingung die Aufhebung der Kindesannahme zu bewilligen (vgl. § 1741 A 2). Keinen Verstoß gegen § 1742 enthält es, wenn als Bedingung ein Umstand gesetzt wird, der schon die gesetzliche Voraussetzung für die Gültigkeit des Vertrags bildet.

§ 1743

Das Vorhandensein eines angenommenen Kindes steht einer weiteren Annahme an Kindes Statt nicht entgegen[1]).

E I 1602 Satz 2 II 1625 Abs 2; M 4 959; P 4 719.

1. Daraus, daß das angenommene Kind dem ehelichen gleichsteht (§ 1757 Abs 1), könnte die Schlußfolgerung gezogen werden, daß ebenso wie das Vorhandensein eines ehelichen Kindes (§ 1741) auch das Vorhandensein eines angenommenen Kindes einer neuen Kindesannahme entgegenstehe. Dieser Schlußfolgerung will § 1743 vorbeugen. Wie das eheliche Kind sich die Schmälerung seiner Rechte durch die Geburt eines zweiten ehelichen Kindes gefallen lassen muß, so muß auch das angenommene Kind die **Annahme eines weiteren Kindes** dulden. Ist die Absicht bei der zweiten Kindesannahme auf diese Schmälerung gerichtet, so wird unter Umständen § 138 oder § 826 zur Anwendung gebracht werden können. Unter den mehreren angenommenen Personen besteht keine Verwandtschaft.

§ 1744

Der Annehmende muß das fünfzigste Lebensjahr vollendet haben[1]) und mindestens achtzehn Jahre älter sein als das Kind[2]).

E I 1607 Abs 1, 1604 Abs 1 II 1626 Abs 1; M 4 960; P 4 720.

1. Die **Vollendung des 50. Lebensjahrs** wird verlangt, weil bei diesem Alter die Aussicht auf Erzeugung leiblicher Kinder nur eine geringe ist. Das 50. Lebensjahr ist, wie aus § 187 Abs 2 folgt, mit dem Beginn des 50. Geburtstags vollendet. Befreiung von diesem Erfordernis ist nach § 1745 zulässig.

2. Soll die Kindesannahme ihrem Zweck entsprechend (vgl. Vorbem 1 vor § 1741) einen dem natürlichen Kindesverhältnis nachgebildeten Zustand herbeiführen, so muß der Altersunterschied ein solcher sein, daß der Annehmende in Wirklichkeit der Vater (bzw. Mutter) des angenommenen Kindes sein könnte. Es wird deshalb (in Anschluß an die plena pubertas des römischen Rechtes), und zwar ohne Unterscheidung, ob der Annehmende ein Mann oder eine Frau ist, ein Altersunterschied von 18 Jahren gefordert. Das Kind darf nicht vor Beginn des 18. Geburtstags des Annehmenden geboren sein.

§ 1745

Von den Erfordernissen des § 1744 kann Befreiung bewilligt werden, von der Vollendung des fünfzigsten Lebensjahrs jedoch nur, wenn der Annehmende volljährig ist[1]).

Die Bewilligung steht dem Bundesstaate zu, dem der Annehmende angehört; ist der Annehmende ein Deutscher, der keinem Bundesstaat angehört, so steht die Bewilligung dem Reichskanzler zu[2]).

Über die Erteilung der einem Bundesstaate zustehenden Bewilligung hat die Landesregierung zu bestimmen[2]).

E I 1603 Abs 2, 1604 Abs 2, 1605 II 1626 Abs 2 u. 3; M 4 960; P 4 718; 6 67 u. 304.

1. Die Zulässigkeit der **Befreiung von dem Erfordernis des 50. Lebensjahrs** hat hauptsächlich darin ihren Grund, daß die Unwahrscheinlichkeit der Zeugung oder Geburt leiblicher Kinder nach den besonderen persönlichen Verhältnissen des Annehmenden schon in einem früheren Lebensalter eintreten kann. Dem Gesuche um Befreiung pflegt demgemäß ein amtsärztliches Zeugnis darüber beigefügt zu werden, daß der Gesuchsteller leibliche Kinder nicht mehr zu erwarten hat. Eine Schranke ist in dieser Beziehung dem Ermessen der für die Befreiung zuständigen Stelle nur insofern gezogen, als der Annehmende mindestens volljährig sein muß, da es widersinnig sein würde, die Annahme an Kindes Statt in einem früheren Alter als die Eheschließung, die wenigstens beim Manne die Volljährigkeit voraussetzt, zu gestatten. Der Volljährigkeit des Annehmenden ist auch hier (wie in dem Falle des § 1303) die Volljährigkeitserklärung gleichzustellen. Für die **Befreiung von dem Erfordernis des Altersunterschiedes** können die verschiedensten Rücksichten persönlicher und allgemeiner Art maßgebend sein. — Die Gültigkeit des Annahmevertrags kann nicht aus dem Grunde angefochten werden, weil die Bewilligung der Befreiung durch unwahre Angaben erschlichen sei (RG 25. 4. 07 IV 470/06).

2. Die **Bewilligung der Befreiung** ist, falls der Annehmende nur die Reichsangehörigkeit besitzt, dem Reichskanzler, jetzt dem Reichsminister der Justiz übertragen, und im übrigen Sache des Landes, das auch die erforderlichen Ausführungsvorschriften über Zuständigkeit und Verfahren zu erlassen hat. Wenn § 1745 diese Anordnungen der Landesregierung zuweist, so hat damit nicht unter Eingriff in das innerstaatliche Recht des Landes die Unzulässigkeit einer gesetzlichen Regelung oder eine Beschränkung hinsichtlich der zum Erlaß der Ausführungsvorschriften zuständigen Stelle festgesetzt werden sollen (vgl. § 1322 Abs 3). Die Bewilligung steht dem Lande zu, dem der Annehmende angehört, bei mehrfacher Staatsangehörigkeit dem von dem Annehmenden zuerst angegangenen Lande (a. M. Staudinger A 2). Dem Ermessen der zuständigen Stelle, als welche meist der Justizminister bestimmt ist, bleibt es überlassen, vor Erteilung der Bewilligung den Abschluß des Annahmevertrags und die vormundschaftsgerichtliche Genehmigung des Vertrags zu fordern. Diese Genehmigung kann nicht deshalb abgelehnt werden, weil vor der Bewilligung der Befreiung die Gültigkeit des Vertrags noch in der Schwebe ist. Ein Verzeichnis der in den deutschen Ländern zuständigen Behörden ist in der AllgVf des PrJM v. 8. 10. 22 (JMBl 424) mitgeteilt. Für Preußen vgl. AusfVO z. BGB v. 16. 11. 99 Art 14, VO v. 16. 8. 15 und AllgVf v. 24. 8. 15, 13. 5. 16 und 27. 8. 25. Wegen der Beschwerde gegen die Versagung der Genehmigung s. § 1821 A 2.

§ 1746

Wer verheiratet ist, kann nur mit Einwilligung seines Ehegatten[1]) an Kindes Statt annehmen oder angenommen werden.

Die Einwilligung ist nicht erforderlich, wenn der Ehegatte zur Abgabe einer Erklärung dauernd außerstande oder sein Aufenthalt dauernd unbekannt ist[2]).

E I 1606, 1609, 1611 Satz 1 II 1627; M 4 961 ff.; P 4 721.

1. Wenn auch aus der Annahme an Kindes Statt dem Ehegatten des Annehmenden und des angenommenen Kindes keine Rechte und Pflichten erwachsen, so übt doch die Kindesannahme auf die Gestaltung des gemeinschaftlichen ehelichen Lebens eine solche Wirkung, daß der eine **Ehegatte nicht ohne Einwilligung des andern Ehegatten** den Annahmevertrag schließen darf. Die Nichterteilung der Einwilligung macht übrigens diesen Vertrag nicht derart ungültig, daß die Bindung der Vertragschließenden aufgehoben wäre, sondern schließt nur die Bestätigung aus. Über den Zeitpunkt, bis zu welchem die Einwilligung erteilt sein muß, s. § 1754 A 2 a. E.

2. Die Einwilligung des Ehegatten braucht nicht eingeholt zu werden, wenn, wie in Abs 2 näher bestimmt ist, ein **dauerndes Hindernis** entgegensteht, worüber das Gericht bei Erteilung der Bestätigung nach freiem Ermessen zu bestimmen hat (s. § 1726 A 2 u. § 1756 A 1). Der Fall, daß ein dauerndes Hindernis der Erteilung der Einwilligung entgegensteht, kann namentlich bei einem Findelkinde eintreten, dessen Eltern nicht zu ermitteln sind. — Zur Aufhebung der Annahme an Kindes Statt ist die Einwilligung des andern Ehegatten nicht erforderlich.

§ 1747

Ein eheliches Kind kann bis zur Vollendung des einundzwanzigsten Lebensjahrs nur mit Einwilligung der Eltern, ein uneheliches Kind kann bis zum gleichen Lebensalter nur mit Einwilligung der Mutter an Kindes Statt angenommen werden[1]). Die Vorschrift des § 1746 Abs 2 findet entsprechende Anwendung[2])[3]).

E I 1610, 1611 Satz 1 II 1629; M 4 964; P 4 721.

1. Die **Einwilligung der Eltern und bei einem unehelichen Kinde die Einwilligung der Mutter** wird nicht bloß in solchen Fällen gefordert, in denen die Kindesannahme den Verlust der elterlichen Gewalt bzw. des Fürsorgerechts für die Person des Kindes (§ 1765) zur Folge hat. § 1747 verlangt die Einwilligung auch für das volljährig erklärte Kind unter 21 Jahren, obschon durch die Volljährigkeitserklärung die elterliche Gewalt und das Fürsorgerecht erlischt (§ 1626). Es handelt sich somit bei dem den Eltern und der unehelichen Mutter gegebenen Einwilligungsrecht um einen Ausfluß des natürlichen Verwandtschaftsverhältnisses. Gegen ihren Willen soll die Kindesannahme, die leicht zu einer Lockerung der verwandtschaftlichen Beziehungen führt, überhaupt nicht erfolgen dürfen. Die Einwilligung kann nur erteilt werden, wenn die Person des Annehmenden feststeht (KG in JW 1926, 834[3], a. A. Blume das. und § 1746 A 3). Bei einem ehelichen Kinde unter 21 Jahren ist die Einwilligung beider Eltern erforderlich, da die Ausübung eines Rechtes der elterlichen Gewalt nicht in Frage steht, der Vater somit kein Vorrecht vor der Mutter beanspruchen kann. Das Einwilligungsrecht steht dem Vater eines aus nichtiger Ehe hervorgegangenen Kindes (nach Auflösung der Ehe), wenn ihm die Nichtigkeit bei der Eheschließung bekannt war, nicht zu, da er in diesem Falle aller Rechte aus der Vaterschaft, nicht bloß der Rechte der elterlichen Gewalt verlustig geht (§ 1701). Ist das Kind durch Ehelichkeitserklärung legitimiert, so bedarf es nicht bloß der Einwilligung des Vaters, der durch die Ehelichkeitserklärung die elterliche Gewalt erlangt hat, sondern auch der Mutter, da ihr die Rechte aus dem Verwandtschaftsverhältnis geblieben sind (§ 1737 Abs 2).

2. Der **Mangel der Einwilligung** hat zur Folge, daß das Kind von den Eltern oder der unehelichen Mutter geradeso zurückgefordert werden darf, als wenn ein Annahmevertrag nicht geschlossen wäre. Vgl. im übrigen § 1746 A 1 u. 2.

3. Zu der **Aufhebung der Kindesannahme** ist die Einwilligung der in A 1 genannten Personen nicht erforderlich, wohl aber dann, wenn nach Aufhebung des ersten Annahmevertrags das Kind wiederholt (von demselben oder einem andern) an Kindes Statt angenommen werden soll.

§ 1748

Die Einwilligung[1]) der in den §§ 1746, 1747 bezeichneten Personen hat dem Annehmenden oder dem Kinde oder dem für die Bestätigung des Annahmevertrags zuständigen Gerichte gegenüber zu erfolgen; sie ist unwiderruflich[2]).

Die Einwilligung kann nicht durch einen Vertreter erteilt werden. Ist der Einwilligende in der Geschäftsfähigkeit beschränkt, so bedarf er nicht der Zustimmung seines gesetzlichen Vertreters[3]).

Die Einwilligungserklärung bedarf der gerichtlichen oder notariellen Beurkundung[2]).

E I 1614, 1616 Abs 2 II 1636; M 4 970; P 4 724; 5 443.

1. Ebenso wie die Annahme an Kindes Statt kann die **Einwilligung nicht unter einer Bedingung oder Zeitbestimmung** erklärt werden. Trifft der Annehmende zur Erlangung der Einwilligung eine besondere Abmachung, so ist doch die Wirksamkeit der Einwilligung nicht von der Gültigkeit dieses Abkommens und von der Erfüllung der gemachten Zusagen abhängig. Ein solches Abkommen wird übrigens nicht schon um deswillen als ungültig (§ 138)

angesehen werden können, weil dem Einwilligungsberechtigten eine Entschädigung gewährt wird. Eine billige Entschädigung für den Verlust des Kindes wird unter Umständen durchaus am Platze sein.

2. Die Einwilligungserklärung wird als empfangsbedürftiges Rechtsgeschäft dadurch wirksam, daß sie — in der durch Abs 3 vorgeschriebenen Form der **gerichtlichen oder notariellen Beurkundung** (vgl. § 1726 A 1, § 1730 A 1) — einem der Vertragsteile gegenüber oder gegenüber dem für die Bestätigung zuständigen Gericht (vgl. § 1741 A 4), das die Erklärung als Vertreter der Vertragsteile entgegennimmt, abgegeben wird; sie wird hierdurch zugleich **unwiderruflich**. Nicht nötig ist, daß dieses Gericht bereits durch Einreichung des Antrags auf Bestätigung mit dieser Angelegenheit befaßt ist. Die in § 1748 vorgeschriebene Form ist einzuhalten auch bei nachträglicher Erteilung der Zustimmung nach vorangegangener Bestätigung (vgl. hierüber § 1754 A 2 a. E.).

3. Die Erteilung der Einwilligung läßt bei der höchstpersönlichen Natur dieser Rechtshandlung **keine Vertretung** durch einen Bevollmächtigten, wenn er nicht ein bloßer Vertreter in Erklärung des Willens ist, oder den gesetzlichen Vertreter zu. Es kommt auf die persönliche Entschließung des Einwilligungsberechtigten an. Der beschränkt Geschäftsfähige (§§ 106, 114) bedarf zur Erklärung der Einwilligung nicht der Zustimmung des gesetzlichen Vertreters. — Im Gebiet des Rheinischen Rechtes sind nach dem PrGes. v. 2. 1. 24/13. 12. 26 nur Notare zur Entgegennahme der Einwilligungserklärung zuständig (**RG** v. 24. 2. 27 IV B 4/27).

§ 1749

Als gemeinschaftliches Kind kann ein Kind nur von einem Ehepaar[1]) angenommen werden[1]).

Ein angenommenes Kind kann, solange das durch die Annahme begründete Rechtsverhältnis besteht, nur von dem Ehegatten des Annehmenden an Kindes Statt angenommen werden[1]).

E I 1607, 1608 II 1628; M 4 962, 963; P 4 721.

1. Die **Annahme eines Kindes als eines gemeinschaftlichen** kann selbstverständlich nur den Ehegatten gestattet sein, da sonst ein dem natürlichen Kindesverhältnis widersprechender Zustand geschaffen würde. Sie kann in der Weise geschehen, daß von vornherein beide Eheleute zusammen den Vertrag schließen oder daß nachträglich durch besondern Vertrag der zweite Ehegatte das Kind ebenfalls an Kindes Statt annimmt. In letzterer Beziehung genügt nicht die einfache Beitrittserklärung zu dem früheren Vertrage. Es muß vielmehr ein neuer Vertrag abgeschlossen werden, der alle Erfordernisse eines Kindesannahmevertrags, auch hinsichtlich der von den Eltern, der unehelichen Mutter und dem Ehegatten des Kindes zu erteilenden Einwilligung, erfüllt. — Über die Rechtswirkungen einer gemeinschaftlichen Kindesannahme s. § 1757 A 2. Die Aufhebung einer solchen Kindesannahme erfordert einen unter Mitwirkung beider Ehegatten zu schließenden Vertrag (§ 1768 A 1).

§ 1750

Der Annahmevertrag kann nicht durch einen Vertreter[1]) geschlossen werden. Hat das Kind nicht das vierzehnte Lebensjahr vollendet, so kann sein gesetzlicher Vertreter den Vertrag mit Genehmigung des Vormundschaftsgerichts[2]) schließen.

Der Annahmevertrag muß bei gleichzeitiger Anwesenheit beider Teile vor Gericht oder vor einem Notar geschlossen werden[3]).

E I 1612, 1613 Abs 2, 1616 Abs 1 II 1631 Satz 2, 1633; M 4 969 u. 971; P 4 722, 724, 726; 5 443.

1. Wie die Erteilung der Einwilligungserklärung (§ 1748 A 3) ist auch die **Abschließung des Annahmevertrags** eine höchstpersönliche, **keine Vertretung** zulassende Angelegenheit. Ausnahmsweise ist es jedoch, da es namentlich aus erzieherischen Rücksichten sehr wünschenswert ist, die Kindesannahme nicht bis zu einem späteren Alter des Kindes hinauszuschieben, gestattet, daß der gesetzliche Vertreter für das unmündige und für das noch nicht 14 Jahre alte Kind mit Genehmigung des Vormundschaftsgerichts den Vertrag schließt. Auf sonstige Fälle der Geschäftsunfähigkeit des Kindes (§§ 104, 105) ist diese Ausnahme nicht auszudehnen. Dem im Alter von 7—14 Jahren stehenden, also beschränkt geschäftsfähigen Kinde ist es unbenommen, den Vertrag auch mit Zustimmung des gesetzlichen Vertreters und Genehmigung des Vormundschaftsgerichts selbst zu schließen. In derselben Weise muß der Vertrag von dem über 14 Jahre alten (beschränkt geschäftsfähigen) Kinde selbst ge-

schlossen werden (§ 1751 Abs 2). Als gesetzlicher Vertreter kommt, wenn die Sorge für die Person und das Vermögen verschiedenen Personen zusteht, derjenige Vertreter in Betracht, dem die Fürsorge für die Person des Kindes gebührt.

2. Maßgebend für die **Genehmigung des Vormundschaftsgerichts**, von dem vorher das zuständige Jugendamt zu hören ist (JWG § 43 Abs 1) — vgl. auch § 1847, ist die Rücksicht auf das Wohl des Kindes, wobei die aus der Kindesannahme entspringenden Vorteile und Nachteile gegeneinander abzuwägen sind. Daß das Kind (trotz des dem verstorbenen leiblichen Vater geschuldeten Andenkens) ausschließlich den Namen des Annehmenden führen soll, kann die Versagung der Genehmigung nicht rechtfertigen (OLG 5, 417). Ist der Annehmende Schuldner des Kindes, so wird zweckmäßig vor Erteilung der Genehmigung die Tilgung oder Sicherstellung der Schuld zu fordern sein (vgl. § 1752). Die Genehmigung des Vormundschaftsgerichts kann auch im voraus für einen unter bestimmten Bedingungen abzuschließenden Annahmevertrag erteilt werden. Das Vormundschaftsgericht kann nicht verlangen, daß, bevor es sich über die Genehmigung schlüssig macht, die Befreiung von den Erfordernissen des § 1744 beschafft werde. Über das Beschwerderecht des Annehmenden gegen die Versagung der vormundschaftsgerichtlichen Genehmigung s. § 1821 A 2.

3. Bei der Wichtigkeit des die familienrechtliche Stellung des Kindes ändernden Vertrags ist die **gerichtliche oder notarielle Beurkundung** und zugleich als Gewähr für die richtige, dem beiderseitigen Vertragswillen entsprechende Aufnahme des Vertrags die Anwesenheit beider Teile bei der Beurkundung vorgeschrieben. Danach erscheint es nicht angängig, daß ein Vertreter in Erklärung des Willens die Partei bei Aufnahme des Vertrags vertritt (ebenso RJA 13, 172; JFG 1, 92ff., wonach auch § 177 keine Anwendung findet; ZBlFG 22, 214; a. A. Staudinger A 3). Vereinbarungen, die bei Beurkundung des Vertrags in diesen nicht aufgenommen sind, sind als aufgegeben anzusehen.

§ 1751

Ist der Annehmende in der Geschäftsfähigkeit beschränkt, so bedarf er zur Eingehung des Vertrags, außer der Zustimmung seines gesetzlichen Vertreters, der Genehmigung des Vormundschaftsgerichts[1]).

Das gleiche gilt für das Kind, wenn es in der Geschäftsfähigkeit beschränkt ist[1]).

E I 1613 Abs 1 u. 2 II 1634; M 4 969 u. 971; P 4 722, 724, 726; 5 443.

1. Sowohl für den Annehmenden als für das anzunehmende Kind (vgl. § 1750 A 1) stehen bei Abschließung des Annahmevertrags so wichtige Interessen in Frage, daß die Zustimmung des gesetzlichen Vertreters und die Genehmigung des Vormundschaftsgerichts zu der Erklärung des **in der Geschäftsfähigkeit beschränkten Vertragsteils** nicht zu entbehren ist. Eine beschränkte Geschäftsfähigkeit des Annehmenden kann übrigens, da die Kindesannahme durch einen Minderjährigen nach § 1745 Abs 1 unzulässig ist, nur infolge Entmündigung wegen Geistesschwäche, Verschwendung oder Trunksucht in Frage kommen, in welchem Falle eine Kindesannahme wohl nur ausnahmsweise gerechtfertigt sein dürfte. Über Erteilung der vormundschaftsgerichtlichen Genehmigung s. § 1750 A 2.

§ 1752

Will ein Vormund seinen Mündel an Kindes Statt annehmen, so soll das Vormundschaftsgericht die Genehmigung nicht erteilen, solange der Vormund im Amte ist. Will jemand seinen früheren Mündel an Kindes Statt annehmen, so soll das Vormundschaftsgericht die Genehmigung nicht erteilen, bevor er über seine Verwaltung Rechnung gelegt und das Vorhandensein des Mündelvermögens nachgewiesen hat[1]).

Das gleiche gilt, wenn ein zur Vermögensverwaltung bestellter Pfleger seinen Pflegling oder seinen früheren Pflegling an Kindes Statt annehmen will[2]).

E I 1613 Abs 3 u. 4 II 1635; M 4 970; P 4 723.

1. Das Vormundschaftsgericht hat es, wenn ein **Vormund seinen Mündel an Kindes Statt annehmen** will, in der Hand, die Genehmigung des Vertrags davon abhängig zu machen, daß der Vormund zuvor sein Amt niederlegt, über die Verwaltung des Vermögens Rechnung legt und den richtigen Bestand des Vermögens nachweist, und wird verständigerweise so ver-

fahren (vgl. § 1750 A 2). Durch die Sollvorschrift des § 1752 ist dieses Vorgehen dem Vormundschaftsgericht unter allen Umständen zur Pflicht gemacht, auch wenn ein Verdacht der Untreue des Vormundes nicht besteht. Unter Umständen kann ein Anlaß vorhanden sein, auch die vorherige Herausgabe des Vermögens zu fordern.

2. Das in A 1 Gesagte findet Anwendung auf den zur Vermögensverwaltung bestellten **Pfleger** (§ 1909) und auf den der Mutter als Inhaberin der elterlichen Gewalt beigeordneten **Beistand**, dem nach § 1693 die Vermögensverwaltung ganz oder teilweise übertragen ist.

§ 1753

Die Bestätigung des Annahmevertrags kann nicht nach dem Tode des Kindes erfolgen[1]).

Nach dem Tode des Annehmenden ist die Bestätigung nur zulässig, wenn der Annehmende oder das Kind den Antrag auf Bestätigung bei dem zuständigen Gericht eingereicht oder bei oder nach der gerichtlichen oder notariellen Beurkundung des Vertrags das Gericht oder den Notar mit der Einreichung betraut hat[2]).

Die nach dem Tode des Annehmenden erfolgte Bestätigung hat die gleiche Wirkung, wie wenn sie vor dem Tode erfolgt wäre[2]).

E I 1618 II 1637; M 4 976; P 4 726; 5 145.

1. Ist vor der Bestätigung des Vertrags das Kind gestorben, so wird die Kindesannahme, die nach der Auffassung des Gesetzes wesentlich dem Interesse des Kindes dient, zwecklos. Die Bestätigung kann daher nach dem **Tode des Kindes** nicht mehr erfolgen, auch nicht im Interesse der zu dem Vertrage zugezogenen Abkömmlinge des Kindes (vgl. § 1762).

2. Der **Tod des Annehmenden** hindert nicht, daß die wesentlichen Zwecke des Vertrags, die bessere Ausbildung und Versorgung des Kindes sowie die Erhaltung des Familiennamens erreicht werden. Das richtigste würde deshalb sein, den Tod des Annehmenden nach Abschluß des Annahmevertrags, womit eine Bindung der Vertragschließenden eintritt, für einflußlos zu erklären. Das Gesetz hat jedoch, nachdem es in E I den gegenteiligen Standpunkt eingenommen hatte, schließlich in Übereinstimmung mit § 1733 den mittleren Weg eingeschlagen, indem es den Tod des Annehmenden nur dann für bedeutungslos erklärt, wenn dieser oder das Kind das zur Erlangung der Bestätigung Erforderliche bereits getan haben.

§ 1754

Die Annahme an Kindes Statt tritt mit der Bestätigung in Kraft[1]). Die Vertragschließenden sind schon vor der Bestätigung gebunden[3]).

Die Bestätigung ist nur zu versagen, wenn ein gesetzliches Erfordernis der Annahme an Kindes Statt fehlt[2]). Wird die Bestätigung endgültig versagt, so verliert der Vertrag seine Kraft[3]).

E I 1617 Satz 2 u. 3, 1619 II 1632 Abs 1 Satz 2, Abs 2; M 4 974 ff.; P 4 724 ff.

1. Die rechtlichen Wirkungen der Annahme an Kindes Statt treten erst mit dem Zeitpunkt ein, in dem die Bestätigung erteilt, d. h. der die Bestätigung aussprechende Beschluß dem Annehmenden oder, falls dieser vor der Bestätigung verstorben ist, dem Kinde (mündlich oder schriftlich) bekanntgemacht wird (§ 67 Abs 1 u. 2 FGG); zu einer Änderung des Beschlusses ist das Gericht alsdann nicht mehr befugt (§ 67 Abs 3 das.). Die Bestätigung ist übrigens, ohne daß die Wirksamkeit des Beschlusses davon abhängt, auch dem andern Vertragschließenden bekanntzugeben. Rückwirkende Kraft ist dem Beschlusse nicht beigelegt, unbeschadet der Vorschrift, daß es für die Frage, ob der Annehmende eheliche Abkömmlinge hat (§ 1741) und für die Wirkung der Kindesannahme auf die später geborenen Abkömmlinge des Kindes (§ 1762) nicht auf die Zeit der Bestätigung, sondern des Vertragsschlusses ankommt. Die Eintragung in das Geburtsregister ist zur Wirksamkeit der Kindesannahme nicht erforderlich. Diese Eintragung hat der Standesbeamte auf Antrag eines Beteiligten, des Annehmenden oder des angenommenen Kindes, nach selbständiger Prüfung der ihm vorgelegten öffentlichen Urkunden durch Beischreibung eines Randvermerks zu bewirken (§ 26 PStG). Das Amtsgericht, das im Beschwerdewege den Standesbeamten zur Eintragung anweist, ist durch die nach § 1754 erteilte Bestätigung nicht der eigenen Prüfung überhoben, ob die formellen und sachlichen Voraussetzungen der Kindesannahme vorliegen.

2. Die Bestätigung ist vorgeschrieben, um eine Sicherheit dafür zu schaffen, daß das nach außen in Erscheinung tretende Kindesverhältnis wirklich besteht. Durch die Bestätigung wird

festgestellt, **daß die gesetzlichen Erfordernisse der Kindesannahme erfüllt sind,** ohne daß sich jedoch der Dritte (abgesehen vom Falle des § 1756) auf die Gültigkeit des Vertrags unbedingt verlassen darf. Mit der Prüfung, ob die Kindesannahme im Interesse des Kindes liegt (vgl. § 1750 A 2), hat der die Bestätigung erteilende Richter nichts zu tun. Der Antrag auf Bestätigung kann von jedem Vertragschließenden gestellt werden, ohne daß hierfür eine besondere Form vorgeschrieben ist, und zwar auch durch einen Bevollmächtigten. Sind die gesetzlichen Erfordernisse der Kindesannahme erfüllt, so muß die Bestätigung erfolgen. Ist die Bestätigung trotz Fehlens der gesetzlichen Erfordernisse ausgesprochen, so hindert dies nicht, daß die Kindesannahme im Prozeßwege als ungültig erklärt wird (**RG** Warn 1917 Nr 121; LZ 1918 Sp. 393[24] — a. M. Dernburg IV § 94 VI). Die Hebung des Mangels nach der Bestätigung vermag im allgemeinen die Ungültigkeit nicht zu heilen, da dem Vertrage in dem Zustande, wie er zur Bestätigung vorlag, die Bestätigung nicht rechtswirksam erteilt ist (vgl. BayObLG in JW 1926, 2792[1]). Anderseits genügt es, wenn die gesetzlichen Erfordernisse zur Zeit der Erteilung der Bestätigung erfüllt sind. Nicht nötig ist, daß die Einwilligung der in den §§ 1746, 1747 bezeichneten Personen schon vor Abschluß des Annahmevertrags erklärt wird. Aus dem Gebrauch des Wortes „Einwilligung" (vgl. § 183) kann nicht gefolgert werden, daß die nachträgliche Zustimmung unwirksam sei. Wird die Zustimmung nach der Bestätigung in der in § 1748 bestimmten Form erteilt, so kann die Gültigkeit des Vertrags wegen des ursprünglichen Fehlens der Zustimmung nicht mehr angefochten werden. Die Zustimmung des Ehegatten kann namentlich in dem Falle fehlen, daß die Verheiratung erst in der Zeit zwischen dem Vertragsschluß und der Bestätigung erfolgt ist. Lehnt der Ehegatte die nachträgliche Zustimmung ab, so hat dies die Ungültigkeit des Vertrags trotz der erteilten Bestätigung zur Folge. Wird der Annahmevertrag bestätigt, bevor die nach §§ 1750, 1751 erforderliche vormundschaftsgerichtliche Genehmigung erteilt ist, so bleibt die Gültigkeit des Vertrags gemäß §§ 1829, 1830 in der Schwebe (KGJ 37 A 58). — Wegen des Ausschlusses der Erbauseinandersetzung bis zur Entscheidung über die Bestätigung s. § 2043 Abs 2.

3. Über die durch Abschließung des Annahmevertrags entstehende **Bindung** s. § 1741 A 2. Die Bindung hat die Bedeutung, daß der Annahmevertrag die notwendige unverrückbare Grundlage der Bestätigung bildet. Die Gebundenheit wird dadurch nicht wieder beseitigt, daß in der Zwischenzeit bis zur Bestätigung der eine Vertragsteil geschäftsunfähig oder beschränkt geschäftsfähig wird. Die Bindung erlischt, wenn die Bestätigung versagt wird und dieser Beschluß, gegen den nach §§ 68, 27 FGG die sofortige Beschwerde und weitere Beschwerde statthaft ist, die Rechtskraft erlangt. In der Ablehnung der Entscheidung wegen örtlicher Unzuständigkeit ist eine Versagung im Sinne des § 1754 nicht zu erblicken (SeuffA 57 Nr 99). Mit der Gebundenheit der Vertragschließenden fällt auch die Gebundenheit der Personen, die ihre Einwilligung zu der Kindesannahme erklärt haben, weg. Die vorläufige Zurückziehung des Antrags auf Bestätigung hat das Erlöschen der Bindung nicht zur Folge.

§ 1755

Ist der Annahmevertrag oder die Einwilligung einer der in den §§ 1746, 1747 bezeichneten Personen anfechtbar, so gelten für die Anfechtung und für die Bestätigung des anfechtbaren Rechtsgeschäfts die Vorschriften des § 1748 Abs 2, des § 1750 Abs 1 und des § 1751[1]).

E I 1630 II 1652; M 4 1001; P 4 737 ff.

1. Die für die Abschließung des Annahmevertrags und die Erteilung der Einwilligung geltenden Grundsätze über Unvertretbarkeit und Genehmigungsbedürftigkeit finden in gleicher Weise auch auf die **Anfechtung** und auf die **Bestätigung des anfechtbaren Rechtsgeschäfts** Anwendung. Die Anfechtung ist gemäß § 143 gegenüber dem Vertragsgegner (oder seinen Erben) und bei Anfechtung der Einwilligung gegenüber derjenigen Partei zu erklären, der die Einwilligung erklärt war. Die gegenüber dem Gericht erfolgte Erklärung (die von dem Gericht in Vertretung der Beteiligten entgegengenommen wird) ist so anzusehen, als wäre die Erklärung gegenüber sämtlichen Vertragsgenossen abgegeben, so daß auch die Anfechtung allen diesen Personen gegenüber zu erklären ist. Die gleichen Grundsätze gelten für die Bestätigung. Für die Bestätigung wird außerdem (abweichend von § 144 Abs 2) die Einhaltung der gleichen Form (gerichtliche oder notarielle Beurkundung) zu erfordern sein, die für die zu bestätigende Erklärung vorgeschrieben ist (bestr.). Dagegen ist es nicht nötig, daß der zu bestätigende Vertrag vollständig von neuem unter Anwesenheit sämtlicher Vertragsteile vor Gericht oder Notar abgeschlossen wird. Dem § 1755 entspricht auf dem Gebiete der Ehelichkeitserklärung der § 1731.

§ 1756

Auf die Wirksamkeit der Annahme an Kindes Statt ist es ohne Einfluß, wenn bei der Bestätigung des Annahmevertrags mit Unrecht angenommen worden ist, daß eine der in den §§ 1746, 1747 bezeichneten Personen zur Abgabe einer Erklärung dauernd außerstande oder ihr Aufenthalt dauernd unbekannt sei[1]).

E II 1638; P 4 727.

1. S. § 1735 A 3.

§ 1757

Durch die Annahme an Kindes Statt erlangt das Kind die rechtliche Stellung eines ehelichen Kindes des Annehmenden[1]).

Wird von einem Ehepaare gemeinschaftlich[2]) ein Kind angenommen oder nimmt ein Ehegatte ein Kind des anderen Ehegatten an, so erlangt das Kind die rechtliche Stellung eines gemeinschaftlichen ehelichen Kindes der Ehegatten.

E I 1601 Abs 1, 1621 II 1639; M 4 956 u. 980; P 4 718 u. 729.

1. Aus dem Grundsatz, daß das angenommene Kind die **Stellung eines ehelichen Kindes** erlangt, folgt nicht bloß die Anwendbarkeit der Vorschriften über die elterliche Gewalt, sondern auch der sonstigen Bestimmungen über das Verhältnis zwischen Eltern und Kind, über die Hemmung der Verjährung nach § 204, Notwendigkeit der Einwilligung zur Eheschließung nach § 1305, Hausstandsgemeinschaft nach §§ 1617—1619, Unterhaltspflicht nach §§ 1601ff., Aussteuer- und Ausstattungspflicht nach §§ 1620ff., Erb- und Pflichtteilsrecht des Kindes usw. Besondere Bestimmungen sind in den §§ 1758ff. über das Namensrecht, das Erbrecht, das Recht der Vermögensverwaltung und Nutznießung getroffen. Nimmt eine Ehefrau ein Kind an Kindes Statt an, so erlangt sie — abgesehen von dem in A 2 behandelten Falle — die elterliche Gewalt unbeschränkt durch die Rechte des Mannes. Die Wirkungen der Kindesannahme treten mit der Bestätigung des Vertrags ein (s. § 1754 A 1). Ein Verwandtschaftsverhältnis zwischen den Verwandten des Annehmenden und dem Kinde wird durch die Kindesannahme nicht begründet (§ 1763). Hat eine verheiratete Frau für sich allein ein Kind an Kindes Statt angenommen, ohne daß es auch der Mann annimmt, so erlangt sie nach Maßgabe des § 1697, da ihre Stellung der einer wiederverheirateten Mutter gleichkommt, nicht das volle Recht der elterlichen Gewalt, sondern nur das Personensorgerecht (KGJ 53 A 41).

2. Wird ein Kind während bestehender Ehe **von beiden Ehegatten gemeinschaftlich** angenommen, so richtet sich die Teilnahme der Ehefrau an der elterlichen Gewalt nach den für eheliche Kinder geltenden Bestimmungen. Die elterliche Gewalt oder die Ausübung der Gewalt geht in den Fällen der §§ 1684, 1685 auf die Ehefrau über. Kommt es zur Scheidung, so gelten die Bestimmungen der §§ 1635, 1636 auch für das angenommene Kind. Das gleiche Rechtsverhältnis muß eintreten, wenn das Kind von dem Ehegatten seines leiblichen Elternteils (dem Stiefvater oder der Stiefmutter) an Kindes Statt angenommen wird. Es würde widersinnig sein, die Bestimmung des § 1765 hier anzuwenden, wonach durch die Kindesannahme die leiblichen Eltern die Rechte an dem Kinde verlieren. Man wird aber nicht mit den Motiven (4, 980) annehmen dürfen, daß die uneheliche Mutter, wenn ihr Ehemann das Kind an Kindes Statt angenommen hat, hierdurch über das Fürsorgerecht des § 1707 hinaus die Rechte einer Ehefrau gewinnt (anders die herrschende Ansicht). Ohne Bedeutung ist die Annahme des Kindes durch beide Ehegatten für das Recht, dem Kinde nach § 2333 Nr 1, 2, 3 den Pflichtteil zu entziehen oder nach § 1621 Abs 2 die Aussteuer zu verweigern. Dieses Recht kann nach den bezeichneten Vorschriften von dem annehmenden Ehegatten auch wegen Verfehlungen des Kindes gegen den andern Ehegatten ausgeübt werden. Nimmt ein Ehegatte erst nach dem Tode des andern Ehegatten dessen Kind an Kindes Statt an, so kann hierdurch, was für das Namensrecht von Wichtigkeit ist (s. § 1758 A 3), dem Kinde die Stellung eines gemeinschaftlichen ehelichen Kindes nicht verschafft werden (Hörle in Gruch 61, 423; a. A. Staudinger A. 3).

§ 1758

Das Kind erhält den Familiennamen des Annehmenden[1]). Wird das Kind von einer Frau angenommen, die infolge ihrer Verheiratung einen anderen Namen führt, so erhält es den Familiennamen, den die Frau vor

der Verheiratung geführt hat[2]). In den Fällen des § 1757 Abs 2 erhält das Kind den Familiennamen des Mannes[3]).

Das Kind darf dem neuen Namen seinen früheren Familiennamen hinzufügen, sofern nicht in dem Annahmevertrag ein anderes bestimmt ist[1]).

E I 1622 II 1642; M 4 981; P 4 729.

1. Das angenommene Kind steht dem ehelichen Kinde auch darin gleich, daß es den **Familiennamen des Annehmenden** erhält. Es hat aber das Recht, dem neuen Namen seinen früheren Familiennamen an zweiter Stelle hinzuzufügen, falls dieses Recht nicht, wie bei Annahme eines unehelichen Kindes durch den Vater wohl regelmäßig geschieht, durch den Annahmevertrag ausgeschlossen ist. In dem Annahmevertrag kann bestimmt werden, daß das Kind verpflichtet ist, neben dem neuen den alten Namen zu führen (RG 109, 249). Im übrigen ist eine Änderung des Namensrechts nicht zulässig. Hat das Kind (nach vollendetem 14. Lebensjahre) das ihm hinsichtlich der Führung des Doppelnamens zustehende Wahlrecht einmal ausgeübt — die Anmeldung beim Standesamt ist hierzu nicht erforderlich —, so ist es an diese Wahl gebunden (bestr.). Wegen der Genehmigung des Vormundschaftsgerichts s. §§ 1750 Abs 1, 1751. Wird ein verheirateter Mann an Kindes Statt angenommen, so erlangt den neuen Namen auch seine Frau, da diese nach § 1355 unbedingt den Namen des Mannes teilt. Ihr Interesse, den bisherigen Namen des Mannes nicht zu verlieren, findet dadurch Berücksichtigung, daß ohne ihre Zustimmung die Kindesannahme unstatthaft ist (§ 1746). Auf die nach Abschluß des Annahmevertrags geborenen Abkömmlinge des Kindes geht der neue Namen ohne das vorbezeichnete Wahlrecht (a. M. Staudinger A 3) über, nicht auf die schon früher geborenen Abkömmlinge, falls nicht der Vertrag auch mit ihnen geschlossen ist (§ 1762). Wird eine nach § 1758 unzulässige Namensbezeichnung im Annahmevertrage festgesetzt, so kann dieser Vereinbarung nicht eine so wesentliche Bedeutung beigelegt werden, daß aus ihrer Ungültigkeit unter allen Umständen die Ungültigkeit des ganzen Vertrags zu folgern ist (RG Warn 1911 Nr 3). Zu dem Familiennamen im Sinne des § 1758 Satz 1 ist auch die Adelsbezeichnung (Art 109 Abs 3 RVerf) zu rechnen (RG 103, 194; 109, 244). Nach dem früheren preuß. Recht (§ 684 II 2 PrALR) war bei der Kindesannahme eines Bürgerlichen durch einen Adligen die landesherrliche Verleihung des Adels und damit des Rechtes der adligen Namensführung erforderlich. Wegen der wieder aufgehobenen PrVO v. 3. 11. 19 s. Vorbem 4 vor § 1705.

2. Das **von einer Ehefrau angenommene Kind** erhält nicht den Familiennamen des Ehemanns, mit dem es in keiner Familiengemeinschaft steht, sondern den Geburtsnamen der Ehefrau, mit dem es nach dem in A 1 Gesagten seinen bisherigen Familiennamen verbinden darf. Die Vorschrift des § 1706 Satz 2 ist damit im wesentlichen auf das Wahlkind ausgedehnt, was insofern zu Unzuträglichkeiten führen muß, als der Anschein erweckt wird, es handle sich um ein uneheliches Kind. Diesem Übelstande läßt sich nur dadurch begegnen, daß nach der Kindesannahme dem Kinde auf Antrag der Ehefrau von der Verwaltungsbehörde die Führung des dieser infolge ihrer Verheiratung zukommenden Namens gestattet wird. Die Zustimmung des Ehemanns hierzu ist nicht unbedingt erforderlich, wennschon die Behörde ohne diese Zustimmung sich nicht leicht zur Erteilung der Genehmigung entschließen wird. Um die Kindesannahme von Kriegerwaisen durch kinderlose Kriegerwitwen zu fördern, wird in der AVf des PrMdJ v. 5. 10. 15 (MBl 1916, 69) den Verwaltungsbehörden empfohlen, solchen Anträgen auf Namensänderung tunlichst entgegenzukommen. Es wird in dieser Verfügung auch darauf hingewiesen, daß die Genehmigung, wenn die Witwe die Zustimmung der Verwandten ihres gefallenen Mannes beibringt, schon vor der Kindesannahme in der Weise erteilt werden kann, daß sie zugleich mit dieser in Kraft tritt.

3. Ist ein Kind von **beiden Ehegatten** oder von dem Ehegatten des leiblichen Elternteils angenommen, so erhält es geradeso wie ein eheliches Kind den Familiennamen des Ehemanns, nicht den Geburtsnamen der Frau. Diesen einmal erlangten Namen behält es nach § 1772 Satz 2 auch dann, wenn nach dem Tode des einen Ehegatten der Annahmevertrag aufgehoben wird. Die Tatsache, daß das angenommene Kind ein Kind des verstorbenen Ehegatten war, kann durch die spätere Aufhebung der Kindesannahme nicht ungeschehen gemacht werden. Wird das Kind des Mannes erst nach dessen Tode von der Frau an Kindes Statt angenommen, so erhält es, da § 1757 Abs 2 hier nicht Platz greift, den Geburtsnamen der Frau.

§ 1759

Durch die Annahme an Kindes Statt wird ein Erbrecht für den Annehmenden nicht begründet[1]).

E I 1624 II 1644; M 4 988; P 4 732.

1. Durch § 1759 soll dem Mißbrauch vorgebeugt werden, daß der Annehmende sich zu der Kindesannahme durch die Hoffnung auf die Beerbung des Kindes bestimmen läßt. Dagegen ist es dem Kinde nicht verwehrt, den Annehmenden durch Verfügung von Todes wegen aus freier Entschließung zu bedenken. Nicht unzulässig ist es ferner, daß mit dem Annahmevertrage ein Erbvertrag verbunden wird, durch welchen dem Annehmenden ein Erbrecht eingeräumt wird. Dem Annehmenden steht sinngemäß auch kein Pflichtteilsanspruch zu.

§ 1760

Der Annehmende hat über das Vermögen[1]) des Kindes, soweit es auf Grund der elterlichen Gewalt seiner Verwaltung unterliegt, auf seine Kosten ein Verzeichnis aufzunehmen und dem Vormundschaftsgericht einzureichen; er hat das Verzeichnis mit der Versicherung der Richtigkeit und Vollständigkeit zu versehen. Ist das eingereichte Verzeichnis ungenügend, so findet die Vorschrift des § 1640 Abs 2 Satz 1 Anwendung[2]).

Erfüllt der Annehmende die ihm nach Abs 1 obliegende Verpflichtung nicht, so kann ihm das Vormundschaftsgericht die Vermögensverwaltung entziehen[2]). Die Entziehung kann jederzeit wieder aufgehoben werden.

E I 1623 Abs 1 II 1643 Abs 1; M 4 985; P 4 731; 5 305.

1. Mit der elterlichen Gewalt erlangt der Annehmende auch die Verwaltung des Kindesvermögens, auf die er, da die Verwaltung sich nicht bloß als Recht, sondern zugleich als eine Pflicht darstellt, nicht verzichten kann. Gesteigert sind die Pflichten der Verwaltung insofern, als der Annehmende unbedingt, nicht bloß wie der Inhaber der elterlichen Gewalt in den besondern Fällen der §§ 1640, 1667 Abs 2 u. 1669, ein Vermögensverzeichnis, und zwar auf seine Kosten aufzunehmen und mit der in § 1760 vorgeschriebenen Versicherung dem Vormundschaftsgericht einzureichen hat. Es soll hierdurch verhindert werden, daß er, weil es an einem Nachweise des übernommenen Vermögens fehlt, aus der Verwaltung einen unberechtigten Gewinn zieht. Zu verzeichnen ist das kraft elterlicher Gewalt von ihm zu verwaltende Vermögen, und zwar auch das erst nach Eintritt der elterlichen Gewalt dem Kinde anfallende Vermögen. Die in § 1640 A 1 dargestellten Grundsätze über die Pflicht zur Aufzeichnung des im Miteigentum usw. befindlichen Vermögens haben auch hier Anwendung zu finden. Abweichend von § 1640 sind auch die Haushaltsgegenstände in das Verzeichnis aufzunehmen, wobei die Zusammenfassung der nicht besonders wertvollen Stücke unter einer Sammelbezeichnung zulässig ist (bestr.). Der einer annehmenden Frau für die Vermögensangelegenheiten beigeordnete Beistand hat gemäß § 1692 bei der Aufnahme des Verzeichnisses mitzuwirken.

2. Um die Einreichung des Vermögensverzeichnisses zu **erzwingen,** kann das Vormundschaftsgericht dem Annehmenden die Vermögensverwaltung, nicht auch die Nutznießung, entziehen. Außerdem kann es zu diesem Zwecke, wie auch aus dem in § 1640 Abs 2 Satz 1 bezeichneten Grunde, die Aufnahme eines öffentlichen Verzeichnisses anordnen (vgl. § 1640 A 3).

§ 1761

Will der Annehmende eine Ehe eingehen[1]), während er die elterliche Gewalt über das Kind hat, so finden die Vorschriften der §§ 1669 bis 1671 Anwendung.

E I 1623 Abs 3 II 1643 Abs 2; M 4 986; P 4 732; 6 299.

1. Im Verhältnis zu dem angenommenen Kinde, das die Rechtsstellung eines aus einer Ehe hervorgegangenen Kindes hat, ist es, wenn der **Annehmende sich nachträglich verheiratet,** so anzusehen, als wenn von dem leiblichen Elternteil eine neue Ehe eingegangen wäre. Den Annehmenden trifft deshalb die in den §§ 1669—1671, 1314 geordnete Pflicht, vor Eingehung der Ehe das zu dieser Zeit vorhandene Kindesvermögen nachzuweisen und mit dem Kinde sich auseinanderzusetzen (vgl. § 1740). Die annehmende Frau verliert außerdem im Falle der Verheiratung gemäß § 1697 die elterliche Gewalt.

§ 1762

Die Wirkungen der Annahme an Kindes Statt erstrecken sich auf die Abkömmlinge des Kindes[1]). Auf einen zur Zeit des Vertragsabschlusses schon vorhandenen Abkömmling und dessen später geborene Abkömmlinge er-

strecken sich die Wirkungen nur, wenn der Vertrag auch mit dem schon vorhandenen Abkömmlinge geschlossen wird[2]).

E I 1620 Abs 1 II 1640; M 4 978; P 4 728; 6 305.

1. Die Rechtsnatur der Kindesannahme als eines Vertragsverhältnisses zeigt sich namentlich darin, daß sie nur für die Vertragschließenden Wirkungen begründet. Eine Ausnahme hiervon ist darin nicht zu sehen, daß die **Wirkungen auch auf die Abkömmlinge des Kindes sich erstrecken,** die nach Abschließung des Vertrags (wennschon vor der Bestätigung) geboren sind, da diese durch die Geburt in die von ihren Eltern geschaffene Rechtslage eintreten. Ihre Rechtsstellung ist derart abhängig von der ihrer Eltern, daß eine Vereinbarung, sie von den Wirkungen der Kindesannahme auszunehmen, keine Gültigkeit haben würde und daß auch eine Aufhebung der Kindesannahme nur gemeinschaftlich für sie und das angenommene Kind, nicht getrennt für den einen oder den andern, erfolgen kann (§ 1768 Abs 2). Zu den Abkömmlingen im Sinne des § 1762 gehört auch das angenommene Kind (abw. früh. Aufl.), ebenso das uneheliche Kind der angenommenen Tochter, nicht aber das uneheliche Kind des angenommenen Sohnes.

2. Die zur Zeit der Abschließung des Annahmevertrags **bereits geborenen Abkömmlinge** des Kindes werden durch die Kindesannahme nicht berührt, falls nicht der Vertrag auch mit ihnen geschlossen wird. Dies kann in der Weise geschehen, daß sie an dem Vertrage als Vertragschließende teilnehmen oder daß mit ihnen unter Einhaltung sämtlicher Erfordernisse eines neuen Annahmevertrags ein besonderer Vertrag geschlossen wird. Zur Wirksamkeit des Vertrags ist gemäß § 1747 auch die Einwilligung der Mutter des Abkömmlings erforderlich (OLG Rostock in SeuffA 74, 213). Sie erlangen hierdurch die rechtliche Stellung eines Enkels (Urenkels) des Annehmenden mit der aus §§ 1759 und 1767 sich ergebenden Besonderheit, daß dem Annehmenden kein Erbrecht (Pflichtteilsrecht) gegen die Abkömmlinge zusteht und daß auch das Erbrecht (Pflichtteilsrecht) der Abkömmlinge gegen den Annehmenden durch den Annahmevertrag ausgeschlossen werden kann. Wegen des Namensrechts vgl. § 1758 A 1 u. 2 Nur insofern äußert die Kindesannahme auf alle Abkömmlinge des Kindes, auch diejenigen, welche an dem Vertrage nicht teilgenommen haben, ausnahmslos ihre Wirkung, als während der Dauer des Annahmevertrags die Ehe zwischen ihnen und dem Annehmenden nach § 1311 verboten ist.

§ 1763

Die Wirkungen der Annahme an Kindes Statt erstrecken sich nicht auf die Verwandten des Annehmenden. Der Ehegatte des Annehmenden wird nicht mit dem Kinde, der Ehegatte des Kindes wird nicht mit dem Annehmenden verschwägert[1]).

E I 1620 Abs 2 II 1641; M 4 979; P 4 728.

1. Nach dem bereits in § 1762 A 1 dargelegten Grundsatze gehen die Wirkungen der Kindesannahme über die Vertragschließenden nicht hinaus. Die **Verwandten des Annehmenden,** desgleichen der **Ehegatte** des Annehmenden oder des angenommenen Kindes werden demgemäß durch die Kindesannahme nicht berührt, wenn auch ihr Erbrecht und ihr Unterhaltsanspruch in ihrem Bestand und Umfang gemäß § 1757 wesentlich beeinflußt werden. Noch weniger kann, was in § 1763 nicht besonders hervorgehoben ist, zwischen den Ehegatten der Verwandten des Annehmenden und dem Kinde ein Schwägerschaftsverhältnis entstehen. Auf andere Personen als den Ehegatten des Annehmenden und die Abkömmlinge des Kindes (§§ 1749 Abs 1, 1757 Abs 2, 1762) können die Wirkungen der Kindesannahme auch nicht durch Vertrag erstreckt werden.

§ 1764

Die Rechte und Pflichten, die sich aus dem Verwandtschaftsverhältnisse zwischen dem Kinde und seinen Verwandten ergeben, werden durch die Annahme an Kindes Statt nicht berührt, soweit nicht das Gesetz ein anderes vorschreibt[1]).

E I 1625 II 1645; M 4 989; P 4 733.

1. Das **Verwandtschaftsverhältnis des angenommenen Kindes zu seinen Verwandten** bleibt, da es nicht in die Familie des Annehmenden eintritt, unverändert bestehen, soweit nicht in §§ 1765, 1766, ferner in §§ 1306, 1776, 1777, 1899 Ausnahmen gemacht sind. Nach § 1306 hat an Stelle der leiblichen Eltern der Annehmende die Einwilligung zur Eheschließung des noch nicht 21 Jahre alten Kindes zu erteilen. Die leiblichen Eltern sind nach § 1777 nicht mehr berechtigt, einen Vormund zu benennen und sind nach § 1899 Abs 2 nicht mehr als Vor-

mund des Volljährigen berufen. Der leibliche Großvater von väterlicher oder mütterlicher Seite ist nach §§ 1776, 1899 nicht mehr als Vormund berufen. In allen diesen Fällen handelt es sich um Ausflüsse eines der elterlichen Gewalt nahestehenden Schutzrechts, das mit dieser für immer erlischt. Die angezogenen Bestimmungen kommen nicht zur Anwendung, wenn das Kind von dem Ehegatten des leiblichen Elternteils angenommen ist (§§ 1749 Abs 1, 1757 Abs 2), wodurch das Kindesverhältnis nur noch befestigt wird, desgleichen nicht hinsichtlich der Abkömmlinge (§§ 1776, 1899), wenn sich die Wirkungen der Kindesannahme auf sie nicht erstrecken. Die dem angenommenen Kinde auf Grund seines bisherigen Verwandtschaftsverhältnisses zustehenden vermögensrechtlichen Bezüge, wie z. B. der Anspruch auf eine Waisenrente aus einer von seinem verstorbenen Vater genommenen Versicherung, bleiben dem Kinde erhalten (JW 1921, 191[8]). Über das Recht zum persönlichen Verkehr mit dem Kinde s. § 1765 A 2.

§ 1765

Mit der Annahme an Kindes Statt verlieren die leiblichen Eltern die elterliche Gewalt über das Kind, die uneheliche Mutter das Recht und die Pflicht, für die Person des Kindes zu sorgen[1]) [2]).

Hat der Vater oder die Mutter dem Kinde Unterhalt zu gewähren, so treten das Recht und die Pflicht, für die Person des Kindes zu sorgen, wieder ein, wenn die elterliche Gewalt des Annehmenden endigt oder wenn sie wegen Geschäftsunfähigkeit des Annehmenden oder nach § 1677 ruht. Das Recht zur Vertretung des Kindes tritt nicht wieder ein[1]).

E I 1626 II 1646; M 4 990; P 4 733 ff.

1. Mit der elterlichen Gewalt des Annehmenden würde es unvereinbar sein, wenn die **elterliche Gewalt der leiblichen Eltern** oder das **Fürsorgerecht der unehelichen Mutter** für die Person des Kindes (§ 1707) — sofern nicht die uneheliche Mutter oder der Ehegatte des leiblichen Elternteils (vgl. §§ 1764 A 1, 1757 A 2) das Kind angenommen hat — bestehen bliebe. Diese Rechte gehen ebenso wie die aus dem elterlichen Schutzverhältnis entspringenden Rechte (§ 1764 A 1) endgültig verloren. Sie werden auch durch eine Aufhebung des Annahmevertrags oder sonstige Beendigung der elterlichen Gewalt des Annehmenden nicht wiederhergestellt. Nur in dem Falle, daß der leibliche Vater oder die leibliche Mutter auf Gewährung des Unterhalts in Anspruch genommen wird, tritt das Recht der tatsächlichen Fürsorge, solange der Elternteil dem Kinde den Unterhalt gewährt, bei Beendigung oder während des Ruhens der elterlichen Gewalt des Annehmenden — abgesehen von dem Falle des § 1676 Abs 2, wo das Fürsorgerecht des Annehmenden fortdauert — wieder in Kraft (vgl. im übrigen § 1738 A 2). Lebt das Fürsorgerecht des Vaters wieder auf, so nimmt gemäß § 1635 an der Fürsorge auch die Mutter teil. Dagegen ist nicht anzunehmen, daß das Wiederaufleben des Fürsorgerechts der Mutter auch dem Vater zugute kommt (a. M. Blume A 3).

2. Zweifelhaft ist, ob durch die Kindesannahme die leiblichen Eltern auch das Recht des **persönlichen Verkehrs** mit dem Kinde verlieren. Der Rechtsstellung der Eltern, die durch die Einwilligung in die Kindesannahme sich jedes persönlichen Einflusses auf das Kind begeben, entspricht es, diese Frage zu bejahen (so RG 64, 47; s. dagegen Blume in SeuffBl 72, 95ff. — vgl. über die Natur des Rechtes § 1636 A 1). Das Vormundschaftsgericht ist indes, wie auch das Reichsgericht in jenem Urteil anerkennt, berechtigt, aus § 1666 einzuschreiten, wenn etwa den leiblichen Eltern zum Nachteil des Kindes der persönliche Verkehr mit ihm ohne verständigen Grund in umfassender Weise abgeschnitten werden sollte. Das gleiche trifft zu, wenn in einer das Wohl des Kindes verletzenden Weise ein jeder Verkehr der leiblichen Mutter mit ihrem unehelichen Kinde gehindert wird (RJA 15, 93; vgl. auch § 1738 A 3).

§ 1766

Der Annehmende ist dem Kinde und denjenigen Abkömmlingen des Kindes, auf welche sich die Wirkungen der Annahme erstrecken, vor den leiblichen Verwandten des Kindes zur Gewährung des Unterhalts verpflichtet[1]) [2]).

Der Annehmende steht im Falle des § 1611 Abs 2 den leiblichen Verwandten der aufsteigenden Linie gleich[1]).

E I 1627 II 1647; M 4 991; P 4 735.

1. Im Sinne des Annahmevertrags liegt es, daß der **Annehmende** den leiblichen Eltern und Voreltern die **Unterhaltspflicht** abnimmt. Wenn nun auch deren Unterhaltspflicht hierdurch nicht beseitigt werden kann, so tritt sie doch erst ein, wenn der Annehmende nicht leistungsfähig ist oder die Rechtsverfolgung gegen ihn erheblich erschwert ist (§§ 1603, 1607). Der Annehmende haftet vor den leiblichen Eltern und, wenn es sich um Abkömmlinge des Kindes handelt, vor den leiblichen Voreltern. Vor dem Annehmenden sind übrigens, woran durch § 1766 nichts geändert wird, der Ehegatte und die Abkömmlinge des Kindes unterhaltspflichtig (§§ 1606, 1608). — Was den Unterhaltsanspruch anbetrifft, so sind der Annehmende und die leiblichen Eltern vollständig gleichgestellt. Auf diesen Unterhaltsanspruch findet auch § 1611 Abs 2 (Beschränkung des Anspruchs auf den notdürftigen Unterhalt) Anwendung, wobei der Annehmende, der nicht pflichtteilsberechtigt ist, den pflichtteilsberechtigten Eltern gleich behandelt wird.

2. Der **natürliche Vater** erfährt dadurch, daß sein uneheliches Kind von einem andern an Kindes Statt angenommen wird, weder Vorteil noch Nachteil. Seine Verpflichtung zur Zahlung einer Unterhaltsrente — die im wesentlichen den Charakter einer Schuld hat (§ 1708 A 2) — bleibt daher geradeso bestehen, als wenn die Kindesannahme nicht erfolgt wäre, und wird nicht etwa dahin geändert, daß vor dem natürlichen Vater der Annehmende den Unterhalt zu gewähren hätte (ebenso Blume ZBlFG 14, 137 u. RJA 14, 9; anders auf Grund Mot 4, 879, wo der uneheliche Vater zu den leiblichen Verwandten des Kindes gerechnet wird, Planck A 1e, Staudinger A 3). Daß der vertragsmäßig begründete Unterhaltsanspruch gegen den natürlichen Vater durch die Kindesannahme nicht berührt wird, auch nicht in dem Falle, daß der natürliche Vater selbst der Annehmende ist, ist vom **RG** Warn 1918 Nr 172 anerkannt.

§ 1767

In dem Annahmevertrage kann die Nutznießung des Annehmenden an dem Vermögen des Kindes sowie das Erbrecht des Kindes dem Annehmenden gegenüber ausgeschlossen werden.

Im übrigen können die Wirkungen der Annahme an Kindes Statt in dem Annahmevertrage nicht geändert werden[1]).

E I 1628 II 1648; M 4 993; P 4 735.

1. Die durch die Kindesannahme kraft Gesetzes eintretenden **Wirkungen** können, was das persönliche Verhältnis betrifft, **durch Vertrag nicht geändert** werden. Es kann insbesondere nicht vereinbart werden, daß das Kind in einer andern Religion als der des Annehmenden zu erziehen sei. Eine solche Vereinbarung hat im Zweifel die Unwirksamkeit des ganzen Vertrags zur Folge (KGJ 38 A 91, vgl. § 4 des Ges. v. 15. 7. 21). Nicht abänderlich ist auch das Recht und die Pflicht zur Verwaltung des Kindesvermögens (§ 1760 A 1). Die vermögensrechtlichen Wirkungen können dagegen insofern geändert werden, als in dem Annahmevertrage die Nutznießung des Annehmenden sowie das Erbrecht (Pflichtteilsrecht) des Kindes oder der Abkömmlinge des Kindes ganz oder teilweise ausgeschlossen oder beschränkt werden kann. Als zulässig ist es hiernach anzusehen, daß die dem Annehmenden als Nutznießer obliegenden Verpflichtungen erweitert und ihm besondere Verbindlichkeiten im Interesse der besseren Ausbildung oder Versorgung des Kindes auferlegt werden. In weiterem Maße kann die elterliche Gewalt des Annehmenden nicht beschränkt werden. Unzulässig ist es, ihm die Verpflichtung aufzuerlegen, daß er das Vermögen des Kindes dauernd in bestimmter Art angelegt läßt (KGJ 37 A 54). Für die Rechtsgeschäfte, die während des Bestehens der elterlichen Gewalt zwischen dem Annehmenden und dem Kinde geschlossen werden, gelten die gleichen Beschränkungen wie für die Rechtsgeschäfte zwischen dem elterlichen Gewalthaber und dem Kinde (§ 1630 A 2). Es kann hierbei die Bestimmung des § 1804 praktisch werden, wonach dem Annehmenden eine Schenkung auch von dem für das Kind zu bestellenden Pfleger nicht gemacht werden kann. Über die Gültigkeit von Abmachungen zwischen dem Annehmenden und den Eltern des angenommenen Kindes s. § 1748 A 1.

§ 1768

Das durch die Annahme an Kindes Statt begründete Rechtsverhältnis kann wiederaufgehoben werden[1]). Die Aufhebung kann nicht unter einer Bedingung oder einer Zeitbestimmung erfolgen[2]).

Die Aufhebung erfolgt durch Vertrag zwischen dem Annehmenden, dem Kinde und denjenigen Abkömmlingen des Kindes, auf welche sich die Wirkungen der Annahme erstrecken[1]).

Hat ein Ehepaar gemeinschaftlich ein Kind angenommen oder hat ein Ehegatte ein Kind des anderen Ehegatten angenommen, so ist zu der Aufhebung die Mitwirkung beider Ehegatten erforderlich[1]**.**

E I 1629 Abs 1, 2, 4, 5 II 1649; M 4 996; P 4 737.

1. Der Grundsatz, daß **das durch die Kindesannahme geschaffene Rechtsverhältnis** dem natürlichen Kindesverhältnis nachgebildet sein soll, ist nicht so weit durchgeführt, daß die Kindesannahme nicht wieder **durch Vertrag** mit Wirkung für die Zukunft aufgehoben werden könnte. Erforderlich zu der Aufhebung ist, daß der Vertrag von sämtlichen Beteiligten, dem Annehmenden und dem angenommenen Kinde, den sämtlichen Abkömmlingen des Kindes, für die die Kindesannahme wirksam geworden ist (§ 1762), sowie dem leiblichen Elternteil, dessen Ehegatte das Kind angenommen hat (§ 1757 Abs 2), geschlossen wird. An dem Vertragsschluß haben auch diejenigen Abkömmlinge teilzunehmen, die erst nach Abschluß des Annahmevertrags (bis zum Abschluß des Aufhebungsvertrags) geboren sind, da sie das durch die Kindesannahme erlangte Recht ohne ihren Willen nicht wieder verlieren können. Der Vertrag ist unter gleichzeitiger Anwesenheit der sämtlichen Beteiligten vor Gericht oder Notar zu schließen (§§ 1770, 1750). Das Nichteinverständnis eines der Beteiligten hindert das Zustandekommen des Vertrags. Über die Einwirkung des Todes eines der Beteiligten s. § 1769 A 1 u. 2, über Aufhebung und Wiederholung s. § 1741 A 2. Die Einwilligung der in den §§ 1746, 1747 bezeichneten Personen ist zu dem Aufhebungsvertrag nicht erforderlich (vgl. § 1747 A 3). Über die Notwendigkeit der Bestätigung s. § 1770 A 1.

2. Ebensowenig wie die Eingehung kann die Aufhebung der Kindesannahme **unter einer Bedingung oder Zeitbestimmung** erfolgen. Eine solche zeitliche Begrenzung würde der Natur des Kindesverhältnisses widersprechen (vgl. § 1742 A 1).

§ 1769

Nach dem Tode des Kindes[1]**) können die übrigen Beteiligten das zwischen ihnen bestehende Rechtsverhältnis durch Vertrag aufheben. Das gleiche gilt in den Fällen des § 1757 Abs 2 nach dem Tode eines der Ehegatten**[2]**).**

E I 1629 Abs 3, 4 II 1650; M 4 1001; P 4 737.

1. Die Aufhebung der Kindesannahme kann nur einheitlich für das Kind und die sämtlichen Abkömmlinge erfolgen. **Der Tod des Kindes** hindert aber nicht, daß die übrigen Beteiligten (vgl. § 1768 A 1) mit Wirkung für die Abkömmlinge des Kindes die Aufhebung der Kindesannahme vereinbaren. Würde das für tot erklärte Kind bei Abschließung des Aufhebungsvertrags in Wirklichkeit noch am Leben sein, so würde dies die Ungültigkeit des Vertrags zur Folge haben.

2. Nach dem **Tode des Annehmenden** kann die Aufhebung der Kindesannahme nicht mehr vereinbart werden. Die Aufhebung wird aber, wenn ein Ehepaar gemeinschaftlich ein Kind angenommen hat (§ 1757 Abs 2, § 1749 Abs 1), nicht dadurch gehindert, daß einer der Ehegatten verstorben ist. Hat ein Ehegatte das Kind des andern Ehegatten an Kindes Statt angenommen, so ist der Tod des andern Gatten kein Hindernis der Aufhebung, während der Tod des Ehegatten, der das Kind angenommen hat, die Möglichkeit der Aufhebung ausschließt, da diese für den überlebenden Ehegatten, den die Kindesannahme nicht mehr berührt, gegenstandslos ist (Planck A 3, vgl. aber für den Fall, daß der Ehemann das uneheliche Kind seiner Frau angenommen hat, Staudinger A 2).

§ 1770

Die für die Annahme an Kindes Statt geltenden Vorschriften des § 1741 Satz 2 und der §§ 1750, 1751, 1753 bis 1755[1]**) gelten auch für die Aufhebung.**

E I 1629 Abs 5 II 1651, 1652; M 4 999; P 4 737.

1. Für den **Aufhebungsvertrag** gelten hinsichtlich der Form des Vertrags (§ 1750 Abs 2), der Vertretbarkeit (§§ 1750 Abs 1, 1751), der Anfechtbarkeit (§ 1755) und hinsichtlich der Bestätigung durch Gerichtsbeschluß (§§ 1741 Satz 2, 1753, 1754) die **gleichen Vorschriften wie für den Annahmevertrag.** Auch hinsichtlich des Beginnes der Wirksamkeit der Bestätigung (§ 67 FGG — vgl. § 1754 A 1). Wird der Annahmevertrag nach dem Tode des Kindes aufgehoben und die Bestätigung nach dem Tode des Annehmenden erteilt (§§ 1769 Satz 1, 1753 Abs 2), so tritt sie nach § 67 Abs 2 FGG mit der Bekanntmachung an die sämtlichen übrigen Beteiligten in Wirksamkeit. Mit diesem Zeitpunkt hören die Wirkungen der Kindesannahme für die Zukunft auf, während die bis dahin eingetretenen Wirkungen bestehenbleiben.

§ 1771

Schließen Personen, die durch Annahme an Kindes Statt verbunden sind, der Vorschrift des § 1311 zuwider eine Ehe, so tritt mit der Eheschließung die Aufhebung des durch die Annahme zwischen ihnen begründeten Rechtsverhältnisses ein[1]).

Ist die Ehe nichtig, so wird, wenn dem einen Ehegatten die elterliche Gewalt über den anderen zusteht, diese mit der Eheschließung verwirkt. Die Verwirkung tritt nicht ein, wenn die Nichtigkeit der Ehe auf einem Formmangel beruht und die Ehe nicht in das Heiratsregister eingetragen worden ist[2]).

E I 1631 II 1653; M 4 1001; P 4 740.

1. Die **Eheschließung zwischen dem Annehmenden und dem angenommenen Kinde oder dessen Abkömmlingen** ist, da mit dem Kindesverhältnis ein eheliches Verhältnis unvereinbar ist, nach § 1311 verboten. Kommt es trotz dieses Verbots, das nur ein aufschiebendes Ehehindernis bildet, zur Eheschließung, so muß das Kindesverhältnis, das nur künstlicher Art ist, hinter dem ehelichen zurücktreten. Das Kindesverhältnis wird in dem Zeitpunkt der Eheschließung zwischen den Ehegatten — nicht zwischen dem Annehmenden und den übrigen Personen — kraft Gesetzes gelöst.

2. Die zu 1 bezeichnete Folge tritt jedoch nicht ein, wenn die Ehe mangels der für ihre Schließung vorgeschriebenen Form und mangels Eintragung in das Heiratsregister äußerlich überhaupt nicht als Ehe erscheint (**Nichtehe** oder schlechthin nichtige Ehe). Sie greift auch dann nicht Platz, wenn die Ehe **nichtig** oder anfechtbar ist. Der Annehmende erleidet in diesem Falle — ohne Rücksicht darauf, ob die Ehe für nichtig erklärt wird oder nicht — nur den Nachteil, daß er mit der Eheschließung die elterliche Gewalt und, wie hinzuzufügen ist, die Rechte aus dem elterlichen Schutzverhältnis (vgl. § 1764 A 1) verliert, während die übrigen dem Kinde günstigen Wirkungen der Kindesannahme bestehenbleiben.

§ 1772

Mit der Aufhebung der Annahme an Kindes Statt verlieren das Kind und diejenigen Abkömmlinge des Kindes, auf welche sich die Aufhebung erstreckt, das Recht, den Familiennamen des Annehmenden zu führen. Diese Vorschrift findet in den Fällen des § 1757 Abs 2 keine Anwendung, wenn die Aufhebung nach dem Tode eines der Ehegatten erfolgt[1]).

E II 1654; P 4 740.

1. Das durch die Annahme an Kindes Statt erlangte Recht, den **Familiennamen** des Annehmenden zu führen (§ 1758), **hört wieder auf** mit dem Zeitpunkte, in welchem die Bestätigung des Aufhebungsvertrags in Wirksamkeit tritt (s. § 1770 A 1), sowie mit der gesetzlichen Beendigung der Kindesannahme (§ 1771). Hat der Annehmende die elterliche Gewalt verwirkt, so hat dies, da die Namensgemeinschaft nicht auf der elterlichen Gewalt, sondern dem Verwandtschaftsverhältnisse beruht, das Erlöschen des Namensrechts nicht zur Folge. Über das Recht des gemeinschaftlichen Kindes (§ 1757 Abs 2) zur Fortführung des Familiennamens, auch wenn nach dem Tode des einen der Ehegatten die Kindesannahme aufgehoben wird, s. § 1758 A 3.

Dritter Abschnitt

Vormundschaft

1. Die Vormundschaftsverwaltung gehört ihrem Wesen nach dem Gebiete der **Wohlfahrtsverwaltung** an. Diese verwaltende Tätigkeit, die von der sonst den Gerichten obliegenden Tätigkeit der Rechtspflege (Rechtsprechung und Beurkundung) grundsätzlich verschieden ist, ist den Gerichten übertragen, weil es sich hierbei, obwohl die staatliche Fürsorge im öffentlichen Interesse ihren Ausgangspunkt hat, um Wahrnehmung privater Angelegenheiten handelt. Der verwaltenden Tätigkeit entspricht es, daß die Vormundschaftsgerichte ihre Tätigkeit von Amts wegen ausüben. Das Wohl des Schutzbedürftigen muß (innerhalb der gesetzlichen Schranken) ihr höchstes Ziel sein. Demgemäß sind die gesetzlichen Bestimmungen so gestaltet, daß aus Rücksicht auf das Wohl des Mündels (Pfleglings) vielfach Ausnahmen

von der sonst geltenden allgemeinen Regel zugelassen werden. Das Vormundschaftsgericht kann dem Vormunde eine von den gesetzlichen Vorschriften abweichende Anlegung des Geldes gestatten (§ 1811; vgl. auch § 1825), es kann ihn von der Hinterlegungs- und Sperrpflicht befreien (§ 1817), unter Umständen die Hinterlegungspflicht erweitern (§ 1818). Der als Vormund Berufene kann, wenn seine Bestellung das Interesse des Mündels gefährden würde, übergangen werden (§ 1778 Abs 1, vgl. §§ 1861, 1897). Ebenso können die von dem Vater oder der Mutter des Mündels angeordneten Befreiungen bei Gefährdung der Interessen des Mündels außer Kraft gesetzt werden (§§ 1857, 1903). Aus gleichem Grunde kann das Vormundschaftsgericht eine Abweichung von den Verwaltungsanordnungen des Zuwenders, der selbst seine Zustimmung nicht geben kann, gestatten (§ 1803).

2. Die Vormundschaft ist dazu bestimmt, den **familienrechtlichen Schutz** zu ergänzen. Sie greift daher nur insoweit Platz, als dieser Schutz versagt. Der Vater und in zweiter Linie die eheliche Mutter des Minderjährigen (nicht des Volljährigen) sind beim Besitze vollen Vertretungsrechts befugt, letztwillig eine bestimmte Person als Vormund zu benennen oder von der Vormundschaft auszuschließen (§§ 1776—1778, 1782, 1797 Abs 3). Sie können diesen Vormund von bestimmten Beschränkungen befreien (§§ 1852—1857) und sind als Vormund des volljährigen Kindes — worauf sie nach § 1899 ein Anrecht haben — von diesen Beschränkungen der Regel nach selbst befreit (§ 1903 und betreffs der Mutter die etwas abweichende Bestimmung des § 1904). Der väterliche und der mütterliche Großvater sind als Vormund berufen (§§ 1776, 1899). Das Vormundschaftsgericht soll ferner bei einer wichtigen Angelegenheit oder auf Antrag des Vormundes oder Gegenvormundes vor seiner Entscheidung, um mit den Anschauungen der Familie in Fühlung zu bleiben, Verwandte und Verschwägerte des Mündels hören (§ 1847). Den Verwandten und Verschwägerten ist endlich in der Form des Familienrats eine Beteiligung an den Geschäften des Vormundschaftsgerichts zugestanden (§§ 1858ff., insbesondere § 1867), und zwar muß auf Antrag des Vaters oder der ehelichen Mutter des Minderjährigen ein Familienrat gebildet werden, wenn die erforderliche Anzahl geeigneter Personen vorhanden ist (§ 1858).

3. Die vormundschaftliche Fürsorge wird nach den Grundsätzen der **Selbstverwaltung** in der Weise gehandhabt, daß dem Vormund (Pfleger) die Verwaltung der Angelegenheiten des Schutzbedürftigen übertragen ist, während das Vormundschaftsgericht, das hierbei von dem Gegenvormunde und dem Gemeindewaisenrat unterstützt wird, die Aufsicht über die Verwaltung führt. Das Vormundschaftsgericht hat gegen eine jede Pflichtwidrigkeit des Vormundes einzuschreiten, auch wenn es sich nicht um Verletzung einer durch Gesetz oder Verwaltungsanordnung des Dritten (§ 1803) besonders bestimmten Verpflichtung handelt (§ 1837). Es kann den Vormund schon wegen Gefährdung des Interesses des Mündels entlassen (§ 1886) und bei Vertrauensunwürdigkeit von ihm Sicherheitsleistung fordern (§ 1844). Eine weitere Machtbefugnis ist dem Vormundschaftsgericht zum Schutze der Person des Mündels dadurch eingeräumt, daß es gegen den Willen des Vormundes die Unterbringung des Mündels anordnen kann (§ 1838). Bei wichtigeren Rechtsgeschäften findet ein Zusammenwirken des Vormundes und Vormundschaftsgerichts insofern statt, als ersterer der Genehmigung (Ermächtigung) des Vormundschaftsgerichts bedarf (s. namentlich §§ 1821, 1822). Das Vormundschaftsgericht hat endlich, worin ein Eingriff in die Selbstverwaltung des Vormundes nicht liegt, bei Meinungsverschiedenheiten der Mitvormünder den Streit zu entscheiden (§ 1797 Abs 1) und an Stelle des Vormundes, wenn dieser nicht vorhanden oder verhindert ist (§ 1846), im Notfalle einzugreifen.

4. a) Für die Verrichtungen des **Vormundschaftsgerichts** sind vorbehaltlich anderweiter landesgesetzlicher Regelung (Art 147 EG) die Amtsgerichte zuständig. Von jenem Vorbehalt ist Gebrauch gemacht in Hamburg, in den beiden mecklenburgischen Staaten und in Württemberg. Bez. der Konsuln vgl. § 7 Nr 2 des KonsGGes. v. 7. 4. 00. Durch Art VI § 2 des Reichsentlastungsges. v. 11. 3. 21 sind die Landesjustizverwaltungen ermächtigt worden, auf dem Gebiete der freiwilligen Gerichtsbarkeit Gerichtsschreiber mit der selbständigen Erledigung einfacher Geschäfte zu beauftragen. Nach §§ 17—22 der demgemäß unter Aufhebung früherer Verfügungen ergangenen AllgVf des PrJM v. 28. 5. 23 (vgl. auch dessen RundVf v. 29. 5. 23) sind zur selbständigen Erledigung durch den Gerichtsschreiber (sog. Rechtspfleger) insbesondere geeignet die Verpflichtung der Vormünder und Pfleger, die Beurkundung der Vaterschaftsanerkennung, die Einforderung und Prüfung von Rechenschaftsberichten einschließlich der Schlußrechnung, die Beaufsichtigung der Geschäftsführung der Vormünder und Pfleger. Dagegen kann dem Rechtspfleger die Anordnung der Vormundschaft und die Auswahl der Vormünder, Pfleger und Beistände nicht überlassen werden (JFG 1 S. 43 u. 48; 3, 44; wegen der Abgabe und Übernahmeersuchen s. OLG 45, 95).

b) Die **örtliche Zuständigkeit** des Vormundschaftsgerichts (vgl. hierüber auch § 1775 A 3) bestimmt sich gemäß §§ 35ff. FGG im allgemeinen nach dem inländischen Wohnsitze oder, wenn ein solcher nicht zu ermitteln ist, dem Aufenthalt des Schutzbedürftigen zu der Zeit, wo die Anordnung der Vormundschaft — ungeachtet einer inzwischen erfolgten Verlegung des Wohnsitzes (Aufenthalts), BayObLG JW 1925, 2141[5] — nötig geworden ist, soweit nicht bereits ein anderes Vormundschaftsgericht mit der Hauptangelegenheit befaßt war. Ist ein Pfleger für unbekannte Beteiligte oder für einen nicht im Inlande befindlichen Ausländer zu bestellen oder hat das Vormundschaftsgericht nach § 1846 einzugreifen, so ist das Gericht zuständig, in dessen Bezirk das Bedürfnis der Fürsorge hervortritt (§§ 41, 37 Abs 2, 44 FGG). Dieses Gericht kann jedoch bei den Maßnahmen aus § 1846 nur ergänzungsweise tätig werden. Zum Schutze des nicht im Inlande befindlichen Deutschen ist das Gericht des letzten Wohnsitzes, nötigenfalls das von der Landesjustizverwaltung des Heimatstaats oder dem Reichskanzler zu bestimmende Gericht für zuständig erklärt (§ 36 Abs 2 das.). Die Gültigkeit der von dem Vormundschaftsgericht vorgenommenen Handlungen, der Bestellung eines Vormundes usw. wird durch die örtliche Unzuständigkeit nicht beeinträchtigt (§ 7 das.). Die Einlegung der Beschwerde führt nicht zur Aufhebung der Anordnung, sondern nur zur Abgabe der Vormundschaft an das zuständige Gericht (KGJ 47 A 14 Nr 4; 53 A 27; RJA 6, 85 — auch die Aufhebung einzelner vormundschaftsgerichtlicher Verrichtungen der Zwischenzeit findet nicht statt, JFG 1, 38). Aus wichtigen Gründen, wie z. B. behufs besserer Beaufsichtigung des Mündels, kann die Vormundschaft, auch wenn sie noch nicht angeordnet ist, und zwar im Falle der Bestellung eines Vormundes mit dessen Zustimmung, an ein anderes Gericht abgegeben werden (§ 46; KGJ 47 A 14 Nr 5; vgl. wegen der Zulässigkeit der Beschwerde gegen die Abgabe oder Übernahme der Vormundschaft § 57 Abs 1 Nr 9 FGG u. RJA 14, 112). Bei Uneinigkeit der Vormundschaftsgerichte oder Nichtzustimmung des Vormundes entscheidet das gemeinschaftliche obere Gericht und, falls dieses das Reichsgericht sein würde, das Oberlandesgericht, das dem um Übernahme der Vormundschaft angegangenen Gericht vorgesetzt ist (§ 46 Abs 2 in der Fassung des Ges. v. 22. 5. 10). Mit der Übernahme der Vormundschaft, die nicht wegen Unzulässigkeit der Bevormundung oder örtlicher Unzuständigkeit des ersuchenden Gerichts abgelehnt werden darf (KGJ 47 A 14 Nr 5), geht zugleich die Zuständigkeit zur Entscheidung auf Beschwerden gegen Verfügungen des bisherigen Vormundschaftsgerichts auf das dem neuen Vormundschaftsgericht übergeordnete Gericht über (RJA 12, 174; KGJ 50 A 20). Nimmt die Ermittlung des zuständigen Gerichts längere Zeit in Anspruch, so darf das durch die Anzeige des Standesbeamten mit der Sache befaßte Gericht, damit in der Zwischenzeit das Kind nicht schutzlos bleibt, sich nicht der Pflicht entziehen, einstweilen bis zur Abgabe der Vormundschaft an das zuständige Gericht einen Vormund zu bestellen (vgl. § 1774 A 1). Die einmal begründete Zuständigkeit eines Vormundschaftsgerichts kann durch Eingreifen eines andern Vormundschaftsgerichts nicht geändert werden. Die von letzterem getroffenen Verfügungen sind ohne weiteres unwirksam (RJA 16, 157). Zwischen den Vormundschaftsgerichten, einschließlich der nach § 194 Abs 1 (vgl. Abs 4) FGG bestimmten Vormundschaftsbehörden, besteht gemäß § 2 das. die Verpflichtung der gegenseitigen Rechtshilfe. Das Vormundschaftsgericht kann in dem gleichen Umfange, in dem es selbst, wenn auch nur in Unterstützung des Vormundes, eine eigene vormundschaftsgerichtliche Tätigkeit ausüben könnte, die Rechtshilfe auswärtiger Gerichte in Anspruch nehmen, und kann deshalb das Ersuchen stellen, eine bestimmte Person über die Anerkennung der Vaterschaft zu dem unehelichen Kinde und die Unterhaltsverbindlichkeit zu hören und eine öffentliche Anerkennungsurkunde aufzunehmen (**RG** 67, 417; 11. 11. 07 IV B 386/07; 7. 2. 10 IV B 43/10 — die gegenteilige Ansicht in **RG** 57, 396 ist aufgegeben). Es kann auch die Unterlagen zu einer im Interesse des Mündels liegenden Eintragung in das Grundbuch dadurch beschaffen, daß es die Erklärungen der Beteiligten im Rechtshilfewege aufnehmen läßt (KGJ 43 A 33). Wegen der Rechtshilfe behufs Entgegennahme einer Entlastungserklärung des Mündels s. § 1892 A 2. Das ersuchte Gericht kann jedoch nicht um eine Tätigkeit angegangen werden, deren Vornahme nicht zu seiner sachlichen Zuständigkeit gehört und deshalb als ihm verboten angesehen werden muß (§ 2 FGG; § 159 GVG; **RG** 71, 303). Ebenso ist das Ersuchen nach Art 40 Abs 2 PrFGG unzulässig, wenn es sich um die Beurkundung eines offenbar ungültigen Rechtsgeschäfts handelt, wie um die Beurkundung des von einem Minderjährigen zu erklärenden Vaterschaftsanerkenntnisses (§ 1718) oder der Unterwerfung unter die sofortige Zwangsvollstreckung (§ 794 Nr 5 ZPO), da ein einseitiges Rechtsgeschäft des Minderjährigen ohne Einwilligung des gesetzlichen Vertreters gänzlich unwirksam ist (**RG** 84, 317 — abw. Josef in ArchZivPrax 114, 404, weil die Möglichkeit besteht, daß der Vertreter vorher die Genehmigung zu der Erklärung erteilt hat). Anders ist es, wenn der Minderjährige nur zu tatsächlichen Angaben über die Abstammung des Kindes veranlaßt werden soll (**RG** 87, 426). Über die Zulässigkeit eines Beweisersuchens für Prozeßzwecke s. § 1837 A 1 a. E.

c) Zur Einlegung der Beschwerde ist jeder befugt, in dessen gesetzlich geschützte Rechte durch die Verfügung des Vormundschaftsgerichts eingegriffen wird (§§ 20, 60 Abs 1 Nr 1—5). Ein bloß wirtschaftliches Interesse genügt nicht (RJA 16, 190 bezüglich des Armenverbandes). Ist der Mündel (oder das in elterlicher Gewalt befindliche Kind) durch die Verfügung in seinem Rechte beeinträchtigt, so ist für ihn der gesetzliche Vertreter beschwerdeberechtigt. Über das Beschwerderecht des Mündels selbst s. § 1827 A 2, über das des Gegenvormundes § 1799 A 1, § 1826 A 1. Über besondere Fälle des Beschwerderechts vgl. § 4 A 2, § 1634 A 1, § 1666 A 1 u. 3, § 1673 A 1 a. E., § 1687 A 1, § 1707 A 2 a. E., § 1774 A 3, § 1778 A 1, § 1779 A 1 u. 2, § 1785 A 1, § 1786 A 1, § 1792 A 1, § 1800 A 3 (Beschwerderecht in persönlichen Angelegenheiten), § 1801 A 1, § 1810 A 1, § 1821 A 2 (Verweigerung der vormundschaftsgerichtlichen Genehmigung), § 1836 A 1, § 1837 A 2, § 1849 A 2, § 1886 A 3. Die weitere Beschwerde (§§ 27—29 FGG) ist nur wegen Gesetzesverletzung zulässig. Das Vormundschaftsgericht selbst ist zur Einlegung der weiteren Beschwerde nicht berechtigt, es kann nicht etwa einen Pfleger zur Einlegung der Beschwerde bestellen, um auf diesem Wege seine von dem Beschwerdegericht abweichende Ansicht zur Geltung zu bringen. Zu einer Abänderung der von ihm erlassenen Verfügung, die nicht der sofortigen Beschwerde unterliegt (§§ 18 Abs 2, 22, 60), ist das Vormundschaftsgericht befugt, sofern nicht durch die Verfügung bereits das Recht eines Dritten begründet ist, was z. B. zutrifft, wenn der Vormund die Erteilung der vormundschaftsgerichtlichen Genehmigung oder die Verweigerung der Genehmigung dem Dritten mitgeteilt hat (§ 55 FGG, § 1829 Abs 1). Die gleichen Schranken gelten auch für die Abänderlichkeit der Verfügung durch das Beschwerdegericht (§ 62 FGG). Über das Verfahren in Vormundschaftssachen s. auch Vorbem 4 vor § 1616.

5. Die **Zwangsgewalt des Vormundschaftsgerichts** bestimmt sich nach Landesrecht (s. PrFGG Art 17). Reichsrechtlich ist in § 33 FGG nur das eine vorgeschrieben, daß bei Verhängung von Ordnungsstrafen die einzelne Strafe den Betrag von 300 Mark, jetzt nach Art III Abs 1 Nr 2 der VO v. 6. 2. 24 den Betrag von 1000 Goldmark und an deren Stelle nach § 2 der DurchfVO zum MünzGes. v. 12. 12. 24 von 1000 Reichsmark (vgl. § 1837 A 3) nicht übersteigen darf und der Festsetzung der Strafe eine Androhung vorhergehen muß. Diese Vorschrift wird ergänzt durch die landesgesetzlichen Bestimmungen, wonach das Vormundschaftsgericht zur Verhängung von Ordnungsstrafen und zur Anwendung unmittelbaren Zwanges befugt ist (vgl. § 1636 A 2). Erfolgt nach diesen Bestimmungen die Einziehung der Ordnungsstrafen im Verwaltungszwangsverfahren, so können die Rechtshilfebestimmungen des § 160 GVG, da das ersuchende Gericht als Justizverwaltungsbehörde tätig wird, keine Anwendung finden. Über eine Weigerung des ersuchten Gerichts hat demgemäß nur die landesrechtlich bestimmte Behörde zu befinden (KG in DJZ 07, 540).

6. Eine das Vormundschaftsgericht unterstützende Tätigkeit wird von den **Jugendämtern** ausgeübt, die auf Grund des **Jugendwohlfahrtsgesetzes** v. 9. 7. 1922 zu errichten sind (vgl. jedoch die Einschränkungen in Art 8 EG in der Fassung der VO v. 14. 2. 24). Das Gesetz ist in Kraft getreten (s. Art 1 EG) in Württemberg, Thüringen und Lübeck am 1. 7. 23, in Bremen am 1. 10. 23, in Hamburg am 1. 11. 23, in Bayern am 1. 1. 26, in den übrigen Ländern am 1. 4. 24. Die Jugendämter sind Einrichtungen der Gemeinden oder Gemeindeverbände (§ 8), und zwar mit selbständiger, behördenähnlicher Stellung (JFG 3, 36); Zusammensetzung, Verfassung und Verfahren werden auf Grund landesrechtlicher Vorschriften durch eine Satzung des zuständigen Selbstverwaltungskörpers geregelt (§§ 9—11). Das Vormundschaftsgericht ist zur Teilnahme an den Sitzungen berechtigt und hat beratende Stimme (§ 9 Abs 4). Zur Sicherung einer gleichmäßigen Erfüllung der den Jugendämtern obliegenden Aufgaben und zur Unterstützung ihrer Arbeit sind Landesjugendämter zu errichten (§§ 12—14). Die Bestimmungen über einen Reichsbeirat und ein Reichsjugendamt (§§ 16, 17) sind nicht in Kraft getreten (Art 8 Ziff 2 Satz 2 EG.). Die Aufgaben der Jugendämter betreffen im wesentlichen außer der Mitwirkung im Vormundschaftswesen die Jugendpflege und Jugendfürsorge, Säuglingspflege, Mutterschutz u. dgl. (§§ 3, 4). Im einzelnen vgl. über die vormundschaftlichen Verrichtungen der Jugendämter § 1773 A 4, über die Verrichtungen als Waisenrat § 1849 A 1, über ihre Tätigkeit in Fürsorgeerziehungssachen und Jugendgerichtssachen sowie zum Schutz verwahrloster Minderjähriger Vorbem 5 vor § 1616, in Armensachen Vorbem 5 vor § 1601, zum Schutz der Pflegekinder Vorbem 4 vor § 1741.

7. **Räumlicher Geltungsbereich.** Für die im Inland geübte vormundschaftliche Verwaltung (einschließlich der Fürsorgeerziehung KGJ 39 A 28), die Rechte und Pflichten des Vormundes, Vormundschaftsgerichts usw. sowie die aus der Verwaltung sich ergebenden bürgerlichrechtlichen Ansprüche ist, ohne Unterschied, ob die Vormundschaft einen Inländer oder Ausländer betrifft, das inländische Recht maßgebend (vgl. Art 23 EG). Auch für die Tätigkeit der vormundschaftlichen Hilfspersonen (Berufsvormund usw.) hat das für das Vormundschaftsverhältnis geltende Recht zur Anwendung zu kommen (KGJ 52 A 40). Nur für die Frage, ob die eine vormundschaftliche Fürsorge bedingende Schutzbedürftigkeit des Ausländers anzuerkennen ist, kommt es, sofern dieser nicht im Inlande (vgl. Art 8 EG) entmündigt ist, nach Art 23 EG (vgl. § 1773 A 1) auf das Recht des Heimatstaats an. Umgekehrt ist, wenn gemäß § 47 FGG die Bevormundung eines im Ausland befindlichen, nach inländischem Recht schutzbedürftigen Deutschen dem ausländischen Staate überlassen wird, damit die Geltung des ausländischen Rechtes zugestanden. In dem Haager Abkommen über das internationale

Privatrecht, und zwar in dem Abkommen zur Regelung der Vormundschaft vom 12. 6. 02 (RGBl 04, 240) — Vertragsstaaten: Deutschland, Belgien, Frankreich (von diesem ist das Abkommen zum 1. 6. 14 gekündigt worden), Luxemburg, Niederlande, Rumänien, Schweden, Spanien, Italien, Schweiz, Portugal und Ungarn (bez. dieses Staates vgl. Bek v. 16. 12. 24 Nr 23), nicht zu den Vertragsstaaten gehört Österreich (s. aber Bek. v. 4. 10. 24) — ist betreffs der Minderjährigen, die Angehörige eines der Vertragsstaaten sind und ihren gewöhnlichen Aufenthalt in einem dieser Staaten haben, das Vormundschaftsrecht des Heimatsstaats (Art 1) und, falls dieser eine Vormundschaft nicht anordnet, das des Aufenthaltsstaats (Art 3) für maßgebend erklärt. Hinsichtlich der Gründe für Beginn und Beendigung der Vormundschaft ist indes stets das Recht des Heimatstaats maßgebend (Art 5). Vor Übernahme der Vormundschaft über den Ausländer sollen die Behörden der beiden Staaten sich verständigen (Art 8). Der vormundschaftlichen Verwaltung unterliegen auch die ausländischen Grundstücke, falls nicht für diese eine besondere Güterordnung (Familienfideikommiß, Lehen usw.) besteht (Art 6). Die Ausübung der vormundschaftlichen Fürsorge durch den diplomatischen oder konsularischen Vertreter des Heimatstaats ist nur mit Duldung des Aufenthaltstaats zulässig (Art 2). Solange eine Vormundschaft nicht angeordnet ist sowie in dringenden Fällen können zum Schutze des im Ausland befindlichen Minderjährigen die zuständigen Ortsbehörden (worunter nach deutschem Recht die Vormundschaftsbehörde zu verstehen ist) die erforderlichen Maßregeln ergreifen (Art 7). Nach dem Recht des Heimatstaats, wenn dieses nach Art 1 des Haager Abkommens zur Anwendung kommt, ist insbesondere der Umfang der Befugnisse des Vormundes, auch der Anspruch auf Herausgabe des Mündels zu beurteilen (RG 12. 12. 07 IV 179/07). Das Haager Abkommen ist aufrechterhalten durch Art 282 Nr 26 des Friedensvertrags v. 16. 7. 19. Besondere Bestimmungen über die vormundschaftliche Behandlung von Ausländern sind enthalten in den Verträgen mit Spanien v. 22. 2. 70 und 12. 1. 72 Art 11 Nr 8, und mit der Türkei vom 11. 1. 17 Art 18, in welchen den beiderseitigen Konsuln vormundschaftliche Verrichtungen zugewiesen sind. Die gleichartigen Verträge mit den alliierten und assoziierten Mächten des Friedensvertrags v. 16. 7. 19 haben nach Artt 282, 289 dieses Friedensvertrags ihre Geltung verloren. Die vormundschaftsrechtlichen Vorschriften der Staaten, welche dem Haager Abkommen beigetreten sind, sind zusammengestellt im PrJMBl 06, 225ff. Ähnliche Bestimmungen wie das Haager Abkommen enthält das nach der Bek v. 28. 4. 26 ratifizierte deutsch-polnische Vormundschaftsabkommen v. 5. 3. 24. Mit der Schweiz ist laut Bek des RK v. 6. 7. 14 (RGBl 251) für Vormundschaftssachen die Zulässigkeit unmittelbaren Geschäftsverkehrs vereinbart. Wegen des für die religiöse Erziehung maßgebenden Rechtes s. § 1801 A 1.

8. Übergangsvorschriften. Seit Inkrafttreten des BGB gilt nach Art 210 EG auf dem Gebiete des Vormundschaftsrechts ausschließlich das neue Recht. Nur nach diesem bestimmt sich (abgesehen von der jetzt bedeutungslosen Übergangsvorschrift des Art 211), ob und inwieweit eine Vormundschaft, Gegenvormundschaft oder Pflegschaft zulässig ist und ebenso richten sich die Befugnisse des Vormundes usw. nach neuem Recht. Auch die bisherigen gesetzlichen Vormünder bleiben, und zwar als nach dem BGB bestellte Vormünder, im Amte (RG 48, 356). Für eine geschäftsfähige Person, die durch letztwillige Anordnung in der Verfügung über das ihr zugewendete Vermögen beschränkt ist, ist nach BGB eine Pflegschaft nicht mehr zugelassen. Eine derartige Anordnung kann nur insofern aufrechterhalten werden, als darin die Ernennung eines Testamentsvollstreckers zu finden ist (KGJ 20 A 21). Auch die nach früherem Recht einem Vormunde gewährten Befreiungen und die Verwaltungsanordnungen eines Dritten bleiben nur insoweit in Kraft, als ihre Zulässigkeit nach BGB anerkannt ist (KGJ 20 A 220). Die Neuanlegung von Mündelgeld hat seit dem 1. Jan. 1900 nach den Vorschriften des BGB zu erfolgen, soweit nicht neben diesen Vorschriften die landesgesetzlichen Vorschriften in Kraft geblieben sind (Art 212). Hinsichtlich der unter früherem Recht eingetretenen Vorbedingungen der Vormundschaft bleibt jedoch in gewissem Maße dieses Recht maßgebend. Die Frage, ob jemand noch minderjährig ist oder bereits die Volljährigkeit erlangt hat, ob er entmündigt ist, bleibt, wenn die Volljährigkeitserklärung oder die Entmündigung in die Zeit vor dem 1. Jan. 1900 fällt, gemäß Artt 153—156 EG (eine Beschränkung enthält Art 154) nach früherem Recht zu entscheiden.

9. Sachlicher Geltungsbereich. Die Vorschriften des BGB kommen nicht zur Anwendung für die Tätigkeit der auf Grund des PrGes. v. 15. 2. 40 über Familienschlüsse in Familienstiftungssachen bestellten Vormünder (Art 59 EG). Hinsichtlich der landesherrlichen Familien und des hohen Adels waren nach Artt 57 u. 58 EG die Hausverfassungen und Landesgesetze maßgebend geblieben, und zwar sowohl für die Zuständigkeit des Vormundschaftsgerichts als das Verfahren. Zuständig als Vormundschaftsgericht war für die Mitglieder des hohen Adels meist das Oberlandesgericht. Dieses Sonderrecht hat als mit Art 109 RVerf unvereinbar jetzt seine Geltung verloren. Für Preußen vgl. § 1 Abs 2 Nr 10 des Adelsges v. 23. 6. 20.

Erster Titel

Vormundschaft über Minderjährige

I. Anordnung der Vormundschaft

§ 1773

Ein Minderjähriger[1]) erhält einen Vormund, wenn er nicht unter elterlicher Gewalt steht oder wenn die Eltern weder in den die Person noch in den das Vermögen betreffenden Angelegenheiten zur Vertretung des Minderjährigen berechtigt sind[2]).

Ein Minderjähriger erhält einen Vormund auch dann, wenn sein Familienstand nicht zu ermitteln ist[3])[4])[5]).

E I 1633 II 1665; M 4 1044 u. 1046; P 4 742.

1. Der **Minderjährige** erhält einen Vormund wegen der durch die Minderjährigkeit bedingten Schutzbedürftigkeit. Die Altersvormundschaft hört deshalb auf mit der Volljährigkeit oder Volljährigkeitserklärung des Mündels (s. über den letzteren Zeitpunkt § 1882 A 1). Ein Unterschied, ob der Minderjährige ein Deutscher oder ein **Ausländer** ist, wird in § 1773 nicht gemacht. Hier greift jedoch die Bestimmung des Art 23 EG ein, wonach die vormundschaftliche Fürsorge für den Ausländer davon abhängig ist, daß der Heimatstaat — worüber das Vormundschaftsgericht von Amts wegen unter Benutzung des diplomatischen Weges sich zu vergewissern hat, RJA 4, 78; KGJ 42 A 54 — nicht die Fürsorge übernimmt (vgl. Vorbem 7 vor § 1773). Den vormundschaftlichen Schutz gewährt in diesem Falle das deutsche Vormundschaftsgericht kraft eigener Amtsgewalt, nicht kraft Übertragung der Befugnisse des ausländischen Gerichts. Es darf deshalb in seiner Amtsgewalt nicht (entgegen dem § 1793) dadurch beschränkt werden, daß das ausländische (österreichische) Gericht erklärt, die Fürsorgebefugnisse nur teilweise übertragen zu wollen (SächsArch 1911, 97). Das deutsche Vormundschaftsgericht kann nach seinem Ermessen eine Vormundschaft oder Pflegschaft anordnen. Es kann sich auch darauf beschränken, vorläufige Maßregeln zu treffen (Art 23 Abs 2). Desgleichen können nach Art 7 HaagVormundschAbk in dringenden Fällen auch ohne vorherige Verständigung der Heimatsbehörde vorläufige Maßregeln ergriffen werden. Die gegen diese Grundsätze verstoßende Anordnung einer Vormundschaft über einen irrtümlich als Inländer angesehenen Ausländer hat nicht die Nichtigkeit der Bestellung des Vormundes zur Folge (RGSt 45, 309; Warn 1919 Nr 72). Ein Beschwerderecht ist dem Schuldner des Mündels aus dem Grunde, daß die Vormundschaft über den Ausländer nicht hätte eingeleitet werden dürfen, nicht gegeben (RJA 14, 255). Über die Bevormundung eines entmündigten Ausländers s. § 6 A 7. Verliert der Mündel die deutsche Reichsangehörigkeit, so kann die Vormundschaft, sofern nicht die Voraussetzungen der vormundschaftlichen Fürsorge für einen Ausländer nach Art 23 EG vorliegen, von dem inländischen Gericht nicht fortgeführt werden, sondern ist aufzuheben, oder, wenn der Mündel nach ausländischem Recht weiterer Fürsorge bedarf, an die ausländische Behörde abzugeben (s. § 1882 A 1).

2. Der Bevormundung bedarf es nur, wenn das Kind überhaupt **nicht unter elterliche Gewalt** fällt (wie bei unehelichen Kindern §§ 1591 ff., 1707, Kindern aus einer Nichtehe oder aus einer für nichtig erklärten oder aufgelösten Ehe, deren Nichtigkeit den Eltern bekannt war, §§ 1699 ff.), oder wenn die elterliche Gewalt fortgefallen ist oder ruht, ohne daß sie oder ihre Ausübung auf die Mutter übergegangen ist (vgl. §§ 1684, 1685). Zur Bevormundung führt es auch, wenn die Bestandteile der elterlichen Gewalt dem Inhaber in dem Umfange entzogen sind, daß ihm das Vertretungsrecht weder in den die Person des Kindes betreffenden Angelegenheiten noch in den Vermögensangelegenheiten belassen ist (vgl. Vorbem 1 vor § 1616 u. § 1627 A 1).

3. Dem Falle, daß der Minderjährige sich nicht in elterlicher Gewalt befindet, steht es gleich, wenn sein **Familienstand nicht zu ermitteln** ist, somit ungewiß bleibt, ob er unter elterlicher Gewalt steht, was besonders bei Findelkindern zutrifft. Nach § 4 Abs 2 RuStAngG. a 22. 7. 13 ist ein solches Kind bis zum Beweise des Gegenteils als das Kind eines Angehörigen des Bundesstaats anzusehen, in welchem es aufgefunden ist. Der Name des Kindes wird in Ermanglung einer abweichenden landesgesetzlichen Regelung vorläufig von dem Vormunde zu bestimmen sein (a. A. Planck § 12 A 1). Nicht zu den Befugnissen des Vormundes oder Vormundschaftsgerichts gehört es, den nicht bekannten Geburtstag des Findelkindes nach freiem Ermessen festzusetzen (RJA 16, 34).

4. Von dem in § 1773 ausgesprochenen Bestellungsgrundsatz (vgl. auch §§ 1789, 1897, 1915) war in Art 136 EG eine Ausnahme gemacht für den **Berufsvormund** (Anstaltsvormund oder Gemeindevormund). Das Landesrecht konnte bestimmen, daß der Vorstand einer unter staatlicher Verwaltung oder Aufsicht stehenden, für die Erziehung oder Verpflegung von Minderjährigen bestimmten Anstalt oder ein Beamter (der, falls er nicht zu den Beamten der Anstalt gehört, nach den Ausführungsgesetzen fast durchweg ein Beamter der Gemeinde sein muß) kraft Gesetzes Vormund der Minderjährigen wird, welche dauernd (vgl. KGJ 38 A 39) in diese Anstalt oder eine von dem Vorstand oder Beamten (oder auf seine Veranlassung) ausgewählte Familie oder Anstalt untergebracht sind oder untergebracht waren (Kostkinder) und daß er auch diejenigen unehelichen Minderjährigen bevormundet, welche der mütterlichen Familie (vgl. über diesen Begriff KGJ 41 A 30) unter Aufsicht des Vorstandes oder Beamten belassen sind, vorausgesetzt, daß das Vormundschaftsgericht nicht einen andern Vormund bestellt. Von diesem Vorbehalt haben die meisten Bundesstaaten Gebrauch gemacht. Im einzelnen galt folgendes: Die Anstaltsvormundschaft ist meist beschränkt auf die unter Verwaltung des Staates oder einer Gemeinde (vgl. KGJ 37 A 58) stehenden Anstalten. Unter die Gemeindevormundschaft fallen meist nur die Minderjährigen, die voraussichtlich dauernd Armenunterstützung erhalten (Armenamtsvormundschaft). Als Anstaltsvorstand ist der erzieherische Leiter der Anstalt, mag dieser nun aus einer Person oder mehreren Personen bestehen, nicht der zur gesetzlichen Vertretung der Anstalt berufene Magistrat oder die Armendirektion anzusehen (RJA 7, 10). Die Verrichtungen als Vormund versieht der Berufsvormund als Teil seines Amtes. Die vormundschaftlichen Geschäfte werden, wenn der Anstaltsvorstand aus mehreren Personen besteht, nach den für dessen Geschäftsführung geltenden Vorschriften von den einzelnen Mitgliedern erledigt. Dadurch, daß die Voraussetzungen der Entstehung der Berufsvormundschaft wegfallen, wird sein Amt noch nicht beendigt (KGJ 42 A 45). Bestellt das Amtsgericht einen besondern Vormund, so kann sowohl von dem Berufsvormunde als der ihm vorgesetzten Behörde Beschwerde, und zwar gemäß § 60 Abs 1 Nr 3 FGG sofortige Beschwerde erhoben werden (KGJ 36 A 35). Das Amt des Berufsvormundes erlischt nicht, wenn das Vormundschaftsgericht in Unkenntnis von der bereits eingetretenen Berufsvormundschaft einen besondern Vormund bestellt hat (KGJ 41 A 33). Landesrechtlich konnte unter den Voraussetzungen, unter denen eine Berufsvormundschaft stattfindet, auch eine Berufspflegschaft eingerichtet werden (vgl. Frese in ZBlFG 1914, 748ff.; anders Mayr in BayZ 1911, 353). — Verschieden von der Berufsvormundschaft im eigentlichen Sinne war und ist die Sammelvormundschaft (Berufsvormundschaft kraft Bestellung), bei welcher einer Person eine größere Zahl von Vormundschaften durch Bestellung übertragen wird. Siehe hierüber § 1786 zu Nr 8, § 1775 A 1, § 1836 A 1.

5. Das Jugendwohlfahrtsgesetz v. 9. 7. 22 (vgl. Vorbem 6 vor § 1773) hat unter Aufhebung des Art 136 EG die Bestimmungen über Berufsvormundschaft wesentlich geändert. Es entscheidet zwischen Amtsvormundschaft und Anstalts- oder Vereinsvormundschaft. a) Gesetzlicher Amtsvormund, und zwar nur über uneheliche Kinder ist — sofern sie nach Inkrafttreten des Gesetzes geboren sind (JFG 2, 126) — das Jugendamt des Geburtsorts, das von selbst mit der Geburt die Vormundschaft erlangt (§ 35 Abs 1). Eine Ausnahme gilt nur für den für eine Leibesfrucht bestellten Pfleger, der im Einverständnis des Jugendamts mit der Geburt des Kindes Vormund wird (§ 38). Über uneheliche im Ausland geborene deutsche Kinder erlangt, falls eine deutsche Vormundschaft nicht eingeleitet ist, dasjenige Jugendamt die Vormundschaft, in dessen Bezirk sie Aufenthalt nehmen (§ 35 Abs 3). Der Standesbeamte hat die nach § 48 FGG dem Vormundschaftsgericht zu erstattende Anzeige über die Geburt eines unehelichen Kindes dem Jugendamt zu übersenden, das den Eintritt der Vormundschaft dem Vormundschaftsgericht unverzüglich anzuzeigen hat und von diesem als Bestallung eine Bescheinigung über den Eintritt der Vormundschaft erhält (§§ 36, 37). b) Bestellte Amtsvormundschaft des Jugendamts tritt in allen Fällen, also auch bei ehelichen Minderjährigen ein, wenn nicht ein geeigneter anderer Vormund (§ 1776) vorhanden und das Jugendamt mit seiner Bestellung einverstanden ist; die Bestellung erfolgt durch schriftliche Verfügung des Vormundschaftsgerichts, §§ 1789, 1791 finden keine Anwendung (§ 41). Sowohl für die gesetzliche als die bestellte Amtsvormundschaft des Jugendamts gilt, daß ein Gegenvormund nicht zu bestellen ist und die nach §§ 1852—1854 zulässigen Befreiungen eintreten. Weitere Befreiungen vermögensrechtlicher Art kann, abgesehen von der Schlußrechnung, das Landesrecht anordnen (§ 34). Der Stellung des Jugendamts als Behörde und der Nichtbestellung eines Gegenvormunds entspricht die Unanwendbarkeit der §§ 1788, 1801, 1836 mit Ausnahme der über die Unentgeltlichkeit der Führung der Vormundschaft gegebenen Bestimmung, ferner der §§ 1837 Abs 2, 1838, 1844, 1886. § 1835 ist insoweit unanwendbar, als allgemeine Verwaltungskosten nicht zu ersetzen sind. Über die Anlegung von Mündelgeld s. § 1807 A 1. Das Jugendamt kann in dem Falle a auf seinen Antrag (§ 40) und im Falle b jederzeit beim Vorhandensein eines geeigneten andern Vormunds

aus dem Amte des Berufsvormunds entlassen werden, sofern dies dem Wohle des Mündels nicht entgegensteht; es ist alsdann ein Einzelvormund zu bestellen. Es soll allgemein die Bestellung eines Einzelvormunds dann beantragen, wenn es den Interessen des Mündels förderlich erscheint (§ 44). c) Das Amt eines Vormunds, Pflegers oder Beistandes kann ferner von dem Vormundschaftsgericht auch den Vorständen von Anstalten, die unter der Verwaltung des Staates oder einer öffentlichen Körperschaft stehen oder von privaten Anstalten oder Vereinen, die vom Landesjugendamt für geeignet erklärt sind, auf ihren Antrag übertragen werden, wodurch sie im wesentlichen (§ 47 in Verbindung mit §§ 33, 40, 41, 44) die gleiche Stellung wie das Jugendamt erhalten. Nicht befreit sind sie von der Beiordnung eines Gegenvormundes, wozu insbesondere das Jugendamt bestellt werden kann. Die Bestellung eines Amtsvormundes ist auch in der Weise zulässig, daß ihm einzelne Rechte und Pflichten des Vormundes übertragen werden (§§ 47, 46).

§ 1774

Das Vormundschaftsgericht hat die Vormundschaft von Amts wegen[1]) anzuordnen[2])[3]).

E I 1634 II 1656; M 4 1034 u. 1047; P 4 743.

1. Aus der Fürsorgepflicht des Vormundschaftsgerichts ergibt sich, daß es sowohl bei Anordnung der Vormundschaft als bei der sonst ihm zugewiesenen Tätigkeit **von Amts wegen** zu verfahren hat. Vor Anordnung der Vormundschaft hat das Vormundschaftsgericht zu prüfen, ob die Voraussetzungen der Bevormundung gegeben sind und nötigenfalls Erhebungen durch Vernehmung von Zeugen und Sachverständigen (§ 15 FGG) zu veranstalten. Eine solche Beweiserhebung kann namentlich nötig werden bei der von Amts wegen vorzunehmenden Prüfung, ob ein Kind, dessen Vater vor Ablauf der Anfechtungsfrist starb (§ 1593), als unehelich anzusehen ist (RJA 4, 82). Sind die Ermittlungen noch nicht abgeschlossen, so kann es notwendig werden, vorläufig einen Pfleger zu bestellen. Ist die örtliche Zuständigkeit des Vormundschaftsgerichts zweifelhaft, so hat das durch Anzeige des Bevormundungsfalls mit der Sache befaßte Amtsgericht die hierzu erforderlichen Ermittlungen vorzunehmen und nötigenfalls zum vorläufigen Schutze des Mündels einen Vormund zu bestellen, wodurch die endgültige Zuständigkeit des Amtsgerichts noch nicht begründet wird. Um dem Vormundschaftsgericht Kenntnis von dem Bevormundungsfalle zu verschaffen, ist den Behörden und den sonst Beteiligten in weitem Umfange die Pflicht auferlegt, dem Vormundschaftsgericht Anzeige zu machen. Anzeigepflicht des Standesbeamten nach § 48 FGG, § 36 JWG, der Gerichte, insbesondere des Nachlaßgerichts nach § 50 FGG, §§ 657, 660, 674, 678, 679 Abs 4, 683 Abs 2, 686 Abs 4 ZPO, des Gemeindewaisenrats nach § 49 FGG, des Gewalthabers, Vormundes und Gegenvormundes nach §§ 1894 Abs 2, 1895, 1909 Abs 2, der Erben des Vormundes, Gegenvormundes oder Pflegers nach §§ 1894 Abs 1, 1895, 1915.

2. Auf dem Gebiete des Vormundschaftsrechts gilt — abgesehen von dem in § 1780 behandelten Falle — allgemein der Grundsatz, daß die **einmal angeordnete Vormundschaft** (Pflegschaft), was das Vertretungsrecht und die Geschäftsführungsbefugnis betrifft, **so lange wirksam** bleibt, **bis** sie von dem Vormundschaftsgericht oder auf Beschwerde von dem diesem übergeordneten Gericht **wieder aufgehoben** ist (vgl. § 32 FGG und Aufs. in Gruch 68, 38ff.). Diese rechtsbegründende Wirkung greift nicht nur dann Platz, wenn es sich bei der Anordnung der Vormundschaft um Fragen handelt, die von dem Vormundschaftsgericht nach freiem Ermessen zu entscheiden sind. Sie gilt selbst in dem Falle, daß bereits eine Vormundschaft oder Pflegschaft über dieselbe Person eingeleitet gewesen sein sollte. Über die Gültigkeit der Bestellung des Vormundes oder Pflegers ist ausschließlich im Verfahren der freiwilligen Gerichtsbarkeit zu entscheiden, ohne daß diese Entscheidung von dem Prozeßgericht nachgeprüft werden kann (RG 81, 211/12; JW 03 Beil 64 Nr 147; Warn 1919 Nr 72; SeuffA 73, 209; ebenso für das frühere Recht RG 12, 68; 33, 414; JW 91, 434[79]). Wird von dem Vormundschaftsgericht oder dem Beschwerdegericht die Vormundschaft, als der gesetzlichen Voraussetzungen von vornherein ermangelnd, aufgehoben, so bleiben doch die aus der bisherigen Verwaltung entstandenen Ansprüche unverändert bestehen. Durch die Aufhebung wird insbesondere an der Schadensersatzpflicht, die etwa der Vormundschaftsrichter durch Verletzung seiner Amtspflichten, durch Erteilung unrichtiger Auskunft (vgl. § 1848 A 1) usw. sich zugezogen hat, nichts geändert (RG 84, 92). Dagegen hat die Anordnung der Vormundschaft auf die Geschäftsfähigkeit und Prozeßfähigkeit des zu Unrecht Bevormundeten keinen Einfluß. Seine Rechtshandlungen bleiben, soweit sie nicht etwa mit den bereits von dem Vormunde getroffenen Verfügungen in Widerspruch stehen, rechtswirksam. — Über örtliche Unzuständigkeit vgl. Vorbem 4b vor § 1773.

3. Wird die Anordnung der Vormundschaft abgelehnt, so steht — abgesehen von dem Falle der vorläufigen Vormundschaft (§ 1906) — nach § 57 Abs 1 Nr 1 FGG jedem, der ein eigenes rechtliches Interesse an der Bevormundung hat, das z. B. durch das Interesse an Vornahme eines Rechtsgeschäfts begründet sein kann, sowie im Familieninteresse dem Ehegatten, den Verwandten und Verschwägerten des Mündels die **Beschwerde** zu. Wird die Vormundschaft angeordnet, so kann nach dem allgemeinen Grundsatz des § 20 Abs 1 FGG jeder, dessen Recht durch die Anordnung beeinträchtigt wird, insbesondere der Mündel (vgl. Vorbem 4c vor § 1773), Beschwerde führen. — Von der Anordnung der Vormundschaft ist die Bestellung des Vormundes zu unterscheiden (JFG 1, 49). Diese Unterscheidung ist jedoch ohne Bedeutung für den Fall des § 46 FGG. Auch vor Bestellung des Vormundes kann die eingeleitete Vormundschaft an ein anderes Gericht abgegeben werden (BayObLGZ 6, 395). Die bloße Anordnung der Vormundschaft begründet noch nicht die in § 92 Abs 1 PrGKG v. 25. 7. 10 vorgesehene Gerichtsgebühr (**RG** 85, 358).

§ 1775

Das Vormundschaftsgericht soll, sofern nicht besondere Gründe für die Bestellung mehrerer Vormünder vorliegen, für den Mündel[1]) und, wenn mehrere Geschwister zu bevormunden sind, für alle Mündel[2])[3]) nur einen Vormund bestellen.

E I 1638 Abs 2 II 1660 Abs 2; Mt 4 1031 u. 1062; P 4 749.

1. Die **Bestellung eines Mitvormundes** ist damit als Ausnahme hingestellt. Sie kann durch den Umfang der Verwaltung, die Verschiedenheit der Interessen, die Notwendigkeit, für einen besondern Geschäftszweig einen Sachverständigen als Vormund zu gewinnen, durch das Vorhandensein von Mündelvermögen in weit entlegenen Gegenden usw. gerechtfertigt sein, worüber das Vormundschaftsgericht nach freiem Ermessen zu befinden hat. Der Anlaß zur Bestellung eines Mitvormundes kann auch darin liegen, daß dem Sammelvormunde (vgl. § 1786 zu Nr 8) nur ein begrenzter Geschäftskreis, wie die Einziehung der von dem natürlichen Vater verschuldeten Unterhaltsgelder, übertragen wird. Von dem Vater oder der Mutter des Mündels (§ 1777) können über die Bestellung mehrerer Vormünder keine bindenden Anordnungen getroffen werden. Die Bestellung eines Mitvormundes ist auch dann zulässig, wenn bereits die gesamte Verwaltung einem Vormunde übertragen war. Über die Unzulässigkeit der Bestellung eines Mitvormundes neben dem berufenen Vormunde vgl. § 1778 A 5. Wegen der Teilung der Geschäfte unter mehrere Vormünder s. § 1797.

2. **Mehrere Geschwister** (wozu auch mehrere uneheliche Kinder derselben Mutter gehören, die als Halbgeschwister anzusehen sind) sollen, wenn nicht besondere Gründe eine Ausnahme angezeigt erscheinen lassen, im Interesse der Einheitlichkeit der Verwaltung nur einen Vormund und ein Vormundschaftsgericht haben. Um letzteres zu ermöglichen, ist für den Fall, daß mehrere in verschiedenen Vormundschaftsbezirken befindliche Geschwister zu bevormunden sind, in § 36 Abs 1 FGG eine besondere Bestimmung über die Zuständigkeit gegeben, wonach diese durch den Wohnsitz oder Aufenthalt des jüngsten Mündels bestimmt wird. Wegen der unehelichen Kinder vgl. jetzt §§ 35, 39, 44 JWG. Über das Verhältnis des § 1775 zu der Regel des § 1779 Abs 2 Satz 2 s. § 1779 A 2.

3. Mit Rücksicht auf den Grundsatz des § 1775 ist in §§ 36, 37 FGG weiter bestimmt, daß, wenn eine Vormundschaft oder Pflegschaft für eines von mehreren Geschwistern anhängig ist, dasselbe Gericht auch in Ansehung der anderen Geschwister **zuständig** ist. Diese Vorschrift gilt auch dann, wenn der Gegenstand der bereits anhängigen und der neuen Pflegschaft ein verschiedenartiger ist (RJA 14, 251).

§ 1776

[1]) Als Vormünder sind in nachstehender Reihenfolge berufen:

1. wer von dem Vater des Mündels als Vormund benannt ist;

2. wer von der ehelichen Mutter des Mündels als Vormund benannt ist[2]);

3. der Großvater des Mündels von väterlicher Seite;

4. der Großvater des Mündels von mütterlicher Seite.

Die Großväter sind nicht berufen, wenn der Mündel von einem anderen als dem Ehegatten seines Vaters oder seiner Mutter an Kindes Statt an-

genommen ist. Das gleiche gilt, wenn derjenige, von welchem der Mündel abstammt, von einem anderen als dem Ehegatten seines Vaters oder seiner Mutter an Kindes Statt angenommen ist und die Wirkungen der Annahme sich auf den Mündel erstrecken[3]).

E I 1635 II 1657; M 4 1047; P 4 745.

1. Die **Berufung der Vormünder** gründet sich entweder unmittelbar auf das Gesetz (Nr 3 u. 4) oder auf **Benennung** durch einen Elternteil des zu Bevormundenden (Nr 1 u. 2). Nicht als Vormünder sind berufen der Ehemann und die uneheliche Mutter, da sie in manchen Fällen für dieses Amt nicht geeignet erscheinen. Sie können aber vor den nach § 1776 Berufenen zum Vormunde bestellt werden (§ 1778 Abs 3). Nur hat die Mutter, wenn das Kind für ehelich erklärt oder an Kindes Statt angenommen ist, dieses Vorrecht nicht vor dem von dem Gewalthaber benannten Vormunde. Wegen des Beschwerderechts s. § 1900 A 1. Die Vorschriften über die Berufung zur Vormundschaft kamen nicht zur Anwendung, wenn kraft Gesetzes gemäß Art 136 EG (vgl. § 1773 A 4) der Anstaltsvorstand oder Beamte Vormund wurde. Aber auch wenn eine gesetzliche Vormundschaft nicht eingeführt war, konnten diese Personen nach Maßgabe des Landesrechts vor den berufenen Vormündern zum Vormunde bestellt werden (Art 136 Nr 3 EG). Das Jugendwohlfahrtsgesetz v. 9. 7. 22 hat unter Aufhebung des Art 136 EG die gesetzliche Vormundschaft des Jugendamts über uneheliche Kinder eingeführt (§ 35) sowie in §§ 41, 47 die Möglichkeit einer bestellten Amtsvormundschaft vor den nach § 1776 Berufenen geschaffen (s. Vorbem 5). Keine Anwendung finden die Vorschriften des § 1776 auf die Bestellung als Pfleger (§ 1916 A 1) oder als Beistand (§ 1687 A 1).

2. Über das **Recht der Eltern zur Benennung** eines Vormundes s. § 1777 A 1 u. 2.

3. Die Berufung des *väterlichen* **Großvaters** setzt voraus eine eheliche Verwandtschaft zwischen Großvater und Vater und sodann zwischen Vater und Mündel. Die Verwandtschaft zwischen Großvater und Vater darf auch auf Ehelichkeitserklärung oder auf Kindesannahme beruhen, vorausgesetzt, daß die Kindesannahme auch für den Mündel als Abkömmling (vgl. § 1762) wirksam geworden ist. Das Recht des leiblichen Großvaters fällt weg, wenn der Vater oder der Mündel von einem andern als dem Ehegatten des natürlichen Elternteils (s. § 1757 Abs 2) an Kindes Statt angenommen ist, es sei denn, daß durch die Kindesannahme des Vaters der Mündel selbst (vgl. § 1762) nicht berührt wird. Das gleiche gilt für den *mütterlichen* Großvater, jedoch mit der Abweichung, daß eine eheliche oder gleichwertige Verwandtschaft nur zwischen dem Großvater und der Mutter zu bestehen braucht, während die Verwandtschaft zwischen Mutter und Mündel eine eheliche oder uneheliche sein kann. Nach dem Wortlaut des § 1776 letzter Satz würde das Recht der Großeltern auch dann in Wegfall kommen, wenn das Kind von ihnen selbst an Kindes Statt angenommen ist. Dies ist jedoch als dem Sinne des Gesetzes zuwiderlaufend abzulehnen (bestr.).

§ 1777

Der Vater[1]) kann einen Vormund nur benennen, wenn ihm zur Zeit seines Todes die elterliche Gewalt über das Kind zusteht; er hat dieses Recht nicht, wenn er in den die Person oder in den das Vermögen betreffenden Angelegenheiten nicht zur Vertretung des Kindes berechtigt ist[1]). Das gleiche gilt für die Mutter[2]).

Der Vater kann für ein Kind, das erst nach seinem Tode geboren wird, einen Vormund benennen, wenn er dazu berechtigt sein würde, falls das Kind vor seinem Tode geboren wäre[3]).

Die Benennung des Vormundes erfolgt durch letztwillige Verfügung[1]).

E I 1636 II 1658; M 4 1053; P 4 747.

1. **Benennungsrecht des Vaters.** Auf Grund der *elterlichen* Gewalt (§ 1626) darf der **Vater** für die Zeit nach seinem Tode sich durch Benennung eines Vormundes gewissermaßen einen Stellvertreter setzen; er muß aber, da der Vormund sowohl die Sorge für die Person als für das Vermögen auszuüben hat, zur *Vertretung des Kindes* in den persönlichen wie in den Vermögensangelegenheiten befugt sein (vgl. § 1627 A 1). Die Benennung hat, da sie erst nach dem Tode des Vaters wirksam wird, gemäß Abs 3 durch letztwillige Verfügung — durch Testament oder durch einseitige Verfügung im Erbvertrage (vgl. § 2299) — zu erfolgen. Im Zusammenhang hiermit steht es, daß die elterliche Gewalt und das volle Vertretungsrecht nur zur *Zeit des Todes* vorhanden zu sein braucht. Es ist auch nicht not-

wendig, daß das Kind zur Zeit der Benennung des Vormundes bereits vorhanden ist. Die Benennung ist zulässig für ein Kind, das noch nicht geboren ist, und sogar für ein erst nach dem Tode des Vaters geborenes Kind. Nicht als unzulässig ist es anzusehen, wenn der Benennung eine Zeitbestimmung oder Bedingung beigefügt wird. Der Benannte kann jedoch nicht verlangen, daß mit der Bestellung des Vormundes bis zum Eintritt des Zeitpunkts oder der Bedingung gewartet wird, auch nicht, daß alsdann der früher bestellte Vormund entlassen wird (a. M. Blume A 4a α). Dagegen ist der Endtermin oder die auflösende Bedingung dem so benannten Vormunde gegenüber wirksam, auch wenn bei seiner Bestellung ein entsprechender Vorbehalt nicht gemacht ist. Das Vormundschaftsgericht hat in diesem Falle den benannten Vormund zu entlassen. Die gleichen Grundsätze greifen Platz bei Anordnungen über Befreiung des Vormundes (§ 1856), über Bildung des Familienrats und über die Mitgliedschaft zum Familienrat (§ 1868).

2. Das zu 1 Gesagte gilt auch für das **Benennungsrecht der Mutter.** Ihr Recht steht jedoch dem des Vaters nach. Die Anordnung der Mutter ist zwar nicht deshalb ungültig, weil zu der Zeit, wo sie getroffen ist, eine anderweite Anordnung des Vaters noch in Kraft stand. Sie gelangt aber erst zur Wirksamkeit, nachdem diese Anordnung des Vaters hinfällig geworden ist (vgl. § 1868 Abs 2).

§ 1778

Wer nach § 1776 als Vormund berufen ist, darf ohne seine Zustimmung nur übergangen werden[1]), wenn er nach den §§ 1780 bis 1784 nicht zum Vormunde bestellt werden kann oder soll oder wenn er an der Übernahme der Vormundschaft verhindert ist oder die Übernahme verzögert oder wenn seine Bestellung das Interesse des Mündels gefährden würde[2]).

Ist der Berufene nur vorübergehend verhindert, so hat ihn das Vormundschaftsgericht nach dem Wegfalle des Hindernisses auf seinen Antrag an Stelle des bisherigen Vormundes zum Vormunde zu bestellen[3]).

Für eine Ehefrau darf der Mann vor den nach § 1776 Berufenen, für ein uneheliches Kind darf die Mutter vor dem Großvater zum Vormunde bestellt werden[4]).

Neben dem Berufenen darf nur mit dessen Zustimmung ein Mitvormund bestellt werden[5]).

E I 1637 II 1659; M 4 1056; P 4 748.

1. Gegen die **Übergehung des berufenen Vormundes** steht diesem nach § 60 Abs 1 Nr 1 FGG die sofortige Beschwerde zu. Die Frist beträgt 2 Wochen, gerechnet von dem Zeitpunkt, in welchem der Beschwerdeführer von seiner Übergehung Kenntnis erlangt, so daß der auf die Zeit der Kenntnisnahme folgende Tag der erste Tag der Beschwerde ist (§§ 22, 60 Abs 2 FGG, § 187 Abs 1 BGB). Nicht notwendig ist, daß der Übergangene das als Vormundschaftsgericht in Betracht kommende Gericht kennt (RJA 12, 177). Eine Übergehung liegt nicht bloß in der Bestellung eines andern Vormundes, sondern schon in der Zurückweisung des von dem berufenen Vormund gestellten Antrags (RJA 5, 130). Die Zustimmung zur Übergehung ist wirksam, auch wenn sie nur stillschweigend oder nicht unmittelbar dem Vormundschaftsgericht gegenüber erklärt ist.

2. **Übergehungsgründe.** Der Berufene hat kein unbedingtes Recht darauf, Vormund zu werden. Seine Bestellung ist davon abhängig, daß er die in den §§ 1780—1784 vorgeschriebenen Eigenschaften besitzt. Trotz der Berufung ist ferner von dem Vormundschaftsgericht zu prüfen, ob im einzelnen Falle seine Bestellung das Wohl des Mündels gefährden würde, wozu auch solche Gründe herangezogen werden können, die dem Elternteil bei Benennung des Vormundes bereits bekannt waren. Es genügt objektive Gefährdung, z. B. Entfremdung zwischen dem Berufenen und dem Mündel (OLG 42, 111); Gefährdung kann auch bei Verschiedenheit der Konfession vorliegen (OLG 43, 377). Das Vormundschaftsgericht hat endlich — abgesehen von der in Abs 2 bezeichneten Ausnahme — nicht nötig, den berufenen Vormund zu berücksichtigen, wenn dieser mit oder ohne Verschulden die Übernahme der Vormundschaft verzögert. Über die Schadensersatzpflicht im Falle schuldhafter Verzögerung s. § 1787 A 1. Wegen der Übergehung zugunsten des Jugendamts s. § 1776 A 1.

3. Der Berufene kann verlangen, daß nach **Wegfall des Hindernisses,** falls dieses seiner Natur nach nur ein vorübergehendes war, der bisherige Vormund entlassen und er selbst zum Vormunde bestellt wird. Die Entlassung ist zulässig, auch wenn ein entsprechender Vorbehalt bei der Bestellung des Vormundes (§ 1790) nicht gemacht war. Dies ist auf den Fall, daß ein Unfähigkeitsgrund oder Untauglichkeitsgrund der Bestellung entgegenstand, nicht auszu-

dehnen. Bei der Vorschrift des Abs 2 handelt es sich um eine Ausnahme von der Regel, daß die Bestellung des Vormundes nicht abgeändert werden kann. Ist der Berufene grundlos übergangen und demgemäß seine sofortige Beschwerde (vgl. §§ 18 Abs 2, 60 Abs 1 Nr 1 FGG) für begründet erklärt, so muß die Entlassung des bisherigen Vormundes (ohne daß sie vorbehalten zu sein braucht) erfolgen. Dagegen kann, wenn die Beschwerdefrist nicht eingehalten ist, die inzwischen erfolgte Bestellung eines andern Vormundes nicht mehr rückgängig gemacht werden, und zwar ohne Unterschied, ob das Vormundschaftsgericht absichtlich oder aus Unkenntnis den Berufenen übergangen hat (KGJ 39 A 5 — a. A. Planck A 7).

4. S. § 1776 A 1.

5. Das Recht des Berufenen darf ohne seine Zustimmung (s. hierüber A 1) durch Bestellung eines **Mitvormundes** nicht beschränkt werden, falls nicht bei Benennung des Vormundes diese Beschränkung vorgesehen ist. Der Berufene hat jedoch nicht das Recht, die Person des Mitvormundes zu bestimmen oder eine nach dem Gesetze zum Amt des Mitvormundes berufene Person auszuschließen. Verweigert er seine Zustimmung, so kann das dem Vormundschaftsgericht Anlaß zu Maßnahmen wegen Gefährdung des Mündelinteresses (Abstandnahme von der Bestellung oder Entlassung des Vormundes) bieten (JFG 1, 74).

§ 1779

Ist die Vormundschaft nicht einem nach § 1776 Berufenen zu übertragen, so hat das Vormundschaftsgericht nach Anhörung des Gemeindewaisenrats[1]) den Vormund auszuwählen.

Das Vormundschaftsgericht soll eine Person auswählen, die nach ihren persönlichen Verhältnissen und ihrer Vermögenslage sowie nach den sonstigen Umständen zur Führung der Vormundschaft geeignet ist. Bei der Auswahl ist auf das religiöse Bekenntnis des Mündels Rücksicht zu nehmen. Verwandte und Verschwägerte des Mündels sind zunächst zu berücksichtigen[2]).

E I 1638 Abs 1 II 1660 Abs 1; M 4 1061; P 4 749.

1. An den Vorschlag des **Gemeindewaisenrats** (Jugendamts, s. § 1849 A 3) ist das Vormundschaftsgericht nicht gebunden. Es kann in dringlichen Fällen auch davon absehen, vor der Bestellung des Vormundes den Gemeindewaisenrat zu hören. Für einen solchen Fall empfiehlt es sich allerdings, bei der Bestellung den Vorbehalt zu machen, daß der Vormund entlassen werden kann, wenn der von der Bestellung zu benachrichtigende Gemeindewaisenrat hinterher Bedenken äußert. Ohne einen solchen Vorbehalt würde die Entlassung nicht möglich sein (vgl. § 1790 A 1). Der Gemeindewaisenrat hat wegen Ablehnung des von ihm vorgeschlagenen Vormundes ausnahmsweise nach § 57 Abs 1 Nr 9 FGG dann ein Beschwerderecht, wenn aus besondern Gründen gerade die Bestellung des vorgeschlagenen Vormundes im Interesse der Sorge für die Person des Mündels unbedingt geboten war (KGJ 36 A 32; vgl. RJA 14, 110f., KGJ 53 A 48). Hat das Vormundschaftsgericht behufs besserer Beaufsichtigung des Mündels oder aus sonstigen Gründen Anlaß, eine außerhalb seines Bezirks wohnende Person zum Vormund zu bestellen, so kann es sich wegen Benennung eines Vormundes an den auswärtigen Waisenrat wenden. Dem ersuchten Richter kann die Auswahl des Vormundes nicht überlassen werden, auch nicht (s. Vorbem 4a vor § 1773) dem Rechtspfleger.

2. Bei der **Auswahl** des Vormundes ist das Vormundschaftsgericht, das hierbei auch die Wünsche des verstorbenen Elternteils beachten darf, in seinem freien Ermessen nach zwei Richtungen hin beschränkt. Mit der Vorschrift, daß das religiöse Bekenntnis des Mündels zu berücksichtigen ist, wird nicht die unbedingte Regel aufgestellt, daß der Vormund das gleiche Bekenntnis haben muß. Die im Interesse der Erziehung des Mündels gegebene Vorschrift — an der übrigens durch Art 136 RVerf nichts geändert ist (RJA 16, 192) — bedeutet nur, daß eine Person andern Bekenntnisses, sofern nicht besondere Gründe eine Ausnahme rechtfertigen, so lange nicht zum Vormunde bestellt werden soll, als ein geeigneter Vormund gleichen Bekenntnisses zur Verfügung steht. In erster Linie sind Verwandte und Verschwägerte des Mündels zu berücksichtigen. Unter diesen gehen die Personen gleichen Bekenntnisses, falls nicht besondere Gründe eine Ausnahme erheischen, den andern vor (RJA 14, 4). Die Regel des § 1779 Abs 2 Satz 2 hat auch nicht unbedingt den Vorzug vor der Regel des § 1775, daß für mehrere Geschwister nur ein Vormund zu bestellen ist. Es kommt ganz darauf an, was im einzelnen Falle im Interesse des Mündels liegt (KGJ 46 A 69). Die politische Parteistellung des zu bestellenden Vormundes wird nur ausnahmsweise Berücksichtigung zu finden haben (BayObLG in JW 1925, 2141[4]). — Ist die Vorschrift des Abs 2 Satz 2 ohne ausreichenden Grund außer acht gelassen, so ist nach § 57 Abs 1 Nr 9 FGG jeder, der

an der Bestellung ein berechtigtes Interesse hat, sofern es ihm um das Wohl des Kindes zu tun ist, zu dessen Gunsten beschwerdeberechtigt, also zunächst die betreffende Religionsgesellschaft, die übergangenen Verwandten, aber auch z. B. Vereine zum Zwecke der Jugendpflege (KGJ 43 A 41 — bestr.). Die Zulässigkeit einer solchen Beschwerde aus eignem Recht ist zu verneinen (RG 64, 288). Zu den hiernach beschwerdeberechtigten Personen gehört der Vater kraft des Rechtes der Verwandtschaft, auch wenn ihm das Recht der Sorge für die Person des Kindes entzogen ist (vgl. § 1838 A 2 und RJA 16, 17). Wird die Beschwerde als begründet befunden, so ist der Vormund zu entlassen (a. M. Planck A 7). Aber auch, wenn keine Beschwerde eingelegt ist, ist dem Vormundschaftsgericht das Recht nicht zu versagen, den unter Verletzung der Vorschriften des § 1779 Abs 2 Satz 2 oder 3 bestellten Vormund im Interesse des Mündels nach Befund der Umstände zu entlassen (bestr.).

§ 1780

Zum Vormunde kann nicht bestellt werden, wer geschäftsunfähig oder wegen Geistesschwäche, Verschwendung oder Trunksucht entmündigt ist[1]).

E I 1640 Nr 1, 1646 Abs 1 II 1661; M 4 1065, 1081; P 4 751, 753, 828; 6 119.

1. § 1780 behandelt die **Unfähigkeit zur Vormundschaft,** während in den §§ 1781—1784 die Fälle aufgeführt sind, in denen jemand zum Vormunde nicht bestellt werden soll (Untauglichkeit zur Vormundschaft). Nicht unfähig ist der Minderjährige, wie denn auch der Minderjährige nach § 165 als Bevollmächtigter tätig sein kann, wohl aber — abweichend von § 165 — der wegen Geistesschwäche, Verschwendung oder Trunksucht Entmündigte (§ 114), da dieser nicht bloß beschränkt geschäftsfähig, sondern außerdem vertrauensunwürdig ist (vgl. § 1885 Abs 1). Die Unfähigkeit hat zur Folge, daß sowohl die Bestellung des Vormundes (RGSt 45, 311) als die von ihm vorgenommenen Rechtshandlungen nichtig sind. Die Bestellung und damit die Anordnung der Vormundschaft ist nichtig auch ohne Entlassung des Vormundes. Eine Haftung des Vormundes findet nur statt nach den Vorschriften über Schadensersatz aus unerlaubter Handlung und über ungerechtfertigte Bereicherung (vgl. § 682).

§ 1781

[1]) Zum Vormunde soll nicht bestellt werden:

1. wer minderjährig oder nach § 1906 unter vorläufige Vormundschaft gestellt ist[2]);

2. wer nach § 1910 zur Besorgung seiner Vermögensangelegenheiten einen Pfleger erhalten hat[2]);

3. wer in Konkurs geraten ist, während der Dauer des Konkurses[2]);

4. wer der bürgerlichen Ehrenrechte für verlustig erklärt ist, soweit sich nicht aus den Vorschriften des Strafgesetzbuchs ein anderes ergibt[3]).

E I 1640 Nr 1—3, 1646 Abs 2 II 1662; M 4 1065, 1081; P 4 751.

1. Die Vorschriften der §§ 1781—1784 sind **Sollvorschriften,** deren schuldhafte Verletzung das Vormundschaftsgericht dem Mündel gegenüber — nicht auch dritten Personen gegenüber, da in deren Interesse diese Vorschriften nicht gegeben sind — haftbar macht. Bis zur Entlassung, die nach § 1886 in den Fällen des § 1781 ohne weiteres, in den Fällen der §§ 1782 bis 1784 nur unter der besondern Voraussetzung der Gefährdung des Wohles des Mündels zu erfolgen hat, behält der Vormund alle Rechte und Pflichten eines solchen. Über das Recht des berufenen Vormundes bei Vorliegen eines Untauglichkeitsgrundes s. § 1778 A 3.

2. Den **Untauglichkeitsgründen der Nr 1 bis 3** liegt der Gedanke zugrunde, daß derjenige, der seine eigenen Vermögensangelegenheiten nicht besorgen kann, auch nicht zur Besorgung der Angelegenheiten eines andern als Vormund zugelassen werden soll. Ausgeschlossen ist deshalb der beschränkt Geschäftsfähige (§§ 106, 114), soweit er nicht nach § 1780 unfähig zur Vormundschaft ist, der wegen körperlicher oder geistiger Gebrechen nach § 1910 für seine Vermögensangelegenheiten, d. h. für die Gesamtheit seiner Vermögensangelegenheiten, unter Pflegschaft Gestellte sowie der Gemeinschuldner von der Zeit an, wo er über das in Konkurs befangene Vermögen nicht mehr verfügen kann. Diese Verfügungsbeschränkung tritt schon mit Eröffnung des Konkurses, nicht erst mit Rechtskraft des Eröffnungsbeschlusses ein (§§ 6, 109 KO) und dauert bis zum Erlasse des den Konkurs aufhebenden oder einstellenden Beschlusses (§§ 163, 190, 202 u. 204 KO). Voraussetzung ist nach Nr 3 die Eröffnung des Konkursverfahrens über das persönliche Vermögen oder

das Vermögen der offenen Handelsgesellschaft (vgl. § 1647 A 1). Der Konkurs über den Nachlaß genügt nicht, um den Erben von der Bestellung als Vormund auszuschließen (bestr.). Die Stellung unter Geschäftsaufsicht (BRV v. 14. 12. 16) steht der Konkurseröffnung nicht gleich.

3. Wer der **bürgerlichen Ehrenrechte** für verlustig erklärt ist, ist während der Zeit, für welche die Ehrenrechte aberkannt sind (s. hierüber § 32 StGB), wegen Vertrauensunwürdigkeit nach § 34 Nr 6 StGB unfähig, Vormund (Gegenvormund, Pfleger, Beistand) oder Mitglied eines Familienrats zu sein, falls es sich nicht um Verwandte absteigender Linie handelt und die vormundschaftsgerichtliche Genehmigung hierzu erteilt wird. Diese „Unfähigkeit" hat aber nach §§ 1781, 1786, 1866 Nr 2, 1878 nur die Bedeutung, daß er nicht als Vormund oder Familienratsmitglied bestellt werden und daß bei nachträglicher Aberkennung der Ehrenrechte seine Entlassung erfolgen soll.

§ 1782

Zum Vormunde soll nicht bestellt werden, wer durch Anordnung des Vaters oder der ehelichen Mutter des Mündels von der Vormundschaft ausgeschlossen ist. Die Mutter kann den von dem Vater als Vormund Benannten nicht ausschließen.

Auf die Ausschließung finden die Vorschriften des § 1777 Anwendung[1]).

E I 1640 Nr 5, 1646 Abs 2 II 1663; M 4 1068, 1081; P 4 751.

1. Der Vater und die eheliche Mutter des Mündels sind ebenso wie zur Benennung eines Vormundes auch zur **Ausschließung bestimmter Personen** — nicht einer ganzen Personenklasse — von der Vormundschaft berechtigt, wofür die in § 1777 über das Benennungsrecht gegebenen Vorschriften gelten. Der von dem Vater Benannte kann selbstverständlich, da seine Anordnung derjenigen der Mutter vorgeht (§ 1777 A 2), nicht von der Mutter ausgeschlossen werden. Auch die Ausschließung der nach § 1776 Nr 3 u. 4 berufenen Großväter ist zulässig, nicht aber des nach landesrechtlicher Bestimmung (Art 136 Nr 1 u. 2 EG) kraft Gesetzes als Vormund eintretenden Anstaltsvorstandes oder Beamten, jetzt des gesetzlichen Amtsvormundes (§ 35 JWG), da diese Einrichtung dem öffentlichen Recht angehört (vgl. § 1773 A 4). Die Ausschließung wird nicht ohne weiteres dadurch hinfällig, daß der hinzugefügte Grund ein unrichtiger ist, da trotzdem die Ausschließung gewollt sein kann. Der verbotswidrig Bestellte kann nur nach Maßgabe des § 1886 (bei Gefährdung des Wohles des Mündels) entlassen werden (vgl. § 1781 A 1).

§ 1783

Eine Frau, die mit einem anderen als dem Vater des Mündels verheiratet ist, soll nur mit Zustimmung ihres Mannes zum Vormunde bestellt werden[1])[2]).

E I 1640 Nr 4, 1641, 1646 Abs 2 II 1664 Abs 2; M 4 1067, 1071, 1081; P 4 751.

1. **Bisheriges Recht.** Die **Frau** war zur Übernahme der Vormundschaft zwar nicht verpflichtet (§ 1786 Nr 1), wohl aber, was auf einem Beschlusse der Reichstagskommission beruhte, zu diesem Amte fähig. Nur bedurfte die verheiratete Frau, falls es sich nicht um ein (eheliches, legitimiertes oder angenommenes) Kind des Mannes handelte, in Übereinstimmung mit dem allgemeinen Grundsatze des § 1358 der Zustimmung ihres Mannes. Die Zustimmung, die gegenüber der Frau oder dem Vormundschaftsgericht zu erklären war, war erforderlich, auch wenn die Frau von dem Manne getrennt lebte. Für den geschäftsunfähigen oder in unbekannter Abwesenheit lebenden Mann war die Zustimmung von dem gesetzlichen Vertreter zu erteilen. Der beschränkt geschäftsfähige Mann konnte die Zustimmung ohne Einwilligung des gesetzlichen Vertreters nicht erteilen, da die Übernahme der Vormundschaft die Belastung des eingebrachten Gutes (§ 1412) und des Gesamtguts (§§ 1459, 1460, 1530, 1549) nach sich zieht. Die Zustimmung konnte, wie aus § 1887 Abs 2 hervorgeht, von dem Ehemann beliebig widerrufen werden. Die Ersetzung der Zustimmung durch das Vormundschaftsgericht war nicht vorgesehen. Auf die Gültigkeit der Bestellung hatte der Mangel der Zustimmung (vgl. § 1781 A 1) keinen Einfluß. Auch die Haftung des eingebrachten Gutes und des Gesamtguts aus den Verfehlungen des Vormunds wird hierdurch nicht ausgeschlossen.

2. § 1783 ist durch § 48 Abs 1 Satz 1 des Jugendwohlfahrtsgesetzes v. 9. 7. 22 aufgehoben (s. Vorbem 6 vor § 1773). Nunmehr kann die Ehefrau ohne Zustimmung des Mannes zum Vormund bestellt werden.

§ 1784

Ein Beamter oder Religionsdiener, der nach den Landesgesetzen einer besonderen Erlaubnis zur Übernahme einer Vormundschaft bedarf, soll nicht ohne die vorgeschriebene Erlaubnis zum Vormunde bestellt werden[1])[2]). Diese Erlaubnis darf nur versagt werden, wenn ein wichtiger dienstlicher Grund vorliegt[3]).

E I 1642, 1646 Abs 2 II 1665; M 4 1071; P 4 751.

1. Landesrechtlich kann bestimmt werden, daß Beamte und Religionsdiener wegen der Gefahr der Beeinträchtigung der dienstlichen Interessen einer **Erlaubnis** zur Übernahme der Vormundschaft bedürfen. Unter dem Ausdruck „Beamter" sind bloß öffentliche Beamte zu verstehen. Dagegen ist der Ausdruck „Religionsdiener" nicht auf die bei einer christlichen Kirche angestellten Geistlichen zu beschränken. Die Gültigkeit der Bestellung als Vormund wird, wie § 1784 vorschreibt, durch den Mangel der Erlaubnis nicht beeinträchtigt (vgl. § 1781 A 1). Der Beamte oder Religionsdiener selbst ist wegen fehlender Erlaubnis nicht berechtigt, die Übernahme der Vormundschaft zu verweigern. Es kann nach Lage der Sache sehr wohl gerechtfertigt sein, die Bestellung als Vormund ohne Aufschub vorbehaltlich der Nachbringung der Erlaubnis vorzunehmen. Wird die Erlaubnis nicht erteilt oder zurückgenommen, so hat gemäß § 1888 die Entlassung zu erfolgen. Für die Reichsbeamten gelten in dieser Beziehung nach § 19 RBG in der Fassung v. 1. 8. 07 die an ihrem Wohnort für die Staatsbeamten bestehenden landesrechtlichen Vorschriften. Die Entlassung wird auch dann nötig, wenn landesrechtlich zwar nicht eine Erlaubnis vorgeschrieben ist, wohl aber die Fortführung der Vormundschaft untersagt werden kann und von diesem Untersagungsrecht Gebrauch gemacht wird.

2. Nach § 33 des RWehrG v. 23. 3. 21 können Angehörige der **Reichswehr,** wozu auch die Angehörigen der Reichsmarine und die Militärbeamten gehören, das Amt eines Vormundes (Gegenvormundes, Pflegers, Beistandes) ablehnen und ein solches Amt nicht ohne Genehmigung des Vorgesetzten übernehmen. Die Genehmigung darf nur aus zwingenden dienstlichen Gründen versagt werden.

3. Abs 2 ist eingefügt durch § 48 Abs 1 Satz 2 JWG (s. Vorbem 6 vor § 1773). Es soll damit eine stärkere Beteiligung der für die Übernahme von Vormundschaften vielfach besonders befähigten Beamten und Religionsdiener gesichert werden.

§ 1785

[1]) Jeder Deutsche[2]) hat die Vormundschaft, für die er von dem Vormundschaftsgericht ausgewählt wird, zu übernehmen, sofern nicht seiner Bestellung zum Vormund einer der in den §§ 1780 bis 1784 bestimmten Gründe entgegensteht.

E I 1639 Satz 1 II 1667 Abs 1; M 4 1062; P 4 750.

1. Über die **Verpflichtung zur Übernahme der Vormundschaft** hat das Vormundschaftsgericht zu entscheiden vorbehaltlich der Beschwerde, die der als Vormund Ausgewählte binnen 2 Wochen nach Bekanntgabe der die Weigerung für unberechtigt erklärenden Verfügung bei dem Vormundschaftsgericht oder dem Beschwerdegericht einzulegen hat (§§ 60 Abs 1 Nr 2, 16, 21 u. 22 FGG, § 1787 Abs 2 BGB).

2. Verpflichtet ist **jeder Deutsche,** der die in §§ 1780ff. vorgeschriebenen Eigenschaften besitzt, mag er die Staatsangehörigkeit in einem einzelnen deutschen Land oder nur die Reichsangehörigkeit (vgl. §§ 33—35 RuStAngG v. 22. 7. 13) besitzen, und zwar besteht die Verpflichtung auch dann, wenn ein Angehöriger eines andern Bundesstaats oder ein Ausländer (vgl. § 1773 A 1) bevormundet werden soll. Der Ausländer ist zur Vormundschaft fähig und tauglich (§§ 1780, 1781), er kann aber zur Übernahme der Vormundschaft nicht angehalten werden, auch nicht, wenn der vormundschaftliche Schutz einem Angehörigen seines eigenen Staates gewährt werden soll. Doch kann, wenn von den Landsleuten des Ausländers sich niemand zur Übernahme des Amtes bereit findet, dies unter Umständen das Vormundschaftsgericht veranlassen, von Übernahme einer dauernden vormundschaftlichen Fürsorge abzusehen (vgl. Habicht, Intern. PrivR zu Art 23 EG II B 4). Ist der Ausländer einmal als Vormund bestellt, so kann er nicht mit Rücksicht auf seine Ausländereigenschaft die Entlassung fordern. — Der Anstalts- oder Vereinsvorstand ist nur auf seinen Antrag zu bestellen (§ 47 JWG). Das Jugendamt kann mit seinem Einverständnis, und zwar vor den nach § 1776 berufenen Personen zum Vormund bestellt werden, soweit nicht ein geeigneter anderer Vormund vorhanden ist (§ 41 Abs 1 JWG).

§ 1786

Die Übernahme der Vormundschaft kann ablehnen:

1. **eine Frau, welche zwei und mehr noch nicht schulpflichtige Kinder besitzt oder glaubhaft macht, daß die ihr obliegende Fürsorge für ihre Familie die Ausübung des Amtes dauernd besonders erschwert;**
2. **wer das sechzigste Lebensjahr vollendet hat;**
3. **wer mehr als vier minderjährige eheliche Kinder hat; ein von einem anderen an Kindes Statt angenommenes Kind wird nicht gerechnet;**
4. **wer durch Krankheit oder durch Gebrechen verhindert ist, die Vormundschaft ordnungsmäßig zu führen;**
5. **wer wegen Entfernung seines Wohnsitzes von dem Sitze des Vormundschaftsgerichts die Vormundschaft nicht ohne besondere Belästigung führen kann;**
6. **wer nach § 1844 zur Sicherheitsleistung angehalten wird;**
7. **wer mit einem anderen zur gemeinschaftlichen Führung der Vormundschaft bestellt werden soll;**
8. **wer mehr als eine Vormundschaft oder Pflegschaft führt; die Vormundschaft oder Pflegschaft über mehrere Geschwister gilt nur als eine; die Führung von zwei Gegenvormundschaften steht der Führung einer Vormundschaft gleich.**

Das Ablehnungsrecht erlischt, wenn es nicht vor der Bestellung bei dem Vormundschaftsgerichte geltend gemacht wird.

E I 1643, 1644 Abs 1 II 1666, 1668 Abs 1; M 4 1073; P 4 751; 6 306.

Die **Ablehnung der Vormundschaft** kann, abgesehen von den Ausschließungsgründen der §§ 1780—1784 und abgesehen von dem Mangel der Reichsangehörigkeit (§ 1785), nur auf die in § 1786 angegebenen Gründe gestützt werden, die bei Vermeidung des Ausschlusses vor der Bestellung bei dem Vormundschaftsgericht geltend zu machen sind. Nur innerhalb der hier gezogenen Grenzen kann die Behauptung des Gesuchstellers, daß er zur Führung der Vormundschaft nicht geeignet sei oder daß ihm die Führung zu beschwerlich falle, als Ablehnungsgrund in Betracht kommen; nur insoweit besteht daher ein Recht der Beschwerde (RJA 13, 188). Dies schließt jedoch nicht aus, daß diese Verhältnisse, soweit es im Interesse des Mündels liegt, bei Auswahl des Vormundes (§ 1779 Abs 2) mit zu berücksichtigen sind. Tritt ein Ablehnungsgrund nachträglich ein, so kann gemäß § 1889 Entlassung gefordert werden. Ein Verzicht auf das Recht der Ablehnung kann rechtswirksam nur dem Vormundschaftsgericht gegenüber erklärt werden. Die Ablehnungsgründe des § 1786 gelten übrigens nur für die vom Vormundschaftsgericht ausgewählten Vormünder, nicht für den kraft Gesetzes eintretenden Berufsvormund (vgl. § 1773 A 4). Insbesondere kann eine den Anstaltsvorstand bildende Frau nicht auf den Ablehnungsgrund der Nr 1 sich berufen (KGJ 35 A 19). Eine Anfechtung der Vormundschaftsübernahme wegen Irrtums über den Umfang der vormundschaftlichen Geschäfte findet nicht statt (RJA 14, 8).

Zu Nr 1. Der Zusatz beruht auf § 48 Abs 2 JWG (s. § 1783 A 2). Ob besondere Erschwerung vorliegt, entscheidet das Vormundschaftsgericht nach freiem Ermessen. Die Vorschrift gilt auch für die ledige, geschiedene und verwitwete Frau. An der Geltendmachung der unter Nr 2—8 angeführten besonderen Ablehnungsgründe ist sie selbstverständlich nicht verhindert.

Zu Nr 2. Die Altersgrenze ist, während sonst zur Ablehnung eines Ehrenamts meist die Vollendung des 65. Lebensjahrs erfordert wird, auf das **60. Lebensjahr** — Erreichung des 60. Geburtstags (§ 187 Abs 2) — festgesetzt.

Zu Nr 3. Der Besitz von **5 minderjährigen** ehelichen (legitimierten oder an Kindes Statt angenommenen) **Kindern** berechtigt zur Ablehnung, ohne Unterschied, ob die Kinder in der elterlichen Gewalt des Ablehnenden sich befinden oder nicht. Das von einem andern an Kindes Statt angenommene Kind wird — mit der auch hier zu machenden selbstverständlichen Ausnahme der Kindesannahme durch den Ehegatten des Ablehnenden (§ 1757 Abs 2) — nicht mitgerechnet; anders, wenn die Kindesannahme inzwischen wieder aufgehoben ist (abw. früh. Aufl.).

Zu Nr 5. Verpflichtet zur Übernahme der Vormundschaft ist auch derjenige, der seinen Wohnsitz nicht im Bezirk des Vormundschaftsgerichts hat. Ein Ablehnungsrecht erwächst ihm nur, wenn die **Entfernung von dem Vormundschaftsgericht** zu einer besondern, ihm nicht zuzumutenden Belästigung führt, wofür es nicht bloß auf den Stand der Vormundschaftssache, sondern auch auf seine persönlichen Verhältnisse ankommt. Dies Ablehnungsrecht kann unter besondern Umständen auch der im Bezirk des Vormundschaftsgerichts Wohnende in Anspruch nehmen.

Zu Nr 7. Die Bestellung als **Mitvormund** zur ungeteilten Verwaltung hat wegen der damit verbundenen Aufsichtspflicht eine erhöhte Verantwortlichkeit (§ 1797 A 1) zur Folge, welche dem Vormunde nicht wider seinen Willen angesonnen werden soll.

Zu Nr 8. Zur Ablehnung ist berechtigt, wer **bereits zwei Vormundschaften** (Pflegschaften) oder, da in dieser Beziehung zwei Gegenvormundschaften einer Vormundschaft gleichgerechnet werden, eine Vormundschaft und zwei Gegenvormundschaften oder vier Gegenvormundschaften führt. Die Vormundschaft über mehrere Geschwister gilt hierbei als eine Vormundschaft, auch wenn sie bei mehreren Vormundschaftsgerichten anhängig ist. — Eine Höchstzahl der Vormundschaften, die von derselben Person übernommen werden dürfen, ist nicht vorgeschrieben. Es ist damit die Möglichkeit gegeben, daß ein Vormund kraft richterlicher Bestellung eine Reihe gleichartiger Vormundschaften in seiner Person vereinigt (**Sammelvormund** im Unterschiede vom Berufsvormunde, vgl. § 1773 A 4). Die Sammelvormundschaften (Berufsvormundschaften kraft Bestellung) haben in neuerer Zeit eine große Verbreitung erlangt. Ein solcher Vormund pflegt namentlich von Städten in der Person eines besoldeten Beamten und von Vereinen mit freier Liebestätigkeit bereit gehalten zu werden. Auch bei der Auswahl dieser Vormünder ist nach § 1779 Abs 2 das religiöse Bekenntnis des Mündels zu berücksichtigen (RJA 12, 183). Über die Bestellung des Sammelvormundes als Teilvormunds vgl. § 1775 A 1 und § 1797 A 1.

§ 1787

Wer die Übernahme der Vormundschaft ohne Grund ablehnt, ist, wenn ihm ein Verschulden zur Last fällt, für den Schaden verantwortlich, der dem Mündel dadurch entsteht, daß sich die Bestellung des Vormundes verzögert[1]).

Erklärt das Vormundschaftsgericht die Ablehnung für unbegründet, so hat der Ablehnende, unbeschadet der ihm zustehenden Rechtsmittel, die Vormundschaft auf Erfordern des Vormundschaftsgerichts vorläufig zu übernehmen[2]).

E I 1639 Satz 2, 1644 Abs 2 II 1667 Abs 2, 1668 Abs 2; M 4 1063, 1077; P 4 750; 6 306.

1. Die Pflicht zur Übernahme der Vormundschaft besteht nicht bloß dem Staate, sondern auch dem Mündel gegenüber, der demgemäß einen **Schadensersatzanspruch** hat, soweit er durch unbegründete schuldhafte Weigerung der Übernahme benachteiligt wird. Zu ersetzen ist der Schaden, der darin seinen Grund hat, daß in der Zwischenzeit, die ordnungsmäßige Behandlung der Sache durch den Vormundschaftsrichter vorausgesetzt, der Mündel ohne Vormund geblieben ist. Der Schadensersatzanspruch beruht auf dem Gesetz, nicht auf unerlaubter Handlung. An die Entscheidung des Vormundschaftsgerichts über die Verpflichtung zur Übernahme ist der Prozeßrichter nicht gebunden.

2. Durch die **Weigerung** wird, nachdem sie von dem Vormundschaftsgericht für unbegründet erklärt ist, die Ausführung der Anordnung des Vormundschaftsgerichts und die Anwendung des nach § 1788 zulässigen Zwanges nicht aufgehalten. Auch die Einlegung der Beschwerde (§ 1785 A 1) hat (soweit sie nicht die Festsetzung der Ordnungsstrafe betrifft) **keine aufschiebende Wirkung** (§ 24 FGG). Beharrt der Ablehnende bei seiner Weigerung, die Vormundschaft auch nur vorläufig zu übernehmen, so macht er sich für die Zwischenzeit schadensersatzpflichtig, selbst wenn in dem späteren Verfahren seine Weigerung entgegen der Entscheidung des Vormundschaftsgerichts für begründet befunden werden sollte. Vor Festsetzung der Ordnungsstrafe hat aber das Vormundschaftsgericht die zur Rechtfertigung der Ablehnung vorgebrachten Gründe einer Würdigung zu unterziehen (RJA 16, 189).

§ 1788

Das Vormundschaftsgericht kann den zum Vormund Ausgewählten durch Ordnungsstrafen zur Übernahme der Vormundschaft anhalten.

Die einzelne Strafe darf den Betrag *von dreihundert Mark[2])* **nicht übersteigen. Die Strafen dürfen nur in Zwischenräumen von mindestens einer**

Woche verhängt werden. Mehr als drei Strafen dürfen nicht verhängt werden[1]).

E I 1639 Satz 3 u. 4 II 1669; M 4 1064; P 4 750.

1. Ein Zwang zur Übernahme der Vormundschaft ist nur in der Weise zulässig, daß eine **Ordnungsstrafe** von höchstens 300 Mark (s. A 2) zu drei Malen mit einem Mindestzwischenraum von je einer Woche festgesetzt wird. Der Festsetzung hat nach § 33 FGG jedesmal eine Androhung der Ordnungsstrafe vorauszugehen, auch sind bei jeder Festsetzung die Gründe der Ablehnung selbständig zu prüfen (RJA 16, 189). Die Beschwerde gegen die Festsetzung hat nach § 24 Abs 1 das. aufschiebende Wirkung. Das Verfahren der Beitreibung bestimmt sich nach den landesrechtlichen Vorschriften, die teils das Verwaltungszwangsverfahren, teils die Vollstreckung nach den Grundsätzen der ZPO anordnen. Mit der Ordnungsstrafe sind auch die Kosten des Verfahrens beizutreiben. Keine Anwendung findet § 1788 auf die Amts- und Anstaltsvormundschaft (§§ 33 Abs 1, 47 Abs 2 JWG).

2. Nach Art XIV Abs 2 Nr 3, 4, Art III Abs 1 Nr 2 der VO v. 6. 2. 24 in Verb. mit § 2 der DurchfVO zum Münzgesetz v. 12. 12. 24 beträgt jetzt der Höchstsatz eintausend Reichsmark.

§ 1789

Der Vormund wird von dem Vormundschaftsgerichte durch Verpflichtung zu treuer und gewissenhafter Führung der Vormundschaft bestellt. Die Verpflichtung soll mittels Handschlags an Eides Statt erfolgen[1])[2]).

E I 1645 Abs 1 II 1670; M 4 1078; P 4 752.

1. Mit der **Verpflichtung des Vormundes** wird zweckmäßig seine Belehrung über die ihm obliegenden Pflichten verbunden. Die Nichtabnahme des Handschlags an Eides Statt macht die Bestellung, da es sich hier um eine Ordnungsvorschrift handelt, nicht ungültig, ebensowenig die Nichtaufnahme eines Protokolls. Wesentlich ist dagegen, daß dem Vormundschaftsrichter, oder dem von diesem ersuchten Richter oder dem Rechtspfleger (Vorbem. 4a vor § 1773) gegenüber die Verpflichtung zu treuer und gewissenhafter Führung der Vormundschaft übernommen wird, ohne daß jedoch in dieser Beziehung der Vormund eine ausdrückliche Erklärung abzugeben braucht (a. M. Planck A 2). Eine Vertretung des Vormundes bei der einen öffentlichen Rechtsakt darstellenden Verpflichtungsverhandlung oder eine schriftliche Bestellung des Vormundes (KGJ 38 A 41) ist ausgeschlossen (vgl. aber in letzterer Hinsicht §§ 41 Abs 2, 47 Abs 2 JWG). Ohne Einfluß auf die Gültigkeit der Bestellung ist die örtliche Unzuständigkeit des Vormundschaftsgerichts (§ 7 FGG). Daß eine allgemeine Verpflichtung zur Führung der sämtlichen künftig zu übertragenden Vormundschaften zulässig sei, nimmt BayObLG in JW 1925, 2140[3] an. Über den Fall, daß versehentlich verschiedene Vormünder bestellt sein sollten, vgl. § 1774 A 2.

2. Mit der Bestellung beginnt die **Vertretungsmacht** des Vormundes. Der Vormund ist natürlich nicht gehindert, ein vor diesem Zeitpunkt von dem Mündel geschlossenes Rechtsgeschäft oder einen vor diesem Zeitpunkt anhängig gemachten Prozeß des Mündels gelten zu lassen. Hat er in einem anhängigen Prozesse Revision eingelegt, ohne zu rügen, daß in den Vorinstanzen der Mündel durch einen Vormund nicht vertreten war, so muß insoweit eine Genehmigung der Prozeßführung angenommen werden. — Mit der Bestellung des Vormundes tritt zugleich (was namentlich für die Vormundschaft über Volljährige von Bedeutung ist) bei der Entmündigung wegen Geisteskrankheit, desgleichen bei der Stellung unter vorläufige Vormundschaft wegen Geisteskrankheit die Geschäftsunfähigkeit des Mündels als Folge dieser Anordnung ein (§ 661 Abs 1 ZPO; § 52 FGG). Steht der Entmündigte unter elterlicher Gewalt oder Vormundschaft, so ist der Zeitpunkt der Zustellung des Entmündigungsbeschlusses an den gesetzlichen Vertreter hierfür entscheidend.

§ 1790

Bei der Bestellung des Vormundes kann die Entlassung für den Fall vorbehalten werden, daß ein bestimmtes Ereignis eintritt oder nicht eintritt[1]).

E I 1638 Abs 3 II 1660 Abs 3; M 4 1062; P 4 748.

1. Durch die Bestellung ist dem Vormunde, solange nicht ein gesetzlicher Entlassungsgrund vorliegt, ein unentziehbares Recht auf Fortführung der Vormundschaft gegeben. Ausnahmsweise darf das Vormundschaftsgericht bei der Bestellung, sofern es sich nicht um einen berufenen Vormund handelt, für den Fall des Eintritts oder Nichteintritts eines bestimmt zu bezeichnenden Ereignisses — nicht für den Fall des Eintritts einer bestimmten Zeit — die **Entlassung vorbehalten** (vgl. § 1779 A 1). Der Vorbehalt hat nicht die Wirkung, daß mit dem

Eintritt des Ereignisses die Bestellung hinfällig wird. Es bedarf vielmehr hierzu der förmlichen Entlassung. Ausnahmsweise ist zur Entlassung des Vormundes ein Vorbehalt nicht erforderlich im Falle der Verletzung der Rechte des berufenen Vormundes, vorausgesetzt, daß die Beschwerdefrist gewahrt ist (§ 1778 A 3), ferner bei Nichteinhaltung der Bestimmungen über die Auswahl des Vormundes (§ 1779 A 2) und bei einer der Benennung des Vormundes beigefügten zeitlichen Begrenzung (§ 1777 A 1).

§ 1791

Der Vormund erhält eine Bestallung[1]).

Die Bestallung soll enthalten den Namen und die Zeit der Geburt des Mündels, die Namen des Vormundes, des Gegenvormundes und der Mitvormünder sowie im Falle der Teilung der Vormundschaft die Art der Teilung. Ist ein Familienrat eingesetzt, so ist auch dies anzugeben.

E I 1645 Abs 2 II 1671; M 4 1079; P 4 752.

1. Der Vormund bedarf einer **Bestallung**, um sich im Rechtsverkehr und bei Führung von Rechtsstreitigkeiten (§ 56 ZPO) als Vertreter des Mündels ausweisen zu können. In der Bestallung ist außer dem Namen des Mündels und des Vormundes die Geburtszeit des Mündels anzugeben, was für die Dauer der Vertretung von Bedeutung ist. Die Bestallung hat auch die für den Umfang der Vertretungsmacht erheblichen Angaben zu enthalten, ob und wer als Gegenvormund bestellt ist, welche Mitvormünder bestellt sind und wie unter sie die Geschäfte verteilt sind. Zweckmäßig wird die etwaige Befreiung des Vormundes von der Notwendigkeit der Genehmigung des Gegenvormundes oder des Vormundschaftsgerichts aufzunehmen sein, obwohl dies gesetzlich nicht vorgeschrieben ist. Im Falle unvollständiger Aufnahme der Befreiungen in die Bestallungsurkunde steht dem Vormund das Recht der Beschwerde zu (KGJ 45 A 66). Ist an Stelle des Vormundschaftsgerichts ein Familienrat eingesetzt, so ist dies im Interesse der Legitimation des Familienrats in der Bestallung ebenfalls zu erwähnen (§ 1881 Abs 2). Das Vormundschaftsgericht hat die Amtspflicht, von dem Vormunde bei Beendigung seines Amtes die Bestallung zurückzufordern (§ 1893 Abs 2) und bei eintretenden Änderungen die Bestallung zu berichtigen oder, wie im Falle des § 1881, eine neue Bestallung zu erteilen. Die Bestallung hat hiernach einen großen Beweiswert, sie hat aber nicht die Bedeutung, daß der gutgläubige Dritte unbedingt auf die Richtigkeit der Angaben sich verlassen kann. Er ist insbesondere nicht dagegen geschützt, daß inzwischen Änderungen der Vertretungsmacht, die sich aus der Bestallung nicht ergeben, eingetreten sind oder das Amt des Vormundes inzwischen beendet ist. Aus dieser Verschiedenheit der rechtlichen Natur der Bestallung und der Vollmacht (vgl. § 172) folgt, daß die Vorschrift des § 174, wonach ein einseitiges Rechtsgeschäft des Bevollmächtigten mangels Vorlegung der Vollmacht keine Wirkung hat, wenn es aus diesem Grunde unverzüglich zurückgewiesen wird, auf den Fall, daß der Vormund nicht sogleich die Bestallung vorlegt, nicht ausgedehnt werden kann (**RG** 74, 263). Erachtet der Dritte die Bestallung nicht für ausreichend, so kann ihm gemäß § 34 FGG die Einsicht der Vormundschaftsakten gewährt werden. Über die dem Pfleger zu erteilende Bestallung s. Vorbem 1 vor § 1909. § 1791 ist unanwendbar im Falle der §§ 41, 47 JWG.

§ 1792

Neben dem Vormunde kann ein Gegenvormund bestellt werden[1]).

Ein Gegenvormund soll bestellt werden, wenn mit der Vormundschaft eine Vermögensverwaltung[2]) verbunden ist, es sei denn, daß die Verwaltung nicht erheblich oder daß die Vormundschaft von mehreren Vormündern[3]) gemeinschaftlich zu führen ist.

Ist die Vormundschaft von mehreren Vormündern[3]) nicht gemeinschaftlich zu führen, so kann der eine Vormund zum Gegenvormunde des anderen bestellt werden.

Auf die Berufung und Bestellung des Gegenvormundes finden die für die Berufung und Bestellung des Vormundes geltenden Vorschriften Anwendung[4]).

E I 1647 II 1672; M 4 1032 ff., 1082; P 4 754.

1. Unzulässig ist die **Bestellung eines Gegenvormundes**, wenn sie von dem Vater oder der ehelichen Mutter des Mündels bei Benennung des Vormundes ausgeschlossen ist (§§ 1852,

1855, 1856 in Verb. mit § 1777) — welche Anordnung jedoch bei Gefährdung des Wohles des Mündels außer Kraft gesetzt werden kann (§ 1857) — und wenn der (zur Vermögensverwaltung berechtigte) Vater zum Vormunde des Volljährigen bestellt ist (§ 1903; s. bezüglich der Mutter § 1904). Die gleichwohl erfolgte Bestellung ist jedoch nicht ungültig. Dem Vormundschaftsgericht erwächst nur die Pflicht, den Gegenvormund wieder zu entlassen, zu welchem Zwecke nicht bloß von dem Vormunde, sondern auch von dem Gegenvormunde selbst Beschwerde eingelegt werden kann. Landesrechtlich konnte auf Grund des Art 136 Nr 4 EG, wie es z. B. durch Art 78 § 3 des preuß. AG geschehen war, die Bestellung eines Gegenvormundes neben dem Anstaltsvormunde oder dem Berufsvormunde ausgeschlossen werden. Jetzt gilt § 33 Abs 1 Satz 2 JWG, wonach bei der Amtsvormundschaft ein Gegenvormund nicht bestellt wird; anders bei der Anstalts- und Vereinsvormundschaft nach § 47 Abs 2 das.)

2. Es kommt nicht sowohl auf die Größe des Vermögens als auf die Erheblichkeit der eine Überwachung durch den Gegenvormund nötig machenden **Vermögensverwaltung** an. Ein Anlaß zur Bestellung eines Gegenvormundes ist in der Regel nicht vorhanden, wenn das Vermögen bei einer öffentlichen Sparkasse unter Sperrvermerk (§ 1809) angelegt ist. Darüber, ob ein Gegenvormund entbehrlich ist, hat das Vormundschaftsgericht — unbeschadet der Zulässigkeit der Beschwerde des Vormundes — nach freiem, von dem Prozeßrichter nicht nachzuprüfenden Ermessen zu befinden. Bloß aus dem Grunde, weil ein der Genehmigung des Gegenvormundes unterliegendes Rechtsgeschäft vorzunehmen ist, braucht ein Gegenvormund nicht bestellt zu werden. Solange ein Gegenvormund nicht vorhanden ist, ist an dessen Stelle — sofern nicht die Genehmigung deshalb sich erübrigt, weil die Vormundschaft von mehreren Vormündern gemeinschaftlich geführt wird — nach § 1810 Satz 2 u. § 1812 Abs 3 die Genehmigung von dem Vormundschaftsgericht zu erteilen.

3. Über die Entbehrlichkeit des Gegenvormundes bei Bestellung **mehrerer Vormünder** s. § 1797 A 1

4. Anwendbar sind hiernach die **§§ 1776 bis 1791.** Zweifelhaft kann sein, ob der Vater oder die eheliche Mutter bei Benennung eines Gegenvormundes (§ 1777) auch anordnen können, daß ein Gegenvormund bestellt werden muß. Dies dürfte jedoch zu verneinen sein, da das Recht der Eltern nicht so weit geht, daß sie das vormundschaftliche Amt umgestalten können.

II. Führung der Vormundschaft

§ 1793

Der Vormund hat das Recht und die Pflicht, für die Person und das Vermögen des Mündels zu sorgen[1]), insbesondere den Mündel zu vertreten[2])[3]).

E I 1648, 1649 II 1673; M 4 1082; P 4 755; 6 306.

1. Die vormundschaftliche Gewalt hat den gleichen Inhalt wie nach §§ 1627 u. 1630 Abs 1 die elterliche Gewalt. Über die Abgrenzung der **Sorge für die Person und der Sorge für das Vermögen** des Mündels s. § 1631 A 1. Diese Abgrenzung ist von besonderer Wichtigkeit für den Fall, daß neben dem Recht des Vormundes das Fürsorgerecht des Vaters oder der Mutter für die Person des Mündels besteht (vgl. § 1676 Abs 2, 1696, 1702 Abs 2, 1707). Kraft der Pflicht zur Sorge für das Vermögen des Mündels hat der Vormund, der dasselbe in Besitz zu nehmen hat, einerseits auf Erhaltung (sichere Aufbewahrung, sichere Anlegung usw.), andrerseits auf nutzbringende Verwertung des Vermögens bedacht zu sein. Lassen beide Rücksichten sich nicht miteinander vereinigen, so wird diejenige auf Erhaltung regelmäßig den Vorzug haben. Unter Umständen wird aber auch die Erhaltung einer Sache, falls dies nur mit unverhältnismäßig hohen Kosten möglich ist, nicht wirtschaftlich sein. Die Erhaltungspflicht des Vormundes schließt übrigens nicht aus, daß er zu besonderen Zwecken (zur Bestreitung der Unterhaltskosten, der notwendigen Verbesserung der Lebenshaltung u. dgl.) den Stamm des Mündelvermögens angreift (BayObLG in JW 1923, 517[1]). — Verweigert der Mündel die Herausgabe von Vermögensstücken an den Vormund, so hat das Vormundschaftsgericht diesem dadurch Hilfe zu gewähren, daß es einen Gerichtsvollzieher mit der Wegnahme der Sache beauftragt (SeuffA 67 Nr 136). Aus der Pflicht zur Verwaltung des Vermögens ergibt sich für den Vormund die Pflicht, die dem Mündel auf bürgerlich-rechtlichem oder öffentlich-rechtlichem Gebiete zustehenden Vermögensrechte wahrzunehmen. Bei den von ihm zu treffenden Verfügungen ist der Vormund nicht gehindert, zugleich das Interesse der Familie, insbesondere der Kinder seines Mündels, zu berücksichtigen, aber nur in zweiter Linie und nur insoweit, als es mit dem Interesse des

Mündels vereinbar ist (**RG** JW 1912, 68[1]). In der Verwaltungspflicht ist es endlich begründet, daß der Vormund sich die nötigen Aufzeichnungen zu machen hat, um sich über die von ihm geführte Verwaltung dem Vormundschaftsgericht und dem früheren Mündel gegenüber ausweisen zu können. Über die Natur der vormundschaftlichen Gewalt als eines Amtes s. § 1872 A 2.

2. Als **gesetzlicher Vertreter** ist der Vormund ermächtigt, für den geschäftsunfähigen oder beschränkt geschäftsfähigen Mündel oder in Ergänzung der Willenserklärung des letzteren (§§ 107ff.) über die Rechte des Mündels zu verfügen und Verpflichtungen für ihn zu übernehmen. Die Vertretungsmacht erstreckt sich nicht auf höchstpersönliche Rechtsakte, die eine Vertretung nicht zulassen (vgl. § 1630 A 1). Hinsichtlich des Besitzes übt der Vormund vertretungsweise diejenigen Rechte aus, die dem Mündel, wenn dieser den unmittelbaren oder mittelbaren Besitz hat, zustehen. Nimmt der Vormund auf Grund seines Verwaltungsrechts Gegenstände des Mündelvermögens in Besitz, so wird er unmittelbarer, der Mündel mittelbarer Besitzer. Über seine Rechtsbehelfe gegenüber dem Mündel, der die Herausgabe weigert, s. A 1. Als Besitzdiener des Mündels ist der Vormund nicht anzusehen. Geht der Vormund hinsichtlich des Mündelvermögens Rechtsgeschäfte ein, so hat er, sofern nicht ganz besondere Gründe eine Abweichung bedingen, die Rechtsgeschäfte auf den Namen des Mündels zu stellen. Verpflichtungen, die sachlich den Mündel angehen, kann er dagegen, da hierdurch der Mündel nicht gefährdet wird, auch in eigenem Namen übernehmen. Einen Bevollmächtigten darf der Vormund annehmen, unbeschadet der ihm verbleibenden Pflicht zur Beaufsichtigung und Leitung. Er kann sich ferner zu seiner Unterstützung bei Führung der Aufsicht der Tätigkeit von Hilfspersonen bedienen, und die Kindesmutter ist der Regel nach verpflichtet, auch diesen Personen das Kind vorzuzeigen (KGJ 38 A 38). Bei großem Umfang der Vermögensverwaltung kann die Ausstellung einer Generalvollmacht geboten sein. Ob ihre Ausstellung angezeigt war, hat der Grundbuchrichter nicht zu prüfen (SeuffA 66 Nr 155). Es gibt jedoch Angelegenheiten von solcher Wichtigkeit, daß der Vormund ihre Wahrnehmung nicht einem andern übertragen darf. Bei genehmigungspflichtigen Rechtshandlungen, bei der Zustimmung zur Eheschließung des Mündels usw. kann sich der Vormund nicht vertreten lassen (vgl. **RG** 76, 185, wonach der Vormund „die eigentlichen vormundschaftlichen Geschäfte überhaupt nicht oder nur auf seine Gefahr" Dritten übertragen dürfe). Die zur Besorgung einer einzelnen Angelegenheit von dem Vormunde erteilte Vollmacht erlischt nicht dadurch, daß an seiner Stelle ein neuer Vormund oder Pfleger tritt (OLG Dresden in ZBlFG 1915, 28). Die gesamte Verwaltung der vormundschaftlichen Angelegenheiten kann der Vormund nicht einem andern überlassen. Diese Bestimmungen über die Vertretung gelten auch für den Berufsvormund, soweit nicht landesrechtlich die Vertretung geregelt ist (KGJ 46 A 63, vgl. jetzt § 32 Satz 2 JWG). Die dem Dritten erteilte Vollmacht erlischt mit der Vertretungsmacht des Vormundes, ohne daß die weitergehenden Bestimmungen der §§ 169ff., 674 hier Anwendung finden können (vgl. **RG** 41, 263 — a. M. Staudinger A 6, JFG 1, 313). Der Vormund kann nicht für ein erst nach der Beendigung seines Amtes vorzunehmendes Geschäft Vollmacht erteilen (vgl. A 3). In besonderen Fällen, nämlich hinsichtlich der allgemeinen Ermächtigung des Mündels, in Dienst oder Arbeit zu treten (§ 113), hinsichtlich der Eheschließung (§ 1304) und hinsichtlich der Anfechtung der Ehe (§ 1337 Abs 1) kann die Ermächtigung oder Zustimmung des Vormundes durch das Vormundschaftsgericht ersetzt werden. Eine Prüfung, ob der Vormund, der innerhalb seiner Vertretungsmacht handelt, wirklich die Interessen des Mündels verfolgt, ist dem Dritten nicht zuzumuten. Läßt aber der Sachverhalt klar ersehen, daß der Vormund die Vertretungsmacht zu seinem eigenen Nutzen oder zum Nutzen eines andern mißbraucht, so kann der Dritte, der die Sachlage erkannt hat oder bei einiger Aufmerksamkeit hätte erkennen müssen, wegen des ihm zur Last fallenden unlauteren Verhaltens sich auf die Vertretungsmacht des Vormundes nicht berufen (vgl. **RG** 71, 222; 75, 301; 85, 353, wo im Verhältnis zum Testamentsvollstrecker zur Ausschließung des guten Glaubens eine jede Fahrlässigkeit des Dritten für genügend erachtet wird, vgl. auch § 26 A 3 a. E.).

Für das **Verschulden** des Vormundes, als seines gesetzlichen Vertreters, haftet der Mündel nur in Vertragsverhältnissen und in den einem Vertragsverhältnis gleichartigen gesetzlichen Schuldverhältnissen (§§ 278, 677ff., 908, 1994ff.), nicht bei Begehung einer unerlaubten Handlung, auch nicht in den Fällen der §§ 831, 833 Satz 2, 836, da die auf Verschulden beruhende Haftung des Geschäftsherrn oder Besitzers eine schuldunfähige Person (vorbehaltlich der beschränkten Haftung aus § 829) nicht treffen kann (**RG** JW 1915, 580[14]; 1917, 38[6]; Josef in ArchZivPrax 114, 382). Haftbar ist dagegen der Mündel in den ein Verschulden nicht voraussetzenden Fällen der §§ 833 Satz 1, 835. Für seine Person ist der Vormund nur ersatzpflichtig bei erweislichem Verschulden (vgl. § 1833 A 2 a. E.). Hat er in Vertragsverhältnissen oder bei Abschließung eines Vertrags arglistig gehandelt, so wird hierdurch, da es sich um einen vertraglichen Anspruch handelt (**RG** 83, 243), zugleich der Mündel verpflichtet.

3. In zeitlicher Hinsicht ist das Vertretungsrecht des Vormundes nicht derart eingeschränkt, daß er **über die Zeit der Beendigung der Vormundschaft hinaus** keine Verfügungen treffen könnte. Der Vormund ist auch nicht verhindert, Verpflichtungen für den Mündel zu übernehmen, die über die Zeit der Beendigung der Vormundschaft fortdauern oder erst nach dieser Zeit in Wirksamkeit treten (bestr. — übereinstimmend Josef in WürttZ 57, 321ff., KG in JFG 1, 313). Er würde jedoch pflichtwidrig handeln, wenn er ohne Not dem Mündel derartige Verpflichtungen auferlegt, die seine Selbständigkeit beeinträchtigen, und es würde hieraus auch ein Einwand gegen den Dritten zulässig sein, der bei Eingehung des Vertrags die Sachlage kannte (vgl. für früheres Recht **RG** 41, 263 und über den Abschluß von Lehr-, Dienst- und Arbeitsverträgen § 1630 A 2). Eine von dem Vormunde erteilte Prozeßvollmacht behält ihre Wirksamkeit auch nach Beendigung der Vormundschaft, unbeschadet der Befugnis des früheren Mündels, die Vollmacht zu widerrufen. Eine besondere Einschränkung der Befugnisse des Vormundes ist es, daß er ohne Genehmigung des Vormundschaftsgerichts den Mündel zu wiederkehrenden Leistungen, insbesondere zu Leistungen aus einem Miet- oder Pachtvertrage, mag nun der Mündel Mieter oder Vermieter sein, zu Versicherungsbeiträgen, Unterhaltsbeiträgen nicht verpflichten kann, wenn das Vertragsverhältnis die Zeit der Volljährigkeit um mehr als ein Jahr überdauern soll (§ 1822 Nr 5 — vgl. auch hinsichtlich des Vormundes eines Volljährigen § 1902 Abs 2). In einem solchen Falle hat das Fehlen der vormundschaftsgerichtlichen Genehmigung die Unwirksamkeit des ganzen Vertrags zur Folge, sofern nicht anzunehmen, daß die Parteien bei Kenntnis der Unwirksamkeit den Vertrag auch nur für die Zeit bis zur Volljährigkeit des Mündels geschlossen haben würden (§ 139 — **RG** 82, 124; 114, 38). Ebenfalls nach § 139 ist die Frage zu entscheiden, ob der Vertrag, wenn er in Ansehung eines Mündels die Zeit der Volljährigkeit um mehr als ein Jahr übersteigt, auch für die andern Mündel unverbindlich ist. Nicht in den Kreis der Befugnisse des Vormundes fällt regelmäßig der Kauf einer Leibrente, da das Rentenrecht seine hauptsächlichste Bedeutung für die Zeit nach Beendigung der Vormundschaft hat. Allgemein verboten ist dieses Geschäft dem Vormunde nicht. Über die Fortdauer der Vertretungsmacht infolge Unkenntnis der Beendigung der Vormundschaft s. § 1893 und § 1682 A 1.

§ 1794

Das Recht und die Pflicht des Vormundes, für die Person und das Vermögen des Mündels zu sorgen, erstreckt sich nicht auf Angelegenheiten des Mündels, für die ein Pfleger bestellt ist[1]).

E I 1650 II 1674; M 4 1087; P 4 755.

1. Es macht hierbei keinen Unterschied, ob die Pflegschaft mit Recht angeordnet ist oder nicht (vgl. § 1628 A 1). Über die Fälle, in denen neben dem Vormunde **ein Pfleger** zu bestellen ist, s. §§ 1795, 1796 u. 1909. Der Vormund ist in diesen Fällen nach § 1909 Abs 2 anzeigepflichtig. In den Angelegenheiten, für die ein Pfleger bestellt ist, kann der Vormund das ihm sonst in Angelegenheiten des Mündels zustehende Beschwerderecht nicht ausüben.

§ 1795

Der Vormund kann den Mündel nicht vertreten:

1. **bei einem Rechtsgeschäfte zwischen seinem Ehegatten oder einem seiner Verwandten in gerader Linie einerseits und dem Mündel andererseits, es sei denn, daß das Rechtsgeschäft ausschließlich in der Erfüllung einer Verbindlichkeit besteht[2]);**
2. **bei einem Rechtsgeschäfte, das die Übertragung oder Belastung einer durch Pfandrecht, Hypothek oder Bürgschaft gesicherten Forderung des Mündels gegen den Vormund oder die Aufhebung oder Minderung dieser Sicherheit zum Gegenstande hat oder die Verpflichtung des Mündels zu einer solchen Übertragung, Belastung, Aufhebung oder Minderung begründet[3]);**
3. **bei einem Rechtsstreite zwischen den in Nr 1 bezeichneten Personen sowie bei einem Rechtsstreit über eine Angelegenheit der in Nr 2 bezeichneten Art[2]) [3]).**

Die Vorschrift des § 181 bleibt unberührt[1]).

E I 1651 Nr 1—3 II 1675, M 4 1088; P 4 756.

1. Die **Vertretungsbefugnis des Vormundes** (Pflegers) ist **nach der allgemeinen Regel des § 181** (vgl. § 1630 A 3) kraft Gesetzes **ausgeschlossen** bei Rechtsgeschäften (Rechtshandlungen) und Rechtsstreitigkeiten zwischen ihm und dem Mündel oder zwischen mehreren von ihm bevormundeten Mündeln oder zwischen dem Mündel und einer von dem Vormund in seiner Eigenschaft als Bevollmächtigter vertretenen Person. Auch in den beiden letzteren Fällen, in denen eine Doppelvertretung vorliegt, handelt es sich um ein unstatthaftes Vertragschließen mit sich selbst. Die Vertretungsbeschränkung ist nicht davon abhängig, daß ein sachlicher Interessengegensatz zwischen den mehreren Personen obwaltet. Diese müssen aber zu verschiedenen Vertragsparteien gehören. Mehrere Mündel, die zusammen auf der Verkäuferseite oder auf der Käuferseite stehen, können durch denselben Vormund vertreten werden (vgl. RJA 5, 25). Ebenso ist die Vertretung mehrerer Mündel durch denselben Vormund bei Teilungen (Erbauseinandersetzungen) zulässig, wenn die mehreren Mündel sich nur mit einem dritten Miteigentümer (Miterben), der den gesamten Nachlaß erhält, auseinandersetzen (KGJ 40 A 1). In diesem Falle wird durch die Abfindung des Miterben dessen Erbteil (§ 2033) zugunsten der unter seinem Ausschluß bestehenbleibenden Erbengemeinschaft aufgegeben (vgl. Schneider in DNotV 11, 639). Dagegen ist die Vertretung durch denselben Vormund dann ausgeschlossen, wenn eine Erbauseinandersetzung der Mündel unter sich stattfinden soll, mag sie auch nur eine rechnerische oder vorläufige sein (**RG** 93, 334 — abw. früh. Aufl.). Die Vertretungsbeschränkung kann übrigens das Vormundschaftsgericht nicht dadurch beseitigen, daß es dem Vormunde unter Erweiterung seiner Vertretungsmacht über das Gesetz hinaus „gestattet" (vgl. § 181), im Namen des einen Mündels mit sich selbst als Vertreter des andern ein Rechtsgeschäft vorzunehmen, und ebensowenig kann es durch nachträgliche Zustimmung dem Rechtsgeschäft Wirksamkeit verleihen (**RG** 71, 162). Ausgenommen von der Regel des § 181 sind nur Erfüllungsgeschäfte, die dem einen Teile unmittelbar das gewähren, worauf sein Anspruch geht. Infolge der Zulässigkeit eines solchen Erfüllungsgeschäfts ist der Vormund, wenn er einen Anspruch gegen den Mündel hat, darauf angewiesen, sich aus dem Vermögen des Mündels selbst zu befriedigen. Eine fernere Ausnahme ist es, daß die zum Vormunde des Mannes bestellte Ehefrau gemäß §§ 1409, 1457 die nach ehelichem Güterrecht erforderliche Zustimmung des Mannes sich selbst erteilen kann (s. hierüber § 1900 A 1). Nicht verhindert ist der Vormund durch § 181, zu einem von ihm mit einem Dritten geschlossenen Rechtsgeschäft die zur Wirksamkeit des Geschäfts erforderliche Genehmigung des Mündels dem Dritten zu erklären (**RG** 76, 92). Ebensowenig ist der Vormund verhindert, ein Rechtsgeschäft im eigenen Namen und zugleich im Namen des in der Sache beteiligten Mündels mit einem Dritten einzugehen, z. B. ein Grundstück im eigenen Namen als Vorerbe und im Namen des Mündels als Nacherben zu veräußern (**RG** JW 1912, 790[4]). Unstatthaft ist es dagegen, daß der Vormund in demselben Vertrage einmal als Ehemann seine Zustimmung zu der Abtretungserklärung seiner Frau und sodann in seiner Eigenschaft als Vertreter der Kinder die Annahme der Abtretung erklärt (vgl. **RG** JW 1913, 205[18]). Das entgegen dem § 181 vorgenommene Rechtsgeschäft ist nicht nichtig, sondern nur unwirksam und kann deshalb durch Genehmigung des volljährig gewordenen Mündels Wirksamkeit erlangen (**RG** 67, 51; 68, 40; 71, 163; 93, 337; a. M. Staudinger A 4 a).

2. Mit der gleichen Ausnahme der Erfüllungsgeschäfte ist die Vertretungsbefugnis durch § 1795 Nr 1 u. 3 dem Vormunde entzogen für Rechtsgeschäfte (Rechtshandlungen) und Rechtsstreitigkeiten **zwischen dem Mündel und den nächsten Verwandten des Vormundes** (dem Ehegatten und den Verwandten gerader Linie). Auf andere Verwandte ist die Vertretungsbeschränkung nicht ausgedehnt und darf, wenn nicht ein wirklicher Interessengegensatz vorliegt, auch nicht durch eine nach § 1796 ergehende Anordnung des Vormundschaftsgerichts ausgedehnt werden. — Auch in den Fällen des § 1795 ist nicht Nichtigkeit, sondern Unwirksamkeit des Geschäfts anzunehmen (**RG** 68, 40). Die Wirksamkeit des Vertrags bestimmt sich nach denselben Grundsätzen, die für den ohne Vertretungsmacht im Namen eines andern geschlossenen Vertrag gelten (§§ 177, 178). Die zur Wirksamkeit des Vertrags für und gegen den Mündel erforderliche Genehmigung muß für diesen von einem hierfür zu bestellenden Pfleger erklärt werden.

3. Ist der Mündel wegen einer Forderung gegen den Vormund durch Pfandrecht, Hypothek — worunter hier auch die Grundschuld zu begreifen ist, der ebenfalls eine Forderung zugrunde liegt, obwohl die Verbindung mit der Forderung grundbuchrechtlich nicht hervortritt (bestr.) — oder Bürgschaft gesichert, so soll diese **Sicherung** in keiner Weise weder durch Verfügung über das Pfandrecht noch durch Verfügung über die Forderung, wozu auch die Kündigung und Einziehung zu rechnen, irgendwie geschmälert werden dürfen. Die Vertretungsbefugnis des Vormundes ist deshalb durch § 1795 Nr 2 u. 3 für derartige Verfügungen einschließlich der Eingehung einer Verpflichtung zur Verfügung und für Rechtsstreitigkeiten hierüber ausgeschlossen. Diese Vertretungsbeschränkung ist auf den in § 1795 Nr 2 nicht besonders vorgesehenen Fall der Genehmigung einer die persönliche Verbindlichkeit des Vormundes aufhebenden Schuldübernahme zu erstrecken, nicht

aber auf die Verfügung über die Forderung nach Ausfall der Hypothek (**RG** 68, 37; Warn 1915 Nr 140). Als eine die Aufhebung der Sicherheit bewirkende Verfügung ist die Zahlungsannahme anzusehen. Bezüglich einer Sicherungshypothek, die für etwaige Ersatzansprüche gegen den Vormund bestellt ist, greift die Vertretungsbeschränkung auch dann Platz, wenn ein solcher Anspruch noch nicht entstanden sein sollte.

§ 1796

Das Vormundschaftsgericht kann dem Vormunde die Vertretung für einzelne Angelegenheiten oder für einen bestimmten Kreis von Angelegenheiten entziehen[1]).

Die Entziehung soll nur erfolgen, wenn das Interesse des Mündels zu dem Interesse des Vormundes oder eines von diesem vertretenen Dritten oder einer der im § 1795 Nr 1 bezeichneten Personen in erheblichem Gegensatze steht.

E I 1651 Nr 4 II 1676; M 4 1092; P 4 756, 877.

1. **Entziehung der Vertretung.** Das BGB stellt nicht den allgemeinen Grundsatz auf, daß der Vormund zur Vertretung des Mündels insoweit nicht befugt sei, als sein Interesse oder das Interesse seiner Verwandten mit dem Interesse des Mündels in Gegensatz steht. Es gestattet aber dem Vormundschaftsgericht, wegen der Gefahr eines solchen Interessengegensatzes dem Vormunde die Vertretungsbefugnis für die fraglichen Angelegenheiten zu entziehen (vgl. über Bestellung eines Pflegers zur Stellung eines Strafantrags **RG**St 50, 156), und zwar kann die Entziehung ausgesprochen werden, auch wenn der Interessengegensatz noch nicht zutage getreten, aber die Grundlage hierfür gegeben ist (RJA 15, 178). Ein Widerstreit der Interessen ist nicht ohne weiteres anzunehmen, wenn ein Dritter einen Rechtsstreit sowohl gegen den Vormund als gegen den Mündel führt. Aus andern Gründen darf die Vertretungsbefugnis nicht entzogen und — abgesehen von §§ 1801 u. 1844 — die vormundschaftliche Gewalt nicht beschränkt werden. An Stelle der nach §§ 1666ff. zulässigen Beschränkungen der elterlichen Gewalt greift hier das Recht ein, den Vormund nach § 1886 zu entlassen. Die nach § 1796 ausgesprochene Entziehung wird wirksam mit der Zustellung des Beschlusses an den Vormund (§ 16 FGG), nicht erst mit der Bestellung des Pflegers. Der Vormund hat nach § 1909 Abs 2 Anzeige zu erstatten, sobald ein Fall eintritt, der zur Bestellung eines Pflegers Anlaß geben kann. Über die Rechtswirkung der Entziehung in Ansehung der vom Vormund gleichwohl vorgenommenen Rechtsgeschäfte vgl. § 1795 A 1, 2.

§ 1797

Mehrere Vormünder führen die Vormundschaft gemeinschaftlich. Bei einer Meinungsverschiedenheit entscheidet das Vormundschaftsgericht, sofern nicht bei der Bestellung ein anderes bestimmt wird[1]).

Das Vormundschaftsgericht kann die Führung der Vormundschaft unter mehrere Vormünder nach bestimmten Wirkungskreisen verteilen. Innerhalb des ihm überwiesenen Wirkungskreises führt jeder Vormund die Vormundschaft selbständig[1]).

Bestimmungen, die der Vater oder die Mutter für die Entscheidung von Meinungsverschiedenheiten zwischen den von ihnen benannten Vormündern und für die Verteilung der Geschäfte unter diese nach Maßgabe des § 1777 getroffen hat, sind von dem Vormundschaftsgerichte zu befolgen, sofern nicht ihre Befolgung das Interesse des Mündels gefährden würde[2]).

E I 1652 II 1677; M 4 1093; P 4 756.

1. Werden **mehrere Vormünder** bestellt (vgl. § 1775 A 1), so kann dies in der Weise geschehen, daß jedem Vormunde ein besonderer Wirkungskreis zugewiesen wird. In diesem Falle ist jeder von dem andern unabhängig und zur Beaufsichtigung des andern nur bei Bestellung als Gegenvormund (§ 1792 Abs 3) verpflichtet. Ist dagegen den mehreren Vormündern die ungeteilte Verwaltung übertragen, was stets der Fall ist, wenn ein besonderer Wirkungskreis für den einzelnen Vormund nicht festgesetzt ist, so können sie nur gemeinschaftlich den Mündel vertreten und auch nur gemeinschaftlich für ihn Geschäfte besorgen, also selbst eine Verteilung der Geschäfte unter sich nicht vornehmen. Die entstehenden

Schwierigkeiten werden dadurch gemildert, daß bei Meinungsverschiedenheiten zwischen den mehreren Vormündern das Vormundschaftsgericht darüber entscheidet, welcher Meinung der Vorzug zu geben ist (vgl. OLG Dresden in JW 1919, 1006[6]). Hält es keine der vertretenen Meinungen für gerechtfertigt, so muß es bei dem bisherigen Zustande verbleiben, soweit nicht das Vormundschaftsgericht Anlaß hat, wegen pflichtwidrigen Verhaltens einzuschreiten. Eine Ausnahme von dem Grundsatz der Gemeinschaftlichkeit ist es, daß jeder der Vormünder selbständig das Recht der Beschwerde hat (§ 58 Abs 1 FGG) und jeder selbständig der Abgabe der Vormundschaft an ein anderes inländisches Gericht oder einen ausländischen Staat widersprechen kann (§§ 46 Abs 2, 47 Abs 2 FGG). Aus der Ungeteiltheit der Verwaltung folgt, daß jeder der Vormünder den Stand der Verwaltung zu überwachen hat und wegen schuldhafter Vernachlässigung der Aufsichtspflicht für den von dem andern Vormunde zugefügten Schaden haftet (§ 1833 Abs 2). Mit Rücksicht hierauf kann trotz Vorhandenseins einer Vermögensverwaltung nach § 1792 Abs 2 von der Bestellung eines Gegenvormundes abgesehen werden und ist die sonst bei Fehlen eines Gegenvormundes zu Verfügungen über das Kapitalvermögen von dem Vormundschaftsgericht zu erteilende Genehmigung nicht für erforderlich erklärt (§§ 1810 Satz 2, 1812 Abs 3). Ist von den mit der ungeteilten Verwaltung betrauten mehreren Vormündern einer fortgefallen, so bleiben die übrigen Vormünder — vorausgesetzt, daß wenigstens noch zwei Vormünder vorhanden sind — zur gemeinschaftlichen Vertretung und Geschäftsführung berechtigt. Die Geschäftsverteilung kann endlich auch in der Weise gestaltet werden, daß einzelnen Vormündern ein besonderer Geschäftskreis, den andern Vormündern die ungeteilte Verwaltung zugewiesen wird, so daß erstere innerhalb ihres beschränkten Geschäftskreises nur gemeinschaftlich mit den letzteren (den Hauptvormündern) handeln können (a. M. Planck A 7). Unzulässig ist es dagegen, die Geschäfte in der Art zu verteilen, daß einem Mitvormunde als Hauptvormunde die Oberleitung und den übrigen Vormündern die Verwaltung eines bestimmten Geschäftskreises unter seiner Leitung zugewiesen wird (bestr.). Eine solche Verteilung würde die Selbständigkeit des einzelnen Vormundes in unzulässiger Weise beeinträchtigen. Wegen Aufnahme eines Vermerks über die Geschäftsverteilung in die Bestallung s. § 1791 A 1.

2. Ein Ausfluß des Rechtes zur Benennung des Vormundes ist es, daß **Vater und Mutter des Mündels** unter den Voraussetzungen des § 1777 auch **berechtigt** sind, über die Geschäftsverteilung zwischen den von einem Elternteile benannten Vormündern **Bestimmungen zu treffen,** da andernfalls, wenn die Geschäftsverteilung vollständig dem Vormundschaftsgericht überlassen würde, der Zweck der Benennung leicht vereitelt werden könnte. Besondere Bestimmungen können sie auch darüber treffen, auf welchem Wege (vgl. Abs 1) die Entscheidung von Meinungsverschiedenheiten herbeigeführt werden soll. Es kann z. B. bestimmt werden, daß die Meinungsverschiedenheiten durch einen von den Vormündern zu wählenden Obmann zu entscheiden sind. Das Wohl des Mündels darf dabei nicht gefährdet werden. Unverständige Bestimmungen sind deshalb von dem Vormundschaftsgericht, das im übrigen gemäß der getroffenen Anordnung die Vormünder zu geteilter Verwaltung zu bestellen hat, nicht zu beachten.

§ 1798

Steht die Sorge für die Person und die Sorge für das Vermögen des Mündels verschiedenen Vormündern zu, so entscheidet bei einer Meinungsverschiedenheit über die Vornahme einer sowohl die Person als das Vermögen des Mündels betreffenden Handlung das Vormundschaftsgericht[1]).

E I 1653 II 1678; M 4 1095; P 4 757.

1. S. § 1629 A 1. § 1798 hat entsprechende Anwendung auch auf den Fall zu finden, daß eine **Meinungsverschiedenheit** lediglich auf vermögensrechtlichem Gebiete besteht, die sowohl den Wirkungskreis des Vormundes als des für bestimmte Vermögensangelegenheiten bestellten Pflegers berührt (a. M. Staudinger A 5).

§ 1799

Der Gegenvormund hat darauf zu achten, daß der Vormund die Vormundschaft pflichtmäßig führt. Er hat dem Vormundschaftsgerichte Pflichtwidrigkeiten des Vormundes sowie jeden Fall unverzüglich anzuzeigen, in welchem das Vormundschaftsgericht zum Einschreiten berufen ist, insbesondere den Tod des Vormundes oder den Eintritt eines anderen Umstandes, infolgedessen das Amt des Vormundes endigt oder die Entlassung des Vormundes erforderlich wird[1]).

Der Vormund hat dem Gegenvormund auf Verlangen über die Führung der Vormundschaft Auskunft zu erteilen und die Einsicht der sich auf die Vormundschaft beziehenden Papiere zu gestatten[2]).

E I 1654 Abs 1 II 1679; M 4 1095; P 4 757, 760.

1. Die **Überwachungspflicht des Gegenvormundes** (über seine Bestellung vgl. § 1792) erstreckt sich nur auf die Geschäftsführung des Vormundes, dem er beigeordnet ist, nicht auf die Geschäftsführung des an Stelle des Vormundes für bestimmte Angelegenheiten eingesetzten Pflegers. Wieweit diese Überwachung zu gehen hat, läßt sich nur nach Lage des einzelnen Falles bestimmen, wobei es namentlich auf die persönlichen Verhältnisse des Vormundes ankommt. Der Gegenvormund hat sich ebensowohl von Sorglosigkeit als von beleidigendem Mißtrauen fernzuhalten. Um der Überwachungspflicht genügen zu können, hat er bei Antritt seines Amtes sich selbst über das vorhandene Vermögen und den Stand der Verwaltung zu unterrichten, insbesondere sich zu vergewissern, daß das Mündelgeld sicher angelegt ist und die Inhaberpapiere vorschriftsmäßig (§ 1814) hinterlegt sind (RG 79, 11). Ist die Geschäftsführung des Vormundes zu beanstanden, so hat der Gegenvormund, da er selbständige Anordnungen nicht treffen kann, dem Vormundschaftsgericht ohne schuldhaftes Zögern (§ 121) Anzeige zu erstatten. Diese Anzeigepflicht liegt dem Gegenvormunde auch dann ob, wenn ein Eingreifen des Vormundschaftsgerichts wegen Verhinderung oder wegen Wegfalls des Vormundes geboten ist. Gegen die Verfügung des Vormundschaftsgerichts, durch welche der Antrag des Gegenvormundes, gegen den Vormund wegen Pflichtwidrigkeit einzuschreiten oder ihn aus § 1886 zu entlassen, abgelehnt wird, steht dem Gegenvormund, der hier als Vertreter des Mündels handelt, die Beschwerde zu (§ 57 Abs 1 Nr 6 FGG; vgl. auch § 1821 A 2, § 1825 A 1 u. § 1836 A 1). Desgleichen ist der Gegenvormund nach § 57 Abs 1 Nr 9 FGG beschwerdeberechtigt, wenn die Entscheidung eine persönliche Angelegenheit des Mündels betrifft. Bei der Verwaltung hat der Gegenvormund nur insofern mitzuwirken, als gewisse Rechtsgeschäfte seiner Genehmigung bedürfen (§§ 1809 bis 1813, 1824). Auch soll das Vormundschaftsgericht ihn, soweit tunlich, vor der Entschließung über Erteilung der Genehmigung hören (§ 1826). — Die Verrichtungen eines Pflegers kann der Gegenvormund, wenn ihm das Amt des Pflegers nicht besonders übertragen ist, nicht ausüben. Eine Vertretung des Mündels steht ihm auch im Falle der Verhinderung des Vormundes nicht zu.

2. Um der Überwachungspflicht genügen zu können, darf der Gegenvormund **Einsicht der auf die Vormundschaft bezüglichen Papiere** und die sonst nötige **Auskunft** von dem Vormund fordern, womit ihm allerdings nicht ein Klagerecht gegen den Vormund gegeben ist. Das Vormundschaftsgericht kann den Vormund nur durch Aufsichtsmaßregeln zur Erfüllung dieser Pflicht anhalten. Zu dem gleichen Zwecke der Überwachung des Vormundes ist die Zuziehung des Gegenvormundes bei Aufnahme des Vermögensverzeichnisses (§ 1802) und bei Aufstellung der Rechnung (§ 1842) vorgeschrieben. In diesen Fällen hat der Gegenvormund, um die Richtigkeit des Verzeichnisses und der Rechnung nachprüfen zu können, den Vermögensbestand sich nachweisen zu lassen, welchen Nachweis er bei besonderem Anlaß auch sonst fordern kann.

§ 1800

Das Recht und die Pflicht des Vormundes, für die Person des Mündels zu sorgen, bestimmt sich nach den für die elterliche Gewalt geltenden Vorschriften der §§ 1631 bis 1633[1—3]).

E I 1655 II 1680; M 4 1096; P 4 757, 877.

1. Hinsichtlich der **Fürsorge für die Person des Mündels** ist der Vormund — abgesehen von dem weitergehenden Aufsichtsrecht des Vormundschaftsgerichts (vgl. § 1838 A 1) — dem Inhaber der elterlichen Gewalt vollständig gleichgestellt. Der Vormund hat insbesondere ein unbedingtes Recht auf Herausgabe des Mündels (vgl. § 1632 A 1), ohne daß seiner Klage gegenüber eingewendet werden kann, daß der Mündel bei dem Vormunde nicht gut untergebracht sein würde. Er darf den Mündel bei sich in Pflege behalten und kann dann Ersatz der Unterhaltskosten gemäß § 1835 fordern. Bei unvermögenden Mündeln liegt es dem Vormunde ob, die zur Erziehung notwendigen Mittel durch Anträge bei den Armenbehörden zu beschaffen. Ebenso wie der Inhaber der elterlichen Gewalt hat er auch das Recht zur Anwendung angemessener Zuchtmittel. Es wird ihm deshalb die Befugnis nicht abzusprechen sein, den Mündel wider seinen Willen in eine Besserungsanstalt oder wegen Trunksucht in eine Trinkerheilanstalt unterzubringen (bestr.). Immerhin erscheint es ratsam, daß der Vormund, bevor er solche Maßregeln trifft, sich mit dem Vormundschaftsgericht in

Verbindung setzt (vgl. § 1838 A 1). Gegenüber dem verheirateten weiblichen Mündel hat der Vormund gemäß § 1633 das Recht der Vertretung in persönlichen Angelegenheiten (soweit diesem nicht in Familienangelegenheiten unbeschränkte Geschäftsfähigkeit zukommt, vgl. §§ 1336, 1337, 1729, 1748 und § 612 ZPO), nicht auch das Recht der Sorge für die Person. Über die Fortdauer der Vermögensverwaltung in diesem Falle s. § 1633 A 1.

2. Die Fürsorge des Vormundes für die Person des Mündels wird ausgeschlossen durch das der **Mutter** im Falle der Minderjährigkeit und der Wiederverheiratung und das der unehelichen Mutter nach §§ 1696, 1697, 1707 zustehende Fürsorgerecht. Der Vormund hat in diesen Fällen, was die persönlichen Angelegenheiten des Mündels betrifft, nur die Stellung eines Beistandes. Beschränkt sich die elterliche Gewalt des Vaters gemäß § 1676 Abs 2 (wegen beschränkter Geschäftsfähigkeit usw.) auf die Fürsorge für die Person des Kindes, so gebührt ihm dieses Recht nur neben dem Vormunde, dessen Ansicht ebenso wie im Falle des § 1698 bei Meinungsverschiedenheiten entscheidet.

3. In den die Person des Mündels betreffenden Angelegenheiten ist nach § 57 Abs 1 Nr 9 FGG ein jeder **beschwerdeberechtigt**, der ein rechtliches Interesse hat, die Angelegenheit wahrzunehmen, vorausgesetzt, daß von dem Recht der Beschwerde im Interesse des Mündels Gebrauch gemacht wird (RJA 14, 107; vgl. § 1779 A 2). Über das Beschwerderecht des Mündels s. § 59 FGG. Nicht allgemein darf mit dem KG (RJA 15, 3) die Pflicht des volljährigen Mündels zum Unterhalt seiner Ehefrau als eine die Person des Mündels betreffende Angelegenheit, was für das Beschwerderecht der Ehefrau von Bedeutung, aufgefaßt werden. Dies wäre nur aus dem Gesichtspunkt angängig, daß durch Nichterfüllung der Unterhaltspflicht zugleich das persönliche Wohl des Mündels in nachteiliger Weise beeinflußt würde.

§ 1801

Die Sorge für die religiöse Erziehung des Mündels kann dem Vormunde von dem Vormundschaftsgericht entzogen werden, wenn der Vormund nicht dem Bekenntnis angehört, in dem der Mündel zu erziehen ist[1]).

E II 1681; P 4 758, 875.

1. Über die **religiöse Erziehung** s. das hinter § 1631 abgedruckte RGes. v. 15. 7. 21, insbes. §§ 3, 5, 10 das. An der Vorschrift des § 1801 ist nichts geändert. Streitigkeiten über religiöse Erziehung hat gemäß § 7 des angeführten Gesetzes das Vormundschaftsgericht zu entscheiden. Nicht unbedingt zu verlangen ist, daß der Mündel in eine Familie gleichen Bekenntnisses untergebracht wird (vgl. für preuß. Recht KGJ 87 A 75). Gehört — was trotz § 1779 Abs 2 nicht ausgeschlossen ist — der Vormund einem andern Bekenntnis wie der Mündel an, so kann den sich hieraus ergebenden Unzuträglichkeiten dadurch begegnet werden, daß das Vormundschaftsgericht nach pflichtmäßigem Ermessen (vgl. KGJ 46 A 79) dem Vormunde die religiöse Erziehung entzieht. Der Vormund ist beschwerdeberechtigt nach § 20 FGG. Es steht ihm die einfache Beschwerde zu, da es sich nicht um seine Entlassung (§ 60 Abs 1 Nr 3 FGG), sondern um eine Einschränkung seiner Befugnisse handelt (KGJ 37 A 86). Ist ihm von vornherein nur die Personensorge mit Ausschluß der religiösen Erziehung übertragen, so ist er zwar nicht aus § 20 FGG beschwerdeberechtigt, sein Beschwerderecht kann aber aus § 57 Abs 1 Nr 9 das. begründet sein (RJA 12, 173). — Keine Anwendung findet § 1801 bei der Amts-, Vereins- und Anstaltsvormundschaft (§§ 33 Abs 1 Satz 3, 47 Abs 2 JWG, vgl. aber § 33 Abs 3 das.).

§ 1802

Der Vormund hat das Vermögen, das bei der Anordnung der Vormundschaft vorhanden ist oder später dem Mündel zufällt, zu verzeichnen[1]) **und das Verzeichnis, nachdem er es mit der Versicherung der Richtigkeit und Vollständigkeit versehen hat**[2])**, dem Vormundschaftsgericht einzureichen. Ist ein Gegenvormund**[3]) **vorhanden, so hat ihn der Vormund bei der Aufnahme des Verzeichnisses zuzuziehen; das Verzeichnis ist auch von dem Gegenvormunde mit der Versicherung der Richtigkeit und Vollständigkeit zu versehen.**

Der Vormund kann sich bei der Aufnahme des Verzeichnisses der Hilfe eines Beamten, eines Notars oder eines anderen Sachverständigen bedienen[4]).

Ist das eingereichte Verzeichnis ungenügend, so kann das Vormundschaftsgericht anordnen, daß das Verzeichnis durch eine zuständige Behörde oder durch einen zuständigen Beamten oder Notar aufgenommen wird[5]).

E I 1659 II 1682; M 4 1099; P 4 759, 760.

1. Die Aufzeichnung des Vermögens (vgl. § 1640 A 1) ist eine in der Natur der Verwaltung begründete, in jedem Falle zu erfüllende Pflicht. Verschieden hiervon ist die **Pflicht zur Einreichung des Vermögensverzeichnisses**, wodurch das Vormundschaftsgericht in den Stand gesetzt werden soll, die Aufsicht über die Verwaltung zu führen. Auch von dieser Pflicht gibt es keine Befreiung. Selbst der Dritte, der dem Mündel Vermögen zuwendet, kann bezüglich dieses Vermögens den Vormund nicht von der Pflicht zur Einreichung des Vermögensverzeichnisses entbinden. Er kann auch nicht etwa anordnen, daß die Einreichung eines verschlossen bei den Akten aufzubewahrenden Verzeichnisses genügen soll. Über das dem Mündel erst später zugefallene Vermögen ist, wenn zu diesem Zeitpunkte das allgemeine Vermögensverzeichnis bereits eingereicht war, ein weiteres Verzeichnis einzureichen; die Einreichung darf nicht bis zur Legung der Jahresrechnung aufgeschoben werden (bestr.). Tritt ein Wechsel in der Person des Vormundes ein, so braucht der neue Vormund über das zur Zeit der Übernahme der Vormundschaft vorhandene Vermögen nicht ein besonderes Verzeichnis vorzulegen. Sache des bisherigen Vormundes oder seiner Erben ist es, die Schlußrechnung zu legen (§ 1890), und der neue Vormund hat sich zu vergewissern, daß ihm das in dieser Rechnung nachgewiesene Vermögen richtig ausgehändigt ist. Daß die Pflicht zur Einreichung des Verzeichnisses sich auf das von dem Vormunde zu verwaltende Vermögen beschränkt, ist in § 1802 nicht bestimmt. Diese Einschränkung entspricht auch nicht der Natur der Sache. Der Vormund kann, auch wenn er das Vermögen des Mündels nicht in seiner Eigenschaft als Vormund, sondern aus anderm Rechtsgrunde in Besitz hat, sich der Verpflichtung nicht entziehen, dem Vormundschaftsgericht das zur wirksamen Aufsichtsführung erforderliche Vermögensverzeichnis zu liefern (RJA 17, 34 — bestr.). Über den Umfang der Verzeichnungspflicht vgl. § 1640 A 1. Ist der Mündel an einer Gesellschaft beteiligt, so sind die sämtlichen Bestandteile des Gesellschaftsvermögens in das Verzeichnis aufzunehmen (KGJ 35 A 24; 36 A 38). Anders ist es, wenn der Mündel bereits ausgeschieden ist und sein Recht sich auf das Auseinandersetzungsguthaben beschränkt. In jedem Falle, auch wenn der Mündel nur ein Anrecht auf das im Besitze eines Dritten befindliche Vermögen hat, ist es Pflicht des Vormundes, über den Vermögensbestand sich möglichst Klarheit zu verschaffen, nud es kann das Vormundschaftsgericht ihn zu dieser Tätigkeit anhalten. Sind mehrere Vormünder mit geteilter Verwaltung bestellt, so liegt einem jeden die Aufzeichnungspflicht nur in Ansehung des Vermögens ob, das in seinen Geschäftskreis fällt. Hat der Vormund seiner Verpflichtung, das bei Antritt seines Amtes vorhandene Vermögen zu verzeichnen, nicht genügt, so kann er sich, wenn der an seine Stelle getretene neue Vormund von ihm die nachträgliche Verzeichnung des Vermögens fordert, wie es zu einer bestimmten späteren Zeit während seiner vormundschaftlichen Verwaltung vorhanden war, durch die Wahl dieses späteren Zeitpunkts nicht beschwert fühlen (vgl. **RG** 26. 11. 06 IV 203/06).

2. Über die **Einrichtung des Verzeichnisses** und den Beweiswert seiner Angaben s. § 1640 A 2. Die Vorschrift des § 1640 Abs 1, daß bei Haushaltungsgegenständen die Angabe des Gesamtwerts genügt, ist auf das von dem Vormund einzureichende Verzeichnis nicht zu übertragen (a. M. Planck A 4; Staudinger A 4c). Selbstverständlich ist, daß nicht jeder ganz geringwertige Gegenstand besonders aufgeführt werden muß, daß hier vielmehr eine Zusammenfassung nach Gattungen unter Angabe des Gesamtwerts zulässig ist. Über die Pflicht zur Einreichung der Belege s. § 1839 A 1.

3. Der **Gegenvormund ist zuzuziehen,** damit er auf Grund eigener Prüfung in der Lage ist, die Richtigkeit und Vollständigkeit des Verzeichnisses bestätigen zu können. Glaubt er dieserhalb einen Vorbehalt machen zu müssen, so ist dies bei Abgabe der Versicherung zum Ausdruck zu bringen. Aufgabe des Vormundschaftsgerichts ist es dann, eine Klarstellung der fraglichen Punkte herbeizuführen. Ist ein Gegenvormund nicht vorhanden, so braucht der Vormund mit der Aufnahme des Vermögensverzeichnisses nicht bis zur Bestellung des Gegenvormundes zu warten.

4. Der Vormund hat das Recht, sich zur Aufnahme des Verzeichnisses **sachverständiger Beihilfe** zu bedienen. Die hierdurch entstehenden Kosten fallen dem Mündel zur Last, vorausgesetzt, daß sie nicht das nach der Sachlage gerechtfertigte Maß übersteigen. Ist das Vermögen des Mündels ein so geringwertiges, daß die Kosten der Zuziehung eines Sachverständigen hierzu in keinem Verhältnis stehen, so wird der Vormund Ersatz der Kosten nicht fordern können.

5. Vgl. § 1640 A 3.

§ 1803

Was der Mündel von Todes wegen erwirbt oder was ihm unter Lebenden von einem Dritten unentgeltlich zugewendet wird, hat der Vormund nach den Anordnungen des Erblassers oder des Dritten zu verwalten, wenn die Anordnungen von dem Erblasser durch letztwillige Verfügung, von dem Dritten bei der Zuwendung getroffen worden sind[1])[2]).

Der Vormund darf mit Genehmigung des Vormundschaftsgerichts von den Anordnungen abweichen, wenn ihre Befolgung das Interesse des Mündels gefährden würde[3]).

Zu einer Abweichung von den Anordnungen, die ein Dritter bei einer Zuwendung unter Lebenden getroffen hat, ist, solange er lebt, seine Zustimmung erforderlich und genügend. Die Zustimmung des Dritten kann durch das Vormundschaftsgericht ersetzt werden, wenn der Dritte zur Abgabe einer Erklärung dauernd außerstande oder sein Aufenthalt dauernd unbekannt ist[2]).

E I 1660 II 1683; M 4 1102; P 4 760.

1. Das Vormundschaftsgericht hat von Amts wegen darauf zu achten, daß die **bei Zuwendungen durch einen Dritten von diesem getroffenen Verwaltungsanordnungen** zur Ausführung gebracht werden und hat nötigenfalls zu diesem Zwecke die ihm zu Gebote stehenden Zwangsmittel gegen den Vormund anzuwenden. Lehnt es das Einschreiten ab, so ist der Dritte beschwerdeberechtigt, da er ein Recht auf den Schutz des Vormundschaftsgerichts hat (§ 20 FGG; vgl. § 57 Abs 1 Nr 6 das.). In der Verwaltungsanordnung allein kann, da hiermit nur dem Vormunde, nicht dem Mündel eine Verpflichtung auferlegt wird, eine Beschränkung des Pflichtteilsrechts des Mündels (§ 2306) nicht gesehen werden. Anders, wenn die Anordnung, was zu prüfen bleibt, als eine nicht unter § 1803 fallende, den Mündel belastende Auflage oder Bedingung gemeint ist. Auf die Vertretungsmacht des Vormundes sind die Verwaltungsanordnungen des Dritten hinsichtlich seines Nachlasses ohne Einwirkung, falls nicht etwa durch Bestellung eines Pflegers die Vertretungsmacht eingeschränkt ist. Dem Mündel gegenüber kann der Vormund, wenn er die im Interesse des Mündels angeordneten Beschränkungen nicht innehält, ersatzpflichtig werden. Nach § 1803 hat der Erblasser es auch in der Hand, den Vormund über die Vorschriften des § 1852 hinaus von den vormundschaftlichen Beschränkungen, insbesondere der lästigen Beschränkung des § 1807, zu befreien. Über die Form der Anordnung s. § 1638 A 2, über eine das Verwaltungsrecht des Vormundes ausschließende Anordnung § 1909 A 3.

2. Der Erblasser kann dem Vormunde zur Pflicht machen, aus dem dem Mündel hinterlassenen Grundbesitz eine **Familienstiftung** zu errichten. In einem solchen Falle erlangt der Vormund, der sonst für den Mündel nicht letztwillig verfügen kann, die Befugnis, namens des Mündels die Errichtung der Stiftung vorzunehmen. An dieser Befugnis des Vormundes wird dadurch nichts geändert, daß abweichend von der ihm auferlegten Verpflichtung dem Kinde selbst für den Fall seiner Volljährigkeit zur Zeit des Erbfalls die Errichtung einer Stiftung nur empfohlen ist (**RG** 20. 10. 10 IV 604/09).

3. Die verbindende Kraft der Verwaltungsanordnung ist nur eine beschränkte. Die Anordnung kann von vornherein eine offenbar unverständige gewesen sein. Möglich ist auch, daß die Sachlage sich inzwischen erheblich geändert hat. Mit Rücksicht hierauf ist dem Vormundschaftsgericht die Befugnis gegeben, bei Gefährdung der Interessen des Mündels die Anordnung gänzlich oder für bestimmte Fälle **außer Kraft zu setzen**, ohne daß dies gerade in der § 1803 vorgeschriebenen Form der Ergänzung der Zustimmung des Dritten zu geschehen braucht. In einer solchen von dem Vormundschaftsgericht gestatteten Abweichung von der Anordnung des Erblassers ist keinesfalls eine Anfechtung des Testaments zu sehen (KGJ 35 A 28). Bei Lebzeiten des Dritten darf die Außerkraftsetzung nur erfolgen, wenn dessen Zustimmung wegen dauernden Unbekanntseins seines Aufenthalts oder dauernder Verhinderung an der Abgabe einer Erklärung nicht zu erlangen ist.

§ 1804

Der Vormund kann nicht in Vertretung des Mündels Schenkungen machen. Ausgenommen sind Schenkungen, durch die einer sittlichen Pflicht oder einer auf den Anstand zu nehmenden Rücksicht entsprochen wird[1]).

E I 1661 II 1684; M 4 1106; P 4 760.

1. Über den Begriff der **Schenkungen** und darüber, daß sonstige Freigebigkeiten nicht unter das Verbot fallen, s. § 1641 A 1. Freigebigkeiten können insbesondere auch aus geschäftlichen Rücksichten gerechtfertigt sein z. B. bei kleinen Nachlässen, die im Geschäftsleben üblich sind, oder wenn ein geschäftliches Entgegenkommen in der berechtigten Erwartung geübt wird, hierdurch späterhin größere geschäftliche Vorteile zu erlangen. Durch das Verbot des § 1804 ist der Vormund einer entmündigten Ehefrau verhindert, in deren Vertretung die Einwilligung zu einer von dem Ehemann aus dem Gesamtgut zu machenden Schenkung zu erteilen. Da das Gesamtgut gemeinschaftliches Vermögen beider Eheleute ist, hat hier die Einwilligung zugleich die Bedeutung einer den Gesamtgutsanteil der Ehefrau belastenden Schenkung (**RG** 91, 40, a. M. Staudinger A 1). Die gegen das Verbot des § 1804 verstoßende Schenkung ist nichtig.

§ 1805

Der Vormund darf Vermögen des Mündels nicht für sich verwenden[1—4]).

E I 1662 II 1685; M 4 1107; P 4 760.

1. Dadurch, daß der **Vormund Vermögen des Mündels für sich verwendet,** wird das Interesse des Mündels nicht unter allen Umständen beeinträchtigt. Eine Beeinträchtigung würde nicht vorliegen, wenn mit Sicherheit erwartet werden darf, daß der Vormund ausreichenden Ersatz gewährt und seine Zahlungsfähigkeit unbedenklich ist. Immer aber liegt die Gefahr nahe, daß der Vormund die Gelegenheit benutzt, um unberechtigte Vorteile auf Kosten des Mündels zu gewinnen und daß durch die Vermengung des beiderseitigen Vermögens die Übersichtlichkeit verlorengeht. Es ist deshalb das Verbot des § 1805 gegeben, dessen Verletzung den Vormund, wenn ein Schaden nachweisbar ist, zum Ersatz des Schadens verpflichtet und das dem Vormundschaftsgericht die Handhabe zum Einschreiten wegen Pflichtwidrigkeit (§ 1837) bietet. Eine Strafvorschrift, daß der Vormund bei Verwendung des Mündelgeldes in seinen Nutzen einen bestimmten höheren Zinssatz zu zahlen hat (vgl. § 40 Abs 1 der PrVormO), ist von dem BGB nicht aufgestellt. Das Gesetz begnügt sich, für diesen Fall die Verzinsungspflicht des Vormundes auszusprechen (§ 1834 A 1). Die Nichtigkeit des gegen § 1805 verstoßenden Rechtsgeschäfts — die unter Umständen zum Nachteil des Mündels ausschlagen würde, indem er z. B. auf die für das Darlehn bestellten Sicherheiten keinen Anspruch machen könnte — ist aus dieser Vorschrift nicht herzuleiten (**RG** Warn 1917 Nr 84). Das Verbot des § 1805 findet Anwendung auf alle Geschäfte, welche den durch diese Vorschrift mißbilligten Zweck in irgendeiner Form verwirklichen. Auch die Anwendung auf die Zuwendung an eine Gesellschaft, an welcher der Vormund einen Anteil hat, so daß die Zuwendung an die Gesellschaft ihm mit zustatten kommt, ist nicht ausgeschlossen.

2. Läßt sich der Vormund unentgeltlich von dem Mündel Dienste leisten, so verwendet er dessen Arbeitskraft, nicht aber dessen Vermögen zu eignem Nutzen. Trotzdem wird man ihm, da eine dem § 1617 entsprechende Vorschrift fehlt, ein Recht auf solche Dienstleistungen selbst dann nicht zusprechen dürfen, wenn er den Mündel zu sich in Pflege genommen hat (anders früh. Aufl.). Der Vormund handelt daher pflichtwidrig, wenn er die Arbeitskraft des Mündels unter Mißbrauch seines Amtes für sich ausnutzt, und ist zu einer angemessenen Vergütung verpflichtet.

3. Eine dem § 1646 entsprechende Vorschrift, nach welchem der Erwerb durch den Gewalthaber aus Mitteln des Kindes im Zweifel dem Kinde zufällt, ist für das Verhältnis des Vormundes zum Mündel nicht gegeben. Die Natur der Sache bringt es jedoch mit sich, daß regelmäßig — wenn auch nicht geradezu hierfür eine Vermutung spricht — als Wille des Vormundes anzunehmen ist, den **aus Mitteln des Mündels erlangten Erwerb** für diesen zu machen.

4. § 1805 ist auch bei der Amts-, Anstalts- und Vereinsvormundschaft anwendbar, §§ 33 Abs 2, 47 Abs 2 JWG; s. aber wegen der Anlegung bei der Kasse der das Jugendamt errichtenden Körperschaft § 1807 A 1.

§ 1806

Der Vormund hat das zum Vermögen des Mündels gehörende Geld verzinslich anzulegen, soweit es nicht zur Bestreitung von Ausgaben bereitzuhalten ist[1]).

E I 1664 Abs 1 II 1687 Abs 1; M 4 1108 ff.; P 4 760.

1. Die §§ 1806—1820 behandeln die Pflichten des Vormundes auf dem Gebiete der Kapitalverwaltung. Diese bestehen namentlich in der sicheren zinstragenden Anlegung des Geldes (§§ 1806—1811) und der sicheren Aufbewahrung der Wertpapiere (§§ 1814—1820). Eine schuldhafte Verletzung der in § 1806 ausgesprochenen **Pflicht zur verzinslichen Anlegung** macht den Vormund ersatzpflichtig, wobei es aber nicht ohne weiteres als Verschulden anzusehen ist, wenn der Vormund die Anlegung nicht sofort bewirkt. Eine gewisse Frist muß

ihm zur Überlegung und Ausführung gelassen werden. Zur verzinslichen Anlegung ist der Vormund ferner nicht verpflichtet, soweit er das Geld für Ausgaben, die in nächster Zeit zu bestreiten sind, bereithalten muß. Er kann in diesem Falle je nach Bewandtnis der Umstände gänzlich von der Anlegung absehen oder sie abweichend von den Vorschriften der §§ 1807 bis 1809 bewirken, muß aber bei dieser andern Anlegung mit der nach § 1833 gebotenen Sorgfalt handeln. Die Vorschriften über die Anlegung von Mündelgeld verbinden den Vormund nur, wenn er das Geld in seiner Eigenschaft als Vormund für den Mündel verwaltet, nicht aber, wenn ihm die Verwaltung in seiner Eigenschaft als Testamentsvollstrecker zusteht, auch nicht, wenn der Mündel als Gesellschafter oder Miteigentümer (Miterbe) an Geldern beteiligt ist, die für die Gemeinschaft verwaltet werden (vgl. § 1642 A 1). Rechtsgeschäfte über das nicht der vormundschaftlichen Verwaltung unterliegende Mündelvermögen bedürfen sowenig der Genehmigung des Gegenvormundes wie der des Vormundschaftsgerichts (vgl. § 1821 A 3). Nicht ausgeschlossen ist durch § 1806 die Befugnis des Vormundes, das Mündelgeld, wenn er dies für vorteilhafter erachtet, in anderer Weise, wie z. B. durch Ankauf eines Grundstücks, Vergrößerung des Geschäfts, Beteiligung an einer Gesellschaft usw., nutzbar anzulegen (vgl. hierüber Kipp in Gruch 66, 509ff). Der Vormund bedarf dazu, soweit nicht das betreffende Rechtsgeschäft als solches genehmigungspflichtig ist (vgl. §§ 1821 Nr 4, 1822 Nr 3 u. 4), keiner Genehmigung, sondern handelt auf eigene Verantwortung. Die in § 1811 erforderte Gestattung des Vormundschaftsgerichts gilt nicht für eine solche Anlegung (RJA 13, 78 — abw. Josef in ArchZivPrax 117, 395). Wegen des Kaufes einer Leibrente s. § 1793 A 3.

§ 1807

[1]) Die im § 1806 vorgeschriebene Anlegung von Mündelgeld soll nur erfolgen:

1. in Forderungen, für die eine sichere Hypothek an einem inländischen Grundstücke besteht, oder in sicheren Grundschulden oder Rentenschulden an inländischen Grundstücken;

2. in verbrieften Forderungen gegen das Reich oder einen Bundesstaat sowie in Forderungen, die in das Reichsschuldbuch oder in das Staatsschuldbuch eines Bundesstaats eingetragen sind;

3. in verbrieften Forderungen, deren Verzinsung von dem Reiche oder einem Bundesstaate gewährleistet ist;

4. in Wertpapieren, insbesondere Pfandbriefen, sowie in verbrieften Forderungen jeder Art gegen eine inländische kommunale Körperschaft oder die Kreditanstalt einer solchen Körperschaft, sofern die Wertpapiere oder die Forderungen von dem Bundesrate zur Anlegung von Mündelgeld für geeignet erklärt sind;

5. bei einer inländischen öffentlichen Sparkasse, wenn sie von der zuständigen Behörde des Bundesstaats, in welchem sie ihren Sitz hat, zur Anlegung von Mündelgeld für geeignet erklärt ist.

Die Landesgesetze können für die innerhalb ihres Geltungsbereichs belegenen Grundstücke die Grundsätze bestimmen, nach denen die Sicherheit einer Hypothek, einer Grundschuld oder einer Rentenschuld festzustellen ist.

E I 1664 Abs 1 II 1687 Abs 1; M 4 1108; P 4 760.

1. Durch die Befolgung der in den §§ 1807 u. 1808 enthaltenen Vorschriften über die **Anlegung von Mündelgeld** wird der Vormund der Pflicht zur Betätigung der in § 1833 vorgeschriebenen Sorgfalt noch nicht überhoben. Er bleibt verantwortlich, wenn er erkennen konnte, daß die vom Gesetz zugelassene Anlage im einzelnen Falle ausnahmsweise keine Sicherheit gewährt. Auch wenn eine ordnungsmäßige Grundstückstaxe vorliegt, hat er ihm bekannte Umstände, die gegen die Richtigkeit der Taxe sprechen, zu berücksichtigen (**RG** JW 1910, 708[12]). Der Vormund hat ferner mit der gehörigen Sorgfalt unter den vom Gesetz zugelassenen Anlegungsarten die Auswahl zu treffen, und wird z. B. die Anlegung auf Sparkasse, falls hierfür nicht besondere Gründe sprechen, nicht wählen dürfen, wenn er Gelegenheit hat, besser verzinsliche Staatsschuldverschreibungen zu erwerben. Keine Anwendung finden die §§ 1807, 1808 auf die zur Zeit der Einleitung der Vormundschaft bereits vorhandenen Anlagen.

Entsprechen diese nicht den bezeichneten Vorschriften, so hat der Vormund nicht etwa die unbedingte Pflicht, die Anlegung rückgängig zu machen und eine vorschriftsmäßige Neuanlegung zu bewirken, was mit großen Verlusten für den Mündel verbunden sein könnte. Er hat vielmehr als verständiger Mann (§ 1833) die dem Mündel drohende Gefahr und die Nachteile der veränderten Anlegung gegeneinander abzuwägen und danach seine Entschließung zu treffen (KG in RJA 4, 5). Die gesetzwidrige Anlegung des Mündelgeldes verpflichtet den Vormund, jeden aus dieser Anlegung entstehenden Schaden zu tragen. Unbeschadet dieser Schadensersatzpflicht gilt aber die Anlegung als für Rechnung des Mündels erfolgt, was nur zu dessen Vorteil ist, da auf diese Weise die in der Anlage bestehende dingliche Sicherheit dem Mündel nicht verlorengeht. Er kann nicht einfach eine derartige Anlage als vorschriftswidrig zurückweisen (**RG** 13. 11. 13 IV 305/13). Wohl aber kann er die Änderung der Anlegung verlangen. — Die §§ 1807, 1808 haben übrigens eine über das Vormundschaftsgericht hinausgehende Bedeutung. Sie bilden zugleich die Norm für die Anlegung des Geldes im Verhältnis des Nießbrauchers zum Eigentümer, des Pfandgläubigers zum Gläubiger der verpfändeten Forderung, des Vorerben zum Nacherben, des Ehemanns zur Frau und des Gewalthabers zum Kinde (§§ 1079, 1288 Abs 1, 2119, 1377 Abs 2, 1525 Abs 2, 1642; vgl. auch §§ 234 Abs 1, 238 Abs 1) und haben auch für andere nicht im BGB geordnete Rechtsverhältnisse Bedeutung. Die Vorschriften über Anlegung von Mündelgeld sind für den Fall, daß das Jugendamt kraft Gesetzes oder als bestellter Amtsvormund die Vormundschaft führt, durch § 33 Abs 2 JWG dahin geändert, daß die Anlegung auch bei der das Jugendamt errichtenden Körperschaft, der betreffenden Gemeinde oder dem Gemeindeverbande zulässig ist. Eine Nachprüfung, wie die Gemeindekörperschaft ihrerseits die Anlegung bewirkt, steht dem Jugendamt nicht zu. Über den Einfluß der Geldentwertung s. § 1811.

Zu Nr 1: **Als mündelsicher wird regelmäßig nur diejenige Anlage angesehen, deren Sicherheit auf der Belastung von Grundstücken oder der Haftung eines Gemeinwesens beruht.** Was die Grundstückssicherheit betrifft, so ist es gleichgültig, welche Form der Belastung **(Hypothek, Grundschuld, Rentenschuld)** gewählt ist. Der Grundbesitz muß aber im Inlande belegen sein. Die Belastung darf ferner nach Maßgabe der landesgesetzlichen Vorschriften gemäß § 1807 Abs 2 (vgl. für Preußen § 23 des Schätzungsamtsgesetzes v. 8. 6. 18) einen gewissen Teil des Grundstückswerts (meist $^1/_2$ oder $^2/_3$) nicht übersteigen. Maßgebend sind hierfür die Vorschriften des Landes, in dem der zu beleihende Grundbesitz belegen ist. Die Vorschriften dieses Landes entscheiden auch darüber, in welcher Weise der Grundstückswert zu ermitteln ist. Zur Beleihung ist auch das Erbbaurecht geeignet, was schon nach bisherigem Recht anzunehmen war. Die Beleihbarkeit ist jetzt durch §§ 18—20 der VO v. 15. 1. 19 über das Erbbaurecht — vorbehaltlich einer abweichenden landesgesetzlichen Regelung (§ 22) — näher geordnet (s. hierüber Buch II, 4. Abschnitt). Beleihbar sind ferner die nach Landesrecht (vgl. Artt 63, 65, 67, 74 EG) den Grundstücken gleichstehenden Berechtigungen, Apothekergerechtigkeit, Fischereigerechtigkeit usw. (vgl. den Aufsatz in PrJMBl 02, 6ff. — anders hinsichtlich der Bergwerke § 12 Abs 3 HypBankG). Die Sicherheit einer solchen Anlage hat der Vormund in Ermangelung allgemeiner Bestimmungen nach den Umständen des einzelnen Falles sorgfältig zu prüfen. Bei der Beleihung ist namentlich darauf Rücksicht zu nehmen, daß das Mündelgeld vor Erlöschen des verpfändeten Rechtes abgetragen wird. Das Schiffspfandrecht ist der Grundstücksverpfändung nicht gleichgestellt. — Über das Schätzungsverfahren vgl. das PrGes. v. 8. 6. 18, das die Errichtung von Schätzungsämtern der Kreise und Provinzen und ein Landesschätzungsamt anordnet (das Landesschätzungsamt ist beseitigt durch die VO v. 12. 3. 24). Der von dem Schätzungsamt unter Berücksichtigung der Umstände des einzelnen Falles als mündelsicher festzustellende Betrag (vgl. Volmer in JW 1918, 474) darf bei städtischen Grundstücken die ersten sechs Zehntel, bei ländlichen Grundstücken die ersten zwei Drittel des gemeinen Grundstückswerts nicht übersteigen (§ 23 Abs 1, § 4). Für die Bemessung der Mündelsicherheit ist auch die Taxe einer Landschaft oder einer öffentlichen Feuerversicherungsanstalt (PrGes. v. 25. 7. 10) sowie die Grundsteuerveranlagung von Bedeutung. Eine besondere Vorschrift des Reichssteuerrechts (§ 155 der RAbgO v. 13. 12. 19) ist es, daß Verzeichnisse über den Wert der Grundstücke anzulegen und auf dem laufenden zu halten sind. Die auf Grund dieser Verzeichnisse ermittelten Steuerwerte sind nach § 161 zugleich als die im Sinne der Vorschriften über die Anlegung von Mündelgeld in Betracht kommenden Werte des Grundstücks anzusehen, soweit nicht abweichende landesgesetzliche Vorschriften nach § 1807 Abs 2 erlassen sind.

Zu Nr 2—4: Was die auf der Haftung eines Gemeinwesens beruhende Mündelsicherheit betrifft, so genügt stets die **Haftung des Reiches oder eines Bundesstaats** für eine Forderung (nicht für ein Anteilsrecht), und zwar genügt es, wenn die Haftung auch nur für die Zinsen der Forderung übernommen ist. Mündelsicher sind z. B. die Rentenbriefe der preuß. Rentenbanken, für deren Verpflichtungen Preußen nach § 3 des Ges. v. 2. 3. 50 die Gewähr übernommen hat. Über die Forderung muß im Interesse der Erleichterung des Beweises eine Urkunde usgestellt sein (verbriefte Forderung), oder es muß, was dem gleichwertig ist, die Forderung in das Reichsschuldbuch oder das Staatsschuldbuch (vgl. § 1815 A 2) eingetragen sein. Zur Mündelsicherheit von Anleihen der früheren deutschen Schutzgebiete, deren Haftung nicht als gleichwertig der Haftung des Reiches angesehen werden kann, war erforderlich, daß die Zinsgarantie vom Reiche übernommen wurde. Verbriefte Forderungen gegen eine inländische **kommunale Körperschaft** oder die Kreditanstalt einer solchen können von dem Bundesstaat zur Anlegung von Mündelgeld für geeignet erklärt werden. Dies ist laut der Bekanntmachung v. 7. 7. 01 geschehen unter Aufstellung des weiteren Erfordernisses, daß die Forderung entweder seitens des Gläubigers kündbar sein oder einer regelmäßigen Tilgung unterliegen muß. Der Bundesrat, jetzt Reichsrat, ist ferner ermächtigt, Wertpapiere jeder Art (das sind Urkunden, welche das Forderungsrecht oder Anteilsrecht derart verkörpern, daß die Geltendmachung des Rechtes an den Besitz der Urkunde geknüpft ist) für mündelsicher zu erklären, welche Erklärung jederzeit wieder zurückgenommen werden kann. Von dieser Ermächtigung ist seit dem Kriege in steigendem Maße Gebrauch gemacht worden. Der Reichsrat würde nicht gehindert sein, auch ausländische Wertpapiere für mündelsicher zu erklären. — Daneben bleiben gemäß Art 212 EG die bisherigen landesgesetzlichen Vorschriften für das Gebiet des betreffenden Landes in Kraft, nach welchen gewisse Wertpapiere zur Anlegung von Mündelgeld für geeignet erklärt sind. Solche Bestimmungen sind namentlich ergangen über Schuldverschreibungen der Gemeinden und Kirchengemeinden, über Pfandbriefe und Kommunalobligationen der Hypothekenbanken (vgl. über letztere §§ 35 Nr 2, 41 des vom Reiche erlassenen HypBankG v. 13. 7. 99). Pfandbriefe werden nach landesrechtlichen Vorschriften ausgegeben von den eine kommunale Körperschaft bildenden Landschaften. Die Sicherheit des seitens des Inhabers unkündbaren Pfandbriefs beruht auf der Eintragung einer gleichhohen Hypothek und auf der Garantie der meist provinziell zur Landschaft vereinigten Gutsbesitzer. Die Ausgabe von Pfandbriefen kann auch ländlichen Verbänden kleinerer Grundbesitzer und städtischen Anstalten überlassen werden. Den Landschaften nachgebildet sind die aus der Vereinigung von Eigentümern bebauter oder in der Bebauung begriffener Hausgrundstücke oder von Erbbauberechtigten bestehenden Stadtschaften, deren Förderung das PrGes. v. 8. 6. 18 (Ausführungsanw. v. 3. 12. 18) bezweckt. Sie werden regelmäßig in Anlehnung an die Provinzialverbände oder Kommunalverbände sich bilden. Die Satzung muß nach § 4 des Gesetzes die Bestimmung enthalten, daß ein jedes Mitglied für die Verbindlichkeiten der Stadtschaft bis zu einem Betrage von mindestens 5 v. H. des auf seinem Grundstück eingetragenen Darlehns haftet. Die von der Preuß. Landespfandbriefanstalt in Berlin auszugebenden Pfandbriefe sind durch Beschluß des Reichsrats v. 28. 10. 22 zur Anlegung von Mündelgeld für geeignet erklärt.

Zu Nr 5: Die Anlegung des Mündelgeldes bei einer öffentlichen **Sparkasse** ist jetzt — entgegen § 39 der PrVormO — unbeschränkt zugelassen, mit dem Vorbehalt jedoch, daß sie von der zuständigen Behörde, da die Verhältnisse bei den einzelnen Sparkassen sehr verschieden liegen, zur Anlegung von Mündelgeld für geeignet erklärt ist. Als öffentliche Sparkasse wird in Preußen nach der Übung der Behörden (vgl. Vf des JM und MdJ v. 27. 7. 00 im MBl der inn. Verw. S. 225) außer der für Rechnung einer Körperschaft des öffentlichen Rechts errichteten auch diejenige Sparkasse angesehen, für deren Verbindlichkeiten eine Körperschaft des öffentlichen Rechtes die Haftung übernommen hat. Durch PrGes. v. 23. 12. 12 ist den öffentlichen Sparkassen die Verpflichtung auferlegt, einen bestimmten Teil ihres verzinslich angelegten Vermögens (in der Regel 25 vom Hundert, bei kleineren Sparkassen 15 oder 20 vom Hundert) in mündelsichern Schuldverschreibungen auf den Inhaber anzulegen, von welchem Betrage wiederum drei Fünftel in Schuldverschreibungen des Deutschen Reiches oder Preußens angelegt werden muß. Die Verwendung der gesamten Jahresüberschüsse zu öffentlichen, dem gemeinen Nutzen dienenden Zwecken des Garantieverbandes ist nur gestattet, wenn der Sicherheitsfonds 8 vom Hundert der Spareinlagen erreicht. Über die Art der Anlegung bei der Sparkasse s. § 1809 A 1.

§ 1808

Kann die Anlegung den Umständen nach nicht in der im § 1807 bezeichneten Weise erfolgen, so ist das Geld bei der Reichsbank, bei einer Staatsbank oder bei einer anderen durch Landesgesetz dazu für geeignet erklärten inländischen Bank[1]) oder bei einer Hinterlegungsstelle[2]) anzulegen.

E I 1665 II 1688; M 4 1116; P 4 773; 5 146.

1. Die **Anlegung einer Bank**, die eine verzinsliche sein muß, darf nur **aushilfsweise** erfolgen, wenn die Anlegung nach § 1807 nicht tunlich ist, und nur so lange bestehenbleiben, bis die der ordentlichen Anlegung vorläufig entgegenstehenden Hindernisse fortgefallen sind

(a. M. in letzterer Hinsicht Planck A 1). Da die Reichsbank nach dem Bankges. v. 30. 8. 24 (§ 21 Abs 1 Nr 7, vgl. schon die Bek v. 3. 12. 78) mit der Annahme verzinslicher Geldeinlagen sich nicht befaßt, so verbleiben zur Anlegung von Mündelgeld nur die Staatsbanken, nämlich die preußische Seehandlung und die Bayerische Staatsbank, soweit nicht landesgesetzlich andere Banken innerhalb des betreffenden Landes für geeignet erklärt sind. Im allgemeinen ist dies nur bei öffentlichen Banken geschehen; eine diesbezügliche Beschränkung wird aber in § 1808 nicht getroffen. Für Preußen sind unter gewissen Voraussetzungen (Art 76 Abs 1 AG) auch Privatbanken zugelassen. Ist landesgesetzlich eine Bank für geeignet erklärt, so gilt dies für ganz Deutschland, also auch für die in einem anderen deutschen Lande geführten Vormundschaften.

2. Die Zuständigkeit der **Hinterlegungsstellen** zur Annahme von Mündelgeld kann nach Art 144 EG durch die Landesgesetzgebung ausgeschlossen werden, was seitens der meisten Bundesstaaten geschehen ist.

§ 1809

Der Vormund soll Mündelgeld nach § 1807 Abs 1 Nr 5 oder nach § 1808 nur mit der Bestimmung anlegen, daß zur Erhebung des Geldes die Genehmigung des Gegenvormundes oder des Vormundschaftsgerichts erforderlich ist[1]) [2]).

E I 1666 Abs 2 II 1689 Abs 2; M 4 1119; P 4 777.

1. Hinsichtlich der **Erhebung des Mündelgeldes** trifft das Gesetz Vorsorge, daß der Vormund das nach § 1807 Abs 1 Nr 5 oder § 1808 bei der Sparkasse oder einer Bank (Hinterlegungsstelle) angelegte Geld — entsprechend dem allgemeinen Grundsatz des § 1812 — nur mit Genehmigung des Gegenvormundes oder des Vormundschaftsgerichts zurückgezahlt erhalten kann, ohne daß die Anstalt durch Ausgabe von Ausweispapieren (Sparkassenbuch, Depotschein usw.) sich der Prüfung der Verfügungsberechtigung entziehen darf. Um dies zu erreichen, ist es, da eine Außerkurssetzung jetzt nicht mehr stattfindet (vgl. A 2), dem Vormunde zur Pflicht gemacht, mit der Sparkasse oder Bank bei Anlegung des Mündelgeldes die in § 1809 vorgeschriebene *Bestimmung* zu vereinbaren. Würde diese sich hierauf nicht einlassen, so wäre die Anlegung des Geldes bei ihr dem Vormund verwehrt. Die Vereinbarung hat zur Folge, daß die Sparkasse oder Bank *schuldrechtlich* verpflichtet ist, die in den §§ 1812, 1813 festgesetzte Verfügungsbeschränkung des Vormundes sich gegenüber gelten zu lassen (KGJ 43 A 58). Die Vorschrift ist gegeben, um den Gefahren zu begegnen, die für den Mündel mit der Aushändigung von Inhaber- oder Legitimationspapieren an den Vormund verbunden sind (**RG** 85, 422). Das Ausweispapier ist von der Sparkasse oder Bank mit einem entsprechenden Vermerk (dem sog. *Sperrvermerk*) zu versehen. Auch beim Fehlen eines solchen Vermerks bleibt die Anstalt an die getroffene Bestimmung gebunden. Einer besondern Vereinbarung bedarf es nicht, wenn *satzungsmäßig* die Sparkasse oder Bank sich verpflichtet hat, das von einem Vormund angelegte Geld nicht ohne Genehmigung des Gegenvormundes oder Vormundschaftsgerichts zurückzuzahlen (vgl. **RG** 79, 9; § 1814 A 4). Derartige Satzungsbestimmungen sind bei den in § 1808 bezeichneten Banken gebräuchlich. Ist durch die Satzung vorgeschrieben, daß die Sperrung auf dem Hinterlegungsschein zu vermerken ist, so hat dies regelmäßig nur die Bedeutung, daß zur Verhütung von Versehen die Sperrung kenntlich gemacht werden, nicht aber, daß die Verpflichtung der Bank von der Beobachtung dieser Vorschrift abhängig sein soll (**RG** JW 1910, 289[22]; 1912, 353[19]). Ist die Vereinbarung einmal getroffen worden, so hat der Vormund nicht die Macht, ohne die Genehmigung des Gegenvormundes oder Vormundschaftsgerichts, die Beschränkung durch neue Vereinbarung wieder aufzuheben, da hierin eine genehmigungsbedürftige Verfügung im Sinne des § 1812 liegen würde. Die Genehmigung darf das Vormundschaftsgericht an bestimmte Bedingungen knüpfen. Es darf insbesondere bei Erteilung der Genehmigung die Bedingung stellen — und es ist sogar im Interesse der rechtswirksamen Ausführung des Geschäfts hierzu verpflichtet (§ 1848 A 1) —, daß der Vormund das Geld von der Sparkasse nur erheben darf mit Einwilligung des Mitverfügungsberechtigten, wie z. B. des Ehemanns des Mündels (**RG** 85, 421). Die Vorschrift des § 1812 hat selbstverständlich keine Geltung, wenn der Vormund von der Notwendigkeit der Genehmigung des Gegenvormundes befreit ist (§ 1852); sie gilt auch nicht, soweit der Vormund nach § 1806 (vgl. A 1 hierzu) zur verzinslichen Anlegung des Mündelgeldes nicht verpflichtet ist. Mit der Beendigung der Vormundschaft erlischt die Beschränkung des § 1809. Die Beschränkung hat nur Geltung für die von dem Vormund vorgenommenen freiwilligen Verfügungen. Dem Gläubiger des Mündels steht sie bei Durchführung der Zwangsvollstreckung nicht entgegen (KGJ 43 A 58). — Auf die Zinsen erstreckt sich der Sperrvermerk nicht.

2. Die **Außerkurssetzung**, die durch Art 176 EG und Art 26 EG.HGB für Inhaberpapiere gänzlich beseitigt ist, ist auch für Sparkassenbücher als vormundschaftliche Sicherungsmaßregel nicht mehr statthaft und kann auch landesrechtlich nicht auf Grund von Art 99 EG, der nur auf die Einrichtungen der öffentlichen Sparkasse sich bezieht, eingeführt werden (ebenso Habicht, Einwirkung des BGB auf zuvor entstandene Rechtsverhältnisse, 3. Aufl., S. 348f.). Dagegen bleibt die mit einer früheren Außerkurssetzung des Sparkassenbuchs nach damaligem Recht verbundene Verfügungsbeschränkung gemäß Art 168 EG bestehen und es ist deshalb landesgesetzlich (vgl. Art 75 § 2 PrAG) bezüglich eines solchen Sparkassenbuchs die Regelung zulässig, daß Abhebungen nur mit Genehmigung des Gegenvormundes oder des Vormundschaftsgerichts erfolgen dürfen.

§ 1810

Der Vormund soll die in den §§ 1806 bis 1808 vorgeschriebene Anlegung nur mit Genehmigung des Gegenvormundes bewirken; die Genehmigung des Gegenvormundes wird durch die Genehmigung des Vormundschaftsgerichts ersetzt[1]). Ist ein Gegenvormund nicht vorhanden, so soll die Anlegung nur mit Genehmigung des Vormundschaftsgerichts erfolgen, sofern nicht die Vormundschaft von mehreren Vormündern gemeinschaftlich geführt wird[2]).

E I 1666 Abs 1 II 1689 Abs 1; M 4 1117; P 4 777; 6 306.

1. Die **Genehmigung des Gegenvormundes** ist nicht bloß erforderlich für Verfügungen über Kapitalien (§ 1812), sondern auch für die Kapitalanlegung (nicht für die nur vorübergehende Anlegung des zur Bestreitung von Ausgaben bereitzuhaltenden Geldes nach § 1806). Sie hat jedoch hier nicht die Bedeutung, daß die Gültigkeit der Anlegung von der Erteilung der Genehmigung abhängt, was nur zum Nachteil des Mündels sein würde. Es handelt sich um eine Sollvorschrift, deren Nichtbeachtung den Vormund, unter Umständen auch den Gegenvormund, wenn dieser an einer Überwachung des Vormundes es hat fehlen lassen, verantwortlich macht. Vermag sich der Vormund mit dem Gegenvormunde über die Anlegung oder die Art der Anlegung nicht zu einigen, so kann er die Entscheidung des Vormundschaftsgerichts anrufen. Er kann auch von vornherein sich an das Vormundschaftsgericht wenden, dessen Genehmigung die des Gegenvormundes, und zwar auch in dem Falle einer nach § 1809 getroffenen Vereinbarung ersetzt (vgl. § 1812 Abs 2). Es handelt sich hierbei aber nicht etwa um eine Ersetzung im Sinne des § 53 FGG, die erst mit der Rechtskraft des Beschlusses in Wirksamkeit tritt und durch sofortige Beschwerde (§ 60 Nr 6 FGG) anzufechten ist (KG in RJA 10, 168). Durch die Genehmigung des Vormundschaftsgerichts wird die gleiche Verrichtung des Gegenvormundes, der nur ein dem Vormundschaftsgericht untergeordnetes Hilfsorgan ist, und damit ein jedes Beschwerderecht des Gegenvormundes — vorausgesetzt, daß er vor der Entscheidung des Vormundschaftsgerichts gehört ist (§ 1826 A 1) — ausgeschlossen.

2. Gegenüber dem früheren Recht ist es eine zweckmäßige Neuerung, daß an Stelle der Genehmigung des Gegenvormundes, wenn ein solcher nicht vorhanden ist, die **Genehmigung des Vormundschaftsgerichts** tritt (so auch § 1812 Abs 3). Hierdurch wird die Erörterung der oft recht zweifelhaften Frage erspart, ob eine Vermögensverwaltung im Sinne des § 1792 Abs 2 vorliegt und aus diesem Grunde ein Gegenvormund bestellt werden muß. Trotz Nichtvorhandenseins eines Gegenvormundes ist die Genehmigung des Vormundschaftsgerichts entbehrlich, wenn mehreren Vormündern die gemeinschaftliche Verwaltung obliegt und sich aus diesem Grunde die Bestellung eines Gegenvormundes erübrigt hat (§ 1797 A 1). Eine Befreiung von der Notwendigkeit der in § 1810 vorgeschriebenen Genehmigung ist in §§ 1852, 1855 zugelassen.

§ 1811

[1]) Das Vormundschaftsgericht kann dem Vormund eine andere Anlegung als die in den §§ 1807, 1808 vorgeschriebene gestatten. Die Erlaubnis soll nur verweigert werden, wenn die beabsichtigte Art der Anlegung nach Lage des Falles den Grundsätzen einer wirtschaftlichen Vermögensverwaltung zuwiderlaufen würde[2])[3]).

E I 1667 II 1690; M 4 1120; P 4 779.

1. § 1811 bestimmte in seiner alten Fassung: „Das Vormundschaftsgericht kann aus besonderen Gründen dem Vormund eine andere Anlegung als die in den §§ 1807, 1808 vorgeschriebene gestatten". Es mußten also besondere Umstände hinzukommen, nach denen sie

zur Vermeidung erheblicher Nachteile, die sonst den Mündel treffen würden, gerechtfertigt erschien. Die Motive (4, 1120) verweisen auf den Fall, daß der Mündel ausländische Werte ererbt hat und zur Vermeidung von Verlusten die weitere Anlegung von Mündelgeld in diesen Werten durch Nachzahlungen oder durch Ausübung eines Bezugsrechts nötig wird, oder daß zur Erhaltung des ausländischen Grundbesitzes des Vaters oder der Mutter, aus dem zugleich die Mittel für den Unterhalt des Mündels gewonnen werden, auf diese Grundstücke Geld gegen Hypothek aufgenommen werden soll. Ebenso konnte es gerechtfertigt sein, dem Vormunde unter Entbindung von den Vorschriften der §§ 1807, 1808 die Gewährung eines Darlehns an die Mutter des Mündels zu gestatten, wenn es dieser hierdurch ermöglicht wurde, sich aus ihrer bedrängten Lage dauernd zu befreien (KGJ 37 A 65). Auch die Verwendung von Mündelkapital zur Ausübung des Bezugsrechts auf neue Aktien konnte nach § 1811 a. F. gestattet werden (JFG 1, 78). Dagegen war die Verschlechterung der deutschen Valuta als „besonderer Grund" im Sinne dieser Vorschrift nicht anerkannt (KG im Recht 1923 Nr 1355; BayObLG in JW 1922, 396[1], a. A. Kipp in Gruch 66, 507 ff.). Der fortschreitende Währungsverfall zwang jedoch, um eine fernere Schädigung der Mündelvermögen zu verhüten, zu einer anderweiten Regelung. Demgemäß erging das mit der Verkündung in Kraft getretene Gesetz über die Anlegung von Mündelgeld v. 23. 6. 23, das in Art I die Neufassung des § 1811, in Art II diejenige des § 1642 Abs 2 enthält (vgl. Engelmann in JW 1923, 1021 ff.).

2. Auch nach § 1811 n. F. bleiben die §§ 1807, 1808 grundsätzlich in Geltung, so daß eine allgemeine Befreiung von der Verpflichtung zu ihrer Beobachtung unzulässig ist. Eine davon abweichende Anlegung kann das Vormundschaftsgericht jedoch auch ohne das Vorliegen besonderer Gründe gestatten und es soll sie nur dann verweigern, wenn die vom Vormund beabsichtigte Anlegungsart nach Lage des Falls den Grundsätzen einer wirtschaftlichen Vermögensverwaltung zuwiderlaufen würde. Wirtschaftlich ist diejenige Vermögensverwaltung, die auf die Erlangung wirtschaftlicher Vorteile und die Abwendung wirtschaftlicher Nachteile gerichtet ist; doch wird auch hier der letztere Gesichtspunkt (die Erhaltung des Vermögens in seinem bisherigen Bestand) in den Vordergrund zu stellen sein. Das ist insbesondere zu beachten, wenn Mündelgelder in Aktien und anderen Dividendenpapieren angelegt werden sollen.

3. Die Gestattung unterliegt als bloße Erlaubnis nicht den Vorschriften über die Genehmigung in §§ 1828 ff. (RG JW 1917, 290[10]). Soweit tunlich, ist der vorhandene Gegenvormund vorher zu hören (§ 1826). Der Vormund kann sich unter Umständen schon durch das Unterlassen eines Antrags aus § 1811 schadensersatzpflichtig machen (Staudinger A 3).

§ 1812

Der Vormund kann über eine Forderung[1]) oder über ein anderes Recht, kraft dessen der Mündel eine Leistung verlangen kann, sowie über ein Wertpapier des Mündels nur mit Genehmigung des Gegenvormundes verfügen[2]), sofern nicht nach den §§ 1819 bis 1822 die Genehmigung des Vormundschaftsgerichts erforderlich ist. Das gleiche gilt von der Eingehung der Verpflichtung zu einer solchen Verfügung[2]).

Die Genehmigung des Gegenvormundes wird durch die Genehmigung des Vormundschaftsgerichts ersetzt[3]).

Ist ein Gegenvormund nicht vorhanden, so tritt an die Stelle der Genehmigung des Gegenvormundes die Genehmigung des Vormundschaftsgerichts, sofern nicht die Vormundschaft von mehreren Vormündern gemeinschaftlich geführt wird[3]).

E I 1669 Abs 1 u. 3 II 1692; M 4 1121; P 4 781.

1. Zu den geldwerten **Forderungen**, über welche der Vormund nur mit Genehmigung des Gegenvormundes verfügen kann, gehören schuldrechtliche Ansprüche jeder Art, auch Entschädigungsansprüche und die Ansprüche aus einem Gemeinschaftsverhältnis. Wenn § 1812 von einem **Recht auf Leistung** spricht, so sind doch hierunter Ansprüche auf Herausgabe von Grundstücken und Einräumung von Grundstücksrechten, wie schon aus § 1821 Nr 2 zu entnehmen ist, nicht zu verstehen, da diese nicht zu dem Kapitalvermögen, sondern zu dem Grundstücksvermögen gerechnet werden. Umgekehrt fallen dingliche Ansprüche aus Hypotheken, Grundschulden, Rentenschulden und Reallasten als zum Kapitalvermögen gehörig, wie in § 1821 Abs 2 bestimmt ist, nicht unter § 1821 Nr 1, sondern unter § 1812. Ebenfalls unter § 1812 fällt die Verfügung über ein **Wertpapier** (vgl. über dessen Begriff § 1807 zu Nr 2—4); im übrigen gehören dingliche Ansprüche auf bewegliche Sachen nicht hierher (a. M. Ennecce-

rus-Kipp § 115 I 1). Wegen des Verfügungsrechts des Vormundes über die zu einer Gemeinschaft gehörigen Forderungen s. § 1821 A 3. Nicht erforderlich ist die Genehmigung des Gegenvormundes, wenn das Verfügungsrecht für die Gemeinschaft einem Dritten zusteht und das Recht des Mündels auf Erteilung der Zustimmung beschränkt ist. Sind Wertpapiere, Hypothekenbriefe usw. nach §§ 1814, 1818 hinterlegt oder ist das Inhaberpapier auf den Namen des Mündels umgeschrieben, so bedarf es ausnahmsweise zur Verfügung über das Wertpapier oder die Forderung nach §§ 1819, 1820 statt der Genehmigung des Gegenvormundes der Genehmigung des Vormundschaftsgerichts. — § 1812 enthält zwingendes Recht (s. § 1814 A 4); durch die Leistung an den Vormund ohne die erforderliche Genehmigung wird der Schuldner nicht befreit.

2. Als **Verfügung** über eine Forderung (vgl. Vorbem 7 vor § 104) stellt sich eine jede rechtsgeschäftliche Handlung dar, durch die das Gläubigerrecht aufgehoben, gemindert oder geändert wird (Ausübung des Rechtes auf Wandlung usw.). Hierunter fällt auch die den bisherigen Schuldner befreiende Genehmigung der Schuldübernahme, mag die Genehmigung ausdrücklich (§ 415) oder stillschweigend (§ 416) erteilt werden. Eine Verfügung ist nicht bloß die Abtretung der Forderung, sondern auch die Bewilligung, daß die Schuld an einen Dritten gezahlt werde. Als Verfügung ist ferner zu erachten die Einziehung der Forderung, und zwar sowohl die Kündigung seitens des Vormundes, durch welche die Forderung zu einer einziehbaren (die Schuld zu einer hinterlegbaren) gemacht wird, als die Annahme der Leistung, wodurch die Forderung zum Erlöschen gebracht wird, mag nun die Leistung von dem Gläubiger eingefordert oder von dem Schuldner angeboten sein. Die Genehmigungsbedürftigkeit der Annahme ist jedoch in § 1813 in verschiedenen Beziehungen eingeschränkt. Als Verfügung ist es anzusehen, wenn der Vormund, der mit der für den Mündel eingeklagten Forderung abgewiesen ist, die Berufung gegen dieses Urteil zurücknimmt, da er damit die Forderung aufgibt (SeuffA 62 Nr 139). Unter den Begriff der Verfügung fällt auch die Aufrechnung. Keine Verfügung ist die Prozeßführung — abgesehen natürlich von den rechtsgeschäftlichen Handlungen des Anerkenntnisses, des Verzichts oder Vergleichs (**RG** 58, 333) und abgesehen von der in der Klage enthaltenen Kündigung —, ebensowenig die in ihren Wirkungen der Klageerhebung nahestehende Mahnung oder die Durchführung der Zwangsvollstreckung. Gerade mit Rücksicht auf letzteren Umstand ist bereits das die Verpflichtung zur Verfügung begründende Rechtsgeschäft für genehmigungsbedürftig erklärt, da sonst aus einem solchen Rechtsgeschäft die Vornahme der Verfügung erzwungen werden könnte. Die Annahme der im Zwangsvollstreckungsverfahren beigetriebenen Leistung bedarf ebenso wie die Annahme einer freiwilligen Leistung der Genehmigung des Gegenvormundes. Die Notwendigkeit dieser Genehmigung braucht in dem Urteil nicht vorbehalten zu sein. Wird eine Quittung von dem Vormund allein, ohne Mitvollziehung durch den Gegenvormund, ausgestellt, so beweist sie nur, daß die Leistung von dem Vormund angenommen ist, sie überhebt somit den Schuldner nicht des Beweises, daß der Gegenvormund die zur Rechtswirksamkeit der Annahme erforderliche Genehmigung erteilt hat. Aus demselben Grunde muß die Löschungsbewilligung, damit der mit der Mündelhypothek belastete Grundstückseigentümer den Nachweis dieser Genehmigung nicht besonders zu führen braucht, von dem Vormund und Gegenvormund ausgestellt werden. Genehmigungspflichtig ist auch der Verzicht auf Rechnungslegung, da es sich hierbei um ein Recht auf Leistung handelt. Die Bestimmung über die von den Dienstverpflichteten zu leistenden Dienste und die Annahme der Dienste ist als Verfügung über eine Forderung nicht anzusehen. Der Genehmigung bedarf es, wenn der Vormund der von einem Dritten z. B. der verwahrenden Bank über Wertpapiere des Mündels getroffenen unbefugten Verfügung nachträglich zustimmt (**RG** 115, 156).

3. Darüber, daß die **Genehmigung des Vormundschaftsgerichts** die Genehmigung des Gegenvormundes ersetzt und daß bei Nichtvorhandensein eines Gegenvormundes, falls nicht mehrere Vormünder zur gemeinschaftlichen Verwaltung bestellt sind, die sonst dem Gegenvormund zustehende Genehmigung von dem Vormundschaftsgericht erteilt wird, s. § 1810 A 1 u. 2. In manchen Fällen wird es sich übrigens empfehlen, daß die Genehmigung, wenn sie von dem Gegenvormund bereits erteilt ist, auch noch von dem Vormundschaftsgericht ausgesprochen wird, so z. B. zur Erleichterung des Ausweises im Rechtsverkehr mit dem Auslande. — Über die rechtliche Natur der Genehmigung s. § 1821 A 1; über den Zeitpunkt der Wirksamkeit der Genehmigung s. § 1832 u. § 1828 A 1.

§ 1813

Der Vormund bedarf nicht der Genehmigung des Gegenvormundes zur Annahme einer geschuldeten Leistung:

1. wenn der Gegenstand der Leistung nicht in Geld oder Wertpapieren besteht[1]);

2. wenn der Anspruch nicht mehr als dreihundert *Mark* beträgt[2]);

3. wenn Geld zurückgezahlt wird, das der Vormund angelegt hat[3]);

4. wenn der Anspruch zu den Nutzungen des Mündelvermögens gehört[1]);

5. wenn der Anspruch auf Erstattung von Kosten der Kündigung oder der Rechtsverfolgung oder auf sonstige Nebenleistungen gerichtet ist[1]).

Die Befreiung nach Abs 1 Nr 2, 3 erstreckt sich nicht auf die Erhebung von Geld, bei dessen Anlegung ein anderes bestimmt worden ist[2]). Die Befreiung nach Abs 1 Nr 3 gilt auch nicht für die Erhebung von Geld, das nach § 1807 Abs 1 Nr 1 bis 4 angelegt ist[3]).

E I 1669 Abs 2 II 1693; M 4 1121; P 4 782; 6 307.

1. Die Notwendigkeit der **Genehmigung des Gegenvormundes zur Annahme einer Leistung** (vgl. § 1812 A 2) ist entsprechend dem praktischen Bedürfnis **auf** die **Annahme des eigentlichen Kapitals beschränkt.** Die Genehmigung ist nicht erforderlich zur Annahme von Nutzungen des Kapitals, zur Annahme von Nebenleistungen, wie Kosten und Schäden, die neben dem Kapital zu leisten sind, und zur Annahme anderer Gegenstände, als Geld und Wertpapiere. Zu den Nutzungen gehören auch die auf Grund einer Reallast zu entrichtenden einzelnen Renten. Über den Begriff der Nebenleistungen s. § 224 A 1. Die bei Amortisationshypotheken zu entrichtenden wiederkehrenden Beträge sind zu den Nebenleistungen auch insoweit zu rechnen, als sie nicht zur Berichtigung der Zinsen, sondern zur allmählichen Tilgung des Kapitals bestimmt sind. Was endlich den Gegenstand der Leistung betrifft, so kommt es nicht darauf an, was ursprünglich zu leisten war, sondern darauf, was zur Tilgung des Anspruchs geleistet ist, wenn auch die Leistung nur an Erfüllungs Statt erfolgt ist (a. M. in letzterer Hinsicht Staudinger A 1a). Die Entbehrlichkeit der Genehmigung des Gegenvormundes zur Annahme hat zur Folge, daß diese Genehmigung auch zur Kündigung (vgl. § 1812 A 2) nicht erforderlich ist (bestr.).

2. Jetzt Reichsmark nach § 1 Abs 1 VO v. 12. 12. 24. Die Bestimmung ist lediglich aus Zweckmäßigkeitsgründen getroffen, um eine zu große Belästigung des Vormundes zu vermeiden. Für maßgebend erklärt ist nicht der Wert des Geleisteten, sondern der **Wert des Anspruchs** zur Zeit der Leistung — ohne Hinzurechnung der Nebenleistungen —, damit der Vormund nicht etwa die Freiheit von der Mitwirkung des Gegenvormundes sich dadurch verschaffen kann, daß er das Kapital von mehr als 300 Mark in kleineren Beträgen sich zurückzahlen läßt. Die Bestimmung der Nr 2, die nicht zwingender Art ist, schließt eine abweichende Vereinbarung des Vormundes mit dem Schuldner nicht aus und kommt nicht zur Anwendung, wenn gemäß § 1809 die Genehmigung des Gegenvormundes zur Erhebung des bei einer Sparkasse (§ 1807 Nr 5) oder einer Bank (§ 1808) angelegten Geldes ohne Beschränkung des Betrags vorbehalten ist. Der Vormund hat aber nicht nötig, die Genehmigung des Gegenvormundes zur Gelderhebung auszubedingen, wenn es sich insgesamt um eine Forderung von nicht über 300 Mark handelt, da in diesem Falle die Verfügungsbeschränkung aus § 1812 nicht wirksam wird.

3. Eine weitere Ausnahme besteht nach Nr 3 in Verbindung mit Abs 2 darin, daß der Vormund das von ihm angelegte Geld, das in einer von §§ 1807 u. 1808 abweichenden Art oder bei einer **Sparkasse** (§ 1807 Nr 5) oder einer **Bank** (§ 1808) ohne die in § 1809 vorgesehene Bestimmung angelegt ist, ohne Genehmigung des Gegenvormundes sich zurückzahlen lassen kann. Diese Ausnahme wird hauptsächlich in dem Falle praktisch, daß der Vormund Geld verzinslich angelegt hat, ohne daß er nach § 1806 hierzu verpflichtet war.

§ 1814

Der Vormund hat die zu dem Vermögen des Mündels gehörenden Inhaberpapiere nebst den Erneuerungsscheinen bei einer Hinterlegungsstelle oder bei der Reichsbank[2]) mit der Bestimmung zu hinterlegen, daß die Herausgabe der Papiere nur mit Genehmigung des Vormundschaftsgerichts verlangt werden kann[3])[4]). Die Hinterlegung von Inhaberpapieren, die nach § 92 zu den verbrauchbaren Sachen gehören, sowie von Zins-,

Renten- oder Gewinnanteilscheinen ist nicht erforderlich. Den Inhaberpapieren stehen Orderpapiere gleich, die mit Blankoindossament versehen sind[1]).

E I 1670 Abs 1 II 1694; M 4 1129; P 4 783 ff.; 6 310.

1. Die dem Vormunde obliegende allgemeine Pflicht, die Vermögensgegenstände des Mündels sicher aufzubewahren, wird hinsichtlich der **Inhaberpapiere** — deren Außerkurssetzung nicht mehr möglich ist (s. § 1809 A 2) — dadurch verschärft, daß dem Vormunde die **Hinterlegung** zur Pflicht gemacht ist. Über den Begriff der Inhaberpapiere s. Vorbem 1 vor § 793. Den Inhaberpapieren sind gleichgestellt die mit Blankoindossament versehenen Orderpapiere (vgl. §§ 363ff. HGB; Artt 9, 12, 13, 98 WO). Die Hinterlegungspflicht erstreckt sich auch auf die Erneuerungsscheine (Talons), nicht auf Zins-, Renten- und Gewinnanteilscheine, da nur das Kapital dem Mündel gesichert sein soll (vgl. jedoch § 1818, A 1), auch nicht auf Inhaberpapiere, die, wie Banknoten, bestimmungsmäßig zur Veräußerung, nicht als Kapitalanlage dienen und deshalb zu den verbrauchbaren Sachen (§ 92) gehören. Die Hinterlegungspflicht des § 1814 besteht nur für Inhaberpapiere, über die der Mündel allein verfügen kann, die in seinem durch Nießbrauch oder Pfandrecht nicht beschränkten Alleineigentum sich befinden; im Falle des Miteigentums (Mitbesitzes) ist § 745, im Falle fremden Nießbrauchs zunächst § 1082 anwendbar. Über die Erweiterung der Hinterlegungspflicht s. § 1818, über die Ersatzpflicht des Vormundschaftsrichters, der den Vormund nicht unverzüglich zur Hinterlegung angehalten hat, § 1848 A 1.

2. Die Hinterlegung hat zu erfolgen bei einer **Hinterlegungsstelle** oder bei der Reichsbank. Sache der Landesgesetzgebung ist es, die zuständigen Hinterlegungsstellen zu bestimmen und über das Verfahren Vorschriften zu geben (Artt 144, 145 EG). Für Preußen vgl. die Hinterlegungsordnung v. 21. 4. 1913 mit den Abänderungsgesetzen v. 2. 3. 1918, 8. 7. 1920, 9. 6. 1923 und 4. 1. 1924. Dem öffentlichen Charakter der Hinterlegung entspricht es, daß mit der Hinterlegung nur öffentliche Behörden oder öffentliche Bank- oder Kreditanstalten betraut werden. Nach den landesgesetzlichen Vorschriften richtet es sich, inwieweit die Hinterlegungsstellen die Auslosung und Kündigung der Wertpapiere zu überwachen haben. Werden, wie dies in Preußen auf Grund des Art 85 AG geschehen ist, Bankstellen als Hinterlegungsstellen für Wertpapiere zugelassen, so bestimmt sich der Hinterlegungsverkehr bei diesen Anstalten nach ihren Geschäftsbedingungen. Bei der Reichsbank werden Hinterlegungen zur Verwahrung von allen Reichsbankstellen, Hinterlegungen zur Verwahrung und Verwaltung (sog. offenes Depot) von dem Kontor für Wertpapiere in Berlin angenommen.

3. Die Hinterlegung hat zugleich die Bedeutung einer Verfügungsbeschränkung, die dadurch vermittelt wird, daß der Vormund die Hinterlegung mit der Bestimmung zu bewirken hat, daß die **Herausgabe** (geradeso, als wenn die Papiere in Gewahrsam des Vormundschaftsgerichts sich befänden) **nur mit Genehmigung des Vormundschaftsgerichts** statthaft ist. Diese Bestimmung haben sich die Hinterlegungsstellen auch noch nachträglich, nachdem bereits hinterlegt ist, gefallen zu lassen. Nach den Satzungen der Bank kann es zur Gültigkeit der Verfügungsbeschränkung notwendig sein, daß der Hinterlegungsschein mit dem Sperrvermerk versehen wird (**RG** JW 1910, 289[22]). Regelmäßig hat jedoch der Vermerk nur den Zweck, die Sperrung kenntlich zu machen, und ist es dann Sache der Bank, für die Hinzufügung dieses Vermerks zu sorgen (**RG** 79, 16). Das Inhaberpapier selbst braucht mit einem Sperrvermerk nicht versehen zu werden und es pflegt dies auch nicht zu geschehen, weil die Umlaufsfähigkeit des Papiers hierdurch Schaden leiden würde. Über die Rechtswirkungen dieser Bestimmung s. § 1819 A 1.

4. Ist die in § 1814 vorgesehene Bestimmung nicht getroffen, so bleibt doch die **allgemeine Vorschrift des § 1812 in Kraft,** wonach der Vormund über eine Mündelforderung nur mit Genehmigung des Gegenvormundes oder des Vormundschaftsgerichts verfügen kann. Diese Vorschrift, die zwingendes Recht enthält, kann nicht etwa durch eine Vereinbarung des Vormundes mit der die Inhaberpapiere verwahrenden Stelle abgeändert werden. Trotz § 793 Abs 1 Satz 2 ist deshalb letztere verantwortlich, wenn sie die Inhaberpapiere allein an den Vormund herausgibt, obschon sie ihre Eigenschaft als Mündelpapier kannte, und zwar auch in dem Falle, daß sie der Angabe des Vormundes, es handle sich um eine befreite Vormundschaft, ohne urkundlichen Nachweis Glauben geschenkt hat (**RG** 79, 9; Josef in ArchBürgR 40, 349).

§ 1815

Der Vormund kann die Inhaberpapiere, statt sie nach § 1814 zu hinterlegen, auf den Namen des Mündels mit der Bestimmung umschreiben lassen[1]), daß er über sie nur mit Genehmigung des Vormundschaftsgerichts verfügen kann. Sind die Papiere von dem Reiche oder einem Bundesstaat

ausgestellt, so kann er sie mit der gleichen Bestimmung in Buchforderungen gegen das Reich oder den Bundesstaat umwandeln lassen[2]).

Sind Inhaberpapiere zu hinterlegen, die in Buchforderungen gegen das Reich oder einen Bundesstaat umgewandelt werden können, so kann das Vormundschaftsgericht anordnen, daß sie nach Abs 1 in Buchforderungen umgewandelt werden[2]).

E I 1670 Abs 1 II 1695; M 4 1129; P 4 783.

1. Der Vormund ist berechtigt, statt der Hinterlegung das **Inhaberpapier in ein auf den Namen des Mündels lautendes Namenpapier** umschreiben zu lassen, muß dann aber, damit die gleiche Verfügungsbeschränkung hergestellt wird, wie sie nach § 1814 für Inhaberpapiere vorgeschrieben ist, zugleich die Bestimmung treffen, daß er über die Forderung nur mit Genehmigung des Vormundschaftsgerichts — nicht bloß des Gegenvormundes — verfügen kann, welche Bestimmung auf dem Namenpapier vermerkt werden soll, ohne daß jedoch die schuldrechtliche Wirksamkeit der Verfügungsbeschränkung hierdurch bedingt ist. Eine der Genehmigung des Vormundschaftsgerichts bedürfende Verfügung ist auch in dem Antrage auf Wiederherstellung des Inhaberpapiers zu erblicken. Auf die Umschreibung braucht der Aussteller des Inhaberpapiers, falls er sich nicht hierzu durch einen Vermerk auf dem Inhaberpapier oder durch besonderes Abkommen verpflichtet hat, nicht einzugehen (§ 806). Den juristischen Personen des öffentlichen Rechtes kann indes diese Verpflichtung gemäß Art 101 EG landesrechtlich auferlegt werden.

2. Der Umschreibung steht bei Schuldverschreibungen des Reiches oder eines Bundesstaats die mit der gleichen Bestimmung zu bewirkende **Umwandlung in eine Buchforderung** vollständig gleich. Eine solche Umwandlung ist zulässig bei Schuldverschreibungen des Reiches nach Maßgabe des Ges. v. 31. 5. 91 in der Fassung v. 31. 5. 10 (Ausführungsbestimmungen v. 2. 6. 10). Der Eintritt der Verfügungsbeschränkung ist davon abhängig, daß die in A 1 bezeichnete Bestimmung getroffen wird und daß zugleich die Verfügungsbeschränkung in dem Reichsschuldbuch vermerkt wird. Die Eintragung in das Schuldbuch, die gebührenfrei erfolgt, bietet, abgesehen davon, daß dem Vormund die Aufbewahrungslast abgenommen wird, den Vorteil, daß die Zinsen zu den Verfallzeiten kostenlos (abgesehen von den Bestellgebühren) dem eingetragenen Berechtigten zugesandt werden und daß er im Falle der Kündigung der Reichsanleihe zu benachrichtigen ist. Für die Löschung im Reichsschuldbuch ist eine geringe Gebühr vorgesehen. Solange die Buchforderung eingetragen ist, erlangen Verfügungen hierüber, wie z. B. Abtretungen und Verpfändungen, dem Reiche gegenüber nur durch Eintragung in das Reichsschuldbuch Wirksamkeit (§ 11 des Ges.). Die Umwandlung kann von dem Vormundschaftsgericht — was von den Bestimmungen über die Umschreibung abweicht — auch wider den Willen des Vormundes angeordnet werden. Das in seiner Geltung zeitlich beschränkte RGes v. 19. 5. 1923 sieht die Löschung kleiner im Reichsschuldbuch eingetragener Forderungen ohne Genehmigung des Vormundschaftsgerichts vor. Über Staatsschuldbücher s. EG Art 97 und PrAG Art 18 § 3. — Buchforderungen können übrigens auch ohne Umwandlung durch Einzahlung des Betrags bei der Schuldbuchverwaltung erworben werden.

§ 1816

Gehören Buchforderungen gegen das Reich oder gegen einen Bundesstaat bei der Anordnung der Vormundschaft zu dem Vermögen des Mündels oder erwirbt der Mündel später solche Forderungen, so hat der Vormund in das Schuldbuch den Vermerk eintragen zu lassen, daß er über die Forderungen nur mit Genehmigung des Vormundschaftsgerichts verfügen kann[1]).

E II 1696; P 4 783.

1. Die dem Mündel durch die Umwandlung in eine Buchforderung gewährte Sicherung soll ihm in gleichem Maße auch dann zuteil werden, wenn eine bereits in das Reichs- oder Staatsschuldbuch eingetragene Buchforderung von ihm erworben wird oder eine solche Forderung ihm bereits vor Einleitung der Vormundschaft zustand. Der Vormund ist in diesen Fällen, ohne daß er erst eine Aufforderung des Vormundschaftsgerichts abzuwarten hat, verpflichtet, die in § 1815 bestimmte Verfügungsbeschränkung durch **nachträgliche Eintragung** eines dementsprechenden Vermerks in das Schuldbuch herbeizuführen.

§ 1817

Das Vormundschaftsgericht kann aus besonderen Gründen[1]) den Vormund von den ihm nach den §§ 1814, 1816 obliegenden Verpflichtungen entbinden.

E I 1670 Abs 2 II 1697; M 4 1131; P 4 783.

1. Nur aus besondern Gründen, wenn nach den persönlichen Verhältnissen des Vormundes und den Einrichtungen, die er zur Aufbewahrung des eigenen Vermögens getroffen hat, der Mündel gegen die Gefahr des Verlustes des Inhaberpapiers und gegen die Gefahr der Veruntreuung genügend gesichert ist, kann der **Vormund von der Hinterlegungspflicht** und der aus § 1816 sich ergebenden Eintragungspflicht **befreit** werden. Die Befreiung kann von Erfüllung bestimmter Bedingungen abhängig gemacht werden. Daß sie durch ein besonderes Interesse des Mündels geboten ist, wird nicht zu fordern sein (bestr.). Eine Befreiung von den Maßnahmen des § 1815 (Umschreibung und Umwandlung) kommt nicht in Frage, da es sich bei ihnen nur um einen Ersatz der Hinterlegung handelt und von dieser der Vormund nach § 1817 überhaupt entbunden werden kann.

§ 1818

Das Vormundschaftsgericht kann aus besonderen Gründen anordnen, daß der Vormund auch solche zu dem Vermögen des Mündels gehörende Wertpapiere, zu deren Hinterlegung er nach § 1814 nicht verpflichtet ist, sowie Kostbarkeiten des Mündels in der im § 1814 bezeichneten Weise zu hinterlegen hat; auf Antrag des Vormundes kann die Hinterlegung von Zins-, Renten- und Gewinnanteilscheinen angeordnet werden, auch wenn ein besonderer Grund nicht vorliegt[1]).

E I 1670 Abs 3 II 1698; M 4 1132; P 4 783 ff., 813.

1. Das Vormundschaftsgericht kann die **Hinterlegungspflicht,** wenn hierfür besondere Gründe vorliegen, auf Wertpapiere jeder Art und auf Kostbarkeiten **ausdehnen.** Hierüber hat es unter Berücksichtigung der Interessen des Mündels und des Vormundes nach freiem Ermessen zu befinden. Der Vormund kann nicht unbedingt verlangen, daß ihm die Aufbewahrung der Zins-, Renten- und Gewinnanteilscheine abgenommen wird (anders nach § 18 Abs 1 der BayVormO v. 19. 1. 00). Das Vormundschaftsgericht kann aber seinem Antrage, auch ohne daß hierfür ein besonderer Grund vorzuliegen braucht, stattgeben. Über den Begriff des Wertpapiers s. § 1807 zu Nr 2—4. Unter Kostbarkeiten sind solche Gegenstände zu verstehen, die im Verhältnis zu ihrem Umfang und Gewicht besonders wertvoll sind, wobei es nicht bloß auf den Stoffwert, sondern auch auf den Kunstwert, den Geschichtswert usw. ankommt (vgl. **RG** 13, 38; JW 1913, 875[19]; vgl. auch 75, 193ff; 105, 204). Zur Aufbewahrung von Wertpapieren und Kostbarkeiten sind die ordentlichen Hinterlegungsstellen (vgl. Art 146 EG) verpflichtet, zur Aufbewahrung von Wertpapieren (vgl. § 1814 A 2) auch die außerordentlichen Hinterlegungsstellen. Von der Reichsbank werden Kostbarkeiten zur Aufbewahrung nicht angenommen.

§ 1819

Solange die nach § 1814 oder nach § 1818 hinterlegten Wertpapiere oder Kostbarkeiten nicht zurückgenommen sind, bedarf der Vormund zu einer Verfügung über sie und, wenn Hypotheken-, Grundschuld- oder Rentenschuldbriefe hinterlegt sind, zu einer Verfügung über die Hypothekenforderung, die Grundschuld oder die Rentenschuld der Genehmigung des Vormundschaftsgerichts. Das gleiche gilt von der Eingehung der Verpflichtung zu einer solchen Verfügung[1]).

E I 1671 Abs 1 II 1699; M 4 1133; P 4 788; 5 108; 6 233.

1. Hat der Vormund der nach §§ 1814, 1818 bestehenden Verpflichtung gemäß Wertpapiere oder Kostbarkeiten mit der Bestimmung hinterlegt, daß die Herausgabe nur mit Genehmigung des Vormundschaftsgerichts verlangt werden kann, oder hat er statt der Hinterlegung das Inhaberpapier gemäß § 1815 (vgl. auch § 1816) in ein Namenpapier oder in eine Buchforderung mit der Bestimmung umwandeln lassen, daß er über die Forderung, d. i. die Stammforderung (§ 1820), nur mit Genehmigung des Vormundschaftsgerichts verfügen kann, so hat die in dieser Bestimmung liegende Vereinbarung nicht bloß Wirkung für das

Rechtsverhältnis zwischen den Vertragsparteien, sondern kraft Gesetzes die Wirkung einer **allgemeinen Verfügungsbeschränkung.** Die Vertretungsmacht des Vormundes ist dahin eingeschränkt, daß eine ohne Genehmigung des Vormundschaftsgerichts von ihm vorgenommene Verfügung unwirksam ist. Diese Beschränkung erstreckt sich notwendigerweise (vgl. § 1812 A 2, § 1821 A 3) auch auf die Eingehung einer schuldrechtlichen Verpflichtung zur Verfügung. Ist ein Hypothekenbrief (Grundschuldbrief, Rentenschuldbrief) hinterlegt, so ergreift die Verfügungsbeschränkung mit der Urkunde zugleich die Hypothekenforderung (Grundschuld, Rentenschuld). Die Beschränkung fällt Dritten gegenüber fort, wenn der hinterlegte Gegenstand herausgegeben oder der Sperrvermerk im Staatsschuldbuch (Reichsschuldbuch) gelöscht ist, mag dies nun zu Recht oder zu Unrecht geschehen sein.

§ 1820

Sind Inhaberpapiere nach § 1815 auf den Namen des Mündels umgeschrieben oder in Buchforderungen umgewandelt, so bedarf der Vormund auch zur Eingehung der Verpflichtung zu einer Verfügung über die sich aus der Umschreibung oder der Umwandlung ergebenden Stammforderungen der Genehmigung des Vormundschaftsgerichts.

Das gleiche gilt, wenn bei einer Buchforderung des Mündels der im § 1816 bezeichnete Vermerk eingetragen ist[1]).

E I 1671 Abs 2 II 1700; M 4 1135; P 4 788; 5 108; 6 322.

1. S. § 1819 A 1.

§ 1821

Der Vormund bedarf der Genehmigung des Vormundschaftsgerichts[1—4]):

1. **zur Verfügung über ein Grundstück oder über ein Recht an einem Grundstücke;**
2. **zur Verfügung über eine Forderung, die auf Übertragung des Eigentums an einem Grundstück oder auf Begründung oder Übertragung eines Rechtes an einem Grundstück oder auf Befreiung eines Grundstücks von einem solchen Rechte gerichtet ist;**
3. **zur Eingehung der Verpflichtung zu einer der in Nr 1, 2 bezeichneten Verfügungen;**
4. **zu einem Vertrage, der auf den entgeltlichen Erwerb eines Grundstücks oder eines Rechtes an einem Grundstücke gerichtet ist.**

Zu den Rechten an einem Grundstück im Sinne dieser Vorschriften gehören nicht Hypotheken, Grundschulden und Rentenschulden.

E I 1674 Nr 1, 2, 5 II 1701; M 4 1136 ff., 1153; P 4 790.

1. Die **Genehmigung des Vormundschaftsgerichts** stellt sich, obwohl sie eine obrigkeitliche Handlung ist, als eine für bestimmte Rechtshandlungen vorgeschriebene Mitwirkung an der Verwaltung des Vormundes und somit als ein dem Gebiete des Privatrechts angehöriges Rechtsgeschäft dar, das in und mit der vom Vormunde dem Dritten gegenüber abzugebenden Willenserklärung (§§ 1828, 1829) zur Wirksamkeit gelangt (vgl. **RG** 71, 170 Nr 43; Fuchs im Recht 1912, 111; Josef in SeuffBl 1912, 315, der darauf hinweist, daß das Rechtsgeschäft sich aus der Erklärung des Vormundes und des Vormundschaftsgerichts zusammensetzt; a. A. Kipp im Recht 1912 S. 5). Bei der Entschließung über Erteilung der Genehmigung darf das Vormundschaftsgericht nicht bloß den Standpunkt der Aufsichtsbehörde einnehmen, nicht bloß nachprüfen, ob die Vornahme des Rechtsgeschäfts eine Pflichtwidrigkeit enthält, sondern es hat zu prüfen, ob und unter welchen sachlichen Bedingungen es selbst, wenn es den Mündel zu vertreten hätte, das Rechtsgeschäft eingehen würde. Auf dieser Rechtsnatur der Genehmigung beruht es, daß auf sie die allgemeinen Grundsätze über Privatwillenserklärungen entsprechende Anwendung finden. Es kommt darauf an, ob und inwieweit der Richter die Genehmigung hat erteilen wollen. Der Vertrag wird von dem Vormundschaftsgericht nur mit dem Inhalt genehmigt, wie er aus der ihm vorgelegten Vertragsurkunde ersichtlich ist; weitere dem Mündel nachteilige Vereinbarungen, die nicht zu seiner Kenntnis gebracht sind, können nicht als genehmigt gelten (**RG** 50, 281 für preuß. Recht, ebenso 61, 209; 114, 38). Auch wenn die Parteien zur Zeit der Auflassung bei der früheren, dem Vormundschaftsrichter unbekannt gebliebenen Abrede stehengeblieben sind, so daß der Formmangel der

Abrede durch Auflassung und Eintragung geheilt sein würde, kann doch die erteilte Genehmigung den zu dieser Zeit dem Vormundschaftsrichter unbekannt gebliebenen Vertragsbestandteil nicht mit umfassen (RG 99, 74). Es ist auch nicht ausgeschlossen, die Genehmigung des Vormundschaftsgerichts, gerade so, wie wenn sich der Vormund geirrt hätte, im Wege der Anfechtung des Rechtsgeschäfts wegen Irrtums des Richters oder auch wegen ihm gegenüber begangener arglistiger Täuschung oder Drohung zu Fall zu bringen; die Anfechtung ist durch den Vormund oder, falls dieser selbst beteiligt ist, durch einen besonders zu bestellenden Pfleger zu erklären (Breit in ZBlFG 4, 593ff., vgl. JFG 2, 221 und für preuß. Recht RG 25, 281; 50, 284 — bestr.). Die Genehmigung ist wirkungslos, wenn das Vormundschaftsgericht bei ihrer Erteilung irrtümlich davon ausgegangen ist, daß es sich um die Fürsorge für einen Inländer handle (vgl. KGJ 35 A 15). Ist das genehmigungsbedürftige Rechtsgeschäft des Vormundes binnen bestimmter Frist vorzunehmen, so muß binnen gleicher Frist die Genehmigung, die einen Teil des Rechtsgeschäfts bildet, erteilt werden. Die vormundschaftsgerichtliche Genehmigung der dem Nachlaßgericht erklärten Ausschlagung der Erbschaft muß dem Nachlaßgericht vor Ablauf der in § 1944 bestimmten Frist zugehen, kann aber innerhalb dieser Frist noch nachgebracht werden (s. hierüber § 1831 A 1). Eine bestimmte Form ist für die Genehmigung nicht vorgeschrieben. Sie kann mündlich, auch stillschweigend erklärt werden (RG 59, 278; 115 176); von stillschweigender Genehmigung kann jedoch nicht die Rede sein, wenn das Vormundschaftsgericht den Vertrag auch ohne Genehmigung für rechtsbeständig gehalten hat (RG 26. 4. 06 IV 85/06). Darin allein, daß das Vormundschaftsgericht dem Vormunde die Vornahme eines Rechtsgeschäftes empfiehlt, darf eine stillschweigende Genehmigung noch nicht gefunden werden. Die vormundschaftsgerichtliche Genehmigung kann schon im voraus für den Fall des Abschlusses eines Rechtsgeschäfts unter bestimmten Bedingungen erteilt werden, wobei die Regelung von Einzelheiten der demnächstigen Vereinbarung der Beteiligten überlassen werden kann (RG 85, 421; Warn 1919 Nr 59), und es kann der Vormund, wenn ihm dies zweckmäßig erscheint, verlangen, daß das Vormundschaftsgericht sich über die Erteilung der Genehmigung im voraus schlüssig macht. Unzulässig ist es, sie allgemein für bestimmte Arten von Rechtsgeschäften im voraus zu erteilen (vgl. § 1825 A 1). Wird sie nachträglich erklärt, so hat sie gemäß § 184 — abgesehen von dem oben behandelten Falle, daß eine bestimmte Frist eingehalten werden muß — rückwirkende Kraft. Wird die Genehmigung eines Rechtsgeschäfts versagt, so werden damit auch die zur Ausführung des Rechtsgeschäfts schon im voraus vorgenommenen Rechtshandlungen hinfällig. Es kann aber nicht etwa, wenn der Vormund im voraus den Kaufpreis in Empfang genommen hat, der Mündel ohne weiteres auf Rückzahlung des Kaufpreises in Anspruch genommen werden, da infolge Versagung der Genehmigung der Vormund den Mündel bei Empfangnahme des Kaufpreises nicht wirksam vertreten hat. Nur die noch vorhandene Bereicherung kann zurückgefordert werden. Es kommt deshalb darauf an, ob der gezahlte Betrag tatsächlich dem Mündel zugute gekommen ist, was auch in der Weise möglich ist, daß durch Überlassung des Geldes an einen Dritten eine Forderung des Mündels begründet wurde (RG 81, 261). Die infolge Mangels der vormundschaftsgerichtlichen Genehmigung unwirksame Umschreibung im Grundbuch ist durch Berichtigung des Grundbuchs gemäß § 984 zu beseitigen. Darüber, daß die Genehmigung und die Versagung dem Vormunde gegenüber erklärt werden muß und erst durch die von diesem dem Geschäftsgegner gemachte Mitteilung wirksam wird, s. § 1828 A 1. Über den Fall, daß die Genehmigung nur teilweise erteilt wird, s. § 1829 A 3.

2. Auch für **das die Erteilung der Genehmigung betreffende Verfahren** gilt der Grundsatz, daß das Vormundschaftsgericht von Amts wegen vorzugehen hat. Es darf sich nicht einfach ablehnend verhalten, weil der Vormund die in Betracht kommenden Unterlagen nicht vollständig vorgelegt hat, sondern es hat seinerseits auf Klarstellung des Sachverhalts hinzuwirken, kann zu diesem Zwecke auch Erhebungen vornehmen (§ 15 FGG). Seine Entschließung darf es nicht etwa so lange aussetzen, bis eine für die Genehmigung in Betracht kommende erhebliche Frage im Wege des Prozesses oder sonst geklärt sein wird, sondern es hat über diesen Punkt in tatsächlicher und rechtlicher Hinsicht sich selbst die nötige Aufklärung zu verschaffen (KGJ 52 A 50). Vor der Entschließung über Erteilung der Genehmigung soll es, soweit tunlich, den Gegenvormund (§ 1826), ferner nach Maßgabe des § 1827 den Mündel und in wichtigen Angelegenheiten oder auf Antrag des Vormundes oder Gegenvormundes Verwandte und Verschwägerte des Mündels hören (§ 1847). Die Genehmigung kann im voraus vor Abschluß des betreffenden Geschäfts (vgl. A 1) oder nachträglich erteilt werden. Gegen die die Genehmigung versagende Verfügung kann nach § 20 FGG zwar der Vormund im Interesse des Mündels, nicht aber der Geschäftsgegner (RG 56, 125; vgl. § 1837 A 2) Beschwerde erheben, da nur der Mündel ein Recht auf vormundschaftliche Fürsorge hat. Ausnahmsweise kann, wenn der Kindesannahmevertrag nicht genehmigt ist, solange nicht der Vertrag durch die Mitteilung des Vormundes über die Verweigerung der Genehmigung hinfällig geworden ist, der Annehmende aus dem Gesichtspunkte des § 57 Abs 1 Nr 9 FGG

zur Wahrnehmung der Interessen des Kindes Beschwerde einlegen (KGJ 34 A 42, 43 A 61). Der Dritte kann auch Beschwerde erheben, wenn nach seiner Behauptung das Vormundschaftsgericht die durch Mitteilung des Vormundes an ihn wirksam gewordene Genehmigung erklärt hat, das Vormundschaftsgericht aber diese Genehmigung nicht gelten lassen will (vgl. KGJ 52 A 46 für einen Fall, wo das Vormundschaftsgericht auch noch die Vertragsurkunde mit dem Vermerk der erfolgten Genehmigung versehen hatte). Der Gegenvormund hat, wenn trotz seiner Bedenken die Genehmigung eines Rechtsgeschäfts erfolgt ist, kein Beschwerderecht (RJA 4, 75; 10, 167; vgl. § 1799 A 1). Beschwerdeberechtigt ist auch nicht der Dritte, der von der Erteilung der Genehmigung eine Beeinträchtigung seines Rechtes befürchtet. Er kann seine Ansprüche nur im Prozeßwege zur Geltung bringen (KGJ 38 A 56; vgl. RJA 15, 90). Ist übrigens die Erteilung oder die Versagung der Genehmigung durch die von dem Vormunde dem andern Teile gemachte Mitteilung diesem gegenüber wirksam geworden, so kann weder das Vormundschaftsgericht noch das Beschwerdegericht die Verfügung ändern (§ 55 Abs 1 FGG; KGJ 25 A 17, vgl. auch § 1810 A 1 a. E. und § 1828 A 1). Im Falle der Versagung würde nur die Genehmigung zu einem neu abzuschließenden Vertrage in Frage kommen können. In § 19 StAngG v. 22. 7. 13 ist gegen die Entscheidung des Vormundschaftsgerichts wegen Genehmigung oder Nichtgenehmigung des Antrags auf Entlassung aus der Staatsangehörigkeit auch der Staatsanwaltschaft das Recht der Beschwerde gegeben und gegen die Entscheidung des Beschwerdegerichts die weitere Beschwerde „unbeschränkt" zugelassen, so daß sie durch Anführung neuer Tatsachen begründet werden kann. Dem Regierungspräsidenten steht das Recht der Beschwerde nicht zu (KGJ 51 A 61).

3. Die vormundschaftsgerichtliche Genehmigung ist vorgeschrieben teils für **Rechtsgeschäfte** (Rechtshandlungen), welche die Person des Mündels angehen teils für Rechtsgeschäfte der Vermögensverwaltung. Genehmigungspflichtig sind immer nur die von dem Vormunde für den Mündel eingegangenen Rechtsgeschäfte, nicht etwa die vom Mündel selbständig vorgenommenen Rechtsgeschäfte (vgl. § 1832 A 2). Im Interesse der Person des Mündels (s. auch § 1822 Nr 6, 7) ist die Genehmigung vorgeschrieben für den Antrag auf Ehelichkeitserklärung und die Einwilligung des Kindes hierzu, die Anfechtung und Bestätigung dieser Erklärungen (§§ 1728, 1729, 1731), für die Eingehung und Aufhebung des Kindesannahmevertrags, und zwar sowohl was den Annehmenden als das Kind betrifft, die Anfechtung und Bestätigung dieser Erklärungen (§§ 1750, 1751, 1752, 1755, 1770), außerdem für den Antrag auf Entlassung des Mündels aus der Staatsangehörigkeit (§ 19 Abs 1 StAngG v. 22. 7. 13) — das Fehlen der vormundschaftsgerichtlichen Genehmigung wird durch Zeitablauf nicht geheilt, da es einen Verlust der Staatsangehörigkeit durch Auslandsaufenthalt nicht mehr gibt (vgl. für das frühere Recht KGJ 42 A 11) — und den Antrag des Abwesenheitspflegers auf Todeserklärung (§ 962 Abs 2 ZPO), endlich bei Geschäftsunfähigkeit des Mündels zur Ermöglichung der an sich nicht statthaften Vertretung für die Anfechtung der Ehe und die Erhebung, nicht Fortführung der zu diesem Zweck zur Auflösung der Ehe erforderlichen Anfechtungsklage (§§ 1336 Abs 2, 1341 Abs 1, **RG** 86, 15), für die Erhebung, nicht aber Fortsetzung der Scheidungsklage (§ 612 Abs 2 ZPO; **RG** 86, 15; JW 03 Beil 64 Nr 147), desgleichen für die Anfechtung der Ehelichkeit (§ 1595 Abs 2). Die vormundschaftsgerichtliche Genehmigung ist hier vorgeschrieben, um zu verhüten, daß diese Handlungen mißbräuchlich, daß sie insbesondere gegen den mutmaßlichen Willen des Geschäftsunfähigen vorgenommen werden (vgl. hinsichtlich der Scheidung Hahn Materialien 8, 120 zu § 612 ZPO). Die Genehmigung kann im Laufe des Rechtsstreits nachgeholt werden (**RG** 86, 16). Nicht notwendig ist die Genehmigung für die Klage auf Nichtigkeitserklärung der Ehe. Wegen der Genehmigung zur Auswanderung vgl. § 9 der VO gegen Mißstände im Auswanderungswesen v. 24. 2. 1924. Bei den Rechtsgeschäften der Vermögensverwaltung ist die vormundschaftsgerichtliche Genehmigung für erforderlich erklärt entweder wegen der Wichtigkeit des Vermögensgegenstandes (Grundstück, Erwerbsgeschäft, das Vermögen im ganzen, Erbschaft) oder wegen der gefährlichen oder sonst bedenklichen Natur des Rechtsgeschäfts (§ 1822 Nr 9—13). Von Wichtigkeit ist hierbei der wirtschaftliche Charakter des Geschäfts. Allgemeiner Grundsatz ist, daß die vormundschaftsgerichtliche Genehmigung, soweit sie vorgeschrieben ist, nicht bloß zu der (dinglichen) Verfügung, sondern auch zur Eingehung einer Verpflichtung zur Verfügung erforderlich ist (vgl. § 1812 A 2). Dadurch, daß der Mündel an dem betreffenden Gegenstand nur mitberechtigt ist, wird die Notwendigkeit der vormundschaftsgerichtlichen Genehmigung nicht ausgeschlossen, auch nicht dadurch, daß die Mitberechtigung auf einer Gemeinschaft zur gesamten Hand, insbesondere auf der Erbengemeinschaft beruht (KG in OLG 5, 410; KGJ 27 A 171; BayObLG in JW 1921, 581[2]; **RG** 6. 6. 07 IV 527/06 über Auflassung an einen Miterben). Anders ist es, wenn es sich um den Anteil des Mündels an dem Vermögen einer juristischen Person oder einer Gesellschaft mit formeller Rechtsfähigkeit (§ 54 A 1 a. E.) handelt, zu dem Grundstücke gehören (**RG** 54, 278; JW 1907, 303[6]). Es bedarf ferner der Genehmigung des Vormundschafts-

gerichts nicht zur Bestellung eines Prokuristen für eine Gesellschaft m. b. H., wenn ein Gesellschafter minderjährig ist, da die Mitgesellschafter hierbei lediglich als Organ der Gesellschaft handeln. Aus diesem Grunde ist der Genehmigung auch nicht die in Angelegenheiten der juristischen Person erforderliche Stimmabgabe unterworfen (vgl. Entsch des Landesamts für Familiengüter in JW 1922, 840[2]). Die Genehmigung des Vormundschaftsgerichts ist immer nur erforderlich für Rechtsgeschäfte über das in vormundschaftlicher Verwaltung befindliche Vermögen. Auf das der Verwaltung eines Testamentsvollstreckers unterliegende Mündelvermögen beziehen sich die Vorschriften über die von dem Vormundschaftsgericht oder dem Gegenvormund zu erteilende Genehmigung nicht (RG JW 1913, 1000[28]). Hat der Testamentsvollstrecker aus dem von ihm verwalteten Vermögen dem Vormunde Mittel zum Ankauf eines Grundstücks zur Verfügung gestellt, so kommt es für die Notwendigkeit der vormundschaftsgerichtlichen Genehmigung darauf an, ob das Grundstück für die in Verwaltung des Testamentsvollstreckers stehende Nachlaßmasse oder für das vom Vormund verwaltete Vermögen erworben wird (RG 91, 69). Der Erwerb erfolgt für den Testamentsvollstrecker auch dann, wenn dieser den von dem Vormunde als Geschäftsführer ohne Auftrag für ihn gemachten Erwerb nachträglich — und zwar im Zwangsversteigerungsverfahren vor der Zuschlagserteilung — genehmigt (RG 22. 9. 19 IV 94/19). Die Genehmigung des Vormundschaftsgerichts wird ferner nur erfordert zu Verfügungen über das Mündelvermögen, nicht zu einer Zustimmung, die zu der Verfügung eines aus eigenem Recht befugten Dritten zu erteilen ist (wie z. B. zu der von dem Ehemann gemäß § 1395 zu erklärenden Zustimmung bei Verfügungen der Ehefrau über das eingebrachte Gut, vgl. KGJ 43 A 63). Beruht aber die Notwendigkeit der Zustimmung auf einem Nacherbenrecht des Mündels, so hat die Zustimmung sachlich die Bedeutung einer Verfügung über das eigene Recht des Mündels, und es ist daher die Genehmigung des Vormundschaftsgerichts (oder des Gegenvormundes) nach den sonst geltenden Grundsätzen auch hier geboten (RG SeuffA 78 Nr 192; RJA 17, 22, vgl. KGJ 33 A 43). Zur Prozeßführung und zum Betriebe der Zwangsvollstreckung bedarf der Vormund — abgesehen von den materiell-rechtlichen Vorgängen des Anerkenntnisses, des Verzichts, des Vergleichs (RG 59, 339), der Abgabe eines Gebots im Bietungstermine (§ 71 Abs 2 ZVG) — niemals der vormundschaftsgerichtlichen Genehmigung. Wegen des Antrags auf Zwangsversteigerung eines Grundstücks behufs Aufhebung der Gemeinschaft s. A 4 zu Nr 1. Nicht erforderlich ist die Genehmigung zu einer rechtsgeschäftlichen Erklärung, zu deren Abgabe der Mündel bereits rechtskräftig verurteilt ist (KGJ 31 A 293), oder zur Vornahme einer Leistung, auf die im Prozesse erkannt ist, mag nun der dem Urteil entsprechende Rechtszustand im Zwangsverfahren (vgl. über § 814 ZPO KGJ 45 A 264) oder durch freiwillige Erfüllung verwirklicht werden (Kuttner, Privatrechtliche Nebenwirkungen der Zivilurteile S. 235ff., Josef im Recht 1913, 130; a. A. Kipp im Recht 1913, 45). Das Prozeßgericht tritt in diesem Falle nicht etwa an Stelle des Vormundschaftsgerichts, sondern es stellt fest, daß eine der Genehmigung des Vormundschaftsgerichts unterliegende Rechtshandlung nicht in Frage steht. Es bedarf ferner nicht der Genehmigung zu der Abänderung eines Vertrags, falls nicht die Abänderung einen Punkt betrifft, der die Genehmigung nach den allgemeinen Grundsätzen der §§ 1821, 1822 erforderlich macht. Eine Entscheidung über Erteilung der Genehmigung braucht das Vormundschaftsgericht nicht zu treffen, wenn das Rechtsgeschäft offenbar der Gültigkeit ermangelt (RJA 15, 180 — vgl. indes § 1745 A 2 a. E.). Für die Erteilung der Genehmigung ist entscheidend die Rücksicht auf das Wohl des Mündels auf privatrechtlichem und öffentlich-rechtlichem Gebiete. Anderseits hat der Vormundschaftsrichter sich gegenwärtig zu halten, daß er bei Führung der Vormundschaft zugleich das Wohl des Staates zu wahren hat. Wenn dies auch nicht so weit geht, daß er die Genehmigung schon deshalb versagen darf, weil die Vornahme des Rechtsgeschäfts im öffentlichen Interesse nicht erwünscht ist, so darf er doch durch Erteilung der Genehmigung nicht eine Handlung unterstützen, die wider die Staatsgesetze verstößt oder das Staatswohl gefährdet. Die Genehmigung des Antrags auf Entlassung aus der Staatsangehörigkeit darf deshalb nach Befund der Umstände verweigert werden, wenn sie dazu dient, den noch nicht wehrpflichtigen Mündel von der Wehrpflicht zu befreien (Keller und Trautmann StAngG A III 4 zu § 19, RJA 15, 103; anders Staudinger A 2 B d zu Art 41 EG). Beschwerdeberechtigt ist nach § 19 hier nur die Staatsanwaltschaft.

4. Zu Nr 1: Der vormundschaftsgerichtlichen Genehmigung unterliegen in weitem Umfange die das unbewegliche Vermögen betreffenden Rechtsgeschäfte. Genehmigungspflichtig sind vor allem die **Verfügungen über Grundstücke und Rechte an einem Grundstück.** Dem Grundstückseigentum stehen hierbei gleich gemäß § 11 der VO v. 15. 1. 1919 das Erbbaurecht, gemäß Art 63 EG das landesrechtlich bestehende Erbpachtrecht (Büdnerrecht, Häuslerrecht) ferner gemäß Artt 67, 68, 65, 74 EG auf Grund landesgesetzlicher Vorschriften das Bergwerkseigentum, das Abbaurecht und die sonstigen selbständigen Gerechtigkeiten, für die ein besonderes Grundbuchblatt angelegt ist (vgl. § 50 des PrAllgBergG v. 24. 6. 65; Artt 38 u. 40 PrAG). Zu den genehmigungsbedürftigen Verfügungen gehören nicht bloß Veräußerungen — auch Abtretung des Eigentumsanspruchs (a. M. Staudinger A 2a γ; Planck A II 1d; Fuchs A 2 Ic) — und Belastungen, sondern auch Entäußerungen und Auseinandersetzungen, einschließlich des eine Umgestaltung des Rechtsverhältnisses nach sich ziehenden Antrags auf Gemeinheitsteilung, auf Grundstückszusammenlegung und auf Grundstücksversteigerung behufs Aufhebung der Gemeinschaft (§ 181 Abs 2 ZVG — vgl. **RG** 67, 398). Dagegen bedarf der Auseinandersetzungsrezeß selbst der Genehmigung des Vormundschaftsgerichts nicht (ObLKulturamt in JW 1925, 1174[1]). Die vormundschaftsgerichtliche Genehmigung ist erforderlich, mögen die Verfügungen nun das Eigentum, Miteigentum oder ein dingliches Recht am Grundstück betreffen. **Ausgenommen** sind nach Abs 2 **Hypotheken, Grundschulden und Rentenschulden,** die zum Kapitalvermögen (vgl. § 1812 A 1) gerechnet werden. Nur bei Erweiterung der dinglichen Belastung (bei Erhöhung der Zinsen usw., auch bei Ausschluß der Kündigung des Grundstückseigentümers, RJA 5, 197) bedarf es hier der Genehmigung. Die Genehmigung wird auch zu erfordern sein für die Zustimmung des Eigentümers zur Umwandlung einer Sicherungshypothek in eine gewöhnliche Hypothek, einer Hypothek in eine Grundschuld usw., da hierdurch eine ganz andersartige Belastung des Grundstücks geschaffen wird (bestr.). Wegen Befreiung des Grundstücks von der dinglichen Haftung für eine Hypothek oder Grundschuld s. § 1822 zu Nr 13. Nicht genehmigungspflichtig ist die eine Verfügung nicht enthaltende Unterwerfung unter die sofortige Zwangsvollstreckung (RJA 7, 224). Über Mitberechtigung s. A 3. Nicht unter Nr 1 fällt die Übertragung oder Aufgabe des Besitzes, weil der Besitz nicht als ein Recht am Grundstück angesehen werden kann. Keine Verfügung enthält die Überlassung der Ausübung des Nießbrauchs oder einer beschränkten persönlichen Dienstbarkeit, da sie die Abtretung des Rechtes nicht herbeiführt (Planck A II 1 **b** Abs 6; Staudinger A 2 **a** γ Abs 6 — abw. früh. Aufl.). Erforderlich ist die Genehmigung dem allgemeinen Grundsatz entsprechend (vgl. A 3), auch für die Eingehung der Verpflichtung zu einer der Genehmigung bedürfenden Verfügung. Ist die Genehmigung zur Eingehung der Verpflichtung erteilt, so bedarf es zu der innerhalb der Schranken dieses Rechtsgeschäfts sich haltenden Verfügung (Auflassung usw.) selbst nicht einer erneuten Genehmigung, deren Erteilung sich jedoch aus Zweckmäßigkeitsgründen, um die Gültigkeit der Verfügung klarzustellen, empfehlen kann (vgl. KGJ 24 A 238). Die Genehmigung des Vormundschaftsgerichts erübrigt sich auch, wenn die Auflassung usw. erklärt wird auf Grund einer von dem Erblasser für die Erben, darunter den Mündel, in grundbuchmäßiger Form zur Ausführung eines bestimmten Geschäfts erteilten Vollmacht. Diese Vollmacht ist für den Mündel in derselben Weise wirksam, wie wenn sie von dem Vormund mit Genehmigung des Vormundschaftsgerichts erteilt worden wäre (**RG** 88, 345; vgl. 106, 186).

Zu Nr 2: Die Genehmigung des Vormundschaftsgerichts wird weiter verlangt zu der Verfügung über ein (bereits bestehendes oder erst noch zu bestellendes) **Recht auf Übertragung eines Grundstücks** oder eines Rechtes am Grundstück, auf **Belastung** des Grundstücks oder **Befreiung** des Grundstücks von solchen Rechten, und zwar ebenfalls mit der Ausdehnung auf die Eingehung der Verpflichtung zu einer solchen Verfügung. Wenn auch der schuldrechtliche Anspruch auf Auflassung usw. kein eigentliches Grundstücksrecht ist, so steht er doch wirtschaftlich einem solchen sehr nahe und wird deshalb als zu dem unbeweglichen Vermögen gehörig angesehen, über welches dem Vormunde die Verfügung ohne Genehmigung des Vormundschaftsgerichts nicht gestattet ist. Wegen Entgegennahme der Auflassung s. § 1643 A 1. Verfügungen über Rechte an Hypotheken, Grundschulden oder Rentenschulden, wie z. B. die Bewilligung der Löschung des Nießbrauchs an einer Hypothek, fallen nicht unter § 1821, sondern unter § 1812 (KGJ 40 A 163).

Zu Nr 4: Nicht als Verfügung erscheint der Erwerb eines Grundstücks (oder Grundstücksrechts), auch nicht der Erwerb oder die Gewährung eines nichtdinglichen Benutzungsrechts am Grundstück (Leihe, Miete, Pacht). Ausnahmsweise ist wegen der Wichtigkeit des Geschäfts die vormundschaftsgerichtliche Genehmigung in Nr 4 auch für den **entgeltlichen Erwerb eines Grundstücks oder Grundstücksrechts** und in § 1822 Nr 4 für die Pachtung oder Verpachtung eines Landguts, d. i. einer zum selbständigen landwirtschaftlichen Betriebe eingerichteten Grundstückseinheit, vorgeschrieben. Dem Kaufe ist die Ausübung eines Vorkaufsrechts oder Wiederkaufsrechts gleichzustellen. Die Unentgeltlichkeit des Erwerbs wird dadurch nicht ausgeschlossen, daß die Schenkung des Grundstücks unter Vorbehalt des Nießbrauchs oder einer sonstigen Last (vgl. § 1643 A 1) oder unter einer Auflage erfolgt (a. M. Planck A 4). Verpflichtet der Vormund beim entgeltlichen Erwerb eines Grundstücks den Mündel zur Bestellung einer Restkaufgeldhypothek, so bedarf der Vertrag jedenfalls auf Grund des § 1821 Nr 4 der vormundschaftsgerichtlichen Genehmigung. Anders nach § 1643 Abs 1, s. A 1 das.

§ 1822

Der Vormund bedarf der Genehmigung des Vormundschaftsgerichts:

1. **zu einem Rechtsgeschäfte, durch das der Mündel zu einer Verfügung über sein Vermögen im ganzen oder über eine ihm angefallene Erbschaft oder über seinen künftigen gesetzlichen Erbteil oder seinen künftigen Pflichtteil verpflichtet wird, sowie zu einer Verfügung über den Anteil des Mündels an einer Erbschaft;**
2. **zur Ausschlagung einer Erbschaft oder eines Vermächtnisses, zum Verzicht auf einen Pflichtteil sowie zu einem Erbteilungsvertrage;**
3. **zu einem Vertrage, der auf den entgeltlichen Erwerb oder die Veräußerung eines Erwerbsgeschäfts gerichtet ist, sowie zu einem Gesellschaftsvertrage, der zum Betrieb eines Erwerbsgeschäfts eingegangen wird;**
4. **zu einem Pachtvertrag über ein Landgut oder einen gewerblichen Betrieb;**
5. **zu einem Miet- oder Pachtvertrag oder einem anderen Vertrage, durch den der Mündel zu wiederkehrenden Leistungen verpflichtet wird, wenn das Vertragsverhältnis länger als ein Jahr nach der Vollendung des einundzwanzigsten Lebensjahrs des Mündels fortdauern soll;**
6. **zu einem Lehrvertrage, der für längere Zeit als ein Jahr geschlossen wird;**
7. **zu einem auf die Eingehung eines Dienst- oder Arbeitsverhältnisses gerichteten Vertrage, wenn der Mündel zu persönlichen Leistungen für längere Zeit als ein Jahr verpflichtet werden soll;**
8. **zur Aufnahme von Geld auf den Kredit des Mündels;**
9. **zur Ausstellung einer Schuldverschreibung auf den Inhaber oder zur Eingehung einer Verbindlichkeit aus einem Wechsel oder einem anderen Papiere, das durch Indossament übertragen werden kann;**
10. **zur Übernahme einer fremden Verbindlichkeit, insbesondere zur Eingehung einer Bürgschaft;**
11. **zur Erteilung einer Prokura;**
12. **zu einem Vergleich oder einem Schiedsvertrag, es sei denn, daß der Gegenstand des Streites oder der Ungewißheit in Geld schätzbar ist und den Wert von dreihundert** *Mark* **nicht übersteigt;**
13. **zu einem Rechtsgeschäfte, durch das die für eine Forderung des Mündels bestehende Sicherheit aufgehoben oder gemindert oder die Verpflichtung dazu begründet wird.**

E I 1674 Nr 3, 4, 6—14, 2043, 2044 II 1702; M 4 1140; 5 514; P 4 791; 5 632; 6 322, 894.

Zu Nr 1: Als Rechtsgeschäft über das **Vermögen im ganzen** kommt — abgesehen von dem Vertrage über Änderung des ehelichen Güterrechts, der bei Einführung oder Aufhebung der allgemeinen Gütergemeinschaft nach §§ 1437 Abs 2, 1484 Abs 2, 1492, 1508 der vormundschaftsgerichtlichen Genehmigung bedarf — die nach § 311 zulässige Übernahme der Verpflichtung in Frage, das gegenwärtige Vermögen ganz oder zu einem Bruchteil zu übertragen oder mit einem Nießbrauch zu belasten.

Zu Nr 1 und 2: Um Rechtsgeschäfte über eine **Erbschaft** handelt es sich, wenn ein Vertrag über den zukünftigen gesetzlichen Erbteil oder Pflichtteil unter den künftigen gesetzlichen Erben geschlossen wird (§ 312 Abs 2), wenn der Erblasser einen Erbvertrag schließt (§ 2275 Abs 2) oder der Bedachte in die Aufhebung des Erbvertrags willigt (§§ 2290, 2291), wenn der künftige Erbe durch Vertrag mit dem Erblasser auf sein gesetzliches Erbrecht oder Pflichtteilsrecht oder die Rechte aus dem Erbvertrag verzichtet (§§ 2347, 2290 Abs 3, 2291 Abs 1), wenn die Erbschaft ausgeschlagen oder auf den angefallenen Pflichtteilsanspruch (was formlos geschehen kann) verzichtet wird, wenn eine Verpflichtung zur Veräußerung oder

Belastung der angefallenen Erbschaft übernommen wird (§§ 2371 ff.) und wenn über einen Erbteil durch Veräußerung, Belastung oder Erbteilung (mag die Erbteilung auch nur bezüglich einzelner Gegenstände vorgenommen sein, KGJ 42 A 49) verfügt wird. Die Bedeutung einer Veräußerung hat auch der zugunsten eines andern Erben erklärte Verzicht auf einen erworbenen Erbteil. Zu allen diesen Verpflichtungen und Verfügungen, desgleichen zur Ausschlagung eines Vermächtnisses und zu dem der Erbschaftsausschlagung nahestehenden Verzicht des Abkömmlings auf seinen Anteil an dem Gesamtgute der fortgesetzten Gütergemeinschaft (§ 1491 Abs 3), desgleichen nach § 15 Abs 6 des PrGes. v. 8. 6. 96 zum Verzicht auf das Anerbenrecht bedarf es der vormundschaftsgerichtlichen Genehmigung, nicht aber zur Errichtung eines frei widerruflichen Testaments und nicht zur Annahme einer Erbschaft oder eines Vermächtnisses. Ein Verzicht auf das Vermächtnis vor dem Erbfall kommt nicht in Frage, da es nach § 312 Abs 1 nichtig ist. Die Anfechtung der Annahme, worin eine Ausschlagung liegt (§ 1955), ist genehmigungsbedürftig. Zur Erhebung der Klage auf Anerkennung des Erbteilungsplans ist eine Genehmigung des Vormundschaftsgerichts nicht erforderlich. Bei der Erteilung der Genehmigung zur Erbauseinandersetzung hat das Vormundschaftsgericht zu prüfen, ob es für den Mündel, wenn auch seine Ansprüche nicht in allen Punkten haben durchgesetzt werden können, doch im ganzen vorteilhafter ist, die Erbteilung anzunehmen.

Zu Nr 3: Eine gleiche und oft viel größere Bedeutung als das Grundstück hat wirtschaftlich das **Erwerbsgeschäft** (vgl. über den Begriff § 112 A 1). Die vormundschaftsgerichtliche Genehmigung wird deshalb sowohl für den entgeltlichen Erwerb wie für die Veräußerung (Belastung mit einem Nießbrauch oder Verpfändung) gefordert, ohne Unterschied, ob der Mündel das Geschäft als Alleininhaber oder (durch Abschließung eines Gesellschaftsvertrags) als Mitinhaber erwirbt, ob er zugunsten eines bisherigen Mitgesellschafters ausscheidet oder das Geschäft im ganzen veräußert oder einen Mitinhaber aufnimmt. Ein Erwerbsgeschäft kann auch ohne die Firma und ohne die zum Geschäft gehörigen Ausstände und Schulden übertragen werden (RG Warn 08 Nr 70). § 1822 Nr 3 ist anwendbar bei dem Verkauf einer zahnärztlichen Praxis nach dem Tode des Inhabers (RG 115, 172), ebenso unter Umständen bei der Veräußerung von Anteilen einer GmbH. (KG in JW 1926, 600[4]). Auf die bloße Kapitalbeteiligung (Beteiligung als Kommanditist, als stiller Gesellschafter, Zeichnung einer Aktie — bestr.) ist die Vorschrift der Nr 3 nicht auszudehnen. Über die zur Errichtung oder Auflösung eines Erwerbsgeschäfts erforderliche Genehmigung s. § 1823, über den Beitritt zu einer Genossenschaft oder einer Gesellschaft m. b. H. s. zu Nr 8—11.

Zu Nr 4: Genehmigungsbedürftig ist ferner (vgl. zu Nr 3) die Pachtung oder Verpachtung eines Erwerbsgeschäfts, das in einem **gewerblichen Betrieb** besteht. Hierunter fällt auch der land- oder forstwirtschaftliche Betrieb, wenn er nicht zugleich mit dem Landgut ge- oder verpachtet wird (abw. früh. Aufl.). Darüber, daß neben Nr 4 auch Nr 5 anwendbar ist, s. RG 114, 37.

Zu Nr 5: S. § 1793 A 3. Die Vorschrift des § 1822 Nr 5 findet Anwendung auch auf das Anerkenntnis der natürlichen Vaterschaft, wenn sich der Anerkennende zu wiederkehrenden Unterhaltszahlungen (§§ 1708, 1718) verpflichtet.

Zu Nr 6 und 7: Die vormundschaftsgerichtliche Genehmigung zur Abschließung (nicht auch Aufhebung) eines **Dienst- oder Arbeitsvertrags**, insbesondere eines **Lehrvertrags**, ist in Fürsorge für die Person des Mündels vorgeschrieben. Das Vormundschaftsgericht soll prüfen, ob der Vertrag den Anforderungen genügt, die aus Rücksicht auf das gesundheitliche, das geistige und sittliche Wohl des Mündels zu stellen sind, daneben auch, ob die vermögensrechtlichen Interessen des Mündels gewahrt sind. Die Genehmigung ist nur notwendig, wenn sich der Mündel auf länger als ein Jahr verpflichtet, was bei Lehrverträgen die Regel ist, während Dienst- oder Arbeitsverträge meist auf kürzere Zeit oder auf unbestimmte Zeit (vgl. über die Kündigungsfristen §§ 622, 623, ferner § 66 HGB, §§ 122, 130a, 133a GewO) abgeschlossen werden. Vor der Entscheidung über die Genehmigung soll nach § 1827 der Mündel ohne Rücksicht auf sein Lebensalter gehört werden. Die Vorschrift des § 1822 Nr 7 findet Anwendung auch auf die Gesindeverträge, soweit nicht landesrechtlich (Art 95 EG) etwas anderes bestimmt ist (a. M. Blume A 7). Über die sonstigen Fälle, in denen die vormundschaftsgerichtliche Genehmigung mit Rücksicht auf die Person des Mündels vorgeschrieben ist, s. § 1821 A 3. Keiner Genehmigung bedarf der Lehr-, Dienst- oder Arbeitsvertrag, der von dem zur Ausführung der Fürsorgeerziehung verpflichteten Kommunalverbande behufs Unterbringung des Mündels in eine Familie abgeschlossen wird (KGJ 28 A 179). Dasselbe hat jetzt bezüglich der von der Fürsorgeerziehungsbehörde gemäß § 70 Abs 3 JWG geschlossenen Dienst- und Lehrverträge zu gelten.

Zu Nr 8 bis 11: Genehmigungspflichtig sind verschiedene **Rechtsgeschäfte**, die leicht zum Nachteil des Mündels ausschlagen können. Es erscheint regelmäßig bedenklich, wenn der Vormund, statt mit den Mitteln des Mündels auszukommen, auf den Kredit des Mündels Geld aufnimmt, was durch Aufnahme eines Darlehns, durch Eingehung eines Kontokurrentverhältnisses oder in einer sonstigen Rechtsform geschehen kann. Bloße Kreditgeschäfte, wie namentlich Käufe auf Borg, sind noch nicht genehmigungspflichtig (RG JW 1912, 590[10]). Gefahrbringend ist ferner wegen der Zweifelhaftigkeit, ob Ersatz zu erlangen ist, die Übernahme einer fremden Verbindlichkeit durch Bürgschaft, Verpfändung (RG 63, 76; JW 06, 337[15]) oder sicherungsweise Übereignung (RG 76, 93; JW 1915, 141[6]), ferner die Schuldübernahme, mag es sich nun um eine entgeltliche oder unentgeltliche, um eine bestärkende oder befreiende Schuldübernahme, um den Eintritt in die persönliche Haftung für Geschäftsschulden oder für Hypotheken (KGJ 28 A 6) handeln. Die Genehmigungspflicht ist auch auf solche Rechtsgeschäfte zu erstrecken, mit denen kraft Gesetzes der Eintritt in die persönliche Haftung für Schulden verbunden ist, wie der Beitritt zu einer eingetragenen Genossenschaft (KGJ 30 A 149) und wegen der in §§ 24, 31 Abs 3 u. 4 Ges. v. 20. 4. 92/20. 5. 98 den Gesellschaftern auferlegten Haftung die Beteiligung an einer Gesellschaft m. b. H. (RJA 12, 233). Aus den angegebenen Gründen kann — abgesehen von andern Bedenken — von der Notwendigkeit der Genehmigung für die Ausstellung von Inhaberpapieren, für die **Übernahme von Wechselverbindlichkeiten und von Verbindlichkeiten aus indossierbaren Orderpapieren**, für die **Ausstellung eines selbständigen Schuldanerkenntnisses** oder Schuldversprechens (§§ 780, 781), welchen Verpflichtungen ähnliche Kreditgeschäfte zugrunde zu liegen pflegen, nicht abgesehen werden. Bei Wechseln an eigene Order ist nicht schon die Ausstellung, sondern erst die Weiterbegebung genehmigungspflichtig (RG v. 18. 2. 27, II 430/26). Auch die Erteilung der Prokura, welche die Ermächtigung zu derartigen Rechtsgeschäften in sich schließt (§§ 48, 50 HGB), bringt dem Mündel ähnliche Gefahren. Die bezeichneten Geschäfte sind daher — vorbehaltlich der Befugnis des Vormundschaftsgerichts, im Bedürfnisfalle den Vormund zu befreien (§ 1825) — für genehmigungsbedürftig erklärt. Über die Bestellung eines Prokuristen für eine Gesellschaft m. b. H. s. § 1821 A 3. Nicht genehmigungspflichtig ist die Tilgung einer fremden Verbindlichkeit (auch nicht die Tilgung einer Verbindlichkeit des Vormundes) aus dem Mündelvermögen, welche Tilgung auch durch eine unter § 1812 fallende Abtretung einer Forderung des Mündels erfolgen kann. Die Übernahme einer fremden Verbindlichkeit ist hierin nicht zu sehen (RG 75, 357).

Zu Nr 12: Der Vormund hat die Pflicht, die Ansprüche des Mündels zur Durchführung zu bringen. Nur unter besonderen Umständen empfiehlt sich ein **Vergleich**, der deshalb, wenn der Wert 300 Mark (jetzt Reichsmark) übersteigt oder unschätzbar ist, nur mit Genehmigung des Vormundschaftsgerichts geschlossen werden kann. Es kommt hierbei auf den Wert des Gegenstandes an, über welchen Streit oder hinsichtlich der Rechtmäßigkeit oder Durchführbarkeit des Anspruchs (§ 779) Ungewißheit besteht. Über den Prozeßvergleich s. § 1821 A 3, über den Unterhaltsvergleich § 1714 A 3. Genehmigungspflichtig ist auch die Eingehung eines Zwangsvergleichs im Konkurse oder Geschäftsaufsichtsverfahren, obwohl er wider den Willen des einzelnen Gläubigers (§§ 173ff. KO) zustande kommen kann, desgleichen die Einigung über Entscheidung des Rechtsstreits durch Schiedsrichter (Schiedsvertrag), nicht dagegen eine Einigung über die Zuständigkeit des Gerichts oder eine sonstige prozessuale Frage, auch nicht eine Einigung über die Person bestimmter Schätzer. In der rechnerischen Feststellung der Höhe eines Anspruchs (Höhe des Schadensersatzes usw.) ist nicht notwendig ein Vergleich enthalten.

Zu Nr 13: Die **Aufgabe oder Minderung einer Sicherheit** kann die Verwirklichung der Forderung beeinträchtigen, unter Umständen eine dem Vormund verbotene Schenkung enthalten. Sie ist deshalb an die Genehmigung des Vormundschaftsgerichts gebunden, die auch dann zu erfordern ist, wenn die Sicherheit in einer die Rechtsverfolgung erschwerenden Weise geändert, z. B. eine gewöhnliche Hypothek in eine Sicherungshypothek umgewandelt wird. Unter Nr 13 fällt namentlich auch die Aufgabe einer dinglichen Sicherheit bei Bestehenbleiben der persönlichen Forderung (KGJ 27 A 169; 33 A 46).

§ 1823

Der Vormund soll nicht ohne Genehmigung des Vormundschaftsgerichts ein neues Erwerbsgeschäft¹) im Namen des Mündels beginnen oder ein bestehendes Erwerbsgeschäft des Mündels auflösen.

E I 1663 II 1686; M 4 1103; P 4 760.

1. Abweichend von § 1645 soll der Vormund nicht bloß bei **Beginn eines neuen Erwerbsgeschäfts** (s. über den Begriff § 112 A 1), sondern auch bei **Auflösung** eines bestehenden Erwerbsgeschäfts die Genehmigung des Vormundschaftsgerichts einholen. Der Genehmigung zum Beginn bedarf es natürlich nicht, wenn eine solche schon zum Erwerb oder zur Pachtung des Geschäfts erteilt war. Ob eine bloße Erweiterung oder ein Beginn eines neuen Geschäfts vorliegt, kann oft zweifelhaft sein. Wird von den Erben eines Gesellschafters, durch dessen

Tod die Gesellschaft aufgelöst ist (§ 727 Abs 1), die Fortführung des Geschäfts mit dem Mündel vereinbart, so ist hierin eine nach § 1822 Nr 5 der Genehmigung bedürftige Eingehung eines neuen Gesellschaftsvertrags zu sehen. Vgl. im übrigen § 1645 A 1.

§ 1824

Der Vormund kann Gegenstände, zu deren Veräußerung die Genehmigung des Gegenvormundes oder des Vormundschaftsgerichts erforderlich ist, dem Mündel nicht ohne diese Genehmigung zur Erfüllung eines von diesem geschlossenen Vertrags oder zu freier Verfügung überlassen[1]).

E I 1677 II 1704 Abs 1; M 4 1149; P 4 796.

1. S. § 1644 A 1. Der Grundsatz des § 1644 ist in § 1824 auf diejenigen Vermögensgegenstände ausgedehnt, die nicht ohne Genehmigung des Gegenvormundes veräußert werden dürfen (Veräußerung von Forderungen und Rechten gemäß §§ 1812, 1813). Die **Überlassung von Vermögensgegenständen an den Mündel zu** dessen **freier Verfügung** ist in diesem Falle nur mit Genehmigung des Gegenvormundes gestattet, die ebenso wie im Falle des § 1812 durch Genehmigung des Vormundschaftsgerichts ersetzt werden kann. Die Genehmigung des Vormundschaftsgerichts ist erforderlich, wenn es sich um Gegenstände handelt, die nicht ohne vormundschaftsgerichtliche Genehmigung veräußert werden dürfen (Veräußerung der hinterlegten Wertpapiere und Kostbarkeiten und der hierauf bezüglichen Forderung, Veräußerung von unbeweglichem Vermögen, von Erbschaftsrechten oder eines Erwerbsgeschäfts §§ 1819—1822).

§ 1825

Das Vormundschaftsgericht kann dem Vormunde zu Rechtsgeschäften, zu denen nach § 1812 die Genehmigung des Gegenvormundes erforderlich ist, sowie zu den im § 1822 Nr 8 bis 10 bezeichneten Rechtsgeschäften eine allgemeine Ermächtigung erteilen.

Die Ermächtigung soll nur erteilt werden, wenn sie zum Zwecke der Vermögensverwaltung, insbesondere zum Betrieb eines Erwerbsgeschäfts, erforderlich ist[1]).

E I 1675 II 1703; M 4 1147; P 4 795; 5 792.

1. Die Notwendigkeit, in jedem einzelnen Falle die Genehmigung des Gegenvormundes zu Verfügungen über das Kapitalvermögen (§ 1812) und des Vormundschaftsgerichts zu den im Geschäftsleben häufiger vorkommenden Rechtsgeschäften der Nr 8 bis 10 des § 1822 einzuholen, kann unter Umständen zu einer großen Erschwerung der Verwaltung und des Geschäftsbetriebs, ja selbst zu einer vollständigen Lahmlegung des Geschäftsbetriebs führen. Für derartige Fälle soll es dem Vormundschaftsgericht gestattet sein, eine allgemeine **Befreiung** des Vormundes — die § 1825 als allgemeine Ermächtigung bezeichnet — eintreten zu lassen. Die Befreiung ist, unbeschadet des Beschwerderechts des Gegenvormundes, wirksam, auch wenn die bezeichneten Voraussetzungen nicht vorliegen sollten. Im übrigen verbleibt es bei dem Grundsatz, daß eine Genehmigung immer nur für bestimmte Fälle, nicht allgemein erteilt werden kann (vgl. § 1821 A 1; s. auch § 1803 A 2).

§ 1826

Das Vormundschaftsgericht soll vor der Entscheidung über die zu einer Handlung des Vormundes erforderliche Genehmigung den Gegenvormund[1]) hören, sofern ein solcher vorhanden und die Anhörung tunlich ist.

E I 1679 II 1705; M 4 1151; P 4 796.

1. Das Vormundschaftsgericht darf nicht ohne Not das durch **Anhörung des Gegenvormundes** ihm zu Gebote stehende Mittel, sich über den Sachverhalt zu unterrichten, unbenutzt lassen. Von der Anhörung darf es nur absehen, wenn hierdurch zum Schaden der Sache ungerechtfertigte Weiterungen entstehen würden oder wenn die Anhörung unverhältnismäßige Kosten verursachen würde. Wenn § 1826 die Anhörung für entbehrlich erklärt, falls ein Gegenvormund nicht vorhanden ist — anders die Ausdrucksweise in § 1836 Abs 2 und § 1842 —, so ist damit nur gesagt, daß das Vormundschaftsgericht nicht nötig hat, zum Zwecke der Anhörung einen Gegenvormund zu bestellen. Die Anhörung bedeutet, daß dem Gegenvormunde Mitteilung von dem zu genehmigenden Rechtsgeschäft gemacht und daß

ihm Gelegenheit zur mündlichen oder schriftlichen Äußerung gegeben werden muß, worüber das Nähere von dem Vormundschaftsgericht nach freiem Ermessen zu bestimmen ist. Ist die Anhörung des Gegenvormundes zu Unrecht unterblieben, so ist er aus diesem Grunde, damit er Gelegenheit hat, seine Bedenken noch nachträglich geltend zu machen, zur Beschwerde berechtigt (RJA 4, 75).

§ 1827

Das Vormundschaftsgericht soll den Mündel hören²) vor der Entscheidung über die Genehmigung eines Lehrvertrags oder eines auf die Eingehung eines Dienst- oder Arbeitsverhältnisses gerichteten Vertrags und, wenn der Mündel das vierzehnte Lebensjahr vollendet hat, über die Entlassung aus dem Staatsverbande¹).

Hat der Mündel das achtzehnte Lebensjahr vollendet, so soll ihn das Vormundschaftsgericht, soweit tunlich, auch hören vor der Entscheidung über die Genehmigung eines der im § 1821 und im § 1822 Nr 3 bezeichneten Rechtsgeschäfte sowie vor der Entscheidung über die Genehmigung des Beginns oder der Auflösung eines Erwerbsgeschäfts¹).

E I 1657 Satz 2, 1680 II 1707; M 4 1098, 1152; P 4 785, 796; 5 1147.

1. Die **Anhörung des Mündels** ist geboten teils ohne Rücksicht auf sein Lebensalter bei Eingehung eines genehmigungsbedürftigen Lehrvertrags, Arbeits- oder Dienstvertrags (vgl. § 1822 zu Nr 6 u. 7), da der Mündel, wenn er einen solchen Vertrag eingehen soll, auch das hierfür nötige Verständnis besitzen muß, teils, wenn es sich nämlich um seine Entlassung aus dem Staatsverband handelt (vgl. § 1821 A 3), bei Vollendung des 14. Lebensjahrs, endlich, wenn genehmigungsbedürftige Rechtsgeschäfte bezüglich des unbeweglichen Vermögens oder eines Erwerbsgeschäfts gemäß §§ 1821, 1822 Nr 3 — nicht § 1822 Nr 4 — in Frage stehen, bei Vollendung des 18. Lebensjahrs. In den beiden ersten Fällen ist die Anhörung unbedingt, nicht bloß „soweit tunlich", vorgeschrieben. Im übrigen ist es dem pflichtmäßigen Ermessen des Vormundschaftsgerichts überlassen, ob es den Mündel hören will. Zu dem Antrage auf Entlassung aus der Staatsangehörigkeit ist der Mündel nicht berechtigt. Er hat nur das Recht, über den Antrag seines gesetzlichen Vertreters gehört zu werden. Über die Bedeutung der Anhörung s. § 1826 A 1. — § 1827 Abs 2 ist auch anwendbar bei der Vormundschaft oder Pflegschaft über einen Volljährigen (RG LZ 1925, 549[11]).

2. In den Angelegenheiten, in denen der Mündel gehört werden soll, ist er — unbeschadet des Beschwerderechts des Vormundes — nach § 59 FGG zugleich **beschwerdeberechtigt**, vorausgesetzt, daß er das 14. Lebensjahr vollendet hat und nicht geschäftsunfähig ist. Unter dieser Voraussetzung hat er das Recht der Beschwerde außerdem in allen seine Person betreffenden Angelegenheiten, das ist in allen Angelegenheiten, die nicht bloß für sein Vermögen Bedeutung haben wozu auch die Einleitung der Vormundschaft und die Frage der Entlassung des Vormundes gehören kann (vgl. RJA 6, 7 u. 6, 168). Das Beschwerderecht steht, wenn eine Vormundschaft (Pflegschaft) trotz des Vorhandenseins ihrer Voraussetzungen nicht eingeleitet wird dem schutzbedürftigen Kinde schon vor Bestellung des Vormundes (Pflegers) zu (RJA 8, 170). Beschwerdeberechtigt ist außerdem der Mündel in allen vermögensrechtlichen Angelegenheiten, in welchen ihm nach den §§ 112, 113 unbeschränkte Geschäftsfähigkeit zukommt (KGJ 37 A 39; LZ 1916, 1322[2]).

§ 1828

Das Vormundschaftsgericht kann die Genehmigung zu einem Rechtsgeschäfte nur dem Vormunde gegenüber¹) erklären.

E I 1681 Abs 1 II 1708; M 4 1153; P 4 797.

1. Das Vormundschaftsgericht darf sich, wenn auch die Erteilung der Genehmigung als eine Mitwirkung an der Verwaltung des Vormundes aufzufassen ist (§ 1821 A 1), nicht darüber hinaus in die Verwaltung einmischen und in Rechtsverkehr mit dritten Personen treten. Dem entspricht es, daß es die **Genehmigung nur dem Vormunde gegenüber erklären** kann. Es bleibt diesem überlassen, ob er die Genehmigung durch Mitteilung an den beteiligten Dritten (beziehentlich durch Abschluß des Rechtsgeschäfts auf Grund und im Rahmen der Genehmigung) wirksam machen will. Vorher ist die Genehmigung eine innere Angelegenheit, die nur das Verhältnis zwischen Vormund und Vormundschaftsgericht betrifft, aus der aber der Dritte keine Rechte herleiten kann. Die Genehmigung darf bis zu diesem Zeitpunkte von dem Vormundschaftsgericht frei widerrufen und auf Beschwerde des Vormundes auch von dem Beschwerdegericht (vgl. § 55 Abs 1 FGG) zurückgenommen werden (vgl. über die Widerruflichkeit

der Genehmigung zu dem Zwangsversteigerungsantrage behufs Aufhebung der Gemeinschaft, welche Widerruflichkeit bis zur Erteilung des Zuschlags dauert, RJA 6, 9). Die bloße Mitteilung der Tatsache, daß die Genehmigung erteilt oder versagt ist, reicht nicht aus, um die Wirksamkeit des Beschlusses des Vormundschaftsgerichts herbeizuführen. Die Mitteilung muß in dem Sinne erfolgt sein, daß der Vormund die Genehmigung (Versagung) sich zu eigen macht, nicht etwa die Versagung durch Beschwerde anfechten will (KGJ 38 A 64). Und noch weniger genügt die Mitteilung jener Tatsache durch einen Dritten. Wenn die Bestimmung des § 1828 unter Hinweis auf § 16 FGG regelmäßig dahin erläutert wird, daß die Genehmigung mit der Bekanntmachung an den Vormund wirksam werde, so ist damit nur gemeint, daß der Vormund ermächtigt ist, die Genehmigung dem Dritten mitzuteilen, und ihr dadurch endgültige Wirksamkeit zu verschaffen (§ 1829 Abs 1). Nicht notwendig ist übrigens, daß die Genehmigung unmittelbar dem Vormunde vom Vormundschaftsgericht erklärt wird. Es genügt, wenn die Erklärung dem zu ihrem Empfange von dem Vormunde ermächtigten Dritten zugeht, und ebenso muß es als genügend angesehen werden, wenn das Vormundschaftsgericht die Erklärung durch Vermittlung eines Dritten dem Vormunde zugehen läßt. Hinzukommen muß aber, daß der Vormund die dem Dritten zugegangene Mitteilung sich zu eigen macht (vgl. OLG München in LZ 1918, 58[1]). Die Ermächtigung hat keine Bedeutung, wenn der Bevollmächtigte sie nicht annimmt, wenn er z. B. auf Grund dieser Erklärung zur Empfangnahme und Weitergabe der Genehmigung sich nicht für berechtigt hält (**RG** Warn 1922 Nr 98). Hat der Prozeßrichter einen vom Vormunde und der Gegenpartei erklärten Vergleich aufgenommen und mit deren Willen die Genehmigung des Vormundschaftsgerichts eingeholt, so ist die in den Prozeßakten niedergeschriebene, dem Prozeßrichter durch Rücksendung der Akten zur Kenntnis gebrachte Genehmigung als wirksam zu erachten. Das nachträgliche Einverständnis des Vormundes mit der von dem Vormundschaftsgericht an den Dritten gemachten Mitteilung kann dagegen, wenn nicht eine Erklärung des Vormundschaftsgerichts an den Vormund hinzukommt, die Genehmigung nicht wirksam machen. Darin allein, daß das Vormundschaftsgericht unter Mitteilung des Vertrags das Grundbuchamt um Eintragung ersucht, ist eine wirksame Genehmigung nicht enthalten (**RG** 59, 277). Unwirksam ist auch eine von dem Vormundschaftsgericht dem Dritten gemachte Mitteilung, daß die Genehmigung dem Vormunde gegenüber erklärt sei. Was hier über die Erteilung der Genehmigung gesagt ist, muß in gleicher Weise für die Versagung der Genehmigung gelten. Darüber, daß die Erklärung keiner Form bedarf und rückwirkende Kraft hat, s. § 1821 A 1. Ein besonderer Nachweis dafür, daß die vormundschaftsgerichtliche Genehmigung dem Vormunde mitgeteilt ist, ist in Grundbuchsachen nicht zu erfordern, wenn der Vormund auf Grund der vorgelegten Genehmigungsverfügung die Eintragung beantragt (bestr.). Hat der Vormundschaftsrichter die Genehmigung unter Aushändigung des mit dem Genehmigungsvermerk versehenen Vertrags einem Dritten mitgeteilt, so kann der Vormund, um den Anschein des Zustandekommens eines gültigen Vertrags zu zerstören, die Rücknahme der Genehmigung nötigenfalls im Beschwerdewege verlangen (KGJ 34 A 49).

§ 1829

[2]) Schließt der Vormund einen Vertrag ohne die erforderliche Genehmigung des Vormundschaftsgerichts, so hängt die Wirksamkeit des Vertrags von der nachträglichen Genehmigung des Vormundschaftsgerichts[3]) ab. Die Genehmigung sowie deren Verweigerung wird dem anderen Teile gegenüber erst wirksam, wenn sie ihm durch den Vormund mitgeteilt wird[1]).

Fordert der andere Teil den Vormund zur Mitteilung darüber auf, ob die Genehmigung erteilt sei, so kann die Mitteilung der Genehmigung nur bis zum Ablaufe von zwei Wochen nach dem Empfange der Aufforderung erfolgen; erfolgt sie nicht, so gilt die Genehmigung als verweigert[1]).

Ist der Mündel volljährig geworden, so tritt seine Genehmigung an die Stelle der Genehmigung des Vormundschaftsgerichts.

E I 1681 Abs 2, 3, 5 II 1709; M 4 1153; P 4 797; 6 311.

1. Ist der Vertrag (von dem Vormunde oder mit Zustimmung des Vormundes von dem Mündel) **ohne die Genehmigung des Vormundschaftsgerichts** geschlossen, so ist der Dritte — abgesehen von dem in § 1830 behandelten Falle der Täuschung — an den Vertrag gebunden, nicht aber der Mündel. Es entsteht ein **Schwebezustand**, dessen Beendigung der Dritte dadurch herbeiführen kann, daß er den Vormund, beziehentlich den volljährig gewordenen Mündel oder die Erben des inzwischen verstorbenen Mündels zur Mitteilung auffordert,

ob die Genehmigung ihm erteilt ist. Die Gebundenheit erlischt, wenn ihm nicht der Vormund usw. binnen spätestens zwei Wochen seit dem Empfange der Aufforderung von der Erteilung der Genehmigung Mitteilung macht. Ob der Vormund die nachträglich erteilte Genehmigung dem anderen Teil mitteilen will, steht in seinem pflichtmäßigen Ermessen (**RG** v. 14. 3. 1925 V 251/24; KG in JFG 1, 81). Die Mitteilung — die rechtsgeschäftliche Bedeutung hat und demgemäß der Anfechtung wegen Willensmängel unterliegt — braucht dem Dritten nicht unmittelbar von dem Vormunde zuzugehen. Hierzu ist auf das in § 1828 A 1 über die Mitteilung des Vormundschaftsgerichts an den Vormund Gesagte zu verweisen. Nach BayObLG in JW 1923, 758[1] ist es zulässig, daß der Vormund einen Dritten mit der Entgegennahme der vormundschaftsgerichtlichen Genehmigung und deren Mitteilung an den Vertragsgegner und dieser den Dritten zur Empfangnahme der Mitteilung bevollmächtigt. Die Ermächtigung zur Mitteilung an den Vertragsgegner durch eine vom Vormund einem Dritten erteilte Generalvollmacht wird vom KG in RJA 17, 3 mit Unrecht verneint. Für die Richtigkeit der Mitteilung ist der Vormund geradeso verantwortlich, als wenn er die Angabe beim Vertragsschluß gemacht hätte. Erst durch die Mitteilung, die auch durch schlüssige Handlungen erfolgen kann (JFG 2, 118), erlangt der Bescheid des Vormundschaftsgerichts dem Geschäftsgegner gegenüber Wirksamkeit. Pflicht des Nachlaßgerichts ist es deshalb, vor Bestätigung der Erbauseinandersetzung zu prüfen, ob die nach Abschluß des Vertrags durch den Vormund für den minderjährigen Miterben erteilte vormundschaftsgerichtliche Genehmigung den Miterben von dem Vormund mitgeteilt worden ist (RJA 12, 27). Ist nachweislich die Genehmigung nicht erteilt, so ist natürlich auch der Dritte nicht gebunden und es verbleibt ihm nur der Schadensersatzanspruch gegen den Vormund. Nicht richtig aber ist es, im Falle der Unwahrheit der Mitteilung diese als eine von dem Vormund ohne Vertretungsmacht abgegebene einseitige Erklärung und deshalb als gänzlich unwirksam anzusehen (so Blume A 5; vgl. § 1832 A 2). Über die Art und die Wirkungen der Aufforderung kann von den Parteien eine von § 1829 abweichende Vereinbarung getroffen werden. Hat der Dritte für die Annahme des von ihm gestellten Vertragsantrags eine Frist gesetzt, so ist dies der Regel nach dahin zu verstehen, daß die Gebundenheit des Antragstellers erlischt, wenn nicht innerhalb der Frist zugleich die zur Annahmeerklärung erforderliche Genehmigung des Vormundschaftsgerichts dem Antragsteller mitgeteilt ist (**RG** 76, 366). Wird die vormundschaftsgerichtliche Genehmigung, obschon sie wegen Ablaufs der Frist von zwei Wochen als verweigert anzusehen ist, noch nachträglich erteilt, so kann hierauf, sofern die Genehmigung von dem gesetzlichen Vertreter dem Vertragsgegner mitgeteilt und damit an sich nach §§ 55, 62, 63 FGG unanfechtbar geworden ist, eine Beschwerde im vormundschaftlichen Verfahren — unbeschadet des Rechts der Beteiligten, die sachliche Unwirksamkeit der Genehmigung im Prozeßwege darzutun — nicht gegründet werden (KGJ 53 A 41). Auf die Mitteilung kann der andere Vertragsteil in gleichem Sinne wie bei der Vertragschließung gemäß § 151 auf die Annahmeerklärung verzichten; es kann also zwischen ihm und dem Vormund vereinbart werden, daß der Vertrag schon mit der dem Vormund vom Vormundschaftsgericht erklärten Genehmigung wirksam werde (JFG 1, 347). § 1829 Abs 2 ist nicht anwendbar auf Verträge, die von einem ausländischen Vormundschaftsgericht zu genehmigen sind (**RG** 110, 173). Über den Fall, daß der Vertrag ohne vormundschaftsgerichtliche Genehmigung und ohne Zustimmung des Vormundes geschlossen ist, s. § 1832 A 2.

2. Der § 1829 findet keine Anwendung, wenn die Genehmigung des Vormundschaftsgerichts — durch Mitteilung an den Vormund (§ 1828) — schon **vor Abschluß des Vertrags** erteilt ist. Der Dritte bleibt hier an den Vertrag gebunden, auch wenn er nicht weiß, ob die Genehmigung erteilt ist, ohne daß er die in A 1 bezeichnete Aufforderung an den Vormund richten kann. Besondere Unzuträglichkeiten entstehen hieraus dem Dritten nicht, da er sich bei dem Vormundschaftsgericht — das in diesem Falle seine Auskunft nicht verweigern darf — über die Erteilung der durch späteren Abschluß des Vertrags wirksam gewordenen Genehmigung (vgl. § 1828 A 1) zuverlässig unterrichten kann. — Die Grundsätze des § 1829 und der damit in Zusammenhang stehenden §§ 1830, 1831 sind nur anwendbar auf die zur Ergänzung der Vertretungsmacht des Vormundes von dem Vormundschaftsgericht erteilte Genehmigung, nicht auf die aus andern Gründen (vgl. §§ 1811, 1817, 1823) vorgeschriebene Genehmigung, die nur die Natur einer Erlaubnis hat (**RG** Warn 1917 Nr 84). Darüber, daß, wenn der Vormund die Erteilung der vormundschaftsgerichtlichen Genehmigung verhindert hat, § 162 keine entsprechende Anwendung findet, s. **RG** JW 1921, 1237[15].

3. Bei Erteilung der vormundschaftsgerichtlichen Genehmigung ist der Vertrag so, wie er von dem Vormunde geschlossen ist, zugrunde zu legen. Wird die Genehmigung **teilweise versagt,** so ist, auch wenn es sich dabei nur um einen untergeordneten Punkt handelt, der zum Wirksamwerden des Vertrags erforderliche Tatbestand nicht erfüllt. Eine Ausnahme hiervon ist nur zu machen, wenn der betreffende Punkt das Rechtsverhältnis zwischen dem Mündel und dem Dritten überhaupt nicht berührt oder die Abänderung offensichtlich nur zum Vorteil des Dritten sein würde. Ist dagegen die Möglichkeit vorhanden, daß die Änderung trotz unleugbarer Vorteile für den Dritten ihn in irgendeiner Beziehung beschwert, so erlischt mit der Mitteilung der beschränkten Genehmigung durch den Vormund die Gebundenheit des Dritten.

§ 1830

Hat der Vormund dem anderen Teile gegenüber der Wahrheit zuwider die Genehmigung des Vormundschaftsgerichts behauptet, so ist der andere Teil bis zur Mitteilung der nachträglichen Genehmigung des Vormundschaftsgerichts zum Widerrufe berechtigt, es sei denn, daß ihm das Fehlen der Genehmigung bei dem Abschlusse des Vertrags bekannt war[1]).

E I 1681 Abs 2, 4 II 1710; M 4 1153; P 4 797; 6 311, 395.

1. Das in § 1830 behandelte **Widerrufsrecht** ist, sowohl was die Voraussetzungen als die Wirkungen betrifft, von dem Rücktritt wegen Irrtums verschieden gestaltet. Die bloße Unkenntnis des Fehlens der vormundschaftsgerichtlichen Genehmigung berechtigt noch nicht zum Widerruf. Der Vormund muß ausdrücklich bei oder vor dem Vertragsabschluß der Wahrheit zuwider die Erteilung der Genehmigung behauptet und der Vertragsgegner muß sich hierauf verlassen haben. Die Unrichtigkeit braucht aber nicht etwa, was allerdings in der Mehrzahl der Fälle zutreffen wird, auf einem Verschulden des Vormundes zu beruhen. Einer binnen bestimmter Frist zu erklärenden Anfechtung des Vertrags bedarf es nicht. Das Widerrufsrecht kann zu jeder Zeit ausgeübt werden, solange nicht der Vertrag infolge Mitteilung der nachträglichen Genehmigung des Vormundschaftsgerichts durch den Vormund (vgl. § 1828 A 1) für beide Teile wirksam geworden ist. Auf das Widerrufsrecht kann verzichtet werden. In diesem Falle ist die Wirksamkeit des Vertrags nach § 1829 zu beurteilen. Zur Ausübung des Widerrufsrechts hat der Vertragsgegner, wie durch die Wortstellung in § 1830 zum Ausdruck gebracht ist, nur nachzuweisen, daß jene unrichtige Behauptung aufgestellt ist. Der Nachweis des Einwandes, daß der Vertragsgegner sich nicht im Irrtum befunden, sondern die Unrichtigkeit der Behauptung gekannt habe, ist vom Mündel zu führen. — Die aus der Unkenntnis des Fehlens der vormundschaftsgerichtlichen Genehmigung sich ergebenden Rechtsfolgen sind vollständig in § 1830 geregelt. Für eine Anfechtung wegen Irrtums ist daneben kein Raum. Die Ansprüche auf Schadensersatz gegen den Vormund wegen arglistiger Täuschung bleiben dagegen unberührt.

§ 1831

Ein einseitiges Rechtsgeschäft, das der Vormund ohne die erforderliche Genehmigung des Vormundschaftsgerichts vornimmt, ist unwirksam[1]). **Nimmt der Vormund mit dieser Genehmigung ein solches Rechtsgeschäft einem anderen gegenüber vor, so ist das Rechtsgeschäft unwirksam, wenn der Vormund die Genehmigung nicht in schriftlicher Form vorlegt und der andere das Rechtsgeschäft aus diesem Grunde unverzüglich zurückweist**[2]).

E I 1681 Abs 2 II 1711; M 4 1153; P 4 797.

1. Die verschiedenartige Behandlung des **einseitigen Rechtsgeschäfts** und des Vertrags (vgl. § 111) hat darin ihren Grund, daß es unbillig sein würde, die Frage der Wirksamkeit des Rechtsgeschäfts, dessen Vornahme sich der Dritte gefallen lassen muß, für unbestimmte Zeit im ungewissen zu lassen. Das einseitige Rechtsgeschäft ist deshalb, wenn dem Vormunde wegen Nichtvorhandenseins der vormundschaftsgerichtlichen Genehmigung die Vertretungsmacht fehlt, endgültig **unwirksam** und kann durch Nachbringung der Genehmigung nicht wirksam gemacht, sondern muß wiederholt werden. Ist jedoch zur Vornahme eines einseitigen Rechtsgeschäfts gesetzlich eine Frist vorgeschrieben, so wird die Fristbestimmung in Ermanglung einer andern Festsetzung dahin zu verstehen sein, daß es genügt, wenn die Erfordernisse des einseitigen Rechtsgeschäfts beim Ablauf der Frist vorliegen und daß deshalb die zum Wirksamwerden des Rechtsgeschäfts erforderlichen Erklärungen innerhalb der Frist auch nacheinander abgegeben werden dürfen. Die dem Nachlaßgericht gegenüber erklärte Ausschlagung der Erbschaft ist deshalb nicht aus dem Grunde unwirksam, weil nicht gleichzeitig mit der Erklärung die vormundschaftsgerichtliche Genehmigung dem Nachlaßgericht vorgelegt ist, sondern innerhalb der Ausschlagungsfrist nachgebracht ist (so jetzt auch **RG** Warn 1915 Nr 120; anders KGJ 21 A 197; RJA 5, 143; 12, 105). Daß das Nachlaßgericht nicht in der Lage ist, die Erklärung der Ausschlagung der Erbschaft wegen nicht rechtzeitiger Beibringung der vormundschaftsgerichtlichen Genehmigung zurückzuweisen (vgl.

A 2), schließt nicht aus, daß die Genehmigungserklärung vor Ablauf der Frist eingereicht werden muß. Die zur Anstellung der Klage auf Anfechtung der Ehe usw. (§ 1821 A 3) erforderliche vormundschaftsgerichtliche Genehmigung kann innerhalb der Frist bis zur letzten mündlichen Verhandlung nachgebracht werden.

2. Gegenüber der Vornahme eines einseitigen Rechtsgeschäfts (Rechtshandlung) wird der andere Teil auch insofern geschützt, als er das Rechtsgeschäft nicht gelten zu lassen braucht, wenn der Vormund sich nicht zugleich über die Erteilung der vormundschaftsgerichtlichen Genehmigung durch Vorlegung der Urschrift oder einer beglaubigten Abschrift der Verfügung ausgewiesen hat. Er muß aber, wenn er aus diesem Grunde das **Rechtsgeschäft zurückweisen** will, dies unverzüglich erklären (vgl. § 111). Dieses Recht der Zurückweisung haben nur Private, nicht Behörden, die in Vertretung der beteiligten Personen eine Erklärung entgegenzunehmen haben (Nachlaßgericht, Vormundschaftsgericht usw.). Durch die Zurückweisung wird dem Rechtsgeschäft, soweit der Zurückweisende hieraus ein Recht herleiten könnte, unwiederbringlich jede Wirkung entzogen. Der Zurückweisende kann nicht hinterher seine Willensentschließung ändern und kann sich nicht darauf berufen, daß er durch Irrtum zu der Zurückweisung bestimmt worden sei. Darüber, daß die Nichtvorlegung der Bestallung des Vormundes nicht zur Zurückweisung berechtigt, s. § 1791 A 1.

§ 1832

Soweit der Vormund zu einem Rechtsgeschäfte der Genehmigung des Gegenvormundes bedarf, finden die Vorschriften der §§ 1828 bis 1831 entsprechende Anwendung[1])[2]).

E I 1682 II 1712; M 4 1155; P 4 799.

1. Die Vorschriften der §§ 1828—1831 über die Notwendigkeit, die Genehmigung dem Vormunde gegenüber zu erklären, und über die Wirkung des Mangels der Genehmigung, beziehentlich des mangelnden Ausweises, finden in gleicher Weise auf den **Gegenvormund** Anwendung. Auch die von dem Gegenvormund zu erteilende Genehmigung ist als eine Mitwirkung bei der Verwaltung des Vormundes und somit als Rechtsgeschäft aufzufassen (vgl. § 1821 A 1; a. M. Staudinger A 4).

2. Die **Rechtsfolgen der mangelnden Zustimmung des Vormundes** bestimmen sich lediglich nach §§ 108ff. Hat ein Dritter mit dem Minderjährigen, den er als solchen nicht erkannt hat, ohne Zustimmung des Vormundes und zugleich ohne Genehmigung des Vormundschaftsgerichts einen Vertrag geschlossen, so ist die Wirksamkeit des Vertrags, sobald der Vormund nachträglich seine Zustimmung erteilt hat, ausschließlich nach §§ 1829, 1830 zu beurteilen. Es kann dem Dritten nicht auf Grund des § 109 Abs 1 das Recht des Widerrufs bis zur Mitteilung der vormundschaftsgerichtlichen Genehmigung unter dem Gesichtspunkt, daß die Zustimmung des Vormundes als ein einseitiges Rechtsgeschäft wegen Fehlens der vormundschaftsgerichtlichen Genehmigung nach § 1831 unwirksam sei, eingeräumt werden. Denn nicht die Zustimmung des Vormundes, sondern der Vertrag selbst ist genehmigungsbedürftig (so Breit in ZBlFG 4, 399ff., Predari in Gruch 52, 177ff.; a. M. Meyer S. 1ff. das.).

§ 1833

Der Vormund ist dem Mündel für den aus einer Pflichtverletzung entstehenden Schaden verantwortlich, wenn ihm ein Verschulden zur Last fällt[1])[2])[5]). Das gleiche gilt von dem Gegenvormunde[3]).

Sind für den Schaden mehrere[4]) nebeneinander verantwortlich, so haften sie als Gesamtschuldner. Ist neben dem Vormunde für den von diesem verursachten Schaden der Gegenvormund oder ein Mitvormund nur wegen Verletzung seiner Aufsichtspflicht verantwortlich, so ist in ihrem Verhältnisse zueinander der Vormund allein verpflichtet.

E I 1696 II 1732; M 4 1175; P 4 816.

1. Die **Schadensersatzpflicht des Vormundes** setzt voraus, daß ihm die Pflichtverletzung (d. i. die Verletzung der Pflicht zu treuer und gewissenhafter Führung der Vormundschaft, § 1789) als Verschulden anzurechnen ist. Konnte er ohne Schuld das Pflichtwidrige seiner Handlung nicht erkennen, oder war er ohne Schuld verhindert, das als seine Pflicht Erkannte auszuführen, so entfällt die Haftbarkeit. Das Maß der von ihm zu betätigenden Sorgfalt richtet sich nicht danach, wie er in seinen eigenen Angelegenheiten zu verfahren pflegt. Er hat vielmehr (soweit ihm dies nach seiner Persönlichkeit überhaupt möglich) die Sorgfalt zu beobachten, die von einem normalen

Menschen verständigerweise verlangt werden kann. Immerhin ist darauf Rücksicht zu nehmen, welche Sorgfalt in den Lebenskreisen, denen der Vormund angehört, geübt wird und billigerweise in diesen Kreisen auch nur erwartet werden darf (RG JW 1911, 1016[11]; vgl. Gruch 55, 995). Damit, daß er durch dringende Geschäfte in eigenen Angelegenheiten abgehalten gewesen sei, kann er sich nicht entschuldigen, da er nötigenfalls für Vertretung hätte sorgen müssen und keinesfalls die Angelegenheiten des Mündels seinen Angelegenheiten hintansetzen darf. Auch dadurch wird er nicht entschuldigt, daß das Vormundschaftsgericht ein gleiches Versehen trifft, obwohl der Umstand, daß auch der Vormundschaftsrichter die Sachlage unrichtig beurteilt hat, in zweifelhaften Fällen zugunsten des Vormundes ins Gewicht fallen muß (RG JW 04, 473[14]; LZ 1922, 329[4]). Ebensowenig wird der Vormund von der Haftung in jedem Falle dadurch befreit, daß er zur Feststellung des Wertes eine amtliche Taxe hat aufnehmen lassen. Er ist in Schuld, wenn er die ihm bekannten, für eine Überschätzung sprechenden Umstände nicht zur Geltung bringt (RG JW 1910, 708[12]). Ein Verschulden kann ihm jedoch nicht zur Last gelegt werden, wenn er auf die ihm von dem Vormundschaftsrichter hinsichtlich der Anlegung des Mündelgeldes erteilte Rechtsauskunft vertraut und demgemäß die Taxe eines gerichtlich vereidigten Schätzers als eine dem Art 73 PrAG entsprechende gerichtliche Taxe angesehen hat (RG JW 1911, 984[20]). Als entschuldigt kann er auch angesehen werden, wenn er durch das Verhalten des Vormundschaftsrichters in den Glauben versetzt war, die Hypothek sei bereits auf den Namen des Mündels eingetragen und es falle ihm in dieser Beziehung keine weitere Aufgabe zu (RG 25. 11. 15 IV 208/15). Bei Prüfung der Frage, ob gegen ein dem Mündel ungünstiges Urteil ein Rechtsmittel einzulegen ist, darf der Vormund, dem die erforderlichen Rechtskenntnisse abgehen, nicht, ohne den Rat eines Rechtskundigen oder, falls die zur Befragung eines Anwalts nötigen Mittel fehlen, den Rat des Vormundschaftsrichters einzuholen, sich selbst die Entscheidung darüber anmaßen, ob von der Einlegung eines Rechtsmittels Erfolg zu erwarten sei. Der Ansicht des Armenanwalts, der nach seinem bisherigen Verhalten dem Prozesse wenig Interesse zugewandt hat, kann in dieser Hinsicht keine besondere Bedeutung beigelegt werden (RG JW 1922, 1006[3]). Bei Fragen wirtschaftlicher Zweckmäßigkeit ist er regelmäßig auf die eigene Prüfung angewiesen. Seine Sache ist es, sich über die tatsächlichen Verhältnisse zu unterrichten, und es darf ihm deshalb nicht zustatten kommen, daß der Vormundschaftsrichter infolge ungenügender Kenntnis der tatsächlichen Vorgänge gleichfalls zu einer unrichtigen Anschauung gekommen ist und für die Genehmigung des Vertrags sich entschieden hat (RG 23. 2. 14 IV 474/13). Die von dem Vormunde zu erfüllenden Pflichten bestimmen sich nach den für die einzelnen Obliegenheiten vom Gesetz gegebenen Vorschriften. Ergänzend greift der allgemeine Grundsatz ein, daß der Vormund die Verwaltung mit der gehörigen Sorgfalt zu führen hat, welcher Grundsatz zugleich neben den gesetzlichen Vorschriften zur Geltung kommt (vgl. § 1807 A 1, § 1806 A 1). Nicht ersatzpflichtig ist der Vormund, der durch sein Verschulden den Unterhaltsprozeß verloren hat, solange der natürliche Vater mittellos ist. Es kann aber gleich im voraus für den Fall der Besserung seiner Vermögensverhältnisse auf Feststellung der Ersatzpflicht des Vormundes geklagt werden (RG 24. 11. 04 IV 233/04). Nicht als Pflichtverletzung ist es dem Vormund anzurechnen, wenn er bei Verfolgung der Rechte des Mündels nicht allgemein die äußerste Strenge hat walten lassen, sondern auf den gebräuchlichen Geschäftsanstand Rücksicht genommen hat. Nach § 79 Abs 1 AufwG fällt dem Vormund ein zum Schadensersatz verpflichtendes Verschulden nicht zur Last, wenn er im Vertrauen auf den Stand der Gesetzgebung oder der Rechtsprechung bei der Annahme von Leistungen oder den sonstigen Verfügungen über Ansprüche, die der Aufwertung nach den Vorschriften des Aufwertungsgesetzes unterliegen, mit einer Aufwertung nicht gerechnet hat. Wird der Vormund ersatzpflichtig gemacht, so ist ihm die Verletzung seiner Pflichten nachzuweisen (s. hierüber § 1664 A 1). Die Unterlassung einer dem Vormunde obliegenden Pflicht wird häufig den tatsächlichen Schluß rechtfertigen, daß die Unterlassung auf einem Verschulden beruht. Es ist dann Sache des Vormundes, den Entlastungsbeweis zu führen, daß ihm gleichwohl ein Verschulden nicht zur Last fällt (abw. RG 76, 185; JW 1911, 984[20]). Regelmäßig ist der Vormund verantwortlich, wenn er die erforderliche vormundschaftsgerichtliche Genehmigung nicht eingeholt hat. Entschuldigt kann er dadurch sein, daß er durch den Vormundschaftsrichter in den Glauben versetzt ist, es bedürfe der Genehmigung nicht. Mit dem Einwande, daß der Vormundschaftsrichter, wenn er darum angegangen wäre, die Genehmigung erteilt haben würde, ist der Vormund aller Regel nach nicht zu hören (vgl. RG JW 1911, 985[20]). — Hat der Vormund in betrüglichem Einverständnis mit dem Vertragsgegner zum Nachteil des Mündels gehandelt, so ist auch der Gegner ersatzpflichtig und kann aus dem Vertrage keine Ansprüche gegen den Mündel herleiten.

2. Die den Vormund haftbar machende Pflichtverletzung untersteht **nicht** den Vorschriften über **unerlaubte Handlungen.** Von dem Vormunde wird, falls er nicht zur Vormundschaft unfähig ist (vgl. § 1780 A 1), durch Übernahme des Amtes ein besonderes Verpflichtungsverhältnis gegenüber dem Mündel eingegangen, das seiner Natur nach einem gesetzlichen Schuldverhältnis gleichzustellen ist. Durch das Bestehen eines Untauglichkeitsgrundes (§ 1781)

wird dies Verpflichtungsverhältnis nicht ausgeschlossen. Der hieraus entspringende Schadensersatzanspruch des Mündels unterliegt demgemäß nicht der dreijährigen Verjährung des § 852, sondern der allgemeinen dreißigjährigen Verjährung (RG 8. 7. 07 IV 29/07). Gemäß § 204 letzter Satz ist die Verjährung während der Dauer des Vormundschaftsverhältnisses gehemmt. Es greift nicht der Gerichtsstand der unerlaubten Handlung, sondern der Gerichtsstand der Vermögensverwaltung (§ 31 ZPO) Platz, der sich regelmäßig nach dem Wohnsitz des Vormundes bestimmt. Nicht ausgeschlossen ist, daß mit einer Pflichtwidrigkeit des Vormundes der Tatbestand einer unerlaubten Handlung zusammentrifft. Bei der Annahme eines schuldrechtlichen Verpflichtungsverhältnisses liegt es nahe, auf den Vormund die Vorschrift des § 278 zur Anwendung zu bringen, wonach der Schuldner ein Verschulden des Erfüllungsgehilfen in gleichem Umfange wie eigenes Verschulden zu vertreten hat. Diese Folgerung muß jedoch abgelehnt werden. Der Vormund haftet, soweit er einen Erfüllungsgehilfen annehmen darf (vgl. § 1793 A 2), immer nur für eigenes Verschulden, das ihn bei der Auswahl oder der Beaufsichtigung trifft. Nur das wird von dem Vormunde verlangt, daß er seine Tätigkeit im Interesse des Mündels aufwendet und hierbei mit der gehörigen Sorgfalt verfährt. Eine weitergehende Haftung, die dem Vormunde geradezu ein Vermögensopfer auferlegen würde, ist vom Gesetz nicht gewollt. Hat aber der Vormund unzulässigerweise rein vormundschaftliche Geschäfte einem Dritten übertragen, so haftet er für jeden daraus entspringenden Schaden (RG 76, 185). Wegen des Vorrechts des Mündels im Konkurse des Vormundes s. § 61 Nr 5 KO.

3. Die zu 1 u. 2 dargestellten Grundsätze gelten auch für den **Gegenvormund**, der sich durch Vernachlässigung der Überwachungspflicht (§ 1799 A 1) oder durch pflichtwidrige Erteilung der Genehmigung ersatzpflichtig machen kann. Dem Gegenvormunde kann es als Schuld anzurechnen sein, daß er, wenn der Vormund fortgesetzt die Pflicht der Rechnungslegung nicht erfüllt, nicht Veranlassung nimmt, über das unversehrte Vorhandensein des Mündelvermögens sich zu unterrichten, oder daß er, nachdem auf seinen Antrag dem Vormunde behufs Auszahlung des Anteils des volljährig gewordenen Mündels die Ermächtigung zur Empfangnahme der für die Mündel hinterlegten Wertpapiere erteilt ist, sich nicht darum kümmert, ob der den Minderjährigen verbleibende Rest des Vermögens wieder mündelsicher angelegt ist. Der Gerichtsstand der Vermögensverwaltung bestimmt sich auch für den Gegenvormund nach dem Orte der von dem Vormunde geführten Verwaltung.

4. Ist dem Mündel ein Schaden durch das Verschulden **mehrerer Vormünder** (vgl. § 1797 A 1) oder des Vormundes und Gegenvormundes, des Vormundes und Vormundschaftsrichters entstanden, so hat nach allgemeinen Grundsätzen (vgl. jedoch über die Haftung des Vormundschaftsrichters § 839) ein jeder für die Folgen seines schuldhaften Handelns in vollem Umfange einzustehen, so daß ein Gesamtschuldverhältnis begründet wird. Im Verhältnis zueinander sind die Gesamtschuldner nach der Regel des § 426 zu gleichen Anteilen in der Art verpflichtet, daß der bei einem Gesamtschuldner entstehende Ausfall gleichheitlich von den übrigen zu tragen ist. Diese Regel erleidet — entsprechend der Vorschrift des § 840 Abs 2 — eine Ausnahme, wenn der Mitvormund oder Gegenvormund nur wegen Verletzung der Aufsichtspflicht haftet. Der Schaden fällt hier, was die Ausgleichungspflicht betrifft, dem Vormunde, der den Schaden durch seine Handlung verursacht hat, allein zur Last. Eine andere Verteilung des Schadens kann auch sonst nach Maßgabe des § 254 gerechtfertigt sein (RG 84, 211). Keine Ausgleichungspflicht trifft nach § 841 den Vormundschaftsrichter.

5. Die Vorschriften des § 1833 galten auch für den Berufsvormund alten Rechts (RG JW 1922, 1006[3]), sie gelten jetzt für das Jugendamt und die von ihm bestellten Personen im Rahmen der §§ 35—41, 46, 11 JWG sowie für den Anstalts- und Vereinsvormund (vgl. §§ 33 Abs 1, 47 Abs 2 JWG).

§ 1834

Verwendet der Vormund Geld des Mündels für sich, so hat er es von der Zeit der Verwendung an zu verzinsen[1]).

E I 1697 II 1733; M 4 1180; P 4 817.

1. Die **Verpflichtung zur Verzinsung** hat weder ein Verschulden des Vormundes noch den Nachweis eines dem Mündel entstandenen Schadens zur Voraussetzung (vgl. § 668). Die Verzinsung erfolgt nach § 246 mit 4 vom Hundert. Dem Mündel ist es unbenommen, einen ihm erwachsenen höheren Schaden, für den er dann beweispflichtig ist, gemäß § 1833 ersetzt zu verlangen. In der bloßen Vermischung des dem Mündel und dem Vormunde gehörigen Geldes ist eine Verwendung im Sinne des § 1834 noch nicht zu sehen. Dagegen tritt eine Verzinsungspflicht hinsichtlich des Anteils des Mündels an dem vermischten Gelde ein, soweit dieses der Vormund in seinem eigenen Nutzen verwendet hat.

§ 1835

[1]) **Macht der Vormund zum Zwecke der Führung der Vormundschaft Aufwendungen, so kann er nach den für den Auftrag geltenden Vorschriften der §§ 669, 670 von dem Mündel Vorschuß oder Ersatz verlangen. Das gleiche Recht steht dem Gegenvormunde zu.**

Als Aufwendungen gelten auch solche Dienste des Vormundes oder des Gegenvormundes, die zu seinem Gewerbe oder seinem Berufe gehören [2]) [3]).

E I 1698 II 1734; M 4 1181; P 4 817.

1. § 1835 ist nicht anwendbar bei der Amts-, Anstalts- und Vereinsvormundschaft (§§ 33 Abs 1, 47 Abs 2 JWG). Wegen des Ersatzes der Aufwendungen s. aber § 33 Abs 2 das.

2. Hat der **Vormund Aufwendungen** an Geld oder sonstigen Gegenständen gemacht, die er ohne Verschulden für gerechtfertigt halten durfte, so kann er gemäß § 670 **Ersatz** beanspruchen, worüber im Streitfalle der Prozeßrichter entscheidet. Der Festsetzung durch das Vormundschaftsgericht unterliegen die Aufwendungen nicht (RG 9. 5. 21 IV 639/20; JFG 3, 73). Sind die Gegenstände dem Mündel zur Benutzung überlassen, so kann natürlich nur Entschädigung für diese Benutzung (Mietzins usw.) gefordert werden. Ein Anspruch auf Ersatz für Zeitversäumnis steht dem Vormunde nicht zu, auch dann nicht, wenn er durch die Versäumnis Einbuße an seinem Tagelohn erleidet (bestr.). Wird ihm hierfür, wie es meist geschieht, eine Entschädigung gewährt, so handelt es sich um eine Vergütung im Sinne des § 1836. Hinsichtlich der Leistung von Diensten ist zu unterscheiden zwischen den zur Verwaltungstätigkeit gehörigen vormundschaftlichen Diensten und den sonstigen Diensten, welche der Vormund regelmäßig durch einen andern auf Kosten des Mündels verrichten läßt. Ist der Vormund in der Lage, letztere Dienste, weil sie zu seinem Gewerbe oder Berufe gehören, selbst zu leisten, so kann er hierfür angemessene Vergütung fordern. Dem Vormund, der zugleich Rechtsanwalt ist, stehen deshalb die tarifmäßigen Gebühren für Vertretung des Mündels im eigentlichen Rechtsstreit zu, nicht aber für die Vereinnahmung und Ablieferung von Geldern, für den Erlaß eines Mahnschreibens und derartige Handlungen, die über die dem Vormunde allgemein obliegende Verwaltungstätigkeit nicht hinausgehen (vgl. LZ 1915, 1140ff.). Zu dem dem Vormunde gebührenden vollen Ersatz gehört es, daß der ihm zukommende Geldbetrag bereits von der Zeit der Verwendung an zu verzinsen ist (§ 256; s. auch § 246 BGB und § 352 HGB wegen des Zinsfußes). Besteht die Aufwendung in der Übernahme einer Verbindlichkeit, so kann der Vormund gemäß § 257 Ersatz durch Befreiung von der Verbindlichkeit und, wenn diese noch nicht fällig ist, jedenfalls Sicherheitsleistung dafür, daß er nicht in Anspruch genommen wird, verlangen.

3. Ebensowenig wie der Vormund zu Vermögensaufwendungen verpflichtet ist, kann von ihm verlangt werden, daß er in **Vorschuß** geht (vgl. § 669). Er kann die ihm obliegenden Ausgaben unmittelbar aus dem Mündelvermögen bestreiten, und es ist seine Sache, dafür zu sorgen, daß das Mündelvermögen die zur Berichtigung ausreichenden Barmittel enthält. Gegebenenfalls kann er zu diesem Behufe die unterhaltspflichtigen Personen oder öffentliche Unterstützung in Anspruch nehmen. Auch die Portoauslagen braucht er nicht vorzuschießen. Anders in dringenden Fällen bei Vermögenslosigkeit des Mündels, sofern er sich nicht zu mündlicher Rücksprache oder protokollarischer Erklärung an Stelle des Schriftwechsels entschließt, in welchem Falle er jedoch keinen Anspruch auf Ersatz wegen Zeitversäumnis hat. Der Anspruch des Vormundes auf Leistung eines Vorschusses kann, da er das Mündelvermögen selbst verwaltet, hauptsächlich nur von Bedeutung werden zugunsten des Mitvormundes, wenn Mittel zur Deckung zwar nicht in dem von ihm selbst verwalteten Mündelvermögen, wohl aber in dem unter Verwaltung des andern Vormundes stehenden Vermögen vorhanden sind, oder wenn den Mitvormündern die gemeinschaftliche Verwaltung übertragen ist. Auch der Gegenvormund kann in die Lage kommen, zur Deckung barer Auslagen einen von dem Vormund auszuzahlenden Vorschuß zu erfordern.

§ 1836

Die Vormundschaft wird unentgeltlich geführt. Das Vormundschaftsgericht [1]) **kann jedoch dem Vormund und aus besonderen Gründen auch dem Gegenvormund** [3]) **eine angemessene Vergütung bewilligen. Die Bewilligung soll nur erfolgen, wenn das Vermögen des Mündels sowie der Umfang und die Bedeutung der vormundschaftlichen Geschäfte es rechtfertigen** [2]).

Die Vergütung kann jederzeit für die Zukunft geändert oder entzogen werden[1]**).**

Vor der Bewilligung, Änderung oder Entziehung soll der Vormund und, wenn ein Gegenvormund vorhanden oder zu bestellen ist, auch dieser gehört werden[1]**).**

E I 1699 II 1735; M 4 1181; P 4 817.

1. Die **Entscheidung des Vormundschaftsgerichts über Bewilligung einer Vergütung** hat nur die Bedeutung, daß der Vormund (Gegenvormund) berechtigt ist, den festgesetzten Betrag aus dem Mündelvermögen zu entnehmen. Kann der Vormund seine Befriedigung auf diesem Wege nicht erlangen, so ist er auf den Klageweg angewiesen. Über die Zuständigkeit des Prozeßgerichts s. A 2 a. E. Das Vormundschaftsgericht soll vor der Entscheidung den Vormund und Gegenvormund hören. Die Entscheidung kann es jederzeit abändern, auch wenn die zu vergütenden Dienste bereits geleistet sind (§ 18 FGG, KGJ 51 A 44), soll aber auch in diesem Falle vorher den Vormund und Gegenvormund hören. Mit der Festsetzung der Vergütung braucht nicht so lange gewartet zu werden, bis die gegen die Amtsführung des Vormundes erhobenen Bemängelungen erledigt sind, unbeschadet der Befugnis des Mündels, seine etwaigen Gegenansprüche durch Aufrechnung oder Zurückbehaltung zur Geltung zu bringen (KGJ 35 A 29). Zu der Abänderung ist das Vormundschaftsgericht auch dann noch befugt, wenn seine Entscheidung in der Beschwerdeinstanz bestätigt ist, falls inzwischen neue Gesichtspunkte, die eine andere Beurteilung rechtfertigen, hervorgetreten sind. Die Abänderung ist selbst nach Beendigung der Vormundschaft zur Berichtigung von Irrtümern zulässig (KGJ 51 A 44). Beschwerdeberechtigt ist der Benachteiligte. Ist dies der Mündel, so wird sein Beschwerderecht, falls es sich um eine dem Vormunde (Pfleger) bewilligte Vergütung handelt, von dem Gegenvormunde ausgeübt (§ 57 Abs 1 Nr 7 FGG). Zum Nachteil des Beschwerdeführers darf die Entscheidung nicht abgeändert werden (RJA 14, 96). Auch die weitere Beschwerde ist zulässig, die jedoch darauf allein, daß der festgesetzte Betrag nicht angemessen sein soll, falls nicht hierbei die äußersten Grenzen überschritten sind und deshalb das Vorliegen eines Rechtsverstoßes (§ 27 FGG) angenommen werden darf, nicht gegründet werden kann. Kommt es zum Prozesse, so bleibt die Festsetzung des Vormundschaftsgerichts, soweit nicht inzwischen die Sachlage sich verändert hat, für den Prozeßrichter maßgebend (a. M. Staudinger A 3; vgl. KG in RJA 6 S. 13ff. u. 34). Über die Befugnis des Vormundschaftsgerichts und Beschwerdegerichts, die Vergütung noch nach Beendigung der Vormundschaft festzusetzen, s. § 1892 A 1 Der Vergütungsanspruch besteht auch, wenn die Vormundschaft mangels der gesetzlichen Voraussetzungen wieder aufgehoben werden mußte (OLG 43, 376).

2. **Voraussetzungen der Vergütung.** Für die Bewilligung der Vergütung und die Bemessung der Höhe kommt es wesentlich auf die Größe des Mündelvermögens, d. i. der zu dem Vermögen gehörigen Werte, nicht des nach Abzug der Schulden verbleibenden Reinvermögens (RJA 13, 167, vgl. auch 15, 267; 16, 51), und die Mühewaltung des Vormundes an, die sachlich nach dem Umfang der Geschäfte und der Schwierigkeit der Verwaltung zu beurteilen ist. Nebenbei kann der Erfolg der Mühewaltung berücksichtigt werden. Auch der Umstand kann in Betracht kommen, daß der Vormund ein naher Verwandter des Mündels ist, dem daher eher ein Opfer zugemutet werden kann wie einem Fremden. Die Bewilligung darf aber nicht aus dem Grunde abgelehnt werden, weil der Vormund vermögend ist (a. M. Staudinger A 1a). Der von der Reichstagskommission gemachte Vorschlag, den Höchstbetrag der Vergütung auf 2 vom Tausend des Vermögensbestandes festzusetzen, ist nicht Gesetz geworden. Für die Festsetzung des Vormundschaftsgerichts sind allein entscheidend die der vormundschaftlichen Verwaltung angehörigen Umstände. Über sonstige die Zahlungspflicht beeinflussende Umstände, die Frage einer Einigung zwischen dem früheren Mündel und dem Vormund, die Frage der Tilgung usw., hat lediglich das Prozeßgericht zu entscheiden (vgl. Josef in BadRpr 1913, 170ff.). Durch die auf Grund der Festsetzung des Vormundschaftsgerichts ergangene Entscheidung des Prozeßgerichts wird das Vormundschaftsgericht an einer andern Festsetzung der Vergütung nicht gehindert (OLG Hamburg in JW 1916, 550). — Kein Anspruch auf Vergütung steht dem städtischen Sammelvormunde zu, der für seine Dienste durch das ihm als städtischen Beamten gewährte Gehalt entschädigt wird (RJA 13, 169). Über die Nichtanwendbarkeit der Vorschriften in § 1836 Abs 1 Satz 2—4 und Abs 2 auf die Amts-, Anstalts- und Vereinsvormundschaft s. §§ 33 Abs 1, 47 Abs 2 JWG.

3. Gegenüber dem früheren Recht ist es eine Neuerung, daß auch dem **Gegenvormund** eine Vergütung bewilligt werden kann, was jedoch nur unter außergewöhnlichen Umständen statthaft ist.

III. Fürsorge und Aufsicht des Vormundschaftsgerichts

§ 1837

Das Vormundschaftsgericht hat über die gesamte Tätigkeit des Vormundes und des Gegenvormundes die Aufsicht zu führen und gegen Pflichtwidrigkeiten durch geeignete Gebote und Verbote einzuschreiten[1])[2]).

Das Vormundschaftsgericht kann den Vormund und den Gegenvormund zur Befolgung seiner Anordnungen durch Ordnungsstrafen anhalten. Die einzelne Strafe *darf den Betrag von dreihundert Mark nicht übersteigen*[3])[4]).

E I 1684 II 1714; M 4 1010 ff., 1026 u. 1155; P 4 800.

1. Das **Aufsichtsrecht des Vormundschaftsgerichts** ist, wie schon die Überschrift zu diesem Abschnitt „Fürsorge und Aufsicht" erkennen läßt, nicht darauf beschränkt, lediglich die Innehaltung der dem Verwaltungsrecht des Vormundes durch Gesetz oder besondere Anordnungen (§§ 1803, 1818, 1844) gezogenen Grenzen zu überwachen. Das Vormundschaftsgericht hat vielmehr zum Schutze des Mündels gegen Pflichtwidrigkeiten des Vormundes einzuschreiten, mögen diese auch nur darin bestehen, daß er unter Außerachtlassung der ihm nach § 1833 (1789) obliegenden Sorgfalt etwas tut oder unterläßt, was zum Schaden des Mündels ausschlagen muß. Der Vormundschaftsrichter hat sich selbstverständlich davor zu hüten, in die dem Vormunde gewährleistete Selbständigkeit einzugreifen. Steht lediglich in Frage, ob eine Maßnahme mehr oder weniger zweckmäßig ist, so darf er nicht seine Ansicht über die des Vormundes stellen und ihm bindende Weisungen erteilen, vielmehr hat hier der Vormund nach freiem Ermessen zu handeln. Ist aber die Zweckwidrigkeit der Maßnahme eine solche, daß eine erhebliche Schädigung des Mündels eintreten muß, so kann der Vormund wegen Gefährdung der Mündelsinteressen nach § 1886 entlassen werden. Unter Umständen z. B. bei hartnäckigem Beharren des Vormundes auf seinem offenbar ungerechtfertigten Standpunkte kann eine schuldhafte Pflichtwidrigkeit vorliegen; alsdann hat das Vormundschaftsgericht durch geeignete Gebote oder Verbote oder durch Ordnungsstrafen einzugreifen. Kommt nur die Entlassung in Frage, so ist auch ein vorläufiges Verbot der Maßnahme bis zur Entscheidung des neuen Vormundes möglich (RJA 6, 18). Eine bindende Entscheidung über Ansprüche des Mündels gegen den Vormund oder des letzteren gegen den Mündel kann — abgesehen von der Festsetzung der Vergütung (§ 1836) — von dem Vormundschaftsgericht kraft seines Aufsichtsrechts nicht getroffen werden, auch nicht bei Prüfung der von dem Vormund zu legenden Rechnungen (s. hierüber § 1843 A 2). Das Vormundschaftsgericht darf auch hinsichtlich der Rechtsstreitigkeiten mit dritten Personen in das dem Vormunde zustehende freie Ermessen (solange dieser nicht geradezu pflichtwidrig handelt) nicht eingreifen. Es kann insbesondere den Vormund nicht anhalten, die von einem Dritten gegen den Mündel erhobenen Ansprüche anzuerkennen. Was die Unterhaltsansprüche des Mündels gegen den natürlichen Vater betrifft, so wird das Vormundschaftsgericht darauf bestehen können, daß dieser, wenn er den Prozeß vermeiden will, seine Verpflichtungen in vollstreckbarer Urkunde anerkennt. Zu dem Aufgabenkreise des Vormundschaftsgerichts gehört es, zu der vom Vormund beantragten Namensänderung auf Ersuchen der Verwaltungsbehörde Stellung zu nehmen (KGJ 46 A 80). — Verschieden von der Aufsicht ist die unterstützende Tätigkeit des Vormundschaftsgerichts, die sich darin äußert, daß es im einzelnen Falle dem Vormunde Rat gibt, was zu tun und zu unterlassen ist, und daß es mit den ihm als Behörde zu Gebote stehenden, dem Vormunde nicht oder nicht ohne weiteres erreichbaren Mitteln Hilfe leistet (vgl. über die vom Vormundschaftsgericht zur Ermittlung des Aufenthalts des Kindes zu leistende Unterstützung KGJ 47 A 35). Eine solche Unterstützung ist insbesondere dadurch zu gewähren, daß es von aussichtslosen, mit Kosten verbundenen Prozessen abrät (KG in RJA 16, 13). Die Unterstützung darf aber niemals so weit gehen, daß dem Vormunde die Verwaltung abgenommen wird. Das Vormundschaftsgericht darf auch nicht etwa die staatliche Gewalt in den Dienst des Vormundes zur Erfüllung der diesem obliegenden Aufgaben stellen, es darf insbesondere nicht den Zeugniszwang zur Ermittlung des unehelichen Erzeugers des Mündels anwenden. Ein hierauf gerichtetes Ersuchen an ein anderes Gericht ist unzulässig (RG Gruch 56, 123). Ebensowenig ist es Sache des Vormundschaftsgerichts, die zur Entscheidung eines Prozesses dienlichen Beweise, deren Aufnahme in das Prozeßverfahren gehört, unter Ausnutzung der Machtmittel des Staates für die bürgerliche Geschäftstätigkeit des Vormundes im Wege der freiwilligen Gerichtsbarkeit zu erheben oder durch ein ersuchtes Gericht erheben zu lassen (RG LZ 1917, 333[7]). — Über die Zuständigkeit des Rechtspflegers zur Beaufsichtigung des Vormundes s. Vorbem 4a vor § 1773, über die Beratungs- und Unterstützungspflicht des Jugendamts s. §§ 43 Abs 1, 45 JWG.

2. Die Ausübung des Aufsichtsrechts findet **nur im Interesse des Mündels** statt. Dritte Personen können deshalb ein Einschreiten des Vormundschaftsgerichts in ihrem Interesse behufs Verwirklichung der von ihnen erhobenen Ansprüche nicht verlangen und sind demgemäß, wenn ihren Anträgen nicht stattgegeben wird, auch nicht zur Erhebung der Beschwerde berechtigt (OLG 7, 125; BayObLGZ 7, 98). Beschwerdeberechtigt ist nach § 57 Abs 1 Nr 6 FGG der Gegenvormund, wenn sein Antrag, gegen den Vormund wegen pflichtwidrigen Verhaltens einzuschreiten, zurückgewiesen ist. Außerdem ist durch § 57 Abs 1 Nr 9 FGG gegen eine auf dem Gebiete der Sorge für die Person des Mündels liegende Verfügung des Vormundschaftsgerichts jedem Beteiligten ein Beschwerderecht im Interesse des Mündels (**RG** 64, 290) eingeräumt, das auch von dem über 14 Jahre alten, nicht geschäftsunfähigen Mündel ausgeübt werden kann (§ 59 das.).

3. Zur Durchführung der von ihm erlassenen Aufsichtsanordnungen, mögen sie formeller oder sachlicher Natur sein, ist dem Vormundschaftsgericht das Recht der Verhängung von **Ordnungsstrafen bis zu 300 Mark, jetzt bis zu 1000 Reichsmark** bei einem Mindestbetrag von 1 Reichsmark (vgl. Vorbem 5 vor § 1773) gegeben. Die Ordnungsstrafe dient nur dazu, die Anordnungen des Vormundschaftsgerichts zu erzwingen (Exekutivstrafe) und kann deshalb, sobald die Anordnung zur Ausführumg gekommen ist, nicht mehr festgesetzt oder beigetrieben werden (KGJ 41 A 34). Die Ordnungsstrafgewalt kann nicht dazu benutzt werden, einen früheren Ungehorsam des Vormundes zu bestrafen. Eine Beschwerde wird nicht nur gegen die Festsetzung, sondern auch schon gegen die Androhung der Ordnungsstrafe (OLG 18, 299; vgl. § 1886 A 3 und § 33 FGG) zuzulassen sein (bestr.). Nicht zulässig ist die Festsetzung einer Ordnungsstrafe, wenn in unmittelbarem Anschluß hieran der Vormund nach § 1886 vom Vormundschaftsgericht entlassen wird (RJA 16, 18).

4. Auf die Amts-, Anstalts- und Vereinsvormundschaft findet § 1837 Abs 1, nicht aber § 1837 Abs 2 Anwendung (§§ 33 Abs 1, 47 Abs 2 JWG).

§ 1838

Das Vormundschaftsgericht kann anordnen, daß der Mündel zum Zwecke der Erziehung in einer geeigneten Familie oder in einer Erziehungsanstalt oder einer Besserungsanstalt untergebracht[1]) wird. Steht dem Vater oder der Mutter die Sorge für die Person des Mündels zu, so ist eine solche Anordnung nur unter den Voraussetzungen des § 1666 zulässig[2])[3]).

E I 1685 II 1715; M 4 1156; P 4 800.

1. Auf dem Gebiete der Erziehung des Kindes ist dem Vormundschaftsgericht in Erweiterung seiner Aufsichtsbefugnisse aus § 1837 das Recht gegeben, über die anderweite **Unterbringung des Mündels,** falls es nach seinem Ermessen die bisherige Unterbringung als diesem nachteilig erachtet, Bestimmung zu treffen und nötigenfalls die Unterbringung selbst herbeizuführen. Für zulässig ist eine solche Unterbringung von dem KG schon zum Zweck der Ausbildung des Mündels in der deutschen Sprache erachtet (ZBlFG 5, 260[222]). Vor der Entscheidung sind der Vormund und Gegenvormund sowie nach Maßgabe des § 1847 Verwandte und Verschwägerte des Mündels zu hören. Überläßt das Vormundschaftsgericht dem Vormunde die Unterbringung, so muß es sich in der Anordnung bestimmt darüber aussprechen, welche der zulässigen drei Maßnahmen (Unterbringung in eine Familie, eine Erziehungsanstalt [als solche wird auch eine Taubstummenanstalt anzusehen sein] oder Besserungsanstalt) ergriffen werden soll. Die Unterbringung hat zur Folge, daß der Vormund die planmäßige Erziehung des Mündels der neuen Stätte überlassen muß, wodurch jedoch im übrigen sein Recht der Sorge für die Person des Mündels nicht verloren geht. Hinsichtlich der Unterbringung des Mündels in eine Krankenanstalt, Irrenanstalt usw., die nicht zu Zwecken der Erziehung erfolgt, verbleibt es bei den Bestimmungen des § 1837. Das Vormundschaftsgericht hat es dem Befinden des Vormundes zu überlassen, welche Maßnahmen im einzelnen zur Heilung des Mündels, zur Bewachung des Geisteskranken usw. vorzunehmen sind (vgl. KG in OLG 12, 346).

2. Das Recht der Unterbringung ist dem Vormundschaftsgericht nur gegeben gegenüber dem Vormunde, nicht gegenüber dem für die Person des Mündels **fürsorgeberechtigten Elternteil** (vgl. § 1800 A 2). Ihm gegenüber kann das Recht der Sorge für die Person des Kindes ebenso wie die elterliche Gewalt nur unter den Voraussetzungen des § 1666 (schuldhafte Gefährdung des geistigen oder leiblichen Wohles des Kindes) eingeschränkt werden (§ 1666 A 1). Ist dem Elternteil das Personensorgerecht entzogen, so ist ihm doch das Beschwerderecht aus § 57 Abs 1 Nr 9 FGG nicht genommen (RJA 16, 17).

3. § 1838 ist unanwendbar bei der Amts-, Anstalts- und Vereinsvormundschaft (s. § 1837 A 4). Über die zur Verhütung der Verwahrlosung eintretende öffentliche Fürsorgeerziehung s. Vorbem 5 vor § 1616.

§ 1839

Der Vormund sowie der Gegenvormund hat dem Vormundschaftsgericht auf Verlangen jederzeit über die Führung der Vormundschaft und über die persönlichen Verhältnisse des Mündels Auskunft[1]) zu erteilen.

E I 1686 II 1716; M 4 1156; P 4 802.

1. Kraft des Aufsichtsrechts ist das Vormundschaftsgericht befugt, über alle die Vormundschaft betreffenden Angelegenheiten, sowohl über die persönlichen Verhältnisse des Mündels — was in § 1839 besonders hervorgehoben ist — als über die Angelegenheiten der Vermögensverwaltung **von dem Vormunde Auskunft zu erfordern.** Vielfach wird periodische Berichterstattung angeordnet. Zur Erteilung von Auskunft über bestimmte Vermögensangelegenheiten ist auch der von der Pflicht der Rechnungslegung befreite Vormund verbunden. Auf Grund des Aufsichtsrechts kann das Vormundschaftsgericht bei besonderer Veranlassung verlangen, daß ihm die zum Vermögensverzeichnis gehörigen Belege (KGJ 36 A 38), die zum Mündelvermögen gehörigen Wertpapiere usw. vorgelegt werden; es kann unter besonderen Umständen auch eine Prüfung des Standes des Geschäfts durch einen Sachverständigen vornehmen lassen. Das Vormundschaftsgericht kann ferner, obwohl es dem Vormunde im allgemeinen nicht verwehrt ist, sich bei Erledigung vormundschaftlicher Angelegenheiten durch einen Bevollmächtigten vertreten zu lassen (§ 1793 A 2), von dem Vormunde, auch dem Berufsvormunde, fordern, daß dieser den zu erstattenden Bericht persönlich unterzeichnet und ebenso das persönliche Erscheinen des Vormundes zum Zwecke der Berichterstattung anordnen (RJA 13, 70).

§ 1840

Der Vormund hat über seine Vermögensverwaltung dem Vormundschaftsgerichte Rechnung zu legen[1]).

Die Rechnung ist jährlich zu legen. Das Rechnungsjahr wird von dem Vormundschaftsgerichte bestimmt[2]).

Ist die Verwaltung von geringem Umfange, so kann das Vormundschaftsgericht, nachdem die Rechnung für das erste Jahr gelegt worden ist, anordnen, daß die Rechnung für längere, höchstens dreijährige Zeitabschnitte zu legen ist[2]).

E I 1687 Abs 1—3 II 1718; M 4 1157; P 4 802.

1. Die **Verpflichtung zur Rechnungslegung** besteht nicht bloß dem Vormundschaftsgericht, sondern als privatrechtliche, im Klageweg durch einen Pfleger verfolgbare Pflicht auch dem Mündel gegenüber (bestr.). Der Vormund macht sich diesem gegenüber verantwortlich, wenn er die Rechnungslegung unterläßt. Er kann sich nicht damit entschuldigen, daß das Vormundschaftsgericht die Rechnungslegung nicht von ihm gefordert habe. Die Rechnungspflicht erstreckt sich — abweichend von der Pflicht zur Einreichung des Vermögensverzeichnisses (vgl. § 1802 A 1) — nur auf das gesetzlich der Verwaltung des Vormundes unterliegende Vermögen. Dadurch, daß das Vermögen sich im Besitz eines Nießbrauchers oder Pfandgläubigers befindet, wird die Rechnungslegung nicht ausgeschlossen, die sich bei dem etwaigen Fehlen von Einnahmen und Ausgaben auf die Einreichung einer Vermögensübersicht zu beschränken hat. Keine Rechnungslegung findet statt, soweit das Mündelvermögen der Verwaltung eines Dritten, z. B. eines Testamentsvollstreckers, Nachlaßpflegers oder des Ehemannes untersteht, mag auch der Ehemann Vormund sein. Ohne Einfluß auf die Rechnungslegungspflicht ist es, wenn der Vormund selbst die Verwaltung ganz oder teilweise einem andern überlassen hat, gleichviel ob dies mit oder ohne Genehmigung des Vormundschaftsgerichts geschehen ist. Der Vormund kann sich hierdurch der gesetzlichen Verpflichtung zur Rechnungslegung, insbesondere zur Legung der Schlußrechnung, nicht entziehen. Seine Sache ist es, die zur Aufstellung der Rechnung erforderlichen Unterlagen von dem Verwalter zu beschaffen (vgl. **RG** 2. 4. 94 IV 383/93). Ist die Verwaltung des Vermögens unter mehrere Vormünder nach bestimmten Geschäftszweigen verteilt (§ 1797 Abs 2), so legt jeder Vormund über seine Verwaltung besondere Rechnung. Bei ungeteilter Verwaltung haben die mehreren Vormünder gemeinschaftlich Rechnung zu legen (§ 1797 Abs 1). Wird die Vormundschaft über mehrere Mündel geführt, so findet eine gesonderte Rechnungslegung für jeden einzelnen Mündel nur statt, soweit das Vermögen geteilt ist. Aus der Pflicht zur Rechnungslegung folgt die Pflicht, die Richtigkeit der Rechnung durch Leistung des Offenbarungseides zu bekräftigen (§ 259 Abs 2). Diese eidliche Versicherung kann jedoch nur der Mündel nach beendeter Vormund-

schaft, nicht auch der Regel nach, da sonst den Rechten des Mündels vorgegriffen würde, das Vormundschaftsgericht verlangen. Die Kosten der Rechnungslegung fallen dem Mündel zur Last. Der Vormund kann, wenn er bei der Rechnungsaufstellung sich fremder Hilfe bedient hat und dies nach den Umständen gerechtfertigt erscheint, auch die hierfür gemachten Aufwendungen gemäß § 1835 ersetzt verlangen.

2. Das **Rechnungsjahr** ist behufs gleichmäßiger Verteilung der Prüfungslast auf das Geschäftsjahr von dem Vormundschaftsgericht zu bestimmen. Infolge dieser Bestimmung kann sich das mit der Bestellung des Vormundes beginnende erste Rechnungsjahr verkürzen. Eine Verlängerung dieses Rechnungsjahrs ist unstatthaft. Erst nach Legung der Rechnung für das erste Jahr kann die Rechnungslegungsperiode, was nur bei kleineren Verwaltungen geschehen soll, auf einen längeren Zeitraum, der drei Jahre nicht übersteigen darf, festgesetzt werden. Diese Anordnung kann das Vormundschaftsgericht jederzeit wieder ändern. Ein Erlaß der Rechnungslegung durch das Vormundschaftsgericht ist unzulässig. Das Jugendamt als Amtsvormund sowie der Anstalts- und Vereinsvormund sind gesetzlich von der Rechnungslegungspflicht befreit (§§ 33 Abs 1, 47 Abs 2 JWG in Verbindung mit § 1854). Über sonstige Befreiungen s. §§ 1845—1857, 1903, 1904, 1917 Abs 2.

§ 1841

Die Rechnung soll eine geordnete Zusammenstellung der Einnahmen und Ausgaben enthalten, über den Ab- und Zugang des Vermögens Auskunft geben und, soweit Belege erteilt zu werden pflegen, mit Belegen versehen sein[1]).

Wird ein Erwerbsgeschäft mit kaufmännischer Buchführung betrieben, so genügt als Rechnung eine aus den Büchern gezogene Bilanz. Das Vormundschaftsgericht kann jedoch die Vorlegung der Bücher und sonstigen Belege verlangen[2]).

E I 1687 Abs 4, 5 II 1719; M 4 1158; P 4 802.

1. Die Zusammenstellung der Einnahmen und Ausgaben, welche die **Rechnung** enthalten soll, muß nach Gegenständen geordnet sein. Im übrigen dürfen an die Übersichtlichkeit der Rechnung keine zu großen Anforderungen gestellt werden (vgl. M 4, 1158) und darf insbesondere nicht etwa die Benutzung eines bestimmten Formulars verlangt werden. Es genügt, wenn die Rechnung so aufgestellt wird, daß sie verständlich ist. Das Vormundschaftsgericht kann, soweit es zum Verständnis der Rechnung nötig erscheint, nähere Erläuterung der Angaben fordern. Ist aus der Rechnung eine Übersicht nicht zu gewinnen, so kann der Vormund zur Neuaufstellung der Rechnung vorgeladen werden. Eine Übersicht über den zeitigen Bestand des Vermögens braucht mit der Rechnung nicht verbunden zu sein. Statt dessen soll, damit das Vermögensverzeichnis (§ 1802) danach ergänzt werden kann, ein Bericht über den während des Zeitabschnitts der Rechnungslegung eingetretenen Ab- und Zugang (Verminderung und Vermehrung) des Vermögens beigefügt werden, der zweckmäßig am Schlusse der Rechnung zu geben ist. Was die Beifügung von Belegen (Einnahmebelegen und Ausgabebelegen) betrifft, so ist nicht zu verlangen, daß über jeden untergeordneten Ausgang ein Beleg erteilt wird. Es kommt hierfür auf die Gepflogenheiten des geschäftlichen Lebens an. Die größere oder geringere Vertrauenswürdigkeit des Vormundes kann nicht entscheidend sein. Die Belege sind nach Prüfung der Rechnung, falls nicht ein besonderer Grund vorliegt, sie bei den Akten zurückzubehalten, an den Vormund zur Aufbewahrung zurückzugeben. Es kann zweckmäßig sein, sie vor der Rückgabe mit einem Vermerke zu versehen, daß sie bei Prüfung der Rechnung vorgelegen haben.

2. Dies gilt nicht bloß für ein kaufmännisches Geschäft, sondern für ein jedes Erwerbsgeschäft mit kaufmännisch eingerichteter Buchführung. Die **Bilanz** enthält die aus den Geschäftsbüchern hervorgehenden Schlußsummen (Wert- und Schuldbestände, Gewinn- und Verlustbeträge) und den hieraus sich ergebenden Ausgleichungsbetrag. Zur Prüfung der Bilanz können die Bücher und Belege eingefordert werden. Durch § 1841 Abs 2 ist eine von § 259 Abs 1 abweichende Vorschrift gegeben, die auch für die Legung der Schlußrechnung (§ 1890 A 3) Geltung behält.

§ 1842

Ist ein Gegenvormund vorhanden oder zu bestellen, so hat ihm der Vormund die Rechnung unter Nachweisung des Vermögensbestandes vorzulegen. Der Gegenvormund hat die Rechnung mit den Bemerkungen zu versehen, zu denen die Prüfung ihm Anlaß gibt[1]).

E I 1687 Abs 6 II 1720; M 4 1159; P 4 802, 804.

1. Der **Gegenvormund** hat, wie das Vermögensverzeichnis, so auch die von dem Vormund aufgestellte Rechnung in bezug auf Richtigkeit und Vollständigkeit zu prüfen und sich zu diesem Zwecke den Vermögensbestand nachweisen zu lassen (vgl. § 1799 A 2, § 1802 A 3). Von Erfüllung dieser Pflicht darf er sich dadurch nicht abhalten lassen, daß ihm der Vormund vertrauenswürdig erscheint. Nicht zu verlangen ist aber, daß er jeden einzelnen unbedeutenden Vermögensgegenstand sich vorzeigen läßt.

§ 1843

Das Vormundschaftsgericht hat die Rechnung rechnungsmäßig und sachlich zu prüfen und, soweit erforderlich, ihre Berichtigung und Ergänzung herbeizuführen[1] [2]).

Ansprüche, die zwischen dem Vormund und dem Mündel streitig bleiben, können schon vor der Beendigung des Vormundschaftsverhältnisses im Rechtswege geltend gemacht werden[2]).

E I 1688 II 1721; M 4 1159; P 4 803; 6 444.

1. Die rechnungsmäßige **Prüfung** der von dem Vormund gelegten Rechnung erstreckt sich darauf, ob die Zusammenrechnung richtig erfolgt ist und ob die Rechnungsposten mit den Belegen übereinstimmen, während die sachliche Prüfung darauf gerichtet ist, ob die aus dem Mündelvermögen zu gewinnenden Einnahmen erzielt sind, ob die Ausgaben gerechtfertigt sind und ob überhaupt die Verwaltung in Übereinstimmung mit den gesetzlichen Vorschriften geführt ist. Zur Prüfung der Rechnung kann der Richter nach Maßgabe der landesrechtlichen Vorschriften sich der Hilfe des Gerichtsschreibers oder Rechnungsbeamten bedienen. Von der sachlichen Prüfung oder Nachprüfung wird er jedoch hierdurch niemals befreit. Eine unbedingte Pflicht, das Vorhandensein des Kapitalvermögens sich nachweisen zu lassen, ist dem Vormundschaftsrichter nicht auferlegt. Ein in der zweiten Kommission in dieser Richtung gestellter Antrag wurde abgelehnt. Wegen der Zuständigkeit des Rechtspflegers s. Vorbem 4a zu § 1773.

2. Die **Abnahme der Rechnung** durch das Vormundschaftsgericht ist nicht bloß eine durch das Amt gebotene, sondern auch eine dem Vormunde gegenüber zu erfüllende Pflicht. Die Entlastung des Vormundes kann allerdings in dem Abnahmebescheide nicht ausgesprochen werden. Die Erteilung der Entlastung bleibt vielmehr dem Mündel nach erreichter Volljährigkeit vorbehalten (vgl. §§ 1837 A 1, 1892 A 2). Der Bescheid kann sich nur darüber verhalten, ob und welche Erinnerungen von Aufsichts wegen zu ziehen sind. Das Vormundschaftsgericht kann beim Bestreiten des Vormundes nicht anordnen, daß bestimmte Ausgabeposten, die von ihm beanstandet werden, aus der Rechnung fortzulassen oder bestimmte Einnahmeposten einzusetzen sind (abw. frühere Aufl.). Die Entscheidung hierüber hat vielmehr im Prozeßweg zu erfolgen, der schon vor Beendigung des Vormundschaftsverhältnisses beschritten werden kann. Hierbei ist dem Mündel nach § 1909 ein Pfleger zu bestellen.

§ 1844

Das Vormundschaftsgericht kann aus besonderen Gründen den Vormund anhalten, für das seiner Verwaltung unterliegende Vermögen Sicherheit zu leisten. Die Art und den Umfang der Sicherheitsleistung bestimmt das Vormundschaftsgericht nach seinem Ermessen[1]). Das Vormundschaftsgericht kann, solange das Amt des Vormundes dauert, jederzeit die Erhöhung, Minderung oder Aufhebung der Sicherheit anordnen[2]).

Bei der Bestellung, Änderung oder Aufhebung der Sicherheit wird die Mitwirkung des Mündels durch die Anordnung des Vormundschaftsgerichts ersetzt[3]).

Die Kosten der Sicherheitsleistung sowie der Änderung oder der Aufhebung fallen dem Mündel zur Last[1]).

E I 1689 II 1722; M 4 1010, 1039, 1161; P 4 804.

1. Zur Beseitigung der Gefahr, daß die Ersatzansprüche des Mündels trotz des Konkursvorrechts aus § 61 Nr 5 KO (vgl. hierüber § 1668 A 2) aus dem Vermögen des Vormundes nicht volle Deckung erhalten, kann das Vormundschaftsgericht aus besondern Gründen, die nicht bloß in den persönlichen Verhältnissen des Vormundes, sondern auch in dem Umfange der Verwaltung und der Schwierigkeit der Beaufsichtigung liegen können, dem Vor-

munde die **Pflicht der Sicherheitsleistung** auferlegen. Das Vormundschaftsgericht hat hiernach dem Vormunde gegenüber eine viel weiter reichende Machtbefugnis als nach § 1668 gegenüber dem Inhaber der elterlichen Gewalt. Die Art und die Höhe der Sicherheitsleistung bestimmt es nach freiem Ermessen, ohne an die Vorschriften der §§ 232ff. gebunden zu sein. Die durch die Sicherheitsleistung (auch die spätere Löschung der Hypothek) entstehenden Kosten fallen — abweichend von § 1672 Abs 2 — unbedingt dem Mündel zur Last. Der Verpflichtung zur Sicherheitsleistung kann sich zwar der Vormund dadurch entziehen, daß er, wenn das Verlangen der Sicherheitsleistung an ihn gestellt wird, von vornherein gemäß § 1786 Abs 1 Nr 6 die Übernahme der Vormundschaft ablehnt oder bei späterer Stellung des Verlangens gemäß § 1889 seine Entlassung fordert. Gleichwohl behält die Anordnung der Sicherheitsleistung auch in diesem Falle insofern ihren Wert, als sie ein wirksames Mittel bietet, die Entlassung des nicht vertrauenswürdigen Vormundes, dem eine bestimmte Pflichtwidrigkeit noch nicht nachgewiesen werden kann, herbeizuführen. — Auf den Amts-, Anstalts- und Vereinsvormund findet § 1844 keine Anwendung (§§ 33 Abs 1, 47 Abs 2 JWG).

2. S. § 1671 A 1.

3. S. § 1672 A 1. Ergänzt wird § 1844 durch § 54 FGG, wonach das Vormundschaftsgericht unmittelbar das Grundbuchamt um **Eintragung einer Sicherungshypothek** an Grundstücken des Vormundes (Pflegers, Beistandes) oder das Amtsgericht um Eintragung eines Schiffspfandrechts ersuchen kann. Vor Stellung des Ersuchens soll tunlichst der Vormund gehört werden, wovon jedoch das ersuchte Gericht die Ausführung des Ersuchens nicht abhängig machen darf. Handelt es sich um Leistung einer in andern Gegenständen bestehenden Sicherheit, so bleibt nichts weiter übrig, als den Vormund durch Ordnungsstrafen hierzu anzuhalten. Die Beschreitung des Klagewegs ist, zumal der Vormund jederzeit durch das Verlangen seiner Entlassung (vgl. A 1) die Klage hinfällig machen könnte, ausgeschlossen (bestr.), unbeschadet natürlich der Zulässigkeit des Arrestes, wenn die besonderen Voraussetzungen hierfür gegeben sind (vgl. § 1667 A 2 a. E.). Zu dem Ersuchen um Löschung der Sicherungshypothek ist das Vormundschaftsgericht nicht berechtigt. Die Löschung erfolgt auf Grund der die Erklärung des Mündels ersetzenden Anordnung des Vormundschaftsgerichts (vgl. § 1672 A 1) und des Löschungsantrags des Grundstückseigentümers, welcher Antrag der Anordnung hinzutreten muß.

§ 1845

Will der zum Vormunde bestellte Vater oder die zum Vormunde bestellte eheliche Mutter des Mündels eine Ehe eingehen[1]), so liegen ihnen die im § 1669 bestimmten Verpflichtungen ob.

E I 1734 II 1717; M 4 1244; P 4 850; 5 258; 6 209.

1. Der zum Vormund bestellte Elternteil — Vater des ehelichen, legitimierten oder angenommenen Kindes, Mutter des ehelichen oder angenommenen Kindes, nicht die Mutter des unehelichen Kindes (a. M. Blume A 1) — soll im Falle der **Eingehung einer Ehe** (vgl. § 1740 A 1, § 1761 A 1) nicht günstiger stehen als der Inhaber der elterlichen Gewalt. Er hat deshalb die gleichen Pflichten zu erfüllen, die in § 1669 dem Vater hinsichtlich der Nachweisung des Mündelvermögens und hinsichtlich der Auseinandersetzung auferlegt sind und hat sich über die Erfüllung dieser Pflichten vor Zulassung zur Eheschließung nach § 1314 auszuweisen. Die Vorschrift hat hauptsächlich Bedeutung für die Vormundschaft über Volljährige. Den Verlust des Amtes als Vormund hat die Verheiratung nicht zur Folge.

§ 1846

Ist ein Vormund noch nicht bestellt oder ist der Vormund an der Erfüllung seiner Pflichten verhindert, so hat das Vormundschaftsgericht die im Interesse des Mündels erforderlichen Maßregeln zu treffen[1]).

E I 1683 II 1713; M 4 1155; P 4 799.

1. **Eigenes Handeln des Vormundschaftsgerichts.** Von dem Grundsatz, daß das Vormundschaftsgericht auf die Aufsichtsführung beschränkt ist, ist für den Fall, daß der Mündel wegen Fehlens der vormundschaftlichen Fürsorge Schaden leiden würde, eine Ausnahme zugelassen. Ist ein Vormund nicht vorhanden oder ist der Vormund an der Ausübung seines Amtes tatsächlich oder rechtlich (§ 1795) verhindert, so hat das Vormundschaftsgericht, soweit erforderlich, sich des Mündels anzunehmen (s. hierüber § 1665 A 1). Die bloße Erschwerung der Ausübung des Amtes steht der Verhinderung nicht gleich. § 1846 ist anwendbar nur beim Vorliegen eines dringenden Falles, nicht dagegen z. B. zur Umgehung der bei einer Erbauseinandersetzung nach §§ 1795 Abs 2, 181 erforderlichen Pflegerbestellung (**RG** 71, 168ff.). Über die Zuständigkeit des Vormundschaftsgerichts s. Vorbem 4b vor § 1773.

§ 1847

Das Vormundschaftsgericht soll vor einer von ihm zu treffenden Entscheidung auf Antrag des Vormundes oder des Gegenvormundes Verwandte oder Verschwägerte des Mündels hören, wenn es ohne erhebliche Verzögerung und ohne unverhältnismäßige Kosten geschehen kann. In wichtigen Angelegenheiten soll die Anhörung auch ohne Antrag erfolgen; wichtige Angelegenheiten sind insbesondere die Volljährigkeitserklärung, die Ersetzung der Einwilligung zur Eheschließung im Falle des § 1304, die Ersetzung der Genehmigung im Falle des § 1337, die Entlassung aus dem Staatsverband und die Todeserklärung[1]).

Die Verwandten und Verschwägerten können von dem Mündel Ersatz ihrer Auslagen verlangen; der Betrag der Auslagen wird von dem Vormundschaftsgerichte festgesetzt[2]).

E I 1678, 27 Abs 3 Satz 2, 1657 Satz 2 II 1706; M 4 1015, 1098, 1149; P 1 14, 51; 4 31, 757, 796.

1. Die **Anhörung von Verwandten** — zu denen auch die Mutter des unehelichen Kindes und nach Annahme an Kindes Statt der Annehmende gehört — **oder von Verschwägerten** des Mündels ist in § 1847, damit der Vormundschaftsrichter mit der Familie in Fühlung bleibt, in weiterem Umfange vorgeschrieben als in § 1673 Abs 2. Die Anhörung soll erfolgen in wichtigen Angelegenheiten, worüber, abgesehen von den in § 1847 ausdrücklich als wichtig bezeichneten Angelegenheiten, das Ermessen des Vormundschaftsgerichts entscheidet. Ein von dem Vormund oder Gegenvormund gestellter Antrag darf nicht aus dem Grunde, weil die Angelegenheit nicht wichtig oder die Anhörung ohne Bedeutung sei, sondern nur dann abgelehnt werden, wenn die Anhörung wegen erheblicher Verzögerung der Angelegenheit oder wegen unverhältnismäßigen Kostenaufwandes dem Mündel zum Nachteil gereichen würde. Dieser Gesichtspunkt ist natürlich auch bei der Anhörung von Amts wegen zu beachten. Darüber, welche Personen aus den Angehörigen auszuwählen sind und wieviel Personen zu hören sind, hat das Vormundschaftsgericht nach freiem Ermessen zu befinden, wobei der Zweck der Maßnahme, die Gewinnung der erforderlichen Aufklärung, in erster Linie von Bedeutung ist. Außer den in § 1847 besonders bezeichneten Angelegenheiten kommen weiter in Betracht die Ersetzung der Einwilligung der Mutter zur Ehelichkeitserklärung (§ 1727), die Genehmigung zur Anfechtung der Ehe durch den gesetzlichen Vertreter des geschäftsunfähigen Ehegatten (§ 1336), die Genehmigung zum Betriebe oder zur Auflösung eines Erwerbsgeschäfts (§§ 112, 1823), die Anordnung der Fürsorgeerziehung (§ 1838), die Annahme des Mündels an Kindes Statt u. a. Die Anhörung von Verwandten oder Verschwägerten wird ferner verlangt in § 1862 vor der vom Vormundschaftsgericht zu treffenden Auswahl der zur Beschlußfähigkeit des Familienrats erforderlichen Mitglieder, in § 1308 Abs 2, § 1673 Abs 2. Über die Bedeutung der Anhörung s. § 1826 A 1.

2. Eine **Verpflichtung zur Auslassung** ist den Verwandten oder Verschwägerten nicht auferlegt, falls sie nicht als Auskunftspersonen (§ 15 FGG; vgl. jedoch §§ 383 Abs 1 Nr 3, 385 ZPO) vernommen werden. Sie können indes zum Erscheinen vor Gericht angehalten werden (vgl. § 12 FGG — bestr.). Ein Beschwerderecht wegen unterlassener Anhörung steht ihnen nicht zu (RJA 15, 265). Auslagen sollen ihnen durch die Anhörung nicht entstehen. Diese sind ihnen von dem Mündel zu ersetzen und werden zu diesem Zweck von dem Vormundschaftsgericht festgesetzt. Wird der festgesetzte Betrag nicht entrichtet, so kann der Vormund hierzu — falls nicht aus der Festsetzungsverfügung die Zwangsvollstreckung stattfindet — nur im Prozeßwege, nicht durch Ordnungsstrafe (a. M. Schultzenstein-Köhne A 15) angehalten werden. Eine Entschädigung für Zeitversäumnis wird nicht gewährt.

§ 1848

Verletzt der Vormundschaftsrichter vorsätzlich oder fahrlässig die ihm obliegenden Pflichten, so ist er dem Mündel nach § 839 Abs 1, 3 verantwortlich[1])[2]).

E I 1702 II 1739; M 4 1190; P 4 820.

1. Die **Haftung des Vormundschaftsrichters**, die sich nach den allgemeinen Grundsätzen des § 839 bestimmt, besteht nur gegenüber dem Mündel, in dessen Interesse er tätig zu werden hat, nicht gegenüber dritten Personen. Nicht ausgeschlossen ist, daß er diesen

wegen Verletzung ihrer Rechte aus §§ 823, 826 verantwortlich werden kann. Die Haftbarkeit setzt nicht voraus, daß es sich um eine Zuwiderhandlung gegen bestimmt vorgeschriebene Pflichten handelt. Ist die Sachlage eine solche, daß der Vormundschaftsrichter begründete Veranlassung hatte, im Interesse des Mündels tätig zu werden (§§ 1837, 1846), so liegt, wenn er dies schuldhaft unterlassen hat, schon darin ein Haftungsgrund. Um die vorschriftsmäßige Anlegung des Mündelgeldes — wozu auch gehört, daß die Verfügungsbeschränkung des § 1809 wirksam geworden ist — hat der Vormundschaftsrichter sich alsbald zu kümmern. Er darf damit nicht etwa warten bis zur ersten Rechnungslegung (RG 88, 266). Daraus allein, daß der Vormund die ihm zum Nachweis der vorschriftsmäßigen Anlegung gesetzte Frist nicht innegehalten hat, braucht jedoch der Vormundschaftsrichter nicht unter allen Umständen einen Anlaß zu strengeren Maßregeln zu entnehmen (vgl. RG JW 08, 243[16]). Die Ermächtigung zur Abhebung der hinterlegten Wertpapiere darf, wenn das Geld dem Vormunde selbst auf Hypothek geliehen werden soll, regelmäßig erst erteilt werden, nachdem die Hypothek bestellt und ihre Mündelsicherheit nachgewiesen ist (RG JW 1917, 461[3]). Auch sonst kann unter besondern Umständen, die gegen die Redlichkeit des Vormundes Verdacht erwecken, die Vorsicht geboten sein, die abzuhebenden Wertpapiere unmittelbar der anderweiten sicheren Anlegung zuzuführen, ohne das Geld in die Hände des Vormundes gelangen zu lassen (RG Warn 1917 Nr 178). Der Vormundschaftsrichter ist haftbar, wenn er die gehörige Hinterlegung der Wertpapiere (§§ 1814, 1815, 1818) nicht überwacht hat. Die Hinterlegung ist für den Schutz des Mündels von solcher Bedeutung, daß der Vormundschaftsrichter regelmäßig den Vormund unverzüglich zur Hinterlegung anzuhalten hat (RG 80, 256; in LZ 1918, 622[6] wird dem Vormundschaftsrichter ein Vorwurf daraus gemacht, daß er, statt die Sache früher zu klären, sich damit begnügt hat, eine Wiedervorlegung nach Monatsfrist anzuordnen). Gleicherweise darf die Sperre des Sparkassenbuchs (§ 1809) bei Auszahlung von Mündelgeld nicht über den zur Auszahlung erforderlichen Betrag hinaus aufgehoben werden. Und es darf die Genehmigung zur Abhebung des Geldes dem Vormunde nicht ohne die nach § 1395 benötigte Einwilligung des Ehemanns des Mündels erteilt werden, widrigenfalls der Vormundschaftsrichter nicht nur dem Ehemann, sondern auch dem Mündel selbst haftbar wird (RG 85, 416). Hat der Vormundschaftsrichter die Erfüllung der ihm obliegenden Aufsichtspflichten, die Einforderung des Vermögensverzeichnisses usw. verabsäumt, so ist bis zum Beweise des Gegenteils anzunehmen, daß durch ihre Beachtung die Unredlichkeit des Vormundes verhütet worden wäre (RG Warn 1916 Nr 280 a. E.) Die Haftung des Vormundschaftsrichters ist begründet, wenn er bei dringendem Verdacht einer Untreue des Vormundes es unterlassen hat, für schleunige Aufklärung zu sorgen und nötigenfalls den Vormund zu entlassen (RG 96, 143). Mit Geschäftsüberlastung, die ihn hätte veranlassen müssen, bei der vorgesetzten Behörde Abhilfe zu verlangen, kann er sich regelmäßig nicht entschuldigen (RG das.). Eine Verfehlung des Vormundschaftsrichters kann ferner darin bestehen, daß er über die tatsächlichen Verhältnisse, namentlich vor Erteilung der Genehmigung, sich nicht genügend unterrichtet hat (RG 14. 4. 08 III 474/07; Warn 08 Nr 486, in welchem letzteren Falle der Schaden auf Grund des § 254 geteilt worden ist). So kann er sich haftbar machen, wenn er in der Inflationszeit einen Unterhaltsabfindungsvertrag des Mündels genehmigt, ohne für die Aufnahme eines Vorbehalts wegen der Folgen der Geldentwertung Sorge zu tragen (RG JW 1923, 828[6]; SeuffA 80 Nr 151). Eine Ersatzpflicht kann auch dadurch begründet werden, daß der Vormundschaftsrichter in vormundschaftlichen Angelegenheiten, wie z. B. über die bei Anlegung von Mündelgeld zu beachtenden Vorschriften, dem Vormund oder Mündel fahrlässigerweise unrichtige Auskunft oder unrichtigen Rat erteilt hat (RG 84, 92). — Die in § 839 Abs 1 bestimmte Erleichterung der Haftung, wonach diese im Falle einer Fahrlässigkeit nur aushilfsweise eintritt, kommt auch dem Vormundschaftsrichter zustatten. Nach § 839 Abs 3 ist er gänzlich von der Haftung befreit, wenn der Verletzte es schuldhaft unterlassen hat, den Schaden durch Gebrauch eines Rechtsmittels abzuwenden. Er bleibt aber an erster Stelle ersatzpflichtig, wenn der Schadensersatzanspruch gegen den Dritten erst in späterer Zeit verwirklicht werden kann (RG 80, 252). Unter dem Verletzten ist hier nicht bloß der volljährig gewordene Mündel, sondern während der Dauer der Vormundschaft auch der Vormund als gesetzlicher Vertreter des Mündels zu verstehen. Über den Fall, daß die Verrichtungen des Vormundschaftsgerichts von einem Kollegium (§ 1858, Art 147 EG) versehen werden, vgl. § 839 A 2 a. E. und wegen der Haftung des Staates § 89 A 3. — Für ein Versehen des Gerichtskalkulators in Vormundschaftssachen ist dieser selbst, nicht der Vormundschaftsrichter haftbar (RG 80, 406).

2. Die Pflichtverletzung des Vormundschaftsrichters stellt sich, da dieser nicht wie der Vormund (vgl. § 1833 A 2) in einem vertragsähnlichen Pflichtverhältnis zu dem Mündel steht, als eine **unerlaubte Handlung** dar, was für die Verjährung des Anspruchs (§§ 852, 853), für die Ausgleichungspflicht (§ 841) und für den Gerichtsstand (§ 32 ZPO) von Bedeutung ist. — Der Vorschrift des § 1848 entspricht diejenige in § 1674.

IV. Mitwirkung des Gemeindewaisenrats

§ 1849

Der Gemeindewaisenrat[1])[2]) hat dem Vormundschaftsgerichte die Personen vorzuschlagen, die sich im einzelnen Falle zum Vormunde, Gegenvormund oder Mitglied eines Familienrats eignen[3]).

E I 1725 Abs 3 II 1724; M 4 1017, 1225; P 4 838.

1. Die Einrichtung des **Gemeindewaisenrats** als eines von Mitgliedern der Gemeinde verwalteten Gemeindeamts war bisher dem Landesrecht überlassen. Die Verrichtungen des Waisenrats und der zu seiner Unterstützung dienenden Helfer konnten auch Frauen übertragen werden (vgl. Art 128 RVerf). In vielen Ländern war mit der Wahrnehmung der Geschäfte des Waisenrats die Behörde für Jugendfürsorge betraut. Durch das Jugendwohlfahrtsgesetz v. 9. 7. 22 (vgl. Vorbem 6 vor § 1773) ist jetzt allgemein vorgeschrieben, daß Gemeindewaisenrat das **Jugendamt** ist, dem von der Landesgesetzgebung durch örtliche Einrichtungen besondere Hilfskräfte beigeordnet werden können (§ 42; vgl. auch § 11). Die Tätigkeit des Jugendamts ist dahin bestimmt, daß es nicht nur das Vormundschaftsgericht, sondern auch die Vormünder, Beistände und Pfleger des Bezirks in jeder Hinsicht zu unterstützen hat (§§ 43 u. 45). Die Anhörung des Jugendamts muß — außer bei Gefahr im Verzuge, wo die Anhörung nachzuholen ist — nach § 43 vor einer jeden Entscheidung erfolgen, die Fälle der §§ 1635 Abs 1 Satz 2, 1666, 1727, 1728 Abs 2, 1729 Abs 2, 1750 Abs 1, 1751 Abs 2 betrifft. Soweit nach Art 8 EGJWG in der Fassung der VO v. 14. 2. 1924 ein Jugendamt noch nicht errichtet ist, bleibt der bisherige Waisenrat bestehen.

2. Im **Verhältnis zum Vormundschaftsgericht** hat der Gemeindewaisenrat, wenn nicht landesrechtlich etwas anderes bestimmt ist, die Stellung einer gleichberechtigten Behörde. Das Vormundschaftsgericht kann daher, wenn Mängel der Einrichtung oder Dienstwidrigkeiten hierzu Anlaß geben, sich wegen Abhilfe nur an den Gemeindevorstand wenden. Über die dem Gemeindewaisenrat von dem Vormundschaftsgericht zu machenden Mitteilungen s. § 1851. Ein Recht der Beschwerde steht dem Gemeindewaisenrat innerhalb seines Amtsbereichs nur in gleichem Maße wie jedem andern Beteiligten gegen eine die Person des Mündels betreffende Verfügung des Vormundschaftsgerichts (**RG** 102, 285), nicht aber allgemein wegen Ablehnung oder Entlassung eines von ihm vorgeschlagenen Vormundes oder wegen Nichteinschreitens trotz der von ihm gemachten Anzeige zu (§ 57 Abs 1 Nr 9 FGG; RJA 8, 167; KGJ 45 A 35; RJA 14, 105; vgl. § 1779 A 1 — a. M. Planck Vorbem 4). Hat das Vormundschaftsgericht ohne Anhörung des Waisenrats einen neuen Vormund bestellt, so ist der Waisenrat sowohl nach § 20 FGG wegen Beeinträchtigung seines eigenen Rechtes als nach § 57 Abs 1 Nr 9 das. zur Einlegung der Beschwerde befugt, die aber nur Erfolg haben kann, wenn in der Tat eine ungeeignete Person als Vormund ausgewählt ist. Die Entlassung des Vormundes kann von dem Waisenrat nicht mittels Beschwerde angefochten werden (KGJ 53 A 46).

3. An den **Vorschlag** des Gemeindewaisenrats ist das Vormundschaftsgericht nicht gebunden. Es hat nur vor der Bestellung des Vormundes, falls nicht ein dringender Fall vorliegt (vgl. § 1779 A 1), den Gemeindewaisenrat darüber zu hören, ob der zu Bestellende als Vormund geeignet ist. Die in § 1779 Abs 2 für die Auswahl des Vormundes gegebenen Vorschriften sind selbstverständlich auch von dem Waisenrat zu beachten. Mit dem Vorschlage hat der Gemeindewaisenrat nicht so lange zu warten, bis er von dem Vormundschaftsgericht hierzu aufgefordert wird, sondern den Vorschlag mit der Anzeige von dem Bevormundungsfalle zu verbinden (§ 49 FGG). Wird der Vorschlag von dem Vormundschaftsgericht erfordert, so empfiehlt es sich, in der Aufforderung gleichzeitig mitzuteilen, ob Vermögen zu verwalten ist. Auch ist mit Rücksicht auf die Bestimmung des § 1779 Abs 2 Satz 2 die Religion des Mündels anzugeben. Unter besondern Umständen kann der Gemeindewaisenrat seinen Vorschlag auf solche Personen richten, die sich nicht in seinem Bezirk aufhalten, wie auch das Vormundschaftsgericht — namentlich dann, wenn sich der Mündel auswärts befindet — Veranlassung haben kann, einen auswärtigen Gemeindewaisenrat um Benennung eines Vormundes zu ersuchen.

§ 1850

Der Gemeindewaisenrat hat in Unterstützung des Vormundschaftsgerichts darüber zu wachen, daß die Vormünder der sich in seinem Bezirk aufhaltenden Mündel für die Person der Mündel, insbesondere für ihre Erziehung und ihre körperliche Pflege, pflichtmäßig Sorge tragen. Er hat dem Vormund-

schaftsgerichte Mängel und Pflichtwidrigkeiten, die er in dieser Hinsicht wahrnimmt, anzuzeigen und auf Erfordern über das persönliche Ergehen und das Verhalten eines Mündels Auskunft zu erteilen[1]).

Erlangt der Gemeindewaisenrat Kenntnis von einer Gefährdung des Vermögens eines Mündels, so hat er dem Vormundschaftsgericht Anzeige zu machen[2]).

E I 1725 Abs 1, 2 II 1723; M 4 1225; P 4 838.

1. Dem Gemeindewaisenrat fällt hauptsächlich die Aufgabe zu, das persönliche Wohl der in seinem Bezirk befindlichen Mündel, mögen sie nun dem Vormundschaftsgericht seines Bezirks oder einem andern Vormundschaftsgericht unterstehen, fortlaufend **zu überwachen** (zu welchem Zwecke er auch das Recht hat, die Wohnung der von ihm zu beaufsichtigenden Mündel wider den Willen des Wohnungsinhabers zu betreten; a. A. Planck A 2) und dem Vormundschaftsgericht rechtzeitig Nachricht zu geben, wenn ein Anlaß zum Einschreiten vorhanden ist. Die Tätigkeit des Gemeindewaisenrats ist aber nicht auf diese Anzeige beschränkt, sie erstreckt sich auch darauf, daß er dem Vormunde, was die Sorge für die Person des Mündels betrifft, Rat erteilen und Vorhaltungen machen kann. Die Dienste des Gemeindewaisenrats kann das Vormundschaftsgericht in Anspruch nehmen, um über die persönlichen Verhältnisse des Mündels Auskunft zu erfordern und in dieser Beziehung Ermittlungen anstellen zu lassen. Zu einer formularmäßigen periodischen Berichterstattung kann dagegen der Waisenrat nicht als verpflichtet angesehen werden (so jetzt auch Dernburg IV § 103 III 2). Wegen der Aufsicht des Waisenrats über die der elterlichen Gewalt unterliegenden Kinder s. § 1675 A 1.

2. Auf dem Gebiete der **Vermögensverwaltung** hat der Gemeindewaisenrat nur die Pflicht, dem Vormundschaftsgericht Anzeige zu machen, wenn er von einer Gefährdung des Vermögens Kenntnis erhält. Es ist aber nicht seines Amtes, darüber, ob eine Gefährdung vorliegt, Ermittlungen anzustellen.

§ 1851

Das Vormundschaftsgericht hat dem Gemeindewaisenrate die Anordnung der Vormundschaft über einen sich in dessen Bezirk aufhaltenden Mündel unter Bezeichnung des Vormundes und des Gegenvormundes sowie einen in der Person des Vormundes oder des Gegenvormundes eintretenden Wechsel mitzuteilen[1]).

Wird der Aufenthalt eines Mündels in den Bezirk eines anderen Gemeindewaisenrats verlegt, so hat der Vormund dem Gemeindewaisenrate des bisherigen Aufenthaltsorts und dieser dem Gemeindewaisenrate des neuen Aufenthaltsorts die Verlegung mitzuteilen[1]).

E I 1725 Abs 4, 5 II 1725; M 4 1225; P 4 839.

1. **Mitteilungspflicht des Vormundschaftsgerichts und Vormundes.** Das Vormundschaftsgericht hat den Gemeindewaisenrat darüber, wer Vormund und Gegenvormund ist, auf dem laufenden zu erhalten. Verzieht der Mündel nach Einleitung der Vormundschaft in einen andern Bezirk, so hat dies der Vormund, ohne Vermittlung des Vormundschaftsgerichts, dem Gemeindewaisenrat des bisherigen Aufenthalts mitzuteilen, welcher diese Mitteilung mit den auf die Vormundschaft bezüglichen Nachrichten an den Gemeindewaisenrat des neuen Aufenthalts weitergibt.

V. Befreite Vormundschaft

§ 1852

Der Vater kann, wenn er einen Vormund benennt[1]), **die Bestellung eines Gegenvormundes ausschließen**[2]).

Der Vater kann anordnen, daß der von ihm benannte Vormund bei der Anlegung von Geld den in den §§ 1809, 1810 bestimmten Beschränkungen nicht unterliegen und zu den im § 1812 bezeichneten Rechtsgeschäften der Genehmigung des Gegenvormundes oder des Vormundschaftsgerichts[3]) **nicht**

bedürfen soll. Diese Anordnungen sind als getroffen anzusehen, wenn der Vater die Bestellung eines Gegenvormundes ausgeschlossen hat[2]).

E I 1690 II 1726; M 4 1163; P 4 805.

1. Die nach §§ 1852ff. zulässigen Befreiungen können (abgesehen von der am Schluß zu erwähnenden Ausnahme) nur dem von dem Vater oder der Mutter **benannten Vormunde** (vgl. § 1777 A 1 u. 2) erteilt werden. Die Befreiung braucht nicht gleich bei der Benennung des Vormundes zu erfolgen (a. M. Schultzenstein-Köhne A 2); sie kann nicht bloß von dem Elternteil, der den Vormund benannt hat, sondern auch von dem andern Elternteil angeordnet werden, wenn er dadurch die Benennung seinerseits bestätigt. Die Befreiung ist wirksam kraft dieser Anordnung, ohne daß sie — was indes empfehlenswert ist (vgl. § 1791 A 1) — in die Bestallung aufgenommen zu werden braucht. Sie kommt immer nur dem befreiten Vormunde zugute, nicht dem bei Verhinderung des Vormundes (§§ 1846, 1795, 1796) eintretenden Pfleger, auch nicht dem Mitvormunde, und kann deshalb, wenn ein nicht befreiter Mitvormund zu gemeinschaftlicher Verwaltung bestellt ist, wirkungslos sein (vgl. § 1854 A 1 a. E.). Ist jemand schlechthin zum befreiten Vormund ernannt, so ist anzunehmen, daß ihm alle gesetzlich zulässigen Befreiungen zukommen sollen. — Landesrechtlich konnten gemäß Art 136 Nr 4 EG dem Anstaltsvormunde und dem Berufsvormunde (vgl. § 1773 A 4, § 1792 A 1) die Befreiungen aus § 1852 eingeräumt werden, von welcher Befugnis die meisten Bundesstaaten Gebrauch gemacht hatten. Nunmehr stehen dem Amtsvormund und dem Anstalts- und Vereinsvormund die nach §§ 1852—1854 zulässigen Befreiungen kraft Gesetzes zu (§§ 48 Abs 1, 33 Abs 1, 47 Abs 2 JWG).

2. Durch die **Ausschließung der Bestellung eines Gegenvormundes** wird der Vormund vollständig von der Mitwirkung des Gegenvormundes befreit auch hinsichtlich der Rechtsgeschäfte, zu deren Vornahme es sonst der Genehmigung des Gegenvormundes bedarf (§§ 1809, 1810, 1812). Aus dem Wegfall der Genehmigung des Gegenvormundes folgt zugleich notwendig der Wegfall der als Ersatz der Genehmigung des Gegenvormundes vorgeschriebenen Genehmigung des Vormundschaftsgerichts. Das trifft nicht zu, wenn der Vater — was zulässig ist (abw. frühere Aufl.) — trotz der Ausschließung einer Gegenvormundschaft angeordnet hat, daß die Befreiungen des Abs 2 Satz 1 nicht eintreten sollen. Dem Vormundschaftsgericht ist es natürlich für andere Fälle der von ihm zu erteilenden Genehmigung unbenommen, falls es dies für nötig erachtet, einen Pfleger zu bestellen. Wird übrigens entgegen der Anordnung ein Gegenvormund bestellt, so ist die Bestellung, wennschon die Befreiung wirksam bleibt, nicht etwa als nichtig anzusehen. Die Befreiung von der Mitwirkung des Gegenvormundes kann dem Vormunde, auch wenn die Bestellung eines Gegenvormundes nicht ausgeschlossen ist, hinsichtlich aller der Genehmigung des Gegenvormundes unterliegenden Rechtsgeschäfte oder hinsichtlich einzelner Rechtsgeschäfte erteilt werden.

3. Über die Befreiung von der Genehmigung des Vormundschaftsgerichts s. § 1854 A 1.

§ 1853

Der Vater kann den von ihm benannten Vormund von der Verpflichtung entbinden, Inhaber- und Orderpapiere zu hinterlegen und den im § 1816 bezeichneten Vermerk in das Reichsschuldbuch oder das Staatsschuldbuch eintragen zu lassen[1]).

E I 1692 II 1727; M 4 1172; P 4 812.

1. **Befreiungen.** Von den die sachliche Verwaltung betreffenden Verpflichtungen kann der Vormund nicht befreit werden. Es ist insbesondere nicht möglich, den Vormund von der Verpflichtung zu entbinden, das Mündelgeld in der durch §§ 1807, 1808 vorgeschriebenen sicheren Weise anzulegen. Auch der befreite Vormund hat nicht das Recht, Geldbeträge, die dem Mündel gehören, auf seinen Namen anzulegen. Eine Ausnahme ist es, daß dem Vormund die Hinterlegungspflicht aus § 1814 sowie — was im Zweifel in der Befreiung von der Hinterlegungspflicht mitenthalten ist (a. M. Fuchs A 1) — die Sperrpflicht aus § 1816 erlassen werden kann. Die Bestimmung des § 1815 Abs 1, die dem Vormunde nur die Befugnis gibt, die Inhaberpapiere statt der Hinterlegung in Namenspapiere umschreiben zu lassen, kommt hier nicht in Betracht. Ist die Hinterlegungspflicht aus § 1814 ausgeschlossen, so kann auch von der erweiterten Hinterlegungspflicht aus § 1818 — vorbehaltlich der Befugnis des Vormundschaftsgerichts zur Außerkraftsetzung der Befreiung gemäß § 1857 — nicht die Rede sein (a. M. Staudinger A 1e, Fuchs A 1). Die Befreiung von der Hinterlegungspflicht zeigt sich, wenn trotzdem der Vormund hinterlegt oder das Inhaberpapier in ein Namenspapier umschreiben oder den Sperrvermerk des § 1816 in das Staatsschuldbuch eintragen läßt, darin wirksam, daß die sonst mit diesen Vorgängen nach §§ 1819, 1820 verbundene Verfügungsbeschränkung nicht Platz greift. Über die Befreiung im allgemeinen s. § 1852 A 1.

§ 1854

Der Vater kann den von ihm benannten Vormund von der Verpflichtung entbinden, während der Dauer seines Amtes Rechnung zu legen[1]).

Der Vormund hat in einem solchen Falle nach dem Ablaufe von je zwei Jahren eine Übersicht über den Bestand des seiner Verwaltung unterliegenden Vermögens dem Vormundschaftsgericht einzureichen. Das Vormundschaftsgericht kann anordnen, daß die Übersicht in längeren, höchstens fünfjährigen Zwischenräumen einzureichen ist[1]).

Ist ein Gegenvormund vorhanden oder zu bestellen, so hat ihm der Vormund die Übersicht unter Nachweisung des Vermögensbestandes vorzulegen. Der Gegenvormund hat die Übersicht mit den Bemerkungen zu versehen, zu denen die Prüfung ihm Anlaß gibt[2]).

E I 1691 II 1728; M 4 1170; P 4 809.

1. **Befreiung von der Rechnungslegung.** Eine Befreiung von der Aufsicht des Vormundschaftsgerichts ist insofern zulässig, als der Vormund im Falle der Ausschließung eines Gegenvormundes oder der Befreiung von der Notwendigkeit der Genehmigung des Gegenvormundes auch der von dem Vormundschaftsgericht bei Nichtvorhandensein eines Gegenvormundes zu erteilenden Genehmigung (§§ 1810, 1812 Abs 3) nicht bedarf (vgl. § 1852 A 2). Der Fall, daß lediglich diese Genehmigung des Vormundschaftsgerichts ausgeschlossen wird — was an sich nach § 1852 Abs 2 zulässig ist —, wird kaum jemals vorkommen. Von der Aufsicht des Vormundschaftsgerichts kann außerdem der Vormund hinsichtlich der Rechnungslegungspflicht befreit werden. Er hat dann nicht nötig, dem Vormundschaftsgericht gegenüber über die Einnahmen und Ausgaben sich auszuweisen und hat zu diesem Zwecke in den in Abs 2 bestimmten Zeiträumen im Anschluß an das Vermögensverzeichnis nur eine den zeitigen Vermögensbestand klarstellende Übersicht einzureichen. In der Übersicht sind auch die Schulden aufzuführen (bestr.). Eine ins einzelne gehende Angabe der Haushaltsgegenstände ist hier nicht zu verlangen. Die Befugnis des Vormundschaftsgerichts, hinsichtlich der Einnahmen und Ausgaben aus besonderen Gründen über bestimmte Punkte Auskunft zu fordern, bleibt bestehen, ebenso die Verpflichtung des Vormundes, sich dem Mündel gegenüber über die Verwaltung durch Legung der Schlußrechnung (§§ 1890ff.) auszuweisen. Die Einreichung des Vermögensverzeichnisses (§ 1802) kann dem Vormunde nicht erlassen werden, auch nicht die Offenlegung dieses Verzeichnisses. Sind mehrere Vormünder zu gemeinschaftlicher Verwaltung bestellt, so braucht der von der Pflicht der Rechnungslegung befreite Vormund bei der von den andern Vormündern zu legenden Rechnung nicht mitzuwirken (a. M. Fuchs A 3 u. Vorbem 2d vor § 1852); er ist aber nicht von der Verpflichtung befreit, diesen die etwa zur Aufstellung der Rechnung erforderliche Auskunft zu erteilen.

2. Trotz Befreiung des Vormundes von der Rechnungslegungspflicht bleibt der **Gegenvormund** berechtigt und verpflichtet, **die Verwaltung des Vormundes zu prüfen,** um im Falle einer Pflichtwidrigkeit des Vormundes dem Vormundschaftsgericht Anzeige machen zu können. Er kann deshalb nötigenfalls eine Darlegung der Einnahmen und Ausgaben von dem Vormund fordern. Auch hat er die Richtigkeit des in der Übersicht angegebenen Vermögensbestandes sich nachweisen zu lassen. Von diesen Verpflichtungen kann der Gegenvormund nicht befreit werden.

§ 1855

Benennt die eheliche Mutter einen Vormund, so kann sie die gleichen Anordnungen treffen wie nach den §§ 1852 bis 1854 der Vater[1]).

E I 1690—1692 II 1729; M 4 1168; P 4 805 ff.

1. Die **Anordnung der ehelichen Mutter** ist nicht etwa deshalb ungültig, weil sie zu einer Zeit getroffen ist, wo das Recht der Anordnung noch dem Vater zustand. Sie kann nur, solange die Anordnung des Vaters noch in Kraft ist, nicht in Wirksamkeit treten (vgl. § 1777 A 2).

§ 1856

Auf die nach den §§ 1852 bis 1855 zulässigen Anordnungen finden die Vorschriften des § 1777 Anwendung[1]).

E I 1693 II 1730; M 4 1172; P 4 814.

1. Vgl. § 1777 A 1 u. 2.

§ 1857

Die Anordnungen des Vaters oder der Mutter können von dem Vormundschaftsgericht außer Kraft gesetzt werden, wenn ihre Befolgung das Interesse des Mündels gefährden würde[1]).

E I 1694 II 1731; M 4 1173; P 4 805 u. 814.

1. Die Zulässigkeit der **Außerkraftsetzung der elterlichen Anordnungen** bei Gefährdung der Interessen des Mündels entspricht einem allgemeinen Grundsatz des Vormundschaftsrechts (vgl. Vorbem 1 vor § 1773) und kann auch nicht durch die Eltern des Mündels irgendwie beschränkt werden. Die Außerkraftsetzung wird sich regelmäßig als eine wichtige Angelegenheit im Sinne des § 1847 darstellen, so daß die vorherige Anhörung von Verwandten oder Verschwägerten des Mündels nötig wird. Ebenso ist regelmäßig der Vormund — der auch beschwerdeberechtigt ist — vorher zu hören.

VI. Familienrat

§ 1858

[1]) **Ein Familienrat soll von dem Vormundschaftsgericht eingesetzt werden, wenn der Vater oder die eheliche Mutter des Mündels die Einsetzung angeordnet hat.**

Der Vater oder die Mutter kann die Einsetzung des Familienrats von dem Eintritt oder Nichteintritt eines bestimmten Ereignisses abhängig machen.

Die Einsetzung unterbleibt, wenn die erforderliche Zahl geeigneter Personen nicht vorhanden ist[2])[3]).

E I 1712 II 1751; M 4 1014, 1018, 1203; P 4 835.

1. Der **Familienrat** tritt — unbeschadet der Befugnis des vorsitzenden Vormundschaftsrichters, in dringlichen Fällen selbst die erforderliche Anordnung zu treffen (§ 1876) — vollständig an Stelle des Vormundschaftsgerichts in Vormundschafts- und Pflegschaftssachen (wobei als Pfleger nach § 1693 auch der mit der Vermögensverwaltung betraute Beistand der Mutter anzusehen ist), nicht aber für die sonstigen Verrichtungen des Vormundschaftsgerichts gegenüber Ehegatten oder Kindern unter elterlicher Gewalt, auch der Natur der Sache nach nicht für die Pflegschaftsfälle der §§ 1913, 1914. Der Familienrat wird immer nur für eine bestimmte Vormundschaftssache oder Pflegschaftssache gebildet. Seine Zuständigkeit erstreckt sich jedoch, da die Verrichtungen des Vormundschaftsgerichts für dieselbe Person nicht unter verschiedene Gerichte verteilt werden dürfen (vgl. §§ 37, 43 FGG), auch auf die neben der Vormundschaft nach § 1909 einzuleitende Pflegschaft und auf die in §§ 3, 112, 113, 1750 erwähnten besonderen Verrichtungen des Vormundschaftsgerichts, sofern das Kind unter Vormundschaft oder Pflegschaft steht. Aus dem gleichen Grunde ist es für unstatthaft zu erachten, daß bei Kindern unter elterlicher Gewalt neben dem hierfür zuständigen Vormundschaftsgericht ein besonderer Familienrat für die Pflegschaft aus § 1909 bestellt wird. Im Widerspruch mit § 1775 (vgl. auch § 36 Abs 1 FGG) würde es endlich stehen, wenn ohne zwingende Gründe der Familienrat nicht für sämtliche schutzbedürftige Geschwister bestellt, sondern seine Zuständigkeit auf einzelne Geschwister beschränkt würde. Über einen Ausländer kann bei einem inländischen Vormundschaftsgericht ein Familienrat nicht eingesetzt werden. Um dies zu ermöglichen, müßte die Vormundschaft vorerst von dem ausländischen Staat an das deutsche Vormundschaftsgericht abgegeben werden (KGJ 53 A 51).

2. Die Einsetzung eines Familienrats soll nur erfolgen auf **Anordnung der Eltern** oder auf einen nach § 1859 gestellten Antrag. Der Vater und die eheliche Mutter können unter den in § 1777 bestimmten Voraussetzungen und in der daselbst bestimmten Form (§ 1868) die Einsetzung eines Familienrats untersagen (§ 1859). Sie können ferner die Einsetzung oder Aufhebung des Familienrats von dem Eintritt oder Nichteintritt eines bestimmten Ereignisses — nicht von dem Eintritt eines bestimmten Zeitpunkts — abhängig machen (§§ 1858 Abs 2, 1880). Die Einsetzung hat anordnungsgemäß zu erfolgen, wenn die Bildung eines Familienrats möglich ist, das heißt, wenn die hierfür nötige Anzahl geeigneter Personen vorhanden ist und diese, wie mit Rücksicht auf § 1869 hinzugesetzt werden muß, freiwillig zur Übernahme des Amtes bereit sind. Da der Familienrat, abgesehen von dem Vormundschaftsrichter, aus mindestens zwei Mitgliedern, der zur Beschlußfähigkeit erforderlichen Zahl, bestehen muß (§§ 1860, 1874) und, falls nicht der Vater oder die eheliche Mutter

das Mitglied berufen hat, von dem Vormundschaftsgericht nur ein Verwandter (Verschwägerter) zum Mitgliede bestellt werden kann (§ 1867), so müssen mindestens zwei zur Übernahme des Amtes bereite und hierfür geeignete Verwandte (Verschwägerte) des Mündels vorhanden sein; der dann gebildete Familienrat kann seinerseits weitere Mitglieder (bis zur Höchstzahl von sechs Personen) und Ersatzmitglieder ohne Rücksicht auf die Verwandtschaft auswählen (§§ 1860, 1862 Abs 2, 1863, 1867). Sinkt die Zahl der Mitglieder unter zwei Personen herab, ohne daß eine Ergänzung möglich ist — bei vorübergehender Verhinderung hat der Vorsitzende ein Ersatzmitglied, das nicht zu den Verwandten zu gehören braucht, zu bestellen (§§ 1864, 1867) —, so hat das Vormundschaftsgericht den Familienrat aufzuheben (§ 1880). Ist der Anordnung wegen Einsetzung eines Familienrats nicht entsprochen, so kann nicht bloß von dem Vormunde und den als Mitglied berufenen Personen des Familienrats (§ 1861, § 20 FGG), sondern auch von den Verwandten oder Verschwägerten und dem Ehegatten des Mündels Beschwerde eingelegt werden (§ 57 Abs. 1 Nr 4 FGG). Im Falle der Unzulässigkeit der Einsetzung eines Familienrats ist nur der Vormund beschwerdeberechtigt.

3. Von der **Einsetzung eines Familienrats** ist, obwohl dies nicht besonders bestimmt ist, dem Vormunde und Gegenvormunde Mitteilung zu machen, wie eine solche Mitteilung auch bei Aufhebung des Familienrats in § 1881 besonders vorgeschrieben wird. Die Wirksamkeit der Einsetzung ist von dieser Mitteilung nicht abhängig; die Einsetzung kann nicht als eine ihrem Inhalte nach für den Vormund bestimmte Verfügung im Sinne des § 16 Abs 1 FGG angesehen werden. Die bereits früher dem Vormund und Gegenvormund erteilten Bestallungen müssen, um die Einsetzung des Familienrats gemäß § 1791 in der Bestallung zu vermerken, zurückgefordert werden.

§ 1859

Ein Familienrat soll von dem Vormundschaftsgericht eingesetzt werden, wenn ein Verwandter oder Verschwägerter des Mündels oder der Vormund oder der Gegenvormund die Einsetzung beantragt und das Vormundschaftsgericht sie im Interesse des Mündels für angemessen erachtet[1]).

Die Einsetzung unterbleibt, wenn der Vater oder die eheliche Mutter des Mündels sie untersagt hat[2]).

E I 1713 II 1572; M 4 1205; P 4 835.

1. Einsetzung des Familienrats **auf Antrag.** Die **Verwandten oder Verschwägerten** des Mündels haben nicht das Recht, die Einsetzung eines Familienrats anzuordnen, sondern können die Einsetzung nur in Antrag bringen, vorausgesetzt, daß sie unbeschränkt geschäftsfähig und deshalb zur Stellung von Anträgen im Verfahren der freiwilligen Gerichtsbarkeit befugt sind (a. M. Staudinger A 1 Abs 3; Fuchs A 2 letzter Absatz, welche bei beschränkter Geschäftsfähigkeit die Einwilligung des gesetzlichen Vertreters fordern). Antragsberechtigt sind ferner der **Vormund und Gegenvormund,** und zwar diese Personen ohne Rücksicht auf die durch Minderjährigkeit oder Stellung unter vorläufige Vormundschaft herbeigeführte Beschränkung der Geschäftsfähigkeit (vgl. § 1781), desgleichen der Pfleger, sofern er nicht aus §§ 1909, 1913, 1914 bestellt ist (bestr.) — vgl. § 1858 A 1. Sind mehrere Vormünder zu geteilter oder ungeteilter Verwaltung bestellt, so kann der Antrag von jedem Vormunde selbständig gestellt werden (bestr.). Bei Eingang eines Antrags hat sich das Vormundschaftsgericht schlüssig zu machen, ob die Einsetzung eines Familienrats zweckmäßig erscheint. Dies wird namentlich dann anzunehmen sein, wenn zur Beaufsichtigung eines größeren Betriebs die Mitwirkung sachverständiger Familienmitglieder wünschenswert ist. Die Einsetzung eines Familienrats kann auch sonst zur Förderung der Familienzusammengehörigkeit und des tatkräftigen Eintretens der Verwandten für den Mündel am Platze sein. Bei Prüfung der Zweckmäßigkeit ist nicht außer Betracht zu lassen, daß die Zusammenberufung des Familienrats unverhältnismäßig große Schwierigkeiten und Kosten verursachen kann. Wegen des Beschwerderechts bei Ablehnung des Antrags s. § 1858 A 2. Das Beschwerderecht ist nicht auf den Antragsteller beschränkt.

2. Die Berechtigung des Vaters und der ehelichen Mutter zur **Untersagung** der Einsetzung eines Familienrats sowie die Form der Untersagung bestimmt sich gemäß § 1868 nach § 1777.

§ 1860

Der Familienrat besteht aus dem Vormundschaftsrichter als Vorsitzendem[1]) und aus mindestens zwei, höchstens sechs Mitgliedern[2]).

E I 1714 Ab 1 II 1753; M 4 1207; P 4 836.

1. Dem **Vormundschaftsrichter als dem Vorsitzenden** gebührt die Leitung der Geschäfte (§ 1872). Er hat den Familienrat einzuberufen (§ 1873). Bei Stimmengleichheit entscheidet seine Stimme (§ 1874). Ihm gebührt auch die Entscheidung, ob ein Mitglied wegen Interessengegensatzes von der Beschlußfassung auszuschließen ist (§ 1784 Abs 3). Seine Sache ist es, den Betrag der den Mitgliedern zu erstattenden Auslagen festzusetzen (§ 1877). Eine Strafgewalt steht dem Vorsitzenden nicht zu. Die Entlassung eines Mitgliedes kann nur von dem Beschwerdegericht ausgesprochen werden (§ 1878 Abs 2). Der Vorsitzende kann jedoch, wenn sich ein Mitglied seinen Verpflichtungen entzieht, Ordnungsstrafen gemäß § 1875 Abs 2 verhängen.

2. Die **Mitglieder** haben bei der Beschlußfassung dieselben Rechte und Pflichten wie der Vormundschaftsrichter und sind nach § 1872 Abs 2 in gleicher Weise wie dieser verantwortlich. Zwei Mitglieder bilden die nach § 1874 zur Beschlußfähigkeit erforderliche geringste Zahl. Werden Mitglieder über die zulässige Höchstzahl von sechs Personen hinaus bestellt, so ist die Bestellung dieser weiteren Mitglieder als nicht geschehen anzusehen, falls nicht etwa die Bestellung in dem Sinne erfolgt ist, daß die weiteren Mitglieder nur als Ersatzmitglieder tätig sein sollen. Die unter Mitwirkung von mehr als sechs Mitgliedern von dem Familienrat gefaßten Beschlüsse sind ungültig.

§ 1861

Als Mitglied des Familienrats ist berufen, wer von dem Vater oder der ehelichen Mutter des Mündels als Mitglied benannt ist. Die Vorschriften des § 1778 Abs 1, 2 finden entsprechende Anwendung[1]).

E I 1715 Abs 1 II 1754; M 4 1209; P 4 836.

1. Hinsichtlich der Voraussetzungen und der Form der **Benennung der Mitglieder durch die Eltern des Mündels** gelten nach § 1868 die Bestimmungen des § 1777. Der Benennungsberechtigte kann bestimmen, ob der Benannte ordentliches Mitglied oder Ersatzmitglied werden soll, und kann letzterenfalls über die Reihenfolge des Eintritts der benannten Ersatzmitglieder bei Wegfall oder Verhinderung eines ordentlichen Mitgliedes Anordnung treffen (§ 1863 Abs 3, vgl. § 1863 A 1). Die Übergehung des Benannten ist nur zulässig unter den Voraussetzungen des § 1778. Die entsprechende Anwendung dieses Paragraphen führt dazu, daß an Stelle der hier in Bezug genommenen §§ 1780—1784, die von den Unfähigkeits- und Untauglichkeitsgründen handeln, die hierüber für den Familienrat gegebenen Vorschriften der §§ 1865, 1866 Anwendung zu finden haben (a. M. Planck A 3). Sind mehr als sechs Personen benannt, so darf, da der Familienrat nach § 1860 nicht aus mehr als sechs Mitgliedern bestehen darf, im Zweifel angenommen werden, daß dem Vormundschaftsrichter die Auswahl unter den Benannten zustehen soll (a. M. Staudinger A 1 Abs 4, welcher die Reihenfolge der Benennung entscheiden lassen will).

§ 1862

Soweit eine Berufung nach § 1861 nicht vorliegt oder die Berufenen die Übernahme des Amtes ablehnen, hat das Vormundschaftsgericht die zur Beschlußfähigkeit des Familienrats erforderlichen Mitglieder auszuwählen. Vor der Auswahl sollen der Gemeindewaisenrat und nach Maßgabe des § 1847 Verwandte oder Verschwägerte des Mündels gehört werden.

Die Bestimmung der Zahl weiterer Mitglieder und ihre Auswahl steht dem Familienrate zu[1]).

E I 1715 Abs 2 II 1755 Abs 1 u. 2; M 4 1209; P 4 836.

1. Um die **Wahl der Mitglieder möglichst dem Familienrat selbst zu überlassen,** hat der Vormundschaftsrichter sich darauf zu beschränken, den Familienrat mit der zur Beschlußfassung erforderlichen geringsten Zahl von zwei Mitgliedern (§§ 1860, 1874) zu besetzen, wobei die Interessen der väterlichen und mütterlichen Verwandten möglichst gleichmäßig zu berücksichtigen sind. Es ist ihm ferner zur Pflicht gemacht, vor der Auswahl — wobei die Bestimmungen der §§ 1865—1867 zu beachten sind — nicht bloß den Gemeindewaisenrat, sondern auch tunlichst, um auf die Wünsche der Familie Rücksicht nehmen zu können, Verwandte oder Verschwägerte des Mündels zu hören.

§ 1863

Sind neben dem Vorsitzenden nur die zur Beschlußfähigkeit des Familienrats erforderlichen Mitglieder vorhanden, so sind ein oder zwei Ersatzmitglieder zu bestellen[1]).

Der Familienrat wählt die Ersatzmitglieder aus und bestimmt die Reihenfolge, in der sie bei der Verhinderung oder dem Wegfall eines Mitglieds in den Familienrat einzutreten haben²).

Hat der Vater oder die eheliche Mutter Ersatzmitglieder benannt und die Reihenfolge ihres Eintritts bestimmt, so ist diese Anordnung zu befolgen.

E I 1715 Abs 4 II 1756; M 4 1211; P 4 836.

1. Die **Bestellung von Ersatzmitgliedern** ist vorgesehen, um die Verzögerungen zu vermeiden, die sonst bei Beschlußunfähigkeit des Familienrats (§ 1874 Abs 1) entstehen würden. Das Ersatzmitglied tritt bei (tatsächlicher oder rechtlicher) Verhinderung oder Wegfall eines ordentlichen Mitgliedes in Tätigkeit, und zwar im letzteren Falle bis zur Bestellung eines neuen ordentlichen Mitgliedes. Es tritt nicht etwa auf unbeschränkte Zeit als ordentliches Mitglied ein (a. M. Planck A 3, Blume A 6), falls es nicht als benanntes Mitglied berufen sein sollte (vgl. § 1861 A 1). Die Vorschrift des Abs 1 ist übrigens nicht dahin aufzufassen, daß die Bestellung von mehr als 2 Ersatzmitgliedern oder die Bestellung von Ersatzmitgliedern trotz des Vorhandenseins von mehr als zwei ordentlichen Mitgliedern nichtig wäre (anders die herrschende Ansicht). Die unnötig bestellten Ersatzmitglieder können nur ihre Entlassung fordern.

2. In Ermanglung einer in Abs 3 bezeichneten Anordnung hat über die **Reihenfolge** des Eintritts der Ersatzmitglieder lediglich der Familienrat zu bestimmen, ohne etwa an früher gefaßte Beschlüsse gebunden zu sein. Eine Ungültigkeit des Beschlusses kann nicht etwa daraus hergeleitet werden, daß die früher von dem Familienrat bestimmte Reihenfolge nicht eingehalten ist.

§ 1864

Wird der Familienrat durch vorübergehende Verhinderung eines Mitglieds beschlußunfähig und ist ein Ersatzmitglied nicht vorhanden, so ist für die Dauer der Verhinderung ein Ersatzmitglied zu bestellen. Die Auswahl steht dem Vorsitzenden zu¹).

E I 1715 Abs 5 II 1757; M 4 1212; P 4 836.

1. Vorherige Anhörung des Gemeindewaisenrats oder der Verwandten und Verschwägerten des Mündels ist hier, wo es sich nur um die Bestellung eines **zeitweiligen Ersatzmitgliedes** handelt, nicht nötig. Der Vorsitzende hat darüber zu befinden, ob ein Bedürfnis zur Bestellung eines Ersatzmitgliedes vorliegt. Als vorübergehende Verhinderung ist es auch anzusehen, wenn ein Mitglied nach § 1874 Abs 3 für ein einzelnes Rechtsgeschäft von der Teilnahme an der Beschlußfassung ausgeschlossen ist. Die Auswahl ist nicht auf Verwandte oder Verschwägerte des Mündels beschränkt (§ 1867). Das zeitweilige Ersatzmitglied ist zur Mitwirkung als Mitglied des Familienrats nur für die Zeit der Verhinderung des ordentlichen Mitgliedes bestellt. Sein Amt erlischt mit dem Aufhören dieser Verhinderung, ohne daß es seiner Entlassung bedarf. Wird der Familienrat durch dauernde Verhinderung eines Mitgliedes beschlußunfähig (vgl. § 1874 Abs 1), so ist nach § 1862 zu verfahren (vgl. § 1879 A 1).

§ 1865

Zum Mitgliede des Familienrats kann nicht bestellt werden, wer geschäftsunfähig oder wegen Geistesschwäche, Verschwendung oder Trunksucht entmündigt ist¹).

E I 1716 Abs 1 u. 3 II 1758; M 4 1212; P 4 837.

1. Übereinstimmend § 1780. Die **Unfähigkeit des Mitgliedes** hat zur Folge, daß die unter Mitwirkung dieses Mitgliedes von dem Familienrat gefaßten Beschlüsse ungültig sind (a. M. Blume § 1865 A 2, § 1874 A 6, der den Beschluß nur als durch Rechtsmittel anfechtbar erachtet). § 1865 findet auch auf die Ersatzmitglieder Anwendung.

§ 1866

Zum Mitgliede des Familienrats soll nicht bestellt werden¹):

1. der Vormund des Mündels;

2. wer nach § 1781 oder nach § 1782 nicht zum Vormunde bestellt werden soll;

3. wer durch Anordnung des Vaters oder der ehelichen Mutter des Mündels von der Mitgliedschaft ausgeschlossen ist.

E I 1716 Abs 2 Nr 1, 2 u. 4, Abs 3 II 1759; M 4 1212; P 4 837.

1. Der **Untauglichkeitsgrund** des § 1784 (fehlende Erlaubnis der vorgesetzten Behörde) — § 1783 ist aufgehoben — gilt nicht für die Mitglieder des Familienrats. Andrerseits kommt zu den Untauglichkeitsgründen der §§ 1781 u. 1782 hinzu, daß der Vormund (Pfleger) nicht gleichzeitig Mitglied des Familienrats, als der ihm übergeordneten Behörde, sein soll und daß als Mitglied nicht bloß der nach § 1782 von der Vormundschaft Ausgeschlossene, sondern auch der nach § 1866 Nr 3 von der Mitgliedschaft Ausgeschlossene nicht bestellt werden soll. Frauen sind — was auf einem Beschlusse der Reichstagskommission beruht — nicht untauglich und bedürfen zur Übernahme des Amtes keinesfalls der Zustimmung des Ehemanns. Es besteht kein Hindernis, einen Ausländer zum Mitglied des Familienrats zu bestellen, wennschon dies der Regel nach sich nicht empfehlen wird. Die Vorschriften des § 1866 finden in gleicher Weise auf ordentliche Mitglieder und Ersatzmitglieder Anwendung.

§ 1867

Zum Mitgliede des Familienrats soll nicht bestellt werden, wer mit dem Mündel weder verwandt noch verschwägert ist[1]), es sei denn, daß er von dem Vater oder der ehelichen Mutter des Mündels benannt oder von dem Familienrat oder nach § 1864 von dem Vorsitzenden ausgewählt worden ist.

E I 1716 Abs 2 Nr 3, Abs 3 II 1760; M 4 1214 P 4 837.

1. Das Erfordernis der **Verwandtschaft oder Schwägerschaft** besteht nur für die von dem Vormundschaftsrichter auszuwählenden Mitglieder (vgl. § 1862 Abs 1), nicht für die Ersatzmitglieder und nicht für die von dem Familienrat auszuwählenden Mitglieder (§§ 1862 Abs 2, 1863 Abs 2, 1864).

§ 1868

Für die nach den §§ 1858, 1859, 1861, 1863, 1866 zulässigen Anordnungen des Vaters oder der Mutter[1]) gelten die Vorschriften des § 1777.

Die Anordnungen des Vaters gehen den Anordnungen der Mutter vor.

E I 1718 II 1761; M 4 1216; P 4 837.

1. Vgl. § 1777 A 1 u. 2 sowie wegen der Übergehung eines benannten Mitgliedes § 1871 A 1 a. E.

§ 1869

Niemand ist verpflichtet, das Amt eines Mitglieds des Familienrats zu übernehmen[1]).

E I 1717 II 1762; M 4 1215; P 4 837.

1. Der Vorschrift ist nicht zu entnehmen, daß das durch Bestellung zum ordentlichen Mitgliede oder Ersatzmitgliede einmal übernommene Amt jederzeit niedergelegt werden könnte. Der Bestellte darf nach § 1878 in Verbindung mit § 1889 seine Entlassung nur bei Vorliegen eines wichtigen Grundes fordern.

§ 1870

Die Mitglieder des Familienrats werden von dem Vorsitzenden durch Verpflichtung zu treuer und gewissenhafter Führung des Amtes bestellt. Die Verpflichtung soll mittels Handschlags an Eides Statt erfolgen[1]).

E I 1714 Abs 2 II 1763; M 4 1208; P 4 836.

1. Übereinstimmend § 1789. In der hier vorgesehenen Weise sind auch die Ersatzmitglieder zu **bestellen.** Sollte dies vorher unterblieben sein, so ist es nachzuholen, sobald das Ersatzmitglied in Tätigkeit tritt. Erst mit der Verpflichtung erlischt das durch § 1869 gegebene Ablehnungsrecht. Eine Bestallung wird den Mitgliedern des Familienrats nicht erteilt.

§ 1871

Bei der Bestellung eines Mitglieds des Familienrats kann die Entlassung für den Fall vorbehalten werden, daß ein bestimmtes Ereignis eintritt oder nicht eintritt[1]).

E I 1715 Abs 3 II 1755 Abs 3; M 4 1211; P 4 836.

1. Übereinstimmend § 1790. Die Mitglieder des Familienrats haben, sobald ihre Verpflichtung stattgefunden hat, in gleicher Weise wie der Vormund ein Recht auf Fortführung ihres Amtes, sofern nicht der **Vorbehalt der Entlassung** bei Eintritt oder Nichteintritt eines bestimmten Ereignisses gemacht ist. Die Entlassung nach Ablauf einer bestimmten Zeit kann nicht vorbehalten werden. Auch ohne Vorbehalt ist übrigens die Entlassung des letztbestellten Mitgliedes zulässig, wenn ein benanntes Mitglied, durch dessen Hinzutritt die Höchstzahl von sechs Mitgliedern (§ 1860) überschritten werden würde, zu Unrecht übergangen ist. Siehe im übrigen § 1790 A 1 und § 1863 A 1.

§ 1872

Der Familienrat hat die Rechte und Pflichten des Vormundschaftsgerichts. Die Leitung der Geschäfte liegt dem Vorsitzenden ob[1]).

Die Mitglieder des Familienrats können ihr Amt nur persönlich ausüben. Sie sind in gleicher Weise verantwortlich wie der Vormundschaftsrichter[2]).

E I 1719 Abs 1 u. 2, 1722 Abs 1 Satz 2 II 1764 Abs 1 u. 2, 1767 Abs 1 Satz 2; M 4 1216 u. 1221; P 4 837.

1. Der Familienrat tritt vollständig **an die Stelle des Vormundschaftsgerichts.** Die eine sachliche Anordnung enthaltenden Verfügungen, auch eine Ermahnung oder Verwarnung des Vormundes, die Festsetzung einer Ordnungsstrafe (§ 1837), eine Aufforderung unter Androhung einer Ordnungsstrafe (bestr.) können nicht von dem Vormundschaftsrichter, sondern nur dem Familienrat getroffen werden. Dem Vormundschaftsrichter als Vorsitzendem gebührt — abgesehen von § 1876, s. auch §§ 1875, 1877 Satz 2 — nur die formelle Leitung sowie die Vorbereitung und Vollziehung der Beschlüsse des Familienrats. Zu den Vollziehungshandlungen gehört auch die Verpflichtung des von dem Familienrate ausgewählten Vormundes (anders die herrschende Ansicht). Doch empfiehlt es sich schon wegen der Rücksprache über die zu ergreifenden Mr regeln, die Verpflichtung vor dem Familienrat vorzunehmen. Den Geschäftsverkehr nach außen hat der Vormundschaftsrichter als Vorsitzender des Familienrats zu führen.

2. Die Mitgliedschaft wird in § 1872 als **Amt** bezeichnet, eine Bezeichnung, die in § 1885 auch für die Verrichtungen des Vormundes (Gegenvormundes usw.) angewandt wird. Es darf hierbei nicht übersehen werden, daß es sich nicht um ein öffentliches, sondern um ein, wenn auch im öffentlichen Interesse geordnetes, so doch privatrechtlichen Interessen dienendes Amt handelt. In § 34 Nr 6 StGB ist deshalb eine besondere Bestimmung darüber getroffen, daß bei Aberkennung der bürgerlichen Ehrenrechte der Verurteilte während der Dauer des Ehrverlustes weder Vormund noch Mitglied eines Familienrats sein kann, falls nicht bei einer Vormundschaft über Abkömmlinge das Vormundschaftsgericht oder der Familienrat eine **Ausnahme** zuläßt. Eine Folge der Amtsnatur ist es, daß die Mitglieder des Familienrats ihre Verrichtungen nur persönlich ausüben können, was bei dem Vormunde (§ 1793 A 2) nicht in gleichem Maße zutrifft. Wegen ihrer amtlichen Eigenschaft sind die Mitglieder des Familienrats verpflichtet, über den Hergang bei der Beratung und Abstimmung — ebenso wie nach § 200 GVG die Schöffen und Geschworenen — Stillschweigen zu beobachten (§ 8 FGG). Hinsichtlich der Verantwortlichkeit gelten für sie die gleichen Bestimmungen, die in §§ 1848, 839 Abs 1 u. 3 für den Vormundschaftsrichter gegeben sind (vgl. § 1848 A 1 u. 2).

§ 1873

Der Familienrat wird von dem Vorsitzenden einberufen[1]). Die Einberufung hat zu erfolgen, wenn zwei Mitglieder, der Vormund oder der Gegenvormund sie beantragen[2]) oder wenn das Interesse des Mündels sie erfordert. Die Mitglieder können mündlich oder schriftlich eingeladen werden[1]).

E I 1721 Abs 1 II 1765; M 4 1218; P 4 837.

1. Zur Beschlußfassung des Familienrats sind sämtliche Mitglieder und, soweit es zur Herstellung der Beschlußfähigkeit erforderlich ist, die Ersatzmitglieder zu einer gemeinschaftlichen Sitzung **von dem vorsitzenden Vormundschaftsrichter einzuberufen**. Ort und Zeit der Sitzung hat der Vorsitzende zu bestimmen. Hat der Familienrat über gewisse Sitzungstage sich geeinigt, so kann der Vorsitzende gleichwohl, wenn er einen besondern Anlaß hierzu zu haben glaubt, davon abgehen. Eine bestimmte Form der Einberufung ist nicht vorgeschrieben, kann auch nicht in Einengung des Gesetzes von dem Familienrat eingeführt werden. Daß bei der Einberufung die Beratungsgegenstände bezeichnet werden, ist nicht nötig, wohl aber zur Vermeidung eines Vertagungsantrags zweckmäßig. Ist bei der Einberufung ein Mitglied übergangen, so hat dies die Ungültigkeit der von dem Familienrat gefaßten Beschlüsse nicht zur Folge. Der Übergangene kann aber — unbeschadet der etwa durch Mitteilung des Beschlusses bereits entstandenen Rechtswirkungen — eine neue Beschlußfassung verlangen.

2. Wird dem **Antrage** nicht stattgegeben, so steht dem Antragsteller das Recht der Beschwerde zu (§ 20 FGG).

§ 1874

Zur Beschlußfähigkeit des Familienrats ist die Anwesenheit des Vorsitzenden und mindestens zweier Mitglieder erforderlich[1]).

Der Familienrat faßt seine Beschlüsse nach der Mehrheit der Stimmen der Anwesenden. Bei Stimmengleichheit entscheidet die Stimme des Vorsitzenden[2]).

Steht in einer Angelegenheit das Interesse des Mündels zu dem Interesse eines Mitglieds in erheblichem Gegensatze, so ist das Mitglied von der Teilnahme an der Beschlußfassung ausgeschlossen. Über die Ausschließung entscheidet der Vorsitzende[3]).

E I 1722 II 1767; M 4 1220; P 4 837.

1. Ist nach dieser Bestimmung **Beschlußfähigkeit** nicht vorhanden, so kann ein gültiger Beschluß von dem Familienrat nicht gefaßt werden. Die Bestimmung des Abs 1 kann nicht durch Beschluß des Familienrats, auch nicht durch Anordnung eines Elternteils abgeändert werden. Ungültig ist ein Beschluß des Familienrats auch in dem Falle, daß er in der Besetzung von mehr als sechs Mitgliedern oder unter Mitwirkung eines unfähigen Mitgliedes gefaßt ist, und es wird die aus ersterem Grunde folgende Ungültigkeit nicht etwa dadurch geheilt, daß das überzählige Mitglied unfähig ist (§ 1860 A 2, § 1865 A 1 — vgl. auch § 1863 A 1, § 1873 A 1 u. § 1874 A 3). Im übrigen gelten für die Gültigkeit der Beschlüsse des Familienrats die gleichen Grundsätze, wie sie für die Entscheidungen des Vormundschaftsgerichts gegeben sind (vgl. § 7 FGG). Zur Herbeiführung der Ungültigkeit bedarf es nicht der Anfechtung des Beschlusses im Beschwerdewege (a. M. Blume A 6).

2. Auf die **Beschlußfassung** finden, da es sich um ein gerichtliches Verfahren in Angelegenheiten der freiwilligen Gerichtsbarkeit handelt, die Vorschriften der §§ 194—200 GVG entsprechende Anwendung. Nach § 199 wird zuerst von dem Berichterstatter, wenn ein solcher ernannt sein sollte, dann von dem im Lebensalter Jüngeren, zuletzt vom Vorsitzenden abgestimmt. Bei einem Streit in bezug auf Summen werden, wenn keine der Ansichten die Mehrheit auf sich vereinigt, die für die größte Summe abgegebenen Stimmen nach § 196 Abs 2 den für die zunächst geringere Summe abgegebenen hinzugerechnet. Die Beschlußfassung kann immer nur mündlich, nicht im Wege des Schriftenumlaufs erfolgen. Einer besondern Form bedürfen die Beschlüsse nicht. Doch empfiehlt sich in allen wichtigeren Angelegenheiten die schriftliche Abfassung oder die protokollarische Aufnahme des Beschlusses, da sonst eine Ausfertigung nicht würde erteilt werden können. Sonst genügt ein zu den Akten zu bringender, den Inhalt des Beschlusses angebender Vermerk. — Nach § 8 FGG kommen übrigens auch die Vorschriften des GVG über die Sitzungspolizei und die Gerichtssprache (§§ 177ff. GVG; s. auch § 9 FGG) zur Anwendung.

3. Die **Ausschließung** tritt erst durch die Entscheidung des Vorsitzenden ein. Gegen diese Entscheidung kann der Ausgeschlossene nach § 20 FGG Beschwerde einlegen. Die Beschwerde wird allerdings, da sie nicht aufschiebende Kraft hat (§ 24 FGG), wenn inzwischen der Beschluß des Familienrats ergangen und der Vormund daraufhin tätig geworden ist, wirkungslos bleiben. Die ungerechtfertigte Ausschließung hat die Ungültigkeit des Beschlusses, sofern nur der Familienrat beschlußfähig war, nicht zur Folge. Der Ausgeschlossene kann nur eine neue Beschlußfassung verlangen (vgl. § 1873 Art 1).

§ 1875

Ein Mitglied des Familienrats, das ohne genügende Entschuldigung der Einberufung nicht Folge leistet oder die rechtzeitige Anzeige seiner Verhinderung unterläßt oder sich der Teilnahme an der Beschlußfassung enthält, ist von dem Vorsitzenden in die dadurch verursachten Kosten zu verurteilen[1]).

Der Vorsitzende kann gegen das Mitglied eine Ordnungsstrafe[2]) bis zu *einhundert Mark*[3]) **verhängen.**

Erfolgt nachträglich genügende Entschuldigung, so sind die getroffenen Verfügungen aufzuheben.

E I 1721 Abs 2 II 1766; M 4 1220; P 4 837.

1. Die **Verurteilung in die Kosten,** die durch Vereitlung des Termins letzten Endes dem Mündel entstanden sind, da dieser seinerseits wiederum den andern Mitgliedern des Familienrats, unter Umständen auch dem Vormunde, die Auslagen zu ersetzen hat, muß unbedingt erfolgen, ohne daß ein Antrag gestellt zu werden braucht. Auf Grund dieser Verfügung findet die Beitreibung der Kosten nach Maßgabe der landesgesetzlichen Bestimmungen statt. In Ermanglung solcher Vorschriften bleibt zur Erlangung der Unkosten nur der Weg der Klage offen. Die Verurteilung in die Kosten ist auch dann auszusprechen, wenn das Ausbleiben an sich gerechtfertigt ist, der Ausbleibende aber schuldhaft unterlassen hat, von seiner Verhinderung so rechtzeitig Anzeige zu machen, daß die Aufhebung des Termins und die Bekanntmachung der Aufhebung noch erfolgen konnte. Die Kosten sind ihm in diesem Falle insoweit aufzuerlegen, als sie durch rechtzeitige Anzeige hätten vermieden werden können.

2. Ob eine **Ordnungsstrafe** festgesetzt werden soll, hängt von dem Ermessen des Vorsitzenden ab, der hierbei insbesondere auf die Größe des Verschuldens Rücksicht zu nehmen hat. Die Strafe ist eine Ungehorsamsstrafe, nicht eine Zwangsstrafe (Exekutivstrafe) und kann daher ohne vorgängige Androhung festgesetzt werden. Aus diesem Grunde ist eine wiederholte Straffestsetzung wegen derselben Handlung unzulässig (a. M. Schultzenstein-Köhne A 4). Gegen die Festsetzung findet nach §§ 20 Abs 1, 24 Abs 1 FGG Beschwerde mit aufschiebender Wirkung statt (vgl. Vorbem 4c vor § 1773).

3. Die Ordnungsstrafe beträgt jetzt mindestens eine Reichsmark und höchstens eintausend Reichsmark (s. § 1788 A 2).

§ 1876

Wird ein sofortiges Einschreiten nötig, so hat der Vorsitzende die erforderlichen Anordnungen zu treffen, den Familienrat einzuberufen, ihn von den Anordnungen in Kenntnis zu setzen und einen Beschluß über die etwa weiter erforderlichen Maßregeln herbeizuführen[1]).

E I 1719 Abs 3 II 1764 Abs 3; M 4 1217; P 4 837; 6 311.

1. Ob ein **sofortiges Einschreiten** nötig ist, ob ohne Gefahr für den Mündel das Zusammentreten des Familienrats nicht abgewartet werden kann, hat der Vorsitzende nach freiem Ermessen zu entscheiden. In der Regel wird er sich, um der späteren Entschließung des Familienrats nicht vorzugreifen, auf die Anordnung vorläufiger Sicherungsmaßregeln beschränken. Ist ein Vormund usw. zu bestellen, so empfiehlt es sich, für den Fall der Nichtgenehmigung des Familienrats die Entlassung vorzubehalten. Der Vorsitzende ist jedoch nicht gehindert, falls er dies nach seinem Ermessen für nötig erachtet, endgültige Maßregeln zu treffen. Sobald es möglich ist, hat er die Angelegenheit der Beschlußfassung des (bereits bestehenden oder erst einzusetzenden) Familienrats zu unterbreiten. Die Gültigkeit der Anordnung ist aber nicht durch die nachträgliche Genehmigung des Familienrats bedingt. Die Gültigkeit kann auch nicht aus dem Grunde in Frage gestellt werden, weil der Vorsitzende von seinem Ermessen einen unrichtigen Gebrauch gemacht hat, falls nicht unlauteres Zusammenwirken des Vorsitzenden mit dem Dritten zum Nachteil des Mündels stattgefunden haben sollte.

§ 1877

Die Mitglieder des Familienrats können von dem Mündel Ersatz ihrer Auslagen verlangen; der Betrag der Auslagen wird von dem Vorsitzenden festgesetzt[1]).

E I 1720 II 1768; M 4 1218; P 4 837.

1. **Ersatz der Auslagen.** Die Festsetzung durch den Vorsitzenden ist auch für den Prozeßrichter bindend, falls das Mitglied, um Befriedigung zu erlangen, zum Klagewege genötigt sein sollte. Gegen die Festsetzung kann der Vormund für den Mündel oder das Mitglied des Familienrats gemäß § 20 FGG Beschwerde einlegen.

§ 1878

Das Amt eines Mitglieds des Familienrats endigt aus denselben Gründen, aus denen nach den §§ 1885, 1886, 1889 das Amt eines Vormundes endigt[1]).

Ein Mitglied kann gegen seinen Willen nur durch das dem Vormundschaftsgericht im Instanzenzuge vorgeordnete Gericht entlassen werden[2]).

E I 1723 II 1769; M 4 1224; P 4 837.

1. **Beendigungsgründe.** Keine Anwendung findet § 1888, betreffend die Entlassung wegen Rücknahme der Erlaubnis der vorgesetzten Behörde, da diese Erlaubnis zur Übernahme des Amtes eines Mitgliedes nicht erforderlich ist (§ 1866). Von den Fällen der Entlassung auf eigenen Antrag fallen selbstverständlich, was in § 1878 nicht besonders hervorgehoben ist, die Nr 6 u. 7 des in § 1889 angezogenen § 1786 fort, da ein Mitglied des Familienrats nicht zu einer Sicherheitsleistung angehalten werden kann und dieses Amt nicht von mehreren zu gemeinschaftlicher Verwaltung übernommen werden kann. Anwendbar bleiben hiernach § 1885 über Beendigung des Amtes durch Entmündigung oder Todeserklärung, § 1886 über Entlassung von Amts wegen und § 1889 in Verbindung mit § 1786 Nr 2—5 u. 8 (s. auch § 1871 A 1). Eine Gefährdung der Interessen des Mündels, welche die Entlassung rechtfertigt, kann nicht nur im Falle eines schweren Zerwürfnisses zwischen dem Familienratsmitglied und dem Vormund oder Mündel, sondern auch bei Vorliegen erheblicher Bedenken gegen die Unparteilichkeit der Amtsführung anzunehmen sein. Die Entlassung ist außerdem mit Rücksicht auf § 1866 Nr 1 geboten, wenn das Mitglied des Familienrats zum Vormunde bestellt wird.

2. Über die Entlassung des Mitgliedes auf eigenen Antrag **beschließt der Familienrat,** ebenso über die Entlassung von Amts wegen, falls das Mitglied mit seiner Entlassung einverstanden ist. Andernfalls ist das Landgericht als **das im Instanzenzuge vorgeordnete Gericht** zuständig. Dem gegen seinen Willen entlassenen Mitgliede steht nach § 60 Abs 1 Nr 4 FGG die sofortige Beschwerde zu (nicht auch die weitere Beschwerde, § 64 FGG). Wird die Entlassung abgelehnt, so kann nur der Vormund (a. M. Fuchs A 2 IIb *a*), im Falle des § 1889 auch das seine Entlassung beantragende Mitglied Beschwerde erheben (§ 20 FGG).

§ 1879

Das Vormundschaftsgericht hat den Familienrat aufzuheben, wenn es an der zur Beschlußfähigkeit erforderlichen Zahl von Mitgliedern fehlt und geeignete Personen zur Ergänzung nicht vorhanden sind[1]).

E I 1724 Abs 1 Nr 1 II 1770 Abs 1 Nr 1; M 4 1225; P 4 837.

1. Der Familienrat kann seine Auflösung nicht selbst beschließen. Nur das **Vormundschaftsgericht kann den Familienrat aufheben,** und zwar abgesehen von dem Falle des § 1880 nur aus dem in § 1879 bezeichneten Grunde. Sinkt die Zahl der Mitglieder unter zwei (die nach § 1874 Abs 1 zur Beschlußfähigkeit erforderliche Mindestzahl), so hat das Vormundschaftsgericht nach § 1862 das Recht und die Pflicht, den Familienrat bis zur Erreichung der Beschlußfähigkeit durch Aufnahme neuer Mitglieder zu ergänzen (vgl. § 1858 A 2). Stellt sich heraus, daß die Ergänzung nicht möglich ist, so hat das Vormundschaftsgericht ohne Rücksicht auf das Vorhandensein von Ersatzmitgliedern (§§ 1863, 1864) die Aufhebung des Familienrats auszusprechen. Es darf dies nicht deshalb hinausgeschoben werden, weil Aussicht ist, später ein geeignetes und zur Übernahme bereites Mitglied zu gewinnen. Die Aufhebung hindert nicht, daß später von neuem ein Familienrat eingesetzt wird, wobei die nach § 1858 getroffene Anordnung als fortwirkend anzusehen ist. Der Antrag aus § 1859 hat dagegen durch die Aufhebung des Familienrats seine Wirksamkeit verloren (a. M. Fuchs A 7). — Gegen die Aufhebung des Familienrats steht außer den Mitgliedern des Familienrats und dem Vormunde, deren Recht sich aus § 20 FGG ergibt, nach §§ 57 Abs 1 Nr 4, 60 Abs 1 Nr 4 allgemein den Verwandten und Verschwägerten sowie dem Ehegatten des Mündels die sofortige Beschwerde zu.

§ 1880

Der Vater des Mündels kann die Aufhebung des von ihm angeordneten Familienrats für den Fall des Eintritts oder Nichteintritts eines künftigen Ereignisses nach Maßgabe des § 1777 anordnen. Das gleiche Recht steht der ehelichen Mutter des Mündels für den von ihr angeordneten Familienrat zu[1]**.**

Tritt der Fall ein, so hat das Vormundschaftsgericht den Familienrat aufzuheben.

E I 1712 Abs 2, 1724 Abs 1 Nr 2 II 1751 Abs 2, 1770 Abs 1 Nr 2; M 4 1204 u. 1225; P 4 837.

1. Vgl. § 1858 A 2. Ist vom Vater die Einsetzung eines Familienrats angeordnet, so hat die von der Mutter, wenn auch nur für einen besondern Fall, **angeordnete Aufhebung des Familienrats** keine Wirkung. Wegen des Beschwerderechts siehe § 1879 A 2.

§ 1881

Von der Aufhebung des Familienrats hat das Vormundschaftsgericht die bisherigen Mitglieder, den Vormund und den Gegenvormund in Kenntnis zu setzen.

Der Vormund und der Gegenvormund erhalten neue Bestallungen. Die früheren Bestallungen sind dem Vormundschaftsgerichte zurückzugeben[1]**.**

E I 1724 Abs 2 II 1770 Abs 2; M 4 1225; P 4 837.

1. Die Erteilung einer **neuen Bestallung an den Vormund** oder die Berichtigung der Bestallung ist nötig, weil nach § 1791 letzter Satz die Bestallung über die Einsetzung eines Familienrats Auskunft geben soll.

VII. Beendigung der Vormundschaft

§ 1882

Die Vormundschaft endigt mit dem Wegfalle der im § 1773 für die Anordnung der Vormundschaft bestimmten Voraussetzungen[1] [2] [3]**.**

E I 1703 Abs 1 II 1740; M 4 1193; P 4 825.

1. Zu unterscheiden ist zwischen der Beendigung der Vormundschaft als solcher (§§ 1882 bis 1884) und der Beendigung des vormundschaftlichen Amtes (§§ 1885—1889). Die **Voraussetzungen der Vormundschaft fallen kraft Gesetzes weg:** a) mit dem Aufhören der Minderjährigkeit des Mündels, b) mit dem Entstehen der elterlichen Gewalt, vorausgesetzt, daß ihr Inhaber nicht von der Vertretung in persönlichen und Vermögensangelegenheiten ausgeschlossen ist, und mit dem Aufhören des Ruhens der elterlichen Gewalt, c) mit der Übernahme der vormundschaftlichen Fürsorge durch den ausländischen Heimatstaat, d) mit dem Tode des Mündels. Die Regel, daß bei Wegfall der Voraussetzungen die Vormundschaft ohne weiteres endigt, erleidet jedoch gewisse Ausnahmen, und zwar zu b) durch die Vorschrift des § 1883, zu d) durch die Vorschrift des § 1884, in welchen Fällen Aufhebung durch das Vormundschaftsgericht erfolgt. Unter b) fällt es auch, wenn der bisher unbekannte Familienstand des Mündels (vgl. § 1773 A 3) ermittelt und hierbei festgestellt wird, daß sich das Kind in Wahrheit in elterlicher Gewalt befindet. Man wird auch in diesem Falle zur Beendigung der Vormundschaft ihre Aufhebung zu erfordern haben, da erst hierdurch das Bestehen der elterlichen Gewalt kundbar wird. Ebenso wird, wenn die vormundschaftliche Fürsorge von dem ausländischen Heimatstaat übernommen wird (Art 23 EG, § 47 FGG), oder die weitere Fürsorge des Inlandes für entbehrlich erachtet wird, die Beendigung der deutschen Vormundschaft von der in der Aufhebung der Vormundschaft sich kundgebenden Entschließung der inländischen Behörde abhängig zu machen sein. Durch die Entlassung des Mündels aus der Staatsangehörigkeit eines deutschen Landes und damit der Reichsangehörigkeit wird die Vormundschaft ohne weiteres noch nicht beendet (vgl. **RG** PrJMBl 1898, 108 und § 1773 A 1). Durch Erreichung der Volljährigkeit endigt die Vormundschaft unbedingt, auch wenn in der Bestallung das Alter des Mündels unrichtig angegeben sein sollte oder aus besonderen Gründen eine weitere Bevormundung nötig wird. Der bisherige Altersvormund kann im letzteren Falle als Vormund

des Volljährigen oder als Pfleger neu verpflichtet werden (über seine Herausgabepflicht s. § 1890 A 2). Der Volljährigkeit steht nach § 3 Abs 2 die Volljährigkeitserklärung gleich. Sie wird wirksam in dem Augenblick, in welchem der sie aussprechende Beschluß dem für volljährig Erklärten zugestellt wird (§§ 16 Abs 1, 56 Abs 2 FGG). Ist das Alter des Mündels wie bei Findelkindern nicht mit Sicherheit festzustellen, so hat der Vormundschaftsrichter hierüber nach verständigem Ermessen zu entscheiden, und seine Entscheidung muß für die Fortdauer als maßgebend angesehen werden. Wird die Vormundschaft über einen Ausländer geführt, so bestimmt sich der Zeitpunkt der Volljährigkeit nach ausländischem Recht, unbeschadet der Befugnis des deutschen Vormundschaftsgerichts, die Vormundschaft, wenn der Mündel nach deutschem Recht volljährig geworden ist, durch Aufhebung zur Beendigung zu bringen (RG PrJMBl 98, 108). Über die Bedeutung der Beendigung der Vormundschaft für das Aufhören der Verrichtungen des Vormundschaftsgerichts s. § 1892 A 1 und über ihre Bedeutung für das Vertretungsrecht des Vormundes s. § 1793 A 3. Verschieden von der Beendigung der Vormundschaft im Sinne des § 1882 ist die Aufhebung der Vormundschaft aus dem Grunde, weil von vornherein die gesetzlichen Voraussetzungen fehlten (vgl. § 1774 A 2). — Die Verheiratung des Mündels beendigt die Vormundschaft nicht.

2. Über die Volljährigkeit hinaus kann die **Vormundschaft nicht verlängert** werden. Einen der Vormundschaft ähnlichen Zustand kann allerdings der Erblasser dadurch herbeiführen, daß er die Verwaltung des dem Erben hinterlassenen Erbteils einem Testamentsvollstrecker überträgt (vgl. §§ 2209, 2306). Es bleibt daher, wenn der Erblasser eine über die Volljährigkeit hinaus dauernde Vormundschaft (Pflegschaft) angeordnet hat, zu prüfen, ob die Anordnung nicht unter dem Gesichtspunkt, daß die Bestellung eines Testamentsvollstreckers gewollt ist, sich aufrechterhalten läßt.

3. Die **Aufhebung der Vormundschaft wird wirksam** durch Mitteilung der Verfügung an den Vormund, dessen Amt hierdurch erlischt (§ 16 Abs 1 FGG). Gegen die Aufhebung steht nach § 57 Abs 1 Nr 1 FGG einem jeden, der ein rechtliches Interesse am Fortbestehen der Vormundschaft hat, desgleichen dem Ehegatten und den Verwandten (Verschwägerten) des Mündels die Beschwerde zu (vgl. § 1774 A 3). Das Vormundschaftsgericht kann die von ihm getroffene Verfügung ändern. Die Vormundschaft ist in diesem Falle, wenn die Aufhebung bereits wirksam geworden ist, von neuem einzuleiten.

§ 1883

Wird der Mündel durch nachfolgende Ehe legitimiert, so endigt die Vormundschaft erst dann, wenn die Vaterschaft des Ehemanns durch ein zwischen ihm und dem Mündel ergangenes Urteil rechtskräftig festgestellt ist oder die Aufhebung der Vormundschaft von dem Vormundschaftsgericht angeordnet wird.

Das Vormundschaftsgericht hat die Aufhebung anzuordnen, wenn es die Voraussetzungen der Legitimation für vorhanden erachtet. Solange der Ehemann lebt, soll die Aufhebung nur angeordnet werden, wenn er die Vaterschaft anerkannt hat oder wenn er an der Abgabe einer Erklärung dauernd verhindert oder sein Aufenthalt dauernd unbekannt ist[1]).

E I 1703 Abs 2 II 1741; M 4 1194; P 4 825.

1. Die **Legitimation des Mündels durch nachfolgende Ehe** setzt voraus, daß der Ehemann der Mutter des Mündels der natürliche Vater des Mündels ist. Da das Vorhandensein dieser Voraussetzung oft zweifelhaft ist, auch das von dem Ehemann in öffentlicher Urkunde abgegebene Anerkenntnis der Vaterschaft nach § 1720 Abs 2 nur eine Vermutung begründet, so wird zur Beendigung der Vormundschaft entweder ein die Vaterschaft des Ehemanns feststellendes rechtskräftiges Urteil oder die ausdrückliche Aufhebung der Vormundschaft durch das Vormundschaftsgericht erfordert. Das Urteil muß im Prozesse zwischen dem Vater als Ehemann und dem ehelich gewordenen Kinde ergangen sein, da nur in diesem Falle das Urteil nach näherer Bestimmung des § 643 ZPO Rechtskraftwirkung für und gegen alle hat. Es genügt nicht ein vor der Eheschließung zwischen Vater und Kind ergangenes, die natürliche Vaterschaft feststellendes Urteil (bestr.). Will das Vormundschaftsgericht ohne vorgängiges Urteil die Aufhebung der Vormundschaft aussprechen, so soll es sich, soweit dies möglich ist, eine Anerkennung der Vaterschaft erteilen lassen, die nicht in öffentlicher Urkunde erklärt zu werden braucht (vgl. § 1720 A 1 u. 2). Das Vormundschaftsgericht hat im übrigen von Amts wegen zu prüfen, ob die Voraussetzungen der Legitimation vorliegen. In dieser Hinsicht ist es ihm durch § 26 Abs 2 u. 3 des Per-

sonenstandsgesetzes, die durch Ges v. 11. 6. 20 eingefügt sind, wenn durch nachfolgende Eheschließung das uneheliche Kind die Rechte eines ehelichen erlangt hat, zur Pflicht gemacht, die Personenstandsänderung festzustellen und daraufhin die Beischreibung der Feststellung am Rande der Geburtsurkunde anzuordnen. Vorausgesetzt ist hierbei, daß die Geburtsurkunde von einem deutschen Standesbeamten aufgenommen ist (KGJ 53 A 66). Die Feststellung hat die Bedeutung einer Aufhebung der Vormundschaft (JFG 2, 128 — a. M. Staudinger A 1b, Enneccerus-Kipp § 125 I3b, die einen Aufhebungsbeschluß verlangen). Bis zur Rechtskraft des Urteils, der Aufhebung der Vormundschaft oder der ihr gleichwertigen Feststellung bleibt die Vormundschaft und damit auch die Vertretungsmacht des Vormundes bestehen, unbeschadet der aus der elterlichen Gewalt von dem Vater bereits erlangten Rechte, so daß bis zu jenem Zeitpunkte sowohl der Vormund als der Vater vertretungsberechtigt ist und bei einem Widerstreit der von beiden Teilen getroffenen Verfügungen die frühere Verfügung den Vorrang vor der späteren hat. — Über den Zeitpunkt der Wirksamkeit der Aufhebung und das Beschwerderecht s. § 1882 A 3.

§ 1884

Ist der Mündel verschollen, so endigt die Vormundschaft erst mit der Aufhebung durch das Vormundschaftsgericht. Das Vormundschaftsgericht hat die Vormundschaft aufzuheben, wenn ihm der Tod des Mündels bekannt wird[1]).

Wird der Mündel für tot erklärt, so endigt die Vormundschaft mit der Erlassung des die Todeserklärung aussprechenden Urteils[2]).

E I 1703 Abs 1 Nr 1 II 1742; M 4 1194; P 4 825.

1. Mit dem Tode des Mündels oder der Todeserklärung erreicht die Vormundschaft ihr Ende. Erscheint der Tod des Mündels glaubhaft, so ist es dem Vormundschaftsgericht nicht gestattet, von dem Vormunde unter Androhung von Ordnungsstrafe die Einreichung einer Sterbeurkunde zu verlangen, sondern es hat von Amts wegen den Tod festzustellen (KGJ 51 A 47). Ist der **Mündel verschollen,** also ungewiß, ob er noch am Leben ist, so hat über die Fortdauer der Vormundschaft der Vormundschaftsrichter zu befinden, der nach dem Ergebnis der Ermittlungen darüber entscheidet, ob das Ableben des Mündels derart wahrscheinlich ist, daß die Vormundschaft aufgehoben werden kann. Das Verschollensein des Mündels hat nicht zur Folge, daß sonstige Gründe (außer dem Tode des Verschollenen), die kraft Gesetzes die Beendigung der Vormundschaft herbeiführen, z. B. eingetretene Volljährigkeit, diese Wirkung nicht hätten und es somit auch in diesen Fällen der Aufhebung bedürfte (bestr.). — Über den Zeitpunkt des Wirksamwerdens der Aufhebung und das Beschwerderecht s. § 1882 A 3.

2. Die Rechtskraft des Ausschlußurteils tritt, da ein Rechtsmittelverfahren nicht stattfindet (§ 957 ZPO), bereits mit dem Erlaß des Urteils ein. Die **Todeserklärung** bewirkt endgültig in diesem Zeitpunkt die Beendigung der Vormundschaft (vgl. § 18 A 1). Auch wenn sich später herausstellt, daß der für tot erklärte Mündel noch lebt, oder das Urteil infolge der Anfechtungsklage aufgehoben wird, gilt die Vormundschaft nicht als fortbestehend (anders für den Fall der Aufhebung des Urteils Planck A 2, Staudinger A 2, wie hier Blume A 2c, Enneccerus-Kipp § 125 II), sondern es kann nötigenfalls nur eine neue Vormundschaft eingeleitet werden.

§ 1885

Das Amt des Vormundes endigt mit seiner Entmündigung[1]) [2]).

Wird der Vormund für tot erklärt, so endigt sein Amt mit der Erlassung des die Todeserklärung aussprechenden Urteils[1]).

E I 1704 Nr 1 u. 2 II 1743; M 4 1195; P 4 827

1. **Entmündigung und Todeserklärung des Vormundes.** Das Amt des Vormundes wird nicht schon dadurch beendigt, daß der Vormund geschäftsunfähig wird oder die unbeschränkte Geschäftsfähigkeit verliert. Dies ist nur ein Grund, den Vormund (dessen Willenserklärungen im Falle der Geschäftsunfähigkeit nichtig sind) aus § 1886 zu entlassen. Die unmittelbare Beendigung tritt, abgesehen von dem Tode des Vormundes, nur ein, wenn er (wegen Geisteskrankheit, Geistesschwäche, Verschwendung oder Trunksucht) entmündigt wird oder für tot erklärt wird. Es muß also ein amtliches Verfahren stattgefunden haben, in welchem das Vorhandensein der Voraussetzungen des Amtsverlustes festgestellt ist. Die spätere Aufhebung des Entmündigungsbeschlusses infolge der Anfechtungsklage hat ebensowenig wie die

Aufhebung des die Todeserklärung aussprechenden Ausschlußurteils zur Folge, daß das Amt des Vormundes wieder auflebt (s. wegen des Entmündigungsbeschlusses § 672 Satz 2 ZPO). Über den Zeitpunkt der Wirksamkeit der Entmündigung s. § 1896 A 1, über die Wirksamkeit der Todeserklärung § 1884 A 2 und über die im Falle der Entmündigung dem Vormundschaftsgericht zu machende Mitteilung § 1896 A 1 a. E. Ist dem Prozeßrichter bekannt, daß der Entmündigte eine Vormundschaft führt, so wird er, wennschon dies nicht besonders vorgeschrieben ist, zu den Vormundschaftsakten Mitteilung zu machen haben. Der Vormundschaftsrichter ist natürlich nicht gehindert, schon vor Erlaß des Entmündigungsbeschlusses oder des Todeserklärungsurteils den Vormund aus § 1886 zu entlassen. Er darf sogar, wenn er sich nicht ersatzpflichtig machen will, den Ausfall jenes Verfahrens nicht untätig abwarten, sondern hat gegebenenfalls durch Bestellung eines Pflegers für Wahrnehmung der Interessen des Mündels zu sorgen.

2. Was die **sonstigen Beendigungsgründe** des Amtes des Vormundes betrifft, so ist eine Bestellung des Vormundes auf Zeit oder bis zu einem bestimmten Ereignisse in der Weise, daß mit dem Eintritt der Zeit oder des Ereignisses sein Amt ohne weiteres endigt, nicht möglich. Nach § 1790 kann die Entlassung für den Fall des Eintritts eines bestimmten Ereignisses nur vorbehalten werden. Über die Entlassung zum Zweck der Einsetzung des berufenen Vormundes s. § 1778 A 3. Das Amt des Vormundes erreicht außerdem gemäß Art 136 EG nach Maßgabe der landesgesetzlichen Bestimmungen mit dem Eintritt des gesetzlichen Vormundes (Anstaltsvormundes oder Berufsvormundes), jetzt nach §§ 41, 47 JWG mit dem Eintritt der Amts-, Anstalts- oder Vereinsvormundschaft sein Ende.

§ 1886

Das Vormundschaftsgericht hat den Vormund zu entlassen, wenn die Fortführung des Amtes, insbesondere wegen pflichtwidrigen Verhaltens des Vormundes, das Interesse des Mündels gefährden würde[1]) oder wenn in der Person des Vormundes einer der im § 1781 bestimmten Gründe vorliegt[2])[3])[4]).

E I 1704 Nr 3, 1705 Nr 1 u. 2 II 1744; M 4 1196; P 4 831.

1. **Entlassung des Vormundes.** Die Interessen des Mündels entscheiden hier ausschließlich darüber, ob der bestellte Vormund in seinem Amte zu belassen ist. Die Entlassung ist nicht dadurch bedingt, daß es bereits zu einer Schädigung des Mündels gekommen ist. Es genügt eine Gefährdung seiner Interessen, die bereits in bestimmten Handlungen zutage getreten sein oder aus der ganzen Sachlage sich ergeben kann. Die Verhältnisse können mit oder ohne Schuld der Beteiligten sich derart zugespitzt haben, es kann zwischen dem Vormunde und dem Mündel eine solche Entfremdung eingetreten sein, daß eine gedeihliche Wirksamkeit des Vormundes sich nicht mehr erwarten läßt, so in dem Falle, daß der Vormund ein katholischer Geistlicher und der nahezu volljährige Mündel vom katholischen zum jüdischen Glauben übergetreten ist (JFG 3, 76). Die Verletzung der dem Vormundschaftsgericht schuldigen Achtung durch den Vormund oder eine ungerechtfertigte Mißstimmung der Mutter gegen den Vormund genügen in der Regel zur Entlassung nicht. Daß der Vormund — wie § 1833 voraussetzt — pflichtwidrig gehandelt habe, ist zur Anwendung des § 1886 nicht unbedingt erforderlich, z. B. nicht im Falle einer langwierigen Erkrankung des Vormundes. § 1886 will den Mündel auch dann schützen, wenn der Vormund nicht geeignet ist, die Pflichten seines Amtes in gehöriger Weise zu erfüllen oder doch den im gegebenen Falle an ihn zu stellenden besondern Anforderungen nicht gewachsen ist. Ein Grund zur Entlassung kann es sein, wenn der Vormund in so hohem Maße eigenwillig und rechthaberisch ist, daß er trotz aller Vorhaltungen von der Unzweckmäßigkeit seiner Maßnahmen sich nicht überzeugen läßt (KG in RJA 5, 219). Ein Entlassungsgrund kann es ferner sein, daß der Vormund des deutschen Mündels Angehöriger eines mit dem Deutschen Reiche in Kriegszustand befindlichen Staates ist (RJA 14, 116). Auch sonst können die Umstände des Falles außerordentlicherweise so liegen, daß die sachliche Interessengefährdung die Entlassung des Vormundes rechtfertigt, wie in dem Falle, daß der Vormund den Abschluß eines Kindesannahmevertrags durch die von ihm gestellte Bedingung hindert, daß ein Bekenntniswechsel des Mündels nicht eintreten dürfe, obschon die uneheliche Mutter, der landesrechtlich die Bestimmung über die religiöse Erziehung zusteht, mit dem Vertragsschluß einverstanden ist und sehr schwerwiegende wirtschaftliche und geistige Interessen des Kindes den Abschluß geboten erscheinen lassen (vgl. **RG** 25. 9. 13 IV B 4/13; andrerseits KGJ 38 A 93; 44 A 36). Das Vormundschaftsgericht hat natürlich, bevor es zur Entlassung schreitet, sorgfältig zu prüfen, ob nach dem Gesamtverhalten des Vormundes und der Größe der Gefahr die Entlassung im Interesse des Mündels ist, ob zu seiner Sicherung nicht andere Maßnahmen ausreichen. Eine

Beschränkung seiner Befugnisse durch Bestellung eines Pflegers, die nach § 1796 nur bei Vorhandensein eines erheblichen Interessengegensatzes zulässig ist, braucht allerdings der Vormund, wenn ein solcher Grund nicht vorliegt, sich nicht gefallen zu lassen.

2. Der Vormund ist ferner zu entlassen, wenn er von vornherein wegen Vorliegens eines **Untauglichkeitsgrundes aus § 1781** nicht als Vormund hätte bestellt werden sollen oder nachträglich ein solcher Untauglichkeitsgrund eingetreten ist. Ebenso ist, obgleich § 1886 diesen Fall nicht besonders erwähnt, die Entlassung geboten, wenn der Vormund nachträglich geschäftsunfähig geworden ist, soweit nicht infolge der Entmündigung des Vormundes sein Amt ohne weiteres aufgehört hat (vgl. § 1885 A 1). Über die Geschäftsunfähigkeit des Vormundes zur Zeit der Bestellung s. § 1780 A 1, über die Unbeachtlichkeit des Untauglichkeitsgrundes aus § 1782 (Ausschließung durch Anordnung des Vaters usw.) s. A 1 das.

3. Hinsichtlich des **Verfahrens** ist zu bemerken, daß der Vormundschaftsrichter regelmäßig, wenn nicht Gefahr im Verzuge ist, sich der Pflicht nicht wird entziehen können, vor der Entlassung den Vormund zu hören. Desgleichen wird die vorherige Anhörung von Verwandten und Verschwägerten des Mündels gemäß § 1847 der Regel nach am Platze sein. Gegen die Entlassung steht dem Vormunde die sofortige Beschwerde zu (§ 60 Abs 1 Nr 3 FGG). Ist die Entlassung entgegen dem Antrage des Gegenvormundes abgelehnt, so ist dieser nach § 57 Abs 1 Nr 6 FGG zur Beschwerde berechtigt. Auch dem über 14 Jahre alten Mündel und den sonstigen Interessenten wird bei Ablehnung der Entlassung das Beschwerderecht aus § 57 Abs 1 Nr 9 FGG dann nicht zu versagen sein, wenn die Entlassung aus Rücksichten auf die Sorge für die Person des Mündels beantragt war (vgl. KG in RJA 6, 7; BayObLG in SeuffA 61 Nr 160 und 67 Nr 215). Ein Recht der Beschwerde steht dem Vormunde schon dann zu, wenn gegen ihn eine bestimmte Anordnung des Vormundschaftsgerichts unter Androhung der Entlassung ergangen ist (KGJ 51 A 36 unter Aufgabe der in 44 A 34 vertretenen gegenteiligen Ansicht = RJA 16, 163; vgl. **RG** Warn 1920 Nr 57). Die Entlassung tritt in Kraft mit der Bekanntmachung des Beschlusses an den Vormund. Bei mündlicher Eröffnung ist die Entlassungsverfügung in das Protokoll aufzunehmen. Eine Abschrift der Verfügung ist dem Vormunde auf sein Verlangen zu erteilen (§ 16 Abs 2 FGG). Noch nach der Entlassung kann der Vormund eine wegen Pflichtwidrigkeit gegen ihn erlassene Aufsichtsverfügung durch Beschwerde anfechten (KGJ 30 A 25).

4. Auf die **Amts-, Anstalts- und Vereinsvormundschaft** findet § 1886 keine Anwendung (§§ 33 Abs 1, 47 Abs 2 JWG, vgl. aber § 44 das. und über dessen Anwendung BayObLG in LZ 1926, 1019[6]).

§ 1887

Das Vormundschaftsgericht kann eine Frau, die zum Vormunde bestellt ist, entlassen, wenn sie sich verheiratet[1])[2]).

Das Vormundschaftsgericht hat eine verheiratete Frau, die zum Vormunde bestellt ist, zu entlassen, wenn der Mann seine Zustimmung zur Übernahme oder zur Fortführung der Vormundschaft versagt oder die Zustimmung widerruft. Diese Vorschrift findet keine Anwendung, wenn der Mann der Vater des Mündels ist[1]).

E I 1704 Nr 3, 1705 Nr 3, 1707 II 1745; M 4 1196; P 4 831 u. 833.

1. **Bisheriges Recht.** Eine verheiratete Frau sollte nach § 1783 zum Vormunde nur mit Zustimmung ihres Mannes bestellt werden, falls es sich nicht um sein Kind handelte. Dem Vormundschaftsrichter war es zwar gestattet, die Ehefrau schon vor Beibringung der Zustimmung, wenn ihm die Erteilung unbedenklich erschien, als Vormund zu verpflichten, es mußte aber die Entlassung erfolgen, falls die Zustimmung — was der Vormundschaftsrichter zu überwachen hatte — nicht nachgebracht wurde. Eine ausdrückliche Versagung war, wenngleich der Wortlaut des § 1887 hierfür zu sprechen schien, nicht zu fordern. Die erteilte Zustimmung konnte der Ehemann, ohne daß ihn ein etwaiger Verzicht auf das Widerrufsrecht band, beliebig widerrufen; der Widerruf war von dem Vormundschaftsgericht jedoch nur zu beachten, wenn er ihm gegenüber erklärt wurde (bestr.). Hatte sich die Frau erst nach der Bestellung zum Vormunde verheiratet, so hatte der Mann, da sie die aus dem vormundschaftlichen Amte folgenden Verpflichtungen schon vor der Eheschließung übernommen hatte, kein Widerspruchsrecht. Der Vormundschaftsrichter konnte aber die Frau unter billiger Rücksichtnahme auf ihre häuslichen Verhältnisse, die ihr eine gedeihliche Führung der Vormundschaft erschweren, entlassen und war hierzu selbst dann berechtigt, wenn der Mann seine Zustimmung zur Fortführung der Vormundschaft erteilte. Der angegebene Entlassungsgrund fiel weg, wenn der neue Ehemann der Vater des Mündels war.

2. Durch § 48 Abs 1 des Jugendwohlfahrtsgesetzes v. 9. 7. 22 ist **§ 1887 aufgehoben** (vgl. § 1783 A 2).

§ 1888

Ist ein Beamter oder ein Religionsdiener zum Vormunde bestellt, so hat ihn das Vormundschaftsgericht zu entlassen, wenn die Erlaubnis, die nach den Landesgesetzen zur Übernahme der Vormundschaft oder zur Fortführung der vor dem Eintritt in das Amts- oder Dienstverhältnis übernommenen Vormundschaft erforderlich ist, versagt oder zurückgenommen wird oder wenn die nach den Landesgesetzen zulässige Untersagung der Fortführung der Vormundschaft erfolgt[1]).

E I 1704 Nr 3, 1705 Nr 4 II 1746; M 4 1196 P 4 831.

1. S. Erl zu § 1784.

§ 1889

Das Vormundschaftsgericht hat den Vormund auf seinen Antrag zu entlassen, wenn ein wichtiger Grund[1]) vorliegt; ein wichtiger Grund ist insbesondere der Eintritt eines Umstandes, der den Vormund nach § 1786 Abs 1 Nr 2 bis 7 berechtigen würde, die Übernahme der Vormundschaft abzulehnen.

E I 1704 Nr 3, 1706 II 1747; M 4 1196 u. 1199; P 4 832.

1. **Entlassung auf Antrag des Vormundes.** Als wichtiger Grund, der dem Vormund ein Recht auf Entlassung gibt, ist der nachträgliche Eintritt eines der Ablehnungsgründe des § 1786 Abs 1 Nr 2 bis 7 bezeichnet. Ausgeschieden ist der Ablehnungsgrund des § 1786 Nr 8 (Führung von mehr als einer Vormundschaft oder Pflegschaft), um dem Vormunde nicht die Möglichkeit zu geben, durch Übernahme einer weiteren Vormundschaft sich der Führung einer ihm unbequemen Vormundschaft zu entziehen. Im übrigen hat das Vormundschaftsgericht nach freiem Ermessen zu beurteilen, ob ein wichtiger Grund vorliegt, ob nach der Gestaltung der Verhältnisse die Fortführung des Amtes dem Vormunde besonders beschwerlich ist und deshalb nach Billigkeit nicht von ihm verlangt werden kann. Nicht ganz außer Betracht darf hierbei bleiben, ob und welchen Nachteil der Mündel durch den Wechsel des Vormundes erfährt. Ist eine Angelegenheit im Gange, in welche der Nachfolger sich nur schwer hineinarbeiten kann, so wird es unter Umständen dem Vormunde zuzumuten sein, daß er noch bis zur Ordnung dieser Angelegenheit im Amte verbleibt. Als wichtiger Grund kann nach Lage der Sache auch ein Ablehnungsgrund, der bereits bei Übernahme der Vormundschaft bestanden hat, und selbst der vorerwähnte Ablehnungsgrund aus § 1786 Nr 8 angesehen werden. Die Ausländereigenschaft gibt dem Vormunde, der widerspruchslos dieses Amt übernommen hat, nicht das Recht, seine Entlassung zu fordern (vgl. § 1785 A 2). Gegen die Ablehnung seines Antrags auf Entlassung steht dem Vormunde nach § 20 FGG die Beschwerde zu. Ein Verzicht auf das Recht auf Entlassung ist nur wirksam, wenn er dem Vormundschaftsgericht gegenüber erklärt ist.

§ 1890

Der Vormund hat nach der Beendigung seines Amtes[1]) dem Mündel das verwaltete Vermögen herauszugeben[2]) und über die Verwaltung Rechenschaft abzulegen[3]). Soweit er dem Vormundschaftsgerichte Rechnung gelegt hat, genügt die Bezugnahme auf diese Rechnung[3]).

E I 1700 Abs 1 u. 2 II 1736; M 4 1184; P 4 819.

1. Aus der Natur der Verwaltung folgt, daß der Vormund nach **Beendigung seines Amtes** das Vermögen an den Mündel herauszugeben und sich darüber, daß das Vermögen vollständig herausgegeben ist, auszuweisen hat (Pflicht der Herausgabe und Rechenschaftsablegung). Diese Verpflichtungen sind, falls der Vormund verstorben ist, von den Erben zu erfüllen. Ist der Vormund in Konkurs verfallen, so verbleibt ihm die Pflicht zur Rechenschaftslegung, die Konkursmasse haftet aber für den Schaden, dessen Ersatz der Mündel wegen ungenügender Rechenschaftslegung zu beanspruchen hat. Die Herausgabe und Rechnungslegung sind zu bewirken an den Mündel oder seine Erben oder den neuen gesetzlichen Vertreter. Hat der Mündel seinen Anspruch an einen Dritten abgetreten, so ist dieser empfangsberechtigt. Ist der Mündel nur zusammen mit andern Personen berechtigt, so kann die Herausgabe, falls nicht eine Auseinandersetzung erfolgt oder der volljährig gewordene Mündel von dem unter vormundschaftlicher Verwaltung verbleibenden Vermögen abgeschichtet

wird, an die Berechtigten nur gemeinschaftlich erfolgen, zu welchem Zwecke sich diese nötigenfalls durch einen gemeinschaftlichen Bevollmächtigten vertreten lassen müssen. Auf Rechnungslegung hat hier nur der Mündel Anspruch. Sind die Mitberechtigten Rechtsnachfolger des Mündels, so braucht nicht jedem von ihnen besondere Rechnung gelegt zu werden. Die Prüfung der Empfangsbefugnis bleibt in allen diesen Fällen dem Vormunde überlassen. Die Herausgabe erübrigt sich, wenn nach Beendigung der Altersvormundschaft über den volljährig gewordenen Mündel eine neue Vormundschaft (Pflegschaft) eingeleitet ist und der bisherige Vormund auch in der neuen Vormundschaftssache bestellt wird. Es muß aber auch in diesem Falle durch eine bis zur Beendigung der Altersvormundschaft fortzuführende Rechnungslegung klargestellt werden, welches Mündelvermögen in diesem Zeitpunkt vorhanden ist. Der Bestellung eines Pflegers zur Entgegennahme der Rechnung bedarf es nicht.

2. Die Pflicht zur **Herausgabe des verwalteten Vermögens** besteht zunächst darin, daß der Vormund dem Mündel den Besitz der zum Mündelvermögen (rechtlich oder auch nur tatsächlich) gehörigen Sachen und der auf das Mündelvermögen sich beziehenden Urkunden zu überlassen hat. Ist er wegen Untergangs oder Beschädigung einer Sache oder deshalb, weil er den Verbleib eines Gegenstandes nicht nachweisen kann, ersatzpflichtig, so gehört es zu der Pflicht der Herausgabe, daß er diesen Ersatz leistet. Sind die Vermögensgegenstände im Besitz eines Dritten, so genügt der Vormund seiner Herausgabepflicht dadurch, daß er den Mündel durch Übergabe der Legitimationsurkunden, Anzeige von der Beendigung des Amtes an den Dritten rechtlich in die Lage setzt, seine Ansprüche selbst geltend zu machen. Er hat auch dem Mündel die zur Geltendmachung der Ansprüche erforderliche Auskunft zu erteilen (vgl. § 402). Die gleichen Pflichten hat der Vormund hinsichtlich der zum Mündelvermögen gehörigen Rechte. Die Löschung des für den Mündel eingetragenen Sperrvermerks (§§ 1809, 1814 bis 1816) ist nicht nötig, da der Sperrvermerk nur für die Dauer der Vormundschaft Bedeutung hat. Unter Umständen wird es Pflicht des Vormundschaftsgerichts sein, eine Bescheinigung zu erteilen, daß zur Abhebung eine Genehmigung nicht erforderlich ist. Die Pflicht zur Herausgabe hat der Vormund sogleich nach Beendigung der Verwaltung zu erfüllen, ohne daß er damit so lange warten darf, bis die von ihm zu legende Rechnung abgenommen ist. Wegen etwaiger Gegenansprüche steht ihm ein Zurückbehaltungsrecht nach §§ 273, 274 zu. Das Zurückbehaltungsrecht darf, wenn es sich um eine geringfügige Gegenforderung handelt, nicht in unbilliger Weise über das zur Sicherung erforderliche Maß ausgedehnt werden (**RG** 61, 128). Etwaige durch die Herausgabe entstehende Kosten fallen dem Mündel zur Last. Wird die Verwaltung des Vermögens von dem bisherigen Vormunde, ohne daß der Mündel ihn mit der weiteren Verwaltung beauftragt hat, fortgesetzt, so finden die Grundsätze über Geschäftsführung ohne Auftrag (§§ 677 ff.) Anwendung. — Bei der Herausgabe hat der Vormund ein Bestandsverzeichnis vorzulegen (§§ 260, 261).

3. Die **Rechenschaftsablegung** umfaßt nicht bloß die Rechnungslegung, sondern auch die sonst nötige Auskunftserteilung über die Vermögensverwaltung (vgl. § 1891). Sie erstreckt sich auf alle Gegenstände, die in die Verwaltung des Vormundes (nicht bloß in seinen Besitz) gekommen sind und auf die ganze Zeit der von ihm geführten Verwaltung. Gehört z. B. zu dem Mündelvermögen eine Darlehnsforderung, so kann der Mündel Auskunft darüber verlangen, aus welchen Einzelbeträgen das Darlehn sich zusammensetzt, wann der Schuldner die einzelnen Beträge erhalten hat, welche Vereinbarungen über das Darlehn, insbesondere über Verzinsung, Kündigung und Rückzahlung, getroffen sind (**RG** 25. 2. 04 IV 321/03). Über die Art der Einrichtung der Rechnung s. § 1841 A 1 u. 2. Die hier gegebenen Vorschriften, insbesondere die erleichternde Vorschrift des Abs 2, daß die Vorlegung der Bilanz genügen soll, finden auch auf die von dem Vormund zu legende Schlußrechnung Anwendung (KGJ 37 A 110). Soweit während der Dauer der Vormundschaft bereits Rechnung gelegt ist, kann auf diese Rechnung — vorbehaltlich der etwa nötig gewordenen Vervollständigung oder Berichtigung — Bezug genommen werden. Dadurch, daß die Jahresrechnungen und das dem Vormundschaftsgericht eingereichte Vermögensverzeichnis ein Bestandteil der dem Mündel zu legenden Rechnung werden, gewinnen sie insofern eine andere Bedeutung, als der Mündel gemäß §§ 259 Abs 2 u. 3, 260 Abs 2 u. 3 die eidliche Erhärtung der Vollständigkeit der Einnahmen und des Vermögens verlangen darf. Von der Verpflichtung zur Legung der Rechnung an den Mündel kann der Vormund durch Anordnung des Vaters oder der ehelichen Mutter des Mündels nicht befreit werden. § 1854 gestattet die Befreiung nur für die Dauer der Vormundschaft. Dagegen ist der Erblasser hinsichtlich des von ihm nachgelassenen Vermögens nicht gehindert, den Vormund von jeder Rechnungslegungspflicht zu befreien. Nur die Einreichung des Vermögensverzeichnisses kann er dem Vormunde nicht erlassen (vgl. § 1802 A 1). Verzicht des unbeschränkt geschäftsfähig gewordenen Mündels auf Rechnungslegung gegenüber dem Vormund ist selbstverständlich zulässig. Darüber, daß der Vormund durch Überlassung der Verwaltung an einen andern von der Pflicht zur Legung der Schlußrechnung nicht befreit wird, s. § 1840 A 1.

§ 1891

Ist ein Gegenvormund vorhanden, so hat ihm der Vormund die Rechnung vorzulegen. Der Gegenvormund hat die Rechnung mit den Bemerkungen zu versehen, zu denen die Prüfung ihm Anlaß gibt[1]).

Der Gegenvormund hat über die Führung der Gegenvormundschaft und, soweit er dazu imstande ist, über das von dem Vormunde verwaltete Vermögen auf Verlangen Auskunft zu erteilen[2]).

E I 1700 Abs 3 II 1737; M 4 1184; P 4 819.

1. **Mitwirkung des Gegenvormundes.** Bezüglich der von dem Vormunde dem Mündel zu legenden Rechnung hat der Gegenvormund dem Mündel gegenüber die gleichen Verpflichtungen zu erfüllen wie bezüglich der während der Dauer der Vormundschaft dem Vormundschaftsgericht zu legenden Rechnungen (vgl. § 1842). Nur ist der Gegenvormund nicht verpflichtet, sich den Vermögensbestand nachweisen zu lassen, da dieser Nachweis jetzt dem Mündel zu führen ist. Ist zur Zeit der Beendigung der Vormundschaft ein Gegenvormund nicht mehr vorhanden, so bedarf es nicht etwa zur Prüfung der Rechnung der Bestellung eines neuen Gegenvormundes. Auch ist, wenn nach Beendigung des Amtes des Vormundes (ohne daß die Vormundschaft aufgehört hat) ein neuer Gegenvormund bestellt wird, dieser nur mit der Prüfung der von dem neuen Vormunde einzureichenden Rechnung, nicht mit der Prüfung der von dem bisherigen Vormunde zu legenden Rechnung befaßt.

2. Der Gegenvormund, der während bestehender Vormundschaft zur **Auskunftserteilung** an das Vormundschaftsgericht verbunden ist, hat nach beendeter Vormundschaft oder nach Beendigung des Amtes des Vormundes nunmehr dem Mündel auf dessen Verlangen über die Vermögensverwaltung des Vormundes, zu dessen Überwachung er bestellt war, soweit es ihm möglich ist, Auskunft zu geben.

§ 1892

Der Vormund hat die Rechnung, nachdem er sie dem Gegenvormunde vorgelegt hat, dem Vormundschaftsgericht einzureichen[1]).

Das Vormundschaftsgericht hat die Rechnung rechnungsmäßig und sachlich zu prüfen und deren Abnahme durch Verhandlung mit den Beteiligten unter Zuziehung des Gegenvormundes zu vermitteln. Soweit die Rechnung als richtig anerkannt wird, hat das Vormundschaftsgericht das Anerkenntnis zu beurkunden[2])[3]).

E I 1701 II 1738; M 4 1186; P 4 819.

1. **Verrichtungen des Vormundschaftsgerichts nach Beendigung der Vormundschaft.** Die Beendigung der Vormundschaft hat nicht zur Folge, daß die amtlichen Befugnisse des Vormundschaftsgerichts sofort erlöschen. Sie bleiben vielmehr hinsichtlich der zur Erledigung der Vormundschaft vorzunehmenden Geschäfte in vollem Umfange bestehen (**RG** 16. 9. 09 IV B 376/09). Das Vormundschaftsgericht darf noch nach beendeter Vormundschaft dem Vormunde eine Vergütung bewilligen (BayObLG in SeuffA 61 Nr 227; KG in RJA 12, 6; vgl. § 1836 A 1). Desgleichen darf noch nach dieser Zeit, falls die Sachlage sich verändert hat, die früher erklärte Bewilligung ganz oder teilweise zurückgenommen werden (§ 18 FGG; RJA 16, 159). Insbesondere darf die Bewilligung nachträglich im Beschwerdewege angefochten und durch das Beschwerdegericht geändert werden (KG in RJA 2, 5ff.; 6, 14). Auch sonst wird die Tätigkeit des Beschwerdegerichts nicht dadurch beendet, daß inzwischen die Vormundschaft aufgehört hat. Das Beschwerdegericht hat vielmehr darüber zu befinden, ob die Verfügung des Vormundschaftsgerichts so, wie sie früher ergangen ist, zu Recht ergangen ist. Die vormundschaftsgerichtliche Fürsorge betätigt sich nach Beendigung der Vormundschaft hauptsächlich darin, daß es im Interesse der Auseinandersetzung zwischen Vormund und Mündel seine Vermittlung eintreten läßt. Zur Durchführung der ihm sonst verbleibenden Aufgaben darf es die ihm zustehende Zwangsgewalt benutzen. Die sehr bestrittene Frage, ob das Vormundschaftsgericht berechtigt ist, den bisherigen Vormund zur Einreichung der von ihm dem Mündel zu legenden Rechnung durch Ordnungsstrafen anzuhalten, wird daher, falls nicht der Vormund eine besondere Einigung mit dem Mündel behaupten kann, über die im Prozeßwege zu entscheiden ist, zu bejahen sein. Abgesehen von diesem Falle hat der Mündel nicht nötig, sich das Recht auf Rechnungslegung erst im Wege des Prozesses zu erkämpfen. Ist die Rechnung eine derart ungenügende, daß sie schon der äußeren Form nach den an eine ordnungs-

mäßige Rechnungslegung zu stellenden Anforderungen nicht genügt, so kann ebenfalls mit Ordnungsstrafen gegen den Vormund — nicht gegen dessen Erben — vorgegangen werden (KG in OLG 14, 266; KGJ 33 A 54). Das Vormundschaftsgericht, dem die Prüfung der Rechnung obliegt, ist demgemäß auch für befugt zu erachten, den Gegenvormund, soweit dies für die Auseinandersetzung zwischen Vormund und Mündel dienlich erscheint, gemäß § 1891 zur Äußerung darüber, ob er gegen die Rechnung etwas zu erinnern findet, und zur Auskunftserteilung, sofern diese Auskunft auch von dem Mündel begehrt wird, anzuhalten (bestr.). Eine solche Auskunft kann das Vormundschaftsgericht nötigenfalls unter Anwendung von Zwangsmitteln auch von dem Vormunde fordern (bestr.). Die Herausgabe des Mündelvermögens zu bewirken ist Sache des bisherigen Vormundes, doch wird das Vormundschaftsgericht ihn hierin, soweit es angemessen erscheint, unterstützen. Es kann, um den Umweg zu ersparen, daß die bei den Akten befindlichen Urkunden zunächst an den Vormund zurückgegeben und dann von diesem dem vielleicht entfernt wohnenden Mündel übersandt werden, die Herausgabe im Einverständnisse mit dem Vormunde in der Weise bewirken, daß es das auswärtige Gericht um Aushändigung ersucht, welches Rechtshilfeersuchen nicht abgelehnt werden darf (**RG** 16. 9. 09 IV B 376/09; SeuffA 65 Nr 204). Nicht berechtigt ist das Vormundschaftsgericht, auf Grund der Bestimmung des § 1841, daß Belege (Beweisurkunden) der Rechnung beizufügen sind, die Vorlegung der Wertpapiere von dem bisherigen Vormunde zu verlangen (KGJ 50 A 28). Das Vormundschaftsgericht ist auch nicht befugt, eine erforderliche vormundschaftsgerichtliche Genehmigung noch nachträglich nach Beendigung der Vormundschaft zu erteilen. Über die Befugnis, die Rückgabe der Bestallung zu erzwingen, s. § 1893 A 2. Die Aufhebung der vom Vormunde dem Mündel bestellten Sicherheit kann nach Beendigung der Vormundschaft nicht mehr das Vormundschaftsgericht, sondern nur der Mündel bewilligen.

2. Die dem Vormundschaftsgericht obliegende rechnungsmäßige und sachliche Prüfung der Rechnung dient nur zur Unterstützung des (volljährig gewordenen) Mündels. Diesem selbst bleibt die Entschließung überlassen, ob und welche Ausstellungen er erheben will. Zur Verhandlung über **Abnahme der Rechnung** sind die Beteiligten, der Mündel oder sein Rechtsnachfolger (vgl. § 1890 A 1) und der bisherige Vormund und Gegenvormund, vorzuladen, ohne daß jedoch die Befolgung der Ladung erzwungen werden kann. Im Termine sind die Vormundschaftsakten dem erschienenen Mündel vorzulegen und mit ihm durchzugehen. Ein Anspruch auf Entlastungserteilung ist dem Vormund versagt. Das Vormundschaftsgericht kann aber in geeigneten Fällen die Abgabe einer Entlastungserklärung durch den Mündel vermitteln und zu diesem Zwecke die Rechtshilfe eines anderen Gerichts in Anspruch nehmen (**RG** 115, 368). Der Mündel hat gemäß der allgemeinen Vorschrift des § 368 über den Empfang des Vermögens und über gehörige Rechnungslegung, soweit sich die Rechnungslegung nicht schon aus den Akten ergibt, Quittung zu erteilen, welche Erklärung im Abnahmetermine zu beurkunden ist. Im übrigen hat das Vormundschaftsgericht durch Erörterung des Sachverhältnisses darauf hinzuwirken, daß der Mündel über die ihm gegen den Vormund zustehenden Ansprüche unterrichtet wird. Wird die Rechnung von dem Mündel als richtig anerkannt, so ist dies zu Protokoll, das von den Beteiligten unterschrieben werden muß (§ 177 FGG), festzustellen. Das Anerkenntnis ist aber auch ohne Einhaltung dieser Form gültig. Werden die Ausstellungen des Mündels als begründet anerkannt, so ist demgemäß die Rechnung richtigzustellen. Bleiben bestimmte Punkte streitig, so ist bezüglich dieser Punkte bei Aufnahme des Anerkenntnisses ein Vorbehalt zu machen. Soweit die Rechnung nicht als richtig anerkannt ist, kann der Vormund, um gegen die spätere Geltendmachung von Ersatzansprüchen geschützt zu sein, Klage auf Feststellung der Richtigkeit erheben, sofern er im gegebenen Falle, um nicht bei späterer Geltendmachung der Ersatzansprüche in eine ungünstigere Lage zu geraten, auf die alsbaldige Anstellung der Feststellungsklage angewiesen ist (§ 256 ZPO). Das Anerkenntnis der Richtigkeit kann der Mündel, wenn er hierzu durch Irrtum bestimmt war, nach den Grundsätzen der §§ 812, 814 anfechten. Eine Anfechtung ist nach den bezeichneten Bestimmungen auch aus dem Grunde zulässig, daß sich der Anerkennende irrtümlich zur Abgabe der Erklärung für verpflichtet gehalten hat (**RG** JW 02 Beil 255[168]). Im Zweifel ist nicht anzunehmen, daß der Anerkennende auf solche Ansprüche hat verzichten wollen, die aus den ihm vorgelegten Vormundschaftsakten und den sonstigen Unterlagen nicht erkennbar waren. Die Quittungsleistung über gehörige Rechnungslegung hat nur die Bedeutung, daß eine nochmalige Rechnungslegung nicht verlangt werden kann. Die Forderung einer Ergänzung der Rechnungslegung in bestimmten Punkten, in denen die Unvollständigkeit der Rechnung nicht schon aus dieser selbst ersichtlich war, ist damit nicht ausgeschlossen. Einen Verzicht auf sachliche Ansprüche enthält die Quittungsleistung nicht. Wegen Verjährung der Ansprüche gegen den Vormund s. § 1833 A 2. Eine Entlastung des Vormundschaftsrichters kann nicht verlangt werden. — Ist eine Rechnung nicht abzunehmen, so gehört es gleichwohl zu den Befugnissen des Vormundschaftsgerichts, den Mündel vorzuladen, um ihm durch Vorlegung der Akten über den Stand der Verwaltung Aufklärung zu geben und im Falle seiner Bereitschaft seine Entlastungserklärung aufzunehmen. Es kann, z. B. bei einfacher Vermögensverwaltung, einen Verzicht des Mündels auf Rechnungslegung anregen und hat diesen dann zu beurkunden. Zu solchen Zwecken darf es die Hilfe eines ersuchten Gerichts in Anspruch nehmen (**RG** 115, 370, anders KGJ 51 A 42). — Über die Befugnis des Rechtspflegers zur Prüfung der Schlußrechnung s. Vorbem 4a zu § 1773. Die Vorschriften über Prüfung der Schlußrechnung und die Vermittlung ihrer Abnahme durch das Vormundschaftsgericht können bei der Amtsvormundschaft durch Landesgesetz nicht für unanwendbar erklärt werden (§ 34 JWG).

3. Ist mit Beendigung des Amtes des Vormundes die **Vormundschaft nicht beendet**, so hat das Vormundschaftsgericht, dessen Verrichtungen in diesem Falle in vollem Umfange fortdauern, ebenfalls nach § 1892 zu verfahren. Der neu eintretende Vormund (Pfleger) ist nach Legung der Rechnung durch den bisherigen Vormund, falls nicht dieser wegen des zu besorgenden Verlustes von Beweismitteln oder aus andern Gründen ein dringendes Interesse an Klarstellung der Angelegenheit hat, nicht verbunden, sich darüber zu erklären, ob und inwieweit er Entlastung erteilt. Die Entlastungserklärung würde übrigens, da es sich um die Aufgabe von Ersatzansprüchen handelt, gemäß § 1812 von dem Vormunde nur mit Genehmigung des Gegenvormundes erteilt werden können.

§ 1893

Im Falle der Beendigung der Vormundschaft oder des vormundschaftlichen Amtes finden die Vorschriften der §§ 1682, 1683 entsprechende Anwendung[1]**.**

Der Vormund hat nach der Beendigung seines Amtes die Bestallung dem Vormundschaftsgerichte zurückzugeben[2]**.**

E I 1709 u. 1711 II 1749; M 4 1202; P 4 833.

1. S. § 1682 A 1 u. § 1683 A 1. Die Vertretungsmacht des Vormundes hört auf, sobald er von der Beendigung seines Amtes Kenntnis hat oder es ihm als Fahrlässigkeit anzurechnen ist, daß ihm die Beendigung unbekannt geblieben ist. Auf den Schutz des redlichen Dritten wird von diesem Zeitpunkt an keine Rücksicht genommen (vgl. **RG**St 45, 434). Aus der Fortdauer der Vertretungsmacht des Vormundes ist zu folgern, daß er befugt bleibt, die vormundschaftsgerichtliche Genehmigung, mag sie auch erst nach Beendigung der Vormundschaft erteilt sein, durch Mitteilung an den Gegner zur Wirksamkeit zu bringen (vgl. ZBlFG 15, 160; 17, 292). Die Vorschrift des Abs 1 gilt entsprechend, wenn die Vertretungsmacht des Vormunds auch nur in einzelnen Beziehungen (§§ 1794, 1796) endigt.

2. Die Befugnis des Vormundschaftsgerichts, den Vormund (Gegenvormund) durch Ordnungsstrafen zur **Rückgabe der Bestallung** anzuhalten, wird, wenngleich aus der Beendigung der Vormundschaft ein grundsätzliches Bedenken gegen die Zulässigkeit des Zwanges nicht herzuleiten ist (vgl. § 1892 A 1), zu verneinen sein (a. A. namentlich Josef HessRspr 17, 218). Es genügt, wenn das Vormundschaftsgericht den Vormund, der die Bestallung nicht zurückgibt, darauf aufmerksam macht, daß er für etwaigen Mißbrauch der Bestallung verantwortlich bleibt. Nötigenfalls kann die Aufhebung — auf Kosten des Vormundes, der zum Ersatz allerdings nur im Klagewege angehalten werden kann — öffentlich bekanntgemacht werden. Daß das Vormundschaftsgericht bei angeblichem Tode des Mündels nicht befugt ist, den Vormund durch Strafandrohung zur Einreichung einer Sterbeurkunde anzuhalten, wird vom KG in RJA 16, 181 anerkannt.

§ 1894

Den Tod des Vormundes hat dessen Erbe dem Vormundschaftsgericht unverzüglich anzuzeigen[1]**.**

Den Tod des Gegenvormundes oder eines Mitvormundes hat der Vormund unverzüglich anzuzeigen[2]**.**

E I 1708 II 1748; M 4 1201; P 4 834.

1. Den **Tod des Vormundes** (auch bei Todeserklärung) haben die **Erben** ohne schuldhaftes Zögern (vgl. § 121) **dem Vormundschaftsgericht anzuzeigen,** damit dieses in der Lage ist, einen neuen Vormund zu bestellen und für die Zwischenzeit die im Interesse des Mündels erforderlichen Vorkehrungen zu treffen. Eine Pflicht, die von dem Vormunde begonnenen Geschäfte, wenn mit dem Aufschub Gefahr verbunden ist, bis zur Möglichkeit des Eingreifens des Vormundschaftsgerichts fortzuführen, ist — abweichend von der für den Auftrag usw. in §§ 673, 727, 1424 Abs 2 u. 2218 getroffenen Bestimmung — ihnen nicht auferlegt. Wohl aber ist zu verlangen, daß die Erben, was aus ihrer Pflicht zur Herausgabe folgt, für die einst-

weilige Sicherung des Mündelvermögens sorgen (vgl. M 4, 1202). Über die Anzeigepflicht im allgemeinen vgl. § 1774 A 1.

2. Entsprechend der Bestimmung des Abs 2 ist nach § 1799 Abs 1 Satz 2 auch der Gegenvormund im Falle des Todes des Vormundes oder eines Mitvormundes verpflichtet, hiervon Anzeige zu machen. Im Falle des **Todes des Gegenvormundes oder Mitvormundes** sind außer dem Vormunde auch die Erben gemäß § 1895 zur Anzeige verbunden.

§ 1895

Die Vorschriften der §§ 1885 bis 1889, 1893, 1894 finden auf den Gegenvormund[1]) entsprechende Anwendung.

E I 1710. 1711 II 1750; M 4 1202; P 4 834.

1. Wie die Bestimmungen über Berufung und Bestellung des Vormundes (§ 1792 Abs 4) finden die Bestimmungen über Beendigung des Amtes (§§ 1885—1889, 1893) auf den **Gegenvormund** entsprechende Anwendung. Wegen der Anzeigepflicht s. § 1894 A 1 u. 2.

Zweiter Titel

Vormundschaft über Volljährige

§ 1896

Ein Volljähriger erhält einen Vormund, wenn er entmündigt ist[1])[2])[3]).

E I 1726 II 1771; M 4 1227; P 4 839.

1. Die **Vormundschaft über einen Volljährigen** setzt voraus, daß dieser (wegen Geisteskrankheit, Geistesschwäche, Verschwendung, Trunksucht, § 6) entmündigt, somit entweder geschäftsunfähig — wie dies bei den Geisteskranken der Fall ist — oder in der Geschäftsfähigkeit beschränkt ist (§ 114); auf Grund des Entmündigungsantrags kann auch vorläufige Vormundschaft angeordnet werden (§ 1906). Damit ist eine feste Grenze zwischen Vormundschaft und Pflegschaft gezogen. Solange ein Entmündigungsverfahren nicht wenigstens beantragt ist, kann der Geisteskranke nicht einen Vormund, sondern nach § 1910 nur einen Pfleger erhalten. Die Entmündigung wird wirksam mit Zustellung des Beschlusses an den Entmündigten, bei Entmündigung wegen Geisteskrankheit mit Zustellung des Beschlusses an denjenigen gesetzlichen Vertreter, dem die Sorge für die Person zusteht, oder wenn es an einem solchen fehlt, mit Bestellung des Vormundes (§§ 661, 683 Abs 2), der somit zur Wirksamkeit des Beschlusses bestellt werden muß. Voraussetzung ist aber auch in diesem Falle, daß ein Entmündigungsbeschluß vorliegt. Ohne diese Voraussetzung würde die Vormundschaft nichtig sein. Da auch ein Minderjähriger entmündigt werden kann, besteht die Möglichkeit, daß sogleich nach Beendigung der Altersvormundschaft sich die Vormundschaft wegen Geisteskrankheit anschließt. Über das Vorhandensein der Voraussetzungen der Entmündigung und ihrer Wiederaufhebung hat nicht das Vormundschaftsgericht, sondern das Amtsgericht in dem durch §§ 645ff. ZPO geregelten Verfahren zu befinden. Der die Entmündigung aussprechende oder den Antrag auf Wiederaufhebung ablehnende Beschluß kann binnen einem Monat durch Klage angefochten werden. Wird die Entmündigung infolge der Anfechtungsklage aufgehoben, so hat dies auf die Wirksamkeit der bis zu diesem Zeitpunkte von dem Vormund oder ihm gegenüber vorgenommenen Rechtsgeschäfte keinen Einfluß (§ 115). Die Entmündigung, die rechtskräftig gewordene Wiederaufhebung und eine jede auf die Anfechtungsklage erlassene Entscheidung ist dem Vormundschaftsgericht mitzuteilen (§§ 660, 674, 678, 679 Abs 4, 683 Abs 2, 684 Abs 4, 686 Abs 4).

2. Die rechtskräftige Aufhebung der Entmündigung hat die **Beendigung** der Vormundschaft ohne weiteres zur Folge.

3. Über den Ausschluß des Entmündigten vom öffentlichen Wahlrecht s. § 2 Abs 1 des Reichswahlgesetzes v. 6. 3. 24 und § 2 Abs. 1 des preuß. Landeswahlgesetzes v. 28. 10. 24. Das gleiche gilt für den unter vorläufige Vormundschaft oder wegen geistiger Gebrechen unter Pflegschaft Gestellten. Von der Einleitung und Aufhebung der Vormundschaft oder Pflegschaft hat das Amtsgericht nach der Vf des PrJM v. 25. 11. 21 der Gemeinde Mitteilung zu machen.

§ 1897

Auf die Vormundschaft über einen Volljährigen finden die für die Vormundschaft über einen Minderjährigen geltenden Vorschriften Anwendung, soweit sich nicht aus den §§ 1898 bis 1908 ein anderes ergibt[1]).

E I 1728 II 1773; M 4 1235; P 4 848.

1. Die **Abweichungen von den Bestimmungen über die Altersvormundschaft** bestehen hauptsächlich in folgendem: a) Dem Vater und der ehelichen Mutter des Mündels steht, da sich der Volljährige nicht mehr in elterlicher Gewalt befindet, ein Bestimmungsrecht weder hinsichtlich der Person des Vormundes (Gegenvormundes), noch hinsichtlich der Einsetzung eines Familienrats oder der Mitgliedschaft zum Familienrat zu (§§ 1898, 1905). Andrerseits treten sie, ohne daß sie die elterliche Gewalt besessen zu haben brauchen, in die Reihe der berufenen Vormünder ein, und zwar mit dem Vorrang vor den Großeltern und regelmäßig mit den Rechten eines befreiten Vormundes (§§ 1899, 1903 u. 1904). Dies gilt jedoch nicht für die vorläufige Vormundschaft, auf welche die Vorschriften über die Berufung zur Vormundschaft keine Anwendung finden (§ 1907). b) Eine gesetzliche Vormundschaft über Volljährige gibt es nicht (Art 136 EG); auch das Jugendwohlfahrtsgesetz, das in § 48 den Art 136 aufgehoben hat, kennt eine Amtsvormundschaft nur über Minderjährige. c) Wie für die Ehefrau der Mann (§ 1778 Abs 3) darf auch für den Mann die Ehefrau an erster Stelle zum Vormund bestellt werden (§ 1900). d) Der volljährige Mündel ist der Regel nach nicht mehr erziehungsbedürftig, was in § 1901 Abs 1 berücksichtigt wird. e) Genehmigungspflichtig ist das Versprechen oder Gewähren einer Ausstattung aus dem Vermögen des volljährigen Mündels (§ 1902 Abs 1).

§ 1898

Der Vater und die Mutter des Mündels sind nicht berechtigt, einen Vormund zu benennen oder jemand von der Vormundschaft auszuschließen[1]).

E I 1729 Abs 6 II 1774; M 4 1238; P 4 849.

1. Diese Befugnisse stehen dem **Vater** und der **ehelichen Mutter** nach §§ 1777, 1782 nur zu kraft des Rechtes der elterlichen Gewalt, der der Volljährige nicht mehr unterworfen ist (vgl. § 1897 A 1a).

§ 1899

Vor den Großvätern ist der Vater und nach ihm die eheliche Mutter des Mündels als Vormund berufen[1]).

Die Eltern sind nicht berufen, wenn der Mündel von einem anderen als dem Ehegatten seines Vaters oder seiner Mutter an Kindes Statt angenommen ist[2]).

Stammt der Mündel aus einer nichtigen Ehe, so ist der Vater im Falle des § 1701, die Mutter im Falle des § 1702 nicht berufen[3]).

E I 1729 Abs 1—3 II 1775; M 4 1236; P 4 849.

1. **Die Berufung der Eltern** beruht nicht auf dem früheren Bestehen der elterlichen Gewalt, sondern auf dem Verwandtschaftsverhältnisse. Es geht den Eltern nicht etwa dadurch verloren, daß sie während der Minderjährigkeit des Kindes die elterliche Gewalt verwirkt haben.

2. Haben die Eltern ihr Kind von einem Dritten, der nicht der Ehegatte des leiblichen Elternteils ist, **an Kindes Statt** annehmen lassen, so verlieren sie das Anrecht auf die Vormundschaft. Durch die Kindesannahme werden die Beziehungen zwischen den leiblichen Eltern und dem Kinde in solchem Maße gelockert, daß den Eltern ein Rechtsanspruch darauf, Vormund zu werden, nicht mehr zuerkannt werden kann. Auch die leiblichen Großväter haben in diesem Falle nicht die Rechte eines berufenen Vormundes. Über die Einwirkung des Umstandes, daß der Vater oder die eheliche Mutter des Mündels an Kindes Statt angenommen ist, auf das Recht des Großvaters s. § 1776 A 3.

3. Im Falle der **nichtigen Ehe** hat nach § 1701 der Vater, der bei Eingehung der Ehe die Nichtigkeit gekannt hat, sofern die Ehe für nichtig erklärt ist, keine Verwandtschaftsrechte und ist deshalb als Vormund nicht berufen. Die schlechtgläubige Mutter steht nach § 1702 bei Wegfall der elterlichen Gewalt des Vaters der unehelichen Mutter gleich, so daß sie nur das Recht der Sorge für die Person des Kindes, nicht aber einen Anspruch darauf hat, Vormund zu werden. Doch darf sie gleich der unehelichen Mutter (§ 1900 Abs 3) vor den Großvätern zum Vormunde bestellt werden. Dadurch, daß der eine Elternteil die Nichtigkeit der Ehe gekannt hat, wird, da die hieraus sich ergebende Verkürzung der Rechte nur den Schlechtgläubigen für seine Person trifft (vgl. § 1701 A 4), die Berufung des Großvaters nicht ausgeschlossen. Ist die Ehe noch nicht für nichtig erklärt, so bleibt die Berufung des Vaters in Kraft. Das Vormundschaftsgericht kann jedoch von seiner Bestellung zum Vormunde absehen, wenn andernfalls das Interesse des Mündels gefährdet sein würde (§ 1778 Abs 1). Eine solche Gefährdung darf darin erblickt werden, daß die spätere Nichtigkeitserklärung, die rückwirkende Kraft hat, mit ziemlicher Sicherheit zu erwarten ist.

§ 1900

Eine Ehefrau darf zum Vormund ihres Mannes auch ohne dessen Zustimmung bestellt werden[1]).

Der Ehegatte des Mündels darf vor den Eltern und den Großvätern[1]), die eheliche Mutter darf im Falle des § 1702 vor den Großvätern zum Vormunde bestellt werden.

Die uneheliche Mutter darf vor dem Großvater zum Vormunde bestellt werden[2]).

E I 1729 Abs 4 u. 5 II 1776; M 4 1237; P 4 849.

1. Die **Vormundschaft des Ehegatten.** Die Vorschrift des § 1900 Abs 1 ist überflüssig geworden, nachdem die §§ 1783, 1887 durch § 48 Abs 1 JWG aufgehoben sind. Daß der Ehegatte, und nicht ein Dritter, zum Vormund bestellt wird, entspricht regelmäßig so sehr der Natur des ehelichen Verhältnisses, daß es in § 1900 — im Einklang mit der in § 1778 Abs 3 für den Ehemann getroffenen Bestimmung — für zulässig erklärt ist, den Ehegatten vor den berufenen Vormündern zu bestellen. Dem Ehegatten ist damit nicht ein Recht auf Übertragung der Vormundschaft eingeräumt. Wohl aber hat das Vormundschaftsgericht in Erwägung zu ziehen, ob nicht vor allen andern Personen der Ehegatte als Vormund auszuwählen ist. Die Nichtberücksichtigung des Ehegatten gibt diesem ein Beschwerderecht nach § 57 Abs 1 Nr 9 FGG, das nach dieser Vorschrift aber nur im Interesse des Mündels, nicht im eigenen Interesse ausgeübt werden darf (KG in RJA 16, 9; vgl. § 1779 A 2). Die Ehefrau übt als Vormünderin die nach dem ehelichen Güterrecht ihrem Manne zustehenden Rechte aus. Zu beachten ist hierbei, daß es sich bei Ausübung dieser Rechte nicht um die Verwaltung des Mündelvermögens handelt, so daß die Vorschriften über die vom Gegenvormund oder dem Vormundschaftsgericht zu erteilende Genehmigung nicht zur Anwendung kommen. Die nach ehelichem Güterrecht erforderliche Zustimmung des Mannes kann die Ehefrau als Vormünderin gemäß § 1409 Satz 2 sich selbst erteilen (KG in RJA 4, 76). Nimmt die Ehefrau ein einer solchen Zustimmung bedürfendes Rechtsgeschäft vor, so ist hierin ohne weiteres die Erteilung dieser Zustimmung enthalten. Liegt der Fall so, daß die Ausübung des Rechtes im Interesse des Ehemanns geboten ist, während die Frau ein entgegengesetztes Interesse hat, so ist für diese Angelegenheit unter Beschränkung der Vertretungsbefugnis der Frau ein Pfleger zu bestellen (§§ 1796, 1909). Die Bestellung der Ehefrau als Vormünderin hat zugleich die Bedeutung, daß die höchstpersönlichen Rechte des Mannes aus § 1354, soweit sie wegen Geistesschwäche nicht von diesem ausgeübt werden können, tatsächlich auf die Frau übergehen. — Wird der Ehemann zum Vormund seiner Frau bestellt, so werden seine Rechte als Ehemann, insbesondere auf dem Gebiete des ehelichen Güterrechts, hierdurch nicht berührt. Die zu Verfügungen des Mannes erforderliche Zustimmung der Frau kann er, da § 1409 Satz 2 für den Ehemann nicht gilt, sich nicht selbst erteilen.

2. Die Vorschriften über den **Vorrang der Mutter,** welche die Nichtigkeit der Ehe gekannt hat (vgl. § 1702 Abs 1 u. § 1899 A 3), und der unehelichen Mutter stehen im Einklang mit der in § 1778 Abs 3 für die uneheliche Mutter getroffenen Bestimmung.

§ 1901

Der Vormund hat für die Person des Mündels[1]) nur insoweit zu sorgen, als der Zweck der Vormundschaft es erfordert.

Steht eine Ehefrau unter Vormundschaft, so tritt die im § 1633 bestimmte Beschränkung nicht ein[2]).

E I 1730 II 1777; M 4 1238; P 4 849.

1. Der **Fürsorge des Vormundes für die Person des Mündels** sind dadurch gewisse Grenzen gezogen, daß der Mündel erwachsen ist. Sie beschränkt sich deshalb wesentlich auf die Pflege, Heilung und Sicherung des Mündels, während ihm sonst je nach der Beschaffenheit seines Geisteszustandes möglichst Freiheit des Handelns zu lassen ist. Innerhalb dieser Grenzen, die nötigenfalls von dem Vormundschaftsgericht näher festzusetzen sind, hat der Vormund die gleichen Befugnisse wie bei der Vormundschaft über Minderjährige. Insbesondere darf er, und zwar auch der vorläufige Vormund (§ 1906), unter Anwendung von Zwang geeignetenfalls den Mündel in einer Irrenanstalt oder einer Trinkerheilanstalt (KG in OLG 14, 272; KGJ 39 A 8; vgl. § 1631 A 5, s. auch § 120 RVO) unterbringen (vgl. hinsichtlich der letzteren Maßregel den nicht veröffentlichten Erl des PrJM v. 19. 6. 00, der dem Vormundschaftsgericht zur Pflicht macht, die Unterbringung des Trunksüchtigen in eine Trinkerheilanstalt

in Erwägung zu ziehen und darüber an den Landgerichtspräsidenten zu berichten). Dem Vormundschaftsgericht selbst ist eine solche Befugnis zur Unterbringung, da § 1838 seine Rechte nur im Interesse der Erziehung erweitert, nicht zuzuerkennen (KJA 13, 185). Eine erzieherische Einwirkung auf den Mündel seitens des Vormundes ist, soweit es sich um die Bekämpfung der geistigen oder sittlichen Mängel handelt, die zur Entmündigung geführt haben, nicht ausgeschlossen. Unzulässig ist es dagegen, den wegen Trunksucht entmündigten Volljährigen in einer Besserungsanstalt unterzubringen (KJA 12, 90). Auch kann gegen ihn ein Zwang hinsichtlich einer sonstigen ärztlichen Behandlung nicht ausgeübt werden. Kraft der Fürsorge für die Person des Mündels ist der Vormund ferner verpflichtet, wenn die Voraussetzungen der Entmündigung weggefallen sind, die Wiederaufhebung zu beantragen. Will der Mündel die Wiederaufhebung selbst betreiben oder den Entmündigungsbeschluß durch Klage anfechten, so darf ihm der Vormund die hierzu erforderlichen Mittel, falls die Rechtsverfolgung nicht aussichtslos erscheint, nicht verweigern. Über die Vertretung des Mündels in persönlichen Angelegenheiten vgl. § 1821 A 3 und § 1822 Nr 6, 7. In einem Strafverfahren gegen den Mündel kann der Vormund pflichtgemäßen Anlaß haben, für seine Verteidigung zu sorgen und ihm als Beistand zur Seite treten (**RG**St 59, 353). Zur Anstellung der Klage auf Herstellung des ehelichen Lebens ist der Vormund nicht befugt (§ 612 Abs 2 ZPO). Wird die Vormundschaft über eine wegen Trunksucht entmündigte Person eingeleitet, so empfiehlt es sich, daß das Vormundschaftsgericht im Interesse besserer Beaufsichtigung des Mündels der Polizeibehörde Mitteilung macht (s. Erl des PrJM v. 19. 6. 12 in JMBl 207). Die dem Ehemann nach §§ 1354, 1358 zustehenden höchstpersönlichen Rechte kann der Vormund nicht ausüben, wohl aber das in § 1356 bestimmte, wesentlich vermögensrechtlichen Rücksichten dienende Recht der Beschränkung oder Ausschließung der Schlüsselgewalt.

2. Wird eine **entmündigte Ehefrau bevormundet,** so ist die Fürsorge für ihre Person von solcher Wichtigkeit, daß der Vormund nicht, wie nach § 1633 der Gewalthaber der minderjährigen verheirateten Tochter, auf die bloße Vertretung in den die Person betreffenden Angelegenheiten beschränkt ist. Ist zur ordnungsmäßigen Besorgung der persönlichen Angelegenheiten der Frau ein Rechtsgeschäft erforderlich, zu dem der Mann seine Zustimmung grundlos verweigert, so kann die Zustimmung nach §§ 1402, 1451, 1519, 1549 auf Antrag des Vormundes durch das Vormundschaftsgericht ersetzt werden. Bei Ausübung des Rechtes der Sorge für die Person (vgl. A 1) hat sich der Vormund eines jeden Eingriffs in die dem Ehemann vorbehaltenen Rechte zu enthalten, falls nicht etwa das Verlangen des Mannes sich als ein Mißbrauch seines Rechtes darstellt (**RG** 85, 16). Das Vormundschaftsgericht ist nicht zuständig, bei Streitigkeiten zwischen dem Vormunde und dem Ehemann der Entmündigten eine in die Rechte des Ehemanns eingreifende Regelung zu treffen. Hierüber kann nur das Prozeßgericht entscheiden (KJA 13, 67). Darüber, daß die nach ehelichem Güterrecht erforderliche Zustimmung der Ehefrau der zum Vormunde bestellte Mann sich nicht selbst erteilen kann, s. § 1900 A 1 a. E.

§ 1902

Der Vormund kann eine Ausstattung aus dem Vermögen des Mündels nur mit Genehmigung des Vormundschaftsgerichts versprechen oder gewähren[1]).

Zu einem Miet- oder Pachtvertrage sowie zu einem anderen Vertrage, durch den der Mündel zu wiederkehrenden Leistungen verpflichtet wird, bedarf der Vormund der Genehmigung des Vormundschaftsgerichts, wenn das Vertragsverhältnis länger als vier Jahre dauern soll[2]). Die Vorschrift des § 1822 Nr 4 bleibt unberührt.

E I 1731, 1732 II 1778; M 4 1239, 1240; P 4 849.

1. Zu den genehmigungspflichtigen Rechtsgeschäften kommt für die Vormundschaft über Volljährige die **Gewährung oder das Versprechen einer Ausstattung** hinzu. Die Genehmigung des Vormundschaftsgerichts wird hier gefordert, weil Ausstattung und Schenkung sich sehr nahe berühren. Eine Schenkung ist regelmäßig insoweit anzunehmen, als die Ausstattung — zu der im Sinne des § 1902 auch die freiwillige Aussteuer zu rechnen ist — das den Umständen, insbesondere den Vermögensverhältnissen des Vaters oder der Mutter entsprechende Maß übersteigt, § 1624 A 2 u. 3. Eine Schenkung ist es ferner, wenn die Ausstattung nicht dem Kinde, sondern einem entfernteren Abkömmling oder andern Personen zuteil wird. Soweit das Rechtsgeschäft sich als Schenkung darstellt, kann es auch durch vormundschaftsgerichtliche Genehmigung nicht gültig werden, sofern es sich nicht um eine Schenkung

handelt, durch die einer sittlichen Pflicht oder einer auf den Anstand zu nehmenden Rücksicht entsprochen wird. Aus diesem Gesichtspunkt ist die Erteilung der vormundschaftsgerichtlichen Genehmigung nicht unzulässig, wenn der wohlhabende Mündel seine in ungünstigen Vermögensverhältnissen befindliche Nichte ausstattet oder wenn der Mündel von dem ihm nach § 1621 zustehenden Recht, die Aussteuer zu verweigern, keinen Gebrauch macht. Ist die vormundschaftsgerichtliche Genehmigung bereits zu dem Versprechen der Ausstattung erteilt, so ist, wenn in diesem Vertrage die als Ausstattung zu gewährenden Gegenstände bestimmt bezeichnet sind, eine erneute Genehmigung zur Gewährung der Ausstattung nicht erforderlich. Genehmigungspflichtig ist auch die bei bestehender Gütergemeinschaft nach Maßgabe des § 1465 Abs 2 (§§ 1538 u. 1549) von der bevormundeten Mutter zu erteilende Zustimmung.

2. Die Vorschrift des § 1822 Nr 5, daß der Mündel zu **wiederkehrenden Leistungen** auf längere Zeit als ein Jahr nach Vollendung des 21. Lebensjahrs nur durch vormundschaftsgerichtlich genehmigten Vertrag verpflichtet werden kann, mußte naturgemäß, was die Dauer der Verpflichtung betrifft, bei der Anwendung auf volljährige Mündel eine Änderung erfahren. Eine Verpflichtung für einen Zeitraum von mehr als 4 Jahren ist als gleichwertig angesehen. Der Genehmigung bedarf es hier, wenn das Vertragsverhältnis länger als 4 Jahre dauern soll. Im Falle der Genehmigung eines derartigen Rechtsgeschäfts steht dem Mündel auch nach Beendigung der Vormundschaft ein Recht der vorzeitigen Kündigung nicht zu.

§ 1903

Wird der Vater des Mündels[2]) zum Vormunde bestellt, so unterbleibt die Bestellung eines Gegenvormundes. Dem Vater stehen die Befreiungen zu, die nach den §§ 1852 bis 1854 angeordnet werden können. Das Vormundschaftsgericht kann die Befreiungen außer Kraft setzen, wenn sie das Interesse des Mündels gefährden.

Diese Vorschriften finden keine Anwendung, wenn der Vater im Falle der Minderjährigkeit des Mündels zur Vermögensverwaltung nicht berechtigt sein würde[1]).

E I 1733 Abs 1 u. 3 II 1779; M 4 1240; P 4 850.

1. Der zum Vormund bestellte **Vater des Mündels** hat die Rechtsstellung eines befreiten Vormundes, vorausgesetzt, daß er die Rechte der Vaterschaft hat (s. hierüber § 1899 A 1—3) und daß ihm, wenn der Mündel noch jetzt minderjährig sein würde, zwar nicht die elterliche Gewalt, wohl aber das Recht der Sorge für das Vermögen einschließlich des Vertretungsrechts — was bei der Vormundschaft über Volljährige den wichtigeren Bestandteil seiner Befugnisse bildet (§ 1901) — zustehen würde. Die Stellung eines befreiten Vormundes kommt ihm hiernach nicht zu, wenn er während der Minderjährigkeit des Kindes die elterliche Gewalt verwirkt (§§ 1680, 1771 Abs 2) oder das Recht der Sorge für das Vermögen durch Entziehung (§§ 1666 Abs 2, 1670, 1760; bestr.) oder Konkurseröffnung (§ 1647) verloren hat, oder, sofern die elterliche Gewalt über die Volljährigkeit hinaus fortgedauert hätte, durch Verwirkung oder Konkurseröffnung verloren haben würde. Darauf kann es nicht ankommen, ob möglicherweise, was nicht mit Sicherheit festzustellen ist, bei Fortdauer der elterlichen Gewalt die Vermögensverwaltung dem Vater gemäß §§ 1647 Abs 2, 1671 wieder übertragen worden wäre. Andrerseits muß unberücksichtigt bleiben, daß eine Entziehung der Vermögensverwaltung noch nach der Zeit der Volljährigkeit hätte erfolgen können, in welchem Falle übrigens regelmäßig Anlaß zur Außerkraftsetzung der Befreiungen (Abs 1) vorliegen wird. Die Fähigkeit zur Ausübung der einen Teil der elterlichen Gewalt bildenden Vermögensverwaltung (§§ 1676, 1677) muß zur Zeit der Bestellung zum Vormunde vorhanden sein. Die Berechtigung zur Vermögensverwaltung und damit die Stellung eines befreiten Vormunds ist endlich hinsichtlich des dem Mündel von einem Dritten zugewendeten Vermögens ausgeschlossen, dessen Verwaltung durch Anordnung des Dritten dem Vater entzogen ist (§ 1638). Verliert der Vater nach der Bestellung zum Vormunde das Recht der Vermögensverwaltung (Verlust der Fähigkeit nach §§ 1676, 1677, Konkurseröffnung nach § 1647), so hört die befreite Stellung damit ohne weiteres auf.

2. Dem Vater gebühren die sämtlichen **in den §§ 1852—1854 aufgeführten Befreiungen,** nämlich die Befreiung von der Bestellung eines Gegenvormundes und damit die Befreiung von der sonst erforderlichen Genehmigung des Gegenvormundes (§§ 1809, 1810, 1812), die Befreiung von der Hinterlegungspflicht (§§ 1814, 1818), von der Sperrpflicht (§ 1816) und von der Pflicht zur Rechnungslegung während der Dauer der Vormundschaft (§ 1840). Die nach § 1857 dem Vormundschaftsgericht zustehende Befugnis zur Außerkraftsetzung dieser Befreiungen hat auch gegenüber dem Vater als befreitem Vormund Geltung.

§ 1904

Ist die eheliche Mutter des Mündels zum Vormunde bestellt, so gilt für sie das gleiche wie nach § 1903 für den Vater. Der Mutter ist jedoch ein Gegenvormund zu bestellen, wenn sie die Bestellung beantragt oder wenn die Voraussetzungen vorliegen, unter denen ihr nach § 1687 Nr 3 ein Beistand zu bestellen sein würde. Wird ein Gegenvormund bestellt, so stehen der Mutter die im § 1852 bezeichneten Befreiungen nicht zu[1]).

E I 1733 Abs 2 u. 3 II 1780; M 4 1243; P 4 850.

1. Die Bestimmungen des § 1903 gelten in gleicher Weise für die **zum Vormunde berufene Mutter des Mündels**, mit der Abweichung jedoch, daß unter den Voraussetzungen des § 1687 Nr 2 u. 3 (wenn sie selbst darauf anträgt oder wenn das Vormundschaftsgericht aus besondern Gründen im Interesse des Mündels es für nötig erachtet) ihr ein Gegenvormund — der an Stelle des im § 1687 vorgesehenen Beistandes tritt — mit den dem Gegenvormund zustehenden Verrichtungen zu bestellen ist. § 1687 Nr 1, wonach der Vater berechtigt ist, die Bestellung eines Beistandes anzuordnen, scheidet hier aus, da der Vater kraft elterlicher Gewalt nur über die Bevormundung des minderjährigen Kindes Bestimmung treffen kann. Die auf Antrag der Mutter angeordnete Gegenvormundschaft darf das Vormundschaftsgericht nur mit deren Zustimmung wieder aufheben, während sonst die Aufhebung dem Vormundschaftsgericht jederzeit freisteht (vgl. § 1695). Wird trotz Vorhandenseins der Voraussetzungen des § 1687 Nr 3 die Bestellung eines Gegenvormundes abgelehnt oder wird die Gegenvormundschaft aufgehoben, so sind auch der Ehegatte, die Verwandten und Verschwägerten des Mündels nach § 57 Abs 1 Nr 5 FGG beschwerdeberechtigt, während bei Ablehnung des Antrags der Mutter nur dieser das Beschwerderecht zusteht (§ 20 Abs 2 FGG). Die Übertragung der Vermögensverwaltung auf den Gegenvormund (vgl. § 1693) ist unzulässig, da eine solche Verwaltung der Stellung des Gegenvormundes nicht entspricht. Die Rechte eines befreiten Vormundes kommen auch der Mutter nur unter der Voraussetzung zu, daß sie zur Vermögensverwaltung berechtigt sein würde (s. hierüber § 1903 A 1). Diese Berechtigung fehlt ihr auch dann, wenn sie sich wieder verheiratet (§ 1697). Dadurch, daß die elterliche Gewalt nicht der Mutter, sondern dem Vater zustehen würde, wird die Anwendung des § 1904 nicht ausgeschlossen, sofern der Vater mit seiner Übergehung einverstanden ist (bestr.).

§ 1905

Ein Familienrat kann nur nach § 1859 Abs 1 eingesetzt werden[1]).

Der Vater und die Mutter des Mündels sind nicht berechtigt, Anordnungen über die Einsetzung und Aufhebung eines Familienrats oder über die Mitgliedschaft zu treffen[1]).

E I 1736 II 1782; M 4 1246; P 4 850; 6 312.

1. Die Anordnungen hinsichtlich des **Familienrats** (§§ 1858, 1859 Abs 2, 1861, 1863, 1866, 1868, 1880) können wie die sonstigen Anordnungen über die Bevormundung von den Eltern nur kraft elterlicher Gewalt, also nur für ein minderjähriges Kind getroffen werden (vgl. § 1897 A 1a). Die Eltern haben deshalb nicht das Recht, die Einsetzung eines Familienrats zu verlangen. Die Einsetzung findet vielmehr auf den gestellten Antrag nach § 1859 Abs 1 nur statt, wenn das Vormundschaftsgericht sie im Interesse des Mündels für angemessen erachtet.

§ 1906

Ein Volljähriger, dessen Entmündigung beantragt ist, kann unter vorläufige Vormundschaft gestellt werden, wenn das Vormundschaftsgericht es zur Abwendung einer erheblichen Gefährdung der Person oder des Vermögens des Volljährigen für erforderlich erachtet[1]) [2]).

E I 1737 Abs 1 II 1873; M 4 1246; P 4 850.

1. Die **vorläufige Vormundschaft**, die in Ergänzung des vormundschaftlichen Schutzes dem erst zu Entmündigenden eine Sicherung gewähren soll, hat mehr die Natur einer Pflegschaft, ist aber als Vormundschaft gestaltet, weil die Stellung unter vorläufige Vormundschaft die Beschränkung der Geschäftsfähigkeit auf bürgerlich-rechtlichem Gebiete — nicht auf öffentlich-rechtlichem Gebiete — nach sich zieht (§ 114), während die Einleitung einer Pflegschaft grundsätzlich die Geschäftsfähigkeit unberührt läßt. Die Beschränkung der Geschäftsfähigkeit tritt

ein mit der Bekanntmachung der Verfügung an den zu Entmündigenden und, wenn die Entmündigung wegen Geisteskrankheit beantragt ist, mit der Bestellung des Vormundes (§ 52 FGG; vgl. § 1896 A 1). Kommt es hinterher nicht zur Entmündigung oder wird die Entmündigung infolge einer Anfechtungsklage aufgehoben, so hat dies auf die Vertretungsmacht des von dem Vormundschaftsgericht bestellten Vormundes keinen Einfluß. Sie besteht bis zum Wegfall der vorläufigen Vormundschaft (s. hierüber § 1908 A 1) geradeso fort, als wenn der Mündel bis dahin nur beschränkt geschäftsfähig gewesen wäre (vgl. §§ 115, 114). Die Stellung unter vorläufige Vormundschaft ist zulässig, sobald der Entmündigungsantrag rechtswirksam, d. h. von dem Antragsberechtigten bei dem zuständigen Gericht gestellt ist; daß das Entmündigungsverfahren bereits eingeleitet wurde, ist für die Anordnung der vorläufigen Vormundschaft nicht erforderlich (OLG 43, 385, vgl. auch Laubhardt in ZBlFG 14, 270, der nur erfordert, daß überhaupt bei einem Amtsgericht ein Antrag auf Entmündigung eines Volljährigen gestellt ist). Ohne diesen Antrag würde die Anordnung der Vormundschaft nichtig sein, insbesondere nicht die Wirkung haben, daß der Mündel beschränkt geschäftsfähig wird (a. M. insbesondere Fuchs A 5). Ohne Bedeutung für die Wirksamkeit der Vormundschaft ist es dagegen, wenn die die vorläufige Bevormundung anordnende Verfügung des Vormundschaftsgerichts unter Nichteinhaltung der nach § 16 Abs 2 FGG für die Zustellung geltenden Vorschriften der ZPO dem Mündel persönlich, statt in der in § 172 ZPO bestimmten Weise, zugestellt wird (vgl. RG Gruch 48, 108). Darüber, ob die Vormundschaft zur Sicherung des Volljährigen (Abwendung einer erheblichen Gefährdung der Person oder des Vermögens) erforderlich ist (KG in JW 1918, 144[2], s. auch Cohn im ArchZivPr 124, 364ff.), hat dagegen das Vormundschaftsgericht nach freiem Ermessen zu entscheiden, ohne daß dies im Prozeßwege nachgeprüft werden kann. Die Gefährdung braucht nicht gerade eine Folge desjenigen Entmündigungsgrundes zu sein, der in dem Entmündigungsantrage angeführt ist. Zulässig ist auch die Einleitung einer vorläufigen Vormundschaft über einen Ausländer, jedoch nur unter den Voraussetzungen des Art 23 Abs 1 EG. Als eine vorläufige Maßregel im Sinne des Art 23 Abs 2 kann die vorläufige Vormundschaft nicht angesehen werden (KGJ 21 A 213). Schon vor Stellung des Entmündigungsantrags kann die Sicherung des zu Entmündigenden dadurch erreicht werden, daß ihm ein Pfleger bestellt wird (s. hierüber § 1910 A 1). Durch das Vorhandensein eines solchen Pflegers wird die vorläufige Vormundschaft nicht ausgeschlossen. Über den Ausschluß des unter vorläufige Vormundschaft Gestellten vom Wahlrecht s. § 1896 A 3. Der nach § 1906 bestellte Vormund steht an sich hinsichtlich der Vertretungsmacht einem anderen Vormunde vollständig gleich, er hat jedoch mit Rücksicht darauf, daß die Vormundschaft nur eine vorläufige ist, sich aller eingreifenden Änderungen möglichst zu enthalten. Über die Bestellung eines vorläufigen Pflegers s. § 1909 A 5.

2. Verfahren. Das mit der Entmündigung befaßte Amtsgericht hat, sobald es eine Fürsorge für erforderlich hält, dem Vormundschaftsgericht zu diesem Zwecke Mitteilung zu machen (§§ 657, 680 Abs 3 ZPO; vgl. §§ 49, 50 FGG). Auch die Staatsanwaltschaft hat geeignetenfalls die Anordnung einer vorläufigen Vormundschaft über Geisteskranke oder Geistesschwache in Anregung zu bringen (§ 8 der AllgVfg des PrJustizmin v. 28. 11. 1899). Die Entscheidung über Einleitung der vorläufigen Vormundschaft ist in die Hände des Vormundschaftsgerichts gelegt, das von Amts wegen vorzugehen hat und auch ohne Mitteilung des Amtsgerichts tätig werden kann. Es braucht den Betroffenen vor der Anordnung nicht zu hören. Mit der Prüfung, ob der Entmündigungsantrag begründet ist, hat das Vormundschaftsgericht nur insofern zu tun, als ein Bedürfnis zur Sicherung nicht besteht, wenn sich der Antrag als offenbar unbegründet erweist. Wird die Anordnung der vorläufigen Vormundschaft abgelehnt, so steht die Beschwerde nach § 57 Abs 1 Nr 2 FGG allen denjenigen zu, welche zur Stellung des Entmündigungsantrags berechtigt sind (Ehegatte, Verwandte, der für die Person fürsorgeberechtigte gesetzliche Vertreter nach §§ 646, 680 ZPO, im Falle des § 646 auch die Staatsanwaltschaft, im Falle des § 680 nach landesgesetzlichen Vorschriften auch die Gemeinde und der Armenverband). Gegen die Anordnung der vorläufigen Vormundschaft kann nach §§ 20, 59, 60 Abs 1 Nr 5 FGG von einem jeden, der durch diese Verfügung in seinen Rechten beeinträchtigt wird, insbesondere dem Mündel die sofortige Beschwerde erhoben werden. Die Ersatzzustellung für den zu Entmündigenden an den Antragsteller des Verfahrens vermag die Beschwerdefrist für den ersteren nicht in Lauf zu setzen (RJA 14, 98). Die öffentliche Bekanntmachung der Einleitung der vorläufigen Vormundschaft ist zweckmäßig, aber nicht vorgeschrieben (vgl. § 687 ZPO). Der unter vorläufige Vormundschaft Gestellte ist, obwohl die Einleitung dieser Vormundschaft die Beschränkung der Geschäftsfähigkeit nach sich zieht (vgl. A 1), in der Verteidigung gegen die Entmündigung in keiner Weise beschränkt. Er ist deshalb auch nicht gehindert, zur Wahrnehmung seiner Rechte im Entmündigungsverfahren einen Anwalt zuzuziehen, dem die Teilnahme an den Beweisterminen und die Akteneinsicht zu gestatten ist.

§ 1907

Die Vorschriften über die Berufung zur Vormundschaft gelten nicht für die vorläufige Vormundschaft[1]).

E I 1737 Abs 2 Satz 1 II 1784; M 4 1250; P 4 854.

1. Die Vorschrift stimmt überein mit der für die **Pflegschaft** gegebenen Bestimmung des § 1916.

§ 1908

Die vorläufige Vormundschaft endigt[1]) mit der Rücknahme oder der rechtskräftigen Abweisung des Antrags auf Entmündigung.

Erfolgt die Entmündigung, so endigt die vorläufige Vormundschaft, wenn auf Grund der Entmündigung ein Vormund bestellt wird.

Die vorläufige Vormundschaft ist von dem Vormundschaftsgericht aufzuheben, wenn der Mündel des vorläufigen vormundschaftlichen Schutzes nicht mehr bedürftig ist.

E I 1737 Abs 3 II 1785; M 4 1250; P 4 850 u. 854.

1. Die **vorläufige Vormundschaft endigt** der Natur der Sache nach ohne weiteres, sobald hinsichtlich der Entmündigung ein endgültiger Zustand eingetreten ist, sei es, daß der Entmündigungsantrag rechtskräftig abgewiesen oder zurückgenommen ist, sei es, daß dem Entmündigungsantrage stattgegeben und für den Entmündigten ein ordentlicher Vormund bestellt ist. Der rechtskräftigen Abweisung des Entmündigungsantrags im Sinne des § 1908 Abs 1 ist das auf Anfechtungsklage ergangene, den Entmündigungsbeschluß aufhebende rechtskräftige Urteil gleichzustellen (bestr. — vgl. § 1896 A 2). Hat die Schutzbedürftigkeit sonst aufgehört, so bedarf es zur Beendigung der vorläufigen Vormundschaft — entsprechend dem für die Pflegschaft geltenden Grundsatze des § 1919 — der Aufhebung durch das Vormundschaftsgericht, welche nach § 52 FGG mit der Bekanntmachung der Verfügung an den Mündel wirksam wird. Bis zu diesem Zeitpunkte bleibt die Beschränkung der Geschäftsfähigkeit des Mündels und die Vertretungsmacht des vorläufigen Vormundes bestehen (s. § 1906 A 1). Gegen die Aufhebung findet im gleichen Maße Beschwerde statt wie gegen die Verfügung, durch welche die Anordnung der vorläufigen Vormundschaft abgelehnt ist (s. § 1906 A 2). Der bisherige Vormund ist zur Einlegung der Beschwerde nicht berechtigt (KG in RJA 3, 172).

Dritter Titel

Pflegschaft

1. Die Einleitung einer **Pflegschaft** setzt voraus, daß ein besonderes **Fürsorgebedürfnis** vorhanden ist, und zwar hat das Vormundschaftsgericht, falls nicht eine rechtliche Verhinderung des Gewalthabers oder Vormundes (§ 1909) die Pflegschaft nötig macht, jedesmal zu prüfen, ob die in Betracht kommenden Interessen nach seinem pflichtmäßigen Ermessen so erhebliche sind, daß die Anordnung einer Pflegschaft angezeigt ist. Die einzelnen Fälle der Pflegschaft stellen sich als eine Ergänzung des elterlichen oder vormundschaftlichen Schutzes (§ 1909) oder als eine Erweiterung des vormundschaftlichen Schutzes dar, und zwar als eine Erweiterung im Anschluß an die Altersvormundschaft (Pflegschaft für die Leibesfrucht und für die noch nicht erzeugten Abkömmlinge, § 1912 und teilweise § 1913) oder im Anschluß an die Vormundschaft über Volljährige (Gebrechlichkeitspflegschaft und Abwesenheitspflegschaft, §§ 1910, 1911). Das Bedürfnis zur Einleitung einer Pflegschaft kann sich auch daraus ergeben, daß der bei einer Angelegenheit Beteiligte unbekannt ist (§ 1913). Diese Art der Pflegschaft kann sowohl minderjährige als volljährige Personen, sowohl natürliche als juristische Personen betreffen. Es gibt nur Personenpflegschaften, nicht Sach- (Real-) Pflegschaften (a. M. Blume unter 1 der Vorbem, der nicht nur im Falle des § 1914, sondern auch im Falle des § 1912 und bei der Pflegschaft für ungewisse Beteiligte nach § 1913 eine Sachpflegschaft annehmen will). Die in § 1914 zugelassene pflegschaftliche Verwaltung, die dem Zwecke dient, das Sammelvermögen seiner Bestimmung zuzuführen (vgl. § 80 A 1) und die nicht eine Pflegschaft im eigentlichen Sinne, sondern eine Güterpflege (vgl. Vorbem 3) darstellt, hätte daher richtiger an anderer Stelle behandelt werden sollen. Dem Fürsorgebedürfnis entsprechend ist der Wirkungskreis des Pflegers, soweit er nicht gesetzlich begrenzt ist (vgl. § 1960), im einzelnen Falle von dem Vormundschaftsgericht zu bestimmen. Die Bestimmung ist in die Bestallung (vgl. § 1791) aufzunehmen. Maßgebend für den Umfang des

Geschäftskreises ist jedoch der Inhalt der Verpflichtungsverhandlung (Bestellung), auch wenn er in der Bestallungsurkunde anders angegeben sein sollte (KGJ 41 A 38; abw. früh. Aufl.). Ist in der Bestallung als Aufgabe des Pflegers die Verwaltung des Vermögens bezeichnet, so ist damit nicht ausgedrückt, daß ihm in den Angelegenheiten der Vermögensverwaltung die Befugnis zur Abschließung eines Vergleichs nicht zustehen soll. Der zur Führung eines Rechtsstreits bestellte Pfleger ist nicht ohne weiteres ermächtigt, den Streitgegenstand in Empfang zu nehmen (vgl. § 81 ZPO). Zwischen der Pflegschaft und Vormundschaft besteht hiernach wesentlich der Unterschied, daß der Vormund nach dem Gesetze — soweit nicht sein Wirkungskreis durch besondere Anordnung eingeschränkt ist (§§ 1796, 1801) — allgemein mit der Fürsorge für den Mündel und seiner Vertretung betraut ist, während sich der Umfang der Fürsorge und der Vertretungsmacht des Pflegers lediglich nach der vom Vormundschaftsgericht ihm zugewiesenen Stellung richtet. In Zusammenhang hiermit steht, daß der Mündel, weil geschäftsunfähig oder nur beschränkt geschäftsfähig, einer allgemeinen Vertretung bedarf, was bei dem Pflegling nicht in gleichem Maße der Fall ist. Wennschon der Pflegschaft des § 1910 (vgl. § 1910 A 1) auch Geisteskranke unterstellt werden dürfen, so hat doch grundsätzlich die Einleitung der Pflegschaft auf die Geschäftsfähigkeit und Prozeßfähigkeit des Pfleglings keinen Einfluß. Hiervon findet nur die eine Ausnahme statt, daß der Pflegling, wenn einmal der Pfleger in einem Rechtsstreit als sein Vertreter aufgetreten ist, für diesen Prozeß (in dem in § 81 ZPO bestimmten Umfange) die Fähigkeit verliert, in die Prozeßführung einzugreifen. Er steht für diesen Prozeß einer nicht prozeßfähigen Partei gleich, so daß der Pfleger die Stellung eines gesetzlichen Vertreters hat (§ 53 ZPO, **RG** 52, 224 — vgl. indes hinsichtlich der Eidesleistung §§ 473 Abs 2, 477 Abs 1, 426 Abs 3 ZPO). In einem schwebenden Rechtsstreit des Mündels kann der in dessen Verlauf bestellte Pfleger eintreten, indem er die Prozeßführung an Stelle des Mündels übernimmt (**RG** JW 1926, 806[2]).

2. Wird die Anordnung der Pflegschaft abgelehnt oder die Pflegschaft aufgehoben, so steht das Recht der **Beschwerde** nach § 57 Abs 1 Nr 3 FGG (vgl. § 1911 A 2, § 1913 A 1) auch dem Dritten zu, der an dem Bestehen der Pflegschaft ein rechtliches Interesse hat. Hierzu gehört auch die Behörde, die zur Ordnung einer in ihren Amtsbereich fallenden Angelegenheit die Einleitung einer Pflegschaft für nötig erachtet (vgl. § 1911 A 2 a. E.). Beschwerdeberechtigt sind außerdem die Verwandten und Verschwägerten sowie der Ehemann des Pfleglings, jedoch nur bei einer Pflegschaft aus §§ 1909 u. 1910 und bei der Pflegschaft aus § 1910 nur unter der besonderen Voraussetzung, daß eine Verständigung mit dem Pflegling nicht möglich ist, eine Voraussetzung, die übrigens bei Geisteskrankheit des Pfleglings (vgl. § 1910 A 3) als vorliegend anzunehmen ist. Wird der Antrag auf Aufhebung der Pflegschaft abgelehnt, so hat der Pfleger aus § 20 FGG ein Recht der Beschwerde (RJA 15, 103).

3. Was das **Anwendungsgebiet** der in diesem Abschnitt über die Pflegschaft getroffenen Bestimmungen betrifft, so gelten die Bestimmungen auch für die im Erbrecht (§§ 1960—1962) behandelte Nachlaßpflegschaft, welche die Besonderheit hat, daß an Stelle des Vormundschaftsgerichts das Nachlaßgericht tritt. Die Pflegschaft dient der Fürsorge für den unbekannten Erben, nicht der Fürsorge für den Nachlaß. Die Befugnis des Nachlaßpflegers ist im allgemeinen darauf beschränkt, die zur Sicherung des Nachlasses erforderlichen Maßnahmen zu treffen. Hierdurch ist aber nicht ausgeschlossen, daß er bei Vorhandensein der Voraussetzungen des § 256 ZPO, wenn z. B. die Person des wirklichen Erben noch ungewiß ist und die Erbeneigenschaft des Klägers von der Unwirksamkeit seiner Erbausschlagung abhängt, auf Feststellung der Erbbeteiligung des Klägers belangt werden kann (**RG** 106, 46). Verschieden von der Pflegschaft sind die Fälle, in denen zu Prozeßzwecken oder zu Vollstreckungszwecken, um dem Berechtigten die Rechtsverfolgung zu ermöglichen, ein Vertreter bestellt wird (s. §§ 57, 58, 494 Abs 2, 668, 679 Abs 3, 686 Abs 2 ZPO, § 29 BGB, § 30 GewGG in der Fassung vom 29. 9. 01, § 16 KfmGG v. 6. 7. 04, § 20 VO v. 14. 2. 13 über das Verfahren der Rentenausschüsse für Angestelltenversicherung [vgl. **RG** in RJA 15, 171; OLG Dresden in KGJ 49 A 248], § 1 der VO v. 14. 1. 15 über Bestellung eines Kriegsvertreters, § 87 der RAbgO v. 13. 12. 19 über Bestellung eines Pflegers zur Vertretung eines Nachlasses oder einer sonstigen Masse in Steuerangelegenheiten, §§ 779 Abs 2, 787 ZPO, §§ 6, 7, 135, 157 Abs 2 ZVG). Die Vorschriften über die Pflegschaft finden hier keine Anwendung. Als ein Vertreter zu Vollstreckungszwecken ist im Grunde auch der Konkursverwalter anzusehen, dessen Rechte und Obliegenheiten durch die KO bestimmt werden. Um eine Vertretung in dem vorerwähnten Sinne handelt es sich auch bei der Güterpflege, die von dem Vormundschaftsgericht nach den für die Pflegschaft gegebenen Bestimmungen einzuleiten ist, sobald im Strafverfahren auf Grund der §§ 290ff., 433 StPO — nicht bloß auf Grund des § 284 zur Deckung der Staatskasse — die Beschlagnahme des Vermögens des Angeschuldigten ausgesprochen ist, wodurch dieser (mit der ersten Bekanntmachung des Beschlusses im Reichsanzeiger) die Befugnis verliert, über das beschlagnahmte Vermögen unter Lebenden zu verfügen und hinsichtlich dieses Vermögens zugleich die Prozeßfähigkeit

einbüßt (RG Gruch 29, 1112 — vgl. darüber, daß dem Angeschuldigten das Recht zur Ausschlagung der ihm angefallenen Erbschaft nicht genommen ist, RJA 14, 6). Diese Pflegschaft hat in erster Linie das Wohl des Staates, nicht des Angeschuldigten im Auge. Der Pfleger tritt nicht neben den Pflegling, sondern an dessen Stelle. Aus der besondern Natur dieser Pflegschaft ist zu folgern, daß die Bestimmungen über die Berufung zur Pflegschaft keine Anwendung finden können. Durch das Bestehen einer Abwesenheitspflegschaft wird übrigens die Einleitung der Güterpflege, die einem wesentlich andern Zwecke dient, nicht ausgeschlossen. Der Güterpflege verwandt ist die auf Antrag (§§ 1981, 2062) einzuleitende Nachlaßverwaltung, die als eine Nachlaßpflegschaft besonderer Art ausgestaltet ist und deshalb den Vorschriften über die Pflegschaft untersteht; dem Nachlaßverwalter fällt die Aufgabe zu, die geordnete Befriedigung der Nachlaßgläubiger herbeizuführen. Wegen Erfüllung dieser Pflicht ist er nicht bloß den Erben, sondern auch den Nachlaßgläubigern verantwortlich. In gleicher Weise ist die Haftbarkeit des Nachlaßrichters bei Amtspflichtverletzungen auch den Nachlaßgläubigern gegenüber anzuerkennen (RG 88, 265). Ein Zwang zur Übernahme des Amtes findet nicht statt (§ 1981 Abs 3). — Die gleiche Stellung wie der Pfleger hat der der Mutter als Inhaberin der elterlichen Gewalt beigeordnete Beistand, soweit ihm die Vermögensverwaltung übertragen ist (§ 1693). Ähnliche Obliegenheiten wie der Pfleger hatte der Fürsorger betreffs des zum Zwecke der Fürsorgeerziehung in einer Familie untergebrachten Zöglings (vgl. § 11 PrGes v. 2. 7. 00). Über die vor dem Jugendwohlfahrtsgesetz zulässige Pflegschaft zum Zwecke der Schutzaufsicht s. AllgVf. d. PrJM v. 18. 2. 18 und JFG 2, 84. Verschieden ist trotz mancher Ähnlichkeiten die Stellung des Testamentsvollstreckers (§§ 2197ff.) und des Treuhänders im Hypothekenrecht (§§ 1141 Abs 2, 1189 BGB, §§ 29ff. HypBankG v. 13. 7. 99). Abweichend ist ferner in der PrVO v. 10. 3. 19 über die Aufnahme von Familienschlüssen für Familiengüter die Aufsichtsbehörde (Oberlandesgericht) an Stelle des Vormundschaftsgerichts für zuständig erklärt, die Genehmigung zu erteilen und einen Pfleger für abwesende, unbekannte oder ungewisse Beteiligte oder einen Sonderpfleger zu bestellen (§ 3, vgl. auch § 11 über Bestellung eines Pflegers als Zwangsverwalters). Ein Pfleger kann endlich in dem Verfahren aus §§ 1635, 1666 zu dem besondern Zwecke bestellt werden, das Vormundschaftsgericht bei den zur Feststellung des Sachverhalts erforderlichen Ermittlungen zu unterstützen (KGJ 50 A 34; vgl. Vorbem 4 vor § 1616). Eine Beschwerde gegen die Einleitung der Pflegschaft findet nicht statt, weil durch eine solche Pflegerbestellung das Recht eines Beteiligten nicht beeinträchtigt wird (KGJ das.). — Nach § 46 JWG kann das Jugendamt zum Pfleger eines Minderjährigen bestellt werden, ebenso nach § 47 Abs 1 das. der Anstalts- oder Vereinsvorstand.

§ 1909

Wer unter elterlicher Gewalt oder unter Vormundschaft steht, erhält für Angelegenheiten, an deren Besorgung der Gewalthaber oder der Vormund verhindert ist[1])[2]), einen Pfleger. Er erhält insbesondere einen Pfleger zur Verwaltung des Vermögens, das er von Todes wegen erwirbt oder das ihm unter Lebenden von einem Dritten unentgeltlich zugewendet wird, wenn der Erblasser durch letztwillige Verfügung, der Dritte bei der Zuwendung bestimmt hat, daß dem Gewalthaber oder dem Vormunde die Verwaltung nicht zustehen soll[3]).

Tritt das Bedürfnis einer Pflegschaft ein, so hat der Gewalthaber oder der Vormund dem Vormundschaftsgericht unverzüglich Anzeige zu machen[4]).

Die Pflegschaft ist auch dann anzuordnen, wenn die Voraussetzungen für die Anordnung einer Vormundschaft vorliegen, ein Vormund aber noch nicht bestellt ist[5]).

E I 1738 II 1786; M 4 1043 u. 1252; P 4 855; 6 312.

1. Voraussetzung der Pflegschaft ist, daß der **Gewalthaber oder Vormund an der Besorgung der Angelegenheiten des Kindes oder Mündels** (ganz oder teilweise) **verhindert** ist. Die Verhinderung kann eine tatsächliche sein — wie infolge längerer Krankheit, Abwesenheit, Teilnahme am Kriege, Haft oder Geschäftsungewandtheit (vgl. § 1665 A 1) — oder auf rechtlichen Gründen beruhen (Vertretungsbeschränkung nach §§ 181, 1795, 1796, 1630 Abs 2, Beschränkung der Rechte des Gewalthabers nach §§ 1638, 1647, 1666, 1667, 1670, 1686 oder des Vormundes nach § 1801). Notwendig wird z. B. eine Pflegschaft gemäß § 181, wenn ein Anspruch des Kindes gegen den Gewalthaber, wie der Anspruch auf Unterhaltsgewährung, geltend gemacht werden soll, wobei das Vormundschaftsgericht nicht etwa zu prüfen hat, ob

der Anspruch begründet ist (vgl. § 1837 A 1). Bei offenbarer Mutwilligkeit der Rechtsverfolgung kann allerdings die Bestellung eines Pflegers abgelehnt werden (so jetzt auch Staudinger A 2b und A VI, 5a β zu § 1630; abw. Planck A 2c; vgl. Aufsatz in ZBlFG 1917, 484f. — abgelehnt ist in KGJ 50 A 38 die Bestellung eines Pflegers für die unzulässige Klage des Kindes gegen den Vater auf Feststellung der Unehelichkeit). Der Bestellung eines Pflegers bedarf es natürlich nicht, wenn bei tatsächlicher Verhinderung des Vaters die elterliche Gewalt gemäß § 1685 von der Mutter ausgeübt wird oder wenn auf Grund der §§ 1665, 1672, 1844 Abs 2, 1846 das Vormundschaftsgericht selbst die erforderlichen Handlungen vornimmt. Auch in dem Verfahren aus §§ 1635, 1636, 1666ff. ist die Bestellung eines Pflegers nicht unbedingt geboten (vgl. Vorbem 4 vor § 1616, Vorbem 3 a. E. vor § 1909). Es steht im Ermessen des Vormundschaftsgerichts, ob es sich der Hilfe eines Pflegers bedienen will. Ein Anlaß zur Bestellung eines Pflegers ist übrigens immer erst dann gegeben, wenn eine bestimmte Angelegenheit für das Kind oder den Mündel zu besorgen ist. Bloß zu dem Zwecke, daß der Pfleger darauf achtet, ob etwa ein Bedürfnis, für den Pflegling in Tätigkeit zu treten, später sich ergeben werde, kann eine Pflegschaft nicht angeordnet werden. Eine derartige bloße Beobachtungspflegschaft (Vigilanzpflegschaft) entspricht nicht dem Gesetz (KG in OLG 7, 127; RJA 16, 10). Es kann übrigens, wenn der Erblasser im Testament dem Vater eines minderjährigen Kindes nur die Verwaltung des dem Kinde als Nachlaßerben zufallenden Vermögens entzogen hat, nicht angenommen werden, daß dem Vater zugleich die Wahrnehmung der Rechte des Kindes bezüglich der Anwartschaft auf die Nacherbfolge hat entzogen werden sollen (KGJ 50 A 48) In der Auswahl des Pflegers hat das Vormundschaftsgericht freie Hand, ohne an die Vorschriften über Berufung zur Vormundschaft gebunden zu sein (§ 1916). Es steht auch nichts im Wege, daß der Gegenvormund als Pfleger bestellt wird. Die französische Einrichtung, wonach der Gegenvormund auch ohne solche Bestellung den Vormund im Falle seiner Verhinderung vertritt, ist in das BGB nicht übergegangen. Über Bestellung eines Pflegers zur Stellung eines Strafantrags s. RGSt 50, 156.

2. Nur **an Stelle des Vormundes, nicht des Gegenvormundes** wird ein Pfleger bestellt. Bei dauernder Verhinderung des Gegenvormundes wird dessen Entlassung und die Bestellung eines neuen Gegenvormundes nötig (§ 1886). Bei vorübergehender Verhinderung wird regelmäßig ohne die Neubestellung eines Gegenvormundes auszukommen sein. Die für gewisse Rechtsgeschäfte vorgeschriebene Genehmigung des Gegenvormundes wird durch die des Vormundschaftsgerichts ersetzt (§§ 1809, 1810, 1812). — Ist der Pfleger verhindert, so muß für die Dauer der Verhinderung Ersatz durch Bestellung eines andern Pflegers (Unterpflegers) geschaffen werden.

3. Ein besonderer Fall der rechtlichen Verhinderung ist es, wenn der **Dritte, der dem Kinde oder dem Mündel unentgeltlich Vermögen zuwendet**, die **Verwaltung des Gewalthabers oder Vormundes ausgeschlossen** hat. Daß eine solche Anordnung die Unfähigkeit des Gewalthabers zur Verwaltung des Vermögens zur Folge hat, ist in § 1638 bestimmt. Hinsichtlich des Vormundes kann das gleiche nicht angenommen werden, da der Umfang seiner Vertretungsmacht nur vom Vormundschaftsgericht eingeschränkt werden kann. Die Unfähigkeit tritt hier erst mit der Bestellung des Pflegers ein (vgl. § 1794 A 1). Die Anordnung über Ausschließung der Verwaltung muß, damit sie wirksam ist, bei der Zuwendung erfolgt sein (vgl. § 1638 A 2), wodurch natürlich nicht ausgeschlossen ist, daß die Anordnung schon vor der Zuwendung getroffen werden kann, sofern nur die Zuwendung in Verfolg und in Aufrechterhaltung dieser Anordnung vorgenommen wird. Dem Vormundschaftsgericht steht — was bezüglich der Zuwendungen an den Gewalthaber schon aus § 1638 zu entnehmen ist — nicht das Recht zu, die Ausschließung der Verwaltung wegen Gefährdung der Interessen des Pfleglings (vgl. § 1803 Abs 2) außer Kraft zu setzen, da in der Anordnung einer Pflegschaft eine solche Gefährdung nicht erblickt werden kann. Dagegen ist das Vormundschaftsgericht, wenn der Dritte gemäß § 1917 bei der Zuwendung für die Verwaltung des Vermögens einen Pfleger benannt oder diesem die in den §§ 1852—1854 zugelassenen Befreiungen zugewandt hat, hieran nicht unbedingt gebunden. Der berufene Pfleger kann, wenn seine Bestellung das Interesse des Pfleglings gefährden würde, nach § 1778 Abs 1 übergangen werden (a. M. Blume § 1917 A 1, der nicht die Bestimmung des § 1778, sondern die des § 1917 Abs 2 Satz 2 für anwendbar hält), und die wegen der Befreiung getroffenen Anordnungen können jederzeit, sobald eine Gefährdung sich herausstellt — bei Lebzeiten des Dritten allerdings nur unter den Voraussetzungen des § 1917 Abs 3 —, außer Kraft gesetzt werden. Hinsichtlich der Anordnungen des Dritten über die Art der Verwaltung kommen die Bestimmungen der §§ 1639, 1803 zur Anwendung. Durch die Ausschließung der Verwaltung des Nachlasses ist dem gesetzlichen Vertreter nicht ohne weiteres die Befugnis der Ausschlagung der Erbschaft entzogen (RJA 14, 115). Was das Recht der Entlassung betrifft, so genießt der von dem Dritten benannte Pfleger keinen Vorzug vor einem andern Pfleger. Er kann ebenso wie dieser aus den Gründen der §§ 1886—1889 entlassen werden. Der Vater, der bei der Verwaltung des Vermögens in keiner Weise mitzuwirken hat, ist deshalb auch nicht

berechtigt, gegen eine Ablehnung seines Antrags auf Entlassung des Pflegers Beschwerde einzulegen (RJA 11, 162). Die Einleitung einer Pflegschaft wird nicht dadurch ausgeschlossen, daß unter Entziehung des Verwaltungsrechts des Gewalthabers ein Testamentsvollstrecker ernannt ist, da es der Bestellung eines Pflegers schon zur Wahrnehmung der Rechte des Kindes gegenüber dem Testamentsvollstrecker bedarf (RJA 10, 102; JFG 2, 132, vgl. § 1656 A 1). Hierauf sind jedoch die Befugnisse des Pflegers nicht zu beschränken. Er hat das Kind zu vertreten auch bei Erteilung der Einwilligung zur Eingehung von Verbindlichkeiten durch den Testamentsvollstrecker (§ 2206 Abs 2), ferner bei zeitweiser Erledigung dieses Amtes (§§ 2198 bis 2200) sowie bei Annahme und Verwaltung etwaiger von dem Testamentsvollstrecker abgelieferter Einkünfte. Als Wirkungskreis des Pflegers wird deshalb am richtigsten die Verwaltung des Vermögens des Erblassers, soweit sie nicht dem Testamentsvollstrecker zusteht, zu bezeichnen sein (KG in RJA 16, 15). Diese Vorschriften finden Anwendung, auch wenn die Verwaltung des Gewalthabers oder Vormundes bereits vor Inkrafttreten des BGB ausgeschlossen war (**RG** 22. 2. 13 IV 486/12).

4. Die **Anzeige** ist unverzüglich, d. i. ohne schuldhaftes Zögern (§ 121 Abs 1), von dem Gewalthaber oder Vormund zu machen. Kann es zweifelhaft sein, ob die Bestellung eines Pflegers geboten ist, so hat der Anzeigepflichtige die Entscheidung dem Vormundschaftsgericht zu überlassen. Er darf die Anzeige nicht deshalb unterlassen, weil er den Fall der Pflegschaft nicht für gegeben hält. Auch dem an Verwaltung seines Amtes verhinderten Pfleger liegt die gleiche Anzeigepflicht ob (§§ 1915, 1909 Abs 2). Daneben besteht die Anzeigepflicht des Gegenvormundes (§ 1799), des Beistandes (§§ 1693, 1694) und des Gemeindewaisenrats (§ 49 FGG). Ist infolge eines gerichtlichen Verfahrens die Anordnung einer Pflegschaft notwendig geworden, so hat das Gericht (Prozeßgericht, Nachlaßgericht, Vormundschaftsgericht) das zuständige Vormundschaftsgericht zu benachrichtigen (§ 50 FGG).

5. Durch die Bestimmung des Abs 3 ist — was sonst zweifelhaft sein könnte — gestattet, daß **an Stelle des Vormundes vorläufig ein Pfleger bestellt wird.** Ein Bedürfnis hierzu kann sich ergeben, wenn die Bestellung eines Vormundes aus besondern Gründen (Schwierigkeit, einen geeigneten Vormund zu finden, Weigerung des Vormundes, Prüfung, ob ein berufener Vormund vorhanden ist) sich verzögert und eine Angelegenheit schleunigst erledigt werden muß. Liegen solche Gründe vor, so ist es auch in den Fällen einer vorläufigen Vormundschaft (§ 1906) nicht unzulässig, an Stelle des Vormundes vorläufig einen Pfleger zu bestellen. Die Wirkung einer Beschränkung der Geschäftsfähigkeit des zu Entmündigenden ist hiermit nicht verbunden (bestr.).

§ 1910

Ein Volljähriger, der nicht unter Vormundschaft steht, kann einen Pfleger für seine Person und sein Vermögen erhalten, wenn er infolge körperlicher Gebrechen, insbesondere weil er taub, blind oder stumm ist, seine Angelegenheiten nicht zu besorgen vermag[1]).

Vermag ein Volljähriger, der nicht unter Vormundschaft steht, infolge geistiger oder körperlicher Gebrechen einzelne seiner Angelegenheiten oder einen bestimmten Kreis seiner Angelegenheiten, insbesondere seine Vermögensangelegenheiten, nicht zu besorgen, so kann er für diese Angelegenheiten einen Pfleger erhalten[1]) [2]).

Die Pflegschaft darf nur mit Einwilligung des Gebrechlichen angeordnet werden, es sei denn, daß eine Verständigung mit ihm nicht möglich ist[3]).

E I 1739 II 1787; M 4 1256; P 4 855; 5 147; 6 311.

1. **Gebrechlichkeitspflegschaft.** In Erweiterung des durch § 1896 (Vormundschaft über Volljährige) gewährten Schutzes wird durch § 1910 ein vormundschaftlicher Schutz auch allen den Volljährigen zuteil, die an körperlichen oder geistigen Gebrechen leiden und hierdurch ganz oder teilweise an Besorgung ihrer Angelegenheiten verhindert sind. Als körperliche Gebrechen kommen nicht bloß die im Abs 1 angeführten Fälle der Taubheit, Blindheit oder Stummheit in Betracht. Das Gebrechen kann auch in einer Beschränkung der körperlichen Bewegungsfreiheit (Lähmung, Verstümmlung), in hochgradiger Schwerhörigkeit, Kurzsichtigkeit usw. bestehen, wenn auch diese Gebrechen nur zur Folge haben, daß die Besorgung der Angelegenheiten erheblich erschwert wird (a. M. Fuchs A 2 a β; Blume A 2 b, die eine bloße Erschwerung nicht für genügend halten). In gleicher Weise wird man unter geistigen Gebrechen nicht bloß Geisteskrankheit und Geistesschwäche (vgl. § 6 A 2), sondern darüber hinaus eine jede erhebliche Minderung der Geisteskräfte zu verstehen haben. Trunksüchtige und Verschwender sind, falls nicht mit dem bei ihnen ausgebildeten

sittlichen Mangel ein geistiges Gebrechen verbunden ist, nicht hierher zu rechnen. Hinsichtlich der geistigen Gebrechen ist von besonderer Bedeutung, daß § 1910 nur eine Pflegschaft zur Besorgung einzelner Angelegenheiten oder eines bestimmten Kreises von Angelegenheiten kennt. Es entsteht deshalb die Frage, ob eine solche beschränkte Pflegschaft auch über Geisteskranke und Geistesschwache, die ihre Angelegenheiten in der Gesamtheit nicht zu besorgen vermögen, angeordnet werden kann. Die Gerichte haben sich für Bejahung dieser Frage entschieden (**RG** 52, 240; 65, 202; JW 03 Beil 64[147]; 06, 376[2]). Ein Bedürfnis für eine solche Pflegschaft liegt namentlich dann vor, wenn eine vollständige Heilung in absehbarer Zeit zu erwarten ist und deshalb die Stellung des Entmündigungsantrags unterlassen wird. Ein Pfleger kann übrigens dem geschäftsunfähigen Geisteskranken auch zur Stellung des Entmündigungsantrags (als gesetzlicher Vertreter) bestellt werden, obschon der Pfleger hier eine Handlung vornimmt, die von dem Geisteskranken selbst nicht vorgenommen werden könnte (vgl. hinsichtlich des § 90 PrVormO **RG** 45, 179; dagegen Stein-Jonas, ZPO § 646 I 3). Dafür, ob über einen körperlich Gebrechlichen eine allgemeine oder eine beschränkte Pflegschaft anzuordnen ist, ist das im einzelnen Falle bestehende Fürsorgebedürfnis entscheidend. Eine Pflegschaft ist nicht nötig, wenn der Gebrechliche in der Lage ist, zur Besorgung seiner Angelegenheiten einen Vertreter anzunehmen, und auch durch sein Gebrechen nicht an Ausübung der nach der Sachlage erforderlichen Beaufsichtigung gehindert ist. Wird für die mit ihrem Manne in Gütertrennung lebende Frau für ihre Vermögensangelegenheiten ein Gebrechlichkeitspfleger bestellt, so ist der Mann, da in seine Rechte nicht eingegriffen wird, nach § 20 FGG nicht beschwerdeberechtigt (RJA 13, 69). Wegen der Ausschließung vom Wahlrecht s. § 1896 A 3.

2. Die zur Vertretung der Beamten im **Verfahren der zwangsweisen Versetzung in den Ruhestand** „nötigenfalls" nach § 62 des RBG v. 18. 5. 07, desgleichen nach den landesgesetzlichen Bestimmungen über Dienstvergehen der Richter und der nichtrichterlichen Beamten anzuordnende Pflegschaft stellt sich als eine Pflegschaft des öffentlichen Rechtes dar, für welche die besondern Bestimmungen des § 1910 keine Geltung haben (KG in RJA 6, 2). Der Pfleger kann sowohl von dem Vormundschaftsgericht — das regelmäßig in erster Linie angegangen werden wird — als von der dem Beamten vorgesetzten Dienstbehörde bestellt werden. Wird das Vormundschaftsgericht um Bestellung ersucht, so hat dieses darüber, ob eine Pflegschaft erforderlich ist, selbständig zu befinden. Die zwangsweise Unterbringung in eine Heilanstalt behufs Feststellung des geistigen Gebrechens kann von dem Vormundschaftsgericht, da das Verfahren der freiwilligen Gerichtsbarkeit in diesem Falle eine solche Zwangsmaßregel nicht kennt, nicht angeordnet werden (KG in RJA 16, 170). Über die Zulässigkeit der Bestellung eines Pflegers aus § 1910 im Zwangspensionierungsverfahren gegen einen geisteskranken mittelbaren Staatsbeamten gemäß § 20 PrZustG v. 1. 8. 83 s. KGJ 37 A 69. Abgesehen von dem Verfahren der zwangsweisen Versetzung in den Ruhestand kann zur Vertretung eines Beamten gegenüber seiner vorgesetzten Behörde im Dienstverhältnis, insbesondere im Disziplinarverfahren, eine Pflegschaft aus § 1910 nicht angeordnet werden (RJA 14, 100).

3. **Einwilligung des Gebrechlichen.** Die Pflegschaft aus § 1910 läßt grundsätzlich die Geschäftsfähigkeit unberührt. Die Bestimmungen, daß die Bestellung eines Gebrechlichkeitspflegers für das gesamte Vermögen die Untauglichkeit des Pfleglings zum Vormunde (§§ 1781 Nr 2, 1792, 1694, 1866 Nr 2, 1886, 1915), die Unfähigkeit zum Testamentsvollstrecker (§§ 2201, 2225) und die Unfähigkeit zur Ausübung der elterlichen Gewalt (§ 1676 Abs 2) zur Folge hat, sind besonderer Art; die Geschäftsfähigkeit wird hierdurch nicht aufgehoben. Die Pflegschaft dient demgemäß wesentlich nur zur Unterstützung des Pflegebefohlenen. Der Pfleger hat deshalb, falls er nicht einem Geschäftsunfähigen beigeordnet ist, nicht die Stellung eines gesetzlichen Vertreters, sondern eines vom Staate bestellten Bevollmächtigten. Diesem Charakter der Pflegschaft entspricht es, daß zur Einleitung der Pflegschaft die Einwilligung des Gebrechlichen gefordert wird. Für die Erteilung der Einwilligung als einer bloßen Zustimmung zu der behördlichen Anordnung ist eine besondere Form nicht vorgeschrieben. Sie muß aber in solcher Weise erteilt sein, daß daraus die Absicht, sie zur Kenntnis des Vormundschaftsgerichts gelangen zu lassen, erhellt (vgl. § 4 A 1). Die Einwilligung kann, wie aus § 1920 hervorgeht, jederzeit zurückgenommen werden, auch wenn ein Bedürfnis für die Pflegschaft weiterbesteht. Demgemäß ist auf den Antrag des Pflegebefohlenen die Pflegschaft aufzuheben (§ 1920). Der Aufhebungsantrag ist eine rechtsgeschäftliche Willenserklärung, die dem Vormundschaftsgericht gegenüber abzugeben ist. Die Einwilligung zur Einleitung der Pflegschaft ist nicht nötig, wenn eine Verständigung mit dem Pflegebefohlenen ausgeschlossen ist, wenn dieser sich nicht verständlich ausdrücken kann oder kein Verständnis für die Bedeutung der Pflegschaft hat. Dieser Fall liegt auch vor, wenn die Pflegschaft (vgl. A 1) über einen Gebrechlichen einzuleiten ist, der im Sinne des § 104 Nr 2 überhaupt keinen freien Willen hat (**RG** JW 06, 376[2]; **RG** 65, 199). Ebenso kann der Antrag auf Aufhebung der Pflegschaft seitens des Pflegebefohlenen, dessen Willenserklärung nach § 105

nichtig ist, keine Beachtung finden (RG 65, 203). Der Pflegebefohlene gilt nicht etwa für diesen Antrag — wie der Entmündigte nach § 664 ZPO für die Anfechtungsklage im Entmündigungsverfahren — als geschäftsfähig. Die bloße Schwierigkeit der Verständigung kann der Unmöglichkeit nicht gleichgestellt werden. Eine Nachprüfung, ob die Bestellung des Pflegers nach § 1910 Abs 3 rechtmäßig erfolgt ist, steht dem Prozeßgericht nicht zu (RG 7. 4. 09 V 409/08; vgl. § 1915 A 1).

§ 1911

Ein abwesender Volljähriger, dessen Aufenthalt unbekannt ist[1]), erhält für seine Vermögensangelegenheiten, soweit sie der Fürsorge bedürfen, einen Abwesenheitspfleger. Ein solcher Pfleger ist ihm insbesondere auch dann zu bestellen, wenn er durch Erteilung eines Auftrags oder einer Vollmacht Fürsorge getroffen hat, aber Umstände eingetreten sind, die zum Widerrufe des Auftrags oder der Vollmacht Anlaß geben[2])[3]).

Das gleiche gilt von einem Abwesenden, dessen Aufenthalt bekannt, der aber an der Rückkehr und der Besorgung seiner Vermögensangelegenheiten verhindert ist[1]).

E I 1740 II 1788; M 4 1256 ff.; P 4 856.

1. Als ein **Abwesender, dessen Aufenthalt unbekannt ist,** ist anzusehen, wer von seinem letzten Wohnorte oder, wenn er einen Wohnort nicht hat, von seinem letzten Aufenthaltsorte sich entfernt hat und dessen gegenwärtiger Aufenthalt trotz sachdienlicher Nachforschungen nicht bekannt geworden ist, desgleichen derjenige, der an diesem Orte, wenn auch eine Entfernung nicht festzustellen ist, nach den stattgehabten Nachforschungen spurlos verschwunden ist. Die Pflegschaft hat darin ihren Grund, daß der Abwesende an Besorgung seiner Vermögensangelegenheiten gehindert ist. Der Unbekanntschaft des Aufenthalts ist deshalb der Fall gleichgestellt, daß der Abwesende infolge besonderer Umstände, wie Verkehrsunterbrechung, Festnahme oder Aufenthalt in weiter Ferne, an der rechtzeitigen „Rückkehr" (Überwindung der räumlichen Entfernung) und dadurch zugleich an der sachgemäßen Erledigung seiner Vermögensangelegenheiten gehindert ist. Eine solche Hinderung kann auch eintreten, obschon der Verhinderte an seinem Wohnorte oder in seiner Wohnung verblieben ist. Auch in diesem Falle wird, wenn durch die Entfernung von dem Orte, wo die Vermögensangelegenheit zu besorgen ist, die Besorgung entweder gehindert oder doch wesentlich erschwert wird, ein berechtigter Anlaß zur Einleitung einer Pflegschaft anzuerkennen sein. Unter Abwesenheit im Sinne des § 1911 Abs 2 darf nicht ausschließlich die Abwesenheit vom Wohnsitz verstanden werden, wennschon das Gesetz, das von „Rückkehr" spricht, ein solches Mißverständnis nahelegt. Die Abwesenheit von dem Orte der Geschäftsbesorgung kann genügen, wenn noch ein weiteres in der räumlichen Entfernung der Person liegendes Hindernis hinzukommt, so wenn der Abwesende an der Reise nach diesem Orte gehindert ist, wie dies z. B. bei den im Auslande lebenden Deutschen leicht zutreffen konnte, denen durch den Krieg die Reise nach Deutschland unmöglich gemacht wurde (RG 98, 263). Der Aufenthalt des im Felde stehenden Wehrmanns, mit dem brieflicher Verkehr unter der Bezeichnung des Truppenteils möglich ist, kann übrigens nicht schon deshalb, weil der Aufenthaltsort aus militärischen Gründen nicht bekanntgegeben wird, als unbekannt gelten. Die einmal eingeleitete Pflegschaft bleibt, auch wenn ihre Voraussetzungen nicht vorhanden waren, so lange wirksam, bis sie wieder aufgehoben ist (vgl. § 1774 A 2, § 1915 A 1). Die Rechtswirksamkeit der von dem Abwesenheitspfleger oder ihm gegenüber vorgenommenen Rechtshandlungen wird auch nicht dadurch beeinträchtigt, daß sich hinterher herausstellt, daß der Abwesende bereits zur Zeit der Einleitung der Pflegschaft nicht mehr am Leben war (RG 6. 10. 10 IV 588/09; Warn 1911 Nr 88). Der Einleitung einer Abwesenheitspflegschaft steht nicht unbedingt entgegen, daß die Lebensvermutungsfrist des § 19 bereits abgelaufen ist. Eine Erbschaft kann freilich nach dieser Frist dem Verschollenen gemäß § 1923 nur anfallen und demgemäß die Verwaltung des Abwesenheitspflegers sich hierauf nur erstrecken, wenn nachweislich der Verschollene damals noch gelebt hat. Wegen der Abwesenheitspflegschaft über einen Ausländer s. § 1773 A 1. Die Bestellung eines Abwesenheitspflegers wird nicht schon dadurch gerechtfertigt, daß der in seinem Heimatstaat lebende Ausländer infolge des Krieges an Wahrnehmung seiner Vermögensangelegenheiten im Inlande verhindert ist (RJA 15, 184). Kann wegen der Verschollenheit des Abwesenden nicht ermittelt werden, ob er aufgehört hat, ein Deutscher zu sein, so ist bei Anordnung der Abwesenheitspflegschaft davon auszugehen, daß er die deutsche Staatsangehörigkeit nicht verloren hat (BayObLG in OLG 6, 305 — vgl. § 13 A 3). Für den Kriegsteilnehmer konnte nach §§ 1, 3 VO v. 14. 1. 15 von dem Vorsitzenden des Prozeßgerichts auf Antrag und auf Kosten des Prozeßgegners ein Prozeßvertreter bestellt werden. Die Zu-

lässigkeit der Anordnung einer Abwesenheitspflegschaft wird durch diese Bestellung nicht ausgeschlossen. Einer juristischen Person kann ein Abwesenheitspfleger nicht deshalb bestellt werden, weil ihre Vertreter unbekannt oder nicht zu erreichen seien (KG in JW 1920, 497[1]).

2. Die Abwesenheitspflegschaft ist nur einzuleiten, wenn ein **Fürsorgebedürfnis in Ansehung der Vermögensangelegenheiten** vorhanden ist, und zwar nur für einen Volljährigen, nicht einen Minderjährigen, der, weil er unter elterlicher Gewalt oder unter Vormundschaft steht, eines Abwesenheitspflegers nicht bedarf. Das Fürsorgebedürfnis ist auch von Bedeutung für die Frage, wie lange Zeit die Abwesenheit gedauert haben muß. Eine kürzere Zeit kann genügen, wenn inzwischen in den Vermögensverhältnissen erhebliche Änderungen vorgekommen sind, die ein Eingreifen erforderlich machen. Ein Fürsorgebedürfnis besteht nicht, wenn der Abwesende in der Lage ist, seine Vermögensangelegenheiten schriftlich zu besorgen, falls nicht etwa zur Erledigung dringender Angelegenheiten die Anordnung der Pflegschaft geboten ist. Hat der Abwesende einen Bevollmächtigten bestellt, so kann gleichwohl Anlaß zur Anordnung einer Pflegschaft gegeben sein, wenn infolge besonderer Umstände ein Widerruf der Vollmacht angezeigt erscheint. Ein Abwesender kann ferner schon dadurch genügend geschützt sein, daß ein Nachlaßpfleger oder Testamentsvollstrecker seine Interessen wahrnimmt. Die Bestellung eines Abwesenheitspflegers kann aber, wenn eine Erbauseinandersetzung herbeigeführt werden soll, nötig werden (vgl. auch A 3). Auch der Umfang der Pflegschaft, ob der Pfleger für einzelne oder alle Vermögensangelegenheiten zu bestellen ist, bestimmt sich nach dem Fürsorgebedürfnis. Innerhalb des ihm zugewiesenen Wirkungskreises ist der Pfleger als gesetzlicher Bevollmächtigter, soweit nicht das Vormundschaftsgericht seine Befugnisse beschränkt hat, zur Besorgung aller Vermögensangelegenheiten, nicht bloß zur Vornahme der auf die Erhaltung des Vermögens abzielenden Handlungen befugt. Seine Sache ist es auch, über den Aufenthalt und das Leben des Abwesenden Nachrichten einzuziehen. Zu dem Antrage auf Todeserklärung bedarf der Pfleger, der bei Stellung dieses Antrags nicht etwa in Vertretung des Pfleglings, sondern kraft seiner amtlichen Befugnisse als Pfleger handelt (vgl. **RG** 74, 331), nach § 962 ZPO der Genehmigung des Vormundschaftsgerichts. Dagegen ist er zu dem Antrage auf Konkurseröffnung selbständig berechtigt wie auch verpflichtet. In persönlichen Angelegenheiten kann er den Abwesenden nicht vertreten. Er ist deshalb auch zur Stellung eines Strafantrags für den Abwesenden nicht berechtigt, soweit es sich nicht um die Verletzung der von ihm wahrzunehmenden Vermögensrechte handelt. Die dem Ehemann nach dem ehelichen Güterrechte an dem Vermögen seiner Frau zustehenden Rechte werden von dem Abwesenheitspfleger wahrgenommen. Die Frau kann jedoch, wenn die baldige Aufhebung der Pflegschaft nicht zu erwarten ist, nach § 1418 Abs 1 Nr 5 auf Aufhebung der Verwaltung und Nutznießung, beziehentlich nach § 1542 auf Aufhebung der Errungenschaftsgemeinschaft klagen. — Die Abwesenheitspflegschaft dient dem Interesse des Abwesenden. Auch der auf Grund der §§ 292ff. StPO für den abwesenden Angeschuldigten bestellte Güterpfleger hat nicht bloß die Interessen des Staates, sondern zugleich die des Angeschuldigten wahrzunehmen (JFG 1, 89). An der Anordnung der Pflegschaft können allerdings auch Dritte ein Interesse haben, namentlich die Gläubiger des Abwesenden, die von dem Abwesenheitspfleger die Befriedigung ihrer Ansprüche erwarten, die am Vertragsverhältnis Beteiligten, die dem Abwesenden eine Mahnung, Kündigung usw. zugehen lassen wollen. Sie sind deshalb berechtigt, die Einleitung einer Pflegschaft zu beantragen und können gegen eine die Anordnung der Pflegschaft ablehnende oder die Pflegschaft aufhebende Verfügung Beschwerde erheben (§ 57 Abs 1 Nr 3 FGG). Dafür aber, ob die Pflegschaft einzuleiten oder fortzuführen ist, ist allein das Interesse des Abwesenden maßgebend (**RG** Warn 1920 Nr 48). Bloß zu dem Zwecke, daß die Hypothek gekündigt wird, darf über den abwesenden Hypothekengläubiger, wenn ihm durch die Kündigung kein Vorteil erwächst, eine Pflegschaft nicht eingeleitet werden. Zulässig ist aber die Bestellung eines Abwesenheitspflegers, um die durch Nichtzahlung einer klaren Schuld oder durch Anstellung eines Prozesses entstehenden Nachteile zu vermeiden (RJA 15 S. 176 u. 186; 17, 1). Nicht beschwerdeberechtigt sind die Miterben gegen eine Verfügung, durch welche die Anordnung einer Abwesenheitspflegschaft für einen weiteren Miterben abgelehnt wird. Die Durchführung des Teilungsverfahrens und die Verwaltung des Nachlasses ist durch die Mitwirkung des letzteren, gegen den nötigenfalls (§ 2038) im Klagewege vorgegangen werden kann, nicht bedingt (RJA 16, 155). Die Bestellung eines Abwesenheitspflegers kann auch von einer öffentlichen Behörde, z. B. von dem Spezialkommissar im Interesse der Durchführung des Verwendungsverfahrens bei Veräußerung eines Trennstücks (KGJ 48 A 16), verlangt werden.

3. Ein Abwesenheitspfleger besonderer Art ist der **Auseinandersetzungspfleger,** der bei Vorhandensein der Voraussetzungen der Abwesenheitspflegschaft von dem Nachlaßgericht zur Vertretung eines abwesenden Beteiligten bei der Auseinandersetzung über den Nachlaß oder das Gesamtgut bestellt wird (§§ 88, 99 FGG).

§ 1912

Eine Leibesfrucht erhält zur Wahrung ihrer künftigen Rechte[1]), soweit diese einer Fürsorge bedürfen, einen Pfleger. Die Fürsorge steht jedoch dem Vater oder der Mutter zu, wenn das Kind, falls es bereits geboren wäre, unter elterlicher Gewalt stehen würde[2])[3]).

E I 1741 II 1789; M 4 1262; P 4 857.

1. Die **Leibesfrucht** wird zwar nicht als rechtsfähig anerkannt, es werden ihr aber für den Fall der Geburt Rechte vorbehalten (s. hierüber § 1 A 4). Zur Wahrung dieser Rechte ist ein Pfleger zu bestellen. Die Pflegschaft des § 1912 unterscheidet sich hiernach wie auch die Pflegschaft über die noch nicht erzeugte Nachkommenschaft (§ 1913 A 1) wesentlich von den andern Pflegschaftsarten. Der Wirkungskreis des Pflegers erstreckt sich nach näherer Festsetzung des Vormundschaftsgerichts nur auf die Wahrung der Rechte der Leibesfrucht z. B. aus §§ 844 Abs 2, 1923 Abs 2, 2108, 2114ff., 2147ff., nicht auf sonstige Verfügungen. Die Bestellung eines Pflegers ist nur erforderlich, soweit die Rechte einer Fürsorge bedürfen, also nicht, wenn z. B. für den Schutz der Rechte der Leibesfrucht schon durch Ernennung eines Testamentsvollstreckers oder, was nach § 1960 bei Ungewißheit des Erben geschehen muß, durch Bestellung eines Nachlaßpflegers gesorgt ist. Bei dem Unterhaltsanspruch aus § 1963 handelt es sich lediglich um ein Recht der Mutter. Ebenso ist das Recht, die Zahlung des Unterhalts für das uneheliche Kind für die ersten drei Monate schon vor der Geburt des Kindes zu verlangen, durch § 1716 in die Hände der Mutter gelegt, so daß der Pfleger mit Wahrnehmung dieser Rechte nichts zu tun hat. Ausnahmsweise kann die Pflegschaft notwendig werden zum Schutz der Rechte der Leibesfrucht gegen die Mutter, namentlich zur Verhütung einer Kindesunterschiebung, in welchem Falle für die Anordnung der Pflegschaft, wenn auch das Interesse des Vaters und sonstiger Personen in Betracht kommen mag, nur das Interesse der Leibesfrucht ausschlaggebend ist (vgl. § 1911 A 2). Nicht ausgeschlossen ist durch § 1716 die Bestellung eines Pflegers der Leibesfrucht zur Ausbringung eines Arrestes gegen den natürlichen Vater, der sich der künftigen Unterhaltspflicht zu entziehen sucht (a. A. BayObLG in SeuffA 67 Nr 85). Der der Leibesfrucht bestellte Pfleger ist, weil es sich um eine Personalpflegschaft handelt, auch befugt, einen Abfindungsvertrag nach § 1914 abzuschließen (a. M. Blume A 6). Der mütterliche Großvater kann wegen seiner gesetzlichen Unterhaltspflicht auf die Bestellung eines Pflegers für die Leibesfrucht antragen und bei Ablehnung seines Antrags Beschwerde einlegen. — Nach § 38 JWG kann auf Antrag des Jugendamts oder einer unverehelichten Mutter, für eine — uneheliche — Leibesfrucht ein Pfleger bestellt werden, auch wenn die Voraussetzung des § 1912 Satz 1 nicht gegeben ist. Der Pfleger wird mit der Geburt des Kindes im Einverständnis mit dem Jugendamt Vormund. In diesem Fall tritt die gesetzliche Amtsvormundschaft des Jugendamts (§ 35 JWG) nicht ein.

2. Die **Pflegschaft tritt nicht ein, wenn das Kind im Falle der Geburt der elterlichen Gewalt** unterstehen würde. Der zur Ausübung der elterlichen Gewalt berufene Elternteil wird hier nicht als Pfleger bestellt, sondern hat kraft des Rechtes der späteren elterlichen Gewalt, vorausgesetzt, daß ihm diese bei Lebendgeburt des Kindes zustehen und er an der Ausübung nicht rechtlich verhindert sein würde, das Recht und die Pflicht der Fürsorge für die Leibesfrucht. Wegen des der unehelichen Mutter durch § 1716 gegebenen Rechtes s. A 1.

3. Besondere Bestimmungen bestanden hinsichtlich der **Familienschlüsse** über Familienfideikommisse und Familienstiftungen nach §§ 42—44 II 4 ALR, dem PrGes. v. 15. 2. 1840 und Art 2 PrAG. Für die bereits erzeugten, aber noch nicht geborenen Familienmitglieder wurde ein Pfleger der Leibesfrucht nicht bestellt. Es wurde vielmehr abgewartet, ob Familienmitglieder binnen 302 Tagen seit dem Tage der Vollziehung des Familienschlusses durch ihre Eltern geboren würden und war erst dann ein Pfleger für sie zu bestellen, der dem Familienschlusse mit vormundschaftsgerichtlicher Genehmigung beitreten konnte. Diese Vorschriften sind durch Art 59 EG und bezüglich der Stiftungen durch § 85 aufrechterhalten (vgl. KGJ 38 A 103). Bezüglich der Familiengüter (nicht Familienstiftungen) ist nach § 3 PrVO v. 10. 3. 19 eine Vertretung der zur Zeit der Aufnahme des Familienschlusses noch nicht geborenen Anwärter nicht vorgesehen.

§ 1913

Ist unbekannt oder ungewiß, wer bei einer Angelegenheit der Beteiligte ist[1])[2]), so kann dem Beteiligten für diese Angelegenheit, soweit eine Fürsorge erforderlich ist, ein Pfleger bestellt werden[1])[2]). Insbesondere kann einem Nacherben, der noch nicht erzeugt ist oder dessen Persönlichkeit erst

durch ein künftiges Ereignis bestimmt wird, für die Zeit bis zum Eintritte der Nacherbfolge ein Pfleger bestellt werden[3]).

E I 1742 u. 1827 II 1790; M 4 1265; 5 112; P 4 857; 5 129.

1. **Pflegschaft für unbekannte Beteiligte.** Eine Hinderung in Geltendmachung des Rechtes liegt nicht bloß vor, wenn der Berechtigte tatsächlich oder rechtlich verhindert ist, sondern auch dann, wenn unbekannt oder ungewiß bleibt, wer der Berechtigte ist und ob überhaupt ein Berechtigter vorhanden ist, sei es, daß das die Person des Berechtigten bestimmende Ereignis noch nicht eingetreten ist oder daß wegen unzulänglicher Bezeichnung des Berechtigten oder aus andern Gründen die Person des Berechtigten nicht sicher erkannt werden kann. Dem hieraus entspringenden Fürsorgebedürfnis, das auf tatsächliche und rechtliche Angelegenheiten sich erstrecken kann, wird dadurch genügt, daß für Rechnung dessen, den es angeht, mag dies nun eine natürliche oder juristische Person sein, ein Pfleger als gesetzlicher Bevollmächtigter bestellt wird. Eine solche Pflegschaft kann auch für noch nicht erzeugte Nachkommen eingeleitet werden, soweit dies zur Wahrung der ihnen im Gesetz vorbehaltenen Rechte (vgl. § 1 A 4 und nachstehend A 3) erforderlich ist. Das Bedürfnis zur Bestellung eines Pflegers wird regelmäßig zu verneinen sein, wenn die bestehende Ungewißheit leicht zu heben ist oder nur geringfügige Interessen in Frage kommen, auch dann, wenn die Beteiligten schon in anderer Weise durch Fürsorge einer Behörde — wie in Fundsachen —, durch Einsetzung eines Nachlaßpflegers, Testamentsvollstreckers genügend geschützt sind (vgl. indes hinsichtlich des Testamentsvollstreckers KG in OLG 10, 305). Abgelehnt wird die Pflegschaft von dem KG (RJA 8, 99) für den Fall, daß zwischen mehreren Personen, die allein als Berechtigte in Frage kommen, darüber gestritten wird, wem das Recht gebührt (A. M. BayObLG in OLG 33, 378, Staudinger A 2a). Jedenfalls hat der in einem solchen Falle bestellte Pfleger nicht für den einen oder anderen Prätendenten Partei zu nehmen. Auch die Pflegschaft aus § 1913 ist, wennschon es vorkommen kann, daß ein Berechtigter überhaupt nicht vorhanden ist, als Personenpflegschaft, nicht als Sachpflegschaft aufzufassen (a. M. Schultze, Treuhänder S. 62ff.; Bendix, ArchBürgR 32, 231). Die Pflegschaft wird im Interesse des Beteiligten geführt. Dritte Personen können, wenn sie an der Anordnung der Pflegschaft interessiert sind, die Pflegschaft in Anregung bringen und bei Ablehnung oder Aufhebung der Pflegschaft nach § 57 Abs 1 Nr 3 FGG Beschwerde führen (kein rechtliches Interesse des Nachlaßgerichts an Bestellung eines Nachkommenschaftspflegers, KGJ 48 A 20). Das Vormundschaftsgericht hat aber stets zu prüfen, ob die Anordnung der Pflegschaft im Interesse des Pfleglings liegt (KGJ 28 A 11). Der Pfleger hat nicht bloß die Pflicht, die unbekannten Beteiligten innerhalb des ihm zugewiesenen Wirkungskreises zu vertreten, sondern hat auch diese Beteiligten zu ermitteln. Ist ein Pfleger aus dem Grunde bestellt, weil es ungewiß ist, ob der eingesetzte Erbe den Erbfall erlebt hat oder nicht, so kann es zu seinen Aufgaben gehören, die Todeserklärung des Erben (vgl. § 1911 A 2) zu beantragen. Über die Bestellung eines Vertreters bei Herrenlosigkeit eines Grundstücks für das Prozeßverfahren oder Zwangsvollstreckungsverfahren s. §§ 58 u. 787 ZPO. Unter besonderen Umständen kann ein Bedürfnis vorhanden sein — wozu aber die Nachprüfung der Gemeindeabgabenveranlagung noch keinen Anlaß bietet —, für den künftigen Eigentümer des Grundstücks eine Pflegschaft anzuordnen (KGJ 49 A 41; 50 A 50).

2. Zur Einleitung der Pflegschaft kann auch der Umstand Anlaß geben, daß nicht feststeht, wer der **Verpflichtete** in der betreffenden Angelegenheit ist. Eine solche Pflegschaft wird jedoch nur ausnahmsweise angezeigt sein, hauptsächlich dann, wenn bei gemeiner Gefahr größere Aufwendungen im Interesse der Beteiligten, die hierdurch verpflichtet werden sollen, zu machen sind (vgl. M 4, 1265).

3. Einen besonders wichtigen Fall einer Pflegschaft aus § 1913 bildet die Bestellung eines Pflegers **für den Nacherben,** dessen Person sich erst durch ein nach dem Erbfall eintretendes Ereignis bestimmt oder der zur Zeit des Erbfalls noch nicht erzeugt ist. Da dem Nacherben schon vor Eintritt der Nacherbfolge verschiedene Befugnisse zustehen, Recht auf Mitteilung eines Verzeichnisses und Auskunftserteilung nach §§ 2121, 2122 u. 2127, Recht auf Sicherheitsleistung nach § 2128, auf Hinterlegung der Inhaberpapiere nach §§ 2116—2118, auf Feststellung eines Waldwirtschaftsplans nach § 2123, Recht auf Einhaltung der sonstigen dem Vorerben obliegenden Beschränkungen, so kann zur Wahrnehmung dieser Rechte für die einzelne Angelegenheit oder allgemein die Bestellung eines Pflegers geboten sein. Als Nacherben können neben den zur Zeit des Nacherbanfalls vorhandenen auch die in späterer Zeit zu erzeugenden Personen eingesetzt werden, die dann im Verhältnis zu den ersteren die Stellung von Nacherben weiteren Grades einnehmen. Der für die Nacherben bestellte Pfleger darf keine weitergehenden Rechte ausüben, als sie den Nacherben zustehen. Er darf nicht etwa, wennschon die persönliche Haftung für die Kosten des Rechtsstreits ihn nicht trifft, ohne Zustimmung des den Nachlaß verwaltenden Vorerben die Kosten aus diesem Nachlaß entnehmen, widrigenfalls er wegen Verschuldens ersatzpflichtig werden kann (RG 9. 5. 21

IV 629/20). Eine Pflegschaft erübrigt sich, wenn die Wahrnehmung der Anwartschaftsrechte des Nacherben dem Testamentsvollstrecker zugewiesen ist (§ 2222). Diesem kann auch die Verwaltung des Nachlasses (§ 2209) übertragen werden, während eine Pflegschaft über volljährige Personen zu diesem Zwecke nicht angängig ist. Gegen die Einleitung einer Pflegschaft für die Nacherben kann der Vorerbe, in dessen Rechte hierdurch nicht eingegriffen wird (§ 20 FGG), nicht Beschwerde erheben. Beschwerde ist auch nicht aus dem Gesichtspunkt zulässig, daß die Kosten der Pflegschaft, wenn die Nacherbfolge nicht eintreten sollte, aus dem Nachlaß zu entnehmen sein würden (KGJ 51 A 50).

§ 1914

Ist durch öffentliche Sammlung Vermögen für einen vorübergehenden Zweck zusammengebracht worden, so kann zum Zwecke der Verwaltung und Verwendung des Vermögens ein Pfleger bestellt werden, wenn die zu der Verwaltung und Verwendung berufenen Personen weggefallen sind[1]).

P 6 313.

1. S. § 80 A 1. Es handelt sich in diesem Falle nicht um eine Personenpflegschaft (KG in SeuffA 56 Nr 179). Wegfall auch bei Handlungsunfähigkeit oder wenn die Berufenen allein zur Verwaltung und Verwendung nicht mehr befugt sind, nicht schon bei grober Pflichtverletzung oder Untauglichkeit zu ordnungsmäßiger Geschäftsführung.

§ 1915

Auf die Pflegschaft finden die für die Vormundschaft geltenden Vorschriften entsprechende Anwendung, soweit sich nicht aus dem Gesetz ein anderes ergibt[1]).

Die Bestellung eines Gegenvormundes ist nicht erforderlich[2]).

E I 1743, 1746 II 1791, 1794; M 4 1266 u. 1269; P 4 857.

1. **Die für die Vormundschaft geltenden Vorschriften** des BGB und der zu dem BGB gehörigen Nebengesetze finden, da im Sinne dieser Vorschriften unter Vormundschaft auch die eine Art der Vormundschaft bildende Pflegschaft begriffen ist, in Ermanglung einer andern Bestimmung (vgl. A 2) **auf die Pflegschaft entsprechende Anwendung,** und zwar sind durchweg mit Ausnahme der Pflegschaft des § 1909 über Minderjährige und des § 1912 die für die Vormundschaft über Volljährige geltenden Vorschriften anzuwenden, was namentlich für die Bestimmung des § 1902 Abs 2 (Notwendigkeit der vormundschaftsgerichtlichen Genehmigung für Verträge über wiederkehrende Leistungen von längerer als vierjähriger Dauer) von Wichtigkeit ist. Für die Pflegschaft gilt in gleicher Weise wie für die Vormundschaft der Grundsatz, daß die Gültigkeit der von dem Vormundschaftsgericht angeordneten Pflegschaft von dem Prozeßgericht nicht nachgeprüft werden kann (**RG** JW 02, 570[4]; 03 Beil 64[147]; 7. 4. 09 V 405/08 — vgl. § 1774 A 2). Anwendbar sind die Vorschriften über Bestellung und Entlassung eines Vormundes mit Ausnahme derjenigen über die Berufung zur Vormundschaft, welche nach § 1916 für die Pflegschaft des § 1909 nicht gelten und der Natur der Sache nach auch für die Pflegschaften aus §§ 1912, 1913 u. 1914 (vgl. § 1916 A 1) nicht zur Anwendung zu kommen haben. Können hiernach die Eltern einen Pfleger nicht berufen, so können sie ihm auch nicht die Stellung eines befreiten Pflegers geben (vgl. § 1917). Anwendbar sind ferner die Vorschriften über Führung und Beaufsichtigung der Vormundschaft und über die von dem Vormundschaftsgericht oder dem Gegenvormund, falls ein solcher bestellt ist, zu erteilende Genehmigung. Schenkungen sind dem Pfleger in gleicher Weise wie dem Vormunde (§ 1804) untersagt. Darüber, daß die Bestellung eines Gegenvormundes nicht nötig ist, s. A 2. Selbstverständlich unterliegen der Genehmigung nur die Rechtshandlungen des Pflegers, nicht die Rechtshandlungen des in seiner Geschäftsfähigkeit nicht beschränkten Pflegebefohlenen. Ein Familienrat ist naturgemäß ausgeschlossen bei den Pflegschaften aus §§ 1913 u. 1914. Aber auch bei der Pflegschaft aus § 1909 ist für einen besondern Familienrat kein Raum. Ist ein Familienrat für die Vormundschaft eingesetzt, so erstreckt sich seine Zuständigkeit auch auf die neben der Vormundschaft eingeleitete Pflegschaft (vgl. § 1858 A 1). Besteht ein Familienrat für die Vormundschaft nicht, so würde es unangebracht sein, einen solchen nur für die Pflegschaft zu bilden. Im übrigen findet, was die Pflegschaften aus §§ 1910, 1911 u. 1912 betrifft, die Einsetzung eines Familienrats gemäß § 1905 nur auf Grund des § 1859 Abs 1 statt. Der Pfleger haftet nach § 1833. Hinsichtlich seines Anspruchs auf Ersatz der Aufwendungen (§ 1835) ist zu bemerken, daß bei der Pflegschaft aus § 1912 dieser Anspruch versagt, falls ein lebendes Kind nicht geboren wird (a. M. Blume A 6 zu § 1912, der

von der Auffassung ausgehend, daß es sich hier um eine Sachpflegschaft handelt, die Verwaltungskosten demjenigen auferlegen will, dem das verwaltete Vermögen zufällt) und daß ebenso bei einer Pflegschaft aus § 1913 der Anspruch sich nicht verwirklichen läßt, wenn keine Masse vorhanden ist. Mit Rücksicht hierauf wird der Vormundschaftsrichter vor Einleitung einer Pflegschaft aus § 1912 sorgfältig zu erwägen haben, ob nicht die Einleitung einer Nachlaßpflegschaft genügt, auch wird er die Einleitung der Pflegschaft aus § 1913, falls nicht die Fürsorge für die unbekannten Beteiligten unbedingt die Einleitung gebietet, von der Übernahme der Haftung des Antragstellers für die Auslagen oder Einzahlung eines entsprechenden Vorschusses abhängig machen können. Weitere Abweichungen von der Vormundschaft ergeben sich daraus, daß das Ermessen des Vormundschaftsgerichts wie bei der Einleitung der das Vorhandensein eines Fürsorgebedürfnisses voraussetzenden Pflegschaft und bei der Begrenzung des Wirkungskreises des Pflegers so auch bei der Aufhebung der Pflegschaft (vgl. § 1919) eine größere Bedeutung hat. Über die Bestellung des Jugendamts, Anstalts- oder Vereinsvorstandes zum Pfleger s. Vorbem 3 a. E. vor § 1909. Unter Umständen kann es wegen der Dringlichkeit des Falles Pflicht des Vormundschaftsrichters sein, von der vorgängigen Anhörung des Waisenrats (§ 1779 A 1) abzusehen. Wegen der Pflegschaft über einen Ausländer vgl. § 1773 A 1.

2. Neben dem Pfleger braucht ein **Gegenvormund** oder, wie er auch entgegen M 4, 1270 genannt wird, Gegenpfleger nicht bestellt zu werden, auch dann nicht, wenn mit der Pflegschaft eine Vermögensverwaltung (vgl. § 1792 Abs 2) verbunden ist. Es steht jedoch nichts entgegen, den neben dem Vormund bestellten Gegenvormund bei Anordnung einer Pflegschaft aus § 1909 auch als Gegenvormund neben dem Pfleger zu bestellen. Ohne weiteres gehen diese Verrichtungen nicht auf ihn über. Unzulässig ist der Regel nach die Bestellung eines Gegenvormundes neben dem als Pfleger aus §§ 1910, 1911 bestellten Elternteil (vgl. die näheren Bestimmungen der §§ 1903, 1904). Unzulässig ist ferner die Bestellung eines Gegenvormundes neben dem nach § 1917 benannten Pfleger, wenn der Dritte bei der Zuwendung die Bestellung eines Gegenvormundes ausgeschlossen hat.

§ 1916

Für die nach § 1909 anzuordnende Pflegschaft gelten die Vorschriften über die Berufung zur Vormundschaft nicht[1]).

E I 1744 II 1792 Abs 1; M 4 1267; P 4 857.

1. Bei der Pflegschaft aus § 1909 ist es oft wünschenswert, den Pfleger nicht aus dem Kreise der nächsten Verwandten des Pfleglings zu nehmen, damit er unbeeinflußt durch den verhinderten Gewalthaber oder Vormund seines Amtes walten kann. Diesem Umstande ist dadurch Rechnung getragen, daß die **Vorschriften über die Berufung zur Vormundschaft** für diese Pflegschaft **außer Geltung** gesetzt sind (s. jedoch § 1917 Abs 1). Das der Ehefrau nach näherer Bestimmung des § 1685 zustehende Recht, bei Verhinderung des Mannes die elterliche Gewalt für diesen auszuüben, wird natürlich hierdurch nicht berührt. Die Vorschriften über die Berufung zur Vormundschaft können aber auch keine Geltung beanspruchen für die Pflegschaften aus §§ 1913 u. 1914. Die Pflegschaft aus § 1914 hat überhaupt nicht die Natur einer Personenpflegschaft. Bei der Pflegschaft aus § 1913 ist es ungewiß, wer der Beteiligte ist, und es kann deshalb von einem zur Berufung berechtigenden Verwandtschaftsverhältnis nicht die Rede sein. Dagegen gilt hier für die übrigen Pflegschaftsfälle die Regel des § 1915 Abs 1 (abw. früh. Aufl.).

§ 1917

Wird die Anordnung einer Pflegschaft nach § 1909 Abs 1 Satz 2 erforderlich, so ist als Pfleger berufen, wer als solcher von dem Erblasser durch letztwillige Verfügung, von dem Dritten bei der Zuwendung benannt worden ist; die Vorschriften des § 1778 finden entsprechende Anwendung[1]).

Für den benannten Pfleger kann der Erblasser durch letztwillige Verfügung, der Dritte bei der Zuwendung die in den §§ 1852 bis 1854 bezeichneten Befreiungen anordnen. Das Vormundschaftsgericht kann die Anordnungen außer Kraft setzen, wenn sie das Interesse des Pflegebefohlenen gefährden[2]).

Zu einer Abweichung von den Anordnungen des Dritten ist, solange er lebt, seine Zustimmung erforderlich und genügend. Die Zustimmung des Dritten kann durch das Vormundschaftsgericht ersetzt werden, wenn der

Dritte zur Abgabe einer Erklärung dauernd außerstande oder sein Aufenthalt dauernd unbekannt ist[3]).

E I 1745 II 1792 Abs 2; M 4 1167 u. 1268; P 4 857.

1. S. über die **Anordnung der Pflegschaft** § 1909 A 3. Dem Dritten ist nicht das Recht gegeben, eine bestimmte Person von der Pflegschaft auszuschließen. Doch wird sich der Vormundschaftsrichter nicht ohne zwingende Gründe über eine solche Anordnung hinwegsetzen.

2. S. § 1909 A 3. Die Stellung des **befreiten Pflegers** hat bei der Pflegschaft aus §§ 1910 u. 1911 nach näherer Bestimmung der §§ 1903 u. 1904 auch der zur Pflegschaft berufene Elternteil.

3. Solange der Dritte in der Lage ist, selbst eine Bestimmung zu treffen, solange er noch am Leben ist und nicht etwa die Einholung seiner Bestimmung durch dauernde Unbekanntschaft seines Aufenthalts oder dauerndes Unvermögen zur Abgabe einer Erklärung ausgeschlossen wird, ist **Zustimmung des Dritten** zur Abweichung von der Anordnung unbedingt erforderlich. Erst nach diesem Zeitpunkte tritt das Änderungsrecht des Vormundschaftsgerichts in Kraft (vgl. § 1803 A 3). Auf die Benennung des Pflegers nach Abs 1 bezieht sich Abs 3 nicht (bestr.).

§ 1918

Die Pflegschaft für eine unter elterlicher Gewalt oder unter Vormundschaft stehende Person endigt mit der Beendigung der elterlichen Gewalt oder der Vormundschaft[1]).

Die Pflegschaft für eine Leibesfrucht endigt mit der Geburt des Kindes[2]).

Die Pflegschaft zur Besorgung einer einzelnen Angelegenheit endigt mit deren Erledigung[3]).

E I 1748 Abs 1 Nr 1, 2, 5 u. 6 II 1795; M 4 1271 u. 1274; P 4 859.

1. Ein sicherer Zeitpunkt für die **Beendigung der Pflegschaft** ist meist nicht gegeben, da es hierfür auf die in den einzelnen Fällen oft sehr verschiedene Fortdauer des Fürsorgebedürfnisses ankommt. Grundsätzlich besteht daher die Pflegschaft, was in § 1919 ausgesprochen ist, so lange, bis sie von dem Vormundschaftsgericht durch eine dem Pfleger zugegangene Verfügung (§ 16 Abs 1 u. 2 FGG) aufgehoben ist. Eine solche Aufhebung kann unter Umständen in der bloßen Aufforderung zur Rückgabe der Bestallung erblickt werden. Von dieser Regel gibt es jedoch verschiedene Ausnahmen. Die Pflegschaft aus § 1909 kann, da der Pfleger hinsichtlich bestimmter Verrichtungen an die Stelle des verhinderten Gewalthabers oder Vormundes tritt, keinesfalls länger dauern als das Recht (Amt) dieses Gewalthabers oder Vormundes. Die Pflegschaft muß deshalb nicht bloß mit der Beendigung der elterlichen Gewalt oder der Vormundschaft erlöschen, sondern auch dann, wenn in der Person des Gewalthabers oder des Vormundes nur ein Wechsel eintritt (bestr.). Sollte der Nachfolger ebenfalls verhindert sein, das Fürsorgebedürfnis also fortdauern, so bedarf es der Neubestellung des Pflegers. Anders ist es nur, wenn eine Pflegschaft gemäß § 1909 Abs 1 Satz 2 in dem Sinne angeordnet ist, daß die Verwaltung eines jeden Gewalthabers oder Vormundes an dem dem Pflegling zugewendeten Vermögen ausgeschlossen sein soll. Ein allgemeiner Grund der Beendigung der Pflegschaft ist der Tod oder die Todeserklärung des Pfleglings. Doch kann dieser Beendigungsgrund nicht Platz greifen bei der Pflegschaft aus § 1913, da hier der Beteiligte ungewiß ist, auch nicht bei der Pflegschaft aus § 1912, im Falle der Fehlgeburt oder Totgeburt, und nur beschränkt bei der Abwesenheitspflegschaft aus § 1911. Nur der Todeserklärung des Abwesenden (vgl. § 1884 A 2) kann die Wirkung der Beendigung zuerkannt werden, nicht dem Tode, der bei einem Abwesenden meist erst nach längerer Zeit bekannt wird und dessen Feststellung oft großen Schwierigkeiten unterliegt (§ 1921 Abs 2 u. 3). Die Abwesenheitspflegschaft ist auch dann aufzuheben, wenn sich herausstellt, daß dem Abwesenden keine von dem Pfleger wahrzunehmenden Rechte zustehen.

2. Eine weitere Ausnahme ist es, daß die Pflegschaft unbedingt ihr Ende erreicht, sobald an Stelle der Pflegschaft der erweiterte Schutz der Vormundschaft oder der elterlichen Gewalt tritt. Die Pflegschaft für eine **Leibesfrucht** endigt aus diesem Grunde mit der Geburt des Kindes, da dieses entweder unter elterliche Gewalt oder unter Vormundschaft fällt. Desgleichen hört die vorläufige Pflegschaft des § 1909 Abs 3 mit der Bestellung des Vormundes auf (bestr.). Über den Fall der Totgeburt der Leibesfrucht s. A 1.

3. Eine Aufhebung der Pflegschaft braucht von dem Vormundschaftsgericht nicht besonders ausgesprochen zu werden, wenn der Fall so einfach liegt, daß der Pfleger nur zur Besorgung einer oder mehrerer **einzelner Angelegenheiten** bestellt ist. Mit der Erledigung der Angelegenheit endigt die Pflegschaft von selbst. Es ist dies z. B. der Fall, wenn der Pfleger

nur zur Empfangnahme von Zustellungen in einem bestimmten Verfahren bestellt ist. Auf den Fall, daß die Pflegschaft zur Besorgung eines bestimmten Kreises von Angelegenheiten angeordnet ist, kann dies nicht ausgedehnt werden (a. M. Staudinger A 1 c, Blume A 4). Die zwecks Auseinandersetzung gemäß § 1669 angeordnete Pflegschaft endet mit der erschöpfenden Feststellung der jedem zugewiesenen Teile (Sachen und Rechte) und nicht erst mit der tatsächlichen Ausführung der Auseinandersetzung (RJA 17, 35).

§ 1919

Die Pflegschaft ist von dem Vormundschaftsgericht aufzuheben, wenn der Grund für die Anordnung der Pflegschaft weggefallen ist[1]).

E I 1748 Abs 2 Satz 1, 2 II 1796; M 4 1271; P 4 859.

1. S. § 1918 A 1 u. 3. Die Vorschrift des § 1919 besagt nicht, daß ausnahmslos die Pflegschaft bis zur Aufhebung fortbesteht. Nicht vorgeschrieben ist, daß die Aufhebung dem durch die Einsetzung eines Pflegers beschränkten Gewalthaber oder Vormund bekanntzumachen ist. Die volle Vertretungsmacht dieser Personen tritt mit der Beendigung der Pflegschaft ohne weiteres wieder in Kraft. Über das Recht der Beschwerde gegen die Aufhebung der Pflegschaft s. Vorbem 2 vor § 1909. Die Nachlaßpflegschaft endet nur mit der Aufhebung durch das Nachlaßgericht (vgl. § 1962). Die Herausgabe des Nachlasses kann der Erbansprechende erst erlangen, nachdem er erreicht hat, daß die Nachlaßpflegschaft aufgehoben ist. Auch die Nachlaßverwaltung, die als eine besondere Art der Nachlaßpflegschaft sich darstellt, erreicht, abgesehen von dem Falle des Nachlaßkonkurses (§ 1988 Abs 1), nur mit der Aufhebung durch das Nachlaßgericht ihr Ende (RG 72, 263).

§ 1920

Eine nach § 1910 angeordnete Pflegschaft ist von dem Vormundschaftsgericht aufzuheben, wenn der Pflegebefohlene die Aufhebung beantragt[1]).

E I 1748 Abs 2 Satz 4 II 1797; M 4 1272; P 4 859; 6 31.

1. S. § 1910 A 3.

§ 1921

Die Pflegschaft für einen Abwesenden ist von dem Vormundschaftsgericht aufzuheben, wenn der Abwesende an der Besorgung seiner Vermögensangelegenheiten nicht mehr verhindert ist[1]).

Stirbt der Abwesende, so endigt die Pflegschaft erst mit der Aufhebung durch das Vormundschaftsgericht. Das Vormundschaftsgericht hat die Pflegschaft aufzuheben, wenn ihm der Tod des Abwesenden bekannt wird[2]).

Wird der Abwesende für tot erklärt, so endigt die Pflegschaft mit der Erlassung des die Todeserklärung aussprechenden Urteils[3]).

E I 1748 Abs 1 Nr 4, Abs 2 Satz 3 II 1798; M 4 1273; P 4 859.

1. Dies entspricht dem allgemeinen Grundsatz des § 1919.

2. S. § 1918 A 1. Die hier für den Fall des **Todes des Abwesenden** getroffene Sonderbestimmung kann auf andere Pflegschaften nicht ausgedehnt werden.

3. S. § 1918 A 1. Einer Aufhebung der Pflegschaft durch das Vormundschaftsgericht bedarf es in dem Falle der **Todeserklärung** nicht. Sollte selbst das Vormundschaftsgericht die Fortführung der Pflegschaft bis zur Entscheidung auf die Anfechtungsklage für nötig halten und dieser Ansicht in einer Verfügung an den Pfleger Ausdruck gegeben haben, so ändert dies nichts daran, daß kraft Gesetzes die Pflegschaft aufgehört hat (RG 74, 329). Die Klage auf Anfechtung des Ausschlußurteils kann gegen den bisherigen Pfleger, der nur für die Dauer seiner Amtsstellung hierzu legitimiert war, nicht mehr erhoben werden und es bleibt nur die Möglichkeit übrig, die Klage gemäß § 974 Abs 2 ZPO gegen den Staatsanwalt zu richten (RG 74, 330f.). Wird auf Anfechtungsklage das die Todeserklärung aussprechende Urteil aufgehoben, so ist eine neue Pflegschaft anzuordnen (vgl. § 1884 A 2); die Pflegschaft kann als fortbestehend nicht angesehen werden (anders die herrschende Meinung).

MIX
Papier | Fördert
gute Waldnutzung
FSC® C083411

Kolibri 360 GmbH
Ferdinand-Jühlke-Straße 7
99095 Erfurt, Deutschland
produktsicherheit@kolibri360.de